Indicador geral

Conheça o
Saraiva Conecta

saraiva conecta

Uma plataforma que apoia o leitor em sua jornada de estudos e de atualização.

Estude *online* com conteúdos complementares ao livro e que ampliam a sua compreensão dos temas abordados nesta obra.

Tudo isso com a **qualidade Saraiva Educação** que você já conhece!

Veja como acessar

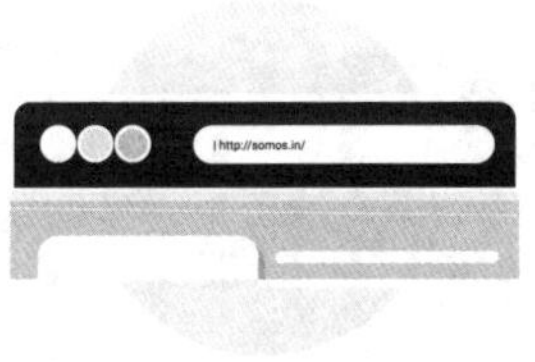

No seu computador

Acesse o *link*

https://somos.in/POABC8

No seu celular ou tablet

Abra a câmera do seu celular ou aplicativo específico e aponte para o *QR Code* disponível no livro.

Faça seu cadastro

1. Clique em **"Novo por aqui? Criar conta"**.

2. Preencha as informações – insira um *e-mail* que você costuma usar, ok?

3. Crie sua senha e clique no botão **"CRIAR CONTA"**.

Pronto!
Agora é só aproveitar o conteúdo desta obra!*

Qualquer dúvida, entre em contato pelo *e-mail* **suportedigital@saraivaconecta.com.br**

Confira o material do professor
Marcelo Hugo da Rocha
para você:

https://somos.in/POABC8

* Sempre que quiser, acesse todos os conteúdos exclusivos pelo *link* ou pelo *QR Code* indicados.
O seu acesso tem validade de 24 meses.

1ª Fase PASSE NA OAB

teoria unificada e questões comentadas

Contém dicas BIZU OAB

Marcelo Hugo da Rocha
coordenação

COMPLETAÇO®

• Aloisio Pereira Neto • Ana Carolina Sampaio Pascolati • André Gualtieri de Oliveira • Aniello Aufiero • Douglas Caetano • Fagner Sandes • Felipe Soares Torres • Frederico Afonso • Hebert Vieira Durães • Karina Jaques • Leonardo Castro • Marcelo Hugo da Rocha • Priscila Ferreira • Rennan Faria Krüger Thamay • Tatiana Marcello

8ª edição

CONTÉM:

- teoria dividida por disciplina e por assunto
- mais de 1.000 questões comentadas alternativa por alternativa

saraiva jur

saraiva EDUCAÇÃO | saraiva jur

Av. Paulista, 901, 3º andar
Bela Vista – São Paulo – SP – CEP: 01311-100

SAC | sac.sets@saraivaeducacao.com.br

Diretoria executiva	Flávia Alves Bravin
Diretoria editorial	Ana Paula Santos Matos
Gerência editorial e de projetos	Fernando Penteado
Novos projetos	Aline Darcy Flôr de Souza Dalila Costa de Oliveira
Gerência editorial	Isabella Sánchez de Souza
Edição	Liana Ganiko Brito
Produção editorial	Daniele Debora de Souza (coord.) Cintia Aparecida dos Santos Carolina Mihoko Massanhi
Arte e digital	Mônica Landi (coord.) Camilla Felix Cianelli Chaves Claudirene de Moura Santos Silva Deborah Mattos Guilherme H. M. Salvador Tiago Dela Rosa
Projetos e serviços editoriais	Daniela Maria Chaves Carvalho Emily Larissa Ferreira da Silva Kelli Priscila Pinto Klariene Andrielly Giraldi
Projeto gráfico	Mônica Landi
Diagramação e revisão	Kalima Editores
Capa	Tiago Dela Rosa
Produção gráfica	Marli Rampim Sergio Luiz Pereira Lopes
Impressão e acabamento	A. R. Fernandez

DADOS INTERNACIONAIS DE CATALOGAÇÃO NA PUBLICAÇÃO (CIP)
VAGNER RODOLFO DA SILVA – CRB-8/9410

P287 Passe na OAB – 1ª Fase – Completaço® – Teoria Unificada e Questões Comentadas / Tatiana Marcello ... [et al.] ; coord.: Marcelo Hugo da Rocha – 8. ed. – São Paulo : SaraivaJur, 2022.
1024 p.

ISBN 978-65-5362-104-6 (Impresso)

1. Direito. 2. OAB. 3. Exame de Ordem. I. Marcello, Tatiana. II. Pereira Neto, Aloisio. III. Torres, Felipe Soares. IV. Rocha, Marcelo Hugo da. V. Jaques, Karina. VI. Caetano, Douglas. VII. Durães, Hebert Vieira. VIII. Pascolati, Ana Carolina Sampaio. IX. Castro, Leonardo. X. Thamay, Rennan Faria Krüger. XI. Sandes, Fagner. XII. Aufiero, Aniello. XIII. Afonso, Frederico. XIV. Ferreira, Priscila. XV. Oliveira, André Gualtieri de. XVI. Título.

2021-4440 CDD 340
CDU 34

Índices para catálogo sistemático:

1. Direito 340
2. Direito 34

Data de fechamento da edição: 13-12-2021

Dúvidas? Acesse www.editorasaraiva.com.br/direito

Nota da coordenação

Apresento a vocês a oitava edição do Passe na OAB 1ª Fase FGV Completaço®. Num país em que pouco se investe em livros, mesmo que didáticos, chegar até aqui, realmente, é uma oportunidade para poucos. Além disso, há tantas opções no mercado editorial, cuja concorrência é acirrada, que alcançarmos mais de 200 mil exemplares vendidos em livros para OAB é um feito e tanto!

Esta obra foi pioneira em juntar teoria unificada e questões comentadas para OAB, pois, até então, ou se tinha livros apenas com teoria ou livros com questões. Reunimos os dois num único volume e foi um sucesso instantâneo. Agora, praticamente, todos os outros adotaram essa dinâmica. Este livro também tem uma característica única ao trazer diversidade entre os seus autores, pois são professores de diversos preparatórios do país. Portanto, não é uma obra de um único curso.

São milhares de depoimentos de novos advogados no sentido de gratidão com este gigante que lhes trouxe a aprovação! Como obra **pioneira** na OAB, que reuniu pela 1ª vez **teoria unificada e questões comentadas**, a cada ano vem sendo aperfeiçoada, atualizada e complementada para manter o seu grande propósito: **aprovação no Exame de Ordem**! O sucesso também do ***BIZU OAB*** foi mantido, que traz de forma direta e objetiva os principais pontos de cada disciplina para aquela leitura de véspera de prova.

Nesta edição, como novidade e mais uma vez, invocando pioneirismo entre títulos para OAB, um vídeo de mentoria para aprovação no Exame de Ordem. Nele você terá a apresentação de como uma preparação bem-sucedida precisa ser encarada: pelos lados funcional e emocional. Não basta mais "sentar e estudar", é necessário ter consciência de que é fundamental levar os estudos de forma equilibrada com as emoções.

Por fim, não canso de justificar o nome da obra, **"completaço"**, que se tornou uma série editorial com livros para **2ª fase da OAB** (são sete volumes, um para cada disciplina) e para **concursos públicos**, além de ter se tornado uma *marca registrada*. É um livro que vai além de um "super" ou "mega" "resumão". É um livro mais que completo, pois investe na teoria unificada com o complemento dos exercícios, e por isso fazemos uso do sufixo aumentativo *-aço* para alcançar a qualidade que lhe foi proposta. Só não traz a preparação motivacional, mas isso deixamos para outro título, o ***Poder da Aprovação:* Coaching + Mentoring *para OAB e Concursos***, também da Saraiva Educação. E se você desejar ter **todas as questões comentadas da OAB**, sugerimos o ***Passe na OAB 1ª Fase – Questões Comentadas***, sem contar com o mais recente lançamento: ***Passe na OAB com Simulados: Questões Inéditas & Comentadas***

Ótimos estudos!

Marcelo Hugo da Rocha
www.marcelohugo.com.br

Direito Administrativo

Tatiana Marcello

Advogada. Especialista em Processo Civil pela UCB. Especialista em Direito Civil pela Esade. Professora no programa de pós-graduação da PUCRS e da UOL Educação. Professora de curso preparatório para concursos e Exame de Ordem. Coautora das obras *Passe na OAB 1ª Fase – Completaço®; Manual Passe na OAB 1ª Fase – Teoria Sistematizada; Passe na OAB 1ª Fase – Questões Comentadas; Manual de Dicas – 1ª Fase OAB; Coleção Passe em Concursos – Completaço®* – ***TRT e TRE****; Coleção Passe em Concursos Públicos – 11 Mil Questões Comentadas; Coleção Passe em Concursos Públicos – Questões Comentadas* – volumes: Advocacia Pública 1 e 2, Defensoria Pública, Analistas de Tribunais; Manual de Dicas – volumes: Advocacia Pública, Defensoria Pública, Delegado de Polícia, Nível Médio, todas da Editora Saraiva, e de outros livros jurídicos.

Direito Administrativo na 1ª fase da OAB corresponde a **seis questões**, de um total de oitenta, sendo, portanto, uma das disciplinas mais importantes. Como não há um *código* da matéria, apenas legislação esparsa, é importante ter o domínio da lei, da doutrina e da jurisprudência.

A disciplina, em geral, é composta pelos temas abaixo, os quais estão ordenados conforme a quantidade de vezes que foram cobrados nos últimos exames:

- 1º Agentes Públicos
- 2º Serviços Públicos
- 3º Licitações e Contratos
- 4º Intervenção do Estado na Propriedade
- 5º Improbidade Administrativa
- 6º Responsabilidade Civil do Estado
- 7º Organização da Administração Pública
- 8º Poderes Administrativos
- 9º Atos Administrativos
- 10º Bens Públicos
- 11º Processo Administrativo
- 12º Princípios
- 13º Controle da Administração Pública

Assim como ocorre em todas as disciplinas, a banca apresenta as questões de Direito Administrativo como se fosse um *cliente* chegando ao *advogado* requerendo a solução de um caso concreto, o que significa que não basta saber a matéria; é importante saber como **aplicá-la ao caso hipotético** trazido.

Neste capítulo vamos tratar dos assuntos da matéria, com o cuidado de fazer uma abordagem proporcional à extensão do conteúdo e, principalmente, ao grau de incidência de cada um nas provas.

1. PRINCÍPIOS DO DIREITO ADMINISTRATIVO

Esse é um assunto que, isoladamente, não tem grande incidência no Exame de Ordem, mas é importante para que tenhamos uma visão geral da disciplina, auxiliando na resolução de questões sobre todos os demais assuntos.

A doutrina enumera diversos princípios, mas vamos tratar dos mais prováveis de serem cobrados no Exame.

a) **Princípio da Supremacia do Interesse Público** – traz a ideia de que os interesses da coletividade são mais importantes do que os interesses individuais, ou seja, Administração Pública está em uma posição de **superioridade** em relação aos particulares. Em decorrência desse princípio, a Administração Pública possui **poderes** e **prerrogativas** em relação aos particulares.

b) **Princípio da Indisponibilidade do Interesse Público** – os agentes públicos **não são os donos** dos interesses por eles defendidos, de forma que não podem dispor desses interesses.

c) **Princípio da Legalidade** – A administração pública só pode agir **quando houver lei que determine ou autorize sua atuação**. Assim, a eficácia da atividade da administração pública está condicionada ao que a lei permite ou determina. Esse princípio caracteriza o chamado **Estado de Direito**, pois o administrador público não pode agir de acordo com sua própria vontade e sim de acordo com o **interesse do povo, titular do poder**.

d) **Princípio da Impessoalidade** – O administrador público deve ser impessoal, tendo sempre como finalidade a satisfação do **<u>interesse público</u>, não podendo ter como finalidade beneficiar nem prejudicar a si ou determinada pessoa**. Esse princípio é visto sob dois aspectos: I) ***como determinante da finalidade de toda atuação administrativa****, pois,* inevitavelmente, determinados atos podem ter por consequência benefícios ou prejuízos a alguém; porém, a atuação do administrador deve visar ao interesse público, sob pena de tal ato ser considerado nulo por desvio de finalidade; II) ***como vedação a que o agente público valha-se das atividades desenvolvidas pela administração para obter benefício ou promoção pessoal****, ou seja,* é vedada a promoção pessoal do agente público por sua atuação como administrador. A propósito, vejamos o que prevê a CF, em seu **art. 37, § 1º:** "A publicidade dos atos, programas, obras, serviços e campanhas dos órgãos públicos deverá ter caráter educativo, informativo ou de orientação social, dela não podendo constar nomes, símbolos ou imagens que caracterizem promoção pessoal de autoridades ou servidores públicos".

e) **Princípio da Moralidade** – A moral administrativa está ligada à ideia de **ética**, **honestidade**, **probidade** e de **boa-fé**. Não basta que a atuação do administrador público seja legal, precisa ser moral também, já que nem tudo que é legal é honesto. **Ato contrário a moral** não é apenas inoportuno ou inconveniente, é considerado **nulo**. Exemplo de aplicação dos princípios da moralidade e impessoalidade é a vedação do nepotismo: **Súmula vinculante 13** – "A nomeação de cônjuge, companheiro ou parente em linha reta, colateral ou por afinidade, até o terceiro grau, inclusive, da autoridade nomeante ou de servidor da mesma pessoa jurídica investido em cargo de direção, chefia ou assessoramento, para o exercício de cargo em comissão ou de confiança ou, ainda, de função gratificada na administração pública direta e indireta em qualquer dos poderes da União, dos Estados, do Distrito Federal e dos Municípios, compreendido o ajuste mediante designações recíprocas, viola a Constituição Federal".

f) **Princípio da Publicidade** – Esse princípio é tratado sob dois prismas: I) ***exigência de publicação em órgão oficial*** como requisito de **eficácia** dos atos administrativos gerais que devam produzir efeitos externos ou onerem o patrimônio público, ou seja, enquanto não for publicado, o ato não pode produzir efeitos; II) ***exigência de transparência da atuação administrativa*** com a finalidade de possibilitar, de forma mais ampla possível, controle da administração pública pelo povo (controle social – remédios constitucionais). Lembrando que esse princípio **não é absoluto**, pois é preciso preservar direitos como à privacidade, à intimidade e à segurança nacional.

g) **Princípio da Eficiência** – O princípio da eficiência foi inserido o ***caput* do art. 37 da CF** através da Emenda Constitucional n. 19/98 e traz a ideia de **boa prestação dos serviços**, de modo mais **simples, rápido** e **econômico**, melhorando a relação **custo/benefício** da atividade da administração pública. O administrador deve ter **planejamento**, procurando a melhor solução para atingir a finalidade e o interesse público do ato.

2. ORGANIZAÇÃO DA ADMINISTRAÇÃO PÚBLICA

O Decreto-Lei n. 200/67 dispõe sobre a organização da Administração Pública Federal, promovendo a **descentralização** e a **flexibilização** administrativa. Porém, é extensível aos demais entes como **norma geral**.

- A Administração Pública compreende:

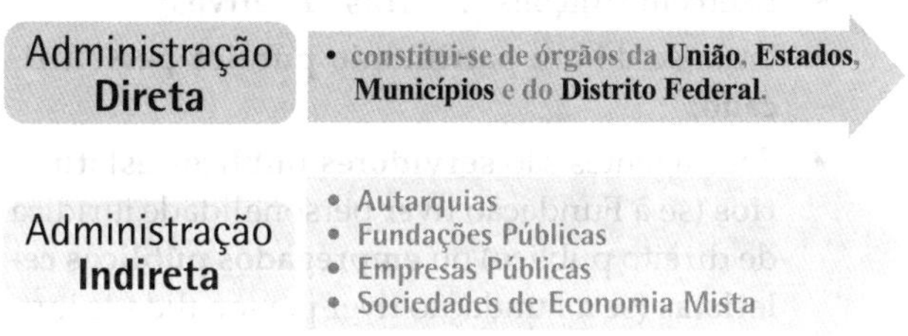

Composição da Administração Pública (critério **subjetivo** ou *formal*):

ÓRGÃOS + AGENTES PÚBLICOS + ENTIDADES

ÓRGÃO: unidade de atuação integrante da estrutura da Administração direta e da estrutura da Administração indireta (art. 1º, § 2º, I, da Lei n. 9.784/94).	**ENTIDADE: unidade de atuação dotada de personalidade jurídica** (art. 1º, § 2º, II, da Lei n. 9.784/94).
Integram a estrutura de uma entidade.	São entidades, pessoas jurídicas.
Não possuem personalidade jurídica (alguns têm capacidade processual).	Têm personalidade jurídica.
Não possuem patrimônio próprio.	Possuem patrimônio próprio.

ÓRGÃO:
NÃO tem personalidade jurídica!

ENTIDADE:
TEM personalidade jurídica!

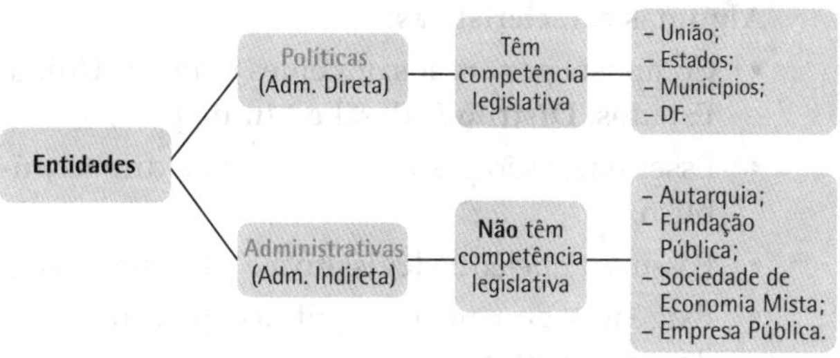

Concentração Administrativa – desempenho das atribuições administrativas por meio de órgão público sem divisão interna, ou seja, ausência de distribuição de tarefas entre as repartições internas (raríssimo);

- **Desconcentração Administrativa** – as atribuições são distribuídas entre órgãos públicos, mas dentro da mesma pessoa jurídica.
- **Centralização Administrativa** – Estado desempenhando suas atribuições através de seus próprios órgãos e agentes da Administração Direta (U, E, M e DF);
- **Descentralização Administrativa** – as competências são atribuídas a outra pessoa física ou jurídica (*administração indireta* ou *iniciativa privada*).

Macete:

DESCONCENTRAÇÃO X DESCENTRALIZAÇÃO

↓ ÓRGÃOS ↓ ENTIDADES

DESCONCENTRAÇÃO	DESCENTRALIZAÇÃO
- Distribuição de competências **entre órgãos** de uma **mesma pessoa jurídica**.	- Distribuição de competências para uma **nova pessoa jurídica**.
- **Há hierarquia** entre esses órgãos.	- **Não há hierarquia** entre o ente que descentralizou e o descentralizado (há **vinculação**, não **subordinação**).
- Os órgãos **não** têm personalidade jurídica, não podendo responder judicialmente, mas as respectivas pessoas jurídicas (U, E, M e DF) respondem.	- As **entidades descentralizadas respondem** juridicamente pelos prejuízos causados a terceiros.
Ex.: Transferência de uma competência de um Ministério para uma Secretaria; ou prefeitura transfere competências para uma sub-prefeitura.	**Ex.:** Transferência dos serviços previdenciários para uma Autarquia (INSS); ou transferência da manutenção de uma rodovia para uma Concessionária (Pessoa Privada);

2.1 Administração Direta: É o conjunto de **órgãos** que integram as pessoas políticas (União, Estados, Distrito Federal e Municípios), os quais realizam as atividades administrativas de forma centralizada.

Algumas características:

- Composta por **órgãos** dos entes políticos **União, Estados, Distrito Federal e Municípios;**
- Esses entes são pessoas jurídicas de direito **público;**
- Possui competência **legislativa** e **administrativa;**
- Exigência de **concurso público** para ingresso de seus agentes;
- Quadro de pessoal composto por **servidores estatutários;**
- Obrigatoriedade de **licitação** para a aquisição de bens e serviços.

2.2 Administração Indireta: É o conjunto de pessoas jurídicas (entidades), as quais exercem as atividades administrativas de forma descentralizada, estando vinculadas (não subordinadas) à administração direta. **Obs.**: nem toda entidade da AI é criada para exercer funções administrativas ou serviço público, pois existem Empresas Públicas e sociedades de Economia Mista que são criadas para a **exploração de atividades econômicas**, conforme previsto na CF (art. 173).

Algumas características:

- Composta pelos entes administrativos **Autarquias, Fundações Públicas, Empresas Públicas e Sociedades de Economia Mista;**
- Possuem apenas competência **administrativa;**
- Possuem **personalidade jurídica + capacidade judiciária;**
- **Criação e extinção dependem de lei;**
- **Em regra**, sujeitam-se a **licitação** e **concurso público;**
- Relação de **vinculação** à Administração Direta (não há hierarquia ou subordinação), sofrendo **controle administrativo** (*tutela* ou *supervisão*)
- **Criação das entidades da Administração Indireta** – CF, art. 37, XIX – "somente por lei específica poderá ser criada autarquia e autorizada a instituição de empresa pública, de sociedade de economia mista e de fundação, cabendo à lei complementar, neste último caso, definir as áreas de sua atuação". Assim, conclui-se que, para a criação de qualquer uma delas, é preciso lei específica; entretanto, no caso da **autarquia**, a lei **diretamente a cria**, enquanto as demais entidades, a lei **autoriza** sua criação, sendo necessário, posteriormente, criar seus atos constitutivos e levar ao registro competente para que passe a existir. Lembrando que é possível que uma Fundação Pública seja criada diretamente por lei, com personalidade jurídica de direito público (a chamada Fundação Autárquica).

Algumas características das Autarquias:

- **Criadas** e **extintas** diretamente por **lei** (CF, art. 37, XIX), não precisando de registro;
- Possuem **personalidade jurídica de direito público** (sujeitam-se ao regime jurídico de direito público – têm as mesmas prerrogativas de Estado);
- Exercem **atividades típicas de Estado;**
- **Em regra**, sujeitam-se a **licitação** e **concurso público;**
- Trata-se de um **serviço público personificado;**
- Seus agentes são **servidores públicos estatutários.**

Algumas características das Fundações Públicas:

- **Lei específica autoriza a criação e extinção,** mas precisam de registro (CF, art. 37, XIX);
- Se for Fundação Pública com personalidade jurídica de direito público, a lei cria;
- Possuem **personalidade jurídica** de **direito privado** (regra) ou de **direito público** (dependendo da sua criação);
- Exercem **funções sem fins lucrativos;**
- Trata-se de um **patrimônio público personificado;**
- Seus agentes são **servidores públicos estatutários** (se a Fundação tiver personalidade jurídica de direito público) ou **empregados públicos celetistas** (se a Fundação tiver personalidade jurídica de direito privado).

Algumas características comuns das Empresas Públicas e Sociedades de Economia Mista:

- **Lei específica autoriza a criação e extinção,** mas é preciso levar a registro (CF, art. 37, XIX);
- Possuem **personalidade jurídica de direito privado** (mas o regime jurídico é híbrido, segue regras de direito público e de direito privado);
- Exercem **exploração de atividade econômica e/ ou serviços públicos;**
- Em regra, sujeitam-se a **licitação** (porém, as regras são mais flexíveis quando for exploradora de atividade econômica) e **concurso público;**
- Em regra, seus agentes são **empregados públicos regidos pela CLT.**

Diferenças entre Empresas Públicas e Sociedades de Economia Mista:

- **Formação do capital social:** na EP, o capital é exclusivamente público; na SEM, o capital é misto, sendo parte pública (maioria votante) e parte privada.
- **Forma societária:** a EP pode ser revestida de qualquer forma societária; a SEM somente pode ser Sociedade Anônima (S.A.).

3. AGENTES PÚBLICOS

Agente público é seguramente o assunto mais abordado pela FGV no Exame de Ordem, correspondendo a aproximadamente 30% das questões de Direito Administrativo nas últimas provas. Portanto, merece uma atenção especial. As questões abrangendo esse assunto encontram-se, basicamente, na Constituição Federal (arts. 37 ao 41) e na Lei n. 8.112/90 (Estatuto do Servidor Público Federal).

Agente Público é toda pessoa que desempenha atividade administrativa, temporária ou não, com ou sem remuneração. É a expressão mais ampla para designar de forma genérica os sujeitos que exercem funções públicas. Quem quer que desempenhe funções estatais é um agente público enquanto as exercita.

3.1 Classificação/Espécies dos Agentes Públicos

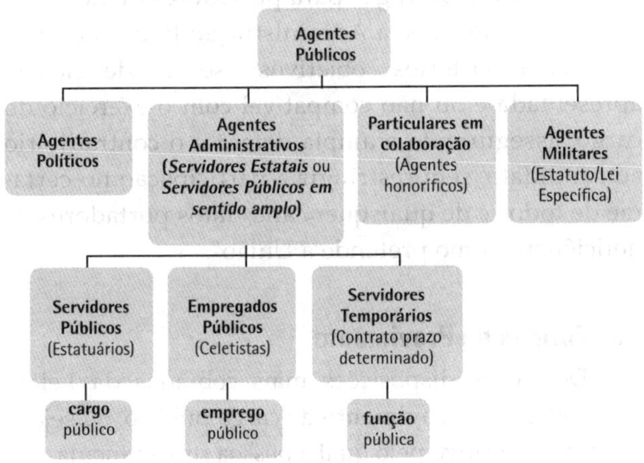

Os agentes públicos podem ser classificados em:

a) Agentes Políticos – Exercem função pública de alta direção do Estado. Em regra, ingressam por meio de eleição, com mandato fixo, ao término do qual a relação com o Estado desaparece automaticamente. Exemplos: Chefes do Poder Executivo (presidente da República, governadores dos Estados e prefeitos municipais, com seus respectivos vices), parlamentares (senadores, deputados federais e estaduais, vereadores), ministros de Estado, dentre outros.

b) Agentes Administrativos (ou Servidores Estatais ou Servidores Públicos em sentido amplo) – São as pessoas que prestam serviço público para a Administração, com natureza profissional e remunerada. Dividem-se em:

– **Servidores Públicos Estatutários** (são os ocupantes de *cargos públicos* e submetidos a regime *estatutário*).

– **Empregados Públicos** (são os ocupantes de *emprego público* e submetidos a regime *celetista* – CLT)

– **Servidores Temporários** (os contratados por tempo determinado para atender a necessidade temporária de excepcional interesse público, exercendo *função pública* remunerada e temporária).

c) Particulares em colaboração com o Estado – são os que desempenham função pública sem vínculo com o Estado, também chamados de "agentes honoríficos". Segundo Celso Antônio Bandeira de Mello, essa categoria é composta por:

– **Requisitados de serviço** (ex.: mesários, jurados do Tribunal do Júri, convocados para o serviço militar);

– **Gestores de negócios públicos** (pessoas que atuam em situações emergenciais quando o Estado não está presente, como, por exemplo, alguém que chega antes dos bombeiros a um incêndio e presta socorro);

– **Contratados por locação civil de serviços** (a exemplo de um jurista famoso que é contratado para fazer um parecer para a Administração);

– **Concessionários e permissionários** (os que trabalham nas concessionárias e permissionárias de serviço público, exercendo função pública por delegação estatal);

– **Delegados de função ou ofício público** (é o caso dos que exercem, por exemplo, serviços notariais).

d) Agentes Militares (Forças Armadas, Policiais Militares e Corpos de Bombeiros Militares) – Quem compõe os quadros permanentes das forças militares possui vínculo estatutário especial, ou seja, seu regime jurídico é regido por lei específica, não se confundindo com os estatutos aplicáveis aos servidores públicos civis.

3.2 Cargo, Emprego e Função Pública

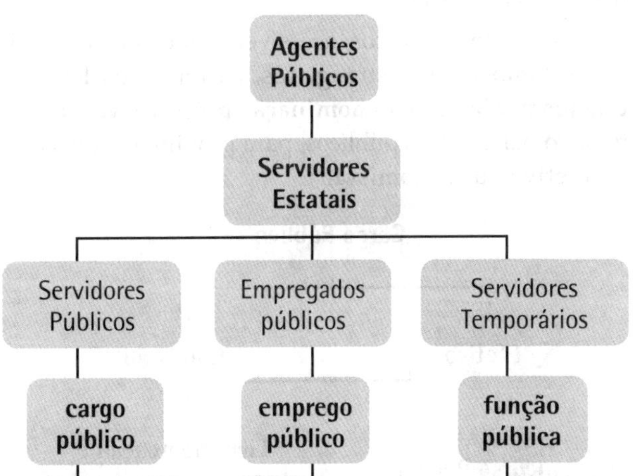

– **Cargo Público:** Os **cargos públicos** são ocupados por **servidores públicos**, efetivos e comissionados, submetidos ao regime **estatutário.** A Lei n. 8.112/90 define: "Art. 3º – Cargo público é o conjunto de atribuições e responsabilidades previstas na estrutura organizacional que devem ser cometidas a um servidor." Cargos públicos são próprios das **pessoas jurídicas de direito público**.

– **Emprego público**: Os **empregos públicos** são ocupados por **empregados públicos**, os quais se submetem ao regime **celetista** (Consolidação das Leis Trabalhistas – CLT). Os empregados públicos ingressam por meio de **concurso público** para ocupar empregos públicos, de natureza essencialmente contratual. Empregos públicos são próprios das **pessoas jurídicas de direito privado** da Administração Indireta. São exemplos, os empregados da Caixa Econômica Federal (empresa pública) e do Banco do Brasil (sociedade de economia mista).

– **Função pública**: São as funções de confiança e as exercidas por agentes públicos contratados por tempo determinado para atender a necessidade temporária de excepcional interesse público (CF, art. 37, IX). **Não há concurso público** para preenchimento de função pública.

Em relação aos agentes públicos, a Constituição Federal traz as disposições gerais, enquanto a Lei n. 8.112/90 estabelece as regras para os servidores públicos federais (lembrando que o Exame de Ordem não cobra estatutos de Estados e Municípios).

A Lei n. 8.112/90 é chamada de Estatuto do Servidor Público Federal e regula o regime jurídico dos servidores públicos civis da **União, Autarquias e Fundações Públicas Federais**, sendo que cada ente federativo (estados, municípios e Distrito Federal) terá um estatuto próprio.

De acordo com a Lei n. 8.112/90, **servidor** é a pessoa legalmente investida em cargo público; enquanto **cargo público** é o conjunto de atribuições e responsabilidades previstas na estrutura organizacional que devem ser cometidas a um servidor.

Os **cargos públicos**, acessíveis a todos os brasileiros (e também aos estrangeiros, na forma da lei), são **criados por lei**, com **denominação própria** e vencimento pago pelos cofres públicos, para provimento em caráter **efetivo** ou em **comissão**.

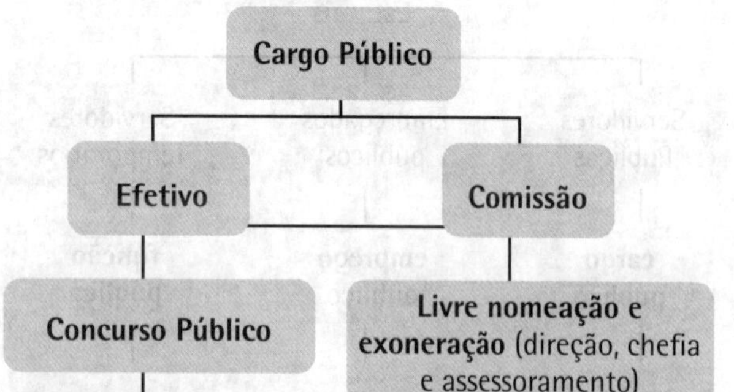

Cargo em comissão e função de confiança – De acordo com a Constituição Federal (art. 37, V), as **funções de confiança**, exercidas **exclusivamente** por servidores ocupantes de cargo **efetivo**, e os **cargos em comissão**, a serem preenchidos por servidores de carreira nos casos, condições e percentuais mínimos previstos em lei, destinam-se apenas às atribuições de direção, chefia e assessoramento. Isso significa que para exercer uma **função de confiança** é necessário ser servidor ocupante de cargo efetivo, enquanto para exercer um **cargo em comissão** pode ser um servidor de carreira ou uma pessoa que não tenha qualquer vínculo com a Administração.

Reserva de vagas para pessoas portadoras de deficiência – Às pessoas portadoras de deficiência é assegurado o direito de se inscrever em concurso público para provimento de cargo cujas atribuições sejam compatíveis com a deficiência de que são portadoras; para essas pessoas serão **reservadas até 20%** das vagas oferecidas no concurso. **Obs.:** Segundo o STF, mesmo em concursos como de Polícia, é **obrigatória a reserva** de vagas para portadores de deficiência, sendo que "cabe à Administração Pública examinar, com critérios objetivos, se a deficiência apresentada é ou não compatível com o exercício do cargo, assegurando a ampla defesa e o contraditório ao candidato, sem restringir a participação no certame de todos e de quaisquer candidatos portadores de deficiência, como pretende a União".

3.3 Formas de Provimento

Dentre as disposições mais cobradas da Lei n. 8.112/90, está o **Provimento** de cargo público, ou seja, o ato administrativo pelo qual a pessoa física vincula-se à Administração Pública ou a um novo cargo, para prestação de um serviço. Formas de provimento de cargo público – Macete: **PANR4**

Promoção
Aproveitamento
Nomeação
Readaptação
Reversão
Reintegração
Recondução

Nomeação é a forma originária de provimento de cargo público por pessoa física e pode ser: ***a)* em caráter efetivo** – quando se tratar de isolado cargo de provimento efetivo ou de carreira (**depende de prévia aprovação em concurso público**); ***b)* em comissão** – quando se tratar de cargo de confiança, inclusive na condição de interino, para cargos de confiança vagos (**de livre nomeação e exoneração**).

A nomeação em caráter efetivo seguirá a seguinte **ordem**:

Concurso → Nomeação → Posse (30 dias) → Exercício (15 dias) → Estágio Probatório (3 anos) → Estabilidade

- **Concurso público** – Será de **provas** ou de **provas e títulos**, com validade de **até 2 anos, prorrogáveis** uma única vez, por igual período. A nomeação obedecerá à **ordem de classificação** e ao **prazo de validade**. **Súmula Vinculante 43, STF:** "É inconstitucional toda modalidade de provimento que propicie ao servidor investir-se, sem prévia aprovação em concurso público destinada ao seu provimento, em cargo que não integra a carreira na qual anteriormente investido". **Súmula 16, STF:** "Funcionário nomeado por concurso tem direito à posse".
- **Posse** – É o momento em que se dá a investidura no cargo, ou seja, quando pessoa se torna servidora; ocorre com a assinatura do respectivo termo, no qual deverão constar as atribuições, os direitos, os deveres e as responsabilidades do cargo. A posse deve ocorrer no prazo de **30 dias** contados do da publicação do ato de provimento (nomeação), sob pena de esta tornar-se **sem efeito**. A posse poderá dar-se mediante **procuração específica** e dependerá de prévia inspeção médica oficial, pois só poderá ser empossado aquele que for julgado física e mentalmente apto para o exercício do cargo
- **Exercício** – é o efetivo desempenho das atribuições do cargo público ou da função de confiança. O servidor deverá entrar em exercício em **15 dias** contados da posse, sob pena de ser **exonerado do cargo** (de ofício) ou tornado **sem efeito** o ato de sua designação para função de confiança.
- **Estágio probatório** – segundo expresso no Estatuto, ao entrar em exercício, o servidor nomeado para cargo de provimento efetivo ficará sujeito a estágio probatório por período de 24 meses, durante o qual a sua aptidão e capacidade serão objeto de avaliação para o desempenho do cargo, observados os seguinte fatores – Macete: **RAPID**

  Responsabilidade

  Assiduidade

  Produtividade

  Iniciativa

  Disciplina

No entanto, **ATENÇÃO**, esse prazo é considerado é **inconstitucional**, já que após a Emenda Constitucional n. 19/98, o prazo de estágio probatório deve ser equivalente aos **3 anos** necessários para a aquisição da estabilidade, prevista na CF (CF, art. 41. São estáveis após três anos de efetivo exercício os servidores nomeados para cargo de provimento efetivo em virtude de concurso público). Ademais, o "Plenário do STF firmou entendimento no sentido de que os institutos da estabilidade e do estágio probatório são necessariamente vinculados, aplicando-se a eles o prazo comum de três anos". Portanto, muito embora a redação da Lei não tenha sido alterada (ainda constam os 24 meses), as bancas têm entendido que o prazo de estágio probatório é de **3 anos**. O servidor **não aprovado no estágio probatório** será **exonerado** ou, se estável, reconduzido ao cargo anteriormente ocupado. O servidor em estágio probatório poderá exercer quaisquer **cargos de provimento em comissão** ou **funções** de direção, chefia ou assessoramento no órgão ou entidade de lotação.

Estabilidade – Aprovado no estágio probatório, o servidor adquirirá **estabilidade** e só perderá o cargo em virtude de: *a) sentença judicial transitada em julgado* ou *b) processo administrativo disciplinar no qual lhe seja assegurada ampla defesa.* **Lembrando** que, muito embora o art. 21 do Estatuto mencione que o servidor adquirirá estabilidade após 2 anos de efetivo exercício, a EC n. 19/98 alterou esse prazo para **3 anos**, revogando-se o prazo do Estatuto.

Como a nomeação envolve todos esses detalhes, é a forma de provimento mais cobrada nas questões. Portanto, criamos um macete que vai ajudar na memorização dos prazos. A "musiquinha" deve ser cantada na melodia de *Bella Ciao* (tema da série *La Casa de Papel*).

Banca Tchau

(Tatiana Marcello)

"Em **30 dias**, eu tomo **posse**

E vou dizer banca tchau

Banca tchau, tchau, tchau

Em **15 dias**, é o **exercício**

E em **3 anos** sou o tal."

Readaptação – É a investidura do servidor em cargo de atribuições e responsabilidades compatíveis com a **limitação** que tenha sofrido em sua **capacidade física ou mental**, verificada em inspeção médica. Ou seja, o servidor que tenha sofrido alguma limitação física ou mental, mas que não seja caso de aposentá-lo por invalidez, deve ser readaptado em cargo de atribuições afins, respeitados a habilitação exigida, o nível de escolaridade e a equivalência de vencimentos.

Reversão – É o retorno à atividade do servidor **aposentado**:

I – De ofício – por invalidez, quando junta médica oficial declarar insubsistentes os motivos da aposentadoria (será **de ofício**, independentemente de requerimento do servidor, havendo ou não cargo vago – **ato vinculado**);

II – A pedido – no interesse da administração, desde que: **a)** tenha solicitado a reversão; **b)** a aposentadoria tenha sido voluntária; **c)** seja estável quando na atividade; **d)** a aposentadoria tenha ocorrido nos 5 anos anteriores à solicitação; **e)** haja cargo vago. A Administração pode ou não aceitar o pedido de reversão (**ato discricionário**). Em qualquer dos casos, não poderá reverter o aposentado que já tiver completado **70 anos** de idade.

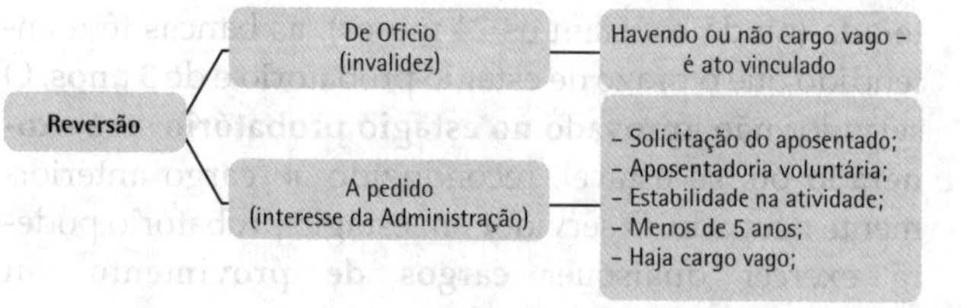

Reintegração – É a **reinvestidura** do servidor estável no cargo anteriormente ocupado, ou no cargo resultante de sua transformação, quando **invalidada a sua demissão** por decisão administrativa ou judicial, **com ressarcimento de todas as vantagens**. Ex.: servidor foi demitido, mas ingressa com ação judicial alegando ilegalidade na aplicação da pena de demissão; sendo reconhecida a alegada ilegalidade, anula-se o ato de demissão e determina-se retorno do servidor (reintegração), com o recebimento de tudo o que deixou de receber após a demissão. Se o cargo tiver sido extinto, o servidor ficará em disponibilidade. Encontrando-se provido o cargo, o seu eventual ocupante será: *a)* reconduzido ao cargo de origem, sem direito à indenização; ou *b)* aproveitado em outro cargo; ou, ainda, *c)* posto em disponibilidade.

Recondução – É o retorno do servidor estável ao cargo anteriormente ocupado. Ocorrerá em duas hipóteses:

a) **inabilitação em estágio probatório relativo a outro cargo** (ex.: era técnico de um Tribunal Regional Eleitoral – TRE, já estável; posteriormente foi nomeado e tomou posse no cargo de técnico de um Tribunal Regional do Trabalho – TRT, mas não foi aprovado no estágio probatório deste; então, será "reconduzido" ao cargo de técnico do TRE que ocupava anteriormente).

b) **Reintegração do anterior ocupante** (ex.: "A" ocupava determinado cargo, foi demitido e, por determinação judicial ou administrativa, acabou sendo reintegrado; "B", que estava ocupando o seu cargo, poderá ser "reconduzido" ao cargo que ocupava anteriormente).

Aproveitamento – É **o retorno** à atividade de servidor em **disponibilidade**. Será efetivado obrigatoriamente em cargo de atribuições e vencimentos compatíveis com o anteriormente ocupado. O servidor ficará em **disponibilidade** quando seu **cargo for declarado desnecessário ou for extinto**, com **remuneração proporcional ao tempo de serviço**, até seu adequado aproveitamento em outro cargo (art. 41, § 3º, CF). Ex.: a pessoa ocupava o cargo de datilógrafo, o qual foi extinto; nesse caso, o servidor ficará em disponibilidade, recebendo remuneração proporcional ao tempo de serviço, e poderá ser "aproveitado" em outro cargo.

Promoção – É o **progresso** do servidor, adquirindo maior responsabilidade e complexidade nas atribuições, porém, **dentro da mesma carreira**. Os critérios para a promoção são *merecimento* e *antiguidade*. Ocorre apenas nos cargos que possuem **planos de carreira**.

As formas de provimento são assuntos recorrentes. Algumas questões abordam os detalhes da *nomeação*, enquanto outras questões exigem que o candidato saiba diferenciar as demais formas de provimento (principalmente os quatro "R"). Por entender que é essencial a memorização das diferenças entre as formas de provimento, além do já conhecido macete do PANR4, criamos o "Funk do Provimento", que já virou *hit* em sala de aula e busca fazer *links* das formas de provimento com as respectivas palavras-chave.

Funk do Provimento
(Tatiana Marcello)
P de **Promoção**
A de **Aproveitamento**
N de **Nomeação**, é por aí que eu *tô* dentro
R de **Reversão**, retornou o **aposentado**
Fez **Readaptação**, porque ficou bem **limitado**
Na **Reintegração**, foi **demitido** ilegalmente
E na **Recondução**, rodou no **estágio**, minha gente?!

3.4 Vacância

Vacância é o ato administrativo que desfaz o vínculo da pessoa física com a Administração Pública ou com o cargo anteriormente ocupado pelo servidor. A vacância do cargo público decorrerá de – Macete: **PADRE da PF**

Promoção;
Aposentadoria;
Demissão;
Readaptação;
Exoneração;
Posse em outro cargo inacumulável;
Falecimento.

Exoneração – ato que gera o desligamento do servidor **sem** caráter de *penalidade*.

– **Exoneração de cargo efetivo**: poderá ser **a pedido do servidor; ou de ofício** quando *a)* não satisfeitas as condições do estágio probatório; ou quando *b)* tendo tomado posse, o servidor não entrar em exercício no prazo estabelecido.

– Exoneração de cargo em comissão e dispensa de função de confiança: poderá ser **a pedido do servidor** ou a **juízo da autoridade competente.**

Demissão – ato que gera o desligamento do servidor **com** caráter de *penalidade*, ou seja, motivado pela prática de infração administrativa grave.

3.5 Sistema Remuneratório

Vencimento	É a retribuição pecuniária pelo exercício de cargo público, com valor fixado em lei (básico).
Remuneração	É o vencimento básico + vantagens pecuniárias permanentes estabelecidas em lei (ex.: parcela indenizatória não é permanente, não integrando a remuneração).
Subsídio	É a parcela única recebida pelo servidor, sem o acréscimo de qualquer outra verba remuneratória. Art. 39, § 4º, CF: Membros de Poder (ex.: Juízes de Direito), detentores de mandato eletivo (ex.: Deputado Federal), Ministros de Estado, Secretários Estaduais e Municipais, e servidores públicos policiais são remunerados obrigatoriamente por subsídios.
Proventos	É a "remuneração" do servidor inativo (aposentado ou em disponibilidade).

- **Teto Constitucional** – De acordo com a CF, art. 37, XI, a **remuneração** e o **subsídio** dos ocupantes de cargos, funções e empregos públicos da administração direta, autárquica e fundacional, dos membros de qualquer dos Poderes da União, dos Estados, do Distrito Federal e dos Municípios, dos detentores de mandato eletivo e dos demais agentes políticos e os proventos, pensões ou outra espécie remuneratória, percebidos cumulativamente ou não, incluídas as vantagens pessoais ou de qualquer outra natureza, **não poderão exceder o subsídio mensal, em espécie, dos Ministros do Supremo Tribunal Federal**, aplicando-se como limite, nos Municípios, o subsídio do Prefeito, e nos Estados e no Distrito Federal, o subsídio mensal do Governador no âmbito do Poder Executivo, o subsídio dos Deputados Estaduais e Distritais no âmbito do Poder Legislativo e o subsídio dos Desembargadores do Tribunal de Justiça, limitado a noventa inteiros e vinte e cinco centésimos por cento do subsídio mensal, em espécie, dos Ministros do Supremo Tribunal Federal, no âmbito do Poder Judiciário, aplicável este limite aos membros do Ministério Público, aos Procuradores e aos Defensores Públicos. **Obs.:** Não serão computadas, para efeito desses limites remuneratórios, as parcelas de caráter indenizatório previstas em lei. **STF – tese de repercussão geral (RE) 663696:** "A expressão 'procuradores' contida na parte final do inciso XI do artigo 37 da Constituição da República compreende os procuradores municipais, uma vez que estes se inserem nas funções essenciais à Justiça, estando, portanto, submetidos ao teto de 90,75% do subsídio mensal em espécie dos ministros do Supremo Tribunal Federal".

3.6 Férias

O servidor fará jus a **30 dias de férias por ano trabalhado**, que podem ser acumuladas, até o máximo de 2 períodos, no caso de necessidade do serviço, ressalvadas as hipóteses em que haja legislação específica.

Regra – 30 dias por ano

Operadores de Raio X – 20 dias por semestre (o servidor que opera direta e permanentemente com Raios X ou substâncias radioativas gozará 20 dias consecutivos de férias, por semestre de atividade profissional, **proibida** em qualquer hipótese a acumulação).

Para o *primeiro* período aquisitivo de férias são exigidos **12 meses** de exercício, mas para os demais, não será necessário completar os 12 meses.

As férias podem ser **parceladas** em 3 etapas, desde que requeridas pelo servidor e que seja interesse da Administração Pública.

Acumulação	• até o máximo de **2 períodos**
Parcelamento	• em **3 etapas**

Obs.: é vedada a conversão em pecúnia, ou seja, o servidor público não pode "vender férias". Também, não podem ser descontadas das férias as faltas do servidor.

As férias somente poderão ser **interrompidas** por:

a) motivo de calamidade pública;

b) comoção interna;

c) convocação para júri;

d) serviço militar ou eleitoral; ou

e) por necessidade do serviço declarada pela autoridade máxima do órgão ou entidade.

3.7 Acumulação de Cargos

É <u>vedada</u> a acumulação remunerada de **cargos públicos**, bem como de **empregos** e **funções**; porém é permitida a acumulação, excepcionalmente, quando houver **compatibilidade de horários**, observado em qualquer caso o disposto no inciso XI **(teto):**

a) a de 2 cargos de professor;

b) a de 1 cargo de professor com 1 técnico ou científico;

c) a de 2 cargos ou empregos privativos de profissionais de saúde, com profissões regulamentadas.

A proibição de acumular estende-se a **empregos** e **funções** e abrange **autarquias, fundações, empresas públicas, sociedades de economia mista,** suas **subsidiárias,** e **sociedades controladas,** direta ou indiretamente, pelo poder público. **Tese de repercussão geral RE 602043:** – "Nos casos autorizados, constitucionalmente, de acumulação de cargos, empregos e funções, a incidência do artigo 37, inciso XI, da Constituição Federal, pressupõe consideração de cada um dos vínculos formalizados, afastada a observância do teto remuneratório quanto ao somatório dos ganhos do agente público".

3.8 Das Responsabilidades

Pelo exercício irregular de suas atribuições, o servido responde **civil, penal** e **administrativamente.**

Responsabilidade Civil	Prejuízo (por *culpa* ou *dolo*)
Responsabilidade Penal	Crime ou Contravenção
Responsabilidade Administrativo	Deveres e Proibições

Responsabilidade civil – decorre de ato omissivo ou comissivo, doloso ou culposo, que resulte em prejuízo ao erário ou a terceiro. Se o servidor causar danos a terceiros, responderá perante a Fazenda Pública mediante **ação regressiva** (ex.: se o servidor que exerce função de motorista, por imprudência, bate o veículo em um muro de um terceiro, este vai entrar contra o Poder Público, que terá o dever de indenizar; porém, a Fazenda Pública poderá buscar ressarcimento do servidor que causou o dano, seja por culpa ou dolo). A responsabilidade civil **estende-se aos sucessores,** até o limite do valor da herança recebida.

Responsabilidade penal (criminal) – abrange os **crimes** e **contravenções** imputadas ao servidor, nessa qualidade.

Responsabilidade administrativa – a responsabilidade civil-administrativa resulta de ato omissivo ou comissivo praticado no desempenho do cargo ou função.

Independência das instâncias – Em regra, as sanções **civis, penais e administrativas poderão cumular-se,** sendo independentes entre si. Porém, a responsabilidade administrativa do servidor será **afastada** no caso de absolvição criminal que ***negue a existência do fato ou sua autoria*** (ex.: se o servidor é acusado na esfera penal, mas resta absolvido por provar que não foi o autor do crime, ou que o fato não existiu, não poderá ser responsabilizado na esfera administrativa).

Nenhum servidor poderá ser responsabilizado civil, penal ou administrativamente por **dar ciência** à autoridade superior ou, quando houver suspeita de envolvimento desta, a outra autoridade competente para apuração de informação concernente à prática de crimes ou improbidade de que tenha conhecimento, ainda que em decorrência do exercício de cargo, emprego ou função pública.

3.9 Aposentadoria

O **regime próprio** de previdência social dos servidores **titulares de cargos efetivos (*RPPS*)** terá caráter **contributivo** e **solidário,** mediante contribuição do respectivo ente federativo, de servidores ativos, de aposentados e de pensionistas, observados critérios que preservem o equilíbrio financeiro e atuarial.

Aplica-se ao agente público ocupante, exclusivamente, de **cargo em comissão** declarado em lei de livre nomeação e exoneração, de outro **cargo temporário,** inclusive **mandato eletivo,** ou de **emprego público,** o Regime Geral de Previdência Social ***(RGPS).***

O **tempo de contribuição** federal, estadual ou municipal será contado para efeito de aposentadoria e o **tempo de serviço** correspondente para efeito de disponibilidade.

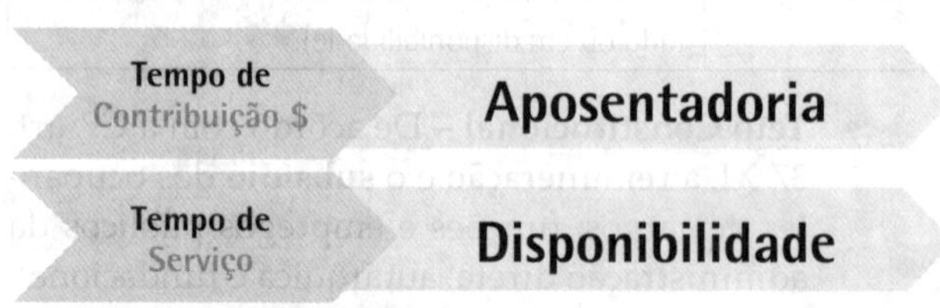

- O servidor abrangido pelo regime de previdência próprio será aposentado:

I – por incapacidade permanente para o trabalho, no cargo em que estiver investido, quando insuscetível de readaptação, hipótese em que será obrigatória a realização de avaliações periódicas para verificação da continuidade das condições que ensejaram a concessão da aposentadoria, na forma de lei do respectivo ente federativo;

II – compulsoriamente, com proventos proporcionais ao tempo de contribuição, aos 70 (setenta) anos de idade, ou aos **75 (setenta e cinco)** anos de idade, na forma de lei complementar;

III – no âmbito da União, aos **62 (sessenta e dois)** anos de idade, se mulher, e aos **65 (sessenta e cinco)** anos de idade, se **homem,** e, no âmbito dos Estados, do Distrito Federal e dos Municípios, na idade mínima estabelecida mediante emenda às respectivas Constituições e Leis Orgânicas, observados o tempo de contribuição e os demais requisitos estabelecidos em lei complementar do respectivo ente federativo.

4. IMPROBIDADE ADMINISTRATIVA

As disposições mais genéricas sobre improbidade administrativa encontram-se na Constituição Federal:

- **Art. 15.** É vedada a cassação de direitos políticos, cuja perda ou **suspensão** só se dará nos casos de: **V – improbidade administrativa**, nos termos do art. 37, § 4º.
- **Art. 85.** São **crimes de responsabilidade** os atos do Presidente da República que atentem contra a Constituição Federal e, especialmente, contra: **V – a probidade na administração**.
- **Art. 37, § 4º** – Os atos de improbidade administrativa importarão: **PARIS**

  Perda da função pública

  Ação penal cabível

  Ressarcimento ao erário

  Indisponibilidade dos bens

  Suspensão dos direitos políticos

A **Lei n. 8.429/92** é a chamada **Lei de Improbidade Administrativa** e dispõe sobre as sanções aplicáveis em virtude da prática de atos de improbidade administrativa, de que trata o § 4º do art. 37 da Constituição Federal; e dá outras providências. A referida lei sofreu **alterações tão grandes**, feitas pela **Lei n. 14.230/2021**, que passou a ser chamada de **"Nova Lei de Improbidade"**, muito embora tenha mantido sua numeração de origem. Considerando essas alterações, as questões anteriores restaram desatualizadas.

Dentre as novas disposições, vamos destacar alguns pontos mais relevantes e que provavelmente venham a ser objeto de cobrança nas próximas provas.

I – Exigência de dolo – a lei previa hipóteses em que a ação ou omissão meramente culposa do agente configuraria ato de improbidade administrativa. As novas disposições exigem a configuração de dolo para que seja considerada ato de improbidade administrativa.

II – Categorias de Atos de Improbidade – originalmente, a LIA previa três categorias de atos de improbidade, a saber: a) *ato de improbidade administrativa importando em enriquecimento ilícito;* b) *ato de improbidade administrativa que causa lesão ao erário;* e c) *ato de improbidade administrativa que atenta contra os princípios da administração pública.* A Lei Complementar n. 157/2016 incluiu uma nova categoria chamada de *atos de improbidade administrativa decorrentes da concessão ou aplicação indevida de benefício financeiro ou tributário.* Agora, esta última hipótese deixou de ser uma categoria à parte e foi inserida no rol dos *atos de improbidade administrativa que causam lesão ao erário.*

III – **Novas hipóteses de de atos de improbidade** – no rol dos atos de improbidade administrativa que atentam contra os princípios da administração pública foram inseridos a prática do nepotismo, bem como praticar, no âmbito da administração pública e com recursos do erário, ato de publicidade que contrarie o disposto no § 1º do art. 37 da CF, de forma a promover inequívoco enaltecimento do agente público e personalização de atos, de programas, de obras, de serviços ou de campanhas dos órgãos públicos.

IV – Penas – as sanções variáveis, como suspensão dos direitos políticos, multa e proibição de contratar com o poder público e receber benefícios ou incentivos fiscais ou creditícios, passaram a ser fixas, a depender apenas de cada categoria de ato de improbidade.

V – Prescrição – enquanto a redação anterior previa prazos diferenciados, conforme o tipo de vínculo e função exercida pelo agente público, a nova redação prevê um prazo único. Sendo assim, a ação para a aplicação das sanções prescreve em **8 anos**, contados a partir da ocorrência do fato ou, no caso de infrações permanentes, do dia em que cessou a permanência.

5. SERVIÇOS PÚBLICOS

5.1 Conceito

Para **Hely Lopes Meirelles,** serviço público é todo aquele prestado pela administração ou por seus delegados, sob normas e controle estatais, para satisfazer necessidades essenciais ou secundárias da coletividade ou simples conveniências do Estado.

Já **Maria Sylvia Di Pietro** diz que serviço público é toda atividade material que a lei atribui ao Estado para que a exerça diretamente ou por meio de seus delegados, com o objetivo de satisfazer concretamente as necessidades coletivas, sob regime jurídico total ou parcialmente público.

A CF traz a disposição mais geral acerca dos serviços públicos: **"Art. 175.** Incumbe ao **Poder Público,** na forma da **lei, diretamente** ou sob regime de **concessão** ou **permissão,** sempre através de **licitação,** a prestação de **serviços públicos"**.

Assim, podemos concluir que os serviços públicos são sempre de **titularidade** do Poder Público, podendo ser **exercidos** diretamente pelos órgãos e entidades da Administração Pública (Administração direita e indireta), ou por particulares, através de delegação (concessão ou permissão).

5.2 Princípios aplicáveis aos serviços públicos:

A Lei n. 8.987/95 (Lei de Concessões e Permissões de serviços públicos) traz um rol de princípios aplicáveis aos serviços públicos. Macete para memorizar os princípios: **"RE GE MO CON CORTESIA e EFICIÊNCIA ATUA SEGURANÇA"**

- **REgularidade** – frequência na prestação; respeito a intervalos de tempo.
- **GEneralidade** – prestado indistintamente, alcançando o máximo possível de pessoas.
- **MOdicidade das tarifas** – taxas e tarifas acessíveis.
- **CONtinuidade/Permanência** – não pode sofrer interrupção (Não se caracteriza como descontinuidade a interrupção em situação de **emergência** ou após **prévio aviso**, quando: I – motivada por razões de ordem técnica ou de segurança das instalações; e, II – por **inadimplemento** do usuário, considerado o interesse da coletividade).
- **CORTESIA na sua prestação** – urbanidade; respeito.
- **EFICIÊNCIA** – qualidade; perfeição; rendimento.
- **ATUAalidade** – modernidade; conservação; melhorias.
- **SEGURANÇA** – prevenção de riscos.

5.3 Concessão e Permissão de Serviço Público

A **Lei n. 8.987/95,** de caráter **nacional**, aplicável a todos os entes federativos (União, Estados, Distrito Federal e Municípios), traz normas gerais sobre os regimes de **concessão e permissão** de serviços públicos. A lei não faz distinção entre **concessão** e **permissão**, limitando-se a tratar das concessões; apenas referindo no parágrafo único do art. 40 que "Aplica-se às **permissões** o disposto nesta Lei". Aliás, o próprio **STF** já afirmou que a CF **"afastou qualquer distinção conceitual entre permissão e concessão, ao conferir àquela o caráter contratual desta"**.

Entretanto, para fins de prova, é possível elencar algumas diferenças entre os dois institutos:

O art. 2º da Lei n. **8.987/95 define:**

I – poder concedente: a União, o Estado, o Distrito Federal ou o Município, em cuja competência se encontre o serviço público, precedido ou não da execução de obra pública, objeto de concessão ou permissão;

II – concessão de serviço público: a delegação de sua prestação, feita pelo poder concedente, mediante licitação, na modalidade **concorrência** ou **diálogo competitivo**, a **pessoa jurídica** ou **consórcio de empresas** que demonstre capacidade para seu desempenho, por sua conta e risco e por prazo determinado;

IV – permissão de serviço público: a delegação, a título precário, mediante licitação, da prestação de serviços públicos, feita pelo poder concedente à pessoa física ou jurídica que demonstre capacidade para seu desempenho, por sua conta e risco.

Segue um quadro comparativo sobre ambos os institutos:

CONCESSÃO	PERMISSÃO
Delegação de serviço público. Poder Público transfere a **execução** do serviço.	**Delegação** de serviço público. Poder Público transfere a **execução** do serviço.
Prestação por conta e risco da concessionária, sob fiscalização do poder concedente.	Prestação por conta e risco da permissionária, sob fiscalização do poder concedente.
Sempre precedida de **licitação**, na modalidade **concorrência** ou **diálogo competitivo.**	Sempre precedida de **licitação**, mas a lei não define a modalidade.
Natureza **contratual.**	Natureza **contratual**, mas a lei define que será **contrato de adesão.**
Prazo determinado, podendo haver prorrogação.	**Prazo determinado**, podendo haver prorrogação, mas a lei não diz expressamente.
Celebração com **pessoa jurídica** ou **consórcios de empresas.**	Celebração com **pessoa física** ou **pessoa jurídica.**
Não há precariedade. Não é cabível revogação.	Delegação a título precário. Revogável unilateralmente pelo poder concedente.

6. PODERES ADMINISTRATIVOS

O Estado age por meio de seus **agentes públicos,** aos quais são conferidas prerrogativas diferenciadas, a serem utilizadas para alcançar os seus fins: **a satisfação dos interesses públicos**. Esse conjunto de prerrogativas denomina-se **poderes administrativos,** ou seja, instrumentos conferidos à Administração para o atendimento do interesse público.

Por outro lado, por tutelarem interesses coletivos, são impostos aos agentes públicos alguns **deveres administrativos**.

Há hipóteses em que os **poderes** se convertem em verdadeiros **deveres**, pois enquanto na esfera privada o ***poder*** é mera faculdade daquele que o detém, na esfera pública representa um ***dever*** do administrador para com os administrados. Segundo a doutrina, trata-se do chamado **poder-dever** de agir, de forma que, se o agente não agir, poderá responder por **omissão.**

6.1 Deveres Administrativos

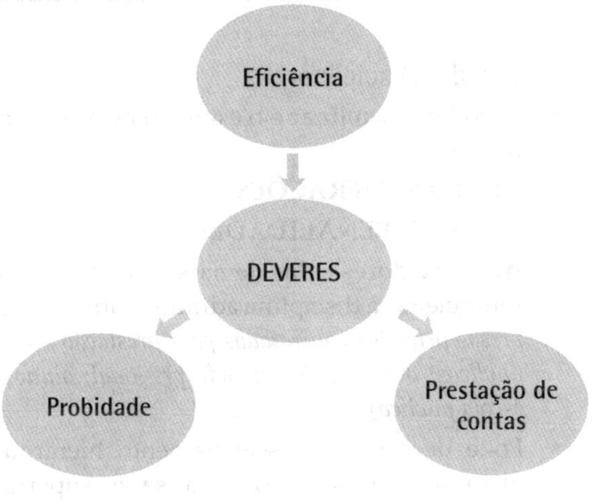

Dever de Probidade

- O dever de probidade é considerado um dos mais importantes. Significa que a conduta do agente, além de estar pautada na lei, deve ser honesta, respeitando a noção de **moral** administrativa e também da própria sociedade.
- A própria Constituição faz referência à probidade no § 4º, art. 37: *Os atos de improbidade importarão a suspensão dos direitos políticos, a perda da função pública, a indisponibilidade dos bens e o ressarcimento ao erário, na forma e gradação previstas em lei, sem prejuízo da ação penal cabível.*
- Lei n. 8.429/92 (chamada Lei de Improbidade Administrativa) dispõe sobre atos de improbidade administrativa.

Dever de Prestar Contas

- O administrador faz a **gestão de bens e interesses alheios** (bens e interesses públicos), tendo, portanto, o **dever de prestar contas** do que realizou a toda coletividade. Esse dever abrange não apenas os agentes públicos, mas a todos que tenham sob sua responsabilidade dinheiros, bens, ou interesses públicos, independentemente de serem ou não administradores públicos.
- Segundo Hely Lopes Meirelles, a regra é universal; quem gere dinheiro público ou administra bens ou interesses da comunidade deve contas ao órgão competente para a fiscalização.

Dever de Eficiência

- A **eficiência** foi elevada a à categoria de **princípio constitucional** de Administração Pública com a Emenda Constitucional n. 19/98, impondo que cabe ao agente público realizar suas atribuições com **presteza, celeridade, perfeição e rendimento funcional.**
- O administrador deve buscar, além da quantidade, a qualidade.

6.2 Poderes Administrativos

6.2.1 Poder Vinculado

- Também chamado de ***regrado***, é o poder conferido pela lei à Administração para a prática de ato de sua competência, mas com **predeterminação** dos elementos e requisitos necessários à sua formalização, ou seja, é aquele no qual a **liberdade de atuação do agente é mínima ou inexiste.**
- Portanto, o poder ***vinculado*** difere do poder ***discricionário***, pois neste há maior liberdade de atuação da Administração.
- Para alguns autores, a ideia de ***poder*** é contraditória nesse caso, já que o administrador está limitado a respeito dos elementos que compõem o ato (competência, finalidade, forma, motivo e objeto), não gozando de liberdade.

6.2.2 Poder Discricionário

- É o poder conferido à Administração que, embora deva estar de acordo com a lei, **confere uma maior liberdade** ao administrador, que poderá adotar uma ou outra conduta de acordo com a *conveniência e oportunidade*, ou seja, a lei faculta ao administrador a possibilidade de ***escolher*** as entre as condutas possíveis, as quais devem estar de acordo com o melhor atendimento do interesse público.
- Não se pode confundir ***discricionariedade*** com *arbitrariedade* ou *livre-arbítrio*, pois a Administração Pública, ao revés dos particulares de modo geral, só pode fazer aquilo que a lei lhe determina ou autoriza. Arbitrariedade é, para a Administração Pública, sinônimo de ilegalidade, enquanto o livre-arbítrio é a possibilidade de fazer o que bem entender – conduta que também não é permitida, por estar o administrador restrito à legalidade.

- Segundo José dos Santos Carvalho Filho, **conveniência** e **oportunidade** são os elementos nucleares do poder discricionário. A primeira indica em que condições vai se conduzir o agente; a segunda diz respeito ao momento em que a atividade deve ser produzida. Registre-se que essa liberdade de escolha tem que se conformar com o fim colimado na lei.

6.2.3 Poder Regulamentar

- É o poder conferido aos **chefes do Executivo** para editar **decretos** e **regulamentos** com a finalidade de permitir a efetiva implementação da lei.
- Enquanto as leis são criadas no âmbito do Poder Legislativo, a **Administração Pública poderá criar esses decretos e regulamentos** para **complementá-las**, os quais não podem contrariar, restringir ou ampliar as disposições da lei. Incumbe à Administração, então, complementar as leis, criando os mecanismos para sua efetiva implementação (Ex.: Lei n. 8.112/90 x Decreto n. 5.707/2006).
- De acordo com a Constituição Federal: "Art. 84. Compete privativamente ao Presidente da República: IV – sancionar, promulgar e fazer publicar as leis, bem como expedir decretos e regulamentos para sua fiel execução". Em decorrência do princípio da simetria constitucional, os chefes de Executivos dos estados possuem a mesma prerrogativa. Outras autoridades, como os ministros, podem editar atos normativos (art. 87, II, parágrafo único, CF), bem como entidades (ex.: agências reguladoras).

6.2.4 Poder Hierárquico

- A **hierarquia** é inerente ao **Poder Executivo**.
- No âmbito do Poder *Legislativo* ou *Judiciário*, onde ocorra o desempenho de função administrativa (atividade atípica desses poderes), poderá haver hierarquia; porém, em relação às funções típicas exercidas pelos membros desses dois poderes (legislativa e jurisdicional) não há hierarquia entre seus membros (parlamentares e membros da magistratura).
- O poder hierárquico tem íntima relação com o poder disciplinar e objetiva **ordenar, coordenar, controlar e corrigir** as atividades administrativas no âmbito **interno** da Administração. É através do poder hierárquico que a Administração escalona a função de seus órgãos, revê a atuação de seus agentes e estabelece a relação de subordinação entre seus servidores. Nas relações hierárquicas há vínculo de subordinação entre órgãos e agentes.
- **Obs.**: <u>**não**</u> há hierarquia entre **administração direta** e entidades da **administração indireta!**

6.2.5 Poder Disciplinar

- O poder disciplinar é o exercido pela Administração para:

► **APURAR INFRAÇÕES**

► **APLICAR PENALIDADES**

- **Aos servidores** e das **demais pessoas** que ficarem sujeitas à disciplina administrativa (*ex.: empresas privadas contratadas para prestação serviços públicos; detentos de unidade prisional; alunos de escola pública*).
- Pode decorrer do escalonamento hierárquico visto anteriormente, ou seja, se ao superior é dado poder de fiscalizar os atos dos seus subordinados, por óbvio que, verificando o descumprimento de ordens ou normas, tenha a possibilidade de **apurar a infração** e **impor as devidas sanções** previstas para aquela conduta.
- Importante salientar que a **apuração** da infração não é uma decisão discricionária da autoridade, já que diante de uma irregularidade o agente tem o **poder-dever de agir**, ou seja, é obrigado a apurar a conduta. Já em relação à **penalidade** a ser aplicada, em razão de adotarmos a chamada tipicidade aberta, há uma margem discricionária para que a Administração decida, de acordo com as circunstâncias, natureza ou gravidade de cada infração, a pena que irá aplicar, desde que observando o princípio da adequação punitiva (que seja aplicada uma pena adequada para a infração). Exemplificando, estabelece o art. 143 da Lei n. 8.112/90: "A autoridade que tiver ciência de irregularidade no serviço público é **obrigada** a promover sua apuração imediata (...)".

6.2.6 Poder de Polícia

- O Código Tributário Nacional – CTN, conceitua poder de polícia, dispondo em seu art. 78 que: ***considera-se poder de polícia a atividade da administração pública que, limitando ou disciplinando direito, interesse ou liberdade, regula a prática de ato ou abstenção de fato, em razão de interesse público concernente à segurança, à higiene, à ordem, aos costumes, à disciplina da produção e do mercado, ao exercício de atividades econômicas dependentes de concessão ou autorização do Poder Público, à tranquilidade pública ou ao respeito à propriedade e aos direitos individuais ou coletivos.***
- Poder de polícia, portanto, é a atividade do Estado que **limita os direitos individuais** em bene-

fício do interesse público, ou seja, é o mecanismo de frenagem para conter os abusos do direito individual.

- O interesse público está relacionado a **segurança, moral, saúde, meio ambiente, consumidor, propriedade, patrimônio cultural.**

Polícia Administrativa e Judiciária

- O Poder de polícia do Estado pode ocorrer em duas áreas:
- na **administrativa**, feita pelos órgãos administrativos, atuando sobre as atividades do indivíduos (ex.: fiscalização da atividade de comércio);
- na **judiciária**, executada pelos órgãos de segurança, atuando sobre o indivíduo que poderia cometer algum ilícito penal (ex.: polícia civil de um estado).

polícia administrativa → atividade **preventiva**

polícia judiciária → atividade **repressiva**

Competência para Exercício

- O critério para determinação de competência para o exercício do Poder de polícia é o que diz respeito ao poder de **regular a matéria**.
- Segundo Hely Lopes Meirelles, os assuntos de interesse nacional ficam sujeitos à regulamentação e ao policiamento da União (**CF, art. 22 e 24**); as matérias de interesse regional sujeitam-se às normas e à polícia estadual (**CF, art. 25, § 1º**); os assuntos de interesse local subordinam-se aos regulamentos edilícios e ao policiamento administrativo municipal (**CF, art. 32, § 1º**).
- **Ex.:**

▶ Regulação de mercados de título e valores imobiliários (compete à União, então ela exerce o poder de polícia);

▶ Normas pertinentes a prevenção de incêndio (compete à esfera estadual, então ela inspeciona, vistoria, expede alvará etc.)

▶ Planejamento e controle de uso de solo urbano (compete ao município, então ele concede licença, regula o funcionamento, aplica sanções etc.)

Atributos ou Características

Os atributos costumeiramente apontados pela doutrina no que se refere aos atos resultantes do exercício regular do Poder de polícia são três:

▶ **discricionariedade** (livre escolha de oportunidade e conveniência do que vai aplicar);

▶ **autoexecutoriedade** (decidir e executar diretamente sua decisão sem a intervenção do Judiciário);

▶ **coercibilidade** (imposição coativa das medidas adotadas pela Administração).

Sanções decorrentes do Poder de polícia

As sansões são **impostas pela própria Administração** em procedimentos administrativos compatíveis com as exigências do interesse público, respeitando a **legalidade** da sanção e a sua proporcionalidade à infração.

Exemplificando, podemos citar as seguintes **sanções administrativas**, em decorrência do exercício do Poder de polícia: **multas, interdição de atividades, demolição de construções irregulares, inutilização de gêneros, apreensão de objetos.**

O Poder de polícia é delegável à pessoa jurídica de direito privado?

Regra: NÃO

Exceção: Atos materiais

- **Ciclos do Poder de Polícia: Macete – NO CO FI SA**

1. **Normatizar/Ordem** (preceito legal): não cabe delegação.
2. **Consentir** (alvará, licença, autorização): cabe delegação.
3. **Fiscalizar:** cabe delegação.
4. **Sancionar:** não cabe delegação.

STF – Tese de Repercussão Geral (outubro/2020):

"É constitucional a delegação do poder de polícia, por meio de lei, a pessoas jurídicas de direito privado integrantes da Administração Pública indireta de capital social majoritariamente público que prestem exclusivamente serviço público de atuação própria do Estado e em regime não concorrencial."

Prazo prescricional das sanções decorrentes do Poder de Polícia

- **Lei n. 9.873/99** – Estabelece prazo de prescrição para o exercício de ação punitiva pela Administração Pública Federal, direta e indireta, e dá outras providências.
- **Art. 1º – Prescreve** em **5 anos** a ação punitiva da Administração Pública Federal, direta e indireta, no exercício do poder de polícia, objetivando apurar infração à legislação em vigor, contados da data da prática do ato ou, no caso de infração permanente ou continuada, do dia em que tiver cessado.
- **Prescrição intercorrente – § 1o** Incide a prescrição no procedimento administrativo paralisado por mais de **3 anos**, pendente de julgamento ou despacho, cujos autos serão arquivados de ofício ou mediante requerimento da parte interessada, sem prejuízo da apuração da responsabilidade funcional decorrente da paralisação, se for o caso.
- **Quando constituir também ilícito penal – § 2o** Quando o fato objeto da ação punitiva da Ad-

ministração também constituir crime, a prescrição reger-se-á pelo prazo previsto na lei penal.

6.3 Uso e Abuso de Poder

- No Estado Democrático de Direito, a Administração Pública deve agir sempre dentro dos **limites de suas atribuições**, em consonância com o **direito e a moral**, com respeito aos direitos dos administrados.
- No entanto, se o administrador **extrapolar os limites** de suas competências ou se utilizar das suas atribuições para **fins diversos** do interesse público, teremos o chamado **abuso de poder**.
- O abuso de poder pode se manifestar de duas formas:

▶ **Excesso de poder** – quando o gestor atua fora dos limites de suas competências, exercendo atribuições que não são de sua competência;

▶ **Desvio de poder** – quando o gestor exerce suas competências, mas para alcançar finalidade diversa da definida em lei (vício de finalidade).

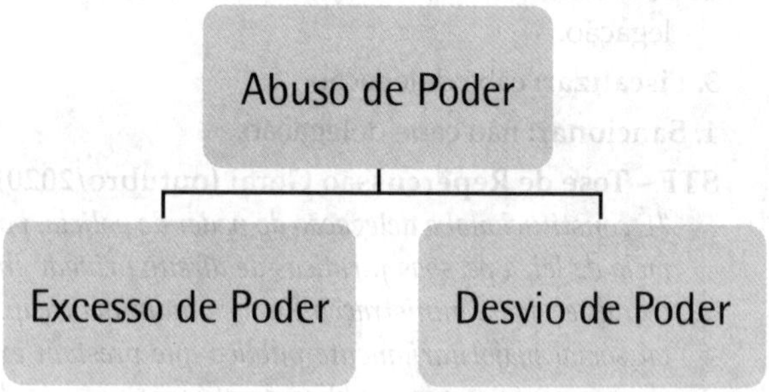

7. ATOS ADMINISTRATIVOS

7.1 Conceito

Segundo Hely Lopes Meirelles, ato administrativo é toda manifestação unilateral de vontade da Administração Pública que, agindo nessa qualidade, tenha por fim imediato adquirir, resguardar, transferir, modificar, extinguir e declarar direitos, ou impor obrigações aos administrados ou a si própria.

Para Maria Sylvia Zanella Di Pietro, é a declaração do Estado ou de quem o represente, que produz efeitos jurídicos imediatos, com observância da lei, sob regime jurídico de direito público e sujeito a controle pelo Poder Judiciário.

7.2 Requisitos

- Segundo a corrente clássica, os "requisitos" (também chamados de "elementos") são trazidos pela **Lei n. 4.717/65 (Lei de Ação Popular), art. 2º**, segundo o qual, são **nulos** os atos lesivos ao patrimônio das entidades mencionadas no artigo anterior, nos casos de:

a) incompetência;

b) vício de forma;

c) ilegalidade do objeto;

d) inexistência dos motivos;

e) desvio de finalidade.

- Portanto, os **requisitos** do ato administrativo são: (macete) **COM FIN FOR MOB**

COMPETÊNCIA ----- (quem?)

FINALIDADE ----- (para quê)

FORMA ----- (como?)

MOTIVO ----- (por quê?)

OBJETO ----- (o quê?)

Faltando um desses **requisitos de validade**, o ato **não é válido**, pois terá um **vício/defeito.**

▶ **Competência (quem?)**

Lei n. 4.717/65, art. 2º, parágrafo único, *a – a incompetência fica caracterizada quando o ato não se incluir nas atribuições legais do agente que o praticou.*

O agente que pratica o ato deve ter **poder legal** para tal.

Lei n. 9.784/99, art. 11. *A competência é* ***irrenunciável*** *e se exerce pelos órgãos administrativos a que foi atribuída como própria, salvo os casos de delegação e avocação legalmente admitidos.* (Mesmo quando se **delega** ou **avoca**, se trata de transferência de exercício daquela atribuição, mas não da competência).

▶ **Delegação** – a regra é que **é possível a delegação**. **Exceção: Não** podem ser objeto de **delegação (Lei n. 9.784/99, art. 13)**:

I – a edição de atos de caráter normativo;

II – a decisão de recursos administrativos;

III – as matérias de competência exclusiva do órgão ou autoridade.

A delegação é subdelegável, se a autoridade competente não proibir.

Obs.: O vício de **competência** pode ser **convalidado**, não sendo necessária anulação.

▶ **Finalidade (para quê)**

Lei n. 4.717/65, art. 2º, parágrafo único, *e – o desvio de finalidade se verifica quando o agente pratica o ato visando a fim diverso daquele previsto, explícita ou implicitamente, na regra de competência.*

É o objetivo do ato, que deve buscar o **interesse público.**

Se não atender a finalidade, haverá **"desvio de finalidade ou desvio de poder"** (espécie de **abuso de poder**) tornando o ato inválido (ex.: remoção de ofício como forma de punição).

Obs.: desvio de finalidade é vício **insanável**; obriga a **anulação.**

▶ **Forma (como?)**

Lei n. 4.717/65, art. 2º, parágrafo único, *b* – *o vício de forma consiste na omissão ou na observância incompleta ou irregular de formalidades indispensáveis à existência ou seriedade do ato.*

É o revestimento do ato, que tem que obedecer à forma prescrita em lei;

Em regra, a forma é a **escrita**, mas excepcionalmente existem outras formas, como por exemplo, forma verbal, sinalização de trânsito etc.

Ex.: auto de infração sem assinatura; aplicação de penalidade ao servidor sem PAD.

Obs.: O vício de **forma** pode ser **convalidado**, exceto se a lei estabelecer que determinada forma é essencial à validade do ato, caso este em que será nulo o ato (não podendo ser convalidado).

- **Motivo (por quê?)**

Lei n. 4.717/65, art. 2º, parágrafo único, *d* – *a inexistência dos motivos se verifica quando a matéria de fato ou de direito, em que se fundamenta o ato, é materialmente inexistente ou juridicamente inadequada ao resultado obtido.*

Situação de fato ou de direito que determina ou autoriza a realização do ato administrativo.

Importante não confundir ***Motivo***, que é um requisito do ato administrativo e deve estar presente em todo ato para que este tenha validade, com ***Motivação***, que é a exposição dos fatos e fundamentos que levaram a realizar aquele ato, sendo que nem todo ato precisa ser motivado. Ou seja, motivação seria a exposição do motivo. Assim, pode-se afirmar que todo ato precisa ter um *motivo*, mas nem todo ato precisa ser *motivado*.

Obs.: o vício quanto ao motivo é **insanável**; obriga a **anulação**.

- Eis um momento oportuno para tratar da chamada **Teoria dos Motivos Determinantes**: significa que ao motivar um ato (seja ele vinculado ou discricionário), a Administração fica vinculada à ***existência*** e ***adequação*** daqueles motivos declarados como causa determinante do ato, podendo sofrer controle de legalidade/legitimidade pela própria Administração Pública ou pelo Poder Judiciário caso esses motivos não existam ou sejam inadequados. Isso ocorre mesmo em atos discricinários em que não precisariam de motivação, mas que se forem motivados vinculam a Administração. **Ex.:** para exonerar o servidor ocupante de cargo em comissão **não é necessário motivação; entretanto, se a autoridade motivar, terá que haver existência e adequação daquele motivo;** assim, digamos que a exoneração foi *motivada* na falta de assiduidade do servidor; este poderá requerer a anulação do ato caso prove que era assíduo, ou seja, que os motivos ali expostos não eram verdadeiros ou adequados; algo que não seria possível ser contestado caso a autoridade não tivesse motivado (já que a lei não obriga a motivar nesse caso).

- **Objeto (o quê?)**

Lei n. 4.717/65, art. 2º, parágrafo único, *c* – *a ilegalidade do objeto ocorre quando o resultado do ato importa em violação de lei, regulamento ou outro ato normativo.*

É o **conteúdo** do ato, que tem por objeto a criação, modificação ou comprovação de situações concernentes a pessoas, coisas ou atividades sujeitas à ação do Poder Público. É aquilo que quero alcançar quando pratico o ato administrativo. **Ex.:** servidor praticou um ato que levou à aplicação de pena de suspensão; o motivo do ato é a infração; o **objeto** do ato é a **pena de suspensão**. Assim, essa penalidade tem que ser aplicada conforme a previsão legal. Vamos imaginar que seja aplicada uma suspensão de 100 dias ao servidor, enquanto a lei previa a suspensão poderia ser de no máximo 90 dias, estaremos diante de um vício no objeto do ato, obrigando a sua anulação.

Obs.: o vício do objeto (objeto ilegal) é **insanável**; obriga a **anulação**.

- Vistos todos os requisitos do ato administrativo, vamos tentar identificar cada um deles em um ato administrativo? **Ex.:** ato de **demissão** do servidor

COMPETÊNCIA ----- (quem pode aplicar a pena de demissão?)

FINALIDADE ----- (para quê? Interesse público corrigir)

FORMA ----- (como? Através de um processo administrativo)

MOTIVO ----- (por quê? Praticou tal infração)

OBJETO ----- (o quê? demissão)

7.3 Atributos do Ato Administrativo

Os atributos do ato decorrem do direito, sendo necessários para o bom desempenho da atividade administrativa. São eles: macete – PATI

- **Presunção de Legitimidade/Legalidade/Veracidade** – o ato é válido até que se prove o contrário; trata-se de uma presunção relativa, que admite prova em contrário.
- **Autoexecutoriedade** – a administração executa seus atos sem precisar de uma manifestação prévia do Judiciário; sendo que posteriormente o Judiciário pode analisar a legalidade do ato.
- **Tipicidade** – o ato deve respeitar as figuras previstas em lei.

- **Imperatividade** – o ato cria unilateralmente obrigação ao particular, que poderá ser imposta coercitivamente (coercibilidade), tendo que ser respeitado, independentemente da concordância do administrado.

7.4 Invalidação do Ato Administrativo

- **Lei n. 9.784/99, art. 53** – A Administração deve **anular** seus próprios atos, quando eivados de vício de legalidade, e pode **revogá-los** por motivo de conveniência ou oportunidade, respeitados os direitos adquiridos.
- ▶ **Súmula 473 do STF** – A Administração pode **anular** seus próprios atos quando eivados de vícios que os tornem **ilegais**, porque deles não se originam direitos; ou **revogá-los**, por motivo de **conveniência ou oportunidade**, respeitados os direitos adquiridos, e ressalvada, em todos os casos, a apreciação judicial.
- ▶ **Súmula 346 do STF** – A Administração Pública pode declarar a nulidade dos seus próprios atos.

Anulação e revogação: decorrem do "Princípio da Autotutela".

Revogação – é a invalidação de ato legal e eficaz, que pode ser realizado apenas pela Administração, quando entender que o mesmo é ***inconveniente*** ou ***inoportuno*** (mérito do ato), com efeitos não retroativos (*ex nunc*).

Anulação é a invalidação de um ato ***ilegítimo***, que poderá se dar pela própria Administração ou pelo Poder Judiciário, com efeitos retroativos (*ex tunc*).

- Desses dispositivos conclui-se que, em relação aos atos, a **Administração** pode **ANULAR** ou **REVOGAR** seus próprios atos, porém, o **Poder Judiciário**, em sua atividade jurisdicional, pode apenas **ANULAR**.

ADMINISTRAÇÃO	• ANULAR quando ILEGAIS • REVOGAR quando INCONVENIENTES OU INOPORTUNOS
ADMINISTRAÇÃO	• ANULAR quando ILEGAIS

- O direito da Administração de **anular** os atos administrativos de que decorram efeitos favoráveis para os destinatários **decai em 5 anos**, contados da data em que foram praticados, salvo comprovada má-fé (*princípio da segurança jurídica*).
- Em decisão na qual se evidencie **não acarretarem lesão ao interesse público nem prejuízo a terceiros**, os atos que apresentarem **defeitos sanáveis** (vício de competência ou vício de forma) poderão ser **convalidados** pela própria Administração.

8. PROCESSO ADMINISTRATIVO

8.1 Disposições Gerais

A **Lei n. 9.784/99** estabelece normas básicas sobre o **processo administrativo no âmbito da Administração Federal direta e indireta**, visando, em especial, à proteção dos direitos dos administrados e ao melhor cumprimento dos fins da Administração.

Os preceitos da Lei n. 9.784/99 também se aplicam aos órgãos dos **Poderes Legislativo e Judiciário**, quando no desempenho de **função administrativa**.

Os processos administrativos específicos (ex.: processo administrativo disciplinar – PAD na Lei n. 8.112/90) continuarão a reger-se por lei própria, sendo-lhes aplicada a Lei n. 9.784/99 apenas *subsidiariamente*.

Para efeitos da Lei n. 9.784/99, considera-se:

- ▶ órgão: a unidade de atuação integrante da estrutura da Administração direta e da estrutura da Administração indireta;
- ▶ **entidade:** a unidade de atuação dotada de personalidade jurídica;
- ▶ **autoridade:** o servidor ou agente público dotado de poder de decisão.

8.2 Do Início do Processo

O processo administrativo pode iniciar-se **de ofício ou a pedido de interessado. Obs.:** tanto o **início** quanto o **prosseguimento** e a **instrução** do processo podem se dar a pedido ou impulsão da parte interessada ou pela própria Administração Pública (de ofício).

8.3 Da Competência

Em regra, a **competência é irrenunciável** e se exerce pelos órgãos administrativos a que foi atribuída como própria, **salvo** nos casos de **delegação** e **avocação** legalmente admitidos.

O ato de **delegação** e sua revogação deverão ser publicados no meio oficial, sendo o ato **revogável** a qualquer tempo pela autoridade delegante.

Um **órgão administrativo** e seu titular poderão, se não houver impedimento legal, **delegar parte da sua competência** a outros órgãos ou titulares, ainda que estes não lhes sejam hierarquicamente subordinados, quando for conveniente, em razão de circunstâncias de índole técnica, social, econômica, jurídica ou territorial.

- **Não** podem ser objeto de **delegação**: Macete – **CE NO RA**

I – a edição de atos de caráter **NO**rmativo;

II – a decisão de **R**ecursos **A**dministrativos;

III – as matérias de **C**ompetência **E**xclusiva do órgão ou autoridade.

8.4 Da Forma, Tempo e Lugar dos Atos do Processo

Os atos do processo administrativo **não dependem de forma** determinada, senão quando a lei expressamente a exigir.

Os atos devem ser produzidos por escrito, em vernáculo, com a data e o local de sua realização e a assinatura da autoridade responsável, bem como devem realizar-se em **dias úteis**, no horário normal de funcionamento da repartição na qual tramitar o processo.

O reconhecimento de firma somente será exigido quando houver dúvida de autenticidade.

Inexistindo disposição específica, os atos do órgão ou autoridade responsável pelo processo e dos administrados que dele participem devem ser praticados no **prazo de 5 dias**, salvo motivo de força maior (pode ser **dilatado até o dobro**, mediante comprovada justificação).

8.5 Da Comunicação dos Atos

O interessado será **intimado** pelo órgão competente perante o qual tramita o processo administrativo para ciência de decisão ou a efetivação de diligências.

A intimação deve obedecer à **antecedência** mínima de **3 dias úteis** quanto à data de comparecimento.

A intimação poderá ser feita **por ciência no processo, por via postal com aviso de recebimento, por telegrama** ou outro meio que assegure a certeza da ciência do interessado.

Serão **nulas** as **intimações** feitas sem observância das prescrições legais, mas o **comparecimento do administrado** supre sua falta ou irregularidade. Ex.: se a pessoa não recebeu correspondência, ou esta não continha as determinações legais, mas **comparece espontaneamente** no processo, não haverá nulidade, sendo considerada **intimada**.

Importante: o **desatendimento da intimação não** importa o reconhecimento da verdade dos fatos, nem a renúncia a direito pelo administrado. Ou seja, se a pessoa intimada **não se manifesta** no prazo legal, não serão considerados verdadeiros os fatos a ela imputados (não significa confissão), nem significa que renunciou a direitos, podendo, inclusive, ingressar no prosseguimento do processo, tendo seu direito a ampla defesa assegurado.

Devem ser objeto de intimação os atos do processo que resultem para o interessado em imposição de deveres, ônus, sanções ou restrição ao exercício de direitos e atividades e os atos de outra natureza, de seu interesse.

8.6 Da Instrução

A instrução destina-se a averiguar e comprovar os dados necessários à tomada de decisão e realiza-se **de ofício** ou mediante **impulsão do órgão responsável** pelo processo, sem prejuízo do direito dos **interessados** de propor atuações probatórias.

Proibição de provas ilícitas – são inadmissíveis no processo administrativo as provas obtidas por meios ilícitos.

Na fase instrutória e antes da tomada da decisão o **interessado poderá** juntar documentos e pareceres, requerer diligências e perícias, bem como aduzir alegações referentes à matéria objeto do processo.

Após o final da instrução, o interessado terá o direito de manifestar-se no prazo **máximo de 10 dias**, salvo se outro prazo for legalmente fixado. Logo após, a Administração tem o prazo de **até 30 dias** para decidir, salvo prorrogação por igual período expressamente motivada.

8.7 Da Motivação

Princípio da Motivação – Os atos administrativos deverão ser motivados, com indicação dos fatos e dos fundamentos jurídicos, quando:

I – neguem, limitem ou afetem direitos ou interesses;

II – imponham ou agravem deveres, encargos ou sanções;

III – decidam processos administrativos de concurso ou seleção pública;

IV – dispensem ou declarem a inexigibilidade de processo licitatório;

V – decidam recursos administrativos;

VI – decorram de reexame de ofício;

VII – deixem de aplicar jurisprudência firmada sobre a questão ou discrepem de pareceres, laudos, propostas e relatórios oficiais;

VIII – importem anulação, revogação, suspensão ou convalidação de ato administrativo.

A **motivação** deve ser **explícita, clara** e **congruente**, podendo consistir em declaração de concordância com fundamentos de anteriores pareceres, informações, decisões ou propostas, que, neste caso, serão parte integrante do ato.

8.8 Da Anulação, Revogação e Convalidação

A Administração **deve anular seus próprios atos**, quando eivados de vício de legalidade, e **pode revogá-los** por motivo de conveniência ou oportunidade, respeitados os direitos adquiridos.

ANULAÇÃO → Vício de Legalidade

REVOGAÇÃO → Inconveniência ou Inoportunidade

O direito da Administração de **anular** os atos administrativos de que decorram efeitos favoráveis para os destinatários **decai em 5 anos**, contados da data em que foram praticados, salvo comprovada má-fé.

É possível que a própria Administração faça a **convalidação** dos atos que apresentarem **defeitos sanáveis,** desde que em decisão na qual se evidencie **não acarretarem lesão ao interesse público nem prejuízo a terceiros.**

Lembrando que, sempre que importar em **anulação, revogação** ou **convalidação,** o ato administrativo deverá ser **motivado,** indicando os fatos e fundamentos que jurídicos que justifiquem sua edição.

8.9 Do Recurso Administrativo e da Revisão

Das decisões administrativas **cabe recurso,** em face de razões de legalidade e de mérito.

Juízo de Retratação – O recurso será **dirigido** à autoridade que proferiu a decisão, a qual, se não a **reconsiderar** no prazo de **5 dias,** o encaminhará à autoridade superior.

Em regra, a interposição de recurso **não depende de caução,** salvo exigência legal.

O recurso administrativo tramitará no **máximo por 3 instâncias administrativas,** salvo disposição legal diversa.

Salvo disposição legal, é de **10 dias o prazo para interposição de recurso** administrativo, e de no máximo **30 dias o prazo para ser decidido** (este prazo poderá ser prorrogado por igual período, mediante justificativa).

Interposto o recurso, o órgão competente para dele conhecer deverá intimar os demais interessados para que, no prazo de **5 dias úteis,** apresentem alegações.

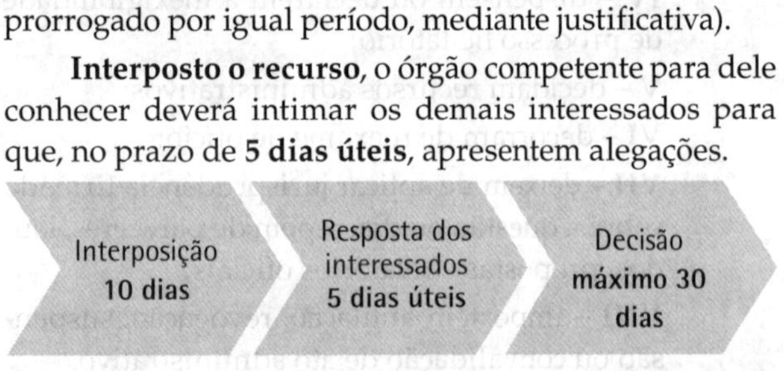

Em regra, o recurso **não tem efeito suspensivo,** salvo disposição legal em contrário.

Revisão do Processo – Os processos administrativos de que resultem **sanções** poderão ser **revistos,** a qualquer tempo, **a pedido ou de ofício,** quando surgirem **fatos novos** ou **circunstâncias relevantes** suscetíveis de justificar a inadequação da sanção aplicada.

Da revisão do processo **não poderá** resultar **agravamento da sanção** (proibição da *reformatio in pejus* na revisão do processo).

8.10 Dos Prazos

A contagem dos prazos começa **a partir da data da cientificação oficial, excluindo-se** da contagem o dia do começo e **incluindo-se** o do vencimento.

Os prazos processuais **não se suspendem,** salvo motivo de força maior devidamente comprovado.

9. RESPONSABILIDADE CIVIL DO ESTADO

A responsabilidade civil tem origem no **Direito Civil.** É a obrigação de indenizar um dano (material ou moral) decorrente de um fato humano. É uma modalidade de responsabilidade extracontratual.

No ramo do Direto Público, a responsabilidade civil da Administração Pública se consubstancia na obrigação que o Estado tem de indenizar os danos causados por conduta (lícita ou ilícita) de seus agentes, que estão atuando em seu nome.

A responsabilidade civil do Estado está regulada, basicamente, no **art. 37, § 6º da CF,** segundo o qual, *as pessoas jurídicas de direito público e as de direito privado prestadoras de serviços públicos responderão pelos danos que seus agentes, nessa qualidade, causarem a terceiros, assegurado o direito de regresso contra o responsável nos casos de dolo ou culpa.*

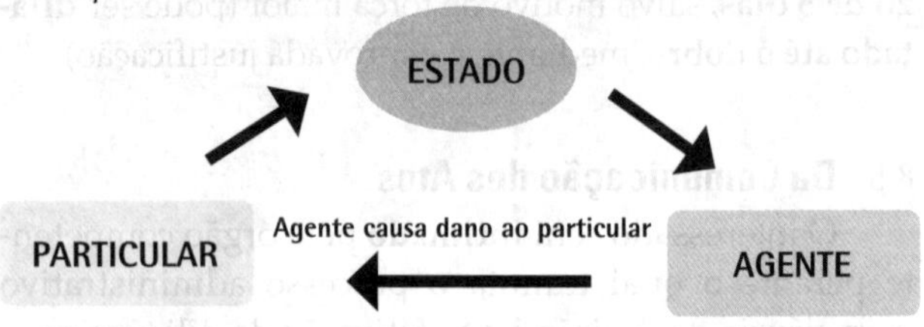

Portanto, caso um agente público, no exercício das suas atribuições, cause danos a terceiros, quem responderá perante este é a pessoa jurídica, sendo que o agente somente responderá através de ação de regresso, caso tenha agido com dolo ou culpa. Enquanto a responsabilidade do Estado ou da pessoa jurídica de direito privada prestadora de serviço público é **objetiva,** ou seja, independe da verificação de culpa, a responsabilidade o agente é **subjetiva,** pois este somente responderá se tiver agido com culpa ou dolo.

Essa disposição é baseada na chamada **Teoria do Risco Administrativo,** adotada pelo nosso sistema jurídico, segundo a qual, a responsabilidade civil do Estado por danos causados pela conduta/ação dos seus agentes é **objetiva,** ou seja, decorre da existência do *dano* e do *nexo causal,* independentemente da comprovação de culpa ou dolo. Decorre da ideia de que se todos (povo) são beneficiados pelos fins da Administração, todos devem suportar os riscos decorrentes dessa atividade. Se há desigualdade jurídica entre Estado e particulares, a desnecessidade de provar culpa tenta trazer ***isonomia.***

Como presume-se que a culpa é da Administração, esta poderá **eximir-se** da responsabilidade se provar que houve ***culpa exclusiva* do particular,** ou **amenizar** sua responsabilidade se provar ***culpa concorrente.***

Culpa Exclusiva	• Exclui/Exime
Culpa Concorrente	• Ameniza/Atenua

Não confundir: Teoria do Risco Administrativo (em que o Estado tem a chance de eximir ou atenuar sua responsabilidade, provando que a culpa foi exclusiva ou concorrente do particular) com a **Teoria do Risco Integral**, segundo a qual o Estado responde em qualquer hipótese, não havendo possibilidade de eximir ou atenuar sua responsabilidade, mesmo que haja culpa exclusiva ou concorrente do particular (alguns autores consideram injusta, absurda e inadmissível, mas há doutrina que defende ser aplicável em algumas hipóteses, como *dano ambiental, dano nuclear* e *ataques terroristas – Di Pietro*).

Temos, ainda, a chamada **Teoria da Culpa Administrativa (ou Culpa Anônima),** aplicável nos casos em que o dano é gerado não pela conduta/ação do agente e sim pela **omissão** (falta de serviço); para que haja a responsabilização, cabe ao particular comprovar que o dano ocorreu pela omissão (falta do serviço), ou seja, trata-se de responsabilidade **subjetiva**. Porém, quando o Estado assume o papel de **"garante"**, responderá **objetivamente**, mesmo que por **"omissão"**. Ou seja, quando coisas ou pessoas estão **sob custódia do Estado**, este tem do dever de assegurar a integridade, senão responderá objetivamente, mesmo que o dano não ocorra diretamente de uma "ação" de algum agente (ex.: morte de detentos em rebelião nos presídios; aluno de escola pública causa lesão em outro durante a aula).

Detalhando o art. 37, § 6º: As pessoas jurídicas de direito público e as de direito privado prestadoras de serviços públicos responderão pelos danos que seus agentes, nessa qualidade, causarem a terceiros, assegurado o direito de regresso contra o responsável nos casos de dolo ou culpa.

1 – o dispositivo trata dos danos causados por "ação" de agentes públicos, não se referindo à "omissão" da Administração (falta de serviço).

2 – a expressão "nessa qualidade" significa que o Estado responde pelos danos causados pelo agente enquanto estiver se valendo da condição de agente para praticar a conduta (ex.: se um policial, mesmo de folga, depara com um assalto, troca tiros com os assaltantes e acaba atingindo um particular) – está agindo na qualidade de agente público.

3 – a expressão "agente" não se refere apenas aos servidores públicos, mas também aos empregados das empresas privadas prestadoras de serviços públicos, integrantes ou não da Administração Pública.

4 – a regra se aplica às **pessoas jurídicas de direito público** (Administração Direta, autarquias e fundações públicas de direito público), bem como às **pessoas jurídicas de direito privado prestadoras de serviços públicos** (empresas públicas e sociedades de economia mista prestadora de serviços públicos, fundações públicas de direito privado que prestem serviços públicos e pessoas privadas delegatárias de serviços públicos – concessionárias, permissionárias e autorizadas). **Não** se aplica, portanto, às **empresas públicas** e **sociedades de economia mista exploradoras de atividade econômica** (nestas, a responsabilidade é igual às pessoas privadas, regidas pelo Direito Privado).

5 – O agente público responde apenas através de ação de regresso, não podendo o particular entrar com ação diretamente contra o agente - **STF (tese de repercussão geral de 14-8-2019):** "A teor do disposto no art. 37, § 6º, da Constituição Federal, a ação por danos causados por agente público deve ser ajuizada contra o Estado ou a pessoa jurídica de direito privado prestadora de serviço público, sendo parte ilegítima para a ação o autor do ato, assegurado o direito de regresso contra o responsável nos casos de dolo ou culpa". Trata-se da aplicação da *Teoria da Dupla Garantia*, em que o particular terá a garantia da responsabilidade objetiva (não precisará comprovar culpa) e o agente terá a garantia de que somente será demandado pelo ente estatal.

Responsabilidade do Estado por ATOS LEGISLATIVOS

Em regra, os atos do Legislativo não geram responsabilidade do Estado, pois este atua com soberania, estando apenas sujeito aos limites trazidos pela Constituição.

Entretanto, a doutrina reconhece 2 hipóteses de responsabilização do Estado por atos legislativos:

a) **edição de leis inconstitucionais** – caso a lei venha a ser considerada inconstitucional pelo STF, restando comprovado o dano, o lesado poderá ingressar com ação pleiteando indenização.

b) **edição de leis de efeito concreto** – são aquelas direcionadas a destinatários certos (não são genéricas, abstratas e impessoais); portanto, se causarem danos aos destinatários, podem gerar responsabilização, que deverá ser buscada judicialmente pelos lesados.

Responsabilidade do Estado por ATOS JURISDICIONAIS

A regra é de inexistência de responsabilização do Estado em face dos atos jurisdicionais praticados por magistrados.

Mas há exceções:

a) **quando o Judiciário pratica atos que não sejam jurisdicionais**, como os atos administrativos, responderá normalmente, de acordo com o Risco Administrativo;

b) **na área criminal**, em que a própria CF prevê em seu art. 5º, LXXV – *o Estado indenizará o condenado por erro judiciário, assim como o que ficar preso* *além do tempo fixado na sentença;* tratando-se de responsabilidade objetiva também (**obs.**: não se aplica para o cível).

Em relação às prisões preventivas, caso o réu seja julgado inocente, a jurisprudência majoritária entende que não há responsabilização do Estado por dano moral.

10. BENS PÚBLICOS

O art. 98 do Código Civil traz o conceito de bens públicos: *São **públicos** os bens do domínio nacional pertencentes às pessoas jurídicas de direito público interno; todos os outros são particulares, seja qual for a pessoa a que pertencerem.*

Para compreender o art. 98, é preciso lembrar do art. 41 do Código Civil, que vem definir quem são pessoas jurídicas de direito público interno:

I – a **União**;

II – os **Estados**, o **Distrito Federal** e os **Territórios**;

III – os **Municípios**;

IV – as **autarquias**, inclusive as **associações públicas**;

V – as demais entidades de **caráter público** criadas por lei.

Portanto, **bens públicos** são **apenas** aqueles pertencentes a pessoas jurídicas de direito público (U, E, M, DF, Autarquias e Fundações públicas com personalidade jurídica de direito público).

Entretanto, bens das **pessoas jurídicas de direito privado** integrantes da Administração Pública são **privados** (ou particulares), mas podem estar sujeitos a regras próprias do regime jurídico de bens públicos (*inalienabilidade, impenhorabilidade, imprescritibilidade e não onerabilidade*), quando estiverem sendo **efetivamente utilizados** na prestação de um serviço público;

10.1 Afetação X Desafetação

Afetação – é quando um bem **está vinculado** a uma finalidade pública (está *afetado*). Em regra, os bens ***de uso comum do povo*** e os bens ***de uso especial*** são afetados. Ex.: prédio público onde funciona uma escola pública está afetado à prestação desse serviço.

Desafetação – é quando um bem **não está vinculado** a nenhuma finalidade pública (está *desafetado*). Os bens ***dominicais*** são desafetados. Ex.: terreno baldio do município.

Entende-se por desafetação, também, o **ato de desvincular** um bem de determinada finalidade, a fim de facilitar sua alienação. Portanto, um bem ***de uso comum do povo*** ou ***de uso especial*** é transformado em ***bem dominical***. O ato de desafetação depende de lei específica.

10.2 Classificação dos bens públicos

a) Quanto à forma de utilização/destinação:

Código Civil, art. 99. *São bens públicos: **I** - os de **uso comum do povo**, tais como rios, mares, estradas, ruas e praças; **II** - os de **uso especial**, tais como edifícios ou terrenos destinados a serviço ou estabelecimento da administração federal, estadual, territorial ou municipal, inclusive os de suas autarquias; **III** - os **dominicais**, que constituem o patrimônio das pessoas jurídicas de* direito público, como objeto de direito pessoal, ou real, de cada uma dessas entidades.

Portanto, teremos:

***– Bens de uso comum do povo** – apesar de pertencerem a uma a pessoa jurídica de direito público interno (poder de gestão e não propriedade), podem ser utilizados sem restrição por **todos**, gratuita ou onerosamente (rios, mares, estradas, ruas e praças, meio ambiente...);*

***– Bens de uso especial** – destinam-se (afetados) especialmente à execução dos serviços públicos; são exemplos os veículos da Administração ou os imóveis onde estão instalados os serviços públicos e órgãos da Administração (secretarias, escolas, tribunais, parlamentos...);*

***– Bens dominicais** – constituem patrimônio das pessoas jurídicas de direito público (propriedade), semelhantes aos bens dos particulares, mas que não estão afetados a uma finalidade pública específica, servindo apenas de **reserva patrimonial** ou **fonte de renda**, ou seja, não tem uma destinação especial (ex.: terras devolutas, terrenos baldios, viaturas sucateadas...).*

b) Quanto à titularidade:

*Os bens públicos se dividem em: **Federais (CF, art. 20)**, **Estaduais (CF, art. 26)**, **Distritais**, **Territoriais** ou **Municipais**, conforme o nível federativo da pessoa jurídica a quem pertençam.*

c) Quanto à disponibilidade:

*– **Bens indisponíveis por natureza** – são aqueles que, devido à sua condição não patrimonial, não podem ser alienados ou onerados; são **bens de uso comum do povo** destinados à utilização universal e difusa (ex.: ar, meio ambiente, mares...);*

*– **Bens patrimoniais indisponíveis** – são os que tem condição patrimonial, mas que por pertencerem à categoria dos **bens de uso comum do povo** ou **de uso especial**, **a lei** lhes confere o caráter de inalienabilidade enquanto mantiverem tal condição, ou seja, naturalmente poderiam ser alienados, mas legalmente, não (ex.: ruas, praças, imóvel onde está instalada a prefeitura...);*

*– **Bens patrimoniais disponíveis** – são os legalmente passíveis de alienação, por não estarem afetados a certa finalidade pública, como é o caso dos **bens dominicais** (ex.: terras devolutas).*

10.3 Atributos dos bens públicos

► **a) Inalienabilidade** (relativa)

Código Civil, art. 100. *Os bens públicos de **uso comum do povo** e os de **uso especial** são **inalienáveis**, enquanto conservarem a sua qualificação, na forma que a lei determinar.*

***Código Civil, art. 101.** Os bens públicos **dominicais podem ser alienados**, observadas as exigências da lei.*

Em regra, os bens públicos não podem ser alienados (nem usucapidos, nem desapropriados...). Em relação aos **bens afetados** (*de uso comum do povo e de uso especial), não há possibilidade de alienação enquanto mantiverem essa condição. Em relação aos bens* **desafetados** (*dominicais*), até podem ser alienados, porém há exigências legais a serem cumpridas (chamada ***alienabilidade condicionada***), trazidas pela **Lei n. 8.666/93, arts. 17 e 19** (demonstração de interesse público; prévia avaliação; e quanto a imóveis, autorização legislativa e licitação na modalidade concorrência).

► **b) Impenhorabilidade**

Os bens públicos **não** podem ser objeto de **constrição judicial**. Portanto, a lei estabelece uma forma especial de **execução contra a Fazenda Pública**, bem como as ordens de **precatórios** previstas no **art. 100 da CF**.

► **c) Imprescritibilidade**

***CC, art. 102.** Os bens públicos não estão sujeitos a usucapião.* Os bens públicos **não** se sujeitam à chamada **prescrição aquisitiva**, ou seja, não podem ser usucapidos.

► **d) Não onerabilidade**

Significa que nenhum ***ônus real*** (ex.: hipoteca, penhora, usufruto...) pode recair sobre os bens públicos. Bens públicos não podem ser dados como garantia em favor de terceiros (penhor, anticrese ou hipoteca).

Quadro sobre o uso privativo de bens públicos:

AUTORIZAÇÃO	PERMISSÃO	CONCESSÃO
ATO Administrativo (unilateral e discricionário)	**ATO** Administrativo (unilateral e discricionário)	**CONTRATO Administrativo (bilateral)**
Sempre **Sem licitação**	Em regra, **sem licitação**	Sempre **Com licitação (salvo casos de** dispensa e inexigibilidade)
Interesse do **particular**	Interesse **público e do particular**	Interesse **público e do particular**
Uso **facultativo pelo particular**	Uso **obrigatório pelo particular**	Uso **obrigatório pelo particular**
Ato **Precário (revogação qualquer** tempo, em regra, **sem indenização)**	Ato **Precário (revogação qualquer** tempo, em regra, **sem indenização)**	**Não há precariedade (cabe rescisão nas** hipóteses legais, **com indenização se** o concessionário não deu causa)
Prazo indeterminado (eventos curtos ou transitórios)	**Prazo determinado ou indeterminado (situações permanentes ou curtas)**	**Prazo determinado (situações** permanentes ou de longa duração)
Remunerada ou não	Remunerada ou não	Remunerada ou não
Ex.: fechar rua para festa popular; casamento na praia	**Ex.:** Quiosque na praia; feira permanente em uma praça; banca de jornal em uma rua, *trailer* (ver **Lei n. 13.311/2016**)	Ex.: Exploração de uma mina de água em área pública; restaurante dentro de um órgão público; estacionamento anexo a um aeroporto

11. INTERVENÇÃO DO ESTADO NA PROPRIEDADE

- Modalidades de **Intervenção do Estado na Propriedade**:

► **Servidão Administrativa** (ex.: passagem de redes elétricas por propriedades privadas; placas com nomes de rua fixadas em casas);

► **Requisição** (ex.: em um perigo iminente, a polícia requisita meu veículo para um salvamento);

► **Ocupação Temporária** (ex.: utilização de espaços privados para maquinários de obras *públicas*);

► **Limitações Administrativas** (ex.: obrigação ao proprietário em manter seu terreno limpo; limite ao desmatamento em uma propriedade rural);

► **Tombamento** (ex.: para proteger o patrimônio cultural);

► **Desapropriação** (o Estado retira coercitivamente a propriedade de terceiro e a transfere para si).

11.1 Servidão Administrativa

- Para ***Hely Lopes Meirelles***, servidão administrativa ou pública é ônus real de uso imposto pela Administração à propriedade particular, para assegurar a realização e conservação de obras e serviços públicos ou de utilidade pública, mediante indenização dos prejuízos efetivamente suportados pelo proprietário.
- **Instituição** – mediante **acordo administrativo** feito por escritura pública ou mediante **sentença judicial** (quando não há acordo), não havendo, portanto, autoexecutoriedade na servidão administrativa.
- **Indenização condicionada** – por se tratar apenas de um direito de uso pelo Poder Público (não há transferência de propriedade), a regra é de que **não haja indenização**, exceto por danos ou prejuízos comprovadamente causados.
- Portanto, a servidão administrativa incide sobre **bens imóveis**, com natureza de **direito real**, com caráter **definitivo**, **sem autoexecutoriedade** e **indenização condicionada** (somente no caso de danos ou prejuízos efetivos).
- **Exemplos:** a) Instalações de redes elétricas e redes telefônicas; b) Colocação de ganchos em prédios privados para sustentar redes elétricas;

c) implantação de gasodutos e oleodutos; d) Colocação de placas em prédios privados com nomes de ruas.

11.2 Requisição Administrativa

- Segundo *Hely Lopes Meirelles,* requisição é a utilização coativa de bens ou serviços particulares, pelo Poder Público, por ato de execução imediata e direta da autoridade requisitante e indenização ulterior, para atendimento de necessidades coletivas urgentes transitórias.
- Determina o **art. 5º, XXV, da CF** que "no caso de iminente perigo público, a autoridade competente poderá usar de propriedade particular, assegurada ao proprietário indenização ulterior, se houver dano".
- A requisição administrativa poderá ser **civil** ou **militar**:
  - ▶ **Requisição civil** – visa a evitar danos, à vida, à saúde e aos bens da coletividade diante de uma inundação, incêndios, epidemias, catástrofes;
  - ▶ **Requisição militar** – objetiva o resguardo da segurança interna e a manutenção da Soberania Nacional durante um conflito armado ou uma comoção interna.
- **Indenização ulterior condicionada** – haverá indenização apenas se houver danos, a qual será posteriormente paga ao particular.
- **Exemplos:** a) em uma emergência, situação de perigo público iminente, a polícia pode requisitar meu veículo para fazer um salvamento; b) em uma calamidade pública, o Poder público pode requisitar o uso das instalações e dos serviços de um imóvel particular, bem como de equipamentos e serviços médicos de um hospital privado.

11.3 Ocupação Temporária

Para *Hely Lopes Meirelles,* ocupação temporária ou provisória é a utilização transitória, remunerada ou gratuita, de bens particulares pelo Poder Público, para a execução de obras, serviços ou atividades *públicas ou de interesse público.*

Exemplos: a) Utilização de um terreno privado para guardar maquinários ou para pequenas barracas de operários durante a realização de uma obra; b) utilização de escolas para realização de eleições ou de campanhas de vacinação.

11.4 Limitações Administrativas

- Segundo *Hely Lopes Meirelles,* limitação administrativa é toda imposição geral, gratuita, unilateral e de ordem pública condicionadora do exercício de direitos ou de atividades particulares às exigências do bem-estar social.
- **Exemplos:** a) Obrigação de observar o recuo da calçada ao construir; b) Proibição de desmatamentos em propriedades rurais; c) Obrigação do particular efetuar limpezas de seus terrenos; d) Proibição de construir determinados números de pavimentos.

11.5 Tombamento

▶ Segundo **Marcelo Alexandrino e Vicente Paulo,** tombamento é a modalidade de intervenção na propriedade por meio da qual o Poder Público procura proteger o patrimônio cultural brasileiro.

▶ **Art. 216, § 1º, CF:** O Poder Público, com a colaboração da comunidade, promoverá e protegerá o patrimônio cultural brasileiro, por meio de inventários, registros, vigilância, **tombamento** e desapropriação, e de outras formas de acautelamento e preservação.

▶ O **tombamento** pode ser:

- **Voluntário** – quando o proprietário concorda com o tombamento, seja ele mesmo solicitando ou concordando com a proposta feita pelo Poder Público; ou **Compulsório** – quando o Poder Público realiza a inscrição do bem como tombado, mesmo que o proprietário não concorde.
- **Provisório** – enquanto não concluído o processo administrativo de tombamento; ou **Definitivo** – após a conclusão do processo, quando o Poder *Público realiza a inscrição do bem como tombado e leva a registro.*
- No tombamento **não há** obrigatoriedade de **indenização.**

11.6 Desapropriação

▶ **Art. 5º, XXII, CF** – *é garantido o direito de* **propriedade.**

▶ **Art. 5º, XXIII, CF** – a propriedade atenderá a sua **função social;**

▶ **Art. 5º, XXIV, CF** – a lei estabelecerá o procedimento para **desapropriação** por necessidade ou utilidade pública, ou por interesse social, mediante justa e prévia indenização em dinheiro, ressalvados os casos previstos nesta Constituição;

Conceito – **Desapropriação** é o procedimento de direito público mediante o qual o Estado, ou quem a lei autorize, retira coercitivamente a propriedade de terceiro e transfere para si – ou, excepcionalmente, para outras entidades – fundado em razões de *utilidade pública,* de *necessidade pública,* ou de *interesse social,* em regra, com o pagamento de justa indenização (Marcelo Alexandrino e Vicente Paulo)

É a mais gravosa modalidade de intervenção do Estado na propriedade.

Em regra, as modalidades de intervenção do Estado na propriedade **limitam** ou **condicionam** o exercício dos poderes ao domínio **(intervenção restritiva)**; entretanto, a desapropriação enseja, também, a **perda da propriedade (intervenção supressiva).**

Pressupostos para a desapropriação:

a) utilidade pública – por mera conveniência do poder público (ex.: desapropriar um imóvel para construir uma escola; desapropriar imóveis para alargar vias);

b) necessidade pública – por situações de urgência ou emergência (ex.: desapropriação de um imóvel em face de uma calamidade ou salvaguardar a segurança nacional);

c) interesse social – quando o bem não está cumprindo sua ***função social*** - para promover a justa distribuição da propriedade ou condicionar o seu uso ao bem estar social (ex.: desapropriar *área* para construção de casas populares, ou para reforma agrária).

Tipos de desapropriação:

- **Desapropriação urbanística (art. 182, § 4º, III, CF)** – possui caráter **sancionatório**, aplicável ao proprietário de solo urbano que não atende as exigências de promover o adequado aproveitamento da propriedade, conforme o plano diretor do município. **Indenização**: mediante títulos da **dívida pública**, com prazo de resgate de até 10 anos, em parcelas anuais, iguais e sucessivas.
- **Desapropriação rural (art. 184, CF)** – incide sobre imóveis rurais, em regra, destinados à reforma agrária; é uma desapropriação por **interesse social**, que sujeita os imóveis rurais que não esteja atendendo à sua **função social**. **Indenização**: títulos da **dívida agrária**, resgatáveis em até 20 anos, a partir do segundo ano de sua emissão. **Expropriante**: a desapropriação de imóvel rural por interesse social para fins de reforma agrária, por descumprimento da função social da propriedade rural (art. 184, CF), é de competência exclusiva da União. Por **utilidade ou necessidade públicas ou por interesse social genérico, qualquer ente federado** pode desapropriar imóvel rural. **Não pode ser desapropriada:** a) propriedade produtiva; b) a pequena e média propriedade, desde que seu proprietário não possua outra.
- **Desapropriação confiscatória (art. 243, CF)** – incide sobre propriedades rurais e urbanas de qualquer região do País, onde forem localizadas culturas ilegais de plantas psicotrópicas ou a exploração de trabalho escravo; serão desapropriadas para fins de habitação popular ou reforma agrária. **Indenização**: não há indenização! Sem prejuízo de outras sanções previstas em lei.
- **Desapropriação indireta (art. 35, DL n. 3.365/41)** – quando o Estado se apropria do bem do particular sem a observância dos requisitos ou do devido processo legal; ou seja, não declara o bem como de interesse público e não paga a indenização que deveria. Nesse caso, não há a anulação da desapropriação! O expropriado apenas terá direito à indenização por perdas e danos. **Indenização**: será indenizado pelas perdas e danos, caso reclame.

Bens desapropriáveis

- **Em regra**, qualquer bem suscetível de valor patrimonial pode ser desapropriado: *móvel ou imóvel, corpóreo ou incorpóreo.*
- **Exceções** – são insuscetíveis de desapropriação: **a) moeda corrente do País; b) direito personalíssimos** (honra, liberdade, cidadania...); **c) desapropriar pessoas jurídicas** (seus *bens* podem ser desapropriados).
- A desapropriação de bens **imóveis** *só pode se dar por ente federado em cujo território esteja situado.*

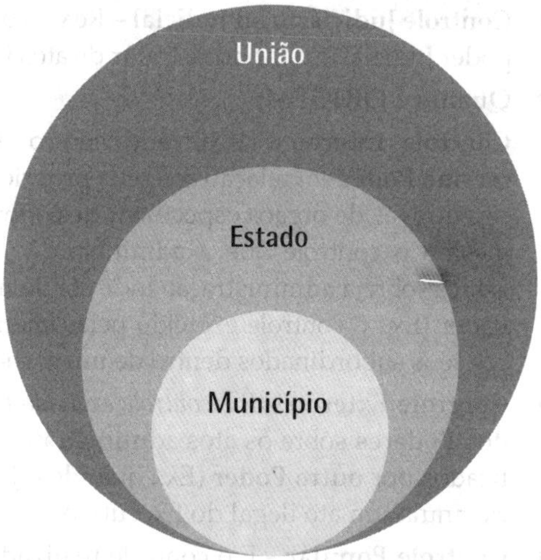

- **O procedimento de desapropriação é composto de duas fases:**

a) fase declaratória – o Poder Público manifesta a intenção de desapropriar, em regra, através de decreto do presidente, governador ou prefeito.

b) fase executória – onde são adotadas as providências para consumar a transferência do bem para o patrimônio do expropriante.

A fase executória pode se dar por **via administrativa**, quando houver acordo entre o Poder Público e o expropriado, caso em que terá natureza de compra e venda e recebe o nome de **"desapropriação amigável"**.

Não havendo acordo, será proposta **ação judicial** para solucionar o conflito, no qual somente podem ser discutidos *vícios do processo* ou *impugnação ao preço da indenização* (demais alegações dependem de ação autônoma).

O **Ministério** ***Público*** intervirá, obrigatoriamente, no processo de desapropriação.

12. CONTROLE DA ADMINISTRAÇÃO

12.1 Conceito:

- Segundo *Maria Sylvia Di Pietro*, é o poder de fiscalização e correção que sobre ela exercem os órgãos dos Poderes Judiciário, Legislativo e Executivo, com o objetivo de garantir a conformidade de sua atuação com os princípios que lhe são impostos pelo ordenamento jurídico.

12.2 Classificação e Espécies

► **Quanto ao ÓRGÃO controlador:**

- **Controle Administrativo ou Executivo** – A própria administração controlando a atuação dos seus órgãos e agentes.
- **Controle Legislativo ou Parlamentar** – O Legislativo controlando os atos e agentes do Poder Executivo.
- **Controle Judiciário ou Judicial** – Realizado pelo poder Judiciário quando se tratar de atos ilegais.

► **Quanto à ORIGEM:**

- **Controle Interno** – Realizado dentro de um **mesmo Poder** em relação aos seus próprios atos, seja através de órgãos específicos de controle ou mesmo o controle que a administração direta exerce sobre a administração indireta do mesmo Poder (Ex.: o controle exercido pelas chefias sobre seus subordinados dentro de um órgão).
- **Controle Externo** – *É o controle exercido por* **um dos Poderes** sobre os atos administrativos praticados por **outro Poder** (Ex.: quando o Judiciário anula um ato ilegal do Executivo).
- **Controle Popular** – É o controle realizado pelo povo, diretamente ou através de órgãos com essa função. Pelo princípio da indisponibilidade do interesse público, a CF prevê diversos mecanismos para que o administrado possa verificar a regularidade da atuação da administração (Ex.: CF, art. 74, § 2º – qualquer cidadão, partido político, associação ou sindicato é parte legítima para, na forma da lei, denunciar irregularidades ou ilegalidades perante o Tribunal de Contas da União).

► **Quanto ao MOMENTO em que o controle é realizado:**

- **Controle Prévio (ou Preventivo)** – Praticado antes da prática do ato (ex.: a aprovação, pelo Senado Federal, da escolha dos Ministros de tribunais superiores).
- **Controle Concomitante** – Praticado durante a realização do ato (ex.: fiscalização, pelos agente públicos, de obras públicas em execução).
- **Controle Posterior (ou Subsequente)** – *É o controle após a prática do ato, com o objetivo de confirmá-lo ou corrigi-lo* (ex.: aprovação, revogação, anulação ou convalidação de uma ato).

► **Quanto ao ASPECTO controlado:**

- **Controle de Legalidade ou Legitimidade** – Verifica-se se o ato foi praticado em conformidade com o ordenamento jurídico. Tal controle pode ser feito pelo Poder Judiciário ou pela própria Administração, em razão do **princípio da autotutela** (ex.: quando o Judiciário anula um ato administrativo através de um mandado de segurança);
- **Controle de Mérito** – Praticado apenas pela própria Administração em relação aos seus próprios atos. Trata-se de caso de **revogação** por *inconveniência ou inoportunidade* (ex.: desativação de um equipamento obsoleto).

12.3 Controle ADMINISTRATIVO X JUDICIÁRIO X LEGISLATIVO

- Muito embora os Poderes Legislativo, Executivo e Judiciário sejam **independentes** entre si (art. 2º, CF), existe o chamado sistema de **freios e contrapesos**, no qual um pode exercer controle sobre a atividade do outro, nas hipóteses permitidas constitucionalmente.
- Em relação ao controle exercido sobre as entidades da administração **indireta**, fala-se em ***supervisão*** ou ***tutela***, pois é um controle é de caráter essencialmente finalístico (verificação do atendimento dos fins), já que elas não estão sujeitas à subordinação hierárquica, embora tenham de se enquadrar nas políticas governamentais.

Controle Administrativo

- Trata-se do controle que a própria Administração faz em relação aos seus atos, derivado do seu **poder de autotutela**. Lembrando que esse controle ocorre também dentro dos Poderes Judiciário e Legislativo, em relação aos seus próprios atos administrativos. Pode ocorrer de ofício. Segundo Marcelo Alexandrino e Vicente Paulo, **controle administrativo** é o **controle interno**, fundado no poder de **autotutela**, exercido pelo Poder Executivo e pelos órgãos administrativos dos Poderes Legislativo e Judiciário sobre suas próprias condutas, tendo em vista aspectos de **legalidade** e de **mérito** administrativo.

Vejamos alguns dos instrumentos de **controle administrativo**:

- Direito de Petição; Fiscalização Hierárquica; Controle Ministerial; Controle Social; Instrumentos

Legais de Controle; Recursos Administrativos; Representação Administrativa; Reclamação Administrativa; Pedido de Reconsideração; Revisão do Processo; Recurso Hierárquico.

Controle Legislativo (= Político = Parlamentar)

- Trata-se do controle que o **Poder Legislativo** exerce sobre todos os demais Poderes. Entretanto, se o Poder Legislativo exerce o controle sobre seus próprios atos administrativos, trata-se de **controle interno** (neste caso há o **controle administrativo**); se exercer controle em face dos atos dos Poderes Executivo ou Judiciário, trata-se de **controle externo**. Portanto, por **Controle Legislativo**, entende-se aquele **externo**, que o poder Legislativo exerce sobre os Poderes Executivo e Judiciário (em relação às funções administrativas).
- O **Controle Legislativo** *é limitado às hipóteses expressamente autorizadas pela Constituição Federal e está pautado em dois critérios:*
- **Controle político** – que é exercido pessoalmente pelos parlamentares, nas hipóteses expressamente previstas na CF (ex.: quando um ato do Executivo depende da aprovação do Senado; ou quando o Congresso susta um ato normativo do Executivo por exorbitar o poder Regulamentar);
- **Controle financeiro** – fiscalização contábil, financeira e orçamentária exercida com o **auxílio** dos Tribunais de Contas: Tribunal de Contas da União (TCU), Tribunal de Contas dos Estados (TCEs), Tribunal de Contas do Distrito Federal (TCDF) e Tribunais de Contas dos Municípios (TCMs). Art. 71, CF.

Controle Judicial

- *É o controle realizado pelos órgãos do* **Poder Judiciário,** no desempenho de sua atividade jurisdicional, sobre os atos administrativos do **Poder Executivo,** bem como sobre os atos administrativos do **Poder Legislativo** e do próprio **Poder Judiciário.** Trata-se de um controle judicial sobre atos administrativos de quaisquer dos Poderes. O Controle Judicial precisa ser **provocado.** O controle judicial analisa exclusivamente **legalidade, não** sendo permitido que faça juízo de **mérito** sobre atos administrativos.
- Vejamos as **ações judiciais** mais importantes no controle judicial: ***Habeas Corpus*** (art. 5º, LXVIII, CF); **Mandado de Segurança** (individual ou coletivo – art. 5º, LXIX e LXX, CF e Lei n. 12.019/2009); ***Habeas Data*** (art. 5º, LXXII, CF); **Mandado de Injunção** (art. 5º, LXXI, CF); **Ação Popular** (art. 5º, LXXIII, CF); **Ação Civil Pública** (art. 129, III, CF e Lei n. 7.347/85); **Ação Direta de Inconstitucionalidade** (art. 102, I, *a* e art. 103, CF, e Lei n. 9.868/99).

13. LICITAÇÃO E CONTRATOS

13.1 Introdução, Conceitos e Fundamentos

O **art. 37, XXI, da CF** prevê o preceito mais **genérico** existente em nosso ordenamento jurídico sobre a obrigatoriedade de a Administração Pública realizar licitações para suas contratações:

> "XXI – ressalvados os casos especificados na legislação, as obras, serviços, compras e alienações serão contratados mediante processo de licitação pública que assegure igualdade de condições a todos os concorrentes, com cláusulas que estabeleçam obrigações de pagamento, mantidas as condições efetivas da proposta, nos termos da lei, o qual somente permitirá as exigências de qualificação técnica e econômica indispensáveis à garantia do cumprimento das obrigações."

Desse dispositivo, constata-se que a própria CF admite a possibilidade de a lei estabelecer hipóteses **excepcionais** de contratações de obras, serviços, compras e alienações **sem licitações** – chamada **contratação direta.**

Entretanto, ao prever os contratos de **concessão** e **permissão** de serviços públicos, a CF não deixou margem para exceções, sendo necessária sempre a realização de licitação:

> "Art. 175. Incumbe ao Poder Público, na forma da lei, diretamente ou sob regime de concessão ou permissão, sempre através de licitação, a prestação de serviços públicos."

Segundo Maria Sylvia Zanella Di Pietro, licitação é o procedimento administrativo pelo qual um ente público, no exercício da função administrativa, abre a todos os interessados, que se sujeitem às condições fixadas no instrumento convocatório, a possibilidade de formularem propostas dentre as quais selecionará e aceitará a mais conveniente para a celebração de contrato.

Recentemente entrou em vigor a Lei n. 14.133/2021, chamada de Nova Lei de Licitações e Contratos, vindo disciplinar o que já era tratado pela Lei n. 8.666/93 (Lei Geral de Licitações e Contratos), a Lei n. 10.520/2002 (Pregão) e a Lei n. 12.462/2011 (RDC). Entretanto, essas três leis somente serão consideradas revogadas após decorridos dois anos da publicação da nova lei. Ou seja, todas estarão em vigor ao mesmo tempo durante esse período, podendo ser ainda cobradas no Exame de Ordem.

Considerando que até o fechamento desta edição a nova lei ainda não havia sido cobrada na prova, mantemos as considerações sobre as legislações anteriores, mas trazendo alguns detalhes sobre o novel diploma, caso venha a ser pedido.

Quando se trata de licitação, a ideia é de **isonomia,** ou seja, de que há uma **igualdade** entre os participantes no procedimento licitatório, o que é expresso, inclusive na CF.

Entretanto, a edição da **Lei n. 12.349/2010** veio alterar a **Lei n. 8.666/93**, a fim de relativizar essa ideia de isonomia, trazendo uma interpretação elástica ao termo, ao conferir vantagens competitivas (chamada **margem de preferência**) a **empresas produtoras de bens manufaturados nacionais ou prestadoras de serviços nacionais**. Além disso, a Lei n. 12.349/2010 veio favorecer os setores de pesquisa e inovações tecnológicas nacionais.

Tal alteração foi tanta que o legislador entendeu por alterar também o art. 3º da Lei n. 8.666/93 a fim de constar que "A licitação destina-se a garantir a observância do princípio constitucional da isonomia, a seleção da proposta mais vantajosa para a administração e a **promoção do desenvolvimento nacional sustentável (...)**".

Portanto, seguindo políticas já adotadas em outros países, o Brasil passa a utilizar as contratações governamentais (que geralmente têm enorme peso econômico) como instrumento apto a promover o **desenvolvimento nacional sustentável**, fortalecendo empresas que venham a gerar empregos e rendas domésticos e que se preocupem com as pesquisas e criação de tecnologias nacionais, bem como as que adotam **práticas de sustentabilidade**, preservando o meio-ambiente e recursos naturais.

Ademais, o legislador flexibilizou ainda mais a ideia de isonomia/igualdade ao acrescentar, através da **Lei n. 13.146/2015 (Estatuto da Pessoa com Deficiência)**, regras destinadas e proporcionar vantagens competitivas (inclusive margem de preferência) a **"empresas que comprovem cumprimento de reservas de cargos prevista em lei para pessoa com deficiência ou para reabilitado da previdência social e que atendam às regras de acessibilidade previstas na legislação"**.

13.2 Modalidades de Licitação

- Lei n. 8.666/93, art. 22: São **MODALIDADES** de licitação:

  I – concorrência

  II – tomada de preços

  III – convite

  IV – concurso

  V – leilão

- Lei n. 10.520/2002, art. 1º: Para aquisição de bens e serviços comuns, poderá ser adotada a licitação na modalidade de **pregão**.
- Há ainda a **consulta** (modalidade licitatória das Agências Reguladoras).

As modalidades de licitação ***convite, tomada de preços*** e ***concorrência*** são determinadas conforme os valores da contratação. Entretanto, esses valores foram atualizados pelo **Decreto n. 9.412/2018**. A lei continua com a mesma redação, porém, os valores a serem considerados para a prova são os atualizados do Decreto, conforme abaixo: Os valores estabelecidos nos incisos I e II do *caput* do art. 23 da Lei n. 8.666, de 21 de junho de 1993, ficam atualizados nos seguintes termos:

- Art. 23. As modalidades de licitação a que se referem os incisos I a III do artigo anterior serão determinadas em função dos seguintes limites, tendo em vista o valor estimado da contratação:

I – para obras e serviços de **engenharia**:

a) convite – até R$ 330.000,00 (trezentos e trinta mil reais);

b) tomada de preços – até **R$ 3.300.000,00** (três milhões e trezentos mil reais);

c) concorrência – acima de R$ 3.300.000,00 (três milhões e trezentos mil reais);

II – **para compras e serviços não** referidos no inciso anterior:

a) convite – até **R$ 176.000,00** (cento e setenta e seis mil reais);

b) tomada de preços – até **R$ 1.430.000,00** (um milhão, quatrocentos e trinta mil reais);

c) concorrência – R$ 1.430.000,00 (um milhão, quatrocentos e trinta mil reais).

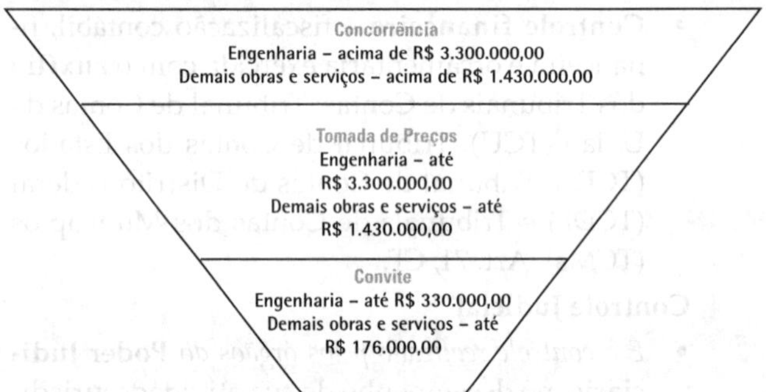

- Nos casos em que couber **convite**, a Administração poderá utilizar a **tomada de preços** e, em qualquer caso, a **concorrência**.
- É **vedada** a **criação** de outras modalidades de licitação ou a **combinação** das referidas neste artigo.

Concorrência

- Art. 22, § 1º: **Concorrência** é a modalidade de licitação entre **quaisquer interessados** que, na fase inicial de **habilitação** preliminar, comprovem possuir os **requisitos** mínimos de qualificação exigidos no edital para execução de seu objeto.
- A concorrência é a **mais complexa** das modalidades de licitação.

- Art. 23, § 3º: A **concorrência** é a modalidade de licitação cabível, **qualquer que seja o valor de seu objeto**, tanto na **compra** ou **alienação** de bens imóveis, ressalvado o disposto no art. 19 (leilão), como nas concessões de direito real de uso e nas licitações **internacionais**, admitindo-se neste último caso, observados os limites deste artigo, a **tomada de preços**, quando o órgão ou entidade dispuser de **cadastro internacional** de fornecedores ou o convite, quando não houver fornecedor do bem ou serviço no País.

Tomada de Preços

- Art. 22, § 2º: **Tomada de preços** é a modalidade de licitação entre interessados devidamente **cadastrados** ou que atenderem a todas as condições exigidas para cadastramento **até o 3º dia anterior à data do recebimento das propostas**, observada a necessária qualificação.
- A Tomada de Preços é utilizada para a celebração de contratos de obras, serviços e compras de **menor vulto** do que as que exigem a concorrência.
- A **habilitação**, que corresponde ao **cadastramento**, é **preliminar** à abertura do procedimento.
- Quem ainda não for cadastrado **poderá cadastrar-se até o 3º dia** anterior à data do recebimento das propostas, desde que atendam às condições de qualificação exigidas (mesmas exigência para o cadastramento).

Convite

- Art. 22, § 3º: **Convite** é a modalidade de licitação entre interessados do ramo pertinente ao seu objeto, **cadastrados ou não**, **escolhidos** e **convidados** em número **mínimo de 3** pela unidade administrativa, a qual afixará, em local apropriado, cópia do instrumento convocatório e o **estenderá aos demais cadastrados** na correspondente especialidade que manifestarem seu interesse com **antecedência de até 24 horas** da apresentação das propostas.
- Diferentemente das demais modalidades de licitação, que têm como instrumento convocatório o edital, a modalidade convite tem como **instrumento convocatório** a **carta-convite**, que será **enviada** diretamente aos interessados.
- Como não há edital, não há publicação na imprensa oficial, apesar de haver a necessidade de afixação da cópia do instrumento em local apropriado, a fim de que os demais cadastrados (não convidados) possam participar (manifestando-se 24h antes da entrega das propostas).
- O **convite** tem procedimentos mais **simples**, sendo utilizado para contratações de **menor valor**.
- **Excepcionalmente**, a carta-convite pode ser enviada a **menos de 3 interessados**, caso haja **limitação de mercado** ou **desinteresse dos convidados**, tornado impossível a obtenção de um número mínimo (tal fato deverá ser justificado no processo, sob pena de ter que repetir o procedimento).

Modalidade	Macete
Concorrência	Quaisquer interessados
Tomada de Preços	CadasTrados; Três dias
Convite	Cadastrados ou não; Com vinte e quatro horas

Concurso

- Art. 22, § 4º: Concurso é a modalidade de licitação entre quaisquer interessados para **escolha de trabalho técnico, científico ou artístico**, mediante a instituição de **prêmios** ou **remuneração** aos vencedores, conforme critérios constantes de edital publicado na imprensa oficial com antecedência mínima de 45 dias.
- A **natureza do objeto** *é que determina a realização da modalidade concurso, independentemente do valor do contrato.*
- Art. 13, § 1º: Ressalvados os casos de inexigibilidade de licitação, os contratos para a prestação de **serviços técnicos profissionais especializados** deverão, preferencialmente, ser celebrados mediante a realização de **concurso**, com estipulação prévia de prêmio ou remuneração.
- O **julgamento** é feito por uma **comissão especial**, formada por pessoas de reputação ilibada e reconhecido conhecimento da matéria, sejam servidores públicos ou não.

Leilão

- Art. 22, § 5º: **Leilão** é a modalidade de licitação entre quaisquer interessados para a **venda de bens móveis** inservíveis para a administração ou de produtos legalmente apreendidos ou penhorados, ou para a **alienação de bens imóveis** prevista no art. 19, a quem oferecer o **maior lance**, igual ou superior ao valor da avaliação.
- Portanto, o leilão destina-se à venda ou alienação de:
- **a) bens móveis** inservíveis para a administração;
- **b) produtos** legalmente apreendidos ou penhorados;
- **c) bens imóveis cuja aquisição** derivou de **procedimentos judiciais** ou de **dação em pagamento** (art. 19).

Pregão

- Pregão é a sexta modalidade de licitação, prevista na **Lei n. 10.520/2002**.
- ***Pregão** é a modalidade de licitação, sempre do tipo **menor preço**, destinada à aquisição de **bens e serviços comuns**, que pode ser utilizada para **qualquer valor** de contrato* (Marcelo Alexandrino e Vicente Paulo).
- Trata-se de uma modalidade **pouco complexa**, possibilitando maior **celeridade** na contratação de bens e serviços comuns.
- A disputa entre os licitantes é realizada mediante propostas e lances em sessão pública.

Consulta

A consulta não consta na Lei n. 8.666/93, pois aplica-se apenas às **Agências Reguladoras**.

- A Nova Lei de Licitações e Contratos (Lei n. 14.133/2021) manteve a concorrência, o concurso e o leilão; incorporou o pregão e criou uma nova modalidade, o diálogo competitivo. Tomada de preços e convite não foram considerados pela nova lei. Assim, segundo o novo diploma:
- Art. 28. São modalidades de licitação:

I – pregão;

II – concorrência;

III – concurso;

IV – leilão;

V – diálogo competitivo.

Sobre a nova modalidade, o art. 32 prevê que o **diálogo competitivo** é restrito a contratações em que a Administração:

I – vise a contratar objeto que envolva as seguintes condições:

a) inovação tecnológica ou técnica;

b) impossibilidade de o órgão ou entidade ter sua necessidade satisfeita sem a adaptação de soluções disponíveis no mercado; e

c) impossibilidade de as especificações técnicas serem definidas com precisão suficiente pela Administração;

II – verifique a necessidade de definir e identificar os meios e as alternativas que possam satisfazer suas necessidades, com destaque para os seguintes aspectos:

a) a solução técnica mais adequada;

b) os requisitos técnicos aptos a concretizar a solução já definida;

c) a estrutura jurídica ou financeira do contrato;

13.3 Tipos de Licitação

- **Art. 45, § 1º**: Para os efeitos deste artigo, constituem **tipos de licitação**, exceto na modalidade concurso:

I – a de menor preço – quando o critério de seleção da proposta mais vantajosa para a Administração determinar que será vencedor o licitante que apresentar a proposta de acordo com as especificações do edital ou convite e ofertar o menor preço.

II – *a de melhor técnica*

III – *a de técnica e preço*

IV – *a de maior lance ou oferta* – *nos casos de alienação de bens ou concessão de direito real de uso.*

- Os **tipos** de licitação são aplicáveis a **todas as modalidades** de licitação, exceto para o **concurso** (neste o participante aceita o prêmio ou remuneração previamente estipulados).
- **Art. 45, § 5º**: *É* **vedada** a utilização de **outros tipos** de licitação não previstos neste artigo
- O tipo **"menor preço"** *é a* **regra geral** nas licitações para contratações de obras, serviços, compras e locações. Também é o tipo **obrigatório** utilizado na modalidade **pregão**. Será vencedor o que apresentar o **menor preço**.
- Art. 46: Os tipos de licitação **"melhor técnica"** ou **"técnica e preço"** serão utilizados **exclusivamente para serviços** de natureza predominantemente **intelectual**, em especial na **elaboração de projetos, cálculos, fiscalização, supervisão e gerenciamento** e de **engenharia consultiva em geral** e, em particular, para a **elaboração de estudos técnicos preliminares e projetos básicos e executivos.**
- Para contratação de **bens e serviços de informática**, muito embora não seja de natureza intelectual, a administração adotará **obrigatoriamente** o tipo de licitação **"técnica e preço"**, permitido o emprego de outro tipo de licitação nos casos indicados em decreto do Poder Executivo.
- Nos casos de **alienação de bens** ou **concessão de direito real de uso**, por óbvio, se usa o tipo **"maior lance ou oferta"**.
- Segundo **o art. 33** da Nova Lei de Licitações e Contratos (Lei n. 14.133/2021), o julgamento das propostas será realizado de acordo com os seguintes critérios:

I – menor preço;

II – maior desconto;

III – melhor técnica ou conteúdo artístico;

IV – técnica e preço;

V – maior lance, no caso de leilão;

VI – maior retorno econômico.

13.4. Procedimento de Licitação

- Apesar de o procedimento licitatório estar detalhado na Lei n. 8.666/93, não há uma sequência lógica e didática.

- A modalidade **"concorrência"** *é a mais complexa, contendo todas as fases bem definidas, sendo que nem todas as modalidades seguem esse mesmo padrão.*
- O procedimento licitatório é dividido em duas grandes fases:

Fase Interna	• O procedimento inicia **dentro** do órgão ou entidade;
Fase Externa	• A partir do momento em que se torna **pública** a licitação

Fase Interna:

- Art. 38: O **procedimento** da licitação será **iniciado** com a **abertura de processo administrativo**, devidamente autuado, protocolado e numerado, contendo a **autorização** respectiva, a **indicação sucinta de seu objeto** e do **recurso próprio** para a despesa, e ao qual serão juntados oportunamente:

I – **edital** ou **convite** e respectivos anexos, quando for o caso;

II – ***comprovante das publicações*** do edital resumido, na forma do art. 21 desta Lei, ou da entrega do convite;

III – ***ato de designação da comissão*** de licitação, do **leiloeiro** administrativo ou oficial, ou do responsável pelo convite;

IV – ***original*** das propostas e dos documentos que as instruírem;

V – ***atas***, relatórios e deliberações da Comissão Julgadora;

VI – ***pareceres*** técnicos ou jurídicos emitidos sobre a licitação, dispensa ou inexigibilidade;

VII – ***atos de adjudicação*** do objeto da licitação e da sua homologação;

VIII – ***recursos*** eventualmente apresentados pelos licitantes e respectivas manifestações e decisões;

IX – ***despacho*** de anulação ou de revogação da licitação, quando for o caso, fundamentado circunstanciadamente;

X – ***termo de contrato*** ou instrumento equivalente, conforme o caso;

XI – ***outros*** comprovantes de publicações;

XII – ***demais documentos*** relativos à licitação.

Fase Externa:

- A fase externa inicia no momento em que a licitação se torna **pública**.
- Portanto, a fase externa começa com a **publicação do edital** ou **envio da carta-convite**.
- Na sequência, a fase segue os passos trazidos no art. 43:

I – ***abertura dos envelopes*** contendo a documentação relativa à **habilitação** dos concorrentes, e sua apreciação;

II – ***devolução dos envelopes*** fechados aos concorrentes **inabilitados**, contendo as respectivas propostas, desde que não tenha havido recurso ou após sua denegação;

III – ***abertura dos envelopes*** contendo as **propostas** dos concorrentes habilitados, desde que transcorrido o prazo sem interposição de recurso, ou tenha havido desistência expressa, ou após o julgamento dos recursos interpostos;

IV – ***verificação da conformidade de cada proposta*** com os **requisitos do edital** e, conforme o caso, com os preços correntes no mercado ou fixados por órgão oficial competente, ou ainda com os constantes do sistema de registro de preços, os quais deverão ser devidamente registrados na ata de julgamento, promovendo-se a **desclassificação** das propostas desconformes ou incompatíveis;

V – ***julgamento e classificação*** das propostas de acordo com os **critérios de avaliação** constantes do edital;

VI – ***deliberação da autoridade*** competente quanto à **homologação** e **adjudicação** do objeto da licitação.

Habilitação dos Licitantes

- Na fase de **habilitação**, se faz a verificação da **documentação** para avaliar as qualidades pessoais de cada licitante. Tem por finalidade assegurar que, caso aquele licitante seja o vencedor, terá capacidade **técnica**, **financeira** e **idoneidade** para cumprir o contrato objeto da licitação.
- A regra é que a habilitação ocorra **antes** da análise das propostas, sendo que, nesse caso, os **inabilitados** serão **excluídos** do procedimento sem ao menos terem suas propostas analisadas (os envelopes são devolvidos lacrados). A inabilitação do licitante importa **preclusão** *do seu direito de participar das fases subsequentes.*
- A lei enumera os documentos a serem exigidos dos licitantes, sendo **vedado exigências supérfluas e desnecessárias** que possam direcionar ou favorecer outros participantes.
- **Art. 27:** Para a **habilitação** nas licitações exigir-se-á dos interessados, **exclusivamente**, documentação relativa a:

I – ***habilitação jurídica*** (identidade, ato constitutivo, registro comercial...);

II – ***qualificação técnica*** (registro em entidade profissional, comprovação de aptidão...);

III – ***qualificação econômico-financeira*** (balanço patrimonial, certidões de falências...);

IV – **regularidade fiscal e trabalhista** (inscrição em cadastro de contribuinte, prova de inexistência de dívidas trabalhistas...);

V – **cumprimento** do disposto no inciso XXXIII do art. 7º da CF (restrições e proibições ao trabalho de menores)

Julgamento das Propostas:

- O julgamento consiste no **confronto** das ofertas com a consequente **classificação** dos licitantes, determinando-se o **vencedor.**
- O **tipo de licitação** previsto no edital vai definir qual o **critério de julgamento.**
- Em regra, o julgamento ocorre por uma **comissão.**
- Na **primeira fase** do julgamento, a Administração verifica a **conformidade da proposta com os requisitos do edital** (proposta em desconformidade serão desclassificadas);
- Na **segunda fase**, se faz a **ordem de classificação** entre os concorrentes que restaram (primeiro lugar, segundo lugar...).

Homologação e Adjudicação ao Vencedor

- O trabalho da comissão termina com a **divulgação do resultado** do julgamento, passando-se o processo à **autoridade competente**, para deliberação quanto à **homologação** e **adjudicação** do objeto da licitação.
- Na fase de **homologação** ocorre o controle de legalidade do procedimento, ou seja, a autoridade vai verificar se tudo ocorreu conforme a lei. Havendo irregularidades sanáveis, retorna-se à comissão para saneamento; se houver irregularidades insanáveis, anula-se o processo (ao menos do ponto onde ocorreu o vício).
- **Adjudicação** é o ato **final** do procedimento de licitação, através do qual se atribui ao vencedor o objeto da licitação (Princípios da Adjudicação compulsória). Após, inicia-se a fase contratual.
- **Obs.: adjudicação** *não se confunde com a celebração do contrato*; significa que, quando a Administração for celebrar o contrato, será com o vencedor. (Art. 50: A Administração **não poderá** celebrar o contrato com **preterição** da ordem de classificação das propostas ou com terceiros estranhos ao procedimento licitatório, sob pena de nulidade).

13.5 Contratação Direta (Dispensa e Inexigibilidade)

- **A regra geral é de que a Administração Pública deve realizar licitação previamente à celebração dos contratos administrativos.**
- **No entanto, a própria CF prevê a possibilidade de a lei estabelecer hipóteses em que a licitação *não ocorrerá* ou que *poderá não ocorrer: art. 37,* XXI** – "ressalvados os casos especificados na legislação, as obras, serviços, compras e alienações serão contratados mediante processo de licitação pública (...)".
- Ressalte-se que em caso de **concessão** ou **permissão** de serviços públicos **não** é possível a contratação sem prévia licitação.
- As situações de contratações diretas dividem-se em 2 grupos: situações de **inexigibilidade** e situações de **dispensa.**
- Para facilitar a memorização, sugerimos que você memorize quais são as hipóteses de **inexigibilidade** (porque são apenas três); depois memorize as hipóteses de licitação **dispensada** (pois são casos em que se está alienando algum bem da Administração); e o que restar, será caso de licitação **dispensável.**
- **Inexigibilidade** – quando a licitação é juridicamente **impossível**, por não haver possibilidade de competição, devido à inexistência de pluralidade de proponentes.
- **Dispensa** – quando a licitação ***é possível***, mas a lei **dispensa** ou **permite que seja dispensada** a licitação. Quando a lei expressamente dispensa a licitação, temos a **licitação dispensada**. Quando a lei autoriza a Administração a deixar de licitar, temos a **licitação dispensável**.

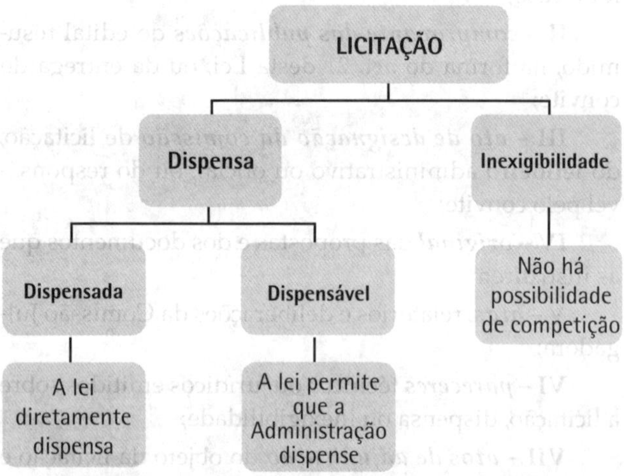

Inexigibilidade

- **Art. 25 :** ***É inexigível a licitação*** quando houver inviabilidade de competição, em especial **(rol exemplificativo)**:

  I – para aquisição de materiais, equipamentos, ou gêneros que só possam ser fornecidos por produtor, empresa ou representante comercial **exclusivo**, vedada a preferência de marca, devendo a comprovação de exclusividade ser feita através de atestado fornecido pelo órgão de registro do comércio do local em que se realizaria a licitação ou a obra ou o serviço, pelo Sindicato, Federação ou Confederação Patronal, ou, ainda, pelas entidades equivalentes;

  II – para a contratação de **serviços técnicos enumerados no art. 13** desta Lei, de **natureza singular**, com profissionais ou empresas de **notória especialização**, vedada a inexigibilidade para serviços de publicidade e divulgação;

III - para contratação de **profissional de qualquer setor artístico**, diretamente ou através de empresário exclusivo, desde que **consagrado** pela crítica especializada ou pela opinião pública.

Art. 13. Para os fins desta Lei, consideram-se **serviços técnicos profissionais especializados** os trabalhos relativos a:

I - estudos técnicos, planejamentos e projetos básicos ou executivos;

II - pareceres, perícias e avaliações em geral;

III - assessorias ou consultorias técnicas e auditorias financeiras ou tributárias;

IV - fiscalização, supervisão ou gerenciamento de obras ou serviços;

V - patrocínio ou defesa de causas judiciais ou administrativas;

VI - treinamento e aperfeiçoamento de pessoal;

VII - restauração de obras de arte e bens de valor histórico.

- *É* **vedada** a inexigibilidade de licitação para serviços de **publicidade e divulgação.**
- Não sendo caso de inexigibilidade, a contratação de **serviços técnicos profissionais especializados** do art. 13 é feita *preferencialmente* através da modalidade **concurso.**
- A inexigibilidade de licitação deve ser sempre **motivada**, com a exposição das causas que levaram a Administração a concluir pela impossibilidade de competição.
- Em relação às **empresas públicas, sociedades de economia mista** e suas **subsidiárias**, as regras para a Inexigibilidade de licitação constam na **Lei n. 13.303/2016 (Estatuto Jurídico das Empresas *Públicas* e Sociedades de Economia Mista)**, não se aplicando as regras da Lei n. 8.666/93.

Dispensa

- Na **dispensa (rol taxativo)**, embora haja possibilidade jurídica de competição:

a) a lei diretamente dispensa a licitação **(licitação dispensada)**; ou

b) autoriza que a Administração a dispense, por critérios de conveniência ou oportunidade **(licitação dispensável)**.

Licitação Dispensada (a lei não deixa licitar)

- **Art. 17. A alienação de bens da Administração Pública**, subordinada à existência de interesse público devidamente justificado, será precedida de avaliação e obedecerá às seguintes normas:
- **I** - *quando imóveis*, dependerá de **autorização legislativa** para órgãos da administração direta e entidades autárquicas e fundacionais, e, para todos, inclusive as entidades paraestatais (leia-se, EP e SEM), dependerá de avaliação prévia e de licitação na modalidade de concorrência, **dispensada** esta nos seguintes casos:

a) *dação em pagamento;*

d) *investidura (alienação a lindeiros de* área remanescente e inaproveitável pela Administração);

e) *venda a outro órgão ou entidade da administração pública, de qualquer esfera de governo;*

- **II - quando móveis**, dependerá de avaliação prévia e de licitação, **dispensada** esta nos seguintes casos:

b) permuta, permitida exclusivamente entre órgãos ou entidades da Administração Pública;

c) venda de ações, que poderão ser negociadas em bolsa, observada a legislação específica;

d) venda de títulos, na forma da legislação pertinente;

e) venda de bens produzidos ou comercializados por órgãos ou entidades da Administração Pública, em virtude de suas finalidades;

Licitação Dispensável (pode ou não haver licitação)

- **Art. 24. *É dispensável a licitação* (algumas hipóteses):**

I - para **obras e serviços de engenharia** de valor até **10% (dez por cento)** *do limite previsto na alínea a*, do inciso I do artigo anterior (limite de valor para obras de engenharia "convite"), desde que não se refiram a parcelas de uma mesma obra ou serviço ou ainda para obras e serviços da mesma natureza e no mesmo local que possam ser realizadas conjunta e concomitantemente;

II - para **outros serviços e compras** de valor até **10% (dez por cento)** *do limite previsto na alínea a*, do inciso II do artigo anterior (limite de valor para demais compras e serviços "convite") e para alienações, nos casos previstos nesta Lei, desde que não se refiram a parcelas de um mesmo serviço, compra ou alienação de maior vulto que possa ser realizada de uma só vez;

III - nos casos de **guerra** ou **grave perturbação da ordem**;

IV - *nos casos de* **emergência** ou de **calamidade pública**, quando caracterizada urgência de atendimento de situação que possa ocasionar prejuízo ou comprometer a segurança de pessoas, obras, serviços, equipamentos e outros bens, públicos ou particulares, e somente para os bens necessários ao atendimento da situação emergencial ou calamitosa e para as parcelas de obras e serviços que possam ser concluídas no prazo máximo de **180 (cento e oitenta)** *dias consecutivos e ininterruptos, contados da ocorrência da emergência ou calamidade, vedada a prorrogação dos respectivos contratos;*

IX – quando houver possibilidade de **comprometimento da segurança nacional**, nos casos estabelecidos em decreto do Presidente da República, ouvido o Conselho de Defesa Nacional;

XIX – *para as compras de* **material de uso pelas Forças Armadas**, com exceção de materiais de uso pessoal e administrativo, quando houver necessidade de manter a padronização requerida pela estrutura de apoio logístico dos meios navais, aéreos e terrestres, mediante parecer de comissão instituída por decreto;

XXVII – na contratação da **coleta, processamento e comercialização de resíduos sólidos urbanos recicláveis ou reutilizáveis**, em áreas com sistema de coleta seletiva de lixo, efetuados por **associações ou cooperativas** formadas exclusivamente por pessoas físicas de **baixa renda** reconhecidas pelo poder público como catadores de materiais recicláveis, com o uso de equipamentos compatíveis com as normas técnicas, ambientais e de saúde pública.

XXIX – na aquisição de **bens e contratação de serviços** para atender aos **contingentes militares das Forças Singulares brasileiras** empregadas em **operações de paz no exterior**, necessariamente justificadas quanto ao preço e à escolha do fornecedor ou executante e ratificadas pelo Comandante da Força.

XXXV – para a construção, a ampliação, a reforma e o aprimoramento de estabelecimentos penais, desde que configurada situação de grave e iminente risco à segurança pública.

Na hipótese de inexigibilidade em qualquer dos casos de dispensa, se **comprovado superfaturamento**, respondem **solidariamente** pelo dano causado à Fazenda Pública o **fornecedor** *ou o* **prestador de serviços** *e o* **agente público responsável**, sem prejuízo de outras sanções legais cabíveis.

13.6 Contratos Administrativos

- **Contrato administrativo** *é o ajuste entre a* **administração pública**, atuando na qualidade de poder público, e **particulares**, firmado nos termos estipulados pela própria administração contratante, em conformidade com o **interesse público**, e sob regência predominante do **direito público** (Marcelo Alexandrino e Vicente Paulo).
- **Contratos administrativos** são espécies do gênero "contrato", entretanto, com a diferença de termos em um dos polos o **poder público** e se sujeitarem *predominantemente* ao regime jurídico de **direito público**.
- O **objeto** dos contratos administrativos consiste em uma relação jurídica concernente a qualquer bem, direito ou serviço que seja do interesse da Administração *Pública, ou* necessário ao desempenho de suas atividades – obras, compras, fornecimentos, locações, alienações, serviços, concessões.

Formação do Contrato

- Considerando que um contrato deve ser **bilateral** em sua formação, é necessário que haja **livre manifestação de vontade** do particular em contratar com a Administração (formação); no entanto, após a assinatura, o contrato se sujeita às suas cláusulas e às disposições legais a ele vinculadas.
- Além da livre manifestação de vontade, são **elementos** de qualquer contrato:
  a) não contrariar disposição legal;
  b) objeto lícito e possível;
  c) capacidade das partes;
  d) forma prescrita ou não defesa em lei.

Características do Contrato

Cláusulas Exorbitantes – São **prerrogativas de direito público** que decorrem diretamente de lei, conferidas exclusivamente à Administração Pública. Extrapolam aquilo que seria admitido no direito comum (contrato privado), por isso são chamadas de exorbitantes. As cláusulas exorbitantes podem ser **explícitas** ou **implícitas** (não precisam constar expressamente no instrumento do contrato), sendo a característica que mais diferencia os contratos administrativos dos ajustes de direito privado.

Formalismo – Quase em todos os casos, os contratos administrativos devem ser **formais** e **escritos**. A regra é que é **nulo** o contrato **verbal** com a administração pública, salvo o de pequenas compras a pronto pagamento: *Art. 60. Os contratos e seus aditamentos serão lavrados nas repartições interessadas, as quais manterão arquivo cronológico dos seus autógrafos e registro sistemático do seu extrato, salvo os relativos a direitos reais sobre imóveis, que se formalizam por instrumento lavrado em cartório de notas, de tudo juntando-se cópia no processo que lhe deu origem.*

Contrato de Adesão – Os contratos administrativos são da categoria de **"adesão"**, o que significa que uma das partes (Administração) propõe suas cláusulas e a outra (particular) não pode propor alterações, supressões ou acréscimos. O particular tem autonomia de vontade ao contratar com a administração, mas essa liberdade se limita a dizer "sim" ou "não", ou seja, se aceita ou não os termos do contrato. Ao participar da **licitação**, as partes já **tomam conhecimento** dos termos do contrato, já que a lei determina que *"A minuta do futuro contrato integrará sempre o edital ou ato convocatório da licitação"* (art. 62, § 1º).

Personalidade (*intuitu personae*) – Em regra, os contratos administrativos são **pessoais**, celebrados ***in-***

tuitu personae. Isso significa que os contratos devem ser executados **pela pessoa** (física ou jurídica) que se obrigou perante a Administração. Como os contratos administrativos são realizados após um processo **licitatório** (salvo dispensa ou inexigibilidade), que visa selecionar não apenas a **proposta mais vantajosa**, mas também que a pessoa contratada ofereça **condições** de assegurar o que foi contratado, os contratos têm natureza pessoal. Portanto, em regra, não é possível a **subcontratação** do que foi celebrado (sendo, inclusive, motivo para rescisão do contrato pela Administração). A regra não é absoluta; há hipóteses de subcontratação parcial, desde que previsto no contrato: *Art. 72. O contratado, na execução do contrato, sem prejuízo das responsabilidades contratuais e legais, poderá* ***subcontratar*** *partes da obra, serviço ou fornecimento, até o limite admitido, em cada caso, pela Administração.* Entretanto, há casos em que **não será possível** a subcontratação: *Art. 13, § 3o. A empresa de prestação de* ***serviços técnicos especializados*** *que apresente relação de integrantes de seu corpo técnico em procedimento licitatório ou como elemento de justificação de dispensa ou inexigibilidade de licitação, ficará obrigada a garantir que os referidos integrantes realizem pessoal e diretamente os serviços objeto do contrato.*

REFERÊNCIAS

ALEXANDRINO, Marcelo; PAULO, Vicente. *Direito Administrativo Descomplicado*. 25. ed. rev. e atual. Rio de Janeiro: Forense; São Paulo: Método, 2017.

DI PIETRO, Maria Sylvia Zanella. *Direito Administrativo*. 32. ed. São Paulo: Forense, 2019.

MAZZA, Alexandre. *Manual de Direito Administrativo*. 6. ed. São Paulo: Saraiva, 2016.

MEIRELLES, Helly Lopes. *Direito Administrativo Brasileiro*. 42. ed. São Paulo: Malheiros, 2016.

MELLO, Celso Antônio Bandeira de. *Curso de Direito Administrativo*. 33. ed. São Paulo: Malheiros, 2016.

ROSSI, Licínia. *Manual de Direito Administrativo*. 2. ed. São Paulo: Saraiva, 2016.

Questões

Direito Administrativo

I. PRINCÍPIOS

1. (XX Exame) Carlos Mário, chefe do Departamento de Contratos de uma autarquia federal descobre, por diversos relatos, que Geraldo, um dos servidores a ele subordinado, deixara de comparecer a uma reunião para acompanhar a tarde de autógrafos de um famoso artista de televisão. Em outra ocasião, Geraldo já se ausentara do serviço, durante o expediente, sem prévia autorização do seu chefe, razão pela qual lhe fora aplicada advertência. Irritado, Carlos Mário determina a instauração de um processo administrativo disciplinar, aplicando a Geraldo a penalidade de suspensão, por 15 (quinze) dias, sem a sua oitiva, em atenção ao princípio da verdade sabida.

Considerando o exposto, assinale a afirmativa correta.

(A) A penalidade aplicada é nula, em razão de violação às garantias constitucionais da ampla defesa e do contraditório, razão pela qual o princípio da verdade sabida não guarda compatibilidade com a ordem constitucional vigente.

(B) A penalidade aplicada é nula, pois a ausência do serviço sem autorização do chefe é hipótese de aplicação da penalidade de advertência e jamais poderia dar ensejo à aplicação da penalidade de suspensão.

(C) A penalidade aplicada é correta, pois a ausência do servidor no horário de expediente é causa de aplicação da penalidade de suspensão, e o fato era de ciência de vários outros servidores.

(D) A penalidade aplicada contém vício sanável, devendo ser ratificada pelo Diretor-Presidente da autarquia, autoridade competente para tanto.

RESPOSTA No Brasil, o Processo Administrativo Disciplinar não é orientado pelo Princípio da Verdade Sabida. Ao contrário, aplica-se obrigatoriamente a observância aos Princípios da Ampla Defesa e do Contraditório. *Alternativa A.*

II. ORGANIZAÇÃO DA ADMINISTRAÇÃO PÚBLICA

2. (XXX Exame) O mandato de João como dirigente de determinada agência reguladora federal terminou pelo decurso do prazo, em junho de 2019, sem sua recondução ao cargo. No mês seguinte, João recebeu vultosa e tentadora proposta de certa sociedade empresária para prestar serviço de consultoria na área do setor regulado pela citada agência. Levando em conta que a lei específica da agência em tela seguiu as normas gerais de gestão de recursos humanos das agências reguladoras previstas na Lei n. 9.986/00, João

(A) está impedido de aceitar a proposta, pois precisa cumprir quatro meses de quarentena, contados do término do seu mandato, período durante o qual ficará vinculado à agência, fazendo jus à remuneração compensatória equivalente à do cargo de direção que exerceu e aos benefícios a ele inerentes, sob pena de incorrer na prática de crime de advocacia administrativa.

(B) está impedido de aceitar a proposta, pois precisa cumprir noventa dias de quarentena, contados do término do seu mandato, período durante o qual não ficará vinculado à agência, nem fará jus a qualquer remuneração compensatória, sob pena de incorrer na prática de ato de improbidade administrativa.

(C) pode aceitar a proposta, desde que abra mão da remuneração compensatória equivalente à do cargo de direção que exerceu e aos benefícios a ele inerentes, que receberia durante noventa dias após o término de seu mandato, sob pena de incorrer na prática de enriquecimento ilícito.

(D) pode aceitar a proposta, inclusive acumulando sua nova remuneração da iniciativa privada com a remuneração compensatória equivalente à do cargo de direção que exerceu e aos benefícios a ele inerentes, a que faz jus durante noventa dias após o término de seu mandato.

RESPOSTA Considerando a data do término do mandato (junho de 2019), aplica-se ao caso a previsão do art. 8º da Lei n. 9.986/2000, vigente na época, ou seja, de que estaria impedido de aceitar a proposta pelo período de 4 meses. Ressalte-se que essa previsão foi alterada pela Lei n. 13.848/2019, a qual entrou em vigor após o caso narrado, alterando o prazo para 6 meses. *Alternativa A.*

3. (XXVII Exame) No ano corrente, a União decidiu criar uma nova empresa pública, para a realização de atividades de relevante interesse econômico. Para tanto, fez editar a respectiva lei autorizativa e promoveu a inscrição dos respectivos atos constitutivos no registro competente. Após a devida estruturação, tal entidade administrativa está em vias de iniciar suas atividades. Acerca dessa situação hipotética, na qualidade de advogado(a), assinale a afirmativa correta.

(A) A participação de outras pessoas de direito público interno, na constituição do capital social da entidade administrativa, é permitida, desde que a maioria do capital votante permaneça em propriedade da União.

(B) A União não poderia ter promovido a inscrição dos atos constitutivos no registro competente, na medida em que a criação de tal entidade administrativa decorre diretamente da lei.

(C) A entidade administrativa em análise constitui uma pessoa jurídica de direito público, que não poderá contar com privilégios fiscais e trabalhistas.

(D) Os contratos com terceiros destinados à prestação de serviços para a entidade administrativa, em regra, não precisam ser precedidos de licitação.

RESPOSTA De acordo com o art. 3º da Lei n. 13.303/2016, que traz o conceito de empresa pública, diz que é a entidade dotada de personalidade jurídica de direito privado, com criação autorizada por lei e com patrimônio próprio, cujo capital social é integralmente detido pela União, pelos Estados, pelo Distrito Federal ou pelos Municípios. Complementa-se, ainda, com o parágrafo único, qual seja, desde que a maioria do capital votante permaneça em propriedade da União, do Estado, do Distrito Federal ou do Município, será admitida, no capital da empresa pública, a participação de outras pessoas jurídicas de direito público interno, bem como de entidades da administração indireta da União, dos Estados, do Distrito Federal e dos Municípios. *Alternativa A.*

4. (XXV Exame) A organização religiosa *Tenhafé*, além dos fins exclusivamente religiosos, também se dedica a atividades de interesse público, notadamente à educação e à socialização de crianças em situação de risco. Ela não está qualificada como Organização Social (OS), nem como Organização da Sociedade Civil de Interesse Público (OSCIP), mas pretende obter verbas da União para a promoção de projetos incluídos no plano de Governo Federal, propostos pela própria Administração Pública. Sobre a pretensão da organização religiosa *Tenhafé*, assinale a afirmativa correta.

(A) Por ser uma organização religiosa, *Tenhafé* não poderá receber verbas da União.

(B) A transferência de verbas da União para a organização religiosa *Tenhafé* somente poderá ser formalizada por meio de contrato administrativo, mediante a realização de licitação na modalidade concorrência.

(C) Para receber verbas da União para a finalidade em apreço, a organização religiosa *Tenhafé* deverá qualificar-se como OS ou OSCIP.

(D) Uma vez selecionada por meio de chamamento público, a organização religiosa *Tenhafé* poderá obter a transferência de recursos da União por meio de termo de colaboração.

RESPOSTA A Lei n. 13.019/2014 assim dispõe: "Art. 2º Para os fins desta Lei, considera-se: I – organização da sociedade civil: c) as organizações religiosas que se dediquem a atividades ou a projetos de interesse público e de cunho social distintas das destinadas a fins exclusivamente religiosos". O art. 16 da mesma lei assim dispõe: "Art. 16. O termo de colaboração deve ser adotado pela administração pública para consecução de planos de trabalho de sua iniciativa, para celebração de parcerias com organizações da sociedade civil que envolvam a transferência de recursos financeiros". *Alternativa D.*

5. (XXI Exame) Uma autarquia federal divulgou edital de licitação para a concessão da exploração de uma rodovia que interliga diversos Estados da Federação. A exploração do serviço será precedida de obras de duplicação da rodovia. Como o fluxo esperado de veículos não é suficiente para garantir, por meio do pedágio, a amortização dos investimentos e a remuneração do concessionário, haverá, adicionalmente à cobrança do pedágio, contraprestação pecuniária por parte do Poder Público. Sobre a hipótese apresentada, assinale a afirmativa correta.

(A) Trata-se de um exemplo de parceria público-privada, na modalidade concessão administrativa.

(B) Trata-se de um consórcio público com personalidade de direito público entre a autarquia federal e a pessoa jurídica de direito privado.

(C) Trata-se de um exemplo de parceria público-privada, na modalidade concessão patrocinada.

(D) Trata-se de um exemplo de consórcio público com personalidade jurídica de direito privado.

RESPOSTA Trata-se de parceria público-privada (PPP), na modalidade concessão patrocinada, com fundamento no art. 2º, § 1º, da Lei n. 11.079/2004, ou seja, quando envolve, adicionalmente à tarifa cobrada dos usuários, contraprestação pecuniária do parceiro público ao parceiro privado. *Alternativa C.*

6. (XXII Exame) A Associação Delta se dedica à promoção do voluntariado e foi qualificada como Organização da Sociedade Civil sem fins lucrativos – OSCIP, após o que formalizou termo de parceria com a União, por meio do qual recebeu recursos que aplicou integralmente na realização de suas atividades, inclusive na aquisição de um imóvel, que passou a ser a sede da entidade. Com base nessa situação hipotética, assinale a afirmativa correta.

(A) A Associação não poderia ter sido qualificada como OSCIP, considerando que o seu objeto é a promoção do voluntariado.

(B) A qualificação como OSCIP é ato discricionário da Administração Pública, que poderia indeferi-lo, mesmo que preenchidos os requisitos legais.

(C) A qualificação como OSCIP não autoriza o recebimento de recursos financeiros por meio de termo de parceria, mas somente mediante contrato de gestão.

(D) A Associação não tem liberdade para alienar livremente os bens adquiridos com recursos públicos provenientes de termo de parceria.

RESPOSTA A qualificação de Organização da Sociedade Civil sem fins lucrativos – OSCIP é regulada pela Lei n. 9.790/99, a qual prevê, em seu art. 15, que, caso a organização adquira bem imóvel com recursos provenientes da celebração do Termo de Parceria, este será gravado com cláusula de inalienabilidade. Portanto, não há liberdade para alienação dos bens adquiridos com recursos de termos de parceria. *Alternativa D.*

III. AGENTES PÚBLICOS

7. (XXXIII EXAME) Flávio, oficial de justiça de determinado Tribunal Regional Federal, no exercício de suas atribuições, ao se dirigir para uma diligência, foi surpreendido por intenso tiroteio. Em razão disso, Flávio adentrou clandestinamente o imóvel de Júlia, sendo que permaneceu no local sem determinação judicial, por longo período e contra a vontade da proprietária. Diante da configuração de crime previsto na Lei de Abuso de Autoridade, Flávio foi denunciado no âmbito criminal, sendo certo que, após o devido processo legal, ele foi absolvido, em decorrência da caracterização de estado de necessidade, operando-se o trânsito em julgado da sentença. Paralelamente, foi instaurado processo administrativo disciplinar, para fins de obter a responsabilização de Flávio pela respectiva falta funcional. Diante dessa situação hipotética, assinale a afirmativa correta.

(A) O reconhecimento de que Flávio praticou o ato de abuso de autoridade em estado de necessidade na decisão prolatada na esfera penal faz coisa julgada no âmbito administrativo-disciplinar.

(B) A existência de ação penal por abuso de autoridade em face de Flávio deveria ter impedido a instauração do processo administrativo disciplinar, pois não é admitida duplicidade de responsabilização.

(C) A sentença penal que absolveu Flávio não pode repercutir na esfera administrativa-disciplinar, uma vez que a sentença absolutória criminal somente pode refletir em outras esferas nas hipóteses de negativa de autoria.

(D) Não é possível aplicar penalidade administrativa-disciplinar a Flávio, na medida em que toda sentença absolutória penal vincula o controle pela Administração Pública, ainda que o fundamento criminal seja a ausência de prova.

RESPOSTA Conforme prevê o art. 8º da Lei n. 13.869/2019 (Lei de Abuso de Autoridade), faz coisa julgada em âmbito cível, assim como no administrativo-disciplinar, a sentença penal que reconhecer ter sido o ato praticado em estado de necessidade, em legítima defesa, em estrito cumprimento de dever legal ou no exercício regular de direito. *Alternativa A.*

8. **(XXXII Exame)** Amadeu, assim que concluiu o ensino médio, inscreveu-se e foi aprovado em concurso público para o cargo de técnico administrativo do quadro permanente de determinado Tribunal Regional Federal, cargo em que alcançou a estabilidade, após o preenchimento dos respectivos requisitos legais. Enquanto estava no exercício das funções desse cargo, Amadeu cursou e concluiu a Faculdade de Direito, razão pela qual decidiu prestar concurso público e foi aprovado para ingressar como advogado de certa sociedade de economia mista federal, que recebe recursos da União para o seu custeio geral. Diante dessa situação hipotética, assinale a afirmativa correta.

(A) Amadeu poderá acumular o cargo no Tribunal com o emprego na sociedade de economia mista federal, se houver compatibilidade de horários.

(B) A estabilidade já alcançada por Amadeu estende-se à sociedade de economia mista, considerando-se que aquela se consuma no serviço público, e não no cargo.

(C) Amadeu, ao ser contratado pela sociedade de economia mista, continua submetido ao teto remuneratório do serviço público federal.

(D) Amadeu poderia ser transferido para integrar os quadros da sociedade de economia mista sem a realização de novo concurso público.

RESPOSTA Segundo a CF, aplica-se às empresas públicas e às sociedades de economia mista, e suas subsidiárias, que receberem recursos da União, dos Estados, do Distrito Federal ou dos Municípios para pagamento de despesas de pessoal ou de custeio em geral, a regra do teto remuneratório (não poderão exceder o subsídio mensal, em espécie, dos Ministros do Supremo Tribunal Federal), vide art. 37, § 9º. *Alternativa C.*

9. **(XXXII Exame)** O Ministério Público Federal denunciou Marcos, fiscal da Receita Federal, pelo crime de peculato doloso, em decorrência da existência de provas contundentes de que tal servidor apropriou-se de dinheiro público de que tinha guarda. Ao tomar conhecimento de tais fatos, durante o trâmite do processo penal, a autoridade administrativa competente determinou a instauração de processo administrativo disciplinar, que, após o devido processo legal, levou à demissão de Marcos antes do julgamento da ação penal. Sobre a questão apresentada, assinale a afirmativa correta.

(A) A Administração fica vinculada à capitulação estabelecida no processo penal, vedada a incidência de qualquer falta residual no âmbito administrativo, considerando que o peculato constitui crime contra a Administração Pública.

(B) A demissão de Marcos na esfera administrativa é válida, mas a superveniência de eventual sentença penal absolutória, por ausência de provas, exige a reintegração do servidor no mesmo cargo que ocupava.

(C) O processo administrativo disciplinar deveria ter sido instaurado para apurar a conduta de Marcos, mas impunha-se sua suspensão diante da existência de processo criminal pelos mesmos fatos.

(D) Deve ser aplicado ao processo administrativo disciplinar o prazo prescricional previsto na lei penal para o crime de peculato cometido por Marcos.

RESPOSTA De acordo com o § 2º do art. 142 da Lei n. 8.112/1990, os prazos de prescrição previstos na lei penal aplicam-se às infrações disciplinares capituladas também como crime. *Alternativa D.*

10. **(XXXI EXAME)** Maria foi contratada, temporariamente, sem a realização de concurso público, para exercer o cargo de professora substituta em entidade autárquica federal, em decorrência do grande número de professores do quadro permanente em gozo de licença. A contratação foi objeto de prorrogação, de modo que Maria permaneceu em exercício por mais três anos, período durante o qual recebeu muitos elogios. Em razão disso, alunos, pais e colegas de trabalho levaram à direção da autarquia o pedido de criação de um cargo em comissão de professora, para que Maria fosse nomeada para ocupá-lo e continuasse a ali lecionar. Avalie a situação hipotética apresentada e, na qualidade de advogado(a), assinale a afirmativa correta.

A) Não é possível a criação de um cargo em comissão de professora, visto que tais cargos destinam-se apenas às funções de direção, chefia e assessoramento.

B) É adequada a criação de um cargo em comissão para que Maria prolongue suas atividades como professora na entidade administrativa, diante do justificado interesse público.

C) Maria tem estabilidade porque exerceu a função de professora por mais de três anos consecutivos, tornando desnecessária a criação de um cargo em comissão para que ela continue como professora na entidade autárquica.

D) Não é necessária a criação de um cargo em comissão para que Maria permaneça exercendo a função de professora, porque a contratação temporária pode ser prorrogada por tempo indeterminado.

RESPOSTA Não será possível a criação do cargo em comissão, considerando que estes destinam-se apenas às atribuições de direção, chefia e assessoramento (art. 37, V, CF). Ademais, muito embora Maria tenha exercido a função por mais de 3 anos, não adquiriu estabilidade, considerando que tal garantia destina-se apenas a quem foi nomeado para cargo público efetivo em virtude de concurso público (art. 41, CF). Diga-se, ainda, que a contratação temporária terá prazo determinado (art. 37, IX, CF). *Alternativa A.*

11. (XXVIII Exame) Os analistas de infraestrutura de determinado Ministério, ocupantes de cargo efetivo, pleiteiam há algum tempo uma completa reestruturação da carreira, com o aumento de cargos e de remunerações. Recentemente, a negociação com o Governo Federal esfriou dado o cenário de crise fiscal severa. Para forçar a retomada das negociações, a categoria profissional decidiu entrar em greve, mantendo em funcionamento apenas os serviços essenciais. Com base na hipótese apresentada, assinale a afirmativa correta.

Compete à Justiça Federal - e não à Justiça do Trabalho - julgar a abusividade do direito de greve dos analistas de infraestrutura.

(A) A Administração Pública não poderá, em nenhuma hipótese, fazer o desconto dos dias não trabalhados em decorrência do exercício do direito de greve pelos servidores públicos civis.

(B) O direito de greve dos servidores públicos civis não está regulamentado em lei, o que impede o exercício de tal direito.

(C) O direito de greve é constitucionalmente assegurado a todas as categorias profissionais, incluindo os militares das Forças Armadas, os policiais militares e os bombeiros militares.

RESPOSTA O STF já decidiu que é de competência da justiça comum, federal ou estadual, conforme o caso, o julgamento de dissídio de greve promovida por servidores públicos (RE 846854). Como a questão em pauta trata de uma situação com o Governo Federal, resta competente a Justiça Federal (vide art. 109 da CF). *Alternativa A.*

12. (XXVII Exame) Desde 1980, Jorge é docente em determinada universidade federal, ocupando o cargo efetivo de professor titular na Faculdade de Direito. No início do ano 2000, foi designado para ocupar a chefia de patrimônio da mesma instituição de ensino, cargo comissionado que exerce cumulativamente com o de professor. Mesmo tendo cumprido os requisitos para a aposentadoria voluntária do cargo efetivo, decide permanecer em atividade, até atingir a idade-limite para a aposentadoria compulsória. Com base na situação narrada, assinale a afirmativa correta.

(A) A aposentadoria compulsória, que ocorrerá aos 70 (setenta) anos de idade, só atingirá o cargo de professor. Neste caso, inexistindo impedimentos infraconstitucionais, Jorge poderá continuar exercendo a chefia de patrimônio.

(B) A aposentadoria compulsória, que ocorrerá aos 75 (setenta e cinco) anos de idade, só atingirá o cargo de professor. Neste caso, inexistindo impedimentos infraconstitucionais, Jorge poderá continuar exercendo a chefia de patrimônio.

(C) Não cabe ao Tribunal de Contas da União apreciar, para fins de registro, a legalidade da(s) aposentadoria(s) compulsória(s) concedida(s), tendo em vista que a atribuição constitucional somente diz respeito às aposentadorias voluntárias ou por invalidez permanente.

(D) Cabe ao Tribunal de Contas da União apreciar, para fins de registro, a legalidade das admissões de pessoal, tanto as que envolvem provimento de cargo efetivo quanto as que dizem respeito a provimento de cargo em comissão.

RESPOSTA De acordo com a CF, aos servidores públicos a aposentadoria acontecerá compulsoriamente, com proventos proporcionais ao tempo de contribuição, aos 70 (setenta) anos de idade, ou aos 75 (setenta e cinco) anos de idade, na forma de lei complementar (art. 40, § 1º, II). O inciso I do art. 2º da LC n. 152/2015 regulamenta a situação ao afirmar que serão aposentados compulsoriamente, com proventos proporcionais ao tempo de contribuição, aos 75 (setenta e cinco) anos de idade os servidores titulares de cargos efetivos da União, dos Estados, do Distrito Federal e dos Municípios, incluídas suas autarquias e fundações. Entretanto, segundo o STF, os ocupantes de cargos comissionados não respondem à regra de aposentadoria compulsória de servidores públicos definida pelo artigo 40 da Constituição Federal. *Alternativa B.*

13. (XXVI Exame) Maria foi aprovada em concurso para o cargo de analista judiciário do Tribunal Regional Federal da 2ª Região, mas, após ter adquirido a estabilidade, foi demitida sem a observância das normas relativas ao processo administrativo disciplinar. Em razão disso, Maria ajuizou ação anulatória do ato demissional, na qual obteve êxito por meio de decisão jurisdicional transitada em julgado. Nesse interregno, contudo, Alfredo, também regularmente aprovado em concurso e estável, foi promovido e passou a ocupar o cargo que era de Maria. Sobre a hipótese apresentada, assinale a afirmativa correta.

(A) A invalidação do ato demissional de Maria não poderá importar na sua reintegração ao cargo anterior, considerando que está ocupado por Alfredo.

(B) Maria, em razão de ter adquirido a estabilidade, independentemente da existência e necessidade do cargo que ocupava, deverá ser posta em disponibilidade.

(C) Maria deverá ser readaptada em cargo superior ao que ocupava anteriormente, diante da ilicitude de seu ato demissional.

(D) Em decorrência da invalidade do ato demissional, Maria deve ser reintegrada ao cargo que ocupava e Alfredo deverá ser reconduzido para o cargo de origem.

RESPOSTA De acordo com o § 2º do art. 41 da CF, invalidada por sentença judicial a demissão do servidor estável, será ele reintegrado, e o eventual ocupante da vaga, se estável, reconduzido ao cargo de origem, sem direito a indenização, aproveitado em outro cargo ou posto em disponibilidade com remuneração proporcional ao tempo de serviço. *Alternativa D.*

14. (XXVIII Exame) Sávio, servidor público federal, frustrado com a ineficiência da repartição em que trabalha, passou a faltar ao serviço. A Administração Pública, após constatar que Sávio acumulou sessenta dias de ausência nos últimos doze meses, instaurou processo administrativo disciplinar para apurar a conduta do referido servidor. Tendo como premissa esse caso concreto, assinale a afirmativa correta.

(A) O processo administrativo disciplinar será submetido a um procedimento sumário, mais simples e célere, composto pelas fases da instauração, da instrução sumária - que compreende a indiciação, a defesa e o relatório - e do julgamento.

(B) A inassiduidade habitual configura hipótese de demissão do serviço público, ficando Sávio impedido de nova investidura em cargo público federal pelo prazo de cinco anos, a contar do julgamento.

(C) Na hipótese de ser imputada a pena de demissão a Sávio, é lícito à Administração Pública exigir depósito de dinheiro como requisito de admissibilidade do recurso administrativo, até mesmo como forma de ressarcir os custos adicionais que o poder público terá com o processamento do apelo.

(D) A falta de advogado constituído por Sávio no processo administrativo é causa de nulidade, tendo em vista que a ausência de defesa técnica prejudica o exercício da ampla defesa por parte do servidor arrolado.

RESPOSTA De acordo com o art. 133 da Lei n. 8.112/90, detectada a qualquer tempo a acumulação ilegal de cargos, empregos ou funções públicas, a autoridade a que se refere o art. 143 notificará o servidor, por intermédio de sua chefia imediata, para apresentar opção no prazo improrrogável de dez dias, contados da data da ciência e, na hipótese de omissão, adotará procedimento sumário para a sua apuração e regularização imediata, cujo processo administrativo disciplinar se desenvolverá nas seguintes fases: I – instauração, com a publicação do ato que constituir a comissão, a ser composta por dois servidores estáveis, e simultaneamente indicar a autoria e a materialidade da transgressão objeto da apuração; II – instrução sumária, que compreende indiciação, defesa e relatório; e III – julgamento. *Alternativa A.*

15. **(XXV Exame)** Ricardo, servidor público federal, especializou-se no mercado imobiliário, tornando-se corretor de imóveis. Em razão do aumento da demanda, passou a atender seus clientes durante o horário de expediente, ausentando-se da repartição pública sem prévia autorização do chefe imediato. Instaurada sindicância, Ricardo foi punido com uma advertência. A despeito disso, ele passou a reincidir na mesma falta que ensejou sua punição. Nova sindicância foi aberta.

Com base na situação narrada, assinale a afirmativa correta.

(A) A sindicância não pode resultar, em nenhuma hipótese, na aplicação da pena de suspensão; neste caso, deve ser instaurado processo administrativo disciplinar.

(B) A reiteração da mesma falha não enseja a aplicação da pena de suspensão; neste caso, a única sanção possível é a advertência.

(C) A sindicância pode dar ensejo à aplicação da pena de suspensão, desde que a sanção seja de até 30 (trinta) dias.

(D) A pena de demissão independe da instauração de processo administrativo disciplinar, podendo ser aplicada após sindicância.

RESPOSTA O art. 130 da Lei n. 8.112/90 pode decorrer da reincidência de infração punida com advertência, podendo ser apurada em sindicância, que, a teor do disposto no art. 145 da mesma lei, pode levar à aplicação de pena de advertência e suspensão até 30 dias. *Alternativa C.*

16. **(XXV Exame)** João foi aprovado em concurso público para ocupar um cargo federal. Depois de nomeado, tomou posse e entrou em exercício imediatamente. Porém, em razão da sua baixa produtividade, o órgão ao qual João estava vinculado entendeu que o servidor não satisfez as condições do estágio probatório. Considerando o Estatuto dos Servidores Públicos Civis da União, à luz do caso narrado, assinale a afirmativa correta.

(A) A Administração Pública deve exonerar João, após o devido processo legal, visto que ele não mostrou aptidão e capacidade para o exercício do cargo.

(B) A Administração Pública deve demitir João, solução prevista em lei para os casos de inaptidão no estágio probatório.

(C) João deve ser redistribuído para outro órgão ou outra entidade do mesmo Poder, a fim de que possa desempenhar suas atribuições em outro local.

(D) João deve ser readaptado em cargo de atribuições afins.

RESPOSTA O servidor público, em estágio probatório, passa por uma avaliação (art. 41, § 4º, da CF, regulamentado pelo art. 20 da Lei n. 8.112/90). Por ocasião dessa avaliação, pode ser aprovado ou reprovado. Sendo aprovado, é estabilizado. Se for reprovado, é exonerado do respectivo cargo público. *Alternativa A.*

17. **(XXII Exame)** O Município Beta procedeu ao recadastramento de seus servidores efetivos e constatou que 6 (seis) bacharéis em contabilidade exerciam variados cargos na estrutura administrativa, todos providos mediante concurso público. Verificou também que existiam 10 (dez) cargos vagos de auditores fiscais de tributos, decorrentes de aposentadorias havidas nos últimos anos. O Município, considerando a necessidade de incrementar receitas, editou lei reorganizando sua estrutura funcional de modo a reenquadrar aqueles servidores como auditores fiscais de tributos. Com base na hipótese apresentada, acerca do provimento de cargo público, assinale a afirmativa correta.

(A) A medida é inválida, porque o provimento originário de cargo efetivo em uma determinada carreira exige concurso público específico.

(B) A medida é válida, porque os servidores reenquadrados são concursados, configurando-se na espécie mera transformação de cargos, expressamente prevista na CRFB/88.

(C) A medida é inválida, porque o provimento de todo e qualquer cargo faz-se exclusivamente mediante concurso público.

(D) A medida é válida, porque os servidores reenquadrados são concursados e não há aumento de despesa, uma vez que os cargos preenchidos já existiam.

RESPOSTA De acordo com o previsto no art. 37, II, da CF, a investidura em cargo ou emprego público depende de aprovação prévia em concurso público de provas ou de provas e títulos, de acordo com a natureza e a complexidade do cargo ou emprego, na forma prevista em lei, ressalvadas as nomeações para cargo em comissão declarado em lei de livre nomeação e exoneração. Portanto, o provimento originário do servidor em cargo público exige concurso público para aquele cargo específico. Ademais, a Súmula Vinculante 43 do STF determina que **"é inconstitucional** *toda modalidade de provimento que propicie ao servidor inves-*

tir-se, sem prévia aprovação em concurso público *destinado ao seu provimento, em cargo que não integra a carreira na qual anteriormente investido". Alternativa A.*

18. (XXI Exame) O Município Beta verificou grave comprometimento dos serviços de educação das escolas municipais, considerando o grande número de professoras gozando licença maternidade e de profissionais em licença de saúde, razão pela qual fez editar uma lei que autoriza a contratação de professores, por tempo determinado, sem a realização de concurso, em situações devidamente especificadas na norma local. Diante dessa situação hipotética, assinale a afirmativa correta.

(A) A Constituição da República não autoriza a contratação temporária sem a realização de concurso público.
(B) O Município Beta somente poderia se utilizar da contratação temporária para os cargos permanentes de direção, chefia e assessoramento.
(C) A contratação temporária, nos termos da lei, é possível, considerando que a situação apresentada caracteriza necessidade temporária de excepcional interesse público.
(D) A contratação temporária de servidores, independentemente de previsão legal, é possível.

RESPOSTA A situação narrada se enquadra na previsão do art. 37, IX da CF, segundo o qual, a lei estabelecerá os casos de contratação por tempo determinado para atender a necessidade temporária de excepcional interesse público. *Alternativa C.*

19. (XXI Exame) João foi aprovado em concurso público para o cargo de agente administrativo do Estado Alfa. Após regular investidura, recebeu sua primeira remuneração. Contudo, os valores apontados na folha de pagamento causaram estranheza, considerando que a rubrica de seu vencimento-base se mostrava inferior ao salário mínimo vigente, montante que só era alcançado se considerados os demais valores (adicionais e gratificações) que compunham a sua remuneração total. Diante dessa situação hipotética, assinale a afirmativa correta.

(A) A remuneração de João é constitucional, porque a garantia do salário mínimo não é aplicável aos servidores públicos.
(B) A remuneração de João é inconstitucional, porque o seu vencimento-base teria que ser superior ao salário mínimo.
(C) A remuneração de João é constitucional, porque a garantia do salário mínimo se refere ao total da remuneração percebida.
(D) A remuneração de João é inconstitucional, pois todo servidor público deve receber por subsídio, fixado em parcela única.

RESPOSTA A CF garante ao servidor público a percepção de salário mínimo (art. 39, § 3º c/c art. 7º, IV). Entretanto, a Súmula Vinculante 16 do STF prevê que *"os artigos 7º, IV, e 39, § 3º (redação da EC 19/98), da Constituição, referem-se ao total da remuneração percebida pelo servidor público".* Portanto, a garantia do salário mínimo prevista na CF refere-se à remuneração total (básico + vantagens permanentes), não apenas ao básico. *Alternativa C.*

20. (XXII Exame) O governador do estado Alfa, diante de grave crise financeira que assola as contas estaduais, elaborou numerosos projetos de lei para diminuir os gastos públicos e atender ao disposto na Lei de Responsabilidade Fiscal. Dentre esses projetos encontram-se: i) corte de 25% (vinte e cinco por cento) dos cargos em comissão do Poder Executivo; ii) redução dos subsídios e vencimentos dos servidores públicos estáveis em 10% (dez por cento) de seu valor nominal. Com relação à constitucionalidade de tais projetos, assinale a afirmativa correta.

(A) Os projetos são constitucionais, porque cabe ao Estado zelar por suas finanças, à luz dos princípios aplicáveis à Administração Pública.
(B) O projeto que determina o corte de cargos em comissão é inconstitucional, pois resultará na exoneração dos servidores que os ocupam.
(C) O projeto que reduz diretamente os subsídios e vencimentos pagos aos servidores públicos é inconstitucional.
(D) Os projetos são inconstitucionais, porque há direito adquirido à imutabilidade de regime jurídico dos servidores públicos.

RESPOSTA A CF prevê limites de gastos com pessoal aos entes públicos, sendo que a extrapolação desses limites sujeita o ente às seguintes providências: I – redução em pelo menos vinte por cento das despesas com cargos em comissão e funções de confiança; II – exoneração dos servidores não estáveis. Se nem assim for o suficiente para equalizar os gastos, é possível até mesmo que o servidor estável perca o cargo (art. 169, §§ 3º e 4º, da CF). Portanto, dos projetos acima, a redução de 25% dos CCs é constitucional; já a redução dos subsídios e vencimentos dos servidores públicos é inconstitucional (art. 37, XV, da CF). *Alternativa C.*

21. (XXIV Exame) Marcelo é médico do Corpo de Bombeiros Militar do Estado Beta e foi aprovado em concurso público para o cargo de médico civil junto a um determinado hospital da União, que é uma autarquia federal. A partir do fato apresentado, acerca da acumulação de cargos públicos, assinale a afirmativa correta.

(A) Por exercer atividade militar, Marcelo não pode acumular os cargos em comento.
(B) Marcelo pode acumular os cargos em questão, pois não existe, no ordenamento pátrio, qualquer vedação à acumulação de cargos ou de empregos públicos em geral.
(C) A acumulação de cargos por Marcelo não é viável, sendo cabível somente quando os cargos pertencem ao mesmo ente da Federação.
(D) É possível a acumulação de cargos por Marcelo, desde que haja compatibilidade de horários.

RESPOSTA A regra geral é a inacumulabilidade dos cargos públicos, ressalvando a acumulação de dois cargos de professor, de dois cargos na área de saúde e de um cargo técnico ou científico com um cargo de professor (art. 37, XVI, CF). *Alternativa D.*

IV. SERVIÇOS PÚBLICOS

22. (XXXII Exame) O Município Alfa pretende formalizar uma parceria público-privada para a realização de obras, instalação de postes e prestação de serviços de iluminação pública. A contraprestação da concessionária vencedora da licitação seria inteiramente custeada pela Administração Pública local, mediante ordem bancária e por outorga de direitos sobre bens públicos dominicais do município. Sobre essa situação hipotética, assinale a afirmativa correta.

(A) A contratação almejada não é possível, porque o ordenamento não admite que a Administração arque com o custeio integral de parceria público-privada.

(B) A outorga de direitos sobre bens públicos dominicais não é contraprestação admissível para a formalização da parceria.

(C) O Município Alfa deveria utilizar-se de concessão administrativa para a formalização da contratação pretendida.

(D) A natureza individual (*uti singuli*) do serviço em questão exige a cobrança de tarifa do usuário para a realização da parceria público-privada almejada.

RESPOSTA A parceria público-privada é o contrato administrativo de concessão, na modalidade patrocinada ou administrativa, diz o art. 2º da Lei n. 11.079/2004. E a concessão administrativa é o contrato de prestação de serviços de que a Administração Pública seja a usuária direta ou indireta, ainda que envolva execução de obra ou fornecimento e instalação de bens (§ 2º). *Alternativa C.*

23. (XXXI EXAME) O Município Beta concedeu a execução do serviço público de veículos leves sobre trilhos e, ao verificar que a concessionária não estava cumprindo adequadamente as obrigações determinadas no respectivo contrato, considerou tomar as providências cabíveis para a regularização das atividades em favor dos usuários. Nesse caso,

A) impõe-se a encampação, mediante a retomada do serviço pelo Município Beta, sem o pagamento de indenização.

B) a hipótese é de caducidade a ser declarada pelo Município Beta, mediante decreto, que independe da verificação prévia da inadimplência da concessionária.

C) cabe a revogação do contrato administrativo pelo Município Beta, diante da discricionariedade e precariedade da concessão, formalizada por mero ato administrativo.

D) é possível a intervenção do Município Beta na concessão, com o fim de assegurar a adequada prestação dos serviços, por decreto do poder concedente, que conterá designação do interventor, o prazo, os objetivos e os limites da medida.

RESPOSTA A previsão expressa encontra-se no art. 32 e seu parágrafo único da Lei n. 8.987/1995, segundo o qual, o poder concedente poderá intervir na concessão, com o fim de assegurar a adequação na prestação do serviço, bem como o fiel cumprimento das normas contratuais, regulamentares e legais pertinentes. A intervenção far-se-á por decreto do poder concedente, que conterá a designação do interventor, o prazo da intervenção e os objetivos e limites da medida. *Alternativa D.*

24. (XXIX Exame) O Município Alfa planeja estabelecer uma parceria público-privada para a construção e operação do metrô, cujo contrato terá vigência de trinta e cinco anos. Como a receita com a venda das passagens é inferior ao custo de implantação/operação do serviço, o ente local aportará recursos como complementação da remuneração do parceiro privado. Sobre a questão, assinale a afirmativa correta.

(A) Como o parceiro privado será remunerado pela tarifa do serviço de transporte e por uma contrapartida do poder público, a concessão será celebrada na modalidade administrativa.

(B) A contrapartida do parceiro público somente pode se dar em dinheiro, não sendo permitido qualquer outro mecanismo, a exemplo da outorga de direitos em face da Administração Pública.

(C) A vigência do futuro contrato é adequada, mas, por se tratar de negócio com duração de trinta e cinco anos, não poderá haver prorrogação contratual.

(D) Independentemente da proporção da contrapartida do parceiro público frente ao total da receita auferida pelo parceiro privado, não haverá necessidade de autorização legislativa específica.

RESPOSTA De acordo com art. 5º da Lei n. 11.079/2004, as cláusulas dos contratos de parceria público-privada atenderão ao disposto no art. 23 da Lei n. 8.987/95, no que couber, devendo também prever o prazo de vigência do contrato, compatível com a amortização dos investimentos realizados, não inferior a 5, nem superior a 35 anos, incluindo eventual prorrogação (inciso I). *Alternativa C.*

25. (XXVIII Exame) O Governo do Estado Alfa, para impulsionar o potencial turístico de uma região cercada de belíssimas cachoeiras, pretende asfaltar uma pequena estrada que liga a cidade mais próxima ao local turístico. Com vistas à melhoria do serviço público e sem dinheiro em caixa para arcar com as despesas, o Estado decide publicar edital para a concessão da estrada, com fundamento na Lei nº 8.987/95, cabendo ao futuro concessionário a execução das obras. Com base na hipótese apresentada, assinale a afirmativa correta.

(A) O edital poderá prever, em favor da concessionária, outras fontes de receita além daquela oriunda do pedágio; a renda adicional deve favorecer a modicidade tarifária, reduzindo a tarifa paga pelos usuários.

(B) Um grande investidor (pessoa física) pode ser contratado pelo poder concedente, caso demonstre capacidade de realização das obras.

(C) A concessão pode ser feita mediante licitação na modalidade tomada de preços, caso as obras necessárias estejam orçadas em até R$ 1.500.000,00 (um milhão e quinhentos mil reais).

(D) O poder concedente não poderá exigir no edital garantias do concessionário de que realizará as obras a contento, dado que a essência do contrato de concessão é a delegação de serviço público.

RESPOSTA De acordo com o art. 11 da Lei n. 8.987/95, no atendimento às peculiaridades de cada serviço público, poderá o poder concedente prever, em favor da concessionária, no edital de licitação, a possibilidade de outras fontes provenientes de receitas alternativas, complementares, acessórias ou de projetos associados, com ou sem exclusividade, com vistas a favorecer a modicidade das tarifas, observado o disposto no art. 17 desta Lei. *Alternativa A.*

26. (XXVII Exame) A sociedade empresária Beta assinou, na década de 1990, contrato de concessão de serviço de transporte público. Desde então, vem utilizando os mesmos ônibus no transporte de passageiros, não se preocupando com a renovação da frota, tampouco com o conforto dos usuários ou com o nível de emissão de poluentes. Em paralelo, com a natural evolução tecnológica, sabe-se que os veículos atualmente estão mais bem equipados, são mais seguros e, naturalmente, emitem menos poluentes. Com base no caso narrado, assinale a afirmativa correta.

(A) A renovação da frota visa a atender ao princípio da atualidade, que exige das concessionárias o emprego de equipamentos modernos.

(B) Constitui interesse público a utilização de ônibus novos, mais econômicos, eficientes e confortáveis; por isso, independentemente de lei autorizativa, pode o poder concedente encampar o contrato de concessão, retomando o serviço público.

(C) Se a concessionária desrespeitar os parâmetros de qualidade do serviço estabelecidos no contrato, a concessão poderá ser extinta unilateralmente pelo poder concedente, aplicando-se o instituto da rescisão.

(D) Ao fim da concessão, os veículos utilizados retornam ao poder concedente, independentemente de expressa previsão no edital e no contrato.

RESPOSTA Toda concessão ou permissão pressupõe a prestação de serviço adequado ao pleno atendimento dos usuários, conforme estabelecido nesta Lei, nas normas pertinentes e no respectivo contrato (art. 6º, Lei n. 8.987/95). Dentre seus princípios, está a atualidade, que compreende a modernidade das técnicas, do equipamento e das instalações e a sua conservação, bem como a melhoria e expansão do serviço (art. 6º, § 2º). *Alternativa A.*

V. PODERES ADMINISTRATIVOS

27. (XXX Exame) Após comprar um terreno, Roberto iniciou a construção de sua casa, sem prévia licença, avançando para além dos limites de sua propriedade e ocupando parcialmente a via pública, inclusive com possibilidade de desabamento de parte da obra e risco à integridade dos pedestres. No regular exercício da fiscalização da ocupação do solo urbano, o poder público municipal, observadas as formalidades legais, valendo-se da prerrogativa de direito público que, calcada na lei, autoriza-o a restringir o uso e o gozo da liberdade e da propriedade privada em favor do interesse da coletividade, determinou que Roberto demolisse a parte irregular da obra. O poder administrativo que fundamentou a determinação do Município é o poder

(A) de hierarquia, e, pelo seu atributo da coercibilidade, o particular é obrigado a obedecer às ordens emanadas pelos agentes públicos, que estão em nível de superioridade hierárquica e podem usar meios indiretos de coerção para fazer valer a supremacia do interesse público sobre o privado.

(B) disciplinar, e o particular está sujeito às sanções impostas pela Administração Pública, em razão do atributo da imperatividade, desde que haja a prévia e imprescindível chancela por parte do Poder Judiciário.

(C regulamentar, e os agentes públicos estão autorizados a realizar atos concretos para aplicar a lei, ainda que tenham que se valer do atributo da autoexecutoriedade, a fim de concretizar suas determinações, independentemente de prévia ordem judicial.

(D) de polícia, e a fiscalização apresenta duplo aspecto: um preventivo, por meio do qual os agentes públicos procuram impedir um dano social, e um repressivo, que, face à transgressão da norma de polícia, redunda na aplicação de uma sanção.

RESPOSTA O poder administrativo que autoriza a Administração a restringir o uso e o gozo da liberdade e da propriedade privada em favor do interesse da coletividade é o Poder de Polícia, sendo que a referida fiscalização tem por finalidade evitar um dano social, bem como aplicar a devida penalidade ao particular. *Alternativa D.*

28. (XXIV Exame) João foi aprovado em concurso público promovido pelo Estado Alfa para o cargo de analista de políticas públicas, tendo tomado posse no cargo, na classe inicial da respectiva carreira. Ocorre que João é uma pessoa proativa e teve, como gestor, excelentes experiências na iniciativa privada. Em razão disso, ele decidiu que não deveria cumprir os comandos determinados por agentes superiores na estrutura administrativa, porque ele as considerava contrárias ao princípio da eficiência, apesar de serem ordens legais. A partir do caso apresentado, assinale a afirmativa correta.

(A) João possui total liberdade de atuação, não se submetendo a comandos superiores, em decorrência do princípio da eficiência.

(B) A liberdade de atuação de João é pautada somente pelo princípio da legalidade, considerando que não existe escalonamento de competência no âmbito da Administração Pública.

(C) João tem dever de obediência às ordens legais de seus superiores, em razão da relação de subordinação decorrente do poder hierárquico.

(D) As autoridades superiores somente podem realizar o controle finalístico das atividades de João, em razão da relação de vinculação estabelecida com os superiores hierárquicos.

RESPOSTA O princípio da eficiência, introduzido pela EC n. 19/98, não se sobrepõe ao princípio da legalidade. É limitado pela Legalidade. Dessa forma, João deve obedecer, em função do princípio da hierarquia, que norteia a Administração Pública, às ordens legais de seus superiores em razão da subordinação de corrente do poder hierárquico. *Alternativa C.*

29. (XXVI Exame) Maria solicitou ao Município Alfa licença de localização e funcionamento para exercer determinada atividade empresarial, apresentando todos os documentos necessários para tanto. Contudo, transcorrido mais de ano do mencionado pedido, não houve qualquer manifestação por parte da autoridade competente para sua apreciação. Diante dessa situação, na qualidade de advogado, assinale a afirmativa que indica o procedimento correto.

(A) Não se pode adotar qualquer medida contra a inércia da autoridade competente, considerando que o princípio da razoável duração do processo não se aplica à via administrativa.

(B) Deve-se ajuizar uma ação popular contra a omissão da autoridade competente, diante do preenchimento dos respectivos requisitos e da violação ao princípio da impessoalidade.

(C) Deve-se impetrar mandado de segurança, uma vez que a omissão da autoridade competente para a expedição do ato de licença constitui abuso de poder.

(D) Deve-se impetrar *habeas data* diante da inércia administrativa, considerando que a omissão da autoridade competente viola o direito à informação.

RESPOSTA *Vide* o inciso LXIX do art. 5º da CF, que autoriza o mandado de segurança. Atente-se ainda ao art. 38, § 2º, da Lei n. 9.784/99 e a Súmula 592 do STJ. *Alternativa C.*

30. (XXIV Exame) Um fiscal de posturas públicas municipais verifica que um restaurante continua colocando, de forma irregular, mesas para os seus clientes na calçada. Depois de lavrar autos de infração com aplicação de multa por duas vezes, sem que a sociedade empresária tenha interposto recurso administrativo, o fiscal, ao verificar a situação, interdita o estabelecimento e apreende as mesas e cadeiras colocadas de forma irregular, com base na lei que regula o exercício do poder de polícia correspondente. A partir da situação acima, assinale a afirmativa correta.

(A) O fiscal atuou com desvio de poder, uma vez que o direito da sociedade empresária de continuar funcionando é emanação do direito de liberdade constitucional, que só pode ser contrastado a partir de um provimento jurisdicional.

(B) A prática irregular de ato autoexecutório pelo fiscal é clara, porque não homenageou o princípio do contraditório e da ampla defesa ao não permitir à sociedade empresária, antes da apreensão, a possibilidade de produzir, em processo administrativo específico, fatos e provas em seu favor.

(C) O ato praticado pelo fiscal está dentro da visão tradicional do exercício da polícia administrativa pelo Estado, que pode, em situações extremas, dentro dos limites da razoabilidade e da proporcionalidade, atuar de forma autoexecutória.

(D) A atuação do fiscal é ilícita, porque os atos administrativos autoexecutórios, como mencionado acima, exigem, necessariamente, autorização judicial prévia.

RESPOSTA A doutrina administrativa entende que os atos administrativos que manifestam o Poder de Polícia são essencialmente discricionários, autoexecutáveis e coercitivos. A autoexecutoriedade está associada à prerrogativa que tem o Estado de executar seus atos sem precisar da interferência prévia do Poder Judiciário, sendo possível, nesse caso, depois de dois autos de infração, o exercício do poder de polícia administrativa pelo Estado, que, depois de duas multas, dentro da razoabilidade e proporcionalidade, interditou o estabelecimento, apreendendo cadeiras e mesas. *Alternativa C.*

VI. ATOS ADMINISTRATIVOS

31. (XXXI EXAME) Otacílio, novo prefeito do Município Kappa, acredita que o controle interno é uma das principais ferramentas da função administrativa, razão pela qual determinou o levantamento de dados nos mais diversos setores da Administração local, a fim de apurar se os atos administrativos até então praticados continham vícios, bem como se ainda atendiam ao interesse público. Diante dos resultados de tal apuração, Otacílio deverá

A) revogar os atos administrativos que contenham vícios insanáveis, ainda que com base em valores jurídicos abstratos.

B) convalidar os atos administrativos que apresentem vícios sanáveis, mesmo que acarretem lesão ao interesse público.

C) desconsiderar as circunstâncias jurídicas e administrativas que houvessem imposto, limitado ou condicionado a conduta do agente nas decisões sobre a regularidade de ato administrativo.

D) indicar, de modo expresso, as consequências jurídicas e administrativas da invalidação de ato administrativo.

RESPOSTA Prevê expressamente o art. 21 da LINDB que a decisão que, nas esferas administrativa, controladora ou judicial, decretar a invalidação de ato, contrato, ajuste, processo ou norma administrativa deverá indicar de modo expresso suas consequências jurídicas e administrativas. Ademais, diante de um ato com vício insanável, a Administração deve proceder na sua anulação e não revogação (esta é cabível quando um ato legal estiver inoportuno ou inconveniente). *Alternativa D.*

32. (XXX Exame) José, servidor público federal ocupante exclusivamente de cargo em comissão, foi exonerado, tendo a autoridade competente motivado o ato em reiterado descumprimento da carga horária de trabalho pelo servidor. José obteve, junto ao departamento de recursos humanos, documento oficial com extrato de seu ponto eletrônico, comprovando o regular cumprimento de sua jornada de trabalho. Assim, o servidor buscou assistência jurídica junto a um advogado, que lhe informou corretamente, à luz do ordenamento jurídico, que

(A) não é viável o ajuizamento de ação judicial visando a invalidar o ato de exoneração, eis que o próprio texto constitucional estabelece que cargo em comissão é de livre nomeação e exoneração pela autoridade competente, que não está vinculada ou limitada aos motivos expostos para a prática do ato administrativo.

(B) não é viável o ajuizamento de ação judicial visando a invalidar o ato de exoneração, eis que tal ato é classificado como vinculado, no que tange à liberdade de ação do administrador público, razão pela qual o Poder Judiciário não pode se imiscuir no controle do mérito administrativo, sob pena de violação à separação dos Poderes.

(C) é viável o ajuizamento de ação judicial visando a invalidar o ato de exoneração, eis que, apesar de ser dispensável a motivação para o ato administrativo discricionário de exoneração, uma vez expostos os motivos que conduziram à prática do ato, estes passam a vincular a Administração Pública, em razão da teoria dos motivos determinantes.

(D) é viável o ajuizamento de ação judicial visando a invalidar o ato de exoneração, eis que, por se tratar de um ato administrativo vinculado, pode o Poder Judiciário proceder ao exame do mérito administrativo, a fim de aferir a conveniência e a oportunidade de manutenção do ato, em razão do princípio da inafastabilidade do controle jurisdicional.

RESPOSTA O caso narrado traz típica hipótese de aplicação da teoria dos motivos determinantes, segundo a qual, a Administração Pública fica vinculada à existência e adequação dos motivos expostos como causa determinante da prática do ato. E isso ocorre até mesmo em casos de atos discricionários que não precisariam ser motivados (como, por exemplo, a exoneração do cargo em comissão), mas que se a Administração motivar, também ficará vinculada, podendo o ato ser anulado caso os motivos inexistam ou sejam adequados. *Alternativa C.*

VII. PROCESSO ADMINISTRATIVO

33. (XXXI EXAME) A autoridade competente, em âmbito federal, no regular exercício do poder de polícia, aplicou à sociedade empresária Soneca S/A multa em razão do descumprimento das normas administrativas pertinentes. Inconformada, a sociedade Soneca S/A apresentou recurso administrativo, ao qual foi conferido efeito suspensivo, sendo certo que não sobreveio qualquer manifestação do superior hierárquico responsável pelo julgamento, após o transcurso do prazo de oitenta dias. Considerando o contexto descrito, assinale a afirmativa correta.

A) Não se concederá Mandado de Segurança para invalidar a penalidade de multa aplicada a Soneca S/A, submetida a recurso administrativo provido de efeito suspensivo.

B) O ajuizamento de qualquer medida judicial por Soneca S/A depende do esgotamento da via administrativa.

C) Não há mora da autoridade superior hierárquica, que, por determinação legal, dispõe do prazo de noventa dias para decidir.

D) A omissão da autoridade competente em relação ao seu dever de decidir, ainda que se prolongue por período mais extenso, não enseja a concessão de Mandado de Segurança.

RESPOSTA Trata-se da expressa disposição do artigo 5º, inciso I, da Lei n. 12.016/2009: Art. 5º Não se concederá mandado de segurança quando se tratar: I – de ato do qual caiba recurso administrativo com efeito suspensivo, independentemente de caução. *Alternativa A.*

34. (XXIX Exame) Luciana, imbuída de má-fé, falsificou documentos com a finalidade de se passar por filha de Astolfo (recentemente falecido, com quem ela não tinha qualquer parentesco), movida pela intenção de obter pensão por morte do pretenso pai, que era servidor público federal. Para tanto, apresentou os aludidos documentos forjados e logrou a concessão do benefício junto ao órgão de origem, em março de 2011, com registro no Tribunal de Contas da União, em julho de 2014. Contudo, em setembro de 2018, a administração verificou a fraude, por meio de processo administrativo em que ficou comprovada a má-fé de Luciana, após o devido processo legal. Sobre essa situação hipotética, no que concerne ao exercício da autotutela, assinale a afirmativa correta.

(A) A administração tem o poder-dever de anular a concessão do benefício diante da má-fé de Luciana, pois não ocorreu a decadência.

(B) O transcurso do prazo de mais de cinco anos da concessão da pensão junto ao órgão de origem importa na decadência do poder-dever da administração de anular a concessão do benefício.

(C) O controle realizado pelo Tribunal de Contas por meio do registro sana o vício do ato administrativo, de modo que a administração não mais pode exercer a autotutela.

(D) Ocorreu a prescrição do poder-dever da administração de anular a concessão do benefício, na medida em que transcorrido o prazo de três anos do registro perante o Tribunal de Contas.

RESPOSTA O prazo de decadência do direito da Administração de anular os atos administrativos de que decorram efeitos favoráveis para os destinatários é de cinco anos, contados da data em que foram praticados, salvo comprovada má-fé (art. 54, Lei n. 9.784/99). *Alternativa A.*

35. (XXVI Exame) Marcos, servidor do Poder Executivo federal, entende que completou os requisitos para a aposentadoria voluntária, razão pela qual requereu, administrativamente, a concessão do benefício ao órgão competente. O pedido foi negado pela Administração. Não satisfeito com a decisão, Marcos interpôs recurso administrativo. Tendo o enunciado como parâmetro e considerando o disposto na Lei nº 9.784/99, assinale a afirmativa correta.

(A) O recurso, salvo disposição legal diversa, tramitará por, no mínimo, três instâncias administrativas.

(B) O recurso será dirigido à autoridade que proferiu a decisão, que, se não a reconsiderar, encaminhará o apelo à autoridade superior.

(C) O recurso e todos os atos subsequentes praticados pela Administração no âmbito do processo administrativo, em regra, devem apresentar forma determinada.

(D) Marcos somente poderá alegar questões de legalidade, como a incompetência da autoridade que proferiu a decisão, não lhe sendo permitido solicitar o reexame do mérito da questão apreciada.

RESPOSTA De acordo com o § 1º do art. 56 da citada lei, o recurso será dirigido à autoridade que proferiu a decisão, a qual, se não a reconsiderar no prazo de cinco dias, o encaminhará à autoridade superior. *Alternativa B.*

36. (XXVI Exame) Uma sociedade empresária, contratada pelo Estado para a construção de um prédio público, atrasa a entrega de uma fase do projeto prevista no edital de licitação e no contrato. Apesar disso, tendo em vista a situação financeira precária da sociedade empresária, causada pelo aumento dos custos dos insumos da construção, consoante peticionado por ela à Administração, o gestor público competente promove o pagamento integral da parcela não adimplida à sociedade empresária. Tendo em vista a situação acima, assinale a afirmativa correta.

(A) O pagamento feito pelo gestor é plenamente justificável em face da incidência na hipótese da teoria da imprevisão, que impõe ao Estado o ônus de recompor o equilíbrio econômico financeiro do contrato diante de fatos imprevisíveis.

(B) O gestor deveria ter instaurado processo administrativo para analisar a possibilidade de aplicação de sanção por inadimplemento e também a alegação da sociedade empresária de rompimento do equilíbrio econômico financeiro do contrato, sendo vedado a ele determinar o pagamento da despesa sem a devida liquidação.

(C) O pagamento da parcela inadimplida seria justificável ainda que a sociedade empresária não comprovasse a imprevisibilidade do aumento de custos alegado, uma vez que o Estado assume o chamado risco ordinário derivado do aumento do custo dos insumos em decorrência das oscilações naturais do mercado.

(D) O pagamento incontinente da parcela inadimplida, tal como realizado pelo gestor, necessitaria ter sido feito com o abatimento da multa que deveria ter sido aplicada à sociedade empresária em razão do descumprimento contratual.

RESPOSTA Importante destacar os arts. 62 e 63 da Lei n. 4.320/64, pois o pagamento da despesa só será efetuado quando ordenado após sua regular liquidação. Ademais, *vide* o art. 38 do Decreto n. 93.872/86. *Alternativa B.*

37. (XXII Exame) A Agência Nacional do Petróleo – ANP, no exercício do poder de polícia, promoveu diligência, no dia 05/01/2010, junto à sociedade Petrolineous S/A, que culminou na autuação desta por fatos ocorridos naquela mesma data. Encerrado o processo administrativo, foi aplicada multa nos limites estabelecidos na lei de regência. O respectivo crédito não tributário resultou definitivamente constituído em 19/01/2011, e, em 15/10/2015, foi ajuizada a pertinente execução fiscal.

Com base na situação hipotética descrita, acerca da prescrição no Direito Administrativo, assinale a afirmativa correta.

(A) Operou-se a prescrição para a execução do crédito, considerando o lapso de cinco anos transcorrido entre a data da autuação e a do ajuizamento da ação.
(B) Não se operou a prescrição para a execução do crédito, que pode ser cobrado pela administração federal a qualquer tempo.
(C) Operou-se a prescrição para a execução do crédito, considerando o lapso de três anos decorrido entre a data de sua constituição definitiva e a do ajuizamento da ação.
(D) Não se operou a prescrição para a execução do crédito, considerando o lapso de cinco anos entre a data de sua constituição definitiva e a do ajuizamento da ação.

RESPOSTA A Lei n. 9.873/99 prevê em seu art. 1º-A que, *"constituído definitivamente o crédito não tributário, após o término regular do processo administrativo,* **prescreve em 5 (cinco) anos** *a ação de execução da administração pública federal relativa a crédito decorrente da aplicação de multa por infração à legislação em vigor"*. Portanto, se o crédito foi constituído em 19-1-2011, a prescrição se daria em 19-1-2016. Como a ação foi ajuizada em 15-10-2015, não se operou a prescrição. *Alternativa D.*

38. (XXIII Exame) Ao realizar uma auditoria interna, certa entidade administrativa federal, no exercício da autotutela, verificou a existência de um ato administrativo portador de vício insanável, que produz efeitos favoráveis para a sociedade Tudobeleza S/A, a qual estava de boa fé. O ato foi praticado em 10 de fevereiro de 2012. Em razão disso, em 17 de setembro de 2016, a entidade instaurou processo administrativo, que, após o exercício da ampla defesa e do contraditório, culminou na anulação do ato em 05 de junho de 2017. Com relação ao transcurso do tempo na mencionada situação hipotética, assinale a afirmativa correta.

(A) Não há decadência do direito de anular o ato eivado de vício, considerando que o processo que resultou na invalidação foi instaurado dentro do prazo de 5 (cinco) anos.
(B) Consumou-se o prazo prescricional de 5 (cinco) anos para o exercício do poder de polícia por parte da Administração Pública federal.
(C) O transcurso do tempo não surte efeitos no caso em questão, considerando que a Administração pode anular seus atos viciados a qualquer tempo.
(D) Consumou-se a decadência para o exercício da autotutela, pois, entre a prática do ato e a anulação, transcorreram mais de 5 (cinco) anos.

RESPOSTA A Lei n. 9.784/99 estabelece, em seu art. 54, o prazo decadencial de cinco anos da data em que foram praticados, para a Administração Pública anular seus próprios atos administrativos que geram efeitos favoráveis aos administrados, quando eivados de ilegalidade, salvo comprovada má-fé. Em seu § 2º, afirma a lei que se considera exercido o direito de anular qualquer medida da autoridade administrativa que importe impugnação à validade do ato. Desta forma, como o processo administrativo foi iniciado antes dos cinco anos, não ocorreu a decadência. *Alternativa A.*

39. (XXIII Exame) O Estado Alfa, mediante a respectiva autorização legislativa, constituiu uma sociedade de economia mista para o desenvolvimento de certa atividade econômica de relevante interesse coletivo. Acerca do Regime de Pessoal de tal entidade, integrante da Administração Indireta, assinale a afirmativa correta.

(A) Por se tratar de entidade administrativa que realiza atividade econômica, não será necessária a realização de concurso público para a admissão de pessoal, bastando processo seletivo simplificado, mediante análise de currículo.
(B) É imprescindível a realização de concurso público para o provimento de cargos e empregos em tal entidade administrativa, certo que os servidores ou empregados regularmente nomeados poderão alcançar a estabilidade mediante o preenchimento dos requisitos estabelecidos na Constituição da República.
(C) Deve ser realizado concurso público para a contratação de pessoal por tal entidade administrativa, e a remuneração a ser paga aos respectivos empregados não pode ultrapassar o teto remuneratório estabelecido na Constituição da República, caso sejam recebidos recursos do Estado Alfa para pagamento de despesas de pessoal ou de custeio em geral.
(D) A entidade administrativa poderá optar entre o regime estatutário e o regime de emprego público para a admissão de pessoal, mas, em qualquer dos casos, deverá realizar concurso público para a seleção de pessoal.

RESPOSTA A Administração Pública pode autorizar, por lei, a criação de Sociedade de Economia Mista ou Empresa Pública para o exercício de atividades econômicas em caso de interesse coletivo relevante ou segurança nacional. No entanto, o concurso público continua obrigatório para ingresso nos empregos públicos nestas entidades. Seus empregados, no entanto, são celetistas e não adquirem a estabilidade constitucional prevista em seu art. 41. O concurso público para a contratação de pessoal por tal entidade administrativa é obrigatório e a remuneração a ser paga aos respectivos empregados não pode ultrapassar o teto remuneratório estabelecido na Constituição da República, caso sejam recebidos recursos do Estado Alfa para pagamento de despesas de pessoal ou de custeio em geral, como estabelece o disposto no art. 37, § 9º. Importante ressaltar que o regime de pessoal deverá ser o regime da CLT obrigatoriamente. *Alternativa C.*

40. (XXIII Exame) Após a Polícia Federal colher farto material probatório, o Ministério Público denunciou Ricardo, servidor público federal estável, por crime funcional e comunicou o fato às autoridades competentes para eventual apuração administrativa. Antes do recebimento da denúncia, diante da vasta documentação que demonstrava a materialidade de violação de dever funcional remetida para a Administração, foi instaurado o processo administrativo disciplinar, sem a realização de sindicância, que, mediante regular processamento do inquérito administrativo, culminou na aplicação da pena de demissão de Ricardo. Sobre a situação hipotética narrada, assinale a afirmativa correta.

(A) Ricardo não poderia ser demitido sem a realização de sindicância, que é procedimento prévio imprescindível para a instauração de processo administrativo disciplinar.
(B) O recebimento da denúncia deveria ter suspendido o processo administrativo disciplinar contra Ricardo, e o prosseguimento de tal apuração só poderia ocorrer após a conclusão do Juízo criminal.
(C) O processo administrativo disciplinar instaurado contra Ricardo é nulo, pois não é cabível a utilização de prova produzida para a apuração criminal.

(D) A hipótese não apresenta qualquer nulidade que contamine o processo administrativo disciplinar instaurado contra Ricardo.

RESPOSTA O art. 143 da Lei n. 8.112/90 determina que a apuração das irregularidades atribuídas a um servidor público federal pode ser feita mediante sindicância ou processo administrativo disciplinar, não sendo a sindicância imprescindível para a instauração de processo administrativo disciplinar. As instâncias penal e administrativa são independentes, razão pela qual o recebimento da denúncia criminal não gera suspensão do processo administrativo disciplinar, sendo possível a utilização neste de prova produzida na apuração criminal. Desta forma, na situação apresentada inexiste qualquer nulidade que contamine o processo administrativo disciplinar instaurado contra Ricardo. *Alternativa D.*

41. (XXIII Exame) O Estado Alfa, com o objetivo de articular a prestação dos serviços de saneamento básico entre municípios limítrofes, instituiu uma região metropolitana, de modo a promover a organização, o planejamento e a execução de tais atividades de interesse comum. Acerca da criação de regiões metropolitanas para a realização de serviços públicos, assinale a afirmativa correta.

(A) A instituição de região metropolitana para a organização, o planejamento e a execução dos serviços públicos é de competência do Estado Alfa, por meio de lei complementar.

(B) A organização, o planejamento e a execução dos serviços de saneamento básico entre municípios limítrofes deveria, necessariamente, ser promovida por meio de consórcio público.

(C) A competência para a criação de regiões metropolitanas é exclusiva da União, sob pena de violar a autonomia dos municípios que seriam por elas alcançados.

(D) A criação da região metropolitana pretendida pelo Estado Alfa não é possível, diante da ausência de previsão para tanto no nosso ordenamento jurídico.

RESPOSTA O art. 25, § 3º, da Constituição Federal estabelece que os Estados poderão, mediante lei complementar, instituir regiões metropolitanas, aglomerações urbanas e microrregiões, constituídas por municípios limítrofes, para integrar a organização, planejamento e a execução de funções públicas de interesse comum. *Alternativa A.*

42. (XXIII Exame) O Estado "X" pretende fazer uma reforma administrativa para cortar gastos. Com esse intuito, espera concentrar diversas secretarias estaduais em um mesmo prédio, mas não dispõe de um imóvel com a área necessária. Após várias reuniões com a equipe de governo, o governador decidiu desapropriar, por utilidade pública, um enorme terreno de propriedade da União para construir o edifício desejado. Sobre a questão apresentada, assinale a afirmativa correta.

(A) A União pode desapropriar imóveis dos Estados, atendidos os requisitos previstos em lei, mas os Estados não podem desapropriar imóveis da União.

(B) Para que haja a desapropriação pelo Estado "X", é imprescindível que este ente federado demonstre, em ação judicial, estar presente o interesse público.

(C) A desapropriação é possível, mas deve ser precedida de autorização legislativa dada pela Assembleia Legislativa.

(D) A desapropriação é possível, mas deve ser precedida de autorização legislativa dada pelo Congresso Nacional.

RESPOSTA O Decreto-lei n. 3.365/41 somente permite a desapropriação de bens dos Municípios e dos Estados pela União Federal, bem como é possível a desapropriação de bens dos Municípios pelos Estados. O contrário, no entanto, não será possível, ou seja, os Estados e os Municípios não podem desapropriar imóveis da União. *Alternativa A.*

VIII. RESPONSABILIDADE DO ESTADO

43. (XXXI EXAME) Rafael, funcionário da concessionária prestadora do serviço público de fornecimento de gás canalizado, realizava reparo na rede subterrânea, quando deixou a tampa do bueiro aberta, sem qualquer sinalização, causando a queda de Sônia, transeunte que caminhava pela calçada. Sônia, que trabalha como faxineira diarista, quebrou o fêmur da perna direita em razão do ocorrido e ficou internada no hospital por 60 dias, sem poder trabalhar. Após receber alta, Sônia procurou você, como advogado(a), para ajuizar ação indenizatória em face

A) da concessionária, com base em sua responsabilidade civil objetiva, para cuja configuração é desnecessária a comprovação de dolo ou culpa de Rafael.

B) do Estado, como poder concedente, com base em sua responsabilidade civil direta e subjetiva, para cuja configuração é prescindível a comprovação de dolo ou culpa de Rafael.

C) de Rafael, com base em sua responsabilidade civil direta e objetiva, para cuja configuração é desnecessária a comprovação de ter agido com dolo ou culpa, assegurado o direito de regresso contra a concessionária.

D) do Município, como poder concedente, com base em sua responsabilidade civil objetiva, para cuja configuração é imprescindível a comprovação de dolo ou culpa de Rafael.

RESPOSTA Trata-se de responsabilidade civil objetiva (independe da comprovação de dolo ou culpa) da concessionária, que é a pessoa jurídica de direito privado prestadora de serviço público, à qual se aplica o disposto no art. 37, § 6º, da CF: As pessoas jurídicas de direito público e as de direito privado prestadoras de serviços públicos responderão pelos danos que seus agentes, nessa qualidade, causarem a terceiros, assegurado o direito de regresso contra o responsável nos casos de dolo ou culpa. *Alternativa A.*

44. (XXVII Exame) A União construiu uma usina nuclear para fins de geração de energia elétrica. A fim de minimizar os riscos de acidentes relacionados à utilização do urânio, foram empregados, no empreendimento, os mais modernos e seguros equipamentos. Do mesmo modo, o pessoal designado para trabalhar na usina recebeu todos os treinamentos exigidos nas legislações brasileira e internacional. Entretanto, em decorrência de uma intensa, imprevisível e excepcional chuva que caiu na região, parte da usina ficou alagada. Isso gerou superaquecimento nas instalações, fato que culminou na liberação de um pequeno volume de gases radioativos armazenados, causando náuseas e vômitos na população que mora próxima à usina. Com base na situação narrada, assinale a afirmativa correta.

(A) A União não pode ser responsabilizada pelos danos causados à população, tendo em vista a ausência de culpa (responsabilidade subjetiva) por parte do Poder Público.

(B) Em razão de as chuvas constituírem um evento imprevisível e excepcional, não se cogita a responsabilidade da União pelos danos causados à população.

(C) A União pode ser responsabilizada pelas consequências advindas do vazamento de gases radioativos, independentemente de culpa, pois a responsabilidade é objetiva.

(D) A União não pode ser responsabilizada pelos danos causados à população, dado competir aos Estados a exploração dos serviços e das instalações nucleares, cabendo a eles a responsabilidade pelos danos.

RESPOSTA De acordo com a CF, compete à União explorar os serviços e instalações nucleares de qualquer natureza e exercer monopólio estatal sobre a pesquisa, a lavra, o enriquecimento e reprocessamento, a industrialização e o comércio de minérios nucleares e seus derivados, atendidos os seguintes princípios e condições, dentre eles, a responsabilidade civil por danos nucleares independe da existência de culpa (art. 21, XXIII, *d*). *Alternativa C*

45. (XXVI Exame) Em uma movimentada rodovia concedida pela União a uma empresa privada, um veículo particular colidiu com outro, deixando diversos destroços espalhados pela faixa de rolamento. Um dos objetos deixados sobre a pista cortou o pneu de um terceiro automóvel, causando a colisão deste em uma mureta de proteção. Com base no fragmento acima, assinale a afirmativa correta.

(A) A concessionária deve responder objetivamente pelos danos causados, com fundamento na teoria do risco administrativo.

(B) Em nenhuma hipótese a concessionária poderá ser responsabilizada pelo evento danoso.

(C) A concessionária responde pelos danos materiais causados ao terceiro veículo, com fundamento na teoria do risco integral, isto é, ficou comprovado que o dano foi causado por culpa exclusiva de terceiro ou por força maior.

(D) O proprietário do terceiro automóvel só será reparado pelos danos materiais caso demonstre a culpa da concessionária, caracterizada, por exemplo, pela demora excessiva em promover a limpeza da rodovia.

RESPOSTA De acordo com o § 6º do art. 37 da CF, as pessoas jurídicas de direito público e as de direito privado prestadoras de serviços públicos responderão pelos danos que seus agentes, nessa qualidade, causarem a terceiros, assegurado o direito de regresso contra o responsável nos casos de dolo ou culpa. *Alternativa A.*

46. (XXI Exame) José, acusado por estupro de menores, foi condenado e preso em decorrência da execução de sentença penal transitada em julgado. Logo após seu recolhimento ao estabelecimento prisional, porém, foi assassinado por um colega de cela. Acerca da responsabilidade civil do Estado pelo fato ocorrido no estabelecimento prisional, assinale a afirmativa correta.

(A) Não estão presentes os elementos configuradores da responsabilidade civil do Estado, porque está presente o fato exclusivo de terceiro, que rompe o nexo de causalidade, independentemente da possibilidade de o Estado atuar para evitar o dano.

(B) Não estão presentes os elementos configuradores da responsabilidade civil do Estado, porque não existe a causalidade necessária entre a conduta de agentes do Estado e o dano ocorrido no estabelecimento estatal.

(C) Estão presentes os elementos configuradores da responsabilidade civil do Estado, porque o ordenamento jurídico brasileiro adota, na matéria, a teoria do risco integral.

(D) Estão presentes os elementos configuradores da responsabilidade civil do Estado, porque o poder público tem o dever jurídico de proteger as pessoas submetidas à custódia de seus agentes e estabelecimentos.

RESPOSTA Quando coisas ou pessoas estão sob custódia do Estado, este tem o dever de assegurar a integridade, senão, responderá, mesmo que o dano não ocorra diretamente de uma ação de algum agente, como é o caso de um preso assassinado por um colega de cela. Estando presentes, portanto, os elementos da responsabilidade civil *conduta do agente* (no caso, a omissão em proteger), *dano* (morte) e *nexo de causalidade* (o dano ocorreu em razão da falha no dever de proteger), configurada está a responsabilidade do Estado. *Alternativa D.*

IX. BENS PÚBLICOS

47. (XXXIII Exame) Há muitos anos, Bruno invadiu sorrateiramente uma terra devoluta indispensável à defesa de fronteira, que já havia sido devidamente discriminada. Como não houve oposição, Bruno construiu uma casa, na qual passou a residir com sua família, além de usar o terreno subjacente para a agricultura de subsistência. A União, muitos anos depois do início da utilização do bem por Bruno, promoveu a sua notificação para desocupar o imóvel, em decorrência de sua finalidade de interesse público. Na qualidade de advogado(a) consultado(a) por Bruno, assinale a afirmativa correta.

(A) Bruno terá que desocupar o bem em questão e não terá direito à indenização pelas acessões e benfeitorias realizadas, pois era mero detentor do bem da União.

(B) A União não poderia ter notificado Bruno para desocupar bem que não lhe pertence, na medida em que todas as terras devolutas são de propriedade dos estados em que se situam.

(C) Bruno pode invocar o direito fundamental à moradia para reter o bem em questão, até que a União efetue o pagamento pelas acessões e benfeitorias realizadas.

(D) Caso Bruno preencha os requisitos da usucapião extraordinária, não precisará desocupar o imóvel da União.

RESPOSTA Terras devolutas são de propriedade da União (art. 20, II, CF), sendo, portanto, bens públicos (art. 98, CC). Os bens públicos são insucetíveis de usucapião (art. 102, CC), sendo Bruno mero detentor do bem. *Alternativa A.*

48. (XXXII Exame) O Município Delta está passando por graves dificuldades financeiras e recebeu da sociedade empresária Incorporatudo uma proposta para alienar determinada praça pública, situada em bairro valorizado, por montante consideravelmente superior ao praticado no mercado, em decorrência do grande interesse que a Incorporatudo tem de promover um empreendimento de luxo no local. Diante dessa situação hipotética, assinale a afirmativa correta.

(A) O Município Delta pode alienar o bem em questão, mediante autorização por Decreto e sem licitação, diante da obtenção do lucro que poderia ser revertido para a coletividade.

(B) O bem em foco, por ser dominical, poderia ser alienado pelo Município Delta mediante autorização legislativa, dispensada a licitação em razão do alto valor oferecido.
(C) O bem público em comento, em razão de ser de uso comum, só poderia ser alienado se houvesse a sua prévia desafetação e fossem seguidos os ditames da lei geral de licitações.
(D) O bem de uso especial é passível de alienação pelo Município Delta, apesar de, na hipótese, ser necessária a licitação.

RESPOSTA O Código Civil divide os bens públicos em de uso comum do povo (como as praças), de uso especial e os dominicais, vide art. 99. Os dois primeiros são inalienáveis (art. 100) enquanto mantiverem essa qualificação, podendo ser alienados somente em se forem desafetados. Já os dominicais podem ser alienados (art. 101). *Alternativa C.*

49. (XXI Exame) A sociedade "Limpatudo" S/A é empresa pública estadual destinada à prestação de serviços públicos de competência do respectivo ente federativo. Tal entidade administrativa foi condenada em vultosa quantia em dinheiro, por sentença transitada em julgado, em fase de cumprimento de sentença. Para que se cumpra o título condenatório, considerar-se-á que os bens da empresa pública são

(A) impenhoráveis, certo que são bens públicos, de acordo com o ordenamento jurídico pátrio.
(B) privados, de modo que, em qualquer caso, estão sujeitos à penhora.
(C) privados, mas, se necessários à prestação de serviços públicos, não podem ser penhorados.
(D) privados, mas são impenhoráveis em decorrência da submissão ao regime de precatórios.

RESPOSTA Bens das pessoas jurídicas de direito privado integrantes da Administração Pública são privados (ou particulares), mas quando estiverem sendo efetivamente utilizados na prestação de um serviço público, estarão sujeitos a regras próprias do regime jurídico de bens públicos (*inalienabilidade, impenhorabilidade, imprescritibilidade e não onerabilidade*). *Alternativa C.*

50. (XXIV Exame) Determinado município é proprietário de um extenso lote localizado em área urbana, mas que não vem sendo utilizado pela Administração há anos. Em consequência do abandono, o imóvel foi ocupado por uma família de desempregados, que deu à área uma função social. O poder público teve ciência do fato, mas, como se tratava do final da gestão do então prefeito, não tomou qualquer medida para que o bem fosse desocupado. A situação perdurou mais de trinta anos, até que o município ajuizou a reintegração de posse. Sobre a questão apresentada, assinale a afirmativa correta.

(A) O terreno não estava afetado a um fim público, razão pela qual pode ser adquirido por usucapião.
(B) O terreno é insuscetível de aquisição por meio de usucapião, mesmo sendo um bem dominical.
(C) O poder público municipal não poderá alienar a área em questão, dado que todos os bens públicos são inalienáveis.
(D) O bem será classificado como de uso especial, caso haja a reintegração de posse e o município decida construir uma grande praça no local anteriormente ocupado pela família.

RESPOSTA Os bens públicos são insuscetíveis a Usucapião. O art. 183, § 3º, expressamente determina que os imóveis públicos urbanos não são passíveis de usucapião. Não há distinção entre bens de Uso Comum do Povo, de Uso Especial ou Dominicais. *Alternativa B.*

X. INTERVENÇÃO DO ESTADO NA PROPRIEDADE

51. (XXXIII EXAME) Luciano, proprietário de um terreno localizado no Município Ômega, viajou para o exterior, pelo período de 8 meses, para realizar curso de especialização profissional. Quando retornou de viagem, verificou que o Município, sem expedir qualquer notificação, de forma irregular e ilícita, invadiu sua propriedade e construiu uma escola, em verdadeiro apossamento administrativo. As aulas na nova escola municipal já se iniciaram há dois meses e verifica-se a evidente impossibilidade de se reverter a situação sem ensejar prejuízos aos interesses da coletividade. Ao buscar assistência jurídica junto a conhecido escritório de advocacia, foi manejada em favor de Luciano ação de

A) indenização por retrocessão, por abuso de poder da municipalidade, que gera direito à justa e imediata indenização, exigível quando do trânsito em julgado da ação.
B) indenização por desapropriação indireta, que visa à justa e posterior indenização, a ser paga por meio de precatório.
C) reintegração de posse por tredestinação ilícita, por desvio de finalidade, que visa à justa e posterior indenização, a ser paga por meio de precatório.
D) interdito proibitório por desvio de finalidade, que gera direito à justa e imediata indenização, exigível quando do trânsito em julgado da ação.

RESPOSTA Trata-se de desapropriação indireta (art. 35, **Decreto-lei** n. 3.365/41), quando o Estado se apropria do bem do particular sem a observância dos requisitos ou do devido processo legal. Nesse caso, não há a anulação da desapropriação. O expropriado apenas terá direito à indenização por perdas e danos. *Alternativa B.*

52. (XXXII Exame) A União, diante da necessidade de utilização do imóvel produtivo de Astrobaldo para fazer passar importante oleoduto, fez editar Decreto que declarou a utilidade pública do bem para tal finalidade e determinou que a concessionária do setor levasse a efeito a mencionada intervenção, na forma do contrato de concessão, de modo a instituir o respectivo direito real de gozo para a Administração Pública. Astrobaldo recusou-se a permitir o ingresso de prepostos da referida sociedade no bem para realizar as respectivas obras, o que levou a concessionária a ajuizar ação específica, com pedido liminar de imissão provisória na posse, para a implementação do estabelecido no Decreto. Diante dessa situação hipotética, assinale a afirmativa correta.

(A) A concessionária não poderia levar a efeito a intervenção do Estado na propriedade pretendida pela União, porque não pode exercer poder de polícia.
(B) A intervenção do Estado na propriedade pretendida é a requisição, considerando a necessidade do bem de Astrobaldo para a realização de serviço público.
(C) O pedido de imissão provisória na posse foi equivocado, porque não é cabível o procedimento da ação de desapropriação na intervenção em comento, cuja modalidade é a servidão.

(D) O eventual deferimento da imissão provisória na posse importará no dever de acrescer juros compensatórios sobre a indenização que venha a ser determinada no processo.

RESPOSTA Diz o art. 15-A do Decreto-Lei n. 3.365/41, que no caso de imissão prévia na posse, na desapropriação por necessidade ou utilidade pública e interesse social, inclusive para fins de reforma agrária, havendo divergência entre o preço ofertado em juízo e o valor do bem, fixado na sentença, ambos expressos em termos reais, incidirão juros compensatórios de até 6% ao ano sobre o valor da diferença eventualmente apurada, a contar da imissão na posse, vedado o cálculo de juros compostos. O STF valida através da Súmula 164 quando afirma que "no processo de desapropriação, são devidos juros compensatórios desde a antecipada imissão de posse, ordenada pelo juiz, por motivo de urgência". *Alternativa D.*

53. (XXXI EXAME) Diante da necessidade de construção de uma barragem no Município Alfa, a ser efetuada em terreno rural de propriedade de certa sociedade de economia mista federal, o Poder Legislativo local fez editar uma lei para declarar a desapropriação por utilidade pública, após a autorização por decreto do Presidente da República, sendo certo que, diante do sucesso das tratativas entre os chefes do Executivo dos entes federativos em questão, foi realizado acordo na via administrativa para ultimar tal intervenção do Estado na propriedade. Diante dessa situação hipotética, assinale a afirmativa correta.

A) A autorização por decreto não pode viabilizar a desapropriação do bem em questão pelo Município Alfa, porque os bens federais não são expropriáveis.

B) A iniciativa do Poder Legislativo do Município Alfa para declarar a desapropriação é válida, cumprindo ao respectivo Executivo praticar os atos necessários para sua efetivação.

C) A intervenção na propriedade em tela não pode ser ultimada na via administrativa, mediante acordo entre os entes federativos envolvidos.

D) O Município Alfa não tem competência para declarar a desapropriação por utilidade pública de propriedades rurais.

RESPOSTA Conforme prevê o art. 8º do Decreto-lei n. 3.365/41, o Poder Legislativo poderá tomar a iniciativa da desapropriação, cumprindo, neste caso, ao Executivo, praticar os atos necessários à sua efetivação. A desapropriação de imóvel rural por interesse social para fins de reforma agrária, por descumprimento da função social da propriedade rural (art. 184, CF) é de competência exclusiva da União. Por **utilidade ou necessidade públicas ou por interesse social genérico, qualquer ente federado** pode desapropriar imóvel rural. *Alternativa B.*

54. (XXIX Exame) Virgílio é proprietário de um imóvel cuja fachada foi tombada pelo Instituto do Patrimônio Histórico e Artístico Nacional – IPHAN, autarquia federal, após o devido processo administrativo, diante de seu relevante valor histórico e cultural. O logradouro em que o imóvel está localizado foi assolado por fortes chuvas, que comprometeram a estrutura da edificação, a qual passou a apresentar riscos de desabamento. Em razão disso, Virgílio notificou o Poder Público e comprovou não ter condições financeiras para arcar com os custos da respectiva obra de recuperação. Certo de que a comunicação foi recebida pela autoridade competente, que atestou a efetiva necessidade da realização de obras emergenciais, Virgílio procurou você, como advogado(a), para, mediante orientação jurídica adequada, evitar a imposição de sanção pelo Poder Público. Sobre a hipótese apresentada, assinale a opção que apresenta a orientação correta.

(A) Virgílio poderá demolir o imóvel.

(B) A autoridade competente deve mandar executar a recuperação da fachada tombada, às expensas da União.

(C) Somente Virgílio é obrigado a arcar com os custos de recuperação do imóvel.

(D) As obras necessárias deverão ser realizadas por Virgílio, independentemente de autorização especial da autoridade competente.

RESPOSTA De acordo com o art. 19 do Decreto-lei n. 25/37, o proprietário de coisa tombada, que não dispuser de recursos para proceder às obras de conservação e reparação que a mesma requerer, levará ao conhecimento do Serviço do Patrimônio Histórico e Artístico Nacional a necessidade das mencionadas obras, sob pena de multa correspondente ao dobro da importância em que for avaliado o dano sofrido pela mesma coisa. Atente-se que recebida a comunicação, e consideradas necessárias as obras, o diretor do Serviço do Patrimônio Histórico e Artístico Nacional mandará executá-las, a expensas da União, devendo as mesmas ser iniciadas dentro do prazo de 6 meses, ou providenciará para que seja feita a desapropriação da coisa (§ 1º). *Alternativa B.*

55. (XXIX Exame) O poder público, com fundamento na Lei nº 8.987/1995, pretende conceder à iniciativa privada uma rodovia que liga dois grandes centros urbanos. O edital, publicado em maio de 2018, previu a duplicação das pistas e a obrigação de o futuro concessionário desapropriar os terrenos necessários à ampliação. Por se tratar de projeto antigo, o poder concedente já havia declarado, em janeiro de 2011, a utilidade pública das áreas a serem desapropriadas no âmbito do futuro contrato de concessão. Com base na hipótese apresentada, assinale a afirmativa correta.

(A) O ônus das desapropriações necessárias à duplicação da rodovia não pode ser do futuro concessionário, mas sim do poder concedente.

(B) O poder concedente e o concessionário só poderão adentrar os terrenos necessários à ampliação da rodovia após a conclusão do processo de desapropriação.

(C) O decreto que reconheceu a utilidade pública dos terrenos caducou, sendo necessária a expedição de nova declaração.

(D) A declaração de utilidade pública pode ser emitida tanto pelo poder concedente quanto pelo concessionário.

RESPOSTA De acordo com o art. 10 do Decreto-lei n. 3.365/41, a desapropriação deverá efetivar-se mediante acordo ou intentar-se judicialmente, dentro de 5 anos, contados da data da expedição do respectivo decreto e findos os quais este caducará. *Alternativa C.*

56. (XXVIII Exame) Determinado Município fez publicar decreto de desapropriação por utilidade pública de determinada área, com o objetivo de construir um hospital, o que incluiu o imóvel de Ana. A proprietária aceitou o valor oferecido pelo ente federativo, de modo que a desapropriação se consumou na via administrativa. Após o início das obras, foi constatada a necessidade, de maior urgência, da instalação de uma creche na mesma localidade, de modo que o Município alterou a destinação a ser conferida à edificação que estava sendo erigida. Ana se arrependeu do acordo firmado com o poder público. Diante dessa situação hipotética, na qualidade de advogado(a) de Ana, assinale a afirmativa correta.

(A) Ana deverá ajuizar ação de retrocessão do imóvel, considerando que o Município não possui competência para atuar na educação infantil, de modo que não poderia alterar a destinação do bem expropriado para esta finalidade.

(B) Cabe a Ana buscar a anulação do acordo firmado com o Município, que deveria ter ajuizado a indispensável ação de desapropriação para consumar tal modalidade de intervenção do estado na propriedade.

(C) O ordenamento jurídico não autoriza que Ana impugne a desapropriação amigável acordada com o Município, porque a nova destinação conferida ao imóvel atende ao interesse público, a caracterizar a chamada tredestinação lícita.

(D) Ana deverá ajuizar ação indenizatória em face do ente federativo, com base na desapropriação indireta, considerando que o Município não pode conferir finalidade diversa da constante no decreto expropriatório.

RESPOSTA Há dois tipos de tredestinação, uma denominada lícita e outra, ilícita. A lícita é a situação da presente questão. A ilícita é quando não há um interesse público superveniente, como na lícita, mas sim um interesse privado, o que enseja o direito de retrocessão do expropriado. *Alternativa C.*

57. (XXV Exame) Em novembro de 2014, Josué decidiu gozar um período sabático e passou, a partir de então, quatro anos viajando pelo mundo. Ao retornar ao Brasil, foi surpreendido pelo fato de que um terreno de sua propriedade havia sido invadido, em setembro de 2015, pelo Município Beta, que nele construiu uma estação de tratamento de água e esgoto. Em razão disso, Josué procurou você para, na qualidade de advogado(a), traçar a orientação jurídica adequada, em consonância com o ordenamento vigente.

(A) Deve ser ajuizada uma ação possessória, diante do esbulho cometido pelo Poder Público municipal.

(B) Não cabe qualquer providência em Juízo, considerando que a pretensão de Josué está prescrita.

(C) Impõe-se que Josué aguarde que o bem venha a ser destinado pelo Município a uma finalidade alheia ao interesse público, para que, somente então, possa pleitear uma indenização em Juízo.

(D) É pertinente o ajuizamento de uma ação indenizatória, com base na desapropriação indireta, diante da incorporação do bem ao patrimônio público pela afetação.

RESPOSTA O art. 35 do Decreto-lei n. 3.365/41 assim dispõe: "Art. 35. Os bens expropriados, uma vez incorporados à Fazenda Pública, não podem ser objeto de reivindicação, ainda que fundada em nulidade do processo de desapropriação. Qualquer ação, julgada procedente, resolver-se-á em perdas e danos", ou seja, somente resta ao proprietário uma ação de indenização por desapropriação indireta. *Alternativa D.*

58. (XXII Exame) O Município Beta foi assolado por chuvas que provocaram o desabamento de várias encostas, que abalaram a estrutura de diversos imóveis, os quais ameaçam ruir, especialmente se não houver imediata limpeza dos terrenos comprometidos. Diante do iminente perigo público a residências e à vida de pessoas, o Poder Público deve, prontamente, utilizar maquinário, que não consta de seu patrimônio, para realizar as medidas de contenção pertinentes.

Assinale a opção que indica a adequada modalidade de intervenção na propriedade privada para a utilização do maquinário necessário.

(A) Requisição administrativa.

(B) Tombamento.

(C) Desapropriação.

(D) Servidão administrativa.

RESPOSTA Trata-se de requisição administrativa, modalidade de intervenção na propriedade privada prevista no art. 5º, XXV, da CF: "*XXV - no caso de iminente perigo público, a autoridade competente poderá usar de propriedade particular, assegurada ao proprietário indenização ulterior, se houver dano". Alternativa A.*

59. (XXIV Exame) Damião, proprietário de terrenos não utilizados, mantidos para fins de especulação imobiliária, é notificado pela autoridade pública municipal, uma vez que seu terreno está incluído no plano Diretor do Município XYZ, e a Lei Municipal n. 123 determinou a edificação compulsória e aplicação de IPTU progressivo no tempo. Sobre as possíveis consequências que Damião pode sofrer, assinale a afirmativa correta.

(A) Caso não seja cumprida a notificação no prazo estabelecido, o Poder Público procederá à aplicação do Imposto sobre a Propriedade Predial e Territorial Urbana (IPTU) progressivo no tempo, o qual pode ser majorado indefinidamente, até que alcance o valor do bem.

(B) Ainda que Damião transfira o imóvel, a obrigação de edificação compulsória é transferida aos adquirentes, sem que haja interrupção dos prazos previamente estabelecidos pelo Poder Público.

(C) O Poder Público Municipal poderá desapropriar o imóvel de Damião mediante pagamento de indenização justa, prévia e em dinheiro, que refletirá o valor da base de cálculo do IPTU.

(D) Não há consequência jurídica no descumprimento, tendo em vista a não autoexecutoriedade nos atos do Poder Público em tema de política urbana, sendo necessária a intervenção do Poder Judiciário.

RESPOSTA Na política urbana, prevista na Constituição Federal, há a previsão expressa, em caso de imóveis urbanos não utilizados ou subutilizados, uma série de providências administrativas e tributárias, começando com a notificação para a edificação ou parcelamento compulsórios, seguindo-se de um IPTU progressivo no tempo até determinado limite, previsto na Lei n. 10.257 de 2001, adotando-se como última providência a desapropriação para melhor uso do solo urbano. A obrigação da edificação e parcelamento compulsórios transfere-se para eventuais adquirentes do imóvel, sem que haja interrupção dos prazos previamente estabelecidos pelo Poder Público. *Alternativa B.*

XI. CONTROLE DA ADMINISTRAÇÃO PÚBLICA

60. (XXX Exame) A sociedade empresária Feliz S/A, após apresentar a melhor proposta em licitação para a contratação de obra de grande vulto, promovida por certa empresa pública federal, apresentou os documentos exigidos no edital e foi habilitada. Este último ato foi objeto de recurso administrativo, no qual restou provado que a mencionada licitante foi constituída para burlar a sanção que lhe fora aplicada, já que se constituíra por transformação da sociedade empresária Alegre S/A, com os mesmos sócios e dirigentes, mesmo patrimônio, igual endereço e idêntico objeto social. A sociedade empresária Alegre S/A, em decorrência de escândalo que envolvia pagamento de propina e fraudes em licitações, foi penalizada em diversos processos administrativos. Após os trâmites previstos na Lei nº 12.846/13 (Lei Anticorrupção Empresarial), diante do reconhecimento de haver praticado atos lesivos à Administração Pública, ela foi penalizada com a aplicação de multa e a declaração de inidoneidade para licitar ou contratar com a Administração Pública, pelo prazo de quatro anos. Diante dessa situação hipotética, assinale a afirmativa correta

(A) A exclusão da sociedade empresária Feliz S/A da licitação em curso é legítima, pois, diante da transformação, subsiste a responsabilidade da sociedade Alegre S/A.

(B) O reconhecimento da responsabilização administrativa da sociedade empresária Alegre S/A, por ato lesivo contra a Administração Pública, dependia da comprovação do elemento subjetivo culpa.

(C) A penalização da sociedade empresária Alegre S/A impede a responsabilização individual de seus dirigentes; por isso, não pode ser estendida à sociedade Feliz S/A.

(D) A imposição da sanção de declaração de inidoneidade à sociedade empresária Alegre S/A deveria impedir a aplicação de multa por ato lesivo à Administração Pública pelos mesmos fatos, sob pena de bis in idem.

RESPOSTA De acordo com o art. 4º da Lei n. 12.846/2013, subsiste a responsabilidade da pessoa jurídica na hipótese de alteração contratual, transformação, incorporação, fusão ou cisão societária. *Alternativa A.*

XII. LICITAÇÕES E CONTRATOS

61. (XXXIII EXAME) Para fins de contratar serviço de engenharia necessário ao desenvolvimento de sua atividade, que não abarca reforma de edifício ou equipamento, certa empresa pública federal realizou licitação, na forma da Lei n. 13.303/2016. A sociedade empresária Feliz sagrou-se vencedora do certame. Após regular formalização do contrato, a entidade administrativa, diante do advento de nova tecnologia relevante, decidiu alterar as especificações do objeto, mediante aditamento. Acerca dessa situação hipotética, assinale a afirmativa correta.

(A) Ainda que haja acordo entre as partes, a alteração do contrato pretendida não é possível, em decorrência do princípio de que o pactuado deve ser respeitado.

(B) A empresa pública tem a prerrogativa de realizar a alteração do contrato, independentemente de acordo com a sociedade empresária Feliz.

(C) A alteração do contrato depende de acordo com a sociedade empresária Feliz e deve respeitar o limite estabelecido na lei de regência.

(D) Se houver acordo entre as partes, não há limitação para a alteração do contrato formalizado com a sociedade empresária Feliz.

RESPOSTA Prevê o art. 72 da Lei n. 13.303/2016 que os contratos regidos por esta Lei somente poderão ser alterados por acordo entre as partes, vedando-se ajuste que resulte em violação da obrigação de licitar. *Alternativa C.*

62. (XXX Exame) Determinada empresa pública estadual, com vistas a realizar a aquisição de bens necessários para o adequado funcionamento de seus serviços de informática, divulgou, após a devida fase de preparação, o respectivo instrumento convocatório, no qual indicou certa marca, que é comercializada por diversos fornecedores, por considerá-la a única capaz de atender ao objeto do contrato, e adotou a sequência de fases previstas na lei de regência. No curso da licitação, a proposta apresentada pela sociedade empresária Beta foi considerada a melhor, mas a sociedade empresária Alfa considerou que houve um equívoco no julgamento e apresentou recurso administrativo para impugnar tal fato, antes da habilitação, que não foi aceito. Foi dado prosseguimento ao certame, com a inabilitação da sociedade Beta, de modo que a vencedora foi a sociedade empresária Sigma, consoante resultado homologado. Considerando o regime licitatório aplicável às empresas estatais e as circunstâncias do caso concreto, assinale a afirmativa correta.

(A) Existe vício insanável no instrumento convocatório, pois é vedada a indicação de marca, mesmo nas circunstâncias apontadas.

(B) A homologação foi equivocada, na medida em que a empresa pública não observou a sequência das fases previstas em lei ao efetuar o julgamento das propostas antes da habilitação.

(C) O recurso da sociedade Alfa foi apresentado em momento oportuno e a ele deveria ter sido conferido efeito suspensivo com a postergação da fase da habilitação.

(D) A homologação do resultado implica a constituição de direito relativo à celebração do contrato em favor da sociedade empresária Sigma.

RESPOSTA Trata-se de licitação realizada por empresa pública, aplicando-se, portanto, as disposições da Lei n. 13.303/2016. O art. 60 prevê expressamente que a homologação do resultado implica a constituição de direito relativo à celebração do contrato em favor do licitante vencedor. *Alternativa D.*

63. (XXX Exame) Determinado Estado da Federação passa por grave problema devido à superlotação de sua população carcerária, tendo os órgãos de inteligência estatal verificado a possibilidade de rebelião e fuga dos apenados. Visando ao atendimento do princípio constitucional da dignidade da pessoa humana e tendo em vista a configurada situação de grave e iminente risco à segurança pública, o ente federativo instaurou processo administrativo e, em seguida, procedeu à contratação, mediante inexigibilidade de licitação, de certa sociedade empresária para a execução de obras de ampliação e reforma de seu principal estabelecimento penal. Diante das disposições da Lei nº 8.666/93, no que tange à obrigatoriedade de licitação, o Estado contratante agiu

(A) corretamente, diante da impossibilidade fática de licitação decorrente do iminente risco de rebelião e grave perturbação da ordem pública.

(B) corretamente, haja vista que, apesar de ser possível a licitação, seu demorado trâmite procedimental acarretaria risco à ordem social.

(C) erradamente, eis que as circunstâncias do caso concreto autorizariam a dispensa de licitação, observados os trâmites legais.
(D) erradamente, uma vez que a prévia licitação é obrigatória na espécie, diante das circunstâncias do caso concreto.

RESPOSTA O caso narrado traz de hipótese de licitação dispensável, conforme previsto no art. 24, XXXV, ou seja, é dispensável a licitação para a construção, a ampliação, a reforma e o aprimoramento de estabelecimentos penais, desde que configurada situação de grave e iminente risco à segurança pública. *Alternativa C.*

64. (XXVIII Exame) O Município Sigma pretende realizar obras de restauração em uma praça e instalar brinquedos fixos de madeira para o lazer das crianças. A obra foi orçada em R$ 100.000,00 (cem mil reais), razão pela qual o ente federativo optou pela modalidade convite, remetendo o respectivo instrumento convocatório para três sociedades cadastradas junto ao registro pertinente e, para uma quarta, não cadastrada. Além disso, a carta-convite foi afixada em local apropriado para o conhecimento dos demais interessados. Na sessão de julgamento, compareceram apenas duas convidadas, certo que a sociedade Alfa apresentou a melhor proposta e preencheu os requisitos para a habilitação. Diante dessa situação hipotética, assinale a afirmativa correta.

(A) O Município Sigma não poderia ter se utilizado da modalidade convite para a situação descrita.
(B) A licitação é inválida, pois o resumo do instrumento convocatório deveria ser publicado em jornal de circulação no Município Sigma.
(C) Se o Município Sigma não justificar a presença de apenas duas licitantes, diante da existência de limitações de mercado ou pelo desinteresse dos convidados, deverá repetir o convite.
(D) Não é cabível realizar o convite de sociedades que não estejam cadastradas no registro pertinente.

RESPOSTA Segundo a Lei de Licitações, é necessário no convite que haja, cadastrados ou não, escolhidos e convidados em número mínimo de 3 (três) pela unidade administrativa (art. 22, § 3º). Quando, por limitações do mercado ou manifesto desinteresse dos convidados, for impossível a obtenção do número mínimo de licitantes exigidos no § 3º deste artigo, essas circunstâncias deverão ser devidamente justificadas no processo, sob pena de repetição do convite (§ 7º). *Alternativa C.*

65. (XXVII Exame) Com a finalidade de contratar obras públicas relacionadas à melhoria da mobilidade urbana, o Estado X optou pela adoção do Regime Diferenciado de Contratação. Após a abertura das propostas, constatou-se que houve empate entre as sociedades Ômega S/A e Gama S/A, duas grandes empresas que atuam no setor de referência, sendo, a primeira, empresa brasileira e, a segunda, sociedade estrangeira com sede no Brasil. Considerando a ordem de critérios de desempate estabelecida na legislação específica, assinale a afirmativa correta.

(A) O Estado X deverá, de plano, proceder a sorteio para promover o desempate.
(B) A preferência por serviços realizados por empresa brasileira, em nenhum momento poderá ser utilizada como critério de desempate.
(C) As sociedades deverão ser consideradas vencedoras e ratear, igualmente, o objeto do contrato, mediante a constituição de consórcio.
(D) Os licitantes empatados poderão apresentar nova proposta fechada, em ato contínuo à classificação.

RESPOSTA De acordo com o art. 25 da Lei n. 12.462/2011, em caso de empate entre 2 (duas) ou mais propostas, serão utilizados os seguintes critérios de desempate, nesta ordem, disputa final, em que os licitantes empatados poderão apresentar nova proposta fechada em ato contínuo à classificação. *Alternativa D.*

66. (XXII Exame) A Administração Federal irá realizar sucessivos contratos de compra de produtos de papelaria, de uso contínuo nos órgãos para os quais os bens estão destinados. Para tanto, pretende fazer uso dos mecanismos legais que melhor atendam ao princípio da eficiência. No caso, acerca da modalidade de licitação a ser adotada, assinale a afirmativa correta.

(A) É cabível a utilização do regime diferenciado de contratações públicas (RDC).
(B) Deverá ser utilizada a modalidade leilão para cada uma das compras a contratar.
(C) É possível o processamento das compras pelo sistema de registro de preços, mediante a utilização da modalidade pregão.
(D) É obrigatória a utilização da modalidade convite, independentemente do valor orçado.

RESPOSTA A utilização do Sistema de Registro e Preços (SRP) é a mais adequada quando se realizam contratações frequentes de determinados bens ou serviços, como é o caso da questão. Para formar o SRP deve ser feita licitação na modalidade concorrência ou pregão. Em se tratando de bens de natureza comum (produto de papelaria), é possível a utilização do pregão. *Alternativa C.*

67. (XXVII Exame) Após a contratação, sob o regime de empreitada por preço unitário, da sociedade empresária Faz de Tudo Ltda. para a construção do novo edifício-sede de uma agência reguladora, a Administração verifica que os quantitativos constantes da planilha orçamentária da licitação – e replicados pela contratada – são insuficientes para executar o empreendimento tal como projetado. Por isso, será necessário aumentar as quantidades de alguns serviços. Em termos financeiros, o acréscimo será de 20% – que corresponde a R$ 2.000.000,00 – em relação ao valor inicial atualizado do contrato. Com base na situação narrada, assinale a afirmativa correta.

(A) O acréscimo de serviços poderá ser combinado apenas verbalmente, não sendo necessária sua redução a termo.
(B) Por se tratar de cláusula exorbitante, mesmo que a sociedade empresária Faz de Tudo Ltda. não concorde com o acréscimo, a alteração poderá ser determinada unilateralmente pela Administração.
(C) O contratado só está obrigado a aceitar os acréscimos de até 15% (quinze por cento) em relação ao valor inicial atualizado do contrato; superado esse limite, a alteração só pode ocorrer com o consentimento da sociedade empresária Faz de Tudo Ltda.
(D) Diante da deficiência do projeto básico, a Administração deve obrigatoriamente anular o contrato após serem oportunizados o contraditório e a ampla defesa à sociedade empresária Faz de Tudo Ltda.

RESPOSTA Diante da situação hipotética, atente-se às prerrogativas no regime jurídico dos contratos administrativos instituído pela Lei n. 8.666/93 (art. 58). Os contratos regidos por esta Lei poderão ser alterados, com as devidas justificativas, nos casos do art. 65, dentre eles, unilateralmente pela Administração: a) quando houver modificação do projeto ou das especificações, para melhor adequação técnica aos seus objetivos; b) quando necessária a modificação do valor contratual em decorrência de acréscimo ou diminuição quantitativa de seu objeto, nos limites permitidos por esta Lei. *Alternativa B.*

68. (XXV Exame) A União celebrou com a empresa Gama contrato de concessão de serviço público precedida de obra pública. O negócio jurídico tinha por objeto a exploração, incluindo a duplicação, de determinada rodovia federal. Algum tempo após o início do contrato, o poder concedente identificou a inexecução de diversas obrigações por parte da concessionária, o que motivou a notificação da contratada. Foi autuado processo administrativo, ao fim do qual o poder concedente concluiu estar prejudicada a prestação do serviço por culpa da contratada.

Com base na hipótese apresentada, assinale a afirmativa correta.

(A) O contrato é nulo desde a origem, eis que a concessão de serviços públicos não pode ser precedida da execução de obras públicas.

(B) O poder concedente pode declarar a caducidade do contrato de concessão, tendo em vista a inexecução parcial do negócio jurídico por parte da concessionária.

(C) O poder concedente deve, necessariamente, aplicar todas as sanções contratuais antes de decidir pelo encerramento do contrato.

(D) O processo administrativo tem natureza de inquérito e visa coletar informações precisas dos fatos; por isso, não há necessidade de observar o contraditório e a ampla defesa da concessionária.

RESPOSTA A Lei n. 8.987/95, em seu art. 35, disciplina as formas de extinção da Concessão, utilizando uma nomenclatura própria. Entre as formas de extinção, está a caducidade, prevista no art. 38, encontrando-se em seu § 1º as hipóteses taxativamente previstas, incluindo o descumprimento das obrigações contratuais pela empresa concessionária. *Alternativa B.*

69. (XXIV Exame) Um Estado da Federação lançou um grande programa de concessões como forma de fomentar investimentos, diante das dificuldades financeiras por que vem passando. Por meio desse programa, ele pretende executar obras de interesse da população e ceder espaços públicos para a gestão da iniciativa privada. Como parte desse programa, lançou edital para restaurar um complexo esportivo com estádio de futebol, ginásio de esportes, parque aquático e quadras poliesportivas. Diante da situação acima, assinale a afirmativa correta.

(A) O Estado pode optar por celebrar uma parceria público privada na modalidade de concessão patrocinada, desde que o contrato tenha valor igual ou superior a R$ 20.000.000,00 (vinte milhões de reais) e que as receitas decorrentes da exploração dos serviços não sejam suficientes para remunerar o particular.

(B) A constituição de sociedade de propósito específico - SPE, sociedade empresária dotada de personalidade jurídica e incumbida de implantar e gerir o objeto da parceria, deve ocorrer após a celebração de um contrato de PPP.

(C) O contrato deverá prever o pagamento de remuneração fixa vinculada ao desempenho do parceiro privado, segundo metas e padrões de qualidade e disponibilidade nele definidos.

(D) A contraprestação do Estado deverá ser obrigatoriamente precedida da disponibilização do serviço que é objeto do contrato de parceria público-privada; dessa forma, não é possível o pagamento de contraprestação relativa à parcela fruível do serviço contratado.

RESPOSTA O Estado poderá adotar o contrato sob a forma de Parceria Público Privada (PPP). Na PPP, sob a forma de Concessão Patrocinada, há o pagamento da tarifa pelo usuário e uma contraprestação pecuniária do parceiro público ao privado. Entretanto, na época da questão, seria possível desde que o investimento não fosse inferior a R$ 20.000.000,00 (vinte milhões de reais), mas em 2017 esse valor passou a ser não inferior a 10.000.000,00 (dez milhões de reais), conforme art. 2º, § 4º, I, da Lei n. 11.079/04. *Alternativa A, conforme a legislação vigente na época da questão, mas atualmente desatualizada.*

Direito Ambiental

Aloisio Pereira Neto

Professor de Direito Ambiental e de Direito Urbanístico, especialista em Direito Ambiental, mestre em Direito Ambiental. Advogado, atuante na área do Direito Ambiental e de Energia há 20 anos, graduado na Universidade Federal do Ceará (UFC). Professor na graduação, pós-graduação e cursos preparatórios para concursos e Exame de Ordem. Já participou da coordenação da Especialização em Direitos Difusos e Coletivos da Escola Superior do Ministério Público do Estado do Ceará e lecionou na Escola Superior da Ordem dos Advogados do Estado do Rio de Janeiro, na Escola Superior de Advocacia do Ceará (ESA/CE), na Universidade de Fortaleza (UNIFOR) e no Centro Universitário de Sete Lagoas, UNIFEMM, em Minas Gerais. Atualmente, leciona nos Centros Universitários da UNIFAMETRO, em Fortaleza (CE), e na Pós-Graduação de Direito em Energia da Verbo Jurídico.

Sumário

1. APRESENTAÇÃO

Desde a nacionalização do Exame de Ordem até a XXXIII edição, foram cobradas diversas questões sobre os mais variados assuntos de Direito Ambiental e esse número tende a aumentar, devido à importância do tema nas discussões sociais, bem como a alguns acidentes ambientais de grande repercussão que aconteceram em nosso país. As polêmicas envolvendo a legislação ambiental, atualmente, também contribuem para a importância do estudo dessa legislação.

Algumas questões englobam mais de um tema, mas, nas resoluções das questões ao final, mantemos essa divisão por assuntos para ajudar você a ter mais foco naquilo que é mais cobrado. Ao final, todas as questões estão resolvidas e devidamente comentadas, objetivando deixar o candidato mais seguro na resolução das questões que irão ser apresentadas pela organização do certame.

2. CONCEITO DE DIREITO AMBIENTAL

Direito Ambiental é um ramo autônomo de direito público que disciplina, ordena e tutela as questões e os problemas dos seres humanos com o meio ambiente (natural e artificial).

Há inúmeras definições de Direito Ambiental, contudo você não pode esquecer que:

– trata-se de um ramo autônomo porque possui princípios próprios (que serão estudados mais adiante e são muito cobrados em provas);

– é ramo do direito público porque *sempre* há a participação do Estado (União, Estados, DF ou Municípios) nas questões ambientais;

– nunca pense que quando tratamos de Direito Ambiental estamos protegendo somente fauna e flora, pois há ainda o meio ambiente cultural e o artificial, inclusive com farta legislação acerca desses assuntos. Assim, Direito Ambiental trata também das lides que envolvem patrimônio cultural, energia, patrimônio genético, espécies de construções, licenças edilícias etc.

2.1 Características

Direito Ambiental é um direito DIFUSO, de 3ª geração ou dimensão, definido no parágrafo único, I, do art. 81 da Lei n. 8.078/90, ou seja, "interesses ou direitos difusos assim entendidos para efeitos desse Código, os transindividuais, de natureza indivisível, de que sejam titulares pessoas indeterminadas e ligadas por circunstâncias de fato".

Você não pode esquecer:

– **Transindividuais:** são aqueles direitos que transcendem a figura do indivíduo e ultrapassam o limite da esfera de direitos e obrigações de cunho individual.

– **De Natureza Indivisível:** seu objeto pertence a todos, ao mesmo tempo que não há um titular definido. Não há, por exemplo, também, como dividir a boa qualidade do ar, defender um meio ambiente parcialmente limpo, etc.

– **Os Titulares são Pessoas Indeterminadas:** os indivíduos tutelados e afetados não podem ser divididos em classes, por exemplo. A proteção do meio ambiente é para todos, indistintamente. Supera a ideia de coletividade e individualidade.

– **As Pessoas são Ligadas por Circunstâncias Fáticas:** Não pressupõe uma relação jurídica base, por exemplo, não necessita haver um contrato, mas somente circunstâncias de fato que geram essa proteção e/ou responsabilização por um dano ambiental.

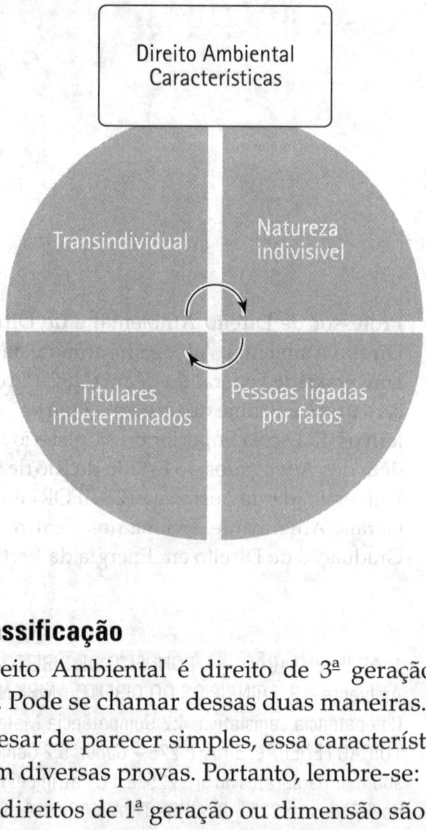

2.2 Classificação

Direito Ambiental é direito de 3ª geração ou dimensão. Pode se chamar dessas duas maneiras.

Apesar de parecer simples, essa característica é cobrada em diversas provas. Portanto, lembre-se:

Os direitos de 1ª geração ou dimensão são relacionados ao campo da propriedade privada, com abstenção do Estado. São os direitos de proteção às liberdades públicas. Sendo exemplos: o direito à liberdade, os direitos civis e políticos, à propriedade, ao voto, à vida, à livre manifestação etc.

Os direitos de 2ª geração ou dimensão são chamados direitos sociais, culturais e econômicos. O Estado deixa de ser um simples espectador e passa a intervir para melhorar as condições do ser humano. Afinal essa é sua principal razão de ser. São eles: o direito ao trabalho, à educação, à greve, à saúde etc.

Os direitos de 3ª geração ou dimensão são conhecidos como direitos da solidariedade ou fraternidade, sempre voltados à proteção da coletividade. Juntamente com o Direito Ambiental, temos o direito à comunicação, ao crescimento econômico e ao desenvolvimento sustentável.

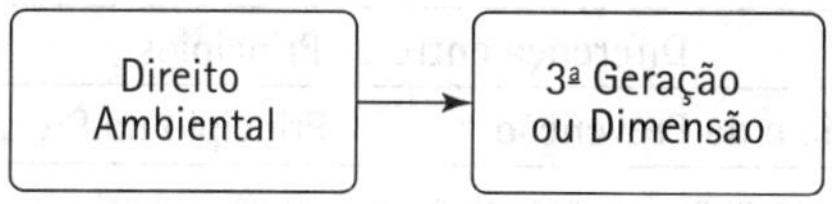

2.3 Espécies de Meio Ambiente

Conforme definido pela legislação brasileira, especificamente na Lei n. 6.938/81, Lei da Política Nacional de Meio Ambiente, Meio Ambiente é o conjunto de condições, leis, influências e interações de ordem física, química e biológica, que permite, abriga e rege a vida em todas as suas formas.

Contudo, não podemos pensar que somente existem fauna e flora a serem tratados pelo Direito Ambiental, senão vejamos:

a) Meio Ambiente Natural: é formado pelas águas, solo, subsolo, fauna e flora. Há proteção dessa espécie de meio ambiente em diversas leis brasileiras, resoluções do Conselho Nacional de Meio Ambiente – CONAMA – e na própria Constituição Federal, em seu art. 225, especialmente.

b) Meio Ambiente Cultural: sua definição está prevista no art. 216 da Carta Magna.

Conforme a Lei Brasileira, constitui patrimônio cultural brasileiro os bens de natureza material e imaterial, tomados individualmente ou em conjunto, portadores de referência à identidade, à ação, à memória dos diferentes grupos formadores da sociedade brasileira. Por exemplo: as formas de expressão; os modos de criar, fazer e viver; as criações científicas, artísticas e tecnológicas; as obras, objetos, documentos, edificações e demais espaços destinados às manifestações artístico-culturais; e os conjuntos urbanos e sítios de valor histórico, paisagístico, artístico, arqueológico, paleontológico, ecológico e científico.

c) Meio Ambiente Artificial: é o espaço urbano formado pelas construções, ou seja, é o espaço natural que foi alterado pelo homem, objetivando melhorar suas condições de vida nesse planeta. Está muito relacionado à ideia das cidades e urbanização. Tratado na graduação mais especificamente na disciplina de Direito Urbanístico, como um viés de Direito Administrativo. É tratado na Constituição Federal nos arts. 182 e 183, por exemplo.

d) Meio Ambiente do Trabalho: considerando que o local de trabalho é o espaço onde as pessoas mais passam seu tempo durante o dia, o Direito não poderia deixar de tutelá-lo. É o local onde as pessoas exercem suas atividades profissionais, independentemente de serem remuneradas ou não. A principal preocupação do Estado relaciona-se à salubridade do local e à tentativa de se evitar acidentes e doenças consequentes do exercício laboral. Existem autores que defendem que essa espécie de meio ambiente deve ser tutelada nas normas de Direito do Trabalho e não Direito Ambiental.

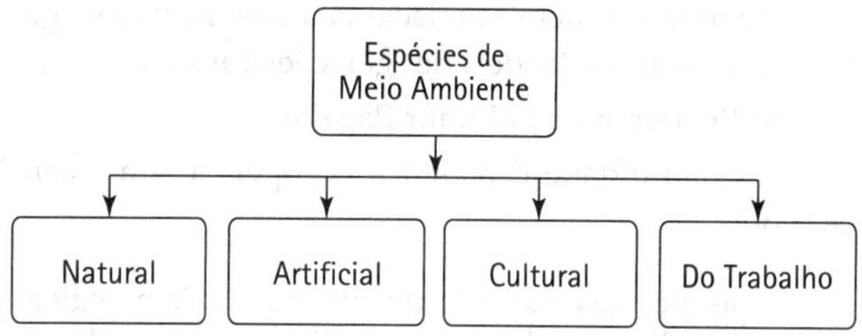

3. PRINCÍPIOS DO DIREITO AMBIENTAL

Esses princípios estão dispostos na Constituição Federal Brasileira, bem como em Tratados Internacionais. Como o Direito Ambiental é uma disciplina relativamente nova e sua cobrança em concursos é mais recente ainda, esses princípios são muito cobrados. Vale ressaltar que eles (os princípios) é que dão autonomia a essa disciplina.

Também se deve observar que há um tratamento diferenciado dos doutrinadores em relação aos princípios. Alguns autores elencam um número maior, outros nem tanto. Há autores que mudam os nomes de princípios, contudo a definição para alcançar seus objetivos você vai ter agora:

a) Princípio do Desenvolvimento Sustentável

É o mais cobrado nas provas porque é intrinsecamente ligado ao Direito Ambiental. Desde 1972, em Estocolmo, na Conferência Mundial de Meio Ambiente, foi utilizada essa nomenclatura.

Esse princípio está previsto no *caput* do art. 225 da Constituição Federal, veja:

> Art. 225. Todos têm direito ao meio ambiente ecologicamente equilibrado, bem de uso comum do povo e essencial à sadia qualidade de vida, impondo-se ao Poder Público e à coletividade o dever de defendê-lo e preservá-lo para as presentes e futuras gerações.

Provavelmente, todas as vezes que existir essa expressão: "presentes e futuras gerações" o enunciado estará relacionando-se a este princípio.

O Princípio do Desenvolvimento Sustentável afirma que o desenvolvimento da sociedade, no que se refere ao crescimento econômico, populacional, entre outros, deve permitir que as gerações vindouras (nossos filhos e netos) também possam ter acesso aos recursos naturais que são imprescindíveis a este crescimento.

Expressando-se de forma mais simples, por esse princípio a humanidade, através de seus representantes, deve crescer e desenvolver-se de modo que as gerações futuras também possam ter atendidas suas necessidades vitais básicas e possam, também, crescer e desenvolver-se.

Quando um item se relaciona a esse princípio, geralmente ele trata da ideia de "gerações futuras".

b) Princípio do Poluidor Pagador

A Comunidade Econômica Europeia assim o conceituou:

> "as pessoas naturais ou jurídicas, sejam regidas pelo direito público ou pelo direito privado, devem pagar os custos das medidas que sejam necessárias para eliminar a contaminação ou para reduzi-la ao limite fixado pelos padrões ou medidas equivalentes que assegurem a qualidade de vida, inclusive os fixados pelo Poder Público competente".

O § 3º do art. 225 da Constituição Federal também prevê esse princípio:

> § 3º As condutas consideradas lesivas ao meio ambiente sujeitarão aos infratores, pessoas físicas ou jurídicas, a sanções penais e administrativas, independentemente da obrigação de reparar os danos causados.

Assim, por este princípio, quem polui tem que arcar com todas as despesas de prevenção da poluição ou gastos com diminuição da poluição causada por suas atividades. Nunca pense que por esse princípio quem tem condições de pagar tem o direito de poluir sem nenhum controle! Esse princípio não legitima a poluição a qualquer preço.

c) Princípios da Prevenção e Precaução

São dois princípios distintos!

A Declaração do Rio de Janeiro sobre o Meio Ambiente dispõe em seu Princípio 15:

> "Para proteger o meio ambiente medidas de prevenção devem ser largamente aplicadas pelos Estados segundo suas capacidades. Em caso de risco de danos graves ou irreversíveis, a ausência de certeza científica absoluta não deve servir de pretexto para procrastinar a adoção de medidas efetivas visando a prevenir a degradação do meio ambiente".

Apesar de serem sinônimos na língua portuguesa, prevenção e precaução foram tratados distintamente pelo Direito Ambiental.

Pelo Princípio da Prevenção, ocorrendo uma análise prévia dos impactos que uma atividade ou empreendimento possam causar aos bens ambientais, é possível modificar o projeto, concretizar sua realização, não causando danos ao meio ambiente ou mitigando-os.

Já o Princípio da Precaução visa dar proteção ao meio ambiente para as presentes e futuras gerações. Por este Princípio não se deve licenciar uma atividade toda vez que não se tenha certeza de que ela não vai causar danos irreversíveis ao ambiente.

Diferença entre os Princípios	
Princípio da Prevenção	**Princípio da Precaução**
Já se sabem quais os impactos positivos e negativos daquela atividade, pois os Estudos Ambientais servem para isso.	Há uma incerteza científica quanto aos danos que aquela atividade possa vir a causar. Dessa forma, o Poder Público não deve liberar a atividade.

Em área do bizu você verá uma maneira fácil de diferenciar esse dois princípios e não errar a questão!

d) Princípio da Participação

Por esse princípio temos que TODOS devem agir em prol do meio ambiente ecologicamente equilibrado.

Quando o art. 225 da Constituição Federal dispõe que se impõe ao Poder Público e à coletividade o dever de defender o meio ambiente nossa Lei Maior afirma que todos devem agir, obrigatoriamente e em conjunto, em prol da tutela dos bens ambientais. Tutelar a qualidade do meio ambiente brasileiro não é faculdade do Poder Público, mas obrigação.

e) Princípio da Obrigatoriedade da Intervenção Estatal

O Estado, em todas as suas esferas, deve participar de todos os processos de licenciamento ambiental, intervindo em todas as fases do processo. Seja na atuação preventiva ou repressiva, o Poder Público, obrigatoriamente, deve agir para prevenir danos e punir quem degrada o meio ambiente.

f) Princípio da Informação e da Notificação

Por esse princípio todos têm o direito a ser informados acerca de seus processos e procedimentos que tramitam relacionados ao meio ambiente.

A Política Nacional de Meio Ambiente dispõe:

> Art. 6º Os órgãos e entidades da União, dos Estados, do Distrito Federal, dos Territórios e dos Municípios, bem como as fundações instituídas pelo Poder Público, responsáveis pela proteção e melhoria da qualidade ambiental, constituirão o Sistema Nacional do Meio Ambiente – SISNAMA, assim estruturado:
>
> § 3º Os órgãos central, setoriais, seccionais e locais mencionados neste artigo deverão fornecer os resultados das análises efetuadas e sua fundamentação, quando solicitados por pessoa legitimamente interessada.
>
> Art. 10. A construção, instalação, ampliação e funcionamento de estabelecimentos e atividades utilizadoras de recursos ambientais, considerados efetiva e potencialmente poluidores, bem

como os capazes, sob qualquer forma, de causar degradação ambiental, dependerão de prévio licenciamento de órgão estadual competente, integrante do Sistema Nacional do Meio Ambiente – SISNAMA, e do Instituto Brasileiro do Meio Ambiente e Recursos Naturais Renováveis – IBAMA, em caráter supletivo, sem prejuízo de outras licenças exigíveis.

§ 1º Os pedidos de licenciamento, sua renovação e a respectiva concessão serão publicados no jornal oficial do Estado, bem como em um periódico regional ou local de grande circulação.

Ressalta-se que o art. 220 da Constituição Federal preserva a liberdade de informar e o direito de ser informado.

g) Princípio da Educação Ambiental

A educação ambiental ainda é a grande esperança por uma mudança de atitude.

> Art. 225. Todos têm direito ao meio ambiente ecologicamente equilibrado, bem de uso comum do povo e essencial à sadia qualidade de vida, impondo-se ao Poder Público e à coletividade o dever de defendê-lo e preservá-lo para as presentes e futuras gerações.
>
> § 1º Para assegurar a efetividade desse direito, incumbe ao Poder Público:
>
> VI – promover a educação ambiental em todos os níveis de ensino e a conscientização pública para a preservação do meio ambiente.

Ainda existe a Lei n. 9.795/99 que é a Política Nacional de Educação Ambiental.

Deve-se ter em mente que não se estuda meio ambiente dissociado de outras disciplinas, pelo contrário. Ao estudar outras matérias, o aluno deve ser estimulado a discutir e tratar a temática ambiental dentro de sua vida diária.

h) Princípio da Vedação ao Retrocesso

Significa que a proteção ambiental não pode retroagir, só podendo avançar ou, no mínimo, se manter como está. Esse princípio foi muito discutido na Rio + 20, juntamente com as discussões sobre o "Novo Código Florestal".

Por esse princípio, uma lei posterior não pode extinguir um direito ou garantia, especialmente os de cunho social, como no caso da proteção ambiental, sob pena de acontecer um retrocesso, extinguindo um direito amparado na Constituição Federal brasileira.

Assim, seria inconstitucional qualquer medida tendente a diminuir a proteção ambiental já existente em nosso país. Apesar de os governantes brasileiros afirmarem que respeitam esse princípio, na prática isso não ocorre, pois temos diversas normas que surgem e são mais permissivas.

4. TUTELA CONSTITUCIONAL DO MEIO AMBIENTE NO BRASIL

O assunto de competência legislativa e material das normas ambientais é um dos mais cobrados em concursos. Vamos tentar facilitar e objetivar esse entendimento.

4.1 Competência Legislativa

A competência para criar leis ambientais, no Brasil, é concorrente. Vale ressaltar que essa competência não se refere somente à lei em sentido estrito, mas a qualquer espécie de norma jurídica.

Essa "concorrência" significa *complementariedade*. À União caberá criar as normas de interesse geral e aos Estados e ao Distrito Federal suplementar (complementar) essas normas. Aos municípios cabe criar as normas de interesse local, com aplicação dentro de seu território.

A Constituição Federal assim dispõe:

> Art. 24. Compete à União, aos Estados e ao Distrito Federal legislar concorrentemente sobre:
>
> I – direito tributário, financeiro, penitenciário, econômico e urbanístico; (...)
>
> VI – florestas, caça, pesca, fauna, conservação da natureza, defesa do solo e dos recursos naturais, proteção do meio ambiente e controle da poluição;
>
> VII – proteção ao patrimônio histórico, cultural, artístico, turístico e paisagístico;
>
> VIII – responsabilidade por dano ao meio ambiente, ao consumidor, a bens e direitos de valor artístico, estético, histórico, turístico e paisagístico;

Portanto, resta claro que existem normas Federais, Estaduais e até Municipais de tutela do Meio Ambiente, como iremos ver adiante, pois:

> Art. 30. Compete aos Municípios:
>
> I – legislar sobre assuntos de interesse local;
>
> II – suplementar a legislação federal e a estadual no que couber;

Observe que, caso a pessoa leia somente o art. 24 da Constituição Federal, ela pensará que os municípios não possuem essa "competência concorrente". Contudo, os municípios podem legislar acerca da proteção ambiental, com fundamento no art. 30 da Constituição Federal, em assuntos de interesse local.

4.2 Competência Material ou Administrativa

A competência para a defesa administrativa do meio ambiente é, por sua vez, comum.

Assim, todos os entes podem e devem exercer a fiscalização das atividades e obras que podem causar danos ao meio ambiente. Essa competência administrativa é aquela relacionada, por exemplo, ao licenciamento ambiental, à fiscalização e à aplicação de sanções (multas, embargos e demolições).

Nossa Carta Magna dispõe:

Art. 23. É competência comum da União, dos Estados, do Distrito Federal e dos Municípios:

VI – proteger o meio ambiente e combater a poluição em qualquer de suas formas;

VII – preservar as florestas, a fauna e a flora;

A Lei Complementar n. 140/2011 veio regulamentar o parágrafo único do art. 23 da Constituição Federal e trata da forma de cooperação dos Entes para exercer essa competência material.

Resumindo:

Objetivo	Espécie	Fundamento Constitucional
Competência para Legislar sobre Meio Ambiente	Concorrente União, Estados e Distrito Federal Municípios*	Arts. 24, I, VI, e 30*, I e II
Competência para Proteger o Meio Ambiente	Comum União, Estados, Distrito Federal e Municípios	Art. 23, VI e VII

* Apesar de os municípios não estarem no rol dos Entes previstos no art. 24, eles podem legislar em assuntos de interesse local, com fundamento no art. 30 da CF/88.

Uma observação que deve ser feita é que, apesar de a competência para *legislar* sobre direito urbanístico ser concorrente, com fundamento no art. 24, I, da Constituição Federal Brasileira, a competência para a execução da política urbana é do município, com fundamento no art. 182 da Constituição Federal Brasileira, onde se encontra disposto:

Art. 182. A política de desenvolvimento urbano, executada pelo Poder Público municipal, conforme diretrizes gerais fixadas em lei, tem por objetivo ordenar o pleno desenvolvimento das funções sociais da cidade e garantir o bem-estar de seus habitantes.

Assim, temos:

Legislar sobre Direito Urbanístico	**Executar** Política Urbana
União, Estados e Distrito Federal – Art. 24, I, CF/88 Municípios – Art. 30, I, CF/88	Município – Art. 182 CF/88

5. O CAPÍTULO DO MEIO AMBIENTE NA CONSTITUIÇÃO FEDERAL

5.1 Art. 225 – *Caput*

Nosso capítulo do Meio Ambiente na Constituição Federal dispõe:

Art. 225. Todos têm direito ao meio ambiente ecologicamente equilibrado, bem de uso comum do povo e essencial à sadia qualidade de vida, impondo-se ao Poder Público e à coletividade e dever de defendê-lo e preservá-lo para as presentes e futuras gerações.

A expressão "todos têm direito" relaciona-se ao caráter difuso do Direito Ambiental, ou seja, os destinatários dessa norma são todas as pessoas, não somente uma coletividade, uma parcela da população ou um indivíduo.

"Meio Ambiente" refere-se a todas as formas já tratadas, ou seja, Meio Ambiente Natural, Artificial, Cultural e do Trabalho.

O termo "Ecologicamente Equilibrado" nos remete ao Princípio do Desenvolvimento Sustentável, que é a busca de todos que desejam ter uma qualidade de vida, sempre lembrando das futuras gerações a fim de que estas também tenham acesso aos bem ambientais.

Lembre-se que os bens ambientais são de uso comum do povo e não da União ou do Poder Público como muitas vezes somos levados a crer.

Pelo Princípio da Participação, impõe-se ao Poder Público e à coletividade o dever de preservar esses bens. Observe que essa atuação do Poder Público, em todas as suas esferas, não é facultativa, mas obrigatória.

5.2 Comentários acerca dos Incisos I a VII do § 1º do art. 225 da CF

§ 1º Para assegurar a efetividade desse direito, incumbe ao Poder Público:

I – preservar e restaurar os processos ecológicos essenciais e prover o manejo ecológico das espécies e ecossistemas;

Preservar e restaurar são processos diferentes. O primeiro relaciona-se a um "agir antecipado", precaver-se a fim de evitar algum dano. O segundo significa restabelecer ao estado anterior algo que foi degradado, buscando-se, ao máximo, aproximar de sua originalidade. Significa recuperar aquilo que foi atingido, degradado.

II – preservar a diversidade e a integridade do patrimônio genético do País e fiscalizar as entidades dedicadas à pesquisa e manipulação de material genético;

A Lei que trata dessa matéria é de n. 11.105/2005. Apesar de ter sido proposta uma ação no Supremo Tribunal Federal contra essa Lei, a Corte Maior de nosso país julgou pela sua validade e a mesma está em vigor.

III – definir, em todas as unidades da Federação, espaços territoriais e seus componentes a serem especialmente protegidos, sendo a alteração e a supressão permitidas somente através de lei, vedada qualquer utilização que comprometa a integridade dos atributos que justifiquem sua proteção;

Cuidado com este inciso, pois o mesmo é tratado em diversas questões de concursos. Esse texto refere-se às Unidades de Conservação do Sistema Nacional de Unidades de Conservação – SNUC – Lei n. 9.985/2000, que trataremos mais adiante.

O que se deve observar, atentamente, é que a criação das Unidades de Conservação pode ser feita por Lei, Decreto ou qualquer outra norma legal. Essa criação pode, inclusive, partir do proprietário do imóvel, como no caso da Reservas Particulares. **Contudo, depois de criada, uma unidade de conservação somente pode ser ALTERADA ou SUPRIMIDA mediante lei.**

Assim:

Unidade de Conservação	Meio de Concretização do Ato
Criação	Por qualquer instrumento legal
Alteração	Somente através de Lei
Supressão	Somente através de Lei
Ampliação	Pelo mesmo instrumento legal que criou a Unidade de Conservação ou um hierarquicamente superior

> **IV** – exigir, na forma da lei, para instalação de obra ou atividade potencialmente causadora de significativa degradação do meio ambiente, estudo prévio de impacto ambiental, a que se dará publicidade;

A exigência do Estudo Prévio de Impacto Ambiental e seus respectivos relatórios (EIA/RIMA) depende de Lei. Interessante observar que esses estudos são públicos, ou seja, qualquer pessoa pode ter acesso aos mesmos, independentemente de uma justificação prévia.

Pode ser cobrado numa prova com o nome EIA/RIMA ou EPIA/RIMA. Trata-se da mesma coisa.

A nível federal, a Resolução do Conselho Nacional de Meio Ambiente – Conama – que ainda trata disso é a Resolução n. 1/86 que dispõe quais as atividades que necessitam de EIA/RIMA. Essa relação de atividades não é taxativa, pois um Estado ou município podem ampliar esse rol de atividades.

> **V** – controlar a produção, a comercialização e o emprego de técnicas, métodos e substâncias que comportem risco para a vida, a qualidade de vida e o meio ambiente;

Cabe ao Poder Público exercer essa fiscalização e a sociedade apoiá-lo nesse mister.

> **VI** – promover a educação ambiental em todos os níveis de ensino e a conscientização pública para a preservação do meio ambiente;

A educação ambiental é a maior esperança para a solução dessa problemática que o Planeta Terra sofre. Portanto, questões relacionadas a esses conceitos e a essa temática podem ser cobradas em concursos de qualquer área em nosso país. Importante lembrar que a educação ambiental deve ser promovida em TODOS os níveis de ensino e não somente para as crianças.

> **VII** – proteger a fauna e a flora, vedadas, na forma da lei, as práticas que coloquem em risco sua função ecológica, provoquem a extinção de espécies ou submetam os animais a crueldade.

Inciso destinado ao meio ambiente natural e disciplinado pela Lei de Crimes Ambientais n. 9.605/98 que será tratada adiante. O que não pode ser esquecido é que a Lei tutela qualquer espécie de animal, e não somente as espécies que estão ameaçadas de extinção. Tanto os animais silvestres como os domesticados são protegidos de maus-tratos por nossas leis.

5.3 Comentários sobre os parágrafos do art. 225

O § 1º, VII, do art. 225 dispõe que todos têm direito ao meio ambiente ecologicamente equilibrado, bem de uso comum do povo e essencial à sadia qualidade de vida, impondo-se ao Poder Público e à coletividade o dever de defendê-lo e preservá-lo para as presentes e futuras gerações. Incumbe ao Poder Público proteger a fauna e a flora, vedadas, na forma da lei, as práticas que coloquem em risco sua função ecológica, provoquem a extinção de espécies ou submetam os animais a crueldade.

Observamos que TODOS os animais no Brasil são protegidos contra quaisquer práticas que coloquem em risco sua função ecológica, submetam-nos a crueldade ou causem sua extinção. Às vezes as pessoas pensam que somente são protegidos os animais ameaçados de extinção ou silvestres, mas, na verdade, TODOS OS ANIMAIS SÃO PROTEGIDOS EM NOSSO PAÍS.

Nem toda a caça é proibida. Se ela for autorizada pelo órgão competente ela poderá ocorrer.

> **§ 2º** Aquele que explorar recursos minerais fica obrigado a recuperar o meio ambiente degradado, de acordo com solução técnica exigida pelo órgão público competente, na forma da lei.

Este parágrafo relaciona-se ao Princípio do Poluidor Pagador já analisado.

Importante observar que, muitas vezes, os gestores públicos que lidam com a matéria ambiental somente realizam os termos de ajustamento de conduta com os empreendedores (o conhecido TAC) quando os poluidores ou supostos degradadores, previamente, recuperam o bem ambiental.

Inclusive, a transação penal nos crimes ambientais, quando esta pode ser feita nos moldes de Lei dos Juizados Especiais, somente pode ser feita pelo Ministério Público quando o bem degradado for prévia e devidamente recuperado. A única exceção de se realizar uma transação penal sem essa recuperação prévia é quando a recuperação é impossível de ser feita. Assim dispõe o art. 27 da Lei n. 9.605/98:

> § 3º As condutas e atividades consideradas lesivas ao meio ambiente sujeitarão os infratores, pessoas físicas ou jurídicas, a sanções penais e administrativas, independentemente da obrigação de reparar os danos causados.

Esse é um dos assuntos mais cobrados em provas. Trata-se da **responsabilidade civil objetiva** em matéria ambiental.

A obrigação de indenizar INDEPENDE DE CULPA, ou seja, há a responsabilidade objetiva e a aplicação da Teoria do Risco Integral. Esse assunto será tratado mais adiante, mas já podemos adiantar e alertar que essa espécie de responsabilidade (objetiva) somente existe na esfera cível, mas nunca na penal. Além disso, nunca esqueça que todos os outros critérios de análise da responsabilidade como autoria, nexo de causalidade e dano efetivo continuam presentes.

O Direito Ambiental brasileiro prevê que, por um único ato, a pessoa física ou jurídica poderá ser responsabilizada em até três esferas: civil, administrativa e penal.

5.4 O Patrimônio Nacional

> § 4º A Floresta Amazônica brasileira, a Mata Atlântica, a Serra do Mar, o Pantanal Mato-Grossense e a Zona Costeira são patrimônio nacional, e sua utilização far-se-á, na forma da lei, dentro de condições que assegurem a preservação do meio ambiente, inclusive quanto ao uso dos recursos naturais.

Esse parágrafo é taxativo, por isso é muito cobrado nas questões objetivas dos concursos.

Contudo, devemos observar, basicamente, o seguinte: a **Caatinga** (característica da região Nordeste do Brasil) pode ser um ecossistema mais facilmente cobrado em questões de provas; o **Pampa** (havendo o mesmo raciocínio para a Região Sul de nosso país) e o **Cerrado NÃO FAZEM PARTE** do rol dos patrimônios nacionais. Há um projeto de Emenda Constitucional para incluir esses ecossistemas no rol daqueles que fazem parte do patrimônio nacional, porém, até julho de 2019, a mesma não foi votada e o § 4º continua com o texto acima transcrito.

> § 5º São indisponíveis as terras devolutas ou arrecadadas pelos Estados, por ações discriminatórias, necessárias à proteção dos ecossistemas naturais.

As terras devolutas são impossíveis de serem usucapidas e podem ser tratadas nas questões de Direito Constitucional, Administrativo ou Civil (Direitos Reais). Não confunda terras devolutas com áreas de preservação permanentes (tratadas no Código Florestal – Lei n. 12.651/2012) ou com as unidades de conservação (tratadas na Lei do SNUC – Lei n. 9.985/2000).

5.5 A Peculiaridade das Usinas Nucleares no Brasil

> § 6º As usinas que operem com reator nuclear deverão ter sua localização definida em lei federal, sem o que não poderão ser instaladas.

Todas as vezes que a questão tratar de matéria nuclear ou radioativa relacione esse empreendimento à tutela da UNIÃO. Seja no aspecto do licenciamento ambiental, na análise dos Estudos de Impacto Ambiental ou na definição de sua localização, essa matéria é de competência da União.

Esse parágrafo relaciona-se com o disposto no art. 21 da Carta Magna, XXIII, *a* que dispõe:

> Art. 21. Compete à União:
>
> XXIII – explorar os serviços e instalações nucleares de qualquer natureza e exercer monopólio estatal sobre a pesquisa, a lavra, o enriquecimento e reprocessamento, a industrialização e o comércio de minérios nucleares e seus derivados, atendidos os seguintes princípios e condições:
>
> a) toda atividade nuclear em território nacional somente será admitida para fins pacíficos e mediante aprovação do Congresso Nacional.

5.6 A Inclusão do § 7º do art. 225

> § 7º Para fins do disposto na parte final do inciso VII do § 1º deste artigo, não se consideram cruéis as práticas desportivas que utilizem animais, desde que sejam manifestações culturais, conforme o § 1º do art. 215 desta Constituição Federal, registradas como bem de natureza imaterial integrante do patrimônio cultural brasileiro, devendo ser regulamentadas por lei específica que assegure o bem-estar dos animais envolvidos.

Esse texto foi incluído pela Emenda Constitucional n. 96, de 2017. Apesar de não ter sido cobrado nos concursos, ainda, a qualquer momento isso poderá ser questionado, especialmente por tratar-se de um tema novo no texto constitucional, além de muito polêmico.

O texto indica que, se a utilização de animais for por conta de manifestações culturais, devidamente registradas como bens de natureza imaterial, não será considerada cruel e não haverá descumprimento do previsto no art. 225, § 1º, VII, da Constituição Federal brasileira. Trata-se de uma exceção ao que está previsto nesse inciso. Devemos lembrar que a Constituição Federal pode criar exceções dentro do seu próprio texto.

6. A POLÍTICA NACIONAL DE MEIO AMBIENTE (PNMA)

Acerca dessa Lei, os assuntos mais cobrados são os conceitos, os objetivos, os instrumentos, os princípios e o disposto no art. 14.

6.1 Fundamento Legal

Realmente essa lei (n. 6.938/81) foi um marco no Direito Ambiental Brasileiro, contudo não é a primeira lei que trata de meio ambiente.

Observamos isso porque constatamos em algumas provas de concursos e exame de Ordem questões que levam o candidato a marcar o item como se esse diploma legal fosse o início da discussão ambiental brasileira. Realmente, após essa lei as discussões em nosso país aumentaram significativamente. Podemos afirmar, por exemplo, que houve um "incremento" das discussões ambientais por consequência dessa lei, mas não se pode afirmar que ela foi a primeira a tutelar o meio ambiente no Brasil.

Existem normas da época do império que já tratavam, por exemplo, das matas que existiam ao redor da Cidade do Rio de Janeiro, em pleno século XIX.

Essa lei é uma consequência do foi discutido em Estocolmo, especificamente no Princípio 21 daquela Conferência, realizada no ano de 1972, que afirmou que os Estados têm o direito soberano de explorar seus recursos, de acordo com sua política ambiental.

Em 31 de agosto de 1981 foi editada a Lei n. 6.938, originando a Política Nacional do Meio Ambiente. Trouxe consigo conceitos, princípios, objetivos, instrumentos da política ambiental brasileira e criando o SISNAMA – Sistema Nacional de Meio Ambiente e o CONAMA – Conselho Nacional do Meio Ambiente.

6.2 Conceitos da Lei n. 6.938/81

Esses conceitos estão definidos no art. 3º da Lei, vejamos:

– **Meio ambiente** é o conjunto de condições, leis, influências e interações de ordem física, química e biológica, que permite, abriga e rege a vida em todas as suas formas.

Percebe-se que meio ambiente não compreende somente fauna e flora, mas qualquer manifestação ocorrida no meio ambiente natural ou artificial. Não se esqueça do meio ambiente urbano e do trabalho! Apesar de que desse último há bastante divergência doutrinária.

– **Degradação da qualidade ambiental**, por sua vez, é a alteração adversa das características do meio ambiente. Observe que será degradação ambiental qualquer alteração PARA PIOR na qualidade ambiental. Se a alteração for para melhorar as condições naturais do meio ambiente, logicamente não será considerada degradação.

– **Poluição** é a degradação da qualidade ambiental (conforme afirmado acima), resultante de atividades que direta ou indiretamente:

a) prejudiquem a saúde, a segurança e o bem-estar da população (visão antropocêntrica do Direito Ambiental Brasileiro);

b) criem condições adversas às atividades sociais e econômicas;

c) afetem desfavoravelmente a biota;

d) afetem as condições estéticas ou sanitárias do meio ambiente; e

e) lancem matérias ou energia em desacordo com os padrões ambientais estabelecidos.

– **Poluidor** é a pessoa física ou jurídica, de direito público ou privado, responsável direta ou indiretamente por atividade causadora de degradação ambiental.

O que se deve observar é que grande parte das ações civis públicas que tutelam o meio ambiente é movida contra o próprio poder público, ou seja, o principal responsável pela tutela do meio ambiente brasileiro acaba por ser um dos maiores degradadores desse patrimônio.

– **Recursos ambientais** são a atmosfera, as águas interiores, superficiais ou subterrâneas, os estuários, o mar territorial, o solo, o subsolo, os elementos da biosfera, a fauna e a flora.

6.3 Princípios da PNMA

Esses princípios estão previstos no art. 2º da Lei.

O art. 2º da Lei dispõe que a Política Nacional de Meio Ambiente tem por objetivo a preservação, melhoria e recuperação da qualidade ambiental propícia à vida, visando assegurar no País condições ao desenvolvimento socioeconômico, aos interesses da segurança nacional e à proteção da dignidade da vida humana, atendidos os seguintes princípios:

– ação governamental na manutenção do equilíbrio ecológico, considerando o meio ambiente como um patrimônio público a ser necessariamente assegurado e protegido, tendo em vista o uso coletivo;

– racionalização do uso do solo, do subsolo, da água e do ar;

– planejamento e fiscalização do uso dos recursos ambientais;

– proteção dos ecossistemas, com a preservação de áreas representativas;

– controle e zoneamento das atividades potencial ou efetivamente poluidoras;

– incentivos ao estudo e à pesquisa de tecnologias orientadas para o uso racional e a proteção dos recursos ambientais;

– acompanhamento do estado da qualidade ambiental;

– recuperação de áreas degradadas;

– proteção de áreas ameaçadas de degradação;

– educação ambiental a todos os níveis de ensino, inclusive a educação da comunidade, objetivando capacitá-la para participação ativa na defesa do meio ambiente.

6.4 Objetivos da PNMA

Os objetivos da Política Nacional de Meio Ambiente estão dispostos no art. 4º da Lei, vejamos:

– à compatibilização do desenvolvimento econômico-social com a preservação da qualidade do meio ambiente e do equilíbrio ecológico;

– à definição de áreas prioritárias de ação governamental relativa à qualidade e ao equilíbrio ecológico, atendendo aos interesses da União, dos Estados, do Distrito Federal, dos Territórios e dos Municípios;

– ao estabelecimento de critérios e padrões de qualidade ambiental e de normas relativas ao uso e manejo de recursos ambientais;

– ao desenvolvimento de pesquisas e de tecnologias nacionais orientadas para o uso racional de recursos ambientais;

– à difusão de tecnologias de manejo do meio ambiente, à divulgação de dados e informações ambientais e à formação de uma consciência pública sobre a necessidade de preservação da qualidade ambiental e do equilíbrio ecológico;

– à preservação e restauração dos recursos ambientais com vistas à sua utilização racional e disponibilidade permanente, concorrendo para a manutenção do equilíbrio ecológico propício à vida;

– à imposição, ao poluidor e ao predador, da obrigação de recuperar e/ou indenizar os danos causados e, ao usuário, da contribuição pela utilização de recursos ambientais com fins econômicos.

6.5 Instrumentos da PNMA

Os instrumentos dessa política estão previstos no art. 9º da Lei, vejamos:

– o estabelecimento de padrões de qualidade ambiental;

– o zoneamento ambiental;

– a avaliação de impactos ambientais;

– o licenciamento e a revisão de atividades efetiva ou potencialmente poluidoras;

– os incentivos à produção e instalação de equipamentos e a criação ou absorção de tecnologia, voltados para a melhoria da qualidade ambiental;

– a criação de espaços territoriais especialmente protegidos pelo Poder Público federal, estadual e municipal, tais como áreas de proteção ambiental, de relevante interesse ecológico e reservas extrativistas;

– o sistema nacional de informações sobre o meio ambiente;

– o Cadastro Técnico Federal de Atividades e Instrumentos de Defesa Ambiental;

– as penalidades disciplinares ou compensatórias ao não cumprimento das medidas necessárias à preservação ou correção da degradação ambiental;

– a instituição do Relatório de Qualidade do Meio Ambiente, a ser divulgado anualmente pelo Instituto Brasileiro do Meio Ambiente e dos Recursos Naturais Renováveis – IBAMA;

– a garantia da prestação de informações relativas ao Meio Ambiente, obrigando-se o Poder Público a produzi-las, quando inexistentes;

– o Cadastro Técnico Federal de atividades potencialmente poluidoras e/ou utilizadoras dos recursos ambientais;

– instrumentos econômicos, como concessão florestal, servidão ambiental, seguro ambiental e outros.

7. LICENCIAMENTO AMBIENTAL

Atualmente, o Licenciamento Ambiental é disciplinado pela Lei Complementar n. 140/2011. Esse diploma legal não revogou a Resolução n. 237/97 do Conselho Nacional de Meio Ambiente.

A Lei Complementar n. 140/2011 disciplina as formas de cooperação entre os Entes federados na consecução do licenciamento ambiental. São elas:

– **atuação supletiva**: ação do ente da Federação que se substitui ao ente federativo originariamente detentor das atribuições, nas hipóteses definidas na Lei Complementar n. 140/2011;

– **atuação subsidiária**: ação do ente da Federação que visa a auxiliar no desempenho das atribuições decorrentes das competências comuns, quando solicitado pelo ente federativo originariamente detentor das atribuições definidas na Lei Complementar n. 140/2011.

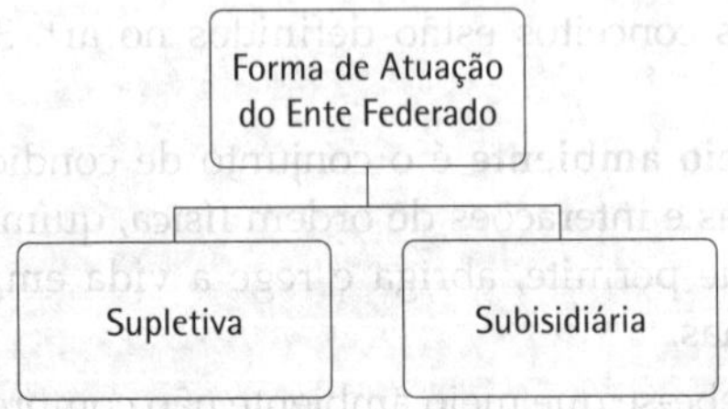

7.1 Conceito

Licenciamento Ambiental é o procedimento administrativo pelo qual a administração pública, por intermédio do órgão ambiental competente, analisa a proposta apresentada para o empreendimento e o legitima, considerando as disposições legais e regulamentares aplicáveis e sua interdependência com o meio ambiente, emitindo a respectiva LICENÇA.

Conforme texto legal, ele é o procedimento administrativo destinado a licenciar atividades ou empreendimentos utilizadores de recursos ambientais, efetiva ou potencialmente poluidores ou capazes, sob qualquer forma, de causar degradação ambiental.

7.2 Natureza Jurídica

Existe divergência doutrinária quanto à natureza jurídica do documento a ser expedido pelo órgão público por ocasião do procedimento de licenciamento ambiental. Uns entendem ser uma autorização, contudo a maioria da doutrina defende que se trata de uma licença com características de autorização, devido à complexidade que possui a matéria ambiental.

Vejamos a diferenciação:

Licença	Autorização
- Vinculada e definitiva, não há que se falar em conveniência e oportunidade - Envolve "direito" - É ato declaratório de direito preexistente	- Discricionária, precária, critérios de conveniência e oportunidade - Envolve "interesse" - É ato constitutivo

7.3 Espécies de Licenças – Desdobramento

– **Licença Prévia (LP)** é concedida pelo órgão na fase preliminar do planejamento do empreendimento ou atividade, aprovando sua localização e concepção, atestando a viabilidade ambiental e estabelecendo os requisitos básicos e condicionantes a serem atendidos nas próximas fases de sua implementação;

– **Licença de Instalação (LI)** é concedida pelo órgão competente para a instalação do empreendimento ou atividade de acordo com as especificações constantes dos planos, programas e projetos aprovados, incluindo as medidas de controle ambiental e demais condicionantes;

– **Licença de Operação (LO)** concedida pelo órgão para a operação da atividade ou empreendimento, após a verificação do cumprimento das exigências constantes das licenças anteriores e estabelecimento das medidas de controle ambiental e condicionantes a serem observadas para essa operação.

LP
- Concedida quando há viabilidade locacional do empreendimento
- Estabelece condicionantes para as próximas fases

LI
- Quando concedida permite o início da instalação do empreendimento
- Inclui medidas de controle ambiental e outras condicionantes

LO
- Quando concedida permite o início da operação da atividade

7.4 Prazos das Licenças

O órgão ambiental competente estabelecerá os prazos de validade de cada tipo de licença, especificando-os no respectivo documento.

O prazo de validade da Licença Prévia (LP) deverá ser, no mínimo, o estabelecido pelo cronograma de elaboração dos planos, programas e projetos relativos ao empreendimento ou atividade, não podendo ser superior a 5 (cinco) anos.

O da validade da Licença de Instalação (LI) deverá ser, no mínimo, o estabelecido pelo cronograma de instalação do empreendimento ou atividade, não podendo ser superior a 6 (seis) anos.

O prazo de validade da Licença de Operação (LO), por sua vez, deverá considerar os planos de controle ambiental e será de, no mínimo, 4 (quatro) anos e, no máximo, 10 (dez) anos.

Resumindo (de acordo com a legislação federal vigente):

Licença	Prazo Máximo
Prévia	5 anos
Instalação	6 anos
Operação	de 4 a 10 anos

Conforme artigo 14, § 4º da LC n. 140/2011, a renovação de licenças ambientais deve ser requerida com antecedência mínima de 120 (cento e vinte) dias da expiração de seu prazo de validade, fixado na respectiva licença, ficando este automaticamente prorrogado até a manifestação definitiva do órgão ambiental competente.

7.5 Competência para Outorga

A Lei Complementar n. 140/2011 dividiu a competência entre a União, os Estados, o Distrito Federal e os Municípios da seguinte forma.

São ações administrativas da União:

– formular, executar e fazer cumprir, em âmbito nacional, a Política Nacional do Meio Ambiente;

– exercer a gestão dos recursos ambientais no âmbito de suas atribuições;

– promover ações relacionadas à Política Nacional do Meio Ambiente nos âmbitos nacional e internacional;

– promover a integração de programas e ações de órgãos e entidades da administração pública da União, dos Estados, do Distrito Federal e dos Municípios, relacionados à proteção e à gestão ambiental;

– articular a cooperação técnica, científica e financeira, em apoio à Política Nacional do Meio Ambiente;

– promover o desenvolvimento de estudos e pesquisas direcionados à proteção e à gestão ambiental, divulgando os resultados obtidos;

– promover a articulação da Política Nacional do Meio Ambiente com as de Recursos Hídricos, Desenvolvimento Regional, Ordenamento Territorial e outras;

– organizar e manter, com a colaboração dos órgãos e entidades da administração pública dos Estados, do Distrito Federal e dos Municípios, o Sistema Nacional de Informação sobre Meio Ambiente (Sinima);

– elaborar o zoneamento ambiental de âmbito nacional e regional;

– definir espaços territoriais e seus componentes a serem especialmente protegidos;

– promover e orientar a educação ambiental em todos os níveis de ensino e a conscientização pública para a proteção do meio ambiente;

– controlar a produção, a comercialização e o emprego de técnicas, métodos e substâncias que comportem risco para a vida, a qualidade de vida e o meio ambiente, na forma da lei;

– exercer o controle e fiscalizar as atividades e empreendimentos cuja atribuição para licenciar ou autorizar, ambientalmente, for cometida à União;

– promover o licenciamento ambiental de empreendimentos e atividades: a) localizados ou desenvolvidos conjuntamente no Brasil e em país limítrofe; b) localizados ou desenvolvidos no mar territorial, na plataforma continental ou na zona econômica exclusiva; c) localizados ou desenvolvidos em terras indígenas; d) localizados ou desenvolvidos em unidades de conservação instituídas pela União, exceto em Áreas de Proteção Ambiental (APAs); e) localizados ou desenvolvidos em 2 (dois) ou mais Estados; f) de caráter militar, excetuando-se do licenciamento ambiental, nos termos de ato do Poder Executivo, aqueles previstos no preparo e emprego das Forças Armadas, conforme disposto na Lei Complementar n. 97, de 9 de junho de 1999; g) destinados a pesquisar, lavrar, produzir, beneficiar, transportar, armazenar e dispor material radioativo, em qualquer estágio, ou que utilizem energia nuclear em qualquer de suas formas e aplicações, mediante parecer da Comissão Nacional de Energia Nuclear (Cnen); ou h) que atendam tipologia estabelecida por ato do Poder Executivo, a partir de proposição da Comissão Tripartite Nacional, assegurada a participação de um membro do Conselho Nacional do Meio Ambiente (Conama), e considerados os critérios de porte, potencial poluidor e natureza da atividade ou empreendimento;

– aprovar o manejo e a supressão de vegetação, de florestas e formações sucessoras em florestas públicas federais, terras devolutas federais ou unidades de conservação instituídas pela União, exceto em APAs; e atividades ou empreendimentos licenciados ou autorizados, ambientalmente, pela União;

– elaborar a relação de espécies da fauna e da flora ameaçadas de extinção e de espécies sobre-explotadas no território nacional, mediante laudos e estudos técnico-científicos, fomentando as atividades que conservem essas espécies *in situ*;

– controlar a introdução no País de espécies exóticas potencialmente invasoras que possam ameaçar os ecossistemas, *habitats* e espécies nativas;

– aprovar a liberação de exemplares de espécie exótica da fauna e da flora em ecossistemas naturais frágeis ou protegidos;

– controlar a exportação de componentes da biodiversidade brasileira na forma de espécimes silvestres da flora, micro-organismos e da fauna, partes ou produtos deles derivados;

– controlar a apanha de espécimes da fauna silvestre, ovos e larvas;

– proteger a fauna migratória e as espécies inseridas na relação prevista no inciso XVI;

– exercer o controle ambiental da pesca em âmbito nacional ou regional;

– gerir o patrimônio genético e o acesso ao conhecimento tradicional associado, respeitadas as atribuições setoriais;

– exercer o controle ambiental sobre o transporte marítimo de produtos perigosos; e

– exercer o controle ambiental sobre o transporte interestadual, fluvial ou terrestre, de produtos perigosos.

São ações administrativas dos Estados:

– executar e fazer cumprir, em âmbito estadual, a Política Nacional do Meio Ambiente e demais políticas nacionais relacionadas à proteção ambiental;

– exercer a gestão dos recursos ambientais no âmbito de suas atribuições;

– formular, executar e fazer cumprir, em âmbito estadual, a Política Estadual de Meio Ambiente;

– promover, no âmbito estadual, a integração de programas e ações de órgãos e entidades da administração pública da União, dos Estados, do Distrito Federal e dos Municípios, relacionados à proteção e à gestão ambiental;

– articular a cooperação técnica, científica e financeira, em apoio às Políticas Nacional e Estadual de Meio Ambiente;

– promover o desenvolvimento de estudos e pesquisas direcionados à proteção e à gestão ambiental, divulgando os resultados obtidos;

– organizar e manter, com a colaboração dos órgãos municipais competentes, o Sistema Estadual de Informações sobre Meio Ambiente;

– prestar informações à União para a formação e atualização do Sinima;

– elaborar o zoneamento ambiental de âmbito estadual, em conformidade com os zoneamentos de âmbito nacional e regional;

– definir espaços territoriais e seus componentes a serem especialmente protegidos;

- promover e orientar a educação ambiental em todos os níveis de ensino e a conscientização pública para a proteção do meio ambiente;

- controlar a produção, a comercialização e o emprego de técnicas, métodos e substâncias que comportem risco para a vida, a qualidade de vida e o meio ambiente, na forma da lei;

- exercer o controle e fiscalizar as atividades e empreendimentos cuja atribuição para licenciar ou autorizar, ambientalmente, for cometida aos Estados;

- promover o licenciamento ambiental de atividades ou empreendimentos utilizadores de recursos ambientais, efetiva ou potencialmente poluidores ou capazes, sob qualquer forma, de causar degradação ambiental, ressalvado o disposto nos arts. 7º e 9º;

- promover o licenciamento ambiental de atividades ou empreendimentos localizados ou desenvolvidos em unidades de conservação instituídas pelo Estado, exceto em Áreas de Proteção Ambiental (APAs);

- aprovar o manejo e a supressão de vegetação, de florestas e formações sucessoras em florestas públicas estaduais ou unidades de conservação do Estado, exceto em Áreas de Proteção Ambiental (APAs); imóveis rurais, observadas as atribuições previstas no inciso XV do art. 7º; e atividades ou empreendimentos licenciados ou autorizados, ambientalmente, pelo Estado;

- elaborar a relação de espécies da fauna e da flora ameaçadas de extinção no respectivo território, mediante laudos e estudos técnico-científicos, fomentando as atividades que conservem essas espécies *in situ*;

- controlar a apanha de espécimes da fauna silvestre, ovos e larvas destinadas à implantação de criadouros e à pesquisa científica, ressalvado o disposto no inciso XX do art. 7º;

- aprovar o funcionamento de criadouros da fauna silvestre;

- exercer o controle ambiental da pesca em âmbito estadual; e

- exercer o controle ambiental do transporte fluvial e terrestre de produtos perigosos, ressalvado o disposto no inciso XXV do art. 7º.

São ações administrativas dos Municípios:

- executar e fazer cumprir, em âmbito municipal, as Políticas Nacional e Estadual de Meio Ambiente e demais políticas nacionais e estaduais relacionadas à proteção do meio ambiente;

- exercer a gestão dos recursos ambientais no âmbito de suas atribuições;

- formular, executar e fazer cumprir a Política Municipal de Meio Ambiente;

- promover, no Município, a integração de programas e ações de órgãos e entidades da administração pública federal, estadual e municipal, relacionados à proteção e à gestão ambiental;

- articular a cooperação técnica, científica e financeira, em apoio às Políticas Nacional, Estadual e Municipal de Meio Ambiente;

- promover o desenvolvimento de estudos e pesquisas direcionados à proteção e à gestão ambiental, divulgando os resultados obtidos;

- organizar e manter o Sistema Municipal de Informações sobre Meio Ambiente;

- prestar informações aos Estados e à União para a formação e atualização dos Sistemas Estadual e Nacional de Informações sobre Meio Ambiente;

- elaborar o Plano Diretor, observando os zoneamentos ambientais;

- definir espaços territoriais e seus componentes a serem especialmente protegidos;

- promover e orientar a educação ambiental em todos os níveis de ensino e a conscientização pública para a proteção do meio ambiente;

- controlar a produção, a comercialização e o emprego de técnicas, métodos e substâncias que comportem risco para a vida, a qualidade de vida e o meio ambiente, na forma da lei;

- exercer o controle e fiscalizar as atividades e empreendimentos cuja atribuição para licenciar ou autorizar, ambientalmente, for cometida ao Município;

- observadas as atribuições dos demais entes federativos previstas na Lei Complementar, promover o licenciamento ambiental das atividades ou empreendimentos que causem ou possam causar impacto ambiental de âmbito local, conforme tipologia definida pelos respectivos Conselhos Estaduais de Meio Ambiente, considerados os critérios de porte, potencial poluidor e natureza da atividade; ou localizados em unidades de conservação instituídas pelo Município, exceto em Áreas de Proteção Ambiental (APAs);

- observadas as atribuições dos demais entes federativos previstas na Lei Complementar, aprovar a supressão e o manejo de vegetação, de florestas e formações sucessoras em florestas públicas municipais e unidades de conservação instituídas pelo Município, exceto em Áreas de Proteção Ambiental (APAs); e a supressão e o manejo de vegetação, de florestas e formações sucessoras em empreendimentos licenciados ou autorizados, ambientalmente, pelo Município.

Vale observar que os empreendimentos e atividades são licenciados ou autorizados, ambientalmente, por um único ente federativo, em conformidade com as atribuições estabelecidas nos termos desta Lei Complementar.

Compete ao órgão responsável pelo licenciamento ou autorização, conforme o caso, de um empreendimento ou atividade, lavrar auto de infração ambiental e instaurar processo administrativo para a apuração de infrações à legislação ambiental cometidas pelo empreendimento ou atividade licenciada ou autorizada.

Porém, não há impedimento do exercício pelos entes federativos da atribuição comum de fiscalização da conformidade de empreendimentos e atividades efetiva ou potencialmente poluidores ou utilizadores de recursos naturais com a legislação ambiental em vigor, prevalecendo o auto de infração ambiental lavrado por órgão que detenha a atribuição de licenciamento ou autorização.

Qualquer pessoa legalmente identificada, ao constatar infração ambiental decorrente de empreendimento ou atividade utilizadores de recursos ambientais, efetiva ou potencialmente poluidores, pode dirigir representação ao órgão, para efeito do exercício de seu poder de polícia.

Nos casos de iminência ou ocorrência de degradação da qualidade ambiental, o ente federativo que tiver conhecimento do fato deverá determinar medidas para evitá-la, fazer cessá-la ou mitigá-la, comunicando imediatamente ao órgão competente para as providências cabíveis.

7.6 Estudo Prévio e o Relatório de Impacto Ambiental – Resolução n. 1/86 do CONAMA

O estudo prévio de impacto ambiental **(EIA)** e o relatório de impacto ambiental **(RIMA)** não são a mesma coisa como muitos pensam e estão previstos no art. 225, § 1º, IV, da Constituição Federal, bem como nas Resoluções n. 1/86 e 237/97 do CONAMA.

O **EIA** é uma avaliação preliminar, indispensável para a realização de qualquer obra ou o exercício de quaisquer atividades que possam causar degradação ao meio ambiente, e que tem por fim diagnosticar a viabilidade de sua realização, objetivando evitar danos ambientais ou, pelo menos, mitigar e compensar os problemas ambientais que possam decorrer da obra ou atividade. É, dentre os estudos ambientais previstos, o mais complexo.

Ele é obrigatoriamente realizado por uma equipe multidisciplinar e é composto por estudos técnicos, científicos, sociais, econômicos e outros que possam avaliar o impacto ambiental. Trata-se de um documento estritamente técnico e que a composição dessa equipe pode variar dependendo do tipo de empreendimento e, especialmente, do impacto da atividade. É um instrumento preventivo de proteção.

Como já explicado, a competência para exigir o Estudo é da autoridade administrativa responsável pelo licenciamento ambiental. Quando a administração pública for omissa e não exigir o EIA (quando for necessário, logicamente), o Ministério Público ou qualquer outro colegitimado pode ajuizar ação civil pública. Não há necessidade de autorização prévia do Poder Legislativo, pois é ato vinculado à atividade do Poder Executivo.

O **RIMA** é confeccionado depois do EIA. O objetivo do RIMA é detalhar e completar o EIA, que será apresentado ao órgão responsável pelo licenciamento. É o instrumento de comunicação do EIA à administração pública e ao cidadão, por esse motivo, deve ter uma linguagem mais acessível, atendendo ao Princípio da Publicidade dos atos administrativos. Observe que esses estudos deverão ser custeados pelo empreendedor, atendendo ao Princípio do Poluidor Pagador.

A não realização do EIA/RIMA, quando for necessário, pode acarretar a responsabilidade, do empreendedor ou do órgão licenciador, por eventuais danos ao meio ambiente. Responsabilidade objetiva e por omissão!

O órgão competente para a expedição da licença ambiental, com base no EIA/RIMA pode solicitar audiência pública, de ofício ou a requerimento de entidade civil, do Ministério Público ou de 50 ou mais cidadãos. Se houver necessidade de haver essa audiência e a mesma não for instalada, pode ocasionar a invalidade da licença ambiental.

O EIA/RIMA é anterior ao processo de licenciamento ambiental (da expedição da Licença de Operação) e sujeita-se a três formas de controle:

a) controle da sociedade;

b) controle administrativo;

c) controle judicial.

Em obras de grande magnitude, a elaboração do EIA/RIMA é obrigatória, de acordo com a Resolução n. 1/86 do CONAMA e com o que dispõe o art. 225, § 1º, IV, da Constituição Federal.

O art. 2º da referida Resolução assim dispõe:

> Art. 2º – Dependerá de elaboração de estudo de impacto ambiental e respectivo relatório de impacto ambiental – EIA/RIMA, a serem submetidos à aprovação do órgão estadual competente, e do IBAMA em caráter supletivo, o licenciamento de atividades modificadoras do meio ambiente, tais como:
>
> I – Estradas de rodagem com duas ou mais faixas de rolamento;
>
> II – Ferrovias;
>
> III – Portos e terminais de minério, petróleo e produtos químicos;
>
> IV – Aeroportos, conforme definidos pelo inciso 1, artigo 48, do Decreto-Lei n. 32, de 18.11.66;
>
> V – Oleodutos, gasodutos, minerodutos, troncos coletores e emissários de esgotos sanitários;
>
> VI – Linhas de transmissão de energia elétrica, acima de 230KV;
>
> VII – Obras hidráulicas para exploração de recursos hídricos, tais como: barragem para fins hidrelétricos, acima de 10MW, de saneamento ou de irrigação, abertura de canais para navegação, drenagem e irrigação, retificação de cursos d'água, abertura de barras e embocaduras, transposição de bacias, diques;
>
> VIII – Extração de combustível fóssil (petróleo, xisto, carvão);
>
> IX – Extração de minério, inclusive os da classe II, definidas no Código de Mineração;
>
> X – Aterros sanitários, processamento e destino final de resíduos tóxicos ou perigosos;

XI – Usinas de geração de eletricidade, qualquer que seja a fonte de energia primária, acima de 10MW;

XII – Complexo e unidades industriais e agroindustriais (petroquímicos, siderúrgicos, cloroquímicos, destilarias de álcool, hulha, extração e cultivo de recursos hídricos);

XIII – Distritos industriais e zonas estritamente industriais – ZEI;

XIV – Exploração econômica de madeira ou de lenha, em áreas acima de 100 hectares ou menores, quando atingir áreas significativas em termos percentuais ou de importância do ponto de vista ambiental;

XV – Projetos urbanísticos, acima de 100ha. ou em áreas consideradas de relevante interesse ambiental a critério da SEMA e dos órgãos municipais e estaduais competentes;

XVI – Qualquer atividade que utilize carvão vegetal, em quantidade superior a dez toneladas por dia.

Enquanto o EIA é um documento técnico, o RIMA não deve ser apresentado com rigor científico, mas com uma linguagem mais clara, acessível à população.

Segundo o que dispõe a Resolução n. 1/86 do CONAMA, em seu art. 9º, parágrafo único, o RIMA deve ser apresentado de forma objetiva e adequada a sua compreensão. As informações devem ser traduzidas em linguagem acessível, ilustradas por mapas, cartas, quadros, gráficos e demais técnicas de comunicação visual, de modo que se possam entender as vantagens e desvantagens do projeto, bem como todas as consequências ambientais de sua implementação.

Vejamos:

> Art. 9º – O relatório de impacto ambiental – RIMA refletirá as conclusões do estudo de impacto ambiental e conterá, no mínimo:
>
> I – Os objetivos e justificativas do projeto, sua relação e compatibilidade com as políticas setoriais, planos e programas governamentais;
>
> II – A descrição do projeto e suas alternativas tecnológicas e locacionais, especificando para cada um deles, nas fases de construção e operação a área de influência, as matérias primas, e mão de obra, as fontes de energia, os processos e técnica operacionais, os prováveis efluentes, emissões, resíduos de energia, os empregos diretos e indiretos a serem gerados;
>
> III – A síntese dos resultados dos estudos de diagnósticos ambiental da área de influência do projeto;
>
> IV – A descrição dos prováveis impactos ambientais da implantação e operação da atividade, considerando o projeto, suas alternativas, os horizontes de tempo de incidência dos impactos e indicando os métodos, técnicas e critérios adotados para sua identificação, quantificação e interpretação;
>
> V – A caracterização da qualidade ambiental futura da área de influência, comparando as diferentes situações da adoção do projeto e suas alternativas, bem como com a hipótese de sua não realização;
>
> VI – A descrição do efeito esperado das medidas mitigadoras previstas em relação aos impactos negativos, mencionando aqueles que não puderam ser evitados, e o grau de alteração esperado;
>
> VII – O programa de acompanhamento e monitoramento dos impactos;
>
> VIII – Recomendação quanto à alternativa mais favorável (conclusões e comentários de ordem geral).
>
> Parágrafo único – O RIMA deve ser apresentado de forma objetiva e adequada a sua compreensão. As informações devem ser traduzidas em linguagem acessível, ilustradas por mapas, cartas, quadros, gráficos e demais técnicas de comunicação visual, de modo que se possam entender as vantagens e desvantagens do projeto, bem como todas as consequências ambientais de sua implementação.

Vale observar que somente as atividades consideradas de significativo impacto ambiental é que necessitam elaborar o EIA/RIMA. Se a atividade ou empreendimento não forem considerados de significativo impacto ambiental, podem ser exigidos outros estudos, diferentes do EIA/RIMA. A relação exemplificativa dessas atividades está no art. 2º da Resolução n. 1/86 do CONAMA.

Os custos de produção desses estudos ficam sempre sob a responsabilidade do empreendedor. Observe que o ÓRGÃO AMBIENTAL LICENCIADOR NÃO ELABORA EIA/RIMA, mas analisa o estudo elaborado por uma consultoria ambiental contratada e paga pelo empreendedor que deseja obter a licença ambiental.

Observe o que dispõem os arts. 7º e 8º da Resolução n. 1/86 do Conselho Nacional de Meio Ambiente – CONAMA:

> Art. 7º – O estudo de impacto ambiental será realizado por equipe multidisciplinar habilitada, não dependente direta ou indiretamente do proponente do projeto e que será responsável tecnicamente pelos resultados apresentados.
>
> Art. 8º – Correrão por conta do proponente do projeto todas as despesas e custos referentes à realização do estudo de impacto ambiental, tais como: coleta e aquisição dos dados e informações, trabalhos e inspeções de campo, análises de laboratório, estudos técnicos e científicos e acompanhamento e monitoramento dos impactos, elaboração do RIMA e fornecimento de pelo menos 5 (cinco) cópias.

Assim, o órgão ambiental analisa o estudo ambiental apresentado pelo empreendedor, feito por uma equipe técnica, multidisciplinar, contratada pelo interessado na licença ambiental; não produz o estudo em si. Essa equipe precisa, necessariamente, ser cadastrada previamente no órgão licenciador como apta a produzir esse estudo.

7.7 A Audiência Pública

Sempre que o empreendimento for considerado de significativo impacto ambiental, é obrigatória a elaboração do EIA/RIMA. E sempre que houver EIA/RIMA a audiência pública também é obrigatória.

Segundo a Resolução CONAMA n. 009/87, a audiência pública será sempre obrigatória quando o órgão de meio ambiente a julgar necessária ou quando for solicitada por entidade civil, pelo Ministério Público ou por 50 ou mais cidadãos, devendo ocorrer em local de fácil acesso aos interessados. Vale observar que essa resolução está vigente, mas em processo de revisão.

No caso de haver essa solicitação e a audiência não acontecer, eventual licença concedida não terá validade (art. 2º). A Audiência Pública tem por finalidade expor aos interessados o conteúdo do produto em análise, no caso o Estudo de Impacto Ambiental e do seu referido RIMA, dirimindo dúvidas e recolhendo dos presentes as críticas e sugestões a respeito.

O Órgão de Meio Ambiente, a partir da data do recebimento do RIMA, fixará em edital e anunciará pela imprensa local a abertura do prazo que será no mínimo de 45 dias para solicitação de audiência pública.

No caso de haver solicitação de audiência pública e na hipótese de ela não ser realizada, a licença concedida não terá validade. Ao final de cada audiência pública será lavrada uma ata sucinta.

7.8 Estudo de Impacto de Vizinhança – EIV

Vale lembrar que o EIA/RIMA é uma espécie de estudo ambiental e não gênero, ou seja, existem outros estudos ambientais previstos na legislação brasileira.

Outro estudo que já foi cobrado em exames anteriores é o Estudo de Impacto de Vizinhança. Ele está previsto nos arts. 36 a 38 da Lei n. 10.257/2001 – Estatuto da Cidade.

O Estudo de Impacto de Vizinhança (EIV) é, sem dúvida, uma grande contribuição do Estatuto da Cidade no que se refere à gestão ambiental urbana. É um instrumento que visa atenuar os conflitos de uso e ocupação do solo, criando uma nova possibilidade de intermediação entre os interesses dos empreendedores urbanos e a população diretamente impactada, de modo a resguardar padrões mínimos de qualidade de vida.

Os impactos de vizinhança mais comuns referem-se às alterações nas condições de trânsito e ao sossego público. No entanto, o Estatuto amplia o conceito para abranger aspectos como as alterações na paisagem urbana e o patrimônio natural e cultural, embora esses extrapolem o simples direito de vizinhança.

Vale lembrar que a aplicação desse instrumento não é automática, é necessário que haja uma lei municipal determinando os critérios para a sua aplicação e quais os empreendimentos passíveis de sua aplicação. Há que ressaltar que o EIV deve ser utilizado em prol do interesse de toda a Cidade e não apenas no interesse de determinado bairro em detrimento da coletividade. Outro risco é o de empreendimentos incômodos serem "empurrados" para bairros com menor poder de mobilização e pressão, geralmente os de população de menor poder aquisitivo, tornando-se o EIV um instrumento de segregação socioespacial. Portanto, é necessário um amplo debate com a comunidade antes que se definam as regras para a sua aplicação.

De acordo com o Estatuto da Cidade, Lei municipal definirá os empreendimentos e atividades privados ou públicos em área urbana que dependerão de elaboração de estudo prévio de impacto de vizinhança (EIV) para obter as licenças ou autorizações de construção, ampliação ou funcionamento a cargo do Poder Público municipal.

O EIV será executado de forma a contemplar os efeitos positivos e negativos do empreendimento ou atividade quanto à qualidade de vida da população residente na área e suas proximidades, incluindo a análise, no mínimo, das seguintes questões:

– adensamento populacional;

– equipamentos urbanos e comunitários;

– uso e ocupação do solo;

– valorização imobiliária;

– geração de tráfego e demanda por transporte público;

– ventilação e iluminação;

– paisagem urbana e patrimônio natural e cultural.

A lei ainda dispõe que serão públicos os documentos integrantes do EIV, e que estes ficarão disponíveis para consulta, no órgão competente do Poder Público municipal, por qualquer interessado.

A elaboração do EIV não substitui a elaboração e a aprovação de estudo prévio de impacto ambiental (EIA), requeridas nos termos da legislação ambiental.

8. SISTEMA NACIONAL DE MEIO AMBIENTE – SISNAMA

8.1 Objetivos do SISNAMA

Execução de projetos, controle e fiscalização de atividades que possam degradar o meio ambiente.

8.2 Estrutura do SISNAMA

O SISNAMA é formado pelos órgãos e entidades da União, dos Estados, do Distrito Federal e dos Municípios, afinal a competência constitucional dessa matéria é comum, com previsão nos arts. 23, 24 e 30 da CF.

A formação do SISNAMA ocorre da seguinte maneira:

– órgão superior: o Conselho de Governo, com a função de assessorar o Presidente da República na formulação da política nacional e nas diretrizes governamentais para o meio ambiente e os recursos ambientais;

– órgão consultivo e deliberativo: o Conselho Nacional do Meio Ambiente (CONAMA), com a finalidade de assessorar, estudar e propor ao Conselho de Governo, diretrizes de políticas governamentais para o meio ambiente e os recursos naturais e deliberar, no âmbito de sua competência, sobre normas e padrões compatíveis com o meio ambiente ecologicamente equilibrado e essencial à sadia qualidade de vida;

- órgão central: a Secretaria do Meio Ambiente da Presidência da República, com a finalidade de planejar, coordenar, supervisionar e controlar, como órgão federal, a política nacional e as diretrizes governamentais fixadas para o meio ambiente;

- órgãos executores: o Instituto Brasileiro do Meio Ambiente e dos Recursos Naturais Renováveis - IBAMA e o Instituto Chico Mendes de Conservação da Biodiversidade - Instituto Chico Mendes, com a finalidade de executar e fazer executar a política e as diretrizes governamentais fixadas para o meio ambiente, de acordo com as respectivas competências;

- órgãos seccionais: os órgãos ou entidades estaduais responsáveis pela execução de programas, projetos e pelo controle e fiscalização de atividades capazes de provocar a degradação ambiental;

- órgãos locais: os órgãos ou entidades municipais, responsáveis pelo controle e fiscalização dessas atividades, nas suas respectivas jurisdições.

Não esqueça que os Estados, na esfera de suas competências e nas áreas de sua jurisdição, elaborarão normas supletivas e complementares e padrões relacionados com o meio ambiente, observados os que forem estabelecidos pelo CONAMA.

Os Municípios, observadas as normas e os padrões federais e estaduais, também poderão elaborar as normas mencionadas no parágrafo acima.

Os órgãos central, setoriais, seccionais e locais mencionados neste artigo deverão fornecer os resultados das análises efetuadas e sua fundamentação, quando solicitados por pessoa legitimamente interessada.

8.3 Competência do Conselho Nacional do Meio Ambiente - CONAMA

Este Conselho é o responsável pelo acompanhamento de toda a execução da PNMA.

Em conformidade com o art. 8º da Lei n. 6.938/81, são competências do CONAMA:

- estabelecer, mediante proposta do IBAMA, normas e critérios para o licenciamento de atividades efetiva ou potencialmente poluidoras, a ser concedido pelos Estados e supervisionado pelo IBAMA;

- determinar, quando julgar necessário, a realização de estudos das alternativas e das possíveis consequências ambientais de projetos públicos ou privados, requisitando aos órgãos federais, estaduais e municipais, bem assim a entidades privadas, as informações indispensáveis para apreciação dos estudos de impacto ambiental, e respectivos relatórios, no caso de obras ou atividades de significativa degradação ambiental, especialmente nas áreas consideradas patrimônio nacional;

- homologar acordos visando à transformação de penalidades pecuniárias na obrigação de executar medidas de interesse para a proteção ambiental (VETADO) Observação: Apesar de vetado, o item aparece como vigente no site oficial do Governo Federal;

- determinar, mediante representação do IBAMA, a perda ou restrição de benefícios fiscais concedidos pelo Poder Público, em caráter geral ou condicional, e a perda ou suspensão de participação em linhas de financiamento em estabelecimentos oficiais de crédito;

- estabelecer, privativamente, normas e padrões nacionais de controle da poluição por veículos automotores, aeronaves e embarcações, mediante audiência dos Ministérios competentes;

- estabelecer normas, critérios e padrões relativos ao controle e à manutenção da qualidade do meio ambiente com vistas ao uso racional dos recursos ambientais, principalmente os hídricos.

9. SISTEMA NACIONAL DE UNIDADES DE CONSERVAÇÃO - SNUC - LEI N. 9.985/2000

9.1 Conceito do SNUC

A Constituição Federal dispõe:

"incumbe ao Poder Público... definir, em todas as unidades da Federação, espaços territoriais e seus componentes a serem especialmente protegidos, sendo a alteração e supressão permitidas somente através de leis, vedada qualquer utilização que comprometa a integridade dos atributos que justificam sua proteção".

9.2 Definição de Unidade de Conservação

"Espaço territorial e seus recursos ambientais, incluindo as águas jurisdicionais, com características naturais relevantes, legalmente instituído pelo Poder Público com objetivos de conservação e limites definidos, sob regime especial de administração ao qual se aplicam garantias adequadas de proteção."

9.3 Objetivos do SNUC

- contribuir para a manutenção da diversidade biológica e dos recursos genéticos;

- proteger as espécies ameaçadas de extinção;

- contribuir para a preservação e a restauração da diversidade de ecossistemas naturais;

- promover o desenvolvimento sustentável a partir dos recursos naturais;

- promover a utilização dos princípios e práticas de conservação da natureza no processo desenvolvimento;

- proteger paisagens naturais e pouco alteradas de notável beleza cênica;

– proteger as características relevantes de natureza geológica, geomorfológica, espeleológica, arqueológica, paleontológica e cultural;

– proteger e recuperar os recursos hídricos;

– recuperar ou restaurar ecossistemas degradados;

– proporcionar meios e incentivos para atividades de pesquisa científica, estudos e monitoramento ambiental;

– valorizar econômica e socialmente a diversidade biológica;

– favorecer condições e promover a educação e interpretação ambiental, a recreação em contato com a natureza e o turismo ecológico;

– proteger os recursos naturais necessários à subsistência de populações tradicionais, respeitando e valorizando seu conhecimento e sua cultura e promovendo-as social e economicamente.

9.4 Categorias das Unidades de Conservação

a) Unidades de Proteção Integral – Somente pode haver o uso indireto de seus bens.

– estação ecológica: Tem como objetivo a preservação da natureza e a realização de pesquisas científicas. É proibida a visitação pública, exceto quando com objetivo educacional.

– reserva biológica: Tem como objetivo a preservação integral da biota e demais atributos naturais existentes em seus limites, sem interferência humana direta ou modificações ambientais. É proibida a visitação pública, exceto aquela com objetivo educacional.

– parque nacional: Tem como objetivo básico a preservação de ecossistemas naturais de grande relevância ecológica e beleza cênica, possibilitando a realização de pesquisas científicas e o desenvolvimento de atividades de educação e interpretação ambiental, de recreação em contato com a natureza e de turismo ecológico. A visitação pública está sujeita às normas e restrições estabelecidas no Plano de Manejo da unidade. As unidades dessa categoria, quando criadas pelo Estado ou Município, serão denominadas, respectivamente, Parque Estadual e Parque Natural Municipal. O parque é de posse e domínio públicos, ou seja, as áreas particulares incluídas em seus limites serão desapropriadas.

– monumento natural: Pode ser de particulares com eventual desapropriação. Tem como objetivo básico preservar sítios naturais raros, singulares ou de grande beleza cênica. A visitação pública está sujeita às condições e restrições estabelecidas no Plano de Manejo da unidade.

– refúgio de vida silvestre: Tem como objetivo proteger ambientes naturais onde se asseguram condições para a existência ou reprodução de espécies ou comunidades da flora local e da fauna residente ou migratória. Pode ser constituído por áreas particulares, com eventual desapropriação. A visitação pública está sujeita às normas e restrições estabelecidas no Plano de Manejo da unidade. A pesquisa científica depende de autorização prévia do órgão responsável.

b) Unidades de Uso Sustentável – pode haver a exploração de seus bens, porém de forma sustentável.

Área de Proteção Ambiental: É uma área em geral extensa, com um certo grau de ocupação humana e tem como objetivos básicos proteger a diversidade biológica, disciplinar o processo de ocupação e assegurar a sustentabilidade do uso dos recursos naturais. **É constituída por terras públicas ou privadas.** Nas áreas sob propriedade privada, cabe ao proprietário estabelecer as condições para pesquisa e visitação pelo público, observadas as exigências e restrições legais. Essa UC disporá de um Conselho presidido pelo órgão responsável por sua administração e constituído por representantes dos órgãos públicos, de organizações da sociedade civil e da população residente.

Área de Relevante Interesse Ecológico: É uma área em geral de pequena extensão, com pouca ou nenhuma ocupação humana, com características naturais extraordinárias ou que abriga exemplares raros da biota regional, e tem como objetivo manter os ecossistemas naturais de importância regional ou local e regular o uso admissível dessas áreas, de modo a compatibilizá-lo com os objetivos de conservação da natureza. É constituída por terras públicas ou privadas. Podem ser estabelecidas normas e restrições para a utilização de uma propriedade privada localizada em uma UC desse tipo.

Floresta Nacional: Trata-se de uma área com cobertura florestal de espécies predominantemente nativas e tem como objetivo básico o uso múltiplo sustentável dos recursos florestais e a pesquisa científica, com ênfase em métodos para exploração sustentável de florestas nativas. É admitida a permanência de populações tradicionais que a habitam quando de sua criação. A visitação pública é permitida e a pesquisa, incentivada. A unidade desta categoria, quando criada pelo Estado ou Município, será denominada, respectivamente, Floresta Estadual e Floresta Municipal.

Reserva Extrativista: É uma área utilizada por populações extrativistas tradicionais, cuja subsistência baseia-se no extrativismo e, complementarmente, na agricultura de subsistência e na criação de animais de pequeno porte. É de domínio público, com uso concedido às populações extrativistas tradicionais. A visitação pública é permitida. A pesquisa científica é permitida e incentivada. São proibidas a exploração de recursos minerais e a caça amadorística ou profissional. A exploração comercial de recursos madeireiros só será admitida em bases sustentáveis e em situações especiais e complementares às demais atividades desenvolvidas na Reserva Extrativista.

Reserva de Fauna: É uma área natural com populações animais de espécies nativas, terrestres ou aquáticas, residentes ou migratórias, adequadas para estudos técnico-científicos sobre o manejo econômico sustentável de recursos faunísticos. A visitação pública pode ser permitida. É proibido o exercício da caça amadorística ou profissional. A comercialização dos produtos e subprodutos resultantes das pesquisas obedecerá ao disposto nas leis sobre fauna e regulamentos.

Reserva de Desenvolvimento Sustentável: É uma área natural que abriga populações tradicionais, cuja existência baseia-se em sistemas sustentáveis de exploração dos recursos naturais, desenvolvidos ao longo de gerações e adaptados às condições ecológicas locais e que desempenham um papel fundamental na proteção da natureza e na manutenção da diversidade biológica. Pode ser desapropriada. Objetiva preservar a natureza e assegurar as condições e os meios necessários para a reprodução e a melhoria dos modos e da qualidade de vida e exploração dos recursos naturais das populações tradicionais.

Reserva Particular de Patrimônio Natural: É uma área privada, gravada com perpetuidade, com o objetivo de conservar a diversidade biológica. Só poderá ser permitida, conforme se dispuser em regulamento, a pesquisa científica e a visitação com objetivos turísticos, recreativos e educacionais.

Grupo de UC	Categoria de UC	Regime Jurídico
Proteção Integral (Admitido somente o Uso Indireto)	Estação Ecológica	Público (titularidade e ocupação)
	Reserva Biológica	Público (titularidade e ocupação)
	Parque Nacional	Público (titularidade e ocupação)
	Monumento Natural	Público ou Privado
	Refúgio da Vida Silvestre	Público ou Privado
Uso Sustentável (Admitido o Uso Direto)	Área de Proteção Ambiental – APA	Público ou Privado
	Área de Relevante Interesse Ecológico – ARIE	Público ou Privado
	Floresta Nacional – FLONA	Público (titularidade e ocupação)
	Reserva Extrativista – RESEX	Público – titularidade, com a concessão do uso
	Reserva da Fauna	Público (titularidade e ocupação)
	Reserva de Desenvolvimento Sustentável	Público – titularidade, com a concessão da ocupação
	Reserva Particular do Patrimônio Natural – RPPN	Privado

10. RESPONSABILIDADE CIVIL × PENAL

A responsabilidade civil consiste na obrigação do agente causador do dano em reparar o prejuízo causado a outrem, por ato próprio ou de alguém que dele dependa. Ela pode ser conceituada pela obrigação de fazer ou não fazer ou ainda pelo pagamento de condenação em dinheiro.

No ilícito penal, a pena é cominada em proporção à gravidade do crime, tomando-se em linha de conta a personalidade do delinquente, seus antecedentes.

No ilícito civil o elemento "culpa" não exerce qualquer influência no montante da indenização a ser paga, cuja realização se efetua na proporção do dano causado.

Nesse sentido, o poluidor não tem apenas o dever de reparar o dano ambiental causado, mas também de arcar com as despesas de prevenção dos possíveis danos.

Vale observar que as condutas e atividades consideradas lesivas ao meio ambiente sujeitarão os infratores, pessoas físicas ou jurídicas, a sanções penais e administrativas, independentemente da obrigação de reparar os danos causados, conforme o § 3º do art. 225 da Constituição Federal brasileira.

Por uma única atitude, aquele que causa um dano ambiental poderá ser responsabilizado na esfera civil, penal e administrativa.

O princípio do Poluidor-Pagador, já tratado em momento anterior, impõe a responsabilidade civil aos danos ambientais os seguintes aspectos:

a) a responsabilidade civil objetiva, disposta no art. 14, § 1º, da Lei n. 6.938/81;

b) prioridade da reparação específica do dano ambiental;

c) solidariedade para suportar os danos causados ao meio ambiente.

Portanto, a adoção da responsabilidade objetiva pelo legislador ambiental tem como consequências:

a) prescindibilidade da culpa para o dever de indenizar;

b) irrelevância da licitude da atividade;

c) irrelevância do caso fortuito e da força maior.

Em decorrência do tipo de responsabilidade em tela, apenas dois são os requisitos necessários para gerar obrigação de indenizar: o dano e o nexo causal.

Observe que essa responsabilidade civil objetiva relacionada ao Direito Ambiental é extremamente cobrada em provas de todas as áreas. Há a prescindibilidade do elemento "culpa", mas não do nexo causal ou do efetivo dano!

Para ajudar na fixação vamos comparar os gráficos abaixo:

Responsabilidade Civil Tradicional

Conduta (ação ou omissão)

↓

dolo ou culpa (negligência, imprudência ou imperícia)

↓

dano efetivo

↓

obrigação de indenizar

Obs.: deve haver um nexo de causalidade entre a conduta e o dano.

Responsabilidade por Danos Ambientais

Conduta (ação ou omissão)

↓

dano efetivo

↓

obrigação de indenizar

No caso da obrigação *propter rem*, até o nexo causal foi dispensado, conforme comentários das questões ao final. Assim, o novo proprietário de um imóvel que tenha sofrido um dano ambiental anterior à aquisição do bem poderá ser responsabilizado pelo dano ambiental.

Exemplificando:

Um imóvel sofre um dano ambiental no dia 15-1-2019 pelo proprietário daquela data. Em março do mesmo ano o imóvel foi vendido para um novo proprietário. Em abril de 2019, o imóvel sofreu uma fiscalização e percebeu-se que houve um dano ambiental. Na esfera civil, mesmo que o dano tenha ocorrido antes da aquisição pelo novo proprietário, este responderá por esse dano. Já na esfera penal e administrativa, esse novo proprietário não poderá ser responsabilizado por um dano que não tenha dado causa e, além disso, que ocorreu antes mesmo de ele adquirir o imóvel.

11. A LEI DE CRIMES AMBIENTAIS – LEI N. 9.605/98

11.1 Objetivos da Lei

Apesar de a lei ser criminal, o principal objetivo dela não é levar ninguém à prisão. Na verdade, o objetivo é evitar, prevenir qualquer dano ao meio ambiente, depois, caso o dano tenha ocorrido, é de obrigar o responsável ou responsáveis pelo evento a recuperar o que fora degradado e, em último caso, aplicar as sanções previstas na norma legal.

Não estamos falando que não exista a pena de prisão, apenas afirmamos que ela é uma exceção na aplicação das penas pelo cometimento de crimes ambientais.

Todas as ações penais são públicas incondicionadas, conforme prevê o artigo 26 da Lei de Crimes Ambientais, que dispõe: *"Art. 26. Nas infrações penais previstas nesta Lei, a ação penal é pública incondicionada"*.

Além disso, vale observar que o causador do dano poderá responder nas três esferas: civil, penal e administrativa, conforme dispõe o art. 3º da Lei de Crimes Ambientais: *"Art. 3º As pessoas jurídicas serão responsabilizadas administrativa, civil e penalmente conforme o disposto nesta Lei, nos casos em que a infração seja cometida por decisão de seu representante legal ou contratual, ou de seu órgão colegiado, no interesse ou benefício da sua entidade"*.

11.2 Sujeitos do Crime

Conforme disposto nos arts. 2º a 4º da Lei, qualquer pessoa física ou jurídica, inclusive as de direito público ou privado, podem ser autoras de crimes ambientais.

Quem, de qualquer forma, concorre para a prática dos crimes ambientais pode ser penalizado. Assim, o diretor, o administrador, o membro de conselho e de órgão técnico, o auditor, o gerente, o preposto ou mandatário de pessoa jurídica, que, sabendo da conduta criminosa de outrem, deixar de impedir a sua prática, quando podia agir para evitá-la será responsabilizado.

Uma das maiores novidades dessa Lei e um dos itens mais cobrados em provas é a possibilidade das pessoas jurídicas serem responsabilizadas administrativa, civil e penalmente, conforme o disposto no art. 3º, nos casos em que a infração seja cometida por decisão de seu representante legal ou contratual, ou de seu órgão colegiado, no interesse ou benefício da sua entidade. A responsabilidade das pessoas jurídicas não exclui a das pessoas físicas, autoras, coautoras ou partícipes do mesmo fato.

Além disso, poderá ser desconsiderada a pessoa jurídica sempre que sua personalidade for obstáculo ao ressarcimento de prejuízos causados à qualidade do meio ambiente.

Nunca esqueça: **A RESPONSABILIDADE POR CRIMES AMBIENTAIS NÃO É OBJETIVA, OU SEJA, DEPENDE DE CULPA OU DOLO!** Muitas questões levam o candidato a erro, porém somente é objetiva a responsabilidade civil por danos ambientais, nunca a criminal.

Espécies de Crime (crime de perigo e crime de dano)

Na Lei de Crimes Ambientais pode haver duas espécies de crime: os de perigo e os de dano.

Os primeiros são aqueles em que não precisa haver o dano efetivo, mas apenas a possibilidade do dano para ser caracterizado crime. Já os crimes de dano necessariamente precisam da ocorrência dele (do dano) para haver o indiciamento, denúncia e a consequente condenação criminal.

11.3 Peculiaridade da Transação Penal nos Crimes Ambientais

Conforme o disposto no art. 27, nos crimes ambientais de menor potencial ofensivo, a proposta de aplicação imediata de pena restritiva de direitos ou multa, prevista no art. 76 da Lei n. 9.099/95 (Lei dos Juizados Especiais), somente poderá ser formulada desde que tenha havido a prévia composição do dano ambiental, de que trata o art. 74 da mesma lei, salvo em caso de comprovada impossibilidade.

Assim, a transação penal somente poderá ser feita se o acusado comprovar que recuperou o bem degradado, ficando isento dessa exigência se for impossível a recuperação do bem ambiental.

Poderá ser desconsiderada a pessoa jurídica sempre que sua personalidade for obstáculo ao ressarcimento de prejuízos causados à qualidade do meio ambiente.

12. AÇÃO CIVIL PÚBLICA AMBIENTAL – ACP

12.1 Conceito

A Ação Civil Pública está prevista na Lei n. 7.347/85 e foi recepcionada pela Constituição Federal em seu art. 129, III.

Ela é o instrumento para defesa dos direitos difusos e coletivos, bem como dos interesses individuais homogêneos. Muitos pensam que essa ação serve somente para os direitos difusos e coletivos, contudo com a entrada em vigor do Código de Defesa do Consumidor os direitos individuais homogêneos também passaram a ser tutelados por esta ação.

12.2 Objetivo

Conforme dispõe o art. 1º da Lei, o objetivo dessa ação é responsabilizar o causador de danos morais e patrimoniais causados ao meio ambiente, ao consumidor, à ordem urbanística, a bens e direitos de valor artístico, estético, histórico, turístico e paisagístico, bem como por infração da ordem econômica e da economia popular.

Essa responsabilização será reconhecida numa sentença declaratória que pode ser executada pelas vítimas, a fim de efetivarem suas reparações. Poderá haver, também, uma execução coletiva.

No caso de haver execução individual, cada favorecido pela sentença deverá provar seus danos efetivamente sofridos, ou seja, a extensão de seus prejuízos, inclusive morais, se houver.

12.3 Legitimidade

Segundo defende o art. 5º, têm legitimidade para propor essa ação:

- o Ministério Público;
- a Defensoria Pública;
- a União, os Estados, o Distrito Federal e os Municípios;
- a autarquia, empresa pública, fundação ou sociedade de economia mista;
- a associação que, **concomitantemente**, esteja constituída há pelo menos 1 (um) ano nos termos da lei civil e inclua, entre suas finalidades institucionais, a proteção ao meio ambiente, ao consumidor, à ordem econômica, à livre concorrência ou ao patrimônio artístico, estético, histórico, turístico e paisagístico.

Caso uma associação abandone a ação, o Ministério Público ou outro legitimado assumirá a titularidade ativa, com fundamento no art. 5º, § 3º, da Lei n. 7.347/85, Lei da Ação Civil Pública.

Percebe-se, pelo art. 5º da lei, que essa ação pode ser movida por outros entes além do Ministério Público. Contudo, o inquérito civil somente pode ser presidido pelo Ministério Público.

12.4 Competência

Será competente o foro da ACP do local onde ocorrer o dano a ser reparado, conforme dispõe o art. 2º. A propositura da ação prevenirá a jurisdição do juízo para todas as ações posteriormente intentadas que possuam a mesma causa de pedir ou o mesmo objeto.

12.5 O Inquérito Civil e o Termo de Ajustamento de Conduta – TAC

O Inquérito Civil é uma medida preparatória de uma ação civil pública e é de competência exclusiva do Ministério Público.

O objetivo do inquérito civil é colher provas para subsidiarem uma provável ACP, e, assim como é o inquérito penal, possui natureza inquisitória, ou seja, não cabe a aplicação do princípio do contraditório.

Observe que o fato de haver um inquérito civil não há o descarte de também ocorrer uma ação penal específica. Logicamente, o MP deverá ter indícios de cometimento de um ilícito penal.

O Promotor de Justiça, apesar de ter legitimidade para instaurar um inquérito civil, não tem poderes para arquivá-lo. O arquivamento desse procedimento deve ser suscitado por ele (quando não tiver entendimento para propor uma ACP). Nesse caso, o Conselho Superior do Ministério Público deverá ratificar o arquivamento. Em caso de ratificação o inquérito vai ao arquivo. Caso contrário, os autos do inquérito serão remetidos a outro membro do *Parquet* para dar prosseguimento ao mesmo.

Já o § 6º do art. 5º da Lei da ACP dispõe:

> "Os órgãos públicos legitimados poderão tomar dos interessados compromisso de ajustamento de sua conduta às exigências legais, mediante cominações, que terá eficácia de título executivo extrajudicial".

Esse é o famoso TAC tão tratado nas lides ambientais em nosso país. Ele dispõe, geralmente, acerca da forma de cumprimento da norma anteriormente violada.

Observe que ao firmar um TAC o empreendedor não está isento de sofrer outras ações promovidas pelo próprio Ministério Público ou por outras vítimas diretas ou indiretas do evento danoso. Nem muito menos que TAC significa alguma espécie de transação, mas sim, um termo de ajustamento de conduta.

O Membro do Ministério Público não pode oferecer a assinatura de um TAC em quaisquer circunstâncias, mas devem-se observar alguns requisitos:

– obrigatoriedade de se estipular multas para a hipótese de descumprimento do acordado;

– considerando que o direito violado é indisponível deverá haver uma reparação integral do dano;

– esclarecimento real dos fatos, pois o TAC é um título executivo extrajudicial.

Vale observar, ainda, que caso o pedido de uma ACP seja julgado improcedente por insuficiência de provas, será possível a propositura de nova demanda com o mesmo pedido, com fundamento no art. 16 da Lei n. 7.347/85.

13. LEI N. 12.651/2012 – O "CÓDIGO" FLORESTAL

Dentre os pontos mais importantes dessa Lei, temos os conceitos:

– Amazônia Legal: os Estados do Acre, Pará, Amazonas, Roraima, Rondônia, Amapá e Mato Grosso e as regiões situadas ao norte do paralelo 13° S, dos Estados de Tocantins e Goiás, e ao oeste do meridiano de 44° W, do Estado do Maranhão;

– Área de Preservação Permanente – APP: área protegida, coberta ou não por vegetação nativa, com a função ambiental de preservar os recursos hídricos, a paisagem, a estabilidade geológica e a biodiversidade, facilitar o fluxo gênico de fauna e flora, proteger o solo e assegurar o bem-estar das populações humanas;

– Reserva Legal: área localizada no interior de uma propriedade ou posse rural, delimitada nos termos do art. 12, com a função de assegurar o uso econômico de modo sustentável dos recursos naturais do imóvel rural, auxiliar a conservação e a reabilitação dos processos ecológicos e promover a conservação da biodiversidade, bem como o abrigo e a proteção de fauna silvestre e da flora nativa;

Observe que somente há reserva legal para os imóveis localizados em área rural.

– área rural consolidada: área de imóvel rural com ocupação antrópica preexistente a 22 de julho de 2008, com edificações, benfeitorias ou atividades agrossilvipastoris, admitida, neste último caso, a adoção do regime de pousio;

– pequena propriedade ou posse rural familiar: aquela explorada mediante o trabalho pessoal do agricultor familiar e empreendedor familiar rural, incluindo os assentamentos e projetos de reforma agrária, e que atenda ao disposto no art. 3° da Lei n. 11.326, de 24 de julho de 2006;

– uso alternativo do solo: substituição de vegetação nativa e formações sucessoras por outras coberturas do solo, como atividades agropecuárias, industriais, de geração e transmissão de energia, de mineração e de transporte, assentamentos urbanos ou outras formas de ocupação humana;

– manejo sustentável: administração da vegetação natural para a obtenção de benefícios econômicos, sociais e ambientais, respeitando-se os mecanismos de sustentação do ecossistema objeto do manejo e considerando-se, cumulativa ou alternativamente, a utilização de múltiplas espécies madeireiras ou não, de múltiplos produtos e subprodutos da flora, bem como XII – vereda: fitofisionomia de savana, encontrada em solos hidromórficos, usualmente com a palmeira arbórea *Mauritia flexuosa* – buriti emergente, sem formar dossel, em meio a agrupamentos de espécies arbustivo-herbáceas;

– manguezal: ecossistema litorâneo que ocorre em terrenos baixos, sujeitos à ação das marés, formado por vasas lodosas recentes ou arenosas, às quais se associa, predominantemente, a vegetação natural conhecida como mangue, com influência fluviomarinha, típica de solos limosos de regiões estuarinas e com dispersão descontínua ao longo da costa brasileira, entre os Estados do Amapá e de Santa Catarina;

– salgado ou marismas tropicais hipersalinos: áreas situadas em regiões com frequências de inundações intermediárias entre marés de sizígias e de quadratura, com solos cuja salinidade varia entre 100 (cem) e 150 (cento e cinquenta) partes por 1.000 (mil), onde pode ocorrer a presença de vegetação herbácea específica;

– apicum: áreas de solos hipersalinos situadas nas regiões entremarés superiores, inundadas apenas pelas marés de sizígias, que apresentam salinidade superior a 150 (cento e cinquenta) partes por 1.000 (mil), desprovidas de vegetação vascular;

– restinga: depósito arenoso paralelo à linha da costa, de forma geralmente alongada, produzido por processos de sedimentação, onde se encontram diferentes comunidades que recebem influência marinha, com cobertura vegetal em mosaico, encontrada em praias, cordões arenosos, dunas e depressões, apresentando, de acordo com o estágio sucessional, estrato herbáceo, arbustivo e arbóreo, este último mais interiorizado;

– nascente: afloramento natural do lençol freático que apresenta perenidade e dá início a um curso d'água;

– olho d'água: afloramento natural do lençol freático, mesmo que intermitente;

– leito regular: a calha por onde correm regularmente as águas do curso d'água durante o ano;

– área verde urbana: espaços, públicos ou privados, com predomínio de vegetação, preferencialmente nativa, natural ou recuperada, previstos no Plano Diretor, nas Leis de Zoneamento Urbano e Uso do Solo do Município, indisponíveis para construção de moradias, destinados aos propósitos de recreação, lazer, melhoria da qualidade ambiental urbana, proteção dos recursos hídricos, manutenção ou melhoria paisagística, proteção de bens e manifestações culturais;

– várzea de inundação ou planície de inundação: áreas marginais a cursos d'água sujeitas a enchentes e inundações periódicas;

– faixa de passagem de inundação: área de várzea ou planície de inundação adjacente a cursos d'água que permite o escoamento da enchente;

– relevo ondulado: expressão geomorfológica usada para designar área caracterizada por movimentações do terreno que geram depressões, cuja intensidade permite sua classificação como relevo suave ondulado, ondulado, fortemente ondulado e montanhoso.

– pousio: prática de interrupção temporária de atividades ou usos agrícolas, pecuários ou silviculturais, por no máximo 5 (cinco) anos, para possibilitar a recuperação da capacidade de uso ou da estrutura física do solo;

– áreas úmidas: pantanais e superfícies terrestres cobertas de forma periódica por águas, cobertas originalmente por florestas ou outras formas de vegetação adaptadas à inundação;

– área urbana consolidada: aquela de que trata o inciso II do *caput* do art. 47 da Lei n. 11.977, de 7 de julho de 2009;

– crédito de carbono: título de direito sobre bem intangível e incorpóreo transacionável.

13.1 Por esta lei, poderá haver supressão de vegetação em APP, nos seguintes casos:

– utilidade pública:

a) as atividades de segurança nacional e proteção sanitária;

b) as obras de infraestrutura destinadas às concessões e aos serviços públicos de transporte, sistema viário, inclusive aquele necessário aos parcelamentos de solo urbano aprovados pelos Municípios, saneamento, energia, telecomunicações, radiodifusão, bem como mineração, exceto, neste último caso, a extração de areia, argila, saibro e cascalho (*Vide* ADIN n. 4.937) (*Vide* ADC n. 42) (*Vide* ADIN n. 4.903);

c) atividades e obras de defesa civil;

d) atividades que comprovadamente proporcionem melhorias na proteção das funções ambientais;

e) outras atividades similares devidamente caracterizadas e motivadas em procedimento administrativo próprio, quando inexistir alternativa técnica e locacional ao empreendimento proposto, definidas em ato do Chefe do Poder Executivo federal.

– interesse social:

a) as atividades imprescindíveis à proteção da integridade da vegetação nativa, tais como prevenção, combate e controle do fogo, controle da erosão, erradicação de invasoras e proteção de plantios com espécies nativas;

b) a exploração agroflorestal sustentável praticada na pequena propriedade ou posse rural familiar ou por povos e comunidades tradicionais, desde que não descaracterize a cobertura vegetal existente e não prejudique a função ambiental da área;

c) a implantação de infraestrutura pública destinada a esportes, lazer e atividades educacionais e culturais ao ar livre em áreas urbanas e rurais consolidadas, observadas as condições estabelecidas nesta Lei;

d) a regularização fundiária de assentamentos humanos ocupados predominantemente por população de baixa renda em áreas urbanas consolidadas, observadas as condições estabelecidas na Lei n. 11.977, de 7 de julho de 2009;

e) implantação de instalações necessárias à captação e condução de água e de efluentes tratados para projetos cujos recursos hídricos são partes integrantes e essenciais da atividade;

f) as atividades de pesquisa e extração de areia, argila, saibro e cascalho, outorgadas pela autoridade competente;

g) outras atividades similares devidamente caracterizadas e motivadas em procedimento administrativo próprio, quando inexistir alternativa técnica e locacional à atividade proposta, definidas em ato do Chefe do Poder Executivo federal.

– atividades eventuais ou de baixo impacto ambiental:

a) abertura de pequenas vias de acesso interno e suas pontes e pontilhões, quando necessárias à travessia de um curso d'água, ao acesso de pessoas e animais para a obtenção de água ou à retirada de produtos oriundos das atividades de manejo agroflorestal sustentável;

b) implantação de instalações necessárias à captação e condução de água e efluentes tratados, desde que comprovada a outorga do direito de uso da água, quando couber;

c) implantação de trilhas para o desenvolvimento do ecoturismo;

d) construção de rampa de lançamento de barcos e pequeno ancoradouro;

e) construção de moradia de agricultores familiares, remanescentes de comunidades quilombolas e outras populações extrativistas e tradicionais em áreas rurais, onde o abastecimento de água se dê pelo esforço próprio dos moradores;

f) construção e manutenção de cercas na propriedade;

g) pesquisa científica relativa a recursos ambientais, respeitados outros requisitos previstos na legislação aplicável;

h) coleta de produtos não madeireiros para fins de subsistência e produção de mudas, como sementes, castanhas e frutos, respeitada a legislação específica de acesso a recursos genéticos;

i) plantio de espécies nativas produtoras de frutos, sementes, castanhas e outros produtos vegetais, desde que não implique supressão da vegetação existente nem prejudique a função ambiental da área;

j) exploração agroflorestal e manejo florestal sustentável, comunitário e familiar, incluindo a extração de produtos florestais não madeireiros, desde que não descaracterizem a cobertura vegetal nativa existente nem prejudiquem a função ambiental da área;

k) outras ações ou atividades similares, reconhecidas como eventuais e de baixo impacto ambiental em ato do Conselho Nacional do Meio Ambiente – CONAMA ou dos Conselhos Estaduais de Meio Ambiente.

13.2 São Consideradas Áreas de Preservação Permanente no Brasil, em zonas rurais ou urbanas, para os efeitos desta Lei:

I – as faixas marginais de qualquer curso d'água natural perene e intermitente, excluídos os efêmeros, desde a borda da calha do leito regular, em largura mínima de:

a) 30 (trinta) metros, para os cursos d'água de menos de 10 (dez) metros de largura;

b) 50 (cinquenta) metros, para os cursos d'água que tenham de 10 (dez) a 50 (cinquenta) metros de largura;

c) 100 (cem) metros, para os cursos d'água que tenham de 50 (cinquenta) a 200 (duzentos) metros de largura;

d) 200 (duzentos) metros, para os cursos d'água que tenham de 200 (duzentos) a 600 (seiscentos) metros de largura;

e) 500 (quinhentos) metros, para os cursos d'água que tenham largura superior a 600 (seiscentos) metros;

II – as áreas no entorno dos lagos e lagoas naturais, em faixa com largura mínima de:

a) 100 (cem) metros, em zonas rurais, exceto para o corpo d'água com até 20 (vinte) hectares de superfície, cuja faixa marginal será de 50 (cinquenta) metros;

b) 30 (trinta) metros, em zonas urbanas;

III – as áreas no entorno dos reservatórios d'água artificiais, decorrentes de barramento ou represamento de cursos d'água naturais, na faixa definida na licença ambiental do empreendimento;

IV – as áreas no entorno das nascentes e dos olhos d'água perenes, qualquer que seja sua situação topográfica, no raio mínimo de 50 (cinquenta) metros;

V – as encostas ou partes destas com declividade superior a 45°, equivalente a 100% (cem por cento) na linha de maior declive;

VI – as restingas, como fixadoras de dunas ou estabilizadoras de mangues;

VII – os manguezais, em toda a sua extensão;

VIII – as bordas dos tabuleiros ou chapadas, até a linha de ruptura do relevo, em faixa nunca inferior a 100 (cem) metros em projeções horizontais;

IX – no topo de morros, montes, montanhas e serras, com altura mínima de 100 (cem) metros e inclinação média maior que 25°, as áreas delimitadas a partir da curva de nível correspondente a 2/3 (dois terços) da altura mínima da elevação sempre em relação à base, sendo esta definida pelo plano horizontal determinado por planície ou espelho d'água adjacente ou, nos relevos ondulados, pela cota do ponto de sela mais próximo da elevação;

X – as áreas em altitude superior a 1.800 (mil e oitocentos) metros, qualquer que seja a vegetação;

XI – em veredas, a faixa marginal, em projeção horizontal, com largura mínima de 50 (cinquenta) metros, a partir do espaço permanentemente brejoso e encharcado.

Observe-se que não será exigida Área de Preservação Permanente no entorno de reservatórios artificiais de água que não decorram de barramento ou represamento de cursos d'água naturais.

13.3 Acerca da Reserva Legal

Todo imóvel rural deve manter área com cobertura de vegetação nativa, a título de Reserva Legal, sem prejuízo da aplicação das normas sobre as Áreas de Preservação Permanente, observados os seguintes percentuais mínimos em relação à área do imóvel.

I – localizado na Amazônia Legal:

a) 80% (oitenta por cento), no imóvel situado em área de florestas;

b) 35% (trinta e cinco por cento), no imóvel situado em área de cerrado;

c) 20% (vinte por cento), no imóvel situado em área de campos gerais;

II – localizado nas demais regiões do País: 20% (vinte por cento).

13.4 Cadastro Ambiental Rural

Foi criado o Cadastro Ambiental Rural – CAR, no âmbito do Sistema Nacional de Informação sobre Meio Ambiente – SINIMA, registro público eletrônico de âmbito nacional, *obrigatório para todos os imóveis rurais*, com a finalidade de integrar as informações ambientais das propriedades e posses rurais, compondo base de dados para controle, monitoramento, planejamento ambiental e econômico e combate ao desmatamento.

O cadastro no CAR é obrigatório para todas as propriedades e posses rurais, conforme Lei n. 13.887/2019, não tendo mais prazo estipulado para esse fim, como ocorria anteriormente. O registro não será considerado título para fins de reconhecimento do direito de propriedade ou posse.

14. OUTROS ASSUNTOS JÁ COBRADOS EM EXAMES ANTERIORES

14.1 Supressão de Vegetação em Mata Atlântica

A Lei n. 11.428/2006 dispõe sobre a utilização e proteção da vegetação nativa do Bioma Mata Atlântica.

Não há espaço intocável no Brasil, pois sempre pode haver algum tipo de intervenção, desde que autorizado pelos órgãos públicos competentes.

No caso da Mata Atlântica, a supressão de vegetação primária e secundária no estágio avançado de regeneração somente poderá ser autorizada em caso de utilidade pública, sendo que a vegetação secundária em estágio médio de regeneração poderá ser suprimida nos casos de utilidade pública e interesse social, em todos os casos devidamente caracterizados e motivados em procedimento administrativo próprio, quando inexistir alternativa técnica e locacional ao empreendimento proposto.

14.2 Terras Indígenas

As terras indígenas são as tradicionalmente ocupadas por eles e habitadas em caráter permanente, as utilizadas para suas atividades produtivas, as imprescindíveis à preservação dos recursos ambientais necessários a seu bem-estar e as necessárias a sua reprodução física e cultural, segundo seus usos, costumes e tradições.

Os índios são possuidores desses espaços, cabendo-lhes o usufruto exclusivo das riquezas do solo, dos rios e dos lagos nelas existentes. O aproveitamento dos recursos hídricos, incluídos os potenciais energéticos, a pesquisa e a lavra das riquezas minerais em terras indígenas, só pode ser efetivado com autorização do Congresso Nacional, ouvidas as comunidades afetadas, ficando-lhes assegurada participação nos resultados da lavra, na forma da lei.

Por fim, as terras indígenas são inalienáveis e indisponíveis, e os direitos sobre elas, imprescritíveis. É vedada a remoção dos grupos indígenas de suas terras, salvo, *ad referendum* do Congresso Nacional, em caso de catástrofe ou epidemia que ponha em risco sua população, ou no interesse da soberania do País, após deliberação do Congresso Nacional.

Os índios, suas comunidades e organizações são partes legítimas para ingressar em juízo em defesa de seus direitos e interesses, intervindo o Ministério Público em todos os atos do processo.

14.3 Plano Diretor

Plano diretor é uma lei municipal que disciplina como será o zoneamento urbano de um município. Apesar de já ter sua previsão na Constituição Federal, ele é UMA LEI MUNICIPAL. Trata-se da norma de zona urbano mais importante que um município pode dispor.

Conforme dispõe o art. 182, § 1º, da Constituição Federal, o plano diretor é obrigatório para os municípios com mais de 20 mil habitantes.

O plano diretor deve contemplar toda a área do município e não somente a urbana, conforme dispõe a Lei n. 10.257/2001, § 2º, em seu art. 40. Ele é o instrumento básico da política de desenvolvimento e expansão urbana. Faz parte integrante do processo de planejamento municipal, devendo o plano plurianual, as diretrizes orçamentárias e o orçamento anual incorporarem as diretrizes e as prioridades nele contidas.

A lei que instituir o plano diretor deverá ser revista, pelo menos, a cada dez anos, e no processo de elaboração do plano diretor e na fiscalização de sua implementação, os Poderes Legislativo e Executivo municipais garantirão: a promoção de audiências públicas e debates com a participação da população e de associações representativas dos vários segmentos da comunidade; a publicidade quanto aos documentos e informações produzidos; o acesso de qualquer interessado aos documentos e informações produzidos.

Conforme o texto da Lei n. 10.257/2001, o plano diretor é obrigatório para cidades:

– com mais de vinte mil habitantes;

– integrantes de regiões metropolitanas e aglomerações urbanas;

– onde o Poder Público municipal pretenda utilizar os instrumentos previstos no § 4º do art. 182 da Constituição Federal;

– integrantes de áreas de especial interesse turístico;

– inseridas na área de influência de empreendimentos ou atividades com significativo impacto ambiental de âmbito regional ou nacional;

– incluídas no cadastro nacional de Municípios com áreas suscetíveis à ocorrência de deslizamentos de grande impacto, inundações bruscas ou processos geológicos ou hidrológicos correlatos (incluído pela Lei n. 12.608/2012).

Ainda conforme a mesma lei, o plano diretor deverá conter no mínimo:

– a delimitação das áreas urbanas onde poderão ser aplicados o parcelamento, a edificação ou a utilização compulsórios, considerando a existência de infraestrutura e de demanda para utilização;

– sistema de acompanhamento e controle.

14.4 Política Nacional Sobre Mudança do Clima – Lei n. 12.187/2009

Essa lei nunca havia sido cobrada em nenhum Exame de Ordem Unificado, mas foi cobrada na reaplicação deste, em Salvador (BA).

A Lei n. 12.187/2009 institui a Política Nacional sobre Mudança do Clima – PNMC e estabeleceu seus princípios, objetivos, diretrizes e instrumentos.

Como a maioria das leis ambientais, essa também trouxe alguns conceitos, vejamos:

– "adaptação": iniciativas e medidas para reduzir a vulnerabilidade dos sistemas naturais e humanos frente aos efeitos atuais e esperados da mudança do clima;

– "efeitos adversos da mudança do clima": mudanças no meio físico ou biota resultantes da mudança do clima que tenham efeitos deletérios significativos sobre a composição, resiliência ou produtividade de ecossistemas naturais e manejados, sobre o funcionamento de sistemas socioeconômicos ou sobre a saúde e o bem-estar humanos;

– "emissões": liberação de gases de efeito estufa ou seus precursores na atmosfera numa área específica e num período determinado;

– "fonte": processo ou atividade que libere na atmosfera gás de efeito estufa, aerossol ou precursor de gás de efeito estufa;

– "gases de efeito estufa": constituintes gasosos, naturais ou antrópicos, que, na atmosfera, absorvem e reemitem radiação infravermelha;

– "impacto": os efeitos da mudança do clima nos sistemas humanos e naturais;

– "mitigação": mudanças e substituições tecnológicas que reduzam o uso de recursos e as emissões por unidade de produção, bem como a implementação de medidas que reduzam as emissões de gases de efeito estufa e aumentem os sumidouros;

– "mudança do clima": mudança de clima que possa ser direta ou indiretamente atribuída à atividade humana que altere a composição da atmosfera mundial e que se some àquela provocada pela variabilidade climática natural observada ao longo de períodos comparáveis;

– "sumidouro" processo, atividade ou mecanismo que remova da atmosfera gás de efeito estufa, aerossol ou precursor de gás de efeito estufa; e

– "vulnerabilidade": grau de suscetibilidade e incapacidade de um sistema, em função de sua sensibilidade, capacidade de adaptação, e do caráter, magnitude e taxa de mudança e variação do clima a que está exposto, de lidar com os efeitos adversos da mudança do clima, entre os quais a variabilidade climática e os eventos extremos.

Segundo essa lei, todos têm o dever de atuar, em benefício das presentes e futuras gerações, para a redução dos impactos decorrentes das interferências antrópicas sobre o sistema climático.

Serão tomadas medidas para prever, evitar ou minimizar as causas identificadas da mudança climática com origem antrópica no território nacional, sobre as quais haja razoável consenso por parte dos meios científicos e técnicos ocupados no estudo dos fenômenos envolvidos.

As medidas tomadas devem levar em consideração os diferentes contextos socioeconômicos de sua aplicação, distribuir os ônus e encargos decorrentes entre os setores econômicos e as populações e comunidades interessadas de modo equitativo e equilibrado e sopesar as responsabilidades individuais quanto à origem das fontes emissoras e dos efeitos ocasionados sobre o clima.

O desenvolvimento sustentável é a condição para enfrentar as alterações climáticas e conciliar o atendimento às necessidades comuns e particulares das populações e comunidades que vivem no território nacional.

As ações de âmbito nacional para o enfrentamento das alterações climáticas, atuais, presentes e futuras, devem considerar e integrar as ações promovidas no âmbito estadual e municipal por entidades públicas e privadas.

A Política Nacional sobre Mudança do Clima – PNMC visará:

– à compatibilização do desenvolvimento econômico-social com a proteção do sistema climático;

– à redução das emissões antrópicas de gases de efeito estufa em relação às suas diferentes fontes;

– ao fortalecimento das remoções antrópicas por sumidouros de gases de efeito estufa no território nacional;

– à implementação de medidas para promover a adaptação à mudança do clima pelas três esferas da Federação, com a participação e a colaboração dos agentes econômicos e sociais interessados ou beneficiários, em particular aqueles especialmente vulneráveis aos seus efeitos adversos;

– à preservação, à conservação e à recuperação dos recursos ambientais, com particular atenção aos grandes biomas naturais tidos como Patrimônio Nacional;

– à consolidação e à expansão das áreas legalmente protegidas e ao incentivo aos reflorestamentos e à recomposição da cobertura vegetal em áreas degradadas;

– ao estímulo ao desenvolvimento do Mercado Brasileiro de Redução de Emissões – MBRE.

Os objetivos da Política Nacional sobre Mudança do Clima deverão estar em consonância com o desenvolvimento sustentável a fim de buscar o crescimento econômico, a erradicação da pobreza e a redução das desigualdades sociais.

Ainda conforme o texto legal, são diretrizes da Política Nacional sobre Mudança do Clima:

– os compromissos assumidos pelo Brasil na Convenção-Quadro das Nações Unidas sobre Mudança do Clima, no Protocolo de Quioto e nos demais documentos sobre mudança do clima dos quais vier a ser signatário;

– as ações de mitigação da mudança do clima em consonância com o desenvolvimento sustentável, que sejam, sempre que possível, mensuráveis para sua adequada quantificação e verificação *a posteriori*;

– as medidas de adaptação para reduzir os efeitos adversos da mudança do clima e a vulnerabilidade dos sistemas ambiental, social e econômico;

– as estratégias integradas de mitigação e adaptação à mudança do clima nos âmbitos local, regional e nacional;

– o estímulo e o apoio à participação dos governos federal, estadual, distrital e municipal, assim como do setor produtivo, do meio acadêmico e da sociedade civil organizada, no desenvolvimento e na execução de políticas, planos, programas e ações relacionados à mudança do clima;

– a promoção e o desenvolvimento de pesquisas científico-tecnológicas, e a difusão de tecnologias, processos e práticas orientados a mitigar a mudança do clima por meio da redução de emissões antrópicas por fontes e do fortalecimento das remoções antrópicas por sumidouros de gases de efeito estufa; reduzir as incertezas nas projeções nacionais e regionais futuras da mudança do clima; identificar vulnerabilidades e adotar medidas de adaptação adequadas; a utilização de instrumentos financeiros e econômicos para promover ações de mitigação e adaptação à mudança do clima;

– a identificação, e sua articulação com a política prevista nesta lei, de instrumentos de ação governamental já estabelecidos aptos a contribuir para proteger o sistema climático; o apoio e o fomento às atividades que efetivamente reduzam as emissões ou promovam as remoções por sumidouros de gases de efeito estufa; a promoção da cooperação internacional no âmbito bilateral, regional e multilateral para o financiamento, a capacitação, o desenvolvimento, a transferência e a difusão de tecnologias e processos para a implementação de ações de mitigação e adaptação, incluindo a pesquisa científica, a observação sistemática e o intercâmbio de informações; o aperfeiçoamento da observação sistemática e precisa do clima e suas manifestações no território nacional e nas áreas oceânicas contíguas; a promoção da disseminação de informações, a educação, a capacitação e a conscientização pública sobre mudança do clima.

São instrumentos da Política Nacional sobre Mudança do Clima: o Plano Nacional sobre Mudança do Clima; o Fundo Nacional sobre Mudança do Clima; os Planos de Ação para a Prevenção e Controle do Desmatamento nos biomas; a Comunicação Nacional do Brasil à Convenção-Quadro das Nações Unidas sobre Mudança do Clima, de acordo com os critérios estabelecidos por essa Convenção e por suas Conferências das Partes; as resoluções da Comissão Interministerial de Mudança Global do Clima; as medidas fiscais e tributárias destinadas a estimular a redução das emissões e remoção de gases de efeito estufa, incluindo alíquotas diferenciadas, isenções, compensações e incentivos, a serem estabelecidos em lei específica; as linhas de crédito e financiamento específicas de agentes financeiros públicos e privados; o desenvolvimento de linhas de pesquisa por agências de fomento; as dotações específicas para ações em mudança do clima no orçamento da União; os mecanismos financeiros e econômicos referentes à mitigação da mudança do clima e à adaptação aos efeitos da mudança do clima que existam no âmbito da Convenção-Quadro das Nações Unidas sobre Mudança do Clima e do Protocolo de Quioto; os mecanismos financeiros e econômicos, no âmbito nacional, referentes à mitigação e à adaptação à mudança do clima; as medidas existentes, ou a serem criadas, que estimulem o desenvolvimento de processos e tecnologias, que contribuam para a redução de emissões e remoções de gases de efeito estufa, bem como para a adaptação, dentre as quais o estabelecimento de critérios de preferência nas licitações e concorrências públicas, compreendidas aí as parcerias público-privadas e a autorização, permissão, outorga e concessão para exploração de serviços públicos e recursos naturais, para as propostas que propiciem maior economia de energia, água e outros recursos naturais e redução da emissão de gases de efeito estufa e de resíduos; os registros, inventários, estimativas, avaliações e quaisquer outros estudos de emissões de gases de efeito estufa e de suas fontes, elaborados com base em informações e dados fornecidos por entidades públicas e privadas; as medidas de divulgação, educação e conscientização; o monitoramento climático nacional; os indicadores de sustentabilidade; o estabelecimento de padrões ambientais e de metas, quantificáveis e verificáveis, para a redução de emissões antrópicas por fontes e para as remoções antrópicas por sumidouros de gases de efeito estufa; a avaliação de impactos ambientais sobre o microclima e o macroclima.

14.5 Política Nacional de Resíduos Sólidos – Lei n. 12.305/2010

Essa Lei institui a Política Nacional de Resíduos Sólidos, dispondo sobre seus princípios, objetivos e instrumentos, bem como sobre as diretrizes relativas à gestão integrada e ao gerenciamento de resíduos sólidos, incluídos os perigosos, às responsabilidades dos geradores e do Poder Público e aos instrumentos econômicos aplicáveis.

Estão sujeitas à observância dessa Lei as pessoas físicas ou jurídicas, de direito público ou privado, responsáveis, direta ou indiretamente, pela geração de resíduos sólidos e as que desenvolvam ações relacionadas à gestão integrada ou ao gerenciamento de resíduos sólidos.

Contudo, vale observar que a Lei não se aplica aos rejeitos radioativos, que são regulados por legislação específica.

A Lei n. 12.305/2010 trouxe alguns conceitos importantes que devemos observar:

– acordo setorial: ato de natureza contratual firmado entre o Poder Público e fabricantes, importadores, distribuidores ou comerciantes, tendo em vista a implantação da responsabilidade compartilhada pelo ciclo de vida do produto;

– área contaminada: local onde há contaminação causada pela disposição, regular ou irregular, de quaisquer substâncias ou resíduos;

– área órfã contaminada: área contaminada cujos responsáveis pela disposição não sejam identificáveis ou individualizáveis;

– ciclo de vida do produto: série de etapas que envolvem o desenvolvimento do produto, a obtenção de matérias-primas e insumos, o processo produtivo, o consumo e a disposição final;

– coleta seletiva: coleta de resíduos sólidos previamente segregados conforme sua constituição ou composição;

– controle social: conjunto de mecanismos e procedimentos que garantam à sociedade informações e participação nos processos de formulação, implementação e avaliação das políticas públicas relacionadas aos resíduos sólidos;

– destinação final ambientalmente adequada: destinação de resíduos que inclui a reutilização, a reciclagem, a compostagem, a recuperação e o aproveitamento energético ou outras destinações admitidas pelos órgãos competentes do Sisnama, do SNVS e do Suasa, entre elas a disposição final, observando normas operacionais específicas de modo a evitar danos ou riscos à saúde pública e à segurança e a minimizar os impactos ambientais adversos;

– disposição final ambientalmente adequada: distribuição ordenada de rejeitos em aterros, observando normas operacionais específicas de modo a evitar danos ou riscos à saúde pública e à segurança e a minimizar os impactos ambientais adversos;

– geradores de resíduos sólidos: pessoas físicas ou jurídicas, de direito público ou privado, que geram resíduos sólidos por meio de suas atividades, nelas incluído o consumo;

– gerenciamento de resíduos sólidos: conjunto de ações exercidas, direta ou indiretamente, nas etapas de coleta, transporte, transbordo, tratamento e destinação final ambientalmente adequada dos resíduos sólidos e disposição final ambientalmente adequada dos rejeitos, de acordo com plano municipal de gestão integrada de resíduos sólidos ou com plano de gerenciamento de resíduos sólidos, exigidos na forma desta Lei;

– gestão integrada de resíduos sólidos: conjunto de ações voltadas para a busca de soluções para os resíduos sólidos, de forma a considerar as dimensões política, econômica, ambiental, cultural e social, com controle social e sob a premissa do desenvolvimento sustentável;

– logística reversa: instrumento de desenvolvimento econômico e social caracterizado por um conjunto de ações, procedimentos e meios destinados a viabilizar a coleta e a restituição dos resíduos sólidos ao setor empresarial, para reaproveitamento, em seu ciclo ou em outros ciclos produtivos, ou outra destinação final ambientalmente adequada;

– padrões sustentáveis de produção e consumo: produção e consumo de bens e serviços de forma a atender as necessidades das atuais gerações e permitir melhores condições de vida, sem comprometer a qualidade ambiental e o atendimento das necessidades das gerações futuras;

– reciclagem: processo de transformação dos resíduos sólidos que envolve a alteração de suas propriedades físicas, físico-químicas ou biológicas, com vistas à transformação em insumos ou novos produtos, observadas as condições e os padrões estabelecidos pelos órgãos competentes do Sisnama e, se couber, do SNVS e do Suasa;

– rejeitos: resíduos sólidos que, depois de esgotadas todas as possibilidades de tratamento e recuperação por processos tecnológicos disponíveis e economicamente viáveis, não apresentem outra possibilidade que não a disposição final ambientalmente adequada;

– resíduos sólidos: material, substância, objeto ou bem descartado resultante de atividades humanas em sociedade, a cuja destinação final se procede, se propõe proceder ou se está obrigado a proceder, nos estados sólido ou semissólido, bem como gases contidos em recipientes e líquidos cujas particularidades tornem inviável o seu lançamento na rede pública de esgotos ou em corpos d'água, ou exijam para isso soluções técnica ou economicamente inviáveis em face da melhor tecnologia disponível;

– responsabilidade compartilhada pelo ciclo de vida dos produtos: conjunto de atribuições individualizadas e encadeadas dos fabricantes, importadores, distribuidores e comerciantes, dos consumidores e dos titulares dos serviços públicos de limpeza urbana e de manejo dos resíduos sólidos, para minimizar o volume de resíduos sólidos e rejeitos gerados, bem como para reduzir os impactos causados à saúde humana e à qualidade ambiental decorrentes do ciclo de vida dos produtos, nos termos desta Lei;

– reutilização: processo de aproveitamento dos resíduos sólidos sem sua transformação biológica, física ou físico-química, observadas as condições e os padrões estabelecidos pelos órgãos competentes do Sisnama e, se couber, do SNVS e do Suasa;

– serviço público de limpeza urbana e de manejo de resíduos sólidos: conjunto de atividades previstas no art. 7º da Lei n. 11.445, de 2007.

São princípios da Política Nacional de Resíduos Sólidos: a prevenção e a precaução; o poluidor-pagador e o protetor-recebedor; a visão sistêmica, na gestão dos resíduos sólidos, que considere as variáveis ambiental, social, cultural, econômica, tecnológica e de saúde pública; o desenvolvimento sustentável; a ecoeficiência, mediante a compatibilização entre o fornecimento, a preços competitivos, de bens e serviços qualificados que satisfaçam as necessidades humanas e tragam qualidade de vida e a redução do impacto ambiental e do consumo de recursos naturais a um nível, no mínimo, equivalente à capacidade de sustentação estimada do planeta; a cooperação entre as diferentes esferas do poder público, o setor empresarial e demais segmentos da sociedade; a responsabilidade compartilhada pelo ciclo de vida dos produtos; o reconhecimento do resíduo sólido reutilizável e reciclável como um bem econômico e de valor social, gerador de trabalho e renda e promotor de cidadania; o respeito às diversidades locais e regionais; o direito da sociedade à informação e ao controle social; a razoabilidade e a proporcionalidade.

São objetivos da Política Nacional de Resíduos Sólidos: proteção da saúde pública e da qualidade ambiental; não geração, redução, reutilização, reciclagem e tratamento dos resíduos sólidos, bem como disposição final ambientalmente adequada dos rejeitos; estímulo à adoção de padrões sustentáveis de produção e consumo de bens e serviços; adoção, desenvolvimento e aprimoramento de tecnologias limpas como forma de minimizar impactos ambientais; redução do volume e da periculosidade dos resíduos perigosos; incentivo à indústria da reciclagem, tendo em vista fomentar o uso de matérias-primas e insumos derivados de materiais recicláveis e reciclados; gestão integrada de resíduos sólidos; articulação entre as diferentes esferas do Poder Público, e destas com o setor empresarial, com vistas à cooperação técnica e financeira para a gestão integrada de resíduos sólidos; capacitação técnica continuada na área de resíduos sólidos; regularidade, continuidade, funcionalidade e universalização da prestação dos serviços públicos de limpeza urbana e de manejo de resíduos sólidos, com adoção de mecanismos gerenciais e econômicos que assegurem a recuperação dos custos dos serviços prestados, como forma de garantir sua sustentabilidade operacional e financeira, observada a Lei n. 11.445, de 2007; prioridade, nas aquisições e contratações governamentais, para produtos reciclados e recicláveis e bens, serviços e obras que considerem critérios compatíveis com padrões de consumo social e ambientalmente sustentáveis; integração dos catadores de materiais reutilizáveis e recicláveis nas ações que envolvam a responsabilidade compartilhada pelo ciclo de vida dos produtos; estímulo à implementação da avaliação do ciclo de vida do produto; incentivo ao desenvolvimento de sistemas de gestão ambiental e empresarial voltados para a melhoria dos processos produtivos e ao reaproveitamento dos resíduos sólidos, incluídos a recuperação e o aproveitamento energético; estímulo à rotulagem ambiental e ao consumo sustentável.

A elaboração de plano municipal de gestão integrada de resíduos sólidos é condição para o Distrito Federal e os Municípios terem acesso a recursos da União, ou por ela controlados, destinados a empreendimentos e serviços relacionados à limpeza urbana e ao manejo de resíduos sólidos, ou para serem beneficiados por incentivos ou financiamentos de entidades federais de crédito ou fomento para tal finalidade.

Existe a possibilidade de formação de consórcios intermunicipais. Com fundamento no art. 45 da Lei, os consórcios públicos constituídos, nos termos da Lei n. 11.107, de 2005, com o objetivo de viabilizar a descentralização e a prestação de serviços públicos que envolvam resíduos sólidos, têm prioridade na obtenção dos incentivos instituídos pelo Governo Federal.

14.6 **Outorga do Uso da Água**

A Outorga do Uso da Água é um dos instrumentos previstos na Política Nacional de Recursos Hídricos, Lei n. 9.433/97. Como, na maioria das vezes, a outorga é paga, ela relaciona-se ao Princípio do Usuário Pagador.

A outorga de direito de uso tem como objetivo assegurar o controle quantitativo e qualitativo desses usos da água, bem como o efetivo exercício dos direitos de acesso aos recursos hídricos.

<u>Estão sujeitos a outorga</u> pelo Poder Público os direitos dos seguintes usos de recursos hídricos:

I – derivação ou captação de parcela da água existente em um corpo de água para consumo final, inclusive abastecimento público, ou insumo de processo produtivo;

II – extração de água de aquífero subterrâneo para consumo final ou insumo de processo produtivo;

III – lançamento em corpo de água de esgotos e demais resíduos líquidos ou gasosos, tratados ou não, com o fim de sua diluição, transporte ou disposição final;

IV – aproveitamento dos potenciais hidrelétricos;

V – outros usos que alterem o regime, a quantidade ou a qualidade da água existente em um corpo de água.

Estão <u>dispensados da outorga</u> pelo Poder Público:

I – o uso de recursos hídricos para a satisfação das necessidades de pequenos núcleos populacionais, distribuídos no meio rural;

II – as derivações, captações e lançamentos considerados insignificantes;

III – as acumulações de volumes de água consideradas insignificantes.

Vale observar que a outorga e a utilização de recursos hídricos para fins de geração de energia elétrica estão subordinadas ao Plano Nacional de Recursos Hídricos.

Toda outorga estará condicionada às prioridades de uso estabelecidas nos Planos de Recursos Hídricos e deverá respeitar a classe em que o corpo de água estiver enquadrado e a manutenção de condições adequadas ao transporte aquaviário. A outorga de uso dos recursos hídricos deverá preservar o uso múltiplo destes.

Conforme a Lei n. 9.433/97, a Agência Nacional de Águas (ANA) é a instituição responsável pela análise técnica para a emissão da outorga de direito de uso da água em corpos hídricos de domínio da União.

Segundo a Carta Magna, corpos de água de domínio da União são lagos, rios e quaisquer correntes d'água que passam por mais de um estado, ou que sirvam de limite com outros países ou unidades da Federação.

Quando o corpo hídrico for de domínio dos Estados ou do Distrito Federal, a solicitação de outorga deve ser feita junto ao órgão estadual de recursos hídricos.

O Poder Executivo Federal poderá delegar aos Estados e ao Distrito Federal competência para conceder outorga de direito de uso de recurso hídrico de domínio da União.

14.7 Mercado de Créditos de Carbono

O Congresso Nacional aprovou o texto do Protocolo de Quioto, por meio do Decreto Legislativo n. 144, de 20 de junho de 2002. O Governo brasileiro ratificou o citado Protocolo em 23 de agosto de 2002.

O Brasil se comprometeu a tentar cumprir os compromissos criados pelo Protocolo, porém não há obrigatoriedade quanto a isso. Como compromissos, temos que implementar e/ou aprimorar políticas e medidas de acordo com suas circunstâncias nacionais, tais como:

i. O aumento da eficiência energética em setores relevantes da economia nacional;

ii. A proteção e o aumento de sumidouros e reservatórios de gases de efeito estufa não controlados pelo Protocolo de Montreal, levando em conta seus compromissos assumidos em acordos internacionais relevantes sobre o meio ambiente, a promoção de práticas sustentáveis de manejo florestal, florestamento e reflorestamento;

iii. A promoção de formas sustentáveis de agricultura à luz das considerações sobre a mudança do clima;

iv. A pesquisa, a promoção, o desenvolvimento e o aumento do uso de formas novas e renováveis de energia, de tecnologias de sequestro de dióxido de carbono e de tecnologias ambientalmente seguras, que sejam avançadas e inovadoras;

v. A redução gradual ou eliminação de imperfeições de mercado, de incentivos fiscais, de isenções tributárias e tarifárias e de subsídios para todos os setores emissores de gases de efeito estufa que sejam contrários ao objetivo da Convenção e aplicação de instrumentos de mercado;

vi. O estímulo a reformas adequadas em setores relevantes, visando à promoção de políticas e medidas que limitem ou reduzam emissões de gases de efeito estufa não controlados pelo Protocolo de Montreal;

vii. Medidas para limitar e/ou reduzir as emissões de gases de efeito estufa não controlados pelo Protocolo de Montreal no setor de transportes;

viii. A limitação e/ou redução de emissões de metano por meio de sua recuperação e utilização no tratamento de resíduos, bem como na produção, no transporte e na distribuição de energia;

Além disso, as partes devem procurar limitar ou reduzir as emissões de gases de efeito estufa não controlados pelo Protocolo de Montreal originárias de combustíveis do transporte aéreo e marítimo internacional, conduzindo o trabalho pela Organização de Aviação Civil Internacional e pela Organização Marítima Internacional, respectivamente.

As partes devem, individual ou conjuntamente, assegurar que suas emissões antrópicas agregadas, expressas em dióxido de carbono equivalente, com vistas a reduzir suas emissões totais desses gases em pelo menos 5% abaixo dos níveis de 1990 no período de compromisso de 2008 a 2012. Para isso, os países poderão comprar créditos de outras nações que possuam projetos de Mecanismo de Desenvolvimento Limpo (MDL), o conhecido Crédito de Carbono.

Como o protocolo já foi inserido no ordenamento jurídico brasileiro, foi possível a criação de mercado de carbono, podendo haver a participação do setor privado e de outros atores, tais como: a União, os Estados, os Municípios e o Distrito Federal. A criação de mercado de carbono é válida, inclusive sendo operacionalizado em bolsa de valores aberta a atores privados.

REFERÊNCIAS

BELTRÃO, Antônio Figueiredo Guerra. *Curso de Direito Ambiental.* 2. ed. Rio de Janeiro: Método, 2014.

FIORILLO, Celso Antônio Pacheco. *Curso de Direito Ambiental Brasileiro.* 17. ed. São Paulo: Saraiva, 2017.

MACHADO, Paulo Affonso Leme. *Direito Ambiental Brasileiro.* 25. ed. São Paulo: Malheiros, 2017.

SIRVINSKAS, Luís Paulo. *Manual de Direito Ambiental.* 15. ed. São Paulo: Saraiva, 2017.

Questões

Direito Ambiental

I. SISTEMA NACIONAL DE UNIDADES DE CONSERVAÇÃO

1. (XXV Exame) Configurada a violação aos dispositivos da Lei do Sistema Nacional de Unidades de Conservação, especificamente sobre a restauração e recuperação de ecossistema degradado, o Estado Z promove ação civil pública em face de Josemar, causador do dano. Em sua defesa judicial, Josemar não nega a degradação, mas alega o direito subjetivo de celebração de Termo de Ajustamento de Conduta (TAC), com a possibilidade de transacionar sobre o conteúdo das normas sobre restauração e recuperação. Sobre a hipótese, assinale a afirmativa correta.

(A) Josemar não possui direito subjetivo à celebração do TAC, que, caso celebrado, não pode dispor sobre o conteúdo da norma violada, mas sobre a forma de seu cumprimento.

(B) O TAC não pode ser celebrado, uma vez que a ação civil pública foi proposta pelo Estado, e não pelo Ministério Público.

(C) Josemar possui direito subjetivo a celebrar o TAC, sob pena de violação ao princípio da isonomia, mas sem que haja possibilidade de flexibilizar o conteúdo das normas violadas.

(D) Josemar possui direito subjetivo a celebrar o TAC nos termos pretendidos, valendo o termo como título executivo extrajudicial, apto a extinguir a ação civil pública por perda de objeto.

RESPOSTA (A) É a resposta correta. Há uma previsão legal de que o TAC poderá ser firmado, mas isso não é um direito subjetivo da parte. (B) O TAC pode ser celebrado com qualquer legitimado público para interpor a ação civil pública, e não somente o Ministério Público, com fundamento no art. 5º, § 6º, da Lei n. 7.347/85. (C) Item incorreto, e não há qualquer relação do enunciado com princípio da isonomia. (D) O TAC não necessariamente vai extinguir a ação civil pública, afinal pode ser firmado por parte diferente da que ingressou com a ação judicial. *Alternativa A.*

2. (XXVIII Exame) O Ministro do Meio Ambiente recomenda ao Presidente da República a criação de uma Unidade de Conservação em área que possui relevante ecossistema aquático e grande diversidade biológica. Porém, em razão da grave crise financeira, o Presidente pretende que a União não seja compelida a pagar indenização aos proprietários dos imóveis inseridos na área da Unidade de Conservação a ser criada. Considerando o caso, assinale a opção que indica a Unidade de Conservação que deverá ser criada.

(A) Estação Ecológica.

(B) Reserva Biológica.

(C) Parque Nacional.

(D) Área de Proteção Ambiental.

RESPOSTA (A) A Estação Ecológica é de posse e domínio públicos, com fundamento no art. 9º, § 1º, da Lei n. 9.985/2000. (B) A Reserva Biológica é de posse e domínio públicos, com fundamento no art. 10, § 1º da Lei n. 9.985/2000. (C) O Parque Nacional é de posse e domínio públicos, com fundamento no art. 11, § 1º, da Lei n. 9.985/2000. (D) A Área de Proteção Ambiental é a única alternativa que permite ter imóveis particulares dentro dela, com fundamento no art. 15, § 1º, da Lei n. 9.985/2000. *Alternativa D.*

3. (XXXIII Exame) Há grande interesse das sociedades empresárias do setor petrolífero na exploração de áreas localizadas no mar. Nessas áreas, segundo grupos ambientalistas, foi constatada a presença de rara e sensível formação de recifes costeiros. Sobre a hipótese, assinale a opção que indica a medida adequada que o Poder Público deve tomar para manter a área preservada.

(A) Criar uma Reserva Legal.

(B) Criar um Parque Nacional Marinho.

(C) Autorizar a criação de uma Zona de Amortecimento.

(D) Estabelecer uma Área de Indisponibilidade da Zona Costeira.

RESPOSTA (A) Reserva Legal está relacionada ao Código Florestal, Lei n. 12.651/2012, sendo uma área de preservação e deve ser aplicada aos imóveis rurais, somente. (B) Pelo enunciado, a União pode criar uma unidade de conservação da espécie Parque Nacional, conforme dispõe a Lei n. 9.985/2000, em seu art. 11. (C) A zona de amortecimento somente existerirá se houver a criação de uma unidade de conservação. Não existe essa previsão de haver somente uma zona de amortecimento para preservar alguma área. (D) Não há na legislação ambiental essa previsão de criação de Área de Insdisponibilidade da Zona Costeira. *Alternativa B.*

II. LICENCIAMENTO AMBIENTAL

4. (XXVIII Exame) A sociedade empresária Foice Ltda., dá início à construção de galpão de armazenamento de ferro-velho. Com isso, dá início a Estudo de Impacto Ambiental – EIA.

No curso do EIA, verificou-se que a construção atingiria área verde da Comunidade de Flores, de modo que 60 (sessenta) cidadãos da referida Comunidade solicitaram à autoridade competente que fosse realizada, no âmbito do EIA, audiência pública. Sobre a situação, assinale a afirmativa correta.

(A) A audiência pública não é necessária, uma vez que apenas deve ser instalada quando houver solicitação do Ministério Público.

(B) A audiência pública não é necessária, uma vez que apenas deve ser instalada quando houver solicitação de associação civil legalmente constituída há pelo menos 1 (um) ano.

(C) A audiência pública é necessária, e, caso não realizada, a eventual licença ambiental concedida não terá validade.

(D) A audiência pública é necessária, salvo quando celebrado Termo de Ajustamento de Conduta com o Ministério Público.

RESPOSTA (A) Sempre que houver a elaboração de um EIA (Estudo de Impacto Ambiental) a audiência pública é obrigatória. (B) Essa preexistência de 1 ano para a associação não é para audiência pública, mas para ajuizar uma ação civil pública, conforme art. 5º, V ,*a*, da Lei n. 7.347/85. (C) A realização da audiência pública será sempre obrigatória quando o órgão de meio ambiente a julgar necessária ou quando for solicitada por entidade civil, pelo Ministério Público ou por 50 ou mais cidadãos, devendo ocorrer em local de fácil acesso aos interessados. No caso de haver essa solicitação e a audiência não acontecer, eventual licença concedida não terá validade, conforme art. 2º da Resolução n. 09/87 do Conselho Nacional de Meio Ambiente - CONAMA. (D) O fato de ser celebrado um termo de ajustamento de conduta - TAC não retira a necessidade de haver audiência pública, de acordo com o caso descrito na questão. *Alternativa C.*

5. (XXI Exame) A sociedade empresária Xique-Xique S.A. pretende instalar uma unidade industrial metalúrgica de grande porte em uma determinada cidade. Ela possui outras unidades industriais do mesmo porte em outras localidades.

Sobre o licenciamento ambiental dessa iniciativa, assinale a afirmativa correta.

(A) Como a sociedade empresária já possui outras unidades industriais do mesmo porte e da mesma natureza, não será necessário outro licenciamento ambiental para a nova atividade utilizadora de recursos ambientais, se efetiva ou potencialmente poluidora.

(B) Para uma nova atividade industrial utilizadora de recursos ambientais, se efetiva ou potencialmente poluidora, é necessária a obtenção da licença ambiental, por meio do procedimento administrativo denominado licenciamento ambiental.

(C) Se a sociedade empresária já possui outras unidades industriais do mesmo porte, poderá ser exigido outro licenciamento ambiental para a nova atividade utilizadora de recursos ambientais, se efetiva ou potencialmente poluidora, mas será dispensada a realização de qualquer estudo ambiental, inclusive o de impacto ambiental, no processo de licenciamento.

(D) A sociedade empresária só necessitará do alvará da prefeitura municipal autorizando seu funcionamento, sendo incabível a exigência de licenciamento ambiental para atividades de metalurgia.

RESPOSTA (A) O licenciamento é por estabelecimento e não por pessoa jurídica. (B) Resposta correta, pois esse tipo de atividade requer licença ambiental, com fundamento na Resolução 237/97 do CONAMA e Lei Complementar n. 140/2011. (C) Mesma resposta do item "a". (D) O alvará é concedido pelo Poder Publico Municipal e sua concessão não dispensa a necessidade de licença ambiental. *Alternativa B.*

6. (XXII Exame) A sociedade empresária Asfalto Joia S/A, vencedora de licitação realizada pela União, irá construir uma rodovia com quatro pistas de rolamento, ligando cinco estados da Federação. Sobre o licenciamento ambiental e o estudo de impacto ambiental dessa obra, assinale a afirmativa correta.

(A) Em caso de instalação de obra ou atividade potencialmente causadora de significativa degradação do meio ambiente, é exigível a realização de Estudo prévio de Impacto Ambiental (EIA), sem o qual não é possível se licenciar nesta hipótese.

(B) O licenciamento ambiental dessa obra é facultativo, podendo ser realizado com outros estudos ambientais diferentes do Estudo prévio de Impacto Ambiental (EIA), visto que ela se realiza em mais de uma unidade da Federação.

(C) O Relatório de Impacto Ambiental (RIMA), gerado no âmbito do Estudo prévio de Impacto Ambiental (EIA), deve ser apresentado com rigor científico e linguagem técnica, a fim de permitir, quando da sua divulgação, a informação adequada para o público externo.

(D) Qualquer atividade ou obra, para ser instalada, dependerá da realização de Estudo prévio de Impacto Ambiental (EIA), ainda que não seja potencialmente causadora de significativa degradação ambiental.

RESPOSTA (A) É a resposta correta, de acordo com a Resolução n. 1/86 do CONAMA e com o que dispõe o art. 225, § 1º, IV, da Constituição Federal. (B) Nesse caso, o licenciamento ambiental não é facultativo, mas obrigatório, especialmente pela magnitude da obra. (C) O RIMA não deve ser apresentado com rigor científico, mas com uma linguagem mais clara, acessível à população. Segundo o que dispõe a norma, a Resolução n. 1/86 do CONAMA, em seu art. 9º, parágrafo único, o RIMA deve ser apresentado de forma objetiva e adequada a sua compreensão. As informações devem ser traduzidas em linguagem acessível, ilustradas por mapas, cartas, quadros, gráficos e demais técnicas de comunicação visual, de modo que se possam entender as vantagens e desvantagens do projeto, bem como todas as consequências ambientais de sua implementação. (D) Somente as atividades consideradas de significativo impacto ambiental é que necessitam elaborar o EIA/RIMA. Não sendo considerada de significativo impacto ambiental, podem ser exigidos outros estudos, diferentes do EIA/RIMA. A relação exemplificativa dessas atividades está no art. 2º da Resolução n. 1/86 do CONAMA. *Alternativa A.*

7. (XXXI Exame) Efeito Estufa Ltda., sociedade empresária que atua no processamento de alimentos, pretende instalar nova unidade produtiva na área urbana do Município de Ar Puro, inserida no Estado Y. Para esse fim, verificou que a autoridade competente para realizar o licenciamento ambiental será a do próprio Município de Ar Puro. Sobre o caso, assinale a opção que indica quem deve realizar o estudo de impacto ambiental.

A) O Município de Ar Puro.

B) O Estado Y.

C) O IBAMA.

D) Profissionais legalmente habilitados, às expensas do empreendedor.

RESPOSTA (A), (B) e (C) O órgão público responsável pelo licenciamento ambiental, bem como os entes descritos nos três primeiros itens, NÃO SÃO responsáveis pela elaboração do estudo de impacto ambiental. Esses órgãos analisam o estudo feito por uma consultoria contratada e paga pelo empreendedor interessado na licença ambiental. (D) Resposta correta. O artigo 8º da Resolução n. 1/86 do CONAMA dispõe: "Correrão por conta do proponente do projeto todas as despesas e custos referentes à realização do estudo de impacto ambiental, tais como: coleta e aquisição dos dados e informações, trabalhos e inspeções de campo, análises de laboratório, estudos técnicos e científicos e acompanhamento e monitoramento dos impactos, elaboração do RIMA e fornecimento de pelo menos 5 (cinco) cópias". *Alternativa D.*

8. (XXXII – Exame) A sociedade empresária Alfa opera, com regular licença ambiental expedida pelo órgão federal competente, empreendimento da área de refino de petróleo que está instalado nos limites do território do Estado da Federação Beta e localizado no interior de unidade de conservação instituída pela União. Durante o prazo de validade da licença de operação, o órgão federal competente, com a aquiescência do órgão estadual competente do Estado Beta, deseja delegar a execução de ações administrativas a ele atribuídas, consistente na fiscalização do cumprimento de condicionantes da licença ambiental para o Estado Beta.

Sobre a delegação pretendida pelo órgão federal, consoante dispõe a Lei Complementar n. 140/2011, assinale a afirmativa correta.

(A) É possível, desde que o Estado Beta disponha de órgão ambiental capacitado a executar as ações administrativas a serem delegadas e de conselho de meio ambiente.

(B) É possível, desde que haja prévia manifestação dos conselhos nacional e estadual do meio ambiente, do Ministério Público e homologação judicial.

(C) Não é possível, eis que a competência para licenciamento ambiental é definida por critérios objetivos estabelecidos na legislação, sendo vedada a delegação de competência do poder de polícia ambiental.

(D) Não é possível, eis que a delegação de ações administrativas somente é permitida quando realizada do Município para Estado ou União, ou de Estado para União, vedada a delegação de atribuição ambiental federal.

RESPOSTA (A) De acordo com a Lei Complementar n. 140/2011, em seu art. 4º, V, é possível haver a delegação de atribuições de um ente federativo a outro, respeitados os requisitos previstos na própria Lei Complementar. (B) Não há necessidade, no caso da delegação, de manifestação desses entes indicados no item. (C) e (D) São itens falsos, pois é possível haver essa delegação, conforme resposta do item A. *Alternativa A.*

III. DIREITO AMBIENTAL NA CONSTITUIÇÃO FEDERAL

9. (XX Exame – Reaplicação) Luiz Periquito, famoso colecionador de pássaros, é surpreendido pela autoridade ambiental municipal em sua propriedade, a qual lavra auto de infração tendo em vista a posse de animais silvestres sem autorização legal, objeto de caça, bem como indícios de maus-tratos aos animais. Sobre o caso e tendo em vista a proteção à fauna no ordenamento jurídico brasileiro, assinale a afirmativa correta.

(A) A atuação da autoridade municipal é inválida, já que a competência legislativa e material para tratar sobre caça, pesca e fauna é exclusiva da União Federal.

(B) O auto de infração está irregular, uma vez que a fauna não foi objeto de tutela constitucional e a Lei n. 5.197/67 (Lei de Proteção à Fauna) não disciplina especificamente o tema de caça e maus-tratos.

(C) O auto de infração está correto, uma vez que a Constituição de 1988 veda qualquer forma de caça no território brasileiro, seja esportiva ou caça de controle.

(D) A conduta de Luiz Periquito está em desconformidade com a Constituição de 1988, já que há expressa vedação constitucional às práticas que submetam os animais à crueldade, na forma da lei.

RESPOSTA (A) A competência para a proteção do meio ambiente, conhecida como competência material, é comum de todos os entes (União, Estados, Distrito Federal e Municípios), com fundamento no art. 23 da Constituição Federal Brasileira. A competência legislativa é concorrente entre esses entes, com fundamento nos arts. 24 e 30 da Constituição Federal brasileira. O município pode lavrar auto de infração sim, basta ter órgão competente para isso. (B) Esse tema é tutelado na Lei de Crimes Ambientais, Lei n. 9.605/98, especialmente nos arts. 29 ao 37. No capítulo V - Seção I - Dos Crimes Contra a Fauna. (C) A Constituição Federal não veda todas as formas de caça. A caça, quando autorizada pelo órgão competente, pode ser praticada no território nacional. (D) Resposta correta, pois o art. 225, § 1º, VII, assim dispõe: "Art. 225. Todos têm direito ao meio ambiente ecologicamente equilibrado, bem de uso comum do povo e essencial à sadia qualidade de vida, impondo-se ao Poder Público e à coletividade o dever de defendê-lo e preservá-lo para as presentes e futuras gerações. § 1º Para assegurar a efetividade desse direito, incumbe ao Poder Público: [...] VII - proteger a fauna e a flora, vedadas, na forma da lei, as práticas que coloquem em risco sua função ecológica, provoquem a extinção de espécies ou submetam os animais a crueldade". *Alternativa D.*

10. (XXXII Exame) O Estado Z promulga lei autorizando a supressão de vegetação em Área de Preservação Permanente para pequenas construções. A área máxima para supressão, segundo a lei, é de 100 metros quadrados quando utilizados para lazer e de 500 metros quadrados quando utilizados para fins comerciais.

Sobre a referida lei, assinale a afirmativa correta.

(A) A lei é válida, uma vez que é competência privativa dos Estados legislar sobre as Áreas de Preservação Permanente inseridas em seu território.

(B) A lei é válida apenas com relação à utilização com finalidade de lazer, uma vez que é vedada a exploração comercial em Área de Preservação Permanente.

(C) A lei é inconstitucional, uma vez que compete aos Municípios legislar sobre impactos ambientais de âmbito local.

(D) A lei é inconstitucional, uma vez que é competência da União dispor sobre normas gerais sobre proteção do meio ambiente.

RESPOSTA (A) A competência para legislar é concorrente, conforme art. 24 da Constituição Federal. Não se trata de competência privativa dos Estados. (B) Não há qualquer norma que detemine isso, ou seja, de haver exploração somente para lazer por conta de ser uma área de preservação permanente. (C) Não há essa previsão na lei. O município pode legislar em assuntos de interesse local, com fundametno no art. 30 da Constituição Federal. (D) Item correto com fundamento no art. 24, § 1º, da Constituição Federal. *Alternativa D.*

IV. RESPONSABILIDADE POR DANOS AO MEIO AMBIENTE

11. (XXII Exame) Tendo em vista a infestação de percevejo-castanho-da-raiz, praga que causa imensos danos à sua lavoura de soja, Nelson, produtor rural, desenvolveu e produziu de forma artesanal, em sua fazenda, agrotóxico que combate a aludida praga. Mesmo sem registro formal, Nelson continuou a usar o produto por meses, o que ocasionou grave intoxicação em Beto, lavrador da fazenda, que trabalhava sem qualquer equipamento de proteção. Sobre a hipótese, assinale a afirmativa correta.

(A) Não há qualquer responsabilidade de Nelson, que não produziu o agrotóxico de forma comercial, mas para uso próprio.

(B) Nelson somente responde civilmente pelos danos causados, pelo não fornecimento de equipamentos de proteção a Beto.

(C) Nelson responde civil e criminalmente pelos danos causados, ainda que não tenha produzido o agrotóxico com finalidade comercial.

(D) Nelson somente responde administrativamente perante o Poder Público pela utilização de agrotóxico sem registro formal.

RESPOSTA (A) Apesar de não ter produzido o agrotóxico, ele usou e foi responsável direto pelo dano. (B) A responsabilidade civil é uma das formas de responsabilização por danos ambientais, mas não é a única. (C) Sim, correta a resposta, visto que a responsabilização pode ocorrer nas esferas civil e criminal. (D) A responsabilidade administrativa é uma das formas de responsabilização por danos ambientais, mas não é a única. O § 3º do art. 225 da Constituição Federal Brasileira dispõe: "As condutas e atividades consideradas lesivas ao meio ambiente sujeitarão os infratores, pessoas físicas ou jurídicas, a sanções penais e administrativas, independentemente da obrigação de reparar os danos causados". Além do disposto, ainda pode ocorrer a responsabilização na esfera civil. *Alternativa C.*

12. (XXXI Exame) Seguindo plano de expansão de seu parque industrial para a produção de bebidas, o conselho de administração da sociedade empresária Frescor S/A autoriza a destruição de parte de floresta inserida em Área de Preservação Permanente, medida que se consuma na implantação de nova fábrica. Sobre responsabilidade ambiental, tendo como referência a hipótese narrada, assinale a afirmativa correta.

A) Frescor S/A responde civil e administrativamente, sendo excluída a responsabilidade penal por ter a decisão sido tomada por órgão colegiado da sociedade.

B) Frescor S/A responde civil e administrativamente, uma vez que não há tipificação criminal para casos de destruição de Área de Preservação Permanente, mas apenas de Unidades de Conservação.

C) Frescor S/A responde civil, administrativa e penalmente, sendo a ação penal pública, condicionada à prévia apuração pela autoridade ambiental competente.

D) Frescor S/A responde civil, administrativa e penalmente, sendo agravante da pena a intenção de obtenção de vantagem pecuniária.

RESPOSTA (A) Não há a exclusão da responsabilidade penal por esse motivo alegado no item, muito pelo contrário, visto que foi o órgão máximo da entidade que decidiu cometer o ato causador do dano. (B) Item incorreto, pois o cometido pela empresa é considerado crime, conforme artigo 38 da Lei de Crimes Ambientais, Lei n. 9.605/98, que dispõe: "Art. 38. Destruir ou danificar floresta considerada de preservação permanente, mesmo que em formação, ou utilizá-la com infringência das normas de proteção: Pena – detenção, de um a três anos, ou multa, ou ambas as penas cumulativamente. Parágrafo único. Se o crime for culposo, a pena será reduzida à metade. (C) Todas as ações penais por crimes ambientais são públicas incondicionadas, conforme artigo 26 da Lei, que dispõe: "Art. 26. Nas infrações penais previstas nesta Lei, a ação penal é pública incondicionada". (D) Resposta correta. Por um único ato, o causador do dano poderá responder nas três esferas: civil, penal e administrativa, conforme dispõe o art. 3º da Lei de Crimes Ambientais: "Art. 3º As pessoas jurídicas serão responsabilizadas administrativa, civil e penalmente conforme o disposto nesta Lei, nos casos em que a infração seja cometida por decisão de seu representante legal ou contratual, ou de seu órgão colegiado, no interesse ou benefício da sua entidade". *Alternativa: D.*

V. "CÓDIGO" FLORESTAL

13. (XXVI Exame) Gabriela, pequena produtora rural que desenvolve atividade pecuária, é avisada por seu vizinho sobre necessidade de registrar seu imóvel rural no Cadastro Ambiental Rural (CAR), sob pena de perder a propriedade do bem. Sobre a hipótese, assinale a afirmativa correta.

(A) Gabriela não tem a obrigação de registrar o imóvel no CAR por ser pequena produtora rural.

(B) Gabriela tem a obrigação de registrar o imóvel no CAR, sob pena de perder a propriedade do bem, que apenas poderá ser reavida por ação judicial.

(C) Gabriela tem a obrigação de registrar o imóvel no CAR; o registro não será considerado título para fins de reconhecimento do direito de propriedade ou posse.

(D) Gabriela tem a obrigação de registrar o imóvel no CAR; o registro autoriza procedimento simplificado para concessão de licença ambiental.

RESPOSTA (A) A inscrição no CAR é obrigatória para todos os imóveis rurais, com fundamento no art. 29, § 3º, da Lei n. 12.651/2012. (B) Segundo o Governo Federal, não está regulamentada em norma federal explicitamente a previsão de sanções para a não adesão ao CAR. No entanto, existem sanções para o descumprimento da manutenção da área com cobertura de vegetação nativa a título de Reserva Legal. Está prevista na Lei n. 12.651/2012, como consequências para a não inscrição do imóvel no CAR, a impossibilidade de acesso ao crédito rural a partir de 31 de dezembro de 2017, impedimento no acesso a autorizações de supressão de vegetação e outras licenças, bem como restrições ao ingresso em programas de apoio e pagamentos por serviços ambientais governamentais. Além disso, a inscrição no CAR é condição obrigatória para a adesão ao PRA. Essas são as consequências conforme legislação federal existente, podendo existir outras restrições, ou até sanções, em âmbito estadual, distrital ou municipal. Informações detalhadas podem ser obtidas junto ao órgão estadual competente. (C) Resposta correta com fundamento no art. 29, § 2º, da Lei n. 12.651/2012. (D) O registro no CAR não simplifica o procedimento de licenciamento ambiental. *Alternativa C.*

VI. OUTROS ASSUNTOS

14. (XXX Exame) Renato, proprietário de terra rural inserida no Município X, pretende promover a queimada da vegetação existente para o cultivo de cana-de-açúcar. Assim, consulta seu advogado, indagando sobre a possibilidade da realização da queimada. Sobre o caso narrado, assinale a afirmativa correta.

A) A queimada poderá ser autorizada pelo órgão estadual ambiental competente do SISNAMA, caso as peculiaridades dos locais justifiquem o emprego do fogo em práticas agropastoris ou florestais.
B) A queimada poderá ser autorizada pelo órgão municipal ambiental competente, após audiência pública realizada pelo Município X no âmbito do SISNAMA.
C) A queimada não pode ser realizada, constituindo, ainda, ato tipificado como crime ambiental caso a área esteja inserida em Unidade de Conservação.
D) A queimada não dependerá de autorização, caso Renato comprove a manutenção da área mínima de cobertura de vegetação nativa, a título de reserva legal.

RESPOSTA (A) A suspensão do uso do fogo não se aplica a esse caso. Quando se trata de área rural, como afirmado no enunciado, o órgão competente para esse tipo de autorização é o Estadual, conforme Decreto n. 9.992/2019, art. 1º, parágrafo único, IV. (B) Não cabe ao órgão municipal conceder essa autorização. (C) É possível a realização de queimada, desde que previamente autorizada pelo órgão público competente. (D) Mesmo assim, depende de autorização. Na verdade, a queimada, em nosso país, deve ser sempre autorizada de forma preventiva. *Alternativa A.*

15. (XXX Exame) Pedro, proprietário de fazenda com grande diversidade florestal, decide preservar os recursos ambientais nela existentes, limitando, de forma perpétua, o uso de parcela de sua propriedade por parte de outros possuidores a qualquer título, o que realiza por meio de instrumento particular, averbado na matrícula do imóvel no registro de imóveis competente. Assinale a opção que indica o instrumento jurídico a que se refere o caso descrito.

A) Zoneamento Ambiental.
B) Servidão Ambiental.
C) Área Ambiental Restrita.
D) Área de Relevante Interesse Ecológico.

RESPOSTA (A) O Zoneamento Ambiental não se presta para esse objetivo, mas é um instrumento de organização territorial. (B) Essa é a resposta correta com fundamento no art. 9ª-A, da Lei n. 6.938/81, que dispõe: "O proprietário ou possuidor de imóvel, pessoa natural ou jurídica, pode, por instrumento público ou particular ou por termo administrativo firmado perante órgão integrante do Sisnama, limitar o uso de toda a sua propriedade ou de parte dela para preservar, conservar ou recuperar os recursos ambientais existentes, instituindo servidão ambiental". Essa Servidão poderá ser temporária ou perpétua, gratuita ou onerosa. (C) Não há qualquer relação disso com a Área Ambiental Restrita. (D) A Área de Relevante Interesse Ecológico – ARIE – é uma espécie de unidade de conservação, prevista na Lei n. 9.985/2000, e não tem relação com o enunciado da questão. *Alternativa B.*

16. (XX Exame) O prefeito do Município Alfa, que conta hoje com 30 (trinta) mil habitantes e tem mais de 30% de sua área constituída por cobertura vegetal, consulta o Procurador Geral do Município para verificar a necessidade de edição de Plano Diretor, em atendimento às disposições constitucionais e ao Estatuto da Cidade (Lei n. 10.257/01). Sobre o caso, assinale a afirmativa correta.

(A) O Plano Diretor não é necessário, tendo em vista a área de cobertura vegetal existente no Município Alfa, devendo este ser substituído por Estudo Prévio de Impacto Ambiental (EIA).
(B) O Plano Diretor não será necessário, tendo em vista que todos os municípios com mais de 20 (vinte) mil habitantes estão automaticamente inseridos em "aglomerações urbanas", que, por previsão legal, são excluídas da necessidade de elaboração de Plano Diretor.
(C) Será necessária a edição de Plano Diretor, aprovado por lei municipal, que abrangerá todo o território do Município Alfa, em razão do seu número de habitantes.
(D) O Plano Diretor será necessário na abrangência da região urbana do município, regendo, no que tange à área de cobertura vegetal, as normas da Política Nacional do Meio Ambiente.

RESPOSTA (A) O plano diretor é obrigatório para os municípios com mais de 20 mil habitantes, conforme dispõe o art. 182, § 1º, da CF/88. (B) O plano diretor é obrigatório para os municípios com mais de 20 mil habitantes, de acordo com o art. 182, § 1º, da CF/88. (C) Resposta correta com fundamento no art. 182, § 1º, da CF/88. (D) O plano diretor deve contemplar toda a área do município e não somente a urbana, conforme dispõe a Lei n. 10.257/2001, § 2º, em seu art. 40. *Alternativa C.*

17. (XX Exame) No curso de obra pública de construção de represa para fins de geração de energia hidrelétrica em rio que corta dois estados da Federação, a associação privada Sorrio propõe ação civil pública buscando a reconstituição do ambiente ao *status quo* anterior ao do início da construção, por supostos danos ao meio ambiente. Considerando a hipótese, assinale a afirmativa correta.

(A) Caso a associação Sorrio abandone a ação, o Ministério Público ou outro legitimado assumirá a titularidade ativa.
(B) Caso haja inquérito civil público em curso, proposto pelo Ministério Público, a ação civil pública será suspensa pelo prazo de até 1 (um) ano.
(C) Como o bem público objeto da tutela judicial está localizado em mais de um estado da federação, a legitimidade ativa exclusiva para propositura da ação civil pública é do Ministério Público Federal.
(D) Caso o pedido seja julgado improcedente por insuficiência de provas, não será possível a propositura de nova demanda com o mesmo pedido.

RESPOSTA (A) Resposta correta com fundamento no art. 5º, § 3º, da Lei n. 7.347/85, Lei da Ação Civil Pública. (B) Não há qualquer disposição legal nesse sentido. Os procedimentos são independentes e, geralmente, o inquérito civil acontece antes da interposição da ação civil pública. Contudo, pode haver o ingresso de uma ação civil pública sem, necessariamente, haver um inquérito civil prévio. (C) Não há exclusividade do Ministério Público Federal para interposição dessa ação. (D) Caso o pedido seja julgado improcedente por insuficiência de provas, será possível a propositura de nova demanda com o mesmo pedido, com fundamento no art. 16 da Lei n. 7.347/85. *Alternativa A.*

18. (XX Exame Reaplicação) Hugo, advogado, é consultado pela pessoa jurídica Céu Azul Ltda., indústria química de grande porte, acerca da necessidade de redução de emissão de gases de efeito estufa, tendo em vista as disposições da lei que instituiu a Política Nacional sobre Mudança do Clima (PNMC). Com base na hipótese formulada, assinale a opção que apresenta a orientação dada por Hugo ao seu cliente.

(A) A pessoa jurídica Céu Azul Ltda. terá que reduzir a emissão de gases de efeito estufa ou adquirir créditos de carbono de outros emissores que reduzirem suas emissões além do legalmente necessário, sob pena de imposição de multa de até 2% (dois por cento) sobre suas receitas brutas.

(B) A pessoa jurídica Céu Azul Ltda., por pertencer a ramo industrial inserido no Plano de Desenvolvimento Limpo, terá que reduzir a emissão de gases de efeito estufa, não podendo se valer dos mecanismos de flexibilização, sob pena de imposição de multa de até 2% (dois por cento) de sua receita bruta.

(C) A pessoa jurídica Céu Azul Ltda. não estará obrigada a reduzir a emissão de gases de efeito estufa caso formalmente constituída até a data da vigência da lei que instituiu a Política Nacional sobre Mudança do Clima (PNMC), mas terá que pagar pelas emissões além do limite legal, tendo em vista o princípio do poluidor-pagador.

(D) A pessoa jurídica Céu Azul Ltda. não tem obrigação legal de redução de emissão de gases de efeito estufa, independentemente da data de sua constituição e do seu segmento de atividade, não obstante a expressa adoção dos princípios da prevenção e precaução pela lei que instituiu a PNMC.

RESPOSTA (A) A lei que denominada Política Nacional sobre Mudança do Clima é a de n. 12.187/2009, ela trata de alguns objetivos a serem atingidos, mas não determina a forma de redução de gases, nem muito menos estabelece qualquer multa por descumprimento de seus objetivos. (B) Mesma resposta do item A. (C) Essa lei não trata de nenhuma forma de pagamento quando uma empresa realiza emissão de poluentes além do limite legal. (D) Apesar de ter vários objetivos previstos na lei, a empresa não tem obrigação de reduzir a emissão de gases, visto que a citada lei da questão não dispõe sobre isso. *Alternativa D.*

19. (XXI Exame) O Governo Federal, tendo em vista a grande dificuldade em conter o desmatamento irregular em florestas públicas, iniciou procedimento de concessão florestal para que particulares possam explorar produtos e serviços florestais.
Sobre o caso, assinale a afirmativa correta.

(A) Essa concessão é antijurídica, uma vez que o dever de tutela do meio ambiente ecologicamente equilibrado é intransferível a inalienável.

(B) Essa concessão, que tem como objeto o manejo florestal sustentável, deve ser precedida de licitação na modalidade de concorrência.

(C) Essa concessão somente é possível para fins de exploração de recursos minerais pelo concessionário.

(D) Essa concessão somente incide sobre florestas públicas estaduais e, por isso, a competência para sua delegação é exclusiva dos Estados, o que torna ilegal sua implementação pelo IBAMA.

RESPOSTA (A) Essa concessão é possível com fundamento no art. 4º, III, da Lei n. 11.284/2006. (B) Resposta correta com fundamento no § 1º do art. 13 da Lei n. 11.284/2006. (C) Existem outras formas de concessão, com previsão na mesma lei citada nesta questão. (D) Essa concessão poderá ser feita nas três esferas de poder, com fundamento no art. 5º da lei. *Alternativa B.*

20. (XXIII Exame) O Município de Fernandópolis, que já possui aterro sanitário, passa por uma grave crise econômica. Diante disso, o prefeito solicita auxílio financeiro do Governo Federal para implantar a coleta seletiva de resíduos sólidos, que contará com a participação de associação de catadores de materiais recicláveis. Sobre o auxílio financeiro tratado, assinale a afirmativa correta.

(A) Não será possível o auxílio financeiro, sob pena de violação ao princípio da isonomia com relação aos demais entes da Federação.

(B) Não será possível o auxílio financeiro, uma vez que a coleta seletiva de resíduos sólidos do Município de Fernandópolis está sendo realizada parcialmente por associação privada.

(C) O auxílio financeiro é possível, desde que o Município possua até 20 mil habitantes ou seja integrante de área de especial interesse turístico.

(D) O auxílio financeiro é possível, desde que o Município elabore plano municipal de gestão integrada de resíduos sólidos.

RESPOSTA As letras A, B e C não possuem qualquer respaldo legal. (D) A Lei n. 12.305/2010, denominada Política Nacional de Resíduos Sólidos, em seu art. 18 dispõe: "A elaboração de plano municipal de gestão integrada de resíduos sólidos, nos termos previstos por esta Lei, é condição para o Distrito Federal e os Municípios terem acesso a recursos da União, ou por ela controlados, destinados a empreendimentos e serviços relacionados à limpeza urbana e ao manejo de resíduos sólidos, ou para serem beneficiados por incentivos ou financiamentos de entidades federais de crédito ou fomento para tal finalidade". *Alternativa D.*

21. (XXIII Exame) A Lei Federal n. 123, de iniciativa parlamentar, estabelece regras gerais acerca do parcelamento do solo urbano. Em seguida, a Lei Municipal n. 147 fixa área que será objeto do parcelamento, em função da subutilização de imóveis. Inconformado com a nova regra, que atinge seu imóvel, Carlos procura seu advogado para que o oriente sobre uma possível irregularidade nas novas regras. Considerando a hipótese, acerca da Lei Federal n. 123, assinale a afirmativa correta.

(A) É formalmente inconstitucional, uma vez que é competência dos municípios legislar sobre política urbana.

(B) É formalmente inconstitucional, uma vez que a competência para iniciativa de leis sobre política urbana é privativa do Presidente da República.

(C) Não possui vício de competência, já que a Lei Municipal n. 147 é inconstitucional, sendo da competência exclusiva da União legislar sobre política urbana.

(D) Não possui vício de competência, assim como a Lei Municipal n. 147, sendo ainda de competência dos municípios a execução da política urbana.

RESPOSTA (A) Legislar sobre direito urbanístico é competência concorrente da União, Estados e Distrito Federal, com fundamento no art. 24, I, da Constituição Federal. Os municípios podem legislar em assuntos de interesse local, com fundamento no art. 30, inciso I, da Carta Magna. (B) As leis sobre política urbana não estão presentes nos casos de competência privativa do presidente da república, com fundamento no art. 84 da Constituição Federal brasileira. (C) Não se trata de competência exclusiva da União legislar sobre política urbana, mas, também, dos Estados e Distrito Federal, com fundamento no art. 24, I, da Constituição Federal brasileira. Não esqueça dos municípios nos assuntos de interesse local. (D) A execução da política urbana é de competência do município, conforme dispõe o art. 182 da Constituição Federal brasileira: "A política de desenvolvimento urbano, executada pelo Poder Público municipal, conforme diretrizes gerais fixadas em lei, tem por objetivo ordenar o pleno desenvolvimento das funções sociais da cidade e garantir o bem-estar de seus habitantes". *Alternativa D.*

22. (XXIV Exame) Bolão Ltda., sociedade empresária, pretende iniciar atividade de distribuição de pneus no mercado brasileiro. Para isso, contrata uma consultoria para, dentre outros elementos, avaliar sua responsabilidade pela destinação final dos pneus que pretende comercializar. Sobre o caso, assinale a afirmativa correta.

(A) A destinação final dos pneus será de responsabilidade do consumidor final, no âmbito do serviço de regular limpeza urbana.

(B) A sociedade empresária será responsável pelo retorno dos produtos após o uso pelo consumidor, de forma independente do serviço público de limpeza urbana.

(C) A destinação final dos pneus, de responsabilidade solidária do distribuidor e do consumidor final, se dará no âmbito do serviço público de limpeza urbana.

(D) Previamente à distribuição de pneus, a sociedade empresária deve celebrar convênio com o produtor, para estabelecer, proporcionalmente, as responsabilidades na destinação final dos pneus.

RESPOSTA Diante da situação hipotética, correta está a alternativa B, visto que a Lei n. 12.305/2010 (Política Nacional de Resíduos Sólidos) dispõe que os fabricantes, importadores, distribuidores e comerciantes são obrigados a estruturar e implementar sistemas de logística reversa, mediante retorno dos produtos após o uso pelo consumidor, de forma independente do serviço público de limpeza urbana (art. 33, III). *Alternativa B.*

23. (XXIV Exame) Damião, proprietário de terrenos não utilizados, mantidos para fins de especulação imobiliária, é notificado pela autoridade pública municipal, uma vez que seu terreno está incluído no plano Diretor do Município XYZ, e a Lei Municipal n. 123 determinou a edificação compulsória e aplicação de IPTU progressivo no tempo. Sobre as possíveis consequências que Damião pode sofrer, assinale a afirmativa correta.

(A) Caso não seja cumprida a notificação no prazo estabelecido, o Poder Público procederá à aplicação do Imposto sobre a Propriedade Predial e Territorial Urbana (IPTU) progressivo no tempo, o qual pode ser majorado indefinidamente, até que alcance o valor do bem.

(B) Ainda que Damião transfira o imóvel, a obrigação de edificação compulsória é transferida aos adquirentes, sem que haja interrupção dos prazos previamente estabelecidos pelo Poder Público.

(C) O Poder Público Municipal poderá desapropriar o imóvel de Damião mediante pagamento de indenização justa, prévia e em dinheiro, que refletirá o valor da base de cálculo do IPTU.

(D) Não há consequência jurídica no descumprimento, tendo em vista a não autoexecutoridade nos atos do Poder Público em tema de política urbana, sendo necessária a intervenção do Poder Judiciário.

RESPOSTA De acordo com o Estatuto da Cidade (art. 6º), a transmissão do imóvel, por ato *inter vivos* ou *causa mortis*, realizada – posteriormente – à data da notificação do proprietário, determinando o parcelamento, a edificação ou a utilização compulsórios do solo urbano não edificado, subutilizado ou não utilizado, transfere aos adquirentes as obrigações de parcelamento, edificação ou utilização, sem interrupção de quaisquer prazos. *Alternativa B.*

24. (XXV Exame) Os Municípios ABC e XYZ estabeleceram uma solução consorciada intermunicipal para a gestão de resíduos sólidos. Nesse sentido, celebraram um consórcio para estabelecer as obrigações e os procedimentos operacionais relativos aos resíduos sólidos de serviços de saúde, gerados por ambos os municípios. Sobre a validade do plano intermunicipal de resíduos sólidos, assinale a afirmativa correta.

(A) Não é válido, uma vez que os resíduos de serviços de saúde não fazem parte da Política Nacional de Resíduos Sólidos, sendo disciplinados por lei específica.

(B) É válido, sendo que os Municípios ABC e XYZ terão prioridade em financiamentos de entidades federais de crédito para o manejo dos resíduos sólidos.

(C) É válido, devendo o consórcio ser formalizado por meio de sociedade de propósito específico com a forma de sociedade anônima.

(D) É válido, tendo como conteúdo mínimo a aplicação de 1% (um por cento) da receita corrente líquida de cada município consorciado.

RESPOSTA (A) Os resíduos de serviços de saúde fazem parte da Política Nacional de Resíduos Sólidos, conforme dispõe o art. 13, I, *g*, que conceitua: resíduos de serviços de saúde: os gerados nos serviços de saúde, conforme definido em regulamento ou em normas estabelecidas pelos órgãos do Sisnama e do SNVS. (B) O art. 18, § 1º, da Lei n. 12.305/2010 dispõe: serão priorizados no acesso aos recursos da União referidos no *caput* os Municípios que optarem por soluções consorciadas intermunicipais para a gestão dos resíduos sólidos, incluída a elaboração e implementação de plano intermunicipal, ou que se inserirem de forma voluntária nos planos microrregionais de resíduos sólidos referidos no

§ 1º do art. 16. (C) Não está correto, pois a Lei n. 11.107/2005, que trata dos consórcios, assim dispõe: "O consórcio público adquirirá personalidade jurídica: I – de direito público, no caso de constituir associação pública, mediante a vigência das leis de ratificação do protocolo de intenções". (D) Não há essa exigência do item na lei que trata da matéria. *Alternativa B.*

25. (XXVI Exame) A associação "Amigos da Natureza", constituída há 2 anos, com a finalidade institucional de proteger o meio ambiente, tem interesse na propositura de uma ação civil pública, a fim de que determinado agente causador de dano ambiental seja impedido de continuar a praticar o ilícito. Procurado pela associação, você, na qualidade de advogado, daria a orientação de

(A) não propor uma ação civil pública, visto que as associações não têm legitimidade para manejar tal instrumento, sem prejuízo de que outros legitimados, como o Ministério Público, o façam.
(B) propor uma ação civil pública, já que a associação está constituída há pelo menos 1 ano e tem, entre seus fins institucionais, a defesa do meio ambiente.
(C) apenas propor a ação civil pública quando a associação estiver constituída há pelo menos 3 anos.
(D) que a associação tem iniciativa subsidiária, de modo que só pode propor a ação civil pública após demonstração de inércia do Ministério Público.

RESPOSTA (A) As associações têm legitimidade para interpor ação civil púbica, com fundamento no art. 5º, V, da Lei n. 7.347/85. (B) Resposta correta com fundamento no art. 5º, V, *a* e *b*, da Lei da Ação Civil Pública. (C) O tempo mínimo de constituição é 1 ano. (D) Não há necessidade de a associação esperar pela inércia do Ministério Público para ter legitimidade. *Alternativa B.*

26. (XXVII Exame) A União edita o Decreto n. 123, que fixa as regras pelas quais serão outorgados direitos de uso dos recursos hídricos existentes em seu território, garantindo que seja assegurado o controle quantitativo e qualitativo dos usos da água. Determinada sociedade empresária, especializada nos serviços de saneamento básico, interessada na outorga dos recursos hídricos, consulta seu advogado para analisar a possibilidade de assumir a prestação do serviço. Desse modo, de acordo com a Lei da Política Nacional de Recursos Hídricos, assinale a opção que indica o uso de recursos hídricos que pode ser objeto da referida outorga pela União.

(A) O lançamento de esgotos em corpo de água que separe dois Estados da Federação, com o fim de sua diluição.
(B) A captação da água de um lago localizado em terreno municipal.
(C) A extração da água de um rio que banhe apenas um Estado.
(D) O uso de recursos hídricos para a satisfação das necessidades de pequenos núcleos populacionais, distribuídos pelo meio rural.

RESPOSTA (A) Com fundamento nas Leis n. 9.433/97 e 9.984/2000, o lançamento de esgotos e demais resíduos líquidos e gasosos são sujeitos à outorga e no caso a outorga do direito de uso dos recursos hídricos em corpos de água de domínio da União são de competência federal, como no caso da questão. (B) (C) (D) Não são de competência da União, pois não se trata de bens sob sua tutela para outorga. Segundo a Lei n. 9.433/97, a Agência Nacional de Águas (ANA) é a instituição responsável pela emissão da outorga de direito de uso da água em corpos hídricos de domínio da União. De acordo com a Constituição Federal, corpos de água de domínio da União são aqueles lagos, rios e quaisquer correntes d'água que passam por mais de um estado, ou que sirvam de limite com outros países ou unidades da Federação. Em corpos hídricos de domínio dos Estados e do Distrito Federal, a solicitação de outorga deve ser feita junto ao órgão gestor estadual de recursos hídricos. *Alternativa A.*

27. (XXVII Exame) Tendo em vista a elevação da temperatura do meio ambiente urbano, bem como a elevação do nível dos oceanos, a União deverá implementar e estruturar um mercado de carbono, em que serão negociados títulos mobiliários representativos de emissões de gases de efeito estufa evitadas. Sobre o caso, assinale a afirmativa correta.

(A) É possível a criação de mercado de carbono, tendo como atores, exclusivamente, a União, os Estados, os Municípios e o Distrito Federal.
(B) Não é constitucional a criação de mercado de carbono no Brasil, tendo em vista a natureza indisponível e inalienável de bens ambientais.
(C) A criação de mercado de carbono é válida, inclusive sendo operacionalizado em bolsa de valores aberta a atores privados.
(D) A implementação de mercado de carbono pela União é cogente, tendo o Brasil a obrigação de reduzir a emissão de gases de efeito estufa, estabelecida em compromissos internacionais.

RESPOSTA (A) Os atores privados também podem agir no mercado de carbono. (B) É constitucional, pois a convenção que trata do assunto já foi incorporada ao ordenamento jurídico pátrio, através do Decreto Legislativo n. 144/2002, promulgada pelo Decreto n. 5.445/2005. (C) Sim, é possível, conforme normas internacionais já inseridas no ordenamento jurídico brasileiro, já explicado no item "B". (D) O Brasil se comprometeu a reduzir as emissões, porém não é algo obrigatório, conforme Protocolo de Kioto. *Alternativa C.*

28. (XXIX Exame) Em decorrência de grave dano ambiental em uma Unidade de Conservação, devido ao rompimento de barragem de contenção de sedimentos minerais, a Defensoria Pública estadual ingressa com Ação Civil Pública em face do causador do dano. Sobre a hipótese, assinale a afirmativa correta.

(A) A Ação Civil Pública não deve prosseguir, uma vez que a Defensoria Pública não é legitimada a propor a referida ação judicial.
(B) A Defensoria Pública pode pedir a recomposição do meio ambiente cumulativamente ao pedido de indenizar, sem que isso configure *bis in idem*.
(C) Tendo em vista que a conduta configura crime ambiental, a ação penal deve anteceder a Ação Civil Pública, vinculando o resultado desta.
(D) A Ação Civil Pública não deve prosseguir, uma vez que apenas o IBAMA possui competência para propor Ação Civil Pública quando o dano ambiental é causado em Unidade de Conservação.

RESPOSTA (A) A Defensoria Pública é legitimada para ingressar com a ação civil pública, conforme Lei n. 7.347/85, em seu art. 5º,

II. (B) Sim, isso é permitido, pois o § 3º do art. 225 da Constituição Federal dispõe que as condutas e atividades consideradas lesivas ao meio ambiente sujeitarão os infratores, pessoas físicas ou jurídicas, a sanções penais e administrativas, independentemente da obrigação de reparar os danos causados. (C) Para ajuizamento da ação civil pública não é necessária a existência de uma ação penal, visto que são esferas independentes de responsabilização por dano ambiental. (D) O IBAMA não é o único legitimado para interpor a ação civil pública, existem outros legitimados, conforme previsão da Lei n. 7.347/85, em seu art. 5º *Alternativa B.*

29. (XXXIII Exame) Determinado empreendedor requereu ao órgão ambiental competente licença ambiental para indústria geradora de significativa poluição atmosférica, que seria instalada em zona industrial que, contudo, já está saturada. Após a análise técnica necessária, feita com base nos riscos e impactos já de antemão conhecidos em razão de certeza científica, concluiu-se que os impactos negativos decorrentes da atividade não poderiam sequer ser mitigados a contento, diante da sinergia e cumulatividades com as atividades das demais fábricas já existentes na localidade. Assim, o órgão ambiental indeferiu o pedido de licença, com objetivo de impedir a ocorrência de danos ambientais, já que sabidamente a atividade comprometeria a capacidade de suporte dos ecossistemas locais. Assinale a opção que indica o princípio de Direito Ambiental em que a decisão de indeferimento do pedido de licença está fundada específica e diretamente.

(A) Princípio da precaução, eis que a operação do empreendimento pretendido causa riscos hipotéticos que devem ser evitados.

(B) Princípio da prevenção, eis que a operação do empreendimento pretendido causa perigo certo, com riscos previamente conhecidos.

(C) Princípio do poluidor-pagador, eis que a operação do empreendimento pretendido está condicionada à adoção das cautelas ambientais cabíveis para mitigar e reparar os danos ambientais.

(D) Princípio da responsabilidade ambiental objetiva, eis que a operação do empreendimento pretendido está condicionada ao prévio depósito de caução para garantir o pagamento de eventuais danos ambientais.

RESPOSTA (A) . O Princípio da Precaução visa a dar proteção ao meio ambiente para as presentes e futuras gerações. Por este Princípio não se deve licenciar uma atividade toda vez que não se tenha certeza de que ela não vá causar danos irreversíveis ao ambiente. Porém, na questão os danos são conhecidos, ou seja, não se aplica o Princípio da Precaução. (B) . Item correto, pois pelo Princípio da Prevenção, ocorrendo uma análise prévia dos impactos que uma atividade ou empreendimento possam causar aos bens ambientais, é possível modificar o projeto, concretizar sua realização, não causando danos ao meio ambiente ou mitigando-os. O enunciado da questão afirma que o órgão licenciador já sabia dos possíveis danos. Não se tratava de uma incerteza. (C) Item que não tem relação com o enunciado da questão em si. O Princípio do Poluidor Pagador visa compensar a sociedade pelos danos e impactos causados por uma determinada atividade. (D) . Não há essa caução e nem relação com a responsabilidade objetiva por danos ambientais. *Alternativa B.*

Direito Civil

Felipe Soares Torres

Mestre em Ciências Jurídico-Civilísticas pela Faculdade de Direito da Universidade de Coimbra – Portugal. Pós-Graduado (Especialização *Lato Sensu*) em Direito da Família e das Pessoas pela Faculdade de Direito da Universidade de Coimbra-Portugal. Pós-Graduado (Especialização *Lato Sensu*) em Proteção dos Menores pela Faculdade de Direito da Universidade de Coimbra-Portugal. Pós-Graduado (Especialização *Lato Sensu*) em Direito Público pela Escola Superior da Magistratura de Pernambuco. Pós-Graduado (Especialização *Lato Sensu*) em Direito Civil pela Universidade Anhanguera-SP. Professor de Direito Civil em graduação e em diversos cursos preparatórios para OAB e para concursos públicos no Brasil. Milita na advocacia voltada ao Direito Civil. Palestrante e editor do *blog Curso Direito Civil OAB*. Siga no Instagram: @_felipeetorres.

Marcelo Hugo da Rocha

Especialista em Direito Empresarial (PUCRS). Mestre em Direito (PUCRS). Especialista em Psicologia Positiva e *Coaching* (Faculdade UNYLEYA). Graduando em Psicologia (IMED). Professor. Advogado. Coordenador, autor e coautor de mais de 80 obras. Destaque para as coleções: Completaço® Passe na OAB e Completaço® Passe em Concursos Públicos, ambas publicadas pela Editora Saraiva. Palestrante motivacional. Siga no Instagram: @profmarcelohugo www.marcelohugo.com.br

Sumário

1. TEORIA GERAL DO DIREITO CIVIL

O Código Civil brasileiro é dividido em parte geral e parte especial. Essas são subdivididas em livros. A parte geral possui três livros: Das Pessoas; Dos Bens e Dos Fatos Jurídicos. A parte especial possui seis livros: Do Direito das Obrigações; Do Direito de Empresa; Do Direito das Coisas; Do Direito de Família; Do Direito das Sucessões e o Livro Complementar das Disposições Finais e Transitórias.

1.1 Personalidade e capacidade

Personalidade é a aptidão genérica para adquirir direitos e contrair obrigações. Nesse sentido, o art. 1º do CC estabelece que toda pessoa é capaz de direitos e deveres na ordem civil. As pessoas são divididas em pessoas naturais e pessoas jurídicas. A personalidade civil da pessoa natural começa do nascimento com vida; mas a lei põe a salvo, desde a concepção, os direitos do nascituro (art. 2º do CC). Cumpre destacar que o ordenamento jurídico brasileiro não exige que a vida seja viável para a aquisição da personalidade.

No ordenamento jurídico pátrio existe uma verdadeira simbiose entre a personalidade e a capacidade. Com efeito, capacidade é a maior ou menor extensão dos direitos de uma pessoa, ou seja, é a medida da personalidade. Existem duas espécies de capacidade:

a) De direito ou de gozo: confunde-se com personalidade. Todos possuem.
b) De fato ou de exercício: é a aptidão de exercer pessoalmente os atos da vida civil.

Como contraponto ao instituto da capacidade, temos as incapacidades. Incapacidade é a restrição legal ao exercício de certos atos da vida civil. No direito brasileiro, existe somente a incapacidade de fato (ou de exercício). Dentro dessa perspectiva, a incapacidade divide-se em:

– INCAPACIDADE ABSOLUTA

Traz como consequência a proibição total do exercício, por si só, do direito. Após a elaboração do estatuto da pessoa com deficiência (Lei n. 13.146/2015), só são absolutamente incapazes de exercer pessoalmente os atos da vida civil os menores de 16 anos (art. 3º do CC).

Obs.: O indivíduo absolutamente incapaz deverá praticar o ato por meio do seu representante, sob pena de nulidade (arts. 166, I, e 1.634, VII, do CC).

– INCAPACIDADE RELATIVA

Os relativamente incapazes estão em uma zona intermediária entre a incapacidade total e a capacidade plena. De acordo com o art. 4º do CC, são incapazes relativamente a certos atos, ou à maneira de os exercer:

1) os maiores de 16 e menores de 18 anos;
2) os ébrios habituais e os viciados em tóxicos;
3) os que, por causa transitória ou permanente, não puderem exprimir sua vontade;
4) os pródigos.

Obs.: O indivíduo relativamente incapaz deverá praticar o ato assistido por seu representante, sob pena de anulabilidade (arts. 171, I, e 1.634, VII, do CC).

A incapacidade cessa quando deixar de existir a sua causa (completar 18 anos ou se curar da enfermidade, por exemplo). Outra causa que põe fim a incapacidade é a emancipação. Emancipar é obter a capacidade civil antes da idade legal. É um ato irrevogável e definitivo, apresentando-se sob três formas:

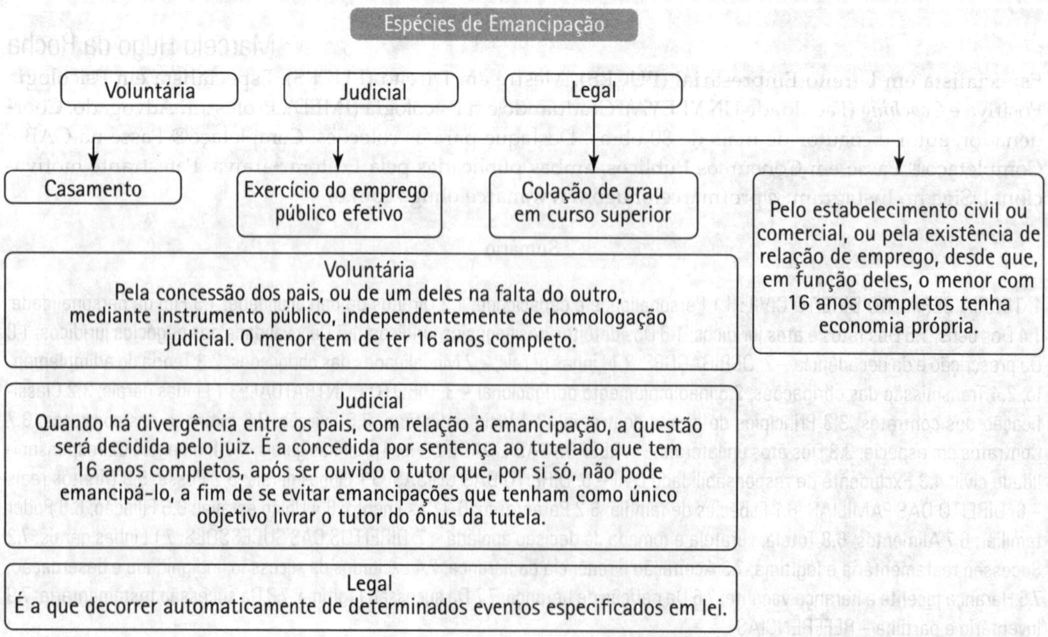

1.2 Direitos da personalidade

De modo inovador, o Código Civil de 2002 passou a tratar dos direitos da personalidade entre os seus arts. 11 a 21. Destaca-se que a tutela de direitos dessa natureza não é uma total novidade no sistema jurídico nacional, visto que a CF/88 enumerou os direitos fundamentais postos à disposição das pessoas.

Com efeito, direitos da personalidade são direitos subjetivos que possuem por objeto os bens e valores essenciais da pessoa, no seu aspecto físico, moral e intelectual. Nesse sentido, na IV Jornada de Direito Civil, foi aprovado o Enunciado 274 CJF/STJ, o qual consagra que: "Os direitos da personalidade, regulados de maneira não exaustiva pelo Código Civil, são expressões da cláusula geral de tutela da pessoa humana, contida no art. 1º, III, da Constituição (princípio da dignidade da pessoa humana). Em caso de colisão entre eles, como nenhum pode sobrelevar os demais, deve-se aplicar a técnica da ponderação". Mister acrescentar que o rol do Código Civil é meramente exemplificativo.

Como principais características podemos afirmar que os direitos da personalidade, salvo disposição legal, são intransmissíveis e irrenunciáveis, não podendo o seu exercício sofrer limitação voluntária (art. 11 do CC).

Obs.: Aplica-se às pessoas jurídicas, no que couber, a proteção dos direitos da personalidade.

Dentre os direitos da personalidade, está o direito da individualização. Ou seja, a pessoa natural tem o direito de ser indivíduo, pessoa única. Os elementos jurídicos que individualizam a pessoa são o nome, o estado de pessoa e o domicílio.

I – NOME – dividido em prenome, patronímico, agnome e alcunha. O nome da pessoa não pode ser empregado por outrem em publicações ou representações que a exponham ao desprezo público, ainda quando não haja intenção difamatória (art. 17 do CC). Ademais, o pseudônimo adotado para atividades lícitas goza da proteção que se dá ao nome (art. 19 do CC).

O prenome, que comumente chamamos de nome, é definitivo, salvo algumas exceções:

a) acréscimo de apelidos notórios;
b) serviço de proteção à testemunha/vítima;
c) em caso de evidente erro gráfico;
d) em caso de prenome que exponha a pessoa ao ridículo;
e) adoção.

O patronímico, também chamado de sobrenome, é aquele que vincula a pessoa dentro da família.

O agnome é a partícula acrescida ao nome de homônimos da mesma família. Exemplo: Júnior, Neto, Filho.

A alcunha é o apelido notório.

II – ESTADO CIVIL – Consiste na qualificação destinada a caracterizar a posição jurídica da pessoa no meio social e se caracteriza por ser indivisível, indisponível, imprescritível, irrenunciável e se apresenta sob três aspectos:

Político – nacional ou estrangeiro;
Familiar – conjugal e parentesco;
Individual – capaz ou incapaz.

III – DOMICÍLIO – é o lugar onde a pessoa estabelece a sua residência (elemento objetivo) com ânimo definitivo (elemento subjetivo). O Código Civil permite a pluralidade de domicílios. Para tanto, basta que a pessoa tenha diversas residências onde alternadamente viva (art. 71 do CC). Além do que nosso sistema consagra a existência de duas espécies de domicílio:

a) Voluntário – é aquele estabelecido pelo indivíduo, podendo ser geral, se fixado livremente, e especial, se fixado com base no contrato (foro de eleição).
b) Necessário – é aquele imposto pela lei a determinadas pessoas em razão de sua condição ou situação.

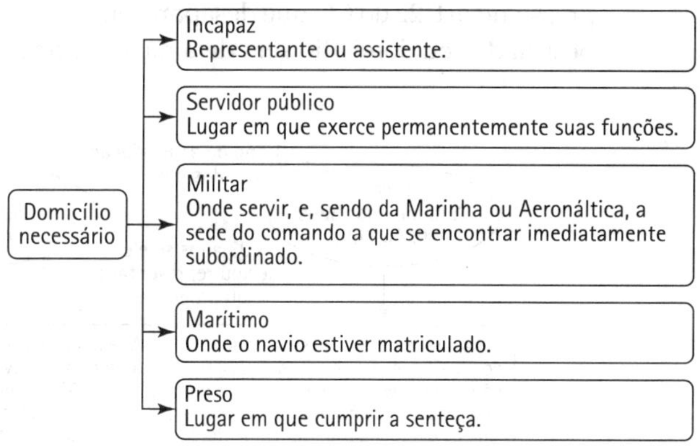

1.3 Fim da personalidade

A personalidade jurídica da pessoa natural se inicia com o nascimento com vida. No entanto, a existência da pessoa natural termina com a morte. A doutrina consagra a existência de quatro espécies de morte:

I) **Morte real:** ocorre com o diagnóstico de paralisação da atividade encefálica (art. 3º da Lei n. 9.434/97), sendo comprovada pela certidão de óbito.

II) **Morte simultânea (comoriência):** dois ou mais indivíduos falecem na mesma ocasião (não precisa ser no mesmo local), não se podendo averiguar qual deles morreu primeiro, nesse caso, presumir-se-ão simultaneamente mortos (art. 8º do CC). A consequência prática da comoriência é que um comoriente não herda do outro.

III) **Morte civil:** tipo de morte existente na Idade Média e na Idade Moderna especialmente para os condenados a penas perpétuas. As mencionadas pessoas, embora estivessem vivas, eram privadas de direitos civis e consideradas mortas para o mundo. Afirma-se que há um resquício de morte civil na indignidade, quando o indigno é tratado como se morto fosse antes da abertura da sucessão.

IV) **Morte presumida:** não há corpo, mas existem circunstâncias em que se presume que a pessoa não esteja mais viva. A morte presumida pode ser:

a) **Sem a declaração de ausência:** o art. 7º do Código Civil permite a declaração de morte presumida sem declaração de ausência em duas hipóteses:

- se for extremamente provável a morte de quem estava em perigo de vida;
- se alguém, desaparecido em campanha ou feito prisioneiro, não for encontrado até dois anos após o término da guerra.

Obs.: A declaração da morte presumida, nesses casos, somente poderá ser requerida depois de esgotadas as buscas e averiguações, devendo a sentença fixar a data provável do falecimento.

b) **Com a declaração de ausência:** encontra-se expresso no art. 22 do CC que desaparecendo uma pessoa do seu domicílio sem dela haver notícia, se não houver deixado representante ou procurador a quem caiba administrar-lhe os bens, o juiz, a requerimento de qualquer interessado ou do Ministério Público, declarará a ausência, e nomear-lhe-á curador.

Também se declarará a ausência, e se nomeará curador, segundo o art. 23, quando o ausente deixar mandatário que não queira ou não possa exercer ou continuar o mandato, ou se os seus poderes forem insuficientes.

Logo, verifica-se que a ausência é outra hipótese de morte presumida, decorrente do desaparecimento da pessoa natural, sem deixar corpo presente. O Código Civil simplificou as regras quanto à ausência, caso em que há uma presunção relativa (*iuris tantum*), quanto a existência da morte da pessoa natural. Lembre-se de que o procedimento de ausência, para o direito civil, busca tão somente resguardar o patrimônio do ausente, declarar a morte presumida e transferir o patrimônio para os herdeiros. Quem se preocupa em "procurar" o ausente são os outros ramos do direito.

Três são as fases relativas à declaração de ausência, que se dá por meio de ação judicial.

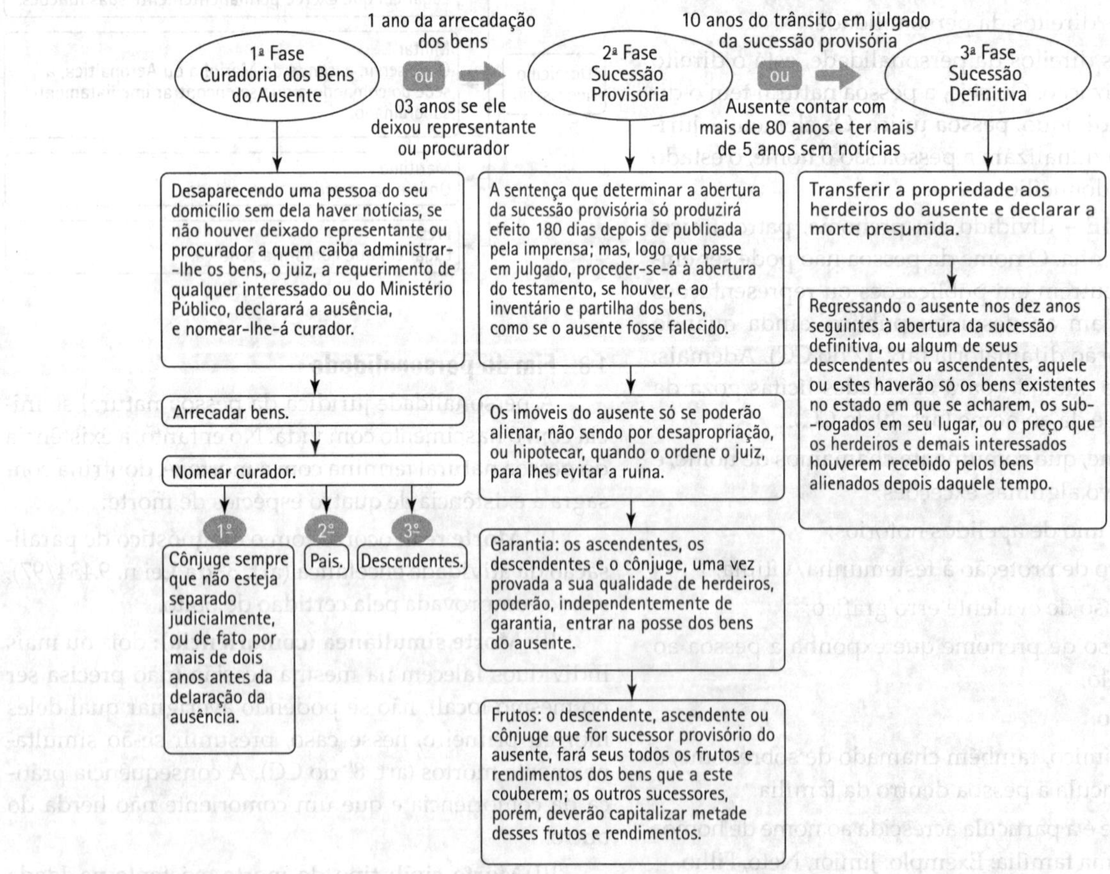

EFEITOS DO FIM DA PERSONALIDADE: Dissolução do vínculo conjugal; extinção do poder familiar; extinção da obrigação de prestar alimentos; extinção dos contratos personalíssimos; extinção do usufruto etc.

1.4 Dos bens

Bens são coisas materiais ou imateriais, úteis ao homem e de expressão econômica, suscetíveis de apropriação. O Código Civil divide a classificação os bens em três grandes grupos:

I - DOS BENS CONSIDERADOS EM SI MESMOS:

a) Bens imóveis e móveis: são bens imóveis o solo e tudo quanto se lhe incorporar natural ou artificialmente (art. 79 do CC). Os bens imóveis podem ser divididos em:

Imóveis por natureza - solo com a sua superfície, o espaço aéreo e o subsolo.

Imóveis por acessão natural - estão nessa categoria as árvores e os frutos pendentes. As árvores, quando destinadas ao corte, são bens "=".

Obs.: As árvores plantadas em vasos são bens móveis, porque são removíveis.

Imóveis por acessão artificial - Acessão artificial (ou industrial) é tudo quanto o homem incorporar permanentemente ao solo, como as edificações e construções.

Obs.: Não perdem o caráter de imóveis as edificações que, separadas do solo, mas conservando a sua unidade, forem removidas para outro local e os materiais provisoriamente separados de um prédio, para nele se reempregarem (art. 81 do CC).

Imóveis por determinação legal - são os direitos reais sobre imóveis e as ações que o asseguram e o direito à sucessão aberta (art. 80 do CC).

De outro modo, bens móveis são aqueles suscetíveis de movimento próprio, ou de remoção por força alheia, sem alteração da substância ou da destinação econômico-social (art. 82 do CC). Os bens móveis podem ser divididos em:

Móveis por natureza - subdividem-se em bens móveis propriamente ditos (os que admitem remoção por força alheia, sem dano, como os objetos inanimados) e os semoventes (os que se movem por força própria, como os animais).

Móveis por determinação legal - as energias que tenham valor econômico; os direitos reais sobre objetos móveis e as ações correspondentes; os direitos pessoais de caráter patrimonial e respectivas ações (art. 83 do CC).

Obs.: Incluem-se nesse rol o fundo de comércio, as quotas e as ações de sociedades empresárias, os direitos do autor e os créditos em geral.

Móveis por antecipação - São bens incorporados ao solo, mas com a intenção de separá-los oportunamente e convertê-los em móveis. Ex.: as árvores destinadas ao corte.

b) Bens fungíveis ou infungíveis

Fungíveis - São os bens MÓVEIS que podem ser substituídos por outros da mesma espécie, qualidade e quantidade.

Infungíveis - São bens que NÃO podem ser substituídos por outros da mesma espécie, qualidade e quantidade.

c) Bens consumíveis ou inconsumíveis

Consumíveis - bens móveis cujo uso importa em destruição imediata da coisa.

Obs.: Também são considerados consumíveis os bens destinados à alienação.

Inconsumível - são aqueles que admitem o uso reiterado, sem destruição da sua substância.

d) Bens divisíveis e indivisíveis

Divisíveis - são os que se podem fracionar sem alteração na sua substância, diminuição considerável de valor, ou prejuízo do uso a que se destinam (art. 87 do CC).

Indivisível - São os bens que NÃO se pode fracionar em porções reais e distintas. A indivisibilidade pode resultar da lei ou da natureza do bem.

Bem indivisível por natureza: a indivisibilidade é física ou material. É aquele que, se for dividido, perde a característica do todo, a exemplo de um animal.

Bem indivisível por determinação legal: existem alguns bens que por natureza talvez fossem considerados divisíveis, entretanto, a lei os torna indivisíveis, a exemplo das servidões ou hipotecas.

Bem indivisível por vontade das partes (convencional): nesse caso, o acordo firmado entre as partes tornará a coisa comum indivisa, a exemplo do condomínio que pode ficar indiviso por prazo não superior que cinco anos, suscetível de prorrogação ulterior (art. 1.320, § 1º, do CC).

e) Bens singulares ou coletivos

Bens singulares - são os bens que, embora reunidos, se consideram de *per si*, independentemente dos demais (art. 89 do CC).

Bens coletivos ou universais - são constituídos pela união de várias coisas singulares. As UNIVERSALIDADES podem ser de FATO (pluralidade de bens singulares que tenham uma destinação unitária, ex.: alcateia, biblioteca) ou uma universalidade de DIREITO (complexo de relações jurídicas de uma pessoa dotadas de valor econômico, ex. herança, patrimônio).

II - DOS BENS RECIPROCAMENTE CONSIDERADOS:

Bem principal - é o bem que existe sobre si, abstrata ou concretamente. Não depende de outro para existir.

Bem acessório - aquele cuja existência supõe a do principal. Como exemplo, pode-se afirmar que o solo é um bem principal (existe por si só) e a árvore plantada é um bem acessório, pois a sua existência supõe a do solo.

Na **classe dos bens acessórios** estão incluídos:

a) Frutos: são bens acessórios renováveis que quando utilizados ou separados da coisa não acarretam a extinção parcial do bem principal.

b) Produtos: são bens acessórios não renováveis. Exaurem-se com o uso, pois extinguem, ainda que parcialmente, a própria fonte.

Obs.: Apesar de ainda não separados do bem principal, os frutos e produtos podem ser objeto de negócio jurídico (art. 95 do CC).

c) Benfeitorias: são obras ou despesas feitas em uma coisa já existente. As benfeitorias podem ser de três tipos:

Necessárias: são aquelas benfeitorias destinadas a conservar a coisa ou evitar a sua deterioração. Ex.: um reparo no telhado.

Úteis: são as benfeitorias que aumentam ou facilitam o uso da coisa. Ex.: a construção de uma rampa.

Voluptuárias: são as benfeitorias de mero deleite ou recreio. Ex.: a construção de um mirante ou de uma piscina.

d) Pertenças: são os bens que, não constituindo partes integrantes, se destinam, de modo duradouro, ao uso, ao serviço ou ao aformoseamento de outro (art. 93 do CC).

Os negócios jurídicos que dizem respeito ao bem principal não abrangem as pertenças, salvo se o contrário resultar da lei, da manifestação de vontade, ou das circunstâncias do caso (art. 94 do CC).

Obs.: de modo geral, os bens acessórios seguem o princípio da gravitação jurídica, o qual estabelece que os bens acessórios possuem a mesma sorte dos bens principais.

III – DOS BENS PÚBLICOS:

Bens públicos: são públicos os bens do domínio nacional pertencentes às pessoas jurídicas de direito público interno.

Bens particulares: os bens particulares são definidos por exclusão como todos os demais, seja qual for a pessoa a que pertencerem (art. 98 do CC).

Os bens públicos dividem-se em:

a) Bens públicos de uso comum do povo: são os que podem ser utilizados por qualquer um do povo, sem formalidades. Ex.: rios, mares, estradas, ruas e praças. Os bens públicos de uso comum do povo são inalienáveis, enquanto conservarem a sua qualificação, na forma que a lei determinar.

b) Bens públicos de uso especial: são os que se destinam especialmente à execução de serviços públicos. Ex.: edifícios ou terrenos destinados a serviço ou estabelecimento da administração federal, estadual, territorial ou municipal, inclusive os de suas autarquias. Os bens públicos de uso especial são inalienáveis, enquanto conservarem a sua qualificação, na forma que a lei determinar.

c) Bens públicos dominicais: são os que constituem o patrimônio das pessoas jurídicas de direito público, como objeto de direito pessoal, ou real, de cada uma dessas entidades. Os bens dominicais não estão afetados a finalidade pública específica e podem ser alienados observadas as exigências legais (art. 101 do CC).

Obs.: Nenhum bem público pode ser adquirido por usucapião.

1.5 Dos fatos e atos jurídicos

Para uma boa compreensão do direito privado, os conceitos de fato jurídico, ato jurídico e negócio jurídico são fundamentais. Nesse sentido, segue quadro explicativo:

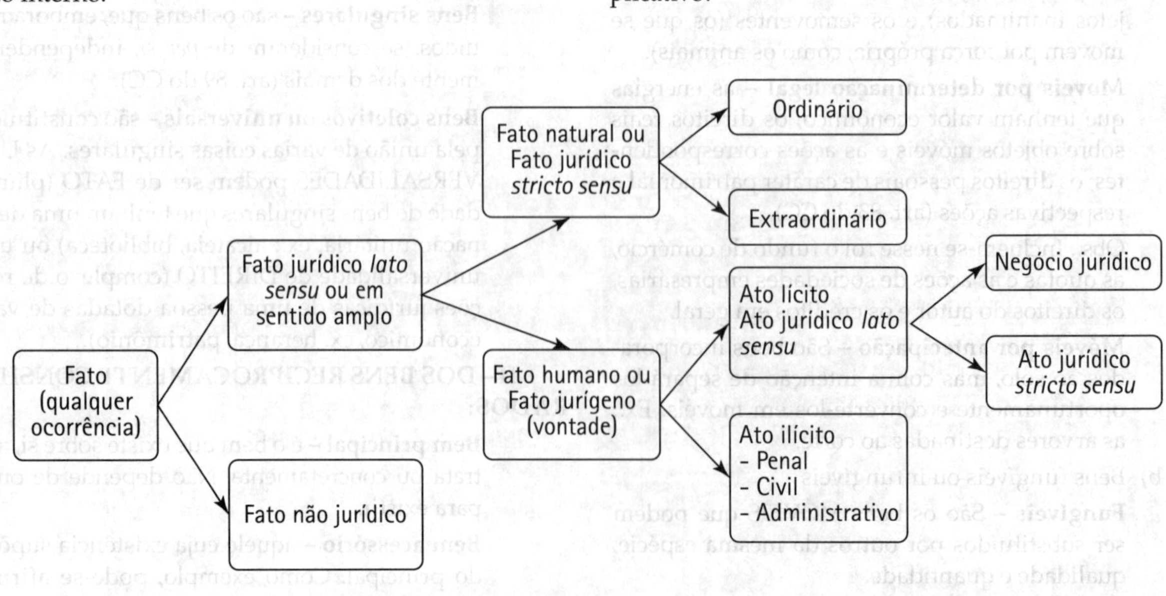

De todos os conceitos sinteticamente mencionados na tabela acima, entendemos por bem enfatizar o dos negócios jurídicos. Negócio jurídico é o ato jurídico em que existe por parte do homem a intenção específica de gerar efeitos jurídicos, ou seja, visa modificar, adquirir, resguardar, transmitir ou extinguir direitos. A expressão tem origem na construção da negação do ócio (*neg* + *otium*). O exemplo típico de negócio jurídico é o contrato.

O art. 104 do CC estabelece os requisitos de validade do negócio jurídico. Estes elementos são indispensáveis, sendo que a ausência de qualquer um deles torna o negócio jurídico inválido.

– **ELEMENTOS SUBJETIVOS:** capacidade e manifestação da vontade.

– **ELEMENTOS OBJETIVOS:** licitude, possibilidade e determinação.

– **ELEMENTOS FORMAIS:** forma prescrita em lei ou não defesa em lei.

O legislador pátrio também se preocupou com os elementos que norteiam a eficácia dos negócios jurídicos. Esses elementos são acidentais, ou seja, podem ou não estar presentes no negócio jurídico, materializando declarações acessórias de vontade. Os três principais elementos que norteiam a eficácia de um negócio jurídico são: condição, termo e encargo (ou modo). As principais características destes institutos estão sintetizadas no quadro comparativo abaixo:

Condição	Termo	Encargo ou modo
Considera-se condição a cláusula que, derivando exclusivamente da vontade das partes, subordina o efeito do negócio jurídico a evento futuro e incerto.	Evento futuro e certo.	Ônus que norteia uma liberalidade.
Suspende (condição suspensiva) ou resolve (condição resolutiva) os efeitos do negócio jurídico.	Suspende (termo inicial) ou resolve (termo final) os efeitos do negócio jurídico.	O encargo não suspende a aquisição nem o exercício do direito, salvo quando expressamente imposto no negócio jurídico, pelo disponente, como condição suspensiva.

Obs.: Ao titular do direito eventual, nos casos de condição suspensiva ou resolutiva, é permitido praticar os atos destinados a conservá-lo (art. 130, Código Civil).

1.6. Dos defeitos dos negócios jurídicos

Os defeitos dos negócios atingem a vontade do celebrante e tornam o negócio anulável. O Código Civil brasileiro consagra seis defeitos do negócio jurídico: erro, dolo, coação, estado de perigo, lesão e fraude contra credores. O prazo para o prejudicado pleitear a anulabilidade do negócio é de quatro anos, contado do dia em que se realizou o negócio, com exceção da coação que é do dia em que ela cessar.

Os referidos defeitos se dividem em dois grupos: vícios de consentimento ou vícios sociais.

Obs.: A simulação é também um vício social, porém no atual Código Civil foi redirecionada para o capítulo que trata da invalidade do negócio jurídico. Hoje, é considerado nulo o negócio jurídico simulado, mas subsistirá o que se dissimulou, se válido for na substância e na forma (art. 167 do CC).

VÍCIO DE CONSENTIMENTO – é a divergência entre a vontade real e a declarada. Apresenta-se sob a forma de:

a) ERRO – é uma falsa percepção da realidade. Para que o negócio seja anulável, o erro deve ser substancial (ou essencial), escusável e real.

Erro substancial: é o erro sobre circunstâncias e aspectos relevantes do negócio. Haverá erro substancial quando:

1) interessar à natureza do ato negocial (*error in negotio*) – ex.: é contrato de compra e venda e o adquirente imagina tratar-se de doação;

2) atingir o objeto principal da declaração (*error in corpore*) – ex.: aquisição de um terreno que supõe valorizado porque situado em rua importante, mas que na verdade tem pouco valor, pois se situa em rua de mesmo nome, porém de outra localidade;

3) incidir sobre as qualidades essenciais do objeto (*error in corpore*)– ex.: compra de um brinco dourado, acreditando se tratar de ouro;

4) recair sobre à identidade ou à qualidade essencial da pessoa a quem se refere a declaração de vontade (*error in persona*) – ex.: doação a pessoa a que o doador imagina, equivocadamente, ser o seu filho natural;

5) sendo de direito e não implicando recusa à aplicação da lei, for o motivo único ou principal do negócio jurídico (*error juris*) – ex.: pessoa que contrata a importação de determinada mercadoria ignorando existir lei que proíbe tal importação.

Obs.: O erro de cálculo apenas autoriza a retificação da declaração de vontade (art. 143 do CC).

b) DOLO – é o artifício ou expediente astucioso empregado para induzir alguém à prática de um ato que lhe é prejudicial, mas proveitoso ao autor do dolo ou a terceiro.

Dolo de terceiro: é aquele proveniente do outro contratante ou de terceiro, estranho ao negócio.

Dolus bonus: dolo tolerável no comércio em geral, uma vez que já se espera que o comerciante exagere na atribuição de qualidades à mercadoria a ser vendida.

Dolo por omissão ou dolo negativo: é o silêncio intencional de uma das partes a respeito de fato ou qualidade que a outra parte haja ignorado e sem a qual não se teria celebrado o negócio.

Dolo recíproco: é o dolo de ambas as partes. De acordo com o Código Civil, se ambas as partes procederem com dolo, nenhuma pode alegá-lo para anular o negócio, ou reclamar indenização (art. 150 do CC).

c) COAÇÃO – é o vício da vontade em que a declaração é obtida por ameaça grave, injusta e iminente feita pela outra parte ou por terceiro. A coação, para viciar a declaração da vontade, há de ser tal que incuta ao paciente fundado temor de dano iminente e considerável à sua pessoa, à sua família, ou aos seus bens (art. 151 do CC). Se disser respeito a pessoa não pertencente à família do paciente, o juiz, com base nas circunstâncias, decidirá se houve coação (art. 151, parágrafo único, do CC).

Coação física (*vis absoluta*) – é o constrangimento corporal que retira toda a capacidade de querer, implicando total ausência de consentimento.

Coação moral (*vis compulsiva*) – atua sobre a vontade, sem aniquilar-lhe o consentimento.

Obs.: Não se considera coação a ameaça do exercício normal de um direito, nem o simples temor reverencial (art. 153, parágrafo único, do CC).

d) ESTADO DE PERIGO – configura-se estado de perigo quando alguém, sabendo da necessidade de salvar-se ou a pessoa de sua família, de grave dano conhecido pela outra parte, assume obrigação excessivamente onerosa.

Obs.: Tratando-se de pessoa não pertencente à família do declarante, o juiz decidirá segundo as circunstâncias (art. 156, parágrafo único, do CC).

e) LESÃO – Ocorre a lesão quando uma pessoa, sob premente necessidade, ou por inexperiência, se obriga a prestação manifestamente desproporcional ao valor da prestação oposta (art. 157 do CC). Por esse conceito, o vício da lesão é composto de elementos subjetivos (premente necessidade ou inexperiência) e elemento objetivo (desproporção entre as prestações, gerando lucro excessivo).

Obs.: Aprecia-se a desproporção das prestações segundo os valores vigentes ao tempo em que foi celebrado o negócio jurídico. Além do mais, não se decretará a anulação do negócio, se for oferecido suplemento suficiente, ou se a parte favorecida concordar com a redução do proveito.

VÍCIO SOCIAL – a vontade manifestada corresponde ao desejo do agente, entretanto, é exteriorizada com a intenção de prejudicar terceiros ou de fraudar a lei. Apresenta-se sob a forma de:

f) FRAUDE CONTRA CREDORES – ocorre quando o devedor desfalca maliciosamente o seu patrimônio, a ponto de ficar insolvente e prejudicar os credores. A regulamentação jurídica encontra-se alicerçada no princípio do direito das obrigações segundo o qual patrimônio do devedor responde por suas obrigações.

O Código Civil optou por proteger o adquirente de boa-fé. Assim, se o adquirente ignorava a insolvência do alienante, conservará o bem, não se anulando o negócio. Neste sentido, o credor somente conseguirá anular o negócio se provar a má-fé do terceiro adquirente. Este é o elemento subjetivo da fraude contra credores (*consilium fraudis*). O art. 159 do Código Civil presume a má-fé quando a insolvência for notória ou quando houver motivo para ser conhecida.

O elemento objetivo da fraude é *eventus damni*, ou seja, prejuízo causado ao credor pela insolvência. Deste modo, aquele que busca uma ação anulatória tem o ônus de provar, nas transmissões onerosas, o *eventus damni* e *consilium fraudis*.

A ação anulatória do negócio jurídico celebrado em fraude contra credores é denominada ação pauliana.

1.7. Invalidade dos negócios jurídicos

A invalidade é um gênero que possui duas espécies: nulidade e anulabilidade. O quadro abaixo consagra as principais diferenças entre nulidade e anulabilidade:

Nulidade absoluta (nulo)	Nulidade relativa (anulável)
Ato nasce juridicamente nulo.	É invalidado por decisão judicial.
Agride a ordem pública.	Agride a ordem pública.
Pode ser arguida pelas partes, pelo MP e deve ser declarada de ofício pelo juiz.	Somente pode ser arguida pelos interessados.
Opera efeitos *erga omnes*.	Opera efeitos apenas a quem alegar.
Exemplo: Ato simulado, agente absolutamente incapaz, objeto ilícito etc.	Exemplo: Agente relativamente incapaz, vício de consentimento etc.

Obs.: A simulação é uma causa autônoma de nulidade. O Código Civil estabelece que é nulo o negócio jurídico simulado, mas subsistirá o que se dissimulou, se válido for na substância e na forma (art. 167, CC). Haverá simulação nos negócios jurídicos quando:

I – aparentarem conferir ou transmitir direitos a pessoas diversas daquelas às quais realmente se conferem, ou transmitem;

II – contiverem declaração, confissão, condição ou cláusula não verdadeira;

III – os instrumentos particulares forem antedatados, ou pós-datados.

1.8. Da prescrição e da decadência

Prescrição é a perda da pretensão em virtude do decurso de um determinado lapso temporal previsto em lei.

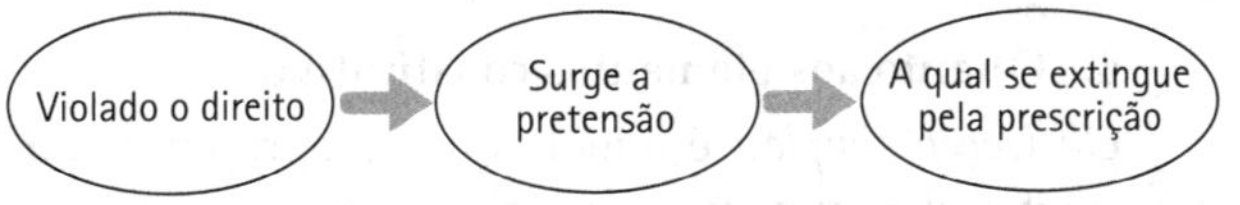

Já a decadência materializa a perda de um direito potestativo em virtude do decurso de um determinado lapso temporal previsto em lei (decadência legal) ou por convenção das partes (decadência convencional).

Obs.: Direito potestativo é o direito pelo qual o seu titular pode influir na esfera jurídica de um terceiro, quer ele queira, quer não. Ex.: direito de anular um negócio jurídico.

Para uma melhor compreensão entre os dois institutos, segue o quadro comparativo abaixo:

Prescrição	Decadência
Extingue a pretensão.	Extingue o direito potestativo.
Prazo exclusivamente estabelecido pela lei.	Prazo estabelecido pela lei (decadência legal) ou por convenção das partes (decadência convencional).
Deve ser conhecido de ofício pelo juiz.	Decadência legal deve ser reconhecida de ofício pelo magistrado, o que não ocorre com a decadência convencional.
A parte pode não alegá-la. Pode ser renunciada pelo devedor após a consumação.	A decadência legal não pode ser renunciada, em qualquer hipótese. A decadência convencional pode ser renunciada após a consumação, também pelo devedor.
Não corre contra determinadas pessoas.	Corre contra todas as pessoas, com exceção dos absolutamente incapazes.
Previsão de casos de impedimento, suspensão ou interrupção.	Não pode ser impedida, suspensa ou interrompida, regra geral, com exceção de regras específicas.
Relacionada com o direito subjetivo, atinge ações condenatórias.	Relacionada com o direito potestativo, atinge ações constitutivas positivas ou negativas (principalmente ações anulatórias).
Prazo geral de 10 anos (art. 205 do Código Civil).	Não há para maioria da doutrina prazo geral de decadência. Há um prazo geral para anular negócio jurídico de 2 anos (art. 179 do Código Civil).
Prazos especial de 1, 2, 3, 4 e 5 anos, previsto no art. 206 do Código Civil.	Prazos especiais em dias, meses, anos e dias e anos, todos previstos em outros dispositivos, fora os arts. 205 e 206 do Código Civil.

2. OBRIGAÇÕES

2.1 Linhas gerais

Obrigação, em sentido amplo, pode ser conceituada como o vínculo jurídico transitório (nenhuma obrigação é permanente) que se estabelece entre sujeitos situados em polos distintos, por meio do qual o sujeito (ou sujeitos) integrante do polo passivo da relação (denominado de devedor), obrigam-se a uma prestação economicamente mensurável em benefício do sujeito (ou sujeitos) do polo ativo da relação (denominado de credor). Essa prestação pode ser um fato positivo (dar ou fazer) ou um fato negativo (não fazer).

A partir do conceito acima mencionado, podem-se extrair os elementos essenciais das obrigações – sujeitos, objeto e vínculo jurídico. Sem qualquer um desses elementos a obrigação não existirá.

a) Sujeitos: para que se possa pensar em obrigação, é necessário que haja, de um lado, quem tenha o direito de crédito e de outro que tenha o dever economicamente apreciável (débito). O titular do direito de crédito encontra-se no polo ativo da relação obrigacional, sendo denominado de credor. De outro modo, quem tem o dever economicamente apreciável encontra-se no polo passivo da relação obrigacional e é denominado de devedor. O polo ativo e o polo passivo das relações obrigacionais podem ser ocupados por mais de um sujeito (multiplicidade de credor e/ou devedor).

b) Objeto: este será sempre uma prestação, a qual pode consubstanciar-se em um dar, um fazer ou um não fazer.

c) Vínculo jurídico: é o liame que une o credor ao devedor e que confere ao primeiro o direito de exigir do segundo o cumprimento da prestação. O vínculo jurídico nasce das diversas fontes das obrigações. As obrigações são originadas de quatro fontes principais:

1. Lei: fonte primária ou imediata de todas as obrigações;

2. Contratos: são tidos como a fonte principal das obrigações. É um negócio jurídico bilateral que visa à criação, modificação e extinção de direitos e deveres patrimoniais. Ex.: compra e venda, doação, permuta, entre outros;

3. Ato ilícito: surge a obrigação de indenizar, seja nos casos de inadimplemento, como na ocorrência de dano;

4. Atos unilaterais: são declarações unilaterais de vontade previstas no Código Civil. Ex.: promessa de recompensa.

A partir dos conceitos acima mencionados, podemos extrair as características básicas das obrigações: quais sejam, patrimonialidade, transitoriedade, pessoalidade e prestacionalidade.

Características básicas das obrigações		
Patrimonialidade	→	Sempre envolve patrimônio.
Transitoriedade	→	A obrigação nasce com a finalidade de extinguir-se. Sempre, em algum momento, toda a obrigação se extinguirá.
Pessoalidade	→	Trata-se de uma relação jurídica, um vínculo que se estabelece sempre entre duas ou mais pessoas: credor e devedor.
Prestacionalidade	→	O objeto é sempre uma atividade, uma prestação que pode ser de dar, fazer ou não fazer alguma coisa.

2.2 Modalidades das obrigações

Quando o assunto é modalidade das obrigações, a doutrina pátria consagra diversos critérios de classificação:

1. Quanto ao vínculo:

Obrigação civil: é aquela em que há um vínculo jurídico no qual uma das partes, denominada devedor, se sujeita à realização de uma prestação no interesse de outra parte, denominada credor, possibilitando que o devedor seja constrangido ao adimplemento.

Obrigação moral: é aquela em que o devedor se sente moralmente obrigado a realizar determinado ato, mas não sofrerá nenhuma sanção se não o realizar. Nesta espécie de obrigação não há um vínculo jurídico.

Obrigação natural: é aquela em que o credor não pode exigir do devedor certa prestação. No entanto, se o devedor cumprir a obrigação espontaneamente, o credor poderá retê-la a título de pagamento e não de liberalidade.

2. Quanto ao conteúdo:

Obrigação de meio: é aquela em que o devedor se obriga a empregar apenas o cuidado na execução do serviço para atingir um resultado, não se obrigando, contudo, a obtê-lo.

Obrigação de resultado: já nas obrigações de resultado, o devedor se obriga a garantir o resultado final, sem o qual não se terá cumprido a obrigação.

Obrigação de garantia: é aquela em que o devedor se obriga a eliminar um risco que pesa sobre o credor.

3. Quanto ao tempo do adimplemento:

Execução instantânea: é aquela que se executa num único momento, ou seja, no mesmo momento em que se pactua se cumpre a obrigação.

Execução diferida: é aquela que tem o cumprimento postergado, ou seja, se estabelece a obrigação hoje, mas ela só será cumprida posteriormente.

Execução continuada: é aquela que se prolonga no tempo, onde a execução é fragmentada em parcelas e cada parcela cumprida corresponde a parte da obrigação cumprida.

4. Quanto aos elementos constitutivos:

Obrigação simples: é aquela que se apresenta com um sujeito ativo, um sujeito passivo e um único objeto. Todos os elementos no singular.

Obrigação composta: é aquela em que um desses elementos encontra-se no plural. A obrigação pode ser composta de uma **multiplicidade de objeto** ou por uma **multiplicidade de sujeito**.

A) Multiplicidade de objeto:

Obrigação cumulativa: é aquela que tem por objeto diversas prestações, ligadas pela conjunção "**e**" (obrigação de entregar um carro e um cavalo). Libera-se o devedor do vínculo obrigacional, se satisfizer todas elas, sem exclusão de nenhuma.

Obrigação alternativa: é aquela que tem por objeto diversas prestações, mas o devedor se libera do vínculo obrigacional satisfazendo apenas uma delas. Ligadas pela conjunção "**ou**" (obrigação de entregar um carro **ou** um cavalo). Libera-se o devedor com a simples prestação de um dos objetos que a compõem. Nas obrigações alternativas em que não for estipulado a quem cabe a escolha da obrigação, ficará a critério do **devedor** a escolha. No entanto, não pode o devedor obrigar o credor a receber parte em uma prestação e parte em outra (art. 252 do CC).

Obrigação facultativa: é uma espécie peculiar de obrigação alternativa criada pela doutrina. É uma obrigação simples, em que é devida uma única prestação, ficando, porém, facultado ao devedor exonerar-se mediante o cumprimento de prestação diversa e predeterminada. É uma obrigação com faculdade de substituição.

B) Multiplicidade de sujeito:

Obrigação divisível: é aquela em que o objeto da prestação pode ser dividido entre os sujeitos. É a natureza divisível do objeto que a define.

Obs.: Havendo mais de um devedor ou mais de um credor em obrigação divisível, esta se presume dividida em tantas obrigações, iguais e distintas, quantos os credores ou devedores (art. 257 do CC).

Obrigação indivisível: é aquela cujo objeto deve ser prestado por inteiro, não comportando divisão. Havendo pluralidade de devedores, cada um deles se responsabiliza pela dívida toda, sub-rogando-se aquele que pagar a dívida toda nos direitos do credor. Neste caso, o devedor que paga a dívida sub-roga-se no direito do credor em relação aos outros coobrigados. Mas se a pluralidade for dos credores, poderá cada um desses exigir a dívida inteira.

Ainda na pluralidade de credores, o devedor ou devedores somente se desobrigarão, pagando a todos credores conjuntamente ou a um, dando este caução de ratificação dos outros credores. Se um só dos credores receber a prestação por inteiro, a cada um dos outros assistirá o direito de exigir dele em dinheiro a parte que lhe caiba no total (art. 261 do CC). Agora, se um dos credores remitir a dívida, a obrigação não ficará extinta para com os outros; mas estes só a poderão exigir, descontada a quota do credor remitente (art. 262 do CC). Este critério irá se aplicar também em caso de transação, novação, compensação ou confusão.

Por fim, é importante observar que perderá a qualidade de indivisível a obrigação que se resolver em perdas e danos. Se houver culpa de todos os devedores, responderão todos por partes iguais, mas se for de um só a culpa, ficarão exonerados os outros, respondendo só esse pelas perdas e danos (art. 263 do CC).

Obrigação solidária: é aquela em que havendo pluralidade de credores e/ou devedores cada credor terá direito à totalidade da prestação como se fosse um único credor ou cada devedor estará obrigado a prestar todo o objeto como se fosse um único devedor. A solidariedade independe da divisibilidade ou da indivisibilidade do objeto da prestação, pois está não se presume. Ela decorre de vontade expressa das partes ou da lei.

Características da obrigação solidária:

a) pluralidade de sujeitos ativos ou passivos;
b) multiplicidade de vínculos;
c) unidade da prestação;
d) corresponsabilidade dos interessados.

Solidariedade ativa – ocorre quando há multiplicidade de CREDORES	**Solidariedade passiva – quando há pluralidade de DEVEDORES**
Cada um dos credores solidários tem direito a exigir do devedor o cumprimento da prestação por inteiro.	O credor tem direito a exigir e receber de um ou de alguns dos devedores, parcial ou totalmente, a dívida comum.
Enquanto alguns dos credores solidários não demandarem o devedor comum, a qualquer daqueles poderá este pagar. E o pagamento feito a um dos credores solidários extingue a dívida até o montante do que foi pago.	No caso em que o pagamento tiver sido parcial, todos os demais devedores continuam obrigados solidariamente pelo resto. Se for proposta ação em face de apenas um ou alguns dos devedores, não significa que ocorreu renúncia da solidariedade.
No caso de falecimento de um dos credores solidários, deixando herdeiros, cada um destes só terá direito a exigir e receber a quota do crédito que corresponder ao seu quinhão hereditário, salvo se a obrigação for indivisível.	Em caso de falecimento de um dos devedores solidários, deixando herdeiros, nenhum destes será obrigado a pagar senão a quota que corresponder ao seu quinhão hereditário, salvo se a obrigação for indivisível. Mas todos reunidos serão considerados como um devedor solidário em relação aos demais devedores.
Se a obrigação se converter em perdas e danos, subsistirá, para todos os efeitos, a solidariedade.	Se ocorrer impossibilidade de cumprimento da obrigação por culpa de um dos devedores solidários, subsiste para todos o encargo de pagar o equivalente. Mas só quem for culpado responderá por perdas e danos. Haverá solidariedade passiva também no tocante aos juros da mora, ainda que a ação tenha sido proposta somente contra um. Mas somente o culpado responde aos outros pela obrigação acrescida.
Se houver remissão por um dos credores ou o credor que tiver recebido o pagamento responderá aos outros pela parte que lhes caiba.	Na hipótese de pagamento parcial feito por um dos devedores a de remissão por ele obtida não aproveita aos outros devedores, senão até a concorrência da quantia paga ou relevada.
A um dos credores solidários não pode o devedor opor as exceções pessoais oponíveis aos outros.	O devedor demandado pode opor ao credor as exceções que lhe forem pessoais e as comuns a todos; não lhe aproveitando as exceções pessoais a outro codevedor. Qualquer cláusula, condição ou obrigação adicional, estipulada entre um dos devedores solidários e o credor, não poderá agravar a posição dos outros sem consentimento destes.
O julgamento contrário a um dos credores solidários não atinge os demais. Mas o julgamento favorável aproveita-lhes, a menos que se funde em exceção pessoal ao credor que o obteve.	Poderá ocorrer a renúncia à solidariedade do credor em favor de um, de alguns ou de todos os devedores. Mas se o credor exonerar da solidariedade um ou mais devedores, subsistirá a dos demais.

5. Quanto ao objeto da prestação

Desde o direito romano, as obrigações distinguem-se quanto ao objeto da prestação em obrigação de dar, fazer e não fazer.

Obrigação de dar: é aquela em que o devedor se compromete a transferir uma coisa ao credor, seja ela certa ou incerta. Essa obrigação pode assumir a forma de entregar ou de restituir. Existem peculiaridades no tocante aos efeitos dessa modalidade de obrigação, inerentes à natureza do objeto. Vejamos:

A) **Obrigação de dar coisa certa**

A coisa certa, seja móvel ou imóvel, se distingui das demais por características próprias. Assim, a coisa certa a que se refere o Código Civil é determinada de modo a poder ser distinguida de qualquer outra coisa. Nesse caso, o devedor se compromete a entregar ou restituir ao credor um objeto perfeitamente determinado.

Obrigação de entregar coisa certa
Nos casos de perda da coisa certa, antes da entrega ao credor pelo devedor, há necessidade de ser verificada a culpa deste, para que se possam ser apurados os efeitos. Haverá perda da coisa certa, nas hipóteses em que o objeto não exista mais ou tenha perdido sua utilidade.
Conforme preceitua o art. 234 do Código Civil, se a coisa se perder, sem culpa do devedor, antes da tradição, ou pendente a condição suspensiva, fica resolvida a obrigação para ambas as partes. Mas se a perda resultar de culpa do devedor, responderá este pelo equivalente e mais perdas e danos.
No caso de deterioração da coisa certa, também deverá ser verificada a culpa do devedor. Se deteriorada a coisa, não sendo o devedor culpado, poderá o credor resolver a obrigação, ou aceitar a coisa, abatido de seu preço o valor que perdeu (art. 235).
Havendo culpa do devedor, poderá o credor exigir o equivalente, ou aceitar a coisa no estado em que se acha, com direito a reclamar, em um ou em outro caso, indenização das perdas e danos (art. 236).

A obrigação de restituir caracteriza-se pela existência de coisa alheia em poder do devedor, a quem cumpre devolvê-la ao dono. Ex.: contratos de comodato.

Obrigação de restituir coisa certa
Se a obrigação for de restituir coisa certa, e esta, sem culpa do devedor, se perder antes da tradição, sofrerá o credor a perda, e a obrigação se resolverá, ressalvados os seus direitos até o dia da perda (art. 238).
Já se a coisa se perder por culpa do devedor, responderá este pelo equivalente, mais perdas e danos (art. 239).

B) **Obrigação de dar coisa incerta**

Coisa incerta: é aquela que possui um objeto indeterminado, mas não totalmente, porque deve ser individualizado ao menos quanto a seu gênero e quantidade. É indeterminada, mas determinável.

Obrigação de dar coisa incerta
Na obrigação de dar coisa incerta, a escolha pertence ao devedor, se o contrário não resultar do título da obrigação. No entanto, o devedor não poderá dar a coisa pior, nem será obrigado a prestar a melhor (art. 244). O ato unilateral de escolha denomina-se de concentração.
Após escolhida a coisa pelo devedor e dada a ciência da escolha para o credor, a obrigação será regida pelas mesmas normas da coisa certa.
Antes da escolha, não poderá o devedor alegar perda ou deterioração da coisa, ainda que por força maior ou caso fortuito (art. 246).

Obrigação de fazer: a obrigação de fazer abrange o serviço humano em geral, seja material ou imaterial, a realização de obras e artefatos ou a prestação de fatos que tenham utilidade para o credor. São consideradas obrigações positivas. De forma geral, as obrigações de fazer se dividem em duas subespécies: personalíssima (ou infungível – fica convencionado que o devedor deve cumprir pessoalmente a prestação) ou impessoal (ou fungível – não importa para o credor quem vai cumprir a prestação, importa que ela seja cumprida).

Obrigação de fazer
Em se tratando de obrigação personalíssima, e o devedor se recusar a cumprir, responderá por perdas e danos (art. 247).
Assim como nas obrigações de dar, no caso de descumprimento da obrigação de fazer, deverá ser verificada a culpa do devedor.
Se a prestação do fato tornar-se impossível sem culpa do devedor, resolver-se-á a obrigação; se por culpa dele, responderá por perdas e danos (art. 248).
Se o fato puder ser executado por terceiro, será livre ao credor mandá-lo executar à custa do devedor, havendo recusa ou mora deste, sem prejuízo da indenização cabível (art. 249). Ainda, em caso de urgência, pode o credor, independentemente de autorização judicial, executar ou mandar executar o fato, sendo depois ressarcido.

Obrigação de não fazer: É aquela cuja prestação se consubstancia em um fato omissivo do devedor, uma abstenção. São consideradas obrigações negativas.

Obrigação de não fazer
A obrigação de não fazer será extinta, sem culpa do devedor, se lhe torne impossível abster-se do ato, que se obrigou a não praticar (art. 250).
Se o devedor praticar ato que se obrigou a não cometer, o credor pode exigir dele que o desfaça, sob pena de se desfazer à sua custa, ressarcindo o culpado perdas e danos (art. 251).
Assim como na obrigação de fazer, em caso de urgência, poderá o credor desfazer ou mandar desfazer, independentemente de autorização judicial, sem prejuízo do ressarcimento devido.

2.3 Teoria do adimplemento

Em toda relação obrigacional, o credor sempre almeja a execução da prestação, enquanto o devedor busca a liberação do vínculo. Nas obrigações de dar, o credor deseja a entrega ou restituição da coisa. Nas obrigações de fazer, o credor deseja a realização da atividade do devedor. Já nas obrigações de não fazer, deseja uma abstenção do devedor. Por meio do pagamento, cumprimento ou adimplemento obrigacional tem-se a liberação total do devedor em relação ao vínculo obrigacional. Deste modo, entendesse o pagamento como o cumprimento da obrigação na exatidão de sua constituição.

2.3.1 Pagamento direto

De acordo com o Código Civil em vigor, pode-se afirmar que são elementos subjetivos do pagamento o *solvens* (quem deve pagar) e o *accipiens* (a quem se deve pagar). Como regra geral, o *solvens* será o devedor. Porém outras pessoas podem pagar além do próprio sujeito passivo da relação.

Conforme prevê o art. 304 do Código Civil, qualquer interessado na extinção da dívida pode pagá-la, usando, se o credor se opuser, dos meios conducentes à exoneração do devedor. Também poderá efetuar o pagamento o terceiro não interessado, se o fizer em nome e à conta do devedor, salvo oposição deste.

Mas se o terceiro não interessado pagar a dívida em seu próprio nome, ele terá direito a reembolsar-se do que pagar, porém não se sub-roga nos direitos do credor. E, se ele pagar antes de vencida a dívida, só terá direito ao reembolso no vencimento.

O pagamento feito por terceiro, com desconhecimento ou oposição do devedor, não obriga a reembolsar aquele que pagou, se o devedor tinha meios para ilidir a ação (art. 306).

O pagamento que importar transmissão da propriedade só terá validade se for feito por quem possa alienar o objeto em que ele consistiu.

Se se der em pagamento coisa fungível, não se poderá mais reclamar do credor que, de boa-fé, a recebeu e consumiu, ainda que o solvente não tivesse o direito de aliená-la (art. 307, parágrafo único).

Obs.: "Terceiro interessado" – essa expressão corresponde a interesse patrimonial na extinção da dívida. Ex.: fiador, avalista, herdeiro. Deve-se lembrar que interesse patrimonial não significa interesse afetivo.

Como regra geral o *accipiens* será o credor. Mas o pagamento também pode ser feito ao seu representante, que tem poderes para receber o seu pagamento, sob pena de valer só depois de ratificação do credor, ou havendo prova de reversão em seu proveito (art. 308 do CC).

Segundo enuncia o art. 309 do CC, se o pagamento for feito de boa-fé a um credor putativo (aquele que aparentemente tem poderes para receber) será considerado válido, ainda provado depois que não era credor – teoria da aparência. No entanto, se o pagamento for feito ao credor incapaz de quitar e o devedor não provar que em benefício dele efetivamente reverteu, não será considerado válido (art. 310 do CC). Considera-se autorizado a receber o pagamento o portador da quitação, salvo se as circunstâncias contrariarem a presunção daí resultante (art. 311 do CC).

Local do pagamento	Tempo do pagamento	Prova do pagamento
A regra geral é de que o local indicado no título constitutivo do negócio jurídico é o local do pagamento. Caso não haja local indicado, o local do pagamento será o domicílio do devedor.	O pagamento deverá ser efetuado no prazo ajustado entre as partes. Na hipótese de ausência de especificação quanto ao tempo do pagamento, poderá o credor exigi-lo imediatamente.	A prova do pagamento é a quitação. Quitação consiste num documento em que o credor ou seu representante, reconhecendo ter recebido o pagamento de seu crédito, exonera o devedor da obrigação. Trata-se de um direito do devedor que paga e um dever do credor que recebe.
Dívida portável - domicílio do credor Dívida quesível - domicílio do devedor.	As obrigações condicionais cumprem-se na data do implemento da condição, cabendo ao credor a prova de que deste teve ciência o devedor (art. 332).	Para que a quitação seja válida, sempre poderá ser dada por instrumento particular, deverá designar o valor e a espécie da dívida quitada, o nome do devedor, ou quem por este pagou, o tempo e o lugar do pagamento, com a assinatura do credor ou do seu representante.

Se forem designados dois ou mais lugares, caberá ao credor escolher entre eles.	Existem hipóteses em que o credor poderá cobrar a dívida, mesmo antes de vencido o prazo estipulado no contrato ou previsto pela lei, conforme determina o art. 333 do Código Civil: I – no caso de falência do devedor, ou de concurso de credores;	Nos débitos, cuja quitação consista na devolução do título, perdido este, poderá o devedor exigir, retendo o pagamento, declaração do credor que inutilize o título desaparecido (art. 321).
Se o pagamento consistir na tradição de um imóvel, ou em prestações relativas a imóvel, far-se-á no lugar onde situado o bem (art. 328).	II – se os bens, hipotecados ou empenhados, forem penhorados em execução por outro credor; III – se cessarem, ou se se tornarem insuficientes, as garantias do débito, fidejussórias, ou reais, e o devedor, intimado, se negar a reforçá-las.	Nas obrigações de execução continuada, ou seja, de prestações periódicas, a quitação da última estabelece, até prova em contrário, a presunção de estarem solvidas as anteriores.
Se por motivo grave não for efetuado o pagamento no lugar determinado, poderá o devedor fazê-lo em outro, sem prejuízo para o credor.		As despesas com o pagamento e a quitação são, em regra, de responsabilidade do devedor. No entanto, se ocorrer aumento por fato do credor, suportará este a despesa acrescida.
Se o pagamento for efetuado, por várias vezes, em outro local que não o que foi determinado, presumir-se-á que houve renúncia do credor relativamente ao previsto no contrato.		Se o pagamento se houver de fazer por medida, ou peso, entender-se-á, no silêncio das partes, que aceitaram os do lugar da execução (art. 326).

2.3.2 Pagamento indireto

Fala-se em pagamento indireto nas hipóteses em que há a satisfação do credor e liberação do devedor sem que, no entanto, o adimplemento obedeça a todas as circunstâncias referidas pela teoria do pagamento direto.

Existem várias modalidades de pagamento indireto, quais sejam:

A) **Consignação em pagamento:** pode ser conceituado como o depósito feito pelo devedor, da coisa devida, para liberar-se de uma obrigação assumida em face de um credor determinado. A consignação pode ser feita, tanto judicialmente, por meio de ação, ou extrajudicialmente, em instituições bancárias oficiais.

As hipóteses de consignação estão previstas no art. 335 do Código Civil e caberá:

I – se o credor não puder, ou, sem justa causa, recusar receber o pagamento, ou dar quitação na devida forma;

II – se o credor não for, nem mandar receber a coisa no lugar, tempo e condição devidos;

III – se o credor for incapaz de receber, for desconhecido, declarado ausente, ou residir em lugar incerto ou de acesso perigoso ou difícil;

IV – se ocorrer dúvida sobre quem deva legitimamente receber o objeto do pagamento;

V – se pender litígio sobre o objeto do pagamento.

Obs.: Todo o procedimento de consignação em pagamento encontra-se disciplinado nos arts. 539 e seguintes do CPC.

B) **Sub-rogação:** é a substituição de uma coisa por outra, com os mesmos ônus e atributos, caso em que se tem a sub-rogação real. É possível, também, que a substituição seja de uma pessoa por outra, que terá os mesmos direitos e ações daquela. Neste caso, a sub-rogação é pessoal.

As hipóteses de sub-rogação legal estão previstas no art. 346 do Código Civil e que se opera, de pleno direito, em favor:

I – do credor que paga a dívida do devedor comum;

II – do adquirente do imóvel hipotecado, que paga a credor hipotecário, bem como do terceiro que efetiva o pagamento para não ser privado de direito sobre imóvel;

III – do terceiro interessado, que paga a dívida pela qual era ou podia ser obrigado, no todo ou em parte.

Já a sub-rogação convencional, prevista no art. 347 do Código Civil, diz que ocorrerá quando o credor receber o pagamento de terceiro e expressamente lhe transferir todos os seus direitos **OU** quando terceira pessoa emprestar ao devedor a quantia precisa para solver a dívida, sob a condição expressa de ficar o mutuante sub-rogado nos direitos do credor satisfeito.

C) **Imputação ao pagamento:** juridicamente, imputar significar, indicar, apontar. De acordo com art. 352 do Código Civil, a pessoa obrigada por dois ou mais débitos da mesma natureza, a um só credor, tem o direito de indicar a qual deles oferece pagamento, se todos forem líquidos e vencidos.

Se o devedor não disser em qual das dívidas líquidas e vencidas quer imputar o pagamento, a escolha será feita pelo credor. E se o devedor aceitar a quitação de uma delas não terá direito a reclamar contra a imputação feita pelo credor, salvo provando haver ele cometido violência ou dolo (art. 353 do CC).

Se a dívida tiver o valor principal e juros, o pagamento será imputado primeiro nos juros vencidos, e depois no capital, salvo estipulação em contrário, ou se o credor passar a quitação por conta do capital (art. 354 do CC).

Se o devedor não fizer a indicação e se a quitação também não disser qual das dívidas foram pagas, será feito o pagamento nas dívidas que se venceram em primeiro lugar. Se as dívidas forem todas líquidas e vencidas ao mesmo tempo, a imputação far-se-á na mais onerosa (art. 355 do CC).

D) **Dação em pagamento:** o credor pode consentir em receber prestação diversa da que lhe é devida (art. 356 do CC). Nessa hipótese, estamos diante de uma dação em pagamento. Modalidade de pagamento especial em que o credor se satisfaz não por meio do cumprimento da prestação devida, mas pelo recebimento de um outro bem.

E) **Novação:** a novação é a conversão de uma dívida por outra para extinguir a primeira. Para que haja a novação é indispensável o *animus novandi*, com a extinção da dívida primitiva. Caso contrário, a segunda dívida apenas confirmará a primeira.

Existem três espécies de novação trazidas pela doutrina:

Novação objetiva é a que ocorre quando as partes de uma relação obrigacional convencionam a criação de uma nova obrigação, para substituir a anterior. A novação ocorre com a alteração do objeto da obrigação.

Obs.: se há mera substituição do objeto da obrigação, então há novação. Contudo, se o devedor oferece prestação diversa da devida ao credor, antes do vencimento, ocorre a dação em pagamento.

Novação subjetiva é a que ocorre quando há substituição dos sujeitos da relação jurídica.

Novação mista é expressão da doutrina, onde ocorre a alteração tanto das partes como do objeto.

F) **Compensação:** a compensação ocorre quando duas pessoas forem ao mesmo tempo credor e devedor uma da outra. Nesse casso, as duas obrigações extinguem-se, até onde se compensarem. A compensação efetua-se entre dívidas líquidas, vencidas e de coisas fungíveis (art. 369 do CC).

G) **Confusão:** a confusão é uma causa de extinção da obrigação caracterizada pela aglutinação, na mesma pessoa, das qualidades de credor e devedor, por ato *inter vivos* ou *causa mortis*, operando a extinção do crédito.

A confusão pode verificar-se a respeito de toda a dívida, ou só de parte dela. Ademais, cessando a confusão, para logo se restabelece, com todos os seus acessórios, a obrigação anterior.

H) **Remissão de dívida:** a remissão de dívida é o perdão gracioso do devedor pelo credor, que voluntariamente abre mão de seus direitos creditórios, com o escopo de extinguir a obrigação, mediante o consentimento expresso ou tácito do devedor.

A remissão concedida a um dos codevedores extingue a dívida na parte a ela correspondente; de modo que, ainda reservando o credor a solidariedade contra os outros, já lhes não pode cobrar o débito sem dedução da parte remitida (art. 388 do CC).

2.4 Transmissão das obrigações

As obrigações têm caráter dinâmico de circulação, sendo possível a transmissão das condições de sujeito ativo e passivo da estrutura obrigacional. Nesse sentido, a transmissão das obrigações pode ocorrer pela cessão de crédito e pela assunção de dívida.

A) **Cessão de crédito:** a cessão de crédito pode ser conceituada como um negócio jurídico bilateral, gratuito ou oneroso, pelo qual o credor (sujeito ativo de uma obrigação) transfere a outrem, no todo ou em parte, a sua posição na relação obrigacional. Aquele que realiza a cessão é denominado de cedente. A pessoa que recebe o direito do credor é o cessionário.

Que créditos podem ser objeto de cessão? Todos, salvo os créditos alimentícios (ex.: pensão, salário), afinal tais créditos são inalienáveis e personalíssimos, estando ligados à sobrevivência das pessoas. A lei proíbe também a cessão de alguns créditos como o crédito penhorado (art. 298 do CC) e o crédito do órfão pelo tutor (art. 1.749, III, do CC). O devedor pode também impedir a cessão desde que esteja expresso no contrato celebrado com o credor primitivo (art. 286 do CC).

A cessão de crédito pode ser classificada em:

I – Cessão legal: imposta pela lei, como previsto no art. 287 do CC, que determina que os acessórios também devem ser cedidos juntamente com o valor principal.

II – Cessão convencional: é a mais comum, decorre do acordo de vontades como se fosse uma venda (onerosa) ou doação (gratuita) de alguma coisa, só que esta coisa é um crédito.

III – Cessão judicial: determinada pelo juiz no caso concreto, explicando os motivos na sentença para resolver litígio entre as partes.

A cessão pode também ser *pro soluto* ou *pro solvendo*. Na cessão *pro soluto*, o cedente responde pela existência e legalidade do crédito, mas não responde pela solvência do devedor. Já na cessão *pro solvendo*, o cedente responde também pela solvência do devedor, então se C não pagar a dívida (ex.: o cheque não tinha fundos), o cessionário poderá executar o cedente. Mas primeiro deve o cessionário cobrar do cedido para depois cobrar do cedente.

Obs.: Não há na cessão a extinção do vínculo obrigacional, razão pela qual ele deve ser diferenciado do pagamento indireto (sub-rogação e novação).

B) **Assunção de dívida**: a assunção de dívida é um negócio jurídico bilateral, pelo qual o devedor transfere a um terceiro a posição de sujeito passivo da relação obrigacional. Na prática, a assunção de dívida é rara e só ocorre se o credor expressamente concordar, afinal para o devedor faz pouca diferença trocar o credor (cessão de crédito), mas para o credor faz muita diferença trocar o devedor, pois o novo devedor pode ser insolvente, irresponsável etc.

Mesmo que o novo devedor seja mais rico, o credor pode também se opor, afinal mais dinheiro não significa mais caráter, e muitos devedores ricos usam os infindáveis recursos da lei processual para não pagar suas dívidas. Ressalta-se que o silêncio do credor na troca do devedor implica em recusa, afinal em direito nem sempre quem cala consente (art. 299 do CC).

Obs.: Na assunção de dívida, o novo devedor assume a dívida como se fosse própria, ao contrário da fiança onde o fiador responde por dívida alheia.

2.5 Inadimplemento obrigacional

O descumprimento ou inexecução de uma obrigação também é denominado de inadimplemento. Pelo inadimplemento das obrigações respondem todos os bens do devedor. Com a inexecução da obrigação surgem duas hipóteses, sendo estas o inadimplemento absoluto ou a mora.

Inadimplemento obrigacional		
Inadimplemento total ou absoluto	⟶	É a hipótese em que a obrigação não pode ser mais cumprida, tornando-se inútil ao credor.
Inadimplemento parcial ou mora	⟶	É a hipótese em que há apenas um descumprimento parcial da obrigação, que ainda pode ser cumprida.

A mora é o atraso, o retardamento ou a imperfeita satisfação obrigacional, havendo um inadimplemento relativo. Este conceito pode ser extraído pela leitura do art. 394 do CC, o qual estabelece que se considera em mora o devedor que não efetuar o pagamento e o credor que não quiser recebê-lo no tempo, lugar e forma que a lei ou a convenção estabelecer.

A mora pode ser de dois tipos:

a) *Solvendi*: quando o devedor não cumpre com a obrigação no tempo determinado.

b) *Accipiendi*: quando o credor deixa de cumprir com sua parte na obrigação na data determinada.

Efeitos jurídicos da mora
A responsabilidade do devedor pelos danos causados pela mora.
A possibilidade de o credor exigir a satisfação das perdas e danos, rejeitando a prestação, se por causa da mora ele se tornou inútil.
Responsabilidade do devedor moroso pela impossibilidade da prestação, mesmo decorrente de caso fortuito e força maior, se estes ocorrerem durante o atraso, salvo se provar isenção de culpa ou que o dano fosse oportunamente desempenhado.
A mora pode ser purgada, o mesmo não sucedendo com o inadimplemento absoluto.

2.5.1 Cláusula penal

A cláusula penal pode ser conceituada como penalidade, de natureza civil, imposta pela inexecução parcial ou total de um dever patrimonial assumido. Trata-se de uma obrigação acessória que visa garantir o cumprimento da obrigação principal, bem como fixar antecipadamente o valor das perdas e danos em caso de descumprimento. Nesse sentido, incorre de pleno direito o devedor na cláusula penal, desde que, culposamente, deixe de cumprir a obrigação ou se constitua em mora (art. 408 do CC).

Por ser acessória, aplica-se o princípio pelo qual o acessório segue o principal (princípio da gravitação jurídica). Nesse sentido, a nulidade da obrigação principal acarreta a nulidade da cláusula penal.

2.5.2 Das arras ou sinal

As arras podem ser definidas como o sinal, o valor dado em dinheiro ou bem móvel entregue por uma parte à outra, quando do contrato preliminar, visando trazer a presunção de celebração do contrato definitivo. Geralmente as arras são previstas em compromisso de compra e venda de imóveis.

As arras possuem basicamente três funções: antecipação de pagamento; tornar definitivo o contrato preliminar e funcionar como uma antecipação das perdas e danos. Nosso Código Civil consagra dois tipos de arras ou sinal:

Arras ou sinal

Arras confirmatórias	Arras penitenciais
Presente nas hipóteses em que não constar possibilidade de arrependimento.	Presente nas hipóteses em que constar possibilidade de arrependimento.
Art. 418 CC. Se a parte que deu as arras não executar o contrato, poderá a outra tê-lo por desfeito, retendo-as; se a inexecução for de quem recebeu as arras, poderá quem as deu haver o contrato por desfeito, e exigir sua devolução mais o equivalente, com atualização monetária segundo índices oficiais regularmente estabelecidos, juros e honorários de advogado.	Art. 420. Se no contrato for estipulado o direito de arrependimento para qualquer das partes, as arras ou sinal terão função unicamente indenizatória. Neste caso, quem as deu perdê-las-á em benefício da outra parte; e quem as recebeu devolvê-la-á, mais o equivalente. Em ambos os casos não haverá direito a indenização suplementar.
Dupla função: tornar o contrato definitivo + antecipar as perdas e danos.	Função unicamente indenizatória.

3. DIREITO CONTRATUAL

3.1 Linhas gerais

A principal fonte das obrigações são os contratos. A doutrina civilista costuma conceituar os contratos como "negócio jurídico de direito privado, por meio do qual dois ou mais sujeitos se vinculam para regular interesses concernentes a objetos economicamente apreciáveis, buscando a satisfação de necessidade, em que criam, resguarda, transferem, conservam, modificam ou extinguem direitos e deveres".

Como espécie do gênero negócio jurídico, os contratos necessitam para terem validade de agentes capazes, objeto lícito, possível, determinado ou determinável e forma prescrita e não defesa em lei. Além disso, o contrato por materializar uma junção de vontade requer a existência de duas ou mais pessoas que consentem com um determinado fim. Esse consentimento pode ser expresso ou tácito. O tácito ocorre quando se pratica ato incompatível com o desejo de recusa. Há contratos em que a lei exige o consentimento expresso, não valendo o silêncio como aceitação.

3.2 Classificações dos contratos

Unilateral: é aquele em que apenas um dos contratantes assume deveres em face do outro. Ex.: doação pura, comodato, mandato e depósito.

Bilateral: é aquele em que os contratantes são simultânea e reciprocamente credores e devedores uns dos outros, produzindo o negócio direito e deveres para ambos os envolvidos. É também denominado de sinalagmático. Ex.: compra e venda e a locação.

Plurilateral: é aquele que envolve várias pessoas, trazendo direitos e deveres para todos os envolvidos. Ex.: consórcio.

Oneroso: é aquele que traz vantagens recíprocas para cada um dos contratantes. Há uma prestação e uma contraprestação. Ex.: compra e venda e a locação.

Gratuito ou benéfico: é aquele que onera somente uma das partes, proporcionando a outra uma vantagem sem qualquer contraprestação. Ex.: doação pura.

Comutativo: é aquele que em que se pode verificar desde logo a equivalência entre a sua prestação e a contraprestação do outro contratante. Ex.: compra e venda.

Aleatório: é aquele em que a prestação de uma das partes não é conhecida com exatidão no momento da celebração do negócio jurídico pelo fato de depender da sorte (álea), que é um fator desconhecido. Não se confunda com a condição suspensiva ou resolutiva. Ex.: seguro.

Obs.: Existem algumas situações em que o contrato é tido como aleatório em virtude da existência de um elemento acidental. Nosso Código Civil consagra três formas básicas de contratos acidentalmente aleatórios:

a) Coisas futuras cujo risco de não virem a existir uma das partes assuma (*emptio spei* – venda da esperança): um dos contratantes toma para si o risco relativo à própria existência da coisa, sendo ajustado um preço determinado, o qual será devido integralmente, mesmo que a coisa não exista no futuro, desde que não haja dolo ou culpa da outra parte (art. 458 do CC).

b) Coisas futuras cujo risco de virem a existir em qualquer quantidade uma das partes assuma (*emptio rei speratae* – venda da coisa esperada): um dos contratantes toma para si o risco somente com relação à quantidade da coisa comprada, pois foi fixado pelas partes um mínimo como objeto negocial (art. 459 do CC). Em tais casos, a parte terá direito a todo o preço, desde que da sua parte não tenha concorrido com culpa, ainda que a coisa venha a existir em quantidade inferior à esperada.

c) Coisa existente, mas exposta a risco: o objeto é certo e determinado; porém nem o comprador nem o vendedor conhecem sua qualidade no momento do cumprimento da prestação. Nesse caso, a prestação que se obrigou o contratante será devida ainda que posteriormente descubra que a coisa já não existia, no todo ou em parte, quando o contrato foi celebrado.

Típico: é aquele com uma previsão legal mínima. Ex.: compra e venda.

Atípico: é aquele em que não há previsão legal mínima. O art. 425 do Código Civil consagra a licitude dos contratos atípicos em nosso ordenamento jurídico.

Paritário: é aquele em que os contratantes estão em pé de igualdade e podem discutir cada uma das cláusulas que compõem o ajuste negocial.

Por adesão: é aquele em que uma das partes, o estipulante, impõe o conteúdo negocial, restando à outra parte, o aderente, aceitar ou não o negócio. Ex.: contrato de fornecimento de energia elétrica.

Obs.: Quando houver no contrato de adesão cláusulas que gerem dúvida quanto à sua interpretação, será adotada a mais favorável ao aderente. Já nos contratos paritários, exceto se houver disposição específica em lei, a dúvida na interpretação beneficia a parte que não redigiu a cláusula controvertida.

Consensual: é aquele em que para a conclusão bastar o acordo de vontade, sendo desnecessário qualquer outro ato, como se dá com a locação.

Real: é aquele em que para a conclusão além do acordo de vontade houver a necessidade da entrega da coisa contratada. Ex.: depósito.

Solene: é aquele que a lei, para a sua conclusão, impõe uma forma especial. Ex.: compra e venda de bem imóvel.

3.3 Princípios do direito contratual

1. **Autonomia da vontade** – a vontade, ainda que direcionada por uma necessidade, é o que leva o sujeito a realizar um contrato. De acordo com o princípio da

autonomia da vontade, os sujeitos são livres para contratar ou não, para escolher com quem contratar, para dispor sobre o conteúdo do contrato, e ainda para exigir o seu cumprimento.

2. **Consensualismo** – o simples acordo de vontades basta para gerar o contrato válido.

3. **Obrigatoriedade dos contratos** – o contrato é ato de vontade, logo, vincula os sujeitos de forma obrigatória. As estipulações feitas no contrato deverão ser fielmente cumpridas, sob pena de execução patrimonial contra o inadimplente – *pacta sunt servanda*.

4. **Revisão dos contratos** – como exceção ao princípio da obrigatoriedade dos contratos, temos que nos contratos de execução sucessiva, havendo onerosidade excessiva das prestações, oriunda de acontecimento extraordinário e alheio aos contratantes à época da celebração contratual, o lesado poderá pedir a revisão contratual – *rebus sic stantibus*.

5. **Supremacia da ordem pública** – no Estado constituído pela Carta Magna de 1988, entende-se que o interesse coletivo se sobrepõe ao interesse individual. Nesse sentido, faz-se necessário que a ordem pública intervenha nos negócios privados para promover equilíbrio nas situações de desigualdade fática. Assim, supremacia da ordem pública funciona como um limite a estipulação livre das partes contratarem.

6. **Relatividade dos efeitos do contrato** – o contrato vincula apenas as partes que nele intervierem, não aproveitando nem prejudicando terceiros. Nosso Código Civil consagra expressamente três exceções ao princípio da relatividade dos efeitos dos contratos.

a) Estipulação em favor de terceiro: consiste na hipótese que um terceiro que não é parte no contrato é beneficiado por seus efeitos, podendo exigir o seu adimplemento.

b) Promessa de fato de terceiro: figura negocial pela qual determinada pessoa promete que uma determinada conduta seja praticada por outrem, sob pena de responsabilização civil.

c) Contrato com pessoa a declarar: no momento da conclusão do contrato, pode uma das partes reservar-se à faculdade de indicar a pessoa que deve adquirir os direitos e assumir as obrigações dele decorrente.

7. **Boa-fé objetiva** – exigência de conduta leal, honesta e íntegra dos contratantes, evitando surpreender e lesar a outra parte. A boa-fé deve ser observada em todas as fases do contrato (pré-contratual; contratual e pós-contratual). Para além desta função de integração, a boa-fé objetiva apresenta a função de interpretação (os negócios jurídicos devem ser interpretados conforme a boa-fé e os usos do lugar da sua celebração (art. 113 do CC) e de controle, vedando o abuso de direito (art. 187 do CC).

8. **Função social do contrato** – a expressão função social deve ser compreendida com o sentido de finalidade coletiva. Nesse trilhar, o contrato não pode ser mais observado como uma "bolha" que isola as partes do meio social. O contrato não deve ser mais interpretado somente de acordo com aquilo que foi assinado pelas partes, mas sim levando-se em conta a realidade social que o circunda. Desse modo, constata-se que o princípio da função social do contrato funciona, entre outras coisas, como um limite a autonomia da vontade.

Obs.: A Lei n. 13.874/2019 estabeleceu que nas relações contratuais privadas prevalecerá o princípio da intervenção mínima do Estado, por qualquer dos seus poderes, e a revisão contratual determinada de forma externa às partes será excepcional (art. 421, parágrafo único, do CC).

3.4 Vício redibitório

Constata-se o vício redibitório quando em um contrato há a presença dos seguintes requisitos:

a) coisa recebida em virtude de contrato comutativo ou de doação com encargo;

b) defeitos prejudiciais à sua utilização ou diminuição de valor;

c) que esses defeitos sejam ocultos;

d) que sejam graves;

e) que já existam no momento da celebração do contrato.

No caso do vício redibitório, o contrato é cumprido de maneira imperfeita, pois a coisa tem defeito oculto que a torna imprópria ao uso a que se destina ou que em razão dele tenha seu valor patrimonial sensivelmente diminuído. O adquirente de coisa com vício oculto pode valer-se dos seguintes institutos jurídicos:

I – rejeitar a coisa, redibindo o contrato (ação redibitória) e recobrando o preço;

II – pleitear a redução do preço da coisa que apresentou vício redibitório (ação *quanti minoris* ou estimatória), na proporção da desvalia da coisa entregue;

III – buscar por meio de ação indenizatória recompor-se dos prejuízos que o defeito lhe causou. Nesse caso, é importante saber se o alienante conhecia o vício (restitui o valor recebido acrescido das perdas e danos) ou se o alienante não conhecia o vício (restitui somente o valor recebido).

Tanto para receber o valor da coisa como para o abatimento do preço, de acordo com o art. 445 do Código Civil, o prazo é de 30 dias se a coisa for móvel, e de um ano se for imóvel, contado da entrega efetiva; se já estava na posse, o prazo conta-se da alienação, reduzido à metade.

Obs.: Quando o vício, por sua natureza, só puder ser conhecido mais tarde, o prazo contar-se-á do momento em que dele tiver ciência, até o prazo máximo de 180 dias, em se tratando de bens móveis; e de um ano, para os imóveis.

Segue tabela ilustrativa com os prazos dos vícios redibitórios.

Vício redibitório		
Hipótese	Prazo	Termo inicial
Coisa móvel entregue ao adquirente	30 dias	Data da tradição
Coisa móvel que já estava na posse do adquirente	15 dias	Data da alienação
Coisa imóvel entregue ao adquirente	1 ano	Data da tradição
Coisa imóvel que já estava na posse do adquirente	6 meses	Data da alienação
Defeito da coisa móvel que mesmo após a alienação permaneceu oculto, sendo descoberto em um momento posterior	30 dias, desde que descoberto em até 180 dias contados da tradição	Data da ciência do defeito
Defeito da coisa imóvel que mesmo após a alienação permaneceu oculto, sendo descoberto em um momento posterior	1 ano, desde que descoberto em até 1 ano contado da tradição	Data da ciência do defeito
Animais	Prazo estabelecido em lei especial, ou, na falta deste prazo previsto para coisa móvel cujo defeito foi percebido tardiamente	

3.5 Evicção

Consiste na perda da coisa por decisão judicial ou administrativa fundada em motivo jurídico anterior e por meio da qual a coisa é conferida a outrem, que é o verdadeiro dono. Por essa garantia, o alienante se põe obrigado a garantir a posse da coisa transmitida ao adquirente, resguardando-o de possíveis pretensões decorrentes de terceiro.

As partes na evicção são: alienante (quem responde pelos riscos da evicção); evicto (adquirente do bem objeto da evicção); evictor (terceiro que reivindica a coisa). Seguem abaixo os requisitos da evicção:

a) contrato oneroso;

b) perda da propriedade, posse ou uso do bem;

c) a causa da evicção deve ser anterior ao contrato;

d) sentença ou decisão administrativa que atribua o bem a terceira pessoa;

e) denunciação da lide (art. 125 do CPC).

Obs.: A evicção pode ser parcial ou total. Na evicção parcial, o prejudicado pode resolver o contrato, desfazendo-o, ou postular abatimento do preço. Na evicção total, o evicto pode pedir a resolução do contrato, a restituição integral do preço e a indenização em perdas e danos.

3.6 Extinção dos contratos

A forma natural de extinção dos contratos é o cumprimento da obrigação pactuada. Obviamente, nem sempre o contrato será extinto pela execução. Passaremos a analisar neste momento algumas outras hipóteses de extinção dos contratos.

a) **RESOLUÇÃO:** é a modalidade de extinção dos contratos onde há inexecução. Nessa hipótese, estamos diante do inadimplemento, o qual pode consistir em mora (atraso) ou inadimplemento absoluto.

Obs.: Exceção do contrato não cumprido (*exceptio non adimpleti contractus*): nos contratos bilaterais, nenhum dos contratantes, antes de cumprida a sua obrigação, pode exigir o implemento da do outro (art. 476 do CC). A parte contrária defende-se alegando a exceção do contrato não cumprido.

Obs2.: Ainda dentro da resolução dos contratos, devemos mencionar a figura do adimplemento substancial ou inadimplemento mínimo. Tal construção jurisprudencial consagra que o adimplemento parcial (aquele em que o devedor cumpriu a quase totalidade das prestações) reduz as faculdades do credor que não poderá optar pela resolução do contrato, mas apenas exigir seu cumprimento (por exemplo as prestações faltantes), mais perdas e danos. A questão dessa quantificação da substancialidade do inadimplemento depende do caso concreto. Não há fórmula aritmética, o que é normal em sistemas abertos, cujos princípios têm papel de relevo. A boa-fé objetiva, a função social do contrato e o princípio da conservação do negócio jurídico são alguns princípios que dão base jurídica à figura do adimplemento substancial.

b) **RESILIÇÃO:** é a extinção do contrato que tem como fundamento a vontade. Esta vontade pode ser das duas partes ou apenas de uma, razão pela qual a resilição pode ser bilateral ou unilateral. A resilição bilateral, também chamada de distrato, faz-se pela mesma forma exigida para o contrato.

c) **RESCISÃO:** modalidade de dissolução dos contratos anuláveis.

3.7 Contratos em espécie

3.7.1 Compra e venda

CONCEITO: pelo contrato de compra e venda, um dos contratantes se obriga a transferir o domínio de certa coisa, e o outro, a pagar-lhe certo preço em dinheiro. A compra e venda, quando pura, considerar-se-á obrigatória e perfeita, desde que as partes acordarem no objeto e no preço (arts. 481 e 482 do CC).

As principais características da compra e venda são: bilateral, oneroso, consensual, informal, salvo se o bem for imóvel.

Obs.: É anulável a venda de ascendente a descendente, salvo se os outros descendentes e o cônjuge do alienante expressamente houverem consentido.

É necessário distinguir as hipóteses de venda de imóveis conhecidas pela doutrina como venda *ad corpus* e venda *ad mensuram*.

Ad corpus é a venda de bem individualizado por suas características e confrontações. Pode ou não haver determinação da área, mas, mesmo se houver, será considerada meramente enunciativa. Para que se repute a venda *ad corpus*, não é necessária declaração expressa, basta que a coisa tenha sido vendida como certa e discriminada. Sendo a venda *ad corpus*, não haverá complemento de área, nem devolução do excesso, sendo considerada apenas enunciativa a referência às suas dimensões.

Ad mensuram é a venda que leva em conta a área do imóvel que servirá de parâmetro para a individualização. Na compra e venda *ad mensuram*, o preço é correspondente ao tamanho do lote, e não há outros fatores. Logo, se o preço for estipulado por medida de extensão, ou se determinar a respectiva área, e esta não corresponder, em qualquer dos casos, às dimensões dadas, o comprador terá o direito de exigir o complemento da área, e, não sendo isso possível, o de reclamar a resolução do contrato ou abatimento proporcional ao preço (art. 500 do CC).

CLÁUSULAS ESPECIAIS DA COMPRA E VENDA:

1. **Retrovenda:** cláusula acessória pela qual o vendedor se reserva o direito de reaver, em certo prazo, o imóvel alienado, restituindo ao comprador o preço, mais as despesas por ele realizadas, inclusive as empregadas em melhoramentos do imóvel. O prazo máximo para exercício do direito da retrovenda são três anos.
2. **Venda a contento:** cláusula especial dentro de um contrato de compra e venda em que os efeitos do contrato dependem de o comprador se satisfazer com a coisa.
3. **Venda sujeita a prova:** cláusula especial dentro de um contrato de compra e venda em que os efeitos do contrato dependem do teste para se verificar se a coisa tem as qualidades anunciadas e se é idônea para o fim a que se destina.
4. **Preempção:** direito de preferência: cláusula especial dentro de um contrato de compra e venda por meio da qual se estabelece o direito de preferência do devedor de recomprar a coisa vendida, caso o comprador queira aliená-la.
5. **Venda com reserva de domínio:** modalidade especial de compra e venda pela qual o vendedor manter a propriedade com ele até que o comprador tenha pago todo o preço.

3.7.2 Troca ou permuta

CONCEITO: é o contrato pelo qual as partes se obrigam reciprocamente a transferir a propriedade de uma coisa, diversa de dinheiro.

As principais características da permuta são: bilateral, oneroso, comutativo, consensual e informal.

3.7.3 Contrato estimatório

CONCEITO: é o contrato por meio do qual uma das partes entrega à outra uma coisa, mantendo-se proprietária, para que a outra parte venda a terceiro. A parte que entrega exige um preço que receberá se a coisa for vendida. A outra parte se obriga a tentar vender a coisa, por preço superior ao exigido pelo proprietário, reservando-se ao direito de, após certo prazo, restituir a coisa, caso não consiga vendê-la.

A parte que entrega o bem é denominada consignante e a parte que recebe o bem consignatário.

As principais características do contrato estimatório são: bilateral, oneroso, comutativo, não solene.

Importa destacar que a coisa consignada não pode ser objeto de penhora ou sequestro pelos credores do consignatário, enquanto não pago integralmente o preço, bem como o consignante não pode dispor da coisa antes de lhe ser restituída ou de lhe ser comunicada a restituição.

3.7.4 Doação

CONCEITO: é o contrato por meio do qual uma das partes se obriga a transferir a propriedade de uma coisa à outra parte, por simples liberalidade.

As principais características do contrato de doação são: unilateral, formal (doação verbal só é válida para bens móveis de pequeno valor, desde que a tradição seja imediata) e gratuito.

ESPÉCIES DE DOAÇÃO

1. **Doação pura (simples):** feita por liberalidade, sem nenhuma espécie de condição, termo, encargo, prazo ou limitação.
2. **Doação com encargo (modal):** é aquela em que o doador impõe ao donatário uma incumbência, um encargo, que pode reverter em seu benefício, de terceiro ou geral.
3. **Doação remuneratória:** aquela em que o doador deseja pagar por serviços prestados pelo donatário ou por outra vantagem que haja recebido dele.
4. **Doação condicional:** é a que depende de acontecimento futuro e incerto.
5. **Doação conjuntiva:** feita em comum a mais de uma pessoa, sendo distribuída por igual entre os diversos donatários.

6. **Doação cláusula de reversão:** é aquela pela qual o doador pode estipular que os bens doados voltem ao seu patrimônio, se sobreviver ao donatário. Esta cláusula não prevalece em favor de terceiro.

7. **Doação de ascendente para descendente:** a doação de ascendentes a descendentes, ou de um cônjuge a outro, importa adiantamento do que lhes cabe por herança (art. 544 do CC).

8. **Doação universal:** é nula a doação de todos os bens sem reserva de parte, ou renda suficiente para a subsistência do doador (art. 548 do CC).

9. **Doação inoficiosa:** é nula a doação quanto à parte que exceder à de que o doador, no momento da liberalidade, poderia dispor em testamento (art. 549 do CC).

10. **Doação do cônjuge adúltero ao seu cumplice:** a doação do cônjuge adúltero ao seu cúmplice pode ser anulada pelo outro cônjuge, ou por seus herdeiros necessários, até dois anos depois de dissolvida a sociedade conjugal (art. 550 do CC).

REVOGAÇÃO DA DOAÇÃO

A doação pode ser revogada por inexecução do encargo ou por ingratidão do donatário. Nesses casos, o bem é revertido ao patrimônio do doador, ou, se for o caso, dos seus herdeiros.

Para que surja o direito à revogação por descumprimento do encargo, é necessário que o donatário seja constituído em mora. Se não houver no contrato prazo estipulado para cumprimento do encargo, deve o doador fixar prazo razoável e dele notificar o donatário.

Já a revogação por ingratidão é verificada nas seguintes situações:

I – se o donatário atentou contra a vida do doador ou cometeu crime de homicídio doloso contra ele;

II – se cometeu contra ele ofensa física;

III – se o injuriou gravemente ou o caluniou;

IV – se, podendo ministrá-los, recusou ao doador os alimentos de que este necessitava.

A revogação também pode ocorrer quando o ofendido, nos casos do artigo anterior, for o cônjuge, ascendente, descendente, ainda que adotivo, ou irmão do doador e deverá ser pleiteada dentro de um ano, a contar de quando chegue ao conhecimento do doador o fato que a autorizar, e de ter sido o donatário o seu autor.

Por fim, deve-se pontuar que as seguintes doações não se revogam por ingratidão:

I – as doações puramente remuneratórias;

II – as oneradas com encargo já cumprido;

III – as que se fizerem em cumprimento de obrigação natural;

IV – as feitas para determinado casamento.

3.7.5 Locação de coisas

CONCEITO: é o contrato pelo qual uma das partes (locador) se obriga a ceder à outra (locatário), por prazo determinado ou não, o uso e o gozo de um bem infungível mediante o recebimento de uma retribuição denominada de aluguel.

As principais características do contrato de locação são: bilateral, oneroso, comutativo, consensual, de execução continuada e não solene.

OBRIGAÇÕES DO LOCADOR

I – a entregar ao locatário a coisa alugada, com suas pertenças, em estado de servir ao uso a que se destina, e a mantê-la nesse estado, pelo tempo do contrato, salvo cláusula expressa em contrário;

II – a garantir-lhe, durante o tempo do contrato, o uso pacífico da coisa.

OBRIGAÇÕES DO LOCATÁRIO

I – a servir-se da coisa alugada para os usos convencionados ou presumidos, conforme a natureza dela e as circunstâncias, bem como tratá-la com o mesmo cuidado como se sua fosse;

II – a pagar pontualmente o aluguel nos prazos ajustados, e, em falta de ajuste, segundo o costume do lugar;

III – a levar ao conhecimento do locador as turbações de terceiros, que se pretendam fundadas em direito;

IV – a restituir a coisa, finda a locação, no estado em que a recebeu, salvas as deteriorações naturais ao uso regular.

GARANTIAS DA LOCAÇÃO

Os contratos de locação são comumente garantidos por um contrato de fiança, garantia fidejussória, ou seja, baseada na confiança. Cumpre dizer que, morrendo o locador ou o locatário, transfere-se aos seus herdeiros a locação por tempo determinado (art. 577 do CC).

Obs.: A Lei do Inquilinato (Lei n. 8.245/91) estabeleceu um microssistema jurídico próprio, regulamentando a locação de imóveis urbanos residências e não residências. De acordo com o artigo 33 da mencionada lei, o locatário preterido no seu direito de preferência poderá reclamar do alienante as perdas e danos ou, depositando o preço e demais despesas do ato de transferência, haver para si o imóvel locado, se o requerer no prazo de seis meses, a contar do registro do ato no cartório de imóveis, desde que o contrato de locação esteja averbado pelo menos trinta dias antes da alienação junto à matrícula do imóvel.

3.7.6 Do empréstimo – comodato e mútuo

CONCEITO DE COMODATO: é um contrato pelo qual uma das partes entrega à outra coisa infungível, para ser usada temporariamente e depois restituída.

As principais características do contrato de comodato são: unilateral, gratuito, real personalíssimo, infungível e temporário. As partes no contrato de comodato são chamadas de comodante (quem empresta) e comodatário (quem toma a coisa emprestada).

Se o comodato não tiver prazo convencional, presumir-se-á o necessário para o uso concedido; não podendo o comodante, salvo necessidade imprevista e urgente, reconhecida pelo juiz, suspender o uso e gozo da coisa emprestada, antes de findo o prazo convencional, ou o que se determine pelo uso outorgado (art. 581 do CC).

O comodatário é obrigado a conservar, como se sua própria fora, a coisa emprestada, não podendo usá-la senão de acordo com o contrato ou a natureza dela, sob pena de responder por perdas e danos. O comodatário constituído em mora, além de por ela responder, pagará, até restituí-la, o aluguel da coisa que for arbitrado pelo comodante (art. 582 do CC).

O comodatário não poderá jamais recobrar do comodante as despesas feitas com o uso e gozo da coisa emprestada, além do que, se duas ou mais pessoas forem simultaneamente comodatárias de uma coisa, ficarão solidariamente responsáveis para com o comodante. (arts. 584 e 585 do CC).

CONCEITO DE MÚTUO: é o contrato pelo qual uma das partes transfere a propriedade de um bem fungível à outra, que se obriga a lhe restituir coisa do mesmo gênero, quantidade e qualidade.

As principais características do contrato de mútuo são: real, gratuito e unilateral (com exceção do mútuo feneratício que é o destinado a fins econômicos e os juros são devidos), temporal e incide sobre bens fungíveis. As partes no contrato de mútuo são chamadas de mutuante (quem empresta) e mutuário (quem toma a coisa emprestada).

Diz o texto legal que o mútuo feito a pessoa menor, sem prévia autorização daquele sob cuja guarda estiver, não pode ser reavido nem do mutuário, nem de seus fiadores (art. 588 do CC). No entanto, cessará tal disposição:

I – se a pessoa, de cuja autorização necessitava o mutuário para contrair o empréstimo, o ratificar posteriormente;

II – se o menor, estando ausente essa pessoa, se viu obrigado a contrair o empréstimo para os seus alimentos habituais;

III – se o menor tiver bens ganhos com o seu trabalho. Mas, em tal caso, a execução do credor não lhes poderá ultrapassar as forças;

IV – se o empréstimo reverteu em benefício do menor;

V – se o menor obteve o empréstimo maliciosamente.

3.7.7 Prestação de serviços

CONCEITO: Contrato pelo qual uma parte contrata a outra para que esta execute uma determinada atividade, por certo prazo e mediante remuneração. Não existem nesta relação contratual os requisitos previstos na legislação trabalhista.

As principais características do contrato de prestação de serviço são: bilateral, oneroso e consensual. As partes contratantes são denominadas de prestador de serviço e tomador de serviço.

Diz o CC que não se poderá convencionar por mais de quatro anos, embora o contrato tenha por causa o pagamento de dívida de quem o presta, ou se destine à execução de certa e determinada obra. Neste caso, decorridos quatro anos, dar-se-á por findo o contrato, ainda que não concluída a obra (art. 598 do CC).

Apesar de ser admitida a prestação de serviço gratuita, sem que se cobre remuneração, o contrato é presumidamente oneroso. Não se tendo estipulado, nem chegado a um acordo, fixar-se-á por arbitramento a retribuição, segundo o costume do lugar, o tempo de serviço e sua qualidade (art. 596 do CC).

3.7.8 Empreitada

CONCEITO: é o contrato mediante o qual uma das partes contrata uma obra, obrigando-se a outra pelo resultado final, e não apenas pela atividade de execução. Este contrato gera uma obrigação de resultado.

As principais características do contrato de empreitada são: bilateral, comutativo, oneroso consensual. As partes contratantes são denominadas de empreitante ou dono da obra (quem a encomenda) e empreiteiro (quem se obriga a realizá-la). O empreiteiro se obriga a realizar a obra pessoalmente ou por intermédio de terceiros, cobrando uma remuneração a ser paga pela outra parte que é proprietário da obra, sem vínculo de subordinação.

Existem duas espécies de empreitada:

a) Empreitada de lavor: quando o empreiteiro contribui para a obra apenas com o seu trabalho. Nesse caso, todos os riscos em que o empreiteiro não tiver culpa, correm por conta do dono da obra.
b) Empreitada de material: quando o empreiteiro se obriga a fornecer os materiais necessários. Para que tenhamos a empreitada de material, é necessário que a obrigação seja imposta pela lei ou pela vontade das partes.

Nos contratos de empreitado, se houve o pagamento integral da obra, presume-se que tudo foi verificado. Ademais, o empreiteiro de materiais e execução responderá, durante o prazo irredutível de cinco anos, pela solidez e segurança do trabalho, assim em razão dos materiais, como do solo (art. 618 do CC).

3.7.9 Depósito

CONCEITO: é o contrato por meio do qual um dos contratantes recebe do outro uma coisa móvel para guardar, até que seja solicitada a sua restituição.

As principais características do contrato de empreitada são: personalíssimo, real, temporal e presumidamente gratuito. As partes no contrato de depósito são denominadas depositante (quem deposita) e depositário (quem recebe o depósito).

As principais obrigações do depositário são a que se consubstanciam no chamado dever de guarda e de restituição. Salienta-se que a responsabilidade do depositário pela coisa não se estende aos casos de força maior, cabendo a ele a prova desse fato.

O contrato de depósito pode ser de duas espécies:

a) **Voluntário:** é o depósito por ato de mera vontade das partes. Ex.: o depósito de um carro no estacionamento. Em regra, o depósito se extingue no momento em que o depositante exige a restituição da coisa depositada. Não é lícito ao depositário recusar-se a restituir, nem alegando não ser o depositante proprietário da coisa, nem opondo compensação, a não ser se for fundada em outro contrato de depósito.

b) **Necessário:** o depósito necessário pode ser legal, miserável, essencial e judicial.

I – Legal é aquele instituído por lei ou em razão de alguma necessidade pública.

II – Miserável é aquele motivado por calamidades. Ex.: enchente, incêndio, inundação etc.

III – Essencial é depósito de bagagem do hospede no hotel em que se hospeda ou do passageiro do ônibus ou avião em que viaja.

IV – Judicial é o depósito realizado por ordem do juiz.

É importante destacar que o depositante é obrigado a pagar ao depositário as despesas feitas com a coisa, e os prejuízos que do depósito provierem e o depositário poderá reter o depósito até que se lhe pague a retribuição devida, o líquido valor das despesas, ou dos prejuízos a que se refere o art. 643 do Código Civil, provando imediatamente esses prejuízos ou essas despesas.

A respeito da prisão do depositário infiel, tal problemática encontra-se pacificada desde 2009, quando o STF editou a Súmula Vinculante 25, com o seguinte teor: "É ilícita a prisão civil de depositário infiel, qualquer que seja a modalidade de depósito".

3.7.10 Mandato

CONCEITO: é o contrato pelo qual uma pessoa nomeia outra para praticar atos em seu nome. O instrumento do mandato é a procuração.

As principais características do contrato de mandato são: unilateral, gratuito ou oneroso, consensual, personalíssimo. As partes no contrato de mandato são denominadas de mandante (quem se faz representar) e o mandatário (quem se obriga a representar). A ideia por trás do contrato de mandato é a de representação. Assim, o mandatário não pratica atos em nome próprio, senão em nome do mandante.

A outorga de poderes pode ser realizada por uma forma verbal ou escrita. Neste caso, o documento pode ser particular ou público. O ideal é se atentar para a natureza do ato que será praticado, vez que a lei exige que o ato e a outorga tenham a mesma forma.

As principais obrigações do mandante são:

I – cumprir as obrigações assumidas pelo mandatário em relação a terceiros;

II – reembolsar o mandatário nas despesas e nos prejuízos experimentados;

III – sendo o mandato remunerado, efetuar sempre os pagamentos.

As principais obrigações do mandatário são:

I – exercer a representação com diligência;

II – prestar contas ao mandante;

III – transferir ao mandante todas as vantagens dos atos praticados.

O mandatário tem direito de reter do objeto do negócio praticado os valores que forem necessários para o pagamento de tudo o que lhe for devido em consequência do mandato. Admite-se, inclusive, a retenção das coisas diversas de dinheiro que estejam em sua posse em virtude do mandato.

Obs.: O mandato em termos gerais só confere poderes de administração. Para alienar, hipotecar, transigir, ou praticar outros quaisquer atos que exorbitem da administração ordinária, depende a procuração de poderes especiais e expressos.

3.7.11 Comissão

CONCEITO: é o contrato pelo meio do qual uma pessoa se obriga a adquirir ou vender bens, não em seu próprio nome, mas à conta de outrem.

As principais características do contrato de comissão são: unilateral, gratuito ou oneroso, consensual. As partes no contrato de comissão são chamadas de comitente (a pessoa por quem se celebra o negócio) e comissário (quem celebra o negócio).

A comissão é essencialmente aleatória, pois o resultado das negociações do comissário não pode ser determinado de antemão. Dentro de um contrato de comissão, é possível a existência de uma cláusula denominada cláusula *delcredere*. Por esta cláusula, o comissário é solidariamente responsável, juntamente com o comitente, no caso de inadimplementos contratuais.

Obs.: Não estipulada a remuneração devida ao comissário, será ela arbitrada segundo os usos correntes no lugar (art. 701 do CC).

3.7.12 Corretagem

CONCEITO: contrato pelo qual uma pessoa, não ligada a outra em virtude de mandato, de prestação de serviços ou por qualquer relação de dependência, obriga-se a obter para a segunda um ou mais negócios, conforme as instruções recebidas.

As principais características do contrato de corretagem são: bilateral, consensual, oneroso, não solene. As partes no contrato de corretagem são chamadas de corretor e comitente (ou cliente). O corretor é obrigado a executar a mediação com diligência e prudência, e a prestar ao cliente, espontaneamente, todas as informações sobre o andamento do negócio.

A remuneração do corretor, se não estiver fixada em lei, nem ajustada entre as partes, será arbitrada segundo a natureza do negócio e os usos locais. Ademais, a remuneração é devida ao corretor uma vez que tenha conseguido o resultado previsto no contrato de mediação, ou ainda que este não se efetive em virtude de arrependimento das partes. Ou seja, a obrigação do corretor é de resultado.

Nesse sentido aponta o art. 727 do CC, o qual estabelece que: "Se, por não haver prazo determinado, o dono do negócio dispensar o corretor, e o negócio se realizar posteriormente, como fruto da sua mediação, a corretagem lhe será devida; igual solução se adotará se o negócio se realizar após a decorrência do prazo contratual, mas por efeito dos trabalhos do corretor".

3.7.13 Transporte

CONCEITO: contrato por meio do qual uma das partes se obriga a transportar pessoas ou coisas de um lugar para outro mediante retribuição.

As principais características do contrato de transporte são: bilateral, oneroso, consensual, temporário, comutativo. As partes no contrato de transporte são denominadas transportador e passageiro (ou usuário). O contrato de transporte é provado pelo bilhete de passagem, a nota de bagagem e o conhecimento de carga. Trata-se de obrigações do transportador emiti-los e de direito do passageiro.

O contrato de transporte pode ser pessoas, coisas ou cumulativo.

a) Transporte de pessoas: ocorre quando estas são o objeto do contrato. A responsabilidade do transportador de pessoas abrange os danos causados a elas e as suas bagagens, a não ser em caso de força maior, sendo considerada nula qualquer cláusula excludente de responsabilidade (art. 734 do CC). O transportador também se encontra vinculado aos horários e itinerantes anunciados, respondendo por eventuais prejuízos, salvo caso fortuito e força maior.

b) Transporte de coisas: ocorre quando o expedidor ou remetente envia coisas de um lugar a outro por meio do transporte contratado. Por uma questão de segurança, exige-se que a coisa entregue ao transportador esteja devidamente discriminada e que contenha o endereço e, no mínimo, o nome e endereço do destinatário. O expedidor que declarar informações falsas ou inexatas e causar danos ao transportador deverá indenizá-lo. Esse direito de indenização terá que ser exercido no prazo de 120 dias contados da declaração falsa (art. 745 do CC).

c) Transporte cumulativo: ocorre quando a pessoa ou a coisa, para chegar de um local para outro, precisa de diversos transportadores, um para cada trecho, mas contrata todos de uma só vez, por meio do mesmo contrato. Nesse caso, o dano resultante do atraso ou da interrupção da viagem, será determinado em razão da totalidade do percurso. Se houver substituição de algum dos transportadores no decorrer do percurso, a responsabilidade solidária estender-se-á ao substituto.

3.7.14 Seguro

CONCEITO: é o contrato pelo qual uma das partes se obriga a proteger o interesse da outra, referente a pessoas ou coisas, contra riscos predefinidos, e mediante o pagamento de uma quantia chamada de prêmio.

As principais características do contrato de transporte são: bilateral, oneroso, aleatório, formal, execução continuada, adesão e de boa-fé. As partes no contrato de seguro são chamadas de segurado (aquele cujo interesse é protegido) e segurador (quem protege o interesse).

No contrato de seguro, o prêmio é o valor que o segurado paga à seguradora para obter o direito a uma indenização, se ocorrer o sinistro oriundo do risco garantido e previsto no contrato. É denominado por alguns como ágio de seguro.

A lei exige uma capacidade especial para ser segurador. De acordo com o parágrafo único do art. 757, pode ser segurador entidade para tal fim legalmente autorizada. Esta é uma atividade exercida por companhias especializadas, por sociedades anônimas mediante prévia autorização do Governo Federal (arts. 192, II, da CF, e 29 da Lei n. 8.177/91) ou cooperativas devidamente autorizadas (art. 24 do Dec.-lei n. 73/66); porém tais cooperativas só poderão operar nos seguros agrícolas e seguros de saúde.

Os direitos do **segurador** são:

I – Receber o prêmio a que o segurado se obrigou, durante a vigência do contrato;

II – Isentar-se do pagamento da indenização se:

a) o segurado agiu com dolo;
b) o segurado deu à coisa segurada valor superior ao real;
c) existir vício, no contrato, que possa tirar sua eficácia;
d) ocorrer caducidade da apólice, pelo não pagamento do prêmio.

Os deveres do **segurador** são:

I – Indenizar o segurado;

II – Pagar a indenização a terceiro quando assim estipulado;

III – Constituir reservas para garantir as obrigações assumidas: são os fundos especiais;

IV – Restituir o prêmio, em dobro, se expediu apólice sabendo ter passado o risco;

V – Tomar medidas para eliminar ou diminuir os riscos que podem afetar a coisa segurada;

VI – Tomar as providências necessárias assim que souber do sinistro.

O contrato de seguro pode ser estipulado em benefício do próprio contratante ou de um terceiro, o qual passará a ser denominado de beneficiário. Contra o beneficiário o segurador pode opor as mesmas exceções que possuía contra o estipulante.

Os direitos do **segurado** são:

I – Receber a indenização: nos limites descritos pela apólice;

II – Reter os prêmios: na hipótese de o segurador falir antes de passado o risco;

III – Não ver aumentado o prêmio, sem justa causa;

IV – Denunciar a lide à seguradora;

V – Optar pela não utilização do seguro, nos casos em que o pequeno valor do dano não compensa acionar o seguro.

Os deveres do **segurado** são:

I – Pagar o prêmio convencionado;

II – Responder por juros moratórios, independentemente de interpelacão do segurador;

III – Abster-se de tudo que possa aumentar os riscos;

IV – Comunicar ao segurador todo incidente;

V – Levar, imediatamente, ao conhecimento do segurador a ocorrência do sinistro.

O contrato de seguro pode ser extinto pelas seguintes causas:

I – pelo decurso do prazo estipulado;

II – pelo distrato: quando as partes concordam em dissolver os vínculos contratuais;

III – pela rescisão: decorrente do inadimplemento da obrigação legal ou de cláusula contratual;

IV – pela superveniência do risco que faça perecer o bem segurado: pago o valor pela seguradora, o contrato perde seu objeto;

V – pela nulidade: imperfeição antecedente que torna o contrato ineficaz.

3.7.15 Constituição de renda

CONCEITO: contrato pelo qual uma pessoa se obriga a dar a outra, por prazo determinado ou não, uma renda periódica, a título gratuito ou oneroso.

As principais características do contrato de constituição de renda são: bilateral ou unilateral, oneroso ou gratuito, comutativo, aleatório, temporário, de execução diferida e continuada, formal. As partes no contrato de constituição de renda são chamadas de instituidor de renda (quem deve a prestação periódica) e rendeiro (quem a recebe). Na modalidade onerosa, o rendeiro se obriga a entregar ao instituidor bens móveis ou imóveis.

Sendo instituída sem prazo determinado, se extinguirá pela morte do rendeiro, mas não do instituidor. É nula a constituição de renda em favor de pessoa já falecida, ou que, nos 30 dias seguintes, vier a falecer de moléstia que já sofria, quando foi celebrado o contrato (art. 808 do CC).

Quando a renda for constituída em benefício de duas ou mais pessoas, sem determinação da parte de cada uma, entende-se que os seus direitos são iguais; e, salvo estipulação diversa, não adquirirão os sobrevivos direito à parte dos que morrerem (art. 812 do CC).

3.7.16 Fiança

CONCEITO: contrato pelo qual uma das partes se obriga a garantir uma obrigação da qual a outra é credora, caso o devedor deixa de cumpri-la.

As principais características do contrato de fiança são: unilateral, acessório, solene, gratuito. As partes no contrato de fiança são chamadas de fiador e devedor. Deve-se ter em mente que a fiança não é celebrada com o devedor. Na verdade, admite-se até a contratação da fiança sem o consentimento do devedor e até mesmo contra a sua vontade.

Pelo lado do credor, este não é obrigado a aceitar a fiança se o fiador não for domiciliado no município em que se dará a fiança, ou se este não possuir bens suficientes para adimplir a obrigação principal. O objeto da fiança podem ser as dívidas presentes ou futuras. Neste caso, só poderão ser cobradas quando se revestirem de certeza e liquidez, ou seja, no vencimento.

O contrato de fiança pode ser convencional, legal, judicial:

I – Convencional: quando decorrente de ajuste entre o credor e o fiador. Trata-se de uma relação jurídica secundária, isto é, um contrato acessório com regras autônomas.

II – Legal: quando a própria lei determina que uma pessoa garanta o pagamento da dívida em relação a outra pessoa em virtude de uma relação jurídica; a lei pode, também, exigir a fiança para o exercício de determinados atos da vida civil.

III – Judicial: quando decorrente de sentença judicial. Pode ser por iniciativa do próprio juiz (de oficio) ou mediante manifestação das partes.

Se no contrato de fiança não houver estipulação de prazo, o fiador pode, a qualquer tempo exonerar-se; mas continuará obrigado por 60 dias, a contar da data em que o credor receber notificação (art. 835 do CC).

Existem dois grandes benefícios que o fiador pode arguir em seu favor na hipótese de cobrança:

a) **Benefício de ordem:** ocorre quando o fiador demandado pelo pagamento da dívida tem direito a exigir, até a contestação da lide, que sejam primeiro executados os bens do devedor (art. 827). Caso o fiador alegar o benefício de ordem, deverá nomear bens do devedor, sitos no mesmo município, livres e desembargados, quantos bastem para solver o débito. No entanto, não aproveita este benefício ao fiador se ele o renunciou expressamente, se se obrigou como principal pagador, ou devedor solidário ou se o devedor for insolvente, ou falido.

b) **Benefício de divisão**: sendo estabelecido o benefício de divisão, cada fiador responde unicamente pela parte que, em proporção, lhe couber no pagamento. Assim, fica afastada a solidariedade, tornando divisível a obrigação (art. 829 do CC).

As hipóteses de extinção da fiança estão prevista de forma exemplificativa no Código Civil. Seguem as principais situações:

I – Satisfação da prestação. Cumprida a obrigação principal assumida contratualmente, ocorrerá a extinção desta e, consequentemente, a extinção do contrato acessório (da fiança);

II – Moratória concedida pelo credor ao devedor, sem consentimento do fiador, isto é, o credor concede novo prazo ao devedor para que cumpra a obrigação, após o vencimento desta;

III – Frustração do fiador na sub-rogação nos direitos do credor em relação ao devedor. O fiador, ao afiançar, sabe que poderá ser compelido a pagar a dívida, no entanto, prevê a possibilidade de reaver o que pagou ao credor, junto ao devedor. Se o credor frustra essa garantia, extingue-se a garantia;

IV – Dação em pagamento (*datio in solutum*) que constitui forma de pagamento, ainda que indireta, extinguindo a fiança que não se revigora se a coisa dada em pagamento vier a sofrer evicção;

V – Retardamento do credor na execução em que se alegou benefício de ordem (art. 839). Se do retardamento da execução resultar que o devedor venha a ficar em estado de insolvência, o devedor fica exonerado de pagar a dívida, se provar que os bens indicados quando apontado o benefício de ordem, na época eram suficientes para quitação da dívida.

3.7.17 Jogo e aposta

CONCEITO DE JOGO: contrato pelo qual duas pessoas ou mais se obrigam a dar uma determinada coisa a quem ganhar um determinado jogo, seguindo as suas regras.

CONCEITO DE APOSTA: contrato pela qual duas ou mais pessoas se obrigam a dar uma determinada coisa a quem acertar acerta o resultado de um determinado evento futuro e incerto.

As principais características do contrato de jogo e aposta são: unilateral, típicos, gratuito, aleatório, de execução diferida. Existem os jogos e apostas permitidos, tolerados e proibidos.

a) Permitidos ou lícitos: autorizados, como acontece com as loterias.

b) Tolerados: todos os que não são expressamente proibidos por lei, nem expressamente permitidos. O resultado não depende exclusivamente da sorte, mas da habilidade dos jogadores, como se dá com o pôquer. No caso dos jogos tolerados, proíbe-se não a sua prática, mas sim a sua exploração.

c) Proibidos ou ilícitos: quando o ganho depende exclusivamente da sorte, como se dá com a roleta e o jogo do bicho.

As dívidas de jogo ou de aposta não obrigam a pagamento; mas não se pode recobrar a quantia, que voluntariamente se pagou, salvo se foi ganha por dolo, ou se o perdente é menor ou interdito (art. 814 do CC).

Não se pode exigir reembolso do que se emprestou para jogo ou aposta, no ato de apostar ou jogar (art. 815 do CC).

O sorteio para dirimir questões ou dividir coisas comuns considera-se sistema de partilha ou processo de transação, conforme o caso (art. 817 do CC).

3.8 Dos atos unilaterais

As três principais fontes de obrigações são os contratos, os atos unilaterais e os atos ilícitos. Os atos unilaterais são obrigações assumidas por alguém independentemente da certeza do credor. Os contratos podem ser atípicos, mas os atos unilaterais só podem ser criados pela lei.

Segundo nosso Código Civil, são quatro os atos unilaterais: a promessa de recompensa, a gestão de negócios, enriquecimento sem causa e o pagamento indevido.

3.8.1 Promessa de recompensa

CONCEITO: cuida de uma fixação de recompensa para realização de ato certo, ação ou conduta, com obtenção de resultado certo, de acordo com anuncio feito em divulgação. Ex.: recompensa para quem encontrar um cachorro perdido. O negócio jurídico unilateral caracteriza-se pela tão somente manifestação do promitente, independentemente do consentimento da outra parte.

De acordo com o Código Civil, pode o promitente – antes de prestado o serviço ou preenchida a condição – revogar a promessa, contanto que o faça com a mesma publicidade (art. 856). No entanto, o candidato de boa-fé, que houver feito despesas, terá direito a reembolso.

Destaca-se que se o ato contemplado na promessa for praticado por mais de um indivíduo, terá direito à recompensa o que primeiro o executou. Agora, sendo simultânea a execução, a cada um tocará quinhão igual na recompensa; se esta não for divisível, conferir-se-á por sorteio, e o que obtiver a coisa dará ao outro o valor de seu quinhão.

O concurso civil é uma espécie de promessa de recompensa onde várias pessoas se dispõem a realizar uma tarefa em busca de uma gratificação que será oferecida ao melhor (ex.: escrever o melhor livro). O concurso não pode ser revogado, pois o prazo é obrigatório. O concurso é aleatório para o concorrente que pode não ganhar nada, a depender da decisão do árbitro do certame, cuja decisão subjetiva não pode ser questionada. As obras/tarefas apresentadas podem passar a pertencer ao organizador do concurso (art. 860 do CC).

3.8.2 Gestão de negócios

CONCEITO: é a atuação de uma pessoa que, espontaneamente e sem mandato, administra negócio alheio, presumindo o interesse do próximo (ex.: vizinho que passa a zelar e manter a casa de quem se ausentou, alimentando os animais e pagando-lhe as contas ou o condomínio que age em proveito da comunhão, podendo exigir compensação financeira dos demais beneficiários). O gestor não tem autorização nem obrigação de agir, mas deve fazê-lo por solidariedade, garantindo a lei o reembolso das despesas feitas.

Responderá o gestor até pelos casos fortuitos, não provando que teriam sobrevindo, ainda quando se houvesse abatido, se a gestão foi iniciada contra a vontade manifesta ou presumível do interessado.

Poderá o dono do negócio exigir que o gestor restitua as coisas ao estado anterior, ou o indenize da diferença se os prejuízos da gestão excederem o seu proveito. O gestor responde pelo caso fortuito quando fizer operações arriscadas, ainda que o dono costumasse fazê-las, ou quando preterir interesse deste em proveito de interesses seus.

Cumprirão ao dono as obrigações contraídas em seu nome, reembolsando ao gestor as despesas necessárias ou úteis que houver feito, com os juros legais, desde o desembolso, respondendo ainda pelos prejuízos que este houver sofrido por causa da gestão se o negócio for utilmente administrado.

Da mesma forma quando a gestão se proponha a acudir a prejuízos iminentes, ou redunde em proveito do dono do negócio ou da coisa; mas a indenização ao gestor não excederá, em importância, as vantagens obtidas com a gestão.

3.8.3 Enriquecimento sem causa

CONCEITO: enriquecer sem causa é enriquecer repentinamente sem motivo justo, sem trabalhar, sem herdar. Uma das hipóteses de enriquecimento sem causa é por meio do pagamento indevido. Se o enriquecimento tiver por objeto coisa determinada, quem a recebeu é obrigado a restituí-la, e, se a coisa não mais subsistir, a restituição far-se-á pelo valor do bem na época em que foi exigido.

Não caberá a restituição por enriquecimento, se a lei conferir ao lesado outros meios para se ressarcir do prejuízo sofrido (art. 886 do CC).

3.8.4 Pagamento indevido

CONCEITO: ocorre pagamento indevido quando o devedor paga a alguém que não é o credor, ou seja, o *accipiens* não é o credor, e o devedor agiu por engano.

Dois efeitos do pagamento indevido:

a) Aquele que enriqueceu sem causa fica obrigado a devolver o indevidamente auferido, não só por uma questão moral (= direito natural), mas também por uma questão de ordem civil (arts. 876 e 884 do CC) O objetivo dessa devolução é reequilibrar os patrimônios do devedor e do falso credor, alterados sem fundamento jurídico, sem causa justa.

b) Se o falso credor não quiser voluntariamente devolver o pagamento, surge o segundo efeito que é o direito do devedor de propor ação de repetição do indébito (*repetitivo in debiti*) contra tal *accipiens*. Esta ação tem este nome, pois, em linguagem jurídica, "repetir" significa "devolver" e "indébito" é aquilo que não é devido. Então a ação é para o falso credor devolver aquilo que não lhe era devido.

Caso o objeto do pagamento indevido já tenha sido alienado pelo falso credor a um terceiro, se tal objeto era coisa móvel, tal alienação vale por uma questão de segurança das relações jurídicas e porque em geral os móveis são menos valiosos do que os imóveis. De qualquer modo, o falso credor vai responder pelo equivalente em dinheiro. No entanto, se o objeto do pagamento indevido for um imóvel que o falso credor já tenha alienado a um terceiro, tal alienação só valerá se feita onerosamente (venda sim, doação não) e o terceiro estiver de boa-fé. Caso contrário o *solvens* poderá perseguir o imóvel e recuperá-lo do terceiro (art. 879 do CC).

4. RESPONSABILIDADE CIVIL

4.1 Linhas gerais

A palavra "responsabilidade" tem sua origem no verbo latino *respondere*, que significa a obrigação que alguém tem de assumir com as consequências jurídicas de sua atividade. O respaldo de tal obrigação, no campo jurídico, está no princípio fundamental da "proibição de ofender", ou seja, a ideia de que a ninguém deve causar prejuízo a outrem. Tal preceito regulamenta toda a vida em sociedade.

A responsabilidade civil pressupõe a atividade danosa de alguém que, atuando a priori ilicitamente, viola uma norma jurídica preexistente (legal ou contratual), subordinando-se, dessa forma, às consequências do seu ato (obrigação de reparar – indenizar).

Nesse trilhar, a responsabilidade civil pode ser contratual ou extracontratual.

Responsabilidade civil contratual: resulta de um contrato entre as partes, onde aquele que não cumprir o pactuado, violando cláusula do contrato, deverá indenizar a vítima pelo dano ou prejuízo. É o caso do inadimplemento absoluto.

Responsabilidade extracontratual: também denominada de aquiliana, a responsabilidade civil extracontratual é a que não deriva de contrato e sim da inobservância direta de uma regra legal. O princípio *neminem laedere* ("a ninguém ofender") rege a responsabilidade aquiliana e tem como fundamento os arts. 186 e 927 do Código Civil Brasileiro.

4.2 Elementos da responsabilidade civil

Para que haja a responsabilidade civil, ou seja, para que uma pessoa seja compelida a indenizar outra, necessário se faz o preenchimento de alguns requisitos. Da leitura do art. 186 do Código Civil extraímos a existência de quatro pressupostos orientadores da responsabilidade civil, quais sejam:

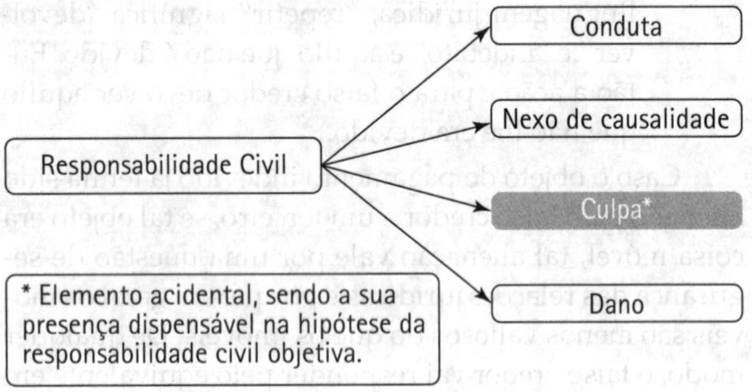

A) Conduta humana: a conduta humana se caracteriza pela ação ou pela omissão do agente. Ou, melhor, é o ato da pessoa que causa dano ou prejuízo a outrem. Quando não há conduta humana causadora de dano, mas, por exemplo, um evento da natureza, não há o que se falar de responsabilidade civil, nem tampouco de obrigação de indenizar.

O núcleo fundamental da noção de conduta é a voluntariedade que resulta exatamente da liberdade de escolha do agente imputável, com discernimento necessário para ter consciência daquilo que faz.

Obs.: O ato ilícito também pode ser verificado pelo abuso de direito. Nesse sentido, afiança o art. 187 do Código Civil que também comete ato ilícito o titular de um direito que, ao exercê-lo, excede manifestamente os limites impostos pelo seu fim econômico ou social, pela boa-fé ou pelos bons costumes.

B) Nexo de causalidade: nexo de causalidade é o liame entre o ato lesivo do agente e o dano ou prejuízo sofrido pela vítima. Ou seja, é o elo entre o ato lesivo e o dano sofrido. Se não for comprovado o nexo de causalidade, por mais que haja conduta humana, não há que se falar em obrigação de indenizar.

C) Culpa: como vimos, a responsabilidade objetiva independe da comprovação da culpa. Dessa forma, a culpa pode ser um dos pressupostos da responsabilidade civil, mas não é um elemento essencial assim como a conduta humana, o nexo de causalidade e o dano.

A culpa pode ser representada por negligência, imprudência ou imperícia.

A **negligência** caracteriza-se pela desatenção ou falta de cuidado ao exercer certo ato, consistindo na omissão ou inobservância de dever de atenção. A **imprudência**, diferentemente da negligência, está revestida de má-fé, ou seja, possui dolo, mesmo que não seja a intenção direta do autor do ato lesivo. É o caso de alguém embriagado assumir a direção de um automóvel e atropelar uma pessoa. Por mais que não tenha a intenção de lesar, assumiu o risco, sabendo do seu estado de embriaguez. Já, para que haja **imperícia**, necessário se faz uma falta de técnica ou de conhecimento de que o agente deveria ter.

Tendo como foco o elemento acidental culpa, a responsabilidade civil pode ser subjetiva ou objetiva.

Responsabilidade subjetiva é aquela que tem por base a culpa do agente, que deve ser comprovada pela vítima para que surja o dever de indenizar. Na responsabilidade subjetiva, não se pode responsabilizar alguém pelo dano ocorrido se não houver culpa. Não basta apenas que haja o comportamento humano causador de dano ou prejuízo.

No entanto, na responsabilidade objetiva, o dever de indenizar independe da presença do elemento culpa. De acordo com o parágrafo único do art. 927 do Código Civil, haverá obrigação de reparar o dano, independentemente de culpa (responsabilidade objetiva), nos casos especificados em lei, ou quando a atividade normalmente desenvolvida pelo autor do dano implicar, por sua natureza, risco para os direitos de outrem. Conclui-se que responsabilidade civil será objetiva ou por previsão legal ou por risco da atividade.

Seguem alguns casos de responsabilidade objetiva por previsão legal:

I – os empresários individuais e as empresas respondem independentemente de culpa pelos danos causados pelos produtos postos em circulação (art. 931 do CC);

II – os pais respondem pelos filhos menores que estiverem sob sua autoridade e em sua companhia (art. 932, I, do CC);

III – o tutor e o curador respondem pelos pupilos e curatelados, que se acharem nas mesmas condições (art. 932, II, do CC);

Obs.: sobre a situação dos incapazes (absolutamente ou relativamente), devemos citar o art. 928 do CC, o qual consagra a responsabilidade civil SUBSIDIÁRIA e MITIGADA dos incapazes, senão vejamos:

> Art. 928. O incapaz responde pelos prejuízos que causar, se as pessoas por ele responsáveis não tiverem obrigação de fazê-lo ou não dispuserem de meios suficientes.
>
> Parágrafo único. A indenização prevista neste artigo, que deverá ser equitativa, não terá lugar se privar do necessário o incapaz ou as pessoas que dele dependem.

IV – o empregador ou comitente respondem por seus empregados, serviçais e prepostos, no exercício do trabalho que lhes competir, ou em razão dele (art. 932, III, do CC);

V – os donos de hotéis, hospedarias, casas ou estabelecimentos onde se albergue por dinheiro, mesmo para fins de educação, respondem pelos seus hóspedes, moradores e educandos (art. 932, IV, do CC);

VI – respondem os que gratuitamente houverem participado nos produtos do crime, até a concorrente quantia (art. 932, V, do CC).

Já com relação à responsabilidade civil objetiva em virtude do risco da atividade, esta se configura quando a atividade normalmente desenvolvida pelo autor do dano causar à pessoa determinada um ônus maior do que aos demais membros da coletividade (enunciado 38 da I Jornada de Direito Civil). Com efeito, atividade de risco é mais um dos diversos conceitos jurídicos indeterminados existentes em nosso Código Civil.

D) Dano: é a lesão, podendo ser destruição ou diminuição, que devido a certo evento, sofre uma pessoa, contra sua vontade, em qualquer bem ou interesse jurídico, patrimonial ou moral.

Assim, como a conduta humana e o nexo causal, é indispensável a presença do dano para a configuração da responsabilidade civil. Como a indenização mede-se pela extensão do dano (art. 944 do CC), sem a ocorrência desse elemento não haveria o que indenizar, e, consequentemente, responsabilidade.

Se a ofensa tiver mais de um autor, pela obrigação de indenizar ficam solidariamente responsáveis todos os coautores (art. 942 do CC).

O dano pode se apresentar em algumas espécies, como, por exemplo, dano material, dano moral, dano estético e dano reflexo.

O dano material é aquele que atinge diretamente o patrimônio da vítima, ou seja, causa a destruição ou diminuição de um bem de valor econômico. O dano material pode se apresentar de duas formas: dano emergente (aquilo que efetivamente se perdeu com o ato lesivo) e lucros cessantes (aquilo que se deixou de ganhar em virtude do ato lesivo).

O dano moral causa lesão em um bem que não pode retornar ao estado anterior por não ter caráter simplesmente pecuniário, diz respeito a direitos da personalidade, como direito a vida, integridade moral, integridade física e integridade psíquica.

O dano estético, considerado pela jurisprudência, é acumulável com o dano moral segundo a Súmula 387 do STJ. O *leading case* que originou a referida súmula traz a situação da amputação de uma das pernas do autor da ação e que pleiteava ambas indenizações. O dano moral diz respeito ao sofrimento, à dor, já o dano estético, quanto à deformidade em si.

Já o dano reflexo consiste no prejuízo que atinge reflexamente pessoa próxima, ligada à vítima direta da atuação ilícita. É o caso, por exemplo, do pai de família que vem a perecer por descuido de um segurança de banco inábil, em uma troca de tiros. Note-se que, a despeito de o dano haver sido sofrido diretamente pelo sujeito que pereceu, os seus filhos, alimentandos, sofreram os seus reflexos, por conta da ausência do sustento paterno. Desde que este dano reflexo seja certo, de existência comprovada, nada impede a sua reparação civil.

4.3 Excludente de responsabilidade civil

As excludentes da responsabilidade civil devem ser entendidas como circunstâncias que, por atacar um dos elementos ou pressupostos gerais da responsabilidade civil, terminam por fulminar qualquer pretensão indenizatória. Nesse sentido, existem ocasiões em que, mesmo havendo os requisitos para caracterização de responsabilidade civil, o agente não será obrigado a indenizar ou terá a indenização compartilhada com a própria vítima.

Seguem as principais causas excludentes da responsabilidade civil:

a) Estado de necessidade: consiste na situação de agressão a um direito alheio, de valor jurídico igual ou inferior àquele que se pretende proteger, para remover perigo iminente, quando as circunstâncias do fato não autorizarem outra forma de atuação.

b) Legítima defesa: o indivíduo encontra-se diante de uma situação atual ou iminente de injusta agressão, dirigida a si ou a terceiro, que não é obrigado a suportar. Vale lembrar que, se o agente, exercendo a sua lídima prerrogativa de defesa, atinge terceiro inocente, terá de indenizá-lo, cabendo-lhe, outrossim, ação regressiva contra o verdadeiro agressor.

c) Exercício regular de um direito: não poderá haver responsabilidade civil se o agente atuar no exercício regular de um direito reconhecido. Se alguém atua escudado pelo Direito, não poderá estar atuando contra esse mesmo Direito. No entanto, se o sujeito extrapola os limites racionais do legítimo exercício do seu direito, fala-se em abuso de direito, situação desautorizada pela ordem jurídica. O abuso de direito é o contraponto do seu exercício regular e, como visto, materializa um ato ilícito.

d) Caso fortuito e força maior: até hoje perdura uma grande divergência doutrinária a respeito da distinção entre caso fortuito e força maior. O pacífico é que estaremos diante dessa excludente quando existe uma determinada ação e esta gera consequências, efeitos imprevisíveis, impossíveis de evitar ou impedir, afastando a responsabilidade civil (parágrafo único do art. 393 do CC).

e) Culpa exclusiva da vítima: consiste na exclusiva atuação culposa da vítima que tem o condão de quebrar o nexo de causalidade, eximindo o agente da responsabilidade civil. Imagine a hipótese do sujeito que, guiando o seu veículo segundo as regras de trânsito, depara com alguém que, visando suicidar-se, arremessa-se sob as suas rodas. Nesse caso, o evento fatídico, obviamente, não poderá ser atribuído ao motorista (agente), mas sim, e tão somente, ao suicida (vítima).

Um bom exemplo positivado de excludente da responsabilidade é a situação do dono, ou detentor, do animal, o qual ressarcirá o dano por este causado, se não provar culpa da vítima ou força maior (art. 936 do CC).

Obs.: A culpa exclusiva da vítima distingue-se da culpa concorrente, pois nesta a vítima concorre culposamente para o evento danoso que sofreu. Diante de uma hipótese de culpa concorrente, a indenização da vítima será fixada tendo-se em conta a gravidade de sua culpa em confronto com a do autor do dano (art. 945 do CC).

Por fim, seguindo a orientação positivada na Lei do Marco Civil da Internet (art. 19 da Lei n. 12.965/2014), o provedor de aplicações de internet somente poderá ser responsabilizado civilmente por danos decorrentes de conteúdo gerado por terceiros se, após ordem judicial específica, não tomar as providências para, no âmbito e nos limites técnicos do seu serviço e dentro do prazo assinalado, tornar indisponível o conteúdo apontado como infringente, ressalvadas as disposições legais em contrário.

5. DIREITO DAS COISAS

5.1 Linhas gerais

O Direito das Coisas reúne as normas legais que norteiam a resolução dos conflitos relacionados ao aproveitamento pelos seres humanos dos bens. O estudo do direito das coisas pode ser fragmentado de acordo com o quadro abaixo:

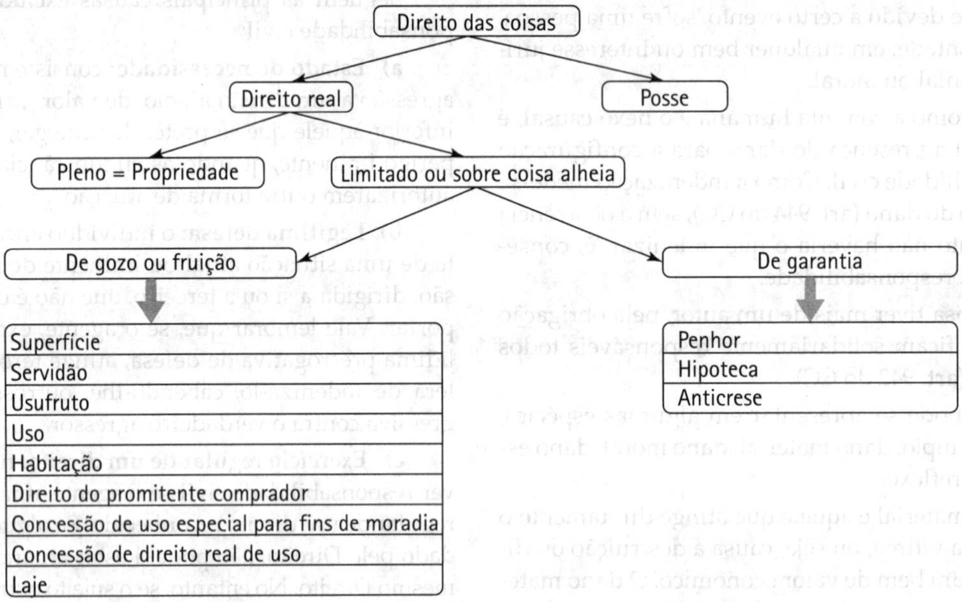

As principais características dos direitos reais são:

a) Eficácia *erga omnes*: ou seja, contra todos, que devem abster-se de molestar o titular.

b) Princípio da taxatividade (*numerus clausus*): a lei define de forma taxativa os direitos reais, não ensejando aplicação analógica.

c) Princípio da perpetuidade: diferente dos direitos pessoais que são transitórios, a propriedade é um direito perpétuo, não se extinguindo pelo não uso, mas somente pelos meios e formas legais: usucapião, renúncia, abandono, desapropriação etc.

d) Direito de sequela: é o direito de perseguir a coisa e reivindicá-la em poder de quem quer que esteja.

e) Princípio da aderência (princípio positivo): existe um vínculo, uma relação de senhoria entre o sujeito e a coisa, não dependendo da colaboração de nenhum sujeito passivo para existir.

f) Exclusividade: não pode haver direito, de igual conteúdo, sobre a mesma coisa. Duas pessoas não ocupam o mesmo espaço jurídico. Até no condomínio, cada consorte tem direito a porções ideais, distintas e exclusivas.

g) Publicidade: os direitos reais sobre bens imóveis só se adquirem com o registro no Cartório de Registro de Imóveis do respectivo título (art. 1.227 do CC). Os que recaem sobre bens móveis só se adquirem depois da tradição (art. 1.226 do CC).

h) Prescrição aquisitiva: uma forma de aquisição de alguns direitos reais é a usucapião (prescrição aquisitiva).

Obs.: Obrigação *propter rem* é a que recai sobre uma pessoa, por força de determinado direito real.

5.2 Posse

CONCEITO: pela teoria objetiva da posse, desenvolvida por Ihering e adotada por nosso Código Civil, posse é a exteriorização do direito de propriedade. Considera-se possuidor todo aquele que tem de fato o exercício, pleno ou não, de algum dos poderes inerentes à propriedade (art. 1.196 do CC).

Há situações em que o indivíduo não é considerado possuidor, mesmo exercendo poderes de fato sobre a coisa. Isso ocorre quando a lei desqualifica a relação para uma mera detenção. Confere o art. 1.198 do Código Civil que detentor é aquele que, achando-se em relação de dependência para com outro, conserva a posse em nome deste e em cumprimento de ordens ou instruções suas.

CLASSIFICAÇÃO DA POSSE:

A) Posse direta e posse indireta: posses direta e indireta surgem do desdobramento da posse plena. De acordo com o art. 1.197 do Código Civil, a posse direta, de pessoa que tem a coisa em seu poder, temporariamente, em virtude de direito pessoal, ou real, não anula a indireta, de quem aquela foi havida, podendo o possuidor direto defender a sua posse contra o indireto. O desdobramento da posse em direta e indireta pode ocorrer em várias espécies de contrato, como no de aluguel, comodato, alienação fiduciária, compromisso de compra e venda etc.

B) Posse exclusiva e composse: exclusiva é a posse de um único possuidor. Já na composse, duas ou mais pessoas exercem, simultaneamente, poderes possessórios sobre a mesma coisa.

C) Posse justa e posse injusta: de acordo com o art. 1.200 do Código Civil, é justa a posse que não for violenta, clandestina ou precária. Posse injusta, por oposição, é aquela que foi adquirida por violência, clandestinidade ou precariedade. A violência pode ser tanto física quanto material. Clandestina é aquela posse que foi adquirida as escondidas. Já a precariedade constata-se quando o agente se nega a devolver a coisa findo o contrato.

D) Posse de boa-fé e posse de má-fé: seguindo o que resta estabelecido no art. 1.201 do Código Civil, é de boa-fé a posse, se o possuidor ignora o vício, ou o obstáculo que impede a aquisição da coisa. Observa-se que essa é uma boa-fé subjetiva, alicerçada na crença do possuidor que se encontra em uma situação legítima. No entanto, se o vício é do seu conhecimento, a posse é de má-fé.

Obs.: A classificação da posse em boa-fé e má-fé é de suma importância para compreensão dos efeitos da posse que adiante serão abordados.

E) Posse com justo título: em suma, seria qualquer documento hábil para transmitir o domínio e a posse. Ex.: uma escritura de compra e venda, devidamente registrada. Segundo o parágrafo único do art. 1.201 do Código Civil, o possuidor com justo título tem por si a presunção de boa-fé, salvo prova em contrário, ou quando a lei expressamente não admite esta presunção.

F) Posse nova e posse velha: nova é a posse de menos de ano e dia. Não se confunde com ação de força nova, que leva em conta o tempo decorrido desde a ocorrência da turbação e do esbulho. Já a posse velha é a de ano e dia ou mais. Também não se confunde com a ação de força velha, proposta depois de ano e dia da turbação ou esbulho.

G) Posse natural e posse civil: posse natural decorre da relação material entre a pessoa e a coisa. Constitui-se pelo exercício de poderes de fato sobre a coisa. Já a posse civil decorre de lei, sem a necessidade de atos físicos ou materiais.

MODOS DE AQUISIÇÃO DA POSSE: Os modos de aquisição da posse frequentemente são classificados em:

I – Originários: quando não há relação de causalidade entre a posse atual e a anterior. Se a aquisição é originária, a posse apresenta-se livre dos vícios que anteriormente a contaminava. Ex.: usucapião, apreensão de coisa sem dono (coisa abandonada – *res derelicta* ou coisa sem dono – *res nullius*) etc.

II – Derivada: quando há uma anuência do anterior possuidor, como na tradição precedida de negócio jurídico. O adquirente a recebe com todos os vícios que existiam na mão do alienante. Essa transmissão pode decorrer da tradição ou da sucessão *inter vivos* e *mortis causa*. A sucessão será objeto de estudo no último capítulo. Agora, seguem algumas referências a respeito da tradição.

A tradição se manifesta por um ato material de entrega da coisa, ou a sua transferência de mão a mão, passando do antigo, ao novo possuidor. Nem sempre a tradição se completa de modo simples. Daí a existência de três espécies de tradição.

a) Tradição real: envolve a entrega efetiva e material da coisa.

b) Tradição simbólica: é representada por um ato que traduz a alienação, como, por exemplo, a entrega das chaves de um apartamento. O objeto não é materialmente entregue, mas o simbolismo do ato é indicativo do propósito de transmitir a posse.

c) Tradição ficta: ocorre no caso do constituto possessório e da *traditio brevimanu*.

I – Constituto possessório: verifica-se quando um alienante transfere a outrem o domínio de um determinado bem, mas conserva a posse em seu poder, por exemplo, na qualidade de inquilino. A cláusula constituto não se presume, devendo constar expressamente do ato ou resultar estipulação que a pressuponha. O primitivo possuidor que tinha a posse plena passa a ter a posse direta, enquanto o novo proprietário se investe na posse indireta, em virtude do acordo celebrado.

II – *Traditio brevi manus*: é exatamente o inverso do constituto possessório, ocorrendo quando o possuidor de uma coisa alheia passa a possuí-la como própria. Assim, quem tem a posse direta do bem em razão de contrato celebrado com o possuidor indireto, e adquire o seu domínio, não precisa devolvê-lo ao dono, para que este novamente lhe faça a entrega real da coisa.

Obs.: O objetivo das tradições fictícias é evitar complicações decorrentes de duas convenções, com duas entregas sucessivas.

PERDA DA POSSE

a) **pelo abandono:** quando o possuidor, intencionalmente, se afasta do bem com o escopo de se privar de sua disponibilidade física e de não mais exercer sobre ela quaisquer atos possessórios;

b) **pela tradição:** além de meio aquisitivo de posse pode ser também de perda da posse;

c) **pela perda da própria coisa:** quando for absolutamente impossível encontrá-la, de modo que não mais se possa utilizá-la economicamente;

d) **pela destruição da coisa:** decorrente de um evento natural e fortuito, de ato do possuidor ou de terceiro;

e) **pela sua inalienabilidade:** quando a coisa é posta fora do comércio por motivo de ordem pública, de moralidade, de higiene ou de segurança coletiva;

f) **pela posse de outrem:** ainda que contra a vontade do possuidor se este não foi manutenido ou reintegrado em tempo competente.

EFEITOS DA POSSE

Efeitos da posse	Boa-Fé	Má-Fé	Observações
Frutos	Tem direito aos frutos percebidos; tem direito às despesas com produção e custeio dos frutos pendentes. Deve restituir os frutos colhidos com antecipação (art. 1.214 do CC)	Responde por todos os frutos colhidos e percebidos, bem como pelos que por sua culpa deixou de perceber. Tem direito as despesas de produção e custeio (evitar enriquecimento ilícito – art. 1.216 do CC).	Art. 1.215. Os frutos naturais e industriais reputam-se colhidos e percebidos, logo que são separados; os civis reputam-se percebidos dia por dia.
Deterioração	Não responde pela perda ou deterioração da coisa a que não der causa (art. 1.217 do CC).	Estando de má-fé responde pela perda ou deterioração, ainda que acidentais.	Única opção de defesa conferida ao possuidor de má-fé é provar que mesmo que a coisa estivesse na posse do reivindicante, ela teria perecido ou deteriorado. Art. 1.218. O possuidor de má-fé responde pela perda, ou deterioração da coisa, ainda que acidentais, salvo se provar que de igual modo se teriam dado, estando ela na posse do reivindicante.
Benfeitorias	Tem direito a indenização pelas benfeitorias necessárias e úteis; levantar as voluptuárias (quando puder); exercer direito de retenção pelo valor das benfeitorias necessárias e úteis (art. 1.219 do CC).	Ressarcido pelas benfeitorias necessárias. Não tem direito de retenção nem pode levantar as voluptuárias (art. 1.220 do CC).	Art. 96. As benfeitorias podem ser voluptuárias, úteis ou necessárias. § 1º São voluptuárias as de mero deleite ou recreio, que não aumentam o uso habitual do bem, ainda que o tornem mais agradável ou sejam de elevado valor. § 2º São úteis as que aumentam ou facilitam o uso do bem. § 3º São necessárias as que têm por fim conservar o bem ou evitar que se deteriore. Art. 1.221. As benfeitorias compensam-se com os danos, e só obrigam ao ressarcimento se ao tempo da evicção ainda existirem.

5.3 Direitos reais

O Código Civil, em seu art. 1.225, dispõe que:

São direitos reais:

I – a propriedade
II – a superfície
III – as servidões
IV – o usufruto
V – o uso
VI – a habitação
VII – o direito do promitente comprador do imóvel
VIII – o penhor
IX – a hipoteca
X – a anticrese
XI – a concessão de uso especial para fins de moradia
XII – a concessão de direito real de uso
XIII – a laje

Cumpre deixar claro que o princípio da taxatividade dos direitos reais afiança que não há direito real senão quando a lei o declarar. Isso, definitivamente, não significa que só são direitos reais os apontados no dispositivo mencionado. Existem outros direitos reais disciplinados de modo esparso ao longo do Código Civil e de outros diplomas.

5.3.1 Propriedade

A propriedade é o principal dos direitos reais. Os poderes atribuídos ao proprietário são: usar, gozar e dispor de um bem, bem como de reivindicá-lo de quem injustamente o detenha (art. 1.228 do CC). É a partir dos desdobramentos desses poderes, que surgem os direitos reais limitados.

O direito de propriedade é direito fundamental previsto constitucionalmente no art. 5º, XXII. Mas não é um direito absoluto, pois admite restrições visando tanto interesse social como o privado.

A propriedade pode ser adquirida por formas originárias (usucapião e acessão) e por formas derivadas (direito hereditário e negócio jurídico seguido pelo registro do título).

a) Usucapião: é também chamada de prescrição aquisitiva, sendo modo de aquisição originária de propriedade, pela posse prolongada e preenchidos os requisitos legais.

Usucapião				
Tipo	**Extraordinária**	**Ordinária (comum)**	**Ordinária especial (posse-trabalho)**	**Ordinária especial rural**
Tempo	Posse exercida por 15 anos, sem interrupção, nem oposição	Posse por 10 anos	Posse por 5 anos	Posse por 5 anos
Boa-fé	Não precisa estar presente	Justo título e boa-fé	Justo título e boa-fé	Não precisa estar presente
Área	Não possui área máxima	Não possui área máxima	Não possui área máxima	Área não pode exceder a 50 hectares
Características específicas			Haver registrado o imóvel em seu nome, com posterior cancelamento do registro; Deve ser utilizado como moradia; Devem ter sido realizadas obras e serviços de interesse social e econômico.	Não ser proprietário de outro imóvel; Tornar a área produtiva e nela morar.

Usucapião			
Tipo	**Especial urbana**	**Coletiva**	**Familiar**
Tempo	Prazo de 5 anos	Prazo de 5 anos	Prazo de 2 anos
Boa-fé	Não precisa estar presente	Não precisa estar presente	Não precisa estar presente
Área	Área não pode exceder a 250 metros quadrados	Posse coletiva de área de mais de 250 metros quadrados	Área não pode exceder a 250 metros quadrados
Características específicas	Utilização para moradia.	Ocupação por população de baixa renda para moradia; Não possuir outro imóvel.	Posse direta, com exclusividade, sobre imóvel urbano; Propriedade divida com ex-cônjuge ou ex-companheiro que abandonou o lar, utilizando-o para sua moradia ou de sua família; Não possui outro imóvel.

Obs.: A hipoteca de imóvel não inviabiliza pedido de usucapião extraordinária feito por terceiro. Com efeito, a usucapião é modo originário de aquisição da propriedade, não sendo a hipoteca capaz de impedir a sua consumação.

b) Por acessão: modo originário de aquisição da propriedade, criado por lei, em virtude do qual tudo o que se une ou incorpora a um bem fica pertencendo ao seu proprietário. As acessões podem ser naturais ou industriais.

I – acessão natural: quando advém de acontecimento natural, sem intervenção humana. São acessões de imóvel para imóvel.

– Formação de ilhas: pelos movimentos sísmicos, de depósito paulatino de areia, cascalho ou fragmentos de terra;

– Aluvião: é o aumento vagaroso, paulatino, de terrenos às margens de um rio não navegável, sem indenização;

– Avulsão: ocorre quando, por força natural violenta, uma porção de terra se destacar de um prédio e se juntar a outro, adquirindo o dono deste a propriedade do acréscimo, se indenizar o dono do primeiro ou, sem indenização, se, em um ano, ninguém houver reclamado;

– Álveo abandonado: um rio que seca ou que se desvia em razão de fenômeno da natureza.

II – acessão industrial ou artificial: quando resultar de trabalho do homem. São acessões de móvel para imóvel e materializam-se por plantações e construções.

Obs.: Se a construção ou a plantação exceder consideravelmente o valor do terreno, aquele que, de boa-fé, plantou ou edificou, adquirirá a propriedade do solo, mediante pagamento da indenização fixada judicialmente, se não houver acordo.

5.3.1.1 Direitos de vizinhança

Direito de vizinhança é o conjunto de regras que ordenam não apenas a abstenção da prática de certos atos (uso nocivo da propriedade) como também de outras que implicam a sujeição do dono de um prédio ao outro. Com efeito, as regras de direito de vizinhança destinam-se a evitar conflitos de interesse entre prédios contíguos, limitando a utilização das propriedades.

1. Do uso anormal da propriedade:

O proprietário ou o possuidor de um prédio tem o direito de fazer cessar as interferências prejudiciais à segurança, ao sossego e à saúde dos que o habitam, provocadas pela utilização de propriedade vizinha. Com efeito, qualquer conduta que traga prejuízo a um desses três "S" (saúde, sossego, segurança) deve ser coibida.

Proíbem-se as interferências considerando-se a natureza da utilização, a localização do prédio, atendidas as normas que distribuem as edificações em zonas, e os limites ordinários de tolerância dos moradores da vizinhança (art. 1.277, parágrafo único, do CC).

2. Das árvores limítrofes:

A árvore, cujo tronco estiver na linha divisória, presume-se pertencer em comum aos donos dos prédios confinantes (art. 1.282 do CC).

As raízes e os ramos de árvore, que ultrapassarem a estrema do prédio, poderão ser cortados, até o plano vertical divisório, pelo proprietário do terreno invadido (art. 1.283 do CC).

Os frutos caídos de árvore do terreno vizinho pertencem ao dono do solo onde caíram, se este for de propriedade particular (art. 1.284 do CC).

3. Da passagem forçada:

A passagem forçada pressupõe a existência de um imóvel encravado. Encravada é a edificação que não tem acesso a via pública, nascente ou porto. Nesse sentido, o Código Civil estabelece em seu art. 1.285 que o dono do prédio que não tiver acesso a via pública, nascente ou porto, pode, mediante pagamento de indenização cabal, constranger o vizinho a lhe dar passagem, cujo rumo será judicialmente fixado, se necessário. E considera como "constrangimento" o vizinho cujo imóvel mais natural e facilmente se prestar à passagem.

4. Da passagem de cabos ou tubulações:

O proprietário é obrigado a tolerar, mediante recebimento de indenização que atenda, também, à desvalorização da área remanescente, a passagem, pelo seu imóvel, de cabos, tubulações e outros condutos subterrâneos de serviços de utilidade pública, em proveito de proprietários vizinhos, quando de outro modo for impossível ou excessivamente onerosa.

O proprietário prejudicado pode exigir que a instalação seja feita de modo menos gravoso ao prédio onerado, bem como, depois, seja removida, à sua custa, para outro local do imóvel (art. 1.286 do CC).

5. Das águas:

Socorra-se ao texto legal para afirmar que o dono ou o possuidor do prédio inferior é obrigado a receber as águas que correm naturalmente do superior, não podendo realizar obras que embaracem o seu fluxo; porém a condição natural e anterior do prédio inferior não pode ser agravada por obras feitas pelo dono ou possuidor do prédio superior (art. 1.288 do CC).

Já o art. 1.289 prevê que quando as águas, artificialmente levadas ao prédio superior, ou aí colhidas, correrem dele para o inferior, poderá o dono deste reclamar que se desviem, ou se lhe indenize o prejuízo que sofrer. Desta indenização será deduzido o valor do benefício obtido.

Por fim, o proprietário de nascente, ou do solo onde caem águas pluviais, satisfeitas as necessidades de seu consumo, não pode impedir ou desviar o curso natural das águas remanescentes pelos prédios inferiores (art. 1.290 do CC).

6. Dos limites entre prédios e do direito de tapagem:

Diz respeito à demarcação do espaço dos prédios de propriedade particular, visando evitar invasões recíprocas, solucionar conflitos de vizinhança, para o exercício de poder de polícia do Estado e para a tributação. Assim, de acordo com o art. 1.297 do CC, o proprietário tem direito a cercar, murar, valar ou tapar de qualquer modo o seu prédio, urbano ou rural, e pode constranger o seu confinante a proceder com ele à demarcação entre os dois prédios, a aviventar rumos apagados e a renovar marcos destruídos ou arruinados, repartindo-se proporcionalmente entre os interessados as respectivas despesas.

7. Direito de construir:

O proprietário pode levantar em seu terreno as construções que lhe aprouver, salvo o direito dos vizinhos e os regulamentos administrativos (art. 1.299 do CC).

No entanto, é defeso abrir janelas, ou fazer eirado, terraço ou varanda, a menos de metro e meio do terreno vizinho. Na zona rural, não será permitido levantar edificações a menos de três metros do terreno vizinho (arts. 1.301 e 1.303 do CC).

5.3.1.2 Condomínio

O condomínio existirá quando os direitos elementares do proprietário pertencerem a mais de um titular. O Código Civil consagra a existência de um condomínio geral e um condomínio edilício ou em edificações.

1. Condomínio geral:

a) Quanto à origem:

– voluntário ou convencional: surgem pela vontade dos condôminos;

– eventual: surgem pela vontade de terceiros (ex. testador ou doador);

– necessário ou legal: imposto pela lei, como no caso das paredes, cercas, muros e valas (*vide* arts. 1.287, 1.298, 1.304 e 1.307 do CC);

b) Quanto à forma:

– *pro diviso* ou *pro indiviso*: no condomínio *pro diviso* cada condômino utiliza parte certa e determinada da coisa. Já no condomínio *pro indiviso*, não há a localização em partes certas e determinadas;

– transitório ou permanente: o condomínio transitório pode ser extinto a todo tempo pela vontade de qualquer condômino. Já o condomínio permanente perdura enquanto persisti a situação que o determinou;

c) Quanto ao objeto:

– universal: quando abrange todos os bens, como, por exemplo, na comunhão hereditária;

– singular: é o que incide sobre coisa determinada.

2. Condomínio edilício:

O condomínio edilício caracteriza-se pela apresentação de uma propriedade comum ao lado de uma propriedade privativa. Cada condômino é titular com, exclusividade, da unidade autônoma e titular de partes ideias das áreas comuns.

Cria-se o condomínio edilício por ato entre vivos ou por testamento, registrado no Cartório de Registro de Imóveis. A administração do condomínio edilício é exercida por um síndico, cujo mandato não pode exceder dois anos, permitindo a reeleição.

5.3.1.3 Multipropriedade

A multipropriedade é o regime de condomínio em que cada um dos proprietários de um mesmo imóvel é titular de uma **fração de tempo**, à qual corresponde a faculdade de uso e gozo, com exclusividade, da totalidade do imóvel, a ser exercida pelos proprietários de forma alternada. Tal instituto constitui-se por ato entre vivos ou testamento, registrado no competente cartório de registro de imóveis, devendo constar daquele ato a duração dos períodos correspondentes a cada fração de tempo.

O imóvel objeto da multipropriedade é indivisível, não se sujeitando a ação de divisão ou de extinção de condomínio. Ademais, a multipropriedade inclui as instalações, os equipamentos e o mobiliário destinados a seu uso e gozo. Cada fração de tempo é indivisível, sendo o período correspondente a cada fração de tempo de no mínimo 7 (sete) dias, seguidos ou intercalados.

O condomínio edilício poderá adotar o regime de multipropriedade em parte ou na totalidade de suas unidades autônomas, mediante previsão no instrumento de instituição ou deliberação da maioria absoluta dos condôminos. A multipropriedade não se extinguirá automaticamente se todas as frações de tempo forem do mesmo multiproprietário.

De acordo com o art. 1358-I do CC, são direitos do multiproprietário, além dos previstos no instrumento de instituição e na convenção de condomínio em multipropriedade:

I – usar e gozar, durante o período correspondente à sua fração de tempo, do imóvel e de suas instalações, equipamentos e mobiliário;

II – ceder a fração de tempo em locação ou comodato;

III – alienar a fração de tempo, por ato entre vivos ou por causa de morte, a título oneroso ou gratuito, ou onerá-la, devendo a alienação e a qualificação do sucessor, ou a oneração, ser informadas ao administrador;

IV – participar e votar, pessoalmente ou por intermédio de representante ou procurador, desde que esteja quite com as obrigações condominiais, em:

a) assembleia geral do condomínio em multipropriedade, e o voto do multiproprietário corresponderá à quota de sua fração de tempo no imóvel;

b) assembleia geral do condomínio edilício, quando for o caso, e o voto do multiproprietário corresponderá à quota de sua fração de tempo em relação à quota de poder político atribuído à unidade autônoma na respectiva convenção de condomínio edilício.

5.3.1.4 Propriedade resolúvel

A propriedade é resolúvel quando o título de aquisição está subordinado a uma condição resolutiva ou ao advento do termo. É uma exceção ao princípio da perpetuidade do direito de propriedade. A propriedade deixa de ser plena, passando a ser limitada.

Hipótese de causa antecedente: previstas na celebração no negócio. Possui eficácia *ex tunc*, retroage. Ex.: retrovenda.

Hipótese de causa superveniente: não há qualquer previsão contratual, mas por previsão legal, ocorrendo independentemente da vontade das partes. Possui efeito *ex nunc*, não retroage. Ex.: revogação de doação ou exclusão da sucessão.

5.3.1.5 Propriedade fiduciária

É a propriedade resolúvel de coisa móvel infungível que o devedor, com o objetivo de garantia, transfere ao credor (art. 1.361 do CC). Na alienação fiduciária em garantia, dá-se a transferência do domínio do bem móvel ao credor (fiduciário), em garantia de pagamento, permanecendo o devedor (fiduciante) com a posse direta da coisa. Pagando a dívida, resolve-se a propriedade. O devedor fiduciante passa a propriedade para o credor, sob condição, mas mantém a posse direta.

Constitui-se a propriedade fiduciária com o registro do contrato, celebrado por instrumento público ou particular, que lhe serve de título, no Registro de Títulos e Documentos do domicílio do devedor, ou, em se tratando de veículos, na repartição competente para o licenciamento, fazendo-se a anotação no certificado de registro.

Com a constituição da propriedade fiduciária, dá-se o desdobramento da posse, tornando-se o devedor possuidor direto da coisa.

Antes de vencida a dívida, o devedor, a suas expensas e risco, pode usar a coisa segundo sua destinação, sendo obrigado, como depositário a empregar na guarda da coisa a diligência exigida por sua natureza e a entregá-la ao credor, se a dívida não for paga no vencimento.

Vencida a dívida, e não paga, fica o credor obrigado a vender, judicial ou extrajudicialmente, a coisa a terceiros, a aplicar o preço no pagamento de seu crédito e das despesas de cobrança, e a entregar o saldo, se houver, ao devedor.

Por fim, é nula a cláusula que autoriza o proprietário fiduciário a ficar com a coisa alienada em garantia, se a dívida não for paga no vencimento.

5.3.2 Direitos reais sobre coisa alheia

A partir do desmembramento dos poderes que compõem o direito real sobre coisa própria (propriedade), surgem os direitos reais sobre coisas alheias.

5.3.2.1 Superfície

A superfície é um direito de fruição ou de gozo sobre coisa alheia pela qual o proprietário (concedente) transfere ao superficiário o direito de plantar e construir em seu terreno, temporariamente, de forma onerosa ou gratuita, celebrado por escritura pública e registrado no Cartório de Registro de Imóveis. O direito de superfície não autoriza obra no subsolo, salvo se for inerente ao objeto da concessão (art. 1.369 do CC).

A concessão da superfície será gratuita ou onerosa; se onerosa, estipularão as partes se o pagamento será feito de uma só vez, ou parceladamente (art. 1.370 do CC).

O superficiário responderá pelos encargos e tributos que incidirem sobre o imóvel (art. 1.371 do CC).

Em caso de alienação do imóvel ou do direito de superfície, o superficiário ou o proprietário tem direito de preferência, em igualdade de condições (art. 1.373 do CC).

Extinta a concessão, o proprietário passará a ter a propriedade plena sobre o terreno, construção ou plantação, independentemente de indenização, se as partes não houverem estipulado o contrário (art. 1.375 do CC).

5.3.2.2 Servidões prediais

É um direito real sobre coisa alheia instituído em favor de um prédio (dominante) sobre outro (serviente), pertencente a um dono diverso, constituindo-se mediante declaração expressa dos proprietários, ou por testamento, e subsequente registro no Cartório de Registro de Imóveis. As servidões não se presumem. O ônus da prova é do dono do prédio dominante.

O objeto das servidões é a necessidade e a criatividade das partes (ex.: servidão de vista, de ventilação, de passagem (ou de trânsito), de passar aqueduto, de retirar água, de retirar areia, de retirar pedra, de pastagem, de passar esgoto etc.)

O dono de uma servidão pode fazer todas as obras necessárias à sua conservação e uso, e, se a servidão pertencer a mais de um prédio, serão as despesas rateadas entre os respectivos donos. Estas obras devem ser feitas pelo dono do prédio dominante, se o contrário não dispuser expressamente o título (arts. 1.380 e 1.381 do CC).

O dono do prédio serviente não poderá embaraçar de modo algum o exercício legítimo da servidão (art. 1.383 do CC).

A servidão pode ser removida, de um local para outro, pelo dono do prédio serviente e à sua custa, se em nada diminuir as vantagens do prédio dominante, ou pelo dono deste e à sua custa, se houver considerável incremento da utilidade e não prejudicar o prédio serviente (art. 1.384 do CC).

As servidões prediais são indivisíveis, e subsistem, no caso de divisão dos imóveis, em benefício de cada uma das porções do prédio dominante, e continuam a gravar cada uma das do prédio serviente, salvo se, por natureza, ou destino, só se aplicarem a certa parte de um ou de outro (art. 1.386 do CC). Abaixo esquema com a classificação das servidões:

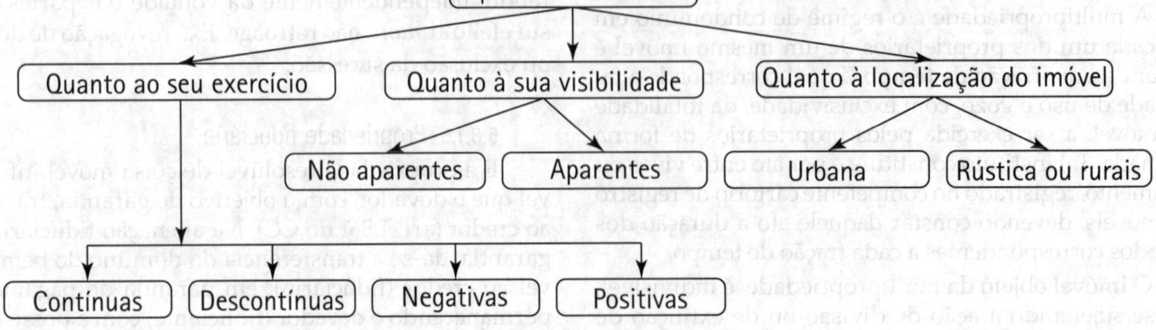

Salvo nas desapropriações, a servidão, uma vez registrada, só se extingue, com respeito a terceiros, quando cancelada (art. 1.387 do CC).

5.3.2.3 Usufruto

É o direito real sobre coisa alheia pelo qual o proprietário (denominado de nu proprietário) confere a alguém (denominado de usufrutuário), durante determinado tempo, a possibilidade de usar e colher frutos, sem alterar a substância.

O usufruto pode recair em um ou mais bens, móveis ou imóveis, em um patrimônio inteiro, ou parte deste, abrangendo-lhe, no todo ou em parte, os frutos e utilidades (art. 1.390 do CC). Salvo disposição em contrário, o usufruto estende-se aos acessórios da coisa e seus acrescidos (art. 1.392 do CC).

Não se pode transferir o usufruto por alienação; mas o seu exercício pode ceder-se por título gratuito ou oneroso (art. 1.393 do CC).

O usufrutuário tem direito à posse, uso, administração e percepção dos frutos (art. 1.394 do CC). Além disso, o usufrutuário é obrigado a dar ciência ao dono de qualquer lesão produzida contra a posse da coisa, ou os direitos deste (art. 1.406 do CC).

De acordo com o art. 1.410 do Código Civil, o usufruto extingue-se, cancelando-se o registro no Cartório de Registro de Imóveis:

I – pela renúncia ou morte do usufrutuário;

II – pelo termo de sua duração;

III – pela extinção da pessoa jurídica, em favor de quem o usufruto foi constituído, ou, se ela perdurar, pelo decurso de trinta anos da data em que se começou a exercer;

IV – pela cessação do motivo de que se origina;

V – pela destruição da coisa;

VI – pela consolidação;

VII – por culpa do usufrutuário, quando aliena, deteriora, ou deixa arruinar os bens, não lhes acudindo com os reparos de conservação, ou quando, no usufruto de títulos de crédito, não dá às importâncias recebidas a aplicação legalmente prevista;

VIII – Pelo não uso, ou não fruição, da coisa em que o usufruto recai.

Obs.: Constituído o usufruto em favor de duas ou mais pessoas, extinguir-se-á a parte em relação a cada uma das que falecerem, salvo se, por estipulação expressa, o quinhão desses couber ao sobrevivente.

5.3.2.4 Uso

Direito real sobre coisa alheia que a título gratuito ou oneroso autoriza uma pessoa a retirar, temporariamente, de coisa alheia todas as utilidades para atender às suas próprias necessidades e às de sua família. No caso concreto, avaliar-se-ão as necessidades pessoais do usuário conforme a sua condição social e o lugar onde viver. As necessidades da família do usuário compreendem as de seu cônjuge, dos filhos solteiros e das pessoas de seu serviço doméstico (art. 1.412 do CC).

O uso é um direito real direito temporário (dura pelo prazo do contrato ou enquanto houver necessidade pessoal ou familiar) e personalíssimo. Além disso, é inalienável não podendo ser transferido para terceiro, a qualquer título.

5.3.2.5 Habitação

Direito real temporário de usar gratuitamente casa alheia, para moradia própria e da família. É o mais restrito dos direitos de fruição. A destinação é exclusiva para a residência, sendo gratuito – o contrato não pode estabelecer qualquer pagamento de aluguel ou outra contraprestação. Também se aplicam as regras do usufruto.

Apesar de mais restrito que o uso, a habitação possui uma maior aplicabilidade prática. Este direito é garantido ao cônjuge sobrevivente, qualquer que seja o regime de bens, sem prejuízo da participação que lhe caiba na herança, relativamente ao imóvel destinado à residência da família, desde que seja o único daquela natureza a inventariar (art. 1.831 do CC).

5.3.2.6 Penhor

Direito real de garantia que se constitui pela transferência efetiva da posse que, em garantia do débito ao credor ou a quem o represente, faz o devedor, ou alguém por ele, de uma coisa móvel, suscetível de alienação. O penhor é direito real acessório e solene.

Para além do penhor convencional, existem outras espécies de penhor. No penhor rural, industrial, mercantil e de veículos, as coisas empenhadas continuam em poder do devedor, que as deve guardar e conservar.

Já o penhor legal não deriva da vontade das partes, mas da lei, com o propósito de garantir certas dívidas de que determinadas pessoas são credoras. De acordo com o art. 1.467, são credores pignoratícios, independentemente de convenção:

I – os hospedeiros, ou fornecedores de pousada ou alimento, sobre as bagagens, móveis, joias ou dinheiro que os seus consumidores ou fregueses tiverem consigo nas respectivas casas ou estabelecimentos, pelas despesas ou consumo que aí tiverem feito;

II – o dono do prédio rústico ou urbano, sobre os bens móveis que o rendeiro ou inquilino tiver guarnecendo o mesmo prédio, pelos aluguéis ou rendas.

Tomado o penhor, requererá o credor, ato contínuo, a sua homologação judicial (art. 1.471 do CC).

Extingue-se o penhor:

I – extinguindo-se a obrigação;

II – perecendo a coisa;

III – renunciando o credor;

IV – confundindo-se na mesma pessoa as qualidades de credor e de dono da coisa;

V – dando-se a adjudicação judicial, a remissão ou a venda da coisa empenhada, feita pelo credor ou por ele autorizada.

5.3.2.7 Hipoteca

Direito real sobre coisa alheia de garantia que grava bem imóvel ou aquele que a lei entende hipotecável, pertencente a devedor ou terceiro, que mantém a posse, conferindo ao credor o direito de excutir a coisa para pagamento da dívida.

A hipoteca é um direito real temporário (dura enquanto durar a obrigação principal), solene, indivisível e que incide sobre bem imóvel. A hipoteca abrange todas as acessões, melhoramentos ou construções do imóvel.

É nula a cláusula que proíbe ao proprietário alienar imóvel hipotecado (art. 1.475 do CC). O dono do imóvel hipotecado pode constituir outra hipoteca sobre ele, mediante novo título, em favor deste ou de outro credor (art. 1.476 do CC). Salvo o caso de insolvência do devedor, o credor da segunda hipoteca, embora vencida, não poderá executar o imóvel antes de vencida a primeira.

A hipoteca extingue-se:

I – pela extinção da obrigação principal;

II – pelo perecimento da coisa;

III – pela resolução da propriedade;

IV – pela renúncia do credor;

V – pela remição;

VI – pela arrematação ou adjudicação.

Extingue-se ainda a hipoteca com a averbação, no Registro de Imóveis, do cancelamento do registro, à vista da respectiva prova (art. 1.500 do CC).

5.3.2.8 Anticrese

Direito real de garantia no qual o credor, mediante posse e fruição do imóvel do devedor, compensa o seu crédito por meio dos frutos percebidos da coisa, imputando na dívida, até o resgate, as importâncias que for recebendo.

O credor anticrético pode administrar os bens dados em anticrese e fruir seus frutos e utilidades, mas deverá apresentar anualmente balanço, exato e fiel, de sua administração. Ademais, o credor anticrético responde pelas deteriorações que, por culpa sua, o imóvel vier a sofrer, e pelos frutos e rendimentos que, por sua negligência, deixar de perceber.

5.3.2.9 Laje

Direito real de laje consagra a possibilidade de coexistência de unidades imobiliárias autônomas de titularidades distintas situadas em uma mesma área, de maneira a permitir que o proprietário ceda a superfície de sua construção a fim de que terceiro edifique unidade distinta daquela originalmente construída sobre o solo (art. 1.510 do CC).

Para todos os efeitos, consideram-se unidades imobiliárias autônomas aquelas que possuam isolamento funcional e acesso independente, qualquer que seja o seu uso, devendo ser aberta matrícula própria para cada uma das referidas unidades.

Estas unidades autônomas poderão ser alienadas e gravadas livremente por seus titulares, não podendo o adquirente instituir sobrelevações sucessivas, observadas as posturas previstas em legislação local.

Ademais, de acordo com o Enunciado n. 627 da VIII Jornada de Direito Civil, o direito real de laje em terreno privado é passível de usucapião.

6. DIREITO DAS FAMÍLIAS

6.1 Espécies de família

A família sofreu profundas mudanças de função, natureza, composição e, consequentemente, de concepção, principalmente após o advento do Estado social, ao longo do século XX. Hoje, a CF de 1988 estabelece em seu art. 226 que a família é a base da sociedade. A multiplicidade de arranjos familiares é uma marca do direito das famílias moderno.

Espécies de família		
Convencional	→	Também chamada de família tradicional é aquela decorrente do casamento e do parentesco
Monoparental	→	É a família formada por um dos pais e seus filhos
Homoafetiva	→	É a família formada pela união de pessoas do mesmo sexo
Socioafetiva	→	É a família formada pela união entre pessoas que já possuem prole, decorrentes do parentesco por afinidade

6.2 Parentesco

É relação jurídica estabelecida pela lei ou por decisão judicial entre uma pessoa e as demais que integram o grupo familiar, nos limites da lei. O parentesco pode ser consanguíneo, por afinidade ou civil.

Parentesco		
Parentesco consanguíneo	→	É aquele em que as pessoas descendem umas das outras.
Parentesco por afinidade	→	É o vínculo que decorre do casamento e da união estável, vinculando-se com os parentes do cônjuge ou companheiro (cunhado, sogros, genros, nora, enteados).
Parentesco civil	→	É aquele decorrente da adoção.

O parentesco também pode ser analisado na linha reta ou na linha colateral.

a) Linha reta – pessoas que descendem umas das outras, que pode ser ascendente ou descendente. O parentesco na linha reta é infinito.

b) Linha colateral ou transversal – pessoas que descendem de um tronco comum, sem descenderem umas das outras. Na colateral só se estende o parentesco até o quarto grau (art. 1.592).

A contagem de grau de parentesco sempre se faz levando em conta as gerações que medeiam um parente e outro. É a distância em gerações, que vai de um a outro parente.

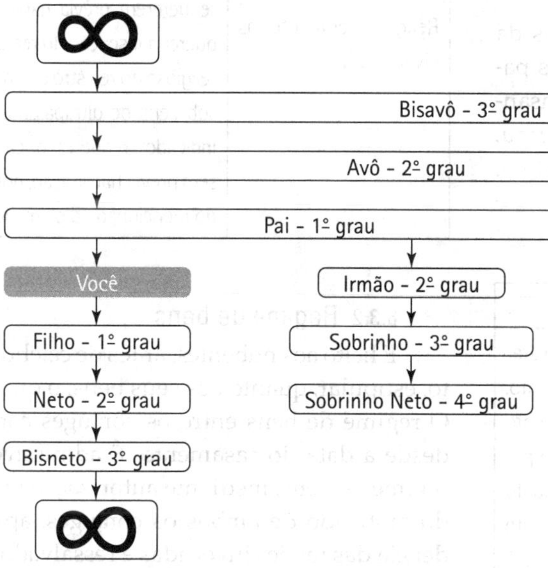

Obs.: Os afins na linha reta não se extinguem com a dissolução do casamento que os originou. Portanto, mesmo que alguém se divorcie, ou fique viúvo, continuará existindo o vínculo de afinidade com a sogra ou sogro.

6.3 Casamento

É um ato jurídico negocial, solene, público e complexo, mediante o qual duas pessoas constituem família, pela livre manifestação de vontade e pelo reconhecimento do Estado. A liberdade matrimonial é um direito fundamental, apenas limitado nas hipóteses de impedimento, como incesto e bigamia.

Além da imediata vigência do regime de bens, o casamento traz como efeitos e imposição de deveres entre os cônjuges quais sejam: fidelidade recíproca (adultério), vida em comum no domicílio conjugal (abandono de lar), mútua assistência material e imaterial e obrigação de sustento, guarda e educação dos filhos menores.

O consentimento e a celebração são essenciais ao ato. Na ausência de algum deles, o casamento será inexistente.

O nosso ordenamento jurídico estabelece que algumas pessoas não podem casar. São os denominados impedimentos matrimoniais. Caso a pessoa impedida venha a casar, este ato será nulo. O rol dos impedimentos encontra-se no art. 1.521 do Código Civil:

I – os ascendentes com os descendentes, seja o parentesco natural ou civil;

II – os afins em linha reta;

III – o adotante com quem foi cônjuge do adotado e o adotado com quem o foi do adotante;

IV – os irmãos, unilaterais ou bilaterais, e demais colaterais, até o terceiro grau inclusive;

V – o adotado com o filho do adotante;

VI – as pessoas casadas;

VII – o cônjuge sobrevivente com o condenado por homicídio ou tentativa de homicídio contra o seu consorte.

Tais impedimentos podem ser opostos, até o momento da celebração do casamento, por qualquer pessoa capaz. Ademais, se o juiz, ou o oficial de registro, tiver conhecimento da existência de algum impedimento, será obrigado a declará-lo (art. 1.522 do CC).

Além das mencionadas hipóteses de impedimento, existem causas suspensivas do casamento. Essas causas suspensivas não impedem a celebração do casamento, mas acarretam a imposição de regime matrimonial de separação total de bens. Não há qualquer sanção de invalidade por sua não observância. O casamento registrado é plenamente válido e eficaz, com as restrições que a lei impõe. Segundo o art. 1.523 do CC, não devem casar:

I – o viúvo ou a viúva que tiver filho do cônjuge falecido, enquanto não fizer inventário dos bens do casal e der partilha aos herdeiros;

II – a viúva, ou a mulher cujo casamento se desfez por ser nulo ou ter sido anulado, até dez meses depois do começo da viuvez, ou da dissolução da sociedade conjugal;

III – o divorciado, enquanto não houver sido homologada ou decidida a partilha dos bens do casal;

IV – o tutor ou o curador e os seus descendentes, ascendentes, irmãos, cunhados ou sobrinhos, com a pessoa tutelada ou curatelada, enquanto não cessar a tutela ou curatela, e não estiverem saldadas as respectivas contas.

Destaca-se o parágrafo único do art. 1.523 que permite aos nubentes solicitar ao juiz que não lhes sejam aplicadas as causas suspensivas previstas nos casos I, III e IV, desde que se prove a inexistência de prejuízo, respectivamente, para o herdeiro, para o ex-cônjuge e para a pessoa tutelada ou curatelada; no caso II, a nubente deverá provar nascimento de filho, ou inexistência de gravidez, na fluência do prazo.

Importa em indicar que as causas suspensivas da celebração do casamento podem ser arguidas pelos parentes em linha reta de um dos nubentes, sejam consanguíneos ou afins, e pelos colaterais em segundo grau, sejam também consanguíneos ou afins (art. 1.524 do CC).

6.3.1 Espécies de casamento

Espécies de casamentos	
Por procuração	A regra é que os nubentes devam estar presentes na celebração do casamento. Contudo, a lei admite que o consentimento de um, ou de ambos, seja manifestado por um procurador, desde que haja mandato com poderes especiais. Só por instrumento público se poderá revogar o mandato. A eficácia desse mandato não ultrapassará noventa dias (art. 1.542 do Código Civil).
Putativo	Considera-se casamento putativo o que foi constituído com infringência dos impedimentos matrimoniais, portanto, nulo, ou das causas suspensivas, portanto, anulável, quando um ou ambos os cônjuges desconheciam o fato obstativo. O cônjuge está de boa-fé pelo simples fato de crer na plena validade do casamento. Esse casamento gera os mesmos efeitos de um casamento válido, até a data da sentença que declara o vício, para o cônjuge que estava de boa-fé e para os filhos.
Nuncupativo e em caso de moléstia grave	O art. 1.540 do CC e a Lei n. 6.015/73 (Lei de Registros Públicos) abrem duas exceções quanto às formalidades preliminares do casamento. A primeira em caso de moléstia grave de um dos nubentes (arts. 198 e 76 da Lei n. 6.015/73); a segunda, na hipótese de estar um deles em iminente risco de vida (arts. 199, 200 e 76 da Lei n. 6.015/73). Neste caso, mesmo que não tenha havido habilitação, o casamento será realizado até mesmo sem a presença do juiz de casamento, mas na presença de seis testemunhas, que deverão comparecer em juízo nos cinco dias seguintes para confirmar que houve mesmo o casamento.
Religioso com efeitos civis	Especificamente previsto no art. 1.515 e regulamentado pela Lei n. 6.015/73 (arts. 71 a 75), poderá ser prévio ou posterior à realização da cerimônia religiosa. Os nubentes que requererem prévia habilitação deverão requerer a inscrição do registro do casamento religioso no registro civil no prazo de 30 dias, sob pena de ultrapassado o período acima indicado, requerer o casamento religioso sem prévia habilitação, nos termos do art. 74 do mencionado diploma legal.

6.3.2 Regime de bens

É lícito aos nubentes, antes de celebrado o casamento, estipular, quanto aos seus bens, o que lhes aprouver. O regime de bens entre os cônjuges começa a vigorar desde a data do casamento. É admissível alteração do regime de bens, mediante autorização judicial em pedido motivado de ambos os cônjuges, apurada a procedência das razões invocadas e ressalvados os direitos de terceiros (art. 1.639 do CC).

6.3.2.1 Pacto antenupcial

Antes do casamento, durante o processo de habilitação, podem os nubentes, livremente, por meio de um pacto antenupcial, estipular o que quiserem sobre o regime de bens (art. 1.640, parágrafo único do CC). Assim, o pacto antenupcial é o documento público, hábil para consubstanciar o regime de bens adotado, quando diverso do legal. É um acordo de vontades, em que os cônjuges estabelecem as regras sobre os direitos patrimoniais decorrentes do casamento. Observe que este ato será nulo se não for feito por escritura pública e ineficaz se não lhe seguir o casamento (art. 1.653 do CC). Quando realizado por menor, a eficácia do pacto antenupcial fica condicionada à aprovação de seu representante legal, salvo as hipóteses de regime obrigatório de separação de bens (art. 1.654 do CC).

6.3.2.2 Comunhão parcial

Não tendo os nubentes celebrado pacto antenupcial dispondo sobre questões patrimoniais, prevalece o regime da comunhão parcial (art. 1.640 do CC). É o regime oficial ou supletivo. Os bens adquiridos na constância do casamento comunicam-se. Trata-se de um regime de separação quanto ao passado e de comunhão quanto ao futuro.

São *bens comuns*, além das benfeitorias em bens particulares de cada cônjuge, aqueles (art. 1.660 do CC):

I – adquiridos na constância do casamento por título oneroso, ainda que só em nome de um dos cônjuges;

II – adquiridos por fato eventual, com ou sem o concurso de trabalho ou despesa anterior;

III – adquiridos por doação, herança ou legado, em favor de ambos os cônjuges;

IV – os frutos dos bens comuns, ou dos particulares de cada cônjuge, percebidos na constância do casamento, ou pendentes ao tempo de cessar a comunhão.

No entanto, são exceções, porque se excluem da comunhão (art. 1.659 do CC):

I – os bens que cada cônjuge possuir ao casar, e os que lhe sobrevierem, na constância do casamento, por doação ou sucessão, e os sub-rogados em seu lugar;

II – os adquiridos com valores exclusivamente pertencentes a um dos cônjuges em sub-rogação dos bens particulares e os de uso pessoal, os livros e instrumentos de profissão;

III – as obrigações anteriores ao casamento;

IV – as obrigações provenientes de atos ilícitos, salvo reversão em proveito do casal;

V – os bens de uso pessoal, os livros e os instrumentos de profissão;

VI – os proventos do trabalho pessoal de cada cônjuge;

VII – as pensões, meios-soldos, montepios e outras rendas semelhantes.

São incomunicáveis, também, os bens cuja aquisição tiver por título uma causa anterior ao casamento (art. 1.661 do CC).

6.3.2.3 Comunhão universal

Comunicam-se todos os bens, atuais e futuros, dos cônjuges, ainda que adquiridos em nome de um só deles, bem como as dívidas posteriores ao casamento. Assim, ocorre uma fusão entre os acervos trazidos para o matrimônio por qualquer dos nubentes, formando uma única universalidade. A comunhão universal deve ser estipulada em pacto antenupcial.

Mesmo se tratando de comunhão universal, existem umas algumas exceções a comunicabilidade plena (art. 1.668 do CC).

I – os bens doados ou herdados com a cláusula de incomunicabilidade e os sub-rogados em seu lugar;

II – os bens gravados de fideicomisso e o direito do herdeiro fideicomissário, antes de realizada a condição suspensiva;

III – as dívidas anteriores ao casamento, salvo se provierem de despesas com seus aprestos, ou reverterem em proveito comum;

IV – as doações antenupciais feitas por um dos cônjuges ao outro com a cláusula de incomunicabilidade;

V – os bens de uso pessoal, os livros e instrumentos de profissão;

VI – os proventos do trabalho pessoal de cada cônjuge;

VII – as pensões, meios-soldos, montepios e outras rendas semelhantes.

A incomunicabilidade dos bens enumerados no artigo antecedente não se estende aos frutos, quando se percebam ou vençam durante o casamento (art. 1.669 do CC). Extinta a comunhão, e efetuada a divisão do ativo e do passivo, cessará a responsabilidade de cada um dos cônjuges para com os credores do outro (art. 1.671 do CC).

6.3.2.4 Participação final dos aquestos

No regime de participação final nos aquestos, cada cônjuge possui patrimônio próprio, e lhe cabe, à época da dissolução da sociedade conjugal, direito à metade dos bens adquiridos pelo casal, a título oneroso, na constância do casamento (art. 1.672 do CC).

Durante o casamento há a formação de massa de bens particulares incomunicáveis, mas que se tornam comuns no momento da dissolução do matrimônio. É um sistema híbrido entre a separação de bens e a comunhão de bens.

A administração desses bens é exclusiva de cada cônjuge, que os poderá livremente alienar, se forem móveis. Quando da dissolução do casal, irá se apurar o montante dos aquestos, presumindo-se adquiridos durante o casamento os bens móveis (salvo prova em contrário), excluindo-se da soma:

I – os bens anteriores ao casamento e os que em seu lugar se sub-rogaram;

II – os que sobrevieram a cada cônjuge por sucessão ou liberalidade;

III – as dívidas relativas a esses bens.

As dívidas de um dos cônjuges, quando superiores à sua meação, não obrigam ao outro, ou a seus herdeiros (art. 1.672 do CC).

6.3.2.5 Separação convencional

Apenas dois artigos cuidam do regime da separação convencional dos bens (arts. 1.687 e 1.688 do CC). Mediante a elaboração de um pacto antenupcial, podem os nubentes optar pela incomunicabilidade total dos bens.

Nesse caso, o casamento não irá repercutir na esfera patrimonial dos cônjuges, podendo cada um livremente alienar e gravar de ônus reais os seus bens. Ambos os cônjuges são obrigados a contribuir para as despesas do casal na proporção dos rendimentos de seu trabalho e de seus bens, salvo estipulação em contrário no pacto antenupcial.

6.3.2.6 Separação legal ou obrigatória

A escolha do regime de bens, feita em virtude do casamento, rege a situação patrimonial do casal durante sua vigência, mas tem maior significado quando da sua dissolução. Vimos que no silêncio, ausência do pacto antenupcial, vigora o regime da comunhão parcial.

Contudo, há hipóteses em que a vontade dos nubentes não é respeitada. Nesse caso, impõe o legislador, é o regime da separação obrigatória de bens.

São casos que exigem a separação legal de bens (art. 1.641 do CC):

I – das pessoas que o contraírem com inobservância das causas suspensivas da celebração do casamento;

II – da pessoa maior de 70 anos;

III – de todos os que dependerem, para casar, de suprimento judicial.

7.3.3 Dissolução do casamento

A dissolução da sociedade conjugal pode se dar por algumas causas, quais sejam:

a) Morte: ocorre com a morte real e com a declaração judicial de ausência.

b) Casamento nulo: são as hipóteses de casamento contraído por infringência de impedimento.

c) Casamento anulável: é anulável o casamento de quem não completou a idade mínima para casar; do menor em idade núbil, quando não autorizado por seu representante legal; por vício da vontade; do incapaz de consentir ou manifestar, de modo inequívoco, o consentimento; realizado pelo mandatário, sem que ele ou o outro contraente soubesse da revogação do mandato, e não sobrevindo coabitação entre os cônjuges; por incompetência da autoridade celebrante.

Obs.: A pessoa com deficiência mental ou intelectual em idade núbia poderá contrair matrimônio, expressando sua vontade diretamente ou por meio de seu responsável ou curador.

d) Divórcio: divórcio-conversão (indireto) é aquele que ocorre quando houve uma prévia separação judicial (consensual ou litigiosa). Pode ser requerida a conversão da separação em divórcio após um ano do trânsito em julgado da prévia separação ou da decisão que tiver concedido separação cautelar (art. 1.580 do CC). A conversão poderá ser litigiosa ou consensual. Divórcio direto é aquele que se requer após o lapso de dois anos ininterruptos de separação de fato (art. 1.580, § 2º). Não há necessidade de outro fundamento, portanto, a defesa, caso seja litigioso o pedido, só pode se fundar na falta do prazo. O divórcio pode ser concedido sem que haja prévia partilha de bens (art. 1.581).

Obs.: O divórcio não modificará os direitos e deveres dos pais em relação aos filhos.

6.4 União estável

É reconhecida como entidade familiar a união estável entre o homem e a mulher, configurada na convivência pública, contínua e duradoura e estabelecida com o objetivo de constituição de família (art. 1.723 do CC). Estabelece que a união estável não se constituirá se ocorrerem os impedimentos para o casamento, não se aplicando o caso de a pessoa casada se achar separada de fato ou judicialmente. Entretanto, as causas suspensivas do art. 1.523 não impedirão a caracterização da união estável.

As relações pessoais entre os companheiros obedecerão aos deveres de lealdade, respeito e assistência, e de guarda, sustento e educação dos filhos (art. 1.724 do CC). Na união estável, salvo contrato escrito entre os companheiros, aplica-se às relações patrimoniais, no que couber, o regime da comunhão parcial de bens (art. 1.725 do CC).

A união estável poderá converter-se em casamento, mediante pedido dos companheiros ao juiz e assento no Registro Civil (art. 1.726 do CC). Ademais, as relações não eventuais entre o homem e a mulher, impedidos de casar, constituem concubinato (art. 1.727 do CC).

6.5 Filiação

É a relação de parentesco que se estabelece entre duas ou mais pessoas, uma das quais nascida da outra, ou adotada, ou vinculada mediante posse de estado de filiação ou por concepção derivada de inseminação artificial heteróloga. O Código Civil estabelece que os filhos, havidos ou não da relação de casamento, ou por adoção, terão os mesmos direitos e qualificações, proibidas quaisquer designações discriminatórias relativas à filiação.

Presunção de concepção de filiação na constância do casamento
Nascidos 180 dias, pelo menos, depois de estabelecida a convivência conjugal.
Nascidos nos 300 dias subsequentes à dissolução da sociedade conjugal, por morte, separação judicial, nulidade e anulação do casamento.
Havidos por fecundação artificial homóloga, mesmo que falecido o marido.
Havidos, a qualquer tempo, quando se tratar de embriões excedentários, decorrentes de concepção artificial homóloga.
Havidos por inseminação artificial heteróloga, desde que tenha prévia autorização do marido.

Trata-se de presunção relativa, que pode ser elidida pelo marido pela ação negatória de paternidade (art. 1.601 do CC), sendo tal ação imprescritível.

A filiação prova-se pela certidão do termo de nascimento registrada no Registro Civil (art. 1.603 do CC). Porém, na falta, ou defeito, do termo de nascimento, poderá provar-se a filiação por qualquer modo admissível em direito:

I – quando houver começo de prova por escrito, proveniente dos pais, conjunta ou separadamente;

II – quando existirem veementes presunções resultantes de fatos já certos.

6.5.1 Reconhecimento de filhos

O reconhecimento, voluntário ou forçado, tem por fito assegurar ao filho o direito ao pai e à mãe. Este reconhecimento, que é um ato irrevogável, pode se dar pelos pais, conjunta ou separadamente, nas seguintes hipóteses:

Reconhecimento dos filhos
No registro do nascimento.
Por escritura pública ou escrito particular, a ser arquivado em cartório.
Por testamento, ainda que incidentalmente manifestado.
Por manifestação direta e expressa perante o juiz, ainda que o reconhecimento não haja sido o objeto único e principal do ato que o contém.

São ineficazes a condição e o termo apostos ao ato de reconhecimento do filho. O filho maior não pode ser reconhecido sem o seu consentimento, e o menor pode impugnar o reconhecimento, nos quatro anos que se seguirem à maioridade, ou à emancipação (arts. 1.613 e 1.614 do CC).

Obs.: O reconhecimento pode preceder o nascimento do filho ou ser posterior ao seu falecimento, se ele deixar descendentes. Este reconhecimento não pode ser revogado, nem mesmo quando feito em testamento.

6.6 Poder familiar

O poder familiar é o exercício da autoridade dos pais sobre os filhos, no interesse destes. Configura uma autoridade temporária, exercida até a maioridade ou emancipação dos filhos. Durante o casamento e a união estável, compete o poder familiar aos pais; na falta ou impedimento de um deles, o outro o exercerá com exclusividade.

Divergindo os pais quanto ao exercício do poder familiar, é assegurado a qualquer deles recorrer ao juiz para solução do desacordo (art. 1.631 do CC).

A separação judicial, o divórcio e a dissolução da união estável não alteram as relações entre pais e filhos senão quanto ao direito, que aos primeiros cabe, de terem em sua companhia os segundos (arts. 1.632 do CC).

Ademais, o filho, não reconhecido pelo pai, fica sob poder familiar exclusivo da mãe; se a mãe não for conhecida ou capaz de exercê-lo, dar-se-á tutor ao menor (art. 1.633 do CC). Como o poder familiar é um *múnus* que deve ser exercido no interesse do filho menor, o Estado pode interferir nessa relação. Nesse sentido, o Código Civil, nos arts. 1.635 e 1.638, consagra hipóteses de extinção e perda do poder familiar. Veja tabela ilustrativa:

Extinção de poder familiar	Perda do poder familiar
Pela morte dos pais ou do filho;	Castigar imoderadamente o filho;
Pela emancipação, nos termos do art. 5º, parágrafo único;	Deixar o filho em abandono;
Pela maioridade;	Praticar atos contrários à moral e aos bons costumes;
Pela adoção;	Incidir, reiteradamente, nas faltas previstas no artigo antecedente;
Por decisão judicial, na forma do art. 1.638;	Entregar de forma irregular o filho a terceiros para fins de adoção;
	Praticar contra outrem igualmente titular do mesmo poder familiar: a) homicídio, feminicídio ou lesão corporal de natureza grave ou seguida de morte, quando se tratar de crime doloso envolvendo violência doméstica e familiar ou menosprezo ou discriminação à condição de mulher; b) estupro ou outro crime contra a dignidade sexual sujeito à pena de reclusão;
	Praticar contra filho, filha ou outro descendente: a) homicídio, feminicídio ou lesão corporal de natureza grave ou seguida de morte, quando se tratar de crime doloso envolvendo violência doméstica e familiar ou menosprezo ou discriminação à condição de mulher; b) estupro, estupro de vulnerável ou outro crime contra a dignidade sexual sujeito à pena de reclusão.

6.7 Alimentos

Alimentos são valores, bens ou serviços destinados às necessidades existenciais da pessoa, em virtude de relação de parentesco, quando ela própria não consegue, com seu trabalho ou rendimentos, a sua própria manutenção. De acordo com o art. 1.700 do Código Civil, a obrigação de prestar alimentos transmite-se aos herdeiros do devedor.

O direito à prestação de alimentos é recíproco entre pais e filhos, e extensivo a todos os ascendentes, recaindo a obrigação nos mais próximos em grau, uns em falta de outros. Na falta dos ascendentes, cabe a obrigação aos descendentes, guardada a ordem de sucessão e, faltando estes, aos irmãos, assim germanos como unilaterais (arts. 1.696 e 1.697 do CC).

Se o parente, que deve alimentos em primeiro lugar, não estiver em condições de suportar totalmente o encargo, serão chamados a concorrer os de grau imediato; sendo várias as pessoas obrigadas a prestar alimentos, todas devem concorrer na proporção dos respectivos recursos, e, intentada ação contra uma delas, poderão as demais ser chamadas a integrar a lide (art. 1.698 do CC).

Os alimentos devem ser fixados na proporção das necessidades do reclamante e dos recursos da pessoa obrigada. No entanto, os alimentos serão apenas os indispensáveis à subsistência, quando a situação de necessidade resultar de culpa de quem os pleiteia (art. 1.694 do CC).

O direito aos alimentos é irrenunciável. Pode o credor não exercer, porém lhe é vedado renunciar, sendo o respectivo crédito insuscetível de cessão, compensação ou penhora (art. 1.707 do CC).

Na fixação dos alimentos não há coisa julgada. Prevalece o princípio *rebus sic stantibus*. Sobrevindo mudança na situação financeira de quem os supre, ou na de quem os recebe, poderá o interessado reclamar ao juiz, conforme as circunstâncias, exoneração, redução ou majoração do encargo.

Provisórios são os alimentos fixados liminarmente na ação de alimentos movida pelo rito especial (Lei n. 5.478/68 – requer-se a prova pré-constituída do dever de alimentar). Provisionais são os determinados em medida cautelar, preparatória ou incidental, de ação de separação judicial, divórcio, nulidade ou anulação de casamento, ou investigação de paternidade.

Com o casamento, a união estável ou o concubinato do credor, cessa o dever de prestar alimentos. Com relação ao credor cessa, também, o direito a alimentos, se tiver procedimento indigno em relação ao devedor (art. 1.708 do CC). O novo casamento do cônjuge devedor não extingue a obrigação constante da sentença de divórcio (art. 1.709 do CC).

6.8 Tutela, curatela e tomada de decisão apoiada

A tutela, curatela e a tomada de decisão apoiada são institutos que têm por finalidade a representação legal e a administração dos bens de uma pessoa por outra, em decorrência da incapacidade da primeira de gerir a sua vida e os seus interesses.

a) **Tutela:** encargo conferido por lei a uma pessoa capaz, para cuidar da pessoa do menor e administrar seus bens. Os filhos menores são postos em tutela com o falecimento/ausência dos pais ou em caso de os pais decaírem do poder familiar

Representa um instituto assistencial, que objetiva substituir o pátrio poder, quando os pais forem declarados ausentes ou destituídos dele, ou falecerem. A tutela é um *múnus* público, ou seja, um encargo imposto pelo Estado, não sendo permitida a recusa da nomeação, salvo nas hipóteses preestabelecidas em lei. O direito de nomear tutor compete aos pais, em conjunto, e tal nomeação deve constar de testamento ou de qualquer outro documento autêntico (art. 1.729 do CC).

Para fiscalização dos atos do tutor, pode o juiz nomear um protutor. Os bens do menor serão entregues ao tutor mediante termo especificado deles e seus valores, ainda que os pais o tenham dispensado.

Pode haver tutela testamentária (nomeado o tutor pelo pai ou mãe em testamento); legítima (é a estabelecida por lei); dativa (resulta de decisão judicial, na falta das anteriores) e irregular (aquela na qual não há nomeação, na forma legal, mas o suposto tutor zela pelo menor e seus bens, como se estivesse legitimamente investido).

Cessa a condição de tutelado com a maioridade/emancipação do menor ou ao cair o menor sob o poder familiar, no caso de reconhecimento ou adoção (art. 1.763 do CC).

b) **Curatela:** é o encargo público atribuído a alguém para proteção dos maiores incapazes, isto é, sem condições de zelar por seus interesses, reger a sua vida ou administrar seu patrimônio. Estão sujeitos à curatela (art. 1.767 do CC):

I – aqueles que, por causa transitória ou permanente, não puderem exprimir sua vontade;

II – REVOGADO – redação dada pela Lei n. 13.146/2015;

III – os ébrios habituais e os viciados em tóxico;

IV – REVOGADO – redação dada pela Lei n. 13.146/2015;

V – os pródigos.

Na nomeação de curador para a pessoa com deficiência, o juiz poderá estabelecer curatela compartilhada a mais de uma pessoa (art. 1.775-A do CC).

A interdição do pródigo só o privará de, sem curador, emprestar, transigir, dar quitação, alienar, hipotecar, demandar ou ser demandado, e praticar, em geral, os atos que não sejam de mera administração (art. 1.782 do CC).

c) **Tomada de decisão apoiada:** de acordo com o art. 1.783-A do Código Civil, a tomada de decisão apoiada é o processo pelo qual a pessoa com deficiência elege pelo menos duas pessoas idôneas, com as quais mantenha vínculos e que gozem de sua confiança, para prestar-lhe apoio na tomada de decisão sobre atos da vida civil, fornecendo-lhes os elementos e informações necessários para que possa exercer sua capacidade.

Nesse mesmo trilhar, o § 1º do art. 1.783-A do Código Civil estabelece que para formular pedido de tomada de decisão apoiada a pessoa com deficiência e os apoiadores devem apresentar termo em que constem os limites do apoio a ser oferecido e os compromissos dos apoiadores, inclusive o prazo de vigência do acordo e o respeito à vontade, aos direitos e aos interesses da pessoa que devem apoiar.

Antes de se pronunciar sobre o pedido de tomada de decisão apoiada, o juiz, assistido por equipe multidisciplinar, após oitiva do Ministério Público, ouvirá pessoalmente o requerente e as pessoas que lhe prestarão apoio.

7. DIREITOS DAS SUCESSÕES

7.1 Linhas gerais

O direito das sucessões cuida da transmissão de bens realizada com o advento da morte de uma determinada pessoa. A palavra sucessão significa substituir uma pessoa por outra, que vai assumir suas obrigações e adquirir seus direitos.

O direito de herança é garantido constitucionalmente no art. 5º, XXX, bem como o direito de propriedade no art. 5º, XXII. Estes dois direitos estão intimamente ligados, pois se a propriedade de bens nos fosse negada, não teríamos o que deixar de herança a nossos sucessores.

A transmissão da herança é o ato por meio do qual o patrimônio se destaca da esfera jurídica do sucedendo e se incorpora à esfera jurídica dos sucessores. Por uma ficção jurídica, no exato momento em que um indivíduo falece, transmite-se desde logo o domínio e a posse de sua herança a seus herdeiros legítimos e testamentários (art. 1.784 do CC), é a chamada *Saisine*.

Para que haja essa transmissão, temos de ter a morte do sucedendo e a sobrevivência do sucessor. Com efeito, tem legitimidade para suceder aquele já nascido ou concebido no momento da abertura da sucessão (art. 1.798 do CC).

7.2 Sucessão testamentária e legítima

Conforme a sucessão se dê pela vontade do sucedendo ou pela lei, fala-se respectivamente em sucessão testamentária e sucessão legítima.

a) **SUCESSÃO TESTAMENTÁRIA:** se houver testamento, a sucessão testamentária predomina sobre a sucessão legítima (art. 1.788 do CC), dentro dos limites da lei (art. 1.789 do CC). Caso o indivíduo possua herdeiros necessários (cônjuge, ascendente e descendente – art. 1.845 do CC), a liberdade de testar não é assim absoluta, pois metade pertence aos herdeiros necessários. Só a outra metade é que pode ser deixada para quem o testador desejar. Quem não possui herdeiros necessários pode testar em favor de qualquer pessoa. Não importam quantos sejam os herdeiros necessários, a eles cabe metade da herança. A essa metade da herança é dado o nome de **legítima**.

Obs.: Cuidado para não confundir a legítima (metade da herança resguardada aos herdeiros necessários) com a sucessão legítima que em breve analisaremos.

A sucessão testamentária pode ainda ser a título universal ou a título singular.

Na sucessão singular, transmite-se um ou mais bens individualizados. Nesta teremos a figura do legatário que recebe legado e não herança. O legado é de coisas certas (ex.: a casa da praia, um colar de brilhantes etc.). Quem sucede a título singular não responde por eventuais dívidas, porém só recebe seu legado após verificada a solvência da herança.

Na sucessão universal, transmite-se todo o patrimônio, ou uma parte dele. Efetivamente, transmite-se uma universalidade de bens. Por essa razão, nesses casos, diz-se que houve uma sucessão a título universal. Quem sucede a título universal é herdeiro e responde também por eventuais dívidas do morto, dentro dos limites da herança (art. 1.997 do CC). O herdeiro adquire o ativo e responde pelo passivo. Assim, pode-se afirmar que herança é o total ou uma fração indeterminada do patrimônio do extinto (ex.: 1/3, 20% da herança etc.).

b) **SUCESSÃO LEGÍTIMA:** aquela que decorre da lei. É também denominada de sucessão *ab intestato*, justamente por inexistir testamento. Prevalece a disposição da lei se alguém morre sem testamento, ou se o testamento for invalidado (art. 1.829 do CC). O legislador presume a vontade do autor da herança. A sucessão legítima sempre é a título universal, não havendo legado se não há testamento. No entanto, como foi visto, a sucessão testamentária pode ser a título universal ou a singular.

Cumpre dizer, que são nulos os pactos sucessórios, pois é vedado qualquer contrato que envolva a herança de uma pessoa viva – *pacto corvina* (art. 426 do CC).

7.3 Aceitação e renúncia da herança

Todo herdeiro tem a faculdade de aceitar ou renunciar a herança.

A aceitação é um ato voluntário, unilateral puro e irrevogável. Esta aceitação pode ser expressa ou tácita. Quando expressa, a aceitação da herança faz-se por declaração escrita. Quando tácita, há de resultar tão somente de atos próprios da qualidade de herdeiro (art. 1.805 do CC).

Falecendo o herdeiro antes de declarar se aceita a herança, o poder de aceitar passa-lhe aos herdeiros, a menos que se trate de vocação adstrita a uma condição suspensiva, ainda não verificada (art. 1.809 do CC).

Assim como a aceitação, a renúncia também tem natureza de ato jurídico voluntário, puro, simples e irrevogável. Diferente da aceitação, a renúncia é um ato solene que só pode ser expressa, por meio de escritura pública ou termo judicial (art. 1.806 do CC).

Não se pode aceitar ou renunciar a herança em parte, sob condição ou a termo (art. 1.808 do CC).

Como principal efeito da renuncia à herança, estabelece o art. 1.810 que na sucessão legítima a parte do renunciante acresce à dos outros herdeiros da mesma classe e, sendo ele o único desta, devolve-se aos da subsequente.

Ex.: A, falecido, tem três filhos, B, C e D, que em regra recebem 1/3 da herança cada um. Se B renuncia a herança, a sua parte é acrescida aos herdeiros C e D, que são da mesma classe, recebendo cada um deles a metade da herança.

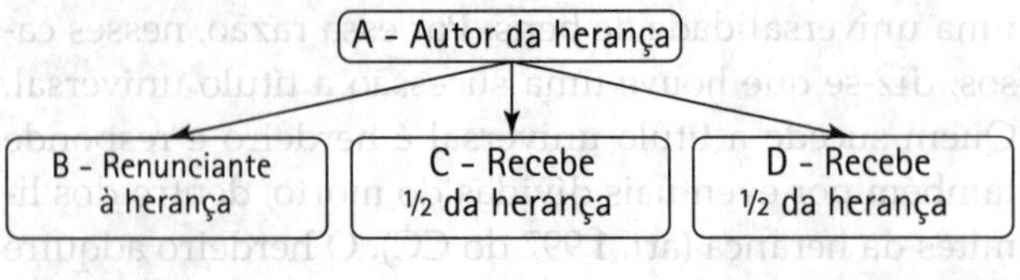

Ademais, ninguém pode suceder representando herdeiro renunciante. Porém se ele for o único de sua classe, ou se todos os demais da mesma classe renunciarem, poderão os filhos ser chamados à sucessão, recebendo por cabeça e por direito próprio (art. 1.811 do CC). Com efeito, o herdeiro que renuncia é considerado como se não tivesse chamado, como se nunca tivesse sido herdeiro. Importante pontuar que quando o herdeiro prejudicar os seus credores, renunciando à herança, poderão eles, com autorização do juiz, aceitá-la em nome do renunciante (art. 1.813, CC).

7.4 Excluídos da sucessão: indignidade e deserdação

Existem situações previstas em lei em que é excluído o direito sucessório do herdeiro ou legatário. Nesse contexto, surgem os conceitos de indignidade sucessória e deserdação. A diferença fundamental entre a indignidade e a deserdação é que na indignidade o isolamento sucessório se dá por simples incidência da norma e por decisão judicial, o que pode atingir qualquer herdeiro. A indignidade é a exclusão da sucessão de herdeiro ou legatário por ter praticado um ato repugnante contra a vida ou a moral do falecido, ou tê-lo impedido de dispor por meio de testamento. A ação de indignidade pode ser proposta pelo interessado ou pelo Ministério Público (art. 1.815, § 2º, do CC).

O direito de demandar a exclusão de herdeiros ou legatários extingue-se no prazo decadencial de quatro anos a contar da abertura da sucessão. Somente poderá ocorrer em razão dos motivos expressamente indicados no mencionado art. 1.814 do Código Civil:

I – que houverem sido autores, coautores ou partícipes de homicídio doloso, ou tentativa deste, contra a pessoa de cuja sucessão se tratar, seu cônjuge, companheiro, ascendente ou descendente;

II – que houverem acusado caluniosamente em juízo o autor da herança ou incorrerem em crime contra a sua honra, ou de seu cônjuge ou companheiro;

III – que, por violência ou meios fraudulentos, inibirem ou obstarem o autor da herança de dispor livremente de seus bens por ato de última vontade.

O perdão da indignidade só poderá acontecer se expressamente o ofendido manifestar-se neste sentido por meio de ato autêntico ou por testamento (art. 1.818 do CC). Na indignidade, os efeitos da exclusão são pessoais, cabendo aos descendentes do herdeiro excluído, declarado indigno através de sentença, sucederem-no como se ele morto fosse (art. 1.816 do CC).

Já a deserdação somente atinge os herdeiros necessários, sendo estes privados de sua legítima, pelos motivos, que devem ser expressos pelo suposto ofendido em sua escritura de testamento, expressos no art. 1.962 do Código Civil.

Para que haja a declaração jurídica da deserdação, também se faz necessário que àquele a quem aproveite a deserdação, ou herdeiro instituído promova a ação de declaração de deserdação, pelo rito ordinário.

Não há deserdação se não houver testamento (na indignidade, basta morrer o *de cujus*), indicando expressamente qual é o motivo da eventual exclusão, bem como a manifestação da vontade em vê-lo deserdado. Mas o fato de haver testamento não significa que o herdeiro já está excluído pela deserdação. Há a necessidade da declaração Jurídica da deserdação. A mesma só ocorre com a promoção da ação pelo rito ordinário.

Indignidade sucessória	Deserdação
Matéria de sucessão legítima e testamentária.	Matéria de sucessão testamentária.
Alcança qualquer classe de herdeiro.	Somente atinge os herdeiros necessários (ascendente, descendente e cônjuge).
As hipóteses de indignidade servem para deserdação.	Existem hipóteses de deserdação que não alcançam a indignidade, por exemplo: arts. 1.962 e 1.963.
Há pedido de terceiros interessados ou do MP, com confirmação em sentença transitada em julgado.	Realizada por testamento, com declaração de causa e posterior confirmação por sentença.

7.5 Herança jacente e herança vacante

Após a abertura da sucessão, o destino natural da herança é a sua entrega aos herdeiros que pelo princípio da *saisine* recebem de imediato a propriedade dos bens. Contudo, pode ocorrer de o falecido não ter deixado nem herdeiros legítimos (cônjuge, ascendentes, descendentes, e colaterais até quarto grau) nem herdeiros testamentários (nomeados por ato de última vontade seja por testamento ou por codicilo). Caso esta hipótese venha ocorrer, a herança será dita jacente – "jaz sem dono".

Praticadas as diligências de arrecadação e ultimado o inventário, serão expedidos editais na forma da lei processual, e, decorrido um ano de sua primeira publicação, sem que haja herdeiro habilitado, ou penda habilitação, será a herança declarada vacante (art. 1.820 do CC). É assegurado aos credores o direito de pedir o pagamento das dívidas reconhecidas, nos limites das forças da herança (art. 1.821 do CC).

A declaração de vacância da herança não prejudicará os herdeiros que legalmente se habilitarem; mas, decorridos cinco anos da abertura da sucessão, os bens arrecadados passarão ao domínio do município ou do Distrito Federal, se localizados nas respectivas circunscrições, incorporando-se ao domínio da União quando situados em território federal (art. 1.822 do CC). Não se habilitando até a declaração de vacância, os colaterais ficarão excluídos da sucessão.

A herança também será vacante quando todos os chamados a suceder renunciarem (art. 1.823 do CC).

7.6 Da petição de herança

A abertura da sucessão implica a transferência da propriedade e da posse da herança aos herdeiros do falecido. Contudo, é possível que por uma razão de esquecimento ou de desconhecimento, outro sucessor assuma a posse direta da herança, acreditando ter também a posse indireta e a propriedade.

Nessa situação, o herdeiro pode, em ação de petição de herança, demandar o reconhecimento de seu direito sucessório, para obter a restituição da herança, ou de parte dela, contra quem, na qualidade de herdeiro, ou mesmo sem título, a possua (art. 1.824 do CC).

O herdeiro pode demandar os bens da herança, mesmo em poder de terceiros, sem prejuízo da responsabilidade do possuidor originário pelo valor dos bens alienados. Porém são eficazes as alienações feitas, a título oneroso, pelo herdeiro aparente a terceiro de boa-fé (art. 1.827 do CC).

Cumpre acrescentar que a ação de petição de herança, ainda que exercida por um só dos herdeiros, poderá compreender todos os bens hereditários (art. 1.825 do CC).

7.7 Da sucessão legítima

Ocorre a sucessão legítima quando a própria lei define quem são os sucessores. Na sucessão legítima, os herdeiros são divididos em classes, que correspondem ao vínculo de parentesco com o autor da herança. Assim, fala-se em classe dos descendentes (filhos, netos etc.), classe dos ascendentes (pais, avós etc.) e classe dos colaterais (irmãos, primos, tios, sobrinhos etc.).

Dentro de cada classe, deve-se ainda observar o grau de parentesco. Na classe dos descendentes, por exemplo, os filhos ocupam o primeiro grau, os netos ocupam o segundo grau, os bisnetos ocupam o terceiro grau, e assim sucessivamente. Dentro do sistema sucessório vigente, o grau mais próximo exclui o mais remoto.

Levando em consideração que a lei atribui direito sucessório a diversas classes de herdeiros, faz-se necessário atribuir uma ordem de preferência que possa indicar a quem se transmitirá a herança. Essa ordem de preferência é denominada de **ordem de vocação hereditária**.

De acordo com o art. 1.829 do Código Civil, a sucessão legítima defere-se na seguinte ordem:

I – aos descendentes, em concorrência com o cônjuge sobrevivente, salvo se casado este com o falecido no regime da comunhão universal, ou no da separação obrigatória de bens (art. 1.640, parágrafo único); ou se, no regime da comunhão parcial, o autor da herança não houver deixado bens particulares;

II – aos ascendentes, em concorrência com o cônjuge;

III – ao cônjuge sobrevivente;

IV – aos colaterais.

a) 1ª ORDEM DE VOCAÇÃO HEREDITÁRIA – DESCENDENTES E CÔNJUGE:

Os primeiros chamados a suceder são os descendentes. Nessa classe, o parente de grau mais próximo exclui o de grau mais remoto, salvo o direito de representação. Isso significa que se, por exemplo, houver filhos e netos, herdam os filhos. Todavia, se um descendente for pré-morto (tiver morrido antes da abertura da sucessão) ou tiver sido excluído, seus descendentes serão chamados a suceder em seu lugar, representando-o. É o chamado direito de representação. Os sucessores chamados a sucessão herdam por estirpe, vez que recebem o quinhão que cabia a seu descendente.

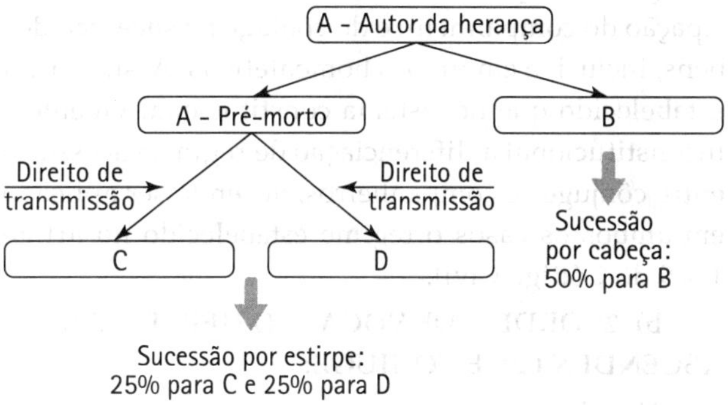

Também é chamado a suceder em concorrência com os descendentes o cônjuge viúvo do autor da herança se o regime de bens do casamento era o da comunhão parcial e o morto deixou bens particulares, ou o da participação final nos aquestos, ou o da separação voluntária de bens. Nota-se que os descendentes e o cônjuge são herdeiros de primeira classe, em um sistema de concorrência, presente ou não de acordo com o regime de bens adotado no casamento, conforme tabela abaixo.

Regime em que o cônjuge herda em concorrência	Regime em que o cônjuge não herda em concorrência
Regime da comunhão parcial de bens, em havendo bens particulares do falecido.	Regime da comunhão parcial de bens, não havendo bens particulares do falecido.
Regime da participação final nos aquestos.	Regime da comunhão universal de bens.
Regime da separação convencional de bens.	Regime da separação legal ou obrigatória de bens.

A ideia é que, nos regimes de comunhão universal e comunhão parcial de bens, o cônjuge sobrevivente já receberá a metade dos bens do casal pela chamada meação, não ficando desamparado.

Cumpre ainda destacar que somente se atribui legitimidade para suceder ao cônjuge se ao tempo da morte do casal não se encontrava nem separado judicialmente, nem separado de fato por mais de dois anos (art. 1.830 do CC).

Na hipótese de o cônjuge concorrer com seus próprios descendentes, a lei determina que o seu quinhão não seja inferior à quarta parte da herança (art. 1.832 do CC). Ou seja, concorrendo o cônjuge com mais de três descendentes seus que herdam por cabeça, caberá a ele um quarto da herança e os outros três quartos serão divididos igualmente entre os descendentes.

Obs.: O Supremo Tribunal Federal, através do julgamento dos Recursos Extraordinários (REs) 646721 e 878694, ambos com repercussão geral reconhecida, declarou inconstitucional o artigo 1.790 do Código Civil, que estabelece diferenças entre a participação do companheiro e do cônjuge na sucessão dos bens, inclusive em uniões homoafetivas. Assim, ficou estabelecido que no sistema constitucional vigente é inconstitucional a diferenciação de regime sucessório entre cônjuges e companheiros, devendo ser aplicado em ambos os casos o regime estabelecido no artigo 1.829 do Código Civil.

b) 2ª ORDEM DE VOCAÇÃO HEREDITÁRIA – ASCENDENTES E CÔNJUGE:

Na falta de descendentes, são chamados à sucessão os ascendentes, em concorrência com o cônjuge sobrevivente. Na classe dos ascendentes, o grau mais próximo exclui o mais remoto, sem distinção de linhas – materna ou paterna (art. 1.836 do CC). Cumpre frisar que na classe dos ascendentes não há direito de representação. Isso significa que se o morto, por exemplo, deixar o pai e o avô materno, apenas o pai herdará, pois o avô não tem direito de representar a mãe do *de cujus* na sucessão.

Se o autor da herança não deixar descendentes, mas ascendente cônjuge, este será chamado a concorrer na sucessão com aquele, independentemente do regime de bens do casamento. Assim, destaca-se que na concorrência com os ascendentes, é irrelevante o regime de bens para que haja a sucessão do cônjuge.

c) 3ª ORDEM DE VOCAÇÃO HEREDITÁRIA – CÔNJUGE:

Na falta de descendente e ascendente, caberá ao cônjuge a totalidade da herança, independentemente do regime de bens (art. 1.838 do CC).

d) 4ª ORDEM DE VOCAÇÃO HEREDITÁRIA – COLATERAIS ATÉ QUARTO GRAU:

Na ausência de descendentes, ascendentes e cônjuge do autor da herança, são chamados à sucessão os colaterais até o quarto grau. Também na classe dos colaterais, os de grau mais próximo excluem os de grau mais remoto. A sucessão se dá por cabeça, salvo o direito de representação dos filhos dos irmãos (art. 1.840 do CC).

Os colaterais de segundo grau são os irmãos. Em sua sucessão, deve-se apurar se o vínculo é bilateral (quando o autor da herança e o irmão são filhos do mesmo pai e da mesma mãe) ou unilateral (quando são filhos apenas do mesmo pai e da mesma mãe). Assim determina o art. 1.843 do Código Civil que concorrendo à herança do falecido irmãos bilaterais com irmãos unilaterais, cada um destes herdará metade do que cada um daqueles herdar. Desta forma, os irmãos bilaterais do *de cujus* deverão receber o dobro do que vierem a receber os irmãos unilaterais.

Caso o autor da herança queira excluir de sua sucessão os colaterais, que não são herdeiros necessários, basta que disponha de seu patrimônio em testamento sem os contemplar (art. 1.850 do CC).

7.8 Da sucessão testamentária

Para o direito das sucessões, o testamento representa a principal forma de expressão e exercício da autonomia privada. Pode-se conceituar o testamento como o ato personalíssimo e revogável pelo qual alguém, em conformidade com a lei, faz declarações com eficácia pós-morte de questões de natureza patrimonial e natureza pessoal.

O testamento pode nomear tutor, curador, excluir alguém da sucessão (deserdação – só para herdeiros necessários), reconhecer filho adulterino, indicar inventariante, e, portanto, não dispor somente sobre valores econômicos como muitos acreditam. Com efeito, afiança o § 2º do art. 1.857 do Código Civil que são válidas as disposições testamentárias de caráter não patrimonial, ainda que o testador somente a elas se tenha limitado.

Toda pessoa capaz pode dispor, por testamento, da totalidade dos seus bens, ou de parte deles, para depois de sua morte. A partir dos 16 anos de idade o menor já possui capacidade para testar. A incapacidade superveniente do testador não invalida o testamento, nem o testamento do incapaz se valida com a superveniência da capacidade (art. 1.861 do CC).

Segue tabela com as formas ordinárias e especiais de testamento e as suas principais características:

Formas de testamento

- **Testamentos ordinários**: Testamento público; Testamento cerrado; Testamento particular
- **Testamentos especiais**: Testamento marítimo; Testamento aeronáutico; Testamento militar

Testamento público	Testamento cerrado	Testamento particular	Testamento marítimo	Testamento aeronáutico	Testamento militar
Escrito por tabelião; Deve ser lido em voz alta; Assinado pelo testador, pelas testemunha e pelo tabelião.	Escrito pelo testador ou pessoa a seu rogo; Ser entregue ao tabelião na presença de duas testemunhas; Ser declarado testamento a ser solicitada sua aprovação; Ser lavrado e lido o auto de aprovação na presença de duas testemunhas; Ser assinado o auto de aprovação.	Ser elaborado pelo testador; Ser lido na presença de três testemunhas; Ser assinado pelo testador e pelas testemunhas; Ser datado.	Feito em viagem a bordo de navio nacional, de guerra ou mercante, perante o comandante e na presença de duas testemunhas, por forma que corresponda ao testamento público ou ao cerrado, e deve ser registrado no diário de bordo (arts. 1.888 a 1.892 do CC).	Feito em viagem a bordo de aeronave militar ou comercial, perante pessoa designada pelo comandante e na presença de duas testemunhas, por forma que corresponda ao testamento público ou ao cerrado, e deve ser registrado no diário de bordo (arts. 1.888 a 1.892 do CC).	Feito em viagem a bordo de aeronave militar ou comercial, perante pessoa designada pelo comandante e na presença de duas testemunhas, por forma que corresponda ao testamento público ou ao cerrado, e deve ser registrado no diário de bordo (arts. 1.893 a 1.896 do CC).

Importante lembrar que nosso Código Civil não admite outros tipos de testamento especiais, que não os contemplados por ele, sendo, portanto, impossível a existência de outros na forma especial.

Obs.: Sobrevindo descendente sucessível ao testador, que não o tinha ou não o conhecia quando testou, rompe-se o testamento em todas as suas disposições, se esse descendente sobreviver ao testador. Rompe-se, também, o testamento feito na ignorância de existirem outros herdeiros necessários (art. 1.973 e 1.974). Assim, o surgimento de um herdeiro sucessível ao testador que este não o tinha ou não o conhecia quando testou, gera o chamado rompimento do testamento, acarretando a inteira ineficácia do ato de última vontade. Cabe dizer que não se rompe o testamento se o testador dispuser da sua metade, não contemplando os herdeiros necessários de cuja existência saiba, ou quando os exclua dessa parte.

7.8.1 Codicilos

Toda pessoa capaz de testar poderá, mediante escrito particular seu, datado e assinado, fazer disposições especiais sobre o seu enterro, sobre esmolas de pouca monta a certas e determinadas pessoas, ou, indeterminadamente, aos pobres de certo lugar, assim como legar móveis, roupas ou joias, de pouco valor, de seu uso pessoal (art. 1.881 do CC).

Como se observa, o codicilo é também um ato de disposição de última vontade, só que não são necessários todos os requisitos dos testamentos. É possível por meio de codicilo nomear ou substituir testamenteiro e dispor sobre sufrágios da alma, como a celebração de uma missa ou culto em nome do falecido (art. 1.998 do CC).

Os atos praticados por meio de codicilo revogam-se por atos iguais. Também se consideram revogados se, havendo testamento posterior de qualquer natureza, este não confirmá-lo ou modificá-lo.

7.8.2 Direito de acrescer e as substituições testamentárias

O direito de acrescer é conferido aos herdeiros e legatários beneficiados por disposição conjunta de receber o que caberia aos sucessores testamentários cujo direito sucessório não chegou a se aperfeiçoar. Prescreve o art. 1.941 do Código Civil que quando vários herdeiros, pela mesma disposição testamentária, forem conjuntamente chamados à herança em quinhões não determinados, e qualquer deles não puder ou não quiser aceitá-la, a sua parte acrescerá à dos coerdeiros, salvo o direito do substituto.

Assim, se um dos herdeiros nomeados morrer antes do testador, renunciar à herança, ou dela for excluído, ou caso a condição sob a qual foi instituído não se verificar, acrescerá o seu quinhão à parte dos herdeiros conjuntos, salvaguardado o direito do substituto.

A substituição é a disposição testamentária na qual o testador chama uma pessoa para receber, no todo ou em parte, herança ou legado no caso de o beneficiado originário não querer ou não poder aceitar a herança ou o legado.

São três os tipos de substituições existentes em nosso ordenamento jurídico:

Modalidades de substituição testamentária		
Substituição vulgar ou ordinária	→	O testador substitui diretamente outra pessoa ao herdeiro ou ao legatário nomeado, para o caso de um ou outro não querer ou não poder aceitar a herança ou o legado. Em tais casos, enuncia o art. 1.947 do CC. Presume-se que a substituição foi determinada para as duas alternativas, ainda que o testador só a uma se refira.
Substituição recíproca	→	Um herdeiro substitui o outro e vice-versa (art. 1.948 do CC).

Substituição fideicomissária	⟶	Pode o testador instituir herdeiros ou legatários, estabelecendo que, por ocasião de sua morte, a herança ou o legado se transmita ao fiduciário, resolvendo-se o direito deste, por sua morte, a certo tempo ou sob certa condição, em favor de outrem, que se qualifica de fideicomissário (art. 1.951 do CC).

8.8.3 Revogação dos testamentos

O testamento poderá ser revogado pela mesma forma e modo, por que pode ser feito (art. 1.969 do CC). A revogação do testamento poderá ser total ou parcial (art. 1.970 do CC).

A revogação produzirá seus efeitos, ainda quando o testamento, que a encerra, vier a caducar por exclusão, incapacidade ou renúncia do herdeiro nele nomeado; não valerá, se o testamento revogatório for anulado por omissão ou infração de solenidades essenciais ou por vícios intrínsecos (art. 1.971 do CC).

O testamento cerrado que o testador abrir ou dilacerar, ou for aberto ou dilacerado com seu consentimento, haver-se-á como revogado (art. 1.972 do CC).

8.9 Inventário e partilha

O inventário e a partilha são procedimentos subsequentes à abertura da sucessão, por meio dos quais se identificam os bens do acervo e os sucessores, liquida-se a herança e, em seguida, distribuem-se os bens entre os herdeiros e pagam-se os legados.

8.9.1 Sonegados

O herdeiro que sonegar bens da herança, não os descrevendo no inventário, quando estejam em seu poder, ou, com ciência sua, no de outrem, o que os omitir na colação, a que os deva levar, ou que deixar de restituí-los, perderá o direito que sobre eles lhe cabia (art. 1.992 do CC).

Com efeito, a sonegação constitui matéria de alta indagação, que não pode ser resolvida no procedimento do inventário. Requer uma ação própria (ação de sonegação), que pode ser ajuizada tanto pelos herdeiros quanto pelos credores da herança (art. 1.994 do CC).

Se não se restituírem os bens sonegados, por já não os ter o sonegador em seu poder, pagará ele a importância dos valores que ocultou, mais as perdas e danos (art. 1.995 do CC).

8.9.2 Colação

As doações de um ascendente a um descendente, ou de um cônjuge a outro, importam adiantamento da legítima (art. 544 do CC). Por essa razão, o descendente ou cônjuge donatário deve, quando da abertura da sucessão do doador, se concorrendo com outros descendentes, declarar o valor que recebeu, para conferência, a fim de que sejam mantidas iguais as legítimas, sob pena de sonegação (art. 2.002 do CC). A essa declaração denomina-se de colação.

8.9.3 Partilha e sobrepartilha

A partilha é o procedimento em que os bens do acervo, após a liquidação, são divididos entre os herdeiros, até então condôminos da herança. A herança até a partilha é uma universalidade, legalmente indivisível. A partilha é a divisão oficial do apurado durante o inventário entre os sucessores e o *de cujus*. Tem natureza meramente declaratória, sendo que a sentença que a homologa retroage ao momento da abertura da sucessão (efeito *ex tunc*).

Inventário e partilha constituem um único procedimento, cindido em duas fases. Finalizado o inventário, os bens são partilhados entre os herdeiros, separando-se a meação do cônjuge sobrevivente (se houver). Havendo somente um herdeiro, é feita a adjudicação dos bens.

Tem lugar a sobrepartilha quando, após a conclusão da partilha, descobrem-se bens sonegados ou quaisquer outros que compunham o acervo. Na realidade, a sobrepartilha é uma nova partilha, a qual ocorrerá nos mesmos autos do inventário (art. 670 do CPC).

REFERÊNCIAS

AMARAL, Francisco. *Direito civil*: Introdução. 10. ed. Rio de Janeiro: Renovar, 2018.

DIAS, Maria Berenice. *Manual de direito das famílias*. 12. ed. São Paulo: Revista dos Tribunais, 2017.

DONIZETTI, Elpídio; QUINTELLA, Felipe. *Curso didático de direito civil*. 7. ed. São Paulo: Atlas, 2018.

GONÇALVES, Carlos Roberto. *Direito civil 1, Esquematizado*: Parte geral, Obrigações e Contratos. 8. ed. São Paulo: Saraiva, 2018.

______. *Direito Civil 2, Esquematizado*: Contrato em espécie, Direito das Coisas. 6. ed. São Paulo: Saraiva, 2018.

______. *Direito Civil 3, Esquematizado*: Responsabilidade Civil, Direito de Família e Direito das Sucessões. 5. ed. São Paulo: Saraiva, 2018.

LÔBO, Paulo. *Direito civil*: Famílias. 8. ed. São Paulo: Saraiva, 2018. v. 6.

STOLZE, Pablo. *Novo Curso de Direito Civil*: Responsabilidade civil. 16. ed. São Paulo: Saraiva, 2018. v. 3.

TARTUCE, Flávio. *Manual de direito civil*. 9. ed. São Paulo: Método, 2019.

______. *Direito civil*: Direito das sucessões. 11. ed. São Paulo: Método, 2018. v. 6.

Questões

Direito Civil

I. PARTE GERAL

1. (XXXI Exame) João, único herdeiro de seu avô Leonardo, recebeu, por ocasião da abertura da sucessão deste último, todos os seus bens, inclusive uma casa repleta de antiguidades. Necessitando de dinheiro para quitar suas dívidas, uma das primeiras providências de João foi alienar uma pintura antiga que sempre estivera exposta na sala da casa, por um valor módico, ao primeiro comprador que encontrou. João, semanas depois, leu nos jornais a notícia de que reaparecera no mercado de arte uma pintura valiosíssima de um célebre artista plástico. Sua surpresa foi enorme ao descobrir que se tratava da pintura que ele alienara, com valor milhares de vezes maior do que o por ela cobrado. Por isso, pretende pleitear a invalidação da alienação. A respeito do caso narrado, assinale a afirmativa correta.

A) O negócio jurídico de alienação da pintura celebrado por João está viciado por lesão e chegou a produzir seus efeitos regulares, no momento de sua celebração.

B) O direito de João a obter a invalidação do negócio jurídico, por erro, de alienação da pintura, não se sujeita a nenhum prazo prescricional.

C) A validade do negócio jurídico de alienação da pintura subordina-se necessariamente à prova de que o comprador desejava se aproveitar de sua necessidade de obter dinheiro rapidamente.

D) Se o comprador da pintura oferecer suplemento do preço pago de acordo com o valor de mercado da obra, João poderá optar entre aceitar a oferta ou invalidar o negócio.

RESPOSTA De acordo com o artigo 157 do CC, ocorre a lesão quando uma pessoa, sob premente necessidade, ou por inexperiência, se obriga à prestação manifestamente desproporcional ao valor da prestação oposta. No caso em análise, João, por inexperiência, alienou uma pintura muito valiosa por uma quantia módica. Esse é um caso clássico que denota o vício de consentimento estudado. Como a lesão é hipótese de anulabilidade (artigo 178 do CC), é importante lembrar que esta não tem efeito antes de julgada por sentença, nem se pronuncia de ofício; só os interessados a podem alegar, e aproveita exclusivamente aos que a alegarem, salvo o caso de solidariedade ou indivisibilidade (artigo 177 do CC). Cabe acrescentar que para a caracterização da lesão não se faz necessário provar o desejo de benefício por parte do comprador (letra C errada) e que não se decretará a anulação do negócio, se for oferecido suplemento suficiente, ou se a parte favorecida concordar com a redução do proveito (letra D errada – fundamento artigo 157, § 2º). *Alternativa A.*

2. (XXXIII Exame) Bruna visitou a mansão neoclássica que André herdara de seu tio e cuja venda estava anunciando. Bruna ficou fascinada com a sala principal, decorada com um piano do século XIX e dois quadros do conhecido pintor Monet, e com os banheiros, ornados com torneiras desenhadas pelos melhores profissionais da época. Diante disso, decidiu comprá-la. Na ausência de acordo específico entre Bruna e André, por ocasião da transferência da propriedade, Bruna receberá

(A) a mansão com os quadros, o piano e as torneiras, pois todos esses bens são classificados como benfeitorias, que seguem o destino do bem principal vendido.

(B) apenas a mansão, eis que o princípio da gravitação jurídica não é aplicável aos demais bens citados no caso.

(C) a mansão juntamente com as torneiras dos banheiros, consideradas partes integrantes, mas não os quadros e o piano, considerados pertenças.

(D) a mansão e os quadros, pois, sendo considerados pertenças, impõe-se a regra de que o acessório deve seguir o destino do principal, mas o piano e as torneiras poderão ser removidos por André antes da transferência.

RESPOSTA Na questão em estudo, o examinador exige que o examinando saiba sobre o conceito de bens principais e acessórios. Com efeito, a questão cobra o princípio da gravitação jurídica e o conceito de pertenças. Sabe-se que as pertenças são consideradas bens acessórios, sem, contudo, seguir o principal, pois são consideradas partes não integrantes. Nesse sentido, art. 93 do CC estabelece: "são pertenças os bens que, não constituindo partes integrantes, se destinam, de modo duradouro, ao uso, ao serviço ou ao aformoseamento de outro." Desse modo, na questão acima, resta evidente que os quadros e o piano são considerados pertenças. Complementando o raciocínio, de acordo com o art. 94 do código civil, nos negócios jurídicos que dizem respeito ao bem principal não se abrangem as pertenças, salvo se o contrário resultar da lei, da manifestação de vontade, ou das circunstâncias do caso. *Alternativa C.*

3. (XXXI Exame) Márcia, adolescente com 17 anos de idade, sempre demonstrou uma maturidade muito superior à sua faixa etária. Seu maior objetivo profissional é o de tornar-se professora de História e, por isso, decidiu criar um canal em uma plataforma on-line, na qual publica vídeos com aulas por ela própria elaboradas sobre conteúdos históricos. O canal tornou-se um sucesso, atraindo multidões de jovens seguidores e despertando o interesse de vários patrocinadores, que começaram a procurar a jovem, propondo contratos de publicidade. Embora ainda não tenha obtido nenhum lucro com o canal, Márcia está animada com a perspectiva de conseguir custear seus estudos na Faculdade de História se conseguir firmar alguns desses contratos. Para facilitar as atividades da jovem, seus pais decidiram emancipá-la, o que permitirá que celebre negócios com futuros patrocinadores com mais agilidade. Sobre o ato de emancipação de Márcia por seus pais, assinale a afirmativa correta.

A) Depende de homologação judicial, tendo em vista o alto grau de exposição que a adolescente tem na internet.
B) Não tem requisitos formais específicos, podendo ser concedida por instrumento particular.
C) Deve, necessariamente, ser levado a registro no cartório competente do Registro Civil de Pessoas Naturais.
D) É nulo, pois ela apenas poderia ser emancipada caso já contasse com economia própria, o que ainda não aconteceu.

RESPOSTA De acordo com o art. 5º, parágrafo único, I, a emancipacão pode se dar pela concessão dos pais, ou de um deles na falta do outro, mediante instrumento público, independentemente de homologação judicial se o menor tiver dezesseis anos completos. *Alternativa C.*

4. (XXX Exame) Alberto, adolescente, obteve autorização de seus pais para casar-se aos dezesseis anos de idade com sua namorada Gabriela. O casal viveu feliz nos primeiros meses de casamento, mas, após certo tempo de convivência, começaram a ter constantes desavenças. Assim, a despeito dos esforços de ambos para que o relacionamento progredisse, os dois se divorciaram pouco mais de um ano após o casamento. Muito frustrado, Alberto decidiu reunir algumas economias e adquiriu um pacote turístico para viajar pelo mundo e tentar esquecer o ocorrido. Considerando que Alberto tinha dezessete anos quando celebrou o contrato com a agência de turismo e que o fez sem qualquer participação de seus pais, o contrato é

(A) válido, pois Alberto é plenamente capaz.
(B) nulo, pois Alberto é absolutamente incapaz.
(C) anulável, pois Alberto é relativamente incapaz.
(D) ineficaz, pois Alberto não pediu a anuência de Gabriela.

RESPOSTA Emancipação é a antecipação da capacidade de fato ou de exercício. De acordo com o art. 5º do Código Civil, uma das causas de emancipação legal existente é o casamento. Ao ser emancipado o indivíduo passar a ser plenamente capaz e os seus atos serão válidos. *Alternativa A.*

5. (XXIX Exame) Gumercindo, 77 anos de idade, vinha sofrendo os efeitos do Mal de Alzheimer, que, embora não atingissem sua saúde física, perturbavam sua memória. Durante uma distração de seu enfermeiro, conseguiu evadir-se da casa em que residia. A despeito dos esforços de seus familiares, ele nunca foi encontrado, e já se passaram nove anos do seu desaparecimento. Agora, seus parentes lidam com as dificuldades relativas à administração e disposição do seu patrimônio. Assinale a opção que indica o que os parentes devem fazer para receberem a propriedade dos bens de Gumercindo.

(A) Somente com a localização do corpo de Gumercindo será possível a decretação de sua morte e a transferência da propriedade dos bens para os herdeiros.
(B) Eles devem requerer a declaração de ausência, com nomeação de curador dos bens, e, após um ano, a sucessão provisória; a sucessão definitiva, com transferência da propriedade dos bens, só poderá ocorrer depois de dez anos de passada em julgado a sentença que concede a abertura da sucessão provisória.
(C) Eles devem requerer a sucessão definitiva do ausente, pois ele já teria mais de oitenta anos de idade, e as últimas notícias dele datam de mais de cinco anos.
(D) Eles devem requerer que seja declarada a morte presumida, sem decretação de ausência, por ele se encontrar desaparecido há mais de dois anos, abrindo-se, assim, a sucessão.

RESPOSTA A questão trabalha com o tema morte, em particular com a morte presumida com declaração de ausência. Em virtude da idade e do lapso temporal, o art. 38, CC abrevia o procedimento. De acordo com o referido dispositivo, pode-se requerer a sucessão definitiva, também, provando-se que o ausente conta com oitenta anos de idade, e que de cinco datam as últimas notícias dele. Logo, a família poderá ir diretamente para a sucessão definitiva, quando então ele será presumidamente morto nos termos do art. 6º, CC. *Alternativa C.*

6. (XXIX Exame) Eva celebrou com sua neta Adriana um negócio jurídico, por meio do qual doava sua casa de praia para a neta caso esta viesse a se casar antes da morte da doadora. O ato foi levado a registro no cartório do Registro de Imóveis da circunscrição do bem. Pouco tempo depois, Adriana tem notícia de que Eva não utilizava a casa de praia há muitos anos e que o imóvel estava completamente abandonado, deteriorando-se a cada dia. Adriana fica preocupada com o risco de ruína completa da casa, mas não tem, por enquanto, nenhuma perspectiva de casar-se. De acordo com o caso narrado, assinale a afirmativa correta.

(A) Adriana pode exigir que Eva autorize a realização de obras urgentes no imóvel, de modo a evitar a ruína da casa.
(B) Adriana nada pode fazer para evitar a ruína da casa, pois, nos termos do contrato, é titular de mera expectativa de fato.
(C) Adriana pode exigir que Eva lhe transfira desde logo a propriedade da casa, mas perderá esse direito se Eva vier a falecer sem que Adriana tenha se casado.
(D) Adriana pode apressar-se para casar antes da morte de Eva, mas, se esta já tiver vendido a casa de praia para uma terceira pessoa ao tempo do casamento, a doação feita para Adriana não produzirá efeito.

RESPOSTA O Código Civil é claro ao estabelecer que ao titular do direito eventual, nos casos de condição suspensiva ou resolutiva, é permitido praticar os atos destinados a conservá-lo (art. 130). Relativamente à questão da doação com condição suspensiva entre avó e neta, a resposta perpassa pelo direito de o donatário preservar o bem, mesmo sem o advento da condição (evento futuro e incerto) estipulada. Assim, Adriana pode exigir que Eva autorize as obras urgentes que evitariam a ruína do bem. *Alternativa A.*

7. (XXVII Exame) Arnaldo foi procurado por sua irmã Zulmira, que lhe ofereceu R$ 1 milhão para adquirir o apartamento que ele possui na orla da praia. Receoso, no entanto, que João, o locatário que atualmente ocupa o imóvel e por quem Arnaldo nutre profunda antipatia, viesse a cobrir a oferta, exercendo seu direito de preferência, propôs a Zulmira que constasse da escritura o valor de R$ 2 milhões, ainda que a totalidade do preço não fosse totalmente paga. Realizado nesses termos, o negócio

A) pode ser anulado no prazo decadencial de dois anos, em virtude de dolo.
B) é viciado por erro, que somente pode ser alegado por João.
C) é nulo em virtude de simulação, o que pode ser suscitado por qualquer interessado.
D) é ineficaz, em razão de fraude contra credores, inoponíveis seus efeitos perante João.

RESPOSTA A questão sobre a venda do imóvel locado no contrato entre Arnaldo e Zulmira materializa hipótese de simulação que é uma causa de nulidade do negócio jurídico. A alternativa "a" está errada, pois não é hipótese de dolo. Ademais, o prazo para pleitear a anulabilidade no caso do dolo é de quatro anos. A alternativa "b" também está errada, pois o caso em análise não configura hipótese de erro (uma falsa percepção espontânea da realidade). Letra "c" é o gabarito. As partes querem mesmo celebrar um negócio jurídico, porém há um negócio aparente e outro que permanece dissimulado, sendo este último o verdadeiro. Nos termos do art. 167, CC, é nulo o negócio jurídico simulado. Por se tratar de nulidade absoluta, essa pode ser alegada por qualquer interessado. Por fim, a letra "d" está errada, pois não é hipótese de fraude contra credores. Cabe dizer que a fraude contra credores atinge o plano da validade do negócio jurídico, fazendo com que este seja anulável. *Alternativa C.*

8. (XXVIII Exame) Mônica, casada pelo regime da comunhão total de bens, descobre que seu marido, Geraldo, alienou um imóvel pertencente ao patrimônio comum do casal, sem a devida vênia conjugal. A descoberta agrava a crise conjugal entre ambos e acaba conduzindo ao divórcio do casal. Tempos depois, Mônica ajuíza ação em face de seu ex-marido, objetivando a invalidação da alienação do imóvel. Sobre o caso narrado, assinale a afirmativa correta.

A) O juiz pode conhecer de ofício do vício decorrente do fato de Mônica não ter anuído com a alienação do bem.
B) O fato de Mônica não ter anuído com a alienação do bem representa um vício que convalesce com o decurso do tempo.
C) O vício decorrente da ausência de vênia conjugal não pode ser sanado pela posterior confirmação do ato por Mônica.
D) Para que a pretensão de Mônica seja acolhida, ela deveria ter observado o prazo prescricional de dois anos, a contar da data do divórcio.

RESPOSTA A questão trabalha com a anulabilidade do negócio jurídico de alienação de imóvel por Geraldo, sem a vênia conjugal de Mônica. Como se trata de uma hipótese de anulabilidade, a resposta é a de que o negócio apresenta um vício (art. 1.647), passível de convalidação com o passar do tempo, já que o art. 1.649 estabelece o prazo decadencial de dois anos contados do término da sociedade conjugal para que o outro cônjuge pleiteie a anulação. Não cabe alegação de ofício em caso de anulabilidades (art. 177, art. 1.650) e o negócio pode ser confirmado por Mônica (art. 162, art. 1.649, parágrafo único). *Alternativa B.*

9. (XXVI Exame) A cidade de Asa Branca foi atingida por uma tempestade de grandes proporções. As ruas ficaram alagadas e a população sofreu com a inundação de suas casas e seus locais de trabalho. Antônio, que tinha uma pequena barcaça, aproveitou a ocasião para realizar o transporte dos moradores pelo triplo do preço que normalmente seria cobrado, tendo em vista a premente necessidade dos moradores de recorrer a esse tipo de transporte. Nesse caso, em relação ao citado negócio jurídico, ocorreu

(A) estado de perigo.
(B) dolo.
(C) lesão.
(D) erro.

RESPOSTA Nos termos do art. 157 do CC, ocorre a lesão quando uma pessoa, sob premente necessidade, ou por inexperiência, se obriga a prestação manifestamente desproporcional ao valor da prestação oposta. No caso narrado, Antônio aproveitou-se da necessidade dos moradores (inundação) e impôs uma obrigação desproporcional (cobrança do triplo do preço). Assim, no citado negócio jurídico ocorreu o defeito da lesão. Cumpre dizer que lesão gera a anulação do negócio jurídico no prazo decadencial de 4 anos. *Alternativa C.*

10. (XXII Exame) Ricardo realizou diversas obras no imóvel que Cláudia lhe emprestou: reparou um vazamento existente na cozinha; levantou uma divisória na área de serviço para formar um novo cômodo, destinado a servir de despensa; ampliou o número de tomadas disponíveis; e trocou o portão manual da garagem por um eletrônico. Quando Cláudia pediu o imóvel de volta, Ricardo exigiu o ressarcimento por todas as benfeitorias realizadas, embora sequer a tenha consultado previamente sobre as obras. Somente pode-se considerar benfeitoria necessária, a justificar o direito ao ressarcimento,

(A) o reparo do vazamento na cozinha.
(B) a formação de novo cômodo, destinado a servir de despensa, pelo levantamento de divisória na área de serviço.
(C) a ampliação do número de tomadas.
(D) a troca do portão manual da garagem por um eletrônico.

RESPOSTA A alternativa A está correta, pois, de acordo com o art. 96, § 3º, "São necessárias as benfeitorias que têm por fim conservar o bem ou evitar que se deteriore". A alternativa B está incorreta, dado que a formação de um novo cômodo é benfeitoria útil. Conforme o art. 96, § 2º, "São úteis as benfeitorias que aumentam ou facilitam o uso do bem". Veja que sem a inclusão do novo cômodo não seria a casa destruída, tendo ela ficado apenas mais "usável". A alternativa C está incorreta, porque as tomadas também são benfeitorias úteis, pois com mais tomadas "usa-se mais a casa", mas a casa não cairá se tiver apenas uma tomada. A alternativa D está incorreta, mais uma vez, por se tratar a troca do portão de benfeitoria útil, pois a casa com portão manual é tão "bem acabada" e não corre risco de cair quanto a casa com portão automático. Não é voluptuária porque não se volta ao mero deleite ou recreio. *Alternativa A.*

11. (XXIII Exame) Em ação judicial na qual Paulo é réu, levantou-se controvérsia acerca de seu domicílio, relevante para a determinação do juízo competente. Paulo alega que seu domicílio é a capital do Estado do Rio de Janeiro, mas o autor sustenta que não há provas de manifestação de vontade de Paulo no sentido de fixar seu domicílio naquela cidade. Sobre o papel da vontade nesse caso, assinale a afirmativa correta.

(A) Por se tratar de um fato jurídico em sentido estrito, a vontade de Paulo na fixação de domicílio é irrelevante, uma vez que não é necessário levar em consideração a conduta humana para a determinação dos efeitos jurídicos desse fato.

(B) Por se tratar de um ato-fato jurídico, a vontade de Paulo na fixação de domicílio é irrelevante, uma vez que, embora se leve em consideração a conduta humana para a determinação dos efeitos jurídicos, não é exigível manifestação de vontade.

(C) Por se tratar de um ato jurídico em sentido estrito, embora os seus efeitos sejam predeterminados pela lei, a vontade de Paulo na fixação de domicílio é relevante, no sentido de verificar a existência de um ânimo de permanecer naquele local.

(D) Por se tratar de um negócio jurídico, a vontade de Paulo na fixação de domicílio é relevante, já que é a manifestação de vontade que determina quais efeitos jurídicos o negócio irá produzir.

RESPOSTA No ato jurídico em sentido estrito, o agente realiza o ato de forma consciente, mas não goza de ampla liberdade de escolha na determinação dos seus efeitos. Os efeitos do ato são previstos em lei. Um exemplo de ato jurídico em sentido estrito é a fixação do domicílio. A letra A está errada, pois assevera ser a fixação do domicílio um fato jurídico em sentido estrito. A letra B está equivocada por estabelecer que a fixação de domicílio é um ato-fato jurídico. A letra C é o gabarito da questão. E a letra D está incorreta, pois estabelece que a fixação do domicílio é um negócio jurídico. *Alternativa C.*

12. (XXIII Exame) Em um bazar beneficente, promovido por Júlia, Marta adquiriu um antigo faqueiro, praticamente sem uso. Acreditando que o faqueiro era feito de prata, Marta ofereceu um preço elevado sem nada perguntar sobre o produto. Júlia, acreditando no espírito benevolente de sua vizinha, prontamente aceitou o preço oferecido. Após dois anos de uso constante, Marta percebeu que os talheres começaram a ficar manchados e a se dobrarem com facilidade. Consultando um especialista, ela descobre que o faqueiro era feito de uma liga metálica barata, de vida útil curta, e que, com o uso reiterado, ele se deteriorara. De acordo com o caso narrado, assinale a afirmativa correta.

(A) A compra e venda firmada entre Marta e Júlia é nula, por conter vício em seu objeto, um dos elementos essenciais do negócio jurídico.

(B) O negócio foi plenamente válido, considerando ter restado comprovado que Júlia não tinha qualquer motivo para suspeitar do engano de Marta.

(C) O prazo decadencial a ser observado para que Marta pretenda judicialmente o desfazimento do negócio deve ser contado da data de descoberta do vício.

(D) De acordo com a disciplina do Código Civil, Júlia poderá evitar que o negócio seja desfeito se oferecer um abatimento no preço de venda proporcional à baixa qualidade do faqueiro.

RESPOSTA A questão em análise versa sobre defeitos dos negócios jurídicos. A alternativa A está incorreta, porque, tratando-se de vício com relação ao objeto, estaria materializado o erro, o que seria caso de anulabilidade, não de nulidade. Nesse sentido, o art. 138 do CC estabelece: "São anuláveis os negócios jurídicos, quando as declarações de vontade emanarem de erro substancial que poderia ser percebido por pessoa de diligência normal, em face das circunstâncias do negócio". A alternativa B está correta. O negócio em análise é válido, considerando ter restado comprovado que Júlia não tinha qualquer motivo para suspeitar do engano de Marta. A alternativa C está incorreta. Segundo o art. 178, II, do CC: "É de quatro anos o prazo de decadência para pleitear-se a anulação do negócio jurídico, contado no de erro, dolo, fraude contra credores, estado de perigo ou lesão, do dia em que se realizou o negócio jurídico". Por fim, a alternativa D está incorreta, porque essa possibilidade se aplica à lesão. Nesse sentido, observa-se o artigo 157, § 2º, do CC: "Não se decretará a anulação do negócio, se for oferecido suplemento suficiente, ou se a parte favorecida concordar com a redução do proveito". *Alternativa B.*

13. (XXIV Exame) Eduardo comprometeu-se a transferir para Daniela um imóvel que possui no litoral, mas uma cláusula especial no contrato previa que a transferência somente ocorreria caso a cidade em que o imóvel se localiza viesse a sediar, nos próximos dez anos, um campeonato mundial de surfe. Depois de realizado o negócio, todavia, o advento de nova legislação ambiental impôs regras impeditivas para a realização do campeonato naquele local. Sobre a incidência de tais regras, assinale a afirmativa correta.

(A) Daniela tem direito adquirido à aquisição do imóvel, pois a cláusula especial configura um termo.

(B) Prevista uma condição na cláusula especial, Daniela tem direito adquirido à aquisição do imóvel.

(C) Há mera expectativa de direito à aquisição do imóvel por parte de Daniela, pois a cláusula especial tem natureza jurídica de termo.

(D) Daniela tem somente expectativa de direito à aquisição do imóvel, uma vez que há uma condição na cláusula especial.

RESPOSTA A questão analisada versa sobre os elementos que norteiam a eficácia de um negócio jurídico, em particular a condição. Esta deve ser entendida como a cláusula que, derivando exclusivamente da vontade das partes, subordina o efeito do negócio jurídico a evento futuro e incerto. Cumpre dizer que, subordinando-se a eficácia do negócio jurídico à condição suspensiva, enquanto esta não se verificar, não se terá adquirido o direito a que ela visa. A condição diferencia-se do termo, pois este é um evento futuro e certo. No caso em análise, sediar "um campeonato mundial de surfe" é uma condição e não gera direito adquirido, só expectativas de direito. *Alternativa D.*

14. (XXI Exame) André possui um transtorno psiquiátrico grave, que demanda uso contínuo de medicamentos, graças aos quais ele leva vida normal. No entanto, em razão do consumo de remédios que se revelaram ineficazes, por causa de um defeito de fabricação naquele lote, André foi acometido de um surto que, ao privá-lo de discernimento, o levou a comprar diversos produtos caros de que não precisava. Para desfazer os efeitos desses negócios, André deve pleitear

(A) a nulidade dos negócios, por incapacidade absoluta decorrente de enfermidade ou deficiência mental.

(B) a nulidade dos negócios, por causa transitória impeditiva de expressão da vontade.

(C) a anulação do negócio, por causa transitória impeditiva de expressão da vontade.

(D) a anulação do negócio, por incapacidade relativa decorrente de enfermidade ou deficiência mental.

RESPOSTA De acordo com o art. 4º, III, do CC, são incapazes, relativamente a certos atos ou à maneira de os exercer, aqueles que, por causa transitória ou permanente, não puderem exprimir sua vontade. Nesse trilhar, o art. 171, I, do CC, consagra que é anulável o negócio jurídico por incapacidade relativa do agente. *Alternativa C.*

15. (XXI Exame) Durante uma viagem aérea, Eliseu foi acometido de um mal súbito, que demandava atendimento imediato. O piloto dirigiu o avião para o aeroporto mais próximo, mas a aterrissagem não ocorreria a tempo de salvar Eliseu. Um passageiro ofereceu seus conhecimentos médicos para atender Eliseu, mas demandou pagamento bastante superior ao valor de mercado, sob a alegação de que se encontrava de férias. Os termos do passageiro foram prontamente aceitos por Eliseu. Recuperado do mal que o atingiu, para evitar a cobrança dos valores avençados, Eliseu pode pretender a anulação do acordo firmado com o outro passageiro, alegando

(A) erro.

(B) dolo.

(C) coação.

(D) estado de perigo.

RESPOSTA Nos termos do art. 156 do CC, configura-se o estado de perigo quando alguém, premido da necessidade de salvar-se, ou a pessoa de sua família, de grave dano conhecido pela outra parte, assume obrigação excessivamente onerosa. *Alternativa D.*

II. DIREITO DAS OBRIGAÇÕES

16. (XXXII Exame) Érico é amigo de Astolfo, famoso colecionador de obras de arte. Érico, que está abrindo uma galeria de arte, perguntou se Astolfo aceitaria locar uma das pinturas de seu acervo para ser exibida na grande noite de abertura, como forma de atrair mais visitantes. Astolfo prontamente aceitou a proposta, e ambos celebraram o contrato de locação da obra, tendo Érico se obrigado a restituí-la já no dia seguinte ao da inauguração. O aluguel, fixado em parcela única, foi pago imediatamente na data de celebração do contrato. A abertura da galeria foi um grande sucesso, e Érico, assoberbado de trabalho nos dias que se seguiram, não providenciou a devolução da obra de arte para Astolfo. Embora a galeria dispusesse de moderna estrutura de segurança, cerca de uma semana após a inauguração, Diego, estudante universitário, invadiu o local e vandalizou todas as obras de arte ali expostas, destruindo por completo a pintura que fora cedida por Astolfo. As câmeras de segurança possibilitaram a pronta identificação do vândalo. De acordo com o caso narrado, assinale a afirmativa correta.

(A) Érico tem o dever de indenizar Astolfo, integralmente, pelos prejuízos sofridos em decorrência da destruição da pintura.

(B) Érico não pode ser obrigado a indenizar Astolfo pelos prejuízos decorrentes da destruição da pintura porque Diego, o causador do dano, foi prontamente identificado.

(C) Érico não pode ser obrigado a indenizar Astolfo pelos prejuízos decorrentes da destruição da pintura porque adotou todas as medidas de segurança necessárias para proteger a obra de arte.

(D) Érico somente estará obrigado a indenizar Astolfo se restar comprovado que colaborou, em alguma medida, para que Diego realizasse os atos de vandalismo.

RESPOSTA No caso em estudo, no momento em que Érico não devolveu o bem a Astolfo no prazo acordado em contrato, aquele passou a estar em mora. Nos termos do art. 399 do CC, o devedor em mora tem a sua responsabilidade ampliada, senão vejamos: "O devedor em mora responde pela impossibilidade da prestação, embora essa impossibilidade resulte de caso fortuito ou de força maior, se estes ocorrerem durante o atraso; salvo se provar isenção de culpa, ou que o dano sobreviria ainda quando a obrigação fosse oportunamente desempenhada." *Alternativa A.*

17. (XXXIII Exame) Valdeir e Max assinaram contrato particular de promessa de compra e venda com direito de arrependimento, no qual Valdeir prometeu vender o apartamento 901 de sua propriedade por R$ 500.000,00 (quinhentos mil reais). Max, por sua vez, se comprometeu a comprar o imóvel e, no mesmo ato de assinatura do contrato, pagou arras penitenciais de R$ 50.000,00 (cinquenta mil reais). A escritura definitiva de compra e venda seria outorgada em 90 (noventa) dias a contar da assinatura da promessa de compra e venda, com o consequente pagamento do saldo do preço. Contudo, 10 (dez) dias antes da assinatura da escritura de compra e venda, Valdeir celebrou escritura definitiva de compra e venda, alienando o imóvel à Ana Lúcia que pagou a importância de R$ 750.000,00 (setecentos e cinquenta mil reais) pelo mesmo imóvel. Max, surpreendido e indignado, procura você, como advogado(a), para defesa de seus interesses. Sobre a hipótese apresentada, assinale a afirmativa correta.

(A) Max poderá exigir de Valdeir a importância paga a título de arras mais o equivalente, com atualização monetária segundo índices oficiais regularmente estabelecidos, juros e honorários de advogado.

(B) Por se tratar de arras penitenciais, Max poderá exigir de Valdeir apenas R$ 50.000,00 (cinquenta mil reais), e exigir a reparação pelas perdas e danos que conseguir comprovar.

(C) Max poderá exigir de Valdeir até o triplo pago a título de arras penitencias.

(D) Max não poderá exigir nada além do que pagou a título de arras penitenciais.

RESPOSTA A questão em estudo exige da(o) candidata(o) o conhecimento dos seguintes artigos: Art. 389 do CC: "Não cumprida a obrigação, responde o devedor por perdas e danos, mais juros e atualização monetária segundo índices oficiais regularmente estabelecidos, e honorários de advogado" e também do Art. 420 do CC: "Se no contrato for estipulado o direito de arrependimento para qualquer das partes, as arras ou sinal terão função unicamente indenizatória. Neste caso, quem as deu perdê-las-á em benefício da outra parte; e quem as recebeu devolvê-las-á, mais o equivalente. Em ambos os casos não haverá direito a indenização suplementar." No caso em análise, quem descumpriu o contrato foi quem recebeu as arras, logo este deverá arcar com o seu valor mais o equivalente, com atualização monetária segundo índices oficiais regularmente estabelecidos, juros e honorários de advogado. *Alternativa A.*

18. (XXXI Exame) Jacira mora em um apartamento alugado, sendo a locação garantida por fiança prestada por seu pai, José. Certa vez, Jacira conversava com sua irmã Laura acerca de suas dificuldades financeiras, e declarou que temia não ser capaz de pagar o próximo aluguel do imóvel. Compadecida da situação da irmã, Laura procurou o locador do imóvel e, na data de vencimento do aluguel, pagou, em nome próprio, o valor devido por Jacira, sem oposição desta. Nesse cenário, em relação ao débito do aluguel daquele mês, assinale a afirmativa correta.

A) Laura, como terceira interessada, sub-rogou-se em todos os direitos que o locador tinha em face de Jacira, inclusive a garantia fidejus-sória.

B) Laura, como terceira não interessada, tem apenas direito de regresso em face de Jacira.

C) Laura, como devedora solidária, sub-rogou-se nos direitos que o locador tinha em face de Jacira, mas não quanto à garantia fidejussória.

D) Laura, tendo realizado mera liberalidade, não tem qualquer direito em face de Jacira.

RESPOSTA Dentro de uma relação obrigacional, o pagamento pode ser feito pelo terceiro interessado e pelo terceiro não interessado. Terceiro interessado é a pessoa que pode ser chamada juridicamente a responder por uma dívida que não é sua. Exemplos: fiador, avalista, patrão pelo ilícito do empregado, entre outros, que se sub-rogam nos direitos do credor. O terceiro não interessado paga em nome de alguém sem ter obrigação jurídica para tanto. Pode adimplir em seu próprio nome ou em nome do devedor. Se ele pagar em seu próprio nome, vai ter direito de regresso contra o devedor. Nesse sentido, o artigo 305 do CC estabelece que o terceiro não interessado, que paga a dívida em seu próprio nome, tem direito a reembolsar-se do que pagar; mas não se sub-roga nos direitos do credor. Por outro lado, se adimplir em nome do devedor, não haverá qualquer direito, equivale a uma doação. *Alternativa B.*

19. (XXX Exame) Lucas, interessado na aquisição de um carro seminovo, procurou Leonardo, que revende veículos usados. Ao final das tratativas, e para garantir que o negócio seria fechado, Lucas pagou a Leonardo um percentual do valor do veículo, a título de sinal. Após a celebração do contrato, porém, Leonardo informou a Lucas que, infelizmente, o carro que haviam negociado já havia sido prometido informalmente para um outro comprador, velho amigo de Leonardo, motivo pelo qual Leonardo não honraria a avença. Frustrado, diante do inadimplemento de Leonardo, Lucas procurou você, como advogado(a), para orientá-lo. Nesse caso, assinale a opção que apresenta a orientação dada.

(A) Leonardo terá de restituir a Lucas o valor pago a título de sinal, com atualização monetária, juros e honorários de advogado, mas não o seu equivalente.

(B) Leonardo terá de restituir a Lucas o valor pago a título de sinal, mais o seu equivalente, com atualização monetária, juros e honorários de advogado.

(C) Leonardo terá de restituir a Lucas apenas metade do valor pago a título de sinal, pois informou, tão logo quanto possível, que não cumpriria o contrato.

(D) Leonardo não terá de restituir a Lucas o valor pago a título de sinal, pois este é computado como início de pagamento, o qual se perde em caso de inadimplemento.

RESPOSTA Segundo o Código Civil, se a inexecução de um determinado contrato se der por quem recebeu as arras (sinal), poderá quem as deu haver o contrato por desfeito, e exigir sua devolução mais o equivalente, com atualização monetária segundo índices oficiais regularmente estabelecidos, juros e honorários de advogado (art. 418 do Código Civil). *Alternativa B.*

20. (XXVI Exame) Lúcio, comodante, celebrou contrato de comodato com Pedro, comodatário, no dia 1º de outubro de 2016, pelo prazo de dois meses. O objeto era um carro da marca Y no valor de R$ 30.000,00. A devolução do bem deveria ser feita na cidade Alfa, domicílio do comodante, em 1º de dezembro de 2016. Pedro, no entanto, não devolveu o bem na data marcada e resolveu viajar com amigos para o litoral até a virada do ano. Em 1º de janeiro de 2017, desabou um violento temporal sobre a cidade Alfa, e Pedro, ao voltar da viagem, encontra o carro destruído. Com base nos fatos narrados, sobre a posição de Lúcio, assinale a afirmativa correta.

(A) Fará jus a perdas e danos, visto que Pedro não devolveu o carro na data prevista.

(B) Nada receberá, pois o perecimento se deu em razão de fato fortuito ou de força maior.

(C) Não terá direito a perdas e danos, pois cedeu o uso do bem a Pedro.

(D) Receberá 50% do valor do bem, pois, por fato inimputável a Pedro, o bem não foi devolvido.

RESPOSTA Na situação descrita, havia um contrato de comodato por prazo determinado, e o comodatário Pedro não devolveu o bem ao comodante Lúcio na data prevista para a restituição. Logo, Pedro estaria em mora, tendo posse precária do veículo. Ocorre que, durante a mora, o veículo se perdeu por um caso fortuito (ocorrência de um temporal). Como ressalta o art. 399, CC, o devedor em mora responde pela impossibilidade da prestação, embora essa impossibilidade resulte de **caso fortuito ou de força maior**, se estes ocorrerem durante o atraso; salvo se provar isenção de culpa, ou que o dano sobreviria ainda quando a obrigação fosse oportunamente desempenhada. Ou seja, tem-se uma espécie de ampliação da responsabilidade do devedor quando este se encontra em mora. Logo, Lúcio terá direito a receber as perdas e danos. *Alternativa A.*

21. (XXV Exame) Em 05 de dezembro de 2016, Sérgio, mediante contrato de compra e venda, adquiriu de Fernando um computador seminovo (ano 2014) da marca Massa pelo valor de R$5.000,00. O pagamento foi integralizado à vista, no mesmo dia, e foi previsto no contrato que o bem seria entregue em até um mês, devendo Fernando contatar Sérgio, por telefone, para que este buscasse o computador em sua casa. No contrato, também foi prevista multa de R$ 500,00 caso o bem não fosse entregue no prazo combinado. Em 06 de janeiro de 2017, Sérgio, muito ansioso, ligou para Fernando perguntando pelo computador, mas teve como resposta que o atraso na entrega se deu porque a irmã de Fernando, Ana, que iria trazer um computador novo para ele do exterior, tinha perdido o voo e só chegaria após uma semana. Por tal razão, Fernando ainda dependia do computador antigo para trabalhar e não poderia entregá-lo de imediato a Sérgio. Acerca dos fatos narrados, assinale a afirmativa correta.

(A) Sérgio poderá exigir de Fernando a execução específica da obrigação (entrega do bem) ou a cláusula penal de R$ 500,00, não podendo ser cumulada a multa com a obrigação principal.
(B) Sérgio poderá exigir de Fernando a execução específica da obrigação (entrega do bem) simultaneamente à multa de R$ 500,00, tendo em vista ser cláusula penal moratória.
(C) Sérgio somente poderá exigir de Fernando a execução específica da obrigação (entrega do bem), não a multa, pois o atraso foi por culpa de terceiro (Ana), e não de Fernando.
(D) Sérgio somente poderá exigir de Fernando a cláusula penal de R$ 500,00, não a execução específica da obrigação (entrega do bem), que depende de terceiro (Ana).

RESPOSTA A alternativa A está incorreta, porque o art. 410 ("Quando se estipular a cláusula penal para o caso de total inadimplemento da obrigação, esta converter-se-á em alternativa a benefício do credor") se aplica somente ao caso de inadimplemento absoluto, que não é o caso. A alternativa B está correta, já que se trata de mora, inadimplemento relativo, segundo o art. 411: "Quando se estipular a cláusula penal para o caso de mora, ou em segurança especial de outra cláusula determinada, terá o credor o arbítrio de exigir a satisfação da pena cominada, juntamente com o desempenho da obrigação principal". A alternativa C está incorreta, pois não se fala de promessa de fato de terceiro nesse caso. A alternativa D está incorreta, eis que mesmo que fosse uma promessa de fato de terceiro, o contratante responderia. *Alternativa B.*

22. (XXV Exame) Arlindo, proprietário da vaca Malhada, vendeu-a a seu vizinho, Lauro. Celebraram, em 10 de janeiro de 2018, um contrato de compra e venda, pelo qual Arlindo deveria receber do comprador a quantia de R$ 2.500,00, no momento da entrega do animal, agendada para um mês após a celebração do contrato. Nesse interregno, contudo, para surpresa de Arlindo, Malhada pariu dois bezerros. Sobre os fatos narrados, assinale a afirmativa correta.

(A) Os bezerros pertencem a Arlindo.
(B) Os bezerros pertencem a Lauro.
(C) Um bezerro pertence a Arlindo e o outro, a Lauro.
(D) Deverá ser feito um sorteio para definir a quem pertencem os bezerros.

RESPOSTA A alternativa A está correta, na literalidade do art. 237: "Até a tradição pertence ao devedor a coisa, com os seus melhoramentos e acrescidos, pelos quais poderá exigir aumento no preço; se o credor não anuir, poderá o devedor resolver a obrigação". Logo, as alternativas B, C e D estão incorretas. *Alternativa A.*

23. (XXVI Exame) Paula é credora de uma dívida de R$ 900.000,00 assumida solidariamente por Marcos, Vera, Teresa, Mirna, Júlio, Simone, Úrsula, Nestor e Pedro, em razão de mútuo que a todos aproveita. Antes do vencimento da dívida, Paula exonera Vera e Mirna da solidariedade, por serem amigas de longa data. Dois meses antes da data de vencimento, Júlio, em razão da perda de seu emprego, de onde provinha todo o sustento de sua família, cai em insolvência. Ultrapassada a data de vencimento, Paula decide cobrar a dívida. Sobre a hipótese apresentada, assinale a afirmativa correta.

(A) Vera e Mirna não podem ser exoneradas da solidariedade, eis que o nosso ordenamento jurídico não permite renunciar a solidariedade de somente alguns dos devedores.
(B) Se Marcos for cobrado por Paula, deverá efetuar o pagamento integral da dívida e, posteriormente, poderá cobrar dos demais as suas quotas-partes. A parte de Júlio será rateada entre todos os devedores solidários, inclusive Vera e Mirna.
(C) Se Simone for cobrada por Paula deverá efetuar o pagamento integral da dívida e, posteriormente, poderá cobrar dos demais as suas quotas-partes, inclusive Júlio.
(D) Se Mirna for cobrada por Paula, deverá efetuar o pagamento integral da dívida e, posteriormente, poderá cobrar as quotas-partes dos demais. A parte de Júlio será rateada entre todos os devedores solidários, com exceção de Vera.

RESPOSTA A questão aborda as obrigações solidárias, especialmente quanto ao fenômeno da exoneração da solidariedade, no âmbito da solidariedade passiva. Nestes casos, o credor pode exonerar um ou mais devedores, mantendo-se a solidariedade quanto aos demais, conforme previsão do art. 282, CC. Os devedores exonerados continuam a ser devedores, porém apenas na condição de fracionários, ou seja, devem apenas a sua quota-parte na dívida. Se um dos devedores solidários cair em insolvência, o art. 283, CC, determina que a parte a ele correspondente deverá ser rateada pelos demais devedores. Em complemento, o art. 284, CC, prevê que os exonerados da solidariedade participam deste rateio da quota do devedor insolvente. Assim, o gabarito da questão é a alternativa que diz que a parte de Júlio, insolvente, será rateada entre todos os demais devedores solidários, inclusive entre Vera e Mirna, exoneradas da solidariedade. *Alternativa B.*

24. (XXII Exame) Festas Ltda., compradora, celebrou, após negociações paritárias, contrato de compra e venda com Chocolates S/A, vendedora. O objeto do contrato eram 100 caixas de chocolate, pelo preço total de R$ 1.000,00, a serem entregues no dia 1º de novembro de 2016, data em que se comemorou o aniversário de 50 anos de existência da sociedade. No contrato, estava prevista uma multa de R$ 1.000,00 caso houvesse atraso na entrega. Chocolates S/A, devido ao excesso de encomendas, não conseguiu entregar as caixas na data combinada, mas somente dois dias depois. Festas Ltda., dizendo que a comemoração já havia acontecido, recusou-se a receber e ainda cobrou a multa. Por sua vez, Chocolates S/A não aceitou pagar a multa, afirmando que o atraso de dois dias não justificava sua cobrança e que o produto vendido era o melhor do mercado. Sobre os fatos narrados, assinale a afirmativa correta.

(A) Festas Ltda. tem razão, pois houve o inadimplemento absoluto por perda da utilidade da prestação e a multa é uma cláusula penal compensatória.
(B) Chocolates S/A não deve pagar a multa, pois a cláusula penal, quantificada em valor idêntico ao valor da prestação principal, é abusiva.
(C) Chocolates S/A adimpliu sua prestação, ainda que dois dias depois, razão pela qual nada deve a título de multa.
(D) Festas Ltda. só pode exigir 2% de multa (R$ 20,00), teto da cláusula penal, segundo o Código de Defesa do Consumidor.

RESPOSTA A alternativa A está correta, pois, pela combinação dos arts. 410 ("Quando se estipular a cláusula penal para o caso de total inadimplemento da obrigação, esta converter-se-á em alternativa a benefício do credor") e 412 do CC, é possível perceber que o valor da cláusula penal está dentro do patamar máximo fixado pela lei. Dito isso, necessário deixar claro que o inadimplemento foi absoluto, já que não havia mais interesse do credor em receber o objeto do contrato, eis que a festa já havia passado. A alternativa B está incorreta, pela literalidade do art. 412: "O valor da cominação imposta na cláusula penal não pode exceder o da obrigação principal". A alternativa C está incorreta, porque o inadimplemento, nesse caso, é absoluto, já que o cumprimento tardio da prestação não é adequado para Festas Ltda., passado o evento para o qual o contrato foi assinado. A alternativa D está incorreta, e estaria correta caso esse fosse um contrato submetido ao CDC, mas o exercício disse claramente que o contrato foi assinado "após negociações paritárias". *Alternativa A.*

25. **(XXII Exame)** Antônio, vendedor, celebrou contrato de compra e venda com Joaquim, comprador, no dia 1º de setembro de 2016, cujo objeto era um carro da marca X no valor de R$ 20.000,00, sendo o pagamento efetuado à vista na data de assinatura do contrato. Ficou estabelecido ainda que a entrega do bem seria feita 30 dias depois, em 1º de outubro de 2016, na cidade do Rio de Janeiro, domicílio do vendedor. Contudo, no dia 25 de setembro, uma chuva torrencial inundou diversos bairros da cidade e o carro foi destruído pela enchente, com perda total. Considerando a descrição dos fatos, Joaquim

(A) não faz jus à devolução do pagamento de R$ 20.000,00.
(B) terá direito à devolução de 50% do valor, tendo em vista que Antônio, vendedor, não teve culpa.
(C) terá direito à devolução de 50% do valor, tendo em vista que Antônio, vendedor, teve culpa.
(D) terá direito à devolução de 100% do valor, pois ainda não havia ocorrido a tradição no momento do perecimento do bem.

RESPOSTA A alternativa A está incorreta, pois o art. 234 do CC consagra que, no caso da obrigação de dar coisa certa, "se a coisa se perder, sem culpa do devedor, antes da tradição, ou pendente a condição suspensiva, fica resolvida a obrigação para ambas as partes". Observe que "resolver" tem o sentido técnico-jurídico de extinguir, com retorno das partes ao *status quo ante*, ou seja, ao "estado de coisas anterior". A alternativa B está incorreta, já que o "estado de coisas anterior" significa deixar as partes no estado prévio ao contrato, ou seja, Antônio com seus R$ 20 mil e Joaquim com seu carro da marca X. A alternativa C está incorreta, porque não se pode imputar a responsabilidade das chuvas torrenciais a Joaquim, já que não é "São Pedro" ou qualquer outra entidade semelhante evocadora das chuvas. A alternativa D está correta, vez que, pela redação do art. 234, mencionado acima, a entrega, a tradição, ainda não havia ocorrido quanto à coisa certa, pelo que todos os riscos relativos à coisa pertenciam ao vendedor, como deixa claro o art. 492: "Até o momento da tradição, os riscos da coisa correm por conta do vendedor, e os do preço por conta do comprador". *Alternativa D.*

26. **(XXIII Exame)** Paulo, viúvo, tinha dois filhos: Mário e Roberta. Em 2016, Mário, que estava muito endividado, cedeu para seu amigo Francisco a quota-parte da herança a que fará jus quando seu pai falecer, pelo valor de R$ 1.000.000,00 (um milhão de reais), pago à vista. Paulo falece, sem testamento, em 2017, deixando herança líquida no valor de R$ 3.000.000,00 (três milhões de reais). Sobre a partilha da herança de Paulo, assinale a afirmativa correta.

(A) Francisco não será contemplado na partilha porque a cessão feita por Mário é nula, razão pela qual Mário e Roberta receberão, cada um, R$ 1.500.000,00 (um milhão e quinhentos mil reais).
(B) Francisco receberá, por força da partilha, R$ 1.000.000,00 (um milhão de reais), Mário ficará com R$ 500.000,00 (quinhentos mil reais) e Roberta com R$ 1.500.000,00 (um milhão e quinhentos mil reais).
(C) Francisco e Roberta receberão, cada um, por força da partilha, R$ 1.500.000,00 (um milhão e quinhentos mil reais) e Mário nada receberá.
(D) Francisco receberá, por força da partilha, R$ 1.000.000,00 (um milhão de reais), Roberta ficará com R$ 2.000.000,00 (dois milhões de reais) e Mário nada receberá.

RESPOSTA A cessão de direitos hereditários consiste em um ato jurídico negocial pelo qual o herdeiro (cedente), por escritura pública ou termo nos autos, transfere, gratuita ou onerosamente, a sua quota hereditária a um terceiro (cessionário). Cumpre dizer que a cessão só será válida após a abertura da sucessão, por ser nulo qualquer ato negocial que envolva a herança de pessoa viva (artigo 426 do CC). Nesse sentido, o gabarito da questão é letra A. As demais alternativas (B, C e D) estão erradas, pois tratam a cessão realizada anteriormente à abertura da sucessão como válida. *Alternativa A.*

27. **(XXIV Exame)** André, Mariana e Renata pegaram um automóvel emprestado com Flávio, comprometendo-se solidariamente a devolvê-lo em quinze dias. Ocorre que Renata, dirigindo acima do limite de velocidade, causou um acidente que levou à destruição total do veículo. Assinale a opção que apresenta os direitos que Flávio tem diante dos três.

(A) Pode exigir, de qualquer dos três, o equivalente pecuniário do carro, mais perdas e danos.
(B) Pode exigir, de qualquer dos três, o equivalente pecuniário do carro, mas só pode exigir perdas e danos de Renata.
(C) Pode exigir, de cada um dos três, um terço do equivalente pecuniário do carro e das perdas e danos.
(D) Pode exigir, de cada um dos três, um terço do equivalente pecuniário do carro, mas só pode exigir perdas e danos de Renata.

RESPOSTA A alternativa A está incorreta, pois estabelece o art. 279 do CC que: "Impossibilitando-se a prestação por culpa de um dos devedores solidários, subsiste para todos o encargo de pagar o equivalente; mas pelas perdas e danos só responde o culpado". A alternativa B está correta, conforme dito, já que as perdas e danos se cobram apenas do causador do dano, no caso, Renata. A alternativa C está incorreta, porque esse seria o caso de obrigação conjunta, e não solidária. A alternativa D está incorreta, conforme dito acima, por aplicação do art. 279. *Alternativa B.*

28. **(XXI Exame)** Felipe e Ana, casal de namorados, celebraram contrato de compra e venda com Armando, vendedor, cujo objeto era um carro no valor de R$ 30.000,00, a ser pago em 10 parcelas de R$ 3.000,00, a partir de 1º de agosto de 2016. Em outubro de 2016, Felipe terminou o namoro com Ana. Em novembro, nem Felipe nem Ana realizaram o pagamento da parcela do carro adquirido de Armando. Felipe achava que a responsabilidade era de Ana, pois o carro tinha sido presente pelo seu aniversário. Ana, por sua vez, acreditava que, como Felipe ficou com o carro, não estava mais obrigada a pagar nada, já que ele terminara o relacionamento.

Armando procura seu(sua) advogado(a), que o orienta a cobrar

(A) a totalidade da dívida de Ana.
(B) a integralidade do débito de Felipe.
(C) metade de cada comprador.
(D) a dívida de Felipe ou de Ana, pois há solidariedade passiva.

RESPOSTA Como ambos realizaram o contrato de compra e venda em conjunto, cada comprador deve arcar com a metade do valor do bem. Ademais, a solidariedade não se presume; resulta da lei ou da vontade das partes (art. 265 do CC). *Alternativa C.*

III. CONTRATOS

29. (XXXI Exame) Antônio, divorciado, proprietário de três imóveis devidamente registrados no RGI, de valores de mercado semelhantes, decidiu transferir onerosamente um de seus bens ao seu filho mais velho, Bruno, que mostrou interesse na aquisição por valor próximo ao de mercado. No entanto, ao consultar seus dois outros filhos (irmãos do pretendente comprador), um deles, Carlos, opôs-se à venda. Diante disso, bastante chateado com a atitude de Carlos, seu filho que não concordou com a compra e venda do imóvel decidiu realizar uma doação a favor de Bruno. Em face do exposto, assinale a afirmativa correta.

A) A compra e venda de ascendente para descendente só pode ser impedida pelos demais descendentes e pelo cônjuge, se a oposição for unânime.
B) Não há, na ordem civil, qualquer impedimento à realização de contrato de compra e venda de pai para filho, motivo pelo qual a oposição feita por Carlos não poderia gerar a anulação do negócio.
C) Antônio não poderia, como reação à legítima oposição de Carlos, promover a doação do bem para um de seus filhos (Bruno), sendo tal contrato nulo de pleno direito.
D) É legítima a doação de ascendentes para descendente, independentemente da anuência dos demais, eis que o ato importa antecipação do que lhe cabe na herança.

RESPOSTA O Código Civil brasileiro é claro ao afirmar que é anulável a compra e venda de ascendente a descendente, salvo se os outros descendentes e o cônjuge do alienante expressamente houverem consentido (artigo 496, CC). Por outro lado, de acordo com o artigo 544 do CC, a doação de ascendentes a descendentes, ou de um cônjuge a outro, importa adiantamento do que lhes cabe por herança. *Alternativa D.*

30. (XXXII Exame) Hugo, corretor de imóveis, recebe oferta de contrato, por prazo indeterminado, para intermediar a realização de negócios sobre novo empreendimento imobiliário, cujo lançamento ocorrerá em data próxima, obtendo as seguintes informações: (i) as características gerais do empreendimento, com a descrição da planta, da área e do valor de cada unidade autônoma projetada, em condomínio edilício ; (ii) o valor oferecido em remuneração pelos serviços de corretagem correspondente a 4% sobre o valor da venda. Entusiasmado, Hugo entra em contato com diversos clientes (potenciais compradores), a fim de mediar a celebração de compromissos de compra e venda com o dono do negócio.

Nesse ínterim, consegue marcar uma reunião entre o incorporador (dono do negócio) e seu melhor cliente, sócio de uma grande rede de farmácias, pretendendo adquirir a loja principal do empreendimento. Após a reunião, em que as partes se mostraram interessadas em prosseguir com as negociações, nenhum dos futuros contratantes tornou a responder ao corretor, que não mais atuou nesse empreendimento, ante a sua dispensa. Soube, meses depois, que o negócio havia sido fechado entre o incorporador e o comprador, em negociação direta, ao valor de R$ 5.000.000,00 (cinco milhões de reais). Diante do exposto, assinale a afirmativa correta.

(A) A dispensa do corretor não ilide o dever de pagar a remuneração que lhe era devida, pois o negócio se realizou posteriormente, como fruto de sua mediação.
(B) Ainda que tenha iniciado a negociação com a atuação do corretor, uma vez concluído o negócio diretamente entre as partes, nenhuma remuneração será devida.
(C) A ausência do corretor na negociação que resultou no acordo de venda evidencia o descumprimento do dever de diligência e prudência, motivo pelo qual perde o direito à remuneração.
(D) O corretor tem direito à remuneração parcial e proporcional, pois, apesar de dispensado, iniciou a intermediação, e o negócio ao final se concretizou.

RESPOSTA De acordo com o art. 727, do CC: "Se, por não haver prazo determinado, o dono do negócio dispensar o corretor, e o negócio se realizar posteriormente, como fruto da sua mediação, a corretagem lhe será devida; igual solução se adotará se o negócio se realizar após a decorrência do prazo contratual, mas por efeito dos trabalhos do corretor." *Alternativa A.*

31. (XXXII Exame) Leandro decide realizar uma doação com a finalidade exclusiva de remunerar serviços prestados voluntária e espontaneamente por Carmen em sua ONG (Organização Não Governamental). Oferece, então, um pequeno imóvel residencial, avaliado em R$ 100.000,00 (cem mil reais), por instrumento particular, oportunidade na qual o doador fez questão de estipular uma obrigação: Carmen teria que realizar benfeitorias específicas na casa, tais como a troca dos canos enferrujados, da fiação deteriorada, bem como a finalização do acabamento das paredes, com a devida pintura final.

A donatária aceita os termos da doação e assina o documento particular, imitindo-se na posse do bem e dando início às obras. Alguns dias depois, orientada por um vizinho, reúne-se com o doador e decide formalizar a doação pela via de escritura pública, no ofício competente, constando também cláusula de renúncia antecipada do doador a pleitear a revogação da doação por ingratidão.

Dois anos depois, após sérios desentendimentos e ofensas públicas desferidas por Carmen, esta é condenada, em processo cível, a indenizar Leandro ante a prática de ato ilícito, qualificado como injúria grave. Leandro, então, propõe uma ação de revogação da doação. Diante desse fato, assinale a afirmativa correta.

(A) Mesmo diante da prática de injúria grave por parte de Carmen, Leandro não pode pretender revogar a doação, porque houve renúncia expressa no contrato.

(B) A doação para Carmen se qualifica como condicional, eis que depende do cumprimento da obrigação de realizar as obras para a sua confirmação.

(C) A doação para Carmen não pode ser revogada por ingratidão, porque o ato de liberalidade do doador teve motivação puramente remuneratória.

(D) O ordenamento admite que a doação para Carmen fosse realizada por instrumento particular, razão pela qual a realização da escritura pública foi um ato desnecessário.

RESPOSTA A doação remuneratória é uma doação por agradecimento, que é feita em retribuição a favor ou serviço prestado que não pode ser exigido judicialmente. De acordo com o art. 564, I , CC, não se revogam por ingratidão as doações puramente remuneratórias. *Alternativa C.*

32. **(XXXIII Exame)** Antônio decide ceder gratuitamente a posse de um de seus imóveis residenciais a Carlos, seu grande amigo que vem passando por dificuldades financeiras, sem fixar prazo para a devolução do bem. Passados 5 (cinco) anos, Antônio decide notificar Carlos para que se retire do imóvel, após descobrir que estava deteriorado por pura desídia do possuidor, que não estava realizando os atos de conservação necessários. Carlos realiza uma contranotificação, informando que não vai devolver o imóvel, na medida em que ainda necessita dele para sua moradia. Em razão disso, Carlos decide arbitrar o aluguel pelo uso do bem imóvel.

Neste contexto, assinale a afirmativa correta.

(A) O contrato firmado é de depósito, motivo pelo qual tem Carlos o dever de guardá-lo e conservá-lo até que Antônio o reclame, sob pena de pagar aluguéis.

(B) O contrato firmado é de mútuo, que transfere o domínio da coisa emprestada ao mutuário, correndo por conta deste os riscos desde a tradição, sendo indevidos os aluguéis.

(C) O contrato celebrado é de comodato, sendo o comodatário obrigado a conservar a coisa emprestada e, uma vez constituído em mora, a pagar aluguéis.

(D) O contrato pactuado é de locação, que se iniciou com a renúncia à cobrança de aluguéis pelo locador e, após a notificação, tornou a exigi-los, como é da natureza do contrato.

RESPOSTA No caso em estudo, como foi um empréstimo gratuito de um bem infungível (imóvel), trata-se de um contrato de comodato com aplicação dos seguintes artigos do CC: "Art. 579. O comodato é o empréstimo gratuito de coisas não fungíveis. Perfaz-se com a tradição do objeto." e " Art. 582. O comodatário é obrigado a conservar, como se sua própria fora, a coisa emprestada, não podendo usá-la senão de acordo com o contrato ou a natureza dela, sob pena de responder por perdas e danos. O comodatário constituído em mora, além de por ela responder, pagará, até restituí-la, o aluguel da coisa que for arbitrado pelo comodante." *Alternativa C.*

33. **(XXX Exame)** Lucas, um grande industrial do ramo de couro, decidiu ajudar Pablo, seu amigo de infância, na abertura do seu primeiro negócio: uma pequena fábrica de sapatos. Lucas doou 50 prensas para a fábrica, mas Pablo achou pouco e passou a constantemente importunar o amigo com novas solicitações. Após sucessivos e infrutíferos pedidos de empréstimos de toda ordem, a relação entre os dois se desgasta a tal ponto que Pablo, totalmente fora de controle, atenta contra a vida de Lucas. Este, porém, sobrevive ao atentado e decide revogar a doação feita a Pablo. Ocorre que Pablo havia constituído penhor sobre as prensas, doadas por Lucas, para obter um empréstimo junto ao Banco XPTO, mas, para não interromper a produção, manteve as prensas em sua fábrica. Diante do exposto, assinale a afirmativa correta.

(A) Para a constituição válida do penhor, é necessário que as coisas empenhadas estejam em poder do credor. Como isso não ocorreu, o penhor realizado por Pablo é nulo.

(B) Tendo em vista que o Banco XPTO figura como terceiro de má-fé, a realização do penhor é causa impeditiva da revogação da doação feita por Lucas.

(C) Como causa superveniente da resolução da propriedade de Pablo, a revogação da doação operada por Lucas não interfere no direito de garantia dado ao Banco XPTO.

(D) Em razão da tentativa de homicídio1, a revogação da doação é automática, razão pela qual os direitos adquiridos pelo Banco XPTO resolvem-se junto com a propriedade de Pablo.

RESPOSTA É permitida a revogação de doações por ingratidão quando o donatário praticar atos graves contra o doador. De acordo com o art. 557 do Código Civil, se o donatário atentou contra a vida do doador é possível que a doação seja revogada por ingratidão. A revogação por ingratidão não prejudica os direitos adquiridos por terceiros (art. 563 do Código Civil). *Alternativa C.*

34. **(XXX Exame)** Joana doou a Renata um livro raro de Direito Civil, que constava da coleção de sua falecida avó, Marta. Esta, na condição de testadora, havia destinado a biblioteca como legado, em testamento, para sua neta, Joana (legatária). Renata se ofereceu para visitar a biblioteca, circunstância na qual se encantou com a coleção de clássicos franceses. Renata, então, ofereceu-se para adquirir, ao preço de R$ 1.000,00 (mil reais), todos os livros da coleção, oportunidade em que foi informada, por Joana, acerca da existência de ação que corria na Vara de Sucessões, movida pelos herdeiros legítimos de Marta. A ação visava impugnar a validade do testamento e, por conseguinte, reconhecer a ineficácia do legado (da biblioteca) recebido por Joana. Mesmo assim, Renata decidiu adquirir a coleção, pagando o respectivo preço. Diante de tais situações, assinale a afirmativa correta.

(A) Quanto aos livros adquiridos pelo contrato de compra e venda, Renata não pode demandar Joana pela evicção, pois sabia que a coisa era litigiosa.

(B) Com relação ao livro recebido em doação, Joana responde pela evicção, especialmente porque, na data da avença, Renata não sabia da existência de litígio.

(C) A informação prestada por Joana a Renata, acerca da existência de litígio sobre a biblioteca que recebeu em legado, deve ser interpretada como cláusula tácita de reforço da responsabilidade pela evicção.

(D) O contrato gratuito firmado entre Renata e Joana classifica-se como contrato de natureza aleatória, pois Marta soube posteriormente do risco da perda do bem pela evicção.

RESPOSTA A evicção ocorre em contratos onerosos e caracteriza-se por ser uma perda, que pode ser parcial ou total, de um bem por motivo de decisão judicial ou ato administrativo que se relacione a causa preexistente ao contrato (art. 447 do Código Civil). No caso em estudo, como Renata já possuía ciência que a coisa era litigiosa, essa não poderá demandar Joana pela evicção (art. 449 do Código Civil). *Alternativa A.*

35. (XXX Exame) Vilmar, produtor rural, possui contratos de compra e venda de safra com diversos pequenos proprietários. Com o intuito de adquirir novos insumos, Vilmar procurou Geraldo, no intuito de adquirir sua safra, cuja expectativa de colheita era de cinco toneladas de milho, que, naquele momento, estava sendo plantado em sua fazenda. Como era a primeira vez que Geraldo contratava com Vilmar, ele ficou em dúvida quanto à estipulação do preço do contrato. Considerando a natureza aleatória do contrato, bem como a dúvida das partes a respeito da estipulação do preço deste, assinale a afirmativa correta.

(A) A estipulação do preço do contrato entre Vilmar e Geraldo pode ser deixada ao arbítrio exclusivo de uma das partes.
(B) Se Vilmar contratar com Geraldo a compra da colheita de milho, mas, por conta de uma praga inesperada, para cujo evento o agricultor não tiver concorrido com culpa, e este não conseguir colher nenhuma espiga, Vilmar não deverá lhe pagar nada, pois não recebeu o objeto contratado.
(C) Se Vilmar contratar com Geraldo a compra das cinco toneladas de milho, tendo sido plantado o exato número de sementes para cumprir tal quantidade, e se, apesar disso, somente forem colhidas três toneladas de milho, em virtude das poucas chuvas, Geraldo não receberá o valor total, em virtude da entrega em menor quantidade.
(D) A estipulação do preço do contrato entre Vilmar e Geraldo poderá ser deixada ao arbítrio de terceiro, que, desde logo, prometerem designar.

RESPOSTA A questão trabalha com um contrato de compra e venda aleatório. Pelo contrato de compra e venda, um dos contratantes se obriga a transferir o domínio de certa coisa, e o outro, a pagar-lhe certo preço em dinheiro (art. 481 do Código Civil). De acordo com o Código Civil, nulo é o contrato de compra e venda, quando se deixa ao arbítrio exclusivo de uma das partes a fixação do preço (art. 489 do Código Civil). Por outro lado, a fixação do preço pode ser deixada ao arbítrio de terceiro, que os contratantes logo designarem ou prometerem designar (art. 485 do Código Civil). *Alternativa D.*

36. (XXVIII Exame) Maria decide vender sua mobília para Viviane, sua colega de trabalho. A alienante decidiu desfazer-se de seus móveis porque, após um serviço de dedetização, tomou conhecimento que vários já estavam consumidos internamente por cupins, mas preferiu omitir tal informação de Viviane. Firmado o acordo, 120 dias após a tradição, Viviane descobre o primeiro foco de cupim, pela erupção que se formou em um dos móveis adquiridos. Poucos dias depois, Viviane, após investigar a fundo a condição de toda a mobília adquirida, descobriu que estava toda infectada. Assim, 25 dias após a descoberta, moveu ação com o objetivo de redibir o negócio, devolvendo os móveis adquiridos, reavendo o preço pago, mais perdas e danos. Sobre o caso apresentado, assinale a afirmativa correta.

(A) A demanda redibitória é tempestiva, porque o vício era oculto e, por sua natureza, só podia ser conhecido mais tarde, iniciando o prazo de 30 (trinta) dias da ciência do vício.
(B) Em vez de rejeitar a coisa, redibindo o contrato, deveria a adquirente reclamar abatimento no preço, em sendo o vício sanável.
(C) O pedido de perdas e danos não pode prosperar, porque o efeito da sentença redibitória se limita à restituição do preço pago, mais as despesas do contrato.
(D) A demanda redibitória é intempestiva, pois quando o vício só puder ser conhecido mais tarde, o prazo de 30 (trinta) dias é contado a partir da ciência, desde que dentro de 90 (noventa) dias da tradição.

RESPOSTA Maria vendeu sua mobília para Viviane, porém, repleta de cupins. A adquirente só veio a descobrir esse fato 120 dias depois da tradição dos bens. Nesse caso, há claramente um vício redibitório no bem transferido. E este vício, por sua natureza, só pode ser conhecido mais tarde. Assim, o art. 445, § 1º, CC nos ensina que haverá um prazo para constatar o vício, que no caso de móveis, será de até 180 dias. A partir da constatação, o adquirente terá os prazos decadenciais do caput para ingressar com uma das ações edilícias (30 dias para bens móveis e 01 ano para imóveis). Logo, a resposta é aquela que prevê ser a demanda redibitória tempestiva. *Alternativa A.*

37. (XXVII Exame) Renata financiou a aquisição de seu veículo em 36 parcelas e vinha pagando pontualmente todas as prestações. Entretanto, a recente perda de seu emprego fez com que não conseguisse manter em dia a dívida, tendo deixado de pagar, justamente, as duas últimas prestações (35ª e 36ª). O banco que financiou a aquisição, diante do inadimplemento, optou pela resolução do contrato. Tendo em vista o pagamento das 34 parcelas anteriores, pode-se afirmar que a conduta da instituição financeira viola o princípio da boa-fé, em razão do(a)

(A) dever de mitigar os próprios danos.
(B) proibição de comportamento contraditório (*venire contra factum proprium*).
(C) adimplemento substancial.
(D) dever de informar.

RESPOSTA Na caso em estudo, a conduta da instituição bancária viola o princípio da boa-fé em virtude da teoria do Adimplemento Substancial (também chamada de inadimplemento mínimo). A figura do adimplemento substancial é aquela que admite o adimplemento parcial como aquele em que o devedor cumpriu a quase totalidade de prestação ou das prestações. Isso implica redução das faculdades do credor que não poderá optar pela resolução do contrato, mas apenas exigir seu cumprimento (por exemplo as prestações faltantes), mais perdas e danos. A questão dessa quantificação da substancialidade do inadimplemento depende do caso concreto. Com efeito, o adimplemento substancial insere-se a partir da cláusula geral da boa-fé objetiva, dentro da chamada função limitadora do exercício de posições jurídicas ativas. *Alternativa C.*

38. (XXVI Exame) Jorge, engenheiro e construtor, firma, em seu escritório, contrato de empreitada com Maria, dona da obra. Na avença, foi acordado que Jorge forneceria os materiais da construção e concluiria a obra, nos termos do projeto, no prazo de seis meses. Acordou-se, também, que o pagamento da remuneração seria efetivado em duas parcelas: a primeira, correspondente à metade do preço, a ser depositada no prazo de 30 (trinta) dias da assinatura do contrato; e a segunda, correspondente à outra metade do preço, no ato de entrega da obra concluída. Maria, cinco dias após a assinatura da avença, toma conhecimento de que sobreveio decisão em processo judicial que determinou a penhora sobre todo o patrimônio de Jorge, reconhecendo que este possui dívida substancial com um credor que acaba de realizar ato de constrição sobre todos os seus bens (em virtude do valor elevado da dívida). Diante de tal situação, Maria pode

(A) recusar o pagamento do preço até que a obra seja concluída ou, pelo menos, até o momento em que o empreiteiro prestar garantia suficiente de que irá realizá-la.

(B) resolver o contrato por onerosidade excessiva, haja vista que o fato superveniente e imprevisível tornou o acordo desequilibrado, afetando o sinalagma contratual.

(C) exigir o cumprimento imediato da prestação (atividade de construção), em virtude do vencimento antecipado da obrigação de fazer, a cargo do empreiteiro.

(D) desistir do contrato, sem qualquer ônus, pelo exercício do direito de arrependimento, garantido em razão da natureza de contrato de consumo.

RESPOSTA A questão versa sobre um contrato de empreitada, no qual o empreiteiro Jorge teve todos os seus bens penhorados por outro credor e, assim, não foi possível dar cumprimento ao contrato em vigor. Nessa situação, perguntava-se quais seriam os direitos de Maria, dona da obra. Ora, diante do quadro de possível inadimplência futura por Jorge, Maria poderia se valer da resolução antecipada do contrato, ou exigir garantia bastante de cumprimento, conforme previsão do art. 477, CC ("Se, depois de concluído o contrato, sobrevier a uma das partes contratantes diminuição em seu patrimônio capaz de comprometer ou tornar duvidosa a prestação pela qual se obrigou, pode a outra recusar-se à prestação que lhe incumbe, até que aquela satisfaça a que lhe compete ou dê garantia bastante de satisfazê-la."). Com isso, a alternativa que deve ser considerada como correta é aquela que retrata a parte final do art. 477, CC, ou seja, Maria pode recusar o pagamento do preço até que a obra seja concluída ou, pelo menos, até que o empreiteiro preste garantia suficiente de que irá realizá-la. *Alternativa A.*

39. **(XXII Exame)** João e Maria, casados e donos de extenso patrimônio, celebraram contrato de fiança em favor de seu filho, Carlos, contrato este acessório a contrato de locação residencial urbana, com duração de 30 meses, celebrado entre Carlos, locatário, e Marcelo, proprietário do apartamento e locador, com vigência a partir de 1º de setembro de 2015. Contudo, em novembro de 2016, Carlos não pagou o aluguel. Considerando que não houve renúncia a nenhum benefício pelos fiadores, assinale a afirmativa correta.

(A) Marcelo poderá cobrar diretamente de João e Maria, fiadores, tendo em vista que eles são devedores solidários do afiançado, Carlos.

(B) Marcelo poderá cobrar somente de João, tendo em vista que Maria não é fiadora, mas somente deu a outorga uxória.

(C) Marcelo poderá cobrar de Carlos, locatário, mas não dos fiadores, pois não respondem pela dívida do contrato de locação.

(D) Marcelo poderá cobrar de João e Maria, fiadores, após tentar cobrar a dívida de Carlos, locatário, tendo em vista que os fiadores são devedores subsidiários.

RESPOSTA A alternativa A está incorreta, já que o art. 827 ("O fiador demandado pelo pagamento da dívida tem direito a exigir, até a contestação da lide, que sejam primeiro executados os bens do devedor"), ao estabelecer o benefício de ordem, que não foi renunciado pelos fiadores, prevê que deve ser cobrado primeiro o locatário, não havendo, portanto, solidariedade. A alternativa B está incorreta, sendo que o próprio exercício nominou João e Maria como "fiadores", tendo ambos celebrado o contrato. A alternativa C está incorreta, já que a estipulação da fiança tem por objetivo exatamente permitir ao credor a cobrança do débito relativamente ao devedor e, caso este falte, cobrar dos fiadores. A alternativa D está correta, pela previsão do supracitado art. 827, uma vez que não abriram mão eles do benefício de ordem. *Alternativa D.*

40. **(XXIII Exame)** Brito contratou os serviços da corretora Geru para mediar a venda de um imóvel em Estância. O cliente ajustou com a corretora verbalmente que lhe daria exclusividade, fato presenciado por cinco testemunhas. A corretora, durante o tempo de vigência do contrato (seis meses), anunciou o imóvel em veículos de comunicação de Estância, mas não conseguiu concretizar a venda, realizada diretamente por Brito com o comprador, sem a mediação da corretora. Considerando as informações e as regras do Código Civil quanto ao pagamento de comissão, assinale a afirmativa correta.

(A) A corretora não faz jus ao pagamento da comissão, porque o contrato de corretagem foi celebrado por prazo determinado.

(B) A corretora faz jus ao pagamento da comissão, porque a corretagem foi ajustada com exclusividade, ainda que verbalmente.

(C) A corretora não faz jus ao pagamento da comissão, porque o negócio foi iniciado e concluído diretamente entre as partes, sem a sua mediação.

(D) A corretora faz jus ao pagamento da comissão, porque envidou todos os esforços para o êxito da mediação, que não se concluiu por causa alheia à sua vontade.

RESPOSTA A alternativa A está incorreta, já que o fato de o contrato ter sido estabelecido por prazo determinado não altera a conclusão sobre a situação concreta. A alternativa B está incorreta, conforme o art. 726: "Iniciado e concluído o negócio diretamente entre as partes, nenhuma remuneração será devida ao corretor; mas se, por escrito, for ajustada a corretagem com exclusividade, terá o corretor direito à remuneração integral, ainda que realizado o negócio sem a sua mediação, salvo se comprovada sua inércia ou ociosidade". A alternativa C está correta, de acordo com o art. 727: "Se, por não haver prazo determinado, o dono do negócio dispensar o corretor, e o negócio se realizar posteriormente, como fruto da sua mediação, a corretagem lhe será devida; igual solução se adotará se o negócio se realizar após a decorrência do prazo contratual, mas por efeito dos trabalhos do corretor". A alternativa D está incorreta, não se confundindo a hipótese com o art. 725: "A remuneração é devida ao corretor uma vez que tenha conseguido o resultado previsto no contrato de mediação, ou ainda que este não se efetive em virtude de arrependimento das partes". *Alternativa C.*

41. (XXIII Exame) Juliana, por meio de contrato de compra e venda, adquiriu de Ricardo, profissional liberal, um carro seminovo (30.000km) da marca Y pelo preço de R$ 24.000,00. Ficou acertado que Ricardo faria a revisão de 30.000km no veículo antes de entregá-lo para Juliana no dia 23 de janeiro de 2017. Ricardo, porém, não realizou a revisão e omitiu tal fato de Juliana, pois acreditava que não haveria qualquer problema, já que, aparentemente, o carro funcionava bem. No dia 23 de fevereiro de 2017, Juliana sofreu acidente em razão de defeito no freio do carro, com a perda total do veículo. A perícia demostrou que a causa do acidente foi falha na conservação do bem, tendo em vista que as pastilhas do freio não tinham sido trocadas na revisão de 30.000km, o que era essencial para a manutenção do carro. Considerando os fatos, assinale a afirmativa correta.

(A) Ricardo não tem nenhuma responsabilidade pelo dano sofrido por Juliana (perda total do carro), tendo em vista que o carro estava aparentemente funcionando bem no momento da tradição.

(B) Ricardo deverá ressarcir o valor das pastilhas de freio, nada tendo a ver com o acidente sofrido por Juliana.

(C) Ricardo é responsável por todo o dano sofrido por Juliana, com a perda total do carro, tendo em vista que o perecimento do bem foi devido a vício oculto já existente ao tempo da tradição.

(D) Ricardo deverá ressarcir o valor da revisão de 30.000km do carro, tendo em vista que ela não foi realizada conforme previsto no contrato.

RESPOSTA A questão em estudo versa sobre vícios redibitórios. Estes são defeitos ocultos em coisa recebida em virtude de contrato comutativo, que a torna imprópria para o uso a que se destina, ou lhe diminui o valor, de tal modo que o ato negocial não se realizaria se esses defeitos fossem conhecidos, dando ao adquirente ação para redibir o contrato ou abater o preço. A letra A está incorreta, pois ao afirmar que o alienante (Ricardo) não tem nenhuma responsabilidade pelo dano sofrido pela adquirente (Juliana) vai de encontro ao artigo 441 do CC ("A coisa recebida em virtude de contrato comutativo pode ser enjeitada por vícios ou defeitos ocultos, que a tornem imprópria ao uso a que é destinada, ou lhe diminuam o valor"). A letra B está equivocada, porque, de acordo com o artigo 443: "Se o alienante conhecia o vício ou defeito da coisa, restituirá o que recebeu com perdas e danos; se o não conhecia, tão-somente restituirá o valor recebido, mais as despesas do contrato." A letra C é o gabarito da questão. E a letra D está errada pelo mesmo fundamento da letra B. *Alternativa C.*

42. (XXI Exame) João e Maria casaram-se, no regime de comunhão parcial de bens, em 2004. Contudo, em 2008, João conheceu Vânia e eles passaram a ter um relacionamento amoroso. Separando-se de fato de Maria, João saiu da casa em que morava com Maria e foi viver com Vânia, apesar de continuar casado com Maria. Em 2016, João, muito feliz em seu novo relacionamento, resolve dar de presente um carro 0 km da marca X para Vânia. Considerando a narrativa apresentada, sobre o contrato de doação celebrado entre João, doador, e Vânia, donatária, assinale a afirmativa correta.

(A) É nulo, pois é hipótese de doação de cônjuge adúltero ao seu cúmplice.

(B) Poderá ser anulado, desde que Maria pleiteie a anulação até dois anos depois da assinatura do contrato.

(C) É plenamente válido, porém João deverá pagar perdas e danos à Maria.

(D) É plenamente válido, pois João e Maria já estavam separados de fato no momento da doação.

RESPOSTA Pela leitura do art. 550 do CC, a doação do cônjuge adúltero ao seu cúmplice pode ser anulada pelo outro cônjuge, ou por seus herdeiros necessários, até dois anos depois de dissolvida a sociedade conjugal. Contudo, no caso analisado, não se verifica uma relação adulterina e sim uma união estável. Logo, a referida doação é plenamente válida. *Alternativa D.*

43. (XXI Exame) Tiago celebrou contrato de empreitada com a sociedade Obras Já Ltda. para a construção de piscina e duas quadras de esporte em sua casa de campo, pelo preço total de R$ 50.000,00. No contrato ficou estabelecido que a empreiteira seria responsável pelo fornecimento dos materiais necessários à execução da obra. Durante a obra, ocorreu uma enchente que alagou a região e parte do material a ser usado na obra foi destruída. A empreiteira, em razão disso, entrou em contato com Tiago cobrando um adicional de R$ 10.000,00 para adquirir os novos materiais necessários para terminar a obra. Diante dos fatos narrados, assinale a afirmativa correta.

(A) Tiago não terá que arcar com o adicional de R$ 10.000,00, ainda que a destruição do material não tenha ocorrido por culpa do devedor.

(B) Tiago não terá que arcar com o adicional de R$ 10.000,00, porém a empreiteira não está mais obrigada a terminar a obra, tendo em vista a ocorrência de um fato fortuito ou de força maior.

(C) Tiago terá que arcar com o adicional de R$ 10.000,00, tendo em vista que a destruição do material não foi causada por um fato fortuito ou de força maior.

(D) Tiago terá que arcar com o adicional de R$ 10.000,00 e a empreiteira não está mais obrigada a terminar a obra, ante a ocorrência de um caso fortuito ou de força maior.

RESPOSTA Nos termos do art. 611 do CC, quando o empreiteiro fornece os materiais, correm por sua conta os riscos até o momento da entrega da obra, a contento de quem a encomendou, se este não estiver em mora de receber. Mas se estiver, por sua conta correrão os riscos. *Alternativa A.*

44. (XXIII Exame) Cássio, mutuante, celebrou contrato de mútuo gratuito com Felipe, mutuário, cujo objeto era a quantia de R$ 5.000,00, em 1º de outubro de 2016, pelo prazo de seis meses. Foi combinado que a entrega do dinheiro seria feita no parque da cidade. No entanto, Felipe, após receber o dinheiro, foi furtado no caminho de casa. Em 1º de abril de 2017, Cássio telefonou para Felipe para combinar o pagamento da quantia emprestada, mas este respondeu que não seria possível, em razão da perda do bem por fato alheio à sua vontade. Acerca dos fatos narrados, assinale a afirmativa correta.

(A) Cássio tem direito à devolução do dinheiro, ainda que a perda da coisa não tenha sido por culpa do devedor, Felipe.

(B) Cássio tem direito à devolução do dinheiro e ao pagamento de juros, ainda que a perda da coisa não tenha sido por culpa do devedor, Felipe.

(C) Cássio tem direito somente à devolução de metade do dinheiro, pois a perda da coisa não foi por culpa do devedor, Felipe.

(D) Cássio não tem direito à devolução do dinheiro, pois a perda da coisa não foi por culpa do devedor, Felipe.

RESPOSTA O contrato de mútuo é o empréstimo de coisas fungíveis. O mutuário é obrigado a restituir ao mutuante o que dele recebeu em coisa do mesmo gênero, qualidade e quantidade (artigo 586, CC). De acordo com o art. 587: "Este empréstimo transfere o domínio da coisa emprestada ao mutuário, por cuja conta correm todos os riscos dela desde a tradição". Logo, a alternativa A está correta. A alternativa B está incorreta, de acordo com o art. 591: "Destinando-se o mútuo a fins econômicos, presumem-se devidos juros, os quais, sob pena de redução, não poderão exceder a taxa a que se refere o art. 406, permitida a capitalização anual". As alternativas C e D estão incorretas, tendo como fundamento os dois artigos supracitados. *Alternativa A.*

45. **(XXIV Exame)** Caio, locador, celebrou com Marcos, locatário, contrato de locação predial urbana pelo período de 30 meses, sendo o instrumento averbado junto à matrícula do imóvel no RGI. Contudo, após seis meses do início da vigência do contrato, Caio resolveu se mudar para Portugal e colocou o bem à venda, anunciando-o no jornal pelo valor de R$ 500.000,00. Marcos tomou conhecimento do fato pelo anúncio e entrou em contato por telefone com Caio, afirmando estar interessado na aquisição do bem e que estaria disposto a pagar o preço anunciado. Caio, porém, disse que a venda do bem imóvel já tinha sido realizada pelo mesmo preço a Alexandre. Além disso, o adquirente do bem, Alexandre, iria denunciar o contrato de locação e Marcos teria que desocupar o imóvel em 90 dias. Acerca dos fatos narrados, assinale a afirmativa correta.

(A) Marcos, tendo sido preterido na alienação do bem, poderá depositar o preço pago e as demais despesas do ato e haver para si a propriedade do imóvel.

(B) Marcos não tem direito de preferência na aquisição do imóvel, pois a locação é por prazo determinado.

(C) Marcos somente poderia exercer direito de preferência na aquisição do imóvel se fizesse oferta superior à de Alexandre.

(D) Marcos, tendo sido preterido na alienação do bem, poderá reclamar de Alexandre, adquirente, perdas e danos, e poderá permanecer no imóvel durante toda a vigência do contrato, mesmo se Alexandre denunciar o contrato de locação.

RESPOSTA A alternativa A está correta, pois na literalidade do art. 33 da Lei de Locação (Lei n. 8.245/91): "O locatário preterido no seu direito de preferência poderá reclamar do alienante as perdas e danos ou, depositando o preço e demais despesas do ato de transferência, haver para si o imóvel locado, se o requerer no prazo de seis meses, a contar do registro do ato no cartório de imóveis, desde que o contrato de locação esteja averbado pelo menos trinta dias antes da alienação junto à matrícula do imóvel". A alternativa B está incorreta, uma vez que o art. 27 da mesma lei não estabelece essa exigência: "No caso de venda, promessa de venda, cessão ou promessa de cessão de direitos ou dação em pagamento, o locatário tem preferência para adquirir o imóvel locado, em igualdade de condições com terceiros, devendo o locador dar-lhe conhecimento do negócio mediante notificação judicial, extrajudicial ou outro meio de ciência inequívoca". A alternativa C está incorreta, pois o art. 27, supramencionado, determina que o preço pago seja "em igualdade de condições com terceiros". Por fim, a alternativa D está incorreta, porque o art. 8º do mesmo diploma legal ("Se o imóvel for alienado durante a locação, o adquirente poderá denunciar o contrato, com o prazo de noventa dias para a desocupação, salvo se a locação for por tempo determinado e o contrato contiver cláusula de vigência em caso de alienação e estiver averbado junto à matrícula do imóvel") determina que o locatário pode permanecer no imóvel, mas não são abrangidas, nesse caso, as perdas e danos. *Alternativa A.*

IV. RESPONSABILIDADE CIVIL

46. **(XXXII Exame)** Carlos, motorista de táxi, estava parado em um cruzamento devido ao sinal vermelho. De repente, de um prédio em péssimo estado de conservação, de propriedade da sociedade empresária XYZ e alugado para a sociedade ABC, caiu um bloco de mármore da fachada e atingiu seu carro. Sobre o fato narrado, assinale a afirmativa correta.

(A) Carlos pode pleitear, da sociedade XYZ, indenização pelos danos sofridos.

(B) Carlos pode pleitear indenização pelos danos sofridos apenas da sociedade ABC.

(C) A sociedade XYZ pode se eximir de responsabilidade alegando culpa da sociedade ABC.

(D) A sociedade ABC pode se eximir de responsabilidade alegando culpa exclusiva da vítima.

RESPOSTA De acordo com o art. 937 do CC: "O dono de edifício ou construção responde pelos danos que resultarem de sua ruína, se esta provier de falta de reparos, cuja necessidade fosse manifesta."Assim, no caso analisado na questão, a responsabilidade é da sociedade empresária XYZ que é a proprietária da edificação. *Alternativa A.*

47. **(XXXIII Exame)** Matheus, médico clínico-geral, recebe para atendimento em seu consultório o paciente Victor, mergulhador profissional. Realizando a anamnese, Victor relata que é alérgico à ácido acetilsalicílico. Desatento, Matheus ministra justamente esta droga a Victor como parte de seu tratamento. Victor tem danos permanentes em razão do agravamento de sua asma pelo uso inadequado do medicamento, tendo que comprar novos medicamentos para seu tratamento e, ainda mais grave, fica impedido de trabalhar nos dois anos seguintes. A respeito da responsabilidade civil de Matheus, assinale a afirmativa correta.

(A) Ele responderá pelo regime objetivo de responsabilidade civil, tendo em vista que a atividade de Matheus é arriscada.

(B) Ele deverá indenizar Victor independentemente de culpa, isto é, de imperícia de sua parte, considerando existir relação de consumo.

(C) Ele, sendo profissional liberal, terá apurada sua responsabilidade mediante a verificação de culpa, responsabilizando-se unicamente pelos danos diretos verificados no caso.

(D) Ele deverá indenizar Victor pelas despesas do tratamento e pelos lucros cessantes até o fim da convalescença, além da pensão correspondente à importância do trabalho para que se inabilitou.

RESPOSTA A responsabilidade civil dos profissionais liberais é apurada mediante verificação de culpa, ou seja, sujeita-se à comprovação de que os danos causados decorreram da negligência, da imprudência ou da imperícia do agente, nos termos do disposto no art. 14, § 4º, do Código de Defesa do Consumidor. Ademais, na questão em análise também se aplica o art. 950 do CC: "Se da ofensa resultar defeito pelo qual o ofendido não possa exercer o seu ofício ou profissão, ou se lhe diminua a capacidade de trabalho, a indenização, além das despesas do tratamento e lucros cessantes até ao fim da convalescença, incluirá pensão correspondente à importância do trabalho para que se inabilitou, ou da depreciação que ele sofreu. Parágrafo único. O prejudicado, se preferir, poderá exigir que a indenização seja arbitrada e paga de uma só vez." *Alternativa D.*

48. (XXXIII Exame) Daniel, habilitado e dentro do limite de velocidade, dirigia seu carro na BR 101 quando uma criança atravessou a pista, à sua frente. Daniel, para evitar o atropelamento da criança, saiu de sua faixa de rolamento e colidiu com o carro de Mário, taxista, que estava a serviço e não teve nenhuma culpa no acidente.

Daniel se nega ao pagamento de qualquer valor a Mário por alegar que a responsabilidade, em verdade, seria de José, pai da criança. A respeito da responsabilidade de Daniel pelos danos causados no acidente em análise, assinale a afirmativa correta.

(A) Ele não praticou ato ilícito mas, ainda assim, terá que indenizar Mário.
(B) Ele praticou ato ilícito ao causar danos a Mario, violando o princípio do *neminem laedere*.
(C) Ele não praticou ato ilícito e não terá que indenizar Mario por atuar em estado de necessidade.
(D) Ele praticou ato ilícito ao causar danos a Mário e responderá objetivamente pelos danos a que der causa.

RESPOSTA No ordenamento jurídico brasileiro o estado de necessidade exclui a ilicitude da conduta. Logo, no momento em que Daniel, para evitar o atropelamento de uma criança, sai da sua faixa e colide com o carro de Mário, aquele não praticou ato ilícito. Nesse sentido, não se pode falar que houve ofensa ao princípio do *neminem laedere* (expressão em língua latina que significa"a ninguém ofender") - letra "B" está errada. Porém, o estado de perigo exclui a ilicitude, mas obriga a reparação do dano. Por fim, nos termos do art. 930 do CC, se o perigo ocorrer por culpa de terceiro, contra este terá o autor do dano ação regressiva para haver a importância que tiver ressarcido ao lesado. *Alternativa A.*

49. (XXVII Exame) Perpétua e Joaquim resolveram mover ação de indenização por danos morais contra um jornal de grande circulação. Eles argumentam que o jornal, ao noticiar que o filho dos autores da ação fora morto em confronto com policiais militares, em 21-01-2015, publicou o nome completo do menor e sua foto sem a tarja preta nos olhos, o que caracteriza afronta aos arts. 17, 18, 143 e 247 do Estatuto da Criança e do Adolescente. Esses artigos do ECA proíbem a divulgação da imagem e da identidade de menor envolvido em ato infracional. Diante dos fatos narrados, assinale a afirmativa correta.

(A) O jornal agiu com abuso no direito de informar e deve indenizar pelos danos causados.
(B) O jornal não incorreu em ilícito, pois pode divulgar a imagem de pessoa suspeita da prática de crime.
(C) Restou caracterizado o ilícito, mas, tratando-se de estado de emergência, não há indenização de danos.
(D) Não houve abuso do direito ante a absoluta liberdade de expressão do jornal noticiante.

RESPOSTA De acordo com o art. 187 do CC, também comete ato ilícito o titular de um direito que, ao exercê-lo, excede manifestamente os limites impostos pelo seu fim econômico ou social, pela boa-fé ou pelos bons costumes. No caso em análise, resta evidente que o jornal agiu fora do exercício regular do direito de informar. Portanto, deve sim indenizar a família do jovem morto ante ao abuso do direito de informar. *Alternativa A.*

50. (XXVII Exame) Ao visitar a página de Internet de uma rede social, Samuel deparou com uma publicação, feita por Rafael, que dirigia uma série de ofensas graves contra ele. Imediatamente, Samuel entrou em contato com o provedor de aplicações responsável pela rede social, solicitando que o conteúdo fosse retirado, mas o provedor quedou-se inerte por três meses, sequer respondendo ao pedido. Decorrido esse tempo, o próprio Rafael optou por retirar, espontaneamente, a publicação. Samuel decidiu, então, ajuizar ação indenizatória por danos morais em face de Rafael e do provedor. Sobre a hipótese narrada, de acordo com a legislação civil brasileira, assinale a afirmativa correta.

(A) Rafael e o provedor podem ser responsabilizados solidariamente pelos danos causados a Samuel enquanto o conteúdo não foi retirado.
(B) O provedor não poderá ser obrigado a indenizar Samuel quanto ao fato de não ter retirado o conteúdo, tendo em vista não ter havido determinação judicial para que realizasse a retirada.
(C) Rafael não responderá pelo dever de indenizar, pois a difusão do conteúdo lesivo se deu por fato exclusivo de terceiro, isto é, do provedor.
(D) Rafael não responderá pelo dever de indenizar, pois o fato de Samuel não ter solicitado diretamente a ele a retirada da publicação configura fato exclusivo da vítima.

RESPOSTA A questão em análise trabalha com uma hipótese muito comum de responsabilidade civil extracontratual, qual seja, ofensas graves realizadas em redes sociais. Samuel, a vítima, manteve contato com o provedor da rede social informando a agressão, mas este se quedou inerte. A banca cobrou o entendimento respaldado no Marco Civil da Internet (art. 19, da Lei 12.965/2014), segundo o qual deve haver decisão judicial para que o provedor retire o conteúdo ofensivo. Desta maneira, como não houve decisão judicial, o provedor não poderia ser civilmente responsabilizado. *Alternativa B.*

51. (XXIX Exame) Márcia transitava pela via pública, tarde da noite, utilizando uma bicicleta que lhe fora emprestada por sua amiga Lúcia. Em certo momento, Márcia ouviu gritos oriundos de uma rua transversal e, ao se aproximar, verificou que um casal discutia violentamente. Ricardo, em estado de fúria e munido de uma faca, desferia uma série de ofensas à sua esposa Janaína e a ameaçava de agressão física. De modo a impedir a violência iminente, Márcia colidiu com a bicicleta contra Ricardo, o que foi suficiente para derrubá-lo e impedir a agressão, sem que ninguém saísse gravemente ferido. A bicicleta, porém, sofreu uma avaria significativa, de tal modo que o reparo seria mais caro do que adquirir uma nova, de modelo semelhante. De acordo com o caso narrado, assinale a afirmativa correta.

(A) Lúcia não poderá ser indenizada pelo dano material causado à bicicleta.

(B) Márcia poderá ser obrigada a indenizar Lúcia pelo dano material causado à bicicleta, mas não terá qualquer direito de regresso.

(C) Apenas Ricardo poderá ser obrigado a indenizar Lúcia pelo dano material causado à bicicleta.

(D) Márcia poderá ser obrigada a indenizar Lúcia pelo dano material causado à bicicleta e terá direito de regresso em face de Janaína.

RESPOSTA A questão em estudo versa sobre a bicicleta de Lúcia que sofreu avarias significativas, pois foi utilizada por Márcia para concretizar o exercício da legítima defesa de terceiros. Com efeito, de acordo com o Código Civil, não constituem atos ilícitos os praticados em legítima defesa ou no exercício regular de um direito reconhecido (art. 188, I). Ademais, o art. 929 do Código Civil consagra que se a pessoa lesada, ou o dono da coisa, não forem culpados do perigo, assistir-lhes-á direito à indenização do prejuízo que sofreram. Por fim, o art. 930 estabelece que se o perigo ocorrer por culpa de terceiro, contra este terá o autor do dano ação regressiva para haver a importância que tiver ressarcido ao lesado. Assim, Márcia poderá ser obrigada a indenizar Lúcia pelo dano material causado à bicicleta e terá direito de regresso em face de Janaína. *Alternativa D.*

52. (XXV Exame) João, empresário individual, é titular de um estabelecimento comercial que funciona em loja alugada em um shopping-center movimentado. No estabelecimento, trabalham o próprio João, como gerente, sua esposa, como caixa, e Márcia, uma funcionária contratada para atuar como vendedora. Certo dia, Miguel, um fornecedor de produtos da loja, quando da entrega de uma encomenda feita por João, foi recebido por Márcia e sentiu-se ofendido por comentários preconceituosos e discriminatórios realizados pela vendedora. Assim, Miguel ingressou com ação indenizatória por danos morais em face de João. A respeito do caso narrado, assinale a afirmativa correta.

(A) João não deve responder pelo dano moral, uma vez que não foi causado direta e imediatamente por conduta sua.

(B) João pode responder apenas pelo dano moral, caso reste comprovada sua culpa *in vigilando* em relação à conduta de Márcia.

(C) João pode responder apenas por parte da compensação por danos morais diante da verificação de culpa concorrente de terceiro.

(D) João deve responder pelos danos causados, não lhe assistindo alegar culpa exclusiva de terceiro.

RESPOSTA A alternativa A está incorreta, eis que o art. 932, III ("São também responsáveis pela reparação civil o empregador ou comitente, por seus empregados, serviçais e prepostos, no exercício do trabalho que lhes competir, ou em razão dele"), prevê que nesses casos o empregador responde, ainda que não tenha ele sido o causador do dano. Já a alternativa B está incorreta, pois faz referência a culpa *in vigilando* e, segundo o art. 933, o responsável responde de maneira objetiva (independente de culpa) pelos danos causados. A alternativa C está incorreta, pois no caso narrado não há a figura da culpa concorrente. Cumpre dizer que a culpa concorrente ocorre quando vítima e causador do dano concorrem para o evento danoso, devendo a indenização da vítima ser fixada tendo-se em conta a gravidade de sua culpa em confronto com a do autor do dano (art. 945 do CC). Por fim, a alternativa D está correta, por aplicação do art. 932, III, cumulada com o art. 933, supracitados. *Alternativa D.*

53. (XXV Exame) Marcos caminhava na rua em frente ao Edifício Roma quando, da janela de um dos apartamentos da frente do edifício, caiu uma torradeira elétrica, que o atingiu quando passava. Marcos sofreu fratura do braço direito, que foi diretamente atingido pelo objeto, e permaneceu seis semanas com o membro imobilizado, impossibilitado de trabalhar, até se recuperar plenamente do acidente. À luz do caso narrado, assinale a afirmativa correta.

(A) O condomínio do Edifício Roma poderá vir a ser responsabilizado pelos danos causados a Marcos, com base na teoria da causalidade alternativa.

(B) Marcos apenas poderá cobrar indenização por danos materiais e morais do morador do apartamento do qual caiu o objeto, tendo que comprovar tal fato.

(C) Marcos não poderá cobrar nenhuma indenização a título de danos materiais pelo acidente sofrido, pois não permaneceu com nenhuma incapacidade permanente.

(D) Caso Marcos consiga identificar de qual janela caiu o objeto, o respectivo morador poderá alegar ausência de culpa ou dolo para se eximir de pagar qualquer indenização a ele.

RESPOSTA A alternativa A está correta. No caso em estudo a responsabilidade civil é objetiva, como se depreende do art. 938 do CC: "Aquele que habitar prédio, ou parte dele, responde pelo dano proveniente das coisas que dele caírem ou forem lançadas em lugar indevido". Cumpre dizer que a teoria da causalidade alternativa é uma técnica de responsabilização de danos causados por objetos caídos ou lançados de um prédio. Por essa teoria, todos os autores possíveis – isto é, os que se encontravam no grupo – serão considerados, de forma solidária, responsáveis pelo evento, em face da ofensa perpetrada à vítima por um ou mais deles, ignorado o verdadeiro autor, ou autores. A alternativa B está incorreta, pois, a despeito da literalidade do art. 938, há responsabilidade do condomínio no caso em que não é possível indicar com precisão o morador que causou o dano, segundo posicionamento consolidado do STJ. A alternativa C está incorreta, dado que a despeito de não haver dano permanente, houve dano, e a vítima dever ser indenizada. A alternativa D está incorreta, eis que a responsabilidade civil é objetiva, nesse caso. Veja que o art. 938 em momento algum menciona a necessidade de comprovação e culpa ou dolo. *Alternativa A.*

54. (XXII Exame) André é motorista da transportadora Via Rápida Ltda. Certo dia, enquanto dirigia um ônibus da empresa, se distraiu ao tentar se comunicar com um colega, que dirigia outro coletivo ao seu lado, e precisou fazer uma freada brusca para evitar um acidente. Durante a manobra, Olívia, uma passageira do ônibus, sofreu uma queda no interior do veículo, fraturando o fêmur direito. Além do abalo moral, a passageira teve despesas médicas e permaneceu por semanas sem trabalhar para se recuperar da fratura. Olívia decide, então, ajuizar ação indenizatória pelos danos morais e materiais sofridos. Em referência ao caso narrado, assinale a afirmativa correta.

(A) Olívia deve, primeiramente, ajuizar a ação em face da transportadora, e apenas demandar André se não obtiver a reparação pretendida, pois a responsabilidade do motorista é subsidiária.

(B) Olívia pode ajuizar ação em face da transportadora e de André, simultânea ou alternativamente, pois ambos são solidariamente responsáveis.

(C) Olívia apenas pode demandar, nesse caso, a transportadora, mas esta terá direito de regresso em face de André, se for condenada ao dever de indenizar.

(D) André e a transportadora são solidariamente responsáveis e podem ser demandados diretamente por Olívia, mas aquele que vier a pagar a indenização não terá regresso em face do outro.

RESPOSTA A alternativa A está incorreta, porque o art. 942, parágrafo único, do CC consagra que: "São solidariamente responsáveis com os autores os coautores e as pessoas designadas no art. 932". A alternativa B está correta, pela conjugação do art. 942, parágrafo único, supracitado, com o art. 932, inc. III ("São também responsáveis pela reparação civil, o empregador ou comitente, por seus empregados, serviçais e prepostos, no exercício do trabalho que lhes competir, ou em razão dele"). A alternativa C está incorreta, conforme dito acima, apesar de haver direito de regresso da transportadora em face do motorista. A alternativa D está incorreta, dada a literalidade do art. 934: "Aquele que ressarcir o dano causado por outrem pode reaver o que houver pago daquele por quem pagou, salvo se o causador do dano for descendente seu, absoluta ou relativamente incapaz". *Alternativa B.*

55. (XXI Exame) Tomás e Vinícius trabalham em uma empresa de assistência técnica de informática. Após diversas reclamações de seu chefe, Adilson, os dois funcionários decidem se vingar dele, criando um perfil falso em seu nome, em uma rede social. Tomás cria o referido perfil, inserindo no sistema os dados pessoais, fotografias e informações diversas sobre Adilson. Vinícius, a seu turno, alimenta o perfil durante duas semanas com postagens ofensivas, até que os dois são descobertos por um terceiro colega, que os denuncia ao chefe. Ofendido, Adilson ajuiza ação indenizatória por danos morais em face de Tomás e Vinícius.

A respeito do caso narrado, assinale a afirmativa correta.

(A) Tomás e Vinícius são corresponsáveis pelo dano moral sofrido por Adilson e devem responder solidariamente pelo dever de indenizar.

(B) Tomás e Vinícius devem responder pelo dano moral sofrido por Adilson, sendo a obrigação de indenizar, nesse caso, fracionária, diante da pluralidade de causadores do dano.

(C) Tomás e Vinícius apenas poderão responder, cada um, por metade do valor fixado a título de indenização, pois cada um poderá alegar a culpa concorrente do outro para limitar sua responsabilidade.

(D) Adilson sofreu danos morais distintos: um causado por Tomás e outro por Vinícius, devendo, portanto, receber duas indenizações autônomas.

RESPOSTA Nos termos do art. 942 do CC, os bens do responsável pela ofensa ou violação do direito de outrem ficam sujeitos à reparação do dano causado; e, se a ofensa tiver mais de um autor, todos responderão solidariamente pela reparação. *Alternativa A.*

V. DIREITO DAS COISAS

56. (XXXII Exame) Joel e Simone se casaram em regime de comunhão total de bens em 2010. Em 2015, depois de vários períodos conturbados, Joel abandonou a primeira e única residência de 150 m², em área urbana, que o casal havia adquirido mediante pagamento à vista, com recursos próprios de ambos, e não dá qualquer notícia sobre seu paradeiro ou intenções futuras. Em 2018, após Simone ter iniciado um relacionamento com Roberto, Joel reaparece subitamente, notificando sua ex-mulher, que não é proprietária nem possuidora de outro imóvel, de que deseja retomar sua parte no bem, eis que não admitiria que ela passasse a morar com Roberto no apartamento que ele e ela haviam comprado juntos.

Sobre a hipótese narrada, assinale a afirmativa correta.

(A) Apesar de ser possuidora de boa-fé, Simone pode se considerar proprietária da totalidade do imóvel, tendo em vista a efetivação da usucapião extraordinária.

(B) Uma vez que a permanência de Simone no imóvel é decorrente de um negócio jurídico realizado entre ela e Joel, é correto indicar um desdobramento da posse no caso narrado.

(C) Como Joel deixou o imóvel há mais de dois anos, Simone pode alegar usucapião da fração do imóvel originalmente pertencente ao ex-cônjuge.

(D) A hipótese de usucapião é impossível, diante do condomínio sobre o imóvel entre Joel e Simone, eis que ambos são proprietários.

RESPOSTA A questão em estudo versa sobre usucapião familiar. Por um lado, Joel abandonou o bem do casal por mais de dois anos. Por outro lado, Simone preenche os demais requisitos legais para esta espécie de usucapião. Com efeito o art. 1240-A do CC estabelece: "Aquele que exercer, por 2 (dois) anos ininterruptamente e sem oposição, posse direta, com exclusividade, sobre imóvel urbano de até 250m² (duzentos e cinquenta metros quadrados) cuja propriedade divida com ex-cônjuge ou ex-companheiro que abandonou o lar, utilizando-o para sua moradia ou de sua família, adquirir-lhe-á o domínio integral, desde que não seja proprietário de outro imóvel urbano ou rural." Cabe acrescentar, que a letra "A" está errada, pois a questão não versa sobre usucapião extraordinária. A letra "B" está equivocada, porque não houve desdobramento de posse, mas sim abandono por parte de Joel e a letra "D" não está correta, pois afiança ser impossível a usucapião familiar. *Alternativa C.*

57. (XXXII Exame) Liz e seu marido Hélio adquirem uma fração de tempo em regime de multipropriedade imobiliária no hotel-fazenda *Cidade Linda*, no estado de Goiás. Pelos termos do negócio, eles têm direito a ocupar uma das unidades do empreendimento durante os meses de dezembro e janeiro, em regime fixo. No ano seguinte à realização do negócio, as filhas do casal, Samantha e Laura, ficam doentes exatamente em dezembro, o que os impede de viajar. Para contornar a situação, Liz oferece à sua mãe, Alda, o direito de ir para o *Cidade Linda* no lugar deles. Ao chegar ao local, porém, Alda é barrada pela administração do hotel, sob o fundamento de que somente a família proprietária poderia ocupar as instalações da unidade. Você, como advogado(a), deve esclarecer se o ato é legal, assinalando a opção que indica sua orientação.

(A) O ato é legal, pois o regime de multipropriedade, ao contrário do condominial, é personalíssimo.

(B) O ato é ilegal, pois, como hipótese de condomínio necessário, a multipropriedade admite o uso das unidades por terceiros.

(C) O ato é ilegal, pois a possibilidade de cessão da fração de tempo do multiproprietário em comodato é expressamente prevista no Código Civil.

(D) O ato é legal, pois o multiproprietário tem apenas o direito de doar ou vender a sua fração de tempo, mas nunca cedê-la em comodato.

RESPOSTA Multipropriedade é o regime de condomínio em que cada um dos proprietários de um mesmo imóvel é titular de uma fração de tempo, à qual corresponde a faculdade de uso e gozo, com exclusividade, da totalidade do imóvel, a ser exercida pelos proprietários de forma alternada. De acordo com o art. 1.358-I, inciso II do CC, é direito do multiproprietário ceder sua fração de tempo em locação ou comodato. *Alternativa C*

58. **(XXIX Exame)** Em 5-5-2005, Aloísio adquiriu uma casa de 500m² registrada em nome de Bruno, que lhe vendeu o imóvel a preço de mercado. A escritura e o registro foram realizados de maneira usual. Em 5-09-2005, o imóvel foi alugado, e Aloísio passou a receber mensalmente o valor de R$ 3.000,00 pela locação, por um período de 6 anos. Em 10-10-2009, Aloísio é citado em uma ação reinvindicatória movida por Elisabeth, que pleiteia a retomada do imóvel e a devolução de todos os valores recebidos por Aloísio a título de locação, desde o momento da sua celebração. Uma vez que Elisabeth é judicialmente reconhecida como a verdadeira proprietária do imóvel em 10-10-2011, pergunta-se: é correta a pretensão da autora ao recebimento de todos os aluguéis recebidos por Aloísio?

(A) Sim. Independentemente da sentença de mérito, a própria contestação automaticamente transforma a posse de Aloísio em posse de má-fé desde o seu nascedouro, razão pela qual todos os valores recebidos pelo possuidor devem ser ressarcidos.

(B) Não. Sem a ocorrência de nenhum outro fato, somente após uma sentença favorável ao pedido de Elisabeth, na reivindicatória, é que seus argumentos poderiam ser considerados verdadeiros, o que caracterizaria a transformação da posse de boa-fé em posse de má-fé. Como o possuidor de má-fé tem direito aos frutos, Aloísio não é obrigado a devolver os valores que recebeu pela locação.

(C) Não. Sem a ocorrência de nenhum outro fato, e uma vez que Elisabeth foi vitoriosa em seu pleito, a posse de Aloísio passa a ser qualificada como de má-fé desde a sua citação no processo – momento em que Aloísio tomou conhecimento dos fatos ao final reputados como verdadeiros –, exigindo, em tais condições, a devolução dos frutos recebidos entre 10-10-2009 e a data de encerramento do contrato de locação.

(D) Não. Apesar de Elisabeth ter obtido o provimento judicial que pretendia, Aloísio não lhe deve qualquer valor, pois, sendo possuidor com justo título, tem, em seu favor, a presunção absoluta de veracidade quanto a sua boa-fé.

RESPOSTA No caso analisado, Aloísio deverá ser considerado possuidor de má-fé (tem conhecimento da existência do vício) desde a citação. De acordo com o Código Civil, o possuidor de má-fé responde por todos os frutos colhidos e percebidos, bem como pelos que, por culpa sua, deixou de perceber, desde o momento em que se constituiu de má-fé (Art. 1.216, CC). Logo, só deverá ressarcir os frutos desde a data da citação e não de todo o período. *Alternativa C.*

59. **(XXIX Exame)** Arnaldo institui usufruto de uma casa em favor das irmãs Bruna e Cláudia, que, no intuito de garantir uma fonte de renda, alugam o imóvel. Dois anos depois da constituição do usufruto, Cláudia falece, e Bruna, mesmo sem "cláusula de acrescer" expressamente estipulada, passa a receber integralmente os valores decorrentes da locação. Um ano após o falecimento de Cláudia, Arnaldo vem a falecer. Seus herdeiros pleiteiam judicialmente uma parcela dos valores integralmente recebidos por Bruna no intervalo entre o falecimento de Cláudia e de Arnaldo e, concomitantemente, a extinção do usufruto em função da morte de seu instituidor. Diante do exposto, assinale a afirmativa correta.

A) Na ausência da chamada "cláusula de acrescer", parte do usufruto teria se extinguido com a morte de Cláudia, mas o usufruto como um todo não se extingue com a morte de Arnaldo.

(B) Bruna tinha direito de receber a integralidade dos aluguéis independentemente de estipulação expressa, tendo em vista o grau de parentesco com Cláudia, mas o usufruto automaticamente se extingue com a morte de Arnaldo.

(C) A morte de Arnaldo só extingue a parte do usufruto que caberia a Bruna, mas permanece em vigor no que tange à parte que cabe a Cláudia, legitimando os herdeiros desta a receberem metade dos valores decorrentes da locação, caso esta permaneça em vigor.

(D) A morte de Cláudia extingue integralmente o usufruto, pois instituído em caráter simultâneo, razão pela qual os herdeiros de Arnaldo têm direito de receber a integralidade dos valores recebidos por Bruna, após o falecimento de sua irmã.

RESPOSTA A questão versa sobre usufruto. De acordo com o Código Civil, a morte de um dos usufrutuários, sem que haja direito de acrescer aos outros, extingue o usufruto em relação ao que faleceu, nos termos do art. 1.410 e 1.411, CC. A morte do nu-proprietario não extingue o usufruto. Logo a resposta correta seria aquela que determina a não extinção do usufruto pela morte de Arnaldo. *Alternativa A.*

60. **(XXVIII Exame)** Aline manteve união estável com Marcos durante 5 anos, época em que adquiriram o apartamento de 80 m² onde residiam, único bem imóvel no patrimônio de ambos. Influenciado por tormentosas discussões, Marcos abandonou o apartamento e a cidade, permanecendo Aline sozinha no imóvel, sustentando todas as despesas deste. Após 3 anos sem notícias de seu paradeiro, Marcos retornou à cidade e exigiu sua meação no imóvel. Sobre o caso concreto, assinale a afirmativa correta.

(A) Marcos faz jus à meação do imóvel em eventual dissolução de união estável.

(B) Aline poderá residir no imóvel em razão do direito real de habitação.

(C) Aline adquiriu o domínio integral, por meio de usucapião, já que Marcos abandonou o imóvel durante 2 anos.

(D) Aline e Marcos são condôminos sobre o bem, o que impede qualquer um deles de adquiri-lo por usucapião.

RESPOSTA Aline e Marcos viveram em união estável e adquiriram um imóvel em conjunto. Tendo Marcos abandonado o bem por mais de dois anos, Aline por preencher os demais requisitos legais, acabou por adquirir a parte de seu ex-companheiro, através da denominada usucapião familiar, prevista no art. 1.240-A, CC. Assim, Marcos não tem mais qualquer direito sobre o bem. *Alternativa C.*

61. (XXVIII Exame) Os negócios de Clésio vão de mal a pior, e, em razão disso, ele toma uma decisão difícil: tomar um empréstimo de R$ 50.000,00 com Antônia, dando, como garantia de pagamento, o penhor do seu relógio de ouro e diamantes, avaliado em R$ 200.00,00. Antônia, por sua vez, exige que, no instrumento de constituição do penhor, conste uma cláusula prevendo que, em caso de não pagamento da dívida, o relógio passará a ser de sua propriedade. Clésio aceita a inserção da cláusula, mas consulta seus serviços, como advogado(a), para saber da validade de tal medida. Sobre a cláusula proposta por Antônia, assinale a afirmativa correta.

(A) É válida, tendo em vista o fato de que as partes podem, no exercício de sua autonomia privada, estipular esse tipo de acordo.

(B) É nula, tendo em vista o fato de que o Código Civil brasileiro proíbe o pacto comissório.

(C) É válida, uma vez que Clésio como proprietário do bem, não está impedido de realizar o negócio por um preço muito inferior ao de mercado, não se configurando a hipótese como pacto comissório.

(D) É válida, ainda que os valores entre o bem dado em garantia e o empréstimo sejam díspares, nada impede sua inserção, eis que não há qualquer vedação ao pacto comissório no direito brasileiro.

RESPOSTA Clésio empenha seu relógio em prol da credora Antônia, constituindo-se assim uma garantia real sobre aquele bem móvel, em virtude de um empréstimo. Todavia, a cláusula que permite à credora ficar com o bem ante ao inadimplemento do devedor é totalmente nula. O ordenamento brasileiro não permite o denominado pacto comissório, conforme art. 1.428, CC. O credor deve levar o bem empenhado à hasta pública. *Alternativa B.*

62. (XXVIII Exame) Eduarda comprou um terreno não edificado, em um loteamento distante do centro, por R$ 50.000,00. Como não tinha a intenção de construir de imediato, ela visitava o local esporadicamente. Em uma dessas ocasiões, Eduarda verificou que Laura, sem qualquer autorização, havia construído uma mansão com 10 quartos, sauna, piscina, cozinha gourmet etc., no seu terreno, em valor estimado em R$ 2.000.000,00. Laura, ao ser notificada por Eduarda, antes de qualquer prazo de usucapião, verificou a documentação e percebeu que cometera um erro: construíra sua mansão no lote "A" da quadra "B", quando seu terreno, na verdade, é o lote "B" da quadra "A". Diante do exposto, assinale a afirmativa correta.

(A) Eduarda tem o direito de exigir judicialmente a demolição da mansão construída por Laura, independentemente de qualquer indenização.

(B) Laura, apesar de ser possuidora de má-fé, tem direito de ser indenizada pelas benfeitorias necessárias realizadas no imóvel de Eduarda.

(C) Laura, como é possuidora de boa-fé, adquire o terreno de Eduarda e a indeniza, uma vez que construiu uma mansão em imóvel inicialmente não edificado.

(D) Eduarda, apesar de ser possuidora de boa-fé, adquire o imóvel construído por Laura, tendo em vista a incidência do princípio pelo qual a superfície adere ao solo.

RESPOSTA No caso em questão, de boa-fé (sem conhecimento da existência de vício), um terceiro (Laura) construiu em um bem alheio. O examinador deixou claro que a construção excedeu consideravelmente o valor do terreno. Assim, deve-se aplicar o art. 1.255, parágrafo único, CC, que prevê o instituto da acessão inversa (ou invertida). Tal artigo é claro ao afirmar que se a construção ou a plantação exceder consideravelmente o valor do terreno, aquele que, de boa-fé, plantou ou edificou, adquirirá a propriedade do solo, mediante pagamento da indenização fixada judicialmente, se não houver acordo. A resposta, portanto, é que Laura adquire o terreno de Eduarda e a indeniza. *Alternativa C.*

63. (XXVI Exame) Ronaldo é proprietário de um terreno que se encontra cercado de imóveis edificados e decide vender metade dele para Abílio. Dois anos após o negócio feito com Abílio, Ronaldo, por dificuldades financeiras, descumpre o que havia sido acordado e constrói uma casa na parte da frente do terreno - sem deixar passagem aberta para Abílio - e a vende para José, que imediatamente passa a habitar o imóvel. Diante do exposto, assinale a afirmativa correta.

(A) Abílio tem direito real de servidão de passagem pelo imóvel de José, mesmo contra a vontade deste, com base na usucapião.

(B) A venda realizada por Ronaldo é nula, tendo em vista que José não foi comunicado do direito real de servidão de passagem existente em favor de Abílio.

(C) Abílio tem direito a passagem forçada pelo imóvel de José, independentemente de registro, eis que seu imóvel ficou em situação de encravamento após a construção e venda feita por Ronaldo.

(D) Como não participou da avença entre Ronaldo e Abílio, José não está obrigado a conceder passagem ao segundo, em função do caráter personalíssimo da obrigação assumida.

RESPOSTA A questão versa sobre o direito de passagem forçada, tema abordado dentro do Capítulo relativo aos Direitos de Vizinhança no Código Civil. Conforme prescreve o art. 1.285, aquele proprietário que se encontrar encravado, sem acesso à via pública, poderá constranger seu vizinho a lhe dar passagem, mediante o pagamento de indenização. Este direito existe mesmo em caso de alienação parcial do imóvel, como demonstra o § 2º deste artigo ("Se ocorrer alienação parcial do prédio, de modo que uma das partes perca o acesso a via pública, nascente ou porto, o proprietário da outra deve tolerar a passagem.").Logo, o gabarito da questão é a alternativa que diz que Abílio tem direito à passagem forçada pelo imóvel de José. *Alternativa C.*

64. (XXV Exame) Jonas trabalha como caseiro da casa de praia da família Magalhães, exercendo ainda a função de cuidador da matriarca Lena, já com 95 anos. Dez dias após o falecimento de Lena, Jonas tem seu contrato de trabalho extinto pelos herdeiros. Contudo, ele permanece morando na casa, apesar de não manter qualquer outra relação jurídica com os herdeiros, que também já não frequentam mais o imóvel e permanecem incomunicáveis. Jonas decidiu, por sua própria conta, fazer diversas modificações na casa: alterou a pintura, cobriu a garagem (que passou a alugar para vizinhos) e ampliou a churrasqueira. Ele passou a dormir na suíte principal, assumiu as despesas de água, luz, gás e telefone, e apresentou-se, perante a comunidade, como "o novo proprietário do imóvel". Doze anos após o falecimento de Lena, seu filho Adauto decide retomar o imóvel, mas Jonas se recusa a devolvê-lo. A partir da hipótese narrada, assinale a afirmativa correta.

(A) Jonas não pode usucapir o bem, eis que é possuidor de má-fé.

(B) Adauto não tem direito à ação possessória, eis que o imóvel estava abandonado.

(C) Jonas não pode ser considerado possuidor, eis que é o caseiro do imóvel.

(D) Na hipótese indicada, a má-fé de Jonas não é um empecilho à usucapião.

RESPOSTA A alternativa A está incorreta, porque de fato o possuidor possuiu a coisa de má-fé (sabia do impedimento a respeito da aquisição da propriedade), mas tinha posse sem interrupção, sem oposição e com a intenção de ser dono, o que lhe permite, em dadas circunstâncias, usucapir o bem. A alternativa B está incorreta, porque não há abandono, nesse caso, propriamente dito. O proprietário abandonou a coisa, mas a coisa não está abandonada, porque se encontra na posse de outrem. A alternativa C está incorreta, porque o caseiro era detentor apenas enquanto gestor da coisa alheia. Quando a matriarca Lena faleceu, ele não mais estava mais em relação de subordinação. Veja que o art. 1.198 ("Considera-se detentor aquele que, achando-se em relação de dependência para com outro, conserva a posse em nome deste e em cumprimento de ordens ou instruções suas"). Lembre-se que, mudando a realidade fática, detentor pode se tornar possuidor. A alternativa D está correta, pela conjugação do *caput* do art. 1.238 ("Aquele que, por quinze anos, sem interrupção, nem oposição, possuir como seu um imóvel, adquire-lhe a propriedade, independentemente de título e boa-fé; podendo requerer ao juiz que assim o declare por sentença, a qual servirá de título para o registro no Cartório de Registro de Imóveis") com o parágrafo único ("O prazo estabelecido neste artigo reduzir-se-á a dez anos se o possuidor houver estabelecido no imóvel a sua moradia habitual, ou nele realizado obras ou serviços de caráter produtivo"). Como ele está no imóvel há 12 anos, pode adquirir por usucapião. *Alternativa D.*

65. **(XXVI Exame)** Diante da crise que se abateu sobre seus negócios, Eriberto contrai empréstimo junto ao seu amigo Jorge, no valor de R$ 200.000,00, constituindo, como garantia, hipoteca do seu sítio, com vencimento em 20 anos. Esgotado o prazo estipulado e diante do não pagamento da dívida, Jorge decide executar a hipoteca, mas vem a saber que o imóvel foi judicialmente declarado usucapido por Jonathan, que o ocupava de forma mansa e pacífica para sua moradia durante o tempo necessário para ser reconhecido como o novo proprietário do bem. Diante do exposto, assinale a opção correta.

(A) Como o objeto da hipoteca não pertence mais a Eriberto, a dívida que ele tinha com Jorge deve ser declarada extinta.

(B) Se a hipoteca tiver sido constituída após o início da posse *ad usucapionem* de Jonathan, o imóvel permanecerá hipotecado mesmo após a usucapião, em respeito ao princípio da ambulatoriedade.

(C) Diante da consumação da usucapião, Jorge tem direito de regresso contra Jonathan, haja vista que o bem usucapido era objeto de sua garantia.

(D) Sendo a usucapião um modo de aquisição originária da propriedade, Jonathan pode adquirir a propriedade do imóvel livre da hipoteca que Eriberto constituíra em favor de Jorge.

RESPOSTA A questão versa sobre a constituição de hipoteca sobre um imóvel, em virtude da celebração de um contrato de mútuo. Ocorre que, posteriormente, o possuidor Jonathan, estranho aos contratantes do mútuo, preenche os requisitos para aquisição da propriedade pela usucapião. Como esta é uma forma originária de aquisição da propriedade e de outros direitos reais, todo e qualquer ônus existente sobre a coisa cairá face à usucapião. Este inclusive tem sido o posicionamento reiterado do STJ, em sua jurisprudência. Dessa forma, o gabarito da questão é a alternativa que diz que Jonathan pode adquirir a propriedade do bem, independentemente da hipoteca que Eriberto (devedor) constituíra em favor de Jorge (credor). *Alternativa D.*

66. **(XXII Exame)** George vende para Marília um terreno não edificado de sua propriedade, enfatizando a existência de uma "vista eterna para a praia" que se encontra muito próxima do imóvel, mesmo sem qualquer documento comprovando o fato. Marília adquire o bem, mas, dez anos após a compra, é surpreendida com a construção de um edifício de vinte andares exatamente entre o seu terreno e o mar, impossibilitando totalmente a vista que George havia prometido ser eterna. Diante do exposto e considerando que a construção do edifício ocorreu em um terreno de terceiro, assinale a afirmativa correta.

(A) Uma vez transcorrido o prazo de 10 anos, Marília pode pleitear o reconhecimento da usucapião da servidão de vista.

(B) Mesmo sem registro, Marília pode ser considerada titular de uma servidão de vista por destinação de George, o antigo proprietário do terreno.

(C) Mesmo sendo uma servidão aparente, as circunstâncias do caso não permitem a usucapião de vista.

(D) Sem que tenha sido formalmente constituída, não é possível reconhecer servidão de vista em favor de Marília.

RESPOSTA A alternativa A está incorreta, eis que não havia servidão no imóvel mencionado, como enuncia o próprio exercício: "mesmo sem qualquer documento comprovando o fato". A alternativa B está incorreta, pelas mesmas razões da alternativa anterior. A alternativa C está incorreta, pois não há servidão de vista nesse caso, apenas uma promessa do vendedor e uma vista que não era obstada, anteriormente, pela ausência de edificações no outro terreno, o que é comum. A alternativa D está correta, porque a servidão de vista exigiria constituição, ou qualquer pessoa, que alguma vista tenha, de qualquer coisa, poderia constituir "servidão", impedindo edificações. *Alternativa D.*

67. **(XXIII Exame)** À vista de todos e sem o emprego de qualquer tipo de violência, o pequeno agricultor Joventino adentra terreno vazio, constrói ali sua moradia e uma pequena horta para seu sustento, mesmo sabendo que o terreno é de propriedade de terceiros. Sem ser incomodado, exerce posse mansa e pacífica por 2 (dois) anos, quando é expulso por um grupo armado comandado por Clodoaldo, proprietário do terreno, que só tomou conhecimento da presença de Joventino no imóvel no dia anterior à retomada. Diante do exposto, assinale a afirmativa correta.

(A) Como não houve emprego de violência, Joventino não pode ser considerado esbulhador.

(B) Clodoaldo tem o direito de retomar a posse do bem mediante o uso da força com base no desforço imediato, eis que agiu imediatamente após a ciência do ocorrido.

(C) Tendo em vista a ocorrência do esbulho, Joventino deve ajuizar uma ação possessória contra Clodoaldo, no intuito de recuperar a posse que exercia.

(D) Na condição de possuidor de boa-fé, Joventino tem direito aos frutos e ao ressarcimento das benfeitorias realizadas durante o período de exercício da posse.

RESPOSTA A questão em análise versa sobre esbulho possessório. Esbulho é a perda total da posse. No caso em questão, a alternativa A está incorreta, porque a posse de Joventino foi perdida, permitindo a manejo de ação própria ante o esbulho. Com efeito, a violência não é um pressuposto necessário para que o esbulho seja considerado. A alternativa B está incorreta, já que ele se utilizou meio excessivo e a posse de Joventino era pretérita. A alternativa C está correta, porque houve perda da posse, efetivamente, ensejando a ação possessória. A alternativa D está incorreta. De acordo com o art. 1.201 do CC: "É de boa-fé a posse, se o possuidor ignora o vício, ou o obstáculo que impede a aquisição da coisa". Logo, Joventino não pode ser considerado possuidor de boa-fé, pois tinha ciência da existência do vício. *Alternativa C.*

68. (XXIV Exame) Laurentino constituiu servidão de vista no registro competente, em favor de Januário, assumindo o compromisso de não realizar qualquer ato ou construção que embarace a paisagem de que Januário desfruta em sua janela. Após o falecimento de Laurentino, seu filho Lucrécio decide construir mais dois pavimentos na casa para ali passar a habitar com sua esposa. Diante do exposto, assinale a afirmativa correta.

(A) Januário não pode ajuizar uma ação possessória, eis que a servidão é não aparente.

(B) Diante do falecimento de Laurentino, a servidão que havia sido instituída automaticamente se extinguiu.

(C) A servidão de vista pode ser considerada aparente quando houver algum tipo de aviso sobre sua existência.

(D) Januário pode ajuizar uma ação possessória, provando a existência da servidão com base no título.

RESPOSTA A alternativa A está incorreta, pois a publicidade da posse e o fato de a servidão ser de vista, e, portanto, não aparente, não impede o recurso à ação possessória. A alternativa B está incorreta, já que a servidão, registrada, tem eficácia real. A alternativa C está incorreta, porque a aparência ou não está localizada no fato de haver presença de indícios materiais de que a servidão existe. A alternativa D está correta, como dito anteriormente, eis que, tendo em vista que a servidão não é aparente, a posse se mostra pelo título. Correta, pois, a *alternativa D.*

69. (XXIV Exame) Quincas adentra terreno vazio e, de forma pública, passa a construir ali a sua moradia. Após o exercício ininterrupto da posse por 17 (dezessete) anos, pleiteia judicialmente o reconhecimento da propriedade do bem pela usucapião. Durante o processo, constatou-se que o imóvel estava hipotecado em favor de Jovelino, para o pagamento de numerários devidos por Adib, proprietário do imóvel. Com base nos fatos apresentados, assinale a afirmativa correta.

(A) A hipoteca existente em benefício de Jovelino prevalece sobre eventual direito de Quincas, tendo em vista o princípio da prioridade no registro.

(B) A hipoteca é um impeditivo para o reconhecimento da usucapião, tendo em vista a função social do crédito garantido.

(C) Como a usucapião é modo originário de aquisição da propriedade, a hipoteca não é capaz de impedir a sua consumação.

(D) Quincas pode adquirir, pela usucapião, o imóvel em questão, porém ficará com o ônus de quitar o débito que a hipoteca garantia.

RESPOSTA A alternativa A está incorreta, pois, como dispõe a jurisprudência do STJ, a usucapião é forma de aquisição originária da propriedade, de modo que não permanecem os ônus que gravavam o imóvel antes da sua declaração (AgRg no REsp 647.240/DF, Rel. Ministro Ricardo Villas Bôas Cueva, Terceira Turma, Julgado em 07/02/2013, *DJe* 18-2-2013). A alternativa B está incorreta, porque o direito real de garantia trata da execução do bem e a usucapião da aquisição da propriedade, sem relação direta, em princípio. A alternativa C está correta, conforme decisões do Superior Tribunal de Justiça. A alternativa D está incorreta, já que a usucapião é modo de aquisição originária, não havendo como o ônus subsistir. *Alternativa C.*

VI. DIREITO DAS FAMÍLIAS

70. (XXXIII Exame) Antônio, advogado, passou a residir com sua namorada Lorena, em 2012, com objetivo declarado, pelo próprio casal, de constituir uma união estável, ainda que não guarnecida por escritura pública. A partir de então, Antônio começou a participar do cotidiano de Lucas, filho de Lorena, cuja identidade do pai biológico a própria mãe desconhecia. No início de 2018, Antônio procedeu ao reconhecimento voluntário de paternidade socioafetiva de Lucas, com base no Provimento n. 63/2017 CNJ. Em meados de agosto de 2020, a convivência de Antônio e Lorena chegou ao fim. Diante deste cenário, Antônio comprometeu-se a pagar alimentos para Lucas, que estava com 13 anos de idade, até os 21 anos de idade do filho, no valor de R$ 2.500,00 (dois mil e quinhentos reais), mediante acordo homologado judicialmente. Porém, no final de 2020, Antônio recebeu a notícia de que o escritório de que ele é sócio perdeu um de seus principais clientes, fato cujo impacto financeiro gerou a redução de 30% dos seus rendimentos mensais. Quando soube de tal notícia, Antônio procurou Lorena, como representante legal de Lucas, para fixar um valor mais baixo de pensão a ser pago, ao menos durante um período, mas ela recusou-se a estabelecer um novo acordo.

Conforme este contexto, assinale a afirmativa correta.

(A) A redução do encargo alimentar apenas poderá acontecer caso Lucas, por meio de sua representante legal, Lorena, concorde com ela.

(B) Os filhos socioafetivos não tem o direito de pleitear alimentos frente aos seus pais.

(C) Diante da mudança de sua situação financeira, Antônio poderá requerer ao juiz a redução do encargo alimentar.

(D) Caso eventual pedido de redução do valor pago a título de obrigação alimentar seja procedente, Lucas nunca mais poderá pleitear a majoração do encargo, nem mesmo se a situação financeira de Antônio melhorar.

RESPOSTA A questão aborda o conhecimento acerca dos efeitos jurídicos da parentalidade socioafetiva. Nesse sentido, sabendo que a parentalidade socioafetiva ocasiona todos os efeitos jurídicos, inclusive alimentos, todas as regras alimentares são aplicadas ao caso. Logo, para alterar o valor devido de alimentos é preciso uma demanda revisional com essa finalidade. Se, fixados os alimentos, sobrevier mudança na situação financeira de quem os supre, ou na de quem os recebe, poderá o interessado reclamar ao juiz, conforme as circunstâncias, exoneração, redução ou majoração do encargo. *Alternativa C.*

71. **(XXXI Exame)** Salomão, solteiro, sem filhos, 65 anos, é filho de Lígia e Célio, que faleceram recentemente e eram divorciados. Ele é irmão de Bernardo, 35 anos, médico bem-sucedido, filho único do segundo casamento de Lígia. Salomão, por circunstâncias sociais, não mantinha contato com Bernardo. Em razão de uma deficiência física, Salomão nunca exerceu atividade laborativa e sempre morou com o pai, Célio, até o falecimento deste. Com frequência, seu primo Marcos, comerciante e grande amigo, o visita. Com base no caso apresentado, assinale a opção que indica quem tem obrigação de pagar alimento a Salomão.

A) Marcos é obrigado a pagar alimentos a Salomão, no caso de necessidade deste.

B) Por ser irmão unilateral, Bernardo não deve, em hipótese alguma, alimentos a Salomão.

C) Bernardo, no caso de necessidade de Salomão, deve arcar com alimentos.

D) Bernardo e Marcos deverão dividir alimentos, entre ambos, de forma igualitária.

RESPOSTA Com fundamento no artigo 1.697 do CC ("Na falta dos ascendentes cabe a obrigação aos descendentes, guardada a ordem de sucessão e, faltando estes, aos irmãos, assim germanos como unilaterais."), cabe a Bernardo, irmão unilateral, o dever de arcar com os alimentos. *Alternativa C.*

72. **(XXXI Exame)** Aldo e Mariane são casados sob o regime da comunhão parcial de bens, desde setembro de 2013. Em momento anterior ao casamento, Rubens, pai de Mariane, realizou a doação de um imóvel à filha. Desde então, a nova proprietária acumula os valores que lhe foram pagos pelos locatários do imóvel. No ano corrente, alguns desentendimentos fizeram com que Mariane pretendesse se divorciar de Aldo. Para tal finalidade, procurou um advogado, informando que a soma dos aluguéis que lhe foram pagos desde a doação do imóvel totalizava R$ 150.000,00 (cento e cinquenta mil reais), sendo que R$ 50.000,00 (cinquenta mil reais) foram auferidos antes do casamento e o restante, após. Mariane relatou, ainda, que atualmente o imóvel se encontra vazio, sem locatários. Sobre essa situação e diante de eventual divórcio, assinale a afirmativa correta.

A) Quanto aos aluguéis, Aldo tem direito à meação sob o total dos valores.

B) Tendo em vista que o imóvel locado por Mariane é seu bem particular, os aluguéis por ela auferidos não se comunicam com Aldo.

C) Aldo tem direito à meação dos valores recebidos por Mariane, durante o casamento, a título de aluguel.

D) Aldo faz jus à meação tanto sobre a propriedade do imóvel doado a Mariane por Rubens, quanto sobre os valores recebidos a título de aluguel desse imóvel na constância do casamento.

RESPOSTA No regime de comunhão parcial, comunicam-se os bens que sobrevierem ao casal, na constância do casamento. De acordo com o art. 1.660, V, do CC, entram na comunhão os frutos dos bens comuns, ou dos particulares de cada cônjuge, percebidos na constância do casamento, ou pendentes ao tempo de cessar a comunhão. Logo, os valores recebidos a título de aluguel, por serem frutos civis, entram na meação. *Alternativa C.*

73. **(XXX Exame)** Arnaldo, publicitário, é casado com Silvana, advogada, sob o regime de comunhão parcial de bens. Silvana sempre considerou diversificar sua atividade profissional e pensa em se tornar sócia de uma sociedade empresária do ramo de tecnologia. Para realizar esse investimento, pretende vender um apartamento adquirido antes de seu casamento com Arnaldo; este, mais conservador na área negocial, não concorda com a venda do bem para empreender. Sobre a situação descrita, assinale a afirmativa correta.

(A) Silvana não precisa de autorização de Arnaldo para alienar o apartamento, pois destina-se ao incremento da renda familiar.

(B) A autorização de Arnaldo para alienação por Silvana é necessária, por conta do regime da comunhão parcial de bens.

(C) Silvana não precisa de autorização de Arnaldo para alienar o apartamento, pois se trata de bem particular.

(D) A autorização de Arnaldo para alienação por Silvana é necessária e decorre do casamento, independentemente do regime de bens.

RESPOSTA De acordo com o art. 1.647 do Código Civil, nenhum dos cônjuges pode, sem autorização do outro, exceto no regime da separação absoluta, alienar ou gravar de ônus real os bens imóveis. Como no caso em estudo o regime de bens do casal é da comunhão parcial de bens, a autorização de Arnaldo para alienação por Silvana é necessária. *Alternativa B.*

74. **(XXIX Exame)** Asdrúbal praticou feminicídio contra sua esposa Ermingarda, com quem tinha três filhos, dois menores de 18 anos e um maior. Nesse caso, quanto aos filhos, assinale a afirmativa correta.

(A) Asdrúbal terá suspenso o poder familiar sobre os três filhos, por ato de autoridade policial.

(B) Asdrúbal perderá o poder familiar sobre os filhos menores, por ato judicial.

(C) Asdrúbal terá suspenso o poder familiar sobre os filhos menores, por ato judicial.

(D) Asdrúbal perderá o poder familiar sobre os três filhos, por ato de autoridade policial.

RESPOSTA O caso em estudo versa sobre Asdrubal que praticou feminicídio contra sua esposa Ermingarda. A resposta será encontrada no parágrafo único do art. 1.638, CC, o qual estabelece que o pai perderá por ato judicial o poder familiar sobre os filhos menores, por ter praticado contra outrem igualmente titular do mesmo poder familiar homicídio, feminicídio ou lesão corporal de natureza grave ou seguida de morte, quando se tratar de crime doloso envolvendo violência doméstica e familiar ou menosprezo ou discriminação à condição de mulher. *Alternativa B.*

75. (XXVII Exame) Ana, que sofre de grave doença, possui um filho, Davi, com 11 anos de idade. Ante o falecimento precoce de seu pai, Davi apenas possui Ana como sua representante legal. De forma a prevenir o amparo de Davi em razão de seu eventual falecimento, Ana pretende que, na sua ausência, seu irmão, João, seja o tutor da criança. Para tanto, Ana, em vida, poderá nomear João por meio de

(A) escritura pública de constituição de tutela.
(B) testamento ou qualquer outro documento autêntico.
(C) ajuizamento de ação de tutela.
(D) diretiva antecipada de vontade.

RESPOSTA De acordo com o parágrafo único do art. 1.729 do Código Civil, cabe aos pais o direito de nomear tutor para os filhos menores, por meio de testamento ou outro documento autêntico. Assim, a resposta correta indica que Ana, em vida, poderá nomear João por meio de "testamento ou qualquer documento autêntico." *Alternativa B.*

76. (XXI Exame) Augusto e Raquel casam-se bem jovens, ambos com 22 anos. Um ano depois, nascem os filhos do casal: dois meninos gêmeos. A despeito da ajuda dos avós das crianças, o casamento não resiste à dura rotina de criação dos dois recém-nascidos. Augusto e Raquel separam-se ainda com os filhos em tenra idade, indo as crianças residir com a mãe. Raquel, em pouco tempo, contrai novas núpcias. Augusto, em busca de um melhor emprego, muda-se para uma cidade próxima.

A respeito da guarda dos filhos, com base na hipótese apresentada, assinale a afirmativa correta.

(A) A guarda dos filhos de tenra idade será atribuída preferencialmente, de forma unilateral, à mãe.
(B) Na guarda compartilhada, o tempo de convívio com os filhos será dividido de forma matemática entre o pai e a mãe.
(C) O pai ou a mãe que contrair novas núpcias perderá o direito de ter consigo os filhos.
(D) Na guarda compartilhada, a cidade considerada base de moradia dos filhos será a que melhor atender aos interesses dos filhos.

RESPOSTA Na guarda compartilhada, ocorre a responsabilização conjunta e o exercício de direitos e deveres do pai e da mãe que não vivam sob o mesmo teto, concernentes ao poder familiar dos filhos comuns. O tempo de convívio com os filhos deve ser dividido de forma equilibrada com a mãe e com o pai, sempre tendo em vista as condições fáticas e os interesses dos filhos. Ademais, o § 3º do art. 1.583 estabelece que na guarda compartilhada a cidade considerada base de moradia dos filhos será aquela que melhor atender aos interesses dos filhos. *Alternativa D.*

77. (XXIII Exame) Arlindo e Berta firmam pacto antenupcial, preenchendo todos os requisitos legais, no qual estabelecem o regime de separação absoluta de bens. No entanto, por motivo de saúde de um dos nubentes, a celebração civil do casamento não ocorreu na data estabelecida. Diante disso, Arlindo e Berta decidem não se casar e passam a conviver maritalmente. Após cinco anos de união estável, Arlindo pretende dissolver a relação familiar e aplicar o pacto antenupcial, com o objetivo de não dividir os bens adquiridos na constância dessa união. Nessas circunstâncias, o pacto antenupcial é

(A) válido e ineficaz.
(B) válido e eficaz.
(C) inválido e ineficaz.
(D) inválido e eficaz.

RESPOSTA Analisando o artigo 1.653 do CC: "É nulo o pacto antenupcial se não for feito por escritura pública, e ineficaz se não lhe seguir o casamento". Logo, como no caso em estudo não ocorreu o casamento, o referido pacto antenupcial é válido, porém não é eficaz. Desse modo, a letra A é a alternativa correta da presente questão. A alternativa B está incorreta, porque o mencionado pacto antenupcial é ineficaz por não ter lhe seguido o casamento. A alternativa C está incorreta, já que o referido pacto é válido. Por fim, a alternativa D está incorreta pois o mencionado pacto é válido e ineficaz. *Alternativa A.*

78. (XXIV Exame) João e Carla foram casados por cinco anos, mas, com o passar dos anos, o casamento se desgastou e eles se divorciaram. As três filhas do casal, menores impúberes, ficaram sob a guarda exclusiva da mãe, que trabalha em uma escola como professora, mas que está com os salários atrasados há quatro meses, sem previsão de recebimento. João vinha contribuindo para o sustento das crianças, mas, estranhamente, deixou de fazê-lo no último mês. Carla, ao procurá-lo, foi informada pelos pais de João que ele sofreu um atropelamento e está em estado grave na UTI do Hospital Boa Sorte. Como João é autônomo, não pode contribuir, justificadamente, com o sustento das filhas. Sobre a possibilidade de os avós participarem do sustento das crianças, assinale a afirmativa correta.

(A) Em razão do divórcio, os sogros de Carla são ex-sogros, não são mais parentes, não podendo ser compelidos judicialmente a contribuir com o pagamento de alimentos para o sustento das netas.
(B) As filhas podem requerer alimentos avoengos, se comprovada a impossibilidade de Carla e de João garantirem o sustento das filhas.
(C) Os alimentos avoengos não podem ser requeridos, porque os avós só podem ser réus em ação de alimentos no caso de falecimento dos responsáveis pelo sustento das filhas.
(D) Carla não pode representar as filhas em ação de alimentos avoengos, porque apenas os genitores são responsáveis pelo sustento dos filhos.

RESPOSTA A alternativa A está duplamente errada, já que os ex-sogros continuam a ser parentes por afinidade e podem ser chamados a arcar com os alimentos, nos termos do art. 1.696 do CC: "O direito à prestação de alimentos é recíproco entre pais e filhos, e extensivo a todos os ascendentes, recaindo a obrigação nos mais próximos em grau, uns em falta de outros". A alternativa B está correta, por aplicação do referido art. 1.696 e do art. 1.698: "Se o parente, que deve alimentos em primeiro lugar, não estiver em condições de suportar totalmente o encargo, serão chamados a concorrer os de grau imediato; sendo várias as pessoas obrigadas a prestar alimentos, todas devem concorrer na proporção dos respectivos recursos, e, intentada ação contra uma delas, poderão as demais ser chamadas a integrar a lide". A alternativa C está incorreta, não havendo necessidade de falecimento dos responsáveis pelo sustento das filhas, bastando apenas a impossibilidade de sustento. A alternativa D está incorreta, evidentemente, já que os filhos são absolutamente incapazes, não havendo sequer possiblidade de eles demandaram por si, diretamente. *Alternativa B.*

VII. DIREITO DAS SUCESSÕES

79. (XXXII Exame) Ao falecer em 2019, Januário deixa duas filhas vivas: Rosana, mãe de Luna, e Helena, mãe de Gabriel. O filho mais velho de Januário, Humberto, falecera em 2016, deixando-lhe dois netos: Lucas e João. Sobre a sucessão de Januário, assinale a afirmativa correta.

(A) Lucas, João, Luna, Gabriel e Vinícius são seus herdeiros.

(B) Helena, Rosana, Lucas e João são seus herdeiros, cada um herdando uma quota igual da herança deixada por Januário.

(C) Apenas Helena e Rosana são suas herdeiras.

(D) São seus herdeiros Helena, Rosana e os sobrinhos Lucas e João, que receberão, cada um, metade equivalente ao quinhão de uma das tias.

RESPOSTA De acordo com o art. 1.835 do CC, na linha descendente, os filhos sucedem por cabeça, e os outros descendentes, por cabeça ou por estirpe, conforme se achem ou não no mesmo grau. Assim sendo, com a morte de Januária suas filhas Rosana e Helena sucedem por cabeça e os seus netos Lucas e João sucedem por estirpe (ou representação). *Alternativa D.*

80. (XXXIII Exame) Marta, 75 anos, solteira, sem filhos, com todos os ascendentes falecidos, é irmã de Alberto e prima de Donizete. Proprietária de alguns imóveis, Marta procurou um cartório para lavrar testamento público em 2019. Ainda que seu contato com o irmão Alberto fosse ocasional, sendo muito mais próxima de Donizete, optou por dividir sua herança entre ambos. Contudo, ao longo de 2020, durante a pandemia de Covid-19, Marta passou a residir junto de Donizete e sua família. Enquanto a convivência somente aumentou o afeto e a consideração entre os primos, o contato entre Marta e Alberto tornou-se ainda mais raro. Não por outro motivo, em agosto de 2020, Marta procurou o mesmo cartório e lavrou um novo testamento público, o qual nomeava Donizete como seu único herdeiro. Em janeiro de 2021, Marta faleceu. Ao tomar conhecimento da disposição de última vontade da irmã, Alberto consulta você, como advogado(a), a respeito da situação. Com efeito, é correto afirmar que

(A) o testamento feito por Marta em agosto de 2020 revoga o testamento feito pela mesma em 2019. Portanto, toda herança de Marta deverá ser transmitida a Donizete.

(B) no testamento, Marta deveria deixar ao menos metade de sua herança para Alberto, seu irmão e, assim, herdeiro necessário.

(C) Marta apenas poderia afastar o direito à herança de Alberto por meio de deserdação fundada no abandono afetivo.

(D) Marta encontrava-se proibida de testar novamente desde o momento em que testou pela primeira vez no ano de 2019, pois o testamento é sempre irrevogável.

RESPOSTA O testamento é um ato personalíssimo, podendo ser mudado a qualquer tempo. O candidato deve lembrar que o testamento pode ser revogado pelo mesmo modo e forma como pode ser feito e que esta revogação pode ser total ou parcial. No caso em análise, a autora da herança (Marta) morreu deixando apenas herdeiros facultativos (irmão e primo). Antes de falecer, Marta lavrou um testamento público alterando outro testamento anteriormente feito por ela e definido como único herdeiro seu primo. Tal revogação é válida e, como o seu irmão não é herdeiro necessário, para que este seja excluído da sucessão, basta que o testador disponha de seu patrimônio sem o contemplar. *Alternativa A.*

81. (XXXI Exame) Arnaldo faleceu e deixou os filhos Roberto e Álvaro. No inventário judicial de Arnaldo, Roberto, devedor contumaz na praça, renunciou à herança, em 05/11/2019, conforme declaração nos autos. Considerando que o falecido não deixou testamento e nem dívidas a serem pagas, o valor líquido do monte a ser partilhado era de R$ 100.000,00 (cem mil reais). Bruno é primo de Roberto e também seu credor no valor de R$ 30.000,00 (trinta mil reais). No dia 09/11/2019, Bruno tomou conhecimento da manifestação de renúncia supracitada e, no dia 29/11/2019, procurou um advogado para tomar as medidas cabíveis. Sobre esta situação, assinale a afirmativa correta.

A) Em nenhuma hipótese Bruno poderá contestar a renúncia da herança feita por Roberto.

B) Bruno poderá aceitar a herança em nome de Roberto, desde que o faça no prazo de quarenta dias seguintes ao conhecimento do fato.

C) Bruno poderá, mediante autorização judicial, aceitar a herança em nome de Roberto, recebendo integralmente o quinhão do renunciante.

D) Bruno poderá, mediante autorização judicial, aceitar a herança em nome de Roberto, no limite de seu crédito.

RESPOSTA A renúncia da herança - negócio jurídico unilateral - consiste no ato de um ou mais herdeiros abdicarem totalmente o respectivo quinhão dos bens a que teriam direito a receber. Desse modo, o quinhão retorna ao montante da herança para ser redistribuído aos demais herdeiros, independentemente da aceitação destes. No direito brasileiro a renúncia da herança deve constar expressamente de instrumento público ou termo judicial e não se pode aceitar ou renunciar a herança em parte, sob condição ou a termo. Ademais, quando o herdeiro prejudicar os seus credores, renunciando à herança, poderão eles, com autorização do juiz, aceitá-la em nome do renunciante (art. 1.813, CC). *Alternativa D.*

82. (XXX Exame) Juliana, Lorena e Júlia são filhas de Hermes, casado com Dóris. Recentemente, em razão de uma doença degenerativa, Hermes tornou-se paraplégico e começou a exigir cuidados maiores para a manutenção de sua saúde. Nesse cenário, Dóris e as filhas Juliana e Júlia se revezavam a fim de suprir as necessidades de Hermes, causadas pela enfermidade. Quanto a Lorena, esta deixou de visitar o pai após este perder o movimento das pernas, recusando-se a colaborar com a família, inclusive financeiramente. Diante desse contexto, Hermes procura você, como advogado(a), para saber quais medidas ele poderá tomar para que, após sua morte, seu patrimônio não seja transmitido a

Lorena. Sobre o caso apresentado, assinale a afirmativa correta.

(A) A pretensão de Hermes não poderá ser concretizada segundo o Direito brasileiro, visto que o descendente, herdeiro necessário, não poderá ser privado de sua legítima pelo ascendente, em nenhuma hipótese.

(B) Não é necessário que Hermes realize qualquer disposição ainda em vida, pois o abandono pelos descendentes é causa legal de exclusão da sucessão do ascendente, por indignidade.

(C) Existe a possibilidade de deserdar o herdeiro necessário por meio de testamento, mas apenas em razão de ofensa física, injúria grave e relações ilícitas com madastra ou padrasto atribuídas ao descendente.

(D) É possível que Hermes disponha sobre deserdação de Lorena em testamento, indicando, expressamente, o seu desamparo em momento de grave enfermidade como causa que justifica esse ato.

RESPOSTA Deserdação é a penalidade imposta pelo autor da herança ao herdeiro necessário, mediante justificativa em cláusula testamentária, visando a exclusão da sucessão em decorrência da pratica de ato moralmente censurável e catalogado na Lei Civil. Além das causas de exclusão de herdeiros ou legatários, previstas no art. 1.814, autorizam a deserdação às faltas relacionadas nos arts. 1.962 e 1.963 do Código Civil. Cumpre dizer, que a deserdação atingem apenas os herdeiros necessários, isto é, descendentes, ascendentes, cônjuge e companheiro. *Alternativa D.*

83. (XXIX Exame) Mariana e Maurílio são filhos biológicos de Aldo. Este, por sua vez, nunca escondeu ser mais próximo de seu filho Maurílio, com quem diariamente trabalhava. Quando do falecimento de Aldo, divorciado na época, seus filhos constataram a existência de testamento, que destinou todos os bens do falecido exclusivamente para Maurílio. Sobre a situação narrada, assinale a afirmativa correta.

(A) O testamento de Aldo deverá ser integralmente cumprido, e, por tal razão, todos os bens do autor da herança serão transmitidos a Maurílio.

(B) A disposição de última vontade é completamente nula, porque Mariana é herdeira necessária, devendo os bens ser divididos igualmente entre os dois irmãos.

(C) Deverá haver redução da disposição testamentária, respeitando-se, assim, a legítima de Mariana, herdeira necessária, que corresponde a um quinhão de 50% da totalidade herança.

(D) Deverá haver redução da disposição testamentária, respeitando a legítima de Mariana, herdeira necessária, que corresponde a um quinhão de 25% da totalidade da herança.

RESPOSTA Na questão em que Aldo, por meio de testamento, beneficia seu filho Maurílio com a integralidade de seu patrimônio, em detrimento de sua filha Mariana, a afirmativa correta é aquele que indica que ocorrerá a redução das disposições testamentárias para preservar o direito à legítima dos herdeiros necessários (art. 1.967, CC). Neste caso, Maurílio poderá ser contemplado com toda a metade disponível do patrimônio de Aldo, mas partilhará, por cabeça, com Mariana, a outra metade, correspondente à legítima. Assim assistirá a Mariana uma fração de 25% da herança. *Alternativa D.*

84. (XXVIII Exame) Matheus, sem filhos, casado com Jane, no regime de comunhão parcial de bens, falece após enfarto fulminante. De seu parentesco em linha reta são ainda vivos Carlos, seu pai, e Irene, sua avó materna. A partir da situação acima, assinale a opção que indica a sucessão de Matheus.

(A) Serão herdeiros Carlos, Irene e Jane, a última em concorrência, atribuído quinhão de 1/3 do patrimônio para cada um deles.

(B) Serão herdeiros Carlos e Jane, atribuído quinhão de 2/3 ao pai e de 1/3 à Jane, cônjuge concorrente.

(C) Carlos será herdeiro sobre a totalidade dos bens, enquanto Jane apenas herda, em concorrência com este, os bens particulares do falecido.

(D) Serão herdeiros Carlos e Jane, esta herdeira concorrente, atribuído quinhão de metade do patrimônio para cada um destes.

RESPOSTA A questão que trata da sucessão de Matheus, falecido após enfarto fulminante e envolve conhecimentos acerca da ordem de vocação hereditária. Como Matheus não tem descendentes, os ascendentes são chamados a suceder, em concorrência com a cônjuge, Jane. Neste caso, o legislador não faz ressalva à sucessão do cônjuge em função do regime do casamento, fazendo Jane jus à cota da integralidade do patrimônio deixado, independentemente se bens particulares ou comuns. Aplica-se a regra geral de que o grau mais próximo exclui o mais remoto (art. 1.836, § 1º), ressaltando-se que não há direito de representação na linha ascendente. Assim, estando o pai de Matheus vivo, sua avó materna não será chamada a suceder, devendo a herança ser partilhada igualmente entre o pai (Carlos) e a cônjuge supérstite (Jane), nos termos do art. 1.837 do Código Civil. *Alternativa D.*

85. (XXVII Exame) Em 2010, Juliana, sem herdeiros necessários, lavrou testamento público deixando todos os seus bens para sua prima, Roberta. Em 2016, Juliana realizou inseminação artificial heteróloga e, nove meses depois, nasceu Carolina. Em razão de complicações no parto, Juliana faleceu poucas horas após o procedimento. Sobre a sucessão de Juliana, assinale a afirmativa correta.

(A) Carolina herdará todos os bens de Juliana.

(B) Roberta herdará a parte disponível e Carolina, a legítima.

(C) Roberta herdará todos os bens de Juliana.

(D) A herança de Juliana será declarada jacente.

RESPOSTA Juliana elabora testamento em favor de Roberta e anos depois vem a ter uma filha por inseminação artificial, Carolina. A questão em estudo cobrou o tema do rompimento do testamento. Se, após elaborar o testamento, sobrevêm ao testador descendente sucessível, que não tinha ou conhecia no momento em que testou, considera-se o testamento rompido em todas as suas disposições, ou seja, inteiramente ineficaz, desde que o descendente sobreviva ao testador (art. 1.973). Assim, rompido o testamento, Roberta não fará jus à herança, que será integralmente deferida à herdeira necessária Carolina. *Alternativa A.*

86. (XXVI Exame) Lúcio, viúvo, tendo como únicos parentes um sobrinho, Paulo, e um tio, Fernando, fez testamento de acordo com todas as formalidades legais e deixou toda a sua herança ao seu amigo Carlos, que tinha uma filha, Juliana. O herdeiro instituído no ato de última vontade morreu antes do testador. Morto Lúcio, foi aberta a sucessão. Assinale a opção que indica como será feita a partilha.

(A) Juliana receberá todos os bens de Lúcio.

(B) Juliana receberá a parte disponível e Paulo, a legítima.

(C) Paulo e Fernando receberão, cada um, metade dos bens de Lúcio.

(D) Paulo receberá todos os bens de Lúcio.

RESPOSTA Na questão em análise, foram cobrados três temas principais: herdeiros necessários, direito de representação e ordem de vocação hereditária. Para conseguir responder à questão, o candidato deveria primeiramente se lembrar de que em nosso ordenamento jurídico apenas são herdeiros necessários, com direito ao resguardo da legítima correspondente a 50% da herança, os descendentes, ascendentes, cônjuge e o companheiro (por conta das decisões dos Tribunais Superiores). Assim, como Lúcio não tem herdeiros necessários ele pode testar sobre a integralidade de seu patrimônio. Em segundo lugar, deve o candidato lembrar que não há direito de representação na sucessão testamentária, razão pela qual Juliana não herdará no lugar de Carlos, herdeiro testamentário que não estava vivo ao tempo da abertura da sucessão. Se o testamento deixou de produzir efeitos, os bens deverão ser distribuídos conforme a ordem de vocação hereditária, e na sucessão colateral o legislador estabelece expressamente que os sobrinhos precederão os tios, apesar de ambos serem colaterais de mesmo grau (art. 1.843 – "Na falta de irmãos, herdarão os filhos destes e, não os havendo, os tios."). Assim a resposta correta é "Paulo receberá todos os bens de Lúcio". *Alternativa D.*

87. (XXV Exame) Mário, cego, viúvo, faleceu em 1º de junho de 2017, deixando 2 filhos: Clara, casada com Paulo, e Júlio, solteiro. Em seu testamento público, feito de acordo com as formalidades legais, em 02 de janeiro de 2017, Mário gravou a legítima de Clara com cláusula de incomunicabilidade; além disso, deixou toda a sua parte disponível para Júlio. Sobre a situação narrada, assinale a afirmativa correta.

(A) O testamento é inválido, pois, como Mário é cego, deveria estar regularmente assistido para celebrar o testamento validamente.

(B) A cláusula de incomunicabilidade é inválida, pois Mário não declarou a justa causa no testamento, como exigido pela legislação civil.

(C) A cláusula que confere a Júlio toda a parte disponível é inválida, pois Mário não pode tratar seus filhos de forma diferente.

(D) O testamento é inválido, pois, como Mário é cego, a legislação apenas lhe permite celebrar testamento cerrado.

RESPOSTA A alternativa A está incorreta, conforme o art. 1.867: "Ao cego só se permite o testamento público, que lhe será lido, em voz alta, duas vezes, uma pelo tabelião ou por seu substituto legal, e a outra por uma das testemunhas, designada pelo testador, fazendo-se de tudo circunstanciada menção no testamento". A alternativa B está correta, de acordo com o art. 1.848: "Salvo se houver justa causa, declarada no testamento, não pode o testador estabelecer cláusula de inalienabilidade, impenhorabilidade, e de incomunicabilidade, sobre os bens da legítima". A alternativa C está incorreta, segundo o art. 1.849: "O herdeiro necessário, a quem o testador deixar a sua parte disponível, ou algum legado, não perderá o direito à legítima". A alternativa D está incorreta, conforme o art. 1.872: "Não pode dispor de seus bens em testamento cerrado quem não saiba ou não possa ler". *Alternativa B.*

88. (XXV Exame) Ana, sem filhos, solteira e cujos pais são pré-mortos, tinha os dois avós paternos e a avó materna vivos, bem como dois irmãos: Bernardo (germano) e Carmem (unilateral). Ana falece sem testamento, deixando herança líquida no valor de R$ 60.000,00 (sessenta mil reais). De acordo com os fatos narrados, assinale a afirmativa correta.

(A) Seus três avós receberão, cada um, R$ 20.000,00 (vinte mil reais), por direito de representação dos pais de Ana, pré-mortos.

(B) Seus avós paternos receberão, cada um, R$ 15.000,00 (quinze mil reais) e sua avó materna receberá R$ 30.000,00 (trinta mil reais), por direito próprio.

(C) Bernardo receberá R$ 40.000,00 (quarenta mil reais, por ser irmão germano, e Carmem receberá R$ 20.000,00 (vinte mil reais), por ser irmã unilateral.

(D) Bernardo e Carmem receberão, cada um, R$ 30.000,00 (trinta mil reais), por direito próprio.

RESPOSTA A alternativa A está incorreta, não se falando em direito de representação na linha ascendente, como prevê o art. 1.836: "Na falta de descendentes, são chamados à sucessão os ascendentes, em concorrência com o cônjuge sobrevivente". A alternativa B está correta, como se extrai do art. 1.836, § 2º: "Havendo igualdade em grau e diversidade em linha, os ascendentes da linha paterna herdam a metade, cabendo a outra aos da linha materna". A alternativa C está incorreta, pela combinação do art. 1.838 ("Em falta de descendentes e ascendentes, será deferida a sucessão por inteiro ao cônjuge sobrevivente") com o art. 1.839 ("Se não houver cônjuge sobrevivente, nas condições estabelecidas no art. 1.830, serão chamados a suceder os colaterais até o quarto grau"). A alternativa D está incorreta, só herdando os irmãos, colaterais, se não houver ascendentes. *Alternativa B.*

89. (XXII Exame) Clara e Sérgio são casados pelo regime da comunhão parcial de bens. Durante o casamento, o casal adquiriu onerosamente um apartamento e Sérgio herdou um sítio de seu pai. Sérgio morre deixando, além de Clara, Joaquim, filho do casal. Sobre os direitos de Clara, segundo os fatos narrados, assinale a afirmativa correta.

(A) Clara é herdeira do apartamento, em concorrência com Joaquim.

(B) Clara é meeira no apartamento e herdeira do sítio, em concorrência com Joaquim.

(C) Clara é herdeira do apartamento e do sítio, em concorrência com Joaquim.

(D) Clara é meeira no sítio e herdeira do apartamento, em concorrência com Joaquim.

RESPOSTA A alternativa A está incorreta, pois Clara não é herdeira do apartamento, que é um bem comum do casal. A alternativa B está correta, porque Clara é meeira no apartamento e herdeira do sítio, em concorrência com Joaquim, por aplicação da jurisprudência do STJ e do Enunciado 270 do CJF: "O art. 1.829, inc. I, só assegura ao cônjuge sobrevivente o direito de concorrência com os descendentes do autor da herança quando casados no regime da separação convencional de bens ou, se casados nos regimes da comunhão parcial ou participação final nos aquestos, o falecido possuísse bens particulares, hipóteses em que a concorrência se restringe a tais bens, devendo os bens comuns (meação) ser partilhados exclusivamente entre os descendentes". A alternativa C está incorreta, eis que, como dito, Clara é apenas meeira do apartamento. A alternativa D está incorreta, dado que Clara não é meeira no sítio, apenas herdeira, em concorrência com Joaquim. *Alternativa B.*

90. (XXIV Exame) Lúcia, sem ascendentes e sem descendentes, faleceu solteira e não deixou testamento. O pai de Lúcia tinha dois irmãos, que tiveram, cada qual, dois filhos, sendo, portanto, primos dela. Quando do falecimento de Lúcia, seus tios já haviam morrido. Ela deixou ainda um sobrinho, filho de seu único irmão, que também falecera antes dela. Sobre a sucessão de Lúcia, de acordo com os fatos narrados, assinale a afirmativa correta.

(A) O sobrinho concorre com o tio na sucessão de Lúcia, partilhando-se por cabeça.
(B) O sobrinho representará seu pai, pré-morto, na sucessão de Lúcia.
(C) O filho do tio pré-morto será chamado à sucessão por direito de representação.
(D) O sobrinho é o único herdeiro chamado à sucessão e herda por direito próprio.

RESPOSTA A alternativa A está incorreta, pois é contrária à literalidade do art. 1.843 do CC: "Na falta de irmãos, herdarão os filhos destes e, não os havendo, os tios". A alternativa B está incorreta, já que o direito de representação alcança somente a linha reta descendente. A alternativa C está incorreta, igualmente, pelas mesmas razões explicadas anteriormente. A alternativa D está correta, como dito, já que o art. 1.843 estabelece a preferência dos sobrinhos sobre os tios. *Alternativa D.*

Direito Constitucional

Karina Jaques

Advogada, bacharel em Direito pela Universidade Federal do Pará (UFPA), especialista em Direito do Estado, com formação em Docência do Ensino Superior. Iniciou sua carreira em 2000, atuando em vários cursos preparatórios para concursos públicos e instituições de ensino superior. Atualmente ministra Direito Constitucional nos melhores cursos preparatórios para concursos do Brasil, tanto em aulas presenciais quanto *online*, além de fazer parte do corpo docente da Universidade Cândido Mendes. É autora da Editora Saraiva e colaboradora de diversos periódicos e colunas especializadas na área, como *Folha Dirigida, JC Concursos, Gazeta do Espírito Santo, O Globo, O Dia*, Revista *Exame, Jornal de Brasília*, G1, Questões de Concursos. Em 2012, apresentou o Programa "Saber Direito", exibido pela TV Justiça (Supremo Tribunal Federal), no qual abordou o tema "Direitos Fundamentais da Pessoa com Deficiência".

Sumário

APRESENTAÇÃO

Antes de iniciar a apresentação da disciplina Direito Constitucional, quero registrar minha imensa satisfação em poder lhe acompanhar nesta jornada. Já estamos na 8ª edição do Completaço 1ª Fase e a cada nova jornada é como se eu também estivesse me preparando de novo para o Exame de Ordem. Vamos juntos vencer esta etapa, que a segunda fase nos espera! Estudar Direito Constitucional funciona muito mais como uma revisão dos pontos principais do que efetivamente uma introdução à disciplina. Afinal, o Direito Constitucional e você já foram apresentados antes e já andaram uns semestres juntos por aí, passando noites em claro talvez.

Não sei como foi o relacionamento de vocês, se apaixonante ou se conturbado, mas sei que a história de vocês já não é de hoje, e com certeza manterão essa amizade por muitos anos profissionais.

Selecionamos todos os assuntos cobrados nos últimos Exames de Ordem, aplicados pela banca, desenvolvendo melhor aqueles que apresentaram maior frequência nas provas e resumindo aqueles de menor incidência, para otimizar seu tempo de estudo. Nesta obra, evitamos ao máximo a transcrição de artigos, mas destacamos a importância da leitura da Constituição Federal de 1988, das leis relacionadas e da jurisprudência pertinente, e, por fim, apresentamos comentários de todas as questões de Direito Constitucional, desde o XXI até o XXXIII Exame de Ordem, retirando as versões mais antigas do Exame.

Tudo isso para que você **Passe na OAB**!

1. PRINCÍPIOS FUNDAMENTAIS

A CRFB/88 apresenta uma diversidade de princípios constitucionais pulverizados em seus artigos, contudo existe um título – o Título I – que reúne os seus Princípios Fundamentais. Nele temos organizados os fundamentos, os objetivos e os princípios internacionais da República Federativa do Brasil, além das características do Estado Brasileiro.

Inaugurando os artigos da CRFB/88, o *caput* do art. 1º determina que a República Federativa do Brasil é formada pela união indissolúvel dos Estados, Municípios e Distrito Federal e constitui-se em Estado Democrático de Direito. A forma federativa de Estado é a forma expressamente adotada pela nossa Constituição, sendo considerada inclusive cláusula pétrea, conforme o art. 60, § 4º, I.

Vários dispositivos constitucionais reforçam a forma federativa de Estado, como a existência e a composição do Senado Federal, a organização político-administrativa brasileira e distribuição de competências entre os entes federativos.

A união indissolúvel que a CRFB/88 prescreve está relacionada com o princípio da indissolubilidade da Federação, ou seja, nenhum estado-membro ou município ou até mesmo o Distrito Federal pode se separar da República Federativa do Brasil e não pode haver uma emenda constitucional que pretenda modificar este dispositivo, sendo cláusula pétrea expressa (art. 60, § 4º, I). Entretanto, os estados-membros e os municípios podem subdividir-se, desmembrarem-se ou fundirem-se, desde que preencham os requisitos constitucionais (art. 18, §§ 3º e 4º).

O *caput* também se refere ao Estado Democrático de Direito. Quando deparamos com esta expressão, devemos decompor em duas: **Estado de Direito** e **Estado Democrático**. O conceito de Estado de Direito está atrelado ao liberalismo, ideário da Constituição Liberal que nos movimentos constitucionais da primeira geração dos direitos fundamentais buscava limitar o poder do Estado Absolutista que seria superado.

O Estado de Direito (ou Estado Liberal de Direito) possui três características básicas: submissão ao império da lei, separação dos poderes do Estado e declaração e garantia dos direitos fundamentais. Os governantes no Estado de Direito, devem sujeitar-se à lei, ao devido processo legal, aos princípios gerais do Direito e devem respeito aos direitos e garantias fundamentais dos indivíduos.

Por Estado Democrático nos referimos ao modelo democrático adotado no Brasil, tendo a própria Constituição Federal como seu maior símbolo. A palavra democracia tem origem no grego *demokratia*, que é composta por *demos* (que significa "povo") e *kratos* (que significa "poder"). Democracia é o regime político em que a soberania é **exercida pelo povo**. **O povo é detentor do poder**, podendo ou não confiar parte desse poder ao Estado para que possa organizar a sociedade.

No Brasil vigora a **democracia semidireta ou participativa**, na qual é reconhecida a titularidade do poder ao povo, condicionado o seu exercício aos seus representantes (sistema representativo). A participação popular direta só existe se prevista no texto constitucional. É o que afirma o parágrafo único do art. 1º da CRFB/88.

Também conseguimos identificar com facilidade no Título I da CRFB/88 a forma de governo adotada no Estado brasileiro. A República é a nossa Forma de Governo, instituída em 15 de novembro de 1889, mantida pelas constituições posteriores, inclusive a atual, e confirmada através de plebiscito. Apesar de a forma republicana não ser considerada cláusula pétrea, foi definida como princípio constitucional sensível (art. 34, VII, *a* da CRFB/88).

Outro aspecto relevante verificado é quanto ao Sistema de Governo, ou seja, o modo como se relacionam os poderes, especialmente o Legislativo e o Executivo. O Sistema de Governo Brasileiro é o presidencialismo, entretanto não adquiriu a característica de imutabilidade. Em 1993, por plebiscito, o Brasil decidiu mantê-lo como sistema de governo vigente. O art. 2º da CRFB/88 faz uma referência expressa aos Poderes da União que são independes e harmônicos.

Os incisos do art. 1º da CRFB/88 apresentam os fundamentos da República Federativa do Brasil, vejamos: a soberania, como fundamento, representa o poder político supremo e independente, dando a República Federativa do Brasil a liberdade política e jurídica para relacionar-se em "pé de igualdade" com qualquer Estado estrangeiro ou organismo internacional; a cidadania é "o *status* do nacional", que concede poderes políticos (voto, plebiscito, iniciativa popular, ação popular) para que o nacional possa participar efetivamente da decisões da República Federativa do Brasil; a dignidade da pessoa humana, terceiro fundamento apresentado, resume em uma só expressão todas as garantias e direitos fundamentais dos indivíduos, e, inclusive é princípio fundamental muito adotado nas decisões do STF; os valores sociais do trabalho e da livre-iniciativa representam a relação do trabalho como subsistência do homem, que deve ser compatível com crescimento econômico, político e social do país, não havendo divórcio entre os dois fundamentos; enquanto o fundamento do pluralismo político simboliza a ampla e livre participação do povo nos destinos políticos do Estado, garantindo a multiplicidade de ideias e convicções políticas.

O art. 2º cita a manutenção dos três poderes: "**São Poderes da União, independentes e harmônicos entre si, o Legislativo, o Executivo e o Judiciário**". A existência de uma nítida separação entre os três poderes do Estado constitui cláusula pétrea (art. 60, § 4º, III). Entretanto além de definir a separação dos três poderes, este artigo apresenta uma das características do Sistema de Governo Presidencialista (harmonia e independência entre os poderes) e consente a existência de funções típicas e atípicas para cada um deles, juntamente com um sistema de garantias e imunidades aos membros de Poder. O modelo de independência e harmonia entre os Poderes é adotado também no âmbito de estados-membros, municípios e Distrito Federal.

Os **objetivos fundamentais** da República Federativa do Brasil são apresentados no art. 3º, vejamos: construir uma sociedade livre, justa e solidária: apesar da adoção do modo de produção capitalista cabe ao Estado trabalhar para concretizar um ambiente social mais justo, mais livre e mais solidário envolvendo todos os entes federativos e a sociedade; garantir o desenvolvimento nacional, que significa não somente o desenvolvimento econômico, mas também o desenvolvimento social, com distribuição de renda, geração de emprego, acesso à educação, cultura, saúde, saneamento e todos os aspectos que garantem o pleno desenvolvimento de toda a população; erradicar a pobreza e a marginalização e reduzir as desigualdades sociais e regionais, porque não há sociedade justa, livre e solidária e muito menos desenvolvimento nacional onde há pobreza, miséria, marginalização e extrema desigualdade social, todos os elementos que ainda estão presentes na realidade brasileira, e que se potencializaram com a crise sanitária, econômica e social provocada pela pandemia do COVID-19; promover o bem de todos, sem preconceitos de origem, raça, sexo, cor, idade e quaisquer outras formas de discriminação – neste dispositivo a Constituição preferiu apresentar um rol exemplificativo, demonstrando que "quaisquer outras formas de discriminação", mesmo as não citadas expressamente em seu texto, devem ser reprimidas, afinal, um Estado que se declara "Democrático" tem o dever de promover a igualdade e o bem de todos e não pode tolerar qualquer discriminação, preconceito ou racismo.

No âmbito das relações internacionais da República Federativa do Brasil, são destacados os seguintes princípios: independência nacional, autodeterminação dos povos, não intervenção, igualdade entre os Estados, pois se o Estado brasileiro defende a sua soberania deve coerentemente defender a independência e autonomia dos demais Estados soberanos e de seus povos.

Contudo, apesar de defender a soberania e a independência dos Estados soberanos, o Brasil reconhece a importância da cooperação entre os povos para o progresso da humanidade, nas mais diversas áreas: científica, econômica, política, energética, humanitária, ecológica. Por isso, está presente nos mais diversos grupos de países para discussões e acordos internacionais que atendam às necessidades múltiplas das nações. Corroborando este comportamento, o parágrafo único do art. 4º da CRFB/88 prescreve que "A República Federativa do Brasil buscará a integração econômica, política, social e cultural dos povos da América Latina, visando à formação de uma comunidade latino-americana de nações".

Outros princípios internacionais destacados pela Constituição Federal são a prevalência dos direitos humanos, a defesa da paz; a solução pacífica dos conflitos, o repúdio ao terrorismo e ao racismo, afinal, a República Federativa do Brasil é uma democracia defensora dos Direitos Humanos no âmbito interno e no âmbito internacional, buscando sempre uma boa relação diplomática entre as nações soberanas e defendendo os direitos da pessoa humana.

Finalizando o elenco dos princípios internacionais temos a concessão de asilo político. Asilo político, de modo simplificado, é a proteção de estrangeiro por parte de um Estado, que não é o seu, em virtude de perseguição política por ele sofrida e praticada por seu país de origem ou outro país. O estrangeiro que cometer atos de natureza política, que não constituam crime para o Direito Penal brasileiro, poderá solicitar asilo político, desde que tenha ingressado no território do Estado brasileiro. No Direito Internacional Público estudam-se com mais detalhes o asilo político e o asilo diplomático – sugerimos o estudo, caso haja interesse no tema.

A concessão de asilo político a estrangeiro é ato de soberania estatal, de competência do presidente da República, e uma vez concedido, o Ministério da Justiça lavrará o termo, no qual serão fixados os prazos de permanência do asilado no Brasil, assim como as condições e deveres a ele impostos. Conceder asilo político não é obrigatório para o Estado. As contingências da política internacional ou interna determinam, em cada caso, as decisões do presidente da República.

2. DIREITOS E GARANTIAS FUNDAMENTAIS

A CRFB/88 dedica o seu Título II aos **Direitos e Garantias Fundamentais** e o organiza em cinco capítulos: Dos Direitos e Deveres Individuais e Coletivos; Dos Direitos Sociais; Da Nacionalidade; Dos Direitos Políticos; e Dos Partidos Políticos.

Observa-se que, dentro da sistemática adotada pela Constituição brasileira, o termo **"direitos fundamentais"** é gênero, abrangendo as **seguintes espécies: direitos individuais, coletivos, difusos, sociais, nacionais e políticos.** As Constituições escritas estão vinculadas às declarações de direitos fundamentais. A própria Declaração dos Direitos do Homem e do Cidadão, proclamada após a Revolução Francesa, em 1789, estabelecia que o Estado que não possuísse separação de poderes e um enunciado de direitos individuais não teria uma verdadeira Constituição.

A Constituição da República Federativa do Brasil de 1988 merece alguns destaques: a) foi a primeira a fixar os direitos fundamentais antes da organização do próprio Estado, realçando a importância deles na nova ordem democrática estabelecida no País após longos anos de autoritarismo; b) tutelou novas formas de interesses, os denominados coletivos e difusos; c) estabeleceu deveres ao lado de direitos individuais e coletivos; d) assegurou as garantias fundamentais; e) declarou expressamente que o rol de direitos e garantias fundamentais não se restringe ao art. 5º, ou ao Título II da CRFB/88, mas está pulverizado em todo o texto constitucional e além dele, conforme prescreve o próprio art. 5º, § 2º, da Constituição Federal.

Os direitos fundamentais são aqueles considerados indispensáveis à pessoa humana, necessários para assegurar a todos uma existência digna, livre e igualitária e previstos na lei maior do Estado – a Constituição. Não basta ao Estado reconhecê-los formalmente; deve buscar concretizá-los, incorporá-los no dia a dia dos cidadãos e de seus agentes.

Os direitos fundamentais apresentam em geral as seguintes características:

a) Historicidade: Os direitos fundamentais são produtos da evolução histórica, surgem das contradições existentes no seio de determinada sociedade.

b) Inalienabilidade: Esses direitos, em regra, são intransferíveis e inegociáveis.

c) Imprescritibilidade: Em regra, não deixam de ser exigíveis em razão da falta de uso.

d) Irrenunciabilidade: Nenhum ser humano pode abrir mão de possuir direitos fundamentais. O indivíduo pode deixar de usufruir de seus direitos, mas não pode renunciar à possibilidade de exercê-los.

e) Limitabilidade: Os direitos fundamentais não são absolutos. Podem ser limitados, sempre que houver uma hipótese de colisão de direitos fundamentais, aplicando-se o princípio da harmonização dos direitos fundamentais.

A doutrina atual aponta a existência de cinco gerações (ou dimensões) de direitos fundamentais. Utiliza-se o termo "gerações" porque, em momentos históricos distintos, novos direitos fundamentais surgiram, sem que os anteriores deixassem de existir. A doutrina moderna prefere utilizar o termo "dimensões".

Interessa ao indivíduo e à sociedade a proteção de todos os interesses considerados indispensáveis à pessoa humana. As cinco gerações (ou dimensões) de direitos fundamentais são as seguintes:

a) Primeira Geração (Dimensão): Reconhecimento das liberdades individuais que correspondem às liberdades públicas e políticas, direitos de resistência perante o Estado, que chegaram ao seu ápice no século XVIII no contexto do Estado Liberal que declara os **direitos do homem como indivíduo.**

b) Segunda Geração (Dimensão): Reconhecimento dos direitos sociais, econômicos e culturais, surgidos nos séculos XIX e XX, no contexto da Revolução Industrial europeia e dos movimentos sociais reivindicatórios que surgiram na época. Resultado da necessidade do Estado Social reconhecer os **direitos do homem como grupo social.**

c) Terceira Geração (Dimensão): São os direitos de fraternidade resultantes da sociedade de massa, ocorrida no século XX e início do século XXI. O desenvolvimento tecnológico e científico e o crescimento vertiginoso da população desencadearam a necessidade de proteção de direitos ligados ao Meio Ambiente e ao Consumidor. O Estado passou a reconhecer os direitos do homem não mais apenas como indivíduo ou grupo social e sim **direitos do homem como gênero humano.**

d) Quarta Geração (Dimensão): Surgimento de direitos ligados a Engenharia Genética (manipulação de material genético, transgênicos, mudança de sexo) e a Globalização Política e Jurídica (reconhecimento de direitos fundamentais no âmbito internacional). Acrescenta-se o direito à informação, que na realidade do século XXI ganha novas e eficazes ferramentas de disseminação em escala mundial.

e) Quinta Geração (Dimensão): Surgimento do direito à Paz como uma dimensão autônoma. A paz já havia sido reconhecida como direito antes, mas agora é reconhecida como o supremo direito da humanidade.

Já há na doutrina discussões incipientes sobre a existência de uma sexta e uma sétima gerações de direitos fundamentais, o que confirma a natureza de historicidade destes direitos. A sociedade é dinâmica e emergência de novos direitos fundamentais ou a releitura de conhecidos direitos fundamentais são uma constante no Direito Constitucional. Como exemplos, podemos citar a discussão que ainda persiste sobre o direito ao esquecimento e as novas formas de acesso à informação, a inteligência artificial frente ao direito de intimidade, privacidade e a liberdade de escolha, a influência das *big techs* (Facebook, Google) no comportamento e direitos das pessoas, as consequências jurídicas da crise sanitária da pandemia do COVID-19 que afetaram e afetam os direitos fundamentais. Temas que, se consolidados e aprofundados, poderão constar em novas gerações dos direitos fundamentais e ser objeto de estudo em nossas edições futuras.

Muitas expressões são utilizadas frequentemente como sinônimas de direitos fundamentais, mas possuem conteúdo próprio ou refletem diversas concepções jurídicas. Como aponta Canotilho, os termos direitos fundamentais e direitos do homem distinguem-se quanto à origem e ao significado.

Direitos do homem seriam os inerentes à própria condição humana, válidos para todos os povos, em todos os tempos. **A Constituição não criaria esses direitos, apenas os reconheceria, preexistentes à própria organização do Estado.** Esse conceito reflete uma concepção jusnaturalista do direito. A expressão "direitos humanos" é a utilizada com igual significado em tratados internacionais.

Direitos fundamentais são os considerados indispensáveis à pessoa humana, **reconhecidos e garantidos por uma determinada ordem jurídica.** De acordo com a sistemática adotada pela Constituição brasileira de 1988, a expressão "direitos fundamentais" é gênero de diversas modalidades de direitos: os denominados individuais, coletivos, difusos, sociais, nacionais e políticos. A expressão "direitos do cidadão", consagrada na Declaração dos Direitos do Homem e do Cidadão, promulgada após a Revolução Francesa de 1789, reflete a dicotomia estabelecida entre os direitos que pertencem ao homem enquanto ser humano e os que pertencem a ele enquanto participante de certa sociedade – o cidadão.

Direitos naturais seriam os inerentes à condição humana e civil, os pertencentes ao ser humano enquanto participante de uma determinada sociedade.

Direitos políticos são os exercidos pelos que possuem a denominada cidadania ativa, ou seja, pelos que podem participar da formação da vontade política do Estado, exercendo os direitos de votar e ser votado.

No ordenamento jurídico pode ser feita uma distinção entre **normas declaratórias,** que estabelecem **direitos** e **normas assecuratórias, as garantias,** que instrumentalizam o exercício desses direitos.

2.1 Direitos e Deveres Individuais e Coletivos

A Constituição de 1988 foi a primeira a estabelecer direitos não só de indivíduos, mas também de grupos sociais, os denominados direitos coletivos. As pessoas passaram a ser coletivamente consideradas. Por outro lado, pela primeira vez, junto com direitos foram estabelecidos expressamente deveres fundamentais. Tanto os agentes públicos como os indivíduos têm obrigações específicas, inclusive a de respeitar os direitos das demais pessoas que vivem na sociedade.

Os **direitos individuais** são considerados **explícitos** quando expressamente previstos no Texto Constitucional, por exemplo, todos os assegurados no art. 5º e seus incisos. Há também direitos individuais explícitos em outros dispositivos constitucionais, como, por exemplo, os contidos nos princípios tributários da legalidade e da anterioridade (art. 150).

A CRFB/88 admite a existência também de **direitos individuais implícitos,** cujo reconhecimento decorre de interpretação do Texto Constitucional. Essa abrangência evidencia-se pela leitura do **art. 5º, § 2º,** que reconhece a existência de outros direitos individuais **"decorrentes do regime e dos princípios por ela adotados, ou dos tratados internacionais em que a República Federativa do Brasil seja parte". Podemos afirmar que o rol dos direitos e garantias fundamentais previsto na CRFB/88 é exemplificativo.**

São assim considerados os expressamente previstos no *caput* do art. 5º da CRFB/88, o direito à vida, liberdade, igualdade, segurança e propriedade. Há quem sustente que todos os demais direitos individuais são decorrências desses direitos individuais básicos.

Os direitos individuais, conforme dispõe o art. 5º, § 1º, da Constituição Federal, possuem **aplicabilidade imediata,** o que significa dizer que não dependem da edição de norma regulamentadora para que possam ser exercidos. Somente quando a CRFB/88 expressamente exigir uma regulamentação e o direito individual não puder ser efetivado sem a existência de uma legislação infraconstitucional, é que a norma pode ser interpretada como não autoexecutável, sendo sanável através do mandado de injunção.

2.1.1 Destinatários do art. 5º

A leitura superficial do art. 5º, *caput*, da CRFB/88 evidencia que os destinatários dos direitos individuais e coletivos, inicialmente, são os **brasileiros e estrangeiros residentes no País.** Entretanto, apesar de não estarem expressas no texto do *caput*, as **Pessoas Jurídicas estão inseridas no corpo do referido artigo,** sendo também destinatárias do art. 5º.

Ao serem tutelados os direitos das pessoas jurídicas, de forma mediata são protegidos os das pessoas físicas, sócios, associados ou beneficiários dessas empresas. Desprotegendo-se a pessoa jurídica, de forma indireta estar-se-iam expondo os direitos das pessoas físicas. Além disso, uma pessoa jurídica, por exemplo, pode, perfeitamente, ajuizar um mandado de segurança e até mesmo um *habeas corpus*. Observa-se, ainda, que alguns dos direitos previstos nesse dispositivo somente podem ser exercidos por pessoas jurídicas, como o mandado de segurança coletivo (CRFB/88, art. 5º, LXX).

Outro destaque é quanto ao tratamento dado ao estrangeiro. Pelo próprio princípio da igualdade previsto no dispositivo constitucional, os estrangeiros residentes no País têm assegurados os demais direitos previstos na CRFB/88, desde que compatíveis com a situação de estrangeiro. Dessa forma é assegurado aos estrangeiros o respeito aos direitos sociais previstos nos arts. 6º e 7º da Constituição, como salário mínimo, repouso semanal, férias e aposentadoria, caso ele esteja na condição de trabalhador. Entretanto, não é assegurado, por exemplo, o direito de voto, de ocupar cargos privativos de brasileiros. Por fim, deve-se alertar que a Constituição só pode garantir direitos fundamentais aos estrangeiros e também aos brasileiros e às pessoas jurídicas submetidos à soberania do Estado brasileiro. Dessa forma, por exemplo, um estrangeiro, mesmo que de passagem ou clandestino no País, teria direitos individuais e coletivos, como a impetração de um mandado de segurança ou de um *habeas corpus*. Há precedente do Supremo Tribunal Federal nesse sentido.

2.1.2 Direito à vida

O direito à vida é o principal direito individual, o bem jurídico de maior relevância tutelado pela ordem constitucional, **pois o exercício dos demais direitos depende de sua existência**. Seria absolutamente inútil tutelar a liberdade, a igualdade e o patrimônio de uma pessoa sem que fosse assegurada a sua vida. O direito à vida consiste simplesmente no direito à existência do ser humano. Como ensina José Afonso da Silva, o direito à vida deve ser compreendido de forma extremamente abrangente, incluindo o direito de nascer, de permanecer vivo, de defender a própria vida, enfim, de não ter o processo vital interrompido senão pela morte espontânea e inevitável. Inseridos na noção de direito à vida estariam o direito a saúde física e mental, saneamento básico, moradia, educação e cultura, enfim, uma vida com dignidade. Destacamos que a importância do direito à vida não significa condição de direito absoluto.

A Constituição tutela o direito à vida sem estabelecer o momento inicial e final da proteção jurídica. Esses termos, por opção do poder constituinte originário, devem ser fixados pela legislação infraconstitucional, obedecidos os preceitos da Constituição.

O conceito de vida é uma questão filosófica de alta indagação, envolvendo aspectos morais, religiosos, éticos. Há muita discussão acerca do momento inicial da vida, interferindo nesta definição o conhecimento médico, o entendimento jurídico, os dogmas religiosos e o senso comum, o que produz grande repercussão nos julgados que envolvem a matéria.

Como exemplo, podemos citar a ADPF 54, na qual o STF julgou procedente o pedido para permitir a interrupção da gravidez nos casos de fetos anencéfalos. Já a ADPF 442 que pleiteou a não recepção parcial dos arts. 124 e 126 do Código Penal, com o objetivo de descriminalizar a interrupção da gestação induzida e voluntária realizada nas primeiras 12 semanas, ainda não foi julgada definitivamente pelo STF. Portanto, até o fechamento desta edição, a ADPF 422 permanece com o julgamento pendente.

Seguindo a mesma linha de raciocínio do que pleiteia a ADPF 442, citamos o HC 124.306. Nele a 1ª Turma do STF julgou os arts. 124 a 126 do Código Penal à luz da interpretação constitucional, excluindo dos seus âmbitos de incidência a interrupção voluntária da gestação quando efetivada no primeiro trimestre, pois criminalizar esta hipótese, segundo os ministros, violaria direitos fundamentais da mulher.

"A criminalização é incompatível com os seguintes direitos fundamentais: os direitos sexuais e reprodutivos da mulher, que não pode ser obrigada pelo Estado a manter uma gestação indesejada; a autonomia da mulher, que deve conservar o direito de fazer suas escolhas existenciais; a integridade física e psíquica da gestante, que é quem sofre, no seu corpo e no seu psiquismo, os efeitos da gravidez; e a igualdade da mulher, já que homens não engravidam e, portanto, a equiparação plena de gênero depende de se respeitar a vontade da mulher nessa matéria... A tudo isto se acrescenta o impacto da criminalização sobre as mulheres pobres." (STF, 1ªT, HC 124.306).

A morte, ao contrário, é a cessação da vida, sendo diagnosticada pelo fim das funções vitais do organismo: respiração, circulação e atividade cerebral. O diagnóstico da morte deve ser feito de acordo com os conhecimentos médicos existentes. Em regra, constata-se de forma clínica pela paralisação da respiração e da circulação, bem como por outros sinais evidenciadores do término das funções vitais do organismo humano. O momento da morte também foi objeto de discussão jurisprudencial, contudo nosso legislador ordinário cumpriu o seu papel e teceu algumas definições. Para efeitos de transplantes, por exemplo, em razão da possibilidade da manutenção artificial das funções respiratórias e de circulação, a legislação exige a verificação de morte encefálica (Lei n. 9.434/97).

Para efeitos de manipulação de material genético humano, a Lei n. 11.105/2005 (Lei de Biossegurança) permite a manipulação e pesquisa de células-tronco embrionárias. A referida lei foi impugnada pela ADI 3.510 sob o questionamento de que a Lei de Biossegurança violaria o direito à vida e a dignidade da pessoa humana, já que a vida humana começaria com a fecundação.

Neste ponto, lembremos que o legislador ordinário, ao tratar dos direitos de personalidade, refere-se ao momento da concepção, vejamos: "a personalidade civil do homem começa do nascimento com vida; mas a lei põe a salvo desde a concepção os direitos do nascituro" (Lei n. 10.406/2002, art. 2º), contudo este dispositivo legal limita-se ao âmbito civil: direitos de personalidade, direitos das obrigações, direitos sucessórios.

O STF, julgando o mérito da ADI 3.510 (Lei de Biossegurança), considerou o início da vida humana a partir da existência do cérebro, e reconheceu que a célula embrionária em estágio inicial é destituída deste órgão. Esse entendimento coincide com a definição estabelecida pela Lei dos Transplantes, na qual a morte encefálica é o termo final da vida, a partir do qual poderão ocorrer as doações *post mortem* dos órgãos da pessoa. Em resumo, na ausência de uma definição constitucional, a existência de cérebro e da atividade cerebral são os elementos considerados pela jurisprudência do STF para definir a existência de vida.

Outros temas expressos no art. 5º da CRFB/88 estão estritamente relacionados com o direito à vida, vejamos:

A) Pena de Morte: A pena de morte é expressamente vedada pela CRFB/88, salvo em caso de guerra declarada (art. 5º, XLVII). Diversas razões justificam a não adoção da pena capital, além do risco da aplicação indiscriminada para qualquer tipo de crime, conforme as circunstâncias políticas de cada momento. As hipóteses de aplicação da pena de morte em crimes cometidos em tempo de guerra estão previstas no Código Penal Militar (arts. 55, *a*, 56 e 57 do Decreto-lei n. 1.001/69). Os princípios constitucionais da legalidade e da anterioridade da lei penal continuam indispensáveis em tempo de guerra.

B) Integridade Física: A pessoa humana deve ser protegida em seus múltiplos aspectos: vida, integridade física, honra e liberdade individual. Não basta garantir o direito à vida, mas assegurá-lo com o máximo de dignidade na existência do ser humano. A integridade física deve ser entendida como o absoluto respeito à integridade corporal e psíquica de todo e qualquer ser humano. Em diversos dispositivos do art. 5º a CRFB/88 reflete essa preocupação. Estabelece, por exemplo, que "ninguém será submetido à tortura nem ao tratamento desumano ou degradante" e "é assegurado aos presos o respeito à integridade física e moral". Não é demais ressaltar que todos os seres humanos merecem ser tratados com dignidade e respeito, inclusive os que atentaram contra as próprias leis.

O preso só deve cumprir as penas que lhe foram impostas na sentença, não admitindo a Constituição Federal a imposição de penas cruéis (art. 5º, XLVII, *e*). Para assegurar o respeito à integridade do preso e à legalidade da prisão, o texto constitucional estabelece uma série de outros direitos: comunicação imediata de qualquer prisão ao juiz competente, à família do preso ou à pessoa por ele indicada; dever de informar o preso de seus direitos, inclusive o de permanecer calado, assegurando-lhe assistência da família e de advogado; direito do preso à identificação dos responsáveis pela sua prisão, ou pelo interrogatório policial; relaxamento imediato pelo juiz da prisão feita de forma ilegal.

Sobre o tema, em 2015, o STF, em julgamento da ADPF 347, considerou pela primeira vez na história do Judiciário brasileiro o "Estado de Coisas Inconstitucionais", considerando a situação prisional do país como "violação massiva dos direitos fundamentais" sobre a população carcerária brasileira por omissão do poder público.

C) Integridade Moral: A vida não deve ser protegida somente em seus aspectos materiais. Existem atributos morais a serem preservados e respeitados por todos. A Constituição assegura expressamente "a indenização por dano material, moral ou à imagem" (art. 5º, V). A honra é um bem jurídico que encontra sua tutela no próprio texto constitucional. Deve ser entendida como o atributo moral do ser humano, abrangendo a autoestima e a reputação de uma pessoa, ou seja, a consideração que tem de si mesma, assim como aquela de que goza no meio social (CRFB, art. 5º, V e X).

D) Doação de Órgãos: Considerando o princípio do absoluto respeito à integridade física, bem jurídico considerado indisponível, a Constituição veda qualquer tipo de comercialização de órgãos, tecidos e substâncias humanas para fins de transplante, pesquisa e tratamento (art. 199, § 4º). O absoluto respeito ao corpo humano, além de bem jurídico tutelado de forma individual, é um imperativo de ordem estatal. Trata-se de bem fora de comércio por expressa previsão constitucional. Contudo, a doação de sangue ou de órgãos em vida ou *post mortem*, para fins de transplante ou tratamentos, é válida. A Lei n. 9.434/97 (com as alterações introduzidas pelas Leis n. 10.211/2001, 11.521/2007 e 11.633/2007) regulamenta a remoção de órgãos, tecidos e partes do corpo humano com essas finalidades terapêuticas.

E) Tortura: A preocupação com a integridade física transcende em diversos dispositivos constitucionais.

Considerando a prática corriqueira da tortura em presos comuns e políticos durante os anos do regime militar, a CRFB/88, em diversos incisos do art. 5º, deixou patente seu repúdio a essa forma de investigação. Dispôs o texto constitucional: "ninguém será submetido a tortura"; "aos presos o respeito à integridade física e moral"; "inafiançável e insuscetível de graça ou anistia a prática da tortura".

A criminalização da tortura foi regulamentada pela Lei n. 9.455/97 (atualizada pela Lei n. 10.741/2003). A tortura, nos termos de nossa legislação penal, deve ser entendida como a imposição de qualquer sofrimento físico ou mental, mediante violência ou grave ameaça, com a finalidade de obter informações ou confissão, para provocar qualquer ação ou omissão de natureza criminosa, em razão de discriminação racial ou religiosa, bem como forma de aplicação de castigo pessoal ou medida de caráter preventivo a indivíduos submetidos à guarda do Estado ou de outra pessoa.

2.1.3 Direito à liberdade

Liberdade é a faculdade que uma pessoa possui de fazer ou não fazer alguma coisa. Envolve sempre um direito de escolher entre duas ou mais alternativas, de acordo com sua própria vontade. O direito de liberdade não é absoluto, pois a ninguém é dada a faculdade de fazer tudo o que bem entender. Essa concepção de liberdade levaria à sujeição dos mais fracos pelos mais fortes. Para que uma pessoa seja livre é indispensável que os demais respeitem a sua liberdade. Em termos jurídicos, é o direito de fazer ou não fazer alguma coisa, de forma livre, só havendo obrigatoriedade em virtude da lei. Um indivíduo é livre para fazer tudo o que a lei não proíbe. Considerando o princípio da legalidade (art. 5º, II), apenas as leis podem limitar a liberdade individual. Tal liberdade apresenta desdobramentos em diversas áreas, vejamos:

A) Liberdade de Expressão de Pensamento: O pensamento, em si, é absolutamente livre, ninguém possui condições de controlá-lo, de conhecer o que, de certo ou errado, passa pela mente de um ser humano. Está absolutamente fora do poder social. O pensamento pertence ao próprio indivíduo, é uma questão de foro íntimo. A tutela constitucional surge no momento em que ele é exteriorizado. Se o pensamento, em si, é absolutamente livre, a sua manifestação já não pode ser feita de forma descontrolada, pois o abuso desse direito é passível de punição. Essa é a razão pela qual a Constituição estabelece que "é livre a manifestação do pensamento, vedado o anonimato". Se a Constituição assegura a liberdade de manifestação de pensamento, as pessoas são obrigadas a assumir a responsabilidade daquilo que exteriorizam. Ninguém pode fugir da responsabilidade do pensamento exteriorizado, escondendo-se sob a forma do anonimato. O direito de manifestação de pensamento deve ser exercido de maneira responsável. Não se tolera o exercício abusivo desse direito em detrimento da honra das demais pessoas. No caso da imprensa, responde pela informação abusiva do direito de manifestação de pensamento o autor da notícia. A CRFB/88 assegura "o direito de resposta, proporcional ao agravo, além da indenização por dano material, moral ou à imagem". Trata-se do exercício de um direito de defesa da pessoa que foi ofendida pela imprensa em razão da publicação de uma notícia inverídica ou errônea. A CRFB/88 inovou ao assegurar expressamente a indenização por danos morais. As indenizações por danos materiais e morais são acumuláveis, conforme entendimento já consagrado nas Súmulas 37 e 387, ambas do Superior Tribunal de Justiça.

Acerca dos temas "Liberdade de Expressão de Pensamento" e "Liberdade de Expressão Intelectual, Artística, Científica e de Comunicação", assegurados expressamente pelo art. 5º, IV e IX, da CRFB/88, é interessante apontar a decisão do STF na ADPF 548, que afirma da seguinte forma: "Afronta aos princípios da liberdade de manifestação de pensamento e da autonomia universitária. (...) Inconstitucionalidade de interpretação dos arts. 24 e 37 da Lei n. 9.504/1997 que conduza a atos judiciais ou administrativos que possibilitem, determinem ou promovam ingresso de agentes públicos em universidades públicas e privadas, recolhimento de documentos, interrupção de aulas, debates ou manifestações de docentes e discentes universitários, a atividade disciplinar docente e discente e coleta irregular de depoimentos pela prática de manifestação livre de ideias e divulgação de pensamento nos ambientes universitários ou equipamentos sob administração de universidades públicas e privadas e serventes a seus fins e desempenhos." (**ADPF 548**, rel. min. Cármen Lúcia, julgamento em 15-5-2020).

Ainda sobre o assunto, em maio de 2020, o STF decidiu Tema de Repercussão Geral com o seguinte verbete: "Ante conflito entre a liberdade de expressão de agente político, na defesa da coisa pública, e honra de terceiro, há de prevalecer o interesse coletivo, da sociedade, não cabendo potencializar o individual" (**RE 685.493**, Tema 562).

B) Liberdade de Expressão Artística: A Constituição assegura ampla liberdade na produção da arte, nas suas mais variadas formas: literatura, música, teatro, cinema, televisão, fotografia, artes plásticas. Determinadas expressões artísticas, como artes plásticas, literária e musical, gozam de ampla liberdade, não estando sujeitas a qualquer censura por parte do Estado. Contudo, quando as expressões artísticas são feitas pelos veículos de comunicação social (rádio e televisão) ou de forma pública (cinemas, teatros, casas de espetáculos), que atingem pessoas indeterminadas, a CRFB/88 admite certas formas de controle, nunca com o objetivo de censura moral, ideológica ou política, mas com o objetivo de resguardar a criança e o adolescente de conteúdos inadequados ao seu desenvolvimento cronológico e psicológico. Tratando-se de diversões e espetáculos públicos, o Poder Público poderá estabelecer faixas etárias recomendadas, locais e horários para a apresentação. Ao mesmo tempo, lei federal deverá estabelecer meios para que qualquer pessoa ou família possa defender-se de programações de rádio e televisão que atentem contra os valores éticos vigentes (CRFB/88, art. 220, § 3º, I e II).

C) Liberdade de Informação: O direito de informação inclui o direito de informar, e de ser informado. A Constituição Federal de 1988, em diversos incisos do art. 5º, tutela o direito de informação, estabelece que "é assegurado a todos o acesso à informação" e "todos têm direito a receber dos órgãos públicos informações de seu interesse particular". Em caso de violação desse direito, a CRFB/88 assegurou o *habeas data*, uma ação constitucional para proteger o direito de informação pessoal dos indivíduos em face de banco de dados públicos ou abertos ao público, com dupla finalidade: conhecimento do conteúdo das informações pessoais e concessão da possibilidade de retificação dessas informações pessoais (art. 5º, LXXII).

D) Liberdade de Informação Jornalística: A Constituição assegura a "plena liberdade de informação jornalística em qualquer veículo de comunicação social". Trata-se de um direito de conteúdo mais abrangente que o tradicional conceito de liberdade de imprensa, que assegura o direito de veiculação de impressos sem qualquer restrição por parte do Estado. A liberdade de informação jornalística compreende o direito de informar, bem como o do cidadão de ser devidamente informado. Qualquer legislação infraconstitucional que constitua entrave à atividade jornalística, por expressa disposição constitucional, deve ser declarada inconstitucional (art. 220, § 1º). A liberdade de informação jornalística deve ser exercida de forma compatível com a tutela constitucional da intimidade e da honra das pessoas, evitando situações de abuso ao direito de informação previsto na CRFB/88. Em caso de excesso, em notícias divulgadas pelos veículos de comunicação social, a jurisprudência tem considerado indenizáveis os danos materiais e morais decorrentes desse abuso. Como observa Vidal Serrano Nunes Jr., o direito à liberdade de informação possui dupla face: uma de defesa da imprensa contra o Estado e outra de defesa do cidadão contra os veículos de comunicação.

Sobre o tema Liberdade de Informação Jornalística, cabe destacar o emblemático RE 1.010.606, no qual o STF negou provimento em ação indenizatória que objetivava a compensação pecuniária e a reparação material em razão do uso não autorizado da imagem da falecida irmã dos autores, Aída Curi, no programa *Linha Direta: Justiça*, da TV Globo. O caso em questão discutia o chamado Direito ao Esquecimento na esfera cível e o STF entendeu pelo não amparo constitucional, no caso em questão.

É incompatível com a Constituição a ideia de um direito ao esquecimento, assim entendido como o poder de obstar, em razão da passagem do tempo, a divulgação de fatos ou dados verídicos e licitamente obtidos e publicados em meios de comunicação social analógicos ou digitais. Eventuais excessos ou abusos no exercício da liberdade de expressão e de informação devem ser analisados caso a caso, a partir dos parâmetros constitucionais – especialmente os relativos à proteção da honra, da imagem, da privacidade e da personalidade em geral – e das expressas e específicas previsões legais nos âmbitos penal e cível (RE 1.010.606, Tema 786).

E) Sigilo da Fonte: Além de assegurar o direito de informação, a CRFB/88 resguarda o sigilo da fonte quando necessário ao exercício profissional da atividade jornalística (art. 5º, XIV). O sigilo da fonte é indispensável para o êxito de certas investigações jornalísticas. A finalidade é permitir a ampla apuração de fatos comprometedores.

F) Liberdade de Crença: A liberdade de crença é de foro íntimo, em questões de ordem religiosa. É importante salientar que inclui o direito de professar ou não uma religião, de acreditar ou não na existência de um ou diversos deuses. O próprio ateísmo e o agnosticismo devem ser assegurados dentro da liberdade de crença. Se a CRFB/88 assegura ampla liberdade de crença, a de culto deve ser exteriorizada "na forma da lei", como estabelece o art. 5º, VI. A liberdade de culto inclui o direito de honrar as divindades preferidas, celebrar as cerimônias exigidas pelos rituais, construir templos e o direito de recolher contribuições dos fiéis. A Constituição de 1824 estabelecia a Católica Apostólica Romana como religião do Império, permitindo apenas o culto doméstico para as outras crenças. Essa discriminação foi abolida com a proclamação da República. Contudo, no Brasil existe um regime de absoluta distinção entre o Estado e todas as Igrejas, pois a CRFB/88, em seu art. 19, veda "à União, aos Estados, ao Distrito Federal e aos Municípios: I – estabelecer cultos religiosos ou igrejas, subvencioná-los, embaraçar-lhes o funcionamento ou manter com eles ou seus representantes relações de dependência ou aliança, ressalvada, na forma da lei, a colaboração de interesse público".

Existem diversas decorrências da ampla liberdade religiosa assegurada no Texto Constitucional: direito de assistência religiosa, objeção de consciência, ensino religioso facultativo nas escolas públicas de ensino fundamental (art. 210, § 1º) e reconhecimento da validade do casamento religioso para efeitos civis (art. 226, § 2º). O direito de assistência religiosa é assegurado, nos termos da lei, em entidades civis e militares de internação coletiva, como quartéis, internatos, estabelecimentos penais e manicômios (art. 5º, VII) e a objeção de consciência garante que ninguém será privado de direitos por motivos religiosos, filosóficos ou políticos, salvo se utilizá-los para se eximir de obrigação a todos imposta ou prestação alternativa (art. 5º, VIII).

G) Liberdade de Locomoção: A liberdade de locomoção consiste no direito de ir e vir. Obviamente o direito de permanecer no local em que se encontra está incluído no de ir e vir. A CRFB/88, no art. 5º, XV, estabelece que "é livre a locomoção no território nacional em tempo de paz, podendo qualquer pessoa, nos termos da lei, nele entrar, permanecer ou dele sair com seus bens". Apenas em tempo de guerra podem ser feitas restrições à liberdade de locomoção. Destaca-se que o direito de sair do país ou de circular dentro dele, com seus bens, não abrange a concessão de qualquer imunidade fiscal, ou seja, a liberdade de ir e vir não isenta o indivíduo do pagamento de pedágios e outros valores legalmente cabíveis. A Constituição prevê como garantia da liberdade de locomoção a ação de *habeas corpus* (art. 5º, LXVIII). Quanto à liberdade de locomoção, merece destaque a **Súmula Vinculante 25 do STF**, cujo texto prescreve que: "É ilícita a prisão civil de depositário infiel, qualquer que seja a modalidade do depósito", alterando sensivelmente o art. 5º, LXVII, da CRFB/88, em evidente mutação constitucional.

H) Uso de Algemas: Destaca-se também a Súmula Vinculante 11, que prescreve que "Só é lícito o uso de algemas em casos de resistência e de fundado receio de fuga ou de perigo à integridade física própria ou alheia, por parte do preso ou de terceiros, justificada a excepcionalidade por escrito, sob pena de responsabilidade disciplinar, civil e penal do agente ou da autoridade e de nulidade da prisão ou do ato processual a que se refere, sem prejuízo da responsabilidade civil do Estado". O STF estabelece que o uso de algemas deve ser medida excepcional buscando a segurança de todos, e apenas no caso de fundado receio de fuga ou perigo à integridade física ou até mesmo de resistência. Após a Súmula Vinculante 11, destacamos as seguintes normas que foram acrescentadas ao ordenamento jurídico relacionadas ao uso de algemas: o Decreto n. 8.858/2016, que regulamenta a Lei de Execuções Penais (Lei n. 7.210/84), e a Lei n. 13.434/2017, que acrescentou o parágrafo único ao art. 292 do CPP.

I) Liberdade de Reunião: A liberdade de reunião deve ser entendida como o agrupamento de pessoas, organizado, de caráter transitório, com uma determinada finalidade. Em locais abertos ao público, é assegurada expressamente no art. 5º, XVI, desde que observados determinados requisitos: a) reunião pacífica, sem armas; b) fins lícitos; c) aviso-prévio à autoridade competente; e d) realização em locais abertos ao público. A liberdade de reunião em locais fechados é garantida pela CRFB/88 de forma implícita, podendo ser exercida sem a exigência de prévio aviso à autoridade competente. O aviso-prévio não se confunde com a exigência de autorização do Poder Público. Sua finalidade é evitar a frustração de outra reunião previamente convocada para o mesmo local. Não é qualquer agrupamento de pessoas que se considera como reunião; é preciso que essas pessoas tenham se organizado para tal. O direito de passeata também é assegurado pela Constituição, pois esta nada mais é do que o exercício do direito de reunião em movimento, desde que previamente avisado, para que haja um planejamento e evite-se ao máximo o transtorno aos demais indivíduos que pretendem utilizar as vias públicas para atender as suas necessidades.

J) Liberdade de Associação: deve ser entendida como o agrupamento de pessoas, organizado e permanente, para fins lícitos. Distingue-se do direito de reunião por seu caráter de permanência. A liberdade de associação abrange o direito de associar-se a outras pessoas para a formação de uma entidade, o de aderir a uma associação já formada, o de desligar-se da associação, bem como o de dissolução das associações. A atual CRFB/88, no art. 5º, incisos XVII a XXI, assegura ampla liberdade de associação para fins lícitos. Associações podem ser criadas, independente de autorização, proibida qualquer interferência do Estado em seu funcionamento interno. Somente podem ser dissolvidas compulsoriamente por decisão judicial transitada em julgado. Foi conferida pela Constituição legitimidade para as associações na defesa judicial e extrajudicial de seus filiados. Elas atuam como substituto processual, postulando, em nome próprio, direitos de seus filiados. Para tanto, basta que as entidades estejam regularmente funcionando e possuam cláusula específica em seu estatuto. Observa-se que a Lei n. 1.134/50 conferiu legitimidade *ad causam* para determinadas associações de classe postularem em juízo direitos de seus filiados, independente de autorização em assembleia geral, bastando cláusula específica no respectivo estatuto. Essa lei foi recepcionada pela nova ordem constitucional.

A CRFB/88 veda expressamente associações de caráter paramilitar. Organizações paramilitares são entidades particulares que se estruturam de forma análoga às Forças Armadas. O uso do poder de coerção deve ser restrito ao Estado, não se facultando a organismos particulares a estruturação em forma bélica, em razão dos evidentes riscos à ordem social e democrática. A Constituição proíbe também a "utilização pelos partidos políticos de organização paramilitar" (art. 17, § 4º).

K) Liberdade Profissional: A liberdade de ação profissional consiste na faculdade de escolha de trabalho que se pretende exercer (CRFB/88, art. 5º, XIII). É o direito de cada indivíduo exercer qualquer atividade profissional, de acordo com as suas preferências e possibilidades. Para o exercício de determinados trabalhos, ofícios ou profissões, a Constituição estabelece que sejam feitas certas exigências pela legislação ordinária. Para o exercício da profissão de advogado, por exemplo, o indivíduo precisa ser formado em uma Faculdade de Direito e ter sido aprovado no Exame da Ordem dos Advogados do Brasil.

2.1.4 Direito à igualdade

O direito de igualdade, no art. 5º, *caput*, da CRFB/88, afirma que "todos são iguais perante a lei, sem distinção de qualquer natureza". Não se admite discriminação de qualquer natureza em relação aos seres humanos. Esse princípio vem repetido em diversos dispositivos constitucionais, realçando a preocupação do constituinte com a questão da busca da igualdade em nosso país. O preâmbulo da CRFB/88 já traz a igualdade como um dos valores supremos do Estado brasileiro. O art. 3º estabelece entre as metas do Brasil a erradicação da pobreza e da marginalização, a redução das desigualdades sociais e regionais e a promoção do "bem de todos, sem preconceitos de origem, raça, sexo, cor, idade e quaisquer outras formas de discriminação".

No capítulo dos direitos individuais, a igualdade é salientada, logo no *caput* do art. 5º, como um dos direitos individuais básicos, e vem reiterada, em seguida, no inciso I, com a consagração da igualdade entre homens e mulheres em direitos e obrigações. No capítulo dos direitos sociais, a Constituição veda a diferença de salários, de exercício de funções ou de critérios de admissão por motivos de sexo, idade, cor, estado civil ou deficiência física (art. 7º, XXX e XXXI).

O fundamento do direito de igualdade encontra-se no princípio de que todos devem ser tratados de forma igual perante a lei. Todos nascem e vivem com os mesmos direitos e obrigações perante o Estado. A igualdade foi um dos ideários da Revolução Francesa atingidos com a abolição dos antigos privilégios da nobreza e do clero. Todos passaram a ter o mesmo tratamento perante a lei.

Na verdade, igualdade consiste em tratar igualmente os iguais, com os mesmos direitos e obrigações, e desigualmente os desiguais. Tratar igualmente os desiguais seria aumentar a desigualdade existente. Nem todo tratamento desigual é inconstitucional, somente aquele tratamento desigual que aumenta a desigualdade naturalmente já existente. Não teria sentido conceder benefícios de forma igual para os que necessitam e para os que não necessitam da assistência do Poder Público.

Há duas hipóteses em que o tratamento diferenciado é válido, por não ofender o princípio constitucional da igualdade:

a) Quando a própria Constituição estabelece um tratamento desigual.

Exemplos: licença-gestante com prazo maior que a licença-paternidade; exclusão de mulheres do serviço militar obrigatório em tempo de paz; exclusividade de determinados cargos aos brasileiros natos;

b) Quando a existência de um pressuposto lógico e racional que justifique a desequiparação efetuada, em consonância com os valores tutelados pela Constituição. Exemplos: assentos reservados para gestantes, idosos e deficientes físicos nos transportes coletivos; preferência para pessoas nas mesmas condições em filas de banco; exigência de candidatos do sexo masculino para concurso de ingresso na carreira de carcereiro de penitenciária masculina ou de candidatas mulheres para o mesmo cargo em penitenciárias femininas.

Há duas espécies de **igualdade: formal e material.** A formal, dentro da concepção clássica do Estado Liberal, é aquela em que todos são iguais perante a lei. **Existe também a igualdade material, denominada efetiva, real, concreta ou situada.** Trata-se daquela que busca a igualdade de fato na vida econômica e social. Em diversos dispositivos o constituinte revela sua preocupação com a profunda desigualdade em nosso país, com a criação de mecanismos que assegurem uma igualdade real entre os indivíduos. Não basta a igualdade formal. O Estado deve buscar que todos efetivamente possam gozar dos mesmos direitos e obrigações. Exemplo: não basta a Constituição assegurar a todos formalmente a igualdade no acesso ao Poder Judiciário (art. 5º, XXXV). Para o exercício universal e concreto desse direito, é indispensável que o Estado forneça assistência judiciária gratuita para que as pessoas carentes, impossibilitadas de arcar com as despesas do processo (custas, honorários e verbas de sucumbência), possam postular ou defender seus direitos em juízo (art. 5º, LXXIV).

São destinatários do princípio da igualdade tanto o legislador como os aplicadores da lei. A igualdade da lei é voltada para o legislador, vedando-se a elaboração de dispositivos que estabeleçam desigualdades entre as pessoas, privilegiando ou perseguindo algumas. A igualdade perante a lei é voltada para os operadores do direito, que não poderão utilizar critérios discriminatórios na aplicação da lei, estabelecendo tratamento desigual para pessoas que se encontrem nas mesmas condições.

Enfim **a Constituição veda expressamente distinções discriminatórias com fundamento na origem, raça, sexo, cor, idade, estado civil e deficiência física.** Todavia, essas cláusulas não são taxativas, mas meramente exemplificativas, pois o próprio art. 3º, IV, adota uma fórmula genérica de ampla abrangência: "quaisquer outras formas de discriminação". Entre estas, podemos apontar, por exemplo, distinções em razão de religião, convicção política, características físicas e orientação sexual.

"Não se pode permitir que a lei faça uso de expressões pejorativas e discriminatórias, ante o reconhecimento do direito à liberdade de orientação sexual como liberdade existencial do indivíduo. Manifestação inadmissível de intolerância que atinge grupos tradicionalmente marginalizados."(**ADPF 291**, rel. min. Roberto Barroso)

2.1.5 Direito à segurança

Segurança é a confiança, a salvaguarda do exercício dos direitos fundamentais. Não basta ao Estado criar e reconhecer direitos ao indivíduo: tem o dever de zelar por eles, assegurando a todos o exercício, com a devida tranquilidade, do direito à vida, integridade física, liberdade, propriedade etc.

Segundo Manoel Gonçalves Ferreira Filho, os direitos relativos à segurança do indivíduo abrangem os direitos subjetivos em geral e os relativos à segurança pessoal. Dentre os subjetivos em geral, encontramos o direito à legalidade e à segurança das relações jurídicas. Os direitos relativos à segurança pessoal incluem o respeito à liberdade pessoal, a inviolabilidade da intimidade, do domicílio e das comunicações pessoais e a segurança em matéria jurídica.

Segurança das relações jurídicas é o conjunto das condições que permitem às pessoas físicas e jurídicas o conhecimento antecipado das consequências jurídicas de seus atos. Uma ordem jurídica pressupõe a existência de relações estáveis. Para assegurar a segurança das relações jurídicas, o princípio fundamental é o da irretroatividade das leis. Uma pessoa não pode ser surpreendida por consequências jurídicas desfavoráveis de leis elaboradas após a prática de sua conduta. Contudo, o ordenamento jurídico admite leis retroativas, desde que, em regra, não violem o direito adquirido, o ato jurídico perfeito e a coisa julgada (CRFB/88, art. 5º, XXXVI). De forma específica, a admissão de leis retroativas abrange a matéria penal desde que em benefício do réu. As leis são elaboradas para reger situações futuras, mas, atendendo ao interesse social, uma lei nova pode retroagir desde que não prejudique situações jurídicas já consolidadas. Esses três institutos jurídicos são definidos pela Lei de Introdução às Normas do Direito Brasileiro (atualizada pela Lei n. 12.376/2010) com a finalidade de assegurar a segurança das relações jurídicas.

A segurança em matéria pessoal abrange diversos direitos e garantias em relação ao ser humano isoladamente considerado: inviolabilidade da intimidade, do domicílio e das comunicações pessoais, bem como diversas garantias em matéria penal e processual.

A segurança em matéria processual também é prevista no Texto Constitucional, não é por mero acaso ou capricho do poder constituinte que os princípios fundamentais do direito penal e do direito processual estão todos previstos no art. 5º da Constituição Federal. Quando se regulamenta a atividade jurisdicional do Estado, principalmente na área punitiva, devem-se preservar direitos fundamentais do ser humano como a vida, a liberdade e a propriedade. Diversas garantias jurisdicionais, processuais e de direito material são asseguradas pelo texto constitucional com essa finalidade. Restrições a direitos fundamentais só são admitidas com a observância de todas as garantias constitucionais. Entre as garantias de segurança em matéria processual estão o princípio da inafastabilidade ou do controle do Poder Judiciário; a proibição dos tribunais de exceção; julgamento pelo Tribunal do Júri em crimes dolosos contra a vida; princípio do juiz natural ou do juiz competente; princípio do promotor natural; princípios da anterioridade e da reserva da lei penal; princípio da irretroatividade da lei penal mais gravosa; princípio da personalização da pena; proibição de determinadas penas; princípios relativos à execução da pena privativa de liberdade; restrições à extradição de nacionais e estrangeiros; proibição da prisão civil por dívidas; princípio do devido processo legal; princípios do contraditório e da ampla defesa; proibição de prova ilícita; princípio da presunção de inocência; proibição da identificação criminal da pessoa já civilmente identificada; garantias da legalidade e da comunicabilidade das prisões, entre outros.

2.1.6 Direito à propriedade

O direito de propriedade, de acordo com a legislação civil, consiste no "direito de usar, gozar e dispor de seus bens, e de reavê-los do poder de quem quer que injustamente os possua". Consiste no direito de utilizar a coisa de acordo com a sua vontade, com a exclusão de terceiros, de colher os frutos da coisa e de explorá-la economicamente e no direito de vender ou doar a coisa (*jus utendi, fruendi* e *abutendi*). Em termos de direito constitucional, o direito de propriedade também é reconhecido, abrangendo qualquer direito de conteúdo patrimonial, econômico, tudo que possa ser convertido em dinheiro, alcançando créditos e direitos pessoais. Sem a extensão dessa tutela, direitos pessoais de natureza econômica poderiam ser desapropriados sem o pagamento de qualquer indenização, o que seria um absurdo.

A Constituição, no art. 5º, XXII, assegura "o direito de propriedade". No inciso seguinte estabelece que "a propriedade atenderá a sua função social". A concepção do direito de propriedade como um direito absoluto do titular, de poder utilizar a coisa e desfrutá-la da forma que melhor entender, mesmo que em detrimento dos demais, não mais prevalece. A utilização e o desfrute de um bem devem ser feitos de acordo com a conveniência social da utilização da coisa. O direito de propriedade, dentro de uma evolução histórica, é visto cada vez menos como um direito subjetivo de caráter absoluto, para se transformar em uma função social do proprietário. O direito do dono deve ajustar-se aos interesses da sociedade.

Em caso de conflito, o interesse social pode prevalecer sobre o individual. Exemplo: em razão da função social da propriedade é prevista pela Constituição a desapropriação, para fins de reforma agrária, de uma propriedade rural improdutiva, com o pagamento de indenização em títulos da dívida agrária. A desapropriação, a requisição e a proteção à pequena propriedade rural são proteções expressas nos dispositivos constitucionais.

A Constituição assegura também direitos aos que contribuem para uma maior difusão de obras intelectuais, culturais: artistas, intérpretes e produtores, pessoas que participam da elaboração de obras individuais e coletivas, incluindo novelas, filmes, teatro, música e obras literárias. Também assegura aos autores de inventos industriais o privilégio de sua exploração econômica, em caráter de exclusividade. A propriedade das marcas também recebe tutela constitucional.

Uma decorrência do direito de propriedade, elevada à condição de direito constitucional, é a possibilidade da transferência dos bens de uma pessoa falecida aos seus herdeiros e legatários, tema já regulamentado na legislação civil. Na sucessão de bens de estrangeiros situados no País, aplicar-se-á sempre a lei que for mais favorável ao cônjuge ou filhos brasileiros da pessoa falecida, entre a legislação brasileira ou a do país do *de cujus*.

2.1.7 Remédios Constitucionais

A – *Habeas Corpus* (art. 5º, LXVIII)

O *habeas corpus* é a ação cabível para assegurar o direito de locomoção, quando violado por ilegalidade ou abuso de poder. O autor da ação constitucional de *habeas corpus* é chamado de **impetrante**, o indivíduo em favor do qual se impetra é o **paciente**, e a autoridade que pratica a ilegalidade ou abuso de poder é a **autoridade coatora ou impetrado**.

O impetrante pode ser o próprio paciente, ou seja, qualquer pessoa física (brasileiro ou estrangeiro) em sua própria defesa, em favor de terceiro, podendo o ser o Ministério Público (órgão com capacidade processual), ou mesmo pessoa jurídica, desde que em favor de pessoa física.

O *habeas corpus* pode ser impetrado sem a presença de advogado, contra pessoa pública ou particular, não exige formalidades processuais e é gratuito (art. 5º, LXXVII).

O ***habeas corpus*** será **preventivo** quando alguém se achar **ameaçado de sofrer violência ou coação em sua liberdade de locomoção**, por ilegalidade ou abuso de poder, obtendo o **salvo-conduto**, para assegurar o direito de ir e vir. Quando a **violação do direito de liberdade já se consumou**, impetra-se o ***habeas corpus* liberatório ou repressivo**, para cessar a violência e quando do deferimento do pedido, será expedido um **alvará de soltura**.

É importante frisar que não **cabe *habeas corpus* nas punições disciplinares militares**, conforme os dispositivos do art. 142, §§ 1º e 2º, da CRFB/88. Os militares podem ser presos por determinação de seus superiores hierárquicos (sem depender de ordem judicial) e por indisciplina militar (que nem sempre é tipificada como crime). Todavia o ***habeas corpus* é remédio hábil para questionar prisões militares ilegais, por exemplo, por ilegalidade da aplicação da penalidade ou incompetência da autoridade que determinou a prisão.**

O *habeas corpus* é instrumento processual utilizado também para trancamento de ação penal ou de inquérito policial.

O *habeas corpus* não é remédio jurídico cabível para trancamento de processo de *impeachment*, já que este não atinge a liberdade de locomoção.

A competência para julgar *Habeas Corpus* contra decisão de Turma Recursal é do Tribunal de Justiça respectivo – Superação da Súmula 690/STF.

Sobre o *Habeas Corpus* Coletivo, destacamos a decisão do STF no HC 143.641/SP, que concedeu substituição da prisão preventiva por prisão domiciliar a todas as encarceradas que estivessem gestantes, puérperas e mães de crianças e/ou deficientes sob sua guarda, exceto nas hipóteses de crime praticado com violência ou grave ameaça contra seus descendentes ou ainda em outras situações excepcionais que deveriam ser analisadas caso a caso pelo juiz competente.

Há ainda um caso emblemático de concessão de prisão domiciliar humanitária para uma pessoa portadora de HIV, diabética e hipertensa, de 66 anos de idade. Na decisão do HC 187.368, foi fundamentada que a prisão domiciliar humanitária está contemplada na jurisprudência do STF, e tendo a paciente não praticado crime de violência ou grave ameaça e sendo grupo de risco, sujeita a contágio do novo coronavírus, faz-se necessário o deferimento da prisão domiciliar, conforme recomendação do CNJ.

No momento que atualizamos esta 8ª edição, vários *Habeas Corpus* Coletivos tramitam no Poder Judiciário (desde a admissão da sua figura no HC 143.641/SP, pelo STF). E acrescentamos mais um destaque que discutiu a superlotação das unidades de execução de medida socioeducativa de internação de adolescentes: o HC 143.988/ES pleiteou a liberdade coletiva por violação dos direitos fundamentais dos adolescentes internados e questionou a desobediência ao princípio constitucional de brevidade e excepcionalidade da medida privativa de liberdade para menores. O STF deferiu o pedido do HC Coletivo e determinou que as unidades de medidas socioeducativas para adolescentes infratores não ultrapassem a capacidade projetada de internação prevista para cada unidade, nos termos da impetração e extensões.

B – Mandado de Segurança (art. 5º, LXIX)

O mandado de segurança é uma **ação constitucional de natureza civil**, qualquer que seja a natureza do ato impugnado.

Excluindo-se a proteção de direitos inerentes à liberdade de locomoção (protegido pelo *habeas corpus*) e ao acesso ou retificação de informações relativas à pessoa do impetrante, constantes de registros ou de banco de dados de entidades governamentais ou de caráter público (protegidos pelo *habeas data*), é por meio do mandado de segurança que se busca a invalidação de atos de autoridade e seus efeitos, geradores de lesão a direito líquido e certo, pela ilegalidade ou pelo abuso de poder. Tanto atos vinculados quanto atos discricionários são atacáveis pelo mandado de segurança.

Quanto ao direito líquido e certo, podemos defini-lo da seguinte forma: **líquido** é aquele direito cujo exercício está **disponível**, **certo** é aquele direito **cuja prática já está definida, determinada**. Assim, nem todo direito é líquido (disponível) e certo (determinado).

O **sujeito ativo é chamado impetrante**: pessoas físicas (brasileiros e estrangeiros), órgãos públicos (com capacidade processual), agentes políticos, Ministério Público; pessoas jurídicas em geral.

O **impetrado é a autoridade coatora** (autoridade pública ou agente de pessoa jurídica no exercício do Poder Público).

O mandado de segurança é atualmente regulamentado pela Lei n. 12.016/2009, podendo ter caráter repressivo ou preventivo conforme o momento de ocorrência da atividade coatora, tem prazo de 120 dias e está sujeito ao pagamento de custas e à representação do advogado.

C – Mandado de Segurança Coletivo (art. 5º, LXX)

Observa-se que a CRFB/88 também prevê o **mandado de segurança coletivo** que, a exemplo do mandado de segurança individual, **protege direito líquido e certo contra abuso de poder ou ilegalidade.** Os direitos individuais homogêneos e os direitos coletivos são especialmente protegidos pelo mandado de segurança coletivo, que pode ser impetrado, de acordo com o art. 5º, LXX, por **partido político com representação no Congresso Nacional (podendo ser apenas um parlamentar no Senado ou na Câmara); organização sindical; entidade de classe; associação, desde que esteja legalmente constituída e em funcionamento há pelo menos um ano.**

Vale destacar que a exigência de funcionamento há pelo menos um ano é direcionada apenas às associações. As outras pessoas jurídicas legitimadas para a propositura do mandado de segurança coletivo não precisam estar funcionando há pelo menos um ano.

Ainda sobre a associação, em regra, ela precisa estar expressamente autorizada pelos membros ou associados para representá-los judicial e extrajudicialmente. Todavia, segundo o entendimento pacífico do STF, não há necessidade de autorização específica dos membros ou associados, se tal dispensa for prevista no estatuto social. Acrescentando tal argumentação, indicamos a leitura das Súmulas 629 e 630, ambas do STF.

Por fim tratemos da **"pertinência temática"** que determina aos legitimados, para propositura do mandado de segurança, que o façam sempre em defesa dos seus membros ou associados. É neste sentido, por exemplo, que o STJ entende como limite de atuação dos partidos políticos a defesa dos direitos políticos e partidários dos seus filiados.

D – Mandado de Injunção (art. 5º, LXXI)

O texto constitucional estabelece que sempre que a falta de norma regulamentadora torne inviável o exercício dos direitos e liberdades constitucionais e das prerrogativas inerentes à nacionalidade, à soberania e à cidadania, conceder-se-á mandado de injunção.

Os requisitos para a concessão do referido mandado de injunção são: **norma constitucional de eficácia limitada, prescrevendo direitos, liberdades constitucionais e prerrogativas inerentes à nacionalidade, à soberania e à cidadania e ausência de norma regulamentadora, tornando inviável o exercício dos direitos, garantias e liberdades constitucionais.**

Em junho de 2016, foi publicada a Lei n. 13.300 que disciplina o mandado de injunção individual e coletivo. A nova lei estabelece quem são os legitimados à propositura da ação, quem pode figurar no polo passivo, quando ocorre a mora legislativa, bem como estabelece quanto à eficácia da decisão judicial, se subjetiva e limitada às partes ou *ultra partes* ou *erga omnes*, conforme o caso.

O mandado de injunção coletivo ganhou destaque na nova lei, com enumeração dos legitimados ativos no seu art. 12 (Lei n. 13.300/2016), da qual recomendamos a leitura atenta, e que inclusive foi objeto de questão na 1ª fase do XXXII Exame.

Destaca-se que o mandado de injunção se insere como instrumento do controle difuso de constitucionalidade por omissão, introduzido pela CRFB/88 como remédio constitucional destinado a sanar a **síndrome da inefetividade das normas constitucionais**.

E – *Habeas Data* (art. 5º, LXXII)

Regulamentado pela Lei n. 9.507/97, o ***habeas data*** é remédio constitucional que assegura o conhecimento de informações relativas à pessoa do impetrante, constantes de registros ou bancos de dados de entidades governamentais ou de caráter público e também a retificação de dados, quando não se prefira fazê-lo por processo sigiloso, judicial ou administrativo. Abrange tanto informações erradas quanto imprecisas, discriminadoras, desatualizadas.

Esta garantia não se confunde com o direito de obter certidões (art. 5º, XXXIV), nem de informações de interesse particular, coletivo ou geral (art. 5º, XXXIII). Havendo **recusa no fornecimento de certidões** (para a defesa de direitos ou esclarecimentos de situações de interesse pessoal, próprio ou de terceiros), ou informações de terceiros, caso seja direito líquido e certo, o **remédio próprio é o mandado de segurança e não o *habeas data*.** Se o pedido for para assegurar o conhecimento de **informações relativas à pessoa do impetrante**, como visto, será o ***habeas data***.

Qualquer **pessoa física ou jurídica** poderá **ajuizar** a ação constitucional de ***habeas data*** para ter acesso às informações a seu respeito. **O sujeito passivo** tanto pode ser **entidade pública quanto privada, desde que tenha um banco de dados de caráter público.**

F – Ação Popular (art. 5º, LXXIII)

A **ação popular**, regulamentada pela Lei n. 4.717/65, **é componente do poder de soberania popular**, exercício da capacidade ativa, podendo ser **impetrada apenas por cidadãos**, na defesa dos interesses públicos, coletivos e difusos, quando houver lesividade ao patrimônio público, à moralidade administrativa, ao patrimônio histórico e ao meio ambiente.

Excluem-se do polo ativo os estrangeiros, os apátridas e os brasileiros que não têm alistamento eleitoral ou estão com os direitos políticos suspensos ou perdidos. As pessoas jurídicas também estão excluídas do polo ativo da ação popular, conforme prescreve a Súmula 365 do STF. Devemos lembrar que, na ação popular, o autor é isento de custas judiciais e do ônus da sucumbência, salvo comprovada má-fé.

No **polo passivo** podem figurar as **pessoas físicas**, as **pessoas jurídicas de direito privado** e as **pessoas jurídicas de direito público**, cujos atos sejam objeto de impugnação, previstos no art. 5º, LXXIII.

2.2 Direitos Sociais

Apesar de a banca historicamente não se dedicar às questões sobre os direitos sociais, preferimos incluir o estudo sobre o tema, para deixar a obra cada vez mais completa.

Os direitos sociais são enumerados de forma não exaustiva no art. 6º da CRFB/88: educação, saúde, trabalho, lazer, moradia, segurança, previdência social, proteção à maternidade e à infância e assistência aos desamparados. Mesmo sendo um rol apenas exemplificativo, o art. 6º já sofreu vários acréscimos pelas emendas constitucionais 26/2000, 64/2010, 90/2015, que respectivamente incluíram os direitos à moradia, alimentação e transporte como direitos sociais.

Os direitos sociais inseridos no Capítulo II do Título II da CRFB/88 são considerados direitos fundamentais. Segundo Kildare Gonçalves Carvalho, eles visam a uma melhoria das condições de existência, por meio de prestações positivas do Estado, que deverá assegurar a criação de serviços de educação, saúde, habitação, dentre outros, para a sua realização. Enquanto os direitos individuais impõem uma abstenção por parte do Estado, preservando a autonomia dos indivíduos, os direitos sociais, como se mostrou, reclamam "atividades positivas do Estado, do próximo e da própria sociedade para subministrar ao homem certos bens e condições. Em contraste com os chamados direitos individuais, cujo conteúdo é um 'não fazer', 'um não violar', um 'não prejudicar', por parte das demais pessoas e, sobretudo das autoridades públicas, resulta que, pelo contrário, o conteúdo dos direitos sociais, finaliza o autor, consiste em 'um fazer', 'um contribuir', 'um ajudar', principalmente por parte dos órgãos estatais".

Se os direitos individuais estão entrelaçados com o liberalismo, o Estado das declarações de direitos, tendo em sua base a liberdade humana, os direitos sociais vinculam-se ao Estado Social, elaborado pelas revoltas populares e descontentamento das massas proletárias, protagonizando-se pela tentativa de estabelecimento de igualdade jurídica, política e social, por meio de mudança gradual ou estrutural.

Concluindo, é importante destacar que os direitos sociais não se concentram apenas nos arts. 6º a 11 da CRFB/88, mas estão também dispostos abundantemente no Título VIII – Da Ordem Social e em alguns dispositivos do Título VII – Da Ordem Econômica, especialmente quando a CRFB/88 prescreve regras sobre as políticas urbana e fundiária. Trataremos dos assuntos em capítulo próprio do nosso livro.

2.2.1 Direitos sociais dos trabalhadores

Examinaremos neste tópico os direitos dos trabalhadores, sem invadirmos a seara do Direito do Trabalho. A relação constitucional dos direitos sociais dos trabalhadores é meramente exemplificativa, pois à enumeração dos direitos constantes do art. 7º, por força da própria norma constitucional, poderão ser acrescidos outros que visem à melhoria da sua condição social. Observe-se ainda que a CRFB/88 equiparou o trabalhador urbano ao rural, eliminando a diferença de tratamento entre uma e outra categoria. Vejamos um breve exame dos direitos dos trabalhadores no texto constitucional:

A – Proteção da relação de emprego: a relação de emprego é protegida contra despedida arbitrária ou sem justa causa, nos termos da lei complementar, que preverá indenização compensatória, dentre outros direitos. É vedada também a dispensa do empregado sindicalizado a partir do registro da candidatura a cargo de direção ou representação sindical e, se eleito, ainda que suplente, até um ano após o final do mandato, salvo se cometer falta grave nos termos da lei (art. 8º, VIII). Relacionam-se ainda com a garantia do emprego a previsão do seguro-desemprego, em caso de desemprego involuntário (art. 7º, II), e a extensão do fundo de garantia do tempo de serviço para o empregado rural (art. 7º, III) e para o trabalhador doméstico (art. 7º, parágrafo único, atualizado pela EC n. 72/2013). Considere-se finalmente que o aviso prévio (notificação dada por uma parte à outra – empregado ou empregador – da rescisão do contrato de trabalho, sem justa causa) é, no mínimo, de trinta dias, podendo a lei determinar critérios proporcionais ao tempo de serviço, observado, contudo, o prazo mínimo de trinta dias acima referido.

B – Salário e remuneração: o salário mínimo, fixado em lei, extensivo a todo trabalhador, inclusive ao que percebe remuneração variável, e nacionalmente unificável, visando atender às necessidades vitais básicas do trabalhador e às da sua família, como moradia, alimentação, educação, saúde, lazer, vestuário, higiene, transporte e previdência social, com reajustes periódicos que lhe preservem o poder aquisitivo. Importante notar que a CRFB/88 veda a vinculação do salário mínimo para qualquer fim, não podendo, pois, servir de referência para o aumento de qualquer prestação, como preços, aluguéis, dentre outras.

Os incisos V a XII do art. 7º tratam de outras normas referentes ao salário ou remuneração. Assim o piso salarial proporcional à extensão e à complexidade do trabalho, consistindo no salário mínimo de determinadas categorias profissionais ou de certas atividades; a irredutibilidade do salário, salvo o disposto em convenção ou acordo coletivo, o que constituiu novidade no campo constitucional dos direitos sociais dos trabalhadores; garantia do salário, nunca inferior ao mínimo, para os que percebem remuneração variável, décimo terceiro salário com base na remuneração integral ou no valor da aposentadoria; remuneração do trabalho noturno superior à do diurno; remuneração do serviço extraordinário superior, no mínimo, em 50% à do normal (art. 7º, XVI); proteção do salário na forma da lei, constituindo crime sua retenção dolosa, notando-se que à lei penal caberá a tipificação dessa figura delituosa; e salário-família para os dependentes do trabalhador de baixa renda.

C – Limite na jornada de trabalho, repouso, férias, licenças, proteção dos trabalhadores e aviso prévio: dispõe a CRFB/88 (art. 7º, XIII) sobre a duração do trabalho, não superior a oito horas diárias e quarenta e quatro semanais, facultada a compensação de horários e a redução da jornada, mediante acordo ou convenção coletiva de trabalho. Há hipóteses constitucionais de o trabalhador ter direito à jornada de seis horas de trabalho, quando for realizado em turnos ininterruptos de revezamento, salvo negociação coletiva. O repouso semanal, preferencialmente aos domingos, é remunerado. Nos feriados, haverá ainda o repouso do trabalhador, ensejando-se assim sua participação nas comemorações cívicas. As férias anuais serão remuneradas com, pelo menos, um terço a mais do que o salário normal. A teoria que defende tal acréscimo argumenta o direito de o trabalhador gozar, no seu período de férias, de um lazer, o que só seria possível com um acréscimo em sua remuneração, já que seu ganho normalmente está comprometido com os gastos relacionados ao seu sustento e de sua família.

A gestante tem direito especial, consistente numa licença com estabilidade provisória, com a duração de cento e vinte dias corridos, sem prejuízo do emprego e do salário. Haverá ainda licença-paternidade, a ser gozada nos termos fixados em lei, observando-se, contudo, que, enquanto não editada a lei, o art. 10, § 1º, do Ato das Disposições Constitucionais Transitórias, fixa em cinco dias a duração da licença-paternidade.

D – Normas ligadas à segurança no trabalho: as normas protetoras dos trabalhadores foram ampliadas pela CRFB/88. Consistem elas na forma de segurança do trabalho, através da redução dos riscos inerentes ao trabalho, por meio de normas de saúde, higiene e segurança; proteção, em face da automação, na forma da lei, o que possibilitará o estabelecimento de condições de defesa do trabalhador, diante dos avanços da tecnologia, pela substituição da mão de obra humana por equipamentos sofisticados. Também constitui norma de proteção do trabalho o seguro contra acidentes do trabalho, a cargo do empregador, sem excluir a indenização a que este está obrigado, quando incorrer em dolo ou culpa.

E – Normas ligadas ao direito de igualdade material dos trabalhadores: protegem ainda o trabalhador as normas constitucionais que tratam da isonomia material, proibindo: diferença de salários, de exercício de funções e de critérios de admissão por motivo de sexo, idade, cor ou estado civil (art. 7º, XXX); discriminação no tocante a salário e critério de admissão do trabalhador portador de deficiência (art. 7º, XXXI), bem como a norma que garante a igualdade de direitos entre o trabalhador com vínculo empregatício permanente e o trabalhador avulso (art. 7º, XXXIV). Proíbe ainda a Constituição o trabalho noturno, perigoso ou insalubre a menores de dezoito anos e qualquer trabalho a menores de dezesseis anos, salvo na condição de aprendiz, a partir de quatorze anos (redação dada ao inciso XXXIII do art. 7º da CRFB/88, pela Emenda Constitucional n. 20/98). Fala ainda a Constituição em proteção do mercado de trabalho da mulher, mediante incentivos específicos, nos termos da lei (art. 7º, XX).

F – Direitos dos dependentes: além do salário-família, mencionado acima, a CRFB/88 prevê, como direito dos dependentes do trabalhador, a assistência gratuita aos filhos e dependentes, desde o nascimento até cinco anos de idade, em creches e pré-escolas (art. 7º, XXV).

G – Direitos das empregadas domésticas: a Emenda Constitucional n. 72/2013 acrescentou uma série de direitos às empregadas e aos empregados domésticos, alterando o parágrafo único do art. 7º da CRFB/88. No texto anterior à Emenda Constitucional n. 72/2013, as empregadas domésticas tinham assegurados os seguintes direitos: salário mínimo, irredutibilidade de salário, décimo terceiro salário, repouso semanal remunerado, férias, licença-gestante, licença-paternidade, aviso prévio e aposentadoria. Com a emenda, nenhum desses direitos foi eliminado, mas outros foram acrescentados, destacando que alguns deverão atender às regras de lei e observar a simplificação das obrigações tributárias.

2.2.2 Liberdade sindical

A CRFB/88 institui a liberdade de associação profissional ou sindical, além da previsão genérica, da liberdade de associação (art. 5º, XVI a XXI). A fundação de sindicatos independe de autorização governamental, ressalvado, contudo, o registro em órgão competente (Ministério do Trabalho). Sobre o tema há divergência jurisprudencial no âmbito do próprio STF, *vide* decisão no RE 370.834, que dispensa o registro do sindicato no Ministério do Trabalho, e a Súmula 677, que exige tal registro, para efeito de obediência ao princípio da unicidade sindical.

Ao Poder Público é vedada igualmente interferência ou intervenção em sindicato. A Constituição consagrou a unicidade sindical, ao vedar a criação de mais de uma organização sindical, em qualquer grau, representativa de categoria profissional ou econômica, na mesma base territorial, que será definida pelos trabalhadores ou empregadores interessados, não podendo ser inferior à área de um Município. Aos sindicatos é assegurada a participação, em caráter obrigatório, nas negociações coletivas de trabalho. Os trabalhadores aposentados podem votar e ser eleitos nas organizações sindicais, além de terem a garantia da estabilidade sindical, que protege o trabalhador ativo que é eleito dirigente sindical, proteção iniciada com o registro da candidatura e estendida, com a sua eleição, até um ano após o término do mandato, salvo se cometer falta grave.

O art. 8º, IV estabelece as contribuições do trabalhador em relação ao sindicato. Em seu texto, a CRFB/88 estabelece que a assembleia geral fixará a contribuição confederativa, assegurando expressamente a liberdade de decisão da categoria, independentemente da contribuição prevista em lei. Esta última, conhecida como contribuição sindical, era disciplinada como contribuição obrigatória pela lei e foi atingida pela Reforma Trabalhista de 2107. Questionada a constitucionalidade da alteração, o STF manifestou entendimento favorável ao dispositivo da Lei n. 13.467/2017 que trata de tal matéria, argumentando justamente a liberdade de decisão da categoria, vejamos:

"São compatíveis com a Constituição Federal os dispositivos da Lei 13.467/2017 (Reforma Trabalhista) que extinguiram a obrigatoriedade da contribuição sindical e condicionaram o seu pagamento à prévia e expressa autorização dos filiados. (...) Sob o ângulo material, o Tribunal asseverou que a Constituição assegura a livre associação profissional ou sindical, de modo que ninguém é obrigado a filiar-se ou a manter-se filiado a sindicato [CF, art. 8º, V]. O princípio constitucional da liberdade sindical garante tanto ao trabalhador quanto ao empregador a liberdade de se associar a uma organização sindical, passando a contribuir voluntariamente com essa representação. Ressaltou que a contribuição sindical não foi constitucionalizada no texto magno. Ao contrário, não há qualquer comando ao legislador infraconstitucional que determine a sua compulsoriedade. A Constituição não criou, vetou ou obrigou a sua instituição legal. Compete à União, por meio de lei ordinária, instituir, extinguir ou modificar a natureza de contribuições [CF, art. 149]. Por sua vez, a CF previu que a assembleia geral fixará a contribuição que, em se tratando de categoria profissional, será descontada em folha, para custeio do sistema confederativo da representação sindical respectiva, independentemente da contribuição prevista em lei [CF, art. 8º, IV]. A parte final do dispositivo deixa claro que a contribuição sindical, na forma da lei, é subsidiária como fonte de custeio em relação à contribuição confederativa, instituída em assembleia geral. Não se pode admitir que o texto constitucional, de um lado, consagre a liberdade de associação, sindicalização e expressão [CF, artigos 5º, IV e XVII, e 8º, *caput*] e, de outro, imponha uma contribuição compulsória a todos os integrantes das categorias econômicas e profissionais." (**ADI 5.794/2019**).

2.2.3 Greve

O direito de greve foi consideravelmente ampliado pela CRFB/88, pois passou a ser competência dos trabalhadores decidir sobre a oportunidade de exercê-lo e sobre os interesses que devam por meio dele defender. Entenda-se que tais interesses deverão ser os relacionados com os direitos sociais dos trabalhadores, e não de qualquer outra natureza, como reivindicações político-partidárias.

A Constituição dispõe que "a lei definirá os serviços ou atividades essenciais e disporá sobre o atendimento das necessidades inadiáveis da comunidade", e os "os abusos cometidos sujeitam os responsáveis às penas da lei". Verifica-se, portanto, que poderá haver greve nas atividades essenciais ou no serviço público (art. 37, VII), cabendo, todavia, à lei dispor sobre o atendimento das necessidades inadiáveis da comunidade.

Sobre o direito de greve assegurado para os servidores públicos civis, tratados em capítulo separado na CRFB/88, merece destaque o entendimento do STF, lembrando que para os servidores públicos militares já há expressa proibição constitucional.

"A atividade policial é carreira de Estado imprescindível a manutenção da normalidade democrática, sendo impossível sua complementação ou substituição pela atividade privada. A carreira policial é o braço armado do Estado, responsável pela garantia da segurança interna, ordem pública e paz social. E o Estado não faz greve. O Estado em greve é anárquico. A Constituição Federal não permite. Aparente colisão de direitos. Prevalência do interesse público e social na manutenção da segurança interna, da ordem pública e da paz social sobre o interesse individual de determinada categoria de servidores públicos. Impossibilidade absoluta do exercício do direito de greve às carreiras policiais. Interpretação teleológica do texto constitucional, em especial dos artigos 9º, § 1º, 37, VII e 144. (...) tese de repercussão geral: 1 – O exercício do direito de greve, sob qualquer forma ou modalidade, é vedado aos policiais civis e a todos os servidores públicos que atuem diretamente na área de segurança pública. 2 – É obrigatória a participação do Poder Público em mediação instaurada pelos órgãos classistas das carreiras de segurança pública, nos termos do art. 165 do Código de Processo Civil, para vocalização dos interesses da categoria." (**ARE 654.432/2017**)

Observe-se, finalmente, que a Constituição acolheu a teoria do abuso do direito no tocante à greve (art. 9º, § 2º). Abuso do direito no âmbito da greve seria, por exemplo, a greve com a finalidade de prejudicar a empresa, a greve desligada de caráter trabalhista, a greve política, a greve que não preserve os serviços ou atividades sociais.

2.3 Nacionalidade

A nacionalidade é reconhecida como um direito fundamental, e o nacional representa o elemento humano do Estado Soberano, essencial à sua existência. Nacionalidade é o **vínculo jurídico-político** que liga o indivíduo a um determinado Estado, o nacional tem um vínculo jurídico-político com o seu Estado, independentemente de onde ele esteja. O estrangeiro tem apenas uma relação jurídica com o Estado onde está residindo, não tendo o vínculo jurídico-político.

Para o melhor entendimento do tema nacionalidade, é essencial lembrarmos alguns conceitos básicos, vejamos:

País: refere-se aos aspectos físicos, ao *habitat*, à paisagem territorial. Manifesta a unidade geográfica, histórica, econômica e cultural das terras ocupadas pelos brasileiros. O nome do país pode ou não coincidir com o nome do Estado. Representa o elemento físico do Estado – o território.

Nação: conjunto de pessoas, em geral nascidas no mesmo território (país), que mantêm entre si laços históricos, linguísticos, culturais, de crenças, origens e costumes, ou seja, apresentam a mesma identidade sociocultural. São geralmente denominados de nacionais, no Brasil – brasileiros natos e naturalizados. Representa o elemento humano do Estado quando, além do aspecto sociocultural, encontra-se o aspecto jurídico-político, passando a ser chamado de povo.

Pátria: é o termo que exprime sentimento cívico.

Território: é o limite espacial dentro do qual o Estado exerce de modo efetivo e exclusivo o poder de império sobre as pessoas e bens. Elemento geográfico do Estado.

Povo: conjunto de pessoas que fazem parte do Estado – o seu elemento humano – unido ao Estado pelo vínculo jurídico da nacionalidade.

População: conjunto de pessoas residentes no território sejam elas nacionais, estrangeiras ou apátridas.

Cidadania: tem como requisito a nacionalidade (vínculo jurídico-político), caracterizando-se pela capacidade política ativa (direito a voto, plebiscito, referendo, inciativa popular, ação popular) e capacidade política passiva (elegibilidade). O cidadão é o nacional (brasileiro nato ou naturalizado) que goza de direitos políticos.

Com o conhecimento destes conceitos partimos para as espécies de nacionalidade e as maneiras de adquiri-la.

2.3.1 Nacionalidade primária ou originária

É a nacionalidade adquirida ao nascer. Ela é involuntária, pois não depende da vontade do indivíduo, nasce-se brasileiro nato, caso preencha-se os requisitos constitucionais impostos pelo Estado. Há dois critérios amplamente utilizados para a aquisição de nacionalidade: o critério do solo, ou *ius solis*, ou também chamado critério da territorialidade, que se preocupa com o local onde o indivíduo nasce, ou seja, no território de que Estado, pouco importando se ele é filho de nacional ou estrangeiro. O critério da territorialidade normalmente é utilizado por países de imigração, para atender ao interesse de nacionalizar os descendentes dos imigrantes que nascem no solo do país que os recebe. O outro critério adotado para a aquisição da nacionalidade originária é o critério do sangue, ou *ius sanguinis*, que se interessa pela ascendência, pela filiação, pouco importando o local onde o indivíduo nasceu, e sim de quem ele é filho. O critério do sangue é utilizado pelos países de emigração, a fim de que os descendentes dos emigrantes, nascidos em solo estrangeiro, mantenham o vínculo com o Estado, através do sangue de seus pais. No Brasil, para a aquisição da nacionalidade originária, podemos afirmar que adotamos o critério do *ius solis* (nascido no solo brasileiro), temperado com o critério do *ius sanguinis* **(nascido de pai ou mãe brasileiros natos ou naturalizados)**. Vejamos o que determina o art. 12, I, *a*, *b* e *c*, da CRFB/88:

A) *Ius Solis* – Serviço Oficial Estrangeiro: segundo o art. 12, I, *a*, da CRFB/88, aquele que nasce no solo brasileiro, ainda que de pais estrangeiros será considerado brasileiro nato, mesmo que o único critério adotado seja o solo. A ressalva ocorre se o pai estrangeiro ou mãe estrangeira estiver no solo brasileiro a serviço do seu país de origem. Neste caso a criança nascida não será brasileira nata. Destacamos que nesta alínea o único critério verificado é o solo!

B) *Ius Sanguinis* + Serviço Oficial Brasileiro: segundo o art. 12, I, *b*, aquele que nasce no estrangeiro (não tendo vínculo de solo com o Brasil), mas é filho de pai brasileiro ou mãe brasileira, será considerado brasileiro nato, desde que pelo menos um dos pais brasileiros esteja a serviço da República Federativa do Brasil. Considera-se serviço oficial brasileiro o vínculo com a administração pública direta ou indireta quando em exercício no exterior, ou qualquer função associada às atividades da União, Estados, DF, Municípios, ou ainda serviço prestado a organização internacional que o Estado brasileiro faça parte.

C.1) *Ius Sanguinis* + Registro: o art. 12, I, *c*, primeira parte, trata daquele que nasce no estrangeiro (não tendo o vínculo de solo), mas filho de pai brasileiro ou mãe brasileira, e que nenhum dos pais esteja a serviço da República Federativa do Brasil. Nesta situação há o risco de surgir a figura do apátrida, por este motivo a CRFB/88 disciplina a possibilidade de registro na repartição brasileira competente para a aquisição da nacionalidade brasileira.

C.2) *Ius Sanguinis* + Opção: o art. 12, I, *c*, segunda parte, trata daquele que nasce no estrangeiro (não tendo vínculo de solo), mas filho de pai brasileiro ou mãe brasileira, e que não foi registrado em repartição competente, mas adquirida a maioridade vem residir no Brasil e opta, em qualquer tempo, pela nacionalidade brasileira. Trata-se da **nacionalidade potestativa**, que depende da confirmação exclusiva do filho nascido de brasileiro. A aquisição da nacionalidade depende da fixação de residência e da opção confirmativa.

2.3.2 Nacionalidade secundária ou derivada

É aquela que se adquire por vontade própria, normalmente pela naturalização que deverá ser expressamente requerida pelo estrangeiro ou pelo apátrida. A naturalização, segundo a CRFB/88, depende da manifestação de vontade do interessado e da concordância do Estado. Doutrinariamente, a nacionalidade secundária também chamada de naturalização apresenta duas espécies, a saber:

- **Naturalização Tácita (Grande Naturalização):** Atualmente não é adotada no Direito Constitucional Brasileiro, entretanto na vigência da primeira Constituição Republicana, em 1891, foi aplicada, impondo a todos os estrangeiros residentes na República Federativa do Brasil, a nacionalidade brasileira se, em seis meses, não declarassem expressamente a vontade de permanecer nacionais de seus países. Hoje se o estrangeiro não quiser adquirir a nacionalidade brasileira, ele não pode ser obrigado.
- **Naturalização Expressa:** É a espécie de naturalização adotada pela CRFB/88, sendo ato volitivo, no qual o indivíduo, ainda estrangeiro, manifesta a sua vontade de adquirir a nacionalidade brasileira (secundária é claro). A CRFB/88 classifica a naturalização expressa em **Naturalização Ordinária** (art. 12, II, *a*) e **Naturalização Extraordinária ou Quinzenária** (art. 12, II, *b*). Antes de analisarmos a naturalização ordinária e extraordinária, vejamos como funciona a naturalização:

O processo de naturalização é disciplinado pela Lei n. 13.445/2017, nova Lei de Migração, que acrescenta às modalidades de naturalização ordinária e extraordinária mais duas formas: a naturalização especial e a provisória. Sugerimos a leitura da nova Lei de Migração.

- **Naturalização Ordinária:** O art. 12, II, *a*, da CRFB/88 determina que são brasileiros naturalizados os que, na forma da lei, adquiram a nacionalidade brasileira. Perceba que o dispositivo deu à uma lei – lei ordinária – o poder de estabelecer os requisitos para a aquisição da nacionalidade secundária ordinária. A referida lei é atualmente a Lei de Migração – Lei n. 13.445/2017 – que revogou o antigo Estatuto do Estrangeiro (Lei n. 6.815/80). Nela verificamos como requisitos para solicitar a naturalização ordinária, os seguintes: ter capacidade civil; ter residência em território brasileiro por no mínimo 4 anos; falar a língua portuguesa; não ter condenação penal. Preenchidos os requisitos conforme exigências da lei, e seguindo os trâmites procedimentais, o naturalizando poderá ter deferido ou não o seu pedido de naturalização. A Lei de Migração disciplina também de forma específica a naturalização especial e a naturalização provisória, listando exigências para tais modalidades.

Contudo, o mesmo art. 12, II, *a*, da CRFB/88 prescreve que ao originários de países de língua portuguesa serão exigidos apenas um ano ininterrupto e idoneidade moral, não estando sujeitos à exigência dos requisitos da Lei de Migração.

Conclui-se, então, que os originários de países que falam a Língua Portuguesa (Açores, Angola, Cabo Verde, Damão, Diu, Goa, Guiné-Bissau, Macau, Moçambique, Portugal, São Tomé e Príncipe e Timor Leste) são sujeitos ao cumprimento dos requisitos previstos na CRFB/88 (um ano ininterrupto de residência e idoneidade moral), enquanto os demais estrangeiro de países que não falam a Língua Portuguesa (China, Alemanha, Peru, Noruega, Austrália etc.) são sujeitos aos critérios exigidos na lei – hoje Lei de Migração (Lei n. 13.445/2017).

- **Naturalização Extraordinária ou Quinzenária:** O art. 12, II, *b*, da CRFB/88 prevê expressamente que os estrangeiros de qualquer nacionalidade que residam no Brasil há mais de 15 anos ininterruptos (Naturalização Quinzenária) e não tenham condenação penal podem se naturalizar, desde que requeiram a naturalização. Destaca-se que a naturalização extraordinária, uma vez preenchidos os requisitos constitucionais, gera direito subjetivo à naturalização.

A decisão deferindo ou indeferindo o pedido de naturalização extraordinária constitui ato vinculado do Poder Público, atrelado ao preenchimento ou não dos requisitos. Ressalta-se que no caso do art. 12, I, *a* – naturalização ordinária – a decisão de deferir ou indeferir o pedido de naturalização é ato discricionário do Poder Público, mesmo que preenchidos os requisitos.

2.3.3 Português equiparado

O texto do art. 12 da CRFB/88, em seu § 1º, ainda prevê a figura do português equiparado, que vindo residir no Brasil poderá solicitar a equiparação e ser tratado como um brasileiro naturalizado (sem necessitar se naturalizar), sendo também chamado de **quase-brasileiro**, pois tem uma quase-nacionalidade, entretanto o português equiparado dependerá da reciprocidade conferida em Portugal aos brasileiros. A reciprocidade é cláusula prevista pelo Tratado de Amizade, Cooperação e Consulta, celebrado entre a República Federativa do Brasil e a República Portuguesa (Decreto n. 3.927/2001). Vejamos o que diz o STF:

"A norma inscrita no art. 12, § 1º, da CR – que contempla, em seu texto, **hipótese excepcional de quase-nacionalidade** – não opera de modo imediato, seja quanto ao seu conteúdo eficacial, seja no que se refere a todas as consequências jurídicas que dela derivam, pois, para incidir, além de supor o **pronunciamento aquiescente do Estado brasileiro**, fundado em sua própria soberania, depende, ainda, **de requerimento do súdito português interessado**, a quem se impõe, para tal efeito, a obrigação de preencher os requisitos estipulados pela Convenção sobre Igualdade de Direitos e Deveres entre brasileiros e portugueses." **(Ext. 890,** rel. Min. **Celso de Mello,** *DJ* de 28-10-2004.)

2.3.4 Proibição de distinção entre brasileiros

A CRFB/88 afirma que nenhuma lei poderá estabelecer distinções entre brasileiros natos e naturalizados, só cabendo à própria Constituição fazê-lo. Identificamos regras distintivas entre brasileiros nos seguintes dispositivos constitucionais: arts. 5º, LI; 12, §§ 3º e 4º, I; 89, VII; e 222, *caput* e §§ 1º, 2º e 5º. Vejamos:

Art. 5º, LI (proibição de extradição): nenhum brasileiro será extraditado, salvo o naturalizado, em caso de crime comum, praticado antes da naturalização, ou de comprovado envolvimento em tráfico ilícito de entorpecentes e drogas afins, na forma da lei.

Art. 12, § 3º (cargos privativos de brasileiro nato): Presidente e Vice-Presidente da República; Presidente da Câmara dos Deputados; Presidente do Senado Federal; Ministros do Supremo Tribunal Federal; carreira diplomática; oficial das Forças Armadas; de Ministro de Estado da Defesa. Quanto aos cargos privativos de brasileiro nato, adotam-se dois critérios elementares: **a linha sucessória do Presidente da República e a segurança nacional**. Os cargos referentes ao primeiro critério são os de Presidente e Vice-Presidente da República; Presidente da Câmara e do Senado e Ministros do Supremo Tribunal Federal e os cargos referentes à segurança nacional são os de Oficiais das Forças Armadas, as carreiras diplomáticas e o cargo de Ministro da Defesa.

Art. 12, § 4º (perda-punição – brasileiro naturalizado): será declarada a perda da nacionalidade do brasileiro (naturalizado) que tiver cancelada sua naturalização, por sentença judicial, em virtude de atividade nociva ao interesse nacional. Retornaremos a este assunto logo a seguir.

Art. 89, VII (membros do Conselho da República): seis cidadãos brasileiros natos, com mais de trinta e cinco anos de idade, sendo dois nomeados pelo Presidente da República, dois eleitos pelo Senado Federal e dois eleitos pela Câmara dos Deputados, todos com mandato de três anos, vedada a recondução.

Art. 222, §§ 1º, 2º e 5º (propriedade de empresas de comunicação social): A propriedade de empresa jornalística e de radiodifusão sonora e de sons e imagens é privativa de brasileiros natos ou naturalizados há mais de dez anos, ou de pessoas jurídicas constituídas sob as leis brasileiras e que tenham sede no País. Em qualquer caso, pelo menos 70% do capital social e do capital votante das empresas jornalísticas e de radiodifusão sonora e de sons e imagens deverá pertencer, direta ou indiretamente, a brasileiros natos ou naturalizados há mais de dez anos. No caso de alteração do controle societário das referidas Sociedades Anônimas, as regras permanecerão, e deverá ser comunicada a alteração ao Congresso Nacional. Os brasileiros natos ou naturalizados há mais de dez anos exercerão obrigatoriamente a gestão das atividades, estabelecerão o conteúdo da programação e também serão responsáveis editoriais e pelas atividades de seleção e direção da programação veiculada, independentemente do meio de comunicação social utilizado.

2.3.5 Perda de nacionalidade

No art. 12, § 4º, a CRFB/88 cita taxativamente os casos de perda de nacionalidade: **perda-punição (somente para brasileiros naturalizados)** e a **perda-mudança (brasileiros natos e naturalizados)**. Vejamos um julgado importante do STF sobre o tema, para em seguida analisarmos os casos de perda de nacionalidade brasileira:

"A **perda da nacionalidade brasileira, por sua vez, somente pode ocorrer nas hipóteses taxativamente definidas na CR**, não se revelando lícito, ao Estado brasileiro, seja mediante simples regramento legislativo, seja mediante tratados ou convenções internacionais, inovar nesse tema, quer para ampliar, quer para restringir, quer, ainda, para modificar os casos autorizadores da privação – sempre excepcional – da condição político-jurídica de nacional do Brasil." **(HC 83.113-QO**, rel. Min. **Celso de Mello,** *DJ* de 29-8-2003.)

- **Perda-punição**: ocorre quando o **brasileiro naturalizado** comete um ato nocivo ao interesse nacional. Haverá a instauração de um inquérito para apurar a prática da atividade nociva ao interesse nacional e, confirmada a ocorrência o Ministério Público Federal oferecerá a denúncia, instalando-se o processo judicial de cancelamento de naturalização. Condenado à perda da nacionalidade, e a **decisão transitada em julgado a perda de nacionalidade, ocorrerá a perda-punição.**
- **Perda-mudança**: ocorre quando o **brasileiro (nato ou naturalizado)** voluntariamente adquire outra nacionalidade. Entretanto a **perda-mudança não ocorre automaticamente**, necessita de um devido processo legal, onde é assegurada a ampla defesa e ao final é decretada a perda da nacionalidade. Contudo se no processo for comprovada uma das duas hipóteses previstas na Constituição, onde é possível a dupla nacionalidade, não ocorrerá a perda-mudança.

Casos nos quais não há a perda de nacionalidade: São casos de manutenção da nacionalidade brasileira o **reconhecimento de nacionalidade originária pela lei estrangeira** (nacionalidade primária em mais de um Estado) e a **imposição de naturalização pela norma estrangeira ao brasileiro**, como condição para fixar residência (por motivo de trabalho, estudo) ou para o exercício de direitos civis (herança, guarda dos filhos). Trata-se do chamado **conflito de nacionalidade positiva**, no qual mais de um Estado reivindica a nacionalidade de um indivíduo.

- **Reaquisição da Nacionalidade Brasileira após a perda:** Quando o brasileiro nato ou naturalizado perde a nacionalidade brasileira, ainda há a possibilidade de reavê-las, desde que preenchidos os seguintes requisitos: Caso tenha ocorrido a **perda-punição**, ou seja, **cancelamento de naturalização**, apenas mediante **ação rescisória** é possível voltar à condição de brasileiro, não havendo a possibilidade de uma segunda naturalização; no caso de **perda-mudança**, ou seja, **aquisição voluntária de outra nacionalidade,** havia divergência doutrinária quanto à solução: Pedro Lenza, por exemplo, entendia pela possibilidade de reaquisição do ex-brasileiro domiciliado no Brasil, através de decreto presidencial; Alexandre de Moraes e Sylvio Motta discordavam e entendiam que a requisição neste caso seria pelos procedimentos de naturalização. Contudo, a nova Lei n. 13.445/2017 traz um esclarecimento neste ponto, ao disciplinar em seu art. 76 a reaquisição de nacionalidade, não havendo mais motivos para a divergência doutrinária, vejamos:
- "Art. 76. O brasileiro que, em razão do previsto no inciso II do § 4º do art. 12 da Constituição Federal, houver perdido a nacionalidade, uma vez cessada a causa, poderá readquiri-la ou ter o ato que declarou a perda revogado, na forma definida pelo órgão competente do Poder Executivo. (Lei 13.445/2017)".

Sobre a reaquisição da nacionalidade do ex-brasileiro nato, vale destacar um julgado do STF, em exemplar decisão sobre do pedido de Extradição feito pelos Estados Unidos da América, em 1986 (antes da promulgação da CRFB/88), reforçando a posição de que a reaquisição da nacionalidade do ex-brasileiro nato implica o retorno ao *status* de nacionalidade primária. Vejamos:

"Havendo o extraditando **comprovado a reaquisição da nacionalidade brasileira**, indefere-se o pedido de extradição. Constituição Federal de 1967, art. 153, parágrafo 19, parte final. Não cabe invocar, na espécie, o art. 77, i, da lei n. 6.815/1980. Essa regra dirige-se, imediatamente, a forma de aquisição da nacionalidade brasileira, por via de naturalização. Na espécie, o extraditando e brasileiro nato (Constituição Federal de 1967, art. 145, i, letra 'a'). **A reaquisição da nacionalidade, por brasileiro nato, implica manter esse *status* e não o de naturalizado.** Indeferido o pedido de extradição, desde logo, diante da prova da nacionalidade brasileira, determina-se seja o extraditando posto em liberdade" (**Ext. 441, rel. Min. Néri da Silveira, julgamento em 18-6-1986**).

Informações Complementares

Apátrida: Também chamado heimatlos, é aquele que não tem pátria, não apresenta vínculo jurídico-político com nenhum Estado, devendo adquirir o mais breve possível uma pátria, através da naturalização ou da opção. Trata-se do **conflito de nacionalidade negativo**.

Polipátrida: É aquele que possui mais de uma nacionalidade, mais de uma pátria. O brasileiro, filho de italiano, neto de português, que se naturaliza holandês, por imposição da lei estrangeira, por exemplo. Trata-se de **conflito de nacionalidade positivo**.

Extradição: Ocorre quando o indivíduo pratica um crime no estrangeiro, ingressando no Brasil, e o Estado onde ele praticou o crime solicita ao Brasil a sua extradição ou envio compulsório, para que o infrator seja processado ou cumpra a pena. **O brasileiro nato nunca será extraditado**, já o brasileiro naturalizado poderá ser extraditado nas hipóteses previstas no art. 5º, LI da CRFB/88. O estrangeiro poderá ser extraditado, salvo se cometer crime político. **A Súmula 421 do STF explicita que "não impede extradição a circunstância de ser o extraditando casado com brasileira ou ter filho brasileiro".**

Expulsão: A Lei de Migração prescreve que o estrangeiro que, de qualquer forma, dentro do território brasileiro, cometer os crimes previstos no art. 54 da Lei n. 13.455/2017, poderá ser expulso da República Federativa do Brasil. A referida lei prevê também hipóteses nas quais não haverá a expulsão. **A Súmula 1 do STF consagra ser "vedada a expulsão de estrangeiro casado com brasileira, ou que tenha filho brasileiro, dependente de economia paterna"**. "A expulsão consiste em medida administrativa de retirada compulsória de migrante ou visitante do território nacional, conjugada com o impedimento de reingresso por prazo determinado" (*vide* art. 50 da Lei n. 13.445/2017).

Deportação: Ocorre quando um estrangeiro entra ou permanece irregular no território brasileiro, e é convidado a sair imediatamente do país. "A deportação é medida decorrente de procedimento administrativo que consiste na retirada compulsória de pessoa que se encontre em situação migratória irregular em território nacional" (*vide* art. 50 da Lei n. 13.445/2017).

Repatriação: "consiste em medida administrativa de devolução de pessoa em situação de impedimento ao país de procedência ou de nacionalidade" (*vide* art. 49 da Lei n. 13.445/2017).

2.4 Direitos Políticos

Os direitos políticos são direitos fundamentais que se concretizam como instrumentos disponíveis constitucionalmente para o pleno exercício da soberania popular. Para a política, a soberania é o exercício da autoridade que reside num povo e que se exerce por intermédio dos seus órgãos constitucionais representativos. **O povo é soberano**, segundo Rousseau.

A Constituição Federal de 1988 refere-se expressamente ao sufrágio que, no sentido amplo da palavra, consiste em todo direito subjetivo de natureza política e engloba todas as modalidades de poder político previstas no Texto Constitucional. O sufrágio é universal, o que significa que ao voto e aos demais direitos políticos de cada cidadão são atribuídos o mesmo valor, não importando a condição financeira ou intelectual do indivíduo e não havendo nenhuma discriminação de votos. No exercício do sufrágio classificamos a capacidade ativa (votar) e a capacidade passiva (ser votado).

Contudo, aos estudarmos os direitos políticos devemos nos remeter primeiramente ao parágrafo único do art. 1º da CRFB/88, que prescreve: **"Todo poder emana do povo, que o exerce por meio de representantes eleitos ou diretamente, nos termos desta Constituição"**. Trata-se da chamada democracia semidireta ou participativa, um sistema misto com características de democracia representativa, mas com a participação direta do povo, desde que prevista no Texto Constitucional.

Normalmente quem exerce o poder político no Brasil é o representante que, com a eleição, recebeu um "mandato" dos eleitores, que são os verdadeiros donos do poder. O **povo, dono do poder, tem a titularidade do poder político**, mas o **exercício cabe ao representante eleito**. Na nossa Constituição Federal de 1988, cujo regime democrático é semidireto, criou-se um sistema misto, pois há a determinação taxativa das formas com as quais o povo exerce diretamente seu poder. Tais formas de exercício direto do poder estão contidas no conceito amplo de sufrágio: **Voto, Plebiscito, Referendo, Iniciativa Popular, Iniciativa Popular de Lei, Ação Popular e Elegibilidade.**

Sufrágio: no sentido amplo da palavra, é o direito público subjetivo de natureza política no qual o cidadão pode eleger, ser eleito e participar do governo. Pode ser quanto à extensão – universal ou restrito e quanto à igualdade – igual ou desigual. O sufrágio no Brasil contemporâneo é universal. **Sufrágio** no sentido restrito da palavra pode ser usado no **sentido de voto.**

Vejamos os modos de exercício dos direitos políticos, previstos no Texto Constitucional:

A) Voto: é a manifestação do sufrágio no plano prático, é o ato político que materializa o direito de votar, caracteriza-se como **secreto, igual, livre, pessoal, universal, obrigatório, periódico e direto**. Seu resultado reflete a vontade real do povo e deve ser acatado na sua totalidade. A obrigatoriedade de voto limita-se aos alfabetizados entre 18 e 70 anos.

B) Plebiscito: Consulta prévia que a Casa Legislativa faz ao povo. Antes do ato político o povo é consultado pelos representantes, ou seja, por aqueles que haviam sido eleitos. Quanto a Casa Legislativa que faz a consulta pode ser Congresso Nacional, Assembleia Legislativa e Câmara de Vereadores, dependendo da esfera da consulta. O termo "povo" deve ser entendido com eleitor. A Constituição determina, em seu art. 18, §§ 3º e 4º, a consulta através de plebiscito para a criação de novos estados e municípios. E o art. 49, XV, determina que é competência exclusiva do Congresso Nacional (por Decreto Legislativo) autorizar referendo e convocar plebiscito. Sobre o tema, em 2011, o Decreto Legislativo n. 136 dispôs sobre a consulta plebiscitária para a criação do estado de Carajás; e o Decreto Legislativo n. 137 dispôs sobre a consulta plebiscitária para a criação do estado de Tapajós, ambos provocariam o desmembramento-formação em relação ao estado do Pará. A resposta dos eleitores foi pela manutenção territorial do estado do Pará e a decisão popular foi acatada.

C) Referendo: Consulta posterior que a Casa Legislativa faz ao povo. Casa Legislativa será aquela competente para a consulta, dependendo qual será a esfera da mudança; povo será o eleitor. Em 2005, o Decreto Legislativo n. 780 do Congresso Nacional autorizou a convocação do referendo sobre o comércio de armas no Brasil. O referendo decidiu sobre o art. 35 da Lei n. 10.826/2003 – "Estatuto do Desarmamento", e o resultado foi que o povo não quis a proibição do comércio de armas de fogo e munição no Brasil.

Sobre as consultas populares que as Casas Legislativas fazem ao povo – Plebiscito e Referendo – destacamos as novidades trazidas pela Emenda Constitucional n. 111/2021, acrescentando os §§ 12 e 13 ao art. 14 da Constituição Federal. Segundo a nova regra constitucional, serão realizadas concomitantemente às eleições municipais as consultas populares sobre questões locais aprovadas pelas Câmaras Municipais e encaminhadas à Justiça Eleitoral até 90 (noventa) dias antes da data das eleições, observados os limites operacionais relativos ao número de quesitos, e as manifestações favoráveis e contrárias às questões submetidas às consultas populares, nos termos do § 12, ocorrerão durante as campanhas eleitorais, sem a utilização de propaganda gratuita no rádio e na televisão.

D) Iniciativa Popular: Apesar do Texto Constitucional não citar expressamente que esta é a **Iniciativa Popular de Lei**, a doutrina majoritária interpreta-a desta forma. Então faremos referência, primeiramente, ao art. 61, § 2º, da CRFB/88, que determina que o **1% do eleitorado brasileiro, distribuído em pelo menos 5 estados-membros brasileiros, com não menos de 0,3% de cada estado**, poderá subscrever um projeto de lei federal (ordinária ou complementar, desde que a iniciativa não seja privativa de outra autoridade ou órgão). O projeto de lei de iniciativa popular deverá ser apresentado à Câmara dos Deputados que encaminhará para a tramitação legislativa. Em seguida temos a iniciativa de lei municipal prevista no art. 29, XIII, da CRFB/88, que prevê a possibilidade de **5% do eleitorado municipal** protocolar projeto de lei de interesse do município, distrito ou bairro. No caso de iniciativa popular de lei estadual a Constituição é lacônica, destacando em seu art. 27, § 4º, que cabe a cada Estado-membro determinar a iniciativa popular de lei estadual.

Defendemos a possibilidade de outro aspecto acerca da Iniciativa Popular, além daquele que argumenta a Iniciativa Popular de Lei. Seria uma Iniciativa Popular propriamente dita, definida como qualquer manifestação lícita e espontânea do povo acerca de assuntos políticos como uma passeata, um abaixo-assinado, um manifesto de protesto. O movimento "Caras Pintadas" (que pediu o *impeachment* do ex-presidente Collor), o movimento "Diretas Já" (que pediu a redemocratização, a nova Constituição e o voto direto), o movimento "Contra a Injustiça: em defesa do Rio" (que protestou contra a divisão dos *royalties* do petróleo), e os diversos movimentos de rua e nas redes sociais que "brotaram" nos últimos tempos poderiam, desde que lícitos e espontâneos, corresponder a esse novo aspecto que defendemos existir, mas como todo movimento novo ainda carece de construção jurídica.

E) Ação Popular: A ação popular é um remédio constitucional, prevista no art. 5º, LXXIII, da CRFB/88 e disciplinada pela Lei n. 4.717/65. É meio constitucional útil para anular atos lesivos ao patrimônio público, patrimônio histórico e cultural, meio ambiente e moralidade administrativa. A ação popular é **Remédio Constitucional**, mas é importante ressaltar aqui que se exige que o impetrante seja eleitor, caracterizando um **exercício dos direitos políticos.**

F) Elegibilidade: É o exercício da **capacidade eleitoral passiva**, ou seja, de ser votado, concorrendo a cargo público eletivo. A CRFB/88 elenca as condições de elegibilidade, no art. 14, § 3º, exigindo a nacionalidade brasileira, inscrição eleitoral, plenitude do exercício dos direitos políticos, domicílio eleitoral na circunscrição que deseja concorrer, filiação partidária e idade mínima para cada cargo eletivo, quais sejam: 18 anos para Vereador; 21 anos para Deputado Federal, Deputado Estadual ou Distrital, Prefeito, Vice-Prefeito e juiz de paz; 30 anos para Governador e Vice-Governador de Estado e do Distrito Federal; 35 para Presidente e Vice-Presidente da República e Senador.

2.4.1 Direitos políticos negativos

Os direitos políticos negativos compreendem os dispositivos restritivos e impeditivos dos direitos políticos, alcançando as modalidades de exercício da capacidade eleitoral ativa (voto, plebiscito, referendo, iniciativa popular de lei, ação popular) e passiva (elegibilidade). Os dispositivos impeditivos ou restritivos podem ser constitucionais ou infraconstitucionais, mas os últimos, somente por lei complementar. **São direitos políticos negativos os casos de suspensão e perda dos direitos políticos e os casos de inelegibilidade.**

Casos de Suspensão e Perda dos Direitos Políticos: O art. 15 da Constituição Federal lista os casos de perda ou suspensão dos direitos políticos, são eles:

Cancelamento de Naturalização por sentença transitada em julgado: se o brasileiro naturalizado cometer um ato nocivo ao interesse nacional, estará sujeito a **Ação de Cancelamento de Naturalização,** e após a sentença transitar em julgado, voltará à condição de estrangeiro. E voltando a ser estrangeiro, logicamente ocorrerá a **perda dos direitos políticos**, pois é condição, para ser eleitor, ter a nacionalidade brasileira.

Incapacidade Civil Absoluta: caso um cidadão seja declarado absolutamente incapaz em uma Ação de Interdição, por exemplo, seus direitos políticos serão afetados, mas apenas enquanto durar a condição incapacitante. Nos casos de incapacidade civil absoluta ocorrerá a **suspensão dos direitos políticos.**

Condenação Criminal transitada em julgado, enquanto durarem seus efeitos: no caso de condenação criminal de cidadão, ela importará em **suspensão dos direitos políticos** apenas enquanto durarem os efeitos da condenação. Sobre o tema é importante destacar alguns julgados do STF, vejamos:

STF – AP 396-QO – Mandato Parlamentar e condenação criminal transitada em julgado gerando suspensão dos direitos políticos e perda do cargo: "A perda do mandato parlamentar, no caso em pauta, deriva do preceito constitucional que impõe a suspensão ou a cassação dos direitos políticos. Questão de ordem resolvida no sentido de que, determinada a suspensão dos direitos políticos, a suspensão ou a perda do cargo são medidas decorrentes do julgado e imediatamente exequíveis após o trânsito em julgado da condenação criminal, sendo desimportante para a conclusão o exercício ou não de cargo eletivo no momento do julgamento". (AP 396-QO, rel. Min. Cármen Lúcia, *DJe* de 4-10-2013.)

STF – RE 601.182-MG – Substituição da pena privativa de liberdade em pena restritiva de direito e a suspensão dos direitos políticos: Em 2009, o STF recebeu com repercussão geral o RE 601.182, interposto pelo Ministério Público do Estado de Minas Gerais, questionando o entendimento sobre a suspensão dos direitos políticos quando ocorre a substituição da pena privativa de liberdade por restritiva de direitos. "Em análise de uma apelação, o Tribunal de Justiça do Estado de Minas Gerais (TJ-MG) entendeu não ser aplicável a suspensão de direitos políticos, prevista no artigo 15, inciso III, da Constituição Federal, tendo em vista a substituição da pena privativa de liberdade pela restritiva de direitos. Considerou que não há qualquer incompatibilidade em relação ao pleno exercício dos seus direitos políticos, 'cuja relevante importância só permite o tolhimento em situações que materialmente os inviabilizem'. Por isso, com base nos princípios da isonomia, da dignidade da pessoa e da individualização da pena, concluiu pela manutenção dos direitos políticos do apenado."

STF – AP 565 – No caso específico dos parlamentares, essa relação natural entre suspensão dos direitos políticos e perda do cargo público (...) não se estabelece como consequência natural. E a Constituição, no art. 55, § 2º, diz claramente que, nesses casos, a perda do mandato será decidida pela Câmara dos Deputados ou pelo Senado Federal por (...) maioria absoluta, mediante provocação da respectiva Mesa ou de partido político representado no Congresso Nacional, assegurada ampla defesa.

STF – ADC 29, ADC 30 e ADI 4.578 – A inelegibilidade tem as suas causas previstas nos §§ 4º a 9º do art. 14 da Carta Magna de 1988, que se traduzem em condições objetivas cuja verificação impede o indivíduo de concorrer a cargos eletivos ou, acaso eleito, de os exercer, e não se confunde com a suspensão ou perda dos direitos políticos, cujas hipóteses são previstas no art. 15 da Constituição da República, e que importa restrição não apenas ao direito de concorrer a cargos eletivos (*ius honorum*), mas também ao direito de voto (*ius sufragii*). Por essa razão, não há inconstitucionalidade na cumulação entre a inelegibilidade e a suspensão de direitos políticos.

Recusa de cumprir obrigação a todos imposta ou prestação alternativa: a Constituição Federal, em seu art. 5º, VIII, determina que ninguém será privado de direitos por motivo de crença religiosa, convicção política ou filosófica, salvo se invocá-las para se eximir de obrigação legal a todos imposta ou de obrigação alternativa, fixada em lei. E o art. 15, IV, da CRFB/88 determina esta suspensão. Contudo, sobre este assunto há **divergências doutrinárias**: a **doutrina constitucionalista**, através de seus nomes mais expressivos, defende ser caso de **perda de direitos políticos**; entretanto os maiores estudiosos do **Direito Eleitoral** defendem ser caso de **suspensão de direitos políticos**, alegando obediência aos termos da Lei n. 8.239/91, em seu art. 4º, § 2º.

Improbidade Administrativa: O art. 37, § 4º, da Constituição Federal é claro ao determinar que a condenação por atos de improbidade gera, além de outros efeitos, **a suspensão dos direitos políticos.**

Outros casos de perda ou suspensão dos direitos políticos: Embora não estejam expressos no art. 15 da CRFB/88, há outros casos de perda ou suspensão dos direitos políticos no Texto Constitucional, vejamos:

Perda-mudança: se o brasileiro perde a nacionalidade em virtude de ter adquirido voluntariamente outra nacionalidade, terá como consequência a **perda dos direitos políticos,** pois a nacionalidade brasileira é condição para o exercício dos direitos políticos.

Exercício de direitos políticos em Portugal: Na interpretação do art. 12, § 1º, da CRFB/88 c/c art. 17.3 do Decreto n. 3.927/2001, o português e o brasileiro, se exercerem direitos políticos no Estado de residência terão direitos políticos suspensos no Estado de nacionalidade. Assim se o português equiparado exercer direitos políticos no Brasil, terá seus direitos políticos suspensos em Portugal; o mesmo acontecendo com o brasileiro que exercer direitos políticos em terras lusitanas, sofrerá aqui a **suspensão dos direitos políticos.**

Casos de Inelegibilidade – Absoluta e Relativa: Inelegibilidades são impedimentos atribuídos ao cidadão e relacionados à sua capacidade eleitoral passiva. Os casos de inelegibilidade estão previstos na CRFB/88 e em leis complementares e também podem ser chamados de **direitos políticos negativos** (juntamente com os casos de perda ou suspensão dos direitos políticos). As inelegibilidades podem ser classificadas como **inelegibilidade absoluta (art. 14, § 4º)** e **inelegibilidade relativa (art. 14, §§ 5º ao 9º, e leis complementares).**

Inelegibilidade Absoluta ocorre quando o indivíduo não pode concorrer a nenhum cargo eletivo, devido apresentar pelo menos um impedimento. Caso se livre do impedimento poderá concorrer a cargos públicos eletivos. **Somente a Constituição Federal, no art. 14, § 4º, apresenta inelegibilidade absoluta,** vejamos: são inelegíveis os inalistáveis (estrangeiros e conscritos) e os analfabetos. **São três "sujeitos" absolutamente inelegíveis: estrangeiros, conscritos e analfabetos.**

Os **estrangeiros** não têm vínculo jurídico-político com o Estado brasileiro, portanto não podem exercer nem a capacidade eleitoral ativa, nem a capacidade eleitoral passiva, a não ser que adquiram a nacionalidade brasileira, através da naturalização, cessando o impedimento. Já os **conscritos** são aqueles que estão cumprindo o serviço militar obrigatório, após serem alistados e convocados pelas Forças Armadas, e somente após o cumprimento do período obrigatório poderão exercer sua capacidade eleitoral ativa e passiva. Por último, os **analfabetos** podem se alistar como eleitores e votar facultativamente, ou seja, podem exercer a capacidade eleitoral ativa, mas estão impedidos de exercer a capacidade passiva, salvo se forem alfabetizados, quando cessa o impedimento.

Inelegibilidade Relativa ocorre quando o cidadão está impedido de se eleger para um determinado cargo, ou para cargos de uma determinada circunscrição, ou precisa atender a certos requisitos para livrar-se da inelegibilidade. Os casos de inelegibilidade relativa, previstos na CRFB/88, estão relacionados com chefes do Poder Executivo e com os militares, mas ainda existem as inelegibilidades relativas previstas em leis complementares (LC n. 64/90, LC n. 81/94, LC n. 135/2010). Enquanto o **rol das inelegibilidades absolutas é taxativo** na Constituição Federal de 1988; o **rol das inelegibilidades relativas previsto na CRFB/88 é exemplificativo, pois leis complementares podem incluir novos casos.**

Inelegibilidade do Chefe do Poder Executivo para reeleição: Segundo determinação constitucional, os chefes do Poder Executivo só podem ser reeleitos para um único período subsequente, ou seja, no fim do segundo mandato, o chefe do Executivo estará inelegível para o mesmo cargo, mas poderá concorrer, no futuro, para um terceiro mandato não consecutivo. Segundo o TSE, a regra não é extensível da mesma forma para os vices, conforme determina a Res. n. 20.889/01/TSE. Vejamos também alguns julgados:

STF – AI 782.434 AgR (j. 8-2-2011, 1ª T, *DJE* de 24-3-2011) – Vice-governador eleito duas vezes para o cargo de vice-governador. No segundo mandato de vice, sucedeu o titular. Certo que, no seu primeiro mandato de vice, teria substituído o governador. Possibilidade de reeleger-se ao cargo de governador, porque o exercício da titularidade do cargo dá-se mediante eleição ou por sucessão. Somente quando sucedeu o titular é que passou a exercer o seu primeiro mandato como titular do cargo. Inteligência do disposto no § 5º do art. 14 da CF. (**RE 366.488**, rel. Min. **Carlos Velloso**, j. 4-10-2005, 2ª T, *DJ* de 28-10-2005.)

TSE – Decisão Monocrática no RESPE 31668 (22-11-2008) – a simples circunstância de competir ao Vice-Governador ou ao Vice-Prefeito outras atribuições, além daquela de substituir ou suceder ao Governador ou ao Prefeito, não conduz, necessariamente, a conclusão de que estejam submetidos a prazo de desincompatibilização para concorrerem a outro cargo público.

Inelegibilidade do Chefe do Poder Executivo para concorrer a outro cargo: Se o chefe do Poder Executivo quiser concorrer a outro cargo deverá **renunciar seis meses antes do pleito**, não importando se está no primeiro ou segundo mandato. Em relação aos vices, só haverá incidência da regra se eles tiverem, nos seis meses anteriores ao pleito, sucedido ou substituído os titulares.

Ainda sobre o tema, é importante destacar que a dissolução da sociedade ou do vínculo conjugal com a morte do cônjuge político não está submetida à inelegibilidade reflexa do art. 14, § 7º c/c Súmula Vinculante 18. Vejamos destacada manifestação do STF:

RE 758.461 – "O que orientou a edição da Súmula Vinculante 18 e os recentes precedentes do STF foi a preocupa-ção de inibir que a dissolução fraudulenta ou simulada de sociedade conjugal seja utilizada como mecanismo de burla à norma da inelegibilidade reflexa prevista no § 7º do art. 14 da Constituição. Portanto, não atrai a aplicação do entendimento constante da referida súmula a extinção do vínculo conjugal pela morte de um dos cônjuges."

Inelegibilidade Reflexa incidente sobre os parentes do Chefe do Poder Executivo: Ainda sobre os chefes do Poder Executivo, a Constituição Federal de 1988 também estabelece a **inelegibilidade reflexa**, que impede que os parentes destas autoridades (parentes até o segundo grau) possam concorrer a cargos eletivos, dentro da circunscrição dos seus titulares. Também refletem inelegibilidades nos parentes aqueles que ocupem a chefia do Poder Executivo nos seis meses anteriores ao pleito. A exceção ocorre se o parente já for titular de mandato eletivo e candidato a reeleição. A inelegibilidade reflexa impede a hereditariedade no mando do Poder Executivo, e está intimamente ligada aos princípios republicanos.

No âmbito jurisprudencial, há vários julgados dos TRE's e do TSE, que muitas vezes se contradizem em relação à inelegibilidade reflexa, todavia, vale ressaltar aqui a **Súmula Vinculante do STF 18/2009** que estabelece o seguinte: "A dissolução da sociedade ou do vínculo conjugal, no curso do mandato, não afasta a inelegibilidade prevista no § 7º do art. 14 da CF".

Ainda sobre o tema, é importante destacar que a dissolução da sociedade ou do vínculo conjugal com a morte do cônjuge político não está submetida à inelegibilidade reflexa do art. 14, § 7º c/c Súmula Vinculante 18, vejamos destacada manifestação do STF:

- "O que orientou a edição da Súmula Vinculante 18 e os recentes precedentes do STF foi a preocupação de inibir que a dissolução fraudulenta ou simulada de sociedade conjugal seja utilizada como mecanismo de burla à norma da inelegibilidade reflexa prevista no § 7º do art. 14 da Constituição. Portanto, não atrai a aplicação do entendimento constante da referida súmula a extinção do vínculo conjugal pela morte de um dos cônjuges." (**RE 758.461**)

Inelegibilidade do Militar: A CRFB/88, no art. 14, § 8º, disciplina sobre a **inelegibilidade do militar alistável**, excluindo o conscrito que é o militar inalistável. Ocorre que a CRFB/88 proíbe ao militar ativo o exercício da atividade político-partidária (art. 142, § 1º), mas prevê capacidade eleitoral passiva para o militar (não conscrito) no art. 14, § 8º. O dispositivo intenta impedir a concomitância da atividade política com a atividade militar, prática tão comum na época do regime militar anterior à atual Constituição.

Para esta categoria teremos a seguinte regra: se o militar contar com menos de 10 anos de serviço, deverá afastar-se definitivamente da atividade para concorrer às eleições; se o militar tenha mais de 10 anos de serviço, será afastado temporariamente da atividade (agregado) e caso ganhe a eleição, será posto na inatividade com a diplomação (antes da posse).

Inelegibidades relativas previstas em lei complementar: Por previsão constitucional, **somente leis complementares** poderão estabelecer outros **casos de inelegibilidade relativa**, observando os seguintes critérios: proteção da probidade administrativa, moralidade para o exercício do mandato, observância da vida pregressa do candidato, normalidade e legitimidades das eleições, proibição de influência econômica ou do abuso do exercício de função, cargo ou emprego na administração pública direta ou indireta. São exemplos de leis complementares que atendem este dispositivo constitucional as seguintes: LC n. 64/90, LC n. 81/94, LC n. 135/2010.

2.4.2 Princípio da anterioridade (ou anualidade) eleitoral

O art. 16 da CRFB/88 trata do princípio da anterioridade eleitoral e determina claramente que a lei (ou qualquer norma) que alterar o processo eleitoral entrará em vigor na data da publicação (vigência é existência da norma) não se aplicando (não gerando efeitos) à eleição que ocorra dentro de um ano do início de sua vigência. **Coaduna-se ao princípio da anterioridade o princípio da segurança jurídica**, determinando que as regras do processo eleitoral não possam mudar às vésperas da eleição começar. Cabe a aplicação de um lapso temporal para que eleitores, partidos políticos, Justiça Eleitoral se adaptem às novas regras.

Com base neste dispositivo, o STF entendeu que a alteração trazida pela **Emenda Constitucional n. 52/2006** ao art. 17, § 1º, da CRFB/88 não deveria ser aplicada nas eleições de 2006, assim como as regras da **Lei Complementar n. 135/ 2010 (Lei da Ficha Limpa)** não puderam ser aplicadas nas eleições deste mesmo ano. Contudo, na mesma corrente de pensamento, o STF entendeu que para as eleições municipais de 2012 aplica-se a Lei da Ficha Limpa, já que cumprido o lapso temporal de um ano do início da vigência.

2.4.3 Partidos Políticos

Apesar de estar disposto em capítulo apartado no Título II da CRFB/88, consideramos nesta obra o tema "partidos políticos" como um desenrolar dos chamados direitos políticos, e, portanto o organizamos nesta seção.

Os partidos políticos são pessoas jurídicas de direito privado, sendo conceituados por Celso Ribeiro Bastos como **"organização de pessoas reunidas em torno de um mesmo programa político com a finalidade de assumir o poder e de mantê-lo ou, ao menos, de influenciar na gestão da coisa pública através de críticas e oposições"**.

Os partidos políticos gozam de relativa liberdade de organização partidária, não havendo intervenção estatal. O art. 17 da CRFB/88 disciplina, de forma superficial, os partidos políticos, cabendo à Lei n. 9.096/95, e suas atualizações, o regramento mais aprofundado do assunto.

Todavia, é relevante listar as determinações constitucionais acerca dos partidos políticos: devem respeitar a soberania nacional, o regime democrático, o pluripartidarismo e os direitos da pessoa humana; devem ter caráter nacional; devem respeitar o funcionamento parlamentar; estão proibidos de receber verba de organismo estrangeiro ou internacional ou de se subordinar a eles; recebem verba do fundo partidário e têm direito ao horário eleitoral gratuito na rádio e televisão (conforme as regras da EC n. 97/2017); devem prestar contas à Justiça Eleitoral; só adquirem personalidade jurídica, na forma da lei civil, após registros no TSE; têm liberdade para estabelecer sua estrutura interna, organização, funcionamento, normas de disciplina e fidelidade partidária; têm liberdade para estabelecer suas coligações partidárias nas eleições majoritárias, sendo vedadas as coligações partidárias nas eleições proporcionais (EC n. 52/2006, com restrições aplicadas pela EC n. 97/2017).

Atente para duas inovações: aquela trazida pela EC n. 91/2016, de 18 de fevereiro, que abriu uma janela para troca de partido, facultando ao detentor de mandato eletivo desligar-se do partido pelo qual foi eleito nos trinta dias seguintes à promulgação da referida EC, sem prejuízo do mandato, não sendo essa desfiliação considerada para fins de distribuição dos recursos do Fundo Partidário e de acesso gratuito ao tempo de rádio e televisão; e as mudanças trazidas pela EC n. 97/2017, que se relacionam às chamadas cláusulas de desempenho eleitoral, restringindo o acesso dos partidos ao Fundo Partidário e a vedação às coligações em eleições proporcionais para deputados federais, deputados estaduais e vereadores.

A EC n. 111/2021 acrescentou o § 6º ao art. 17 estabelecendo que os deputados federais, estaduais, distritais e vereadores que se desligarem do partido pelo qual tenham sido eleitos perderão o mandato, salvo se houver anuência do partido ou em outras hipóteses de justa causa estabelecidas em lei, não computada, em qualquer caso, a migração de partido para fins de distribuição de recursos do fundo partidário ou de outros fundos públicos e de acesso gratuito ao rádio e à televisão.

3. ORGANIZAÇÃO DO ESTADO BRASILEIRO

A organização e estruturação do Estado Brasileiro podem ser estudadas primeiramente sob três aspectos: **Forma de Estado, Forma de Governo e Sistema de Governo**. No Brasil, a **Forma do Estado é Federada**, a **Forma de Governo é Republicana** e o **Sistema de Governo é Presidencialista**. Cada um desses aspectos introduz no contexto constitucional uma série de características, que identificamos com certa facilidade, entretanto, para estudarmos a **Organização do Estado Brasileiro**, que é o objeto deste capítulo, devemos estruturar algumas ideias.

3.1 O que é o Estado?

Estado é uma ficção do Direito, e uma organização criada com a finalidade de atender as necessidades dos membros de um grupo, regulando as relações sociais entre esses membros, que estão fixos em um determinado território. Tal grupo, denominado **POVO**, situado em um espaço geográfico, chamado **TERRITÓRIO**, necessita de uma figura jurídica – o **ESTADO** – que exerça o controle, denominado **PODER**, sobre grupo.

Eis os elementos essenciais para a constituição do Estado: **PODER SOBERANO** (elemento político) de um **POVO** (elemento humano) situado em um **TERRITÓRIO** (elemento geográfico).

Desde os primórdios, o homem, ser gregário, buscou viver em grupo. O grupo, por sua vez, naturalmente instituía suas regras de convivência, e as respectivas sanções para os casos de descumprimento de tais regras. Os grupos humanos, formados desde os tempos mais remotos, reconheciam nas mãos de um líder, ou de uma junta de líderes, o controle de determinadas atribuições, como: gerenciar seus integrantes, desde a distribuição dos utensílios domésticos e instrumentos de caça, até as tarefas de cada membro do grupo – **a função executiva**; estabelecer regras de conduta, prevendo sanções aos desobedientes – **função legislativa**; exercer o poder de julgar conflitos entre integrantes do grupo, e arbitrar a sua solução – **função jurisdicional**.

Todavia, alguns fatores ocasionaram a melhoria das condições de vida do homem na face da Terra, e destacamos a descoberta do fogo e o surgimento da agricultura, que contribuíram de forma determinante para a fixação dos grupos em determinadas regiões. Sedentárias, as civilizações passaram a se desenvolver, e os grupos humanos passaram a crescer em número de membros, gerando, como consequência, a fragilidade do poder nas mãos de tais líderes. Chegava a hora de se criar uma figura fictícia, legitimada pelo grupo, com poder de agregar as funções que antes eram exercidas pelos seus líderes. **Nascia assim a figura do ESTADO**!

Ratificando, podemos citar a definição de Estado por Ranelletti: "O Estado é um **povo** fixado em um **território** e organizado sob um **poder** de império, supremo e originário, para realizar, com ação unitária, os seus próprios fins coletivos" (RANELLETI, Oreste. *Istituzioni di diritto pubblico il nuovo diritto pubblico dela repubblica italiana*; parte generale; p. 64).

A Constituição de um Estado é o conjunto de normas que organizam seus elementos constitutivos: povo, território e poder. Desse modo a Constituição figura como a lei suprema de um Estado.

Uma coletividade territorial só adquire a qualificação de Estado quando conquista sua capacidade de autodeterminação, com independência em relação a outros Estados.

No Estado Brasileiro tal independência ocorreu em 7 de setembro de 1822, ganhando a forma de Governo Imperial. Naquela época o grande problema foi a implementação da unidade nacional, o Estado Unitário Imperial encontrou grandes barreiras nos poderes regionais e locais que dominavam o Brasil, pois desde o início da colonização, com a divisão territorial e a organização das doze capitanias hereditárias, o poder encontrava-se nas mãos de donatários, e posteriormente com a maior fragmentação do território brasileiro, por volta de 1572, distribuiu-se o poder nas mãos de capitães-generais; ouvidores; juízes de fora; capitães-mores; chefes de presídios, entre outras autoridades da época.

Segundo Oliveira Vianna, "Governículos locais, representados pela autoridade todo-poderosa dos capitães-mores das aldeias, os próprios caudilhos locais, insulados nos seus latifúndios, nas solidões dos altos sertões, eximem-se, pela sua mesma inacessibilidade, à pressão disciplinar da autoridade pública; e se fazem centro de autoridade efetiva, monopolizando a autoridade política, a autoridade judiciária e a autoridade militar dos poderes constituídos" (OLIVEIRA VIANNA, Francisco José, *Evolução do Povo Brasileiro*, 4. ed., Rio de Janeiro: Livraria José Olympio, 1956, p. 217).

Portanto, a ideia de descentralização de poder no Brasil já se mostra bem antiga, com suas raízes no início da colonização. Os chamados Forais de Capitania já previam a possibilidade de se adquirir "direitos, foros, tributos e coisas que na dita terra se hão de pagar". Para alguns, tivemos até uma monarquia com ares de federação, com o Ato Adicional de 1837. A divisão territorial em capitanias não teve importância apenas sob o aspecto histórico, mas jurídico-político. Capitanias, províncias, estados-membros: a divisão geográfica e política da época da Colônia deixou marcas profundas na formação do Estado brasileiro.

3.2 Nascimento da federação brasileira

Formalmente, **a Federação no Brasil surge com a aprovação do Decreto n. 1, de 15 de novembro de 1889**, que proclamou para o Estado brasileiro, conjuntamente com a Forma de Governo Republicana, a Forma de Estado Federada, sob a forte influência do federalismo norte-americano já institucionalizado.

Todavia, há autores que defendem a existência da Federação no Brasil desde a época do Império: **um verdadeiro "Império Federado"**. Segundo essa corrente de juristas, em 1831, pressionado pelos movimentos das elites agrárias regionais contra o excessivo centralismo do monarca, D. Pedro I abdicou do trono. Havia uma grande movimentação pela maior descentralização do poder central e pela criação de um regime provincial, o que ocorreu em 1834, através do Ato Adicional, que emendou a Constituição de 1824. Foi aprovada a Lei n. 16, de 12 de agosto 1834, que criou a Monarquia representativa e transformou os Conselhos Gerais das Províncias em Assembleias Legislativas, as Províncias tiveram asseguradas as funções executivas e legislativas, com evidentes princípios federalistas.

Com a Proclamação da República em 1889, os movimentos favoráveis à descentralização foram definitivamente vitoriosos. O Governo Provisório expediu o Decreto n. 1, de 15 de novembro de 1889, instituiu definitivamente a federação, transformando as antigas Províncias em Estados-membros e criando os "Estados Unidos do Brazil". O art. 1º do Dec. n. 1/1889 dispunha: "A nação Brazileira adopta como fórma de governo, sob regimen representativo, a República Federativa proclamada a 15 de novembro de 1889, e **constitui-se, por união perpétua e indissolúvel das suas antigas províncias, em Estados Unidos do Brazil**".

Posteriormente, a Constituição de 1891 institucionalizou a República Federativa como forma de governo e a **regra federativa da união perpétua e indissolúvel dos Estados-membros**; estabeleceu os bens de cada unidade federativa; aplicou a repartição constitucional de competências; destacou a competência residual dos Estados-membros; e determinou a intervenção da União nos entes federados para garantir a integridade da Federação.

No período Vargas, houve a imposição do centralismo, com restrições à autonomia dos Estados-membros; dissolução do Congresso Nacional, das Assembleias Legislativas Estaduais e das Câmaras Municipais; cassação dos mandatos de todos os Governadores e Prefeitos; e nomeação de interventores em cada Estado-membro e municípios; tudo baseado no Decreto n. 19.398, de 11 de novembro de 1930. Paradoxalmente, o governo Vargas manteve as Constituições e Leis estaduais e a competência residual dos Estados-membros.

Da Constituição de 1946 até o golpe militar, a autonomia federativa voltou a ser praticada, mas a partir de 1964, o federalismo foi apenas "textual", mantido na Constituição de 1967/1969, mas como um federalismo meramente formal, pois a competência da União foi de tal forma agigantada que sufocou a pseudoautonomia dos Estados federados.

Com a Constituição Federal de 1988, o princípio federalista foi restituído ao nosso Estado brasileiro, e o sistema de repartição de competências voltou a ser matéria de importância constitucional, com a Forma Federativa de Estado sendo elevada ao *status* de cláusula pétrea.

Como sabemos, a Constituição de 1988 recebeu o federalismo da evolução histórica, não sendo a instituidora do federalismo. Manteve-o mediante a declaração constante do art. 1º, que configura o Brasil como uma República Federativa. Então **a forma do Estado Brasileiro é a de Estado Federal ou Estado Composto.** Na vigência da Constituição de 1988, República Federativa do Brasil é o nome do Estado Brasileiro; Brasil é o nome do país, a forma de Estado é denominada Federativa, que indica tratar-se de um Estado Federal, e a forma de governo é a República.

3.3 Elementos da federação

A – Reunião de unidades regionais autônomas: que a doutrina chama de Estados Federados, Estados-membros ou simplesmente Estados. Há dois tipos de entidades: a União e as unidades regionais autônomas. Entre as últimas destacamos os Estados-membros, todavia, na Federação brasileira existem também as figuras do Distrito Federal e dos Municípios, a quem a Constituição atribui distinção na estrutura político-administrativa.

B – República Federativa do Brasil: é o Estado Federal, dotado de personalidade jurídica de Direito Público Internacional. O Estado Federal é o titular da soberania, considerada poder supremo consistente na capacidade de autodeterminação. Diferente do Estado Federal, os estados federados (estados-membros) são titulares de autonomia (o que se estende também ao Distrito Federal e aos Municípios), compreendida pelo governo próprio, dentro dos limites de competência traçados pela própria Constituição Federal.

C – União Federal: entidade federal formada pela reunião das partes componentes, constituindo pessoa jurídica de Direito Público interno, autônoma em relação aos Estados, Distrito Federal e Municípios, sendo representada, internamente, pelo(a) Presidente da República, como chefe de governo, no âmbito do Poder Executivo.

D – Estados-membros: entidades federativas componentes, dotadas de autonomia e também de personalidade jurídica de Direito Público Interno. A autonomia federativa assenta-se em dois elementos básicos: a existência de órgãos governamentais próprios que não dependem dos órgãos federais quanto à forma de seleção e investidura; e competências previstas na Constituição Federal (por exemplo, competência concorrente para tributar, competência exclusiva para criar as Constituições Estaduais).

E – Repartição de Competência entre a União e os estados-membros prevista no texto constitucional: O Estado Federal Brasileiro apresenta-se como um estado que, embora aparecendo único nas relações internacionais, é constituído por unidades federadas dotadas de autonomia, notadamente quanto ao exercício da capacidade normativa sobre matérias reservadas à sua competência.

F – União Indissolúvel: A indissolubilidade é um princípio que integra o conceito de federação, sendo considerada pela vigente Constituição como cláusula pétrea. Os membros da Federação são os estados-membros, que formam a federação, juntamente com municípios e o Distrito Federal. A indissolubilidade impede que a Federação brasileira seja "quebrada", "esfacelada", mas não impede a criação de novos entes federativos, integrantes da união indissolúvel.

G – Município: Por certo tempo, houve uma resistência dos doutrinadores em reconhecer nos municípios a característica de ente federativo, obstáculo totalmente superado, frente aos dispositivos constitucionais que enfatizam a natureza de ente federativo, dotado de autonomia política, legislativa e governamental.

H – Constituição Rígida como base jurídica: A rigidez da CRFB/88 garante a correta distribuição de competências entre os entes federativos autônomos, promovendo uma estabilidade institucional.

I – Órgão representativo dos Estados-membros e do Distrito Federal: O Senado Federal representa os estados-membros e o Distrito Federal, e, pelo princípio da isonomia, os senadores eleitos deverão ser sempre em número equivalente. Segundo o art. 46, §§ 1º e 3º, da CRFB/88, serão em número de três, com mandato de oito anos, representativos dos estados-membros e do Distrito Federal. Os municípios, apesar de serem considerados entes federativos, não possuem representantes diretos no Senado Federal.

J – Auto-organização dos Estados-membros: através das constituições estaduais, fruto do Poder Constituinte Derivado Decorrente. Os municípios e o DF, por sua vez, elaboram suas leis orgânicas.

K – Repartição das receitas: para que haja autonomia entre os entes federativos, deverá ocorrer a repartição de receita.

3.4 Brasília – a capital federal

Uma novidade do Texto Constitucional é a atribuição do *status* de capital federal a Brasília, inaugurada em 21 de abril de 1960, pelo então Presidente Juscelino Kubitschek. Brasília não está enquadrada, segundo José Afonso da Silva, no conceito de cidade, pois não é sede de Município. É, por definição constitucional, a Capital Federal, a sede do Governo Federal, sede da República Federativa do Brasil.

Uma curiosidade da Lei Orgânica do Distrito Federal é que Brasília também é a sede do governo do Distrito Federal, como dispõe o seu art. 6º. O art. 8º da mesma Lei Orgânica disciplina que território do Distrito Federal compreende o espaço físico-geográfico que se encontra sob seu domínio e jurisdição.

3.5 A indissolubilidade e as modalidades de desmembramento, fusão, incorporação e subdivisão de estados-membros e municípios

O princípio da indissolubilidade, também conhecido como princípio da vedação ao direito de secessão, determina que, uma vez criado o pacto federativo, nenhum membro da federação se separe da Federação. Encontramos exemplos da aplicação da indissolubilidade na Constituição Federal no art. 20, XI, da CRFB/88, no qual a União tem o domínio das terras ocupadas pelos índios, retirando do **povo indígena**, que tem **poder**, a possibilidade de ter **território (POVO + PODER – TERRITÓRIO)**; no art. 85, I, da CRFB/88 que dispõe ser crime de responsabilidade o ato do Presidente que atente contra **"a existência da União"**; e no art. 34, I, que determina ser motivo de intervenção federal **"manter a integridade nacional"**.

Todavia é importante saber que o princípio da indissolubilidade não impede que os estados-membros e os municípios se submetam aos procedimentos de desmembramento, fusão, incorporação e subdivisão. Tal possibilidade inclusive é prevista no art. 18, §§ 3º e 4º, da Constituição Federal de 1988.

Fusão	Dois ou mais entes federativos* se unem e o resultado da junção gera o surgimento de um novo ente federativo, extinguindo os anteriores.
Incorporação	Dois ou mais entes federativos se unem e o resultado da junção gera o englobamento de um ente sobre os outros, permanecendo apenas a pessoa jurídica do ente incorporador.
Subdivisão ou Cisão	Um ente federativo é dividido e o resultado da divisão gera a extinção da pessoa jurídica anterior e o surgimento de novas pessoas jurídicas.
Desmembramento--formação	Um ente federativo perde parte de seu território, mantendo sua personalidade jurídica. A parte desmembrada forma um novo ente.
Desmembramento--anexação	Um ente federativo perde parte de seu território, mantendo sua personalidade jurídica. A parte desmembrada é anexada a outro ente federativo já existente.

* Ente federativo: estado-membro ou município.

O **art. 18, § 3º, da CRFB/88**, regulamentado pela Lei n. 9.709/98, disciplina a alteração geopolítica dos estados-membros, definindo claramente as seguintes etapas: 1ª – Plebiscito; 2ª – Propositura de projeto de lei complementar ao Congresso Nacional; 3ª – Audiências das Assembleias Legislativas; 4ª – Aprovação de lei complementar pelo Congresso Nacional.

A modificação geopolítica dos municípios está disciplinada no **art. 18**, § 4º, da CRFB/88, alterado pela Emenda Constitucional n. 15/96, e regulamentado pela Lei 9.709/98. A **EC n. 15/96** determinou que uma **Lei Complementar Federal estabelecesse o período para a criação de novos municípios**, seja por incorporação, fusão, desmembramento ou subdivisão. Assim a mudança geopolítica de um Município obedeceria às seguintes etapas: 1ª – Estudo de Viabilidade Municipal; 2ª – Plebiscito; 3ª – Aprovação por Lei Estadual (ordinária); **Importante: Conforme procedimentos e dentro do período previsto por Lei Complementar Federal.**

Ocorre que esta Lei Complementar ainda não existe, e a despeito da omissão legislativa federal, vários municípios foram criados, o que gerou o ajuizamento de diversas ações de controle de constitucionalidade, sustentando a necessidade da referida LC. Assim o **STF** entendeu que o art. 18, § 4º, da CRFB/88, atualizado pela EC n. 15/96, é **norma constitucional de eficácia limitada**, dependendo da edição de lei complementar federal para estabelecer o período de criação de municípios. Por esta razão, o STF entendeu inicialmente que seria inconstitucional toda lei estadual que criasse Município, após a EC n. 15/96, por vício formal devido à violação dos pressupostos objetivos exigidos para o processo de criação de municípios.

Na **ADI por omissão 3.682**, o STF reconheceu a inércia do Congresso Nacional e fixou prazo para que o art. 18, § 4º, da CRFB/88 fosse regulamentado. As diversas ADI's que estavam tramitando na Corte Constitucional tiveram provimento nas quais o STF declarou a inconstitucionalidade das leis estaduais que criaram Municípios sem a existência da referida LC, mas não declarou a nulidade dos atos de criação dos Municípios, mantendo a vigência por 24 meses. Vejamos:

"Ação direta de inconstitucionalidade por omissão. Inatividade do legislador quanto ao dever de elaborar a lei complementar a que se refere o § 4º do art. 18 da CF, na redação dada pela EC 15/1996. Ação julgada procedente. A EC 15, que alterou a redação do § 4º do art. 18 da Constituição, foi publicada no dia 13-9-1996. Passados mais de dez anos, não foi editada a lei complementar federal definidora do período dentro do qual poderão tramitar os procedimentos tendentes à criação, incorporação, desmembramento e fusão de Municípios. Existência de notório lapso temporal a demonstrar a inatividade do legislador em relação ao cumprimento de inequívoco dever constitucional de legislar, decorrente do comando do art. 18, § 4º, da Constituição. Apesar de existirem no Congresso Nacional diversos projetos de lei apresentados visando à regulamentação do art. 18, § 4º, da Constituição, é possível constatar a omissão inconstitucional quanto à efetiva deliberação e aprovação da lei complementar em referência. As peculiaridades da atividade parlamentar que afetam, inexoravelmente, o processo legislativo, não justificam uma conduta manifestamente negligente ou desidiosa das Casas Legislativas, conduta esta que pode pôr em risco a própria ordem constitucional. A *inertia deliberandi* das Casas Legislativas pode ser objeto da ação direta de inconstitucionalidade por omissão. A omissão legislativa em relação à regulamentação do art. 18, § 4º, da Constituição acabou dando ensejo à conformação e à consolidação de estados de inconstitucionalidade que não podem ser ignorados pelo legislador na elaboração da lei complementar federal. Ação julgada procedente para declarar o estado de mora em que se encontra o Congresso Nacional, a fim de que, em prazo razoável de dezoito meses, adote ele todas as providências legislativas necessárias ao cumprimento do dever constitucional imposto pelo art. 18, § 4º, da Constituição, devendo ser contempladas as situações imperfeitas decorrentes do estado de inconstitucionalidade gerado pela omissão. Não se trata de impor um prazo para a atuação legislativa do Congresso Nacional, mas apenas da fixação de um parâmetro temporal razoável, tendo em vista o prazo de 24 meses determinado pelo Tribunal nas ADI 2.240, 3.316, 3.489 e 3.689 para que as leis estaduais que criam Municípios ou alteram seus limites territoriais continuem vigendo, até que a lei complementar federal seja promulgada contemplando as realidades desses Municípios." (**ADI 3.682**, Rel. Min. **Gilmar Mendes**, julgamento em 9-5-2007, Plenário, *DJ* de 6-9-2007.)

Simplificando: o STF estabeleceu prazo de 18 meses para o Congresso Nacional sanar sua omissão legislativa e de 24 meses para que as leis estaduais inconstitucionais (mas não nulas) atendessem às exigências da nova lei complementar. Ou seja, uma folga de 6 meses para que, após a nova lei complementar, os estados-membros corrigissem a falha inconstitucional.

O Congresso Nacional, tentando regularizar a situação pendente, editou a EC n. 57/2008, acrescentando o art. 96 ao ADCT e convalidando a criação de municípios, cujas leis estaduais tenham sido publicadas até 31-12-2006, e atendidos os demais requisitos legais e constitucionais. Assim a situação ficou temporariamente resolvida, mas ainda permanece a omissão legislativa, sendo considerada inconstitucional a criação de qualquer município após 31-12-2006, sem a edição da Lei Complementar.

A EC n. 57/2008 criou uma nova conformação jurídica, afetando inevitavelmente as decisões pendentes do STF sobre o tema. Vejamos:

"Criação do Município de Pinto Bandeira/RS. **Ação julgada prejudicada pela edição superveniente da EC 57/2008.** Alegação de contrariedade à EC 15/1996 (...). Com o advento da EC 57/2008, **foram convalidados os atos de criação de Municípios cuja lei tenha sido publicada até 31-12-2006**, atendidos os requisitos na legislação do respectivo Estado à época de sua criação. A Lei 11.375/1999 foi publicada nos termos do art. 9º da Constituição do Estado do Rio Grande do Sul, alterado pela EC 20/1997, pelo que a criação do Município de Pinto Bandeira foi convalidada." (**ADI 2.381-AgR**, Rel. Min. **Cármen Lúcia**, julgamento em 24-3-2011, Plenário, *DJE* de 11-4-2011.) **(grifo nosso)**

A Emenda Constitucional n. 57/2008, de constitucionalidade duvidosa, não eliminou a necessidade da existência da Lei Complementar Federal para estabelecer o período de criação do município, mas apenas convalidou as criações de municípios que desobedeceram ao comando constitucional da Emenda n. 15/96. Nos anos de 2013 e 2014, dois projetos de Lei Complementar foram aprovados, mas obtiveram veto presidencial, com posterior acatamento pelo Congresso Nacional, e até a presente edição a matéria continua pendente de regulamentação. Fiquemos atentos!

Qual o significado das expressões "população diretamente interessada" e "população dos Municípios envolvidos", citadas respectivamente nos §§ 3º e 4º do art. 18 da CRFB/88?

A resposta é encontrada no art. 7º da Lei n. 9.709/98, vejamos:

Art. 7º Nas consultas plebiscitárias previstas nos arts. 4º e 5º **entende-se por população diretamente interessada** tanto a do território que se pretende desmembrar, quanto a do que sofrerá desmembramento; em caso de fusão ou anexação, tanto a população da área que se quer anexar quanto a da que receberá o acréscimo; e a vontade popular se aferirá pelo percentual que se manifestar em relação ao total da população consultada.

Sobre o tema já se manifestou o STF: "Após a alteração promovida pela EC n. 15/96, a Constituição explicitou o alcance do âmbito de consulta para o caso de reformulação territorial de Municípios e, portanto, o significado da expressão 'populações diretamente interessadas', contida na redação originária do § 4º do art. 18 da Constituição, no sentido de ser necessária a consulta a toda a população afetada pela modificação territorial, o que, no caso de desmembramento, deve envolver tanto a população do território a ser desmembrado, quanto a do território remanescente. Esse sempre foi o real sentido da exigência constitucional – a nova redação conferida pela emenda, do mesmo modo que o art. 7º da Lei 9.709/1998, apenas tornou explícito um conteúdo já presente na norma originária. A utilização de termos distintos para as hipóteses de desmembramento de Estados-membros e de Municípios não pode resultar na conclusão de que cada um teria um significado diverso, sob pena de se admitir maior facilidade para o desmembramento de um Estado do que para o desmembramento de um Município. Esse problema hermenêutico deve ser evitado por intermédio de interpretação que dê a mesma solução para ambos os casos, sob pena de, caso contrário, se ferir, inclusive, a isonomia entre os entes da federação. O presente caso exige, para além de uma interpretação gramatical, uma interpretação sistemática da Constituição, tal que se leve em conta a sua integralidade e a sua harmonia, sempre em busca da máxima da unidade constitucional, de modo que a interpretação das normas constitucionais seja realizada de maneira a evitar contradições entre elas. Esse objetivo será alcançado mediante interpretação que extraia do termo 'população diretamente interessada' o significado de que, para a hipótese de desmembramento, deve ser consultada, mediante plebiscito, toda a população do Estado-membro ou do município, e não apenas a população da área a ser desmembrada. A realização de plebiscito abrangendo toda a população do ente a ser desmembrado não fere os princípios da soberania popular e da cidadania. O que parece afrontá-los é a própria vedação à realização do plebiscito na área como um todo. Negar à população do território remanescente o direito de participar da decisão de desmembramento de seu Estado restringe esse direito a apenas alguns cidadãos, em detrimento do princípio da isonomia, pilar de um Estado Democrático de Direito. Sendo o desmembramento uma divisão territorial, uma separação, com o desfalque de parte do território e de parte da sua população, não há como excluir da consulta plebiscitária os interesses da população da área remanescente, população essa que também será inevitavelmente afetada. O desmembramento dos entes federativos, além de reduzir seu espaço territorial e sua população, pode resultar, ainda, na cisão da unidade sociocultural, econômica e financeira do Estado, razão pela qual a vontade da população do Território remanescente não deve ser desconsiderada, nem deve ser essa população rotulada como indiretamente interessada. Indiretamente interessada – e, por isso, consultada apenas indiretamente, via seus representantes eleitos no Congresso Nacional – é a população dos demais Estados da Federação, uma vez que a redefinição territorial de determinado Estado-membro interessa não apenas ao respectivo ente federativo, mas a todo o Estado Federal. O art. 7º da Lei 9.709, de 18-11-1998, conferiu adequada interpretação ao art. 18, § 3º, da Constituição, sendo, portanto, plenamente compatível com os postulados da Carta Republicana. A previsão normativa concorre para concretizar, com plenitude, o princípio da soberania popular, da cidadania e da autonomia dos Estados-membros. Dessa forma, contribui para que o povo exerça suas prerrogativas de cidadania e de autogoverno de maneira bem mais enfática." (**ADI 2.650**, Rel. Min. **Dias Toffoli**, julgamento em 24-8-2011, Plenário, *DJE* de 17-11-2011.)

3.6 Vedações aos entes federativos

O art. 19 da CRFB/88 determina as vedações aos entes federativos, não podendo tais entes:

Estabelecerem cultos religiosos ou igrejas, subvencioná-los, embaraçar-lhes o funcionamento ou manter com eles ou seus representantes, relações de dependência ou aliança, ressalvada, na forma da lei, a colaboração de interesse público. Vivemos em um Estado laico, que não tem igreja oficial, mas reconhece a religiosidade e diversidade religiosa do seu povo, como resultado da formação histórica da sociedade brasileira, portanto, não serão aceitas perseguições ou preferências em relação a igrejas ou representações religiosas, mas poderão ocorrer atos de colaboração de interesse público, como, por exemplo, o uso de espaço físico de igreja para alojar famílias desabrigadas pelas enchentes; uso de espaço físico de igreja ocasionalmente como posto de vacinação.

Recusar fé aos documentos públicos, ou seja, os documentos públicos emitidos regularmente têm validade em todo território nacional, independente de qual unidade federativa emitiu o documento. Por exemplo: o RG de uma pessoa, emitido no Acre, tem validade em todo território nacional e deverá ser aceito como identificação em qualquer unidade federativa; o cartão da OAB de um advogado, emitido pela OAB/RS, tem validade em todo território nacional.

Criar distinções entre brasileiros ou preferências entre si, pois a regra é a isonomia entre os brasileiros e entre os entes federativos, e apenas a Constituição Federal poderá estabelecer, excepcionalmente, distinções entre os brasileiros natos e naturalizados. Em momento algum os entes federativos poderão estabelecer tratamento diferenciado entre brasileiros (exceto os casos já previstos na Constituição Federal), como, por exemplo, vantagens em um concurso público se o candidato for natural de determinado estado-membro, o que afronta o princípio da isonomia entre os brasileiros. Também é vedado, por exemplo, a um estado-membro dar preferência a determinado estado-membro vizinho, em detrimento a outros estados-membros.

Sobre os temas acima, vejamos o entendimento do STF:

"O Brasil é uma república laica, surgindo absolutamente neutro quanto às religiões" (**ADPF 54**, rel. Min. **Marco Aurélio**, julgamento em 12-4-2012) (*vide* também ADI 4.439, julgamento em 27-9-2017).

"A norma do Estado de Rondônia que oficializa a Bíblia Sagrada como livro-base de fonte doutrinária para fundamentar princípios de comunidades, igrejas e grupos, com pleno reconhecimento pelo Estado, viola preceitos constitucionais. (...) A oficialização da Bíblia como livro-base de fonte doutrinária para fundamentar princípios, usos e costumes de comunidades, igrejas e grupos no Estado de Rondônia implica inconstitucional discrímen entre crenças, além de caracterizar violação da neutralidade exigida do Estado pela Constituição Federal. Inconstitucionalidade do art. 1º da Lei 1.864/2008 do Estado de Rondônia. A previsão legal de utilização da Bíblia como base de decisões e atividades afins dos grupos religiosos, tornando-as cogentes a 'seus membros e a quem requerer usar os seus serviços ou vincular-se de alguma forma às referidas Instituições', implica indevida interferência do Estado no funcionamento de estabelecimentos religiosos, uma vez que torna o que seria uma obrigação moral do fiel diante de seu grupo religioso uma obrigação legal a ele dirigida. Inconstitucionalidade do art. 2º da Lei 1.864/2008 do Estado de Rondônia."(**ADI 5.257**, rel. min. Dias Toffoli, j. 20-9-2018, P, *DJE* de 3-12-2018.).

"Lei do Município de São Paulo 13.959/2005, a qual exige que 'os veículos utilizados para atender contratos estabelecidos com a Administração Municipal, Direta e Indireta, devem, obrigatoriamente, ter seus respectivos Certificados de Registro de Veículos expedidos no Município de São Paulo'. Exigência que não se coaduna com os arts. 19, III, e 37, XXI, da CF. (...) Consoante a jurisprudência firmada na Corte no exame de situações similares, o diploma em epígrafe ofende, ainda, a vedação a que sejam criadas distinções entre brasileiros ou preferências entre os entes da Federação constante do art. 19, III, da CF/1988" (**RE 668.810** AgR, rel. Min. **Dias Toffoli**, julgamento em 30-6-2017, 2ª T).

"Lei Estadual 6.677/1994 do Estado da Bahia. Concurso público. Empate entre candidatos. Preferência em ordem de classificação a candidato que contar mais tempo de serviço prestado ao ente. (...) Como corolário do princípio da isonomia posto em seu art. 5º, *caput*, a Constituição Federal enuncia expressamente, no inciso III do art. 19, que é vedado à União, aos Estados, ao Distrito Federal e aos Municípios criar distinções entre brasileiros ou preferências entre si. O dispositivo legal impugnado tem o claro propósito de conferir tratamento mais favorável a servidores do Estado da Bahia, em detrimento dos demais Estados da Federação, estando em frontal desacordo com o art. 19, III, da CF, que veda o estabelecimento de distinções entre brasileiros com base na origem ou procedência."(**ADI 5.776**, rel. min. Alexandre de Moraes, j. 19-12-2018, P, *DJE* de 3-4-2019.).

3.7 Teoria da prevalência dos interesses e a distribuição de competências na federação

O princípio da predominância de interesses rege a repartição de competências no plano federativo. Onde prevalecer o interesse geral, a competência e os bens serão da União; onde prevalecer o interesse regional, a competência e os bens serão do Estado-membro; onde prevalecer o interesse local, teremos a distribuição para o Município. O Distrito Federal como ente que reúne características de Estado-membro e Município poderá reunir também os interesses regional e local. Destaca-se que a CRFB/88 determinou expressamente a competência residual aos Estados-membros, além do interesse regional reconhecido doutrinariamente.

3.8 Bens da União e dos estados-membros

Os bens da União e dos Estados-membros, aplicada pelo constituinte a Teoria da Predominância dos Interesses, estão dispostos nos arts. 20 e 26, portanto, a leitura detalhada dos artigos é imprescindível. É interesse geral da União "cuidar" dos limites territoriais do "espaço brasileiro", portanto, ela deverá monitorar "quem" e "o que" entra, sai e circula pelos limites territoriais do Estado brasileiro, por isso são bens da União a plataforma continental, o mar territorial e todos aqueles ligados a essa finalidade; também é interesse geral da União controlar o uso dos recursos minerários e energéticos; preservar os sítios arqueológicos e manter a indissolubilidade da União. Portanto a leitura otimizada dos arts. 20 e 26 não deve ser apenas para memorização, mas primeiramente para aplicação da teoria dos interesses.

Vale destacar que a EC n. 46/2005 alterou o inciso IV do art. 20 da CRFB/88, excluindo do domínio federal as ilhas oceânicas e costeiras que contenham sede de Municípios. Alguns municípios brasileiros sediados em ilhas oceânicas e costeiras eram prejudicados pelo texto anterior do inciso IV, pois: os moradores (exceto os residentes em terras oriundas de sesmarias) não eram proprietários das áreas que moravam, sendo obrigados a pagar IPTU e taxa de foro à União; os trabalhadores do setor primário eram impedidos de obter empréstimos, pois seus proprietários não tinham o título da terra, além dos conflitos fundiários devido à existência de escrituras lavradas em cartório conferindo a terceiros a propriedade dos bens da União; os setores industrial e comercial eram onerados pela duplicidade de obrigações tributárias; as transações imobiliárias estavam sujeitas ao pagamento do ITBI e do laudêmio. A aprovação da Emenda Constitucional n. 46/2005 veio beneficiar diversos Municípios, dentre eles São Luís (MA), Florianópolis (SC), Vitória (ES) que são capitais de seus respectivos estados-membros.

No estudo do art. 26 o destaque é para a natureza residual do alcance dos bens dos Estados, excluindo primeiramente os bens da União, Municípios e terceiros. Portanto, convém estudar os bens dos entes federativos de maneira integrada para compreender o tema, antes de meramente memorizar.

3.9 Repartição de competências entre a União, estados-membros, municípios e Distrito Federal

A Constituição Federal dispõe sobre a repartição de competências entre a União, Estados-membros, Municípios e Distrito Federal, distribuição da titularidade dos bens públicos e também sobre a intervenção, que configura exceção ao princípio da autonomia, que rege o Estado Federado.

A distribuição de competências, como dito antes, rege-se pelo princípio da prevalência de interesses, no qual o interesse da União é geral, o interesse dos estados-membros é regional e o interesse dos municípios é local. A União tem competência administrativa, que regulamenta o campo de exercício das funções governamentais, podendo ser exclusiva da União (indelegável), previstas no art. 21; ou comum entre estados-membros, municípios e o Distrito Federal, também chamada competência cumulativa ou paralela, previstas no art. 23.

A União também dispõe de competência legislativa privativa, prevista no art. 22 da CRFB/88, entretanto pode delegá-la aos estados-membros e ao Distrito Federal, desde que seja por lei complementar, de maneira isonômica para todos e somente as matérias previstas no referido artigo (art. 22, parágrafo único, c/c art. 32, § 1º).

O art. 24 da CRFB/88 ainda define as matérias de competência legislativa concorrente entre a União, estados-membros e Distrito Federal, onde a União limita-se, pelo princípio da predominância de interesses, a legislar sobre normas gerais. Nestes dispositivos funcionam as competências legislativas complementares e suplementares dos estados-membros e do Distrito Federal. A competência legislativa complementar dos estados-membros e do Distrito Federal funciona no sentido de completar, de acordo com suas peculiaridades, a legislação federal sobre normas gerais. Já a competência legislativa suplementar é exercida pelos estados-membros e o Distrito Federal quando a União não estabelece nenhuma lei sobre determinado assunto de competência concorrente, deixando, deste modo, os entes autônomos com a competência plena para suplementar, isto é, suprir a ausência de norma geral, já que, não se pode complementar lei federal que não existe. Todavia, se supervenientemente houver a publicação de lei federal dispondo sobre normas gerais acerca de determinado assunto previsto como de competência legislativa concorrente, suspende-se a eficácia da lei estadual, no que lhe for contrário. Observe-se que na competência legislativa concorrente não há a necessidade de delegação.

3.10 Estados-membros

A competência dos estados-membros como citamos é direcionada para o interesse regional, e segundo o § 1º do art. 25 da CRFB/88, é uma competência residual, pois os poderes remanescentes dos Estados são todos aqueles que não lhes são vedados pela Constituição, ou seja, as competências que não sejam da União (arts. 21 e 22), do Distrito Federal (art. 32, § 1º) e dos Municípios (art. 30).

3.11 Os Estados-membros e a exploração dos serviços locais de gás canalizado

O art. 25, § 2º, estabelece uma competência específica dos estados-membros, qual seja: explorar diretamente, ou mediante concessão, os serviços locais de gás canalizado, na forma da lei, vedada a edição de medida provisória para a sua regulamentação. Tal competência é prevista na **Lei n. 9.478/97 – Política Energética Nacional.**

3.12 Estados-membros e as regiões metropolitanas, aglomerações urbanas e microrregiões

O art. 25, § 3º, disciplina que os Estados-membros terão a faculdade de criar regiões metropolitanas, aglomerações urbanas e microrregiões, com a finalidade de integrar a organização, o planejamento e a execução de funções públicas de interesse comum. Segundo Michel Temer, regiões metropolitanas, aglomerações urbanas e microrregiões não são dotadas de personalidades jurídicas próprias, não têm administração própria ou governo próprio. É uma entidade regional, não é entidade política ou administrativa, é criada para implementação de funções públicas de interesse comum, tendo natureza mais próxima de um órgão.

Região Metropolitana: Conjunto de municípios limítrofes, com características de urbanidade e com um município-mãe (capital).

Microrregião: Conjunto de municípios limítrofes, sem característica de urbanidade e sem município-mãe.

Aglomeração Urbana: Conjunto de municípios limítrofes com característica de urbanidade e sem município-mãe.

Sobre o tema, vejamos o entendimento do STF:

"Regiões metropolitanas, aglomerações urbanas, microrregiões. CF, art. 25, § 3º. Constituição do Estado do Rio de Janeiro, art. 357, parágrafo único. A instituição de regiões metropolitanas, aglomerações urbanas e microrregiões, constituídas por agrupamentos de Municípios limítrofes, depende, apenas, de lei complementar estadual." (**ADI 1.841**, rel. Min. **Carlos Velloso**, 2002.) No mesmo sentido, *vide* **ADI 1.842**, rel. Min. Gilmar Mendes, julgamento em 6-3-2013.

3.13 Composição das Assembleias Legislativas dos Estados-membros

O art. 27 disciplina a composição das Assembleias Legislativas nos Estados-membros, e a regra também deve ser aplicada para a composição da Câmara Legislativa do Distrito Federal. Primeiramente devemos destacar que a composição destas casas legislativas segue o princípio republicano, que determina a proporcionalidade à população. Portanto o número de Deputados Estaduais (e também de Deputados Distritais) está relacionado com o número de Deputados Federais. A Constituição Federal diz que a composição da Câmara dos Deputados Federais é proporcional à população (e não aos eleitores) e disciplina um número mínimo (8 Deputados Federais) e máximo (70 Deputados Federais), e a partir do número de Deputados Federais atuando em Brasília, será determinado o número de Deputados Estaduais (e Distritais) nas Assembleias Legislativas dos Estados (e Câmara Legislativa do Distrito Federal). Vejamos:

1ª Regra: O número de Deputados Estaduais é igual a três vezes o número de Deputados Federais.

Ex.: Se o estado do Tocantins tem 8 Deputados Federais, terá 24 (3 x 8) Deputados Estaduais na Assembleia Legislativa do estado.

2ª Regra: Quando o número de Deputados Federais atingir 12, e, consequentemente, o número de Deputados Estaduais atingir 36 (3 x 12), será acrescido de tantos quantos forem os Deputados Federais acima de 12.

Ex.: O estado do Pará tem 17 Deputados Federais, ou seja, 5 acima de 12, então a Assembleia Legislativa do respectivo estado terá 41 deputados estaduais (5 acima de 36).

Ex.: O estado do Rio de Janeiro tem 46 Deputados Federais, ou seja, 34 acima de 12, então a Assembleia Legislativa do respectivo estado-membro terá 70 deputados estaduais (34 acima de 36).

3.14. Poder Executivo Estadual

O Poder Executivo estadual é exercido pelo Governador e pelo Vice-Governador de Estado, eleitos para mandato de 4 anos, cuja eleição realizar-se-á no primeiro domingo de outubro, em primeiro turno, e no último domingo de outubro, em segundo turno, se houver, do ano anterior ao do término do mandato de seus antecessores, e a posse ocorrerá em 6 de janeiro do ano subsequente, conforme nova regra da EC n. 111/2021, que será aplicada a partir da posse ocorrida no ano de 2027, dos eleitos nas eleições gerais de 2026.

A regras aplicadas ao Chefe do Poder Executivo estadual, conforme o princípio da simetria constitucional, assemelham-se às aplicadas ao Presidente da República, impondo a própria CRFB/88 a observância ao art. 77. Além disso, o art. 28 da CRFB/88 determina expressamente que os subsídios do Governador, do Vice-Governador e dos Secretários de Estado serão fixados por lei de iniciativa da Assembleia Legislativa, observados os limites orçamentários e os tetos remuneratórios e que o Governador perderá o mandato se assumir outro cargo ou função na administração pública direta ou indireta, ressalvada a posse em virtude de concurso público, conforme dispositivos do art. 38 da CRFB/88.

3.15 Municípios

Municípios são entes federativos, pessoas jurídicas de direito público interno, regidos por Lei Orgânica, com Poderes Legislativo e Executivo eleitos pelo povo. Têm competências legislativas e executivas previstas na Constituição Federal de 1988: competências comuns com a União, Estados-membros e Distrito Federal (art. 23); competências suplementares (art. 30, II), competências privativas (art. 30, III a IX); competências genéricas (art. 30, I).

Sobre a competência do município é importante destacar a Súmula Vinculante 38, que, atentando à teoria da predominância dos interesses, apresenta o seguinte texto: "É competente o Município para fixar o horário de funcionamento de estabelecimento comercial".

Veja também os julgados do STF:

"O Município é competente para legislar sobre meio ambiente com União e Estado, no limite de seu interesse local e desde que tal regramento seja e harmônico com a disciplina estabelecida pelos demais entes federados (art. 24, VI, c/c 30, I e II, da CRFB)" (**RE 586.224**, rel. Min. **Luiz Fux**, julgamento em 5-3-2015).

A Constituição disciplina sobre eleição de prefeito, vice-prefeito e vereador, iniciativa popular de lei; orçamento participativo; criação de distritos; imunidades dos vereadores quanto a palavras, votos e opiniões; julgamento do Prefeito pelo Tribunal de Justiça. Estabelece de forma rigorosa o limite orçamentário para os gastos do Município, especialmente com despesas com pessoal, e principalmente com subsídios dos Vereadores, vedando a criação de Conselhos ou Tribunais de Contas Municipais. Disciplina número máximo de Vereadores por habitantes, e estabelece percentual máximo de subsídio de vereador conforme o subsídio de Deputado Estadual, assim como estabeleceu o percentual máximo do subsídio do Deputado Estadual, conforme o subsídio do Deputado Federal, tudo dentro dos limites orçamentários de cada ente federativo.

Vejamos alguns julgados do STF sobre o tema:

"Em virtude do disposto no art. 29, IX, da Constituição, a lei orgânica municipal deve guardar, no que couber, correspondência com o modelo federal acerca das proibições e incompatibilidades dos vereadores. Impossibilidade de acumulação dos cargos e da remuneração de vereador e de secretário municipal. Interpretação sistemática dos arts. 36, 54 e 56 da CF." (**RE 497.554**, rel. Min. **Ricardo Lewandowski**, 2010.)

"A fixação dos subsídios de vereadores é de competência exclusiva da Câmara Municipal, a qual deve respeitar as prescrições estabelecidas na Lei Orgânica Municipal, na Constituição do respectivo Estado, bem como na CF." (**RE 494.253-AgR**, rel. Min. **Ellen Gracie**, 2011.)

Destaque para o julgado abaixo:

"A CF não proíbe a extinção de tribunais de contas dos Municípios. Esse é o entendimento do Plenário, que, por maioria, julgou improcedente pedido formulado em ação direta de inconstitucionalidade ajuizada contra emenda à Constituição do Estado do Ceará, que extinguiu o Tribunal de Contas dos Municípios desse ente federado. (...) O Colegiado entendeu que a fraude na edição de lei com o objetivo de alcançar finalidade diversa do interesse público deve ser explicitada e comprovada. A mera menção à existência de parlamentares com contas desaprovadas não conduz à conclusão de estarem viciadas as deliberações cujo tema é a atividade de controle externo. (...) Afastado o desvio de poder de legislar arguido na petição inicial, cumpre analisar o argumento segundo o qual o art. 31, § 1º e § 4º, da CF impede a extinção de tribunais de contas dos Municípios mediante norma de Constituição estadual. Os Estados, considerada a existência de tribunal de contas estadual e de tribunais de contas municipais, podem optar por concentrar o exame de todas as despesas em apenas um órgão, sem prejuízo do efetivo controle externo. O meio adequado para fazê-lo é a promulgação de norma constitucional local. O legislador constituinte permitiu a experimentação institucional dos entes federados, desde que não fossem criados conselhos ou tribunais municipais, devendo ser observado o modelo federal, com ao menos um órgão de controle externo. É possível, portanto, a extinção de tribunal de contas responsável pela fiscalização dos Municípios por meio da promulgação de Emenda à Constituição estadual, pois a CF não proibiu a supressão desses órgãos" (**ADI 5.763**, rel. Min. **Marco Aurélio**, julgamento em 26-10-2017). **(grifo nosso)**

Sobre as eleições municipais, merece destaque a Emenda Constitucional n. 107, de 2 de julho de 2020, que alterou as datas do pleito eleitoral municipal e os prazos eleitorais respectivo do ano de 2020, devido à pandemia COVID-19. Excepcionalmente, as eleições municipais foram adiadas para os dias 15 e 29 de novembro de 2020, primeiro e segundo turnos, respectivamente.

3.16 Distrito Federal

O Distrito Federal está previsto no art. 32, e tem competência híbrida, reunindo a competência legislativa estadual e municipal (interesse regional e local). O Distrito Federal é uma figura distinta na organização estatal, com peculiaridades, como, por exemplo, aprovação de Lei Orgânica; proibição de repartição em municípios; eleição de Governador, e Vice-Governador; eleição de 3 Senadores e de Deputados Federais proporcionais à população; na atribuição privativa da União em criar e manter o Poder Judiciário, o Ministério Público, a polícia civil, polícia penal, militar e corpo de bombeiros do Distrito Federal (lembrando que o art. 32, § 4º foi alterado pela EC n. 104/2019). Cumpre-nos destacar que a EC n. 69/2012 (uma das Emendas paralelas à Emenda n. 45/2004 – Reforma do Judiciário) retirou da União a competência para manter, organizar e legislar sobre a Defensoria Pública do Distrito Federal, dando maior autonomia para o próprio Distrito Federal na atuação da sua Defensoria Pública.

3.17 Territórios federais

Os Territórios Federais, apesar de terem sido abolidos, continuam previstos na Constituição Federal (arts. 18, § 2º, e 33). Podem ser criados por lei complementar, e, se criados, não compõem a descentralização política do Estado Federal Brasileiro, mas compõem a descentralização administrativa da União, na modalidade **autarquia territorial da União**, têm Governador escolhido pelo Presidente da República, aprovada a escolha pelo Senado; não elegem Senadores; elegem 4 Deputados Federais; têm as contas apreciadas pelo Congresso Nacional, com o auxílio do Tribunal de Contas da União; e vários serviços mantidos pela União.

3.18 Intervenção federal e estadual

Uma das características principais da Federação brasileira é a autonomia, defendida e sustentada por diversos dispositivos da CRFB/88. Entretanto a mesma Constituição prevê uma exceção ao princípio da autonomia nos seus arts. 34, 35 e 36. Para Ernesto Leme, a intervenção, na verdade, é da essência do sistema federativo, pois visa manter a integridade nacional (art. 34, I), repelir agressão estrangeira ou de um estado-membro em outro (art. 34, II).

Outros também são os objetivos da intervenção: manter a ordem pública, garantir o livre exercício de qualquer dos Poderes nas unidades da Federação, reorganizar as finanças da unidade da Federação que suspender o pagamento da dívida fundada por mais de dois anos consecutivos ou deixar de entregar aos Municípios as devidas receitas tributárias, manter a aplicação do mínimo exigido da receita resultante de impostos estaduais, inclusive aquelas relacionadas à educação e saúde, prover a execução de lei federal ou ordem ou decisão judicial, além de assegurar a observância dos princípios constitucionais republicanos, do sistema representativo e regime democrático, dos direitos da pessoa humana, da autonomia municipal e do controle das contas da administração pública, direta e indireta.

A intervenção federal é competência do Presidente da República (art. 84, X), com oitiva do Conselho da República (art. 90, I) e do Conselho de Defesa Nacional (art. 91, § 1º, II), sendo que os órgãos de consulta do Presidente da República, não vinculam a decisão do Chefe do Poder Executivo. No âmbito estadual, aplica-se no que couber o princípio da simetria constitucional.

Doutrinariamente, classificamos a intervenção como: **Espontânea**, na qual o Presidente da República age de ofício (art. 34, I, II, III e V); **Provocada por Solicitação,** na qual o Presidente da República **recebe solicitação** do Poder Legislativo ou Poder Executivo impedido ou coagido (arts. 34, IV, c/c 36, I, primeira parte); **Provocada por Requisição,** na qual o Poder Judiciário coagido solicita ao STF que **requisita** ao Presidente da República (arts. 34, IV, c/c 36, I, segunda parte), ou no caso de desobediência à ordem ou decisão judicial, dependerá que **requisição** do STF, do STJ ou do TSE diretamente ao Presidente da República (arts. 34, IV, c/c 36, II).

O art. 35 da CRFB/88 prevê a intervenção nos Municípios, também exceção à regra da autonomia, cabendo aos Estados intervir nos seus Municípios e a União intervir nos Municípios localizados no Território Federal, pelos seguintes motivos: quando a dívida fundada deixar de ser paga, sem motivo de força maior, por dois anos consecutivos, quando não houver a prestação de contas, quando não tiver sido aplicado o mínimo exigido da receita municipal na manutenção e desenvolvimento do ensino e nas ações e serviços públicos de saúde e quando o Tribunal de Justiça der provimento à representação para assegurar a observância de princípios indicados na Constituição Estadual, ou para prover a execução de lei, de ordem ou de decisão judicial.

O decreto de intervenção especificará a amplitude, o prazo e as condições de execução e, se couber, nomeará o interventor, **sendo submetido à apreciação do Congresso Nacional ou da Assembleia Legislativa do Estado**, no prazo de vinte e quatro horas, convocando-se sessão extraordinária, no caso de recesso parlamentar. Entretanto, em alguns casos, a Constituição Federal dispensa a apreciação do Congresso Nacional ou da Assembleia Legislativa, mas o decreto limitar-se-á a suspender a execução do ato impugnado, se essa medida bastar ao restabelecimento da normalidade (art. 36, § 3º, c/c arts. 34, VI e VII, e 35, IV).

Por fim, vale citar a Súmula 637 do STF, que diz que: "Não cabe recurso extraordinário contra acórdão de tribunal de justiça que defere pedido de intervenção estadual em município".

4. ADMINISTRAÇÃO PÚBLICA

A Constituição Federal destacou um capítulo específico para a organização da administração pública, determinando no art. 37 da CRFB/88 que a Administração Pública direta e indireta de qualquer dos Poderes da União, dos Estados, do Distrito Federal e dos Municípios obedeça, além de diversos preceitos expressos, aos princípios da legalidade, impessoalidade, moralidade, publicidade e eficiência.

A administração pública pode ser definida, objetivamente, como a atividade concreta e imediata que o Estado desenvolve para a consecução dos interesses coletivos, e, subjetivamente como o conjunto de órgãos e de pessoas jurídicas, aos quais é atribuído pela lei o exercício da função administrativa do Estado.

A Administração Pública Federal, no âmbito do Poder Executivo da União, compreende a administração direta, que se constitui dos serviços integrados na estrutura administrativa da Presidência da República e dos Ministérios, e a administração indireta, que compreende as seguintes categorias de entidades dotadas de personalidade jurídica própria: autarquias, fundações públicas, empresas públicas, sociedades de economia mista e suas subsidiárias. No âmbito do Poder Executivo dos Estados-membros, Distrito Federal e Municípios, prevalece estrutura semelhante, e no âmbito do Poder Legislativo, Poder Judiciário, Ministério Público e Tribunal de Contas, em cada esfera federativa também opera a Administração Pública, mesmo que como função atípica.

Como dito antes, toda essa estrutura obedece a princípios norteadores expressos na Constituição Federal e também a outros princípios que, apesar de não estarem expressos na CRFB/88, conduzem os trabalhos realizados pela Administração Pública. O *caput* do art. 37 elenca os cinco princípios constitucionais explícitos da Administração Pública, vejamos:

A) Legalidade: O administrador público só pode agir ou deixar de agir de acordo com a lei, na forma por ela determinada. Note-se que o princípio da legalidade para o administrador público adquire uma forma muito mais rigorosa e especial, pois indica que ele só poderá fazer o que é expressamente previsto ou autorizado em lei e nas demais espécies normativas. O princípio da legalidade rege tanto atos vinculados, quanto atos discricionários.

B) Impessoalidade: Indica que a Administração Pública deve servir a todos, sem preferências ou aversões pessoais ou partidárias. O mérito dos atos administrativos pertence à Administração, e não às autoridades que os executam. A publicidade das obras, por exemplo, deve ser impessoal, não podendo ter nomes, símbolos ou imagens que caracterizem a promoção pessoal. O art. 37, § 2º, da CRFB/88 determina que a publicidade dos atos, programas, obras, serviços e campanhas dos órgãos públicos deverá ter caráter educativo, informativo ou de orientação social. O princípio da impessoalidade também é chamado de princípio da **finalidade administrativa**, pois é finalidade da administração prestar o serviço público sem beneficiar indivíduos em particular.

C) Moralidade: A moralidade protegida aqui não é moralidade particular do administrador público, mas a moral jurídica. Celso Antônio Bandeira de Mello diz com plena excelência que "violar a moral é violar o próprio direito".

Como dito, trata-se da moral administrativa, da ética profissional, que consiste no conjunto de princípios morais que se devem observar no exercício da administração pública. Para obedecer ao princípio da legalidade, não bastará ao administrador o estrito cumprimento da legalidade, devendo ele, no exercício da função pública, respeitar os princípios éticos de razoabilidade e justiça, pois a **moralidade** constitui, a partir da CRFB/88, pressuposto de validade de todo o ato da administração pública.

D) Publicidade: É basicamente a inserção do ato no Diário Oficial ou por edital afixado no lugar próprio para a divulgação de atos públicos, para conhecimento do público em geral e, consequentemente, início da produção de seus efeitos, pois somente a publicidade evita as fraudes dos processos arbitrariamente sigilosos, permitindo-se os competentes recursos administrativos e as ações judiciais próprias. Todos os usuários do serviço público têm acesso às informações sobre os atos de governo, previsto explicitamente no art. 37, § 3º, II, da CRFB/88.

E) Eficiência: Introduzida pela Emenda Constitucional n. 19/98, indica que não basta, para a CRFB/88, que o serviço público seja oferecido, é necessário que seja prestado sempre da melhor forma possível, seja eficaz e atenda realmente as necessidades para as quais foi criado. O princípio da eficiência tem em si alguns princípios inerentes, quais sejam: direcionamento da atividade e dos serviços públicos à efetividade do bem comum; imparcialidade; neutralidade; transparência; participação e aproximação dos serviços públicos da população; eficácia; desburocratização; busca da qualidade.

Pelo princípio da eficiência o administrador público pode ser fiscalizado, avaliado periodicamente, cabendo ao Poder Público manter escolas de formação e aperfeiçoamento dos servidores públicos.

Além dos princípios explícitos e implícitos, o constituinte enumerou uma série de regras sobre a Administração Pública, garantindo-as no *status* constitucional e protegendo-as de possíveis alterações legislativas oportunistas, já que com *status* constitucional só poderão ser alteradas pelo processo legislativo mais rigoroso. Vejamos alguns destes direitos:

A CRFB/88 afirma que o acesso a cargos, empregos e funções públicas é permitido a brasileiros e estrangeiros que atendam às exigências da lei, e disciplina sobre a investidura no cargo ou emprego público, ela se dará mediante concursos públicos de provas e de provas e títulos, conforme a natureza e complexidade do cargo ou emprego, ressalvados os cargos em comissão que não se sujeitam a concursos públicos por serem de livre nomeação e exoneração. Além dos cargos de provimento efetivo, do emprego público e do cargo comissionado, citados no art. 37, I, da CRFB/88 ainda temos o cargo temporário e o cargo público eletivo; no primeiro, o ingresso ocorrerá por contratação temporária para atender à necessidade de excepcional interesse público (art. 37, IX, da CRFB/88), e no segundo, o ingresso é via pleito eletivo para mandatos fixos tanto no Poder Legislativo, quanto no Poder Judiciário (art. 14, § 3º, da CRFB/88). O direito administrativo disciplina outros casos, como o cargo honorífico, por isso sugerimos o estudo direcionado da disciplina, já que neste capítulo iremos apenas discorrer sobre os dispositivos constitucionais.

Sobre o concurso público, a CRFB/88 disciplinou os prazos máximos de validade – dois anos prorrogáveis por igual período – e determinou regras quanto à convocação durante o prazo improrrogável de validade, tudo conforme o art. 37, III e IV, da CRFB/88.

Disciplinou várias regras relacionadas à remuneração do servidor público e principalmente limitou o teto remuneratório do serviço público, estabelecendo-o para cada Poder e em cada esfera, alcançando toda a Administração Pública direita e indireta, sendo o teto máximo remuneratório o subsídio de Ministro do Supremo Tribunal Federal, conforme o art. 37, X, XI, XII, XIII, XIV, XV, §§ 9º, 10, 11 e 12. Sugerimos a leitura atenta destes dispositivos.

A acumulação de cargos foi estudada no art. 37, XVI, da CRFB/88, na qual a regra é a não acumulação de cargos, salvo nos seguintes casos: dois cargos de professor; um cargo de professor e um cargo de natureza técnica ou científica; e dois cargos ou empregos privativos de profissionais da saúde, com profissões regulamentadas, sendo que todas exceções só são viáveis respeitando a compatibilidade de horário e o teto remuneratório. O art. 38 da CRFB/88 ainda prevê outra modalidade de acumulação que ocorre quando o servidor ou empregado público é eleito vereador e há compatibilidade de horário entre os cargos, trabalhando e sendo remunerado pelos dois. Para os demais cargos eletivos prevalece o afastamento do cargo ou emprego público.

Licitação, publicidade dos atos administrativos, improbidade administrativa, criação de autarquias, empresas públicas, sociedades de economia mista e subsidiárias e diversos outros temas são tratados no art. 37, portanto, sugerimos a leitura atenta, além do estudo da disciplina Direito Administrativo para aprofundar os assuntos.

4.1. Servidores Públicos

Aos servidores públicos cabe a tarefa de realizar as funções públicas, no sentido genérico da palavra. No sentido restrito, a função pública é uma tarefa. Todos os cargos têm uma função pública, mas nem todas as funções decorrem de um cargo. Cargo é o posto, o lugar reservado a uma pessoa, para o desempenho de determinadas funções. Os cargos efetivos podem ser isolados ou escalonados em carreira. Os cargos em comissão, ou cargos de confiança, são ocupados em caráter precário, por pessoas que podem ser mantidas ou não no lugar pelo seu superior hierárquico. Nos cargos em comissão o servidor pode ser exonerado ad nutum, ou seja, sem necessidade de fundamentação.

O quadro de servidores de cada entidade é formado pelas respectivas carreiras, cargos isolados e funções. A carreira é composta pelas classes existentes dentro de um serviço, sendo cada classe, ou conjunto de cargos da mesma denominação, como que um degrau na evolução da carreira.

A lotação refere-se ao número de servidores previstos para a repartição. Vacância significa cargo sem ocupante, vago. Provimento é o ato de preenchimento do cargo. Emprego Público é o posto no qual a relação empregatícia estabelecida com o poder público é regida pela Consolidação das Leis do Trabalho.

Os cargos, empregos e funções públicas podem ser exercidos por brasileiros natos ou naturalizados, e também por estrangeiros, de acordo com o regulamento estabelecido em lei, como é o caso das Universidades. É permitida ao servidor a associação sindical, entretanto o direito de greve deverá ser exercido nos termos e limites de lei específica (art. 37, VI e VII, da CRFB/88).

O servidor concursado, ocupante de cargo público efetivo, adquire estabilidade após três anos de exercício efetivo do cargo e aprovação em avaliação de desempenho. Em princípio, o servidor estável só perde o cargo em virtude de sentença judicial transitada em julgado ou mediante processo administrativo em que seja assegurada a ampla defesa, ou, ainda, mediante procedimento de avaliação periódica, com direito a ampla defesa. Entretanto, pode ocorrer, de forma excepcional, de o servidor estável perder o cargo por excesso de despesa com pessoal. Neste caso, se mesmo com as medidas adotadas não for obedecido o limite estabelecido em lei complementar, o servidor estável poderá perder o cargo, tendo direito à indenização e sendo proibida, durante quatro anos, a criação de cargo, emprego ou função com atribuições iguais ou assemelhadas ao cargo objeto da redução, tudo conforme o art. 41 c/c art. 169, §§ 4º, 5º, 6º e 7º, da CRFB/88, lembrando que neste caso a etapa anterior, entre outras medidas, é exonerar os servidores não estáveis, conforme manda o art. 169, § 3º, II, da CRFB/88. A regulamentação específica dos direitos e deveres dos servidores públicos está disposta em legislação infraconstitucional, federal, estadual e municipal.

Sugerimos também a leitura dos arts. 39 e 40 da CRFB/88, que sofreram diversas alterações com a promulgação da EC n. 103/2019 com a finalidade de reformar a Previdência dos Servidores Públicos. O tema é mais bem estudado na disciplina Direito Administrativo, mas já destacamos a necessidade da leitura atenta dos artigos. Além deles, leia também os arts. 42 e 43 que finalizam o capítulo da Administração Pública, disciplinando os Militares dos Estados, Distrito Federal e Territórios (com destaque ao art. 42, § 3º que foi incluído pela EC n. 101/2019) e as Regiões da federação brasileira que são divisões importantes para o desenvolvimento geoeconômico e social do país.

5. PODER LEGISLATIVO

O **Poder Legislativo Federal é bicameral**, devido o Estado brasileiro ser uma **República Federativa**, a Câmara dos Deputados representa o povo, atendendo a exigência da **Forma Republicana de Governo** e o Senado Federal representa os Estados-membros e o DF, atendendo a exigência da **Forma Federativa de Estado**. Já no âmbito estadual e municipal prevalece a **unicameralidade**, pois só há casas legislativas que representam o povo.

Feitas as apresentações iniciais, passemos ao estudo mais detalhado do Poder Legislativo no Brasil. Ele é estruturado nas três esferas da Federação: no âmbito federal é formado pelo **Congresso Nacional** que se compõe de **Câmara dos Deputados Federais** e **Senado Federal**, no âmbito estadual existe a **Assembleia Legislativa**, no Distrito Federal é chamada **Câmara Legislativa**, e no âmbito municipal será a **Câmara de Vereadores**.

O Poder Legislativo tem como funções típicas legislar e fiscalizar, e como funções atípicas julgar e administrar. A partir de tais funções, a Constituição dispõe sobre as regras do processo legislativo, e a competência para realizar a fiscalização contábil, financeira, orçamentária, operacional e patrimonial. É justamente no exercício de suas funções que o Poder Legislativo preserva as prerrogativas e imunidades.

5.1 Congresso Nacional

O **Congresso Nacional** é composto pela **Câmara dos Deputados e pelo Senado Federal** (art. 44 da CRFB/88). Suas atribuições podem ser exercidas conjuntamente ou nas Casas Legislativas isoladamente.

A **Mesa do Congresso Nacional** é o seu órgão administrativo, e **será presidida pelo Presidente do Senado Federal**, sendo que os demais cargos da Mesa deverão ser exercidos alternadamente, pelos ocupantes de cargos equivalentes na Câmara dos Deputados e no Senado Federal. Haverá **reuniões em sessões conjuntas** para inaugurar a sessão legislativa; elaborar o regimento comum e regular a criação de serviços comuns às Casas; receber o compromisso do Presidente da República e do Vice-Presidente da República; conhecer do veto e sobre ele deliberar, entre outros (art. 57, § 3º, I, II, III, IV).

O Congresso Nacional deverá se **reunir anualmente**, em Brasília, **de 2 de fevereiro a 17 de julho e de 1º de agosto a 22 de dezembro**, esse período é denominado **sessão legislativa**. Cada **legislatura terá duração de quatro anos**, que se compõe de quatro sessões legislativas (de 2 de fevereiro a 22 de dezembro) ou oito períodos legislativos (considerando-se os intervalos do recesso parlamentar). Devemos salientar que a sessão legislativa não deverá ser interrompida sem a aprovação do projeto de lei orçamentária (art. 57, § 2º).

No **primeiro ano da legislatura**, haverá uma **sessão preparatória, ocorrida no dia 1º de fevereiro (ou no próximo dia útil subsequente)**, na qual cada Casa Legislativa se reunirá para a posse dos seus membros (pois a eleição e diplomação ocorreu no ano anterior), e eleição das respectivas Mesas, para mandato de 2 anos, vedada a reeleição para o mesmo cargo, no período imediatamente subsequente.

Além das sessões ordinárias que ocorrem durante a sessão legislativa, poderão ser **convocadas sessões extraordinárias** pelo Presidente do Senado nos casos de decretação de estado de defesa ou de intervenção federal, de pedido de autorização para a decretação de estado de sítio e para o compromisso e a posse do Presidente e do Vice-Presidente da República. A convocação extraordinária também poderá ser feita pelos Presidentes da República, da Câmara dos Deputados e do Senado Federal ou a requerimento da maioria dos membros de ambas as Casas, em caso de urgência ou interesse público relevante, e sempre com a aprovação da maioria absoluta de cada uma das Casas do Congresso Nacional. Na sessão legislativa extraordinária, o Congresso Nacional somente deliberará sobre a matéria para a qual foi convocado, ressalvadas as medidas provisórias em vigor, que serão automaticamente incluídas na pauta.

O Congresso Nacional tem atribuições previstas expressamente nos arts. 48 e 49 da CRFB/88 (sugerimos leitura atenta deles, com destaque ao acréscimo estabelecido pela EC n. 109/2021). O art. 49 dispõe sobre atribuições exclusivas, sendo discutidas e votadas apenas na esfera do Congresso Nacional e o resultado de suas deliberações, em geral, encontrará a forma de **Decreto Legislativo**. As atribuições do art. 49 são indelegáveis e não admitem sanção ou veto do Presidente da República por tratarem de atos de fiscalização do Congresso Nacional, especialmente sobre o próprio Poder Executivo, como, por exemplo, resolver sobre os tratados internacionais assinados pelo Presidente da República, julgar as contas prestadas pelo Presidente da República, aprovar o estado de defesa e autorizar o estado de sítio.

Já as atribuições previstas no art. 48 formam um rol exemplificativo, já que o próprio *caput* do artigo estabelece que **todas as matérias de competência legislativa da União (privativa e concorrente) são competência do Congresso Nacional, com sanção do Presidente da República.** Lembre-se que em vários momentos a Constituição Federal estabelece competências legislativas da União (arts. 22, 24, 93, *caput*) e todas elas passam pelo processo legislativo do Congresso Nacional. Podemos afirmar que as matérias que se sujeitam ao processo legislativo do Congresso Nacional com a sanção do Presidente da República apresentam a forma ou de **lei ordinária** ou de **lei complementar**, pois são as duas únicas espécies normativas que necessariamente se sujeitam ao crivo do Poder Executivo (*vide* capítulo Processo Legislativo).

5.2 Câmara dos Deputados

A Câmara dos Deputados compõe-se de representantes do povo, eleitos pelo sistema proporcional, em cada Estado, em cada Território e no Distrito Federal, sendo que o número total de Deputados Federais e a representação por Estado e pelo Distrito Federal serão estabelecidos por lei complementar, com a exigência constitucional que nenhuma unidade da Federação terá menos de oito ou mais de setenta deputados federais (art. 45). Atualmente a Câmara dos Deputados é composta por 513 membros (LC n. 78/93). Excetua-se a regra o número de deputados federais representando o povo do Território Federal que será um número fixo de 4 deputados federais.

A Câmara dos Deputados tem suas competências privativas previstas no art. 51 (sugerimos leitura dele). Tais competências são indelegáveis (art. 68, § 1º) e não admitem sanção ou veto do Presidente da República (art. 48, *caput*), por tratarem de atos *interna corporis* (art. 51, III e IV), e de atos de fiscalização sobre o Poder Executivo (art. 51, I, II e V).

5.3 Senado Federal

O Senado Federal compõe-se de representantes dos Estados e do Distrito Federal, atualmente em número de 81, eleitos pelo sistema majoritário relativo, ou seja, não é necessária a maioria absoluta de votos válidos para eleger o senador, bastando, para vitória, o voto de maioria relativa (simples), sendo que cada Estado e o Distrito Federal terão três senadores, com mandato de oito anos. Caso haja a criação de um Território Federal, ele não terá representantes no Senado Federal, visto que Território Federal não configura um ente federativo e sim um ente administrativo da União, na modalidade autarquia territorial da União. O Senado Federal é uma Casa Legislativa que representa entes federativos, no caso, Estados e Distrito Federal.

A representação dos Estados e do Distrito Federal será renovada de quatro em quatro anos, alternadamente, por um terço ou dois terços do Senado Federal (art. 46, § 2º). Sendo bicameral o Poder Legislativo Federal, é conferida ao Senado Federal a mesma importância dada à Câmara dos Deputados Federais.

O Senado Federal tem suas competências privativas previstas no art. 52 (sugerimos leitura dele). Tais competências são indelegáveis (art. 68, § 1º) e não admitem sanção ou veto do Presidente da República (art. 48, *caput*), por tratarem de atos *interna corporis* (art. 52, XII e XIII), e de atos de fiscalização, especialmente sobre o Poder Executivo (todos os demais incisos do art. 52).

Composição do Congresso Nacional	
Câmara dos Deputados	**Senado Federal**
Total de **513 Deputados Federais** (LC n. 78/93)	Total de **81 Senadores**
Composição proporcional à população	Composição isonômica – 3 Senadores para cada unidade federativa
Mínimo de 8 e máximo de 70 deputados federais. Território Federal: 4 deputados federais	26 Estados-membros + DF = 27 unidades federativas Território Federal não tem senadores.
Ajustes do número total um ano antes das eleições (art. 45, § 1º)	27 x 3 Senadores = 81

5.4 Estatuto dos Congressistas

É o **conjunto de dispositivos constitucionais** que estabelece **prerrogativas, imunidades e garantias de independência**, para que o Poder Legislativo como um todo, e seus membros, individualmente, atuem com ampla autonomia e liberdade, no exercício das funções constitucionais. Na independência e harmonia entre os "Poderes", **as imunidades são institutos jurídicos de grande importância**, pois **visam assegurar a proteção dos congressistas no exercício de suas funções, contra os abusos e pressões dos demais "poderes"**.

Os Congressistas são os Deputados Federais e os Senadores. Eles são eleitos pelo povo para compor a Câmara dos Deputados e o Senado Federal, casas legislativas formadoras do Congresso Nacional.

Deputados Federais
Eleição: Os deputados federais são eleitos pelo povo segundo o princípio proporcional, para um mandato de 4 anos (correspondente a uma legislatura), sendo permitida a reeleição.
Requisitos para elegibilidade: Brasileiro nato ou naturalizado, idade mínima de 21 anos, pleno exercício dos direitos políticos, alistamento eleitoral, domicílio eleitoral na circunscrição e filiação partidária.

> **Senadores**
>
> **Eleição:** Os senadores são eleitos pelo povo segundo o princípio majoritário relativo, para um mandato de 8 anos (correspondente a duas legislaturas), sendo permitida a reeleição. Cada senador é eleito com 2 suplentes. A renovação do Senado não ocorre de 8 em 8 anos, e sim a cada legislatura. Entretanto a renovação é parcial, ou seja, de 4 em 4 anos ocorre eleição dos senadores na proporção de 1/3 e 2/3 do Senado.
>
> **Requisitos para elegibilidade:** Brasileiro nato ou naturalizado, idade mínima de 35 anos, pleno exercício dos direitos políticos, alistamento eleitoral, domicílio eleitoral na circunscrição e filiação partidária.

O art. 53, *caput*, da CRFB/88 estabelece a **imunidade material (também chamada imunidade real, substantiva ou inviolabilidade)** quanto às palavras, votos e opiniões, desde que proferidos em razão de suas funções parlamentares, no exercício e relacionados ao mandato, **não se restringindo ao âmbito do Congresso Nacional**. Assim, mesmo que o parlamentar esteja fora do Congresso Nacional, mas exercendo sua função parlamentar federal, em qualquer lugar do território nacional será irresponsável civil e criminalmente. Vejamos o que diz o STF sobre o tema:

"... a inviolabilidade alcança toda manifestação do congressista onde se possa identificar um laço de implicação recíproca entre o ato praticado, ainda que fora do estrito exercício do mandato, e a qualidade de mandatário político..." (RE 210.917, rel. Min. Sepúlveda Pertence)

"A cláusula de inviolabilidade constitucional, que impede a responsabilização penal e/ou civil do membro do Congresso Nacional, por suas palavras, opiniões e votos, também abrange, sob seu manto protetor, as entrevistas jornalísticas, a transmissão, para a imprensa, do conteúdo de pronunciamentos ou de relatórios produzidos nas Casas Legislativas e as declarações feitas aos meios de comunicação social, eis que tais manifestações – **desde que vinculadas ao desempenho do mandato – qualificam-se como natural projeção do exercício das atividades parlamentares.**" (**Inq 2.332-AgR**, rel. Min. **Celso de Mello**, julgamento em 10-2-2011, Plenário, *DJe* de 1º-3-2011.) (grifo nosso)

Contudo o uso das palavras, votos e opiniões desvinculado ao desempenho do mandato, pode acarretar o afastamento da imunidade material, vejamos:

"*In casu*, o querelado é acusado de ter publicado, através do Facebook, trecho cortado de um discurso do querelante, conferindo-lhe conotação racista. É que, no trecho publicado, reproduz-se unicamente a frase 'uma pessoa negra e pobre é potencialmente perigosa'. Ocorre que, ao conferir-se a íntegra do discurso no *site* do Congresso Nacional, verifica-se que o sentido da fala do querelante era absolutamente oposto ao veiculado pelo querelado, conforme se extrai do seguinte trecho: 'há um imaginário impregnado, sobretudo nos agentes das forças de segurança, de que uma pessoa negra e pobre é potencialmente perigosa'. O ato de edição, corte ou montagem, segundo a lição especializada, 'tem por objetivo guiar o espectador', razão pela qual o seu emprego, quando voltado a difamar a honra de terceiros, configura o dolo da prática, em tese, criminosa. Consectariamente, conclui-se que a publicação do vídeo, mediante corte da fala original, constituiu emprego de expediente fraudulento, voltado a atribuir ao querelante fato ofensivo à sua honra, qual seja, a prática de preconceito racial e social. O *animus difamandi* conduz, nesta fase, ao recebimento da queixa-crime. (a) **A imunidade parlamentar material cobra, para sua incidência no momento do recebimento da denúncia, a constatação, *primo ictu occuli*, do liame direto entre o fato apontado como crime contra a honra e o exercício do mandato parlamentar, pelo ofensor** (grifo nosso). A liberdade de opinião e manifestação do parlamentar, *ratione muneris*, impõe contornos à imunidade material, nos limites estritamente necessários à defesa do mandato contra o arbítrio, à luz do princípio republicano que norteia a CF. A imunidade parlamentar material, estabelecida para fins de proteção republicana ao livre exercício do mandato, não confere aos parlamentares o direito de empregar expediente fraudulento, artificioso ou ardiloso, voltado a alterar a verdade da informação, com o fim de desqualificar ou imputar fato desonroso à reputação de terceiros. Consectariamente, cuidando-se de manifestação veiculada por meio de ampla divulgação (rede social), destituída, ao menos numa análise prelibatória, de relação intrínseca com o livre exercício da função parlamentar, deve ser afastada a incidência da imunidade prevista no art. 53 da CF" (Pet 5.705, rel. Min. Luiz Fux, julgamento em 5-9-2017).

"Deputado federal. Crime contra a honra. Nexo de implicação entre as declarações e o exercício do mandato. Imunidade parlamentar material. Alcance. Art. 53, *caput*, da CF. (...) A verbalização da representação parlamentar não contempla ofensas pessoais, via achincalhamentos ou licenciosidade da fala. Placita, contudo, modelo de expressão não protocolar, ou mesmo desabrido, em manifestações muitas vezes ácidas, jocosas, mordazes, ou até impiedosas, em que o vernáculo contundente, ainda que acaso deplorável no patamar de respeito mútuo a que se aspira em uma sociedade civilizada, embala a exposição do ponto de vista do orador" (**Pet 5.714 AgR**, rel. Min. **Rosa Weber**, julgamento em 28-11-2017).

Diplomado o parlamentar, passa a ter **foro privilegiado**, só podendo ser julgado pelo STF. Esta prerrogativa tem relação com o exercício da função, logo se o parlamentar deixa de exercer o cargo, perde a prerrogativa de foro por exercício da função (art. 53, § 1º).

"A diplomação do réu como deputado federal opera o deslocamento, para o STF, da competência penal para a *persecutio criminis*, não tendo o condão de afetar a integridade jurídica dos atos processuais, inclusive os de caráter decisório, já praticados, com base no ordenamento positivo vigente à época de sua efetivação, por órgão judiciário até então competente." (HC 70.620, rel. Min. Celso de Mello)

Vale lembrar que o STF afirma, através da Súmula 245, que "a imunidade parlamentar não se estende ao corréu sem essa prerrogativa".

O art. 53, § 2º, trata da imunidade formal para prisão, na qual **a regra é a proibição de prisão** (incluindo a temporária, preventiva, por pronúncia, flagrante de crime afiançável ou prisão civil do alimentante), e a **exceção é a possibilidade de prisão**. A exceção na qual ocorre a prisão do parlamentar é **na hipótese de flagrante de crime inafiançável**. Devendo ser encaminhados os autos do inquérito, dentro de 24 horas, para a Casa respectiva, que deliberará sobre a prisão, pelo voto de maioria absoluta.

Destaca-se que esteve em discussão no STF a hipótese de prisão, em decorrência de decisão judicial transitada em julgado, mesmo que a Casa Legislativa não tenha determinado a perda do mandato. No âmbito do STF, as decisões foram divergentes, como se vê nas AP 470 e AP 565 (sugerimos leitura). O tema provavelmente ainda será objeto de novas discussões que devemos acompanhar com atenção.

Ainda sobre o art. 53, § 2º, o STF julgou a ADI 5.526, vejamos:

"O Plenário, por maioria, julgou parcialmente procedente ação direta de inconstitucionalidade na qual se pedia interpretação conforme à Constituição para que a aplicação das medidas cautelares, quando impostas a parlamentares, fossem submetidas à deliberação da respectiva casa legislativa em 24 horas. Primeiramente, a Corte assentou que o Poder Judiciário dispõe de competência para impor, por autoridade própria, as medidas cautelares a que se refere o art. 319 do CPP. (...) seja em substituição de prisão em flagrante delito por crime inafiançável, por constituírem medidas individuais e específicas menos gravosas; seja autonomamente, em circunstâncias de excepcional gravidade. Os autos da prisão em flagrante delito por crime inafiançável ou a decisão judicial de imposição de medidas cautelares que impossibilitem, direta ou indiretamente, o pleno e regular exercício do mandato parlamentar e de suas funções legislativas, serão remetidos dentro de 24 horas a Casa respectiva, nos termos do § 2º do art. 53 da CF para que, pelo voto nominal e aberto da maioria de seus membros, resolva sobre a prisão ou a medida cautelar. (...) Prosseguindo no julgamento, o Tribunal, também por votação majoritária, deliberou encaminhar, para os fins a que se refere art. 53, § 2º, da CF, a decisão que houver aplicado medida cautelar sempre que a execução desta impossibilitar direta ou indiretamente o exercício regular do mandato legislativo" (**ADI 5.526**, rel. Min. **Alexandre de Moraes**, julgamento em 11-10-2017).

Os §§ 3º, 4º e 5º do art. 53 tratam da **imunidade formal processual** e receberam profundas mudanças após a Emenda Constitucional n. 35/2001, com o intuito de limitar as garantias dos parlamentares e evitar abusos no uso delas. Antes da EC n. 35/2001 os parlamentares só seriam processados se a Casa respectiva autorizasse o início do processo, situação que muitas vezes não ocorria, causando uma "onda de impunidade". Agora não há mais necessidade de autorização, e sim **um aviso à Casa respectiva**, se o crime acontecer após a diplomação. No caso de crime ocorrido antes da diplomação não haverá a necessidade nem de autorização e nem de aviso. A Casa que recebe o comunicado poderá, até o fim da ação penal, sustar o seu andamento. Mas para isso deverá ser protocolizado o pedido de sustação feito por um partido político nela representado (e não pelo parlamentar processado). O quórum de aprovação para sustar o andamento da ação é de maioria absoluta e o prazo para apreciação é de 45 dias do recebimento do pedido pela Mesa Diretora.

O art. 53, § 6º, trata da proteção quanto à fonte de informação recebida em função do exercício do mandato, numa espécie de **sigilo profissional parlamentar**.

Já o art. 53, § 7º, determina que mesmo que o parlamentar seja militar inativo (e indiretamente ligado às Forças Armadas, cujo comandante supremo é o Presidente da República) e ainda em tempo de guerra é necessária a licença da Casa respectiva para que ele seja convocado para qualquer atividade militar.

E por fim, a imunidade do art. 53, § 8º, busca manter a integridade das Casas Legislativas mesmo em períodos de instabilidades políticas, como no estado de sítio, mantendo a imunidade dos seus integrantes, salvo se cometerem atos fora do recinto do Congresso Nacional, incompatíveis com a medida, e mesmo assim somente após o voto de 2/3 dos membros seriam suspensas tais imunidades.

Destaca-se que as imunidades são irrenunciáveis, pois decorrem da função exercida e não são características personalíssimas do parlamentar. Vejamos o que diz o STF:

"O instituto da imunidade parlamentar atua no contexto normativo delineado por nossa Constituição, como condição e garantia de independência do Poder Legislativo, seu real destinatário, em face dos outros poderes do Estado. Estende-se ao congressista, embora não constitua uma prerrogativa de ordem subjetiva deste. E por essa razão que não se reconhece ao congressista, em tema de imunidade parlamentar, a faculdade de a ela renunciar. Trata-se de garantia institucional deferida a Congresso Nacional. O congressista, isoladamente considerado, não tem, sobre ela, qualquer poder de disposição." (Inq 510/DF, rel. Min. Celso de Mello)

A Constituição Federal também trata das vedações aos Congressistas, pontuando tais vedações a partir da **diplomação (momento anterior)** e a partir da **posse (momento posterior)**. A partir da diplomação os Congressistas não podem firmar ou manter contrato, aceitar ou exercer cargo, função ou emprego remunerado, inclusive os de que sejam demissíveis *ad nutum*, com pessoa jurídica de direito público, autarquia, empresa pública, sociedade de economia mista ou empresa concessionária de serviço público, salvo quando o contrato obedecer a cláusulas uniformes. A partir da posse, permanecem as primeiras proibições aplicadas à diplomação, acrescentadas das seguintes: não podem ser proprietários, controladores ou diretores de empresa que goze de favor decorrente de contrato com pessoa jurídica de direito público, ou nela exercer função remunerada; patrocinar causa em que seja interessada pessoa jurídica de direito público, autarquia, empresa pública, sociedade de economia mista ou empresa concessionária de serviço público, ser titulares de mais de um cargo ou mandato público eletivo.

Considerando as vedações, a CRFB/88 determina que a infringência a elas acarretará a perda do mandato do Congressista, assim como o procedimento declarado incompatível com o decoro parlamentar ou quando sofrer condenação criminal em sentença transitada em julgado. Nestes casos, segundo o texto constitucional, **a perda do mandato será decidida pela Câmara dos Deputados ou pelo Senado Federal, por maioria absoluta**, mediante provocação da respectiva Mesa ou de partido político representado no Congresso Nacional, assegurada ampla defesa.

Dois pontos merecem destaque: a **definição de ato incompatível com o decoro parlamentar**, que a Constituição faz uma breve menção estabelecendo, que, além dos casos definidos no regimento interno, serão os atos de abuso das prerrogativas asseguradas a membro do Congresso Nacional ou a percepção de vantagens indevidas. E o segundo ponto é quanto à **condenação criminal transitada em julgado depender ou não da deliberação da Casa Legislativa respectiva,** tema no qual o STF atualmente tece discussões e divergências, que são exemplificadas nas famosas **Ação Penal 470** (decisão de 2012, entendendo que a **perda do mandato deveria ser automática**, dependendo apenas do trânsito em julgado da sentença penal condenatória) e **Ação Penal 565** (decisão de 2013, mudando o entendimento para aplicar a regra do art. 55, § 2º, na qual a **perda do mandato depende de deliberação da Casa respectiva**).

Além das duas ações citadas, o STF julgou posteriormente outros casos, contudo, apesar de a matéria ainda não ter sido totalmente pacificada, o STF já teceu novos parâmetros para seu entendimento, vejamos:

"Perda do mandato parlamentar. É da competência das Casas Legislativas decidir sobre a perda do mandato do congressista condenado criminalmente (art. 55, VI e § 2º, da CF). Regra excepcionada – adoção, no ponto, da tese proposta pelo eminente revisor, ministro Luís Roberto Barroso – quando a condenação impõe o cumprimento de pena em regime fechado, e não viável o trabalho externo diante da impossibilidade de cumprimento da fração mínima de 1/6 da pena para a obtenção do benefício durante o mandato e antes de consumada a ausência do congressista a 1/3 das sessões ordinárias da Casa Legislativa da qual faça parte. Hipótese de perda automática do mandato, cumprindo à Mesa da Câmara dos Deputados declará-la, em conformidade com o art. 55, III, § 3º, da CF". Precedente: MC no MS 32.326/DF, rel. Min. Roberto Barroso, 2-9-2013. (**AP 694**, rel. Min. **Rosa Weber**, julgamento em 2-5-2017, 1ª T).

Ainda sobre a perda do cargo, **ela será declarada pela Mesa da Casa respectiva, de ofício ou mediante provocação** de qualquer de seus membros, ou de partido político representado no Congresso Nacional, assegurada ampla defesa, nos seguintes casos: quando o congressista tenha faltado, durante a sessão legislativa, à terça parte das sessões ordinárias da Casa a que pertencer, salvo licença ou missão por esta autorizada; quando o congressista tenha os direitos políticos perdidos ou suspensos ou quando a perda do cargo for decretada pela Justiça Eleitoral.

Caso o parlamentar esteja sendo processado em qualquer das situações acima descritas, o seu **pedido de renúncia terá seus efeitos suspensos** até as deliberações finais de cada processo.

Destaca-se que o art. 55, § 2º, da CRFB/88, alterado pela EC 76/2013, não mais prevê o voto secreto da Casa Legislativa na decisão sobre a perda do cargo do parlamentar.

A Constituição também trata dos casos nos quais não há a perda do mandato de Deputado Federal ou Senador, são eles: investidura no cargo de Ministro de Estado, Governador de Território, Secretário de Estado, do Distrito Federal, de Território, de Prefeitura de Capital ou chefe de missão diplomática temporária, podendo o parlamentar optar pela remuneração.

Também não perde o cargo se estiver licenciado pela respectiva Casa por motivo de doença, com direito à remuneração e sem prazo estabelecido na Constituição ou licenciado para tratar de interesses particulares, sem remuneração, e desde que o afastamento não ultrapasse cento e vinte dias por sessão legislativa.

A convocação do suplente ocorrerá nos casos de vaga, de investidura nas funções previstas acima ou no caso de licença superior a cento e vinte dias. Ocorrendo vaga e não havendo suplente, far-se-á eleição para preenchê-la se faltarem mais de quinze meses para o término do mandato.

5.5 Comissões Parlamentares

Segundo José Afonso da Silva, **"as comissões são organismos constituídos em cada Câmara, composto de número geralmente restrito de membros, encarregados de estudar e examinar as proposições legislativas e apresentar pareceres"**. A CRFB/88 prevê que o Congresso Nacional e suas Casas terão **comissões permanentes e temporárias.**

As **Comissões Permanentes são as comissões temáticas do Senado Federal e da Câmara de Deputados, que se estabelecem em razão da matéria**, como, por exemplo, Comissão de Constituição, Justiça e Cidadania; Comissão de Assuntos Econômicos; Comissão de Assuntos Sociais; Comissão de Direitos Humanos e Legislação Participativa (Comissões Permanentes do Senado, art. 72 do RISF); Comissão de Constituição e Justiça e Cidadania; Comissão da Amazônia, Integração Nacional e de Desenvolvimento Regional; Comissão de Direitos Humanos e Minorias; Comissão de Desenvolvimento Urbano (Comissões Permanentes da Câmara, art. 32 do RICD).

Já as **Comissões Temporárias são as comissões especiais**, criadas em razão de matéria específica, **extinguindo-se com o fim da legislatura ou quando cumprida sua finalidade.**

A CRFB/88, no art. 58, § 2º, estabelece as **competências das comissões em razão da matéria de sua competência**: discutir e votar projeto de lei que dispensar, na forma do regimento, a competência do Plenário, salvo se houver recurso de um décimo dos membros da Casa; realizar audiências públicas com entidades da sociedade civil; convocar Ministros de Estado para prestar informações sobre assuntos inerentes a suas atribuições; receber petições, reclamações, representações ou queixas de qualquer pessoa contra atos ou omissões das autoridades ou entidades públicas; solicitar depoimento de qualquer autoridade ou cidadão; apreciar programas de obras, planos nacionais, regionais e setoriais de desenvolvimento e sobre eles emitir parecer.

Quanto à **convocação de Ministros de Estado** para prestar informações sobre assuntos inerentes às suas atribuições, a Câmara dos Deputados e o Senado Federal, ou qualquer de suas Comissões, poderão convocá-los ou quaisquer titulares de órgãos diretamente subordinados à Presidência da República para prestar, pessoalmente, informações sobre assunto previamente determinado, importando **crime de responsabilidade a ausência sem justificação adequada.** Também poderão **encaminhar pedidos escritos de informações**, importando em **crime de responsabilidade a recusa, ou o não atendimento, no prazo de trinta dias, bem como a prestação de informações falsas**. Os Ministros de Estado **poderão comparecer por sua iniciativa** e mediante entendimentos com a Mesa respectiva, para expor assunto de relevância de seu Ministério.

Durante o recesso, haverá uma Comissão representativa do Congresso Nacional, **eleita por suas Casas na última sessão ordinária do período legislativo**, com atribuições definidas no regimento comum. Na constituição das Comissões deverá ser assegurada, sempre que possível, a representação proporcional dos partidos ou dos blocos parlamentares que participam da respectiva Casa.

5.6 Comissão Parlamentar de Inquérito

As **Comissões Parlamentares de Inquérito** são disciplinadas no art. 58, § 3º, que determina para sua criação três requisitos indispensáveis: **requerimento subscrito por, no mínimo, 1/3 de parlamentares; indicação de fato determinado a ser apurado na investigação parlamentar; indicação de prazo certo para a conclusão dos trabalhos.** Em decisão no Mandado de Segurança 33.521, julgado em maio de 2020, o STF confirmou que cabe ao Presidente da Casa Legislativa a atribuição de aferir o preenchimento dos requisitos atinentes à instauração da CPI.

Quanto aos poderes da CPI, a Lei n. 1.579/52 (atualizada pela Lei n. 13.367/2016) disciplina que, na sua função investigativa, a CPI pode determinar diligência que entender necessárias, convocar Ministros de Estado, inquirir testemunhas, ouvir os indiciados, requisitar informações e documentos da Administração Pública, transportar-se para outro local onde se faça necessária, inclusive utilizando de equipamentos públicos para as suas sessões ou diligências.

O STF já manifestou que, por autoridade própria, ou seja, sem a necessidade de qualquer intervenção judicial, sempre por decisão fundamentada, pode determinar: quebra do sigilo fiscal, bancário, de dados, inclusive eletrônicos e telefônicos. Entretanto a CPI não tem competência para intercepção telefônica, pois esta última é protegida pela reserva constitucional de jurisdição.

Sobre as atribuições da CPI vejamos o seguinte julgado do STF:

"As CPIs possuem permissão legal para encaminhar relatório circunstanciado não só ao Ministério Público e à AGU, mas, também, a outros órgãos públicos, podendo veicular, inclusive, documentação que possibilite a instauração de inquérito policial em face de pessoas envolvidas nos fatos apurados (art. 58, § 3º, CF/1988, c/c art. 6º-A da Lei 1.579/1952, incluído pela Lei 13.367/2016)."(**MS 35.216 AgR**, rel. min. Luiz Fux)

5.7 Fiscalização contábil, financeira e orçamentária

O Poder Legislativo, **além da função legiferante**, também tem como **função típica a função fiscalizadora.** No âmbito federal o controle externo é realizado pelo **Congresso Nacional com o auxílio do Tribunal de Contas da União**. Assim, além dos sistemas de controle interno de cada Poder, o Poder Legislativo realiza a fiscalização contábil, financeira e orçamentária, patrimonial e operacional da União, incluindo a Administração Direta e Indireta dos Poderes Judiciário, Legislativo e Executivo. Qualquer pessoa física ou jurídica, pública ou privada, que utilize, arrecade, guarde, gerencie ou administre dinheiros, bens e valores públicos ou pelos quais a União responda, ou que, em nome desta, assuma obrigações de natureza pecuniária, é obrigada a prestar contas dos gastos públicos que executou.

Cabe ao Tribunal de Contas da União **apreciar as contas prestadas anualmente pelo Presidente da República**, mediante parecer prévio que deverá ser elaborado em sessenta dias a contar de seu recebimento (art. 71, I), **mas não caberá o julgamento**, pois **quem julga as contas do Presidente da República é o Congresso Nacional** (art. 49, IX). Quanto aos administradores e demais responsáveis por dinheiros, bens e valores públicos da administração direta e indireta, e também aqueles que derem causa a perda, extravio ou outra irregularidade de que resulte prejuízo ao erário público, o TCU tem competência para julgar.

Também é competência do TCU apreciar, para fins de registro, a legalidade dos atos de admissão de pessoal, a qualquer título, na administração direta e indireta, incluídas as fundações instituídas e mantidas pelo Poder Público, excetuadas as nomeações para cargo de provimento em comissão, bem como a das concessões de aposentadorias, reformas e pensões, ressalvadas as melhorias posteriores que não alterem o fundamento legal do ato concessório; realizar, por iniciativa própria, da Câmara dos Deputados, do Senado Federal, de Comissão técnica ou de inquérito, inspeções e auditorias de natureza contábil, financeira, orçamentária, operacional e patrimonial, nas unidades administrativas dos Poderes Legislativo, Executivo e Judiciário, bem como as demais entidades referidas no inciso II do art. 71; fiscalizar as contas nacionais das empresas supranacionais de cujo capital social a União participe, de forma direta ou indireta, nos termos do tratado constitutivo; fiscalizar a aplicação de quaisquer recursos repassados pela União mediante convênio, acordo, ajuste ou outros instrumentos congêneres, a Estado, ao Distrito Federal ou a Município; prestar as informações solicitadas pelo Congresso Nacional, por qualquer de suas Casas, ou por qualquer das respectivas Comissões, sobre a fiscalização contábil, financeira, orçamentária, operacional e patrimonial e sobre resultados de auditorias e inspeções realizadas; aplicar aos responsáveis, em caso de ilegalidade de despesa ou irregularidade de contas, as sanções previstas em lei, que estabelecerá, entre outras cominações, multa proporcional ao dano causado ao erário; assinar prazo para que o órgão ou entidade adote as providências necessárias ao exato cumprimento da lei, se verificada ilegalidade; sustar, se não atendido, a execução do ato impugnado, comunicando a decisão à Câmara dos Deputados e ao Senado Federal; representar ao Poder competente sobre irregularidades ou abusos apurados.

Destaca-se, entre as competências acima citadas, que se o **TCU verificar ilegalidades** determinará **prazo** para que o órgão ou a entidade **adote as providências necessárias**, e se não cumpridas, **o próprio TCU**, no exercício de sua própria competência, **irá sustar o ato administrativo impugnado**, comunicando a decisão à Câmara de Deputados e ao Senado Federal.

Entretanto, tratando-se de **contrato administrativo ilegal**, a **sustação será adotada diretamente pelo Congresso Nacional**, solicitando imediatamente as providências cabíveis ao Poder Executivo. Mas se passados 90 dias sem que o Congresso Nacional ou o Poder Executivo tome medidas de sustação e demais providências necessárias, o TCU decidirá a respeito, exercendo sua competência suplementar **(atuação supletiva)**.

Importante destacar que o STF sumulou a atuação do TCU, através da **Súmula Vinculante 3**, vejamos: "Nos processos perante o Tribunal de Contas da União asseguram-se o contraditório e a ampla defesa quando da decisão puder resultar anulação ou revogação de ato administrativo que beneficie o interessado, excetuada a apreciação da legalidade do ato de concessão inicial de aposentadoria, reforma e pensão".

Segundo a CRFB/88, a **comissão mista permanente, diante de indícios de despesas não autorizadas**, solicitará esclarecimentos a autoridade governamental, no prazo de 5 dias. Caso não prestados os esclarecimentos, ou sendo insuficientes, a **Comissão solicitará ao TCU pronunciamento conclusivo sobre o assunto**, no prazo de 30 dias. Se o TCU entender irregular a despesa, e a Comissão mista julgar que o gasto cause dano irreparável ou grave lesão à economia pública, poderá propor ao Congresso Nacional a sustação da despesa.

A **comissão mista permanente a que nos referimos acima é disposta no art. 72 e art. 166, § 1º** (sugerimos leitura dos artigos citados) e tem a atribuição de examinar e emitir parecer sobre os projetos de lei relativos ao plano plurianual, às diretrizes orçamentárias, ao orçamento anual e aos créditos adicionais; sobre as contas apresentadas anualmente pelo Presidente da República e sobre os planos e programas nacionais, regionais e setoriais e exercer o acompanhamento e a fiscalização orçamentária.

5.8 Composição do Tribunal de Contas da União

O Tribunal de Contas da União é composto por 9 membros e tem sede no Distrito Federal. É órgão técnico, com atribuições fiscalizadoras auxiliares ao Congresso Nacional na função de fiscalização financeira, contábil e orçamentária. O Tribunal de Contas da União não tem jurisdição, apesar de exercer uma função "judicante" administrativa. Pode exercer, entre outras, as atribuições de eleger seus órgãos diretivos, organizar suas secretarias e serviços auxiliares, prover seus cargos (art. 96 da CRFB/88), e não está sujeito ao Congresso Nacional. Vejamos o que diz o STF:

"os Tribunais de Contas ostentam posição eminente na estrutura constitucional brasileira, não se achando subordinado, por qualquer vínculo de ordem hierárquica, ao Poder Legislativo, de que não são órgãos delegatórios nem organismos de mero assessoramento técnico. A competência institucional dos Tribunais de Contas não deriva, por isso mesmo, de delegação dos órgãos do Poder Legislativo, mas traduz emanação que resulta, primariamente, da própria Constituição da República" (Min. Celso de Mello, ADI 4.190)

Os Ministros do TCU serão **escolhidos dentre brasileiros que satisfaçam os seguintes requisitos:** idade entre 35 e 65 anos; idoneidade moral e reputação ilibada; notórios conhecimentos jurídicos, contábeis, econômicos e financeiros ou de administração pública; mais de dez anos de exercício de função ou de efetiva atividade profissional. Um terço será escolhido pelo Presidente da República, com aprovação do Senado Federal, sendo dois alternadamente dentre auditores e membros do Ministério Público junto ao Tribunal, indicados em lista tríplice pelo Tribunal, segundo os critérios de antiguidade e merecimento e dois terços pelo Congresso Nacional.

Terão as mesmas garantias, prerrogativas, impedimentos, vencimentos e vantagens dos Ministros do Superior Tribunal de Justiça, aplicando-se-lhes, quanto à aposentadoria e pensão, as normas constantes do art. 40 da CRFB/88 (alterado pela EC 88/2015). O auditor, quando em substituição a Ministro, terá as mesmas garantias e impedimentos do titular e, quando no exercício das demais atribuições da judicatura, as de juiz de Tribunal Regional Federal.

Por fim, a CRFB/88 prescreve que os Poderes Legislativo, Executivo e Judiciário manterão, de forma integrada, **sistema de controle interno** com a finalidade de avaliar o cumprimento das metas previstas no plano plurianual, a execução dos programas de governo e dos orçamentos da União, comprovar a legalidade e avaliar os resultados, quanto à eficácia e eficiência, da gestão orçamentária, financeira e patrimonial nos órgãos e entidades da administração federal, bem como da aplicação de recursos públicos por entidades de direito privado, exercer o controle das operações de crédito, avais e garantias, bem como dos direitos e haveres da União, apoiar o controle externo no exercício de sua missão institucional.

Os responsáveis pelo controle interno, ao tomarem conhecimento de qualquer irregularidade ou ilegalidade, dela darão ciência ao Tribunal de Contas da União, sob pena de responsabilidade solidária e qualquer cidadão, partido político, associação ou sindicato é parte legítima para, na forma da lei, denunciar irregularidades ou ilegalidades perante o Tribunal de Contas da União, cabendo a aplicação das mesmas normas, no que couber, à organização, composição e fiscalização dos Tribunais de Contas dos Estados (cuja composição será em número de 7 Conselheiros) e do Distrito Federal, bem como dos Tribunais e Conselhos de Contas dos Municípios.

Notas Explicativas

Legislatura: Período de 4 anos no qual as Casas Legislativas exercem suas funções.

Sessão Legislativa: Período compreendido entre 2 de fevereiro e 22 de dezembro, no qual as Casas Legislativas exercem suas funções.

Período Legislativo: Compreende os lapsos temporais de 2 de fevereiro a 17 de julho e 1º de agosto a 22 de dezembro, considerando os recessos parlamentares.

Sessão Preparatória: Reunião ocorrida no início de cada legislatura, para posse dos membros e eleição das Mesas. Cada Casa irá reunir-se a partir de 1º de fevereiro.

Sessão Ordinária: Reunião marcada e ocorrida dentro dos períodos legislativos.

Sessão Extraordinária: Reunião convocada e ocorrida no recesso parlamentar.

Sessão Conjunta: Reunião na qual participam as duas Casas Legislativas.

6. PROCESSO LEGISLATIVO

O **processo legislativo contemporâneo**, cuja atribuição é **concentrada nas mãos do Estado**, especialmente do Poder Legislativo, é resultado de um longo processo de desenvolvimento das sociedades, através dos tempos históricos.

O movimento evolutivo do processo legislativo presenciou, no início, a influência do mítico, do divino, do costume e da força no estabelecimento das normas de conduta da sociedade. Assistiu ao nascimento da Democracia, conviveu com o processo de laicização da produção legislativa, com o fortalecimento do Parlamento Inglês, com o nascimento da Teoria de Montesquieu, com a concentração da atividade normativa nas mãos do Estado e sua submissão à ordem jurídica, com a especialização da atividade legislativa.

No Brasil, a atividade legiferante foi importada das terras lusitanas quando ainda éramos colônia, sob a influência dos movimentos jurídico-políticos da época. O primeiro movimento objetivando a formação de um órgão nacional representativo ocorreu em 1823, com a formação da Assembleia Geral Constituinte e Legislativa. Ela tinha a intenção de elaborar leis ordinárias, mas foi dissolvida logo em seguida, vindo a se formar novamente três anos mais tarde. Desde então o processo legislativo brasileiro cada vez se aprimorou, criando figuras legislativas peculiares, para atender aos interesses legiferantes de cada época.

Por definição podemos afirmar que o **processo legislativo consiste em um conjunto de regras procedimentais obrigatórias para a elaboração das espécies normativas vigentes.** A CRFB/88, no art. 59, lista as seguintes espécies normativas, também chamadas atos normativos primários: Emendas à Constituição, Leis Complementares, Leis Ordinárias, Leis Delegadas, Medidas Provisórias, Decretos Legislativos e Resoluções. Além disso, determina que Lei Complementar disporá sobre a elaboração, redação, alteração e consolidação das leis, o que é atendido pela Lei Complementar n. 95/98, atualizada pela LC n. 107/2001.

O **processo legislativo constitucional** trata apenas dos **atos normativos primários**, não se importando com os atos normativos secundários. Entretanto, é importante frisarmos que faltaram à lista do art. 59 duas espécies normativas primárias, pois também emanadas da própria CRFB/88: **o decreto autônomo**, de competência do Presidente da República, e o **regimento** de competência dos Tribunais.

A descrição minuciosa do processo legislativo prevista na CRFB/88 representa a possibilidade de execução do controle preventivo de constitucionalidade, evitando a inserção no ordenamento jurídico de normas inconstitucionais. Concomitantemente, podemos afirmar que a **desobediência aos trâmites processuais legislativos** representa a formação de **vícios de inconstitucionalidade formais**, sanáveis por **controle repressivo de constitucionalidade.**

Outro aspecto relevante no estudo do processo legislativo é quanto à **hierarquia das normas**, que, com exceção das emendas constitucionais que recebem da própria CRFB/88 o *status* de alterá-la e, portanto, alcançar um *status* normativo maior, as demais espécies normativas têm o mesmo *status*, **não havendo entre elas hierarquia.**

Diante da variedade de espécies normativas primárias trazidas pelo art. 59, e das diferentes regras procedimentais, devemos estudá-las individualmente, mas, antes de tudo, vamos fazer uma breve esquematização das fases do processo legislativo.

Fase de Iniciativa: Também chamada deflagradora ou iniciadora ou instauradora, ocorre quando os legitimados fazem a proposta de lei ou de emenda constitucional. De acordo com a espécie normativa a iniciativa pode ser geral, privativa, exclusiva, popular, conjunta, concorrente.

Fase Constitutiva: Nesta segunda fase do processo legislativo, teremos a conjugação de vontades, tanto do Legislativo pela discussão e votação como do Executivo, através da sanção ou veto, quando houver. É a fase mais longa do processo de construção de uma espécie normativa, e apresenta peculiaridades conforme a espécie normativa.

Na discussão e votação, o Senado, a Câmara e o Congresso Nacional deliberarão sobre o assunto, e em grande parte dos casos, a votação inicia na Câmara de Deputados (casa iniciadora) e posteriormente no Senado Federal (casa revisora). Se houver aprovação enviarão o projeto de lei para o Presidente da República (o que não ocorre, por exemplo, com a emenda constitucional), que, recebendo-o, poderá concordar, sancionando, ou discordar, vetando o referido projeto.

Fase Complementar: A fase final do processo legislativo é composta pela promulgação e publicação. A promulgação é um atestado da existência válida da lei e de sua executoriedade, consistindo numa certidão de que o ordenamento jurídico será inovado. Promulgada a lei, ela será publicada, já a publicação é ato através do qual se levará ao conhecimento de todos, pela imprensa oficial, o conteúdo da inovação legislativa. Na publicação, em geral, tem-se estabelecido o momento de sua vigência e obrigatoriedade efetiva, se nada disser, adota-se a regra da Lei de Introdução às Normas do Direito Brasileiro – Decreto-Lei n. 4.657/42.

Vejamos alguns detalhes do processo legislativo das espécies normativas primárias.

6.1 Emenda à Constituição

A Constituição Federal de 1988 é classificada como uma Constituição rígida, pelo fato de qualquer modificação formal do seu texto exigir um processo mais dificultoso, sob a forma de aprovação de espécie normativa específica: a Emenda à Constituição.

A Emenda à Constituição não está sujeita à sanção presidencial e tem a mesma natureza e a mesma eficácia normativa dos dispositivos constitucionais. Entretanto é importante frisar que a Emenda Constitucional é fruto do Congresso Nacional e não da Assembleia Nacional Constituinte, ou seja, é resultado do Poder Constituinte Derivado Reformador, e não do Poder Constituinte Originário. Como resultado, a elaboração da Emenda Constitucional está limitada ao texto constitucional, condicionada à Constituição, subordinada e não autônoma. (características de Poder Constituinte Derivado) e sujeita ao Controle de Constitucionalidade Preventivo e Repressivo. A Emenda Constitucional, quando passa a integrar o texto da Constituição, é hierarquicamente superior às demais espécies normativas.

Têm a iniciativa do projeto de Emenda à Constituição: o Presidente da República (art. 60, II); pelo menos 1/3 dos membros da Câmara dos Deputados ou do Senado Federal (art. 60, I) ou mais da metade das Assembleias Legislativas das unidades da Federação, cada uma manifestando-se pela maioria relativa de seus membros (art. 60, II).

A proposta de Emenda é discutida e votada em cada Casa do Congresso Nacional, em dois turnos. Considera-se aprovada se obtiver, em ambos, 3/5 dos votos dos membros de cada uma das Casas (art. 60, § 2º).

A decisão é soberanamente emanada do Congresso Nacional, que exerce a representação popular e dos entes federativos, sem interferência decisória do Presidente da República. Votada e aprovada a proposta de Emenda, passa-se à promulgação, efetivada pelas Mesas da Câmara dos Deputados e do Senado Federal, com a numeração sequencial às outras emendas. Sobre a publicação, o texto constitucional silencia, entretanto, há de se entender que é uma competência também do Congresso Nacional.

Vejamos um entendimento do STF sobre as emendas à Constituição:

"A eficácia das regras jurídicas produzidas pelo poder constituinte (redundantemente chamado de 'originário') não está sujeita a nenhuma limitação normativa, seja de ordem material, seja formal, porque provém do exercício de um poder de fato ou suprapositivo. Já as normas produzidas pelo poder reformador, essas têm sua validez e eficácia condicionadas à legitimação que recebam da ordem constitucional. Daí a necessária obediência das emendas constitucionais às chamadas cláusulas pétreas" (**ADI 2.356 MC** e **ADI 2.362 MC**, rel. Min. **Ayres Britto**, julgamento em 25-11-2010).

6.2 Lei complementar e lei ordinária

A segunda espécie normativa listada no art. 59 da CRFB/88 é a Lei Complementar, que é disciplinada pelo texto constitucional paralelamente à Lei Ordinária, portanto analisaremos as duas de forma conjunta, apontando primeiramente as diferenças entre elas, para em seguida cuidar do seu trâmite legislativo.

Lei Complementar e Lei Ordinária diferenciam-se em dois pontos: **a matéria tratada e o quórum de aprovação.**

Quanto à matéria tratada, teremos a seguinte diferenciação: a **Lei Complementar trata de matéria específica** na CRFB/88; enquanto a **Lei Ordinária trata de matéria residual.**

Quanto ao quórum de aprovação, a **Lei Complementar é aprovada por voto de maioria absoluta**, conforme disciplina o art. 69 da CRFB/88; enquanto a **Lei Ordinária é aprovada por voto de maioria simples**, também chamada maioria relativa, conforme disciplina a regra geral do art. 47 da CRFB/88.

Analisados os pontos diferentes entre a lei complementar e a lei ordinária, vejamos os pontos semelhantes:

Têm iniciativa dos projetos de lei complementar e de lei ordinária: o Deputado, o Senador, a Comissão da Câmara dos Deputados, a Comissão do Senado Federal, a Comissão do Congresso Nacional, o Presidente da República, o Supremo Tribunal Federal, Tribunais Superiores, o Procurador-Geral da República e os cidadãos.

A discussão ocorre na Câmara dos Deputados e no Senado Federal (arts. 64 e 65). A votação, com o objetivo de aprovação, no caso de lei ordinária, se dá por maioria simples (art. 47); no caso de lei complementar se dá por maioria absoluta (art. 69). **O quórum de instalação para ambas é de maioria absoluta (art. 47).**

Após a aprovação do projeto de lei, este será encaminhado ao Presidente da República para sancioná-lo, caso concorde; ou vetá-lo, caso discorde, no prazo de 15 dias úteis. A **sanção poderá ser expressa ou tácita**, caso o Presidente da República não se manifeste sobre o projeto no prazo. O **veto só poderá ser expresso e fundamentado**, podendo ser fundado no interesse público – **veto político** – ou na contrariedade à Constituição – **veto jurídico**. Há o veto total, que alcançará toda a lei; ou veto parcial, que alcançará texto integral de artigo, alínea, parágrafo, inciso, não havendo, portanto, veto parcial que alcance apenas letras, palavras ou sinais gráficos, pois seria uma verdadeira afronta ao processo legislativo.

Vetado o projeto de lei, será encaminhado ao Congresso Nacional, que, dentro do prazo de 30 dias do seu recebimento, deverá apreciá-lo em sessão conjunta, e só poderá rejeitá-lo pelo voto de maioria absoluta dos Deputados e Senadores.

A promulgação cabe ao Presidente da República, que terá 48 horas para fazê-la. Caso o Presidente da República não promulgue no prazo estabelecido, o Presidente do Senado Federal a promulgará e, se este não o fizer dentro de 48 horas (contados a partir do escoamento do prazo de 48 horas conferido ao Presidente da República), a promulgação competirá ao Vice-Presidente do Senado (art. 66, § 7º). A publicação, tanto da lei complementar quanto da lei ordinária, caberá a quem a tenha promulgado.

6.3 Lei delegada

A lei delegada é elaborada pelo Presidente da República, após a autorização do Congresso Nacional. Prevista no art. 68 da CRFB/88, é exceção ao princípio da indelegabilidade de atribuições típicas de um Poder para outro.

Segundo Temer, **delegar competência significa retirar parcela de atribuições de um Poder (Poder Legislativo) e entregá-la a outro Poder (Poder Executivo).** Lembremos que a regra é o princípio da indelegabilidade, e a exceção é a delegação, prevista aqui na Lei Delegada.

Para que o Presidente da República possa editar uma lei delegada, necessita de autorização do Congresso Nacional, e esta autorização é dada por meio de **Resolução do Congresso Nacional** (art. 68, § 2º), chamada, neste caso por Lenza, de **delegação *externa corporis*.** Por outro lado, o Congresso Nacional só pode delegar ao Presidente da República se este a solicitar.

Existem matérias que são atribuições exclusivas, sendo, portanto, **indelegáveis**, são elas: os atos de competência exclusiva do Congresso Nacional (art. 49); os de competência privativa da Câmara dos Deputados (art. 51); os de competência privativa do Senado Federal (art. 52) e as leis sobre organização do Poder Judiciário e do Ministério Público, a legislação sobre nacionalidade, cidadania, direito individuais, políticos, planos plurianuais, diretrizes orçamentárias e orçamento. São indelegáveis também matérias reservadas à lei complementar.

O processo de criação da lei delegada começa somente por iniciativa solicitadora do Presidente da República. Diante da solicitação, o Congresso Nacional pode expedir uma resolução autorizadora. A resolução autorizadora especificará seu conteúdo e os termos do exercício, e, dependendo do caso, haverá ou não apreciação do projeto pelo Congresso Nacional. A **delegação típica** ocorre quando o Congresso expede a Resolução autorizadora, sem exigir apreciação. Neste caso, o Presidente, recebendo a autorização, elabora, promulga e publica a Lei Delegada. A **delegação atípica** ocorre quando o Congresso Nacional exige a apreciação, que ocorrerá em votação única, vedada qualquer emenda ao seu texto. Então, neste caso, o Presidente, recebendo a autorização, elabora, envia para o Congresso Nacional que poderá aprovar na íntegra ou suspender a resolução autorizadora. Caso aprove na íntegra, o Presidente irá promulgar e publicar, não havendo necessidade, em nenhum dos casos, da sanção ou veto presidencial.

Caso o Presidente da República promulgue e publique Lei Delegada exorbitando dos limites da delegação legislativa, possibilidade que só verificamos na delegação típica, cabe ao Congresso Nacional sustá-la, para manter a sua competência legislativa em face da função normativa de outros poderes (art. 49, V e XI).

6.4 Medida provisória

A medida provisória, prevista no art. 62 da CRFB/88, substituiu o antigo decreto-lei, apresentando-se como função atípica do Poder Executivo. A medida provisória não é lei, mas tem **"força de lei"**. Lei é ato nascido no Poder Legislativo que se submete a um processo legislativo estabelecido na Constituição, criando deveres e direitos. A medida provisória cria direitos e deveres, mas não nasce no Poder Legislativo, não é lei, é provisória, **emana de uma pessoa, o Presidente da República, sendo produção legislativa unipessoal.**

Adotada em situações de **relevância e urgência**, a Medida Provisória versa sobre todos os temas que possam ser objeto de lei ordinária, com exceção das seguintes matérias: aquelas entregues à lei complementar, aquelas que tratam da organização do Poder Judiciário e do Ministério Público (que também são disciplinadas por lei complementar), que visem à detenção ou sequestro de bens ou de qualquer outro ativo financeiro, as matérias indelegáveis, a legislação em matéria penal, processual penal e processual civil, nacionalidade, cidadania, direitos políticos e direito eleitoral, planos plurianuais, diretrizes orçamentárias, orçamento e créditos adicionais e suplementares, exceto a aprovação de crédito extraordinário nos casos de calamidade pública, comoção interna e guerra, que são situações de relevância e urgência.

A Medida Provisória que implicar instituição ou majoração de imposto deve respeitar o **princípio da anterioridade tributária**, e só produzirá efeitos no exercício financeiro seguinte, se até o final do ano vigente, for convertida em lei. Por exceção, não se sujeita ao princípio da anterioridade tributária a Medida Provisória que institua ou majore os seguintes impostos: Imposto sobre Importação, Imposto sobre Exportação, Imposto sobre Operações Financeiras, Imposto sobre Produtos Industrializados, Imposto de Guerra.

O processo legislativo da Medida Provisória começa com a iniciativa do Presidente da República que, no caso de relevância e urgência, a publica. Uma vez publicada, a Medida Provisória, exceto aquela que deve respeitar o princípio da anterioridade tributária, inicia sua vigência e eficácia de 60 dias, devendo ser apreciada de imediato pelo Congresso Nacional, portanto, a discussão será posterior ao início da sua vigência. Se em **45 dias** a Medida Provisória não for apreciada, entrará em **regime de urgência**, suspendendo as deliberações na Casa em que estiver tramitando.

Antes da apreciação e da discussão e votação em um turno no plenário de cada Casa Legislativa do Congresso Nacional, a Medida Provisória será apreciada por uma **comissão mista de Deputados e Senadores** que emitirá parecer.

Inicialmente, na discussão e votação, a Medida Provisória pode ser **rejeitada expressamente ou aprovada.** Rejeitada expressamente sairá do ordenamento jurídico, devendo o Congresso Nacional expedir um decreto legislativo tratando das relações jurídicas dela decorrentes. Aprovada a Medida Provisória, seguirá os seguintes trâmites: caso seja aprovada sem alteração do texto, a Medida Provisória será promulgada e publicada pelo Presidente do Congresso Nacional (art. 12 da Res. n. 1/2002-CN); aprovada com alteração do texto seguirá o trâmite da lei ordinária, ou seja, sanção ou veto do Presidente da República, promulgação e publicação.

Estranhamente, o art. 62, § 12, da CRFB/88 determina que aprovada a Medida Provisória, alterando o seu texto original, ela manter-se-á integralmente em vigor até que seja sancionado ou vetado o projeto. É no mínimo curioso que um texto legal que já teve parte dele rejeitado pelo Poder Legislativo, ainda tenha um período de vigência, com força de lei, até que ocorra o momento da sanção ou veto do texto que foi aceito e alterado.

Além das hipóteses de aprovação ou rejeição expressa, é possível que a medida provisória não tenha sua apreciação concluída, nem no primeiro prazo prorrogável de 60 dias e nem no segundo prazo improrrogável de 60 dias. Ocorrendo tal situação a **medida provisória perde sua eficácia por decurso do prazo**, o que Lenza chama de **rejeição tácita**. Perdendo a eficácia por decurso do prazo, a Medida Provisória sai do ordenamento jurídico, e desta data inicia a contagem do prazo de 60 dias para que o Congresso Nacional expeça um decreto legislativo para tratar das relações jurídicas dela decorrentes.

Se em 60 dias o Congresso Nacional não expedir o decreto legislativo para tratar das relações jurídicas decorrentes de medida provisória rejeitada ou que perdeu a eficácia por decurso do prazo, ela voltará gerar efeitos, apenas para as relações jurídicas efetivamente ocorridas na época de sua vigência.

6.5 Decreto legislativo

O Decreto Legislativo é espécie normativa que tem como conteúdo, basicamente, as matérias de competência exclusiva do Congresso Nacional. Seu trâmite legislativo não foi objeto de preocupação do legislador constituinte, estando traçado nos regimentos internos das Casas Legislativas. Contudo, podemos alinhavar algumas considerações sobre o Decreto Legislativo: ele disciplina, basicamente, as matérias do art. 49 da CRFB/88, além de disciplinar, no prazo de 60 dias, as relações jurídicas amparadas por Medida Provisória rejeitada ou que perdeu a eficácia por decurso do prazo. Os quóruns de instalação e de aprovação seguem a regra geral constitucional, prevista no art. 47 da CRFB/88, não há sanção ou veto presidencial e a promulgação cabe ao Presidente do Congresso Nacional, que é o Presidente do Senado Federal.

Quando **o Congresso Nacional apreciar tratado internacional sobre Direitos Humanos,** assinado pelo Presidente da República, e tiver a intenção de dar *status* de emenda constitucional, conforme prevê o art. 5º, § 3º, da CRFB/88, **aprovará o decreto legislativo em votação nas casas separadas e em dois turnos em cada casa, pelo voto de 3/5 dos seus membros.** Exemplos de Decretos Legislativos com *status* de Emenda são o Decreto Legislativo n. 186/2008 que ratificou a Convenção sobre os Direitos das Pessoas com Deficiência e seu Protocolo Facultativo, assinados em Nova Iorque, em

30 de março de 2007, e o Decreto Legislativo n. 261/2015 que ratificou o Tratado de Marraqueche para Facilitar o Acesso a Obras Publicadas às Pessoas Cegas, com Deficiência Visual ou com outras Dificuldades para Ter Acesso ao Texto Impresso, celebrado em Marraqueche, em 28 de junho de 2013.

6.6 Resolução

A **Resolução**, assim como o Decreto Legislativo, é prevista, mas não disciplinada no texto constitucional, cabendo aos regimentos internos das Casas Legislativas a sua regulamentação. Sua competência alcança as **matérias privativas** da **Câmara dos Deputados** e do **Senado Federal** (arts. 51 e 52), e **algumas competências do Congresso Nacional**.

Os aspectos mais relevantes sobre a Resolução são: sua iniciativa é disciplinada basicamente nos regimentos internos, **a discussão e votação seguem as regras do art. 47 da CRFB/88**, ou seja, quórum de instalação de maioria absoluta e quórum de aprovação de maioria simples, **não há sanção ou veto presidencial**, a promulgação é efetivada pela Mesa da Casa Legislativa que a expediu ou, quando se tratar de resolução do Congresso Nacional, pelo Presidente do Senado Federal, a publicação é feita pela Casa Legislativa que a promulgou.

É através de Resolução que o **Senado Federal** retira a eficácia de **lei declarada inconstitucional pelo STF** e que o **Congresso Nacional delega ao Presidente da República** a competência para elaborar Lei Delegada.

7. PODER EXECUTIVO

O **Presidencialismo**, como sistema de governo, surge com a Constituição americana, de 1787, e apresenta as seguintes características básicas: **é um sistema de governo atrelado ao modelo montesquiano de separação dos Poderes**, com **unipessoalidade da Chefia de Estado e Chefia de Governo**, independência e harmonia entre os Poderes, especialmente a independência política do Executivo em relação ao Legislativo, apresenta **eleições diretas para Presidente e Vice-Presidente da República**, aplicando as eleições indiretas como exceção, prevê a **responsabilidade política e criminal do Presidente da República.**

O Sistema de Governo Presidencialista é tradição no Estado brasileiro desde a primeira Constituição republicana, de 1891, e o Poder Executivo consiste em um órgão constitucional cuja função precípua é a prática dos atos de chefia de Estado, chefia de Governo e de administração pública.

A Constituição Federal de 1988 atribuiu a Chefia do Poder Executivo ao Presidente da República, que é eleito diretamente pelo povo, junto com o Vice-Presidente da República, e tem como auxiliares os Ministros de Estados, nomeados livremente pelo titular do Poder Executivo. Ele é o **Chefe da Administração Pública Federal e o Comandante Supremo das Forças Armadas**. Exerce simultaneamente a **Chefia de Estado**, representando soberanamente a República Federativa do Brasil no âmbito internacional; e a **Chefia de Governo**, representando com autonomia a União nas suas relações internas com os outros entes federativos, entes administrativos, e administrados. **Montesquieu assim concebeu o Poder Executivo, como definidor e realizador da política de ordem interna e das relações exteriores.**

No contexto constitucional, o Poder Executivo apresenta como função típica administrar as atribuições de Chefia de Estado e de Chefia de Governo, e como funções atípicas as atribuições de legislar, julgar e fiscalizar, pois não é permitida na CRFB/88 nenhuma exclusividade nas funções estatais. Vale ressaltar que o sistema presidencialista foi adotado pela CRFB/88, e mantido, em 1993, por plebiscito, previsto no art. 2º do ADCT.

7.1 Eleição e forma de investidura do Presidente e Vice-presidente da República

São **condições de elegibilidade** para os cargos de Presidente e Vice-Presidente da República: ser brasileiro nato, ter alistamento eleitoral, estar em pleno gozo dos direitos políticos, ter domicílio eleitoral em qualquer município brasileiro, pois a circunscrição do Presidente da República é todo o território nacional, ter filiação partidária e ter idade mínima de 35 anos.

O mandato do Presidente da República e do Vice-Presidente da República terá duração de 4 anos, iniciando no dia 5 de janeiro do ano seguinte ao da eleição , nova regra determinada pela EC n. 111/2021, a ser aplicada aos eleitos em 2026, **cuja posse será em 5 de janeiro de 2027**. A eleição realizar-se-á, simultaneamente, no primeiro domingo de outubro, em primeiro turno, e no último domingo de outubro, em segundo turno, se houver, sendo considerado eleito Presidente o candidato que, registrado por partido político, obtiver a maioria absoluta de votos válidos, não computados os em branco e os nulos.

Caso não haja vitória em primeiro turno, haverá nova votação em segundo turno, no último domingo de outubro, e os dois candidatos mais votados concorrerão, considerando-se eleito aquele que obtiver a maioria dos votos válidos. Se remanescer, em segundo lugar, mais de um candidato com a mesma votação, qualificar-se-á o mais idoso, para concorrer ao segundo turno das eleições junto com o mais votado. Se entre o primeiro e o segundo turno, um dos candidatos desistir, falecer ou tiver algum impedimento legal, chamar-se-á o terceiro colocado para concorrer ao cargo no segundo turno.

A posse do Presidente e do Vice-Presidente da República ocorre no dia 5 de janeiro do ano seguinte ao da eleição, **data em que inicia o mandato**. A partir da posse, **titular e vice terão 10 dias de prazo para entrar em exercício**, e se não o fizerem no prazo, salvo motivo de força maior, terão seus respectivos cargos declarados vagos pelo Congresso Nacional.

7.2 Vacância da Presidência da República

O Vice-Presidente deve substituir o Presidente, nos casos de impedimento e suceder-lhe no caso de vacância. Não sendo possível também ao Vice-Presidente ocupar a Presidência, cabe sucessivamente aos Presidentes da Câmara dos Deputados, do Senado Federal e do Supremo Tribunal Federal.

O **impedimento** do Presidente e Vice-Presidente da República tem **caráter temporário**, como, por exemplo, os casos de **licença, doença, férias e viagens**. A **vacância** tem caráter **definitivo**, como, por exemplo, **a morte, a renúncia, a cassação do mandato (Senado Federal), a condenação criminal transitada em julgado (STF), o não "entrar em exercício" nos 10 dias seguidos da posse, salvo motivo de força maior, a ausência do país por mais de 15 dias sem autorização do Congresso Nacional (art. 83).**

Nos **impedimentos** adota-se a linha sucessória para ocupar a Presidência da República, **nos casos de vacância**, podemos ter inicialmente duas situações: ou ocorrer **vacância de um dos cargos** (titular ou vice), neste caso o outro eleito terminará o mandato sozinho; ou ocorrer **vacância dos dois cargos** (titular e vice), neste caso haverá uma nova eleição, pois os demais integrantes da linha sucessória presidencial não poderão suceder definitivamente o Presidente e Vice-Presidente da República.

Entretanto, **dependendo do período em que ocorreu a última vacância** dos cargos de Presidente e Vice-Presidente da República, a Constituição estabelece procedimentos diferentes de eleição. Ressalte-se que importa saber a data da última vacância, já que na vacância de apenas um dos cargos (titular ou vice) não haverá nova eleição, apenas o cumprimento do mandato sozinho pelo eleito remanescente.

Quando ocorrer a última vaga dos cargos de Presidente e Vice nos **dois primeiros anos de mandato**, convocar-se-ão **eleições diretas**, no prazo de **90 dias** depois de aberta a última vaga; no caso da última vacância ocorrer nos **dois últimos anos de mandato**, far-se-ão **eleições indiretas** pelo Congresso Nacional **30 dias** depois de aberta a última vaga. Observa-se que a Constituição prevê uma possibilidade de eleição indireta para a Presidência da República (art. 81, § 1º) apenas em hipótese excepcional, pois a regra é a eleição direta. Por fim, é importante alertar que em qualquer caso de eleição para cobrir a vacância dos cargos de Presidente e Vice-Presidente da República, **os eleitos apenas completarão o período dos seus antecessores,** exercendo o **mandato-tampão**.

Sobre o assunto, o STF proferiu decisão recente, vejamos:

"O Plenário, por maioria, julgou parcialmente procedente ação direta para declarar a inconstitucionalidade da locução 'após o trânsito em julgado', prevista no § 3º do art. 224 do Código Eleitoral, e para conferir interpretação conforme a Constituição ao § 4º do mesmo artigo, de modo a afastar do seu âmbito de incidência as situações de vacância nos cargos de Presidente e Vice-Presidente da República, bem como no de Senador da República. De início, a Corte afirmou que o fato de a Constituição Federal não listar exaustivamente as hipóteses de vacância não impede que o legislador federal, no exercício de sua competência legislativa eleitoral (...), preveja outras hipóteses, como as dispostas no § 3º do art. 224 do Código Eleitoral. Assim, é permitido ao legislador federal estabelecer causas eleitorais, ou seja, relacionadas a ilícitos associados ao processo eleitoral, que possam levar à vacância do cargo. Por outro lado, é certo que § 4º do citado art. 224 disciplina o modo pelo qual serão providos todos os cargos majoritários na hipótese de vacância. Entretanto, em relação aos cargos de Presidente, Vice-Presidente e Senador, a própria Constituição Federal já estabelece o procedimento a ser observado para o seu preenchimento (CF, artigos 56, § 2º, e 81, § 1º). Verifica-se, portanto, clara contradição entre o que preveem o texto constitucional e a legislação ordinária. De todo modo, é compatível com a Constituição Federal a aplicação do citado § 4º em relação aos cargos de Governador e de Prefeito, porquanto, diferentemente do que faz com o Presidente da República e com o Senador, o texto constitucional não prevê modo específico de eleição no caso de vacância daqueles cargos. Contudo, há que ser preservada a competência dos Estados-Membros e dos Municípios para disciplinar a vacância em razão de causas não eleitorais, por se tratar de matéria político-administrativa, resguardada sua autonomia federativa" (**ADI 5.525**, rel. Min. **Roberto Barroso**, julgamento em 8-3-2018).

7.3 Competências do Presidente da República e do Vice-presidente da República

Exercendo **dupla função** de Chefe de Estado e Chefe de Governo, o Presidente da República é incumbido pela Constituição Federal de 1988 de várias atribuições. Como chefe de Estado, ele deve manter relações com Estados estrangeiros e acreditar seus representantes diplomáticos; celebrar tratados, convenções e atos internacionais, sujeitos a referendo do Congresso Nacional; declarar guerra, no caso de agressão estrangeira, autorizado pelo Congresso Nacional ou referendado por ele, quando a agressão estrangeira ocorrer no intervalo das sessões legislativas, e, nas mesmas condições, decretar, total ou parcialmente, a mobilização nacional; celebrar a paz, autorizado ou com o referendo do Congresso Nacional e permitir, nos casos previstos em lei complementar, que forças estrangeiras transitem pelo território nacional ou nele permaneçam temporariamente (atribuições previstas nos incisos VI, VII, XIX, XX e XXII do art. 84).

Como funções de Chefia de Governo estão todas as atribuições previstas nos demais incisos do art. 84, desde nomear livremente Ministros de Estado e o Advogado-Geral da União; nomear, com a aprovação do Senado Federal, os Ministros do STF, os de outros Tribunais Superiores e o Presidente do Banco Central; participar do processo legislativo, com a iniciativa de leis e emendas constitucionais, a sanção ou veto, a promulgação e publicação das leis; prestar contas ao Congresso Nacional; exercer o comando supremo das Forças Armadas, até a nova atribuição inserida pela EC n. 109/2021 de propositura ao Congresso Nacional para a decretação de calamidade pública de âmbito nacional, conforme disciplina o inciso XXVIII do referido art. 84 da CRFB/88..

Entretanto, os incisos VI, XII e XXV, primeira parte, do art. 84 da CRFB/88 merecem destaque por tratarem de competências do Presidente da República, **delegáveis** aos Ministros de Estado, Advogado-Geral da União e Procurador-Geral da República.

São competências delegáveis: dispor mediante decreto sobre a organização da Administração Pública, desde que não aumente despesa, nem crie ou extinga órgãos; extinguir cargo público quando vago; conceder indulto e comutar penas, com audiência, se necessário, dos órgãos instituídos em lei, prover os cargos públicos federais, na forma da lei. Os Ministros de Estado, o Advogado-Geral da União e o Procurador-Geral da República que receberem a delegação de competência deverão observar seus limites.

Importante destacar que o art. 84, VI, da CRFB/88, alterado pela EC n. 32/2001, passou a admitir o chamado **Decreto Autônomo,** espécie normativa primária, pois emanada da própria Constituição Federal, e atribuída ao Presidente da República com a **finalidade de organizar a Administração Pública Federal**, sempre respeitando o **princípio da reserva legal**.

O Presidente da República concretiza muitas de suas atribuições por Decretos Executivos que são os instrumentos através dos quais tais atribuições se manifestam. Em regra, **os decretos são expedidos para regulamentar as leis que não são autoexecutáveis, e para que seja dado fiel cumprimento a elas** (Decreto Executivo), entretanto, com o **Decreto Autônomo**, trazido pela EC n. 32/2001, o Presidente **ampliou seu campo de atuação**, não se limitando mais ao fiel cumprimento e regulamentação das leis, desde que observados os limites constitucionais.

Duas observações devem ser feitas sobre as competências delegáveis: a primeira refere-se à **extinção de cargos públicos**, prevista nos incisos VI, *b* e XXV, segunda parte do art. 84. Veja que a **extinção de cargo público só é competência delegável se o cargo estiver vago** (art. 84, VI, *b*). A segunda observação diz respeito ao Procurador-Geral da República ser autoridade que recebe delegação de competência do Presidente da República, quando na verdade não há mais, desde a Constituição Federal de 1988, subordinação do Ministério Público da União ao Poder Executivo Federal. Na prática, por exemplo, organizar o MPU é função do próprio MPU, sem haver necessidade de delegação, e prover os cargos de membros e servidores do MPU não é atribuição do Presidente da República, que pode ser delegada ao Procurador-Geral da República, chefe do MPU. Este **dispositivo é um resquício do ordenamento jurídico-constitucional anterior**, e, portanto, passou pela Assembleia Nacional Constituinte sem que fosse percebido o equívoco.

O Vice-Presidente da República também tem atribuições previstas no documento constitucional, que são classificadas como funções próprias (típicas) e funções impróprias (atípicas). São **funções próprias** a substituição e a sucessão do Presidente, a participação nos Conselhos da República e de Defesa Nacional, entre outras atribuições previstas em lei complementar. As **funções impróprias** são exercidas nas missões especiais, quando assim convocado pelo Presidente da República (art. 79 da CRFB/88).

7.4 Crimes de responsabilidade

Crimes de responsabilidade são **infrações político-administrativas** definidas na legislação federal, cometidas no desempenho da função. O art. 85 da CRFB/88 lista um **rol exemplificativo deles**, evidenciando que todo ato atentatório contra a Constituição Federal é crime de responsabilidade do Presidente da República. Contudo, o mesmo dispositivo constitucional determina que haverá uma lei especial disciplinando as normas de processo e julgamento, cabendo ao Congresso Nacional a sua elaboração, através de uma lei ordinária federal.

Merece destaque a exigência constitucional para que o Congresso Nacional aprove lei ordinária especial para tratar do processo e julgamento por crime de responsabilidade, e que o caso se sujeita ao princípio da anterioridade da lei penal e da tipicidade das condutas criminais. O próprio STF já manifestou o entendimento mais de uma vez, tanto na Súmula Vinculante 46 – "A definição dos crimes de responsabilidade e o estabelecimento das respectivas normas de processo e julgamento são da competência legislativa privativa da União" –, quanto em sede de julgados, vejamos:

"A definição das condutas típicas configuradoras do crime de responsabilidade e o estabelecimento de regras que disciplinem o processo e julgamento dos agentes políticos federais, estaduais ou municipais envolvidos são da competência legislativa privativa da União e devem ser tratados em lei nacional especial (art. 85 da Constituição da República)" (**ADI 2.220**, rel. Min. **Cármen Lúcia**, julgamento em 16-11-2011).

Sobre o tema, vale ressaltar que a Lei n. 1.079/50, recepcionada pela CRFB/88 e alterada pela Lei n. 10.028/2000, disciplina normas sobre processo e julgamento, com recente ampliação do rol das infrações político-administrativas. Além da ampliação das infrações previstas, está o emprego da expressão "ação penal" e a possibilidade de oferecimento de denúncia por qualquer cidadão.

Devido a lacunas na legislação vigente sobre o tema e aos casos de *impeachment* contemporâneos à CRFB/88, especialmente o ocorrido com Dilma Rousseff, em 2016, o Congresso Nacional utilizou-se de regras regimentais para o processo e julgamento, o que gerou o ajuizamento de uma série de ações no âmbito do STF, provocando sua manifestação, vejamos:

"A aplicação subsidiária do Regimento Interno da Câmara dos Deputados e do Senado ao processamento e julgamento do *impeachment* não viola a reserva de lei especial imposta pelo art. 85, parágrafo único, da Constituição, desde que as normas regimentais sejam compatíveis com os preceitos legais e constitucionais pertinentes, limitando-se a disciplinar questões *interna corporis*" (**ADPF 378 MC**, rel. Min. **Roberto Barroso**).

7.5 Prerrogativa de foro e imunidades formais do Presidente da República

Segundo o art. 86 da CRFB/88, o Presidente da República, após o **juízo de admissibilidade da Câmara de Deputados**, pelo voto de 2/3 de seus membros, poderá ser processado e julgado por crimes de responsabilidade e por crimes comuns.

O **Senado Federal é o órgão competente para exercer o juízo de mérito nos crimes de responsabilidade**. Na sessão de julgamento, estará presente o Presidente do Supremo Tribunal Federal que a presidirá, garantindo o respeito aos princípios constitucionais processuais, como, por exemplo, ampla defesa, contraditório, presunção de inocência, devido processo legal. A condenação do Presidente da República por crime de responsabilidade dependerá de voto de 2/3 dos senadores, e a pena consistirá em cassação do mandato e inabilitação para as funções públicas por 8 anos (art. 52, I e parágrafo único).

No julgamento do *impeachment* da ex-presidente Dilma Rousseff, foi decidido pelo "fatiamento" da penalidade, não se aplicando naquele momento a inelegibilidade. Tal entendimento inovou a interpretação constitucional adotada até aquele momento, e foi objeto de questionamentos diante do Supremo Tribunal Federal. Destaque para o Mandado de Segurança 34.378/DF que no momento do fechamento da edição atual havia sido retirado da pauta de julgamento, permanecendo o tema pendente, aguardando uma manifestação definitiva do STF.

O **Supremo Tribunal Federal exercerá o juízo de mérito nos crimes comuns**, recebendo a denúncia do Procurador-Geral da República, processará e julgará o Presidente da República, que só estará sujeito à prisão, depois de proferida a sentença penal condenatória pelo próprio STF.

Instaurado o processo pelo Senado ou recebida a denúncia pelo STF, o **Presidente da República será afastado das suas funções por, no máximo, 180 dias**, passado esse prazo sem a conclusão do processo, o Presidente retornará às suas funções, sem prejuízo do regular prosseguimento do processo.

Destaca-se que o Presidente da República não será responsabilizado, na vigência do seu mandato por atos estranhos ao exercício das suas funções (tema cobrado em questão da 1ª Fase do Exame XXXII). Trata-se de verdadeira **imunidade temporária à persecução penal**, na qual o Presidente, na vigência do mandato, não responderá por crimes alheios a sua função presidencial.

Sobre o tema vejamos o que diz o STF:

"O que o art. 86, § 4º, confere ao presidente da República **não é imunidade penal, mas imunidade temporária à persecução penal**: nele não se prescreve que o presidente é irresponsável por crimes não funcionais praticados no curso do mandato, mas apenas que, por tais crimes, **não poderá ser responsabilizado, enquanto não cesse a investidura na presidência.** Da impossibilidade, segundo o art. 86, § 4º, de que, enquanto dure o mandato, tenha curso ou se instaure processo penal contra o presidente da República por crimes não funcionais, decorre que, **se o fato é anterior à sua investidura**, o Supremo Tribunal não será originariamente competente para a ação penal, nem consequentemente para o *habeas corpus* por falta de justa causa para o curso futuro do processo." (**HC 83.154**, rel. Min. **Sepúlveda Pertence**, *DJ* de 21-11-2003.) (grifo nosso)

"A previsão constitucional do art. 86, § 4º, da Constituição da República se destina expressamente ao chefe do Poder Executivo da União, não autorizando, por sua natureza restritiva, qualquer interpretação que amplie sua incidência a outras autoridades, nomeadamente do Poder Legislativo" (**Inq 3.983**, rel. Min. **Teori Zavascki**, julgamento em 3-3-2016).

Vejamos que o STF não processará o Presidente da República por infrações penais não funcionais, **ocorridas antes e durante a vigência do seu mandato**, representando uma irresponsabilidade penal temporária relativa, pois só abrange ilícitos penais praticados antes ou durante o mandato, **sem relação funcional**, e nesses casos, é claro, **não ocorre prescrição.**

Vale ressaltar que a imunidade temporária à persecução penal não alcança as infrações de natureza civil, administrativa, fiscal, os crimes comuns relacionados com a função presidencial, muito menos os crimes de responsabilidade. Nesses casos, o Presidente será processado e julgado na vigência do mandato.

Por fim, destacam-se dois pontos importantes: o primeiro é a definição de **"crime comum"**, que, segundo o entendimento do STF, é qualquer crime previsto na legislação penal comum, **inclusive os crimes eleitorais e contravenções penais**, e, caso sejam praticados na função presidencial, o juízo competente será o STF, devido à prerrogativa de foro por exercício da função. Outro ponto de destaque é quanto ao **juízo competente nos remédios constitucionais ajuizados contra o Presidente da República**, no caso de *habeas corpus*, *habeas data*, mandado de segurança e mandado de injunção ajuizados contra este Chefe do Poder Executivo, o juízo competente é o Supremo Tribunal Federal (art. 102, I, *d*, *i*, *q*), todavia ajuizada a **ação popular** contra o Presidente da República, o juízo competente é o **juízo cível comum de 1º grau**.

Alerta-se que a competência do Supremo Tribunal Federal está sujeita ao princípio da **reserva constitucional de competência originária**, e desse modo, toda a atribuição do STF está explícita de forma taxativa no art. 102, I, da CRFB/88. Portanto, se não está expressamente prevista a competência do STF para julgar determinada ação contra o Presidente ou Vice-Presidente da República, ou qualquer outra autoridade é porque não é competência do STF.

7.6 Ministros de Estado

Os **Ministros de Estado são auxiliares do Presidente da República** no exercício do Poder Executivo e na direção superior da administração federal. São nomeados e exonerados livremente pelo Presidente da República para gerenciar os Ministérios, órgãos que integram a Administração Pública Direta da União. São requisitos para investidura no cargo de Ministro de Estado: ser brasileiro (nato ou naturalizado); ter idade mínima de 21 anos e estar em pleno gozo dos direitos políticos.

Entre as competências constitucionais do Ministro de Estado estão: exercer a orientação, coordenação e supervisão dos órgãos e entidades da administração federal na área de sua competência e referendar os atos e decretos assinados pelo Presidente da República; expedir instruções para a execução das leis, decretos e regulamentos; apresentar ao Presidente da República relatório anual de sua gestão no Ministério; praticar os atos pertinentes às atribuições que lhe forem outorgadas ou delegadas pelo Presidente da República.

7.7 Conselho da República

O **Conselho da República é órgão superior de consulta do Presidente da República**, devendo pronunciar-se sobre a intervenção federal, estado de defesa e estado de sítio e sobre as questões relevantes para a estabilidade das instituições democráticas. Seus integrantes, além do próprio Presidente da República, membro nato que o preside, são: o Vice-Presidente da República; o Presidente da Câmara dos Deputados; o Presidente do Senado Federal; os líderes da maioria e da minoria na Câmara dos Deputados; os líderes da maioria e da minoria no Senado Federal; o Ministro da Justiça e seis cidadãos brasileiros natos, com mais de trinta e cinco anos de idade, sendo dois nomeados pelo Presidente da República, dois eleitos pelo Senado Federal e dois eleitos pela Câmara dos Deputados, todos com mandato de três anos, vedada a recondução.

7.8 Conselho de Defesa Nacional

O **Conselho de Defesa Nacional é órgão de consulta do Presidente da República** nos assuntos relacionados com a soberania nacional e a defesa do Estado democrático. Seus integrantes, além do próprio Presidente da República, membro nato que o preside, são: o Vice-Presidente da República; o Presidente da Câmara dos Deputados; o Presidente do Senado Federal; o Ministro da Justiça; o Ministro de Estado da Defesa; o Ministro das Relações Exteriores; o Ministro do Planejamento; os Comandantes da Marinha, do Exército e da Aeronáutica.

Entre as competências constitucionais do Conselho de Defesa estão: opinar nas hipóteses de declaração de guerra e de celebração da paz, sobre a decretação do estado de defesa, do estado de sítio e da intervenção federal; propor os critérios e condições de utilização de áreas indispensáveis à segurança do território nacional e opinar sobre seu efetivo uso, especialmente na faixa de fronteira e nas relacionadas com a preservação e a exploração dos recursos naturais de qualquer tipo; estudar, propor e acompanhar o desenvolvimento de iniciativas necessárias a garantir a independência nacional e a defesa do Estado democrático.

8. PODER JUDICIÁRIO

O **Poder Judiciário** é um dos três poderes clássicos, **consagrado como poder autônomo e independente** pela CRFB/88 (art. 2º). Sua função típica é a **composição dos conflitos de interesses em cada caso concreto**, chamada função jurisdicional ou simplesmente jurisdição, que se realiza por meio de processo judicial. Também ganha destaque nas mãos do Poder Judiciário o Controle Repressivo de Constitucionalidade, nas modalidades Concentrado e Difuso. Pois a função do Poder Judiciário não consiste apenas em administrar a Justiça, **mas também de se posicionar como guardião da Constituição e das leis**, com a finalidade de preservar, basicamente, os princípios da legalidade e da igualdade, sem os quais os demais princípios tornar-se-iam inúteis. Ademais, o Poder Judiciário, independente, autônomo e guardião da legalidade, é pressuposto para a verdadeira existência do **Estado Democrático de Direito**.

O Poder Judiciário possui, assim como os outros poderes, funções atípicas, de natureza administrativa, legislativa e fiscalizadora. São de natureza administrativa, por exemplo, a organização interna das secretarias e a concessão de licenças aos servidores, são de natureza fiscalizadora, por exemplo, a atividade correicional de cada órgão e são exemplos de atividade legiferante a aprovação do respectivo regimento interno por cada Tribunal.

A estrutura do Poder Judiciário brasileiro tem destaque na CRFB/88, que inicia seu estudo com a enumeração de alguns órgãos do Poder Judiciário: Supremo Tribunal Federal, Superior Tribunal de Justiça, Tribunal Superior do Trabalho, Tribunal Superior Eleitoral, Superior Tribunal Militar, Conselho Nacional de Justiça, Tribunais Regionais Federais e Juízes Federais, Tribunais Regionais do Trabalho e Juízes do Trabalho, Tribunais Regionais Eleitorais e Juízes Eleitorais, Tribunais e Juízes Militares e Tribunais e Juízes dos Estados e do Distrito Federal e Território. É importante ressaltar que o art. 92 da CRFB/88 não apresenta todos os órgãos do Poder Judiciário, deixando de citar, por exemplo, os Juizados Especiais Cíveis e Criminais e suas Turmas Recursais, o Tribunal do Júri, a Justiça de Paz, as Juntas Eleitorais.

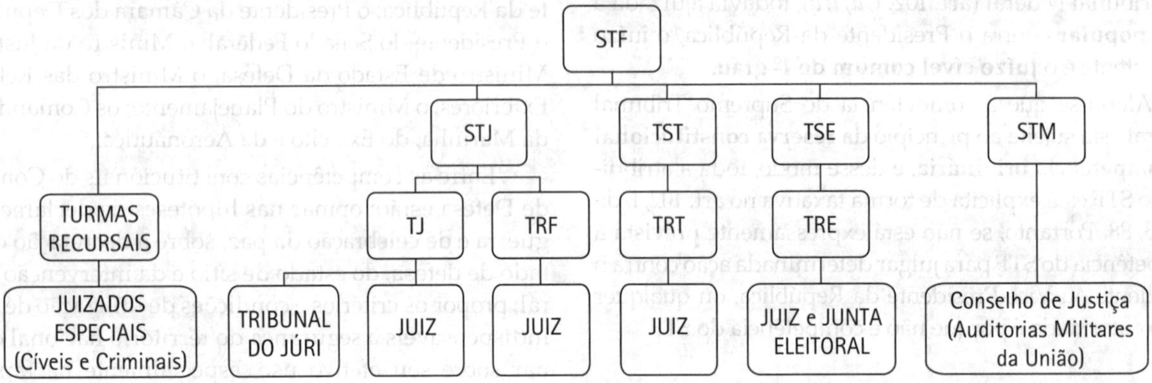

Destaca-se que o **CONSELHO NACIONAL DE JUSTIÇA**, inserido pela EC n. 45/2004 como órgão do Poder Judiciário, não tem jurisdição, reunindo funções administrativas, fiscalizadoras e correicionais.

8.1 Garantias do Poder Judiciário

Para o exercício independente da sua função jurisdicional, o Poder Judiciário é protegido por certas garantias, que o preservam das pressões exercidas pelo Poder Legislativo e pelo Poder Executivo. Não devemos considerar as garantias do Poder Judiciário como privilégios e sim como meios de assegurar o seu livre desempenho, tornando a função jurisdicional independente e autônoma, característica indispensável ao exercício da Democracia. É essencial exaltar que, no Estado Democrático de Direito, os atos políticos do governo estão dentro da esfera de fiscalização do Poder Judiciário, e por isso este não pode sofrer intimidações. As garantias do Poder Judiciário podem ser classificadas em **garantias institucionais** e **garantias dos membros**:

8.1.1 Garantias Institucionais

Dizem respeito à instituição como um todo, ou seja, garantem a independência do Poder Judiciário em relação aos demais Poderes, inclusive sendo considerados crime de responsabilidade do Presidente da República os atos que atentem contra o livre exercício dos Poderes (art. 85, II, da CRFB/88).

A **autonomia funcional, administrativa e financeira do Poder Judiciário** garante aos Tribunais as seguintes atribuições: elaboração de suas próprias propostas orçamentárias, dentro dos limites estipulados pela lei de diretrizes orçamentárias (art. 99, §§ 1º ao 5º); organização de suas próprias secretarias, seus serviços auxiliares, seus cargos auxiliares, dando provimento aos cargos de juízes e aos outros cargos necessários à administração da Justiça, assim como concessão de licença, férias, afastamento aos juízes e demais servidores (art. 96, I, *b*, *c*, e, *f*); proposta de criação de novas varas judiciárias (art. 96, I, *d*); eleição de órgãos diretivos e elaboração de seus regimentos internos (art. 96, I, *a*); proposta de alteração do número de membros dos tribunais inferiores, criação e extinção de cargos e remuneração dos seus serviços auxiliares e dos juízos que lhes forem vinculados, e seus subsídios; criação e extinção de tribunais inferiores e a alteração da organização e da divisão judiciárias (art. 96, II).

8.1.2 Garantias dos Membros

Da mesma forma que os Congressistas, **os membros do Poder Judiciário também gozam de garantias** que lhes asseguram a total independência e liberdade na função de dizer o Direito. A vitaliciedade, a inamovibilidade, a irredutibilidade de vencimentos e as vedações de imparcialidade são prerrogativas essenciais para que o Estado-Juiz cumpra seu papel de guardião da Justiça.

Agridem o princípio da separação e independência dos Poderes leis, atos e expedientes administrativos tendentes a intimidar os juízes, impedindo a prestação jurisdicional, que deve ser necessariamente livre. Também no âmbito legislativo, a utilização da legislação direcionada para atingir e limitar as garantias da magistratura afeta a independência do Poder Judiciário. Para imobilizar possíveis tentativas de anular as garantias do Poder Judiciário e quebrar a harmonia entre os poderes, ele faz o controle judicial de tais atos, de onde emana o controle de constitucionalidade das leis e atos normativos que desrespeitam o livre exercício dos Poderes.

As garantias dos magistrados são prerrogativas conferidas aos membros visando desempenho satisfatório e isento da função judicante, impedindo que influências externas prejudiquem a atividade dos julgadores. Elas são direcionadas aos membros e não à instituição Poder Judiciário, para que possam julgar com imparcialidade, dignidade e independência, entretanto elas estão relacionadas à função jurisdicional e não à pessoa do magistrado.

Vitaliciedade: De origem inglesa, é a **garantia do juiz ser mantido no cargo**, só podendo perdê-lo por decisão judicial transitada em julgado. A vitaliciedade garante que o magistrado não sofra manipulações que objetivem a perda do cargo, podendo exercer sua ação judicante até a sua aposentadoria, se assim o desejar.

O momento da aquisição da vitaliciedade está relacionado com a forma de ingresso na magistratura. O juiz que **ingressa mediante concurso** de provas e títulos **irá adquiri-la após dois anos de exercício efetivo na carreira** e a conclusão de curso obrigatório. Aqueles que **ingressam no Poder Judiciário pelos Tribunais Superiores ou pelo quinto constitucional** (advogados e membros do Ministério Público), **adquirem vitaliciedade no ato da posse**, não necessitando aguardar os dois anos. Com a EC n. 45/2004 passou a ser obrigatório àqueles que ingressam por concurso público o aproveitamento em curso promovido pelas Escolas de Magistratura, como requisito à aquisição da vitaliciedade, além dos dois anos já exigidos. A título de registro, no momento de atualização da presente edição, o Congresso Nacional está tramitando a Reforma da Previdência, e como ainda é matéria pendente não podemos discutir que impactos ela trará para os magistrados.

"A vitaliciedade dos magistrados brasileiros não se confunde, por exemplo, com a garantida a certos juízes norte-americanos, que continuam no cargo enquanto bem servirem ou tiverem saúde para tal", afirmou o relator, ministro Lewandowski. "Para nós, no entanto, os juízes podem ser afastados do cargo por vontade própria, sentença judiciária, disponibilidade e aposentadoria voluntária ou compulsória" (STF, RE 546.609, 2012). A aposentadoria compulsória, prevista no art. 40 da CRFB/88 foi ampliada para 75 anos, conforme alteração da EC n. 88/2015, sendo o tema regulamentado pela Lei Complementar n. 152/2015. A título de registro, no momento de atualização da presente edição, o Congresso Nacional está tramitando a Reforma da Previdência, e como ainda é matéria pendente não podemos discutir que impactos ela trará para os magistrados.

Inamovibilidade: De origem francesa, é a **garantia de que o juiz não possa ser afastado ou removido de sua lotação, comarca ou jurisdição**, salvo por vontade própria (promoção ou remoção) ou por interesse público (garantindo a ampla defesa). A inamovibilidade não é absoluta, mas **garante ao juiz a fixação na comarca**. Tradicionalmente, a doutrina dominante atribuía a inamovibilidade ao juiz titular, já que o juiz substituto não fica fixo na comarca. Entretanto, em maio de 2012, em decisão proferida no MS 27.958, **o STF decidiu aplicar a inamovibilidade também aos juízes substitutos.** Vejamos um trecho da decisão:

"Asseverou-se que a Constituição, ao tratar de juízes, faria referência às garantias da magistratura, condicionando apenas a vitaliciedade, no primeiro grau, a dois anos de exercício. Dessa forma, a irredutibilidade de subsídio e a inamovibilidade estariam estabelecidas desde o ingresso do magistrado na carreira, ou seja, aplicar-se-iam imediatamente" (**MS 27.958**, rel. Min. **Ricardo Lewandowski**, julgamento em 17-5-2012).

Ressalte-se que a inamovibilidade não é absoluta, pois haverá a possibilidade de remoção, disponibilidade e aposentadoria do magistrado, por interesse público, fundamentando-se a decisão por voto da maioria absoluta do respectivo tribunal ou do Conselho Nacional de Justiça, assegurada ampla defesa (art. 93, VIII).

Irredutibilidade de Subsídios: De origem norte-americana, **garante aos juízes que não terão seus vencimentos reduzidos, salvo nas exceções previstas em lei.** Tal garantia assegura que a remuneração dos juízes não poderá ser objeto de manipulação ilegal. O vencimento do magistrado não pode ser reduzido como forma de pressão ou represália, garantindo-lhe assim o livre exercício de suas funções. Entretanto, a garantia não é absoluta, não isentando o magistrado de cumprir seus compromissos de natureza financeira, previdenciária, tributária, e devendo sempre respeitar o teto remuneratório máximo que será o de Ministro do Supremo Tribunal Federal.

Imparcialidade: São **garantias de que os magistrados possam exercer suas funções típicas** sem sofrer influências externas, **sem envolver interesses políticos, financeiros, empresariais ou particulares.** São caracterizadas na CRFB/88 como as **vedações aplicadas aos juízes.** Entre as vedações aos juízes temos: exercer, ainda que em disponibilidade, outro cargo ou função, salvo uma de magistério; receber a qualquer título ou pretexto custas e participação em processos; dedicar-se à atividade político-partidária; receber, a qualquer título ou pretexto, auxílios ou contribuições de pessoas físicas, entidades públicas ou privadas, ressalvadas as exceções previstas em lei; exercer a advocacia no juízo ou tribunal do qual se afastou, antes de decorridos três anos do afastamento do cargo por aposentadoria ou exoneração.

A **prerrogativa de foro por exercício da função** também assegura ao magistrado a independência no exercício das suas funções. Elas garantem aos juízes serem processados por órgãos acima de suas áreas de atuação. Assim, caberão aos Tribunais de Justiça julgar os juízes estaduais e do Distrito Federal e Territórios nos crimes comuns e de responsabilidade, ressalvada a competência da Justiça Eleitoral (art. 96, III); caberá ao Superior Tribunal de Justiça processar e julgar nos crimes comuns e de responsabilidade os desembargadores dos Tribunais de Justiça dos Estados e do Distrito Federal, dos Tribunais Regionais Federais, Tribunais Regionais Eleitorais e do Trabalho (art. 105, I, *a*), caberá ao Supremo Tribunal Federal processar e julgar nas infrações penais comuns, seus próprios Ministros e nas infrações penais comuns e nos crimes de responsabilidade os membros dos Tribunais Superiores (art. 102, I, *b* e *c*).

Vejamos o que o STF diz sobre a prerrogativa de foro por exercício da função para os magistrados:

"O foro por prerrogativa de função do magistrado existe para assegurar o exercício da jurisdição com independência e imparcialidade" (...) Trata-se, antes, de uma garantia dos cidadãos e, só de forma reflexa, de uma proteção daqueles que, temporariamente, ocupam certos cargos no Judiciário ou no Legislativo" (...) "É uma prerrogativa da instituição judiciária, e não da pessoa do juiz". (STF, RE 549.560, 2012)

8.2 Ingresso na Carreira da Magistratura

Há três formas de ingressar na carreira da magistratura: **por concurso público, pelo quinto constitucional e por indicação e aprovação à vaga no STF.** Vejamos cada uma delas:

A CRFB/88 disciplina o ingresso na carreira via concurso público, cujo cargo inicial será o de **juiz substituto**, mediante concurso público de provas e títulos, com a participação da Ordem dos Advogados do Brasil em todas as fases, exigindo-se do bacharel em direito, no mínimo, três anos de atividade jurídica e obedecendo-se, nas nomeações, à ordem de classificação (art. 93, I).

Outra forma de ingresso na carreira da magistratura é para integrar o **quinto constitucional de determinados tribunais.** Segundo o art. 94 da CRFB/88, um quinto dos lugares dos Tribunais Regionais Federais, dos Tribunais dos Estados, e do Distrito Federal e Territórios será composto de membros do Ministério Público, com mais de dez anos de carreira, e de advogados de notório saber jurídico e de reputação ilibada, com mais de dez anos de efetiva atividade profissional, indicados em lista sêxtupla pelos órgãos de representação das respectivas classes. Recebidas as indicações, o tribunal formará lista tríplice, enviando-a ao Poder Executivo, que, nos vinte dias subsequentes, escolherá um de seus integrantes para nomeação.

É importante frisarmos que o quinto constitucional também é aplicado ao Tribunal Superior do Trabalho e aos Tribunais Regionais do Trabalho. No caso do Superior Tribunal de Justiça a composição é na proporção de um terço constitucional de representante do Ministério Público e da Ordem dos Advogados do Brasil.

A terceira forma de ingresso na carreira da magistratura é para **compor o Supremo Tribunal Federal.** Seus membros são escolhidos e indicados pelo Presidente da República, e aprovada a indicação por maioria absoluta do Senado Federal, após aprovação serão nomeados pelo Presidente da República. Ser brasileiro nato, cidadão, ter idade entre 35 e 65 anos, notável saber jurídico e reputação ilibada são requisitos exigidos para o candidato a Ministro do STF. É imprescindível destacar que todo Ministro do STF deverá necessariamente ser jurista, ou seja, ter cursado o bacharelado em Direito, tal entendimento foi firmado pelo Senado Federal em 1894.

8.3 Estatuto da Magistratura

Segundo a CRFB/88, Lei Complementar, de iniciativa do Supremo Tribunal Federal, disporá sobre o **Estatuto da Magistratura**. Considerando pequena probabilidade do STF provocar uma atualização na **LC n. 35/79** e a necessidade de atualizar rapidamente alguns dos seus artigos, a CRFB/88 disciplinou a obediência a várias regras, que sugerimos leitura atenta, entre elas: formas de ingresso na carreira magistratura, promoção e remoção, teto remuneratório, funções atípicas do Poder Judiciário, cláusula de reserva de plenário, quinto constitucional.

No momento, vejamos as regras sobre promoção e remoção:

Primeiramente, devemos definir alguns termos: **promoção** é o "deslocamento" de um juiz de uma comarca de uma categoria para outra imediatamente superior, causando aumento de remuneração; **remoção** é o "deslocamento" do juiz entre comarcas de mesma categoria, sem causar aumento de remuneração. Na promoção e na remoção do juiz serão adotados os critérios alternados de **antiguidade e merecimento.**

A promoção (ou remoção) por **antiguidade** dá preferência ao **juiz mais antigo na carreira**, observando as regras do regimento interno de cada tribunal. Em regra, o tribunal publica edital para preenchimento da vaga por antiguidade, os juízes interessados se habilitam e o tribunal seleciona o juiz mais antigo na carreira, observada a sua lista de antiguidade, publicada conforme regimento interno. Na apuração de antiguidade, o tribunal somente poderá recusar o juiz mais antigo pelo voto fundamentado de dois terços de seus membros, conforme procedimento próprio, e assegurada ampla defesa, repetindo-se a votação até fixar-se a indicação (art. 93, II, *d*).

A promoção (ou remoção) por **merecimento**, regulada pela Resolução CNJ n. 106/2010 e LC n. 35/79, pressupõe **critérios de produtividade, assiduidade, presteza no desempenho da ação judicante.** Primeiramente, o tribunal lança edital para preenchimento da vaga por merecimento; em seguida os juízes interessados se habilitam, só podendo concorrer à vaga aqueles que tenham pelo menos dois anos de exercício na respectiva entrância; após as inscrições, o tribunal selecionará entre os candidatos apenas a primeira quinta parte dos mais antigos (art. 93, II, *b*); selecionados os mais antigos, o tribunal formará uma lista tríplice com os mais merecedores, observando os critérios objetivos de produtividade e presteza no exercício da jurisdição e pela frequência e aproveitamento em cursos oficiais ou reconhecidos de aperfeiçoamento. (art. 93, II, *c*); em seguida a lista tríplice de merecedores é encaminhada ao Tribunal para a escolha. Ressalte-se que a CRFB/88 determina ser obrigatória a promoção do juiz que figure por três vezes consecutivas ou cinco alternadas em lista de merecimento (art. 93, II, *a*).

A EC n. 45/2004 estabelece que **não será promovido o juiz que, injustificadamente, retiver autos em seu poder além do prazo legal**, não podendo devolvê-los ao cartório sem o devido despacho ou decisão (art. 93, II, *e*). Os **critérios de antiguidade e merecimento**, além de serem aplicados aos juízes para "deslocamento" entre comarcas por promoção ou remoção, **também serão adotados para os juízes terem acesso aos tribunais.** Lembrando que os tribunais serão compostos por um quinto de membros oriundos da OAB e do Ministério Público, e as demais vagas ocupadas pelos magistrados de carreira, cujo ingresso foi via concurso público, e o acesso ao tribunal por antiguidade e merecimento.

O art. 93 ainda apresenta uma lista extensa de regras que são impostas à LOMAN, e ao Poder Judiciário como um todo, entre elas: a aposentadoria dos magistrados e a pensão de seus dependentes devem observar o disposto no art. 40; obrigação do juiz titular residir na respectiva comarca, salvo autorização do tribunal; publicidade de todos os julgamentos dos órgãos do Poder Judiciário, e fundamentação de todas as decisões, sob pena de nulidade, salvo exceções; constituição de órgão especial nos tribunais com número superior a vinte e cinco julgadores; ininterrupção da atividade jurisdicional, sendo vedadas férias coletivas; proporcionalidade do número de juízes na unidade jurisdicional com a efetiva demanda judicial e população (sugerimos leitura atenta do artigo citado).

8.4 Cláusula de reserva de plenário

A cláusula de reserva de plenário é prevista no art. 97 e determina que somente pelo **voto da maioria absoluta** de seus membros ou dos membros do respectivo órgão especial poderão os tribunais **declarar a inconstitucionalidade de lei ou ato normativo do Poder Público.** Corroborando com o dispositivo constitucional, o STF expediu a **Súmula Vinculante n. 10** que estabelece o seguinte: "Viola a cláusula de reserva de plenário (CF, artigo 97) a decisão de órgão fracionário de tribunal que, embora não declare expressamente a inconstitucionalidade de lei ou ato normativo do poder público, afasta sua incidência, no todo ou em parte".

8.5 Criação dos Juizados Especiais e Justiça de Paz

O art. 98, I, da CRFB/88 determina que a União, no Distrito Federal e nos Territórios, e os Estados **criarão juizados especiais**, providos por juízes togados, ou togados e leigos, competentes para a conciliação, o julgamento e a execução de causas cíveis de menor complexidade e infrações penais de menor potencial ofensivo, mediante os procedimentos oral e sumariíssimo, permitidos, nas hipóteses previstas em lei, a transação e o julgamento de recursos por turmas de juízes de primeiro grau.

Sobre as turmas recursais dos Juizados Especiais, vale a leitura do que diz o STF:

"As turmas recursais são órgãos recursais ordinários de última instância relativamente às decisões dos juizados especiais, de forma que os juízes dos juizados especiais estão a elas vinculados no que concerne ao reexame de seus julgados. Competente a turma recursal para processar e julgar recursos contra decisões de primeiro grau, também o é para processar e julgar o mandado de segurança substitutivo de recurso. Primazia da simplificação do processo judicial e do princípio da razoável duração do processo" (**RE 586.789**, rel. Min. **Ricardo Lewandowski**, 2012).

O art. 98, II, também determina a criação da **justiça de paz**, remunerada, composta de cidadãos eleitos pelo voto direto, universal e secreto, com mandato de quatro anos e competência para, na forma da lei, celebrar casamentos, verificar, de ofício ou em face de impugnação apresentada, o processo de habilitação e exercer atribuições conciliatórias, **sem caráter jurisdicional**, além de outras previstas na legislação (Sugerimos a leitura dos artigos indicados).

8.6 Supremo Tribunal Federal – composição e competências

O STF é órgão de cúpula do Poder Judiciário, guardião da Constituição Federal, e julgador das altas autoridades da República. É composto por 11 membros, escolhidos pelo Presidente e aprovados pelo Senado Federal, dentre brasileiros natos, cidadãos, com idade entre 35 e 65 anos, de notável saber jurídico e reputação ilibada.

O Supremo Tribunal Federal tem competências originárias e competências recursais (recurso ordinário e recurso extraordinário). Quanto às competências originárias (art. 102, I), o STF reconheceu o **princípio da reserva constitucional de competência originária**, ou seja, as competências originárias do STF são previstas taxativamente na CRFB/88. Caso ele não conheça da ação, por não estar no rol taxativo das suas competências originárias, cabe a ele indicar o órgão que entenda competente para o julgamento do feito, cabendo a indicação até mesmo ao Relator, por decisão monocrática.

Vejamos o que diz o próprio STF:

"A competência do STF – cujos fundamentos repousam na CR – submete-se a regime de direito estrito. A competência originária do STF, por qualificar-se como um complexo de atribuições jurisdicionais de extração essencialmente constitucional – e ante o regime de direito estrito a que se acha submetida –, não comporta a possibilidade de ser estendida a situações que extravasem os limites fixados, em *numerus clausus*, pelo rol exaustivo inscrito no art. 102, I, da CR. O regime de direito estrito, a que se submete a definição dessa competência institucional, tem levado o STF, por efeito da taxatividade do rol constante da Carta Política, a afastar, do âmbito de suas atribuições jurisdicionais originárias, o processo e o julgamento de causas de natureza civil que não se acham inscritas no texto constitucional (ações populares, ações civis públicas, ações cautelares, ações ordinárias, ações declaratórias e medidas cautelares), mesmo que instauradas contra o presidente da República ou contra qualquer das autoridades, que, em matéria penal (CF, art. 102, I, *b* e *c*), dispõem de prerrogativa de foro perante a Corte Suprema ou que, em sede de mandado de segurança, estão sujeitas à jurisdição imediata do Tribunal (CF, art. 102, I, *d*). Precedentes." (Pet. 1.738-AgR, rel. Min. **Celso de Mello**, julgamento em 1º-9-1999.)

8.7 Súmulas Vinculantes

A **Súmula Vinculante é instrumento exclusivo do STF**, que uma vez editado produz efeitos de vinculação para os demais órgãos do Poder Judiciário e para a Administração Pública direta e indireta em todas esferas. O Poder Judiciário brasileiro há tempos utiliza súmulas como meio de desafogar os trabalhos dos órgãos judiciais e orientar as decisões dos tribunais inferiores e juízos monocráticos, mas eram somente as súmulas persuasivas: enunciados sem vinculação, indicando de forma simples o entendimento de um tribunal superior sobre determinada matéria.

A EC n. 45/2004 trouxe a inovação da Súmula Vinculante de competência exclusiva do Supremo Tribunal Federal, mantendo-se a edição de súmulas persuasivas para todos os tribunais superiores, inclusive o próprio Supremo Tribunal Federal.

A Súmula Vinculante tem por **objetivo a validade, a interpretação e eficácia de normas constitucionais** e como requisito a existência de reiteradas decisões sobre matéria constitucional em relação a normas acerca das quais haja, entre os órgãos judiciários ou entre estes e a Administração Pública, controvérsia atual que acarrete grave insegurança jurídica e relevante multiplicação de processos sobre questão idêntica.

O STF, pelo voto de 2/3 dos seus membros, pode editar, revisar e cancelar Súmula Vinculante de ofício ou por provocação, não se aplicando no caso o princípio da inércia do Poder Judiciário. São legitimados a provocar o STF a editar Súmulas Vinculantes os mesmos que podem propor ADI, mais aqueles que a lei venha a estabelecer. A **Lei n. 11.417/2006** disciplina, **além dos legitimados do art. 103 da CF**, os seguintes: Defensor Público-Geral da União; Tribunais Superiores, os Tribunais de Justiça de Estados ou do Distrito Federal e Territórios, os Tribunais Regionais Federais, os Tribunais Regionais do Trabalho, os Tribunais Regionais Eleitorais e os Tribunais Militares e o Município (incidentalmente e quando for parte interessada). As mesmas autoridades ou entidades que podem propor edição, revisão ou cancelamento de Súmula Vinculante podem se insurgir contra a Súmula, pedindo o cancelamento ou sua revisão.

A Súmula Vinculante quando publicada vincula todos os demais órgãos do Poder Judiciário e a administração pública direta e indireta, nas esferas federal, estadual e municipal. O **Supremo Tribunal Federal não se vincula a Súmula que ele mesmo edita e não há controle de constitucionalidade sobre as Súmulas Vinculantes.**

Quando um ato administrativo ou decisão judicial contrariar a súmula aplicável ou indevidamente aplicá-la, caberá reclamação ao Supremo Tribunal Federal. O Supremo Tribunal Federal, julgando a reclamação procedente, anulará o ato administrativo ou cassará a decisão judicial reclamada, e determinará que outra seja proferida com ou sem a aplicação da súmula, conforme o caso.

8.8 Superior Tribunal de Justiça – composição e competências

O **Superior Tribunal de Justiça** representa o tribunal superior da justiça comum, composto de no mínimo 33 membros; sendo 1/3 de juízes dos Tribunais Regionais Federais, 1/3 de desembargadores dos Tribunais de Justiça; 1/3, em partes iguais, dentre advogados e membros do Ministério Público Federal, Estadual, do Distrito Federal e Territórios, alternadamente. Na composição do STJ, os advogados representam 1/6 dos membros, enquanto os membros do Ministério Público (Federal, Estadual e do Distrito Federal e Território) têm juntos a representação de 1/6, indicados na forma do art. 94 da CRFB/88. Os Ministros serão escolhidos e nomeados pelo Presidente da República, após aprovação por maioria absoluta do Senado Federal. No caso de juízes dos TRF's e TJ's, o STJ elaborará lista tríplice para a escolha do Presidente da República; no caso de advogados e membros do Ministério Público serão indicados conforme as regras do "quinto constitucional".

O Superior Tribunal de Justiça tem competências originárias taxativas, adotando o **princípio da reserva constitucional de competência originária,** e recursais (recurso ordinário e especial), não cabendo a interpretação extensiva de sua competência, portanto sugerimos a leitura atenta do art. 105 da CRFB/88.

8.9 Conselho Nacional de Justiça

O Conselho Nacional de Justiça é órgão do Poder Judiciário criado pela EC n. 45/2004. Tem funções administrativas, fiscalizadoras e correicionais, funcionando como uma grande corregedoria do Poder Judiciário, com algumas atribuições estabelecidas no art. 103-B da CRFB/88. É importante frisar que o CNJ não tem jurisdição, entretanto não é o único órgão do Poder Judiciário sem jurisdição (lembre-se que já estudamos a Justiça de Paz que também não tem jurisdição).

É composto por 15 membros, sendo 9 pertencentes à magistratura, 2 à OAB, 2 ao MP e 2 à sociedade, vejamos: Presidente do STF, Ministro do Superior Tribunal de Justiça; Juiz de Tribunal Regional Federal; Juiz Federal; Desembargador de Tribunal de Justiça; Juiz Estadual; Ministro do Tribunal Superior do Trabalho; Juiz de Tribunal Regional do Trabalho; Juiz do Trabalho; Membro do Ministério Público da União; Membro de Ministério Público do Estado; 2 Membros da Ordem dos Advogados do Brasil; 2 Cidadãos, com notável saber jurídico e reputação ilibada.

Além de verificar quem são os membros do CNJ, é importante saber quem os indica. O membro do STJ, do TRF e juiz federal são indicados pelo STJ; o membro do TJ e o juiz estadual são indicados pelo STF; o membro do TST, do TRT e juiz do trabalho são indicados pelo TST e o Presidente do STF é membro nato. O membro do MPU é indicado pelo Procurador-Geral da República, o membro do MPE é escolhido pelo Procurador-Geral da República dentre os indicados pelos MPEs. Os membros da OAB são indicados pelo Conselho Federal da OAB e os cidadãos são indicados pela Câmara dos Deputados e pelo Senado Federal.

8.10 Justiça do Trabalho

A Justiça do Trabalho é uma justiça federal especializada em matéria trabalhista e é composta pelo Tribunal Superior do Trabalho, Tribunais Regionais do Trabalho e Juízes do Trabalho. A EC 92/2016 fez uma pequena alteração na Constituição Federal de 1988, destacando o Tribunal Superior do Trabalho (e também os Tribunais Regionais do Trabalho) onde antes apenas constava Tribunais e Juízes do Trabalho.

O TST é composto de 27 membros, escolhidos dentre brasileiros entre 35 e 65 anos, nomeados pelo Presidente da República após aprovação pela maioria absoluta do Senado Federal, sendo: um quinto dentre advogados com mais de 10 anos de efetiva atividade profissional e membros do MPT com mais de 10 anos de efetivo exercício, e os demais dentre juízes dos TRTs, oriundos da magistratura da carreira, indicados pelo próprio Tribunal Superior. Funcionam junto ao TST a Escola Nacional de Formação e Aperfeiçoamento de Magistrados do Trabalho e o Conselho Superior da Justiça do Trabalho.

Os TRTs compõem-se de, no mínimo, 7 juízes, recrutados, quando possível, na respectiva região, e nomeados pelo Presidente da República dentre brasileiros entre 30 e 65 anos, sendo um quinto dentre advogados com mais de 10 anos de efetiva atividade profissional e membros do Ministério Público do Trabalho com mais de 10 anos de efetivo exercício e os demais, mediante promoção de juízes do trabalho por antiguidade e merecimento, alternadamente.

Os Tribunais Regionais do Trabalho instalarão a justiça itinerante, com a realização de audiências e demais funções de atividade jurisdicional, nos limites territoriais da respectiva jurisdição, servindo-se de equipamentos públicos e comunitários. Os Tribunais Regionais do Trabalho poderão funcionar descentralizadamente, constituindo Câmaras regionais, a fim de assegurar o pleno acesso do jurisdicionado à justiça em todas as fases do processo.

8.11 Juiz do Trabalho

A lei criará varas da Justiça do Trabalho, nas quais a jurisdição será exercida por um juiz singular, podendo, nas comarcas não abrangidas por sua jurisdição, atribuí-la aos juízes de direito, com recurso para o respectivo Tribunal Regional do Trabalho. A lei disporá sobre a constituição, investidura, jurisdição, competência, garantias e condições de exercício dos órgãos da Justiça do Trabalho.

8.12 Justiça Eleitoral

A Justiça Eleitoral é uma justiça federal especializada em matéria eleitoral e é composta pelos seguintes órgãos: Tribunal Superior Eleitoral; Tribunais Regionais Eleitorais; Juízes Eleitorais e as Juntas Eleitorais. O TSE compor-se-á, no mínimo, de 7 membros, escolhidos, mediante eleição, pelo voto secreto: 3 juízes dentre os Ministros do Supremo Tribunal Federal; 2 juízes dentre os Ministros do Superior Tribunal de Justiça; por nomeação do Presidente da República, 2 juízes dentre 6 advogados de notável saber jurídico e idoneidade moral, indicados pelo Supremo Tribunal Federal.

Cada Tribunal Regional Eleitoral será composto por: 2 juízes dentre os desembargadores do Tribunal de Justiça; 2 juízes, dentre juízes de direito, escolhidos pelo Tribunal de Justiça; 1 juiz do Tribunal Regional Federal com sede na Capital do Estado ou no Distrito Federal, ou, não havendo, de 1 juiz federal, escolhido, em qualquer caso, pelo Tribunal Regional Federal respectivo (todos eleitos por voto secreto); por nomeação, pelo Presidente da República, de 2 juízes dentre 6 advogados de notável saber jurídico e idoneidade moral, indicados pelo Tribunal de Justiça. Das decisões dos TREs somente caberá recurso quando: forem proferidas contra disposição expressa desta Constituição ou de lei; ocorrer divergência na interpretação de lei entre dois ou mais tribunais eleitorais; versarem sobre inelegibilidade ou expedição de diplomas nas eleições federais ou estaduais; anularem diplomas ou decretarem a perda de mandatos eletivos federais ou estaduais; denegarem "habeas-corpus", mandado de segurança, "habeas-data" ou mandado de injunção. São irrecorríveis as decisões do Tribunal Superior Eleitoral, salvo as que contrariarem esta Constituição e as denegatórias de "habeas-corpus" ou mandado de segurança.

8.13 Justiça Militar

A Justiça Militar, regulada pela Lei n. 8.457/92, é uma justiça federal especializada em matéria militar e é composta pelo Superior Tribunal Militar, Auditorias de Correição, Conselhos de Justiças Militares e Juízes-Auditores (incluindo os substitutos) Militares. O STM compor-se-á de 15 Ministros vitalícios, nomeados pelo Presidente da República, depois de aprovada a indicação pelo Senado Federal, sendo 3 dentre oficiais-generais da Marinha, 4 dentre oficiais-generais do Exército, 3 dentre oficiais-generais da Aeronáutica, todos da ativa e do posto mais elevado da carreira, e cinco dentre civis. Os Ministros civis serão escolhidos pelo Presidente da República dentre brasileiros maiores de 35 anos, sendo 3 dentre advogados de notório saber jurídico e conduta ilibada, com mais de 10 anos de efetiva atividade profissional, e 2, por escolha paritária, dentre juízes auditores e membros do Ministério Público Militar.

8.14 Justiça Federal

A Justiça Federal compreende os **Tribunais Regionais Federais e juízes federais.** Os TRFs compõem-se de, no mínimo, 7 juízes, recrutados, quando possível, na respectiva região e nomeados pelo Presidente da República dentre brasileiros entre 30 e 65 anos, sendo: um quinto dentre advogados com mais de dez anos de efetiva atividade profissional e membros do Ministério Público Federal com mais de dez anos de carreira e os demais, mediante promoção de juízes federais com mais de cinco anos de exercício, por antiguidade e merecimento, alternadamente. Os Tribunais Regionais Federais instalarão a justiça itinerante, com a realização de audiências e demais funções da atividade jurisdicional, nos limites territoriais da respectiva jurisdição, servindo-se de equipamentos públicos e comunitários. Os Tribunais Regionais Federais poderão funcionar descentralizadamente, constituindo Câmaras regionais, a fim de assegurar o pleno acesso do jurisdicionado à justiça em todas as fases do processo.

Os TRFs terão competências originárias e recusais, e os juízes federais, obviamente, apenas competências originárias que deverão ser estudadas nos arts. 108 e 109 da CRFB/88.

8.15 Incidente de deslocamento de competência

Nas hipóteses de grave violação de direitos humanos, o Procurador-Geral da República, com a finalidade de assegurar o cumprimento de obrigações decorrentes de tratados internacionais de direitos humanos dos quais o Brasil seja parte, poderá suscitar, perante o Superior Tribunal de Justiça, em qualquer fase do inquérito ou processo, incidente de deslocamento de competência para a Justiça Federal. Nestes casos, por exemplo, o processo sairia da esfera estadual ou distrital (na fase de inquérito ou ação penal) para a esfera federal, respeitados os trâmites processuais.

8.16 A União como parte na ação judicial

As causas em que a União for autora serão aforadas na seção judiciária onde tiver domicílio a outra parte. As causas intentadas contra a União poderão ser aforadas na seção judiciária em que for domiciliado o autor, naquela onde houver ocorrido o ato ou fato que deu origem à demanda ou onde esteja situada a coisa, ou, ainda, no Distrito Federal.

8.17 Competência residual da Justiça Estadual

Serão processadas e julgadas na justiça estadual, no foro do domicílio dos segurados ou beneficiários, as causas em que forem parte instituição de previdência social e segurado, sempre que a comarca não seja sede de vara do juízo federal, e, se verificada essa condição, a lei poderá permitir que outras causas sejam também processadas e julgadas pela justiça estadual, sendo que, nestes casos, o recurso cabível será sempre para o Tribunal Regional Federal na área de jurisdição do juiz de primeiro grau.

8.18 Justiça Estadual

A competência dos Tribunais Estaduais será definida na Constituição de cada Estado, sendo a lei de organização judiciária de iniciativa do Tribunal de Justiça. Cabe aos Estados a instituição de representação de inconstitucionalidade de leis ou atos normativos estaduais ou municipais em face da Constituição Estadual, vedada a atribuição da legitimação para agir a um único órgão.

O Tribunal de Justiça poderá funcionar **descentralizadamente**, constituindo Câmaras regionais, a fim de assegurar o pleno acesso do jurisdicionado à justiça em todas as fases do processo. Também instalará a **justiça itinerante,** com a realização de audiências e demais funções da atividade jurisdicional, nos limites territoriais da respectiva jurisdição, servindo-se de equipamentos públicos e comunitários. Para dirimir conflitos fundiários, o Tribunal de Justiça proporá a criação de **varas especializadas**, com competência exclusiva para **questões agrárias**, e sempre que necessário à eficiente prestação jurisdicional, o juiz far-se-á presente no local do litígio.

8.19 Justiça Militar Estadual

A lei estadual poderá criar, mediante proposta do Tribunal de Justiça, a Justiça Militar estadual, constituída, em primeiro grau, pelos juízes de direito e pelos Conselhos de Justiça e, em segundo grau, pelo próprio Tribunal de Justiça, ou por Tribunal de Justiça Militar nos Estados em que o **efetivo militar seja superior a vinte mil integrantes.**

9. CONTROLE DE CONSTITUCIONALIDADE

O controle de constitucionalidade está relacionado com a **supremacia da Constituição**, princípio identificado na Constituição dos Estados Unidos da América, de 1787. Inspirada nos pensamentos de John Locke, Jean-Jacques Rousseau e Montesquieu, ela foi considerada desde o seu nascimento, a lei máxima do país, acima de todas as leis e tratados, de todas as constituições e leis dos estados. Concomitantemente, em 1789, a França promulgou a sua Constituição, fortalecendo o movimento constitucional.

A Constituição de um Estado não é uma simples lei, é a **lei máxima**, a **Lei Fundamental do Estado**, fonte de validade de todo o ordenamento jurídico, e é a partir dela que se pode afirmar se a norma é constitucional ou inconstitucional.

Paralelamente, a **ideia de rigidez constitucional visa concretizar a supremacia formal da Constituição**, pois sendo rígida nenhuma norma ordinária poderá alterá-la.

É importante destacar que a supremacia constitucional também é aplicada às Constituições flexíveis, entretanto é uma supremacia material, já que a supremacia formal é característica apenas das Constituições rígidas.

Para a manutenção da supremacia material e formal e a rigidez constitucional faz-se necessária a criação de um **sistema de controle de constitucionalidade**, que se **materializa pela verificação da conformidade de um ato jurídico, especialmente a lei, à Constituição vigente**. Todos os atos jurídicos do ordenamento jurídico do Estado devem estar de acordo com a Constituição, sem exceções.

Além dos princípios da supremacia e rigidez constitucional, apontam-se como institutos formadores da teoria do controle de constitucionalidade a **hierarquia das normas** e a **atribuição de competência sobre o Controle de Constitucionalidade a um só órgão.**

9.1 Vícios de inconstitucionalidade

Marcello Caetano nos indica três vícios de inconstitucionalidade: em decorrência da incompetência do órgão – **inconstitucionalidade orgânica**; em decorrência da desobediência ao processo de elaboração – **inconstitucionalidade formal**; e em decorrência da ofensa ao próprio conteúdo da Constituição – **inconstitucionalidade material.**

Todavia, entendimento doutrinário majoritário classifica os vícios de inconstitucionalidade em dois: **vício formal (nomodinâmica)** e **vício material (nomoestática)**. O vício formal apresenta-se como contrariedade à formalidade prevista na Constituição, e dentro dessa classificação estaria a inconstitucionalidade orgânica, já o **vício material** diz respeito à contrariedade em relação à matéria tratada pela espécie normativa em desobediência à Constituição.

9.2 Momentos do controle de constitucionalidade

Para assegurar a supremacia formal e material da Constituição em relação ao restante do ordenamento jurídico faz-se necessário, como já citamos anteriormente, manter um rígido controle de constitucionalidade, e ele ocorre em dois momentos: o **momento prévio**, chamado de **controle preventivo**, ocorrendo antes que a espécie normativa ingresse no ordenamento jurídico, evitando a contrariedade à Constituição, e o **momento posterior**, chamado de **controle repressivo**, ocorrendo sobre espécies normativas ou atos normativos vigentes, para retirá-los do ordenamento jurídico, quando contrários à Constituição.

9.3 Controle preventivo de constitucionalidade

O Controle Preventivo de Constitucionalidade pode ser exercido pelo Poder Legislativo, pelo Poder Executivo e pelo Poder Judiciário.

No processo legislativo, as **comissões permanentes de constituição e justiça** do Senado Federal e da Câmara dos Deputados são as primeiras, em regra, a realizarem o **controle preventivo de constitucionalidade**. Entretanto, essa tarefa pode ser dividida com outras comissões temáticas, além da possibilidade do próprio plenário de cada Casa Legislativa realizar o controle preventivo quando, na discussão e votação, rejeitar o projeto de lei por inconstitucionalidade.

Passadas essas fases, sem que o projeto de lei tenha sido rejeitado por vício de inconstitucionalidade, e caso seja projeto de lei complementar ou ordinária (apenas nestes dois casos), o projeto de lei passará para a sanção ou veto presidencial, e neste momento o Presidente da República poderá realizar o controle preventivo de constitucionalidade, através do chamado **veto jurídico**, quando o Presidente **fundamenta seu veto na inconstitucionalidade do projeto de lei** (art. 66, § 1º).

O Controle Preventivo de Constitucionalidade exercido pelo Poder Judiciário é, obviamente, pela via judicial, aplicando-se o princípio da inércia do Judiciário, e sempre pela via incidental.

O objetivo do Controle Preventivo exercido pelo Judiciário é garantir ao parlamentar o **devido processo legislativo**, conforme os ditames constitucionais. Portanto, apenas os parlamentares em exercício de mandato têm legitimidade para ajuizar Mandado de Segurança com o intuito de garantir o direito líquido e certo ao devido processo legislativo, e incidentalmente provocar o STF a dizer sobre a constitucionalidade do trâmite legislativo. Vale destacar que **cabe ao STF manifestar-se apenas sobre a desobediência aos dispositivos constitucionais**, não lhe sendo cabível a manifestação sobre atos *interna corporis*, ou decisões e procedimentos de cunho político e discricionário de cada Casa Legislativa.

Vale ressaltar que há **normas não sujeitas ao Controle Preventivo de Constitucionalidade**, como, por exemplo, as **Medidas Provisórias, as Resoluções dos Tribunais e os Decretos do Poder Executivo**, sendo o Decreto Regulamentar para fiel cumprimento de lei, e Decreto Autônomo (art. 84, VI) para organizar a Administração Pública Federal. Tais normas estarão sujeitas ao Controle Repressivo de Constitucionalidade.

9.4 Controle repressivo de constitucionalidade

Como sabemos, o Controle Repressivo de Constitucionalidade é realizado depois que a norma ingressou no ordenamento jurídico. Em tese, todas as normas vigentes no ordenamento jurídico são constitucionais, porque, em regra, passaram pelo processo legislativo e por alguma forma de controle preventivo de constitucionalidade. Mas essa **presunção de constitucionalidade é relativa**, pois a norma ainda pode passar pelo controle repressivo de constitucionalidade. No controle repressivo serão verificados os vícios formais (produzidos durante o processo legislativo) e os vícios materiais (defeitos no conteúdo da norma), tudo em relação aos comandos constitucionais vigentes.

O controle repressivo de constitucionalidade, em regra, é realizado pelo Poder Judiciário, nas modalidades: **Controle Concentrado**, exercido pelo Supremo Tribunal Federal em face da Constituição Federal, e pelo Tribunal de Justiça em face da Constituição do seu respectivo Estado; e **Controle Difuso**, exercido por qualquer juízo ou tribunal. Desta forma, percebemos com clareza que **o Brasil adotou o sistema jurisdicional misto**, pois o controle repressivo é realizado pelo Poder Judiciário, portanto, jurisdicional, tanto na forma concentrada quanto na forma difusa, portanto, misto.

As duas modalidades de controle repressivo são realizadas de forma autônoma, **não havendo cláusula condicionante de admissibilidade entre elas**, apenas cabendo a prevalência e repercussão da decisão no controle concentrado sobre o controle difuso, pelo simples fato dos efeitos da decisão no controle concentrado serem *erga omnes* e vinculante.

9.5 Controle difuso de constitucionalidade

O **Controle Difuso de Constitucionalidade**, também chamado controle aberto, pela via incidental, pela via de exceção ou de defesa, é realizado em qualquer juízo ou tribunal, quando verificada no caso judicial concreto uma contrariedade à Constituição, que deverá ser declarada pelo Poder Judiciário. No Controle Difuso, ajuíza-se uma ação qualquer, e na fundamentação o tema interfere na Constituição vigente, ou seja, a causa de pedir está ligada ao controle de constitucionalidade.

Observadas as regras processuais de cada tipo de ação, e caso a matéria sujeita ao controle difuso chegue ao Tribunal, deverá ser aplicada a Cláusula de Reserva de Plenário (art. 97), pois, segundo Lúcio Bittencourt, ela se destaca como verdadeira condição de eficácia jurídica da própria declaração de inconstitucionalidade dos atos do Poder Público. Complementando o dispositivo constitucional, o STF editou a **Súmula Vinculante 10** determinando que "viola a cláusula de reserva de plenário (CF, artigo 97) a decisão de órgão fracionário de tribunal que, embora não declare expressamente a inconstitucionalidade de lei ou ato normativo do Poder Público, afasta sua incidência, no todo ou em parte".

A Cláusula de Reserva de Plenário, porém, vem **admitindo hipóteses mitigatórias**, fundadas nos princípios da economia processual e segurança jurídica. Portanto, caso o STF ou o Tribunal de Justiça respectivo já tiver se manifestado definitivamente sobre determinada matéria, não atende aos princípios da economicidade processual submeter repetidas vezes a mesma matéria a um plenário que já se manifestou sobre ela, cabendo ao juízo de primeiro grau, ou ao relator, ou órgão fracionário, neste caso, receber, apreciar e julgar a matéria, conforme o entendimento dominante.

Os efeitos da decisão no controle difuso de constitucionalidade, em regra, são *inter partes* e *ex tunc*, podendo excepcionalmente serem dados efeitos *ex nunc*.

Para a decisão no controle difuso de constitucionalidade ter efeitos *erga omnes* deverão ser adotados os seguintes procedimentos processuais: a decisão ser levada através da interposição de recurso extraordinário ao Supremo Tribunal Federal, este, pela via indireta, declarar a inconstitucionalidade da lei ou ato normativo. A decisão então será comunicada ao **Senado Federal** que poderá **suspender a eficácia da lei ou ato normativo declarado inconstitucional por decisão definitiva do Supremo Tribunal Federal, pela via indireta** (art. 52, X). O Senado Federal tem discricionariedade para suspender no todo ou em parte a lei declarada inconstitucional pelo Supremo Tribunal Federal. A partir da publicação da resolução do Senado Federal na Impressa Oficial, **os efeitos serão *erga omnes*, porém *ex nunc*.**

9.6 Controle concentrado de constitucionalidade

O Controle Concentrado de Constitucionalidade em face da CRFB/88 concentra-se unicamente no STF, que deverá julgar diretamente a lei ou ato normativo inconstitucional para retirá-lo do ordenamento jurídico. Há cinco modalidades de ações do **Controle Concentrado de Constitucionalidade:** ADI (ação direta de inconstitucionalidade) genérica; ADPF (arguição de descumprimento de preceito fundamental); ADI por omissão; ADI interventiva; ADC (ação declaratória de constitucionalidade). Estão previstas nos arts. 36, III, 102, I, *a* e §§ 1º ao 3º e 103 da CRFB/88, além das Leis n. 9.868/99, 9.882/99, 12.063/2009 e 12.562/2011.

9.7 ADI (Ação Direta de Inconstitucionalidade) genérica

É ação constitucional específica para fazer o controle concentrado de constitucionalidade sobre leis ou atos normativos federais ou estaduais, cuja previsão legal está no art. 102, I, *a*, da CRFB/88 e Lei n. 9.868/99. Os legitimados para a propositura da ação estão no art. 103 da CRFB/88, e ajuizada a ADI e recebida a inicial, o relator solicitará informações no prazo de 30 dias. Haverá a defesa do Advogado-Geral da União, no prazo de 15 dias e manifestação do Procurador-Geral da República também no prazo de 15 dias. A decisão será por voto de maioria absoluta do STF, com efeitos *erga omnes, ex tunc* e vinculante, com exceção da aplicação do art. 27 da Lei n. 9.868/99 (aplicação dos efeitos modulatórios à decisão – *ex nunc* – princípios da segurança jurídica e excepcional interesse público). Sugerimos a leitura da Lei n. 9.868/99.

9.8 ADPF (Arguição de Descumprimento de Preceito Fundamental)

É ação constitucional, prevista no art. 102, § 1º, e regulamentada pela Lei n. 9.882/99, que visa evitar ou reparar lesão a preceito constitucional, resultante de ato do Poder Público.

É **ação de caráter subsidiário**, determinada pela própria Lei n. 9.882/99 que diz que não se admitirá ADPF quando houver qualquer outro meio eficaz para sanar a lesividade. É possível ajuizamento de ADPF, preenchidos os requisitos processuais, quando for relevante o fundamento de controvérsia constitucional sobre **leis ou atos normativos federais, estaduais ou municipais**. Os legitimados para a propositura da ação estão no art. 103 da CRFB/88, ajuizada a ADPF e recebida a inicial, o relator solicitará informações no prazo de 10 dias. Haverá a defesa do Advogado-Geral da União, no prazo de 5 dias e manifestação do Procurador-Geral da República também no prazo de 5 dias. A decisão será por voto de maioria absoluta do STF, com efeitos *erga omnes, ex tunc* e vinculante, com exceção da aplicação do art. 11 da Lei n. 9.882/99 (aplicação dos efeitos modulatórios à decisão – *ex nunc* – princípios da segurança jurídica e excepcional interesse público). Sugerimos a leitura da Lei n. 9.882/99.

9.9 ADI por omissão

É ação introduzida pela Constituição Federal de 1988, prevista no art. 103, § 2º, da CRFB/88 e regulamentada pela Lei n. 9.868/99, com atualização da Lei n. 12.063/2009. Tem por objetivo sanar a chamada **Síndrome da Inefetividade nas normas constitucionais**, realizando a vontade do constituinte, qual seja, que a inação do legislador pós-constituinte não venha impedir o auferimento dos direitos por aqueles a quem a norma constitucional se destina.

Os legitimados para a propositura da ação estão no art. 103 da CRFB/88, ajuizada a ADI por omissão, e recebida a inicial, o relator solicitará informações no prazo de 30 dias, e também poderá solicitar a manifestação do Advogado-Geral da União, que deverá ser encaminhada no prazo de 15 dias, assim como a manifestação do Procurador-Geral da República também no prazo de 15 dias. A decisão será por voto de maioria absoluta do STF, com efeitos *erga omnes, ex tunc* e vinculante. Para o Poder Competente, será dada ciência de que foi declarada pelo STF sua inércia, sem prazo para a expedição da norma; para órgão administrativo, será assinalado o prazo de 30 dias, ou outro prazo razoável (art. 12-H, § 1º, da Lei n. 9.868/99) para expedição da norma faltante. Sugerimos a leitura da Lei n. 9.868/99.

9.10 ADI Interventiva

É ação constitucional prevista no art. 36, III, primeira parte, da CRFB/88, regulamentada atualmente pela Lei n. 12.562/2011, que estabelece que a decretação de intervenção dependerá de provimento, pelo STF, de representação do PGR na hipótese do art. 34, VII, ou seja, para assegurar a observância dos **princípios constitu-**

cionais sensíveis da forma republicana, do sistema representativo, do regime democrático, dos direitos da pessoa humana, da autonomia municipal, além da prestação de contas da administração pública, direta e indireta e aplicação do mínimo exigido da receita resultante de impostos estaduais, compreendida a proveniente de transferências, na manutenção e desenvolvimento do ensino e nas ações e serviços públicos de saúde.

Só haverá um legitimado à propositura da ADI interventiva: o Procurador-Geral da República, e recebida a inicial, o relator tentará dirimir administrativamente o conflito, e, não sendo possível, solicitará informações no prazo de 10 dias. Haverá a defesa do Advogado-Geral da União, no prazo de 10 dias e manifestação do Procurador-Geral da República também no prazo de 10 dias. A decisão será por voto de maioria absoluta do STF, **sendo irrecorrível e insuscetível de ação rescisória.** Julgado procedente o pedido, as autoridades interessadas serão comunicadas, sendo o acórdão levado ao conhecimento do Presidente da República no prazo de 15 dias para dar cumprimento aos dispositivos do art. 36, §§ 1º e 3º, não sendo cabível recusa do Presidente da República, por se tratar de requisição.

9.11 ADC (Ação Declaratória de Constitucionalidade)

A **ação declaratória de constitucionalidade** foi introduzida no ordenamento jurídico brasileiro em 1993, pela Emenda de Revisão n. 3, e está prevista no art. 102, I, *a*, regulamentada pela Lei n. 9.868/99. Seu objeto é a **lei ou ato normativo federal**, que necessita ter sua validade atestada, conforme a Constituição Federal de 1988. Lembre-se que as leis têm presunção relativa de constitucionalidade, portanto a ADC dará, se procedente o pedido, **presunção absoluta de constitucionalidade.** O cenário para a propositura de ADC é justamente divergência de interpretação de lei ou ato normativo federal em face da CRFB/88 que necessite, com base na segurança jurídica, de uma declaração de validade constitucional da norma, ou seja, **o que se quer da ADC é declarar a constitucionalidade.**

Os legitimados para a propositura da ação estão no art. 103 da CRFB/88, ajuizada a ADC, e recebida a inicial, o relator, caso necessário, solicitará informações no prazo de 30 dias, e também poderá solicitar manifestação do Procurador-Geral da República também no prazo de 15 dias. Não há a previsão expressa na CRFB/88 ou na Lei sobre a manifestação do AGU, entretanto vozes importantes da doutrina brasileira entendem ser necessária a manifestação dele, para atender ao **princípio da duplicidade em relação à ADI**. A decisão será por voto de maioria absoluta do STF, com efeitos *erga omnes, ex tunc* e vinculante.

9.12 Controle repressivo realizado pelo Poder Legislativo

Excepcionalmente, o Poder Legislativo exerce o Controle Repressivo de Constitucionalidade sobre os Decretos do Executivo, as Leis Delegadas e as Medidas Provisórias.

Segundo o art. 49, V, da CRFB/88, cabe ao Congresso Nacional, exclusivamente, **sustar os atos normativos do Poder Executivo que exorbitem do poder regulamentar ou dos limites de delegação legislativa.**

O primeiro caso trata de **Decretos Presidenciais** vigentes que por serem atos regulamentares, sujeitam-se aos limites das respectivas leis, todavia caso extrapolem tais limites, sofrerão sustação do Congresso Nacional.

O segundo caso dispõe sobre as **Leis Delegadas**, nos casos em que o Congresso Nacional expede as Resoluções Autorizadoras sem ressalvas – **Delegação Típica**, e, portanto, não exerce o poder de analisar os projetos de Lei Delegada, só se deparando com eles, já na forma de Leis Delegadas vigentes, que, no caso de extrapolarem os limites da delegação legislativa, sofrerão sustação por Decreto Legislativo do Congresso Nacional.

O terceiro caso é disciplinado no art. 62 da CRFB/88, pois as **Medidas Provisórias** são expedidas pelo Presidente da República sem controle preventivo de constitucionalidade, e somente depois de inseridas no ordenamento jurídico sujeitar-se-ão ao controle repressivo de constitucionalidade do Poder Legislativo.

9.13 Controle repressivo realizado pelo Poder Executivo

Parte da doutrina discute sobre a atuação do Poder Executivo frente a uma lei flagrantemente inconstitucional, se deverá cumpri-la, ou deverá descumpri-la por ofender frontalmente a Constituição Federal vigente. O tema ainda carece de melhores esclarecimentos, mas nos posicionamos ao lado daqueles, entre eles Pedro Lenza, que defendem que o **Executivo deve negar-se a cumprir lei francamente inconstitucional**.

Destaca-se aqui um julgado do STF referente ao Conselho Nacional de Justiça realizar controle de constitucionalidade repressivo no exercício de sua função correicional (lembrando que o CNJ não tem jurisdição), confirmando que é cabível ao CNJ (em nítida função predominantemente administrativo-executiva) **negar-se a cumprir lei francamente inconstitucional**, vejamos:

"Nesses termos, concluída pelo Conselho Nacional de Justiça a apreciação da inconstitucionalidade de lei aproveitada como fundamento de ato submetido ao seu exame, poderá esse órgão constitucional de controle do Poder Judiciário valer-se da expedição de ato administrativo formal e expresso, de caráter normativo, para impor aos órgãos submetidos constitucionalmente à sua atuação fiscalizadora a invalidade de ato administrativo pela inaplicabilidade do texto legal no qual se baseia por contrariar a Constituição da República. (...) 16. O exercício dessa competência implícita do Conselho Nacional de Justiça revela-se na análise de caso concreto por seu Plenário, ficando os efeitos da inconstitucionalidade incidentalmente constatada limitados à causa posta sob sua apreciação, salvo se houver expressa determinação para os órgãos constitucionalmente submetidos à sua esfera de influência afastarem a aplicação da lei reputada inconstitucional" (**Pet 4.656**, rel. Min. **Cármen Lúcia**, julgamento em 19-12-2016).

9.14 Controle repressivo realizado pelo Tribunal de Contas da União

O Tribunal de Contas da União auxilia o Congresso Nacional no exercício do controle externo e no seu mister tem a atribuição do controle de constitucionalidade dada expressamente pela **Súmula 347 do STF**, vejamos: "O Tribunal de Contas, no exercício de suas atribuições, pode apreciar a constitucionalidade das leis e dos atos do poder público".

Ao enunciado podemos acrescentar que o controle de constitucionalidade exercido pelo TCU será sempre no caso concreto e de modo incidental, nos limites de sua atuação. Podendo analisar no caso concreto a constitucionalidade de uma lei, **e se for o caso de inconstitucionalidade, deixar de aplicá-la.**

Contudo, devemos alertar que **há posições contrárias à Súmula 347 dentro do próprio STF**, que alega a necessidade de se reavaliar a subsistência da Súmula 347. Ocorre que quando a Súmula 347 foi publicada, em 1963, o ordenamento jurídico não detinha qualquer forma de controle concentrado de constitucionalidade, apenas de controle difuso, por isso na época era importante a atuação do TCU. Após a CRFB/88, questiona-se a real necessidade da Súmula 347 dar ao Tribunal de Contas o poder de realizar o controle repressivo de constitucionalidade.

Vejamos dois julgados que se referem à Sumula 347:

"Não me impressiona o teor da Súmula 347 desta Corte, (...). A referida regra sumular foi aprovada na Sessão Plenária de 13-12-1963, num contexto constitucional totalmente diferente do atual. Até o advento da Emenda Constitucional 16, de 1965, que introduziu em nosso sistema o controle abstrato de normas, admitia-se como legítima a recusa, por parte de órgãos não-jurisdicionais, à aplicação da lei considerada inconstitucional. No entanto, é preciso levar em conta que o texto constitucional de 1988 introduziu uma mudança radical no nosso sistema de controle de constitucionalidade. Em escritos doutrinários, tenho enfatizado que a ampla legitimação conferida ao controle abstrato, com a inevitável possibilidade de se submeter qualquer questão constitucional ao Supremo Tribunal Federal, operou uma mudança substancial no modelo de controle de constitucionalidade até então vigente no Brasil. Parece quase intuitivo que, ao ampliar, de forma significativa, o círculo de entes e órgãos legitimados a provocar o Supremo Tribunal Federal, no processo de controle abstrato de normas, acabou o constituinte por restringir, de maneira radical, a amplitude do controle difuso de constitucionalidade. A amplitude do direito de propositura faz com que até mesmo pleitos tipicamente individuais sejam submetidos ao Supremo Tribunal Federal mediante ação direta de inconstitucionalidade. Assim, o processo de controle abstrato de normas cumpre entre nós uma dupla função: atua tanto como instrumento de defesa da ordem objetiva, quanto como instrumento de defesa de posições subjetivas. Assim, a própria evolução do sistema de controle de constitucionalidade no Brasil, verificada desde então, está a demonstrar a necessidade de se reavaliar a subsistência da Súmula 347 em face da ordem constitucional instaurada com a Constituição de 1988" (**MS 25.888 MC**, rel. Min. **Gilmar Mendes**, decisão monocrática, julgamento em 22-3-2006).

"Descabe a atuação precária e efêmera afastando do cenário jurídico o que assentado pelo Tribunal de Contas da União. A questão alusiva à possibilidade de este último deixar de observar, ante a óptica da inconstitucionalidade, certo ato normativo há de ser apreciada em definitivo pelo Colegiado, prevalecendo, até aqui, porque não revogado, o Verbete 347 da Súmula do Supremo. De início, a atuação do Tribunal de Contas se fez considerado o arcabouço normativo constitucional" (**MS 31.439 MC**, rel. Min. **Marco Aurélio**, decisão monocrática, julgamento em 19-7-2012).

Apesar de o STF já ter se manifestado sobre o tema em decisões monocráticas, recentemente decisão do plenário do STF no MS 35.500/DF reforçou o entendimento de que o TCU não pode valer-se da Súmula 347 para exercer controle de constitucionalidade. Vejamos trecho do voto do relator:

"É inconcebível a hipótese de o Tribunal de Contas da União, órgão sem qualquer função jurisdicional, permanecer a exercer controle de constitucionalidade – principalmente, como no presente caso, em que simplesmente afasta a incidência de dispositivos legislativos para TODOS os processos da Corte de Contas – nos julgamentos de seus processos, sob o pretenso argumento de que lhe seja permitido em virtude do conteúdo da Súmula 347 do STF, editada em 1963, cuja subsistência, obviamente, ficou comprometida pela promulgação da Constituição Federal de 1988." (MS 35.500/DF, rel Min. Alexandre de Moraes, julgamento em 13-4-2021).

A decisão não foi unânime. Por maioria, os Ministros concederam a segurança para afastar a questionada determinação do Tribunal de Contas da União, nos termos do voto do relator, vencidos os Ministros Fachin e Marco Aurélio (hoje aposentado). Os Ministros Barroso e Rosa Weber acompanharam o relator com ressalvas.

Resumo Esquemático

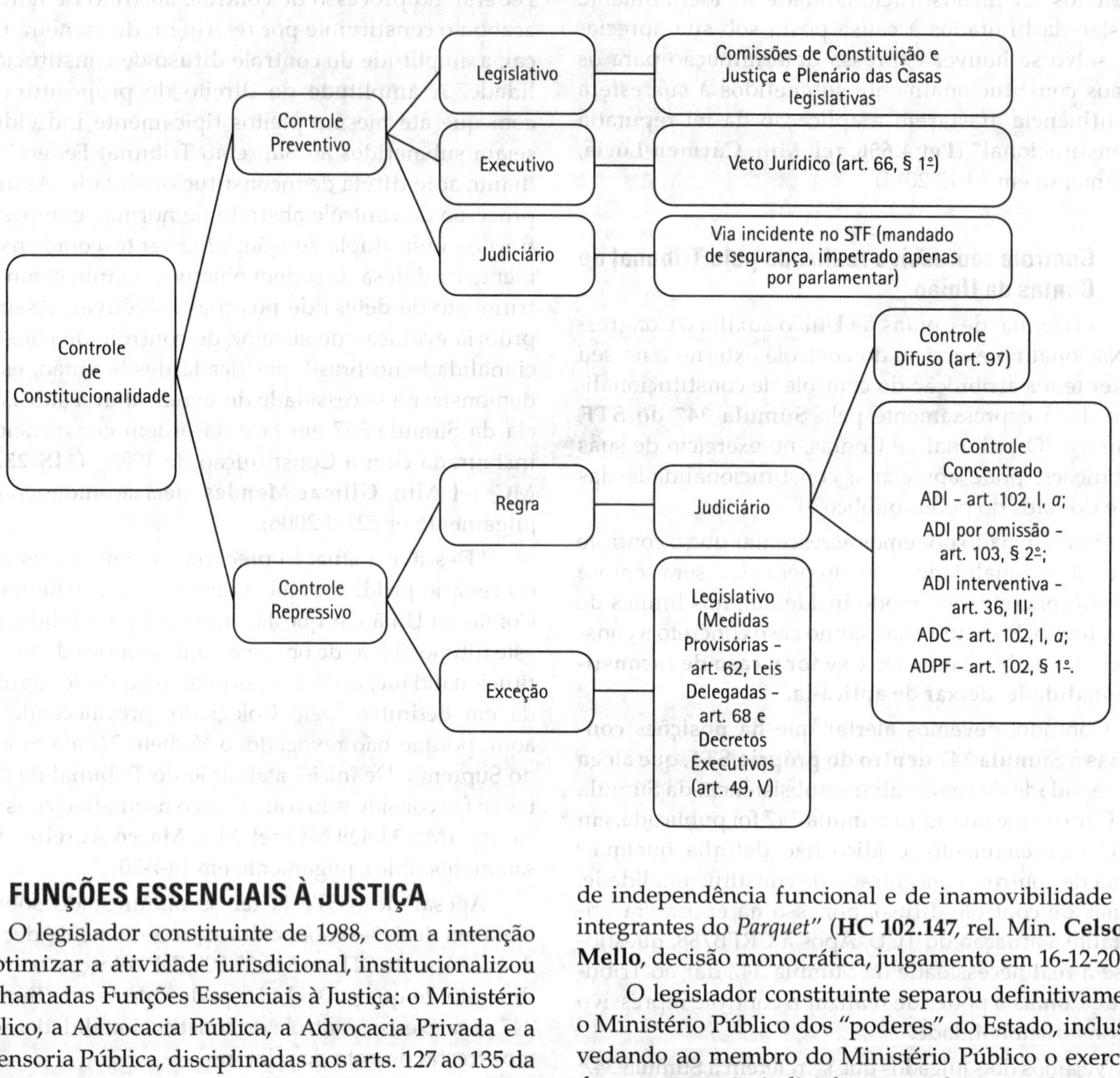

10. FUNÇÕES ESSENCIAIS À JUSTIÇA

O legislador constituinte de 1988, com a intenção de otimizar a atividade jurisdicional, institucionalizou as chamadas Funções Essenciais à Justiça: o Ministério Público, a Advocacia Pública, a Advocacia Privada e a Defensoria Pública, disciplinadas nos arts. 127 ao 135 da CRFB/88.

10.1 Ministério Público

O Ministério Público é uma instituição constitucionalmente prevista, de caráter permanente, essencial à função jurisdicional do Estado, incumbindo-lhe a defesa da ordem jurídica, do regime democrático e dos interesses sociais e individuais indisponíveis. Com o advento da nova Constituição de 1988, o Ministério Público passou a ocupar lugar de destaque, dada a amplitude de suas funções de proteção aos interesses difusos, coletivos e indisponíveis.

"O legislador constituinte, ao proceder ao fortalecimento institucional do Ministério Público, buscou alcançar duplo objetivo: instituir, em favor de qualquer pessoa, a garantia de não sofrer arbitrária persecução penal instaurada por membro do Ministério Público designado *ad hoc*; e tornar mais intensas as prerrogativas de independência funcional e de inamovibilidade dos integrantes do *Parquet*" (**HC 102.147**, rel. Min. **Celso de Mello**, decisão monocrática, julgamento em 16-12-2010).

O legislador constituinte separou definitivamente o Ministério Público dos "poderes" do Estado, inclusive vedando ao membro do Ministério Público o exercício da representação judicial e a consultoria jurídica de entidades públicas, atribuição dada à Advocacia Pública. Porém, o art. 29 do ADCT determinou que até que as respectivas leis complementares da Advocacia Geral da União e do Ministério Público da União fossem aprovadas, a representação judicial da União afeta até então ao MPU seria mantida. O que ocorreu até o advento da Lei Complementar n. 73/93 (Lei Orgânica da AGU).

O Ministério Público da União tem por chefe o Procurador-Geral da República, nomeado pelo Presidente da República dentre integrantes da carreira, maiores de 35 anos, após a aprovação por maioria absoluta do Senado Federal. O mandato de 2 anos pode sofrer recondução, sem limites. A destituição do PGR pode ocorrer por iniciativa do Presidente da República e aprovação do Senado Federal por maioria absoluta.

Importante destacar que a PEC n. 358/2005 (PEC paralela à PEC do Judiciário) está em tramitação e pretende fazer as seguintes mudanças: o PGR deverá ser oriundo do MPF; será limitado a uma recondução o mandato do PGR.

Os Ministérios Públicos em cada estado-membro formarão lista tríplice dentre integrantes da carreira, na forma da lei respectiva, para escolha de seus Procuradores-Gerais, que serão nomeados pelo Chefe do Poder Executivo para mandato de 2 anos, permitida uma recondução. A destituição do Procurador-Geral de Justiça cabe ao Poder Legislativo estadual, pelo voto de sua maioria absoluta. O Ministério Público do Distrito Federal e Território, ramo do Ministério Público da União, é chefiado pelo seu Procurador-Geral de Justiça, nomeado pelo Presidente da República dentre aqueles indicados em lista tríplice. A destituição cabe ao Senado Federal por deliberação de maioria absoluta.

Os princípios institucionais do Ministério Público, previstos na Constituição Federal são: a unidade, a indivisibilidade, a independência funcional. A doutrina acrescenta também outros princípios, como promotor natural a irrecusabilidade e o exercício da ação penal.

O **princípio da unidade** significa que os membros do Ministério Público integram um só órgão **sob a direção única do Procurador-Geral**. Só existe unidade dentro de cada Ministério Público, inexistindo entre o Ministério Público da União e o Ministério Público dos Estados, nem entre o Ministério Público de um Estado e o de outro. O Ministério Público é uno, o que significa que seus membros não se vinculam aos processos nos quais atuam, podendo ser substituídos uns pelos outros conforme previsão legal.

Assim a **indivisibilidade do Ministério Público dá maior força a sua unidade**, não permitindo que seus membros atuem de forma desvinculada à instituição. O fundamento da indivisibilidade e da possibilidade de substituição de um membro do Ministério Público por outro está alicerçado na ideia de que quem exerce os atos no processo é a instituição "Ministério Público" e não a pessoa do Promotor ou do Procurador. É importante frisar que, **o princípio da indivisibilidade não contraria o princípio do promotor natural,** pois a substituição só ocorrerá se houver previsão legal.

O Ministério Público é **independente no exercício das suas funções**, não ficando sujeito às ordens de quem quer que seja, ou de nenhum dos três Poderes do Estado, somente, segundo Pedro Roberto Decomain, devendo prestar contas de seus atos à Constituição, às leis e a sua consciência jurídica. Os membros do Ministério Público não estão subordinados tecnicamente a nenhuma autoridade, nem aos seus superiores hierárquicos, pois têm autonomia técnica para agir nos processos conforme as normas e sua interpretação jurídica. Entenda-se que o princípio da **independência funcional** está relacionado não só com os membros do Ministério Público, mas também com a própria instituição que não está subordinada a nenhum dos Poderes do Estado (Legislativo, Executivo e Judiciário), apresentando também autonomia financeira, sendo denominado por muitos doutrinadores de *"órgão extrapoder"*.

Como decorrência da independência funcional e da garantia da inamovibilidade surge o princípio do **"promotor natural"**, no sentido de não se admitir a retirada de competência de um membro do Ministério Público para a designação de outro, de forma unilateral, pelo Procurador-Geral de Justiça e fora dos limites estabelecidos pela norma. O princípio do promotor natural está logicamente ligado ao princípio constitucional do devido processo legal, onde o acusado tem direito, além de ser julgado por órgão independente e pré-constituído, também tem o direito constitucional de ser acusado por um órgão (ou membro) independente do Estado, vedando-se por consequência, a designação, inclusive de promotores *ad hoc* (art. 129, I e § 2º, da CRFB/88).

Ad hoc (Locução Latina): Usada para indicar substituição eventual ou nomeação para determinado ato. O juiz pode nomear um advogado *ad hoc* para o réu sem defensor público. Para promotor público a nomeação *ad hoc* é inconstitucional. Somente o próprio Ministério Público pode designar o promotor de justiça.

10.1.1 Garantias Institucionais

Autonomia Funcional: A autonomia funcional é inerente à instituição como um todo e abrange todos os órgãos do Ministério Público. A garantia da autonomia funcional significa que os membros do Ministério Público, ao cumprir seus deveres institucionais, não serão submetidos a nenhum outro poder, órgão ou autoridade pública.

Autonomia Administrativa: Capacidade de autonomia na direção, gestão e administração, um governo em si. O Ministério Público poderá propor ao Poder Legislativo a criação e extinção de seus cargos e serviços auxiliares, provendo-os por concurso público de provas ou de provas e títulos, a política remuneratória e os planos de carreira, enfim, sua organização e funcionamento.

Autonomia Financeira: Prevista no art. 127, § 3º, da Constituição Federal de 1988, a autonomia financeira assegura ao Ministério Público a capacidade de elaborar sua proposta orçamentária dentro dos limites estabelecidos na lei de diretrizes orçamentárias, podendo de forma autônoma administrar os recursos que lhe forem destinados.

10.1.2 Garantias dos membros do Ministério Público

Vitaliciedade: Os membros do Ministério Público adquirem a vitaliciedade após dois anos de exercício efetivo (art. 128, § 5º, I, *a*, da CRFB/88). O ingresso na carreira ocorre mediante a aprovação em concurso de provas e títulos e a perda do cargo, após adquirida a vitaliciedade, só ocorre mediante sentença judicial transitada em julgado.

Inamovibilidade: O membro do Ministério Público não poderá ser removido ou promovido, unilateralmente, sem a sua autorização ou solicitação expressa. Excepcionalmente, por motivo de interesse público, mediante decisão do órgão colegiado competente do Ministério Público, desde que lhe seja assegurada a ampla defesa, poderá vir a ser removido do cargo ou função.

Irredutibilidade de Subsídios: O membro do Ministério Público tem constitucionalmente garantida a irredutibilidade de subsídios, assim como os magistrados.

Vedações – Garantias de Imparcialidade: Conforme o art. 128 da Constituição Federal, os membros do Ministério Público não poderão: receber a qualquer título e sob qualquer pretexto, honorários, percentagens ou custas processuais; exercer a advocacia; participar de sociedade comercial, na forma da lei; exercer, ainda que em disponibilidade, qualquer outra função pública, salvo uma de magistério; exercer atividade político-partidária; exercer a representação judicial e a consultoria jurídica de entidades públicas.

10.1.3 Funções institucionais dos membros do MP

As funções institucionais do Ministério Público estão previstas no art. 129 da CRFB/88. Trata-se de rol meramente exemplificativo, pois a CF/99 permite aos membros do Ministério Público exercer outras funções que lhes forem conferidas, desde que sejam compatíveis com a sua finalidade. Assim, a Lei n. 8.625/93 e a Lei Complementar 75/93 estabelecem outras funções aos Ministérios Públicos dos Estados e ao Ministério Público da União, respectivamente, que são importantíssimas e complementam suas competências de defesa dos interesses difusos e indisponíveis (sugerimos a leitura do art. 129 da CRFB/88).

10.1.4 Membros do MP junto ao Tribunal de Contas

A Constituição Federal determina que aos membros do Ministério Público junto aos Tribunais de Contas aplicam-se as mesmas disposições pertinentes as garantias, vedações e forma de investidura. Importante destacar que o Ministério Público junto ao Tribunal de Contas é órgão do Tribunal de Contas, não tendo nenhum vínculo com o Ministério Público comum, sendo assegurados apenas as mesmas regras quanto às garantias, vedações e forma de investidura.

10.1.5 Conselho Nacional do Ministério Público

O Conselho Nacional do Ministério Público compõe-se de quatorze membros nomeados pelo Presidente da República, depois de aprovada a escolha pela maioria absoluta do Senado Federal, para um mandato de dois anos, admitida uma recondução. São eles: Procurador-Geral da República; 4 membros do MPU, assegurada a representação de cada uma de suas carreiras; 3 membros dos MPEs; 2 juízes, indicados um pelo STF e outro pelo STJ; 2 advogados, indicados pelo Conselho Federal da OAB; 2 cidadãos de notável saber jurídico e reputação ilibada, indicados um pela Câmara dos Deputados e outro pelo Senado Federal.

Compete ao Conselho Nacional do Ministério Público o controle da atuação administrativa e financeira do Ministério Público e do cumprimento dos deveres funcionais de seus membros, sendo-lhe atribuídas algumas competências na própria CRFB/88 (sugerimos a leitura do art. 130-A).

10.2 Advocacia Pública

A Advocacia Pública é uma instituição que tem por função a representação judicial e a consultoria jurídica do ente federativo ao qual está vinculada. A Advocacia Pública da União representa, obviamente, a União, judicial e extrajudicialmente, cabendo, conforme a CRFB/88; e nos termos de lei complementar, exercer todas as competências indispensáveis à defesa dos interesses da União. Nos estados, no Distrito Federal e nos municípios serão instituídas as Procuradorias, compostas por Procuradores que exercerão a representação judicial e a consultoria jurídica das respectivas unidades federadas e serão organizados em carreira, na qual o ingresso dependerá de concurso público, conforme determinação constitucional.

Os Procuradores dos Estados e do Distrito Federal são previstos expressamente no art. 132 da CRFB/88, quanto aos Procuradores dos Municípios o texto constitucional foi silente.

10.3 Advocacia Privada

A Constituição de 1988 estabeleceu o princípio da indispensabilidade do advogado nas ações judiciais, sendo, juntamente com o Ministério Público, função essencial à justiça. Ao advogado serão concedidas inviolabilidades necessárias ao exercício de suas funções, nos limites da lei (Lei n. 8.906/94).

> **Súmula Vinculante 14**
> "É direito do defensor, no interesse do representado, ter acesso amplo aos elementos de prova que, já documentados em procedimento investigatório realizado por órgão com competência de polícia judiciária, digam respeito ao exercício do direito de defesa."

10.4 Defensoria Pública

A Constituição prevê, ainda, a criação da Defensoria Pública, constituída por servidores públicos, que têm a função institucional de prestar orientação jurídica, representação e consultoria jurisdicional, em todos os graus, aos necessitados. A existência da Defensoria Pública atende ao princípio constitucional do "acesso à justiça", disponibilizando, àqueles que não têm condições financeiras, meios de representação judicial, não podendo em hipótese alguma o defensor público cobrar honorários do seu cliente. Para isso o defensor público ingressa na carreira por meio de concurso público e recebe sua remuneração por meio dos cofres públicos.

Resumo Esquemático

	Lei orgânica	Remuneração	Inamovibilidade	Vitaliciedade	Autonomia funcional, administrativa e financeira
Ministério Público	Lei complementar	Subsídios	Sim	Sim	Sim
Advocacia Pública	Lei complementar	Subsídios	Não	Não estabilidade	Não
Defensoria Pública	Lei complementar	Subsídios	Sim	Não estabilidade	Sim
Advocacia Privada	Lei ordinária	Honorários	x	x	X

11. DEFESA DO ESTADO E DAS INSTITUIÇÕES DEMOCRÁTICAS

O Título V da CRFB/88, Defesa do Estado e das Instituições Democráticas, é tema muito pouco cobrado em provas de concursos em geral, incluindo o Exame de Ordem. Contudo, algumas questões já foram aplicadas pela banca, portanto, merece uma breve menção.

O Título Da Defesa do Estado e das Instituições Democráticas é subdividido nos seguintes capítulos: Estado de Defesa e Estado de Sítio; Forças Armadas e Segurança Pública, tratando do sistema constitucional das crises, da segurança nacional e da segurança pública, respectivamente.

O Sistema Constitucional das Crises é definido pela doutrina e consiste no conjunto de medidas coercitivas objetivando a manutenção e a recomposição da ordem constitucional. A ordem constitucional depende do equilíbrio e funcionamento das instituições democráticas representado principalmente pela harmonia entre os Poderes e estrita obediência às regras constitucionais.

Diante das crises das instituições democráticas e da ordem constitucional, a própria CRFB/88 prevê expressamente e taxativamente as medidas coercitivas de recomposição da ordem, a saber: o Estado de Defesa e o Estado de Sítio, investidos dos princípios da necessidade e temporariedade com o objetivo de recomposição da ordem. Parte da doutrina atribui também à Intervenção Federal (e Estadual) a natureza de medida coercitiva objetivando a recomposição da ordem constitucional.

Tais medidas coercitivas excepcionais devem obedecer taxativamente às regras previstas e cessados a desordem e o desequilíbrio devem ser imediatamente abandonadas, sob pena de se configurar uso arbitrário de poder, pois a regra é o respeito às liberdades públicas e a harmonia e independência entre os Poderes previstas na CRFB/88.

11.1. Estado de Defesa

O Estado de Defesa, segundo o texto expresso do art. 136 da CRFB/88, é decretado para preservar ou prontamente reestabelecer, em locais restritos e determinados, a ordem pública e a paz social ameaçadas por grave e iminente instabilidade institucional ou atingidas por calamidades de grandes proporções na natureza. A medida coercitiva poderá ser preventiva – quando pretende preservar a ordem e a paz - ou repressiva – quando pretende reestabelecer a ordem. Destaque para a preocupação do constituinte em taxar os requisitos e alcance do Estado de Defesa, evitando exceder o poder na mãos de quem decreta e executa a medida.

O Estado de Defesa é decretado pelo Presidente da República, ouvidos os dois conselhos – Conselho da República e Conselho de Defesa Nacional. Tal decreto deverá determinar expressamente o tempo de duração (que será de no máximo 30 dias, prorrogável por mais 30 dias); a área abrangida e quais medidas coercitivas serão aplicadas. Expedido o decreto, ele será enviado ao Congresso Nacional em 24 horas para apreciação, se estiver em recesso, será convocado extraordinariamente, no prazo de 5 dias. O decreto será apreciado pelo Congresso Nacional no prazo de 10 dias do seu recebimento, decidindo sobre ele pelo voto de maioria absoluta. Rejeitado o decreto de Estado de Defesa cessam imediatamente suas medidas, acatado o decreto, o Congresso Nacional continua funcionando enquanto durar o Estado de Defesa.

Quanto às medidas coercitivas passíveis de serem aplicadas pelo decreto de Estado de Defesa, a própria CRFB/88 prescreve: restrições ao direito de reunião, ao sigilo de correspondência e ao sigilo de comunicação telegráfica e telefônica, além do uso e ocupação temporários de bens e serviços públicos, nas situações de calamidade pública.

Durante o Estado de Defesa prevalecem as garantias individuais quanto à prisão: prisão em flagrante ou por ordem judicial; comunicação da prisão ao juiz competente; vedação de incomunicabilidade do preso. No caso específico de crime contra o Estado, a prisão poderá ser decretada por autoridade não judicial, contudo será comunicada imediatamente ao juiz competente, facultado ao preso requerer exame de corpo de delito.

11.2. Estado de Sítio

O Estado de Sítio, conforme disposição expressa no art. 137 da CRFB/88, será decretado pelo Presidente da República nos casos de comoção grave de repercussão nacional; ocorrência de fatos de comprovem a ineficácia do Estado de Defesa; estado de guerra ou resposta à agressão estrangeira armada.

Assim como no Estado de Defesa, no Estado de Sítio o Presidente também ouve o Conselho da República o Conselho de Defesa Nacional, contudo, neste caso haverá solicitação de autorização ao Congresso Nacional, devendo o Presidente da República justificar os motivos que determinaram a solicitação do Estado de Sítio. Ao Congresso Nacional cabe analisar o pedido e decidir pelo voto de maioria absoluta. Caso seja autorizado o Estado de Sítio, seu decreto deverá indicar a duração (que não poderá ser superior a 30 dias); as normas necessárias à sua execução e quais garantias constitucionais serão suspensas. O Congresso Nacional continuará funcionando durante a vigência do Estado de Sítio.

No caso de comoção grave de repercussão nacional ou ineficácia do Estado de Defesa, as medidas coercitivas do decreto do Estado de Sítio, segundo o art. 139 da CRFB/88, são restritas a: obrigatoriedade de permanência em determinados locais; detenção em edifício não prisional; restrições relativas à inviolabilidade de correspondências, comunicações, informações, liberdade de imprensa; suspensão da liberdade de reunião; busca e apreensão em domicílio; intervenção em empresas que prestam serviços públicos e requisição de bens.

11.3 Forças Armadas

As Forças Armadas, constituídas pela Marinha, pelo Exército e pela Aeronáutica, são órgãos permanentes e regulares integrantes da Administração Pública Direta, organizados com base na hierarquia e disciplina, sob a autoridade suprema do Presidente da República, e destinam-se à defesa da Pátria, à garantia dos poderes constitucionais e, por iniciativa de qualquer destes, da lei e da ordem.

Hierarquia é a ordenação da autoridade, em diferentes níveis, dentro da estrutura das Forças Armadas, tal ordenação se faz através dos postos e graduações, e dentro deles a hierarquia é dada por antiguidade. Posto é o grau hierárquico do oficial e graduação é o grau hierárquico dos praças.

O art. 84, XIII, da CRFB/88 determina que cabe ao Presidente da República nomear os Comandantes da Marinha, Exército e Aeronáutica, promover seus oficiais-generais, nomeando-os para os cargos que lhes são privativos.

Disciplina, segundo os estatutos militares, é a rigorosa observância e acatamento das leis, regulamentos, normas e disposições, traduzindo-se pelo perfeito cumprimento do dever por parte de todos e de cada um dos componentes do organismo militar.

O art. 142 da CRFB/88 faz referência a Lei Complementar n. 97/99, que estabelece as normas gerais de organização e funcionamento das Forças Armadas, dispõe que seus membros são denominados militares, assegurando-lhes as respectivas patentes, com todos os direitos, deveres e prerrogativas a elas inerentes, além de dispor sobre uma série de direitos e situações relacionados aos cargos. Merece destaque a vedação à sindicalização, à greve e à filiação partidária.

A vedação de concessão do *habeas corpus* em relação às punições disciplinares militares é expressa no art. 142, § 2º, contudo já tratamos do assunto quando abordamos o *Habeas Corpus*. Sugerimos a leitura dos arts. 142 e 143 da CRFB/88.

11.4. Segurança Pública

O art. 144 da CRFB/88 elenca um rol taxativo dos órgãos da Segurança Pública, são eles: Polícia Federal, Polícia Rodoviária Federal, Polícia Ferroviária Federal, Polícia Civil, Polícia Militar, Polícia Penal (incluída pela EC n. 104/2019) e Corpo de Bombeiros Militar. É possível classificar a polícia em Polícia Administrativa e Polícia Judiciária. Polícia Administrativa ou Ostensiva é aquela que tem como função principal administrar a ordem pública e a Polícia Judiciária é aquela que tem como função principal a promoção do inquérito policial.

Feita tal classificação podemos afirmar que a Polícia Federal e a Polícia Civil são policias judiciárias, enquanto as demais polícias – Polícia Rodoviária Federal, Polícia Ferroviária Federal, Polícia Militar e Corpo de Bombeiros Militar – são polícias administrativas.

O art. 144 da CRFB/88 é bem lacônico, apenas declara que a segurança pública é dever do Estado, direito e responsabilidade de todos, e que é exercida para a preservação da ordem pública e da incolumidade das pessoas e do patrimônio, seja público ou privado.

Também foi sucinta ao dispor sobre as atribuições dos órgãos da segurança pública, discorrendo um pouco mais, mas ainda de forma apenas exemplificativa, sobre as competências da Polícia Federal, já que existem outras atribuições na legislação infraconstitucional. Sugerimos a leitura do art. 144 da CRFB/88.

Merecem destaque alguns pontos: a remuneração dos servidores públicos policiais que será sob a forma de subsídios; os Municípios têm a faculdade de criar guardas municipais destinadas a proteção dos bens, instalações e serviços da municipalidade, além das alterações trazidas pela Emenda Constitucional n. 82/2014.

Tal medida incluiu o § 10 ao art. 144 da Constituição Federal, com o objetivo de dar maior destaque à Segurança Viária, expressão utilizada para designar o conjunto de ações adotadas com o objetivo de proteger a integridade física e patrimonial das pessoas que se utilizam das vias públicas, como por exemplo: educação, orientação, fiscalização, engenharia de trânsito. Todavia, o texto acrescentado serviu muito mais para enfatizar o compromisso constitucional com a segurança viária e a mobilidade urbana, e também a preocupação com a carreira de agentes de trânsito, do que para inovar em atribuições, já que a segurança viária já é exercida pelos agentes de trânsito.

Ao finalizarmos esta edição o Congresso Nacional aprovou a Emenda Constitucional n. 104/2019 que incluiu as Polícias Penais em todas as esferas da Federação, afetando alguns dispositivos do art. 144 da CRFB/88, portanto, sugerimos a leitura atenta do texto constitucional atualizado.

Veremos alguns julgados do STF acerca de temas relacionados com o art. 144 da CRFB/88:

"Os Estados-membros, assim como o Distrito Federal, devem seguir o modelo federal. O art. 144 da Constituição aponta os órgãos incumbidos do exercício da segurança pública. Entre eles não está o Departamento de Trânsito. Resta pois vedada aos Estados-membros a possibilidade de estender o rol, que esta Corte já firmou ser *numerus clausus*, para alcançar o Departamento de Trânsito." (**ADI 1.182**, voto do rel. min. Eros Grau, j. 24-11-2005, P, *DJ* de 10-3-2006.)

"Polícia militar: atribuição de "radiopatrulha aérea": constitucionalidade. O âmbito material da polícia aeroportuária, privativa da União, não se confunde com o do policiamento ostensivo do espaço aéreo, que – respeitados os limites das áreas constitucionais das polícias federal e aeronáutica militar – se inclui no poder residual da polícia dos Estados."(**ADI 132**, rel. min. Sepúlveda Pertence, j. 30-4-2003, P, *DJ* de 30-5-2003.)

"Cabe salientar que a mútua cooperação entre organismos policiais, o intercâmbio de informações, o fornecimento recíproco de dados investigatórios e a assistência técnica entre a polícia federal e as polícias estaduais, com o propósito comum de viabilizar a mais completa apuração de fatos delituosos gravíssimos, notadamente naqueles casos em que se alega o envolvimento de policiais militares na formação de grupos de extermínio, encontram fundamento, segundo penso, no próprio modelo constitucional de federalismo cooperativo (**RHC 116.000**/GO, rel. min. Celso de Mello), cuja institucionalização surge, em caráter inovador, no plano de nosso ordenamento constitucional positivo, na CF de 1934, que se afastou da fórmula do federalismo dualista inaugurada pela Constituição republicana de 1891, que impunha, por efeito da outorga de competências estanques, rígida separação entre as atribuições federais e estaduais." (**RHC 116.002**, rel. min. Celso de Mello, j. 12-3-2014, dec. monocrática, *DJE* de 17-3-2014.)

12. ORDEM ECONÔMICA

Fundada na valorização do trabalho humano e na livre iniciativa e em conformidade com os ditames de justiça social, o Título VII da CRFB/88 apresenta a **Ordem Econômica e Financeira, em uma evidente tentativa de constitucionalizar a economia ou alguns aspectos dos processos econômicos. O constituinte reconhece o modelo capitalista dentro da estrutura de um Estado Social.**

A Ordem Econômica e Financeira foi subdivida nos seguintes capítulos Princípios Gerais da Atividade Econômica; Política Urbana; Política Agrícola e Fundiária e Reforma Agrária e Sistema Financeiro Nacional.,

12.1. Princípios Gerais da Atividade Econômica

Os **Princípios Gerais da Atividade Econômica** são listados nos incisos do art. 170 da CRFB/88, a saber: a soberania nacional, propriedade privada e sua função social, livre concorrência, defesa do consumidor, defesa do meio ambiente, redução das desigualdades regionais e sociais, busca do pleno emprego e tratamento favorecido para as empresas de pequeno porte constituídas sob as leis brasileiras e que tenham sua sede e administração no País.

Muitos destes princípios já foram explorados em outros dispositivos constitucionais como, por exemplo, art. 3º, que fala dos **objetivos da República Federativa do Brasil**, entre eles, a valorização do trabalho e da livre iniciativa e a redução das desigualdades regionais e sociais, e os Direitos e Garantias Fundamentais que engloba o art. 5º que disciplina sobre os direitos e deveres individuais e coletivos como a defesa do consumidor e o art. 6º, que destaca a função social do trabalho.

O art. 173 da CRFB/88 determina, ressalvados os casos previstos no texto constitucional, que a exploração da atividade econômica diretamente pelo Estado só se dará quando os imperativos de segurança nacional ou relevante interesse coletivo determinarem, estabelecendo como regra o acesso à exploração atividade econômica pela iniciativa privada. Uma exceção expressa no texto constitucional, por exemplo, é a referente aos serviços postais – atividade econômica de competência privativa da União, conforme art. 21, X. Cabe ao Estado, como agente normativo e regulador da atividade econômica, as funções de incentivo, planejamento e fiscalização, determinantes para o setor público e indicativas para o setor privado, conforme prescreve o art. 174 da CRFB/88.

O art. 173 ainda dispõe sobre as empresas públicas, sociedades de economia mista e suas subsidiárias que exploram atividade econômica, devendo a legislação infraconstitucional dispor sobre seu funcionamento, direitos, deveres, tratamento tributário, fiscalização, administração e relações com o Estado e a sociedade. Também trata da repressão ao abuso do poder econômico que vise a dominação de mercado, a eliminação da concorrência e aumento arbitrário dos lucros, além dos atos praticados contra a ordem econômica e financeira e contra a economia popular.

Em vários dispositivos a CRFB/88 prescreve que os serviços públicos são incumbidos genericamente ao Poder Público, este os prestará diretamente ou sob regime de concessão ou permissão, através de licitação. O art. 175, *caput,* reforça tal prescrição, sem discordar do já citado art. 173, que prioriza a atividade econômica para o setor privado, ou seja, serviços públicos de natureza privada serão prestados, salvo exceções, por particulares, cabendo ao Estado a fiscalização.

Inclusive a exploração mineral e o potencial energético – bens constitucionalmente atribuídos à União – são exploráveis por empresas privadas, tendo-lhes assegurada pelo art. 176 da CRFB/88 a propriedade do produto da lavra. Quanto à pesquisa e lavra de petróleo, gás natural e outros hidrocarbonetos fluídos; refinação do petróleo, importação, exportação e transporte marítimo de seus derivados, assim como atividades de pesquisa e exploração de minério nuclear, a CRFB/88 os mantém sob monopólio da União, conforme o art. 177.

Por fim, a CRFB/88 dispõe sobre a exploração do transporte aéreo, aquático e terrestre, inclusive o internacional, e também sobre a exploração do turismo, como fator de desenvolvimento social e econômico. Sugerimos a leitura dos arts. 170 a 181 pela diversidade de assuntos e detalhes passíveis de serem cobrados em prova.

12.2 Política Urbana

O capítulo da **Política Urbana** destaca o objetivo do pleno desenvolvimento das funções sociais da cidade e da garantia do bem-estar de seus habitantes. Discorre sobre a função social da propriedade urbana, sobre o plano diretor do Município e sobre as modalidades de desapropriação de imóveis urbanos, com destaque para aquelas aplicadas aos imóveis urbanos não edificados, subutilizados ou não utilizados, com objetivo de promover seu adequado aproveitamento, além da previsão da usucapião urbana.

A função social da propriedade já havia sido prevista no art. 5º, XXII a XXXI, da CRFB/88, contudo neste capítulo podemos verificar a responsabilidade do Município no desenvolvimento urbano, sendo que o plano diretor é obrigatório para as cidades com mais de 20 mil habitantes, devendo ser aprovado pela Câmara de Vereadores e servirá como instrumento básico de desenvolvimento e expansão urbana.

Dois pontos ganharam evidência no texto constitucional: a intervenção do Município sobre a propriedade urbana que não cumpre a função social e o direito de usucapião urbana, vejamos:

O Município poderá, mediante lei específica adequada ao plano diretor, e em conformidade com o Estatuto das Cidades, impor ao proprietário de solo urbano não edificado, subutilizado ou não utilizado, que promova o adequado aproveitamento do solo, atendendo a função social daquela propriedade. Caso não seja cumprida a imposição, o ente municipal promoverá as seguintes penalidades, de forma sucessiva: parcelamento ou edificação compulsória do imóvel; cobrança de IPTU progressivo no tempo; desapropriação-sanção, com pagamento em títulos da dívida pública, resgatáveis em 10 anos, em parcelas anuais, iguais e sucessivas, assegurada o valor real da indenização e os juros legais.

Sobre a modalidade de usucapião urbana, o art. 183 da CRFB/88 prescreve que o indivíduo que, durante cinco anos, tiver a posse ininterrupta e sem oposição de imóvel urbano de até 250 m^2, utilizando-o para sua moradia ou de sua família, poderá adquirir o domínio daquele bem, desde que não seja proprietário de outro imóvel. Os imóveis públicos não serão adquiridos por usucapião, obviamente.

12.3 Política Agrícola e Fundiária e Reforma Agrária

A propriedade rural atende (ou deveria atender) a funções sociais importantíssimas: preservação do meio ambiente; produção agrícola para o mercado consumidor interno e externo; controle do êxodo rural através de políticas públicas voltadas para a população do campo; proteção da população indígena, quilombola, povos da floresta e do cerrado, população ribeirinha e demais grupos inseridos naturalmente do meio rural; preservar o extrativismo vegetal; regulação, incentivo e fiscalização do ecoturismo; promoção da pesquisa científica e preservação do patrimônio genético brasileiro, além, é claro, dos limites territoriais e soberania nacional.

Portanto, o alcance da função social da propriedade rural vai além deste capítulo, atingindo temas ligados à Ordem Social também como Meio Ambiente e Ciência e Tecnologia, que veremos adiante.

Tratando dos artigos da **Política Agrícola e Fundiária** e Reforma Agrária, primeiramente, o art. 184 se ocupa da desapropriação para fins de reforma agrária prescrevendo que a União deverá desapropriar por interesse social e para fins de reforma agrária o imóvel rural que não esteja cumprindo a sua função social (das diversas funções sociais que o imóvel rural pode ter). A desapropriação-sanção terá indenização paga com títulos da dívida agrária, resgatáveis em vinte anos, a partir do segundo ano de sua emissão. As benfeitorias úteis e necessárias são indenizadas em dinheiro.

São insuscetíveis de desapropriação para fins de reforma agrária, segundo o art. 185 da CRFB/88, a pequena e média propriedade rural sendo a única propriedade e a também propriedade produtiva, dispondo a lei sobre o tratamento especial dado à propriedade produtiva.

Outro tema de destaque é a política agrícola que deverá ser planejada e executada com a participação efetiva do setor de produção, comercialização, armazenamento e transporte, levando em consideração alguns fatores listados no art. 187 da CRFB/88, como o incentivo à pesquisa e tecnologia, os instrumentos creditícios e fiscais, os preços compatíveis com os custos de produção e a garantia de comercialização, assistência técnica e extensão rural, seguro agrícola, cooperativismo, irrigação e eletrificação rurais, habitação para o trabalho rural. Incluem no planejamento agrícola as atividades agroindustriais, agropecuárias, pesqueiras e florestais.

A usucapião rural também é prevista e ocorre quando o indivíduo tem a posse mansa e pacífica de um imóvel rural de até cinquenta hectares, por no mínimo cinco anos, usando-a para moradia própria e da sua família e tornando-a produtiva por seu trabalho. Os imóveis públicos não serão adquiridos por usucapião.

12.4 Sistema Financeiro Nacional

Por fim, o capítulo do **Sistema Financeiro Nacional**, que sofreu um grande corte, em 2003, com vários dispositivos revogados pela EC n. 40, resume-se hoje no seguinte texto: "O sistema financeiro nacional, estruturado de forma a promover o desenvolvimento equilibrado do País e a servir aos interesses da coletividade, em todas as partes que o compõem, abrangendo as cooperativas de crédito, será regulado por leis complementares que disporão, inclusive, sobre a participação do capital estrangeiro nas instituições que o integram".

Obviamente o Sistema Financeiro Nacional é bastante disciplinado no ordenamento jurídico brasileiro. É subdivido em Subsistema Normativo e Subsistema Operativo e dentro deste universo estão os órgãos reguladores; autarquias em regime especial; leis; resoluções; instruções normativas; política monetária, creditícia e cambial; mercado monetário, mercado de crédito, mercado de capitais; mercado de câmbio; mercado de seguros e toda a diversidade de instituições financeiras atuantes. Pela importância do tema, temos diversos trabalhos publicados dentro das disciplinas Direito Econômico, Direito Bancário e Educação Financeira e que atendem àqueles que desejam aprofundar o estudo sobre o tema.

Contudo, o legislador constituinte preferiu afastar do texto constitucional o detalhamento sobre o tema, dando liberdade à legislação infraconstitucional para disciplinar o assunto.

Ainda sobre o tema, destacamos que o Banco Central é autarquia em regime especial com função executiva, fiscalizadora e supervisora, pertencente ao Subsistema Normativo. Cabe ao Bacen fiscalizar as instituições financeiras bancárias, e atuar como o executor da política monetária e cambial do país, tendo também o monopólio das divisas internacionais. Neste contexto, o art. 164 da CRFB/88, que pertence ao Capítulo das Finanças Públicas (integrante do Título VI da CRFB/88 – Tributação e Orçamento) disciplina algumas atribuições do Bacen, entre elas: competência exclusiva para emissão de moeda (potencializada pela autonomia dada pela LC n. 179/2021); competência para comprar e vender Títulos do Tesouro Nacional, objetivando regular a taxa de juros e o valor da moeda (utilizando instrumentos de política monetária); competência para custodiar as disponibilidades de caixa da União e conceder empréstimos aos bancos, sendo vedada a concessão de empréstimos ao Tesouro Nacional ou a qualquer ente ou órgão não integrante do Mercado Interbancário. Sobre esta última atribuição do Bacen, a banca cobrou uma questão na 1ª Fase do XXXII Exame (vide questão n. 66).

13. ORDEM SOCIAL

Os direitos sociais, já tratados em capítulo anterior, são direitos fundamentais nos quais o Estado interfere nas relações sociais, econômicas e culturais para proteger os grupos menos favorecidos. Dentro deste conceito podemos incluir todos os direitos elencados no Título da Ordem Social, além dos direitos do trabalhador e até as políticas urbanas e fundiárias, já estudadas na Ordem Econômica.

O título da Constituição Federal dedicado à Ordem Social, foi objeto de pouquíssimas questões nos Exames de Ordem aplicados pela banca, mas tem um grande número de matérias disciplinadas com a finalidade de atender a vários segmentos da vida social.

Todos esses preceitos reguladores ou fixadores das bases de nossa sociedade estão fundamentados no **primado do trabalho**, princípio que unifica toda a ordem social e que tem por objetivo o bem-estar e a justiça social.

Inicialmente, a ordem social, na CRFB/88, trata da seguridade social, que engloba tudo o que se refere à saúde, à previdência e à assistência social. A ordem social abrange outros temas que não dizem respeito tão somente ao caráter securitário do Estado, ou do Estado prestador de auxílio aos necessitados. Neste sentido, a ordem social também assegura direitos mínimos no campo da educação, cultura, desporto, ciência e tecnologia, comunicação social, meio ambiente, família, criança, adolescente, jovem, idoso e índio. Vejamos um pouco sobre cada um destes temas.

13.1 Seguridade Social (Saúde, Previdência e Assistência Social)

O Estado Social moderno não se mostra alheio às questões sociais. A primeira demonstração disso é sua preocupação com a criação de empregos – primado do trabalho – para permitir que cada um atenda a suas necessidades materiais. Ocorre, porém, que o emprego, em si mesmo, não garante o trabalhador contra os infortúnios e outros eventos da vida humana que levam à incapacidade. Então, para atender a essas situações de incapacitação, ou situações momentâneas de especial dificuldade com o sustento próprio e o da família, há um conjunto de benefícios que o Estado disponibiliza englobados no sistema da seguridade social.

Por seguridade social deve-se entender o conjunto das ações dos poderes públicos e da sociedade no sentido de **prover a saúde, a previdência social e a assistência social.** Essa atuação do Estado dirige-se a três frentes diversas. A primeira é a de prover a **saúde**, isto é, fornecer gratuitamente serviços de prevenção e assistência médica, **visando sempre evitar os riscos de doença**. A segunda é a **previdência social** que visa, por exemplo, o atendimento daquele que, mesmo com saúde, já atingiu idade imprópria para a atividade laboral, tendo contribuído para a sociedade com o seu trabalho, fazendo jus, portanto, à percepção de uma remuneração como se trabalhando estivesse. Em terceiro lugar, é preciso, ainda, atender àqueles, por exemplo, que nem possuem a condição de trabalhadores ou inativos, isto é, são as pessoas marginalizadas do mercado de trabalho, sem vínculo empregatício, mas que precisam de amparo por parte do Estado, através da assistência social, devido a sua condição socioeconômica.

Quem financiará o sistema? A resposta é dada pelo art. 195 da CRFB/88: recursos proveniente dos orçamentos da União, dos Estados, do Distrito Federal, dos Municípios e das contribuições sociais dos trabalhadores e demais segurados da previdência social; dos empregadores, empresa ou entidade a ela equiparada sobre a folha de pagamento, lucro, receita ou faturamento; do importador de bens ou serviços do exterior e dos concursos de prognósticos (loterias oficiais), podendo ser criadas outras fontes de financiamento, ou seja, será financiada por toda a sociedade, de forma direta e indireta. Os parágrafos do art. 195 da CRFB/88 estabelecem diversas regras sobre as contribuições à Seguridade Social, sem prejuízo da regulamentação via legislação infraconstitucional. De qualquer sorte, nenhum benefício poderá ser criado ou aumentado sem a correspondente fonte de custeio.

Cabe ao Poder Público organizar a Seguridade Social, objetivando a universalidade da cobertura e do atendimento; a uniformidade e equivalência dos benefícios e serviços às populações urbanas e rurais; a seletividade e distributividade na prestação dos benefícios e serviços; a irredutibilidade do valor dos benefícios; a equidade na forma de participação no custeio; a diversidade da base de financiamento e o caráter democrático e descentralizado da administração, mediante gestão quadripartite, com participação dos trabalhadores, empregadores, aposentados e do Governo nos órgãos colegiados. Orientamos a leitura atenta aos dispositivos da CRFB/88 sobre o tema.

13.1.1 Saúde

A saúde é um direito de todos e um dever do Estado, segundo prescreve expressamente o art. 196 da CRFB/88, será prestada mediante políticas sociais e econômicas que visam à redução dos riscos de doença e ao acesso igualitário à ações e serviços de saúde.

Prestados especialmente pelo Sistema Único de Saúde, as ações e os serviços públicos devem compor, segundo a CRFB/88, uma rede regionalizada e hierarquizada, tendo por diretrizes o princípio da descentralização, com direção única no nível de cada esfera de governo; o atendimento integral, priorizando as atividades preventivas, sem prejuízo do serviço assistencial e a participação da comunidade.

À iniciativa privada é dada a atuação complementar ao Sistema Único de Saúde, através de contrato de direito público ou convênio, sendo certo, no entanto, que a preferência deve ser dada a entidades filantrópicas e sem fins lucrativos. A Constituição proíbe a destinação de fundos públicos para auxílios ou subvenções às instituições privadas com fins lucrativos e veda a participação do capital estrangeiro na assistência à saúde no País.

Quanto ao Sistema Único de Saúde, goza ele de inúmeras competências elencadas no art. 200 da CRFB/88, que vão desde o controle e a fiscalização de procedimentos até a colaboração na proteção do meio ambiente.

13.1.2 Previdência Social

O Direito Previdenciário assegura a existência de regimes básicos e regimes complementares de Previdência Social. Os regimes básicos são divididos em Regime Próprio de Previdência Social, que ampara os servidores públicos ocupantes de cargos de provimento efetivo, em cada esfera federativa (devendo haver um RPPS em cada ente federativo), e o Regime Geral de Previdência Social, que ampara todos os demais segurados que exercem atividade remunerada e também os segurados facultativos, havendo um único RGPS.

Feita a introdução ao assunto, podemos afirmar que a Previdência Social, conforme o art. 201 da CRFB/88, será organizada sob a forma de Regime Geral, de caráter contributivo e de filiação obrigatória, observando critérios que preservem o equilíbrio financeiro e atuarial.

Cabe à Previdência Social atender aos nela inscritos, quando atingidos por eventos tais como a doença, a invalidez, a morte, a maternidade (art. 201). Em regra, qualquer pessoa pode participar da Previdência Social, **desde que efetue a sua contribuição financeira**, na forma dos planos previdenciários, mas aqueles que exercem atividade remunerada são obrigados a participar, vedando-se a filiação ao Regime Geral de Previdência Social, na qualidade de segurado facultativo, de pessoa participante de Regime Próprio de Previdência Social.

O art. 201 vedou a adoção de requisitos e critérios diferenciados para a concessão de aposentadoria aos beneficiários do Regime Geral de Previdência Social, ressalvados os casos previstos no § 1º do referido artigo e em lei complementar, conforme alteração trazida pela EC n. 103/2019.

O art. 201 da CRFB/88 lista uma série de direitos relacionados ao regime geral previdenciário, desde regras relacionadas ao tempo mínimo de contribuição e idade para fazer jus à aposentadoria até a inclusão de trabalhadores de baixa renda e sem renda própria no RGPS. Tais dispositivos do art. 201 foram profundamente alterados pela Emenda n. 103/2019 que operou a Reforma da Previdência e deverão ser objeto de leitura atenta. O aprofundamento do tema é disciplinado pelo Direito Previdenciário.

O art. 202 da CRFB/88 traça alguns aspectos do regime complementar de previdência social, de caráter não obrigatório e autônomo. O regime complementar de previdência social pode ser oferecido por Entidades Fechadas de Previdência Complementar, sujeitas a regras semelhantes às aplicadas no RGPS, ou seja, regidas pelo Direito Previdenciário e por Entidades Abertas de Previdência Complementar, sujeitas a regras do Sistema Financeiro Nacional. A Reforma da Previdência – Emenda Constitucional n. 103/2019 – fez alterações nos §§ 4º, 5º e 6º indicando que o regime de previdência complementar deverá ser regulamentado por lei complementar.

13.1.3 Assistência Social

A Assistência Social é o ponto mais recente do tripé da Seguridade Social, e será prestada a quem dela necessitar, independentemente de contribuição à Seguridade Social. Tem por objetivo a proteção à família, à maternidade, à infância, à adolescência, à velhice; amparo às crianças e aos adolescentes carentes; a promoção da integração ao mercado de trabalho; habilitação e reabilitação das pessoas com deficiência e promoção de sua integração à vida comunitária; garantia de um salário mínimo de benefício mensal ao idoso e à pessoa com deficiência que comprovem não possuir meios de prover a sua subsistência ou de tê-la provida pela sua família, tudo conforme o art. 203 da CRFB/88, sendo que a ação governamental na área de Assistência Social será realizada com os recursos do orçamento da seguridade social.

13.2 Educação, Cultura e Desporto

A educação consiste num processo de desenvolvimento do indivíduo que implica a boa formação moral, física, espiritual e intelectual, visando ao seu crescimento integral para um melhor exercício da cidadania e aptidão para o trabalho. Assim como os demais direitos sociais, a educação é direito de todos e dever do Estado e da família, devendo ter a colaboração da sociedade.

Ela será ministrada com base nos princípios fixados no art. 206, dentre os quais se destaca a gratuidade do ensino público em estabelecimentos oficiais; igualdade de condições para acesso e permanência na escola; liberdade de aprender, ensinar, pesquisar e divulgar o pensamento a arte e o saber; pluralismo de ideias e de concepções pedagógicas, e coexistência de instituições públicas e privadas de ensino; valorização dos profissionais da educação escolar, com previsão de plano de carreira e ingresso exclusivamente por concurso público; gestão democrática do ensino público; garantia de padrão de qualidade; piso salarial profissional nacional para profissionais da educação pública, garantia do direito à educação e à aprendizagem ao longo da vida.

O art. 207 da CRFB/88 dispõe sobre a autonomia das universidades em seus aspectos didático-científicos, administrativos e de gestão financeira e patrimonial. Estabelece também sobre a indissociabilidade entre ensino, pesquisa e extensão, estendo as regras às instituições de pesquisa científica e tecnológica.

O art. 209 da CRFB/88 assegura à iniciativa privada o direito a promover o ensino. Daí surgirem dois sistemas fundamentais de ensino: o público, sustentado pelo Estado, e o privado, aberto à iniciativa particular e sujeito ao cumprimento das normas gerais de educação nacional e à avaliação de qualidade pelo Poder Público. Os conteúdos mínimos para o ensino fundamental, por exemplo, devem ser atendidos por todas as entidades educacionais públicas e privadas, pois visam a assegurar uma formação básica comum de forma a integrar valores culturais, artísticos, nacionais e regionais.

Com o texto constitucional, o ensino fundamental torna-se obrigatório e gratuito, inclusive para os que não tiveram acesso a ele na idade adequada, devendo haver o ensino aos adultos; para o ensino médio, são previstas a obrigatoriedade e sua gratuidade progressiva como programa de desenvolvimento; atendimento educacional especializado às pessoas com deficiência, preferencialmente na rede regular de ensino; ensino religioso apenas de forma facultativa; garantia de que a educação aos povos indígenas utilizará suas línguas maternas e processos próprios de aprendizagem (inclusive educação às comunidades indígenas foi tema de uma questão da 1ª Fase do XXXII Exame) – estas são apenas algumas das garantias trazidas nos artigos relacionados com a educação, portanto, sugerimos a leitura, com destaque para as diversas alterações trazidas pela EC n. 108/2020).

A cultura compreende tudo o que o homem tem realizado e transmitido através dos tempos na sua passagem pela terra, envolvendo comportamento, desenvolvimento intelectual, crenças, enfim, aprimoramento tanto dos valores espirituais como materiais do indivíduo.

A proteção fornecida pela Constituição Federal à cultura alcança duas modalidades fundamentais: a primeira é a ampla liberdade conferida a todos do pleno exercício dos direitos culturais e acesso às fontes desta cultura. A segunda é a proteção que o Poder Público deve exercer sobre o chamado Patrimônio Cultural Brasileiro, que é o conjunto dos bens de natureza material e imaterial que mantenham alguma referência com a identidade, a ação, ou a **memória dos diferentes grupos formadores da sociedade brasileira.**

Em relação **aos grupos indígenas**, a CRFB/88 assegurou o uso da sua língua materna no processo educacional, inclusive com métodos próprios de aprendizagem (art. 210, § 2º), mas excluiu deles o direito à propriedade das terras ocupadas (art. 20, XI), por conta do princípio federativo da indissolubilidade. Já as **comunidades quilombolas** não tiveram assegurado nenhum dispositivo quanto a métodos próprios de educação, mas tiveram reconhecido o direito à propriedade definitiva das terras ocupadas, sobre as quais o Estado deve emitir títulos de propriedade em benefício dos remanescentes das comunidades dos quilombos (art. 68, ADCT).

Todo este conjunto de bens materiais e imateriais que compõem o nosso Patrimônio Cultural influencia diretamente nas nossas formas de expressar, agir, falar, criar, fazer e viver e, portanto, deve ser protegido e valorizado, desde a sua origem – encontrada na memória dos nossos povos formadores da nossa sociedade – até os dias de hoje – resultados dos processos de mudanças, evolução e integração de bens culturais. Estão incluídos também as criações artísticas, científica e tecnológicas, os objetos, espaços, documentos, edificações destinados às manifestações artístico-culturais e os conjuntos arquitetônicos urbanos e sítios de valor histórico, artístico, paisagístico, arqueológico, paleontológico, ecológico e científico.

O art. 215 da CRFB/88 garante a todos o pleno exercício dos direitos culturais e acesso às fontes da cultura nacional, devendo apoiar e incentivar a valorização e a difusão das manifestações culturais. É dever estatal proteger as manifestações culturais populares, indígenas e afro-brasileiras, e demais grupos integrantes do nosso processo civilizatório.

Neste contexto, a CRFB/88 determina que a lei deverá estabelecer o Plano Nacional de Cultura visando ao desenvolvimento cultural do País. As ações do PNC devem valorizar o patrimônio cultural brasileiro; promover, produzir, difundir e democratizar o acesso a bens culturais; formar pessoal qualificado na área da cultura; valorizar e promover a valorização da diversidade étnica e regional.

A Emenda Constitucional n. 71/2012 incluiu o art. 216-A que trata do Sistema Nacional de Cultura, fundado nas diretrizes do Plano Nacional de Cultura, organizado em regime de colaboração, de forma descentralizada e participativa, pactuada entre a União, Estados, Distrito Federal e Municípios e a sociedade, como o objetivo de promover o desenvolvimento humano, social e econômico com pleno exercício dos direitos culturais. Sugerimos a leitura minuciosa dos artigos relacionados à Cultura, incluindo o art. 216-A da CRFB/88.

Juntamente da Educação e Cultura, a CRFB/88 trata do Desporto, impondo ao Estado o dever de incentivar as práticas desportivas formais e não formais, observando alguns dispositivos. O primeiro deles é a autonomia das entidades desportivas dirigentes e associações, quanto a sua organização e funcionamento, tratando-se de verdadeira garantia constitucional dada às entidades desportivas, que têm capacidade para gerir os seus próprios negócios, dentro dos limites da lei. Essa autonomia das entidades dirigentes estende-se também às associações que tenham por fim o desporto.

Ainda referente ao dever de fomento da prática desportiva pelo Estado, deverá ser observada a destinação de recursos públicos para a promoção prioritária do desporto educacional e, em casos específicos, para o desporto de alto rendimento; o tratamento diferenciado para o desporto profissional e não profissional e a proteção e incentivo às manifestações desportivas de criação nacional, além do incentivo estatal ao lazer, como forma de promoção social.

Quanto à Justiça Desportiva que não integra a estrutura do Poder Judiciário, a CRFB/88 disciplina que só serão admitidas ações judiciais relativas à disciplina e às competições desportivas depois de esgotadas as instâncias da justiça desportiva, que terá o prazo máximo de sessenta dias, contados da instauração do processo, para concluir sua tramitação e proferir a decisão final.

13.3 Ciência, Tecnologia e Inovação

Ciência, tecnologia e inovação são produtos do saber humano, resultado de pesquisas, estudos e experiências. A ciência volta-se mais para as formulações teóricas e a tecnologia procura extrair rendimento prático desses mesmos princípios. O Estado deve incentivar o desenvolvimento científico, a pesquisa, a capacitação científica e tecnológica e a inovação e colocar-se à disposição daqueles que se proponham a exercer tais atividades, proporcionando condições especiais de trabalho, tais como a formação de recursos humanos; o estímulo às empresas que invistam em pesquisa; articulação entre entes públicos e privados, nas diversas esferas de governo; incentivo para que instituições públicas de ciência, tecnologia e inovação atuem no exterior e a permissão para que os Estados e Distrito Federal vinculem parcela de sua receita orçamentária a estas atividades. O art. 218, § 1º, da CRFB/88, alterado pela EC 85/2015, prescreve que a pesquisa científica básica e tecnológica receberá tratamento prioritário do Estado, visando o bem público e o progresso da ciência, tecnologia e inovação.

Por determinação constitucional, a lei deverá apoiar e estimular empresas que invistam em pesquisa e criação de tecnologia adequada para o país, já que o desenvolvimento do sistema produtivo nacional e regional e a solução dos problemas brasileiros serão o foco principal da pesquisa tecnológica. Também determina o aperfeiçoamento dos recursos humanos com incentivos remuneratórios desvinculados do salário e participação nos ganhos econômicos por produtividade de seu trabalho.

O art. 219 da CRFB/88 declara que o mercado interno brasileiro constitui patrimônio nacional e será incentivado com o objetivo de viabilizar a autonomia tecnológica do Brasil e o bem-estar da população com desenvolvimento cultural, social e econômico. Para isso são necessários o fortalecimento da ciência e tecnologia brasileira, a criação e manutenção de polos tecnológicos, a valorização de inventores independentes, tudo para que haja um ambiente propício à ciência, tecnologia e inovação.

Para finalizar, citamos a criação, através da EC n. 85/2015, do Sistema Nacional de Ciência, Tecnologia e Inovação que, a exemplo do Sistema Nacional de Cultural, também será organizado em regime de colaboração, com o objetivo de promover o desenvolvimento nesta área. Todos estes sistemas criados e introduzidos por emendas visam aperfeiçoar a atuação do Poder Público nas políticas públicas relacionadas com cada um desses temas da Ordem Social. O regime de colaboração para constituir e operacionalizar tais sistemas decorre da competência concorrente entre os entes federativos para tratar destas matérias, e muitas vezes da necessidade de participação da sociedade, através de entidades privadas como é o caso do Sistema Nacional de Ciência, Tecnologia e Inovação.

Atente para as alterações trazidas pela EC n. 85/2015, que merecem uma leitura detalhada, devido às inovações nas seções da saúde, educação e ciência, tecnologia e inovação.

13.4 Comunicação Social

A liberdade de comunicação foi assegurada expressamente como Direito e Garantia Fundamental. Contudo, um capítulo especialmente dedicado à comunicação social representa um grande avanço, principalmente para um Estado que acabara de sair de uma ditadura com um rigoroso regime repressivo da liberdade de comunicação. Com o advento da nova Constituição, a liberdade de manifestação de pensamento e comunicação passou a ser assegurada em diversos dispositivos, como uma espécie de retratação do novo Estado pelos abusos cometidos pelo Estado anterior.

A liberdade de comunicação, a liberdade de imprensa, a liberdade de informação e manifestação de pensamento podem ser externadas por diversos veículos: TV, rádio, jornal impresso, internet e as modalidades entendidas como Comunicação Social têm seu respaldo constitucional depositados especialmente nos arts. 220 a 224 da CRFB/88.

O capítulo da Comunicação Social inicia vedando a censura de natureza política, ideológica e artística (art. 220). A liberdade de expressão do pensamento intelectual, artístico, científico e de comunicação, como destacamos, é direito já assegurado em no art. 5º, IX da CRFB/88.

Contemplando a garantia de não censura, o art. 220, § 1º, destaca que nenhuma lei deverá constituir embaraço à plena liberdade de informação jornalística em qualquer veículo de comunicação social e cita alguns incisos do art. 5º relacionados com o tema. É vedada toda e qualquer censura de natureza política, ideológica e artística, encerra categoricamente o § 2º do art. 220.

Em seguida, a CRFB/88 passa a fazer ponderações sobre o tema, determinando que lei federal deverá regular os espetáculos públicos com o objetivo de preservar crianças e adolescentes de conteúdo inadequados à sua idade cronológica e psicológica, e estabelecer meios legais de proteção quando a propaganda de produtos ou serviços forem nocivos à saúde e ao meio ambiente ou quando programas de rádio e televisão violem os princípios que deveriam visar. Afinal, as emissoras de rádio e televisão tem o dever de visar temas educativos, culturais, informativos, artísticos; devem promover a cultura nacional e regional, estimulando a diversidade cultural e respeitar os valores éticos e sociais da pessoa e da família. Nenhuma das ponderações previstas nos art. 220, § 3º e 221 da CRFB/88 caracterizam censura ideológica ou política, mas uma responsabilização daqueles que promovem e divulgam programas e espetáculos ao público indeterminado, devendo respeitar as peculiaridades de cada grupo.

O art. 222 determina regras quanto à propriedade de empresas jornalísticas e de radiodifusão de sons e imagens, impondo o domínio a brasileiros natos ou naturalizados há mais de dez anos, ou pessoas jurídicas constituídas sob as leis brasileiras e que tenham sede no País. A imposição constitucional fixa um percentual mínimo de 70% do capital total e o votante de tais empresas nas mãos de brasileiros natos ou naturalizados há mais de dez anos, que deverão exercer obrigatoriamente a gestão da empresa e dos conteúdos da programação, além das atividades de seleção e direção da programação veiculada e a responsabilidade editorial.

Concluindo o capítulo da Comunicação Social, o constituinte estabeleceu as regras sobre a concessão, permissão e autorização dos serviços de radiodifusão sonora e de sons e imagens, sujeitando-as (inclusive a renovação) à aprovação de dois quintos do Congresso Nacional, em votação nominal. O prazo de concessão ou permissão será de dez anos para rádio e de quinze anos para televisão, só podendo ser cancelado antecipadamente por decisão judicial. O Congresso Nacional terá como órgão auxiliar neste assunto o Conselho de Comunicação Social instituído pelo próprio Poder Legislativo.

13.5 Meio Ambiente

O meio ambiente corresponde a todo ambiente que circunda o homem, alcançando a meio natural, urbano, cultural e incluindo o ambiente de trabalho. Segundo Édis Milaré, o meio ambiente não é mero espaço, é realidade complexa, constituído por seres bióticos e abióticos e suas relações e interações.

José Afonso da Silva afirma que o meio ambiente é a interação do conjunto de elementos naturais, artificiais e culturais que propiciem o desenvolvimento equilibrado da vida em todas as formas.

A proteção ao meio ambiente em um capítulo destacado foi novidade trazida pela CRFB/88 e atende a uma preocupação mundial. Atende a necessidade urgente de atitude por parte dos Poderes Públicos em escala mundial e das sociedades em todos o planeta para conter o avanço da destruição dos ecossistemas, produção de lixo, poluição dos mares, eliminação de espécimes animais e vegetais, só para citar alguns exemplos.

Sendo a primeira norma constitucional a reconhecer a proteção ambiental como um direito fundamental, fez o seu papel ao declarar que todos têm direito ao meio ambiente ecologicamente equilibrado, demonstrando o caráter difuso do direito ambiental. Declarou também que o meio ambiente ecologicamente equilibrado é bem de uso comum do povo e essencial à sadia qualidade de vida humana, direito das presentes e futuras gerações (novamente o caráter difuso). É dever do Estado a proteção ao meio ambiente, mas ele compartilha tal tarefa com a coletividade – sociedade e entidades privadas.

O art. 225 da CRFB/88 consagra uma série de princípios do Direito Ambiental: princípio da participação ambiental; princípio da educação ambiental; princípio do poluidor-pagador; princípio da prevenção; princípio da precaução; princípio do desenvolvimento sustentável; princípio da responsabilidade.

Baseados nestes princípios, a CRFB/88 determina ao Poder Público preservar e restaurar os processos ecológicos essenciais e prover o manejo ecológico das espécies e ecossistemas; preservar a diversidade e a integridade genética brasileira e fiscalizar entidades que manipulem material genético; exigir o licenciamento ambiental mediante o estudo prévio de impacto ambiental para toda instalação de obra ou atividade potencialmente causadora de significativa degradação ambiental; controlar a produção e comercialização de qualquer substância que cause risco ao meio ambiente e à vida; promover a educação ambiental com intuito de uma efetiva e consciente participação na proteção ambiental.

Outro comando constitucional importantíssimo determina a identificação, em todas as unidades da Federação, de espaços territoriais e seus componentes a serem protegidos. Foi a partir dele que foi criado o Sistema Nacional de Unidades de Conservação da Natureza, através da Lei n. 9.985/2000. São doze categorias de unidades de conservação da natureza com características, funções, limites, tudo com o intuito de identificar estes ecossistemas em todo o Brasil e aplicar controle sobre o uso e a exploração de tais ambiente.

Merecem destaque a imposição constitucional de proteção do meio ambiente degradado pela atividade de mineração; a responsabilização criminal de que comete infrações contra o meio ambiente, inclusive pessoas jurídicas; do controle sobre a atividade e localização das usinas nucleares e da proteção de ecossistemas especiais como o Pantanal, a Amazônia, a Serra do Mar, a Mata Atlântica e a Zona Costeira.

Concluímos o capítulo do meio ambiente citando a EC n. 96/2017, conhecida como Emenda da Vaquejada, que introduziu o § 7º ao art. 225 da CRFB/88, declarando não considerar cruéis as práticas desportivas que utilizem animais, desde que sejam manifestações culturais registradas com bem de natureza imaterial integrante do patrimônio cultural brasileiro, devendo ser regulamentadas por lei que assegure o bem-estar dos animais envolvidos.

Tal emenda foi aprovada na contramão de toda construção doutrinária e jurisprudencial acerca do meio ambiente e maus-tratos de animais construída até os dias de hoje. Trata-se de uma medida política do Congresso Nacional na tentativa, segundo Lenza, de superação legislativa da jurisprudência da Corte, já que há diversos julgados nos quais o STF se manifesta contrário ao tratamento cruel de animais em eventos culturais. O Congresso Nacional forçosamente busca uma mutação constitucional pela via legislativa, contudo a última palavra sobre a validade ou não de uma mutação constitucional é sempre do Supremo Tribunal Federal. Aguardaremos o desenrolar deste tema.

13.6 Família, Criança, Adolescente, Jovem e Idoso

A família é o conjunto de pessoas unidas por laços de parentesco, sendo considerada a base e a célula fundamental da sociedade, merecendo proteção especial do Estado. O conceito de família foi ampliado pela CRFB/88, reconhecendo como entidade familiar a união estável entre homem e mulher, devendo a lei facilitar sua conversão em casamento. O legislador constituinte de 1988 velou pela integridade da família na pessoa de cada um de seus integrantes, criando mecanismos para coibir a violência no âmbito de suas relações.

A união estável entre pessoas do mesmo sexo só veio a ser reconhecida posteriormente pelo STF, não havendo mais tratamento jurídico desigual entre a união estável hétero e homoafetiva. Vejamos as palavras do

Ministro Barroso, no voto em sede de julgado com repercussão geral: "Não há razão para aplicar ao caso de uniões estáveis homoafetivas solução diversa da que apliquei em meu voto no RE 878.694. Como afirmei naquele julgamento, inexiste fundamento constitucional para estabelecer-se diferenciação entre os múltiplos modelos de família, que, embora não constituídos pelo casamento, sejam caracterizados pelo vínculo afetivo e pelo projeto de vida em comum, incluindo-se aí as uniões entre pessoas do mesmo sexo. (...) Ante o exposto, divirjo do voto do ministro relator, para dar provimento ao recurso, reconhecendo de forma incidental a inconstitucionalidade do art. 1.790 do CC/2002, por violar a igualdade entre as famílias, consagrada no art. 226 da CF/1988, bem como os princípios da dignidade da pessoa humana, da vedação ao retrocesso e da proteção deficiente. Como resultado, **declaro o direito do recorrente de participar da herança de seu companheiro em conformidade com o regime jurídico estabelecido no art. 1.829 do CC/2002, que deve ser aplicado nos casos de uniões hétero e homoafetivas.** Assento, para fins de repercussão geral, a seguinte tese: **"É inconstitucional a distinção de regimes sucessórios entre cônjuges e companheiros prevista no art. 1.790 do CC/2002, devendo ser aplicado, tanto nas hipóteses de casamento quanto nas de união estável, o regime do art. 1.829 do CC/2002". (RE 646.721,** voto do rel. p/ o ac. min. Roberto Barroso, Tema 498.) (*Vide* **RE 878.694,** rel. min. Roberto Barroso e *Vide* **ADI 4.277** e **ADPF 132**, rel. min. Ayres Britto)

O art. da CRFB/88 determina que é dever constitucional da família, da sociedade e do Estado assegurar à criança, ao adolescente e ao jovem, com absoluta prioridade, o direito à vida, à saúde, à alimentação, à educação, ao lazer, à profissionalização, à cultura, à dignidade, ao respeito, à liberdade e à convivência familiar e comunitária, além de colocá-los a salvo de toda forma de negligência, discriminação, exploração, violência, crueldade e opressão.

O Estado, no cumprimento de sua obrigação constitucional, promoverá programas de assistência integral à saúde da criança, do adolescente e do jovem, admitida a participação de entidades não governamentais e obedecendo aos preceitos constitucionais. Destaque para a atenção especial dada pelo art. 227, § 1º, II, da CRFB/88 às pessoas com deficiência física, sensorial ou mental, com o fim de integração social do adolescente portador de deficiências. Tal dispositivo foi resultado da Emenda Constitucional 65/2010. Oportunamente, vale lembrar que o Brasil assinou em 2007, em Nova York, a Convenção Internacional sobre os Pessoas com Deficiência e seu Protocolo Facultativo, e este tratado internacional sobre Direitos Humanos foi ratificado no Congresso Nacional com o *status* de emenda (o único com este *status*, até o momento), através do Decreto Legislativo n. 186/2008 e regulamentado pelo Decreto n. 6.949/2009.

À criança, ao adolescente e ao jovem, o legislador constituinte concedeu prerrogativas visando ao seu pleno desenvolvimento dentro de um contexto apropriado e que, sem dúvida, os orienta a uma vida melhor e para uma perfeita convivência social. As prerrogativas não se deram unicamente no nível constitucional, sendo também encontradas no nível infraconstitucional, através do Estatuto da Criança e do Adolescente (Lei n. 8.069/90).

A EC 65/2010 incluiu expressamente a figura do jovem, demonstrando a intenção do Estado de assegurar direitos de forma direcionada à juventude. Em 2013, com a publicação da Lei n. 12.852 foi instituído o Estatuto da Juventude, dispondo sobre políticas públicas e criando o Sistema Nacional da Juventude – SINAJUVE.

O idoso também foi contemplado pelo constituinte de 1988, pois envelhecer é uma consequência natural do direito à vida, assegurada pelo Direito Constitucional. Contemplar o envelhecimento é reconhecê-lo não só como uma consequência natural da ordem da vida, mas também como um direito fundamental, humano e social. Impõe-se ao Estado assegurar políticas públicas à população idosa, com a efetivação do direito à saúde física e mental, à aposentadoria e demais direitos previdenciários; à assistência aos idosos necessitados; à integração na vida social e comunitária; à acessibilidade no meio urbano e nos transportes; ao lazer, cultura e turismo, enfim, a um envelhecimento saudável e digno.

O art. 229 da CRFB/88 assegura o dever e o direito recíprocos de amparo entre pais e filhos na infância, velhice, carência e enfermidade, enquanto o art. 230 estabelece que a família, a sociedade e o Estado têm o dever de amparar as pessoas idosas, assegurando sua participação na comunidade e defendendo sua dignidade e bem-estar. Sabemos que o convívio familiar é importante para a saúde da pessoa idosa, principalmente a saúde mental, por isso os programas de amparo aos idosos serão executados de preferência em seus lares.

O art. 230, § 2º, da CRFB/88 assegura a gratuidade aos idosos a partir de 65 anos em transportes coletivos urbanos.

Apesar de lacônicos, os arts. 229 e 230 da CRFB/88 representam um avanço na proteção dos direitos fundamentais da pessoa idosa, abrindo portas para a aprovação de normas infraconstitucionais que ampliam tais direitos, a exemplo da Lei n. 8.842/94 – Política Nacional do Idoso; Lei n. 10.741/2003 – Estatuto do Idoso; Lei n. 13.228/2015 – Crime de Estelionato contra o Idoso.

13.7 Índios

A Constituição Federal de 1988 demonstrou um grande esforço em contemplar os direitos das populações indígenas. Reconheceu a organização social, língua, costumes, crenças e tradições indígenas, o direito à educação na sua língua materna e processos próprios de aprendizagem, assim como os direitos originários sobre as terras que tradicionalmente ocupam.

As terras ocupadas pelos índios são bens da União, segundo determina o art. 20, XI, da CRFB/88, contudo aos índios são assegurados a posse e o uso tradicional da terra, incluindo o usufruto exclusivo das riquezas do solo, dos rios e dos lagos nelas existentes.

Sendo terras de domínio da União, a exploração dos recursos hídricos, energéticos e minerais nas terras indígenas dependem de autorização do Congresso Nacional. Também depende de decisão do Congresso Nacional a remoção temporária de grupos indígenas de suas terras nos casos taxativos de catástrofe ou epidemia que ponha em risco a população indígena, ou no interesse da soberania nacional.

A temática indígena é objeto de várias discussões judiciais, por isso reunimos alguns julgados sobre o tema, vejamos:

"É de natureza civil, e não criminal (...), a tutela que a CF, no *caput* do art. 231, cometeu à União, ao reconhecer "aos índios sua organização social, costumes, línguas, crenças e tradições, e os direitos originários sobre as terras que tradicionalmente ocupam", não podendo ser ela confundida com o dever que tem o Estado de proteger a vida e a integridade física dos índios, dever não restrito a estes, estendendo-se, ao revés, a todas as demais pessoas. Descabimento, portanto, da assistência pela Funai [Fundação Nacional do Índio], no caso." (**HC 79.530**, rel. min. Ilmar Galvão.)

"Comprovada a histórica presença indígena na área, descabe qualquer indenização em favor do Estado." (**ACO 362**, rel. min. Marco Aurélio, 2017)

Sobre a nulidade, extinção e não produção de efeitos jurídicos dos atos que tenham por objeto a ocupação, o domínio e a posse das terras indígenas, previstos no art. 231, § 6º da CRFB/88:

"A eventual existência de registro imobiliário em nome de particular, a despeito do que dispunha o art. 859 do CC/1916 ou do que prescreve o art. 1.245 e parágrafos do vigente Código Civil, não torna oponível à União Federal esse título de domínio privado, pois a Constituição da República pré-exclui do comércio jurídico as terras indígenas *res extra commercium*, proclamando a nulidade e declarando a extinção de atos que tenham por objeto a ocupação, o domínio e a posse de tais áreas, considerando ineficazes, ainda, as pactuações negociais que sobre elas incidam, sem possibilidade de quaisquer consequências de ordem jurídica, inclusive aquelas que provocam, por efeito de expressa recusa constitucional, a própria denegação do direito à indenização ou do acesso a ações judiciais contra a União Federal, ressalvadas, unicamente, as benfeitorias derivadas da ocupação de boa-fé (CF, art. 231, § 6º)." (**RMS 29.193 AgR-ED**, rel. min Celso de Mello, j. 16-12-2014, 2ª T, *DJE* de 19-2-20).

Para atualizar a discussão, importante destacar que está em julgamento no STF, o RE 1.017.365, cuja decisão terá repercussão geral (Tema 1031) e atingirá cerca de 82 processos que discutem a disputa por terras indígenas e estão suspensos, aguardando o julgamento do referido recurso. A ação originária é uma reintegração de posse ajuizada pelo Instituto de Meio Ambiente de Santa Catarina contra a Funai e os Povos Indígenas Xokleng, e o que está sendo discutido é o reconhecimento ou negação dos direitos fundamentais dos povos indígenas à terra. Em síntese, há duas teorias contrárias para fundamentar a questão indígena: a **Teoria do Indigenato** e a **Teoria do Marco Temporal**.

A **Teoria do Indigenato** reconhece o direito dos povos indígenas sobre suas terras como um direito originário, anterior ao Estado, tese adotada pela CRFB/88 quando garante aos indígenas "os direitos originários sobre as terras que tradicionalmente ocupam", conforme o art. 231, *caput*, da CRFB/88. A **Teoria do Marco Temporal** é mais restritiva e defende que os povos indígenas só teriam direito à demarcação das terras que estivessem sob sua posse no dia 5 de outubro de 1988 (data de promulgação da CRFB/88), ou que, naquela data, estivessem sob disputa física ou judicial comprovada. Lembrando que, segundo o art. 20, XI da CRFB/88, são bens da União as terras tradicionalmente ocupadas pelos índios, o que significa que os direitos indígenas sobre as terras não têm *status* de senhorio, mas de posse tradicional da terra.

No momento do fechamento desta edição, o julgamento está suspenso com vistas e devolução dos autos pelo Ministro Alexandre de Moraes, mas antes do pedido de vistas que suspendeu o julgamento, votaram dois ministros: os Ministros Edson Facchin (relator) que votou contrário à Teoria do Marco Temporal e Nunes Marques que divergiu do voto do relator e posicionou-se a favor da confirmação da Teoria do Marco Temporal. Vejamos trechos do voto do relator:

"É preciso que se reconheça que a decisão tomada na Pet nº 3.388 (caso Raposa Serra do Sol), longe de obter a pacificação propugnada, acarretou como consequência verdadeira paralisação das demarcações de terras indígenas no País, (...) com acirramento dos conflitos e piora sensível da qualidade de vida dos índios no Brasil" (...) "dizer que Raposa Serra do Sol é um precedente para toda a questão indígena é inviabilizar as demais etnias indígenas. É dizer que a solução dada para os Macuxi é a mesma dada para Guaranis. Para os Xokleng, seria a mesma para os Pataxó. Só faz essa ordem de compreensão, com todo o respeito, quem chama todos de 'índios', esquecendo das mais de 270 línguas que formam a cultura brasileira. E somente quem pacifica os diferentes e as distintas etnias pode dizer que a solução tem que ser a mesma sempre. Quem não vê a diferença não promove a igualdade".

Por fim, aguardaremos atentos ao posicionamento definitivo do STF quanto à questão dos direitos indígenas sobre a terra.

14. DISPOSIÇÕES CONSTITUCIONAIS GERAIS

O último título da CRFB/88 – Título IX – reúne disposições constitucionais gerais, apesar de também existirem dispositivos de natureza geral do Ato das Disposições Constitucionais Transitórias.

As disposições constitucionais gerais constituem um elenco de dispositivos constitucionais atribuídos pelo legislador constituinte, mas sem muita relação entre eles. Muitos artigos poderiam ter sido distribuídos em Títulos anteriores, assim estariam mais coerentemente organizados. Por este motivo, poucos doutrinadores se dedicam a tratar deste Título específico. Vejamos os temas abordados:

Os arts. 234 e 235 da CRFB/88 poderiam perfeitamente ser inseridos no Título da Organização do Estado, pois tratam de regras aplicadas na criação de um novo estado-membro. O art. 234 determina que no caso de criação de novo estado-membro não cabe à União assumir as despesas com pessoal inativo e com encargos de amortização da dívida interna ou externa da Administração Pública; já o art. 235 estabelece uma lista de regras a serem cumpridas nos primeiros dez anos de criação de novo estado-membro, desde composição da Assembleia Legislativa; número de Secretarias do Poder Executivo Estadual; número de Desembargadores do novo Tribunal de Justiça e membros do Tribunal de Contas até o limite máximo de gastos orçamentários com despesas do pessoal do serviço público do novo estado-membro.

O art. 240 faz uma ressalva ao disposto no art. 195 da CRFB/88, retirando da sua incidência as contribuições compulsórias dos empregados sobre a folha de pagamentos, destinadas às entidades privadas de serviço social e de formação profissional vinculadas ao sistema sindical, dispositivo que poderia perfeitamente compor às disposições gerais da Seguridade Social, facilitando inclusive a análise dos dispositivos em questão.

O art. 242, *caput*, da CRFB/88 prescreve que o princípio constitucional da gratuidade do ensino público em estabelecimentos oficiais, previsto no art. 206, IV, não se aplica às instituições educacionais oficial criadas por lei estadual ou municipal à época da promulgação da atual Constituição, e que não sejam total ou preponderantemente mantidas com recursos públicos.

Os § § 1º e 2º do mesmo art. 242 da CRFB/88 impõem, respectivamente, que se levem em consideração as contribuições das diferentes culturas e etnias formadoras do povo brasileiro na elaboração e divulgação do ensino de História do Brasil e que se mantenha o Colégio Pedro II, localizado na cidade do Rio de Janeiro, na esfera federal. Temas que poderiam satisfatoriamente compor a Ordem Social nos tópicos da educação e cultural.

O art. 243, *caput* e parágrafo único da CRFB/88, com alteração da EC 81/2014, prescreve que em qualquer região do País, onde forem localizadas culturas ilegais de plantas psicotrópicas ou exploração de mão de obra escrava, em propriedade urbanas ou rurais, tais propriedades serão expropriadas e destinadas à reforma agrária e a programas de habitação popular, sem qualquer indenização ao proprietário e sem prejuízo de outras sanções previstas em lei. Além disso, todo e qualquer bem de valor econômico apreendido em decorrência do tráfico de drogas, entorpecentes ou afins e da exploração do trabalho escravo será confiscado e revertido a fundo especial, conforme a lei. Dispositivos que poderiam de forma coerente estar localizados no capítulo da Política Agrícola, Fundiária e Reforma Agrária.

O art. 244 da CRFB/88 prescreve a adaptação de logradouros, edifícios de uso público e transportes coletivos de forma a atender aos direitos das pessoas com deficiência, conforme já dispõe o art. 227, § 2º, da CF.

Os arts. 248 e 250 estabelecem algumas regras relacionadas ao Regime Geral de Previdência Social, impondo limites para pagamento de benefícios e possibilitando a criação de fundo para obtenção de recursos para pagamento de benefícios. O art. 249 também prevê a criação de fundos integrados por recursos de contribuições, bens e ativos para garantir recursos para pagamento de benefícios de servidores (e seus dependentes) dos estados-membros, Distrito Federal e Municípios, lembrando que os servidores ocupantes de cargo público efetivo integrarão o Regime Próprio de Previdência Social de cada ente federativo.

Alguns artigos estabelecem regras isoladas, como é o caso do art. 236, que dispõe sobre os serviços notariais, exercidos em caráter privado, por delegação do Poder Público; o art. 237, que atribui ao Ministério da Fazenda a fiscalização sobre o comércio exterior, em função dos interesses fazendários; o art. 238, que atribui a lei específica ordenar a venda e revenda de combustível de petróleo, álcool carburante e outros combustíveis; art. 239, que disciplina regras sobe o PIS/PASEP; o art. 241, que estabelece a possibilidade convênio ou consórcio entre os entes federados para a gestão de serviços públicos; o art. 245, que prescreve assistência aos dependentes de vítimas de crimes dolosos, quando carentes; o art. 246, que estabelece vedações à Medida Provisória para regulamentação de determinados artigos da Constituição Federal, e art. 247, que disciplina sobre regras relacionadas aos servidor público – avaliação periódica de desempenho e perda do cargo do servidor estável –

art. 41, § 1º, III e 169, § 7º, todos da CRFB/88. Apesar de parecerem estar isolados, tais artigos também poderiam compor o conteúdo de Títulos que tratam dos mesmos temas.

Apesar da crítica respeitosa quanto à distribuição dos artigos por assunto, enfatizando principalmente a necessidade de coerência na Constituição Federal para que o estudo dos assuntos não apresente lacunas, reconhecemos a importância dos temas reunidos no Título IX e sugerimos a leitura atenta deles para que a banca não surpreenda com nenhuma questão.

Boa prova!

REFERÊNCIAS

ARAÚJO, Luiz Alberto David. NUNES JÚNIOR, Vidal Serrano. *Curso de Direito Constitucional*. 22. ed. São Paulo. Verbatim, 2018.

BARROSO, Luiz Roberto. *Curso de Direito Constitucional Contemporâneo*. 7. ed. São Paulo: Saraiva, 2018.

BASTOS, Celso Ribeiro. *Curso de Direito Constitucional*. 22. ed. São Paulo: Malheiros, 2010.

BITTENCOURT, Carlos Alberto Lúcio. *O Controle Jurisdicional de Constitucionalidade das Leis*. 1. ed. Rio de Janeiro: Forense, 1949.

CAETANO, Marcello. *Manual de Direito Constitucional*. Rio de Janeiro: Forense, 1963.

CARVALHO, Kildare Gonçalves. *Direito Constitucional Positivo*. 21. ed. Belo Horizonte: Del Rey, 2016. v. 2

CANOTILHO, José Joaquim Gomes. *Direito Constitucional e Teoria Constitucional*. 7. ed. São Paulo: Almedina, 2003.

DECOMAIN, Pedro Roberto. *Comentários à Lei Orgânica Nacional do Ministério Público*. 2. ed. Rio de Janeiro: Ferreira, 2011.

FERREIRA FILHO, Manoel Gonçalves. *Manual de Direito Constitucional*. 40. ed. São Paulo: Saraiva, 2015.

FIUZA, Ricardo Arnaldo Malheiros. COSTA, Mônica Aragão Martiniano Ferreira e. *Aulas de Teoria do Estado*. Belo Horizonte: Del Rey, 2005.

LENZA, Pedro. *Direito Constitucional Esquematizado*. 24. ed. São Paulo: Saraiva, 2020.

MARTINS, Ives Gandra da Silva. MENDES, Gilmar Ferreira. *Controle Concentrado de Constitucionalidade*. 3. ed. São Paulo: Saraiva, 2009.

MENDES, Gilmar Ferreira. *Direitos Fundamentais e Controle de Constitucionalidade*. 4. ed. São Paulo: Saraiva, 2012.

MELLO, Celso Antônio Bandeira de. *Curso de Direito Administrativo*. 33. ed. São Paulo: Saraiva, 2018.

MILARÉ, Édis. *Direito do ambiente*: teoria, prática, jurisprudência, glossário. São Paulo: Revista dos Tribunais, 2000.

MORAES, Alexandre de. *Direito Constitucional*. 34. ed. São Paulo: Atlas, 2018.

MOTTA FILHO, Sylvio Clemente da. *Direito Constitucional*. 25. ed. Rio de Janeiro: Elsevier, 2015.

SILVA, José Afonso da. *Curso de Direito Constitucional Positivo*. 41. ed. São Paulo: Malheiros, 2018.

TEMER, Michel. *Elementos de Direito Constitucional*. 24. ed. São Paulo: Malheiros, 2014.

Questões

Direito Constitucional

I. DIREITOS E DEVERES INDIVIDUAIS E COLETIVOS

1. (XXXIII Exame) O parlamentar José, em apresentação na Câmara dos Deputados, afirmou que os direitos à informação e à liberdade jornalística possuem normatividade absoluta e, por esta razão, não podem ceder quando em colisão com os direitos à privacidade e à intimidade, já que estes últimos apenas tutelam interesses meramente individuais. Preocupado com o que reputou "um discurso radical", o deputado Pedro recorreu a um advogado constitucionalista, a fim de que este lhe esclarecesse sobre quais direitos devem prevalecer quando os direitos à intimidade e à privacidade colidem com os direitos à liberdade jornalística e à informação. O advogado afirmou que, segundo o sistema jurídico-constitucional brasileiro, o parlamentar José

(A) está correto, pois, em razão do patamar atingido pelo Estado Democrático de Direito contemporâneo, os direitos à liberdade jornalística e à informação possuem valor absoluto em confronto com qualquer outro direito fundamental.

(B) está equivocado, pois os tribunais entendem que os direitos à intimidade e à privacidade têm prevalência apriorística sobre os direitos à liberdade jornalística e à informação.

(C) está equivocado, pois, tratando-se de uma colisão entre direitos fundamentais, se deve buscar a conciliação entre eles, aplicando-se cada um em extensão variável, conforme a relevância que apresentem no caso concreto específico.

(D) está correto, pois a questão envolve tão somente um conflito aparente de normas, que poderá ser adequadamente solucionado se corretamente utilizados os critérios da hierarquia, da temporalidade e da especialidade.

RESPOSTA O tema da questão trata do aparente conflito de direitos fundamentais, que segundo a doutrina e a jurisprudência deve ser solucionado com a aplicação do princípio da harmonização ou relativização (ou concordância prática) dos referidos direitos fundamentais. Como não há hierarquia entre eles na ordem constitucional, devem-se buscar a conciliação e a harmonização no caso prático, não havendo prioridade ou prerrogativa absoluta de um direito em relação ao outro. Inclusive a colisão entre o direito de informação e liberdade jornalística e o direito à intimidade e privacidade frequentemente é objeto de análise nos tribunais. A alternativa A está ERRADA porque o direito de informação e liberdade jornalística não possuem valor absoluto; a alternativa B está ERRADA porque não há entendimento pacífico nos tribunais sustentando a prioridade do direito à intimidade ou privacidade em relação ao direito de informação ou jornalístico, vide RE 1.010.606 no qual o STF que decidiu sobre o Direito ao Esquecimento; a alternativa C está CERTA porque justifica a necessidade de aplicar a ponderação entre os direitos fundamentais e a alternativa D está ERRADA porque não há hierarquia, especialidade ou temporalidade para se aplicar entre os direitos fundamentais em questão.

2. (XXXIII Exame) João, considerado suspeito de ter comercializado drogas ilícitas em festa realizada há duas semanas em badalada praia do Município Delta, após investigação policial, teve localizado seu endereço. Os policiais, sem perda de tempo, resolvem se dirigir para o referido endereço, e lá chegando, às 22h, mesmo sem permissão, entram na casa de João e realizam uma busca por provas e evidências. Segundo o sistema jurídico-constitucional brasileiro, a ação policial

(A) respeitou o direito à inviolabilidade domiciliar, já que a Constituição da República dispensa a necessidade de mandado judicial em situações nas quais esteja em questão a possibilidade de obtenção de provas para investigação criminal em curso.

(B) desrespeitou o direito à inviolabilidade domiciliar, já que, como a Constituição da República não prevê explicitamente qualquer exceção a este direito, o ingresso na casa alheia, contra a vontade do morador, sempre exige ordem judicial.

(C) respeitou o direito à inviolabilidade domiciliar, já que o sistema jurídico brasileiro considera que a plena fruição desse direito somente pode ser relativizada em situações nas quais o seu exercício venha a conceder proteção a alguma ação criminosa.

(D) desrespeitou o direito à inviolabilidade domiciliar, já que, embora esse direito não seja absoluto e possua restrições expressas no próprio texto constitucional, a atuação dos agentes estatais não se deu no âmbito destas exceções.

RESPOSTA Questão facílima que aborda o art. 5º, XI da CRFB/88, a casa é asilo inviolável do indivíduo e ninguém nela pode entrar sem o consentimento do morador, salvo em quatro hipóteses: flagrante delito, prestar socorro e desastre, casos em que a urgência permite a entrada de dia ou de noite sem o consentimento do morador. Na quarta e última hipótese: cumprimento de mandado judicial, a entrada na casa sem o consentimento do morador deverá ocorrer durante o dia. Na questão analisada, policiais investigam um suspeito de crime, e, quando localizam seu endereço, sem perda de tempo, resolvem se dirigir ao local, e lá chegando, às 22h (ou seja, à noite), mesmo sem permissão, entram na casa de João e realizam uma busca por provas e evidências. Em nenhum momento do enunciado da questão foi dito que João está em flagrante delito e não foi expedida ordem judicial de busca e apreensão, portanto, os policiais só poderiam entrar na casa com o consentimento do morador, o que não houve. A alternativa A está ERRADA pois a CRFB/88 não dispensa mandado judicial (pelo contrário, o previu expressamente); a alternativa B está ERRADA porque a CRFB/88 enumera exceções, além da ordem judicial; a alternativa C está ERRADA porque a exceção à inviolabilidade não está limitada à questão de prática de ação criminosa, e alternativa D está CERTA porque reconhece que apesar da CRFB/88 proteger a inviolabilidade da casa, estabelece exceções à proteção, mas que os policiais não respeitaram os dispositivos constitucionais.

3. (XXXIII Exame) A União, com o objetivo de recrudescer o combate aos crimes contra o patrimônio, insere, por meio da Lei Ordinária federal X, um novo artigo no Título II da Parte Especial do Código Penal, dispondo que "as penas de prestação de serviços à comunidade, se não forem cumpridas em até 10 (dez) dias após o trânsito em julgado da condenação, comunicam-se, desde que maiores de 18 (dezoito) e menores de 60 (sessenta) anos, aos parentes em linha reta dos condenados." Sobre a hipotética situação narrada, com base no ordenamento constitucional vigente, assinale a afirmativa correta.

(A) A Lei X é formal e materialmente constitucional, pois compete à União legislar privativamente sobre direito penal e processual.

(B) A Lei X é inconstitucional, porque, apesar de a edição de normas com conteúdo penal estar inserida no rol de competências privativas da União, normas que impliquem em situação mais gravosa aos apenados demandam lei complementar.

(C) A Lei X é formal e materialmente constitucional, pois o princípio da intransmissibilidade da pena, inserido no rol de direitos e garantias fundamentais, restringe-se às sanções que impliquem em privação ou restrição à liberdade.

(D) A Lei X é materialmente inconstitucional, pois as penas de prestação de serviços não podem transcender a pessoa do condenado, sob pena de ofensa ao princípio da pessoalidade ou intransmissibilidade da pena.

RESPOSTA O tema da questão é identificado com muita facilidade: princípio da pessoalidade e intransmissibilidade da pena, previsto expressamente no art. 5º, XLV da CRFB/88 (nenhuma pena passará da pessoa do condenado). Alertamos que a possibilidade de os sucessores responderem pela obrigação do dano, limita-se ao patrimônio do condenado, ou seja, permanecem a intransmissibilidade e pessoalidade da pena, pois é o patrimônio do condenado que "paga a pena". Portanto, apesar de competir à União legislar privativamente sobre Direito Penal e Processual Penal, utilizando-se de leis ordinárias e não leis complementares (pois não houve determinação expressa na CRFB/88 para este tipo de lei), não cabe ao ente político federal legislar em contradição material com a Constituição Federal que é justamente seu ponto de referência. A Lei ordinária federal X não apresenta vício formal, mas padece de vício material insanável por violar dispositivo da Constituição Federal que, além de ser um princípio, ainda é elencado no art. 60, § 4º, IV, da CRFB/88 como cláusula pétrea expressa. A *alternativa D* está correta. .

4. (XXXII Exame) Ante a ausência de norma regulamentadora de direito social na Constituição da República, cuja edição é de competência da União, ao que se soma a constatação de que a mora legislativa já fora reconhecida em diversas decisões do tribunal competente, o Sindicato dos Radiologistas do Estado Alfa, organização sindical regularmente constituída e em funcionamento há mais de 1 (um) ano, ingressa com Mandado de Injunção Coletivo perante o Supremo Tribunal Federal, pugnando pelo estabelecimento das condições necessárias à fruição do referido direito, de interesse de todos os servidores públicos lotados no Hospital de Diagnóstico por Imagem do respectivo ente, uma fundação pública estadual. A partir do caso apresentado, com base na Constituição vigente e na Lei n. 13.300/16, assinale a afirmativa correta.

(A) A petição inicial do Mandado de Injunção Coletivo deverá ser indeferida desde logo, eis que manifestamente incabível, pois o autor não tem legitimidade ativa para a sua propositura.

(B) Ainda que reconhecido o estado de mora legislativa, o Supremo Tribunal Federal não pode estabelecer as condições para o exercício de um direito social.

(C) O Mandado de Injunção Coletivo deveria ter sido proposto perante o Tribunal de Justiça do Estado Alfa, pois a decisão abrangerá apenas os servidores da fundação pública estadual do respectivo ente.

(D) Com o trânsito em julgado da decisão do Supremo Tribunal Federal, julgando procedente o pedido formulado, seus efeitos podem ser estendidos a casos análogos por decisão monocrática do relator.

RESPOSTA A alternativa A está ERRADA porque o Sindicato de Radiologistas do Estado Alfa é legitimado para impetrar o Mandado de Injunção Coletivo, conforme o art. 12, III (1ª parte) da Lei n. 13.300/2016, a alternativa B está ERRADA porque o art. 8º, II da Lei do Mandando de Injunção estabelece que reconhecido o estado de mora legislativa, será deferida a injunção para estabelecer as condições em que se dará o exercício dos direitos, das liberdades ou das prerrogativas reclamados; a alternativa C está ERRADA pois cabe ao STF, segundo o art. 102, I, *q*, da CRFB/88, processar e julgar o mandado de injunção quando a elaboração da norma regulamentadora for atribuição do Congresso Nacional. A *alternativa D* está CERTA pois confere exatamente com o que determina o art. 9º, § 2º da Lei n. 13.300/2016.

5. (XXXI Exame) João dos Santos foi selecionado para atuar como praça prestadora de serviço militar inicial, fato que lhe permitirá ser o principal responsável pelos meios de subsistência de sua família. No entanto, ficou indignado ao saber que sua remuneração será inferior ao salário mínimo, contrariando o texto constitucional, insculpido no art. 7º, inciso IV, da CRFB/88. Desesperado com tal situação, João entrou no gabinete do seu comandante e o questionou, de forma ríspida e descortês, acerca dessa remuneração supostamente inconstitucional, sofrendo, em consequência dessa conduta, punição administrativo-disciplinar de prisão por 5 dias, nos termos da legislação pertinente. Desolada, a família de João procurou um advogado para saber sobre a constitucionalidade da remuneração inferior ao salário mínimo, bem como da possibilidade de a prisão ser relaxada por ordem judicial. Nessas circunstâncias, nos termos do direito constitucional brasileiro e da jurisprudência do STF, assinale a opção que apresenta a resposta do advogado.

A) A remuneração inferior ao salário mínimo para as praças prestadoras de serviço militar inicial não viola a Constituição de 1988, bem como não cabe *habeas corpus* em relação às punições disciplinares militares, exceto para análise de pressupostos de legalidade, excluída a apreciação de questões referentes ao mérito.

B) A remuneração inferior ao salário mínimo contraria o art. 7º, inciso IV, da Constituição de 1988, bem como se reconhece o cabimento de *habeas corpus* para as punições disciplinares militares, qualquer que seja a circunstância.

C) O estabelecimento de remuneração inferior ao salário mínimo para as praças prestadoras de serviço militar inicial não viola a Constituição da República, mas é cabível o *habeas corpus* para as punições disciplinares militares, até mesmo em relação a questões de mérito da sanção administrativa.

D) A remuneração inferior ao salário mínimo contraria a ordem constitucional, mais especificamente o texto constitucional inserido no art. 7º, inciso IV, da Constituição de 1988, bem como não se reconhece o cabimento de *habeas corpus* em relação às punições disciplinares militares, exceto para análise dos pressupostos de legalidade, excluídas as questões de mérito da sanção administrativa.

RESPOSTA A questão trata do *Habeas Corpus*, combinado com a Súmula Vinculante 6. Importante aqui o alerta para que você estude as Súmulas Vinculantes! O verbete da Súmula Vinculante 6 diz que não viola a Constituição o estabelecimento de remuneração inferior ao salário mínimo para as praças prestadoras de serviço militar inicial. E o art. 142, § 2º, da CRFB/88 prescreve que não caberá *habeas corpus* em relação a punições disciplinares militares. Destaca-se que não cabe *Habeas Corpus* para discutir o mérito da prisão militar, mas doutrina e jurisprudência indicam que o *habeas corpus* é remédio hábil para questionar prisões militares ilegais, por exemplo, por ilegalidade da aplicação da penalidade ou incompetência da autoridade que determinou a prisão. A única alternativa que corresponde aos dispositivos acima citados é a ALTERNATIVA A, que está CERTA, sendo que as demais estão ERRADAS.

6. (XXXI Exame) Alfa, entidade de classe de abrangência regional, legalmente constituída e em funcionamento há mais de 1 ano, ingressa, perante o Supremo Tribunal Federal, com mandado de segurança coletivo para tutelar os interesses jurídicos de seus representados. Considerando a urgência do caso, Alfa não colheu autorização dos seus associados para a impetração da medida. Com base na narrativa acima, assinale a afirmativa correta.

A) Alfa não tem legitimidade para impetrar mandado de segurança coletivo, de modo que a defesa dos seus associados em juízo deve ser feita pelo Ministério Público ou, caso evidenciada situação de vulnerabilidade, pela Defensoria Pública.

B) Alfa goza de ampla legitimidade para impetrar mandado de segurança coletivo, inclusive para tutelar direitos e interesses titularizados por pessoas estranhas à classe por ela representada.

C) Alfa possui legitimidade para impetrar mandado de segurança coletivo em defesa dos interesses jurídicos dos seus associados, sendo, todavia, imprescindível a prévia autorização nominal e individualizada dos representados, em assembleia especialmente convocada para esse fim.

D) Alfa possui legitimidade para impetrar mandado de segurança coletivo em defesa dos interesses jurídicos da totalidade ou mesmo de parte dos seus associados, independentemente de autorização.

RESPOSTA O tema da questão é Remédios Constitucionais, especificamente Mandado de Segurança Coletivo, previsto no art. 5º, LXX, da CRFB/88 e regulamentado pela Lei n. 12.016/2009. A associação ALFA, legalmente constituída e funcionando há mais de 1 ano, pode impetrar Mandado de Segurança em favor de seus membros ou associados, sendo dispensada a colheita de autorização especial dos seus representados, dispensa expressamente prevista no art. 21 da Lei n. 12.016/2009 e na Súmula 629 do STF. Portanto, a ALTERNATIVA D está CERTA porque corresponde aos comandos da Constituição, do art. 21 da Lei do Mandado de Segurança e ainda da Súmula 629, e inclusive acrescenta dispositivo da Súmula Vinculante 630 do STF, quando prevê "ou mesmo de parte dos seus associados". As demais alternativas estão ERRADAS porque não correspondem aos dispositivos já citados.

7. (XXX EXAME) Giuseppe, italiano, veio ainda criança para o Brasil, juntamente com seus pais. Desde então, nunca sofreu qualquer tipo de condenação penal, constituiu família, sendo pai de um casal de filhos nascidos no país, possui título de eleitor e nunca deixou de participar dos pleitos eleitorais. Embora tenha se naturalizado brasileiro na década de 1990, não se sente brasileiro. Nesse sentido, Giuseppe afirma que é muito grato ao Brasil, mas que, apesar do longo tempo aqui vivido, não partilha dos mesmos valores espirituais e culturais dos brasileiros. Giuseppe mora em Vitória/ES e descobriu o envolvimento do Ministro de Estado Alfa em fraude em uma licitação cujo resultado beneficiou, indevidamente, a empresa de propriedade de seus irmãos. Indignado com tal atitude, Giuseppe resolveu, em nome da intangibilidade do patrimônio público e do princípio da moralidade administrativa, propor ação popular contra o Ministro de Estado Alfa, ingressando no juízo de primeira instância da justiça comum, não no Supremo Tribunal Federal. Sobre o caso, com base no Direito Constitucional e na jurisprudência do Supremo Tribunal Federal, assinale a afirmativa correta.

(A) A ação não deve prosperar, uma vez que a competência para processá-la e julgá-la é do Supremo Tribunal Federal, e falta legitimidade ativa para o autor da ação, porque não possui a nacionalidade brasileira, não sendo, portanto, classificado como cidadão brasileiro.

(B) A ação deve prosperar, porque a competência para julgar a ação popular em tela é do juiz de primeira instância da justiça comum, e o autor da ação tem legitimidade ativa porque é cidadão no pleno gozo de seus direitos políticos, muito embora não faça parte da nação brasileira.

(C) A ação não deve prosperar, uma vez que a competência para julgar a mencionada ação popular é do Supremo Tribunal Federal, muito embora não falte legitimidade ad causam para o autor da ação, que é cidadão brasileiro, detentor da nacionalidade brasileira e no pleno gozo dos seus direitos políticos.

(D) A ação deve prosperar, porque a competência para julgar a ação popular em tela tanto pode ser do juiz de primeira instância da justiça comum quanto do Supremo Tribunal Federal, e não falta legitimidade ad causam para o autor da ação, já que integra o povo brasileiro.

RESPOSTA O tema da questão é Ação Popular – remédio constitucional previsto no art. 5º, LXXIII, da CRFB/88 e regulamentado pela Lei n. 4.717/65. A ação popular é uma ação do exercício da cidadania, exigindo que o legitimado ativo seja cidadão regular com seus direitos políticos, e tem por objeto jurídico anular os atos lesivos ao patrimônio público, ao patrimônio histórico e cultural, ao meio ambiente e à moralidade administrativa, tendo em vista que estes bens jurídicos pertencem à coletividade. Na questão descrita, Giuseppe é cidadão com legitimidade ativa para ajuizar a ação popular, pois é brasileiro naturalizado exercendo regularmente seus direitos políticos. Quanto ao juízo competente para julgar a ação popular não há previsão constitucional de prerrogativa de foro para nenhuma autoridade nas ações populares, prevalecendo a competência da justiça comum, ou estadual, ou distrital ou federal, dependendo do caso. A competência do STF ou STJ para julgamento não pode ser atribuída além das disposições expressas na Constituição Federal. Com base nas argumentações acima, podemos afirmar que a alternativa B é a única CORRETA, sendo as demais alternativas ERRADAS. *Alternativa B.*

8. (XXX EXAME) O Supremo Tribunal Federal reconheceu a periculosidade inerente ao ofício desempenhado pelos agentes penitenciários, por tratar-se de atividade de risco. Contudo, ante a ausência de norma que regulamente a concessão da aposentadoria especial no Estado Alfa, os agentes penitenciários dessa unidade federativa encontram-se privados da concessão do referido direito constitucional. Diante disso, assinale a opção que apresenta a medida judicial adequada a ser adotada pelo Sindicato dos Agentes Penitenciários do Estado Alfa, organização sindical legalmente constituída e em funcionamento há mais de 1 (um) ano, em defesa da respectiva categoria profissional.

(A) Ele pode ingressar com mandado de injunção coletivo para sanar a falta da norma regulamentadora, dispensada autorização especial dos seus membros.

(B) Ele não possui legitimidade ativa para ingressar com mandado de injunção coletivo, mas pode pleitear aplicação do direito constitucional via ação civil pública.

(C) Ele tem legitimidade para ingressar com mandado de injunção coletivo, cuja decisão pode vir a ter eficácia ultra partes, desde que apresente autorização especial dos seus membros.

(D) Ele pode ingressar com mandado de injunção coletivo, mas, uma vez reconhecida a mora legislativa, a decisão não pode estabelecer as condições em que se dará o exercício do direito à aposentadoria especial, sob pena de ofensa à separação dos Poderes.

RESPOSTA O tema central da questão acima é Mandado de Injunção – remédio constitucional previsto no art 5º, LXXI, da CRFB/88 e que garante a efetividade de direitos fundamentais declarados na Constituição Federal, mas inviáveis por ausência de norma regulamentadora, sanando assim a Síndrome da Inefetividade das Normas Constitucionais. O Mandado de Injunção, inserido no texto constitucional em 1988, só teve sua regulamentação garantida em 2016, através da Lei n. 13.300. É com base nestes dispositivos legais e na jurisprudência do STF que podemos analisar as alternativas da questão. Alternativa A está CORRETA porque afirma que o Sindicato dos Agentes Penitenciários do Estado Alfa, legalmente constituído e funcionando há mais de 1 (um) ano, poderá impetrar mandado de injunção para sanar a falta de norma regulamentadora, dispensando a autorização especial de seus membros; a alternativa B está ERRADA porque nega a legitimidade ativa do sindicato, tema que já é pacífico na doutrina e na jurisprudência e foi explicitamente garantido pelo art. 12, III, da Lei n. 13.300/2016; a alternativa C está ERRADA porque a regra é decisão com eficácia inter partes, sendo que a eficácia ultra partes até poderá ser conferida, mas quando for inerente ou indispensável ao exercício do direito, da liberdade ou da prerrogativa objeto da impetração, tudo conforme o art.9º, § 1º da Lei 13.300/2016; a alternativa D está ERRADA porque nega a possibilidade da decisão estabelecer as condições do exercício do direito, o que contraria o teor do art. 8º, especialmente seu inciso II da Lei n. 13.300/2016. *Alternativa A.*

9. (XXIX EXAME) O diretor da unidade prisional de segurança máxima ABC expede uma portaria vedando, no âmbito da referida entidade de internação coletiva, quaisquer práticas de cunho religioso direcionadas aos presos, apresentando, como motivo para tal ato, a necessidade de a Administração Pública ser laica. A partir da situação hipotética narrada, assinale a afirmativa correta.

(A) A motivação do ato administrativo encontra-se equivocada, uma vez que o preâmbulo da Constituição da República de 1988 faz expressa menção à "proteção de Deus", também assegurando aos entes federados ampla liberdade para estabelecer e subvencionar os cultos religiosos e igrejas.

(B) O ato expedido pelo diretor encontra plena correspondência com a ordem constitucional brasileira, a qual veda, aos entes federados, estabelecer cultos religiosos ou igrejas, subvencioná-los ou firmar qualquer espécie de colaboração de interesse público.

(C) A Constituição da República de 1988 dispõe que, nos termos da lei, é assegurada assistência religiosa nas entidades civis e militares de internação coletiva, de modo que a portaria expedida pelo diretor viola um direito fundamental dos internos.

(D) Inexiste incompatibilidade entre a portaria e a Constituição da República de 1988, uma vez que a liberdade religiosa apenas se apresenta no ensino confessional, ministrado, em caráter facultativo, nos estabelecimentos públicos e privados de ensino, não sendo tal direito extensível aos presos.

RESPOSTA A CRFB/88 determina que o Estado é laico proibindo quaisquer atos de perseguição ou favorecimento a igrejas, salvo apenas os casos de colaboração de interesse público, tudo conforme o art. 19, I da CRFB/88. Paralelamente, no art. 5º, incisos VI, VII e VIII, a mesma Constituição garante a liberdade de crença e de manifestação religiosa de qualquer indivíduo. Especialmente, o inciso VII do art. 5º da CRFB/88 assegura o direito a prestação de assistência religiosa nas entidades civis e militares de internação coletiva, o que inclui a unidade prisional de segurança máxima ABC. Portanto, a portaria expedida pelo diretor viola direito fundamental protegido expressamente pela Constituição Federal e a alternativa CORRETA é a C. As demais alternativas estão ERRADAS, vejamos: a alternativa A está ERRADA quando justifica a motivação do ato administrativo, faz referência ao Preâmbulo da Constituição que não tem caráter normativo e ainda afirma que os entes federativos podem instituir cultos religiosos contraindo o art. 19, I da CRFB/88; a alternativa B está ERRADA porque afirma que o ato do diretor coincide com a Constituição Federal tentando confundir a prestação de assistência religiosa (direito assegurado) com o estabelecimento de cultos pelo Estado (prática proibida); a alternativa D está ERRADA quando afirma não existir incompatibilidade entre a portaria do diretor da unidade prisional ABC e a Constituição Federal e quando usa o argumento de facultatividade do ensino religioso nas escolas que não tem relação direta com o direito discutido na questão.

10. (XXIX EXAME) O Município X, visando à interligação de duas importantes zonas da cidade, após o regular procedimento licitatório, efetua a contratação de uma concessionária que ficaria responsável pela construção e administração da via. Ocorre que, em análise do projeto básico do empreendimento, constatou-se que a rodovia passaria em área de preservação ambiental e ensejaria graves danos ao ecossistema local. Com isso, antes mesmo de se iniciarem as obras, Arnaldo, cidadão brasileiro e vereador no exercício do mandato no Município X, constitui advogado e ingressa com Ação Popular postulando a anulação da concessão. Com base na legislação vigente, assinale a afirmativa correta.

(A) A Ação Popular proposta por Arnaldo não se revela adequada ao fim de impedir a obra potencialmente lesiva ao meio ambiente.

(B) A atuação de Arnaldo, na qualidade de cidadão, é subsidiária, sendo necessária a demonstração de inércia por parte do Ministério Público.

(C) A ação popular, ao lado dos demais instrumentos de tutela coletiva, é adequada à anulação de atos lesivos ao meio ambiente, mas Arnaldo não precisaria constituir advogado para ajuizá-la.

(D) Caso Arnaldo desista da Ação Popular, o Ministério Público ou qualquer cidadão que esteja no gozo de seus direitos políticos poderá prosseguir com a demanda.

RESPOSTA Alternativa A está ERRADA porque a Ação Popular é instrumento adequado para impedir a obra lesiva ao meio ambiente; alternativa B está ERRADA porque a parte legítima para ajuizar Ação Popular é o cidadão, não cabendo a iniciativa ao Ministério Público; alternativa C está ERRADA pois a Ação Popular exige a figura do advogado; alternativa D está CERTA pois no caso de desistência do autor popular, o Ministério Público ou qualquer cidadão poderá prosseguir com a demanda.

11. (XXVIII EXAME) Alisson, cidadão brasileiro, ingressa com requerimento administrativo, perante a Secretaria Fazendária do Município Y, pleiteando a revisão do valor do Imposto sobre a Propriedade Predial e Territorial Urbana (IPTU), uma vez que não concorda com os cálculos empregados pela autoridade fazendária. Alisson, decorridos 90 dias sem qualquer atualização no andamento do feito, retorna à repartição administrativa indagando o porquê da demora. Ele obtém como resposta que o trâmite do procedimento é sigiloso, mas que seria possível obter uma certidão com as informações postuladas mediante o pagamento de determinada quantia, a título de "taxa".

Diante da situação hipotética apresentada, com base no texto constitucional, assinale a afirmativa correta.

(A) A atuação da Secretaria Fazendária revela-se inconstitucional, pois a obtenção de certidões em repartições públicas, contendo informações de interesse particular ou de interesse coletivo ou geral, é direito de todos, sem o pagamento de taxa, ressalvadas aquelas cujo sigilo seja imprescindível à segurança da sociedade e do Estado.

(B) Para a obtenção de certidão com informações de direito pessoal, como manifestação do direito de petição aos órgãos e poderes públicos, pode ser exigido o pagamento de taxas caso Alisson não demonstre ser hipossuficiente econômico.

(C) Embora inexista óbice à cobrança de taxas para cobrir as despesas com a emissão de certidões em repartições públicas, ainda que destinadas à defesa e ao esclarecimento de situações de interesse pessoal, Alisson poderá utilizar o habeas data para obter as informações relativas ao procedimento administrativo instaurado.

(D) Alisson não pode ter acesso ao feito, porque os procedimentos administrativos que versem sobre matéria tributária são de natureza sigilosa, somente podendo ser acessados, sem autorização judicial, por advogado regularmente constituído pelo contribuinte, bem como por órgãos da administração pública direta e indireta.

RESPOSTA Segundo a CRFB/88, art. 5º, XXXIV, *b*, é assegurado a todos, independente do pagamento de taxas, a obtenção de certidões em repartições públicas, para defesa de direitos e esclarecimentos de situações de interesse pessoal. Portanto, a alternativa CORRETA é a A porque é inconstitucional a Secretaria Fazendária cobrar taxas. As demais estão ERRADAS porque a cobrança de taxas é proibida pela CRFB/88, independente de Alisson ser ou não hipossuficiente (alternativa B – ERRADA); há óbice à cobrança de taxas para emissão de certidão e o habeas data não se presta à revisar valor do IPTU, muito menos para solicitar certidão, somente cabendo habeas data para obter e/ou retificar informação pessoal (alternativa C – ERRADA); Alisson tem acesso ao processo administrativo de natureza tributária, não havendo a tal sigilosidade alegada (alternativa D – ERRADA).

12. (XXVII EXAME) Os produtores rurais do Município X organizaram uma associação civil sem fins lucrativos para dinamizar a exploração de atividade econômica pelos associados, bem como para fins de representá-los nas demandas de caráter administrativo e judicial. Anderson, proprietário de uma fazenda na região, passa a receber, mensalmente, carnê contendo a cobrança de uma taxa associativa, embora nunca tivesse manifestado qualquer interesse em ingressar na referida entidade associativa. Em consulta junto aos órgãos municipais, Anderson descobre que a associação de produtores rurais, embora tenha sido criada na forma da lei, jamais obteve autorização estatal para funcionar. Diante disso, procura um escritório de advocacia especializado, para pleitear, judicialmente, a interrupção da cobrança e a suspensão das atividades associativas. Sobre a questão em comento, assinale a afirmativa correta.

(A) Anderson pode pleitear judicialmente a interrupção da cobrança, a qual revela-se indevida, pois ninguém pode ser compelido a associar-se ou a permanecer associado, ressaltando-se que a falta de autorização estatal não configura motivo idôneo para a suspensão das atividades da associação.
(B) As associações representativas de classes gozam de proteção absoluta na ordem constitucional, de modo que podem ser instituídas independentemente de autorização estatal e apenas terão suas atividades suspensas quando houver decisão judicial com trânsito em julgado.
(C) A Constituição de 1988 assegura a plena liberdade de associação para fins lícitos, vedando apenas aquelas de caráter paramilitar, de modo que Anderson não pode insurgir-se contra a cobrança, vez que desempenha atividade de produção e deve associar-se compulsoriamente.
(D) A liberdade associativa, tendo em vista sua natureza de direito fundamental, não pode ser objeto de qualquer intervenção do Poder Judiciário, de modo que Anderson apenas poderia pleitear administrativamente a interrupção da cobrança dos valores que entende indevidos.

RESPOSTA A questão se refere à associação, prevista no art. 5º, incisos XVII a XXI da CRFB/88. É livre a criação de associações não dependendo de autorização estatal, porém a associação não pode obrigar ninguém a se associar ou a permanecer associado, muito menos cobrar taxas associativas de forma compulsória. Anderson pode pleitear a anulação das cobranças, mas não pode pedir a suspensão das atividades da associação alegando que não há autorização estatal, já que esta não pode existir, portanto, alternativa A está CORRETA. As demais alternativas estão erradas porque a associação não têm proteção absoluta na ordem constitucional (alternativa B – ERRADA); Anderson pode se insurgir contra a associação e cobrança compulsórias (alternativa C – ERRADA); a liberdade associativa, apesar de garantida na CRFB/88 pode ser objeto de intervenção do Poder Judiciário, havendo inclusive as hipóteses constitucionais de suspensão e extinção de associação por decisão judicial (alternativa D – ERRADA).

13. **(XXVI Exame)** Antônio, líder ativista que defende a proibição do uso de quaisquer drogas, cientifica as autoridades sobre a realização de manifestação contra projeto de lei sobre a liberação do uso de entorpecentes. Marina, líder ativista do movimento pela liberação do uso de toda e qualquer droga, ao tomar conhecimento de tal evento, resolve, então, sem solicitar autorização à autoridade competente, marcar, para o mesmo dia e local, manifestação favorável ao citado projeto de lei, de forma a impedir a propagação das ideias defendidas por Antônio. Nesse sentido, segundo o sistema jurídico-constitucional brasileiro, assinale a afirmativa correta.

(A) Marina pode dar continuidade à sua iniciativa, pois, com fundamento no princípio do Estado Democrático, está amplamente livre para expressar suas ideias.
(B) Marina não poderia dar continuidade à sua iniciativa, pois o direito de reunião depende de prévia autorização por parte da autoridade competente.
(C) Marina não poderia dar continuidade à sua iniciativa, já que sua reunião frustraria a reunião de Antônio, anteriormente convocada para o mesmo local.
(D) Marina pode dar continuidade à sua iniciativa, pois é livre o direito de reunião quando o país não se encontra em estado de sítio ou em estado de defesa.

RESPOSTA O art. 5º, XVI, da CRFB/88 assegura que todos podem reunir-se pacificamente em locais públicos, sem uso de armas, desde que avisem às autoridades competentes e não frustrem reunião anteriormente marcada para o mesmo dia, horário e local. Marina não poderá frustrar a reunião anteriormente cientificada por Antônio, como indica a alternativa C, única correta.

14. **(XXV Exame)** Jean Oliver, nascido em Paris, na França, naturalizou-se brasileiro no ano de 2003. Entretanto, no ano de 2016, foi condenado, na França, por comprovado envolvimento com tráfico ilícito de drogas (cocaína), no território francês, entre os anos de 2010 e 2014. Antes da condenação, em 2015, Jean passou a residir no Brasil. A França, com quem o Brasil possui tratado de extradição, requer a imediata extradição de Jean, a fim de que cumpra, naquele país, a pena de oito anos à qual foi condenado. Apreensivo, Jean procura um advogado e o questiona acerca da possibilidade de o Brasil extraditá-lo. O advogado, então, responde que, segundo o sistema jurídico-constitucional brasileiro, a extradição

(A) não é possível, já que, a Constituição Federal, por não fazer distinção entre o brasileiro nato e o brasileiro naturalizado, não pode autorizar tal procedimento.
(B) não é possível, pois o Brasil não extradita seus cidadãos nacionais naturalizados, por crime comum praticado após a oficialização do processo de naturalização.
(C) é possível, pois a Constituição Federal prevê a possibilidade de extradição em caso de comprovado envolvimento com tráfico ilícito de drogas, ainda que praticado após a naturalização.
(D) é possível, pois a Constituição Federal autoriza que o Brasil extradite qualquer brasileiro quando comprovado o seu envolvimento na prática de crime hediondo em outro país.

RESPOSTA Segundo o art. 5º, LI, da CRFB/88, o brasileiro naturalizado é protegido contra extradição se cometer crime comum depois da naturalização. Se o crime comum for cometido antes da naturalização não há proteção quanto à extradição, assim como para os casos de crime de tráfico de drogas, entorpecentes ou afins (caso da questão), nos quais a CRFB/88 não protege contra extradição, não importando o momento da prática do crime. Deste modo, a alternativa que corresponde ao comando constitucional é a C.

15. **(XXIV Exame)** Atos generalizados de violência e vandalismo foram praticados nas capitais de alguns estados do país, com ações orquestradas pelo crime organizado. Identificados e presos alguns dos líderes desses movimentos, numerosos políticos, com apoio popular, propuseram a criação, pela forma juridicamente correta, de um juízo especial para apreciação desses fatos, em caráter temporário, a fim de que o julgamento dos líderes presos se revele exemplar. Ao submeterem essa ideia a um advogado constitucionalista, este afirma que, segundo a ordem jurídico-constitucional brasileira, a criação de tal juízo

(A) é constitucional, pois o apoio popular tem o condão de legitimar a atuação do poder público, ainda que esta seja contrária ao ordenamento jurídico vigente.
(B) é inconstitucional, em razão de vedação expressa da Consti-

tuição da República de 1988 à criação de juízo ou tribunal de exceção.

(C) necessita de previsão legislativa ordinária, já que a criação de juízos é competência do Poder Legislativo, após iniciativa do Poder Judiciário.

(D) pressupõe a necessária alteração da Constituição da República de 1988, por via de emenda, de maneira a suprimir a vedação ali existente.

RESPOSTA Questão facílima, versando sobre a vedação ao juízo de exceção previsto no art. 5º, XXXVII. A alternativa B está CORRETA, pois é inconstitucional a criação de um juízo ou tribunal de exceção. As demais estão ERRADAS, pois não há justificativa constitucional para a criação de juízo ou tribunal de exceção, nem apoio popular, nem previsão legislativa ordinária, muito menos emenda constitucional, já que esta vedação é cláusula pétrea.

16. (XXII Exame) A Lei n. 13.300/16, que disciplina o processo e o julgamento dos mandados de injunção individual e coletivo, surgiu para combater o mal da síndrome da inefetividade das normas constitucionais. Nesse sentido, o seu art. 8º, inciso II, inovou a ordem jurídica positivada ao estabelecer que, reconhecido o estado de mora legislativa, será deferida a injunção para estabelecer as condições em que se dará o exercício dos direitos, das liberdades ou das prerrogativas reclamados, ou, se for o caso, as condições em que o interessado poderá promover ação própria visando a exercê-los, caso não seja suprida a mora legislativa no prazo determinado. Considerando o conteúdo normativo do art. 8º, inciso II, da Lei n. 13.300/16 e a teoria acerca da efetividade das normas constitucionais, assinale a afirmativa correta.

(A) Foi adotada a posição neoconstitucionalista, na qual cabe ao Poder Judiciário apenas declarar formalmente a mora legislativa, atuando como legislador negativo e garantindo a observância do princípio da separação dos poderes, sem invadir a esfera discricionária do legislador democrático.

(B) Foi consolidada a teoria concretista, em prol da efetividade das normas constitucionais, estabelecendo as condições para o ativismo judicial, revestindo-o de legitimidade democrática, sem ferir a separação de Poderes e, ao mesmo tempo, garantindo a força normativa da Constituição.

(C) Foi promovida a posição não concretista dentro do escopo de um Estado Democrático de Direito, na qual cabe ao Poder Judiciário criar direito para sanar omissão legiferante dos Poderes constituídos, geradores da chamada "síndrome da inefetividade das normas constitucionais", em típico processo objetivo de controle de constitucionalidade.

(D) Foi retomada a posição positivista normativista, concedendo poderes normativos momentâneos aos juízes e tribunais, de modo a igualar os efeitos da ação direta de inconstitucionalidade por omissão (modalidade do controle abstrato) e do mandado de injunção (remédio constitucional).

RESPOSTA A questão trata da nova Lei do Mandando de Injunção, especificamente da consolidação legal da teoria concretista, segundo a qual o julgador não se limita a declarar a mora do legislador, mas busca efetivar o direito fundamental impedido de ser exercido, diante da ausência de norma regulamentadora. Os temas inefetividade das normas constitucionais e ativismo judicial são inerentes ao assunto, em uma relação de causa e consequência. Diante da clareza do tema, a alternativa CORRETA é a B, estando as demais INCORRETAS. Destacamos nas alternativas incorretas que com a nova lei o julgador não se limita a declarar a mora do legislador, pois esse posicionamento foi superado (alternativa A); na verdade, a evolução se deu para a teoria concretista geral, segundo a qual o Judiciário sana a omissão legiferante, não apenas declarando a mora legislativa (alternativa C), apesar de o mandado de injunção configurar um controle difuso de constitucionalidade; a Lei do Mandado de Injunção não igualou e não pode igualar o controle de constitucionalidade difuso feito através do mandado de injunção com o controle de constitucionalidade concentrado exercido pela ADI por omissão (alternativa D).

17. (XXII Exame) A teoria dimensional dos direitos fundamentais examina os diferentes regimes jurídicos de proteção desses direitos ao longo do constitucionalismo democrático, desde as primeiras Constituições liberais até os dias de hoje. Nesse sentido, a teoria dimensional tem o mérito de mostrar o perfil de evolução da proteção jurídica dos direitos fundamentais ao longo dos diferentes paradigmas do Estado de Direito, notadamente do Estado Liberal de Direito e do Estado Democrático Social de Direito. Essa perspectiva, calcada nas dimensões ou gerações de direitos, não apenas projeta o caráter cumulativo da evolução protetiva, mas também demonstra o contexto de unidade e indivisibilidade do catálogo de direitos fundamentais do cidadão comum. A partir dos conceitos da teoria dimensional dos direitos fundamentais, assinale a afirmativa correta.

(A) Os direitos estatais prestacionais, ligados ao Estado Liberal de Direito, nasceram atrelados ao princípio da igualdade formal perante a lei, perfazendo a primeira dimensão de direitos.

(B) A chamada reserva do possível fática, relacionada à escassez de recursos econômicos e financeiros do Estado, não tem nenhuma influência na efetividade dos direitos fundamentais de segunda dimensão do Estado Democrático Social de Direito.

(C) O conceito de direitos coletivos de terceira dimensão se relaciona aos direitos transindividuais de natureza indivisível de que sejam titulares pessoas indeterminadas e ligadas por circunstâncias de fato, como ocorre com o direito ao meio ambiente.

(D) Sob a égide da estatalidade mínima do Estado Liberal, os direitos negativos de defesa dotados de natureza absenteísta são corretamente classificados como direitos de primeira dimensão.

RESPOSTA A questão trata das gerações ou dimensões dos direitos fundamentais, tema bem recorrente. A alternativa A está ERRADA, porque os direitos de primeira geração ligados ao Estado Liberal não são prestacionais; o princípio da reserva do possível tem total influência na efetividade dos direitos fundamentais de segunda geração e, portanto, a alternativa B está ERRADA; a alternativa C está ERRADA por utilizar a expressão "direitos coletivos", quando o correto é usar a expressão direitos difusos, pois estes são de terceira geração, transindividuais de natureza indivisível; a alternativa D está CERTA, pois a noção de Estado mínimo e de direitos negativos de natureza absenteísta são identificados com os direitos de primeira geração.

II. NACIONALIDADE

18. (XXVI Exame) Afonso, nascido em Portugal e filho de pais portugueses, mudou-se para o Brasil ao completar 25 anos, com a intenção de advogar no estado da Bahia, local onde moram seus avós paternos. Após cumprir todos os requisitos exigidos e ser regularmente inscrito nos quadros da OAB local, Afonso permanece, por 13 (treze) anos ininterruptos, laborando e residindo em Salvador. Com base na hipótese narrada, sobre os direitos políticos e de nacionalidade de Afonso, assinale a afirmativa correta.

(A) Afonso somente poderá se tornar cidadão brasileiro quando completar 15 (quinze) anos ininterruptos de residência na República Federativa do Brasil, devendo, ainda, demonstrar que não sofreu qualquer condenação penal e requerer a nacionalidade brasileira.

(B) Uma vez comprovada sua idoneidade moral, Afonso poderá, na forma da lei, adquirir a qualidade de brasileiro naturalizado e, nessa condição, desde que preenchidos os demais pressupostos legais, candidatar-se ao cargo de prefeito da cidade de Salvador.

(C) Afonso poderá se naturalizar brasileiro caso demonstre ser moralmente idôneo, mas não poderá alistar-se como eleitor ou exercer quaisquer dos direitos políticos elencados na Constituição da República Federativa do Brasil.

(D) Afonso, por ser originário de país de língua portuguesa, adquirirá a qualidade de brasileiro nato ao demonstrar, na forma da lei, residência ininterrupta por 1 (um) ano em solo pátrio e idoneidade moral.

RESPOSTA Afonso é originário de país de língua portuguesa, com residência permanente e de forma legal no Brasil há 13 anos, estando amparado pelo art. 12, II, *a*, da CRFB/88. Interessado em se naturalizar brasileiro, terá que provar que reside há um ano ininterrupto no Brasil e que tem idoneidade moral. Além das exigências constitucionais, terá que cumprir as formalidades da lei para obter a naturalização ordinária, podendo, depois de adquirida a nacionalidade brasileira, exercer todos os direitos políticos assegurados aos brasileiros naturalizados. Destaca-se que a questão poderia ter explorado o instituto do "português equiparado", perfeitamente aplicável a Afonso. A questão que confere com os dispositivos constitucionais é a B.

III. DIREITOS POLÍTICOS

19. (XXXI Exame) José Maria, no ano de 2016, foi eleito para exercer o seu primeiro mandato como Prefeito da Cidade Delta, situada no Estado Alfa. Nesse mesmo ano, a filha mais jovem de José Maria, Janaína (22 anos), elegeu-se vereadora e já se organiza para um segundo mandato como vereadora. Rosária (26 anos), a outra filha de José Maria, animada com o sucesso da irmã mais nova e com a popularidade do pai, que pretende concorrer à reeleição, faz planos para ingressar na política, disputando uma das cadeiras da Assembleia Legislativa do Estado Alfa. Diante desse quadro, a família contrata um advogado para orientá-la. Após analisar a situação, seguindo o sistema jurídico--constitucional brasileiro, o advogado afirma que

A) as filhas não poderão concorrer aos cargos almejados, a menos que José Maria desista de concorrer à reeleição para o cargo de chefe do Poder Executivo do Município Delta.

B) Rosária pode se candidatar ao cargo de deputada estadual, mas Janaína não poderá se candidatar ao cargo de vereadora em Delta, pois seu pai ocupa o cargo de chefe do Poder Executivo do referido município.

C) as candidaturas de Janaína, para reeleição ao cargo de vereadora, e de Rosária, para o cargo de deputada estadual, não encontram obstáculo no fato de José Maria ser prefeito de Delta.

D) Janaína pode se candidatar ao cargo de vereadora, mas sua irmã Rosária não poderá se candidatar ao cargo de deputada estadual, tendo em vista o fato de seu pai exercer a chefia do Poder Executivo do município.

RESPOSTA A questão trata da inelegibilidade reflexa, prevista no art. 14, § 7º, da CRFB/88. No ano de 2016, pai e filha se candidataram respectivamente aos cargos de Prefeito e Vereadora do Município Delta, situado no Estado Alfa, ambos tendo sido eleitos. Situação dada, podemos afirmar que o Prefeito José Maria reflete inelegibilidade relativa aos seus parentes consanguíneos ou afins até o segundo grau, dentro da sua circunscrição – que neste caso é o Município –, salvo se o parente já for titular de cargo eletivo e candidato a reeleição. Como Janaína eleita vereadora pretende candidatar-se a reeleição, não sofre nenhum impedimento por parte do parentesco com o Prefeito. Já Rosária, que não ocupa nenhum cargo eletivo, pretende concorrer nas próximas eleições ao cargo de Deputada Estadual pelo Estado Alfa, cuja circunscrição não é a do seu pai – prefeito de Delta. Portanto, segundo informações da questão, Rosária não sofre nenhuma inelegibilidade reflexa para concorrer a esse cargo. Se ambas são elegíveis, a ALTERNATIVA CORRETA é a C, estando as demais incorretas.

20. (XXVI Exame) Juliano, governador do estado X, casa-se com Mariana, deputada federal eleita pelo estado Y, a qual já possuía uma filha chamada Letícia, advinda de outro relacionamento pretérito. Na vigência do vínculo conjugal, enquanto Juliano e Mariana estão no exercício de seus mandatos, Letícia manifesta interesse em também ingressar na vida política, candidatando-se ao cargo de deputada estadual, cujas eleições estão marcadas para o mesmo ano em que completa 23 (vinte e três) anos de idade. A partir das informações fornecidas e com base no texto constitucional, assinale a afirmativa correta.

(A) Letícia preenche a idade mínima para concorrer ao cargo de deputada estadual, mas não poderá concorrer no estado X, por expressa vedação constitucional, enquanto durar o mandato de Juliano.

(B) Uma vez que Letícia está ligada a Juliano, seu padrasto, por laços de mera afinidade, inexiste vedação constitucional para que concorra ao cargo de deputada estadual no estado X.

(C) Letícia não poderá concorrer por não ter atingido a idade mínima exigida pela Constituição como condição de elegibilidade para o exercício do mandato de deputada estadual.

(D) Letícia não poderá concorrer nos estados X e Y, uma vez que a Constituição dispõe sobre a inelegibilidade reflexa ou indireta para os parentes consanguíneos ou afins até o 2º grau nos territórios de jurisdição dos titulares de mandato eletivo.

RESPOSTA Letícia foi alcançada pela inelegibilidade reflexa, prevista no art. 14, § 7º, da CRFB/88 – são inelegíveis o cônjuge e os parentes consanguíneos ou afins, até o segundo grau ou por adoção –, pois ela é enteada (parente afim em linha reta descendente, em 1º grau) do Governador e sofre a inelegibilidade no território de circunscrição dele, enquanto perdurar o mandato. Destaca-se que Letícia já preenche a idade mínima de 21 anos para candidatar-se a deputada estadual e que sua mãe, por não ocupar cargo de chefe do executivo, não reflete nenhuma inelegibilidade nela. A alternativa A é a que responde corretamente ao comando.

21. (XXIV Exame) Numerosos partidos políticos de oposição ao governo federal iniciaram tratativas a fim de se fundirem, criando um novo partido, o Partido Delta. Almejam, com isso, criar uma força política de maior relevância no contexto nacional. Preocupados com a repercussão da iniciativa no âmbito das políticas regionais e percebendo que as tratativas políticas estão avançadas, alguns deputados federais buscam argumentos jurídico-constitucionais que impeçam a criação desse novo partido. Em reunião, concluem que, embora o quadro jurídico-constitucional brasileiro não vede a fusão de partidos políticos, estes, como pessoas jurídicas de direito público, somente poderão ser criados mediante lei aprovada no Congresso Nacional. Ao submeterem essas conclusões a um competente advogado, este, alicerçado na Constituição da República, afirma que os deputados federais.

(A) estão corretos quanto à possibilidade de fusão entre partidos políticos, mas equivocados quanto à necessidade de criação de partido por via de lei, já que, no Brasil, os partidos políticos possuem personalidade jurídica de direito privado.

(B) estão equivocados quanto à possibilidade de fusão entre partidos políticos no Brasil, embora estejam corretos quanto à necessidade de que a criação de partidos políticos se dê pela via legal, por serem pessoas jurídicas de direito público.

(C) estão equivocados, pois a Constituição da República não só proibiu a fusão entre partidos políticos como também deixou a critério do novo partido político escolher a personalidade jurídica de direito que irá assumir, pública ou privada.

(D) estão corretos, pois a Constituição da República, ao exigir que a criação ou a fusão de partidos políticos se dê pela via legislativa, concedeu ao Congresso Nacional amplos poderes de fiscalização para sua criação ou fusão.

RESPOSTA O tema versa sobre o art. 17, *caput* e § 2º, da CRFB/88, que, resumidamente, dispõe da seguinte maneira: é livre a criação, fusão, incorporação e extinção de partidos políticos, obedecidos os limites constitucionais e legais e os partidos políticos, após adquirirem personalidade jurídica, na forma da lei civil, registrarão seus estatutos no Tribunal Superior Eleitoral. Portanto, a alternativa A está CORRETA, pois é possível a fusão de partidos, na forma da lei civil, constituindo-se como pessoa jurídica de direito privado, independentemente de lei para sua criação ou fusão. As demais alternativas estão ERRADAS pelos seguintes motivos: não há vedação à fusão de partido político, não há exigência de lei para fundi-los, e os partidos serão sempre pessoa jurídica de direito privado.

22. (XXIII Exame) João, rico comerciante, é eleito vereador do Município "X" pelo partido Alfa. Contudo, passados dez dias após sua diplomação, o partido político Pi, adversário de Alfa, ajuíza ação de impugnação de mandato eletivo, perante a Justiça Eleitoral, requerendo a anulação da diplomação de João. Alegou o referido partido político ter havido abuso do poder econômico por parte de João na eleição em que logrou ser eleito, anexando, inclusive, provas que considerou irrefutáveis. João, sentindo-se injustiçado, já que, em momento algum no decorrer da campanha ou mesmo após a divulgação do resultado, teve conhecimento desses fatos, busca aconselhamento com um advogado acerca da juridicidade do ajuizamento de tal ação. Com base no caso narrado, assinale a opção que apresenta a orientação dada pelo advogado.

(A) O Partido Pi não poderia ter ingressado com a ação, pois abuso de poder econômico não configura fundamento que tenha o condão de viabilizar a impugnação de mandato eletivo conquistado pelo voto.

(B) O Partido Pi respeitou os requisitos impostos pela CRFB/88, tanto no que se refere ao fundamento (abuso do poder econômico) para o ajuizamento da ação como também em relação à sua tempestividade.

(C) O Partido Pi, nos termos do que dispõe a CRFB/88, não poderia ter ingressado com a ação, pois, ocorrida a diplomação, precluso encontrava-se o direito de impugnar o mandato eletivo de João.

(D) O Partido Pi só poderia impugnar o mandato eletivo que João conquistou pelo voto popular em momento anterior à diplomação, sob pena de afronta ao regime democrático.

RESPOSTA O tema da questão é impugnação de mandato eletivo e se encontra no art. 14, §§ 10 e 11, da CRFB/88: o mandato eletivo poderá ser impugnado ante a Justiça Eleitoral no prazo de quinze dias contados da diplomação, instruída a ação com provas de abuso do poder econômico, corrupção ou fraude; a ação de impugnação de mandato tramitará em segredo de justiça, respondendo o autor, na forma da lei, se temerária ou de manifesta má-fé. Questão bem fácil, cujo gabarito CORRETO é a alternativa B. As demais alternativas estão ERRADAS pelos seguintes motivos: a alternativa A nega que o abuso de poder econômico é motivo para a ação de impugnação de mandato; a alternativa C alega que o prazo para ajuizamento da ação havia precluído; e a alternativa D alega que o prazo para o ajuizamento da ação seria antes da diplomação, todas alegações erradas.

IV. ORGANIZAÇÃO DO ESTADO

23. (XXXIII Exame) A Lei Y do Estado Beta obriga pessoas físicas ou jurídicas, independentemente da atividade que exerçam, a oferecer estacionamento ao público, a cercar o respectivo local e a manter funcionários próprios para garantia da segurança, sob pena de pagamento de indenização em caso de prejuízos causados ao dono do veículo. A Confederação Nacional do Comércio procurou seus serviços, como advogado(a), visando obter esclarecimentos quanto à constitucionalidade da referida lei estadual. Sobre a Lei Y, com base na ordem jurídico-constitucional vigente, assinale a afirmativa correta.

(A) É inconstitucional, pois viola a competência privativa da União de legislar sobre matéria concernente ao Direito Civil.

(B) É inconstitucional, pois, conforme a Constituição Federal, compete ao ente municipal legislar sobre Direito do Consumidor.

(C) É constitucional, pois versa sobre matéria afeta ao Direito do Consumidor, cuja competência legislativa privativa pertence ao Estado Beta.

(D) É constitucional, pois, tratando a Lei de temática afeta ao Direito Civil, a competência legislativa concorrente entre a União e os Estados permite que Beta legisle sobre a matéria.

RESPOSTA O art. 22, I da CRFB/88 determina que compete à União legislar privativamente sobre Direito Civil e o tema já foi amplamente discutido no STF em diversas ações como, por exemplo, as ADI's 3710/GO e 4862/PR. E o entendimento do STF é pela inconstitucionalidade de leis estaduais (e municipais) que disciplinam regras quanto a cobrança ou gratuidade de estacionamentos privados, incluindo a obrigatoriedade ou não de contratação de seguranças, pois a matéria legislativa é privativa da União. A única hipótese que tornaria constitucional lei estadual sobre o tema seria se a própria União delegasse tal matéria aos estados-membros e DF, e somente poderia fazê-lo por lei complementar, conforme dispõe o parágrafo único do art. 22 da CRFB/88. Portanto, a alternativa CERTA que corresponde ao comando constitucional é a opção A. As demais estão ERRADAS porque apesar de haver discussão jurídica quanto à existência de relação de consumo na oferta de estacionamentos, legislar sobre a reponsabilidade por danos ao consumidor é competência concorrente entre União, Estados e DF (art. 24, VIII) e não do Município ou do Estado de maneira privativa.

24. **(XXXIII Exame)** No Município X, foi editada lei proibindo a queima da palha de cana-de-açúcar e o uso do fogo em atividades agrícolas. Tal diploma legal foi, então, impugnado pelo sindicato patronal representante dos produtores de álcool da região, ao argumento de que a municipalidade não detém competência para dispor sobre o assunto. A partir do caso enunciado, com base no texto constitucional, assinale a afirmativa correta.

(A) Os Municípios apenas detêm competência para legislar sobre assuntos de interesse local; logo, como a proteção do meio ambiente engloba interesse federal e estadual, a lei municipal é inconstitucional.

(B) A lei municipal é constitucional, eis que os Municípios possuem competência para dispor sobre a proteção do meio ambiente e o controle da poluição, no limite de seu interesse local e em harmonia com a disciplina estabelecida pelos demais entes federados.

(C) Os Municípios têm competência para legislar sobre assuntos de interesse local; mas como o direito ao meio ambiente equilibrado demanda tratamento uniforme por todas as unidades da Federação, a lei municipal é inconstitucional.

(D) Os Municípios possuem competência exclusiva para legislar sobre assuntos de interesse local e a preservação do meio ambiente, de modo que a lei municipal em questão é constitucional.

RESPOSTA O tema trata da repartição de competência dos entes federativos e que costumo explorar bastante com meus alunos. Vamos aos dispositivos: o art. 24, VI, da CRFB/88 diz sobre a competência concorrente entre União, Estados e DF para legislar sobre proteção do meio ambiente e controle da poluição, concomitantemente seu art. 23, VI, diz sobre a competência comum de todos os entes federativos, ou seja, União, Estados, DF e Municípios para proteger o meio ambiente e combater a poluição em qualquer de suas formas, e, complementando o raciocínio o art. 30, I e II estabelece que compete ao Município legislar sobre assuntos de interesse local e suplementar a legislação federal e a estadual no que couber. A pergunta é: Cabe ao Município proteger o meio ambiente e combater a poluição, suplementando a legislação federal e estadual no que couber, ou seja, no interesse local? A resposta é sim e está traduzida na alternativa B que está CERTA, aliás certíssima. E o STF já se manifestou favoravelmente sobre o tema, inclusive com repercussão geral, vide RE 586.224, Tema 145. As demais alternativas estão ERRADAS porque divergem do entendimento constitucional.

25. **(XXXIII Exame)** O Município Alfa, situado no Estado Beta, negou-se a apresentar contas anuais de numerosos exercícios ao Tribunal de Contas do referido Estado. Convencido de não se tratar de meros equívocos, mas sim de tentativa de dissimular uma série de irregularidades administrativas, o Governador do Estado Beta encaminhou a questão à Procuradoria do Estado, a fim de saber se a situação ensejaria uma intervenção. A Procuradoria de Beta, após análise da Constituição Federal, informou corretamente que o caso

(A) não admite intervenção em Alfa, pois o fato de os Municípios brasileiros serem entes federativos autônomos lhes garante total independência no trato de seus recursos, impossibilitando a ingerência de outros entes.

(B) pode ensejar intervenção federal no Município Alfa, sendo que o Presidente da República somente poderá vir a decretá-la após solicitação formal por parte do Governador de Beta e o devido controle político pelo Congresso Nacional.

(C) enseja a intervenção estadual por decreto do próprio Governador de Beta, sendo o referido ato necessariamente dirigido, posteriormente, à Assembleia Legislativa de Beta, para que realize o devido controle político.

(D) admite a intervenção estadual no Município Alfa, mas o Governador somente poderá decretá-la após a devida e formal solicitação por parte da Câmara Municipal de Alfa, que deverá, em seguida, exercer o controle político do ato.

RESPOSTA O art. 35, I da CRFB/88 diz que o Estado não intervirá em seus Municípios, nem a União nos Municípios localizados em Território Federal (regra), exceto quando: não forem prestadas contas devidas, na forma da lei. Portanto, o caso específico enseja intervenção estadual espontânea – decretada pelo Governador do Estado Beta, cujo decreto especificará o prazo, a amplitude e as condições de sua execução, sendo submetida ao controle político do Poder Legislativo Estadual, no prazo de vinte quatro horas, conforme o art. 36, § 1º. Esta fundamentação justifica afirmar que a C está CORRETA e as demais estão ERRADAS.

26. **(XXXIII Exame)** Ao apreciar as contas anuais do chefe do Poder Executivo do Município Y, o Tribunal de Contas emitiu parecer técnico contrário à sua aprovação, por entender que diversos dispositivos da Lei de Responsabilidade Fiscal teriam sido violados. Ainda assim, em contrariedade a tal entendimento, a Câmara Municipal, por decisão dos seus membros, com apenas um voto vencido, julgou e aprovou tais contas. À luz da hipótese narrada, com fundamento no texto constitucional, assinale a afirmativa correta.

(A) A aprovação das contas do Prefeito do Município Y se deu em conformidade com o disposto no texto constitucional, já que parecer prévio do Tribunal de Contas não possui caráter vinculante, deixando de prevalecer por voto de, ao menos, dois terços dos membros da Câmara Municipal.

(B) O parecer técnico emitido pelo Tribunal de Contas possui, excepcionalmente, caráter vinculante, de modo que, no caso em análise, as contas anuais apresentadas pelo Chefe do Executivo não poderiam ter sido aprovadas pela Câmara Municipal.

(C) O Tribunal de Contas, órgão de controle externo auxiliar do Poder Legislativo, tem competência para analisar, julgar e rejeitar, em caráter definitivo, as contas anuais apresentadas pelo Chefe do Executivo local; portanto, é desnecessária a submissão do seu parecer à Câmara Municipal.

D) Como corolário da autonomia financeira e orçamentária inerente aos três poderes, as contas anuais do Chefe do Executivo municipal não se submetem à aprovação da Câmara local, eis que tal situação implica em indevida ingerência do Poder Legislativo sobre o Poder Executivo.

RESPOSTA O art. 31, *caput*, da CRFB/88 determina que a fiscalização do Município será exercida pelo Poder Legislativo Municipal, mediante controle externo, e pelos sistemas de controle interno do Poder Executivo Municipal, na forma da lei e seu § 2º diz que o parecer prévio, emitido pelo órgão competente sobre as contas que o Prefeito deve anualmente prestar, só deixará de prevalecer por decisão de dois terços dos membros da Câmara Municipal, portanto a alternativa A está CORRETA. As demais estão ERRADAS porque o parecer técnico não possui, mesmo que excepcionalmente, caráter vinculante; o Tribunal de Contas faz a análise técnica das contas do Município, auxiliando o Poder Legislativo que terá a palavra final"; as contas do Poder Executivo são julgadas pelo Poder Legislativo que tem a função típica de fiscalizar, sendo que a submissão das contas do Executivo ao Legislativo está relacionada ao sistema de freios e contrapesos.

27. (XXXII Exame) A Constituição do Estado Alfa, em seu art. 32, dispõe que "os vencimentos dos servidores públicos municipais da administração direta e indireta são pagos até o último dia de cada mês, corrigindo-se monetariamente seus valores se o pagamento se der além desse prazo". Considerando os termos do preceito mencionado, assinale a afirmativa correta.

(A) Embora a CRFB/88 preconize ser de competência dos Municípios dispor sobre assuntos de interesse local, incumbe à União legislar, privativamente, sobre a organização administrativa e financeira dos entes federados; logo, o art. 32 da Constituição do Estado Alfa é inconstitucional.

(B) Apesar de o art. 32 da Constituição do Estado Alfa não apresentar vício formal de inconstitucionalidade, ele apresenta vício de ordem material, pois a CRFB/88 dispõe que os vencimentos dos servidores públicos devem ser pagos até o quinto dia útil do mês subsequente.

(C) O art. 32 da Constituição do Estado Alfa não padece de vício de inconstitucionalidade, pois a CRFB/88 autoriza os Estados a dispor sobre a organização administrativa dos entes municipais que se encontram em sua circunscrição territorial.

(D) O referido dispositivo da Constituição do Estado Alfa é inconstitucional porque, ao estabelecer regra afeta aos servidores municipais, viola, com isso, a autonomia municipal para disciplinar a matéria.

RESPOSTA A alternativa D está CORRETA porque não cabe ao Estado dispor sobre vencimentos de servidores públicos municipais, violando o princípio da autonomia federativa, além de contrariar dispositivo do art. 30, I, da CRFB/88 que atribui ao Município legislar sobre assuntos de interesse local. As demais alternativas são ERRADAS porque a União não pode legislar privativamente sobre a organização administrativa e financeira dos entes federados, o art. 32 da Constituição do Estado Alfa é inconstitucional, a CRFB/88 não impõe data de pagamento aos servidores e não autoriza os estados-membros a violarem a autonomia municipal.

28. (XXVIII EXAME) A população do Estado X, insatisfeita com os rumos da política nacional e os sucessivos escândalos de corrupção que assolam todas as esferas do governo, inicia uma intensa campanha pleiteando sua separação do restante da Federação brasileira. Um plebiscito é então organizado e 92% dos votantes opinaram favoravelmente à independência do Estado. Sobre a hipótese, com base no texto constitucional, assinale a afirmativa correta.

(A) Diante do expressivo quórum favorável à separação do Estado X, a Assembleia Legislativa do referido ente deverá encaminhar ao Congresso Nacional proposta de Emenda Constitucional que, se aprovada, viabilizará a secessão do Estado X.

(B) Para o exercício do direito de secessão, exige-se lei estadual do ente separatista, dentro do período determinado por Lei Complementar federal, dependendo ainda de consulta prévia, mediante plebiscito, às populações dos demais Estados, após divulgação dos estudos de viabilidade, apresentados e publicados na forma da lei.

(C) Diante da autonomia dos entes federados, admite-se a dissolução do vínculo existente entre eles, de modo que o Estado X poderia formar um novo país, mas, além da aprovação da população local por meio de plebiscito ou referendo, seria necessária a edição de Lei Complementar federal autorizando a separação.

(D) A forma federativa de Estado é uma das cláusulas pétreas que norteiam a ordem constitucional brasileira, o que conduz à conclusão de que se revela inviável o exercício do direito de secessão por parte de qualquer dos entes federados, o que pode motivar a intervenção federal.

RESPOSTA A forma federativa é adotada pela CRFB/88 logo em seu art. 1º, sendo reconhecida como cláusula pétrea pelo art. 60, § 4º, I do mesmo texto constitucional. A República Federativa do Brasil é formada pela união indissolúvel de estados, municípios e o Distrito Federal, não admitindo a secessão de nenhum destes entes, aliás, a vedação ao direito de secessão é reconhecida como um princípio federativo. Portanto, a alternativa D é a única alternativa CORRETA!

29. (XXVII EXAME) Após cumprimento de todas as formalidades constitucionais e legais exigíveis, o Estado Alfa se desmembra (desmembramento por formação), ocasionando o surgimento de um novo Estado-membro: o Estado Beta. Preocupados com a possibilidade de isso influenciar nas grandes decisões políticas regionais, um grupo de cidadãos inicia um movimento exigindo a imediata elaboração de uma Constituição para o novo Estado Beta.

Os líderes políticos locais, sem maiores conhecimentos sobre a temática, buscam assessoramento jurídico junto a advogados constitucionalistas, sendo-lhes corretamente informado que, segundo a inteligência do sistema jurídico-constitucional brasileiro,

(A) com a criação do Estado Beta no âmbito da República Federativa do Brasil, passou este a fazer parte do pacto federativo, subordinando-se tão somente à Constituição Federal, e não a qualquer outra constituição.

(B) tendo passado o Estado Beta a ser reconhecido como um ente autônomo, adquiriu poderes para se estruturar por meio de uma Constituição, sem a necessidade desta se vincular a padrões de simetria impostos pela Constituição Federal.

(C) pelo fato de o Estado Beta ter sido reconhecido como um ente federado autônomo, passa a ter poderes para se estruturar por meio de uma Constituição, que deverá observar o princípio da simetria, conforme os padrões fixados na Constituição Federal.

(D) o reconhecimento do Estado Beta como um ente federado autônomo assegurou-lhe poderes para se estruturar por meio de uma Constituição, cujo texto, porém, não poderá se diferenciar daquele fixado pela Constituição Federal.

RESPOSTA O comando da questão descreve uma situação de desmembramento-formação que resulta na criação do Estado Beta, em seguida questiona sobre a elaboração de uma constituição estadual para apontar as alternativas, lembrando que o art. 25, *caput*, da CRFB/88 prescreve que os Estados organizam-se e regem-se pelas Constituições e leis que adotarem, observando os princípios da Constituição Federal. A alternativa A está coerente quando declara que o novo estado faz arte do pacto federativo, não se sujeitando a outra constituição, salvo a Constituição Federal, ocorre que a expressão "subordinando-se tão somente à Constituição federal" significa dizer que o Estado Beta não estaria sujeito às leis federais, por exemplo, afirmativa que torna a alternativa A ERRADA; a alternativa B está INCORRETA quando diz que a constituição estadual não está sujeita ao princípio da simetria constitucional imposta pela Constituição Federal; a alternativa C está CORRETA pois o novo ente federativo passa a ter autonomia para estruturar-se por meio de Constituição que deverá observar o princípio da simetria, conforme os padrões fixados pela Constituição Federal; a alternativa D está ERRADA quando prescreve que a Constituição estadual não pode se diferenciar da Constituição Federal, pois, apesar de atrelada ao princípio da simetria, poderá dispor sobre peculiaridades.

30. **(XXVII EXAME)** O Estado Y, bastante conhecido pela exuberância de suas praias, que atraem milhares de turistas todos os anos, edita lei estadual impedindo a pesca de peixes regionais típicos, ameaçados de extinção, e limitando o transporte marítimo de passageiros. A partir da hipótese narrada, nos termos da Constituição da República Federativa do Brasil, assinale a afirmativa correta.

(A) O Estado Y possui competência legislativa concorrente com a União para dispor sobre pesca, mas poderá legislar sobre transporte e navegação marítima, caso Lei Complementar federal o autorize.

(B) O Estado Y tem competência comum com os demais entes federados para legislar sobre a matéria; logo, a lei estadual é constitucional.

(C) A lei editada pelo Estado Y é inconstitucional, porque compete privativamente à União legislar sobre a proteção do meio ambiente e o controle da poluição.

(D) A lei editada pelo Estado Y é inconstitucional, porque trata de pesca e navegação marítima, que são de competência exclusiva da União, apesar de o Estado Y ter competência privativa para legislar sobre meio ambiente.

RESPOSTA O tema da questão é distribuição de competências no âmbito federativo, e a alternativa correta é a A que afirma que o Estado Y tem competência concorrente para legislar sobre pesca (art. 24, VI, da CRFB/88), mas só poderá legislar sobre transporte e navegação marítima se houver delegação de competência por Lei Complementar federal, já que a matéria é competência privativa da União, tudo conforme o art. 22, X e XI e parágrafo único. As demais alternativas estão ERRADAS porque divergem dos dispositivos constitucionais citados acima.

31. **(XXVII EXAME)** A Lei X do Município Sigma estabelece que, em certo bairro, considerado área residencial, fica vedada a instalação de mais de um centro empresarial de grandes proporções, com área superior a 5.000 m² (cinco mil metros quadrados) e que reúna, em suas dependências, mais de 10 (dez) lojas distintas. Ante a existência de um estabelecimento comercial com tais características no bairro "Y", a administradora Alfa, visando abrir um shopping center no mesmo bairro, procura você, na qualidade de advogado(a), para obter esclarecimentos quanto à viabilidade deste empreendimento.

Diante da situação narrada, com base na ordem jurídico-constitucional vigente e na jurisprudência dos Tribunais Superiores, assinale a afirmativa correta.

(A) Apenas a União tem competência para, por meio de lei e outros atos normativos, organizar o uso e a ocupação do solo; logo, apenas por esse motivo, a Lei X do Município Sigma é manifestamente inconstitucional.

(B) A Constituição da República de 1988 atribui aos Municípios competência para promover o zoneamento urbano, mas a Lei X do Município Sigma, ao impedir a instalação de estabelecimentos comerciais do mesmo ramo em determinada área, ofende o princípio da livre concorrência.

(C) A Constituição da República de 1988 dispõe ser competência estadual e distrital promover, no que couber, o adequado ordenamento territorial, mediante planejamento e controle do uso, do parcelamento e da ocupação do solo, não podendo a lei do Município Sigma dispor sobre a matéria.

(D) Compete privativamente à União dispor sobre o zoneamento urbano e legislar sobre Direito Civil e Comercial; logo, somente os Estados e o Distrito Federal poderiam ser autorizados, mediante lei complementar, a legislar sobre a matéria.

RESPOSTA A questão dispõe sobre a competência do Município Sigma em fazer o ordenamento territorial urbano, prevista no art. 30, VIII, da CRFB/88, contudo o mesmo Município não pode impedir a instalação de estabelecimentos comerciais concorrentes na mesma área urbana, pois assim o fazendo estaria ofendendo ao princípio da livre concorrência. Com base nesta argumentação identificamos a alternativa B como CORRETA e as demais alternativas ERRADAS pois não é competência da União ordenar o espaço territorial do Município Sigma (alternativa A – ERRADA); também não é competência dos estados-membros e Distrito Federal ordenar o espaço urbano do Município Sigma (alternativa C – ERRADA). No caso do Distrito Federal - ente federativo híbrido - cabe uma ressalva: ele terá a competência para ordenar seu próprio espaço urbano exercendo justamente uma competência de natureza municipal. Por fim, a alternativa D está ERRADA pois a competência para legislar sobre zoneamento urbano não é privativa da União e não pode ser delegada aos estados-membros e Distrito Federal.

32. (XXVII EXAME) O Procurador-Geral de Justiça resolve representar perante o Tribunal de Justiça, solicitando intervenção estadual no Município Alfa, sob a alegação de que esse ente federado tem violado frontalmente diversos princípios, de reprodução obrigatória, indicados na Constituição Estadual. Com base na hipótese narrada, assinale a afirmativa correta.

(A) A intervenção estadual no Município Alfa pode ser decretada, *ex officio*, pelo Governador de Estado, independentemente da representação.

(B) A intervenção estadual no Município Alfa dependerá de provimento do Tribunal de Justiça requisitando ao Governador de Estado que decrete a referida medida.

(C) A intervenção estadual não é possível, pois, devido à sua natureza excepcional, o rol previsto na Constituição da República não contempla a violação a princípios.

(D) A intervenção estadual no Município Alfa, após o acolhimento da representação pelo Tribunal de Justiça, ainda dependerá do controle político da Assembleia Legislativa Estadual.

RESPOSTA A questão trata da intervenção estadual prevista no art. 35 da CRFB/88, vejamos: a Alternativa A está ERRADA porque afirma que a intervenção pode ser decretada ex officio o que não procede, ela é sempre provocada; a alternativa B está CERTA pois prevê que o decreto de intervenção é provocado por requisição do Tribunal de Justiça do Estado, após provimento de representação judicial (art. 35, IV da CRFB/88); alternativa C está ERRADA pois nega a existência de intervenção estadual no caso de violação de princípios constitucionais de reprodução obrigatória; a alternativa D está ERRADA porque a intervenção estadual decretada por requisição do Tribunal de Justiça do Estado não está sujeita a controle político da Assembleia Legislativa Estadual.

33. (XXV Exame) O Estado Alfa deixou de aplicar, na manutenção e no desenvolvimento do ensino, o mínimo exigido da receita resultante de impostos estaduais, compreendida a proveniente de transferências. À luz desse quadro, algumas associações de estudantes procuram um advogado e o questionam se, nessa hipótese, seria possível decretar a intervenção federal no Estado Alfa. Com base na hipótese narrada, assinale a afirmativa correta.

(A) A intervenção federal da União no Estado Alfa pode ser decretada, *ex officio*, pelo Presidente da República.

(B) A intervenção federal não é possível, pois, por ser um mecanismo excepcional, o rol previsto na Constituição que a autoriza é taxativo, não contemplando a situação narrada.

(C) A intervenção da União no Estado Alfa dependerá de requerimento do Procurador-Geral da República perante o Supremo Tribunal Federal.

(D) A intervenção federal não seria possível, pois a norma constitucional que exige a aplicação de percentual mínimo de receita na educação nunca foi regulamentada.

RESPOSTA A questão trata da hipótese de intervenção federal prevista no art. 34, VII, e – "aplicação do mínimo exigido da receita resultante de impostos estaduais, compreendida a proveniente de transferências, na manutenção e desenvolvimento do ensino e nas ações e serviços de saúde" –, cabendo a intervenção requerida pelo Procurador-Geral da República ao Supremo Tribunal Federal, que, segundo o art. 36, III, se houver provimento será encaminhada a requisição ao Presidente da República para a expedição do Decreto de Intervenção. Tal hipótese, já citada na parte teórica da nossa obra, consiste na modalidade de intervenção provocada por requisição. A alternativa correta é a C.

34. (XXIV Exame) Em observância aos princípios da transparência, publicidade e responsabilidade fiscal, o prefeito do Município Alfa elabora detalhado relatório contendo a prestação de contas anual, ficando tal documento disponível, para consulta e apreciação, no respectivo Poder Legislativo e no órgão técnico responsável pela sua elaboração. Carlos, morador do Município Alfa, contribuinte em dia com suas obrigações civis e políticas, constata diversas irregularidades nos demonstrativos apresentados, apontando indícios de superfaturamento e desvios de verbas em obras públicas. Em função do exposto e com base na Constituição da República, você, como advogado de Carlos, deve esclarecer que

(A) a fiscalização das referidas informações, concernentes ao Município Alfa, conforme previsto na Constituição brasileira, é de responsabilidade exclusiva dos Tribunais de Contas do Estado ou do Município, onde houver.

(B) Carlos tem legitimidade para questionar as contas do Município Alfa, já que, todos os anos, as contas permanecem à disposição dos contribuintes durante sessenta dias para exame e apreciação.

(C) a impugnação das contas apresentadas pelo Chefe do Executivo local exige a adesão mínima de um terço dos eleitores do Município Alfa.

(D) a CRFB/88 não prevê qualquer forma de participação popular no controle das contas públicas, razão pela qual Carlos deve recorrer ao Ministério Público Estadual para que seja apresentada ação civil pública impugnando os atos lesivos ao patrimônio público praticados pelo prefeito do Município Alfa.

RESPOSTA O art. 31 da CRFB/88 vem se tornando recorrente nos últimos Exames de Ordem! O tema trata especificamente do § 3º deste artigo, que dispõe que as contas dos Municípios ficarão, durante sessenta dias, anualmente, à disposição de qualquer contribuinte, para exame e apreciação, o qual poderá questionar-lhes a legitimidade, nos termos da lei. Portanto, a alternativa CORRETA por corresponder à literalidade do art. 31, § 3º, é a assertiva B. As demais assertivas estão ERRADAS pelos seguintes motivos: o controle das contas não é exclusividade do Tribunal de Contas, a impugnação das contas do município não depende de adesão mínima de nenhum percentual de eleitores e a CRFB/88 prevê a participação popular na fiscalização das contas públicas.

35. (XXIII Exame) A Lei Orgânica do Município "Z", com 70.000 habitantes, dispõe que o Poder Legislativo deverá fixar o número de vereadores para a composição da Câmara Municipal. Resolução da Câmara Municipal de "Z" fixou em 13 o número de vereadores para a próxima legislatura. Considerando a situação narrada e o sistema constitucional brasileiro, assinale a afirmativa correta.

(A) A Lei Orgânica e a Resolução são inconstitucionais por afrontarem a Constituição da República.

(B) Como ato normativo secundário, a Resolução não pode ser objeto de controle de constitucionalidade.

(C) A resolução é inconstitucional, em razão do número de vereadores estabelecido.

(D) A Lei Orgânica do Município "Z" é inconstitucional, pois viola o princípio da separação dos poderes.

RESPOSTA A questão versa sobre o art. 29, IV, *d*, da CRFB/88. Segundo o texto constitucional, a Lei Orgânica deverá estabelecer o número de vereadores, observando os limites máximos, conforme o número de habitantes. No caso hipotético, a Lei Orgânica delegou ao Poder Legislativo a competência para estabelecer o número de vereadores, e este, por sua vez, através de Resolução da Câmara de Vereadores, fixou o número de 13 vereadores. Houve aí duas inconstitucionalidades: a Lei Orgânica delegando o poder de fixar o número de vereadores e a Resolução da Câmara de Vereadores fixando o número. Portanto a alternativa A está CORRETA, enquanto as demais estão ERRADAS, destacando-se o seguinte: resolução pode ser objeto de controle de constitucionalidade; a inconstitucionalidade da resolução não está no número de vereadores, que atende às exigências do art. 29, IV, *d*, da CRFB/88; a inconstitucionalidade da Lei Orgânica não está na violação do princípio da separação dos poderes.

36. (XXIII Exame) As contas do Município Alfa referentes ao exercício financeiro de 2014, apresentadas pelo prefeito em 2015, receberam parecer desfavorável do Tribunal de Contas do referido Município, o qual foi criado antes da promulgação da Constituição da República Federativa do Brasil de 1988. O Presidente da Câmara, após o regular trâmite interno, editou resolução e aprovou as referidas contas públicas municipais, uma vez que as demonstrações contábeis de exercícios financeiros anteriores deveriam ter sido analisadas em consonância com o plano plurianual. Diante da narrativa exposta, assinale a afirmativa correta.

(A) A competência para julgar as contas é do Tribunal de Contas do Município, órgão do Poder Judiciário, não podendo, em nenhuma hipótese, o Legislativo local afastá-la, sob pena de violação ao princípio da separação e harmonia entre os Poderes.

(B) O parecer do Tribunal de Contas do Município a respeito da rejeição das contas somente não será acatado pela Câmara Municipal por decisão de 2/3 (dois terços) dos membros deste órgão.

(C) Considerando que o Tribunal de Contas do Município é órgão do Poder Legislativo e o Presidente da Câmara é a autoridade máxima de sua estrutura, é constitucional o afastamento, pelo Chefe do Poder Legislativo local, do entendimento do órgão a ele subordinado.

(D) O Presidente da Câmara agiu corretamente, pois a periodicidade para análise das contas públicas do Município deve ser de 5 (cinco) anos, e tal disposição não foi observada pelo Tribunal de Contas do Município.

RESPOSTA A questão está embasada no art. 31 da CRFB/88. A alternativa A está ERRADA, porque cabe ao Poder Legislativo por voto qualificado desconsiderar o parecer o Tribunal de Contas; a alternativa B está CORRETA, porque assegura que a Câmara de Vereadores pode rejeitar o parecer do Tribunal de Contas pelo voto de 2/3 dos seus membros, conforme o art. 31, § 2º, da CRFB/88; a alternativa C está ERRADA, porque não cabe ao Presidente da Câmara de Vereadores unilateralmente desconstituir o parecer do Tribunal de Contas; a alternativa D está ERRADA, pois além de afirmar erroneamente que o Presidente da Câmara agiu corretamente, ainda afirmou indevidamente que a contas públicas são analisadas com a periodicidade de 5 anos.

37. (XXII Exame) Carlos, contando com 59 (cinquenta e nove) anos de idade, resolve se inscrever em concurso público para o cargo de Agente de Polícia, dos quadros da Policia Civil do Estado Beta. Todavia, sua inscrição é negada com base no edital, que reproduz a Lei Estadual X, segundo a qual o candidato, no momento da inscrição, deve ter entre 18 (dezoito) e 32 (trinta e dois) anos de idade. Inconformado, Carlos consulta um advogado a respeito de possível violação do direito fundamental à igualdade. Diante do caso concreto, assinale a opção que se harmoniza com a ordem jurídico-constitucional brasileira.

(A) Houve violação ao princípio da igualdade, pois o sistema jurídico-constitucional brasileiro veda, em caráter absoluto, que a lei estabeleça requisitos de ordem etária para o provimento de cargos públicos.

(B) Não houve violação ao princípio da igualdade, pois o sistema jurídico-constitucional brasileiro permite que a lei estabeleça limite de idade para inscrição em concurso público quando tal medida se justificar pela natureza das atribuições do cargo a ser preenchido.

(C) Houve violação ao princípio da razoabilidade, pois as atividades inerentes ao cargo a ser ocupado não justificam a previsão do critério etário como requisito para inscrição no concurso público que visa ao seu provimento.

(D) Não houve violação ao princípio da igualdade, pois o sistema jurídico-constitucional brasileiro concede aos administradores públicos poder discricionário para definir, por via editalícia, independentemente da lei, os limites etários para a participação em concursos.

RESPOSTA O tema da questão é bastante polêmico, pois dispõe sobre o limite de idade para ingresso em cargos públicos, que, apesar de permitido no Direito Constitucional desde que justificado pela natureza e atribuições do cargo, ainda gera muita discussão, principalmente no âmbito jurisprudencial. A Súmula 683 do STF vem apenas reforçar o entendimento constitucional, o que condicionou a banca a apontar como alternativa CERTA a B, pelos motivos expostos. As demais assertivas estão INCORRETAS, pois o sistema jurídico-constitucional não veda a limitação de idade em concursos (alternativa A); não há informações suficientes para assegurar que não poderia haver limitação de idade no concurso público citado, além do que o princípio possivelmente violado seria o da igualdade (alternativa C); o sistema jurídico constitucional não permite a discricionariedade do administrador público para estabelecer limitações de idade em concursos com base em editais, mas apenas com base na lei, quando houver justificativas conforme a natureza e as atribuições do cargo (alternativa D).

V. ADMINISTRAÇÃO PÚBLICA

38. (XXXI Exame) O governo federal, visando ao desenvolvimento e à redução das desigualdades no sertão nordestino do Brasil, editou a Lei Complementar Y, que dispôs sobre a concessão de isenções e reduções temporárias de tributos federais devidos por pessoas físicas e jurídicas situadas na referida região. Sobre a Lei Complementar Y, assinale a afirmativa correta.

A) É formalmente inconstitucional, eis que a Constituição da República de 1988 proíbe expressamente a criação de regiões, para efeitos administrativos, pela União.
B) É materialmente inconstitucional, sendo vedada a concessão de incentivos regionais de tributos federais, sob pena de violação ao princípio da isonomia federativa.
C) É formal e materialmente constitucional, sendo possível que a União conceda incentivos visando ao desenvolvimento econômico e à redução das desigualdades no sertão nordestino.
D) Apresenta inconstitucionalidade formal subjetiva, eis que cabe aos Estados e ao Distrito Federal, privativamente, criar regiões administrativas visando ao seu desenvolvimento e à redução das desigualdades.

RESPOSTA O art. 43, *caput*, da CRFB/88 determina que a União, para efeitos administrativos, poderá articular ações em um mesmo complexo geoeconômico e social – no caso da questão acima, o sertão nordestino do Brasil – visando a seu desenvolvimento e à redução das desigualdades regionais. No § 1º do mesmo artigo 43, a Constituição prevê que Lei Complementar disporá sobre condições para integração de regiões em desenvolvimento e a composição de organismos regionais que executarão os planos regionais, integrantes dos planos nacionais de desenvolvimento econômico e social. E, para completar nossa análise, o § 2º do mesmo artigo 43 determina que os incentivos regionais compreenderão uma série de iniciativas, na forma da lei, entre elas as isenções, reduções ou diferimento temporário de tributos federais devidos por pessoas físicas ou jurídicas (art. 43, § 2º, III, da CRFB/88). Ou seja, o comando da questão está totalmente amparado na CRFB/88, a Lei Complementar Federal Y pode estabelecer tais isenções e reduções e, portanto, é formal e materialmente constitucional, correspondendo no gabarito a ALTERNATIVA C, que está CORRETA, sendo que as demais alternativas estão ERRADAS.

39. (XXIX EXAME) Durval, cidadão brasileiro e engenheiro civil, desempenha trabalho voluntário na ONG Transparência, cujo principal objetivo é apurar a conformidade das contas públicas e expor eventuais irregularidades, apresentando reclamações e denúncias aos órgãos e entidades competentes. Ocorre que, durante o ano de 2018, a Secretaria de Obras do Estado Alfa deixou de divulgar em sua página da Internet informações referentes aos repasses de recursos financeiros, bem como foram omitidos os registros das despesas realizadas. Por essa razão, Durval compareceu ao referido órgão e protocolizou pedido de acesso a tais informações, devidamente especificadas. Em resposta à solicitação, foi comunicado que os dados requeridos são de natureza sigilosa, somente podendo ser disponibilizados mediante requisição do Ministério Público ou do Tribunal de Contas.

A partir do enunciado proposto, com base na legislação vigente, assinale a afirmativa correta.

(A) A decisão está em desacordo com a ordem jurídica, pois os órgãos e entidades públicas têm o dever legal de promover, mesmo sem requerimento, a divulgação, em local de fácil acesso, no âmbito de suas competências, de informações de interesse coletivo ou geral que produzam ou custodiem.
(B) Assiste razão ao órgão público no que concerne tão somente ao sigilo das informações relativas aos repasses de recursos financeiros, sendo imprescindível a requisição do Ministério Público ou do Tribunal de Contas para acessar tais dados.
(C) Assiste razão ao órgão público no que concerne tão somente ao sigilo das informações relativas aos registros das despesas realizadas, sendo imprescindível a requisição do Ministério Público ou do Tribunal de Contas para acessar tais dados.
(D) Assiste razão ao órgão público no que concerne ao sigilo das informações postuladas, pois tais dados apenas poderiam ser pessoalmente postulados por Durval caso estivesse devidamente assistido por advogado regularmente inscrito na Ordem dos Advogados do Brasil.

RESPOSTA A CRFB/88 prescreve explicitamente no caput do art. 37 que a administração pública direta e indireta dos Poderes da União, Estados, Distrito Federal e Municípios obedecerá aos princípios, entre outros, da Publicidade. Corroborando com o caput do art. 37, o seu § 1º disciplina o caráter educativo, informativo e de orientação social da publicidade dos atos do Poder Público, e o § 3º, II do mesmo artigo garante a participação dos usuários na administração pública, inclusive no acesso a registros e informações sobre os atos de governo. Portanto, a decisão de sonegar a informação sobre despesas e repasses financeiros fere frontalmente os dispositivos constitucionais, cabendo inclusive responsabilização pelos atos de omissão da informação. A alternativa que atende ao comando constitucional é a alternativa A – CERTA. As demais alternativas estão ERRADAS, vejamos: a alternativa B está ERRADA porque justifica como razoável a negativa do Poder Público em divulgar as informações sobre repasses financeiros, condicionando o acesso mediante requisição do Ministério Público ou Tribunal de Contas; a alternativa C está ERRADA pelo mesmo motivo que a alternativa anterior, justificando a sonegação das informações sobre as despesas realizadas; a alternativa D está INCORRETA pois condiciona a representação por advogado para que Durval possa pleitear o acesso às informações dos atos do Poder Público.

VI. PODER LEGISLATIVO

40. (XXXII Exame) Deputados Federais da oposição articularam-se na Câmara dos Deputados e obtiveram apoio de 1/3 (um terço) dos respectivos membros para instaurarem Comissão Parlamentar de Inquérito (CPI), visando a apurar supostos ilícitos praticados pelo Presidente da República. Para evitar que integrantes da base governista se imiscuíssem e atrapalhassem as investigações, foi deliberado que somente integrantes dos partidos oposicionistas comporiam a Comissão. Diante do caso hipotético narrado, com base na ordem constitucional vigente, assinale a afirmativa correta.

(A) O procedimento está viciado porque não foi atingido o quórum mínimo de maioria simples, exigido pela Constituição de 1988, para a instauração da Comissão Parlamentar de Inquérito.
(B) O procedimento encontra-se viciado porque não assegurou a representação proporcional dos partidos ou blocos parlamentares que participam da Casa Legislativa.
(C) O procedimento encontra-se viciado em razão da inobservância do quórum mínimo exigido, de maioria absoluta.

(D) O procedimento narrado não apresenta quaisquer vícios de ordem material e formal, estando de acordo com os preceitos da Constituição de 1988.

RESPOSTA O art. 58, § 1º, da CRFB/88 determina que na constituição das Mesas e de cada Comissão, é assegurada, tanto quanto possível, a representação proporcional dos partidos ou dos blocos parlamentares que participam da respectiva Casa, portanto, a alternativa B está CORRETA quando afirma que o procedimento está viciado por este motivo. As demais alternativas estão ERRADAS porque o quórum mínimo é de 1/3 dos membros (art. 58, § 3º) e não maioria absoluta ou maioria simples e a CPI apresenta o vício na composição desproporcional em relação aos partidos e blocos parlamentares.

41. **(XXXI Exame)** Josué, deputado federal no regular exercício do mandato, em entrevista dada, em sua residência, à revista Pensamento, acusa sua adversária política Aline de envolvimento com escândalos de desvio de verbas públicas, o que é objeto de investigação em Comissão Parlamentar de Inquérito instaurada poucos dias antes. Não obstante, após ser indagado sobre os motivos que nutriam as acaloradas disputas entre ambos, Josué emite opinião com ofensas de cunho pessoal, sem qualquer relação com o exercício do mandato parlamentar. Diante do caso hipotético narrado, conforme reiterada jurisprudência do Supremo Tribunal Federal sobre o tema, assinale a afirmativa correta.

A) Josué poderá ser responsabilizado penal e civilmente, inclusive por danos morais, pelas ofensas proferidas em desfavor de Aline que não guardem qualquer relação com o exercício do mandato parlamentar.

B) Josué encontra-se protegido pela imunidade material ou inviolabilidade por suas opiniões, palavras e votos, o que, considerado o caráter absoluto dessa prerrogativa, impede a sua responsabilização por quaisquer das declarações prestadas à revista.

C) Josué poderá ter sua imunidade material afastada em virtude de as declarações terem sido prestadas fora da respectiva casa legislativa, independentemente de estarem, ou não, relacionadas ao exercício do mandato.

D) A imunidade material, consagrada constitucionalmente, foi declarada inconstitucional pelo Supremo Tribunal Federal, de modo que Josué não poderá valer-se de tal prerrogativa para se isentar de eventual responsabilidade pelas ofensas dirigidas a Aline.

RESPOSTA O comando da questão trata do Estatuto dos Congressistas previsto nos artigos 53 ao 56 da CRFB/88. Josué, no exercício do mandato de deputado federal, tem imunidade material quanto a palavras, votos e opiniões, assegurada pelo art. 53, *caput*, da CRFB/88. Contudo, a jurisprudência do STF é firme em declarar a necessidade de vínculo entre as manifestações do parlamentar e o exercício do mandato. Caso este vínculo não seja verificado, cairá toda irresponsabilidade assegurada no art. 53, *caput*, da CRFB/88, podendo Josué ser responsabilizado nos âmbitos civil, penal, administrativo, inclusive incorrer em falta de decoro parlamentar. Na situação descrita, o parlamentar ofendeu a adversária política Aline na sua esfera pessoal, causando ofensas que não guardam nenhum vínculo com a atividade parlamentar, e, portanto, devendo ser responsabilizado. A ALTERNATIVA A está CERTA porque corresponde ao entendimento jurisprudencial do STF, inclusive citado no item 5.4 do nosso livro; a ALTERNATIVA B está ERRADA porque a imunidade material do art. 53, *caput*, da CRFB/88 não é absoluta; a ALTERNATIVA C está ERRADA porque o motivo do afastamento da imunidade material não é o local onde as manifestações ofensivas foram proferidas, mas a falta de relação delas com o exercício do mandato. Aliás, o STF reconhece expressamente a imunidade material quanto a palavras, votos e opiniões proferidos fora do recinto do Congresso Nacional. A ALTERNATIVA D está ERRADA porque a imunidade material não foi considerada inconstitucional.

42. **(XXIX EXAME)** O senador João fora eleito Presidente do Senado Federal. Ao aproximar-se o fim do exercício integral do seu mandato bienal, começa a planejar seu futuro na referida casa legislativa. Ciente do prestígio que goza entre seus pares, discursa no plenário, anunciando a intenção de permanecer na função até o fim de seu mandato como senador, o que ocorrerá em quatro anos. Assim, para que tal desejo se materialize, será necessário que seja reeleito nos dois próximos pleitos (dois mandatos bienais).

Sobre a intenção do senador, segundo o sistema jurídico-constitucional brasileiro, assinale a afirmativa correta.

(A) Será possível, já que não há limites temporais para o exercício da presidência nas casas legislativas do Congresso Nacional.

(B) Não será possível, pois a Constituição proíbe a reeleição para esse mesmo cargo no período bienal imediatamente subsequente.

(C) É parcialmente possível, pois, nos moldes da reeleição ao cargo de Presidente da República, ele poderá concorrer à reeleição uma única vez.

(D) Não é possível, pois o exercício da referida presidência inviabiliza a possibilidade de, no futuro, vir a exercê-la novamente.

RESPOSTA O art. 57, § 4º, da CRFB/88 prescreve que cada uma das Casas legislativas reunir-se-á em sessão preparatória a partir de 1º de fevereiro para a escolha de suas Mesas diretoras, que terão mandato de 2 anos, vedada a recondução para o mesmo cargo na eleição imediatamente subsequente. Portanto, o Senador João não poderá realizar seu intento, estando CORRETA a alternativa B. As demais alternativas estão ERRADAS por contrariarem o dispositivo constitucional específico já citado.

43. **(XXVIII EXAME)** A Mesa da Câmara dos Deputados encaminhou ao Ministro de Estado da Saúde pedido escrito de informações acerca da sua participação na formulação da política pública e na execução das ações de saneamento básico no território nacional. Passados trinta dias do recebimento do documento, não há qualquer resposta por parte do ministério, sendo que o ministro da referida pasta entende que as questões suscitadas não demandam resposta ministerial, por não possuírem caráter técnico, mas apenas político. Indignado, o Presidente da Mesa da Câmara dos Deputados submete a questão à apreciação de sua assessoria jurídica.

Sobre o caso narrado, assinale a opção que apresenta, de acordo com o sistema jurídico-constitucional brasileiro, a resposta correta.

(A) O Ministro de Estado da Saúde, em exercício no âmbito do Poder Executivo, somente está obrigado a responder aos pedidos oriundos do Presidente da República, a quem hierarquicamente se submete.

(B) Em razão do princípio da independência entre os poderes da República, a ausência da resposta por parte do Poder Executivo não poderá acarretar sanções jurídicas, embora possa gerar uma crise entre os poderes.

(C) A ausência de resposta poderá fazer com que o Ministro responsável pela pasta venha a responder por crime, perante o Superior Tribunal de Justiça, caso seja denunciado pelo Ministério Público.

(D) O Ministro de Estado da Saúde poderá vir a responder por crime de responsabilidade, não lhe sendo assegurada discricionariedade para deixar de responder ao pedido de informações formulado pela Mesa da Câmara dos Deputados.

RESPOSTA Segundo o art. 50, § 2º, da CRFB/88, as Mesas da Câmara de Deputados Federais e do Senado Federal poderão encaminhar pedidos escritos de informações ao Ministro de Estado que deverá responder em 30 dias. O não atendimento ou a recusa de informações, bem como a prestação de informações falsas importará em crime de responsabilidade do Ministro de Estado. Portanto, a única alternativa que atende ao comando constitucional é a alternativa D que está CORRETA. As demais alternativas estão ERRADAS, vejamos: o Ministro de Estado não responde apenas ao Presidente da República (alternativa A - ERRADA); apesar da independência entre os Poderes, cabe ao Poder Legislativo a função típica fiscalizadora, inclusive sobre as autoridades do Poder Executivo; a ausência de resposta incide em crime de responsabilidade do Ministro de Estado que poderá ser processado pelo Supremo Tribunal Federal (art. 102, I, c, da CRFB/88) ou pelo Senado Federal, se o crime de responsabilidade tiver sido praticado de forma conexa com o Presidente da República (art. 52, I, da CRFB/88) - alternativa C - ERRADA. (XXI Exame) Ricardo é o diretor geral do órgão da administração direta federal responsável pela ordenação de despesas. Inconformado com o fato de o Tribunal de Contas da União (TCU) ter apreciado e julgado as contas do órgão que dirige e, por fim, lhe aplicando sanções com fundamento em irregularidades apontadas por auditoria realizada pelo próprio TCU, procura um(a) advogado(a). Seu objetivo é saber se o referido Tribunal possui, ou não, tais competências. Neste sentido, o(a) advogado(a) responde que, segundo a ordem jurídico-constitucional vigente, as competências do TCU

(A) abrangem a tarefa referida, já que até mesmo as contas do Presidente da República estão sujeitas ao julgamento do referido Tribunal.

(B) não abarcam a tarefa de julgar tais contas, competindo ao Tribunal tão somente apreciá-las, para que, posteriormente, os Tribunais Federais venham a julgá-las.

(C) abrangem o julgamento das contas, devendo o TCU aplicar as sanções previstas na ordem jurídica em conformidade com os ilícitos que venha a identificar.

(D) não abrangem essa atividade, pois o TCU é órgão responsável pelo controle externo, não podendo, por força do princípio hierárquico, julgar contas de órgão da administração direta.

RESPOSTA Segundo o art. 71, II, da CRFB/88, o TCU tem competência para "julgar as contas dos administradores e demais responsáveis por dinheiros, bens e valores públicos da administração direta e indireta, incluídas as fundações e sociedades instituídas e mantidas pelo Poder Público federal, e as contas daqueles que derem causa a perda, extravio ou outra irregularidade de que resulte prejuízo ao erário público", assim como, segundo o art. 71, VIII, o TCU também tem competência para aplicar aos responsáveis, em caso de ilegalidade de despesa ou irregularidade de contas, as sanções previstas em lei. Portanto, a alternativa C é a única CORRETA e as demais estão ERRADAS. Um destaque deve ser dado à alternativa A que atribui erroneamente a tarefa de julgar as contas do Presidente da República ao TCU, a este cabe apenas a tarefa de apreciar, e o julgamento cabe ao Congresso Nacional.

VII. PROCESSO LEGISLATIVO

44. (XXXI Exame) Diante das intensas chuvas que atingiram o Estado Alfa, que se encontra em situação de calamidade pública, o Presidente da República, ante a relevância e urgência latentes, edita a Medida Provisória n. XX/19, determinando a abertura de crédito extraordinário para atender às despesas imprevisíveis a serem realizadas pela União, em decorrência do referido desastre natural. A partir da situação hipotética narrada, com base no texto constitucional vigente, assinale a afirmativa correta.

A) A Constituição de 1988 veda, em absoluto, a edição de ato normativo dessa natureza sobre matéria orçamentária, de modo que a abertura de crédito extraordinário deve ser feita por meio de lei ordinária de iniciativa do Chefe do Executivo.

B) A Constituição de 1988 veda a edição de ato normativo dessa natureza em matéria de orçamento e créditos adicionais e suplementares, mas ressalva a possibilidade de abertura de crédito extraordinário para atender a despesas imprevisíveis e urgentes, como as decorrentes de calamidade pública.

C) O ato normativo editado afronta o princípio constitucional da anterioridade orçamentária, o qual impede quaisquer modificações nas leis orçamentárias após sua aprovação pelo Congresso Nacional e consequente promulgação presidencial.

D) O ato normativo editado é harmônico com a ordem constitucional, que autoriza a edição de medidas provisórias que versem sobre planos plurianuais, diretrizes orçamentárias, orçamento e créditos adicionais, suplementares e extraordinários, desde que haja motivação razoável.

RESPOSTA O tema da questão é Processo Legislativo, especificamente Medidas Provisórias. Diz o art. 62, § 1º, I, *d*, da CRFB/88 que é vedada a edição de Medidas Provisórias sobre: planos plurianuais, diretrizes orçamentárias, orçamento e créditos adicionais e suplementares, ressalvado o previsto no art. 167, § 3º, da mesma Constituição Federal. O referido art. 167, § 3º, nos fala do crédito extraordinário e prevê que sua abertura somente será admitida para atender a despesas imprevisíveis e urgentes, como as decorrentes de guerra, comoção interna ou calamidade pública, observado sempre o que dispõe o art. 62, que é o artigo que trata das Medidas Provisórias. Analisando a situação hipotética da questão, o Estado Alfa está em situação de calamidade pública devido a chuvas intensas que o afetaram, e o Presidente da República editou Medida Provisória, ante a relevância e urgência do caso, tudo conforme os dispositivos constitucionais acima citados. Conforme tudo que verificamos, a única alternativa que corresponde ao comando constitucional é a ALTERNATIVA B, que está CERTA: a regra é a vedação de Medidas Provisórias tratando de orçamento, crédito suplementar, plano plurianual e congêneres, exceto o crédito extraordinário no caso de calamidade pública, guerra e comoção interna. As demais alternativas estão ERRADAS.

45. (XXIX EXAME) Em 2005, visando a conferir maior estabilidade e segurança jurídica à fiscalização das entidades dedicadas à pesquisa e à manipulação de material genético, o Congresso Nacional decidiu discipliná-las por meio da Lei Complementar X, embora a Constituição Federal não reserve a matéria a essa espécie normativa. Posteriormente, durante o ano de 2017, com os avanços tecnológicos e científicos na área, entrou em vigor a Lei Ordinária Y prevendo novos mecanismos fiscalizatórios a par dos anteriormente estabelecidos, bem como derrogando alguns artigos da Lei Complementar X.

Diante da situação narrada, assinale a afirmativa correta.

(A) A Lei Ordinária Y é formalmente inconstitucional, não podendo dispor sobre matéria já tratada por Lei Complementar, em razão da superioridade hierárquica desta em relação àquela.

(B) Embora admissível a edição da Lei Ordinária Y tratando de novos mecanismos a par dos já existentes, a revogação de dispositivos da Lei Complementar X exigiria idêntica espécie normativa.

(C) A Lei Complementar X está inquinada de vício formal, já que a edição dessa espécie normativa encontra-se vinculada às hipóteses taxativamente elencadas pela Constituição Federal de 1988.

(D) A Lei Complementar X, por tratar de matéria a respeito da qual não se exige a referida espécie normativa, pode vir a ser revogada por Lei Ordinária posterior que verse sobre a mesma temática.

RESPOSTA O tema da questão é Processo Legislativo e não é preciso recorrer a nenhum artigo da CRFB/88 para respondê-la. Basta lembrar de uma das diferenças entre lei complementar e lei ordinária, aquela relativa à matéria, Lei Complementar tem matéria específica, ou seja, determinada pela Constituição e Lei Ordinária tem matéria residual, ou seja, temas que não foram especificados para a Lei Complementar. O próprio comando da questão afirma que pesquisa e à manipulação de material genético não é matéria reservada à lei complementar, então logicamente é matéria de lei ordinária, sendo desnecessário o zelo do Congresso Nacional em aprovar a Lei Complementar X tratando sobre o assunto, resultando em uma lei formalmente complementar, mas materialmente ordinária. Tempos depois, o Congresso Nacional aprova nova lei – agora lei ordinária – tratando do tema, e esta lei é competente para revogar dispositivos da lei complementar que na verdade tem natureza de lei ordinária. Sobre o tema o STF já se manifestou, vejamos: "Cofins (CF, art. 195, I). Revogação pelo art. 56 da Lei 9.430/1996 da isenção concedida às sociedades civis de profissão regulamentada pelo art. 6º, II, da LC 70/1991. Legitimidade. Inexistência de relação hierárquica entre lei ordinária e lei complementar. Questão exclusivamente constitucional, relacionada à distribuição material entre as espécies legais. Precedentes. A LC 70/1991 é apenas formalmente complementar, mas materialmente ordinária, com relação aos dispositivos concernentes à contribuição social por ela instituída." ADC 1, rel. Moreira Alves, *RTJ* 156/721. (Vide também RE 377.457 e ADI 4.071 AgR). A alternativa D é a única CORRETA pois condiz com o entendimento constitucional sobre o tema. As demais alternativas estão ERRADAS porque a Lei Ordinária Y é formalmente e materialmente constitucional e não há hierarquia entre lei complementar e lei ordinária (alternativa A – ERRADA); não há necessidade de lei complementar para revogar a Lei Complementar X, pois esta é materialmente ordinária (alternativa B – ERRADA); a Lei Complementar X não apresenta vício formal, se algum vício pudesse ser apontado seria vício material, mas este é sanado quando a referida lei, apesar de ser Complementar, é considerada materialmente ordinária.

46. (XXVIII EXAME) Ante o iminente vencimento do prazo para adimplemento de compromissos internacionais assumidos pelo Brasil perante o Fundo Monetário Internacional, bem como diante da grave crise econômica enfrentada pelo Estado, o Presidente da República, no regular exercício do mandato, edita a Medida Provisória X. A medida dispõe sobre a possibilidade de detenção e sequestro, pelo governo federal, de bens imóveis com área superior a 250 m² situados em zonas urbanas, desde que não se trate de bem de família e que o imóvel esteja desocupado há mais de dois anos.

Sobre a Medida Provisória X, com base na CRFB/88, assinale a afirmativa correta.

(A) É inconstitucional, uma vez que a Constituição Federal de 1988 veda, expressamente, que tal espécie normativa disponha sobre matéria que vise a detenção ou o sequestro de bens.

(B) É inconstitucional, pois trata de matéria já regulamentada pelo legislador ordinário, qual seja, a possibilidade de desapropriação de bens imóveis urbanos por necessidade ou utilidade pública.

(C) Ela não se revela adequada ao cumprimento do requisito de urgência porque só produzirá efeitos no exercício financeiro seguinte, caso venha a ser convertida em lei até o último dia daquele em que foi editada.

(D) É constitucional, pois foram respeitados os requisitos de relevância e urgência, desde que seja submetida de imediato ao Congresso Nacional, perdendo eficácia se não for convertida em lei no prazo de 60 (sessenta) dias, prorrogável uma única vez por igual período.

RESPOSTA A CRFB/88 veda expressamente a edição de Medida Provisória que vise a detenção ou o sequestro de bens, de poupança popular ou de qualquer outro ativo financeiro, conforme prescreve o art. 62, § 1º, II da CRFB/88, portanto a alternativa CORRETA é a afirmativa A que anuncia ser inconstitucional a Medida Provisória X por violar vedação expressa na Constituição Federal. As demais alternativas estão ERRADAS porque o motivo de ser inconstitucional não é a competência do legislador ordinário em tratar do tema desapropriação de imóveis urbano (alternativa B – ERRADA); o motivo da inconstitucionalidade não é a regra da anterioridade tributária, aplicada para medidas provisórias que criem ou aumentem tributos (alternativa C – ERRADA); não é constitucional, mesmo que respeite os trâmites exigidos para a edição de Medida Provisória (alternativa D – ERRADA).

47. (XXVI Exame) O deputado federal Alberto propôs, no exercício de suas atribuições, projeto de lei de grande interesse para o Poder Executivo federal. Ao perceber que o momento político é favorável à sua aprovação, a bancada do governo pede ao Presidente da República que, utilizando-se de suas prerrogativas, solicite urgência (regime de urgência constitucional) para a apreciação da matéria pelo Congresso Nacional. Em dúvida, o Presidente da República recorre ao seu corpo jurídico, que, atendendo à sua solicitação, informa que, de acordo com o sistema jurídico-constitucional brasileiro, o pleito da base governista:

(A) é viável, pois é prerrogativa do chefe do Poder Executivo solicitar o regime de urgência constitucional em todos os projetos de lei que tramitem no Congresso Nacional.
(B) não pode ser atendido, pois o regime de urgência constitucional somente pode ser solicitado pelo presidente da mesa de uma das casas do Congresso Nacional.
(C) viola a CRFB/88, pois o regime de urgência constitucional somente pode ser requerido pelo Presidente da República em projetos de lei de sua própria iniciativa.
(D) não pode ser atendido, pois, nos casos urgentes, o Presidente da República deve veicular a matéria por meio de medida provisória e não solicitar que o Legislativo aprecie a matéria em regime de urgência.

RESPOSTA O art. 64, § 1º, da CRFB/88 só prevê a possibilidade de o Presidente solicitar regime de urgência nos projetos de lei de sua iniciativa. No caso da questão, a iniciativa foi de parlamentar, não cabendo na previsão constitucional o pedido de regime de urgência pelo Presidente da República. A única alternativa que corresponde ao comando constitucional é a C.

48. (XXV Exame) Por entender que o voto é um direito, e não um dever, um terço dos membros da Câmara dos Deputados articula proposição de emenda à Constituição de 1988, no sentido de tornar facultativo a todos os cidadãos o voto nas eleições a serem realizadas no país. Sabendo que a proposta gerará grande polêmica, o grupo de parlamentares resolve consultar um advogado especialista na matéria. De acordo com o sistema jurídico-constitucional brasileiro, assinale a opção que indica a orientação correta a ser dada pelo advogado.

(A) Não é possível sua supressão por meio de Emenda Constitucional, porque o voto obrigatório é considerado cláusula pétrea da Constituição da República, de 1988.
(B) Não há óbice para que venha a ser objeto de alteração por via de Emenda Constitucional, embora o voto obrigatório tenha estatura constitucional.
(C) Para que a proposta de Emenda Constitucional seja analisada pelo Congresso Nacional, é necessária manifestação de um terço de ambas as Casas.
(D) A emenda, sendo aprovada pelo Congresso Nacional, somente será promulgada após a devida sanção presidencial.

RESPOSTA A obrigatoriedade do voto é prevista na CRFB/88 para os brasileiros alfabetizados, com idade maior que 18 e menor que 70 anos, conforme dispõe o art. 14, § 1º, incisos. Todavia, a obrigatoriedade do voto não está inserida no rol das cláusulas pétreas expressas, como verificamos no art. 60, § 4º, II, do texto constitucional. Portanto, não há óbice para que tal obrigatoriedade seja abolida por emenda constitucional, o que corresponde à alternativa B, única correta.

49. (XXII Exame) O Presidente da República, objetivando adotar medidas urgentes para melhorar o desempenho da máquina burocrática pública, solicita delegação ao Congresso Nacional a fim de normatizar, por meio de lei delegada, a tramitação mais eficiente de processos no âmbito da Administração Pública. O Congresso Nacional, embora tenha concordado com o pedido formulado, especifica, por meio de resolução, que o projeto de lei delegada proposto pelo Presidente da República, antes de adentrar o sistema jurídico vigente pela via legal, deverá ser por ele avaliado. O Presidente da República, tendo dúvidas sobre se a condição imposta pelo Poder Legislativo é violadora da ordem jurídico-constitucional brasileira, solicita esclarecimentos à sua assessoria jurídica. Sobre a exigência do Congresso Nacional, assinale a afirmativa correta.

(A) A exigência é constitucional, posto que a CRFB/88 prevê a possibilidade de controle prévio sobre o conteúdo normativo da delegação, quando a resolução assim o previr.
(B) A exigência é inconstitucional, posto que a autorização para a edição de lei delegada, quando concedido pelo Congresso Nacional, retira desse órgão qualquer possibilidade de controle sobre o seu conteúdo.
(C) A exigência é constitucional, podendo o Parlamento arrogar-se o direito de propor emendas ao conteúdo normativo do projeto de lei proposto pelo Presidente da República.
(D) A exigência é inconstitucional, pois a lei delegada é espécie normativa cujo fundamento encontra-se alicerçado no princípio da total independência de um Poder nos assuntos de outro.

RESPOSTA O tema da questão é processo legislativo, um dos meus assuntos prediletos! Mais especificamente, a questão trata da lei delegada (estudada no item 4.3), que quando autorizada pelo Congresso Nacional através da resolução autorizadora, pode acarretar duas formas: delegação típica ou delegação atípica. Na delegação típica o Congresso Nacional não exige a verificação do projeto antes da promulgação e publicação, e na delegação atípica esta exigência existe. Com isso, podemos afirmar sem dificuldade que a alternativa A está CORRETA, e as demais estão INCORRETAS. Sobre as alternativas incorretas, podemos destacar que a delegação de competência legislativa não retira do Congresso Nacional o poder de controle legislativo prévio e posterior (alternativa B); quando há a delegação de competência, o Congresso Nacional abdica do poder de legislar, portanto não pode fazer emendas ao projeto de lei delegada (alternativa C); a lei delegada representa uma exceção ao princípio da indelegabilidade das funções típicas de cada poder, no qual o Congresso Nacional não perde o controle prévio e posterior, mesmo no caso excepcional de delegação de competência legislativa (alternativa D).

VIII. PODER EXECUTIVO

50. (XXXII Exame) No dia 1º de janeiro de 2015, foi eleito o Presidente da República Alfa, para um mandato de quatro anos. Pouco depois, já no exercício do cargo, foi denunciado pelo Ministério Público de Alfa por ter sido flagrado cometendo o crime (comum) de lesão corporal contra um parente. Embora o referido crime não guarde nenhuma relação com o exercício da função, o Presidente da República Alfa mostra-se temeroso com a possibilidade de ser imediatamente afastado do exercício da presidência e preso. Se a situação ocorrida na República Alfa acontecesse no Brasil, segundo o sistema jurídico-constitucional brasileiro, dar-se-ia

(A) o afastamento do Presidente da República se o Senado Federal deliberasse dessa maneira por maioria absoluta.

(B) a permanência do Presidente da República no exercício da função, embora tenha que responder pelo crime cometido após a finalização do seu mandato.
(C) o afastamento do Presidente da República se, após autorização da Câmara dos Deputados, houvesse sua condenação pelo Supremo Tribunal Federal.
(D) a autorização para que o Presidente da República finalizasse o seu mandato, caso o Senado Federal assim decidisse, após manifestação da Câmara dos Deputados.

RESPOSTA Segundo o art. 86, § 4º, da CRFB/88, o Presidente da República não será responsabilizado, na vigência do seu mandato por atos estranhos ao exercício das suas funções. Trata-se da **imunidade temporária à persecução penal**, prevista no 7.5 do nosso livro, e que corresponde à alternativa B que está CORRETA. Não ocorre afastamento do Presidente da República na vigência do mandato por este motivo, por isso as alternativas A e C estão ERRADAS, e não há necessidade de autorização para que o Presidente finalize o mandato, tornando a alternativa D também ERRADA. Destacamos que a **imunidade temporária à persecução penal adia a responsabilização penal do Presidente da República para depois do término do mandato e apenas para os crimes não relacionados com a função presidencial.**

51. (XXVII Exame) Em determinado órgão integrante da administração pública federal, vinculado ao Ministério da Fazenda, foi apurado que aproximadamente 100 (cem) cargos estavam vagos. O Presidente da República, mediante decreto, delegou ao Ministro da Fazenda amplos poderes para promover a reestruturação do aludido órgão público, inclusive com a possibilidade de extinção dos cargos vagos. Sobre a hipótese, com fundamento na ordem jurídico-constitucional vigente, assinale a afirmativa correta.

(A) Somente mediante lei em sentido formal é admitida a criação e extinção de funções e cargos públicos, ainda que vagos; logo, o decreto presidencial é inconstitucional por ofensa ao princípio da reserva legal.
(B) A Constituição de 1988 atribui exclusivamente ao Presidente da República a possibilidade de, mediante decreto, dispor sobre a extinção de funções ou cargos públicos, não admitindo que tal competência seja delegada aos Ministros de Estado.
(C) O referido decreto presidencial se harmoniza com o texto constitucional, uma vez que o Presidente da República pode dispor, mediante decreto, sobre a extinção de funções ou cargos públicos, quando vagos, sendo permitida a delegação dessa competência aos Ministros de Estado.
(D) A Constituição de 1988 não permite que cargos públicos legalmente criados, ainda que vagos, sejam extintos, ressalvada a excepcional hipótese de excesso de gastos orçamentários com pessoal; portanto, o Decreto presidencial é inconstitucional.

RESPOSTA O Presidente da República pode, mediante decreto, dispor sobre a extinção de funções ou cargos públicos federais, e se estes cargos estiverem vagos o decreto presidencial é autônomo, conforme o comando do art. 84, VI, b, da CRFB/88, podendo inclusive ser delegado a algumas autoridades como o Ministro de Estado, conforme o parágrafo único do mesmo artigo. Destaca-se que o Presidente também pode extinguir cargos públicos não vagos, mas neste caso o decreto é regulamentar ("na forma da lei") e não há a previsão de delegação, tudo previsto no art. 84, XXV (segunda parte). A alternativa C é CORRETA correspondendo ao comando do art. 84, VI, b, da CRFB/88. A alternativa A está ERRADA pois exige lei formal como única modalidade para extinção de cargos vagos; a alternativa B está ERRADA quando dispõe que a extinção de cargos e funções públicas é exclusiva do Presidente e indelegável; a alternativa D está ERRADA quando nega a possibilidade de extinção de cargos públicos por decreto presidencial.

52. (XXII Exame) O Presidente da República descumpriu ordem judicial, emanada de autoridade competente, impondo à União o pagamento de vantagens atrasadas, devidas aos servidores públicos federais ativos e inativos. A Advocacia Geral da União argumentava que a mora era justificável por conta da ausência de previsão de recursos públicos em lei orçamentária específica. Apesar disso, um grupo de parlamentares, interessado em provocar a atuação do Ministério Público, entendeu ter ocorrido crime comum de desobediência, procurando você para que, como advogado(a), informe que órgão seria competente para julgar ilícito dessa natureza. Dito isto e a par da conduta descrita, é correto afirmar que o Presidente da República deve ser julgado

(A) pela Câmara dos Deputados, após autorização do Senado Federal.
(B) pelo Senado Federal, após autorização da Câmara dos Deputados.
(C) pelo Supremo Tribunal Federal, após autorização da Câmara dos Deputados.
(D) pelo Supremo Tribunal Federal, após autorização do Congresso Nacional.

RESPOSTA Tratando-se de crime comum, o Presidente da República será processado e julgado perante o Supremo Tribunal Federal (juízo de mérito), posteriormente será submetido ao juízo de admissibilidade exercido pela Câmara de Deputados Federais, pelo voto de 2/3 dos seus membros, conforme o disposto no art. 86 da CRFB/88. A alternativa C corresponde à solução CORRETA, ou seja, juízo de admissibilidade da Câmara de Deputados Federais e juízo de mérito do Supremo Tribunal Federal. As demais alternativas estão ERRADAS.

IX. PODER JUDICIÁRIO

53. (XXV Exame) O chefe do Poder Executivo do município Ômega, mediante decisão administrativa, resolve estender aos servidores inativos do município o direito ao auxílio-alimentação, contrariando a Súmula Vinculante n. 55 do Supremo Tribunal Federal. Para se insurgir contra a situação apresentada, assinale a opção que indica a medida judicial que deve ser adotada.

(A) Ação Direta de Inconstitucionalidade, perante o Supremo Tribunal Federal, com o objetivo de questionar o decreto.
(B) Mandado de injunção, com o objetivo de exigir que o Poder Legislativo municipal edite lei regulamentando a matéria.
(C) Reclamação constitucional, com o objetivo de assegurar a autoridade da súmula vinculante.
(D) *Habeas data*, com o objetivo de solicitar explicações à administração pública municipal.

RESPOSTA O art. 103-A, § 3º, da CRFB/88, na sua literalidade, determina que do ato administrativo (caso da questão) ou decisão judicial que contrariar Súmula Vinculante caberá Reclamação ao STF, que, julgando-a procedente, anulará o ato administrativo, visto que apresenta vício; ou cassará decisão judicial reclamada, determinando que outra seja proferida, com ou sem a aplicação da súmula, conforme o caso. A única alternativa que corresponde ao comando constitucional é a C.

X. CONTROLE DE CONSTITUCIONALIDADE

54. (XXX Exame) Em março de 2017, o Supremo Tribunal Federal, em decisão definitiva de mérito proferida no âmbito de uma Ação Declaratória de Constitucionalidade, com eficácia contra todos (erga omnes) e efeito vinculante, declarou que a lei federal, que autoriza o uso de determinado agrotóxico no cultivo de soja, é constitucional, desde que respeitados os limites e os parâmetros técnicos estabelecidos pela Agência Nacional de Vigilância Sanitária (ANVISA). Inconformados com tal decisão, os congressistas do partido Y apresentaram um projeto de lei perante a Câmara dos Deputados visando proibir, em todo o território nacional, o uso do referido agrotóxico e, com isso, "derrubar" a decisão da Suprema Corte. Em outubro de 2017, o projeto de lei é apresentado para ser votado. Diante da hipótese narrada, assinale a afirmativa correta.

(A) A superação legislativa das decisões definitivas de mérito do Supremo Tribunal Federal, no âmbito de uma ação declaratória de constitucionalidade, deve ser feita pela via da emenda constitucional, ou seja, como fruto da atuação do poder constituinte derivado reformador; logo, o projeto de lei proposto deve ser impugnado por mandado de segurança em controle prévio de constitucionalidade.

(B) Embora as decisões definitivas de mérito proferidas pelo Supremo Tribunal Federal nas ações declaratórias de constitucionalidade não vinculem o Poder Legislativo em sua função típica de legislar, a Constituição de 1988 veda a rediscussão de temática já analisada pela Suprema Corte na mesma sessão legislativa, de modo que o projeto de lei apresenta vício formal de inconstitucionalidade.

(C) Como as decisões definitivas de mérito proferidas pelo Supremo Tribunal Federal em sede de controle concentrado de constitucionalidade gozam de eficácia contra todos e efeito vinculante, não poderia ser apresentado projeto de lei que contrariasse questão já pacificada pela Suprema Corte, cabendo sua impugnação pela via da reclamação constitucional.

(D) O Poder Legislativo, em sua função típica de legislar, não fica vinculado às decisões definitivas de mérito proferidas pelo Supremo Tribunal Federal no controle de constitucionalidade, de modo que o projeto de lei apresentado em data posterior ao julgamento poderá ser regularmente votado e, se aprovado, implicará a superação ou reação legislativa da jurisprudência.

RESPOSTA A questão trata do tema Controle de Constitucionalidade e exige conhecimento sobre o efeito das decisões definitivas do STF no controle concentrado de constitucionalidade: erga omnes e vinculante para os demais órgãos do Poder Judiciário e para a Administração Pública Federal, Estadual e Municipal, incluindo o Distrito Federal. Contudo, as decisões definitivas de mérito do STF no controle concentrado de constitucionalidade não vinculam o próprio Supremo Tribunal Federal que poderá mudar seu entendimento e não vinculam o Poder Legislativo na sua função legiferante, podendo inclusive através de nova lei superar o entendimento do STF. Na questão, os congressistas do Partido Y poderiam apresentar regularmente o projeto de lei para "derrubar" decisão da Suprema Corte. A espécie legislativa a ser adotada não depende da própria decisão do STF mas de previsão constitucional, e "uso de agrotóxicos" não é matéria privativa de emenda constitucional. A alternativa A está ERRADA porque vincula a necessidade de emenda constitucional para superar a decisão do STF, o que não procede; a alternativa B está ERRADA porque não há nenhuma vedação à rediscussão do tema na mesma sessão legislativa, e, portanto, o projeto de lei não apresenta vício formal de inconstitucionalidade por este motivo; a alternativa C está ERRADA porque justifica que o Poder Legislativo está impedido de apresentar projeto de lei sobre a matéria devido ao efeito vinculante da decisão do STF; e a alternativa D está CORRETA porque argumenta conforme o entendimento constitucional: o Poder Legislativo na sua função legiferante não está sujeito ao efeito vinculante das decisões definitivas de mérito do STF no controle concentrado de constitucionalidade, podendo aprovar nova lei e assim superar regularmente o entendimento da Suprema Corte. *Alternativa D.*

55. (XXIX Exame) O Estado Alfa promulgou, em 2018, a Lei Estadual X, concedendo unilateralmente isenção sobre o tributo incidente em operações relativas à circulação interestadual de mercadorias (ICMS) usadas como insumo pela indústria automobilística. O Estado Alfa, com isso, atraiu o interesse de diversas montadoras em ali se instalarem. A Lei Estadual X, no entanto, contraria norma da Constituição da República que dispõe caber a lei complementar regular a forma de concessão de incentivos, isenções e benefícios fiscais relativos ao ICMS, mediante deliberação dos Estados e do Distrito Federal. Em razão da Lei Estadual X, o Estado Beta, conhecido polo automobilístico, sofrerá drásticas perdas em razão da redução na arrecadação tributária, com a evasão de indústrias e fábricas para o Estado Alfa.

Diante do caso narrado, com base na ordem jurídico-constitucional vigente, assinale a afirmativa correta.

(A) O Governador do Estado Beta não detém legitimidade ativa para a propositura da Ação Direta de Inconstitucionalidade em face da Lei Estadual X, uma vez que, em âmbito estadual, apenas a Mesa da Assembleia Legislativa do respectivo ente está no rol taxativo de legitimados previsto na Constituição.

(B) A legitimidade do Governador do Estado Beta restringe-se à possibilidade de propor, perante o respectivo Tribunal de Justiça, representação de inconstitucionalidade de leis ou atos normativos estaduais ou municipais em face da Constituição Estadual.

(C) A legitimidade ativa do Governador para a Ação Direta de Inconstitucionalidade vincula-se ao objeto da ação, pelo que deve haver pertinência da norma impugnada com os objetivos do autor da ação; logo, não podem impugnar ato normativo oriundo de outro Estado da Federação.

(D) O Governador do Estado Beta é legitimado ativo para propor Ação Direta de Inconstitucionalidade em face da Lei Estadual X, a qual, mesmo sendo oriunda de ente federativo diverso, provoca evidentes reflexos na economia do Estado Beta.

RESPOSTA A Lei Estadual X, mesmo incidindo apenas no âmbito do Estado Alfa, afeta profundamente o equilíbrio financeiro e tributário do Estado Beta e ofende dispositivo constitucional que busca preservar o equilíbrio federativo, portanto o Governador do Estado Beta, munido da pertinência temática é considerado legitimado ativo para propor Ação Direta de Inconstitucionalidade em face de Lei Estadual do Estado Alfa perante o Supremo Tribunal Federal. A alternativa que atende ao fundamento constitucional é a alternativa D que está CORRETA. As demais estão ERRADAS pelos seguintes motivos: a alternativa A está ERRADA pois nega a legitimidade ativa ao Governador do Estado Beta; a alternativa B está ERRADA porque restringe a legitimidade ativa do Governador do Estado Beta as ações de controle de constitucionalidade no âmbito do Tribunal de Justiça do próprio Estado apenas contra leis municipais e estaduais internas em face da Constituição Estadual; a alternativa C está ERRADA porque justifica a pertinência temática ao objeto da ação, ou seja, se a lei estadual não é do próprio estado não haveria pertinência para o ajuizamento da ADI.

56. (XXVIII EXAME) Numerosas decisões judiciais, contrariando portarias de órgãos ambientais e de comércio exterior, concederam autorização para que sociedades empresárias pudessem importar pneus usados. Diante disso, o Presidente da República ingressa com Arguição de Descumprimento de Preceito Fundamental (ADPF), sustentando que tais decisões judiciais autorizativas da importação de pneus usados teriam afrontado preceito fundamental, representado pelo direito à saúde e a um meio ambiente ecologicamente equilibrado.

A partir do caso narrado, assinale a afirmativa correta.

(A) A ADPF não se presta para impugnar decisões judiciais, pois seu objeto está adstrito às leis ou a atos normativos federais e estaduais de caráter geral e abstrato, assim entendidos aqueles provenientes do Poder Legislativo em sua função legislativa.

(B) A ADPF tem por objetivo evitar ou reparar lesão a preceito fundamental resultante de ato do Poder Público, ainda que de efeitos concretos ou singulares; logo, pode impugnar decisões judiciais que violem preceitos fundamentais da Constituição, desde que observada a subsidiariedade no seu uso.

(C) Embora as decisões judiciais possam ser impugnadas por ADPF, a alegada violação do direito à saúde e a um meio ambiente ecologicamente equilibrado não se insere no conceito de preceito fundamental, conforme rol taxativo constante na Lei Federal nº 9.882/99.

(D) A ADPF não pode ser admitida, pois o Presidente da República, na qualidade de chefe do Poder Executivo, não detém legitimidade ativa para suscitar a inconstitucionalidade de ato proferido por membros do Poder Judiciário, sob pena de vulneração ao princípio da separação dos poderes.

RESPOSTA A questão exige conhecimentos acerca da Arguição de Descumprimento de Preceito Fundamental. A ADPF visa evitar ou reparar lesão a preceito fundamental, resultante de ato do Poder Público e quando for relevante o fundamento da controvérsia constitucional, sobre lei ou ato normativo federal, estadual, municipal (e distrital), incluindo os anteriores à Constituição, conforme o art. 1º, caput e parágrafo único da Lei n. 9.882/99. O caso em questão se enquadra no caput da lei – evitar ou reparar lesão a preceito fundamental, resultante de "ato do Poder Público", considerando como ato as decisões judiciais impugnadas pela ADPF. Vejamos as alternativas: A alternativa A está ERRADA pois afirma que o alcance da ADPF está adstrito às leis e atos normativos; a alternativa B está CORRETA porque reconhece que a ADPF pode impugnar decisões judiciais, ou seja, atos do Poder Público que concretamente provoquem lesões a preceitos fundamentais; a alternativa C está ERRADA porque afirma que o rol de preceitos fundamentais é taxativo na Lei n. 9.882/99, o que não procede; alternativa D está ERRADA pois afirma que o Presidente da República não é parte legítima para o ajuizamento da ADPF.

57. (XXVII EXAME) O Supremo Tribunal Federal (STF), em decisão definitiva de mérito proferida em sede de Ação Direta de Inconstitucionalidade, declarou inconstitucional determinada lei do Estado Alfa. Meses após a referida decisão, o Estado Sigma, após regular processo legislativo e sanção do Governador, promulga uma lei estadual com teor idêntico àquele da lei federal que fora declarada inconstitucional pelo STF. Com base no ordenamento jurídico-constitucional vigente, assinale a afirmativa correta.

(A) As decisões proferidas em sede de controle concentrado, como no caso da Ação Direta de Inconstitucionalidade, gozam de efeitos erga omnes e vinculam o Poder Legislativo e o Poder Executivo; logo, a inconstitucionalidade da lei do Estado Sigma pode ser arguida em reclamação ao STF.

(B) A norma editada pelo Estado Sigma, ao contrariar decisão definitiva de mérito proferida pela Suprema Corte, órgão de cúpula do Poder Judiciário ao qual compete, precipuamente, a guarda da Constituição, já nasce nula de pleno direito e não produz quaisquer efeitos.

(C) A decisão definitiva de mérito proferida pelo STF em sede de Ação Direta de Inconstitucionalidade não possui efeito vinculante, razão pela qual inexiste óbice à edição de lei estadual com teor idêntico àquele de outra lei estadual que fora declarada inconstitucional pela Suprema Corte.

(D) A referida decisão proferida pelo STF, declarando a inconstitucionalidade da lei do Estado Alfa, apenas vincula os demais órgãos do Poder Judiciário e a administração pública direta e indireta, não o Poder Legislativo em sua função típica de legislar; logo, pode ser proposta nova ADI.

RESPOSTA O tema da questão é Controle de Constitucionalidade e o caso hipotético cita uma lei estadual que foi declarada inconstitucional pelo STF, tendo sido, tempos depois, publicada nova lei em outro estado, com idêntico teor da lei anteriormente declarada inconstitucional. A alternativa A está ERRADA porque afirma que as decisões do STF em sede de controle concentrado de constitucionalidade vinculam o Poder Legislativo o que não ocorre; a alternativa B está ERRADA porque diz que a lei nova do Estado Sigma é nula e não produz efeitos, o que é errado, tal lei é válida e eficaz, podendo ser submetida a controle de constitucionalidade repressivo; a alternativa C está ERRADA porque diz que a decisão proferida pelo STF não tem efeito vinculante quando na verdade tem efeito vinculante para os órgãos do Poder Judiciário e para a Administração Pública, não alcançando o Poder Legislativo na sua função típica; a alternativa D está CORRETA porque justamente afirma que o alcance da decisão do STF são os órgãos do Poder Judiciário e a Administração Púbica que ficarão vinculados à decisão judicial, contudo o Poder Legislativo na sua função legiferante não está subordinado à vinculação, sendo possível o ajuizamento de ADI em face da nova lei.

58. (XXV Exame) Todos os dispositivos da Lei Y, promulgada no ano de 1985, possuem total consonância material e formal com a Constituição de 1967, com a redação dada pela Emenda Constitucional n. 1/1969. No entanto, o Supremo Tribunal Federal, em sede de recurso extraordinário, constatou que, após a atuação do Poder Constituinte originário, que deu origem à Constituição de 1988, o Art. X da mencionada Lei Y deixou de encontrar suporte material na atual ordem constitucional. Sobre esse caso, segundo a posição reconhecida pela ordem jurídico-constitucional brasileira, assinale a afirmativa correta.

(A) Ocorreu o fenômeno conhecido como "não recepção", que tem por consequência a revogação do ato normativo que não se compatibiliza materialmente com o novo parâmetro constitucional.

(B) Ao declarar a inconstitucionalidade do Art. X à luz do novo parâmetro constitucional, devem ser reconhecidos os naturais efeitos retroativos (*ex tunc*) atribuídos a tais decisões.

(C) Na ausência de enunciado expresso, dá-se a ocorrência do fenômeno denominado "desconstitucionalização", sendo que o Art. X é tido como inválido perante a nova Constituição.

(D) Terá ocorrido o fenômeno da inconstitucionalidade formal superveniente, pois o Art. X, constitucional perante a Constituição de 1967, tornou-se inválido com o advento da Constituição de 1988.

RESPOSTA A alternativa correta é a A, pois sendo lei anterior à CRFB/88, só será recepcionada para o novo ordenamento constitucional se compatível com a nova Constituição; se não houver compatibilidade, ocorrerá o fenômeno da "não recepção".

59. (XXIV Exame) Considere a seguinte situação hipotética: Decreto Legislativo do Congresso Nacional susta Ato Normativo do Presidente da República que exorbita dos limites da delegação legislativa concedida. Insatisfeito com tal iniciativa do Congresso Nacional e levando em consideração o sistema brasileiro de controle de constitucionalidade, o Presidente da República pode

(A) deflagrar o controle repressivo concentrado mediante uma Arguição de Descumprimento de Preceito Fundamental (ADPF), pois não cabe Ação Direta de Inconstitucionalidade de decreto legislativo.

(B) recorrer ao controle preventivo jurisdicional mediante o ajuizamento de um Mandado de Segurança perante o Supremo Tribunal Federal.

(C) deflagrar o controle repressivo político mediante uma representação de inconstitucionalidade, pois se trata de um ato do Poder Legislativo.

(D) deflagrar o controle repressivo concentrado mediante uma Ação Direta de Inconstitucionalidade (ADI), uma vez que o decreto legislativo é ato normativo primário.

RESPOSTA A questão trata de controle de constitucionalidade, e o entendimento correto é que o Presidente da República insatisfeito poderá ajuizar uma Ação Direta de Inconstitucionalidade contra o Decreto Legislativo, que é espécie normativa prevista no art. 59 da CRFB/88. Lembrando que o Presidente é um dos legitimados previstos no art. 103 da CRFB/88. Portanto, a alternativa CORRETA é a assertiva D, estando as demais INCORRETAS. Sobre as alternativas erradas destaca-se que não é cabível ADPF no caso em tela; não há cenário para o controle preventivo de constitucionalidade exercido pelo STF, além do que o Presidente não é legitimado para o ajuizamento do MS no controle preventivo de constitucionalidade; não há cabimento e fundamento para a hipótese levantada na alternativa C.

60. (XXIII Exame) A lei federal n. 123, sancionada em 2012, é objeto de Ação Direta de Inconstitucionalidade proposta por partido político com representação no Congresso Nacional. O referido diploma legal é declarado materialmente inconstitucional pelo Supremo Tribunal Federal (STF), em março de 2014. Em outubro de 2016, membro da Câmara dos Deputados apresenta novo projeto de lei ordinária contendo regras idênticas àquelas declaradas materialmente inconstitucionais. Tomando por base o caso apresentado acima, assinale a afirmativa correta.

(A) A decisão proferida pelo STF produz eficácia contra todos e efeito vinculante relativamente aos órgãos dos Poderes Executivo, Legislativo e Judiciário, inclusive nas suas funções típicas; logo, o novo projeto de lei ordinária, uma vez aprovado pelo Congresso Nacional, será nulo por ofensa à coisa julgada.

(B) Em observância ao precedente firmado na referida Ação Direta de Inconstitucionalidade, o plenário do STF pode, em sede de controle preventivo, obstar a votação do novo projeto de lei por conter regras idênticas àquelas já declaradas inconstitucionais.

(C) A decisão proferida pelo STF não vincula o Poder Legislativo ou o plenário do próprio Tribunal em relação a apreciações futuras da temática; logo, caso o novo projeto de lei venha a ser aprovado e sancionado, a Corte pode vir a declarar a constitucionalidade da nova lei.

(D) A decisão proferida pelo STF é ineficaz em relação a terceiros, porque o partido político com representação no Congresso Nacional não está elencado no rol constitucional de legitimados aptos a instaurar o processo objetivo de controle normativo abstrato.

RESPOSTA A questão versa sobre tema tratado pelos arts. 102, § 2º, e 103, VIII, da CRFB/88. Resumidamente, o efeito vinculante da decisão do STF em ADI não submete o Poder Legislativo no exercício de sua função típica de legislar, produzindo eficácia contra todos os demais e efeito vinculante, relativamente aos demais órgãos do Poder Judiciário e também contra a Administração Pública direta e indireta, nas esferas federal, estadual, distrital e municipal. Em caso de nova lei aprovada com mesmo texto, nada impede que o STF mude seu entendimento e a considere constitucional. Portanto, a alternativa C está CORRETA, e as demais estão ERRADAS. Destacamos nas assertivas ERRADAS que o Poder Legislativo não se submete, na sua função típica, às decisões do STF, não estando impedido de elaborar nova lei com o mesmo texto; o STF, ao exercer o controle preventivo de constitucionalidade, não pode impedir o processo legislativo de nova lei com texto idêntico; as decisões do STF têm eficácia contra terceiros e os partidos políticos, atendidas as exigências constitucionais, têm legitimidade para ajuizar o controle abstrato de constitucionalidade.

61. (XXI Exame) A parte autora em um processo judicial, inconformada com a sentença de primeiro grau de jurisdição que se embasou no ato normativo X, apela da decisão porque, no seu entender, esse ato normativo seria inconstitucional. A 3ª Câmara Cível do Tribunal de Justiça do Estado Alfa, ao analisar a apelação interposta, reconhece que assiste razão à recorrente, mais especificamente no que se refere à inconstitucionalidade do referido ato normativo X. Ciente da existência de cláusula de reserva de plenário, a referida Turma dá provimento ao recurso sem declarar expressamente a inconstitucionalidade do ato normativo X, embora tenha afastado a sua incidência no caso concreto. De acordo com o sistema jurídico-constitucional brasileiro, o acórdão proferido pela 3ª Turma Cível

(A) está juridicamente perfeito, posto que, nestas circunstâncias, a solução constitucionalmente expressa é o afastamento da incidência, no caso concreto, do ato normativo inconstitucional.

(B) não segue os parâmetros constitucionais, pois deveria ter declarado, expressamente, a inconstitucionalidade do ato normativo que fundamentou a sentença proferida pelo juízo a quo.

(C) está correto, posto que a 3ª Turma Cível, como órgão especial que é, pode arrogar para si a competência do Órgão Pleno do Tribunal de Justiça do Estado Alfa.

(D) está incorreto, posto que violou a cláusula de reserva de plenário, ainda que não tenha declarado expressamente a inconstitucionalidade do ato normativo.

RESPOSTA A Súmula Vinculante 10 determina que "Viola a cláusula de reserva de plenário (CF, art. 97) a decisão de órgão fracionário de tribunal que, embora não declare expressamente a inconstitucionalidade de lei ou ato normativo do Poder Público, afasta sua incidência, no todo ou em parte", portanto, o acórdão proferido pela 3ª Turma Cível (órgão fracionário), embora não tenha declarado expressamente a inconstitucionalidade da norma, afastou sua incidência no caso concreto, e, portanto, violou a cláusula de reserva de plenário, estando incorreto. Das alternativas proposta, a única que corresponde ao sistema jurídico--constitucional brasileiro é a alternativa D que está CORRETA, as demais estão INCORRETAS.

XI. DEFESA DO ESTADO E DAS INSTITUIÇÕES DEMOCRÁTICAS

62. **(XXXII Exame)** Durante pronunciamento em rede nacional, o Presidente da República é alertado por seus assessores sobre a ocorrência de um ataque balístico, em solo pátrio, oriundo de país fronteiriço ao Brasil. Imediatamente, anuncia que tal agressão armada não ficará sem resposta. Após reunir-se com o Conselho da República e o Conselho de Defesa Nacional, solicita autorização ao Congresso Nacional para decretar o estado de sítio e adotar as seguintes medidas: I – a população que reside nas proximidades da área atacada deve permanecer dentro de suas casas ou em abrigos indicados pelo governo; II – imposição de restrições relativas à inviolabilidade da correspondência e ao sigilo das comunicações. A partir do enunciado proposto, com base na ordem constitucional vigente, assinale a afirmativa correta.

(A) Cabe ao Congresso Nacional decidir, por maioria absoluta, sobre a decretação do estado de sítio, visto que as medidas propostas pelo Presidente da República revelam-se compatíveis com a ordem constitucional.

(B) Além de as medidas a serem adotadas serem incompatíveis com a ordem constitucional, a resposta à agressão armada estrangeira é causa de decretação do estado de defesa, mas não do estado de sítio.

(C) Embora as medidas a serem adotadas guardem compatibilidade com a ordem constitucional, a decretação do estado de sítio prescinde de prévia aprovação pelo Congresso Nacional.

(D) Cabe ao Congresso Nacional decidir, por maioria simples, sobre a instituição do estado de sítio, mas as medidas propostas pelo Presidente apresentam flagrante inconstitucionalidade.

RESPOSTA A alternativa A está CERTA, pois confere com o que diz o art. 137, II (última parte) c/c art. 139, I e III, ambos da CRFB/88. As demais alternativas estão ERRADAS porque resposta à agressão armada não é causa de estado de defesa, a decretação de estado de sítio não prescinde de autorização do Congresso Nacional e a decisão do Congresso Nacional é por maioria absoluta.

63. **(XXX Exame)** As chuvas torrenciais que assolaram as regiões Norte e Nordeste do país resultaram na paralisação de serviços públicos essenciais ligados às áreas de saúde, educação e segurança. Além disso, diversos moradores foram desalojados de suas residências, e o suprimento de alimentos e remédios ficou prejudicado em decorrência dos alagamentos. O Presidente da República, uma vez constatado o estado de calamidade pública de grande proporção, decretou estado de defesa. Dentre as medidas coercitivas adotadas com o propósito de restabelecer a ordem pública estava o uso temporário de ambulâncias e viaturas pertencentes ao Município Alfa. Diante do caso hipotético narrado, assinale a afirmativa correta.

(A) A fundamentação empregada pelo Presidente da República para decretar o estado de defesa viola a Constituição de 1988, porque esta exige, para tal finalidade, a declaração de estado de guerra ou resposta a agressão armada estrangeira.

(B) Embora seja admitida a decretação do estado de defesa para restabelecer a ordem pública em locais atingidos por calamidades de grandes proporções da natureza, não pode o Presidente da República, durante a vigência do período de exceção, determinar o uso temporário de bens pertencentes a outros entes da federação.

(C) O estado de defesa, no caso em comento, viola o texto constitucional, porque apenas poderia vir a ser decretado pelo Presidente da República caso constatada a ineficácia de medidas adotadas durante o estado de sítio.

(D) A União pode determinar a ocupação e o uso temporário de bens e serviços públicos, respondendo pelos danos e custos decorrentes, porque a necessidade de restabelecer a ordem pública em locais atingidos por calamidades de grandes proporções da natureza é fundamento idôneo para o estado de defesa.

RESPOSTA A questão trata do Estado de Defesa – uma das medidas constitucionais coercitivas inseridas no tema DEFESA DO ESTADO E DAS INSTITUIÇÕES DEMOCRÁTICAS – e o fundamento da análise das alternativas encontra-se no art. 136, II, da CRFB/88. Vejamos: a alternativa A está ERRADA porque o fundamento da decretação do Estado de Defesa é justamente a recomposição da ordem pública e da paz social ameaçadas, no caso, inclusive de calamidades de grandes proporções na natureza (art. 136, *caput*, da CRFB/88), como é o caso das chuvas torrenciais descritas no comando da questão; a alternativa B está ERRADA porque nega a possibilidade do Presidente da República determinar o uso temporário de bens públicos pertencentes a outros entes da federação, o que contraria o texto do art. 136, § 1º, II, da CRFB/88; a alternativa C está ERRADA porque o Estado de Sítio é medida coercitiva mais severa e pautada em outros fundamentos (conforme os arts. 137 a 139 da CRFB/88), não podendo, portanto, ser aplicado como medida anterior ao Estado de Defesa (ao contrário, a ineficácia do Estado de Defesa pode propiciar a decretação do Estado de Sítio); a alternativa D está CERTA porque confere com a previsão constitucional, especialmente o que prescreve o art. 136, § 1º, II, da CRFB/88. *Alternativa D.*

64. (XXVI Exame) Durante ato de protesto político, realizado na praça central do Município Alfa, os manifestantes, inflamados por grupos oposicionistas, começam a depredar órgãos públicos locais, bem como invadem e saqueiam estabelecimentos comerciais, situação que foge do controle das forças de segurança. Diante do quadro de evidente instabilidade social, o Presidente da República, por Decreto, institui o estado de defesa no Município Alfa por prazo indeterminado, até que seja restaurada a ordem pública e a paz social. No Decreto, ainda são fixadas restrições aos direitos de reunião e ao sigilo de correspondência e comunicação telefônica. Acerca do caso apresentado, assinale a afirmativa correta.

(A) Durante o estado de defesa, podem ser estabelecidas restrições aos direitos de reunião e ao sigilo de correspondência e comunicação telefônica, mas o referido decreto não poderia estender-se por prazo indeterminado, estando em desconformidade com a ordem constitucional.

(B) Ao decretar a medida, o Chefe do Poder Executivo não poderia adotar medidas de restrição ao sigilo de correspondência e comunicação telefônica, o que denota que o decreto é materialmente inconstitucional.

(C) O decreto é formalmente inconstitucional, porque o Presidente da República somente poderia decretar medida tão drástica mediante lei previamente aprovada em ambas as casas do Congresso Nacional.

(D) O decreto presidencial, na forma enunciada, não apresenta qualquer vício de inconstitucionalidade, sendo assegurada, pelo texto constitucional, a possibilidade de o Presidente da República determinar, por prazo indeterminado, restrições aos referidos direitos.

RESPOSTA A questão está fundamentada no art. 136 da CRFB/88, que dispõe sobre a possibilidade de o presidente da República, por decreto, ouvidos os Conselhos da República e da Defesa Nacional, promover o Estado de Defesa, com o objetivo de preservar ou reestabelecer a ordem pública e a paz social, em locais restritos e determinados. No Estado de Defesa, que terá duração não superior a 30 dias, podendo, de forma justificada, ser prorrogado apenas uma vez, por igual período, o decreto especificará as medidas coercitivas que poderão alcançar o direito de reunião, ainda que exercida no seio de associações; o sigilo da comunicação telegráfica, telefônica e de correspondências; além do uso temporário de bens e serviços públicos, nas hipóteses de calamidade pública. A única alternativa que corresponde aos dispositivos constitucionais é a A.

65. (XXV Exame) Policiais militares do estado Y decidiram entrar em greve em razão dos atrasos salariais e por considerarem inadequadas as condições de trabalho. Em razão desse quadro, a Associação de Esposas e Viúvas dos Policiais Militares procura um advogado para saber da constitucionalidade dessa decisão dos policiais militares. Sobre a hipótese apresentada, assinale a afirmativa correta.

(A) Compete aos referidos policiais militares decidir sobre a oportunidade de exercer o direito de greve, que lhes é assegurado pela CRFB/88.

(B) O direito de greve pode ser livremente exercido pelos policiais militares estáveis, mas aqueles que estiverem em estágio probatório podem ser demitidos por falta injustificada ao serviço.

(C) O exercício do direito de greve, sob qualquer forma ou modalidade, é-lhes vedado, pois sua atividade é essencial à segurança da sociedade, tal qual ocorre com os militares das Forças Armadas.

(D) O direito de greve dos servidores públicos ainda não foi regulamentado por lei específica, o que torna a decisão constitucionalmente incorreta.

RESPOSTA Os policiais militares dos estados-membros são tratados pelo art. 42 da CRFB/88, que faz referência aos dispositivos do art. 142 do mesmo texto constitucional. Ou seja, apesar de o art. 142 tratar das Forças Armadas (que não são objeto desta questão), podemos utilizar como referência o art. 142, § 3º, IV, da CRFB/88 para afirmar que aos militares em geral (policiais militares, corpos de bombeiros e militares da Marinha, Exército e Aeronáutica) são vedadas a sindicalização e a greve. A alternativa correta é a C. Alerto que esta questão poderia estar catalogada no item da Organização do Estado, pois os policiais militares estão previstos no art. 42 da CRFB/88.

XII. FINANÇAS PÚBLICAS

66. (XXXII Exame) Em razão de profunda crise fiscal vivenciada pela República Delta, que teve como consequência a diminuição drástica de suas receitas tributárias, o governo do país resolveu recorrer a um empréstimo, de forma a obter os recursos financeiros necessários para que o Tesouro Nacional pudesse honrar os compromissos assumidos. Neste sentido, o Presidente da República, seguindo os trâmites institucionais exigidos, recorre ao Banco Central, a fim de obter os referidos recursos a juros mais baixos que os praticados pelos bancos privados nacionais ou internacionais. Se situação similar viesse a ocorrer na República Federativa do Brasil, segundo o nosso sistema jurídico-constitucional, o Banco Central

(A) teria que conceder o empréstimo, como instituição integrante do Poder Executivo, mas observando o limite máximo de cinquenta por cento de suas reservas.

(B) não poderia conceder o referido empréstimo para o Tesouro Nacional brasileiro, com base em expressa disposição constante na Constituição Federal de 1988.

(C) avaliaria as condições concretas do caso, podendo, ou não, conceder o empréstimo, atuando em bases semelhantes às utilizadas pela iniciativa privada.

(D) não poderia fazê-lo em termos que viessem a colocar em risco a saúde financeira da instituição, embora esteja obrigado a realizar o empréstimo.

RESPOSTA O art. 164, § 1º, da CRFB/88 determina expressamente que é vedado ao banco central conceder, direta ou indiretamente, empréstimos ao Tesouro Nacional e a qualquer órgão ou entidade que não seja instituição financeira. O Banco Central, autarquia executiva do subsistema normativo do Sistema Financeiro Nacional, atua como fiscalizador e supervisor das instituições financeiras operativas nos mercados monetário, de crédito e de câmbio, funcionando como o "banco dos bancos" aos recolher os depósitos compulsórios, aos adotar os instrumentos de política monetária e ao atuar no mercado interbancário, podendo emprestar dinheiro aos bancos, assim como vender e resgatar títulos públicos federais. Portanto a única alternativa **CORRETA** que corresponde ao dispositivo constitucional é a alternativa **B**, as demais alternativas estão **ERRADAS**.

XIII. ORDEM ECONÔMICA

67. (XXX EXAME) Bento ficou surpreso ao ler, em um jornal de grande circulação, que um cidadão americano adquiriu fortuna ao encontrar petróleo em sua propriedade, situada no Estado do Texas. Acresça-se que um amigo, com formação na área de Geologia, tinha informado que as imensas propriedades de Bento possuíam rochas sedimentares normalmente presentes em regiões petrolíferas. Antes de pedir um aprofundado estudo geológico do terreno, Bento buscou um advogado especialista na matéria, a fim de saber sobre possíveis direitos econômicos que lhe caberiam como resultado da extração do petróleo em sua propriedade. O advogado respondeu que, segundo o sistema jurídico-constitucional brasileiro, caso seja encontrado petróleo na propriedade, Bento

(A) poderá, por ser proprietário do solo e, por extensão, do subsolo de sua propriedade, explorar, per se, a atividade, auferindo para si os bônus e ônus econômicos advindos da exploração.

(B) receberá indenização justa e prévia pela desapropriação do terreno em que se encontra a jazida, mas não terá direito a qualquer participação nos resultados econômicos provenientes da atividade.

(C) terá assegurada, nos termos estabelecidos pela via legislativa ordinária, participação nos resultados econômicos decorrentes da exploração da referida atividade em sua propriedade.

(D) não terá direito a qualquer participação no resultado econômico da atividade, pois, embora seja proprietário do solo, as riquezas extraídas do subsolo são de propriedade exclusiva da União.

RESPOSTA O tema da questão transita entre a Organização do Estado e a Ordem Econômica, optamos pela Ordem Econômica, devido à proximidade da alternativa correta da questão com a literalidade do art. 176 da CRFB/88. Segundo o sistema jurídico brasileiro, os recursos minerais são bens da União, conforme o art. 20, IX, da CRFB/88, sendo assegurada à União, aos Estados, ao Distrito Federal e aos Municípios a participação no resultado da exploração de petróleo ou gás natural, de recursos hídricos para fins de geração de energia elétrica e de outros recursos minerais no respectivo território, plataforma continental, mar territorial ou zona econômica exclusiva, ou compensação financeira por essa exploração (art. 20, § 1º, da CRFB/88, alterado pela EC n. 102/2019). Complementando, o art. 176, *caput*, da CRFB/88 prevê que as jazidas, em lavra ou não, e demais recursos minerais e os potenciais de energia hidráulica constituem propriedade distinta da do solo, para efeito de exploração ou aproveitamento, e pertencem à União, garantida ao concessionário a propriedade do produto da lavra, sendo assegurada (art. 176, § 2º, da CRFB/88) a participação ao proprietário do solo nos resultados da lavra, na forma e no valor que dispuser a lei. Com o conhecimento baseado na Constituição Federal podemos analisar as alternativas: alternativa A está ERRADA porque o proprietário do solo não pode ter estendido seu direito de propriedade ao subsolo com recursos da União; a alternativa B está ERRADA porque o proprietário do solo tem direito a participação nos resultados econômicos garantido pela Constituição; alternativa C está CERTA porque afirma o direito de participação econômica sobre os resultados da exploração assegurado para o proprietário do solo, conforme o art. 176, § 2º, da CRFB/88); a alternativa D está ERRADA porque nega ao proprietário do solo, o direito de participação sobre os ganhos econômicos provenientes da exploração dos recursos. *Alternativa C.*

68. (XXIX EXAME) O Deputado Federal X, defensor de posições políticas estatizantes, convencido de que seria muito lucrativo o fato de o Estado passar a explorar, ele próprio, atividades econômicas, pretende propor projeto de lei que viabilize a criação de diversas empresas públicas. Esses entes teriam, como único pressuposto para sua criação, a possibilidade de alcançar alto grau de rentabilidade. Com isso, seria legalmente inviável a criação de empresas públicas deficitárias.

Antes de submeter o projeto de lei à Câmara, o Deputado Federal X consulta seus assistentes jurídicos, que, analisando a proposta, informam, corretamente, que seu projeto é

(A) inconstitucional, pois a criação de empresas públicas, sendo ato estratégico da política nacional, é atribuição exclusiva do Presidente da República, que poderá concretizá-la por meio de decreto.

(B) constitucional, muito embora deva o projeto de lei seguir o rito complementar, o que demandará a obtenção de um quórum de maioria absoluta em ambas as casas do Congresso Nacional.

(C) inconstitucional, pois a exploração direta da atividade econômica pelo Estado só será permitida quando necessária à segurança nacional ou caracterizado relevante interesse nacional.

(D) constitucional, pois a Constituição Federal, ao estabelecer a livre concorrência entre seus princípios econômicos, não criou obstáculos à participação do Estado na exploração da atividade econômica.

RESPOSTA O art. 173 da CRFB/88 prescreve que a exploração direta da atividade econômica pelo Poder Público só será permitida quando necessária aos imperativos da segurança nacional ou a relevante interesse coletivo, portanto a referida lei pretendida pelo Deputado Federal X é inconstitucional, conforme afirma a alternativa C que está CORRETA. As demais alternativas estão ERRADAS, vejamos: a alternativa A está ERRADA ao sujeitar a criação de empresa pública a decreto presidencial; a alternativa B está ERRADA ao declarar a lei constitucional, ignorando as limitações impostas pelo art. 173 da CRFB/88, e ao atribuir a competência para a criação de empresa pública à lei complementar, divergindo do comando constitucional; a alternativa D está ERRADA porque, além de declarar constitucional a hipotética lei, também nega as limitações constitucionais impostas ao Estado para explorar atividade econômica.

69. (XXIV Exame) Marcos recebeu, por herança, grande propriedade rural no estado Sigma. Dedicado à medicina e não possuindo maior interesse pelas atividades agropecuárias desenvolvidas por sua família, Marcos deixou, nos últimos anos, de dar continuidade a qualquer atividade produtiva nas referidas terras. Ciente de que sua propriedade não está cumprindo uma função social, Marcos procura um advogado para saber se existe alguma possibilidade jurídica de vir a perdê-la. Segundo o que dispõe o sistema jurídico-constitucional vigente no Brasil, assinale a opção que apresenta a resposta correta.

(A) O direito de Marcos a manter suas terras deverá ser respeitado, tendo em vista que tem título jurídico reconhecidamente hábil para caracterizar o seu direito adquirido.

(B) A propriedade que não cumpre sua função social poderá ser objeto de expropriação, sem qualquer indenização ao proprietário que deu azo a tal descumprimento; no caso, Marcos.

(C) A propriedade, por interesse social, poderá vir a ser objeto de desapropriação, devendo ser, no entanto, respeitado o direito de Marcos à indenização.

(D) O direito de propriedade de Marcos está cabalmente garantido, já que a desapropriação é instituto cabível somente nos casos de cultura ilegal de plantas psicotrópicas.

RESPOSTA A questão trata do art. 184, *caput*, da CRFB/88, que dispõe da seguinte maneira: "compete à União desapropriar por interesse social, para fins de reforma agrária, o imóvel rural que não esteja cumprindo sua função social, mediante prévia e justa indenização em títulos da dívida agrária, com cláusula de preservação do valor real, resgatáveis no prazo de até vinte anos, a partir do segundo ano de sua emissão, e cuja utilização será definida em lei". Portanto, a alternativa C é a CORRETA, estando as demais INCORRETAS. Destaca-se entre as assertivas erradas que o direito de propriedade de Marcos não é absoluto, mesmo que legítimo; a expropriação não é aplicada ao caso de Marcos e a desapropriação é aplicada a Marcos e não aos casos de cultura ilegal de plantas psicotrópicas.

XIV. ORDEM SOCIAL

70. (XXXII Exame) No Município Alfa, 20% (vinte por cento) da população pertence a uma comunidade indígena. Hoje, o Município vive uma grande polêmica, porque alguns líderes da referida comunidade têm protestado contra a política educacional do Município, segundo a qual o ensino fundamental deve ser ofertado exclusivamente em língua portuguesa, rejeitando a possibilidade de a língua materna da comunidade indígena ser também utilizada no referido processo educacional. Sobre a posição defendida pelos referidos líderes da comunidade indígena, segundo o sistema jurídico-constitucional brasileiro, assinale a afirmativa correta.

(A) Encontra base na Constituição de 1988, que, respeitando uma posição multiculturalista, abdica de definir uma língua específica como idioma oficial no território brasileiro.

(B) Não encontra fundamento na Constituição da República, que estabelece a língua portuguesa como a única língua passível de ser utilizada no ensino fundamental.

(C) Alicerça-se na Constituição de 1988, que assegura aos membros da comunidade indígena o direito de, no processo de aprendizagem do ensino fundamental, utilizar sua língua materna.

(D) Não se alicerça na Constituição de 1988, principalmente porque o reconhecimento da nacionalidade brasileira ao indígena tem por condição a capacidade deste último de se comunicar em língua portuguesa.

RESPOSTA O art. 210, § 2º, da CRFB/88 estabelece que o ensino fundamental regular será ministrado em língua portuguesa, mas assegura às comunidades indígenas a utilização de suas línguas maternas e processos próprios de aprendizagem. Portanto, o Município Alfa não pode ofertar o ensino fundamental exclusivamente em língua portuguesa, devendo assegurar à população de comunidade indígena, que corresponde a 20% (vinte por cento) de sua população, a aprendizagem em sua língua materna. A alternativa C é a única CORRETA pois atende ao comando constitucional. As demais alternativas estão ERRADAS, a alternativa A porque nega a existência de uma língua oficial; a alternativa B porque afirma ser a língua portuguesa a única língua possível de aplicação no ensino fundamental; a alternativa D porque condiciona o reconhecimento da nacionalidade brasileira do indígena à capacidade de se comunicar em língua portuguesa.

71. (XXX Exame) Durante campeonato oficial de judô promovido pela Federação de Judô do Estado Alfa, Fernando, um dos atletas inscritos, foi eliminado da competição esportiva em decorrência de uma decisão contestável da arbitragem que dirigiu a luta. Na qualidade de advogado(a) contratado(a) por Fernando, assinale a opção que apresenta a medida juridicamente adequada para o caso narrado.

(A) Fernando poderá ingressar com processo perante a justiça desportiva para contestar o resultado da luta e, uma vez esgotadas as instâncias desportivas e proferida decisão final sobre o caso, não poderá recorrer ao Poder Judiciário.

(B) Fernando poderá impugnar o resultado da luta perante o Poder Judiciário, independentemente de esgotamento das instâncias da justiça desportiva, em virtude do princípio da inafastabilidade da jurisdição.

(C) Fernando, uma vez esgotadas as instâncias da justiça desportiva (que terá o prazo máximo de 60 dias, contados da instauração do processo, para proferir decisão final), poderá impugnar o teor da decisão perante o Poder Judiciário.

(D) A ordem jurídica, que adotou o princípio da unidade de jurisdição a partir da Constituição de 1988, passou a prever a exclusividade do Poder Judiciário para dirimir todas as questões que venham a ser judicializadas em território nacional, deslegitimando a atuação da justiça desportiva.

RESPOSTA A questão trata do tema Desposto, inserido no título da Ordem Social, e destaca-se a regra prevista no art. 217, § 1º, que diz o Poder Judiciário só admitirá ações relativas à disciplina e às competições desportivas após serem esgotadas as instâncias da justiça desportiva. Outra regra destacada no art. 217 é aquela que determina que a justiça desportiva terá o prazo máximo de sessenta dias, contados da instauração do processo, para proferir decisão final (art. 217, § 2º, da CRFB/88). Na questão, Fernando, atleta de judô, insatisfeito com decisão da arbitragem pretende que seu advogado tente reverter a decisão. A alternativa A está ERRADA porque afirma que Fernando não poderá recorrer ao Poder Judiciário, após esgotadas as instâncias da justiça desportiva, o que fere o princípio da inafastabilidade do Poder Judiciário, assegurado expressamente em vários dispositivos do art. 5º da CRFB/88; a alternativa B está ERRADA porque afirma que Fernando não precisa respeitar a regra do art. 217, § 1º, que determina o respeito ao esgotamento das instâncias da justiça desportiva; a alternativa C está CORRETA porque confirma as regra do art. 217, §§ 1º e 2º da CRFB/88; a alternativa D está ERRADA porque torna exclusivo do Poder Judiciário dirimir os litígios das justiça desportiva. *Alternativa C.*

72. (XXX EXAME) Em decorrência de um surto de dengue, o Município Alfa, após regular procedimento licitatório, firmou ajuste com a sociedade empresária Mata Mosquitos Ltda., pessoa jurídica de direito privado com fins lucrativos, visando à prestação de serviços relacionados ao combate à proliferação de mosquitos e à realização de campanhas de conscientização da população local. Nos termos do ajuste celebrado, a sociedade empresarial passaria a integrar, de forma complementar, o Sistema Único de Saúde (SUS). Diante da situação narrada, com base no texto constitucional, assinale a afirmativa correta.

(A) O ajuste firmado entre o ente municipal e a sociedade empresária é inconstitucional, eis que a Constituição de 1988 veda a participação de entidades privadas com fins lucrativos no Sistema Único de Saúde, ainda que de forma complementar.

(B) A participação complementar de entidades privadas com fins lucrativos no Sistema Único de Saúde é admitida, sendo apenas vedada a destinação de recursos públicos para fins de auxílio ou subvenção às atividades que desempenhem.

(C) O ajuste firmado entre o Município Alfa e a sociedade empresária Mata Mosquito Ltda. encontra-se em perfeita consonância com o texto constitucional, que autoriza a participação de entidades privadas com fins lucrativos no Sistema Único de Saúde e o posterior repasse de recursos públicos.

(D) As ações de vigilância sanitária e epidemiológica, conforme explicita a Constituição de 1988, não se encontram no âmbito de atribuições do Sistema Único de Saúde, razão pela qual devem ser prestadas exclusivamente pelo poder público.

RESPOSTA A questão versa sobre o tema Saúde que está localizado no título Da Ordem Social. O art. 199 da CRFB/88 prevê que a assistência à saúde é livre à iniciativa privada, mas estabelece algumas condições, entre elas que as instituições privadas poderão participar de forma complementar do sistema único de saúde, segundo diretrizes deste, mediante contrato de direito público ou convênio, tendo preferência as entidades filantrópicas e as sem fins lucrativos (art. 199, §1º) e que é vedada a destinação de recursos públicos para auxílios ou subvenções às instituições privadas com fins lucrativos (art. 199, §2º). Com base nestes dispositivos já podemos analisar as alternativas da questão. A alternativa A está ERRADA quando declara que o ajuste firmado é inconstitucional porque a CRFB/88 veda a participação das entidade privadas com fins lucrativos no SUS, ainda que de forma complementar; a alternativa B está CERTA pois declara que a participação complementar de entidades privadas com fins lucrativos é admitida, sendo vedada a destinação de recursos públicos para auxiliar ou subvencionar seus desempenhos, tudo conforme o art. 199, §§ 1º e 2º da CRFB/88; a alternativa C está ERRADA pois afirma a participação de entidades privadas com fins lucrativos no SUS, sem citar a condição de que a participação seja complementar e ainda afirma a permissão de repasse de recursos públicos, o que não procede; a alternativa D está ERRADA quando afirma que as ações de vigilância sanitária e epidemiológica não se encontram no âmbito das atribuições do SUS, divergindo do art. 200, II da CRFB/88. *Alternativa B.*

73. (XXVIII EXAME) Pablo, cidadão espanhol, decide passar férias no litoral do Nordeste brasileiro. Durante sua estadia, de modo acidental, corta-se gravemente com o facão que manuseava para abrir um coco verde, necessitando de imediato e urgente atendimento hospitalar. Ocorre que o hospital de emergência da localidade se recusa a atender Pablo, ao argumento de que, por ser estrangeiro, ele não faria jus aos serviços do Sistema Único de Saúde, devendo procurar um hospital particular.

Com base na situação fictícia narrada, assinale a afirmativa correta.

(A) A Constituição da República, no *caput* do art. 5º, assegura a igualdade de todos os brasileiros natos e naturalizados perante a lei, sem distinções de qualquer natureza, de modo que Pablo, por ser estrangeiro, não faz jus ao direito social à saúde.

(B) A saúde, na qualidade de direito social, apenas pode ser prestada àqueles que contribuem para a manutenção da seguridade social; diante da impossibilidade de Pablo fazê-lo, por ser estrangeiro, não pode ser atendido pelos hospitais que integram o Sistema Único de Saúde.

(C) O Sistema Único de Saúde rege-se pelo princípio da universalidade da tutela à saúde, direito fundamental do ser humano; logo, ao ingressar no território brasileiro, Pablo, mesmo sendo cidadão espanhol, tem direito ao atendimento médico público e gratuito em caso de urgência.

(D) Pablo, apenas pode ser atendido em hospital público que integre o Sistema Único de Saúde caso se comprometa a custear todas as despesas com seu tratamento, salvo comprovação de ser hipossuficiente econômico, circunstância excepcional na qual terá direito ao atendimento gratuito.

RESPOSTA A saúde é dever do Estado e direito de todos, independente de contribuição, tendo como um dos princípios constitucionais explícitos no art. 196, *caput*, da CRFB/88 o princípio da universalidade da tutela à saúde, assegurando a todos – nacionais e estrangeiros – o atendimento pelo Sistema Único de Saúde. Portanto, a única questão que condiz com o dispositivo constitucional é a alternativa C que está CORRETA, pois Pablo tem direito ao atendimento médico público e gratuito. As demais alternativas estão ERRADAS, pois o art. 5º, *caput* não exclui Pablo do acesso à saúde, pelo contrário, assegura a ele o direito à vida (alternativa A – ERRADA); a saúde – um dos pilares da seguridade social – independe de contribuição social (alternativa B – ERRADA) e Pablo não precisa provar a hipossuficiência ou se comprometer a pagar as despesas médicas para ser atendido pelo SUS (alternativa D – ERRADA).

74. (XXV Exame) Após uma vida dura de trabalho, Geraldo, que tem 80 anos, encontra-se doente em razão de um problema crônico nos rins e não possui meios de prover a própria manutenção. Morando sozinho e não possuindo parentes vivos, sempre trabalhou, ao longo da vida, fazendo pequenos biscates, jamais contribuindo com a previdência social. Instruído por amigos, procura um advogado para saber se o sistema jurídico-constitucional prevê algum meio assistencial para pessoas em suas condições. O advogado informa a Geraldo que, segundo a Constituição Federal,

(A) é garantido o amparo à velhice somente àqueles que contribuíram com a seguridade social no decorrer de uma vida dedicada ao trabalho.
(B) é assegurado o auxílio de um salário mínimo apenas àqueles que comprovem, concomitantemente, ser idosos e possuir deficiência física impeditiva para o trabalho.
(C) seria garantida a prestação de assistência social a Geraldo caso ele comprovasse, por intermédio de laudos médicos, ser portador de deficiência física.
(D) há previsão, no âmbito da seguridade social, de prestação de assistência social a idosos na situação em que Geraldo se encontra.

RESPOSTA O advogado deve informar a Geraldo que ele se enquadra no direito à assistência, que assegura auxílio aos necessitados, independentemente de contribuição, conforme dispõe o art. 203, V, da CRFB/88. Alternativa D está correta.

75. (XXIV Exame) Maria, maior e capaz, reside no Município Sigma e tem um filho, Lucas, pessoa com deficiência, com 8 (oito) anos de idade. Por ser uma pessoa humilde, sem dispor de recursos financeiros para arcar com os custos de um colégio particular, Maria procura a Secretaria de Educação do Município Sigma para matricular seu filho na rede pública. Seu requerimento é encaminhado à assessoria jurídica do órgão municipal, para que seja emitido o respectivo parecer para a autoridade executiva competente. A partir dos fatos narrados, considerando a ordem jurídico-constitucional vigente, assinale a afirmativa correta.

(A) O pedido formulado por Maria deve ser indeferido, uma vez que incumbe ao Município atuar apenas na educação infantil, a qual é prestada até os 5 (cinco) anos de idade por meio de creches e pré-escolas. Logo, pelo sistema constitucional de repartição de competências, Lucas, pela sua idade, deve cursar o Ensino Fundamental em instituição estadual de ensino.
(B) O parecer da assessoria jurídica deve ser favorável ao pleito formulado por Maria, garantindo ao menor uma vaga na rede de ensino municipal. Pode, ainda, alertar que a Constituição da República prevê expressamente a possibilidade de a autoridade competente ser responsabilizada pelo não oferecimento do ensino obrigatório ou mesmo pela sua oferta irregular.
(C) O pleito de Maria deve ser deferido, ressalvando-se que Lucas, por ser pessoa com deficiência, necessita de atendimento educacional especializado, não podendo ser incluído na rede regular de ensino do Município Sigma.
(D) A assessoria jurídica da Secretaria de Educação do Município Sigma deve opinar pela rejeição do pedido formulado por Maria, pois incumbe privativamente à União, por meio do Ministério da Educação e Cultura (MEC), organizar e prestar a educação básica obrigatória e gratuita dos 4 (quatro) aos 17 (dezessete) anos de idade.

RESPOSTA O tema da questão é Educação, inserida no título da Ordem Social, e a resposta encontra-se no art. 208, I e III, da CRFB/88, que dispõe da seguinte maneira: "a educação é dever do Estado e será efetivada mediante a garantia de educação básica obrigatória e gratuita dos 4 (quatro) aos 17 (dezessete) anos de idade, assegurada inclusive sua oferta gratuita para todos os que a ela não tiveram acesso na idade própria, além do atendimento educacional especializado aos portadores de deficiência, preferencialmente na rede regular de ensino". Portanto, o pleito de Maria deverá ser atendido, com o parecer favorável da assessoria jurídica e a garantia de vaga para seu filho, sob pena de responsabilidade das autoridades competentes, sendo a alternativa B a única CORRETA. As demais alternativas estão ERRADAS, destacando-se que a educação é assegurada para todos aqueles que a ela não tiveram acesso na idade própria, sendo garantido o ensino fundamental ao filho de Maria; mesmo sendo pessoa com deficiência, o filho de Maria tem direito à vaga no ensino público; não cabe à União a prestação obrigatória da educação básica.

76. (XXIII Exame) O prefeito do Município Ômega, ante a carência de estabelecimentos públicos de saúde capazes de atender satisfatoriamente às necessidades da população local, celebra diversos convênios com hospitais privados para que passem a integrar a rede de credenciados junto ao Sistema Único de Saúde (SUS). Considerando o disposto na Constituição da República de 1988, sobre os convênios firmados pelo prefeito do Município Ômega, assinale a afirmativa correta.

(A) São válidos, uma vez que as instituições privadas podem participar de forma complementar do SUS, tendo preferência as entidades filantrópicas e as sem fins lucrativos.
(B) São nulos, pois a CRFB/88 apenas autoriza, no âmbito da assistência à saúde, a participação de entidades públicas, não de instituições privadas, com ou sem fins lucrativos.
(C) São válidos, porque a destinação de recursos públicos para auxílio ou subvenção às instituições privadas com fins lucrativos está, inclusive, autorizada pela CRFB/88.
(D) São nulos, porque, conforme previsão constitucional expressa, compete privativamente à União, mediante convênio ou contrato de direito público, autorizar a participação de instituições privadas no SUS.

RESPOSTA A questão versa sobre o art. 199, §§ 1º e 2º, da CRFB/88, que prevê que as instituições privadas poderão participar de forma complementar do sistema único de saúde, segundo diretrizes deste, mediante contrato de direito público ou convênio, tendo preferência as entidades filantrópicas e as sem fins lucrativos. Sendo vedada a destinação de recursos públicos para auxílios ou subvenções às instituições privadas com fins lucrativos. Portanto, pelos mesmos argumentos dispostos no art. 199, §§ 1º e 2º, a alternativa A está CORRETA, e as demais estão ERRADAS.

77. (XXIII Exame) Leonardo matriculou seus dois filhos em uma escola pública municipal, mas foi surpreendido ao tomar conhecimento de que ambos estão tendo aulas regulares, como disciplina obrigatória, de uma específica religião de orientação cristã. Indignado, ele procura você para, como advogado(a), orientá-lo sobre a regularidade de tal situação. Sobre tal prática, com base no que dispõe o sistema jurídico-constitucional brasileiro, assinale a afirmativa correta.

(A) É constitucional, pois a força normativa do preâmbulo constitucional auxilia uma interpretação que autoriza o ensino de religião, contanto que com viés cristão.

(B) É inconstitucional, pois a laicidade estatal deve garantir que nenhuma religião possa ser preferida a outra no âmbito do espaço público-estatal, sendo o ensino religioso facultativo.

(C) É constitucional, posto que o ensino religioso deve ser ministrado, segundo a Constituição de 1988, como disciplina obrigatória nas escolas públicas de ensino fundamental.

(D) É inconstitucional, pois a laicidade estabelecida pela Constituição de 1988 pressupõe a vedação a qualquer espécie de orientação de ordem religiosa em instituições públicas.

RESPOSTA O tema envolve liberdade religiosa e educação, disposto em vários pontos da CRFB/88, mas a resposta exata encontra-se no art. 210, § 1º: "o ensino religioso, de matrícula facultativa, constituirá disciplina dos horários normais das escolas públicas de ensino fundamental". Portanto, a alternativa CERTA é a B, que afirma que a laicidade estatal impede a preferência de uma religião em detrimento de outras, sendo o ensino religioso facultativo. As demais alternativas estão ERRADAS pelos seguintes motivos: o preâmbulo da CRFB/88, que nem tem força normativa, também não induz ao ensino religioso cristão (alternativa A); é vedada pela CRFB/88 a obrigatoriedade do ensino religioso de qualquer matriz (alternativa C); a laicidade impõe um distanciamento jurídico entre Estado e igrejas, mas não impede a manifestação religiosa do povo e não veda o ensino religiosos nas escolas, que nunca deve ser impositivo.

78. **(XXIII Exame)** Ao constatar que numerosas tribos indígenas, que ocupam determinadas áreas em caráter permanente, estão sendo fortemente atingidas por uma epidemia de febre amarela, o Governador do Estado Alfa remove-as da localidade de maneira forçada. Dada a repercussão do caso, logo após a efetivação da remoção, submete suas justificativas à Assembleia Legislativa do Estado Alfa, informando que o deslocamento das tribos será temporário e que ocorreu em defesa dos interesses das populações indígenas da região. A Assembleia Legislativa do Estado Alfa termina por referendar a ação do Chefe do Poder Executivo estadual. Sobre o ato do Governador, com base no quadro acima apresentado, assinale a afirmativa correta.

(A) Agiu em consonância com o sistema jurídico-constitucional brasileiro, pois é de competência exclusiva do Chefe do Poder Executivo decidir quais as medidas a serem tomadas nos casos que envolvam perigo de epidemia.

(B) Não agiu em consonância com o sistema jurídico-constitucional brasileiro, pois o princípio da irremovibilidade dos índios de suas terras é absoluto e, por essa razão, torna ilegítima a ação de remoção das tribos.

(C) Agiu em consonância com a CRFB/88, pois, como o seu ato foi referendado pelo Poder Legislativo do Estado Alfa, respeitou os ditames estabelecidos pelo sistema jurídico-constitucional brasileiro.

(D) Não agiu em consonância com o sistema jurídico-constitucional brasileiro, posto que, no caso concreto, as autoridades estaduais não poderiam ter decidido, de modo conclusivo, pela remoção das tribos.

RESPOSTA A questão versa sobre os índios, tema inserido no título Ordem Social na CRFB/88. O artigo 231, § 5º, prevê expressamente que os grupos indígenas, em regra, não podem ser removidos de suas terras, salvo se houver referendo do Congresso Nacional, nos casos de epidemias ou catástrofes que ponham em risco a população indígena ou a soberania, garantido o retorno imediato logo após findar o risco. Com base na previsão constitucional expressa, podemos afirmar que a alternativa A está ERRADA, pois a competência decisória não é do chefe do Poder Executivo; a alternativa B está ERRADA, porque a vedação à remoção das populações indígenas não é absoluta; a alternativa C está ERRADA, porque não há a previsão de decisão no âmbito estadual, aliás, temas indígenas são de competência federal; a alternativa D está CORRETA, pois é a única assertiva que atende aos ditames do art. 231, § 5º, da CRFB/88.

79. **(XXII Exame)** Enzo, brasileiro naturalizado há três anos, apaixonado por ópera, ao saber que a sociedade empresária de radiodifusão, Rádio WXZ, situada na capital do Estado Alfa, encontra-se em dificuldade econômica, apresenta uma proposta para ingressar na sociedade. Nessa proposta, compromete-se a adquirir 25% do capital total da sociedade empresária, com a condição inafastável de que o controle total sobre o conteúdo da programação veiculada pela rádio seja de sua inteira responsabilidade, de forma a garantir a inclusão de um programa diário, com duração de uma hora, sobre ópera. A proposta foi aceita pelos atuais sócios, mas Enzo, preocupado com a licitude do negócio, dada a sua condição de brasileiro naturalizado, procura a consultoria de um advogado. Considerando a hipótese apresentada, segundo o sistema jurídico-constitucional brasileiro, assinale a afirmativa correta.

(A) Não será possível a concretização do negócio nos termos apresentados, tendo em vista que a Constituição da República não permite que os meios de comunicação divulguem manifestações culturais estrangeiras.

(B) Será possível a concretização do negócio nos termos apresentados, posto que Enzo é brasileiro naturalizado e a Constituição da República veda qualquer distinção entre brasileiro nato e brasileiro naturalizado.

(C) Não será possível a concretização do negócio nos termos acima apresentados, pois a Constituição da República veda que brasileiro naturalizado há menos de dez anos possa estabelecer o conteúdo da programação da rádio.

(D) Será possível a concretização do negócio nos termos acima apresentados, pois a Constituição da República, em respeito aos princípios liberais que sustenta, não interfere no conteúdo pactuado entre contratantes privados.

RESPOSTA A questão trata dos temas Nacionalidade e Comunicação Social, assunto que já apontamos no item 1.2 (art. 222, §§ 1º, 2º e 5º, da CRFB/88). A alternativa CERTA é a C, pois, como dispõe o texto constitucional, o brasileiro naturalizado há menos de dez anos não pode estabelecer o conteúdo da programação de rádio ou TV. As demais alternativas estão ERRADAS, porque não é proibida a manifestação da cultura estrangeira (alternativa A); porque a Constituição Federal veda que normas infraconstitucionais estabeleçam distinção entre brasileiros, além das distinções já previstas na CRFB/88 (alternativa B); porque a CRFB/88 interfere nos conteúdos privados que, segundo ela, influenciam o direito público, a exemplo da propriedade dos veículos de comunicação social por estrangeiros e brasileiros naturalizados há menos de dez anos.

80. (XXI Exame) W, deputado federal pelo Estado Beta, proferindo discurso no Congresso Nacional, fez contundentes críticas ao que denominou de "abuso midiático contra a classe política". Na oportunidade, acrescentou estar elaborando um projeto de lei ordinária que tem por objetivo criar regras de licenciamento (por autoridades do poder público), a que deverão se submeter os veículos de comunicação, principalmente jornais e revistas. Segundo o referido deputado, a vida privada dos políticos deve ser preservada, devendo, por isso, ser estabelecidos limites à mídia jornalística.

Com relação ao projeto de lei ordinária idealizado pelo deputado federal W, de acordo com a ordem jurídico-constitucional brasileira, assinale a afirmativa correta.

(A) É constitucional, pois a preservação da intimidade e da privacidade não pode estar sujeita à influência das mídias e deve ser garantida, na máxima extensão possível, pela ordem jurídica.
(B) É inconstitucional, pois matéria referente a controle de informação somente pode ser objeto de iniciativa legislativa com o assentimento de dois terços dos membros de qualquer das Casas legislativas.
(C) É constitucional, pois se trata de aplicação de tratamento análogo àquele atualmente concedido às mídias jornalísticas que adotam o sistema de radiodifusão e de sons e imagens.
(D) É inconstitucional, pois a Constituição da República garante expressamente que a publicação de veículo impresso de comunicação independe de licença de autoridade.

RESPOSTA Segundo o art. 220, § 1º, da CRFB/88, "nenhuma lei conterá dispositivo que possa constituir embaraço à plena liberdade de informação jornalística em qualquer veículo de comunicação social". Corroborando, o art. 220, § 6º, da CRFB/88 prevê que "a publicação de veículo impresso de comunicação independe de licença de autoridade". Portanto, o projeto de lei ordinária idealizado pelo deputado federal W é inconstitucional. As alternativas A, B e C estão ERRADAS, enquanto a alternativa D é a única CORRETA.

81. (XXI Exame) O Governador do Estado E, diante da informação de que poderia dispor de um lastro orçamentário mais amplo para a execução de despesas com a seguridade social, convocou seu secretariado a fim de planejar o encaminhamento a ser dado a tais recursos. Na reunião foram apresentadas quatro propostas, mas o governador, consultando sua equipe de assessoramento jurídico, foi informado de que apenas uma das propostas era adequada para assegurar diretamente direitos relativos à seguridade social, segundo a definição que lhe dá a CRFB/88.

Dentre as opções a seguir, assinale-a.

(A) Ampliação da rede escolar do ensino fundamental e do ensino médio.
(B) Ampliação da rede hospitalar de atendimento à população da região.
(C) Desenvolvimento de programa de preservação da diversidade cultural da população.
(D) Aprimoramento da atuação da guarda municipal na segurança do patrimônio público.

RESPOSTA A seguridade social abrange a saúde, a previdência e a assistência, portanto, seus recursos são destinados a estas três áreas. A alternativa A está ERRADA, porque ensino não está incluído na seguridade social; a alternativa B está CERTA, porque a rede hospitalar de atendimento à população é saúde, área abrangida pela seguridade social; a alternativa C está ERRADA, porque cultura não é setor abrangido pela seguridade social; a alternativa D está ERRADA, porque guarda municipal não está dentro das atividades asseguradas pela seguridade social.

82. (XXI Exame) Finalizadas as Olimpíadas no Brasil, certo deputado federal pelo Estado Beta, ex-desportista conhecido nacionalmente, resolve elaborar projeto de lei visando a melhorar a performance do Brasil nos Jogos Olímpicos de 2020. Para realizar esse objetivo, o projeto dispõe que os recursos públicos devem buscar promover, prioritariamente, o esporte de alto rendimento. Submetida a ideia à sua assessoria jurídica, esta exteriorizou o único posicionamento que se mostra harmônico com o sistema jurídico-constitucional brasileiro, afirmando que o projeto

(A) é constitucional, contanto que o desporto educacional também seja contemplado com uma parcela, mesmo que minoritária, dos recursos.
(B) é inconstitucional, pois, segundo a Constituição da República, a destinação de recursos públicos deve priorizar o desporto educacional.
(C) é constitucional, pois, não havendo tratamento explícito da questão pela Constituição da República, o poder público tem discricionariedade para definir a destinação da verba.
(D) é inconstitucional, pois a Constituição da República prevê que a destinação de recursos públicos para o desporto contemplará exclusivamente o desporto educacional.

RESPOSTA Segundo o art. 217, II, da CRFB/88, a destinação dos recursos públicos deverá ser feita com prioridade para a promoção do desporto educacional, e, em casos específicos para o desporto de alto rendimento. Portanto, o projeto de lei é inconstitucional naquilo que pretende modificar a prioridade da destinação dos recursos. A alternativa B está CERTA, e as demais alternativas estão ERRADAS.

XV. NEOCONSTITUCIONALISMO

83. (XXVI Exame) José leu, em artigo jornalístico veiculado em meio de comunicação de abrangência nacional, que o Supremo Tribunal Federal poderia, em sede de ADI, reconhecer a ocorrência de mutação constitucional em matéria relacionada ao meio ambiente. Em razão disso, ele procurou obter maiores esclarecimentos sobre o tema. No entanto, a ausência de uma definição mais clara do que seria "mutação constitucional" o impediu de obter um melhor entendimento sobre o tema. Com o objetivo de superar essa dificuldade, procurou Jonas, advogado atuante na área pública, que lhe respondeu, corretamente, que a expressão "mutação constitucional", no âmbito do sistema jurídico-constitucional brasileiro, refere-se a um fenômeno

(A) concernente à atuação do poder constituinte derivado reformador, no processo de alteração do texto constitucional.
(B) referente à mudança promovida no significado normativo constitucional, por meio da utilização de emenda à Constituição.

(C) relacionado à alteração de significado de norma constitucional sem que haja qualquer mudança no texto da Constituição Federal.

(D) de alteração do texto constitucional antigo por um novo, em virtude de manifestação de uma Assembleia Nacional Constituinte.

RESPOSTA Mutação constitucional é um fenômeno jurídico que confere alteração informal da Constituição, sem que ocorra mudança textual dela e sem necessidade do processo solene de reforma constitucional. A alternativa C é a única que traz uma definição correta.

84. (XXVI Exame) Uma nova Constituição é promulgada, sendo que um grupo de parlamentares mantém dúvidas acerca do destino a ser concedido a várias normas da Constituição antiga, cujas temáticas não foram tratadas pela nova Constituição. Como a nova Constituição ficou silente quanto a essa situação, o grupo de parlamentares, preocupado com possível lacuna normativa, resolve procurar competentes advogados a fim de sanar a referida dúvida. Os advogados informaram que, segundo o sistema jurídico-constitucional brasileiro,

(A) as normas da Constituição pretérita que guardarem congruência material com a nova Constituição serão convertidas em normas ordinárias.

(B) as matérias tratadas pela Constituição pretérita e não reguladas pela nova Constituição serão por esta recepcionadas.

(C) as matérias tratadas pela Constituição pretérita e não reguladas pela nova Constituição receberão, na nova ordem, *status* supralegal, mas infraconstitucional.

(D) a revogação tácita da ordem constitucional pretérita pela nova Constituição se dará de forma completa e integral, ocasionando a perda de sua validade.

RESPOSTA Uma nova Constituição inova o ordenamento jurídico, e revoga totalmente a Constituição anterior. Não se permite a vigência de duas Constituições no mesmo ordenamento constitucional, e mesmo que a nova Constituição não trate expressamente de determinadas matérias previstas na Constituição anterior, entende-se a revogação integral do documento constitucional anterior. Alternativa D é a única correta.

XVI. DISPOSIÇÕES CONSTITUCIONAIS GERAIS

85. (XXVIII Exame) Agentes do Ministério do Trabalho, em inspeção realizada em carvoaria situada na zona rural do Estado K, constataram que os trabalhadores locais encontravam-se sob exploração de trabalho escravo, sujeitando-se a jornadas de 16 horas consecutivas de labor, sem carteira assinada ou qualquer outro direito social ou trabalhista, em condições desumanas e insalubres, percebendo, como contraprestação, valor muito inferior ao salário mínimo nacional.

Diante da situação narrada, com base na ordem constitucional vigente, assinale a afirmativa correta.

(A) Diante da vedação ao confisco consagrada na Constituição de 1988, o descumprimento da função social, agravado pela situação de grave violação aos direitos humanos dos trabalhadores, enseja responsabilização administrativa, cível e criminal do proprietário, mas não autoriza a expropriação da propriedade rural.

(B) O uso de mão de obra escrava autoriza a progressividade das alíquotas do imposto sobre a propriedade territorial rural e, caso tal medida não se revele suficiente, será possível que a União promova a expropriação e destinação das terras à reforma agrária e a programas de habitação popular, mediante prévia e justa indenização do proprietário.

(C) A hipótese narrada enseja a desapropriação por interesse social para fins de reforma agrária, uma vez que o imóvel rural não cumpre a sua função social, mediante prévia e justa indenização em títulos da dívida agrária.

(D) A exploração de trabalho escravo na referida propriedade rural autoriza sua expropriação pelo Poder Público, sem qualquer indenização ao proprietário e sem prejuízo de outras sanções previstas em lei, admitindo-se, até mesmo, o confisco de todo e qualquer bem de valor econômico apreendido na carvoaria.

RESPOSTA O art. 243 da CRFB/88 determina que as propriedades rurais e urbanas de quaisquer regiões do País onde forem localizadas culturas ilegais de plantas psicotrópicas ou exploração de trabalho escravo na forma da lei serão expropriadas. Portanto, a alternativa D é a CORRETA, conforme o art. 243, *caput* e parágrafo único da CRFB/88. As demais alternativas estão ERRADAS porque a alternativa A nega a possibilidade de expropriação da propriedade rural; a alternativa B associa indevidamente o uso de mão de obra escrava a cobrança de IPTU progressivo e a alternativa C prevê a modalidade de desapropriação por interesse social no caso de exploração de trabalho escravo, o que não procede.

XVII. DA INTERPRETAÇÃO DA NORMA CONSTITUCIONAL

86. (XXII Exame) Parlamentar brasileiro, em viagem oficial, visita o Tribunal Constitucional Federal da Alemanha, recebendo numerosas informações acerca do seu funcionamento e de sua área de atuação. Uma, todavia, chamou especialmente sua atenção: a referida Corte Constitucional reconhecia a possibilidade de alteração da Constituição material - ou seja, de suas normas - sem qualquer mudança no texto formal. Surpreendido com essa possibilidade, procura sua assessoria jurídica a fim de saber se o Supremo Tribunal Federal fazia uso de técnica semelhante no âmbito da ordem jurídica brasileira. A partir da hipótese apresentada, assinale a opção que apresenta a informação dada pela assessoria jurídica.

(A) Não. O Supremo Tribunal Federal somente pode reconhecer nova norma no sistema jurídico-constitucional a partir de emenda à Constituição produzida pelo poder constituinte derivado reformador.

(B) Sim. O Supremo Tribunal Federal, reconhecendo o fenômeno da mutação constitucional, pode atribuir ao texto inalterado uma nova interpretação, que expressa, assim, uma nova norma.

(C) Não. O surgimento de novas normas constitucionais somente pode ser admitido por intermédio das vias formais de alteração, todas expressamente previstas no próprio texto da Constituição.

(D) Sim. O sistema jurídico-constitucional brasileiro, seguindo linhas interpretativas contemporâneas, admite, como regra, a interpretação da Constituição independentemente de limites semânticos concedidos pelo texto.

RESPOSTA O tema da questão é mutação constitucional, fenômeno adotado pelo sistema jurídico-constitucional brasileiro, ultimamente com bastante frequência, no qual o STF pode atribuir uma nova interpretação, correspondendo a uma alteração informal do texto constitucional, sem impor uma mudança textual, que só seria possível através da reforma constitucional. Portanto, a alternativa B está CORRETA. As demais estão erradas pelos seguintes motivos: o STF não está impedido de realizar as mutações constitucionais (alternativa A); o nosso sistema jurídico-constitucional não está limitado às reformas constitucionais (alternativa C); a mutação constitucional não configura a regra do sistema jurídico-constitucional brasileiro, sendo um fenômeno reconhecido e em crescimento, todavia a aplicação de plasticidade constitucional ainda está limitada ao campo das exceções e centrada na interpretação do STF, além de que a semântica textual-normativa é referência para a interpretação da norma.

87. (XXI Exame) Carlos pleiteia determinado direito, que fora regulado de forma mais genérica no corpo principal da CRFB/88 e de forma mais específica no Ato das Disposições Constitucionais Transitórias - o ADCT. O problema é que o corpo principal da Constituição da República e o ADCT estabelecem soluções jurídicas diversas, sendo que ambas as normas poderiam incidir na situação concreta. Carlos, diante do problema, consulta um(a) advogado(a) para saber se a solução do seu caso deve ser regida pela norma genérica oferecida pelo corpo principal da Constituição da República ou pela norma específica oferecida pelo ADCT.

Com base na CRFB/88, assinale a opção que apresenta a proposta correta dada pelo(a) advogado(a).

(A) Como o corpo principal da CRFB/88 possui hierarquia superior a todas as demais normas do sistema jurídico, deve ser aplicável, afastada a aplicação das normas do ADCT.
(B) Como o ADCT possui o mesmo *status* jurídico das demais normas do corpo principal da CRFB/88, a norma específica do ADCT deve ser aplicada no caso concreto.
(C) Como o ADCT possui hierarquia legal, não pode afastar a solução normativa presente na CRFB/88.
(D) Como o ADCT possui caráter temporário, não é possível que venha a reger qualquer caso concreto, posto que sua eficácia está exaurida.

RESPOSTA A solução simples é encontrada na Hermenêutica Jurídica, na qual se estabelece que, entre normas de mesma hierarquia, aplica-se a mais específica. Texto do corpo da CRFB/88 e do ADCT têm mesma hierarquia e mesma data de publicação, aplicando-se ao caso concreto, portanto, a norma mais específica do ADCT. A única alternativa que condiz com a orientação hermenêutica é a alternativa B que está CORRETA, as demais estão ERRADAS.

XVIII. CONCEITO, CLASSIFICAÇÃO E ELEMENTOS DA CONSTITUIÇÃO.

88. (XXI Exame) A Constituição de determinado país veiculou os seguintes artigos: Art. X. As normas desta Constituição poderão ser alteradas mediante processo legislativo próprio, com a aprovação da maioria qualificada de três quintos dos membros das respectivas Casas Legislativas, em dois turnos de votação, exceto as normas constitucionais que não versarem sobre a estrutura do Estado ou sobre os direitos e garantias fundamentais, que poderão ser alteradas por intermédio de lei infraconstitucional. Art. Y. A presente Constituição, concebida diretamente pelo Exmo. Sr. Presidente da República, deverá ser submetida à consulta popular, por meio de plebiscito, visando à sua aprovação definitiva. Art. Z. A ordem econômica será fundada na livre iniciativa e na valorização do trabalho humano, devendo seguir os princípios reitores da democracia liberal e da social democracia, bem como o respeito aos direitos fundamentais de primeira dimensão (direitos civis e políticos) e de segunda dimensão (direitos sociais, econômicos, culturais e trabalhistas).

Com base no fragmento acima, é certo afirmar que a classificação da Constituição do referido país seria

(A) semirrígida, promulgada, heterodoxa.
(B) flexível, outorgada, compromissória.
(C) rígida, bonapartista e ortodoxa.
(D) semiflexível, cesarista e compromissória.

RESPOSTA Conforme o comando da questão, se o art. X de uma Constituição determina que parte dela mutável através de um processo legislativo rigoroso e parte dela mutável por norma infraconstitucional, ela é semiflexível (ou semirrígida); se o art. Y determina que a Constituição necessita de aprovação popular para sua aprovação definitiva, ela é cesarista; se o art. Z determina a adoção dos princípios da democracia liberal e da social democracia, com aplicação dos direitos de primeira e segunda dimensões, ela é compromissória (ou dirigente). Não há nas descrições acima qualquer referência a constituição heterodoxa, outorgada, bonapartista, flexível, rígida ou ortodoxa. Portanto, a alternativa D é a única CORRETA e as demais estão ERRADAS.

XIX. PRINCÍPIOS CONSTITUCIONAIS

89. (XXXI Exame) Preocupado com o grande número de ações judiciais referentes a possíveis omissões inconstitucionais sobre direitos sociais e, em especial, sobre o direito à saúde, o Procurador-Geral do Estado Beta (PGE) procurou traçar sua estratégia hermenêutica de defesa a partir de dois grandes argumentos jurídicos: em primeiro lugar, destacou que a efetividade dos direitos prestacionais de segunda dimensão, promovida pelo Poder Judiciário, deve levar em consideração a disponibilidade financeira estatal; um segundo argumento é o relativo à falta de legitimidade democrática de juízes e tribunais para fixar políticas públicas no lugar do legislador eleito pelo povo. Diante de tal situação, assinale a opção que apresenta os conceitos jurídicos que correspondem aos argumentos usados pelo PGE do Estado Beta.

A) Dificuldade contraparlamentar e reserva do impossível.
B) Reserva do possível fática e separação dos Poderes.
C) Reserva do possível jurídica e reserva de jurisdição do Poder Judiciário.
D) Reserva do possível fática e reserva de plenário.

RESPOSTA A questão trata e descreve dois princípios constitucionais: o princípio da Reserva do Possível, amplamente aplicado na análise da efetividade das ações afirmativas, e o princípio da Separação dos Poderes, expresso no art. 2º da CRFB/88, que fundamenta a atribuição de funções predominantes a cada um dos Poderes. A única alternativa que corresponde aos princípios citados no comando é a ALTERNATIVA B, que está CORRETA, e, por consequência, as demais alternativas estão ERRADAS.

Direito do Consumidor

Tatiana Marcello

Advogada. Especialista em Processo Civil pela UCB. Especialista em Direito Civil pela Esade. Professora no programa de pós-graduação da PUCRS e da UOL Educação. Professora de curso preparatório para concursos e Exame de Ordem. Coautora das obras *Passe na OAB 1ª Fase – Completaço®*; *Manual Passe na OAB 1ª Fase – Teoria Sistematizada*; *Passe na OAB 1ª Fase – Questões Comentadas*; *Manual de Dicas – 1ª Fase OAB*; *Coleção Passe em Concursos – Completaço® – TRT e TRE*; *Coleção Passe em Concursos Públicos – 11 Mil Questões Comentadas*; *Coleção Passe em Concursos Públicos – Questões Comentadas* – volumes: *Advocacia Pública 1 e 2*, *Defensoria Pública*, *Analistas de Tribunais*; *Manual de Dicas* – volumes: *Advocacia Pública*, *Defensoria Pública*, *Delegado de Polícia*, *Nível Médio*, todas da Editora Saraiva, e de outros livros jurídicos.

Sumário

1. ASPECTOS GERAIS

Ao começar o estudo do Direito do Consumidor, na preparação para o Exame de Ordem, é indispensável que seja feita uma **leitura atenta do Código de Defesa do Consumidor (Lei n. 8.078/90)**. Em regra, as questões cobradas em Exame de Ordem são resolvidas com os dispositivos do CDC, os quais são redigidos de forma clara e linguagem simplificada, pois a intenção é de que o próprio consumidor consiga entendê-los. Além do CDC, é preciso estar por dentro dos entendimentos jurisprudenciais, principalmente aqueles sumulados ou teses de repercussão geral sobre os direitos do consumidor.

Em relação ao Direito do Consumidor, há assuntos que quase **sempre são cobrados** (ex.: relação de consumo, responsabilidade pelo *vício* e pelo *fato* dos produtos e serviços, práticas comerciais, proteção contratual) e outros que, praticamente, **não aparecem** (ex.: sanções administrativas e infrações penais) em Exame de Ordem. A maioria das questões aborda assuntos tratadas até o art. 54 do CDC, sendo rara a presença de assuntos a partir desse artigo. Mas, esses são apenas dados estatísticos, importantes para saber o que deve ser estudado com maior dedicação, pois qualquer assunto do CDC pode ser abordado na prova. Ademais, as provas de OAB têm por característica trazer as questões em forma de casos, fazendo com que o candidato tenha que raciocinar e aplicar as regras às situações hipotéticas, posicionando-se como se fosse um advogado diante do problema relatado por um cliente.

O Direito do Consumidor está regulado, basicamente, pelo **Código de Defesa do Consumidor**, Lei n. 8.078/90, cujas normas são de **interesse social** e de **ordem pública**, criado em conformidade com as disposições Constitucionais do art. 5º, XXXII (*o Estado promoverá, na forma da lei, a defesa do consumidor*), art. 170, V, e art. 48 da ADCT. Por se tratar de normas de **ordem pública**, têm aplicação obrigatória, não podendo ser derrogadas pelas partes. É uma legislação especial, contendo regras de direito material e processual, cujo regime jurídico é aplicável sempre que se tratar de relação de consumo.

2. PRINCÍPIOS

O art. 4º do CDC prevê que a Política Nacional das Relações de Consumo deve, dentre seus objetivos, atender a alguns princípios, sendo os principais:

– **Princípio da Vulnerabilidade** – ao estudar o Direito do Consumidor, deve-se ter como premissa que o consumidor é a parte **vulnerável** na relação de consumo. A vulnerabilidade é uma **presunção legal** conferida a **todo** consumidor A intenção do legislador foi de criar uma situação jurídica mais favorável à parte mais fraca na relação (consumidor), a fim de equilibrar as desigualdades.

– **Princípio do Dever Governamental** – é visto sob dois aspectos, o primeiro diz respeito ao dever do Estado em promover mecanismos suficientes à efetiva proteção do consumidor e o segundo diz respeito ao dever do Estado em promover a racionalização e melhoria do serviço público enquanto Estado-fornecedor.

– **Princípio da Harmonização das Relações** – a Política Nacional das Relações de Consumo deve propiciar a harmonia entre a necessidade de desenvolvimento econômico e tecnológico do mercado de consumo e a proteção do consumidor, evitando-se que um desses interesses prejudique ou inviabilize o outro.

– **Princípio da Garantia de Adequação** – emana da necessidade de garantir ao consumidor produtos e serviços adequados, atendendo-se sempre ao binômio qualidade/segurança.

– **Princípio da Boa-fé Objetiva** – norma de conduta norteadora das relações de consumo, consubstanciada no dever de honestidade, lealdade e confiança entre fornecedor e consumidor.

– **Princípio da Transparência e Informação** – quanto mais bem informado estiver o consumidor sobre os produtos e serviços, mais consciente estará em suas escolhas. Para tanto, é preciso que haja a educação para o consumo, ao mesmo tempo que os produtos e serviços ofertados devem trazer de forma correta e clara todas as informações ao consumidor.

– **Princípio do Acesso à Justiça** – de natureza constitucional, esse princípio é direcionado ao legislador, para que forneça mecanismos de acesso à justiça ao consumidor, como, por exemplo, os Juizados Especiais Cíveis e a justiça gratuita para necessitados.

3. RELAÇÃO DE CONSUMO

Para que haja uma **relação de consumo**, necessário que de um lado esteja alguém que se enquadre no conceito de **consumidor** e de outro, alguém que se enquadre no conceito de **fornecedor**, os quais serão os ***sujeitos*** da relação. Já os **produtos** e **serviços** serão os ***objetos*** da relação de consumo.

O art. 2º do CDC traz um conceito padrão de **Consumidor, sendo** *toda pessoa física ou jurídica que adquire ou utiliza produto ou serviço como destinatária final.* No entanto, a lei prevê categorias que, mesmo não se enquadrando nesse conceito geral, também receberão a proteção como se consumidores fossem. São os chamados **consumidores por equiparação**:

I – a coletividade de pessoas que haja intervindo nas relações de consumo (art. 2º, parágrafo único, CDC);

II – todas as vítimas de acidente de consumo (art. 17, CDC);

III – todas as pessoas expostas às práticas comerciais e contratuais (art. 29, CDC).

Destinatário final – como o CDC não explica "quem" é destinatário final, algumas dúvidas surgem a respeito desse tema, sendo que a doutrina e a jurisprudência encarregam-se de dirimi-las: se a pessoa adquire um produto ou serviço como *intermediário do ciclo de produção* (ex.: matéria-prima), **não** é considerada consumidora. Mas há casos em que a pessoa adquire produtos ou serviços como *bem de produção*, que vão incrementar, mas que não são objeto da sua atividade (ex.: máquinas de costura para uma confecção). Para esse último caso, a doutrina chegou a criar correntes (Finalista e Maximalista) a respeito das possibilidades e hipóteses em que a pessoa poderia ou não ser considerada consumidora. Atualmente essas correntes já estão superadas pela jurisprudência que entende o seguinte: a regra é de que a pessoa que adquire bens de produção **não** será considerada consumidora. Mas, se verificado, no caso concreto, que há **vulnerabilidade** dessa pessoa que adquiriu ou utilizou o produto ou serviço diante da que forneceu, excepcionalmente poderá ter a aplicação do CDC. Esse entendimento é chamado de **Teoria Finalista Mitigada**. O fundamento é de que, se a lei consumerista foi feita para proteger a parte mais vulnerável na relação, a pessoa que adquire bens de produção somente poderá se beneficiar dessa prerrogativa se efetivamente estiver em situação de vulnerabilidade; caso contrário (em havendo igualdade na relação), não será relação de consumo, devendo se valer de outras normas, como o Código Civil, por exemplo. Essa discussão é mais recorrente quando se trata de pessoas **jurídicas** como consumidoras, mas o mesmo entendimento é feito quando se trata de pessoas **físicas**, como, por exemplo, na decisão do STJ em que foi aplicado o CDC no caso de uma aquisição de veículo por um taxista para utilização em sua atividade, diante de sua vulnerabilidade.

Já o conceito de fornecedor é trazido pelo art. 3º, *caput*, do CDC: **Fornecedor** é toda pessoa: física ou jurídica, pública ou privada, nacional ou estrangeira, incluindo entes despersonalizados (ex.: massa falida, sociedade de fato), **que desenvolvam atividade de:** produção, montagem, criação, construção, transformação, importação, exportação, distribuição ou comercialização de produtos ou prestação de serviços.

Produto é conceituado pelo art. 3º, § 1º, do CDC, sendo *qualquer bem móvel, imóvel, material ou imaterial* (também chamados de *corpóreos* e *incorpóreos*). O legislador deixou o conceito bem amplo, abrangendo todo e qualquer bem oferecido no mercado de consumo.

Serviço é tratado no art. 3º, § 2º, do CDC, sendo *qualquer atividade fornecida no mercado, mediante remuneração, salvo as decorrentes de relação de trabalho.* De forma exemplificativa, o CDC enfatiza que estão incluídas no conceito de serviço as atividades de natureza **bancária**, **financeira**, de **crédito** e **securitária**.

Quando o assunto "serviço" é abordado em prova, geralmente exige-se o conhecimento dos entendimentos trazidos pelas seguintes **Súmulas do STJ**:

- **Súmula 297** – *O Código de Defesa do Consumidor é aplicável às instituições financeiras.*
- **Súmula 563** – *O Código de Defesa do Consumidor é aplicável às entidades abertas de previdência complementar, não incidindo nos contratos previdenciários celebrados com entidades fechadas.*
- **Súmula 469** – *Aplica-se o Código de Defesa do Consumidor aos contratos de plano de saúde.*

Quanto à **remuneração** do serviço, deve-se compreender não apenas a **direta** como também a **indireta** (serviço aparentemente gratuito), ou seja, quando o custo do serviço vem embutido na própria atividade do fornecedor (ex.: estacionamentos *gratuitos* de supermercado, ou frete *gratuito* na compra de determinado produto, cujos custos estão diluídos nos produtos vendidos). Assim, esses serviços são considerados "remunerados", mesmo que indiretamente, sendo, portanto, objeto da relação de consumo.

Em relação à aplicação do CDC aos **serviços públicos** (prestados pela administração direta ou indireta), é necessário fazer a distinção entre serviços públicos *uti singuli* e *uti universi*. Aos primeiros, cuja remuneração é mensurada e feita individualmente pelo consumidor, aplica-se o CDC (ex.: serviço de energia elétrica, telefonia, transporte público etc.), enquanto os segundos, custeados por tributos, não são considerados relação de consumo, não se aplicando, portanto, o CDC (ex.: atendimento em postos de saúde, ensino da rede pública etc.).

4. DIREITOS BÁSICOS DO CONSUMIDOR

O art. 6º do CDC traz um rol exemplificativo dos **direitos básicos do consumidor**:

- a proteção à vida, saúde e segurança;
- a educação e divulgação sobre o consumo, asseguradas a liberdade de escolha e a igualdade nas contratações;
- informação clara e adequada sobre diferentes produtos e serviços (a informação deve ser acessível à pessoa com deficiência, observado o disposto em regulamento);
- proteção contra publicidade enganosa, abusiva e demais práticas comerciais e contratuais;
- a modificação das cláusulas contratuais que estabeleçam prestações desproporcionais ou sua revisão em razão de fatos supervenientes que as tornem excessivamente onerosas;
- a efetiva reparação por danos patrimoniais e morais, individuais, coletivos e difusos;
- o acesso aos órgãos judiciários e administrativos, assegurada a proteção jurídica, técnica e administrativa aos necessitados;
- a facilitação da defesa de seus direitos, inclusive com a inversão do ônus da prova;

- a adequada e eficaz prestação dos serviços públicos;
- a garantia de práticas de crédito responsável, de educação financeira e de prevenção e tratamento de situações de superendividamento, preservado o mínimo existencial, nos termos da regulamentação, por meio da revisão e da repactuação da dívida, entre outras medidas;
- a preservação do mínimo existencial, nos termos da regulamentação, na repactuação de dívidas e na concessão de crédito;
- a informação acerca dos preços dos produtos por unidade de medida, tal como por quilo, por litro, por metro ou por outra unidade, conforme o caso.

Dos direitos básicos referidos no art. 6º, alguns merecem ser mais esclarecidos, como é o caso do direito à **modificação ou revisão de cláusulas contratuais** (inciso V). Conforme entendimento doutrinário e do STJ, em se tratando de **relação de consumo**, para que ocorra a revisão ou modificação, não há necessidade de o fato superveniente ser *imprevisível* (Teoria da Imprevisão), bastando que, após a celebração do contrato, surja fato que torne suas cláusulas excessivamente onerosas ao consumidor.

Outro direito básico que merece maior atenção é a **inversão do ônus da prova (inciso VIII)**. Para sua concessão, que pode ser **de ofício** e somente **em favor do consumidor**, é necessário que o juiz verifique a presença de **verossimilhança ou hipossuficiência** (não necessariamente ambos). **Atenção**: é comum, em provas da OAB, questionarem se a *inversão do ônus da prova* se dá de forma *automática* e se é *regra* no direito do consumidor. A resposta é **não**. A inversão do ônus da prova é um direito básico do consumidor, mas é considerada uma *exceção*, pois somente poderá ser deferida, a critério do juiz, mediante a presença dos **requisitos** *verossimilhança* ou *hipossuficiência*. Além disso, deve-se atentar para não confundir: **hipossuficiência** é requisito para a inversão do ônus da prova e sua presença deve ser analisada no *caso concreto*, enquanto a **vulnerabilidade** é uma *presunção* legal conferida a todos os consumidores. Assim, é possível afirmar que todo consumidor é vulnerável, mas nem todo é hipossuficiente.

5. RESPONSABILIDADE DO FORNECEDOR

Responsabilidade é um dos assuntos mais abordado no Exame de Ordem, quando se trata de Direito do Consumidor. Geralmente, as questões trazem hipóteses de responsabilidade pelo **fato** ou pelo **vício** do produto ou serviço, exigindo que o candidato saiba precisamente a diferença entre esses dois institutos que, apesar de parecidos, têm consequências diversas que não podem ser confundidas.

A regra é que a responsabilidade do fornecedor é **objetiva**, ou seja, responderá independentemente da existência de culpa (em sentido amplo), bastando que se verifique a existência do dano e do nexo de causalidade com o defeito ou vício do produto ou serviço, já que a responsabilidade advém do "risco da atividade". No entanto, o próprio CDC traz uma **exceção** a essa regra, ao dispor que o **profissional liberal** responderá mediante a verificação de culpa, ou seja, responderá de forma **subjetiva**. Mesmo assim, há de se tomar **cuidado, pois** essa prerrogativa do profissional liberal se deve à natureza da obrigação assumida na sua atividade, que geralmente é de *meio* e não de *resultado*; por essa lógica, havia entendimentos (doutrinários e jurisprudenciais – STJ) de que, se o profissional liberal realizasse atividade cuja obrigação fosse de *resultado*, poderia responder de forma *objetiva* (*ex.: cirurgia plástica meramente embelezadora*). Atualmente, o **entendimento do STJ** é no sentido de que, mesmo que o profissional liberal assuma obrigação de *resultado*, continuará respondendo de forma *subjetiva*, porém, sua culpa será presumida, tendo *ele* o ônus de comprovar que o dano ou resultado insatisfatório ocorreram por fatores externos e alheios a sua atuação. Esses detalhes deverão ser observados e analisados conforme as informações trazidas na questão da prova.

O CDC trata primeiramente do *Fato* (art. 12 e seguintes) e depois do *Vício* (art. 18 e seguintes), mas, para fins didáticos, vamos inverter essa ordem.

Vício: afeta a qualidade/quantidade/disparidade dos produtos ou serviços, os quais se tornarão impróprios ou inadequados para o fim que se destinavam ou lhe diminuirão o valor (*ex.: liquidificador que, após ser ligado, em razão de um vício de qualidade, para de funcionar*).

O consumidor terá os seguintes **prazos** decadenciais para reclamar junto ao fornecedor (art. 26, CDC):

- **30 dias**, tratando-se de produtos e serviços não duráveis;
- **90 dias**, tratando-se de produtos e serviços duráveis.

Em se tratando de **vício de qualidade de produto**, o fornecedor terá o **prazo de 30 dias** para saná-lo (efetuar a substituição das partes viciadas). Esse prazo pode ser reduzido ou ampliado por convenção das partes, desde que não fique inferior a 7 nem superior a 180 dias.

Não sendo resolvido o problema no prazo acima, caberá **ao consumidor escolher** umas dessas opções:

a) a **substituição** do produto por outro da mesma espécie, em perfeitas condições de uso;

b) a **restituição** imediata da quantia paga, monetariamente atualizada, sem prejuízo de eventuais perdas e danos;

c) o **abatimento** proporcional do preço.

O consumidor poderá fazer uso **imediato** das opções acima (ou seja, sem precisar aguardar o prazo dos 30 dias para o fornecedor sanar o vício) sempre que em razão da extensão do vício, a substituição das partes viciadas puder **comprometer a qualidade ou característi-**

cas do produto, diminuir-lhe o valor ou se tratar de **produto essencial**. *Ex.: vício em um medicamento adquirido pelo consumidor para uso contínuo, onde não seria adequado aguardar 30 dias pela solução.*

Em se tratando de **vício de quantidade de produto**, não há que se falar em prazo para o fornecedor sanar o vício, podendo o consumidor exigir, **imediatamente**, à sua escolha, dentre as opções abaixo:

a) a **substituição** do produto por outro da mesma espécie, marca ou modelo, sem os aludidos vícios;

b) a **restituição** imediata da quantia paga, monetariamente atualizada, sem prejuízo de eventuais perdas e danos;

c) o **abatimento** proporcional do preço;

d) a **complementação** do peso ou medida.

Produtos vendidos ***in natura*** são de responsabilidade do fornecedor imediato (comerciante), exceto quando claramente identificado o seu produtor.

O CDC traz um rol exemplificativo de **vícios de produtos**, que os tornam impróprios ao uso e consumo:

- os produtos cujos prazos de validade estejam vencidos;
- os produtos deteriorados, alterados, adulterados, avariados, falsificados, corrompidos, fraudados, nocivos à vida ou à saúde, perigosos ou, ainda, aqueles em desacordo com as normas regulamentares de fabricação, distribuição ou apresentação;
- os produtos que, por qualquer motivo, se revelem inadequados ao fim a que se destinam.

Quando se trata de **vício do serviço**, também não há prazo para o fornecedor sanar o vício, podendo o consumidor exigir, imediatamente, à sua escolha, dentre as opções abaixo:

a) a **reexecução** dos serviços, sem custo adicional e quando cabível (que poderá ser realizada por terceiros, mas por conta e risco do fornecedor);

b) a **restituição** imediata da quantia paga, monetariamente atualizada, sem prejuízo de eventuais perdas e danos;

c) o **abatimento** proporcional do preço.

Em se tratando de **serviço** para **reparação** de produto, está implícita a obrigação do fornecedor em usar componentes de reposição originais adequados e novos, ou que mantenham as especificações técnicas do fabricante, salvo autorização em contrário do consumidor (desde que não traga risco à sua saúde e segurança).

Ressaltamos que os **serviços públicos** também estão sujeitos a essas regras de responsabilidade, devendo ser **adequados, eficientes, seguros** e, quanto aos essenciais, **contínuos**, sob pena de serem as pessoas jurídicas obrigadas a cumprir essas obrigações e reparar os danos causados.

Posicionamento do STJ quanto ao corte de *energia elétrica* ou de *água* por *inadimplemento*: o *princípio da continuidade* dos serviços essenciais previsto no CDC deve ser ponderado com a previsão do art. 6º, § 3º, II, da Lei n. 8.987/95, segundo a qual, não se caracteriza *descontinuidade* a interrupção, após aviso-prévio, por *inadimplemento* do usuário, considerado o interesse da coletividade. Portanto, para o STJ, é possível o corte desses serviços quando, após aviso-prévio, permanecer inadimplente o usuário, em razão do interesse da coletividade. Porém, o corte não pode ocorrer indiscriminadamente, preservando-se as *unidades públicas essenciais* (ex.: quando o usuário inadimplente é um hospital ou escola não pode haver a interrupção do serviço).

Como a responsabilidade do fornecedor é objetiva, sua **ignorância** sobre os vícios dos produtos ou serviços não o exime da responsabilidade, ou seja, mesmo que o fornecedor não tenha ciência de possíveis vícios, continuará respondendo por eles.

Quem responde pelo vício? A regra é a da **solidariedade**, ou seja, o consumidor poderá se dirigir a **qualquer um** dos fornecedores. Todos (qualquer um deles) têm o dever de solucionar o problema perante o consumidor, e depois, entre eles, que apurem e façam seus ressarcimentos. *Ex.: é comum o consumidor se dirigir ao comerciante para reclamar um vício do produto e esse fornecedor alegar que o problema deve ser reclamado diretamente com o fabricante; entretanto, independentemente de ser "problema de fábrica" ou qualquer outro tipo de vício, por disposição legal, todos são solidariamente responsáveis perante do consumidor.*

Fato (também chamado de **acidente de consumo**): caracteriza-se por um dano decorrente de defeito do produto ou serviço. *Ex.: liquidificador que, após ser ligado, em razão de defeito técnico, explode, causando lesões físicas ou psíquicas ao consumidor ou estragando outros objetos que estejam próximos.*

O produto ou serviço **defeituoso** é aquele que não apresenta a segurança que dele se espera, levando-se em consideração, obviamente, o modo de fornecimento ou sua apresentação, o resultado e os riscos que razoavelmente dele se esperam e a época em que foi fornecido ou colocado no mercado. Entretanto, o produto não será considerado defeituoso em razão de outro de melhor qualidade ter sido colocado no mercado, da mesma forma que o serviço não será considerado defeituoso pela adoção de novas técnicas.

Não apenas o *defeito* no produto ou serviço em si como também as **informações insuficientes ou inadequadas** sobre a utilização, fruição ou riscos dos produtos ou serviços podem gerar danos ao consumidor, caracterizando o *fato*. *Ex.: um produto que, por suas características, é inflamável, mas que não traz de forma suficiente ou adequada essa informação ao consumidor e este acaba sofrendo algum dano em razão da utilização equivocada.*

Como o *fato* gera um dano (que vai além do prejuízo do produto ou serviço em si), a responsabilidade do fornecedor será de **indenizar**, o que, em regra, será buscado através de uma ação judicial. O **prazo** para a propositura da ação será **prescricional de 5 anos**. Observa-se que o prazo para o consumidor reclamar indenização pelo *fato* é mais favorável do que a regra geral do Código Civil, que prevê o prazo prescricional de 3 anos para pretensão de reparação civil.

Apesar da responsabilidade do fornecedor ser objetiva, o próprio CDC elenca hipóteses de **exclusão da responsabilidade, quais sejam,** a prova de que:

- o fornecedor não colocou o produto no mercado;
- embora tenha colocado o produto no mercado ou prestado o serviço, o defeito inexiste;
- a culpa foi exclusiva do consumidor ou de terceiro.

Apesar da maior parte da doutrina entender que essas três hipóteses excludentes da responsabilidade elencadas no CDC são **taxativas**, há entendimentos controvertidos sobre a possibilidade de considerar-se o *caso fortuito* ou *força maior* também como excludentes. Parte da doutrina e a jurisprudência (do **STJ**) classificam o caso fortuito em *interno* e *externo*, sendo o primeiro aquele fato imprevisível, inevitável e *ligado à atividade desenvolvida* pelo fornecedor, enquanto o segundo é aquele fato imprevisível, inevitável, mas *estranho à atividade*, sendo que neste último caso, mesmo não estando contemplado expressamente no CDC, pode haver a exclusão da responsabilidade do fornecedor (REsp 726371/RJ). Portanto, é necessário verificar se a banca quer a resposta à luz do CDC (o que é mais comum) ou do entendimento do STJ.

Quem responde pelo fato? O **fabricante**, o **produtor**, o **construtor**, nacional ou estrangeiro e o **importador**. Entretanto, o **comerciante** somente responderá em 3 hipóteses:

I – quando o fabricante, o construtor, o produtor ou o importador não puderem ser identificados;

II – quando o produto for fornecido sem identificação clara do seu fabricante, produtor, construtor ou importador;

III – quando não conservar adequadamente os produtos perecíveis.

Isso significa dizer que o comerciante responde de forma *subsidiária*, pois somente será responsável nas três hipóteses acima. Porém, presente uma dessas hipóteses, responderá *solidariamente* com os demais.

Essa regra da **solidariedade**, considerando-se a peculiaridade quanto ao comerciante (que somente responderá nas três hipóteses mencionadas), irá definir o **polo passivo** da ação de reparação do dano. Como a responsabilidade solidária faculta ao consumidor ingressar com a ação contra todos ou contra qualquer um dos fornecedores, não se permitindo *denunciação à lide*, aquele que efetivar o pagamento ao autor poderá exercer o **direito de regresso** contra os demais responsáveis, na medida de sua participação na causação do dano. O direito de regresso pode ser exercido nos mesmos autos ou em ação autônoma. A *ratio legis* é a mesma do *vício*, ou seja, que reparem os danos causados ao consumidor, depois, os fornecedores que apurem quem deles efetivamente foi responsável pelo dano e busquem o ressarcimento entre si.

Quando se tratou da *relação de consumo*, no início deste estudo, foi mencionada a figura do **consumidor por equiparação** quando **vítima de acidente de consumo (fato)**. Agora fica mais fácil entender esse conceito, pois se trata de terceiro que, mesmo não tendo adquirido o produto ou serviço como destinatário final, acabou sendo atingido pelo *acidente de consumo. Ex.: um veículo que, por um defeito no sistema de freios, não consegue frear, se chocando com outro e causando danos a ambos os condutores. O primeiro condutor, por ter adquirido o produto como destinatário final, já é considerado consumidor e o segundo, que simplesmente sofreu danos oriundos do fato, também será considerado consumidor (por equiparação), utilizando-se das mesmas regras que o primeiro ao buscar a reparação dos danos.*

O instituto da responsabilidade pelo **fato** (acidente de consumo) busca, principalmente, proteger a incolumidade físico/psíquica do consumidor. Entretanto, danos materiais também devem ser reparados.

Para fixar:

Responsabilidade pelo vício	Responsabilidade pelo fato
– surge o dever de sanar o vício	– surge o dever de reparar danos
– em regra, será exercido perante o próprio fornecedor	– em regra, será exercido através de uma ação judicial
– prazo **decadencial** para reclamar é de **30 dias** (produtos ou serviços não duráveis) e **90 dias** (produtos ou serviços duráveis)	– prazo **prescricional** para a propositura da ação é de **5 anos**

Exemplos para diferenciar:

Vício	Fato
– o liquidificador para de funcionar	– o liquidificador explode e causa danos ao consumidor ou a terceiro
– o salto do sapato descola	– o salto do sapato descola e causa uma lesão no tornozelo do consumidor
– o alimento é vendido com o prazo de validade vencido	– esse alimento é ingerido e causa algum dano ao consumidor ou a terceiro

Recall – ainda sobre a responsabilidade, o fornecedor não poderá colocar no mercado produto ou serviço que sabe ou deveria saber apresentar **alto grau de nocividade ou periculosidade** à saúde ou segurança do consumidor. Caso, após a colocação no mercado desse produto ou serviço, tome conhecimento desses riscos, deverá o fornecedor comunicar o fato às autoridades competentes e ao consumidor, através de anúncios publicitários, veiculados na imprensa, rádio e televisão. Muito embora o CDC não utilize esse termo, trata-se do chamado *recall*, através do qual se faz o chamamento do consumidor para a reparação do problema, a fim de evitar possíveis danos.

Foro competente – nas ações de responsabilidade civil do fornecedor de produtos ou serviços, o consumidor poderá **optar** pelo ajuizamento no **foro do seu domicílio** a fim de facilitar sua defesa e acesso ao judiciário. Em **contrato de adesão**, caso haja cláusula de **eleição de foro**, impedindo o consumidor de ajuizar ação no seu domicílio, esta será considerada nula de pleno direito.

6. PRAZOS E GARANTIAS

Esse assunto é bastante cobrado em Exame de Ordem e geralmente é tratado juntamente com a *responsabilidade*, mas, para frisar, seguem mais detalhes.

Prazo prescricional (para entrar com ação de reparação de danos oriundos do **fato** do produto ou serviço): **5 anos**, a contar do conhecimento do dano e sua autoria.

Prazo decadencial (para reclamar por **vício** do produto ou serviço):

- **30 dias** para produtos e serviços não duráveis (ex.: alimento);
- **90 dias** para produtos e serviços duráveis (ex.: eletrodoméstico).

Se for **vício aparente ou de fácil constatação**, o prazo começa a contar da entrega efetiva do produto ou do final da execução do serviço. Se for **vício oculto**, o prazo começa a contar do momento em que ficar evidenciado o vício.

Nesses prazos decadenciais (30 ou 90 dias) reclama-se a chamada **garantia legal**, ou seja, um prazo que o consumidor tem para reclamar por um *vício* do produto ou serviço.

A **garantia legal é obrigatória**, imposta por lei, não precisando de termo escrito, sendo vedada e exoneração do fornecedor. *(Ex.: é comum que um fornecedor venda determinado produto e "avise" que não há garantia alguma; entretanto, essa informação é nula, já que a garantia legal não é dada pelo fornecedor, e sim imposta pela lei, sendo obrigatória em qualquer produto ou serviço no mercado de consumo).*

Há também a chamada **garantia contratual**, a qual é uma faculdade do fornecedor (mas quando oferecida deve ser obrigatoriamente cumprida), a fim de conquistar o cliente. Essa garantia, que pode ser total ou parcial (desde que clara e previamente especificada), deve obrigatoriamente constar em termo **escrito** (o chamado **termo de garantia**) com todas as informações ao consumidor.

É comum no mercado a chamada **garantia estendida**, espécie de garantia contratual, pela qual o consumidor paga um valor extra para ter uma cobertura por mais tempo; essa prática é aceita, desde que não seja *imposta* ao consumidor (deve ser opcional) e este esteja *ciente* de que lhe será cobrado um valor extra (para evitar que seja embutida no preço do produto ou serviço no momento da contratação).

O CDC menciona que a garantia *contratual* é complementar à *legal*. A respeito do tema, a jurisprudência do STJ já firmou posicionamento de que, em havendo, além da garantia legal, também a contratual, estas devem ser somadas na seguinte ordem: **contratual + legal**. *Ex.: se uma televisão tem 1 ano de garantia (contratual), após transcorrido esse prazo, o consumidor terá mais 90 dias (bem durável) de garantia (legal) para reclamar por eventuais vícios.* Atenção para não cair em *pegadinhas*: 30 ou 90 **dias** não são necessariamente 1 ou 3 **meses**. Portanto, as questões devem ser lidas com bastante atenção.

Direito de arrependimento é um prazo conferido ao consumidor para desistir do negócio, sempre que a contratação de fornecimento de produtos ou serviços ocorrer **fora do estabelecimento comercial**.

- **7 dias** a contar da assinatura do contrato ou do recebimento do produto ou serviço.

O CDC traz exemplos, como vendas *por telefone* ou *em domicílio*, mas o exemplo mais comum atualmente são as compras ou contratações de serviços pela *internet*. Exercido esse direito de arrependimento (que não precisa ser motivado), os valores pagos serão imediatamente devolvidos e monetariamente atualizados.

Frisando, somente há direito de *arrependimento* (desistência do negócio) quando a contratação foi **fora do estabelecimento comercial** e somente há direito à *troca* nos casos já vistos em que o produto apresenta **vícios**. *Ex.: é comum, após as datas festivas (Natal, Dia das Mães etc.), os consumidores (que compraram em lojas físicas) retornarem às lojas por não terem gostado da cor ou modelo do produto, ou por terem ganhado de presente e não ter servido o tamanho, e os comerciantes efetuarem as trocas; no entanto, isso é uma* **faculdade** *do fornecedor, que não quer desapontar o cliente, mas* **não** *há qualquer obrigação legal em efetuar tal troca. Obviamente que quando o próprio fornecedor se compromete a trocar, no momento da oferta ou contratação, deverá cumprir o ofertado ou pactuado, mas foi por sua liberalidade e não por obrigação.*

7. DESCONSIDERAÇÃO DA PERSONALIDADE JURÍDICA

O juiz poderá **desconsiderar a personalidade jurídica** nas seguintes hipóteses:

- abuso de direito;
- excesso de poder;
- infração da lei;
- fato ou ato ilícito;
- violação dos estatutos ou contrato social;

- falência; estado de insolvência; encerramento ou inatividade da pessoa jurídica, provocados por má administração;
- sempre que sua personalidade for, de alguma forma, obstáculo ao ressarcimento de prejuízos causados aos consumidores.

As sociedades **integrantes dos grupos societários** e as sociedades **controladas** são *subsidiariamente* responsáveis, enquanto as **sociedades consorciadas** são *solidariamente* responsáveis pelas obrigações decorrentes do CDC. Já as **sociedades coligadas** só responderão por *culpa*.

8. PRÁTICAS COMERCIAIS

Oferta: toda informação, suficientemente precisa, veiculada por qualquer forma ou meio de comunicação, **obriga** o fornecedor e **integra o contrato** que eventualmente vier a ser celebrado. A oferta e apresentação de produtos ou serviços devem trazer de forma correta, clara, precisa e ostensiva todas as **informações** ao consumidor.

Em caso de **recusa** do fornecedor em cumprir a **oferta**, o consumidor poderá, alternativamente e **à sua livre escolha**:

I – exigir o cumprimento forçado da obrigação, nos termos da oferta, apresentação ou publicidade;

II – aceitar outro produto ou prestação de serviço equivalente;

III – rescindir o contrato, com direito à restituição de quantia eventualmente antecipada, monetariamente atualizada, e a perdas e danos.

Publicidade: deve ser veiculada de forma que o consumidor fácil e imediatamente a identifique como tal, ou seja, que o destinatário tenha **consciência** de que está sendo estimulado a adquirir ou utilizar determinado produto ou serviço, evitando-se a chamada publicidade **subliminar ou clandestina**.

É **proibida** qualquer publicidade:

a) **Enganosa** – aquela parcial ou inteiramente **falsa**, que **induz em erro** o consumidor (quanto a natureza, características, qualidade, quantidade, propriedades, origem, preço e quaisquer outros dados sobre produtos e serviços). Poderá ser *enganosa por omissão*, quando deixa de informar sobre algo essencial.

b) **Abusiva** – aquela que **desrespeita valores** (discriminatória, que incita violência, explore medo ou superstição, se aproveita da deficiência de julgamento da criança, desrespeita valores ambientais, induz o consumidor a se comportar de forma prejudicial ou perigosa à sua saúde ou segurança).

As **práticas abusivas**, cujo rol exemplificativo segue abaixo, são **vedadas** (art. 39, CDC):

– condicionar o fornecimento de produto ou de serviço ao fornecimento de outro produto ou serviço (trata-se da chamada **venda casada**), bem como, sem justa causa, a limites quantitativos;
– recusar atendimento às demandas dos consumidores, na exata medida de suas disponibilidades de estoque, e, ainda, de conformidade com os usos e costumes;
– enviar ou entregar ao consumidor, sem solicitação prévia, qualquer produto, ou fornecer qualquer serviço (caso ocorra essa prática, os produtos ou serviços remetidos ao consumidor equiparam-se a **amostras grátis**, inexistindo obrigação de pagamento); Obs.: Súmula 532 do STJ "constitui prática comercial abusiva o envio de cartão de crédito sem prévia e expressa solicitação do consumidor, configurando-se ato ilícito indenizável e sujeito à aplicação de multa administrativa".
– prevalecer-se da fraqueza ou ignorância do consumidor, tendo em vista sua idade, saúde, conhecimento ou condição social, para impingir-lhe seus produtos ou serviços;
– exigir do consumidor vantagem manifestamente excessiva;
– executar serviços sem a prévia elaboração de orçamento e autorização expressa do consumidor, ressalvadas as decorrentes de práticas anteriores entre as partes;
– repassar informação depreciativa, referente a ato praticado pelo consumidor no exercício de seus direitos;
– colocar, no mercado de consumo, qualquer produto ou serviço em desacordo com as normas expedidas pelos órgãos oficiais competentes ou, se normas específicas não existirem, pela ABNT ou outra entidade credenciada pelo Conselho Nacional de Metrologia, Normalização e Qualidade Industrial (Conmetro);
– recusar a venda de bens ou a prestação de serviços, diretamente a quem se disponha a adquiri-los mediante pronto pagamento, ressalvados os casos de intermediação regulados em leis especiais;
– elevar sem justa causa o preço de produtos ou serviços;
– deixar de estipular prazo para o cumprimento de sua obrigação ou deixar a fixação de seu termo inicial a seu exclusivo critério;
– aplicar fórmula ou índice de reajuste diverso do legal ou contratualmente estabelecido;
- permitir o ingresso em estabelecimentos comerciais ou de serviços de um número maior de consumidores que o fixado pela autoridade administrativa como máximo.

Orçamento: o fornecedor de serviço deve entregar previamente orçamento, discriminando valor da mão de obra, dos materiais e equipamentos, as condições de pagamento, bem como datas de início e término do serviço. Aprovado pelo consumidor, o orçamento **obriga** as partes e somente poderá ser modificado mediante livre negociação. Salvo estipulação em contrário, o orçamento tem **validade de 10 dias**, a contar do recebimento pelo consumidor, sendo que o consumidor não responde por quaisquer ônus ou acréscimos decorrentes da contratação de serviços de terceiros não previstos no orçamento prévio.

Na **cobrança de dívidas**, o consumidor inadimplente não poderá ser exposto a ridículo ou submetido a qualquer tipo de constrangimento ou ameaça. Caso seja cobrado indevidamente, terá direito à **repetição em dobro**, acrescido de juros e correção monetária, salvo engano justificável (nessa hipótese, a repetição será simples). Os documentos cobrando as dívidas deverão trazer o nome, endereço, CPF ou CNPJ do fornecedor do produto ou serviço correspondente.

Os **bancos de dados e cadastros de consumidores** (como SPC, SERASA etc.) são considerados entidades de caráter *público* e devem permitir ao consumidor o acesso às informações existentes. O consumidor terá acesso às informações (que devem ser disponibilizadas em formatos acessíveis, inclusive para a pessoa com deficiência, mediante solicitação do consumidor) existentes em cadastros, fichas, registros e dados pessoais e de consumo arquivados sobre ele, bem como sobre as suas respectivas fontes. As informações negativas sobre o consumidor não podem permanecer registradas por período superior a **5 anos**. Da mesma forma, não poderão ser fornecidas por esses órgãos informações sobre débitos cuja cobrança já esteja **prescrita**.

Sobre os bancos de dados e cadastros de consumidores, atentar para os seguintes entendimentos do STJ:

- **Súmula 323** – *A inscrição do nome do devedor pode ser mantida nos serviços de proteção ao crédito até o prazo máximo de cinco anos, independentemente da prescrição da execução.*
- **Súmula 359** – *Cabe ao órgão mantenedor do Cadastro de Proteção ao Crédito a notificação do devedor antes de proceder à inscrição.*
- **Súmula 404** – *É dispensável o aviso de recebimento (AR) na carta de comunicação ao consumidor sobre a negativação de seu nome em bancos de dados e cadastros.*
- **Súmula 385** – *Da anotação irregular em cadastro de proteção ao crédito, não cabe indenização por dano moral, quando preexistente legítima inscrição, ressalvado o direito ao cancelamento.*
- **Súmula 548** – *Incumbe ao credor a exclusão do registro da dívida em nome do devedor no cadastro de inadimplentes no prazo de cinco dias úteis, a partir do integral e efetivo pagamento do débito.*

9. PROTEÇÃO CONTRATUAL

As **cláusulas contratuais** serão interpretadas de maneira **mais favorável** ao consumidor, da mesma forma, os contratos que regulam as relações de consumo **não obrigarão os consumidores**, se não lhes for dada a oportunidade de tomar conhecimento prévio de seu conteúdo, ou se os respectivos instrumentos forem redigidos de modo a dificultar a compreensão de seu sentido e alcance.

São **cláusulas abusivas, nulas** de pleno direito, as que:

- impossibilitem, exonerem ou atenuem a responsabilidade do fornecedor por vícios de qualquer natureza dos produtos e serviços ou impliquem renúncia ou disposição de direitos (nas relações de consumo entre o fornecedor e o consumidor pessoa jurídica, a indenização poderá ser limitada, em situações justificáveis);
- subtraiam ao consumidor a opção de reembolso da quantia já paga, nos casos previstos no CDC;
- transfiram responsabilidades a terceiros;
- estabeleçam obrigações consideradas iníquas, abusivas, que coloquem o consumidor em desvantagem exagerada, ou sejam incompatíveis com a boa-fé ou a equidade;
- estabeleçam inversão do ônus da prova em prejuízo do consumidor;
- determinem a utilização compulsória de arbitragem;
- imponham representante para concluir ou realizar outro negócio jurídico pelo consumidor;
- deixem ao fornecedor a opção de concluir ou não o contrato, embora obrigando o consumidor;
- permitam ao fornecedor, direta ou indiretamente, variação do preço de maneira unilateral;
- autorizem o fornecedor a cancelar o contrato unilateralmente, sem que igual direito seja conferido ao consumidor;
- obriguem o consumidor a ressarcir os custos de cobrança de sua obrigação, sem que igual direito lhe seja conferido contra o fornecedor;
- autorizem o fornecedor a modificar unilateralmente o conteúdo ou a qualidade do contrato, após sua celebração;
- infrinjam ou possibilitem a violação de normas ambientais;
- estejam em desacordo com o sistema de proteção ao consumidor;
- possibilitem a renúncia do direito de indenização por benfeitorias necessárias;
- condicionem ou limitem de qualquer forma o acesso aos órgãos do Poder Judiciário;
- estabeleçam prazos de carência em caso de impontualidade das prestações mensais ou impeçam o restabelecimento integral dos direitos do consumidor e de seus meios de pagamento a partir da purgação da mora ou do acordo com os credores.

As cláusulas abusivas são **nulas** de pleno direito, contudo, a nulidade de uma das cláusulas não invalida o contrato, salvo se, apesar dos esforços de integração, ocorrer ônus excessivo a qualquer das partes.

Atenção: Muito embora a doutrina sustente que a abusividade das cláusulas pode ser declarada **de ofício** pelo julgador, o **STJ** entende não ser possível esse reconhecimento de ofício, mesmo em se tratando de contrato regulado pelo CDC (REsp 1044499/RS), o que ensejou, inclusive, a previsão da **Súmula 381 do STJ**: *"nos contratos bancários, é vedado ao julgador conhecer, de ofício, da abusividade das cláusulas"*. Assim, pela lógica das disposições do CDC, cujas normas são de ordem pública e interesse social, é de se entender pela possibilidade do reconhecimento de ofício da abusividade das cláusulas; porém, se a questão solicitar uma resposta à luz do posicionamento do STJ, entende-se que é vedado esse reconhecimento de ofício.

As **multas** de mora decorrentes de inadimplemento de obrigações não poderão ser superiores a **2%** do valor da prestação. Caso o consumidor opte por **liquidar antecipadamente** seu débito, parcial ou totalmente, deverão ser reduzidos proporcionalmente os juros e demais acréscimos. **Súmula 285, STJ** – *Nos contratos bancários posteriores ao Código de Defesa do Consumidor incide a multa moratória nele prevista.*

Em relação aos planos de saúde, assuntos recorrentes nas provas da OAB, atenção para o enunciado da Súmula 302 do STJ: *É abusiva a cláusula contratual de plano de saúde que limita no tempo a internação hospitalar do segurado.* Ademais, recomenda-se uma leitura atenta da Lei n. 9.656/98, que dispõe sobre os planos e seguros privados de assistência à saúde.

Os **contratos de adesão** trazem cláusulas rígidas, uniformes e preestabelecidas unilateralmente pelo fornecedor; pode até haver inserção de cláusulas, o que não retirará a natureza de adesão do contrato. Por esses motivos, esse tipo de contrato deve ser redigido em termos claros, com caracteres ostensivos e legíveis, cuja fonte não pode ser inferior a 12. Ademais, as cláusulas que impliquem limitação de Direito do Consumidor deverão ser redigidas em destaque.

Quando se tratou do conceito de consumidor, no início deste estudo, foi vista a figura do **consumidor por equiparação** por estar **exposto às práticas comerciais e contratuais**. Pois tais práticas são as vistas acima, ou seja, mesmo que a pessoa (ou coletividade) não adquira ou utilize os produtos ou serviços aludidos, poderá ser considerada consumidora (por equiparação) por estar exposta às tais práticas, podendo se valer de todas as prerrogativas das normas consumeristas.

10. DA PREVENÇÃO E DO TRATAMENTO DO SUPERENDIVIDAMENTO

A Lei n. 14.181/2021 acrescentou ao CDC um capítulo dispondo sobre a **prevenção do superendividamento** da pessoa natural, sobre o crédito responsável e sobre a educação financeira do consumidor.

Considera-se **superendividamento** a impossibilidade manifesta de o consumidor pessoa natural, de boa-fé, pagar a totalidade de suas dívidas de consumo, exigíveis e vincendas, sem comprometer seu mínimo existencial, nos termos da regulamentação.

No fornecimento de crédito e na venda a prazo, além das informações obrigatórias previstas no art. 52 deste Código e na legislação aplicável à matéria, o fornecedor ou o intermediário **deverá informar** o consumidor, prévia e adequadamente, no momento da oferta, sobre:

I – o custo efetivo total e a descrição dos elementos que o compõem;

II – a taxa efetiva mensal de juros, bem como a taxa dos juros de mora e o total de encargos, de qualquer natureza, previstos para o atraso no pagamento;

III – o montante das prestações e o prazo de validade da oferta, que deve ser, no mínimo, de 2 (dois) dias;

IV – o nome e o endereço, inclusive o eletrônico, do fornecedor;

V – o direito do consumidor à liquidação antecipada e não onerosa do débito, nos termos do § 2º do art. 52 deste Código e da regulamentação em vigor.

É vedado, expressa ou implicitamente, na oferta de crédito ao consumidor, publicitária ou não:

- indicar que a operação de crédito poderá ser concluída sem consulta a serviços de proteção ao crédito ou sem avaliação da situação financeira do consumidor;
- ocultar ou dificultar a compreensão sobre os ônus e os riscos da contratação do crédito ou da venda a prazo;
- assediar ou pressionar o consumidor para contratar o fornecimento de produto, serviço ou crédito, principalmente se se tratar de consumidor idoso, analfabeto, doente ou em estado de vulnerabilidade agravada ou se a contratação envolver prêmio;
- condicionar o atendimento de pretensões do consumidor ou o início de tratativas à renúncia ou à desistência de demandas judiciais, ao pagamento de honorários advocatícios ou a depósitos judiciais.

11. SANÇÕES ADMINISTRATIVAS

Segundo o CDC, as infrações às normas de defesa do consumidor ficam sujeitas às seguintes **sanções administrativas**:

Sanção	Particularidades
- multa	- Será graduada conforme a gravidade da infração, a vantagem auferida e a condição econômica do fornecedor
- apreensão do produto	- Aplicadas quando forem constatados vícios de quantidade ou de qualidade por inadequação ou insegurança do produto ou serviço
- inutilização do produto	
- cassação do registro do produto junto ao órgão competente	
- proibição de fabricação do produto	
- suspensão de fornecimento de produtos ou serviço	
- revogação de concessão ou permissão de uso	
- suspensão temporária da atividade	- Aplicadas quando o fornecedor reincidir na prática das infrações de maior gravidade previstas no CDC e na legislação de consumo
- cassação de licença do estabelecimento ou de atividade	
- interdição, total ou parcial, de estabelecimento, de obra ou de atividade	
- intervenção administrativa	
- imposição de contrapropaganda	- Aplicada quando o fornecedor incorrer na prática de publicidade enganosa ou abusiva; - Será divulgada da mesma forma, frequência e dimensão e, *preferencialmente*, no mesmo veículo, local, espaço e horário da publicidade veiculada, a fim de desfazer o malefício causado

As **sanções administrativas** serão aplicadas pela autoridade administrativa, no âmbito das suas atribuições, podendo ser **cumuladas.** Essas penalidades são aplicadas mediante a instauração de procedimento administrativo, com garantia de ampla defesa e contraditório ao fornecedor. No entanto, em caráter de urgência, poderão ser aplicadas por medida cautelar, antecedente ou como incidente do procedimento administrativo, sem prejuízo das sanções de natureza civil, penal e das definidas em normas específicas.

12. INFRAÇÕES PENAIS

O CDC tipifica algumas condutas que constituem **crimes** contra as relações de consumo, sem prejuízo das previstas no Código Penal e leis especiais:

CRIMES	PENAS
Omitir dizeres ou sinais ostensivos sobre a nocividade ou periculosidade de produtos, nas embalagens, nos invólucros, recipientes ou publicidade	- Detenção de 6 meses a 2 anos + multa - Se culposo: Detenção de 1 a 6 meses ou multa
Deixar de comunicar à autoridade competente e aos consumidores a nocividade ou periculosidade de produtos cujo conhecimento seja posterior à sua colocação no mercado	- Detenção de 6 meses a 2 anos + multa
Executar serviço de alto grau de periculosidade, contrariando determinação de autoridade competente (permitir o ingresso em estabelecimentos comerciais ou de serviços de um número maior de consumidores que o fixado pela autoridade administrativa como máximo também caracteriza o crime ora previsto)	- Detenção de 6 meses a 2 anos + multa (sem prejuízo das penas por lesão corporal e morte)
Fazer afirmação falsa ou enganosa, ou omitir informação relevante sobre a natureza, característica, qualidade, quantidade, segurança, desempenho, durabilidade, preço ou garantia de produtos ou serviços	- Detenção de 3 meses a 1 ano + multa - Se culposo: Detenção de 1 a 6 meses ou multa
Fazer ou promover publicidade que sabe ou deveria saber ser enganosa ou abusiva	- Detenção de 3 meses a 1 ano + multa
Fazer ou promover publicidade que sabe ou deveria saber ser capaz de induzir o consumidor a se comportar de forma prejudicial ou perigosa a sua saúde ou segurança	- Detenção de 6 meses a 2 anos + multa
Deixar de organizar dados fáticos, técnicos e científicos que dão base à publicidade	- Detenção de 1 a 6 meses + multa
Empregar na reparação de produtos peça ou componentes de reposição usados, sem autorização do consumidor	- Detenção de 3 meses a 1 ano + multa
Utilizar, na cobrança de dívidas, de ameaça, coação, constrangimento físico ou moral, afirmações falsas, incorretas ou enganosas ou de qualquer outro procedimento que exponha o consumidor, injustificadamente, a ridículo ou interfira com seu trabalho, descanso ou lazer	- Detenção de 3 meses a 1 ano + multa
Impedir ou dificultar o acesso do consumidor às informações que sobre ele constem em cadastros, banco de dados, fichas e registros	- Detenção de 6 meses a 1 ano ou multa
Deixar de corrigir imediatamente informação sobre consumidor constante de cadastro, banco de dados, fichas ou registros que sabe ou deveria saber ser inexata	- Detenção de 1 a 6 meses ou multa
Deixar de entregar ao consumidor o termo de garantia adequadamente preenchido e com especificação clara de seu conteúdo	- Detenção de 1 a 6 meses ou multa

São **agravantes** dos crimes acima tipificados:

– serem cometidos em época de grave crise econômica ou por ocasião de calamidade;

– ocasionarem grave dano individual ou coletivo;

– dissimular-se a natureza ilícita do procedimento;

– quando cometidos: a) por servidor público, ou por pessoa cuja condição econômico-social seja manifestamente superior à da vítima; b) em detrimento de operário ou rurícola; de menor de dezoito ou maior de sessenta anos ou de pessoas portadoras de deficiência mental interditadas ou não;

– serem praticados em operações que envolvam alimentos, medicamentos ou quaisquer outros produtos ou serviços essenciais.

13. DEFESA DO CONSUMIDOR EM JUÍZO E A COISA JULGADA

A defesa em juízo dos consumidores e das vítimas poderá ser exercida **individual** ou **coletivamente**.

A defesa será **coletiva** quando se tratar de:

- **interesses ou direitos difusos** (transindividuais, de natureza indivisível, de que sejam titulares pessoas indeterminadas e ligadas por circunstâncias de fato); nesse caso, a sentença fará **coisa julgada *erga omnes***, exceto se o pedido for julgado improcedente por insuficiência de provas (hipótese em que qualquer legitimado poderá intentar outra ação, com idêntico fundamento valendo-se de nova prova);
- **interesses ou direitos coletivos** (transindividuais, de natureza indivisível de que seja titular grupo, categoria ou classe de pessoas ligadas entre si ou com a parte contrária por uma relação jurídica base); nesse caso, a sentença fará **coisa julgada *ultra partes***, mas limitadamente ao grupo, categoria ou classe, salvo improcedência por insuficiência de provas;
- **interesses ou direitos individuais homogêneos** (decorrentes de origem comum); nesse caso, a sentença fará **coisa julgada *erga omnes***, apenas no caso de procedência do pedido, para beneficiar todas as vítimas e seus sucessores.

Abaixo, um quadro explicativo dos **interesses/direitos** (são tratados como sinônimos) **coletivos**:

DIREITOS	Difusos	Coletivos (*stricto sensu*)	Individuais homogêneos
TITULARES	indetermináveis	determináveis	determináveis
ORIGEM	relação de fato	relação jurídica	origem comum
OBJETO	indivisível	indivisível	divisível
EFEITO DA PROCEDÊNCIA	*Erga omnes*	*Ultra partes*	*Erga omnes*

O CDC (art. 82) traz um rol dos **legitimados** concorrentemente para a defesa **coletiva** dos consumidores, os quais, autorizados por lei, buscarão em nome próprio direito alheio (*legitimação extraordinária* ou *substituição processual*). São eles:

– Ministério Público; (Obs.: O **MP**, quando não ajuizar a ação, atuará sempre como **fiscal da lei**.)

– União, os Estados, os Municípios e o Distrito Federal;

– entidades e órgãos da Administração Pública, direta ou indireta, ainda que sem personalidade jurídica, especificamente destinados à defesa dos interesses e direitos protegidos pelo CDC;

– associações legalmente constituídas há pelo menos um ano e que incluam entre seus fins institucionais a defesa dos interesses e direitos protegidos pelo CDC, dispensada a autorização assemblear. O requisito da pré-constituição pode ser dispensado pelo juiz quando haja manifesto interesse social evidenciado pela dimensão ou característica do dano, ou pela relevância do bem jurídico a ser protegido.

A Defensoria Pública também é **legítima** para propor Ação Civil Pública em defesa coletiva dos consumidores. Porém, **não consta** no rol dos legitimados do CDC e sim no art. 5º, II, da Lei n. 7.347/85 (Lei da ACP, cujo artigo foi alterado pela Lei n. 11.448/2007).

Nas ações coletivas tratadas no CDC, **não haverá** adiantamento de custas, emolumentos, honorários periciais e quaisquer outras despesas, nem condenação da associação autora, salvo comprovada **má-fé**, em honorários de advogados, custas e despesas processuais.

Para a defesa dos direitos e interesses protegidos pelo CDC, são admitidas **todas as espécies de ações** capazes de propiciar a adequada e efetiva tutela dos consumidores.

Nas ações que tenham por objeto o cumprimento de **obrigação de fazer** ou **não fazer**, o juiz concederá a **tutela específica** (para que o fornecedor cumpra exatamente a sua obrigação), ou determinará outras medidas que assegurem o resultado prático equivalente.

A obrigação de fazer poderá ser convertida em **perdas e danos** (sem prejuízo de multa), se for opção do autor ou se impossível a tutela específica ou o resultado equivalente. Ainda, em sendo relevante o fundamento da demanda e havendo justificado receio de ineficácia do provimento final, o juiz poderá conceder a **antecipação de tutela** liminarmente ou após justificação prévia (com citação do réu), com a imposição de **multa diária** (de ofício) e fixação de prazo para o cumprimento.

REFERÊNCIAS

ALMEIDA, Fabrício Bolzan. *Direito do Consumidor esquematizado*. São Paulo: Saraiva, 2013.

ALMEIDA, João Batista. *Manual de direito do consumidor*. 5. ed. São Paulo: Saraiva, 2011.

BENJAMIN, Antônio Herman V. *Manual de direito do consumidor*. 2. ed. São Paulo: Revista dos Tribunais, 2009.

MIRAGEM, Bruno, *Curso de direito do consumidor*. 2. ed. São Paulo: Revista dos Tribunais, 2010.

NUNES, Rizzatto. *Curso de direito do consumidor*. 4. ed. São Paulo: Saraiva, 2009.

______. *Comentários ao Código de Defesa do Consumidor*. 7. ed. São Paulo: Saraiva, 2013.

THEODORO JÚNIOR, Humberto. *Direitos do consumidor*. 6. ed. Rio de Janeiro: Forense, 2009.

Questões

Direito do Consumidor

I. DISPOSIÇÕES GERAIS, PRINCÍPIOS, RELAÇÃO DE CONSUMO E DIREITOS BÁSICOS

1. (XXXI EXAME) Adriano, por meio de um site especializado, efetuou reserva de hotel para estada com sua família em praia caribenha. A reserva foi imediatamente confirmada pelo site, um mês antes das suas férias, quando fariam a viagem. Ocorre que, dez dias antes do embarque, o site especializado comunicou a Adriano que o hotel havia informado o cancelamento da contratação por erro no parcelamento com o cartão de crédito. Adriano, então, buscou nova compra do serviço, mas os valores estavam cerca de 30% mais caros do que na contratação inicial, com o qual anuiu por não ser mais possível alterar a data de suas férias. Ao retornar de viagem, Adriano procurou você, como advogado(a), a fim de saber se seria possível a restituição dessa diferença de valores. Neste caso, é correto afirmar que o ressarcimento da diferença arcada pelo consumidor

A) poderá ser buscado em face exclusivamente do hotel, fornecedor que cancelou a contratação.
B) poderá ser buscado em face do site de viagens e do hotel, que respondem solidariamente, por comporem a cadeia de fornecimento do serviço.
C) não poderá ser revisto, porque o consumidor tinha o dever de confirmar a compra em sua fatura de cartão de crédito.
D) poderá ser revisto, sendo a responsabilidade exclusiva do site de viagens, com base na teoria da aparência, respondendo o hotel apenas subsidiariamente.

RESPOSTA Existe a responsabilidade do fornecedor, sendo que o próprio enunciado afirma que a reserva havia sido confirmada pelo site. Ademais, o art. 34 do CDC prevê que o *fornecedor do produto ou serviço é solidariamente responsável pelos atos de seus prepostos ou representantes autônomos*, enquanto o parágrafo único do art. 7º do CDC dispõe que *tendo mais de um autor a ofensa, todos responderão solidariamente pela reparação dos danos previstos nas normas de consumo. Alternativa B.*

2. (XXIX EXAME) Antônio é deficiente visual e precisa do auxílio de amigos familiares para compreender diversas questões da vida cotidiana, como as contas e despesas da casa e outras questões de rotina. Pensando nessa dificuldade, Antonio procurar você, como advogado(a), para orientá-lo a respeito dos direitos dos deficientes visuais nas relações de consumo.

Nesse sentido, assinale a afirmativa correta.

(A) O consumidor poderá solicitar as fornecedoras de serviços, em razão de sua deficiência visual, o envio das faturas das contas detalhadas em Braille.
(B) As informações sobre os riscos que o produto apresenta, por sua própria natureza, devem ser prestadas em formatos acessíveis somente as pessoas que apresentem deficiência visual.
(C) A impossibilidade operacional impede que informação de serviço seja ofertada em formatos acessíveis, considerando a diversidade de deficiências, o que justifica a dispensa de tal obrigatoriedade por expressa determinação legal.
(D) O consumidor poderá solicitar as faturas em Braille, mas bastará ser indicado o preço, dispensando-se outras informações, por expressa disposição legal.

RESPOSTA Prevê o art. 6º, III, do CDC que são direitos básicos do consumidor, dentre outros, a informação adequada e clara sobre os diferentes produtos e serviços, com especificação correta de quantidade, características, composição, qualidade, tributos incidentes e preço, bem como sobre os riscos que apresentem. Por sua vez, o parágrafo único dispões que a informação de que trata o inciso III deve ser acessível à pessoa com deficiência, observado o disposto em regulamento. *Alternativa A.*

3. (XXIX EXAME) A concessionária do veículo X adquiriu, da montadora, trinta unidades de veículo do mesmo modelo e cores diversificadas, afim de guarnecer seu estoque, e direcionou três veículos desse total para o uso da própria pessoa jurídica. Ocorre que cinco veículos apresentaram problemas mecânicos decorrentes de falhas na fabricação, que comprometeram a segurança dos passageiros. Desses automóveis um pertencia à concessionária e os outros quatro, a particulares que adquiriram o bem na concessionária.

Nesse caso, com base no Código de Defesa do Consumidor (CDC), assinale a afirmativa correta.

(A) Entre os consumidores particulares e a montadora inexiste relação jurídica, posto que a aquisição dos veículos e de uma concessionária.
(B) Entre os consumidores particulares e a montadora, por se tratar de falha na fabricação, há relação jurídica protegida

pelo CDC; a relação jurídica entre a concessionária e a montadora, no que se refere à unidade adquiridos pela pessoa jurídica para uso próprio, é de direito comum civil.

(C) Existe, entre a concessionária e a montadora, relação jurídica regida pelo CDC, mesmo que ambas sejam pessoas jurídicas, no que diz respeito ao veículo adquirido pela concessionária para uso próprio, e não para revenda.

(D) Somente a relação jurídica protegida pelo CDC entre o consumidor e a concessionária, que deverá ingressar com ação de regresso contra a montadora, caso seja condenado em ação judicial, não sendo possível aos consumidores demandar diretamente contra a montadora.

RESPOSTA Questão polêmica por abordar um dos assuntos mais debatidos no Direito do Consumidor (definição de destinatário final) sem trazer os elementos suficientes para tanto. A banca entendeu que, no caso narrado, a concessionária seria destinatária final dos veículos adquiridos para uso da própria pessoa jurídica, aplicando-se, portanto, o CDC, a teor do art. 2º do CDC. Vejamos que a questão não especificou se os veículos seriam usados com fins econômicos ou bens de produção, apenas dizendo que seriam para uso próprio da pessoa jurídica. Assim, não se trata da análise da Teoria Finalista Mitigada e sim de aplicação do art. 2º do CDC, presumindo-se se tratar de destinatário final. *Alternativa C.*

4. **(XXII Exame)** Alvina, condômina de um edifício residencial, ingressou com ação para reparação de danos, aduzindo falha na prestação dos serviços de modernização dos elevadores. Narrou ser moradora do 10º andar e que hospedou parentes durante o período dos festejos de fim de ano. Alegou que o serviço nos elevadores estava previsto para ser concluído em duas semanas, mas atrasou mais de seis semanas, o que implicou falta de elevadores durante o período em que recebeu seus hóspedes, fazendo com que seus convidados, todos idosos, tivessem que utilizar as escadas, o que gerou transtornos e dificuldades, já que os hóspedes deixaram de fazer passeios e outras atividades turísticas diante das dificuldades de acesso. Sentindo-se constrangida e tendo que alterar todo o planejamento de atividades para o período, Alvina afirmou ter sofrido danos extrapatrimoniais decorrentes da mora do fornecedor de serviço, que, ainda que regularmente notificado pelo condomínio, quedou-se inerte e não apresentou qualquer justificativa que impedisse o cumprimento da obrigação de forma tempestiva. Diante da situação apresentada, assinale a afirmativa correta.

(A) Existe relação de consumo apenas entre o condomínio e o fornecedor de serviço, não tendo Alvina legitimidade para ingressar com ação indenizatória, por estar excluída da cadeia da relação consumerista.

(B) Inexiste relação consumerista na hipótese, e sim relação contratual regida pelo Código Civil, tendo a multa contratual pelo atraso na execução do serviço cunho indenizatório, que deve servir a todos os condôminos e não a Alvina, individualmente.

(C) Existe relação de consumo, mas não cabe ação individual, e sim a perpetrada por todos os condôminos, em litisconsórcio, tendo como objeto apenas a cobrança de multa contratual e indenização coletiva.

(D) Existe relação de consumo entre a condômina e o fornecedor, com base da teoria finalista, podendo Alvina ingressar individualmente com a ação indenizatória, já que é destinatária final e quem sofreu os danos narrados.

RESPOSTA O art. 2º do CDC conceitua consumidor como toda pessoa física ou jurídica que **adquire** ou **utiliza** produto ou serviço como destinatário final. Portanto, a condômina é consumidora e tem legitimidade para ingressar com ação individualmente contra a prestadora de serviços, nos termos do art. 81 do CDC. *Alternativa D.*

5. **(XX Exame-Reaplicação)** Inês, pretendendo fazer pequenos reparos e manutenção em sua residência, contrai empréstimo com essa finalidade. Ocorre que, desconfiando dos valores pagos nas prestações, procura orientação jurídica e ingressa com ação revisional de cédula de crédito bancário, questionando a incidência de juros remuneratórios, ao argumento de serem mais altos que a média praticada no mercado. Requereu a inversão do ônus da prova e, ao final, a procedência do pedido para determinar a declaração de nulidade da cláusula. A respeito desta situação, é correto afirmar que o Código de Defesa do Consumidor

(A) não é aplicável na relação jurídica entre Inês e a instituição financeira, motivo pelo qual o questionamento deve seguir a ótica dos direitos obrigacionais previstos no Código Civil, o que inviabiliza a inversão do ônus da prova.

(B) é aplicável na relação jurídica entre Inês e a instituição financeira, cabível a inversão do ônus da prova, se preenchidos os requisitos legais e, em caso de nulidade da cláusula, todo contrato será declarado nulo, tendo em vista que prática abusiva é questão de ordem pública.

(C) é aplicável na relação jurídica entre Inês e a instituição financeira, cabível a inversão do ônus da prova caso a consumidora comprove preenchimento dos requisitos legais, sendo certo que a declaração de nulidade da cláusula não invalida o contrato, salvo se importar em ônus excessivo para o consumidor, apesar dos esforços de integração.

(D) não é aplicável na relação jurídica entre Inês e a instituição financeira, motivo pelo qual o questionamento orienta-se pela norma especial de direito bancário, em prejuízo da inversão do ônus da prova pleiteado, ainda que formalmente estivessem cumpridos os requisitos legais.

RESPOSTA Trata-se de típica relação de consumo, pois os sujeitos e o objeto da relação se enquadram nos conceitos trazidos pelos arts. 2º e 3º do CDC. Portanto, cabe a inversão do ônus da prova, conforme o art. 6º, VIII, do CDC, se preenchidos os requisitos de verossimilhança ou hipossuficiência. Ademais, em regra, a declaração de nulidade de uma das cláusulas não invalida todo o contrato (art. 51, § 2º). *Alternativa C.*

6. **(XX Exame)** Heitor agraciou cinco funcionários de uma de suas sociedades empresárias, situada no Rio Grande do Sul, com uma viagem para curso de treinamento profissional realizado em determinado sábado, de 9h às 15h, numa cidade do Uruguai, há cerca de 50 minutos de voo. Heitor custeou as passagens aéreas, translado e alimentação dos cinco funcionários com sua própria renda, integralmente desvinculada da atividade empresária. Ocorre que houve atraso no voo sem qualquer justificativa prestada pela companhia aérea. Às 14h, sem previsão de saída do voo, todos desistiram do embarque e perderam o curso de treinamento. Nesse contexto é correto afirmar que,

(A) por se tratar de transporte aéreo internacional, para o pedido de danos extrapatrimoniais não há incidência do Código de Defesa do Consumidor e nem do Código Civil, que regula apenas Contrato de Transporte em território nacional, prevalecendo unicamente as Normas Internacionais.

(B) ao caso, aplica-se a norma consumerista, sendo que apenas Heitor é consumidor por ter custeado a viagem com seus recursos, mas, como ele tem boas condições financeiras, por esse motivo, é consumidor não enquadrado em condição de vulnerabilidade, como tutela o Código de Defesa do Consumidor.

(C) embora se trate de transporte aéreo internacional, há incidência plena do Código de Defesa do Consumidor para o pedido de danos extrapatrimoniais, em detrimento das normas internacionais e, apesar de Heitor ter boas condições financeiras, enquadra-se na condição de vulnerabilidade, assim como os seus funcionários, para o pleito de reparação.

(D) por se tratar de relação de Contrato de Transporte previsto expressamente no Código Civil, afasta-se a incidência do Código de Defesa do Consumidor e, por ter ocorrido o dano em território brasileiro, afastam-se as normas internacionais, sendo, portanto, hipótese de responsabilidade civil pautada na comprovação de culpa da companhia aérea pelo evento danoso.

RESPOSTA A vulnerabilidade é uma presunção legal conferida a todo consumidor, independentemente da sua situação financeira (art. 4º, I, do CDC). Tanto Heitor quanto os funcionários enquadram-se no conceito de consumidor, que prevê que consumidor é toda pessoa física ou jurídica que adquire ou utiliza produto ou serviço como destinatário final. De acordo com a doutrina e a jurisprudência majoritária, muito embora se trate de transporte aéreo internacional, aplica-se o CDC em relação à reparação de danos. *Alternativa C.*

II. RESPONSABILIDADE DO FORNECEDOR, PRAZOS E GARANTIAS

7. (XXXII Exame) Maria compareceu à loja Bela, que integra rede de franquias de produtos de beleza e cuidados com a pele. A vendedora ofereceu a Maria a possibilidade de experimentar gratuitamente o produto na própria loja, sendo questionada pela cliente se esta poderia fazer uso com quadro de acne em erupção e inflamada, oportunidade em que a funcionária afirmou que sim. Porém, imediatamente após a aplicação do produto, Maria sentiu ardência e vermelhidão intensas, não o comprando. Logo após sair da loja, a situação agravou-se, e Maria buscou imediato atendimento médico de emergência, onde se constataram graves lesões na pele. Da leitura do rótulo obtido através do site da loja, evidenciou-se erro da vendedora, que utilizou no rosto da cliente produto contraindicado para o seu caso. Nessa situação, à luz do Código de Defesa do Consumidor e do entendimento do Superior Tribunal de Justiça, é correto afirmar que

(A) é objetiva a responsabilidade civil da vendedora que aplicou o produto em Maria sem observar as contraindicações, afastando-se a responsabilidade da empresa por culpa de terceiro.

(B) a responsabilidade civil objetiva recai exclusivamente sobre a franqueadora, a quem faculta-se ingressar com ação de regresso em face da franqueada.

(C) se a franqueadora for demandada judicialmente, não poderá invocar denunciação da lide à franqueada, por se tratar de acidente de consumo.

(D) não há relação de consumo, uma vez que se tratou de hipótese de amostra grátis, sem que tenha se materializado a relação de consumo, em razão de o produto não ter sido comprado por Maria.

RESPOSTA Diz o art. 88 do CDC, que na hipótese do art. 13, parágrafo único deste código ("Aquele que efetivar o pagamento ao prejudicado poderá exercer o direito de regresso contra os demais responsáveis, segundo sua participação na causação do evento danoso"), a ação de regresso poderá ser ajuizada em processo autônomo, facultada a possibilidade de prosseguir-se nos mesmos autos, vedada a denunciação da lide. *Alternativa C.*

8. (XXX Exame) Durante período de intenso calor, o Condomínio do Edifício X, por seu representante, adquiriu, junto à sociedade empresária Equipamentos Aquáticos, peças plásticas recreativas próprias para uso em piscinas, produzidas com material atóxico. Na primeira semana de uso, os produtos soltaram gradualmente sua tinta na vestimenta dos usuários, o que gerou apenas problema estético, na medida em que a pigmentação era atóxica e podia ser removida facilmente das roupas dos usuários por meio de uso de sabão. O Condomínio do Edifício X, por seu representante, procurou você, como advogado(a), buscando orientação para receber de volta o valor pago e ser indenizado pelos danos morais suportados. Nesse caso, cuida-se de

(A) fato do produto, sendo excluída a responsabilidade civil da sociedade empresária, respondendo pelo evento o fabricante das peças; não cabe indenização por danos extrapatrimoniais, por ser o Condomínio pessoa jurídica, que não sofre essa modalidade de dano.

(B) inaplicabilidade do CDC, haja vista a natureza da relação jurídica estabelecida entre o Condomínio e a sociedade empresária, cabendo a responsabilização civil com base nas regras gerais de Direito Civil, e incabível pleitear indenização por danos morais, por ter o Condomínio a qualidade de pessoa jurídica.

(C) aplicabilidade do CDC somente por meio de medida de defesa coletiva dos condôminos, cuja legitimidade será exercida pelo Condomínio, na defesa dos interesses a título coletivo.

(D) vício do produto, sendo solidária a responsabilidade da sociedade empresária e do fabricante das peças; o Condomínio do Edifício X é parte legítima para ingressar individualmente com a medida judicial por ser consumidor, segundo a teoria finalista mitigada.

RESPOSTA Trata-se de evidente hipótese de vício do produto, já que a questão deixou claro que não havia comprometimento da segurança do consumidor, sendo apenas problemas estéticos. Os fornecedores respondem solidariamente pelo vício (art. 18, CDC), sendo que o condomínio é considerado consumidor, haja vista sua vulnerabilidade (teoria finalista mitigada). *Alternativa D.*

9. (XXVIII Exame) Mara adquiriu, diretamente pelo site da fabricante, o creme depilatório Belle et Belle, da empresa Bele Cosméticos Ltda. Antes de iniciaro uso, Mara leu atentamente o rótulo e as instruções, essas unicamente voltadas para a forma de aplicação do produto.

Assim que iniciou a aplicação, Mara sentiu queimação na pele e removeu imediatamente o produto, mas, ainda assim, sofreu lesões nos locais de aplicação. A adquirente entrou em contato com a central de atendimento da fornecedora, que lhe explicou ter sido a reação alérgica provocada por uma característica do organismo da consumidora, o que poderia acontecer pela própria natureza química do produto.

Não se dando por satisfeita, Mara procurou você como advogado(a), a fim de saber se é possível buscar a compensação pelos danos sofridos.

Nesse caso de clara relação de consumo, assinale a opção que apresenta a orientação a ser dada a Mara.

(A) Poderá ser afastada a responsabilidade civil da fabricante, se esta comprovar que o dano decorreu exclusivamente de reação alérgica da consumidora, fator característico daquela destinatária final, não havendo, assim, qualquer ilícito praticado pela ré.

(B) Existe a hipótese de culpa exclusiva da vítima, na medida em que o CDC descreve que os produtos não colocarão em risco a saúde e a segurança do consumidor, excetuando aqueles de cuja natureza e fruição sejam extraídas a previsibilidade de riscos perceptíveis pelo homem médio.

(C) O fornecedor está obrigado, necessariamente, a retirá-lo de circulação, por estar presente defeito no produto, sob pena de prática de crime contra o consumidor.

(D) Cuida-se de hipótese de violação ao dever de oferecer informações claras ao consumidor, na medida em que a periculosidade do uso de produto químico, quando composto por substâncias com potenciais alergênicos, deve ser apresentada em destaque ao consumidor.

RESPOSTA Trata-se de evidente hipótese de fato do produto, causado por informações insuficientes ou inadequadas sobre a fruição e riscos (art. 12 do CDC). O fornecedor de produtos e serviços potencialmente nocivos ou perigosos à saúde ou segurança deverá informar, de maneira ostensiva e adequada, a respeito da sua nocividade ou periculosidade (art. 9º do CDC). *Alternativa D.*

10. **(XXVI Exame)** Dora levou seu cavalo de raça para banho, escovação e cuidados específicos nos cascos, a ser realizado pelos profissionais da Hípica X. Algumas horas depois de o animal ter sido deixado no local, a fornecedora do serviço entrou em contato com Dora para informar-lhe que, durante o tratamento, o cavalo apresentou sinais de doença cardíaca. Já era sabido por Dora que os equipamentos utilizados poderiam causar estresse no animal. Foi chamado o médico veterinário da própria Hípica X, mas o cavalo faleceu no dia seguinte. Dora, que conhecia a pré-existência da doença do animal, ingressou com ação judicial em face da Hípica X pleiteando reparação pelos danos morais suportados, em decorrência do ocorrido durante o tratamento de higiene. Nesse caso, à luz do Código de Defesa do Consumidor (CDC), é correto afirmar que a Hípica X

(A) não poderá ser responsabilizada se provar que a conduta no procedimento de higiene foi adequada, seguindo padrões fixados pelos órgão competentes, e que a doença do animal que o levou a óbito era pré-existente ao procedimento de higienização do animal.

(B) poderá ser responsabilizada em razão de o evento deflagrador da identificação da doença do animal ter ocorrido durante a sua higienização, ainda que se comprove ser pré-existente a doença e que tenham sido seguidos os padrões fixados por órgãos competentes para o procedimento de higienização, pois o nexo causal resta presumido na hipótese.

(C) não poderá ser responsabilizada somente se provar que prestou os primeiros socorros, pois a pre-existência da doença não inibiria a responsabilidade civil objetiva dos fornecedores do serviço; somente a conduta de chamar atendimento médico foi capaz de desconstruir o nexo causal entre o procedimento de higiene e o evento do óbito.

(D) poderá ser responsabilizada em solidariedade com o profissional veterinário, pois os serviços foram prestados por ambos os fornecedores, em responsabilidade objetiva, mesmo que Dora comprove que o procedimento de higienização do cavalo tenha potencializado o evento que levou ao óbito do animal, ainda que seguidos os padrões estipulados pelos órgãos competentes.

RESPOSTA Muito embora a responsabilidade pelo fato seja objetiva, o art. 14, § 3º, do CDC prevê as hipóteses em que o fornecedor não será responsabilizado, quais sejam, ao provar que, tendo prestado o serviço, o defeito inexiste ou que foi culpa exclusiva do consumidor ou de terceiro. No caso narrado, o dano não foi causado por *defeito* na prestação do serviço, não havendo responsabilização do fornecedor. *Alternativa A.*

11. **(XXV Exame)** Eloá procurou o renomado Estúdio Max para tratamento de restauração dos fios do cabelo, que entendia muito danificados pelo uso de químicas capilares. A proposta do profissional empregado do estabelecimento foi a aplicação de determinado produto que acabara de chegar ao mercado, da marca mundialmente conhecida Ops, que promovia uma amostragem inaugural do produto em questão no próprio Estúdio Max. Eloá ficou satisfeita com o resultado da aplicação pelo profissional no estabelecimento, mas, nos dias que se seguiram, observou a queda e a quebra de muitos fios de cabelo, o que foi aumentando progressivamente. Retornando ao Estúdio, o funcionário que a havia atendido informou-lhe que poderia ter ocorrido reação química com outro produto utilizado por Eloá anteriormente ao tratamento, levando aos efeitos descritos pela consumidora, embora o produto da marca Ops não apontasse contraindicações. Eloá procurou você como advogado(a), narrando essa situação. Neste caso, assinale a opção que apresenta sua orientação.

(A) Há evidente fato do serviço executado pelo profissional, cabendo ao Estúdio Max e ao fabricante do produto da marca Ops, em responsabilidade solidária, responderem pelos danos suportados pela consumidora.

(B) Há evidente fato do produto; por esse motivo, a ação judicial poderá ser proposta apenas em face da fabricante do produto da marca Ops, não havendo responsabilidade solidária do comerciante Estúdio Max.

(C) Há evidente fato do serviço, o que vincula a responsabilidade civil subjetiva exclusiva do profissional que sugeriu e aplicou o produto, com base na teoria do risco da atividade, excluindo-se a responsabilidade do Estúdio Max.

(D) Há evidente vício do produto, sendo a responsabilidade objetiva decorrente do acidente de consumo atribuída ao fabricante do produto da marca Ops e, em caráter subsidiário, ao

Estúdio Max e ao profissional, e não do profissional que aplicou o produto.

RESPOSTA Questão muito debatida e objeto de recursos pelo fato de não deixar claro se o problema foi do *produto* ou do *serviço*, o que teria que ser comprovado por uma perícia. Entretanto, a resposta dada como correta foi a alternativa A, sendo um **fato do serviço**, caso em que haveria a responsabilidade solidária do prestador do serviço e do fabricante do produto (art. 20 e art. 25, § 1º, CDC). *Alternativa A.*

12. (XXIV Exame) Os arquitetos Everton e Joana adquiriram pacote de viagens para passar a lua de mel na Europa, primeira viagem internacional do casal. Ocorre que o trajeto do voo previa conexão em um país que exigia visto de trânsito, tendo havido impedimento do embarque dos noivos, ainda no Brasil, por não terem o visto exigido. O casal questionou a agência de turismo por não ter dado qualquer explicação prévia nesse sentido, e a fornecedora informou que não se responsabilizava pela informação de necessidade de visto para a realização da viagem. Diante do caso apresentado, assinale a afirmativa correta.

(A) Cabe ação de reparação por danos extrapatrimoniais, em razão da insuficiência de informação clara e precisa, que deveria ter sido prestada pela agência de turismo, no tocante à necessidade de visto de trânsito para a conexão internacional prevista no trajeto.

(B) Não houve danos materiais a serem ressarcidos, já que os consumidores sequer embarcaram, situação muito diferente de terem de retornar, às próprias expensas, diretamente do país de conexão, interrompendo a viagem durante o percurso.

(C) Não ocorreram danos extrapatrimoniais por se tratar de pessoas que tinham capacidade de leitura e compreensão do contrato, sendo culpa exclusiva das próprias vítimas a interrupção da viagem por desconhecerem a necessidade de visto de trânsito para realizarem a conexão internacional.

(D) Houve culpa exclusiva da empresa aérea que emitiu os bilhetes de viagem, não podendo a agência de viagem ser culpabilizada, por ser o comerciante responsável subsidiariamente e não responder diretamente pelo fato do serviço.

RESPOSTA Prevê o art. 14 do CDC que o **fornecedor de serviços responde**, independentemente da existência de culpa, pela reparação dos **danos** causados aos consumidores por **defeitos** relativos à prestação dos serviços, bem como por **informações insuficientes ou inadequadas** sobre sua fruição e riscos. Portanto, cabível a pretensão de indenização. *Alternativa A.*

13. (XXIV Exame) Osvaldo adquiriu um veículo zero quilômetro e, ao chegar a casa, verificou que, no painel do veículo, foi acionada a indicação de problema no nível de óleo. Ao abrir o capô, constatou sujeira de óleo em toda a área. Osvaldo voltou imediatamente à concessionária, que realizou uma rigorosa avaliação do veículo e constatou que havia uma rachadura na estrutura do motor, que, por isso, deveria ser trocado. Osvaldo solicitou um novo veículo, aduzindo que optou pela aquisição de um zero quilômetro por buscar um carro que tivesse toda a sua estrutura "de fábrica". A concessionária se negou a efetuar a troca ou devolver o dinheiro, alegando que isso não descaracterizaria o veículo como novo e que o custo financeiro de faturamento e outras medidas administrativas eram altas, não justificando, por aquele motivo, o desfazimento do negócio. No mesmo dia, Osvaldo procura você, como advogado, para orientá-lo. Assinale a opção que apresenta a orientação dada.

(A) Cuida-se de vício do produto, e a concessionária dispõe de até trinta dias para providenciar o reparo, fase que, ordinariamente, deve preceder o direito do consumidor de pleitear a troca do veículo.

(B) Trata-se de fato do produto, e o consumidor sempre pode exigir a imediata restituição da quantia paga, sem prejuízo de pleitear perdas e danos em juízo.

(C) Há evidente vício do produto, sendo subsidiária a responsabilidade da concessionária, devendo o consumidor ajuizar a ação de indenização por danos materiais em face do fabricante.

(D) Trata-se de fato do produto, e o consumidor não tem interesse de agir, pois está no curso do prazo para o fornecedor sanar o defeito.

RESPOSTA Trata-se de típica hipótese de **vício do produto**. Nesse caso, prevê o art. 18 do CDC que os fornecedores de produtos de consumo duráveis ou não duráveis **respondem** solidariamente pelos vícios de qualidade ou quantidade que os tornem impróprios ou inadequados ao consumo a que se destinam ou lhes diminuam o valor, assim como por aqueles decorrentes da disparidade, com a indicações constantes do recipiente, da embalagem, rotulagem ou mensagem publicitária, respeitadas as variações decorrentes de sua natureza, **podendo o consumidor exigir a substituição das partes viciadas**. Não sendo o vício sanado no prazo máximo de **trinta dias**, pode o consumidor exigir, alternativamente e à sua escolha: I – a substituição do produto por outro da mesma espécie, em perfeitas condições de uso; II – a restituição imediata da quantia paga, monetariamente atualizada, sem prejuízo de eventuais perdas e danos; III – o abatimento proporcional do preço. *Alternativa A.*

14. (XXIII Exame) Heitor foi surpreendido pelo recebimento de informação de anotação de seu nome no cadastro restritivo de crédito, em decorrência de suposta contratação de serviços de telefonia e Internet. Heitor não havia celebrado tal contrato, sendo o mesmo fruto de fraude, e busca orientação a respeito de como proceder para rescindir o contrato, cancelar o débito e ter seu nome fora do cadastro negativo, bem como o recebimento de reparação por danos extrapatrimoniais, já que nunca havia tido o seu nome inscrito em tal cadastro. Com base na hipótese apresentada, na qualidade de advogado(a) de Heitor, assinale a opção que apresenta o procedimento a ser adotado.

(A) Cabe o pedido de cancelamento do serviço, declaração de inexistência da dívida e exclusão da anotação indevida, inexistindo qualquer dever de reparação, já que à operadora não foi atribuído defeito ou falha do serviço digital, que seria a motivação para tal pleito.

(B) Trata-se de cobrança devida pelo serviço prestado, restando a Heitor pagar imediatamente e, somente assim, excluir a anotação de seu nome em cadastro negativo, e, então, ingressar com a medida judicial, comprovando que não procedeu com a contratação e buscando a rescisão do contrato irregular com devolução em dobro do valor pago.

(C) Heitor não pode ser considerado consumidor em razão da ausência de vinculação contratual verídica e válida que consagre a relação consumerista, afastando-se os elementos principiológicos e fazendo surgir a responsabilidade civil subjetiva da operadora de telefonia e Internet.

(D) Heitor é consumidor por equiparação, aplicando-se a teoria do risco da atividade e devendo a operadora suportar os riscos do contrato fruto de fraude, caso não consiga comprovar a regularidade da contratação e a consequente reparação pelos danos extrapatrimoniais *in re ipsa*, além da declaração de inexistência da dívida e da exclusão da anotação indevida.

RESPOSTA Mesmo não tendo havido contratação, Heitor é considerado **consumidor por equiparação**, já que foi exposto à prática comercial de cadastramento de seu nome em banco de dados (art. 29, CDC). Já a responsabilidade do fornecedor é **objetiva**, baseada na *teoria do risco da atividade*; assim, a responsabilização independe de verificação de culpa (art. 12, CDC). Os danos morais decorrentes da inscrição indevida, segundo entendimento pacífico do STJ, são **presumidos** (*in re ipsa*), já que estão vinculados à própria existência do fato ilícito. Por consequência, o consumidor tem direito à declaração de inexistência da dívida e a exclusão da inscrição indevida. *Alternativa D.*

III. PRÁTICAS COMERCIAIS E PROTEÇÃO CONTRATUAL

15. **(XXXIII Exame)** A era digital vem revolucionando o Direito, que busca se adequar aos mais diversos canais de realização da vida inserida ou tangenciada por elementos virtuais. Nesse cenário, consagram-se avanços normativos a fim de atender às situações jurídicas que se apresentam, sendo ponto importante a recorrência dos chamados youtubers, atividade não rara realizada por crianças e destinada ao público infantil. Nesse contexto, os youtubers mirins vêm desenvolvendo atividades que necessitam de intervenção jurídica, notadamente quando se mostram portadores de prática publicitária. A esse respeito, instrumentos normativos que visam a salvaguardar interesses na publicidade infantil estão em vigor e outros previstos em projetos de lei. Sobre o fato narrado, de acordo com o CDC, assinale a afirmativa correta.

(A) A comunicação mercadológica realizada por youtubers mirins para o público infantil não pode ser considerada abusiva em razão da deficiência de julgamento e experiência das crianças, porque é realizada igualmente por crianças.

(B) A publicidade que se aproveita da deficiência de julgamento e experiência da criança ou se prevaleça da sua idade e conhecimento imaturo para lhe impingir produtos ou serviços é considerada abusiva.

(C) A publicidade não pode ser considerada abusiva ou enganosa se o público para a qual foi destinado, de forma fácil e imediata, identifica a mensagem mercadológica como tal.

(D) A publicidade dirigida às crianças, que se aproveite da sua deficiência de julgamento para lhe impingir produtos ou serviços, é considerada enganosa.

RESPOSTA Conforme art. 37, § 2º, do CDC, é abusiva, dentre outras a publicidade discriminatória de qualquer natureza, a que incite à violência, explore o medo ou a superstição, se aproveite da deficiência de julgamento e experiência da criança, desrespeita valores ambientais, ou que seja capaz de induzir o consumidor a se comportar de forma prejudicial ou perigosa à sua saúde ou segurança. *Alternativa B.*

16. **(XXXI Exame)** O médico de João indicou a necessidade de realizar a cirurgia de gastroplastia (bariátrica) como tratamento de obesidade mórbida, com a finalidade de reduzir peso. Posteriormente, o profissional de saúde explicou a necessidade de realizar a cirurgia plástica pós-gastroplastia, visando à remoção de excesso epitelial que comumente acomete os pacientes nessas condições, impactando a qualidade de vida daquele que deixou de ser obeso mórbido. Nesse caso, nos termos do Código de Defesa do Consumidor e do entendimento do STJ, o plano de saúde de João

A) terá que custear ambas as cirurgias, porque configuram tratamentos, sendo a cirurgia plástica medida reparadora; portanto, terapêutica.

B) terá que custear apenas a cirurgia de gastroplastia, e não a plástica, considerada estética e excluída da cobertura dos planos de saúde.

C) não terá que custear as cirurgias, exceto mediante previsão contratual expressa para esses tipos de procedimentos.

D) não terá que custear qualquer das cirurgias até que passem a integrar o rol de procedimentos da ANS, competente para a regulação das coberturas contratuais.

RESPOSTA Conforme entendimento do STJ, havendo indicação médica, o plano de saúde não pode se recusar a custear a realização de cirurgia plástica para retirada de excesso de tecido epitelial decorrente de rápido emagrecimento ocasionado por cirurgia bariátrica. "*O excesso de pele pode causar dermatites, candidíase, assaduras e até mesmo infecções bacterianas. Desse modo, a cirurgia plástica para corrigir essa situação não se constitui em procedimento unicamente estético, servindo para prevenir ou curar enfermidades (tem um caráter funcional e reparador)*". STJ, 3ª Turma, REsp 1757938/DF, Rel. Min. Ricardo Villas Bôas Cueva, julgado em 05/02/2019. *Alternativa A.*

17. **(XXVIII Exame)** João da Silva, idoso, ingressou com ação judicial para revisão de valores de reajuste do plano de saúde, contratado na modalidade individual. Alega que houve alteração do valor em decorrência da mudança de faixa etária, o que entende abusivo. Ao entrar em contato com a fornecedora, foi informado que o reajuste atendeu ao disposto pela agência reguladora, que é um órgão governamental, e que o reajuste seria adequado.

Sobre o reajuste da mensalidade do plano de saúde de João, de acordo com o entendimento do STJ firmado em Turma de Recurso Repetitivo, bem como à luz do Código de Defesa do Consumidor, assinale a afirmativa correta.

(A) Somente seria possível se o plano fosse coletivo, mesmo que isso não estivesse previsto em contrato, mas se encontrasse em acordo com percentual que não seja desarrazoado ou aleatório, portanto, não sendo abusivo.

(B) Poderia ser alterado por se tratar de plano individual, mesmo que em razão da faixa etária, desde que previsto em contrato, observasse as normas dos órgãos governamentais reguladores e o percentual não fosse desarrazoado, o que tornaria a prática abusiva.

(C) É possível o reajuste, ainda que em razão da faixa etária, sendo coletivo ou individual, mesmo que não previsto em contrato e em percentual que não onere excessivamente o consumidor ou discrimine o idoso.

(D) Não poderia ter sido realizado em razão da mudança de faixa etária, mesmo se tratando de plano individual, sendo correto o reajuste apenas com base na inflação, não havendo interferência do órgão governamental regulador nesse tema.

RESPOSTA De acordo com o STJ, em recurso repetitivo, baseado nos preceitos do CDC, **a variação das contraprestações pecuniárias dos planos privados de assistência à saúde em razão da idade é permitida, desde que prevista no contrato, de forma clara, com previsão de todos os grupos etários e os percentuais de reajuste correspondentes. "A cláusula de aumento de mensalidade de plano de saúde conforme a mudança de faixa etária do beneficiário encontra fundamento no mutualismo** (regime de repartição simples) e na solidariedade intergeracional, além de ser regra atuarial e asseguradora de riscos" (STJ - REsp: 1568244 RJ). *Alternativa B.*

18. (XXVII Exame) Dias atrás, Elisa, portadora de doença grave e sob risco imediato de morte, foi levada para atendimento na emergência do hospital X, onde necessitou realizar exame de imagem e fazer uso de medicamentos. Ocorre que o seu plano de saúde, contratado dois meses antes, negou a cobertura de alguns desses fármacos e do exame de imagem, pelo fato de o plano de Elisa ainda estar no período de carência, obrigando a consumidora a custear parcela dos medicamentos e o valor integral do exame de imagem. Nesse caso, à luz do Código de Defesa do Consumidor (CDC) e da Lei nº 9.656/98, que dispõe sobre os planos e seguros privados de assistência à saúde, assinale a afirmativa correta.

(A) As cláusulas que limitam os direitos da consumidora são nulas de pleno direito, sendo qualquer período de carência imposto por contrato de adesão reversível pela via judiciária, por caracterizar-se como cláusula abusiva.

(B) As cláusulas que limitam os direitos da consumidora, como a que fixou a carência do plano de saúde em relação ao uso de medicamentos e exame de imagem, são lícitas, e devem ser observadas no caso de Elisa, em respeito ao equilíbrio da relação contratual.

(C) As cláusulas que preveem o período de carência estão previstas em norma especial que contradiz o disposto no CDC, uma vez que não podem excetuar a proteção integral e presunção de vulnerabilidade existente na relação jurídica de consumo.

(D) O plano de saúde deve cobrir integralmente o atendimento de Elisa, por se tratar de situação de emergência e por, pelo tempo de contratação do plano, não poder haver carência para esse tipo de atendimento, ainda que lícitas as cláusulas que limitem o direito da consumidora.

RESPOSTA De acordo com o CDC, as cláusulas que limitam direito do consumidor podem ser lícitas, desde que redigidas em destaque, permitindo sua imediata e fácil constatação (art. 54, § 4º, CDC), como é o caso de cláusulas de carência em planos de saúde. Porém, a Lei n. 9.656/98, que dispõe sobre os planos e seguros privados de assistência à saúde, prevê em seu art. 12, V, "c" o prazo máximo de vinte e quatro horas para a cobertura dos casos de urgência e emergência. Assim, considerando que o contrato se deu há dois meses, o plano deve cobrir integralmente as despesas. *Alternativa D.*

19. (XXVI Exame) A Construtora X instalou um estande de vendas em um shopping center da cidade, apresentando folder de empreendimento imobiliário de dez edifícios residenciais com área comum que incluía churrasqueira, espaço gourmet, salão de festas, parquinho infantil, academia e piscina. A proposta fez tanto sucesso que, em apenas um mês, foram firmados contratos de compra e venda da integralidade das unidades. A Construtora X somente realizou a entrega dois anos após o prazo originário de entrega dos imóveis e sem pagamento de qualquer verba pela mora, visto que o contrato previa exclusão de cláusula penal, e também deixou de entregar a área comum de lazer que constava do folder. Nesse caso, à luz do Código de Defesa do Consumidor, cabe

(A) ação individual ou coletiva, em razão da propaganda enganosa evidenciada pela ausência da entrega da parte comum indicada no folder de venda.

(B) ação individual ou coletiva, em busca de ressarcimento decorrente da demora na entrega; contudo, não se configura, na hipótese, propaganda enganosa, mas apenas inadimplemento contratual, sendo viável a exclusão da cláusula penal.

(C) ação coletiva, somente, haja vista que cada adquirente, individualmente, não possui interesse processual decorrente da propaganda enganosa.

(D) ação individual ou coletiva, a fim de buscar tutela declaratória de nulidade do contrato, inválido de pleno direito por conter cláusula abusiva que fixou impedimento de qualquer cláusula penal.

RESPOSTA Das ações mencionadas nas alternativas, a mais coerente é a ação individual ou coletiva em razão da publicidade enganosa (art. 37, § 1º, CDC), muito embora, na prática, certamente o advogado entraria com alguma medida capaz de fazer com que o fornecedor cumprisse com o ofertado, ou a rescisão do contrato, com direito à restituição de quantia eventualmente antecipada, monetariamente atualizada, e a perdas e danos, nos termos do art. 35 do CDC. *Alternativa A.*

20. (XXV Exame) Petrônio, servidor público estadual aposentado, firmou, em um intervalo de seis meses, três contratos de empréstimo consignado com duas instituições bancárias diferentes, comprometendo 70% (setenta por cento) do valor de aposentadoria recebido mensalmente, o que está prejudicando seu sustento, já que não possui outra fonte de renda. Petrônio procura orientação de um advogado para saber se há possibilidade de corrigir o que alega ter sido um engano de contratação de empréstimos sucessivos. Partindo dessa situação, à luz do entendimento do Superior Tribunal de Justiça, assinale a afirmativa correta.

(A) Não há abusividade na realização de descontos superiores a 50% (cinquenta por cento) dos rendimentos do consumidor para fins de pagamento de prestação dos empréstimos quando se tratar de contratos firmados com fornecedores diferentes, como no caso narrado.

(B) O consumidor não pode ser submetido à condição de desequilíbrio na relação jurídica, sendo nulas de pleno direito as cláusulas contratuais do contrato no momento em que os descontos ultrapassam metade da aposentadoria do consumidor.

(C) Os descontos a título de crédito consignado, incidentes sobre os proventos de servidores, como é o caso de Petrônio, devem ser limitados a 30% (trinta por cento) da remuneração, em razão da sua natureza alimentar e do mínimo existencial.

(D) Tratando-se de consumidor hipervulnerável pelo fator etário, os contratos dependem de anuência de familiar, que deve assinar conjuntamente ao idoso, não podendo comprometer mais do que 20% (vinte por cento) do valor recebido a título de aposentadoria.

RESPOSTA A jurisprudência do STJ é pacífica no sentido de limitar o desconto mensal de prestações de empréstimos consignados a **30%** de seus vencimentos, visando a preservação da dignidade do devedor, reservando-lhe o mínimo necessário às suas despesas básicas e alimentares. *Alternativa C.*

21. (XXIII Exame) Vera sofreu acidente doméstico e, sentindo fortes dores nas costas e redução da força dos membros inferiores, procurou atendimento médico-hospitalar. A equipe médica prescreveu uma análise neurológica que, a partir dos exames de imagem, evidenciaram uma lesão na coluna. O plano de saúde, entretanto, negou o procedimento e o material, aduzindo negativa de cobertura, embora a moléstia estivesse prevista em contrato. Vera o(a) procura como advogado(a) a fim de saber se o plano de saúde poderia negar, sob a justificativa de falta de cobertura contratual, algo que os médicos informaram ser essencial para a diagnose correta da extensão da lesão da coluna. Neste caso, à luz da norma consumerista e do entendimento do STJ, assinale a afirmativa correta.

(A) O contrato de plano de saúde não é regido pelo Código do Consumidor e sim, exclusivamente, pelas normas da Agência Nacional de Saúde, o que impede a interpretação ampliativa, sob pena de comprometer a higidez econômica dos planos de saúde, respaldada no princípio da solidariedade.

(B) O plano de saúde pode se negar a cobrir o procedimento médico-hospitalar, desde que possibilite o reembolso de material indicado pelos profissionais de medicina, ainda que imponha limitação de valores e o reembolso se dê de forma parcial.

(C) O contrato de plano de saúde é regido pelo Código do Consumidor e os planos de saúde apenas podem estabelecer para quais moléstias oferecerão cobertura, não lhes cabendo limitar o tipo de tratamento que será prescrito, incumbência essa que pertence ao profissional da medicina que assiste ao paciente.

(D) O contrato de plano de saúde é regido pelo Código do Consumidor e, resguardados os direitos básicos do consumidor, os planos de saúde podem estabelecer para quais moléstias e para que tipo de tratamento oferecerão cobertura, de acordo com a categoria de cada nível contratado, sem que isso viole o CDC.

RESPOSTA De acordo com a Súmula 469 do STJ, aplica-se o Código de Defesa do Consumidor aos contratos de plano de saúde. Ademais, a jurisprudência do STJ reconhece a possibilidade de o plano de saúde definir quais as doenças que terão cobertura, mas não o tipo de tratamento utilizado. Vejamos: "É abusiva a negativa de cobertura pelo plano de saúde de procedimento, tratamento, medicamento ou material considerado essencial para preservar a saúde e a vida do paciente" (AgRg no REsp 1.325.733). *Alternativa C.*

22. (XXII Exame) Mario firmou contrato de seguro de vida e acidentes pessoais, apontando como beneficiários sua esposa e seu filho. O negócio foi feito via *telemarketing*, com áudio gravado, recebendo informações superficiais a respeito da cobertura completa a partir do momento da contratação, atendido pequeno prazo de carência em caso de morte ou invalidez parcial e total, além do envio de brindes em caso de contratação imediata. Mario contratou o serviço na mesma oportunidade por via telefônica, com posterior envio de contrato escrito para a residência do segurado. Mario veio a óbito noventa dias após a contratação. Os beneficiários de Mario, ao entrarem em contato com a seguradora, foram informados de que não poderiam receber a indenização securitária contratada, que ainda estaria no período de carência, ainda que a operadora de *telemarketing*, que vendeu o seguro para Mario, garantisse a cobertura. Verificando o contrato, os beneficiários perceberam o engano de compreensão da informação, já que estava descrito haver período de carência para o evento morte "nos termos da lei civil". Com base na hipótese apresentada, assinale a afirmativa correta.

(A) A informação foi clara por estar escrita, embora mencionada superficialmente pela operadora de *telemarketing*, e o período de carência é lícito, mesmo nas relações de consumo.

(B) A fixação do período de carência é lícita, mesmo nas relações de consumo. Todavia, a informação prestada quanto ao prazo de carência, embora descrita no contrato, não foi clara o suficiente, evidenciando, portanto, a vulnerabilidade do consumidor.

(C) A falta de informação e o equívoco na imposição de prazo de carência não são admitidas nas relações de consumo, e sim nas relações genuinamente civilistas.

(D) O dever de informação do consumidor foi respeitado, na medida em que estava descrito no contrato, sendo o período de carência instituto ilícito, por se tratar de relação de consumo.

RESPOSTA A fixação de prazo de carência, por si só, não é ilícita. Entretanto, a informação prestada pelo fornecedor, mesmo por *telemarketing* (o que evidencia ainda mais a vulnerabilidade do fornecedor), deve ser **adequada e clara** (art. 6º, III, CDC), bem como a oferta **obriga o fornecedor e integra o contrato** que vier a ser celebrado (art. 30, CDC). *Alternativa B.*

23. (XXI Exame) O Banco X enviou um cartão de crédito para Jeremias, com limite de R$ 10.000,00 (dez mil reais), para uso em território nacional e no exterior, incluindo seguro de vida e acidentes pessoais, bem como seguro contra roubo e furto, no importe total de R$ 5,00 (cinco reais) na fatura mensal, além da anuidade de R$ 400,00 (quatrocentos reais), parcelada em cinco vezes. Jeremias recebeu a correspondência contendo um cartão bloqueado, o contrato e o informativo de benefícios e ônus. Ocorre que Jeremias não é cliente do Banco X e sequer solicitou o cartão de crédito. Sobre a conduta da instituição bancária, considerando a situação narrada e o entendimento do STJ expresso em Súmula, assinale a afirmativa correta.

(A) Foi abusiva, sujeitando-se à aplicação de multa administrativa, que não se destina ao consumidor, mas não há ilícito civil indenizável, tratando-se de mero aborrecimento, sob pena de se permitir o enriquecimento ilícito de Jeremias.

(B) Foi abusiva, sujeita à advertência e não à multa administrativa, salvo caso de reincidência, bem como não gera ilícito indenizável, por não ter havido dano moral *in re ipsa* na hipótese, salvo se houvesse extravio do cartão antes de ser entregue a Jeremias.

(C) Foi abusiva e constitui ilícito indenizável em favor de Jeremias, mesmo sem prejuízo comprovado, em razão da configuração de dano moral in re ipsa na hipótese, que pode ser cumulada com a aplicação de multa administrativa, que não será fixada em favor do consumidor.

(D) Não foi abusiva, pois não houve prejuízo ao consumidor a justificar multa administrativa e nem constitui ilícito indenizável, na medida em que o destinatário pode desconsiderar a correspondência, não desbloquear o cartão e não aderir ao contrato.

RESPOSTA Súmula 532 do STJ "constitui prática comercial abusiva o envio de cartão de crédito sem prévia e expressa solicitação do consumidor, configurando-se ato ilícito indenizável e sujeito à aplicação de multa administrativa". A indenização será em favor de Jeremias, mas a multa, de acordo com o art. 57 do CDC, reverterá para o Fundo de que trata a Lei n. 7.347/85, os valores cabíveis à União, ou para os Fundos estaduais ou municipais de proteção ao consumidor nos demais casos. *Alternativa C.*

24. (XXI Exame) A Pizzaria X fez publicidade comparando a qualidade da sua pizza de mozarela com a da Pizzaria Y, descrevendo a quantidade de queijo e o crocante das bordas, detalhes que a tornariam mais saborosa do que a oferecida pela concorrente. Além disso, disponibiliza para os consumidores o bônus da entrega de pizza pelo motociclista, em até 30 minutos, ou a dispensa do pagamento pelo produto. A respeito do narrado, assinale a afirmativa correta.

(A) A publicidade comparativa é expressamente vedada pelo Código de Defesa do Consumidor, que, entretanto, nada disciplina a respeito da entrega do produto por motociclista em período de tempo ou dispensa do pagamento.

(B) A promessa de dispensa do pagamento pelo consumidor como forma de estímulo à prática de aumento da velocidade pelo motociclista é vedada por lei especial, enquanto a publicidade comparativa é admitida, respeitados os critérios do CDC e as proteções dispostas em normas especiais que tutelam marca e concorrência.

(C) A dispensa de pagamento, em caso de atraso na entrega do produto por motociclista, é lícita, mas a publicidade comparativa é expressamente vedada pelo Código de Defesa do Consumidor e pela legislação especial.

(D) A publicidade comparativa e a entrega de produto por motociclista em determinado prazo ou a dispensa de pagamento, por serem em benefício do consumidor, embora não previstos em lei, são atos lícitos, conforme entendimento pacífico da jurisprudência.

RESPOSTA A questão aborda o entendimento da Lei n. 12.436/2011 (que diz respeito aos direitos dos motociclistas profissionais e não ao consumidor!): "É vedado às empresas e pessoas físicas empregadoras ou tomadoras de serviços prestados por motociclistas estabelecer práticas que estimulem o aumento de velocidade, tais como: II – prometer dispensa de pagamento ao consumidor, no caso de fornecimento de produto ou prestação de serviço fora do prazo ofertado para a sua entrega ou realização". Em relação à publicidade comparativa (que também se refere à concorrência e não ao consumidor), não há proibição expressa. *Alternativa B.*

25. (XX Exame) Marieta firmou contrato com determinada sociedade empresária de gêneros alimentícios para o fornecimento de produtos para a festa de 15 anos de sua filha. O pagamento deveria ter sido feito por meio de boleto, mas a obrigação foi inadimplida e a sociedade empresária fornecedora de alimentos, observando todas as regras positivadas e sumulares cabíveis, procedeu com a anotação legítima e regular do nome de Marieta no cadastro negativo de crédito. Passados alguns dias, Marieta tentou adquirir um produto numa loja de departamentos mediante financiamento, mas o crédito lhe foi negado, motivo pelo qual a devedora providenciou o imediato pagamento dos valores devidos à sociedade empresária de gêneros alimentícios. Superada a condição de inadimplente, Marieta quer saber como deve proceder a fim de que seu nome seja excluído do cadastro negativo. A respeito do fato apresentado, assinale a afirmativa correta.

(A) A consumidora deve enviar notificação à sociedade empresária de gêneros alimentícios informando o pagamento integral do débito e requerer que a mesma providencie a exclusão da negativação, o que deve ser feito em até vinte e quatro horas.

(B) A consumidora deve se dirigir diretamente ao órgão de cadastro negativo, o que pode ser feito por meio de procuração constituindo advogado, e solicitar a exclusão da negativação, ônus que compete ao consumidor.

(C) Após a quitação do débito, compete à sociedade empresária de gêneros alimentícios solicitar a exclusão do nome de Marieta do cadastro negativo, no prazo de cinco dias a contar do primeiro dia útil seguinte à disponibilização do valor necessário para a quitação do débito.

(D) Marieta deverá comunicar a quitação diretamente ao órgão de cadastro negativo e, caso não seja feita a exclusão imediata, a consumidora poderá ingressar em juízo pleiteando indenização apenas, pois a hipótese comporta exclusivamente sanção civil.

RESPOSTA Súmula 548 do STJ: "Incumbe ao credor a exclusão do registro da dívida em nome do devedor no cadastro de inadimplentes no prazo de cinco dias úteis, a partir do integral e efetivo pagamento do débito". *Alternativa C.*

26. (XX Exame-Reaplicação) Florinda, assistindo a um canal de TV fechada, interessou-se por um produto para exercícios físicos. Acompanhando a exposição de imagens, sentiu-se atraída pela forma de "pagamento sem juros, podendo ser parcelado em até doze vezes". Ao telefonar para a loja virtual, foi informada de que o parcelamento sem juros limitava-se a duas prestações. Além disso, a ligação tarifada foi a única forma de Florinda obter as informações a respeito do valor do produto, já que o site da fornecedora limitava-se a indicar o que já estava no anúncio de TV. Sentindo-se enganada por ter sido obrigada a telefonar pagando a tarifa, bem como por ter sido induzida a acreditar que o pagamento poderia ser parcelado em doze vezes sem juros, Florinda procurou um advogado. Assinale a opção que apresenta a orientação dada pelo advogado.

(A) Há publicidade enganosa somente em razão da obscuridade quanto ao parcelamento sem juros, não havendo abusividade quanto à necessidade de ligação tarifada para obtenção de informação a respeito de valor e formas de pagamento.

(B) Não há publicidade enganosa na situação narrada, na medida em que essa deve se dar por conduta ativa do fornecedor, não havendo previsão para a modalidade omissiva.

(C) Inexiste publicidade enganosa, na medida em que as informações sobre o produto foram claras. Quanto ao preço e à forma de pagamento, essas somente devem ser passadas àqueles que se interessam pelo produto.

(D) Há publicidade enganosa por omissão quanto ao preço e à forma de pagamento, que não foram fornecidos de forma clara para o consumidor, bem como caracterizou-se abuso a imposição do ônus da ligação tarifada à consumidora que buscava obter tais informações.

RESPOSTA A publicidade é enganosa por omissão quando deixar de informar sobre dado essencial do produto ou serviço (art. 36, § 3º, do CDC). Em relação à ligação telefônica tarifada, por se tratar de uma "complementação" da publicidade, a banca entendeu que se aplica a previsão do parágrafo único do art. 36 do CDC, segundo o qual é proibida a publicidade de bens e serviços por telefone, quando a chamada for onerosa ao consumidor que a origina. *Alternativa D.*

IV. DA DEFESA DO CONSUMIDOR EM JUÍZO

27. (XXXIII Exame) Godofredo procurou a Seguradora X para contratar seguro residencial, mas a venda direta foi-lhe negada, ao argumento de que o proponente possuía restrição financeira junto aos órgãos de proteção ao crédito. Godofredo explicou que pagaria o seguro à vista, mas, ainda assim, a Seguradora negou a contratação. Indignado, Godofredo registrou sua reclamação no Ministério Público, que verificou significativo número de pessoas na mesma situação, merecendo melhor análise quanto ao cabimento ou não de medida para a defesa de interesses e direitos de consumidores a título coletivo. Sobre a hipótese apresentada, à luz do Código de Defesa do Consumidor, assinale a afirmativa correta.

(A) A questão versa sobre interesses heterogêneos, não cabendo ação coletiva, bem como casos de restrição creditícia possibilitam a recusa de contratação do seguro mesmo quando o pagamento do prêmio for à vista.

(B) A matéria consagra hipótese de direito individual homogêneo, podendo ser objeto de ação coletiva para a defesa dos interesses e direitos dos consumidores, e a recusa à contratação somente pode ser posta se o pagamento do prêmio for parcelado.

(C) A Seguradora não pode recusar a proposta nem mesmo após análise de risco, quando a contratação se der mediante pronto pagamento do prêmio, conforme expressamente disposto na norma consumerista e cuida-se da hipótese de direito difuso, justificando a ação coletiva.

(D) A Seguradora pode recusar a contratação, mesmo mediante pronto pagamento, sob a justificativa de que o proponente possui anotação de restrição financeira junto aos órgãos de proteção ao crédito; quanto à defesa coletiva essa é incabível pela natureza da demanda, sendo possível apenas a formação de litisconsórcio ativo.

RESPOSTA Trata-se de direito individual homogêneo, que pode ser buscado individual ou coletivamente, nos termos do art. 81, parágrafo único, III do CDC, sendo, inclusive, prática abusiva recusar a venda de bens ou a prestação de serviços, diretamente a quem se disponha a adquiri-los mediante pronto pagamento (art. 39, IX, CDC). *Alternativa B.*

28. (XXX Exame) O Ministério Público ajuizou ação coletiva em face de Vaquinha Laticínios, em função do descumprimento de normas para o transporte de alimentos lácteos. A sentença condenou a ré ao pagamento de indenização a ser revertida em favor de um fundo específico, bem como a indenizar os consumidores genericamente considerados, além de determinar a publicação da parte dispositiva da sentença em jornais de grande circulação, a fim de que os consumidores tomassem ciência do ato judicial. João, leitor de um dos jornais, procurou você como advogado(a) para saber de seus direitos, uma vez que era consumidor daqueles produtos. Nesse caso, à luz do Código do Consumidor, trata-se de hipótese

(A) de interesse difuso; por esse motivo, as indenizações pelos prejuízos individuais de João perderão preferência no concurso de crédito frente às condenações decorrentes das ações civis públicas derivadas do mesmo evento danoso.

(B) de interesses individuais homogêneos; nesses casos, tem-se, por inviável, a liquidação e execução individual, devendo João aguardar que o Ministério Público, autor da ação, receba a verba indenizatória genérica para, então, habilitar-se como interessado junto ao referido órgão.

(C) de interesses coletivos; em razão disso, João poderá liquidar e executar a sentença individualmente, mas o mesmo direito não poderia ser exercido por seus sucessores, sendo inviável a sucessão processual na hipótese.

(D) de interesses individuais homogêneos; João pode, em legitimidade originária ou por seus sucessores, por meio de processo de liquidação, provar a existência do seu dano pessoal e do nexo causal, a fim de quantificá-lo e promover a execução.

RESPOSTA Trata-se de interesse individual homogêneo (art. 81, III, CDC), sendo que, conforme art. 97 do CDC, a liquidação e a execução de sentença poderão ser promovidas pela vítima e seus sucessores, assim como pelos legitimados de que trata o art. 82. *Alternativa D.*

29. (XXVII Exame) O posto de gasolina X foi demandado pelo Ministério Público devido à venda de óleo diesel com adulterações em sua fórmula, em desacordo com as especificações da Agência Nacional de Petróleo (ANP). Trata-se de relação de consumo e de dano coletivo, que gerou sentença condenatória. Você foi procurado(a), como advogado(a), por um consumidor que adquiriu óleo diesel adulterado no posto de gasolina X, para orientá-lo. Assinale a opção que contém a correta orientação a ser prestada ao cliente.

(A) Cuida-se de interesse individual homogêneo, bastando que, diante da sentença condenatória genérica, o consumidor liquide e execute individualmente, ou, ainda, habilite-se em execução coletiva, para definir o *quantum debeatur*.

(B) Deverá o consumidor se habilitar no processo de conhecimento nessa qualidade, sendo esse requisito indispensável para fazer jus ao recebimento de indenização, de caráter condenatória a decisão judicial.

(C) Cuida-se de interesse difuso, afastando a possibilidade de o consumidor ter atuado como litisconsorte e sendo permitida apenas a execução coletiva.

(D) Deverão os consumidores individuais ingressar com medidas autônomas, distribuídas por conexão à ação civil pública originária, na medida em que o montante indenizatório da sentença condenatória da ação coletiva será integralmente revertido em favor do Fundo de Reconstituição de Bens Lesados.

RESPOSTA Trata-se de interesse individual homogêneo (art. 81, parágrafo único, III do CDC), podendo ser defendido a título individual ou coletivo. Neste caso, poderá liquidar e executar individualmente, baseado na sentença coletiva, ou se habilitar na ação coletiva para definir o valor da sua indenização. *Alternativa A.*

Direito do Trabalho

Douglas Caetano

Advogado. Pós-Graduado em Direito e Processo do Trabalho. Professor de Direito e Processo do Trabalho para OAB e Concursos Públicos. Professor do Curso de Pós-Graduação em Direito e Processo do Trabalho da Escola do Legislativo Prof. Wilson Brandão (Teresina). Professor do Curso de Pós-Graduação em Direito e Processo do Trabalho da Faculdade Evolutivo (Fortaleza). Autor de livros jurídicos e para concursos.

Sumário

1. TEORIA DE DIREITO DO TRABALHO

1.1. Definição

Direito do trabalho é um conjunto de normas e princípios que regulamentam as relações individuais e coletivas de trabalho e emprego, buscando em sua essência equiparar os interesses das partes envolvidas nas referidas relações.

A doutrina majoritária considera o direito do trabalho como um ramo do direito privado.

1.2. Divisão do direito do trabalho

O direito do trabalho se divide em individual, que estuda os contratos individuais de trabalho e coletivo, que cuida da organização dos sindicatos, solução de conflitos, normas coletivas e direito de greve.

1.3. Fontes do direito do trabalho

Fonte significa a origem do direito, de onde vem. No Direito do Trabalho elas são classificadas em:

Materiais: são fatores sociais, políticos, econômicos e culturais que ocasionam o surgimento da norma, não geram direitos ou obrigações. Exemplo, no ano de 2020, o mundo sofreu com a pandemia do coronavírus, que causou o fechamento temporário de algumas empresas, que obrigou o legislador a criar novas normas de direito do trabalho para regulamentar tal situação.

Formais: é, propriamente, a exteriorização do direito, através de leis, normas coletivas, regulamentos das empresas etc. Geram direitos e obrigações. Elas são classificadas em:

Autônomas: derivam da vontade das partes, sem a intervenção do Estado, como, por exemplo, as normas coletivas.

Heterônomas: derivam da vontade do Estado, não têm a intervenção das partes (CF, CLT, leis esparsas).

Hierarquia das fontes formais

No Direito do Trabalho irá prevalecer a fonte formal que for mais benéfica ao empregado, independentemente se o conflito ocorrer entre a CF e um acordo coletivo. Nesse caso, o acordo irá prevalecer sobre a CF, desde que seja mais favorável ao empregado. Com efeito, há uma mitigação na hierarquia das fontes.

Dessa maneira, em um conflito entre a Constituição Federal e um acordo coletivo, sendo que o referido acordo prevê o valor do adicional de horas extras de 60%, enquanto que a CF prevê um adicional de 50%, prevalecerá o acordo, conforme princípio da norma mais favorável para o empregado.

Ainda nesse sentido, vale destacar que o princípio da norma mais favorável comporta uma exceção, que ocorre quando o conflito é entre um acordo coletivo de trabalho e uma convenção coletiva de trabalho, prevalecendo, sempre, a disposição prevista no acordo coletivo, mesmo que prejudicial para o empregado, conforme o art. 620 da CLT.

1.4. Princípios

Os princípios são a base estrutural do ordenamento jurídico, que dão suporte aos operadores do direito, como, por exemplo, juízes, advogados, membros do ministério público, bem como servem como inspiração para o legislador. O Direito do Trabalho, por ser um ramo autônomo do direito, possui seus próprios princípios, que passaremos a estudar a partir de agora.

1.4.1. Princípio da irrenunciabilidade de direito

Este princípio também é chamado de "princípio da indisponibilidade de direitos". Ele informa que devido à natureza de ordem pública das normas que instituem o Direito do Trabalho (normas cogentes), que não admitem livre estipulação entre as partes, o empregado não pode renunciar seus direitos. Eexmplo, o empregado não pode abrir mão do seu salário, não pode renunciar às férias, mesmo mediante uma eventual coação do empregador.

O referido princípio visa proteger o empregado de uma possível coação do empregador para aceitar, por exemplo, gozar das férias sem receber a respectiva remuneração.

Entretanto, em determinadas situações específicas, o referido princípio comporta exceção, como, por exemplo, no caso da criação de um novo regulamento sobre a complementação de aposentadoria privada na empresa, em que o empregado escolhe aderir ao novo regulamento abrindo mão dos direitos previstos no regulamento anterior, levando em consideração que os dois regulamentos continuarão existindo ao mesmo tempo, conforme dispõe o item II da Súmula 288 do TST.

> **Súmula 288 do TST**
>
> COMPLEMENTAÇÃO DOS PROVENTOS DA APOSENTADORIA (nova redação para o item I e acrescidos os itens III e IV em decorrência do julgamento do processo TST-E-ED-RR-235-20.2010.5.20.0006 pelo Tribunal Pleno em 12-04-2016) – Res. 207/2016, DEJT divulgado em 18, 19 e 20-04-2016
>
> I – A complementação dos proventos de aposentadoria, instituída, regulamentada e paga diretamente pelo empregador, sem vínculo com as entidades de previdência privada fechada, é regida pelas normas em vigor na data de admissão do empregado, ressalvadas as alterações que forem mais benéficas (art. 468 da CLT).
>
> II – Na hipótese de coexistência de dois regulamentos de planos de previdência complementar, instituídos pelo empregador ou por entidade de previdência privada, a opção do beneficiário por um deles tem efeito jurídico de renúncia às regras do outro. (Grifo nosso).

Outro exemplo de exceção ao princípio da irrenunciabilidade encontra-se na Súmula 276 do TST, que autoriza o empregado a renunciar o tempo que resta de aviso prévio durante o cumprimento do aviso concedido pelo empregador e de forma trabalhada, no caso de comprovar a obtenção de um novo emprego, dispensando o empregador do pagamento do tempo restante.

> **Súmula 276 do TST**
> AVISO PRÉVIO. RENÚNCIA PELO EMPREGADO (mantida) – Res. 121/2003, DJ 19, 20 e 21-11-2003
> O direito ao aviso prévio é irrenunciável pelo empregado. O pedido de dispensa de cumprimento não exime o empregador de pagar o respectivo valor, salvo comprovação de haver o prestador dos serviços obtido novo emprego.

1.4.2. Princípio da continuidade da relação de emprego

A relação de emprego, formada entre empregado e empregador, presumidamente é contínua, uma vez que, em tese, o empregado precisa do emprego para subsistência, de forma que em regra não irá abandonar o emprego sem um motivo aparente. Nesse sentido, a regra é que a relação de emprego não tenha um dia estipulado para terminar.

Com base no princípio da continuidade, o empregado, de forma presumida, não põe fim a relação de emprego, de forma que, se houver dúvida sobre a forma de extinção do contrato de trabalho, a obrigação de provar qual foi a modalidade de extinção é do empregador. Na verdade, o contrato de trabalho é de trato sucessivo, o que gera presunção em favor do empregado.

> **Súmula 212 do TST**
> DESPEDIMENTO. ÔNUS DA PROVA (mantida) – Res. 121/2003, DJ 19, 20 e 21-11-2003
> O ônus de provar o término do contrato de trabalho, quando negados a prestação de serviço e o despedimento, é do empregador, pois o princípio da continuidade da relação de emprego constitui presunção favorável ao empregado.

Outrossim, sempre que o contrato for celebrado por prazo determinado, tal situação deverá ser provada, a fim de afastar a presunção em favor do empregado. Desta forma, doutrina e jurisprudência majoritária entendem, por exemplo, que o contrato de experiência deve ser escrito, pois é exceção ao contrato por prazo indeterminado.

Este princípio também se aplica no caso da sucessão de empregadores, situação em que a alteração do empregador ou estrutura jurídica da empresa não extingue ou gera qualquer efeito no contrato de trabalho em vigor, em razão da ideia de continuidade, conforme artigos 10, 448 e 448-A, todos da CLT.

> Art. 10 – Qualquer alteração na estrutura jurídica da empresa não afetará os direitos adquiridos por seus empregados.
>
> Art. 448 – A mudança na propriedade ou na estrutura jurídica da empresa não afetará os contratos de trabalho dos respectivos empregados.
>
> Art. 448-A – Caracterizada a sucessão empresarial ou de empregadores prevista nos arts. 10 e 448 desta Consolidação, as obrigações trabalhistas, inclusive as contraídas à época em que os empregados trabalhavam para a empresa sucedida, são de responsabilidade do sucessor.

1.4.3. Princípio da primazia da realidade

O Direito do Trabalho vai sempre dar preferência para o que efetivamente aconteceu no mundo dos fatos em detrimento daquilo que foi formalizado no mundo do direito. Não importa a existência de um documento que vai contrariamente aos fatos, prevalecem os fatos, desde que o conjunto probatório seja adequado. Exemplo clássico desse princípio, é o fato da "pejotização", na qual, o empregador exige que o empregado constitua uma pessoa jurídica para celebrarem um contrato escrito de prestação de serviços, quando em verdade, existe uma relação de emprego, de forma que, se aquele empregado buscar a justiça do trabalho para ver reconhecido seu direito ao vínculo empregatício e demais direitos decorrentes do vínculo, pode, o juiz, através da análise das provas, como, por exemplo, depoimento de uma testemunha, declarar nulo o contrato de prestação de serviço e reconhecer o vínculo empregatício, dando prioridade para os fatos provados em detrimento da existência do contrato escrito, nos termos do art. 9º da CLT.

> Art. 9º – Serão nulos de pleno direito os atos praticados com o objetivo de desvirtuar, impedir ou fraudar a aplicação dos preceitos contidos na presente Consolidação.

Para o Direito do Trabalho, os fatos têm mais relevância que ajustes formais. (ex.: Contrato de estágio irregular, contrato de prestação de serviço autônomo).

Outro bom exemplo é extraído da Súmula 12 do TST, que assenta: As anotações apostas pelo empregador na carteira profissional do empregado não geram presunção *juris et de jure*, mas apenas *juris tantum*.

1.4.4. Princípio da proteção

Tal princípio tem por finalidade proteger a parte hipossuficiente na relação de emprego, qual seja: o empregado. Visa, em verdade, deixar o empregado em igualdade de condições com o empregador, concedendo-lhe alguns benefícios.

Este princípio pode ser dividido em outros três: a) *In dubio pro operario*; b) Norma mais favorável; e c) Condição mais benéfica.

a) ***In dubio pro operario***

Todas as vezes que existir uma dúvida na interpretação de uma norma, deve a mesma ser interpretada em favor do empregado. Exemplo, é a Lei n. 12.506/2011 (Lei do aviso prévio proporcional), que não informa se a proporcionalidade do aviso prévio deverá ser aplicada no aviso concedido tanto pelo empregado quanto pelo empregador, de forma que com base no princípio do *in dubio pro operario*, a interpretação é de que deve ser aplicada apenas quando favorecer o empregado.

b) Norma mais favorável

Sempre que existirem duas ou mais normas para o mesmo caso, aplica-se a mais favorável ao empregado, como, por exemplo, no conflito entre a Lei n. 12.506/2011, que prevê que para cada ano trabalhado na empresa, o empregado adquire mais três dias de aviso prévio proporcional e uma Convenção Coletiva de Trabalho (CCT), que prevê para o mesmo caso cinco dias a mais de aviso prévio, irá prevalecer a CCT.

Entretanto, o referido princípio comporta exceção, pois, no caso do conflito entre um acordo coletivo e uma convenção coletiva de trabalho, sempre vai prevalecer o acordo, conforme dispõe o art. 620 da CLT. Exemplo, uma convenção coletiva prevê o adicional de horas extras de 70%, enquanto o acordo coletivo prevê um adicional de horas extras de 60%, para mesma categoria. Irá prevalecer o acordo coletivo, mesmo prevendo um adicional menor.

"Art. 620. As condições estabelecidas em acordo coletivo de trabalho sempre prevalecerão sobre as estipuladas em convenção coletiva de trabalho."

c) Condição mais benéfica

Sempre que o empregado estiver diante de duas ou mais condições previstas no regulamento da empresa ou contrato de trabalho, aplica-se aquela que for mais benéfica a ele. Exemplo, o regulamento da empresa prevê o benefício de contagem de tempo de serviço para promoção, com limite de 5 anos, de forma que se o empregador alterar o regulamento e aumentar tal período para 10 anos, mencionada alteração não se aplica aos empregados que estavam na empresa à época da regra anterior, consoante entendimento do TST consagrado na Súmula 51.

Esse princípio visa assegurar o direito adquirido.

Súmula 51 do TST

NORMA REGULAMENTAR. VANTAGENS E OPÇÃO PELO NOVO REGULAMENTO. ART. 468 DA CLT (incorporada a Orientação Jurisprudencial n. 163 da SBDI-1) – Res. 129/2005, DJ 20, 22 e 25-04-2005

I – As cláusulas regulamentares, que revoguem ou alterem vantagens deferidas anteriormente, só atingirão os trabalhadores admitidos após a revogação ou alteração do regulamento. (ex-Súmula 51 – RA 41/1973, DJ 14-06-1973)

II – Havendo a coexistência de dois regulamentos da empresa, a opção do empregado por um deles tem efeito jurídico de renúncia às regras do sistema do outro. (ex-OJ n. 163 da SBDI-1 – inserida em 26-03-1999)

1.4.5. Princípio da inalterabilidade contratual lesiva

Esse princípio, em regra, veda as alterações do contrato de trabalho que tragam prejuízo ao empregado, por outro lado, as alterações favoráveis são permitidas e incentivadas.

Conforme podemos observar nos seguintes dispositivos da CLT:

"Art. 444 – As relações contratuais de trabalho podem ser objeto de livre estipulação das partes interessadas em tudo quanto não contravenha às disposições de proteção ao trabalho, aos contratos coletivos que lhes sejam aplicáveis e às decisões das autoridades competentes."

"Art. 468 – Nos contratos individuais de trabalho só é lícita a alteração das respectivas condições por mútuo consentimento, e ainda assim desde que não resultem, direta ou indiretamente, prejuízos ao empregado, sob pena de nulidade da cláusula infringente desta garantia."

Trataremos mais a fundo do referido princípio quando estudarmos alteração do contrato de trabalho.

1.4.6. Princípio da aplicação subsidiária do direito civil

A Reforma Trabalhista deu nova redação ao antigo parágrafo único do artigo 8º da CLT, agora parágrafo 1º, e autorizou a aplicação subsidiária do direito comum ao direito do trabalho, sem a necessidade de ser verificada a compatibilidade da norma de direito comum a ser aplicada e os princípios do direito do trabalho. Em nosso sentir, nada foi alterado, uma vez que a obrigação da compatibilidade da norma a ser aplicada ao direito do trabalho decorre de uma conclusão lógica.

"Art. 8º ...

§ 1º O direito comum será fonte subsidiária do direito do trabalho."

1.5. Relação de emprego

A relação de emprego é a relação formada entre empregado e empregador, valendo lembrar que todo empregado é trabalhador, mas nem todo trabalhador é empregado.

Trabalhador é toda pessoa que exerce um esforço físico ou intelectual destinado a produção.

Nesse ponto da matéria vamos fazer um acordo. Primeiro estudaremos a figura do empregado e suas características, e logo em seguida passaremos para o estudo do empregador.

1.5.1. Empregado

É toda pessoa física que trabalha de forma pessoal, não podendo se fazer substituir, de forma habitual e subordinada, mediante pagamento de contraprestação, nos termos dos artigos 2º e 3º da CLT.

> "Art. 2º – Considera-se empregador a empresa, individual ou coletiva, que, assumindo os riscos da atividade econômica, admite, assalaria e dirige a prestação pessoal de serviço."
>
> "Art. 3º – Considera-se empregado toda pessoa física que prestar serviços de natureza não eventual a empregador, sob a dependência deste e mediante salário."

Requisitos

a) Pessoa física

Pessoa física (natural) é aquela que não é jurídica. Na relação de emprego deve haver exploração da energia do trabalho humano.

b) Pessoalidade

O empregado não pode se fazer substituir, deve prestar o serviço de forma pessoal, exceto em algumas situações excepcionais, como, por exemplo, durante as férias ou afastamento do trabalho e em casos autorizados pelo empregador. A obrigação que decorre do contrato de trabalho é personalíssima, de maneira que somente poderá ser desenvolvida pelo empregado contratado.

c) Habitualidade ou não eventualidade

Significa criar no empregador uma expectativa de retorno ao trabalho em determinado dia e horário. Não se exige a continuidade (de segunda a sexta-feira), mas sim que não seja eventual ou esporádico.

Ainda nesse sentido, deve-se analisar dois requisitos, quais sejam: a) trabalho de forma repetida, ou seja, a atividade desenvolvida pelo empregado deve ser repetida no tempo com previsibilidade de ocorrer futuramente e b) atividade permanente da empresa, que trata do desenvolvimento de atividades que estejam inseridas na atividade-fim ou meio da empresa.

d) Subordinação

Significa estar sob ordens de alguém, obedecer às ordens do empregador, de modo que o empregado está no universo de direção por parte do empregador. Daí decorre os poderes do empregador na relação empregatícia, como, por exemplo, determinar a jornada de trabalho, o valor do salário, época das férias.

e) Onerosidade

Consiste na contraprestação acordada pelo empregado pelo serviço prestado ao empregador, como, por exemplo, o salário.

Os requisitos para configuração do vínculo empregatício são cumulativos, de modo que a ausência de qualquer um deles afasta a relação de emprego.

Qual a importância do preenchimento dos requisitos citados acima? O preenchimento dos supracitados requisitos configura o vínculo empregatício, que gera a relação de emprego entre o empregado e seu empregador, de maneira a aplicar as disposições previstas na CLT e no art. 7º da CF.

Ainda nesse aspecto, vale ressaltar que a exclusividade na prestação dos serviços ou o local da prestação dos serviços não são requisitos para configuração do vínculo empregatício, muito embora, possam se tratar de cláusulas do contrato de trabalho.

1.5.2. Carteira de Trabalho e Previdência Social

A CTPS, como é normalmente denominada, é um documento de propriedade do empregado, que contém as informações sobre a relação de trabalho, como, por exemplo, dados do empregador, salário, data da admissão, período do gozo das férias, reajustes salariais etc.

No momento em que o empregado inicia sua prestação de serviço, é obrigatório o preenchimento da CTPS (anotação do contrato de trabalho), sendo que as anotações são inseridas pelo empregador, que tem o prazo de 5 (cinco) dias para anotar o documento e devolvê-lo para o empregado, conforme dispõe o *caput* do art. 29 da CLT, alterada pela Lei n. 13.874/2019.

> "Art. 29. O empregador terá o prazo de 5 (cinco) dias úteis para anotar na CTPS, em relação aos trabalhadores que admitir, a data de admissão, a remuneração e as condições especiais, se houver, facultada a adoção de sistema manual, mecânico ou eletrônico, conforme instruções a serem expedidas pelo Ministério da Economia."

As anotações na CTPS do empregado geram presunção relativa, admitindo prova em contrário, nos termos da Súmula 12 do TST, que assenta: As anotações apostas pelo empregador na carteira profissional do empregado não geram presunção *juris et de jure*, mas apenas *juris tantum*. Exemplo. O empregado doméstico tem anotado em sua CTPS que exerce a função de operador de máquinas na empresa do seu empregador doméstico. Nesse caso, poderá o empregado doméstico ajuizar reclamação trabalhista pleiteando a retificação de sua CTPS.

Ainda nesse sentido, vale ressaltar que o empregador não pode inserir anotações desabonadoras na CTPS do empregado, como, por exemplo, que o contrato foi rescindido por justa causa, sob pena de ser condenado ao pagamento de indenização por danos morais, caso o ofendido venha a reclamar na justiça.

A Reforma Trabalhista alterou a redação do art. 47 da CLT, no sentido de aumentar a multa pela não realização do registro do empregado de um salário mínimo regional para R$ 3.000,00 (três mil reais) por empregado não registrado, sendo que na reincidência o valor será dobrado.

O valor da multa para as microempresas e empresas de pequeno porte é de R$ 800,00 (oitocentos reais) por empregado não registrado.

Ainda é importante destacar que no caso da ausência de registro não se aplica o critério da dupla visita. O critério da dupla visita estabelece que, sempre que entrar em vigor uma lei com uma nova obrigação para o empregador, na primeira fiscalização sofrida após a vigência da referida lei, o mesmo não poderá ser autuado, entretanto, como dito anteriormente, tal critério não se aplica no caso em tela, autorizando a autuação logo na primeira fiscalização após a vigência da lei.

> Art. 47. O empregador que mantiver empregado não registrado nos termos do art. 41 desta Consolidação ficará sujeito a multa no valor de R$ 3.000,00 (três mil reais) por empregado não registrado, acrescido de igual valor em cada reincidência.
>
> § 1º Especificamente quanto à infração a que se refere o *caput* deste artigo, o valor final da multa aplicada será de R$ 800,00 (oitocentos reais) por empregado não registrado, quando se tratar de microempresa ou empresa de pequeno porte.
>
> § 2º A infração de que trata o *caput* deste artigo constitui exceção ao critério da dupla visita.

Na hipótese do empregador registrar o empregado, mas deixar de anotar todas as informações contidas no parágrafo único do art. 41 da CLT, a multa aplicada será de R$ 600,00 (seiscentos reais) por empregado prejudicado, conforme dispõe o art. 47-A da CLT, introduzido pela Reforma Trabalhista.

> "Art. 47-A. Na hipótese de não serem informados os dados a que se refere o parágrafo único do art. 41 desta Consolidação, o empregador ficará sujeito à uma multa de R$ 600,00 (seiscentos reais) por empregado prejudicado."

1.5.3. Outros tipos de empregados

Além do empregado urbano (denominado típico), a legislação trabalhista ainda nos apresenta outros tipos de empregados, que por alguma condição excepcional recebe tratamento diferenciado do urbano. Em regra, esses tipos de empregados são regulamentados por legislação especial, como, por exemplo, o rural e o doméstico.

1.5.3.1. Teletrabalhador

A figura do empregado que trabalha em seu domicílio já era regulamentada pela CLT em seu art. 6º, entretanto, a Reforma Trabalhista tratou de regulamentar a figura do teletrabalhador, através dos artigos 75-A ao 75-E.

Nos termos do art. 75-B da CLT, teletrabalho é aquele que o empregado desenvolve preponderantemente fora das dependências da empresa, realizado através de meios tecnológicos de informática e comunicação. O legislador se preocupou em enfatizar a importância da utilização de meios tecnológicos para diferenciar o teletrabalho do trabalho externo.

O parágrafo único do art. 75-B autoriza a presença eventual do empregado em regime de teletrabalho na empresa, sem que com isso restasse descaracterizado o teletrabalho.

> "Art. 75-B. Considera-se teletrabalho a prestação de serviços preponderantemente fora das dependências do empregador, com a utilização de tecnologias de informação e de comunicação que, por sua natureza, não se constituam como trabalho externo.
>
> Parágrafo único. O comparecimento às dependências do empregador para a realização de atividades específicas que exijam a presença do empregado no estabelecimento não descaracteriza o regime de teletrabalho."

O teletrabalho deverá constar de contrato escrito. O empregador poderá alterar o regime do contrato de trabalho de presencial para teletrabalho somente com anuência do empregado por meio de aditivo contratual, e poderá alterar de regime de teletrabalho para presencial sem anuência do empregado, também por meio de aditivo contratual, mas deverá conceder um prazo de 15 dias de adaptação, conforme art. 75-C e seus parágrafos.

> "Art. 75-C. A prestação de serviços na modalidade de teletrabalho deverá constar expressamente do contrato individual de trabalho, que especificará as atividades que serão realizadas pelo empregado.
>
> § 1º Poderá ser realizada a alteração entre regime presencial e de teletrabalho desde que haja mútuo acordo entre as partes, registrado em aditivo contratual.
>
> § 2º Poderá ser realizada a alteração do regime de teletrabalho para o presencial por determinação do empregador, garantido prazo de transição mínimo de quinze dias, com correspondente registro em aditivo contratual."

A responsabilidade pela aquisição, manutenção e fornecimento dos equipamentos para que o trabalho remoto seja desenvolvido, bem como os custos com a infraestrutura, serão de responsabilidade do empregador, e deverá constar em contrato. Por exemplo, trabalhando em casa, o empregado passa a utilizar a energia elétrica de sua residência também para o trabalho, e o valor da mesma aumenta consideravelmente. O empregador, então, fica obrigado a custear a diferença do valor da energia da residência do empregado. É possível que, por questão de facilidade, o empregado adiante o pagamento de tais despesas e o empregador fica responsável por reembolsar ao empregado o valor adiantado.

Os bens econômicos disponibilizados pelo empregador para a realização do trabalho não serão considerados salário utilidade, conforme art. 75-D da CLT.

> "Art. 75-D. As disposições relativas à responsabilidade pela aquisição, manutenção ou fornecimento dos equipamentos tecnológicos e da infraestrutura necessária e adequada à prestação do trabalho remoto, bem como ao reembolso de despesas arcadas pelo empregado, serão previstas em contrato escrito.
>
> Parágrafo único. As utilidades mencionadas no *caput* deste artigo não integram a remuneração do empregado."

É de responsabilidade do empregador instruir os empregados sobre a prevenção de acidentes ou doenças do trabalho, e o empregado deverá assinar termo de responsabilidade escrito confirmando que recebeu as instruções, porém tal documento não tem o condão de elidir a responsabilidade do empregador no caso de eventual acidente ou doença do trabalho, conforme artigo 75-E e seu parágrafo único.

> "Art. 75-E. O empregador deverá instruir os empregados, de maneira expressa e ostensiva, quanto às precauções a tomar a fim de evitar doenças e acidentes de trabalho.
>
> Parágrafo único. O empregado deverá assinar termo de responsabilidade comprometendo-se a seguir as instruções fornecidas pelo empregador."

1.5.3.2. Empregado rural – Lei n. 5.889/73 e Dec. n. 73.626/74

Empregado rural é a pessoa física que, em propriedade rural ou prédio rústico (aquele destinado à exploração agroeconômica), presta serviços com habitualidade a empregador rural, mediante subordinação e salário. A CF/88 igualou os direitos dos trabalhadores rurais e urbanos.

Em verdade, não é o local da prestação do serviço que definirá se o empregado deverá ser considerado rural, mas, sim, a atividade exercida pelo empregador, de forma que, se o empregador exercer atividade agroeconômica com finalidade de lucro, o empregado será rural, mesmo que trabalhe no perímetro urbano. Assim, será rural o empregado de uma horta em pleno centro da cidade de Fortaleza, e será urbano o empregado de um centro de informações meteorológicas estabelecido no agreste nordestino.

A Constituição Federal equiparou os direitos do empregado rural com os direitos do urbano. Todavia, a Lei n. 5.889/73 ainda garante alguns direitos diferenciados ao rural, que passaremos a analisar a partir de agora.

Características

a) Intervalo Intrajornada

É de no mínimo uma hora, e o máximo vai variar conforme os usos e costumes da região, conforme art. 5º da Lei n. 5.889/73:

> "Art. 5º Em qualquer trabalho contínuo de duração superior a seis horas, será obrigatória a concessão de um intervalo para repouso ou alimentação observados os usos e costumes da região, não se computando este intervalo na duração do trabalho. Entre duas jornadas de trabalho haverá um período mínimo de onze horas consecutivas para descanso."

b) Serviço Intermitente

Não é computado o tempo transcorrido entre uma e outra parte da tarefa diária, quando esta tem sua execução dividida, desde que a circunstância tenha sido anotada na CTPS. Exemplo, a ordenha do gado, que ocorre ao amanhecer e ao entardecer, se, entre a primeira e segunda ordenha do dia, o empregado rural não exercer outra atividade, o tempo entre uma parte e outra da tarefa não será computado como jornada de trabalho. De acordo com o art. 6º da Lei n. 5.889/73:

> "Art. 6º Nos serviços, caracteristicamente intermitentes, não serão computados, como de efeito exercício, os intervalos entre uma e outra parte da execução da tarefa diária, desde que tal hipótese seja expressamente ressalvada na Carteira de Trabalho e Previdência Social."

c) Salário Utilidade

A base de cálculo do salário utilidade do empregado rural é o salário mínimo, independentemente do salário recebido pelo empregado, sendo que poderá ser conferido a título de utilidade apenas 20% com habitação/moradia e até 25% para alimentação. O desconto deverá ser previamente autorizado pelo empregado. Conforme alíneas *a* e *b* do art. 9º da Lei n. 5.889/73:

> "Art. 9º Salvo as hipóteses de autorização legal ou decisão judiciária, só poderão ser descontadas do empregado rural as seguintes parcelas, calculadas sobre o salário mínimo:
>
> a) até o limite de 20% (vinte por cento) pela ocupação da morada;
>
> b) até o limite de 25% (vinte por cento) pelo fornecimento de alimentação sadia e farta, atendidos os preços vigentes na região; "

d) Redução da jornada durante aviso prévio

No caso do aviso prévio concedido pelo empregador rural, o empregado rural terá direito de se ausentar do trabalho por um dia por semana (art. 15 da Lei n. 5.889/73), diferentemente do que ocorre com o empregado urbano, que pode escolher entre reduzir a jornada normal de trabalho em duas horas diárias ou faltar sete dias seguidos, sem prejuízo da remuneração.

> "Art. 15. Durante o prazo do aviso prévio, se a rescisão tiver sido promovida pelo empregador, o empregado rural terá direito a um dia por semana, sem prejuízo do salário integral, para procurar outro trabalho."

e) Hora Noturna

A hora noturna do empregado rural vai variar de acordo com a sua atividade, se na agricultura o período noturno é das 21 horas de um dia até às 5 horas da manhã do dia seguinte, se na pecuária o período noturno é das 20 horas de um dia até as 4 horas da manhã do dia seguinte, sendo que, em ambos os casos, o adicional noturno será de 25% sobre o valor da hora diurna. Ademais, vale ressaltar que não se aplica a hora reduzida ou ficta no caso do rural (art. 7º da Lei n. 5.889/73).

> "Art. 7º – Para os efeitos desta Lei, considera-se trabalho noturno o executado entre as vinte e uma horas de um dia e as cinco horas do dia seguinte, na lavoura, e entre as vinte horas de um dia e as quatro horas do dia seguinte, na atividade pecuária.
>
> Parágrafo único. Todo trabalho noturno será acrescido de 25% (vinte e cinco por cento) sobre a remuneração normal."

f) Contrato Temporário Rural

O art. 14-A da Lei n. 5.889/73 disciplina a possibilidade de o empregado rural ser contratado por meio de um contrato de trabalho temporário, desde que o empregador rural seja pessoa física e o contrato tenha duração de no máximo dois meses dentro do período de um ano (art. 14-A, § 1º, da Lei n. 5.889/73).

> "Art. 14-A. O produtor rural pessoa física poderá realizar contratação de trabalhador rural por pequeno prazo para o exercício de atividades de natureza temporária.
>
> § 1º A contratação de trabalhador rural por pequeno prazo que, dentro do período de 1 (um) ano, superar 2 (dois) meses fica convertida em contrato de trabalho por prazo indeterminado, observando-se os termos da legislação aplicável."

1.5.3.3. Empregado público

É o empregado aprovado em concurso público que presta serviços à Administração Pública por meio de um contrato regido pela CLT, tendo todos os direitos igualados aos do empregado urbano.

O empregado público que ingressou nos quadros da Administração Pública sem ser aprovado em concurso público, caso tenha o contrato de trabalho rescindido, somente terá direito ao valor da contraprestação e depósito de FGTS, conforme dispõe a Súmula 363 do TST. Exemplo, imagine que o prefeito de um determinado município resolveu contratar seu cunhado, sem concurso público, para o cargo de coveiro do cemitério municipal. A população local toma ciência do fato, de forma que o prefeito é obrigado a rescindir o contrato entre a prefeitura e seu cunhado. Nesse caso, em razão do teor da Súmula 363 do TST, o ex-coveiro irá receber apenas o saldo de salário e poderá sacar o FGTS.

> **Súmula 363 do TST**
>
> "CONTRATO NULO. EFEITOS (nova redação) – Res. 121/2003, DJ 19, 20 e 21-11-2003
>
> A contratação de servidor público, após a CF/1988, sem prévia aprovação em concurso público, encontra óbice no respectivo art. 37, II e § 2º, somente lhe conferindo direito ao pagamento da contraprestação pactuada, em relação ao número de horas trabalhadas, respeitado o valor da hora do salário mínimo, e dos valores referentes aos depósitos do FGTS."

1.5.3.4. Empregado doméstico

A Constituição Federal estabelece que:

> "Art. 7º São direitos dos trabalhadores urbanos e rurais, além de outros que visem à melhoria de sua condição social:
>
> ...
>
> Parágrafo único. São assegurados à categoria dos trabalhadores domésticos os direitos previstos nos incisos IV, VI, VII, VIII, X, XIII, XV, XVI, XVII, XVIII, XIX, XXI, XXII, XXIV, XXVI, XXX, XXXI e XXXIII e, atendidas as condições estabelecidas em lei e observada a simplificação do cumprimento das obrigações tributárias, principais e acessórias, decorrentes da relação de trabalho e suas peculiaridades, os previstos nos incisos I, II, III, IX, XII, XXV e XXVIII, bem como a sua integração à previdência social."

Como se pode notar, a CF praticamente igualou os direitos do empregado urbano com os do doméstico. Os direitos dos domésticos foram devidamente regulamentados pela Lei Complementar n. 150/2015, que passaremos a estudar a partir de agora.

a) Conceito (art. 1º)

O art. 1º define que empregado doméstico é toda pessoa física que presta serviço de forma pessoal, onerosa, subordinada, contínua, de forma não lucrativa, para pessoa ou família, no âmbito residencial desta, por mais de duas vezes por semana.

O menor de 18 anos NÃO pode trabalhar como doméstico.

b) Duração do trabalho (art. 2º)

Em regra, a jornada de trabalho do doméstico não pode ultrapassar 8 horas diárias e 44 horas semanais, nos termos do art. 2º da lei complementar.

b.1) Horas extras (art. 2º, § 1º)

As horas extras são aquelas trabalhadas além do permitido em lei (8 horas diárias e 44 horas semanais) ou do acordado em contrato, e conforme dispõe o art. 2º, § 1º, da LC n. 150/2015, devem ser remuneradas com, no mínimo, um acréscimo de 50% sobre a hora normal.

b.2) Banco de horas (art. 2º, § 4º)

Empregado e empregador podem celebrar acordo de banco de horas para compensação das horas extras, desde que o façam por escrito, sendo que somente poderão ser compensadas as horas extras a partir da 41ª hora (art. 2º, § 4º). Exemplo, imagine que existe banco de horas celebrado entre empregado e empregador doméstico, e, no mês de outubro, o empregado realizou 52 horas extras. As primeiras 40 horas extras deverão ser pagas, independente da existência do banco de horas, enquanto o saldo de 12 horas poderá ser compensado através do banco de horas. Agora imagine que o empregado fez apenas 38 horas extras no mês, na mesma condição de banco de horas da situação anterior. Nesse caso, mesmo com banco de horas celebrado entre as partes, as 38 horas extras deverão ser pagas, uma vez que não extrapolou 40 horas extras no mês.

b.3) Trabalho aos domingos e feriados (art. 2º, § 8º)

Os trabalhos, aos domingos e feriados trabalhados e não compensados, deverão ser pagos em dobro, conforme art. 2º, § 8º, da lei.

b.4) Regime de tempo parcial (art. 3º)

Nos termos do art. 3º da LC n. 150/2015, trabalha, em regime de tempo parcial, o doméstico que tem sua jornada de trabalho semanal máxima de 25 horas, com salário proporcional àquele que trabalha sob a jornada normal.

Um detalhe importante, é que mesmo trabalhando em uma jornada reduzida, se for preciso, o empregado doméstico em regime de tempo parcial poderá fazer horas extras, por meio de acordo escrito, respeitando no máximo 1 hora por dia até o limite de 6 horas diárias.

As férias desse empregado serão proporcionais. Cuidado, pois o art. 130 da CLT não se aplica para o doméstico em regime de tempo parcial, haja vista que a lei complementar regulamenta o tema.

c) Contrato por prazo determinado (art. 4º)

Em regra, o contrato de trabalho do empregado doméstico deve ser celebrado por prazo indeterminado, entretanto, conforme dispõe o art. 4º da LC n. 150/2015, o empregador doméstico poderá celebrar contrato de trabalho por prazo determinado em situações excepcionais:

> Experiência (90 dias, admitindo-se uma prorrogação);
> Necessidade transitória da família (2 anos, admitindo-se uma prorrogação);
> Substituição temporária (2 anos, admitindo-se uma prorrogação).

O contrato de experiência tem por finalidade testar o empregado, verificar se o empregado realmente tem aptidão para o exercício da atividade laboral. Já o fato da necessidade transitória pode ser explicado através de um exemplo. Imagine que seu primo, que mora fora do país, resolve passar uma temporada de dois meses com você. Ocorre que você não sabe nem fritar um ovo, e pretende dar comodidade para seu visitante, de forma que poderá contratar um empregado doméstico por prazo determinado, pois que comprovada a necessidade transitória. A substituição temporária ocorre quando o empregador doméstico precisa substituir seu atual empregado doméstico de forma temporária, como, por exemplo, no caso da licença maternidade da empregada doméstica.

Na rescisão antecipada dos contratos por prazo determinado, independente da espécie, aplicam-se as indenizações previstas nos artigos 6º e 7º da lei complementar. No caso de o empregador romper o contrato antecipadamente, deverá indenizar o empregado no valor da metade daquilo que o mesmo ainda teria para receber. Se o empregado romper o contrato antecipadamente, ficará obrigado a pagar ao empregador a mesma indenização do caso anterior, desde que comprovado que este sofreu algum prejuízo.

Não se aplica o aviso prévio nas rescisões dos contratos por prazo determinado, conforme previsão expressa do art. 8º da LC n. 150/2015.

d) Jornada especial (art. 10)

Por meio de acordo individual escrito, as partes podem estabelecer jornada especial de trabalho de 12 de trabalho por 36 horas consecutivas de descanso, conforme art. 10 da lei complementar.

Os trabalhos aos domingos e feriados, bem como a prorrogação do trabalho noturno, já estão devidamente compensados no descanso de 36 horas, de forma que não serão remunerados.

O intervalo intrajornada poderá ser observado pelo empregador, ou trabalhados. Se trabalhados, deverão ser quitados nos termos do art. 71, § 4º, da CLT.

e) Trabalho doméstico durante viagem (art. 11)

Somente será computada como hora de trabalho durante acompanhamento do empregador doméstico em viagem a hora efetivamente trabalhada, que deverá ser acrescida de um adicional de 25%, conforme inteligência do art. 11 da lei complementar.

f) Controle de jornada (art. 12)

O empregador doméstico é obrigado a controlar a jornada de trabalho do empregado doméstico, por qualquer meio permitido em lei, mesmo que possua apenas um empregado, conforme art. 12 da lei complementar.

g) Intervalo intrajornada (art. 13)

Conforme dispõe o art. 13 da LC n. 150/2015, é obrigatória a concessão de intervalo intrajornada de no mínimo 1 hora e no máximo 2 horas.

O intervalo poderá ser reduzido para 30 minutos, por acordo escrito entre as partes.

Para os empregados que residem no local da prestação do serviço, o intervalo poderá ser concedido de forma fracionada, em até dois períodos, desde que cada um deles tenha no mínimo 1 hora e no máximo 4 horas por dia.

h) Adicional noturno (art. 14)

Considera-se noturno o trabalho realizado entre as 22 horas de um dia às 5 horas da manhã do outro. Aplica-se a hora reduzida de 52 minutos e 30 segundos, bem como adicional de 20% sobre o valor da hora diurna, nos termos do art. 14 da lei complementar.

i) Jornada mista (art. 14, § 4º)

Considera-se jornada mista aquela que abrange tanto o período diurno quanto o noturno, sendo que se aplicam as regras do noturno para toda jornada, conforme art. 14, § 4º, da LC n. 150/2015. Exemplo, o empregado inicia a jornada às 19 horas (período diurno até as 22 horas) e termina às 3 horas da manhã (período noturno a partir das 22 horas). Nesse caso, as regras do trabalho noturno serão aplicadas inclusive no período considerado diurno (19 às 22 horas).

j) Intervalo interjornada (art. 15)

Entre duas jornadas de trabalho deve haver um intervalo de no mínimo 11 horas, conforme art. 15 da lei complementar.

k) Férias (art. 17)

As férias serão concedidas em regra por meio de um intervalo de 30 dias, podendo ser fracionadas, a critério do empregador, em até dois períodos, sendo que um deles não poderá ser menor do que 14 dias, conforme art. 17 da LC n. 150/2015.

O empregado doméstico poderá abonar até 1/3 das suas férias, desde que requerido com antecedência de 30 dias do término do período aquisitivo.

l) Descontos (art. 18)

Conforme dispõe o art. 18 da LC n. 150/2015, em regra, são vedados os descontos no salário do empregado referentes a alimentação, vestuário, higiene ou moradia, bem como por despesas com transporte, hospedagem e alimentação em caso de acompanhamento em viagem.

Entretanto, por exceção, é possível o desconto de adiantamentos, e, desde que por meio de acordo por escrito entre as partes, também é possível o desconto com plano de saúde, odontológico, seguro de vida e moradia, desde que o empregado resida em local diverso do da prestação do serviço.

m) FGTS (art. 21)

Conforme dispõe o art. 21 da LC n. 150/2015, é obrigatória a inclusão do empregado doméstico junto aos depósitos do FGTS.

O empregador doméstico é obrigado a recolher mensalmente o valor referente ao FGTS mensal e periódico, bem como o valor referente à Indenização Compensatória do FGTS pela rescisão sem justa causa do contrato de trabalho. Aqui ocorre a antecipação do recolhimento do valor da indenização compensatória do FGTS (multa de 40%).

Na hipótese de o contrato de trabalho ser extinto por justa causa, termo final, falecimento do empregado e aposentadoria, o valor referente à indenização compensatória deverá ser devolvido ao empregador.

Se a rescisão ocorrer por culpa recíproca, o empregado terá direito apenas a metade do valor referente à indenização compensatória, sendo a outra metade devolvida para o empregador.

n) Justa causa (art. 27)

A Lei Complementar n. 150/2015 praticamente copiou as faltas graves previstas no art. 482 da CLT, com uma novidade, submeter a maus-tratos criança, idoso, enfermo ou deficiente que esteja sob seus cuidados direta ou indiretamente (art. 27, I).

o) Rescisão indireta (art. 27, parágrafo único)

No que tange às hipóteses da rescisão indireta do contrato de trabalho, a lei complementar também admitiu as possibilidades previstas no art. 483 da CLT, com uma novidade, qual seja, no caso de o empregador praticar qualquer das formas de violência doméstica ou familiar contra mulheres, na presença do empregado.

A falta grave do empregador se configura pela violência doméstica ou familiar contra mulheres e não necessariamente em face da empregada doméstica.

1.5.3.5. Empregado aprendiz

Aprendizagem é um contrato que tem por finalidade a união do trabalho com ensino, conforme preconiza o art. 7º, XXXIII, da CF e artigos 428 e seguintes da CLT.

> "Art. 428. Contrato de aprendizagem é o contrato de trabalho especial, ajustado por escrito e por prazo determinado, em que o empregador se compromete a assegurar ao maior de 14 (quatorze) e menor de 24 (vinte e quatro) anos inscrito em programa de aprendizagem formação técnico-profissional metódica, compatível com o seu desenvolvimento físico, moral e psicológico, e o aprendiz, a executar com zelo e diligência as tarefas necessárias a essa formação."

a) Características

O contrato de aprendizagem possui algumas características especiais, quais sejam:

- forma solene, ou seja, deve ser escrito;
- prazo determinado, máximo dois anos, exceto portador de necessidades especiais;
- idade do aprendiz limitada entre 14 e 24 anos, sendo que o portador de necessidades especiais não tem limite de idade;
- inscrição em programa de aprendizagem, com anotação na CTPS;
- comprovação de matrícula e frequência à escola;
- salário mínimo hora;
- FGTS, com alíquota diferenciada (2%).

b) Jornada de trabalho do aprendiz

A jornada de trabalho do aprendiz é especial, limitada no art. 432 da CLT, sendo que em regra não poderá exceder de seis horas diárias, podendo ser de até oito horas diárias, para os aprendizes que já completaram o ensino fundamental.

> "Art. 432. A duração do trabalho do aprendiz não excederá de seis horas diárias, sendo vedadas a prorrogação e a compensação de jornada.
>
> § 1º O limite previsto neste artigo poderá ser de até oito horas diárias para os aprendizes que já tiverem completado o ensino fundamental, se nelas forem computadas as horas destinadas à aprendizagem teórica."

c) Extinção do contrato de aprendizagem

Em regra, o contrato termina com o decurso do prazo (2 anos), ou quando o aprendiz completar 24 anos.

O contrato ainda poderá ser rescindido antecipadamente nos termos do art. 433 da CLT, nas seguintes hipóteses:

a) desempenho insuficiente ou inadaptação do aprendiz;

b) falta disciplinar grave;

c) ausência à escola que cause a perda do ano letivo;

d) a pedido do aprendiz.

Não se aplicam ao contrato de aprendizagem as indenizações previstas na rescisão antecipada dos contratos por prazo determinado.

d) Férias

As férias do aprendiz menor de 18 anos deverão coincidir com o período de férias escolares, e com relação aos maiores de 18, preferencialmente, deverão coincidir com as férias escolares.

e) Descumprimentos das condições especiais para contratação do aprendiz

Verificado o descumprimento das condições especiais, a contratação seguirá a regra geral, qual seja, contrato por prazo indeterminado.

1.5.4. Trabalhador

Quando iniciamos o estudo da relação de emprego, combinamos que iríamos estudar primeiro a figura do empregado e depois a do empregador. Ocorre que, antes de adentrarmos ao estudo do empregador, vamos tratar do trabalhador, para traçarmos um paralelo com o empregado, e acabar de uma vez por todas com a confusão entre essas duas figuras do direito do trabalho.

Trabalhador é toda pessoa que desenvolve um esforço físico ou intelectual destinado a uma produção, e que não preenche os requisitos do vínculo empregatício.

Como regra geral falta algum dos requisitos configuradores do vínculo empregatício para o trabalhador, daí por que não é, em regra, protegido pela CLT.

Temos como modalidade de trabalhador:

1.5.4.1. Trabalhador autônomo

É a pessoa física que presta serviços habitualmente por conta própria a uma ou mais de uma pessoa, assumindo os riscos de sua atividade econômica.

Não tem subordinação.

Não se aplica à CLT, pois os contratos travados com os contratantes dos serviços são regidos pelo Código Civil ou legislação especial.

Como exemplo de trabalhador autônomo, não gostaria que fixasse uma profissão em especial, pois que esse não é o requisito para sua configuração. Em verdade, podemos citar como exemplos de trabalhadores autônomos, o pintor, que foi contratado para pintar seu escritório, ou até mesmo o técnico de informática, que foi contratado para instalar a rede de informática do seu escritório. Tanto o pintor quanto o técnico de informática irão decidir por quanto tempo vão trabalhar por dia, qual o valor que irão cobrar pelo serviço, utilizarão suas próprias ferramentas. Perceba que em ambos os casos, os trabalhadores são contratados sem subordinação, bem como assumem o risco do negócio.

A Reforma Trabalhista acrescentou o artigo 442-B na CLT, informando que, caso restem devidamente preenchidas as formalidades para contratação do trabalhador autônomo, a Justiça do Trabalho não poderá reconhecer o vínculo empregatício. Em nosso sentir, salvo melhor juízo, as formalidades exigidas pela CLT tratam do contrato escrito e ausência de subordinação.

> "Art. 442-B. A contratação do autônomo, cumpridas por este todas as formalidades legais, com ou sem exclusividade, de forma contínua ou não, afasta a qualidade de empregado prevista no art. 3º desta Consolidação."

1.5.4.2. Trabalhador eventual

É a pessoa física que presta serviço em caráter eventual, a uma ou mais empresas, sem relação de emprego. Ex.: O eletricista contratado apenas para fazer um reparo nas instalações elétricas de uma empresa.

Não tem habitualidade, pois o serviço é prestado de forma esporádica.

Não estão previstos os requisitos da configuração da "NÃO EVENTUALIDADE": atividade repetida e permanente da empresa tomadora.

Aqui a dica é analisar a atividade ou as atividades desenvolvidas pela empresa contratante. Se a atividade a ser desenvolvida pelo trabalhador for uma atividade que se repete na empresa contratante e ocorre de forma permanente, não há como falar em ausência de habitualidade. Exemplo, imagine um frigorífico que de forma mensal precisa fazer a manutenção de um determinado maquinário, e acaba contratando um trabalhador para desenvolver tal atividade. Nesse caso não há como denominar tal trabalhador de eventual, uma vez que o mesmo está exercendo uma atividade repetida e permanente da empresa contratante. Por outro lado, imagine que o mesmo frigorífico teve um problema no seu sistema elétrico e contratou um trabalhador para solucionar o problema. O trabalhador compareceu na sede da empresa e resolveu o problema em dois dias de trabalho. O frigorífico não precisa desse trabalhador de forma repetida, pois sabe lá quando terá novo problema na sua parte elétrica, razão pela qual resta configurada a figura do trabalhador eventual.

Não se aplica à CLT, pois os contratos travados com os contratantes dos serviços são regidos pelo Código Civil ou legislação especial.

1.5.4.3. Trabalhador avulso

É a pessoa física que presta serviço a uma pessoa ou mais, por intermédio do sindicato da categoria profissional ou órgão gestor de mão de obra. Ex.: Movimentador de mercadorias que faz carga e descarga de mercadorias, intermediado pelo Sindicato ou estivador que faz carga e descarga de navios nos portos, intermediado pelo Órgão Gestor de Mão de Obra (OGMO).

Não tem habitualidade, pois que só trabalham quando são chamados pelo sindicato ou pelo órgão gestor de mão de obra.

A relação é trilateral, composta pelo Sindicato ou Órgão Gestor de Mão de Obra, trabalhador avulso e tomador dos serviços.

Muito embora o avulso não seja empregado, a CF/88, em seu art. 7º, XXXIV, lhe assegura os direitos trabalhistas como se empregado fosse (CUIDADO).

> **"Art. 7º ...**
>
> **XXXIV – igualdade de direitos entre o trabalhador com vínculo empregatício permanente e o trabalhador avulso."**

O trabalhador avulso portuário é regulamentado pela Lei n. 12.815/2013.

1.5.4.4. Trabalhador voluntário – Lei n. 9.608/98

É a pessoa física que presta serviço de forma NÃO remunerada a entidade pública de qualquer natureza ou a instituição privada sem fins lucrativos.

Não tem onerosidade.

Não se aplica à CLT, os contratos travados com os contratantes dos serviços são regidos por legislação especial.

1.5.4.5. Estagiário – Lei n. 11.788/2008

É uma espécie de relação de trabalho, sem previsão na CLT. Tem lei específica e finalidade de colocar em prática o que foi aprendido em aulas teóricas.

O estágio pode ser obrigatório ou não.

1.5.4.6. Relação trilateral

A relação de trabalho é formada de modo trilateral, ou seja, entre a Instituição de ensino, o estagiário e a instituição concedente do estágio.

a) Requisitos (art. 3º)

- matrícula em curso específico;
- termo de compromisso;
- compatibilidade de atividades.

b) Estagiário estrangeiro (art. 4º)

O estudante estrangeiro poderá fazer estágio, desde que observado o prazo do visto temporário de estudante.

c) Estágio na Administração Pública (art. 9º)

É possível a realização de estágio em órgãos da administração pública.

d) Jornada de trabalho (art. 10)

Quatro horas diárias e vinte horas semanais, nos casos de alunos do ensino especial e últimos anos do ensino fundamental;

Seis horas diárias e trinta semanais, nos casos de alunos do ensino superior, da educação profissional de nível médio e do ensino médio regular;

Cursos que alternem teoria e prática com aulas presenciais poderão ter jornada de até quarenta horas semanais.

e) Prazo (art. 11)

O contrato de estágio poderá ser de até dois anos, com exceção do portador de deficiência.

f) Bolsa remuneratória (art. 12)

A bolsa remuneratória é obrigatória nos casos de estágio não obrigatório.

g) Recesso (art. 13)

O estagiário terá direito a 30 dias de recesso nos contratos com prazo de vigência igual ou superior a 1 ano, ou proporcionais nos contratos com prazo menor do que 1 ano, coincidindo com as férias escolares. Por se tratar de recesso, não existe o pagamento de 1/3 de férias.

1.5.4.7. Trabalhador temporário – Lei n. 6.019/74, alterada pela Lei n. 13.429/2017

No dia 31 de março de 2017, a Lei n. 6.019/74 foi alterada pela Lei n. 13.429/2017 (Lei da Terceirização), que estabeleceu nova regulamentação para o trabalho temporário.

Trata-se de uma relação trilateral formada pela Empresa de Trabalho Temporário, pelo trabalhador temporário e pela empresa tomadora, que tem por finalidade a intermediação de mão de obra.

Na ocasião, a empresa tomadora contrata a empresa de trabalho temporário para que esta lhe forneça os trabalhadores temporários.

A relação trilateral é como se fosse uma pirâmide, em uma ponta temos a empresa tomadora, na outra a empresa de trabalho temporário, e no cume da pirâmide o trabalhador temporário em relação à empresa tomadora e empregado em relação à empresa de trabalho temporário.

a) Atividade-fim ou atividade-meio

Nos termos do art. 9º, § 3º, da Lei n. 6.019/74 (acrescido pela Lei n. 13.429/2017), o trabalhador temporário pode ser contratado para atuar tanto na atividade-fim quanto na atividade-meio da empresa tomadora.

> "Art. 9º O contrato celebrado pela empresa de trabalho temporário e a tomadora de serviços será por escrito, ficará à disposição da autoridade fiscalizadora no estabelecimento da tomadora de serviços e conterá:
>
> ...
>
> § 3º O contrato de trabalho temporário pode versar sobre o desenvolvimento de atividades-meio e atividades-fim a serem executadas na empresa tomadora de serviços."

b) Hipóteses de cabimento

Por se tratar de um contrato por prazo determinado, o trabalho temporário é considerado uma exceção à regra, de maneira que só pode ser utilizado em situações específicas, indicadas no art. 2º da Lei n. 6.019/74 (alterado pela Lei n. 13.429/2017), quais sejam: a) necessidade de substituição transitória de pessoal permanente e b) demanda complementar de serviços. Como exemplo de substituição transitória, podemos citar a empresa que deu férias para seu único empregado do Departamento Pessoal, e não pode ficar com o setor vazio. Com relação à demanda complementar, o exemplo clássico é o aumento das vendas nas lojas do comércio no final do ano.

> "Art. 2º Trabalho temporário é aquele prestado por pessoa física contratada por uma empresa de trabalho temporário que a coloca à disposição de uma empresa tomadora de serviços, para atender à necessidade de substituição transitória de pessoal permanente ou à demanda complementar de serviços."

c) Vínculo empregatício

O vínculo empregatício do trabalhador temporário é com a empresa de trabalho temporário, muito embora preste seus serviços na sede da empresa tomadora, conforme dispõe o art. 10 da Lei n. 6.019/74.

> "Art. 10. Qualquer que seja o ramo da empresa tomadora de serviços, não existe vínculo de emprego entre ela e os trabalhadores contratados pelas empresas de trabalho temporário."

d) Responsabilidade

Na hipótese de a empresa de trabalho temporário não pagar as verbas trabalhistas ou rescisórias do trabalhador temporário, a empresa tomadora responde de forma subsidiária pelo pagamento das mesmas, nos termos do art. 10, § 7º, da Lei n. 6.019/74, salvo no caso de falência da empresa de trabalho temporário, situação em que a responsabilidade da empresa tomadora passa a ser solidária, conforme dispõe o art. 16 da mesma lei.

> "Art. 10. Qualquer que seja o ramo da empresa tomadora de serviços, não existe vínculo de emprego entre ela e os trabalhadores contratados pelas empresas de trabalho temporário.
>
> ...
>
> § 7º A contratante é subsidiariamente responsável pelas obrigações trabalhistas referentes ao período em que ocorrer o trabalho temporário, e o recolhimento das contribuições previdenciárias observará o disposto no art. 31 da Lei n. 8.212, de 24 de julho de 1991."

e) Contrato de trabalho

O contrato de trabalho entre o trabalhador temporário e a empresa de trabalho temporário deverá ser escrito e conter os direitos conferidos ao trabalhador, bem como deverá ser de no máximo 180 dias, podendo ser prorrogado por mais 90 dias, mesmo que de forma descontínua, conforme art. 10, §§ 1º e 2º, da Lei n. 6.019/74.

> "Art. 10. Qualquer que seja o ramo da empresa tomadora de serviços, não existe vínculo de emprego entre ela e os trabalhadores contratados pelas empresas de trabalho temporário.
>
> § 1º O contrato de trabalho temporário, com relação ao mesmo empregador, não poderá exceder ao prazo de cento e oitenta dias, consecutivos ou não.
>
> § 2º O contrato poderá ser prorrogado por até noventa dias, consecutivos ou não, além do prazo estabelecido no parágrafo 1º deste artigo, quando comprovada a manutenção das condições que o ensejaram."

f) Contratação de trabalhador temporário durante a greve

A Lei n. 6.019/74, em seu art. 2º, § 1º, proíbe expressamente a contratação de trabalhador temporário pela empresa tomadora durante a greve de seus empregados, salvo nos casos autorizados na Lei n. 7.783/89.

> "Art. 2º Trabalho temporário é aquele prestado por pessoa física contratada por uma empresa de trabalho temporário que a coloca à disposição de uma empresa tomadora de serviços, para atender à necessidade de substituição transitória de pessoal perma-

nente ou à demanda complementar de serviços.

§ 1º É proibida a contratação de trabalho temporário para a substituição de trabalhadores em greve, salvo nos casos previstos em lei."

g) Atendimento médico, ambulatorial e de refeição

Os trabalhadores temporários terão o mesmo atendimento médico, ambulatorial e de refeição que os empregados da empresa tomadora dos serviços, conforme inteligência do art. 9º, § 2º, da Lei n. 6.019/74.

"Art. 9º O contrato celebrado pela empresa de trabalho temporário e a tomadora de serviços será por escrito, ficará à disposição da autoridade fiscalizadora no estabelecimento da tomadora de serviços e conterá:

...

§ 2º A contratante estenderá ao trabalhador da empresa de trabalho temporário o mesmo atendimento médico, ambulatorial e de refeição destinado aos seus empregados, existente nas dependências da contratante, ou local por ela designado."

1.5.4.8. Trabalhador terceirizado – Lei n. 6.019/74, alterada pela Lei n. 13.429/2017, e Súmula 331 do TST

A terceirização passou vários anos sendo regulamentada apenas pela Súmula 331 do TST. Porém, em março de 2017, foi promulgada a Lei n. 13.429/2017, que alterou a Lei n. 6.019/74, que passou a regulamentar o tema.

Trata-se de uma relação trilateral composta pela empresa prestadora de serviços a terceiros, trabalhador terceirizado e empresa contratante, que visa à contratação de uma empresa especializada para prestação de serviços por meio de intermediação de mão de obra.

A dica aqui é que a grande diferença entre a relação jurídica que ocorre no trabalho temporário e na terceirização é que nessa o objeto é a contratação da prestação de serviços, enquanto naquela o objeto é a contratação da intermediação da mão de obra, propriamente dita. Em resumo, na terceirização, a empresa contratante contrata serviços, no trabalho temporário, a empresa contratante contrata pessoas, mesmo que de forma indireta.

a) Abrangência

A Lei n. 13.467/2017 alterou a Lei n. 6.019/74, e de forma expressa passou a autorizar a terceirização da atividade principal da empresa contratante, nos termos do art. 4ª-A. A referida alteração aumentou muito o leque de possibilidades de contratação de empresas terceirizadas. Atualmente é possível que uma determinada empresa contrate empresas terceirizadas para lhe prestar todos os serviços especializados que sua atividade empresarial necessitar. Por exemplo, é possível que um hospital, empresa contratante, contrate uma clínica especializada em serviços médicos de imagem (raio-x) para lhe prestar serviços como empresa terceirizada. Outro exemplo, uma oficina de funilaria e pintura contratando uma empresa especializada em serviços de pinturas de automóveis para lhe prestar serviços de pintura de autos. Percebam que tanto o serviço médico de imagem quanto a pintura de autos são atividades-fim do hospital e da oficina, respectivamente.

"Art. 4º-A. Considera-se prestação de serviços a terceiros a transferência feita pela contratante da execução de quaisquer de suas atividades, inclusive sua atividade principal, à pessoa jurídica de direito privado prestadora de serviços que possua capacidade econômica compatível com a sua execução."

b) Quarteirização

A empresa prestadora de serviços a terceiros está expressamente autorizada pelo art. 4º-A, § 1º, da Lei n. 6.019/74 a subcontratar outras empresas para prestação de serviços, sendo que a responsabilidade entre elas será subsidiária.

"Art. 4º-A. Considera-se prestação de serviços a terceiros a transferência feita pela contratante da execução de quaisquer de suas atividades, inclusive sua atividade principal, à pessoa jurídica de direito privado prestadora de serviços que possua capacidade econômica compatível com a sua execução.

§ 1º A empresa prestadora de serviços contrata, remunera e dirige o trabalho realizado por seus trabalhadores, ou subcontrata outras empresas para realização desses serviços."

c) Autorização para funcionamento

A empresa de prestação de serviços a terceiros deverá preencher os requisitos previstos no art. 4º-B da Lei n. 6.019/74 para seu funcionamento.

"Art. 4º-B. São requisitos para o funcionamento da empresa de prestação de serviços a terceiros:

I – prova de inscrição no Cadastro Nacional da Pessoa Jurídica (CNPJ);

II – registro na Junta Comercial;

III – capital social compatível com o número de empregados, observando-se os seguintes parâmetros:

a) empresas com até dez empregados – capital mínimo de R$ 10.000,00 (dez mil reais);

b) empresas com mais de dez e até vinte empregados – capital mínimo de R$ 25.000,00 (vinte e cinco mil reais);

c) empresas com mais de vinte e até cinquenta empregados – capital mínimo de R$ 45.000,00 (quarenta e cinco mil reais);

d) empresas com mais de cinquenta e até cem empregados – capital mínimo de R$ 100.000,00 (cem mil reais); e

e) empresas com mais de cem empregados – capital mínimo de R$ 250.000,00 (duzentos e cinquenta mil reais)."

d) Contrato de trabalho terceirizado

O contrato de trabalho terceirizado deverá seguir os requisitos previstos no art. 5º-B da Lei n. 6.019/74, como, por exemplo, ser escrito, qualificar as partes, especificar o serviço a ser prestado, apontar o prazo, se houver sido estipulado e apontar o valor.

> "Art. 5º-B. O contrato de prestação de serviços conterá:
>
> I - qualificação das partes;
>
> II - especificação do serviço a ser prestado;
>
> III - prazo para realização do serviço, quando for o caso;
>
> IV - valor."

e) Responsabilidade

A responsabilidade da empresa de prestação de serviços a terceiros para com as verbas rescisórias do trabalhador terceirizado é subsidiária, conforme dispõe o art. 5º-A, § 5º, da Lei n. 6.019/74.

> "Art. 5º-A. Contratante é a pessoa física ou jurídica que celebra contrato com empresa de prestação de serviços relacionados a quaisquer de suas atividades, inclusive sua atividade principal.
>
> ...
>
> § 5º A empresa contratante é subsidiariamente responsável pelas obrigações trabalhistas referentes ao período em que ocorrer a prestação de serviços, e o recolhimento das contribuições previdenciárias observará o disposto no art. 31 da Lei n. 8.212, de 24 de julho de 1991."

f) Quarentena

Os arts. 5º-C e 5º-D proíbem a empresa de prestação de serviços terceirizados de possuir em seu quadro societário pessoas que tenham prestado serviços como empregado ou trabalhador sem vínculo para a empresa contratante, nos últimos dezoito meses, bem como o empregado demitido da empresa contratante de lhe prestar serviço como empregado da empresa terceirizada, antes do prazo de dezoito meses, contados da extinção do contrato de trabalho.

> "Art. 5º-C. Não pode figurar como contratada, nos termos do art. 4º-A desta Lei, a pessoa jurídica cujos titulares ou sócios tenham, nos últimos dezoito meses, prestado serviços à contratante na qualidade de empregado ou trabalhador sem vínculo empregatício, exceto se os referidos titulares ou sócios forem aposentados.
>
> Art. 5º-D. O empregado que for demitido não poderá prestar serviços para esta mesma empresa na qualidade de empregado de empresa prestadora de serviços antes do decurso de prazo de dezoito meses, contados a partir da demissão do empregado."

1.5.4.9. Terceirização na Administração Pública e a Súmula 331 do TST

A Lei n. 13.429/2017 foi criada para regular a terceirização entre particulares, razão pela qual no que se refere a terceirização na Administração Pública, esta continua sendo regulada apenas pela Súmula 331 do TST.

> **Súmula 331 do TST**
>
> Mesmo com a entrada em vigor da Lei n. 13.429/2017, até o fechamento desta obra, a Súmula 331 do TST ainda não foi alterada ou cancelada, razão pela qual devemos fazer o estudo de seus efeitos.
>
> "CONTRATO DE PRESTAÇÃO DE SERVIÇOS. LEGALIDADE (nova redação do item IV e inseridos os itens V e VI à redação) - Res. 174/2011, DEJT divulgado em 27, 30 e 31-05-2011
>
> I - A contratação de trabalhadores por empresa interposta é ilegal, formando-se o vínculo diretamente com o tomador dos serviços, salvo no caso de trabalho temporário (Lei n. 6.019, de 03-01-1974)."

A intermediação de mão de obra (contratação mediante empresa interposta) é ilegal, salvo nos casos de trabalho temporário.

O caso em comento, no que tange à formação do vínculo de emprego diretamente com o tomador do serviço, diz respeito à terceirização na atividade privada, quando faltar a impessoalidade ou a insubordinação.

Se a terceirização é irregular, o vínculo de emprego se forma diretamente com o tomador dos serviços.

> "II - A contratação irregular de trabalhador, mediante empresa interposta, não gera vínculo de emprego com os órgãos da Administração Pública direta, indireta ou fundacional (art. 37, II, da CF/1988)."

Mesmo a terceirização ilícita NÃO gera vínculo de emprego com o Estado, ante a indispensabilidade do concurso público.

> "III - Não forma vínculo de emprego com o tomador a contratação de serviços de vigilância (Lei n. 7.102, de 20-06-1983) e de conservação e limpeza, bem como a de serviços especializados ligados à atividade-meio do tomador, desde que inexistente a pessoalidade e a subordinação direta."

São admitidas pela jurisprudência as seguintes hipóteses de terceirização:

a) serviços de vigilância, regulados pela Lei n. 7.102/83;
b) serviços de conservação e limpeza;
c) serviços especializados ligados a atividade-meio do tomador.

Nas três hipóteses, não pode existir pessoalidade e subordinação em relação ao tomador dos serviços, sob pena de desconsideração da terceirização e consequente vínculo direto com o tomador dos serviços.

No que tange à possibilidade da terceirização na atividade-fim, inclusive, junto à administração pública, pelos julgamentos recentes do STF, dos quais destacamos o Recurso Extraordinário n. 958.252, que deu origem ao tema 725 da repercussão geral, bem como do Recurso Extraordinário n. 635.546, ao nosso sentir, tudo indica ser possível, que pese ter corrente em sentido contrário.

> "IV – O inadimplemento das obrigações trabalhistas, por parte do empregador, implica a responsabilidade subsidiária do tomador dos serviços quanto àquelas obrigações, desde que haja participado da relação processual e conste também do título executivo judicial."

O tomador do serviço que terceiriza licitamente determinada atividade fica sujeito à responsabilização subsidiária nos casos de inadimplemento do empregador (prestador de serviço). Exige-se, contudo, que o tomador dos serviços tenha participado do processo desde a fase cognitiva e conste do título executivo judicial.

> "V – Os entes integrantes da Administração Pública direta e indireta respondem subsidiariamente, nas mesmas condições do item IV, caso evidenciada a sua conduta culposa no cumprimento das obrigações da Lei n. 8.666, de 21-06-1993, especialmente na fiscalização do cumprimento das obrigações contratuais e legais da prestadora de serviço como empregadora. A aludida responsabilidade não decorre de mero inadimplemento das obrigações trabalhistas assumidas pela empresa regularmente contratada."

A Administração Pública responde subsidiariamente, desde que comprovada sua conduta culposa, não bastando o mero inadimplemento das obrigações trabalhistas pelo prestador dos serviços.

A conduta culposa da Administração, no caso da terceirização, é a ausência de fiscalização do contrato público, celebrado com a empresa terceirizada.

> "VI – A responsabilidade subsidiária do tomador de serviços abrange todas as verbas decorrentes da condenação referentes ao período da prestação laboral."

A responsabilidade subsidiária do tomador de serviços abrange parcelas indenizatórias e condenatórias decorrentes da condenação imposta ao prestador de serviços.

1.5.4.10. Cooperativa

A cooperativa de trabalho foi regulamentada pela Lei n. 12.690/2012, e trata de uma sociedade de pessoas que se reúnem para prestação de serviços em proveito de um bem comum, sem, contudo, existir subordinação entre elas.

A relação entre a cooperativa e seus sócios é uma relação de trabalho, uma vez que não há subordinação entre eles, ou, ainda, entre os sócios. Ademais, para que a cooperativa seja lícita, é necessário o preenchimento de dois requisitos, quais sejam: a) ausência de subordinação entre os membros da cooperativa e a cooperativa, e entre os demais cooperados; b) ausência de pessoalidade, de forma que quando a cooperativa tem seus serviços contratados, o contratante não pode escolher um dos cooperados para prestar o serviço, uma vez que não ocorreu a intermediação de mão de obra, mas, sim, a contratação de serviço.

Os cooperados não são empregados da cooperativa, razão pela qual aos mesmos não se aplica a CLT, entretanto, a Lei n. 2.690/2012 regulamentou, nos incisos do seu art. 7º, os direitos trabalhistas mínimos do cooperado:

- retiradas de valores não inferiores ao piso da categoria, ou, na falta deste, ao salário mínimo;
- repouso anual remunerado;
- retirada referente ao trabalho noturno superior ao diurno;
- adicional de insalubridade e periculosidade;
- seguro acidente de trabalho.

1.5.5. Empregador

Empregador é a pessoa física ou jurídica que assumindo o risco do negócio: a) admite; b) assalarie; e c) dirige a prestação do serviço, conforme podemos observar no *caput* do art. 2º da CLT:

> "Art. 2º – Considera-se empregador a empresa, individual ou coletiva, que, assumindo os riscos da atividade econômica, admite, assalaria e dirige a prestação pessoal de serviço."

1.5.5.1. Poderes do empregador

a) Poder diretivo

O poder diretivo está inserido no dia a dia de trabalho das empresas, sendo exteriorizado através das ordens emanadas do empregador para dirigir a relação de emprego. É uma prerrogativa que o empregador tem de criar normas, de "mandar", de dirigir **a relação de emprego**. Exemplo: Criar regimento interno, determinar o uso de uniforme, proibir o uso de boné etc.

A Reforma Trabalhista introduziu o art. 456-A à CLT, prevendo que o empregador está autorizado a definir o padrão de uniforme, bem como a incluir logomarcas de terceiros, sem ferir direito a imagem do empregado, desde que os uniformes e as logomarcas não causem situações constrangedoras.

A Reforma também definiu que é de responsabilidade do empregado a higiene do uniforme, salvo quando necessitar de cuidados especiais.

> "Art. 456-A. Cabe ao empregador definir o padrão de vestimenta no meio ambiente laboral, sendo lícita a inclusão no uniforme de logomarcas da própria empresa ou de empresas parceiras e de outros itens de identificação relacionados à atividade desempenhada.
>
> Parágrafo único. A higienização do uniforme é de responsabilidade do trabalhador, salvo nas hipóteses em que forem necessários procedimentos ou produtos diferentes dos utilizados para a higienização das vestimentas de uso comum."

b) Poder disciplinar

É a prerrogativa que o empregador tem de punir o empregado, no caso do cometimento de alguma irregularidade.

b.1) Penalidades

Advertência

Não tem previsão legal, sendo uma construção doutrinária, que pode ser verbal ou escrita, aplicada em casos do cometimento de faltas leves.

Suspensão

Tem previsão legal no art. 474 da CLT, e consiste num período em que o contrato de trabalho fica suspenso e o empregado não goza de seus direitos no mencionado prazo. A suspensão do contrato de trabalho como penalidade tem prazo máximo de 30 dias, aplicada em casos de faltas de natureza média ou reincidência.

> "Art. 474 – A suspensão do empregado por mais de 30 (trinta) dias consecutivos importa na rescisão injusta do contrato de trabalho."

Justa causa

Tem previsão legal no art. 482 da CLT, e consiste na rescisão do contrato de trabalho de forma a retirar do empregado alguns direitos trabalhistas que normalmente teria na rescisão SEM justa causa, sendo aplicada em casos de cometimento de falta grave (casos previstos em lei).

c) Poder fiscalizador

É a prerrogativa que o empregador tem de fiscalizar o trabalho e a conduta do empregado na relação de emprego. Ex.: Uso correto dos EPIs; revista pessoal.

1.5.5.2. Grupo econômico – Art. 2º, § 2º, da CLT

Ocorre quando duas ou mais empresas que, apesar de possuírem personalidade jurídica própria, atuam em conjunto. A doutrina separa o grupo econômico em duas espécies, quais sejam, vertical e horizontal. Vertical quando uma empresa está sob a subordinação de outra, e horizontal quando ambas as empresas estão em pé de igualdade, porém, atuam em conjunto.

A Reforma Trabalhista introduziu nova redação ao parágrafo 2º do art. 2º da CLT, ampliando o conceito de grupo econômico e prevendo expressamente a figura do grupo econômico horizontal, no qual as empresas não precisam estar sob o controle uma da outra, bastando que atuem em conjunto.

> "Art. 2º ...
>
> § 2º Sempre que uma ou mais empresas, tendo, embora, cada uma delas, personalidade jurídica própria, estiverem sob a direção, controle ou administração de outra, ou ainda quando, mesmo guardando cada uma sua autonomia, integrem grupo econômico, serão responsáveis solidariamente pelas obrigações decorrentes da relação de emprego."

Outra alteração trazida pela Reforma no que tange à figura do grupo econômico foi a introdução do parágrafo 3º ao art. 2º, o qual expressamente dispõe que a mera identidade de sócios não é suficiente para configuração do grupo econômico, sendo necessário comprovar a atuação em conjunto.

> "§ 3º Não caracteriza grupo econômico a mera identidade de sócios, sendo necessárias, para a configuração do grupo, a demonstração do interesse integrado, a efetiva comunhão de interesses e a atuação conjunta das empresas dele integrantes."

É indiferente, para caracterização do grupo econômico, que as empresas integrantes explorem a mesma atividade econômica.

Para configuração do grupo econômico, é imprescindível que as empresas (pessoas jurídicas) visem a lucro, de forma que entidades beneficentes ou filantrópicas não formam grupo econômico, bem como é impossível reconhecimento de grupo econômico no âmbito do trabalho doméstico.

1.5.5.3. Responsabilidade solidária passiva

Todas as empresas do grupo podem ser chamadas a responder pelos créditos trabalhistas dos empregados do grupo, independentemente da empresa que tenha contratado ou anotado a CTPS (art. 2º, § 2º, da CLT).

Imaginem que existe um grupo econômico formado pelas empresas "A", "B" e "C". A empresa "A", contrata José, anota sua CTPS. José presta serviço somente para a empresa "A". Ao término do contrato, a empresa "A" não paga as verbas rescisórias de José. O questionamento é: será que as empresas "B" e "C", que não contrataram José, bem como não utilizaram da sua mão de obra, terão responsabilidade sobre as verbas rescisórias que a empresa "A" deixou de pagar? A resposta é sim, uma vez que, por fazerem parte de um grupo econômico, aplica-se a teoria do empregador único, que de forma simples significa dizer que é como se as três empresas ("A", "B" e "C") fossem uma única empresa, de maneira que uma responde pelas dívidas trabalhistas da outra, como se para ela o empregado tivesse prestado o serviço.

> "§ 2º – Sempre que uma ou mais empresas, tendo, embora, cada uma delas, personalidade jurídica própria, estiverem sob a direção, controle ou administração de outra, constituindo grupo industrial, comercial ou de qualquer outra atividade econômica, serão, para os efeitos da relação de emprego, solidariamente responsáveis a empresa principal e cada uma das subordinadas."

1.5.5.4. Responsabilidade solidária ativa

A prestação de serviços simultaneamente para mais de uma empresa do grupo, em regra, não gera mais de um contrato de trabalho. Aqui, também, deve ser aplicada a teoria do empregador único. Em razão de as empresas do grupo econômico serem tidas como uma única empresa, o fato de o empregado contratado por uma delas vir a prestar serviço para empresa que o contratou e a outra do mesmo grupo, desde que dentro da sua jornada de trabalho e na atividade para qual foi contratado, não garante mais um vínculo empregatício, salvo se houver ajuste escrito em contrário firmado entre empregado e empregador.

> **Súmula 129 do TST**
> "CONTRATO DE TRABALHO. GRUPO ECONÔMICO (mantida) – Res. 121/2003, DJ 19, 20 e 21-11-2003
> A prestação de serviços a mais de uma empresa do mesmo grupo econômico, durante a mesma jornada de trabalho, não caracteriza a coexistência de mais de um contrato de trabalho, salvo ajuste em contrário."

O empregado pode acionar, na fase de execução do processo trabalhista, qualquer empresa do grupo econômico, ainda que ela não tenha participado da fase cognitiva do processo e não conste do título executivo.

1.6. Sucessão trabalhista

Ocorre a sucessão trabalhista sempre que houver alteração do polo subjetivo da relação de emprego, seja pela alteração da propriedade da empresa, seja pela mudança de sua estrutura jurídica etc.

1.6.1. Efeitos

A sucessão trabalhista não tem o condão de alterar os contratos de trabalho em vigor, razão pela qual o sucessor assume a responsabilidade pelos direitos trabalhistas do sucedido.

Muito embora o TST, por intermédio de sua jurisprudência, como, por exemplo, a OJ n. 261 da SDI-1, já entendesse que na ocorrência da sucessão trabalhista a responsabilidade pelos débitos trabalhistas, mesmo com relação àqueles contratos de trabalho firmados anteriormente à sucessão, fosse da empresa sucessora, a Reforma Trabalhista positivou tal entendimento por meio da inclusão do art. 448-A na CLT.

> "Art. 448-A. Caracterizada a sucessão empresarial ou de empregadores prevista nos arts. 10 e 448 desta Consolidação, as obrigações trabalhistas, inclusive as contraídas à época em que os empregados trabalhavam para a empresa sucedida, são de responsabilidade do sucessor.
> Parágrafo único. A empresa sucedida responderá solidariamente com a sucessora quando ficar comprovada fraude na transferência."

Na sucessão em relação ao trabalhador: nada muda em relação ao contrato ou aos direitos adquiridos do empregado.

Na sucessão em relação ao sucedido: em princípio deixa de ter qualquer responsabilidade, entretanto, responde solidariamente caso tenha ocorrido fraude, sendo que tal responsabilidade se estende também aos sócios retirantes, no caso de fraude.

> "Art. 448-A ...
> Parágrafo único. A empresa sucedida responderá solidariamente com a sucessora quando ficar comprovada fraude na transferência."

Na sucessão em relação ao sucessor: responde por todos os débitos trabalhistas, presentes e pretéritos.

1.6.2. Requisitos

Para que configure a sucessão trabalhista, devem estar presentes os seguintes requisitos:

a) alteração da estrutura jurídica ou na propriedade da empresa;
b) continuidade da atividade empresarial.

Lembrem-se de que a cláusula de não responsabilização não gera efeitos no Direito do Trabalho, valendo apenas para exercício do direito de regresso do sucessor, sendo, portanto, nula se for oponível ao trabalhador, nos termos do art. 9º da CLT.

1.6.3. Sucessão nos casos concretos

1.6.3.1. Sucessão de empresa integrante de grupo econômico

O sucessor que adquire apenas uma das empresas integrantes do grupo econômico não tem responsabilidade solidária com as demais empresas do grupo, salvo se comprovada má-fé ou fraude na sucessão, conforme entendimento da OJ n. 411 da SDI-1 do TST.

> "411. SUCESSÃO TRABALHISTA. AQUISIÇÃO DE EMPRESA PERTENCENTE A GRUPO ECONÔMICO. RESPONSABILIDADE SOLIDÁRIA DO SUCESSOR POR DÉBITOS TRABALHISTAS DE EM-

PRESA NÃO ADQUIRIDA. INEXISTÊNCIA. (DEJT divulgado em 22, 25 e 26-10-2010)

O sucessor não responde solidariamente por débitos trabalhistas de empresa não adquirida, integrante do mesmo grupo econômico da empresa sucedida, quando, à época, a empresa devedora direta era solvente ou idônea economicamente, ressalvada a hipótese de má-fé ou fraude na sucessão."

1.6.3.2. Sucessão na falência ou recuperação judicial

O sucessor, por meio de aquisição de estabelecimento em leilão ou hasta pública na falência ou recuperação judicial, não responderá pelos débitos trabalhistas da empresa adquirida, conforme dispõem os artigos 60, parágrafo único, e 141, II, da Lei n. 11.101/2005.

1.6.3.3. Sucessão entre entes de direito público

Na ocorrência do desmembramento de município, o novo município não será responsável pelos débitos trabalhistas dos empregados que prestavam serviços para o antigo município, respondendo cada município pelo período da prestação do serviço.

1.6.3.4. Sucessão na privatização

Ocorrendo a privatização de empresa pública, o sucessor (empresa do setor privado) é responsável pelos débitos trabalhistas do sucedido (Estado), haja vista a convalidação das contratações sem o devido concurso público, conforme inteligência da Súmula 430 do TST.

> **Súmula 430 do TST**
> "ADMINISTRAÇÃO PÚBLICA INDIRETA. CONTRATAÇÃO. AUSÊNCIA DE CONCURSO PÚBLICO. NULIDADE. ULTERIOR PRIVATIZAÇÃO. CONVALIDAÇÃO. INSUBSISTÊNCIA DO VÍCIO – Res. 177/2012, DEJT divulgado em 13, 14 e 15-02-2012
> Convalidam-se os efeitos do contrato de trabalho que, considerado nulo por ausência de concurso público, quando celebrado originalmente com ente da Administração Pública Indireta, continua a existir após a sua privatização."

1.7. Contrato de Trabalho

É o acordo de vontades, tácito ou expresso, verbal ou escrito, pelo qual uma pessoa física (empregado) coloca seus serviços à disposição de uma pessoa física, jurídica ou ente despersonalizado ou equiparado (empregador), que corresponde à relação de emprego.

De forma simples, o contrato de trabalho trata da exteriorização da relação de emprego.

1.7.1. Elementos essenciais

a) agente capaz;

b) forma prescrita ou não proibida em lei;

c) objeto lícito.

1.7.2. Trabalho ilícito x trabalho proibido

No que se refere ao objeto do contrato de trabalho, não se pode confundir trabalho ilícito com trabalho proibido. O trabalho ilícito é caracterizado pela tipificação de crime ou contravenção penal na realização da atividade laboral, como, por exemplo, quando o empregado trabalha como apontador do jogo do bicho (OJ n. 199 da SBDI – 1 do TST); já o trabalho proibido ocorre quando a atividade laboral é desenvolvida sem observância das normas legais, como, por exemplo, o trabalho noturno do menor de 18 anos.

> "199. JOGO DO BICHO. CONTRATO DE TRABALHO. NULIDADE. OBJETO ILÍCITO (título alterado e inserido dispositivo) – DEJT divulgado em 16, 17 e 18-11-2010
> É nulo o contrato de trabalho celebrado para o desempenho de atividade inerente à prática do jogo do bicho, ante a ilicitude de seu objeto, o que subtrai o requisito de validade para a formação do ato jurídico."

O trabalho ilícito gera nulidade absoluta do ato jurídico (*ex tunc*), enquanto que o trabalho proibido gera anulabilidade do ato jurídico (*ex nunc*). O trabalho ilícito não gera efeitos, já o trabalho proibido gera efeitos. Nessa linha de raciocínio, o apontador do jogo do bicho não tem direito aos direitos trabalhistas oriundos do seu contrato, por outro lado, o menor de 18 anos que trabalha numa atividade insalubre tem direito ao adicional de insalubridade.

1.7.3. Classificação quanto ao prazo

a) Regra: Prazo Indeterminado, ou seja, é aquele que não tem previsão de término (PRINCÍPIO DA CONTINUIDADE).

> "Art. 443. O contrato individual de trabalho poderá ser acordado tácita ou expressamente, verbalmente ou por escrito, por prazo determinado ou indeterminado, ou para prestação de trabalho intermitente."

b) Exceção: Prazo Determinado, ou seja, aquele que tem uma data predeterminada para terminar, estabelecida desde o seu início. Somente é permitido em algumas situações (art. 443, §§ 1º e 2º, da CLT).

> "§ 1º – Considera-se como de prazo determinado o contrato de trabalho cuja vigência dependa de termo prefixado ou da execução de serviços especificados ou ainda da realização de certo acontecimento suscetível de previsão aproximada.
> § 2º – O contrato por prazo determinado só será válido em se tratando:
> a) de serviço cuja natureza ou transitoriedade justifique a predeterminação do prazo;
> b) de atividades empresariais de caráter transitório;
> c) de contrato de experiência."

b.1) Hipóteses:

Serviço cuja natureza seja transitória, ocorre quando a natureza do serviço prestado é passageira ou transitória, como, por exemplo, no caso de uma empresa que adquire um equipamento importado da Alemanha, em que apenas o técnico alemão tem condições de ensinar os empregados brasileiros a lidar com o referido equipamento. Nesse caso, a empresa está autorizada a contratar o técnico alemão por prazo determinado, uma vez que seu trabalho não será contínuo, pelo contrário, será desenvolvido de forma passageira, no caso em comento, apenas até os empregados brasileiros aprenderem a lidar com o equipamento. O prazo é de no máximo 2 anos, admitindo-se uma prorrogação dentro do período (art. 445 da CLT);

Serviço cuja atividade empresarial seja transitória, ocorre quando a atividade empresarial é passageira ou transitória, por exemplo, a empresa que foi contratada para organizar uma feira agropecuária. É possível que a empresa contrate seus empregados por prazo determinado, já que sua atividade se restringe à organização daquele evento, sendo que, após o término do evento, a empresa deixará de prestar seus serviços. O prazo é de no máximo 2 anos, admitindo-se uma prorrogação no período (art. 445 da CLT);

Contrato de experiência. É aquele contrato que tem por finalidade verificar se empregado e empregador irão se adaptar às condições da relação de emprego. O prazo é de no máximo 90 dias, admitindo-se uma prorrogação no período (art. 445, parágrafo único, da CLT).

b.2) Características do contrato por prazo determinado:

Indenização pelo término antes do prazo (arts. 479 e 480 da CLT).

> **"Art. 479 – Nos contratos que tenham termo estipulado, o empregador que, sem justa causa, despedir o empregado será obrigado a pagar-lhe, a título de indenização, e por metade, a remuneração a que teria direito até o termo do contrato.**
>
> **Parágrafo único – Para a execução do que dispõe o presente artigo, o cálculo da parte variável ou incerta dos salários será feito de acordo com o prescrito para o cálculo da indenização referente à rescisão dos contratos por prazo indeterminado."**
>
> **"Art. 480 – Havendo termo estipulado, o empregado não se poderá desligar do contrato, sem justa causa, sob pena de ser obrigado a indenizar o empregador dos prejuízos que desse fato lhe resultarem."**

Aviso Prévio (Súmula 163 do TST, art. 481 da CLT), em regra, nos contratos por prazo determinado, não há falar em concessão do aviso prévio, uma vez que, ao chegar ao seu termo, não ocorre surpresa por parte dos seus signatários. Entretanto, em se tratando de rescisão antecipada do contrato com cláusula assecuratória do direito recíproco de rescisão antecipada, aplicam-se as regras da rescisão do contrato por prazo indeterminado, inclusive o aviso prévio.

Referida situação também se aplica ao contrato de experiência.

> **Súmula 163 do TST**
>
> "AVISO PRÉVIO. CONTRATO DE EXPERIÊNCIA (mantida) – Res. 121/2003, DJ 19, 20 e 21-11-2003
>
> Cabe aviso prévio nas rescisões antecipadas dos contratos de experiência, na forma do art. 481 da CLT (ex-Prejulgado n. 42)."
>
> "Art. 481 – Aos contratos por prazo determinado, que contiverem cláusula asseguratória do direito recíproco de rescisão antes de expirado o termo ajustado, aplicam-se, caso seja exercido tal direito por qualquer das partes, os princípios que regem a rescisão dos contratos por prazo indeterminado."

Garantia de emprego (Súmulas 244 e 378 do TST), muito embora contrato por prazo determinado e estabilidade no emprego sejam institutos antagônicos, haja vista que um impede e outro prorroga o contrato, no que tange às estabilidades gestante e acidentária, por exceção, e entendimento do TST, aplicam-se ao contrato por prazo determinado. Com relação à estabilidade gestante, chamo a atenção para o fato do contrato temporário (Lei n. 6.019/74), que, recentemente, o TST entendeu que por se tratar de um contrato por prazo determinado não se aplica a estabilidade.

> **Súmula 244 do TST**
>
> "GESTANTE. ESTABILIDADE PROVISÓRIA (redação do item III alterada na sessão do Tribunal Pleno realizada em 14-09-2012) – Res. 185/2012, DEJT divulgado em 25, 26 e 27-09-2012
>
> ...
>
> III – A empregada gestante tem direito à estabilidade provisória prevista no art. 10, inciso II, b, do Ato das Disposições Constitucionais Transitórias, mesmo na hipótese de admissão mediante contrato por tempo determinado."
>
> **Súmula 378 do TST**
>
> "ESTABILIDADE PROVISÓRIA. ACIDENTE DO TRABALHO. ART. 118 DA LEI N. 8.213/1991. (inserido item III) – Res. 185/2012, DEJT divulgado em 25, 26 e 27-09-2012
>
> ...
>
> III – O empregado submetido a contrato de trabalho por tempo determinado goza da garantia provisória de emprego decorrente de acidente de trabalho prevista no art. 118 da Lei n. 8.213/91."

Para sucessão de contratos a termo entre as mesmas partes, faz-se necessário observar um prazo mínimo de seis meses, caso contrário, o contrato será considerado um contrato por prazo indeterminado (art. 452 da CLT).

> "Art. 452 – Considera-se por prazo indeterminado todo contrato que suceder, dentro de 6 (seis) meses, a outro contrato por prazo determinado, salvo se a expiração deste dependeu da execução de serviços especializados ou da realização de certos acontecimentos."

O empregador não poderá exigir do futuro empregado experiência maior do que seis meses na função, como requisito para contratação.

> "Art. 442-A. Para fins de contratação, o empregador não exigirá do candidato a emprego comprovação de experiência prévia por tempo superior a 6 (seis) meses no mesmo tipo de atividade."

1.7.3.1. Da Cláusula Compromissória de Arbitragem

A Reforma Trabalhista (Lei n. 13.467/2017) alterou a sistemática em relação à convenção de arbitragem. Antes da reforma, era possível celebrar cláusula de convenção de arbitragem apenas no direito coletivo do trabalho, entretanto, após a reforma, desde que preenchidos dois requisitos, passou a ser possível a celebração cláusula de convenção de arbitragem no direito individual do trabalho. No que tange aos requisitos, o art. 507-A da CLT, exige, para celebração da referida cláusula, que o empregado perceba salário superior a duas vezes o valor máximo do benefício da previdência social, bem como, que a inserção da cláusula no contrato seja por iniciativa do emprego, ou, ainda, que se por iniciativa do empregador tenha a concordância expressa do empregado.

1.7.4. Do Contrato de Trabalho Intermitente

A Reforma Trabalhista alterou a redação do art. 443 da CLT para incluir mais uma modalidade de contrato de trabalho, qual seja, o contrato de trabalho intermitente (§ 3º), marcado pela alternância de períodos de atividade e inatividade.

> "Art. 443. O contrato individual de trabalho poderá ser acordado tácita ou expressamente, verbalmente ou por escrito, por prazo determinado ou indeterminado, ou para prestação de trabalho intermitente.
>
> ...
>
> § 3º Considera-se como intermitente o contrato de trabalho no qual a prestação de serviços, com subordinação, não é contínua, ocorrendo com alternância de períodos de prestação de serviços e de inatividade, determinados em horas, dias ou meses, independentemente do tipo de atividade do empregado e do empregador, exceto para os aeronautas, regidos por legislação própria."

O trabalho intermitente foi regulamentado pelo art. 452-A e seus parágrafos e incisos da CLT, pela Reforma Trabalhista, com as seguintes características:

a) Contrato escrito e anotado na CTPS;
b) Valor hora ou dia igual ao valor do salário mínimo por hora ou equivalente aos salários dos demais empregados da empresa;
c) Convocação por meio idôneo com antecedência mínima de três dias;
d) O empregado tem um dia útil para responder;
e) A recusa não descaracteriza a subordinação;
f) É devida multa de 50% da prestação do serviço, pelo descumprimento, sem justo motivo;
g) Durante o período de inatividade, o empregado poderá prestar serviços a outros contratantes;
h) Com exceção ao saque do FGTS, todas as demais parcelas remuneratórias deverão ser quitadas no término da prestação do serviço;
i) O empregador deverá efetuar o pagamento do FGTS e do INSS com base no valor pago de salário durante o mês;
j) A cada doze meses, o empregado terá direito a um mês de férias, em que não poderá ser acionado.

> "Art. 452-A. O contrato de trabalho intermitente deve ser celebrado por escrito e deve conter especificamente o valor da hora de trabalho, que não pode ser inferior ao valor horário do salário mínimo ou àquele devido aos demais empregados do estabelecimento que exerçam a mesma função em contrato intermitente ou não.
>
> § 1º O empregador convocará, por qualquer meio de comunicação eficaz, para a prestação de serviços, informando qual será a jornada, com, pelo menos, três dias corridos de antecedência.
>
> § 2º Recebida a convocação, o empregado terá o prazo de um dia útil para responder ao chamado, presumida, no silêncio, a recusa.
>
> § 3º A recusa da oferta não descaracteriza a subordinação para fins do contrato de trabalho intermitente.
>
> § 4º Aceita a oferta para o comparecimento ao trabalho, a parte que descumprir, sem justo motivo, pagará à outra parte, no prazo de trinta dias, multa de 50% (cinquenta por cento) da remuneração que seria devida, permitida a compensação em igual prazo.
>
> § 5º O período de inatividade não será considerado tempo à disposição do empregador, podendo o trabalhador prestar serviços a outros contratantes.
>
> § 6º Ao final de cada período de prestação de serviço, o empregado receberá o pagamento imediato das seguintes parcelas:
>
> I – remuneração;
>
> II – férias proporcionais com acréscimo de um terço;
>
> III – décimo terceiro salário proporcional;
>
> IV – repouso semanal remunerado; e
>
> V – adicionais legais.

§ 7º O recibo de pagamento deverá conter a discriminação dos valores pagos relativos a cada uma das parcelas referidas no § 6º deste artigo.

§ 8º O empregador efetuará o recolhimento da contribuição previdenciária e o depósito do Fundo de Garantia do Tempo de Serviço, na forma da lei, com base nos valores pagos no período mensal e fornecerá ao empregado comprovante do cumprimento dessas obrigações.

§ 9º A cada doze meses, o empregado adquire direito a usufruir, nos doze meses subsequentes, um mês de férias, período no qual não poderá ser convocado para prestar serviços pelo mesmo empregador."

1.7.5. Suspensão e interrupção do contrato de trabalho

1.7.5.1. Suspensão

Suspensão é a paralisação temporária dos serviços, sendo que o empregado não recebe salários e não há contagem de tempo de serviço para nenhum fim, exceto nos casos de acidente de trabalho e prestação de serviço militar, como se extrai do art. 4º, § 1º, da CLT.

Exemplo: Período de greve.

1.7.5.2. Interrupção

Interrupção ocorre quando a empresa continua pagando salário ao empregado durante a paralisação temporária do serviço, bem como o referido tempo inativo conta como tempo de serviço.

Exemplo: Férias.

1.7.6. Alteração do contrato de trabalho

1.7.6.1. Regra geral – art. 468 da CLT

É vedada a alteração unilateral do contrato de trabalho.

"Art. 468 – Nos contratos individuais de trabalho só é lícita a alteração das respectivas condições por mútuo consentimento, e ainda assim desde que não resultem, direta ou indiretamente, prejuízos ao empregado, sob pena de nulidade da cláusula infringente desta garantia."

1.7.6.2. Requisitos para alteração válida

a) consentimento do empregado;

b) ausência de prejuízo ao empregado.

Faltando um dos requisitos, a alteração será nula, devendo a cláusula ser substituída pela norma geral.

1.7.6.3. *Jus variandi*

Em decorrência do poder diretivo, o empregador pode promover algumas alterações unilaterais no contrato de trabalho, visando à melhor organização do espaço físico ou do modo da prestação do serviço.

ORDINÁRIO: permite pequenas modificações, sem causar prejuízo ao empregado. Ex.: exigência do uso de uniforme.

EXTRAORDINÁRIO: limitado pela lei, possibilita alterações mais expressivas, capazes de causar efetivo prejuízo ao empregado. Ex.: reversão.

1.7.6.4. Alteração de função

a) Rebaixamento: é a alteração da função do empregado, para outra de menor importância. É vedada.

b) Reversão: a Reforma Trabalhista incluiu o parágrafo 2º ao art. 468 da CLT, alterando entendimento sedimentado pelo TST por meio da Súmula 372, no que se refere à retirada do valor da gratificação de função.

Reversão é o retorno do empregado que exerce função de confiança ao cargo efetivo anteriormente ocupado. É permitida por expressa disposição de lei (art. 468, § 1º, da CLT).

De acordo com o novo parágrafo 2º do art. 468, independente do tempo que o empregado permanecer na função de gerente, o empregador poderá revertê-lo à função anterior, inclusive poderá deixar de pagar a gratificação que o empregado recebia pela função.

"Art. 468. ...

§ 1º Não se considera alteração unilateral a determinação do empregador para que o respectivo empregado reverta ao cargo efetivo, anteriormente ocupado, deixando o exercício de função de confiança.

§ 2º A alteração de que trata o § 1º deste artigo, com ou sem justo motivo, não assegura ao empregado o direito à manutenção do pagamento da gratificação correspondente, que não será incorporada, independentemente do tempo de exercício da respectiva função."

c) Aproveitamento: ocorre quando o empregado tem a função alterada em razão da extinção do cargo por ele ocupado. É permitida, tendo em vista ser preferível mudar a função a perder o emprego.

d) Readaptação: é a alteração de função por recomendação do INSS, aplicável ao empregado que permaneceu afastado e perdeu a capacidade laboral. É permitida, vedada a redução salarial.

e) Mudança imposta por lei: obviamente, é lícita. Ex.: mudança de função do menor que se ativa em local prejudicial a sua saúde.

1.7.6.5. Alteração da duração do trabalho

a) Horário de trabalho: pequenas alterações no horário de trabalho se inserem no âmbito do *jus variandi* ordinário, por exemplo, o empregado tem a seguinte jornada, entrada às 8 h com saída às 18 h, sendo possível o empregador alterar para entrada às 7 h e saída às 17 h.

b) Turno de trabalho: é lícita a alteração do turno de trabalho, salvo do diurno para o noturno, ou ainda quando a alteração provocar inequívoco prejuízo ao empregado. Ex.: quando o empregado tiver outro emprego que cause a incompatibilidade de horário.

c) Jornada de trabalho: a redução da jornada é sempre lícita, visto que mais benéfica ao empregado. A dilação da duração normal do trabalho, por sua vez, é ilícita, visto que prejudicial.

1.7.6.6. Alteração do salário

A redução de salário somente é possível com a correspondente redução da jornada de trabalho, e ainda assim apenas nas seguintes hipóteses:

a) Mediante previsão em norma coletiva;
b) Mediante solicitação expressa do empregado, decorrente de inequívoco interesse extracontratual;
c) Para adoção do regime de tempo parcial.

1.7.6.7. Transferência do empregado

Transferência do emprego é a alteração do local de trabalho que implique a mudança de domicílio do empregado – Art. 469 da CLT.

> "Art. 469 – Ao empregador é vedado transferir o empregado, sem a sua anuência, para localidade diversa da que resultar do contrato, não se considerando transferência a que não acarretar necessariamente a mudança do seu domicílio."

1.7.6.7.1. *Regra geral*

A transferência unilateral é vedada, exigindo o consentimento do empregado.

1.7.6.7.2. *Exceções – §§ 1º, 2º e 3º do art. 469*

a) empregados que exercem cargo de confiança, desde que haja necessidade de serviço;
b) contrato que tenha a condição implícita ou explícita, desde que haja necessidade do serviço;
c) extinção do estabelecimento;
d) sempre que, existindo a real necessidade do serviço, a transferência for provisória.

> "Art. 469. ...
> § 1º – Não estão compreendidos na proibição deste artigo: os empregados que exerçam cargo de confiança e aqueles cujos contratos tenham como condição, implícita ou explícita, a transferência, quando esta decorra de real necessidade de serviço.
> § 2º – É lícita a transferência quando ocorrer extinção do estabelecimento em que trabalhar o empregado.
> § 3º – Em caso de necessidade de serviço o empregador poderá transferir o empregado para localidade diversa da que resultar do contrato, não obstante as restrições do artigo anterior, mas, nesse caso, ficará obrigado a um pagamento suplementar, nunca inferior a 25% (vinte e cinco por cento) dos salários que o empregado percebia naquela localidade, enquanto durar essa situação."

Nos casos apontados nas letras a e b, é necessário comprovar a real necessidade do serviço em outra localidade, nos termos da Súmula 43 do TST, *in verbis*:

> "TRANSFERÊNCIA (mantida) – Res. 121/2003, *DJ* 19, 20 e 21-11-2003
> Presume-se abusiva a transferência de que trata o § 1º do art. 469 da CLT, sem comprovação da necessidade do serviço."

1.7.6.7.3. *Adicional de transferência*

Sempre que a transferência for provisória, será devido adicional, no valor de 25% do salário, independentemente da situação que ocorrer, conforme dispõe a OJ n. 113 da SDI 1 do TST.

> "OJ N. 113. ADICIONAL DE TRANSFERÊNCIA. CARGO DE CONFIANÇA OU PREVISÃO CONTRATUAL DE TRANSFERÊNCIA. DEVIDO. DESDE QUE A TRANSFERÊNCIA SEJA PROVISÓRIA (inserida em 20-11-1997)
> O fato de o empregado exercer cargo de confiança ou a existência de previsão de transferência no contrato de trabalho não exclui o direito ao adicional. O pressuposto legal apto a legitimar a percepção do mencionado adicional é a transferência provisória."

1.7.6.7.4. *Despesas decorrentes da transferência*

As despesas decorrentes da transferência correm por conta do empregador (art. 470 da CLT).

1.7.6.7.5. *Transferência vedada por lei*

Empregado detentor de garantia no emprego, conforme *caput* do art. 543 da CLT, desde que a alteração implique a impossibilidade do exercício do cargo sindical.

> "Art. 543 – O empregado eleito para cargo de administração sindical ou representação profissional, inclusive junto a órgão de deliberação coletiva, não poderá ser impedido do exercício de suas funções, nem transferido para lugar ou mister que lhe dificulte ou torne impossível o desempenho das suas atribuições sindicais."

1.8. Jornada de trabalho

É o tempo em que o empregado permanece à disposição do empregador, aguardando ou executando ordens, de acordo com o *caput* do art. 4º da CLT, *in verbis*:

"Art. 4º – Considera-se como de serviço efetivo o período em que o empregado esteja à disposição do empregador, aguardando ou executando ordens, salvo disposição especial expressamente consignada."

Assim, a jornada de trabalho se divide em: a) trabalho efetivo; b) tempo à disposição do empregador; c) sobreaviso e prontidão.

1.8.1. Sobreaviso e prontidão

Aplicando a analogia, ocorre quando o empregado permanece aguardando chamado para o serviço, sendo submetido a controle do empregador, por meio telemático, mantendo-se a sua disposição, sendo que no sobreaviso o empregado permanece fora da sede da empresa, na sua casa ou noutro lugar combinado com o empregador, enquanto que na prontidão o empregado permanece na sede da empresa (art. 244, §§ 2º e 3º, da CLT).

"Art. 244. As estradas de ferro poderão ter empregados extranumerários, de sobreaviso e de prontidão, para executarem serviços imprevistos ou para substituições de outros empregados que faltem à escala organizada.

...

§ 2º Considera-se de "sobreaviso" o empregado efetivo, que permanecer em sua própria casa, aguardando a qualquer momento o chamado para o serviço. Cada escala de "sobreaviso" será, no máximo, de vinte e quatro horas. As horas de "sobreaviso", para todos os efeitos, serão contadas à razão de 1/3 (um terço) do salário normal.

§ 3º Considera-se de "prontidão" o empregado que ficar nas dependências da estrada, aguardando ordens. A escala de prontidão será, no máximo, de doze horas. As horas de prontidão serão, para todos os efeitos, contadas à razão de 2/3 (dois terços) do salário-hora normal."

Súmula 428 do TST

"SOBREAVISO APLICAÇÃO ANALÓGICA DO ART. 244, § 2º, DA CLT

I – O uso de instrumentos telemáticos ou informatizados fornecidos pela empresa ao empregado, por si só, não caracteriza o regime de sobreaviso.

II – Considera-se em sobreaviso o empregado que, à distância e submetido a controle patronal por instrumentos telemáticos ou informatizados, permanecer em regime de plantão ou equivalente, aguardando a qualquer momento o chamado para o serviço durante o período de descanso."

Dessa forma, resta claro que o uso dos elementos telemáticos e eletrônicos, por si só, não caracteriza o sobreaviso, pois é indispensável que o empregado demonstre estar à disposição do empregador, e ter o direito de ir e vir restringido pelo empregador.

Sobreaviso: Aguardando ordem em casa ou outro lugar indicado pelo empregador – **Adicional de 1/3 do valor da hora normal – 24 horas.**

Prontidão: Aguardando ordem na sede da empresa – **Adicional de 2/3 do valor da hora normal – 12 horas.**

Em ambas as situações, tão logo o empregado seja acionado e inicie o trabalho, passa a receber a remuneração da hora na sua integralidade.

1.8.2. Tempo residual à disposição do empregador

Trata-se de uma tolerância de tempo que o empregado tem no início e no término da jornada, que, se respeitados seus limites legais, não será computado como tempo à disposição do empregador (art. 58, § 1º, da CLT).

"Art. 58 – A duração normal do trabalho, para os empregados em qualquer atividade privada, não excederá de 8 (oito) horas diárias, desde que não seja fixado expressamente outro limite.

§ 1º Não serão descontadas nem computadas como jornada extraordinária as variações de horário no registro de ponto não excedentes de cinco minutos, observado o limite máximo de dez minutos diários.

..."

Essa tolerância foi limitada em cinco minutos na entrada e cinco na saída (limite global de 10 minutos).

Se o limite residual for excedido, todo o tempo será considerado como hora extraordinária.

Se a variação do horário for inferior a dez minutos no dia, mas superior a cinco minutos, na entrada ou na saída, será computada como tempo extraordinário.

A Reforma Trabalhista incluiu o parágrafo 2º ao art. 4º da CLT, dispondo que se o empregado, por vontade própria, decidir permanecer na sede da empresa além da sua jornada de trabalho, para proteção pessoal ou atividades particulares, esse tempo não será considerado como tempo à disposição do empregador, mesmo que seja maior do que os limites de tolerância impostos pelo parágrafo 1º do artigo 58 da CLT.

"Art. 4º. ...

§ 2º Por não se considerar tempo à disposição do empregador, não será computado como período extraordinário o que exceder a jornada normal, ainda que ultrapasse o limite de cinco minutos previsto no § 1º do art. 58 desta Consolidação, quando o empregado, por escolha própria, buscar proteção pessoal, em caso de insegurança nas vias públicas ou más condições climáticas, bem como adentrar ou permanecer nas dependências da empresa para exercer atividades particulares, entre outras:

I – práticas religiosas;

II – descanso;

III – lazer;

IV – estudo;

V – alimentação;
VI – atividades de relacionamento social;
VII – higiene pessoal;
VIII – troca de roupa ou uniforme, quando não houver obrigatoriedade de realizar a troca na empresa."

A Súmula 449 conservou seus efeitos depois da Reforma e considera inválida a cláusula de norma coletiva que flexibiliza o tempo residual previsto na CLT.

Súmula 449 do TST
"MINUTOS QUE ANTECEDEM E SUCEDEM A JORNADA DE TRABALHO. LEI N. 10.243, DE 19 DE JUNHO DE 2001. NORMA COLETIVA. FLEXIBILIZAÇÃO. IMPOSSIBILIDADE. (conversão da Orientação Jurisprudencial n. 372 da SBDI-1) – Res. 194/2014, DEJT divulgado em 21, 22 e 23-05-2014
A partir da vigência da Lei n. 10.243, de 19 de junho de 2001, que acrescentou o parágrafo 1º ao art. 58 da CLT, não mais prevalece cláusula prevista em convenção ou acordo coletivo que elastece o limite de 5 minutos que antecedem e sucedem a jornada de trabalho para fins de apuração das horas extras."

1.8.3. Hora *in itinere*

Uma das maiores alterações trazidas pela Reforma Trabalhista, em se tratando de direito material do trabalho, foi a questão da jornada *in itinere*.

Antes da Reforma, nos termos do art. 58, § 2º, da CLT e Súmulas 90 e 320 do TST, o tempo que o empregado gastava com o deslocamento da sua casa para o trabalho e vice-versa, desde que o trajeto fosse realizado com transporte fornecido pelo empregador, bem como a empresa ficasse localizada em local de difícil acesso ou não servido por transporte público, seria tempo à disposição do empregador, e deveria ser computado na jornada de trabalho do empregado.

Ocorre que a nova redação do art. 58, § 2º, da CLT deixa claro que o tempo gasto pelo empregado de casa para o trabalho e vice-versa, independentemente da forma utilizada para deslocamento, não é tempo à disposição do empregador.

"Art. 58. ...
§ 2º O tempo despendido pelo empregado desde a sua residência até a efetiva ocupação do posto de trabalho e para o seu retorno, caminhando ou por qualquer meio de transporte, inclusive o fornecido pelo empregador, não será computado na jornada de trabalho, por não ser tempo à disposição do empregador. "

Nessa esteira, a Reforma também revogou o parágrafo 3º do art. 58, que previa a possibilidade da fixação do tempo médio de horas *in itinere*, bem como a Súmula 429 do TST, que tratava do tempo gasto entre a portaria da empresa e o local de efetivo trabalho, também perdeu seu efeito, uma vez que o novo parágrafo 2º do art. 58 é no sentido de que independe a forma do deslocamento para não configuração da hora *in itinere*.

1.8.4. Controle da jornada de trabalho

A jornada de trabalho, em regra, possui uma limitação legal que, por via de consequência, precisa ser controlada pelo empregador.

Entretanto, alguns empregados não estão obrigados a ter sua jornada controlada. Assim, dividimos a jornada de trabalho em Controlada e Não Controlada.

1.8.4.1. Controlada

Em regra, os estabelecimentos com mais de 20 empregados estão obrigados a controlar a jornada, nos termos do art. 74, § 2º, da CLT, alterada pela Lei n. 13.874/2019:

"Art. 74 – O horário do trabalho constará de quadro, organizado conforme modelo expedido pelo Ministro do Trabalho, Indústria e Comércio, e afixado em lugar bem visível. Esse quadro será discriminativo no caso de não ser o horário único para todos os empregados de uma mesma seção ou turma.
...
§ 2º Para os estabelecimentos com mais de 20 (vinte) trabalhadores será obrigatória a anotação da hora de entrada e de saída, em registro manual, mecânico ou eletrônico, conforme instruções expedidas pela Secretaria Especial de Previdência e Trabalho do Ministério da Economia, permitida a pré-assinalação do período de repouso."

Ainda nesse sentido, o novo § 4º do artigo 74 permite o registro de ponto da jornada de trabalho por exceção, desde que mediante acordo individual escrito ou norma coletiva, no qual somente serão anotadas as horas extraordinárias, quando houver, deixando de ser obrigatória a anotação da hora de entrada e saída, se ocorrerem dentro do horário contratado.

"Art. 74 – O horário do trabalho constará de quadro, organizado conforme modelo expedido pelo Ministro do Trabalho, Indústria e Comércio, e afixado em lugar bem visível. Esse quadro será discriminativo no caso de não ser o horário único para todos os empregados de uma mesma seção ou turma.
...
§ 4º Fica permitida a utilização de registro de ponto por exceção à jornada regular de trabalho, mediante acordo individual escrito, convenção coletiva ou acordo coletivo de trabalho."

1.8.4.2. Não controlada

Como dito anteriormente, alguns empregados não têm a jornada controlada, em razão da atividade exercida ou por conta do cargo ocupado.

Os casos em que não se controla a jornada estão dispostos no art. 62 da CLT.

"Art. 62 – Não são abrangidos pelo regime previsto neste capítulo:

I – os empregados que exercem atividade externa incompatível com a fixação de horário de trabalho, devendo tal condição ser anotada na Carteira de Trabalho e Previdência Social e no registro de empregados;

II – os gerentes, assim considerados os exercentes de cargos de gestão, aos quais se equiparam, para efeito do disposto neste artigo, os diretores e chefes de departamento ou filial.

Parágrafo único – O regime previsto neste capítulo será aplicável aos empregados mencionados no inciso II deste artigo, quando o salário do cargo de confiança, compreendendo a gratificação de função, se houver, for inferior ao valor do respectivo salário efetivo acrescido de 40% (quarenta por cento)."

a) Atividades externas "incompatíveis" com controle de jornada.

b) Cargos de gerência (gestão), desde que recebam salário no mínimo 40% superior ao cargo efetivo.

Cuidado com o caso específico do bancário, que, para não ter a jornada controlada, deve desempenhar a função de gerente geral de agência bancária, nos termos da Súmula 287 do TST.

Súmula 287 do TST

"JORNADA DE TRABALHO. GERENTE BANCÁRIO (nova redação) – Res. 121/2003, DJ 19, 20 e 21-11-2003

A jornada de trabalho do empregado de banco gerente de agência é regida pelo art. 224, § 2º, da CLT. Quanto ao gerente-geral de agência bancária, presume-se o exercício de encargo de gestão, aplicando-se-lhe o art. 62 da CLT."

A Reforma Trabalhista incluiu o inciso III ao art. 62 da CLT dispondo que o empregado em regime de teletrabalho também não precisa ter o horário de trabalho controlado.

"Art. 62. ...

III – os empregados em regime de teletrabalho"

Efeitos

Os empregados cuja jornada não é controlada não fazem jus aos direitos previstos no capítulo da duração do trabalho, como, por exemplo, horas extras, adicional noturno, hora reduzida noturna e descansos, salvo DSR.

1.8.5. Limitação da jornada de trabalho

A jornada normal de trabalho está regulada no art. 7º, XIII, da CF e no art. 58 da CLT.

"Art. 7º, CF. XIII – duração do trabalho normal não superior a oito horas diárias e quarenta e quatro semanais, facultada a compensação de horários e a redução da jornada, mediante acordo ou convenção coletiva de trabalho."

"Art. 58 – A duração normal do trabalho, para os empregados em qualquer atividade privada, não excederá de 8 (oito) horas diárias, desde que não seja fixado expressamente outro limite."

Em regra, a jornada de trabalho não pode ultrapassar 8 horas diárias e 44 horas semanais.

Porém, não são todos os empregados que gozam dessa jornada (8h diárias e 44h semanais), existem os empregados que, por conta das especificidades da função, determinada por lei ou norma coletiva, acabam tendo jornada diferenciada.

1.8.5.1. Jornada reduzida de trabalho

Não são todos os empregados que gozam da jornada de 8 horas diárias e 44 horas semanais, pois existem empregados com jornada diferenciada, por lei ou norma coletiva.

a) Bancários – 6 horas diárias e 30 horas semanais (art. 224, *caput*, da CLT).

"Art. 224 – A duração normal do trabalho dos empregados em bancos, casas bancárias e Caixa Econômica Federal será de 6 (seis) horas contínuas nos dias úteis, com exceção dos sábados, perfazendo um total de 30 (trinta) horas de trabalho por semana."

b) Telefonistas – 6 horas diárias e 36 horas semanais (art. 227 da CLT).

"Art. 227 – Nas empresas que explorem o serviço de telefonia, telegrafia submarina ou subfluvial, de radiotelegrafia ou de radiotelefonia, fica estabelecida para os respectivos operadores a duração máxima de seis horas contínuas de trabalho por dia ou 36 (trinta e seis) horas semanais."

c) Turno ininterrupto de revezamento – 6 horas diárias e 36 horas semanais (art. 7º, XIV, da CF).

"Art. 7º. ...

XIV – jornada de seis horas para o trabalho realizado em turnos ininterruptos de revezamento, salvo negociação coletiva;"

d) Advogado – 4 horas diárias e 20 horas semanais.

"Art. 20. A jornada de trabalho do advogado empregado, no exercício da profissão, não poderá exceder a duração diária de quatro horas contínuas e a de vinte horas semanais, salvo acordo ou convenção coletiva ou em caso de dedicação exclusiva."

1.8.6. Trabalho sob o regime de tempo parcial

Conforme alteração trazida pela Reforma Trabalhista, trata-se de uma modalidade de contratação em que o empregado tem uma jornada de trabalho de até 30 horas semanais sem direito à realização de horas extras ou até 26 horas semanais podendo realizar até seis horas extras na semana (art. 58-A, *caput*, da CLT).

> "Art. 58-A. Considera-se trabalho em regime de tempo parcial aquele cuja duração não exceda a trinta horas semanais, sem a possibilidade de horas suplementares semanais, ou, ainda, aquele cuja duração não exceda a vinte e seis horas semanais, com a possibilidade de acréscimo de até seis horas suplementares semanais."

Na hipótese da realização de horas extras, elas deverão ser remuneradas com um adicional de 50% sobre o valor da hora normal, conforme o parágrafo 3º, inserido no art. 58-A da CLT pela Reforma Trabalhista.

> "§ 3º As horas suplementares à duração normal do trabalho semanal normal serão pagas com o acréscimo de 50% (cinquenta por cento) sobre o salário-hora normal."

No caso de o empregado ser contratado sob uma jornada de trabalho menor do que vinte e seis horas semanais, como, por exemplo, vinte horas semanais, na hipótese de ele vir a trabalhar vinte e duas horas semanais, terá o direito de receber duas horas como extra, conforme o parágrafo 4º do art. 58-A. O referido parágrafo ainda limitou a quantidade de horas extras em até seis horas semanais, mesmo que a jornada seja menor do que vinte e seis horas semanais.

> "§ 4º Na hipótese de o contrato de trabalho em regime de tempo parcial ser estabelecido em número inferior a vinte e seis horas semanais, as horas suplementares a este quantitativo serão consideradas horas extras para fins do pagamento estipulado no parágrafo 3º, estando também limitadas a seis horas suplementares semanais."

O parágrafo 5º do artigo 58-A da CLT autorizou a compensação das horas extraordinárias realizadas, desde que ocorra na próxima semana após a sua realização. Caso não ocorra a compensação, as horas extras deverão ser pagas no pagamento do salário do mês subsequente a sua realização.

> "§ 5º As horas suplementares da jornada de trabalho normal poderão ser compensadas diretamente até a semana imediatamente posterior à da sua execução, devendo ser feita a sua quitação na folha de pagamento do mês subsequente, caso não sejam compensadas."

A Reforma Trabalhista ainda realizou duas grandes alterações nas características do antigo regime de tempo parcial. A primeira relacionada à possibilidade de o empregado contratado sob tal regime abonar um terço de suas férias (conversão de 1/3 dos dias de férias a que tiver direito em abono pecuniário). A segunda, também referente às férias, confere ao empregado o gozo de férias de no mínimo trinta dias (art. 58-A, §§ 6º e 7º, da CLT).

> "§ 6º É facultado ao empregado contratado sob regime de tempo parcial converter um terço do período de férias a que tiver direito em abono pecuniário.
>
> § 7º As férias do regime de tempo parcial são regidas pelo disposto no art. 130 desta Consolidação."

1.8.7. Horas extras

Horas extras são as horas trabalhadas pelo empregado além da sua jornada normal de trabalho.

A Reforma Trabalhista melhorou a redação do art. 59 da CLT, no sentido de que passou a utilizar a expressão "horas extras" e não mais "horas suplementares", bem como ao deixar claro que o acordo de prorrogação de jornada poderá ser celebrado por acordo individual e norma coletiva, excluindo a expressão "contrato coletivo de trabalho".

> "Art. 59. A duração diária do trabalho poderá ser acrescida de horas extras, em número não excedente de duas, por acordo individual, convenção coletiva ou acordo coletivo de trabalho."

A Reforma também equalizou a CLT à Constituição Federal quanto ao valor do adicional de horas extras ao alterar a redação do parágrafo 1º do art. 59, e disciplinar que o adicional mínimo pela realização das horas extras é de 50% (cinquenta por cento) sobre o valor da hora normal.

> "Art. 59. ...
>
> § 1º A remuneração da hora extra será, pelo menos, 50% (cinquenta por cento) superior à da hora normal."

A Reforma ainda revogou o parágrafo 4º do art. 59 da CLT, que vedava a compensação de jornada pelo empregado contratado sob o regime de tempo parcial.

1.8.7.1. Horas extras nas atividades insalubres

Nas atividades insalubres, a realização de horas extras depende de autorização do órgão competente em matéria de higiene e saúde do empregado, conforme art. 60 da CLT. Ocorre que a Reforma Trabalhista incluiu o parágrafo único ao referido artigo, excluindo da obrigatoriedade relatada acima o trabalho desenvolvido em jornada especial de trabalho de 12x36.

> "Art. 60 – Nas atividades insalubres, assim consideradas as constantes dos quadros mencionados no capítulo 'Da Segurança e da Medicina do Trabalho', ou que neles venham a ser incluídas por ato do

Ministro do Trabalho, Indústria e Comércio, quaisquer prorrogações só poderão ser acordadas mediante licença prévia das autoridades competentes em matéria de higiene do trabalho, as quais, para esse efeito, procederão aos necessários exames locais e à verificação dos métodos e processos de trabalho, quer diretamente, quer por intermédio de autoridades sanitárias federais, estaduais e municipais, com quem entrarão em entendimento para tal fim.
Parágrafo único. Excetuam-se da exigência de licença prévia as jornadas de doze horas de trabalho por trinta e seis horas ininterruptas de descanso."

1.8.7.2. Horas extras por necessidade imperiosa

A Reforma Trabalhista alterou o parágrafo 1º do art. 61 da CLT, para autorizar a realização de horas extras por necessidade imperiosa do empregador, sem a obrigação de informar, posteriormente, o Ministério do Trabalho e Emprego.

"Art. 61 – Ocorrendo necessidade imperiosa, poderá a duração do trabalho exceder do limite legal ou convencionado, seja para fazer face a motivo de força maior, seja para atender à realização ou conclusão de serviços inadiáveis ou cuja inexecução possa acarretar prejuízo manifesto.

§ 1º O excesso, nos casos deste artigo, pode ser exigido independentemente de convenção coletiva ou acordo coletivo de trabalho."

Efeitos

a) O empregador deverá remunerar o empregado com o valor da hora normal mais o adicional de, no mínimo, 50%, nos termos do art. 59, § 1º, da CLT ou art. 7º, XVI, da CF.
b) Compensação do tempo trabalhado a mais em um dia, de forma que o empregado trabalhe menos em outro.

1.8.7.3. Supressão das horas extras habituais

Na hipótese da supressão das horas extras realizadas de forma habitual (horas extras realizadas por mais de um ano), o empregador fica obrigado a pagar uma indenização ao empregado, proporcional à quantidade de horas extras realizadas no mês em relação à quantidade de tempo que ficou realizando o trabalho em sobrejornada, nos termos da Súmula 291 do TST.

Súmula 291 do TST
"HORAS EXTRAS. HABITUALIDADE. SUPRESSÃO. INDENIZAÇÃO. (nova redação em decorrência do julgamento do processo TST-IUJERR 10700-45.2007.5.22.0101) – Res. 174/2011, DEJT divulgado em 27, 30 e 31-05-2011. A supressão total ou parcial, pelo empregador, de serviço suplementar prestado com habitualidade, durante pelo menos 1 (um) ano, assegura ao empregado o direito à indenização correspondente ao valor de 1 (um) mês das horas suprimidas, total ou parcialmente, para cada ano ou fração igual ou superior a seis meses de prestação de serviço acima da jornada normal. O cálculo observará a média das horas suplementares nos últimos 12 (doze) meses anteriores à mudança, multiplicada pelo valor da hora extra do dia da supressão."

1.8.7.4. Acordo de compensação individual

Acordo de compensação individual ocorre quando o empregado trabalha um período maior do que sua jornada normal de trabalho durante a semana para compensar esse tempo de trabalho a maior com folga aos sábados. Exemplo: O empregado trabalha, de segunda a sexta-feira, 8 horas e 48 minutos, para folgar aos sábados.

Características

a) individual;
b) escrito ou tácito;
c) certeza da compensação.

A Reforma Trabalhista claramente dialogou com a Súmula 85 do TST, de forma que a positivou em alguns aspectos e a contrariou em outros.

A primeira menção à Reforma que merece destaque é a inclusão do parágrafo 6º ao art. 59 da CLT, que passou a admitir a validade do acordo de compensação de forma tácita, desde que a compensação de jornada ocorra dentro do mês da realização das horas extras.

"Art. 59. ...

§ 6º É lícito o regime de compensação de jornada estabelecido por acordo individual, tácito ou escrito, para a compensação no mesmo mês."

Outro ponto importante foi o fato de ter positivado a ideia de que a ausência do preenchimento dos requisitos legais para celebração do acordo de compensação da jornada implica somente o pagamento do adicional de horas extras, uma vez que a hora já foi compensada pela folga, conforme o novo art. 59-B, incluído pela Reforma Trabalhista na CLT.

"Art. 59-B. O não atendimento das exigências legais para compensação de jornada, inclusive quando estabelecida mediante acordo tácito, não implica a repetição do pagamento das horas excedentes à jornada normal diária se não ultrapassada a duração máxima semanal, sendo devido apenas o respectivo adicional."

Ainda, com relação à Reforma e à Súmula 85, o parágrafo único do art. 59-B dispõe que a realização de horas extras habituais não descaracteriza o acordo de compensação.

"Art. 59-B. ...

Parágrafo único. A prestação de horas extras habituais não descaracteriza o acordo de compensação de jornada e o banco de horas."

1.8.7.5. Banco de horas

Ocorre quando empregado e empregador celebram acordo para que o empregado trabalhe em regime de horas extras em determinados dias para diminuir a jornada em outros, sem uma definição prévia dos dias em que irá fazer horas extras ou dos dias em que irá folgar, nos termos do art. 59, § 2º, da CLT, *abaixo transcrito*. Entretanto, o empregador é obrigado a compensar a jornada extraordinária no prazo máximo de um ano, contado da realização da hora extra, sob pena de ser compelido a realizar o pagamento.

> "§ 2º Poderá ser dispensado o acréscimo de salário se, por força de acordo ou convenção coletiva de trabalho, o excesso de horas em um dia for compensado pela correspondente diminuição em outro dia, de maneira que não exceda, no período máximo de um ano, à soma das jornadas semanais de trabalho previstas, nem seja ultrapassado o limite máximo de dez horas diárias."

A Reforma Trabalhista inclui o parágrafo 5º ao art. 59 da CLT, *in verbis*, dispondo sobre a possibilidade da celebração do Banco de horas por meio de acordo individual escrito, desde que a compensação da jornada ocorra dentro do período máximo de seis meses, contados a partir da realização da jornada extraordinária.

> "§ 5º O banco de horas de que trata o § 2º deste artigo poderá ser pactuado por acordo individual escrito, desde que a compensação ocorra no período máximo de seis meses."

A Reforma ainda alterou o parágrafo 3º do art. 59 da CLT, incluindo em sua redação a previsão de que seus efeitos também se aplicam ao banco de horas celebrado por acordo escrito.

> "§ 3º Na hipótese de rescisão do contrato de trabalho sem que tenha havido a compensação integral da jornada extraordinária, na forma dos §§ 2º e 5º deste artigo, o trabalhador terá direito ao pagamento das horas extras não compensadas, calculadas sobre o valor da remuneração na data da rescisão."

1.8.7.6. Semana espanhola

A semana espanhola é uma forma de compensação de jornada de trabalho em que o empregado que perfaz jornada semanal de 44 horas labora 40 horas numa semana e 48 horas em outra, sempre de modo alternado. Dessa forma, o empregado, em uma semana, trabalha 8 horas por dia de segunda a sexta e 4 horas no sábado, e na outra semana, trabalha 8 horas por dia de segunda a sexta e não trabalha aos sábados. Para ter validade é necessário a celebração de acordo coletivo ou convenção coletiva de trabalho.

> ORIENTAÇÃO JURISPRUDENCIAL 323/TST SDI I. JORNADA DE TRABALHO. "ACORDO DE COMPENSAÇÃO DE JORNADA. «SEMANA ESPANHOLA». VALIDADE. CLT, ART. 59, § 2º. CF/88, ART. 7º, XIII.
>
> É válido o sistema de compensação de horário quando a jornada adotada é a denominada semana espanhola, que alterna a prestação de 48 horas em uma semana e 40 horas em outra, não violando a CLT, arts. 59, § 2º, e CF/88, 7º, XIII, o seu ajuste mediante acordo ou convenção coletiva de trabalho."

1.8.8. Trabalho noturno

Trata-se do trabalho realizado no período noturno, que garante ao empregado o recebimento do adicional noturno, para compensar o desgaste físico.

> "Art. 73. Salvo nos casos de revezamento semanal ou quinzenal, o trabalho noturno terá remuneração superior à do diurno e, para esse efeito, sua remuneração terá um acréscimo de 20 % (vinte por cento), pelo menos, sobre a hora diurna.
>
> § 1º A hora do trabalho noturno será computada como de 52 minutos e 30 segundos.
>
> § 2º Considera-se noturno, para os efeitos deste artigo, o trabalho executado entre as 22 horas de um dia e as 5 horas do dia seguinte.
>
> § 3º O acréscimo, a que se refere o presente artigo, em se tratando de empresas que não mantêm, pela natureza de suas atividades, trabalho noturno habitual, será feito, tendo em vista os quantitativos pagos por trabalhos diurnos de natureza semelhante. Em relação às empresas cujo trabalho noturno decorra da natureza de suas atividades, o aumento será calculado sobre o salário mínimo geral vigente na região, não sendo devido quando exceder desse limite, já acrescido da percentagem."

1.8.8.1. Características

a) período noturno:

a.1) Urbano: 22h às 5h;

a.2) Rural: Agricultura = 21h às 5h/Pecuária = 20h às 4h;

b) Hora reduzida: 1 hora equivale a 52 minutos e 30 segundos; não se aplica para o Rural;

c) Adicional: de 20%/Urbano e 25%/Rural sobre a remuneração.

1.8.8.2. Jornada mista ou prorrogada

Entendem-se como jornadas mistas ou prorrogadas aquelas em que o empregado ingressa no trabalho em um período e termina no outro. Ex.: Iniciou a jornada no período diurno (18h) e terminou no período noturno (24h) ou iniciou no período noturno (24h) e terminou no período diurno (6h). Nesse sentido, também temos a jornada prorrogada, que ocorre quando a jornada de trabalho do empregado alcança todo período noturno (22h/5h) e ainda se estende além desse horário, por exemplo, até as 7 h, nesse caso o adicional noturno é estendido a toda jornada de trabalho, inclusive quanto ao período de prorrogação.

> "Art. 73, CLT.
>
> ...
>
> § 4º Nos horários mistos, assim entendidos os que abrangem períodos diurnos e noturnos, aplica-se às horas de trabalho noturno o disposto neste artigo e seus parágrafos.
>
> § 5º Às prorrogações do trabalho noturno aplica-se o disposto neste capítulo."
>
> **Súmula 60 do TST**
>
> "ADICIONAL NOTURNO. INTEGRAÇÃO NO SALÁRIO E PRORROGAÇÃO EM HORÁRIO DIURNO (incorporada a Orientação Jurisprudencial n. 6 da SBDI-1) – Res. 129/2005, DJ 20, 22 e 25-04-2005
>
> I – O adicional noturno, pago com habitualidade, integra o salário do empregado para todos os efeitos. (ex-Súmula 60 – RA 105/1974, DJ 24-10-1974)
>
> II – Cumprida integralmente a jornada no período noturno e prorrogada esta, devido é também o adicional quanto às horas prorrogadas. Exegese do art. 73, § 5º, da CLT. (ex-OJ n. 6 da SBDI-1 – inserida em 25-11-1996)"

Aplicam-se as regras do trabalho noturno para o empregado que trabalha em turno ininterrupto de revezamento, nos termos da Súmula 213 do STF.

> Súmula 213
>
> "É devido o adicional de serviço noturno, ainda que sujeito o empregado ao regime de revezamento."

1.8.9. Intervalos

É o período que o empregado tem para descansar e se alimentar, sendo que, durante o intervalo, em regra, o empregado não permanece à disposição do empregador.

1.8.9.1. Intervalo intrajornada

É o intervalo realizado dentro da jornada de trabalho. (INTRA = DENTRO)

a) Jornada de 4 a 6 horas: 15 minutos de intervalo (art. 71, § 1º, da CLT).

> "§ 1º – Não excedendo de seis horas o trabalho, será, entretanto, obrigatório um intervalo de quinze minutos quando a duração ultrapassar quatro horas."

b) Jornada acima de 6 horas: mínimo 1 hora e no máximo 2 horas para intervalo (art. 71, *caput*, da CLT).

> "Art. 71. Em qualquer trabalho contínuo cuja duração exceda de seis horas, é obrigatória a concessão de um intervalo para repouso ou alimentação, o qual será, no mínimo, de uma hora e, salvo acordo ou contrato coletivo em contrário, não poderá exceder de duas horas."

Intervalos superiores podem ser estabelecidos por normas coletivas.

A Reforma Trabalhista autorizou a redução do intervalo intrajornada mínimo para trinta minutos, desde que por meio de convenção coletiva ou acordo coletivo de trabalho, conforme art. 611-A, III, da CLT.

> "Art. 611-A. A convenção coletiva e o acordo coletivo de trabalho têm prevalência sobre a lei quando, entre outros, dispuserem sobre:
>
> ...
>
> III – intervalo intrajornada, respeitado o limite mínimo de trinta minutos para jornadas superiores a seis horas;"

Na hipótese de o empregado não gozar ou gozar de forma parcial do intervalo, o tempo suprimido deverá ser pago com o adicional de 50% sobre o valor da hora normal. Referido *pagamento tem natureza indenizatória* (art. 71, § 4º, da CLT).

> "Art. 71. ...
>
> § 4º A não concessão ou a concessão parcial do intervalo intrajornada mínimo, para repouso e alimentação, a empregados urbanos e rurais, implica o pagamento, de natureza indenizatória, apenas do período suprimido, com acréscimo de 50% (cinquenta por cento) sobre o valor da remuneração da hora normal de trabalho."

1.8.9.2. Intervalo interjornada

Trata-se do intervalo de uma jornada para outra de trabalho, que deve ser de pelo menos 11 horas consecutivas (art. 66 da CLT).

> "Art. 66 – Entre 2 (duas) jornadas de trabalho haverá um período mínimo de 11 (onze) horas consecutivas para descanso."

1.8.9.3. Descanso semanal remunerado (DSR)

Consiste na folga de 24 horas consecutivas concedida ao empregado semanalmente, preferencialmente, no domingo, de acordo com o previsto no art. 67 da CLT.

> "Art. 67 – Será assegurado a todo empregado um descanso semanal de 24 (vinte e quatro) horas consecutivas, o qual, salvo motivo de conveniência pública ou necessidade imperiosa do serviço, deverá coincidir com o domingo, no todo ou em parte.
>
> Parágrafo único – Nos serviços que exijam trabalho aos domingos, com exceção quanto aos elencos teatrais, será estabelecida escala de revezamento, mensalmente organizada e constando de quadro sujeito à fiscalização."

1.8.9.3.1. *Características*

a) compensação em outro dia;
b) adicional de 100% (quem trabalha deve receber em dobro);
c) descontado na falta injustificada.

O adicional somente é devido ao empregado que trabalhar no domingo ou feriado, desde que não seja seu dia de trabalho. Ex.: empregado que trabalha por escala, e seu dia de trabalho cai no domingo, não tem direito ao adicional.

> OJ-SDI1 n. 410. REPOUSO SEMANAL REMUNERADO. CONCESSÃO APÓS O SÉTIMO DIA CONSECUTIVO DE TRABALHO. ART. 7º, XV, DA CF. VIOLAÇÃO. (DEJT divulgado em 22, 25 e 26-10-2010)
> Viola o art. 7º, XV, da CF, a concessão de repouso semanal remunerado após o sétimo dia consecutivo de trabalho, importando no seu pagamento em dobro.

Da análise da referida OJ chegamos às seguintes conclusões: a) a periodicidade do DSR não pode ser superior a sete dias e b) caso ultrapasse o referido período, deverá ser remunerado em dobro.

1.8.10. Férias

Férias é o período de descanso anual, que deve ser concedido ao empregado após o exercício de atividades por um ano, ou seja, por um período de 12 meses (art. 129 da CLT).

> "Art. 129 – Todo empregado terá direito anualmente ao gozo de um período de férias, sem prejuízo da remuneração."

1.8.10.1. Período aquisitivo

São os 12 meses em que o empregado trabalha para adquirir o direito a férias.

1.8.10.2. Período concessivo

São os 12 meses subsequentes ao período aquisitivo, em que o empregado deverá gozar as suas férias.

1.8.10.3. Aviso das férias

O empregado deve ser avisado, por escrito, da concessão das férias 30 dias antes do seu início, nos termos do art. 135 da CLT.

> "Art. 135 – A concessão das férias será participada, por escrito, ao empregado, com antecedência de, no mínimo, 30 (trinta) dias. Dessa participação o interessado dará recibo."

1.8.10.4. Férias dos membros de uma mesma família

Membros de uma mesma família que trabalhem em um mesmo estabelecimento ou empresa podem, se quiserem, gozar férias no mesmo período, desde que não resulte prejuízo ao empregador (art. 136, § 1º). Por exemplo, imagine uma construtora que possui apenas dois engenheiros em seus quadros, que são casados. No caso de ambos gozarem de férias no mesmo período, o empregador irá sofrer prejuízo, pois ficará sem nenhum engenheiro para desenvolver suas atividades.

> "Art. 136 – A época da concessão das férias será a que melhor consulte os interesses do empregador.
> § 1º – Os membros de uma família, que trabalharem no mesmo estabelecimento ou empresa, terão direito a gozar férias no mesmo período, se assim o desejarem e se disto não resultar prejuízo para o serviço.
> ..."

1.8.10.5. Férias dos estudantes

Estudantes menores de 18 anos têm direito de fazer coincidir as férias do trabalho com as escolares, nos termos do § 2º do art. 136 da CLT. Esse direito é postestativo, ou seja, não pode ser contestado pelo empregador.

> "§ 2º – O empregado estudante, menor de 18 (dezoito) anos, terá direito a fazer coincidir suas férias com as férias escolares."

1.8.10.6. Prazo das férias

Todos os empregados têm direito a 30 dias corridos de férias, com exceção dos empregados domésticos contratados em regime de tempo parcial, e aqueles que faltam de forma injustificada durante o período aquisitivo, conforme tabela abaixo (art. 130 da CLT).

> "Art. 130 – Após cada período de 12 (doze) meses de vigência do contrato de trabalho, o empregado terá direito a férias, na seguinte proporção:"

Número de Faltas Injustificadas	Dias de Férias
Até 5	30
De 6 a 14	24
De 15 a 23	18
De 24 a 32	12
(NOVE)	(SEIS)

1.8.10.7. Perda do direito às férias (art. 133 da CLT)

a) empregado que pede demissão e não retorna em 60 dias;
b) empregado que permanece em gozo de licença remunerada por mais de 30 dias;
c) empregado que deixa de trabalhar, recebendo salário, em virtude de paralisação total ou parcial de serviços da empresa, por mais de 30 dias;
d) empregado que tenha recebido prestações previdenciárias (auxílio-doença ou acidente) por mais de 6 meses, ainda que descontínuos.

"Art. 133 – Não terá direito a férias o empregado que, no curso do período aquisitivo:

I – deixar o emprego e não for readmitido dentro de 60 (sessenta) dias subsequentes à sua saída;

II – permanecer em gozo de licença, com percepção de salários, por mais de 30 (trinta) dias;

III – deixar de trabalhar, com percepção do salário, por mais de 30 (trinta) dias, em virtude de paralisação parcial ou total dos serviços da empresa; e

IV – tiver percebido da Previdência Social prestações de acidente de trabalho ou de auxílio-doença por mais de 6 (seis) meses, embora descontínuos."

1.8.10.8. Remuneração das férias

a) o empregado perceberá a remuneração que lhe for devida, com acréscimo de 1/3 (constitucional) (art. 142, *caput*, da CLT e art. 7º, XVII, da CF);

"Art. 142 – O empregado perceberá, durante as férias, a remuneração que lhe for devida na data da sua concessão."

"Art. 7º. ...

XVII – gozo de férias anuais remuneradas com, pelo menos, um terço a mais do que o salário normal;"

b) se concedidas fora do prazo, as férias devem ser remuneradas em dobro, inclusive o 1/3 constitucional (art. 137 da CLT);

"Art. 137 – Sempre que as férias forem concedidas após o prazo de que trata o art. 134, o empregador pagará em dobro a respectiva remuneração. "

Súmula 328 do TST

"FÉRIAS. TERÇO CONSTITUCIONAL (mantida) – Res. 121/2003, DJ 19, 20 e 21-11-2003 O pagamento das férias, integrais ou proporcionais, gozadas ou não, na vigência da CF/1988, sujeita-se ao acréscimo do terço previsto no respectivo art. 7º, XVII."

c) se parte for concedida fora do prazo, esses dias deverão ser remunerados em dobro;

Súmula 81 do TST

"FÉRIAS (mantida) – Res. 121/2003, DJ 19, 20 e 21-11-2003

Os dias de férias gozados após o período legal de concessão deverão ser remunerados em dobro."

1.8.10.9. Férias coletivas

Podem ser concedidas férias coletivas a todos os empregados da empresa, ou a todos os empregados de um dos estabelecimentos, ou ainda aos empregados de um ou mais setores, conforme dispõe o art. 139 da CLT.

"Art. 139 – Poderão ser concedidas férias coletivas a todos os empregados de uma empresa ou de determinados estabelecimentos ou setores da empresa."

O fracionamento é permitido, desde que em dois períodos e se nenhum deles for inferior a 10 dias.

O empregador deverá: a) comunicar o MTE com 15 dias de antecedência; b) enviar cópia do comunicado ao Sindicato de Classe e c) afixar o aviso no local de trabalho.

Na concessão das férias coletivas, aqueles empregados que ainda não completaram o período aquisitivo gozarão de férias proporcionais, iniciando-se então novo período aquisitivo, conforme art. 140 da CLT.

"Art. 140 – Os empregados contratados há menos de 12 (doze) meses gozarão, na oportunidade, férias proporcionais, iniciando-se, então, novo período aquisitivo."

O abono pecuniário somente é cabível se previsto em acordo coletivo (art. 143, § 2º, da CLT).

"Art. 143. ...

§ 2º – Tratando-se de férias coletivas, a conversão a que se refere este artigo deverá ser objeto de acordo coletivo entre o empregador e o sindicato representativo da respectiva categoria profissional, independendo de requerimento individual a concessão do abono."

1.8.10.10. Abono pecuniário

O empregado pode abonar no MÁXIMO 1/3 do período das férias, desde que requeira com antecedência de 15 dias do término do período aquisitivo (art. 143 da CLT).

"Art. 143 – É facultado ao empregado converter 1/3 (um terço) do período de férias a que tiver direito em abono pecuniário, no valor da remuneração que lhe seria devida nos dias correspondentes."

1.8.10.11. Fracionamento das férias

Em regra, pelo Princípio da Continuidade, as férias devem ser gozadas de uma só vez.

A Reforma Trabalhista trouxe sensível alteração à regulamentação das férias ao autorizar, desde que mediante acordo entre empregado e empregador, o fracionamento das férias em até três períodos, sendo que um deles não seja inferior a 14 dias, e os demais não sejam inferiores a 5 dias.

A Reforma ainda prevê a possibilidade do fracionamento das férias dos menores de 18 anos e dos maiores de 50 anos, pois revogou o parágrafo 2º do art. 134 da CLT.

Nesse mesmo passo, a Reforma ainda incluiu o parágrafo 3º ao art. 134 da CLT, que dispõe que as férias não podem começar no período de dois dias que antecedem feriado ou descanso semanal remunerado.

"Art. 134 – As férias serão concedidas por ato do empregador, em um só período, nos 12 (doze) meses subsequentes à data em que o empregado tiver adquirido o direito.

§ 1º Desde que haja concordância do empregado, as férias poderão ser usufruídas em até três períodos, sendo que um deles não poderá ser inferior a quatorze dias corridos e os demais não poderão ser inferiores a cinco dias corridos, cada um.

§ 2º (Revogado)

§ 3º É vedado o início das férias no período de dois dias que antecede feriado ou dia de repouso semanal remunerado. "

1.9. Jornada especial de 12x36

A Reforma Trabalhista inovou ao positivar na CLT, através do art. 59-A, a possibilidade de o empregado trabalhar em jornada especial de trabalho de 12 horas de trabalho por 36 horas de descanso.

Nesse sentido, a Reforma foi além do disposto na Súmula 444 do TST, que até então regulamentava a jornada de 12x36, e autorizou sua validade por meio de acordo individual escrito entre empregado e empregador.

O art. 59-A da CLT ainda autorizou a indenização do intervalo intrajornada.

> "Art. 59-A. Em exceção ao disposto no art. 59 e em leis específicas, é facultado às partes, mediante acordo individual escrito, convenção coletiva ou acordo coletivo de trabalho, estabelecer horário de trabalho de doze horas seguidas por trinta e seis horas ininterruptas de descanso, observados ou indenizados os intervalos para repouso e alimentação."

O parágrafo único do art. 59-A da CLT, também inserido pela reforma, ainda prevê que, no caso do empregado laborar em jornada especial de 12x36, a remuneração mensal já engloba o DSR e o trabalho em feriados. No mesmo sentido, o referido parágrafo também preconiza que o trabalho em feriados e em prorrogação do período noturno já estão compensados no tempo de 36 horas de descanso, de forma que não devem ser pagos pelo empregador.

> "Parágrafo único. A remuneração mensal pactuada pelo horário previsto no *caput* deste artigo abrange os pagamentos devidos pelo descanso semanal remunerado e pelo descanso em feriados, e serão considerados compensados os feriados e as prorrogações de trabalho noturno, quando houver, de que tratam o art. 70 e o § 5º do art. 73 desta Consolidação."

1.10. Prescrição

É a perda da pretensão (exigibilidade) de reparação de determinado direito violado, devido à inércia do titular, em determinado período de tempo fixado em lei.

A Reforma Trabalhista alterou a redação do art. 11 da CLT e trouxe um melhor entendimento do que realmente é a prescrição, deixando claro que o que se perde por ocasião da prescrição é a pretensão do exercício do direito e não o direito em si.

> "Art. 11. A pretensão quanto a créditos resultantes das relações de trabalho prescreve em cinco anos para os trabalhadores urbanos e rurais, até o limite de dois anos após a extinção do contrato de trabalho."

Nesse mesmo sentido, a Reforma revogou os incisos I e II do referido artigo, que faziam distinção entre os prazos prescricionais para o empregado urbano e rural.

A prescrição trabalhista é tanto bienal quanto quinquenal, nos termos do art. 11 da CLT e art. 7º, XXIX, da CF/88.

A prescrição bienal, trata-se do prazo de dois anos, contados do término do contrato de trabalho, para o empregado ajuizar a reclamação trabalhista.

A prescrição quinquenal, é o prazo de cinco anos, contados de forma retroativa, do ajuizamento da ação, para o empregado reclamar seus direitos trabalhistas. Exemplo, imagine um empregado que trabalhou 30 anos numa determinada empresa, sempre realizando horas extras, mas nunca recebeu pelas mesmas. Uma semana após o término do contrato, ajuíza reclamação trabalhista, sendo que somente terá direito de reclamar na referida ação os últimos cinco anos de horas extras, contados de forma retroativa do ajuizamento da ação. Assim, se ajuizou a ação em 11.10.2020, somente terá direito às horas extras realizadas entre a data do ajuizamento da ação até 11.11.2015.

> "Art. 7º ...
>
> XXIX – ação, quanto aos créditos resultantes das relações de trabalho, com prazo prescricional de cinco anos para os trabalhadores urbanos e rurais, até o limite de dois anos após a extinção do contrato de trabalho."

Não obstante, a Constituição também trata do assunto, de modo que é fácil afirmar que a prescrição trabalhista é matéria de índole constitucional, já que o inciso XXIX do art. 7º dispõe que são direitos dos trabalhadores urbanos e rurais, além de outros que visem a melhoria de sua condição social, *"ação, quanto aos créditos resultantes das relações de trabalho, com prazo prescricional de cinco anos para os trabalhadores urbanos e rurais, até o limite de dois anos após a extinção do contrato de trabalho"*.

1.10.1. Contagem do prazo

A contagem do prazo se dá nos termos do art. 132 do CC, c.c. art. 1º da Lei n. 810/49, repete-se o dia e o mês, alterando-se apenas o ano.

> "Art. 132. Salvo disposição legal ou convencional em contrário, computam-se os prazos, excluído o dia do começo, e incluído o do vencimento."

1.10.2. Início e término da contagem do prazo

O prazo prescricional começa a fluir a partir da lesão do direito ou do conhecimento desta, isto é, a partir do nascimento da ação em sentido material.

O prazo prescricional termina no mesmo dia e mês do começo, sendo que, se for não útil, prorroga-se para o dia útil subsequente, conforme art. 132 e seus parágrafos do CC, o que é reconhecido e aplicado pela jurisprudência.

> "Art. 132. ...
>
> § 1º Se o dia do vencimento cair em feriado, considerar-se-á prorrogado o prazo até o seguinte dia útil.
>
> ...
>
> § 3º Os prazos de meses e anos expiram no dia de igual número do de início, ou no imediato, se faltar exata correspondência."

1.10.3. Causas impeditivas da prescrição

Ocorrem algumas situações que impedem que o prazo prescricional comece a fluir, são as chamadas causas impeditivas.

- **Hipótese**

a) empregado menor de 18 anos (art. 440 da CLT).

1.10.4. Causas suspensivas da prescrição

São situações que paralisam o curso do prazo prescricional já iniciado, o qual será retomado, do ponto onde parou com o fim da causa suspensiva.

- **Hipótese**

a) submissão de demanda a Comissão de Conciliação Prévia (art. 625-G da CLT);

Auxílio-doença ou aposentadoria por invalidez NÃO suspende o curso da prescrição, salvo se o trabalhador ficar totalmente incapacitado de recorrer ao judiciário (OJ n. 375, SBDI 1 do TST)

> OJ n. 375. "AUXÍLIO-DOENÇA. APOSENTADORIA POR INVALIDEZ. SUSPENSÃO DO CONTRATO DE TRABALHO. PRESCRIÇÃO. CONTAGEM. (DEJT divulgado em 19, 20 e 22-04-2010)
>
> A suspensão do contrato de trabalho, em virtude da percepção do auxílio-doença ou da aposentadoria por invalidez, não impede a fluência da prescrição quinquenal, ressalvada a hipótese de absoluta impossibilidade de acesso ao Judiciário."

b) petição de homologação de acordo extrajudicial, no que diz respeito aos direitos especificados no acordo, conforme o art. 855-E da CLT, *in verbis*:

> "Art. 855-E. A petição de homologação de acordo extrajudicial suspende o prazo prescricional da ação quanto aos direitos nela especificados.
>
> Parágrafo único. O prazo prescricional voltará a fluir no dia útil seguinte ao do trânsito em julgado da decisão que negar a homologação do acordo."

1.10.5. Causa de interrupção da prescrição

São situações que demonstram uma providência inequívoca do interessado em defender seus direitos, de forma que paralisam o andamento do prazo prescricional.

Cessada a causa de interrupção, o prazo prescricional começa a contar do início, desprezando-se o prazo decorrido até então. Essa é a grande diferença entre ela e a suspensão do prazo prescricional.

ATENÇÃO: A prescrição só pode ser interrompida uma única vez (art. 202 do CC).

Conforme dispõe a Reforma Trabalhista que inseriu o parágrafo 3º ao art. 11 da CLT, a prescrição somente é interrompida pelo ajuizamento da reclamação trabalhista, mesmo que arquivada e perante juiz incompetente. Se arquivada, a interrupção somente se aplica aos pedidos idênticos deduzidos na ação arquivada, o que também está descrito na Súmula 268 do TST.

> "Art. 11 ...
>
> § 3º A interrupção da prescrição somente ocorrerá pelo ajuizamento de reclamação trabalhista, mesmo que em juízo incompetente, ainda que venha a ser extinta sem resolução do mérito, produzindo efeitos apenas em relação aos pedidos idênticos."

No entanto, como ainda não houve cancelamento e nem sabemos se o TST irá cancelar, é de bom tom registrar a previsão da OJ 392 da SDI-1 do TST: "O protesto judicial é medida aplicável no processo do trabalho, por força do art. 769 da CLT e do art. 15 do CPC de 2015. O ajuizamento da ação, por si só, interrompe o prazo prescricional, em razão da inaplicabilidade do § 2º do art. 240 do CPC de 2015 (§ 2º do art. 219 do CPC de 1973), incompatível com o disposto no art. 841 da CLT".

Em nosso entendimento, ainda que com a inserção do § 3º no art. 11 da CLT, não fica prejudicado o uso do protesto, já que a reclamação trabalhista citada deve ser entendida como ação trabalhista, *lato sensu*.

1.10.6. Prescrição total e parcial

Na prescrição total, decorrido o prazo legal, perde-se a possibilidade de pleitear tudo, todas as parcelas são alcançadas pela prescrição. Na prescrição parcial, é fulminada apenas a pretensão de parte dos direitos.

A prescrição bienal é sempre total. A não observância da prescrição quinquenal pode levar à prescrição total (quando o direito lesado não está assegurado por preceito de lei) e também pode dar ensejo ao seu reconhecimento de modo parcial (quando o trabalhador ajuíza uma ação ainda com contrato de trabalho ativo, conseguindo apenas os últimos 5 anos).

Note que a Súmula 308, I, do TST determina que a prescrição quinquenal (contada para contratos extintos) dar-se-á da data do ajuizamento da ação e não da extinção do contrato, pois nesse último caso temos que contar a bienal.

ATENÇÃO: O TST já entendia que, sobre a alteração do pactuado em contrato de trabalho ou regulamento da empresa, no que não estivesse assegurado em preceito de lei, aplicava-se a prescrição quinquenal total, conforme entendimento da Súmula 294. Ocorre que, com a Reforma Trabalhista que inseriu o parágrafo 2º ao art. 11 da CLT, tal entendimento passou a ser positivado em nossa legislação, bem como deixou claro que tal prescrição se aplica não só quanto à alteração, mas também quanto ao descumprimento do contrato ou regulamento.

Assim, caso ocorra o descumprimento ou alteração de um direito pactuado em contrato de trabalho ou regulamento da empresa, não previsto em lei, o empregado deverá ajuizar a ação no prazo de cinco anos da lesão ao direito, sob pena de ser aplicada a prescrição total, conforme teoria do ato único, por exemplo, o empregado recebe vale alimentação previsto apenas no regulamento da empresa, a qual por sua vez resolve no dia 02 de outubro de 2017 cessar o pagamento do referido benefício, de forma que o empregado tem até o dia 02 de outubro de 2022 para ajuizar a reclamação trabalhista pleiteando o vale alimentação devido, independentemente do contrato de trabalho estar ou não em vigor, sob pena de prescrição quinquenal total.

> "Art. 11 ...
>
> § 2º Tratando-se de pretensão que envolva pedido de prestações sucessivas decorrente de alteração ou descumprimento do pactuado, a prescrição é total, exceto quando o direito à parcela esteja também assegurado por preceito de lei."

O prazo prescricional da prescrição total quinquenal é contado da data da lesão em diante, enquanto o prazo prescricional da prescrição parcial (contratos em vigor) ou quinquenal (contratos extintos) é contado de forma retroativa do ajuizamento da reclamação trabalhista.

1.10.7. Prescrição do FGTS

Para os casos cujo termo inicial da prescrição, ou seja, a lesão ao direito, que no caso em tela é a ausência de depósito do FGTS, ocorreu após a data do julgamento proferido pelo STF (13-11-2014), aplica-se, desde logo, o prazo de cinco anos. Para aqueles em que o prazo prescricional já estava em curso antes do julgamento, aplica-se o que ocorrer primeiro: trinta anos, contados do termo inicial, ou cinco anos, a partir do julgamento.

> **Súmula 362 do TST**
>
> "FGTS. PRESCRIÇÃO (nova redação) – Res. 198/2015, republicada em razão de erro material – DEJT divulgado em 12, 15 e 16-06-2015
>
> I – Para os casos em que a ciência da lesão ocorreu a partir de 13 de novembro de 2014, é quinquenal a prescrição do direito de reclamar contra o não recolhimento de contribuição para o FGTS, observado o prazo de dois anos após o término do contrato;
>
> II – Para os casos em que o prazo prescricional já estava em curso em 13 de novembro de 2014, aplica-se o prazo prescricional que se consumar primeiro: trinta anos, contados do termo inicial, ou cinco anos, a partir de 13 de novembro de 2014 (STF-ARE-709212/DF)."

No que toca a aplicação da Súmula 362 do TST, as ações ajuizadas antes da data da decisão proferida pelo STF no ARE 709.212 (13-11-2014) em nada serão atingidas pelos efeitos ***ex nunc*** da referida decisão, aplicando-se a elas a regra antiga da prescrição trintenária. Porém, em razão do acórdão emanado do STF, a Súmula 362 do TST teve que ser alterada (como transcrita acima) e, com isso, a regra de modulação tem sido aplicada da seguinte maneira (exemplificação), para as ações ajuizadas após 13-11-2014, mas cujos contratos, antes da decisão do STF, seriam atingidos pela trintenária: Ajuizamento da ação em 16-05-2018, aplica-se a prescrição quinquenal, cujo prazo vence primeiro (considere data da admissão do autor em: 1º-11-1991 + 30 anos = **1º-11-2021** ou 13-11-2014 + 5 anos = **13-11-2019**). Ou seja, a quinquenal ocorrerá primeiro e, portanto, é ela que será aplicada. Esse raciocínio se aplica para ações ajuizadas após 13-11-2014!

Embora não concordemos, pois este modo de aplicação viola todos os princípios de regência do direito do trabalho (e os princípios têm natureza normogenética, segundo Canotilho), é o que vem sendo aplicado, com raras exceções, pela Justiça do Trabalho.

No nosso modo de ver, o marco deve ser a lesão (não recolhimento) e não o ajuizamento da ação (onde se buscará a pretensão creditícia pelo não recolhimento), já que o contrato de trabalho é de trato sucessivo e, ademais, por deixar o trabalhador à margem de melhor aplicação do art. 7º, *caput*, da CRFB/88, já que não melhora sua condição social. Ou seja, no caso acima exemplificado, como o contrato fora firmado em 1º-11-91 e nunca teve recolhimento para o FGTS, o certo seria aplicar, em nosso entendimento, a prescrição trintenária, observando-se, obviamente, o prazo de 2 anos para deduzir a pretensão em juízo (prescrição bienal).

Com relação às ações declaratórias, que tenham como fim as anotações para fins de Previdência Social, estas são imprescritíveis, nos termos do art. 11, § 1º, da CLT.

> "Art. 11 – O direito de ação quanto a créditos resultantes das relações de trabalho prescreve:
>
> ...
>
> § 1º O disposto neste artigo não se aplica às ações que tenham por objeto anotações para fins de prova junto à Previdência Social."

1.11. SALÁRIO E REMUNERAÇÃO

1.11.1. Salário

É a contraprestação devida ao empregado pela prestação de serviços, em decorrência do contrato de trabalho, pago diretamente pelo empregador de forma habitual, conforme artigo 457 da CLT.

"Art. 457 – Compreendem-se na remuneração do empregado, para todos os efeitos legais, além do salário devido e pago diretamente pelo empregador, como contraprestação do serviço, as gorjetas que receber."

1.11.2. Remuneração

É a soma de todas as parcelas recebidas pelo empregado, pagas diretamente pelo empregador (salário mensal, por hora, por tarefa etc.) e indiretamente (ex.: gorjetas) por terceiros, em virtude do contrato de trabalho.

Assim, remuneração é gênero, do qual salário é uma das espécies (art. 457 da CLT).

1.11.3. Gorjetas

Gorjeta é o valor pago pelo cliente, ou, ainda, cobrado pela empresa em razão da prestação do serviço. A figura da gorjeta é mais comum em restaurante, bares, hotéis e motéis. A gorjeta foi disciplinada pelo § 3º do art. 457 da CLT, que dispõe que:

"Art. 457

...

§ 3º Considera-se gorjeta não só a importância espontaneamente dada pelo cliente ao empregado, como também o valor cobrado pela empresa, como serviço ou adicional, a qualquer título, e destinado à distribuição aos empregados."

As gorjetas não integram a base de cálculo para composição do: a) aviso prévio; b) adicional noturno; c) horas extras e d) DSR, conforme dispõe a Súmula 354 do TST:

Súmula 354 do TST
"GORJETAS. NATUREZA JURÍDICA. REPERCUSSÕES (mantida) - Res. 121/2003, *DJ* 19, 20 e 21-11-2003
As gorjetas, cobradas pelo empregador na nota de serviço ou oferecidas espontaneamente pelos clientes, integram a remuneração do empregado, não servindo de base de cálculo para as parcelas de aviso-prévio, adicional noturno, horas extras e repouso semanal remunerado."

Na hipótese de inexistir norma coletiva prevendo a respeito dos critérios de rateio das gorjetas, este será feito com base em decisão tomada por uma comissão de empregados, constituída para tal finalidade.

"§ 5º. Inexistindo previsão em convenção coletiva ou acordo coletivo de trabalho, os critérios de rateio e distribuição da gorjeta e os percentuais de retenção previstos nos §§ 6º e 7º serão definidos em assembleia geral dos trabalhadores, na forma estabelecida no art. 612."

As empresas que cobrarem a gorjeta na nota de serviço poderão reter do valor arrecadado o valor dos encargos sociais, desde que previsto em norma coletiva até o percentual de 20% quando inscrita no regime de tributação federal diferenciado e até 33% quando não for inscrita.

"§ 6º. As empresas que cobrarem a gorjeta de que trata o § 3º deverão:
I – quando inscritas em regime de tributação federal diferenciado, lançá-la na respectiva nota de consumo, facultada a retenção de até vinte por cento da arrecadação correspondente, mediante previsão em convenção coletiva ou acordo coletivo de trabalho, para custear os encargos sociais, previdenciários e trabalhistas derivados da sua integração à remuneração dos empregados, hipótese em que o valor remanescente deverá ser revertido integralmente em favor do trabalhador;
II – quando não inscritas em regime de tributação federal diferenciado, lançá-la na respectiva nota de consumo, facultada a retenção de até trinta e três por cento da arrecadação correspondente, mediante previsão em convenção coletiva ou acordo coletivo de trabalho, para custear os encargos sociais, previdenciários e trabalhistas derivados da sua integração à remuneração dos empregados, hipótese em que o valor remanescente deverá ser revertido integralmente em favor do trabalhador;"

No caso da gorjeta paga por terceiros, os critérios de retenção serão definidos em norma coletiva, facultando os mesmos critérios do parágrafo 14.

"§ 7º. A gorjeta, quando entregue pelo consumidor diretamente ao empregado, terá seus critérios definidos em convenção coletiva ou acordo coletivo de trabalho, facultada a retenção nos parâmetros estabelecidos no § 14."

Os valores das gorjetas recebidas deverão ser anotadas na CTPS dos empregados.

"§ 8º. As empresas anotarão na CTPS de seus empregados o salário fixo e a média dos valores das gorjetas referente aos últimos doze meses."

As gorjetas cobradas por mais de doze meses incorporam-se ao salário do empregado.

"§ 9º. Cessada pela empresa a cobrança da gorjeta de que trata o § 3º, desde que cobrada por mais de doze meses, essa se incorporará ao salário do empregado, a qual terá como base a média dos últimos doze meses, sem prejuízo do estabelecido em convenção coletiva ou acordo coletivo de trabalho."

As empresas com mais de 60 empregados deverão constituir uma comissão para fiscalizar a arrecadação e distribuição da gorjeta, sendo que seus membros representantes dos empregados terão estabilidade provisória no emprego nos termos da norma coletiva que a regulamentar.

> "§ 10. Para empresas com mais de sessenta empregados, será constituída comissão de empregados, mediante previsão em convenção coletiva ou acordo coletivo de trabalho, para acompanhamento e fiscalização da regularidade da cobrança e distribuição da gorjeta de que trata o § 3º, cujos representantes serão eleitos em assembleia geral convocada para esse fim pelo sindicato laboral e gozarão de garantia de emprego vinculada ao desempenho das funções para que foram eleitos, e, para as demais empresas, será constituída comissão intersindical para o referido fim."

1.11.4. Parcelas salariais

Parcelas salariais são aquelas pagas em razão da contraprestação do trabalho, diretamente pelo empregador, ou seja, são pagas pelo trabalho realizado e de forma habitual, conforme dispõe o art. 457, § 1º, da CLT.

A Reforma Trabalhista alterou a redação do parágrafo 1º, deixando claro que somente têm natureza salarial, além da importância fixa pega pelo empregador, as gratificações legais, como, por exemplo, o adicional de horas extras, insalubridade, periculosidade e as comissões.

> "Art. 457 – Compreendem-se na remuneração do empregado, para todos os efeitos legais, além do salário devido e pago diretamente pelo empregador, como contraprestação do serviço, as gorjetas que receber.
>
> § 1º Integram o salário a importância fixa estipulada, as gratificações legais e as comissões pagas pelo empregador. "

As referidas parcelas não podem ser pagas de forma englobada, sem a devida discriminação, sendo que tal prática denomina-se salário complessivo, previsto na Súmula 91 do TST.

> **Súmula 91 do TST**
>
> SALÁRIO COMPLESSIVO (mantida) – Res. 121/2003, DJ 19, 20 e 21-11-2003
>
> Nula é a cláusula contratual que fixa determinada importância ou percentagem para atender englobadamente vários direitos legais ou contratuais do trabalhador.

1.11.5. Parcelas não salariais

Existem algumas parcelas que não têm caráter salarial, em razão de lei ou pelo seu caráter indenizatório.

A reforma trabalhista também trouxe alterações com relação às parcelas que não possuem natureza salarial, dispondo como novidade os prêmios e abonos, bem como retirou o limite de percentual das diárias de viagem.

a) Ajuda de custo

Ajuda de custo corresponde a um único pagamento, efetuado em situações excepcionais, em geral para fazer frente às despesas de transferência do empregado ocorridas no interesse do empregador, conforme preconiza o art. 457, § 2º, da CLT.

b) Diárias para viagem

Diárias são valores pagos aos empregados a título de ressarcimento de despesas provenientes de viagens e serviços.

A CLT dispõe que as diárias para viagem não integram o salário (art. 457, § 2º).

c) Auxílio-alimentação

O auxílio-alimentação, desde que não concedido em dinheiro, não integra o salário, conforme art. 457, § 2º, da CLT.

d) Prêmios e abonos

São liberalidades concedidas pelo empregador aos empregados, por meio de bens ou dinheiro, para incentivar a produção, conforme art. 457, § 2º, da CLT.

> "Art. 457. ...
>
> § 2º As importâncias, ainda que habituais, pagas a título de ajuda de custo, auxílio-alimentação, vedado seu pagamento em dinheiro, diárias para viagem, prêmios e abonos não integram a remuneração do empregado, não se incorporam ao contrato de trabalho e não constituem base de incidência de qualquer encargo trabalhista e previdenciário."

e) Participação nos lucros e resultados

É parcela espontânea, prevista na Lei n. 10.101/2000, que dispõe sobre a participação dos trabalhadores nos lucros ou resultados da empresa, que não é compulsória, pois depende de negociação entre empregado e empregador, sendo que normalmente é instituída por meio de norma coletiva.

O art. 3º da Lei n. 10.101/2000 dispõe que:

> "Art. 3º A participação de que trata o art. 2º não substitui ou complementa a remuneração devida a qualquer empregado, nem constitui base de incidência de qualquer encargo trabalhista, não se lhe aplicando o princípio da habitualidade."

1.11.6. Meios de pagamento de salário

REGRA:

- pagamento feito em dinheiro.

EXCEÇÕES:

- pagamento em cheque ou depósito bancário;
- salário utilidade/salário *in natura*.

1.11.6.1. Pagamento feito em dinheiro

OBS.: Se fizer o pagamento em moeda estrangeira, é como se o pagamento não tivesse sido feito, de forma que deverá pagar novamente (art. 463 da CLT).

> "Art. 463. A prestação em espécie do salário será paga em moeda corrente do País.
> Parágrafo único. O pagamento do salário realizado com inobservância deste artigo considera-se como não feito."

1.11.6.2. Pagamento em cheque ou depósito bancário

As empresas situadas em perímetro urbano podem fazer pagamento de salários por meio de conta bancária aberta para este fim, ou em cheque emitido diretamente pelo empregador em favor do empregado, salvo se este for analfabeto, sempre com consentimento do empregado.

OBS.: No pagamento em cheque, o empregador é obrigado a liberar o empregado, dentro do expediente bancário, para ir ao banco, sem prejuízo de salário, para descontar o cheque.

1.11.6.3. Salário utilidade/salário *in natura*

É o salário pago por meio de bens econômicos, uma vez que salário é: $ ou $ + utilidade.

O salário utilidade deve ser pago **PELO** trabalho e não **PARA** o trabalho, nos termos do art. 458, *caput*, da CLT.

> "Art. 458 – Além do pagamento em dinheiro, compreende-se no salário, para todos os efeitos legais, a alimentação, habitação, vestuário ou outras prestações *in natura* que a empresa, por força do contrato ou do costume, fornecer habitualmente ao empregado. Em caso algum será permitido o pagamento com bebidas alcoólicas ou drogas nocivas."

Ocorre que em certas situações a utilidade é concedida PELO e PARA o trabalho ao mesmo tempo, sendo que nesse sentido o TST já pacificou seu entendimento de que não integra o salário.

> **Súmula 367 do TST**
> UTILIDADES *IN NATURA*. HABITAÇÃO. ENERGIA ELÉTRICA. VEÍCULO. CIGARRO. NÃO INTEGRAÇÃO AO SALÁRIO.
> I – A habitação, a energia elétrica e veículo fornecidos pelo empregador ao empregado, quando indispensáveis para a realização do trabalho, não têm natureza salarial, ainda que, no caso de veículo, seja ele utilizado pelo empregado também em atividades particulares.
> II – O cigarro não se considera salário utilidade em face de sua nocividade à saúde.

O valor das utilidades não podem ultrapassar 25% do salário contratual para habitação e 20% do salário contratual para alimentação (art. 458, § 3º, da CLT).

> "Art. 458...
> § 3º – A habitação e a alimentação fornecidas como salário-utilidade deverão atender aos fins a que se destinam e não poderão exceder, respectivamente, a 25% (vinte e cinco por cento) e 20% (vinte por cento) do salário-contratual."

O art. 458, § 2º, da CLT, enumera os bens econômicos que não poderão ser considerados como salário:

a) vestuário;
b) educação;
c) transporte;
d) assistência médica e odontológica;
e) seguro de vida e contra acidentes;
f) previdência privada;
g) vale-cultura.

Não se pode pagar a totalidade do salário *in natura*, pelo menos 30% do salário mínimo tem de ser pago em dinheiro (obrigatoriamente) (art. 82 da CLT).

> "Art. 82 – Quando o empregador fornecer, *in natura*, uma ou mais das parcelas do salário mínimo, o salário em dinheiro será determinado pela fórmula Sd = Sm – P, em que Sd representa o salário em dinheiro, Sm o salário mínimo e P a soma dos valores daquelas parcelas na região, zona ou subzona.
> Parágrafo único – O salário mínimo pago em dinheiro não será inferior a 30% (trinta por cento) do salário mínimo fixado para a região, zona ou subzona."

A Reforma Trabalhista inseriu o parágrafo 5º ao art. 458 da CLT, que explicitou que os valores gastos com medicamentos, óculos, aparelhos ortopédicos, próteses, órteses, despesas médico-hospitalares e outras similares, que o empregador reembolsa ao empregado, são sem natureza salarial.

> "Art. 458. ...
> § 5º O valor relativo à assistência prestada por serviço médico ou odontológico, próprio ou não, inclusive o reembolso de despesas com medicamentos, óculos, aparelhos ortopédicos, próteses, órteses, despesas médico-hospitalares e outras similares, mesmo quando concedido em diferentes modalidades de planos e coberturas, não integram o salário do empregado para qualquer efeito nem o salário de contribuição, para efeitos do previsto na alínea q do § 9º do art. 28 da Lei n. 8.212, de 24 de julho de 1991."

1.11.7. Regras de proteção ao salário

a) Irredutibilidade salarial – Art. 7º, VI, da CF – Salário não pode ser reduzido, salvo por acordo ou convenção coletiva ou salário condição (adicionais), ou seja, é imperiosa a participação da entidade sindical.

b) Impenhorabilidade salarial – Art. 833, IV, do CPC – O referido artigo trata de tudo o que é impenhorável. Salário é absolutamente impenhorável, salvo, para obrigações alimentícias.

c) Intangibilidade salarial – Art. 462, CLT – Intangibilidade é o princípio que veda os descontos no salário do empregado.

EXCEÇÃO:

> "Art. 462. Ao empregador é vetado efetuar qualquer desconto nos salários do empregado, salvo quando este resultar de adiantamentos, de dispositivos de Lei ou de contrato coletivo.
>
> § 1º Em caso de dano causado pelo empregado, o desconto será lícito, desde que esta possibilidade tenha sido acordada ou na ocorrência de dolo do empregado."

Se o empregado gerou dano ao empregador e este decorreu de ato doloso, poderá descontar, mesmo sem previsão contratual. Mas se esse dano decorreu de ato culposo, só poderá descontar se tiver previsão contratual.

Também é proibido o desconto em razão do *truck system*, nos termos do § 2º do art. 462 da CLT.

> "§ 2º – É vedado à empresa que mantiver armazém para venda de mercadorias aos empregados ou serviços estimados a proporcionar-lhes prestações *in natura* exercer qualquer coação ou induzimento no sentido de que os empregados se utilizem do armazém ou dos serviços."

A proteção ao salário também não permite que os descontos previstos em norma coletiva ultrapassem a 70% do salário base, em razão do princípio da dignidade humana, garantindo-se, portanto, um mínimo em dinheiro.

> OJ – SDC – n. 18. DESCONTOS AUTORIZADOS NO SALÁRIO PELO TRABALHADOR. LIMITAÇÃO MÁXIMA DE 70% DO SALÁRIO BASE. (inserida em 25-05-1998)Os descontos efetuados com base em cláusula de acordo firmado entre as partes não podem ser superiores a 70% do salário base percebido pelo empregado, pois deve-se assegurar um mínimo de salário em espécie ao trabalhador.

1.11.8. Equiparação salarial

O princípio da isonomia salarial é constitucional e com base nesse princípio o art. 461 da CLT regula quem deve se igualar a termos de salário. Em outras palavras, se dois ou mais empregados exercem a mesma função, para o mesmo empregador, em regra devem receber o mesmo salário.

O paradigma, ou seja, aquele empregado espelho é condição indispensável na equiparação salarial. Ainda nesse sentido, vale destacar que o paradigma não pode se tratar de empregado readaptado, uma vez que seu salário quando da readaptação de função não pode ser reduzido, o que não demonstra na realidade a margem salarial de uma determinada função na empresa.

A Reforma Trabalhista alterou praticamente todo o artigo 461 da CLT, que trata dos requisitos para configuração do direito à equiparação salarial.

Os atuais requisitos sãos os seguintes:

a) continua sendo necessária a figura do paradigma;

b) o empregado e o seu paradigma devem desenvolver a mesma função;

c) o empregado e seu paradigma devem trabalhar para o mesmo empregador, de forma que restou vedada a equiparação entre empregados de empregadores distintos, mesmo que as empresas façam parte do mesmo grupo econômico e, ademais, deve ser no mesmo estabelecimento empresarial;

d) o trabalho desenvolvido entre o empregado e o paradigma devem ter o mesmo valor, sendo características do mesmo valor a mesma produtividade, a mesma perfeição técnica;

e) para configurar o trabalho de igual valor ainda é necessário que entre o empregado e seu paradigma não exista um tempo superior a dois anos na função e quatro trabalhando para o mesmo empregador;

f) é obrigatório que o empregado e seu paradigma tenham trabalhado de forma simultânea.

Outra sensível alteração foi a de que não será mais necessário que o quadro de carreira ou plano de cargos e salários seja homologado junto ao Ministério do Trabalho e Emprego para afastar a equiparação, bastando ser disciplinado por meio de regulamento da empresa ou norma coletiva.

> "Art. 461. Sendo idêntica a função, a todo trabalho de igual valor, prestado ao mesmo empregador, no mesmo estabelecimento empresarial, corresponderá igual salário, sem distinção de sexo, etnia, nacionalidade ou idade.
>
> § 1º Trabalho de igual valor, para os fins deste Capítulo, será o que for feito com igual produtividade e com a mesma perfeição técnica, entre pessoas cuja diferença de tempo de serviço para o mesmo empregador não seja superior a quatro anos e a diferença de tempo na função não seja superior a dois anos.
>
> § 2º Os dispositivos deste artigo não prevalecerão quando o empregador tiver pessoal organizado em quadro de carreira ou adotar, por meio de norma interna da empresa ou de negociação coletiva, plano de cargos e salários, dispensada qualquer forma de homologação ou registro em órgão público.
>
> § 3º No caso do § 2º deste artigo, as promoções poderão ser feitas por merecimento e por antiguidade, ou por apenas um destes critérios, dentro de cada categoria profissional.
>
> § 4º O trabalhador readaptado em nova função por motivo de deficiência física ou mental atestada pelo órgão competente da Previdência Social não servirá de paradigma para fins de equiparação salarial.

> § 5º A equiparação salarial só será possível entre empregados contemporâneos no cargo ou na função, ficando vedada a indicação de paradigmas remotos, ainda que o paradigma contemporâneo tenha obtido a vantagem em ação judicial própria.
>
> § 6º No caso de comprovada discriminação por motivo de sexo ou etnia, o juízo determinará, além do pagamento das diferenças salariais devidas, multa, em favor do empregado discriminado, no valor de 50% (cinquenta por cento) do limite máximo dos benefícios do Regime Geral de Previdência Social."

1.11.9. Salário substituição

Ocorre quando um empregado substitui o outro, de forma não eventual, tendo, nesse caso, direito ao salário do empregado substituído, durante o período de substituição.

Na hipótese do cargo vago, o empregado que vier a preencher o cargo não faz jus ao salário do seu ocupante anterior. Por exemplo. Imagine que João, que tinha salário de R$ 10.000,00, falece, e a empresa precisa contratar outra pessoa para ocupar seu cargo. A empresa resolve contratar Vitor, e pagará ao mesmo um salário de R$ 5.000,00. Pergunta. Se Vitor posteriormente ajuizar reclamação trabalhista pleiteando equiparação de salário com José, terá direito a diferença salarial? A resposta é não, uma vez que Vitor é ocupante de cargo vago.

> **Súmula 159 do TST – SUBSTITUIÇÃO DE CARÁTER NÃO EVENTUAL E VACÂNCIA DO CARGO**
>
> I – Enquanto perdurar a substituição que não tenha caráter meramente eventual, inclusive nas férias, o empregado substituto fará jus ao salário contratual do substituído.
>
> II – Vago o cargo em definitivo, o empregado que passa a ocupá-lo não tem direito a salário igual ao do antecessor.

1.11.10. Atividades insalubres

O conceito de atividade insalubre é dado pelo art. 189 da CLT. Atividade insalubre é aquela que expõe o empregado a contato com agentes nocivos a sua saúde, como, por exemplo, agentes químicos, físicos ou biológicos. Para ilustrar, podemos citar como exemplo de agente químico o uso de fertilizante, de agente físico, a exposição a calor excessivo, e, como agente biológico, o contato com pacientes de um hospital.

> "Art. 189 – Serão consideradas atividades ou operações insalubres aquelas que, por sua natureza, condições ou métodos de trabalho, exponham os empregados a agentes nocivos à saúde, acima dos limites de tolerância fixados em razão da natureza e da intensidade do agente e do tempo de exposição aos seus efeitos."

1.11.10.1. Perícia

A caracterização ou não da insalubridade no caso concreto depende de laudo técnico emitido por um médico ou engenheiro do trabalho, nos termos do art. 195, § 2º, da CLT.

> "Art. 195 – A caracterização e a classificação da insalubridade e da periculosidade, segundo as normas do Ministério do Trabalho, far-se-ão através de perícia a cargo de Médico do Trabalho ou Engenheiro do Trabalho, registrados no Ministério do Trabalho.
>
> ...
>
> § 2º – Arguida em juízo insalubridade ou periculosidade, seja por empregado, seja por Sindicato em favor de grupo de associado, o juiz designará perito habilitado na forma deste artigo, e, onde não houver, requisitará perícia ao órgão competente do Ministério do Trabalho."

Entretanto, o TST mitigou tal regra ao admitir, no caso de extinção da empresa, outros meios de prova, consoante dispõe a OJ n. 278 da SDI 1. Por exemplo, o empregado trabalhou para uma empresa fazendo uso diário de um maquinário que o colocava em contato com barulho excessivo (risco físico). Após o término do contrato, a empresa encerrou suas atividades, e o empregado ajuizou reclamação trabalhista pleiteando o reconhecimento da atividade insalubre, e por consequência a condenação da empresa ao pagamento do adicional de insalubridade. O juiz determinou a realização da perícia, entretanto, em razão do fechamento da empresa não possível sua realização. Assim, no caso concreto, é possível a utilização de outras provas, como, por exemplo, oral ou documental, para comprovar a condição insalubre.

> OJ n. 278. ADICIONAL DE INSALUBRIDADE. PERÍCIA. LOCAL DE TRABALHO DESATIVADO (DJ 11-08-2003)
>
> A realização de perícia é obrigatória para a verificação de insalubridade. Quando não for possível sua realização, como em caso de fechamento da empresa, poderá o julgador utilizar-se de outros meios de prova.

1.11.10.2. Graduação do adicional

Nos termos do art. 192 da CLT, o adicional é devido conforme o grau da insalubridade, mínimo (10%), médio (20%) e máximo (40%). O que irá definir o grau da insalubridade é perícia realizada antes ou durante o processo.

> "Art. 192 – O exercício de trabalho em condições insalubres, acima dos limites de tolerância estabelecidos pelo Ministério do Trabalho, assegura a percepção de adicional respectivamente de 40% (quarenta por cento), 20% (vinte por cento) e 10% (dez por

cento) do salário-mínimo da região, segundo se classifiquem nos graus máximo, médio e mínimo."

1.11.10.3. Base de cálculo

Atualmente, a base de cálculo do percentual do adicional ainda gera controvérsia, uma vez que a Súmula Vinculante 4 do STF proibiu a utilização do salário mínimo como indexador de base de cálculo.

O TST, por sua vez, adota atualmente a seguinte linha de raciocínio, enquanto não tiver lei, bem como não tenha sido celebrada norma coletiva fixando base de cálculo distinta, aplica-se o salário mínimo.

1.11.10.4. Parcela condicional

Por se tratar de uma parcela condicional, ou seja, que é paga em razão de uma condição especial do contrato de trabalho, assim que constatado que a condição não mais existe, como regra de consequência, seu pagamento deve ser cessado, sem prejuízo ao princípio da irredutibilidade salarial, conforme inteligência do art. 194 da CLT e das Súmulas 80 e 248 do TST.

> "Art. 194 – O direito do empregado ao adicional de insalubridade ou de periculosidade cessará com a eliminação do risco à sua saúde ou integridade física, nos termos desta Seção e das normas expedidas pelo Ministério do Trabalho."
>
> **Súmula 80 do TST**
> INSALUBRIDADE (mantida) – Res. 121/2003, DJ 19, 20 e 21-11-2003
> A eliminação da insalubridade mediante fornecimento de aparelhos protetores aprovados pelo órgão competente do Poder Executivo exclui a percepção do respectivo adicional.
>
> **Súmula 248 do TST**
> ADICIONAL DE INSALUBRIDADE. DIREITO ADQUIRIDO (mantida) – Res. 121/2003, DJ 19, 20 e 21-11-2003
> A reclassificação ou a descaracterização da insalubridade, por ato da autoridade competente, repercute na satisfação do respectivo adicional, sem ofensa a direito adquirido ou ao princípio da irredutibilidade salarial.

1.11.11. Atividades perigosas

A definição de atividade perigosa é dada pela CLT, nos termos do art. 193. Trata daquela atividade que coloca o empregado em risco de morte.

> "Art. 193. São consideradas atividades ou operações perigosas, na forma da regulamentação aprovada pelo Ministério do Trabalho e Emprego, aquelas que, por sua natureza ou métodos de trabalho, impliquem risco acentuado em virtude de exposição permanente do trabalhador a:
>
> I – inflamáveis, explosivos ou energia elétrica;
>
> II – roubos ou outras espécies de violência física nas atividades profissionais de segurança pessoal ou patrimonial.
>
> ...
>
> § 4º São também consideradas perigosas as atividades de trabalhador em motocicleta."

Da mesma forma que ocorre com as atividades insalubres, as perigosas também dependem de perícia, com algumas ressalvas, como é o caso previsto na Súmula 453 do TST:

> ADICIONAL DE PERICULOSIDADE. PAGAMENTO ESPONTÂNEO. CARACTERIZAÇÃO DE FATO INCONTROVERSO. DESNECESSÁRIA A PERÍCIA DE QUE TRATA O ART. 195 DA CLT. (conversão da Orientação Jurisprudencial n. 406 da SBDI-1) – Res. 194/2014, DEJT divulgado em 21, 22 e 23-05-2014

O pagamento de adicional de periculosidade efetuado por mera liberalidade da empresa, ainda que de forma proporcional ao tempo de exposição ao risco ou em percentual inferior ao máximo legalmente previsto, dispensa a realização da prova técnica exigida pelo art. 195 da CLT, pois torna incontroversa a existência do trabalho em condições perigosas.

1.11.11.1. Adicional e base de cálculo

A prestação de serviços em atividades perigosas dá ao empregado o direito ao recebimento do adicional de periculosidade, no percentual de 30% sobre seu salário sem os acréscimos resultantes de gratificações, prêmios ou participação nos lucros, conforme preconiza o art. 193, § 1º, da CLT:

> "Art. 193...
> § 1º – O trabalho em condições de periculosidade assegura ao empregado um adicional de 30% (trinta por cento) sobre o salário sem os acréscimos resultantes de gratificações, prêmios ou participações nos lucros da empresa."

1.11.11.2. Exposição intermitente e eventual

A jurisprudência do TST pacificou a questão na Súmula 364, de forma que apenas aquele empregado exposto de forma eventual, ou habitual em tempo muito reduzido, não faz jus ao recebimento do adicional.

> **Súmula 364 do TST**
> ADICIONAL DE PERICULOSIDADE. EXPOSIÇÃO EVENTUAL, PERMANENTE E INTERMITENTE (inserido o item II) – Res. 209/2016, DEJT divulgado em 01, 02 e 03-06-2016
> I – Tem direito ao adicional de periculosidade o empregado exposto permanentemente ou que, de forma intermitente, sujeita-se a condições de risco. Indevido, apenas, quando o contato dá-se de forma eventual, assim considerado o fortuito, ou o que, sendo habitual, dá-se por tempo extremamente re-

duzido. (ex-Ojs da SBDI-1 n. 05 – inserida em 14-03-1994 – e 280 – DJ 11-08-2003)

II – Não é válida a cláusula de acordo ou convenção coletiva de trabalho fixando o adicional de periculosidade em percentual inferior ao estabelecido em lei e proporcional ao tempo de exposição ao risco, pois tal parcela constitui medida de higiene, saúde e segurança do trabalho, garantida por norma de ordem pública (arts. 7º, XXII e XXIII, da CF e 193, § 1º, da CLT).

O art. 193, § 2º, da CLT, não permite a acumulação dos adicionais, sendo que, na hipótese da presença dos dois na relação de trabalho, o empregado terá de optar por um deles.

"Art. 193. São consideradas atividades ou operações perigosas, na forma da regulamentação aprovada pelo Ministério do Trabalho e Emprego, aquelas que, por sua natureza ou métodos de trabalho, impliquem risco acentuado em virtude de exposição permanente do trabalhador a:

...

§ 2º – O empregado poderá optar pelo adicional de insalubridade que porventura lhe seja devido."

1.11.12. Comissões

As comissões constituem parte variável do salário, sendo que seu pagamento, em regra, é realizado através de percentual sobre o valor do resultado do trabalho realizado. Por exemplo, um vendedor que recebe 2% (dois por cento) sobre o valor das vendas que realizou no mês. O empregado remunerado através das comissões pode ser contratado sob duas modalidades, o comissionista puro, que recebe apenas a comissão, e o comissionista misto, que recebe salário fixo e a comissão. Ao comissionista puro, ou seja, aquele que recebe o salário exclusivamente por comissão, será garantido o recebimento mensal de pelo menos o valor do salário mínimo, de forma que, se em determinado mês, o valor das comissões não alcançar o valor do salário mínimo, o empregador fica obrigado a complementar o valor para garantir o recebimento do salário mínimo.

O art. 466 da CLT dispõe que o valor referente àcomissão somente será devido depois de ultimar a transação a qual se refere. Ainda nesse sentido, nas transações por prestações sucessivas, o pagamento das comissões ocorrerá proporcionalmente ao recebimento do valor da venda. Exemplificando, imagine que o empregado comissionista efetuou uma venda para ser paga em três parcelas mensais, de maneira que nesse caso, o empregador deverá pagar a comissão referente a tal venda de forma proporcional ao valor de cada parcela, sempre após a sua liquidação.

Nesse sentido, ainda em relação a inteligência do art. 466 da CLT, a extinção do contrato de trabalho não prejudica o direito ao recebimento das comissões sobre as transações por prestassões sucessivas. Exemplo: o empregado comissionista realizou uma venda parcelada em 4 vezes. No segundo mês posteior a venda teve seu contrato de trabalho rescindido. Mesmo após a rescisão o empregador deverá pagar ao ex-empregado o valor das comissões em relação às parcelas de n. 3 e 4, sempre após sua liquidação.

"Art. 466 – O pagamento de comissões e percentagens só é exigível depois de ultimada a transação a que se referem.

§ 1º – Nas transações realizadas por prestações sucessivas, é exigível o pagamento das percentagens e comissões que lhes disserem respeito proporcionalmente à respectiva liquidação.

§ 2º – A cessação das relações de trabalho não prejudica a percepção das comissões e percentagens devidas na forma estabelecida por este artigo."

Em regra, o empregador somente poderá deixar de pagar as comissões ao empregado no caso de insolvência do comprador ou de recusa manifesta da proposta de venda apresentada pelo empregado, de forma que nos demais casos, aceita a porposta pela empregador, o empregado terá direito às comissões, ainda que o comprador venha posteriormente a desistir do negócio ou deixar de efetuar o pagamento.

A cláusula *"del credere"*, no entendimento majoritário da doutrina, não se aplica aos contratos de trabalho. Destarte, o empregado não pode ser responsabilizado solidariamente ao comprador para ressarcimento do empregador no caso de inadimplência. O mencionado entendimento tem por base o fato de que os riscos da atividade devem ser suportados pelo empregador (art. 2º da CLT).

1.12. Aviso prévio

É a comunicação da rescisão do contrato de trabalho por uma das partes, empregador ou empregado, que decide extingui-lo, com a antecedência que estiver obrigada por força de lei (art. 487 da CLT).

"Art. 487. Não havendo prazo estipulado, a parte que, sem justo motivo, quiser rescindir o contrato deverá avisar a outra da sua resolução com a antecedência mínima de:

I – oito dias, se o pagamento for efetuado por semana ou tempo inferior;

II – 30 (trinta) dias aos que perceberem por quinzena ou mês, ou que tenham mais de 12 (doze) meses de serviço na empresa."

Um dos quesitos preponderantes no aviso prévio é a SURPRESA CONTRATUAL; por isso, nos contratos de prazo DETERMINADO NÃO HÁ AVISO PRÉVIO, salvo se constar expressamente no contrato, através da Cláusula Assecuratória de Direito Recíproco de Rescisão.

É praticamente pacífico o entendimento de que o inciso I acima citado não fora recepcionado pela Constituição, já que o art. 7º, XXI, determina "aviso prévio proporcional ao tempo de serviço, sendo no mínimo de trinta dias, nos termos da lei".

Aviso prévio não cabe nas rescisões por justa causa.

1.12.1. Lei n. 12.506/2011

Esta lei dá 3 dias a mais de aviso prévio ao empregado por cada ano completo de serviço trabalhado por ele.

- Se o empregado trabalhar até 11 meses e 29 dias – terá direito ao mínimo – 30 dias;
- Se trabalhou UM ANO – terá direito a 33 dias;
- Se trabalhou 1 ano, 11 meses e 29 dias – terá direito a 33 dias;
- Se trabalhou 2 anos – 36 dias;
- Se trabalhou 3 anos – 39 dias;
- Até o limite máximo de 90 dias – tendo trabalhado 20 anos na empresa.

Os empregados que foram demitidos antes da publicação da lei NÃO têm direito ao referido acréscimo.

> **Súmula 441 do TST**
> AVISO PRÉVIO. PROPORCIONALIDADE
> O direito ao aviso prévio proporcional ao tempo de serviço somente é assegurado nas rescisões de contrato de trabalho ocorridas a partir da publicação da Lei n. 12.506, em 13 de outubro de 2011.

1.12.2. Aviso prévio concedido pelo empregador

Como dito anteriormente, o aviso prévio é um direito que se aplica tanto ao empregado quanto ao empregador. O empregador deverá conceder o aviso prévio quando colocar fim à relação de emprego. Nessa hipótese, o empregador poderá escolher a forma de cumprimento do aviso, se trabalhada ou indenizada.

a) AVISO PRÉVIO TRABALHADO: ocorre quando o empregado trabalha no curso do aviso prévio. O art. 488 da CLT possibilita ao empregado optar por trabalhar duas horas a menos por dia ou trabalhar sem redução da jornada e faltar 7 dias corridos.

> "Art. 488. O horário normal de trabalho do empregado, durante o prazo do aviso, e se a rescisão tiver sido promovida pelo empregador, será reduzido de duas horas diárias, sem prejuízo do salário integral.
> Parágrafo único. É facultado ao empregado trabalhar sem redução das 2 (duas) horas diárias previstas neste artigo, caso em que poderá faltar ao serviço sem prejuízo do salário integral, por (um) dia, na hipótese do inciso I, e por 7 (sete) dias corridos, na hipótese do inciso II do art. 487 desta Consolidação."

É vedado substituir a jornada reduzida do aviso prévio por horas extras. Se isso ocorrer, caracteriza a nulidade do aviso, gerando um novo aviso a ser indenizado pelo empregador.

> **Súmula 230 do TST**
> AVISO PRÉVIO. SUBSTITUIÇÃO PELO PAGAMENTO DAS HORAS REDUZIDAS DA JORNADA DE TRABALHO
> É ilegal substituir o período que se reduz da jornada de trabalho, no aviso prévio, pelo pagamento das horas correspondentes.

Pode o empregado renunciar ao restante do aviso prévio, desde que comprovada a obtenção de um novo emprego.

> **Súmula 276 do TST**
> AVISO PRÉVIO. RENÚNCIA PELO EMPREGADO
> O direito ao aviso prévio é irrenunciável pelo empregado. O pedido de dispensa de cumprimento não exime o empregador de pagar o respectivo valor, salvo comprovação de haver o prestador dos serviços obtido novo emprego.

b) AVISO PRÉVIO INDENIZADO: Ocorre quando o desligamento do empregado é IMEDIATO, de forma que o empregado NÃO trabalha durante o curso do aviso, mas recebe o valor referente ao tempo que teria de cumpri-lo.

1.12.3. Aviso prévio concedido pelo empregado

O aviso prévio é concedido pelo empregado quando este comunica o fim do contrato de trabalho, em outras palavras, pede a demissão.

O aviso prévio concedido pelo empregado também poderá ser indenizado ou trabalhado.

Se o aviso prévio for concedido pelo empregado, este **NÃO TERÁ A REDUÇÃO DA JORNADA DE TRABALHO**, pois a intenção do aviso prévio é de que o empregado encontre novo emprego, de forma que, se este pede a dispensa, presume-se já tê-lo adquirido.

O pagamento indenizado pelo empregado é feito por meio de um DESCONTO NAS VERBAS RESCISÓRIAS deste.

O § 5º do art. 477 da CLT estabelece que:

> "Art. 477. Na extinção do contrato de trabalho, o empregador deverá proceder à anotação na Carteira de Trabalho e Previdência Social, comunicar a dispensa aos órgãos competentes e realizar o pagamento das verbas rescisórias no prazo e na forma estabelecidos neste artigo.
> ...
> § 5º Qualquer compensação no pagamento de que trata o parágrafo anterior não poderá exceder o equivalente a um mês de remuneração do empregado."

O aviso prévio proporcional só vale se for a favor do empregado.

O aviso prévio sempre conta como tempo de serviço, sendo que a baixa da carteira de trabalho contará do último dia do aviso prévio.

A base de cálculo do aviso prévio é o salário.

1.12.4. Reconsideração do aviso prévio

O aviso prévio nada mais é do que a notificação de uma parte a outra do contrato de trabalho, informando sobre sua intenção de colocar fim ao contrato. O exercício do aviso prévio é ato unilateral, pois que decorre da vontade de "uma" das partes contratantes. É possível reconsiderar o aviso prévio concedido, desde que preenchidos dois requisitos, quais sejam: a) que a reconsideração ocorra ainda no prazo do aviso prévio, trabalhado ou indenizado; e b) que a outra parte concorde com a reconsideração, conforme dispõe o art. 489 da CLT.

> Art. 489 - Dado o aviso prévio, a rescisão torna-se efetiva depois de expirado o respectivo prazo, mas, se a parte notificante reconsiderar o ato, antes de seu termo, à outra parte é facultado aceitar ou não a reconsideração.
>
> Parágrafo único - Caso seja aceita a reconsideração ou continuando a prestação depois de expirado o prazo, o contrato continuará a vigorar, como se o aviso prévio não tivesse sido dado.

1.12.5. Aviso prévio x garantias de emprego

Em princípio, há incompatibilidade entre o aviso prévio e as garantias de emprego, como se depreende da Súmula 348 do TST, que averba: "É inválida a concessão do aviso prévio na fluência da garantia de emprego, ante a incompatibilidade dos dois institutos".

Entretanto, o TST tem admitido a garantia de emprego para gestante que engravida no curso do aviso prévio, mesmo indenizado, e para o empregado que sofre acidente de trabalho durante o prazo do aviso prévio.

1.13. Estabilidade

É a garantia de permanecer no emprego, mesmo contra a vontade do empregador.

Não é permitida a concessão do aviso prévio na fluência do prazo de garantia no emprego. Ex.: Imagine que a estabilidade do empregado termina dia 21/05. No dia 30/04 o empregador pode mandar o empregado embora com aviso prévio indenizado? NÃO PODE, pois não é possível conceder o aviso prévio em conjunto com o prazo da estabilidade, não se misturam os institutos, pois estes são incompatíveis – SÚMULA 348, TST.

> "AVISO PRÉVIO. CONCESSÃO NA FLUÊNCIA DA GARANTIA DE EMPREGO. INVALIDADE
>
> É inválida a concessão do aviso prévio na fluência da garantia de emprego, ante a incompatibilidade dos dois institutos."

1.13.1. Tipos de estabilidade

A primeira modalidade de estabilidade que iremos estudar é a concedida ao dirigente sindical. A primeira dúvida que paira sobre o assunto é a de quem tem direito à referida estabilidade, e a resposta é: apenas aqueles eleitos ao cargo de administração do sindicato, limitado ao número de sete membros, em ordem de hierarquia.

a) DIRIGENTE SINDICAL – art. 543, § 3º, CLT

> "Art. 543. O empregado eleito para cargo de administração sindical ou representação profissional, inclusive junto a órgão de deliberação coletiva, não poderá ser impedido do exercício de suas funções, nem transferido para lugar impossível ao desempenho das suas atribuições sindicais.
>
> ...
>
> § 3º Fica vedada a dispensa do empregado sindicalizado ou associado, a partir do momento do registro de sua candidatura a cargo de direção ou representação de entidade sindical ou de associação profissional, até 1 (um) ano após o final do seu mandato, caso seja eleito, inclusive como suplente, salvo se cometer falta grave devidamente apurada nos termos desta Consolidação."

a.1) PRAZO

O prazo da estabilidade inicia-se com o registro da candidatura até a eleição, e se eleito até um ano após o final do mandato; **titulares** e **suplentes.**

Dirigentes Titulares (7) e suplentes (7) têm direito a estabilidade.

Após o registro da candidatura, o sindicato tem o prazo de 24 horas para comunicar o empregador do empregado, sendo que, ainda que a comunicação do sindicato não ocorra em 24 horas, o empregado terá direito à estabilidade, desde que o sindicato comunique ao empregador no decorrer do contrato de trabalho.

O registro da candidatura durante o prazo do aviso prévio, mesmo que indenizado, não garante ao empregado a estabilidade.

> **Súmula 369 do TST**
>
> "DIRIGENTE SINDICAL. ESTABILIDADE PROVISÓRIA
>
> I – É assegurada a estabilidade provisória ao empregado dirigente sindical, ainda que a comunicação do registro da candidatura ou da eleição e da posse seja realizada fora do prazo previsto no art. 543, § 5º, da CLT, desde que a ciência ao empregador, por qualquer meio, ocorra na vigência do contrato de trabalho.
>
> II – O art. 522 da CLT foi recepcionado pela Constituição Federal de 1988. Fica limitada, assim, a estabilidade a que alude o art. 543, § 3.º, da CLT a sete dirigentes sindicais e igual número de suplentes.
>
> III – O empregado de categoria diferenciada eleito dirigente sindical só goza de estabilidade se exercer na empresa atividade pertinente à categoria profissional do sindicato para o qual foi eleito dirigente.
>
> IV – Havendo extinção da atividade empresarial no âmbito da base territorial do sindicato, não há razão para subsistir a estabilidade.

V – O registro da candidatura do empregado a cargo de dirigente sindical durante o período de aviso prévio, ainda que indenizado, não lhe assegura a estabilidade, visto que inaplicável a regra do § 3º do art. 543 da Consolidação das Leis do Trabalho."

b) MEMBRO DA CIPA – COMISSÃO INTERNA DE PREVENÇÃO DE ACIDENTES – ART. 10, II, a, ADCT – ART. 165 DA CLT

A Comissão Interna de Prevenção de Acidentes, também chamada de C.I.P.A, é constituída no âmbito da própria empresa, composta por seus próprios empregados, e tem por finalidade atuar na prevenção de acidentes. Tal finalidade acaba por causar uma situação onerosa para o empregador, que precisa, em regra, atender as sugestões da CIPA, de forma que para o empregado, membro da CIPA, atuar com total autonomia, o legislador criou a estabilidade para o empregado eleito membro da CIPA.

> "Art. 10. Até que seja promulgada a lei complementar a que se refere o art. 7º, I, da Constituição:
>
> ...
>
> II – fica vedada a dispensa arbitrária ou sem justa causa:
>
> a) do empregado eleito para cargo de direção de comissões internas de prevenção de acidentes, desde o registro de sua candidatura até um ano após o final de seu mandato; ..."

> "Art. 165 – Os titulares da representação dos empregados nas CIPA (s) não poderão sofrer despedida arbitrária, entendendo-se como tal a que não se fundar em motivo disciplinar, técnico, econômico ou financeiro.
>
> Parágrafo único – Ocorrendo a despedida, caberá ao empregador, em caso de reclamação à Justiça do Trabalho, comprovar a existência de qualquer dos motivos mencionados neste artigo, sob pena de ser condenado a reintegrar o empregado."

b.1) PRAZO

O prazo de estabilidade do membro da CIPA é idêntico ao do Dirigente Sindical.

Quando a CIPA é constituída, sua composição dentro da empresa tem de ser paritária, obrigatoriamente tem de ter representantes dos empregados e representantes dos empregadores.

O representante do empregador sempre será o PRESIDENTE DA CIPA.

A estabilidade somente é garantida para os empregados representantes dos empregados, titulares e suplentes.

c) ACIDENTE DE TRABALHO – Art. 118 da Lei n. 8.213/91

Acidente de trabalho é o que ocorre com o empregado pelo exercício do trabalho a serviço da empresa, provocando lesão corporal ou perturbação funcional que cause a morte, a perda ou a redução, temporária ou permanente, da capacidade para o trabalho.

> "Art. 118. O segurado que sofreu acidente do trabalho tem garantida, pelo prazo mínimo de doze meses, a manutenção do seu contrato de trabalho na empresa, após a cessação do auxílio-doença acidentário, independentemente de percepção de auxílio-acidente."

Para ter direito à estabilidade é preciso preencher dois requisitos: primeiro, sofrer o acidente ou ter adquirido a doença ocupacional; segundo, passar a perceber o auxílio doença-acidentário.

Equipara-se ao acidente de trabalho a doença ocupacional ou profissional, que é aquela adquirida em razão da atividade exercida.

Por exceção, a estabilidade acidentária se aplica durante o contrato por prazo determinado, nos termos da Súmula 378 do TST.

> **Súmula 378 do TST**
>
> "ESTABILIDADE PROVISÓRIA. ACIDENTE DO TRABALHO. ART. 118 DA LEI N. 8.213/91. (inserido item III) – Res. 185/2012, DEJT divulgado em 25, 26 e 27-09-2012
>
> I – É constitucional o artigo 118 da Lei n. 8.213/91 que assegura o direito à estabilidade provisória por período de 12 meses após a cessação do auxílio-doença ao empregado acidentado. (ex-OJ n. 105 da SBDI-1 – inserida em 01-10-1997)
>
> II – São pressupostos para a concessão da estabilidade o afastamento superior a 15 dias e a consequente percepção do auxílio doença acidentário, salvo se constatada, após a despedida, doença profissional que guarde relação de causalidade com a execução do contrato de emprego. (primeira parte – ex-OJ n. 230 da SBDI-1 – inserida em 20-06-2001)
>
> III – O empregado submetido a contrato de trabalho por tempo determinado goza da garantia provisória de emprego decorrente de acidente de trabalho prevista no art. 118 da Lei n. 8.213/91."

c.1) PRAZO

O prazo da estabilidade é de 12 meses, contados da cessação do auxílio previdenciário.

d) GESTANTE – Art. 391-A da CLT/Art. 10, II, b, ADCT

É a estabilidade conferida a empregada gestante, desde a confirmação da gravidez até cinco meses após o parto.

> "Art. 10. Até que seja promulgada a lei complementar a que se refere o art. 7º, I, da Constituição:
>
> II – fica vedada a dispensa arbitrária ou sem justa causa:
>
> b) da empregada gestante, desde a confirmação da gravidez até cinco meses após o parto."

A estabilidade gestante é garantida para as empregadas que engravidam durante o prazo do aviso prévio indenizado, nos termos do art. 391-A da CLT.

> "Art. 391-A. A confirmação do estado de gravidez advindo no curso do contrato de trabalho, ainda que durante o prazo do aviso prévio trabalhado ou indenizado, garante à empregada gestante a estabilidade provisória prevista na alínea b do inciso II do art. 10 do Ato das Disposições Constitucionais Transitórias."

A Lei n. 13.509/2017 alterou o art. 391-A da CLT, incluindo o parágrafo único, que garante a estabilidade gestante também ao empregado adotante ao qual tenha sido concedida a guarda provisória para fins de adoção.

> "Art. 391-A...
>
> Parágrafo único. O disposto no *caput* desde artigo aplica-se ao empregado adotante ao qual tenha sido concedida guarda provisória para fins de adoção."

Por exceção, a estabilidade gestante também se aplica durante o prazo do contrato de trabalho por prazo determinado, nos termos do item III da Súmula 244 do TST.

> **Súmula 244 do TST**
>
> "GESTANTE. ESTABILIDADE PROVISÓRIA (redação do item III alterada na sessão do Tribunal Pleno realizada em 14-09-2012) – Res. 185/2012, DEJT divulgado em 25, 26 e 27-09-2012
>
> I – O desconhecimento do estado gravídico pelo empregador não afasta o direito ao pagamento da indenização decorrente da estabilidade (art. 10, II, b, do ADCT).
>
> II – A garantia de emprego à gestante só autoriza a reintegração se esta se der durante o período de estabilidade. Do contrário, a garantia restringe-se aos salários e demais direitos correspondentes ao período de estabilidade.
>
> III – A empregada gestante tem direito à estabilidade provisória prevista no art. 10, inciso II, alínea b, do Ato das Disposições Constitucionais Transitórias, mesmo na hipótese de admissão mediante contrato por tempo determinado."

e) MEMBROS DO CONSELHO CURADOR DO FGTS

Nos termos do art. 3º, § 9º, da Lei n. 8.036/90, os representantes dos trabalhadores, efetivos e suplentes, no Conselho Curador do FGTS, têm direito à estabilidade provisória.

e.1) Prazo: desde a nomeação até um ano após o término do mandato.

OBS.: Para comprovação da falta grave, exige-se processo sindical.

f) DIRETOR DE COOPERATIVA DE CONSUMO

O empregado eleito diretor de sociedade cooperativa criada pelos próprios empregados (cooperativa de consumo) tem estabilidade no emprego, nos mesmos moldes da garantia conferida ao dirigente sindical.

A estabilidade é conferida apenas aos diretores titulares, nos termos da OJ n. 253 SDI-1 do TST.

> OJ N. 253. ESTABILIDADE PROVISÓRIA. COOPERATIVA. LEI N. 5.764/71. CONSELHO FISCAL. SUPLENTE. NÃO ASSEGURADA (inserida em 13-03-2002)
>
> O art. 55 da Lei n. 5.764/71 assegura a garantia de emprego apenas aos empregados eleitos diretores de Cooperativas, não abrangendo os membros suplentes.

f.1) Prazo: desde o registro da candidatura até um ano após o término do mandato.

A falta grave deve ser apurada por meio de inquérito judicial.

O empregado deve comunicar sua candidatura ao empregador.

g) MEMBRO DA COMISSÃO DE CONCILIAÇÃO PRÉVIA (ART. 625-B, § 5º, DA CLT)

Estabilidade conferida ao representante dos empregados, titulares e suplentes, na comissão instituída no âmbito da empresa.

> "Art. 625-B. ...
>
> § 1º. É vedada a dispensa dos representantes dos empregados membros da Comissão de Conciliação Prévia, titulares e suplentes, até um ano após o final do mandato, salvo se cometerem falta grave, nos termos da lei.
>
> ..."

g.1) Prazo: desde o registro da candidatura até um ano após o término do mandato, ou ainda, conforme outra corrente, desde a posse até um ano após o término do contrato de trabalho. Nesse aspecto o candidato deverá ficar a atento e interpretar a questão de acordo com a corrente exigida pela banca.

h) COMISSÃO DE FISCALIZAÇÃO DAS GORJETAS

O art. 457, § 10, da CLT, alterado pela Lei n. 13.419/2017, criou uma nova modalidade de estabilidade para os empregados eleitos para comissão criada na empresa com mais de 60 empregados para fiscalizar o recolhimento e a distribuição da gorjeta.

O prazo da estabilidade e demais características serão definidas em eventual norma coletiva, de forma que a lei não dispõe a esse respeito.

> "Art. 457. ...
>
> § 10. Para empresas com mais de sessenta empregados, será constituída comissão de empregados, mediante previsão em convenção coletiva ou acordo coletivo de trabalho, para acompanhamento e fiscalização da regularidade da cobrança e distribuição da gorjeta de que trata o § 3º, cujos representantes serão eleitos em assembleia geral convocada para esse fim pelo sindicato laboral e gozarão de garantia de emprego vinculada ao desempenho das funções para que foram eleitos, e, para as demais empresas, será constituída comissão intersindical para o referido fim."

i) Empregados com salário ou jornada reduzidos por Norma Coletiva

O art. 611-A, § 3º, da CLT, criou mais uma estabilidade ao prever que aqueles empregados que sofressem redução do salário ou jornada, por força de Norma Coletiva, não poderiam ter o contrato rompido, sem justa causa, enquanto perdurasse a referida redução.

O prazo da estabilidade é enquanto perdurar a redução.

> "Art. 611-A. ...
>
> § 3º Se for pactuada cláusula que reduza o salário ou a jornada, a convenção coletiva ou o acordo coletivo de trabalho deverão prever a proteção dos empregados contra dispensa imotivada durante o prazo de vigência do instrumento coletivo."

j) PORTADOR DO VÍRUS HIV OU DE OUTRA DOENÇA GRAVE QUE SUSCITE ESTIGMA OU PRECONCEITO

Embora não seja, propriamente dito, uma estabilidade ou garantia provisória no emprego, considerando o rigor técnico, é imperioso ter ciência de que a Súmula 443 assevera que *"Presume-se discriminatória a despedida de empregado portador do vírus HIV ou de outra doença grave que suscite estigma ou preconceito. Inválido o ato, o empregado tem direito à reintegração no emprego"*.

1.14. FGTS – Lei n. 8.036/90

O FGTS é um fundo formado por recolhimentos mensais incidentes sobre a remuneração do empregado, efetuados em conta vinculada na Caixa Econômica Federal, que visa à subsistência do empregado durante o desemprego, em substituição à antiga indenização decenal, sendo, na verdade, um direito garantido pela Constituição no art. 7º, III.

O empregado poderá sacar o saldo do FGTS na rescisão do contrato de forma imotivada ou em outras situações excepcionais, como, por exemplo, para comprar uma prótese para sanar alguma deficiência em razão de ter sofrido acidente do trabalho, ou, ainda, para aquisição da casa própria, conforme dispõe os incisos do art. 20 da Lei n. 8.036/90.

1.14.1. Obrigação do recolhimento

Com o advento da CF/88, o recolhimento do FGTS passou a ser obrigatório para o empregado urbano e rural, bem como, atualmente também o é para o empregado doméstico, nos termos da Lei Complementar n. 150/2015.

O recolhimento do FGTS para o servidor público (estatutário) não é obrigatório, já que ele possui estabilidade.

O recolhimento do FGTS também é obrigatório para o empregado público, muito embora ele possua estabilidade, nos termos da Súmula 390, I, do TST.

> **Súmula 390 do TST**
>
> "ESTABILIDADE. ART. 41 DA CF/1988. CELETISTA. ADMINISTRAÇÃO DIRETA, AUTÁRQUICA OU FUNDACIONAL. APLICABILIDADE. EMPREGADO DE EMPRESA PÚBLICA E SOCIEDADE DE ECONOMIA MISTA. INAPLICÁVEL (conversão das Orientações Jurisprudenciais n. 229 e 265 da SBDI-1 e da Orientação Jurisprudencial n. 22 da SBDI-2) – Res. 129/2005, *DJ* 20, 22 e 25-04-2005
>
> I – O servidor público celetista da administração direta, autárquica ou fundacional é beneficiário da estabilidade prevista no art. 41 da CF/1988. (ex-OJs n. 265 da SBDI-1 – inserida em 27-09-2002 – e 22 da SBDI-2 – inserida em 20-09-2000)
>
> II – Ao empregado de empresa pública ou de sociedade de economia mista, ainda que admitido mediante aprovação em concurso público, não é garantida a estabilidade prevista no art. 41 da CF/1988. (ex-OJ n. 229 da SBDI-1 – inserida em 20-06-2001)"

1.14.2. Alíquotas

O FGTS mensal é devido, em regra, à razão de 8% da remuneração mensal do empregado (art. 15 da Lei n. 8.036/90).

> "Art. 15. Para os fins previstos nesta lei, todos os empregadores ficam obrigados a depositar, até o dia 7 (sete) de cada mês, em conta bancária vinculada, a importância correspondente a 8 (oito) por cento da remuneração paga ou devida, no mês anterior, a cada trabalhador, incluídas na remuneração as parcelas de que tratam os arts. 457 e 458 da CLT e a gratificação de Natal a que se refere a Lei n. 4.090, de 13 de julho de 1962, com as modificações da Lei n. 4.749, de 12 de agosto de 1965."

ATENÇÃO: Para os aprendizes, a alíquota é de 2% sobre a remuneração, salvo condição mais benéfica prevista em contrato, regulamento ou norma coletiva.

Na rescisão do contrato de trabalho sem justa causa, é devida multa compensatória do FGTS no percentual de 40% sobre o montante dos depósitos mensais devidos.

ATENÇÃO: Se a rescisão ocorrer por culpa recíproca ou força maior, o valor da multa é diminuído pela metade.

1.14.3. Prazo para recolhimento

O FGTS deve ser recolhido até o dia 07 (sete) de cada mês, referente à remuneração do mês anterior.

O FGTS rescisório, compreendido aquele referente ao último mês do contrato (verbas rescisórias), e multa compensatória devem ser recolhidos no prazo do pagamento das verbas rescisórias.

OBS.: O FGTS não poderá ser pago diretamente para o empregado.

1.14.4. Afastamentos

O FGTS é devido sempre que o salário também for, assim, na suspensão do contrato de trabalho, em regra, o FGTS não é devido, salvo duas exceções, afastamento por acidente de trabalho e serviço militar.

No caso do acidente de trabalho convertido em aposentadoria por invalidez, a partir da conversão o FGTS não é mais devido.

1.14.5. Aposentadoria espontânea

Atualmente o STF entende que a aposentadoria espontânea não tem o condão de rescindir automaticamente o contrato de trabalho, razão pela qual a multa compensatória é devida com base no recolhimento de todo o contrato de trabalho, mesmo que, ao se aposentar, o empregado tenha realizado o saque do FGTS, conforme dispõe a OJ n. 361 da SDI 1 do TST.

> OJ n. 361. APOSENTADORIA ESPONTÂNEA. UNICIDADE DO CONTRATO DE TRABALHO. MULTA DE 40% DO FGTS SOBRE TODO O PERÍODO (DJ 20, 21 e 23-05-2008)

A aposentadoria espontânea não é causa de extinção do contrato de trabalho se o empregado permanece prestando serviços ao empregador após a jubilação. Assim, por ocasião da sua dispensa imotivada, o empregado tem direito à multa de 40% do FGTS sobre a totalidade dos depósitos efetuados no curso do pacto laboral.

1.15. Proteção do trabalho do menor

Menor, para fins da relação de emprego, é o empregado com idade entre 14 anos e 18 anos incompletos, nos termos do art. 402, *caput*, da CLT.

> "Art. 402. Considera-se menor para os efeitos desta Consolidação o trabalhador de quatorze até dezoito anos."

Não importa se ocorreu qualquer das formas de emancipação do Direito Civil.

1.15.1. Trabalho proibido ao menor

O art. 7º, XXXIII, da CF/88, proíbe o trabalho do menor no período noturno, em atividade insalubre ou perigosa.

> "Art. 7º ...
>
> XXXIII – proibição de trabalho noturno, perigoso ou insalubre a menores de dezoito e de qualquer trabalho a menores de dezesseis anos, salvo na condição de aprendiz, a partir de quatorze anos;"

1.15.2. Limites à duração do trabalho do menor

Em regra, o menor não pode realizar horas extras, salvo para compensação ou força maior, desde que seu trabalho seja indispensável, conforme dispõe o art. 413 da CLT.

> "Art. 413 – É vedado prorrogar a duração normal diária do trabalho do menor, salvo:
>
> I – até mais 2 (duas) horas, independentemente de acréscimo salarial, mediante convenção ou acordo coletivo nos termos do Título VI desta Consolidação, desde que o excesso de horas em um dia seja compensado pela diminuição em outro, de modo a ser observado o limite máximo de 48 (quarenta e oito) horas semanais ou outro inferior legalmente fixada;
>
> II – excepcionalmente, por motivo de força maior, até o máximo de 12 (doze) horas, com acréscimo salarial de, pelo menos, 25% (vinte e cinco por cento) sobre a hora normal e desde que o trabalho do menor seja imprescindível ao funcionamento do estabelecimento.
>
> Parágrafo único. Aplica-se à prorrogação do trabalho do menor o disposto no art. 375, no parágrafo único do art. 376, no art. 378 e no art. 384 desta Consolidação."

Na hipótese de prorrogação da jornada por força maior, a CLT limitou a jornada máxima em 12 horas (8 horas + 4 horas).

1.15.3. Prescrição

Nos termos do art. 440 da CLT, contra o menor não corre nenhum prazo prescricional.

> "Art. 440 – Contra os menores de 18 (dezoito) anos não corre nenhum prazo de prescrição."

1.16. Proteção do trabalho da mulher

1.16.1. Limites ao carregamento de peso

É vedado à mulher trabalhar em emprego que demande carregamento de peso superior a 20 quilos para serviços contínuos e 25 quilos para serviços ocasionais, nos moldes do art. 390 da CLT.

> "Art. 390 – Ao empregador é vedado empregar a mulher em serviço que demande o emprego de força muscular superior a 20 (vinte) quilos para o trabalho contínuo, ou 25 (vinte e cinco) quilos para o trabalho ocasional.
>
> Parágrafo único – Não está compreendida na determinação deste artigo a remoção de material feita por impulsão ou tração de vagonetes sobre trilhos, de carros de mão ou quaisquer aparelhos mecânicos."

1.16.2. Proteção à maternidade

Vedação à discriminação em razão do casamento ou gravidez

O art. 391 da CLT veda qualquer tipo de discriminação em face da mulher em razão do matrimônio ou gestação, bem como proíbe que qualquer regulamento, contrato ou norma coletiva contenha cláusula nesse sentido.

"Art. 391 – Não constitui justo motivo para a rescisão do contrato de trabalho da mulher o fato de haver contraído matrimônio ou de encontrar-se em estado de gravidez.

Parágrafo único – Não serão permitidos em regulamentos de qualquer natureza contratos coletivos ou individuais de trabalho, restrições ao direito da mulher ao seu emprego, por motivo de casamento ou de gravidez."

1.16.3. Licença-maternidade

É garantida à empregada licença-maternidade de 120 dias, sem prejuízo do emprego e do salário (no período da licença-maternidade o salário-maternidade equivale ao salário efetivamente percebido pela empregada, é pago pelo empregador e compensado integralmente com as contribuições devidas ao INSS), conforme dispõe o art. 392 da CLT.

> "Art. 392. A empregada gestante tem direito à licença-maternidade de 120 (cento e vinte) dias, sem prejuízo do emprego e do salário.
>
> § 1º A empregada deve, mediante atestado médico, notificar o seu empregador da data do início do afastamento do emprego, que poderá ocorrer entre o 28º (vigésimo oitavo) dia antes do parto e ocorrência deste.
>
> § 2º Os períodos de repouso, antes e depois do parto, poderão ser aumentados de 2 (duas) semanas cada um, mediante atestado médico.
>
> § 3º Em caso de parto antecipado, a mulher terá direito aos 120 (cento e vinte) dias previstos neste artigo.
>
> § 4º É garantido à empregada, durante a gravidez, sem prejuízo do salário e demais direitos:
>
> I – transferência de função, quando as condições de saúde o exigirem, assegurada a retomada da função anteriormente exercida, logo após o retorno ao trabalho;
>
> II – dispensa do horário de trabalho pelo tempo necessário para a realização de, no mínimo, seis consultas médicas e demais exames complementares."

Nos termos da Lei n. 11.770/2008, é possível ampliar por 60 dias o período da licença-maternidade na hipótese de seu empregador ter aderido ao programa de empresa cidadã. No caso, o salário desses 60 dias é pago pelo empregador, e não pelo INSS. Para ter direito à prorrogação, a empregada deve requerer ao empregador até o final do primeiro mês após o parto.

O benefício também é cabível para empregada que adotar ou obtiver guarda provisória para fins de adoção, nos termos do art. 392-A da CLT.

Para afastamento por licença-maternidade, a empregada deve notificar o empregador, mediante atestado médico, a partir de 28 dias antes da data prevista para o parto, contando-se os 120 dias a partir do efetivo afastamento.

Caso necessários os períodos de repouso, antes e depois do parto, poderão ser aumentados de duas semanas cada um, mediante atestado médico.

Desde que ocorrido o parto, independentemente de o fato do bebê ter nascido com vida, a gestante tem direito à licença-maternidade e ao salário-maternidade.

Em caso de falecimento da mãe, é assegurado ao cônjuge ou companheiro empregado o gozo de licença por todo o período da licença-maternidade ou pelo restante do tempo a que teria direito a mãe, exceto no caso de falecimento do filho ou seu abandono, conforme preconiza o art. 392-B da CLT.

> "Art. 392-B. Em caso de morte da genitora, é assegurado ao cônjuge ou companheiro empregado o gozo de licença por todo o período da licença-maternidade ou pelo tempo restante a que teria direito a mãe, exceto no caso de falecimento do filho ou de seu abandono."

Durante a gravidez fica assegurada à gestante a transferência de função, sempre recomendada pelo médico, garantido o retorno à função anteriormente ocupada (§ 4º, I, art. 392 da CLT).

É garantida à gestante a dispensa do horário de trabalho pelo tempo necessário para realização de, no mínimo, seis consultas médicas e demais exames complementares (§ 4º, II, art. 392 da CLT).

1.16.4. Direitos assegurados ao adotante

A empregada adotante tem direito à licença-maternidade e salário-maternidade nos mesmos moldes da gestante, independentemente da idade da criança adotada, conforme art. 392-A da CLT.

> "Art. 392-A. À empregada que adotar ou obtiver guarda judicial para fins de adoção de criança ou adolescente será concedida licença-maternidade nos termos do art. 392 desta Lei."

A guarda provisória não concede o direito à licença e ao salário-maternidade.

O empregado adotante também tem direito à licença e benefício previstos nos artigos 392-A e 392-B da CLT (art. 392-C da CLT).

> "Art. 392-C. Aplica-se, no que couber, o disposto no art. 392-A e 392-B ao empregado que adotar ou obtiver guarda judicial para fins de adoção."

A Lei n. 13.301/2016 prevê que a licença-maternidade da empregada mãe de criança acometida por sequelas neurológicas causadas decorrentes do mosquito *Aedes aegypti* será de 180 dias.

1.16.5. Rompimento contratual por recomendação médica

O art. 394 da CLT assegura à gestante o direito de romper o contrato de trabalho, se da sua execução decorrer riscos à sua saúde ou à própria gestação. Nesse caso, não é devido aviso prévio, e os demais efeitos são o da demissão.

> "Art. 394 – Mediante atestado médico, à mulher grávida é facultado romper o compromisso resultante de qualquer contrato de trabalho, desde que este seja prejudicial à gestação."

1.16.6. Trabalho insalubre

Reforma Trabalhista alterou a redação do artigo 394-A, I e II, da CLT, de maneira que proibia que a empregada gestante trabalhasse na atividade insalubre em grau máximo, independentemente de atestado médico, com relação a atividade em grau médio e mínimo, também proibia, desde que apresentasse atestado de médico particular que recomendasse o afastamento durante a gestação, sem prejuízo da remuneração, incluindo o adicional de insalubridade.

No que tange à lactação, a empregada somente seria afastada da atividade insalubre em qualquer grau, se apresentasse atestado de médico particular, conforme art. 394-A, III, da CLT.

A ADIN 5938, que teve como relator o Ministro Alexandre de Moraes, tratou de declarar inconstitucional a exigência da apresentação do atestado médico, determinando, por via de consequência, que a empregada gestante ou lactante seja afastada da atividade insalubre, durante a gestação ou lactação, independente do grau da insalubridade.

O valor do adicional de insalubridade pago durante o afastamento pelo empregador poderá ser compensado nas contribuições previdenciárias, nos termos do § 2º do art. 394-A da CLT.

Na hipótese de ser impossível o afastamento, a empregada será afastada pelo órgão previdenciário, conforme art. 394-A, § 3º, da CLT.

> "Art. 394-A. Sem prejuízo de sua remuneração, nesta incluído o valor do adicional de insalubridade, a empregada deverá ser afastada de:
>
> I – atividades consideradas insalubres em grau máximo, enquanto durar a gestação;
>
> II – atividades consideradas insalubres em grau médio ou mínimo;
>
> III – atividades consideradas insalubres em qualquer grau.
>
> § 1º VETADO.
>
> § 2º Cabe à empresa pagar o adicional de insalubridade à gestante ou à lactante, efetivando-se a compensação, observado o disposto no art. 248 da Constituição Federal, por ocasião do recolhimento das contribuições incidentes sobre a folha de salários e demais rendimentos pagos ou creditados, a qualquer título, à pessoa física que lhe preste serviço.
>
> § 3º Quando não for possível que a gestante ou a lactante afastada nos termos do *caput* deste artigo exerça suas atividades em local salubre na empresa, a hipótese será considerada como gravidez de risco e ensejará a percepção de salário-maternidade, nos termos da Lei n. 8.213, de 24 de julho de 1991, durante todo o período de afastamento."

1.16.7. Intervalos para amamentação

Antes de adentrar as alterações trazidas pela Reforma, faz-se necessário ressaltar a alteração realizada pela Lei n. 13.509/2017, que estendeu o direito aos intervalos para amamentação às mães adotantes.

O período previsto no *caput* poderá ser dilatado, caso seja necessário para preservar a saúde do filho, conforme redação do § 1º do art. 396 da CLT.

Os intervalos previstos no artigo 396 da CLT deverão ser definidos mediante comum acordo entre empregada e empregador, conforme parágrafo 2º do mencionado artigo.

> "Art. 396. Para amamentar seu filho, inclusive se advindo de adoção, até que este complete 6 (seis) meses de idade, a mulher terá direito, durante a jornada de trabalho, a 2 (dois) descansos especiais de meia hora cada um.
>
> § 1º Quando o exigir a saúde do filho, o período de 6 (seis) meses poderá ser dilatado, a critério da autoridade competente.
>
> § 2º Os horários dos descansos previstos no *caput* deste artigo deverão ser definidos em acordo individual entre a mulher e o empregador."

1.16.8. Creches

Os estabelecimentos que contêm mais de 29 mulheres com idade acima de 16 anos devem manter creches para guarda dos filhos durante o período de amamentação.

Para tanto, o empregador tem três opções:

a) manter creche no próprio estabelecimento;
b) utilizar creches externas, por meio de convênio;
c) para auxílio ou reembolso creche (indeniza a mãe pelo valor da creche particular contratada), somente mediante norma coletiva.

1.17. Extinção do contrato de trabalho

O contrato de trabalho por prazo indeterminado pode ser extinto por quaisquer das partes, a qualquer tempo, bastando a notificação da parte interessada na extinção.

O contrato de trabalho pode ser extinto de várias formas, que irão depender de qual parte colocou fim ao contrato, bem como se a forma foi motivada ou não.

Aqui, vale ressaltar que quando falamos em "forma motivada", estamos nos referindo a prática de falta grave. Assim, se o empregado ou empregador cometeram falta grave, a extinção será motivada, caso contrário, mesmo que exista justo motivo, como, por exemplo, redução do quadro de empregados, a extinção será imotivada.

1.17.1. Justa causa

Trata-se de uma das formas de extinção do contrato de trabalho, que se caracteriza quando o empregado comete uma das faltas graves, previstas no art. 482 da CLT.

Justa Causa não é a mesma coisa que Falta Grave:

- **JUSTA CAUSA** é a forma de extinção;
- **FALTA GRAVE** *é a conduta irregular do empregado que, por uma ou várias vezes, leva à demissão por justa causa.* Ou seja, é a conduta que leva a ocasionar a justa causa.

1.17.1.1. Princípios da justa causa

a) Princípio da taxatividade

O empregador não pode inventar um motivo para configurar a justa causa, ou combinar com o empregado que determinada conduta caracteriza justa causa. A falta tem de estar taxativamente prevista em lei.

b) Princípio da imediatividade ou mediatidade

A falta grave deve ser punida de imediato, ou ocorrerá o perdão tácito. É um dos princípios mais importantes. Não adianta flagrar um empregado furtando o caixa do estabelecimento e somente demiti-lo uma semana depois.

A imediatividade nem sempre se conta da falta cometida, mas sim da ciência do empregador com relação a ela.

c) *Bis in idem*

Ninguém pode ter duas punições sobre a mesma falta. Ex.: Empregado contratado por um supermercado, e consta no contrato de trabalho que se deve trabalhar de uniforme; porém, depois de 10 dias sem trabalhar de uniforme, foi suspenso por 3 dias e, retornando, foi despedido por justa causa. A demissão está correta? Não, pois retornou da suspensão sem ter realizado nenhuma conduta grave, logo, sendo punido duas vezes pela mesma atitude.

d) Princípio da isonomia de tratamento

Se houver vários empregados envolvidos na falta, todos devem receber punição idêntica.

e) Razoabilidade/Proporcionalidade

A penalidade aplicada deve guardar relação com a prática. Assim, não seria razoável e, portanto, nula, uma justa causa aplicada a quem faltou ao serviço de forma injustificada por um dia.

1.17.1.2. Faltas graves

As faltas graves que autorizam a extinção do contrato por justa causa estão dispostas, em regra, no art. 482 da CLT.

"Art. 482. Constituem justa causa para rescisão do contrato de trabalho pelo empregador:

a) ato de improbidade;

b) incontinência de conduta ou mau procedimento;

c) negociação habitual por conta própria ou alheia sem permissão do empregador, e quando construir ato de concorrência à empresa para a qual trabalha o empregado, ou for prejudicial ao serviço;

d) condenação criminal do empregado, passada em julgado, caso não tenha havido suspensão da execução da pena;

e) desídia no desempenho das respectivas funções;

f) embriaguez habitual ou em serviço;

g) violação de segredo da empresa;

h) ato e indisciplina ou de insubordinação;

i) abandono de emprego;

j) ato lesivo à honra ou à boa fama praticado no serviço contra qualquer pessoa, ou ofensas físicas, nas mesmas condições, salvo em caso de legítima defesa, própria ou de outrem;

k) ato lesivo à honra e à boa fama ou ofensas físicas praticadas contra o empregador e superiores hierárquicos, salvo em caso de legítima defesa, própria ou de outrem;

l) prática constante de jogos de azar;

m) perda da habilitação ou dos requisitos estabelecidos em lei para o exercício da profissão, em decorrência de conduta dolosa do empregado.

Parágrafo único. Constitui igualmente justa causa para dispensa de empregado a prática, devidamente comprovada em inquérito administrativo, de atos atentatórios à segurança nacional."

a) Ato de improbidade

Qualquer ato que atente ao patrimônio do empregador é ato de improbidade, já que estamos diante de pessoa desonesta. EXEMPLO: entrega de atestado médico falso; prestar informação falsa para obter benefício; dar nota promissória com valor maior ao devido; roubo; furto etc.

Não há necessidade de pré-questionamento policial, ou seja, dispensa formalização via registro de ocorrência em sede de delegacia policial.

b) Incontinência de conduta ou mau procedimento

São dois atos dentro do mesmo inciso.

- **INCONTINÊNCIA DE CONDUTA:** atos sexuais, obscenidades ou práticas libidinosas caracterizam a incontinência de conduta.
- **MAU PROCEDIMENTO:** é o procedimento em desacordo com as regras naturais, com as regras de convívio. Qualquer falta é mau procedimento. O que acontece que essa falta grave é uma exceção ao princípio da taxatividade, de modo que tudo que não se enquadrar nas demais, inclui-se nesta hipótese.

c) Negociação habitual

Para caracterizar a justa causa por falta grave, tem de constar mais de uma conduta por falta grave, ou seja, necessita ser habitual. A negociação para caracterizar a justa causa tem de ser habitual.

d) Condenação criminal

O empregado condenado criminalmente pode ser demitido por justa causa, mas precisa de dois requisitos CUMULATIVOS para configurar essa justa causa, sendo:

- trânsito em julgado da decisão penal;
- reclusão do empregado.

Aqui, quando se fala em reclusão, não está se referindo ao regime de pena, mas, sim, de que, ainda que tenha trânsito em julgado, o empregado esteja impossibilitado de comparecer ao emprego.

e) Desídia

Desídia é o desleixo, corpo mole, falta de interesse etc. Empregado, por exemplo, que não cumpre suas funções de maneira correta. EXEMPLO: Empregado é encontrado dormindo no meio do expediente.

f) Embriaguez habitual ou em serviço

A palavra "ou" caracteriza duas faltas nessa alínea.

EMBRIAGUEZ HABITUAL NÃO É JUSTA CAUSA – É DOENÇA. E, como doença, o empregado deve ser afastado, encaminhado ao INSS, mantendo vínculo de emprego, recebendo o trabalhador auxílio-doença.

EMBRIAGUEZ EM SERVIÇO DÁ JUSTA CAUSA – a diferença é que esta tem de ser em horário de serviço.

g) Violação de segredo de empresa

Ocorre quando o empregado divulga segredo da empresa. Exemplos: fórmulas de um produto; vender cadastros da OAB para uma empresa de crédito.

h) Indisciplina ou insubordinação

Nesse inciso também constam duas faltas graves.

Ambas as faltas caracterizam descumprimento de ordem, diferenciando:

- INDISCIPLINA: Descumprimento de ordens gerais do serviço.
- INSUBORDINAÇÃO: Descumprimento de ordem pessoal, específica.

Exemplo: Está previsto no estatuto que todos os empregados devem usar uniforme; e um não utiliza – caracteriza indisciplina.

Exemplo: Se o empregado deixar de fazer um relatório determinado por seu superior – caracteriza insubordinação.

i) Abandono de emprego

Caracteriza a quebra de habitualidade (expectativa de retorno do empregado ao emprego), ou seja, ocorrendo a quebra da expectativa de retorno do empregado ao emprego, ocorre o abandono de emprego. Com efeito, a sua caracterização exige o elemento subjetivo (intenção de não mais retornar ao trabalho) e objetivo (ausência contumaz).

Para o TST, há prazo de 30 dias para caracterizar abandono de emprego (SÚMULA 32 do TST).

> **Súmula 32 do TST**
> "ABANDONO DE EMPREGO
> Presume-se o abandono de emprego se o trabalhador não retornar ao serviço no prazo de 30 (trinta) dias após a cessação do benefício previdenciário nem justificar o motivo de não o fazer."

j) Ato lesivo à honra e à boa fama e ofensa física praticada contra empregado

Ato lesivo à honra e à boa fama, como, por exemplo, agressões verbais.

k) Ato lesivo à honra e à boa fama e ofensa física praticada contra empregador

Mesma conduta da alínea *j*, mas, neste caso, contra empregador ou superior hierárquico.

Por que o legislador não colocou tudo na alínea *j*? Na alínea *j* tem de ser no horário de serviço ou no âmbito da empresa.

Na alínea *k* caracterizará a justa causa em qualquer local e qualquer horário. O legislador procurou preservar a respeitabilidade.

Não ocorre a falta grave quando o empregado está exercendo o direito à legítima defesa própria ou de terceiros.

l) Prática constante de jogos de azar

A prática constante de jogos de azar possui requisitos indispensáveis e cumulativos, quais sejam:

REQUISITOS CUMULATIVOS

1. o jogo tem de estar ligado a **dinheiro**;
2. tem de ser em horário de serviço ou no âmbito da empresa;
3. o jogo tem de ser **ilegal**.

m) Perda da habilitação por dolo

O empregado, que, por dolo, perder a habilitação exigida para o exercício da profissão, pode ter o contrato de trabalho rescindido por justa causa. Para ilustrar, imagine o motorista profissional que perde a habilitação de motorista em razão de estar dirigindo embriagado de modo proposital.

n) Atos atentatórios a segurança nacional (art. 482, parágrafo único, CLT)

> "Art. 482. ...
> Parágrafo único. Constitui igualmente justa causa para dispensa de empregado a prática, devidamente comprovada em inquérito administrativo, de atos atentatórios à segurança nacional."

Está em absoluto desuso, devido à questão da democracia, ou seja, há quem entenda que não fora recepcionado pela Constituição de 1988.

Porém, para quem entende por sua aplicação, hoje haveria sua configuração por atos de terrorismo, vandalismos, as manifestações abusivas; podendo gerar justa causa.

1.17.1.3. Faltas graves fora do artigo 482 da CLT

A maioria das faltas graves que justificam a rescisão do contrato de trabalho por justa causa estão no rol do art. 482 da CLT, porém algumas delas estão fora do referido artigo.

- **Lei n. 7.783/89 – Lei de greve**

Poderá caracterizar demissão por justa causa, pois a greve tem limite.

Greve não caracteriza justa causa. O que caracteriza a demissão por justa causa são as greves ABUSIVAS.

Greves abusivas são aquelas realizadas sem observância dos preceitos legais.

- **Art. 7º, § 3º, do Decreto-lei n. 95.247/87**

Decreto que regulamenta o vale-transporte.

A declaração fraudulenta de itinerário configura falta grave.

- **Art. 158, parágrafo único, *b*, CLT**

A recusa injustificada do uso do EPI (equipamento de proteção individual) caracteriza a demissão por justa causa.

- **Art. 235-B, VII e parágrafo único, da CLT**

Motorista profissional que não se submeter a teste e programa de controle de drogas e de bebida alcoólica.

1.17.1.4. Verbas rescisórias

Na extinção do contrato de trabalho por justa causa, o empregado faz jus ao recebimento das seguintes verbas rescisórias:

- saldo salário;
- férias vencidas e não gozadas;
- 13º integral não recebido.

1.17.2. Rescisão indireta

Rescisão Indireta é a forma de extinção do contrato de trabalho que ocorre quando o empregador comete uma das faltas graves, que estão prevista no art. 483 da CLT. Dificilmente o empregador irá assumir, de forma extrajudicial, que cometeu uma falta grave. Assim, na maioria das vezes, quando o empregado percebe que o empregador cometeu uma falta grave, como, por exemplo, está exigindo a realização de uma tarefa que coloque sua vida em risco, o empregado ajuíza reclamação trabalhista pleiteando o reconhecimento da rescisão indireta do contrato pelo juiz do trabalho.

> "Art. 483. O empregado poderá considerar rescindido o contrato e pleitear a devida indenização quando:
>
> a) forem exigidos serviços superiores às suas forças, defesos por Lei, contrários aos bons costumes ou alheios ao contrato;
>
> b) for tratado pelo empregador ou por seus superiores hierárquicos com rigor excessivo;
>
> c) correr perigo manifesto de mal considerável;
>
> d) não cumprir o empregador as obrigações do contrato;
>
> e) praticar o empregador ou seus prepostos, contra ele ou pessoas de sua família ato lesivo da honra e boa fama;
>
> f) o empregador ou seus prepostos ofenderem-no fisicamente, salvo em caso de legítima defesa, própria ou de outrem;
>
> g) O empregador reduzir o seu trabalho, sendo este por peça ou tarefa, de forma a afetar sensivelmente a importância dos salários.
>
> § 1º O empregado poderá suspender a prestação dos serviços ou rescindir o contrato, quando tiver de desempenhar obrigações legais, incompatíveis com continuação do serviço.
>
> § 2º No caso de morte do empregador constituído em empresa individual, é facultado ao empregador rescindir o contrato de trabalho.
>
> § 3º Nas hipóteses das letras d e g, poderá o empregado pleitear a rescisão de seu contrato de trabalho e o pagamento das respectivas indenizações, permanecendo ou não no serviço até final decisão do processo."

ALÍNEA *A* – Possui vários atos que a caracterizam, entre eles:

1. EXIGÊNCIA DE SERVIÇOS SUPERIORES ÀS FORÇAS DO EMPREGADO

Não diz respeito às forças físicas apenas, mas também às intelectuais.

2. EXIGÊNCIA DE SERVIÇOES DEFESO POR LEI

Defeso é proibido. Com efeito, a lei proíbe, por exemplo, menor de 18 anos trabalhar em condição insalubre ou perigosa, bem como em horário noturno.

3. EXIGÊNCIA DE SERVIÇOS ALHEIOS AO CONTRATO DE TRABALHO

É exigir que um empregado faça algo para o qual não foi contratado.

ALÍNEA *B* – RIGOR EXCESSIVO

Ocorre quando o empregador tem um rigor com um determinado empregado, mas com outro não tem a mesma conduta.

ALÍNEA *C* – CORRER PERIGO MANIFESTO DE MAL CONSIDERÁVEL

Ocorre quando se obriga o empregado a trabalhar em um local que irá agravar um mal que este já possui, por exemplo, uma doença.

ALÍNEA *D* – DESCUMPRIMENTO CONTRATUAL

Ocorre quando o empregador descumpre alguma cláusula contratual, o maior exemplo é o atraso de salário. A jurisprudência também vem reconhecendo como tal o não recolhimento de FGTS de modo contumaz.

O empregado pode ajuizar a ação e permanecer ou não trabalhando para o empregador.

ALÍNEAS *E* e *F*– AGRESSÕES VERBAIS E OFENSAS FÍSICAS

As alíneas *e* e *f* trazem os casos de agressões verbais e ofensas físicas, tanto contra o empregado, quanto contra seus familiares.

ALÍNEA *G* – REDUÇÃO DO TRABALHO

Redução do trabalho (peça ou tarefa), com a consequente redução do salário, a ponto de o mesmo restar num valor insuficiente para sua sobrevivência.

1.17.2.1. Verbas rescisórias e demais direitos

Na extinção do contrato por meio da rescisão indireta, o empregado terá direito de receber as seguintes verbas e direitos decorrentes da rescisão:

- saldo de salário;
- 13º proporcional;
- férias vencidas + 1/3;
- férias proporcionais + 1/3;
- aviso prévio;
- FGTS;
- indenização de 40% do FGTS;
- recebimento seguro-desemprego.

1.17.3. Pedido de demissão

Ocorre quando o empregado decide colocar fim ao contrato de trabalho. O empregador não poderá se opor, já que se trata de direito potestativo do empregado.

1.17.3.1. Verbas rescisórias

Na extinção do contrato por meio do pedido de demissão, o empregado terá direito de receber as seguintes verbas rescisórias:

- saldo de salário;
- 13º proporcional;
- férias vencidas + 1/3;
- férias proporcionais + 1/3.

Empregado fica obrigado a conceder o aviso prévio trabalhado ou indenizado, sendo que o indenizado é descontado das verbas rescisórias.

Não há que se falar em seguro-desemprego, já que não está, por óbvio, em uma situação de desemprego involuntário.

1.17.4. Dispensa sem justa causa

Ocorre quando o empregador decide colocar fim ao contrato de trabalho sem que o empregado tenha cometido uma falta grave, o empregado não poderá se opor.

1.17.4.1. Verbas rescisórias

Na extinção do contrato por meio da rescisão sem justa causa, o empregado terá direito de receber as seguintes verbas rescisórias e direitos:

- saldo de salário;
- 13º proporcional;
- férias vencidas + 1/3;
- férias proporcionais + 1/3;
- aviso prévio;
- FGTS;
- indenização de 40% do FGTS;
- recebimento do seguro-desemprego.

1.17.5. Culpa recíproca

Ocorre a extinção do contrato de trabalho por culpa recíproca quando, ao mesmo tempo, empregado e empregador cometem falta grave, nos termos do art. 484 da CLT. Exemplo. Imagine que o empregado ajuizou reclamação trabalhista alegando que o empregador não vem pagando seu salário em dia, o que configura falta grave do empregador. O empregador, por sua vez, ao contestar a ação, argumenta que não vem pagando o salário porque o empregado furtou o caixa da empresa, o que configura falta grave do empregado. Ao final da ação, o juiz entende que tanto empregado, quanto empregador, cometeram, simultaneamente, faltas graves, o que configura a culpa recíproca.

> "Art. 484 – Havendo culpa recíproca no ato que determinou a rescisão do contrato de trabalho, o tribunal de trabalho reduzirá a indenização à que seria devida em caso de culpa exclusiva do empregador, por metade."

O empregado recebe todas as verbas rescisórias, mas **tudo pela metade**.

1.17.6. Distrato

A Reforma Trabalhista inseriu uma nova forma de extinção do contrato de trabalho, qual seja o Distrato, que autoriza o rompimento do contrato de comum acordo entre as partes, conforme dispõe o art. 484-A, *caput*, da CLT.

> "Art. 484-A. O contrato de trabalho poderá ser extinto por acordo entre empregado e empregador, caso em que serão devidas as seguintes verbas trabalhistas: ..."

1.17.6.1. Verbas rescisórias

Na extinção do contrato por meio do distrato, as verbas indenizatórias são devidas pela metade, as demais integrais, somente 80% do saldo do FGTS é liberado e o empregado não tem direito à habilitação no programa do Seguro Desemprego (art. 484-A da CLT), vez que não estará em situação de desemprego involuntário.

> "Art. 484-A. ...
>
> I – por metade:

a) o aviso prévio, se indenizado; e

b) a indenização sobre o saldo do Fundo de Garantia do Tempo de Serviço, prevista no § 1º do art. 18 da Lei n. 8.036, de 11 de maio de 1990;

II – na integralidade, as demais verbas trabalhistas.

§ 1º A extinção do contrato prevista no *caput* deste artigo permite a movimentação da conta vinculada do trabalhador no Fundo de Garantia do Tempo de Serviço na forma do inciso I-A do art. 20 da Lei n. 8.036, de 11 de maio de 1990, limitada até 80% (oitenta por cento) do valor dos depósitos.

§ 2º A extinção do contrato por acordo prevista no *caput* deste artigo não autoriza o ingresso no Programa de Seguro-Desemprego."

1.17.7. Fato do Príncipe

Ocorre a rescisão do contrato de trabalho através do fato do príncipe, quando a empresa for obrigada a paralisar de forma total ou parcial suas atividades, por ato de autoridade municipal, estadual ou federal, ou, ainda, por lei ou resolução que impossibilite a continuidade das atividades empresariais, conforme preceitua o art. 486 da CLT. Como exemplo, podemos citar o fato do Estado do Rio de Janeiro desapropriar parte da margem da rodovia onde fica localizada a sede da empresa, entretanto, o valor da indenização pela desapropriação foi muito baixo, o que aliado ao fato da ausência de fluxo de caixa da empresa, gerou o encerramento de suas atividades. Nesse caso, restou configurada a rescisão do contrato por fato do príncipe. Vale destacar, que a rescisão deve ocorrer por fator alheio a vontade do empregador.

1.17.7.1. Verbas rescisórias

Nessa hipótese de extinção do contrato de trabalho, são devidas as mesmas verbas rescisórias da extinção sem justa causa, entretanto, as verbas de natureza indenizatórias são de responsabilidade do Estado. Ainda nesse sentido, sobre a obrigatoriedade do pagamento do aviso prévio indenizado temos duas correntes, uma que entende ser devido o seu pagamento, outra que entende de forma contrária. Ao nosso sentir, o aviso prévio indenizado é devido, haja vista que ficou configurada a surpresa no rompimento da relação de emprego.

1.17.8. Da rescisão do contrato por força maior

A rescisão do contrato de trabalho por força maior poderá ocorrer quando o contrato for rompido por conta de um acontecimento inevitável à vontade do empregador, e para o qual o mesmo não concorreu direta ou indiretamente, conforme art. 501 da CLT. Como exemplo, podemos citar um tornado que acabou destruindo a sede da empresa.

1.17.8.1. Das verbas rescisórias

No caso do empregado estável, além das verbas rescisórias devidas pela espécie de extinção do contrato, também faz jus ao recebimento das indenizações dos artigos 477 e 478 da CLT. Na hipótese do empregado que não era estável, o mesmo faz jus a todas as verbas como se a rescisão fosse sem justa causa, salvo, aviso prévio, e a indenização compensatória do FGTS é devida pela metade.

1.17.9. Prazo para quitação das verbas rescisórias

A Reforma Trabalhista trouxe inúmeras modificações ao art. 477 da CLT, no que tange à rescisão do contrato de trabalho.

Entre elas, uma das mais importantes para o dia a dia do empregado e do empregador é a alteração do prazo para pagamento das verbas rescisórias.

Antes da Reforma, o prazo e sua contagem dependiam da forma da concessão do aviso prévio, se indenizado ou trabalhado, o que não ocorre mais. Com a Reforma Trabalhista, o art. 477, § 6º, foi alterado, de forma que, independentemente da forma da concessão do aviso prévio, o prazo para pagamento das verbas rescisórias é de 10 dias, contados a partir da extinção do contrato.

> "Art. 477. ...
>
> § 6º A entrega ao empregado de documentos que comprovem a comunicação da extinção contratual aos órgãos competentes bem como o pagamento dos valores constantes do instrumento de rescisão ou recibo de quitação deverão ser efetuados até dez dias contados a partir do término do contrato."

A contagem do referido prazo deverá ser realizada nos moldes do art. 132 do CC.

Na hipótese do não pagamento das verbas rescisórias no prazo estipulado pela lei, fica o empregador obrigado a pagar ao empregado uma multa equivalente a um mês de remuneração, nos termos do art. 477, § 8º, da CLT.

> "Art. 477. ...
>
> § 8º – A inobservância do disposto no § 6º deste artigo sujeitará o infrator à multa de 160 BTN, por trabalhador, bem assim ao pagamento da multa a favor do empregado, em valor equivalente ao seu salário, devidamente corrigido pelo índice de variação do BTN, salvo quando, comprovadamente, o trabalhador der causa à mora."

1.17.10. Da homologação da extinção do contrato

A Reforma Trabalhista revogou o § 1º, bem como alterou a redação do *caput* do art. 477 da CLT, deixando de exigir a homologação do sindicato de classe ou órgão competente para validade da extinção do contrato de trabalho, bastando para tanto que:

a) empregador anotar a baixa na CTPS;

b) empregador comunicar a extinção aos órgãos competentes;

c) realizar o pagamento das verbas rescisórias no prazo.

"Art. 477. Na extinção do contrato de trabalho, o empregador deverá proceder à anotação na Carteira de Trabalho e Previdência Social, comunicar a dispensa aos órgãos competentes e realizar o pagamento das verbas rescisórias no prazo e na forma estabelecidos neste artigo.

§ 1º (Revogado)."

1.17.11. Da forma de pagamento das verbas rescisórias

A Reforma Trabalhista alterou a redação do parágrafo 4º do art. 477, para expressamente autorizar o pagamento das verbas rescisórias por meio de depósito bancário, além do pagamento em dinheiro ou cheque visado.

"Art. 477. ...

§ 4º O pagamento a que fizer jus o empregado será efetuado:

I – em dinheiro, depósito bancário ou cheque visado, conforme acordem as partes; ou

II – em dinheiro ou depósito bancário quando o empregado for analfabeto."

1.17.11. Procedimento para requerimento do seguro-desemprego e movimentação do FGTS

A Reforma Trabalhista incluiu o § 10 ao art. 477, o que desburocratizou o requerimento do Seguro-Desemprego e a movimentação da conta do FGTS, sendo que a partir de agora basta o empregado apresentar sua CTPS devidamente anotada, bem como o empregado ter realizado as comunicações previstas no *caput* do art. 477 para ter acesso aos supracitados direitos. Com efeito, antes da Reforma, em regra, o empregado precisava buscar à Justiça via pedido de Tutela Provisória.

"Art. 477. ...

§ 10. A anotação da extinção do contrato na Carteira de Trabalho e Previdência Social é documento hábil para requerer o benefício do seguro-desemprego e a movimentação da conta vinculada no Fundo de Garantia do Tempo de Serviço, nas hipóteses legais, desde que a comunicação prevista no *caput* deste artigo tenha sido realizada."

1.17.12. Da assistência na rescisão do contrato de trabalho

O parágrafo 7º do art. 477 da CLT foi revogado, de forma que, a partir da vigência da Reforma Trabalhista, os sindicatos poderão exigir algum ônus do trabalhador ou empregador para assistirem as partes na rescisão do contrato de trabalho.

1.17.13. Da Compensação nas Verbas Rescisórias

A compensação, em regra, ocorrerá quando ao mesmo tempo empregado e empregador forem credor e devedor um do outro, de verbas de natureza trabalhista (art. 767 da CLT).

Como regra, a compensação, é utilizada como tese de defesa no processo do trabalho, mas também pode ocorrer na rescisão do contrato de trabalho.

O art. 477, § 5º, da CLT, autoriza que o empregador efetue o desconto nas verbas rescisórias do empregado até o limite do valor de um mês de remuneração.

1.17.14. Da dispensa coletiva

A Reforma Trabalhista inovou ao inserir o artigo 477-A na CLT, prevendo a equiparação entre a dispensa individual e coletiva, possibilidade da realização de dispensa coletiva ou em massa, sem a necessidade do preenchimento de qualquer requisito prévio, inclusive autorização do sindicato de classe ou celebração de Convenção Coletiva de Trabalho.

"Art. 477-A. As dispensas imotivadas individuais, plúrimas ou coletivas equiparam-se para todos os fins, não havendo necessidade de autorização prévia de entidade sindical ou de celebração de convenção coletiva ou acordo coletivo de trabalho para sua efetivação."

1.17.15. Efeitos da quitação por meio do PDV

A Reforma Trabalhista colocou fim sobre a discussão que existia sobre os efeitos da quitação do contrato de trabalho por meio do PDV, enquanto o STF entendia que era possível que o PDV contivesse cláusula de eficácia liberatória geral, desde que prevista em norma coletiva, o TST, por meio da OJ n. 270 da SDI-1, entendia que a adesão ao PDV importava apenas na quitação das parcelas constantes do recibo.

Agora, o art. 477-B dispõe claramente que a adesão ao PDV, previsto em norma coletiva, confere quitação com eficácia liberatória geral, salvo estipulação em contrário das partes.

"Art. 477-B. Plano de Demissão Voluntária ou Incentivada, para dispensa individual, plúrima ou coletiva, previsto em convenção coletiva ou acordo coletivo de trabalho, enseja quitação plena e irrevogável dos direitos decorrentes da relação empregatícia, salvo disposição em contrário estipulada entre as partes."

1.18. **Do dano extrapatrimonial**

A CLT passou a regulamentar o dano extrapatrimonial por meio dos arts. 223-A ao 223-G.

Dentro desse aspecto, o primeiro ponto que merece destaque é o fato de o art. 223-B conceituar o que é o dano extrapatrimonial, informando que o mesmo restará configurado quando por ação ou omissão ocorrer ofensa à esfera moral ou existencial da pessoa física ou jurídica.

O referido artigo ainda deixa claro que o empregador, pessoa jurídica, também poderá sofrer dano extrapatrimonial.

O mencionado artigo também limita o direito à reparação aos titulares do direito.

> "Art. 223-B. Causa dano de natureza extrapatrimonial a ação ou omissão que ofenda a esfera moral ou existencial da pessoa física ou jurídica, as quais são as titulares exclusivas do direito à reparação."

O artigo 223-C trouxe um rol exemplificativo dos bens jurídicos que poderão configurar o dano extrapatrimonial.

> "Art. 223-C. A honra, a imagem, a intimidade, a liberdade de ação, a autoestima, a sexualidade, a saúde, o lazer e a integridade física são os bens juridicamente tutelados inerentes à pessoa física."

Outrossim, o artigo 223-D trouxe o rol exemplificativo dos bens jurídicos que poderão configurar o dano extrapatrimonial com relação à pessoa jurídica.

> "Art. 223-D. A imagem, a marca, o nome, o segredo empresarial e o sigilo da correspondência são bens juridicamente tutelados inerentes à pessoa jurídica."

O artigo 223-E dispõe sobre a quem compete a responsabilidade pelo dano extrapatrimonial, informando que a referida responsabilidade cabe a qualquer um que contribuir para a ofensa ao bem jurídico tutelado, observada a proporção da sua participação.

> "Art. 223-E. São responsáveis pelo dano extrapatrimonial todos os que tenham colaborado para a ofensa ao bem jurídico tutelado, na proporção da ação ou da omissão."

O artigo 223-F e seus parágrafos autorizam a cumulação entre os pedidos de dano extrapatrimonial e patrimonial decorrentes do mesmo ato ilícito, bem como de que, ao deferir o pedido, o juiz deverá discriminar individualmente cada condenação.

O parágrafo 2º do art. 223-F dispõe que o deferimento dos danos patrimoniais não deve interferir na quantificação do dano extrapatrimonial.

> "Art. 223-F. A reparação por danos extrapatrimoniais pode ser pedida cumulativamente com a indenização por danos materiais decorrentes do mesmo ato lesivo.
>
> § 1º Se houver cumulação de pedidos, o juízo, ao proferir a decisão, discriminará os valores das indenizações a título de danos patrimoniais e das reparações por danos de natureza extrapatrimonial.
>
> § 2º A composição das perdas e danos, assim compreendidos os lucros cessantes e os danos emergentes, não interfere na avaliação dos danos extrapatrimoniais."

O artigo 223-G, trazido pela Reforma Trabalhista, dispõe sobre as características ou requisitos que o juiz deverá observar ao julgar o dano extrapatrimonial.

Nesse mesmo sentido, o § 1º do referido artigo trouxe ao ordenamento jurídico trabalhista uma gradação para o deferimento do dano extrapatrimonial, separando a condenação pelo grau da ofensa em leve, média, grave e gravíssima, bem como limita o valor da condenação de acordo com o grau de ofensa.

Nesse passo, o dispositivo legal também indicou a base de cálculo para valorar a indenização pelo dano extrapatrimonial, qual seja, o valor do salário contratual do ofendido.

Para evitar abuso por parte do empregador, a Reforma também estipulou o pagamento em dobro da indenização no caso de reincidência.

No caso de morte não se aplicam os parâmetros citados acima.

> "Art. 223-G. Ao apreciar o pedido, o juízo considerará:
>
> I – a natureza do bem jurídico tutelado;
>
> II – a intensidade do sofrimento ou da humilhação;
>
> III – a possibilidade de superação física ou psicológica;
>
> IV – os reflexos pessoais e sociais da ação ou da omissão;
>
> V – a extensão e a duração dos efeitos da ofensa;
>
> VI – as condições em que ocorreu a ofensa ou o prejuízo moral;
>
> VII – o grau de dolo ou culpa;
>
> VIII – a ocorrência de retratação espontânea;
>
> IX – o esforço efetivo para minimizar a ofensa;
>
> X – o perdão, tácito ou expresso;
>
> XI – a situação social e econômica das partes envolvidas;
>
> XII – o grau de publicidade da ofensa.
>
> § 1º Se julgar procedente o pedido, o juízo fixará a indenização a ser paga, a cada um dos ofendidos, em um dos seguintes parâmetros, vedada a acumulação:
>
> I – ofensa de natureza leve, até três vezes o último salário contratual do ofendido;
>
> II – ofensa de natureza média, até cinco vezes o último salário contratual do ofendido;
>
> III – ofensa de natureza grave, até vinte vezes o último salário contratual do ofendido;
>
> IV – ofensa de natureza gravíssima, até cinquenta vezes o último salário contratual do ofendido.
>
> § 2º Se o ofendido for pessoa jurídica, a indenização será fixada com observância dos mesmos parâmetros estabelecidos no § 1º deste artigo, mas em relação ao salário contratual do ofensor.
>
> § 3º Na reincidência entre partes idênticas, o juízo poderá elevar ao dobro o valor da indenização."

1.19. Direito de greve – Lei n. 7.783/89

É a suspensão coletiva, temporária e pacífica, total ou parcial, de prestação pessoal de serviços a empregador.

"Art. 2º Para os fins desta Lei, considera-se legítimo exercício do direito de greve a suspensão coletiva, temporária e pacífica, total ou parcial, de prestação pessoal de serviços a empregador."

O direito de greve é individual, mas seu exercício é sempre coletivo.

1.19.1. Efeitos sobre o contrato de trabalho

REGRA: Suspensão do contrato de trabalho (sem trabalho/sem salário), nos termos do art. 7º da lei de Greve.

"Art. 7º Observadas as condições previstas nesta Lei, a participação em greve suspende o contrato de trabalho, devendo as relações obrigacionais, durante o período, serem regidas pelo acordo, convenção, laudo arbitral ou decisão da Justiça do Trabalho.

Parágrafo único. É vedada a rescisão de contrato de trabalho durante a greve, bem como a contratação de trabalhadores substitutos, exceto na ocorrência das hipóteses previstas nos arts. 9º e 14."

Durante a greve, o empregado não pode ser demitido, bem como substituído, salvo se a greve for abusiva.

EXCEÇÃO:

A suspensão pode se transformar em interrupção, por meio de ajuste entre empregado e empregador, por negociação coletiva ou decisão da Justiça do Trabalho.

1.19.2. Greve abusiva

Considera-se abusiva a greve que não observa os preceitos legais, bem como aquela mantida após celebração de Norma Coletiva ou proferida Sentença Normativa.

AVISOS:

- serviços não essenciais: 48 horas, apenas empregador;
- serviços essenciais: 72 horas, empregador e coletividade.

"Art. 3º Frustrada a negociação ou verificada a impossibilidade de recursos via arbitral, é facultada a cessação coletiva do trabalho.

Parágrafo único. A entidade patronal correspondente ou os empregadores diretamente interessados serão notificados, com antecedência mínima de 48 (quarenta e oito) horas, da paralisação."

"Art. 13 Na greve, em serviços ou atividades essenciais, ficam as entidades sindicais ou os trabalhadores, conforme o caso, obrigados a comunicar a decisão aos empregadores e aos usuários com antecedência mínima de 72 (setenta e duas) horas da paralisação."

ATENÇÃO: A greve abusiva não gera efeitos, conforme preconiza a OJ n. 10 da SDC do TST

OJ n. 10. GREVE ABUSIVA NÃO GERA EFEITOS. (inserida em 27-03-1998)

É incompatível com a declaração de abusividade de movimento grevista o estabelecimento de quaisquer vantagens ou garantias a seus partícipes, que assumiram os riscos inerentes à utilização do instrumento de pressão máximo.

1.19.3. Greve em atividades essenciais

É possível a greve em atividades essenciais, desde que preenchidos os requisitos legais, bem como os grevistas garantam, durante a greve, a prestação de parte dos serviços.

"Art. 10 São considerados serviços ou atividades essenciais:

I – tratamento e abastecimento de água; produção e distribuição de energia elétrica, gás e combustíveis;

II – assistência médica e hospitalar;

III – distribuição e comercialização de medicamentos e alimentos;

IV – funerários;

V – transporte coletivo;

VI – captação e tratamento de esgoto e lixo;

VII – telecomunicações;

VIII – guarda, uso e controle de substâncias radioativas, equipamentos e materiais nucleares;

IX – processamento de dados ligados a serviços essenciais;

X – controle de tráfego aéreo;

XI – compensação bancária."

Restrições ao direito de greve

a) MILITARES

Os militares não têm direito de greve, nos termos do art. 142, § 3º, IV, da CF/88.

"Art. 142. As Forças Armadas, constituídas pela Marinha, pelo Exército e pela Aeronáutica, são instituições nacionais permanentes e regulares, organizadas com base na hierarquia e na disciplina, sob a autoridade suprema do Presidente da República, e destinam-se à defesa da Pátria, à garantia dos poderes constitucionais e, por iniciativa de qualquer destes, da lei e da ordem.

...

§ 3º ...

IV – ao militar são proibidas a sindicalização e a greve;"

b) *LOCKOUT* (art. 17 da Lei n. 7.783/89)

É a greve realizada pelo empregador, sendo que sua consequência é o pagamento dos salários dos empregados durante a paralisação.

"Art. 17. Fica vedada a paralisação das atividades, por iniciativa do empregador, com o objetivo de frustrar negociação ou dificultar o atendimento de reivindicações dos respectivos empregados (*lockout*).

Parágrafo único. A prática referida no *caput* assegura aos trabalhadores o direito à percepção dos salários durante o período de paralisação."

1.20. Direito coletivo

O direito coletivo do trabalho visa a estabelecer os direitos inerentes a toda uma coletividade de trabalhadores, como, por exemplo, uma categoria profissional.

O estudo do direito coletivo do trabalho se divide em três pilares básicos, quais sejam: organização sindical, negociação coletiva e greve, que já vimos no capítulo anterior.

Nesse momento não há mais que falar em parte mais fraca, como nos referíamos ao empregado na relação de emprego, uma vez que aqui as partes são representadas por seus sindicatos, de forma que existe igualdade entre eles, independentemente se representam o empregado ou o empregador.

1.20.1. Liberdade sindical ou livre associação

Nenhum trabalhador no Brasil é obrigado a participar de um sindicato, nos termos do art. 8º, V, da CF/88.

> "Art. 8º É livre a associação profissional ou sindical, observado o seguinte:
>
> ...
>
> V – ninguém será obrigado a filiar-se ou a manter-se filiado a sindicato;
>
> ..."

1.20.2. Sindicato

É uma associação, pessoa jurídica de direito privado que representa trabalhadores e empregadores e visa à defesa de seus respectivos interesses coletivos (art. 511 da CLT).

> "Art. 511. É lícita a associação para fins de estudo, defesa e coordenação dos seus interesses econômicos ou profissionais de todos os que, como empregadores, empregados, agentes ou trabalhadores autônomos ou profissionais liberais exerçam, respectivamente, a mesma atividade ou profissão ou atividades ou profissões similares ou conexas."

1.20.3. Unicidade sindical

No Brasil, admite-se apenas um único sindicato para um dado grupo de trabalhadores em dada base territorial (art. 8º, II, da CF).

> "Art. 8º ...
>
> II – é vedada a criação de mais de uma organização sindical, em qualquer grau, representativa de categoria profissional ou econômica, na mesma base territorial, que será definida pelos trabalhadores ou empregadores interessados, não podendo ser inferior à área de um Município;"

1.20.4. Registro do sindicato perante órgão competente

É obrigatório, nos termos do art. 8º, I, da CF/88, o registro do sindicato junto ao órgão competente, a fim de que possa iniciar suas atividades de representação da categoria.

> "Art. 8º ...
>
> I – a lei não poderá exigir autorização do Estado para a fundação de sindicato, ressalvado o registro no órgão competente, vedadas ao Poder Público a interferência e a intervenção na organização sindical;
>
> ..."

1.20.5. Categoria profissional, econômica e diferenciada

Conforme nosso ordenamento jurídico, a organização dos trabalhadores se dá por categorias, de forma que é importante saber sobre o conceito de categoria profissional, econômica e diferenciada.

a) Profissional (art. 511, § 2º, da CLT)

Categoria profissional diz respeito à associação dos empregados em sindicato que represente trabalhadores com condições semelhantes em face da atividade desenvolvida pelo empregador. Se há várias atividades desenvolvidas simultaneamente, aplica-se a regra da atividade preponderante, qual seja, a considerada principal na empresa.

> "Art. 511. ...
>
> § 2º A similitude de condições de vida oriunda da profissão ou trabalho em comum, em situação de emprego na mesma atividade econômica ou em atividades econômicas similares ou conexas, compõe a expressão social elementar compreendida como categoria profissional.
>
> ..."

b) Econômica (art. 511, § 1º, da CLT)

Em paridade com o conceito de categoria profissional, temos que a categoria profissional é a reunião de empregadores que exercem atividades idênticas, similares ou conexas, e por consequência formará um sindicato patronal.

> "Art. 511. ...
>
> § 1º A solidariedade de interesses econômicos dos que empreendem atividades idênticas, similares ou conexas, constituem o vínculo social básico que se denomina categoria econômica.
>
> ..."

c) Diferenciada

Em regra, a união dos trabalhadores ocorre em razão da atividade preponderante do empregador, todavia tal regra comporta exceção, que é o enquadramento do empregado em uma categoria diferenciada.

A categoria diferenciada é aquela que se forma por meio da união de empregados com a profissão regulamentada por lei específica ou que conste no quadro do art. 511, § 3º, da CLT.

> "Art. 511. ...
> § 3º Categoria profissional diferenciada é a que se forma dos empregados que exerçam profissões ou funções diferenciadas por força de estatuto profissional especial ou em consequência de condições de vida singulares."

Vale, no particular, citar a Súmula 374 do TST, que assim averba: *"Empregado integrante de categoria profissional diferenciada não tem o direito de haver de seu empregador vantagens previstas em instrumento coletivo no qual a empresa não foi representada por órgão de classe de sua categoria"*.

1.20.6. Base territorial mínima de atuação sindical

A base territorial mínima para criação e atuação de sindicato da mesma categoria é a área de um município, conforme dispõe o art. 8º, II, da CF/88.

> "Art. 8º ...
> II – é vedada a criação de mais de uma organização sindical, em qualquer grau, representativa de categoria profissional ou econômica, na mesma base territorial, que será definida pelos trabalhadores ou empregadores interessados, não podendo ser inferior à área de um Município;
> ..."

1.20.7. Atribuições e prerrogativas dos sindicatos

Ao sindicato são atribuídas várias funções, entre as quais merece destaque:

a) Representação da categoria no âmbito judicial e administrativo (art. 8º, III, da CF e art. 513, *a*, da CLT).

> "Art. 8º ...
> III – ao sindicato cabe a defesa dos direitos e interesses coletivos ou individuais da categoria, inclusive em questões judiciais ou administrativas;"
> "Art. 513. São prerrogativas dos sindicatos:
> a)representar, perante as autoridades administrativas e judiciárias os interesses gerais da respectiva categoria ou profissão liberal ou interesses individuais dos associados relativos a atividade ou profissão exercida; "

b) Negociação coletiva (art. 8º, VI, da CF e art. 513, b, CLT)

> "Art. 8º ...
> VI – é obrigatória a participação dos sindicatos nas negociações coletivas de trabalho;"
> "Art. 513. ...
> b) celebrar contratos coletivos de trabalho; "

Custeio da Atividade Sindical

a) Contribuição Sindical

Uma das maiores alterações trazidas pela Reforma Trabalhista foi acabar com a obrigatoriedade do pagamento da Contribuição Sindical, que a partir de agora passa a ser devida apenas pelos representantes das categorias profissional, econômica e diferenciada quando expressamente autorizada, conforme preceituam os arts. 578 e 579 da CLT.

> "Art. 578. As contribuições devidas aos sindicatos pelos participantes das categorias econômicas ou profissionais ou das profissões liberais representadas pelas referidas entidades serão, sob a denominação de contribuição sindical, pagas, recolhidas e aplicadas na forma estabelecida neste Capítulo, desde que prévia e expressamente autorizadas.
> Art. 579. O desconto da contribuição sindical está condicionado à autorização prévia e expressa dos que participarem de uma determinada categoria econômica ou profissional, ou de uma profissão liberal, em favor do sindicato representativo da mesma categoria ou profissão ou, inexistindo este, na conformidade do disposto no art. 591 desta Consolidação."

b) Contribuição Confederativa (art. 8º, IV, da CF e Súmula Vinculante 40)

Tem como objetivo financiar o sistema confederativo, e só é devida pelos trabalhadores sindicalizados.

> "Art. 8º ...
> IV – a assembleia geral fixará a contribuição que, em se tratando de categoria profissional, será descontada em folha, para custeio do sistema confederativo da representação sindical respectiva, independentemente da contribuição prevista em lei; "
> **Súmula Vinculante 40 do STF**
> "A contribuição confederativa de que trata o art. 8º, IV, da Constituição, só é exigível dos filiados ao sindicato respectivo."

c) Contribuição Assistencial

É utilizada para o custeio das atividades assistenciais do sindicato, e somente é devida dos empregados sindicalizados, aplicando-se os mesmos preceitos da contribuição confederativa, conforme art. 513, *e*, da CLT.

> "Art. 513. São prerrogativas dos sindicatos:
> ...
> e) impor contribuições a todos aqueles que participam das categorias econômicas ou profissionais ou das profissões liberais representadas."

1.20.8. Convenção coletiva x acordo coletivo

a) Convenção Coletiva de Trabalho

É o resultado da negociação entre o sindicato patronal e o sindicato dos empregados, conforme art. 611 da CLT.

> "Art. 611 – Convenção Coletiva de Trabalho é o acordo de caráter normativo, pelo qual dois ou mais Sindicatos representativos de categorias econômicas e profissionais estipulam condições de trabalho aplicáveis, no âmbito das respectivas representações, às relações individuais de trabalho."

b) Acordo Coletivo de Trabalho

É o resultado da negociação entre um ou mais empregadores e o sindicato dos trabalhadores, conforme art. 611, § 1º, da CLT.

> "Art. 611...
>
> § 1º É facultado aos Sindicatos representativos de categorias profissionais celebrar Acordos Coletivos com uma ou mais empresas da correspondente categoria econômica, que estipulem condições de trabalho, aplicáveis no âmbito da empresa ou das acordantes respectivas relações de trabalho."

A Reforma Trabalhista criou um novo princípio para o direito coletivo do trabalho, qual seja, da *intervenção mínima na autonomia da vontade*, de forma que, a partir do referido princípio trazido pela redação do novo parágrafo 3º do art. 8º da CLT, a Justiça do Trabalho, na análise das normas coletivas, somente poderá verificar os requisitos para validade do negócio jurídico (art. 104 do CC), quais sejam: a) agente capaz; b) objeto lícito, possível, determinado ou determinável.

> "Art. 8º ...
>
> ...
>
> § 3º No exame de convenção coletiva ou acordo coletivo de trabalho, a Justiça do Trabalho analisará exclusivamente a conformidade dos elementos essenciais do negócio jurídico, respeitado o disposto no art. 104 da Lei n. 10.406, de 10 de janeiro de 2002 (Código Civil), e balizará sua atuação pelo princípio da intervenção mínima na autonomia da vontade coletiva."

1.20.9. Duração dos efeitos da norma coletiva

O prazo máximo de vigência da norma coletiva, independentemente de convenção ou acordo, é de 2 anos, sendo vedada a ultratividade, ou seja, é proibido que a norma coletiva continue gerando efeitos após o seu termo, conforme art. 614, § 3º, da CLT.

> "Art. 614 – Os Sindicatos convenentes ou as empresas acordantes promoverão, conjunta ou separadamente, dentro de 8 (oito) dias da assinatura da Convenção ou Acordo, o depósito de uma via do mesmo, para fins de registro e arquivo, no Departamento Nacional do Trabalho, em se tratando de instrumento de caráter nacional ou interestadual, ou nos órgãos regionais do Ministério do Trabalho e Previdência Social, nos demais casos.
>
> ...
>
> § 3º Não será permitido estipular duração de convenção coletiva ou acordo coletivo de trabalho superior a dois anos, sendo vedada a ultratividade."

1.20.10. Limites da norma coletiva

O estudo desse tópico deve começar com a seguinte pergunta: Existem limites impostos à negociação coletiva? E a resposta é sim. O art. 611-B da CLT, alterado pela Reforma Trabalhista, impôs restrição à supressão ou redução de alguns direitos trabalhistas através das normas coletivas. Para facilitar a lembrança de que se tratam de direitos "engessados", denominam tais direitos como "cláusulas pétreas" do direito do trabalho. Nesse aspecto, independente da vontade das partes, não será possível que a norma coletiva flexibilize, para prejudicar o empregado, os direitos previstos no mencionado artigo. Em nossa opinião, o rol do artigo 611-B da CLT, trata de um rol taxativo, e não meramente exemplificativo.

> "Art. 611-B. Constituem objeto ilícito de convenção coletiva ou de acordo coletivo de trabalho, exclusivamente, a supressão ou a redução dos seguintes direitos:
>
> I – normas de identificação profissional, inclusive as anotações na Carteira de Trabalho e Previdência Social;
>
> II – seguro-desemprego, em caso de desemprego involuntário;
>
> III – valor dos depósitos mensais e da indenização rescisória do Fundo de Garantia do Tempo de Serviço (FGTS);
>
> IV – salário mínimo;
>
> V – valor nominal do décimo terceiro salário;
>
> VI – remuneração do trabalho noturno superior à do diurno;
>
> VII – proteção do salário na forma da lei, constituindo crime sua retenção dolosa;
>
> VIII – salário-família;
>
> IX – repouso semanal remunerado;
>
> X – remuneração do serviço extraordinário superior, no mínimo, em 50% (cinquenta por cento) à do normal;
>
> XI – número de dias de férias devidas ao empregado;
>
> XII – gozo de férias anuais remuneradas com, pelo menos, um terço a mais do que o salário normal;
>
> XIII – licença-maternidade com a duração mínima de cento e vinte dias;
>
> XIV – licença-paternidade nos termos fixados em lei;
>
> XV – proteção do mercado de trabalho da mulher, mediante incentivos específicos, nos termos da lei;
>
> XVI – aviso prévio proporcional ao tempo de serviço, sendo no mínimo de trinta dias, nos termos da lei;

XVII – normas de saúde, higiene e segurança do trabalho previstas em lei ou em normas regulamentadoras do Ministério do Trabalho;

XVIII – adicional de remuneração para as atividades penosas, insalubres ou perigosas;

XIX – aposentadoria;

XX – seguro contra acidentes de trabalho, a cargo do empregador;

XXI – ação, quanto aos créditos resultantes das relações de trabalho, com prazo prescricional de cinco anos para os trabalhadores urbanos e rurais, até o limite de dois anos após a extinção do contrato de trabalho;

XXII – proibição de qualquer discriminação no tocante a salário e critérios de admissão do trabalhador com deficiência;

XXIII – proibição de trabalho noturno, perigoso ou insalubre a menores de dezoito anos e de qualquer trabalho a menores de dezesseis anos, salvo na condição de aprendiz, a partir de quatorze anos;

XXIV – medidas de proteção legal de crianças e adolescentes;

XXV – igualdade de direitos entre o trabalhador com vínculo empregatício permanente e o trabalhador avulso;

XXVI – liberdade de associação profissional ou sindical do trabalhador, inclusive o direito de não sofrer, sem sua expressa e prévia anuência, qualquer cobrança ou desconto salarial estabelecidos em convenção coletiva ou acordo coletivo de trabalho;

XXVII – direito de greve, competindo aos trabalhadores decidir sobre a oportunidade de exercê-lo e sobre os interesses que devam por meio dele defender;

XXVIII – definição legal sobre os serviços ou atividades essenciais e disposições legais sobre o atendimento das necessidades inadiáveis da comunidade em caso de greve;

XXIX – tributos e outros créditos de terceiros;

XXX – as disposições previstas nos arts. 373-A, 390, 392, 392-A, 394, 394-A, 395, 396 e 400 desta Consolidação.

Parágrafo único. Regras sobre duração do trabalho e intervalos não são consideradas como normas de saúde, higiene e segurança do trabalho para os fins do disposto neste artigo."

1.20.11. Acordado (negociado) x legislado

A Reforma Trabalhista trouxe uma grande inovação para direito coletivo do trabalho, uma vez que expressamente autorizou que, em determinados casos, o acordado entre as partes, por meio da norma coletiva, se sobreponha à legislação, conforme dispõe o art. 611-A da CLT. Nesse diapasão, é possível que a norma coletiva traga flexibilização maléfica ao empregado, no que tange à questão financeira, de direção do trabalho, do exercício da atividade, ou, ainda, com relação a jornada de trabalho.

"Art. 611-A. A convenção coletiva e o acordo coletivo de trabalho têm prevalência sobre a lei quando, entre outros, dispuserem sobre:

I – pacto quanto à jornada de trabalho, observados os limites constitucionais;

II – banco de horas anual;

III – intervalo intrajornada, respeitado o limite mínimo de trinta minutos para jornadas superiores a seis horas;

IV – adesão ao Programa Seguro-Emprego (PSE), de que trata a Lei n. 13.189, de 19 de novembro de 2015;

V – plano de cargos, salários e funções compatíveis com a condição pessoal do empregado, bem como identificação dos cargos que se enquadram como funções de confiança;

VI – regulamento empresarial;

VII – representante dos trabalhadores no local de trabalho;

VIII – teletrabalho, regime de sobreaviso, e trabalho intermitente;

IX – remuneração por produtividade, incluídas as gorjetas percebidas pelo empregado, e remuneração por desempenho individual;

X – modalidade de registro de jornada de trabalho;

XI – troca do dia de feriado;

XII – enquadramento do grau de insalubridade;

XIII – prorrogação de jornada em ambientes insalubres, sem licença prévia das autoridades competentes do Ministério do Trabalho;

XIV – prêmios de incentivo em bens ou serviços, eventualmente concedidos em programas de incentivo;

XV – participação nos lucros ou resultados da empresa.

..."

REFERÊNCIAS

CASSAR, Vólia Bomfim. *Direito do trabalho.* 14. ed. rev., atual. e ampl. São Paulo: Método, 2017.

DELGADO, Maurício Godinho. *Curso de direito do trabalho.* 15. ed. São Paulo: LTr, 2016.

GARCIA, Gustavo Filipe Barbosa. *Curso de direito do trabalho.* 7. ed. Rio de Janeiro: Forense, 2013.

LEITE, Carlos Henrique Bezerra. *Curso de direito do trabalho.* 7. ed. São Paulo: Saraiva, 2016.

Questões
Direito do Trabalho

PRINCÍPIOS. RELAÇÃO DE TRABALHO E RELAÇÃO DE EMPREGO. ESTRUTURA DA RELAÇÃO EMPREGATÍCIA: ELEMENTOS COMPONENTES. NATUREZA JURÍDICA. TRABALHO DOMÉSTICO.

1. (XXVII Exame) Paula trabalha na residência de Sílvia três vezes na semana como passadeira. Em geral, comparece às segundas, quartas e sextas, mas, se necessário, mediante comunicação prévia, comparece em outro dia da semana, exceto sábados, domingos e feriados. A CTPS não foi assinada e o pagamento é por dia de trabalho. Quando Paula não comparece, não recebe o pagamento e não sofre punição, mas Sílvia costuma sempre pedir que a ausência seja previamente comunicada. Paula procura você, como advogado(a), com dúvida acerca da sua situação jurídica. À luz da legislação específica em vigor, assinale a opção que contempla a situação de Paula.

(A) Paula é diarista, pois trabalha apenas 3 vezes na semana.
(B) Paula é autônoma, porque gerencia seu próprio trabalho, dias e horários.
(C) Paula é empregada eventual.
(D) Paula é empregada doméstica.

RESPOSTA Paula é empregada doméstica, uma vez que preenche os requisitos para configuração do vínculo empregatício, conforme art. 1º da Lei Complementar n. 150/2015, quais sejam, presta serviço como pessoa física, de forma continua, subordinada, onerosa e pessoal, a pessoa, sem finalidade lucrativa, por mais de duas vezes na semana, no âmbito do domicilio do empregador. *Alternativa D.*

2. (XXVI Exame) Paulo é policial militar da ativa da Brigada Militar do Rio Grande do Sul. Como policial militar, trabalha em regime de escala 24h x 72h. Nos dias em que não tem plantão no quartel, atua como segurança em uma joalheria de um *shopping center*, onde tem que trabalhar três dias por semana, não pode se fazer substituir por ninguém, recebe remuneração fixa mensal e tem que cumprir uma rotina de 8 horas a cada dia laborado. Os comandos do trabalho lhe são repassados pelo gerente-geral da loja, sendo que ainda ajuda nas arrumações de estoque, na conferência de mercadorias e em algumas outras funções internas. Paulo não teve a CTPS anotada pela joalheria.

Diante dessa situação, à luz das normas da CLT e da jurisprudência consolidada do TST, assinale a afirmativa correta

(A) Estão preenchidos os requisitos da relação de emprego, razão pela qual Paulo tem vínculo empregatício com a joalheria, independentemente do fato de ser policial militar da ativa, e de sofrer eventual punição disciplinar administrativa prevista no estatuto do Policial Militar.
(B) Estão preenchidos os requisitos da relação de emprego, mas Paulo não poderá ter vínculo empregatício com a joalheria, em razão da punição disciplinar administrativa prevista no estatuto do Policial Militar.
(C) Não estão presentes os requisitos da relação de emprego, uma vez que Paulo poderá ser requisitado pela Brigada Militar e não poderá trabalhar nesse dia para a joalheria.
(D) Estão preenchidos os requisitos da relação de emprego, sendo indiferente à relação de emprego uma eventual punição disciplinar administrativa prevista no estatuto do Policial Militar, mas Paulo não pode ter vínculo empregatício com a joalheria tendo em vista que a função pública exige dedicação exclusiva.

RESPOSTA O policial militar, em razão do trabalho que desenvolve para coletividade, qual seja, segurança pública, em regra, é impedido por seu estatuto de exercer outras atividades para iniciativa privada, durante seu horário de folga. Entretanto, o fato de o policial militar prestar serviços à iniciativa privada se tornou algo comum. Ocorre que, na maioria das vezes, como presta serviço na clandestinidade, não tem o vínculo empregatício reconhecido espontaneamente pelo empregador. Em razão desse fato, vários policiais militares que trabalhavam à margem da legislação junto à iniciativa privada passaram a reclamar o reconhecimento do vínculo empregatício na justiça do trabalho. Dessa forma, como havia decisões conflitantes a respeito do tema, o TST editou a Súmula 386, e firmou o entendimento de que o trabalho do policial militar, durante seu horário de folga, para iniciativa privada, contrariando seu estatuto, trata de uma modalidade de trabalho proibido, que gera todos os seus efeitos. Assim, independente da punição administrativa que poderá ser aplicada ao policial, o mesmo terá direito ao reconhecimento do vínculo empregatício junto à iniciativa privada se comprovar o preenchimento dos requisitos autorizadores do vínculo empregatício. *Alternativa A.*

3. **(XXXII Exame)** Uma indústria de chocolates constatou que precisava de mais trabalhadores para produzir ovos de Páscoa e, em razão disso, contratou vários trabalhadores temporários, pelo prazo de 30 dias, por meio de uma empresa de trabalho temporário. Maria era uma dessas trabalhadoras temporárias. Ocorre que a empresa contratada (a empresa de trabalho temporário) teve a falência decretada pela Justiça e não pagou nada a esses trabalhadores temporários. Maria procura você, como advogado(a), para saber se a indústria de chocolates, tomadora do serviço, teria alguma responsabilidade. Sobre a hipótese, de acordo com a norma de regência, assinale a afirmativa correta.

(A) A indústria de chocolates contratante terá responsabilidade solidária.
(B) Não haverá qualquer tipo de responsabilidade da contratante, porque a terceirização foi lícita.
(C) A então contratante se tornará empregadora dos trabalhadores temporários em razão da falência da empresa contratada.
(D) A indústria de chocolates contratante terá responsabilidade subsidiária se isso estiver previsto no contrato que entabulou com a empresa prestadora dos serviços.

RESPOSTA A questão trata do trabalho temporário, regulamentado pela Lei n. 6.019/74. A responsabilidade da tomadora do serviço, em regra, é subsidiária, entretanto, por exceção, quando ocorre a decretação da falência da empresa de trabalho temporário, a responsabilidade da tomadora passa a ser solidária, conforme inteligência do art. 16. Vale ressaltar, ainda, que a Lei n. 6.019/74, no caso de falência da empresa de trabalho temporário, não faz nenhuma menção ao vínculo empregatício passar a ser direto com a tomadora. *Alternativa A.*

4. **(XXXIII Exame)** Carlos foi contratado como estagiário, em 2018, por uma indústria automobilística, pelo prazo de dois anos. Todas as exigências legais foram atendidas, e o estágio era remunerado. Após um ano de vigência do contrato, ele procura você, como advogado(a), para saber se terá direito a férias nos 12 meses seguintes. Sobre a situação narrada, de acordo com a Lei de regência, assinale a afirmativa correta.

(A) Não haverá direito a qualquer paralisação, porque somente o empregado tem direito a férias.
(B) O estagiário tem direito a férias normais acrescidas do terço constitucional.
(C) Uma vez que a Lei é omissa a respeito, caberá ao empregador conceder, ou não, algum período de descanso a Carlos.
(D) Carlos terá direito a um recesso remunerado de 30 dias, mas sem direito ao acréscimo de 1/3 (um terço).

RESPOSTA Carlos não é empregado, mas sim estagiário, de forma que tem seu direitos regulamentados pela Lei do Estágio (Lei n. 11.788/2008), que prevê em seu art. 13 que o estágio igual ou superior a um ano terá direito a um recesso remunerado, se receber bolsa ou outra forma de contraprestação, de 30 dias. Se o estágio for inferior a um ano, o tempo de recesso será proporcional. Tendo em vista que o estagiário não é empregado, mas sim, uma modalidade de trabalhador, não se aplicam as regras da CLT, logo, o recesso previsto na Lei do Estágio não será acrescido do terço constitucional, como ocorre com as férias. *Alternativa D.*

5. **(XXXIII Exame)** Genilson e Carla trabalham como operadores de atendimento em uma sociedade empresária de telemarketing. Ambos possuem plano de saúde empresarial, previsto no regulamento interno e custeado integralmente pelo empregador, com direito a uma ampla rede credenciada e quarto particular em caso de eventual internação. Ocorre que a sociedade empresária, desejando reduzir seus custos, alterou o regulamento e informou seus empregados que o plano foi modificado, com redução significativa da rede credenciada e que, eventual internação hospitalar, seria feita em enfermaria – e não mais em quarto particular. Sobre a alteração efetuada e de acordo com a CLT, assinale a afirmativa correta.

(A) A alteração não é válida para Genilson e Carla, porque só pode ser efetivada para aqueles admitidos após a mudança.
(B) A alteração é válida para Genilson e Carla, porque o plano de saúde continuou a ser mantido, ainda que em condições diferentes.
(C) A alteração somente será válida para os admitidos anteriormente à mudança.
(D) A alteração, que alcança apenas os admitidos após a mudança, deve ser homologada judicialmente

RESPOSTA A questão trata do Princípio da Condição mais Benéfica, previsto na Súmula 51, item I do TST. O mencionado princípio explica que após concedidas condições mais benéficas ao empregado, através do regulamento da empresa, a alteração do regulamento e retirada ou alteração das condições mais benéficas concedidas anteiormente, somente serão válidas para os empregados contratados após a alteração ou revogação do regulamento. Assim, no caso da questão a alteração do regulamento em relação a Genilson e Carla não é válida. *Alternativa A.*

EMPREGADO: CONCEITO, CARACTERIZAÇÃO. ANOTAÇÃO DA CTPS. EMPREGADO EM DOMICÍLIO E TELETRABALHADOR. EMPREGADO DOMÉSTICO.

6. **(XXII Exame)** Suely trabalha na casa de Rogério como cuidadora de seu pai, pessoa de idade avançada e enferma, comparecendo de segunda a sexta-feira, das 8:00 às 17:00 h, com intervalo de uma hora para refeição. De acordo com o caso narrado e a legislação de regência, assinale a afirmativa correta.

(A) O controle escrito não é necessário, porque menos de 10 empregados trabalham na residência de Rogério.
(B) A lei de regência prevê que as partes podem acertar, por escrito, a isenção de marcação da jornada normal, assinalando apenas a eventual hora extra.
(C) A Lei é omissa a respeito, daí por que a existência de controle deve ser acertado entre as partes envolvidas no momento da contratação.
(D) Rogério deve, por força de Lei, manter controle escrito dos horários de entrada e saída da empregada doméstica.

RESPOSTA A jornada de trabalho do empregado doméstico foi limitada em 8 horas diárias e 44 horas semanais, seguindo a regra geral do empregado urbano. Assim, se existe um limite para jornada de trabalho, por consequência, existe a obrigação de fiscalizar, ou, como alguns denominam, controlar a jornada de trabalho. No caso específico do empregado doméstico, o art. 12 da Lei Complementar n. 150/2015 prevê que essa obrigação cabe ao empregador doméstico, mesmo que tenha apenas um empregado em sua residência. *Alternativa D.*

7. (XXVII Exame) Uma sociedade empresária do ramo de informática, visando à redução de custos, decidiu colocar metade de seus funcionários em teletrabalho, com possibilidade de revogação, caso não desse certo. Sobre o regime de teletrabalho, com base na legislação trabalhista em vigor, assinale a afirmativa correta.

(A) Poderá ser realizada a alteração do regime de teletrabalho para o presencial por determinação do empregador, garantido o prazo de transição mínimo de 15 dias, com correspondente registro em aditivo contratual.

(B) Os materiais fornecidos pelo empregador para a realização do teletrabalho representam utilidades e integram a remuneração do empregado.

(C) A jornada do empregado em teletrabalho que exceder o limite constitucional será paga como hora extra.

(D) A empresa pode implementar, por vontade própria, o teletrabalho, sendo desnecessária a concordância expressa do empregado, já que seria mais vantajoso para ele.

RESPOSTA A modalidade de contratação Teletrabalho apresenta algumas características especiais, que estão disciplinadas nos artigos 75-B ao 75-E da CLT, de forma que os materiais fornecidos para o trabalho são de responsabilidade do empregador, e não caracterizam salário utilidade, bem como não há controle de jornada (art. 62, III, da CLT), que tem como efeito a não concessão de horas extras ao teletrabalhador, mesmo que trabalhe além das oito horas diárias, e, por fim, é possível alterar a modalidade da contratação de teletrabalho para presencial somente com a determinação do empregado, sem a necessidade da anuência do empregado, desde que seja feito por aditivo contratual, e seja concedido o prazo de 15 dias para ada ptação do empregado. *Alternativa A.*

8. (XXX Exame) Renato é um empregado doméstico que atua como caseiro no sítio de lazer do seu empregador. Contudo, a CTPS de Renato foi assinada como sendo operador de máquinas da empresa de titularidade do seu empregador. Renato tem receio de que, no futuro, não possa comprovar experiência na função de empregado doméstico e, por isso, intenciona ajuizar reclamação trabalhista para regularizar a situação. Considerando a situação narrada e o entendimento consolidado do TST, assinale a afirmativa correta.

A) Caso comprove que, de fato, é doméstico, Renato conseguirá a retificação na CTPS, pois as anotações nela lançadas têm presunção relativa.

B) Somente o salário poderia ser objeto de demanda judicial para se comprovar que o empregado recebia valor superior ao anotado, sendo que a alteração na função não é prevista, e a demanda não terá sucesso.

C) Caso Renato comprove que é doméstico, o pedido será julgado procedente, mas a alteração será feita com modulação de efeitos, com retificação da data da sentença em diante.

D) Renato não terá sucesso na sua reclamação trabalhista, porque a anotação feita na carteira profissional tem presunção absoluta.

RESPOSTA A CTPS do empregado, obrigatoriamente, deve ser anotada com as informações principais a respeito do contrato de trabalho, no prazo máximo de 5 dias, conforme art. 29 da CLT. Quaisquer informações anotadas na CTPS do empregado têm presunção relativa, de forma que admite prova em contrário, conforme entendimento do TST exposto na Súmula 12. Caso seja comprovado em juízo que as informações anotadas na CTPS não eram verdadeiras, o juiz determinará a retificação, desde a data em que a verdadeira relação de fato teve início. *Alternativa A.*

9. (XXXII Exame) Luiz e Selma são casados e trabalham para o mesmo empregador. Ambos são teletrabalhadores, tendo o empregador montado um home office no apartamento do casal, de onde eles trabalham na recepção e no tratamento de dados informatizados. Para a impressão dos dados que serão objeto de análise, o casal necessitará de algumas resmas de papel, assim como de toner para a impressora que utilizarão. Assinale a opção que indica quem deverá arcar com esses gastos, de acordo com a CLT.

(A) Cada parte deverá arcar com 50% desse gasto.

(B) A empresa deverá arcar com o gasto porque é seu o risco do negócio.

(C) A responsabilidade por esse gasto deverá ser prevista em contrato escrito.

(D) O casal deverá arcar com o gasto, pois não há como o empregador fiscalizar se o material será utilizado apenas no trabalho.

RESPOSTA A questão trata do teletrabalho, regulamentado na CLT entre os arts. 75-A ao 75-E. O art. 75-D da CLT, dispõe que as despesas, bem como reembolso referente a manutenção, infraestrutura e fornecimento dos equipamentos e demais condições para execução do trabalho serão acordads entre empregado e empregado através do contrato de trabalho. Não há previsão legal determinando o rateio em 50%, como, também, não há previsão determinando expressamente o pagamento pelo empregador. Por fim, o fato da falta de fiscalização não guarda relevância para a situação retratada na questão. *Alternativa C.*

EMPREGADOR: CONCEITO, CARACTERIZAÇÃO. PODERES DO EMPREGADOR. CARTÓRIOS. EMPRESA E ESTABELECIMENTO. GRUPO ECONÔMICO. SUCESSÃO DE EMPREGADORES. CONSÓRCIO DE EMPREGADORES. SITUAÇÕES DE RESPONSABILIZAÇÃO EMPRESARIAL.

10. (XXVI Exame) Jorge era caixa bancário e trabalhava para o Banco Múltiplo S/A. Recebia salário fixo de R$ 4.000,00 mensais. Além disso, recebia comissão de 3% sobre cada seguro de carro, vida e previdência oferecido e aceito pelos clientes do Banco, o que fazia concomitantemente com suas atividades de caixa, computando-se o desempenho para suas metas e da agência. Os produtos em referência não eram do banco, mas, sim, da Seguradora Múltiplo S/A, empresa do mesmo grupo econômico do empregador de Jorge.

Diante disso, observando o entendimento jurisprudencial consolidado do TST, bem como as disposições da CLT, assinale a afirmativa correta:

(A) os valores a título de comissão não devem integrar a remuneração de Jorge, por se tratar de liberalidade.

(B) Os valores recebidos a título de comissão não devem integrar a remuneração de Jorge, porque relacionados a produtos de terceiros.

(C) Os valores recebidos a título de comissão devem integrar a remuneração de Jorge.

(D) Os valores recebidos a título de comissão não devem integrar a remuneração de Jorge, uma vez que ocorreram dentro do horário normal de trabalho, para o qual Jorge já é remunerado pelo banco.

RESPOSTA Jorge tem direito de ver as comissões integrarem o seu salário, como determina o § 1º do art. 457 da CLT, o qual deve ser analisado juntamente com a Súmula 129 do TST, já que ele no mesmo horário de trabalho prestava serviços para mais de uma empresa do grupo econômico, configurando a responsabilidade solidária ativa. *Alternativa C.*

11. (XXVIII Exame) Alaor, insatisfeito com o pequeno lucro do restaurante do qual era sócio, retirou-se da sociedade empresária e averbou, na respectiva junta comercial, novo contrato social, onde constava sua retirada. O empresário, 36 meses após esse fato, foi surpreendido com sua citação em uma reclamação trabalhista ajuizada dias antes. Sobre a hipótese apresentada, considerando a atual redação da CLT, assinale a afirmativa correta.

(A) Alaor responde solidariamente pelos débitos da sociedade na ação trabalhista em referência.

(B) Alaor responde subsidiariamente pelos débitos da sociedade na ação trabalhista em referência.

(C) Alaor não mais responde, na ação trabalhista em referência, pelos débitos da sociedade.

(D) No caso, primeiro responde a empresa devedora, depois, os sócios atuais e, em seguida, os sócios retirantes, que é o caso de Alaor.

RESPOSTA A questão trata da figura do sócio-retirante, que somente responderá, subsidiariamente pelas dívidas da empresa se a ação contra si for movida dentro do prazo de até dois, contados da averbação da alteração do contrato social, conforme art. 10-A, da CLT. *Alternativa C.*

12. (XXX Exame) Paulo trabalhou para a Editora Livro Legal Ltda. de 10/12/2017 a 30/08/2018 sem receber as verbas rescisórias ao final do contrato, sob a alegação de dificuldades financeiras da empregadora. Em razão disso, ele pretende ajuizar ação trabalhista e procurou você, como advogado(a). Sabe-se que a empregadora de Paulo estava sob o controle e a direção da sócia majoritária, a Editora Mundial Ltda. Assinale a afirmativa que melhor atende à necessidade e à segurança de satisfazer o crédito do seu cliente.

A) Poderá incluir a sociedade empresária controladora no polo passivo da demanda, e esta responderá solidariamente com a empregadora, pois se trata de grupo econômico.

B) Poderá incluir a sociedade empresária controladora no polo passivo da demanda, e esta responderá subsidiariamente com a empregadora, pois se trata de grupo econômico.

C) Não há relação de responsabilização entre as sociedades empresárias, uma vez que possuem personalidades jurídicas distintas, o que afasta a caracterização de grupo econômico.

D) Não se trata de grupo econômico, porque a mera identidade de sócios não o caracteriza; portanto, descabe a responsabilização da segunda sociedade empresária.

RESPOSTA O grupo econômico, previsto no art. 2º, § 2º, da CLT, configura-se quando duas ou mais empresas (só existe grupo econômico entre pessoas jurídicas), cada uma com sua personalidade jurídica própria, atuam em conjunto, de forma subordinada (vertical), ou por coordenação (horizontal). Nesse caso, aplica-se a teoria do empregador único, de forma que de maneira ficta todas as empresas que formam o grupo são consideradas apenas uma empresa. Nesse diapasão, a responsabilidade sobre as verbas trabalhistas de cada empresa do grupo é ao mesmo tempo responsabilidade das demais empresas integrantes, mesmo que o empregado tenha sido contratado e prestado serviço para apenas uma empresa, é a denominada responsabilidade solidária. Em razão da responsabilidade solidária entre as empresas do grupo econômico, é possível que o empregado ajuíze a reclamação trabalhista contra todas as empresas que formam o grupo econômico. Uma novidade a respeito de grupo econômico trazida pela Reforma Trabalhista é que o simples fato de duas ou mais empresas terem os mesmos sócios não basta para configurar o grupo econômico, é preciso que fique comprovada a atuação em conjunto por subordinação ou coordenação. *Alternativa A.*

13. (XXIV Exame) José trabalhou como despachante para a sociedade empresária Vinhos do Sul Ltda. Frequentemente ele reparava que, nas notas de despacho, constava também a razão social da sociedade empresária Vinhos e Sucos de Bento Gonçalves Ltda. Os CNPJs das sociedades empresárias eram distintos, assim como suas respectivas personalidades jurídicas, porém, os sócios de ambas eram os mesmos, sendo certo que a sociedade empresária Vinhos e Sucos de Bento Gonçalves Ltda. era sócia majoritária da sociedade empresária Vinhos do Sul Ltda., além dos sócios pessoas físicas. Com base no caso narrado, assinale a opção que apresenta a figura jurídica existente entre as sociedades empresárias e o efeito disso perante o contrato de trabalho de João, em caso de eventual ação trabalhista.

(A) Trata-se de consórcio de empregadores, havendo responsabilidade solidária.

(B) Trata-se de consórcio de empregadores, havendo responsabilidade subsidiária.

(C) Trata-se de grupo econômico, havendo responsabilidade solidária.

(D) Trata-se de grupo econômico, havendo responsabilidade subsidiária.

RESPOSTA Trata-se de grupo econômico, pois pela análise do caso narrado é possível perceber que as empresas atuam em conjunto, de forma subordinada, já que uma é sócia majoritária da outra, nos termos do art. 2º, §2º, da CLT, de modo que há responsabilidade solidária entre elas. *Alternativa C.*

OBSERVAÇÃO: Com o advento da Lei n. 13.467/2017, a mera identidade de sócios não gera grupo econômico, de forma que tal fato não deve ser levado em consideração para configuração do grupo econômico, conforme § 3º do art. 2º da CLT.

14. (XXIII Exame) Um grupo econômico é formado pelas sociedades empresárias X, Y e Z. Com a crise econômica que assolou o país, todas as empresas do grupo procuraram formas de reduzir o custo de mão de obra. Para evitar dispensas, a sociedade empresária X acertou a redução de 10% dos salários dos seus empregados por convenção coletiva; Y acertou a mesma redução em acordo coletivo; e Z fez a mesma redução, por acordo individual escrito com os empregados. Diante da situação retratada e da norma de regência, assinale a afirmativa correta.

(A) As empresas estão erradas, porque o salário é irredutível, conforme previsto na Constituição da República.

(B) Não se pode acertar redução de salário por acordo coletivo nem por acordo individual, razão pela qual as empresas Y e Z estão erradas.

(C) A empresa Z não acertou a redução salarial na forma da lei, tornando-a inválida.

(D) As reduções salariais em todas as empresas do grupo foram negociadas e, em razão disso, são válidas.

RESPOSTA A questão abordou exceção ao princípio da intangibilidade salarial. Contudo, o art. 7º, VI, estabelece que a redução de salários somente poderá ocorrer por meio de acordo ou convenção coletiva de trabalho. *Alternativa C.*

15. (XXXII Exame) Bruno era empregado em uma sociedade empresária, na qual atuava como teleoperador de vendas on-line de livros e artigos religiosos, usando, em sua estação de trabalho, computador e headset. Em determinado dia, o sistema de câmeras internas flagrou Bruno acessando, pelo computador, um site pornográfico por 30 minutos, durante o horário de expediente. Esse fato foi levado à direção no dia seguinte, que, indignada, puniu Bruno com suspensão por 40 dias, apesar de ele nunca ter tido qualquer deslize funcional anterior. Diante da situação apresentada e dos termos da CLT, assinale a afirmativa correta.

(A) A punição, tal qual aplicada pela empresa, importa na rescisão injusta do contrato de trabalho.

(B) A punição é compatível com a gravidade da falta, devendo Bruno retornar ao emprego após os 40 dias de suspensão.

(C) A empresa deveria dispensar Bruno por justa causa, porque pornografia é crime, e, como não o fez, considera-se perdoada a falta.

(D) A empresa errou, porque, sendo a primeira falta praticada pelo empregado, a Lei determina que se aplique a pena de advertência.

RESPOSTA A questão abordou os poderes do empregador, mais especificamente o poder punitivo. O empregador, na direção da relação de emprego, tem o poder de punir o empregado, caso o mesmo venha a transgredir as regras da empresa ou da CLT. Dentre as modalidades de punição, o empregador pode optar pela suspensão do contrato de trabalho, período em que o contrato fica paralisado, sem a prestação do serviço, bem como sem o pagamento de salário. Para evitar excessos, o legislador limitou o período máximo de suspensão do contrato, enquanto penalidade, em 30 dias, sendo que se o empregador extrapolar o referido limite, considera-se extinto o contrato de forma imotivada/injusta ou sem justa causa, e o empregado terá direito de receber todas as verbas rescisórias (art. 474 da CLT). *Alternativa C.*

INVALIDADE DO CONTRATO DE EMPREGO. TEORIA DAS NULIDADES TRABALHISTAS. TRABALHO ILÍCITO E TRABALHO PROIBIDO E OS EFEITOS DA DECLARAÇÃO DE NULIDADE.

16. (XXX Exame) Vera Lúcia tem 17 anos e foi contratada como atendente em uma loja de conveniência, trabalhando em escala de 12x36 horas, no horário de 19 às 7h, com pausa alimentar de 1 hora. Essa escala é prevista no acordo coletivo assinado pela loja com o sindicato de classe, em vigor. A empregada teve a CTPS assinada e tem, como atribuições, auxiliar os clientes, receber o pagamento das compras e dar o troco quando necessário. Diante do quadro apresentado e das normas legais, assinale a afirmativa correta.

(A) A hipótese trata de trabalho proibido.

(B) O contrato é plenamente válido.

(C) A situação retrata caso de atividade com objeto ilícito.

(D) Por ter 17 anos, Vera Lúcia fica impedida de trabalhar em escala 12 x 36 horas, devendo ser alterada a jornada.

RESPOSTA O empregador menor de idade está impedido por lei de trabalhar na atividade insalubre ou perigosa e no período noturno (art. 7º, XXXIII, da CRFB). Assim, o trabalho que acaba contrariando a legislação pertinente a espécie trata-se de trabalho proibido, enquanto o trabalho que decorre de crime ou contravenção penal trata-se de trabalho ilícito. *Alternativa A.*

17. (XXVI Exame) Lucas trabalhava em uma empresa estatal, cuja norma interna regulamentar previa a necessidade de sindicância administrativa para apuração de falta e aplicação de suspensão. Após quatro anos de contrato sem qualquer intercorrência, em determinada semana, Lucas faltou sem qualquer comunicação ou justificativa por dois dias consecutivos. Diante disso, logo após o seu retorno ao trabalho, seu superior hierárquico aplicou a pena de suspensão por três dias. Na qualidade de advogado de Lucas, que tem interesse em manter o emprego, você deverá requerer

(A) a rescisão indireta do contrato por punição excessiva.

(B) a nulidade da punição, pois não foi observada a norma regulamentar da empresa.

(C) a conversão da suspensão em advertência.

(D) a ausência de nexo de causalidade e o decurso de tempo entre a punição e a falta.

RESPOSTA Com efeito, se há norma regulamentar prevendo que qualquer penalidade deve ser precedida de sindicância administrativa, será nula a penalidade que não observar o regramento instituído, por não assegurar as garantias instituídas (eficácia horizontal dos direitos fundamentais), o que pode ser extraído da Súmula 77 do TST. *Alternativa B.*

18. (XXXI Exame) Gervásia é empregada na Lanchonete Pará desde fevereiro de 2018, exercendo a função de atendente e recebendo o valor correspondente a um salário mínimo por mês. Acerca da cláusula compromissória de arbitragem que o empregador pretende inserir no contrato da empregada, de acordo com a CLT, assinale a afirmativa correta.

A) A inserção não é possível, porque, no Direito do Trabalho, não cabe arbitragem em lides individuais.

B) A cláusula compromissória de arbitragem não poderá ser inserida no contrato citado, em razão do salário recebido pela empregada.

C) Não há mais óbice à inserção de cláusula compromissória de arbitragem nos contratos de trabalho, inclusive no de Gervásia.

D) A cláusula de arbitragem pode ser inserida em todos os contratos de trabalho, sendo admitida de forma expressa ou tácita.

RESPOSTA A Reforma Trabalhista (Lei n. 13.467/2017) alterou a sistemática em relação à convenção de arbitragem. Antes da reforma, era possível celebrar cláusula de convenção de arbitragem apenas no direito coletivo do trabalho, entretanto, após a reforma, desde que preenchidos dois requisitos, passou a ser possível a celebração de cláusula de convenção de arbitragem no direito individual do trabalho. No que tange aos requisitos, o art. 507-A da CLT exige, para celebração da referida cláusula, que o empregado perceba salário superior a duas vezes o valor máximo do benefício da previdência social, bem como que a inserção da cláusula no contrato seja por iniciativa do empregado, ou, ainda, que se por iniciativa do empregador tenha a concordância expressa do empregado. *Alternativa B.*

DURAÇÃO DO TRABALHO. COMPOSIÇÃO DA JORNADA. TEMPO À DISPOSIÇÃO. HORAS IN ITINERE. SOBREAVISO E PRONTIDÃO. TRABALHADORES EXCLUÍDOS DA DURAÇÃO DO TRABALHO

19. (XXVII Exame) Renato trabalha na empresa Ramos Santos Ltda. exercendo a função de técnico de manutenção. De segunda a sexta-feira, ele trabalha das 8h às 17h, com uma hora de almoço, e, aos sábados, das 8h às 12h, sem intervalo. Ocorre que, por reivindicação de alguns funcionários, a empresa instituiu um culto ecumênico toda sexta-feira, ao final do expediente, cujo comparecimento é facultativo. O culto ocorre das 17h às 18h, e Renato passou a frequentá-lo. Diante dessa situação, na hipótese de você ser procurado como advogado(a) em consulta formulada por Renato sobre jornada extraordinária, considerando o enunciado e a legislação trabalhista em vigor, assinale a afirmativa correta.

(A) Renato não faz jus a qualquer valor de horas extras.

(B) Renato tem direito a uma hora extra semanal, pois o culto foi instituído pela empregadora.

(C) Renato tem direito a uma hora extra diária, de segunda a sexta-feira, em razão do horário de trabalho das 8h às 17h.

(D) Renato tem direito a nove horas extras semanais, sendo cinco de segunda a sexta-feira e mais as 4 aos sábados.

RESPOSTA O art. 4º, § 2º, I, da CLT, dispõe que o tempo que o empregado permanece na empresa, por mera liberalidade, para participar de culto religioso, não será considerado como tempo à disposição do empregador, e assim, também não deverá ser remunerado, sendo que dessa forma Renato não faz jus as horas extras. *Alternativa A.*

20. (XXVIII Exame) Você, como advogado(a), foi procurado por Pedro para ajuizar ação trabalhista em face da ex-empregadora deste. Pedro lhe disse que após encerrar o expediente e registrar o efetivo horário de saída do trabalho, ficava na empresa em razão de eventuais tiroteios que ocorriam na região. Nos meses de verão, ocasionalmente, permanecia na empresa para esperar o escoamento da água decorrente das fortes chuvas. Diariamente, após o expediente, havia culto ecumênico de participação voluntária e, dada sua atividade em setor de contaminação radioativa, era obrigado a trocar de uniforme na empresa, o que levava cerca de 20 minutos. Considerando o labor de Pedro, de 10-12-2017 a 20-09-2018, e a atual legislação em vigor, assinale a afirmativa correta.

(A) Apenas o período de troca de uniforme deve ser requerido como horário extraordinário.

(B) Todo o tempo que Pedro ficava na empresa gera hora extraordinária, devendo ser pleiteado como tal em sede de ação trabalhista.

(C) Nenhuma das hipóteses gera labor extraordinário.

(D) Como apenas a questão religiosa era voluntária, somente essa não gera horário extraordinário.

RESPOSTA O tempo que o empregado permanece na empresa, por mera liberalidade, além da sua jornada de trabalho, em busca de proteção para sua integridade física, ou contra as condições climáticas, e ainda para participação em culto religioso não são considerados como tempo a disposição do empregador. Por outro lado, na hipótese da necessidade da troca de uniforme por conta da atividade, o tempo gasto para tal tarefa é tempo à disposição do empregador, e deve ser computado na jornada de trabalho, de forma que, se somado à jornada extrapolar o limite legal (8 horas) ou contratual, ensejará o direito ao recebimento das horas extras, conforme art. 4º, § 2º e incisos, da CLT. *Alternativa A.*

LIMITAÇÃO DE JORNADA. REGIME DE TEMPO PARCIAL. JORNADAS ESPECIAIS. TEMPO À DISPOSIÇÃO.

21. (XXV Exame) Lúcio foi dispensado do emprego, no qual trabalhou de 17/11/2017 a 20/03/2018, por seu empregador. Na sociedade empresária em que trabalhou, Lúcio batia o cartão de ponto apenas no início e no fim da jornada efetiva de trabalho, sem considerar o tempo de café da manhã, de troca de uniforme (que consistia em vestir um jaleco branco e tênis comum, que ficavam na posse do empregado) e o tempo em que jogava pingue-pongue após almoçar, já que o fazia em 15 minutos, e poderia ficar jogando até o término do intervalo integral. Você foi procurado por Lúcio para, como advogado, ingressar com ação pleiteando horas extras pelo tempo indicado no enunciado não constante dos controles de horário. Sobre o caso, à luz da CLT, assinale a afirmativa correta.

(A) Lúcio não faz jus às horas extras pelas atividades indicadas, pois as mesmas não constituem tempo à disposição do empregador.

(B) Lúcio faz jus às horas extras pelas atividades indicadas, pois as mesmas constituem tempo à disposição do empregador, já que Lúcio estava nas dependências da empresa.

(C) Apenas o tempo de alimentação e café da manhã devem ser considerados como tempo à disposição, já que o outro representa lazer do empregado.

(D) Apenas o tempo em que ficava jogando poderá ser pretendido como hora extra, pois Lúcio não desfrutava integralmente da pausa alimentar.

RESPOSTA A reforma trabalhista inseriu o parágrafo 2º e seus incisos ao art. 4º da CLT, e passou a prever que o tempo que o empregado permanece na empresa por mera liberalidade, para fazer um lanche, troca de uniforme, quando esta não é obrigatória a ser realizada na empresa, ou atividades sociais, como a prática de atividades desportivas, não representa tempo à disposição do empregador, logo, não deve ser remunerado. *Alternativa A.*

COMPENSAÇÃO DE JORNADA. COMPENSAÇÃO ORDINÁRIA. ESCALA DE COMPENSAÇÃO 12X36. BANCO DE HORAS. TURNOS ININTERRUPTOS DE REVEZAMENTO.

22. (XXVI Exame) Felisberto foi contratado como técnico pela sociedade empresária Montagens Rápidas Ltda., em janeiro de 2018, recebendo salário correspondente ao mínimo legal. Ele não está muito satisfeito, mas espera, no futuro, galgar degraus dentro da empresa. O empregado em questão trabalha na seguinte jornada: de segunda a sexta-feira, das 10h às 19h48min com intervalo de uma hora para refeição, tendo assinado acordo particular por ocasião da admissão para não trabalhar aos sábados e trabalhar mais 48 minutos de segunda a sexta-feira. Com base na situação retratada e na Lei, considerando que a norma coletiva da categoria de Felisberto é silente a respeito, assinale a afirmativa correta.

(A) Há direito ao pagamento de horas extras, porque a compensação de horas teria de ser feita por acordo coletivo ou convenção coletiva, não se admitindo acordo particular para tal fim.

(B) Não existe direito ao pagamento de sobrejornada, porque as partes podem estipular qualquer quantidade de jornada, independentemente de limites.

(C) A Lei é omissa a respeito da forma pela qual a compensação de horas deva ser realizada, razão pela qual caberá ao juiz, valendo-se de bom senso e razoabilidade, julgar por equidade.

(D) A situação não gera direito a horas extras, porque é possível estipular compensação semanal de horas, inclusive por acordo particular, como foi o caso.

RESPOSTA A compensação de jornada de trabalho, de forma simples, significa dizer que o empregado trabalha a mais em um dia, justamente para folgar em outro. Existem várias formas de celebração de acordo de compensação de jornada. No caso em questão, foi celebrado acordo individual escrito para o empregado trabalhar um período maior durante a semana, e folgar aos sábados, a fim de completar as 44 horas semanais. A previsão da compensação em questão decorre da Súmula 85 do TST, que, ao nosso sentir, continua com alguns pontos intactos, mesmo após as alterações do art. 59 da CLT, trazidos pela Reforma Trabalhista. Assim, lícita a compensação, o empregado não tem direito a horas extras. *Alternativa D.*

23. (XXVIII Exame) Rita de Cássia é enfermeira em um hospital desde 10/01/2018, no qual trabalha em regime de escala de 12 x 36 horas, no horário das 7.00 às 19.00 horas. Tal escala encontra-se prevista na convenção coletiva da categoria da empregada. Alguns plantões cumpridos por Rita de Cássia coincidiram com domingos e outros, com feriados. Em razão disso, a empregada solicitou ao seu gestor que as horas cumpridas nesses plantões fossem pagas em dobro. Sobre a pretensão da empregada, diante do que preconiza a CLT, assinale a afirmativa correta.

(A) Ela fará jus ao pagamento com adicional de 100% apenas nos feriados.

(B) Ela não terá direito ao pagamento em dobro nem nos domingos nem nos feriados.

(C) Ela terá direito ao pagamento em dobro da escala que coincidir com o domingo.

(D) Ela receberá em dobro as horas trabalhadas nos domingos e feriados.

RESPOSTA O art. 59-A, parágrafo único, da CLT, introduzido pela Reforma Trabalhista, dispõe que o pagamento do salário pela jornada especial de 12x36 já abrange os domingos e feriados trabalhados, sendo que caso a jornada de 12 horas de trabalho coincida com o domingo ou feriado os mesmos já estão devidamente quitados, sem falar em pegamento com adicional de 100%. *Alternativa B.*

INTERVALOS PARA DESCANSO. INTERVALO INTERJORNADAS. INTERVALO INTRAJORNADA. INTERVALOS ESPECIAIS.

24. (XXX Exame) O sindicato dos empregados X entabulou, com o sindicato dos empregadores Y, uma convenção coletiva de trabalho para vigorar de julho de 2019 a junho de 2021. Nela ficou acertado que a jornada seria marcada pelos trabalhadores por meio de um aplicativo desenvolvido pelos sindicatos; que haveria instituição de banco de horas anual; que, nas jornadas de trabalho de até 7 horas diárias, haveria intervalo para refeição de 20 minutos; e que a participação nos lucros seria dividida em 4 parcelas anuais. Considerando o teor da norma coletiva e suas cláusulas, e considerando o disposto na CLT, assinale a afirmativa correta.

(A) A convenção é nula quanto à participação nos lucros, que não pode ser dividida em mais de 2 parcelas anuais.

(B) É nula a fixação de pausa alimentar inferior a 30 minutos para jornadas superiores a 6 horas, mesmo que por norma coletiva.

(C) Inválida a cláusula referente à modalidade de registro da jornada de trabalho, que não pode ser feito por meio de um aplicativo.

(D) Inválido o banco de horas estipulado, pois, em norma coletiva, ele somente pode ser realizado para compensação semestral.

RESPOSTA Com a entrada em vigor da Lei n. 13.467/2017 (Reforma Trabalhista), em casos específicos, o acordo entre as partes, desde que através de norma coletiva, passou a prevalecer sobre o legislado. Entretanto, não é possível que o intervalo intrajornada mínimo de uma hora seja reduzido para 20 minutos, pois que seu limite de redução é de 30 minutos (art. 611-A, III, da CLT). Ainda nesse sentido, o art. 611-A da CLT, em seus incisos, autoriza o acordado entre as partes, desde que através de norma coletiva prevalecer sobre o legislado quanto à forma de parcelamento da PL, quanto à forma de anotação do ponto e quanto ao banco de horas. *Alternativa B.*

25. (XXV Exame) Jorge trabalhou para a Sapataria Bico Fino Ltda., de 16-11-2017 a 20-03-2018. Na ocasião realizava jornada das 9h às 18h, com 15 minutos de intervalo. Ao ser dispensado ajuizou ação trabalhista, reclamando o pagamento de uma hora integral pela ausência do intervalo, além dos reflexos disso nas demais parcelas intercorrentes do contrato de trabalho. Diante disso, e considerando o texto da CLT, assinale a afirmativa correta.

(A) Jorge faz jus a 45 minutos acrescidos de 50%, porém sem os reflexos, dada a natureza jurídica indenizatória da parcela.

(B) Jorge faz jus a 45 minutos acrescidos de 50%, além dos reflexos, dada a natureza jurídica salarial da parcela.

(C) Jorge faz jus a uma hora integral acrescida de 50%, porém sem os reflexos, dada a natureza jurídica indenizatória da parcela.

(D) Jorge faz jus a uma hora integral acrescida de 50%, porém sem os reflexos, dada a natureza jurídica salarial da parcela.

RESPOSTA De acordo com o § 4º do art. 71 da CLT, com a redação dada pela Lei n. 13.467/2017, como Jorge só gozava de 15 minutos, deve receber apenas pelo tempo suprimido, quais sejam os 45 minutos não gozados, já que não fora observado o intervalo mínimo de 1 hora, com o acréscimo de 50% que terá natureza indenizatória. *Alternativa A.*

26. (XXIV Exame) Um empresário explora o ramo de farmácias e drogarias, possuindo 18 filiais divididas por dois estados da Federação. Cada filial tem 5 empregados, todos com CTPS assinada. O empresário, desejando saber se precisa manter controle escrito dos horários de entrada e saída dos empregados, procura você para, como advogado, orientá-lo. Diante da situação retratada e com base na CLT, assinale a afirmativa correta.

(A) O controle de ponto deverá ser mantido, porque a empresa possui mais de 10 empregados.

(B) A análise deverá ser feita por cada estado da Federação, sendo obrigatório o ponto se houver mais de 10 empregados no espaço geográfico do estado.

(C) O empresário não precisará manter controle escrito, porque tem menos de 10 empregados por estabelecimento.

(D) A Lei é omissa a respeito, daí por que, a título de cautela, é recomendável que seja marcado o controle, podendo haver a pré-assinalação da pausa alimentar.

RESPOSTA Note-se que o número de empregados deve ser analisado sobre cada estabelecimento de forma individualizado. Assim, a empresa que contiver mais de vinte empregados por estabelecimento deve ter controle de ponto, nos termos do § 2º do art. 74 da CLT. No caso em questão, a empresa possui apenas cinco empregados em cada estabelecimento ou filial, razão pela qual não tem a obrigação de controlar a jornada de seus empregados. *Alternativa C.*

FÉRIAS INDIVIDUAIS. PERÍODOS AQUISITIVO E CONCESSIVO. ASSIDUIDADE E TEMPO DE FÉRIAS. FÉRIAS EM REGIME DE TEMPO PARCIAL. FATOS OBSTATIVOS DO DIREITO ÀS FÉRIAS. REMUNERAÇÃO DE FÉRIAS. CONCESSÃO DE FÉRIAS. CONSEQUÊNCIA DA NÃO CONCESSÃO. ABONO PECUNIÁRIO DE FÉRIAS. FÉRIAS COLETIVAS.

27. (XXVI Exame) Considerando a grave crise financeira que o país atravessa, a fim de evitar a dispensa de alguns funcionários, a metalúrgica Multiforte Ltda. pretende suspender sua produção por um mês. O Sindicato dos Empregados da indústria metalúrgica contratou você para, como advogado, buscar a solução para o caso. Segundo o texto da CLT, assinale a opção que apresenta a solução de acordo mais favorável aos interesses dos empregados.

(A) Implementar a suspensão dos contratos de trabalho dos empregados por 30 dias, por meio de acordo individual de trabalho.

(B) Conceder férias coletivas de 30 dias.

(C) Promover o *lockout*.

(D) Implementar a suspensão dos contratos de trabalho dos empregados por 30 dias, por meio de acordo coletivo de trabalho.

RESPOSTA A questão trata ao mesmo tempo de suspensão e interrupção do contrato de trabalho. Aqui, a questão dá uma dica muito importante, qual seja, ela exige do examinando a análise em relação à alternativa mais vantajosa para o empregado. Quando a questão trata de vantagem, ela se refere a vantagem financeira. Feita essa pequena introdução, vamos à resposta. A suspensão do contrato de trabalho por acordo coletivo ou individual iria retirar o direito ao recebimento dos salários. O *lockout*, que é a greve do empregador, modalidade de interrupção do contrato de trabalho, iria garantir apenas o recebimento do salário. As férias coletivas, que também é uma modalidade de interrupção do contrato, iriam garantir o valor da remuneração, acrescido de um terço constitucional. Assim, analisando todas as alternativas, a mais vantajosa para o empregado, financeiramente falando, seriam as férias coletivas, conforme art. 139 da CLT. *Alternativa B.*

REMUNERAÇÃO E SALÁRIO: CONCEITO E DISTINÇÕES. GORJETAS. CARACTERES DO SALÁRIO. PARCELAS SALARIAIS E INDENIZATÓRIAS. COMISSÕES.

28. (XXX Exame) Reinaldo é empregado da padaria Cruz de Prata Ltda., na qual exerce a função de auxiliar de padeiro, com jornada de segunda a sexta-feira, das 12h às 17h, e pausa alimentar de 15 minutos. Aproxima-se o final do ano, e Reinaldo aguarda ansiosamente pelo pagamento do 13º salário, pois pretende utilizá-lo para comprar uma televisão. A respeito do 13º salário, assinale a afirmativa correta.

A) Com a reforma da CLT, a gratificação natalina poderá ser paga em até três vezes, desde que haja concordância do empregado.

B) A gratificação natalina deve ser paga em duas parcelas, sendo a primeira entre os meses de fevereiro e novembro e a segunda, até o dia 20 de dezembro de cada ano.

C) Atualmente é possível negociar a supressão do 13º salário em convenção coletiva de trabalho.

D) O empregado tem direito a receber a primeira parcela do 13º salário juntamente com as férias, desde que a requeira no mês de março.

RESPOSTA A Reforma Trabalhista não alterou a regra de fracionamento do 13º salário, que continua sendo de até duas vezes, sendo a primeira parte entre os meses de fevereiro a novembro e a segunda parte até o dia 20 de dezembro (art. 1º da Lei n. 4.749/65). O 13º salário não pode ser suprimido no todo ou em parte, mesmo que através de norma coletiva (art. 611-B, V). O empregado faz jus ao recebimento do seu adiantamento junto com as férias, desde que requerido no mês de janeiro (art. 2º, § 2º, da Lei n. 4.749/65). *Alternativa B.*

29. (XXII Exame) Pedro é empregado da sociedade empresária X e, em determinado mês, recebeu diárias na ordem de 70% do seu salário, sem ter prestado qualquer conta ao empregador. De acordo com a CLT e o entendimento consolidado do TST, assinale a afirmativa correta.

(A) A diária, na hipótese retratada, terá natureza salarial na totalidade.

(B) A diária terá natureza indenizatória porque visa ressarcir gastos realizados pelo empregado.

(C) Somente o que ultrapassar 50% do salário terá natureza salarial, logo, 20%, na hipótese.

(D) A lei determina que metade da diária paga tenha natureza salarial e metade, indenizatória.

RESPOSTA A Súmula 101 do TST dispõe que na hipótese da diária ultrapassar 50% do valor do salário do empregado, a referida verba passa a ter natureza salarial. Assim, a alternativa correta seria a letra "A". Ocorre que a Reforma Trabalhista alterou a redação do art. 457, § 2º, da CLT, e deixou claro que, independentemente do percentual da diária em relação ao salário do empregado, a referida verba sempre terá natureza indenizatória. Dessa arte, em nosso sentir, muito embora a Súmula 101 do TST ainda não tenha sido cancelada ou alterada, a CLT, com sua nova redação, trouxe entendimento contrário, de forma a prevalecer a CLT. Assim, atualmente, a resposta correta, sem alterar o conteúdo original da questão, é a letra "B".

30. (XXII Exame) Lino trabalha como diagramador na sociedade empresária XYZ Ltda., localizada em um grande centro urbano, e recebe do empregador, além do salário, moradia e plano de assistência odontológica, graciosamente.

Sobre o caso narrado, de acordo com a CLT, assinale a afirmativa correta.

(A) Ambos os benefícios serão incorporados ao salário de Lino.
(B) Somente o benefício da habitação será integrado ao salário de Lino.
(C) Nenhum dos benefícios será incorporado ao salário de Lino.
(D) Somente o benefício do plano de assistência odontológica será integrado ao salário de Lino.

RESPOSTA A Súmula 367, item I, do TST dispõe que a moradia, quando indispensável para o trabalho, não tem natureza salarial, ou seja, não é considerada salário utilidade. Interpretando *a contrario sensu*, quando a moradia for dispensável para o trabalho, terá natureza salarial. No caso em comento, Lino mora em um grande centro urbano, de forma que a moradia é DISPENSÁVEL para o trabalho, uma vez que, mesmo que o empregador não arcasse com o valor da moradia, o empregado teria condições de prestar o serviço. Assim, a moradia, nesse caso específico, tem natureza salarial, e seu valor pode ser considerado salário utilidade. A assistência odontológica tem sua natureza salarial afastada por expressa disposição legal, conforme art. 458, § 2º, II, da CLT *Alternativa B.*

31. (XXII Exame) Célio e Paulo eram funcionários da sociedade empresária Minério Ltda. e trabalhavam no município do Rio de Janeiro. Por necessidade de serviço, eles foram deslocados para trabalhar em outros municípios. Célio continuou morando no mesmo lugar, porque o município em que passou a laborar era contíguo ao Rio de Janeiro. Paulo, no entanto, mudou-se definitivamente, com toda a família, para o município em que passou a trabalhar, distante 350 km do Rio de Janeiro.

Dois anos depois, ambos foram dispensados. A sociedade empresária nada pagou aos funcionários quando das transferências de locais de trabalho, salvo a despesa com a mudança de Paulo. Ambos ajuizaram ações trabalhistas.

A partir da hipótese sugerida, assinale a afirmativa correta.

(A) Célio e Paulo não têm direito ao adicional de transferência.
(B) Apenas Paulo tem direito ao adicional de transferência.
(C) Apenas Célio tem direito ao adicional de transferência.
(D) Ambos têm direito ao adicional de transferência

RESPOSTA A transferência tem lugar quando ocorre a alteração do local de trabalho e do domicílio do empregado, conforme preconiza o art. 469 da CLT. O adicional de transferência é devido apenas na transferência provisória, OJ 113 da SDI-1 do TST. No caso em questão, Celio não foi transferido, uma vez que não alterou seu domicílio, de maneira que não faz jus ao adicional de transferência. Paulo foi transferido de forma definitiva, de forma que não tem direito ao adicional de transferência. *Alternativa A.*

32. (XXXII Exame) Desde abril de 2019, Denilson é empregado em uma indústria de cosméticos, com carteira profissional assinada. No último contracheque de Denilson verifica-se o pagamento das seguintes parcelas: abono, prêmio, comissão e diária para viagem. Considerando essa situação, assinale a opção que indica a verba que, de acordo com a CLT, integra o salário e constitui base de incidência de encargo trabalhista.

(A) Abono.
(B) Prêmio.
(C) Comissão.
(D) Diária.

RESPOSTA A remuneração do empregado pode ser composta de verbas com natureza salarial, que constituem base de incidência de encargos trabalhistas, e verbas indenizatórias, que por sua vez, não servem como base de cálculo para encargos trabalhistas. O art. 457, § 1º, da CLT, indicou quais são as verbas de natureza salarial, enquanto o § 2º do mesmo artigo indicou as de natureza indenizatória. No caso da questão, a única verba de natureza salarial recebida pelo empregado é a comissão. *Alternativa C.*

33. (XXXII Exame) Regina foi admitida pela sociedade empresária Calçados Macios Ltda., em abril de 2020, para exercer a função de estoquista. No processo de admissão, foi ofertado a Regina um plano de previdência privada, parcialmente patrocinado pelo empregador. Uma vez que as condições pareceram vantajosas, Regina aderiu formalmente ao plano em questão. No primeiro contracheque, Regina, verificou que, na parte de descontos, havia subtrações a título de INSS e de previdência privada. Assinale a opção que indica, de acordo com a CLT, a natureza jurídica desses descontos.

(A) Ambos são descontos legais.
(B) INSS é desconto legal e previdência privada, contratual.
(C) Ambos são descontos contratuais.
(D) INSS é desconto contratual e previdência privada, legal.

RESPOSTA O salário é protegido pelo Princípio da Intangibilidade, de forma que, em regra, o salário não poderá sofrer descontos, salvo aqueles previstos em lei (art. 462 da CLT), como, por exemplo, o desconto referente às contribuições previdenciárias (INSS), ou previstos em contrato e autorizados pelo empregado. No caso da questão, o desconto referente ao INSS era provinien-te da lei, enquanto o desconto do plano de saúde tinha origem contratual. *Alternativa B.*

34. (XXXII Exame) Godofredo foi contratado como vendedor de automóveis usados pela sociedade empresária Carango de Ouro Ltda., em julho de 2019. Godofredo recebia salário fixo acrescido de 5% sobre as vendas por ele efetuadas. Em março de 2020, Godofredo vendeu um automóvel por R$

30.000,00, divididos em 10 parcelas de R$ 3.000,00 mensais. Ocorre que Godofredo foi dispensado, por justa causa, dois meses após. Sobre a situação retratada, segundo os termos da CLT, assinale a afirmativa correta.

(A) O empregado perderá o direito à comissão vincenda, em razão da falta grave que motivou a dispensa por justa causa.

(B) Godofredo terá direito a receber antecipadamente a comissão sobre as parcelas futuras, porque o motivo da ruptura contratual é irrelevante.

(C) O empregador poderá pagar a comissão ao empregado dispensado, de acordo com a respectiva liquidação, ao longo do tempo.

(D) A Lei determina o pagamento de metade da comissão vincenda, uma vez que Godofredo praticou falta grave.

RESPOSTA O art. 466, §§ 1º e 2º, da CLT, trata do tema e informa que as comissões referentes às transações com prestações sucessivas devidas proporcionalmente à liquidação, ou seja, mês a mês, sobre cada parcela, bem como de que o fato da ruptura contratual, independentemente do motivo, com ou sem justa causa, não retira o direito do recebimento das comissões sobre as transações com prestações sucessivas, de forma que Godofredo terá direito de receber as comissões, de acordo com as liquidações, ao longo do tempo. *Alternativa C.*

EQUIPARAÇÃO SALARIAL. DESVIO DE FUNÇÃO E REENQUADRAMENTO. SUBSTITUIÇÃO.

35. (XXIII Exame) A sociedade empresária Gardênia Azul Ltda. aprovou acordo coletivo junto ao sindicato de classe dos seus empregados prevendo um plano de cargos e salários. Nele, as promoções seriam feitas no máximo a cada dois anos, exclusivamente pelo critério de antiguidade. No período de vigência dessa norma, Walter ajuizou uma ação requerendo equiparação salarial a Fernando, referente ao período do acordo coletivo. Diante da situação concreta e da jurisprudência consolidada do TST, assinale a afirmativa correta.

(A) O pedido de equiparação salarial não é possível juridicamente porque a sociedade empresária possui plano de cargos e salários.

(B) A equiparação salarial é possível se atendidos os demais requisitos legais, porque o plano de cargos e salários em questão não tem validade.

(C) A observância ou não ao acordo ficará a cargo de cada juiz, porque inexiste previsão legal ou jurisprudencial a respeito.

(D) O plano de cargos e salários, por ser fruto de negociação coletiva e atender aos requisitos legais, precisa ser observado pelo magistrado.

RESPOSTA A Súmula 6, item I, do TST exige que o quadro de carreira tenha sido homologado pelo órgão competente, para afastar o direito a equiparação salarial. Entretanto, a nova redação do art. 461, § 2º, da CLT, inserida em nosso ordenamento jurídico por conta da reforma trabalhista, deixou de exigir a homologação do quadro de carreira para afastar o direito a equiparação, bastando, atualmente, que o quadro de carreira tenha sido criado por regulamento da empresa ou norma coletiva. À época, a alternativa correta era letra "B". *Atualmente, entendo, que a alternativa mais correta, considerando o texto da questão na integra, seja a letra "D". Alternativa B.*

ALTERAÇÃO DO CONTRATO DE TRABALHO. JUS VARIANDI ORDINÁRIO E EXTRAORDINÁRIO. PRINCÍPIO DA INALTERABILIDADE CONTRATUAL LESIVA. REVERSÃO. TRANSFERÊNCIA.

36. (XXX Exame) João e Maria são casados e trabalham na mesma empresa, localizada em Fortaleza/CE. Maria ocupa cargo de confiança e, por absoluta necessidade do serviço, será transferida para Porto Alegre/RS, lá devendo fixar residência, em razão da distância. Diante da situação retratada e da legislação em vigor, assinale a afirmativa correta.

(A) A transferência não poderá ser realizada, porque o núcleo familiar seria desfeito, daí ser vedada por Lei.

(B) A transferência poderá ser realizada, mas, como o casal ficará separado, isso deverá durar, no máximo, 1 ano.

(C) João terá direito, pela CLT, a ser transferido para o mesmo local da esposa e, com isso, manter a família unida.

(D) Não há óbice para a transferência, que poderá ser realizada sem que haja obrigação de a empresa transferir João.

RESPOSTA A transferência do empregado para ser válida, em regra, precisa da sua anuência, salvo no caso do empregado ocupante do cargo de confiança ou gerente, sendo que o não há nenhum impedimento legal em transferir, definitiva ou provisoriamente, empregado casado (art. 469 da CLT). *Alternativa D.*

37. (XXIX Exame) Plínio foi contratado, em 30/11/2017, como auxiliar administrativo de uma fábrica de motores. Graças ao seu ótimo desempenho, foi promovido, passando a gerente de operações, cargo dispensado do registro de horário, com padrão salarial cinco vezes mais elevado que o cargo efetivo imediatamente abaixo. Plínio era o responsável pela empresa, apenas enviando relatório mensal à diretoria. Em razão da nova função, Plínio passou a receber uma gratificação equivalente a 50% do salário básico recebido na função anteriormente exercida. O rendimento de Plínio, oito meses após a promoção, deixou de ser satisfatório, por questões pessoais. Em decorrência disso, a empresa retirou de Plínio a função gerencial e ele voltou à função que exercia antes, deixando de receber a gratificação de função. Diante disso, assinale a afirmativa correta.

(A) O cargo que Plínio passou a ocupar não era de confiança, razão pela qual a alteração contratual equivale a rebaixamento, sendo, portanto, ilícita.

(B) O cargo que Plínio passou a ocupar era de confiança, porém não poderia haver o retorno ao cargo anterior com a perda da gratificação de função, razão pela qual a alteração contratual equivale a rebaixamento, sendo, portanto, ilícita.

(C) O cargo que Plínio passou a ocupar era de confiança, e a reversão ao cargo efetivo foi lícita, mas não a perda da remuneração, pois equivale a diminuição salarial, o que é constitucionalmente vedado.

(D) O cargo que Plínio passou a ocupar era de confiança, razão pela qual se admite a reversão ao cargo anterior, sendo lícita a perda da gratificação de função.

RESPOSTA Em regra, a alteração do contrato de trabalho para ter validade precisa ter a anuência do empregado, bem como não lhe causar prejuízo. Entretanto, o "jus variandi", que trata da possibilidade do empregador realizar alterações no contrato de trabalho sem anuência do empregado, para, em regra, exercer seu poder diretivo, como, por exemplo, alteração do uniforme, é autorizado. Ainda nesse sentido, a lei poderá autorizar alterações no contrato de trabalho sem anuência do empregado, e ainda que lhe cause prejuízo, como é o caso da reversão, que trata alteração do empregado do cargo efetivo para gerente, e seu retorno para o cargo efetivo. A nova redação do art. 468, §§ 1º e 2º, da CLT permite a alteração do contrato de trabalho relacionada à reversão do gerente ao cargo anterior ocupado, bem como a retirada da gratificação de função. *Alternativa D.*

SUSPENSÃO E INTERRUPÇÃO DO CONTRATO DE TRABALHO: CONCEITO, CARACTERIZAÇÃO E DISTINÇÕES. SITUAÇÕES TIPIFICADAS E CONTROVERTIDAS.

38. (XXIII Exame) Os irmãos Pedro e Júlio Cesar foram contratados como empregados pela sociedade empresária Arco Doce S/A e lá permaneceram por dois anos. Como foram aprovados em diferentes concursos públicos da administração direta, eles pediram demissão e, agora, com a possibilidade concedida pelo Governo, dirigiram-se à Caixa Econômica Federal (CEF) para sacar o FGTS. Na agência da CEF foram informados que só havia o depósito de FGTS de 1 ano, motivo por que procuraram o contador da Arco Doce para uma explicação. O contador informou que não havia o depósito porque, no último ano, Pedro afastara-se para prestar serviço militar obrigatório e Júlio Cesar afastara-se pelo INSS, recebendo auxílio-doença comum (código B-31). Diante desses fatos, confirmados pelos ex-empregados, o contador ponderou que não havia obrigação de a empresa depositar o FGTS durante 1 ano para ambos. Sobre a questão retratada e de acordo com a legislação em vigor, assinale a afirmativa correta.

(A) A sociedade empresária tem razão na justificativa de Júlio Cesar, mas está errada em relação a Pedro.
(B) A sociedade empresária está errada em relação a ambos os empregados.
(C) No que tange a Pedro, a sociedade empresária está certa, mas, no tocante a Julio Cesar, não tem razão.
(D) A pessoa jurídica está correta em relação a Pedro e a Júlio Cesar.

RESPOSTA No caso de acidente de trabalho, ainda que o contrato de trabalho fique suspenso a partir do 16º dia, o empregador é obrigado a manter o recolhimento do FGTS, nos termos do §5º do art. 15 da Lei n. 8.036/90, o mesmo não se aplicando para afastamento por motivo de doença. *Alternativa A.*

39. (XXXI Exame) Enzo é professor de Matemática em uma escola particular, em que é empregado há 8 anos. Após 2 anos de namoro e 1 ano de noivado, irá se casar com Carla, advogada, empregada em um escritório de advocacia há 5 anos. Sobre o direito à licença pelo casamento, de acordo com a CLT, assinale a afirmativa correta.

A) O casal poderá faltar aos seus empregos respectivos por até 3 dias úteis para as núpcias.
B) Carla, por ser advogada, terá afastamento de 5 dias e Enzo, por ser professor, poderá faltar por 2 dias corridos.
C) Enzo poderá faltar ao serviço por 9 dias, enquanto Carla poderá se ausentar por 3 dias consecutivos.
D) Não há previsão específica, devendo ser acertado o período de afastamento com o empregador, observado o limite de 10 dias.

RESPOSTA Existem algumas situações que importam na paralisação do trabalho, mas o contrato de trabalho permanece em vigor, garantindo ao empregado, inclusive, o recebimento do salário. Esse fenômeno jurídico é denominado interrupção do contrato de trabalho. As faltas justificadas são exemplos de interrupção do contrato, pois, durante a falta justificada, o empregado não trabalha (paralisa o trabalho), mas tem direito ao recebimento do salário, como se o trabalho tivesse ocorrido. O casamento gera ao empregado o direito de faltar ao trabalho de forma justificada. Em regra geral, a CLT, no seu art. 473, inciso II, concedeu ao empregado que se casou o direito de faltar ao trabalho de forma justificada por três dias consecutivos. Com relação aos professores, que são regulamentados de forma especial pela CLT, por exceção, o art. 320, § 3º, garantiu a tais profissionais o direito de gozar de nove dias de faltas justificadas em razão do casamento. O advogado empregado tem seus direitos trabalhistas, em regra, regulamentados pela Lei n. 8.906/1994. Ocorre que a referida lei não tratou das faltas justificadas, de forma que nesse caso aplica-se a regra geral da CLT. *Alternativa C.*

40. (XXVIII Exame) Determinada sociedade empresária ampliou os benefícios de seus empregados para fidelizá-los e evidenciar sua responsabilidade social. Dentre outras medidas, aderiu voluntariamente ao programa de empresa cidadã e, assim, aumentou o período de licença maternidade e o de licença paternidade de seus empregados. Marcondes, empregado da referida empresa, que será pai em breve, requereu ao setor de recursos humanos a ampliação do seu período de licença paternidade, e agora deseja saber quanto tempo ficará afastado. Assinale a opção que, de acordo com a Lei, indica o período total da licença paternidade que Marcondes aproveitará.

(A) 5 dias.
(B) 10 dias.
(C) 15 dias.
(D) 20 dias.

RESPOSTA A Lei n. 13.257/2016, passou a estabelecer, que a duração da licença paternidade será de 15 dias, além dos 5 dias já previstos na Constituição Federal, desde a empresa seja inscrita no programa de Empresa Cidadã. *Alternativa D.*

AVISO-PRÉVIO. TRABALHADO E INDENIZADO. AVISO-PRÉVIO PROPORCIONAL. DISPENSA DE AVISO-PRÉVIO. REDUÇÃO DE JORNADA NO CURSO DE AVISO-PRÉVIO TRABALHADO. AVISO-PRÉVIO CUMPRIDO EM CASA

41. (XXV Exame) Em março de 2015, Lívia foi contratada por um estabelecimento comercial para exercer a função de caixa, cumprindo jornada de segunda-feira a sábado das 8h às 18h, com intervalo de 30 minutos para refeição. Em 10 de março de 2017, Lívia foi dispensada sem justa causa, com aviso prévio indenizado, afastando-se de imediato. Em 30 de março de 2017, Lívia registrou sua candidatura a dirigente sindical e, em 8 de abril de 2017, foi eleita vice-presidente do sindicato dos comerciários da sua região. Diante desse fato, Lívia ponderou com a direção da empresa que não seria possível a sua dispensa, mas o empregador insistiu na manutenção da dispensa afirmando que o aviso prévio não poderia ser considerado para fins de garantia no emprego. Sobre a hipótese narrada, de acordo com a CLT e com o entendimento consolidado do TST, assinale a afirmativa correta.

(A) O período do aviso prévio é integrado ao contrato para todos os fins, daí porque Lívia, que foi eleita enquanto o pacto laboral estava em vigor, não poderá ser dispensada sem justa causa.

(B) Não se computa o aviso prévio para fins de tempo de serviço nem anotação na CTPS do empregado e, em razão disso, Lívia não terá direito à estabilidade oriunda da eleição para dirigente sindical.

(C) O aviso prévio é computado para todos os fins, mas, como a candidatura da empregada ocorreu no decorrer do aviso prévio, Lívia não terá garantia no emprego.

(D) A Lei e a jurisprudência não tratam dessa situação especial, razão pela qual caberá ao magistrado, no caso concreto, decidir se o aviso prévio será computado ao contrato.

RESPOSTA Embora o aviso prévio, ainda que indenizado, integre o tempo de serviço para todos os efeitos legais, no caso abordado pela questão Lívia não terá a garantia no emprego, conforme Súmula 369, item V, do TST. *Alternativa C.*

42. (XXXI Exame) Eduardo e Carla são empregados do Supermercado Praiano Ltda., exercendo a função de caixa. Após 10 meses de vigência do contrato, ambos receberam aviso prévio em setembro de 2019, para ser cumprido com trabalho. Contudo, 17 dias após, o Supermercado resolveu reconsiderar a sua decisão e manter Eduardo e Carla no seu quadro de empregados. Ocorre que ambos não desejam prosseguir, porque, nesse período, distribuíram seus currículos e conseguiram a promessa de outras colocações num concorrente do Supermercado Praiano, com salário um pouco superior. Diante da situação posta e dos termos da CLT, assinale a afirmativa correta.

A) Os empregados não são obrigados a aceitar a retratação, que só gera efeito se houver consenso entre empregado e empregador.

B) Os empregados são obrigados a aceitá-la, uma vez que a retratação foi feita pelo empregador ainda no período do aviso prévio.

C) A retratação deve ser obrigatoriamente aceita pela parte contrária se o aviso prévio for trabalhado, e, se for indenizado, há necessidade de concordância das partes.

D) O empregador jamais poderia ter feito isso, porque a CLT não prevê a possibilidade de reconsideração de aviso prévio, que se torna irreversível a partir da concessão.

RESPOSTA O aviso prévio nada mais é do que a notificação de uma parte a outra do contrato de trabalho, informando sobre sua intenção de colocar fim ao contrato. O exercício do aviso prévio é ato unilateral, pois que decorre da vontade de "uma" das partes contratantes. É possível reconsiderar o aviso prévio concedido, desde que preenchidos dois requisitos, quais sejam: a) que a reconsideração ocorra ainda no prazo do aviso prévio, trabalhado ou indenizado; e b) que a outra parte concorde com a reconsideração, conforme dispõe o art. 489 da CLT. *Alternativa A.*

DISPENSA POR JUSTA CAUSA. RESCISÃO INDIRETA.

CULPA RECÍPROCA. EXTINÇÃO POR ACORDO.

43. (XXV Exame) Ferdinando trabalha na sociedade empresária Alfa S.A. há 4 anos, mas anda desestimulado com o emprego e deseja dar um novo rumo à sua vida, retornando, em tempo integral, aos estudos para tentar uma outra carreira profissional. Imbuído desta intenção, Ferdinando procurou seu chefe, em 08/03/2018, e apresentou uma proposta para, de comum acordo, ser dispensado da empresa, com formulação de um distrato. Diante do caso apresentado e dos termos da CLT, assinale a afirmativa correta.

(A) A realização da extinção contratual por vontade mútua é viável, mas a indenização será reduzida pela metade e o empregado não receberá seguro desemprego.

(B) A ruptura contratual por consenso pode ser feita, mas depende de homologação judicial ou do sindicato de classe do empregado.

(C) O contrato não pode ser extinto por acordo entre as partes, já que falta previsão legal para tanto, cabendo ao empregado pedir demissão ou o empregador o dispensar sem justa causa.

(D) O caso pode ser considerado desídia por parte do empregado, gerando então a dispensa por justa causa, sem direito a qualquer indenização.

RESPOSTA Com o advento da Lei n. 13.467/2017 (Reforma Trabalhista), foi inserido na CLT o art. 484-A, que prevê a possibilidade de extinção do contrato por mútuo acordo, quando então o empregado terá direito ao aviso prévio indenizado e indenização compensatória do FGTS pela metade, 13º salário e férias com acréscimo de 1/3 integrais, respeitando a respectiva proporcionalidade, poderá sacar 80% do FGTS e não terá direito ao seguro-desemprego. *Alternativa A.*

44. (XXI Exame) Plínio é empregado da empresa Vigilância e Segurança Ltda., a qual não lhe paga salário há dois meses e não lhe fornece vale transporte há cinco meses. Plínio não tem mais condições de ir ao trabalho e não consegue prover seu sustento e de sua família. Na qualidade de advogado(a) de Plínio, de acordo com a CLT, assinale a opção que melhor atende aos interesses do seu cliente.

(A) Propor uma ação trabalhista pedindo a rescisão indireta em razão do descumprimento do contrato por não concessão do vale transporte, podendo permanecer, ou não, no serviço até decisão do processo.

(B) Propor uma ação trabalhista pedindo a rescisão indireta em razão do descumprimento do contrato por mora salarial.

(C) Propor uma ação trabalhista pedindo a rescisão indireta em razão do descumprimento do contrato por não concessão do vale transporte, mas deverá continuar trabalhando até a data da sentença.

(D) Propor uma ação trabalhista pedindo as parcelas decorrentes da ruptura contratual por pedido de demissão, além do vale transporte e salários atrasados e indenização por dano moral, mas seu cliente deve pedir demissão.

RESPOSTA No caso em tela, o que se percebe é que o empregador está descumprindo obrigações contratuais, ou seja, pagar salário e fornecer vale-transporte, de modo que está cometendo uma falta grave capaz de ensejar a rescisão indireta do contrato de trabalho, nos termos do art. 483, d, da CLT. Outrossim, como prevê o § 3º do mesmo artigo, estamos diante de uma hipótese que autoriza o empregado continuar ou não na empresa, mesmo com o ajuizamento da ação. *Alternativa A.*

45. (XXVIII Exame) Gerson Filho é motorista rodoviário e trabalha na sociedade empresária Viação Canela de Ouro Ltda. No dia 20 de agosto de 2018, ele se envolveu em grave acidente automobilístico, sendo, ao final da investigação, verificado que Gerson foi o responsável pelo sinistro, tendo atuado com dolo no evento danoso. Em razão disso, teve a perda da sua habilitação determinada pela autoridade competente. O empregador procura você, como advogado(a), afirmando que não há vaga disponível para Gerson em outra atividade na empresa e desejando saber o que deverá fazer para solucionar a questão da maneira mais econômica e em obediência às normas de regência. Diante desta situação e dos termos da CLT, assinale a afirmativa correta.

(A) O contrato de Gerson deverá ser suspenso.
(B) O empregador deverá interromper o contrato de Gerson.
(C) O contrato do empregado deverá ser rompido por justa causa.
(D) A empresa deverá dispensar Gerson sem justa causa.

RESPOSTA A empresa deverá rescindir o contrato de trabalho por justa causa, em razão de que o empregado cometeu falta grave, haja vista que perdeu sua habilitação para o exercício da profissão, conforme art. 482, "m" da CLT. *Alternativa C.*

46. (XXV Exame) Efigênia foi empregada da sociedade empresária Luz Eterna S.A., exercendo, por último, o cargo de chefe do setor de Recursos Humanos. Após décadas de dedicação à empresa, Efigênia se aposentou por tempo de contribuição e saiu do emprego por vontade própria, recebendo a indenização legal. Ocorre que, após seis meses da jubilação, Efigênia passou a sentir falta da rotina que o seu trabalho gerava e também do convívio com os colegas de trabalho, daí porque manifestou desejo de retornar ao mercado de trabalho. Ciente disso, a ex-empregadora ofereceu novamente o emprego a Efigênia, nas mesmas condições vigentes antes da aposentadoria, já que ela era excelente empregada e tinha profundo conhecimento das rotinas do setor de RH. Com base na situação retratada e na Lei, assinale a afirmativa correta.

(A) Uma vez que Efigênia se aposentou, ela não pode assumir emprego na mesma sociedade empresária na qual se jubilou, por vedação legal expressa, sob pena de nulidade do segundo contrato.
(B) Se Efigênia voltar a trabalhar na sociedade empresária, o seu contracheque terá o desconto do INSS mensal, sendo irrelevante que ela seja aposentada.
(C) A ex-empregada pode voltar a trabalhar porque sua liberdade é garantida pela Constituição da República, mas deverá optar entre receber o salário do empregador ou a aposentadoria pelo INSS, já que não é possível o acúmulo.
(D) O tempo trabalhado antes da aposentadoria, caso seja quitado pela sociedade empresária, será considerado para fins de pagamento de adicional por tempo de serviço no segundo contrato.

RESPOSTA É pacífico o entendimento de que a aposentadoria por tempo de contribuição não impede que o trabalhador continue exercendo suas atividades e, enquanto estiver com seu contrato de trabalho ativo, mesmo em caso de ser readmitido, sofrerá desconto das alíquotas previdenciárias. *Alternativa B.*

EXTINÇÃO DO CONTRATO SEM O COMETIMENTO DE INFRAÇÃO E OUTRAS MODALIDADES EXTINTIVAS.

47. (XXIII Exame) João era proprietário de uma padaria em uma rua movimentada do centro da cidade. Em razão de obras municipais, a referida rua foi interditada para veículos e pedestres. Por conta disso, dada a ausência de movimento, João foi obrigado a extinguir seu estabelecimento comercial, implicando a paralisação definitiva do trabalho. Acerca da indenização dos empregados pela extinção da empresa, à luz da CLT, assinale a afirmativa correta.

(A) Caberá indenização ao empregado, a ser paga pelo Município.
(B) Caberá indenização ao empregado, a ser paga pela União.
(C) Caberá indenização ao empregado, a ser paga pelo empregador, sem possibilidade de ressarcimento.
(D) Tratando-se de motivo de força maior, não há pagamento de indenização.

RESPOSTA A questão cobrou a hipótese de extinção do contrato de trabalho conhecida como fato do príncipe. Nesse particular, cabe ressaltar que tal modalidade de rescisão do contrato de trabalho tem lugar quando, por ato da administração pública, o empregador for obrigado a paralisar suas atividades, de forma temporária ou definitiva, nos moldes do art. 486 da CLT. Nesse caso, as verbas indenizatórias são de responsabilidade da administração pública. *Alternativa A.*

48. (XXI Exame) O empregado Júlio foi vítima de um assalto, fora do local de trabalho, sem qualquer relação com a prestação das suas atividades, sendo baleado e vindo a falecer logo após. O empregado deixou viúva e quatro filhos, sendo dois menores impúberes e dois maiores e capazes. Dos direitos abaixo listados, indique aquele que não é devido pela empresa e, de acordo com a lei de regência, a quem a empresa deve pagar os valores devidos ao falecido.

(A) A indenização de 40% sobre o FGTS não é devida e os valores devidos ao falecido serão pagos aos dependentes habilitados perante a Previdência Social.
(B) As férias proporcionais não são devidas e os valores devidos ao falecido serão pagos aos herdeiros.
(C) O aviso-prévio não é devido e os valores devidos ao falecido serão pagos aos herdeiros.
(D) O 13º salário proporcional não é devido e os valores devidos ao falecido serão pagos aos dependentes habilitados perante a Previdência Social.

RESPOSTA O falecimento do empregado gera, automaticamente, a extinção da relação de emprego, em razão da natureza personalíssima do contrato relativo ao empregado. Note que a multa de 40% do FGTS é indevida, vez que não houve a extinção por ato do empregador, assim como o aviso-prévio. Férias proporcionais são devidas. Outrossim, o pagamento das verbas devidas será feito aos dependentes habilitados junto à Previdência Social. *Alternativa A.*

FORMALIDADES RESCISÓRIAS. TERMO DE RESCISÃO DO CONTRATO DE TRABALHO. HOMOLOGAÇÃO.

REPASSE RESCISÓRIO. QUITAÇÃO.

49. (XXVIII Exame) A sociedade empresária Beta Ltda. está passando por grave crise econômica e financeira e, em razão disso, resolveu reduzir drasticamente suas atividades, encerrando unidades e terceirizando grande parte dos seus serviços. Por conta disso, a empresa, que possuía 500 empregados, dispensou 450 deles no dia 23 de janeiro de 2018. Diante do caso apresentado e dos preceitos da CLT, assinale a afirmativa correta.

(A) Trata-se de dispensa em massa, sendo nula porque não autorizada em norma coletiva.

(B) Equivocou-se a empresa, porque para realizar a dispensa coletiva ela é obrigada a oferecer antes adesão ao Programa de Demissão Voluntária (PDV).

(C) A ordem de antiguidade obrigatoriamente deve ser respeitada, pelo que os 50 empregados mais antigos não poderão ser dispensados.

(D) A dispensa ocorreu validamente, pois a dispensa coletiva é equiparada à dispensa individual.

RESPOSTA A Reforma Trabalhista inclui na CLT o artigo 477-A, e equiparou as dispensas coletivas a dispensa individual, sendo que para sua validação não faz necessário autorização em norma coletiva, exigindo-se apenas a anotação da CTPS, a comunicação aos órgãos competentes e pagamento das verbas rescisórias. *Alternativa D.*

50. (XXVII Exame) Gilda e Renan são empregados da sociedade empresária Alfa Calçados Ltda. há 8 meses, mas, em razão da crise econômica no setor, o empregador resolveu dispensá-los em outubro de 2018. Nesse sentido, concedeu aviso prévio indenizado de 30 dias a Gilda e aviso prévio trabalhado de 30 dias a Renan. Em relação ao prazo máximo, previsto na CLT, para pagamento das verbas devidas pela extinção, assinale a afirmativa correta.

(A) Ambos os empregados receberão em até 10 dias contados do término do aviso prévio.

(B) Gilda receberá até o 10º dia do término do aviso e Renan, até o 1º dia útil seguinte ao término do aviso prévio.

(C) Gilda e Renan receberão seus créditos em até 10 dias contados da concessão do aviso prévio.

(D) Gilda receberá até o 1º dia útil seguinte ao término do aviso prévio e Renan, até o 10º dia do término do aviso.

RESPOSTA O prazo para pagamento das verbas rescisórias, independente da forma de concessão do aviso prévio é de 10 dias, contados do término do contrato de trabalho, lembrando que coincidentemente, o prazo do término do contrato sempre será o mesmo do término do cumprimento do aviso prévio. *Alternativa A.*

51. (XXIX Exame) A sociedade empresária Ômega Ltda. deseja reduzir em 20% o seu quadro de pessoal, motivo pelo qual realizou um acordo coletivo com o sindicato de classe dos seus empregados, prevendo um Programa de Demissão Incentivada (PDI), com vantagens econômicas para aqueles que a ele aderissem. Gilberto, empregado da empresa havia 15 anos, aderiu ao referido Programa em 12-10-2018, recebeu a indenização prometida sem fazer qualquer ressalva e, três meses depois, ajuizou reclamação trabalhista contra o ex-empregador. Diante da situação apresentada e dos termos da CLT, assinale a afirmativa correta.

(A) A adesão ao Programa de Demissão Incentivada (PDI) não impede a busca, com sucesso, por direitos lesados.

(B) A quitação plena e irrevogável pela adesão ao Programa de Demissão Incentivada (PDI) somente ocorreria se isso fosse acertado em convenção coletiva, mas não em acordo coletivo.

(C) O empregado não terá sucesso na ação, pois conferiu quitação plena.

(D) A demanda não terá sucesso, exceto se Gilberto previamente devolver em juízo o valor recebido pela adesão ao Programa de Demissão Incentivada (PDI).

RESPOSTA O PDV ou PDI, com previsão em norma coletiva, e sem ressalvas, quita a integralidade das verbas trabalhistas, conforme art. 477-B da CLT , de forma que Gilberto não logrará êxito em sua ação. *Alternativa C.*

52. (XXXIII Exame) Walmir foi empregado da sociedade empresária Lanchonete Chapa Quente Ltda., na qual atuou como atendente por um ano e três meses, sendo dispensado sem justa causa em julho de 2021. A sociedade empresária procura você, como advogado(a), para saber o modo de pagamento dos direitos devidos a Walmir. De acordo com o que dispõe a CLT, sabendo-se que a norma coletiva nada dispõe a respeito, assinale a afirmativa correta.

(A) Uma vez que o contrato vigorou por mais de um ano, deve ser feita a homologação perante o sindicato de classe do empregado ou perante o Ministério do Trabalho.

(B) O pagamento poderá ocorrer na própria empresa, pois não há mais necessidade de homologação da rescisão contratual pelo sindicato profissional ou pelo Ministério do Trabalho.

(C) Não havendo discórdia sobre o valor devido a Walmir, deverá ser apresentada uma homologação de acordo extrajudicial na Justiça do Trabalho, com assinatura de advogado comum.

(D) A sociedade empresária, ao optar por fazer o pagamento em suas próprias instalações, deverá obrigatoriamente depositar o valor na conta do trabalhador para ter a prova futura do adimplemento.

RESPOSTA A Reforma Trabalhista revogou o § 1º do art. 477, da CLT, que condicionava a validade da homologação da extinção do contrato de trabalho, do empregado com mais de um ano de contrato, àassessoria do sindicato de classe ou Ministério do Trabalho, de forma que atualmente a rescisão do contrato, independentemente da modalidade e do tempo de serviço, poderá ocorrer na sede da empresa. O ajuizamento da ação de homologação de acordo extrajudicial perante a justiça do trabalho somente é necessário quando é celebrado acordo extrajudicial entre empregado e empregador. O pagamento das verbas rescisórias poderá ser feito em dinheiro. *Alternativa B.*

53. (XXXIII Exame) Suelen trabalhava na Churrascaria Boi Mal Passado Ltda. como auxiliar de cozinha, recebendo salário fixo de R$ 1.500,00 (um mil e quinhentos reais) mensais. Por encontrarse em dificuldade financeira, Suelen pediu ao seu empregador um empréstimo de R$ 4.500,00 (quatro mil e quinhentos reais) para ser descontado em parcelas de R$ 500,00 (quinhentos reais) ao longo do tempo. Sensibilizado com a situação da empregada, a sociedade empresária fez o empréstimo solicitado, mas 1 mês após Suelen pediu demissão, sem ter pago qualquer parcela do empréstimo. Considerando a situação de fato, a previsão da CLT e que a empresa elaborará o termo de rescisão do contrato de trabalho (TRCT), assinale a afirmativa correta.

(A) A sociedade empresária poderá descontar todo o resíduo do empréstimo do TRCT.

(B) A sociedade empresária poderá, no máximo, descontar no TRCT o valor de R$ 1.500,00 (um mil e quinhentos reais).

(C) Não pode haver qualquer desconto no TRCT, porque o empréstimo tem a natureza de contrato civil, de modo que a sociedade empresária deverá cobrá-lo na justiça comum.

(D) Por Lei, a sociedade empresária tem direito de descontar no TRCT o dobro da remuneração do empregado por eventual dívida dele.

RESPOSTA O art. 477, § 5º, permite a compensação nas verbas rescisórias do empregado até o limite do valor de uma remuneração mensal. Assim, no caso em comento, a empresa agiu correto ao descontar o valor de R$ 1.500,00 das verbas rescisórias de Suelen. *Alternativa B.*

ESTABILIDADES PROVISÓRIAS OU GARANTIAS DE EMPREGO. MODALIDADES ESTABILITÁRIAS. EFEITOS.

54. (XXIV Exame) Sílvio é empregado da sociedade empresária Onda Azul Ltda. e, em determinado dia, no horário de almoço, ao se dirigir a um restaurante para fazer sua refeição, foi atropelado por um veículo, sofrendo lesões que o afastaram do serviço por 30 dias, inclusive com recebimento de benefício previdenciário. Diante da situação apresentada, assinale a afirmativa correta.

(A) O fato não caracteriza acidente do trabalho, porque não aconteceu na empresa nem em deslocamento a serviço.

(B) O fato caracteriza acidente do trabalho, e, ao retornar, Sílvio tem garantia no emprego de 12 meses.

(C) A Lei é omissa a respeito, daí por que caberá ao juiz, no caso concreto, dizer se o evento foi acidente de trabalho.

(D) A empresa será obrigada a ressarcir o empregado, porque tem o dever de fornecer alimentação.

RESPOSTA A questão trata do acidente de trajeto, que, do art. 21, IV, d, da Lei n. 8.213/91, se equipara a acidente de trabalho, pouco importando, se ocorreu antes, durante ou após a jornada de trabalho, o qual deve ser combinado com a Súmula 378 do TST. Logo, terá a estabilidade por 12 meses. *Alternativa B.*

55. (XXVII Exame) O sindicato dos empregados em tinturaria de determinado município celebrou, em 2018, acordo coletivo com uma tinturaria, no qual, reconhecendo-se a condição financeira difícil da empresa, aceitou a redução do percentual de FGTS para 3% durante 2 anos. Sobre o caso apresentado, de acordo com a previsão da CLT, assinale a afirmativa correta.

(A) É válido o acerto realizado porque fruto de negociação coletiva, ao qual a reforma trabalhista conferiu força legal.

(B) Somente se houver homologação do acordo coletivo pela Justiça do Trabalho é que ele terá validade em relação ao FGTS.

(C) A cláusula normativa em questão é nula, porque constitui objeto ilícito negociar percentual de FGTS.

(D) A negociação acerca do FGTS exigiria que, ao menos, fosse pago metade do valor devido, o que não aconteceu no caso apresentado.

RESPOSTA A Reforma Trabalhista, incluiu na CLT o artigo 611-B e seus incisos, que traz um rol de direito trabalhistas que não podem ser alterados através de norma coletiva. São exceções à regra do acordado prevalecer sobre o legislado. Dentre os casos apontados no rol do art. 611-B, em seu inciso III, ele dispõe sobre os valores mensais dos depósitos do FGTS. *Alternativa C.*

56. (XXXIII Exame) Jorge e Manoel integram a Comissão Interna de Prevenção de Acidentes (CIPA) da empresa na qual trabalham. Jorge é representante do empregador e Manoel, representante dos empregados. Durante a vigência dos seus mandatos, ambos foram dispensados, sem justa causa, na mesma semana, recebendo aviso prévio indenizado. Considerando a situação de fato e a previsão da CLT, assinale a afirmativa correta.

(A) Não há empecilho à dispensa de Jorge, mas Manoel tem garantia no emprego e não poderia ser desligado sem justa causa.

(B) Ambos os empregados podem ser dispensados, porque o empregador concedeu aviso prévio indenizado.

(C) Jorge, por ser representante do empregador junto à CIPA e dele ter confiança, não poderá ser dispensado, exceto por justa causa.

(D) Nenhum empregado integrante da CIPA pode ser dispensado sem justa causa durante o mandato e até 1 ano após.

RESPOSTA O art. 10, II, a, do ADCT prevê a garantia no emprego para o empregado eleito pelos outros empregados para o cargo de membro da CIPA, podendo ter o contrato rompido durante o período de estabilidade no caso de justa causa. O mesmo não ocorre com os empregados indicados para o cargo de membro de CIPA, que não gozam de estabilidade. *Alternativa A.*

FUNDO DE GARANTIA DO TEMPO DE SERVIÇO (FGTS). ORIGEM. ABRANGÊNCIA. COMPATIBILIDADE COM ESTABILIDADES. VALOR E BASE DE CÁLCULO DA CONTRIBUIÇÃO. HIPÓTESES DE MOVIMENTAÇÃO DA CONTA. ACRÉSCIMO INDENIZATÓRIO.

57. (XXX Exame) Uma indústria de calçados, que se dedica à exportação, possui 75 empregados. No último ano, Davi foi aposentado por invalidez, Heitor pediu demissão do emprego, Lorenzo foi dispensado por justa causa e Laura rompeu o contrato por acordo com o empregador, aproveitando-se da nova modalidade de ruptura trazida pela Lei nº 13.467/17 (Reforma Trabalhista). De acordo com a norma de regência, assinale a opção que indica, em razão dos eventos relatados, quem tem direito ao saque do FGTS.

(A) Davi e Laura, somente.

(B) Todos poderão sacar o FGTS.

(C) Laura, somente.

(D) Davi, Heitor e Lorenzo, somente.

RESPOSTA O empregado pode sacar o FGTS em razão de vários motivos, inclusive na aposentadoria, por qualquer razão, salvo quando der causa a extinção contratual, como, por exemplo, o pedido de demissão e rescisão por justa causa (art. 20 da Lei n. 8.036/90). *Alternativa A.*

58. (XXII Exame) Um aprendiz de marcenaria procura um advogado para se inteirar sobre o FGTS que vem sendo depositado mensalmente pelo empregador na sua conta vinculada junto à CEF, na razão de 2% do salário, e cujo valor é descontado juntamente com o INSS. Com relação ao desconto do FGTS, assinale a afirmativa correta.

(A) O FGTS deveria ser depositado na ordem de 8% e não poderia ser descontado.

(B) A empresa, por se tratar de aprendiz, somente poderia descontar metade do FGTS depositado.

(C) A empresa está equivocada em relação ao desconto, pois o FGTS é obrigação do empregador.

(D) A conduta da empresa é regular, tanto em relação ao percentual quanto ao desconto.

RESPOSTA A questão trata do recolhimento fundiário do trabalhador aprendiz, que tem a alíquota de 2%, segundo a Lei n. 8.036, art. 15, § 7º (Lei do FGTS). Note que o erro da questão é que o empregador realiza o desconto de tal recolhimento da remuneração do empregado, o que não deve ser feito, pois o recolhimento não deve ser descontado. *Alternativa C.*

SEGURANÇA E SAÚDE NO TRABALHO. INSALUBRIDADE E PERICULOSIDADE. ADICIONAL DE PENOSIDADE. PROTEÇÃO AO TRABALHO DA MULHER

59. (XXX Exame) Edimilson é vigia noturno em um condomínio residencial de apartamentos. Paulo é vigilante armado de uma agência bancária. Letícia é motociclista de entregas de uma empresa de logística. Avalie os três casos apresentados e, observadas as regras da CLT, assinale a afirmativa correta.

A) Paulo e Letícia exercem atividade perigosa e fazem jus ao adicional de periculosidade. A atividade de Edimilson não é considerada perigosa, e, por isso, ele não deve receber adicional.

B) Considerando que os três empregados não lidam com explosivos e inflamáveis, salvo por disposição em norma coletiva, nenhum deles terá direito ao recebimento de adicional de periculosidade.

C) Os três empregados fazem jus ao adicional de periculosidade, pois as profissões de Edimilson e Paulo estão sujeitas ao risco de violência física e, a de Letícia, a risco de vida.

D) Apenas Paulo e Edimilson têm direito ao adicional de periculosidade por conta do risco de violência física.

RESPOSTA O adicional de periculosidade é devido quando o empregado corre risco de morte no exercício da profissão, sendo que os incisos I e II, bem como o § 4º do art. 193 da CLT definiram as situações em que ocorre o risco de morte na prestação do trabalho, quais sejam, contato com inflamável, explosivo e energia elétrica, violência física na atividade de segurança pessoal e patrimonial, e por fim, em relação ao trabalho realizado com uso de motocicleta. *Alternativa C.*

60. (XXIV Exame) Solange é comissária de bordo em uma grande empresa de transporte aéreo e ajuizou reclamação trabalhista postulando adicional de periculosidade, alegando que permanecia em área de risco durante o abastecimento das aeronaves porque ele era feito com a tripulação a bordo. Iracema, vizinha de Solange, trabalha em uma unidade fabril recebendo adicional de insalubridade, mas, após cinco anos, sua atividade foi retirada da lista de atividades insalubres, por ato da autoridade competente. Sobre as duas situações, segundo a norma de regência e o entendimento consolidado do TST, assinale a afirmativa correta.

(A) Solange não tem direito ao adicional de periculosidade e Iracema perderá o direito ao adicional de insalubridade.

(B) Solange tem direito ao adicional de periculosidade e Iracema manterá o adicional de insalubridade por ter direito adquirido.

(C) Solange não tem direito ao adicional de periculosidade e Iracema manterá o direito ao adicional de insalubridade.

(D) Solange tem direito ao adicional de periculosidade e Iracema perderá o direito ao adicional de insalubridade.

RESPOSTA O caso de Solange é resolvido com a incidência da Súmula 447 do TST. A referida súmula pacificou entendimento de que o aeronauta não tem direito ao adicional de periculosidade por ficar dentro da aeronave durante o abastecimento. Já o caso de Iracema é resolvido com a Súmula 248 do TST. Nesse aspecto, a Súmula 248 do TST dispõe que para ter direito ao adicional de insalubridade é preciso que a atividade desenvolvida pelo empregado conste em lista de atividades insalubres do órgão competente, de maneira que a exclusão da atividade da lista retira o direito ao recebimento do adicional, sem ferir o direito adquirido. *Alternativa A.*

61. (XXXI Exame) Rafaela trabalha em uma empresa de calçados. Apesar de sua formação como estoquista, foi preterida em uma vaga para tal por ser mulher, o que seria uma promoção e geraria aumento salarial. Um mês depois, a empresa exigiu que todas as funcionárias do sexo feminino apresentassem atestado médico de gravidez. Rafaela, 4 meses após esse fato, engravidou e, após apresentação de atestado médico, teve a jornada reduzida em duas horas, por se tratar de uma gestação delicada, o que acarretou a redução salarial proporcional. Sete meses após o parto, Rafaela foi dispensada. Como advogado(a) de Rafaela, de acordo com a legislação trabalhista em vigor, assinale a opção que contém todas as violações aos direitos trabalhistas de Rafaela.

A) Recusa, fundamentada no sexo, da promoção para a função de estoquista.

B) Recusa, fundamentada no sexo, da promoção para a função de estoquista, exigência de atestado de gravidez e redução salarial.

C) Recusa, fundamentada no sexo, da promoção para a função de estoquista, exigência de atestado de gravidez, redução salarial e dispensa dentro do período de estabilidade gestante.

D) Dispensa dentro do período de estabilidade gestante.

RESPOSTA Alguns empregados, pela questão histórica de discriminação em relação aos demais, como, por exemplo, as mulheres e os menores, tiveram seus direitos trabalhistas regulamentados de forma especial pela CLT, principalmente no que tange à proteção. No caso específico da mulher, a mesma não pode ser preterida em função, cargo ou emprego, em razão do sexo, bem como não pode ser exigido exame de gravidez durante a vigência do contrato de trabalho. Ademais, em razão da gravidez, a empregada mulher não pode ter o salário reduzido, conforme artigo 373-A, incisos II, III e IV da CLT. A estabilidade gestante, que se refere ao período em que a empregada gestante tem o direito de permanecer no emprego, sem que seu contrato seja rompido, salvo por justa causa ou a pedido de demissão, prevista no art. 391-A da CLT c.c. art. 10, II, "b", do ADCT, prevê a estabilidade da ciência da gravidez até cinco meses após a parto. *Alternativa B.*

62. (XXXIII Exame) Um grupo de investidores está estimando custos para montar empresas em diversos ramos. Por isso, procuraram você, como advogado(a), para serem informados sobre os custos dos adicionais de periculosidade e insalubridade nas folhas de pagamento. Sobre a orientação dada, de acordo com o texto da CLT, assinale a afirmativa correta.

(A) O adicional de insalubridade varia entre os graus mínimo, médio e máximo sobre o salário mínimo; o de periculosidade tem percentual fixo: 30% do salário básico do empregado.

(B) Os adicionais de periculosidade e insalubridade variam entre os graus mínimo, médio e máximo, sendo, respectivamente, de 10%, 20% e 30% do salário dos empregados.

(C) As atividades com inflamáveis, explosivos e energia elétrica são consideradas as de maior risco, com um adicional de 50% sobre as remunerações dos empregados.

(D) O direito do empregado ao adicional de insalubridade ou periculosidade só pode cessar com a mudança de função ou por determinação judicial.

RESPOSTA O valor do adicioonal de insalubridade será calculado com base no salário mínimo, levando em consideração o grau de gravidade, mínimo, médio ou máximo. Já o adicional de periculosidade, independentemente da atividade perigosa, será sempre de 30% sobre o valor do salário base do empregado, conforme art. 192 e 193, § 1º, ambos da CLT. *Alternativa A.*

DIREITO COLETIVO DO TRABALHO. DEFINIÇÃO DE CATEGORIAS. ARBITRAGEM.

63. (XXV Exame) Jerônimo Fernandes Silva foi admitido pela sociedade empresária Usina Açúcar Feliz S.A. em 12 de fevereiro de 2018 para exercer a função de gerente regional, recebendo salário de R$ 22.000,00 mensais. Jerônimo cuida de toda a Usina, analisando os contratos de venda dos produtos fabricados, comprando insumos e materiais, além de gerenciar os 80 empregados que a sociedade empresária possui. A sociedade empresária pretende inserir cláusula compromissória de arbitragem no contrato de trabalho. Diante da situação retratada e dos preceitos da CLT, assinale a afirmativa correta.

(A) A cláusula compromissória de arbitragem pode ser estipulada no momento da contratação, desde que o empregado manifeste concordância expressa.

(B) A cláusula compromissória de arbitragem é viável, se o empregado for portador de diploma de nível superior.

(C) Não cabe arbitragem nas lides trabalhistas individuais, pelo que nula eventual estipulação nesse sentido.

(D) É possível a estipulação de cláusula compromissória de arbitragem, desde que isso seja homologado pelo sindicato de classe.

RESPOSTA Questão formulada com base no art. 507-A da CLT, inserido pela Lei n. 13.467/2017, sendo que se exigem para inserção de tal cláusula dois requisitos, quais sejam: a) salário superior a 2 (duas) vezes o teto previdenciário, e b) anuência do empregado, ou que a vontade da inserção da cláusula parta do empregado. No caso em comento estão preenchidos os dois requisitos. *Alternativa A.*

64. (XXIV Exame) Uma instituição bancária construiu uma escola para que os filhos dos seus empregados pudessem estudar. A escola tem a infraestrutura necessária, e o banco contratou as professoras que irão dar as aulas nos primeiros anos do Ensino Fundamental. Não existe controvérsia entre empregador e empregadas acerca do enquadramento sindical. Diante dessa situação, assinale a afirmativa correta.

(A) Sendo o empregador das professoras um banco, elas são bancárias e estão vinculadas à convenção coletiva dessa categoria profissional.

(B) O professor integra categoria conexa, cabendo às professoras definir a que sindicatos pretendem se filiar.

(C) Uma vez que a atividade desenvolvida pelas professoras não é bancária, caberá à Justiça do Trabalho definir as regras que deverão permear os seus contratos.

(D) As professoras não são bancárias, porque integram categoria diferenciada.

RESPOSTA A categoria de professores é diferenciada, e não houve exercício de atividade conexa às atividades do banco ou da instituição financeira, consoante art. 511, e seus parágrafos, da CLT. Dessa forma, as professoras não podem ser consideradas bancárias. *Alternativa D.*

NEGOCIAÇÃO COLETIVA. INSTRUMENTOS DE NEGOCIAÇÃO. DIFERENÇAS. CONTEÚDO E ASPECTOS FORMAIS. VIGÊNCIA

65. (XXVI Exame) Em 2018, um sindicato de empregados acertou, em acordo coletivo com uma sociedade empresária, a redução geral dos salários de seus empregados em 15% durante 1 ano. Nesse caso, conforme dispõe a CLT,

(A) uma contrapartida de qualquer natureza será obrigatória e deverá ser acertada com a sociedade empresária.

(B) a contrapartida será a garantia no emprego a todos os empregados envolvidos durante a vigência do acordo coletivo.

(C) a existência de alguma vantagem para os trabalhadores para validar o acordo coletivo será desnecessária.

(D) a norma em questão será nula, porque a redução geral de salário somente pode ser acertada por convenção coletiva de trabalho.

RESPOSTA Determina o § 3º do art. 611-A da CLT que, se for pactuada cláusula que reduza o salário ou a jornada, a convenção coletiva ou o acordo coletivo de trabalho deverão prever a proteção dos empregados contra dispensa imotivada durante o prazo de vigência do instrumento coletivo. *Alternativa B.*

66. (XXVII Exame) Em determinada localidade, existe a seguinte situação: a convenção coletiva da categoria para o período 2018/2019 prevê o pagamento de adicional de 70% sobre as horas extras realizadas de segunda-feira a sábado. Ocorre que a sociedade empresária Beta havia assinado um acordo coletivo para o mesmo período, porém alguns dias antes, prevendo o pagamento dessas horas extras com adicional de 60%. De acordo com a CLT, assinale a opção que indica o adicional que deverá prevalecer.

(A) Prevalecerá o adicional de 70%, por ser mais benéfico aos empregados.

(B) Diante da controvérsia, valerá o adicional de 50% previsto na Constituição Federal.

(C) Deverá ser respeitada a média entre os adicionais previstos em ambas as normas coletivas, ou seja, 65%.

(D) Valerá o adicional de 60% previsto em acordo coletivo, que prevalece sobre a convenção.

RESPOSTA No caso de conflito entre a Convenção Coletiva de Trabalho e o Acordo Coletivo de Trabalho, a nova redação do art. 620 da CLT inserida pela Reforma Trabalhista, dispõe que as cláusulas do acordo sempre irão prevalecer sobre aquelas estipuladas em Convenção, mesmo que prejudiciais ao empregado. *Alternativa D.*

67. (XXIII Exame) Um empregado recebeu o contracheque de determinado mês com descontos, a título de contribuição confederativa e de contribuição sindical. Por não ser sindicalizado, reclama junto ao empregador contra ambas as subtrações e este encaminha o caso ao setor jurídico para análise. Diante da situação retratada, de acordo com a CLT e o entendimento consolidado do TST e do STF, assinale a afirmativa correta.

(A) O desconto de contribuição sindical não é válido, mas o da contribuição confederativa está correto, posto que obrigatório.

(B) Os descontos são inválidos, porque o empregado não é sindicalizado e, portanto, não pode ser obrigado a contribuir.

(C) O desconto de contribuição sindical é válido, mas o da contribuição confederativa, não, porque o empregado não é sindicalizado.

(D) As subtrações são válidas, porque o empregado, mesmo não sendo sindicalizado, beneficia-se da convenção coletiva.

RESPOSTA À época de questão, era autorizado o desconto da contribuição sindical, mesmo que sem autorização, ou ainda, daquele empregado que não fosse sindicalizado. A resposta correta era *Alternativa C. Atualmente, tanto a contribuição sindical, quanto a confederativa carecem de autorização do empregado. Assim, consideran-do o texto original da questão, para o cenário atual, a resposta correta é a letra B.*

68. (XXII Exame) Na convenção coletiva de determinada categoria, ficou estipulado que o adicional de periculosidade seria pago na razão de 15% sobre o salário-base, pois, comprovadamente, os trabalhadores permaneciam em situação de risco durante metade da jornada cumprida. Sobre a cláusula em questão, assinale a afirmativa correta.

(A) A cláusula não é válida, pois se trata de norma de ordem pública.

(B) A validade da cláusula depende de homologação judicial.

(C) A cláusula é válida, porque a Constituição da República garante eficácia aos acordos e às convenções coletivas.

(D) A legalidade da cláusula será avaliada pelo juiz, porque a Lei e o TST são silentes a respeito.

RESPOSTA A Súmula 364, item II do TST, define que não serão validas cláusulas de acordo ou convenção coletiva que reduzam o percentual do adicional de periculosidade previsto em lei, com base na proporção do tempo de exposição, uma vez que trata de norma de ordem pública. *Alternativa A.*

Direito Empresarial

Hebert Vieira Durães

Mestre em Direito Econômico (UFPB). MBA em Direito e Agronegócio. Especialista em Ensino Remoto, Ensino à Distância e Metodologias Ativas. Graduando em História (licenciatura) e pós-graduando em Gestão do Ensino Superior Público e Privado. Árbitro da Câmara de Arbitragem e Mediação Especializada – CAMES. Coordenador do Curso de Direito da Faculdade Irecê – FAI. Professor de Direito Empresarial, Direito Civil, Direito do Consumidor, Teoria do Direito. Advogado, Consultor Jurídico, Palestrante e autor de obras jurídicas.

Marcelo Hugo da Rocha

Especialista em Direito Empresarial (PUCRS). Mestre em Direito (PUCRS). Especialista em Psicologia Positiva e *Coaching* (Faculdade UNYLEYA). Graduando em Psicologia (IMED). Professor. Advogado. Coordenador, autor e coautor de mais de 80 obras. Destaque para as coleções: Completaço® Passe na OAB e Completaço® Passe em Concursos Públicos, ambas publicadas pela Editora Saraiva. Palestrante motivacional.

www.marcelohugo.com.br.

Sumário

1. EMPRESA, EMPRESÁRIO E ELEMENTOS DE EMPRESA

A **empresa** é uma atividade econômica organizada para a produção ou a circulação de bens ou de serviços (art. 966 do CC/2002). Leia bem: "atividade"! Dessa forma, é incorreto confundir o conceito de empresa com a pessoa que a exerce (empresário). De igual modo, não se pode confundir "empresa" com o local onde ela é exercida.

Enquanto empresa é a "atividade econômica", **empresário** é a pessoa (física ou jurídica) que exerce a empresa. A atividade empresarial pode ser exercida pelo empresário individual, pela sociedade empresarial ou pela Sociedade Limitada Unipessoal (SLU). Atente-se que a Empresa Individual de Responsabilidade Limitada (EIRELI), inserida ao Código Civil no art. 980-A pela Lei n. 12.441/2011, deixou de existir com a Lei n. 14.195/2021. É o que se interpreta pelo texto do art. 41: "As empresas individuais de responsabilidade limitada existentes na data da entrada em vigor desta Lei serão transformadas em sociedades limitadas unipessoais independentemente de qualquer alteração em seu ato constitutivo". Apesar disso, o art. 980-A ainda consta no texto do Código Civil. Por opção didática, a EIRELI não será mais tratada em nossa abordagem. Isto é, existem, atualmente, três categorias de empresário:

a) ***empresário individual:*** *pessoa física* que exerce a empresa;

b) ***sociedade empresarial:*** *pessoa jurídica* constituída a partir da união de esforços de duas ou mais pessoas (art. 44, II, do CC/2002) para fins de exercício da empresa;

c) ***sociedade limitada unipessoal:*** *pessoa jurídica constituída por apenas uma pessoa,* vide o art. 1.052, §§ 1º e 2º do Código Civil (incluídos pela Lei n. 13.874/2019)

É possível também esquematizar as categorias de empresário da seguinte maneira:

- Empresário (quem exerce a empresa)
  - Empresário PESSOA FÍSICA
    - Empresário Individual
  - Empresário PESSOA JURÍDICA
    - SLU
    - Sociedades

Saber distinguir empresa de empresário e identificar os tipos empresariais é vital para interpretar os enunciados da primeira fase do Exame da OAB.

O art. 966 consagra os chamados "**elementos de empresa**" (introduzidos no ordenamento jurídico brasileiro a partir do CC/2002). Esses elementos são o que caracteriza a atividade econômica, de tal modo que possamos chamá-la de "empresa". São eles:

- **profissionalismo:** significa que o empresário atua com habitualidade de informação e com o domínio dela sobre o produto ou o serviço que está colocando no mercado;
- **atividade econômica:** pressupõe a circulação de riquezas e a busca de lucro;
- **produção/circulação de bens/serviços:** toda atividade empresarial produzirá bens ou prestará serviços que propiciará a circulação de riquezas;
- **organização:** reúne os fatores como o capital, a matéria-prima, a mão de obra e a tecnologia empregada.

Reunidos, pois, esses elementos, haverá configuração de uma atividade econômica empresarial, salvo nos casos em que a lei expressamente excetuar (conforme será visto adiante).

Atenção! Nem toda atividade econômica é empresa! Algumas atividades, ainda que circulem bens ou serviços, não serão consideradas empresárias. E não serão por duas possíveis razões: 1) porque não reúne os elementos de empresa (estudados anteriormente); ou 2) porque a lei expressamente as exclui do conceito de empresa. A lei também chama de "simples" a atividade "não empresária". As atividades econômicas consideradas não empresariais (ou simples), por definição legal, são:

a) **profissionais liberais** (art. 966, parágrafo único, do CC – que são as profissões intelectuais, de natureza científica, artística ou literária, a exemplo de médicos, advogados, arquitetos, dentistas, escritores, jornalista, intérpretes, fotógrafos, artistas plásticos etc.);
b) **cooperativas** (art. 982, parágrafo único);
c) **produtor rural que não pedir o registro de empresário** (art. 971 do CC);
d) **sociedades simples**, chamadas também de não empresárias (sociedade de advogados, por exemplo).

2. REGISTRO E AVERBAÇÃO

2.1 Registro da empresa

O registro é ato solene pelo qual se confere regularidade à empresa. O art. 967 do CC/2002 é claro: é obrigatória a inscrição do empresário no Registro Público de Empresas Mercantis – RPEM da respectiva sede [e com as indicações do art. 968] antes do início de sua atividade. E a inscrição no registro próprio e na forma da lei dos atos constitutivos da sociedade lhe dá personalidade jurídica (art. 982).

Sob essas condições (de irregularidade), o empresário estará legalmente impossibilitado de usufruir dos benefícios conferidos ao empresário regular, quais sejam:

a) não terá legitimidade ativa para requerer a falência de seu devedor (art. 97, IV, da Lei n. 11.101/2005);
b) poderá ter sua falência requerida e decretada, que será necessariamente fraudulenta, porque seus livros não podem ser usados como meio de prova (art. 178 da Lei n. 11.101/2005);
c) não poderá requerer a recuperação judicial (art. 48 da Lei n. 11.101/2005);
d) não poderá participar de licitações por falta da inscrição no CNPJ e da ausência de matrícula no INSS (arts. 28 e 29 da Lei n. 8.666/1993).

2.2 Registro da atividade econômica não empresarial

Já falamos que para as sociedades simples, as fundações e as associações, o local correto para a efetivação do registro é o Cartório de Registro Civil de Pessoas jurídicas (art. 998 do CC). Em geral, apenas as atividades econômicas empresariais devem ser registradas na Junta Comercial, ou seja, a atividade empresária (empresário individual, sociedade empresária e SLU) se registra na Junta Comercial; a atividade não empresária se registra no Cartório de Registro Civil de Pessoas Jurídicas. Eis a regra.

Contudo, a cooperativa (que não é empresa) também deve ser registrada na Junta. Por ser uma sociedade simples, o local adequado para seu registro, seguindo a regra, seria o Cartório de Registro Civil de Pessoas Jurídicas, porém, de acordo com o art. 32 da Lei n. 8.934/1994, o registro da cooperativa deve ocorrer na Junta Comercial.

Destaque-se também que a sociedade de advogados (não empresária) deve ser registrada na Ordem dos Advogados do Brasil (OAB).

Já aquela pessoa cuja principal profissão é a atividade rural pode requerer seu registro na Junta Comercial do Estado no qual se encontra (art. 971 do CC). O empresário rural tem, portanto, a faculdade, e não a obrigatoriedade, de registrar sua atividade. Caso não se registre, sua atividade será considerada simples ou não empresária.

Para não confundir, confira a tabela a seguir:

TIPO DE ATIVIDADE	LOCAL DE REGISTRO
Sociedade empresária	Junta Comercial
Sociedade não empresária	
Produtor rural (opcional)	Junta comercial / Cartório de Registro Civil de Pessoas Jurídicas
Associações	Cartório de Registro Civil de Pessoas Jurídicas
Fundações	
Cooperativas	
Sociedade de Advogados	Ordem dos Advogados do Brasil (OAB)

2.3 Averbação

É o ato solene praticado perante a Junta Comercial pelo empresário registrado a fim de fazer constar alguma alteração, modificação ou adicionar informações ao seu registro.

Uma empresa que tem sua sede em um determinado Estado da Federação e pretende abrir uma filial, agência ou sucursal em outro, precisará ser averbada no registro de origem. Além disso, deverá ser registrada na Junta Comercial do Estado no qual se encontra (art. 969 do CC).

Para não confundir

REGISTRO	AVERBAÇÃO
É ato originário, por meio do qual passa a se conferir regularidade e formalidade à empresa.	É ato incidental, pelo qual faz constar no registro alguma alteração ou informação relevante no cadastro da entidade empresária.
Ambos são atos solenes envolvendo o cadastro formal da empresa e de entidades não empresárias, mas têm finalidades distintas.	

2.4 Órgãos de registro e averbação empresariais

Os órgãos responsáveis pelo registro público das empresas mercantis são regulados pela Lei n. 8.934/1994. São eles:

a) o Departamento Nacional de Registro de Comércio (DNRC), que cuida das orientações e da supervisão das Juntas Comerciais em todo o território nacional;

b) as Juntas Comerciais, que são órgãos subordinados administrativamente ao governo da unidade federativa de sua jurisdição e, tecnicamente, ao DNRC. São responsáveis pelo registro e arquivamento dos atos constitutivos das sociedades empresárias e das cooperativas, bem como pela autenticação da escrituração das empresas (art. 32 da Lei n. 8.934/1994).

Compete também à Junta Comercial fazer matrícula dos leiloeiros, tradutores públicos, intérpretes, trapicheiros (pessoa responsável por depósito – trapiche, em que se recebem e se guardam as mercadorias) e administradores de armazéns gerais.

3. ESTABELECIMENTO

3.1 Conceito e características

Não confunda estabelecimento com "ponto comercial". Estabelecimento é o complexo de bens corpóreos (instalações, máquinas, mercadorias etc.) e incorpóreos (marcas e patentes) reunidos pelo empresário ou pela sociedade empresarial para o desenvolvimento de sua atividade empresarial (art. 1.142 do CC). A propósito, a nova redação dada ao art. 1.142 do Código Civil, pela Lei n. 14.195/2021, define como "considera-se estabelecimento todo complexo de bens organizado, para exercício da empresa, por empresário, ou por sociedade empresária". Trata-se do elemento essencial da atividade empresarial, de modo que não há como constituir uma empresa sem antes organizar o estabelecimento comercial. Em alguns diplomas legais, como a Lei n. 8.245/1991, o estabelecimento comercial é chamado de fundo de comércio.

Podemos dividir esse complexo de bens em duas grandes categorias:

- **bens materiais corpóreos:** mercadorias, máquinas, veículos, matéria-prima etc.
- **bens imateriais incorpóreos:** marca, patente, privilégios, ponto comercial, créditos etc.

Sobre o estabelecimento ainda é importante destacar três pontos essenciais:

- o estabelecimento empresarial **não é sujeito de direito;**
- o estabelecimento empresarial é um bem **complexo;**
- o estabelecimento empresarial **integra o patrimônio** da sociedade empresária.

Atenção! Além dos bens que constituem o estabelecimento comercial, o **aviamento** e a **clientela** podem ser considerados atributos do estabelecimento. O aviamento é a aptidão de um estabelecimento em produzir resultados. A clientela é o grupo de pessoas que realizam negócios com o estabelecimento de forma continuada. É importante ressaltar que freguesia não é sinônimo de clientela, uma vez que, ao passo que a clientela mantém relações continuadas, a freguesia apenas se relaciona com o estabelecimento em virtude do local onde ele se encontra.

3.2 Trespasse: a alienação do estabelecimento empresarial

Comumente conhecido na prática comercial pela expressão "passa-se o ponto", o trespasse é a expressão adotada pela doutrina (e não pelo CC/2002) que designa a transferência do estabelecimento em qualquer das suas formas. Se não houver nenhuma disposição em contrário, importa na sub-rogação do adquirente nos contratos estipulados para exploração do estabelecimento, se não tiverem caráter pessoal, podendo os terceiros rescindir o contrato em 90 (noventa) dias a contar da publicação da transferência, se ocorrer justa causa, ressalvada, nesse caso, a responsabilidade do alienante (art. 1.148).

Em outras palavras, trespasse é o contrato de alienação do estabelecimento comercial, o qual deve observar as **seguintes regras** (art. 1.145 do CC):

1) deixar bens suficientes para saldar todas as dívidas; ou
2) pagar todos os credores; ou
3) concordância expressa ou tácita dos credores, mediante notificação.

Importa ressaltar que, se o alienante pagou todas as dívidas ou possui bens suficientes para saldar as obrigações, não é necessária a notificação e muito menos a concordância dos credores. Ocorrendo o trespasse nos termos ditos anteriormente, a operação acarretará os seguintes efeitos:

- sub-rogação (via de regra) nos contratos estipulados para a exploração do estabelecimento se não tiverem caráter pessoal, e não houver a impugnação dos contratantes em 90 (noventa) dias, contados da publicação do trespasse (art. 1.148 do CC);

- o adquirente do estabelecimento responderá pelo pagamento dos **débitos anteriores à transferência**, desde que regularmente contabilizados;
- continua o devedor primitivo **solidariamente obrigado** pelo prazo de um ano, a partir, quanto aos créditos vencidos, da publicação, e, quanto aos outros, da data do vencimento (art. 1.146 do CC);
- não havendo autorização expressa, o alienante do estabelecimento **não pode fazer concorrência** ao adquirente, nos cinco anos subsequentes à transferência (art. 1.147 do CC).

4. PONTO COMERCIAL

4.1 Definição

Já dissemos anteriormente que o "estabelecimento" não é o "ponto comercial". O ponto comercial não é apenas o lugar no qual o empresário se estabelece, mas o espaço físico que decorre da atividade empresarial. E a própria atividade empresarial que acrescenta um valor econômico ao ponto comercial, e é exatamente por isso que precisa de uma proteção legal, ainda mais quando o imóvel é alugado. Nesse caso, é a Lei n. 8.245/1991 que dá proteção ao ponto comercial, obtido a partir de um contrato de locação.

4.2 Renovação compulsória da locação do ponto comercial

Assim, alcançamos a proteção ao direito de inerência ou permanência ao ponto por meio da Lei de Locações e seus institutos consagrados pela doutrina e jurisprudência.

Refere-se o art. 51 da Lei de Locações que, nas locações de imóveis destinados ao comércio, o locatário terá direito à renovação do contrato, por igual prazo, se preenchidos os requisitos da tabela a seguir.

REQUISITO	REGRA
REQUISITO FORMAL	O contrato a renovar tenha sido celebrado por escrito e com prazo determinado.
REQUISITO TEMPORAL	O prazo mínimo do contrato a renovar ou a soma dos prazos ininterruptos dos contratos escritos seja de cinco anos [Ex.: contrato de três anos, vencido, novo contrato de dois anos, esse último poderá ser renovado].
REQUISITO MATERIAL	O locatário esteja explorando seu comércio, no mesmo ramo, pelo prazo mínimo e ininterrupto de três anos.

4.3 Ação renovatória

A ação renovatória tem a finalidade de proteger não só o ponto comercial, mas o estabelecimento como um todo. Ela concede ao empresário o direito de obter a renovação compulsória do contrato de locação, desde que o empresário demonstre os requisitos definidos em lei.

Quem pode propor a ação renovatória? Tem legitimidade ativa para ingressar com a ação renovatória o locatário, seu cessionário ou sucessor (art. 51, §§ 1º e 2º, da Lei de Locações). No caso de sublocação total, permitida contratualmente, tem legitimidade ativa para ingressar com a ação renovatória o sublocatário (art. 51, § 1º, da Lei de Locações).

O momento para pleitear a renovação, sob pena de decadência, são os primeiros 6 (seis) meses do último ano do contrato (art. 51, § 5º, da Lei de Locações). Se não for proposta no prazo legal, pode o locador, findo o contrato, retomar o imóvel, independentemente de motivo especial.

O locador pode promover a revisão do valor estipulado para o aluguel decorridos três anos da data do contrato, da data do último reajuste ou da data do início da renovação do contrato.

4.4 Exceção de retomada do imóvel pelo locador

Em face da proteção ao direito de propriedade, algumas vezes a renovação compulsória não será concedida, mesmo que todos os requisitos tenham sido cumpridos pelo inquilino. Nos casos a seguir, o juiz concederá a retomada ao locador (arts. 52 e 71 da Lei de Locações):

1) se, por determinação do Poder Público, tiver que realizar no imóvel obras que importarem na sua radical transformação;
2) para fazer modificações de tal natureza que aumente o valor do negócio ou da propriedade;
3) se o imóvel vier a ser utilizado por ele próprio; ou
4) para transferência de fundo de comércio existente há mais de um ano, sendo detentor da maioria do capital o locador, seu cônjuge, ascendente ou descendente (Obs.: shopping – art. 52, § 2º).

4.5 Indenização do locatário

Ao locatário, caso perca a renovação, poderá garantir a indenização do "ponto" com o preenchimento de alguns requisitos (de acordo com art. 52, § 3º):

- se a exceção de retomada foi a existência de proposta melhor de terceiros;
- se o locador demorou mais de 3 (três) meses da entrega para dar-lhe destino alegado na exceção de retomada (p. ex., realização de obras);
- exploração, no imóvel, da mesma atividade do locatário;
- insinceridade da exceção de retomada.

4.6 Locação por shopping center

No caso de shopping center, o locador de espaço não pode oferecer exceção de retomada com fundamento no uso próprio ou na transferência de fundo de comércio (art. 52, § 2º, da Lei de Locações). Nas relações entre lojistas e empreendedores, prevalecerão as condições livremente pactuadas nos contratos de locação respectivos e também o disposto sobre as locações não residenciais da citada lei, principalmente quando da renovação do contrato. O empreendedor não poderá cobrar do locatário do espaço em shoppings centers (art. 54):

- obras de reforma ou acréscimos que interessem à estrutura integral do imóvel (art. 22, parágrafo único, *a*, da Lei de Locações);
- pintura das fachadas, empenas, poços de aeração e iluminação, bem como das esquadrias externas (art. 22, parágrafo único, *b*, da Lei de Locações);
- indenizações trabalhistas e previdenciárias pela dispensa de empregados, ocorridas em data anterior ao início da locação (art. 22, parágrafo único, *d*, da Lei de Locações);
- despesas com obras ou substituições de equipamentos que impliquem modificar o projeto ou o memorial descritivo da data do habite-se (art. 54, § 1º, *b*, 1ª parte, da Lei de Locações);
- obras de paisagismo nas partes de uso comum (art. 54, § 1º, *b*, 2ª parte, da Lei de Locações).

4.7 Estabelecimento virtual de "lojas *on-line*"

O acesso ao estabelecimento virtual se dá por meio de um endereço eletrônico, ou seja, um domínio (p. ex., www.passenaoab.com.br). Esse endereço é considerado um ponto virtual. Assim, é possível estabelecer as mesmas proteções jurídicas referidas anteriormente, desde que compatíveis com a atividade *on-line*. O Enunciado n. 7º das Jornadas de Direito Comercial do Conselho da Justiça Federal (CJF) refere o seguinte: "O nome de domínio integra o estabelecimento empresarial como bem incorpóreo para todos os fins de direito".

5. NOME EMPRESARIAL

5.1 Conceito e princípios norteadores

De acordo com o CC/2002, considera-se nome empresarial a firma ou a denominação adotada para o exercício de empresa (art. 1.155). Trata-se de direito pessoal e protegido pela lei contra atos de concorrência desleal.

O nome empresarial é a identidade do empresário, seja empresário individual, seja sociedade empresária, como o nome civil é para a pessoa natural.

O registro do nome empresarial deve obedecer aos princípios:

- **da novidade:** orienta que não pode haver nomes idênticos na mesma circunscrição (Estado); e
- **da veracidade:** leciona que os elementos do nome empresarial devem corresponder, verdadeiramente, com a atividade exercida e seus respectivos titulares.

Por essa razão, o nome de empresário deve distinguir-se de qualquer outro já inscrito no mesmo registro (princípio da novidade). Contudo, se o empresário tiver nome idêntico ao de outros já inscritos, deverá acrescentar designação que o distinga.

5.2 Firma ou firma individual

A firma individual é o nome empresarial utilizado exclusivamente pela pessoa natural que exerce a empresa na forma de empresário individual. Por se tratar de empresário individual, o nome da empresa será, necessariamente, o nome do indivíduo que a explora, podendo ser o nome completo ou abreviado e, ainda, se preferir, com designação mais precisa da sua atividade.

5.3 Firma social ou razão social

A firma social é o nome empresarial utilizado exclusivamente por sociedades, composto pelos nomes dos seus titulares. O art. 1.158, § 1º, do CC/2002 dispõe que a firma será composta com o nome de um ou mais sócios, desde que pessoas físicas. Os nomes dos demais sócios podem ser "ocultados" pela expressão "companhia" ou a sua abreviatura "Cia.".

5.4 Denominação empresarial

É o tipo de nome empresarial utilizado por sociedades empresárias, jamais por empresário individual. A denominação é um tipo de nome que se forma segundo a conveniência dos sócios, podendo utilizar-se de qualquer palavra ou expressão. Para entender, basta lembrar que a firma é constituída pelo nome do empreendedor (firma individual) ou dos sócios (firma social). O nome empresarial que for diferente disso será denominação.

A denominação não pode conter expressões que contrariem os bons costumes, a moral pública ou que utilizem nomes de terceiros sem expressa autorização.

Para efeito didático, segue quadro esquemático com panorama geral sobre os tipos empresariais e seus respectivos formatos de nome empresarial:

ATIVIDADE	TIPO DE NOME
Empresário individual	Firma Individual
Sociedade Limitada e Sociedade em Comandita por Ações	Firma Social ou Denominação
Cooperativa e Sociedade Anônima	Denominação (somente)
Sociedade em Comandita Simples	Firma Social
Sociedade em Conta de Participação	[Não pode ter Firma nem Denominação]

6. PREPOSTOS DO EMPRESÁRIO

O CC/2002 trata como prepostos o gerente, o contabilista e outros auxiliares, que não podem, sem autorização escrita, fazer-se substituir no desempenho da preposição, sob pena de responder pessoalmente pelos atos do substituto e pelas obrigações por ele contraídas (art. 1.169).

O empresário que nomeia o preposto é chamado de preponente. E a preposição (atividade jurídico-empresarial exercida pelo preposto) pode surgir da relação de emprego (regido pela CLT) ou de um contrato de prestação de serviços (regido pelo CC/2002).

A atividade do preposto se equipara à do mandatário, ou seja, o preposto recebe poderes de representação que só podem ser delegados com a expressa concordância do empresário, observando-se as seguintes regras gerais:

- os prepostos não podem fazer concorrência, mesmo que indireta, aos preponentes, a não ser que exista autorização expressa;
- se exercerem concorrência, os prepostos responderão pelas perdas e pelos danos causados (art. 1.169 do CC/2002);
- os prepostos são responsáveis pelos atos de quaisquer prepostos praticados em seus estabelecimentos e relativos à atividade da empresa, ainda que não autorizados por escrito;
- se tais atos forem praticados fora do estabelecimento, somente obrigarão o preponente nos limites dos poderes conferidos por escrito, cujo instrumento pode ser suprido pela certidão ou cópia autêntica de seu teor (art. 1.178 do CC/2002).

7. ESCRITURAÇÃO E LIVROS EMPRESARIAIS

Escrituração é o ato ou efeito de registrar sistemática e metodicamente todos os fatos ocorridos em uma organização, com o objetivo de fornecer eventuais dados que se tornem necessários para qualquer posterior verificação a respeito deles.

O CC/2002 determina que o empresário e a sociedade empresária são obrigados a seguir um sistema de contabilidade, mecanizado ou não, com base na escrituração uniforme de seus livros, em correspondência com a documentação respectiva, e a levantar anualmente o balanço patrimonial e o de resultado econômico (art. 1.179), orientado pelos seguintes princípios:

a) **princípio da fidelidade:** consiste na exigência legal de exprimir, com fidelidade e clareza, a real situação da empresa (arts. 1.183 e 1.184 do CC/2002); em relação ao balanço patrimonial, ele deverá exprimir, com fidelidade e clareza, a situação real da empresa; atendidas as peculiaridades desta, bem como as disposições das leis especiais, indicará, distintamente, o ativo e o passivo (art. 1.188 do CC/2002);

b) **princípio do sigilo:** como regra, os livros ficam sob a guarda do empresário, e são sigilosos, salvo em relação ao Fisco. Para que terceiros tenham acesso aos livros, precisarão requerer a exibição judicial (arts. 1.191 a 1.193 do CC/2002);

c) **princípio da liberdade:** alguns ordenamentos jurídicos impõem não apenas a obrigação de manter os livros, mas, também, enumera-os como obrigatórios. No Brasil, vige a liberdade de escolha, caracterizada pelas expressões hoje utilizadas pelo § 1º do art. 1.179 do CC/2002.

A escrituração é realizada em instrumentos chamados de livros. São eles:

- livro Diário;
- livro de Registro de Duplicatas;
- livro de Registro de Compras;
- livro de Registro de Inventário;
- livro de Registro de Empregados.

Alguns são obrigatórios, outros, não. O livro Diário é obrigatório e comum para qualquer atividade empresarial (art. 1.180 do CC/2002), mas pode ser substituído pelo livro de Balancetes Diários e Balanços, de acordo com o art. 1.185 do CC/2002.

O CC/2002 determina que, além dos demais livros exigidos por lei, é indispensável o livro Diário, que pode ser substituído por fichas no caso de escrituração mecanizada ou eletrônica, mas estas não dispensam o uso de livro apropriado para o lançamento do balanço patrimonial e do de resultado econômico (art. 1.180).

8. EMPRESÁRIO INDIVIDUAL

8.1 Conceito e características

Empresário individual é pessoa natural que exerce profissionalmente a atividade econômica organizada para produção ou circulação de bens ou de serviços, em seu próprio nome e risco, garantindo as obrigações do empreendimento com seus bens pessoais. Não se deve confundir com os sócios de uma sociedade empresarial, que podem ser chamados de empreendedores ou investidores. Também não se pode confundir o empresário individual com pessoa jurídica. A esse respeito, o STJ, no acórdão do REsp n. 927393, explicita que: "Tratando-se de firma individual há identificação entre a empresa e pessoa física, *posto não constituir pessoa jurídica*, não existindo distinção para efeito de responsabilidade (...)".

8.2 Capacidade para ser empresário individual

Para exercer a atividade de empresário individual, é necessária a plena capacidade civil, que ocorre aos 18 (dezoito) anos de idade. É importante lembrar que os critérios de definição da incapacidade foram alterados pelo Estatuto da Pessoa com Deficiência, modificando os citados dispositivos legais, tanto no que diz respeito à incapacidade absoluta quanto à relativa.

Com o advento do Estatuto da Pessoa com Deficiência, o art. 3º passou a ter a seguinte redação: "São absolutamente incapazes de exercer pessoalmente os atos da vida civil os menores de 16 (dezesseis) anos". No âmbito cível, essas pessoas são representadas em seus atos, pois não podem praticá-los por si. No âmbito empresarial, os absolutamente incapazes não emancipados não podem ser empresários, salvo na excepcional (com licença da redundância) hipótese de continuação da empresa.

8.3 Exercício excepcional da empresa por pessoa incapaz

Exercício da empresa por pessoa incapaz? Pode isso? Sim! Em caráter de exceção, por meio de alvará judicial, o incapaz pode continuar uma atividade empresarial, desde que assistido ou representado pelos responsáveis legais (art. 974 do CC/2002). Contudo, o incapaz poderá exercer a empresa incidentalmente, em duas situações:

1) sucessão hereditária (o empresário falecido deixou apenas um herdeiro, sendo este incapaz). Como visto, o art. 974 do CC/2002 disciplina que o incapaz pode continuar uma atividade empresarial, desde que assistido ou representado pelos responsáveis legais. Se o incapaz sucedeu ou recebeu a empresa por meio de herança, poderá continuar a empresa;
2) incapacidade superveniente (o empresário tornou-se incapaz depois da abertura da empresa). O incapaz também poderá continuar a empresa se a incapacidade foi superveniente (posterior) ao início da atividade empresarial.

Em qualquer caso, para tanto, destaquem-se algumas regras comuns:

ATO	DESCRIÇÃO
Autorização do juiz	O juiz avaliará se a atividade deve ou não ser continuada. Se decidir pela continuidade, designará um representante ou assistente que ficará à frente dos negócios e prestará contas dessa atribuição.
Revogação da autorização	Cumpre ressaltar que a autorização judicial pode ser revogada a qualquer tempo (art. 974, § 1º).
Resguardar bens do incapaz	Do alvará judicial, constarão os bens que o incapaz já possuía ao tempo da sucessão ou da interdição, desde que estranhos ao acervo da empresa, uma vez que tais bens não serão atingidos pelas dívidas da empresa (art. 974, § 2º).
Averbação na Junta Comercial	A autorização judicial e o alvará (bem como a emancipação), com a relação dos bens do menor, devem ser averbados na Junta Comercial (art. 976 do CC/2002).

Para fins de Exame da OAB, ainda é relevante trazer o Enunciado n. 197 da Jornada de Direito Civil do CJF, que conclui que a pessoa natural, maior de 16 (dezesseis) e menor de 18 (dezoito) anos, é reputada empresário regular se satisfizer os requisitos dos arts. 966 e 967; todavia, não tem direito a concordata preventiva [leia-se, "recuperação judicial", CF/1988, art. 48 da Lei n. 11.101/2005], por não exercer regularmente a atividade por mais de 2 (dois) anos.

Atenção! E, no que diz respeito ao sócio (investidor em sociedade empresária), poderá ele ser incapaz desde o momento de constituição do empreendimento? De acordo com o CC/2002 (art. 974), o incapaz pode participar de sociedade, desde que estejam presentes os seguintes requisitos:

1) precisa ser representado ou assistido;
2) não pode ser administrador;
3) só pode participar de sociedade cujo capital social esteja totalmente integralizado (art. 974, § 3º, do CC/2002).

O objetivo do legislador foi o de proteger o patrimônio do incapaz, e é exatamente por isso que o incapaz não poderá ser sócio de sociedades que comprometam seu patrimônio, como é o caso da sociedade em nome coletivo, da sociedade em comandita simples e da sociedade limitada com o capital não integralizado.

8.4 Impedimento para ser empresário

Impedimento é uma restrição imposta pelo ordenamento jurídico que veda a certos indivíduos explorarem a empresa como empresários. Além da plena capacidade, é necessária a inexistência de impedimento legal para o exercício da atividade empresarial, a fim de que seja preservado o interesse de terceiros ou o interesse público em geral. Ricardo Negrão apresenta cinco tipos de agentes impedidos de serem empresários individuais (2010, p. 73):

a) agentes políticos: membros do Ministério Público (MP), magistrados (em ambos os casos, é possível ser cotista ou acionista); deputados e senadores estão impedidos no caso de empresa que goze de favor decorrente de contrato com pessoa jurídica de direito público, ou de nela exercer função remunerada (art. 54, II, *a*, da CF/1988);
b) servidores públicos: art. 117, X, da Lei n. 8.112/1990;
c) falidos e condenados por crime falimentar: os falidos ficam inabilitados, desde a decretação da falência até a extinção de suas obrigações (art. 102 da LRF), e aqueles condenados por crime falimentar (art. 181, I, da LRF), o que perdurará por 5 (cinco) anos após a extinção da punibilidade (art. 181, § 1º, da LRF);

d) penalmente proibidos: a condenação por crime por si só não impede, somente o fará se a sentença criminal assim dispuser de forma transitória;
e) estrangeiros: não estão proibidos, mas em algumas hipóteses, sim, como aproveitar o potencial de energia elétrica (art. 176, § 1º, da CF/1988); o não naturalizado ou naturalizado há menos de 10 (dez) anos não pode ser proprietário de empresa jornalística (art. 222 da CF/1988); estrangeiro turista, de forma individual (porque não se permite nenhuma atividade remunerada), mas pode participar de sociedade empresária.

8.5 Empresário casado

O art. 978 do CC permite que empresários casados possam exercer a empresa de modo livre de questões particulares de seu casamento, pois, caso fossem necessárias autorizações do outro cônjuge para cada ato empresarial, a sociedade empresária seria engessada perigosamente por intenções alheias ao seu objetivo.

Contudo, não se trata de uma liberdade plena.

Embora a lei autorize o empresário casado a alienar os imóveis que integrem o patrimônio da empresa ou gravá-los de ônus real, sem necessidade de outorga conjugal, qualquer que seja o regime de bens (art. 978 do CC/2002), o CJF deu interpretação cuidadosa ao referido dispositivo.

O Enunciado n. 58 da II Jornada de Direito Comercial do CJF leciona que: o empresário individual casado é o destinatário da norma do art. 978 do CCB e não depende da outorga conjugal para alienar ou gravar de ônus real o imóvel utilizado no exercício da empresa, desde que exista prévia averbação de autorização conjugal à conferência do imóvel ao patrimônio empresarial no cartório de registro de imóveis, com a consequente averbação do ato à margem de sua inscrição no registro público de empresas mercantis.

Atenção! Como regra geral, os cônjuges podem ser sócios entre si ou com terceiros. No entanto, há de se observar o regime de casamento, porque, se for comunhão universal, em razão da defesa do patrimônio total familiar, ou separação obrigatória, nos casos do art. 1.641, em razão da possível fraude entre eles em esconder patrimônio mediante uma sociedade, estão proibidos de contratar sociedade.

9. DIREITO SOCIETÁRIO: TEORIA GERAL

9.1 Definições iniciais

Antes da Lei n. 13.874/2019, a sociedade era compreendida como o ente constituído por duas ou mais pessoas. Atualmente, com inserção dos §§ 1º e 2º ao art. 1.052 do Código Civil (incluídos pela Lei n.13.874), a sociedade também pode ser constituída por único titular, sendo chamada "sociedade unipessoal" e que tem por objetivo social a exploração de atividade econômica. Se organizada, poderá ser empresária e, em geral, se registrada, será configurada como pessoa jurídica de direito privado (art. 44, II, do CC/2002).

Neste tópico, trataremos da sociedade como uma das formas de explorar a empresa (diferentemente do empresário individual), observando seu conceito, forma de constituição, características gerais, classificação etc. Os tipos societários (ou sociedades em espécie) serão tratados em tópicos individuais, logo depois deste capítulo.

9.2 Constituição, personificação e extinção da sociedade

A sociedade se constitui por meio de um ato constitutivo entre duas ou mais pessoas, que se obrigam a combinar esforços e recursos para atingir fins comuns (art. 981 do CC/2002). Portanto, é obrigação de qualquer sócio de sociedade empresária contribuir para a formação do patrimônio social, não se admitindo a entrada de sócio que apenas preste serviço à empresa (art. 1.055, § 2º, do CC/2002), com exceção da Sociedade Simples (pura) e a Cooperativa, que admitem a participação dos sócios apenas com "mão de obra".

A personalidade jurídica da sociedade empresária nasce com a inscrição, no registro próprio e na forma da lei, dos seus atos constitutivos (art. 985 do CC/2002). A partir desse momento, é possível considerar as sociedades como pessoas jurídicas, conforme o inc. II do art. 44 do CC/2002. Mas quais seriam os efeitos dessa personalização? São três efeitos, a saber:

EFEITO	DESCRIÇÃO
Titularidade negocial	A sociedade é parte em negócios jurídicos realizados por ela. É a pessoa jurídica da sociedade que assume um dos polos da relação, muito embora o faça por intermédio de seu representante.
Titularidade processual	A pessoa jurídica possui capacidade processual (capacidade de ser parte), ou seja, pode demandar e ser demandada em juízo, ou melhor, tem capacidade para ser parte processual. É ela quem recebe citação, peticiona etc.
Titularidade patrimonial	A sociedade tem patrimônio próprio, incomunicável com o patrimônio individual de cada um de seus sócios. Somente em casos excepcionais, e subsidiariamente, os sócios responderão pelas obrigações contraídas pela sociedade.

Por fim, a personalização se encerra por meio de um processo de extinção conhecido como dissolução (em sentido amplo) e que compreende três fases:

1) dissolução – em sentido estrito, que é o ato ab-rogatório da constituição da sociedade;
2) liquidação – que visa à realização do ativo e ao pagamento do passivo; e
3) partilha – momento em que os sócios participam do acervo da sociedade.

9.3 Desconsideração da personalidade jurídica – nova lei

Com a nova redação dada ao CC/2002, à luz da Lei n. 13.874, de 20-9-2019, conhecida como Lei da Liberdade Econômica ou Declaração de Direitos de Liberdade Econômica, o art. 50 agora define "desvio de finalidade" e "confusão patrimonial", a saber:

- **desvio de finalidade:** "a utilização da pessoa jurídica com o propósito de lesar credores e para a prática de atos ilícitos de qualquer natureza";
- **confusão patrimonial:** "a ausência de separação de fato entre os patrimônios".

Igualmente, a nova lei tratou de delimitar as hipóteses que caracterizam a *confusão patrimonial*. São elas:

- cumprimento repetitivo pela sociedade de obrigações do sócio ou do administrador ou vice-versa;
- transferência de ativos ou de passivos sem efetivas contraprestações, exceto os de valor proporcionalmente insignificante;
- outros atos de descumprimento da autonomia patrimonial.

Além dessas hipóteses previstas no Código Civil, o CPC se refere à desconsideração inversa da personalidade jurídica (art. 133, § 2º). E o que é isso? É quando o sócio desloca bens pessoais para a sociedade para fugir de credores particulares. Nesse caso, busca-se a responsabilidade da sociedade pelas dívidas efetuadas pelo seu sócio. Exatamente o contrário da lógica do CC.

9.4 Características gerais das sociedades empresárias

São características gerais que se aplicam a todas as sociedades empresariais:

a) origem, por manifestação de vontade (contrato ou estatuto), entre duas ou mais pessoas;
b) regularização com o registro do contrato social ou do estatuto social, o que diferencia as sociedades em contratuais e institucionais, respectivamente;
c) extinção da sociedade, que pode ser por dissolução, expiração do prazo de duração, iniciativa dos sócios, ato de autoridade etc.;
d) pessoa jurídica com personalidade distinta da dos sócios, com titularidade negocial e processual e responsabilidade dos sócios, quando existir, sempre subsidiária em relação à sociedade (art. 1.024 do CC/2002);
e) representação por pessoa designada no contrato social ou estatuto;
f) natureza da sociedade que pode ser de pessoas (rígida entrada e saída de sócios) ou sociedade de capital (livre entrada e saída de sócios);
g) proibição de se constituir sociedade entre cônjuges casados sob o regime de comunhão universal ou separação obrigatória de bens (art. 977 do CC/2002);
h) pode ser estrangeira ou brasileira, dependendo de onde está a sede, no exterior ou no Brasil, respectivamente;
i) nome empresarial: regido pelos princípios da veracidade, da novidade e da exclusividade (art. 1.155 do CC/2002).

Cumpre observar, no que diz respeito ao item "h", que a sociedade estrangeira, para se estabelecer no Brasil, depende de autorização do representante do Poder Executivo federal, cujo ato autorizante tem validade por 12 (doze) meses, prazo esse em que deverá haver a constituição da empresa autorizada (arts. 1.124 e 1.134 do CC/2002). O mesmo vale para as sociedades dependentes de autorização, de uma forma geral, como as instituições financeiras, as mineradoras, as seguradoras etc.

9.5 Classificação das sociedades

I – Classificação em razão da pessoa dos sócios

- **Sociedade de pessoas:** são aquelas em que a pessoa dos sócios possui importância fundamental para constituição e funcionamento. Nessas sociedades, cada sócio conhece e escolhe seus companheiros. Toma-se em consideração a influência da pessoa dos sócios dentro das sociedades empresárias e do nível de importância da *affectio societatis*.
- **Sociedade de capitais:** as sociedades de capitais, por sua vez, são aquelas em que a contribuição financeira do sócio tem importância maior do que sua pessoa (*affectio societatis* menor), podendo a administração ser confiada por terceiros. São aquelas em que a participação pessoal dos sócios ocupa posição secundária. O mais importante, nesse tipo de sociedade, é o capital, e não a pessoa do investidor, ocorrendo a livre circulação dos sócios.

São sociedades de pessoas	São sociedades de capitais
a) sociedade simples; b) sociedade em nome coletivo; c) sociedade em comandita simples; d) sociedade Ltda.; e) sociedade em comum; f) sociedade em conta de participação.	a) sociedade anônima; b) sociedade em comandita por ações.

II – Classificação em razão da responsabilidade dos sócios

- **Sociedade de responsabilidade ilimitada:** embora o título da classificação refira-se à "sociedade de responsabilidade limitada", tal ilimitação não se aplica à organização (sociedade), mas aos sócios. Isto é, nessa classificação, estudamos a responsabilidade dos sócios. Nessa modalidade, o patrimônio particular dos sócios responde pelas dívidas sociais, tornando-se garantidores das obrigações da sociedade.
- **Sociedade de responsabilidade limitada:** trata-se de modalidade societária em que os sócios têm responsabilidade restrita ou limitada ao valor do seu empreendimento. Ou seja, os sócios respondem até a importância do capital com que entraram para a sociedade (no caso das sociedades anônimas) ou até o valor das suas quotas (no caso das sociedades limitadas, quando integralizadas). Os acionistas de uma sociedade anônima têm suas responsabilidades limitadas ao montante das ações subscritas ou integralizadas.
- **Sociedade de responsabilidade mista:** e, por fim, vistos os dois modelos de sociedade anteriores, há sociedades mistas, em que há sócios com responsabilidade ilimitada e sócios que limitam a sua responsabilidade. São aquelas que apresentam responsabilidade limitada por parte de alguns sócios, ao passo que outros respondem ilimitadamente pelas obrigações assumidas em nome e por conta da sociedade, caso os bens sociais não sejam suficientes para satisfazerem as obrigações perante os credores da sociedade.

Responsabilidade ilimitada	Responsabilidade limitada	Responsabilidade mista
a) sociedade em nome coletivo (art. 1.039 do CC/2002);	a) sociedade anônima (art. 1º da Lei n. 6.404/1976);	a) em comandita simples (art. 1.045 do CC/2002);
b) sociedade em comum (art. 990 do CC/2002);	b) sociedade Ltda. (art. 1.052 do CC/2002);	b) em comandita por ações (art. 1.090 do CC/2002);
c) sociedade em conta de participação (art. 991 do CC/2002).	c) sociedade simples (art. 1.023 do CC/2002).	c) sociedade em conta de participação (art. 991 do CC/2002).

III – Classificação em razão do regime de constituição e dissolução

- **Sociedades contratuais:** de acordo com o regime de constituição, as sociedades podem ser regidas pelo CC/2002 ou pela Lei n. 6.404/1976. Assim, levando em consideração a pessoa dos sócios e a dependência da sociedade empresária a eles, as sociedades de pessoas seriam, necessariamente, sociedades contratuais, cujo regime de constituição e dissolução está regulamentado por um contrato social.
- **Sociedades institucionais:** as sociedades institucionais são todas aquelas sociedades de capital que se baseiam em um ato estatutário, como é o caso das sociedades anônimas e em comandita por ações. No caso da Lei n. 6.404/1976, todas as sociedades regidas por ela são sociedades institucionais, que são as sociedades anônimas e as sociedades em comandita por ações. Todas as demais são sociedades contratuais. Não se pode esquecer, porém, que as cooperativas que são regidas pelo CC/2002 e pela Lei n. 5.764/1971 são sociedades institucionais.

Sociedades contratuais	Sociedades institucionais
a) sociedades em nome coletivo; b) sociedades em comandita simples; c) sociedade limitada.	a) sociedades anônimas; b) comandita por ações; c) cooperativas.

IV – Classificação em razão da personificação das sociedades

- **Sociedades personificadas:** uma sociedade deve ter os seus atos constitutivos levados ao órgão competente de registro. No caso das sociedades empresárias, é o registro público de empresas mercantis, a cargo das juntas comerciais. Esse registro deve ser promovido dentro do prazo legal de 30 (trinta) dias (arts. 1.150 a 1.154 do CC/2002). As sociedades não empresárias (ou simples) se registram no Registro Civil das Pessoas Jurídicas. Daí, a sociedade se torna personificada (tem personalidade jurídica, por causa do registro).
- **Sociedades não personificadas:** o agrupamento de pessoas com a intenção de constituir sociedade, por si só, já tem potencial de originar uma sociedade. Ainda que não tenha procedido ao registro, será considerada uma sociedade de fato. Nesse caso, essa sociedade será denominada não personificada ou despersonalizada (não tem personalidade jurídica).

Sociedade personificada	Sociedade não personificada
Com exceção da *sociedade em comum* e da *sociedade em conta de participação*, todas as demais que fizerem o registro serão consideradas personificadas.	a) sociedade em comum; b) sociedade em conta de participação.

V – Classificação em razão da atividade desenvolvida

- **Sociedades simples (ou não empresárias):** antes do CC/2002, esse tipo societário era conhecido como sociedade civil. São as que exercem atividade intelectual de natureza científica, artística e literária, nos termos do parágrafo único do art. 966 do CC/2002, desde que não presentes os elementos de empresa, e são consideradas não empresárias. Por isso, tanto faz referir-se a elas como sociedades simples quanto não empresárias. Embora tenham feição de empresa, as cooperativas também são consideradas atividades simples (não empresárias) por expressa disposição legal (art. 982, parágrafo único, do CC/2002).
- **Sociedades empresárias:** de acordo com o art. 983 do CC/2002, a sociedade empresária deve constituir-se segundo um dos tipos regulados nos arts. 1.039 a 1.092, e a sociedade simples pode constituir-se em conformidade com um desses tipos, e, não o fazendo, subordina-se às normas que lhe são próprias.

Sociedades simples (ou não empresárias)	Sociedades empresárias
a) sociedade simples (antiga sociedade civil); b) cooperativa (é tratada como sociedade pelo CC).	a) sociedade em nome coletivo; b) sociedade em comandita simples; c) sociedade anônima; d) sociedade Ltda.; e) sociedade em comum; f) sociedade em conta de participação; g) sociedade em comandita por ações.

10. SOCIEDADE EM COMUM (IRREGULAR OU DE FATO)

10.1 Conceito e características

Conforme foi visto, é aquela sociedade que não tem personalidade jurídica, seja por não ter sido registrada devidamente (sociedade em comum e sociedade em conta de participação), seja por eventual inscrição de seu instrumento em qualquer registro não conferir à sociedade em conta de participação personalidade jurídica (art. 993).

Recorda-se que uma sociedade, mesmo sem personalidade jurídica, tem os mesmos deveres do que uma sociedade com personalidade jurídica, mas não usufrui dos direitos desta.

Assim, exemplificadamente:

- tem ilegitimidade ativa para o pedido de falência de seu devedor (art. 97, § 1º, da Lei n. 11.101/2005);
- tem ilegitimidade ativa para o pedido de recuperação judicial e extrajudicial (art. 48, *caput*, da Lei n. 11.101/2005);
- é impossibilitada de participar de licitações, nas modalidades concorrência pública e tomada de preços (art. 28, II e III, da Lei n. 8.666/1993); e
- não pode ter os seus livros autenticados no RPEM, em virtude da falta de inscrição (art. 1.181 do CC/2002), e, consequentemente, não poderá valer-se da eficácia probatória prevista na legislação processual (art. 418 do CPC/2015).

10.2 Responsabilidade dos sócios

A responsabilidade dos sócios é solidária (todos os sócios respondem concomitantemente) e ilimitada (independentemente do valor do investimento inicial) pelas dívidas sociais, mas só poderão ser atingidos depois de esgotados os bens do patrimônio especial. Trata-se do benefício de ordem.

Esse benefício de ordem, assim, não retira a responsabilidade solidária (entre os sócios) e ilimitadamente pelas obrigações sociais dos sócios, prevista no art. 990 do CC/2002, mas permite que respondam de forma subsidiária ou indiretamente. No entanto, aquele sócio que contratou pela sociedade responderá de forma direta e solidária com a sociedade, permitindo o credor a escolha entre cobrar desse sócio ou da sociedade.

Apesar de não existir personalidade jurídica e, portanto, não haver a proteção patrimonial dos sócios, o legislador afirmou que os bens dos sócios colocados à disposição da sociedade, bem como as respectivas dívidas, constituem um patrimônio especial (art. 988 do CC/2002). Isso significa que, apesar da ausência da personalidade jurídica, o patrimônio dos sócios não pode ser atingido diretamente, e sim depois de esgotados os bens do patrimônio especial.

10.3 Patrimônio especial de afetação

Constituem patrimônio especial os bens e as dívidas sociais do qual os sócios são titulares em comum, respondendo estes pelos atos de gestão praticados por qualquer dos sócios, salvo pacto expresso limitativo de poderes, que somente terá eficácia contra o terceiro que o conheça ou deva conhecer (arts. 988 e 989).

Nesse sentido, o Enunciado n. 210 do CJF: "O patrimônio especial a que se refere o art. 988 é aquele afetado ao exercício da atividade, garantidor de terceiro, e de titularidade dos sócios em comum, em face da ausência de personalidade jurídica".

10.4 Prova de existência da sociedade em comum

Se a sociedade não tem personalidade jurídica e, por consequência lógica, não tem registro em nenhum órgão público que empregue publicidade da sua existência, logo, como poderão os sócios provar que a sociedade existe? Como poderão os terceiros (credores, p. ex.), igualmente, provar a existência da sociedade?

Os sócios, somente por prova escrita, podem provar a existência da sociedade, nas relações entre si ou com terceiros. Porém, os terceiros podem prová-la de qualquer modo (prova testemunhal, p. ex.) como garantia de mantê-los ilesos a qualquer prejuízo que venham a sofrer em relação a uma sociedade irregular ou de fato (*vide* art. 987 do CC/2002). Observe o esquema a seguir:

Sócio em relação a sócio Sócio em relação a terceiro	Só prova por escrito
Terceiro em relação a sócio	Prova por qualquer modo

Nesse caso, se um sócio buscar na justiça um crédito perante outro sócio ou perante um devedor da sociedade, terá que provar a existência da união social mediante documento formal (escrito), que pode ser um contrato social ou uma ata. Mas, se for um credor da sociedade que pretender buscar um crédito perante os sócios, poderá, com testemunha, p. ex., provar que o devedor pertence à sociedade devedora. Isso facilitará a satisfação do crédito.

11. SOCIEDADE EM CONTA DE PARTICIPAÇÃO

11.1 Conceito e características

Como vimos anteriormente, trata-se de sociedade não personificada em virtude de não possuir registro nem na Junta Comercial nem no Cartório de Registro Civil de Pessoas Jurídicas, mas que existe por meio de um contrato de uso interno entre os sócios. Sua regulamentação se encontra entre os arts. 991 e 996 do CC/2002.

A constituição da sociedade em conta de participação independe de qualquer formalidade e pode provar-se por todos os meios de direito (art. 992). O seu contrato social produz efeito somente entre os sócios, e a eventual inscrição de seu instrumento em qualquer registro não confere personalidade jurídica à sociedade (art. 993).

Em outras palavras, mesmo realizando o registro em qualquer que seja o órgão, não haverá eficácia para fins empresariais previstos em lei. Isto é, esse contrato pode até ter sido registrado no Cartório de Títulos e Documentos, e mesmo assim não haverá personalidade jurídica para a sociedade (art. 991 do CC). E, em virtude dessa ausência de registro, não se pode falar em nome empresarial da sociedade.

11.2 Tipos de sócios (ostensivo e participante)

A sociedade em conta de participação cria duas figuras de sócios. Trata-se do sócio ostensivo (aparente) e do sócio participante (oculto). O primeiro é o sócio que aparece nas negociações. O segundo não aparece nas negociações, mas figura apenas como uma espécie de investidor que não aparece nas negociações. O sócio ostensivo é aparente (aparece) e o sócio participante é oculto.

Determina o art. 991, parágrafo único, do CC/2002 que, na sociedade em conta de participação, a atividade constitutiva do objeto social é exercida unicamente pelo sócio ostensivo, em seu nome individual e sob sua própria e exclusiva responsabilidade, "participando" os demais (sócios participantes) dos resultados correspondentes. Decorre dessa regra a distinção dos dois tipos de sócios que a compõem:

Sócio ostensivo
• aparece nas negociações; • negocia em seu nome individual; • obriga-se perante terceiros; • é o administrador legal; • se falir, a sociedade se dissolve.
Sócio participante
• é oculto – não aparece nas negociações; • não se obriga perante terceiros; • responde perante o sócio ostensivo; • não pode praticar atos de gestão; • se falir, a sociedade não se dissolve.

11.3 Liquidação da sociedade

A liquidação da sociedade é regida pelas regras da prestação de contas (art. 996 do CC/2002). No caso de falência do sócio ostensivo, o participante será tratado como credor quirografário, e, se ocorrer a falência do sócio participante, a relação dele com o sócio ostensivo será tratada como um contrato bilateral (art. 994 do CC/2002).

12. SOCIEDADE SIMPLES

12.1 Conceito e características

As sociedades simples são a forma societária adotada para as atividades não empresariais, como nas sociedades entre profissionais liberais ou intelectuais e nas cooperativas. Sua regulamentação se encontra entre os arts. 997 e 1.038 do CC/2002.

Se a sociedade empresária tem existência legal a partir do registro no Registro Público de Empresas Mercantis – RPEM, a cargo da Junta Comercial da respectiva sede (arts. 8º, I, e 32, II, *a*, da Lei n. 8.934/1994 e arts. 45 e 971 do CC/2002), as sociedades simples, de acordo com o art. 1.150 do CC/2002, vinculam-se ao Registro Civil das Pessoas Jurídicas – RCPJ (tem suas regras previstas na Lei n. 6.015/1973, a partir do art. 114). Caso a sociedade simples adotar um dos tipos de sociedade empresária, deverá obedecer às normas fixadas pelo RPEM.

12.2 Contrato social

As sociedades simples são regidas pelo contrato social celebrado entre os sócios. Segundo o art. 997 do CC/2002, a sociedade constitui-se mediante contrato escrito, particular ou público, que, além de cláusulas estipuladas pelas partes, mencionará:

- nome, nacionalidade, estado civil, profissão e residência dos sócios, se pessoas naturais, e a firma ou a denominação, nacionalidade e sede dos sócios, se jurídicas;
- denominação, objeto, sede e prazo da sociedade;
- capital da sociedade, expresso em moeda corrente, podendo compreender qualquer espécie de bens, suscetíveis de avaliação pecuniária;
- a quota de cada sócio no capital social, e o modo de realizá-la;
- as prestações a que se obriga o sócio, cuja contribuição consista em serviços;
- as pessoas naturais incumbidas da administração da sociedade, e seus poderes e atribuições;
- a participação de cada sócio nos lucros e nas perdas;
- se os sócios respondem, ou não, subsidiariamente, pelas obrigações sociais.

Por fim, caso a sociedade simples institua sucursal, filial ou agência na circunscrição de outro Registro Civil das Pessoas Jurídicas, neste deverá também inscrevê-la, com a prova da inscrição originária, e depois averbar no cartório da respectiva sede (art. 1.000 do CC/2002).

12.3 Direitos e obrigações dos sócios entre si

Após a criação do contrato social, iniciam-se as obrigações dos sócios imediatamente, se o ato constitutivo não fixar outra data, e terminam quando liquidada a sociedade.

Sobre os direitos e as obrigações dos sócios:

- o sócio é obrigado às contribuições estabelecidas no contrato social, e aquele que deixar de fazê-lo, nos 30 (trinta) dias seguintes ao da notificação pela sociedade, responderá perante esta pelo dano emergente da mora;
- nenhum sócio pode ser substituído no exercício das suas funções, sem o consentimento dos demais, expresso em modificação do contrato social;
- o sócio pode participar com bens e com serviços ou apenas com serviços, mas, mesmo assim, não participará da formação do capital social, não terá uma quota determinada, participando dos lucros da empresa pela proporção média das quotas, mas sem previsão de participação nas perdas societárias (arts. 1.007 e 1.023 do CC/2002);
- o sócio admitido em sociedade já constituída não se eximirá das dívidas sociais anteriores à admissão (art. 1.025);
- as dívidas particulares do sócio podem, na insuficiência de outros bens dele, fundamentar – se assim desejar o credor – a execução sobre o que cabe ao sócio nos lucros da sociedade, ou na parte que lhe tocar em liquidação (art. 1.026).

De igual modo, a fim de evitar a sociedade leonina dos contratantes, é nula a estipulação contratual que exclua qualquer sócio de participar dos lucros, mas também das perdas.

12.4 Cessão de quotas e direitos e obrigações dos sócios perante terceiros

Um sócio pode ceder parte ou o todo de suas cotas para terceiros? Desde que consentido com os demais, sim (pois se trata de uma sociedade de pessoas). Contudo, se a cessão de quota ocorrer sem a correspondente modificação do contrato social com o consentimento dos demais sócios, não terá eficácia quanto a estes e à sociedade.

12.5 Responsabilidade dos sócios com terceiros

Por fim, quanto à responsabilidade dos sócios perante terceiros, determina o art. 1.023 do CC/2002 que, caso os bens da sociedade não lhe cobrirem as dívidas, respondem os sócios pelo saldo, na proporção em que participem das perdas sociais, salvo cláusula de responsabilidade solidária (onde todos responderiam de forma concomitante, sem observar a proporcionalidade). De fato, a regra na sociedade simples é que seus sócios respondem de forma ilimitada, mas subsidiariamente. Nas palavras da lei: "os bens particulares dos sócios não podem ser executados por dívidas da sociedade, senão depois de executados os bens sociais" (art. 1.024).

12.6 Administração da sociedade simples

Além das deliberações dos sócios, que são vitais para os negócios da sociedade, existe ainda a figura do administrador que dá impulso às tomadas de decisão rotineiras da organização. Neste tópico, trataremos dessas duas figuras de gestão (deliberação dos sócios e atos do administrador).

I – Deliberação dos sócios

Algumas decisões envolvendo a sociedade simples devem ser tomadas pela maioria absoluta dos sócios ou, às vezes, por unanimidade. Quando, por lei ou pelo contrato social, competir aos sócios decidir sobre os negócios da sociedade, o art. 1.010 do CC/2002 dispõe que as deliberações serão tomadas por maioria de votos, contados segundo o valor das quotas de cada um.

Quando se considera maioria absoluta, para fins de deliberação na sociedade simples? Para formação da maioria absoluta, são necessários votos correspondentes a mais de metade do capital (art. 1.010, § 1º, do CC/2002). Em caso de empate (o que raramente acontece), caberá ao juiz desempatar, conforme § 2º do mesmo artigo.

II – Administrador na sociedade simples

Como foi dito, além das deliberações dos sócios (visto anteriormente), que são vitais para os negócios da sociedade, existe ainda a figura do administrador, que dá impulso às tomadas de decisão rotineiras da organização.

Em geral, qualquer pessoa plenamente capaz pode ser administradora, inclusive um terceiro (não sócio). Por outro lado, a administração da sociedade, nada dispondo o contrato social, compete separadamente a cada um dos sócios (art. 1.013 do CC/2002). Porém, não podem ser administradores, além das pessoas impedidas por lei especial, aquelas que tenham sido condenadas nos crimes elencados no § 1º do art. 1.011 do CC/2002 (enquanto perdurarem os efeitos da condenação). Especificam-se, ainda, quem não pode ser administrador, além das pessoas impedidas por lei especial, os condenados:

- que a pena vede, ainda que temporariamente, o acesso a cargos públicos;
- por crime falimentar, de prevaricação, peita (tipo um suborno, mas mediante a entrega de bens) ou suborno (entrega de dinheiro), concussão, peculato;
- de crimes contra a economia popular, contra o sistema financeiro nacional, contra as normas de defesa da concorrência, contra as relações de consumo, a fé pública ou a propriedade, enquanto perdurarem os efeitos da condenação.

E quem pode ser administrador? Somente pessoa natural (art. 997, VI, do CC/2002), que pode ser sócio ou não, tanto da sociedade simples quanto da sociedade empresária. Como não há vedação expressa na lei, somente será vedado administrador estranho à sociedade caso o contrato preveja cláusula nesse sentido. Também nada dispondo o contrato social, a administração da sociedade compete separadamente a cada um dos sócios (art. 1.013).

O administrador pode ser indicado no próprio contrato social ou em instrumento apartado. Nesse caso, segundo o art. 1.019 do CC/2002, são irrevogáveis os poderes do sócio investido na administração por cláusula expressa do contrato social, salvo justa causa, reconhecida judicialmente, a pedido de qualquer dos sócios.

Se a administração da sociedade simples competir separadamente a vários administradores (competência conjunta), cada um pode impugnar operação pretendida por outro, cabendo a decisão aos sócios, por maioria de votos. Nesse mesmo contexto, vale destacar que o administrador que realizar operações, sabendo ou devendo saber que estava agindo em desacordo com a maioria, responde por perdas e danos perante a sociedade.

Os administradores podem praticar todos os atos pertinentes à gestão da sociedade? O CC/2002 responde que, no silêncio do contrato e não constituindo objeto social da sociedade, a oneração ou a venda de bens imóveis depende do que a maioria dos sócios decidir (art. 1.015), ou seja, na ausência de cláusula expressa, os administradores podem praticar todos os atos pertinentes à gestão da sociedade. Contudo, não constituindo objeto social, a oneração ou a venda de bens imóveis depende do que a maioria dos sócios decidir (art. 1.015 do CC/2002).

E, caso o administrador se exceda, seja sócio, seja contratado, os demais sócios responderão? Sobre esse assunto, o art. 1.014, parágrafo único, disciplina que o excesso por parte dos administradores (denominados "atos *ultra vires*") somente pode ser oposto a terceiros, livrando os sócios, se ocorrer pelo menos uma das seguintes hipóteses:

- se a limitação de poderes estiver inscrita ou averbada no registro próprio da sociedade;
- provando-se que era conhecida do terceiro;
- tratando-se de operação evidentemente estranha aos negócios da sociedade.

Assim, fora dessas hipóteses, os sócios respondem pelos atos do administrador. E, se for mais de um administrador, respondem estes de forma solidária perante a sociedade e os terceiros prejudicados, por culpa no desempenho de suas funções (art. 1.016 do CC/2002).

Ao final, os administradores são obrigados a prestar contas justificadas de sua administração aos sócios, e apresentar-lhes o inventário anualmente, bem como o balanço patrimonial e o de resultado econômico (art. 1.020 do CC/2002). Observe que os sócios não estão impedidos de solicitarem, em qualquer tempo, os livros e documentos da sociedade, pois o art. 1.021 autoriza expressamente, salvo se houver estipulação que determine época própria.

12.7 Responsabilidade dos sócios

Conforme dito há pouco, os bens particulares dos sócios não podem ser executados por dívidas da sociedade, senão depois de executados os bens sociais. Mas o contrário é válido? Pode a sociedade responder por dívidas do sócio? Sim, em hipótese de desconsideração inversa da personalidade jurídica prevista no art. 133, § 2º, do CPC.

Por outro lado, em caso de dívida particular de um sócio, se os seus bens pessoais não forem suficientes para pagar a execução, o art. 1.026 do CC/2002 autoriza o credor a fazer recair a execução sobre a parte que couber ao sócio devedor nos lucros da sociedade, ou na parte que lhe tocar em liquidação.

E, se a sociedade não estiver dissolvida, pode o credor requerer a liquidação da quota do devedor. Por falar em liquidação, a propósito, cumpre finalizar esse assunto lecionando que os herdeiros do cônjuge de sócio, ou o cônjuge do que se separou judicialmente, não podem exigir desde logo a parte que lhes couber na quota social, nos moldes do art. 1.027 do CC/2002, mas concorrer à divisão periódica dos lucros, até que se liquide a sociedade. Isto é, não pode ocorrer a liquidação antecipada da sociedade apenas em função da sucessão hereditária ou divórcio.

12.8 Dissolução da sociedade simples

I – Dissolução (resolução ou rescisão) em relação a um sócio

A resolução da sociedade em relação a um sócio pode ocorrer de três maneiras:

1) por morte (*causa mortis*); ou
2) direito de retirada; ou
3) exclusão (por falta grave, incapacidade superveniente ou por execução de sócio devedor).

Antes, é importante lembrar que, em Direito, "resolução" tem a ver com extinção de determinada relação. No caso em tela, repita-se, trata-se da extinção da figura de sócio em relação à sociedade.

Qualquer que seja a resolução, seja retirada, seja exclusão ou morte do sócio, não o exime, ou a seus herdeiros, da responsabilidade pelas obrigações sociais anteriores, até 2 (dois) anos depois de averbada a resolução da sociedade; nem nos dois primeiros casos, pelas posteriores e em igual prazo, enquanto não se requerer a averbação (art. 1.032).

II – Dissolução total

Neste título, trataremos da extinção (dissolução) da sociedade simples como um todo. A sociedade pode ser dissolvida (extinta) de duas maneiras: 1) extrajudicial; 2) judicial.

Quanto à dissolução total, na forma extrajudicial, o art. 1.033 do CC/2002 disciplina que se dissolve a sociedade quando ocorrer:

- o vencimento do prazo de duração, salvo se, vencido este e sem oposição de sócio, não entrar a sociedade em liquidação, caso em que se prorrogará por tempo indeterminado;
- o consenso unânime dos sócios;
- a deliberação dos sócios, por maioria absoluta, na sociedade de prazo indeterminado;
- a falta de pluralidade de sócios, não reconstituída no prazo de

Atenção! A unipessoalidade já foi motivo para dissolução da sociedade se a pluralidade não fosse recomposta no prazo de 180 dias. Porém, essa hipótese foi derrogada pela Lei n. 14.195, de 2021.

Já o art. 1.034 do CC/2002 dispõe sobre duas hipóteses de extinção da sociedade pela forma judicial. Pode ser dissolvida judicialmente, a requerimento de qualquer dos sócios, quando:

- anulada a sua constituição;
- exaurido o fim social, ou verificada a sua inexequibilidade. Além disso, o contrato poder prever outras causas de dissolução e que podem ser verificadas judicialmente quando contestadas, na forma do art. 1.035 do CC/2002.

Ocorrida a dissolução, consigna o art. 1.036, cumpre aos administradores providenciar imediatamente a investidura do liquidante (pessoa que passará a representar a sociedade no processo de liquidação – *vide* art. 1.038) e restringir a gestão própria aos negócios inadiáveis, vedadas novas operações, pelas quais responderão solidária e ilimitadamente.

Atenção! Nessa fase, estarão proibidas novas operações pela sociedade, sob pena de responderem solidária e ilimitadamente (*vide* art. 1.036 do CC/2002).

Cabe, por fim, destacar que o liquidante pode ser destituído, a qualquer tempo, nas hipóteses do § 1º do art. 1.036 do CC/2002, as quais:

I – se eleito pela forma prevista neste artigo, mediante deliberação dos sócios; e

II – em qualquer caso, por via judicial, a requerimento de um ou mais sócios, ocorrendo justa causa.

13. SOCIEDADE EM NOME COLETIVO

13.1 Conceito e características

A sociedade em nome coletivo é um ente personificado, pois é registrada ou na Junta Comercial (se sociedade empresária) ou no Cartório de Registro Civil de Pessoas jurídicas (se sociedade simples). É regida pelos arts. 1.039 a 1.044 do CC/2002 e, subsidiariamente, pelas regras das sociedades simples.

O nome empresarial deve ser a firma composta pelos nomes dos sócios ou, bastando para formá-la, aditar ao nome de um deles a expressão "e companhia" ou sua abreviatura (art. 1.157). Trata-se de uma sociedade de pessoas na qual todos os sócios, que só podem ser pessoas físicas, respondem ilimitada e solidariamente pelas dívidas da sociedade (art. 1.039 do CC/2002). Entretanto, sem prejuízo da responsabilidade perante terceiros, podem os sócios, no ato constitutivo, ou por unânime convenção posterior, limitar entre si a responsabilidade de cada um.

Podemos considerar como características distintivas as seguintes:

- somente pessoas físicas podem se tornar sócias;
- todos os sócios respondem de forma solidária e ilimitadamente;
- nome empresarial: firma social (ou razão social) – art. 1.041;
- a administração da sociedade compete exclusivamente a sócios (art. 1.042);
- rege-se pelas normas próprias e, no que seja omisso, pelas normas das sociedades simples (art. 1.040);
- dissolve-se também pelas razões do art. 1.033 do CC/2002 e, caso forem empresárias, também pela falência (art. 1.044).

13.2 Responsabilidade dos sócios

Por ser uma sociedade registrada (personificada), o patrimônio dos sócios somente pode ser atingido depois de esgotados os bens da empresa (art. 1.024 do CC/2002). Em virtude da responsabilização patrimonial dos sócios, incapaz não pode ser sócio, já que o legislador quis proteger o seu patrimônio, quando recebesse a autorização judicial para continuar a atividade empresarial (art. 974 do CC/2002).

Em relação à responsabilidade solidária dos sócios, destaca-se que eles têm responsabilidade subsidiária (arts. 1.024 do CC/2002 e 795 do CPC/2015), ou seja, primeiro quem responde é a sociedade em nome coletivo. Assim, o credor é obrigado a cobrar primeiro da sociedade. Se não houver bens sociais suficientes para cobrir a dívida, restará a cobrança dos bens pessoais dos sócios. Somente nesse caso o credor poderá escolher entre cobrar um ou mais sócios em razão da responsabilidade solidária. Caso apenas um dos sócios pague toda a dívida, terá o direito de regresso contra os demais dentro da proporção acertada internamente no contrato.

Na estrutura do CC/2002, surge como a primeira sociedade personificada empresária regulamentada em capítulo próprio, entre os arts. 1.039 e 1.044. Assim, dispõe o art. 1.039 que somente pessoas físicas podem tomar parte na sociedade em nome coletivo, respondendo todos os sócios, solidária e ilimitadamente, pelas obrigações sociais.

14. SOCIEDADE EM COMANDITA SIMPLES

14.1 Conceito e características

Trata-se de uma sociedade personificada, pois é registrada ou na Junta Comercial (sociedade empresária) ou no Cartório de Registro Civil de Pessoas Jurídicas (sociedade simples), e regida pelos arts. 1.045 a 1.051 do CC/2002, e, subsidiariamente, pelas regras da sociedade em nome coletivo e, portanto, as regras da sociedade simples, no que for compatível a esse tipo societário (art. 1.046 do CC/2002).

Por ter duas categorias de sócios, e cada uma delas com grau de responsabilidade diferente, é importante observar que o nome empresarial segue norma peculiar ao tipo societário. Sobre as modalidades de nome empresarial, veja tópico específico nesta obra.

De acordo com o art. 1.046 do CC/2002, o nome será registrado por firma social, composto apenas pelos nomes de sócios comanditados. Não pode o comanditário praticar nenhum ato de gestão, nem ter o nome na firma social, sob pena de ficar sujeito às responsabilidades de sócio comanditado (art. 1.047 do CC/2002).

É possível, enfim, destacar as seguintes características da sociedade em comandita simples:

- pessoas físicas e jurídicas podem se tornar sócias, exceto sócio comanditado (somente física);
- somente o sócio comanditado responde de forma solidária e ilimitadamente;
- nome empresarial: firma social (ou razão social);
- a administração da sociedade compete exclusivamente ao sócio comanditado;
- rege-se pelas normas próprias e, no que seja omisso, pelas normas das sociedades em nome coletivo (art. 1.046);
- dissolve-se também pelas razões do art. 1.033 do CC/2002 e, caso forem empresárias, também pela falência (art. 1.051, I) e quando, por mais de 180 (cento e oitenta) dias, perdurar a falta de uma das categorias de sócio (art. 1.051, II).

14.2 Tipos de sócios (comanditados e comanditários)

Para que exista a sociedade em comandita simples, é necessária sempre a existência das duas categorias de sócios (comanditados e comanditários), já que a ausência por mais de 180 (cento e oitenta) dias de uma delas resultará em dissolução da sociedade (art. 1.051, II, do CC/2002).

No caso de morte de sócio comanditário, se não houver regra específica sobre a situação no contrato, a sociedade continuará com os seus sucessores, que designarão quem os represente (art. 1.050 do CC/2002).

Além dessas hipóteses, o inc. I do art. 1.051 do CC/2002 dispõe como causa da extinção (dissolução) da sociedade qualquer das causas previstas no art. 1.044, que, inclusive, se aplica a quase todas as sociedades. O que pode ser notado é que o CC/2002 faz uma "pegadinha" com o leitor. O inc. I do art. 1.051 remete à leitura do art. 1.044, e este, mais uma vez, remete à leitura do art. 1.033 do CC/2002. Vamos facilitar:

Na falta de sócio comanditado, os comanditários nomearão administrador provisório para praticar os atos da administração, durante o prazo de 180 (cento e oitenta) dias (referido no inc. II do art. 1.051 do CC/2002) e sem assumir a condição de sócio.

14.3 Dissolução da sociedade

O CC/2002 deixa claro que se dissolve de pleno direito a sociedade em comandita simples pelas mesmas causas da sociedade em nome coletivo ou quando, por mais de 180 (cento e oitenta) dias, perdurar a falta de uma das categorias de sócio (art. 1.051). Na falta de sócio comanditado, os comanditários nomearão administrador provisório para praticar, durante o período de 180 (cento e oitenta) dias e sem assumir a condição de sócio, os atos de administração.

15. SOCIEDADE LIMITADA (LTDA.)

15.1 Conceito e características

A sociedade limitada é tipo societário por intermédio do qual os seus sócios instituem uma pessoa jurídica (art. 42, II, do CC/2002) para exploração da atividade econômica empresarial, assumindo, em geral, responsabilidade apenas no limite do valor investido (ver mais detalhes sobre o tema adiante).

Vale relembrar que, antes da Lei n. 13.874/2019, a sociedade era compreendida como o ente constituído "por duas ou mais pessoas". Atualmente, com inserção dos §§ 1º e 2º ao art. 1.052 do Código Civil (incluídos pela Lei n. 13.874), a sociedade limitada também pode ser constituída por único titular, sendo chamada "sociedade unipessoal (SLU).

Trata-se de uma sociedade contratual regida de forma complementar pelo CC/2002, nos arts. 1.052 a 1.087. Entretanto, nas omissões do texto próprio para a sociedade limitada, aplicam-se subsidiariamente as regras das sociedades simples e, se o contrato expressamente previr a Lei das Sociedades Anônimas, supletivamente (art. 1.053 do CC/2002).

De acordo com o art. 1.158 do CC/2002, pode a sociedade limitada adotar firma ou denominação, integradas pela palavra final "limitada" ou a sua abreviatura (LTDA.). O código ainda apresenta três outras regras sobre o nome empresarial para esse tipo societário (os sócios que escolhem):

- a firma será composta com o nome de um ou mais sócios, desde que pessoas físicas, de modo indicativo da relação social (§ 1º);
- a denominação deve designar o objeto da sociedade, sendo permitido nela figurar o nome de um ou mais sócios (§ 2º);
- a omissão da palavra "limitada" determina a responsabilidade solidária e ilimitada dos administradores que assim empregarem a firma ou a denominação da sociedade (§ 3º).

O art. 997 estabelece que a sociedade se constitui mediante contrato escrito, particular ou público, que, além de cláusulas estipuladas pelas partes, mencionará:

I – nome, nacionalidade, estado civil, profissão e residência dos sócios, se pessoas naturais, e a firma ou a denominação, nacionalidade e sede dos sócios, se jurídicas;

II – denominação, objeto, sede e prazo da sociedade;

III – capital da sociedade, expresso em moeda corrente, podendo compreender qualquer espécie de bens, suscetíveis de avaliação pecuniária;

IV – a quota de cada sócio no capital social, e o modo de realizá-la;

V – as prestações a que se obriga o sócio, cuja contribuição consista em serviços;

VI – as pessoas naturais incumbidas da administração da sociedade, e seus poderes e atribuições;

VII – a participação de cada sócio nos lucros e nas perdas;

VIII – se os sócios respondem, ou não, subsidiariamente, pelas obrigações sociais.

Já o art. 1.054 do CC/2002 estabelece duas disposições: 1) que o contrato social seguirá as regras do art. 997; e 2) que mencionará a firma, quando optado pelos sócios.

Vale destacar também que qualquer pacto separado, contrário ao disposto no instrumento do contrato, é ineficaz em relação a terceiros, valendo apenas o que está escrito no pacto principal.

Quando os artigos reguladores da Sociedade LTDA. (arts. 1.052 a 1.087 do CC/2002) não forem suficientes para disciplinar esse tipo societário, aplicam-se as regras da sociedade simples (arts. 997 a 1.051 do CC/2002). Além disso, o contrato social da Sociedade LTDA. poderá prever a regência supletiva das normas da sociedade anônima (arts. 1.088 e 1.089 e Lei n. 6.404/1976 – Lei das Sociedades Anônimas).

15.2 Capital social da LTDA.

O capital social **é um bem intangível** composto pela somatória dos recursos trazidos pelos sócios à empresa, expressos em moeda nacional. A participação dos sócios no capital se dá mediante quotas (tema discutido adiante), que representam "fragmentos" de todo o capital social, por meio de recursos aplicados por cada um deles.

Lembrando que, pelo CC/2002, é proibido o ingresso de sócio que contribua apenas com trabalho ou serviço (art. 1.055, § 2º, do CC/2002). O capital social precisa ser quantificado materialmente.

Assim, segundo o art. 1.055 do CC/2002, **o capital social divide-se em quotas, iguais ou desiguais**, cabendo uma ou diversas a cada sócio. Representa, assim, a parcela de um sócio na sociedade. Esse capital social pode ser modificado com o passar do tempo, alterando-se o contrato social (*vide* arts. 1.081 a 1.084 do CC/2002). Na prática, impõe-se um valor de capital social, p. ex., R$ 10.000,00, e divide-se esse valor em número de quotas por um valor único, p. ex., R$ 1,00. Assim, temos uma sociedade com 10.000 quotas. Se um sócio tiver 6.000 quotas, terá, respectivamente, 60% da sociedade.

Destacamos os seguintes aspectos para as quotas societárias:

- são partes ou porções do capital social;
- podem compreender qualquer espécie de bens suscetíveis de avaliação pecuniária (art. 997, III);
- é vedada contribuição que consista em prestação de serviços (art. 1.055, § 2º);
- são indivisíveis – não fracionáveis (art. 1.056);
- é possível a constituição de condomínios de quotas (art. 1.056, § 1º), ou seja, de copropriedade entre sócios condôminos;
- conferem dois tipos de direitos ao seu titular, a saber: um de natureza patrimonial (receber lucros e ter direito à partilha da liquidação da sociedade) e outro de natureza pessoal (deliberar, administrar ou fiscalizar);
- podem ser cedidas por dois modos: *causa mortis* (morte do sócio) e *inter vivos* (art. 1.057), seja cessão para quem já é sócio, seja cessão para quem é estranho à sociedade;
- admite-se a penhorada quota social em aplicação subsidiária à regra do sócio em sociedade simples (art. 1.026).

Atenção! Capital subscrito e capital integralizado são coisas distintas! **Capital subscrito** é aquele prometido pelos sócios para formação da sociedade. Já o **capital integralizado** é aquele que já foi entregue ou pago pelos sócios, podendo ser integralizado à vista (quando da constituição da sociedade) ou a prazo (de forma parcelada).

Nesse sentido, vale destacar o Enunciado n. 18 da I Jornada de Direito Comercial do CFJ: "O capital social da sociedade limitada poderá ser integralizado, no todo ou em parte, com quotas ou ações de outra sociedade, cabendo aos sócios a escolha do critério de avaliação das respectivas participações societárias, diante da responsabilidade solidária pela exata estimação dos bens conferidos ao capital social, nos termos do art. 1.055, § 1º, do Código Civil".

Depois de constituída a sociedade limitada, poderão os sócios reduzir ou aumentar o capital societário? Sim, desde que observados os arts. 1.081 (para aumento do capital) e 1.082 (para redução do capital) do CC/2002.

Para o aumento do capital, o art. 1.081 do CC/2002 disciplina que, ressalvado o disposto em lei especial, integralizadas as quotas, pode ser o capital aumentado, com a correspondente modificação do contrato. Até 30 (trinta) dias após a deliberação, terão os sócios preferência para participar do aumento, na proporção das quotas de que sejam titulares, podendo ocorrer cessão ao direito de preferência.

Para a redução do capital, o art. 1.082 do CC/2002 estabelece que a sociedade pode reduzir o capital, mediante a correspondente modificação do contrato, em duas hipóteses:

I – depois de integralizado, se houver perdas irreparáveis. Nesse caso, a redução do capital será realizada com a diminuição proporcional do valor nominal das quotas, tornando-se efetiva a partir da averbação, no Registro Público de Empresas Mercantis, da ata da assembleia que a tenha aprovado;

II – se excessivo em relação ao objeto da sociedade. Nesse caso, a redução do capital será feita restituindo-se parte do valor das quotas aos sócios, ou dispensando-se as prestações ainda devidas, com diminuição proporcional, em ambos os casos, do valor nominal das quotas.

Feito isso, no prazo de 90 (noventa) dias, contado da data da publicação da ata da assembleia que aprovar a redução, o credor quirografário, por título líquido anterior a essa data, poderá opor-se ao deliberado. Satisfeitas tais condições, proceder-se-á à averbação, no Registro Público de Empresas Mercantis, da ata que tenha aprovado a redução.

15.3 Cessão de quotas na sociedade LTDA.

A cessão (transferência) de quotas pode ocorrer para outro sócio ou a um estranho. Se for em favor de sócio já integrante, ocorrerá o aumento de sua participação e poder na organização. Se a cessão for a estranho (terceiro não integrante), essa operação implicará a entrada de um novo sócio da sociedade. Para que isso ocorra, há duas formas regulamentares:

1) contratual (na hipótese de o contrato disciplinar a forma);
2) legal (na ausência de disposição contratual).

A cessão de quotas, seja qual for a hipótese discorrida anteriormente, só terá efeito perante terceiros a partir da averbação do respectivo instrumento perante a Junta Comercial, subscrito pelos sócios.

15.4 Sócio remisso (em mora) e suas quotas

Se o sócio subscrever quotas e não realizá-las, será considerado sócio remisso, que é aquele tardio ou demorado em realizar suas quotas, negligente ou indolente com as obrigações societárias.

Assim, persistindo a inadimplência do prazo de 30 (trinta) dias para integralizar as suas quotas, a sociedade, em relação ao sócio remisso, poderá alternativamente:

- exigir-lhe o valor faltante, acrescida indenização pela mora;
- reduzir-lhe a quota ao montante já realizado, com a redução do capital social, ou reduzir-lhe a quota ao valor já integralizado, com a aquisição da diferença pelos demais sócios, mantendo o capital social;
- excluir o sócio, transferindo sua quota a outros sócios, ou excluir o sócio, com cessão de sua quota a terceiros não sócios.

15.5 Responsabilidade na sociedade LTDA.

I – No caso do capital integralizado

A regra geral da responsabilidade na sociedade limitada diz que cada sócio responde pela integralização do capital subscrito e, solidariamente, pelo capital não integralizado (art. 1.052 do CC/2002).

Se todos os sócios realizarem as suas quotas e integralizarem o capital social, a responsabilidade de cada um estará restrita ao valor do investimento. O credor, portanto, não terá como cobrar o saldo devedor residual. Daí a responsabilidade limitada.

II – No caso da não integralização do capital

A responsabilidade dos sócios passa a ser solidária em relação ao montante não realizado. Ou seja, em uma execução, não havendo mais bens da sociedade, o credor poderá buscar o valor remanescente no patrimônio dos sócios, inclusive daqueles que já cumpriram com a sua obrigação. Por isso é tão importante tomar providências contra o sócio remisso.

III – No caso de situações excepcionais

Em síntese, a responsabilidade dos sócios de sociedade LTDA. é, em geral, limitada (quando o capital estiver integralizado) e solidária (quando o capital não tiver sido totalmente integralizado). Contudo, **pode ocorrer a responsabilidade subsidiária ilimitada** dos sócios de três formas:

1) se os sócios **deliberarem de forma contrária à lei ou ao contrato social** (art. 1.080 do CC/2002). Nesse sentido, o Enunciado n. 229 do CJF leciona que: a responsabilidade ilimitada dos sócios pelas deliberações infringentes da lei ou do contrato torna desnecessária a desconsideração da personalidade jurídica, por não constituir a autonomia patrimonial da pessoa jurídica escudo para a responsabilização pessoal e direta;
2) se os sócios **fraudarem os credores**;
3) **desconsideração da personalidade jurídica**, autorizada pelo art. 50 do CC/2002.

15.6 Administração da sociedade LTDA.

De acordo com o art. 1.060 do CC/2002, a sociedade limitada é administrada por uma ou mais pessoas designadas no contrato social ou em ato separado, caso a administração atribuída no contrato a todos os sócios não se estenda de pleno direito aos que posteriormente adquiram essa qualidade. Assim, caso novos sócios sejam incluídos na sociedade e o contrato social original confira a administração a todos, não necessariamente terão os novos esse benefício.

A sociedade **pode ser administrada por um administrador sócio ou não sócio**, desde que ocorra expressa autorização no contrato social ou em ato separado (art. 1.060 do CC/2002).

Mas a designação de administradores não sócios dependerá de como se encontra o capital social, se integralizado ou não, nas seguintes proporções (art. 1.061 do CC/2002):

1) se o capital não estiver integralizado, é necessária aprovação unânime dos sócios;
2) se o capital estiver integralizado, basta aprovação de dois terços.

Em síntese, a escolha de NÃO SÓCIOS como administradores ou administrador deve seguir estas regras, a saber:

- aprovação da unanimidade dos sócios, enquanto o capital não estiver integralizado;
- aprovação de dois terços, no mínimo, após a integralização. Depois de nomeado em ato separado, o administrador deverá ser investido no cargo mediante termo de posse no livro de atas da administração, no prazo de 30 (trinta) dias;
- contudo, se o termo não for assinado nos 30 (trinta) dias seguintes à designação, esta se tornará sem efeito;
- em seguida, nos 10 (dez) dias seguintes ao da investidura, deve o administrador requerer que seja averbada sua nomeação na Junta Comercial, mencionando seu nome, nacionalidade, estado civil, residência, com exibição de documento de identidade, ato e data da nomeação e prazo de gestão (art. 1.062 do CC/2002).

Frise-se que o art. 1.060 se refere a ato separado. Nesse caso, o administrador deverá ser investido no cargo mediante termo de posse no livro de atas da administração (art. 1.062), o qual deverá ser assinado dentro de 30 (trinta) dias da designação sob pena de se tornar sem efeito (art. 1.062, § 1º). Seja por um tipo, seja por outro, a designação deve ser averbada no registro competente (§ 2º).

Vale destacar que a Lei n. 13.792/2019 alterou a redação do § 1º do art. 1.063 do Código Civil dispondo que "tratando-se de sócio nomeado administrador no contrato, sua destituição somente se opera pela aprovação de titulares de quotas correspondentes a mais da metade do capital social, salvo disposição contratual diversa".

O excesso de poderes praticado pelo administrador pode ser oposto a terceiro, se este tinha como saber do excesso praticado. Tal conhecimento pode ocorrer quando a operação realizada pelo administrador era estranha ao ramo de atividade da sociedade, ou ainda quando a limitação foi averbada na Junta Comercial (art. 1.015, parágrafo único, do CC/2002).

O excesso praticado pelo administrador é chamado de **atos *ultra vires***. De acordo com o Enunciado n. 219 da III Jornada de Direito Civil do CJF: Está positivada a teoria *ultra vires* no Direito brasileiro, com as seguintes ressalvas:

a) o ato *ultra vires* não produz efeito apenas em relação à sociedade;
b) sem embargo, a sociedade poderá, por meio de seu órgão deliberativo, ratificá-lo;
c) o Código Civil amenizou o rigor da teoria *ultra vires*, admitindo os poderes implícitos dos administradores para realizar negócios acessórios ou conexos ao objeto social, os quais não constituem operações evidentemente estranhas aos negócios da sociedade;
d) não se aplica o art. 1.015 às sociedades por ações, em virtude da existência de regra especial de responsabilidade dos administradores (art. 158, II, da Lei n. 6.404/1976).

É VEDADO ao administrador:

- sem consentimento escrito dos sócios, aplicar créditos ou bens sociais em proveito próprio ou de terceiros; terá de restituí-los à sociedade, ou pagar o equivalente, com todos os lucros resultantes, e, se houver prejuízo, por ele também responderá (art. 1.017);
- tomar parte de deliberação em qualquer operação de interesse contrário ao da sociedade; ficará sujeito a sanções (art. 1.017, parágrafo único);
- fazer-se substituir no exercício de suas funções, sendo-lhe facultado, nos limites de seus poderes, constituir mandatários da sociedade, especificados no instrumento os atos e as operações que poderão praticar (art. 1.018).

Diz o art. 1.063 que o exercício do cargo de administrador cessa:

a) pela destituição, em qualquer tempo, do titular;
b) pelo término do prazo se, fixado no contrato ou em ato separado, não houver recondução;
c) pela renúncia do administrador (§ 3º).

No caso de destituição do administrador, depende de deliberação dos sócios (art. 1.071, III) pelos votos correspondentes.

15.7 Assembleia, reunião e deliberação dos sócios

A assembleia (ou reunião) dos sócios deve realizar-se ao menos uma vez por ano (assembleia anual obrigatória), nos 4 (quatro) meses seguintes ao término do exercício social, com o objetivo de tomar as contas dos administradores e deliberar sobre o balanço patrimonial e o de resultado econômico; designar administradores, quando for o caso; e tratar de qualquer outro assunto constante da ordem do dia (art. 1.078 do CC/2002).

As matérias previstas em lei para deliberação societária por meio de reunião ou assembleia estão no rol do art. 1.071, a saber:

- a aprovação das contas da administração (I);
- a designação dos administradores, quando feita em ato separado (II);
- a destituição dos administradores (III);
- o modo de sua remuneração, quando não estabelecido no contrato (IV);
- a modificação do contrato social (V);
- a incorporação, a fusão e a dissolução da sociedade, ou a cessação do estado de liquidação (VI);
- a nomeação e destituição dos liquidantes e o julgamento das suas contas (VII);
- o pedido de recuperação (VIII) [no CC/2002, diz "concordata", mas superada pela LRF/2005].

A reunião ou assembleia pode ser convocada:

a) pelos administradores, nos casos previstos em lei ou contrato (art. 1.072, *caput*, da CC/2002);
b) por sócio, quando os administradores retardarem a convocação, por mais de 60 (sessenta) dias, nos casos previstos em lei ou contrato, ou por titulares de mais de um quinto do capital, quando não atendido, no prazo de 8 (oito) dias, pedido de convocação fundamentado, com indicação das matérias a serem tratadas (art. 1.073, I); e

c) pelo conselho fiscal, se houver, se a diretoria retardar por mais de 30 (trinta) dias a sua convocação anual, ou sempre que ocorram motivos graves e urgentes (art. 1.073, II, c/c art. 1.069, V).

Para que a convocação ocorra, é necessário que sejam respeitadas as seguintes solenidades:

1) três publicações em jornal de grande circulação e no *Diário Oficial*;
2) a primeira publicação deve respeitar a antecedência mínima de 8 (oito) dias da data da assembleia (art. 1.152, § 3º, do CC/2002);
3) é necessário o quórum de instalação da assembleia de, no mínimo, três quartos do capital social (arts. 1.071, V, e 1.076 do CC/2002).

Conforme já dito, as decisões da sociedade limitada devem ser tomadas mediante assembleias por maioria de votos. Entretanto, algumas decisões só podem ser tomadas de **forma unânime**. São elas:

1) designação de administrador não sócio, se o capital social não estiver integralizado (art. 1.061 do CC/2002);
2) dissolução de sociedade com prazo determinado.

Outras decisões da sociedade limitada devem ser tomadas mediante assembleias por votação de **três quartos** do capital social (arts. 1.071, V e VI, e 1.076, I, do CC/2002) para:

1) modificação do contrato social;
2) aprovação de incorporação, fusão e dissolução;
3) destituição de sócio administrador designado pelo contrato social;
4) designação de administrador não sócio, se o capital social estiver totalmente integralizado.

Há decisões também que só podem ser tomadas com a concordância da **maioria absoluta** do capital social, ou seja, de mais da metade do capital social (arts. 1.071, II, III, IV e VIII, e 1.076, II, do CC/2002). São elas:

1) designação de sócio administrador realizada em ato separado;
2) remuneração de administradores;
3) exclusão de sócio por justa causa.

Por fim, é necessária a concordância da **maioria simples** do capital social, ou seja, de mais da metade dos sócios presentes na assembleia (arts. 1.071, I e VII, e 1.076, III, do CC/2002), para:

1) aprovação da prestação de contas dos administradores; e
2) outras disposições previstas no contrato social.

Para facilitar:

QUÓRUM PARA APROVAÇÃO	DECISÃO
Unânime	1) designação de administrador não sócio, se o capital social não estiver integralizado (art. 1.061 do CC/2002); 2) dissolução de sociedade com prazo determinado.
¾ (três quartos)	1) modificação do contrato social; 2) aprovação de incorporação, fusão e dissolução; 3) destituição de sócio administrador designado pelo contrato social; 4) designação de administrador não sócio, se o capital social estiver totalmente integralizado.
Maioria absoluta	1) designação de sócio administrador realizada em ato separado; 2) remuneração de administradores; 3) exclusão de sócio por justa causa.
Maioria simples	1) aprovação da prestação de contas dos administradores; e 2) outras disposições previstas no contrato social.

Atenção para novidade legislativa: a Lei n. 14.030, de 2020 incluiu o art. 1.080-A no Código Civil dispondo no *caput* que "o sócio poderá participar e votar a distância em reunião ou em assembleia, nos termos do regulamento do órgão competente do Poder Executivo federal" e no seu parágrafo único que "a reunião ou a assembleia poderá ser realizada de forma digital, respeitados os direitos legalmente previstos de participação e de manifestação dos sócios e os demais requisitos regulamentares".

15.8 Conselho fiscal na sociedade LTDA.

É um órgão facultativo (art. 1.066 do CC/2002) que depende de previsão no contrato social e, se instalado, deve ser composto por três ou mais membros e respectivos suplentes, sócios ou não, residentes no país, eleitos na assembleia anual.

Não podem fazer parte do conselho fiscal, além das pessoas impedidas por lei especial (alguns funcionários públicos e magistrados, p. ex.), os condenados à pena que vede, ainda que temporariamente, o acesso a cargos públicos; ou por crime falimentar, de prevaricação, peita ou suborno, concussão, peculato; ou contra a economia popular, contra o sistema financeiro nacional, contra as normas de defesa da concorrência, contra as relações de consumo, a fé pública ou a propriedade, enquanto perdurarem os efeitos da condenação (art. 1.011, § 1º, do CC/2002).

Em razão das funções do órgão fiscalizador, além do rol daqueles que não podem ser administradores (art. 1.011, § 1º), também não podem fazer parte do conselho fiscal:

- membros dos demais órgãos da sociedade ou de outra por ela controlada;
- os empregados de quaisquer delas ou dos respectivos administradores;
- o cônjuge ou parente destes até o terceiro grau.

Além de outras atribuições determinadas na lei ou no contrato social, confere o art. 1.069 do CC/2002 aos membros do conselho fiscal a incumbência, individual ou conjuntamente, dos seguintes deveres, e que não podem ser outorgados a outro órgão da sociedade:

- examinar, pelo menos trimestralmente, os livros e papéis da sociedade e o estado da caixa e da carteira, devendo os administradores ou liquidantes prestar-lhes as informações solicitadas;
- lavrar no livro de atas e pareceres do conselho fiscal o resultado dos exames referidos no inc. I deste artigo;
- exarar no mesmo livro e apresentar à assembleia anual dos sócios parecer sobre os negócios e as operações sociais do exercício em que servirem, tomando por base o balanço patrimonial e o de resultado econômico;
- denunciar os erros, as fraudes ou os crimes que descobrirem, sugerindo providências úteis à sociedade;
- convocar a assembleia dos sócios se a diretoria retardar por mais de 30 (trinta) dias a sua convocação anual, ou sempre que ocorram motivos graves e urgentes;
- praticar, durante o período da liquidação da sociedade, os atos a que se refere este artigo, tendo em vista as disposições especiais reguladoras da liquidação.

Além do mais, pode o conselho fiscal praticar outras atribuições determinadas na lei ou no contrato social.

15.9 Dissolução da sociedade LTDA.

I – Dissolução parcial (ou resolução da sociedade em relação a um sócio)

Ocorre dissolução parcial ou resolução da sociedade em relação a um dos sócios por:

- morte de sócio;
- direito de retirada;
- cometimento de falta grave;
- exclusão do sócio remisso;
- exclusão de sócio minoritário.

Os arts. 1.085 e 1.086 do CC/2002 tratam da matéria sobre a resolução da sociedade em relação a sócios minoritários; em outras palavras, da exclusão de sócio. Objetivamente, o sócio pode ser excluído judicial ou extrajudicialmente.

- **JUDICIALMENTE:** ocorre mediante iniciativa da maioria dos demais sócios, por falta grave no cumprimento de suas obrigações, ou, ainda, por incapacidade superveniente, e será de pleno direito excluído da sociedade o sócio declarado falido, ou aquele cuja quota tenha sido liquidada (art. 1.030).
- **EXTRAJUDICIALMENTE:** ocorre mediante a maioria dos sócios, representativa de mais da metade do capital social, entender que um ou mais sócios estão pondo em risco a continuidade da empresa, em virtude de atos de inegável gravidade (p. ex., sócio remisso), podendo excluí-los da sociedade, mediante alteração do contrato social, desde que prevista neste a exclusão por justa causa.

Tomadas as diligências mencionadas anteriormente, o art. 1.086 do CC/2002 determina que os sócios remanescentes deverão proceder à averbação da alteração contratual, além da liquidação das quotas do sócio excluído (na forma do art. 1.031 do CC/2002) e do pagamento do seu investimento, em dinheiro, no prazo de 90 (noventa) dias, a partir da liquidação, salvo acordo ou estipulação contratual em contrário.

15.10 Dissolução total (ou extinção)

As hipóteses de extinção da sociedade LTDA. estão distribuídas em três dispositivos diferentes no CC/2002. Quanto à dissolução total, prevê o art. 1.087 do CC/2002 que as mesmas causas da dissolução de sociedade simples serão aplicadas à sociedade limitada, previstas no art. 1.044 (c/c art. 1.033):

- o vencimento do prazo de duração, salvo se, vencido este e sem oposição de sócio, não entrar a sociedade em liquidação, caso em que se prorrogará por tempo indeterminado;
- o consenso unânime dos sócios;
- a deliberação dos sócios, por maioria absoluta, na sociedade de prazo indeterminado;
- a falta de pluralidade de sócios, não reconstituída no prazo de 180 (cento e oitenta) dias;
- a extinção, na forma da lei, de autorização para funcionar;
- falência.

Além disso, a sociedade pode ser dissolvida judicialmente, a requerimento de qualquer sócio, quando a constituição da sociedade for anulada ou diante da inexequibilidade da empresa (art. 1.034 do CC/2002).

16. SOCIEDADE ANÔNIMA (S.A.)

16.1 Conceito e características

É possível compreender como conceito legal a disposição do art. 1º da LSA, quando afirma que a companhia ou sociedade anônima terá o capital dividido em ações, e a responsabilidade dos sócios ou acionistas será limitada ao preço de emissão das ações subscritas ou adquiridas. Assim, dois elementos característicos se destacam no conceito legal:

- capital social dividido em ações;
- responsabilidade limitada dos acionistas ao preço de emissão das ações.

Podemos acrescentar que a sociedade anônima é uma sociedade de capital, em que o caráter pessoal (qualidades pessoais) dos acionistas é secundário e, portanto, o ingresso de novos acionistas na sociedade é livre como regra geral, prevalecendo a captação do capital (dinheiro e bens). Adota como nome empresarial (sempre) a denominação seguida por S.A. (Sociedade Anônima) ou Cia. (Companhia) – art. 3º da LSA.

Assim, sinteticamente:

- **aberta** é a companhia que tiver valores mobiliários (p. ex., ações) negociados no mercado de valores mobiliários, desde que registrada na Comissão de Valores Mobiliários – CVM (art. 4º, § 1º). A negociação pode ser tanto na bolsa de valores quanto no mercado de balcão;
- **fechada** será a companhia que não negocia suas ações nesses mercados, com características mais próximas das sociedades de pessoas, com grande apreço ao *affectio societatis*, geralmente, sociedades anônimas familiares.

16.2 Formas de constituição

A S.A. pode se constituir por meio de subscrição pública ou subscrição particular.

A **subscrição particular** ou constituição simultânea ocorrerá quando todo o capital necessário já tiver sido obtido pelos próprios fundadores; nesse caso, será necessário reunir os fundadores numa assembleia de fundadores, e a ata dessa assembleia deverá ser devidamente registrada na Junta Comercial ou ainda em escritura pública (art. 88 da LSA).

A **subscrição pública** ou constituição sucessiva ocorrerá quando, para completar o montante do capital social, for necessária a captação de investimentos externos. Nessa situação, em primeiro lugar, é necessário um prévio registro de emissão na CVM, que fará um estudo de viabilidade financeira do futuro empreendimento.

Uma vez que a CVM tenha aprovado o projeto, a S.A. em formação deverá buscar a intermediação de uma instituição financeira para que suas ações sejam negociadas na bolsa de valores (atualmente chamada de B³).

São requisitos para a constituição da companhia, seja aberta, seja fechada, segundo o art. 80, parágrafo único, da LSA:

- subscrição, pelo menos por duas pessoas, de todas as ações em que se divide o capital social fixado no estatuto;
- realização, como entrada, de 10%, no mínimo, do preço de emissão das ações subscritas em dinheiro, mas que a lei pode exigir realização inicial maior do capital social (p. ex., bancos, superior a 50%);
- depósito, em estabelecimento bancário autorizado pela CVM, da parte do capital realizado em dinheiro.

16.3 Capital social da S.A.

Na sociedade anônima, o capital é dividido em ações livremente negociáveis, podendo até mesmo ser penhoradas (diferentemente do que acontece com a sociedade LTDA.). De acordo com o art. 5º da LSA, o estatuto da companhia fixará o valor do capital social, expresso em moeda nacional.

O capital social poderá ser formado com contribuições em dinheiro ou em qualquer espécie de bens (cuja avaliação dos bens será feita por três peritos ou por empresa especializada, nomeados em assembleia geral dos subscritores), devendo ser suscetíveis de avaliação em dinheiro (art. 7º, c/c art. 8º da LSA). Esses bens podem ser móveis, imóveis, corpóreos ou incorpóreos (p. ex., marcas e patentes), bem como pela cessão de créditos (p. ex., nota promissória, duplicatas etc., observado o art. 10, parágrafo único).

16.4 Ações

São valores mobiliários que correspondem a parcelas do capital social da S.A., conferindo ao seu titular a categoria de "acionista". Segundo o art. 11 da LSA, é o estatuto social que fixa o número de ações (sem os nomes de seus proprietários, diferentemente da LTDA.).

Com relação à natureza, à espécie ou aos direitos que conferem a seus titulares, as ações podem ser ordinárias, preferenciais e de fruição. Três tipos (espécies) de ações que se identificam (art. 15 da LSA):

- **ordinárias** – conferem não só direito a voto (art. 16), como também garante os direitos sociais comuns do art. 109. Na bolsa de valores, ela recebe a sigla ON, e as ações dessa natureza são identificadas no mercado com o número 3 após o código de ação. Ex.: VALE3 é o código de ação na bolsa de valores para identificar as ações ordinárias da empresa Vale S.A.;
- **preferenciais** – conferem privilégios econômicos (prioridade na distribuição de dividendos e no reembolso do capital investido) ou políticos (possibilidade de eleger um ou mais membros dos órgãos

de administração – art. 18 da LSA, ou, ainda, na atribuição do direito de veto, em matérias especificadas pela Assembleia Geral a seus titulares). Em virtude da concessão desses privilégios, as ações preferenciais podem ou não conferir o direito de voto (art. 111 da LSA). Das ações emitidas, no máximo 50% podem ser preferenciais sem direito a voto. Na bolsa de valores, ela recebe a sigla PN, e as ações dessa natureza são identificadas no mercado com os números 4, 5 e 6 após o código de ação. Ex.: PETR4 é o código de ação na bolsa de valores para identificar as ações preferenciais da empresa Petrobras S.A.;

- **fruição** (ou de gozo) – resultam da amortização (operação que objetiva recompensar a demora na restituição do capital aos acionistas) integral das ações ordinárias e preferenciais. Servem para substituí-las, como um adiantamento na distribuição de lucros (art. 44, §§ 2º e 5º).

Atenção! Quanto às modalidades de ações emitidas pelas companhias abertas, é importante mencionar que, desde os anos 2000, criou-se o chamado **Novo Mercado**, que estabeleceu, desde sua criação, um padrão corporativo altamente diferenciado, criando uma listagem de empresas comprometidas com a transparência e a governança exigidas pelos investidores para as novas aberturas de capital. **As empresas listadas nesse segmento podem emitir apenas ações com direito de voto, as chamadas ações ordinárias (ON).**

Com relação à forma de circulação, as ações podem ser nominativas ou escriturais. As **ações nominativas** são aquelas que declaram o nome do proprietário. São transferidas por termo lavrado no Livro de Registro de Ações Nominativas (arts. 20 e 31 da LSA). Já as **ações escriturais** são as mantidas em contas de depósito em nome do seu titular. Uma ação escritural é aquela que não é representada por uma cautela ou um certificado, de forma que não há movimentação física de documentos na sua negociação, sendo os valores creditados ou debitados da conta do acionista.

As ações **podem ter valores diferentes**, de acordo com o contexto em que se encontrem. Sobre o valor das ações, pode ser atribuído da seguinte forma:

a) **valor nominal:** é o resultado da divisão do valor do capital social pelo número de ações. Esse valor pode estar ou não expresso na ação, de tal modo que podem existir ações com ou sem valor nominal. O valor nominal é lançado no Estatuto Social da empresa. Não há relações entre esse valor e o valor de mercado, quando é negociada a ação;

b) **valor de negociação (ou de mercado):** é o preço pago pela ação no mercado, quando de sua alienação, definido por uma série de fatores políticos e econômicos;

c) **valor patrimonial:** é o valor representativo da participação do acionista no patrimônio líquido da companhia, calculado com a divisão do patrimônio líquido pelo número de ações. Tal valor é devido ao acionista em caso de liquidação ou reembolso, tendo-se acesso a esse valor por meio de um balancete especialmente realizado para tal finalidade;

d) **valor intrínseco:** é o valor avaliado na Análise Fundamentalista, isto é, a projeção do comportamento das ações, tendo-se como base o estudo das características particulares de cada empresa e de características macroeconômicas;

e) **valor de liquidação:** é o valor das ações adotado em caso de encerramento das atividades da empresa;

f) **valor de subscrição:** é o preço fixado pela Sociedade Anônima para venda das ações, com o objetivo de aumentar o capital. Não pode ser inferior ao Valor Nominal;

g) **valor venal:** é o valor da cotação da ação nos mercados organizados, como a Bolsa de Valores.

16.5 Outros valores mobiliários

O mais importante valor mobiliário é a ação (fração do capital social). Além das ações, que abastecem o capital social, a Sociedade Anônima (sobretudo a de capital aberto) também pode emitir valores mobiliários, que são títulos de investimento emitidos pela S.A. para obtenção de recursos no mercado de capitais.

Em geral, trata-se de uma forma de investimento. A Lei n. 6.385/1976 – LCVM dispõe sobre mercado de valores mobiliários, e criou a CVM. No seu art. 2º, há uma considerável lista de valores mobiliários.

Além das ações, são exemplos mais comuns de valores mobiliários:

- **debêntures:** além das ações, que abastecem o capital social, a Sociedade Anônima (sobretudo a de capital aberto), também pode emitir valores mobiliários, que, diferentemente das ações, são títulos de investimento emitidos pela S.A. A debênture constitui título executivo extrajudicial, a teor do art. 784, I, do CPC/2015. Ocorrendo o inadimplemento do resgate do valor investido, poderá o debenturista executar a Sociedade Anônima, sem passar pela fase de conhecimento processual;
- **bônus de subscrição:** são valores mobiliários que atribuem ao seu titular o direito de preferência para subscrever novas ações da companhia. Como pode se compreender, é usado para captação de recursos para aumento de capital. De acordo com o art. 75 da LSA, a companhia poderá emitir, dentro do limite de aumento de capital autorizado no esta-

tuto (art. 168), títulos negociáveis denominados bônus de subscrição;

• **partes beneficiárias:** são títulos negociáveis, sem valor nominal e estranhos ao capital social (arts. 46 e 47 da LSA), consistindo na participação dos lucros anuais em até 10%. O direito de crédito, nesse sentido, é eventual, na medida em que só é pago nos exercícios em que houver lucros. Não conferem direitos privativos de acionistas, salvo o de fiscalização. É importante ressaltar que é proibida a emissão onerosa das partes beneficiárias pela companhia aberta.

• ***commercial papers*:** também chamadas de notas promissórias de emissão pública, as *commercial papers* são promessas de pagamento vencíveis no prazo de 30 (trinta) a 360 (trezentos e sessenta) dias, emitidas com exclusividade pelas sociedades por ações. São valores mobiliários com destinação à captação de recursos, conferindo aos seus titulares direito de crédito contra a companhia. *Commercial paper* não é um título previsto na Lei das S.A., mas regulado por norma infralegal. A matéria está atualizada com a Instrução n. 566 da CVM/2015, trazendo algumas características distintas das notas promissórias comuns, além do prazo, como exigência.

A negociação de valores mobiliários das sociedades anônimas abertas acontece em:

• **BOLSA DE VALORES** – instituição gerada por corretoras de valores autorizadas, como intermediadoras das negociações dos títulos. No Brasil, a principal bolsa de valores é a B3 (Brasil, Bolsa, Balcão), uma sociedade empresária, resultante da fusão da Bolsa de Valores, Mercadorias e Futuros de São Paulo (BM&FBOVESPA) com a Central de Custódia e de Liquidação Financeira de Títulos (CETIP), aprovada pela CVM e pelo Conselho Administrativo de Defesa Econômica (CADE) em 22 de março de 2017.

• **MERCADO DE BALCÃO** – formada não só por corretoras de valores, mas por instituições financeiras que também oferecem os títulos mobiliários. Ou seja, são negociações fora da bolsa, p. ex., venda das ações da Petrobras e da Vale com recursos do FGTS.

Já a **CVM – Comissão de Valores Mobiliários** é entidade autárquica em regime especial, vinculada ao Ministério da Fazenda (art. 5º da LCVM), que regulamenta e fiscaliza o mercado de valores mobiliários.

16.6 Administração da Sociedade Anônima

A Sociedade Anônima é gerida por um complexo de órgãos com funções deliberativas, consultivas, diretivas e fiscais. São órgãos da S.A. a Assembleia Geral, o Conselho de Administração, a Diretoria e o Conselho de Fiscalização. **Atenção:** a Lei n. 14.195/2021 alterou a redação do art. 146, dispondo que "apenas pessoas naturais poderão ser eleitas para membros dos órgãos de administração".

• **Assembleia Geral:** constitui o poder supremo da companhia, consistente na reunião dos acionistas, com ou sem direito a voto. Para as sociedades anônimas de capital fechado, a convocação deve ser publicada no *Diário Oficial* e em jornal de grande circulação até 8 (oito) dias antes de sua realização. Se for sociedade de capital aberto, a convocação, por meio do *Diário Oficial* e de jornal de grande circulação, deve ocorrer com 15 (quinze) dias de antecedência. Sobre a Assembleia Geral vale destacar que a Lei n. 14.030/2020 incluiu o parágrafo único ao art. 121 da LSA, dispondo que "nas companhias, abertas e fechadas, o acionista poderá participar e votar a distância em assembleia geral, nos termos do regulamento da Comissão de Valores Mobiliários e do órgão competente do Poder Executivo federal, respectivamente". Trata-se da "remotização" dos atos impulsionada pela pandemia (Covid-19).

• **Conselho de Administração:** é o órgão facultativo de deliberação colegiado que fixa a orientação geral dos negócios, ou seja, quem define a pauta da assembleia, quem "filtra" as decisões que serão votadas na assembleia. É composto por, no mínimo, três conselheiros, com mandato nunca superior a 3 (três) anos, eleitos pela Assembleia Geral. É também a essa Assembleia Geral que ele deve prestar contas. É responsável pela eleição e destituição de diretores, fixando-lhes atribuições, sendo obrigatório nas companhias abertas, nas de capital autorizado e nas sociedades de economia mista (arts. 138 a 142 da LSA). **Atenção:** a Lei n. 14.195/2021 incluiu o § 3º no art. 138 LSA, dispondo que "é vedada, nas companhias abertas, a acumulação do cargo de presidente do conselho de administração e do cargo de diretor-presidente ou de principal executivo da companhia".

• **Diretoria:** é o órgão de representação legal da S.A. e de execução das deliberações da Assembleia Geral e do Conselho de Administração. A Diretoria será composta por 1 (um) ou mais membros eleitos e destituíveis a qualquer tempo pelo conselho de administração ou, se inexistente, pela assembleia geral, e o estatuto estabelecerá: I - o número de diretores, ou o máximo e o mínimo permitidos; II - o modo de sua substituição; III - o prazo de gestão, que não será superior a 3 (três) anos, permitida a reeleição; IV - as atribuições e poderes de cada diretor (nova redação dada pela Lei Complementar n. 182, de 2021).

• **Conselho Fiscal:** o conselho fiscal, por sua vez, é o órgão colegiado (mínimo de três e máximo de cinco membros) destinado ao controle dos órgãos de administração, com a finalidade de proteger os interesses da companhia e de todos os acionistas. E obrigatório, ainda, que seu funcionamento seja facultativo (arts. 161 a 163 da LSA). Se seu funcionamento for facultativo, a convocação do conselho fiscal dependerá da Assembleia Geral.

16.7 Dissolução da Sociedade Anônima

A dissolução da S.A. pode ser parcial ou total. A **dissolução parcial** ocorre, unicamente, na hipótese de reembolso de acionista dissidente. A morte de acionista não gera nenhuma consequência quanto à existência da S.A., sendo a exclusão de sócio impossível.

Já a **dissolução total**, por sua vez, pode ocorrer nas seguintes situações (art. 206 da LSA):

I – de pleno direito:

- pelo término do prazo de duração;
- nos casos previstos no estatuto;
- por deliberação da Assembleia Geral (art. 136, X);
- pela existência de 1 (um) único acionista, verificada em Assembleia Geral ordinária, se o mínimo de 2 (dois) não for reconstituído até a do ano seguinte, ressalvado o disposto no art. 251;
- pela extinção, na forma da lei, da autorização para funcionar.

II – por decisão judicial:

- quando anulada a sua constituição, em ação proposta por qualquer acionista;
- quando provado que não pode preencher o seu fim, em ação proposta por acionistas que representem 5% (cinco por cento) ou mais do capital social;
- em caso de falência, na forma prevista na respectiva lei.

III – por decisão de autoridade administrativa competente:

- nos casos e na forma previstos em lei especial.

A compreensão do processo de extinção da companhia passa pelo seguinte caminho: 1) Dissolução (art. 206); 2) Liquidação (art. 208); 3) Extinção (art. 219). A dissolução é o início do processo; portanto, nessa fase, a companhia ainda não está extinta. Somente depois da liquidação é que deixa de existir a companhia.

Por fim, extingue-se a companhia, segundo o art. 219:

- pelo encerramento da liquidação;
- pela incorporação ou fusão e pela cisão com versão de todo o patrimônio em outras sociedades.

17. SOCIEDADE EM COMANDITA POR AÇÕES

17.1 Conceito e características

Trata-se de sociedade na qual se aplicam todas as normas relativas às Sociedades Anônimas (seria uma mini S.A.), com as exceções previstas nos arts. 280 a 284 da LSA, respondendo o acionista diretor ilimitadamente pelas obrigações da sociedade. A comandita por ações pode ser distinguida da S.A. por ter como nome empresarial a firma com o nome do acionista diretor ou denominação, ambas seguidas da expressão "comandita por ações", o que não acontece com a S.A., por não poder usar firma no nome empresarial.

17.2 Capital social

A sociedade em comandita por ações tem o capital social dividido em ações e rege-se pelas normas da LSA (arts. 280 a 284), com as ressalvas constantes nos arts. 1.091 e 1.092 do CC/2002. Diferentemente da sociedade por ações, opera sob firma ou denominação.

17.3 Tipos de sócios e administração da sociedade

Como tal ocorre na sociedade em comandita simples, tem dois tipos de sócios:

- **sócios diretores:** aqueles de responsabilidade solidária;
- **sócios acionistas:** aqueles de responsabilidade limitada.

Somente o sócio poderá administrar a sociedade em comandita por ações e, como diretor, respondendo de forma ilimitada e subsidiariamente pelas obrigações sociais. Havendo mais de um diretor, todos responderão solidária e ilimitadamente pelas obrigações sociais depois de esgotados os bens da sociedade (art. 1.091, § 1º).

Além disso, a nomeação dos diretores será feita no ato constitutivo da sociedade, e será por tempo ilimitado, podendo ser destituídos somente por deliberação de, no mínimo, dois terços do capital social (art. 1.091, § 2º). Ainda que destituído ou exonerado, o diretor continuará respondendo por até 2 anos pelas obrigações contraídas durante a sua administração (art. 1.091, § 3º).

18. SOCIEDADE COOPERATIVA

18.1 Conceito e características

A sociedade cooperativa **não é uma sociedade empresária, e sim uma sociedade simples**, independentemente de seu objeto, por força do art. 982, parágrafo único, do CC/2002, e justamente por isso não está sujeita à falência e não tem legitimidade ativa para requerer a recuperação judicial ou extrajudicial. É uma sociedade institucional *sui generis*. O art. 1.093 do CC/2002 informa que a sociedade cooperativa reger-se-á pela lei substantiva civil, ressalvada a legislação especial, que seria a Lei n. 5.764/1971 – LCOOP.

São características das sociedades cooperativas (art. 1.094 do CC/2002):

- variabilidade ou dispensa do capital social;
- concurso de sócios em número mínimo necessário a compor a administração da sociedade, sem limitação de número máximo;
- limitação do valor da soma de quotas do capital social que cada sócio poderá tomar;
- intransferibilidade das quotas do capital a terceiros estranhos à sociedade, ainda que por herança;
- quórum para a Assembleia Geral funcionar e deliberar, fundado no mínimo de sócios presentes à reunião, e não no capital representado;
- direito de cada sócio a um só voto nas deliberações, tenha ou não capital a sociedade, e qualquer que seja o valor de sua participação;
- distribuição dos resultados, proporcionalmente ao valor das operações efetuadas pelo sócio com a sociedade, podendo ser atribuído juro fixo ao capital realizado;
- indivisibilidade do fundo de reserva entre os sócios, ainda que em caso de dissolução da sociedade.

O art. 4º da LCOOP também apresenta um rol de características das cooperativas (p. ex., a adesão voluntária do associado), deixando claro que se trata de "sociedade de pessoas, com forma e natureza jurídica próprias, de natureza civil", bem como não há "objetivo de lucro" (art. 3º), mas que não lhe veda.

18.2 Responsabilidade dos cooperados

Nessa espécie de sociedade, a responsabilidade do sócio poderá ser limitada ou ilimitada, dependendo da disposição "contratual" (art. 1.095), mas, observada a LCOOP, as sociedades cooperativas serão:

- de responsabilidade limitada, quando a responsabilidade do associado pelos compromissos da sociedade se limitar ao valor do capital por ele subscrito (art. 11);
- de responsabilidade ilimitada, quando a responsabilidade do associado pelos compromissos da sociedade for pessoal, solidária e não tiver limite (art. 12).

18.3 Tipos de sociedades cooperativas

Segundo o art. 6º da LCOOP, há três tipos de sociedades cooperativas, a saber:

- **singulares:** são aquelas constituídas pelo número mínimo de 20 pessoas físicas, sendo excepcionalmente permitida a admissão de pessoas jurídicas, caracterizando-se pela prestação direta de serviços aos associados;
- **centrais ou federações de cooperativas:** quando constituídas de, no mínimo, três cooperativas singulares, podendo, excepcionalmente, admitir associados individuais, e objetivam organizar, em comum e em maior escala, os serviços econômicos e assistenciais de interesse das filiadas, integrando e orientando suas atividades, bem como facilitando a utilização recíproca dos serviços;
- **confederações de cooperativas:** aquelas constituídas, pelo menos, de três federações de cooperativas ou cooperativas centrais, da mesma ou de diferentes modalidades, e têm por objetivo orientar e coordenar as atividades das filiadas, nos casos em que o vulto dos empreendimentos transcender o âmbito de capacidade ou conveniência de atuação das centrais e federações.

As cooperativas classificam-se também de acordo com o objeto ou pela natureza das atividades desenvolvidas por elas ou por seus associados. Exemplificando: as cooperativas rurais, as cooperativas de seguros, as cooperativas de crédito etc.

Atenção: a Lei n. 14.030/2020 incluiu o art. 43-A na Lei das Cooperativas (Lei n. 5.764/71), dispondo em seu *caput* que "o associado poderá participar e votar a distância em reunião ou em assembleia, que poderão ser realizadas em meio digital, nos termos do regulamento do órgão competente do Poder Executivo federal" e em seu parágrafo único que "a assembleia geral poderá ser realizada de forma digital, respeitados os direitos legalmente previstos de participação e de manifestação dos associados e os demais requisitos regulamentares".

19. OPERAÇÕES SOCIETÁRIAS

19.1 Transformação societária

De acordo com o art. 220 da LSA, a transformação é a operação pela qual a sociedade passa, independentemente de dissolução e liquidação, de um tipo para outro. Já o art. 1.113 do CC/2002 dispõe que o ato de transformação independe de dissolução ou liquidação da sociedade, e obedecerá aos preceitos reguladores da constituição e inscrição próprios do tipo em que vai converter-se.

É possível a transformação de um empresário individual em uma sociedade empresária (art. 968, § 3º, do CC/2002). Da mesma forma, é possível que uma sociedade empresária se transforme em empresário individual ou em empresa individual de responsabilidade limitada (art. 1.033, parágrafo único, do CC/2002). Também ocorre a transformação quando uma companhia (sociedade anônima) passa de capital fechado para capital aberto.

19.2 Incorporação societária

É a operação pela qual uma ou mais sociedades são absorvidas por outra, que as sucede em todos os direitos e em todas as obrigações, ou seja, uma empresa adquire a outra, assumindo seu passivo e seu ativo (art. 227 da LSA e arts. 1.116 a 1.118 do CC/2002).

O credor constituído antes da incorporação tem 60 (sessenta) dias para requerer judicialmente a anulação da negociação, se as empresas envolvidas forem sociedades anônimas (art. 232 da LSA), e 90 (noventa) dias, se as empresas envolvidas forem as reguladas pelo Código Civil (art. 1.122 do CC/2002).

19.3 Fusão

É a operação pela qual se unem duas ou mais sociedades para formar uma nova, que as sucederá nas obrigações e nos direitos (arts. 228 da LSA e 1.119 a 1.121 do CC/2002).

De acordo com o art. 1.119 do CC/2002, a fusão determina a extinção das sociedades que se unem, para formar sociedade nova, que a elas sucederá nos direitos e nas obrigações. É o que também prevê o art. 228 da LSA. Do mesmo modo que a incorporação, a fusão é um ato de concentração empresarial, mas que se distinguem, porque a fusão está voltada para a união de duas ou mais sociedades, ao passo que, na incorporação, uma sociedade absorve a outra.

O credor constituído antes da fusão tem 60 (sessenta) dias para requerer judicialmente a anulação da negociação se as empresas envolvidas forem a anônimas (art. 232 da LSA), e 90 (noventa) dias se as empresas envolvidas forem reguladas pelo Código Civil (art. 1.122 do CC/2002).

19.4 Cisão

É a operação pela qual a companhia transfere parcela de seu patrimônio para uma ou mais sociedades, constituídas para esse fim ou já existentes, extinguindo-se, assim, a companhia cindida se a cisão for total, ou dividindo-se o seu capital se a cisão for parcial.

De acordo com o art. 229 da LSA, a cisão é a operação pela qual a companhia transfere parcelas do seu patrimônio para uma ou mais sociedades, constituídas para esse fim ou já existentes, extinguindo-se a companhia cindida se houver versão de todo o seu patrimônio, ou dividindo-se o seu capital se parcial a versão. Segundo o conceito legal, é possível distinguir dois tipos de cisões:

- **total** – como todo o patrimônio da sociedade cindida é transferido para outras sociedades (novas ou existentes), ocorre a sua extinção;
- **parcial** – como apenas parte do patrimônio da sociedade cindida é transferida, a outra parte continua existindo.

O credor constituído antes da cisão tem 90 (noventa) dias para requerer judicialmente a anulação da negociação se as empresas envolvidas forem sociedades anônimas ou reguladas pelo Código Civil (arts. 1.122 do CC/2002 e 233 da LSA).

19.5 Outras formas de organização societária

- ***Joint venture***: em português significa empreendimento ou risco conjunto. Trata-se da combinação de recursos e/ou técnicas de duas ou mais empresas, podendo fazer surgir uma sociedade, com personalidade jurídica ou não, para realizar um determinado negócio empresarial. Em outras palavras, o instituto da *joint venture* é resultado da criatividade empresarial, e não encontra tipificação na legislação brasileira.
- **Sociedade de Propósito Específico – SPE:** trata-se de uma sociedade empresária cuja atividade é específica para atingir um determinado fim. Foi regulada pela LC n. 147/2014, que alterou o art. 56 da LC n. 123/2006, no que diz respeito às microempresas e às empresas de pequeno porte, ao autorizá-las a realizar negócios de compra e venda de bens e serviços para os mercados nacional e internacional por meio de sociedade de propósito específico, cuja exigência, entre outras, seja uma sociedade limitada (art. 56, § 2º, VII). Também é uma das formas que o legislador oferece como meio de recuperação judicial, segundo a Lei de Falências, para adjudicar, em pagamento dos créditos, os ativos do devedor (art. 50, XVI).
- **Sociedade dependente de autorização:** há determinadas espécies de sociedades que dependerão de autorização do Poder Executivo federal para funcionar (art. 1.123, parágrafo único, do CC/2002). Nesses casos, concedida a autorização e não entrando em funcionamento até 12 meses após a autorização, esta perderá o efeito e "caducará" nos moldes do art. 1.124 do CC/2002. Por outro lado, o Poder Público que concedeu a autorização poderá cassá-la, desde que a sociedade infrinja disposições de ordem pública ou pratique atos contrários aos fins estatutários (art. 1.125).
- **Sociedades coligadas:** trata-se da relação entre as sociedades. De acordo com o art. 1.097 do CC/2002, consideram-se coligadas as sociedades que, em suas relações de capital, são controladas, filiadas, ou de simples participação.
- **Sociedade controladora:** espécie de *sociedade coligada,* trata-se de uma sociedade que tem participação em outra sociedade com maioria de votos nas deliberações. Também é chamada de *holding,* ou seja, uma sociedade que detém participação societária em uma ou mais empresas ou constituída para administrar empresas.
- **Sociedade controlada:** espécie de *sociedade coligada,* trata-se daquela sociedade na qual a controladora, diretamente ou por meio de outras controladas, é titular de direitos de sócio que lhe assegurem, de modo permanente, preponderância nas deliberações sociais e o poder de eleger a maioria dos ad-

ministradores, podendo ser uma *filiada* (participa com 10% ou mais do capital da outra, sem controlá-la) ou simples participação (possua menos de 10% do capital com direito de voto).

- ***Offshore***: literalmente, significa "fora da costa", expressão mais lembrada como sinônimo de "paraíso fiscal". São sociedades empresárias criadas no exterior com o fim de controlar uma ou mais empresas no território nacional.
- **Consórcio:** de acordo com o art. 278 da LSA, as companhias e quaisquer outras sociedades, sob o mesmo controle ou não, podem constituir consórcio para executar determinado empreendimento. Atente-se que o consórcio não tem personalidade jurídica, e as consorciadas somente se obrigam nas condições previstas no respectivo contrato, respondendo cada uma por suas obrigações, sem presunção de solidariedade (art. 278, § 1º). Entretanto, é possível a responsabilização solidária das empresas consorciadas, nas seguintes situações: a) obrigações com consumidores, de acordo com o art. 28, § 3º; e b) licitações, de acordo com o art. 33, V, da Lei n. 8.666/1993.
- **Grupo de sociedades:** estabelecido no art. 265 da LSA, grupo de sociedades é o conjunto de sociedades cujo controle é exercido por uma sociedade brasileira (art. 265, § 1º, da LSA) e que, mediante convenção, se obriga a combinar recursos ou esforços para a realização dos respectivos objetos ou a participar de atividades ou empreendimentos comuns.

20. PROPRIEDADE INDUSTRIAL

20.1 A Lei de Propriedade Industrial – LPI

A proteção à propriedade industrial tem seu fundamento no art. 5º, XXIX, da CF/1988, e a lei que regulamenta essa proteção no Brasil é a Lei n. 9.279/1996, que substituiu a Lei n. 5.772/1971.

Todos esses direitos ou bens industriais (invenção, modelo de utilidade, desenho industrial e marca), advindos da propriedade industrial, são concedidos pelo INPI, autarquia federal instituída pela Lei n. 5.648/1970, vinculada ao Ministério do Desenvolvimento, Indústria e Comércio Exterior, devendo ser demandados na Justiça Federal, na Seção Judiciária do Rio de Janeiro. Mas, se houver outras pessoas no passivo, a ação pode ser demandada no domicílio do outro réu, de acordo com orientação jurisprudencial do STJ.

20.2 Patentes

Trata-se de um título de propriedade temporária sobre uma invenção ou modelo de utilidade, outorgado pelo Estado aos inventores ou autores ou a outras pessoas físicas ou jurídicas detentoras de direitos sobre a criação. Os bens que podem ser objeto de patente são a **invenção** e o **modelo de utilidade**.

Com esse direito, o inventor ou o detentor da patente tem o direito de impedir terceiros, sem o seu consentimento, de produzir, usar, colocar à venda, vender ou importar produto objeto de sua patente e/ ou processo ou produto obtido diretamente por processo por ele patenteado.

De acordo com o INPI (2018), a **invenção (PI) consiste em produtos ou processos que atendam aos requisitos de atividade inventiva, novidade e aplicação industrial**. Sua validade é de 20 (vinte) anos a partir da data do depósito. Invenção é algo novo (antes inexistente), fruto da atividade inventiva do homem, e que tenha aplicação industrial. É um bem incorpóreo. A invenção, embora possa aludir a um produto, aparelho ou processo, entre outros, não é a representação corpórea desses objetos.

Já o **modelo de utilidade** é definido como **objeto de uso prático, ou parte deste, suscetível de aplicação industrial, que apresente nova forma ou disposição, envolvendo ato inventivo, que resulte em melhoria funcional no seu uso ou em sua fabricação**. Sua validade é de 15 (quinze) anos a partir da data do depósito.

Por exclusão, pois, o legislador não conceituou estes bens industriais, diz o art. 10, o que NÃO É invenção ou modelo de utilidade, e, portanto, não patenteável, a saber:

- descobertas, teorias científicas e métodos matemáticos;
- concepções puramente abstratas;
- esquemas, planos, princípios ou métodos comerciais, contábeis, financeiros, educativos, publicitários, de sorteio e de fiscalização;
- as obras literárias, arquitetônicas, artísticas e científicas ou qualquer criação estética;
- programas de computador em si;
- apresentação de informações;
- regras de jogo;
- técnicas e métodos operatórios ou cirúrgicos, bem como métodos terapêuticos ou de diagnóstico, para aplicação no corpo humano ou animal; e
- o todo ou parte de seres vivos naturais e materiais biológicos encontrados na natureza, ou ainda que dela isolados, inclusive o genoma ou germoplasma de qualquer ser vivo natural e os processos biológicos naturais.

A invenção e o modelo de utilidade, para que possam ser patenteados, estão sujeitos aos seguintes requisitos:

- **novidade** – a invenção ou o modelo de utilidade devem ser novos (quando não compreendidos no estado da técnica), desconhecidos, não bastando apenas ser originais, pois a originalidade não é requisito (art. 11 da LPI);

- **atividade inventiva** – ou ato inventivo, deve despertar nos técnicos do assunto o sentido de real progresso, não decorrendo de maneira evidente ou óbvia, comum ou vulgar do estado da técnica (arts. 13 e 14 da LPI);
- **industriabilidade** – só pode ser patenteada a invenção ou o modelo de utilidade que apresentem aproveitamento industrial, podendo ser utilizados ou produzidos em qualquer tipo de indústria (art. 15 da LPI);
- **desimpedimento** – as invenções ou os modelos de utilidade não podem afrontar a moral, os bons costumes, a segurança, a ordem, e a saúde pública, estando impedidos de serem patenteados (art. 18, I, da LPI). Também não são patenteáveis as substâncias, matérias, misturas, elementos ou produtos de qualquer espécie, inclusive a modificação de suas propriedades físico-químicas e os respectivos processos de obtenção ou modificação, quando resultantes de transformação do núcleo atômico (art. 18, II, da LPI), bem como não é patenteável o todo ou parte de seres vivos, exceto os micro-organismos transgênicos que atendam aos três requisitos de patenteabilidade previstos no art. 8º e que não sejam mera descoberta (art. 18, III, da LPI).

Somente após o preenchimento desses requisitos e o devido procedimento administrativo (p. ex., o pedido de patente fica 18 (dezoito) meses em sigilo contados da data de depósito), será concedida pelo INPI a respectiva patente (ato administrativo constitutivo), que é a garantia da exploração exclusiva da invenção ou do modelo de utilidade.

De acordo com o art. 30 da LPI, o pedido de patente será mantido em sigilo durante 18 (dezoito) meses contados da data de depósito ou da prioridade mais antiga, quando houver, após o que será publicado, à exceção do caso de patente que tenha interesse à defesa nacional, o qual será processado em total caráter sigiloso (art. 75).

Após o exame técnico, a patente, enfim, será ou não concedida, com a expedição da **carta-patente (art. 38 da LPI).** O depósito do pedido de patente serve para dar início à contagem do prazo de proteção da patente, bem como para marcar a anterioridade do pedido de patente.

O titular da patente tem o **prazo de 3 (três) anos**, contados da expedição do ato, para dar início à exploração da invenção, **sob pena de ver explorada por outro empresário em virtude da licença compulsória**. O licenciado compulsório, por sua vez, tem o prazo de 2 (dois) anos para dar início à exploração da invenção. Se esse último também não explorar a patente de forma satisfatória, opera-se a caducidade da patente, caindo a invenção em domínio público. De acordo com o art. 72 da LPI, as licenças compulsórias serão sempre concedidas sem exclusividade, não se admitindo o sublicenciamento.

São hipóteses de extinção da patente, o que resulta em cair em "domínio público", as seguintes (art. 78 da LPI):

- expiração do prazo de vigência;
- renúncia de seu titular, ressalvado o direito de terceiros;
- caducidade;
- falta do pagamento da taxa denominada "retribuição anual" devida ao INPI;
- falta de representante no Brasil, quando o titular é domiciliado no exterior.

Atenção: impulsionada pela pandemia provocada pelo novo coronavírus, a Lei n. 14.200/2021 alterou a redação do art. 71 da LPI, disciplinando que "nos casos de emergência nacional ou internacional ou de interesse público declarados em lei ou em ato do Poder Executivo federal, ou de reconhecimento de estado de calamidade pública de âmbito nacional pelo Congresso Nacional, poderá ser concedida licença compulsória, de ofício, temporária e não exclusiva, para a exploração da patente ou do pedido de patente, sem prejuízo dos direitos do respectivo titular, desde que seu titular ou seu licenciado não atenda a essa necessidade" e incluiu 18 parágrafos. Além destas alterações, a mesma norma incluiu o art. 71-A na LPI disciplinando que "poderá ser concedida, por razões humanitárias e nos termos de tratado internacional do qual a República Federativa do Brasil seja parte, licença compulsória de patentes de produtos destinados à exportação a países com insuficiente ou nenhuma capacidade de fabricação no setor farmacêutico para atendimento de sua população".

20.3 Registro

O registro está ligado ao **desenho industrial** e às **marcas**, e, da mesma forma que a patente, deve ser realizado no INPI, tendo caráter de ato administrativo constitutivo, pois o art. 94 da LPI deixa claro: a obtenção do registro confere propriedade ao titular do direito industrial.

O registro do **desenho industrial** está sujeito ao atendimento de certos requisitos estabelecidos na LPI, como:

- novidade – o desenho industrial, bem como a invenção e o modelo de utilidade, deve ser novo, ou seja, ainda não compreendido no estado da técnica (art. 96 da LPI);
- originalidade – tem que apresentar, esteticamente, características e contornos próprios, não encontrados em outros objetos, quando dele resulte uma configuração visual distintiva (art. 97 da LPI);
- desimpedimento – a lei também impede o registro de desenhos industriais que atentem contra a moral e os bons costumes, que ofenda a honra ou

imagem de pessoas, à liberdade de consciência, crença, culto religioso etc. (art. 100 da LPI).

Concedido o registro de desenho industrial, o prazo de vigência será de 10 (dez) anos, contados a partir do depósito, prorrogável por mais três períodos sucessivos de 5 (cinco) anos cada.

O registro extingue-se pelos motivos apontados pelo art. 119 da LPI, e que são praticamente idênticos às razões de extinção da patente, com apenas um diferencial: a falta de pagamento da taxa de retribuição do registro tem incidência quinquenal, e da patente, anual.

Já a **marca** é um sinal visualmente distintivo de produtos e serviços, a fim de diferenciá-los de outros iguais ou semelhantes de origem diferente. O art. 122 da LPI dispõe que são suscetíveis de registro como marca os sinais distintivos visualmente perceptíveis, não compreendidos nas proibições legais.

De acordo com o art. 123 da LPI, têm-se os seguintes tipos de marca:

TIPO	DESCRIÇÃO	EXEMPLOS
Marca de SERVIÇO	É aquela usada para distinguir serviço de outro idêntico, semelhante ou afim, de origem diversa.	Correios FedEx
Marca de PRODUTO	É aquela usada para distinguir produto de outro idêntico, semelhante ou afim, de origem diversa.	Coca-Cola Pepsi
Marca de CERTIFICAÇÃO	É aquela usada para atestar a conformidade de um produto ou serviço com determinadas normas ou especificações técnicas, notadamente quanto à qualidade, à natureza, ao material utilizado e à metodologia empregada.	INMETRO ISO
Marca COLETIVA	É aquela usada para identificar produtos ou serviços provindos de membros de uma determinada entidade.	APAE Unimed

Para que a marca possa ser registrada, também é necessário o atendimento aos requisitos empregados ao desenho industrial:

- novidade – que não precisa ser absoluta, mas tão somente relativa. A novidade não precisa ser, necessariamente, criada pelo empresário;
- não impedimento ou licitude – não são registráveis como marca as diversas hipóteses do art. 124 da LPI;
- não colidência com marca notória, ou originalidade – as marcas notórias, mesmo não estando registradas no INPI, gozam da tutela do direito industrial, conforme o art. 126 da LPI, pois o Brasil é signatário à Convenção da União de Paris para Proteção da Propriedade Industrial.

O registro da marca vigorará pelo **prazo de 10 (dez) anos**, contado da data da concessão do registro e prorrogável por períodos iguais e sucessivos. A prorrogação deve ser requerida sempre no último ano de vigência do registro.

O registro da marca também se extingue pelas hipóteses do desenho industrial, exceto pela falta de pagamento da retribuição, que é uma taxa que deve ser paga na concessão e a cada prorrogação do registro (de 10 (dez) em 10 (dez) anos) e pela caducidade (que só ocorre com as marcas).

O registro de marca caduca (art. 143 da LPI):

- se sua exploração não tiver início no Brasil em 5 (cinco) anos, a contar da data de concessão do registro de marca;
- na hipótese de interrupção dessa exploração por período de 5 (cinco) anos consecutivos;
- se houver alteração substancial da marca.

De acordo com o art. 225 da LPI, **prescreve em 5 (cinco) anos a ação para reparação de dano** causado ao direito de propriedade industrial.

De acordo com o INPI, a marca também pode ser nominativa, figurativa, mista e tridimensional. Veja a modalidade, a descrição e os exemplos na tabela a seguir.

MODALIDADE	DESCRIÇÃO	EXEMPLOS
Nominativa	Aquela formada por palavras, neologismos e combinações de letras e números.	Adidas Apple Nike
Figurativa	Constituída por desenho, imagem, ideograma, forma fantasiosa ou figurativa de letra ou algarismo, e palavras compostas por letras de alfabetos, como hebraico, cirílico, árabe etc.	Apple (a maçã mordida) Nike (o sinal de *checked*)
Mista	Combina imagem e palavra.	O desenho da palavra "coca-cola".
Tridimensional	Pode ser considerada marca tridimensional a forma de um produto, quando é capaz de distingui-lo de outros semelhantes.	As formas do *Kit Kat* e do Toblerone.

A nulidade da marca pode ser pedida no INPI no prazo de 180 (cento e oitenta) dias contados da data da expedição do certificado de registro da marca (art. 169 da LPI). Judicialmente, a ação de nulidade deve ser proposta na Justiça Federal, e o INPI deve necessariamente participar do processo. O interessado tem 5 (cinco) anos para interpor a ação de nulidade, e o réu, 60 (sessenta) dias para contestar a ação (arts. 174 e 175 da LPI).

21. TÍTULOS DE CRÉDITO – TEORIA GERAL

21.1 Conceito e características

O Código Civil, reiterando o conceito de Vivante, define título de crédito como o documento necessário para o exercício do direito literal e autônomo nele contido (art. 887 do CC/2002). Do citado conceito, podemos verificar três características (e princípios que serão explanados a seguir) essenciais dos títulos de crédito: a) cartularidade ou incorporação; b) literalidade; e c) autonomia.

Segue assim que o crédito se tornou líquido, seguro e executável mediante sua inscrição em um documento que chamamos de cártula. O art. 784, I, do CPC/2015 confere o *status* de título executivo extrajudicial à letra de câmbio, à nota promissória, à duplicata, à debênture e ao cheque.

São títulos executivos EXTRAJUDICIAIS:

- cheque;
- debênture;
- duplicata;
- letra de câmbio;
- nota promissória.

21.2 Princípios norteadores

A partir do conceito legal do art. 887 do CC/2002, encontramos os três princípios aplicáveis a todos os títulos de crédito, sem exceção:

Cartularidade: significa que, para os títulos de crédito em geral, é indispensável a posse do documento original para o exercício do direito ao crédito. Outra ideia relacionada a esse princípio é que o direito de crédito só existe com a apresentação do respectivo documento. É consequência desse princípio que a posse do título de crédito pelo devedor presume a quitação da obrigação consignada no título. A força desse princípio é tão grande que o art. 223, parágrafo único, do CC/2002 não aceita cópia do título de crédito para o exercício do direito à sua exibição.

Autonomia: significa que a obrigação representada por um título de crédito é um direito novo, totalmente desvinculado do negócio que o gerou. São decorrentes da autonomia a abstração e a independência das relações jurídicas. A importância desse princípio está relacionada, principalmente, ao impedir que um "problema" de determinada relação cambiária registrada no título prejudique outra, seja anterior, seja posterior. Em razão do princípio da autonomia, decorrem outros dois: da abstração e da inoponibilidade das exceções pessoais ao terceiro de boa-fé. A doutrina tem considerado como "subprincípios" da autonomia, porque nada acrescentariam do que é consignado no princípio maior.

Literalidade: significa que, em um título de crédito, só pode ser cobrado o que se encontra expressamente nele consignado, ressaltando-se que o título pode ser completado por terceiro de boa-fé (Súm. 387 do STF). Assim, por gozarem os títulos de crédito de literalidade, a eventual quitação destes, no caso, da nota promissória, deve necessariamente constar no próprio contexto da cártula ou eventualmente em documento que inequivocamente possa retirar-lhe a exigibilidade, a liquidez e a certeza.

Os princípios não se confundem com os atributos dos títulos de crédito, a saber:

- **circulabilidade** – título nasce para circular;
- **negociabilidade** – exercício dos direitos decorrentes do título antes mesmo do seu vencimento;
- **exigibilidade** – exigência do valor do título quando do seu vencimento;
- **executoriedade** – título executivo extrajudicial.

21.3 Classificação

A doutrina traz diversas classificações dos títulos de crédito, porém entendemos que apenas dois critérios são os mais relevantes em razão de exames e concursos. Destes, o critério mais visado pelas bancas de concursos e OAB é, sem dúvida, aquele em relação à natureza dos direitos incorporados nos títulos.

I – quanto à hipótese de emissão

- **abstratos (ou não causais):** são aqueles que não dependem do negócio que deu origem para serem criados. Eles necessariamente não precisam transcrever a causa no documento. São os títulos que podem ser criados a partir de qualquer causa. São exemplos a letra de câmbio, a nota promissória e o cheque;
- **causais:** ao contrário do anterior, são os títulos que só podem ser emitidos mediante a existência de uma origem específica, definida por lei, para criação do título. A duplicata é exemplo clássico.

II – quanto à circulabilidade

- **título ao portador:** é aquele em que não é informado expressamente quem é o beneficiário do crédito. Assim, a pessoa que se apresentar com o documento em mão será considerada a detentora dos direitos inerentes do título. A Lei n. 8.021/1990 proibiu a emissão de títulos ao portador, bem como o Código Civil, que, no seu art. 907, determinou que o título ao portador emitido sem autorização de lei especial é nulo. A exceção é a permissão de cheque ao portador, com valor igual ou inferior a R$ 100,00 (art. 69 da Lei n. 9.069/1995);

- **título nominativo:** nesse título existe a identificação do credor, e é exatamente por isso que a transmissão ocorre, pela tradição e pela presença de outro ato solene que permita a transferência. Esses atos solenes de transmissão podem ser o endosso ou a cessão civil de crédito. Para que ocorra a transmissão por endosso, é necessária a assinatura do endossante no verso do título, sem nenhuma inscrição, ou, ainda, a assinatura do endossante seguida da cláusula à ordem. A cessão civil de crédito, por outro lado, se dá pela assinatura do cedente no verso do título, seguida da cláusula não à ordem;
- **títulos à ordem:** assim, são aqueles emitidos a determinada pessoa e transferidos simplesmente por endosso, sem precisar constar no registro do emitente, ao contrário dos títulos nominativos. Segundo o art. 910, § 1º, do CC/2002, é suficiente a simples assinatura do endossante, e a transferência por endosso completa-se com a tradição do título (art. 910, § 2º). Como se identifica um título à ordem? Quando há expressamente cláusula à ordem no documento ("paga-se à ordem") ou sem ela, pois a regra é clara: todo título de crédito é endossável, salvo cláusula em contrário;
- **títulos não à ordem:** mais bem definidos pela própria lei como toda letra de câmbio, mesmo que não envolva expressamente a cláusula à ordem, são transmissíveis por endosso. Quando o sacador tiver inserido na letra as palavras não à ordem, ou uma expressão equivalente, a letra só é transmissível pela forma e com os efeitos de uma cessão ordinária de créditos (art. 11 do Dec. n. 57.663/1996). Apesar de se referir à letra de câmbio, a regra é válida para os demais títulos, admitindo-se a "cláusula não à ordem" somente em casos permitidos em lei (a nota promissória não aceita – art. 75, item 5, da Lei Uniforme de Genebra – LUG).

21.4 Institutos do Direito Cambiário (títulos de crédito)

I – Saque

De início, é importante desconstruir a falsa ideia de que o saque é o ato pelo qual se recebe o valor do título. Isso é denominado "apresentação" para pagamento. O saque é a emissão do próprio título de crédito.

O saque dá origem a duas figuras base, a conhecer: **o sacador** (quem emite o título) e **o sacado** (aquele que recebe o título). Em caso de ordem de pagamento, uma terceira figura surgirá: a pessoa a quem ou a ordem de quem deve ser paga (art. 1º, item 6, da LUG/1930), a qual se denomina **tomador**, ou seja, o beneficiário.

Sintetizando:

- saque – emissão do título;
- sacador – aquele que dá a ordem de pagamento;
- sacado – a quem a ordem é dirigida;
- tomador – beneficiário da ordem de pagamento.

II – Aceite

É o ato pelo qual o devedor principal, que não assinou o título, no ato da emissão, reconhece que deve, mediante a assinatura no título, passando a ser considerado aceitante. O sacado, literalmente, "aceita" a ordem e a incorpora na letra de câmbio. No entanto, como já fora informado, o sacado da letra de câmbio não tem nenhuma obrigação cambial pelo fato de o sacador ter-lhe dado a "ordem" de pagamento. O sacado somente se vinculará ao pagamento se aceitar tal ordem, sendo a recusa totalmente lícita e prevista em lei.

O aceite pode ser **total ou parcial.** Sua falta ou recusa é provada pelo protesto. O devedor principal não é obrigado a aceitar o título, mas, se a recusa do aceite ocorrer na letra de câmbio, haverá o vencimento antecipado da obrigação. Na duplicata, tal efeito não é produzido, e apenas será indispensável o protesto para supri-lo.

A recusa do aceite acarreta uma consequência importante, que é o vencimento antecipado do título, de acordo com o art. 43 da LUG/1930. Nesse sentido, se o sacado não aceitar a ordem de pagamento que lhe foi dirigida, o tomador poderá cobrar o título de imediato do sacador.

III – Endosso

Endosso é a forma de transmissão dos títulos de crédito. O proprietário do título faz o endosso lançando sua assinatura no dorso ou no verso do documento. Trata-se de negócio jurídico unilateral, cuja eficácia se verifica com a saída do título das mãos do endossante e a posse pelo adquirente. Existem algumas modalidades de endosso:

- **endosso em branco** (quando não identifica o endossatário), também chamado de "endosso incompleto", verifica-se a assinatura do endossante, mas não há a identificação do beneficiário, que seria chamado de endossatário;
- **endosso em preto** (quando o identifica), também chamado de "pleno" ou "endosso completo", verifica-se a assinatura do endossante, seguida da identificação do beneficiário ou endossatário;
- **endosso-mandato:** previsto no art. 917 do CC/2002, também chamado de "impróprio", confere ao possuidor apenas o direito de receber o crédito, com efeitos de uma procuração e, portanto, não transfere a propriedade. Nesse sentido, a Súm. 476 do STJ estabelece que "o endossatário de título de crédito por endosso-mandato só responde por danos decorrentes de protesto indevido se extrapolar

os poderes de mandatário";

- **endosso "sem garantia":** aquele endosso que não vincula o endossante ao pagamento do título em relação aos futuros endossos, se houver. Parece estranho, em primeiro momento, mas o art. 914 do CC/2002 dispõe que: "Ressalvada cláusula expressa em contrário, constante do endosso, não responde o endossante pelo cumprimento da prestação constante do título";
- **endosso com cláusula "não à ordem":** a cláusula não à ordem gera o efeito de cessão de crédito ao endosso. Vale lembrar que os títulos à ordem são aqueles emitidos a determinada pessoa e transferidos simplesmente por endosso, e a transferência completa-se com a tradição do título (art. 910, § 2º). Já com relação aos títulos não à ordem ou uma expressão equivalente, só são transmissíveis pela forma e com os efeitos de uma cessão ordinária de créditos (art. 11 do Dec. n. 57.663/1996);
- **endosso póstumo:** quando o endosso é realizado depois do vencimento do título, terá os mesmos efeitos do endosso realizado antes de vencer. Quando realizado depois do protesto por falta de pagamento (art. 20 da LUG/1930), produzirá efeitos de cessão de crédito. Em outras palavras, o endosso realizado após o protesto do título ou após o prazo do protesto é chamado de endosso tardio, ou póstumo, e produz efeitos de cessão civil de crédito, ou seja, serve apenas para transmitir o título de crédito (art. 20 do Dec. n. 57.663/1966);
- **endosso-caução:** também conhecido por endosso-garantia ou endosso-pignoratício, é quando o título é dado como garantia (como o penhor), situação que não transfere a titularidade até o pagamento. Nessa modalidade, o título é utilizado como uma garantia de uma obrigação assumida pelo endossante. Para que se configure o endosso-caução, é necessária a inserção, no verso do título, da cláusula "valor em garantia", ou qualquer outra que traga o mesmo sentido.

Atenção! Não se deve confundir "endosso incompleto" com "endosso parcial". O endosso incompleto é aquele realizado sem a identificação do endossatário (endosso em branco). Já o endosso parcial seria a transmissão de apenas uma parte do título de crédito. É importante ressaltar que o endosso não pode ser parcial, mas apenas total.

Em regra, o endosso gera dois efeitos, a saber:

- vincula o endossante ao pagamento do título, na qualidade de coobrigado e devedor solidário (art. 15 da LUG/1930); e
- transfere a titularidade do crédito representado no título (art. 14 da LUG/1930).

IV – Aval

É uma garantia de pagamento do título dada por terceiro, típica do direito cambiário (arts. 897 e 898 do CC/2002). O avalista gera para si a obrigação pelo avalizado, comprometendo-se a satisfazê-la de forma solidária com o devedor principal. De acordo com o art. 897 do CC/2002, o pagamento de título de crédito, que contenha obrigação de pagar soma determinada, pode ser garantido por aval.

O avalista responde pelo pagamento do título perante todos os credores do avalizado. Uma vez efetuado o pagamento, poderá voltar-se contra todos os devedores do avalizado e até mesmo contra o próprio avalizado. Nesse sentido, o § 1º do art. 899 do CC/2002 prevê que, pagando o título, tem o avalista ação de regresso contra o seu avalizado e demais coobrigados anteriores.

Vejamos algumas modalidades de aval:

- **aval em branco:** quando não identifica a pessoa do avalizado (na falta da indicação, entender-se-á pelo sacador [art. 31 da LUG/1930]);
- **aval em preto:** quando identifica o avalizado, lançando seu nome no título de crédito;**aval total:** garante toda a dívida;
- **aval parcial:** garante apenas uma parte da dívida. Para saber se o aval pode ser total ou parcial, precisamos verificar se existe menção na legislação especial ou se, diante da omissão, usaremos o Código Civil. No caso do cheque, temos o art. 29 da Lei n. 7.357/1985, que prescreve: "O pagamento do cheque pode ser garantido, no todo ou em parte, por aval prestado por terceiro (...)".

V – Pagamento

É a realização do título de crédito, a quitação do débito como forma mais comum e habitual de extinção das obrigações. Diz o art. 901 do CC/2002 que fica validamente desonerado o devedor que paga título de crédito ao legítimo portador, no vencimento, sem oposição, salvo se agiu de má-fé. E, pagando, pode o devedor exigir do credor, além da entrega do título, quitação regular.

VI – Protesto

É a apresentação pública do título ao devedor para aceite ou pagamento. É tirado apenas contra o devedor principal ou originário, devendo por ele ser avisados os outros coobrigados.

O art. 1º da Lei n. 9.492/1997, que cuida do protesto de títulos, define protesto como o ato formal e solene pelo qual se prova a inadimplência e o descumprimento de obrigação originada em títulos e outros documentos de dívida.

Compete ao Tabelião de Protesto de Títulos, na tutela dos interesses públicos e privados, a protocolização, a intimação, o acolhimento da devolução ou do aceite, o recebimento do pagamento, do título e de outros documentos de dívida, bem como lavrar e registrar o protesto ou acatar a desistência do credor em relação a ele, proceder às averbações, prestar informações e fornecer certidões relativas a todos os atos praticados (art. 3º).

Assim, o protesto pode ser:

- **facultativo** – se efetuado contra o devedor principal e seu avalista (que se tornam obrigados no momento do saque e da assinatura do aval); e
- **necessário** – quando tiver que ser efetuado contra os coobrigados e os endossantes (sob pena de o credor perder o direito de crédito em relação a eles).

De acordo com o art. 21 da Lei n. 9.492/1997, o protesto será realizado em três situações:

- **protesto por falta de pagamento** – *vide* art. 21, § 2º (p. ex., contra o aceitante, na letra de câmbio);
- **protesto por falta de aceite** – *vide* art. 21, § 1º (p. ex., contra o sacador na letra de câmbio);
- **protesto por falta de devolução** – *vide* art. 21, § 3º.

VII – Vencimento

O vencimento do título de crédito ocorre de duas formas:

- **ordinária:** pelo decurso do tempo ou pela apresentação ao sacado do título à vista;
- **extraordinária:** com a recusa do aceite (ou pelo aceite parcial) ou pela falência do aceitante.

É importante observar os **reflexos que a falência pode trazer** em relação a cada situação gerada pelo saque de uma letra de câmbio. Assim, a falência:

- do aceitante de uma letra de câmbio produz o vencimento antecipado da obrigação;
- de um coobrigado da letra de câmbio produz somente o vencimento antecipado de sua própria obrigação;
- do avalista do aceitante não antecipa o vencimento.

VIII – Ação cambial

É a execução de um título de crédito, por meio da qual o credor tentará receber seu crédito de qualquer devedor cambial. De acordo com o art. 43 da LUG/1930, o portador de uma letra pode exercer seus direitos de ação contra os endossantes, o sacador e outros coobrigados:

- no vencimento do título, se o pagamento não foi efetuado; ou
- mesmo antes do vencimento, se houver recusa total ou parcial do aceite, nos casos de falência do sacado e também nos casos de falência do sacador de uma letra não aceitável.

Nesse sentido, pode-se afirmar que a ação cambial, também conhecida como execução cambiária ou cambial, é uma ação de natureza executória que objetiva a cobrança de título de crédito em razão da sua qualidade de título executivo extrajudicial (art. 784, I, do CPC/2015). O autor da ação é o credor, denominado tomador (ou, ainda, beneficiário).

Como já estudado, o protesto não é obrigatório para exercer o direito de ação, somente no caso de protesto obrigatório e na ação de regresso. A ação de regresso será cabível quando um dos coobrigados fizer o pagamento e dos demais poderá cobrá-los, além do devedor principal.

22. LETRA DE CÂMBIO

22.1 Conceito e características

Trata-se de uma ordem de pagamento, à vista ou a prazo. Sendo uma ordem de pagamento que alguém dirige a outrem para pagar a terceiro, importa numa relação entre pessoas que ocupam três posições no título: a de sacador, a de sacado e a de beneficiário da ordem.

Quanto ao aceite, recorda-se que o sacado é livre em aceitar ou não a letra de câmbio. Os prazos de apresentação da letra de câmbio para aceite variam de acordo com sua espécie (art. 33 da LUG/1930):

- letra de câmbio à vista – até um ano após o saque;
- letra de câmbio a certo termo de vista – até um ano após o saque (essa letra de câmbio não admite a cláusula "não aceitável");
- letra de câmbio a termo certo da data – até o vencimento fixado para o título; e
- letra de câmbio em data certa – também até o vencimento fixado para o título.

De acordo com a própria LUG/1930 (art. 24), na apresentação do título, o sacado poderá pedir que a letra de câmbio lhe seja apresentada uma segunda vez no dia seguinte ao da primeira apresentação. Esse prazo foi denominado pela doutrina "prazo de respiro".

22.2 Requisitos legais

Os requisitos essenciais da letra de câmbio são:

1) a expressão letra de câmbio inserida no texto do título (art. 1º, n. 1, da LUG);
2) o mandato puro e simples (art. 1º, n. 2, da LUG);
3) o nome do sacado e sua identificação civil (art. 1º, n. 3, da LUG), pois, segundo a jurisprudência, "não se considera cambial a letra da qual não consta o nome do sacado, da pessoa que deverá pagá-la" (RT 232/344);
4) o lugar do pagamento (já não é mais considerado indispensável, pois o art. 889, § 1º, do CC/2002 considera o lugar de emissão e de pagamento, quando não indicado no título o domicílio do emitente);
5) o nome do tomador, pois não se admite letra de câmbio sacada ao portador (art. 1º, n. 6, da LUG);
6) o local e a data do saque (art. 1º, n. 7, da LUG);
7) a assinatura do sacador, pois, emitindo a letra

de câmbio, estará vinculado, já que é garante tanto do aceite quanto do pagamento.

22.3 Prescrição

De acordo com o art. 70 da LUG, as ações **contra o aceitante** relativas a letra de câmbio prescrevem em **3 (três) anos** a contar do seu vencimento. As ações do portador contra os endossantes e **contra o sacador** prescrevem em **um ano**, a contar da data do protesto feito em tempo útil, ou da data do vencimento, se trata de letra que contenha cláusula "sem despesas".

As ações **dos endossantes uns contra os outros** e contra o sacador prescrevem em **6 (seis) meses** a contar do dia em que o endossante pagou a letra ou em que ele próprio foi acionado.

Por fim, vale lembrar que o art. 71 da Lei Uniforme de Genebra – LUG dispõe que a interrupção da prescrição só produz efeito em relação à pessoa para quem a interrupção foi feita.

23. NOTA PROMISSÓRIA

23.1 Conceito e características

A nota promissória pode ser definida como um compromisso de pagar a outrem certa importância em dinheiro. Ou, simplesmente, é uma promessa escrita de pagar que uma pessoa faz em favor de outra. Há, de um lado, o sacador, ou emitente, ou subscritor, que é quem promete pagar; e, do outro, um favorecido, ou beneficiário, ou sacado. Quanto ao emitente, a posição equivale à do aceitante.

Distingue-se da letra de câmbio, porque esta é uma ordem de pagamento que figura três posições distintas: o sacador, o sacado e o tomador, ao passo que na nota promissória temos duas posições, porque o sacado está ao mesmo tempo como beneficiário e é uma promessa de pagamento.

23.2 Requisitos legais

Os requisitos legais da nota promissória são os seguintes (art. 75 da LUG/1930):

1) a expressão "nota promissória" inserta no próprio texto do título;
2) a promessa pura e simples de pagar a quantia determinada;
3) época do pagamento;
4) indicação do lugar em que se deve fazer o pagamento;
5) o nome do beneficiário, a quem deve ser pago (não se admite nota promissória ao portador);
6) indicação da data e do lugar onde a nota promissória é passada;
7) a assinatura do subscritor, ou seja, de quem passa a nota (sacador ou emitente).

No entanto, são requisitos essenciais apenas a expressão "nota promissória", a promessa pura e simples de pagamento, o nome do beneficiário (credor) e a assinatura do subscritor (emitente), ciência do art. 76 da LUG.

23.3 Prescrição

De acordo com o art. 70 da LUG, as ações **contra o emitente** relativas a promissória prescrevem em **3 (três) anos** a contar do seu vencimento. As ações do portador contra os endossantes e **contra o sacador** prescrevem em **um ano**, a contar da data do protesto feito em tempo útil, ou da data do vencimento, se se trata de letra que contenha cláusula "sem despesas".

As ações **dos endossantes uns contra os outros** e contra o sacador prescrevem em **6 (seis) meses** a contar do dia em que o endossante pagou promissória ou em que ele próprio foi acionado.

Por fim, vale lembrar que o art. 71 da Lei Uniforme de Genebra – LUG dispõe que a interrupção da prescrição só produz efeito em relação à pessoa para quem a interrupção foi feita.

24. DUPLICATA

24.1 Conceito e características

A duplicata é título de crédito formal, impróprio, causal, à ordem, extraído por vendedor, ou prestador de serviços, que visa documentar o saque fundado sobre crédito decorrente de compra e venda mercantil ou prestação de serviços, assimilada aos títulos cambiários por lei, e que tem como seu pressuposto a extração de fatura.

De acordo com o art. 1º da citada Lei, em todo o contrato de compra e venda mercantil entre partes domiciliadas no território brasileiro, com prazo não inferior a 30 (trinta) dias, contado da data de entrega ou despacho das mercadorias, o vendedor extrairá a respectiva fatura para apresentação ao comprador.

A emissão da fatura é obrigatória para esse tipo de operação comercial; no entanto, a duplicata não é. Mas, se o comerciante deseja emitir um título de crédito a partir dessa fatura, somente a duplicata é cabível, ciência do art. 2º, *caput*, da LDL.

Ao contrário do que ocorre com outros títulos de crédito que são emitidos pelo comprador, a duplicata é emitida pelo vendedor nas transações em que o pagamento é parcelado em período não inferior a 30 (trinta) dias (vendas a prazo). Nesse sentido, **são dois os tipos de duplicatas**: mercantil e de prestação de serviços.

24.2 Requisitos legais

Os requisitos legais previstos para a duplicata são os seguintes (art. 2º, § 1º, da Lei n. 5.474, de 18 de julho de 1968):

I – a denominação "duplicata", a data de sua emissão e o número de ordem;

II – o número da fatura;

III – a data certa do vencimento ou a declaração de ser a duplicata à vista;

IV – o nome e o domicílio do vendedor e do comprador;

V – a importância a pagar, em algarismos e por extenso;

VI – a praça de pagamento;

VII – a cláusula à ordem;

VIII – a declaração do reconhecimento de sua exatidão e da obrigação de pagá-la, a ser assinada pelo comprador, como aceite, cambial;

IX – a assinatura do emitente.

O vendedor deverá enviar a duplicata ao comprador dentro do prazo de 30 (trinta) dias após a sua emissão (art. 6º, § 1º, da LDL). Uma vez recebida, o comprador pode proceder da seguinte maneira:

- assinar o título e devolvê-lo ao vendedor dentro do prazo de 10 (dez) dias;
- devolver o título ao vendedor sem assinatura (sem aceite);
- devolver ao vendedor acompanhado de declaração que motive sua recusa em aceitá-la;
- não devolver o título, mas, desde que autorizado por eventual instituição financeira cobradora, comunicar por escrito ao vendedor seu aceite; e
- não devolver o título (para essa hipótese, o comprador pode emitir uma triplicata, que, na verdade, é uma duplicata da verdadeira duplicata).

A recusa do aceite só é permitida nos casos previstos no art. 8º da LDL, e que são três, a saber:

- avaria ou não recebimento das mercadorias, quando não expedidas ou não entregues por sua conta e risco;
- vícios, defeitos e diferenças na qualidade ou quantidade das mercadorias, devidamente comprovados;
- divergência nos prazos ou nos preços ajustados.

24.3 Prescrição

A pretensão à ação de execução da duplicata prescreve:

- **em três anos** para o sacado e os avalistas, contados a partir do vencimento do título;
- em **um ano** contra o endossante e seus avalistas, contado da data do protesto; e
- em **um ano** em relação a qualquer dos coobrigados contra os demais, contado da data em que haja sido efetuado o pagamento do título (na letra de câmbio e nota promissória, o prazo é de seis meses).

25. CHEQUE

25.1 Conceito e características

O cheque é uma ordem de pagamento emanada de uma pessoa (emitente ou sacador) que mantém contrato com uma instituição bancária (sacado) para que esta pague, imediatamente (à vista), determinada importância ao beneficiário nomeado, à sua ordem ou, não havendo nomeação de beneficiário ou nomeando-se genericamente o portador, àquele que a apresentar. O cheque é regido pela lei n. 7.357, de 2 de setembro de 1985.

25.2 Requisitos legais

Os requisitos legais estabelecidos para o cheque são (art. 1º da LCH):

I – a denominação "cheque" inscrita no contexto do título e expressa na língua em que este é redigido;

II – a ordem incondicional de pagar quantia determinada;

III – o nome do banco ou da instituição financeira que deve pagar (sacado);

IV – a indicação do lugar de pagamento;

V – a indicação da data e do lugar de emissão;

VI – a assinatura do emitente (sacador), ou de seu mandatário com poderes especiais.

25.3 Modalidades de cheque

Cheque pós-datado: também conhecido como "cheque pré-datado", o cheque pós-datado é o cheque emitido com data posterior à da emissão, de modo a aguardar numerário do emitente em poder do sacado. Embora seja constantemente utilizado e aceito por todo o comércio, o cheque pós-datado é vedado, explicitamente, pela própria lei do cheque (*caput* do art. 32). No entanto, apresentar o cheque pré-datado antes do dia ajustado pelas partes gera dano moral. Essa questão foi sumulada pelo STJ, caracterizando dano moral a apresentação antecipada de cheque pré-datado (Súm. 370).

Cheque cruzado: de acordo com o art. 44 da LCH, o emitente ou o portador pode cruzar o cheque, mediante a aposição de dois traços paralelos no anverso do cheque. A LUG/1931 também estabeleceu, em seus arts. 37 e 38, a possibilidade de se cruzar o cheque. Há duas espécies de cruzamento: o geral (ou em branco) e o especial (ou em preto). O cheque com **cruzamento geral** deverá ser pago no banco no qual o beneficiário tem conta de depósito, mesmo se for ao portador. O cruzamento do cheque impede que ele seja descontado na agência do emitente na "boca do caixa". Caso seja emitido com **cruzamento especial**, em que o banco é identificado entre os dois traços, o cheque só poderá ser pago pelo sacado mencionado no cruzamento. Se o beneficiário não tiver conta nesse banco, não poderá receber, o que poderá ser contornado se abrir conta nessa instituição.

Cheque visado: a pedido do emitente ou do portador legitimado, o sacado pode lançar e assinar, no verso do cheque, visto ou declaração de suficiência de fundos, obrigando-se (o banco) a reservar a quantia indicada em benefício do portador legitimado (art. 7º da LCH). Somente o cheque nominativo ainda não endossado comporta esse tipo de certificação pelo banco.

Cheque administrativo: também conhecido como "cheque bancário", é o cheque emitido contra o próprio banco sacador, desde que não ao portador (art. 9º, III, da LCH), ou seja, é emitido pelo banco contra uma de suas filiais ou matriz. Também constitui espécie de cheque administrativo o chamado *traveller check*, muito utilizado em viagens internacionais com o intuito de trazer mais segurança ao seu portador em virtude da existência de seguro contra eventual extravio de suas cártulas (deve ser assinado no momento da aquisição e no da liquidação, isto é, no momento da compra).

Cheque para ser creditado em conta: essa espécie tem a mesma utilidade que o cheque cruzado, pois evita que o cheque seja pago em dinheiro ao seu portador (que deve ser identificado no momento em que se apresenta para receber o valor), devendo o sacado lançar o valor correspondente na conta do beneficiário. A cláusula "para ser creditado em conta" deve estar expressamente escrita no anverso do cheque, mas também pode ser inserida no cruzamento.

25.4 Sustação do cheque

Previsto nos arts. 35 e 36 da LCH, o pagamento do cheque pode ser sustado, com o objetivo de impedir a liquidação do título pelo sacado, prevendo a lei duas modalidades de sustação:

- **revogação** – tratando-se de ato exclusivo do emitente do cheque desde que exponha as razões motivadoras (art. 35); e
- **oposição** – ato que pode ser praticado pelo emitente ou pelo portador legitimado do cheque, mediante aviso escrito, fundamentando as relevantes razões de direito (extravio ou roubo do título, falência do credor), produzindo efeitos a partir da ciência do banco sacado (art. 36).

Essas duas modalidades de sustação podem configurar crime de estelionato qualificado pela fraude no pagamento por cheque, nos termos do art. 171, § 2º, VI, do CP, se constatado o dolo. Importa observar que o banco não tem prerrogativa de avaliar as razões do pedido de sustação, pois lhe compete apenas aceitar e cumprir o pedido do emitente. A validade da sustação caberá ao juiz, caso o prejudicado proponha ação nesse sentido.

25.5 Apresentação do cheque

Essa matéria está disciplinada entre os arts. 32 e 43 da LCH. Como se sabe, o cheque é sempre pagável à vista e, portanto, deve ser pago na apresentação. No entanto, o portador tem o prazo de 30 (trinta) dias de sua emissão para apresentá-lo se for da mesma praça (o local de emissão é o mesmo onde se encontra a agência pagadora), e em 60 (sessenta) dias se em praças diferentes (o local da emissão é diferente do local da agência pagadora).

Atenção! A apresentação tardia acarreta a perda da ação regressiva do portador contra os endossantes, os avalistas e também contra o emitente. Quanto a esse último, somente haverá a perda do direito de regresso se, ao tempo da emissão do título, havia suficiente provisão de fundos e estes deixarem de existir no momento do pagamento, sem que tal fato lhe seja atribuído.

25.6 Prescrição

O cheque **prescreve em 6 (seis) meses** contados da expiração do prazo de apresentação (30 (trinta) ou 60 (sessenta) dias da emissão, dependendo se é da mesma praça ou diversa), expresso no art. 47 da LCH. A ação de regresso de um obrigado ao pagamento do cheque contra outro também prescreve em 6 (seis) meses, porém contados do dia em que o obrigado pagou o cheque ou do dia em que foi demandado.

Já a ação de enriquecimento contra o emitente ou outros obrigados (art. 61 da LCH), que se locupletarem com o não pagamento do cheque, **prescreve em 2 (dois) anos**, contados do dia em que se consumar a prescrição prevista no art. 59 da LCH.

A ação de execução do cheque pode ser promovida pelo portador contra o emitente e seu avalista contra endossantes e seus avalistas (se o cheque for apresentado em tempo hábil e a recusa do pagamento for comprovada pelo protesto ou por declaração do sacado).

26. CONTRATOS MERCANTIS

26.1 Conceito e características gerais

São contratos mercantis porque firmados entre empresários, com característica de profissionalidade. Os contratos têm, basicamente, três regimes jurídicos distintos, excluindo o do trabalho, mesmo com a promulgação do CC/2002, a saber:

- contrato civil: quando os contratantes não são empresários;
- contrato comercial: quando os contratantes são empresários;
- contrato consumerista: quando, de um lado, há empresário (fornecedor) e, do outro, não empresário (consumidor).

Para regulamentar os contratos mercantis, utilizam-se as regras gerais dos contratos dispostas pelo direito civil, conforme o princípio da unificação. Nesse sentido, aplicam-se as cláusulas *pacta sunt servanda* e *rebus sic stantibus*. Com a combinação de ambas, temos que o contrato faz lei entre as partes, mas existe uma limitação na sua aplicação, ou seja, desde que o contrato não traga desequilíbrio à situação econômica das partes.

26.2 Compra e venda mercantil

O contrato de compra e venda mercantil é um contrato **bilateral** (envolve prestações recíprocas), **sinalagmático** (gera obrigações para ambas as partes), **consensual** (em razão do consentimento das partes), **oneroso** (opera com valores e preço) e **comutativo** (as partes conhecem a situação em que se obrigam).

O contrato torna-se obrigatório a partir do momento em que o comprador e o vendedor se ajustam sobre a coisa, o preço e as condições (ou consentimento de tais condições). Esses seriam os três elementos essenciais de acordo com a doutrina. Mas se tem entendido que a falta de consentimento ou suas condições ao contrato de compra e venda não prejudicam o pacto, e que essencial mesmo seria apenas o ajuste em relação ao preço e à coisa.

Quanto à coisa, ela pode se tratar de bem imóvel, móvel ou semovente, corpóreo ou incorpóreo (exceto os bens fora do comércio, os insuscetíveis de apropriação e os legalmente inalienáveis), que sirva ao empresário e ao exercício de sua atividade. Em razão do preço, esse tem que ser pago em dinheiro (moeda corrente), pois não se trata do contrato de troca ou permuta (art. 533 do CC/2002). Não precisa ser determinado, mas deverá – ao menos – ser determinável.

Nesse sentido, uma vez pactuado o contrato, **o comprador assume a responsabilidade de pagar o preço avençado, e o vendedor, a de entregar a coisa (tradição)**. Caso o vendedor não entregue a coisa, o comprador poderá pleitear a execução específica ou optar pela conversão da obrigação em perdas e danos.

Em relação ao transporte, ao comprador caberá providenciar a retirada da mercadoria no estabelecimento do vendedor. Esse é o conteúdo da cláusula FOB (*Free On Board*), presente nos contratos de compra e venda mercantil (entre muitas outras passíveis de serem estipuladas), pela qual caberá ao vendedor a entrega da mercadoria ao transportador, ficando a cargo do comprador o frete e o seguro.

Pode ocorrer em determinado contrato de compra e venda mercantil o parcelamento do preço. O comprador emite a favor do devedor notas promissórias *pro soluto*, ou seja, títulos autônomos.

26.3 Mandato mercantil

Pelo Código Civil, opera-se o mandato quando alguém recebe de outrem poderes para, em seu nome, praticar atos ou administrar interesses. Do ponto de vista empresarial, é o **contrato consensual** pelo qual uma pessoa (mandatário) pratica atos comerciais (por ordem expressa) em nome e por conta de outra pessoa (mandante) a título **oneroso** (art. 653 do CC/2002). Em geral, será oneroso, haja vista o objetivo lucrativo da transação. O instrumento do mandato é a procuração.

Segundo o art. 656, o mandato poderá ser **expresso ou tácito, verbal ou escrito**, mas não se admitirá mandato verbal quando o ato deva ser celebrado por escrito (art. 657). O mandato presume-se gratuito, mas, **no caso da atividade empresarial, sempre se presume oneroso pelo fato de esta se enquadrar no que o legislador chama de ofício ou profissão lucrativa** (art. 658, parágrafo único). É **bilateral** porque gera obrigações para ambas as partes contratantes, e *intuitu personae*, pois estabelecido na confiança do mandante no mandatário.

O mandato abrange todos os atos de gerência, porém o mandatário não possui poderes para alienar, hipotecar, transigir ou praticar quaisquer atos que exorbitem da administração ordinária, o que dependerá de procuração com poderes especiais e expressos (art. 661, § 1º).

O mandante é responsável por todos os atos praticados pelo mandatário dentro dos limites do mandato. Porém, sempre que o mandatário contratar expressamente em nome do mandante, este será o único responsável. Mas ficará o mandatário pessoalmente responsável se agir no seu próprio nome, ainda que o negócio seja de conta do mandante.

Regularmente, os contratos têm requisitos subjetivos, que dizem respeito às partes, objetivos, que tratam da noção de objeto lícito, possível, determinado (ou determinável), e formais, em razão da forma da composição das obrigações e dos direitos.

Quanto à capacidade das partes, atente-se que somente as pessoas capazes são aptas para dar procuração mediante instrumento particular, que valerá desde que tenha a assinatura do outorgante. Mesmo quando outorgado mandato por instrumento público, pode substabelecer-se por instrumento particular. Pode ser mandatário o maior de 16 (dezesseis) e menor de 18 (dezoito) anos não emancipado, observado o art. 666 do CC/2002.

O mandato mercantil cessará nas seguintes hipóteses (art. 682 do CC/2002):

- pela revogação ou pela renúncia;
- pela morte ou interdição de uma das partes;
- pela mudança de estado que inabilite o mandante a conferir os poderes ou o mandatário para os exercer;

- pelo decurso do prazo determinado de duração ou conclusão do negócio específico mencionado no instrumento.

Para não restar dúvidas sobre as primeiras modalidades elencadas, cumpre diferenciá-las: revogação é ato do outorgante (que irá remover os poderes conferidos); já a renúncia é ato do outorgado ou procurador (que irá abrir mão dos poderes conferidos).

29.4 Comissão mercantil

Comissão mercantil é o contrato que tem por objeto a aquisição ou a venda de bens pelo comissário, em seu próprio nome, à conta do comitente (art. 693 do CC/2002). A comissão é um contrato muito parecido com o do mandato, mas não se confundem: no mandato, o colaborador age em nome do fornecedor, representando-o na compra e venda, ao passo que, na comissão, ele age em nome próprio. O terceiro que negocia por meio do mandatário contrata com o mandante, mas o que negocia por meio do comissário contrata com este mesmo e, muitas vezes, nem sequer sabe da existência do comitente.

É o contrato **consensual** pelo qual um empresário (comissário) realiza negócios mercantis em nome próprio, mas por conta de outra pessoa (comitente). Por agir em nome próprio, o comissário assume a responsabilidade perante terceiros, arcando com sua insolvência (o que o diferencia do mandato mercantil), e, para tanto, recebe uma comissão com as seguintes características próprias:

- natureza contratual, com a forma bilateral, onerosa, *intuitu personae* e consensual;
- intermediação, aliada à prestação de serviços;
- comissário age em nome próprio;
- comissário deverá ser, em regra, empresário, ainda que o comitente não o seja;
- aplicação subsidiária das disposições atinentes ao mandato (art. 709 do CC/2002).

O comissário fica diretamente obrigado para com as pessoas com quem contratar, sem que estas tenham ação contra o comitente, nem este contra elas, salvo se o comissário ceder seus direitos a qualquer das partes (art. 694).

Em relação à sua atuação, o comissário é obrigado a agir com cuidado e diligência, não só para evitar qualquer prejuízo ao comitente, mas ainda para lhe proporcionar o lucro que razoavelmente se podia esperar do negócio (art. 696). Caso a sua conduta (omissiva ou comissiva) acarrete prejuízo ao comitente, o comissário será responsabilizado (salvo motivo de força maior).

O comissário não responde, porém, pela insolvência das pessoas com quem tratar, exceto em caso de culpa e na previsão da cláusula *del credere* em seu contrato, caso em que a responsabilidade será solidária (arts. 697 e 698). A cláusula *del credere* determina que o risco relativo à insolvência de terceiro será dividido entre o comissário e o contratado, trazendo para ambos a solidariedade na solvência do contratado (arts. 695 a 704 do CC/2002).

Perante terceiros, o comissário atua sempre em seu próprio nome, assumindo a responsabilidade pessoal pelos atos praticados. No entanto, pelo fato de as negociações atenderem ao interesse do comitente, os riscos inerentes aos negócios realizados correrão, em regra, por conta deste, devendo, por isso, suportar, p. ex., uma eventual inadimplência dos terceiros que contrataram com o comissário. Excepcionalmente, o comitente e o comissário poderão estipular a já mencionada cláusula *del credere*, solidarizando entre si os riscos do negócio.

Repartindo os riscos do negócio, o comissário terá direito a uma remuneração (chamada de comissão) mais elevada, para compensar o ônus assumido.

Na hipótese em que o comissário for despedido por justa causa, terá direito a ser remunerado pelos serviços úteis prestados ao comitente, ressalvado a este o direito de exigir daquele os prejuízos sofridos. Sendo despedido sem justa causa, terá direito a ser remunerado pelos trabalhos prestados, bem como a ser ressarcido pelas perdas e pelos danos resultantes de sua dispensa.

O crédito do comissário relativo a comissões e despesas feitas goza de privilégio geral, no caso de falência ou insolvência do comitente. Em relação ao reembolso dessas despesas, bem como para o recebimento das comissões devidas, tem o comissário direito de retenção sobre os bens e valores em seu poder em virtude da comissão.

26.5 Franquia

O conceito de contrato de franquia empresarial (ou *franchising*) está estabelecido no art. 1º da Lei n. 13.966, de 26-12-2019, como sistema no qual o franqueador autoriza por meio de contrato um franqueado a usar marcas e outros objetos de propriedade intelectual, sempre associados ao direito de produção ou distribuição exclusiva ou não exclusiva de produtos ou serviços e também ao direito de uso de métodos e sistemas de implantação e administração de negócio ou sistema operacional desenvolvido ou detido pelo franqueador, mediante remuneração direta ou indireta, sem caracterizar relação de consumo ou vínculo empregatício em relação ao franqueado ou a seus empregados, ainda que durante o período de treinamento.

Na franquia prevalece a regra da transparência das negociações, e por isso o franqueador é obrigado a fornecer aos interessados a Circular de Oferta de Franquia, que deve ser entregue em, no máximo, 10 (dez) dias antes da assinatura do contrato principal ou pré-contrato ou, ainda, do pagamento de qualquer taxa e que contenha todas as informações essenciais do contrato de franquia.

A franquia é um contrato **sempre escrito (porém, não se exige mais a assinatura de duas testemunhas como na lei anterior)** e que não precisa ser levado a registro perante cartório ou órgão público pelo qual um empresário denominado franqueador, ou *franchisor*, licencia o uso de sua marca a outro denominado franqueado, ou *franchisee*, e presta-lhe serviços de organização empresarial, com ou sem venda de produtos.

Pela nova regra, o contrato de franquia não caracterizará:

- relação de consumo: entre franqueado e franqueador (logo, não se aplicará o Código de Defesa do Consumidor em litígio envolvendo as partes);
- relação de emprego: entre empregados do franqueado e franqueador (os empregados do franqueado não poderão propor reclamação trabalhista contra o franqueador).

A franquia consiste, geralmente, na conjugação de dois contratos, sendo um de licenciamento de uso de marca e outro de organização empresarial. O contrato somente estará completo quando fornecer *know-how* (tecnologia industrial) do franqueador e a licença para exploração de patente, caso exista.

Os serviços de organização empresarial que o franqueador presta ao franqueado são geralmente oriundos de três contratos autônomos: em primeiro lugar, o contrato de *engineering*, pelo qual o franqueador define, projeta ou executa o *layout* do estabelecimento franqueado; em segundo lugar, o *management*, relativo ao treinamento dos funcionários do franqueado e à estruturação da administração do negócio; e, em terceiro e último lugar, o marketing pertinente às técnicas de colocação dos produtos ou serviços junto aos seus consumidores, o que envolve estudo de mercado, publicidade, vendas promocionais, lançamento de novos produtos ou serviços etc.

Esse tipo de contrato atribui aos seus franqueados os seguintes encargos:

- pagamento de uma taxa de adesão, podendo haver percentual do seu faturamento;
- pagamento pelos serviços de organização empresarial fornecidos pelo franqueador;
- obrigação de oferecer aos consumidores apenas os produtos ou serviços da marca do franqueador; e
- observar, estritamente, as instruções e o preço de venda ao consumidor estabelecidos pelo franqueador.

O art. 2º da Nova Lei de Franquia apresenta uma série de informações obrigatórias que o franqueador deverá transmitir por meio de uma circular de oferta de franquia ao franqueado (até 10 (dez) dias antes da assinatura do contrato ou do pagamento de qualquer taxa) e que serve para:

- permitir ao franqueado o uso de sua marca; e
- prestar os serviços de organização empresarial.

Com a ausência dessa circular, o franqueado poderá arguir anulabilidade ou nulidade, conforme o caso, e exigir a devolução de todas e quaisquer quantias já pagas ao franqueador, ou a terceiros por este indicados, a título de filiação ou de *royalties*, corrigidas monetariamente (art. 2º, § 2º, da Lei n. 13.966/2019).

26.6 Arrendamento mercantil ou *leasing*

É o contrato pelo qual uma pessoa jurídica (arrendadora) arrenda a uma pessoa física ou jurídica (arrendatária), por tempo determinado, um bem comprado pela primeira, de acordo com as indicações da segunda, cabendo à arrendatária a opção de adquirir o bem arrendado ao final do contrato, mediante valor residual garantido (VRG) e previamente fixado.

O contrato de *leasing* consiste numa "locação" de bens móveis duráveis ou imóveis, adquiridos pela empresa de *leasing* (arrendadora) para esse fim, sendo dado ao arrendatário, no término do contrato, o exercício da tríplice opção de:

- prorrogar o aluguel;
- devolver o bem; ou
- comprá-lo pelo seu valor residual.

Vale observar que o bem, objeto do contrato de arrendamento mercantil, não passa a integrar o ativo fixo da pessoa que recebe em arrendamento esse bem, nem mesmo se destina ao consumo, ou seja, a propriedade do bem arrendado continua sendo da empresa arrendadora.

O arrendamento mercantil é a locação caracterizada pela faculdade conferida ao locatário (arrendatário) de, ao seu término, optar pela compra do bem locado. A Lei n. 6.099/1974, que dispôs sobre o tratamento tributário das operações de *leasing*, conceituou como sendo o negócio jurídico realizado entre pessoa jurídica, na qualidade de arrendadora, e pessoa física ou jurídica, na qualidade de arrendatária, e que tenha por objeto o arrendamento de bens adquiridos pela arrendadora, segundo especificações da arrendatária e para uso próprio desta (art. 1º, parágrafo único).

O contrato de *leasing* pressupõe três participantes:

- fornecedor do bem;
- arrendante ou arrendador (empresa de *leasing*, também chamada *leasing broker*, necessariamente, pessoa jurídica); e
- arrendatário (pessoa física ou jurídica).

Tal operação desdobra-se em cinco etapas:

1) a preparatória, que se inicia com a proposta do arrendatário à empresa *leasing* ou vice-versa;

2) a essencial, constituída pela efetiva celebração do acordo de vontade entre as partes;
3) a complementar, em que a empresa de *leasing* compra o bem ou equipamento ajustado com o arrendatário;
4) a outra também essencial, que é o arrendamento propriamente dito, na qual a empresa de *leasing* entrega ao arrendatário o bem ou equipamento;
5) a tríplice opção dada ao arrendatário ao final do termo do contrato de arrendamento.

Os contratos de arrendamento mercantil deverão conter, conforme o art. 5º da lei:

- prazo;
- valor de cada contraprestação por períodos determinados, não superiores a um semestre;
- opção de compra ou renovação de contrato;
- preço para opção de compra ou critério para sua fixação, quando for estipulada esta cláusula.

Ressalte-se a Súm. 369 do STJ: "No contrato de arrendamento mercantil (*leasing*), ainda que haja cláusula resolutiva expressa, é necessária a notificação prévia do arrendatário para constituí-lo em mora".

26.7 Faturização ou *factoring*

É o contrato pelo qual o faturizador adquire direitos decorrentes do faturamento (compra e venda de mercadorias ou prestações de serviços) do faturizado por meio da cessão de créditos. Ou seja, o faturizador adquire o faturamento do faturizado, respondendo, em ambos os casos, o faturizado pela existência da dívida e não pela garantia da obrigação.

A faturização ou *factoring* está diretamente ligada à necessidade de reposição do capital de giro nas pequenas e médias empresas. A operação de *factoring* repousa na sua substância, numa mobilização dos créditos de uma empresa; necessitando de recursos, a empresa negocia os seus créditos, cedendo-os à outra, que se incumbe de cobrá-los, adiantando-lhe o valor desses créditos (*conventional factoring*) ou pagando-os no vencimento (*maturity factoring*); obriga-se, contudo, a pagá-los, mesmo em caso de inadimplemento por parte do devedor da empresa.

Esse contrato ainda não foi regulamentado em nossa legislação; no entanto, a Lei n. 9.249/1995 (que trata do imposto de renda das pessoas jurídicas) acabou conceituando a faturização ou fomento mercantil como a prestação cumulativa e contínua de serviços de assessoria creditícia, mercadológica, gestão de crédito, seleção de riscos, administração de contas a pagar e a receber, compra de direitos creditórios resultantes de vendas mercantis a prazo ou de prestação de serviços [art. 15, § 1º, III, *d*].

O contrato de faturização tem a finalidade de poupar o empresário das preocupações empresariais decorrentes da outorga de prazos e facilidades para pagamento aos seus clientes. Por esse negócio, o banco ou a empresa de *factoring* (que não precisa ser instituição financeira) presta o serviço de administração dos créditos, garantindo, assim, o pagamento das faturas emitidas pelo empresário.

São sujeitos do contrato de faturização:

- **devedor:** para o comprador ou utilizador de serviços objeto da relação subjacente que dá origem ao saque ou à emissão do crédito cedido no contrato de faturização;
- **faturizado:** para o vendedor ou prestador de serviços na relação subjacente;
- **faturizador** ou *factor* ou empresa de fomento: quem adquire os créditos do faturizado e lhe presta os serviços administrativos especializados.

São cláusulas essenciais nos contratos de faturização:

- exclusividade ou totalidade das contas do faturizado;
- duração do contrato;
- faculdade de o faturizador escolher as contas;
- liquidação dos créditos;
- cessão dos créditos;
- assunção de riscos pelo faturizador;
- remuneração do contrato.

Uma *factoring* pode se apresentar sob duas modalidades distintas: *conventional factoring* e *maturity factoring*. Na primeira, o faturizador paga à vista a cessão dos créditos do faturizado, descontando do valor pago os juros de antecipação de recursos proporcionalmente ao tempo que faltar para o seu vencimento (deságio). Esse desconto se justifica, pois o faturizador está assumindo o risco do negócio.

Na segunda modalidade, o faturizador apenas pagará o preço da cessão de créditos ao faturizado após ter recebido o pagamento dos créditos pelos devedores. Nesse caso, a remuneração do faturizador é a comissão, uma vez que não há juros pelo adiantamento dos pagamentos, não assumindo, portanto, o risco de inadimplência (Res. Bacen n. 2.144/1995).

26.8 Seguro

O seguro pode ser conceituado como o contrato no qual uma parte se obriga, mediante o recebimento de um prêmio, a pagar à outra parte, ou a terceiros beneficiários, determinado valor contido na apólice de seguro, caso ocorra um dano eventual e futuro chamado de sinistro. Esse contrato tem como diferencial o intervencionismo estatal, manifestado por meio do Sistema Nacional de Seguros Privados, instituído e regulamentado pelo Dec.-lei n. 73/1966 (Lei dos Seguros ou das Seguradoras).

Os contratos de seguro possuem uma interessante particularidade denominada **resseguro**, que é o trespasse do risco de uma seguradora para outra ou outras, seja total, seja parcialmente, quando uma seguradora não tenha condições financeiras de vir a arcar sozinha com o pagamento do valor do seguro. E chama-se retrocessão a cessão de um ressegurador a outro também ressegurador de parcela (ou totalidade) do risco assumido. De acordo com essas normas, ficou estabelecido que o pagamento dos prêmios será feito exclusivamente pela rede bancária.

O seguro é um contrato de adesão, comutativo e consensual. Trata-se de contrato em que uma das partes (a sociedade seguradora) assume, mediante o recebimento do prêmio, a obrigação de garantir interesse legítimo da outra (o segurado), ou a terceiro (beneficiário), contra riscos predeterminados.

O art. 757 do CC/2002 prevê que, pelo contrato de seguro, o segurador (somente entidade legalmente autorizada para tal fim) se obriga, mediante o pagamento do prêmio, a garantir interesse legítimo do segurado, relativo à pessoa ou à coisa, contra riscos predeterminados.

A principal característica desse tipo de contrato é a mutualidade, uma vez que os segurados podem ser vistos como contribuintes para a constituição de um fundo destinado a cobrir, ainda que parcialmente, os prejuízos que alguns deles provavelmente irão ter. Pela atividade securitária, esses prejuízos previsíveis não são suportáveis individualmente, apenas pelo titular do interesse, mas sim distribuídos entre os diversos segurados.

Uma vez celebrado o contrato de seguro, **a seguradora assume a obrigação de pagar ao segurado a importância determinada (art. 757 do CC/2002) se ocorrer o fato**, cujas consequências danosas foram tentadas a atenuar ou eliminar. É a única obrigação acarretada à seguradora em razão do contrato.

Já **o segurado tem a obrigação de pagar o prêmio** (art. 763), prestar informações verídicas (arts. 765 e 766), abster-se de aumentar o risco em torno do interesse segurado (art. 768) e comunicar à seguradora tanto a verificação de incidente que aumente o risco quanto a do próprio sinistro (art. 769). Além disso, o contrato deve fixar a data para o pagamento do prêmio, pois, em caso de omissão, será considerada a data do recebimento da apólice.

Duas são as espécies de contrato de seguro: o de ramos elementares (ou de dano) e o de vida (ou de pessoa).

- **Seguro de dano:** aqui o objeto está nos interesses relacionados com o patrimônio (por isso, seguro de dano), além da saúde e integridade física de quem é assegurado pelo contrato. Engloba todos os tipos de seguro, menos os de vida. O exemplo mais comum desse tipo de seguro é o de cobertura de danos pessoais causados por veículos automotores. Tem como característica fundamental seu caráter indenizatório, visto que a seguradora paga ao segurado uma indenização quando da ocorrência do sinistro. O seguro não deve representar meio de enriquecimento do segurado, mas tão somente a reparação de perdas eventuais.
- **Seguro de vida:** diferentemente do seguro de ramos elementares, o pagamento do valor devido ao segurado não tem caráter indenizatório, visto que a vida não pode ser tida como um objeto passível de avaliação. Trata-se, pois, do adimplemento de uma obrigação pecuniária decorrente de contrato e denominada capital. Nesse caso, então, não é proibido o sobresseguro, ou seja, é lícito ao segurado contratar tantos seguros de vida quantos lhe interessarem (art. 789 do CC/2002). Com o evento morte, será devido ao segurado o pagamento de todos os seguros realizados.

Ao contratar um seguro de vida, o estipulador, que não é necessariamente o segurado, nomeia o beneficiário da prestação contratada com a seguradora. Se este não for estipulado expressamente, a lei entende que serão beneficiários os sucessores legais do segurado. Contudo, não podem ser beneficiários do seguro os que se encontram proibidos de receber doação. Não incide no seguro recebido pelo beneficiário o imposto *causa mortis*, visto que o próprio beneficiário é o titular do direito de crédito e sua morte não tem natureza de sucessão (art. 794 do CC/2002).

Alguns seguros, assim, são necessariamente empresariais, como de responsabilidade civil por acidente de trabalho, de crédito, os rurais ou o de transporte. O segurado é invariavelmente empresário, e a garantia pretendida com o contrato representa um insumo da empresa.

26.9 *Hedge*

Consideram-se contrato de cobertura (*hedge*) as operações destinadas, exclusivamente, à proteção contra riscos inerentes às oscilações de preço ou de taxas, quando o objeto do contrato negociado estiver relacionado com as atividades operacionais da pessoa jurídica ou destinar-se à proteção de direitos ou obrigações da pessoa jurídica. Esse é o conceito legal dado pela Lei n. 8.981/1995 (art. 77, § 1º, *b*). O *hedging* consiste numa modalidade de operação aleatória de bolsa, tendo por escopo a comercialização de mercadorias a termo nas bolsas de mercadorias (*commodities future market*), com liquidação pela diferença.

Esse contrato socorre a muitos empresários que temem riscos derivados de variações nos preços de *commodities*, taxas de juros e moedas estrangeiras, principalmente destas últimas. O *hedge* não busca, como objetivo principal, ganhar com a relação contratual, mas de não perder nas flutuações cambiais, p. ex., para quem está obrigado a pagar em moeda estrangeira, sejam compras no exterior, sejam empréstimos solicitados.

Nos contratos dessa natureza, envolvendo riscos consideráveis, o investidor é orientado a realizar, no mercado futuro, operações que lhe permitam minimizar as perdas no mercado à vista.

26.10 Alienação fiduciária em garantia

Trata-se de negócio jurídico pelo qual o devedor, para garantir o pagamento da dívida, transmite ao credor a propriedade de um bem, retendo-lhe a posse direta, sob a condição resolutiva de saldá-la.

Pode ser entendido também como contrato acessório, normalmente atrelado ao contrato de mútuo, no qual o mutuário-fiduciante aliena a propriedade de um bem ao mutuante-fiduciário. O fiduciário terá apenas a propriedade resolúvel e a posse indireta do bem em questão, ao passo que o fiduciante terá a posse direta do bem (Dec.-lei n. 911/1969).

Serve como "negócio-meio", pois tem a aptidão de criar condições para alcançar o negócio-fim almejado pelas partes contratantes. O contrato é disciplinado pela Lei n. 4.728/1965 (art. 66-B), no âmbito do mercado financeiro, pela Lei n. 9.514/1997 (arts. 22 a 33), quando tratar de bem imóvel, e pelo Código Civil (arts. 1.361 a 1.368, 1.368-A e 1.368-B), no caso de bens móveis. O contrato de alienação fiduciária em garantia tem natureza bancária, segundo a doutrina e a jurisprudência majoritária.

Por fim, **são elementos comuns do contrato de alienação fiduciária em garantia**:

- forma escrita, mediante instrumento público ou privado;
- no conteúdo, deve constar o valor total da dívida ou estimativa, prazo ou época do pagamento, taxa de juros (se contratada), descrição do objeto do contrato;
- para ter eficácia em relação a terceiros, deve ser arquivada a transferência da propriedade no local de domicílio do devedor (*vide* Súm. 94 do STJ).

Quando o fiduciante não pagar as parcelas correspondentes ao mútuo, o fiduciário poderá ingressar com ação de busca e apreensão, podendo inclusive pleitear a concessão de liminar sem a oitiva do fiduciante. É importante ressaltar que, após a concessão da liminar, o fiduciário pode vender de pronto o bem alienado, uma vez que a futura sentença lhe dará a plena propriedade do bem.

Se a venda do bem não for suficiente para saldar a dívida, o credor pode ingressar com ação monitória, para compor o saldo devedor. Ressalte-se a Súm. 384 do STJ: "Cabe ação monitória para haver saldo remanescente oriundo de venda extrajudicial do bem alienado fiduciariamente em garantia".

26.11 Representação comercial

O contrato de representação comercial autônoma é aquele em que uma das partes (representante) se obriga a obter pedidos de compra dos produtos fabricados ou comercializados pela outra parte (representado). É contrato típico e está disciplinado na Lei n. 4.886/1965.

Segundo o art. 1º da Lei n. 4.886/1965: exerce a representação comercial autônoma a pessoa jurídica ou a pessoa física, sem relação de emprego, que desempenha, em caráter não eventual por conta de uma ou mais pessoas, a mediação para a realização de negócios mercantis, agenciando propostas ou pedidos, para transmiti-los aos representados, praticando ou não atos relacionados com a execução dos negócios.

O art. 1º da Lei n. 4.886/1965 dispõe que o objeto do presente contrato é mediação para a realização de negócios mercantis, por parte do representante, agenciando propostas ou pedidos para transmiti-los aos representados, praticando ou não atos relacionados com a execução dos negócios.

Assim sendo, o contrato de representação é o contrato pelo qual uma pessoa (representante) obtém pedidos de compra e venda de mercadorias fabricadas ou comercializadas por outra pessoa (representado) dentro de uma região delimitada.

Nesse sentido, o representante obriga-se, mediante remuneração, a realizar negócios mercantis, agenciar negócios, em caráter não eventual, em favor de outra parte (o representado). Esse contrato também é conhecido pela denominação "agência". O representante é um profissional autônomo, empresário (pessoa física ou jurídica) que comercializa as mercadorias do representado. O representante deve estar registrado no órgão profissional correspondente, o Conselho Regional dos Representantes Comerciais (art. 2º).

A atividade do representante é autônoma, não havendo, de tal modo, vínculo empregatício entre representado e representante. O representante atua em região delimitada, que deve ser identificada no contrato. No caso de omissão do contrato de representação, presume-se a exclusividade territorial, de tal modo que o representado só pode negociar seus produtos naquela região se o fizer por intermédio do representante (art. 31 da Lei n. 4.886/1965).

Os requisitos do contrato de representação comercial estão estabelecidos no art. 27 da lei que regula as atividades dos representantes comerciais, observando-se que a exclusividade da representação não se presume, portanto, deve ser expressa, e que é vedada a inclusão no contrato de cláusulas *del credere*, ou seja, aquelas que impõem ao representante responsabilidade pela solvência daqueles com quem tratou. Observa-se que, se o contrato com prazo determinado tiver prorrogado o seu prazo inicial, tácita ou expressamente, tornar-se-á a prazo indeterminado. E considera-se por prazo indeterminado todo contrato que suceder, dentro de 6 (seis) meses, a outro contrato, independentemente se era com ou sem determinação de prazo.

São obrigações do representado:

- pagar a retribuição devida ao representante; e
- respeitar a cláusula de exclusividade de zona (área geográfica delimitada pelo contrato).

O representado poderá rescindir o contrato de representação comercial por motivo justo (art. 35), entre outras situações, quando o representante incorrer em desídia, atos que importem descrédito comercial, for condenado de forma definitiva por crime infamante ou, ainda, em casos de força maior, quando não caberá indenização alguma ao representante.

A exclusividade na zona de atuação ou territorial é cláusula implícita do contrato, mas o contrato pode limitar ou expressamente retirar a exclusividade territorial. Diante da omissão contratual, presume-se a exclusividade territorial (art. 31 da Lei n. 4.886/1965). Uma das partes pode rescindir o contrato quando a outra der causa a isso.

Fora esses casos, o representante terá direito pela rescisão do contrato de indenização, cujo montante não poderá ser inferior a um doze avos (1/12) do total da retribuição auferida durante o tempo em que exerceu a representação (art. 27, *j*). Na hipótese de contrato a prazo certo, a indenização corresponderá à importância equivalente à média mensal da retribuição auferida até a data da rescisão, multiplicada pela metade dos meses resultantes do prazo contratual (art. 27, § 1º).

Os motivos justos de rescisão por parte do representante estão no art. 36: casos de força maior, falta de pagamento de sua retribuição em época devida, quebra da exclusividade, se prevista no contrato, redução de sua esfera de atividade em desacordo com o contrato e fixação abusiva de preços com o exclusivo escopo de impossibilitar-lhe ação regular.

Quanto à exclusividade de representação, ou seja, aquela em que o representante só pode representar determinada empresa, deve estar expressa no contrato para que produza efeitos. Se não houver cláusula contratual determinando a exclusividade de representação, pode o representante exercer outras representações em ramos de atividade diferentes (arts. 31, parágrafo único, e 41 da Lei n. 4.886/1965).

Prescreve em **5 (cinco) anos** a ação do representante comercial para pleitear a retribuição que lhe é devida e os demais direitos que lhe são garantidos (art. 44, parágrafo único).

26.12 Depósito mercantil

Por meio do depósito mercantil, uma pessoa (depositante) recebe de outra (depositário) um bem móvel para ser guardado e depois solicitado de volta. A partir do art. 627, o CC/2002 trata do depósito voluntário. O art. 280 do CCom de 1850, revogado pelo CC/2002, distinguia o depósito mercantil como aquele que era feito por "causa proveniente do comércio, em poder de comerciante ou por conta de comerciante".

Conforme examinado quando tratamos sobre o contrato de mandato mercantil, se o depósito for feito no exercício da profissão, ele será mercantil, conforme dispõe o art. 628 do CC/2002. O depósito mercantil efetiva-se com a tradição real ou simbólica da coisa depositada. O depositário pode exigir, pela guarda da coisa depositada, uma comissão estipulada no contrato; caso esta não tenha sido ajustada, será determinada pelos usos do lugar, e, na falta destes, por arbitramento (art. 628, parágrafo único).

Duas são as espécies de depósito:

- **voluntário** – proveniente da vontade das partes (arts. 627 a 646);
- **necessário** – oriundo de disposição legal ou de alguma calamidade, como incêndio, inundação, naufrágio ou saque (arts. 647 a 652).

As obrigações das partes contratantes são as seguintes:

- guarda e conservação da coisa depositada;
- restituição da coisa com todos os frutos e acrescidos;
- pagar a comissão ou qualquer outra retribuição;
- pagar as despesas feitas com a coisa e os prejuízos que provierem.

26.13 Contratos bancários

São contratos nos quais uma das partes é banco ou uma instituição financeira. As principais modalidades de contratos bancários típicos são:

a) **mútuo bancário:** contrato pelo qual a instituição financeira empresta determinada quantia em dinheiro ao mutuário, que se obriga a restituir o valor emprestado com os juros e os demais encargos contratados;

b) **desconto bancário:** contrato pelo qual a instituição financeira antecipa o valor de um crédito contra terceiro ao cliente e, em virtude disso, desconta determinada taxa de juros;

c) **abertura de crédito:** contrato pelo qual a instituição financeira disponibiliza ao correntista determinada quantia em dinheiro para que ele possa, se quiser, utilizá-la;

d) **depósito bancário:** contrato pelo qual o depositante entrega certa quantia em dinheiro para, em momento posterior, retirar conforme a sua conveniência.

Das operações passivas, a mais importante é o depósito bancário (que não pode ser confundido com depósito mercantil – visto no tópico anterior). Nele, o cliente entrega determinada quantia em dinheiro à instituição financeira, para que esta a guarde e a restitua quando for pleiteado.

26.14 Concessão mercantil

É o contrato pelo qual o concessionário se obriga a comercializar, com ou sem exclusividade, os produtos fabricados pelo concedente. Apenas foi regulamentada a concessão mercantil de veículos automotores terrestres (Lei n. 6.729/1979). Para outras mercadorias que não os veículos automotores terrestres, será utilizado o contrato de distribuição.

O objeto do contrato de concessão mercantil é composto pela comercialização de veículos automotores, prestação de assistência técnica, além do uso da marca do concedente como identificação (art. 3º da Lei n. 6.729/1979).

26.15 Locação comercial

É o contrato consensual pelo qual o locador se obriga a dar ao locatário o uso de uma coisa por determinado tempo e preço. Em se tratando de locação não residencial (para empresas), é possível obter a renovação compulsória da locação, desde que o inquilino exerça tal direito, por meio da ação renovatória (arts. 51 e 52 da Lei n. 8.245/1991). O direito assegurado nesses artigos poderá ser exercido pelos cessionários ou sucessores da locação; no caso de sublocação total do imóvel, o direito à renovação somente poderá ser exercido pelo sublocatário (art. 51, § 1º).

No caso de ação renovatória, promovida pelo sublocatário, e estando presentes os demais requisitos legais para a renovação compulsória, a ação deverá ser julgada procedente, pois o autor sucede a antiga locatária, nos contratos relativos à exploração do estabelecimento.

Sobre locação do ponto e ação renovatória, ver item sobre ponto comercial, abordado no início desta obra.

27. FALÊNCIA EMPRESARIAL

27.1 Conceito e características

O art. 1º da LRF (n. 11.101/2005) estabelece os limites de sua aplicação, qual seja, o de disciplinar a recuperação judicial, a recuperação extrajudicial e a falência do empresário individual e da sociedade empresária "devedora".

De acordo com o art. 75 da LRF, a falência, ao promover o afastamento do devedor de suas atividades, visa:

- preservar e otimizar a utilização produtiva dos bens, dos ativos e dos recursos produtivos, inclusive os intangíveis, da empresa;
- permitir a liquidação célere das empresas inviáveis, com vistas à realocação eficiente de recursos na economia; e
- fomentar o empreendedorismo, inclusive por meio da viabilização do retorno célere do empreendedor falido à atividade econômica.

Falência pode ser definida como um processo de execução coletiva, no qual todo o patrimônio de um empresário declarado falido (pessoa física ou jurídica) é arrecadado, visando ao pagamento da universalidade de seus credores, de forma completa ou proporcional. É um processo judicial complexo que compreende a arrecadação dos bens, sua administração e conservação, bem como a verificação e o acertamento dos créditos, para posterior liquidação dos bens e rateio entre os credores.

27.2 Pressupostos legais

Os pressupostos do estado de falência constituem elementos de direito positivo e variam conforme o sistema legislativo adotado. No Brasil, os pressupostos do estado de falência são:

- que o devedor seja empresário ou sociedade empresária;
- a insolvência do devedor;
- a declaração judicial da falência.

O primeiro pressuposto do estado de falência é que o **devedor seja empresário individual ou sociedade empresária**. Já deixamos claro que, segundo o art. 966 do CC/2002, o empresário é a pessoa que exerce profissionalmente atividade econômica organizada para a produção ou a circulação de bens ou de serviços e, para que tal atividade seja exercida regularmente, todo empresário está sujeito a um conjunto de regras específicas, denominadas regime jurídico-empresarial. Esse regime é o responsável por regulamentar a prática da atividade mercantil e torná-la legal, permitindo sua inserção, caso o empresário atue de acordo com seus preceitos, em um tratamento diferenciado quanto à responsabilidade pelas obrigações assumidas. Dessa forma, somente os empresários regularmente inscritos podem se submeter ao regime jurídico-falimentar, previsto pela LRF. Nenhum devedor civil está sujeito ao regime falimentar.

A **insolvência**, segundo pressuposto do estado de falência, é aquela entendida na sua acepção jurídica, ou seja, é indiferente a prova da inferioridade do ativo quanto ao passivo (acepção econômica) ou do estado patrimonial em si, mas pela ocorrência de um dos fatos do art. 94 da LRF, comportamentos esses geralmente praticados por quem se encontra em insolvência econômica.

A insolvência é, assim, não só um estado econômico caracterizado pelo fato de o ativo do empresário não ser suficiente para o pagamento do seu passivo, mas também pelas razões que dispõe o artigo supracitado. Assim, a demonstração patrimonial de inferioridade do ativo em relação ao passivo pelo credor é absolutamente desnecessária, pois, diante da nossa legislação, a insolvência do devedor empresário será presumida nestas três situações (art. 94):

- **impontualidade injustificada:** não paga, no vencimento, obrigação líquida materializada em título ou títulos executivos protestados cuja soma ultrapasse o equivalente a 40 (quarenta) salários mínimos na data do pedido de falência;
- **execução frustrada:** executado por qualquer quantia líquida; não paga, não deposita e não nomeia à penhora bens suficientes dentro do prazo legal;
- **atos de falência:** pratica qualquer dos seguintes atos, exceto se fizer parte de plano de recuperação judicial: liquidação precipitada, negócio simulado, alienação irregular do estabelecimento, simulação de transferência de estabelecimento, concessão ou reforço de garantia a credor por dívidas anteriormente contraídas, sem ficar com bens para saldar seu passivo, abandono do estabelecimento comercial e descumprimento de obrigação assumida no plano de recuperação judicial (art. 94, III, da LRF).

27.3 Juízo falimentar

A competência para apreciação do processo de falência, bem como de seus incidentes, é a do juízo do principal estabelecimento empresarial do devedor, de acordo com o art. 3º da LRF, entendido como aquele que envolve o maior volume de negócios sob o ponto de vista econômico, como também da filial de empresa que tenha sede fora do Brasil.

O juízo da falência é universal, ou seja, todas as ações referentes a bens, interesses e negócios da massa falida serão processadas e julgadas pelo juízo em que tramita o processo falimentar pela força atrativa (*vis attractiva*) que detém (art. 76). Porém, à regra da universalidade, existem algumas exceções, quais sejam:

- ações não reguladas pela lei falimentar em que a massa falida seja autora ou litisconsorte;
- reclamações trabalhistas, que são de competência da Justiça do Trabalho (art. 114 da CF/1988);
- execuções tributárias, que, de acordo com os arts. 187 do CTN e 29, *caput*, da Lei n. 6.830/1980 (Lei de Execução Fiscal), não se sujeitam ao juízo falimentar;
- ações de conhecimento nas quais é parte interessada a União, em que a competência é da Justiça Federal (art. 109, I, da CF/1988);
- ações que demandarem quantia ilíquida, caso em que prosseguirão no juízo em que estão sendo processadas (art. 6º, § 1º, da LRF).

É importante salientar que todas as ações, inclusive as hipóteses excepcionais mencionadas, terão prosseguimento com o administrador judicial, que deverá ser intimado para representar a massa falida, sob pena de nulidade do processo.

Em suma, podemos sintetizar as principais características do processo falimentar da seguinte forma:

- sistema recursal fechado (só admite os recursos previstos na LRF, não se aplicando, em caso de omissão, o regime recursal do CPC);
- aplicação supletiva do CPC (para os demais institutos do processo, exceto para os recursos);
- o processo desenvolve-se por impulso oficial;
- a competência para o processamento do pedido de falência é do juízo do principal estabelecimento do devedor (juízo universal);
- a publicação de editais, avisos, anúncios e do quadro geral de credores será feita por duas vezes no órgão oficial, mas o prazo começará, sempre, a fluir da data da primeira publicação.

27.4 Etapas do processo de falência

Segundo a doutrina (a lei não descreve essas etapas nominalmente), o processo falimentar pode ser dividido em três etapas:

- **fase pré-falimentar:** inicia-se com a petição inicial e conclui-se com a sentença declaratória da falência;
- **fase falencial:** inicia-se depois da sentença declaratória e conclui-se com o encerramento da falência. Nessa fase, realiza-se o levantamento do ativo (por meio do procedimento de arrecadação de bens e pedidos de restituição) e do passivo (por meio das habilitações e impugnações de crédito) do devedor, bem como a sua liquidação, em que os bens serão vendidos e os credores, pagos;
- **fase de reabilitação:** na qual há a declaração da extinção da responsabilidade civil do devedor falido.

27.5 Pedido de falência e resposta do réu

I – Petição inicial

A lei obriga o próprio devedor – em crise econômico-financeira que julgue não atender aos requisitos para pleitear sua recuperação judicial – a requerer a autofalência (art. 105).

São também legitimados para o requerimento da falência: o cônjuge sobrevivente do devedor, qualquer de seus herdeiros e o inventariante (art. 97, II, da LRF), o cotista ou acionista do devedor na forma da lei ou do ato constitutivo da sociedade (art. 97, III, da LRF) e qualquer de seus credores (art. 97, IV, da LRF).

Porém, o mais comum é que o pedido de falência seja feito pelo credor, uma vez que o processo falimentar é um instrumento eficaz de execução coletiva.

O credor, contudo, tem seu direito de ação condicionado ao atendimento de certos requisitos a serem atendidos de acordo com sua condição, como: o credor empresário deve provar sua regularidade no exercício do comércio, exibindo a inscrição individual ou o registro dos atos constitutivos da sociedade (art. 97, § 1º); o credor não domiciliado no país deve prestar caução destinada a cobrir as custas do processo e eventual indenização ao requerido, caso venha a ser denegada a falência (art. 97, § 2º).

Conclui-se então que, se o credor não for empresário e estiver domiciliado no Brasil, não se aplicam quaisquer requisitos específicos. P. ex., o credor civil não necessita demonstrar a regularidade no exercício de sua atividade econômica.

A Lei de Falências não exige que o credor com garantia real renuncie a ela ou demonstre sua insuficiência. Em suma, podemos afirmar que a falência do devedor pode ser requerida:

- pelo credor munido de título de crédito, desde que: 1) se comerciante, prove a regularidade de sua atividade; 2) se estrangeiro, preste caução para garantir o pagamento das despesas processuais, caso seja derrotado na sua pretensão;
- por qualquer outro credor;
- pelo próprio devedor empresário (autofalência);
- pelo sócio, ainda que comanditário, exibindo o contrato social, e pelo acionista, exibindo suas ações;
- pelo cônjuge sobrevivente, pelos herdeiros do devedor ou pelo inventariante.

O pedido de falência segue rito diferente, de acordo com seu autor: se requerido pelo credor ou pelo sócio minoritário, segue os preceitos dos arts. 94 a 96 e 98; em caso de autofalência, por sua vez, seguirá o procedimento dos arts. 105 a 107 da Lei.

Existem ainda alguns requisitos diferenciados para a petição inicial, conforme o fundamento do pedido. Se fundamentado na impontualidade injustificada, deve ser instruída com o título acompanhado do instrumento de protesto; sendo, porém, o fundamento na tríplice omissão, a lei exige a certidão expedida pelo juízo em que se processa a execução frustrada; finalmente, sendo fundado em ato de falência, o pedido deverá conter a descrição dos fatos que o caracterizam, juntando-se as provas que houver e especificando-se aquelas que serão produzidas no decorrer do processo.

II – Resposta do réu

Segundo o art. 98 da LRF, o prazo para a defesa do réu é de 10 (dez) dias. Esclarece o mesmo dispositivo, em seu parágrafo único, que, nos pedidos que se baseiam em impontualidade ou execução frustrada, o devedor poderá, no prazo da contestação, depositar o valor correspondente ao total do crédito, mais correção monetária, juros e honorários advocatícios, hipótese em que a falência não será decretada. É o chamado depósito elisivo, que tem justamente a finalidade de impedir a decretação da falência. Se o pedido de falência for julgado procedente, o juiz ordenará o levantamento do valor pelo autor.

Embora a lei não o preveja expressamente, deve ser admitido o depósito elisivo também nos pedidos de credor fundados em ato de falência, já que ele afasta a legitimidade do requerente. Assegurado, pelo depósito, o pagamento do crédito por ele titularizado, não tem interesse legítimo na instauração do concurso falimentar. Em seguida, o juiz decidirá, decretando ou não a falência.

É importante destacar que, no pedido de falência fundamentado na impontualidade injustificada, a dilação probatória será inexistente para o requerente (já que todas as provas necessárias para a propositura da ação, como o protesto do título, p. ex., foram juntadas na inicial) e limitada para o requerido (que poderá demonstrar a ocorrência de justa causa para o não pagamento da obrigação líquida).

O recurso cabível contra a decisão do juiz que decretou a falência será o agravo de instrumento, e da sentença que julga a improcedência do pedido cabe apelação (art. 100 da LRF).

Sintetizando, no prazo de defesa de 10 (dez) dias, o devedor poderá:

- contestar o pedido de falência;
- contestar o pedido de falência e depositar o valor total do crédito + correção monetária + juros + honorários advocatícios;
- depositar apenas, reconhecendo a procedência do pedido; ou
- não contestar nem depositar, em que o juiz proferirá a procedência do pedido.

27.6 Procedimento da autofalência

Na autofalência, ou falência requerida pelo próprio empresário, o pedido deve vir instruído com uma longa lista de documentos, previstos no art. 105. São eles:

- demonstrações contábeis dos últimos três exercícios, especialmente levantadas para o pedido;
- relação dos credores;
- inventário dos bens e direitos do ativo acompanhados dos documentos comprobatórios de propriedade;
- registro na Junta Comercial (sendo irregular o exercício da atividade empresarial pela sociedade requerente, por falta de hábil registro, a indicação e a qualificação de todos os sócios, acompanhadas da relação de seus bens);
- livros obrigatórios e documentos contábeis legalmente exigidos;
- relação dos administradores, diretores e representantes legais dos últimos cinco anos.

Se apresentado o pedido devidamente instruído, o juiz decretará a quebra do requerente. Se não estiver devidamente instruído o pedido, determinará sua emenda (art. 106 da LRF). Não emendado o pedido no prazo, o juiz decretará a quebra assim mesmo. Quando o próprio devedor requer a quebra, o juiz somente não irá decretá-la em caso de desistência apresentada antes da sentença. Depois de decretada a falência, aplicam-se as mesmas regras da falência requeridas pelos credores.

27.7 Sentença declaratória da falência

Tem caráter constitutivo (apesar de constar na lei como "declaratória"). Após ter sido proferida, a pessoa, os bens, os atos jurídicos e os credores do empresário falido ficam sujeitos a um regime jurídico específico, que é o falimentar.

Assim, uma vez declarado procedente o pedido de falência, o juiz deverá atentar-se tanto ao disposto no art. 489 do CPC/2015 (que contém os elementos da sentença) quanto ao art. 99 da LRF (que se refere às medidas a serem tomadas imediatamente após o proferimento da sentença declaratória da falência).

De acordo com o art. 99 da LRF, a sentença que decretar a falência, entre outras determinações:

- conterá a síntese do pedido, a identificação do falido e os nomes dos que forem a esse tempo seus administradores;
- fixará o termo legal da falência (que não poderá retroagir mais do que 90 (noventa) dias contados do pedido de falência, do pedido de recuperação judicial ou da data do primeiro protesto por falta de pagamento, excluindo-se os protestos que tenham sido cancelados);
- ordenará ao falido que apresente, no prazo máximo de 5 (cinco) dias, relação nominal dos credores, se esta já não se encontrar nos autos;
- explicitará prazo para a habilitação dos créditos;
- ordenará a suspensão de todas as ações ou execuções contra o falido (ressalvadas as hipóteses dos §§ 1º e 2º do art. 6º da LRF);
- proibirá a prática de qualquer ato de disposição ou oneração de bens do falido;
- determinará as diligências necessárias para salvaguardar os interesses das partes envolvidas, podendo ordenar a prisão preventiva do falido;
- ordenará ao Registro Público de Empresas e à Secretaria Especial da Receita Federal do Brasil que procedam à anotação da falência no registro do devedor, para que dele constem a expressão "falido", a data da decretação da falência e a inabilitação para exercer qualquer atividade empresarial até a sentença que extingue suas obrigações;
- nomeará o administrador judicial;
- determinará a expedição de ofícios a órgãos e repartições públicas ou entidades que, de acordo com o perfil do falido, possam oferecer informações sobre os seus bens e direitos;
- pronunciar-se-á a respeito da continuação provisória das atividades do falido com o administrador judicial ou da lacração dos estabelecimentos do falido, se houver risco à execução da arrecadação ou preservação dos bens da massa ou interesse dos credores;
- se for o caso, convocará a Assembleia Geral de credores para a constituição do Comitê;
- ordenará a intimação eletrônica, nos termos da legislação vigente e respeitadas as prerrogativas funcionais, respectivamente, do Ministério Público e das Fazendas Públicas federal e de todos os Estados, Distrito Federal e Municípios em que o devedor tiver estabelecimento, para que tomem conhecimento da falência.

Atente-se que o juiz pode determinar medidas cautelares de interesse à massa, como o sequestro de bens, assim como ordenar a prisão preventiva do falido ou de seus administradores, quando houver provas da prática de crimes falimentares.

Em relação ao termo legal da falência, importante observar que o objetivo da sua fixação é servir de referência temporal para investigar os atos do falido às vésperas da declaração falimentar. Assim:

- se a falência for decretada por impontualidade injustificada ou execução frustrada, o termo legal não pode retroagir por mais de 90 (noventa) dias do primeiro protesto por falta de pagamento;
- se a falência for decretada por ato de falência (ou de autofalência), o termo legal não pode retrotrair por mais de 90 (noventa) dias da petição inicial.

A sentença declaratória deverá ser publicada via edital eletrônico com a íntegra da decisão que decreta a falência e a relação de credores apresentada pelo falido. A intimação eletrônica das pessoas jurídicas de direito público integrantes da administração pública indireta dos entes federativos referidos no inc. XIII do *caput* deste artigo será direcionada:

- no âmbito federal, à Procuradoria-Geral Federal e à Procuradoria-Geral do Banco Central do Brasil;
- no âmbito dos Estados e do Distrito Federal, à respectiva Procuradoria-Geral, à qual competirá dar ciência a eventual órgão de representação judicial específico das entidades interessadas; e
- no âmbito dos Municípios, à respectiva Procuradoria-Geral, ou, se inexistir, ao gabinete do Prefeito, à qual competirá dar ciência a eventual órgão de representação judicial específico das entidades interessadas.

Cumpre observar, ainda, que após decretada a quebra (ou convertida a recuperação judicial em falência), o administrador deverá, no prazo de até 60 (sessenta) dias, contado do termo de nomeação, apresentar, para apreciação do juiz, plano detalhado de realização dos ativos, inclusive com a estimativa de tempo não superior a 180 (cento e oitenta) dias a partir da juntada de cada auto de arrecadação, de acordo com o inc. III e do *caput* do art. 22 da LRF.

27.8 Efeitos da sentença declaratória de falência

A sentença declaratória de falência produz efeitos em relação à pessoa do falido, seus bens, obrigações e credores. Assim, são efeitos da sentença declaratória de falência em relação à pessoa do falido:

- o falido fica inabilitado para exercer qualquer atividade empresarial a partir da decretação da falência e até a sentença que extingue suas obrigações (a inabilitação deverá ser declarada expressamente pelo juiz na sentença e perdurará até 5 (cinco) anos após a extinção da punibilidade em relação aos crimes falimentares);
- o falido perde a administração e a disponibilidade de seu patrimônio (mas poderá fiscalizar a administração da falência, requerer as providências necessárias para a conservação de seus direitos ou dos bens arrecadados e intervir nos processos em que a massa falida seja parte ou interessada, requerendo o que for de direito e interpondo os recursos cabíveis);
- suspende-se a proteção do sigilo à correspondência em relação à atividade empresarial;
- o falido só pode praticar, sem a autorização do juiz, os atos não patrimoniais da vida civil;
- o falido não pode se ausentar do lugar da falência sem a autorização do juiz; e
- o falido submete-se a uma série de restrições, previstas no art. 104 da LRF, colaborando com a administração da falência.

Os efeitos da decretação de falência sobre os bens do falido são profundos. Nesse sentido, decretada a falência, todos os seus bens existentes na época de sua decretação ou adquiridos no curso do processo ficam sujeitos à massa falida. Se o falido for o espólio, fica suspenso o processo de inventário.

Assim, todos os bens de que o falido for proprietário (mesmo que estejam em poder de terceiros) ou possuidor serão arrecadados e depositados judicialmente por pessoa indicada pelo administrador judicial. Se a arrecadação atingir bens de terceiros, estes poderão formular pedido de restituição (art. 85 da LRF).

Também se admite pedido de restituição em relação às mercadorias vendidas a prazo para o falido e entregues até 15 (quinze) dias antes do requerimento da falência, se ainda não alienadas pela massa. Cabem embargos de terceiros (art. 93 da LRF) quando não for possível liberar os bens indevidamente arrecadados pelo administrador judicial por meio de pedido de restituição.

Em relação às obrigações do falido, a sentença declaratória produzirá os seguintes efeitos:

- sujeita todos os credores aos efeitos da sentença, que somente poderão exercer os seus direitos sobre os bens do falido e do sócio ilimitadamente responsável na forma prevista pela LRF;
- suspensão do exercício do direito de retenção sobre os bens sujeitos à arrecadação, os quais deverão ser entregues ao administrador judicial; e do exercício do direito de retirada ou de recebimento do valor de suas quotas ou ações, por parte dos sócios da sociedade falida;
- continuidade dos contratos bilaterais, que não se resolvem pela falência e podem ser cumpridos pelo administrador judicial se o cumprimento reduzir ou evitar o aumento do passivo da massa falida ou for necessário à manutenção e preservação de seus ativos, mediante autorização do Comitê;
- possibilidade de o administrador judicial, mediante autorização do Comitê, dar cumprimento a contrato unilateral se esse fato reduzir ou evitar o aumento do passivo da massa falida ou for necessário à manutenção e à preservação de seus ativos, realizando o pagamento da prestação pela qual está obrigada;
- o mandato conferido pelo devedor, antes da falência, para a realização de negócios, cessará seus efeitos com a decretação da falência, cabendo ao mandatário prestar contas de sua gestão;
- as contas-correntes com o devedor consideram-se encerradas no momento de decretação da falência, verificando-se o respectivo saldo.

Em relação aos credores, a falência acarreta os seguintes efeitos:

- suspensão da fluência dos juros;
- vencimento antecipado dos créditos;
- suspensão das ações individuais contra o falido; e
- formação da massa falida subjetiva.

27.9 Recursos cabíveis

Contra a sentença que decreta a falência, cabe agravo de instrumento, com base no art. 100 da LRF; e contra a sentença que julga pela improcedência do pedido, cabe apelação. Essa sentença (que não decreta a falência) não faz coisa julgada material (só faz coisa julgada formal ou preclusão) e, consequentemente, autoriza a propositura de nova ação.

De acordo com a LRF, os prazos de apelação e de agravo são os mesmos do CPC (prazo unificado de 15 (quinze) dias). Assim:

- **agravo de instrumento**: sentença que decreta a falência;
- **apelação:** sentença que julga pela improcedência do pedido de falência.

27.10 A massa falida objetiva e a subjetiva

Acentuando ainda mais o caráter constitutivo da sentença declaratória da falência, a doutrina demonstra que essa decisão cria a massa falida objetiva e a massa falida subjetiva. A massa falida objetiva é constituída pelo patrimônio do falido (conjunto de bens). A massa falida subjetiva é constituída pelos credores.

A massa falida objetiva, uma vez formada, passa a ser administrada pelo administrador judicial. Tem ela a capacidade de estar em juízo, como autora ou como ré, mas sempre representada pelo administrador. Sua formação ocorre no momento em que é decretada a falência.

27.11 Administração da falência

A falência é administrada de uma maneira geral pelo juiz, pelo representante do Ministério Público, pelo administrador judicial (antes denominado síndico), pela Assembleia Geral de Credores e pelo Comitê de Credores, cada qual possuindo uma função específica. São os seguintes:

- **JUIZ:** presidirá a administração da falência, cabendo analisar e autorizar diversos atos a serem praticados pelo administrador judicial, como a autorização para a venda antecipada dos bens, o pagamento da remuneração dos auxiliares e do administrador, a rubrica de cheques de pagamento dos credores, a aprovação da prestação de contas do administrador, além de outros atos definidos em lei.
- **MINISTÉRIO PÚBLICO:** a sua participação se refere às hipóteses expressamente previstas na lei, a saber: a) tem legitimidade para impugnar a relação de credores (art. 8º), a venda de bens do falido (art. 143), pedir a substituição do administrador judicial ou de membro do Comitê (art. 30) e propor a ação de rescisão de crédito (art. 9º) e a revocatória (art. 132); b) deve ser intimado da sentença que decretar a falência (art. 99, XIII), do relatório do administrador judicial que apontar a responsabilidade penal de qualquer dos envolvidos no processo (art. 22, § 4º) e da designação da hasta para a venda ordinária dos bens do falido (art. 142), bem como ser informado pelo juiz de qualquer indício da prática de crime falimentar (art. 187, § 2º); c) pode pedir explicações ao falido (art. 104, VI) e deve manifestar-se na prestação de contas do administrador judicial (art. 154); d) ao ser intimado da sentença declaratória da falência, deve propor a ação penal ou requisitar a instauração do inquérito policial, sempre que houver indícios de crime falimentar (art. 187).
- **ADMINISTRADOR JUDICIAL:** é o profissional de confiança do juiz que representa a massa falida (ente despersonalizado, mas que apresenta capacidade judiciária), auxilia e executa certos atos na administração da falência. Deverá ser preferencialmente advogado, economista, administrador de empresas ou contador, ou ainda pessoa jurídica especializada (art. 21 da LRF). Trata-se de um auxiliar do juízo, que fica sujeito à sua supervisão, bem como à fiscalização pelo Comitê de Credores (art. 27, I, *a*, da LRF). Os deveres do administrador judicial estão elencados no art. 22 da LRF.
- **ASSEMBLEIA GERAL DE CREDORES:** órgão colegiado e deliberativo que representa todos os credores admitidos na falência. É composta por diversas classes de credores e presidida pelo administrador judicial, salvo na hipótese em que as deliberações versarem sobre o afastamento ou as incompatibilidades do administrador judicial, caso em que será presidida pelo credor presente que seja titular do maior crédito. Será instalada, em primeira convocação (feita por edital a ser publicado com antecedência mínima de 15 (quinze) dias), com a presença de credores titulares de mais da metade dos créditos de cada classe, computados pelo valor, e, em segunda convocação (feita por edital a ser publicado com antecedência mínima de 5 (cinco) dias), com qualquer número.
- **COMITÊ DE CREDORES:** órgão colegiado, de caráter facultativo, que representa os interesses dos credores em algumas situações específicas, conferindo à lei, para tanto, algumas atribuições específicas. Sua constituição dependerá da aprovação dos credores, que levarão em conta a complexidade do processo falimentar em relação ao porte da empresa, observado o art. 26 da LRF. Caberá aos próprios membros do Comitê indicar, entre eles, quem irá presidi-lo. A falta de indicação de representante por quaisquer das classes não prejudicará a constituição do Comitê, que poderá funcionar com número inferior a quatro membros. As atribuições estão no art. 27 da LRF.

27.12 Classificação dos créditos concursais

O art. 83 da LRF (com as alterações promovidas pela Lei n. 14.112/2020) relaciona a classificação dos créditos e sua ordem de preferência:

- os créditos derivados da legislação trabalhista, limitados a 150 (cento e cinquenta) salários mínimos por credor, e aqueles decorrentes de acidentes de trabalho;
- os créditos gravados com direito real de garantia até o limite do valor do bem gravado;
- os créditos tributários, independentemente da sua natureza e do tempo de constituição, exceto os créditos extraconcursais e as multas tributárias;

- os créditos quirografários, a saber: a) aqueles não previstos nos demais incisos deste artigo; b) os saldos dos créditos não cobertos pelo produto da alienação dos bens vinculados ao seu pagamento; c) os saldos dos créditos derivados da legislação trabalhista que excederem o limite estabelecido no inciso I do *caput* deste artigo;
- as multas contratuais e as penas pecuniárias por infração das leis penais ou administrativas, incluídas as multas tributárias;
- os créditos subordinados, a saber: a) os previstos em lei ou em contrato; b) os créditos dos sócios e dos administradores sem vínculo empregatício cuja contratação não tenha observado as condições estritamente comutativas e as práticas de mercado;
- os juros vencidos após a decretação da falência, conforme previsto no art. 124 da LRF.

Destaca-se que os créditos derivados da legislação trabalhista não se confundem com os decorrentes de acidente do trabalho da Previdência Social. Aqui o réu é o INSS – Varas do Trabalho. O acidente do trabalho na falência se refere ao art. 7º, XXVIII, da CF/1988, que dispõe sobre o acidente do trabalho fundado na culpa ou dolo do empregador.

27.13 Classificação dos créditos extraconcursais

De acordo com o art. 84 da LRF, serão considerados créditos extraconcursais e serão antes dos créditos concursais (art. 83), na ordem a seguir:

1º) as despesas cujo pagamento antecipado seja indispensável à administração da falência, e os créditos trabalhistas de natureza estritamente salarial vencidos nos 3 (três) meses anteriores à decretação da falência, até o limite de 5 (cinco) salários mínimos por trabalhador;

2º) valor efetivamente entregue ao devedor em recuperação judicial pelo financiador;

3º) créditos em dinheiro objeto de restituição (conforme previsto no art. 86 da LRF);4º) remunerações devidas ao administrador judicial e aos seus auxiliares, aos reembolsos devidos a membros do Comitê de Credores, e aos créditos derivados da legislação trabalhista ou decorrentes de acidentes de trabalho relativos a serviços prestados após a decretação da falência;

5º) obrigações resultantes de atos jurídicos válidos praticados durante a recuperação judicial, nos termos do art. 67 da LRF, ou após a decretação da falência;

6º) quantias fornecidas à massa falida pelos credores;

7º) despesas com arrecadação, administração, realização do ativo, distribuição do seu produto e custas do processo de falência;

8º) custas judiciais relativas às ações e às execuções em que a massa falida tenha sido vencida;

9º) tributos relativos a fatos geradores ocorridos após a decretação da falência, respeitada a ordem estabelecida no art. 83 da LRF.

Atenção! Os créditos extraconcursais são pagos antes dos créditos concursais. É preciso chamar atenção para esse detalhe porque os dispositivos estão na sequência inversa do pagamento: créditos extraconcursais no art. 84 e créditos concursais no art. 83.

27.14 Reabilitação do falido

De acordo com o art. 158 da LRF, as hipóteses em que o falido poderá requerer a extinção das suas obrigações são as seguintes:

- pagamento de todos os créditos;
- pagamento, após realizado todo o ativo, de mais de 25% (vinte e cinco por cento) dos créditos quirografários, facultado ao falido o depósito da quantia necessária para atingir a referida porcentagem se para isso não tiver sido suficiente a integral liquidação do ativo;
- decurso do prazo de 3 (três) anos, contado da decretação da falência, ressalvada a utilização dos bens arrecadados anteriormente, que serão destinados à liquidação para a satisfação dos credores habilitados ou com pedido de reserva realizado;
- encerramento da falência nos termos dos arts. 114-A ou 156 da LRF.

28. RECUPERAÇÃO JUDICIAL

28.1 Conceito e caraterísticas

Recuperação, seja judicial ou extrajudicial, é um conjunto de medidas jurídicas, administrativas, contábeis e econômicas, tendentes a recuperar e reorganizar a empresa, visando a manutenção da fonte produtiva.

O objetivo da recuperação é sempre o de sanear a empresa em situação de crise econômico-financeira, a fim de permitir a manutenção da fonte produtora, do emprego dos trabalhadores e dos interesses dos credores, promovendo, assim, a preservação da empresa, sua função social e o estímulo à atividade econômica (art. 47 da LRF).

São duas as espécies de recuperação:

- recuperação judicial (art. 47 e s. da LRF);
- recuperação extrajudicial (art. 161 e s. da LRF).

28.2 Condições gerais para requerer a recuperação judicial

De acordo com o art. 48 da LRF, poderá requerer a recuperação judicial o devedor que, no momento do pedido, exercer regularmente suas atividades há mais de 2 (dois) anos e que atenda aos seguintes requisitos cumulativamente:

- não ser falido e, se o foi, estejam declaradas extintas, por sentença transitada em julgado, as responsabilidades daí decorrentes;
- não ter, há menos de 5 (cinco) anos, obtido concessão de recuperação judicial;
- não ter, há menos de 5 (cinco) anos, obtido concessão de recuperação judicial, com base no plano especial destinado às Microempresas (ME) e Empresas de Pequeno Porte (EPP);
- não ter sido condenado ou não ter, como administrador ou sócio controlador, pessoa condenada por qualquer dos crimes previstos nesta Lei.

São **legitimados** para o pedido de recuperação judicial a sociedade empresária e o empresário individual. A lei permite, ainda, que a recuperação judicial seja requerida por cônjuge sobrevivente, herdeiros do devedor, inventariante ou sócio remanescente.

Estão sujeitos à recuperação judicial todos os créditos do devedor existentes na data do pedido, mesmo aqueles ainda não vencidos (art. 49 da LRF). Aqueles créditos não existentes à época do pedido ou constituídos depois de o devedor ter ingressado em juízo com o pedido de recuperação judicial estão absolutamente excluídos dos efeitos deste.

Também estão excluídos dos efeitos da recuperação judicial o fiduciário, o arrendador mercantil, o negociante de imóvel (como vendedor, compromitente comprador ou titular de reserva de domínio), se houver cláusula de irrevogabilidade ou irretratabilidade no contrato (art. 49, § 3º, da LRF).

28.3 Processo da recuperação judicial

Estabelece a LRF que o processo de recuperação judicial se divide em três fases:

Fase postulatória	O empresário apresenta o seu requerimento de concessão do benefício, estendendo-se até o despacho que determina o processamento do pedido.
Fase deliberativa	Fase em que é discutido e aprovado um plano de recuperação.
Fase de execução	Fase em que efetivamente passa-se à aplicação do plano aprovado.

Ao apresentar seu pedido de recuperação, o devedor deve cumprir alguns requisitos, p. ex., tornar acessíveis aos credores certas demonstrações contábeis, além de ter um plano viável de recuperação.

Assim sendo, deverá o empresário, ao apresentar seu pedido de recuperação, apresentar uma extensa lista de requisitos, previstos no art. 51 da LRF, os quais não poderão, em hipótese alguma, ser dispensados pelo juiz. Tais documentos permitirão ao juiz e aos demais órgãos da administração da falência verificar a real situação patrimonial e financeira do devedor.

É importante salientar, conforme dispõe o art. 51, § 2º, da LRF, que as microempresas e empresas de pequeno porte poderão apresentar livros e escrituração contábil simplificados nos termos da LC n. 123/2006, e que o seu plano de recuperação, denominado plano especial, abrangerá somente os créditos quirografários, com possibilidade de parcelamento em até 36 parcelas mensais, iguais e sucessivas, corrigidas monetariamente e acrescidas de juros de 12% a.a. (art. 71 da LRF).

Se considerar que estão em ordem os documentos apresentados, o juiz deferirá o processamento da recuperação judicial, nomeando-se imediatamente o administrador judicial. Também determinará a dispensa de apresentação de certidões negativas para que o devedor exerça suas atividades (exceto para contratação com o Poder Público ou para recebimento de benefícios ou incentivos fiscais ou creditícios), ordenará a suspensão de todas as ações ou execuções contra o devedor, determinará ao devedor a apresentação de contas demonstrativas mensais, sob pena de destituição de seus administradores, ordenará a intimação do Ministério Público e a comunicação por carta à Fazenda Pública Federal e da Fazenda Pública de todos os Estados e Municípios em que o devedor tiver estabelecimento.

Em seguida, determinará a apresentação em juízo do plano de recuperação pelo devedor no prazo improrrogável de 60 (sessenta) dias contados da publicação da decisão que deferir o processamento da recuperação judicial, sob pena de convolação em falência. Esse plano deverá conter (art. 53 da LRF):

- a discriminação detalhada dos meios de recuperação a serem empregados (conforme o art. 50 da LRF);
- a demonstração da viabilidade econômica; e
- um laudo econômico-financeiro e de avaliação dos bens e ativos do devedor.

O plano de recuperação não poderá prever prazo maior do que um ano para o pagamento dos créditos derivados da legislação trabalhista ou de acidentes de trabalho, vencidos até a data do pedido de recuperação.

O novo § 2º do art. 54, aditado pela Lei n. 14.112/2020, possibilita que esse prazo seja estendido em até 2 (dois) anos, se o plano de recuperação judicial atender aos seguintes requisitos, cumulativamente:

- apresentação de garantias julgadas suficientes pelo juiz;
- aprovação pelos credores titulares de créditos derivados da legislação trabalhista ou decorrentes de acidentes de trabalho, na forma do § 2º do art. 45 da LRF;

- garantia da integralidade do pagamento dos créditos trabalhistas.

Não poderá, ainda, prever prazo superior a 30 (trinta) dias para o pagamento dos créditos de natureza estritamente salarial vencidos nos 3 (três) meses anteriores ao pedido, até o limite de cinco salários mínimos por trabalhador (art. 54, parágrafo único).

Havendo objeção de qualquer credor ao plano apresentado, este poderá manifestá-la ao juiz no prazo de 30 (trinta) dias a contar da publicação da relação de credores (realizada na mesma forma da falência, conforme previsão do art. 7º). Se for manifestada objeção, o juiz convocará a Assembleia Geral de Credores para deliberar sobre o plano de recuperação, a ser realizada em, no máximo, 150 (cento e cinquenta) dias, contados do deferimento do processamento da recuperação judicial.

Aprovado o plano pelos credores reunidos em assembleia, o juiz será informado, concedendo então a recuperação judicial. Rejeitado o plano de recuperação judicial, o administrador judicial submeterá, no ato, à votação da assembleia geral de credores a concessão de prazo de 30 (trinta) dias para que seja apresentado plano de recuperação judicial pelos credores (nova redação dada ao § 4º do art. 56 da LRF). O plano de recuperação judicial tem como consequência a novação dos créditos anteriores ao pedido, e obriga o devedor e todos os credores a ele sujeitos, inclusive aqueles que se manifestaram contra o plano em assembleia.

Proferida a decisão que concede a recuperação judicial (prevista no art. 58), o juiz poderá determinar a manutenção do devedor em recuperação judicial até que sejam cumpridas todas as obrigações previstas no plano que vencerem até, no máximo, 2 (dois) anos depois da concessão da recuperação judicial, independentemente do eventual período de carência (art. 61 da LRF). Durante esse período, o descumprimento de qualquer obrigação prevista no plano acarretará a convolação da recuperação em falência. Após esse prazo, se houver descumprimento, qualquer credor pode requerer a execução específica ou a falência (art. 62).

Se cumpridas as obrigações previstas, segundo o art. 63, o juiz decretará o encerramento da recuperação judicial, determinando o pagamento do saldo de honorários ao administrador judicial, a apuração do saldo das custas judiciais a ser recolhidas, a apresentação de relatório circunstanciado do administrador judicial sobre a execução do plano de recuperação, a dissolução do Comitê de credores, a exoneração do administrador judicial e, ainda, a comunicação ao Registro Público de Empresas para as devidas providências.

De acordo com o art. 69 da LRF, em todos os atos, contratos e documentos firmados pelo devedor sujeito ao procedimento de recuperação judicial, deverá ser acrescida, após o nome empresarial, a expressão "em Recuperação Judicial". O juiz determinará ao Registro Público de Empresas a anotação da recuperação judicial no registro correspondente.

É importante destacar que as Fazendas Públicas e o Instituto Nacional do Seguro Social (INSS) poderão deferir, nos termos da legislação específica, parcelamento de seus créditos, em sede de recuperação judicial, de acordo com os parâmetros estabelecidos no CTN. A novidade legislativa é que as microempresas e empresas de pequeno porte farão jus a prazos 20% superiores àqueles regularmente concedidos às demais empresas (art. 68, parágrafo único).

28.4 Administração dos bens

Durante o processo de recuperação judicial, o devedor ou seus administradores serão mantidos na condução da atividade empresarial (salvo nas hipóteses do art. 64 da LRF), sob a fiscalização do Comitê, se houver, e do administrador judicial. Não poderá, contudo, o devedor, alienar ou onerar bens ou direitos de seu ativo permanente, salvo evidente utilidade reconhecida pelo juiz, depois de ouvido o Comitê, com exceção daqueles previamente relacionados no plano de recuperação judicial.

28.5 Convolação da recuperação judicial em falência

Durante o processo de recuperação judicial, o juiz poderá decretar a falência diante das seguintes situações (art. 73 da LRF):

- por deliberação da Assembleia Geral de Credores (art. 42 da LRF);
- pela não apresentação, pelo devedor, do plano de recuperação no prazo do art. 53 da LRF;
- quando não aplicado o disposto nos §§ 4º, 5º e 6º do art. 56 da LRF, ou rejeitado o plano de recuperação judicial proposto pelos credores, nos termos do § 7º do art. 56 e do art. 58-A;
- por descumprimento dos parcelamentos referidos no art. 68 da LRF ou da transação prevista no art. 10-C da Lei n. 10.522/2002;
- quando identificado o esvaziamento patrimonial da devedora que implique liquidação substancial da empresa, em prejuízo de credores não sujeitos à recuperação judicial, inclusive as Fazendas Públicas.

Permite-se, ainda, a decretação da falência nas hipóteses de impontualidade injustificada e execução frustrada ou na de prática de atos de falência (previstos no art. 94, III, da LRF). Na convolação (mudança de estado jurídico) da recuperação em falência, os atos de administração, endividamento, oneração ou alienação, praticados durante a recuperação judicial presumem-se válidos, desde que realizados na forma da lei (art. 74).

29. RECUPERAÇÃO EXTRAJUDICIAL

Trata-se de solução de mercado para a recuperação das empresas, sem recorrer ao extenso processo recuperacional. A partir de 2005 o procedimento da recuperação extrajudicial passa a ser disciplinado pela LRF (art. 161), que nada mais é do que a convocação dos credores pelo devedor para tentar encontrar uma saída negociada para a crise.

No entanto, para que possa propor essa solução aos credores, e se pretender oportunamente o devedor levar o eventual acordo a homologação judicial, é necessário que ele atenda a certos requisitos, quais sejam (são os mesmos para a recuperação judicial):

- não ser falido e, se o foi, estejam declaradas extintas, por sentença transitada em julgado, as responsabilidades daí decorrentes;
- não ter, há menos de 5 (cinco) anos, obtido concessão de recuperação judicial;
- não ter, há menos de 5 (cinco) anos, obtido concessão de recuperação judicial;
- não ter sido condenado ou não ter, como administrador ou sócio controlador, pessoa condenada por qualquer dos crimes previstos nesta Lei.

Se desejar, o credor poderá requerer a homologação judicial do plano de recuperação extrajudicial, juntando a sua justificativa e o documento que contenha seus termos e suas condições com as assinaturas dos credores que a ele aderiram. Importante observar ainda que o credor que aderiu ao plano de recuperação não poderá dele desistir após a distribuição do pedido de homologação, a menos que os demais signatários concordem.

Além disso, poderá ainda o credor requerer a homologação do plano, ainda que uma parcela dos credores resista a com ele concordar. Nesse caso, não seria justo impedir a oportunidade de recuperação da empresa apenas em razão da recusa de adesão de uma pequena parcela dos credores. Visando essa situação, a Lei n. 14.112/2020 modificou o art. 163 da LRF possibilitando ao devedor requerer a homologação de plano de recuperação extrajudicial que obriga todos os credores por ele abrangidos, desde que assinado por credores que representem mais da metade dos créditos de cada espécie abrangidos pelo plano de recuperação extrajudicial.

Recebido o pedido de homologação, o juiz ordenará a publicação de edital convocando todos os credores para apresentação de suas impugnações ao plano de recuperação, no prazo de 30 (trinta) dias. Apresentada a impugnação, o devedor será chamado a se manifestar em 5 (cinco) dias, sendo, em seguida, os autos conclusos ao juiz para homologar o plano ou indeferir a recuperação. Na hipótese de indeferimento da homologação, não há impedimento para que se reapresente o pedido, desde que sanado o vício que levou ao indeferimento. Importante mencionar que não é proibida a busca de outras modalidades de acordo privado entre o devedor e os seus credores (art. 167 da LRF).

REFERÊNCIAS

COELHO, Fábio Ulhoa. *Curso de direito comercial*: direito de empresa. 20. ed. São Paulo: RT, 2016. vol. 1.

MAMEDE, Gladstone. *Títulos de crédito*. São Paulo: Atlas, 2006.

MARTINS, Fran. *Curso de direito comercial*. 32. ed. Rio de Janeiro: Forense, 2009.

NEGRÃO, Ricardo. *Manual de direito comercial & de empresa*. 7. ed. São Paulo: Saraiva, 2010. vol. 1.

REQUIÃO, Rubens. *Curso de direito comercial*. 29. ed. São Paulo: Saraiva, 2010. vol. 1.

DURÃES, Hebert Vieira. *Nova Lei de Recuperação e Falência Empresarial*. São Paulo: Rideel, 2021.

Questões
Direito Empresarial

I. TEORIA GERAL DO DIREITO EMPRESARIAL E SOCIETÁRIO

1. (XXXI Exame) As sociedades empresárias Y e J celebraram contrato tendo por objeto a alienação do estabelecimento da primeira, situado em Antônio Dias/MG. Na data da assinatura do contrato, dentre outros débitos regularmente contabilizados, constava uma nota promissória vencida havia três meses no valor de R$ 25.000,00 (vinte e cinco mil reais). O contrato não tem nenhuma cláusula quanto à existência de solidariedade entre as partes, tanto pelos débitos vencidos quanto pelos vincendos. Sabendo-se que, em 15/10/2018, após averbação na Junta Comercial competente, houve publicação do contrato na imprensa oficial e, tomando por base comparativa o dia 15/01/2020, o alienante

(A) responderá pelo débito vencido com o adquirente por não terem decorridos cinco anos da publicação do contrato na imprensa oficial.
(B) não responderá pelo débito vencido com o adquirente em razão de não ter sido estipulada tal solidariedade no contrato.
(C) responderá pelo débito vencido com o adquirente até a ocorrência da prescrição relativa à cobrança da nota promissória.
(D) não responderá pelo débito vencido com o adquirente diante do decurso de mais de 1 (um) ano da publicação do contrato na imprensa oficial.

RESPOSTA O adquirente do estabelecimento responde pelo pagamento dos débitos anteriores à transferência, desde que regularmente contabilizados, continuando o devedor primitivo solidariamente obrigado pelo prazo de um ano, a partir, quanto aos créditos vencidos, da publicação, e, quanto aos outros, da data do vencimento (art. 1.146, CC). *Alternativa D.*

2. (XXIX Exame) Luzia Betim pretende iniciar uma sociedade empresária em nome próprio. Para tanto, procura assessoria jurídica quanto à necessidade de inscrição no Registro Empresarial para regularidade de exercício da empresa. Na condição de consultor(a), você responderá que a inscrição do empresário individual é

(A) dispensada até o primeiro ano de início da atividade, sendo obrigatória a partir de então.
(B) obrigatória antes do início da atividade.
(C) dispensada, caso haja opção pelo enquadramento como microempreendedor individual.
(D) obrigatória, se não houver enquadramento como microempresa ou empresa de pequeno porte.

RESPOSTA De acordo com a situação exposta, correta está a obrigatoriedade do registro antes do início da atividade; *vide* o art. 967 do CC. *Alternativa B.*

3. (XXVII Exame) Roberto desligou-se de seu emprego e decidiu investir na construção de uma hospedagem do tipo pousada no terreno que possuía em Matinhos. Roberto contratou um arquiteto para mobiliar a pousada, fez cursos de hotelaria e, com os ensinamentos recebidos, contratou empregados e os treinou. Ele também contratou um desenvolvedor de sites de Internet e um profissional de marketing para divulgar sua pousada. Desde então, Roberto dedica-se exclusivamente à pousada, e os resultados são promissores. A pousada está sempre cheia de hóspedes, renovando suas estratégias de fidelização; em breve, será ampliada em sua capacidade. Considerando a descrição da atividade econômica explorada por Roberto, assinale a afirmativa correta.

(A) A atividade não pode ser considerada empresa em razão da falta tanto de profissionalismo de seu titular quanto de produção de bens.
(B) A atividade não pode ser considerada empresa em razão de a prestação de serviços não ser um ato de empresa.
(C) A atividade pode ser considerada empresa, mas seu titular somente será empresário a partir do registro na Junta Comercial.
(D) A atividade pode ser considerada empresa e seu titular, empresário, independentemente de registro na Junta Comercial.

RESPOSTA A teoria geral está consignada no art. 966 do CC, a qual considera empresário quem exerce profissionalmente atividade econômica organizada para a produção ou a circulação de bens ou de serviços. *Alternativa D.*

4. (XXVI Exame) Cruz Machado pretende iniciar o exercício individual de empresa e adotar como firma, exclusivamente, o nome pelo qual é conhecido pela população de sua cidade - "Monsenhor".

De acordo com as informações acima e as regras legais de formação de nome empresarial para o empresário individual, assinale a afirmativa correta.

(A) A pretensão de Cruz Machado é possível, pois o empresário individual pode escolher livremente a formação de sua firma.
(B) A pretensão de Cruz Machado não é possível, pois o empresário individual deve adotar denominação indicativa do objeto social como espécie de nome empresarial.
(C) A pretensão de Cruz Machado não é possível, pois o empresário individual opera sob firma constituída por seu nome, completo ou abreviado.
(D) A pretensão de Cruz Machado é possível, pois o empresário individual pode substituir seu nome civil por uma designação mais precisa de sua pessoa.

RESPOSTA De acordo com o art. 1.156 do Código Civil. *Alternativa C.*

5. **(XXV Exame)** O empresário individual José de Freitas alienou seu estabelecimento a outro empresário mediante os termos de um contrato escrito, averbado à margem de sua inscrição no Registro Público de Empresas Mercantis, publicado na imprensa oficial, mas não lhe restaram bens suficientes para solver o seu passivo. Em relação à alienação do estabelecimento empresarial nessas condições, sua eficácia depende

(A) da quitação prévia dos créditos trabalhistas e fiscais vencidos no ano anterior ao da alienação do estabelecimento.
(B) do pagamento a todos os credores, ou do consentimento destes, de modo expresso ou tácito, em trinta dias a partir de sua notificação.
(C) da quitação ou anuência prévia dos credores com garantia real e, quanto aos demais credores, da notificação da transferência com antecedência de, no mínimo, sessenta dias.
(D) do consentimento expresso de todos os credores quirografários ou da consignação prévia das importâncias que lhes são devidas.

RESPOSTA De acordo com o art. 1.145 do CC, se ao alienante não restarem bens suficientes para solver o seu passivo, a eficácia da alienação do estabelecimento depende do pagamento de todos os credores, ou do consentimento destes, de modo expresso ou tácito, em trinta dias a partir de sua notificação. *Alternativa B.*

6. **(XXII Exame)** Fagundes e Pilar são noivos e pretendem se casar adotando o regime de separação de bens mediante celebração de pacto antenupcial. Fagundes é empresário individual e titular do estabelecimento Borracharia Dona Inês Ltda. ME. Celebrado o pacto antenupcial entre os nubentes, o advogado contratado por Fagundes providenciará o arquivamento e a averbação do documento

(A) no Registro Público de Empresas Mercantis e a publicação na imprensa oficial.
(B) no Registro Público de Empresas Mercantis e no Registro Civil de Pessoas Naturais.
(C) no Registro Civil de Pessoas Naturais e a publicação na imprensa oficial.
(D) no Registro Público de Empresas Mercantis e no Registro Civil de Títulos e Documentos.

RESPOSTA Diante da situação hipotética, resolve-se em razão do art. 979 do CC, sendo que, além de no Registro Civil, serão arquivados e averbados no Registro Público de Empresas Mercantis os pactos e declarações antenupciais do empresário, o título de doação, herança, ou legado, de bens clausulados de incomunicabilidade ou inalienabilidade. *Alternativa B.*

7. **(XXII Exame)** Matheus, empresário individual, pretende alugar um imóvel para instalar seu estabelecimento e nele localizar seu ponto empresarial. Antes de celebrar o contrato, ele procura você para, como advogado(a), informar-lhe sobre aspectos concernentes à locação não residencial. Sobre a locação não residencial, assinale a afirmativa correta.

(A) Na ação de despejo que tiver por fundamento exclusivo o término do prazo contratual, tendo sido proposta a ação em até 30 dias do cumprimento de notificação ao locatário comunicando o intento de retomada, será concedida liminar para desocupação em quinze dias, ouvida a parte contrária e se prestada caução pelo autor no valor equivalente a dois meses de aluguel.
(B) Na locação não residencial de imóvel urbano, na qual o locador procede à prévia aquisição do imóvel especificado pelo pretendente à locação, a fim de que seja a este locado por prazo determinado, poderá ser convencionado no contrato a renúncia ao direito de revisão do valor dos aluguéis durante o prazo de vigência do contrato.
(C) Nas locações de espaço em shopping centers, o locador poderá recusar a renovação do contrato pleiteada pelo locatário se o imóvel vier a ser utilizado pelo locador, que não poderá ser destinado ao uso no mesmo ramo da atividade do locatário.
(D) Nas locações por prazo determinado de imóveis utilizados por estabelecimentos de ensino autorizados e fiscalizados pelo Poder Público, o contrato poderá ser rescindido por denúncia do locador, a qualquer tempo, independentemente de notificação ou aviso.

RESPOSTA De acordo com a Lei n. 8.245/91, poderá ser convencionada a renúncia ao direito de revisão do valor dos aluguéis durante o prazo de vigência do contrato de locação (art. 54-A, § 1º). *Alternativa B.*

8. **(XXII Exame)** A instauração do incidente de desconsideração da personalidade jurídica foi requerida em um processo de execução por título extrajudicial. O advogado do executado manifestou-se contrariamente ao pedido, sob a alegação de cerceamento de defesa de seu cliente, somente cabendo a desconsideração se requerida em ação de conhecimento ajuizada especificamente contra o sócio da sociedade empresária devedora. Sobre a argumentação acima, assinale a afirmativa correta.

(A) Procede, porque o pressuposto para a aplicação da desconsideração da personalidade jurídica é sempre a conduta ilícita do sócio perpetrada por meio da personalidade da pessoa jurídica; portanto, é imprescindível a demonstração cabal da culpa em ação de conhecimento.
(B) Procede, porque o requerimento de instauração do incidente de desconsideração deve demonstrar o preenchimento dos pressupostos legais específicos, dentre eles o desvio de finalidade da pessoa jurídica, que só pode ser feito em ação de conhecimento, onde estarão preservados o contraditório e a ampla defesa.
(C) Não procede, porque, ao contrário do afirmado pelo advogado, o incidente de desconsideração só é cabível no cumpri-

mento de sentença e na execução de título executivo extrajudicial, pois, no processo de conhecimento, a desconsideração só pode ser decretada na sentença de mérito.

(D) Não procede, porque o incidente de desconsideração é cabível em todas as fases do processo de conhecimento, no cumprimento de sentença e na execução fundada em título executivo extrajudicial.

RESPOSTA De acordo com o art. 134 do CPC/2015, o incidente de desconsideração é cabível em todas as fases do processo de conhecimento, no cumprimento de sentença e na execução fundada em título executivo extrajudicial. *Alternativa D.*

II. DIREITO SOCIETÁRIO

9. (XXXIII Exame) Em razão das medidas de isolamento social propagadas nos anos de 2020 e 2021, muitos administradores precisaram de orientação quanto à licitude da realização de reuniões ou assembleias de sócios nas sociedades limitadas, de forma digital, ou à possibilidade do modelo híbrido, ou seja, o conclave é presencial, mas com a possibilidade de participação remota de sócio, inclusive proferindo voto. Assinale a afirmativa que apresenta a orientação correta.

(A) Na sociedade limitada é vedada tanto a reunião ou assembleia de sócios, de forma digital, quanto a participação do sócio e o voto à distância.

(B) Na sociedade limitada é vedada a reunião ou assembleia de sócios, de forma digital, mas é possível a participação de sócio e o voto à distância.

(C) Na sociedade limitada é vedada a participação e voto à distância nas reuniões e assembleias, mas é possível a reunião ou assembleia de forma digital.

(D) Na sociedade limitada é possível tanto a reunião ou a assembleia de sócios, de forma digital, quanto a participação do sócio e o voto à distância.

RESPOSTA A Lei n. 14.030/2020 incluiu o art. 1.080-A no Código Civil, o qual dispõe que "o sócio poderá participar e votar a distância em reunião ou em assembleia, nos termos do regulamento do órgão competente do Poder Executivo federal". O parágrafo único disciplina que "a reunião ou a assembleia poderá ser realizada de forma digital, respeitados os direitos legalmente previstos de participação e de manifestação dos sócios e os demais requisitos regulamentares". *Alternativa D.*

10. (XXXII Exame) Alexandre Larocque pretende constituir sociedade do tipo limitada sem se reunir a nenhuma outra pessoa e consulta sua advogada para saber a possibilidade de efetivar sua pretensão. Assinale a opção que apresenta a resposta dada pela advogada ao seu cliente.

(A) É possível. A sociedade limitada pode ser constituída por uma pessoa, hipótese em que se aplicarão ao ato de instituição, no que couberem, as disposições sobre o contrato social.

(B) Não é possível. A sociedade limitada só pode ser unipessoal acidentalmente e pelo prazo máximo de 180 dias, nos casos em que remanescer apenas um sócio pessoa natural.

(C) Não é possível. Apenas a empresa pública e a subsidiária integral podem ser sociedades unipessoais e constituídas com apenas sócio pessoa jurídica.

(D) É possível, desde que o capital mínimo da sociedade limitada seja igual ou superior a 100 (cem) salários mínimos e esteja totalmente integralizado.

RESPOSTA Incluídos no art. 1.052 do Código Civil, pela Lei n. 13.874, de 2019, os §§ 1º e 2º disciplinam que "a sociedade limitada pode ser constituída por 1 (uma) ou mais pessoas (§1º) e que "se for unipessoal, aplicar-se-ão ao documento de constituição do sócio único, no que couber, as disposições sobre o contrato social (§2º). *Alternativa A.*

11. (XXXII Exame) Andropoulos Inc. é uma sociedade constituída na Grécia, com sede em Atenas e sócios de nacionalidade grega, exceto a sócia Querência, brasileira nata, que detém participação de 80% do capital, dividido em quotas. Se essa sociedade quiser atuar no Brasil por meio de uma sucursal em São Paulo/SP, será necessário

(A) ter, permanentemente, representante no Brasil, com poderes para resolver quaisquer questões, exceto receber citação judicial pela sociedade.

(B) transferir sua sede para o Brasil, na hipótese de nacionalizar-se, mediante deliberação unânime de seus sócios, independentemente de autorização do Poder Executivo.

(C) obter autorização do Poder Executivo e, em até seis meses do início de sua atividade, realizar sua inscrição na Junta Comercial do Estado de São Paulo, lugar em que deve se estabelecer.

(D) sujeitar-se às leis e aos tribunais brasileiros quanto às operações praticadas no Brasil, e qualquer modificação no contrato dependerá da aprovação do Poder Executivo para produzir efeitos no país.

RESPOSTA De acordo com o art. 1.137 do Código Civil, "a sociedade estrangeira autorizada a funcionar ficará sujeita às leis e aos tribunais brasileiros, quanto aos atos ou operações praticados no Brasil" e o art. 1.139 do mesmo código "qualquer modificação no contrato ou no estatuto dependerá da aprovação do Poder Executivo, para produzir efeitos no território nacional". *Alternativa D.*

12. (XXXII Exame) Moema, Madalena e Carmen são sócias em uma sociedade empresária administrada por Antônio Cardoso. O objeto social é a distribuição de artigos de limpeza e asseio. Moema tem 90% do capital, Madalena tem 9% e Carmen, 1%. Ficando caracterizada confusão patrimonial pelo cumprimento repetitivo pela sociedade de obrigações pessoais das sócias por ação do administrador e a mando delas, o juiz poderá desconsiderar a personalidade jurídica da sociedade, para atingir os bens particulares

(A) de Moema, somente.

(B) de Antônio, somente.

(C) de Moema, Madalena, Carmen e Antônio.

(D) de Moema e Madalena, somente.

RESPOSTA O art. 50 do Código Civil estabelece que "em caso de abuso da personalidade jurídica, caracterizado pelo desvio de finalidade ou pela confusão patrimonial, pode o juiz, a requerimento da parte, ou do Ministério Público quando lhe couber intervir no processo, desconsiderá-la para que os efeitos de certas e determinadas relações de obrigações sejam estendidos aos bens particulares de administradores (Antônio Cardoso) ou de sócios (Moema, Madalena, Carmem) da pessoa jurídica beneficiados direta ou indiretamente pelo abuso". *Alternativa C.*

13. (XXXII Exame) A sociedade Nerópolis Fretamentos de Cargas Ltda. está passando por grave crise financeira e precisa, com a máxima urgência, pleitear recuperação judicial. A pedido de um dos administradores, o sócio Irapuan Pinheiro, titular de 70% do capital social, autorizou o pedido de recuperação judicial por esse administrador, o que foi feito. Acerca da situação narrada, assinale a afirmativa correta.

(A) A conduta do sócio Irapuan Pinheiro foi ilícita, pois somente por decisão unânime dos sócios é possível pleitear a recuperação judicial de sociedade limitada.

(B) A conduta do administrador foi lícita, pois é dispensável, em qualquer caso, a manifestação da assembleia de sócios para o pedido de recuperação judicial de sociedade limitada.

(C) A conduta do sócio Irapuan Pinheiro foi lícita, pois, em caso de urgência, é possível a qualquer sócio titular de mais da metade do capital social autorizar os administradores a requerer recuperação judicial.

(D) A conduta do administrador foi ilícita, pois deveria ter sido convocada assembleia de sócios para deliberar sobre a matéria com quórum de, no mínimo, 3/4 (três quartos) do capital social.

RESPOSTA Embora a questão mencione "pedido de recuperação judicial", o seu conteúdo é, na verdade, de Direito Societário, uma vez que o dispositivo legal adequado para sua solução se encontra no Código Civil, na seção que trata da "deliberação dos sócios". O art. 1.071, inciso VIII do referido código disciplina que "dependem da deliberação dos sócios, além de outras matérias indicadas na lei ou no contrato o pedido de concordata". Contudo, o art. 1.072, § 4º do aludido diploma legal também dispõe que "no caso do inciso VIII do artigo antecedente [art. 10.71], os administradores, se houver urgência e com autorização de titulares de mais da metade do capital social, podem requerer concordata preventiva". *Alternativa C.*

14. (XXXI Exame) No contrato da sociedade empresária Arealva Calçados Finos Ltda., não consta cláusula de regência supletiva pelas disposições de outro tipo societário. Ademais, tanto no contrato social quanto nas disposições legais relativas ao tipo adotado pela sociedade não há norma regulando a sucessão por morte de sócio. Diante da situação narrada, assinale a afirmativa correta.

(A) Haverá resolução da sociedade em relação ao sócio em caso de morte.

(B) Haverá transmissão *causa mortis* da quota social.

(C) Caberá aos sócios remanescentes regular a substituição do sócio falecido.

(D) Os sócios serão obrigados a incluir, no contrato, cláusula dispondo sobre a sucessão por morte de sócio.

RESPOSTA De acordo com o art. 1.028 do CC, no caso de morte de sócio, liquidar-se-á sua quota, salvo se o contrato dispuser diferentemente; se os sócios remanescentes optarem pela dissolução da sociedade; se, por acordo com os herdeiros, regular-se a substituição do sócio falecido. *Alternativa A.*

15. (XXXI Exame) Anadia e Deodoro são condôminos de uma quota de sociedade limitada no valor de R$ 13.000,00 (treze mil reais). Nem a quota nem o capital da sociedade – fixado em R$ 50.000,00 (cinquenta mil reais) – se encontram integralizados. Você é consultado(a), como advogado(a), sobre a possibilidade de a sociedade demandar os condôminos para que integralizem a referida quota. Assinale a opção que apresenta a resposta correta.

(A) Eles são obrigados à integralização apenas a partir da decretação de falência da sociedade.

(B) Eles não são obrigados à integralização, pelo fato de serem condôminos de quota indivisa.

(C) Eles são obrigados à integralização, porque todos os sócios, mesmo os condôminos, devem integralizar o capital.

(D) Eles não são obrigados à integralização, porque o capital da sociedade é inferior a 100 salários mínimos.

RESPOSTA Na sociedade limitada, a responsabilidade de cada sócio é restrita ao valor de suas quotas, mas todos respondem solidariamente pela integralização do capital social (art. 1.052, CC). *Vide* ainda o § 2º do art. 1.056. *Alternativa C.*

16. (XXX Exame) Determinadas pessoas naturais, em razão de sua atividade profissional, e certas espécies de pessoas jurídicas, todas devidamente registradas no órgão competente, gozam de tratamento simplificado, favorecido e diferenciado em relação aos demais agentes econômicos – microempresas e empresas de pequeno porte. De acordo com a Lei Complementar n. 123/06, de 14 de dezembro de 2006, as microempresas e empresas de pequeno porte, quanto à forma jurídica são:

(A) Cooperativa de Produção, Empresário Individual, Empresa Pública e Sociedade Limitada.

(B) Empresário Individual, Empresa Individual de Responsabilidade Limitada, Sociedade Simples e Sociedade Empresária, exceto por ações.

(C) Cooperativa de crédito, Empresário Individual, Empresa Individual de Responsabilidade Limitada e Sociedade Simples.

(D) Empresário Individual, Profissional Liberal, Empresa Individual de Responsabilidade Limitada e Sociedade por ações.

RESPOSTA De acordo com o art. 3º da LC n. 123/2006, para os efeitos desta Lei Complementar, consideram-se microempresas ou empresas de pequeno porte a sociedade empresária, a sociedade simples, a empresa individual de responsabilidade limitada e o empresário a que se refere o art. 966 da Lei n. 10.406, de 10 de janeiro de 2002 (Código Civil), devidamente registrados no Registro de Empresas Mercantis ou no Registro Civil de Pessoas Jurídicas, conforme o caso. *Alternativa B.*

17. (XXIX Exame) Álvares Florence tem um filho relativamente incapaz e consulta você, como advogado(a), para saber da possibilidade de transferir para o filho parte das quotas que possui na sociedade empresária Redenção da Serra Alimentos Ltda., cujo capital social se encontra integralizado. Apoiado na disposição do Código Civil sobre o assunto, você respondeu que

(A) É permitido o ingresso do relativamente incapaz na sociedade, bastando que esteja assistido por seu pai no instrumento de alteração contratual.

(B) Não é permitida a participação de menor, absoluta ou relativamente incapaz, em sociedade, exceto nos tipos de sociedades por ações.

(C) Não é permitida a participação de incapaz em sociedade, mesmo que esteja representado ou assistido, salvo se a transmissão das quotas se der em razão de sucessão *causa mortis*.

(D) É permitido o ingresso do relativamente incapaz na sociedade, desde que esteja assistido no instrumento de alteração contratual, devendo constar a vedação do exercício da administração da sociedade por ele.

RESPOSTA De acordo com o art. 974 do CC, o incapaz poderá ingressar na sociedade, desde que devidamente assistido, contanto que não exerça a administração da mesma (art. 974, § 3º, I). *Alternativa D.*

18. (XXVII Exame) Dirce Reis trabalha como advogada e presta apoio jurídico aos empreendedores da cidade de São Francisco interessados na constituição de sociedades cooperativas. Um grupo de prestadores de serviços procurou a consultora para receber informações sobre o funcionamento de uma cooperativa. Sobre as regras básicas de funcionamento de uma cooperativa, assinale a afirmativa correta.

(A) O estatuto da cooperativa deve ser aprovado previamente pela Junta Comercial do Estado da Federação onde estiver a sede, sendo arquivado no Registro Civil de Pessoas Jurídicas.

(B) Na sociedade cooperativa, cada sócio tem direito a um só voto nas deliberações sociais, tenha ou não capital a sociedade, e qualquer que seja o valor de sua participação.

(C) A responsabilidade dos sócios de uma cooperativa é sempre limitada ao valor do capital social, mas todos respondem solidária e ilimitadamente pela sua integralização.

(D) Sob pena de nulidade, o capital social da cooperativa deverá ser igual ou superior a 100 salários mínimos, que também será variável durante toda sua existência.

RESPOSTA Atente-se que as cooperativas possuem como característica a singularidade de voto (art. 4º, V, da Lei n. 5.764/71). *Alternativa B.*

19. (XXVI Exame) Leandro, Alcides e Inácio pretendem investir recursos oriundos de investimentos no mercado de capitais para constituir uma companhia fechada por subscrição particular do capital. A sociedade será administrada por Inácio e sua irmã, que não será sócia. Considerando-se o tipo societário e a responsabilidade legal dos sócios a ele inerente, assinale a afirmativa correta.

(A) Leandro, Alcides e Inácio responderão limitadamente até o preço de emissão das ações por eles subscritas.

(B) Leandro, Alcides e Inácio responderão limitadamente até o valor das quotas por eles subscritas, mas solidariamente pela integralização do capital.

(C) Leandro, Alcides e Inácio responderão ilimitada, solidária e subsidiariamente pelas obrigações sociais.

(D) Leandro e Alcides responderão limitadamente até o preço de emissão das ações por eles subscritas, e Inácio, como administrador, ilimitada e subsidiariamente, pelas obrigações sociais.

RESPOSTA De acordo com o 1º da Lei n. 6.404/76. *Alternativa A.*

20. (XXI Exame) Paula, sócia administradora de Nova Trento Serviços Automotivos Ltda., cujo capital encontra-se parcialmente integralizado, comunica aos demais sócios que pretende se afastar da administração e indicar sua mãe Maria para a administração. O sócio Dionísio consulta seu(sua) advogado(a) para saber a legalidade da indicação e eventual eleição, porque Maria não integra o quadro social. O(A) advogado(a) respondeu corretamente que a indicação é

(A) legal, desde que seja aprovada pela unanimidade dos sócios diante da não integralização do capital social.

(B) ilegal, porque não existe no contrato cláusula de regência supletiva pela Lei de Sociedades por Ações.

(C) legal, desde que seja inserida no contrato previamente a possibilidade de a administração ser exercida por não sócio.

(D) ilegal, pois o capital social deveria estar integralizado para que a indicação seja aprovada por maioria de três quartos do capital.

RESPOSTA A designação de administradores não sócios dependerá de aprovação da unanimidade dos sócios, enquanto o capital não estiver integralizado, e de 2/3 (dois terços), no mínimo, após a integralização, segundo dispõe o art. 1.061 do Código Civil. Correta, assim, a alternativa A.

21. (XXIV Exame) Miguel e Paulo pretendem constituir uma sociedade do tipo limitada porque não pretendem responder subsidiariamente pelas obrigações sociais. Na consulta a um advogado previamente à elaboração do contrato, foram informados de que, nesse tipo societário, todos os sócios respondem

(A) solidariamente pela integralização do capital social.

(B) até o valor da quota de cada um, sem solidariedade entre si e em relação à sociedade.

(C) até o valor da quota de cada um, após cinco anos da data do arquivamento do contrato.

(D) solidariamente pelas obrigações sociais.

RESPOSTA Segundo o art. 1.052 do CC, na sociedade limitada, a responsabilidade de cada sócio é restrita ao valor de suas quotas, mas todos respondem solidariamente pela integralização do capital social. *Alternativa A.*

22. (XXI Exame) Bernardino adquiriu de Lorena ações preferenciais escriturais da companhia Campos Logística S/A e recebeu do(a) advogado(a) orientação de como se dará a formalização da transferência da propriedade. A resposta do(a) advogado(a) é a de que a transferência das ações se opera

(A) pelo extrato a ser fornecido pela instituição custodiante, na qualidade de proprietária fiduciária das ações.

(B) pela inscrição do nome de Bernardino no livro de Registro de Ações Nominativas em poder da companhia.

(C) pelo lançamento efetuado pela instituição depositária em seus livros, a débito da conta de ações de Lorena e a crédito da conta de ações de Bernardino.

(D) por termo lavrado no livro de Transferência de Ações Nominativas, datado e assinado por Lorena e por Bernardino ou por seus legítimos representantes.

RESPOSTA A transferência da ação escritural opera-se pelo lançamento efetuado pela instituição depositária em seus livros, a débito da conta de ações do alienante e a crédito da conta de ações do adquirente, à vista de ordem escrita do alienante, ou de autorização ou ordem judicial, em documento hábil que ficará em poder da instituição (art. 35, § 1º, da LSA). *Alternativa C.*

23. (XXIII Exame) Marcel, durante a realização de seu estágio em um escritório de advocacia, devidamente autorizado por seu chefe, atendeu a uma consulta formulada por um cliente. O cliente desejava esclarecimentos sobre o direito de voto e seu exercício nas companhias. Marcel respondeu, corretamente, que

(A) na eleição dos membros do Conselho Fiscal, o voto poderá ser múltiplo.

(B) em caso de penhor da ação, somente o credor pignoratício exercerá o direito de voto.

(C) independente da espécie ou da classe de ação, o voto é um direito essencial de todo e qualquer acionista.

(D) a qualquer espécie ou classe de ação, é vedado atribuir voto plural.

RESPOSTA O art. 110 da LSA é claro: é vedado atribuir voto plural a qualquer classe de ações (§ 2º). *Alternativa D.*

24. (XXIII Exame) Em 11 de setembro de 2016, ocorreu o falecimento de Pedro, sócio de uma sociedade simples. Nessa situação, o contrato prevê a resolução da sociedade em relação a um sócio. Na alteração contratual ficou estabelecida a redução do capital no valor das quotas titularizadas pelo ex-sócio, sendo o documento arquivado no Registro Civil de Pessoas Jurídicas, em 22 de outubro de 2016. Diante da narrativa, os herdeiros de Pedro são responsáveis pelas obrigações sociais anteriores à data do falecimento, até dois anos após

(A) a data da resolução da sociedade e pelas posteriores e em igual prazo, a partir de 11 de setembro de 2016.

(B) a data do arquivamento da resolução da sociedade (22 de outubro de 2016).

(C) a data da resolução da sociedade em relação ao sócio Pedro (11 de setembro de 2016).

(D) a data do arquivamento da resolução da sociedade e pelas posteriores e em igual prazo, a partir de 22 de outubro de 2016.

RESPOSTA De acordo com o Código Civil, a retirada, exclusão ou morte do sócio, não o exime, ou a seus herdeiros, da responsabilidade pelas obrigações sociais anteriores, até dois anos após averbada a resolução da sociedade; pelas posteriores e em igual prazo, enquanto não se requerer a averbação (art. 1.032). *Alternativa B.*

III. TÍTULOS DE CRÉDITO

25. (XXXIII Exame) Socorro, empresária individual, sacou duplicata de venda na forma cartular, em face de Laticínios Aguaí Ltda. com vencimento para o dia 11 de setembro de 2020. Antes do vencimento, no dia 31 de agosto de 2020, a duplicata, já aceita, foi endossada para a sociedade Bariri & Piraju Ltda. Considerando-se que, no dia 9 de outubro de 2020, a duplicata foi apresentada ao tabelionato de protestos para ser protestada por falta de pagamento, é correto afirmar que o endossatário

(A) não poderá promover a execução em face de nenhum dos signatários diante da perda do prazo para a apresentação da duplicata a protesto por falta de pagamento.

(B) poderá promover a execução da duplicata em face do aceitante e do endossante, por ser facultativo o protesto por falta de pagamento da duplicata, caso tenha sido aceita pelo sacado.

(C) poderá promover a execução da duplicata em face do aceitante e do endossante, pelo fato de o título ter sido apresentado a protesto em tempo hábil e por ser o aceitante o obrigado principal.

(D) não poderá promover a execução em face do endossante, diante da perda do prazo para a apresentação da duplicata a protesto por falta de pagamento, mas poderá intentá-la em face do aceitante, por ser ele o obrigado principal.

RESPOSTA A lei das duplicadas (Lei n. 5.474/68) estabelece que "o portador que não tirar o protesto da duplicata, em forma regular e dentro do prazo da 30 dias, contado da data de seu vencimento, perderá o direito de regresso contra os endossantes e respectivos avalistas" (art. 13, § 4º). *Alternativa C.*

26. (XXXIII Exame) Antenor subscreveu nota promissória no valor de R$ 12.000,00 (doze mil reais) pagável em 16 de setembro de 2021. A obrigação do subscritor foi avalizada por Belizário, que tem como avalista Miguel, e esse tem, como avalista, Antônio. Após o vencimento, caso o avalista Miguel venha a pagar o valor da nota promissória ao credor, assinale a opção que indica a(s) pessoa(s) que poderá(ão) ser demandada(s) em ação de regresso.

(A) Antenor e Belizário, podendo Miguel cobrar de ambos o valor integral do título.

(B) Belizário e Antônio, podendo Miguel cobrar de ambos apenas a quota-parte do valor do título.

(C) Antenor e Antônio, podendo Miguel cobrar do primeiro o valor integral e, do segundo, apenas a quota-parte do valor do título.

(D) Antenor, podendo Miguel cobrar dele o valor integral, eis que os demais avalistas ficaram desonerados com o pagamento.

RESPOSTA A Lei Uniforme de Genebra (Decreto n. 57.663/66) disciplina que "a pessoa que pagou uma letra pode reclamar dos seus garantes a soma integral que pagou", além dos juros da dita soma, calculados a taxa de 6 por cento, desde a data em que a pagou e as despesas que tiver feito (art. 49). Alternativa A.

27. (XXXII Exame) Bonfim emitiu nota promissória à ordem em favor de Normandia, com vencimento em 15 de março de 2020 e pagamento na cidade de Alto Alegre/RR. O título de crédito passou por três endossos antes de seu vencimento. O primeiro endosso foi em favor de Iracema, com proibição de novo endosso; o segundo endosso, sem garantia, se deu em favor de Moura; no terceiro e último endosso, o endossante indicou Cantá como endossatário. Vencido o título sem pagamento, o portador poderá promover a ação de cobrança em face de

(A) Bonfim, o emitente e coobrigado, e dos obrigados principais Iracema e Moura, observado o aponte tempestivo do título a protesto por falta de pagamento para o exercício do direito de ação somente em face do coobrigado.

(B) Bonfim, o emitente e obrigado principal, e do endossante e coobrigado Moura, observado o aponte tempestivo do título a protesto por falta de pagamento para o exercício do direito de ação em face do coobrigado.

(C) Normandia, primeira endossante e obrigado principal, e do endossante Moura, observado o aponte tempestivo do título a protesto por falta de pagamento para o exercício do direito de ação em face de ambos.

(D) Iracema, Normandia e Cantá, endossantes e coobrigados da nota promissória, dispensado o aponte do título a protesto por falta de pagamento para o exercício do direito de ação em face deles.

RESPOSTA O art. 15 da Lei Uniforme de Genebra (Decreto n. 57.663/66) dispõe que "O endossante pode proibir um novo endosso, e, neste caso, não garante o pagamento as pessoas a quem a letra for posteriormente endossada". Observe-se que o art. 77 da mesma lei também disciplina que "são aplicáveis às notas promissórias, na parte em que não sejam contrárias a natureza deste título, as disposições relativas as letras e concernentes ao Endosso (arts. 11 a 20)". *Alternativa B.*

28. (XXIX Exame) André de Barros foi desapossado de nota promissória com vencimento à vista no valor de R$ 34.000,00 (trinta e quatro mil reais), pagável em Lagoa Vermelha/RS, que lhe foi endossada em branco pela sociedade empresária Arvorezinha Materiais de Limpeza Ltda. Em relação aos direitos cambiários decorrentes da nota promissória, assinale a afirmativa correta.

(A) A sociedade empresária endossante ficará desonerada se o título não for restituído a André de Barros no prazo de 30 (trinta) dias da data do desapossamento.

(B) André de Barros poderá obter a anulação do título desapossado e um novo título em juízo, bem como impedir que seu valor seja pago a outrem.

(C) A sociedade empresária endossante não poderá opor ao portador atual exceção fundada em direito pessoal ou em nulidade de sua obrigação.

(D) O subscritor da nota promissória ficará desonerado perante o portador atual se provar que o título foi desapossado de André de Barros involuntariamente.

RESPOSTA De acordo com art. 909 do CC, o proprietário, que perder ou extraviar título, ou for injustamente desapossado dele, poderá obter novo título em juízo, bem como impedir sejam pagos a outrem capital e rendimentos. Considere ainda que o pagamento, feito antes de ter ciência da ação referida neste artigo, exonera o devedor, salvo se se provar que ele tinha conhecimento do fato (art. 909, parágrafo único). *Alternativa B.*

29. (XXVIII Exame) Filadélfia emitiu nota promissória à vista em favor de Palmas. Antes da apresentação a pagamento, Palmas realizou endosso-mandato da cártula para Sampaio. De posse do título, é correto afirmar que Sampaio

(A) poderá exercer todos os direitos inerentes ao título, inclusive realizar novo endosso sem as restrições daquele realizado em cobrança.

(B) poderá transferir o título na condição de procurador da endossante ou realizar endosso em garantia (endosso pignoratício).

(C) somente poderá transferir a nota promissória, por meio de novo endosso, na condição de procurador da endossante.

(D) não poderá realizar qualquer endosso do título, pois caso o faça será considerado como parcial, logo nulo.

RESPOSTA Observe o art. 917 do CC: "A cláusula constitutiva de mandato, lançada no endosso, confere ao endossatário o exercício dos direitos inerentes ao título, salvo restrição expressamente estatuída. § 1º O endossatário de endosso-mandato só pode endossar novamente o título na qualidade de procurador, com os mesmos poderes que recebeu". Correta, então a alternativa C.

30. (XXVIII Exame) Inocência adquiriu um aparelho de jantar para sua nova residência em uma loja de artigos domésticos. A vendedora, sociedade limitada empresária, recebeu um cheque cruzado emitido pela compradora e se comprometeu a não o apresentar ao sacado antes de 10 de janeiro de 2019. Em 13 de dezembro de 2018, exatamente uma semana após a compra, Inocência verificou, no extrato de sua conta-corrente bancária, que o cheque em referência havia sido apresentado a pagamento e devolvido por insuficiência de fundos, em decorrência da apresentação antecipada ao sacado. Sobre a apresentação de cheque pós-datado antes da data indicada como sendo a de emissão, com base na jurisprudência pacificada, assinale a afirmativa correta.

(A) Caracteriza dano moral.

(B) Não pode ensejar qualquer indenização ao emitente.

(C) Pode ensejar apenas dano material.

(D) Pode ensejar indenização apenas se o cheque não estiver cruzado.

RESPOSTA Conforme a Súmula 370 do Superior Tribunal de Justiça, caracteriza dano moral a apresentação antecipada de cheque pré-datado. *Alternativa A.*

31. (XXVII Exame) Resende & Piraí Ltda. sacou duplicata de serviço em face de Italva Louças e Metais S/A, que a aceitou. Antes do vencimento, o título foi endossado para Walter. Há um aval em preto no título dado por Casimiro Cantagalo em favor do sacador. Após o vencimento, ocorrido em 11 de setembro de 2018, a duplicata foi levada a protesto por falta de pagamento, em 28 de setembro do mesmo ano. Com base nas informações dadas, assinale a opção que indica contra quem Walter, endossatário da duplicata, poderá promover a ação de execução.

(A) Italva Louças e Metais S/A, exclusivamente, em razão da perda do direito de ação em face dos coobrigados pela apresentação da duplicata a protesto por falta de pagamento além do prazo de 1 (um) dia útil após o vencimento.

(B) Resende & Piraí Ltda. e Casimiro Cantagalo, somente, pois a duplicata foi apresentada a protesto tempestivamente, assegurando o portador seu direito de ação em face dos coobrigados, mas não em face do aceitante.

(C) Resende & Piraí Ltda. e Italva Louças e Metais S/A, somente, em razão da perda do direito de ação em face do avalista pela apresentação da duplicata a protesto por falta de pagamento além do prazo de 1 (um) dia útil após o vencimento.

(D) Resende & Piraí Ltda., Italva Louças e Metais S/A e Casimiro Cantagalo, pois a duplicata foi apresentada a protesto tempestivamente, assegurando o portador seu direito de ação em face dos coobrigados e do aceitante.

RESPOSTA Diante da situação, aplica-se o art. 13, § 4º, da Lei n. 5.474/68. O protesto foi tempestivo, sendo assim, resta assegurado o direito de ação em face dos coobrigados. *Alternativa D.*

32. (XXVI Exame) Três Coroas Comércio de Artigos Eletrônicos Ltda. subscreveu nota promissória em favor do Banco Dois Irmãos S.A. com vencimento a dia certo. Após o vencimento, foi aceita uma proposta de moratória feita pelo devedor por 120 (cento e vinte) dias, sem alteração da data de vencimento indicada no título. O beneficiário exigiu dois avalistas simultâneos, e o devedor apresentou Montenegro e Bento, que firmaram avais em preto no título. Sobre esses avais e a responsabilidade dos avalistas simultâneos, assinale a afirmativa correta.

(A) Por ser vedado, no direito brasileiro, o aval póstumo, os avais simultâneos são considerados não escritos, inexistindo responsabilidade cambial dos avalistas.

(B) O aval lançado na nota promissória após o vencimento ou o protesto tem efeito de fiança, respondendo os avalistas subsidiariamente perante o portador.

(C) O aval póstumo produz os mesmos efeitos do anteriormente dado, respondendo os avalistas solidariamente e autonomamente perante o portador.

(D) O aval póstumo é nulo, mas sua nulidade não se estende à obrigação firmada pelo subscritor (avalizado), em razão do princípio da autonomia.

RESPOSTA De acordo com o art. 900 do Código Civil, alternativa C.

33. (XXV Exame) Para realizar o pagamento de uma dívida contraída pelo sócio M. Paraguaçu em favor da sociedade Iguape, Cananeia & Cia. Ltda., o primeiro emitiu uma nota promissória à vista, com cláusula à ordem no valor de R$ 50.000,00 (cinquenta mil reais). De acordo com essas informações e a respeito da cláusula à ordem, é correto afirmar que

(A) a nota promissória, na omissão dessa cláusula, somente poderia ser transferida pela forma e com os efeitos de cessão de crédito.

(B) a cláusula implica a possibilidade de transferência do título por endosso, sendo o endossante responsável pelo pagamento, salvo cláusula sem garantia.

(C) a cláusula implica a possibilidade de transferência do título por endosso, porque a modalidade de vencimento da nota promissória é à vista.

(D) tal cláusula implica a possibilidade de transferência do título por cessão de crédito, não respondendo o cedente pela solvência do emitente, salvo cláusula de garantia.

RESPOSTA A cláusula à ordem significa que o título pode ser transferido por endosso. A responsabilidade do endossante consta na LUG (Decreto n. 57.663) como garantidor do pagamento, exceto se tiver posta cláusula sem garantia (de pagamento). *Alternativa B.*

34. (XXII Exame) Luiz emitiu uma nota promissória em favor de Jerônimo. No momento da emissão, ele não inseriu a quantia nem o lugar de pagamento. Na data do vencimento, o subscritor foi procurado por um procurador do beneficiário, que lhe exibiu a cártula com endosso-mandato e exigiu o pagamento. Luiz verificou, então, que o título havia sido preenchido abusivamente, pois constava o valor de R$ 15.000,00 (quinze mil reais), quando o correto seria R$ 1.500,00 (mil e quinhentos reais), e o lugar de pagamento era diverso de seu domicílio, em Cachoeiro de Itapemirim, ES. Procurado pelo devedor para analisar o caso e ciente de que o pagamento não foi realizado por ele, você, como advogado(a), responde que

(A) é possível alegar em juízo, com êxito, a nulidade do título, em razão de o lugar de pagamento ser domicílio diverso do subscritor, caracterizando má-fé do portador atual.

(B) não é possível ao subscritor se recusar validamente ao pagamento diante da autonomia das obrigações cambiárias e do endosso-mandato realizado na cártula.

(C) é possível ao subscritor da nota promissória opor exceção pessoal ao beneficiário Jerônimo quanto ao conteúdo literal do título, diante do preenchimento abusivo.

(D) não é possível a oposição de exceção ao pagamento, porque o subscritor da nota promissória é equiparado ao aceitante da letra de câmbio e, como tal, obriga-se a pagar na data do vencimento.

RESPOSTA Segundo o art. 891 e parágrafo único do CC, o título de crédito, incompleto ao tempo da emissão, deve ser preenchido de conformidade com os ajustes realizados, observado que o descumprimento dos ajustes previstos nesse artigo pelos que deles participaram, não constitui motivo de oposição ao terceiro portador, salvo se este, ao adquirir o título, tiver agido de má-fé. Como o procurador do beneficiário não é "terceiro portador", constitui motivo para exceção a adulteração. *Alternativa C.*

35. (XXIV Exame) Um cliente apresenta a você um cheque nominal à ordem com as assinaturas do emitente no anverso e do endossante no verso. No verso da cártula, também consta uma terceira assinatura, identificada apenas como aval pelo signatário. Com base nessas informações, assinale a afirmativa correta.

(A) O aval dado no título foi irregular, pois, para a sua validade, deveria ter sido lançado no anverso.

(B) A falta de indicação do avalizado permite concluir que ele pode ser qualquer dos signatários (emitente ou endossante).

(C) O aval dado no título foi na modalidade em branco, sendo avalizado o emitente.

(D) O aval somente é cabível no cheque não à ordem, sendo considerado não escrito se a emissão for à ordem.

RESPOSTA De acordo com o art. 30 da Lei dos Cheques, o aval é lançado no cheque ou na folha de alongamento. Exprime-se pelas palavras "por aval", ou fórmula equivalente, com a assinatura do avalista. Considera-se como resultante da simples assinatura do avalista, aposta no anverso do cheque, salvo quando se tratar da assinatura do emitente. Ademais, o aval deve indicar o avalizado. Na falta de indicação, considera-se avalizado o emitente (parágrafo único do art. 30). *Alternativa C.*

36. (XXI Exame) Humaitá Comércio e Distribuição de Defensivos Agrícolas Ltda. sacou 4 (quatro) duplicatas de compra e venda em face de Cooperativa dos Produtores Rurais de Coari Ltda., em razão da venda de insumos para as plantações dos cooperados. Com base nestas informações, assinale a afirmativa correta.

(A) É facultado ao sacador inserir cláusula não à ordem no momento do saque, caso em que a forma de transferência dos títulos se dará por meio de cessão civil de crédito.

(B) Por se tratar de sacado cooperativa, sociedade simples independentemente de seu objeto, é proibido o saque de duplicatas em face dessa espécie de sociedade.
(C) Lançada eventualmente a cláusula mandato no endosso das duplicatas, o endossatário poderá exercer todos os direitos emergentes dos títulos, inclusive efetuar endosso próprio a terceiro.
(D) Sendo o pagamento das duplicatas garantido por aval, o avalista é equiparado àquele cujo nome indicar; na falta da indicação, àquele abaixo de cuja firma lançar a sua; fora desses casos, ao sacado.

RESPOSTA O pagamento da duplicata poderá ser assegurado por aval, sendo o avalista equiparado àquele cujo nome indicar; na falta da indicação, àquele abaixo de cuja firma lançar a sua; fora desses casos, ao comprador (art. 12, *caput*, da Lei n. 5.474/68). *Alternativa D.*

IV. CONTRATOS MERCANTIS

37. (XXXIII Exame) Farmácias Mundo Novo Ltda. é locatária de um imóvel não residencial onde funciona uma de suas filiais. No curso da vigência do contrato, que se encontra sob a égide do direito à renovação, faleceu um dos sócios, Sr. Deodato. Diante deste acontecimento, os sócios remanescentes deliberaram dissolver a sociedade. A sócia Angélica, prima de Deodato, gostaria de continuar a locação, aproveitando a localização excelente do ponto e a manutenção do aviamento objetivo da empresa. Angélica consulta um advogado especializado para saber se teria direito à renovação, mesmo não sendo a locatária do imóvel. Assinale a afirmativa que apresenta a resposta dada.

(A) Angélica tem direito à renovação da locação como sub-rogatária da sociedade dissolvida, mas deve informar ao locador sua condição no prazo de 30 (trinta) dias do arquivamento da ata de encerramento da liquidação, sob pena de decadência.
(B) Angélica não tem direito à renovação da locação, pois somente a sociedade dissolvida poderia exercer tal direito, por ter sido a parte contratante, incidindo o princípio da relatividade dos contratos.
(C) Angélica tem direito à renovação da locação como sub-rogatária da sociedade dissolvida, mas deve continuar a explorar o mesmo ramo de atividade que a sociedade dissolvida.
(D) Angélica não tem direito à renovação da locação, pois tal direito somente é conferido ao(s) sócio(s) remanescente(s) quando a sociedade sofre resolução por morte de sócio, e não dissolução

RESPOSTA A Lei de Locações (Lei n. 8.245/91) disciplina que "dissolvida a sociedade comercial por morte de um dos sócios, o sócio sobrevivente fica sub-rogado no direito a renovação, desde que continue no mesmo ramo" (art. 51, III, § 3º). *Alternativa C.*

38. (XXXI Exame) Duas sociedades empresárias celebraram contrato de agência com uma terceira sociedade empresária, que assumiu a obrigação de, em caráter não eventual e sem vínculos de dependência com as proponentes, promover, à conta das primeiras, mediante retribuição, a realização de certos negócios com exclusividade, nos municípios integrantes da região metropolitana de Curitiba/PR. Ficou pactuado que as proponentes confeririam poderes à agente para que esta as represente, como mandatária, na conclusão dos contratos. Antônio Prado, sócio de uma das sociedades empresárias contratantes, consulta seu advogado quanto à legalidade do contrato, notadamente da delimitação de zona geográfica e da concessão de mandato ao agente. Sobre a hipótese apresentada, considerando as disposições legais relativas ao contrato de agência, assinale a afirmativa correta.

(A) Não há ilegalidade quanto à delimitação de zona geográfica para atuação exclusiva do agente, bem como em relação à possibilidade de ser o agente mandatário das proponentes, por serem características do contrato de agência.
(B) Há ilegalidade na fixação de zona determinada para atuação exclusiva do agente, por ferir a livre concorrência entre agentes, mas não há ilegalidade na outorga de mandato ao agente para representação das proponentes.
(C) Há ilegalidade tanto na outorga de mandato ao agente para representação dos proponentes, por ser vedada qualquer relação de dependência entre agente e proponente, e também quanto à fixação de zona determinada para atuação exclusiva do agente.
(D) Não há ilegalidade quanto à fixação de zona determinada para atuação exclusiva do agente, mas há ilegalidade quanto à concessão de mandato do agente, porque é obrigatório por lei que o agente apenas faça a mediação dos negócios no interesse do proponente.

RESPOSTA De acordo com o art. 710 do CC, pelo contrato de agência, uma pessoa assume, em caráter não eventual e sem vínculos de dependência, a obrigação de promover, à conta de outra, mediante retribuição, a realização de certos negócios, em zona determinada, caracterizando-se a distribuição quando o agente tiver à sua disposição a coisa a ser negociada. *Vide* ainda o art. 711 do CC. *Alternativa A.*

39. (XXX Exame) Rolim Crespo, administrador da sociedade de Indústrias Reunidas Novo Horizonte do Oeste Ltda., consultou sua advogada para lhe prestar orientação quanto à inserção de cláusula compromissória em um contrato que a pessoa jurídica pretende celebrar com uma operadora de planos de saúde empresariais. Pela leitura da proposta, verifica-se que não há margem para a negociação das cláusulas, por tratar-se de contrato padronizado, aplicado a todos os aderentes. Quanto à cláusula compromissória inserida nesse contrato, assinale a opção que apresenta a orientação dada pela Advogada.

(A) É necessária a concordância expressa e por escrito do aderente com a sua instituição, em documento anexo ou em negrito, com a assinatura ou o visto para essa cláusula.
(B) É nula de pleno direito, por subtrair do aderente o direito fundamental de acesso à justiça, e o contrato não deve ser assinado.
(C) Somente será eficaz se o aderente tomar a iniciativa de instituir a arbitragem, e, como a iniciativa for do proponente e unilateral, ela é nula.
(D) Somente será eficaz se houver a assinatura do aderente no contrato, vedada qualquer forma de manifestação da verdade em documento anexo ou, simplesmente, com o visto para essa cláusula.

RESPOSTA De acordo com o art. 4º da Lei n. 9.307/96, a cláusula compromissória é a convenção através da qual as partes em um contrato comprometem-se a submeter à arbitragem os litígios que possam vir a surgir, relativamente a tal contrato. Ainda, a cláusula compromissória deve ser estipulada por escrito, podendo estar inserta no próprio contrato ou em documento apartado que a ele se refira (§ 1º). E nos contratos de adesão, a cláusula compromissória só terá eficácia se o aderente tomar a iniciativa de instituir a arbitragem ou concordar, expressamente, com a sua instituição, desde que por escrito em documento anexo ou em negrito, com a assinatura ou visto especialmente para essa cláusula (§ 2º). *Alternativa A.*

40. (XXX Exame) Nos contratos de comissão, corretagem e agência, é dever do corretor, do comissário e do agente atuar com toda diligência, atendo-se às instruções recebidas da parte interessada. Apesar dessa característica comum, cada contrato conserva sua tipicidade em razão de seu *modus operandi*.

(A) O agente pratica, em nome próprio, os atos a ele incumbidos à conta do proponente, o comissário não pode tomar parte – sequer como mandatário – nos negócios que vierem a ser celebrados em razão de sua intermediação, o corretor pode receber poderes do cliente para representá-lo na conclusão dos contratos.

(B) O comissário pratica, em nome próprio, os atos a ele incumbidos à conta do comitente, o corretor não pode tomar parte – sequer como mandatário – nos negócios que vierem a ser celebrados em razão de sua mediação, o agente pode receber poderes do proponente para representá-lo na conclusão dos contratos.

(C) O corretor pratica, em nome próprio, os atos a ele incumbidos à conta do cliente, o agente não pode tomar parte – sequer como mandatário – nos negócios que vierem a ser celebrados no interesse do proponente, o comissário pode receber poderes do comitente para representá-lo na conclusão dos contratos.

(D) Tanto o comissário quanto o corretor praticam, em nome próprio, os atos a ele incumbidos pelo comitente ou cliente, mas o primeiro tem sua atuação restrita à zona geográfica fixada no contrato, o agente deve atuar com exclusividade tão somente na mediação para realização de negócios em favor do proponente.

RESPOSTA Sobre comissário, *vide* os arts. 693 e seguintes do CC. Quanto ao contrato de agência, arts. 710 e seguintes do CC. E, por fim, sobre corretagem, *vide* arts. 722 e seguintes do CC. Diante destas indicações legislativas, correta está a alternativa B.

41. (XXVII Exame) Móveis Combinados Ltda. (franqueador) pretende licenciar a Ananás Móveis e Decorações Ltda. ME (franqueado) o direito de uso de marca, associado ao direito de distribuição semiexclusiva de produtos moveleiros. De acordo com os termos da Circular de Oferta de Franquia elaborada pelo franqueador, eventualmente poderá o franqueado ter acesso ao uso de tecnologia de implantação e administração de negócios desenvolvidos pelo primeiro, mediante remuneração direta, sem ficar caracterizado vínculo empregatício entre as partes. Tendo em vista as disposições legais sobre o contrato celebrado, assinale a afirmativa correta.

(A) Se o contrato de franquia empresarial vier a ser celebrado, o franqueador deverá licenciar ao franqueado o direito de uso de marca e, eventualmente, também o direito de uso de tecnologia de implantação e administração de negócio ou de sistema operacional desenvolvido.

(B) O contrato de franquia empresarial pode ser ajustado verbalmente ou por escrito; neste caso, deverá ser assinado na presença de duas testemunhas e terá eficácia em relação a terceiros com o arquivamento na Junta Comercial.

(C) A circular oferta de franquia deverá ser entregue a Ananás Móveis e Decorações Ltda. ME, no mínimo, 30 dias antes da assinatura do contrato ou pré-contrato, ou ainda do pagamento de taxa de adesão ao sistema pelo franqueado.

(D) Se Móveis Combinados Ltda. veicular informações falsas na circular de oferta de franquia, sem prejuízo das sanções penais cabíveis, Ananás Móveis e Decorações Ltda. ME poderá arguir a nulidade de pleno direito do contrato e exigir devolução de até metade do valor que já houver pago.

RESPOSTA Segundo o art. 2º da Lei n. 8.955/94, franquia empresarial é o sistema pelo qual um franqueador cede ao franqueado o direito de uso de marca ou patente, associado ao direito de distribuição exclusiva ou semiexclusiva de produtos ou serviços e, eventualmente, também ao direito de uso de tecnologia de implantação e administração de negócio ou sistema operacional desenvolvidos ou detidos pelo franqueador, mediante remuneração direta ou indireta, sem que, no entanto, fique caracterizado vínculo empregatício. *Alternativa A.*

42. (XXVI Exame) Iguatu Têxtil S/A contratou o transporte de seus produtos do local de sua fábrica, em Iguatu/CE, até um dos polos de distribuição, em Fernão Dias/SP. Durante o trajeto, a carga será transportada, sucessivamente, pelas vias rodoviária, aérea e ferroviária. Será celebrado um único contrato, desde a origem até o destino, sob a execução e a responsabilidade únicas de um Operador de Transportes. A situação descrita revela que as partes celebraram um contrato de transporte

(A) multimodal.

(B) combinado.

(C) cumulativo.

(D) de fato.

RESPOSTA O art. 2º da Lei n. 9.611/98, que dispõe sobre o Transporte Multimodal de Cargas, determina que Transporte Multimodal de Cargas é aquele que, regido por um único contrato, utiliza duas ou mais modalidades de transporte, desde a origem até o destino, e é executado sob a responsabilidade única de um Operador de Transporte Multimodal. *Alternativa A.*

43. (XXV Exame) Paulo precisa de um veículo automotor para entregar os produtos de seu estabelecimento aos clientes, mas não tem numerário para adquiri-lo. Ele foi aconselhado por sua advogada a celebrar um contrato de arrendamento mercantil. Assinale a opção que indica as faculdades do arrendatário ao final desse contrato.

(A) Devolver o bem ao arrendador, renovar o contrato ou exercer opção de compra.

(B) Subarrendar o bem a terceiro ou exercer opção de compra.

(C) Subarrendar o bem a terceiro, renovar o contrato ou exercer opção de compra.

(D) Devolver o bem ao arrendador ou renovar o contrato.

RESPOSTA Diante de um contrato de arrendamento mercantil (*leasing*), o arrendatário tem todas as opções da alternativa A; portanto, correta.

44. (XXV Exame) Borba Eletrônicos Ltda. celebrou contrato de abertura de crédito em conta-corrente com o Banco Humaitá S/A, lastreado em nota promissória emitida em garantia da dívida. Sobre a nota promissória e o contrato de abertura de crédito em conta-corrente, diante do inadimplemento do mutuário, assinale a afirmativa correta.

(A) O contrato, ainda que acompanhado de extrato da conta-corrente e assinado por duas testemunhas, não é título executivo extrajudicial, e a nota promissória a ele vinculada não goza de autonomia, em razão da iliquidez do título que a originou.

(B) O contrato, desde que acompanhado de extrato da conta-corrente e assinado por duas testemunhas, é título executivo extrajudicial, porém a nota promissória a ele vinculada não goza de autonomia, em razão da abusividade da cláusula de mandato.

(C) O contrato, ainda que acompanhado de extrato da conta-corrente e assinado por duas testemunhas, não é título executivo extrajudicial, porém a nota promissória a ele vinculada goza de autonomia, em razão de sua independência.

(D) O contrato, mesmo não acompanhado de extrato da conta-corrente ou assinado por duas testemunhas, é título executivo extrajudicial, e a nota promissória a ele vinculada goza de executividade autônoma.

RESPOSTA Ao caso, aplicam-se duas Súmulas do STJ: 233 e 258, respectivamente. "O contrato de abertura de crédito, ainda que acompanhado de extrato da conta-corrente, não é título executivo"; e "A nota promissória vinculada a contrato de abertura de crédito não goza de autonomia em razão da iliquidez do título que a originou". *Alternativa A.*

45. (XXIV Exame) O administrador da sociedade empresária Dutra & Filhos Comércio de Alimentos Ltda. consulta seu advogado para orientá-lo sobre o contrato apropriado para o aumento de sua capacidade de distribuição. A intenção da pessoa jurídica é celebrar um contrato pelo qual possa receber a posse direta de veículos, que serão indicados por ela ao proprietário, para utilizá-los por prazo determinado, mediante o pagamento de prestações mensais durante a vigência do contrato. Ao termo final, a cliente deseja ter a possibilidade de adquirir os veículos ao invés de ser obrigada a devolvê-los ao proprietário ou renovar o contrato. Assinale a opção que indica o contrato apropriado para a sociedade empresária.

(A) Locação a prazo determinado.

(B) Cessão de uso a título oneroso.

(C) Compra e venda a prazo.

(D) Arrendamento mercantil.

RESPOSTA Diante a situação hipotética, o contrato indicado seria de arrendamento mercantil, cujo conceito consiste numa "locação" de bens móveis duráveis ou imóveis, adquiridos pela empresa arrendadora para esse fim, dado ao arrendatário (posse direta) e que ao fim do contrato pode prorrogar o aluguel, devolver o bem ou comprá-lo pelo seu valor residual. *Alternativa D.*

46. (XXIII Exame) Brito contratou os serviços da corretora Geru para mediar a venda de um imóvel em Estância. O cliente ajustou com a corretora verbalmente que lhe daria exclusividade, fato presenciado por cinco testemunhas. A corretora, durante o tempo de vigência do contrato (seis meses), anunciou o imóvel em veículos de comunicação de Estância, mas não conseguiu concretizar a venda, realizada diretamente por Brito com o comprador, sem a mediação da corretora. Considerando as informações e as regras do Código Civil quanto ao pagamento de comissão, assinale a afirmativa correta.

(A) A corretora não faz jus ao pagamento da comissão, porque o contrato de corretagem foi celebrado por prazo determinado.

(B) A corretora faz jus ao pagamento da comissão, porque a corretagem foi ajustada com exclusividade, ainda que verbalmente.

(C) A corretora não faz jus ao pagamento da comissão, porque o negócio foi iniciado e concluído diretamente entre as partes, sem a sua mediação.

(D) A corretora faz jus ao pagamento da comissão, porque enviou todos os esforços para o êxito da mediação, que não se concluiu por causa alheia à sua vontade.

RESPOSTA Segundo o Código Civil, iniciado e concluído o negócio diretamente entre as partes, nenhuma remuneração será devida ao corretor; mas se, por escrito, for ajustada a corretagem com exclusividade, terá o corretor direito à remuneração integral, ainda que realizado o negócio sem a sua mediação, salvo se comprovada sua inércia ou ociosidade (art. 726). *Alternativa C.*

V. DIREITO FALIMENTAR

47. (XXXIII Exame) Na Comarca de Imperatriz/MA funcionam 4 (quatro) Varas Cíveis, com competência concorrente para o julgamento de causas de falência e recuperação judicial. Em 22 de agosto de 2019, foi apresentado requerimento de falência de uma sociedade empresária enquadrada como empresa de pequeno porte, com principal estabelecimento naquele município. O requerimento foi distribuído para a 3ª Vara Cível. Tendo sido determinada a citação do devedor, no prazo da contestação, Coelho Dutra, administrador e representante legal da sociedade, requereu sua recuperação judicial, devidamente autorizado por deliberação dos sócios. Com base nestas informações, assinale a afirmativa correta.

(A) O requerimento de recuperação judicial não está sujeito à distribuição por dependência, podendo ser apreciado por qualquer um dos quatro juízos cíveis da comarca.

(B) A distribuição do pedido de falência previne a jurisdição para o pedido de recuperação judicial formulado pelo devedor, de modo que será competente o juízo da 3ª Vara Cível.

(C) Por se tratar de devedor enquadrado como empresa de pequeno porte, há tratamento diferenciado para o pedido de recuperação judicial, estando prevento o juízo que conheceu do pedido de falência.

(D) Como o devedor não se enquadra na definição legal de microempresa (incluído o microempreendedor individual), o requerimento de recuperação judicial não está sujeito à distribuição por dependência.

RESPOSTA A nova redação dada ao § 8º do art. 6º da Lei Recuperacional (Lei n. 11.101/2005) dispõe que "a distribuição do pedido de falência ou de recuperação judicial ou a homologação de recuperação extrajudicial previne a jurisdição para qualquer outro pedido de falência, de recuperação judicial ou de homologação de recuperação extrajudicial relativo ao mesmo devedor". *Alternativa B.*

48. **(XXXI Exame)** José da Silva, credor de sociedade empresária, consulta você, como advogado(a), para obter orientação quanto aos efeitos de uma provável convolação de recuperação judicial em falência. Em relação à hipótese apresentada, analise as afirmativas a seguir e assinale a única correta.

(A) Os créditos remanescentes da recuperação judicial serão considerados habilitados quando definitivamente incluídos no quadro geral de credores, tendo prosseguimento as habilitações que estiverem em curso.

(B) As ações que devam ser propostas no juízo da falência estão sujeitas à distribuição por dependência, exceto a ação revocatória e a ação revisional de crédito admitido ao quadro geral de credores.

(C) A decretação da falência determina o vencimento antecipado das dívidas do devedor quanto aos créditos excluídos dos efeitos da recuperação judicial; quanto aos créditos submetidos ao plano de recuperação, são mantidos os prazos nele estabelecidos e homologados pelo juiz.

(D) As ações intentadas pelo devedor durante a recuperação judicial serão encerradas, devendo ser intimado o administrador judicial da extinção dos feitos, sob pena de nulidade do processo.

RESPOSTA Considerar-se-ão habilitados os créditos remanescentes da recuperação judicial, quando definitivamente incluídos no quadro geral de credores, tendo prosseguimento as habilitações que estejam em curso – art. 80 da Lei n. 11.101/2005. *Alternativa A.*

49. **(XXX Exame)** Além da impontualidade, a falência pode ser decretada pela prática de atos de falência por parte do devedor empresário individual ou dos administradores da sociedade empresária. Assinale a opção que constitui um ato de falência por parte do devedor.

(A) Deixar de pagar, no vencimento, obrigação líquida materializada em título executivo protestado por falta de pagamento, cuja soma ultrapasse o equivalente a 40 (quarenta) salários mínimos na data do pedido de falência.

(B) Transferir, durante a recuperação judicial, estabelecimento a terceiro sem o consentimento de todos os credores e sem ficar com bens suficientes para solver seu passivo em cumprimento à disposição do plano de recuperação.

(C) Não pagar, depositar ou nomear bens à penhora, no prazo de 3 (três) dias, contados da citação, bens suficientes para garantir a execução.

(D) Deixar de cumprir, no prazo estabelecido, obrigação assumida no plano de recuperação judicial, após o cumprimento de todas as obrigações previstas no plano que vencerem até dois anos depois da concessão da recuperação judicial.

RESPOSTA Segundo o art. 94 da Lei Falimentar, será decretada a falência do devedor nas hipóteses dos seus três incisos, incluindo quem praticar os atos falimentares previstos nas alíneas do inciso III. Segundo a jurisprudência do STJ, "caso haja inadimplemento da obrigação assumida por ocasião da aprovação do plano, abrem-se três possibilidades: (a) se o inadimplemento ocorrer durante os 2 (dois) anos a que se refere o *caput* do art. 61 da Lei n. 11.101/2005, o juiz deve convolar a recuperação em falência; (b) se o descumprimento ocorrer depois de escoado o prazo de 2 (dois) anos, qualquer credor poderá pedir a execução específica assumida no plano de recuperação; ou (c) requerer a falência com base no art. 94 da Lei" (RESP n. 1.272.697-DF, Min. Luis Felipe Salomão). Apesar da má redação da alternativa D, parece-nos que ela é a "mais" correta.

50. **(XXIX Exame)** Madeireira Juína Ltda. requereu a homologação de plano de recuperação extrajudicial em Juara/MT, lugar de seu principal estabelecimento. Após o pedido de homologação e antes da publicação do edital para apresentação de impugnação ao plano, um dos credores com privilégio geral que haviam assinado o plano pretende desistir unilateralmente da adesão. Tal credor possui um terço dos créditos de sua classe submetidos ao plano. Com relação ao credor com privilégio geral, após a distribuição do pedido de homologação, assinale a afirmativa correta.

(A) Não poderá desistir da adesão ao plano, mesmo com a anuência expressa dos demais signatários.

(B) Poderá desistir da adesão em razão da natureza contratual do plano, que permite, a qualquer tempo, sua denúncia.

(C) Não poderá desistir da adesão ao plano, salvo com a anuência expressa dos demais signatários.

(D) Poderá desistir da adesão ao plano, desde que seja titular de mais de 1/4 do total dos créditos de sua classe.

RESPOSTA Diante da situação hipotética, aplica-se o art. 161, § 5º, da Lei n. 11.101/2005, pois após a distribuição do pedido de homologação, os credores não poderão desistir da adesão ao plano, salvo com a anuência expressa dos demais signatários. *Alternativa C.*

51. **(XXIX Exame)** Ribamar é sócio da sociedade empresária Junco, Fiquene & Cia. Ltda. Após uma infrutífera negociação de plano de recuperação judicial, a assembleia de credores rejeitou o plano, acarretando a decretação de falência da sociedade. O desgaste, que já existia entre Ribamar e os demais sócios, intensificou-se com a decretação da falência, ensejando pedido de retirada da sociedade, com base nas disposições reguladoras da sociedade limitada. Diante dos fatos narrados, assinale a afirmativa correta.

(A) A decretação da falência suspende o exercício do direito de retirada do sócio Ribamar.

(B) A sociedade deverá apurar os haveres do sócio dissidente Ribamar, que serão pagos como créditos extraconcursais.

(C) O juiz da falência deverá avaliar o pedido de retirada do sócio Ribamar e, eventualmente, deferi-lo na ação de dissolução parcial.

(D) A decretação de falência não suspende o direito de retirada do sócio Ribamar, mas o pagamento de seus haveres deverá ser incluído como crédito subordinado.

RESPOSTA De acordo com o art. 116 da Lei n. 11.101/2005, a decretação da falência suspende o exercício do direito de retirada ou de recebimento do valor de suas quotas ou ações, por parte dos sócios da sociedade falida. *Alternativa A.*

52. **(XXVIII Exame)** Indústria de Celulose Três Rios Ltda. requereu homologação de plano de recuperação extrajudicial no lugar do seu principal estabelecimento. No plano de recuperação apresentado há um crédito quirografário em moeda estrangeira, com pagamento segundo a variação cambial do euro. Foi prevista ainda pelo devedor a supressão da variação cambial pela substituição da moeda euro pelo real. O plano foi aprovado por credores que titularizam mais de três quintos dos créditos de cada classe, mas Licínio, o credor titular deste crédito, não o assinou. De acordo com as disposições legais para homologação da recuperação extrajudicial, assinale a afirmativa correta.

(A) O plano pode ser homologado porque, mesmo sem a assinatura de Licínio, houve aprovação por credores que titularizam mais de três quintos dos créditos de cada classe.

(B) O plano não pode ser homologado porque, diante da supressão da variação cambial, o credor Licínio pode vetar sua aprovação, qualquer que seja o quórum de aprovação.

(C) O plano pode ser homologado porque o consentimento expresso de Licínio só é exigido para os créditos com garantia real, não se aplicando a exigência aos créditos quirografários.

(D) O plano não pode ser homologado por não ter atingido o quórum mínimo de aprovação, independentemente da supressão da cláusula de variação cambial.

RESPOSTA De acordo com o art. 50, § 2º, da Lei n. 11.101/2005, nos créditos em moeda estrangeira, a variação cambial será conservada como parâmetro de indexação da correspondente obrigação e só poderá ser afastada se o credor titular do respectivo crédito aprovar expressamente previsão diversa no plano de recuperação judicial. *Alternativa B.*

53. (XXVI Exame) Antes da decretação de falência da sociedade Talismã & Sandolândia Ltda., foi ajuizada ação de execução por título extrajudicial por Frigorífico Rio Sono Ltda., esta enquadrada como empresa de pequeno porte. Com a notícia da decretação da falência pela publicação da sentença no Diário da Justiça, o advogado da exequente tomará ciência de que a execução do título extrajudicial

(A) não será suspensa, em razão do enquadramento da credora como empresa de pequeno porte.

(B) está suspensa pelo prazo improrrogável de 180 (cento e oitenta) dias, contados da publicação da sentença.

(C) não será suspensa, em razão de ter sido ajuizada pelo credor antes da decretação da falência.

(D) está suspensa, devendo o credor se submeter às regras do processo falimentar e ter seu crédito verificado e classificado.

RESPOSTA De acordo com o inciso V do art. 99 da Lei Falimentar, correta a alternativa D.

54. (XXV Exame) Concessionária de Veículos Primeira Cruz Ltda. obteve concessão de sua recuperação judicial. Diante da necessidade de alienação de bens do ativo permanente, não relacionados previamente no plano de recuperação, foi convocada assembleia geral de credores. A proposta de alienação foi aprovada em razão do voto decisivo da credora Dutra & Corda Representações Ltda., cujo sócio majoritário P. Dutra tem participação de 32 (trinta e dois por cento) no capital da sociedade recuperanda. Com base nesses dados, é correto afirmar que

(A) a decisão é nula de pleno direito, pois a pretensão de alienação de bens do ativo permanente, não relacionados no plano, enseja a convolação da recuperação judicial em falência.

(B) o voto da sociedade Dutra & Corda Representações Ltda. não poderia ter sido considerado para fins de verificação do quórum de instalação e de deliberação da assembleia geral.

(C) a decisão assemblear é anulável, pois a sociedade Dutra & Corda Representações Ltda., como credora, não poderia ter participado nem proferido voto na assembleia geral.

(D) a assembleia é nula, pois a autorização para a alienação de bens do ativo permanente, não relacionados no plano de recuperação judicial, é prerrogativa exclusiva do administrador judicial.

RESPOSTA Segundo o art. 43 da Lei n. 11.101/2005, os sócios do devedor, bem como as sociedades coligadas, controladoras, controladas ou as que tenham sócio ou acionista com participação superior a 10 (dez por cento) do capital social do devedor ou em que o devedor ou algum de seus sócios detenham participação superior a 10 (dez por cento) do capital social, poderão participar da assembleia geral de credores, sem ter direito a voto e não serão considerados para fins de verificação do quórum de instalação e de deliberação. *Alternativa B.*

55. (XXII Exame) Mauriti & Cia Ltda. celebrou contrato de alienação fiduciária em garantia com a sociedade empresária Gama. Com a decretação de falência da fiduciante, o advogado da fiduciária pleiteou a restituição do bem alienado, sendo informado pelo administrador judicial que o bem se encontrava na posse do falido na época da decretação da falência, porém não foi encontrado para ser arrecadado. Considerando os fatos narrados, o credor fiduciário terá direito à restituição em dinheiro do valor da avaliação do bem atualizado?

(A) Não, em razão de este não ter sido encontrado para arrecadação.

(B) Sim, devendo, para tanto, habilitar seu crédito na falência como quirografário.

(C) Sim, mesmo que o bem alienado não mais exista ao tempo do pedido de restituição ou que não tenha sido arrecadado.

(D) Não, por não ter a propriedade plena do bem alienado fiduciariamente, e sim resolúvel.

RESPOSTA Se a coisa não mais existir ao tempo do pedido de restituição, hipótese em que o requerente receberá o valor da avaliação do bem, ou, no caso de ter ocorrido sua venda, o respectivo preço, em ambos os casos no valor atualizado (art. 86, I, da Lei n. 11.101/2005 – LRF). *Alternativa C.*

56. (XXI Exame) A sociedade empresária Monte Santo Embalagens Ltda. EPP requereu homologação de plano de recuperação extrajudicial, que continha, dentre outras, as seguintes disposições:

i) estabelecia a produção de efeitos a partir da data de sua assinatura, exclusivamente em relação à modificação do valor de créditos dos credores signatários;

ii) o pagamento antecipado de dívidas em relação aos credores com privilégio especial, justificando a necessidade em razão do fluxo de caixa;

iii) a inclusão de credores enquadrados como microempresas e empresas de pequeno porte;

iv) previa, como meio de recuperação, o trespasse de duas filiais.

O devedor enviou carta a todos os credores sujeitos ao plano, domiciliados ou sediados no país, informando a distribuição do pedido, as condições do plano e o prazo para impugnação. Você, como advogado(a) de um desse credores, pretende impugnar a homologação porque o plano a ser homologado

(A) só deve incluir, como meio de recuperação, o parcelamento ou abatimento de dívidas, com a incidência de juros fixos à taxa de 12 (doze por cento) ao ano.
(B) não pode contemplar o pagamento antecipado de dívidas nem tratamento desfavorável aos credores que a ele não estejam sujeitos.
(C) não pode prever a produção de efeitos anteriores à sua homologação, ainda que exclusivamente em relação à modificação do valor de créditos dos credores signatários.
(D) não pode incluir credores enquadrados como empresas de pequeno porte, porque está limitado às classes de credores com garantia real, com privilégio geral, quirografários e subquirografários.

RESPOSTA O plano não poderá contemplar o pagamento antecipado de dívidas nem tratamento desfavorável aos credores que a ele não estejam sujeitos (art. 161, § 2º, da Lei n. 11.101/2005). *Alternativa B.*

57. **(XXIV Exame)** A sociedade empresária Pará de Minas Veículos Ltda. pretende requerer sua recuperação judicial. Ao analisar a minuta de petição inicial, o gerente administrativo listou os impedimentos ao pedido de recuperação. Assinale a opção que apresenta um desses impedimentos.

(A) O devedor ter, há menos de 5 (cinco) anos, obtido concessão de recuperação judicial.
(B) O devedor possuir ativo que não corresponda a, pelo menos, 50 (cinquenta por cento) do passivo quirografário.
(C) O devedor deixar de requerer sua autofalência nos 30 (trinta) dias seguintes ao vencimento de qualquer obrigação líquida.
(D) A sociedade ter como administrador pessoa condenada por crime contra o patrimônio ou contra a fé pública.

RESPOSTA De acordo com o art. 48 da Lei 11.101/2005, poderá requerer recuperação judicial "o devedor que, no momento do pedido, exerça regularmente suas atividades há mais de 2 (dois) anos e que atenda aos seguintes requisitos, cumulativamente: I – não ser falido e, se o foi, estejam declaradas extintas, por sentença transitada em julgado, as responsabilidades daí decorrentes; II – não ter, há menos de 5 (cinco) anos, obtido concessão de recuperação judicial; III – não ter, há menos de 5 (cinco) anos, obtido concessão de recuperação judicial com base no plano especial de que trata a Seção V deste Capítulo; IV – não ter sido condenado ou não ter, como administrador ou sócio controlador, pessoa condenada por qualquer dos crimes previstos nesta Lei". *Alternativa A.*

58. **(XXIV Exame)** O empresário individual Ives Diniz, em conluio com seus dois primos, realizou empréstimos simulados a fim de obter crédito para si; por esse e outros motivos, foi decretada sua falência. No curso do processo falimentar, o administrador judicial verificou a prática de outros atos praticados pelo devedor e seus primos, antes da falência; entre eles, a transferência de bens do estabelecimento a terceiros lastreados em pagamentos de dívidas fictícias, com nítido prejuízo à massa. De acordo com o enunciado e as disposições da Lei de Falência e Recuperação de Empresas, o advogado contratado pelo administrador judicial para defender os direitos e interesses da massa deverá

(A) requerer, no juízo da falência, a instauração do incidente de desconsideração da personalidade jurídica.
(B) ajuizar ação revocatória em nome da massa falida no juízo da falência.
(C) ajuizar ação pauliana em nome do administrador judicial no juízo cível.
(D) requerer, no juízo da falência, o sequestro dos bens dos primos do empresário como medida antecedente à ação de responsabilidade civil.

RESPOSTA De acordo com o art. 130 da Lei n. 11.101/ 2005, são revogáveis – por meio da ação revocatória – os atos praticados com a intenção de prejudicar credores, provando-se o conluio fraudulento entre o devedor e o terceiro que com ele contratar e o efetivo prejuízo sofrido pela massa falida. *Alternativa B.*

59. **(XXIII Exame)** Você participou da elaboração, apresentação e negociação do plano de recuperação extrajudicial de devedor sociedade empresária. Tendo sido o plano assinado por todos os credores por ele atingidos, seu cliente o contratou para requerer a homologação judicial. Assinale a opção que indica o juízo em que deverá ser apresentado o pedido de homologação do plano de recuperação extrajudicial.

(A) O juízo da sede do devedor.
(B) O juízo do principal estabelecimento do devedor.
(C) O juízo da sede ou de qualquer filial do devedor.
(D) O juízo do principal estabelecimento ou da sede do devedor.

RESPOSTA De acordo com a Lei n. 11.101/2005, art. 3º, é competente para homologar o plano de recuperação extrajudicial, deferir a recuperação judicial ou decretar a falência o juízo do local do principal estabelecimento do devedor ou da filial de empresa que tenha sede fora do Brasil. *Alternativa B.*

VI. PROPRIEDADE INDUSTRIAL

60. **(XXX Exame)** Amambaí Inovação e Engenharia S/A obteve, junto ao Instituto Nacional da Propriedade Industrial (INPI), patente de invenção no ano de 2013. Dois anos após, chegou ao conhecimento dos administradores a prática de atos violadores de direitos de patente. No entanto, a ação para reparação de dano causado ao direito de propriedade industrial só foi intentada no ano de 2019. Você é consultado(a), como Advogado(a) sobre o caso. Assinale a opção que apresenta o seu parecer.

(A) A reparação do dano causado pode ser pleiteada, porque o direito de patente é protegido por 20 (vinte) anos, a contar da data de depósito.
(B) A pretensão indenizatória, na data da propositura da ação, encontrava-se prescrita, em razão do decurso de mais de 3 (três) anos.
(C) A pretensão indenizatória, na data da propositura da ação, não se encontrava prescrita porque o prazo de 5 (cinco) anos não havia se esgotado.
(D) A reparação do dano causado não pode ser pleiteada, porque a patente concedida não foi objeto de licenciamento pelo seu titular.

RESPOSTA De acordo com o art. 225 da Lei n. 9.279/96, prescreve em 5 (cinco) anos a ação para reparação de dano causado ao direito de propriedade industrial. *Alternativa C.*

Direito Internacional

Ana Carolina Sampaio Pascolati

Advogada. Professora de Direito Internacional e Direitos Humanos do Damásio Educacional. Doutoranda e Mestre pela Pontifícia Universidade Católica de São Paulo – PUC/SP. Especialista em Direito Constitucional Internacional pela Universidade de Salamanca – Espanha. Especialista em Direito Público pela Uniderp. Autora de diversos artigos jurídicos publicados em revistas jurídicas e *sites* especializados, bem como experiência na coordenação de cursos preparatórios para a OAB, Carreiras Jurídicas e Públicas do Damásio Educacional/IBMEC – Polo Santo Amaro. Atualmente é sócia-advogada do escritório Pascolati Advocacia e Coordenadora da Comissão de Direito Internacional da subseção de Santo Amaro/SP. Foi professora na Faculdade Damásio de Jesus e na Universidade Anhanguera.

Sumário

Na prova do Exame de Ordem, a disciplina de Direito Internacional aparece em duas questões e, por isso, é considerada matéria pequena, se comparada com as matérias grandes e as essenciais.

Ainda que considerada matéria pequena, se unida às outras matérias com o mesmo perfil, o acerto acaba sendo decisório para a aprovação do candidato.

Normalmente, a Banca Examinadora divide a prova em uma questão de Internacional Privado (DIPR) e outra questão de Internacional Público (DIP). É possível perceber alguns temas de maior relevância nas provas, como questões sobre a Lei de Introdução às Normas do Direito Brasileiro (LINDB), e, também, as questões sobre Processo Civil Internacional, especificamente a fixação de competência da Justiça brasileira em relação à Justiça Internacional. Nada impede que, vez ou outra, a Banca seja extremamente específica em determinado assunto, fugindo dessas questões mais costumeiras e dando espaço às que aparecem em concursos de carreiras internacionais. Todas as matérias passam por surpresas e com a matéria de Internacional não seria diferente, mas o candidato bem treinado em fazer testes sairá na frente se comparado a outros candidatos.

As questões mais corriqueiras são as que envolvem a propositura da ação e a aplicação do direito estrangeiro (lei estrangeira), ou seja, análise dos elementos de conexão.

Outros temas sobre DIP, sujeitos do Direito Internacional, Tratados Internacionais, também possuem bastante incidência.

Por fim, é muito comum a interdisciplinaridade de temas com direitos humanos e constitucional.

1. DIREITO INTERNACIONAL: RAMOS E CONCEITOS DO DIREITO INTERNACIONAL

Divide-se o Direito Internacional em três ramos: Direito Internacional Público, Direito Internacional Privado e o Direito Comunitário.

A maior incidência no Exame de Ordem são questões que envolvem o chamado elemento de conexão e o examinador pode optar por cobrar nas duas questões este tema dentro do ramo de DIPR.

Conceitua-se **Direito Internacional Privado** como o ramo que estuda o conflito de leis no espaço, são os chamados elementos de estraneidade, permitindo que no caso concreto o juiz brasileiro possa aplicar a lei brasileira ou a lei estrangeira. As regras estão disciplinadas na Lei de Introdução as Normas do Direito Brasileiro (LINDB) e no Código de Processo Civil (CPC); **Direito Internacional Público** é o ramo que trata das relações entre os sujeitos do **Direito Internacional Público** (disciplina, por exemplo, as relações entre os Estados Soberanos e as Organizações Internacionais), estuda os instrumentos de exclusão do indivíduo dentro do Território Brasileiro, nacionalidade, tratados internacionais etc.; já o **Direito Comunitário** estuda os blocos regionais, que possuem normas de direito internacional público e privado, e são as chamadas regras de integração nacional. Na prova, podem aparecer questões envolvendo o Tratado de Assunção, que criou o Mercosul e alguns de seus protocolos.

2. APLICAÇÃO DO DIPR: ELEMENTOS DE CONEXÃO

Conceito: os elementos de conexão são temas que indicam a lei aplicável, englobando o conjunto de normas e princípios que o juiz deverá aplicar para solucionar casos que envolvam lei brasileira ou lei estrangeira. A Lei de Introdução às Normas do Direito Brasileiro e o Código de Processo Civil são as principais fontes do Direito Internacional Privado, porém é a LINDB que estabelece o direito material, ou seja, as normas que devem ser aplicadas quando houver elemento de conexão e a legislação observada pelo juiz brasileiro.

Importante: a LINDB é uma espécie de sistema geral de aplicação da lei estrangeira ou do direito estrangeiro.

Quadro de fixação dos principais elementos de conexão:

Elementos de conexão	Lei aplicável
Capacidade, Personalidade, Nome e Direitos de família	Lei do domicílio da pessoa, titular de direito, conforme art. 7º, *caput*, da LINDB.

Cuidado: em se tratando de noivos com domicílios diferentes, o casamento será regido pela lei do 1º domicílio conjugal (art. 7º, § 3º, da LINDB).

Observação: os casamentos celebrados em consulados ou embaixadas são regidos pela lei do país do consulado ou da embaixada, sendo irrelevante o domicílio dos noivos (art. 7º, § 2º, da LINDB).

Elementos de conexão	Lei aplicável
Obrigações, contratos, testamentos e negócio jurídico	Lei do local da celebração, ou seja, local da sua assinatura. Art. 9º, *caput*, da LINDB.

Importante: esse elemento de conexão é o que possui maior incidência na prova e, por isso, deve ser analisado com cautela.

O art. 9º, caput, *da LINDB estabelece que para qualificar e reger as obrigações, aplicar-se-á a lei do país em que se constituírem.*

Observação: Para esse elemento de conexão, o que importa é o local onde o contrato foi celebrado ou assinado; local em que a obrigação foi constituída e não onde será executada.

Elementos de conexão	Lei aplicável
Bens	Lei aplicável é do local da sua situação.

Atenção: para os bens imóveis, considera-se a lei do local onde se encontre (art. 8º, *caput*, da LINDB); já para bens móveis, considera-se a lei do domicílio do proprietário do bem (art. 8º, § 2º, da LINDB).

Elementos de conexão	Lei aplicável
Sucessões	Regra geral: lei do domicílio do *de cujus* (art. 10, *caput*, da LINDB).

Exceção: O art. 10, § 1º, LINDB dispõe sobre a hipótese em que será aplicada a lei brasileira, ou seja, a sucessão será obrigatoriamente regida pela lei brasileira quando verificar três requisitos cumulativos: filho ou cônjuge brasileiro, bens situados no Brasil e a lei brasileira mais favorável aos herdeiros (filho ou cônjuge).

Assim, o juiz brasileiro deixará de aplicar a regra geral e aplicará a exceção se verificar que existem os três requisitos cumulativos.

Nas questões sobre sucessão, o candidato necessita tomar cuidado com os enunciados e/ou alternativas em que é citada a celebração de testamento. Em outras palavras, a resposta será com base nas regras da sucessão, quando não houver testamento celebrado. Portanto, atenção especial nesses dois elementos de conexão, sucessão e testamento.

Em se tratando das regras para suceder à herança, o art. 10, § 2º, da LINDB, traz a aplicação da lei de domicílio do herdeiro ou legatário.

No XXIV Exame de Ordem, a Banca Examinadora exigiu do candidato a aplicação do elemento de conexão capacidade, sucessão e testamento. Sendo assim, a sugestão é a análise da questão juntamente com os comentários acima.

3. PROCESSO CIVIL INTERNACIONAL

Tema muito corriqueiro numa das duas questões de Direito Internacional refere-se ao direito processual internacional, no que tange à fixação da competência da Justiça brasileira em relação à Justiça estrangeira, ou seja, o examinador exigirá do candidato o conhecimento de onde a ação poderá ou deverá ser proposta.

Além disso, o candidato deverá saber qual é o direito material aplicável ao caso. Para tanto, estuda-se a LINDB e o CPC. A LINDB é a principal fonte do Direito Internacional, especificamente sobre os elementos de conexão, conforme acima mencionado, os principais que a prova exige do candidato.

Na aplicação do Direito Internacional Privado, ou a ação é proposta no Brasil e o juiz brasileiro poderá aplicar a lei estrangeira ou a ação é proposta no exterior e a sentença estrangeira deverá ser homologada pelo Superior Tribunal de Justiça para ser executada no território brasileiro.

No tema fixação de competência da justiça brasileira, o CPC determina:

Regra geral: a competência do juiz brasileiro é concorrente ou relativa em relação ao juiz estrangeiro, ou seja, a ação **poderá** ser proposta no Brasil, desde que as partes assim escolham, nos termos dos arts. 21 e 22 do CPC.

Exceção: o art. 23 do CPC traz hipóteses em que a competência do juiz brasileiro será absoluta ou exclusiva, ou seja, a ação **deverá** ser proposta no Brasil:

a) conhecer de ações eletivas de *bens imóveis situados no Brasil*;

b) inventário ou partilha de *bens situados no Brasil*; (bens móveis e imóveis) e ainda confirmar testamento particular, ainda que o autor da herança seja estrangeiro ou tenha domicílio fora do Brasil;

c) divórcio, separação judicial ou dissolução de união estável, proceder à partilha de *bens situados no Brasil*, ainda que o titular seja de nacionalidade estrangeira ou tenha domicílio fora do Brasil.

Cuidado: nas hipóteses acima, as partes no caso concreto não podem escolher o local da propositura da ação e o STJ não poderá homologar sentença estrangeira que trate de algumas das hipóteses do art. 23 do CPC.

No exame XXXIII, a OAB exigiu exatamente o conhecimento do art. 23, do Código de Processo Civil, onde a dica é: se a questão tratar de bens no Brasil, a competência será absoluta ou exclusiva da Justiça brasileira, ou seja, a parte não pode escolher onde vai propor a Ação e, portanto, o Código de Processo Civil não admite o foro de eleição.

Cooperação jurídica internacional: com o fenômeno da globalização, o mundo vivencia a crescente circulação de pessoas, bens e serviços. Em razão disso, os Estados passaram a manter relações entre si, nas quais necessitam de auxílio entre eles para o exercício da prestação jurisdicional mais célere e efetiva. Isso porque esses contatos fronteiriços ajudaram a fomentar a cooperação jurídica internacional que vem se desenvolvendo nos dias atuais.

O intercâmbio de pessoas, bens e serviços teve reflexos nos ordenamentos jurídicos, forçando-os a se adequarem às novas realidades, como ocorreu recentemente com o CPC.

A cooperação jurídica depende de mecanismos para se efetivar, sendo eles: **carta rogatória**, **homologação** e o mais novo deles o **auxílio direto**.

Na prova, já se exigiu do candidato o conhecimento sobre **sentença estrangeira** que depende de homologação e **carta rogatória** que depende de *Exequatur* sobre a luz das alterações do Código de Processo Civil Brasileiro. Ambas decididas pelo Superior Tribunal de Justiça, nos termos do art. 105, I, *i*, da CF/88.

> "Art. 105, Constituição Federal. Compete ao Superior Tribunal de Justiça:
>
> I - processar e julgar, originariamente:
>
> i) a **homologação** de **sentenças estrangeiras** e a concessão de *exequatur* às **cartas rogatórias**.

O *exequatur* não alcança sentença estrangeira. É exigido para as cartas rogatórias, isto é, a decisão interlocutória de juiz estrangeiro que precisa ser cumprida no Brasil (exemplo: intimação, penhora, perícia, oitiva de testemunhas etc.). O *exequatur* de carta rogatória é de competência do STJ. No *exequatur*, o STJ é provocado pelas autoridades centrais estrangeiras, ou seja, não se exige que as partes levem até ao STJ o pedido de *exequatur*. Por fim, autoridade central é o órgão que cada país define como sendo competente para cuidar da cooperação judiciária internacional. No Brasil, a autoridade central é o Ministério da Justiça. É relevante registrar que a carta rogatória, depois que recebe o *exequatur* do STJ, é executada pelo juiz federal competente.

Os arts. 26, 27 e 36 todos do Código de Processo Civil disciplinam que:

> Art. 26. A cooperação jurídica internacional será regida por tratado de que o Brasil faz parte e observará:IV - a existência de autoridade central para recepção e transmissão dos pedidos de cooperação;
>
> (...)
>
> § 4º O Ministério da Justiça exercerá as funções de autoridade central na ausência de designação específica.
>
> Art. 27. A cooperação jurídica internacional terá por objeto:
>
> I – citação, intimação e notificação judicial e extrajudicial;
>
> II – colheita de provas e obtenção de informações;
>
> III – homologação e cumprimento de decisão;
>
> IV – concessão de medida judicial de urgência;
>
> V – assistência jurídica internacional;
>
> VI – qualquer outra medida judicial ou extrajudicial não proibida pela lei brasileira.
>
> Art. 36. O procedimento da carta rogatória perante o Superior Tribunal de Justiça é de jurisdição contenciosa e deve assegurar às partes as garantias do devido processo legal.
>
> § 1º A defesa restringir-se-á à discussão quanto ao atendimento dos requisitos para que o pronunciamento judicial estrangeiro produza efeitos no Brasil.
>
> § 2º Em qualquer hipótese, é vedada a revisão do mérito do pronunciamento judicial estrangeiro pela autoridade judiciária brasileira.

Sentença estrangeira depende de homologação pelo STJ	carta rogatória depende de *Exequatur* pelo STJ.

A carta rogatória e a homologação de sentença estrangeira dependem do juízo de delibação do Estado requerido. A carta rogatória carrega em seu bojo uma decisão interlocutória, de caráter não definitivo, ao passo que a sentença estrangeira traz em si um ato jurisdicional não sujeito a recurso que encerra definitivamente o litígio, dependendo apenas de sua homologação para ser executada.

Cuidado:

> O art. 961, § 5º, do CPC dispõe que, em se tratando de sentença estrangeira de divórcio consensual para produção de efeitos no Brasil, independe de homologação pelo Superior Tribunal de Justiça.

Atenção: a execução de sentença estrangeira e *exequatur* de carta rogatória deverão ser cumpridas pela Justiça Federal, nos termos do art. 109, X, da CF/88. Caso na comarca não tenha juiz federal, será executada pelo juiz estadual, competência residual.

Por fim, para a homologação de sentença estrangeira deverão ser analisados alguns requisitos:

a) **Formais:** previstos no art. 15 da LINDB e art. 963 do CPC, por exemplo, sentença expedida por autoridade estrangeira competente, ou seja, se a competência não deveria ser da Justiça Brasileira;
b) **Materiais:** trata-se do conteúdo da sentença (estrangeira), conforme o art. 17 da LINDB e o art. 963, VI, do CPC, ou seja, não pode ofender a soberania, ordem pública e bons costumes.

> **Observação:** o art. 964 do CPC dispõe que: "Não será homologada a decisão estrangeira na hipótese de competência exclusiva da autoridade judiciária brasileira. Parágrafo único. O dispositivo também se aplica à concessão do *exequatur* à carta rogatória".

Recentemente, no Exame XXXII, a Banca Examinadora exigiu do candidato a homologação de sentença estrangeira, analisando o princípio da efetividade, exigindo o liame entre o exercício da jurisdição pelo Estado brasileiro e o caso concreto a ele submetido.

4. DIPR E DIP: CONVENÇÃO APOSTILA

A Apostila de Haia é um acordo internacional assinado por mais de 100 países que determina as modalidades nas quais um documento pode ser aceito em outro país, sem a necessidade das legalizações consulares.

A finalidade da Apostila de Haia é permitir que um documento público brasileiro, por exemplo, certidão de nascimento e casamento, seja reconhecido e válido em um país estrangeiro. O Conselho Nacional de Justiça é responsável pelo funcionamento da Apostila de Haia.

A Apostila de Haia (ou Apostila de Convenção de Haia) nada mais é do que um selo ou carimbo emitido pelas autoridades competentes, que é colocado no documento como forma de certificar sua autenticidade pelo órgão do qual foi expedido para que assim seja válido no país requerido. O objetivo do certificado é agilizar e simplificar a legalização de documentos entre os países signatários, de modo que os documentos estrangeiros no Brasil e os documentos brasileiros no exterior tenham reconhecimento mútuo, eliminando, assim, todo o procedimento burocrático existente antes. A Convenção Apostila entrou em vigor no Brasil a partir de 14-8-2016. A Banca Examinadora no XXV Exame cobrou esse assunto em uma das questões. Trata-se de assunto novo que merece atenção.

5. ESTRANGEIRO – LEI N. 13.445/2017 – LEI DE MIGRAÇÃO

A Lei de Migração, Lei n. 13.445/2017, de 24 de maio de 2017, revogou o Estatuto do Estrangeiro, Lei n. 6.815/80. O Decreto n. 9.199/2017, de 21 de novembro de 2017, regulamenta a Lei de Migração.

Esta lei substitui o Estatuto do Estrangeiro, apresentando novos conceitos e atualizando garantias e princípios constitucionais antes só concedidos a brasileiros. Dessa forma, referida lei, finalmente, se ajusta à Constituição Federal que dispõe da igualdade perante a lei entre brasileiros e estrangeiros.

A essência da lei é a proteção de direitos humanos na temática das migrações. O Brasil é um dos países que mais se preocupa com os direitos humanos (art. 4º, II, CF) e, portanto, reconhece a universalidade, indivisibilidade e interdependência dos direitos humanos como princípio de regência da política migratória brasileira, decorrência da proteção da dignidade da pessoa humana, valor predominante da Constituição Federal e dos tratados internacionais de direitos humanos celebrados pelo Brasil.

Ao contrário do revogado Estatuto do Estrangeiro (adotado na ditadura militar), esta lei é fruto da preocupação com os direitos humanos, devendo ser entendida como uma lei que garante melhores condições de vida ao migrante, com mais coerência se comparada com os dispositivos Constitucionais.

Importante citar os primeiros artigos da Lei de Migração que dispõem sobre os princípios e as garantias da política migratória brasileira.

Dos Princípios e das Garantias: Art. 3º A política migratória brasileira rege-se pelos seguintes princípios e diretrizes:	Art. 4º Ao migrante é garantida no território nacional, em condição de igualdade com os nacionais, a inviolabilidade do direito à vida, à liberdade, à igualdade, à segurança e à propriedade, bem como são assegurados:
I – universalidade, indivisibilidade e interdependência dos direitos humanos; II – repúdio e prevenção à xenofobia, ao racismo e a quaisquer formas de discriminação; III – não criminalização da migração; IV – não discriminação em razão dos critérios ou dos procedimentos pelos quais a pessoa foi admitida em território nacional; V – promoção de entrada regular e de regularização documental; VI – acolhida humanitária; VII – desenvolvimento econômico, turístico, social, cultural, esportivo, científico e tecnológico do Brasil; VIII – garantia do direito à reunião familiar; IX – igualdade de tratamento e de oportunidade ao migrante e a seus familiares; X – inclusão social, laboral e produtiva do migrante por meio de políticas públicas; XI – acesso igualitário e livre do migrante a serviços, programas e benefícios sociais, bens públicos, educação, assistência jurídica integral pública, trabalho, moradia, serviço bancário e seguridade social; XII – promoção e difusão de direitos, liberdades, garantias e obrigações do migrante; XIII – diálogo social na formulação, na execução e na avaliação de políticas migratórias e promoção da participação cidadã do migrante; XIV – fortalecimento da integração econômica, política, social e cultural dos povos da América Latina, mediante constituição de espaços de cidadania e de livre circulação de pessoas; XV – cooperação internacional com Estados de origem, de trânsito e de destino de movimentos migratórios, a fim de garantir efetiva proteção aos direitos humanos do migrante; XVI – integração e desenvolvimento das regiões de fronteira e articulação de políticas públicas regionais capazes de garantir efetividade aos direitos do residente fronteiriço; XVII – proteção integral e atenção ao superior interesse da criança e do adolescente migrante; XVIII – observância ao disposto em tratado; XIX – proteção ao brasileiro no exterior; XX – migração e desenvolvimento humano no local de origem, como direitos inalienáveis de todas as pessoas; XXI – promoção do reconhecimento acadêmico e do exercício profissional no Brasil, nos termos da lei; e XXII – repúdio a práticas de expulsão ou de deportação coletivas.	I – direitos e liberdades civis, sociais, culturais e econômicos; II – direito à liberdade de circulação em território nacional; III – direito à reunião familiar do migrante com seu cônjuge ou companheiro e seus filhos, familiares e dependentes; IV – medidas de proteção a vítimas e testemunhas de crimes e de violações de direitos; V – direito de transferir recursos decorrentes de sua renda e economias pessoais a outro país, observada a legislação aplicável; VI – direito de reunião para fins pacíficos; VII – direito de associação, inclusive sindical, para fins lícitos; VIII – acesso a serviços públicos de saúde e de assistência social e à previdência social, nos termos da lei, sem discriminação em razão da nacionalidade e da condição migratória; IX – amplo acesso à justiça e à assistência jurídica integral gratuita aos que comprovarem insuficiência de recursos; X – direito à educação pública, vedada a discriminação em razão da nacionalidade e da condição migratória; XI – garantia de cumprimento de obrigações legais e contratuais trabalhistas e de aplicação das normas de proteção ao trabalhador, sem discriminação em razão da nacionalidade e da condição migratória; XII – isenção das taxas de que trata esta Lei, mediante declaração de hipossuficiência econômica, na forma de regulamento; XIII – direito de acesso à informação e garantia de confidencialidade quanto aos dados pessoais do migrante, nos termos da Lei n. 12.527, de 18 de novembro de 2011 ; XIV – direito a abertura de conta bancária; XV – direito de sair, de permanecer e de reingressar em território nacional, mesmo enquanto pendente pedido de autorização de residência, de prorrogação de estada ou de transformação de visto em autorização de residência; e XVI – direito do imigrante de ser informado sobre as garantias que lhe são asseguradas para fins de regularização migratória.

As formas de retirada compulsória, sobretudo a regulamentação do instituto da repatriação, deportação e expulsão, apresenta a previsão para atuação da Defensoria Pública da União nos procedimentos, garantindo o direito ao devido processo legal, inibindo, portanto, atos arbitrários ou discriminatórios.

Sobre essa matéria, a maior incidência em prova se refere a deportação, expulsão e extradição, cujos conceito e essência de cada instituto não apresentaram grandes mudanças. Não serão vislumbradas preocupações a esse respeito. A novidade que poderá ser fruto de questões futuras é quanto ao instituto da repatriação, o qual será conceituado a seguir.

Conceito: estrangeiro é considerado o indivíduo que não é nacional de um Estado (sinônimo de forasteiro ou alienígena, relativo de quem é alheio, de fora). Para o Estado, ou os indivíduos são considerados nacionais ou estrangeiros.

Atenção: as regras sobre admissão do estrangeiro e sua permanência no país são questões do direito interno.

Art. 5º da CF: em relação aos direitos fundamentais no Brasil, a CF/88 estabelece que brasileiros e estrangeiros são iguais perante a lei.

Observação: em situações específicas, o estrangeiro poderá ser compelido a sair do território nacional. São medidas compulsórias que impõem a retirada compulsória do indivíduo.

A Banca Examinadora da OAB exigiu questões sobre esse assunto, cobrando o conhecimento quanto a deportação, expulsão e extradição como mecanismo de exclusão do indivíduo do território nacional.

É comum perguntar a diferença entre eles, bem como misturar questões de estrangeiro com nacionalidade brasileira, nos termos do art. 12 da CF/88.

Repatriação	Deportação	Expulsão
Previsão no art. 49 da Lei de Migração, Lei n. 13.445/2017. Medida administrativa de devolução de pessoa em situação de impedimento ao país de procedência ou ao país de nacionalidade. A repatriação impede a entrada da pessoa ao Brasil, porém, caso regularize sua situação, poderá retornar ao território nacional.	Previsão nos arts. 50 a 53 da Lei de Migração, Lei n. 13.445/2017. Conceitua-se deportação a retirada da pessoa que se encontre em situação irregular no território nacional. Considera-se a deportação medida de poder de polícia administrativa, não sendo, portanto, pena ou punição. Compete à polícia federal o ato de deportar quando o estrangeiro não o faz voluntariamente. O estrangeiro terá prazo para regularizar sua situação dentro do território nacional e, caso assim não o faça, será deportado.	Previsão nos arts. 54 a 60 da nova Lei de Migração. Expulsão é medida punitiva que alcança apenas estrangeiro. O art. 54, § 1º, dispõe que: "Poderá dar causa à expulsão a condenação com sentença transitada em julgado relativa à prática de: I – crime de genocídio, crime contra a humanidade, crime de guerra ou crime de agressão, nos termos definidos pelo Estatuto de Roma do Tribunal Penal Internacional, de 1998, promulgado pelo Decreto n. 4.388, de 25 de setembro de 2002; ou II – crime comum doloso passível de pena privativa de liberdade, consideradas a gravidade e as possibilidades de ressocialização em território nacional". É competência do Ministro da Justiça o regresso de estrangeiro expulso, que configura crime do art. 338 do CP, salvo se existir revogação do decreto de expulsão.

Atenção: as causas impeditivas da expulsão estão previstas no art. 55, vejamos:

> *Não se procederá à expulsão quando:*
>
> *I – a medida configurar extradição inadmitida pela legislação brasileira;*
>
> *II – o expulsando: a) tiver filho brasileiro que esteja sob sua guarda ou dependência econômica ou socioafetiva ou tiver pessoa brasileira sob sua tutela; b) tiver cônjuge ou companheiro residente no Brasil, sem discriminação alguma, reconhecido judicial ou legalmente; c) tiver ingressado no Brasil até os 12 (doze) anos de idade, residindo desde então no País; d) for pessoa com mais de 70 (setenta) anos que resida no País há mais de 10 (dez) anos, considerados a gravidade e o fundamento da expulsão; e) vetado.*

No exame XXXII, a OAB exigiu exatamente o art. 55, pedindo que o candidato assinalasse a alternativa em que apresentasse as causas impeditivas da expulsão.

Essas causas impedem apenas a expulsão, não podendo ser alegadas na repatriação, deportação, extradição e entrega.

Cooperação Jurídica Internacional:

Extradição: previsão no art. 5º, LI e LII, da CF e arts. 81 a 99 da Lei de Migração. Embora estudada na temática de retirada compulsória do indivíduo do território nacional, a extradição é medida de cooperação penal internacional entre Estados soberanos que permite ao Brasil disponibilizar a outro Estado soberano indivíduo que cometeu crime no exterior e se encontra no Brasil foragido. Porém, quando mais de um Estado requerer a extradição da mesma pessoa pelo mesmo fato, terá preferência o pedido daquele em cujo território a infração foi cometida, conforme o art. 85 da Lei de Migração.

Assim, dispõe o art. 85 da Lei de Migração:

> *quando mais de um Estado requerer a extradição da mesma pessoa, pelo mesmo fato, terá preferência o pedido daquele em cujo território a infração foi cometida:*
>
> *§ 1º Em caso de crimes diversos, terá preferência, sucessivamente:*
>
> *I – o Estado requerente em cujo território tenha sido cometido o crime mais grave, segundo a lei brasileira;*
>
> *II – o Estado que em primeiro lugar tenha pedido a entrega do extraditando, se a gravidade dos crimes for idêntica;*
>
> *III – o Estado de origem, ou, em sua falta, o domiciliar do extraditando, se os pedidos forem simultâneos.*
>
> *§ 2º Nos casos não previstos nesta Lei, o órgão competente do Poder Executivo decidirá sobre a preferência do pedido, priorizando o Estado requerente que mantiver tratado de extradição com o Brasil.*
>
> *§ 3º Havendo tratado com algum dos Estados requerentes, prevalecerão suas normas no que diz respeito à preferência de que trata este artigo.*

Modalidades de extradição:

1. Ativa: Brasil é o Estado requerente da medida. Formulada ao Ministério da Justiça que, por meio do Ministério das Relações Exteriores, remete o pedido ao País em que se encontra o indivíduo.

2. Passiva: situação em que o Brasil é Estado requerido, pelo fato de o indivíduo estar no território nacional. A extradição passiva é recebida no Brasil por meios diplomáticos e encaminhada para a decisão do STF (art. 102, I, *g*, CF).

Observações importantes: o tratado de extradição é dispensável, ou seja, a medida pode ser operada com base no Princípio da Reciprocidade; deve haver a similitude de crime e dupla punibilidade (o fato que fundamenta a extradição tem que ser crime punível no Brasil e no Estado requerente); o fato não pode constituir crime político ou de opinião e não ocorrerá a extradição se o indivíduo tiver que responder no país requerente perante Tribunal de Exceção.

Atenção: autorizada a extradição pelo STF, competirá ao Presidente da República e da Polícia Federal a execução da medida.

> **Cuidado:** brasileiro nato nunca poderá ser extraditado; já o brasileiro naturalizado poderá em dois casos: (i) quando praticar crime comum antes da naturalização; (ii) quando praticar tráfico de drogas a qualquer tempo, nos termos do art. 5º, LI, da CF/88.

Importante: o art. 5º, LII, da CF/88 dispõe que não será concedida extradição de estrangeiro por crime político ou de opinião.

Dentro do tema retirada compulsória, importante a diferença de asilo e refúgio.

Asilo e Refúgio

Asilo: a garantia do direito à vida e à integridade física e mental de uma pessoa pode ser ameaçada por problemas políticos, por perseguições religiosas, ideológicas etc. Na busca de abrigo em outros países, o Direito Internacional passou a distinguir o instituto do refúgio e asilo.

O art. XIV da Declaração Universal dos Direitos Humanos dispõe que: "*1. Toda a pessoa sujeita a perseguição tem o direito de procurar e de beneficiar de asilo em outros países. 2. Este direito não pode, porém, ser invocado no caso de processo realmente existente por crime de direito comum ou por actividades contrárias aos fins e aos princípios das Nações Unidas*".

O art. 22, §§ 7º e 8º, do Pacto de São José da Costa Rica também disciplina o assunto: "*Artigo 22 – Direito de circulação e de residência. (...) 7. Toda pessoa tem o direito de buscar e receber asilo em território estrangeiro, em caso de perseguição por delitos políticos ou comuns conexos com delitos políticos e de acordo com a legislação de cada Estado e com os convênios internacionais. 8. Em nenhum caso o estrangeiro pode ser expulso ou entregue a outro país, seja ou não de origem, onde seu direito à vida ou à liberdade pessoal esteja em risco de violação por causa da sua raça, nacionalidade, religião, condição social ou de suas opiniões políticas.*"

Especificamente, o asilo consiste na proteção dada por um Estado a indivíduo que esteja sendo ameaçado, normalmente por perseguição política. A Resolução 3.212 da ONU dispõe que o Estado soberano tem o direito de conceder o asilo e não o dever, se tratando, portanto, de um ato discricionário do Estado. Há dois tipos de asilo: territorial e o diplomático. O asilo territorial concede ao indivíduo a proteção no território do Estado, ou seja, significa que o asilado foi acolhido em território estrangeiro. O asilo diplomático (extraterritorial, interno), configura o acolhimento do indivíduo em missões diplomáticas, navios de guerra, aeronaves e acampamentos militares. Ver Convenção de Caracas sobre asilo diplomático de 1954. É instituto reconhecido no Direito Internacional apenas perante os países latino-americanos. O asilo diplomático é garantido a indivíduo que esteja sofrendo perseguição política e cujo estado seja de urgência.

> **Atenção: não é reconhecido o direito ao asilo diplomático em consulados.**

O art. 4º, da CF trata dos princípios que regem o Brasil nas relações diplomáticas. O inciso X trata do asilo político. A nova Lei de Migração também dispõe sobre o instituto em seus arts. 27 e 28.

Refúgio: embora o refúgio guarde alguma semelhança com o asilo, o Direto Internacional tratou de diferenciá-los. Sendo assim, o refúgio é o ato pelo qual o Estado concede proteção ao indivíduo que esteja correndo risco em outro país por motivo de guerra ou perseguição racial, religiosa, por nacionalidade ou por participação em grupo social.

No Direito Internacional, o refúgio é regulado pela Convenção relativa ao Estatuto dos Refugiados de 1951 (Decreto n. 50.215 de 1961, atualizado pelo Decreto n. 99.757, de 1951). A nova Lei de Migração também dispõe sobre o assunto, nos arts. 2, 111, 121 e 122.

6. MECANISMOS UTILIZADOS PELOS ESTADOS PARA INGRESSO E PERMANÊNCIA DO ESTRANGEIRO EM SEU TERRITÓRIO NACIONAL

A prova já abordou o tema de "visto" e suas modalidades, entretanto, sua abordagem não é muito comum, ou seja, geralmente, quando a OAB exige do candidato este assunto, a matéria está interligada com o tema estrangeiro. É provável que se questione sobre os mecanismos de exclusão, como, por exemplo, quando o estrangeiro está irregular no País e sua situação não está adequada em razão do visto no passaporte. De qualquer forma, necessário se faz aprender sobre esse assunto.

Importante anotar que passaporte é o documento oficial de identidade destinado a quem necessita sair do País, porém nem sempre a apresentação do passaporte é suficiente. Há a necessidade de visto em determinados países. Segundo a nova Lei de Migração, Lei n. 13.445/2017, os tipos de visto estão previstos no art. 12: "Ao solicitante que pretenda ingressar ou permanecer em território nacional poderá ser concedido visto: I - de visita; II - temporário; III - diplomático; IV - oficial; V - de cortesia".

Visto de visita está previsto no art. 13 da Lei de Migração e corresponde ao visto de turismo, negócios, trânsito, atividades artísticas ou desportivas e outras hipóteses previstas em Regulamento.

Visto temporário está previsto no art. 14 da Lei de Migração e poderá ser concedido ao imigrante que venha ao Brasil com o intuito de estabelecer residência por tempo determinado e que se enquadre nas seguintes hipóteses: I - o visto temporário tenha como finalidade: a) pesquisa, ensino ou extensão acadêmica; b) tratamento de saúde; c) acolhida humanitária; d) estudo; e) trabalho; f) férias-trabalho; g) prática de atividade religiosa ou serviço voluntário; h) realização de investimento ou de atividade com relevância econômica, social, científica, tecnológica ou cultural; i) reunião familiar; j) atividades artísticas ou desportivas com contrato por prazo determinado; II - o imigrante seja beneficiário de tratado em matéria de vistos; III - outras hipóteses definidas em regulamento.

Vistos diplomáticos, oficial e de cortesia estão previstos nos arts. 15 a 22 da Lei de Migração.

Visto diplomático: designado especificamente a autoridades diplomáticas estrangeiras, acreditadas junto ao Governo Brasileiro.

Visto oficial: concedido aos estrangeiros e aos funcionários de órgãos internacionais que venham em missão oficial. Concedido pelo Ministério das Relações Exteriores.

Visto de cortesia: destinado a pessoas amigas e de reconhecido valor. É concedido pelo Ministério das Relações Exteriores, mediante convite feito pelas autoridades brasileiras.

7. NACIONALIDADE

O tema nacionalidade tem bastante incidência nas provas do Exame de Ordem, não somente na matéria de Direito Internacional, como também na matéria de Direito Constitucional. Esse assunto é abordado em questões e, normalmente, o Examinador exige do candidato o entendimento e a compreensão do art. 12 da Constituição Federal.

Especificamente, a Banca pergunta sobre a alínea *c* do inciso I do art. 12 da CF/88, em questões sobre filho de pai ou mãe brasileira que esteja no exterior, a serviço de empresa privada ou mesmo a passeio, e a pergunta que segue é: qual a solução?

Essa alínea *c* do inciso I do art. 12 da CF/88 veio justamente para evitar que filho de brasileiro pudesse ser considerado apátrida quando o país que ele nascesse adotasse apenas o *jus sanguinis*, ou seja, ele não teria a pátria do território que ele nasceu, bem como não poderia adquirir na nacionalidade pelo *jus sanguinis*, porque os pais não estavam a serviço do Brasil.

Assim, a OAB sempre questiona sobre o registro em repartição competente e, portanto, o filho já será considerado brasileiro nato ou questiona a opção pela nacionalidade brasileira, após a maioridade, vindo o filho a residir no Brasil. Lembrem-se de que é uma ou outra e não a soma das duas hipóteses.

No estudo do Direito Constitucional, nacionalidade é o vínculo que existe em o indivíduo e o Estado. O art. XV da Declaração Universal dos Direitos Humanos consagra a universalidade do direito à nacionalidade, reproduzido no art. 20 da Convenção Americana de Direitos Humanos[1], bem como presente no Pacto Internacional dos Direitos Civis e Políticos.

Embora as condições para a concessão da nacionalidade sejam prerrogativas de cada Estado, o Direito Internacional contempla que ninguém deve ser arbitrariamente privado da nacionalidade, menos ainda quando a pessoa afetada transforma-se em apátrida, tendo direito a uma nacionalidade.

A nacionalidade é questão de Direito Público Interno. No Brasil, o direito à nacionalidade está bem definido no art. 12 da Constituição Federal com suas especificações no Estatuto do Estrangeiro, Lei n. 6.815/80.

[1] Declaração Americana de Direitos Humanos, art. 20, direito à nacionalidade: "1. Toda pessoa tem direito a uma nacionalidade. 2. Toda pessoa tem direito à nacionalidade do Estado em cujo território houver nascido, se não tiver direito a outra. 3. A ninguém se deve privar arbitrariamente de sua nacionalidade, nem do direito de mudá-la".

7.1 Modos de aquisição da nacionalidade brasileira

7.1.1 Brasileiros natos:

art. 12, I, *a*, da CF – os nascidos no Brasil, salvo filhos de pai e mãe estrangeiros a serviço de seu País;	art. 12, I, *b*, da CF – nascidos no estrangeiro, filho de pai brasileiro **ou** mãe brasileira a serviço do Brasil;	art. 12, I, *c*, da CF – os nascidos no estrangeiro, filho de pai brasileiro **ou** mãe brasileira, desde que: i) faça registro em repartição brasileira competente; **ou** ii) faça a opção pela nacionalidade brasileira, quando vier residir no Brasil, a qualquer tempo, depois de atingida a maioridade (na forma da lei brasileira).

7.1.2 Brasileiros naturalizados:

art. 12, II, *a*, da CF: oriundos de países de língua portuguesa após 1 ano residentes no Brasil, poderão requerer sua naturalização brasileira, desde que preencha o requisito e tenha idoneidade moral;	art. 12, II, *b*, da CF: outros estrangeiros que desejam se naturalizar tem de ter residência por mais de 15 anos, ininterruptos, e não ter condenação penal.

Observação: o art. 12, § 1º, da CF/88 estabelece o princípio da reciprocidade entre brasileiros e portugueses. Há portugueses com residência permanente no Brasil que queiram continuar com a nacionalidade portuguesa (estrangeiros) e não façam a opção pela naturalização brasileira. Havendo reciprocidade em favor deles, serão atribuídos aos portugueses com residência permanente no Brasil os mesmos direitos inerentes aos brasileiros, salvo os casos em que a CF vedar.

A Constituição Federal estabelece que não poderá haver diferenças entre brasileiros natos e naturalizados, exceto nos casos previstos na própria Constituição, quais sejam:

a) art. 12, § 3º, da CF/88: apresenta os Cargos privativos de brasileiros natos:

   I – de Presidente e Vice-Presidente da República;

   II – de Presidente da Câmara dos Deputados;

   III – de Presidente do Senado Federal;

   IV – de Ministro do Supremo Tribunal Federal;

   V – da carreira diplomática;

   VI – de oficial das Forças Armadas;

   VII – de Ministro de Estado da Defesa.

b) art. 222 da CF/88: propriedade de empresa jornalística e de radiodifusão sonora e de sons e imagens são cargos privativos de brasileiros natos. O brasileiro naturalizado, somente após o prazo de 10 anos de naturalização.

art. 5º, LI, da CF/88: o brasileiro nato não poderá ser extraditado. O brasileiro naturalizado poderá ser extraditado se praticar crime antes da naturalização ou por envolvimento em tráfico de drogas a qualquer tempo.

Quanto à perda da nacionalidade (art. 12, § 4º, I e II, CF), o constituinte apresentou que o brasileiro poderá perder a nacionalidade sob duas formas: (i) tiver cancelada sua naturalização, por sentença judicial, em virtude de atividade nociva ao interesse nacional; e (ii) adquirir outra nacionalidade (dupla nacionalidade).

Atenção: a dupla nacionalidade não é permitida, salvo: (i) quando a nacionalidade que deseja adquirir for originária (decorrente do *ius soli* ou *ius sanguinis*); ou (ii) quando a nacionalidade que se deseja adquirir seja requisito de permanência ou exercício de direito civil no estrangeiro.

8. DIREITO INTERNACIONAL PÚBLICO – NAÇÕES UNIDAS

No estudo do Direito Internacional Público, o candidato deve se atentar para questões relacionadas ao seu conceito, lembrando-se dos sujeitos do DIP, dentre eles as organizações interestatais ou também chamadas de intergovernamentais. Uma das mais importantes organizações intergovernamentais de âmbito global que costuma ser cobrada em prova é a Organização das Nações Unidas (ONU).

A ONU foi fundada em 1945 em São Francisco (EUA), logo após o término da 2ª Guerra Mundial. Foi criada pela Carta da ONU ou Carta de São Francisco. Na fundação, 51 Estados assinaram e ratificaram a Carta da ONU, dentre eles o Brasil.

A criação das Nações Unidas, com suas agências especializadas, demarca o surgimento de uma Nova Ordem Internacional, que instaura um novo modelo de conduta nas relações internacionais, com preocupações que incluem a manutenção da paz e segurança internacional, o desenvolvimento de relações amistosas entre os Estados, a adoção da cooperação internacional no plano econômico, social e cultural e principalmente a proteção internacional dos direitos humanos. Em que pese a clareza da Carta em determinar a importância de defender os direitos e as liberdades fundamentais, tal documento não definiu especificamente o conteúdo das expressões, o que seria então os direitos humanos, o que só ocorreu três anos depois, com o advento da Declaração Universal dos Direitos Humanos que veio, então, a definir com exatidão o alcance da expressão direitos e liberdades fundamentais.

A ONU tem sede em Nova York e possui algumas características:

a) **membros originários:** participaram da assinatura e ratificação da criação da Carta da ONU;
b) **membros admitidos ou eleitos:** ingressaram após a criação da organização;
c) **finalidade:** manter a paz e a segurança no mundo, baseada no respeito da igualdade e autodeterminação dos povos, principalmente, na busca da defesa dos direitos humanos;
d) **princípios que fundamentam:** igualdade soberana de todos os seus membros, princípio da boa-fé no cumprimento das obrigações assumidas, solução pacífica dos conflitos, os membros têm o dever de cooperar e dar assistência à Organização e a não intervenção da ONU nas questões internas dos Estados.

Os órgãos que compõe o sistema da ONU são:

a) **Assembleia Geral:** principal órgão e composto de todos os membros da ONU. Cada membro poderá ter 5 representantes, mas apenas 1 voto por Estado-membro.
b) **Conselho de Segurança:** sua função é garantir a pronta e eficaz ação para a manutenção da paz e da segurança internacionais, sua composição é de 15 membros, sendo 5 permanentes (EUA, Reino Unido, França, China e Rússia) e 10 membros rotativos, escolhidos pela Assembleia Geral para um período de 2 anos.
c) **Conselho Econômico e Social:** sua composição é de 54 membros, eleitos pela Assembleia Geral, para o período de 3 anos. Sua finalidade é a promoção e cooperação dos Estados para o desenvolvimento social, econômico, cultural e educacional, inclusive promover o respeito aos direitos humanos.
d) **Conselho de Tutela:** exerce a soberania de povos não autônomos, ou seja, Estados sem administração.
e) **Corte Internacional de Justiça (CIJ):** principal órgão judiciário da ONU.

f) **Secretariado Geral:** responsável pela própria administração da ONU.

A Carta das Nações Unidas prevê os seguintes propósitos:

Artigo 1. Os propósitos das Nações Unidas são:

1. Manter a paz e a segurança internacionais e, para esse fim: tomar, coletivamente, medidas efetivas para evitar ameaças à paz e reprimir os atos de agressão ou outra qualquer ruptura da paz e chegar, por meios pacíficos e de conformidade com os princípios da justiça e do direito internacional, a um ajuste ou solução das controvérsias ou situações que possam levar a uma perturbação da paz;
2. Desenvolver relações amistosas entre as nações, baseadas no respeito ao princípio de igualdade de direitos e de autodeterminação dos povos, e tomar outras medidas apropriadas ao fortalecimento da paz universal;
3. Conseguir uma cooperação internacional para resolver os problemas internacionais de caráter econômico, social, cultural ou humanitário, e para promover e estimular o respeito aos direitos humanos e às liberdades fundamentais para todos, sem distinção de raça, sexo, língua ou religião; e
4. Ser um centro destinado a harmonizar a ação das nações para a consecução desses objetivos comuns.

Artigo 2. A Organização e seus Membros, para a realização dos propósitos mencionados no Artigo 1, agirão de acordo com os seguintes Princípios:

1. A Organização é baseada no princípio da igualdade de todos os seus Membros.
2. Todos os Membros, a fim de assegurarem para todos em geral os direitos e vantagens resultantes de sua qualidade de Membros, deverão cumprir de boa-fé as obrigações por eles assumidas de acordo com a presente Carta.
3. Todos os Membros deverão resolver suas controvérsias internacionais por meios pacíficos, de modo que não sejam ameaçadas a paz, a segurança e a justiça internacionais.
4. Todos os Membros deverão evitar em suas relações internacionais a ameaça ou o uso da força contra a integridade territorial ou a dependência política de qualquer Estado, ou qualquer outra ação incompatível com os Propósitos das Nações Unidas.
5. Todos os Membros darão às Nações toda assistência em qualquer ação a que elas recorrerem de acordo com a presente Carta e se absterão de dar auxílio a qual Estado contra o qual as Nações Unidas agirem de modo preventivo ou coercitivo.
6. A Organização fará com que os Estados que não são Membros das Nações Unidas ajam de acordo com esses Princípios em tudo quanto for necessário à manutenção da paz e da segurança internacionais.

7. Nenhum dispositivo da presente Carta autorizará as Nações Unidas a intervirem em assuntos que dependam essencialmente da jurisdição de qualquer Estado ou obrigará os Membros a submeterem tais assuntos a uma solução, nos termos da presente Carta; este princípio, porém, não prejudicará a aplicação das medidas coercitivas constantes do Capitulo VII.

9. CORTES INTERNACIONAIS

Os Tribunais internacionais normalmente são criados por tratados internacionais, que regulam seu funcionamento e suas hipóteses de atuação. A complexidade da vida internacional vem demonstrando a importância de que existam órgãos jurisdicionais capazes de efetivamente influenciar as relações internacionais. A maioria dos Tribunais internacionais somente pode atuar com o consentimento do Estado Soberano e a atuação será sempre subsidiária. Cite-se, abaixo, alguns dos principais tribunais cobrados nas provas.

1. Tribunal Penal Internacional (TPI): O Tribunal Penal Internacional julga pessoas, indivíduos. É um Tribunal autônomo e independente. Foi criado em 1998 pelo Estatuto de Roma, porém sua vigência é a partir de 2002, quando esse tratado adquiriu o número mínimo de 60 ratificações. Vigora o princípio da subsidiariedade do Tribunal.

O TPI somente pode julgar crimes de repercussão internacional e conforme disposto no art. 5º do Estatuto de Roma, os crimes são: a) crime de genocídio; b) crime contra a humanidade; c) crime de guerra e d) crime de agressão.

As penas aplicada pelo TPI sao a) pena de prisão por, no máximo, 30 anos;

b) prisão perpétua, excepcionalmente, dependendo da gravidade do crime;

c) pena de multa e perda de bens.

2. Corte Interamericana de Direitos Humanos: Além do sistema global de proteção aos direitos humanos, por meio da Organização das Nações Unidas, existem também os sistemas regionais de proteção, dentre os quais se destaca o Sistema Interamericano, cujo principal instrumento é a Convenção Americana sobre Direitos Humanos, conhecido como Pacto de San José da Costa Rica. A Convenção Americana de Direitos Humanos foi aprovada em São José da Costa Rica, em 1969, e reproduz em seu conteúdo os direitos previstos em outras declarações, como o Pacto Internacional de Direitos Civis e Políticos de 1966. Para o monitoramento dos direitos que estabelece a Convenção Americana, criaram-se dois órgãos de proteção:a) **Comissão Interamericana de Direitos Humanos:** competência para examinar as comunicações de indivíduos ou grupos de indivíduos atinentes a violações de direitos constantes na Convenção; b) **Corte Interamericana de Direitos Humanos:** é um órgão jurisdicional do sistema Interamericano. Tem competência contenciosa, além de consultiva. Somente a Comissão e os Estados-partes na Convenção podem submeter casos à apreciação da Corte, não sendo facultado ao indivíduo o ingresso direto à Corte. Importante notar que as petições a serem enviadas à Comissão devem cumprir alguns requisitos de admissibilidade, tais como **prévio esgotamento dos recursos internos e a inexistência de litispendência internacional**, a mesma questão não pode ser tratada em outra Corte Internacional. O Estado brasileiro tem sido demandado perante o Sistema Interamericano de proteção de direitos humanos. Sobre as sentenças da Corte, importante lembrar dos arts. 67 e 68.

3. Corte Internacional de Justiça: criada em 1945, com sede em Haia (Holanda). É o principal órgão jurisdicional da ONU e é competente para conhecer de conflitos entre Estados relativos a qualquer tema de Direito Internacional. A CIJ é regida pelo Estatuto da CIJ e do qual devem fazer parte todos os Estados membros da CIJ.

4. Tribunal Permanente de Revisão: Tribunal Permanente de Revisão – TPR do Mercosul com sede em Assunção no Paraguai, foi criado pelo Protocolo de Olivos em 2002. Esse tribunal tem como objetivo sanar a lacuna da insegurança jurídica que era a falta de um tribunal permanente para solucionar conflitos de maneira rápida e objetiva. Trata-se de um tribunal de revisão, com competência para modificar os laudos arbitrais adotados por árbitros *ad hoc* de primeira instância.

5. Tribunal do Mar: A Convenção de Montego Bay criou o Tribunal Internacional do Direito do Mar, com sede em Hamburgo (Alemanha), competente para examinar todas as controvérsias e os pedidos relativos às normas da Convenção ou qualquer outro ato internacional que se refira a matéria de Direito do Mar (arts. 21 e 22 do Anexo VI da Convenção de Montego Bay). O funcionamento do Tribunal é regulado pelo Anexo VI da Convenção de Montego Bay. No Brasil a legislação que disciplina o assunto é a Lei n. 8.617/93.

10. DIREITO INTERNACIONAL PÚBLICO – SUJEITOS DO DIP

Sujeitos do DIP: Os sujeitos do Direito Internacional Público são aqueles que têm aptidão para adquirir direitos e obrigações jurídicas no âmbito das relações internacionais.

a) Estados soberanos: São os países. As relações jurídicas internacionais são fundadas no princípio da igualdade soberana, isto é, independentemente da dimensão territorial, força política e características econômicas, devem receber o mesmo tratamento pelo Direito Internacional.

b) Organizações Internacionais (OIs): As organizações internacionais são sujeitos de Direito Internacional que podem ser formados por Estados soberanos (exemplo: ONU, MERCOSUL, União Europeia) e também por outras organizações internacionais (exemplo: OMC). São constituídas mediante celebração de tratado internacional, chamado de acordo constitutivo.

ATENÇÃO: As organizações não governamentais (ONGs) são formadas pela união de particulares e constituídas mediante contrato. Não são consideradas sujeitos do Direito Internacional (exemplo: FIA, FIFA, Greenpeace, Comitê Olímpico Internacional)

OBSERVAÇÕES: O art. 109, II, da Constituição Federal determina que compete aos Juízes Federais processar e julgar as causas entre Estado estrangeiro ou organismo internacional e Município ou pessoa domiciliada ou residente no País;

11. DIREITO DOS TRATADOS

11.1 Introdução e conceito

A Convenção de Viena sobre Direito dos Tratados (CVDT), também chamada de Lei dos Tratados e Código dos Tratados, é um dos documentos mais importantes na história do Direito Internacional, o qual especificou regras referentes aos tratados concluídos entre os Estados e as Organizações Internacionais.

De acordo com o art. 2º da Convenção de Viena, tratado internacional é:

a) acordo internacional;

b) celebrado por escrito;

c) entre sujeitos do direito internacional (entre Estados soberanos e Organizações Intergovernamentais);

d) regido pelo Direito Internacional Público;

e) previsto em único ou vários instrumentos;

f) sob qualquer denominação.

O princípio fundamental que orienta a celebração de tratados é o *pacta sunt servanda* ("o tratado se torna lei para as partes"), o que obriga os Estados soberanos a cumprir de boa-fé o disposto nas cláusulas de qualquer tratado de que seja parte. (arts. 26 e 27 da CVDT).

11.2 Princípios que regem os tratados internacionais

Princípio	Fundamento
Pacta sunt servanda - os Estados Partes devem cumprir de boa-fé o disposto nas cláusulas do tratado.	Art. 26 da CVDT
Os Estados não podem alegar seu direito interno para justificar o inadimplemento do tratado internacional.	Art. 27 da CVDT

11.3 Formação do tratado internacional no Brasil

No Brasil, para o tratado entrar em vigor, é necessário passar pelo *iter de formação*, ou seja, por 4 fases: 1) negociação e assinatura (art. 84, VIII, da CF/88); 2) aprovação do texto por Referendo Congressual (art. 49, I, da CF/88); 3) Ratificação pelo Presidente da República e, por fim, 4) promulgação e publicação no *DOU*.

O depósito será perante a ONU, se tratado internacional de âmbito global, ou, perante a OEA, se tratado internacional de âmbito regional.

Importante: Os tratados internacionais devem respeitar o *jus cogens* que, além de ser considerado como fonte do Direito Internacional Público, significa norma imperativa de Direito Internacional geral reconhecida pela Comunidade Internacional como aplicável a todos os Estados da qual nenhuma derrogação é permitida.

A teoria voluntarista que fundamenta o Direito Internacional Público disciplina que o Estado Soberano é livre para assinar e ratificar tratado internacional, entretanto, quando resolver assinar e ratificar, não poderá ser contrário e, tampouco, infringir essas normas imperativas. Como exemplo, cita-se a Declaração Universal dos Direitos Humanos a cooperação pacífica dos conflitos, a liberdade dos mares, entre outras.

O art. 53 da Convenção de Viena sobre Direito dos Tratados assim disciplina:

> *É nulo um tratado que, no momento de sua conclusão, conflite com uma norma imperativa de Direito Internacional geral. Para os fins da presente Convenção, uma norma imperativa de Direito Internacional geral é uma norma aceita e reconhecida pela comunidade internacional dos Estados como um todo, como norma da qual nenhuma derrogação é permitida e que só pode ser modificada por norma ulterior de Direito Internacional geral da mesma natureza.*

11.4 Fases para a formação de tratados internacionais pelo estado brasileiro

No Brasil, para que um tratado internacional seja cumprido internamente, deverão ser observadas 4 etapas, a saber:

1ª fase: Negociação + assinatura:	2ª fase: Referendo/aprovação/decisão definitiva do Congresso Nacional:	3ª fase: Ratificação do Tratado:	4ª fase: Promulgação + Publicação:
Trata-se da fase em que serão discutidos os termos do tratado pelos Estados. Nos termos do art. 84, VIII, da CF/88 a competência para atuar nesta fase é do Presidente da República, todavia, esta autoridade pode ser representada internacionalmente pelos chamados plenipotenciários (autoridades que ocupam cargos típicos das relações exteriores ou que recebem carta de plenos poderes para atuar internacionalmente).	O Congresso Nacional tem a competência para decidir definitivamente sobre os tratados ou acordos internacionais onerosos ao patrimônio nacional. Conforme dispõe o art. 49, I, da CF/88, o Congresso Nacional, expedirá um **decreto legislativo**, cuja a finalidade é autorizar o Presidente da República a ratificar futuramente o tratado internacional. O Congresso Nacional não pode alterar o texto do tratado, deve apenas aprová-lo total ou parcialmente.	É a fase que atribui **vigência internacional** ao tratado. Ao ratificar um tratado, o Estado deixa de ser considerado Estado-signatário e torna-se Estado-parte, o que significa que terá de cumprir as disposições previstas no texto do tratado. A competência é do Presidente da República, por força do art. 84, VIII, da CF/88.	A promulgação interna do tratado é realizada mediante expedição de decreto presidencial pelo Presidente da República. Isso significa que, se o Presidente da República não expedir o decreto de promulgação interna do tratado ratificado, o mesmo não poderá ser aplicado internamente pelas autoridades brasileiras. O STF entende que o decreto presidencial tem 3 finalidades em relação aos tratados internacionais, quais sejam, de promulgação do tratado, inclusão no Ordenamento Jurídico brasileiro com objetivo de tornar seu texto conhecido em âmbito doméstico e permitir que as autoridades brasileiras o apliquem.

ATENÇÃO: Os tratados devem ser registrados perante a Secretaria Geral da ONU para adquirir eficácia (aptidão para produzir efeitos) no âmbito das Nações Unidas. Caso seja do âmbito da América, deverão ser registrados na Secretaria da OEA.

11.5 Convenção sobre os aspectos civis do sequestro internacional de crianças

Ainda sobre o tema tratados internacionais, aprendemos que são elaborados **sob qualquer denominação**, ou seja, podem levar o nome de tratado, acordo, ata, protocolo, convenção, constituição, pacto etc.

Assim, a Banca Examinadora perguntou sobre assunto extremamente específico quanto à Convenção sobre os Aspectos Civis do Sequestro Internacional de Crianças e o candidato deveria ter conhecimento das regras estabelecidas pela Convenção, principalmente em relação ao art. 4º, o qual, disciplina que: "A Convenção aplica-se a qualquer criança que tenha residência habitual num Estado Contratante, imediatamente antes da violação do direito de guarda ou de visita. *A aplicação da Convenção cessa quando a criança atingir a idade de dezesseis anos*".

Logo, o enunciado apresentava que a "criança" possuía 17 anos de idade e que, portanto, essa Convenção não poderia mais ser aplicada.

De qualquer forma, a sugestão é que o candidato possa ler e conhecer a existência desta Convenção e se preparar o máximo possível para a prova, mas, repito, tratou de assunto não convencional, tema muito comum para Concurso da Diplomacia.

Por fim, cabe ao candidato a leitura desta Convenção – Decreto n. 3.413, de 14 de abril de 2000.

12. DIREITO DIPLOMÁTICO: RELAÇÕES DIPLOMÁTICAS E ÓRGÃOS DAS RELAÇÕES INTERNACIONAIS

Os Estados, quer em âmbito interno, quer em âmbito externo, necessitam de pessoas para representá-lo. Duas importantes Convenções Internacionais tratam do tema: (i) Convenção de Viena sobre Relações Diplomáticas e Convenção de Viena sobre Relações Consulares.

A Banca Examinadora da OAB já exigiu do candidato o conhecimento da Convenção de Viena sobre Relações Diplomáticas.

1) **Chefes de Estado:** no Brasil, o art. 84, VIII, da CF/88 dispõe que "compete, privativamente, ao Presidente da República manter relações diplomáticas com Estados estrangeiros e acreditar seus representantes diplomáticos". Trata-se de competência privativa, podendo ser delegada a outros agentes, como ao Ministro das Relações Exteriores ou chefe de missão diplomática.

Observação: importante definir Estado Acreditante e Estado Acreditado. Estado Acreditante é aquele que envia a missão diplomática e Estado Acreditado é aquele que recebe a missão diplomática;

Assunto abordado em recente questão da OAB foi exatamente exigir o conhecimento do candidato quanto ao consentimento mútuo entre Estado Acreditante e Estado Acreditado, conforme o art. 2º da Convenção de Viena sobre Relações Diplomáticas.

O chefe de Estado representa a mais alta direção dos negócios públicos nacionais, como internacionais. É a autoridade suprema do Estado. As atribuições do chefe de Estado brasileiro (Presidente da República) estão disciplinadas no art. 84 da CF/88, principalmente nos incisos VII, VIII, XIX, XX e XXII.

São privilégios dos chefes de Estado:

a) Privilégios pessoais: isenção de medidas coercitivas, extensiva à sua família e aos seus bens.

b) Imunidade em matéria penal: não podem ser demandados criminalmente em território estrangeiro, salvo em relação à jurisdição do Tribunal Penal Internacional (TPI) quanto à sua competência no julgamento dos crimes previstos em seu Estatuto.

c) Imunidade em matéria civil: é preciso distinguir se atua na condição pessoa privada ou pessoa pública, cabendo a imunidade apenas neste último caso.

d) Imunidade de polícia e tributos: impedimento em cobrar multas administrativas ou tributos pessoais.

2) **Ministro das Relações Exteriores:** é um auxiliar do chefe de Estado e sua função é dirigir os negócios do seu Estado nas relações internacionais, principalmente, participar nos atos relativos à elaboração de tratados internacionais, os quais estão dispensados de apresentar qualquer carta de plenos poderes para assinar acordos internacionais, conforme o art. 7º, § 2º, *a*, da Convenção de Viena sobre Tratados Internacionais.

3) **Agentes Diplomáticos:** são representantes do Estado que agem e negociam em nome deste.

- Missão diplomática: é o conjunto de pessoas oficiais e não oficiais.
- Pessoal oficial: composto de funcionários designados para a missão.
- Pessoal não oficial: pessoas sem função pública, por exemplo, familiares.
- Corpo diplomático: é o conjunto de representantes credenciados (embaixadores, ministros, núncios, pessoal oficial).

Observação: núncio apostólico é representante da Santa Sé, corresponde à função de embaixador.

4) **Cônsules e Funcionários Consulares:**

- Agentes diplomáticos: representam o Estado em outro País.
- Cônsules: são funcionários administrativos ou agentes oficiais nomeados que trabalham em cidades de outros países, com a função de proteger os interesses dos particulares e de seus nacionais.

Conforme acima apontado, a missão diplomática se estabelece pelo mútuo consentimento entre o Estado Acreditante e o Estado Acreditado, que deverá aceitar indicação do chefe da missão diplomática (*Agrément*). (art. 2º da CVRD).

O Estado Acreditado não está obrigado a dar ao Estado Acreditante as razões da negação do *agrément* (art. 4º, 2, da CVRD).

Agrément: é a autorização para que o chefe da missão goze das imunidades e inviolabilidades próprias da função.

Persona non grata: O Estado Acreditado poderá a qualquer momento, e sem ser obrigado a justificar a sua decisão, notificar ao Estado acreditante que o Chefe da Missão ou qualquer membro do pessoal diplomático da Missão é *persona non grata* ou que outro membro do pessoal da missão não é aceitável. O Estado Acreditante, conforme o caso, retirará a pessoa em questão ou dará por terminadas as suas funções na missão. Uma pessoa poderá ser declarada *non grata* ou não aceitável mesmo antes de chegar ao território do Estado Acreditado (art. 9º da CVRD).

Importante: a residência particular do agente diplomático goza da mesma inviolabilidade e proteção que os locais da missão (art. 30 da CVRD).

Tema bastante importante em prova são as Imunidades: Imunidade funcional, Imunidade de Jurisdição e Imunidade de Execução de Estado estrangeiro.

A imunidade diplomática alcança os atos oficiais e a vida privada (o agente diplomático e seus familiares dependentes). Já a imunidade consular alcança apenas a função do agente e não atinge a vida privada.

O tema imunidade soberana, de maneira simples, significa a impossibilidade de submeter os Estados estrangeiros à jurisdição brasileira, ou seja, não podem figurar no polo da ação.

A imunidade soberana se desdobra em duas espécies: imunidade de jurisdição e imunidade de execução.

> A Imunidade de Jurisdição significa a impossibilidade de Estado estrangeiro figurar no polo passivo de ação no Brasil, porém essa imunidade é relativa, a depender de o ato praticado ser "ato de gestão" (em que pratica como particular na contratação de funcionários) ou "ato de império" (em que pratica exercendo a soberania, através de suas prerrogativas como Estado soberano).
>
> Já a Imunidade de Execução não sofre essa divisão de atos de império ou atos de gestão e corresponde à impossibilidade de ter seus bens penhorados pela Justiça brasileira, como regra geral.

Atenção: Como já caiu recentemente na prova, quando o Estado estrangeiro é demandado na Justiça Brasileira, o processo de execução pode seguir dois caminhos: (i) o Estado estrangeiro cumpre a execução voluntariamente ou (ii) a sentença do processo de conhecimento é encaminhada ao Estado estrangeiro por carta rogatória para cumprimento da obrigação. Além disso, o Estado estrangeiro poderá sofrer o processo de execução se renunciar à imunidade ou se o bem passível de ser penhorado não estiver ligado às funções diplomáticas ou consulares (estiver desafetado).

13. DIREITO COMUNITÁRIO: SOLUÇÃO PACÍFICA DE CONTROVÉRSIAS

O tema solução pacífica de controvérsias, normalmente, quando exigido nas provas, refere-se ao Mercosul, lembrando que esse bloco regional foi criado pelo tratado de Assunção de 1991, sendo subscrito por Brasil, Argentina, Paraguai e Uruguai.

Alguns protocolos referentes ao Tratado de Assunção são importantes para a Prova da OAB:

> **Protocolo de Brasília** (1991/92): trata da organização e dos procedimentos para um sistema de resolução de controvérsias objetivando o fortalecimento das relações entre os Países (1994) e reafirmando os objetivos e princípios do Tratado de Assunção.

> **Protocolo de Ouro Preto**: atribui personalidade jurídica de Direito Internacional ao Mercosul, possibilitando sua relação como bloco com outros países, blocos econômicos e organismos internacionais.

> **Protocolo de Olivos**: revoga o Protocolo de Brasília, pois devido a uma maior diversificação dos problemas, é assinado com vistas a aperfeiçoar o sistema de solução de controvérsias, modificando alguns pontos para assim garantir a segurança jurídica do Mercosul; de 2002, cria o Tribunal Permanente de Revisão – TPR do Mercosul com sede em Assunção no Paraguai. Esse tribunal tem como objetivo sanar a lacuna da insegurança jurídica que era a falta de um tribunal permanente para solucionar conflitos de maneira rápida e objetiva. Trata-se de um tribunal de revisão, com competência para modificar os laudos arbitrais adotados por árbitros *ad hoc* de primeira instância.

> **Protocolo de Las Leñas**: dispõe sobre o Acordo de Cooperação e Assistência Jurisdicional em matéria Civil, Comercial, Trabalhista e Administrativa entre os Estados-Partes do Mercosul e foi promulgado no Brasil por meio do Decreto n. 6.891/2009. Dentre suas regras dispõe que uma sentença ou um laudo arbitral proveniente de um determinado Estado, cujo reconhecimento e execução seja solicitado a outro Estado-membro, pode ter sua eficácia admitida pela autoridade jurisdicional do Estado requerido apenas parcialmente, conforme o art. 23 do Protocolo.

Para o direito internacional, a controvérsia é uma mera discussão acerca da aplicação de normas jurídicas em um caso concreto. A solução pacífica de controvérsias é uma obrigação jurídica imposta aos Estados pela Carta da ONU (art. 33).

Classificação dos meios pacíficos de solução de controvérsias: Meios jurisdicionais, políticos e diplomáticos. A prova do Exame de Ordem exige do candidato conhecimento dos meios diplomáticos, quais sejam: Negociação, Mediação, Bons Ofícios e Conciliação.

1. **Negociação**: É a etapa preliminar para a celebração de acordos que colocam fim à controvérsia. A negociação permite transações de direitos entre as partes
2. **Mediação**: O mediador é um terceiro imparcial que participa, juntamente com os litigantes, dos entendimentos para solucionar as controvérsias. Ele sugere várias possibilidades de solução, que não são vinculantes para os litigantes. Não pode ser pessoa natural, somente Estado Soberano, OIs ou autoridades que sejam consideradas como sujeitos do direito internacional.
3. **Bons Ofícios**: É um terceiro imparcial que apenas aproxima os litigantes, ou seja, colabora com a solução. Pode ser um Estado, Organismo internacional ou uma autoridade. Não pode sugerir (cidade neutra para as negociações de paz)
4. **Conciliação**: A conciliação deve ser realizada por uma comissão composta por vários conciliadores imparciais que estudam a controvérsia e, ao final, emitem um parecer. Esse parecer não é vinculante.

13.1 Método de solução alternativa de controvérsia: arbitragem

As partes de um acordo internacional ainda podem se valer da chamada arbitragem internacional como forma alternativa de solução de conflitos. Quanto à sua especialização, os árbitros são escolhidos pelas partes para analisar determinadas matérias, como comercial, por exemplo. A escolha é que seja feito em local neutro, podendo ser a Câmara de Comercio Internacional e normalmente se verifica o menor custo em relação ao Poder Judiciário.

a) Princípios da arbitragem: autonomia da vontade, boa-fé, imparcialidade do árbitro e motivação das decisões arbitrais, confidencialidade etc.
b) Regras da arbitragem: as partes devem firmar o contrato mediante compromisso arbitral.
c) Procedimento da arbitragem: o laudo arbitral deve ser homologado pelo Superior Tribunal de Justiça para que seja executado no Brasil. Por fim, o Judiciário brasileiro não pode julgar nenhum litígio, do qual foi acordado pelas partes a solução por meio da arbitragem (art. 485, VII, do CPC).

13.2 Mecanismos de soluções de controvérsias da Organização Mundial do Comércio (OMC)

No Exame de Ordem XXIII, a Banca Examinadora exigiu do candidato matéria sobre soluções de controvérsias, sobretudo no âmbito da OMC, sendo considerada questão altamente difícil e cobrada em concurso de carreira da diplomacia. O problema não seria grave se a OAB, em que pese ter cometido um erro na resposta, tivesse procedido a sua anulação, entretanto, isso não ocorreu. A questão envolvia o sistema de funcionamento de soluções de controvérsias da Organização Mundial do Comércio (OMC), e a resposta adequada, atualmente, seria que é exigido o consenso entre os participantes para rejeitar relatórios e não para adotá-los. Em outras palavras, se apenas um membro do órgão de solução de controvérsias da OMC concordar com o teor do relatório, o mesmo será obrigatório. Todo o procedimento e o funcionamento do sistema de solução de controvérsia da OMC estão dispostos no *site* do Ministério das Relações Exteriores. Vide questão. Dentro da normalidade das provas do Exame de Ordem, não é comum esse tipo de questionamento tão complexo. Algumas vezes, o candidato poderá se deparar com questões difíceis que deverão ser respondidas com cautela e equilíbrio.

14. REFUGIADOS

O Exame da Ordem XXIII exigiu do candidato questão sobre refugiado na matéria de Direito Internacional. Conforme exposto na introdução desta obra, é bastante comum a intersecção das matérias de Direitos Humanos, Internacional e Constitucional. Cada vez mais, vislumbra a interdisciplinaridade dessas matérias nas recentes provas da OAB. Em que pese ter sido cobrado em Direito Internacional, o assunto foi tratado pelo professor e coautor desta obra, professor Frederico Afonso, na parte de Direitos Humanos. Importante que o candidato remeta-se a leitura e reflexão sobre refugiado, em que o professor faz abordagem sobre o tema importante para ambas as matérias. Apenas deve ser reforçada a importância em conhecer as legislações sobre o tema, em âmbito internacional, a Convenção Relativa ao Estatuto dos Refugiados de 1951 e o protocolo relativo aos Refugiados de 1967. Em âmbito interno, a Lei n. 9.474/97, a qual definiu os mecanismos para a eficácia da Convenção de 1951 e a legislação que o Brasil adota para os refugiados.

A questão da prova exigia conceito de refugiado, competência para autorizar o *status* de refugiado, bem como recursos em caso de negativa do pedido.

O refugiado é definido pela Convenção das Nações Unidas relativa ao Estatuto dos Refugiados como a pessoa que, em razão de fundados temores de perseguição, foi obrigada a sair de seu país, necessitando abandonar suas casas, famílias e bens em busca de local para sobreviver. Dentro da sistemática internacional, a regra básica é não devolver a pessoa refugiada, sendo considerada norma do *jus cogens*, ou seja, direito fundamental do refugiado a não devolução. O instituto jurídico do refúgio no Brasil é regulado pela Lei n. 9.474/97, que define os mecanismos para implementação do Estatuto dos Refugiados no Brasil.

> *Art. 1º Será reconhecido como refugiado todo indivíduo que:*
>
> *I – devido a fundados temores de perseguição por motivos de raça, religião, nacionalidade, grupo social ou opiniões políticas encontre-se fora de seu país de nacionalidade e não possa ou não queira acolher-se à proteção de tal país;*
>
> *II – não tendo nacionalidade e estando fora do país onde antes teve sua residência habitual, não possa ou não queira regressar a ele, em função das circunstâncias descritas no inciso anterior;*
>
> *III – devido a grave e generalizada violação de direitos humanos, é obrigado a deixar seu país de nacionalidade para buscar refúgio em outro país.*

O art. 8º da lei prevê que "O ingresso irregular no território nacional não constitui impedimento para o estrangeiro solicitar refúgio às autoridades competentes".

O pedido de refúgio deverá ser elaborado ao CONARE e, caso sua decisão seja negativa, caberá recurso. Da decisão que nega o reconhecimento como refugiado caberá recurso, no prazo de 15 dias, ao Ministro do Estado da Justiça.

O Ministro da Justiça tem competência para julgar, em última instância, o pedido de refúgio, portanto, da decisão do Ministro não caberá mais recurso e o prazo para o recurso começa a ser contado da data do recebimento da notificação.

> *Art. 26. A decisão pelo reconhecimento da condição de refugiado será considerada ato declaratório e deverá estar devidamente fundamentada.*

Art. 27. Proferida a decisão, o CONARE notificará o solicitante e o Departamento de Polícia Federal, para as medidas administrativas cabíveis.

Art. 28. No caso de decisão positiva, o refugiado será registrado junto ao Departamento de Polícia Federal, devendo assinar termo de responsabilidade e solicitar cédula de identidade pertinente.

Do Recurso

Art. 29. No caso de decisão negativa, esta deverá ser fundamentada na notificação ao solicitante, cabendo direito de recurso ao Ministro de Estado da Justiça, no prazo de quinze dias, contados do recebimento da notificação.

(...)

Art. 31. A decisão do Ministro de Estado da Justiça não será passível de recurso, devendo ser notificada ao CONARE, para ciência do solicitante, e ao Departamento de Polícia Federal, para as providências devidas.

REFERÊNCIAS

BALERA, Wagner (Coord.). *Comentários à Declaração Universal dos Direitos Humanos*. São Paulo: Conceito Editorial, 2011.

PIOVESAN, Flávia. *Direitos humanos e o direito constitucional internacional*. 14. ed. rev. atual. São Paulo: Saraiva, 2013.

RAMOS, André de Carvalho; GRAMSTRUP, Eric Frederico. *Comentários à Lei de Introdução às Normas do Direito Brasileiro*. São Paulo: Saraiva, 2016.

REZEK, Francisco. *Direito internacional público*: curso elementar. 12. ed. rev. e atual. São Paulo: Saraiva, 2010.

PORTELA, Paulo Henrique Gonçalves. *Direito Internacional Público e Privado*. 10. ed. ver. atual. e ampl. Salvador: JusPODIVM, 2018.

Questões

Direito Internacional

I. DIREITO INTERNACIONAL PRIVADO (DIPR): APLICAÇÃO DO DIPR E LEI DE INTRODUÇÃO ÀS NORMAS DO DIREITO BRASILEIRO (LINDB)

1. (XX Exame) Em 2013, uma empresa de consultoria brasileira assina, na cidade de Londres, Reino Unido, contrato de prestação de serviços com uma empresa local. As contratantes elegem o foro da comarca do Rio de Janeiro para dirimir eventuais dúvidas, com a exclusão de qualquer outro. Dois anos depois, as partes se desentendem quanto aos critérios técnicos previstos no contrato e não conseguem chegar a uma solução amigável. A empresa de consultoria brasileira decide, então, ajuizar uma ação no Tribunal de Justiça do Estado do Rio de Janeiro para rescindir o contrato. Com relação ao caso narrado acima, assinale a afirmativa correta.

(A) O juiz brasileiro poderá conhecer e julgar a lide, mas deverá basear sua decisão na legislação brasileira, pois um juiz brasileiro não pode ser obrigado a aplicar leis estrangeiras.

(B) O Poder Judiciário brasileiro não é competente para conhecer e julgar a lide, pois o foro para dirimir questões em matéria contratual é necessariamente o do local em que o contrato foi assinado.

(C) O juiz brasileiro poderá conhecer e julgar a lide, mas deverá basear sua decisão na legislação do Reino Unido, pois os contratos se regem pela lei do local de sua assinatura.

(D) O juiz brasileiro poderá conhecer e julgar a lide, mas deverá se basear na legislação brasileira, pois, a litígios envolvendo brasileiros e estrangeiros, aplica-se a lex fori.

RESPOSTA (A) Errada, o próprio conceito de Direito Internacional Privado (DIPr) é a possibilidade de o juiz brasileiro aplicar internamente o direito estrangeiro (lei estrangeira), além disso, neste caso, a ação seria proposta no Brasil com a aplicação da lei inglesa, local onde o contrato foi celebrado. (B) Errada, o local do contrato assinado, art. 9º, *caput*, da LINDB rege o direito material aplicável. No mais, a ação deveria ser proposta no Brasil, pois se trata do foro em que as partes escolheram para dirimir controvérsias. (C) Correta, de acordo com o art. 9º, *caput*, da LINDB, em se tratando de negócio jurídico contratos, a lei que deverá regê-los é a lei do seu local de assinatura, ou seja, Londres, portanto, o direito material aplicado será a lei inglesa. Por fim, a Justiça brasileira é competente para conhecer da ação, em razão do foro de eleição. (D) Errada, a lei que o juiz deverá se basear será a legislação do Reino Unido. Não há regra para a aplicação da lei brasileira quando o litígio envolver brasileiros e estrangeiros. *Alternativa C.*

2. (Exame XXIV) Roger, suíço radicado no Brasil há muitos anos, faleceu em sua casa no Rio Grande do Sul, deixando duas filhas e um filho, todos maiores de idade. Suas filhas residem no Brasil, mas o filho se mudara para a Suíça antes mesmo do falecimento de Roger, lá residindo. Roger possuía diversos bens espalhados pelo sul do Brasil e uma propriedade no norte da Suíça. Com referência à sucessão de Roger, assinale a afirmativa correta.

(A) Se o inventário de Roger for processado no Brasil, sua sucessão deverá ser regulada pela lei suíça, que é a lei de nacionalidade de Roger.

(B) A capacidade do filho de Roger para sucedê-lo será regulada pela lei suíça.

(C) Se Roger tivesse deixado testamento, seria aplicada, quanto à sua forma, a lei da nacionalidade dele, independentemente de onde houvesse sido lavrado.

(D) O inventário de Roger não poderá ser processado no Brasil, em razão de existirem bens no estrangeiro a partilhar.

RESPOSTA (A) Incorreta. Em caso de sucessão a regra geral será regulada pela lei de domicílio do *de cujus*, ou seja, onde ele morava e não onde ele morreu. Conforme art. 10 da LINDB, "A sucessão por morte ou por ausência obedece à lei do país em que domiciliado o defunto ou o desaparecido, qualquer que seja a natureza e a situação dos bens". Em se tratando de direito processual, a ação de inventário será no Brasil para suceder o bem que está no Brasil, conforme art. 23 do CPC. (B) Correta. Os arts. 7º e 10, § 2º, todos da LINDB, respondem à questão. Art. 7º: "A lei do país em que domiciliada a pessoa determina as regras sobre o começo e o fim da personalidade, o nome, a capacidade e os direitos de família". E o art. 10, § 2º, dispõe que "A lei do domicílio do herdeiro ou legatário regula a capacidade para suceder". (C) Incorreta. Se, em caso de sucessão, existisse testamento celebrado, a resposta seria com base na lei do local onde o testamento foi constituído, conforme art. 9º, *caput*, da LINDB. Atenção: A sucessão será regida pela lei de domicílio do *de cujus*, quando não houver testamento celebrado. (D) Incorreta. Roger poderá ter inventário no Brasil e no Exterior. No Brasil será obrigatório para suceder os bens aqui situados, conforme art. 23 do CPC. *Alternativa: B.*

3. (XXX Exame) Victor, após divorciar-se no Brasil, transferiu seu domicílio para os Estados Unidos. Os dois filhos brasileiros de sua primeira união continuaram vivendo no Brasil. Victor contraiu novo matrimônio nos Estados Unidos com uma cidadã norte americana e, alguns anos depois, vem a falecer nos Estados Unidos, deixando um imóvel e aplicações financeiras nesse país. A regra de conexão do direito brasileiro estabelece que a sucessão de Victor será regida

(A) pela lei brasileira, em razão da nacionalidade brasileira do *de cujus.*
(B) pela lei brasileira, porque o *de cujus* tem dois filhos brasileiros.
(C) pela lei norte-americana, em razão do último domicílio do *de cujus.*
(D) pela lei norte-americana, em razão do local da situação dos bens a serem partilhados.

RESPOSTA (A) Errada. A nacionalidade não importa para reger as regras sobre elementos de conexão. (B) Errada. O fato de possuir filhos brasileiros poderia ser levada em consideração se estivéssemos no caso de exceção da regra prevista no art. 10, da LINDB. (C) Correta. A regra de sucessão rege-se pela lei do último domicílio do "*de cujus*", conforme caput do art. 10, da LINDB "*A sucessão por morte ou por ausência obedece à lei do país em que domiciliado o defunto ou o desaparecido, qualquer que seja a natureza e a situação dos bens*". (D) Errada. O local da situação dos bens não é elemento de conexão capaz de reger a sucessão. *Alternativa C.*

II. DIPR: ELEMENTOS DE CONEXÃO

4. (XXV Exame) Paulo, brasileiro, celebra no Brasil um contrato de prestação de serviços de consultoria no Brasil a uma empresa pertencente a François, francês residente em Paris, para a realização de investimentos no mercado imobiliário brasileiro. O contrato possui uma cláusula indicando a aplicação da lei francesa. Em ação proposta por Paulo no Brasil, surge uma questão envolvendo a capacidade de François para assumir e cumprir as obrigações previstas no contrato. Com relação a essa questão, a Justiça brasileira deverá aplicar.

(A) a lei brasileira, porque o contrato foi celebrado no Brasil.
(B) a lei francesa, porque François é residente da França.
(C) a lei brasileira, país onde os serviços serão prestados.
(D) a lei francesa, escolhida pelas partes mediante cláusula contratual expressa.

RESPOSTA Embora a questão comece descrevendo o local da celebração do contrato de prestação de serviço, a pergunta se refere à capacidade de François assumir as obrigações previstas no contrato, portanto, a alternativa (A) está errada, porque a pergunta não foi sobre o elemento de conexão contrato, mas sim sobre capacidade, levando o candidato a erro, já na primeira alternativa; (B) correta, pois aplica-se para o direito de família, nome, personalidade e capacidade civil a Lei de Domicílio, conforme art. 7º, *caput*, da LINDB. (C) Incorreta, pois em direito internacional privado, no estudo dos elementos de conexão, o importante é o local onde a obrigação foi constituída/celebrada e não o local em que será executada. (D) Incorreta, tendo em vista as explicações acima e, conforme já estudado, é possível às partes eleger o foro e não a lei aplicável. *Alternativa B.*

III. PROCESSO CIVIL INTERNACIONAL: FIXAÇÃO DE COMPETÊNCIA E COOPERAÇÃO INTERNACIONAL

5. (XX Exame) Lúcia, brasileira, casou-se com Mauro, argentino, há 10 anos, em elegante cerimônia realizada no Nordeste brasileiro. O casal vive atualmente em Buenos Aires com seus três filhos menores. Por diferenças inconciliáveis, Lúcia pretende se divorciar de Mauro, ajuizando, para tanto, a competente ação de divórcio, a fim de partilhar os bens do casal: um apartamento em Buenos Aires/Argentina e uma casa de praia em Trancoso/Bahia. Mauro não se opõe à ação. Com relação à ação de divórcio, assinale a afirmativa correta.

(A) Ação de divórcio só poderá ser ajuizada no Brasil, eis que o casamento foi realizado em território brasileiro.
(B) Caso Lúcia ingresse com a ação perante a Justiça argentina, não poderá partilhar a casa de praia.
(C) Eventual sentença argentina de divórcio, para produzir efeitos no Brasil, deverá ser primeiramente homologada pelo Superior Tribunal de Justiça.
(D) Ação de divórcio, se consensual, poderá ser ajuizada tanto no Brasil quanto na Argentina, sendo ambos os países competentes para decidir acerca da guarda das criança e da partilha dos bens.

RESPOSTA (A) Errada, existindo bens situados no Brasil, a Justiça brasileira é exclusivamente competente para apreciar ação de divórcio e não pelo simples fato de o casamento ter sido celebrado no Brasil. (B) Correta, conforme o art. 23, III, do CPC, em se tratando de divórcio com bens situados no Brasil, a competência é exclusiva ou absoluta da Justiça brasileira, ou seja, a ação deve ser proposta no Brasil para partilhar os bens localizados em território brasileiro. (C) Errada, a sentença estrangeira de divórcio consensual, já que Mauro não se opôs ao divórcio, dispensa homologação pelo Superior Tribunal de Justiça – STJ, podendo ser executada diretamente pela Justiça brasileira, nos termos do art. 961, § 5º, do CPC. (D) Errada, a ação de divórcio ainda que consensual deverá ser proposta no Brasil se existir bens situados em território brasileiro a partilhar. *Alternativa B.*

6. (XX Exame-Reaplicação) Uma agricultora japonesa residente no Brasil ingressou com ação perante a autoridade judiciária do Japão para cobrar indenização de seu principal fornecedor de pesticidas, a brasileira Ervas Daninhas S.A., alegando descumprimento dos termos de um contrato de fornecimento celebrado entre as partes. A agricultora recentemente obteve uma decisão interlocutória a seu favor, reconhecendo a Ervas Daninhas S.A. como devedora. Sobre a hipótese, assinale a afirmativa correta.

(A) A decisão da autoridade judiciária japonesa poderá ser executada no Brasil por meio de carta rogatória.
(B) A decisão interlocutória da autoridade judiciária japonesa poderá ser executada no Brasil, depois de homologada pelo Superior Tribunal de Justiça.
(C) A decisão proferida pela autoridade judiciária japonesa não

poderá produzir efeitos no Brasil, visto que apenas a autoridade brasileira poderá conhecer de ações relativas a bens situados no Brasil.

(D) A agricultora deverá aguardar o trânsito em julgado da decisão final da autoridade judiciária japonesa, para então proceder à sua homologação no Superior Tribunal de Justiça e execução na Justiça Federal.

RESPOSTA (A) Correta. A decisão interlocutória de autoridade estrangeira será executada por meio de carta rogatória, após a expedição do *Exequatur* pelo STJ, conforme o art. 105, I, *i*, da CF/88. (B) Errada, a decisão que depende de homologação pelo STJ é definitiva da autoridade estrangeira, ou seja, a sentença estrangeira depende de homologação e não a decisão interlocutória. (C) Errada, a sentença estrangeira japonesa poderá produzir efeitos no Brasil, após a homologação pelo STJ. Nada justifica a resposta quanto a bens no Brasil, pois esta informação consta para confundir o candidato. (D) Errada, trata-se de decisão interlocutória que deverá ser cumprida por meio de carta rogatória. *Alternativa A.*

7. (XXIV Exame) Henrique e Ruth se casaram no Brasil e se mudaram para a Holanda, onde permaneceram por quase 4 anos. Após um período difícil, o casal, que não tem filhos, nem bens, decide, de comum acordo, se divorciar e Ruth pretende retornar ao Brasil. Com relação à dissolução do casamento, assinale a afirmativa correta.

(A) O divórcio só poderá ser requerido no Brasil, eis que o casamento foi realizado no Brasil.

(B) O divórcio, se efetivado na Holanda, precisa ser reconhecido e homologado perante o STJ para que tenha validade no Brasil.

(C) O divórcio consensual pode ser reconhecido no Brasil sem que seja necessário proceder à homologação.

(D) Para requerer o divórcio no Brasil, o casal deverá, primeiramente, voltar a residir no país.

RESPOSTA (A) Incorreta. O Direito Internacional Privado, no que tange ao processo civil internacional, admite divórcio celebrado no Exterior. (B) Incorreta. As sentenças estrangeiras deverão seguir o trâmite de homologação pelo STJ para serem executadas no Brasil, porém, quando for de divórcio consensual, a execução será automática. (C) Correta. De conformidade com o art. 961, § 5º, do CPC: "A homologação de decisão estrangeira será requerida por ação de homologação de decisão estrangeira, salvo disposição especial em sentido contrário prevista em tratado. § 5º A sentença estrangeira de divórcio consensual produz efeitos no Brasil, independentemente de homologação pelo Superior Tribunal de Justiça". (D) Incorreta. Verificar explicação acima, tendo em vista a novidade trazida pelo Código de Processo Civil. *Alternativa C.*

8. (XXVIII Exame) Uma das funções da cooperação jurídica internacional diz respeito à obtenção de provas em outra jurisdição, nos termos das disposições dos tratados em vigor e das normas processuais brasileiras. Para instruir processo a ser iniciado ou já em curso, no Brasil ou no exterior, não é admitida, no entanto, a solicitação de colheita de provas

(A) por carta rogatória ativa.

(B) por carta rogatória passiva.

(C) a representantes diplomáticos ou agentes consulares.

(D) pela via do auxílio direto.

RESPOSTA (A) Errada. Carta Rogatória é medida de cooperação jurídica internacional em matéria cível entre dois Países que poderá ser utilizada para a colheita de provas em outro País. O artigo 105, I, i, da Constituição Federal dispõe que concederá Exequatur de Carta Rogatória "Art. 105. Compete ao Superior Tribunal de Justiça: I - processar e julgar, originariamente: i) a homologação de sentenças estrangeiras e a concessão de exequatur às cartas rogatórias; (B) Errada. Ver comentário acima. (C) Correta. Os representantes diplomáticos e consulares pelo próprio nome já dizem, representam de alguma forma o País. A Convenção de Viena sobre relações Diplomáticas de 1961 e a Convenção de Viena sobre relação Consular de 1963 disciplinam o assunto. (D) Errada. O auxílio direto é um meio de cooperação jurídica internacional em matéria cível, conforme artigos 28 ao 34 todos, do Código de Processo Civil. *Alternativa C.*

9. (XXX Exame) Uma arbitragem, conduzida na Argentina segundo as regras da Câmara de Comércio Internacional – CCI, condenou uma empresa com sede no Brasil ao pagamento de uma indenização à sua ex-sócia argentina. Para ser executável no Brasil, esse laudo arbitral

(A) dispensa homologação pelo STJ, nos termos da Convenção de Nova York.

(B) precisa ser homologado pelo Judiciário argentino e depois, pelo STJ.

(C) precisa ser homologado pelo STJ, por ser laudo arbitral estrangeiro.

(D) dispensa homologação, por ser laudo arbitral proveniente de país do Mercosul.

RESPOSTA (A) Errada, em se tratando de decisão estrangeira, necessário se faz a homologação pelo Superior Tribunal de Justiça. (B) Errada, pelos mesmos argumentos acima. (C) Correta, em se tratando de decisão estrangeira, necessário se faz a homologação pelo Superior Tribunal de Justiça, conforme art. 960, § 3º, do Código de Processo Civil. *"A homologação de decisão estrangeira será requerida por ação de homologação de decisão estrangeira, salvo disposição especial em sentido contrário prevista em tratado. § 3º A homologação de decisão arbitral estrangeira obedecerá ao disposto em tratado e em lei, aplicando-se, subsidiariamente, as disposições deste Capítulo".* (D) Errada, a decisão de laudo arbitral deve ser homologada pelo STJ e não existe qualquer exceção por ser Países do Mercosul. *Alternativa C.*

10. (XXXI Exame) Em função do incremento nas atividades de transporte aéreo no Brasil, a sociedade empresária Fast Plane, sediada no país, resolveu adquirir helicópteros de última geração da pessoa jurídica holandesa Nederland Air Transport, que ficou responsável pela fabricação, montagem e envio da mercadoria. O contrato de compra e venda restou celebrado, presencialmente, nos Estados Unidos da América, restando ajustado que o cumprimento da obrigação se dará no Brasil.

No momento de receber as aeronaves, contudo, a adquirente verificou que o produto enviado era diverso do apontado no instrumento contratual. Decidiu a sociedade empresária Fast Plane, então, buscar auxílio jurídico para resolver a questão, inclusive para a propositura de eventual ação, caso não haja solução consensual.

Considerando-se o enunciado acima, aplicando-se a Lei de Introdução às Normas do Direito Brasileiro (Decreto-lei n. 4.657/42) e o Código de Processo Civil, assinale a afirmativa correta.

A) A lei aplicável na solução da questão é a holandesa, em razão do local de fabricação e montagem das aeronaves adquiridas.

B) A autoridade judiciária brasileira será competente para processar e julgar eventual ação proposta pela Fast Plane, mesmo se estabelecida cláusula de eleição de foro exclusivo estrangeiro, em razão do princípio da inafastabilidade da jurisdição.

C) A autoridade judiciária brasileira tem competência exclusiva para processar e julgar eventual ação a ser proposta pela Fast Plane para resolver a questão.

D) A autoridade judiciária brasileira tem competência concorrente para processar e julgar eventual ação a ser proposta pela Fast Plane para resolver a questão.

RESPOSTA A) Errada. A lei para a solução da questão deverá ser a lei brasileira, onde o contrato foi celebrado, conforme artigo 9º, da LINDB. B) Errada. A eleição de foro entre as partes deve ser respeitada, portanto, para a Justiça brasileira ser competente, esse não é argumento correto. C) Errada. As causas de exclusividade da Justiça brasileira estão previstas no artigo 23 do Código de Processo Civil e a questão não se trata de exclusividade. D) Correta. A questão não se encaixa na hipótese da exceção da competência exclusiva/absoluta da Justiça brasileira e, por isso, se utiliza a regra da competência concorrente/relativa, que está prevista nos artigos 21 e 22 do CPC. *Alternativa D.*

11. (XXXII Exame) Pedro, cidadão de nacionalidade argentina e nesse país residente, ajuizou ação em face de sociedade empresária de origem canadense, a qual, ao final do processo, foi condenada ao pagamento de determinada indenização. Pedro, então, ingressou com pedido de homologação dessa sentença estrangeira no Brasil. Sobre a hipótese apresentada, assinale a afirmativa correta.

(A) Para que a sentença estrangeira seja homologada no Brasil, é necessário que ela tenha transitado em julgado no exterior.

(B) A sentença condenatória argentina não poderá ser homologada no Brasil por falta de tratado bilateral específico para esse tema entre os dois países.

(C) A sentença poderá ser regularmente homologada no Brasil, ainda que não tenha imposto qualquer obrigação a ser cumprida em território nacional, não envolva partes brasileiras ou domiciliadas no país e não se refira a fatos ocorridos no Brasil.

(D) De acordo com o princípio da efetividade, todo pedido de homologação de sentença alienígena, por apresentar elementos transfronteiriços, exige que haja algum ponto de conexão entre o exercício da jurisdição pelo Estado brasileiro e o caso concreto a ele submetido

RESPOSTA Esta questão é bastante difícil e sua resposta ainda não está pacificada na jurisprudência dos Tribunais. Conforme dispõe o art. 963, do Código de Processo Civil, os requisito para a homologação de decisão estrangeira são: I – ser proferida por autoridade competente; II – ser precedida de citação regular, ainda que verificada a revelia; III – ser eficaz no país em que foi proferida; IV – não ofender a coisa julgada brasileira; V – estar acompanhada de tradução oficial, salvo disposição que a dispense prevista em tratado; VI – não conter manifesta ofensa à ordem pública. Portanto, é indispensável que a sentença seja eficaz no País em que ela for proferida. Além disso, é possível sustentar que a sentença somente poderá ser homologada, se existir trânsito em julgado. Sendo assim, estaríamos diante de duas respostas corretas (A e D), mas a OAB gabaritou a alternativa D. Assim, não houve anulação da questão, mas quando a matéria não é pacificada, fere o disposto no próprio Edital da OAB. *Alternativa D.*

12. (XXXIII Exame) Carlyle Schneider, engenheiro suíço, morava em Madison, Wisconsin, Estados Unidos da América, há 12 anos. Em meados de 2015, participou da construção de dois edifícios em Florianópolis, Brasil, dos quais se afeiçoou de tal modo, que decidiu adquirir uma unidade residencial em cada prédio. Portanto, apesar de bem estabelecido em Madison, era o Sr. Schneider proprietário de dois imóveis no Brasil. Em 10-12-2017, viajou à Alemanha e, ao visitar um antigo casarão a ser restaurado, foi surpreendido pelo desabamento da construção sobre si, falecendo logo em seguida. Carlyle Schneider deixou 3 (três) filhos, que moravam na Suíça. A respeito dos limites da jurisdição nacional e da cooperação internacional, com base nas normas constantes do Código de Processo Civil, assinale a afirmativa correta.

(A) Em matéria de sucessão hereditária, compete exclusivamente à autoridade judiciária da Suíça, país de nacionalidade do autor da herança e de nacionalidade e residência dos herdeiros legítimos, proceder à partilha dos dois bens imóveis situados no Brasil.

(B) Em matéria de sucessão hereditária, compete concorrentemente à autoridade judiciária da Alemanha, local de óbito do autor da herança, proceder à partilha dos dois bens imóveis situados no Brasil.

(C) Em matéria de sucessão hereditária, compete exclusivamente ao Estado brasileiro, local de situação dos imóveis, proceder ao inventário e à partilha dos dois bens imóveis.

(D) Em matéria de sucessão hereditária, compete concorrentemente à autoridade judiciária dos Estados Unidos da América, país de residência do autor da herança, proceder à partilha dos dois bens imóveis situados no Brasil.

RESPOSTA Em se tratando de fixação de competência da Justiça brasileira perante o DIPR, temos que a competência pode ser concorrente/relativa, ou seja, a parte escolhe onde vai propor a Ação (se no Brasil ou Exterior); ou a competência poderá ser exclusiva/absoluta, ou seja, a ação deve ser proposta no Brasil. Sendo assim, quando existir bens no Brasil, a ação deverá ser no Brasil, conforme previsto no art. 23, do CPC, "Compete à autoridade judiciária brasileira, com exclusão de qualquer outra: I – conhecer de ações relativas a imóveis situados no Brasil; II – em matéria de sucessão hereditária, proceder à confirmação de testamento particular e ao inventário e à partilha de bens situados no Brasil, ainda que o autor da herança seja de nacionalidade estrangeira ou tenha domicílio fora do território nacional; III – em divórcio, separação judicial ou dissolução de união estável, proceder à partilha de bens situados no Brasil, ainda que o titular seja de nacionalidade estrangeira ou tenha domicílio fora do território nacional. *Alternativa C.*

IV. DIPR E DIP: CONVENÇÃO APOSTILA DE HAIA

13. (XXV Exame) Ernesto concluiu o doutorado em Direito em prestigiosa universidade situada em Nova York, nos Estados Unidos, e pretende fazer concurso para o cargo de professor em uma universidade brasileira. Uma das exigências para a revalidação do seu diploma estrangeiro é que este esteja devidamente legalizado. Essa legalização de documento estrangeiro deverá ser feita mediante

(A) o apostilamento pela Convenção da Apostila de Haia, da qual Brasil e Estados Unidos fazem parte.
(B) a consularização no consulado brasileiro em Nova York.
(C) a notarização em consulado norte-americano no Brasil.
(D) o apostilamento pela Convenção da Apostila de Haia, no consulado brasileiro.

RESPOSTA Entrou em vigor no Brasil, a partir de 14-8-2016, a Convenção da Apostila de Haia, que trata da Eliminação de Legalização de Documentos Públicos Estrangeiros para tornar mais simples e ágil a tramitação de documentos públicos entre o Brasil e os mais de cem países que são partes do acordo. Os EUA também fazem parte. A vigência da Convenção da Apostila trará significativos benefícios para cidadãos e empresas que necessitem tramitar internacionalmente documentos como diplomas, certidões de nascimento, casamento ou óbito, além de documentos emitidos por tribunais e registros comerciais. Assim, não necessitam passar pela burocracia de consulado, por exemplo. *Alternativa A.*

V. ESTRANGEIROS

14. (XXII Exame) Walter, estrangeiro, casou-se com Lúcia, por quem se apaixonou quando passou as férias em Florianópolis. O casal tem um filho, Ricardo, de 2 anos. Residente no Brasil há mais de cinco anos, Walter é acusado de ter cometido um crime em outro país. Como o Brasil possui promessa de reciprocidade com o referido país, este encaminha ao governo brasileiro o pedido de extradição de Walter. Nesse caso, o governo brasileiro

(A) não pode conceder a extradição, porque Walter tem um filho brasileiro.
(B) pode conceder a extradição, por meio de ordem expedida por um juiz federal.
(C) pode conceder a extradição, desde que cumpridos os requisitos legais do Estatuto do Estrangeiro.
(D) não pode conceder a extradição, pois esta só seria possível se houvesse tratado com o país de origem de Walter.

RESPOSTA (A) Incorreta. É possível a extradição, pois o argumento de possuir filho brasileiro sob sua dependência não impede a extradição. Poderá obstar outra modalidade de retirada compulsória, qual seja, a expulsão. (B) Incorreta. A extradição poderá ocorrer, porém a competência é do STF para conceder a medida, conforme art. 102, I, *g*, da CF. (C) Correta. A extradição deve seguir o art. 5º, LI e LII, da Constituição Federal, bem como a nova Lei de Migração, Lei n. 13.443/2017 (lei que revogou o Estatuto do Estrangeiro, Lei n. 6.815/80). (D) Incorreta. O Tratado de Extradição entre os países é dispensável, ou seja, não é necessário. A extradição é operada com base no Princípio da Reciprocidade. Com adaptações a resposta seria *Alternativa C.*

15. (XXVI Exame) Um ex-funcionário de uma agência de inteligência israelense está de passagem pelo Brasil e toma conhecimento de que chegou ao Supremo Tribunal Federal um pedido de extradição solicitado pelo governo de Israel, país com o qual o Brasil não possui tratado de extradição. Receoso de ser preso, por estar respondendo em Israel por crime de extorsão, ele pula o muro do consulado da Venezuela no Rio de Janeiro e solicita proteção diplomática a esse país. Nesse caso,

(A) pode pedir asilo diplomático e terá direito a salvo-conduto para o país que o acolheu.
(B) é cabível o asilo territorial, porque o consulado é território do Estado estrangeiro.
(C) não se pode pedir asilo, e o STF não autorizará a extradição, por ausência de tratado.
(D) o asilo diplomático não pode ser concedido, pois não é cabível em consulado.

RESPOSTA (A) Incorreta, o salvo-conduto é a transformação de asilo diplomático em asilo territorial. (B) Incorreta, o asilo consiste na proteção dada por um Estado a indivíduo que esteja sendo ameaçado, normalmente por perseguição política. A Resolução 3.212 da ONU dispõe que o Estado soberano tem o direito de conceder o asilo e não o dever, se tratando, portanto, de um ato discricionário do Estado. Há dois tipos de asilo: territorial e diplomático. O asilo territorial concede ao indivíduo a proteção no território do Estado, ou seja, significa que o asilado foi acolhido em território estrangeiro. O asilo diplomático (extraterritorial, interno) configura o acolhimento do indivíduo em missões diplomáticas, navios de guerra, aeronaves e acampamentos militares. Ver Convenção de Caracas sobre asilo diplomático de 1954. É instituto reconhecido no Direito Internacional apenas perante os países latino-americanos. O asilo diplomático é garantido a indivíduo que esteja sofrendo perseguição política e cujo estado seja de urgência. (C) Incorreta, o Direito Internacional garante o asilo territorial ou diplomático ao indivíduo. (D) Não é reconhecido o direito ao asilo diplomático em consulados. *Alternativa D.*

16. (XXVII Exame) A Lei de Migração, Lei n. 13.445/17, dispõe sobre os direitos do estrangeiro em território nacional de uma forma mais ampla e abrangente do que a legislação anterior, revogada. A normativa em vigor dispõe que o estrangeiro no Brasil terá acesso ao sistema público de saúde e direito à educação pública, vedada a discriminação em razão da nacionalidade e da sua condição migratória. Isso significa que o acesso à educação pública no Brasil é assegurado

(A) somente aos estrangeiros portadores de visto de estudante ou permanente.
(B) a todos os migrantes, exceto os refugiados, que são regidos por legislação especial.
(C) apenas aos estrangeiros cujos países assegurem reciprocidade aos brasileiros.
(D) a todos os migrantes, inclusive os apátridas e os refugiados.

RESPOSTA (A) Errada. Brasileiros e estrangeiros possuem direitos assegurados pela Constituição Federal. Vide comentário da alternativa d. (B) Errada. Os refugiados são estrangeiros que saíram de seus países, porque corriam risco à vida. (C) Errada. Vide comentário da alternativa d. (D) Correta. O art. 5º, *caput*, da Constituição determina que brasileiros e estrangeiros são iguais perante a lei, sem distinção de qualquer natureza. Assim, mesmo aquele que é apátrida e o refugiado terão direitos assegurados no Brasil. O Brasil deve se reger nas relações internacionais pelo princípio da prevalência dos direitos humanos, conforme art. 4º, II, da Constituição Federal. Assim, o art. 3º, inciso I e XI e o art. 4º, VIII, também da Lei de Migração dispõem sobre o assunto. Art. 3º A política migratória brasileira rege-se pelos seguintes princípios e diretrizes:I - universalidade, indivisibilidade e interdependência dos direitos humanos; XI – acesso igualitário e livre do migrante a serviços, programas e benefícios sociais, bens públicos, educação, assistência jurídica integral pública, trabalho, moradia, serviço bancário e seguridade social; Art. 4º Ao migrante é garantida no território nacional, em condição de igualdade com os nacionais, a inviolabilidade do direito à vida, à liberdade, à igualdade, à segurança e à propriedade, bem como são assegurados: VIII – acesso a serviços públicos de saúde e de assistência social e à previdência social, nos termos da lei, sem discriminação em razão da nacionalidade e da condição migratória. *Alternativa D.*

17. (XXXII Exame) Michel, francês residente em Salvador há 12 anos, possui um filho brasileiro de 11 anos que vive às suas expensas, chamado Fernando, embora o menor resida exclusivamente com sua genitora, Sofia, brasileira, na cidade de São Paulo. Sofia, ex-companheira de Michel, possui a guarda unilateral de Fernando. Por sentença transitada em julgado, Michel, que possui 47 anos, foi condenado por homicídio culposo a três anos de detenção. Com relação ao caso narrado, segundo o que dispõe a Lei de Migração (Lei n. 13.445/2017), assinale a afirmativa correta.

(A) Michel não poderá ser expulso do Brasil pelo fato de que sua condenação, ainda que transitada em julgado, decorre do cometimento de crime culposo.

(B) A dependência econômica de Fernando em relação a Michel não é suficiente para garantir a permanência do último no país, sendo necessário, ainda, que o filho esteja sob a guarda de Michel.

(C) O tempo de residência de Michel no Brasil, por ser superior há 10 anos, impossibilita que se proceda à sua expulsão.

(D) É desnecessário garantir o contraditório no processo de expulsão de Michel, porquanto se presume que a referida garantia constitucional já fora observada durante o processo penal.

RESPOSTA A questão trata do tema "expulsão", previsto na Lei de Migração, Lei n. 13.445/2017. Assim, conforme art. 54: "A expulsão consiste em medida administrativa de retirada compulsória de migrante ou visitante do território nacional, conjugada com o impedimento de reingresso por prazo determinado, sendo que poderá dar causa à expulsão a condenação com sentença transitada em julgado relativa à prática dos crimes de: I) crime de genocídio, crime contra a humanidade, crime de guerra ou crime de agressão; II) crime comum doloso passível de pena privativa de liberdade, consideradas a gravidade e as possibilidades de ressocialização em território nacional. Assim, a prática de crime culposo não enseja a expulsão. A dependência financeira ou econômica impede a expulsão e com a lei de migração, necessário se faz garantir o contraditório e ampla defesa para qualquer processo. *Alternativa A.*

18. (XXXIII Exame) John, de nacionalidade americana, possui interesse em visitar seu filho Mário, brasileiro nato, de 18 anos, que reside no Brasil com sua mãe. Em sua visita, John pretende permanecer no país por apenas 10 (dez) dias. Diante do interesse manifestado por John em visitar o filho no Brasil, à luz da atual Lei de Migração (Lei n. 13.445/2017), assinale a afirmativa correta.

(A) Uma vez obtido o visto de visita, é direito subjetivo de John ingressar no Brasil.

(B) John tem direito subjetivo ao visto de visita, em razão de a política migratória brasileira estabelecer a garantia do direito à reunião familiar, independentemente de outros requisitos previstos na atual Lei de Migração.

(C) John, mesmo após obter o visto de visita, poderá ser impedido de ingressar no Brasil, caso tenha sido condenado ou esteja respondendo a processo em outro país por crime doloso passível de extradição segundo a lei brasileira.

(D) Se John tiver o intuito de estabelecer residência por tempo determinado no Brasil, deverá obrigatoriamente solicitar visto para trabalho, uma vez que a Lei de Migração não possui a previsão de concessão de visto temporário para reunião familiar.

RESPOSTA O Decreto n. 9.199, de 20-11-2017, regulamenta a Lei de Migração e no seu art. 171, está previsto que: "Após entrevista individual e mediante ato fundamentado, o ingresso no País poderá ser impedido à pessoa: III – condenada ou respondendo a processo em outro país por crime doloso passível de extradição segundo a lei brasileira". Sendo assim, é exatamente o previsto na alternativa C. *Alternativa C.*

VI. MECANISMOS UTILIZADOS PELOS ESTADOS PARA INGRESSO E PERMANÊNCIA DO ESTRANGEIRO EM SEU TERRITÓRIO NACIONAL: VISTO

19. (XX Exame-Reaplicação) Thomas, nacional dos Estados Unidos, deseja passar as férias com a esposa Mary, canadense, no Brasil. Para tanto, o casal obteve visto de turista, na forma da legislação brasileira aplicável. Após meses de expectativa, é chegado o tempo de embarcar para o Brasil. A respeito da entrada e estada do casal no Brasil, assinale a afirmativa correta.

(A) Caso desejem fixar residência no Brasil, Thomas e Mary poderão pleitear a conversão de seu visto para permanente.

(B) Caso ultrapassem o prazo de estada no Brasil previsto em seus vistos, Thomas e Mary poderão ser expulsos do Brasil.

(C) Thomas e Mary poderão solicitar ao Ministério da Justiça a prorrogação de sua estada no Brasil por até 1 ano.

(D) Os vistos de turista concedidos a Thomas e a Mary configuram mera expectativa de direito, podendo sua entrada no território nacional ser obstada.

RESPOSTA (A) Errada, a Lei de Migração não traz a modalidade de visto permanente, conforme art. 12, os vistos são de visita, temporário, diplomático, oficial e de cortesia. (B) Errada. Caso Thomas e Mary permaneçam irregulares no Brasil, o caso ensejará a deportação, nos termos do art. 50 da Lei n. 13.445/2017, Lei de Migração. (C) Errada. O visto de turista ganhou nova nomenclatura e está previsto como visto de visita, conforme art. 13: "O visto de visita poderá ser concedido ao visitante que venha ao

Brasil para estada de curta duração, sem intenção de estabelecer residência, nos seguintes casos de turismo". *Vide* também os arts. 24 e 32 da Lei de Migração. (D) Errada. O art. 6º da Lei de Migração trata que o visto é o documento que dá a seu titular expectativa de ingresso no território nacional. Os arts. 10 e 11 tratam dos impedimentos da concessão de visto. Sem resposta.

20. (XXXI Exame) Em razão da profunda crise econômica e da grave instabilidade institucional que assola seu país, Pablo resolve migrar para o Brasil, uma vez que, neste último, há melhores oportunidades para exercer seu trabalho e sustentar sua família. Em que pese Pablo possuir a finalidade de trabalhar, acabou por omitir tal informação, obtendo visto de visita, na modalidade turismo, para o Brasil.

Considerando-se o enunciado acima, à luz da Lei de Migração em vigor (Lei n. 13.445/17), assinale a afirmativa correta.

A) Se Pablo, com o visto de visita, vier a exercer atividade remunerada no Brasil, poderá ser expulso do país.
B) Se Pablo, com o visto de visita, vier a exercer atividade remunerada no Brasil, poderá ser extraditado do país.
C) Pablo poderia solicitar, bem como obter, visto temporário para acolhida humanitária, diante da grave instabilidade institucional que assola seu país.
D) Pablo poderá obter asilo, em razão da profunda crise econômica que assola seu país.

RESPOSTA A) Errada. A permanência irregular no País acarreta a deportação e não expulsão. Este instituto requer a prática de crime. Previsão nos arts. 54 a 60 da nova Lei de Migração. B) Errada. A extradição tem previsão no art. 5º, LI e LII, da CF e arts. 81 a 99 da Lei de Migração. Embora estudada na temática de retirada compulsória do indivíduo do território nacional, a extradição é medida de cooperação penal internacional entre Estados soberanos que permite ao Brasil disponibilizar a outro Estado soberano indivíduo que cometeu crime no exterior e se encontra no Brasil foragido. Porém, quando mais de um Estado requerer a extradição da mesma pessoa pelo mesmo fato, terá preferência o pedido daquele em cujo território a infração foi cometida, conforme o art. 85 da Lei de Migração. C) Correta. Visto temporário está previsto no art. 14 da Lei de Migração e poderá ser concedido ao imigrante que venha ao Brasil com o intuito de estabelecer residência por tempo determinado e que se enquadre nas seguintes hipóteses: I – o visto temporário tenha como finalidade: a) pesquisa, ensino ou extensão acadêmica; b) tratamento de saúde; c) acolhida humanitária; d) estudo; e) trabalho; f) férias-trabalho; g) prática de atividade religiosa ou serviço voluntário; h) realização de investimento ou de atividade com relevância econômica, social, científica, tecnológica ou cultural; i) reunião familiar; j) atividades artísticas ou desportivas com contrato por prazo determinado; II – o imigrante seja beneficiário de tratado em matéria de vistos; III – outras hipóteses definidas em regulamento. D) O asilo consiste na proteção dada por um Estado a indivíduo que esteja sendo ameaçado, normalmente por perseguição política. A Resolução 3.212 da ONU dispõe que o Estado soberano tem o direito de conceder o asilo e não o dever, se tratando, portanto, de um ato discricionário do Estado. Há dois tipos de asilo: territorial e diplomático. O asilo territorial concede ao indivíduo a proteção no território do Estado, ou seja, significa que o asilado foi acolhido em território estrangeiro. O asilo diplomático (extraterritorial, interno) configura o acolhimento do indivíduo em missões diplomáticas, navios de guerra, aeronaves e acampamentos militares. *Alternativa C.*

VII. NACIONALIDADE

21. (XXII Exame) Luca nasceu em Nápoles, na Itália, em 1997. É filho de Marta, uma ilustre pintora italiana, e Jorge, um escritor brasileiro. Quando de seu nascimento, seus pais o registraram apenas perante o registro civil italiano. Luca nunca procurou se informar sobre seu direito à nacionalidade brasileira, mas, agora, vislumbrando seu futuro, ele entra em contato com um escritório especializado, a fim de saber se e como poderia obter a nacionalidade brasileira. Assinale a opção que apresenta, em conformidade com a legislação brasileira, o procedimento indicado pelo escritório.

(A) Luca não tem direito à nacionalidade brasileira, eis que seu pai não estava ou está a serviço do Brasil.
(B) Luca não poderá mais obter a nacionalidade brasileira, tendo em vista que já é maior de idade.
(C) Luca tem direito à nacionalidade brasileira, mas, ainda que a obtenha, não será considerado brasileiro nato.
(D) Luca deverá ir residir no Brasil e fazer a opção pela nacionalidade brasileira.

RESPOSTA (A) Incorreta. Segundo a Constituição Federal, mesmo os pais brasileiros não estando a serviço do Brasil, seus filhos poderão ser brasileiros natos (art. 12, I, *b* e *c*, CF). (B) Incorreta. A maioridade não implica aquisição da nacionalidade brasileira, pelo contrário, o filho poderá optar pela nacionalidade brasileira, a qualquer tempo, depois de atingida a maioridade (art. 12, I, c, CF). (C) Incorreta. O filho será brasileiro nato, conforme art. 12 da Constituição Federal. (D) Correta. O art. 12, I, da Constituição Federal prevê as formas de aquisição da nacionalidade brasileira. A alínea *b* dispõe que o nascido no Exterior, filho de pai ou mãe estrangeira a serviço do Brasil, serão considerados brasileiros natos. Porém, a inserção da alínea c, veio resolver o problema de filhos de brasileiros que estavam a passeio ou porque simplesmente moravam no Exterior e cujo filho nascia neste Estado que não adotava o *ius soli*, como é o caso do enunciado. Portanto, será brasileiro nato o filho nascido no Exterior, de pais brasileiros, que vier a residir no Brasil, a qualquer tempo, mesmo após atingida a maioridade e optar pela nacionalidade brasileira. O filho será brasileiro nato. Assim, "os nascidos no estrangeiro de pai brasileiro ou de mãe brasileira, desde que sejam registrados em repartição brasileira competente ou venham a residir na República Federativa do Brasil e optem, em qualquer tempo, depois de atingida a maioridade, pela nacionalidade brasileira". *Alternativa D.*

VIII. DIREITO INTERNACIONAL PÚBLICO: DIREITO DOS TRATADOS

22. (XXVII Exame) Em 14 de dezembro de 2009, o Brasil promulgou a Convenção de Viena sobre o Direito dos Tratados de 1969, por meio do Decreto n. 7.030. A Convenção codificou as principais regras a respeito da conclusão, entrada em vigor, interpretação e extinção de tratados internacionais. Tendo por base os dispositivos da Convenção, assinale a afirmativa correta.

(A) Para os fins da Convenção, "tratado" significa qualquer acordo internacional concluído por escrito entre Estados e/ou organizações internacionais.

(B) Os Estados são soberanos para formular reservas, independentemente do que disponha o tratado.

(C) Um Estado não poderá invocar o seu direito interno para justificar o descumprimento de obrigações assumidas em um tratado internacional devidamente internalizado.

(D) Os tratados que conflitem com uma norma imperativa de Direito Internacional geral têm sua execução suspensa até que norma ulterior de Direito Internacional geral da mesma natureza derrogue a norma imperativa com eles conflitante.

RESPOSTA (A) Errada. O conceito está incompleto. De acordo com o art. 2º, 1, a, Tratado é "acordo internacional concluído por escrito entre Estados e regido pelo Direito Internacional, quer conste de um instrumento único, quer de dois ou mais instrumentos conexos, qualquer que seja sua denominação específica"; (B) Errada. De acordo com o art. 2º, d, da Convenção de Viena sobre Direito dos Tratados "reserva" significa uma declaração unilateral, qualquer que seja a sua redação ou denominação, feita por um Estado ao assinar, ratificar, aceitar ou aprovar um tratado, ou a ele aderir, com o objetivo de excluir ou modificar o efeito jurídico de certas disposições do tratado em sua aplicação a esse Estado". A reserva somente poderá ser feita se o próprio texto do tratado não proibir. Por exemplo, o Estado de Roma de criou o Tribunal Penal Internacional proíbe a reserva por qualquer Estado soberano, isso significa dizer que a parte deve aceitar integralmente as disposições do Tratado Internacional. (C) Correta. De acordo com o art. 27 da Convenção de Viena sobre Direito dos Tratados. "Uma parte não pode invocar as disposições de seu direito interno para justificar o inadimplemento de um tratado". (D) Errada. De acordo com o art. 53 da Convenção de Viena sobre Direito dos Tratados, "É nulo um tratado que, no momento de sua conclusão, conflite com uma norma imperativa de Direito Internacional geral. Para os fins da presente Convenção, uma norma imperativa de Direito Internacional geral é uma norma aceita e reconhecida pela comunidade internacional dos Estados como um todo, como norma da qual nenhuma derrogação é permitida e que só pode ser modificada por norma ulterior de Direito Internacional geral da mesma natureza. *Alternativa C.*

IX. DIREITO INTERNACIONAL PÚBLICO: TRIBUNAIS INTERNACIONAIS

23. (XXVIII Exame) Existem disputas sobre parcelas de territórios entre países da América Latina. O Brasil e o Uruguai, por exemplo, possuem uma disputa em torno da chamada "ilha brasileira", na foz do Rio Uruguai. Na hipótese de o Uruguai vir a reivindicar formalmente esse território, questionando a divisa estabelecida no tratado internacional de 1851, assinale a opção que indica o tribunal internacional ao qual ele deveria endereçar o pleito.

(A) Tribunal Permanente de Revisão do Mercosul.

(B) Corte Internacional de Justiça.

(C) Tribunal Penal Internacional.

(D) Tribunal Internacional do Direito do Mar.

RESPOSTA (A) Errada. O Tribunal Permanente de Revisão – TPR é o Tribunal que existe dentro do Mercosul e atua nos litígios dos países do bloco regional, quando um Estado não aceitou a decisão anterior. (B) Correta. A questão envolve a disputa de territórios entre dois Países Latino-americanos. O Tribunal competente para solucionar o caso é a Corte Internacional de Justiça, a qual, tem recebido vários pedidos sobre esse tema. (C) Errada. O Tribunal Penal Internacional julga pessoas que cometerem crimes de repercussão internacional. Os Estados que fazem parte do TPI devem ser signatários do Estatuto de Roma, que criou o Tribunal. (D) Errada.A Convenção de Montego Bay criou o Tribunal Internacional do Direito do Mar, co sede em Hamburgo (Alemanha), competente para examinar todas as controvérsias e pedidos relativos às normas da Convenção ou qualquer outro ato internacional que se refira a matéria de Direito do Mar (arts. 21 e 22 do Anexo VI da Convenção de Montego Bay). O funcionamento do Tribunal é regulado pelo Anexo VI da Convenção de Montego Bay. No Brasil a legislação que disciplina o assunto é a Lei n. 8.617/93. *Alternativa B.*

X. DIREITO INTERNACIONAL PÚBLICO: SUJEITOS DO DIP

24. (XXIX Exame) João da Silva prestou serviços de consultoria diretamente ao Comitê Olímpico Internacional (COI), entidade com sede na Suíça, por ocasião dos Jogos Olímpicos realizados no Rio de Janeiro, em 2016. Até o presente momento, João não recebeu integralmente os valores devidos. Na hipótese de recorrer a uma cobrança judicial, o pedido deve ser feito

(A) na justiça federal, pois o COI é uma organização internacional estatal.

(B) na justiça estadual, pois o COI não é um organismo de direito público externo.

(C) por auxílio direto, intermediado pelo Ministério Público, nos termos do tratado Brasil-Suíça. D) na justiça federal, por se tratar de uma organização internacional com sede no exterior.

RESPOSTA (A) Errada. O Comitê Olímpico Internacional – COI não é uma organização internacional e, portanto, não se aplica a regra constitucional de propositura de Ação na Justiça Federal, conforme artigo 109, da Constituição Federal. O COI é uma organização não governamental. (B) Correta. Excluindo a hipótese da Justiça Federal, o candidato deveria escolher a alternativa b, pois se trata de uma Organização não governamental. (C) Errada. Auxílio direto está previsto no Código de Processo Civil e se trata de uma modalidade de cooperação jurídica internacional em matéria cível. Não se trata de meio judicial de solução de disputas internacionais. (D) Errada. Ver comentário da alternativa a. *Alternativa B.*

XI. DIREITO DIPLOMÁTICO

25. (XXI Exame) Aurélio, diplomata brasileiro, casado e pai de dois filhos menores, está em vias de ser nomeado chefe de missão do Brasil na capital de importante Estado europeu. À luz do disposto na Convenção de Viena sobre Relações Diplomáticas, promulgada no Brasil por meio do Decreto nº 56.435/65, assinale a afirmativa correta.

(A) A nomeação de Aurélio pelo Brasil não depende da anuência do Estado acreditado, visto se tratar de uma decisão soberana do Estado acreditante.

(B) Mesmo se nomeado, o Estado acreditado poderá considerar Aurélio persona non grata, desde que, para tanto, apresente suas razões ao Estado acreditante, em decisão fundamentada. Se acolhidas as razões apresentadas pelo Estado acreditado, Aurélio poderá ser retirado da missão ou deixar de ser reconhecido como membro da missão.

(C) Os privilégios e as imunidades previstos estendidos à mulher e aos filhos de Aurélio cessam de imediato, na hipótese de falecimento de Aurélio.

(D) Se nomeado, a residência de Aurélio gozará da mesma inviolabilidade estendida ao local em que baseada a missão do Brasil no Estado acreditado.

RESPOSTA (A) Errada, conforme o art. 2º da Convenção "O estabelecimento de relações diplomáticas entre Estados e o envio de Missões diplomáticas permanentes efetua-se por consentimento mútuo". (B) Errada, conforme o art. 9º, o Estado Acreditado poderá a qualquer momento, e sem ser obrigado a justificar a sua decisão considerar a *persona non grata*. (C) Errada, conforme o art. 39 da Convenção. (D) Correta. A questão se refere a assunto específico previsto na Convenção de Viena sobre Relações Diplomáticas, dispondo em seu art. 30: "A residência particular do agente diplomático goza da mesma inviolabilidade e proteção que os locais da missão". *Alternativa D.*

26. (XXVI Exame) Maria Olímpia é demitida pela Embaixada de um país estrangeiro, em Brasília, por ter se recusado a usar véu como parte do seu uniforme de serviço. Obteve ganho de causa na reclamação trabalhista que moveu, mas, como o Estado não cumpriu espontaneamente a sentença, foi solicitada a penhora de bens da Embaixada. Nesse caso, a penhora de bens do Estado estrangeiro

(A) somente irá prosperar se o Estado estrangeiro tiver bens que não estejam diretamente vinculados ao funcionamento da sua representação diplomática.

(B) não poderá ser autorizada, face à imunidade absoluta de jurisdição do Estado estrangeiro.

(C) dependerá de um pedido de auxílio direto via Autoridade Central, nos termos dos tratados em vigor.

(D) poderá ser deferida, porque, sendo os contratos de trabalho atos de gestão, os bens que são objeto da penhora autorizam, de imediato, a execução.

RESPOSTA (A) Correta, a imunidade de execução de Estado estrangeiro no Brasil é absoluta. Em caso de execução de Estado estrangeiro, condenado no Brasil, há duas possibilidades: (i) cumprimento da sentença estrangeira de forma voluntária, ou, (ii) a sentença brasileira do processo de conhecimento deverá ser remetida ao poder judiciário do Estado estrangeiro condenado, através de carta rogatória. Além disso, o Estado estrangeiro também poderá sofrer o processo de execução e ter algum bem da embaixada penhorado, se renunciar a sua imunidade ou, como é o caso da questão, não possuir nenhum bem ligado às funções diplomáticas ou consulares. O TST já entendeu que o bem poderá ser penhorado se estiver desafetado. (B) Incorreta, a questão dispõe sobre imunidade de execução, e a alternativa dispõe sobre imunidade de jurisdição. Trata-se de institutos distintos. (C) Incorreta, auxílio direto é nova modalidade de cooperação jurídica internacional prevista nos arts. 28 a 34 do Código de Processo Civil, porém não foi disciplinado para questões de imunidade. Importante a leitura dos artigos mencionados. (D) Incorreta, a divisão de atos de gestão e atos de império está direcionada aos casos de imunidade de Jurisdição. *Alternativa A.*

XII. DIREITO COMUNITÁRIO: SOLUÇÃO INTERNACIONAL DAS CONTROVÉRSIAS

27. (XXIII Exame) O mecanismo de solução de controvérsias atualmente em vigor no âmbito da Organização Mundial do Comércio (OMC) foi instituído em 1994 por meio do Entendimento Relativo às Normas e Procedimentos sobre Solução de Controvérsias, constantes do Tratado de Marrakesh, e vincula todos os membros da organização. A respeito do funcionamento desse mecanismo, assinale a afirmativa correta.

(A) Uma vez acionado o mecanismo de solução de controvérsias, os Estados em disputa ficam impedidos de recorrer a formas pacíficas de solução de seus litígios, tais como bons ofícios, conciliação e mediação.

(B) A decisão, por consenso, acerca da adoção de um relatório produzido pelo grupo especial, integra o rol de competências do Órgão de Solução de Controvérsias, ainda que as partes em controvérsia escolham não apelar ao Órgão Permanente de Apelação.

(C) As recomendações e decisões do Órgão de Solução de Controvérsias poderão implicar a diminuição ou o aumento dos direitos e das obrigações dos Estados, conforme estabelecido nos acordos firmados no âmbito da OMC.

(D) As partes em controvérsia e os terceiros interessados que tenham sido ouvidos pelo grupo especial poderão recorrer do relatório do grupo especial ao Órgão Permanente de Apelação.

RESPOSTA (A) Incorreta. Pelo contrário, uma vez acionado o mecanismo de controvérsias, os Estados podem e devem se utilizar de soluções pacíficas. (B) Correta. Em que pese a resposta dada pela Banca Examinadora ser a alternativa B, a OAB cometeu um erro afirmando que a adoção dos relatórios pelo órgão se daria por consenso. É justamente o inverso, pois a rejeição dos relatório se dá por consenso. No sistema de controvérsias da OMC, exige-se consenso não para adotar os relatórios do grupo, mas sim para rejeitar esses relatórios. Mesmo assim, a Instituição manteve o erro e não anulou a questão. (C) Incorreta. A resposta deveria ser a alternativa C, uma vez que a alternativa está de acordo com o Entendimento Relativo às Normas e Procedimentos sobre soluções de Controvérsias. (D) Incorreta. Vide comentários acima. Portanto, a resposta da Ordem foi a alternativa B, porém, conforme explicado acima, a questão mereceria anulação, pois se tratou de um erro não admitido pela OAB. *Alternativa B.*

XIII. ARBITRAGEM

28. (XXIX Exame) A cláusula arbitral de um contrato de fornecimento de óleo cru, entre uma empresa brasileira e uma empresa norueguesa, estabelece que todas as controvérsias entre as partes serão resolvidas por arbitragem, segundo as regras da Câmara de Comércio Internacional – CCI. Na negociação, a empresa norueguesa concordou que a sede da arbitragem fosse o Brasil, muito embora o idioma escolhido fosse o inglês. Como contrapartida, incluiu, entre as controvérsias a serem decididas por arbitragem, a determinação da responsabilidade por danos ambientais resultantes do manuseio e descarga no terminal. Na eventualidade de ser instaurada uma arbitragem solicitando indenização por danos de um acidente ambiental, o Tribunal Arbitral a ser constituído no Brasil

(A) tem competência para determinar a responsabilidade pelo dano, em respeito à autonomia da vontade consagrada na Lei Brasileira de Arbitragem.
(B) deverá declinar de sua competência, por não ser matéria arbitrável.
(C) deverá proferir o laudo em português, para que seja passível de execução no Brasil.
(D) não poderá decidir a questão, porque a cláusula arbitral é nula.

RESPOSTA Questão anulada pela OAB. Essa questão apresentou dois problemas: 1. A questão reproduz pergunta idêntica aplicada pela banca da CESGRANRIO, no concurso da Petrobras, para o cargo de Advogado Júnior, em 2012 (vide questão n. 59 no link oficial da página da CESGRANRIO). Assim, não é permitido questão idêntica que já tenha sido cobrada em outro concurso, uma vez que a prova tem que ser inédita e não pode beneficiar nenhum candidato que eventualmente conhecesse dessa questão; 2. Em 2017, o Superior Tribunal de Justiça, mudou a orientação e não declinou da sua competência quando reconheceu a admissibilidade do pedido de homologação de sentença estrangeira contestada n. 9412 o que determinada sua alteração para a alternativa a quando diz *"tem competência para determinar a responsabilidade pelo dano, em respeito à autonomia da vontade consagrada na Lei Brasileira de Arbitragem"*. Acertadamente a Banca Examinadora do Exame de Ordem anulou a questão de ofício.

XIV. REFUGIADOS

29. **(XXIII Exame)** Em 22 de julho de 1997, foi promulgada a Lei n. 9.474, que define os mecanismos para implementação da Convenção das Nações Unidas sobre o Estatuto dos Refugiados, da qual o Brasil é signatário. A respeito dos mecanismos, termos e condições nela previstos, assinale a afirmativa correta.

(A) Para que possa solicitar refúgio, o indivíduo deve ter ingressado no Brasil de maneira regular.
(B) Compete ao Ministério da Justiça declarar o reconhecimento, em primeira instância, da condição de refugiado.
(C) O refugiado poderá exercer atividade remunerada no Brasil, ainda que pendente o processo de refúgio.
(D) Na hipótese de decisão negativa no curso do processo de refúgio, é cabível a interposição de recurso pelo refugiado perante o Supremo Tribunal Federal.

RESPOSTA (A) Incorreta. O refugiado é forçado a fugir de seu país de origem em virtude de um receio maior quanto a sua vida e liberdade, ou seja, são pessoas que estão fugindo de perseguições por motivos de raça, religião, nacionalidade etc., conforme art. 1º do Estatuto dos Refugiados, Lei n. 9.474/97. O art. 8º da lei prevê que "O ingresso irregular no território nacional não constitui impedimento para o estrangeiro solicitar refúgio às autoridades competentes". (B) Incorreta. O Ministério da Justiça atua em segunda instância. Em se tratando de refugiados, o pedido inicial deverá ser feito ao CONARE. Vide arts. 26, 27 e 28 do Estatuto dos Refugiados, Lei. n. 9.474/97. (C) Correta. Poderá exercer atividade no Brasil, pois recebe documento provisório. O art. 21 disciplina o assunto: "recebida a solicitação de refúgio, o Departamento de Polícia Federal emitirá protocolo em favor do solicitante e de seu grupo familiar que se encontre no território nacional, o qual autorizará a estada até a decisão final do processo. § 1º O protocolo permitirá ao Ministério do Trabalho expedir carteira de trabalho provisória, para o exercício de atividade remunerada no País". (D) Incorreta. Da decisão que nega o reconhecimento como refugiado, caberá recurso, no prazo de 15 dias, ao Ministro do Estado da Justiça. Dessa decisão não caberá recurso, conforme previsão do art. 29 da Lei n. 9.474/97: "No caso de decisão negativa, esta deverá ser fundamentada na notificação ao solicitante, cabendo direito de recurso ao Ministro de Estado da Justiça, no prazo de quinze dias, contados do recebimento da notificação". *Alternativa C.*

Direito Penal

Leonardo Castro

Professor do GRAN e do Prova da Ordem. Escritor com mais de uma dezena de livros publicados. Instagram: @leonardocastroprofessor. Site: www.praticapenal.com.br.

Sumário

1. PRINCÍPIOS DE DIREITO PENAL

1.1. Princípio da insignificância

Em algumas situações, a lesão ao bem jurídico tutelado é tão irrelevante, tão sem importância, que a conduta deve ser considerada atípica – não há tipicidade material. Geralmente, o princípio é lembrado em casos de furto, embora seja possível o reconhecimento da insignificância em alguns outros delitos. O descaminho (CP, art. 334) é um bom exemplo. Atenção ao que diz o STJ sobre o tema, nas Súmulas 589, 599 e 606.

Cuidado: no furto, se a coisa subtraída for de pequeno valor, deve ser aplicada a causa de diminuição de pena intitulada "furto privilegiado", do art. 155, § 2º, do CP. Para a atipicidade material pela insignificância, o valor da coisa deve ser ínfimo.

1.2. Princípio da especialidade

Há momentos em que duas leis parecem estar em conflito. Veja o exemplo do homicídio culposo. O art. 302 do Código de Trânsito Brasileiro tipifica a conduta. Entretanto, o art. 121, § 3º, do CP também a tipifica. Como decidir qual dos dois artigos deve ser aplicado? É aí que entra o princípio da especialidade. O homicídio culposo do CP é "genérico", enquanto o do CTB é específico para mortes culposas em acidentes de trânsito. Por sua especialidade, o CTB prevalece em relação ao CP.

1.3. Princípio da consunção

Algumas vezes, para a prática de uma infração penal, o agente deve praticar uma outra conduta típica. Em um homicídio, por exemplo, o agente também pratica lesão corporal, mas isso não significa que ele será punido pelos dois crimes. O crime-fim (homicídio) absorve o crime-meio (lesão corporal). A consunção também ocorre na hipótese de progressão criminosa, quando o agente inicia a prática de um delito menos grave (novamente, o exemplo da lesão corporal), mas acaba praticando delito mais gravoso (por exemplo, um homicídio). Inicialmente, ele responderia pela lesão corporal, mas, por ter havido a mudança no dolo – de "*animus laedendi* para *animus necandi* –, deve ser imposta a pena do homicídio.

1.4. Princípio da individualização da pena

A sanção penal imposta deve ser proporcional ao mal causado pelo criminoso. Mesmo na hipótese de concurso de pessoas, é possível avaliar a gravidade da participação de cada um dos envolvidos. Para que a punição seja justa, o juiz, ao fixar a pena do criminoso, deve individualizá-la, com base no caso concreto. A individualização tem amparo constitucional, no art. 5º, XLVI.

1.5. Princípio da fragmentariedade

Em uma lesão na mão, acredito que a amputação do membro seja a última opção em um tratamento médico. Assim deveria ser o Direito Penal. A criminalização de uma conduta deveria ser a última medida a ser adotada para resolver um problema, apenas quando nada mais fosse eficiente. Por isso, é dito que o Direito Penal é fragmentário e subsidiário. Veja o que diz o STJ a respeito: "(...) em atenção aos princípios da fragmentariedade e da subsidiariedade, o Direito Penal apenas deve ser utilizado contra ofensas intoleráveis a determinados bens jurídicos e nos casos em que os demais ramos do Direito não se mostrem suficientes para protegê-los. Dessa forma, entende-se que o Direito penal não deve ocupar-se de bagatelas." (HC 208.569-RJ, julgado em 22-4-2014).

1.6. Princípio da presunção de inocência

Todo mundo sabe: ninguém será considerado culpado até o trânsito em julgado da sentença penal condenatória. Nenhuma novidade. Todavia, é importante ter atenção ao princípio em relação à Súmula 444-STJ, frequentemente cobrada pela FGV no Exame de Ordem.

1.7. Princípio da reserva legal

Só é possível a criação de novos tipos penais e a imposição de pena por meio de lei em sentido estrito. No passado, foi questionado se seria possível a tipificação de condutas por medida provisória. Para dar fim à discussão, a EC n. 32/2001 adicionou à CF o art. 62, § 1º, I, *b*, que veda, expressamente, a edição de MP em matéria penal. Curiosamente, apesar de a EC ter sido editada há quase 20 anos, as bancas ainda perguntam a respeito do tema em provas.

2. APLICAÇÃO DA LEI PENAL (CP, ARTS. 1º A 12)

Os primeiros 12 artigos do Código Penal estabelecem regras de aplicação (ou não) da lei penal brasileira. Se estudados separadamente, talvez você tenha alguma dificuldade em compreender o teor desses dispositivos. Por isso, prefiro a leitura em conjunto, em um passo a passo para decidir se a lei penal brasileira deve incidir em um caso concreto.

2.1 Quando?

A primeira pergunta a ser respondida é: quando ocorreu a conduta? Se, no dia 15 de agosto, agindo com vontade de matar, disparo tiros contra uma pessoa, e a vítima morre no mês seguinte, no dia 16 de setembro, a conduta ocorreu no dia 15 e o resultado no dia 16. A data da conduta é a que deve ser considerada para decidir pela aplicação da lei penal brasileira (teoria da atividade, nos termos do art. 4º do CP). Ciente do "quando", as próximas perguntas são as seguintes:

a) Na época, a conduta era formalmente típica em nossa legislação? Ou seja, quando ocorreu a conduta, havia previsão em lei para que a conduta fosse considerada criminosa? Se sim, já sabemos que a lei penal brasileira será, a princípio, aplicada. Isso se dá em razão do princípio da anterioridade.

▶ **Princípio da anterioridade:** previsto no art. 1º do CP, estabelece que uma conduta só será considerada crime se, na época em que foi praticada, já existir lei que a criminalize. Um bom exemplo é o crime de invasão de dispositivo informático (CP, art. 154-A), que não existia até 2012. Quem invadiu um computador em 2011 não praticou o delito do art. 154-A, afinal, ele ainda não existia. A criminalização deve ser sempre anterior à conduta.

b) Se a resposta anterior foi afirmativa – havia, sim, na época da conduta, lei que a criminalizava –, surge uma outra pergunta: após a conduta, houve alguma alteração na lei? Se sim, temos de fazer algumas análises para concluir a respeito de qual lei será aplicada (a nova ou a antiga). Para que fique mais fácil de estudar o tema, um curto glossário:

Expressão	O que é
Extra-atividade da lei	A lei é aplicada a momento diverso de sua vigência. Divide-se em duas espécies: retroatividade e ultratividade.
Retroatividade da lei	A lei é aplicada a condutas ocorridas antes de sua vigência. É o equivalente a voltar ao passado com uma máquina do tempo.
Ultra-atividade da lei	Uma lei que já não está mais vigente permanece sendo aplicada. É o fantasma de alguém que já morreu.
Novatio legis in mellius	É a nova lei, posterior à conduta, mais benéfica.
Novatio legis in pejus	É a nova lei, posterior à conduta, mais gravosa.
Lex mitior	É a lei mais benéfica em relação à outra.
Lex gravior	É a lei mais gravosa quando comparada à outra.
Abolitio criminis	É o que ocorre quando uma lei posterior à conduta a descriminaliza.

▶ **Retroatividade da lei penal:** a lei penal posterior alcançará condutas do passado quando mais benéfica. É a exceção ao princípio da irretroatividade da lei penal (CF, art. 5º, XL).

Dica: a lei penal posterior mais benéfica sempre retroagirá, ainda que exista sentença condenatória transitada em julgado (CP, art. 2º).

▶ **Ultratividade da lei penal:** a lei da época da conduta, não mais vigente por existir lei posterior, continua sendo aplicada. O fenômeno é observado nas seguintes hipóteses:

a) A lei da época da conduta é mais benéfica. Ou seja, a nova lei é mais gravosa (*novatio legis in pejus*), não podendo retroagir.

b) A conduta foi praticada na vigência de lei penal temporária ou excepcional (CP, art. 3º).

Reflexão: imagine que um *tsunami* destruiu dezenas de cidades brasileiras. Em razão da tragédia, criminosos passam a subtrair alimentos com o intuito de revenda por valores elevados, tirando vantagem da desgraça sofrida por milhões de pessoas. Imediatamente, é editada a Lei n. 1.234/2019, que estabelece que, entre os dias 15 de agosto de 2019 e 15 de agosto de 2020, tempo previsto para o restabelecimento da normalidade, será qualificado o furto de alimentos. No dia 10 de agosto de 2020, Joaquim furta 20 quilos de arroz, com o intuído de vendê-los. Se não existisse o art. 3º do CP, o Estado teria uns poucos dias para o oferecimento da denúncia, o julgamento de Joaquim, o trânsito em julgado da sentença condenatória e a execução da pena. Ou seja, impossível.

▶ ***Abolitio criminis:*** é causa de extinção da punibilidade (CP, art. 107, III). Sempre retroagirá.

2.1.1. Tempo do crime (CP, art. 4º)

É importante ressaltar que, para a análise do "quando", devemos considerar, sempre, o tempo da conduta, e não o do resultado. Isso porque o Código Penal adota a teoria da atividade (art. 4º). Vez ou outra, a FGV faz alguma pegadinha com a hipótese do adolescente infrator. Entenda: no dia 10 de julho de 2019, João, de 17 anos, agindo com vontade de matar, desfere facadas em Maria. No dia 15 do mesmo mês, João completa 18 anos. No dia 21 de julho, Maria morre em razão das facadas. João deve ser punido como adolescente ou como adulto? Como adolescente, pois, como já dito, em razão da teoria da atividade, a escolha da lei a ser aplicada é feita com base no tempo da conduta, e não do resultado.

2.1.2. Combinando leis

Até 2006, o tráfico de drogas esteve tipificado no art. 12 da Lei n. 6.368/76. A pena era de 3 a 15 anos. Com a entrada em vigor da Lei n. 11.343/2006, a nova Lei de Drogas, o tráfico passou a ser punido com penas mais altas, de 5 a 15 anos. Portanto, a princípio, lei mais gravosa (*novatio legis in pejus*), não podendo retroagir. Ocorre que, na lei mais recente, existe uma causa de diminuição de pena intitulada *tráfico privilegiado* (art. 33, § 4º), que possibilita a diminuição de pena em até 2/3, fazendo com que a pena mínima atual, de 5 anos, possa ficar inferior à pena mínima antiga, que era de 3 anos. Achou confuso? Entenda:

a) No ano de 2005, Carlos Alberto praticou o crime de tráfico de drogas. Na época, estava vigente a Lei n. 6.368/76, com pena mínima de 3 anos.

b) Em 2006, entrou em vigor a Lei n. 11.343, com pena mínima de 5 anos para o tráfico.

c) Em 2007, quando foi condenado, deveria ser imposta a Carlos Alberto, necessariamente, a Lei n. 6.368/76? Não! Embora a pena mínima fosse menor (3 anos), se ele fizer jus à nova causa de diminuição (Lei n. 11.343/2006, art. 33, § 4º), a pena pode ficar inferior aos 3 anos da antiga lei. Ou seja, a Lei n. 11.343/2006, a princípio, é mais gravosa (*novatio legis in pejus*). Entretanto, se aplicada a causa de diminuição de pena nela prevista, pode ser mais benéfica do que a Lei n. 6.368/76.

Surgiu, então, a seguinte teoria: o mais justo, no caso de Carlos Alberto, seria a união da pena mínima da lei antiga (3 anos) com a causa de diminuição da lei nova. O STJ não gostou da ideia e editou a Súmula 501, vedando a combinação de leis.

2.1.3. Súmula 711-STF

A Súmula 711-STF é tema certo em concursos. A FGV já a cobrou várias vezes na primeira fase. A obsessão das bancas pelo enunciado tem um motivo: ele parece violar o princípio da irretroatividade da lei penal. Veja o seguinte exemplo:

a) No dia 20 de agosto de 2019, Ronaldo sequestra Eduarda. Atualmente, a pena é de 1 a 3 anos (CP, art. 148).

b) Em outubro de 2019, entra em vigor a Lei n. 1.234, aumentando a pena do delito, que passa a ser de 2 a 6 anos.

c) No mês de dezembro de 2019, Ronaldo liberta Eduarda.

Qual é a pena que deve ser aplicada a Ronaldo? A da Lei n. 1.234, ainda que mais gravosa. Isso porque, segundo a Súmula 711-STF, nas hipóteses de crime permanente (o caso do exemplo) e de crime continuado, deve ser aplicada a lei da época em que cessou a permanência ou a continuidade, ainda que mais grave.

2.2. Onde?

Além do tempo, para decidir pela aplicação da lei, é preciso saber onde a infração penal ocorreu. Se digo que um roubo ocorreu nas ruas de Manaus, Amazonas, é fácil dizer que a lei a ser aplicada será a brasileira. Por outro lado, se o exemplo trouxer situação em que um brasileiro foi vítima de estupro em um país europeu, já não é tão simples. Para chegar à resposta, temos de conhecer os princípios da territorialidade e da extraterritorialidade.

2.2.1. Territorialidade (CP, art. 5º)

Para condutas típicas praticadas dentro do território nacional, deve ser aplicada a lei brasileira. Por isso, se praticado um homicídio na cidade de Vila Bela da Santíssima Trindade, no Mato Grosso, a princípio, o criminoso deve ser responsabilizado pela lei do Brasil, por força do princípio da territorialidade.

- **Princípio da territorialidade temperada:** em algumas hipóteses, é possível a aplicação de convenções, tratados e regras de direito internacional ao crime cometido em território brasileiro. Por essa razão, é dito que o art. 5º, *caput*, do CP estabelece o princípio da territorialidade temperada.
- **Território brasileiro por extensão:** o território brasileiro se estende além das nossas fronteiras. As hipóteses estão no art. 5º, §§ 1º e 2º, do CP. Para facilitar o aprendizado, veja o esquema a seguir:

a) Embarcações e aeronaves brasileiras públicas ou a serviço do governo brasileiro, em qualquer lugar do planeta: território brasileiro.

b) Embarcações e aeronaves brasileiras mercantes ou de propriedade privada em alto-mar (é lógico, sendo aeronave, no espaço aéreo sobre o alto-mar): território brasileiro.

c) Embarcações e aeronaves privadas estrangeiras em nosso território (incluído o mar territorial): território brasileiro.

d) Embarcações e aeronaves privadas brasileiras em território estrangeiro: território estrangeiro, mas a lei penal brasileira pode ser aplicada em razão da extraterritorialidade (CP, art. 7º, II, *c*).

- **Embaixadas:** não são mencionadas no art. 5º do CP. Logo, embora seja assegurada a inviolabilidade dos locais onde estão instalados embaixadas e consulados, não significa que sejam território estrangeiro por extensão. Por isso, por exemplo, a embaixada do Brasil em Roma não é considerada território brasileiro. Da mesma forma, a embaixada italiana no Brasil não é considerada território italiano.

2.2.2. Extraterritorialidade (CP, art. 7º)

Em algumas situações, a lei penal brasileira alcançará fatos ocorridos em território estrangeiro. Não é como na territorialidade, em que a infração penal foi praticada em território nacional. Em respeito à soberania de Estados estrangeiros, a extraterritorialidade é excepcional.

- **Hipóteses:** estão dispostas no art. 7º do CP. São elas:

a) crimes contra a vida ou a liberdade do Presidente da República;

b) crimes contra o patrimônio ou a fé pública da União, do Distrito Federal, de Estado, de Território, de Município, de empresa pública, sociedade de economia mista, autarquia ou fundação instituída pelo Poder Público;

c) crimes contra a administração pública, por quem está a seu serviço;

d) crimes de genocídio, quando o agente for brasileiro ou domiciliado no Brasil;

e) crimes que, por tratado ou convenção, o Brasil se obrigou a reprimir;

f) crimes praticados por brasileiro;

g) crimes praticados contra brasileiro;

h) crimes praticados em aeronaves ou embarcações brasileiras, mercantes ou de propriedade privada, quando em território estrangeiro e aí não sejam julgados.

- **Extraterritorialidade condicionada e incondicionada:** nas hipóteses do inciso I do art. 7º, a lei penal brasileira será aplicada ainda que o agente tenha sido condenado ou absolvido pela Justiça estrangeira (extraterritorialidade incondicionada). Por outro lado, naquelas do inciso II, a aplicação da lei brasileira depende das condições previstas no art. 7º, § 2º (extraterritorialidade condicionada).
- **Lei de tortura:** o art. 2º da Lei n. 9.455/97 prevê hipótese de extraterritorialidade quando praticada tortura contra brasileiro em território estrangeiro.

2.2.3. Teoria mista (CP, art. 6º)

Para definir onde um crime foi praticado, devemos considerar tanto o lugar da conduta (atividade) quanto o do resultado (CP, art. 6º). Em relação ao lugar do crime, a teoria adotada pelo CP é a mista ou da ubiquidade, e não a da atividade, como ocorre em relação ao tempo (CP, art. 4º).

3. CRIME (CP, ARTS. 13 A 25)

3.1. Relação de causalidade (CP, art. 13)

O nexo de causalidade é o *link* entre a conduta e o resultado. Se atiro contra uma pessoa e, simultaneamente, alguém a atropela, causando a sua morte, não responderei pelo homicídio consumado, afinal, não há nexo de causalidade entre a minha conduta (matar) e o resultado (a morte da vítima). Portanto, o nexo de causalidade é essencial para a existência de um delito. As principais teorias a respeito do tema:

Teoria da equivalência dos antecedentes: é a adotada como regra pelo CP (art. 13, *caput*). Para a teoria, causa é todo fato humano que, se extraído da linha do tempo, evitaria a produção do resultado. Entenda:

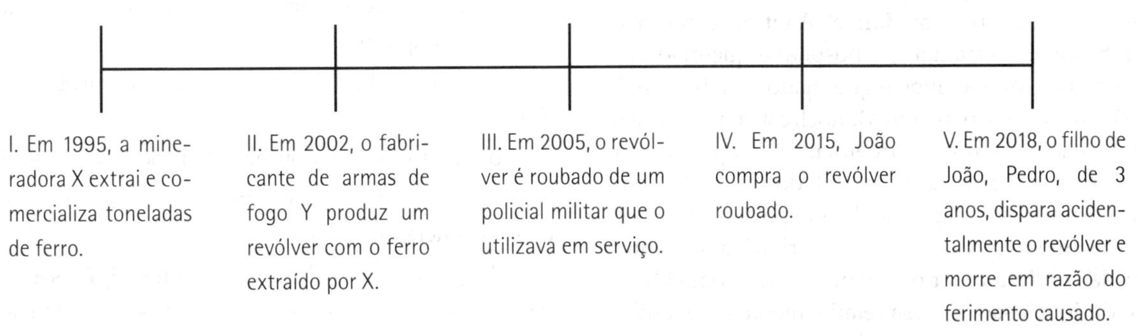

Pela teoria da equivalência dos antecedentes, a mineradora, o fabricante de armas, quem roubou a arma, quem vendeu a arma e João, o pai da vítima, deveriam ser responsabilizados pelo homicídio culposo de Pedro. Entretanto, lembre-se: na estrutura do crime, deve haver conduta, dolosa ou culposa. De todos os envolvidos na cadeia de eventos que produziu o resultado morte, apenas João seria responsabilizado, caso constatada a sua negligência em evitar o acesso de Pedro ao armamento. Portanto, embora a teoria possa fazer com que a punição retroceda ao infinito, só será responsabilizado pelo resultado delituoso quem agiu com dolo ou culpa.

Teoria da causalidade adequada: para esta teoria, não basta a imprescindibilidade da causa na linha do tempo, como ocorre na teoria da equivalência dos antecedentes. Para que um evento seja considerado causa, além de necessário, deve ser adequado à produção do resultado. É a teoria adotada no art. 13, § 1º, do CP ao tratar de causa superveniente. Quando aplicada, faz com que a teoria da equivalência dos antecedentes não retroceda ao infinito.

3.1.1. A superveniência de causa independente (CP, art. 13, § 1º)

A causa superveniente que produz o resultado pode, ou não, decorrer da conduta. É o clássico exemplo da ambulância: "A" espanca "B" e, a caminho do hospital para ser socorrido, "B" morre em acidente de trânsito enquanto estava na ambulância. Pergunto: "A" deve ser punido pela morte de "B"? Se o espancamento não tivesse ocorrido, "B" não estaria na ambulância e não teria morrido no acidente. Pela teoria da equivalência dos antecedentes, "A" deveria ser punido pelo resultado morte, pois há relação de dependência entre a conduta de "A" e a morte de "B". Todavia, com base no art. 13 do CP, devemos fazer da seguinte forma:

a) Causa superveniente absolutamente independente: o resultado não deve ser atribuído ao autor de determinada conduta, pois esta em nada influenciou para a ocorrência do resultado.

b) Causa superveniente relativamente independente: embora exista vínculo entre a conduta e o resultado, é preciso avaliar se a causa posterior produziu, por si só, o resultado. Exemplo: agindo com vontade de matar, Samuel dispara um tiro em Manoel. A vítima é internada em um hospital. Certa noite, o hospital é queimado por um incêndio, e Manoel morre queimado. Análise: se Samuel não disparasse o tiro em Manoel, este não estaria no hospital e não teria morrido queimado. No entanto, o incêndio, por si só, produziu o resultado morte. Por isso, não deve Samuel ser responsabilizado pela morte (homicídio consumado). A ele deve ser atribuída somente a prática da conduta anterior – tentativa de homicídio. O motivo da conclusão: a causa relativamente independente produziu, por si só, o resultado.

3.1.2. Omissão imprópria (CP, art. 13, § 2º)

Em regra, ninguém pode ser punido por deixar de fazer algo, salvo se a lei disser *expressamente* que a omissão é típica (omissão própria). Ocorre que, para algumas pessoas (*garantidoras*), o CP impõe o dever de evitar o resultado em condutas praticadas por ação (crimes comissivos). Sei que é confuso, mas veja o seguinte exemplo, extraído de uma questão do XIV Exame de Ordem:

> *Isadora, mãe da adolescente Larissa, de 12 anos de idade, saiu um pouco mais cedo do trabalho e, ao chegar à sua casa, da janela da sala, vê seu companheiro, Frederico, mantendo relações sexuais com sua filha no sofá. Chocada com a cena, não teve qualquer reação. Não tendo sido vista por ambos, Isadora decidiu, a partir de então, chegar à sua residência naquele mesmo horário e verificou que o fato se repetia por semanas. Isadora tinha efetiva ciência dos abusos perpetrados por Frederico, porém, muito apaixonada por ele, nada fez. Assim, Isadora, sabendo dos abusos cometidos por seu companheiro contra sua filha, deixa de agir para impedi-los.*

O estupro de vulnerável (CP, art. 217-A) é crime comissivo, que se dá por ação – *ter* conjunção carnal ou *praticar* outro ato libidinoso. O dispositivo mencionado não fala em *deixar de ter* ou *deixar de praticar*. Logo, não se trata de crime omissivo próprio. Todavia, Isadora, a mãe da adolescente, será responsabilizada pelo estupro de vulnerável, crime comissivo, mesmo sem ter praticado os verbos *ter* ou *praticar*. Isso porque deveria ter evitado o resultado, mas nada fez – é dever dos pais o cuidado com os filhos menores. É o que a doutrina chama de omissão imprópria.

Evidentemente, no exemplo da mãe que não evita o estupro da filha, o estuprador, Frederico, também deverá ser responsabilizado pelo mesmo delito. Ele, pela prática de crime comissivo, o estupro de vulnerável. Ela, também pelo estupro de vulnerável, crime comissivo, mas por omissão – por isso a omissão imprópria também é chamada de *crime comissivo por omissão*. O agente pratica um delito comissivo ao deixar de fazer algo.

De acordo com o art. 13, § 2º, do CP, o dever de agir é imposto a quem:

a) por lei, tem o dever de cuidado, proteção, vigilância;

b) assumiu a responsabilidade de evitar o resultado;

c) com seu comportamento anterior, criou o risco da ocorrência do resultado.

As pessoas não abrangidas pelas hipóteses descritas não podem ser punidas pela omissão, salvo se a lei punir expressamente a omissão (omissão própria).

Atenção: só se pune pela omissão se o omisso podia fazer algo, mas nada fez. Ex.: utilizando arma de fogo, Frederico estupra Larissa na frente de Isadora, e afirma que matará ambas se a mãe da menina tentar reagir. Neste exemplo, Isadora não poderia evitar a prática delituosa, não podendo ser responsabilizada pelo estupro de vulnerável.

3.2. Consumação, tentativa, desistência voluntária, arrependimento eficaz e arrependimento posterior (CP, arts. 14, 15 e 16)

3.2.1. *Iter criminis*

A FGV sempre cobra os artigos 14, 15 e 16 em conjunto. Para saber distinguir um do outro, é essencial a compreensão do *iter criminis* (caminho do crime). Veja o esquema a seguir:

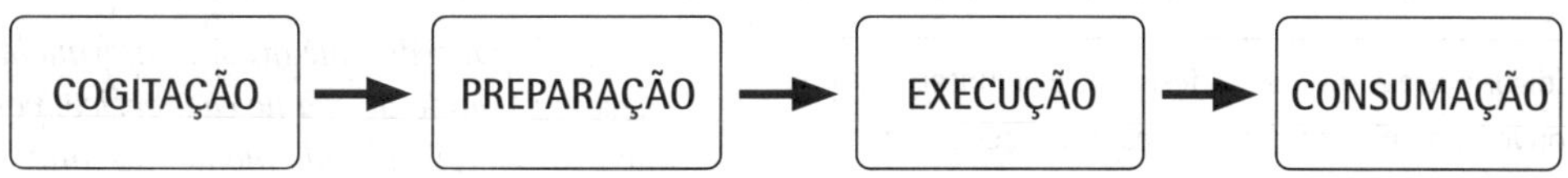

a) Cogitação: o crime está na cabeça do agente. Jamais será punida.

b) Preparação: o agente se prepara para a execução de uma infração penal. Pode, por si só, configurar algum fato típico (ex.: aquisição ilegal de arma de fogo). Todavia, não faz com que ele seja punido pelo crime desejado (ex.: homicídio).

c) Execução: o agente passa a praticar a conduta tipificada.

d) Consumação: segundo o CP, o crime é consumado quando nele se reúnem todos os elementos de sua definição legal.

Exemplos:

a) Cogitação: em uma discussão no trânsito, Gustavo imagina como seria matar o outro motorista.

b) Preparação: Carolina quer matar Mariana. Para a prática do homicídio, adquire uma faca.

c) Execução: Carolina está desferindo facadas em Mariana.

d) Consumação: Mariana morre em razão das facadas desferidas por Carolina.

3.2.2. Punição

A forma como o criminoso será punido depende das circunstâncias fáticas. Entenda:

a) Crime consumado: o criminoso responderá pela pena "cheia", descrita no tipo penal. No homicídio simples (CP, art. 120, *caput*), por exemplo, a pena é de 6 a 20 anos. É a pena a ser aplicada ao homicida.

b) Crime tentado: o criminoso responderá pela pena "cheia", mas diminuída de 1 a 2/3.

3.2.3. Tentativa

Na tentativa, o agente inicia ou, até mesmo, encerra a execução, mas não consegue consumar o delito, apesar do seu esforço. Dois exemplos:

a) Agindo com vontade de matar, Paulo dispara um tiro contra Ricardo. No momento em que pretendia dar o segundo tiro, a arma trava, impedindo novos disparos. Portanto, Paulo não conseguiu concluir a execução, pois a arma parou de funcionar, e não consumou o delito (a morte de Ricardo) contra a sua vontade. Como já explicado, deve ser punido pela pena "cheia", diminuída de 1 a 2/3.

b) Agindo com vontade de matar, Paulo descarrega toda a munição da arma em Ricardo, concluindo a execução do crime. No entanto, populares socorrem Ricardo, que sobrevive graças ao rápido atendimento médico. Paulo será punido pela pena "cheia" do homicídio, reduzida de 1 a 2/3.

3.2.4. Desistência voluntária

Iniciada a execução, mas antes de concluí-la, o agente, voluntariamente, desiste da consumação. Exemplo: Paulo quer matar Rodrigo. Após o primeiro tiro, podendo efetuar novos disparos, Paulo percebe o erro de sua conduta e não mais deseja matar Rodrigo. Se quisesse, poderia concluir a execução, mas desiste. No exemplo, Paulo será responsabilizado apenas pelo o que efetivamente fez (ex.: lesão corporal), e não mais pelo homicídio, delito inicialmente pretendido.

3.2.5. Arrependimento eficaz

O criminoso conclui a execução e, antes da consumação, age e consegue evitá-la. Exemplo: agindo com vontade de matar, Paulo gasta toda a sua munição em Rodrigo – ou seja, concluiu a execução. Todavia, ao ver a vítima agonizando no chão, Paulo se arrepende do que fez, presta socorro e Rodrigo sobrevive. No exemplo, Paulo deve ser responsabilizado pelo o que efetivamente fez (ex.: lesão corporal), e não mais pelo homicídio, crime inicialmente pretendido.

TENTATIVA	DESISTÊNCIA VOLUNTÁRIA	ARREPENDIMENTO EFICAZ
O agente quer, até o fim, a consumação, que não é alcançada contra a sua vontade.	O agente queria, inicialmente, a consumação de um determinado delito. No entanto, iniciada a execução, mas antes de concluí-la, desiste da consumação.	O agente queria, inicialmente, a consumação de um determinado delito. Todavia, concluída a execução, ele age e evita a consumação do crime.
A execução pode ou não ser concluída.	A execução não é concluída.	A execução é concluída.
O agente responde pela pena do delito desejado, mas diminuída de 1 a 2/3.	O agente responde apenas pelo o que efetivamente fez. Não é imposta a pena do crime inicialmente pretendido.	O agente responde apenas pelo o que efetivamente fez. Não é imposta a pena do crime inicialmente pretendido.

Dica (1): para indicar que a resposta é a desistência voluntária, a banca diz que houve "um único tiro" ou afirma que a desistência ocorreu após a "primeira facada". Ou seja, utiliza expressões que indicam que a execução não foi até o fim.

Dica (2): só se fala em arrependimento eficaz se o agente conseguir evitar a consumação. Caso a consumação ocorra, ele será responsabilizado pelo delito inicialmente, afinal, o arrependimento foi ineficaz.

3.2.6. Arrependimento posterior

O crime já se consumou. Não tem mais volta. Por isso, a pena do delito pretendido será aplicada ao agente, com a diminuição de 1 a 2/3. Atenção aos requisitos exigidos pelo art. 16 do CP:

a) Só é possível o arrependimento posterior em crimes sem violência ou grave ameaça à pessoa. Se a violência for contra coisa (ex.: um automóvel), o arrependimento posterior é possível. Por causa deste requisito, a FGV costuma utilizar o furto quando quer tratar a respeito do tema.

b) O arrependimento consiste em reparação do dano ou restituição da coisa. É condição para a incidência da causa de diminuição de pena.

c) O arrependimento só é possível até o recebimento da denúncia ou queixa.

3.3. Crime impossível (CP, art.17)

O crime impossível (*tentativa inidônea*) ocorre quando, por mais que o agente tente, a consumação jamais será alcançada. Quando presente, torna o fato atípico, não podendo o autor da conduta ser punido pela tentativa. Exemplo extraído do XVII Exame de Ordem:

> *Cristiane, revoltada com a traição de seu marido, Pedro, decide matá-lo. Para tanto, resolve esperar que ele adormeça para, durante a madrugada, acabar com sua vida. Por volta das 22h, Pedro deita para ver futebol na sala da residência do casal. Quando chega à sala, Cristiane percebe que Pedro estava deitado sem se mexer no sofá. Acreditando estar dormindo, desfere 10 facadas em seu peito. Nervosa e arrependida, liga para o hospital e, com a chegada dos médicos, é informada que o marido faleceu. O laudo de exame cadavérico, porém, constatou que Pedro havia falecido momentos antes das facadas em razão de um infarto fulminante.*

Por mais que Cristiane tente, jamais consumará o delito de homicídio, afinal, a vítima já está morta. E a intenção dela, não conta? Não. Pouco importa o desejo de matar de Cristiane. O bem jurídico tutelado – a vida humana de Pedro – está fora do seu alcance. Por isso, não poderá ser responsabilizada por tentativa de homicídio. Todavia, cuidado: só se fala em crime impossível se houver absoluta ineficácia do meio de execução (ex.: tentar matar com manga e leite) ou absoluta impropriedade do objeto (ex.: matar vítima já falecida). Se a ineficácia ou a impropriedade for relativa, o agente deverá ser punido pela tentativa. Exemplo:

> *Cristiane quer matar Pedro. Para isso, coloca* veneno de rato *em seu café. Pedro, ao ingerir o veneno, passa muito mal, mas sobrevive em virtude de a quantidade de veneno usada por Cristiane ter sido insuficiente para matar. É inegável, veneno de rato é meio eficaz para matar um ser humano, mas Cristiane usou quantidade insuficiente. Portanto, houve ineficácia relativa do meio de execução, devendo Cristiane ser punida por tentativa de homicídio.*

3.4. Dolo e culpa (CP, art. 18)

3.4.1. Dolo

O tema é tratado no art. 18, I, do CP. De acordo com o dispositivo, há dolo quando o agente quer o resultado (dolo direto) ou quando assume o risco de produzi-lo (dolo indireto). Na primeira hipótese, o CP adota a teoria da vontade; na segunda, a teoria do assentimento. Embora haja uma porção de teorias sobre o assunto, o leitor deve se preocupar, em especial, com a distinção entre o dolo direto, o dolo eventual e a culpa, pois as bancas sempre pedem esses assuntos em conjunto.

a) Teoria da vontade: o agente quer o resultado e pratica conduta para alcançá-lo (quero matar e, para isso, disparo tiros contra alguém). É o dolo direto.

b) Teoria do assentimento: o agente prevê o resultado e não o quer, mas assume o risco de produzi-lo – prefere praticar a conduta em vez de abster-se, embora saiba que pode causar o resultado. É o que ocorre no dolo eventual, espécie de dolo indireto.

A doutrina também fala em dolo de primeiro grau e dolo de segundo grau. No dolo de primeiro grau, o agente busca um determinado resultado e, para conquistá-lo, executa a conduta de forma que somente ele é alcançado. Ex.: "A" quer matar "B" e, para tanto, dispara tiros em sua direção. No dolo de segundo grau, o agente também busca determinado resultado, mas para alcançá-lo deve, necessariamente, atentar contra outros bens jurídicos além do desejado, produzindo outros resultados. Ex.: "A" quer matar "B" e, para isso, joga uma granada em sua direção, causando a morte de outras pessoas que estavam ao redor. Embora o desejo fosse o de matar "B", a morte dos demais foi efeito colateral necessário para que o resultado fosse alcançado.

3.4.2. Culpa

Quando se fala em culpa, logo vem à mente a ideia de resultado não desejado. Não está incorreto, mas vale lembrar que, no dolo eventual, o agente também não quer o resultado, embora assuma o risco de produzi-lo. Portanto, não é o melhor conceito para crime culposo. Segundo o art. 18, II, do CP, é culposo o delito quando o agente deu causa ao resultado por imprudência, negligência ou imperícia.

A imprudência consiste em conduta positiva. É um *fazer* sem a observância às cautelas necessárias. Quem dirige acima do limite de velocidade em uma via age de forma imprudente, por não observar o dever de cuidado a todos imposto. Na negligência, há um *não fazer*, uma inação. O agente deveria ter feito algo, mas não fez. É o caso do funcionário público que deveria ter trancado a porta do setor ao sair, mas não o fez, e, em virtude disso, possibilitou que ladrões subtraíssem bens da repartição. Por fim, na imperícia, temos a culpa profissional, quando por inobservância de regras concernentes ao exercício da profissão o agente acaba por produzir o resultado. Ex.: o médico que deixa de observar o procedimento adequado a determinado caso e, em consequência, causa a morte do paciente.

É importante observar que, para fins penais, só importa a análise da culpa quando prevista expressamente a modalidade culposa de prática de determinado delito. Ou seja, só se fala em crime culposo se houver previsão legal. É possível, por exemplo, o homicídio culposo (CP, art. 121, § 3º). Por outro lado, não se fala em furto culposo em razão de o art. 155 do CP não o punir. Entretanto, cuidado: nem sempre a lei penal informa expressamente que o crime é culposo, como acontece no homicídio e na lesão corporal (CP, art. 129, § 6º). Na receptação culposa (art. 180, § 3º), por exemplo, o CP não fala *receptação culposa*, mas é possível perceber que se trata de hipótese de crime culposo pela leitura do dispositivo.

Só se fala em prática de crime culposo quando o resultado produzido era previsível. Darei um exemplo questionável, mas que serve para ilustrar a explicação. Imagine que João vive em uma fazenda, em meio a lugar nenhum. Não há vizinhos e nem outros seres humanos próximos. Certo dia, ele resolve praticar *tiro ao alvo* com seu revólver, tendo em sua mira algumas árvores em sua propriedade. Após alguns disparos, João houve um grito de dor. Ao se aproximar, percebe um homem caído no chão, em seus últimos segundos de vida em razão de ter sido atingido pelos disparos. Como João poderia imaginar que, em meio às árvores, havia um homem? Como culpá-lo por um resultado (no caso, a morte) que nem mesmo o mais prudente dos homens poderia ter previsto?

É claro, João nem deveria ter disparado a sua arma. Ademais, poderia ter checado o alvo antes dos disparos. Alguém mais cuidadoso poderia ter evitado o resultado. Todavia, para aferir a previsibilidade do resultado, devemos nos perguntar o que o homem médio faria naquela situação. O homem médio é aquela pessoa normal, de inteligência mediana e comportamento-padrão. Não é um gênio e nem é um tolo. Não se apega tanto ao zelo, mas não é desleixado. Enfim, é o ser humano *standard*. Na análise de um caso concreto, só haverá punição por culpa se previsível o resultado produzido, levando-se em consideração, como já dito, a previsibilidade tendo como parâmetro o homem médio.

Da previsibilidade da conduta surgem duas importantes classificações, sempre presentes em provas: a culpa consciente e a culpa inconsciente. Na prática, não há muita diferença entre as duas culpas, visto que o agente será responsabilizado por crime culposo de qualquer jeito, tenha ou não previsto o resultado. Todavia, não se trata uma classificação boba, sem fundamento, especialmente quando em conflito a culpa consciente e o dolo eventual, assunto estudado mais para frente. Na culpa inconsciente, o resultado era previsível (lembre-se do homem médio), mas o agente não o previu. Na culpa consciente, ele prevê o resultado, mas acredita sinceramente que ele não ocorrerá.

A culpa inconsciente não exige muita reflexão. A sua ocorrência se dá quando o agente produz um resultado por não passar em sua cabeça que ele poderia acontecer – contudo, analisada a conduta pelos olhos do homem médio, conclui-se que, com zelo, ele poderia ter previsto o resultado. Na culpa consciente, o agente prevê o resultado, mas imagina estar apto a evitá-lo. Veja o exemplo a seguir, extraído do XII Exame de Ordem:

> *Wilson, competente professor de uma autoescola, guia seu carro por uma avenida à beira-mar. No banco do carona está sua noiva, Ivana. No meio do percurso,*

Wilson e Ivana começam a discutir: a moça reclama da alta velocidade empreendida. Assustada, Ivana grita com Wilson, dizendo que, se ele continuasse naquela velocidade, poderia facilmente perder o controle do carro e atropelar alguém. Wilson, por sua vez, responde que Ivana deveria deixar de ser medrosa e que nada aconteceria, pois se sua profissão era ensinar os outros a dirigir, ninguém poderia ser mais competente do que ele na condução de um veículo. Todavia, ao fazer uma curva, o automóvel derrapa na areia trazida para o asfalto por conta dos ventos do litoral, o carro fica desgovernado e acaba ocorrendo o atropelamento de uma pessoa que passava pelo local. A vítima do atropelamento falece instantaneamente. Wilson e Ivana sofrem pequenas escoriações. Cumpre destacar que a perícia feita no local constatou excesso de velocidade.

Veja que, no caso hipotético, Wilson previu o resultado. Ele sabia que poderia causar um acidente. Entrementes, por ser professor de autoescola, acreditou sinceramente que poderia evitar o resultado. Ou seja, culpa consciente. Se o enunciado dissesse que Wilson não previu o resultado, embora previsível, a hipótese seria de culpa inconsciente.

3.4.3. Culpa consciente e dolo eventual

Em teoria, o estudo da culpa consciente não impõe grandes desafios. O agente prevê o resultado, mas acredita sinceramente que este não ocorrerá. Entretanto, quando culpa consciente e dolo eventual entram em rota de colisão, o assunto se torna espinhoso. Isso porque, como definir o momento em que o agente deixa de acreditar que o resultado não ocorrerá (culpa consciente) e passa a assumir o risco de o produzir (dolo eventual)? Infelizmente, não há uma fórmula exata para a resposta.

Em exemplos extremos, é fácil optar por um ou outro. Se digo que o motorista causador do acidente ingeriu um litro de cachaça e dirigia a 150 km/h, está evidente o dolo eventual. Ele assumiu o risco de produzir o resultado, devendo ser punido dolosamente por eventual mal causado – homicídio, por exemplo. Por outro lado, no exemplo do professor da autoescola, está claro que ele previu o resultado, mas acreditou que não aconteceria. Entretanto, se digo que o motorista estava a 70 km/h em uma via de limite de 40 km/h, ou que bebeu duas latas de cerveja, já não é tão fácil dizer se houve dolo eventual ou culpa consciente.

Em prova, a FGV não poderá pedir exemplos questionáveis, sob pena de anulação da questão. Por isso, se cair uma questão a respeito do tema, leia com muita atenção e veja se o enunciado descreve alguma habilidade especial do agente, fazendo com que se conclua pela culpa consciente. Caso não diga nada nesse sentido, é provável que a resposta seja o dolo eventual.

Dolo direto: o agente quer o resultado.	Dolo eventual (dolo indireto): o agente não quer o resultado, mas assume o risco de produzi-lo.
Culpa inconsciente: o agente não quer o resultado e não o prevê, embora fosse previsível.	Culpa consciente: o agente não quer o resultado e o prevê, mas acredita sinceramente que ele não ocorrerá.

3.5. Erro de tipo e erro de proibição (CP, arts. 20 e 21)

3.5.1. Erro de tipo (CP, art. 20, *caput*)

No erro sobre elementos do tipo ou erro de tipo essencial, o agente tem uma visão distorcida da realidade. Sempre que o enunciado de uma questão disser que a realidade era "X" mas o agente enxergava "Y", pode ter certeza de que a resposta será erro de tipo. No erro sobre elementos do tipo, a pessoa vive uma fantasia. O que os seus sentidos captam não condiz com a realidade. É como olhar para uma maçã e enxergar um morango.

Por óbvio, a confusão das frutas é apenas um exemplo ilustrativo, irrelevante. Para o Direito Penal, importa a hipótese em que o agente pratica fato considerado típico em razão de falsa percepção da realidade. Exemplo: um caminhoneiro é contratado para transportar um carregamento de aquecedores de piscina. No entanto, quando a encomenda é conferida em barreira policial, descobre-se que no interior dos aquecedores havia vasto arsenal de fuzis, transportado sem autorização legal. Ou seja:

I. O que o caminhoneiro viu: um carregamento de aquecedores, cujo transporte é lícito.

II. A realidade: um carregamento de armas de fogo transportado ilicitamente.

Entrementes, não é qualquer erro que faz com que o art. 20 do CP seja aplicável. Só se fala em erro de tipo essencial quando o erro recai sobre elemento constitutivo do tipo penal, ou seja, tudo aquilo o que, se extraído do tipo penal, descaracteriza o delito. Dois exemplos:

"Estupro de vulnerável

Art. 217-A. Ter conjunção carnal ou praticar outro ato libidinoso com menor de 14 (catorze) anos:

Pena – reclusão, de 8 (oito) a 15 (quinze) anos."

Configura o crime de estupro de vulnerável ter conjunção carnal ou praticar ato libidinoso diverso com quem tem menos de 14 anos. Se riscada a expressão *menor de 14 anos*, restaria *ter conjunção carnal ou praticar ato libidinoso*, conduta lícita. Fazer sexo não é errado. O problema é quando se faz com quem tem menos de 14 anos. Portanto, *menor de 14 anos* é elemento constitutivo do tipo.

> "Art. 33. Importar, exportar, remeter, preparar, produzir, fabricar, adquirir, vender, expor à venda, oferecer, ter em depósito, transportar, trazer consigo, guardar, prescrever, ministrar, entregar a consumo ou fornecer drogas, ainda que gratuitamente, sem autorização ou em desacordo com determinação legal ou regulamentar:
>
> Pena – reclusão de 5 (cinco) a 15 (quinze) anos e pagamento de 500 (quinhentos) a 1.500 (mil e quinhentos) dias-multa."

Pratica tráfico de drogas quem importa, exporta, remete etc. *drogas*. Se riscarmos a expressão *drogas* do art. 33 da Lei n. 11.343/2006, restam os verbos importar, trazer consigo, guardar etc., condutas lícitas, desde que não envolvam drogas, no caso do tráfico, ou mercadorias proibidas, no contrabando (CP, art. 334-A). Logo, a expressão *drogas* é elemento constitutivo do tipo. Um último exemplo:

> "Contrabando
>
> Art. 334-A. Importar ou exportar mercadoria proibida:
>
> Pena – reclusão, de 2 (dois) a 5 (cinco) anos."

É contrabando importar ou exportar *mercadoria proibida*. Se importo mercadoria permitida, posso até responder por descaminho (CP, art. 334), mas jamais por contrabando. Portanto, *mercadoria proibida* é elemento constitutivo do tipo.

No erro de tipo essencial, o agente tem uma falsa percepção da realidade. Ele enxerga o mundo de forma distorcida. Em resumo, ele não sabe o que faz, e esse erro recai sobre elemento constitutivo do tipo. Em nossos exemplos, age em erro de tipo a pessoa que: a) faz sexo com alguém de 13 anos, mas imagina estar se relacionando com alguém de 15; b) transporta cocaína, mas pensa estar levando farinha de trigo; c) importa mercadoria, mas desconhece o fato de estar trazendo coisa proibida.

O erro de tipo essencial ou erro sobre elementos do tipo tem duas consequências: a) se o erro é inevitável ou escusável (lembre-se do homem médio!), o dolo e a culpa são afastados e, em consequência, o próprio crime; b) se o erro é evitável ou inescusável, o dolo é afastado e o agente é punido a título de culpa, desde que, é claro, a conduta culposa seja típica. Jamais alguém será punido por estupro culposo por ter agido em erro de tipo, pois o CP não tipifica a modalidade culposa. Neste caso, o agente simplesmente não será punido.

Erro de tipo essencial inevitável	Se qualquer pessoa erraria no lugar da pessoa que cometeu o equívoco, não há motivo para puni-la. É a mesma regra aplicável no crime culposo, quando da análise da previsibilidade do resultado. Por isso, dolo e culpa são afastados, e o agente não é punido.
Erro de tipo evitável	Se o erro é evitável, o agente deve ser punido a título de culpa, e não por dolo, afinal, se tivesse agido com zelo, poderia ter evitado o resultado. Evidentemente, só será punido por crime culposo se típica a conduta (ex.: homicídio culposo). Para crimes punidos somente na modalidade dolosa (ex.: estupro), pouco importa se o erro é evitável ou inevitável.

3.5.2. Culpa imprópria (CP, art. 20, § 1º)

Na culpa própria, o agente não quer o resultado e nem assume o risco de produzi-lo. É a hipótese do art. 18, II, do CP, já tratada anteriormente. Na culpa imprópria, é preciso um pouco mais de atenção para a compreensão do tema, pois se trata de hipótese decorrente de erro de tipo evitável, prevista no art. 20, § 1º, do CP, que trata das descriminantes putativas. Imagine a seguinte situação (extraído do V Exame de Ordem):

> *Apolo foi ameaçado de morte por Hades, conhecido matador de aluguel. Tendo tido ciência, por fontes seguras, que Hades o mataria naquela noite e, com o intuito de defender-se, Apolo saiu de casa com uma faca no bolso de seu casaco. Naquela noite, ao encontrar Hades em uma rua vazia e escura e, vendo que este colocava a mão no bolso, Apolo precipita-se e, objetivando impedir o ataque que imaginava iminente, esfaqueia Hades, provocando-lhe as lesões corporais que desejava. Todavia, após o ocorrido, o próprio Hades contou a Apolo que não ia matá-lo, pois havia desistido de seu intento e, naquela noite, foi ao seu encontro justamente para dar-lhe a notícia.*

No exemplo, temos evidente situação de erro de tipo, visto que Apolo tinha uma falsa percepção da realidade – como já disse, sempre que o agente fizer uma confusão em relação à realidade, estaremos diante de erro de tipo. Entenda:

a) A falsa realidade de Apolo: Hades estava prestes a matá-lo e, em legítima defesa, atacou seu ofensor;

b) A realidade: Hades foi ao encontro de Apolo para comunicar que não desejava mais matá-lo.

De acordo com a regra imposta pelo CP ao erro de tipo, se o erro for inevitável, dolo e culpa são afastados; todavia, se evitável o erro, o agente responde apenas a título de culpa, se típica a conduta culposa. No caso de Apolo, o erro foi aparentemente inevitável. Se fosse evitável, a ele seria imposta a pena da lesão corporal culposa – ou culpa imprópria.

Ou seja: Apolo agiu com dolo ao atentar contra a integridade física de Hades. Ele buscou causas lesões corporais na vítima (lesões corporais dolosas). Não houve culpa própria, quando o agente não busca o resultado. Todavia, Apolo buscou lesionar Hades em suposta legítima defesa. Se a legítima defesa fosse real, Apolo não seria responsabilizado por estar presente causa de exclusão da ilicitude (CP, art. 25). No entanto, a situação de legítima defesa era uma fantasia na cabeça de Apolo (erro de tipo). Por isso, a sua punição deve se dar com base na regra aplicada ao erro de tipo essencial: (a) se o erro é inevitável, dolo e culpa são afastados; (b) se o erro é evitável, o dolo é afastado e o agente é punido a título de culpa. Se o erro de Apolo fosse evitável, a ele seria imposta a pena da lesão corporal culposa (CP, art. 129, § 6º), embora tenha agido com dolo – por isso a doutrina fala em *culpa imprópria*.

A grande confusão na culpa imprópria se dá pelo fato de o agente ter agido com dolo em sua conduta. Tendo o caso de Hades e Apolo como referência, podemos traçar as situações possíveis:

a) Hades atira contra Apolo para causar a sua morte. Houve dolo direto e Hades deve ser responsabilizado por homicídio doloso consumado ou tentado;

b) Hades atira contra Apolo para causar a sua morte. Diante da injusta agressão, Apolo reage e mata Hades. Embora o homicídio praticado por Apolo seja doloso – há intenção de matar –, não há crime em virtude de legítima defesa (CP, art. 25).

c) Hades e Apolo são inimigos declarados, e Hades tem dito por aí que matará Apolo no momento em que o encontrar. Certo dia, os dois se encontram acidentalmente pela rua. Hades leva a mão imediatamente à cintura a Apolo imagina que o seu inimigo sacará uma arma para atentar contra a sua vida. Para defender-se, Apolo crava uma faca no peito de Hades, causando a sua morte. Posteriormente, descobre-se que Hades levou a mão à cintura para pegar um telefone celular, e não uma arma. Ou seja: Apolo não estava em situação de legítima defesa. Tudo não passou de uma fantasia em sua cabeça (erro de tipo). Apolo deve ser punido? Depende. Se o erro de Apolo era inevitável, dolo e culpa são afastados e ele não deve ser punido. Todavia, se evitável o erro, o dolo deve ser afastado e Apolo deve ser punido a título de culpa – no exemplo, homicídio culposo.

Como o agente age com dolo na culpa imprópria, é possível a tentativa. No exemplo anterior, em que Apolo matou Hades, a ele deve ser atribuída a pena do homicídio culposo (CP, art. 121, § 3º). Todavia, se Hades sobrevivesse à agressão, o crime de Apolo seria o homicídio culposo com diminuição de pena pela tentativa (CP, art. 14, II). Na culpa própria, não é possível a tentativa, afinal, não há como tentar fazer algo que não se quer. Na culpa imprópria, a história é outra: o agente quer o resultado. Há dolo. Por isso, pode-se falar em *conatus*.

3.5.3. Erro sobre a pessoa (CP, art. 20, § 3º)

É a hipótese em que o agente faz confusão entre a vítima pretendida e quem foi efetivamente atingido. Não se trata de um erro na execução (ex.: erro de pontaria), hipótese do art. 73 do CP, mas de confusão em relação à identidade da vítima. Exemplo: João mata Francisco, mas imaginava estar matando José. Em consequência, o criminoso responde como se tivesse atingido a vítima desejada. Ou seja: se agiu motivado pela torpeza, responderá por homicídio qualificado (CP, art. 121, § 2º, I), ainda que tenha atingido alguém que não tem nada a ver com a história.

3.5.3.1. Erro na execução (CP, art. 73)

Como têm a mesma consequência, as duas hipóteses sempre são cobradas em conjunto em provas. No erro sobre a pessoa, o agente confunde a vítima pretendida com outra pessoa. Por outro lado, no erro na execução ou *aberratio ictus* (CP, art. 73), o agente, por erro ou acidente na execução, atinge pessoa diversa da pretendida. Não há uma confusão quanto à identidade da vítima, como no erro sobre a pessoa. Ex.: agindo com vontade de matar, Fernando atira contra Gustavo, mas, por erro de pontaria, acerta Vinícius, causando a sua morte. De acordo com o art. 73 do CP, Fernando deve ser punido como se tivesse matado Gustavo. As características pessoais de Vinícius devem ser ignoradas. O erro sobre a pessoa e o erro na execução são considerados espécies de erro de tipo acidental.

3.5.4. Erro de proibição (CP, art. 21)

No erro de tipo essencial, há falsa percepção da realidade. O agente não sabe o que faz. Ele está em um mundo de fantasia. No erro de proibição ou erro sobre a ilicitude do fato, é diferente: ele sabe o que faz. Não há falsa percepção da realidade. O que ele não sabe é que a sua conduta é ilícita.

Exemplo (extraído do XIV Exame de Ordem): *Eslow, holandês e usuário de maconha, que nunca antes havia feito uma viagem internacional, veio ao Brasil para a Copa do Mundo. Assistindo ao jogo Holanda x Brasil decidiu, diante da tensão, fumar um cigarro de maconha nas arquibancadas do estádio. Imediatamente, os policiais militares de plantão o prenderam e o conduziram à Delegacia de Polícia. Diante do Delegado de Polícia, Eslow, completamente assustado, afirma que não sabia que no Brasil a utilização de pequena quantidade de maconha era proibida, pois, no seu país, é um hábito assistir a jogos de futebol fumando maconha.*

Eslow sabia que estava fumando maconha. Não houve falsa percepção da realidade, como acontece no erro de tipo essencial – seria erro de tipo se ele fumasse maconha e imaginasse estar consumindo *fumo*. O erro de Eslow se deu quanto à ilicitude da conduta. Como em seu país o uso de maconha é permitido, ele imaginou que no Brasil também o seria.

O erro de proibição tem duas consequências:

a) se inevitável ou escusável: a culpabilidade – e o próprio crime – é afastada por ausência de potencial consciência da ilicitude. O CP fala em *isenção de pena*;

b) se evitável ou inescusável: o agente é punido pelo crime, mas a sua pena é diminuída de 1/6 a 1/3.

3.6. Coação moral irresistível (CP, art. 22)

Em seu art. 22, o CP trata a respeito da coação irresistível e da obediência hierárquica:

a) coação irresistível: é a coação moral, consistente em constranger alguém, por qualquer meio, à prática de infração penal. A vontade no *agir* do coagido é viciada.

b) obediência hierárquica: o agente obedece à determinação, não manifestamente ilegal, de superior hierárquico. Portanto, funciona como mero instrumento na prática delituosa, devendo a punição pelo crime ser atribuída ao superior, de onde foi emitida a ordem.

Como consequência, é punido apenas o autor da coação ou da ordem.

3.7. Exclusão da ilicitude (CP, arts. 23 a 25)

3.7.1. Estado de necessidade (CP, art. 24)

No estado de necessidade, dois bens jurídicos tutelados pela lei penal estão em rota de colisão. Não é possível que os dois *sobrevivam*. Um deverá ser sacrificado para que o outro continue a existir. A tragédia é inevitável. Haverá prejuízo a um bem jurídico tutelado, mas o resultado pode ser minimizado pelo sacrifício de um para a subsistência de outro. Quem elimina bem jurídico de outrem para que o seu resista não pratica infração penal em razão da licitude da conduta. Todavia, os seguintes requisitos devem ser atendidos: (a) Perigo atual: o perigo deve estar atual, presente. O perigo futuro não justifica o sacrifício de bem jurídico alheio. O perigo pode ter sido produzido por outro ser humano, por força da natureza (ex.: enchente) ou por ataque de animais (ex.: o ataque de um cachorro); (b) ameaça a direito próprio ou alheio: todos os bens jurídicos podem ser defendidos pelo estado de necessidade, sejam próprios ou alheios; (c) situação não causada voluntariamente pelo agente: se a situação de perigo foi produzida dolosamente, não pode alegar estado de necessidade quem a criou; (d) inexistência de dever legal de enfrentar o perigo: quem tem o dever legal de enfrentar o perigo não pode, em tese, sustentar estado de necessidade (ex.: bombeiros); (e) inevitabilidade da prática da conduta lesiva: o agente não pode ter ao seu alcance meio menos gravoso de proteger o bem jurídico protegido; (f) proporcionalidade: é possível o estado de necessidade quando o bem jurídico sacrificado é de igual ou menor valor em relação ao salvaguardado. Se o sacrifício do bem resguardado era razoável, o agente é punido pelo delito, mas com pena reduzida de 1 a 2/3.

3.7.2. Legítima defesa (CP, art. 25)

Atualização: Lei n. 13.964/2019 (Pacote Anticrime)

Foi adicionado o parágrafo único ao art. 25 do CP, que descreve hipótese em que deve ser reconhecida a legítima defesa.

"Art. 25 – Entende-se em legítima defesa quem, usando moderadamente dos meios necessários, repele injusta agressão, atual ou iminente, a direito seu ou de outrem.

Parágrafo único. Observados os requisitos previstos no *caput* deste artigo, considera-se também em legítima defesa o agente de segurança pública que repele agressão ou risco de agressão a vítima mantida refém durante a prática de crimes."

Na legítima defesa, um bem jurídico é ameaçado por injusta agressão. Alguém, sem motivo legítimo, tenta sacrificar bem jurídico alheio. Quem usa os meios adequados em defesa deste bem jurídico, que pode ser próprio ou alheio, age em legítima defesa. Para o reconhecimento da exclusão da ilicitude, devem estar presentes as seguintes condições:

(a) Agressão injusta atual ou iminente: a agressão pode ser atual ou futura. Como futura, entenda como prestes a acontecer. Não é preciso, por exemplo, que o agente aguarde o disparo de um primeiro tiro para só após agir; (b) defesa de direito próprio ou alheio: a legítima defesa pode ser própria ou de terceiros; (c) meios necessários: a força empregada contra a agressão deve ser a suficiente para a anulá-la. Em relação à legítima defesa com emprego de arma de fogo, há a lenda de que só é possível se o agente disparar um único tiro. É claro, isso não é verdade. A depender do caso concreto, pode ser que a vítima tenha de disparar dois, três tiros ou mais para que o agressor não consiga mais atacar. Se demonstrado excesso na defesa, o agente deve ser responsabilizado pelo resultado culposo ou doloso produzido.

Pacote Anticrime – a partir da Lei n. 13.964/2019, o art. 25, em seu parágrafo único, passou a trazer mais uma hipótese de legítima defesa: considera-se também em legítima defesa o agente de segurança pública que repele agressão ou risco de agressão a vítima mantida refém durante a prática de crimes.

3.7.3. Estrito cumprimento do dever legal e exercício regular de direito (CP, art. 23, III)

a) estrito cumprimento do dever legal: em certas situações, os agentes públicos têm de sacrificar bens jurídicos alheios no exercício de suas funções. Ex.: o oficial de justiça que arromba e invade um imóvel para a apreensão de uma criança, em obediência à ordem constante em mandado judicial; (b) exercício regular de direito: acontece quando, embora a conduta seja típica, a lei permite a sua prática. Ex.: um lutador de *UFC* pratica lesão corporal durante luta esportiva, mas a sua conduta é lícita por estar amparada em lei.

4. IMPUTABILIDADE PENAL (CP, ARTS. 26 A 28)

A imputabilidade é a capacidade mental de compreender o caráter ilícito do fato no momento em que a conduta é praticada. Se após a prática do delito o agente passa a sofrer de doença mental que lhe retire todo o discernimento para os atos da vida, não haverá afastamento da culpabilidade por inimputabilidade. O CP descreve quatro hipóteses de inimputabilidade: (a) a menoridade; (b) a doença mental; (c) o desenvolvimento mental incompleto; (d) a embriaguez completa proveniente de caso fortuito ou força maior.

4.1. Menoridade (CP, art. 27)

Os menores de 18 anos são absolutamente inimputáveis. É irrelevante a emancipação civil. A idade deve ser aquela do momento de prática da conduta. Fred, 17 anos, atira contra Vanessa. A conduta ocorre no dia 3 de abril, às 22h. No dia 4 de abril, ele completa 18 anos. No dia 5, Vanessa morre em razão do ferimento causado pelo tiro. Fred deve responder como inimputável? Sim, afinal, no momento da conduta, era menor de idade. Por isso, a ele deve ser aplicado o ECA, e não o CP. Entretanto, imagine a seguinte situação: no dia 3 de abril, Fred, de 17 anos, dá início à prática de extorsão mediante sequestro contra Vanessa. Até então, ato infracional. Ocorre que Fred decide privar a vítima de sua liberdade por mais tempo, e Vanessa é solta meses depois, quando Fred já alcançara a maioridade. Neste caso, Fred deve ser considerado inimputável? Não. Nos crimes permanentes, aqueles em que a consumação se prolonga no tempo, se iniciada a permanência quando inimputável o agente, mas cessada quando já imputável, a ele será atribuída a prática do crime.

4.2. Doença mental (CP, art. 26, *caput*)

Para que o agente seja considerado inimputável, ele deve ser, na época da conduta, inteiramente incapaz de entender o caráter ilícito do fato ou de determinar-se de acordo com esse entendimento. Ou seja, não tinha o menor discernimento do que estava fazendo. A doença mental pode ser permanente ou transitória, desde que presente no momento da ação ou omissão típica e que, no momento da conduta, o agente esteja privado de entender o caráter ilícito da conduta – dessa forma, a simples presença da doença, por si só, não é suficiente para afastar a imputabilidade.

4.3. Desenvolvimento mental incompleto ou retardado (CP, art. 26, caput)

No desenvolvimento *retardado*, a idade mental do indivíduo não condiz com a idade cronológica. Isso pode se dar em virtude de uma série de oligofrenias. De qualquer forma, só será inimputável o agente que, ao tempo da conduta, em razão do desenvolvimento mental incompleto ou *retardado* era inteiramente incapaz de entender o caráter ilícito do fato ou de determinar-se de acordo com esse entendimento. Cuidado: só se fala em inimputabilidade na hipótese de doença mental e de desenvolvimento incompleto ou retardado se o agente é *inteiramente incapaz*. Se não for inteiramente incapaz – há discernimento, mas reduzido –, ele será punido pela infração penal, mas com redução de pena de 1/3 a 2/3.

4.4. Embriaguez completa proveniente de caso fortuito ou força maior (CP, art. 28, II)

É preciso muito cuidado ao tratar da embriaguez como causa de inimputabilidade. Considerando que as bancas costumam fazer *pegadinhas* com o tema em provas, fiz o esquema a seguir para a melhor compreensão do tema:

Embriaguez culposa	O agente consome o produto capaz de causar embriaguez (ex.: cerveja), mas não quer ficar embriagado, o que vem a acontecer contra a sua vontade – por exemplo, bebe além do que imagina suportar. A imputabilidade não é afastada.
Embriaguez preordenada	O agente se embriaga para cometer uma infração penal. É claro, não afasta a imputabilidade. Em verdade, trata-se, inclusive, de circunstância agravante (CP, art. 61, II, *l*).
Embriaguez proveniente de caso fortuito ou força maior	No caso fortuito, o indivíduo não percebe estar sendo atingido por álcool ou substância análoga. Na força maior, ele é forçado a embriagar-se. Duas são as consequências: a) Se, ao tempo da ação ou omissão, em razão da embriaguez, é inteiramente incapaz de entender o caráter ilícito do fato ou de determinar-se de acordo com esse entendimento, a imputabilidade é afastada; b) No entanto, se, ao tempo da ação ou omissão, não possui a plena capacidade de entender o caráter ilícito do fato ou de determinar-se de acordo com esse entendimento (discernimento reduzido), ele deve responder pelo crime, mas com pena reduzida de 1 a 2/3.

5. CONCURSO DE PESSOAS

Por força do princípio da individualização da pena, o estudo do concurso de pessoas é fundamental para a correta dosimetria de pena quando duas ou mais pessoas estiverem envolvidos em uma conduta típica. Quem, de qualquer modo, concorre para o crime, deve responder pelas penas a este cominadas. Se Bruno e Samuel praticam um furto, a eles deve ser atribuída a pena pela prática do delito – se simples, de 1 a 4 anos. No entanto, isso não significa que os dois devam receber exatamente a mesma punição, pois é possível que a atuação de um tenha sido mais gravosa que a do outro, ou que um faça jus a algum benefício não extensível ao outro.

5.1. Teoria monista e teoria pluralista

Em regra, coautores e partícipes devem responder pelo mesmo crime. Se "A", "B" e "C" matam "D", os três responderão por homicídio. Excepcionalmente, poderá haver pluralidade de agentes e de crimes. Exemplo: quem oferece vantagem indevida a funcionário público pratica o crime de corrupção ativa (CP, art. 333); o funcionário público que a recebe, o de corrupção passiva (CP, art. 317).

5.2. Autor e partícipe

Autor é a pessoa que pratica o verbo nuclear do tipo (ex.: matar); partícipe é o sujeito que não realiza diretamente o núcleo do tipo penal (ex.: matar), mas de qualquer forma concorre para o crime (ex.: fornece a arma). Em crimes culposos, é possível a coautoria, mas não a participação.

5.3. Participação de menor importância (CP, art. 29, § 1º)

O art. 29, § 1º, do CP traz causa de diminuição de pena, a ser aplicada na terceira fase da dosimetria de pena. É diminuída de 1/6 a 1/3 a pena de quem teve participação de menor importância na prática do crime.

5.4. Cooperação dolosamente distinta (CP, art. 29, § 2º)

Embora atuando em concurso, um agente quis praticar menos gravoso que o outro. Exemplo extraído de questão do XXIII Exame de Ordem:

> *Rafael e Francisca combinam praticar um crime de furto em uma residência onde ela exercia a função de passadeira. Decidem, então, subtrair bens do imóvel em data sobre a qual Francisca tinha conhecimento de que os proprietários estariam viajando, pois assim ela tinha certeza de que os patrões, de quem gostava, não sofreriam qualquer ameaça ou violência. No dia do crime, enquanto Francisca aguarda do lado de fora, Rafael entra no imóvel para subtrair bens. Ela, porém, percebe que o carro dos patrões está na garagem e tenta avisar o fato ao comparsa para que este saísse rápido da casa. Todavia, Rafael, ao perceber que a casa estava ocupada, decide empregar violência contra os proprietários para continuar subtraindo mais bens. Descobertos os fatos, Francisca e Rafael são denunciados pela prática do crime de roubo majorado.*

No exemplo, Francisca queria praticar um furto, mas Rafael decidiu cometer um roubo. De acordo com o que dispõe o art. 29, § 2º, do CP, Francisca deve ser responsabilizada pelo furto e Rafael pelo roubo. Entretanto, cuidado: se era previsível o resultado mais grave, a pena do agente que não o desejava deve ser aumentada até metade. No caso da Francisca, ela continua respondendo pelo furto, mas com a pena aumentada, se previsível fosse o resultado mais grave.

5.5. Circunstâncias incomunicáveis (CP, art. 30)

Em regra, as circunstâncias e condições de natureza pessoal não se comunicam entre os envolvidos em um crime. Ex.: valendo-se da confiança depositada pelo patrão, Francisca subtrai bens a ele pertencentes. Para a prática da conduta, ela é ajudada por Raimundo, seu marido, que não goza da mesma confiança. Como as circunstâncias pessoais não se comunicam, Francisca deve responder por furto qualificado com abuso de confiança (CP, art. 155, § 4º, II) e pelo concurso de pessoas (art. 155, § 4º, IV) e Raimundo apenas pelo furto qualificado pelo concurso de pessoas, pois a qualificadora do abuso de confiança é incomunicável.

Entretanto, há exceção. Segundo o art. 30 do CP, se a circunstância ou condição de natureza pessoal for elementar do crime, ela se comunicará entre os envolvidos. Elementar é tudo aquilo o que, se retirado, causa a descaracterização do delito. Exemplo: no peculato (CP, art. 312), a condição de *funcionário público* é pessoal, mas é elementar do delito – se um particular, sozinho, subtrai coisa pública ou particular sob custódia do Estado, o delito será o de furto, e não o de peculato. Todavia, por ser a condição *funcionário público* elementar do delito, se um particular concorrer para a prática do crime, em concurso com funcionário público, a ele será atribuído o crime de peculato.

6. PENAS (CP, ARTS. 32 A 95)

6.1. Como a pena é calculada

A pena é calculada em um sistema trifásico (três fases). Na primeira fase, o juiz deve trabalhar com as penas mínima e máxima atribuídas ao delito. No furto simples (CP, art. 155, *caput*), a pena é de 1 a 4 anos. Portanto, na primeira fase do cálculo, ele pode condenar a 1 ano, 2 anos, 3 anos e meio, enfim, em qualquer *quantum* entre 1 e 4 anos, não podendo ir além de 4 ou abaixo do mínimo de 1 ano. É claro, o cálculo da pena a ser aplicada na primeira fase não é arbitrário. O juiz deve fundamentar o porquê da escolha da quantidade de pena escolhida. Os parâmetros (circunstâncias judiciais) para o cálculo da primeira fase estão no art. 59 do CP: (a) culpabilidade; (b) antecedentes; (c) conduta social; (d) personalidade do agente; (e) motivos do crime; (f) circunstâncias do crime; (g) consequências do crime; (h) comportamento da vítima.

Ex.: João praticou um furto. Na primeira fase, o juiz decidiu fixar a sua pena em 2 anos porque as circunstâncias judiciais são desfavoráveis. Ou seja, a pena do réu ficou acima do mínimo já na primeira fase.

Na segunda fase do cálculo, o juiz ainda está *preso* às penas mínima e máxima do delito. No exemplo do furto simples, ele continua tendo que manter a punição entre 1 e 4 anos. Entretanto, na segunda fase, o julgador deve trabalhar com o número obtido na primeira fase. Se, avaliadas as circunstâncias judiciais (art. 59), ele concluiu que o acusado não faz jus à pena mínima e *fecha* a primeira fase em 2 anos (no exemplo do furto), na segunda fase o cálculo não será mais feito com base na pena mínima, de 1 ano, mas da pena resultante da primeira fase – 2 anos. Se assim não fosse, estaríamos ignorando a primeira fase do cálculo, o que não faz sentido. Na segunda fase, o juiz levará em consideração as agravantes e as atenuantes. As agravantes e as atenuantes genéricas estão nos arts. 61, 62, 65 e 66 do CP.

Ex.: na primeira fase, o juiz manteve a pena de João, por furto, no mínimo legal – 1 ano. Ocorre que João é reincidente e, por isso, o magistrado teve de agravar a sua pena (art. 61, I). O juiz decidiu que agravaria a pena em 1/6, fazendo com que a pena de João ficasse, ao fim da segunda fase, em 1 ano e 2 meses.

Na terceira fase, o juiz aplica as causas de aumento e de diminuição de pena. Diversamente das duas primeiras fases, o juiz pode, na terceira, ultrapassar os limites mínimo e máximo da pena do delito. Ex.: no roubo (CP, art. 157), a pena máxima é de 10 anos. Todavia, se presentes as majorantes do art. 157 (ex.: § 2º, VII), a pena pode ir além do máximo. Da mesma forma, na tentativa (CP, art. 14, II), causa de diminuição de pena, a pena é fixada abaixo do mínimo.

6.1.1. Qualificadora, privilégio, agravante, atenuante, causa de aumento e causa de diminuição

Para o correto cálculo da pena, é importante conhecer a diferença entre qualificadora, privilégio, agravante, atenuante, causa de aumento e de diminuição, afinal, cada uma das hipóteses tem seu momento de incidência. Para a melhor compreensão, veja o esquema a seguir:

Qualificadora (1ª fase)	Nas qualificadoras, a lei penal determina limites mínimo e máximo de pena para a forma mais gravosa da conduta. Exemplo: Homicídio simples (CP, art. 121, *caput*): pena de 6 a 20 anos. Homicídio qualificado (CP, art. 121, § 2º): pena de 12 a 30 anos. Como as qualificadoras têm penas próprias, o cálculo, na primeira fase da dosimetria, deve iniciar do *quantum* de pena fixado para a forma qualificada.
Privilégio (1ª fase)	No privilégio, a lei penal impõe limites mínimo e máximo para a forma menos gravosa de uma conduta. Exemplo: Corrupção passiva (CP, art. 317, *caput*): pena de 2 a 12 anos. Corrupção passiva privilegiada (CP, art. 317, § 2º): pena de 3 meses a 1 ano. Como o privilégio tem penas próprias, o cálculo, na primeira fase da dosimetria, deve iniciar do *quantum* de pena fixado para a forma privilegiada. Cuidado: a jurisprudência faz uma tremenda confusão ao tratar do tema. O homicídio privilegiado (CP, art. 121, § 1º) e o furto privilegiado (CP, art. 155, § 2º) são, em verdade, causa de diminuição de pena, aplicável na terceira fase do cálculo. Há outras hipóteses em que uma causa de diminuição é chamada de *privilégio* pela jurisprudência. Na dúvida, veja o que diz a lei: se houver penas próprias, é privilégio; se houver diminuição em fração (ex.: um terço), será causa de diminuição.
Agravante (2ª fase)	Previstas nos arts. 61 e 62 do CP – mas há outras em legislação especial –, quando aplicadas, fazem com que a pena do réu seja aumentada. A lei não prevê em quanto o juiz (fração) agravará a pena do réu, como acontece nas causas de aumento, em que a lei determina o *quantum* mínimo e máximo de aumento (ex.: de 1/6 a 1/3).
Atenuante (2ª fase)	Previstas nos arts. 65 e 66 do CP, incidem na segunda fase do cálculo da pena. Tanto as agravantes quanto as atenuantes não podem fazer com que a pena fique abaixo do mínimo ou acima do máximo previsto em lei. A lei não diz em quanto a pena deverá ser atenuada, cabendo ao juiz determinar o *quantum* (1/4, 1/6 etc.).
Causa de aumento de pena (3ª fase)	A lei prevê expressamente que a pena será aumentada em certa fração – 1/6, 1/3, 2/3 etc. Embora, em algumas hipóteses, a legislação garanta ao juiz uma margem de cálculo – ex.: de um terço até metade –, o julgador está *preso* às frações de aumento estabelecidas em lei. As causas de aumento podem fazer com que a pena fique acima do máximo. Ex.: art. 157, § 2º, do CP.
Causa de diminuição de pena (3ª fase)	Nas causas de diminuição de pena, a lei determina que a pena seja diminuída em determinada fração – 1/3, 2/3 etc. Em algumas hipóteses, a lei assegura certa margem ao juiz – na tentativa, por exemplo, o juiz pode diminuir a pena de 1 a 2/3. No entanto, o juiz está *preso* aos limites legais. Ex.: se a lei diz que a pena será diminuída de 1/3 a 2/3, não pode o juiz reduzi-la de metade. A causa de diminuição pode fazer com que a pena fique abaixo do mínimo legal.

6.2. Reincidência (CP, arts. 63 e 64)

O reconhecimento da reincidência causa impacto em diversos aspectos da vida do condenado. Alguns exemplos:

a) Torna mais gravoso o regime prisional inicial (CP, art. 33, § 2º);

b) É circunstância agravante (CP, art. 61, I);

c) Pode impedir a substituição da pena (CP, art. 44, II);

d) Pode impedir o *sursis* (CP, art. 77, I);

e) Dificulta a concessão do livramento condicional (CP, art. 83, II);

f) Impede a concessão da transação penal e da suspensão condicional do processo (arts. 76, § 2º, I e 89, *caput* da Lei n. 9.099/95);

g) Aumenta o prazo prescricional (CP, art. 110, *caput*);

h) É causa de interrupção da prescrição executória (CP, art. 117, VI).

Por ser um instituto que gravita ao redor de diversos outros, é natural que as bancas cobrem questões a respeito da reincidência. Segundo o art. 63 do CP, é reincidente quem comete novo crime quando já existente sentença condenatória anterior transitada em julgado, no Brasil ou no estrangeiro. Veja os exemplos a seguir.

1ª Hipótese:

1) Em 2015, Gustavo praticou um furto.

2) Em 2016, o Ministério Público o denunciou pelo furto.

3) Em 2017, quando a ação penal pelo furto estava em trâmite, Gustavo praticou um roubo.

4) Ao ser julgado por um ou outro crime, Gustavo pode ser considerado reincidente? Não. Afinal, na época das condutas, não havia sentença condenatória transitada em julgado contra ele.

2ª Hipótese:

a) Em 2015, Gustavo foi condenado por furto. A sentença transitou em julgado no mesmo ano.

b) Em 2017, Gustavo praticou um roubo.

c) No segundo exemplo, Gustavo é reincidente, pois a nova conduta foi praticada quando já havia sentença condenatória transitada em julgado.

A lógica da reincidência é a seguinte: o indivíduo foi condenado por um crime e a pena a ele imposta, aparentemente, de nada serviu, afinal, voltou a delinquir. Por isso, nessa segunda (terceira, quarta...) condenação, a punição deve ser mais rigorosa, para evitar o seu retorno à vida criminosa. Essa é a ideia.

► Contravenções: o art. 7º da Lei de Contravenções Penais estabelece a reincidência, em caso de contravenção, quando houver condenação anterior transitada em julgado por crime ou contravenção. Sabendo disso, podemos traçar o seguinte esquema:

Existe uma sentença condenatória por:	E o indivíduo pratica um(a) novo(a):	Nesse caso, o indivíduo é:
Crime, praticado no Brasil ou no exterior;	Crime.	Reincidente.
Crime, praticado no Brasil ou no exterior;	Contravenção, no Brasil.	Reincidente.
Contravenção, praticada no Brasil;	Contravenção, no Brasil.	Reincidente.
Contravenção, praticada no Brasil;	Crime.	Não é reincidente.
Contravenção, praticada no exterior;	Crime ou contravenção.	Não é reincidente.

► Tempo de duração: a reincidência não dura para sempre. De acordo com o art. 64, I, do CP, a reincidência está configurada quando praticada nova infração penal nos 5 anos seguintes ao cumprimento ou extinção da pena. Ou seja, se a nova infração for praticada, por exemplo, 7 anos depois, não haverá reincidência.

► Maus antecedentes: sabendo que existe um lapso temporal de 5 anos para o reconhecimento da reincidência, é possível estudar os polêmicos maus antecedentes. Digo polêmicos porque, ao fim do tempo da reincidência, a primariedade é restabelecida. No entanto, caso venha a praticar nova infração penal, embora impossível o reconhecimento da reincidência, o réu terá a exasperação da pena em virtude dos maus antecedentes. Surge, então, um problema: até quando os maus antecedentes serão considerados? Por toda a vida? O assunto é objeto de diversos julgados do STF. Veja alguns excertos:

"2. A legislação penal é muito clara em diferenciar os maus antecedentes da reincidência. O art. 64, do CP, ao afastar os efeitos da reincidência, o faz para fins da circunstância agravante do art. 61, I; não para a fixação da pena-base do art. 59, que trata dos antecedentes. 3. Não se pretende induzir ao raciocínio de que a pessoa que já sofreu condenação penal terá registros criminais valorados pelo resto da vida, mas que, havendo reiteração delitiva, a depender do caso concreto, o juiz poderá ava-

liar essa sentença condenatória anterior." (*ARE 1206100 ED/DF, de 24-6-2019*)

"Conforme a jurisprudência desta Turma, as condenações passadas não podem gerar valoração desfavorável dos antecedentes fora do período depurador. Precedentes." (*RHC 166533 AgR/MS, de 28-6-2019*)

► Veja as Súmulas 220, 241, 269, 444 e 636 do STJ.

6.3. Concurso de crimes (CP, arts. 69 a 72)

Breves considerações

Uma pessoa pratica dois ou mais crimes. Como deve se dar a punição? Pela soma das penas de todos os delitos praticados? A resposta está em apenas quatro artigos do CP (arts. 69 a 72). Embora seja um assunto de fácil compreensão, não raramente é tido como vilão por quem estuda a Parte Geral do código – talvez por isso as bancas cobrem muito em provas. Entenda os principais pontos:

1º O estudo do concurso de crimes tem relevância, é óbvio, a partir do momento em que alguém pratica dois ou mais crimes. Os arts. 69 a 72 do CP estabelecem como deve ser punido o responsável pela pluralidade de delitos.

2º Se perguntar a um leigo como deve ser punido quem pratica dois ou mais crimes, é certo que a resposta será: pela soma das penas. Se o criminoso praticou três furtos, com pena de 1 ano para cada, qualquer um diria que a pena a ser cumprida é de 3 anos. Parece ser o ideal a se fazer. O sistema de soma é aplicado em algumas situações, tratadas a seguir, e a ele damos o nome de *sistema do cúmulo material*.

3º Ocorre que o legislador inventou um sistema intitulado *da exasperação*, em benefício daqueles que praticam dois ou mais delitos. A ideia é a seguinte: o criminoso responderá pela pena de apenas um dos delitos com aumento de fração (1/6, 1/5 etc.).

4º Portanto, temos duas formas de punir quem pratica dois ou mais crimes: pela soma das penas dos delitos (sistema do cúmulo material) ou pela aplicação da pena de apenas um dos crimes aumentada em determinada fração (sistema da exasperação). Se até aqui foi compreendido o que foi dito, considere-se na metade do caminho.

5º O CP traz três hipóteses de concurso de crimes: o concurso material (CP, art. 69), o concurso formal (art. 70), dividido em próprio e em impróprio, e o crime continuado (art. 71). Alguns adotam o sistema do cúmulo enquanto outros adotam o da exasperação. Já chegaremos lá!

6º Para distinguir um concurso do outro, é essencial a análise do número de condutas praticadas. A conduta é a ação ou omissão humana, consciente e voluntária, dirigida a um objetivo determinado, consistente em produzir um resultado tipificado em lei como infração penal. Pode se dar por ação ou omissão.

7º No concurso material (CP, art. 69), temos pluralidade de condutas e pluralidades de resultados.

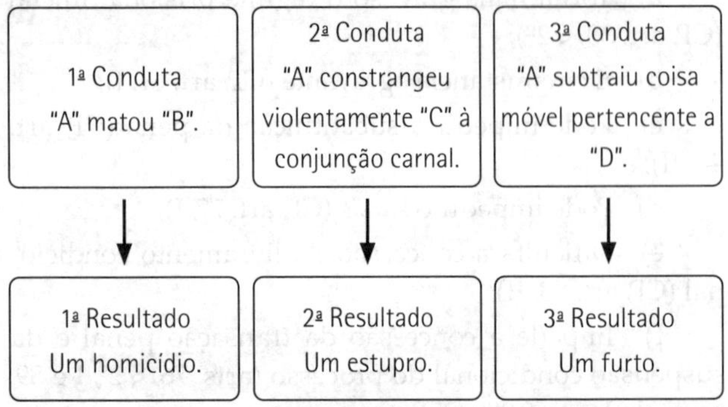

Exemplo de concurso material: João pratica um homicídio, um furto e um latrocínio, em condutas diversas, sem qualquer vínculo entre elas. A ele devem ser impostas as penas dos três delitos, somadas (sistema do cúmulo material). Se consideradas as penas mínimas, João teria de cumprir pena por 27 anos – 6 anos pelo homicídio; 1 ano pelo furto; 20 anos pelo latrocínio.

8º No concurso formal (CP, art. 70), há uma única conduta e pluralidade de resultados – no material, há pluralidade de condutas e de resultados. Para o reconhecimento do concurso formal, não é necessário que os delitos sejam idênticos – uma única conduta pode produzir, por exemplo, um homicídio culposo e um doloso, ou um homicídio culposo e um delito de dano. Todavia, atenção: só se fala em unidade de conduta quando os atos são realizados em um mesmo contexto fático, temporal e espacial.

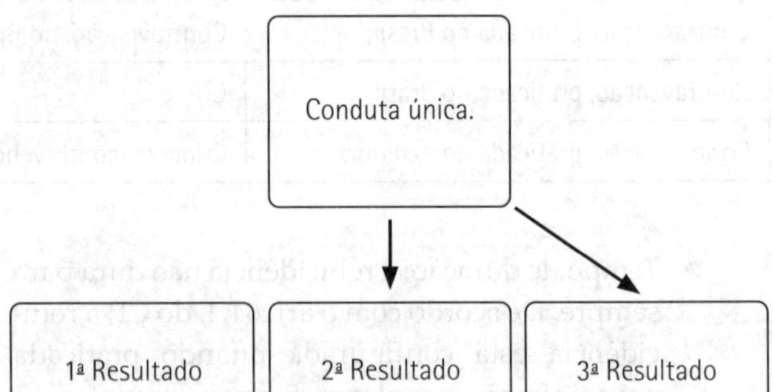

Exemplo de concurso formal: João quer matar Francisco. Para alcançar o resultado pretendido, dispara tiros contra seu desafeto. Ocorre que, por erro na execução (CP, art. 73), além de Francisco, por erro de pontaria, João também mata Carlos. Ou seja, João, em uma única conduta comissiva (matar alguém), produziu dois resultados.

Para a punição do agente em hipótese de concurso formal, é preciso saber se a pluralidade de resultados era, ou não, buscada. Se a pluralidade de resultados é desejada, ou seja, há dolo em produzir todos os resultados alcançados, o criminoso deverá receber a soma das penas (sistema do cúmulo material), como ocorre no concurso material (art. 69). No entanto, se não havia a intenção de produzir os resultados, a ele será imposta a pena de um único crime com aumento em determinada fração – de 1/6 até metade. A doutrina classifica essas duas hipóteses em concurso formal próprio e concurso formal impróprio:

a) Concurso formal próprio: o agente produz, com uma única conduta, pluralidade de resultados. Ele não queria os resultados (culpa em todos eles) ou desejava apenas um resultado dos produzidos (dolo em um e culpa no outro). Ex.: Silvio dirigia em alta velocidade o seu automóvel e, por imprudência, perdeu o controle e atingiu uma parada de ônibus, causando a morte de quatro pessoas. Embora tenha havido uma única conduta culposa, Silvio produziu quatro resultados – quatro homicídios culposos. A ele deve ser imposta a pena de apenas um dos crimes, se idênticos, ou a pena do crime mais grave, se diversos, aumentada de 1/6 até metade.

b) Concurso formal impróprio: o agente também produz pluralidade de resultados com uma única conduta. A diferença em relação ao concurso formal próprio: ele quer os resultados alcançados. Ex.: João derruba um avião com explosivos, causando a morte de todos os passageiros. Embora tenha havido uma única conduta comissiva, João gerou diversos resultados – vários homicídios dolosos. Neste caso, não seria justo aplicar o sistema da exasperação, mais benéfico. Em vez disso, devem ser somadas as penas de todos os resultados produzidos (sistema do cúmulo material).

9º O concurso formal próprio foi inventado para beneficiar o criminoso. Em vez de ser punido pela soma dos crimes praticados, a ele é imposta a pena de somente um deles, mas aumentada. Na hipótese de o agente praticar dois homicídios culposos (CP, art. 121, § 3º) em concurso formal próprio , o juiz deverá aplicar a pena de apenas um homicídio culposo (detenção, de 1 a 3 anos) com aumento de 1/6 (sistema da exasperação). Ainda que seja aplicada a pena máxima, de 3 anos, o agente será punido em 3 anos e 6 meses (3 anos + 1/6). Pelo sistema do cúmulo material, a pena máxima seria de 6 anos (3 + 3). Ocorre que, em certas situações, o sistema da exasperação pode fazer com que a pena fique mais alta do que se somadas as penas dos delitos praticados (sistema do cúmulo material). Exemplo: José pratica, em concurso formal próprio, um homicídio doloso (pena de 6 a 20 anos) e uma lesão corporal culposa (pena de 2 meses a 1 ano). Se José for condenado às penas mínimas, se somadas (cúmulo material), o total seria de 6 anos e 2 meses. Pelo sistema da exasperação (pena do crime mais grave + 1/6), a sua pena ficaria em 7 anos (6 anos pelo homicídio + 1/6). Portanto, no caso de José, é melhor somar as penas (cúmulo material), pois a exasperação faz com que a punição seja mais gravosa. A doutrina denomina essa situação como *concurso material benéfico*, previsto no art. 70, parágrafo único, do CP.

10º No crime continuado ou continuidade delitiva (CP, art. 71), há pluralidade de condutas e de resultados. A diferença em relação ao concurso material, que também tem pluralidade de condutas e de resultados: os crimes praticados são de mesma espécie e, pelas condições de tempo, lugar, maneira de execução e outras semelhantes, devem os subsequentes ser havidos como continuação do primeiro. O agente pratica vários crimes, mas a lei considera que ele praticou apenas um.

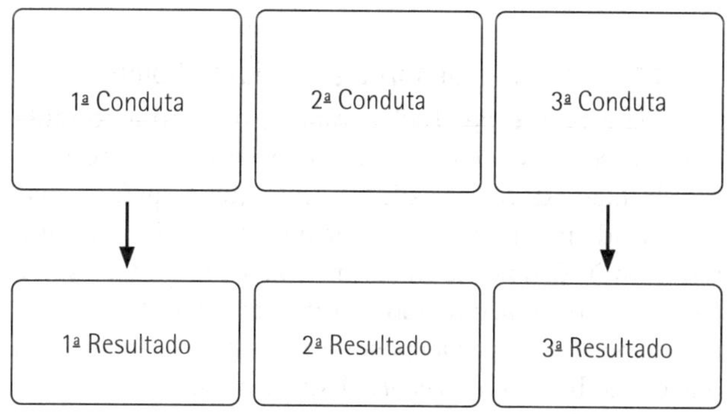

MESMAS CONDIÇÕES DE TEMPO, LUGAR, MANEIRAS DE EXECUÇÃO E OUTRAS SEMELHANTES

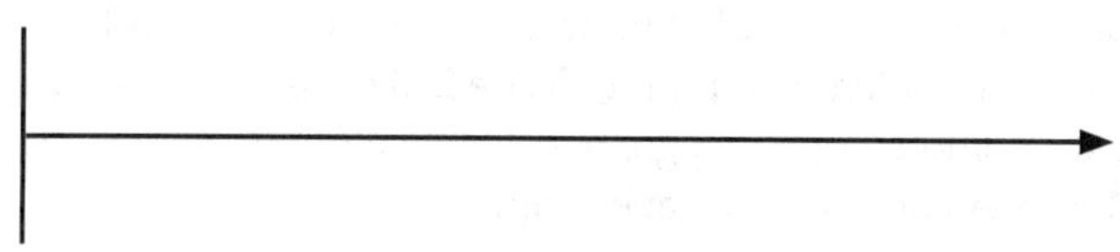

Exemplo de continuidade delitiva: no dia 10 de março, Jimmy arromba um automóvel na Rua do Limoeiro e subtrai bens em seu interior. No dia 12, na mesma vida, Jimmy novamente arromba um veículo e leva os pertences do proprietário. No dia 20, ele repete a conduta, obtendo o mesmo resultado. Pela regra do crime continuado, Jimmy praticou um único furto, e não três.

11º Na continuidade delitiva, o criminoso deve ser punido pelo sistema da exasperação. Ou seja, aplica-se a pena de um só dos crimes, se idênticas, ou a mais grave, se diversas, aumentada, em qualquer caso, de 1/6 a 2/3. É a mesma forma de punição do concurso formal próprio.

7. EXTINÇÃO DA PUNIBILIDADE

Embora existam outras hipóteses especiais de extinção da punibilidade espalhadas pela legislação (ex.: art. 312, § 3º, do CP), o art. 107 do CP traz um rol de situações genéricas em que a punibilidade é extinta. São elas:

a) a morte do agente;

b) a anistia, a graça e o indulto;

c) a nova lei que torna atípica a conduta;

d) a prescrição, a decadência e a perempção;

e) a renúncia ao direito de queixa e o perdão aceito, nos crimes de ação privada;

f) a retratação do agente, nos casos em que a lei a admite;

g) o perdão judicial.

7.1. Morte do agente

Pouco importa se está sendo investigado, processado ou se já cumpre pena. A morte do infrator penal faz com que a punibilidade seja extinta. Se a morte ocorrer quando já condenado definitivamente, alguns efeitos extrapenais subsistem, como a obrigação de reparar o dano.

7.2. Nova lei que torna a conduta atípica

Na hipótese de *abolitio criminis*, quando a conduta deixa de ser típica por força de lei posterior revogadora, a punibilidade deve ser extinta, ainda que o agente esteja cumprindo pena. Foi o que ocorreu com o delito de adultério, em 2005, que, até então, era típico (antigo art. 240 do CP). Sobre o tema, cuidado: se uma conduta é tratada em um dispositivo e, por lei posterior, passa a ser tratada em outro, não há *abolitio criminis*. Ex.: até a entrada em vigor da Lei n. 12.015/2009, o atentado violento ao pudor era tratado como crime autônomo ao estupro, no art. 214 do CP. Após a nova lei, a conduta do delito foi transferida para o art. 213 do CP, que trata do estupro. Portanto, o atentado violento ao pudor, desde 2009, passou a ser tratado como estupro. Logo, não houve *abolitio criminis* do delito. A conduta permanece típica.

7.3. Anistia, graça e indulto

A anistia se dá por lei que, quando editada, promove o esquecimento de uma infração penal praticada no passado. É diferente da *abolitio criminis*, em que a conduta passa a ser atípica para todos. Na anistia, a conduta permanece típica, mas a punibilidade é extinta em relação ao beneficiado pela lei. Portanto, a anistia tem a ver com fatos específicos. Ex.: Lei n. 13.293/2016, que anistiou policiais e bombeiros grevistas. Já a graça e o indulto são formas de perdão, de indulgência. Na graça, o perdão é individual. Beneficia apenas o agraciado. O indulto é medida coletiva, que alcança um grupo de condenados. Tanto a graça quanto o indulto são concedidos por decreto do presidente da República – a anistia ocorre por lei, emanada do Congresso Nacional.

7.4. Renúncia ao direito de queixa e o perdão aceito, nos crimes de ação privada

Nas ações penais privadas, prevalece o princípio da disponibilidade. A vítima pode ajuizar queixa-crime em busca de punição do ofensor, mas, se preferir, pode permanecer inerte. É escolha dela. Se nada fizer no prazo legal, haverá a decadência, outra causa de extinção da punibilidade. No entanto, pode o ofendido renunciar ao direito de queixa, fazendo com que a punibilidade seja extinta imediatamente, ainda que o prazo decadencial não esteja esgotado. A renúncia deve acontecer antes do oferecimento da queixa-crime. Se já houver ação em trâmite, a hipótese será de perdão, que depende de aceitação do acusado. A renúncia e o perdão podem ser expressos ou tácitos. Exemplo de renúncia ou perdão tácito: a vítima aceita ser padrinho de casamento do ofensor.

7.5. Retratação do agente, nos casos em que a lei a admite

Em situações pontuais, é possível que o agente deixe de ser punido por voltar atrás do que fez. É o que ocorre na calúnia e na difamação, quando o ofensor, antes da sentença, se retrata cabalmente (CP, art. 143). Também é possível a retratação no falso testemunho ou falsa perícia quando, antes da sentença no processo em que ocorreu o ilícito, o agente se retrata ou declara a verdade (CP, art. 342, § 2º).

7.6. Perdão judicial

Não se confunde com o perdão do ofendido, também causa de extinção da punibilidade, na ação penal privada. No perdão judicial, o juiz deixa de aplicar a pena, nas hipóteses previstas em lei, quando a punição for desnecessária. Ex.: o pai que imprudentemente atropela e mata o próprio filho ao manobrar o veículo. Neste caso, o resultado causou tanto sofrimento ao autor do homicídio culposo que não há motivo para puni-lo penalmente, devendo o juiz aplicar o perdão judicial (CP, art. 121, § 5º). Outros exemplos de perdão judicial: art. 129, § 8º, do CP; art. 180, § 5º, do CP; art. 140, § 1º, do CP.

7.7. Prescrição, decadência e perempção

(a) perempção: é a punição imposta ao querelante que deixa de promover o andamento da ação penal. Só ocorre a extinção da punibilidade se acontecer em ação penal privada. Ex.: o querelante deixa de comparecer a ato processual ao qual deveria estar presente; (b) decadência: ocorre quando, no prazo legal, o ofendido ou seu representante legal não oferece a queixa-crime (ação penal privada) ou a representação (ação penal pública condicionada); (c) prescrição: o Estado perde o direito de punir por não agir no prazo legalmente previsto.

7.8. Decadência

Só se fala em decadência na ação penal privada e na ação penal pública condicionada à representação. Na primeira hipótese, ação privada, o agente tem, em regra, o prazo de seis meses, contados do conhecimento da autoria da infração penal, para oferecer a queixa-crime, dando início à ação penal, sob pena de perda desse direito. Na ação pública condicionada, a vítima ou o representante legal tem, em regra, seis meses de prazo, contados do dia em que é descoberta a autoria, para provocar a autoridade pública competente para a investigação do delito ou para a propositura da ação penal. Ex.: no crime de lesão corporal leve, a vítima tem o prazo de seis meses, do dia em que descobre a autoria do delito, para oferecer a representação. Feita a representação dentro do prazo, o Ministério Público pode oferecer denúncia contra o ofensor. Entretanto, caso a vítima permaneça inerte durante o prazo, quando esgotado, o MP não poderá oferecer a denúncia em virtude da decadência.

7.9. Prescrição

O Estado tem o poder-dever de punir quem pratica uma infração penal. Todavia, exceto quando houver imprescritibilidade, o Poder Público tem um prazo para essa punição, sob pena de prescrição. A prescrição pode se dar em relação à pretensão punitiva, que é o interesse em aplicar uma sanção penal ao autor de crime ou contravenção, ou quanto à pretensão executória, que é o interesse em exigir o cumprimento de sanção penal já imposta. Exemplos:

a) pretensão punitiva: o MP não oferece denúncia dentro do prazo prescricional, e, em razão disso, o criminoso não chega sequer a ser condenado;

b) pretensão executória: o criminoso é condenado em sentença transitada em julgado, mas foge. Se o Estado não o recapturar dentro do prazo legal para a imposição da pena, haverá a prescrição executória.

7.9.1. Crimes imprescritíveis

A CF descreve duas hipóteses (art. 5º, XLII e XLIV) de crimes imprescritíveis: (a) o racismo; (b) a ação de grupos armados, civis ou militares, contra a ordem constitucional e o Estado Democrático. Há julgado do STF em que a Corte afirmou que o rol constitucional é exemplificativo, e não taxativo. De qualquer forma, cuidado: os crimes hediondos não são imprescritíveis.

7.9.2. Prazos prescricionais

Os prazos estão previstos no art. 109 do CP.

PENA	PRAZO PRESCRICIONAL
Pena máxima superior a 12 anos.	Prescreve em 20 anos.
Pena máxima superior a 8 anos, mas que não ultrapassa 12 anos.	Prescreve em 16 anos.
Pena máxima superior a 4 anos, mas que não ultrapassa 8 anos.	Prescreve em 12 anos.
Pena máxima superior a 2 anos, mas que não ultrapassa 4 anos.	Prescreve em 8 anos.
Pena máxima igual ou superior a 1 ano, mas que não ultrapassa 2 anos.	Prescreve em 4 anos.
Pena máxima inferior a 1 ano.	Prescreve em 3 anos.

7.9.3. Termo inicial da prescrição da pretensão punitiva (CP, art. 111)

Para o cálculo da prescrição, devemos adotar a teoria do resultado. Ou seja, o prazo deve ser contado do dia da consumação do delito, e não da data da conduta, embora possam coincidir. Ex.: no dia 4 de fevereiro, Vanessa dispara um tiro contra Carolina. A vítima morre no dia 7 de fevereiro, em consequência do disparo. O prazo prescricional deve ser contado desde o dia 7. Se o delito for tentado, a prescrição é contada desde o último ato executório.

Cuidado: nos crimes permanentes, aqueles em que a consumação é prolongada no tempo, a prescrição deve ser contada a partir do fim da permanência. Ex.: em 2010, deu-se início à prática de extorsão mediante sequestro, e a vítima só foi solta em 2016. O prazo prescricional passa a correr em 2016. Ademais, atenção: nos crimes de bigamia e de falsificação ou alteração de assentamento do registro civil, a prescrição corre do dia em que o fato se tornar conhecido. Já nos crimes contra a dignidade sexual praticados contra crianças e adolescentes, a prescrição corre desde a data em que a vítima completar 18 anos, salvo se a esse tempo já houver sido proposta a ação penal.

7.9.4. Termo inicial da prescrição da pretensão executória (CP, art. 112)

Transitada em julgado a sentença condenatória, o prazo prescricional para a execução da sanção começa: (a) do dia em que a sentença condenatória transitou em julgado para a acusação; (b) do dia da revogação da suspensão condicional da pena ou do livramento condicional; (c) do dia em que se interrompe a execução, salvo quando o tempo da interrupção deva computar-se na pena (ex.: no dia em que o condenado foge, começa a correr o prazo prescricional para a execução da sanção).

7.9.5. Causas suspensivas (CP, art. 116)

Em virtude de certas ocorrências, pode o prazo prescricional ser suspenso. Enquanto presente a causa suspensiva, a prescrição não corre. Todavia, cessada a causa, o prazo deve voltar a correr pelo o que resta de tempo. Ex.: de um prazo prescricional de 8 anos, surge causa suspensiva no terceiro ano – portanto, restam 5 anos. Quando a causa suspensiva deixar de existir, o prazo voltará a correr do terceiro ano, pelos 5 anos restantes. Ou seja, a suspensão não zera o prazo, como ocorre na interrupção.

7.9.6. Causas interruptivas (CP, art. 117)

Alguns acontecimentos fazem com que o prazo prescricional seja zerado, devendo ser reiniciado. Pouco importa se já havia decorrido, por exemplo, um ano. Presente a causa interruptiva, o prazo volta a correr do zero. As hipóteses estão no art. 117 do CP:

a) Recebimento da denúncia ou queixa: é importante não confundir o oferecimento da peça inicial com o seu recebimento. O oferecimento consiste na propositura da denúncia ou queixa ao juiz por quem tem legitimidade para tanto. Ex.: o MP oferece denúncia pela prática de um roubo. Nos crimes de ação privada, o oferecimento da queixa dá fim ao prazo decadencial. O recebimento é o ato judicial pelo qual o juiz aceita a petição inicial, com fundamento no art. 395 do CPP, dando início à ação penal. A prescrição é zerada por essa decisão do juiz, e não pelo oferecimento da petição inicial.

b) A pronúncia: no procedimento do júri, adotado para o julgamento pela prática de crime doloso contra a vida (ex.: homicídio), há duas fases. Na primeira fase, o rito muito se assemelha ao procedimento comum. O último ato é uma audiência de instrução, em que um juiz togado, o membro do MP e o advogado inquirem testemunhas, ouvem a vítima e interrogam o réu, produzem provas e, ao final, o magistrado profere sentença. Na segunda fase, o procedimento se dá em um plenário, perante o Tribunal do Júri, na presença de jurados que formam um Conselho de Sentença, juízes da causa, com votação secreta ao final para decidir a vida do acusado. No entanto, só é possível a segunda fase se o juiz pronunciar o réu na primeira. Ou seja, a sentença de pronúncia, proferida pelo magistrado, faz com que o acusado seja submetido perante julgamento em Tribunal do Júri. A publicação dessa sentença faz com que o prazo prescricional seja zerado.

c) Decisão confirmatória de pronúncia: em regra, a pronúncia não é interessante ao acusado. Melhor seria a absolvição sumária ou a impronúncia, dando fim ao processo. Por isso, na hipótese de denúncia, pode o réu prejudicado recorrer da decisão. Esse recurso é decidido pela instância superior (TJ, por exemplo). Se o tribunal confirmar a pronúncia, decidindo pelo julgamento perante o Tribunal do Júri, o prazo prescricional será zerado.;

d) Pela publicação da sentença ou acórdão condenatórios recorríveis: a sentença é a decisão proferida pelo juiz togado, em primeira instância; o acórdão é o equivalente à sentença, mas decorre de julgamento realizado por tribunal. Da leitura do art. 117, IV, extraímos as seguintes conclusões: (i) a sentença condenatória recorrível interrompe a prescrição, desde que válida; (ii) o acórdão condenatório recorrível, que reforma sentença absolutória, interrompe a prescrição, desde que válido; (iii) a sentença absolutória não interrompe a prescrição; (iv) o acórdão que modifica a sentença condenatória alterando a pena, com repercussão no cálculo do prazo prescricional, interrompe a prescrição.

e) Pelo início ou continuação do cumprimento da pena: com a condenação, se houver efetivo início do cumprimento da pena, a prescrição é zerada. Se interrompido o cumprimento de pena em execução (ex.: fuga), o prazo prescricional é zerado com a continuação do cumprimento (ex.: condenado recapturado). Na hipótese de interrupção de prescrição já em execução, cuidado: o cálculo prescricional deve ser recalculado quando do reinício pelo restante da pena. Ex.: Mário foi condenado à pena de 8 anos. Após cumprido um ano, ele foge, mas é recapturado tempos depois. A prescrição deve ser zerada, mas o cálculo do prazo prescricional deve ser recalculado pelo tempo restante – no caso, 7 anos.

f) Pela reincidência: é preciso tomar cuidado para não fazer confusão. Se o réu é reincidente ao tempo da sentença condenatória, o prazo da prescrição executória é aumentado em 1/3 (CP, art. 110, *caput*). O aumento incide ao crime em que o réu é considerado reincidente, e não aos demais. Se iniciada a execução e o agente volta a praticar crime, não haverá aumento em fração do prazo prescricional, mas interrupção.

7.9.7. Causas de redução do prazo prescricional (CP, art. 115)

São reduzidos da metade o prazo prescricional se: (a) o criminoso era, ao tempo dos fatos, menor de 21 anos (mas maior de 18); (b) o criminoso é maior de 70 anos na data da sentença. A redução ocorre tanto na prescrição punitiva quanto na executória. Ex.: se a prescrição normalmente ocorre em 8 anos, sendo o criminoso menor de 21 anos, ela se dará em 4 anos.

7.9.8. Prescrição da pena de multa (CP, art. 114)

Se a multa for a única pena cominada ou aplicada ao delito, a prescrição ocorre em 2 anos; se a multa for alternativa ou cumulativamente aplicada à pena privativa de liberdade, a prescrição da multa ocorrerá no mesmo prazo da pena segregatícia da liberdade. Cuidado: o dispositivo só é aplicado à prescrição da pretensão punitiva. Após o trânsito em julgado da sentença condenatória, a prescrição da multa passa a ser regulada pela Lei n. 6.830/90, pois se trata de dívida ativa da Fazenda Pública.

7.9.9. Prescrição e concurso de crimes (CP, art. 119)

Seja qual for a hipótese de concurso de delitos – material, formal ou crime continuado –, para fins de prescrição, leva-se em consideração a pena aplicada a cada um dos crimes, isoladamente. Portanto, o concurso de crimes é irrelevante para o cálculo prescricional.

7.9.10. Prescrição em abstrato

Enquanto não houver pena fixada em sentença condenatória transitada em julgado para a acusação, o cálculo da prescrição é feito com base na pena máxima em abstrato cominada à infração penal. Ex.: o furto simples (CP, art. 155, *caput*) tem pena máxima de 4 anos.

Enquanto não houver sentença condenatória transitada em julgado para a acusação, o cálculo deve ser feito com base nesses 4 anos – prescreve em 8 anos a pena não superior a 4 anos (CP, art. 109, IV). A respeito do cálculo em abstrato, cuidado: qualificadoras, privilégios, causas de aumento e de diminuição devem ser levados em consideração. Ex.: se o crime praticado foi o de furto qualificado (CP, art. 155, § 4º), o cálculo em abstrato deve ser feito sobre 8 anos, pena máxima da figura qualificada, e não sobre 4 anos, pena máxima da figura simples (art. 155, *caput*). Quanto às causas de aumento e de diminuição, para o cálculo em abstrato, deve ser considerada a pior hipótese possível ao réu. Ex.: se o aumento for de 1/6 a 2/3, devem ser considerados os 2/3 no cálculo; se a diminuição for de 1/6 a 1/3, deve ser considerado 1/6.

7.9.11. Prescrição retroativa

Se houver sentença condenatória transitada em julgado para a acusação, é possível fazer o cálculo retroativo com base na pena em concreto. O porquê de se exigir o trânsito em julgado para a acusação: se a acusação não recorrer da sentença condenatória, ainda que haja recurso da defesa, a situação do condenado não poderá piorar. Na pior das hipóteses, se o recurso do réu não for provido, a sua pena ficará da forma como foi fixada pelo juiz de primeira instância. No entanto, se houver recurso do MP ou do querelante, a situação do sentenciado pode piorar com o aumento da pena fixada na sentença. Voltando ao assunto: fixada a pena em concreto, e não havendo recurso da acusação, é possível o cálculo da prescrição com base na pena efetivamente fixada. Ex.: no furto simples, a pena é de 1 a 4 anos. Em sentença condenatória, o juiz condena o criminoso à pena de 2 anos. O MP não recorre. A partir do trânsito em julgado para a acusação, a pena em abstrato não mais importa para a prescrição, que deve ser feita com base na pena em concreto – no exemplo, 2 anos. Fixada a pena em concreto, e ocorrido o trânsito para a acusação, deve ser verificado se, entre o recebimento da denúncia ou queixa e a publicação da sentença condenatória, não ocorreu a prescrição (prescrição retroativa). Exemplo:

(i) No mês de março de 2006, Adriana pratica um furto simples. A pena máxima é de 4 anos – portanto, prescreve em 8 anos (CP, art. 109, IV).

(ii) O MP oferece denúncia em maio de 2007. O juiz recebe a inicial em junho do mesmo ano. O recebimento da denúncia zera o prazo prescricional. Até aqui, portanto, não houve prescrição.

(iii) Em agosto de 2012, o juiz da vara criminal condena Adriana à pena mínima do furto, que é de 1 ano. O MP não recorre.

(iv) Com o trânsito em julgado para a acusação, a prescrição da pretensão punitiva deve ser feita com base na pena em concreto: um ano. De acordo com o art. 109, VI, do CP, a pena de 1 ano prescreve em 4 anos.

(v) Entre o recebimento da denúncia (maio de 2007) e a publicação da sentença condenatória (agosto de 2012), passaram-se mais de 5 anos.

(vii) Destarte, houve a prescrição retroativa quanto ao delito praticado por Adriana. A pena fixada em sentença fez com que fosse reconhecida a prescrição ocorrida antes de sua prolação – por isso, retroativa.

A respeito do tema, atenção: não é possível a prescrição retroativa em relação ao período anterior ao recebimento da denúncia ou queixa (CP, art. 110, § 1º). Exemplo:

(i) No mês de março de 2006, Adriana pratica um furto simples. A pena máxima é de 4 anos – portanto, prescreve em 8 anos (CP, art. 109, IV).

(ii) O MP oferece denúncia e o juiz a recebe em maio de 2011. Como ainda não existe sentença condenatória transitada em julgado para a acusação, deve ser considerada a prescrição em abstrato – como já dito acima, o prazo de 8 anos. Passaram-se 5 anos entre o delito e o oferecimento da denúncia. Logo, não houve prescrição.

(iii) Em setembro de 2011, o juiz condena Adriana à pena de 1 ano. O MP não recorre. A prescrição passa a ser considerada pela pena em concreto – prescreve em 4 anos.

(iv) Ou seja, entre a consumação do crime e o recebimento da denúncia, passaram-se mais de cinco anos; entre o recebimento da denúncia e a publicação da sentença, 4 meses. Houve a prescrição retroativa? Não. O motivo: a prescrição retroativa não alcança o lapso temporal decorrido entre a consumação do delito e a denúncia ou queixa.

7.9.12. Prescrição superveniente ou intercorrente

Na prescrição retroativa, o cálculo da prescrição com base na pena em concreto volta no tempo e atinge lapsos temporais entre o recebimento da denúncia ou queixa e a publicação de sentença condenatória. Na prescrição superveniente, a prescrição também é feita com base na pena em concreto, mas ocorre entre a publicação da sentença condenatória e o trânsito em julgado para ambas as partes (defesa e acusação). Exemplo: Adriana é condenada à pena de 1 ano e 3 meses por furto (prescreve em quatro anos). Ela recorre; o MP, não. O tribunal leva cinco anos para julgar o seu recurso. Ocorreu a prescrição? Sim, em razão da prescrição superveniente.

7.9.13. Exemplo de cálculo prescricional

Pode ocorrer de a banca pedir em sua prova o cálculo da prescrição em um caso concreto. Pensando nisso, selecionei uma questão do XX Exame de Ordem a respeito do tema, para resolvê-la passo a passo, com base em tudo o que foi dito a respeito da prescrição.

No dia 29-4-2011, Júlia, jovem de apenas 20 anos de idade, praticou um crime de lesão corporal leve (pena: de 3 meses a 1 ano) em face de sua rival na disputa pelo amor de Thiago. A representação foi devidamente ofertada pela vítima dentro do prazo de 6 meses, contudo a denúncia somente foi oferecida em 25-4-2014. Em 29-4-2014 foi recebida a denúncia em face de Júlia, pois não houve composição civil, transação penal ou suspensão condicional do processo. Nesta hipótese,

(A) poderá ser requerido pelo advogado de Júlia o reconhecimento da prescrição pela pena ideal, pois entre a data dos fatos e o recebimento da denúncia foram ultrapassados mais de 3 anos.

(B) deverá, caso aplicada ao final do processo a pena mínima prevista em lei, ser reconhecida a prescrição da pretensão punitiva retroativa, pois entre a data dos fatos e o recebimento da denúncia foram ultrapassados mais de 3 anos.

(C) não foram ultrapassados 3 anos entre a data dos fatos e do recebimento da denúncia, pois o prazo prescricional tem natureza essencialmente processual e não material.

(D) deverá ser reconhecida, de imediato, a prescrição da pretensão punitiva pela pena em abstrato.

Júlia praticou crime com pena máxima de 1 ano. Como o problema não fala em sentença condenatória transitada para a acusação, devemos trabalhar com a pena em abstrato. De acordo com o art. 109, V, do CP, a pena de um ano prescreve em 4 anos. No entanto, na época dos fatos, Júlia tinha 20 anos. Por isso, o prazo prescricional cai pela metade, e passa a ser de 2 anos (CP, art. 115). O crime se consumou no dia 29 de abril de 2011. A denúncia foi recebida no dia 29 de abril de 2014, 3 anos depois. Portanto, prescrita a pretensão punitiva pela pena em abstrato. Alternativa D.

8. CRIMES CONTRA A PESSOA (CP, ARTS. 121 A 154-B)

8.1. Homicídio (CP, art. 121)

ATUALIZAÇÃO: LEI N. 13.771/2018
Modificou o § 7º do art. 121, que trata das causas de aumento de pena do feminicídio: § 7º A pena do feminicídio é aumentada de 1/3 (um terço) até a metade se o crime for praticado: I – durante a gestação ou nos 3 (três) meses posteriores ao parto; II – contra pessoa menor de 14 (catorze) anos, maior de 60 (sessenta) anos, com deficiência ou portadora de doenças degenerativas que acarretem condição limitante ou de vulnerabilidade física ou mental; III – na presença física ou virtual de descendente ou de ascendente da vítima; IV – em descumprimento das medidas protetivas de urgência previstas nos incisos I, II e III do *caput* do art. 22 da Lei n. 11.340, de 7 de agosto de 2006.

8.1.1. Conduta

Matar alguém, outro ser humano, considerado como tal, para que seja sujeito passivo de homicídio, desde o início do trabalho de parto – portanto, se morta a criança ainda no canal vaginal, quando já iniciado o trabalho de parto, prestes a ser expelida, o delito será o de homicídio ou o de infanticídio, e não o de aborto.

8.1.2. Homicídio privilegiado (§ 1º)

Em verdade, trata-se de causa de diminuição de pena. Por não ser elementar do delito de homicídio, não se comunica entre coautores (CP, art. 30). Ex.: um pai contrata um *matador profissional* para matar o homem que estuprou sua filha. É possível que o pai seja responsabilizado por homicídio privilegiado (art. 121, § 1º) e o matador por homicídio qualificado mediante paga ou promessa de recompensa (art. 121, § 2º, I). É possível o reconhecimento da causa de diminuição nas seguintes hipóteses: (a) o agente mata impelido por motivo de relevante valor social: há interesse da coletividade na morte de determinada pessoa; (b) o agente mata impelido por motivo de relevante valor moral: há interesse particular do autor do homicídio quanto à morte da vítima. No entanto, a motivação deve ser nobre ou altruísta (ex.: eutanásia); (b) o agente mata sob o domínio de violenta emoção, logo em seguida a injusta provocação da vítima: a emoção tem de ser intensa e a vítima tem de ter provocado a sua eclosão. Ademais, deve o agente matar *logo em seguida* à injusta provocação. Embora a lei não determine o tempo, entende-se que a reação deve ser imediata para que se reconheça a causa de diminuição. O homicídio privilegiado faz com que a pena seja reduzida em 1/6 a um terço1/3.

8.1.3. Homicídio privilegiado-qualificado

É possível a incidência da causa de diminuição do § 1º do art. 121 em conjunto com alguma das qualificadoras (§ 2º), desde que a qualificadora tenha natureza objetiva – aquelas referentes ao meio ou modo de execução do delito. Ex.: o pai que mata o estuprador da filha usando veneno como meio de execução. O homicídio por ele praticado é qualificado (§ 2º, III), mas privilegiado (§ 2º) em virtude da motivação do delito. No entanto, não é compatível o § 1º com as qualificadoras de natureza subjetiva (motivo do crime). Explico: no homicídio privilegiado, a ideia é mais ou menos a seguinte: o homicida deve ser punido porque não lhe é dado o direito de matar outras pessoas, mas a sua pena deve ser diminuída em razão da menor reprovabilidade de sua conduta. No exemplo do pai que mata o estuprador da filha, é bem provável que o jurado, ao se colocar no lugar do homicida, conclua que a sua conduta seria a mesma. Portanto, não teria lógica dizer que o homicídio foi privilegiado e, ao mesmo tempo, fútil ou torpe. Por isso o homicídio privilegiado não é compatível com qualificadoras de ordem subjetiva. De qualquer forma, atenção: o homicídio qualificado-privilegiado não é hediondo, pouco importando se consumado ou tentado.

8.1.4. Homicídio qualificado (§ 2º)

No homicídio simples, a pena é de reclusão, de 6 a 20 anos. No qualificado, de 12 a 30 anos. São de natureza subjetiva (incompatíveis com o § 1º) as qualificadoras dos incisos I, II, V, VI e VII, e a traição, no inciso IV. As qualificadoras dos incisos III e IV (exceto a traição) são de natureza objetiva. Portanto, compatíveis com o homicídio privilegiado. Atenção: exceto na hipótese de homicídio privilegiado-qualificado, o homicídio qualificado *sempre* será hediondo, seja tentado ou consumado.

> ATENÇÃO!
>
> Com a derrubada do veto pelo Congresso Nacional, o homicídio passou a ter mais uma qualificadora: a do § 2º, VIII: matar alguém com emprego de arma de fogo de uso restrito ou proibido.

8.1.5. Homicídio culposo (§ 3º)

Ocorre quando o agente mata alguém por imprudência, negligência ou imperícia. Se o homicídio culposo for praticado na direção de veículo automotor, o crime será o do art. 302 do CTB.

8.1.6. Perdão judicial (§ 5º)

Um dos objetivos da pena é a punição de quem pratica um delito. No entanto, em algumas situações, a consequência do crime é tão prejudicial ao seu autor que não subsiste motivo para puni-lo penalmente. Basta imaginar o exemplo do pai que, desatento, atropela o próprio filho ao dar ré em seu veículo. A perda do filho, por si só, impõe punição inestimável ao pai imprudente. A pena, neste caso, torna-se inútil. Por isso, no homicídio culposo, o CP assegura ao agente o perdão judicial (direito subjetivo) se as consequências da infração o atingirem de forma tão grave que a sanção penal se torne desnecessária. Por ser forma de extinção da punibilidade, a sua aplicação faz com que sumam todos os efeitos penais da conduta. O beneficiado não precisa aceitar o perdão para a sua incidência.

8.1.7. Causas de aumento de pena do homicídio culposo (§ 4º)

A pena é aumentada de 1/3 quando: (a) houver inobservância de regra técnica de profissão, arte ou ofício; (b) deixar o agente de prestar imediato socorro à vítima; (c) o autor não procurar diminuir as consequências do seu ato; (d) o agente fugir para evitar prisão em flagrante.

8.1.8. Causas de aumento do homicídio doloso (§ 4º)

A pena é aumentada de 1/3 quando, ao tempo dos fatos, a vítima era menor de 14 anos (13, 12 etc.) ou maior de 60 anos. Se reconhecida a causa de aumento, deve ser afastada a agravante do art. 61, II, *h*, do CP – se aplicadas a causa de aumento e a agravante em conjunto, haveria *bis in idem*.

8.1.9. Causas de aumento da milícia privada e do grupo de extermínio (§ 6º)

A pena do homicídio é aumentada de 1/3 até a metade se o crime for praticado por milícia privada, sob o pretexto de prestação de serviço de segurança, ou por grupo de extermínio. Se reconhecida a causa de aumento, o homicídio será considerado hediondo (Lei n. 8.072/90, art. 1º, I), ainda que tentado.

8.1.10. O homicídio e o erro de tipo essencial

Embora o erro de tipo essencial (CP, art. 20, *caput*) seja compatível com os demais crimes do CP, as bancas costumam exigi-lo, com certa frequência, tendo como crime o homicídio. No erro de tipo essencial, o agente, por falsa percepção da realidade, não percebe uma elementar de um delito – no homicídio, a elementar *alguém*. O clássico exemplo: o caçador que pensa estar atirando contra um animal, mas mata uma pessoa. Se o erro for evitável (ou inescusável), o dolo é afastado e o criminoso é punido por homicídio culposo. Se inevitável (ou escusável), o dolo e a culpa são afastados, deixando de existir a prática de qualquer crime (fato atípico).

8.1.11. O homicídio, o erro sobre a pessoa e o aberratio ictus

O erro sobre a pessoa (CP, art. 20, § 3º) e o erro na execução ou *aberratio ictus* (CP, art. 73) também costumam ser cobrados em hipóteses de homicídio. No erro sobre a pessoa, o agente confunde a vítima pretendida com outra pessoa. Ex.: atiro contra Francisco, mas imagino estar matando João. Já no erro na execução, não confundo as vítimas, mas por erro ou acidente na execução acabo matando (ou tentando matar) a pessoa errada. Ex.: quero matar Francisco, mas por erro de pontaria acerto João, causando a sua morte. Nas duas situações, devo considerar a vítima pretendida, e não a efetivamente atingida. Ex.: quero matar João em razão de dívida (em tese, motivo torpe, tornando o homicídio qualificado), mas por erro de pontaria mato Francisco, meu melhor amigo. Em prova, é provável que a banca traga uma alternativa de homicídio culposo, pois é o que parece – matei meu melhor amigo por acidente. Todavia, como deve ser considerada a vítima pretendida para punir o criminoso (no exemplo, João), devo ser punido por homicídio qualificado por motivo torpe.

8.1.12. O homicídio e a desistência voluntária e o arrependimento eficaz

É muito comum que a cobrança da desistência voluntária e do arrependimento eficaz (CP, art. 15) em situação de homicídio. Na desistência voluntária, o agente inicia a execução, mas não a conclui; em vez disso, ele a interrompe voluntariamente durante a sua prática, evitando, assim, a consumação do delito. Ex.: agindo com desejo de matar (*animus necandi*), Tício dá uma facada em Mévio. No entanto, após o primeiro golpe, o agressor percebe o erro em sua conduta e deixa de dar mais facadas. Até poderia consumar o delito, mas não quis. No arrependimento eficaz, é diferente: o agente esgota a execução do delito, mas consegue evitar a consumação. Ex.: após esgotar a munição contra a vítima, Tício se arrepende do que fez e a leva ao hospital. Graças ao pronto atendimento médico, ela sobrevive. Ele até poderia ter consumado o delito, mas decidiu agir para impedir que isso acontecesse. Em ambas as hipóteses, a consequência é a mesma: o agente não responderá pela tentativa do delito inicialmente pretendido – no caso, homicídio. A ele serão importas as penas somente das condutas efetivamente praticadas (lesão corporal, disparo de arma de fogo etc.).

8.2. Participação em suicídio (CP, art. 122)

Atualização: Lei n. 13.968/2019 (Pacote Anticrime)

A participação em suicídio não é mais crime condicionado, que só se consuma com um determinado resultado, como ocorria na antiga redação do art. 122 do CP. Agora, basta induzir, instigar ou prestar auxílio material a alguém para a prática do suicídio ou da automutilação para a consumação do crime, não se exigindo qualquer resultado como condição para a tipicidade.

"Art. 122. Induzir ou instigar alguém a suicidar-se ou a praticar automutilação ou prestar-lhe auxílio material para que o faça:

Pena – reclusão, de 6 (seis) meses a 2 (dois) anos.

§ 1º Se da automutilação ou da tentativa de suicídio resulta lesão corporal de natureza grave ou gravíssima, nos termos dos §§ 1º e 2º do art. 129 deste Código:

Pena – reclusão, de 1 (um) a 3 (três) anos.

§ 2º Se o suicídio se consuma ou se da automutilação resulta morte:

Pena – reclusão, de 2 (dois) a 6 (seis) anos.

§ 3º A pena é duplicada:

I – se o crime é praticado por motivo egoístico, torpe ou fútil;

II – se a vítima é menor ou tem diminuída, por qualquer causa, a capacidade de resistência.

§ 4º A pena é aumentada até o dobro se a conduta é realizada por meio da rede de computadores, de rede social ou transmitida em tempo real.

§ 5º Aumenta-se a pena em metade se o agente é líder ou coordenador de grupo ou de rede virtual.

§ 6º Se o crime de que trata o § 1º deste artigo resulta em lesão corporal de natureza gravíssima e é cometido contra menor de 14 (quatorze) anos ou contra quem, por enfermidade ou deficiência mental, não tem o necessário discernimento para a prática do ato, ou que, por qualquer outra causa, não pode oferecer resistência, responde o agente pelo crime descrito no § 2º do art. 129 deste Código.

§ 7º Se o crime de que trata o § 2º deste artigo é cometido contra menor de 14 (quatorze) anos ou contra quem não tem o necessário discernimento para a prática do ato, ou que, por qualquer outra causa, não pode oferecer resistência, responde o agente pelo crime de homicídio, nos termos do art. 121 deste Código."

8.2.1. Conduta

Se dá pelo auxílio material, induzimento ou instigação para que alguém pratique o suicídio ou automutilação. Portanto, pode o agente praticar o delito ao fornecer meios (ex.: um revólver) para a prática do ato ou por apoio moral – por exemplo, incentivar o suicídio. Cuidado: para a configuração do crime do art. 122 do CP, não pode o agente praticar qualquer ato executório capaz de matar a vítima, senão o crime será o de homicídio. Ex.: Romeu e Julieta decidiram morrer. Para tanto, trancaram-se em um automóvel e Romeu instalou uma mangueira que levava o gás emitido pelo escapamento até o interior do veículo. Enquanto inalavam os gases no interior do veículo, um policial percebeu o ocorrido e quebrou o vidro, salvando a vida de ambos. Julieta, por induzido ou instigado o suicídio de Romeu, pode responder pelo crime do art. 122 do CP. Romeu, no entanto, por ter praticado ato executório para matar Julieta, deve responder por tentativa de homicídio. Outro exemplo de prática do delito: a roleta-russa, devendo o(s) sobrevivente(s) responder(em) caso alguém venha a morrer ou a sofrer lesão corporal de natureza grave.

8.2.2. Consumação e tentativa

Pela antiga redação do art. 122, anterior à Lei n. 13.968/2019, a participação em suicídio era crime condicionado, que só se consumava se vítima sofresse lesão corporal grave ou morte. Ou seja, não havia meio-termo: se ocorresse um dos dois resultados, o crime estava consumado; caso contrário, o fato era atípico. No entanto, a partir da mudança promovida pela Lei n. 13.968/2019, para a consumação do delito, basta o induzimento, a instigação ou o auxílio material ao suicídio ou à automutilação, sem qualquer condição. A tentativa passou a ser possível.

8.2.3. Qualificadoras (CP, art. 122, §§ 1º e 2º)

Pela antiga redação, a lesão corporal grave e a morte eram condição para a tipicidade do delito de participação em suicídio. Agora, essas duas consequências são qualificadoras do delito, nos §§ 1º e 2º.

8.2.4. Causas de aumento de pena (CP, art. 122, § 3º)

A pena do delito é duplicada se: (a) o crime for praticado por motivo egoístico, torpe ou fútil; (b) a vítima é menor ou tem diminuída, por qualquer causa, a capacidade de resistência.

8.2.5. Internet (CP, art. 122, §§ 4º e 5º)

A pena do delito é aumentada até o dobro se a conduta é realizada por meio da rede de computadores, de rede social ou transmitida em tempo real. Além disso, aumenta-se a pena em metade se o agente é líder ou coordenador de grupo ou de rede virtual.

8.2.6. Subsidiariedade (CP, art. 122, §§ 6º e 7º)

Segundo o § 6º, se da conduta resulta lesão corporal de natureza gravíssima e o delito é cometido contra menor de 14 (quatorze) anos ou contra quem, por enfermidade ou deficiência mental, não tem o necessário discernimento para a prática do ato, ou que, por qualquer outra causa, não pode oferecer resistência, responde o agente pelo crime descrito no § 2º do art. 129 do CP, e não pela participação em suicídio. Cuidado: o dispositivo faz menção apenas à lesão corporal gravíssima, não podendo ser aplicado se a vítima sofrer lesão corporal leve (CP, art. 129, *caput*) ou grave (CP, art. 129, § 1º). O mesmo raciocínio vale para o resultado morte, no § 7º do art. 122.

8.3. **Infanticídio (CP, art. 123)**

8.3.1. Conduta

Se dá pelo verbo matar, o mesmo do homicídio (CP, art. 121).

8.3.2. Sujeito ativo

O infanticídio é crime próprio, pois a lei prevê que será praticado pela mãe da vítima. A condição de mãe é pessoal, mas elementar do delito. Por esse motivo, é possível a coautoria e a participação na prática do crime, por força do que dispõe o art. 30 do CP: "não se comunicam as circunstâncias e as condições de caráter pessoal, salvo quando elementares do crime". Por isso, é possível que o pai, por exemplo, ao auxiliar a mãe à prática do delito, também seja responsabilizado por infanticídio.

8.3.3. Sujeito passivo

O nascente (durante o parto) ou o recém-nascido ou neonato (logo após o parto), filho da mulher que pratica a conduta de matar.

8.3.4. Erro sobre a pessoa

A FGV pede com frequência a situação em que a mãe, por acreditar que está matando o próprio filho, mata o filho de outrem – basta imaginar que a mãe confundiu as crianças no berçário da maternidade. Na hipótese, ela deve ser responsabilizada por homicídio ou por infanticídio? Segundo o art. 20, § 3º, do CP, que trata do erro sobre a pessoa ou *error in persona*, o agente deve ser punido pela vítima pretendida, e não pela efetivamente atingida. Logo, deve ser punido por infanticídio a mãe que, pretendendo matar o próprio filho, sob a influência do estado puerperal, confunde as crianças e mata o filho de outra pessoa.

8.4. **Aborto (CP, arts. 124 a 128)**

8.4.1. Conduta

A complexidade no estudo do aborto se dá em virtude de o CP tipificar várias condutas diversas. No art. 124, é punida a gestante que pratica o autoaborto ou que permite que terceiro o faça. No art. 126, é punido o terceiro que pratica o aborto com o consentimento da gestante. Por fim, no art. 125, a lei penal pune quem pratica o aborto sem consentimento da mulher grávida. Em regra, existindo concurso de pessoas, todos os envolvidos devem ser responsabilizados pelo mesmo delito (teoria monista ou unitária). O aborto é exceção (teoria pluralística). Ex.: Joana consente com aborto a ser praticado por Marcos. Ela deve ser punida pelo crime do art. 124; ele, pelo o do art. 126.

8.4.2. Consentimento da gestante

Se a gestante consentir com a prática do aborto por terceiro, ela será punida nos termos do art. 124, enquanto o terceiro receberá as penas do art. 126 do CP. No entanto, atenção: é inexistente o consentimento se a gestante *não é maior de 14 anos, ou é alienada ou débil mental, ou se o consentimento é obtido mediante fraude, grave ameaça ou violência* (parágrafo único do art. 126).

8.4.3. Causas de aumento de pena (CP, art. 127)

Embora o CP diga *forma qualificada*, configuram causas de aumento de pena. Por isso, caso perguntem em sua prova, responda *aborto qualificado*, ainda que esteja errado. O aborto praticado por terceiro tem pena aumentada quando, em consequência do aborto ou dos meios empregados, a gestante sofre lesão corporal grave (aumento de 1/3) ou morre (penas duplicadas).

8.4.4. Exclusão da ilicitude (art. 128)

Não há crime quando o aborto é praticado, por médico, em duas situações: (a) quando não há outro meio de salvar a vida da gestante (aborto necessário ou terapêutico). Não depende de consentimento da gestante; (b) quando a gravidez resulta de estupro e o aborto é consentido pela gestante ou, quando incapaz, por seu representante legal (aborto sentimental ou humanitário). O CP só permite o aborto se praticado por *médico*. Se outro profissional (ex.: enfermeiro) praticar o aborto necessário para salvar a vida da gestante, a ilicitude será excluída pelo estado de necessidade (CP, art. 24).

8.5. Lesão corporal (CP, art. 129)

8.5.1. Conduta

Consiste em ofender a integridade ou a saúde física de outrem. Evidentemente, o dolo não pode ser o de causar a morte da vítima, hipótese em que o agente será responsabilizado por homicídio.

8.5.2. Ação penal

Na lesão corporal leve (art. 129, *caput*) e na lesão corporal culposa, a ação penal é pública condicionada à representação (Lei n. 9.099/95, art. 88). Todas as demais espécies de lesões corporais dolosas são de ação penal pública incondicionada. Cuidado: a ação penal relativa ao crime de lesão corporal resultante de violência doméstica contra a mulher é pública incondicionada, ainda que leve ou culposa.

8.5.3. Lesão corporal grave (§ 1º)

É importante assimilar as hipóteses de lesão corporal grave e de lesão gravíssima. Embora o CP não adote essas nomenclaturas, é usual que se peça em prova quando a lesão é grave ou gravíssima. A lesão corporal é considerada grave (qualificadora) quando gerar: (a) incapacidade para as ocupações habituais por mais de 30 dias; (b) perigo de vida; (c) debilidade permanente de membro, sentido ou função; (d) aceleração do parto.

8.5.4. Lesões corporais gravíssimas (§ 2º)

A lesão corporal é qualificada e considerada gravíssima quando dela resultar: (a) incapacidade permanente para o trabalho; (b) enfermidade incurável; (c) perda ou inutilização do membro, sentido ou função; (d) deformidade permanente; (e) aborto.

8.5.5. Lesão corporal seguida de morte (§ 3º)

Trata-se de hipótese de crime preterdoloso, em que há dolo na conduta antecedente (lesionar) e culpa no resultado produzido (morte). O agente quer uma coisa e age para obtê-la, mas alcança outra, não desejada. Não é possível a tentativa, afinal, o resultado morte não é desejado.

8.5.6. Lesão corporal dolosa privilegiada (§ 4º)

Embora a doutrina fale em lesão corporal privilegiada, é causa de diminuição de pena. É diminuída a pena de 1/6 a 1/3 se o agente pratica a lesão corporal dolosa impelido por motivo de relevante valor social ou moral ou sob o domínio de violenta emoção, logo em seguida a injusta provocação da vítima.

8.5.7. Substituição de pena (§ 5º)

Se as lesões corporais produzidas foram leves, o juiz pode substituir a pena de detenção pela de multa quando: (a) as lesões são recíprocas: ou seja, duas pessoas se agridem, em hipótese que não configura a legítima defesa (senão, haverá exclusão da ilicitude, e não substituição de pena); (b) presentes as hipóteses da lesão corporal privilegiada (§ 4º).

8.5.8. Lesão corporal culposa (§ 6º)

Ocorre quando o agente não quer e nem assume o risco de produzir o resultado, que acaba acontecendo por conduta imprudente, negligente ou por imperícia. As qualificadoras dos §§ 1º e 2º não são aplicáveis à lesão corporal culposa. Se a lesão corporal culposa for consequência de acidente com veículo automotor, o crime será o do art. 303 do CTB.

8.5.9. Causas de aumento de pena na lesão corporal culposa (§ 7º)

A pena é aumentada de 1/3 quando: (a) houver inobservância de regra técnica de profissão, arte ou ofício; (b) deixar o agente de prestar imediato socorro à vítima; (c) o autor não procurar diminuir as consequências do seu ato; (d) o agente fugir para evitar prisão em flagrante.

8.5.10. Causas de aumento da lesão corporal dolosa (7º)

A pena é aumentada de 1/3 quando, ao tempo dos fatos: (a) a vítima era menor de 14 anos (13, 12 etc.) ou maior de 60 anos; (b) o crime é praticado por milícia privada, sob o pretexto de prestação de serviço de segurança, ou por grupo de extermínio

8.5.11. Perdão judicial (8º)

É extinta a punibilidade pelo perdão judicial quando as consequências da lesão corporal culposa atingirem o próprio agente de forma tão grave que a sanção penal se torne desnecessária. Ex.: por negligência do pai, uma criança vira uma panela com comida quente em seu corpo, causando lesões corporais. Entre outros objetivos, a pena tem como objetivo punir o criminoso. No exemplo dado, o sofrimento causado ao agente (o pai) é tão grave que a pena a ser aplicada – de 1 a 3 anos – não tem qualquer sentido.

8.5.12. Violência doméstica (§ 9º)

É forma qualificada da lesão corporal, com pena de detenção de 3 meses a 3 anos. Cuidado: a qualificadora só incide na lesão corporal leve (art. 129, *caput*). Se a lesão corporal dolosa for qualificada por outro motivo (grave, gravíssima ou resultado morte), a violência doméstica será utilizada como causa de aumento de pena (1/3). Ademais, importante ressaltar que o § 9º não é aplicável somente às vítimas do sexo feminino. A lesão corporal será qualificada ou aumentará a pena quando:

(a) praticada contra ascendente, descendente, irmão, cônjuge ou companheiro; (b) cometida contra pessoa com quem o agente conviva ou tenha convivido; (c) o agente pratica o crime prevalecendo-se das relações domésticas, de coabitação ou de hospitalidade.

8.5.13. Lesão corporal contra pessoa deficiente (§ 11)

Na hipótese de lesão corporal qualificada pela violência domésticas, a pena será aumentada em 1/3 se a vítima for pessoa deficiente.

8.5.14. Lesão corporal contra agente ou autoridade de segurança pública (§ 12)

A lesão corporal dolosa tem a pena aumentada de 1/3 a 2/3 quando em qualquer modalidade é praticada contra integrantes dos órgãos de segurança pública (policiais civis, federais, agentes penitenciários etc.) ou contra cônjuge, companheiro ou parente consanguíneo até terceiro grau desses profissionais, desde que a conduta decorra da condição de ocupante de cargo de segurança pública. Cuidado: é hedionda, consumada ou tentada, a lesão corporal dolosa de natureza gravíssima (art. 129, § 2º) e a lesão corporal seguida de morte (art. 129, § 3º) quando praticadas contra integrantes dos órgãos de segurança pública.

8.5.15. Lesão corporal qualificada contra a mulher

Em novidade trazida pela Lei n. 14.188/2021, se a lesão for praticada contra a mulher, por razões da condição do sexo feminino, nos termos do § 2º-A do art. 121 do CP (as mesmas condições do feminicídio), a pena será de reclusão, de um a quatro anos.

9. CRIMES CONTRA A HONRA (CP, ARTS. 138 A 145)

9.1. Fato

Para entender a distinção entre calúnia, difamação e injúria, o primeiro passo é compreender o conceito de "fato". Em um dicionário, encontrei uma boa definição: fato é aquilo cuja realidade pode ser comprovada. Ao conceito, acrescento: fato é aquilo que ocorre em um determinado momento do tempo. Se digo que alguém praticou um roubo, tenho um fato, pois é possível estabelecer em qual momento do tempo o roubo aconteceu. Por outro lado, se digo que alguém é ladrão, não tenho um fato. Não tenho como dizer em que hora, minuto e segundo alguém é ladrão. Posso dizer quando o indivíduo praticou um roubo, mas não o momento do tempo em que o adjetivo negativo existe.

9.2. Calúnia (CP, art. 138)

Consiste em atribuir, a alguém, fato definido como crime, sabendo que a acusação e falsa. Portanto, quem calunia sabe que está mentindo. Se digo que fulano praticou um furto, e sei que é mentira, pratico o delito do art. 138 do CP.

- Denunciação caluniosa: o crime do art. 339 do CP poderia, muito bem, ser qualificadora da calúnia. Na denunciação caluniosa, também há a imputação falsa de uma infração penal, mas de forma mais gravosa: o agente dá causa à instauração de inquérito policial, de procedimento investigatório criminal, de processo judicial, de processo administrativo disciplinar, de inquérito civil ou de ação de improbidade administrativa contra alguém. Com certa relutância, pois não tive acesso à investigação, posso dar como exemplo o caso do jogador Neymar, acusado de estupro. Ao registrar a ocorrência policial, a moça teria, em tese, praticado o crime de denunciação caluniosa, pois sabia que a acusação era falsa.
- Calúnia contra os mortos: é punível, segundo o art. 138, § 2º, do CP.
- Contravenção penal: só se fala em calúnia se a falsa acusação for por fato definido como crime. Se a acusação for por contravenção penal, o delito será o de difamação (CP, art. 140).

9.3 Difamação (CP, art. 139)

Consiste em atribuir a alguém fato ofensivo à reputação. A pegadinha: em regra, é irrelevante se o fato é ou não verdadeiro. Se digo que meu vizinho mantém relação extraconjugal, o crime de difamação estará caracterizado. De nada adianta provar que o fato é verdadeiro.

9.4. Exceção da verdade

Na calúnia, quem imputou o fato pode evitar a punição se demonstrar que não mentiu, por meio de exceção da verdade. Na difamação, em regra, a veracidade do fato é irrelevante. No entanto, em se tratando de funcionário público e se a ofensa disser respeito ao exercício de suas funções, a exceção da verdade será admitida. Dois exemplos:

a) Digo às pessoas que vi Jéssica, funcionária pública, casada, fazendo sexo com o amante. É irrelevante a veracidade do fato. Serei responsabilizado por difamação. A ninguém é dado o direito de falar da vida alheia.

b) Digo por aí que vi Jéssica, funcionária pública, fazendo sexo nas dependências da repartição pública onde exerce suas funções. Nesse caso, por ter havido violação ao dever funcional, é possível a exceção da verdade, para demonstrar que o fato realmente aconteceu.

9.5. Injúria (CP, art. 140)

Não há atribuição de fato, como na calúnia e na difamação. Na injúria, ocorre uma ofensa, um xingamento, que até pode estar vinculado a um fato (ex.: dizer que alguém é ladrão em razão de um fato ocorrido no passado). No entanto, o que "sai da boca" do ofensor não é um fato, mas apenas a ofensa.

9.6. Perdão judicial (CP, art. 140, § 1º)

Em duas hipóteses, é possível que o juiz deixe de aplicar pena ao ofensor:

a) Quando o ofendido, de forma reprovável, provocou diretamente a injúria;

b) No caso de retorsão imediata, que consiste em outra injúria.

9.7. Injúria real (CP, art. 140, § 2º)

Ocorre quando a injúria é executada por meio de violência ou vias de fato. Um tapa no rosto, por exemplo, pode ser o meio utilizado para ridicularizar a vítima. Outro exemplo é o cuspe.

9.8. Injúria qualificada pelo preconceito (CP, art. 140, § 2º)

Ocorre quando o criminoso, ao praticar o delito, utiliza elementos de raça, cor, etnia, religião, origem ou condição de pessoa idosa ou deficiente.

> Por razão que desconheço, a opção sexual foi deixada de fora. Por isso, se digo que alguém é "bicha", devo ser punido pela injúria simples, do *caput* do art. 140 do CP, e não pela qualificada. Em recente julgado, o STF entendeu por estender a Lei n. 7.716/89 (crime de racismo) à homofobia (ADO 26/DF).

9.9. Causas de aumento de pena

Estão no art. 141 do CP. São as seguintes:

a) crime contra o presidente da República ou chefe de governo estrangeiro;

b) crime contra funcionário público, em razão de suas funções;

c) crime praticado na presença de várias pessoas ou por meio que facilite a divulgação;

d) crime contra pessoa maior de 60 anos ou portadora de deficiência – exceto na injúria, em que há qualificadora específica, no art. 140, § 2º.

e) crime cometido mediante paga ou promessa de recompensa;

f) crime cometido ou divulgado em quaisquer modalidades das redes sociais da rede mundial de computadores.

> **ATENÇÃO!**
> Com a derrubada do veto pelo Congresso Nacional, há mais uma majorante nos crimes contra a honra, no § 2º do art. 141: " Se o crime é cometido ou divulgado em quaisquer modalidades das redes sociais da rede mundial de computadores, aplica-se em triplo a pena".

9.10. Exclusão do crime (CP, art. 142)

Não constituem injúria ou difamação:

a) a ofensa irrogada em juízo, na discussão da causa, pela parte ou por seu procurador;

b) a opinião desfavorável da crítica literária, artística ou científica, salvo quando inequívoca a intenção de injuriar ou difamar;

c) o conceito desfavorável emitido por funcionário público, em apreciação ou informação que preste no cumprimento de dever do ofício.

9.11. Retratação (CP, art. 143)

É possível a retratação nos crimes de calúnia e de difamação. Na injúria, como não houve a atribuição de fato, não há como o agente voltar atrás do que disse. Não se trata de um pedido de desculpa, mas de desdizer o que foi dito. Deve ocorrer antes da sentença e faz com que o ofensor fique isento de pena.

9.12. Perseguição (CP, art. 147-A)

O crime consiste em perseguir alguém, de forma habitual (reiteradamente). Pode ser praticado por qualquer meio (forma livre), até mesmo pela internet. A perseguição deve se dar no contexto de, pelo menos, uma das seguintes condutas: (a) ameaçando a integridade física ou psicológica da vítima; (b) restringindo a capacidade de locomoção da vítima; ou (c) invadindo ou perturbando, de qualquer forma, a esfera de liberdade ou privacidade da vítima. Por se tratar de crime habitual, cuja existência depende da reiteração da conduta, não admite tentativa. A pena do crime de perseguição é aumentada de metade quando: (a) praticado contra criança, adolescente ou idoso; (b) praticado contra mulher por razões da condição de sexo feminino, nos termos do art. 121, § 2º-A, do CP, que trata do feminicídio; (c) mediante o concurso de duas ou mais pessoas; ou (d) com o emprego de arma (própria, imprópria, de fogo ou branca).

9.13. Violação psicológica contra a mulher (CP, art. 147-B)

A conduta consiste em causar dano emocional à mulher que a prejudique e perturbe seu pleno desenvolvimento ou que vise a degradar ou a controlar suas ações, comportamentos, crenças e decisões, mediante ameaça, constrangimento, humilhação, manipulação, isolamento, chantagem, ridicularização, limitação do direito de ir e vir ou qualquer outro meio que cause prejuízo à sua saúde psicológica e autodeterminação. Crime material, consuma-se com a provocação do dano emocional à vítima, que não consiste, necessariamente, em efetiva lesão à saúde. Por isso, a comprovação da materialidade do crime do art. 147-A prescinde de exame pericial. Por se tratar de crime plurissubsistente, a tentativa é, em tese, possível.

9.14. Invasão de dispositivo informático (CP, art. 154-A)

A conduta consiste em invadir dispositivo informático de uso alheio, conectado ou não à rede de computadores, com o fim de obter, adulterar ou destruir dados ou informações sem autorização expressa ou tácita do usuário do dispositivo ou instalar vulnerabilidades para obter vantagem ilícita. Crime de médio potencial ofensivo, é punido com pena de reclusão, de um a quatro anos, e multa. Portanto, compatível com a suspensão condicional do processo (Lei n. 9.099/95, art. 89). Consuma-se no momento em que o dispositivo informático é invadido, ainda que nenhum resultado seja objetivo. A tentativa é possível.

10. CRIMES CONTRA O PATRIMÔNIO (CP, ARTS. 155 A 183)

10.1. Furto (CP, art. 155)

10.1.1. Conduta

Consiste em subtrair coisa alheia móvel, tomando-a de quem pertence. É diferente da apropriação indébita (CP, art. 168), em que a coisa móvel chega às mãos do agente de forma lícita. Cuidado: a subtração pode ser para si, o próprio autor da conduta, ou para outrem.

10.1.2. Consumação e tentativa

O furto se consuma com a posse de fato da coisa, pouco importando se é mansa ou pacífica. Se a coisa for destruída, inutilizada ou danificada pelo agente, ainda que não tenha a posse efetiva da coisa, o delito estará consumado. A tentativa é perfeitamente possível, pois se trata de crime plurissubsistente.

10.1.3. Causa de aumento do repouso noturno (CP, art. 155, § 1º)

O CP pune com mais rigor o agente que pratica o furto durante o repouso noturno. A razão é simples: quem pratica o crime enquanto, em geral, as pessoas descansam, assim age em virtude da menor vigilância empreendida sobre a coisa a ser subtraída.

10.1.4. Furto privilegiado (CP, art. 155, § 2º)

Em verdade, não se trata de privilégio, mas de causa de diminuição de pena. Requisitos: (a) a primariedade do agente; (b) o pequeno valor da coisa subtraída. Consequências: (i) a substituição da pena de reclusão pela de detenção; (ii) a diminuição de pena, de 1/3 a 2/3; ou (iii) a aplicação somente da pena de multa. É possível que o furto seja privilegiado-qualificado, desde que a qualificadora seja de natureza objetiva (Súmula 511 do STJ).

10.1.5. Qualificadoras (CP, art. 155, §§ 4º, 5º, 6º e 7º)

a) Qualificadoras do § 4º: a pena do furto é de 2 a 8 anos quando o crime é cometido:

1) com destruição ou rompimento de obstáculo à subtração da coisa: a qualificadora só é aplicável se a destruição ou rompimento de obstáculo acontecer antes ou durante a subtração, e deve ser essencial à prática do furto (ex.: destruir um cadeado para ter acesso ao interior de um imóvel). Se ocorrer após, ou desvinculado do contexto do furto, deve o criminoso ser punido por furto simples (CP, art. 155, *caput*) em concurso material com o crime de dano (CP, art. 163);

2) com abuso de confiança, ou mediante fraude, escalada ou destreza: (a) abuso de confiança: qualificadora de natureza subjetiva – portanto, não compatível com o § 2º do art. 155 –, consiste em tirar proveito de confiança depositada pela vítima para a prática da subtração. Não se exige vínculo empregatício entre o agente e a vítima, embora a confiança possa decorrer dessa relação patrão-empregado; (b) fraude: é preciso cuidado para não confundir o furto qualificado pela fraude com o estelionato (CP, art. 171). No estelionato, o agente ludibria a vítima para que a coisa chegue ao seu poder. No furto qualificado, o criminoso emprega a fraude para que a vítima deixe de vigiar a coisa, viabilizando, assim, a subtração. Ex.: um dos criminosos puxa papo com a vítima para distraí-la enquanto seu comparsa aproveita e subtrai a sua carteira;

3) escalada: é a utilização de via anormal para entrar ou sair de recinto fechado onde o furto será praticado. Embora escalada nos remeta ao ato de subir em algo (ex.: muro), a qualificadora também é aplicável se o crime se der por escavação subterrânea; (d) destreza: ocorre quando o criminoso tira proveito de habilidade especial física ou manual para a prática da subtração;

4) com emprego de chave falsa: chave falsa é qualquer instrumento que tenha ou não forma de chave, e seja utilizado para abrir fechadura ou dispositivo semelhante, permitindo ou facilitando a subtração;

5) mediante concurso de duas ou mais pessoas: é qualificado o furto quando praticado em concurso de duas ou mais pessoas, pouco importando que um dos envolvidos seja inimputável ou desconhecido. Ex.: Francisco, de 18 anos, pratica furto em concurso com Joaquim, de 15 anos. Neste caso, Francisco deve responder por furto qualificado pelo concurso de pessoas, sem prejuízo de punição pelo delito de corrupção de menores (ECA, art. 244-B);

b) Qualificadora do § 4º-A: a pena é de reclusão, de 4 a 10 anos, e multa, se houver emprego de explosivo ou artefato análogo que cause perigo comum. A qualificadora tem um evidente objetivo: punir com mais rigor os frequentes furtos a caixas eletrônicos com o emprego de explosivo. Antes da modificação promovida pela Lei n. 13.654/2018, entendia o STJ que, na hipótese de furto praticado com o uso de explosivos, o agente deveria ser punido pelo crime de furto qualificado (CP, art. 155, § 4º, I) em concurso com o delito de explosão majorado (CP, art. 251, § 2º) – nesse sentido, REsp 1.647.539/SP. Somadas as penas dos dois delitos, o agente era punido com pena mínima de 6 anos. Com a novidade legal, já não se fala mais em concurso de furto qualificado com o crime de explosão majorado, mas apenas em furto qualificado (CP, art. 155, § 4º-A), com pena mínima de 4 anos. Portanto, neste ponto, temos hipótese de *novatio legis in mellius* ou *lex mitior*, que deve retroagir (CP, art. 2º, parágrafo único). Cuidado: a partir do Pacote Anticrime, passou a ser crime hediondo.

c) Qualificadora do § 4º-B: A pena é de reclusão, de 4 a 8 anos, e multa, se o furto mediante fraude é cometido por meio de dispositivo eletrônico ou informático, conectado ou não à rede de computadores, com ou sem a violação de mecanismo de segurança ou a utilização de programa malicioso, ou por qualquer outro meio fraudulento análogo.

c.1) Causas de aumento aplicáveis ao § 4º-B: I – aumenta-se de 1/3 a 2/3, se o crime é praticado mediante a utilização de servidor mantido fora do território nacional; II – aumenta-se de 1/3 ao dobro, se o crime é praticado contra idoso ou vulnerável.

d) Qualificadora do § 5º: furto de veículo automotor que venha a ser transportado para outro Estado ou para o exterior. A qualificadora só será aplicada quando o veículo automotor efetivamente for transportado para outro Estado ou país. Caso não consiga a transposição da fronteira, o criminoso será responsabilizado pelo furto simples, se ausentes outras qualificadoras. A pena é de 3 a 8 anos.

e) Qualificadora do § 6º: furto de semovente domesticável de produção, ainda que abatido ou dividido em partes no local da subtração. É qualificada a subtração de semoventes – abigeato –, mas a qualificadora só se aplica se o animal for domesticável de produção. Com isso, não se aplica a qualificadora se a subtração for de animal selvagem mantido em cativeiro. A qualificadora é aplicável no furto de animal vivo, abatido ou dividido em partes no local da subtração. Por isso, quem subtrai carne de um açougue não pratica a forma qualificada do furto prevista no § 6º.

f) Qualificadora do § 7º: outra novidade promovida pela Lei n. 13.654/2018, com pena de 4 a 10 anos, e multa. É qualificado o furto quando a subtração for de substâncias explosivas ou de acessórios que, conjunta ou isoladamente, possibilitem sua fabricação, montagem ou emprego.

10.2. Roubo (CP, art. 157)

ATUALIZAÇÃO: LEI N. 13.964/2019 (PACOTE ANTICRIME)
A arma branca voltou a majorar o crime. Além disso, foi criada uma nova causa de aumento para o caso de emprego de arma de fogo de uso proibido ou restrito. § 2º A pena aumenta-se de 1/3 (um terço) até metade: VII – se a violência ou grave ameaça é exercida com emprego de arma branca; § 2º-B. Se a violência ou grave ameaça é exercida com emprego de arma de fogo de uso restrito ou proibido, aplica-se em dobro a pena prevista no *caput* deste artigo.

10.2.1. Conduta

Consiste em subtrair coisa alheia móvel, para si ou para outrem, mediante violência ou grave ameaça ou por meio que impossibilite a resistência da vítima à conduta. É crime complexo, resultado da fusão do furto (CP, art. 155) com o crime de ameaça (CP, art. 147) ou do furto com a lesão corporal (CP, art. 129, *caput*).

10.2.2. Violência própria e violência imprópria

O roubo pode ser praticado mediante violência própria ou violência imprópria. Na violência própria, o agente emprega força física contra a vítima (ex.: dá uma gravata para que ela entregue a carteira) no contexto da prática do roubo. Se a violência for contra coisa (ex.: contra uma porta), não haverá crime de roubo, mas de furto, desde que a violência empregada contra a coisa não consista em meio de ameaça contra a pessoa (ex.: dar pauladas no carro da vítima até que ela o entregue). Por outro lado, na violência imprópria, não há emprego de violência física contra a vítima. Em vez disso, o criminoso faz com que a vítima não possa oferecer resistência (ex.: dá "Boa Noite, Cinderela" à vítima para, em seguida, subtrair seus bens).

10.2.3. Consumação e tentativa

De acordo com a Súmula 582 do STJ, "consuma-se o crime de roubo com a inversão da posse do bem mediante emprego de violência ou grave ameaça, ainda que por breve tempo e em seguida à perseguição imediata ao agente e recuperação da coisa roubada, sendo prescindível a posse mansa e pacífica ou desvigiada". A tentativa é possível.

10.2.4. Roubo próprio e roubo impróprio

No roubo próprio (CP, art. 157, *caput*), a subtração da coisa é contemporânea ou posterior à violência ou grave ameaça. Ex.: aponto a arma e, em seguida, subtraio os bens. No roubo impróprio (CP, art. 157, § 1º), a violência contra a pessoa ou a grave ameaça ocorre quando já subtraída a coisa, a fim de assegurar a impunidade do crime ou a detenção da coisa para si ou para terceiro. Ex.: pratico um furto e, ao ter a coisa em meu poder, sou surpreendido por seu dono. Imediatamente, o ameaço: afasta-se ou morrerá! A pena é a mesma para as duas hipóteses – de 4 a 10 anos de reclusão.

10.2.5. Roubo circunstanciado (CP, art. 157, §§ 2º, 2º-A e 2º-B)

a) Causas de aumento do § 2º: a pena do roubo é aumentada de 1/3 até 1/2 se:

1) praticado em concurso de duas ou mais pessoas: considerando o maior risco produzido pela conduta praticada em concurso de agentes, o crime deve ser punido com mais rigor. Se um adulto pratica o roubo em concurso com um adolescente (inimputável), o roubo será majorado pelo concurso de pessoas em concurso com o delito de corrupção de menores (ECA, art. 244-B).

2) praticado contra pessoa que está em serviço de transporte de valores e o agente conhece tal circunstância: a majorante só é aplicável quando a vítima estiver

transportando valores pertencentes a terceiros, e não quando transportar valores seus, de sua propriedade. Portanto, há necessariamente duas vítimas: o titular dos valores subtraídos e a pessoa que presta o serviço de transporte de valores. Para a incidência da majorante, é essencial que o assaltante saiba que a vítima está em serviço de transporte de valores.

3) a subtração for de veículo automotor que venha a ser transportado para outro Estado ou para o exterior: para que seja aplicada, a majorante reclama a efetiva transposição de fronteiras.

4) o agente mantém a vítima em seu poder, restringindo sua liberdade: a intenção do agente é a subtração de coisa alheia móvel. No entanto, para ter êxito na empreitada criminosa, o agente restringe a liberdade da vítima, impedindo-a de ir e vir, no contexto da prática do roubo. Cuidado: a partir do Pacote Anticrime, passou a ser crime hediondo;

5) a subtração for de substâncias explosivas ou de acessórios que, conjunta ou isoladamente, possibilitem sua fabricação, montagem ou emprego.

6) a violência ou grave ameaça é exercida com emprego de arma branca – majorante reincluída pelo Pacote Anticrime.

b) Causas de aumento do § 2º-A: a pena do roubo é aumentada de 2/3 quando:

1) a violência ou ameaça é exercida com emprego de arma de fogo. Cuidado: trata-se de crime hediondo, por força do Pacote Anticrime.

2) há destruição ou rompimento de obstáculo mediante o emprego de explosivo ou de artefato análogo que cause perigo comum. Para a incidência desta hipótese causa de aumento, devem estar presentes dois requisitos: (a) o roubo resultou em destruição ou rompimento de obstáculo; (b) essa destruição ou rompimento foi causado pelo fato de o agente ter utilizado explosivo ou artefato análogo que cause perigo comum.

c) Causa de aumento do § 2º-B: a pena é aplicada em dobro se a violência ou grave ameaça é exercida com emprego de arma de fogo de uso restrito ou proibido. É crime hediondo.

10.2.6. Roubo qualificado pela lesão corporal grave (CP, art. 157, § 3º, I)

A Lei n. 13.654/2018 aumentou a pena para a hipótese: antes, era de 7 a 15 anos, e, atualmente, é de 7 a 18 anos. De resto, nada mudou em relação à antiga redação: é qualificado o roubo quando, em razão da violência empregada, a vítima sofre lesão corporal de natureza grave ou gravíssima.

10.2.7. Latrocínio (CP, art. 157, § 3º, II)

No latrocínio, o agente, no contexto fático do roubo, emprega violência – jamais grave ameaça – e, em razão disso, a vítima é morta. Como a morte pode se dar a título de culpa ou de dolo, sobrevivendo a vítima, o delito será o de latrocínio tentado. Não existe um momento certo para a morte – não precisa ser necessariamente após à subtração, como muitos imaginam ao falar em "roubo seguido de morte". O que importa é que aconteça no mesmo contexto do crime contra o patrimônio. Por isso, se hoje pratico um roubo e, amanhã, mato a vítima para assegurar o produto do crime, responderei por roubo simples (CP, art. 157, *caput*) em concurso material com o homicídio qualificado (CP, art. 121, § 2º, V). Para a consumação do latrocínio, o que importa é o fato de a vítima ter ou não ficado viva. Se sobreviver, latrocínio tentado; se morrer, consumado. A subtração da coisa é irrelevante. De qualquer forma, seja tentado ou consumado, o latrocínio sempre será crime hediondo.

10.3. Extorsão (CP, art. 158)

10.3.1. Conduta

Constranger alguém, mediante violência ou grave ameaça, a fazer, tolerar que se faça ou deixar fazer alguma coisa. Ou seja, é o crime de constrangimento legal (CP, art. 146), mas com uma diferença: o agente constrange a vítima com o objetivo de obter para si ou para outrem vantagem econômica indevida.

10.3.2. Consumação

Por ser crime formal, a consumação ocorre no momento em que a vítima é constrangida. É irrelevante a efetiva obtenção da vantagem (Súmula 96 do STJ). A tentativa é possível.

10.3.3. Causas de aumento de pena (§ 1º)

A pena é aumentada de 1/3 até 1/2 quando o crime é cometido: (a) em concurso de duas ou mais pessoas; (b) com emprego de arma. O que foi dito a respeito do roubo majorado pelo emprego de arma é aplicável à causa de aumento da extorsão.

10.3.4. Qualificadoras (§ 2º)

Se em razão da violência empregada – e não da grave ameaça – a vítima sofrer lesões corporais de natureza grave ou morrer, a extorsão será qualificada, nos mesmos da qualificadora do roubo (CP, art. 157, § 3º). É hedionda a extorsão qualificada pela morte, tentada ou consumada.

10.3.5. Qualificadora da restrição de liberdade da vítima (§ 3º)

Na hipótese qualificada do § 3º, para o sucesso da extorsão, o agente tem de restringir a liberdade da vítima. Em verdade, a qualificadora foi criada para punir o *sequestro-relâmpago* – situação em que a vítima é mantida por um curto espaço de tempo – frequentemente por poucas horas – sob controle de criminosos. O tempo que a vítima permanece com os criminosos é apenas o necessário para que os agentes façam compras com seus cartões de crédito e saques bancários com cheques assinados pela vítima. Se a vítima falecer ou sofrer lesão corporal grave, devem ser aplicadas as penas dos arts. 159, §§ 2º e 3º do CP, que tratam da extorsão mediante sequestro.

10.4. Estelionato (CP, art. 171)

10.4.1. Conduta

No estelionato, o criminoso obtém vantagem econômica indevida ao induzir a vítima a erro. Da mesma forma como ocorre no erro de tipo essencial em relação ao autor da conduta, no estelionato, o enganado tem falsa percepção da realidade. Ele não sabe o que, de fato, acontece, e o criminoso tira proveito disso em busca de ganhos patrimoniais.

10.4.2. Consumação

Por se tratar de crime material, a consumação depende da obtenção da vantagem ilícita. A tentativa é possível em três hipóteses: o agente emprega o meio fraudulento, mas não consegue enganar a vítima; (b) o agente emprega o meio fraudulento, engana a vítima mas não consegue obter a vantagem; (c) o agente emprega o meio fraudulento, engana a vítima, obtém a vantagem mas não causa prejuízo patrimonial ao ofendido.

10.4.5. Estelionato privilegiado

Em verdade, causa de diminuição de pena (art. 171, § 1º). Para que seja reconhecida, devem estar presentes os seguintes requisitos: (a) o criminoso deve ser primário; (b) o prejuízo da vítima deve ser de pequeno valor. As consequências são as mesmas do *furto privilegiado*, tratado anteriormente.

10.4.6. Figuras equiparadas ao estelionato

Também pratica o delito do art. 171 do CP quem: (a) dispõe de coisa alheia como própria: o agente vende, permuta, dá em pagamento, em locação ou em garantia coisa alheia como própria; (b) alienação ou oneração fraudulenta de coisa própria: o agente vende, permuta, dá em pagamento ou em garantia coisa própria inalienável, gravada de ônus ou litigiosa, ou imóvel que prometeu vender a terceiro, mediante pagamento em prestações, silenciando sobre qualquer dessas circunstâncias; (c) defraudação de penhor: é o que ocorre quando o devedor que tem a posse da coisa móvel a aliena quando existente contrato de penhor em relação ao bem; (d) fraude na entrega de coisa: não basta o mero inadimplemento na entrega. É imprescindível o emprego de fraude na conduta; (e) fraude para o recebimento de indenização no valor do seguro: é o caso da pessoa que causa autolesão para o recebimento de indenização por seguro, ou que destrói o próprio veículo com o mesmo objetivo; (f) fraude no pagamento por meio de cheque: o agente dolosamente emite cheque sem suficiente provisão de fundos ou lhe frustra o pagamento.

10.4.7. Fraude eletrônica (§ 2º-A)

A pena é de reclusão, de 4 a 8 anos, e multa, se a fraude é cometida com a utilização de informações fornecidas pela vítima ou por terceiro induzido a erro por meio de redes sociais, contatos telefônicos ou envio de correio eletrônico fraudulento, ou por qualquer outro meio fraudulento análogo. A pena deve ser aumentada de 1/3 a 2/3, se o crime for praticado mediante a utilização de servidor mantido fora do território nacional.

10.4.8. Causa de aumento de pena (§ 3º)

A pena é aumentada em 1/3 se o crime for cometido em detrimento de entidade de direito público ou de instituto de economia popular, assistência social ou beneficência. A causa de aumento é aplicável para todas as hipóteses de estelionato.

10.4.9. Causa de aumento (§ 4º)

A pena aumenta-se de 1/3 ao dobro, se o crime for cometido contra idoso ou vulnerável, considerada a relevância do resultado gravoso.

10.4.10. Ação penal (§ 5º)

O Pacote Anticrime tornou o estelionato crime de ação penal pública condicionada à representação, salvo se a vítima for: (a) a Administração Pública, direta ou indireta; (b) criança ou adolescente; (c) pessoa com deficiência mental; ou (d) maior de 70 (setenta) anos de idade ou incapaz.

10.5. Receptação (CP, art. 180)

10.5.1. Conduta

Na receptação dolosa simples (*caput* do art. 180), o agente adquire, recebe, transporta, conduz ou oculta, em proveito próprio ou alheio, coisa que sabe ser produto de crime (receptação própria), ou influi para que terceiro, de boa-fé, a adquira, receba ou a oculte (receptação imprópria). Por se tratar de tipo penal misto alternativo, se praticada mais de uma conduta no mesmo contexto fático, apenas uma receptação é praticada. Ex.: o agente recebe e oculta produto de crime. A receptação é punível ainda que desconhecido ou isento de pena o autor do crime de que proveio a coisa.

10.5.2. Receptação qualificada (§ 1º)

Ocorre quando o agente adquire, recebe, transporta, conduz, oculta, tem em depósito, desmonta, monta, remonta, vende, expõe à venda ou de qualquer forma utiliza, em proveito próprio ou alheio, *no exercício de atividade comercial ou industrial*, coisa que deve saber ser produto de crime. Atenção: o § 1º fala em *deveria saber*, enquanto a receptação simples fala em *sabe*. Portanto, o CP prevê, expressamente, na figura qualificada, a possibilidade de dolo eventual. Equipara-se à atividade comercial, para qualificar a receptação, qualquer forma de comércio irregular ou clandestino, inclusive o exercício em residência.

10.5.3. Receptação culposa (§ 3º)

A receptação é o único crime contra o patrimônio punido na modalidade culposa. É culposa a receptação quando o agente adquire ou recebe coisa que, por sua natureza ou pela desproporção entre o valor e o preço, ou pela condição de quem a oferece, deve presumir-se obtida por meio criminoso. Das hipóteses de receptação, acredito ser a de maior ocorrência, especialmente após a proliferação de *sites* de vendas.

10.5.4. Perdão judicial na receptação culposa (§ 5º)

Na receptação culposa, se o criminoso é primário e as circunstâncias do caso concreto indicam reduzida gravidade da conduta, pode o juiz deixar de aplicar pena.

10.5.5. Receptação privilegiada (§ 5º)

É causa de diminuição de pena, mas a doutrina intitula *receptação privilegiada*. É possível quando primário o agente e quando pequeno o valor da coisa receptada. As consequências são as mesmas do denominado *furto privilegiado* (CP, art. 155, § 2º).

10.5.6. Causa de aumento de pena (§ 6º)

Por se tratar de novidade legislativa (2017), é preciso maior atenção do leitor. É aplicada em dobro a pena da receptação simples quando o crime é praticado contra bens do patrimônio da União, de Estado, do Distrito Federal, de Município ou de autarquia, fundação pública, empresa pública, sociedade de economia mista ou empresa concessionária de serviços públicos.

10.6. Escusas absolutórias (CP, arts. 181 a 183)

Tema frequente no Exame de Ordem, as escusas absolutórias não podem ficar de fora de sua preparação. A ideia é a seguinte: em crimes contra o patrimônio, se o delito for praticado entre cônjuges, na constância da sociedade conjugal, ou entre ascendentes e descendentes, haverá isenção de pena. No entanto, os dispositivos impõem alguns requisitos para a incidência da causa de isenção. Para facilitar a memorização, elaborei o esquema a seguir:

HIPÓTESE	CONSEQUÊNCIA
(a) Descendente pratica crime contra o patrimônio, tendo como vítima ascendente.	Só haverá isenção de pena se o crime não envolver violência ou grave ameaça ou se a vítima não tiver idade igual ou superior a 60 anos. Na hipótese de concurso de pessoas entre o descendente e pessoa sem vínculo familiar com a vítima, o descendente será isento de pena e o estranho receberá a punição pela conduta delituosa.
(b) Ascendente pratica crime contra o patrimônio, tendo como vítima descendente.	As considerações são as mesmas da hipótese tratada anteriormente.
(c) Cônjuge pratica crime contra o patrimônio, tendo como vítima o outro cônjuge, na constância da sociedade conjugal.	Só haverá isenção de pena se o crime não envolver violência ou grave ameaça ou se a vítima não tiver idade igual ou superior a 60 anos. A causa de isenção não se comunica com eventuais coautores. Exige-se o casamento civil, provado mediante certidão. O casamento religioso é insuficiente. Para incidência da escusa absolutória, deve ser considerada a situação do casal na época dos fatos, pouco importando se, posteriormente, se separaram. A doutrina diverge a respeito da incidência do art. 181, I, do CP à união estável.
(d) Cônjuge pratica crime contra o patrimônio de outro cônjuge após dissolução da sociedade conjugal, pela separação judicial, mas antes do divórcio.	Não há isenção de pena, mas o crime passa a ser de ação penal pública condicionada à representação. O crime permanecerá de ação pública incondicionada se: (a) o crime suceder o rompimento do vínculo patrimonial pelo divórcio; (b) o crime for praticado mediante violência ou grave ameaça; (c) a vítima contar com idade igual ou superior a sessenta anos na época dos fatos; (d) em caso de coautoria, ao estranho não cônjuge.
(e) Crime contra o patrimônio praticado por um irmão em prejuízo do outro.	Não há isenção de pena, mas o crime passa a ser de ação penal pública condicionada à representação. O crime permanecerá de ação pública incondicionada se: (a) o crime for praticado mediante violência ou grave ameaça; (b) a vítima contar com idade igual ou superior a 60 anos na época dos fatos; (c) em caso de coautoria, ao estranho que não é irmão.
(f) Crime contra o patrimônio praticado em detrimento de sobrinho, pelo tio, ou vice-versa.	Não há isenção de pena, mas o crime passa a ser de ação penal pública condicionada à representação. O crime permanecerá de ação pública incondicionada se: (a) não houver coabitação entre eles. Ou seja, devem morar juntos para a incidência do art. 182, III, do CP; (b) o crime for praticado mediante violência ou grave ameaça; (c) a vítima contar com idade igual ou superior a 60 anos na época dos fatos; (d) em caso de coautoria, ao estranho que não é tio e nem sobrinho da vítima.

Pacote Anticrime: a partir da Lei n. 13.964/2019, o estelionato passou a ser crime de ação penal pública condicionada à representação (CP, art. 171, § 5º). Por isso, cuidado ao aplicar o art. 182 do CP aos delitos do art. 171 do CP.

11. CRIMES CONTRA A DIGNIDADE SEXUAL (CP, ARTS. 213 A 234-B)

Atualização: Lei n. 12.718/2018	
ATUALMENTE	ANTES
É típica a importunação sexual (CP, art. 215-A).	Não existia a figura típica.
É típica a divulgação de cena de estupro ou de estupro de vulnerável (CP, art. 218-C).	Não existia a figura típica.
É irrelevante o consentimento da vítima para a caracterização do estupro de vulnerável (CP, art. 217-A, § 5º).	A lei não dizia expressamente que o consentimento era irrelevante, mas o STJ já tinha esse entendimento há muito tempo. A mudança apenas botou um ponto final na discussão.
A pena do crime contra a dignidade sexual é aumentada nas hipóteses de estupro coletivo e estupro corretivo (CP, art. 226).	Não existia previsão em lei.
A pena do crime contra a dignidade sexual é aumentada de metade a 2/3 caso a vítima engravide (CP, art. 234-A, III).	O aumento era de metade. Portanto, *novatio legis in pejus*.
A pena do crime contra a dignidade sexual é aumentada de 1/3 a 2/3 se o agente transmite à vítima doença sexualmente transmissível de que sabe ou deveria saber ser portador, ou se a vítima é idosa ou pessoa com deficiência (CP, art. 234-A, IV).	O antigo texto aumentava a pena de 1/6 a 1/2. Ademais, foram incluídas as vítimas idosas ou deficientes.
Todos os crimes contra a dignidade sexual são de ação penal pública incondicionada (CP, art. 225).	Em regra, os crimes contra a dignidade sexual eram de ação penal pública condicionada à representação.

Lei n. 13.772/2018	
Atualmente	Antes
É crime a exposição não autorizada da intimidade sexual.	Não existia previsão legal.

11.1. Estupro (CP, art. 213)

11.1.2. Conduta

Consiste em constranger a vítima, mediante violência ou grave ameaça, a: (a) ter conjunção carnal (cópula vagínica); (b) praticar ato lidibinoso diverso; (c) permitir que com ela se pratique ato libidinoso diverso.

11.1.3. Sujeito passivo

Na hipótese de conjunção carnal, é essencial que o ato sexual ocorra entre um homem e uma mulher, afinal, a conjunção carnal consiste em cópula vagínica. Isso não impede, todavia, que uma mulher seja punida pelo estupro de outra mulher por conjunção carnal forçada. Ex.: uma mulher segura outra para que um homem a penetre. Neste caso, a mulher deve ser punida em coautoria com o homem pela prática de estupro consistente em conjunção carnal. No estupro praticado por ato libidinoso diverso, é irrelevante o sexo dos envolvidos – o crime pode ocorrer entre um homem e outro, ou entre uma mulher e outra, ou entre um homem e uma mulher.

11.1.4. Ação penal

Pública incondicionada.

11.1.5. Estupro qualificado (§ 1º, primeira parte)

É qualificado o estupro quando, em virtude da violência empregada, a vítima sofre lesão corporal grave. A lesão corporal que qualifica o estupro pode ser a grave (art. 129, § 1º) ou a gravíssima (art. 129, § 2º).

11.1.6. Estupro qualificado (§ 1º, segunda parte)

É preciso ter cuidado para não fazer confusão! Não é crime ter relação sexual com alguém entre 14 e 18 anos. É atípica a conduta de fazer sexo, por exemplo, com pessoa de 15 anos. O que não pode é manter relação com alguém dessa idade mediante violência ou grave ameaça. É qualificado o estupro quando praticado contra pessoa com 14, 15, 16 ou 17 anos.

11.1.7. Estupro qualificado (§ 2º)

Se a vítima falecer em virtude da violência empreendida para a prática do estupro, o estupro será qualificado. Todavia, atenção: se a morte for descontextualizada do estupro, o agente responderá por estupro simples (CP, art. 213, *caput*) em concurso com homicídio (CP, art. 121). Ex.: após a prática do estupro, o agente mata a vítima para evitar que a polícia seja procurada. Neste caso, a ele devem ser impostas a pena do estupro (CP, art. 213, *caput*) em concurso material com o homicídio qualificado (CP, art. 121, § 2º, V).

11.2. Violação sexual mediante fraude (CP, art. 215)

Utiliza-se a expressão "estelionato sexual" como referência ao delito. Trata-se de hipótese em que o agente tem conjunção carnal ou pratica outro ato libidinoso com a vítima, homem ou mulher, mediante fraude ou outro meio que impeça ou dificulte a livre manifestação de vontade da vítima. A ideia é a mesma do estelionato (CP, art. 171): a vítima tem uma falsa percepção da realidade e, por isso, o seu consentimento para a prática do ato sexual é viciado. Um exemplo extraído – infelizmente – de um caso real ilustra uma das formas de prática do delito: em uma cidade do interior, um líder religioso convenceu os seus seguidores de que, para curá-los de doenças, teria de fazer um procedimento de limpeza em seus corpos. Para tanto, as vítimas deveriam ficar nuas, para que o agente pudesse limpar as impurezas espirituais.

11.3. Assédio sexual (CP, art. 216-A)

Embora, no cotidiano – especialmente em programas policiais de televisão –, a expressão "assédio sexual" seja utilizada de forma equivocada, o crime consiste em situação em que o superior hierárquico ou pessoa dotada de ascendência inerente ao exercício de emprego, cargo, ou função, constrange o subalterno a satisfazer seus desejos sexuais, valendo-se da posição de superioridade em relação à vítima. Não há emprego de violência ou grave ameaça – senão, seria estupro. A vítima cede às vontades do superior hierárquico ou à pessoa em posição de ascendência em virtude de temor de eventuais consequências em caso de negativa (por exemplo, demissão).

11.4. Estupro de vulnerável (CP, art. 217-A)

11.4.1. Conduta

Há estupro de vulnerável quando o agente tem conjunção carnal ou pratica outro ato libidinoso com menor de 14 anos. O tipo penal não exige violência ou grave ameaça. Portanto, ao manter relação sexual com alguém de, por exemplo, 13 anos, o delito está consumado, pouco importando eventual consentimento da vítima.

11.4.2. Estupro de vulnerável e erro de tipo

O erro de tipo essencial (CP, art. 20, *caput*) é compatível com os demais delitos do Código Penal. No entanto, em provas, quase sempre o assunto é cobrado tendo como exemplo o estupro de vulnerável. A ideia é a seguinte: no erro de tipo essencial, há falsa percepção da realidade. O agente não enxerga a realidade como ela de fato é. Ele pratica um delito sem saber. Ex.: Bráulio, maior de idade, vai à *balada* e conhece Roberta, que diz ter 18 anos. Após alguns drinques, o casal decide ir a um motel, onde mantém relação sexual. Posteriormente, Bráulio descobre que Roberta tinha, em verdade, 13 anos. Ou seja, há duas realidades: a falsa, em que Roberta tem 18 anos, e a verdadeira, em que ela tem 13 anos. Neste caso, dizemos que Bráulio agiu em erro de tipo essencial. Duas são as consequências: (a) se o erro for inevitável, dolo e culpa são afastados, e nenhum é delito é atribuído ao agente; (b) se o erro for evitável, o dolo é afastado e o agente é punido a título de culpa. Entrementes, não existe estupro de vulnerável culposo. Portanto, seja o erro evitável ou inevitável, Bráulio não responderia por crime algum.

12. CRIMES CONTRA A FÉ PÚBLICA (CP, ARTS. 289 A 311-A)

12.1. Moeda falsa (CP, art. 289)

A conduta consiste em falsificar *moeda metálica* ou *papel-moeda* de curso legal no país ou no estrangeiro. O delito pode se dar de duas formas: pela *contrafação*, quando o agente fabrica a moeda falsa (ex.: imprime, em papel em branco, a arte de uma cédula verdadeira), e pela *falsificação-alteração*, quando uma moeda metálica ou papel-moeda verdadeiro é modificado – por exemplo, para que passe a ter valor mais alto do que o verdadeiro. Dentre outros possíveis motivos, essa é a razão da diferença de tamanho entre as cédulas e moedas: em regra, quanto maior o valor, maiores as dimensões, para dificultar a conversão de uma moeda ou cédula de menor valor em outra de valor mais alto.

Crime doloso, não se exige qualquer finalidade específica a ser buscada pelo agente – o tipo penal não exige como condição o objetivo de lucro. A modalidade culposa é atípica. Ademais, a moeda falsa é crime formal. Por isso, a consumação ocorre no momento em que ocorre a fabricação ou alteração de moeda metálica ou papel-moeda, pouco importando o fato de que a falsificação jamais esteve em circulação. A tentativa é possível. Basta imaginar o indivíduo que, ao tentar fabricar a moeda falsa, não tem êxito por razões alheias à vontade dele.

► Arrependimento posterior

O STJ entende pela incompatibilidade entre o crime de moeda falsa e a causa de diminuição de pena do art. 16 do CP, o arrependimento posterior. Isso porque, no crime do art. 289 do CP, o valor falsificado, em si, é irrelevante. O que se busca combater é o risco oferecido ao sistema financeiro quando alguém atenta contra a fé pública, o que não acontece, por exemplo, no crime de furto (CP, art. 155).

12.2. Falsidade material de documento público (CP, art. 297)

O crime é praticado quando o agente falsifica (cria), no todo ou em parte, documento público, ou altera (modifica) documento público verdadeiro. Por se tratar de falsificação que recai sobre o corpo do documento (falsidade material), difere do crime de falsidade ideológica (CP, art. 299), em que o documento é verdadeiro e se mantém íntegro, mas a informação nele contida (ou omitida) é falsa ou diversa da que devia ser escrita.

► Documento público

Documento público é um conceito eminentemente normativo – não há definição legal –, que depende, obrigatoriamente, de um juízo de valor para que possa ser compreendido. Não existe uma norma que liste os documentos públicos em rol taxativo. Quanto ao tema, cuidado com o disposto no § 2º, que descreve situação em que documento particular deve ser considerado, por equiparação e para fins penais, público. Por ser crime formal, consuma-se com a falsificação, total ou parcial, de documento público, ou com a alteração de documento público verdadeiro. A consumação não depende do efetivo uso do documento ou de obtenção de qualquer vantagem. A tentativa é possível.

12.3. Falsidade material de documento particular (CP, art. 298)

O crime de falsificação de documento particular é *irmão* da falsidade material de documento público, do art. 297 do CP, mas ambos não se confundem, obviamente, em virtude do objeto material de cada um deles no delito do art. 298, o *documento particular.* A conduta do delito em estudo se dá pela falsificação (criar), no todo ou em parte, de documento particular, ou alteração (modificar) de documento particular verdadeiro.

► Documento particular

Por documento particular, considere todo aquele que não é público. O conceito decorre, portanto, de exclusão. Em provas, as bancas não costumam fazer *pegadinhas* sobre o tema, mas você deve ficar atento(a) às seguintes situações:

a) No § 2º do art. 297, a lei estabelece que, para os efeitos penais, equiparam-se a documento público o emanado de entidade paraestatal, o título ao portador ou transmissível por endosso, as ações de sociedade comercial, os livros mercantis e o testamento particular.
b) No parágrafo único do art. 298, norma penal explicativa, é dito que se equipara a documento particular o cartão de crédito ou débito.

Crime doloso, que não reclama qualquer finalidade específica. Não é admitida a modalidade culposa. Crime formal, consuma-se com a falsificação, total ou parcial, de documento particular, ou com a alteração de documento particular verdadeiro, pouco importando o efetivo uso da falsificação ou a obtenção de qualquer vantagem. A tentativa é possível.

12.4. Falsidade ideológica (CP, art. 299)

Por razão que desconheço, a imprensa sempre confunde o crime de falsidade ideológica com o de falsa identidade (CP, arts. 307 e 308), embora se trate de delitos sem relação direta. Na falsidade ideológica, a conduta consiste em omitir, em documento público ou particular, declaração que dele devia constar, ou nele inserir ou fazer inserir declaração falsa ou diversa da que devia ser escrita, com o fim de prejudicar direito, criar obrigação ou alterar a verdade sobre fato juridicamente relevante.

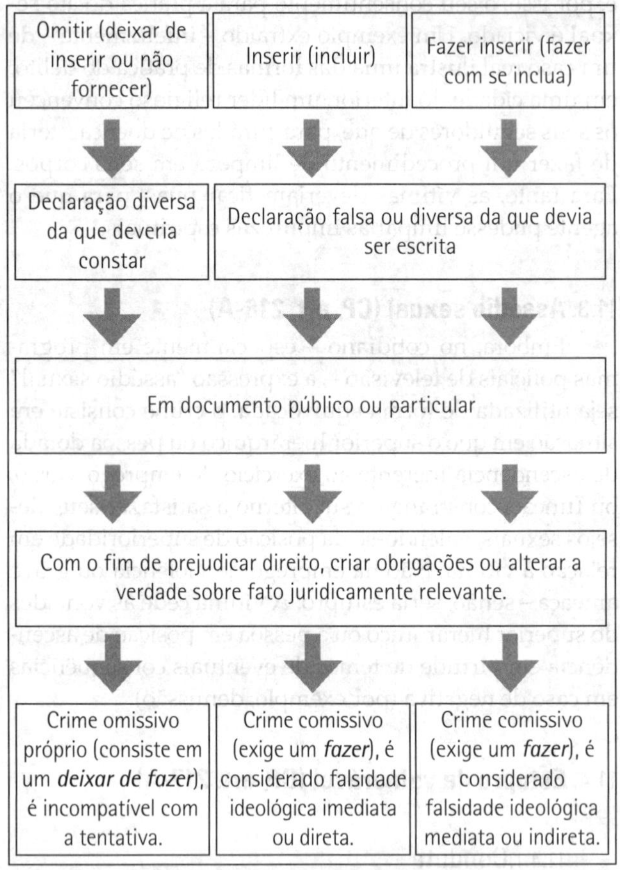

Crime doloso, demanda um especial fim de agir (com o fim de prejudicar direito). A modalidade culposa é atípica. Crime formal, consuma-se com a omissão, em documento público ou particular, de declaração que nele devia constar, ou a partir da inserção de declaração falsa ou diversa da que devia ser escrita, com o fim de prejudicar direito, criar obrigação ou alterar a verdade sobre fato juridicamente relevante. Quanto à tentativa, na hipótese de omissão, não é possível, como acontece em qualquer crime omissivo próprio. Por outro lado, nas condutas de inserir ou fazer inserir declaração falsa ou diversa da que devia ser escrita, modalidades comissivas (exigem um *fazer*), a tentativa é possível. Basta que o indivíduo tenha fracassado na prática delituosa por razões alheias à sua vontade.

12.5. Falsidade de atestado médico (CP, art. 302)

Trata-se de modalidade especial e privilegiada de falsidade ideológica (art. 299) que, ademais, seria também especial quanto ao art. 301, *caput*, do CP (imagine-se um médico de uma Prefeitura, por exemplo, que, ao menos em tese, poderia consumar tanto o art. 302 quanto o art. 301). Tem-se, ademais, crime próprio (especial ou com círculo de autoria limitada), pois apenas um médico, sobre assunto de sua competência profissional, pode violar a norma de conduta do art. 302.

12.6. Uso de documento falso (CP, art. 304)

A conduta consiste em usar documento falso. A configuração deste delito exige, todavia, que o documento saia da esfera do sujeito e inicie circulação no tráfego jurídico, servindo assim de meio probatório de fato com relevo jurídico. Ou seja, a mera posse ou o simples depósito de um documento falsificado por terceiro, por exemplo, é conduta atípica para os fins do art. 304, que delimita a norma de conduta a um único verbo: usar. Crime doloso, não admite a modalidade culposa.

12.7. Falsa identidade (CP, art. 307)

A conduta consiste em atribuir-se ou atribuir a terceiro falsa identidade para obter vantagem, em proveito próprio ou alheio, ou para causar dano a outrem. Crime doloso, não admite a modalidade culposa. Atenção do disposto na Súmula 522 do STJ: "A conduta de atribuir-se falsa identidade perante autoridade policial é típica, ainda que em situação de alegada autodefesa".

13. CRIMES CONTRA A ADMINISTRAÇÃO PÚBLICA

13.1. Peculato (CP, art. 312)

13.1.1. Condutas

O art. 312 do CP traz uma porção de formas de prática do delito de peculato. Por essa razão, para sistematizar o estudo do tema, é interessante adotar a seguinte classificação doutrinária: (a) peculato-apropriação (*caput*, primeira parte): o funcionário público se apropria de dinheiro, valor ou qualquer outro bem móvel, público ou particular, de que tem a posse em razão do cargo, em proveito próprio ou alheio. Ex.: Tício, chefe de almoxarifado, se apropria de grampeadores que estavam em seu setor, sob a sua responsabilidade; (b) peculato-desvio (*caput*, segunda parte): o funcionário não se apropria, mas dá destinação diversa da que deveria à coisa móvel, pública ou particular, em proveito próprio ou alheio; (c) peculato-furto (§ 1º): o funcionário não detém a coisa móvel, não tendo como dela se apropriar ou desviá-la, mas consegue subtraí-la em razão da facilidade proporcionada pelo cargo. Ex.: Tício, funcionário público, valendo-se de sua função pública, adentra em repartição pública fora do horário de expediente para a subtração de um *notebook* que está em seu interior; (d) peculato-culposo (§ 2º): o funcionário público deixa de observar o dever de zelo inerente ao cargo e, em virtude disso, possibilita a prática de delito por terceiro.

13.1.2. Sujeito ativo e envolvimento de particulares

O peculato é crime próprio, que somente pode ser praticado por funcionário público – o conceito está no art. 327 do CP. No entanto, e se for auxiliado por particular, como deve ocorrer a punição? Ex.: Mário, funcionário público, valendo-se do seu cargo, adentra em repartição pública fora do horário de expediente para a subtração de computadores. Todavia, como os equipamentos são pesados, Mário é auxiliado por Joaquim, seu irmão, que conhece a condição daquele de funcionário público. Mário e Joaquim devem ser responsabilizados por peculato-furto. O fundamento está no art. 30 do CP. Se não existisse esta previsão legal, Mário responderia por peculato furto (art. 312, § 1º) e Joaquim por furto (art. 155).

13.1.3. Peculato culposo (§ 2º)

Na hipótese do § 2º do art. 312, o funcionário público, ao não observar o dever de cuidado com a coisa móvel da Administração Pública ou sob sua vigilância, viabiliza a prática de delito doloso por terceiro, que tira proveito da facilidade proporcionada pelo funcionário. Ex.: Sérgio é responsável pelo setor de TI de determinada repartição pública. Em sua sala, há uma porção de equipamentos de relevante valor econômico – *notebooks*, *HDs* portáteis, peças de manutenção etc. Por isso, sempre que deixa o setor, deve trancar a porta. No entanto, em certa oportunidade, por estar atrasado para um compromisso, ele esquece de chavear a porta. Carlos, funcionário de outro setor, ao perceber a porta destrancada, subtrai alguns bens do interior da sala de Sérgio. Carlos deve ser responsabilizado por peculato-furto e Sérgio por peculato culposo. No entanto, atenção: a atitude descuidada do funcionário tem de influenciar na prática do delito por terceiro. Em nosso exemplo, se um ladrão entrasse na sala por arrombamento de uma janela, sem que a porta destrancada facilitasse a prática do delito, Sérgio não responderia por peculato culposo.

13.1.4. Peculato culposo e erro de tipo (CP, art. 20)

Recordo-me que, da primeira vez em que ouvi falar de peculato culposo, imaginei a conduta do funcionário público que, pouco atencioso, se apropria, desvia ou subtrai, acidentalmente, coisa móvel da Administração Pública ou sob a sua custódia. No entanto, neste caso, há erro de tipo essencial, e não peculato culposo.

13.1.5. Reparação do dano (§ 3º)

No peculato culposo – jamais no doloso –, se o agente reparar o dano antes da sentença irrecorrível, a punibilidade é extinta e nenhum efeito penal subsiste. Caso a reparação seja posterior, ao funcionário público será aplicada a pena do delito, mas reduzida da metade. Em questões, vi algumas *pegadinhas* em relação ao momento limite da reparação – uma falava em *até o recebimento da denúncia* enquanto outra falava em *até julgamento de recurso.*

13.2. Concussão (CP, art. 316) e corrupção passiva (CP, art. 317)

13.2.1. Características comuns da concussão e da corrupção passiva

(a) vantagem indevida: é o objeto material. A vantagem não precisa ser, necessariamente, econômica. Pode ser sexual, sentimental etc.; (b) crime formal: pouco importa o efetivo recebimento da vantagem para a consumação. Os crimes se consumam no momento em que o funcionário exige (concussão), solicita, recebe ou aceita promessa (corrupção passiva) de vantagem indevida; (c) tentativa: é possível, desde que viável o fracionamento da execução dos delitos. Ex.: funcionário público faz a exigência (concussão) por carta, que não chega ao destinatário por ter sido interceptada no caminho; (d) podem ser praticados fora da função ou antes de assumi-la. Ex.: ao ser nomeado para determinado cargo, o agente solicita (corrupção passiva) vantagem indevida da vítima para a prática de ato futuro, quando em exercício da função.

13.2.2. Concussão (CP, art. 316)

A conduta consiste em *exigir*, o funcionário público, vantagem indevida a particular. A vítima da concussão se vê sem saída, visto que, se não atender à exigência, o funcionário público, valendo-se do seu cargo, causar-lhe-á algum prejuízo. A intimidação pode ser explícita ou implícita. Ademais, atenção: se a vítima ceder à exigência e entregar a vantagem indevida, ela não será responsabilizada por corrupção ativa (CP, art. 333), pois assim agiu em razão de ter sido constrangida pelo funcionário público. Em verdade, os crimes de concussão e de corrupção ativa são incompatíveis entre si.

Pacote Anticrime: a Lei n. 13.964/2019 elevou a pena do delito. Agora, a pena é de 2 a 12 anos, a mesma da corrupção passiva.

13.2.3. Corrupção passiva (CP, art. 317)

O crime pode ser praticado de três maneiras: (a) o funcionário público solicita vantagem indevida; (b) o funcionário público recebe vantagem indevida. Neste caso, se recebeu, é porque alguém ofereceu. Quem oferece a vantagem a funcionário público pratica o delito de corrupção ativa (CP, art. 333); (c) o funcionário aceita promessa de vantagem. Da mesma maneira como ocorre na hipótese anterior, se aceitou promessa, alguém a prometeu, devendo o promitente responder por corrupção ativa. Se o funcionário público, em consequência da vantagem ou promessa, retarda ou deixa de praticar qualquer ato de ofício ou o pratica infringindo dever funcional, a pena deve ser aumentada em 1/3. Ex.: Renato, funcionário público, solicita R$ 10 mil de Mariana para deixar de instaurar determinado procedimento em seu desfavor. No momento da solicitação, a corrupção foi consumada. Mariana aceita a proposta e paga a quantia. Em contraprestação, Renato faz o combinado e não dá início ao procedimento. Como Renato efetivamente deixou de praticar ato de ofício, a sua pena deve ser aumentada – a jurisprudência fala em *corrupção passiva exaurida* (art. 317, § 1º).

13.3. Prevaricação (CP, art. 319) e corrupção passiva privilegiada (CP, art. 317, § 2º)

13.3.1. Prevaricação (CP, art. 319)

É comum imaginar a prevaricação como um *deixar de fazer* por funcionário público preguiçoso. No entanto, não é bem assim. A conduta pode se dar de três maneiras: (a) retardar ato de ofício: atrasar, adiar; (b) deixar de praticar ato de ofício; (c) praticar: é claro, de forma contrária ao que dispõe a lei. De qualquer maneira, seja qual for a conduta adotada pelo agente, só haverá prevaricação se presente o especial fim de agir – a conduta deve ocorrer para satisfazer interesse ou sentimento pessoal. Por isso, quando o funcionário, em violação a dever funcional, deixa de fazer o seu serviço, mas assim age sem qualquer motivo, não há prevaricação.

13.3.2. Corrupção passiva privilegiada (CP, art. 317, § 2º)

A forma privilegiada da corrupção passiva é muito semelhante à prevaricação. Não por outro motivo, a distinção entre os dois delitos é cobrada com frequência em provas. Na hipótese do art. 317, § 2º, o funcionário retarda ou deixa de praticar ato de ofício ou o pratica em violação de dever funcional. Ou seja, as mesmas condutas da prevaricação. Entretanto, na corrupção privilegiada, o crime é praticado por ceder o funcionário público a pedido ou influência de outrem – na prevaricação, o delito é motivado por satisfação de interesse ou sentimento pessoal.

13.4. Resistência (CP, art. 329)

A conduta consiste em opor-se à execução de ato legal, mediante violência ou ameaça a funcionário competente para executá-lo ou a quem lhe esteja prestando auxílio. Portanto, o crime é composto dos seguintes elementos: (a) oposição ativa, mediante violência ou ameaça (não é falado em *grave ameaça*); (b) a qualidade ou condição de funcionário competente do sujeito passivo ou seu assistente; (c) legalidade do ato a ser executado; (d) elemento subjetivo informador da conduta. Crime doloso, demanda um especial fim de agir (*dolo específico*, expressão em desuso), consistente em impedir a realização do ato de ofício. Não é típica a modalidade culposa.

13.5. Desobediência (CP, art. 330)

O crime consiste em *desobedecer*, não aderir. O agente, de forma passiva, sem violência ou ameaça – em oposição à resistência –, não atende a ordem legal de funcionário público. A conduta pode se dar tanto por ação quanto por omissão. A legalidade da ordem é condição para a configuração da desobediência. Não pratica o delito quem se opõe a ordem ilegal. Crime doloso, não demanda qualquer finalidade especial. O tipo penal não se aperfeiçoa na sua forma culposa. Crime formal, consuma-se com a prática do ato proibido pela ordem, quando esta consiste em uma abstenção, ou com a omissão, quando a ordem é para que seja feito algo. A tentativa somente é possível quando a ordem consiste em não fazer algo. Entenda: (a) o funcionário público ordena ao particular para que faça algo. O crime se consuma no instante em que o particular, sujeito da ordem, se omite. Como não há meio-termo (crime unissubsistente), ao deixar de fazer algo, o delito se consuma; (b) o funcionário público ordena ao particular para que não faça algo. Duas são as possibilidades: (b.1) o particular tenta fazer o que não pode, e o crime fica na esfera da tentativa; (b.2) o particular faz o que não pode, consumando o crime.

13.6. Desacato (CP, art. 331)

O desacato consiste em humilhar o funcionário público, no exercício de sua função ou em razão dela. A ofensa deve se dar na presença do agente público, pois somente assim estará evidenciada a finalidade de inferiorizar a função pública. É prescindível aferir se, de fato, ele se sentiu ofendido pela conduta. O elemento subjetivo do tipo é o dolo, consistente na vontade livre e consciente de ofender, tendo como objetivo o menosprezo da função pública exercida pelo funcionário público. O tipo penal não compreende modalidade culposa. Crime formal, consuma-se com a prática do ultraje. É irrelevante saber se o funcionário se sentiu ou não ofendido. A tentativa é possível quando a conduta não se der verbalmente – não há meio-termo entre falar ou não falar algo (crime unissubsistente).

13.7. Corrupção ativa (CP, art. 337)

Pratica o crime quem *oferece* ou *promete* vantagem indevida a funcionário público em troca de contraprestação consistente em *omitir ou retardar ato de ofício*. A diferença entre um verbo e outro reside no momento de entrega da vantagem indevida: a oferta é anterior ao ato do funcionário público. Ou seja, o pagamento é antecipado. Na promessa, o pagamento é futuro, realizado quando o funcionário público cumprir sua parte no acordo. Crime doloso, reclama especial fim de agir, consistente em determinar o funcionário público a praticar, omitir ou retardar ato de ofício. O crime de corrupção ativa não admite modalidade culposa. Crime formal, consuma-se com a oferta ou a promessa, independentemente da produção do resultado naturalístico, que, se vier a ocorrer, terá por consequência o aumento da pena (parágrafo único). A tentativa é, em tese, viável, mas pressupõe que o crime seja plurissubsistente (ex.: na forma escrita). Quando a conduta se dá verbalmente, a tentativa não é possível.

13.8. Descaminho (CP, art. 334)

O verbo nuclear é *iludir*, no sentido de burlar, empregar fraude. Portanto, o descaminho não consiste no simples fato de o sujeito não pagar o tributo devido. Tem de existir o comportamento fraudulento – por exemplo, esconder aparelhos eletrônicos em um fundo falso da mala para não ter de pagar imposto de importação. Se o crime se concretizar via controle alfandegário (aduana), a consumação ocorrerá com a liberação da mercadoria sem o pagamento do imposto. No entanto, se a entrada ou a saída da mercadoria se der por quaisquer outros locais (sem controle aduaneiro), o crime se consumará com a entrada (importação) ou a saída (exportação) de mercadoria do território nacional. É possível a tentativa.

13.9. Contrabando (CP, art. 334-A)

O contrabando consiste em *importar*, introduzir, ou *exportar*, fazer com que saia, do território nacional, mercadoria proibida. Mercadoria é qualquer bem móvel apropriável e comercializável. A proibição é estabelecida em normas complementares (norma penal em branco). Em alguns casos, o contrabando deve ser afastado em razão do princípio da especialidade, a exemplo do que ocorre no tráfico internacional de drogas ou armas de fogo (respectivamente, Lei n. 11.343/2006, art. 33, *caput*, c/c art. 40, I, e Lei n. 10.826/2003, art. 18). Crime formal, consuma-se, na hipótese de importação, com a entrada da mercadoria no país e, na exportação, quando a mercadoria ultrapassa os limites fronteiriços. Se a mercadoria for submetida a controle aduaneiro, a importação ou a exportação ocorre com a liberação. A tentativa é possível.

13.10. Contratação direta ilegal (CP, art. 337-E)

O tipo penal possui três núcleos: *admitir* (aceitar), *possibilitar* (tornar possível, viabilizar) e *dar causa* (provocar). As condutas são praticadas com o objetivo de promover a *contratação direta* fora das hipóteses previstas em lei (*norma penal em branco homogênea heterovitelina*). O complemento deve ser extraído dos arts. 74 e 75 da Lei n. 14.133/2021, que dispõe a respeito das hipóteses de inexigibilidade e dispensa de licitação. Ademais, por se tratar de *tipo penal misto alternativo*, se praticado, em um mesmo contexto fático, mais de um verbo nuclear (ex.: admitir e possibilitar), não ficará configurado concurso de crimes, mas crime único. A consumação depende da efetiva contratação direta (crime material). É prescindível o prejuízo econômico ao erário. Crime instantâneo, o momento consumativo é a celebração do contrato. A tentativa é possível em razão de se tratar de delito plurissubsistente, cuja execução pode ser fracionada em mais de um ato (ex.: o contrato deixa de ser celebrado por ter se descoberto esquema de contratação direta ilegal).

13.11. Frustração do caráter competitivo de licitação (CP, art. 337-F)

O dispositivo possui dois verbos nucleares: *frustrar*, prejudicar, ou *fraudar*, ludibriar, mediante ajuste, combinação ou qualquer outro expediente, o caráter competitivo do procedimento licitatório. O sujeito ativo age motivado pela possibilidade de obter, para si ou para outrem, vantagem decorrente da *adjudicação* do objeto da licitação. A adjudicação consiste no conseguimento do objeto da licitação por seu vencedor. Crime doloso, reclama um especial fim de agir: o agente busca obter, para si ou para outrem, vantagem decorrente do objeto da adjudicação. A modalidade culposa é atípica. Crime formal, consuma-se com a prática de ato direcionado a frustrar ou fraudar a licitação. É prescindível a efetiva obtenção da vantagem desejada – todavia, se alcançada, poderá ser considerada no cálculo da pena-base (CP, art. 59). A tentativa é possível.

13.12. Patrocínio de contratação indevida (CP, art. 337-G)

Pratica o crime quem *patrocina* (favorece, ajuda, *advoga*) interesse privado perante a Administração Pública, dando causa à instauração de licitação ou à celebração de contrato cuja invalidação vier a ser decretada pelo Poder Judiciário. Trata-se de modalidade especial do crime de advocacia administrativa (CP, art. 321). Crime doloso, reclama um especial fim de agir (*dar causa à instauração de licitação ou à celebração de contrato administrativo*). A modalidade culposa é atípica. Crime material, consuma-se com a instauração de licitação ou com a celebração de contrato. Em razão da condição objetiva de punibilidade trazida no tipo penal, não é possível a tentativa.

13.13. Modificação ou pagamento irregular em contrato administrativo (CP, art. 337-H)

O dispositivo descreve duas maneiras de se praticar o crime:

a) *Admitir, possibilitar ou dar causa a qualquer modificação ou vantagem, inclusive prorrogação contratual, em favor do contratado, durante a execução dos contratos celebrados com a Administração Pública, sem autorização em lei, no edital da licitação ou nos respectivos instrumentos contratuais*: a primeira parte descreve o crime de modificação irregular em contrato administrativo. Ocorre quando o agente admite, aceita, possibilita, viabiliza, ou dá causa a qualquer modificação ou vantagem, inclusive a prorrogação do contrato, em favor do contrato, mas em detrimento do interesse público (desvio de finalidade), durante o prazo de vigência do contrato administrativo, sem autorização em lei, no edital da licitação ou no respectivo instrumento contratual.

b) *Pagar fatura com preterição da ordem cronológica de sua exigibilidade*: pagar, quitar, antecipadamente. O crédito é devido ao contratado, mas o adimplemento ocorre sem que seja observada a ordem cronológica estabelecida no art. 141 da Lei n. 14.133/2021.

Crime doloso, não reclama especial fim de agir. A modalidade culposa é atípica. Crime formal, consuma-se com a assinatura do aditamento ou da prorrogação contratual (primeira parte) ou com o pagamento antecipado da fatura. A reparação do dano causado não impede a persecução penal, mas pode ensejar a diminuição da pena em razão do arrependimento posterior, desde que anterior ao recebimento da denúncia (CP, art. 16). A tentativa é possível.

13.14. Perturbação de processo licitatório (CP, art. 337-I)

O tipo penal descreve três verbos nucleares: *impedir*, obstar, *perturbar*, tumultuar, e *fraudar*, iludir – como no estelionato (CP, art. 171) –, a realização de qualquer ato do processo licitatório. A conduta pode ser praticada em qualquer fase do procedimento licitatório. É o dolo, consistente na vontade de impedir, perturbar ou fraudar a realização de qualquer ato do processo licitatório. Crime formal, consuma-se com a prática da conduta. É prescindível efetivo prejuízo ao procedimento licitatório. A tentativa é possível.

13.15. Violação de sigilo em licitação (CP, art. 337-J)

O dispositivo traz dois núcleos: *devassar*, corromper, o sigilo de proposta apresentada (ex.: pela abertura do envelope que contém a proposta), ou proporcionar, viabilizar, a terceiro o ensejo de devassá-lo. Crime de forma livre, admite qualquer meio de execução. Crime doloso, não reclama m especial fim de agir. A modalidade culposa é atípica. Crime material, consuma-se com a devassa do sigilo da proposta, seja diretamente, por qualquer pessoa, ou por terceiro, cujo acesso ao conteúdo da proposta se deu por facilitação proporcionada por funcionário público, que deveria assegurar o sigilo. A tentativa é possível.

13.16. Afastamento de licitante (CP, art. 337-K)

Crime de empreendimento ou de atentado, a conduta consiste em afastar ou tentar afastar o licitante – ou seja, retirá-lo – do processo licitatório. A conduta se dá por violência (*vis corporalis*, a exemplo da lesão corporal), grave ameaça (*vis compulsiva*), fraude (emprego de artifício ou ardil) ou oferecimento de vantagem de qualquer tipo (conduta semelhante à corrupção ativa). Crime doloso, não demanda qualquer finalidade específica. É irrelevante o motivo. A modalidade culposa é atípica. Crime formal (salvo no parágrafo único), consuma-se com a prática da conduta de afastar ou tentar afastar o licitante. Prescinde de qualquer resultado naturalístico. Por se tratar de crime de atentado ou de empreendimento (*afastar ou tentar afastar*), a tentativa não é possível.

13.17. Fraude em licitação ou contrato (CP, art. 337-L)

A conduta consiste em fraudar (enganar, em semelhança ao estelionato), em prejuízo da Administração Pública, licitação ou contrato dela decorrente, mediante

I – *entrega de mercadoria ou prestação de serviços com qualidade ou em quantidade diversas das previstas no edital ou nos instrumentos contratuais*;
Ex.: o contrato obriga a entrega de cem quilos de leite em pó por mês, mas o contratado fornece apenas noventa quilos.
II – *fornecimento, como verdadeira ou perfeita, de mercadoria falsificada, deteriorada, inservível para consumo ou com prazo de validade vencido*;
Ex.: o contratado fornece os cem quilos de leite em pó acordados, mas vencidos.
III – *entrega de uma mercadoria por outra*;
Ex.: o contratado fornece substância semelhante ao leite em pó, em substituição.
IV – *alteração da substância, qualidade ou quantidade da mercadoria ou do serviço fornecido*;
Ex.: o contratado mistura ao leite em pó, adulterando-o, outra substância, de menor preço.
V – *qualquer meio fraudulento que torne injustamente mais onerosa para a Administração Pública a proposta ou a execução do contrato*:
O legislador adotou interpretação analógica, em fórmula genérica, para estender a punição pelo crime a condutas semelhantes, quando, por qualquer meio fraudulento, o acordo se torna injustamente mais oneroso para a Administração Pública.

Crime doloso, acrescido de um especial fim de agir: causar prejuízo à Administração Pública. Não é admitida a modalidade culposa. Crime material, consuma-se com a produção do resultado naturalístico, consistente no prejuízo à Administração Pública. Pode ser instantâneo ou permanente, a depender da forma como se dá a consumação do delito. A tentativa é possível.

13.18. Contratação inidônea (CP, art. 337-M)

Pratica o delito aquele que *admite*, aceita ou permite, à licitação, a participação de empresa ou profissional declarado inidôneo. A declaração de inidoneidade para licitar ou contratar é uma das sanções previstas no art. 156 da Lei n. 14.133/2021. Crime doloso, não reclama qualquer finalidade específica. Não é admitida a modalidade culposa. Crime formal, consuma-se com a prática das condutas descritas no dispositivo em estudo. É prescindível a ocorrência do resultado naturalístico – a adjudicação do objeto do contrato ou o recebimento de pagamento pelo contratado. A tentativa é possível.

13.19. Impedimento indevido (CP, art. 337-N)

Há duas maneiras de se praticar o crime do tipo penal em estudo: (a) *obstar*, criar empecilho, *impedir*, inviabilizar, e *dificultar*, tornar árdua, sem justo motivo, a inscrição de qualquer interessado nos registros cadastrais; (b) *promover*, realizar, indevidamente, a alteração, a suspensão ou o cancelamento de registro do inscrito. Crime doloso, ausente qualquer finalidade especial. A modalidade culposa é atípica. Crime formal, consuma-se com a prática das condutas descritas no tipo penal, pouco importando a produção de resultado naturalístico. A tentativa é possível.

13.20. Omissão grave de dado ou de informação por projetista

Pratica o delito o sujeito que: *omite*, silencia, *modifica*, altera, ou *entrega*, fornece, à Administração Pública, levantamento cadastral ou condição de contorno em relevante dissonância com a realidade, em frustração ao caráter competitivo da licitação ou em detrimento da seleção da proposta mais vantajosa para a Administração Pública, em contratação para a elaboração de projeto básico, projeto executivo ou anteprojeto, em diálogo competitivo ou em procedimento de manifestação de interesse. Crime material, consuma-se com a omissão, modificação ou entrega, à Administração Pública, do levantamento cadastral ou da condição de contorno em relevante dissonância com a realidade, tendo por consequência a frustração do caráter competitivo da licitação ou o prejuízo à seleção da proposta mais vantajosa para a Administração Pública, em contratação para a elaboração de projeto básico, projeto executivo ou anteprojeto. A tentativa é possível nos núcleos *modificar* e *entregar*. No verbo *omitir*, por se tratar de crime omissivo próprio, não é viável o *conatus*.

13.21. Denunciação caluniosa (CP, art. 339)

A conduta consiste em dar causa à instauração de inquérito policial, de procedimento investigatório criminal, de processo judicial, de processo administrativo disciplinar, de inquérito civil ou de ação de improbidade administrativa contra alguém, imputando-lhe crime, infração ético-disciplinar ou ato ímprobo de que o sabe inocente. O crime de denunciação caluniosa se consuma com a efetiva instauração de investigação policial, processo judicial, investigação administrativa, inquérito civil ou de ação de improbidade administrativa, lastreada em imputação falsa de crime ou contravenção contra quem se sabia inocente (crime material ou causal). A tentativa é admissível, em face do caráter plurissubsistente do delito, como no exemplo da rejeição da denúncia ou queixa, por parte do juízo, contra o inocente.

13.22. Comunicação falsa de crime ou de contravenção (CP, art. 340)

A conduta consiste em provocar a ação de autoridade, comunicando-lhe a ocorrência de crime ou de contravenção que sabe não se ter verificado. O crime se consuma quando a autoridade realiza qualquer ato em razão da comunicação falsa levada ao seu conhecimento (crime material). A tentativa é admissível, em face do caráter plurissubsistente da figura.

13.23. Autoacusação falsa (CP, art. 341)

A conduta consiste em acusar-se, perante a autoridade, de crime inexistente ou praticado por outrem. O elemento subjetivo do tipo é o dolo direto, independentemente de qualquer especial fim de agir. O crime não demanda espontaneidade, ou seja, o agente não necessita procurar por sua iniciativa a autoridade para proceder à declaração falsa, podendo isso se dar, por exemplo, em meio a uma oitiva como testemunha. O crime se consuma no momento em que a autoacusação falsa chega ao conhecimento da autoridade. Trata-se de crime formal ou de consumação antecipada. A retratação implica apenas o reconhecimento de atenuante genérica (art. 65, III, *d*, do Código Penal). A tentativa é admissível exclusivamente quando o delito se mostrar plurissubsistente (e.g., uma declaração escrita encaminhada à polícia que se extravia).

13.24. Falso testemunho ou falsa perícia (CP, art. 342)

O delito consiste em fazer afirmação falsa, ou negar ou calar a verdade como testemunha, perito, contador, tradutor ou intérprete em processo judicial, ou administrativo, inquérito policial, ou em juízo arbitral. O elemento subjetivo do tipo é o dolo, independentemente de qualquer finalidade específica. Inexiste modalidade culposa. A majoritária doutrina entende que o delito de falso testemunho ou falsa perícia se consuma ao término do depoimento falso ou, se escrito (como laudo pericial), com a sua efetiva entrega à autoridade (judicial, policial, processual administrativa ou arbitral). Efetivamente, cuida-se do posicionamento acertado, eis que até estes momentos finais, pode haver retificação das informações dadas. Desta feita, somente findo o depoimento ou entregue o documento, há vulneração do bem jurídico protegido na espécie, eis que somente a partir desse momento podem ser utilizados pela autoridade como meio de prova.

13.25. Coação no curso do processo (CP, art. 344)

É o crime praticado por quem usa de violência ou grave ameaça, com o fim de favorecer interesse próprio ou alheio, contra autoridade, parte, ou qualquer outra pessoa que funciona ou é chamada a intervir em processo judicial, policial ou administrativo, ou em juízo arbitral. A pena mínima de um ano faz com que o crime seja compatível com a suspensão condicional do processo (Lei n. 9.099/95, art. 89). Em novembro de 2021, foi adicionada majorante ao art. 344, no parágrafo único do dispositivo, com a seguinte redação: *a pena aumenta-se de 1/3 (um terço) até a metade se o processo envolver crime contra a dignidade sexual.*

13.26. Exercício arbitrário das próprias razões (CP, art. 345)

O crime consiste na conduta de fazer justiça pelas próprias mãos, para satisfazer pretensão, embora legítima, salvo quando a lei o permite. O elemento subjetivo do tipo é o dolo, acrescido de especial fim de agir (elemento subjetivo especial do tipo), consistente no intuito de satisfação de pretensão que o agente crê legítima. A legitimidade, reitere-se, está na mente do sujeito, não na objetividade dos fatos. Inexiste modalidade culposa. Crime formal, consuma-se com a prática do verbo descrito no tipo penal.

13.27. Favorecimento pessoal (CP, art. 346)

A conduta consiste em auxiliar a subtrair-se à ação de autoridade pública autor de crime a que é cominada pena de reclusão. O elemento subjetivo do tipo é o dolo, vontade livre e consciente de auxiliar alguém a escapar da ação da autoridade pela anterior prática de um crime, independentemente de qualquer especial fim de agir. Inexiste modalidade culposa. O crime se consuma com a efetiva subtração à ação da autoridade, posteriormente ao auxílio prestado (crime material).

13.28. Favorecimento real (CP, art. 347)

A conduta consiste em prestar a criminoso, fora dos casos de coautoria ou de receptação, auxílio destinado a tornar seguro o proveito do crime. O elemento subjetivo do tipo é o dolo, acrescido de especial fim de agir (elemento subjetivo especial do tipo) consistente no propósito de tornar seguro o proveito do crime anterior, praticado por terceiro. Caso o agente atue com intenção de lucro, o crime será de receptação, na modalidade "ocultar" (art. 180, *caput*), restando afastada a figura de favorecimento real. Não existe previsão de forma culposa. Consuma-se o delito de favorecimento real com a efetiva prestação de auxílio destinado a tornar seguro o proveito de crime anteriormente praticado por terceiro, ainda que esse objetivo não seja alcançado. Cuida-se de crime formal, de consumação antecipada ou resultado cortado.

13.29. Exploração de prestígio (CP, art. 357)

A conduta consiste em solicitar ou receber dinheiro ou qualquer outra utilidade, a pretexto de influir em juiz, jurado, órgão do Ministério Público, funcionário de justiça, perito, tradutor, intérprete ou testemunha. O elemento subjetivo do tipo é o dolo, sem qualquer especial fim de agir. A expressão "a pretexto de influir em juiz, jurado, órgão do Ministério Público, funcionário de justiça, perito, tradutor, intérprete ou testemunha" não caracteriza elemento subjetivo especial do tipo, mas modo de execução da fraude. O agente não tem intenção alguma de influir em quem quer que seja, razão pela qual o citado está fora da tipicidade subjetiva. Com relação ao núcleo do tipo de "solicitar", o crime se consuma com a simples realização do comportamento proibido, independentemente da obtenção da vantagem visada (crime formal, de consumação antecipada, ou de resultado cortado). Quanto à modalidade de "receber", por sua vez, a consumação ocorre com a obtenção da vantagem pelo agente (crime material, ou causal). A tentativa, quanto à conduta de "solicitar", é possível apenas quando a incriminação se revelar faticamente plurissubsistente, como na forma escrita. Caso seja realizada verbalmente, dado o cunho unissubsistente desse comportamento, não. O núcleo "receber", a seu turno, é plurissubsistente, admitindo o *conatus*.

Questões

Direito Penal

PRINCÍPIOS DE DIREITO PENAL

1. (XXIX Exame) Inconformado com o comportamento de seu vizinho, que insistia em importunar sua filha de 15 anos, Mário resolve dar-lhe uma "lição" e desfere dois socos no rosto do importunador, nesse momento com o escopo de nele causar diversas lesões. Durante o ato, entendendo que o vizinho ainda não havia sofrido na mesma intensidade do constrangimento de sua filha, decide matá-lo com uma barra de ferro, o que vem efetivamente a acontecer. Descobertos os fatos, o Ministério Público oferece denúncia em face de Mário, imputando-lhe a prática dos crimes de lesão corporal dolosa e homicídio, em concurso material. Durante toda a instrução, Mário confirma os fatos descritos na denúncia. Considerando apenas as informações narradas e confirmada a veracidade dos fatos expostos, o(a) advogado(a) de Mário, sob o ponto de vista técnico, deverá buscar o reconhecimento de que Mário pode ser responsabilizado

(A) apenas pelo crime de homicídio, por força do princípio da consunção, tendo ocorrido a chamada progressão criminosa.
(B) apenas pelo crime de homicídio, por força do princípio da alternatividade, sendo aplicada a regra do crime progressivo.
(C) apenas pelo crime de homicídio, com base no princípio da especialidade.
(D) pelos crimes de lesão corporal e homicídio, em concurso formal.

RESPOSTA Ocorre a progressão criminosa quando o agente, inicialmente, tem a intenção de produzir um resultado menos gravoso, mas, ao executar este delito, muda o dolo e passa a buscar um resultado mais gravoso. Como consequência, o delito inicialmente pretendido é absorvido (princípio da consunção) pelo crime mais grave. *Alternativa A.*

2. (XX Exame de Ordem – Reaplicação) João, primário e de bons antecedentes, utilizando-se de um documento particular falso criado por terceira pessoa exclusivamente para tal fim, obteve indevida vantagem econômica em prejuízo de Tamires, exaurindo o potencial lesivo da documentação. Descobertos os fatos dias depois, foi oferecida denúncia pela prática dos crimes de estelionato e uso de documento particular falso, em concurso formal, restando tipificado sua conduta da seguinte forma: artigos 171 e 304 c/c 298, na forma do art. 70, todos do Código Penal. Em resposta à acusação, buscando possibilitar que o Ministério Público ofereça proposta de suspensão do processo, deverá o advogado de João requerer o reconhecimento, desde já, de crime único, com base na aplicação do princípio da

(A) Especialidade.
(B) Consunção.
(C) Subsidiariedade.
(D) Alternatividade.

RESPOSTA Quando o falso se exaure no estelionato, sem mais potencialidade lesiva, é por este absorvido. É o que diz a Súmula 17 do STJ. *Alternativa B.*

APLICAÇÃO DA LEI PENAL

3. (XXXI Exame) André, nascido em 21/11/2001, adquiriu de Francisco, em 18/11/2019, grande quantidade de droga, com o fim de vendê-la aos convidados de seu aniversário, que seria celebrado em 24/11/2019. Imediatamente após a compra, guardou a droga no armário de seu quarto. Em 23/11/2019, a partir de uma denúncia anônima e munidos do respectivo mandado de busca e apreensão deferido judicialmente, policiais compareceram à residência de André, onde encontraram e apreenderam a droga que era por ele armazenada. De imediato, a mãe de André entrou em contato com o advogado da família. Considerando apenas as informações expostas, na Delegacia, o advogado de André deverá esclarecer à família que André, penalmente, será considerado

(A) inimputável, devendo responder apenas por ato infracional análogo ao delito de tráfico, em razão de sua menoridade quando da aquisição da droga, com base na Teoria da Atividade adotada pelo Código Penal para definir o momento do crime.
(B) inimputável, devendo responder apenas por ato infracional análogo ao delito de tráfico, tendo em vista que o Código Penal adota a Teoria da Ubiquidade para definir o momento do crime.
(C) imputável, podendo responder pelo delito de tráfico de drogas, mesmo adotando o Código Penal a Teoria da Atividade para definir o momento do crime.
(D) imputável, podendo responder pelo delito de associação para o tráfico, que tem natureza permanente, tendo em vista que

o Código Penal adota a Teoria do Resultado para definir o momento do crime.

RESPOSTA (A), (B) e (D) erradas e correta a alternativa (C) pelos mesmos motivos: André praticou o tráfico de drogas (Lei n. 11.343/06, artigo 33) de forma permanente, devendo ser considerado o tempo em que cessou a permanência (quando ele já tinha 18 anos), com fundamento na Súmula 711 do STF, nos termos do artigo 4º do CP (teoria da atividade).

4. (XXVI Exame) Jorge foi condenado, definitivamente, pela prática de determinado crime, e se encontrava em cumprimento dessa pena. Ao mesmo tempo, João respondia a uma ação penal pela prática de crime idêntico ao cometido por Jorge. Durante o cumprimento da pena por Jorge e da submissão ao processo por João, foi publicada e entrou em vigência uma lei que deixou de considerar as condutas dos dois como criminosas. Ao tomarem conhecimento da vigência da lei nova, João e Jorge o procuram, como advogado, para a adoção das medidas cabíveis. Com base nas informações narradas, como advogado de João e de Jorge, você deverá esclarecer que

(A) não poderá buscar a extinção da punibilidade de Jorge em razão de a sentença condenatória já ter transitado em julgado, mas poderá buscar a de João, que continuará sendo considerado primário e de bons antecedentes.

(B) poderá buscar a extinção da punibilidade dos dois, fazendo cessar todos os efeitos civis e penais da condenação de Jorge, inclusive não podendo ser considerada para fins de reincidência ou maus antecedentes.

(C) poderá buscar a extinção da punibilidade dos dois, fazendo cessar todos os efeitos penais da condenação de Jorge, mas não os extrapenais.

(D) não poderá buscar a extinção da punibilidade dos dois, tendo em vista que os fatos foram praticados anteriormente à edição da lei.

RESPOSTA A lei penal posterior que torna a conduta atípica alcança a todos, sem exceção. Ainda que já exista sentença condenatória transitada em julgado, a punibilidade deverá ser extinta (CP, arts. 3º e 107, III). Os efeitos extrapenais (ex.: dever de indenizar), no entanto, são mantidos. *Alternativa C.*

5. (XXVIII Exame) Sílvio foi condenado pela prática de crime de roubo, ocorrido em 10-1-2017, por decisão transitada em julgado, em 5-3-2018, à pena base de 4 anos de reclusão, majorada em 1/3 em razão do emprego de arma branca, totalizando 5 anos e 4 meses de pena privativa de liberdade, além de multa. Após ter sido iniciado o cumprimento definitivo da pena por Sílvio, foi editada, em 23-4-2018, a Lei n. 13.654/18, que excluiu a causa de aumento pelo emprego de arma branca no crime de roubo. Ao tomar conhecimento da edição da nova lei, a família de Sílvio procura um(a) advogado(a). Considerando as informações expostas, o(a) advogado(a) de Sílvio

(A) não poderá buscar alteração da sentença, tendo em vista que houve trânsito em julgado da sentença penal condenatória.

(B) poderá requerer ao juízo da execução penal o afastamento da causa de aumento e, consequentemente, a redução da sanção penal imposta.

(C) deverá buscar a redução da pena aplicada, com afastamento da causa de aumento do emprego da arma branca, por meio de revisão criminal.

(D) deverá buscar a anulação da sentença condenatória, pugnando pela realização de novo julgamento com base na inovação legislativa.

RESPOSTA Em 2018, Silvio foi beneficiado pela Lei n. 13.654/2018, que deu fim à majorante da arma branca no crime de roubo (CP, art. 157). Por isso, correta a alternativa B, com base na Súmula 611 do STF. Com a entrada em vigor da Lei n. 13.964/2019 (Pacote Anticrime), pergunto: a alternativa permanece correta? Sim, afinal, a nova lei, que reincluiu a majorante da arma branca ao roubo (art. 157, § 2º, VII), é *novatio legis in pejus*, que não pode retroagir para alcançar Silvio (CF, art. 5º, XL). *Alternativa B.*

6. (XXI Exame) Revoltado com a conduta de um Ministro de Estado, Mário se esconde no interior de uma aeronave pública brasileira, que estava a serviço do governo, e, no meio da viagem, já no espaço aéreo equivalente ao Uruguai, desfere 5 facadas no Ministro com o qual estava insatisfeito, vindo a causar-lhe lesão corporal gravíssima. Diante da hipótese narrada, com base na lei brasileira, assinale a afirmativa correta.

(A) Mário poderá ser responsabilizado, segundo a lei brasileira, com base no critério da territorialidade.

(B) Mário poderá ser responsabilizado, segundo a lei brasileira, com base no critério da extraterritorialidade e princípio da justiça universal.

(C) Mário poderá ser responsabilizado, segundo a lei brasileira, com base no critério da extraterritorialidade, desde que ingresse em território brasileiro e não venha a ser julgado no estrangeiro.

(D) Mário não poderá ser responsabilizado pela lei brasileira, pois o crime foi cometido no exterior e nenhuma das causas de extraterritorialidade se aplica ao caso.

RESPOSTA Por se tratar de aeronave pública brasileira, o crime aconteceu em território nacional por extensão, conforme art. 5º, § 1º, do CP. Portanto, a aplicação da lei brasileira se dá por causa do princípio da territorialidade. *Alternativa A.*

7. (XXV Exame) Francisco, brasileiro, é funcionário do Banco do Brasil, sociedade de economia mista, e trabalha na agência de Lisboa, em Portugal. Passando por dificuldades financeiras, acaba desviando dinheiro do banco para uma conta particular, sendo o fato descoberto e julgado em Portugal. Francisco é condenado pela infração praticada. Extinta a pena, ele retorna ao seu país de origem e é surpreendido ao ser citado, em processo no Brasil, para responder pelo mesmo fato, razão pela qual procura seu advogado. Considerando as informações narradas, o advogado de Francisco deverá informar que, de acordo com o previsto no Código Penal,

(A) ele não poderá responder no Brasil pelo mesmo fato, por já ter sido julgado e condenado em Portugal.

(B) ele somente poderia ser julgado no Brasil por aquele mesmo fato, caso tivesse sido absolvido em Portugal.

(C) ele pode ser julgado também no Brasil por aquele fato, sendo totalmente indiferente a condenação sofrida em Portugal.

(D) ele poderá ser julgado também no Brasil por aquele fato, mas a pena cumprida em Portugal atenua ou será computada naquela imposta no Brasil, em caso de nova condenação.

RESPOSTA O enunciado descreve hipótese de extraterritorialidade incondicionada. Ou seja, pouco importa se o criminoso foi ou não condenado no exterior. A lei penal brasileira será a ele aplicada. Evidentemente, se tiver havido condenação e cumprimento de pena no estrangeiro, o tempo de pena cumprido deverá ser descontado, afinal, pena paga é pena extinta. *Alternativa D*, com fundamento nos art. 7º, I, *b*, § 1º e art. 8º, ambos do CP.

8. **(XXXII Exame de Ordem)** Paulo e Júlia viajaram para Portugal, em novembro de 2019, em comemoração ao aniversário de um ano de casamento. Na cidade de Lisboa, dentro do quarto do hotel, por ciúmes da esposa que teria olhado para terceira pessoa durante o jantar, Paulo veio a agredi-la, causando-lhe lesões leves reconhecidas no laudo próprio. Com a intervenção de funcionários do hotel que ouviram os gritos da vítima, Paulo acabou encaminhado para Delegacia, sendo liberado mediante o pagamento de fiança e autorizado seu retorno ao Brasil. Paulo, na semana seguinte, retornou para o Brasil, sem que houvesse qualquer ação penal em seu desfavor em Portugal, enquanto Júlia permaneceu em Lisboa. Ciente de que o fato já era do conhecimento das autoridades brasileiras e preocupado com sua situação jurídica no país, Paulo procura você, na condição de advogado(a), para obter sua orientação. Considerando apenas as informações narradas, você, como advogado(a), deve esclarecer que a lei brasileira

(A) não poderá ser aplicada, tendo em vista que houve prisão em flagrante em Portugal e em razão da vedação do *bis in idem*.
(B) poderá ser aplicada diante do retorno de Paulo ao Brasil, independentemente do retorno de Júlia e de sua manifestação de vontade sobre o interesse de ver o autor responsabilizado criminalmente.
(C) poderá ser aplicada, desde que Júlia retorne ao país e ofereça representação no prazo decadencial de seis meses.
(D) poderá ser aplicada, ainda que Paulo venha a ser denunciado e absolvido pela justiça de Portugal.

RESPOSTA Alternativas A, C e D erradas pelos mesmos fundamentos: hipótese de extraterritorialidade condicionada, nos termos do art. 7º, II, b, do CP, e Súmula 542 do STJ: "A ação penal relativa ao crime de lesão corporal resultante de violência doméstica contra a mulher é pública incondicionada. *Alternativa B*.

CRIME

9. **(XXX Exame)** Enquanto assistia a um jogo de futebol em um bar, Francisco começou a provocar Raul, dizendo que seu clube, que perdia a partida, seria rebaixado. Inconformado com a indevida provocação, Raul, que estava acompanhado de um cachorro de grande porte, atiça o animal a atacar Francisco, o que efetivamente acontece. Na tentativa de se defender, Francisco desfere uma facada no cachorro de Raul, o qual vem a falecer. O fato foi levado à autoridade policial, que instaurou inquérito para apuração. Francisco, então, contrata você, na condição de advogado(a), para patrocinar seus interesses. Considerando os fatos narrados, com relação à conduta praticada por Francisco, você, como advogado(a), deverá esclarecer que seu cliente

(A) não poderá alegar qualquer excludente de ilicitude, em razão de sua provocação anterior.
(B) atuou escorado na excludente de ilicitude da legítima defesa.
(C) praticou conduta atípica, pois a vida do animal não é protegida penalmente.
(D) atuou escorado na excludente de ilicitude do estado de necessidade.

RESPOSTA Na legítima defesa (CP, art. 25), é repelida uma injusta agressão. Animais não têm noção de justo ou injusto. Por isso, se sou atacado por um cachorro e o mato para me defender, ajo em estado de necessidade (CP, art. 24). No entanto, situação diferente ocorre quando o animal ataca por comando de um outro ser humano que age em hipótese de injusta agressão, quando estará caracterizada a legítima defesa. *Alternativa B*.

10. **(XXX Exame)** Regina dá à luz seu primeiro filho, Davi. Logo após realizado o parto, ela, sob influência do estado puerperal, comparece ao berçário da maternidade, no intuito de matar Davi. No entanto, pensando tratar-se de seu filho, ela, com uma corda, asfixia Bruno, filho recém-nascido do casal Marta e Rogério, causando-lhe a morte. Descobertos os fatos, Regina é denunciada pelo crime de homicídio qualificado pela asfixia com causa de aumento de pena pela idade da vítima. Diante dos fatos acima narrados, o(a) advogado(a) de Regina, em alegações finais da primeira fase do procedimento do Tribunal do Júri, deverá requerer

(A) o afastamento da qualificadora, devendo Regina responder pelo crime de homicídio simples com causa de aumento, diante do erro de tipo.
(B) a desclassificação para o crime de infanticídio, diante do erro sobre a pessoa, não podendo ser reconhecida a agravante pelo fato de quem se pretendia atingir ser descendente da agente.
(C) a desclassificação para o crime de infanticídio, diante do erro na execução (*aberratio ictus*), podendo ser reconhecida a agravante de o crime ser contra descendente, já que são consideradas as características de quem se pretendia atingir.
(D) a desclassificação para o crime de infanticídio, diante do erro sobre a pessoa, podendo ser reconhecida a agravante de o crime ser contra descendente, já que são consideradas as características de quem se pretendia atingir.

RESPOSTA Regina confundiu outra pessoa (Bruno) com seu filho (Davi), estando evidente a hipótese de erro sobre a pessoa (CP, art. 20, § 3º). Por força do que dispõe o CP, deve ser considerada a vítima pretendida (Davi), e não a efetivamente atingida (Bruno), razão pela qual Regina deveria ser punida pelo delito de infanticídio (CP, art. 123). *Alternativa B*.

11. **(XXVII Exame)** Inconformado com o fato de Mauro ter votado em um candidato que defendia ideologia diferente da sua, João desferiu golpes de faca contra seu colega, assim agindo com a intenção de matá-lo. Acreditando ter obtido o resultado desejado, João levou o corpo da vítima até uma praia deserta e o jogou no mar. Dias depois, o corpo foi encontrado, e a perícia constatou que a vítima morreu afogada, e não em razão das facadas desferidas por João. Descobertos os fatos, João foi preso, denunciado e pronunciado pela prática de dois crimes de homicídio dolosos, na forma qualificada, em concurso material. Ao apresentar recurso contra a decisão de pronúncia, você, advogado(a) de João, sob o ponto de vista técnico, deverá alegar que ele somente poderia ser responsabilizado

(A) pelo crime de lesão corporal, considerando a existência de causa superveniente, relativamente independente, que, por si só, causou o resultado.
(B) por um crime de homicídio culposo, na forma consumada.
(C) por um crime de homicídio doloso qualificado, na forma tentada, e por um crime de homicídio culposo, na forma consumada, em concurso material.

(D) por um crime de homicídio doloso qualificado, na forma consumada.

RESPOSTA Trata-se de crime único, com dolo geral, devendo o agente ser responsabilizado pelo homicídio doloso por motivo fútil. *Alternativa D.*

12. (XXVIII Exame) Douglas foi condenado pela prática de duas tentativas de roubo majoradas pelo concurso de agentes e restrição da liberdade das vítimas (art. 157, § 2º, incisos II e V, c/c. o art. 14, inciso II, por duas vezes, na forma do art. 70, todos do CP). No momento de fixar a sanção penal, o juiz aplicou a pena base no mínimo legal, reconhecendo a confissão espontânea do agente, mas deixou de diminuir a pena na segunda fase. No terceiro momento, o magistrado aumentou a pena do máximo, considerando as circunstâncias do crime, em especial a quantidade de agentes (5 agentes) e o tempo que durou a restrição da liberdade das vítimas. Ademais, reduziu, ainda na terceira fase, a pena do mínimo legal em razão da tentativa, novamente fundamentando na gravidade do delito e naquelas circunstâncias de quantidade de agentes e restrição da liberdade. Após a aplicação da pena dos dois delitos, reconheceu o concurso formal de crimes, aumentando a pena de um deles de acordo com a quantidade de crimes praticados. O Ministério Público não recorreu. Considerando as informações narradas, de acordo com a jurisprudência pacificada do Superior Tribunal de Justiça, o(a) advogado(a) de Douglas, quanto à aplicação da pena, deverá buscar

(A) a redução da pena na segunda fase diante do reconhecimento da atenuante da confissão espontânea.

(B) a redução do quantum de aumento em razão da presença das majorantes, que deverá ser aplicada de acordo com a quantidade de causas de aumento.

(C) o aumento do quantum de diminuição em razão do reconhecimento da tentativa, pois a fundamentação apresentada pelo magistrado foi inadequada.

(D) a redução do quantum de aumento em razão do reconhecimento do concurso de crimes, devido à fundamentação inadequada.

RESPOSTA A questão envolve um bom conhecimento de dosimetria de pena, pois o examinando tinha de conhecer cada uma das fases do sistema trifásico. Segundo a jurisprudência, o *quantum* de aumento da tentativa deve considerar a aproximação da consumação do delito, mas o magistrado adotou critério diverso em sua decisão. Por isso, *Alternativa C.*

13. (XXIV Exame) Cláudio, na cidade de Campinas, transportava e portava, em um automóvel, três armas de fogo, sendo que duas estavam embaixo do banco do carona e uma, em sua cintura. Abordado por policiais, foram localizadas todas as armas. Diante disso, o Ministério Público ofereceu denúncia em face de Cláudio pela prática de três crimes de porte de arma de fogo de uso permitido, em concurso material (Art. 14 da Lei n. 10.826/2003, por três vezes, na forma do art. 69 do Código Penal). Foi acostado nos autos laudo pericial confirmando o potencial lesivo do material, bem como que as armas eram de calibre .38, ou seja, de uso permitido, com numeração de série aparente. Considerando que todos os fatos narrados foram confirmados em juízo, é correto afirmar que o(a) advogado(a) de Cláudio deverá defender o reconhecimento

(A) de crime único de porte de arma de fogo.

(B) da continuidade delitiva entre os três delitos imputados.

(C) do concurso formal entre dois delitos, em continuidade delitiva com o terceiro.

(D) do concurso formal de crimes entre os três delitos imputados.

RESPOSTA No enunciado, temos uma única conduta com pluralidade de resultados. Logo, em tese, concurso formal. Ocorre, no entanto, que o STJ entende o seguinte: "A jurisprudência desta Corte consolidou-se no sentido da existência de um delito único quando apreendidas mais de uma arma, munição, acessório ou explosivo em posse do mesmo agente, dentro do mesmo contexto fático, não havendo que se falar em concurso material ou formal entre as condutas, pois se vislumbra uma só lesão de um mesmo bem tutelado" (HC 362.157/RJ). *Alternativa A.*

14. (XXIX Exame) Após discussão em uma casa noturna, Jonas, com a intenção de causar lesão, aplicou um golpe de arte marcial em Leonardo, causando fratura em seu braço. Leonardo, então, foi encaminhado ao hospital, onde constatou-se a desnecessidade de intervenção cirúrgica e optou-se por um tratamento mais conservador com analgésicos para dor, o que permitiria que ele retornasse às suas atividades normais em 15 dias. A equipe médica, sem observar os devidos cuidados exigidos, ministrou o remédio a Leonardo sem observar que era composto por substância à qual o paciente informara ser alérgico em sua ficha de internação. Em razão da medicação aplicada, Leonardo sofreu choque anafilático, evoluindo a óbito, conforme demonstrado em seu laudo de exame cadavérico. Recebidos os autos do inquérito, o Ministério Público ofereceu denúncia em face de Jonas, imputando-lhe o crime de homicídio doloso. Diante dos fatos acima narrados e considerando o estudo da teoria da equivalência, o(a) advogado(a) de Jonas deverá alegar que a morte de Leonardo decorreu de causa superveniente

(A) absolutamente independente, devendo ocorrer desclassificação para que Jonas responda pelo crime de lesão corporal seguida de morte.

(B) relativamente independente, devendo ocorrer desclassificação para o crime de lesão corporal seguida de morte, já que a morte teve relação com sua conduta inicial.

(C) relativamente independente, que, por si só, causou o resultado, devendo haver desclassificação para o crime de homicídio culposo.

(D) relativamente independente, que, por si só, produziu o resultado, devendo haver desclassificação para o crime de lesão corporal, não podendo ser imputado o resultado morte.

RESPOSTA A causa superveniente foi suficiente para, por si só, provocar o resultado morte. Aliás, essa é a chave para responder questões a respeito de causas supervenientes: se elas foram ou não suficientes para a produção do resultado. Por isso, nos termos do art. 13, § 1º, do CP, correta a *alternativa D.*

15. (XXVIII Exame) David, em dia de sol, levou sua filha, Vivi, de 3 anos, para a piscina do clube. Enquanto a filha brincava na piscina infantil, David precisou ir ao banheiro, solicitando, então, que sua amiga Carla, que estava no local, ficasse atenta para que nada de mal ocorresse com Vivi. Carla se comprometeu a cuidar da filha de David. Naquele momento, Vitor assumiu o posto de salva-vidas da piscina. Carla, que sempre fora apaixonada por Vitor, começou a conversar com ele e ambos ficam de costas para a piscina, não atentando para as crianças que lá estavam. Vivi começa a brincar com o filtro da piscina e acaba sofrendo uma sucção que a deixa embaixo da água por tempo suficiente para causar seu afogamento. David vê quando o ato acontece através de pequena janela no banheiro do local, mas o fecho da porta fica emperrado e ele não consegue sair. Vitor e Carla não veem o ato de afogamento da criança porque estavam de costas para a piscina conversando. Diante do resultado morte, David, Carla e Vitor ficam preocupados com sua responsabilização penal e procuram um advogado, esclarecendo que nenhum deles adotou comportamento positivo para gerar o resultado. Considerando as informações narradas, o advogado deverá esclarecer que:

(A) Carla e Vitor, apenas, poderão responder por homicídio culposo, já que podiam atuar e possuíam obrigação de agir na situação.
(B) David, apenas, poderá responder por homicídio culposo, já que era o único com dever legal de agir por ser pai da criança.
(C) David, Carla, Vitor poderão responder por homicídio culposo, já que os três tinham o dever de agir.
(D) Vitor, apenas, poderá responder pelo crime de omissão de socorro.

RESPOSTA Carla e Vitor assumiram a posição de garantidores, conforme art. 13, § 2º, do CP. Por isso, tinham o dever de evitar o resultado morte, o que não ocorreu em razão de comportamento negligente. O pai, David, nada pôde fazer, pois não estava no local no momento do incidente. *Alternativa A.*

16. **(XXI Exame)** Carlos presta serviço informal como salva-vidas de um clube, não sendo regularmente contratado, apesar de receber uma gorjeta para observar os sócios do clube na piscina, durante toda a semana. Em seu horário de "serviço", com várias crianças brincando na piscina, fica observando a beleza física da mãe de uma das crianças e, ao mesmo tempo, falando no celular com um amigo, acabando por ficar de costas para a piscina. Nesse momento, uma criança vem a falecer por afogamento, fato que não foi notado por Carlos. Sobre a conduta de Carlos, diante da situação narrada, assinale a afirmativa correta.

(A) Não praticou crime, tendo em vista que, apesar de garantidor, não podia agir, já que concretamente não viu a criança se afogando.
(B) Deve responder pelo crime de homicídio culposo, diante de sua omissão culposa, violando o dever de garantidor.
(C) Deve responder pelo crime de homicídio doloso, em razão de sua omissão dolosa, violando o dever de garantidor.
(D) Responde apenas pela omissão de socorro, mas não pelo resultado morte, já que não havia contrato regular que o obrigasse a agir como garantidor.

RESPOSTA A omissão imprópria (CP, art. 13, § 2º) cai com certa frequência em provas. Trata-se da situação em que alguém, por estar na condição de garantidor, deve evitar a lesão a determinado bem jurídico. Foi exatamente o que ocorreu nesta questão. Carlos, ao assumir a posição de salva-vidas, ainda que informalmente, tomou para si a responsabilidade de evitar o acidente ocorrido com a criança. Por isso, deve ser punido pelo homicídio culposo. *Alternativa B.*

17. **(XXIX Exame)** Durante a madrugada, Lucas ingressou em uma residência e subtraiu um computador. Quando se preparava para sair da residência, ainda dentro da casa, foi surpreendido pela chegada do proprietário. Assustado, ele o empurrou e conseguiu fugir com a coisa subtraída. Na manhã seguinte, arrependeu-se e resolveu devolver a coisa subtraída ao legítimo dono, o que efetivamente veio a ocorrer. O proprietário, revoltado com a conduta anterior de Lucas, compareceu em sede policial e narrou o ocorrido. Intimado pelo Delegado para comparecer em sede policial, Lucas, preocupado com uma possível responsabilização penal, procura o advogado da família e solicita esclarecimentos sobre a sua situação jurídica, reiterando que já no dia seguinte devolvera o bem subtraído. Na ocasião da assistência jurídica, o(a) advogado(a) deverá informar a Lucas que poderá ser reconhecido(a)

(A) a desistência voluntária, havendo exclusão da tipicidade de sua conduta.
(B) o arrependimento eficaz, respondendo o agente apenas pelos atos até então praticados.
(C) o arrependimento posterior, não sendo afastada a tipicidade da conduta, mas gerando aplicação de causa de diminuição de pena.
(D) a atenuante da reparação do dano, apenas, não sendo, porém, afastada a tipicidade da conduta.

RESPOSTA Inicialmente, Lucas pretendia praticar um furto, mas acabou por praticar um roubo impróprio (CP, art. 157, § 1º). Por isso, não é possível o reconhecimento do arrependimento posterior (CP, art. 16), por ter havido emprego de violência contra pessoa. *Alternativa D.*

18. **(XXVII Exame)** No dia 5-3-2015, Vinícius, 71 anos, insatisfeito e com ciúmes em relação à forma de dançar de sua esposa, Clara, 30 anos mais nova, efetua disparos de arma de fogo contra ela, com a intenção de matar. Arrependido, após acertar dois disparos no peito da esposa, Vinícius a leva para o hospital, onde ela ficou em coma por uma semana. No dia 12-3-2015, porém, Clara veio a falecer, em razão das lesões causadas pelos disparos da arma de fogo. Ao tomar conhecimento dos fatos, o Ministério Público ofereceu denúncia em face de Vinícius, imputando-lhe a prática do crime previsto no art. 121, § 2º, inciso VI, do Código Penal, uma vez que, em 9-3-2015, foi publicada a Lei n. 13.104, que previu a qualificadora antes mencionada, pelo fato de o crime ter sido praticado contra a mulher por razão de ser ela do gênero feminino. Durante a instrução da 1ª fase do procedimento do Tribunal do Júri, antes da pronúncia, todos os fatos são confirmados, pugnando o Ministério Público pela pronúncia nos termos da denúncia. Em seguida, os autos são encaminhados ao(a) advogado(a) de Vinícius para manifestação. Considerando apenas as informações narradas, o(a) advogado(a) de Vinícius poderá, no momento da manifestação para a qual foi intimado, pugnar pelo imediato

(A) reconhecimento do arrependimento eficaz.
(B) afastamento da qualificadora do homicídio.
(C) reconhecimento da desistência voluntária.
(D) reconhecimento da causa de diminuição de pena da tentativa.

RESPOSTA O interessante da questão é que, em um primeiro momento, a pegadinha parece girar em torno da distinção entre a desistência voluntária e o arrependimento eficaz. No entanto, o problema é de aplicação da lei penal no tempo, pois houve uma lei posterior à conduta, mais gravosa, que não deve retroagir, nos termos do art. 5º, XL, da CF. *Alternativa B.*

19. (XXIV Exame) Decidido a praticar crime de furto na residência de um vizinho, João procura o chaveiro Pablo e informa do seu desejo, pedindo que fizesse uma chave que possibilitasse o ingresso na residência, no que foi atendido. No dia do fato, considerando que a porta já estava aberta, João ingressa na residência sem utilizar a chave que lhe fora entregue por Pablo, e subtrai uma TV. Chegando em casa, narra o fato para sua esposa, que o convence a devolver o aparelho subtraído. No dia seguinte, João atende à sugestão da esposa e devolve o bem para a vítima, narrando todo o ocorrido ao lesado, que, por sua vez, comparece à delegacia e promove o registro próprio. Considerando o fato narrado, na condição de advogado(a), sob o ponto de vista técnico, deverá ser esclarecido aos familiares de Pablo e João que

(A) nenhum deles responderá pelo crime, tendo em vista que houve arrependimento eficaz por parte de João e, como causa de excludente da tipicidade, estende-se a Pablo.
(B) ambos deverão responder pelo crime de furto qualificado, aplicando-se a redução de pena apenas a João, em razão do arrependimento posterior.
(C) ambos deverão responder pelo crime de furto qualificado, aplicando-se a redução de pena para os dois, em razão do arrependimento posterior, tendo em vista que se trata de circunstância objetiva.
(D) João deverá responder pelo crime de furto simples, com causa de diminuição do arrependimento posterior, enquanto Pablo não responderá pelo crime contra o patrimônio.

RESPOSTA Embora o enunciado seja extenso, com uma única frase, sabemos que Pablo não será responsabilizado pelo furto: "João ingressa na residência sem utilizar a chave que lhe fora entregue por Pablo". As alternativas "B" e "C" podem ser descartadas. Basta, então, saber o seguinte: a) na desistência voluntária (CP, art. 15), o agente inicia a execução, mas não a conclui; b) no arrependimento eficaz (CP, art. 15), ele inicia e conclui a execução, mas evita a consumação do delito; c) no arrependimento posterior (CP, art. 16), o crime se consumou, mas o agente restitui a coisa ou repara o dano causado. Das três hipóteses, o agente só responderá pelo delito (no exemplo, um furto) no arrependimento posterior, mas com diminuição de pena. Portanto, errada a letra "A". *Alternativa D.*

20. (XX Exame) Rafael foi condenado pela prática de crime a pena privativa de liberdade de 4 anos e 6 meses, tendo a sentença transitado em julgado em 10-2-2008. Após cumprir 2 anos e 6 meses de pena, obteve livramento condicional em 10-8-2010, sendo o mesmo cumprido com correção e a pena extinta em 10-8-2012. Em 15-9-2015, Rafael pratica novo crime, dessa vez de roubo, tendo como vítima senhora de 60 anos de idade, circunstância que era do seu conhecimento. Dois dias depois, arrependido, antes da denúncia, reparou integralmente o dano causado. Na sentença, o magistrado condenou o acusado, reconhecendo a existência de duas agravantes pela reincidência e idade da vítima, além de não reconhecer o arrependimento posterior. O advogado de Rafael deve pleitear

(A) reconhecimento do arrependimento posterior.
(B) reconhecimento da tentativa.
(C) afastamento da agravante pela idade da vítima.
(D) afastamento da agravante da reincidência.

RESPOSTA Não é possível o arrependimento posterior (CP, art. 16) em crime praticado mediante violência ou grave ameaça, como o roubo. Por isso, errada a letra A. A letra B está errada porque o crime se consumou. Ficamos, então, entre as alternativas C e D. A alternativa C está errada. É circunstância que agrava a pena o crime praticado contra maior de 60 anos (CP, art. 61, II, h). Por exclusão, correta a alternativa D. A justificativa: o prazo de 5 anos para a reincidência deve ser contado desde a extinção da pena, "computado o período de prova da suspensão ou do livramento condicional, se não ocorrer revogação" (CP, art. 64, I, parte final). *Alternativa D.*

21. (XXII Exame) Acreditando estar grávida, Pâmela, 18 anos, desesperada porque ainda morava com os pais e eles sequer a deixavam namorar, utilizando um instrumento próprio, procura eliminar o feto sozinha no banheiro de sua casa, vindo a sofrer, em razão de tal comportamento, lesão corporal de natureza grave. Encaminhada ao hospital para atendimento médico, fica constatado que, na verdade, ela não se achava e nunca esteve grávida. O Hospital, todavia, é obrigado a noticiar o fato à autoridade policial, tendo em vista que a jovem de 18 anos chegou ao local em situação suspeita, lesionada. Diante disso, foi instaurado procedimento administrativo investigatório próprio e, com o recebimento dos autos, o Ministério Público ofereceu denúncia em face de Pâmela pela prática do crime de "aborto provocado pela gestante", qualificado pelo resultado de lesão corporal grave, nos termos dos art. 124 c/c o art. 127, ambos do Código Penal. Diante da situação narrada, assinale a opção que apresenta a alegação do advogado de Pâmela.

(A) A atipicidade de sua conduta.
(B) O afastamento da qualificadora, tendo em vista que esta somente pode ser aplicada aos crimes de aborto provocado por terceiro, com ou sem consentimento da gestante, mas não para o delito de autoaborto de Pâmela.
(C) A desclassificação para o crime de lesão corporal grave, afastando a condenação pelo aborto.
(D) O reconhecimento da tentativa do crime de aborto qualificado pelo resultado.

RESPOSTA O enunciado é extenso, mas tudo se resume a um trecho: ela não se achava e nunca esteve grávida. Evidentemente, para a prática do aborto, é essencial que a mulher esteja grávida. Portanto, crime impossível (CP, art. 17). Pelo mesmo motivo, não se pode falar em tentativa (CP, art. 14, II). Errada a letra D. Ademais, não pratica lesão corporal quem comete autolesão. Errada a letra C. Por fim, a alternativa B está errada porque, como já dito, não houve a prática do delito, não havendo o que se falar em afastamento de qualificadora. *Alternativa A.*

22. (XXII Exame) Tony, a pedido de um colega, está transportando uma caixa com cápsulas que acredita ser de remédios, sem ter conhecimento que estas, na verdade, continham Cloridrato de Cocaína em seu interior. Por outro lado, José transporta em seu veículo 50 g de Cannabis sativa L. (maconha), pois acreditava que poderia ter pequena quantidade do material em sua posse para fins medicinais. Ambos foram abordados por policiais e, diante da apreensão das drogas, denunciados pela prática do crime de tráfico de entorpecentes. Considerando apenas as informações narradas, o advogado de Tony e José deverá alegar em favor dos clientes, respectivamente, a ocorrência de

(A) erro de tipo, nos dois casos.
(B) erro de proibição, nos dois casos.
(C) erro de tipo e erro de proibição.
(D) erro de proibição e erro de tipo.

RESPOSTA No erro de tipo (CP, art. 20, *caput*), o agente tem uma visão distorcida da realidade. É como olhar para uma maçã e enxergar uma laranja. Tony pensou estar transportando remédio, mas, na verdade, transportou cocaína. Portanto, erro de tipo. Já no erro de proibição (CP, art. 21), o agente vê a realidade de forma correta, sem distorção – olha para uma maçã e enxerga uma maçã. Todavia, ele desconhece a ilicitude de sua conduta. Foi o caso de José. *Alternativa C.*

23. (XX Exame) Wellington pretendia matar Ronaldo, camisa 10 e melhor jogador de futebol do time Bola Cheia, seu adversário no campeonato do bairro. No dia de um jogo do Bola Cheia, Wellington vê, de costas, um jogador com a camisa 10 do time rival. Acreditando ser Ronaldo, efetua diversos disparos de arma de fogo, mas, na verdade, aquele que vestia a camisa 10 era Rodrigo, adolescente que substituiria Ronaldo naquele jogo. Em virtude dos disparos, Rodrigo faleceu. Considerando a situação narrada, assinale a opção que indica o crime cometido por Wellington.

(A) Homicídio consumado, considerando-se as características de Ronaldo, pois houve erro na execução.
(B) Homicídio consumado, considerando-se as características de Rodrigo.
(C) Homicídio consumado, considerando-se as características de Ronaldo, pois houve erro sobre a pessoa.
(D) Tentativa de homicídio contra Ronaldo e homicídio culposo contra Rodrigo.

RESPOSTA *Aberratio ictus* e erro sobre a pessoa são sempre cobrados no Exame de Ordem. Entenda: no erro na execução ou *aberratio ictus* (CP, art. 73), por erro ou acidente na execução, o agente atinge pessoa diversa da pretendida – erro de pontaria, por exemplo. Já no erro sobre a pessoa (CP, art. 20, § 3º), o agente não erra na execução, mas faz uma confusão em relação às vítimas – atinge uma pessoa, mas imagina estar atingindo outra. Tanto em um quanto em outro, a consequência é a mesma: o criminoso responde pelo crime contra a vítima pretendida, e não contra a efetivamente atingida. No enunciado, Wellington confundiu as vítimas. Portanto, erro sobre a pessoa. *Alternativa C.*

24. (XXXII Exame de Ordem) João, em 17-6-2015, foi condenado pela prática de crime militar próprio. Após cumprir a pena respectiva, João, em 30-2-2018, veio a praticar um crime de roubo com violência real, sendo denunciado pelo órgão ministerial. No curso da instrução criminal, João reparou o dano causado à vítima, bem como, quando interrogado, admitiu a prática do delito. No momento da sentença condenatória, o magistrado reconheceu a agravante da reincidência, não reconhecendo atenuantes da pena e nem causas de aumento e de diminuição da reprimenda penal. Considerando as informações expostas, em sede de apelação, o advogado de João poderá requerer

(A) o reconhecimento da atenuante da confissão e da causa de diminuição de pena do arrependimento posterior, mas não o afastamento da agravante da reincidência.
(B) o reconhecimento das atenuantes da reparação do dano e da confissão, mas não o afastamento da agravante da reincidência.
(C) o reconhecimento das atenuantes da confissão e da reparação do dano e o afastamento da agravante da reincidência.
(D) o reconhecimento da atenuante da confissão e da causa de diminuição de pena do arrependimento posterior, bem como o afastamento da agravante da reincidência.

RESPOSTA Alternativas A, B e D erradas. Não é admitido arrependimento posterior em crime de roubo (CP, art. 16. A agravante da reincidência tem de ser afastada por se tratar de crime militar próprio (CP, art. 64, II); *Alternativa C*, com fundamento nos arts. 16 e 64, II, do CP.

IMPUTABILIDADE PENAL

25. (XXX Exame) Durante ação penal em que Guilherme figura como denunciado pela prática do crime de abandono de incapaz (Pena: detenção, de 6 meses a 3 anos), foi instaurado incidente de insanidade mental do acusado, constatando o laudo que Guilherme era, na data dos fatos (e permanecia até aquele momento), inteiramente incapaz de entender o caráter ilícito do fato, em razão de doença mental. Não foi indicado, porém, qual seria o tratamento adequado para Guilherme. Durante a instrução, os fatos imputados na denúncia são confirmados, assim como a autoria e a materialidade delitiva. Considerando apenas as informações expostas, com base nas previsões do Código Penal, no momento das alegações finais, a defesa técnica de Guilherme, sob o ponto de vista técnico, deverá requerer

(A) a absolvição imprópria, com aplicação de medida de segurança de tratamento ambulatorial, podendo a sentença ser considerada para fins de reincidência no futuro.
(B) a absolvição própria, sem aplicação de qualquer sanção, considerando a ausência de culpabilidade.
(C) a absolvição imprópria, com aplicação de medida de segurança de tratamento ambulatorial, não sendo a sentença considerada posteriormente para fins de reincidência.
(D) a absolvição imprópria, com aplicação de medida de segurança de internação pelo prazo máximo de 2 anos, não sendo a sentença considerada posteriormente para fins de reincidência.

RESPOSTA Por ser inimputável na época dos fatos (CP, art. 26, caput), Guilherme não pode ser condenado criminalmente – a inimputabilidade afasta a culpabilidade –, devendo ser absolvido. No entanto, trata-se de absolvição com consequências ruins a ele, pois o juiz deverá aplicar medida de segurança (por isso, absolvição imprópria). Ou seja, absolve, mas tem ônus (CP, art. 97). *Alternativa C.*

26. (XXV Exame) Laura, nascida em 21 de fevereiro de 2000, é inimiga declarada de Lívia, nascida em 14 de dezembro de 1999, sendo que o principal motivo da rivalidade está no fato de que Lívia tem interesse no namorado de Laura. Durante uma festa, em 19 de fevereiro de 2018, Laura vem a saber que Lívia anunciou para todos que tentaria manter relações sexuais com o referido namorado. Soube, ainda, que Lívia disse que, na semana seguinte, iria desferir um tapa no rosto de Laura, na frente de seus colegas, como forma de humilhá-la. Diante disso, para evitar que as ameaças de Lívia se concretizassem, Laura, durante a festa, desfere facadas no peito de Lívia, mas terceiros intervêm e encaminham Lívia diretamente para o hospital. Dois dias depois, Lívia vem a falecer em virtude dos golpes sofridos.

Descobertos os fatos, o Ministério Público ofereceu denúncia em face de Laura pela prática do crime de homicídio qualificado. Confirmados integralmente os fatos, a defesa técnica de Laura deverá pleitear o reconhecimento da

(A) inimputabilidade da agente.
(B) legítima defesa.
(C) inexigibilidade de conduta diversa.
(D) atenuante da menoridade relativa.

RESPOSTA Na época dos fatos, Laura tinha 17 anos – portanto, inimputável, com fundamento no art. 27 do Código Penal. O fato de a vítima ter morrido quando ela, Laura, já havia completado 18 anos, é irrelevante (CP, art. 4º). *Alternativa A.*

27. (XXIX Exame) Em 5-10-2018, Lúcio, com o intuito de obter dinheiro para adquirir uma moto em comemoração ao seu aniversário de 18 anos, que aconteceria em 9-10-2018, sequestra Danilo, com a ajuda de um amigo ainda não identificado. No mesmo dia, a dupla entra em contato com a família da vítima, exigindo o pagamento da quantia de R$ 50.000,00 (cinquenta mil reais) para sua liberação. Duas semanas após a restrição da liberdade da vítima, período durante o qual os autores permaneceram em constante contato com a família da vítima exigindo o pagamento do resgate, a polícia encontrou o local do cativeiro e conseguiu libertar Danilo, encaminhando, de imediato, Lúcio à Delegacia. Em sede policial, Lúcio entra em contato com o advogado da família. Considerando os fatos narrados, o(a) advogado(a) de Lúcio, em entrevista pessoal e reservada, deverá esclarecer que sua conduta

(A) não permite que seja oferecida denúncia pelo Ministério Público, pois o Código Penal adota a Teoria da Ação para definição do tempo do crime, sendo Lúcio inimputável para fins penais.
(B) não permite que seja oferecida denúncia pelo órgão ministerial, pois o Código Penal adota a Teoria do Resultado para definir o tempo do crime, e, sendo este de natureza formal, sua consumação se deu em 5-10-2018.
(C) configura fato típico, ilícito e culpável, podendo Lúcio ser responsabilizado, na condição de imputável, pelo crime de extorsão mediante sequestro qualificado na forma consumada.
(D) configura fato típico, ilícito e culpável, podendo Lúcio ser responsabilizado, na condição de imputável, pelo crime de extorsão mediante sequestro qualificado na forma tentada, já que o crime não se consumou por circunstâncias alheias à sua vontade, pois não houve obtenção da vantagem indevida.

RESPOSTA Quando iniciou a prática do delito, Lúcio era inimputável em razão da idade. Ocorre que, o que era um ato infracional, por ter perdurado além do seu aniversário, tornou-se crime. Por isso, correta a alternativa C. Ademais, o crime se consumou por ser irrelevante a obtenção da vantagem indevida no delito de extorsão mediante sequestro.

28. (XXIV Exame) Bárbara, nascida em 23 de janeiro de 1999, no dia 15 de janeiro de 2017, decide sequestrar Felipe, por dez dias, para puni-lo pelo fim do relacionamento amoroso. No dia 16 de janeiro de 2017, efetivamente restringe a liberdade do ex-namorado, trancando-o em uma casa e mantendo consigo a única chave do imóvel. Nove dias após a restrição da liberdade, a polícia toma conhecimento dos fatos e consegue libertar Felipe, não tendo, assim, se realizado, em razão de circunstâncias alheias, a restrição da liberdade por dez dias pretendida por Bárbara. Considerando que, no dia 23 de janeiro de 2017, entrou em vigor nova lei, mais gravosa, alterando a sanção penal prevista para o delito de sequestro simples, passando a pena a ser de 1 a 5 anos de reclusão e não mais de 1 a 3 anos, o Ministério Público ofereceu denúncia em face de Bárbara, imputando-lhe a prática do crime do art. 148 do Código Penal (Sequestro e Cárcere Privado), na forma da legislação mais recente, ou seja, aplicando-se, em caso de condenação, pena de 1 a 5 anos de reclusão. Diante da situação hipotética narrada, é correto afirmar que o advogado de Bárbara, de acordo com a jurisprudência do Supremo Tribunal Federal, deverá pleitear

(A) a aplicação do instituto da suspensão condicional do processo.
(B) a aplicação da lei anterior mais benéfica, ou seja, a aplicação da pena entre o patamar de 1 a 3 anos de reclusão.
(C) o reconhecimento da inimputabilidade da acusada, em razão da idade.
(D) o reconhecimento do crime em sua modalidade tentada.

RESPOSTA A lei penal não pode retroagir, salvo, é claro, quando for benéfica (CF, art. 5º, XL). Por esse motivo, penso que muitos optaram pela alternativa "B". Todavia, há uma pegadinha na questão. Segundo o STF (Súmula 711), na hipótese de crime permanente – aquele cuja consumação se prolonga no tempo –, a lei a ser aplicada é a vigente quando cessar a permanência, ainda que mais gravosa. No enunciado, a vítima foi solta no dia 25 de janeiro, quando já estava em vigor a lei nova, mais gravosa, que deve ser aplicada em razão da Súmula 711-STF. *Alternativa A*, com fundamento no art. 89 da Lei n. 9.099/95.

29. (XXXIII Exame de Ordem) Após o expediente, Márcio saiu com seus colegas de trabalho para comemorar o sucesso das vendas naquele mês e sua escolha como melhor funcionário do período. Ao chegarem ao bar, Márcio entregou a chave de seu carro aos colegas, alertando-os que iria beber até se embriagar e cair. Após cumprir a promessa feita aos colegas, Márcio, completamente alterado, se dirigiu até o caixa do bar para pagar sua conta. Devido a divergências quanto à quantidade de bebida consumida, Márcio iniciou uma forte discussão com o atendente do estabelecimento e arremessou a garrafa de cerveja que segurava em sua direção, acertando a cabeça do funcionário e causando-lhe ferimentos de natureza grave. Preocupado com as consequências jurídicas de seu ato, Márcio o(a) procura, na condição de advogado(a), para assistência técnica. Considerando apenas as informações expostas, sob o ponto de vista técnico, você, como advogado(a), deverá esclarecer que a conduta praticada por Márcio configura

(A) crime de lesão corporal grave, diante da embriaguez culposa, podendo ser reconhecida causa de diminuição de pena, já que a embriaguez era completa.
(B) conduta típica e ilícita, mas não culpável, diante da embriaguez culposa, afastando a culpabilidade do agente.
(C) crime de lesão corporal grave, com reconhecimento de agravante, diante da embriaguez preordenada.
(D) crime de lesão corporal grave, diante da embriaguez voluntária.

RESPOSTA Alternativas A, B e C erradas pelos mesmos motivos: Mário não ficou embriagado em razão de caso fortuito ou força maior, não havendo o que se falar em afastamento da culpabilidade em razão da inimputabilidade. Por ter consumido bebida por sua própria vontade, houve embriaguez voluntária, devendo ser responsabilizado pela lesão corporal grave, nos termos do art. 28 do CP. *Alternativa D.*

CONCURSO DE PESSOAS

30. (XXVII Exame) Pedro e Paulo combinam de praticar um crime de furto em determinada creche, com a intenção de subtrair computadores. Pedro, então, sugere que o ato seja praticado em um domingo, quando o local estaria totalmente vazio e nenhuma criança seria diretamente prejudicada. No momento da empreitada delitiva, Pedro auxilia Paulo a entrar por uma janela lateral e depois entra pela porta dos fundos da unidade. Já no interior do local, eles verificam que a creche estava cheia em razão de comemoração do "Dia das Mães"; então, Pedro pega um laptop e sai, de imediato, pela porta dos fundos, mas Paulo, que estava armado sem que Pedro soubesse, anuncia o assalto e subtrai bens e joias de crianças, pais e funcionários. Captadas as imagens pelas câmeras de segurança, Pedro e Paulo são identificados e denunciados pelo crime de roubo duplamente majorado. Com base apenas nas informações narradas, a defesa de Pedro deverá pleitear o reconhecimento da

(A) participação de menor importância, gerando causa de diminuição de pena.

(B) cooperação dolosamente distinta, gerando causa de diminuição de pena.

(C) cooperação dolosamente distinta, gerando aplicação da pena do crime menos grave.

(D) participação de menor importância, gerando aplicação da pena do crime menos grave.

RESPOSTA A cooperação dolosamente distinta é assunto frequente no Exame de Ordem. A resposta é letra da lei: art. 29, § 2º, do CP. *Alternativa C.*

31. (XX Exame – Reaplicação) Silva e Pereira, amigos de infância, combinam praticar um crime de furto. Silva sugere que o crime seja realizado na residência da família Bragança, pois tinha a informação de que os proprietários estavam viajando e a casa ficava a uma quadra de suas casas. Juntos dirigem-se ao local e, sem que Silva tivesse conhecimento, Pereira traz consigo uma arma de fogo municiada. Silva subtrai uma TV e deixa o imóvel que estava sendo furtado. Pereira, quando se preparava para sair com o dinheiro subtraído do cofre, depara com o segurança que, alertado pelo alarme acionado, entrara na casa. Pereira, para garantir o crime, efetua disparos de arma de fogo contra o segurança, vindo este a falecer em razão dos tiros. Considerando a situação narrada, assinale a afirmativa correta.

(A) Ao Silva será aplicada a pena do furto qualificado e ao Pereira, a do crime de latrocínio.

(B) Silva e Pereira responderão pelo crime de latrocínio, mas, em razão de sua participação, Silva terá direito à causa de diminuição da pena.

(C) Ao Silva será aplicada a pena do crime de furto qualificado e Pereira responderá por furto qualificado e latrocínio em concurso.

(D) Silva e Pereira responderão por latrocínio consumado, sem qualquer redução de pena para qualquer deles.

RESPOSTA Como a vítima faleceu, o latrocínio foi consumado (CP, art. 157, § 3º, II). É o crime que deve ser atribuído a Pereira. Como Silva não sabia da arma – se soubesse, também responderia pelo latrocínio –, a ele deve ser imputado o crime de furto qualificado pelo concurso de pessoas (CP, art. 155, § 4º, IV). *Alternativa A.*

32. (XXIII Exame) Rafael e Francisca combinam praticar um crime de furto em uma residência onde ela exercia a função de passadeira. Decidem, então, subtrair bens do imóvel em data sobre a qual Francisca tinha conhecimento de que os proprietários estariam viajando, pois assim ela tinha certeza de que os patrões, de quem gostava, não sofreriam qualquer ameaça ou violência. No dia do crime, enquanto Francisca aguarda do lado de fora, Rafael entra no imóvel para subtrair bens. Ela, porém, percebe que o carro dos patrões está na garagem e tenta avisar o fato ao comparsa para que este saísse rápido da casa. Todavia, Rafael, ao perceber que a casa estava ocupada, decide empregar violência contra os proprietários para continuar subtraindo mais bens. Descobertos os fatos, Francisca e Rafael são denunciados pela prática do crime de roubo majorado. Considerando as informações narradas, o(a) advogado(a) de Francisca deverá buscar

(A) sua absolvição, tendo em vista que não desejava participar do crime efetivamente praticado.

(B) o reconhecimento da participação de menor importância, com aplicação de causa de redução de pena.

(C) o reconhecimento de que o agente quis participar de crime menos grave, aplicando-se a pena do furto qualificado.

(D) o reconhecimento de que o agente quis participar de crime menos grave, aplicando-se causa de diminuição de pena sobre a pena do crime de roubo majorado.

RESPOSTA Pelo abuso de confiança, Francisca deve responder pelo furto qualificado (CP, art. 155, § 4º, II). Como se trata de circunstância pessoal, que não constitui elementar do delito, a qualificadora não alcançará Rafael em hipótese alguma (CP, art. 30). Se não tivesse ocorrido a violência, Rafael responderia apenas por furto simples (CP, art. 155, *caput*). Todavia, pelo modo como ele executou o delito, a ele deve ser atribuído o crime de roubo (CP, art. 157). Definido o delito praticado por Francisca, furto qualificado, fica fácil optar pela letra "C", a correta.

PENAS

33. (XXIV Exame) Cássio foi denunciado pela prática de um crime de dano qualificado, por ter atingido bem municipal (art. 163, parágrafo único, inciso III, do CP – pena: detenção de 6 meses a 3 anos e multa), merecendo destaque que, em sua Folha de Antecedentes Criminais, consta uma única condenação anterior, definitiva, oriunda de sentença publicada 4 anos antes, pela prática do crime de lesão corporal culposa praticada na direção de veículo automotor. Ao final da instrução, Cássio confessa integralmente os fatos, dizendo estar arrependido e esclarecendo que "perdeu a cabeça" no momento do crime, sendo certo que está trabalhando e tem 3 filhos com menos de 10 anos de idade que são por ele sustentados. Apenas com base nas informações constantes, o(a) advogado(a) de Cássio poderá pleitear, de acordo com as previsões do Código Penal, em sede de alegações finais,

(A) o reconhecimento do perdão judicial.
(B) o reconhecimento da atenuante da confissão, mas nunca sua compensação com a reincidência.
(C) a substituição da pena privativa de liberdade por restritiva de direitos, apesar de o agente ser reincidente.
(D) o afastamento da agravante da reincidência, já que o crime pretérito foi praticado em sua modalidade culposa, e não dolosa.

RESPOSTA A questão exige conhecimento da jurisprudência do STJ. No Informativo n. 577, o Tribunal entendeu pela possibilidade de compensação da atenuante da confissão com a agravante da reincidência. Por isso, errada a letra B. A letra A está errada por não encontrar amparo no art. 163 do CP. A letra D erra ao dizer que não há reincidência entre crimes culposo e doloso. Por fim, e por exclusão, Alternativa C, com fundamento no art. 44, § 3º, do CP.

34. (XXIII Exame) Caio, Mário e João são denunciados pela prática de um mesmo crime de estupro (art. 213 do CP). Caio possuía uma condenação anterior definitiva pela prática de crime de deserção, delito militar próprio, ao cumprimento de pena privativa de liberdade. Já Mário possuía uma condenação anterior, com trânsito em julgado, pela prática de crime comum, com aplicação exclusiva de pena de multa. Por fim, João possuía condenação definitiva pela prática de contravenção penal à pena privativa de liberdade. No momento da sentença, o juiz reconhece agravante da reincidência em relação aos três denunciados. Considerando apenas as informações narradas, de acordo com o Código Penal, o advogado dos réus

(A) não poderá buscar o afastamento da agravante, já que todos são reincidentes.
(B) poderá buscar o afastamento da agravante em relação a Mário, já que somente Caio e João são reincidentes.
(C) poderá buscar o afastamento da agravante em relação a João, já que somente Caio e Mário são reincidentes.
(D) poderá buscar o afastamento da agravante em relação a Caio e João, já que somente Mário é reincidente.

RESPOSTA A prévia condenação por contravenção não gera a reincidência em condenação posterior pela prática de crime – curiosamente, no XXIII Exame de Ordem, a FGV trouxe duas questões em que se exigiu a distinção de crime e de contravenção. Portanto, João não é reincidente. Caio também não é reincidente, pois a condenação anterior ocorreu pela prática de crime militar próprio (CP, art. 64, II). Mário é o único reincidente da história. *Alternativa D.*

35. (XXXIII Exame de Ordem) Augusto foi condenado com trânsito em julgado pela prática da contravenção penal de perturbação da tranquilidade, prevista no Art. 65 da Lei das Contravenções Penais (Decreto- Lei n. 3.688/41). No ano seguinte à sua condenação definitiva, Augusto foi preso pela prática do crime de estupro. Diante do caso narrado, Augusto, ao ser julgado pelo crime de estupro, deverá ser considerado

(A) primário com maus antecedentes, já que o cometimento de crime após condenação com trânsito em julgado por contravenção penal não gera reincidência.
(B) reincidente, na medida em que a lei das contravenções penais considera que a condenação por crime após a condenação pela contravenção gera reincidência.
(C) reincidente, na medida em que o Código Penal estabelece que tanto o cometimento de crime quanto de contravenção gera reincidência.
(D) primário com bons antecedentes, na medida em que a condenação com trânsito em julgado por contravenção não tem o condão de gerar nem reincidência nem maus antecedentes.

RESPOSTA Alternativas B, C e D erradas pela mesma fundamentação: não se fala em reincidência quando a prática do crime é antecedida por condenação por contravenção penal. Isso porque o art. 63 do CP fala em "crime", e não em "infração penal", gênero que comporta crimes e contravenções. *Alternativa A.*

36. (XXIII Exame) Pedro, quando limpava sua arma de fogo, devidamente registrada em seu nome, que mantinha no interior da residência sem adotar os cuidados necessários, inclusive o de desmuniciá-la, acaba, acidentalmente, por dispará-la, vindo a atingir seu vizinho Júlio e a esposa deste, Maria. Júlio faleceu em razão da lesão causada pelo projétil e Maria sofreu lesão corporal e debilidade permanente de membro. Preocupado com sua situação jurídica, Pedro o procura para, na condição de advogado, orientá-lo acerca das consequências do seu comportamento. Na oportunidade, considerando a situação narrada, você deverá esclarecer, sob o ponto de vista técnico, que ele poderá vir a ser responsabilizado pelos crimes de

(A) homicídio culposo, lesão corporal culposa e disparo de de arma de fogo, em concurso formal.
(B) homicídio culposo e lesão corporal grave, em concurso formal.
(C) homicídio culposo e lesão corporal culposa, em concurso material.
(D) homicídio culposo e lesão corporal culposa, em concurso formal.

RESPOSTA Fala-se em concurso material (CP, art. 69) na hipótese de pluralidade de condutas e, em consequência, pluralidade de crimes. Não foi o caso. Houve apenas uma única conduta culposa e pluralidade de delitos. Portanto, concurso formal (CP, art. 70). *Alternativa D.*

37. (XXVI Exame) Pretendendo causar unicamente um crime de dano em determinado estabelecimento comercial, após discussão com o gerente do local, Bruno, influenciado pela ingestão de bebida alcoólica, arremessa uma grande pedra em direção às janelas do estabelecimento. Todavia, sua conduta imprudente fez com que a pedra acertasse a cabeça de Vitor, que estava jantando no local com sua esposa, causando sua morte. Por outro lado, a janela do estabelecimento não foi atingida, permanecendo intacta. Preocupado com as consequências de seus atos, após indiciamento realizado pela autoridade policial, Bruno procura seu advogado para esclarecimentos. Considerando a ocorrência do resultado diverso do pretendido pelo agente, o advogado deve esclarecer que Bruno tecnicamente será responsabilizado pela(s) seguinte(s) prática(s) criminosa(s):

(A) homicídio culposo e tentativa de dano, em concurso material.
(B) homicídio culposo, apenas.
(C) homicídio culposo e tentativa de dano, em concurso formal.
(D) homicídio doloso, apenas.

RESPOSTA O enunciado traz o clássico exemplo da vidraça, sempre adotado por quem trata de *aberratio criminis*, ou resultado diverso do pretendido (CP, art. 74). Como a janela não foi atingida, não houve a prática do delito de dano, devendo o agente ser responsabilizado pela morte da vítima, a título de culpa. *Alternativa B.*

38. (XXVI Exame) Cadu, com o objetivo de matar toda uma família de inimigos, pratica, durante cinco dias consecutivos, crimes de homicídio doloso, cada dia causando a morte de cada um dos cinco integrantes da família, sempre com o mesmo modus operandi e no mesmo local. Os fatos, porém, foram descobertos, e o autor, denunciado pelos cinco crimes de homicídio, em concurso material. Com base nas informações expostas e nas previsões do Código Penal, provada a autoria delitiva em relação a todos os delitos, o advogado de Cadu

(A) não poderá buscar o reconhecimento da continuidade delitiva, tendo em vista que os crimes foram praticados com violência à pessoa, somente cabendo reconhecimento do concurso material.

(B) não poderá buscar o reconhecimento de continuidade delitiva, tendo em vista que os crimes foram praticados com violência à pessoa, podendo, porém, o advogado pleitear o reconhecimento do concurso formal de delitos.

(C) poderá buscar o reconhecimento da continuidade delitiva, mesmo sendo o delito praticado com violência contra a pessoa, cabendo, apenas, aplicação da regra de exasperação da pena de 1/6 a 2/3.

(D) poderá buscar o reconhecimento da continuidade delitiva, mas, diante da violência contra a pessoa e da diversidade de vítimas, a pena mais grave poderá ser aumentada em até o triplo.

RESPOSTA O que difere o concurso material (CP, art. 69) da continuidade delitiva (CP, art. 71) é exatamente a exigência de os crimes serem de mesma espécie e a semelhança das condições de tempo, lugar, maneira de execução (*modus operandi*) etc. O enunciado deu todas as pistas de que o examinador queria como resposta o crime continuado. Portanto, correta a alternativa D, com fundamento no art. 71, parágrafo único, do Código Penal.

39. (XXV Exame) Juarez, com a intenção de causar a morte de um casal de vizinhos, aproveita a situação em que o marido e a esposa estão juntos, conversando na rua, e joga um artefato explosivo nas vítimas, sendo a explosão deste material bélico a causa eficiente da morte do casal. Apesar de todos os fatos e a autoria restarem provados em inquérito encaminhado ao Ministério Público com relatório final de indiciamento de Juarez, o Promotor de Justiça se mantém inerte em razão de excesso de serviço, não apresentando denúncia no prazo legal. Depois de vários meses com omissão do Promotor de Justiça, o filho do casal falecido procura o advogado da família para adoção das medidas cabíveis. No momento da apresentação de queixa em ação penal privada subsidiária da pública, o advogado do filho do casal, sob o ponto de vista técnico, de acordo com o Código Penal, deverá imputar a Juarez a prática de dois crimes de homicídio em

(A) concurso material, requerendo a soma das penas impostas para cada um dos delitos.

(B) concurso formal, requerendo a exasperação da pena mais grave em razão do concurso de crimes.

(C) continuidade delitiva, requerendo a exasperação da pena mais grave em razão do concurso de crimes.

(D) concurso formal, requerendo a soma das penas impostas para cada um dos delitos.

RESPOSTA Com uma única conduta, Juarez produziu dois resultados. Dessa forma, trata-se de concurso formal, com fundamento no art. 70 do Código Penal. Como houve o dolo de produzir a pluralidade de resultados, deve o homicida ser punido pelo sistema do cúmulo material, com a soma das penas (concurso formal impróprio, previsto no art. 70, segunda parte, do Código Penal). *Alternativa D.*

40. (XXII Exame) Gilson, 35 anos, juntamente com seu filho Rafael, de 15 anos, em dificuldades financeiras, iniciaram atos para a subtração de um veículo automotor. Gilson portava arma de fogo e, quando a vítima tentou empreender fuga, ele efetua disparos contra ela, a fim de conseguir subtrair o carro. O episódio levou o proprietário do automóvel a falecer. Apesar disso, os agentes não levaram o veículo, já que outras pessoas que estavam no local chamaram a Polícia. Descobertos os fatos, Gilson é denunciado pelo crime de latrocínio consumado e corrupção de menores em concurso formal, sendo ao final da instrução, após confessar os fatos, condenado à pena mínima de 20 anos pelo crime do art. 157, § 3º, do Código Penal, e à pena mínima de 01 ano pelo delito de corrupção de menores, não havendo reconhecimento de quaisquer agravantes ou atenuantes. Reconhecido, porém, o concurso formal de crimes, ao invés de as penas serem somadas, a pena mais grave foi aumentada de 1/6, resultando em um total de 23 anos e 4 meses de reclusão. Considerando a situação narrada, o advogado de Gilson poderia pleitear, observando a jurisprudência dos Tribunais Superiores, em sede de recurso de apelação,

(A) a aplicação da regra do cúmulo material em detrimento da exasperação, pelo concurso formal de crimes.

(B) a aplicação da pena intermediária abaixo do mínimo legal, em razão do reconhecimento da atenuante da confissão espontânea.

(C) o reconhecimento da modalidade tentada do latrocínio, já que o veículo automotor não foi subtraído.

(D) o afastamento da condenação por corrupção de menor, pela natureza material do delito.

RESPOSTA Apesar de o enunciado trazer muitas informações, a solução não é difícil. No latrocínio (CP, art. 157, § 3º, II), ocorrendo a morte da vítima, o crime se consuma, pouco importando se a coisa foi ou não subtraída. Portanto, errada a letra C. A letra B também está errada. Agravantes e atenuantes são aplicadas na segunda fase do cálculo da pena, e não podem fazer com que a pena fique abaixo do mínimo ou além do máximo. A letra D está errada porque se trata de crime formal (Enunciado 500 da Súmula do STJ). Por fim, por exclusão, correta a alternativa A, com fundamento no art. 70, parágrafo único, do CP.

41. (XXIII Exame) Pedro, jovem rebelde, sai à procura de Henrique, 24 anos, seu inimigo, com a intenção de matá-lo, vindo a encontrá-lo conversando com uma senhora de 68 anos de idade. Pedro saca sua arma, regularizada e cujo porte era autorizado, e dispara em direção ao rival. Ao mesmo tempo, a senhora dava um abraço de despedida em Henrique e acaba sendo atingida pelo disparo. Henrique, que não sofreu qualquer lesão, tenta salvar a senhora, mas ela falece. Diante da situação narrada, em consulta técnica solicitada pela família, deverá ser esclarecido pelo advogado que a conduta de Pedro, de acordo com o Código Penal, configura

(A) crime de homicídio doloso consumado, apenas, com causa de aumento em razão da idade da vítima.

(B) crime de homicídio doloso consumado, apenas, sem causa de aumento em razão da idade da vítima.

(C) crimes de homicídio culposo consumado e de tentativa de homicídio doloso em relação a Henrique.

(D) crime de homicídio culposo consumado, sem causa de aumento pela idade da vítima.

RESPOSTA O erro na execução (*aberratio ictus*) é tema frequente no Exame de Ordem. Pedro quis matar Henrique, mas, por erro ao disparar a arma, atingiu pessoa diversa. De acordo com o art. 73 do CP, o agente deve responder como se a vítima pretendida fosse efetivamente atingida. Portanto, para decidir como Pedro será punido, devemos considerar que Henrique foi morto, e não a senhora idosa. Evidentemente, não se trata de homicídio culposo. Ele quis matar Henrique. Houve dolo. Por isso, erradas as letras "C" e "D". Ademais, a causa de aumento em razão da idade da senhora não deve ser considerada, afinal, como já dito, devemos considerar a vítima pretendida, e não a efetivamente atingida. *Alternativa B.*

42. (XXVIII Exame) Fabrício cumpria pena em livramento condicional, em razão de condenação pela prática de crime de lesão corporal grave. Em 10 de janeiro de 2018, quando restavam 6 meses de pena a serem cumpridos, ele descobre que foi novamente condenado, definitivamente, por crime de furto que teria praticado antes dos fatos que justificaram sua condenação pelo crime de lesão. A pena aplicada em razão da nova condenação foi de 2 anos e 6 meses de pena privativa de liberdade em regime inicial semiaberto. Apesar disso, somente procura seu(sua) advogado(a) em 5 de agosto de 2018, esclarecendo o ocorrido. Ao consultar os autos do processo de execução, o(a) advogado(a) verifica que, de fato, existe a nova condenação, mas que, até o momento, não houve revogação ou suspensão do livramento condicional. Considerando apenas as informações narradas, o(a) advogado(a) de Fabrício, de acordo com a jurisprudência do Superior Tribunal de Justiça, deverá esclarecer que

(A) poderá haver a revogação do livramento condicional, tendo em vista que a nova condenação por crime doloso, aplicada pena privativa de liberdade, é causa de revogação obrigatória do benefício.

(B) não poderá haver a revogação do livramento condicional, tendo em vista que a nova condenação é apenas prevista como causa de revogação facultativa do benefício e não houve suspensão durante o período de prova.

(C) não poderá haver a revogação do livramento condicional, tendo em vista que a nova condenação não é prevista em lei como causa de revogação do livramento condicional, já que o fato que a justificou é anterior àquele que gerou a condenação em que cumpre o benefício.

(D) não poderá haver a revogação do livramento condicional, pois ultrapassado o período de prova, ainda que a nova condenação seja prevista no Código Penal como causa de revogação obrigatória do benefício.

RESPOSTA A questão exige o conhecimento da Súmula 617-STJ: A ausência de suspensão ou revogação do livramento condicional antes do término do período de prova enseja a extinção da punibilidade pelo integral cumprimento da pena. *Alternativa D.*

43. (XXI Exame) Carlos, 21 anos, foi condenado a cumprir pena de prestação de serviços à comunidade pela prática de um crime de lesão corporal culposa no trânsito. Em 1-1-2014, seis meses após cumprir a pena restritiva de direitos aplicada, praticou novo crime de natureza culposa, vindo a ser denunciado. Carlos, após não aceitar qualquer benefício previsto na Lei n. 9.099/95 e ser realizada audiência de instrução e julgamento, é novamente condenado em 17-2-2016. O juiz aplica pena de 11 meses de detenção, não admitindo a substituição por restritiva de direitos em razão da reincidência. Considerando que os fatos são verdadeiros e que o Ministério Público não apelou, o(a) advogado(a) de Carlos, sob o ponto de vista técnico, deverá requerer, em recurso,

(A) a substituição da pena privativa de liberdade por restritiva de direitos.

(B) a suspensão condicional da pena.

(C) o afastamento do reconhecimento da reincidência.

(D) a prescrição da pretensão punitiva.

RESPOSTA De acordo com o art. 44, II, do CP, a substituição não é admitida quando o agente for reincidente em crime doloso. Não foi o caso. Portanto, correta a *alternativa A*. A letra B está errada em razão da subsidiariedade do *sursis* (CP, art. 77, III) em relação à substituição. A reincidência não pode ser afastada. O crime ocorreu dentro do lapso temporal de 5 anos. Errada a letra C. Por fim, não há nem como calcular a prescrição com os dados fornecidos. Errada a letra D.

44. (XXV Exame) Em 2014, Túlio foi condenado definitivamente pela prática de um crime de estupro ao cumprimento de pena de 6 anos. Após preencher todos os requisitos legais, foi a ele deferido livramento condicional. No curso do livramento, Túlio vem novamente a ser condenado definitivamente por outro crime de estupro praticado durante o período de prova. Preocupada com as consequências dessa nova condenação, a família de Túlio procura o advogado para esclarecimentos. Considerando as informações narradas, o advogado de Túlio deverá esclarecer à família que a nova condenação funciona, na revogação do livramento, como causa

(A) obrigatória, não sendo possível a obtenção de livramento condicional em relação ao novo delito.

(B) obrigatória, sendo possível a obtenção de livramento condicional após cumprimento de mais de 2/3 das penas somadas.

(C) facultativa, não sendo possível a obtenção de livramento condicional em relação ao novo delito.

(D) facultativa, sendo possível a obtenção de livramento condicional após cumprimento de mais de 2/3 das penas somadas.

RESPOSTA Não é admitido livramento condicional na hipótese de reincidência específica em crime hediondo (CP, art. 83, V). Ademais, o benefício anteriormente concedido deve ser obrigatoriamente revogado, conforme art. 86, I, do Código Penal. *Alternativa A.* Cuidado: o art. 83 (inciso III) foi alterado pelo Pacote Anticrime.

45. (XXVI Exame) Mário foi denunciado pela prática de crime contra a Administração Pública, sendo imputada a ele a responsabilidade pelo desvio de R$ 500.000,00 dos cofres públicos. Após a instrução e confirmação dos fatos, foi proferida sentença condenatória aplicando a pena privativa de liberdade de 3 anos de reclusão, que transitou em julgado. Na decisão, nada consta sobre a perda do cargo público por Mário. Diante disso, ele procura um advogado para esclarecimentos em relação aos efeitos de sua condenação. Considerando as informações narradas, o advogado de Mário deverá esclarecer que

(A) a perda do cargo, nos crimes praticados por funcionário público contra a Administração, é efeito automático da condenação, sendo irrelevante sua não previsão em sentença, desde que a pena aplicada seja superior a 4 anos.
(B) a perda do cargo, nos crimes praticados por funcionário público contra a Administração, é efeito automático da condenação, desde que a pena aplicada seja superior a1 ano.
(C) a perda do cargo não é efeito automático da condenação, devendo ser declarada em sentença, mas não poderia ser aplicada a Mário diante da pena aplicada ser inferior a 4 anos.
(D) a perda do cargo não é efeito automático da condenação, devendo ser declarada em sentença, mas poderia ter sido aplicada, no caso de Mário, mesmo sendo a pena inferior a 4 anos.

RESPOSTA A perda do cargo público está prevista no art. 92, I, do Código Penal, dentre os efeitos da sentença condenatória. Todavia, não é algo automático. Deve o juiz determiná-la expressamente, com a devida fundamentação. Por se tratar de crime contra a administração pública, não é necessária a condenação superior a quatro anos, como previsto no art. 92, I, *b*, do Código Penal. *Alternativa D.* Cuidado: veja a redação do art. 91-A ao CP, incluído pelo Pacote Anticrime.

46. **(XXXIII Exame de Ordem)** Félix, com dolo de matar seus vizinhos Lucas e Mário, detona uma granada na varanda da casa desses, que ali conversavam tranquilamente, obtendo o resultado desejado. Os fatos são descobertos pelo Ministério Público, que denuncia Félix por dois crimes autônomos de homicídio, em concurso material. Após regular procedimento, o Tribunal do Júri condenou o réu pelos dois crimes imputados e o magistrado, ao aplicar a pena, reconheceu o concurso material. Diante da sentença publicada, Félix indaga, reservadamente, se sua conduta efetivamente configuraria concurso material de dois crimes de homicídio dolosos. Na ocasião, o(a) advogado(a) do réu, sob o ponto de vista técnico, deverá esclarecer ao seu cliente que sua conduta configura dois crimes autônomos de homicídio,
(A) em concurso material, sendo necessária a soma das penas aplicadas para cada um dos delitos.
(B) devendo ser reconhecida a forma continuada e, consequentemente, aplicada a regra da exasperação de uma das penas e não do cúmulo material.
(C) devendo ser reconhecido o concurso formal próprio e, consequentemente, aplicada a regra da exasperação de uma das penas e não do cúmulo material.
(D) devendo ser reconhecido o concurso formal impróprio, o que também imporia a regra da soma das penas aplicadas.

RESPOSTA Por meio de uma única conduta, o agente produziu a pluralidade de resultados, característica dos crimes formais. Por ter existido vontade em produzi-los, as penas devem ser somadas (concurso formal impróprio), nos termos do art. 70, *caput*, do CP, segunda parte. A e B erradas, pois houve pluralidade de condutas (CP, arts. 69 e 71); C errada: por ter havido a intenção de produzir mais de um resultado, não se trata de concurso formal próprio (CP, art. 70). *Alternativa D.*

EXTINÇÃO DA PUNIBILIDADE

47. **(XXIX Exame)** João, por força de divergência ideológica, publicou, em 3 de fevereiro de 2019, artigo ofensivo à honra de Mário, dizendo que este, quando no exercício de função pública na Prefeitura do município de São Caetano, desviou verba da educação em benefício de empresa de familiares. Mário, inconformado com a falsa notícia, apresentou queixa-crime em face de João, sendo a inicial recebida em 2 de maio de 2019. Após observância do procedimento adequado, o juiz designou data para a realização da audiência de instrução e julgamento, sendo as partes regularmente intimadas. No dia da audiência, apenas o querelado João e sua defesa técnica compareceram. Diante da ausência injustificada do querelante, poderá a defesa de João requerer ao juiz o reconhecimento
(A) da decadência, que é causa de extinção da punibilidade.
(B) do perdão do ofendido, que é causa de extinção da punibilidade.
(C) do perdão judicial, que é causa de exclusão da culpabilidade.
(D) da perempção, que é causa de extinção da punibilidade.

RESPOSTA Ao não comparecer à audiência, Mário deu causa à perempção, que, de fato, é causa de extinção da punibilidade (CP, art. 107, IV). *Alternativa D.*

48. **(XX Exame – Reaplicação)** No dia 29-4-2011, Júlia, jovem de apenas 20 anos de idade, praticou um crime de lesão corporal leve (pena: de 3 meses a1 ano) em face de sua rival na disputa pelo amor de Thiago. A representação foi devidamente ofertada pela vítima dentro do prazo de 6 meses, contudo a denúncia somente foi oferecida em 25-4-2014. Em 29-4-2014 foi recebida a denúncia em face de Júlia, pois não houve composição civil, transação penal ou suspensão condicional do processo. Nesta hipótese,
(A) poderá ser requerido pelo advogado de Júlia o reconhecimento da prescrição pela pena ideal, pois entre a data dos fatos e o recebimento da denúncia foram ultrapassados mais de 3 anos.
(B) deverá, caso aplicada ao final do processo a pena mínima prevista em lei, ser reconhecida a prescrição da pretensão punitiva retroativa, pois entre a data dos fatos e o recebimento da denúncia foram ultrapassados mais de 3 anos.
(C) não foram ultrapassados 3 anos entre a data dos fatos e do recebimento da denúncia, pois o prazo prescricional tem natureza essencialmente processual e não material.
(D) deverá ser reconhecida, de imediato, a prescrição da pretensão punitiva pela pena em abstrato.

RESPOSTA A questão é difícil por exigir do candidato a memorização dos prazos do art. 109 do CP. Considerando que a pena máxima do delito é de 1 ano, o prazo prescricional é de 4 anos (art. 109, V). No entanto, há um importante detalhe, e você deve ficar atento a isso, pois o tema sempre cai no Exame de Ordem: se o criminoso tiver menos de 21 anos na época dos fatos, o prazo prescricional cai pela metade (CP, art. 115). Portanto, o prazo prescricional é de 2 anos, pois Júlia tinha 20 anos na época dos fatos. *Alternativa D.*

49. **(XXIV Exame)** No dia 28 de agosto de 2011, após uma discussão no trabalho quando todos comemoravam os 20 anos de João, este desfere uma facada no braço de Paulo, que fica revoltado e liga para a Polícia, sendo João preso em flagrante pela prática do injusto de homicídio tentado, obtendo liberdade provisória logo em seguida. O laudo de exame de delito constatou a existência de lesão leve. A denúncia foi oferecida em 23 de agosto de 2013 e recebida pelo juiz em 28 de agosto de 2013.

Finda a primeira fase do procedimento do Tribunal do Júri, ocasião em que a vítima compareceu, confirmou os fatos, inclusive dizendo acreditar que a intenção do agente era efetivamente matá-la, e demonstrou todo seu inconformismo com a conduta do réu, João foi pronunciado, sendo a decisão publicada em 23 de agosto de 2015, não havendo impugnação pelas partes. Submetido a julgamento em sessão plenária em 18 de julho de 2017, os jurados afastaram a intenção de matar, ocorrendo em sentença, então, a desclassificação para o crime de lesão corporal simples, que tem a pena máxima prevista de 1 ano, sendo certo que o Código Penal prevê que a pena de 1 a 2 anos prescreve em 4 anos. Na ocasião, você, como advogado(a) de João, considerando apenas as informações narradas, deverá requerer que seja declarada a extinção da punibilidade pela

(A) decadência, por ausência de representação da vítima.

(B) prescrição da pretensão punitiva, porque já foi ultrapassado o prazo prescricional entre a data do fato e a do recebimento da denúncia.

(C) prescrição da pretensão punitiva, porque já foi ultrapassado o prazo prescricional entre a data do oferecimento da denúncia e a da publicação da decisão de pronúncia.

(D) prescrição da pretensão punitiva, porque entre a data do recebimento da denúncia e a do julgamento pelo júri decorreu o prazo prescricional.

RESPOSTA Como a banca já disse o prazo a ser utilizado no cálculo – 4 anos –, e considerando que, em razão da idade de João, o prazo da prescrição cai pela metade (CP, art. 115), é fácil optar pela letra B. A respeito do cálculo entre os momentos processuais, uma sugestão: memorize o art. 117 do CP. Ele traz as hipóteses em que o prazo prescricional é interrompido ("zerado"). Sobre a letra A, um problema: não ficou claro que a vítima realmente representou – a lesão corporal leve é crime de ação penal pública condicionada. Um telefonema seria suficiente? Para a FGV, sim.

CRIMES CONTRA A PESSOA

50. (XXVIII Exame) Frederico, de maneira intencional, colocou fogo no jardim da residência de seu chefe de trabalho, causando perigo ao patrimônio deste e dos demais vizinhos da região, já que o fogo se alastrou rapidamente, aproximando-se da rede elétrica e de pessoas que passavam pelo local. Ocorre que Frederico não se certificou, com as cautelas necessárias, que não haveria ninguém no jardim, de modo que a conduta por ele adotada causou a morte de uma criança, queimada, que brincava no local. Desesperado, Frederico procura você, como advogado(a), e admite os fatos, indagando sobre eventuais consequências penais de seus atos. Considerando apenas as informações narradas, o(a) advogado(a) de Frederico deverá esclarecer que a conduta praticada configura crime de

(A) homicídio doloso qualificado pelo emprego de fogo.

(B) incêndio doloso simples.

(C) homicídio culposo.

(D) incêndio doloso com aumento de pena em razão do resultado morte.

RESPOSTA A resposta é letra da lei, nos termos do art. 250 e do art. 258 do CP. *Alternativa D.*

51. (XXIX Exame) Sandra, mãe de Enrico, de 4 anos de idade, fruto de relacionamento anterior, namorava Fábio. Após conturbado término do relacionamento, cujas discussões tinham como principal motivo a criança e a relação de Sandra com o ex-companheiro, Fábio comparece à residência de Sandra, enquanto esta trabalhava, para buscar seus pertences. Na ocasião, ele encontrou Enrico e uma irmã de Sandra, que cuidava da criança. Com raiva pelo término da relação, Fábio, aproveitando se da distração da tia, conversa com a criança sobre como seria legal voar do 8º andar apenas com uma pequena toalha funcionando como paraquedas. Diante do incentivo de Fábio, Enrico pula da varanda do apartamento com a toalha e vem a sofrer lesões corporais de natureza grave, já que cai em cima de uma árvore. Descobertos os fatos, a família de Fábio procura advogado para esclarecimentos sobre as consequências jurídicas do ato. Considerando as informações narradas, sob o ponto de vista técnico, deverá o advogado esclarecer que a conduta de Fábio configura

(A) conduta atípica, já que não houve resultado de morte a partir da instigação ao suicídio.

(B) crime de instigação ao suicídio consumado, com pena inferior àquela prevista para quando há efetiva morte.

(C) crime de instigação ao suicídio na modalidade tentada.

(D) crime de homicídio na modalidade tentada.

RESPOSTA Com 4 anos de idade, a vítima, Enrico, não tinha a menor ideia do que estava fazendo. Por isso, não foi o caso de participação em suicídio, do art. 122 do CP, mas de tentativa de homicídio. *Alternativa D.*

52. (XXV Exame) Márcia e Plínio se encontraram em um quarto de hotel e, após discutirem o relacionamento por várias horas, acabaram por se ofender reciprocamente. Márcia, então, querendo dar fim à vida de ambos, ingressa no banheiro do quarto e liga o gás, aproveitando-se do fato de que Plínio estava dormindo. Em razão do forte cheiro exalado, quando ambos já estavam desmaiados, os seguranças do hotel invadem o quarto e resgatam o casal, que foi levado para o hospital. Tanto Plínio quanto Márcia acabaram sofrendo lesões corporais graves. Registrado o fato na delegacia, Plínio, revoltado com o comportamento de Márcia, procura seu advogado e pergunta se a conduta dela configuraria crime. Considerando as informações narradas, o advogado de Plínio deverá esclarecer que a conduta de Márcia configura crime de

(A) lesão corporal grave, apenas.

(B) tentativa de homicídio qualificado e tentativa de suicídio.

(C) tentativa de homicídio qualificado, apenas.

(D) tentativa de suicídio, por duas vezes.

RESPOSTA O art. 122 do CP sofreu profunda modificação em 2019, por força da Lei n. 13.968. Antes da alteração, só ocorria o crime de participação em suicídio se a vítima sofresse lesão corporal grave ou morte. Agora, estes dois resultados são qualificadoras do delito. Considerando que Márcia praticou conduta apta a causar a morte de Plínio, correta a *alternativa C*, que aponta para o homicídio.

53. (XX Exame – Reaplicação) Vinicius, colega de faculdade de Beatriz, cansado de ver a amiga sofrer em razão de decepções amorosas, incentiva a mesma a cometer suicídio, dizendo que os homens de sua geração não pretendem ter relacionamentos sérios. Beatriz acolhe a sugestão e decide pular da janela de seu apartamento. Contudo, em razão da pequena altura, vem a sofrer apenas lesões leves. Descoberto os fatos, Vinicius é denunciado pela prática de crime de tentativa de homicídio. O advogado de Vinicius, em suas alegações finais da primeira fase do procedimento bifásico do Tribunal do Júri, deve alegar como principal tese de defesa:

(A) a desclassificação para o crime de induzimento, instigação ou auxílio ao suicídio, consumado, crime menos grave do que o imputado.

(B) o reconhecimento da inexigibilidade de conduta diversa, causa excludente da culpabilidade.

(C) a desclassificação para o crime de induzimento, instigação ou auxílio ao suicídio, em sua modalidade tentada.

(D) o reconhecimento da atipicidade da conduta.

RESPOSTA Na época do XX Exame de Ordem, estava correta a alternativa D. Isso porque só se falava em participação em suicídio (CP, art. 122) se a vítima sofrer lesão corporal grave ou morte. Contudo, a partir da entrada em vigor da Lei n. 13.968/19, não existe mais essa exigência como condição à tipicidade da conduta. Atualmente, correta a letra A.

CRIMES CONTRA A HONRA

54. (XXXI Exame) Durante uma reunião de condomínio, Paulo, com o *animus* de ofender a honra objetiva do condômino Arthur, funcionário público, mesmo sabendo que o ofendido foi absolvido daquela imputação por decisão transitada em julgado, afirmou que Artur não tem condições morais para conviver naquele prédio, porquanto se apropriara de dinheiro do condomínio quando exercia a função de síndico. Inconformado com a ofensa à sua honra, Arthur ofereceu queixa-crime em face de Paulo, imputando-lhe a prática do crime de calúnia. Preocupado com as consequências de seu ato, após ser regularmente citado, Paulo procura você, como advogado(a), para assistência técnica. Considerando apenas as informações expostas, você deverá esclarecer que a conduta de Paulo configura crime de

(A) difamação, não de calúnia, cabendo exceção da verdade por parte de Paulo.

(B) injúria, não de calúnia, de modo que não cabe exceção da verdade por parte de Paulo.

(C) calúnia efetivamente imputado, não cabendo exceção da verdade por parte de Paulo.

(D) calúnia efetivamente imputado, sendo possível o oferecimento da exceção da verdade por parte de Paulo.

RESPOSTA (A) errada. O fato imputado a Arthur caracteriza crime, hipótese de calúnia (CP, art. 138), e não de difamação (CP, art. 139). Ademais, não é possível, no exemplo, exceção da verdade (CP, art. 138, § 3º, III), pois Arthur foi absolvido; (B) errada, pois foi atribuído fato, o que poderia caracterizar calúnia (CP, art. 138) ou difamação (CP, art. 139), mas não a injúria (CP, art. 140). Todavia, de fato, não se admite exceção da verdade em injúria; (C) CORRETA, com fundamento no artigo 138, *caput* e § 3º, III, do CP; (D) errada, em razão do artigo 138, § 3º, III, do CP.

55. (XXIII Exame) Roberta, enquanto conversava com Robson, afirmou categoricamente que presenciou quando Caio explorava jogo do bicho, no dia 3-3-2017. No dia seguinte, Roberta contou para João que Caio era um "furtador". Caio toma conhecimento dos fatos, procura você na condição de advogado(a) e nega tudo o que foi dito por Roberta, ressaltando que ela só queria atingir sua honra. Nesse caso, deverá ser proposta queixa-crime, imputando a Roberta a prática de

(A) 1 crime de difamação e 1 crime de calúnia.

(B) 1 crime de difamação e 1 crime de injúria.

(C) 2 crimes de calúnia.

(D) 1 crime de calúnia e 1 crime de injúria.

RESPOSTA Pratica a calúnia quem imputa a alguém, falsamente, fato definido como CRIME. No enunciado, Roberta atribuiu a Caio fato definido como CONTRAVENÇÃO. Por isso, o crime praticado foi o de difamação – atribuir a alguém fato ofensivo à reputação que não seja crime. Ademais, ao dizer que Caio é um "furtador", não houve a atribuição de FATO. Portanto, injúria. Alternativa "B".

CRIMES CONTRA O PATRIMÔNIO

56. (XXXI Exame) Inconformado por estar desempregado, Lúcio resolve se embriagar. Quando se encontrava no interior do coletivo retornando para casa, ele verifica que o passageiro sentado à sua frente estava dormindo, e o telefone celular deste estava solto em seu bolso. Aproveitando-se da situação, Lúcio subtrai o aparelho sem ser notado pelo lesado, que continuava dormindo profundamente. Ao tentar sair do coletivo, Lúcio foi interpelado por outro passageiro, que assistiu ao ocorrido, iniciando-se uma grande confusão, que fez com que o lesado acordasse e verificasse que seu aparelho fora subtraído. Após denúncia pelo crime de furto qualificado pela destreza e regular processamento do feito, Lúcio foi condenado nos termos da denúncia, sendo, ainda, aplicada a agravante da embriaguez preordenada, já que Lúcio teria se embriagado dolosamente. Considerando apenas as informações expostas e que os fatos foram confirmados, o(a) advogado(a) de Lúcio, no momento da apresentação de recurso de apelação, poderá requerer

(A) o reconhecimento de causa de diminuição de pena diante da redução da capacidade em razão da sua embriaguez, mas não o afastamento da qualificadora da destreza.

(B) a desclassificação para o crime de furto simples, mas não o afastamento da agravante da embriaguez preordenada.

(C) a desclassificação para o crime de furto simples e o afastamento da agravante, não devendo a embriaguez do autor do fato interferir na tipificação da conduta ou na dosimetria da pena.

(D) a absolvição, diante da ausência de culpabilidade, em razão da embriaguez completa.

RESPOSTA (A) errada. A embriaguez não se deu por caso fortuito ou força maior (CP, artigo 28, § 2º); (B) errada, pois Lúcio não bebeu com o intuito de praticar o delito, não sendo hipótese de embriaguez preordenada (CP, art. 61, II, "l"); (C) CORRETA. Não houve destreza por parte de Lúcio, afinal, a vítima estava "dormindo profundamente", tendo de ser afastada a qualificadora do artigo 155, § 4º, II, do CP; (D) errada. A embriaguez voluntária não afasta a imputabilidade ou a culpabilidade (CP, artigo 28, II).

57. (XXXI Exame) Maria, em uma loja de departamento, apresentou roupas no valor de R$ 1.200 (mil e duzentos reais) ao caixa, buscando efetuar o pagamento por meio de um cheque de terceira pessoa, inclusive assinando como se fosse a titular da conta. Na ocasião, não foi exigido qualquer documento de identidade. Todavia, o caixa da loja desconfiou do seu nervosismo no preenchimento do cheque, apesar da assinatura perfeita, e consultou o banco sacado, constatando que aquele documento constava como furtado. Assim, Maria foi presa em flagrante naquele momento e, posteriormente, denunciada pelos crimes de estelionato e falsificação de documento público, em concurso material. Confirmados os fatos, o advogado de Maria, no momento das alegações finais, sob o ponto de vista técnico, deverá buscar o reconhecimento

(A) do concurso formal entre os crimes de estelionato consumado e falsificação de documento público.

(B) do concurso formal entre os crimes de estelionato tentado e falsificação de documento particular.

(C) de crime único de estelionato, na forma consumada, afastando-se o concurso de crimes.

(D) de crime único de estelionato, na forma tentada, afastando-se o concurso de crimes.

RESPOSTA (A), (B), e (C) erradas e (D) correta pelos mesmos motivos: (1º) o cheque, em si, não era falso, não havendo o que se falar em falsidade material (CP, arts. 297 e 298); (2º) embora fosse possível se falar em falsidade ideológica (CP, art. 299), teria de incidir a Súmula 17 do STJ, devendo o crime de falso ser absorvido pelo de estelionato; (3º) não houve a consumação do crime do artigo 171 do CP por razões alheias à vontade de Maria, hipótese de tentativa (CP, artigo 14, II).

58. (XXX Exame) Mário trabalhava como jardineiro na casa de uma família rica, sendo tratado por todos como um funcionário exemplar, com livre acesso a toda a residência, em razão da confiança estabelecida. Certo dia, enfrentando dificuldades financeiras, Mário resolveu utilizar o cartão bancário de seu patrão, Joaquim, e, tendo conhecimento da respectiva senha, promoveu o saque da quantia de R$ 1.000,00 (mil reais). Joaquim, ao ser comunicado pelo sistema eletrônico do banco sobre o saque feito em sua conta, efetuou o bloqueio do cartão e encerrou sua conta. Sem saber que o cartão se encontrava bloqueado e a conta encerrada, Mário tentou novo saque no dia seguinte, não obtendo êxito. De posse das filmagens das câmeras de segurança do banco, Mário foi identificado como o autor dos fatos, tendo admitido a prática delitiva. Preocupado com as consequências jurídicas de seus atos, Mário procurou você, como advogado(a), para esclarecimentos em relação à tipificação de sua conduta. Considerando as informações expostas, sob o ponto de vista técnico, você, como advogado(a) de Mário, deverá esclarecer que sua conduta configura

(A) os crimes de furto simples consumado e de furto simples tentado, na forma continuada.

(B) os crimes de furto qualificado pelo abuso de confiança consumado e de furto qualificado pelo abuso de confiança tentado, na forma continuada.

(C) um crime de furto qualificado pelo abuso de confiança consumado, apenas.

(D) os crimes de furto qualificado pelo abuso de confiança consumado e de furto qualificado pelo abuso de confiança tentado, em concurso material.

RESPOSTA Na primeira conduta, Mário tirou proveito da confiança depositada para a prática do crime de furto – CP, art. 155, § 4º, II. Na segunda tentativa, já não havia mais como consumar o crime, pois há havia ocorrido o encerramento da conta da vítima (CP, art. 17). Portanto, não houve concurso de delitos, mas um único furto, qualificado e consumado. *Alternativa C.*

59. (XXVII Exame) Leonardo, nascido em 20-3-1976, estava em dificuldades financeiras em razão de gastos contínuos com entorpecente para consumo. Assim, em 5-7-2018, subtraiu, em comunhão de ações e desígnios com João, nascido em 1-1-1970, o aparelho de telefonia celular de seu pai, Gustavo, nascido em 5-11-1957, tendo João conhecimento de que Gustavo era genitor do comparsa. Após a descoberta dos fatos, Gustavo compareceu em sede policial, narrou o ocorrido e indicou os autores do fato, que vieram a ser denunciados pelo crime de furto qualificado pelo concurso de agentes. No momento da sentença, confirmados os fatos, o juiz reconheceu a causa de isenção de pena em relação aos denunciados, considerando a condição de a vítima ser pai de um dos autores do fato. Inconformado com o teor da sentença, Gustavo, na condição de assistente de acusação habilitado, demonstrou seu interesse em recorrer. Com base apenas nas informações expostas, o(a) advogado(a) de Gustavo deverá esclarecer que

(A) os dois denunciados fazem jus a causa de isenção de pena da escusa absolutória, conforme reconhecido pelo magistrado, já que a circunstância de a vítima ser pai de Leonardo deve ser estendida para João.

(B) nenhum dos dois denunciados faz jus à causa de isenção de pena da escusa absolutória, devendo, confirmada a autoria, ambos ser condenados e aplicada pena.

(C) somente Leonardo faz jus a causa de isenção de pena da escusa absolutória, não podendo esta ser estendida ao coautor.

(D) somente João faz jus a causa de isenção de pena da escusa absolutória, não podendo esta ser estendida ao coautor.

RESPOSTA As escusas absolutórias são muito cobradas no Exame de Ordem. É isento de pena quem comete qualquer dos crimes previstos neste título, em prejuízo: (i) do cônjuge, na constância da sociedade conjugal; (ii) de ascendente ou descendente, seja o parentesco legítimo ou ilegítimo, seja civil ou natural. Cuidado, no entanto, com as exceções, previstas no art. 183 do CP. *Alternativa B.*

60. (XX Exame) Aproveitando-se da ausência do morador, Francisco subtraiu de um sítio diversas ferramentas de valor considerável, conduta não assistida por quem quer que seja. No dia seguinte, o proprietário Antônio verifica a falta das coisas subtraídas, resolvendo se dirigir à delegacia da cidade. Após efetuar o devido registro, quando retornava para o sítio, Antônio avistou Francisco caminhando com diversas ferramentas em um carrinho, constatando que se tratavam dos bens dele subtraídos no dia anterior. Resolve fazer a abordagem, logo dizendo ser o proprietário dos objetos, vindo Francisco, para garantir a impunidade do crime anterior, a desferir um golpe de pá na cabeça de Antônio, causando-lhe as lesões que foram a causa de sua morte. Apesar de tentar fugir em seguida, Francisco foi preso por policiais que passavam pelo local, sendo as coisas recuperadas, ficando constatado o falecimento do lesado. Revoltada, a família de Antônio o procura, demonstrando interesse em sua atuação como assistente de acusação e afirmando a existência de dúvidas sobre a capitulação da conduta do agente. Considerando o caso narrado, o advogado esclarece que a conduta de Francisco configura o(s) crime(s) de

(A) latrocínio consumado.
(B) latrocínio tentado.
(C) furto tentado e homicídio qualificado.
(D) furto consumado e homicídio qualificado.

RESPOSTA Perceba que a morte da vítima não se deu no mesmo contexto da subtração dos bens. Por isso, não se trata de latrocínio – uma bela pegadinha para quem acha que latrocínio é "roubo seguido de morte", como a imprensa costuma dizer. O enunciado descreve duas condutas distintas: um furto consumado e um homicídio qualificado (CP, art. 121, § 2º, V). *Alternativa D.*

61. **(XXV Exame)** Flávia conheceu Paulo durante uma festa de aniversário. Após a festa, ambos foram para a casa de Paulo, juntamente com Luiza, amiga de Flávia, sob o alegado desejo de se conhecerem melhor. Em determinado momento, Paulo, sem qualquer violência real ou grave ameaça, ingressa no banheiro para urinar, ocasião em que Flávia e Luiza colocam um pedaço de madeira na fechadura, deixando Paulo preso dentro do local. Aproveitando-se dessa situação, subtraem diversos bens da residência de Paulo e deixam o imóvel, enquanto a vítima, apesar de perceber a subtração, não tinha condição de reagir. Horas depois, vizinhos escutam os gritos de Paulo e chamam a Polícia. De imediato, Paulo procura seu advogado para esclarecimentos sobre a responsabilidade penal de Luiza e Flávia. Considerando as informações narradas, o advogado de Paulo deverá esclarecer que as condutas de Luiza e Flávia configuram crime de

(A) roubo majorado.
(B) furto qualificado, apenas.
(C) cárcere privado, apenas.
(D) furto qualificado e cárcere privado.

RESPOSTA Pelo fato de não ter sido empregada violência (real) ou grave ameaça, é natural imaginar que se trata de furto (CP, art. 155). Todavia, a parte final do art. 157 do Código Penal, onde está tipificado o roubo, não deixa dúvida: pratica roubo o agente que, por qualquer meio, reduz a possibilidade de resistência da vítima. Foi exatamente o que ocorreu na hipótese do enunciado. Ademais, devem incidir as majorantes da restrição de liberdade e a do concurso de pessoas (CP, art. 157, § 2º, II e V). *Alternativa A.*

62. **(XXI Exame)** Felipe sempre sonhou em ser proprietário de um veículo de renomada marca mundial. Quando soube que uma moradora de sua rua tinha um dos veículos de seu sonho em sua garagem, Felipe combinou com Caio e Bruno de os dois subtraírem o veículo, garantindo que ficaria com o produto do crime e que Caio e Bruno iriam receber determinado valor, o que efetivamente vem a ocorrer. Após receber o carro, Felipe o leva para sua casa de praia, localizada em outra cidade do mesmo Estado em que reside. Os fatos são descobertos e o veículo é apreendido na casa de veraneio de Felipe. Considerando as informações narradas, é correto afirmar que Felipe deverá ser responsabilizado pela prática do crime de

(A) furto simples.
(B) favorecimento real.
(C) furto qualificado pelo concurso de agentes.
(D) receptação.

RESPOSTA Como houve prévio acordo entre Felipe e os demais, o crime foi o de furto. Teria ocorrido o favorecimento real (CP, art. 349) se, após praticado o furto, sem prévio acordo, Felipe ocultasse o automóvel para garantir o sucesso da conduta criminosa. Da mesma forma, para a receptação (CP, art. 180), Felipe deveria ter ocultado a coisa sem que houvesse prévio acordo com os demais agentes. Considerando que o furto se deu em concurso de pessoas (CP, art. 155, § 4º, IV), correta a *alternativa C.*

63. **(XXXII Exame de Ordem)** Paulo é dono de uma loja de compra e venda de veículos usados. Procurado por um cliente interessado na aquisição de um veículo Audi Q7 e não tendo nenhum similar para vender, Paulo promete ao cliente que conseguirá aquele modelo no prazo de sete dias. No dia seguinte, Paulo verifica que um carro, do mesmo modelo pretendido, se achava estacionado no pátio de um supermercado e, assim, aciona Júlio e Felipe, conhecidos furtadores de carros da localidade, prometendo a eles adquirir o veículo após sua subtração pela dupla, logo pensando na venda vantajosa que faria para o cliente interessado. Júlio e Felipe, tranquilos com a venda que seria realizada, subtraíram o carro referido e Paulo efetuou a compra e o pagamento respectivo. Dias após, Paulo vende o carro para o cliente. Todavia, a polícia identificou a autoria do furto, em razão de a ação ter sido monitorada pelo sistema de câmeras do supermercado, sendo o veículo apreendido e recuperado com o cliente de Paulo. Paulo foi denunciado pela prática dos crimes de receptação qualificada e furto qualificado em concurso material. Confirmados Integralmente os fatos durante a instrução, inclusive com a confissão de Paulo, sob o ponto de vista técnico, cabe ao advogado de Paulo buscar o reconhecimento do

(A) crime de receptação simples e furto qualificado, em concurso material.
(B) crime de receptação qualificada, apenas.
(C) crime de furto qualificado, apenas.
(D) crime de receptação simples, apenas.

RESPOSTA Alternativas A, B e D) erradas. Quem pratica o crime de receptação (CP, art. 180) não pode ter envolvimento no crime antecedente, sob pena de responder em concurso de pessoas – no exemplo, o de furto qualificado (CP, art. 155, § 4º). *Alternativa C.*

CRIMES CONTRA A DIGNIDADE SEXUAL

64. **(XXXI Exame)** Yuri foi denunciado pela suposta prática de crime de estupro qualificado em razão da idade da vítima, porque teria praticado conjunção carnal contra a vontade de Luana, de 15 anos, mediante emprego de grave ameaça. No curso da instrução, Luana mudou sua versão e afirmou que, na realidade, havia consentido na prática do ato sexual, sendo a informação confirmada por Yuri em seu interrogatório. Considerando apenas as informações expostas, no momento de apresentar alegações finais, a defesa técnica de Yuri deverá pugnar por sua absolvição, sob o fundamento de que o consentimento da suposta ofendida, na hipótese, funciona como

A) causa supralegal de exclusão da ilicitude.

B) causa legal de exclusão da ilicitude.
C) fundamento para reconhecimento da atipicidade da conduta.
D) causa supralegal de exclusão da culpabilidade.

RESPOSTA (A), (B) e (D) erradas e correta a alternativa (C) pelos mesmos motivos: no crime de estupro (CP, artigo 213, § 1º), ainda que se trate de vítima menor de idade, o consentimento é causa de atipicidade da conduta. Conclusão diversa seria obtida se Luana fosse menor de 14 anos, pois estaria caracterizado o estupro de vulnerável (CP, art. 217-A), quando o consentimento é irrelevante.

65. (XX Exame) Durante dois meses, Mário, 45 anos, e Joana, 14 anos, mantiveram relações sexuais em razão de relacionamento amoroso. Apesar do consentimento de ambas as partes, ao tomar conhecimento da situação, o pai de Joana, revoltado, comparece à Delegacia e narra o ocorrido para a autoridade policial, esclarecendo que o casal se conhecera no dia do aniversário de 14 anos de sua filha. Considerando apenas as informações narradas, é correto afirmar que a conduta de Mário

(A) é atípica, em razão do consentimento da ofendida.
(B) configura crime de estupro de vulnerável.
(C) é típica, mas não é antijurídica, funcionando o consentimento da ofendida como causa supralegal de exclusão da ilicitude.
(D) configura crime de corrupção de menores.

RESPOSTA Quem tem 14 anos completos pode consentir com a prática de atos sexuais. O estupro de vulnerável ocorre quando a vítima tem idade inferior (13, 12, 11...), conforme art. 217-A do CP. *Alternativa A.*

66. (XX Exame – Reaplicação) Miguel, com 27 anos de idade, pratica conjunção carnal com Maria, jovem saudável com 16 anos de idade, na residência desta, que consente com o ato. Na mesma data e também na mesma residência, a irmã de Maria, de nome Marta, com 18 anos, permite que seu namorado Alexandre quebre todos os porta-retratos que estão com as fotos de seu ex-namorado. O Ministério Público ofereceu denúncia em face de Miguel pelo crime de estupro. Marta, após o fim da relação, ofereceu queixa pela prática de dano por Alexandre. Os réus contrataram o mesmo advogado, que deverá alegar que não foram praticados crimes, pois, em relação às condutas de Miguel e Alexandre, respectivamente, estamos diante de

(A) causa supralegal excludente da ilicitude e causa supralegal de excludente da culpabilidade.
(B) causa excludente da tipicidade, em ambos os casos.
(C) causa excludente da tipicidade e causa supralegal de excludente da ilicitude.
(D) causa supralegal de excludente da ilicitude, em ambos os casos.

RESPOSTA A conduta de Miguel é formalmente atípica. Não há, em lei, tipificação para a sua conduta. Ademais, por ter havido consentimento para a destruição do porta-retratos, verifica-se causa supralegal (não prevista em lei) de exclusão da ilicitude. *Alternativa C.*

CRIMES CONTRA A FÉ PÚBLICA

67. (XXI Exame) No curso de uma assembleia de condomínio de prédio residencial foram discutidos e tratados vários pontos. O morador Rodrigo foi o designado para redigir a ata respectiva, descrevendo tudo que foi discutido na reunião. Por esquecimento, deixou de fazer constar ponto relevante debatido, o que deixou Lúcio, um dos moradores, revoltado ao receber cópia da ata. Indignado, Lúcio promove o devido registro na delegacia própria, comprovando que Rodrigo, com aquela conduta, havia lhe causado grave prejuízo financeiro. Após oitiva dos moradores do prédio, em que todos confirmaram que o tema mencionado por Lúcio, de fato, fora discutido e não constava da ata, o Ministério Público ofereceu denúncia em face de Rodrigo, imputando-lhe a prática do crime de falsidade ideológica de documento público. Considerando que todos os fatos acima destacados foram integralmente comprovados no curso da ação, o(a) advogado(a) de Rodrigo deverá alegar que

(A) ele deve ser absolvido por respeito ao princípio da correlação, já que a conduta por ele praticada melhor se adequa ao crime de falsidade material, que não foi descrito na denúncia.
(B) sua conduta deve ser desclassificada para crime de falsidade ideológica culposa.
(C) a pena a ser aplicada, apesar da prática do crime de falsidade ideológica, é de 01 a 3 anos de reclusão, já que a ata de assembleia de condomínio é documento particular e não público.
(D) ele deve ser absolvido por atipicidade da conduta.

RESPOSTA O Código Penal não tipifica a falsidade ideológica culposa (CP, art. 299). Sabendo disso, já podemos afastar a letra B, errada, e optar pela alternativa D como correta. A letra C utiliza trechos do preceito secundário do art. 299 do CP. De fato, se o documento for particular, a pena é de um a três anos. Todavia, como já dito, a conduta do agente é atípica. Por fim, errada a letra A. Não houve a falsificação de um documento (falsidade material), mas a omissão ao inserir informações em um documento verdadeiro. Se tivesse agido dolosamente, responderia pelo delito do art. 299.

68. (XXVII Exame) Talles, desempregado, decide utilizar seu conhecimento de engenharia para fabricar máquina destinada à falsificação de moedas. Ao mesmo tempo, pega uma moeda falsa de R$ 3,00 (três reais) e, com um colega também envolvido com falsificações, tenta colocá-la em livre circulação, para provar o sucesso da empreitada. Ocorre que aquele que recebe a moeda percebe a falsidade rapidamente, em razão do valor suspeito, e decide chamar a Polícia, que apreende a moeda e o maquinário já fabricado. Talles é indiciado pela prática de crimes e, já na Delegacia, liga para você, na condição de advogado(a), para esclarecimentos sobre a tipicidade de sua conduta. Considerando as informações narradas, em conversa sigilosa com seu cliente, você deverá esclarecer que a conduta de Talles configura

(A) atos preparatórios, sem a prática de qualquer delito.
(B) crimes de moeda falsa e de petrechos para falsificação de moeda.
(C) crime de petrechos para falsificação de moeda, apenas.
(D) crime de moeda falsa, apenas, em sua modalidade tentada.

RESPOSTA Foi praticado apenas o crime do art. 291 do CP (petrechos para falsificação de moeda). Em relação à circulação da moeda de R$ 3,00, trata-se de crime impossível. Quem aceitaria uma moeda desse valor? Ninguém. *Alternativa C.*

CRIMES CONTRA A ADMINISTRAÇÃO PÚBLICA

69. **(XX Exame– Reaplicação)** Hugo estava dentro de seu automóvel esperando a namorada, quando foi abordado por dois policiais militares. Os policiais exigiram a saída de Hugo do automóvel e sua identificação, que atendeu à determinação. Após revista pessoal e no carro, e nada de ilegal ter sido encontrado, os agentes da lei afirmaram que Hugo deveria acompanhá-los à Delegacia para que fosse feita uma averiguação, inclusive para ver se havia mandado de prisão contra ele. Após recusa de Hugo, os policiais tentaram algemá-lo, mas ele não aceitou. Considerando apenas as informações expostas, é correto afirmar que a conduta de Hugo

(A) configura situação atípica.
(B) configura o crime de resistência.
(C) configura o crime de desobediência.
(D) configura o crime de desacato.

RESPOSTA O desacato (CP, art. 331) consiste em não guardar o devido respeito ao funcionário público no exercício da função ou em razão dela. A respeito da atipicidade da conduta, cuidado: o STJ tem posicionamento recente (HC 462.665-SP, de 18-9-2018) entendendo pela manutenção do delito em nosso ordenamento. Na desobediência (CP, art. 330), o particular desobedece a ordem legal de funcionário público. Por fim, na resistência (CP, art. 329), o particular opõe-se, mediante violência ou ameaça (a lei não exige que seja grave), à execução de ato legal. No enunciado, Hugo não aceitou a ordem dos policiais. Entretanto, não havia razão para que os policiais o algemassem. Como a oposição se deu contra ato ilegal, correta a *alternativa A*.

70. **(XXI Exame)** Alberto, policial civil, passando por dificuldades financeiras, resolve se valer de sua função para ampliar seus vencimentos. Para tanto, durante o registro de uma ocorrência na Delegacia onde está lotado, solicita à noticiante R$2.000,00 para realizar as investigações necessárias à elucidação do fato. Indignada com a proposta, a noticiante resolve gravar a conversa. Dizendo que iria pensar se aceitaria pagar o valor solicitado, a noticiante deixa o local e procura a Corregedoria de Polícia Civil, narrando a conduta do policial e apresentando a gravação para comprovação. Acerca da conduta de Alberto, é correto afirmar que configura crime de

(A) corrupção ativa, em sua modalidade tentada.
(B) corrupção passiva, em sua modalidade tentada.
(C) corrupção ativa consumada.
(D) corrupção passiva consumada.

RESPOSTA No momento em que solicitou a vantagem, Alberto consumou o crime de corrupção passiva (CP, art. 317). Tanto faz o fato de ter recebido ou não o que foi pedido. Ademais, a corrupção ativa (CP, art. 333) é praticada pelo particular que oferece ou promete a vantagem ao funcionário público. *Alternativa D.*

71. **(XXIII Exame)** Catarina leva seu veículo para uma determinada entidade autárquica com o objetivo de realizar a fiscalização anual. Carlos, funcionário público que exerce suas funções no local, apesar de não encontrar irregularidades no veículo, verificando a inexperiência de Catarina, que tem apenas 19 anos de idade, exige R$ 5.000,00 para "liberar" o automóvel sem pendências. Catarina, de imediato, recusa-se a entregar o valor devido e informa o ocorrido ao superior hierárquico de Carlos, que aciona a polícia. Realizada a prisão em flagrante de Carlos, a família é comunicada sobre o fato e procura um advogado para que ele preste esclarecimentos sobre a responsabilidade penal de Carlos. Diante da situação narrada, o advogado da família de Carlos deverá esclarecer que a conduta praticada por Carlos configura, em tese, crime de

(A) corrupção passiva consumada.
(B) concussão consumada.
(C) corrupção passiva tentada.
(D) concussão tentada.

RESPOSTA Ao dizer "exige", o enunciado descarta duas alternativas. A exigência de vantagem indevida caracteriza o crime de concussão (CP, art. 316). Erradas as letras "A" e "C". Ademais, a concussão está consumada no momento da exigência, pouco importando se o agente recebe ou não a vantagem indevida. *Alternativa B.*

72. **(XXXIII Exame de Ordem)** Vitor, embora não tenha prestado concurso público, está exercendo, transitoriamente e sem receber qualquer remuneração, uma função pública. Em razão do exercício dessa função pública, Vitor aceita promessa de José, particular, de lhe pagar R$ 500,00 (quinhentos reais) em troca de um auxílio relacionado ao exercício dessa função. Ocorre que, apesar do auxílio, José não fez a transferência do valor prometido. Os fatos são descobertos pelo superior hierárquico de Vitor, que o indaga sobre o ocorrido. Na ocasião, Vitor confirma o acontecido, mas esclarece que não acreditava estar causando prejuízo para a Administração Pública. Em seguida, preocupado com as consequências jurídicas de seus atos, Vitor procura seu advogado em busca de assegurar que sua conduta fora legítima. Considerando apenas as informações narradas, o advogado de Vitor deverá esclarecer que sua conduta

(A) não configura crime em razão de a função ser apenas transitória, logo não pode ser considerado funcionário público para efeitos penais, apesar de o recebimento de remuneração ser dispensável a tal conceito.
(B) não configura crime em razão de não receber remuneração pela prestação da função pública, logo não pode ser considerado funcionário público para efeitos penais, apesar de o exercício da função transitória não afastar, por si só, tal conceito.
(C) configura crime de corrupção ativa, na sua modalidade tentada.
(D) configura crime de corrupção passiva, na sua modalidade consumada.

RESPOSTA (A) Errada. Ainda que transitória, quem exerce função pública pode praticar o crime de corrupção passiva (CP, art. 327, § 1º); (B) Ainda que sem remuneração, é possível a prática de crime funcional (CP, art. 327, § 1º); (C) Pratica corrupção ativa que oferece ou promete vantagem indevida a funcionário público (CP, art. 333); (D) O enunciado corresponde à corrupção passiva, do art. 317 do CP. *Alternativa D.*

73. **(XX Exame)** Guilherme, funcionário público de determinada repartição pública do Estado do Paraná, enquanto organizava os arquivos de sua repartição, acabou, por desatenção, jogando ao lixo, juntamente com materiais inúteis, um importante livro oficial, que veio a se perder. Considerando apenas as informações narradas, é correto afirmar que a conduta de Guilherme

(A) configura crime de prevaricação.
(B) configura situação atípica.
(C) configura crime de condescendência criminosa.
(D) configura crime de extravio, sonegação ou inutilização de livro ou documento.

RESPOSTA Sempre esteja atento a expressões que indiquem conduta culposa (esquecimento, desatenção, desleixo, descuido etc.). Veja que nenhuma alternativa fala em culpa. Só por isso, já seria possível marcar, sem medo, a alternativa B. De fato, a conduta é atípica. Os delitos das demais alternativas estão previstos nos arts. 314, 319 e 320, todos dolosos. Dê uma olhada no que diz cada um deles. *Alternativa B.*

74. (XXXII Exame de Ordem) Francisco foi vítima de uma contravenção penal de vias de fato, pois, enquanto estava de costas para o autor, recebeu um tapa em sua cabeça. Acreditando que a infração teria sido praticada por Roberto, seu desafeto que estava no local, compareceu em sede policial e narrou o ocorrido, apontando, de maneira precipitada, o rival como autor. Diante disso, foi instaurado procedimento investigatório em desfavor de Roberto, sendo, posteriormente, verificado em câmeras de segurança que, na verdade, um desconhecido teria praticado o ato. Ao tomar conhecimento dos fatos, antes mesmo de ouvir Roberto ou Francisco, o Ministério Público ofereceu denúncia em face deste, por denunciação caluniosa. Considerando apenas as informações expostas, você, como advogado(a) de Francisco, deverá, sob o ponto de vista técnico, pleitear

(A) a absolvição, pois Francisco deu causa à instauração de investigação policial imputando a Roberto a prática de contravenção, e não crime.
(B) extinção da punibilidade diante da ausência de representação, já que o crime é de ação penal pública condicionada à representação.
(C) reconhecimento de causa de diminuição de pena em razão da tentativa, pois não foi proposta ação penal em face de Roberto.
(D) a absolvição, pois o tipo penal exige dolo direto por parte do agente.

RESPOSTA (A) Errada. O crime de denunciação caluniosa também pode ficar caracterizado pela acusação de contravenção (CP, art. 339, § 2º); (B) Errada. É crime de ação penal pública incondicionada; (C) Errada. O crime se consumou com a instauração da investigação; (D) Certa. A ausência de dolo afasta, de fato, a prática da conduta tipificada no art. 339 do CP. *Alternativa D.*

75. (XXXIII Exame de Ordem) João e Carlos procuram Paulo para que, juntos, pratiquem um crime de roubo de carga. Apesar de se recusar a acompanhá-los na ação delituosa, Paulo oferece a garagem de sua casa para a guarda da carga roubada, conduta que seria fundamental na empreitada criminosa, já que João e Carlos não teriam outro local para esconder os bens subtraídos. Apenas por terem conseguido o acordo com Paulo, João e Carlos operam a subtração. Ao chegarem à casa de Paulo, este lhes informa que a garagem estava ocupada naquele momento e não poderia mais ser utilizada. Assim, o trio que dividiria os lucros procura o vizinho Pedro e, após contarem o ocorrido, pedem a garagem emprestada por um tempo, proposta que é aceita por Pedro. Sendo todos os fatos apurados e recuperada a carga na garagem de Pedro, as famílias de Paulo e Pedro procuram um(a) advogado(a) para saber acerca da situação jurídica deles. Na ocasião da assistência jurídica, o(a) advogado(a) deverá esclarecer que

(A) ambos poderão ser responsabilizados pelo crime de roubo majorado.
(B) Paulo poderá ser responsabilizado pelo crime de roubo majorado, enquanto Pedro, apenas pelo crime de receptação.
(C) Paulo poderá ser responsabilizado pelo crime de roubo majorado, enquanto Pedro, apenas pelo crime de favorecimento real.
(D) Pedro e Paulo poderão ser responsabilizados pelo crime de favorecimento real.

RESPOSTA (A)(B)(D) erradas e (C) certa pelos mesmos fundamentos: tanto no crime de favorecimento real quanto no de receptação (CP, arts. 349 e 180), o sujeito não pode estar envolvido na prática do crime antecedente – no exemplo, um roubo. Como Pedro penas prestou auxílio destinado a tornar seguro o proveito do crime, deve ser punido pelo favorecimento real. *Alternativa C.*

LEGISLAÇÃO PENAL ESPECIAL

76. (XXX Exame) Gabriel foi condenado pela prática de um crime de falso testemunho, sendo-lhe aplicada a pena de 3 anos de reclusão, em regime inicial aberto, substituída a pena privativa de liberdade por duas restritivas de direitos (prestação de serviços à comunidade e limitação de final de semana). Após cumprir o equivalente a1 ano da pena aplicada, Gabriel deixa de cumprir a prestação de serviços à comunidade. Ao ser informado sobre tal situação pela entidade beneficiada, o juiz da execução, de imediato, converte a pena restritiva de direitos em privativa de liberdade, determinando o cumprimento dos 3 anos da pena imposta em regime semiaberto, já que Gabriel teria demonstrado não preencher as condições para cumprimento de pena em regime aberto. Para impugnar a decisão, o(a) advogado(a) de Gabriel deverá alegar que a conversão da pena restritiva de direitos em privativa de liberdade

(A) foi válida, mas o regime inicial a ser observado é o aberto, fixado na sentença, e não o semiaberto.
(B) foi válida, inclusive sendo possível ao magistrado determinar a regressão ao regime semiaberto, restando a Gabriel cumprir apenas 2 anos de pena privativa de liberdade, pois os serviços à comunidade já prestados são considerados pena cumprida.
(C) não foi válida, pois o descumprimento da prestação de serviços à comunidade não é causa a justificar a conversão em privativa de liberdade.
(D) não foi válida, pois, apesar de possível a conversão em privativa de liberdade pelo descumprimento da prestação de serviços à comunidade, deveria o apenado ser previamente intimado para justificar o descumprimento.

RESPOSTA É muito importante que o examinando preste atenção ao que foi pedido pela banca. Agiu corretamente o juiz ao fixar o regime semiaberto? Ele podia ter imposto mais três de anos de cumprimento de pena? Nada disso importa. Ao final do enunciado, a banca pergunta: o que pode ser alegado em relação à conversão da pena privativa de liberdade em restritiva de direito? Apenas o fato de não ter sido válida por não ter sido ouvido previamente o condenado, nos termos do art. 118, § 2º, da LEP. *Alternativa D.* Cuidado: os parâmetros da progressão foram modificados pelo Pacote Anticrime. Já não se fala mais em frações (1/8, 1/6, 2/5 e 3/5), mas em percentuais.

77. (XXX Exame) Zélia, professora de determinada escola particular, no dia 12 de setembro de 2019, presencia, em via pública, o momento em que Luiz, nascido em 20 de dezembro de 2012, adota comportamento extremamente mal-educado e pega brinquedos de outras crianças que estavam no local. Insatisfeita com a omissão da mãe da criança, sentindo-se na obrigação de intervir por ser professora, mesmo sem conhecer Luiz anteriormente, Zélia passa a, mediante grave ameaça, desferir golpes com um pedaço de madeira na mão de Luiz, como forma de lhe aplicar castigo pessoal, causando-lhe intenso sofrimento físico e mental. Descobertos os fatos, foi instaurado inquérito policial. Nele, Zélia foi indiciada pelo crime de tortura com a causa de aumento em razão da idade da vítima. Após a instrução, confirmada a integralidade dos fatos, a ré foi condenada nos termos da denúncia, reconhecendo o magistrado, ainda, a presença da agravante em razão da idade de Luiz. Considerando apenas as informações expostas, a defesa técnica de Zélia, no momento da apresentação da apelação, poderá, sob o ponto de vista técnico, requerer

(A) a absolvição de Zélia do crime imputado, pelo fato de sua conduta não se adequar à figura típica do crime de tortura.

(B) a absolvição de Zélia do delito de tortura, com fundamento na causa de exclusão da ilicitude do exercício regular do direito, em que pese a conduta seja formalmente típica em relação ao crime imputado.

(C) o afastamento da causa de aumento de pena em razão da idade da vítima, restando apenas a agravante com o mesmo fundamento, apesar de não ser possível pugnar pela absolvição em relação ao crime de tortura.

(D) o afastamento da agravante em razão da idade da vítima, sob pena de configurar bis in idem, já que não é possível requerer a absolvição do crime de tortura majorada.

RESPOSTA O crime de tortura está previsto na Lei n. 9.455/95. Para a caracterização do delito, a tortura tem de se dar (art. 1º, I): a) com o fim de obter informação, declaração ou confissão da vítima ou de terceira pessoa; b) para provocar ação ou omissão de natureza criminosa; c) em razão de discriminação racial ou religiosa. Não foi o caso descrito no enunciado. Por isso, Zélia deve ser absolvida do crime de tortura, como apontado, corretamente, na *alternativa A*.

78. (XXVI Exame) Matheus, José e Pedro, irmãos, foram condenados pela prática dos crimes de homicídio simples contra inimigo, roubo majorado pelo concurso de agentes e estupro simples, respectivamente. Após cumprirem parte das penas privativas de liberdade aplicadas, a mãe dos condenados procura o advogado da família para esclarecimentos sobre a possibilidade de serem beneficiados por decreto de indulto. Com base apenas nas informações narradas, o advogado deverá esclarecer que, em tese,

(A) Matheus e José poderão ser beneficiados, pois os crimes praticados por eles não são classificados como hediondos, diferentemente do que ocorre com o crime imputado a Pedro.

(B) apenas José poderá ser beneficiado, pois os crimes praticados por Matheus e Pedro são classificados como hediondos.

(C) Matheus, José e Pedro poderão ser beneficiados, pois, apesar de hediondos os delitos praticados pelos três, o indulto poderá ser concedido em respeito ao princípio da individualização da pena.

(D) Matheus, José e Pedro poderão ser beneficiados, tendo em visto que nenhum dos delitos praticados é classificado como hediondo.

RESPOSTA Dos três delitos apontados no enunciado – homicídio simples, roubo majorado e estupro simples –, apenas o estupro é hediondo e, portanto, incompatível com o indulto (Lei n. 8.072/90, art. 2º, I). *Alternativa A.* Cuidado: algumas formas majoradas do roubo foram adicionadas ao rol dos crimes hediondos pelo Pacote Anticrime (Lei n. 8.072/90, art. 1º, II).

79. (XXVIII Exame) Gabriela, senhora de 60 anos, é surpreendida com a notícia de que seus dois netos, Pedro e Luiz, ambos com 18 anos de idade, foram presos em flagrante na mesma data, qual seja o dia 5 de setembro de 2018. Pedro foi preso e indiciado pela suposta prática de crime de racismo, enquanto Luiz foi abordado com um fuzil municiado, sendo indiciado pelo crime de porte de arma de fogo de uso restrito (Art. 16 da Lei n. 10.826/03). Gabriela, sem compreender a exata extensão da consequência dos atos dos netos, procurou a defesa técnica deles para esclarecimentos quanto às possibilidades de prescrição e concessão de indulto em relação aos delitos imputados. Considerando as informações narradas, a defesa técnica de Pedro e Luiz deverá esclarecer que

(A) ambos os crimes são insuscetíveis de indulto e imprescritíveis.

(B) somente o crime de porte de arma de fogo é imprescritível, enquanto ambos os delitos são insuscetíveis de indulto.

(C) somente o crime de racismo é imprescritível, enquanto apenas o porte do fuzil é insuscetível de indulto.

(D) somente o crime de racismo é imprescritível, não sendo nenhum deles insuscetível de indulto.

RESPOSTA De fato, o racismo é imprescritível, conforme art. 5º, XLII, da CF. Já o porte ilegal de arma de fogo de uso restrito é crime hediondo (Lei n. 8.072/90, art. 1º, parágrafo único), insuscetível, portanto, de indulto. *Alternativa C.*

80. (XXVII Exame) Cátia procura você, na condição de advogado(a), para que esclareça as consequências jurídicas que poderão advir do comportamento de seu filho, Marlon, pessoa primária e de bons antecedentes, que agrediu a ex-namorada ao encontrá-la em um restaurante com um colega de trabalho, causando-lhe lesão corporal de natureza leve. Na oportunidade, você, como advogado(a), deverá esclarecer que:

(A) o início da ação penal depende de representação da vítima, que terá o prazo de seis meses da descoberta da autoria para adotar as medidas cabíveis.

(B) no caso de condenação, em razão de ser Marlon primário e de bons antecedentes, poderá a pena privativa de liberdade ser substituída por restritiva de direitos.

(C) em razão de o agressor e a vítima não estarem mais namorando quando ocorreu o fato, não será aplicada a Lei n.

11.340/2006, mas, ainda assim, não será possível a transação penal ou a suspensão condicional do processo.

(D) no caso de condenação, por ser Marlon primário e de bons antecedentes, mostra-se possível a aplicação do sursis da pena.

RESPOSTA De fato, é possível a suspensão condicional da pena, ou sursis, nos termos do art. 77 do CP. É importante a memorização dos pressupostos da substituição da pena privativa de liberdade (CP, art. 44) e da suspensão condicional da pena, pois a FGV os pede com certa frequência. Ademais, não confunda a suspensão da pena, do art. 77 do CP, com a suspensão do processo, do art. 89 da Lei n. 9.099/95. *Alternativa D.*

81. (XXVI Exame) Patrícia foi a um shopping center a fim de comprar um celular para sua filha, Maria, de 10 anos, que a acompanhava. Não encontrando o modelo desejado, Patrícia saiu da loja, esclarecendo o ocorrido para a criança que, inconformada com o fato, começou a chorar. Patrícia chamou a atenção de sua filha, o que fez com que seu colega de trabalho Henrique, que passava pelo local, a advertisse, de que não deveria assim agir com a criança, iniciando uma discussão e acabando por empurrá-la contra a parede. Em razão do comportamento de Henrique, Patrícia sofre uma pequena lesão na perna. Ela efetuou o registro e a perícia confirmou a lesão; contudo, dois dias depois, ela compareceu à Delegacia e desistiu da representação. Em razão de a vítima ser do sexo feminino, o Ministério Público ofereceu denúncia contra Henrique pela prática do crime de lesão corporal no âmbito da violência doméstica e familiar contra a mulher, previsto no art. 129, § 9º, do Código Penal. Considerando as informações narradas, o advogado de Henrique deverá alegar que

(A) apesar de o crime ser de lesão corporal no âmbito da violência doméstica e familiar contra a mulher, será cabível, em caso de condenação, a substituição da pena privativa de liberdade por restritiva de direito.

(B) o crime em tese praticado é de lesão corporal leve simples, de modo que, apesar de irrelevante a vontade da vítima para o oferecimento da denúncia, pode ser oferecida proposta de suspensão condicional do processo.

(C) apesar de o crime ser de lesão corporal no âmbito da violência doméstica e familiar contra a mulher, deverá ser rejeitada a denúncia por depender de representação da vítima.

(D) o crime em tese praticado é de lesão corporal leve simples, devendo a denúncia ser rejeitada por depender de representação da vítima.

RESPOSTA A qualificadora do § 9º do art. 129 do Código Penal é aplicável na hipótese de lesão corporal decorrente de violência doméstica. Não foi o caso do enunciado. Ademais, em razão da lesão produzida, trata-se de lesão corporal leve, do art. 129, *caput*, do Código Penal, crime de ação penal pública condicionada à representação (Lei n. 9.099/95, art. 88). Sobre a possibilidade de retratação da representação, não há dúvida acerca de sua viabilidade (CPP, art. 25). *Alternativa D.*

82. (XX Exame) A Lei Maria da Penha objetiva proteger a mulher da violência doméstica e familiar que lhe cause morte, lesão, sofrimento físico, sexual ou psicológico, e dano moral ou patrimonial, desde que o crime seja cometido no âmbito da unidade doméstica, da família ou em qualquer relação íntima de afeto. Diante deste quadro, após agredir sua antiga companheira, porque ela não quis retomar o relacionamento encerrado, causando-lhe lesões leves, Jorge o (a) procura para saber se sua conduta fará incidir as regras da Lei n. 11.340/2006. Considerando o que foi acima destacado, você, como advogado (a) irá esclarecê-lo de que

(A) o crime em tese praticado ostenta a natureza de infração de menor potencial ofensivo.

(B) a violência doméstica de que trata a Lei Maria da Penha abrange qualquer relação íntima de afeto, sendo indispensável a coabitação.

(C) a agressão do companheiro contra a companheira, mesmo cessado o relacionamento, mas que ocorra em decorrência dele, caracteriza a violência doméstica e autoriza a incidência da Lei n. 11.340/2006.

(D) ao contrário da transação penal, em tese se mostra possível a suspensão condicional do processo na hipótese de delito sujeito ao rito da Lei Maria da Penha.

RESPOSTA A coabitação entre vítima e agressor não é essencial para a incidência da Lei Maria da Penha (Súmula 600 do STJ). Logo, errada a letra B. As letras A e D testam o candidato em relação ao art. 41 da Lei n. 11.340/2006: "Art. 41. Aos crimes praticados com violência doméstica e familiar contra a mulher, independentemente da pena prevista, não se aplica a Lei n. 9.099, de 26 de setembro de 1995". Como não é possível a aplicação da Lei dos Juizados na hipótese de violência doméstica, não há que se falar em crime de menor potencial ofensivo, suspensão condicional do processo e transação penal. Por exclusão, correta a *alternativa C.*

83. (XXII Exame) Mariano, 59 anos de idade, possuía em sua residência 302 vídeos e fotografias com cenas de sexo explícito envolvendo adolescentes. Descobertos os fatos, foi denunciado pela prática de 302 crimes do art. 241-B da Lei n. 8.069/90 ("Adquirir, possuir ou armazenar, por qualquer meio, fotografia, vídeo ou outra forma de registro que contenha cena de sexo explícito ou pornográfica envolvendo criança ou adolescente"), em concurso material, sendo descrito que possuía o material proibido. Os adolescentes das imagens não foram localizados. Encerrada a instrução e confirmados os fatos, o Ministério Público pugnou pela condenação nos termos da denúncia. Em sede de alegações finais, diante da confissão do acusado e sendo a prova inquestionável, sob o ponto de vista técnico, o advogado de Mariano deverá pleitear

(A) a absolvição de Mariano, tendo em vista que ele não participava de nenhuma das cenas de sexo explícito envolvendo adolescente.

(B) o reconhecimento de crime único do art. 241-B da Lei n. 8.069/90.

(C) o reconhecimento do concurso formal de crimes entre os 302 delitos praticados.

(D) a extinção da punibilidade do acusado, em razão do desinteresse dos adolescentes em ver Mariano processado.

RESPOSTA A letra A pode ser facilmente descartada, afinal, o dispositivo transcrito no enunciado deixa claro que pratica o delito quem possui o material pornográfico, não sendo necessário que tenha participado de sua produção. A *alternativa B* está correta. O fato de ter armazenado 302 vídeos não faz com que o crime tenha sido praticado 302 vezes. Crime único, portanto. A letra C está errada. A alternativa D está errada, porque o interesse da vítima é irrelevante para a punição do criminoso. A respeito da conduta de divulgar fotos de nudez ou sexo sem autorização, atenção ao novo art. 218-C do Código Penal. *Alternativa B.*

84. (XXII Exame) A Delegacia Especializada de Crimes Tributários recebeu informações de órgãos competentes de que o sócio Mário, da sociedade empresária "Vamos que vamos", possivelmente sonegou imposto estadual, gerando um prejuízo aos cofres do Estado avaliado em R$ 60.000,00. Foi instaurado, então, inquérito policial para apurar os fatos. Ao mesmo tempo, foi iniciado procedimento administrativo, não havendo, até o momento, lançamento definitivo do crédito tributário. O inquérito policial foi encaminhado ao Ministério Público, que ofereceu denúncia em face de Mário, imputando-lhe a prática do crime previsto no art. 1º, inciso I, da Lei n. 8.137/90. Diante da situação narrada, assinale a afirmativa correta.

(A) Não se tipifica o crime imputado ao acusado antes do lançamento definitivo.

(B) Em razão da independência de instância, o lançamento definitivo é irrelevante para configuração da infração penal.

(C) O crime imputado a Mário é de natureza formal, consumando-se no momento da omissão de informação com o objetivo de reduzir tributo, ainda que a redução efetivamente não ocorra.

(D) O crime imputado a Mário é classificado como próprio, de modo que é necessária a presença de ao menos um funcionário público como autor ou partícipe do delito.

RESPOSTA O tema desta questão ganhou força com a edição da Súmula Vinculante de n. 24: "Não se tipifica crime material contra a ordem tributária, previsto no art. 1º, incisos I a IV, da Lei n. 8.137/90, antes do lançamento definitivo do tributo". Não apenas no Exame de Ordem, o enunciado tem caído em vários concursos. Como todas as alternativas têm por base a SV, é fácil optar pela alternativa A como correta.

85. (XXIV Exame) Com dificuldades financeiras para comprar o novo celular pretendido, Vanessa, sem qualquer envolvimento pretérito com aparato policial ou judicial, aceita, a pedido de namorado de sua prima, que havia conhecido dois dias antes, transportar 500 g de cocaína de Alagoas para Sergipe. Apesar de aceitar a tarefa, Vanessa solicitou como recompensa R$ 5.000,00, já que estava muito nervosa por nunca ter adotado qualquer comportamento parecido. Após a transferência do valor acordado, Vanessa esconde o material entorpecente na mala de seu carro e inicia o transporte da substância. Ainda no estado de Alagoas, 30 minutos depois, Vanessa é abordada por policiais e presa em flagrante. Após denúncia pela prática do crime de tráfico de drogas com causa de aumento do art. 40, inciso V, da Lei n. 11.343/2006 ("caracterizado tráfico entre Estados da Federação ou entre estes e o Distrito Federal"), durante a instrução, todos os fatos são confirmados: Folha de Antecedentes Criminais sem outras anotações, primeira vez no transporte de drogas, transferência de valores, que o bem transportado era droga e que a pretensão era entregar o material em Sergipe. Intimado da sentença condenatória nos termos da denúncia, o advogado de Vanessa, de acordo com as previsões da Lei n. 11.343/2006 e a jurisprudência do Superior Tribunal de Justiça, deverá pleitear

(A) o reconhecimento da causa de diminuição de pena do tráfico privilegiado e reconhecimento da tentativa.

(B) o afastamento da causa de aumento e o reconhecimento da causa de diminuição de pena do tráfico privilegiado.

(C) o afastamento da causa de aumento, apenas.

(D) o reconhecimento da causa de diminuição de pena do tráfico privilegiado, apenas.

RESPOSTA O intitulado tráfico privilegiado (Lei n. 11.343/2006, art. 33, § 4º) – em verdade, causa de diminuição de pena – é aplicável quando o agente é primário, de bons antecedentes, não se dedique às atividades criminosas nem integre organização criminosa. É o caso de Vanessa. Quanto à causa de aumento do art. 40, V, da Lei n. 11.343/2006, mencionada no enunciado, a Súmula 587-STJ esclarece: "para a incidência da majorante prevista no artigo 40, V, da Lei n. 11.343/2006, é desnecessária a efetiva transposição de fronteiras entre estados da federação, sendo suficiente a demonstração inequívoca da intenção de realizar o tráfico interestadual". *Alternativa D.*

86. (XXXIII Exame de Ordem) Vitor foi condenado pela prática de um crime de lesão corporal leve no contexto da violência doméstica e familiar contra a mulher, sendo aplicada pena privativa de liberdade de três meses de detenção, a ser cumprida em regime aberto, já que era primário e de bons antecedentes. Considerando a natureza do delito, o juiz deixou de substituir a pena privativa de liberdade por restritiva de direitos e não aplicou qualquer outro dispositivo legal que impedisse o recolhimento do autor ao cárcere. No momento da apelação, a defesa técnica de Vitor, de acordo com a legislação brasileira,

(A) não poderá requerer a substituição da pena privativa de liberdade por restritiva de direitos, mas poderá pleitear a suspensão condicional da pena, que, inclusive, admite que seja fixada prestação de serviços à comunidade e limitação de final de semana por espaço de tempo.

(B) não poderá requerer a substituição da pena privativa de liberdade por restritiva de direitos, mas poderá pleitear a suspensão condicional da pena, que não admite que seja fixada como condição o cumprimento de prestação de serviços à comunidade.

(C) não poderá requerer a substituição da pena privativa de liberdade por restritiva de direitos e nem a suspensão condicional da pena, mas poderá pleitear que o regime aberto seja cumprido em prisão domiciliar com tornozeleira eletrônica.

(D) poderá requerer a substituição da pena privativa de liberdade por restritiva de direitos, que, contudo, não poderá ser apenas de prestação pecuniária por expressa vedação legal.

RESPOSTA (A) certa e (B)(C)(D) erradas pelos mesmos fundamentos: na hipótese de violência doméstica e familiar contra a mulher, não é possível suspensão condicional do processo ou substituição de pena privativa de liberdade por restritivas de direitos (Lei n. 11.340/2006, arts. 16 e 41; Lei n. 9.099/95, art. 89; CP, art. 44; e Súmula 588 do STJ). No entanto, não há impedimento para a concessão da suspensão da pena, nos termos do art. 77 do CP. *Alternativa A.*

Direito Processual Civil

Rennan Faria Krüger Thamay

Pós-Doutor pela Universidade de Lisboa. Doutor em Direito pela PUC/RS e Università degli Studi di Pavia. Mestre em Direito pela UNISINOS e pela PUC Minas. Especialista em Direito pela UFRGS. Professor titular do programa de graduação e pós-graduação (Doutorado, Mestrado e Especialização) da FADISP. Professor da pós-graduação (*lato sensu*) da PUC/SP, do Mackenzie e da Escola Paulista de Direito (EPD). Professor Titular do Estratégia Concursos e do UNASP. Foi Professor assistente (visitante) do programa de graduação da USP e Professor do programa de graduação e pós-graduação (*lato sensu*) da PUC/RS. Presidente da Comissão de Processo Constitucional do Instituto dos Advogados de São Paulo (IASP). Membro do International Association of Procedural Law (IAPL), do Instituto Iberoamericano de Derecho Procesal (IIDP), do Instituto Brasileiro de Direito Processual (IBDP), do Instituto dos Advogados de São Paulo (IASP), da Academia Brasileira de Direito Processual Civil (ABDPC), do Centro Brasileiro de Estudos e Pesquisas Judiciais (CEBEPEJ), da Associação Brasileira de Direito Processual (ABDPro) e do Centro de Estudos Avançados de Processo (CEAPRO). Advogado, árbitro, consultor jurídico e parecerista. www.rennanthamay.com.br.

Marcelo Hugo da Rocha

Especialista em Direito Empresarial (PUCRS) Mestre em Direito (PUCRS). Especialista em Psicologia Positiva e Coaching (Faculdade UNYLEYA). Graduando em Psicologia (IMED). Professor. Advogado. Coordenador, autor e coautor de mais de 80 obras. Destaque para as coleções: Completaço® Passe na OAB e Completaço® Passe em Concursos Públicos, ambas publicadas pela Editora Saraiva. Palestrante motivacional. www.marcelohugo.com.br.

Sumário

1. INTRODUÇÃO E PRINCÍPIOS

A disciplina de Direito Processual Civil no Exame de Ordem atende, principalmente, ao texto legal do Código de Processo Civil. Em março de 2015 foi publicado o atual Código de Processo Civil – Lei n. 13.105, que tem como escopo variadas vertentes teórico-normativas, destacando-se o compromisso de um processo mais eficiente e célere, pretendendo dar ao jurisdicional aquilo que de melhor se pode extrair de um processo que respeite, sempre, e acima de tudo, as garantias constitucionais.

Tendo o Direito Constitucional se tornado o centro da teoria geral do Direito, seus princípios também assumiram maior relevância.

- **Devido processo legal** (*Due process of law*) – o princípio do devido processo legal (art. 5º, LIV, CF) é o gênero principiológico (*superprincípio*) do qual são consectários os demais princípios, como o contraditório e a ampla defesa, por exemplo. Conhecido como *due process of law*, este princípio tem origem no direito inglês (Magna Carta do Rei João Sem Terra, de 1215) e apresenta tanto um caráter instrumental quanto uma dimensão substancial, hipótese na qual tem correspondência com o princípio da proporcionalidade. Assim, ninguém será privado da liberdade ou de seus bens sem o devido processo legal (art. 5º, LIV, CF). É considerado pela doutrina como um *superprincípio* (ou *supraprincípio*) devido a sua função de coordenar e delimitar todos os demais princípios que informam tanto o processo como o procedimento. Por isso, pode ser compreendido como o preceito fundamental do Processo Civil que dá origem aos demais princípios e garantias ao jurisdicionado. Característica relevante deste princípio é recordar que ele é uma "cláusula geral aberta" (STF – RE 201.819/RJ, 2ª Turma, rel. Min. Ellen Gracie). Nessa linha, como exemplo, o art. 26, I, do CPC estabelece que a cooperação jurídica internacional será regida por tratado de que o Brasil faz parte e observará o respeito às garantias do devido processo legal no Estado requerente. Igualmente, o art. 36 do CPC determina que "o procedimento da carta rogatória perante o Superior Tribunal de Justiça é de jurisdição contenciosa e deve assegurar às partes as garantias do devido processo legal".
- **Contraditório** – aos litigantes, em processo judicial ou administrativo, e aos acusados em geral são assegurados o **contraditório** e a **ampla defesa**, com os meios e recursos a ela inerentes (art. 5º, LV, CF). É um princípio *absoluto* ao assegurar isonomia entre as partes no processo. A doutrina, em geral, não distingue o contraditório da ampla defesa. Destarte, o contraditório possibilita ao demandado ter ciência da demanda que corre em seu desfavor, bem como a possibilidade de conhecer o conteúdo da demanda, e possibilita a manifestação defensiva da forma mais ampla possível. É de notar que, dentre os dispositivos que abordam o contraditório em suas diversas formas, podem-se destacar os arts. 7º, 9º e 10 do CPC, todos previstos no capítulo das normas fundamentais do processo civil.
- **Acesso à justiça** – consta no art. XXXV da CF e é aquele acesso a todo cidadão ao Poder Judiciário e a uma decisão justa, já que existem casos nos quais o cidadão não tem condições econômicas de acessar o Judiciário. Para estes casos, fora estabelecida a figura da gratuidade da justiça (Lei n. 1.060/50) e a atuação da Defensoria Pública. O artigo acima noticiado refere que *"A lei não excluirá da apreciação do Poder Judiciário lesão ou ameaça a direito"*. Essa garantia fundamental processual garante ao cidadão que, havendo lesão ou ameaça a direito, o Poder Judiciário é quem deverá decidi-la.
- **Dispositivo** – as partes têm à sua disposição iniciar o processo como decorrência do princípio da ação, consagrando, assim, a iniciativa e vontade das partes em que o juiz é o mero observador. No entanto, no processo brasileiro, há um equilíbrio entre eles, como se pode notar na intenção do legislador no art. 2º do CPC.
- **Inquisitivo** – este se caracteriza pela liberdade do juiz em conduzir o processo sem a necessidade da provocação das partes, sendo-lhe dada a livre apreciação das provas como uma das decorrências deste princípio.
- **Duplo grau de jurisdição** – para muitos, este princípio não está explícito na CF. Neste princípio possibilita-se novo julgamento por órgão hierarquicamente superior. Diz-se que este princípio tem ligação com o reexame necessário do art. 496 do CPC.
- **Motivação das decisões** – todos os julgamentos dos órgãos do Poder Judiciário serão públicos, e fundamentadas todas as decisões, sob pena de nulidade (art. 93, IX, CF). Dessa forma, sentença sem a respectiva motivação (fundamentação) é nula. É exigida também a motivação das decisões *administrativas* (art. 93, X, CF). Trata-se de matéria de ordem pública, portanto conhecida a qualquer tempo e grau de jurisdição. Nesse contexto é que o art. 11 do CPC estipula que todas as decisões dos órgãos do Poder Judiciário deverão ser fundamentadas, sob pena de nulidade. Dessa forma, segundo estabelece o § 1º do art. 489 do CPC, "não se considera fundamenta-

da qualquer decisão judicial, seja ela interlocutória, sentença ou acórdão, que: I – se limitar à indicação, à reprodução ou à paráfrase de ato normativo, sem explicar sua relação com a causa ou a questão decidida; II – empregar conceitos jurídicos indeterminados, sem explicar o motivo concreto de sua incidência no caso; III – invocar motivos que se prestariam a justificar qualquer outra decisão; IV – não enfrentar todos os argumentos deduzidos no processo capazes de, em tese, infirmar a conclusão adotada pelo julgador; V – se limitar a invocar precedente ou enunciado de súmula, sem identificar seus fundamentos determinantes nem demonstrar que o caso sob julgamento se ajusta àqueles fundamentos; VI – deixar de seguir enunciado de súmula, jurisprudência ou precedente invocado pela parte, sem demonstrar a existência de distinção no caso em julgamento ou a superação do entendimento".

- **Publicidade dos atos processuais** – também sob o texto do art. 93, IX, da CF, tem-se que todos os julgamentos dos órgãos do Poder Judiciário serão públicos, observados os casos que se exigem sigilo a fim de preservar o direito à intimidade do interessado, mas que não prejudique o interesse público à informação. A lei só poderá restringir a publicidade dos atos processuais quando a defesa da intimidade ou o interesse social o exigirem (art. 5º, LX, CF). A regra geral, segundo o CPC, é que os atos processuais são públicos, exceto os casos que correm em *segredo de justiça* (art. 189, CPC). Assim, tanto o processo judicial como o administrativo serão públicos, pois a publicidade possibilita acesso à informação, ressalvados os casos de segredo de justiça.
- **Juiz natural ou da investidura** – não haverá juízo ou tribunal de exceção (art. 5º, XXXVII, CF) e ninguém será processado nem sentenciado senão pela autoridade competente (art. 5º, LIII, CF). Afrontariam, por exemplo, este princípio caso surgissem órgãos jurisdicionais transitórios e arbitrários ou foro privilegiado por simples razão do privilégio pessoal, e não como prerrogativa de cargo ou função. Valoriza-se, assim, a investidura do juiz para processar e julgas as demandas sociais.
- **Eventualidade** – este princípio, além de estar previsto no art. 336 do CPC ("incumbe ao réu alegar, na contestação, toda a matéria de defesa"), incide tanto nas alegações como nos meios e requerimento de provas. Em outras palavras, cada faculdade processual deve ser exercitada dentro da fase adequada, sob pena de se perder a oportunidade de praticá-la.
- **Inafastabilidade** – a lei não excluirá da apreciação do Poder Judiciário lesão ou ameaça a direito, assim como assevera o art. 5º, XXXV, da CF. Nasce aqui o princípio que garante que toda lesão ou ameaça a direito seja passível de ser conhecida e decidida pelo Estado-juiz. Este princípio também é conhecido por alguns como princípio da indeclinabilidade.
- **Imparcialidade** – o juiz deve ser imparcial. Esta ocorrência diz respeito à posição pessoal do juiz em relação às partes, pois o julgador não deve guardar favorecimento a uma das partes, sob pena de violar este princípio. Alerta que deve ser feito é que ser imparcial não significa ser passivo. O impedimento (art. 144 do CPC) e a suspeição (art. 145 do CPC) são duas ocorrências que buscam sanar a parcialidade do julgador, buscando afastar este do feito para manter-se a imparcialidade. O juiz, como condutor e gestor do processo, deve ser ativo, buscando direcionar o feito à melhor solução de forma célere, respeitando a razoável duração do processo.
- **Demanda** – também conhecido, classicamente, como dispositivo, é aquele que garante que a demanda será instaurada a partir da manifestação da parte interessada, e não, sabidamente, pelo impulso judicial. Assim, mantém-se o juiz na condição de inerte, dependendo, unicamente, em regra, da parte demandante.
- **Impulso oficial** – compete ao juiz dirigir o processo e conduzi-lo, visando, sempre, à efetividade e à melhor solução da lide. É característica do processo civil o impulso do feito pelo juiz, conduzindo os atos processuais e dirigindo-lhe o rumo. Entretanto, o impulso oficial do juiz se implementará, somente, depois de proposta a demanda e concretizado o princípio da demanda.
- **Igualdade** – a igualdade entre as partes, princípio de matriz constitucional (art. 5º, *caput*), é um dos fundamentos relevantes e marcantes do processo civil brasileiro, pois as partes devem ser tratadas de forma igualitária (art. 139, I, CPC), garantindo-se a ambas as partes a possibilidade de utilização igualitária dos mecanismos probatórios.
- **Razoável duração do processo** – assim como assegura o art. 5º, LXXVIII, da CF e o art. 4º do CPC, é imperioso que o processo (judicial e administrativo) seja célere a todos. Não se pode confundir a razoável duração do processo com celeridade, que é princípio próprio, mas deve-se destacar que o processo deve durar o mínimo possível, desde que respeite as necessidades temporais de sua resolução de forma efetiva. Assim, pode-se dizer que o processo será res-

peitador deste princípio se durar o mínimo possível, desde que garanta às partes os mecanismos processuais necessários à adequada solução do litígio.

- **Cooperação** – garante que as partes devem cooperar com o juiz no sentido de facilitar a apuração das provas e a formação do convencimento motivado. Da mesma forma, deve o juiz colaborar com as partes, esclarecendo-lhes aquilo que for necessário, consultando às partes sobre as questões fáticas necessárias, bem como deve, o juiz, prevenir as partes sobre os defeitos existentes nas suas postulações para que sejam corrigidas (art. 321 do CPC).

2. JURISDIÇÃO, AÇÃO, PROCESSO, PARTES E PROCURADORES

Jurisdição, segundo a doutrina, é a "função do Estado, pela qual ele, no intuito de solucionar os conflitos de interesse em caráter coativo, aplica a lei geral e abstrata aos casos concretos que lhe são submetidos" (GONÇALVES, Marcus Vinicius Rios, *Direito processual civil esquematizado*, 3. ed., São Paulo: Saraiva, 2013, p. 87).

Dentre as **principais características** apontadas pela doutrina à **jurisdição**, citam-se a *substitutividade*, a *definitividade*, a *imperatividade*, a *inafastabilidade*, a *indelegabilidade* e a *inércia*.

A **jurisdição** pode ser classificada em diversas espécies, apesar de ser *una* (ou seja, indivisível), mas para fins de concursos, a mais solicitada é em relação à **contenciosa** e **voluntária**. Assim, enquanto na contenciosa busca-se a composição de litígios, uma determinação judicial, na voluntária cuida-se da integração e fiscalização dos negócios das partes; se há litígio, ele é mínimo.

Sob o ponto de vista da fixação **constitucional** de competência *material*, temos:

- **Jurisdição especial**
  - Justiça do Trabalho (arts. 111 a 116)
  - Justiça Eleitoral (arts. 118 a 121)
  - Justiça Militar (arts. 122 a 124)
- **Jurisdição comum**
  - Justiça Federal (arts. 106 a 110)
  - Justiça Estadual (arts. 125 e 126) e Distrital

A sistemática determinada pela Constituição é que cada modalidade de jurisdição especial tenha competência determinada e dela não possa desviar-se, o que se afigura razoável e coerente, pois para um sistema a ordem é a premissa básica fundamental. Assim, serão de jurisdição especial aquelas que tenham como fundamento próprio temáticas peculiares do direito, com regras próprias e diversas, em sua grande maioria, dos demais ramos do direito. Este é o caso das demandas trabalhistas, eleitorais e militares. Portanto, a jurisdição **comum** é *residual*, isto é, atende tudo o que não for de competência da jurisdição **especial**.

De acordo com a doutrina, o **processo** pode ser considerado sob este aspecto:

- ▶ Objetivo – pelo conjunto de atos ordenados e que se destinam à prestação jurisdicional. A forma que se dá o encadeamento desses atos, sucedendo-se no tempo, denomina-se de *procedimento* ou *rito* (sumário, ordinário ou especial);
- ▶ Subjetivo – estabelecimento da relação entre juiz, autor e réu, a clássica figura do triângulo jurisdicional.

Diferentemente do CPC/73, o atual CPC trouxe em sua divisão apenas o Processo de Conhecimento (a partir do art. 318) e o Processo de Execução (a partir do art. 771). O Processo Cautelar foi extinto do modo que era apresentado no CPC/73, dando lugar à Tutela Provisória (urgência e evidência).

Já o **procedimento**, didaticamente, é "o *modus faciendi*, o rito, o caminho trilhado pelos sujeitos do processo. Enquanto o processo constitui o instrumento para a realização da justiça, o procedimento constitui o instrumento do processo, a sua exteriorização" (Donizetti, *op. cit.*, p. 77). Assim, cada espécie de processo corresponde a um ou mais procedimentos.

O processo de CONHECIMENTO corresponde ao procedimento ***comum*** (art. 318 do atual CPC), observado que a distinção entre ordinário e sumário deixou de fazer sentido, pois este último desapareceu no Código vigente. Diz-se *comum* para diferenciar dos procedimentos ***especiais***. Assim, todos aqueles os quais a lei não tenha previsto o procedimento especial (ou próprio, p. ex., da ação de alimentos, Lei n. 5.478/68, ou a ação de consignação em pagamento, art. 539 do CPC de 2015), será observado o procedimento *comum*.

E as causas de **Juizado Especial Cível – JEC**? Pois diz a Lei n. 9.099/95 que terá competência o JEC também nas causas cujo valor não exceda a **quarenta vezes o salário mínimo**.

Já o **Juizado Especial Federal** não é considerado como valor da causa, mas sim como funcional, sendo, então, competência absoluta, onde houver, conforme o art. 3º, § 3º, da Lei n. 10.259/2001. Igualmente o Juizado Especial da Fazenda Pública (JEFAZ), é de competência ABSOLUTA, nas causas até 60 salários mínimos.

Quanto à **ação,** entre as diferentes teorias que tratam da sua natureza jurídica, importa em destacar aquela que continua a ser adotada pelo nosso Código de Processo, a *teoria eclética,* representada por Liebman. O direito de ação é autônomo, independente, mas *condicionado* ao preenchimento de alguns requisitos, as *condições da ação*. Apesar de o CPC de 2015 não repetir a sistemática anterior com a nomenclatura "condições da ação", foram mantidas no novo texto o interesse processual (de agir) e a legitimidade das partes (*ad causam*). Sendo assim, foi eliminada como condição a *possibilidade jurídica do pedido*. É o que está escrito no art. 17 atual CPC.

São **"condições da ação"**, com o cuidado que o diploma atual não se utilizou desta expressão, quando não concorrer qualquer delas o juiz não resolverá o mérito (art. 485, VI, CPC):

- **Interesse processual (de agir)**; e
- **Legitimidade das partes (*ad causam*)**.

São **elementos da ação** e servem para *identificar* a ação (para fins de litispendência ou coisa julgada, conexão ou continência) – art. 337, § 2º, CPC:

- **Partes**;
- **Causa de pedir** (fatos e fundamentos jurídicos); e
- **Pedido** (objeto).

Por meio das **"condições da ação"** identifica-se a necessidade de reunião de ações ou até mesmo de extinção. Assim, na **conexão** (mesma causa de pedir ou mesmo objeto, arts. 54 e 55, CPC) e na **continência** (mesmas partes, mesma causa de pedir, porém com um objeto mais abrangente que o outro, art. 56, CPC) se fará, quando necessário, a reunião de ações; já na coisa julgada, litispendência e perempção haverá a extinção da ação repetida, por se tratar de ações idênticas, ou seja, mesmas partes, causa de pedir e pedido.

Referente aos **pressupostos processuais**, tal como as *condições da ação*, são questões prévias que o juiz deve examinar para emitir o provimento. Primeiro, os pressupostos é que dizem respeito ao desenvolvimento válido e regular do processo. Caso estejam ausentes, o juiz não resolverá o mérito (art. 485, IV, CPC).

A análise dos pressupostos processuais serve para saber se existe processo (pressupostos processuais de existência) ou para saber se o mesmo é válido (pressupostos processuais de validade).

- **Petição inicial:** se não há petição inicial, não há processo.
- **Jurisdição:** a ação deve ser ajuizada diante de órgão dotado de jurisdição.
- **Citação:** a falta de citação resulta na inexistência de processo para o réu/executado.

São **pressupostos processuais de validade:**

- **Juiz neutro e imparcial:** juiz que não seja impedido (art. 144, CPC) e que não seja suspeito (art. 145, CPC).
- **Juiz competente:** o juiz não pode ser absolutamente incompetente.
- **Partes capazes:** as partes têm de ter capacidade para ser parte e capacidade para estar em juízo (capacidade processual), em não havendo capacidade processual, não se perde a capacidade para ser parte, bastando a parte ser representada ou assistida.
- **Capacidade postulatória:** em regra, quem tem é o advogado, mas, por exemplo, nos Juizados Especiais não há a necessidade de advogado, respeitados os limites legais.
- **Petição inicial válida:** sob pena de indeferimento (art. 330, CPC).
- **Citação válida:** caso o réu se apresente para afirmar que não foi citado ou que foi citado invalidamente, o réu já estará citado, automaticamente.

E são **pressupostos processuais negativos**, pois para o processo ser válido deve INEXISTIR:

- **Litispendência:** ocorre na hipótese de repetição de ação (ação idêntica), sendo que a primeira está em curso.
- **Coisa julgada:** também ocorre na repetição de ação (ação idêntica), sendo que a primeira já transitou em julgado.
- **Perempção:** se dá quando o autor ajuíza e abandona por três vezes a mesma ação.

Segundo o art. 70 do CPC, toda pessoa que se acha no exercício dos seus direitos tem **capacidade para estar em juízo** (para agir). Não só a **capacidade de ser parte** (de direito), como assumir direitos e obrigações, é *pressuposto processual de validade*, mas como também a **capacidade processual**, ou seja, capacidade de estar em juízo.

Quem tem capacidade para estar em juízo tem capacidade de ser parte; porém, nem sempre, quem detém capacidade de ser parte tem capacidade para estar em juízo.

Aos *absolutamente* incapazes se dá a **representação** para estarem em juízo; aos *relativamente*, a **assistência**. Mesmo nestes casos, representados e assistidos continuam sendo *partes* exclusivamente.

Referente à situação do *curador especial*, o juiz se utilizará quando: (1) ao **incapaz**, se não tiver representante legal, ou se os interesses deste colidirem com os daquele; (2) ao **réu preso**, bem como ao **revel citado por edital** ou **com hora certa**.

> Atenção à **Súmula 196 do STJ**: ao executado que, citado por edital ou por hora certa, permanecer revel, será nomeado curador especial, com legitimidade para apresentação de embargos.

De acordo com o art. 75 do CPC, serão **representados em juízo**, ativa e passivamente:

A União	pela Advocacia-Geral da União;
Os Estados, o Distrito Federal e os Territórios	por seus procuradores;
O Município	por seu Prefeito ou procurador;
A massa falida	pelo administrador judicial;
A herança jacente ou vacante	por seu curador;

O espólio	pelo inventariante;
As pessoas jurídicas	por quem os respectivos estatutos designarem, ou, não os designando, por seus diretores;
A sociedade e associação irregulares e outros entes organizados sem personalidade jurídica	pela pessoa a quem couber a administração dos seus bens;
A pessoa jurídica estrangeira	pelo gerente, representante ou administrador de sua filial, agência ou sucursal aberta ou instalada no Brasil (art. 21, parágrafo único);
O condomínio	pelo administrador ou pelo síndico.

A relação processual *não terá existência válida* quando ausente a **capacidade processual** das partes, ou quando esta não for devidamente integrada; constatado o defeito da capacidade, o juiz deverá ensejar sua regularização, marcando prazo razoável, com a suspensão do processo (art. 76, CPC).

Atente-se que as partes têm responsabilidade por danos processuais que possam causar. Assim, responderá por perdas e danos aquele que pleitear de má-fé. E quem seria **litigante de má-fé**? Segundo o art. 80 do CPC, aquele que:

- deduzir pretensão ou defesa contra texto expresso de lei ou fato incontroverso;
- alterar a verdade dos fatos;
- usar do processo para conseguir objetivo ilegal;
- opuser resistência injustificada ao andamento do processo;
- proceder de modo temerário em qualquer incidente ou ato do processo;
- provocar incidente manifestamente infundado;
- interpuser recurso com intuito manifestamente protelatório.

Caso seja condenada a litigância de má-fé, o autor, réu ou interveniente pagará multa superior a **1%** (um por cento) e inferior a 10% (dez por cento) do valor corrigido da causa e a **indenizar** a parte contrária dos prejuízos que esta sofreu, mais os honorários advocatícios e todas as despesas que efetuou.

Recorde também que cabe às partes prover as despesas dos atos que realizam ou requerem no processo, antecipando-lhes o pagamento desde o início até sentença final; e bem ainda, na execução, até a plena satisfação do direito declarado pela sentença. Observe que há casos concernentes à justiça gratuita, onde estarão livres de tais despesas.

A sentença condenará o vencido a pagar ao vencedor as despesas que antecipou e os honorários advocatícios (10% e o máximo de 20% sobre o valor da condenação, do proveito econômico obtido ou, não sendo possível mensurá-lo, sobre o valor atualizado da causa) devidos, também, nos casos em que o advogado funcionar em causa própria. Lembre que **cada parte pagará a remuneração do assistente técnico que houver indicado**; a do **perito** será paga pela parte que houver requerido o exame, ou pelo autor, quando requerido por ambas as partes ou determinado de ofício pelo juiz.

Preste atenção que quando, a requerimento do réu, o **juiz declarar extinto o processo sem julgar o mérito** (art. 485, § 2º), o autor não poderá intentar de novo a ação, sem pagar ou depositar em cartório as despesas e os honorários, em que foi condenado.

Referente aos procuradores, reza o art. 103 do CPC que a parte será representada em juízo por advogado legalmente habilitado. Ser-lhe-á lícito, no entanto, postular em causa própria, quando tiver habilitação legal ou, não a tendo, no caso de falta de advogado no lugar ou recusa ou impedimento dos que houver.

É importante ressaltar que, **sem instrumento de mandato**, o advogado não será admitido a procurar em juízo. Poderá, todavia, em nome da parte, intentar ação, a fim de evitar decadência ou prescrição, bem como intervir, no processo, para praticar atos reputados urgentes. Nestes casos, o advogado se obrigará, independentemente de caução, a exibir o instrumento de mandato no **prazo de 15 (quinze) dias**, **prorrogável** até outros 15 (quinze), por despacho do juiz (art. 104, § 1º). Caso os atos não sejam ratificados no prazo, serão havidos por **inexistentes**, respondendo o advogado por despesas e perdas e danos.

Compete ao advogado (ou à parte quando postular em causa própria):

- ▶ declarar, na petição inicial ou na contestação, o endereço em que receberá intimação;
- ▶ comunicar ao escrivão do processo qualquer mudança de endereço.

ATENTE-SE que o advogado tem direito de:

- ▶ examinar, em cartório de fórum e secretaria de tribunal, mesmo sem procuração, autos de qualquer processo, independentemente da fase de tramitação, assegurados a obtenção de cópias e o registro de anotações, salvo na hipótese de segredo de justiça, nas quais apenas o advogado constituído terá acesso aos autos;
- ▶ requerer, como procurador, vista dos autos de qualquer processo pelo prazo de **5 (cinco) dias**;
- ▶ retirar os autos do cartório ou secretaria, pelo prazo legal, sempre que lhe competir falar neles por determinação do juiz, nos casos previstos em lei.

Observe que sendo comum às partes o prazo, só em conjunto ou mediante prévio ajuste por petição nos autos, poderão os seus procuradores retirar os autos, ressalvada a obtenção de cópias para a qual cada procurador poderá retirá-los pelo prazo de 2 (duas) a 6 (seis) horas independentemente de ajuste.

Quanto à substituição das partes e dos procuradores, **só é permitida, no curso do processo, a sucessão voluntária** nos casos expressos em lei. Mesmo a alienação da coisa ou do direito litigioso, a título particular, por ato entre vivos, não altera a legitimidade das partes. E o adquirente ou o cessionário não poderá ingressar em juízo, substituindo o alienante, ou o cedente, sem que o consinta a parte contrária, no entanto, será possível intervir no processo, *assistindo* o alienante ou o cedente. Ocorrendo a **morte** de qualquer das partes, dar-se-á a substituição pelo seu espólio ou pelos seus sucessores, suspendendo-se o processo (arts. 108-110, CPC).

Referente ao advogado, a parte, que revogar o mandato outorgado a ele, no mesmo ato constituirá outro que assuma o patrocínio da causa. E o **advogado poderá, a qualquer tempo, renunciar ao mandato**, provando que cientificou o mandante a fim de que este nomeie substituto. Durante os **10 dias seguintes**, o advogado continuará a representar o mandante, desde que necessário para lhe evitar prejuízo (art. 112, § 1º).

3. LITISCONSÓRCIO, ASSISTÊNCIA E INTERVENÇÃO DE TERCEIROS

Litisconsórcio ocorre quando duas ou mais pessoas litigam, no mesmo processo, em conjunto, ativa ou passivamente (art. 113, CPC) quando: entre elas houver comunhão de direitos ou de obrigações relativamente à lide; os direitos ou as obrigações derivarem do mesmo fundamento de fato ou de direito; entre as causas houver conexão pelo objeto ou pela causa de pedir e ocorrer afinidade de questões por um ponto comum de fato ou de direito.

Duas classificações a considerar:

Quanto à formação do litisconsórcio	Facultativo	Quando é **opcional** a formação do litisconsórcio.
	Necessário	Quando é **obrigatória** a formação do litisconsórcio.
Quanto ao resultado final aos litisconsortes	Unitário	Quando o resultado tem de ser o mesmo para os litisconsortes.
	Simples	Quando o resultado pode ser diferente para os litisconsortes.

É importante observar que tanto os litisconsórcios *facultativos* como *necessários* podem ser *unitários* e *simples*, apesar de preponderar um ou outro (*facultativo simples* e *necessário unitário*).

ATENTE-SE: os litisconsortes que tenham diferentes procuradores têm o **prazo em dobro** para todas as manifestações das partes no processo.

A **intervenção de terceiros** pode acontecer nas seguintes situações: *assistência* (simples e litisconsorcial, arts. 119-124), *denunciação à lide* (arts. 125-129), *chamamento ao processo* (arts. 130-132), *desconsideração da personalidade jurídica* (arts. 133-137) e *amicus curiae* (art. 138).

Segundo o art. 119 do CPC, que trata das disposições comuns da **assistência**, pendendo causa entre 2 (duas) ou mais pessoas, o terceiro juridicamente interessado em que a sentença seja favorável a uma delas poderá intervir no processo para assisti-la. Ele será admitido em qualquer procedimento e em todos os graus de jurisdição, recebendo o assistente o processo no estado em que se encontre. Caso não haja impugnação no prazo de 15 (quinze) dias, o pedido do assistente será deferido, salvo se for caso de rejeição liminar.

Sobre a assistência simples, cabe a leitura dos arts. 121 ao 123 do CPC, mas a distinção com a assistência litisconsorcial está no art. 124, pois se considera litisconsorte da parte principal o assistente sempre que a sentença influir na relação jurídica entre ele e o adversário do assistido. Portanto, a distinção está na relação direta de direito material entre as partes com o assistente litisconsorcial, diferente do simples, onde há um interesse jurídico indireto.

A **denunciação à lide** também tem natureza jurídica de ação e suas hipóteses estão elencadas no art. 125 do CPC:

1	Ao alienante imediato, no processo relativo à coisa cujo domínio foi transferido ao denunciante, a fim de que possa exercer os direitos que da evicção lhe resultam;
2	Àquele que estiver obrigado, por lei ou pelo contrato, a indenizar, em ação regressiva, o prejuízo de quem for vencido no processo.

Cabe ao **réu** [e somente a ele] o **chamamento ao processo** no prazo para contestar, cujas hipóteses estão arroladas no art. 130 do CPC. Assim, é admissível o chamamento ao processo do **afiançado** (na ação em que o fiador for réu), dos **demais fiadores** (quando para a ação for citado apenas um deles) e **dos demais devedores solidários** (quando o credor exigir de um ou de alguns deles o pagamento da dívida comum).

O atual CPC trouxe como novidade entre as espécies de intervenção de terceiros o incidente de desconsideração da personalidade jurídica, que será instaurado a pedido da parte ou do Ministério Público, quando lhe couber intervir no processo (art. 133). Ele será cabível em todas as fases do processo de conhecimento, no cumprimento de sentença e na execução fundada em título executivo extrajudicial, mas será dispensado quando for requerida a desconsideração logo na petição inicial, hipótese em que será citado o sócio ou a pessoa jurídica.

Também é novidade como intervenção de terceiros o *amicus curiae*, que acontecerá quando o juiz ou o relator, considerando a relevância da matéria, a especificidade do tema objeto da demanda ou a repercussão social da controvérsia, poderá, por decisão irrecorrível, de ofício ou a requerimento das partes ou de quem pretenda manifestar-se, solicitar ou admitir a participação de pessoa natural ou jurídica, órgão ou entidade especializada, com representatividade adequada, no prazo de 15 (quinze) dias de sua intimação (art. 138).

É importante destacar que caberá ao juiz ou ao relator, na decisão que solicitar ou admitir a intervenção, definir os poderes do *amicus curiae*, observado que o *amicus curiae* poderá recorrer da decisão que julgar o incidente de resolução de demandas repetitivas.

4. COMPETÊNCIAS, MINISTÉRIO PÚBLICO, JUIZ E AUXILIARES DA JUSTIÇA

A definição clássica de **competência** é tomada como "a medida da jurisdição" ou a parcela de seu exercício. Como bem adverte Elpídio Donizetti, não se trata de *quantidade*, mas dos limites da jurisdição fixados para cada órgão jurisdicional. De acordo com o próprio autor, a competência da Justiça brasileira pode ser dividida em **concorrente** ou **exclusiva**.

Em se tratando de **competência concorrente**, portanto, a Justiça brasileira é competente para processar e julgar ações como também o é a Justiça de outro país, segundo o art. 21 do CPC, nesses três casos:

- **O réu**, *qualquer que seja a sua nacionalidade*, **estiver domiciliado no Brasil** (reputa-se domiciliada no Brasil a pessoa jurídica estrangeira que aqui tiver agência, filial ou sucursal);
- **No Brasil tiver de ser cumprida a obrigação**;
- O fundamento seja fato ocorrido ou ato praticado no Brasil.

É de **competência exclusiva** para a Justiça brasileira, segundo o art. 23 do CPC, com exclusão de qualquer outra:

- Conhecer de ações relativas a **imóveis situados no Brasil** (inclusive direitos pessoais relativos aos imóveis);
- Em matéria de sucessão hereditária, proceder à confirmação de testamento particular e ao inventário e à partilha de bens situados no Brasil, ainda que o autor da herança seja de nacionalidade estrangeira ou tenha domicílio fora do território nacional.

Em divórcio, separação judicial ou dissolução de união estável, proceder à partilha de bens situados no Brasil, ainda que o titular seja de nacionalidade estrangeira ou tenha domicílio fora do território nacional.

Quanto aos critérios determinativos da **competência**, o CPC preservou a distinção entre competência **absoluta** e **relativa**, cuja distinção principal se mantém em razão do interesse público. Assim, segundo lição de Cassio Scarpinella Bueno (*Manual de direito processual civil*, São Paulo: Saraiva, 2015, p. 111):

Competência absoluta	Passível de apreciação de ofício, podendo ser questionada a qualquer tempo (art. 64, § 1º) e não há preclusão quanto à falta de sua alegação, visto que ela não se prorroga (não pode ser modificada) nem mesmo por vontade das partes (arts. 54 e 62). Decisão por juízo absolutamente incompetente é cabível ação rescisória (art. 966, II).
Competência relativa	Não é passível de declaração de ofício, estando sujeita a modificação (art. 54), inclusive pela vontade das partes (art. 63) ou pela inércia do réu em argui-la em **preliminar de contestação** (art. 64). Sua não observância não autoriza ação rescisória.

O CPC incluiu, como novidade, sobre o tema da função jurisdicional, a **cooperação internacional** entre os arts. 26 e 41. Devido aos limites deste projeto, sugere-se uma leitura sobre as regras que constam nestes artigos citados para evitar a mera transcrição.

É importante compreender a estrutura do Judiciário, que estabelece a distinção entre a **justiça comum** e as **especiais** (trabalhista, eleitoral e militar). Assim, enquanto a segunda é apurada de acordo com a matéria discutida, a primeira é *supletiva*, ou seja, abrange todas as outras causas que não forem trabalhista, eleitoral ou militar.

E a **justiça comum** pode ser **federal** ou **estadual**, sendo essa última *supletiva* (ou residual), tendo em vista que se não for pertinente da **justiça especial** e da comum *federal* (art. 109 da CF – *ratione personae* e *ratione materiae*), será atribuída à justiça *estadual*.

Em regra, a competência da **justiça federal** decorre da identidade das partes envolvidas na relação processual (*ratione personae*), de modo que a natureza da lide (*ratione materiae*) pode não ser fator determinante para a fixação da competência.

Compete à Justiça Federal decidir sobre a existência de interesse jurídico que justifique a presença, no processo, da União, suas autarquias ou empresas públicas. Súmula 150 do STJ.

E quando houver *conflito de competência* entre juiz federal e juiz estadual, quem resolve? Compete ao **Tribunal Regional Federal** dirimir conflito de competência verificado, na respectiva Região, entre Juiz Federal e Juiz Estadual investido de jurisdição federal (Súmula 3, STJ).

Agora, compete ao **Superior Tribunal de Justiça** processar e julgar, originariamente, os conflitos de competência entre quaisquer tribunais, ressalvado o disposto no art. 102, I, *o*, da CF (os conflitos de competência entre o STJ e quaisquer tribunais, entre Tribunais Superiores, ou entre estes e qualquer outro tribunal serão resolvidos pelo STF), bem como entre tribunal e juízes a ele não vinculados e entre juízes vinculados a tribunais diversos. P. ex.: Caso o juiz de uma vara cível declare sua incompetência absoluta para o julgamento de uma causa e determine a remessa dos autos para a Justiça do Trabalho da mesma comarca e o juiz trabalhista, por sua vez, suscite conflito de competência.

Quanto à **modificação da competência**, conforme o CPC, há quatro fatores a considerar:

- **Incompetência relativa não arguida:** por não dizer respeito à matéria de ordem pública, havendo a ausência da alegação de incompetência pela parte interessada no momento adequado, o juiz, que era relativamente incompetente, passa a ser competente para o julgamento daquele processo.
- **Foro de eleição:** só pode ser relativa e, naturalmente, para escolher foro diverso daquele que seria competente.
- **Continência:** fenômeno que ocorre entre duas ou mais ações quando há identidade quanto às partes e à causa de pedir, mas o objeto de uma, por ser mais amplo, abrange o das outras.
- **Conexão:** consiste na existência de ponto comum entre duas ou mais ações, quer na causa de pedir, quer no pedido, nada obstando, porém, que haja, também, identidade de partes. Assim, quando duas ou mais demandas individuais possuem o mesmo pedido e/ou a mesma causa de pedir, diz-se que são conexas.

O Ministério Público é instituição permanente, essencial à função jurisdicional do Estado, incumbindo-lhe a **defesa** da *ordem jurídica*, do *regime democrático* e dos *interesses sociais* e *individuais indisponíveis*. São as atribuições garantidas pela Constituição Federal (art. 127, *caput*). Suas **funções institucionais** estão no art. 129 da CF. O Ministério Público exercerá o direito de ação nos casos previstos em lei, cabendo-lhe, no processo, os mesmos poderes e ônus que às partes, ou seja, o Ministério Público é **parte** quando assim a lei determinar.

Competirá ao Ministério Público **intervir** como **"fiscal da lei"** (*custus legis*) nas causas em que há interesses de incapazes, nas concernentes ao estado da pessoa, pátrio poder, tutela, curatela, interdição, casamento, declaração de ausência e disposições de última vontade e nas ações que envolvam litígios coletivos pela posse da terra rural e nas demais causas em que há interesse público evidenciado pela natureza da lide ou qualidade da parte.

Intervindo como **fiscal da lei**, o Ministério Público, de acordo com o art. 179 do CPC, terá vista dos autos depois das partes, sendo intimado de todos os atos do processo, e poderá juntar documentos e certidões, produzir prova em audiência e requerer medidas ou diligências necessárias ao descobrimento da verdade.

ATENTE-SE: quando a lei considerar **obrigatória a intervenção** do Ministério Público, a parte promover-lhe-á a intimação sob pena de nulidade do processo.

Quanto ao papel do **juiz**, importa destacar as funções indicativas do art. 139 do CPC, em maior número do que o CPC/73, portanto, de leitura obrigatória. É importante, sob esse tema, considerar as hipóteses de **impedimento** (art. 144) e **suspeição (art. 145)** do juiz, visto que a lei trouxe essa distinção por reconhecer que quanto à primeira o risco é maior de perda da parcialidade do que a segunda.

Ao contrário, caso o juiz não reconheça a *suspeição* nem as partes se manifestem, não há nulidade nem é atacável através de ação rescisória. As partes deverão opor exceção, mas não o fazendo no prazo de 15 (quinze) dias a contar da data em que têm ciência das hipóteses acima, torna-se preclusa para elas e não poderão mais reclamar.

Diz o art. 148 do CPC que se aplicam também os motivos de *impedimento* e de *suspeição* ao órgão do **Ministério Público**, aos auxiliares da justiça (art. 149) e aos demais sujeitos imparciais do processo.

Referente ao advogado, diz o CPC (art. 107), **é seu direito:** I) examinar, em cartório de fórum e secretaria de tribunal, mesmo sem procuração, autos de qualquer processo, independentemente da fase de tramitação, assegurados a obtenção de cópias e o registro de anotações, salvo na hipótese de segredo de justiça, nas quais apenas o advogado constituído terá acesso aos autos; II) requerer, como procurador, vista dos autos de qualquer processo pelo prazo de 5 (cinco) dias; e III) retirar os autos do cartório ou secretaria, pelo prazo legal, sempre que neles lhe couber falar por determinação do juiz, nos casos previstos em lei.

Importa destacar que o disposto no inciso I aplica-se integralmente a processos eletrônicos. Por sua vez, ao receber os autos, o advogado assinará carga em livro ou documento próprio.

Sendo o prazo comum às partes, os procuradores poderão retirar os autos somente em conjunto ou mediante prévio ajuste, por petição nos autos, sendo lícito ao procurador retirar os autos para obtenção de cópias, pelo prazo de 2 (duas) a 6 (seis) horas, independentemente de ajuste e sem prejuízo da continuidade do prazo.

O procurador perderá no mesmo processo o direito se não devolver os autos tempestivamente, salvo se o prazo for prorrogado pelo juiz.

Finalmente, importante verificar que o direito de examinar os autos de qualquer processo em cartório, se aplica integralmente a processos eletrônicos, conforme § 5º, do art. 107, do CPC, incluído pela Lei n. 13.793/2019.

5. ATOS PROCESSUAIS

Diz o art. 188 do CPC que os atos e termos processuais independem de forma determinada, salvo quando a lei expressamente a exigir, considerando-se válidos os que, realizados de outro modo, lhe preencham a finalidade essencial. Esta regra ilustra o **princípio da instrumentalidade das formas**, ou seja, se privilegia o conteúdo do ato processual em relação ao *formalismo* (art. 283).

No entanto, quando a lei prescrever **determinada forma**, sob pena de nulidade, e alegada na primeira oportunidade em que couber à parte falar nos autos, sob pena de preclusão, e assim for decidido, o juiz, ao pronunciá-la, declarará que atos são atingidos, ordenando as providências necessárias, a fim de que sejam repetidos, ou retificados. Anulado o ato, reputam-se de nenhum efeito todos os subsequentes, que dele dependam; todavia, a nulidade de uma parte do ato não prejudicará as outras, que dela sejam independentes.

Já caso a lei prescreva determinada forma, mas sem cominação de nulidade, o juiz considerará válido o ato se, realizado de outro modo, lhe alcançar a finalidade. Atente-se também que não haverá preclusão em duas situações: quando forem nulidades que o juiz deva decretar de ofício e quando provado pela parte legítimo impedimento de alegá-las.

Outro princípio aplicável aos atos processuais é o da **publicidade**, ou seja, são públicos. A previsão é constitucional e afirma que a lei só poderá restringir a publicidade dos atos processuais quando a defesa da intimidade ou o interesse social o exigirem (art. 5º, LX). São os conhecidos casos de "segredo de justiça" e estão restritos aos incisos do art. 189 do CPC.

O CPC classificou os atos processuais em:

Atos das partes	É importante destacar apenas que os atos das partes, consistentes em declarações unilaterais ou bilaterais de vontade, *produzem imediatamente* a constituição, a modificação ou a extinção de direitos processuais (art. 200) e que às partes é permitido exigir recibo de petições, arrazoados, papéis e documentos que entregarem em cartório (art. 201).
Pronunciamentos do juiz	O art. 203 prevê que os **pronunciamentos do juiz** consistirão em *sentenças, decisões interlocutórias* e *despachos.*
Atos do escrivão ou do chefe de secretaria	Os atos do escrivão ou do chefe de secretaria estão previstos a partir do art. 206 e traz regras oficiais como "o escrivão ou chefe de secretaria numerará e rubricará todas as folhas dos autos" ou "é vedado usar abreviaturas".

Durante as **férias** e nos **feriados não se praticarão atos processuais**, *exceto* a produção antecipada de provas, a citação a fim de evitar o perecimento de direito e bem assim o arresto, o sequestro, a penhora, a arrecadação, a busca e apreensão, o depósito, a prisão, a separação de corpos, a abertura de testamento, os embargos de terceiro, a nunciação de obra nova e outros atos análogos (art. 214).

Os atos processuais serão cumpridos por *citação, intimação* e por intermédio de *carta.*

Citação é definida *legalmente* (art. 238) como o ato pelo qual são convocados o réu, o executado ou o interessado para integrar a relação processual. O comparecimento espontâneo do réu supre, entretanto, a sua falta, e se ele comparecer apenas para arguir a nulidade e sendo esta decretada, considerar-se-á feita na data em que ele ou seu advogado for intimado da decisão. Sendo "válida", torna *prevento* **o juízo, induz** *litispendência* e faz *litigiosa a coisa*; e, ainda quando ordenada por "juiz incompetente", *constitui em mora* o devedor e *interrompe* a prescrição. Nos casos em que as obrigações não possuam termo certo, é possível constituir o devedor em mora por intermédio do envio de notificação judicial ou extrajudicial.

Intimação é o ato pelo qual se dá ciência a alguém dos atos e termos do processo, para que faça ou deixe de fazer alguma coisa. Considera-se feita pela só **publicação** dos atos no órgão oficial no Distrito Federal e nas Capitais dos Estados e dos Territórios e nas comarcas onde houver órgão de publicação dos atos oficiais.

As **cartas** representam a comunicação entre juízos e podem ser **de ordem** (se o juiz for subordinado ao tribunal de que ela emanar), **rogatória** (quando dirigida à autoridade judiciária estrangeira) e **precatória** (nos demais casos entre juízos nacionais).

Referente à **citação**, recorde que ela poderá ser feita pelo correio, por oficial de justiça, pelo escrivão ou chefe de secretaria, por edital e por meio eletrônico. A regra é que seja feita, preferencialmente, por meio eletrônico ou, na ausência de confirmação, em até 3 dias úteis, contados do recebimento da citação eletrônica, pelo correio, EXCETO:

- nas ações de estado;
- quando o citando for pessoa incapaz;
- quando o citando for de direito público;
- quando o citando residir em local não atendido pela entrega domiciliar de correspondência;
- quando o autor a requerer de outra forma.

Nestes casos, far-se-á a citação por meio de **oficial de justiça** ou quando forem frustradas as tentativas de citações pelo meio eletrônico ou pelo correio.

A citação **por edital** acontecerá nestes casos:

- desconhecido ou incerto o citando;
- ignorado, incerto ou inacessível o lugar em que se encontrar o citando;
- nos casos expressos em lei.

Quanto aos prazos dos atos processuais, uma das grandes novidades do CPC sobre o tema é que na contagem de prazo em dias, estabelecido por lei ou pelo juiz, **computar-se-ão somente os dias úteis** (art. 219). Também sobre prazos, lembre que, caso **não havendo preceito legal nem assinação pelo juiz, será de 5 (cinco) dias** o prazo para a prática de ato processual a cargo da parte. Referente às intimações, quando a lei não marcar outro prazo, somente obrigarão a comparecimento depois de decorridas **48 (quarenta e oito) horas**. Importa ainda destacar que será considerado tempestivo o ato praticado antes do termo inicial do prazo (art. 218, § 4º).

Interessa, para fins didáticos, que o CPC (art. 226) aponta o dever de o juiz proferir:

I – os despachos no prazo de 5 (cinco) dias;

II – as decisões interlocutórias no prazo de 10 (dez) dias;

III – as sentenças no prazo de 30 (trinta) dias.

No entanto, em qualquer grau de jurisdição, havendo motivo justificado, pode o juiz exceder, por igual tempo, os prazos a que está submetido (art. 227). Já os litisconsortes que tiverem diferentes procuradores, de escritórios de advocacia distintos, terão prazos contados em dobro para todas as suas manifestações, em qualquer juízo ou tribunal, independentemente de requerimento (art. 229).

Ainda vinculado ao tema de *atos processuais* está outra novidade expressa pelo atual CPC: os **negócios processuais**. Trata o art. 190 que, versando o processo sobre direitos que admitam autocomposição, é lícito às partes plenamente capazes estipular mudanças no procedimento para ajustá-lo às especificidades da causa e convencionar sobre os seus ônus, poderes, faculdades e deveres processuais, antes ou durante o processo. Outra regra nova é que, de comum acordo, o juiz e as partes podem fixar **calendário** para a prática dos atos processuais, quando for o caso (art. 191). Este calendário vincula as partes, e o juiz e os prazos nele previstos somente serão modificados em casos excepcionais, devidamente justificados.

O negócio jurídico tem como fundamento de sua constituição a cumulação de vontades dos envolvidos na negociação, realizando-se no mundo fático e gerando, em regra, deveres de ordem de direito material. Todavia, muitos negócios jurídicos realizados nestes moldes podem determinar algumas regras que influem a relação jurídica processual dos evolvidos, por exemplo, a cláusula de eleição de foro.

Assim, segundo o art. 63 do CPC, as partes podem modificar a competência em razão do valor e do território, *elegendo foro* onde será proposta ação oriunda de direitos e obrigações. A eleição de foro só produz efeito quando constar de instrumento escrito e aludir expressamente a determinado negócio jurídico.

Nasce assim, aquilo que se tem chamado de negócio jurídico processual[1], que se realizará por meio de negociações (convenções) dos envolvidos, tanto na estrutura do processo como fora dela, mas em relação ao procedimento a ser adotado na estrutura processual.

O negócio jurídico processual para Fredie Didier Jr. e Pedro Henrique Pedrosa Nogueira "é o fato jurídico voluntário, em cujo suporte fático confere-se ao sujeito o poder de escolher a categoria jurídica ou estabelecer, dentro dos limites fixados no próprio ordenamento jurídico, certas situações jurídicas processuais"[2].

Tem-se pelo CPC negócios jurídicos processuais típicos e atípicos.

Dentre os típicos, que estão taxados no CPC, pode-se encontrar, por exemplo, os seguintes:

Prorrogação da competência relativa

Art. 65. Prorrogar-se-á a competência relativa se o réu não alegar a incompetência em preliminar de contestação.

Calendário Processual

Art. 191. De comum acordo, o juiz e as partes podem fixar calendário para a prática dos atos processuais, quando for o caso.

§ 1º O calendário vincula as partes e o juiz, e os prazos nele previstos somente serão modificados em casos excepcionais, devidamente justificados.

§ 2º Dispensa-se a intimação das partes para a prática de ato processual ou a realização de audiência cujas datas tiverem sido designadas no calendário.

Renúncia ao prazo

Art. 225. A parte poderá renunciar ao prazo estabelecido exclusivamente em seu favor, desde que o faça de maneira expressa.

Suspensão do processo

Art. 313. Suspende-se o processo:

(...)

II – pela convenção das partes;

Organização consensual do processo

Art. 357 (...)

§ 2º As partes podem apresentar ao juiz, para homologação, delimitação consensual das questões de fato e de direito a que se referem os incisos II e IV, a qual, se homologada, vincula as partes e o juiz.

Adiamento negociado da audiência

Art. 362. A audiência poderá ser adiada:

I – por convenção das partes;

A convenção sobre ônus da prova

Art. 373. O ônus da prova incumbe:

I – ao autor, quanto ao fato constitutivo de seu direito;

II – ao réu, quanto à existência de fato impeditivo, modificativo ou extintivo do direito do autor.

[1] Sobre o tema, importante conferir CABRAL, Antonio do Passo. *Convenções processuais:* entre publicismo e privatismo. Tese de Livre-Docência. São Paulo: USP, 2015.

[2] DIDIER Jr., Fredie; NOGUEIRA, Pedro Henrique Pedrosa. *Teoria dos fatos jurídicos processuais*. 2. ed., Salvador: JusPodivm, 2012, p. 59-60.

(...)

§ 3º A distribuição diversa do ônus da prova também pode ocorrer por convenção das partes, salvo quando:

I – recair sobre direito indisponível da parte;

II – tornar excessivamente difícil a uma parte o exercício do direito.

§ 4º A convenção de que trata o § 3º pode ser celebrada antes ou durante o processo.

Escolha consensual do perito

Art. 471. As partes podem, de comum acordo, escolher o perito, indicando-o mediante requerimento, desde que:

Acordo de escolha do arbitramento para liquidação

Art. 509. Quando a sentença condenar ao pagamento de quantia ilíquida, proceder-se-á à sua liquidação, a requerimento do credor ou do devedor:

I – por arbitramento, quando determinado pela sentença, convencionado pelas partes ou exigido pela natureza do objeto da liquidação.

De outro lado, existem os negócios jurídicos processuais atípicos, não taxados, que não possuem um *nomen iuris*, mas que podem ser realizados. A grande estrutura deste modelo de negócio jurídico processual está disposta no art. 190 do CPC, veja-se:

*Art. 190. Versando o processo sobre direitos que admitam autocomposição, é lícito às partes plenamente capazes estipular **mudanças no procedimento** para ajustá-lo às especificidades da causa e convencionar sobre os seus ônus, poderes, faculdades e deveres processuais, antes ou durante o processo.*

*Parágrafo único. De ofício ou a requerimento, **o juiz controlará a validade das convenções previstas neste artigo**, recusando-lhes aplicação somente nos casos de nulidade ou de inserção abusiva em contrato de adesão ou em que alguma parte se encontre em manifesta situação de vulnerabilidade.*

Assim, observa-se que os requisitos para o implemento desses negócios jurídicos processuais são: a) Capacidade das partes; b) Objeto com causas que permitam solução por autocomposição e que, ainda, haja licitude do objeto; c) Forma que será livre, ressalvados os casos taxados (p. ex.: eleição de foro e convenção de arbitragem); d) Respeitabilidade do princípio da boa-fé, pois aquele que de qualquer forma participa do processo deve comportar-se de acordo com a boa-fé.

Dito isto, quanto ao momento para a celebração desses negócios na estrutura do processo parece ser exatamente na audiência de saneamento, pois segundo o art. 357, § 3º, do CPC, se a causa apresentar complexidade em matéria de fato ou de direito, deverá o juiz designar audiência para que o saneamento seja feito em cooperação com as partes, oportunidade em que o juiz, se for o caso, convidará as partes a integrar ou esclarecer suas alegações.

A respeito do **valor de causa**, constará sempre da petição inicial e será (art. 292):

- na ação de cobrança de dívida, a soma monetariamente corrigida do principal, dos juros de mora vencidos e de outras penalidades, se houver, até a data de propositura da ação;
- na ação que tiver por objeto a existência, a validade, o cumprimento, a modificação, a resolução, a resilição ou a rescisão de ato jurídico, o valor do ato ou o de sua parte controvertida;
- na ação de alimentos, a soma de 12 (doze) prestações mensais pedidas pelo autor;
- na ação de divisão, de demarcação e de reivindicação, o valor de avaliação da área ou do bem objeto do pedido;
- na ação indenizatória, inclusive a fundada em dano moral, o valor pretendido; na ação em que há cumulação de pedidos, a quantia correspondente à soma dos valores de todos eles; na ação em que os pedidos são alternativos, o de maior valor; na ação em que houver pedido subsidiário, o valor do pedido principal.

6. FORMAÇÃO, SUSPENSÃO E EXTINÇÃO DO PROCESSO

Sob o aspecto da **formação do processo**, diz o art. 2º do CPC que o processo civil começa por iniciativa da parte, mas se desenvolve por **impulso oficial**. Assim, considera-se proposta a ação, tanto que a **petição inicial** seja **[1] despachada pelo juiz**, ou simplesmente **[2] distribuída, onde houver mais de uma vara.**

Feita a citação, é defeso ao autor modificar o pedido ou a causa de pedir, **sem o consentimento do réu**, mantendo-se as mesmas partes, salvo as substituições permitidas por lei. A alteração do pedido ou da causa de pedir **em nenhuma hipótese** será permitida após o saneamento do processo.

Os casos de **suspensão do processo** estão previstos no art. 313 do CPC, a saber:

- pela morte ou perda da capacidade processual de qualquer das partes, de seu representante legal ou de seu procurador;
- pela convenção das partes;
- pela arguição de impedimento ou de suspeição;
- pela admissão de incidente de resolução de demandas repetitivas;
- quando a sentença de mérito:
  - depender do julgamento de outra causa, ou da declaração da existência ou inexistência da relação jurídica, que constitua o objeto principal de outro processo pendente;

- tiver de ser proferida somente após a verificação de determinado fato ou a produção de certa prova, requisitada a outro juízo;
- por motivo de força maior;
- quando se discutir em juízo questão decorrente de acidentes e fatos da navegação de competência do Tribunal Marítimo;
- nos demais casos, que o CPC regula;
- pelo parto ou pela concessão de adoção, quando a advogada responsável pelo processo constituir a única patrona da causa (período de suspensão de 30 dias contado a partir da data do parto ou da concessão da adoção);
- quando o advogado responsável pelo processo constituir o único patrono da causa e tornar-se pai (período de suspensão será de oito dias, contado a partir da data do parto ou da concessão da adoção).

Extingue-se o processo (arts. 485 e 487)	
SEM resolução de mérito:	**COM** resolução do mérito:
I - quando o juiz indeferir a petição inicial; II - quando ficar parado durante mais de 1 (um) ano por negligência das partes; III - quando, por não promover os atos e diligências que lhe competir, o autor abandonar a causa por mais de 30 (trinta) dias; IV - quando se verificar a ausência de pressupostos de constituição e de desenvolvimento válido e regular do processo; V - quando o juiz reconhecer a alegação de perempção, litispendência ou de coisa julgada; VI - quando verificar ausência de legitimidade ou de interesse processual; VII - acolher a alegação de existência de convenção de arbitragem ou quando o juízo arbitral reconhecer sua competência; VIII - homologar a desistência da ação; IX - em caso de morte da parte, a ação for considerada intransmissível por disposição legal; X - nos demais casos prescritos no CPC.	I - quando o juiz acolher ou rejeitar o pedido formulado na ação ou na reconvenção; II - quando o juiz decidir, de ofício ou a requerimento, sobre a ocorrência de decadência ou prescrição; III - quando o juiz homologar: a) o reconhecimento da procedência do pedido formulado na ação ou na reconvenção; b) a transação; c) a renúncia à pretensão formulada na ação ou na reconvenção.

ATENTE-SE AOS CASOS DE EXTINÇÃO DO PROCESSO SEM RESOLUÇÃO DO MÉRITO:

- Nos casos II e III a parte será intimada pessoalmente para suprir a falta no prazo de 5 (cinco) dias.
- No caso II, as partes pagarão proporcionalmente as custas e, no caso III, o autor será condenado ao pagamento das despesas e honorários de advogado.
- Nos casos IV, V, VI e IX, em qualquer tempo e grau de jurisdição, enquanto não ocorrer o trânsito em julgado, o juiz conhecerá de ofício da matéria. Depois de decorrido o prazo para a resposta, o autor não poderá, sem o consentimento do réu, desistir da ação. A desistência da ação pode ser apresentada até a sentença e quando oferecida a contestação, a extinção do processo por abandono da causa pelo autor depende de requerimento do réu.
- No caso de extinção em razão de litispendência e nos casos dos incisos I, IV, VI e VII do art. 485, a propositura da nova ação depende da correção do vício que levou à sentença sem resolução do mérito. Se o autor der causa, por 3 (três) vezes, a sentença fundada em abandono da causa não poderá propor nova ação contra o réu com o mesmo objeto, ficando-lhe ressalvada, entretanto, a possibilidade de alegar em defesa o seu direito.

7. PETIÇÃO INICIAL E RESPOSTA DO RÉU

Os **requisitos** da petição inicial estão previstos no art. 319 do CPC, como o fato e os fundamentos jurídicos do pedido, o valor da causa etc. Além deles, a inicial será instruída com os documentos indispensáveis à propositura da ação. Atente-se que sem os requisitos ou se a inicial apresenta defeitos e irregularidades capazes de dificultar o julgamento de mérito, o juiz determinará que o autor a emende, ou a complete, no prazo de **15 dias** (art. 321). Se o autor não cumprir no prazo, o juiz **indeferirá** a inicial.

A inicial será **indeferida** também pelas hipóteses do art. 330 do CPC, com destaque quando for INEPTA, ou seja, quando:

- lhe faltar pedido ou causa de pedir;
- o pedido for indeterminado, ressalvadas as hipóteses legais em que se permite o pedido genérico;
- da narração dos fatos não decorrer logicamente a conclusão;
- contiver pedidos incompatíveis entre si.

Diz o art. 331 que, se indeferida a petição inicial, o autor poderá apelar, facultado ao juiz, no prazo de 5 (cinco) dias, retratar-se, mas, se não houver retratação, o juiz mandará citar o réu para responder ao recurso.

É importante destacar que o atual CPC trouxe um procedimento novo e anterior à contestação, qual seja: a **audiência de conciliação ou de mediação**. Assim, consigna o art. 334 que, se a petição inicial preencher os requisitos essenciais e não for o caso de improcedência liminar do pedido, o juiz designará audiência de conciliação ou de mediação com antecedência mínima de 30 (trinta) dias, devendo ser citado o réu com pelo menos 20 (vinte) dias de antecedência.

Esta audiência SÓ NÃO será realizada:

- se ambas as partes manifestarem, expressamente, desinteresse na composição consensual;
- quando não se admitir a autocomposição.

No primeiro caso, regula o CPC que o autor deverá indicar, na petição inicial, seu desinteresse na autocomposição, e o réu deverá fazê-lo, por petição, apresentada com 10 (dez) dias de antecedência, contados da data da audiência. Importa essa regra porque no caso de não comparecimento injustificado do autor ou do réu à audiência de conciliação é considerado ato atentatório à dignidade da justiça e será sancionado com multa de até dois por cento da vantagem econômica pretendida ou do valor da causa, revertida em favor da União ou do Estado.

Referente às **respostas do réu**, a mais relevante é a contestação (art. 335). No prazo de 15 dias[3], compete ao réu alegar toda a matéria de defesa, expondo as razões de fato e de direito, com que impugna o pedido do autor e especificando as provas que pretende produzir (art. 336). Dentro da contestação, mas antes de discutir o mérito, cabe ao réu alegar as matérias elencadas no art. 337, chamadas de ***preliminares de mérito*** e de leitura obrigatória!

As *preliminares de mérito* poderão ser conhecidas **de ofício** pelo juiz, EXCETUADAS a convenção de arbitragem e a incompetência relativa. Atente-se que as partes interessadas podem submeter a solução de seus litígios, relativos a direitos patrimoniais disponíveis, ao juízo arbitral mediante convenção de arbitragem, assim entendida a cláusula compromissória e o compromisso arbitral. A ausência de alegação da existência de convenção de arbitragem implica aceitação da jurisdição estatal e renúncia ao juízo arbitral.

Então, de acordo com o art. 337 do CPC, devem ser alegados **antes de discutir o mérito:**

I – inexistência ou nulidade da citação;

II – incompetência absoluta e relativa;

III – incorreção do valor da causa;

IV – inépcia da petição inicial;

V – perempção;

VI – litispendência;

VII – coisa julgada;

VIII – conexão;

IX – incapacidade da parte, defeito de representação ou falta de autorização;

X – convenção de arbitragem;

XI – ausência de legitimidade ou de interesse processual;

XII – falta de caução ou de outra prestação que a lei exige como preliminar;

XIII – indevida concessão do benefício de gratuidade de justiça.

Ainda de acordo com o CPC, há **litispendência** quando se repete ação que está em curso (art. 337, § 3º); há **coisa julgada** quando se repete ação que já foi decidida por decisão transitada em julgado (art. 337, § 4º). E **uma ação é idêntica à outra** quando tem as mesmas partes, a mesma causa de pedir e o mesmo pedido (art. 337, § 2º).

O réu poderá alegar na contestação, ser parte ilegítima ou não ser o responsável pelo prejuízo invocado, então o juiz facultará ao autor, em 15 (quinze) dias, a alteração da petição inicial para substituição do réu. Essa regra era denominada antes pelo CPC/73 como *nomeação à autoria*, espécie de intervenção de terceiros. E sendo realizada a substituição, o autor reembolsará as despesas e pagará os honorários ao procurador do réu excluído, que serão fixados entre três e cinco por cento do valor da causa ou, sendo este irrisório, nos termos do art. 85, § 8º.

Depois da contestação, *só é lícito deduzir novas alegações* quando relativas a direito ou a fato superveniente ou competir ao juiz conhecer delas de ofício ou, ainda, por expressa autorização legal, puderem ser formuladas em qualquer tempo e grau de jurisdição (art. 342). Importa lembrar que as *exceções de incompetência relativa, impedimento ou suspeição* caíram com o atual CPC, portanto, não há mais esse incidente processual. Tais alegações serão invocadas em contestação.

A **reconvenção** é o contra-ataque do réu em face do autor e de terceiro diante do mesmo processo, podendo

---

[3] Art. 335. O réu poderá oferecer contestação, por petição, no prazo de 15 (quinze) dias, cujo termo inicial será a data:

I – da audiência de conciliação ou de mediação, ou da última sessão de conciliação, quando qualquer parte não comparecer ou, comparecendo, não houver autocomposição;

II – do protocolo do pedido de cancelamento da audiência de conciliação ou de mediação apresentado pelo réu, quando ocorrer a hipótese do art. 334, § 4º, inciso I;

III – prevista no art. 231, de acordo com o modo como foi feita a citação, nos demais casos.

§ 1º No caso de litisconsórcio passivo, ocorrendo a hipótese do art. 334, § 6º, o termo inicial previsto no inciso II será, para cada um dos réus, a data de apresentação de seu respectivo pedido de cancelamento da audiência.

§ 2º Quando ocorrer a hipótese do art. 334, § 4º, inciso II, havendo litisconsórcio passivo e o autor desistir da ação em relação a réu ainda não citado, o prazo para resposta correrá da data de intimação da decisão que homologar a desistência.

propô-la para manifestar pretensão própria, conexa com a ação principal ou com o fundamento da defesa (art. 343). Segundo Scarpinella (2015, p. 286), o réu poderá reconvir na própria contestação (na mesma peça) ou em peça diferente sem prejuízo, desde que no mesmo prazo da contestação. Destaca-se, ainda, que o réu pode propor reconvenção independentemente de oferecer contestação, ou seja, sem contestar a ação, mas apenas contra-atacar o autor.

8. REVELIA, PROVIDÊNCIAS PRELIMINARES E JULGAMENTO CONFORME O ESTADO DO PROCESSO

Diz o art. 344 do CPC simplesmente que, se o réu não contestar a ação, será considerado revel e presumir-se-ão verdadeiras as alegações de fato formuladas pelo autor.

No entanto, a presunção do art. 344 será afastada se, havendo pluralidade de réus, algum deles contestar a ação; se o litígio versar sobre direitos indisponíveis; se a petição inicial não estiver acompanhada de instrumento que a lei considere indispensável à prova do ato; e se as alegações de fato formuladas pelo autor forem inverossímeis ou estiverem em contradição com prova constante dos autos.

São **efeitos da revelia**:

- ***Presunção de veracidade dos fatos alegados pelo autor (art. 344)***
- ***Dispensa de intimação dos atos processuais (art. 346)***

O revel **poderá intervir no processo em qualquer fase, recebendo-o no estado em que se encontra**. A partir desse momento, por meio de um advogado, o réu será intimado dos atos, participando até o final, com ressalva de que os atos processuais ocorridos antes do comparecimento estarão preclusos, bem como as matérias (preclusivas) que deveriam ser alegadas em contestação.

Findo o prazo para a contestação do réu, o escrivão fará a conclusão dos autos. O juiz, então, determinará, conforme o caso, o que o CPC chama de "providências preliminares" (art. 347), dentre elas, se verificar a existência de irregularidades ou de vícios sanáveis, sua correção em prazo nunca superior a 30 dias (art. 352). Cumpridas as providências preliminares (ou não havendo necessidade delas), o juiz poderá proferir julgamento do processo no estado em que se encontra. Nestas condições, temos quatro alternativas, a saber:

- **Extinção** (art. 354) – ocorrendo qualquer das hipóteses previstas nos arts. 485 (sem julgamento de mérito) e 487, II e III (com julgamento de mérito), o juiz proferirá a sentença, que poderá ser impugnada por agravo de instrumento, pois essa decisão diz respeito apenas a parcela do processo.
- **Julgamento antecipado do mérito** (art. 355) – o juiz julgará antecipadamente o pedido, proferindo sentença com resolução de mérito, nestas hipóteses:

1 – quando não houver necessidade de produção de outras provas;

2 – quando o réu for revel, ocorrer o efeito de presunção de veracidade e não houver requerimento de prova, na forma do art. 349.

- **Julgamento antecipado parcial do mérito** (art. 356) – o juiz decidirá parcialmente o mérito quando um ou mais dos pedidos formulados ou parcela deles mostrar-se incontroverso ou estiver em condições de imediato julgamento, nos termos do art. 355. A decisão proferida é impugnável por agravo de instrumento.
- **Saneamento e organização do processo** (art. 357) – caso não ocorra nenhuma das hipóteses anteriores, o CPC informa que deverá o juiz, em decisão de saneamento e de organização do processo: I – resolver as questões processuais pendentes, se houver; II – delimitar as questões de fato sobre as quais recairá a atividade probatória, especificando os meios de prova admitidos; III – definir a distribuição do ônus da prova, observado o art. 373; IV – delimitar as questões de direito relevantes para a decisão do mérito; V – designar, se necessário, audiência de instrução e julgamento.

9. PROVAS E AUDIÊNCIAS

As partes têm o direito de empregar todos os meios legais, bem como os moralmente legítimos, ainda que não especificados neste Código, para provar a verdade dos fatos em que se funda o pedido ou a defesa e influir eficazmente na convicção do juiz, art. 369 do CPC. Nesse sentido, admite-se a **prova emprestada**, aquela produzida em um processo e utilizada em outro. Exige-se, por outro lado, que seja respeitado o contraditório, de modo que a prova emprestada deve ter sido produzida entre as partes envolvidas no novo processo, **mas que não vincula** o juiz à conclusão alcançada em processo anterior que tenha sido encerrado por sentença transitada em julgado, visto que prevalece o *Princípio do Livre Convencimento Motivado* do magistrado (art. 371).

O momento de se produzirem as provas (exceto aquelas documentais que já devem ser trazidas com a inicial ou contestação) é na chamada ***fase de instrução do processo***, cujo objeto da prova são os ***fatos controvertidos***. Contudo, **não dependem** de provas os fatos (art. 374):

- **notórios** – são os de conhecimento geral (exemplo: datas históricas);
- **confessados** – foram alegados por uma parte e reconhecidos pela outra;

- **incontroversos** – que não foram impugnados pela outra parte;
- **que têm presunção legal de existência ou veracidade** – quando a própria lei já confere ao fato a presunção de existência e veracidade, desnecessária a prova (exemplo: presumem-se concebidos na constância do casamento os filhos nascidos 180 dias, pelo menos, depois de estabelecida a convivência conjugal).

A regra é que o objeto da prova sejam os *fatos*. No entanto, o código traz como exceção a prova do ***direito municipal, estadual, estrangeiro*** ou ***consuetudinário***, caso o juiz determine que assim seja feito quanto ao teor e à vigência da norma (art. 376).

É interessante apontar a regra que torna **nula** a convenção, celebrada antes ou durante o processo, entre as partes que distribui de maneira diversa o ônus da prova quando recair sobre **direito indisponível** ou que torne excessivamente difícil a uma delas o exercício do direito (art. 373, § 3º).

Em relação às provas *em espécie*, podemos arrolar:

- o depoimento pessoal (arts. 385 a 388, CPC);
- a confissão (arts. 389 a 395, CPC);
- a exibição de documento ou coisa (arts. 396 a 404, CPC);
- a prova documental (arts. 405 a 441, CPC);
- a prova testemunhal (arts. 442 a 463, CPC);
- a prova pericial (arts. 464 a 480, CPC);
- a inspeção judicial (arts. 481 a 484, CPC).

Destaca-se dentro da produção da prova documental a **arguição de falsidade**, que já foi objeto de questionamento. De acordo com o art. 430 do CPC, a falsidade deverá ser suscitada na contestação, na réplica ou no prazo de 15 (quinze) dias, contados a partir da intimação da juntada do documento aos autos. Uma vez arguida, a falsidade será resolvida como questão incidental, salvo se a parte requerer que o juiz a decida como questão principal. Depois de ouvida a outra parte no prazo de 15 (quinze) dias, será realizado o exame pericial, que poderá ser dispensado pela parte que o produziu. Por fim, a declaração sobre a falsidade do documento, quando suscitada como questão principal, constará da parte dispositiva da sentença e sobre ela incidirá também a autoridade da coisa julgada (art. 433).

Quanto às **audiências**, é importante observar as inovações do atual CPC. Primeira, a **audiência de conciliação e mediação** prevista no art. 334. Essa audiência surge após a admissibilidade da petição inicial e antes da apresentação da contestação pelo réu. Esta será regra procedimental. As exceções, onde a audiência não será realizada: [1] – se ambas as partes manifestarem, expressamente, desinteresse na composição consensual, o autor na inicial e o réu por petição apresentada com 10 (dez) dias de antecedência, contados da data da audiência; [2] – quando não se admitir a autocomposição.

Destaca-se que, se for o caso, poderá haver mais de uma sessão destinada à conciliação e à mediação, não podendo exceder a 2 (dois) meses da data de realização da primeira sessão, desde que necessárias à composição das partes. A audiência de conciliação ou de mediação também poderá ser realizada por meio eletrônico, como *Skype*. Importa saber que o **não comparecimento injustificado do autor ou do réu** à audiência de conciliação é considerado ato atentatório à dignidade da justiça e será sancionado com multa de até dois por cento da vantagem econômica pretendida ou do valor da causa, revertida em favor da União ou do Estado.

Segunda, a **audiência de instrução e julgamento** de que trata o CPC no art. 358. Não sendo caso de extinção do processo ou julgamento antecipado do mérito ou parcial do mérito e vencida a etapa de saneamento, a qual tenha sido determinada produção de prova testemunhal, passará para essa audiência, na qual, inicialmente, o juiz tentará conciliar as partes.

Sendo assim, a **audiência de instrução e julgamento** tem dois objetivos: 1) tentar uma conciliação; 2) realizar a produção de provas (orais). Atente-se que **audiência é una e contínua**; não sendo possível concluir, em um só dia, a instrução, o debate e o julgamento, o juiz marcará o seu prosseguimento para dia próximo. Ela pode ser **adiada** pelas hipóteses do art. 362 do CPC.

> Qual a ordem das provas a serem produzidas na audiência?
>
> 1º – o perito e os assistentes técnicos responderão aos quesitos de esclarecimentos;
>
> 2º – o juiz tomará os depoimentos pessoais, primeiro do autor e depois do réu;
>
> 3º – finalmente, serão inquiridas as testemunhas arroladas pelo autor e pelo réu.

O que seria "contraditar" a testemunha? É importante observar que, antes de depor, a **testemunha será qualificada**, declarando o nome por inteiro, a profissão, a residência e o estado civil, **bem como se tem relações** de parentesco com a parte, ou **interesse no objeto** do processo. Assim, é lícito à parte contraditar a testemunha, **arguindo-lhe a incapacidade**, o **impedimento** ou a **suspeição**. Se a testemunha negar os fatos que lhe são imputados, a parte poderá provar a contradita com documentos ou com testemunhas, até três, apresentadas no ato e inquiridas em separado (art. 457, § 1º). Sendo provados ou confessados os fatos, o juiz dispensará a testemunha, ou lhe tomará o depoimento, independentemente de compromisso.

O que é **inspeção judicial**? De acordo com o art. 481 do CPC, **o juiz**, de ofício ou a requerimento da parte, pode, em qualquer fase do processo, **inspecionar pessoas ou coisas**, a fim de se esclarecer sobre fato que interesse à decisão da causa, inclusive com ajuda de peritos. O juiz irá ao local onde se encontre a pessoa ou coisa quando julgar necessário para a melhor verificação ou interpretação dos fatos que deva observar ou quando a coisa não puder ser apresentada em juízo, sem consideráveis despesas ou graves dificuldades ou para determinar a reconstituição dos fatos.

10. SENTENÇA E COISA JULGADA

Conforme definido pelo CPC (art. 203, § 1º), ***sentença*** é o pronunciamento por meio do qual o juiz, com fundamento nos arts. 485 (sem resolução de mérito) e 487 (com resolução), põe fim à fase cognitiva do procedimento comum, bem como extingue a execução, ressalvadas as disposições expressas dos procedimentos especiais.

Sentença é um ato exclusivo do juiz, que decide o processo com ou sem resolução de mérito, distinguindo-se das **decisões interlocutórias** (todo pronunciamento judicial de natureza decisória que não se enquadre como sentença) e dos **despachos** (todos os demais pronunciamentos do juiz praticados no processo, de ofício ou a requerimento da parte). **Acórdão** é o julgamento colegiado proferido pelos tribunais (art. 204), e diz o CPC que os atos meramente ordinatórios, como a juntada e a vista obrigatória, independem de despacho, devendo ser praticados de ofício pelo servidor e revistos pelo juiz quando necessário (art. 203, § 4º).

A doutrina classifica sentença em *terminativa* e *definitiva*. As ***terminativas*** são as sentenças que põem fim a processo **sem resolver o mérito**, ou seja, através de uma das formas de extinção previstas no art. 485 do CPC. E as ***definitivas*** são as sentenças que decidem, em todo ou em parte, o mérito da causa, mais precisamente quando ocorrer uma das hipóteses do art. 487 do CPC.

O juiz deverá decidir a lide nos limites do pedido do autor, sendo vedado, segundo o art. 492 do CPC, de proferir decisão de natureza diversa da pedida (***extra petita***), bem como condenar a parte em quantidade superior (***ultra petita***) ou em objeto diverso do que lhe foi demandado.

É importante observar, de acordo com o art. 332, que nas causas que dispensem a fase instrutória, o juiz, independentemente da citação do réu, julgará liminarmente improcedente o pedido que contrariar:

I – enunciado de súmula do STF ou do STJ;

II – acórdão proferido pelo STF ou pelo STJ em julgamento de recursos repetitivos;

III – entendimento firmado em incidente de resolução de demandas repetitivas ou de assunção de competência;

IV – enunciado de súmula de tribunal de justiça sobre direito local.

O juiz também poderá julgar liminarmente improcedente o pedido se verificar, desde logo, a ocorrência de decadência ou de prescrição. Se o autor apelar, é facultado ao juiz se retratar, no prazo de 5 (cinco) dias, e, caso o faça, determinará o prosseguimento do processo, com a citação do réu, e, se não houver retratação, determinará a citação do réu para apresentar contrarrazões, no prazo de 15 (quinze) dias.

Denomina-se **coisa julgada material**, segundo o CPC (art. 502), a autoridade que torna imutável e indiscutível a decisão de mérito não mais sujeita a recurso.

Coisa julgada **formal** ocorre tanto na sentença ***terminativa*** (sem resolução de mérito) como na ***definitiva*** (com resolução de mérito), tornando-a imutável naquele processo, em razão de as partes já terem utilizado todos os recursos cabíveis ou quando simplesmente deixaram de recorrer no prazo legal.

Coisa julgada **material** ocorre apenas quando há sentença com julgamento de mérito (***definitiva***), tornando-a imutável não apenas naquele processo, como em qualquer outro.

Em se tratando de sentença ***terminativa***, haverá apenas a coisa julgada ***formal***, o que impedirá a rediscussão no mesmo processo, não obstante a ação possa ser novamente ajuizada. Já em se tratando de sentença ***definitiva***, haverá coisa julgada ***formal*** e ***material***, impedindo a rediscussão tanto naquele processo quanto em qualquer outro.

Atente-se que a parte que, no curso do processo comum ordinário, suscitar **questão prejudicial** e requerer ao juiz não apenas o exame, mas o julgamento dessa questão, que passará a integrar o dispositivo da sentença, deverá requerer sua declaração incidental por ação, para que se forme, quanto a essa questão prejudicial, a **coisa julgada material** (art. 503, § 1º).

Já a chamada ***remessa necessária*** (também chamado de **reexame necessário**, **duplo grau obrigatório** ou **remessa *ex officio*** ou **recurso de ofício**), a qual não é considerada recurso, mas condição de eficácia da sentença, somente produzirá efeitos e fará coisa julgada depois de confirmada pelo tribunal. São casos de reexame necessário a sentença:

- proferida contra a União, o Estado, o Distrito Federal, o Município, e as respectivas autarquias e fundações de direito público;
- que julgar procedentes, no todo ou em parte, os embargos à execução de dívida ativa da Fazenda Pública.

Assim, o instituto consiste na exigência de revisão das sentenças contrárias à Fazenda Pública, cuja condenação judicial inevitavelmente importará em prejuízo às finanças públicas e, reflexamente, poderá atentar contra o interesse público. É importante observar também que o reexame necessário não fará que o tribunal agrave a condenação imposta à Fazenda Pública ainda que não haja interposição de recurso pelo particular, ou seja, aplica-se o princípio da proibição da *reformatio in pejus* (Súmula 45, STJ).

No entanto, o instituto não se aplica quando a condenação ou o proveito econômico obtido na causa for de valor certo e líquido inferior a:

I – 1.000 (mil) salários-mínimos para a União e as respectivas autarquias e fundações de direito público;

II – 500 (quinhentos) salários-mínimos para os Estados, o Distrito Federal, as respectivas autarquias e fundações de direito público e os Municípios que constituam capitais dos Estados;

III – 100 (cem) salários-mínimos para todos os demais Municípios e respectivas autarquias e fundações de direito público.

Do mesmo não se aplica quando a sentença estiver fundada em:

I – súmula de tribunal superior;

II – acórdão proferido pelo STF ou pelo STJ em julgamento de recursos repetitivos;

III – entendimento firmado em incidente de resolução de demandas repetitivas ou de assunção de competência;

IV – entendimento coincidente com orientação vinculante firmada no âmbito administrativo do próprio ente público, consolidada em manifestação, parecer ou súmula administrativa.

11. RECURSOS

O tema sobre recursos no CPC/2015 ficou em momento diferente do CPC/73, qual seja: o legislador trouxe um "livro" sobre os processos nos tribunais e dos meios de impugnação das decisões judiciais a partir do art. 926. Mas especificamente sobre o título "recursos" trata a partir do art. 994. É praticamente a última parte do atual CPC, pois depois vêm as disposições finais e transitórias. Assim, **são cabíveis os seguintes recursos:**

- apelação: arts. 1.009-1.014;
- agravo de instrumento: arts. 1.015-1.020;
- agravo interno: art. 1.021;
- embargos de declaração: arts. 1.022-1.026;
- recurso ordinário: arts. 1.027-1.028;
- recurso especial: arts. 1.029-1.041;
- recurso extraordinário: arts. 1.029-1.041;
- agravo em recurso especial ou extraordinário: art. 1.042;
- embargos de divergência: arts. 1.043-1.044.

Como se percebe, o **agravo retido** e os **embargos infringentes** caíram com o CPC/2015. Destaca-se ainda que nem todos os atos do juiz são recorríveis, por exemplo, dos **despachos não cabe recurso** (art. 1.001, CPC/2015). Assim, em primeira instância, das **sentenças** cabe APELAÇÃO, das **decisões interlocutórias**, AGRAVO DE INSTRUMENTO e de ambas, EMBARGOS DE DECLARAÇÃO.

Um dos requisitos relevantes dos recursos é a **tempestividade**, ou seja, atender ao prazo do recurso. Excetuados os **embargos de declaração**, o prazo para interpor os recursos e para responder-lhes é de **15 (quinze) dias [ÚTEIS]**. Observe que o Ministério Público e a Fazenda Pública têm o prazo **em dobro** para recorrer, mas para *contrarrazões* é prazo simples.

O prazo para interposição de recurso conta-se da data em que os advogados, a sociedade de advogados, a Advocacia Pública, a Defensoria Pública ou o Ministério Público são intimados da decisão, sendo que se houver audiência e nela for proferida decisão, será a partir dela. CINCO regras gerais aplicáveis aos recursos que destacamos com o CPC:

- Os recursos não impedem a eficácia da decisão, salvo disposição legal ou decisão judicial em sentido diverso. O recurso pode ser interposto pela parte vencida, pelo terceiro prejudicado e pelo Ministério Público, como parte ou como fiscal da ordem jurídica. O recorrente poderá, a qualquer tempo, sem a anuência do recorrido ou dos litisconsortes, desistir do recurso.
- Se, durante o prazo para a interposição do recurso, sobrevier o falecimento da parte ou de seu advogado ou ocorrer motivo de força maior que suspenda o curso do processo, será tal prazo restituído em proveito da parte, do herdeiro ou do sucessor, contra quem começará a correr novamente depois da intimação. Dos despachos não cabe recurso e a decisão pode ser impugnada no todo ou em parte.

Dois princípios se destacam: da **fungibilidade** e da **proibição da *reformatio in pejus***. O primeiro se aplica quando o recorrente utilizou-se de recurso do qual não seria cabível, p. ex., em vez de apelação, recorreu com agravo de instrumento. No entanto, o erro não pode ser grosseiro, deve haver dúvida objetiva. O segundo preceitua que quem recorre não pode ter piorada a sua situação, pois o julgamento somente alcança o conteúdo que causou prejuízo ao recorrente.

É importante destacar que todos os recursos têm **efeito devolutivo**, ou seja, devolvem ao órgão superior o conhecimento da matéria impugnada. Já o **efeito suspensivo** *suspende* o cumprimento da decisão.

O denominado **recurso adesivo** não é um tipo de recurso, mas uma forma de interposição de acordo com o art. 997, § 2º, do CPC.

A **apelação** é o recurso que cabe contra sentenças (art. 1.009, CPC). O legislador destacou que as questões resolvidas na fase de conhecimento, se a decisão a seu respeito não comportar agravo de instrumento (rol do art. 1.015 do CPC), não são cobertas pela preclusão e devem ser suscitadas em preliminar de apelação, eventualmente interposta contra a decisão final, ou nas contrarrazões (art. 1.009, § 1º). Observa-se, ainda, que as questões de fato não propostas no juízo inferior poderão ser suscitadas na apelação, se a parte provar que deixou de fazê-lo por motivo de força maior (art. 1.014).

O art. 1.012 do CPC é claro ao afirmar que a regra geral da apelação é trazer o ***efeito suspensivo***, ou seja, a sentença não começará a produzir efeitos imediatamente após a sua publicação, EXCETO nestes casos (e de outros previstos em lei):

I – homologa divisão ou demarcação de terras;

II – condena a pagar alimentos;

III – extingue sem resolução do mérito ou julga improcedentes os embargos do executado;

IV – julga procedente o pedido de instituição de arbitragem;

V – confirma, concede ou revoga tutela provisória;

VI – decreta a interdição.

Assim, nestes casos acima, o apelante precisará fazer pedido concessivo de efeito suspensivo dirigido ao tribunal, no período compreendido entre a interposição da apelação e sua distribuição, ficando o relator designado para seu exame prevento para julgá-la, ou ao relator, se já distribuída a apelação. Ademais, a eficácia da sentença poderá ser suspensa pelo relator se o apelante demonstrar a probabilidade de provimento do recurso ou se, sendo relevante a fundamentação, houver risco de dano grave ou de difícil reparação (art. 1.012, § 4º).

Referente ao **agravo de instrumento**, caberá – segundo o art. 1.015 – contra **decisões interlocutórias** que versarem sobre:

- tutelas provisórias;
- mérito do processo;
- rejeição da alegação de convenção de arbitragem;
- incidente de desconsideração da personalidade jurídica;
- rejeição do pedido de gratuidade da justiça ou acolhimento do pedido de sua revogação;
- exibição ou posse de documento ou coisa;
- exclusão de litisconsorte;
- rejeição do pedido de limitação do litisconsórcio;
- admissão ou inadmissão de intervenção de terceiros;
- concessão, modificação ou revogação do efeito suspensivo aos embargos à execução;
- redistribuição do ônus da prova nos termos do art. 373, § 1º;
- outros casos expressamente referidos em lei.

Também caberá agravo de instrumento contra decisões interlocutórias proferidas na fase de liquidação de sentença ou de cumprimento de sentença, no processo de execução e no processo de inventário. De acordo com o art. 1.017, a petição de agravo de instrumento será instruída:

- **obrigatoriamente:** com cópias da petição inicial, da contestação, da petição que ensejou a decisão agravada, da própria decisão agravada, da certidão da respectiva intimação ou outro documento oficial que comprove a tempestividade e das procurações outorgadas aos advogados do agravante e do agravado;
- **facultativamente:** com outras peças que o agravante reputar úteis.

O advogado do agravante deverá juntar **declaração** sua de inexistência de qualquer dos documentos obrigatórios, sob pena de sua responsabilidade pessoal. Também acompanhará a petição **o comprovante do pagamento das respectivas custas e do porte de retorno**, quando devidos, conforme tabela publicada pelos tribunais. Caso falte cópia de qualquer peça ou no caso de algum outro vício que comprometa a admissibilidade do agravo de instrumento, deverá o relator conceder o prazo de 5 (cinco) dias ao recorrente para que seja sanado vício ou complementada a documentação exigível.

Sobre o **agravo interno**, diz o CPC que contra decisão proferida pelo relator caberá agravo interno para o respectivo órgão colegiado, observadas, quanto ao processamento, as regras do regimento interno do tribunal. O agravo será dirigido ao relator, que intimará o agravado para manifestar-se sobre o recurso no prazo de 15 (quinze) dias, ao final do qual, não havendo retratação, o relator levá-lo-á a julgamento pelo órgão colegiado, com inclusão em pauta (art. 1.021, § 2º).

De acordo com o CPC e a jurisprudência, cabem **embargos de declaração** quando:

- Esclarecer obscuridade ou eliminar contradição;
- Suprir omissão de ponto ou questão sobre o qual devia se pronunciar o juiz de ofício ou a requerimento;
- Corrigir erro material;
- Houver notório propósito de **prequestionamento** (questionar determinada matéria exigida para interposição de outros recursos) – Súmula 98, STJ.

Os embargos de declaração serão opostos, no **prazo de 5 dias**, em petição dirigida ao juiz ou relator, com indicação do erro, obscuridade, contradição ou omissão, e não se sujeitam a preparo. **Interrompem** o prazo para a interposição de outros recursos, por qualquer das partes, ou seja, **devolvem por inteiro o prazo**, nem têm efeito suspensivo (art. 1.026).

Quando **manifestamente protelatórios os embargos**, o juiz ou o tribunal, em decisão fundamentada, condenará o embargante a pagar ao embargado multa não excedente a **dois por cento** sobre o valor atualizado da causa. Na reiteração de embargos protelatórios, **a multa é elevada a até 10%** (dez por cento), ficando condicionada a interposição de qualquer outro recurso ao depósito do valor respectivo, à exceção da Fazenda Pública e do beneficiário de gratuidade da justiça, que a recolherão ao final. Também se destaca que não serão admitidos novos embargos de declaração se os 2 (dois) anteriores houverem sido considerados protelatórios.

Serão julgados em **recurso ordinário**, e que não se exige prequestionamento:

- pelo **Supremo Tribunal Federal**, os mandados de segurança, os *habeas data* e os mandados de injunção decididos em única instância pelos Tribunais superiores, quando denegatória a decisão (art. 1.027, I);
- pelo **Superior Tribunal de Justiça:**

  a) os mandados de segurança decididos em única instância pelos Tribunais Regionais Federais ou pelos Tribunais dos Estados e do Distrito Federal e Territórios, quando denegatória a decisão;

  b) as causas em que forem partes, de um lado, Estado estrangeiro ou organismo internacional e, do outro, Município ou pessoa residente ou domiciliada no País.

Compete ao STF julgar, mediante **recurso extraordinário**, as causas decididas **em única ou última instância**, quando a decisão recorrida (art. 102, III, CF):

- contrariar dispositivo da Constituição Federal;
- declarar a inconstitucionalidade de tratado ou lei federal;
- julgar válida lei ou ato de governo local contestado em face da Constituição Federal;
- julgar válida lei local contestada em face de lei federal.

No **recurso extraordinário,** o recorrente deverá demonstrar a **repercussão geral** das questões constitucionais discutidas no caso, nos termos da lei, a fim de que o Tribunal examine a admissão do recurso, somente podendo *recusá-lo* pela manifestação de **2/3** de seus membros.

Para efeito da **repercussão geral**, será considerada a existência, ou não, de questões relevantes do **ponto de vista econômico**, **político**, **social** ou **jurídico**, que ultrapassem os interesses subjetivos da causa. Haverá também **repercussão geral** sempre que o recurso impugnar **decisão contrária a súmula ou jurisprudência dominante do Tribunal**. O recorrente deverá demonstrar, em *preliminar* do recurso, para *apreciação exclusiva* do STF, a sua existência.

O STF, em *decisão irrecorrível*, não conhecerá do **recurso extraordinário**, quando a questão constitucional nele versada *não oferecer* **repercussão geral** (art. 1.035, CPC). *Negada a existência* da **repercussão geral**, a decisão valerá para todos os recursos sobre matéria idêntica, que serão indeferidos liminarmente, salvo revisão da tese, tudo nos termos do Regimento Interno do STF. E se a Turma decidir pela *existência* da repercussão geral por, **no mínimo, quatro votos**, ficará dispensada a remessa do recurso ao Plenário.

Compete ao STJ julgar, em **recurso especial**, as causas decididas, **em única ou última instância**, pelos TRFs ou pelos tribunais dos Estados, do DF e Territórios, quando a decisão recorrida:

- contrariar tratado ou lei federal, ou negar-lhes vigência;
- julgar válido ato de governo local contestado em face de lei federal;
- der a lei federal interpretação divergente da que lhe haja atribuído *outro* tribunal.

Atente-se que a "repercussão geral" não existe no recurso especial. A pretensão de simples reexame de prova **não enseja** recurso especial [Súmula 7, STJ], nem a divergência entre julgados do mesmo Tribunal [Súmula 13, STJ].

É **inadmissível** recurso especial, quando o acórdão recorrido assenta em fundamentos constitucional e infraconstitucional, qualquer deles suficiente, por si só, para mantê-lo, e a parte vencida não manifesta recurso extraordinário [Súmula 126, STJ].

Não cabe recurso especial contra decisão proferida, por órgão de segundo grau dos Juizados Especiais [Súmula 203, STJ].

Diz o art. 1.042 do CPC que cabe **agravo** contra decisão do presidente ou do vice-presidente do tribunal recorrido que inadmitir recurso extraordinário ou recurso especial, salvo quando fundado na aplicação de entendimento firmado em regime de repercussão geral ou em julgamento de recursos repetitivos.

Por fim, sobre os **embargos de divergência**, trata o CPC que é embargável o acórdão de órgão fracionário que em recurso extraordinário ou em recurso especial:

- divergir do julgamento de qualquer outro órgão do mesmo tribunal, sendo os acórdãos, embargado e paradigma, de mérito;
- divergir do julgamento de qualquer outro órgão do mesmo tribunal, sendo os acórdãos, embargado e paradigma, relativos ao juízo de admissibilidade;
- divergir do julgamento de qualquer outro órgão do mesmo tribunal, sendo um acórdão de mérito e outro que não tenha conhecido do recurso, embora tenha apreciado a controvérsia.

E também é embargável o acórdão de órgão fracionário que, nos processos de competência originária, divergir do julgamento de qualquer outro órgão do mesmo tribunal.

12. LIQUIDAÇÃO DE SENTENÇA E CUMPRIMENTO DE SENTENÇA

Refere-se o art. 509 do CPC que quando a sentença condenar ao pagamento de **quantia ilíquida**, proceder-se-á à sua liquidação, a requerimento do credor ou do devedor:

- **por arbitramento**, quando determinado pela sentença, convencionado pelas partes ou exigido pela natureza do objeto da liquidação;
- **pelo procedimento comum**, quando houver necessidade de alegar e provar fato novo.

Caso a sentença houver uma parte líquida e outra ilíquida, ao credor é lícito promover simultaneamente a execução daquela e, em autos apartados, a liquidação desta. E quando a apuração do valor depender apenas de **cálculo aritmético**, o credor poderá promover, desde logo, o **cumprimento da sentença**. Deve-se ter atenção que na liquidação é vedado discutir de novo a lide ou modificar a sentença que a julgou.

Quando da **liquidação por arbitramento**, o juiz intimará as partes para a apresentação de pareceres ou documentos elucidativos, no prazo que fixar, e, caso não possa decidir de plano, nomeará perito, observando-se, no que couber, o procedimento da prova pericial.

Já na **liquidação pelo procedimento comum**, o juiz determinará a intimação do requerido, na pessoa de seu advogado ou da sociedade de advogados a que estiver vinculado, para, querendo, apresentar contestação no prazo de 15 (quinze) dias. Por fim, consigna o CPC (art. 512) que a liquidação poderá ser realizada na pendência de recurso, processando-se em autos apartados no juízo de origem, cumprindo ao liquidante instruir o pedido com cópias das peças processuais pertinentes.

Quanto ao **cumprimento de sentença**, far-se-á a requerimento do exequente a qual o devedor será intimado para cumprir a sentença. No entanto, não poderá ser promovido em face do fiador, do coobrigado ou do corresponsável que não tiver participado da fase de conhecimento (art. 513, § 5º).

De acordo com o art. 515 do CPC, são **títulos executivos judiciais:**

I – as decisões proferidas no processo civil que reconheçam a exigibilidade de obrigação de pagar quantia, de fazer, de não fazer ou de entregar coisa;

II – a decisão homologatória de autocomposição judicial;

III – a decisão homologatória de autocomposição extrajudicial de qualquer natureza;

IV – o formal e a certidão de partilha, exclusivamente em relação ao inventariante, aos herdeiros e aos sucessores a título singular ou universal;

V – o crédito de auxiliar da justiça, quando as custas, emolumentos ou honorários tiverem sido aprovados por decisão judicial;

VI – a sentença penal condenatória transitada em julgado;

VII – a sentença arbitral;

VIII – a sentença estrangeira homologada pelo STJ;

IX – a decisão interlocutória estrangeira, após a concessão do *exequatur* à carta rogatória pelo STJ.

Nos casos dos **incisos VI a IX**, o devedor será citado no juízo cível para o cumprimento da sentença ou para a liquidação no **prazo de 15 (quinze) dias.**

O CPC trata em capítulos separados o *cumprimento* **provisório** e **definitivo** *da sentença* que reconhece a exigibilidade de obrigação de pagar quantia certa. Assim, o **cumprimento provisório** da sentença impugnada por recurso desprovido de efeito suspensivo será realizado da mesma forma que o cumprimento definitivo, sujeitando-se ao regime do art. 520, a saber:

- corre por iniciativa e responsabilidade do exequente, que se obriga, se a sentença for reformada, a reparar os danos que o executado haja sofrido;
- fica sem efeito, sobrevindo decisão que modifique ou anule a sentença objeto da execução, restituindo-se as partes ao estado anterior e liquidando-se eventuais prejuízos nos mesmos autos;
- se a sentença objeto de cumprimento provisório for modificada ou anulada apenas em parte, somente nesta ficará sem efeito a execução;
- o levantamento de depósito em dinheiro e a prática de atos que importem transferência de posse ou alienação de propriedade ou de outro direito real, ou dos quais possa resultar grave dano ao executado, dependem de caução suficiente e idônea, arbitrada de plano pelo juiz e prestada nos próprios autos. Esta caução pode ser dispensada nas hipóteses do art. 521.

Já no caso de condenação em quantia certa, ou já fixada em liquidação, e no caso de decisão sobre parcela incontroversa, o **cumprimento definitivo da sentença** far-se-á a requerimento do exequente, sendo o executado intimado para pagar o débito, no **prazo de 15 dias**, acrescido de custas, se houver. Caso não ocorra pagamento voluntário no prazo de 15 dias, o débito será acrescido de **multa de dez por cento** e, também, de **honorários de advogado de dez por cento** (art. 523, § 1º). E se não for efetuado tempestivamente o pagamento voluntário, será expedido, desde logo, mandado de penhora e avaliação, seguindo-se os atos de expropriação.

Diz o texto legal (art. 525) que, transcorrido o prazo de 15 dias **sem o pagamento voluntário**, inicia-se o prazo de 15 dias para que o executado, independentemente de penhora ou nova intimação, apresente, nos próprios autos, sua **impugnação**. Nesta IMPUGNAÇÃO, o executado poderá alegar:

- falta ou nulidade da citação se, na fase de conhecimento, o processo correu à revelia;
- ilegitimidade de parte;
- inexequibilidade do título ou inexigibilidade da obrigação;
- penhora incorreta ou avaliação errônea;
- excesso de execução ou cumulação indevida de execuções;
- incompetência absoluta ou relativa do juízo da execução;
- qualquer causa modificativa ou extintiva da obrigação, como pagamento, novação, compensação, transação ou prescrição, desde que supervenientes à sentença.

Importa destacar que se o executado alegar que o exequente, em excesso de execução, pleiteia quantia superior à resultante da sentença, deverá declarar de imediato o valor que entende correto, apresentando demonstrativo discriminado e atualizado de seu cálculo. Caso não aponte o valor correto ou não apresente o demonstrativo, a impugnação será liminarmente rejeitada, se o excesso de execução for o seu único fundamento, ou, se houver outro, a impugnação será processada, mas o juiz não examinará a alegação de excesso de execução.

Poderá o juiz, a requerimento do executado e desde que garantido o juízo com penhora, caução ou depósito suficientes, atribuir-lhe **efeito suspensivo** à IMPUGNAÇÃO, se seus fundamentos forem relevantes e se o prosseguimento da execução for manifestamente suscetível de causar ao executado grave dano de difícil ou incerta reparação. Mesmo que seja deferido, é lícito ao exequente requerer o prosseguimento da execução, oferecendo e prestando, nos próprios autos, caução suficiente e idônea a ser arbitrada pelo juiz.

O art. 526 do CPC concede ao réu, antes de ser intimado para o cumprimento da sentença, a oportunidade de comparecer em juízo e oferecer em pagamento o valor que entender devido, apresentando memória discriminada do cálculo.

Diante da proposta desta obra, sugere-se a leitura das outras *espécies* de cumprimento de sentença que reconheça a exigibilidade de obrigação:

- de prestar alimentos (arts. 528-533);
- de pagar quantia certa pela Fazenda Pública (arts. 534-535);
- de fazer, não fazer ou de entregar coisa (arts. 536-538).

13. PROCESSO DE EXECUÇÃO

O processo de execução ficou estabelecido no CPC/2015 como o segundo livro da Parte Especial, logo após o livro "Processo de Conhecimento e do Cumprimento de Sentença". De acordo com o art. 771, artigo que abre o tópico, este livro regula o procedimento da **execução fundada em título extrajudicial**, e suas disposições aplicam-se, também, no que couber, aos **procedimentos especiais de execução**, aos **atos executivos realizados no procedimento de cumprimento de sentença**, bem como aos **efeitos de atos ou fatos processuais a que a lei atribuir força executiva**.

A lista dos **títulos executivos extrajudiciais** está contida no art. 784 do CPC e que deverão constar de obrigação certa, líquida e exigível. Aqueles oriundos de país estrangeiro não dependem de homologação para serem executados, mas só terá eficácia executiva quando satisfeitos os requisitos de formação exigidos pela lei do lugar de sua celebração e quando o Brasil for indicado como o lugar de cumprimento da obrigação. Importa destacar ainda que a existência de título executivo extrajudicial não impede a parte de optar pelo processo de conhecimento, a fim de obter título executivo judicial (art. 785).

Mesmo que o devedor não satisfaça a obrigação certa, líquida e exigível consubstanciada em título executivo, a execução pode ser instaurada. A necessidade de simples operações aritméticas para apurar o crédito exequendo não retira a liquidez da obrigação constante do título. O art. 789 deixa claro que o devedor responde com todos os seus bens presentes e futuros para o cumprimento de suas obrigações, salvo as restrições estabelecidas em lei. Aqueles em que a lei é expressa quanto à sujeição de serem executados estão na lista do art. 790 do CPC.

O art. 792 destaca situações consideradas como **fraude à execução**, pois a alienação dos bens neste caso é ineficaz ao exequente. Mas antes de declarar a fraude à execução, o juiz deverá intimar o **terceiro adquirente**, que, se quiser, poderá opor **embargos de terceiro**, no prazo de 15 (quinze) dias.

Há diversas espécies de execução que o CPC considera, a saber:

- execução para entrega de coisa (arts. 806-813);
- execução das obrigações de fazer ou de não fazer (arts. 814-823);
- execução por quantia certa (arts. 824-909);
- execução contra a Fazenda Pública (art. 910);
- execução de alimentos (arts. 911-913).

Referente aos **embargos à execução**, diz o art. 914 que o executado, independentemente de penhora, depósito ou caução, poderá se opor à execução por meio de embargos. O prazo é de 15 dias. Poderá acontecer, durante este prazo, que, reconhecendo o crédito do exequente e comprovando o depósito de trinta por cento do valor em execução, acrescido de custas e de honorários de advogado, o executado poderá requerer que lhe seja permitido pagar o restante em até 6 (seis) parcelas mensais, acrescidas de correção monetária e de juros de um por cento ao mês.

Nos embargos, o executado poderá alegar:

- inexequibilidade do título ou inexigibilidade da obrigação;
- penhora incorreta ou avaliação errônea;
- excesso de execução ou cumulação indevida de execuções;
- retenção por benfeitorias necessárias ou úteis, nos casos de execução para entrega de coisa certa;
- incompetência absoluta ou relativa do juízo da execução;
- qualquer matéria que lhe seria lícito deduzir como defesa em processo de conhecimento.

De acordo com o art. 918, o juiz rejeitará liminarmente os embargos caso sejam intempestivos, ou de indeferimento da petição inicial e de improcedência liminar do pedido e quando manifestamente protelatórios. A regra é que os embargos não tenham efeito suspensivo, no entanto, o juiz poderá, a requerimento do embargante, **atribuir efeito suspensivo** aos embargos quando verificados os requisitos para a concessão da tutela provisória e desde que a execução já esteja garantida por penhora, depósito ou caução suficientes.

Assim sendo, recebidos os embargos o exequente será ouvido no prazo de 15 (quinze) dias, que a seguir, o juiz julgará imediatamente o pedido ou designará audiência e encerrada a instrução, o juiz proferirá sentença. As hipóteses de **suspensão** da execução estão no art. 921 e as de **extinção** no art. 924 do CPC, respectivamente:

Suspende-se a execução:

I – nas hipóteses dos arts. 313 e 315, no que couber;

II – no todo ou em parte, quando recebidos com efeito suspensivo os embargos à execução;

III – quando não for localizado o executado ou bens penhoráveis;

IV – se a alienação dos bens penhorados não se realizar por falta de licitantes e o exequente, em 15 (quinze) dias, não requerer a adjudicação nem indicar outros bens penhoráveis;

V – quando concedido o parcelamento de que trata o art. 916.

Extingue-se a execução quando:

I – a petição inicial for indeferida;

II – a obrigação for satisfeita;

III – o executado obtiver, por qualquer outro meio, a extinção total da dívida;

IV – o exequente renunciar ao crédito;

V – ocorrer a prescrição intercorrente.

14. TUTELA PROVISÓRIA

Este é um capítulo que tomou grande reforma por parte do legislador de 2015 com o objetivo de simplificar sua aplicação na prática. Sendo assim, a nova classificação parte do art. 294 do CPC, a saber:

Tutela provisória
- Tutela de urgência
  - cautelar
  - antecipada
- Tutela de evidência (art. 311)

A tutela provisória de urgência, cautelar ou antecipada, ainda pode ser concedida em caráter *antecedente* ou *incidental*, esta última independente do pagamento de custas. Tutela provisória será requerida ao juízo da causa e, quando *antecedente*, ao juízo competente para conhecer do pedido principal.

Diz o art. 300 que a **tutela de urgência** será concedida quando houver elementos que:

- [1] evidenciem a probabilidade do direito, e
- [2] o perigo de dano ou o risco ao resultado útil do processo.

Apesar de o CPC não tratar mais especificamente das "cautelares nominadas", refere-se a elas quando afirma que a tutela de urgência de natureza cautelar pode ser efetivada mediante arresto, sequestro, arrolamento de bens, registro de protesto contra alienação de bem e qualquer outra medida idônea para asseguração do direito (art. 301). Em qualquer hipótese, pode ser concedida liminarmente ou após justificação prévia.

O CPC distingue os procedimentos, quando requerida em caráter antecedente, da **tutela antecipada** da **tutela cautelar**. Assim, quando nos casos em que a urgência for contemporânea à propositura da ação, a petição inicial pode limitar-se ao requerimento da **tutela antecipada** e à indicação do pedido de tutela final, com a exposição da lide, do direito que se busca realizar e do perigo de dano ou do risco ao resultado útil do processo (art. 303).

Já a petição inicial da ação que visa à prestação de **tutela cautelar** em caráter antecedente indicará a lide e seu fundamento, a exposição sumária do direito que se objetiva assegurar e o perigo de dano ou o risco ao resultado útil do processo (art. 305). O réu será citado para, no prazo de **5 dias**, contestar o pedido e indicar as provas que pretende produzir. Efetivada a tutela cautelar, o pedido principal terá de ser formulado pelo autor no prazo de **30 dias**, caso em que será apresentado nos mesmos autos em que deduzido o pedido de tutela cautelar, não dependendo do adiantamento de novas custas processuais (art. 308). Importa destacar que o **indeferimento da tutela cautelar** não obsta a que a parte formule o pedido principal, nem influi no julgamento desse, salvo se o motivo do indeferimento for o reconhecimento de decadência ou de prescrição.

A respeito da **tutela de evidência**, diz o art. 311 que será concedida **independentemente da demonstração de perigo de dano ou de risco ao resultado útil do processo**, quando:

I – ficar caracterizado o abuso do direito de defesa ou o manifesto propósito protelatório da parte;

II – as alegações de fato puderem ser comprovadas apenas documentalmente e houver tese firmada em julgamento de casos repetitivos ou em súmula vinculante;

III – se tratar de pedido reipersecutório fundado em prova documental adequada do contrato de depósito, caso em que será decretada a ordem de entrega do objeto custodiado, sob cominação de multa;

IV – a petição inicial for instruída com prova documental suficiente dos fatos constitutivos do direito do autor, a que o réu não oponha prova capaz de gerar dúvida razoável.

Nas hipóteses dos incisos II e III, o juiz poderá decidir liminarmente.

15. PROCEDIMENTOS ESPECIAIS

Neste capítulo vamos tratar das ações que têm procedimentos especiais de jurisdição contenciosa e que já foram tema de provas da OAB. Importa observar que os procedimentos especiais não estão mais colocados em um livro próprio dentro do atual CPC, como era antigamente.

Ação de consignação em pagamento. Também prevista no art. 539 do CPC. Por meio desta ação, típico procedimento especial de jurisdição contenciosa, considera-se pagamento, e extingue a obrigação, o depósito judicial ou em estabelecimento bancário da coisa devida, nos casos e forma legais, assim como preceitua o art. 334 do Código Civil – CC/2002. Nesse contexto, segundo o **art. 335** do CC/2002, a consignação tem lugar:

- se o credor não puder, ou, sem justa causa, recusar receber o pagamento, ou dar quitação na devida forma;
- se o credor não for, nem mandar receber a coisa no lugar, tempo e condição devidos;
- se o credor for incapaz de receber, for desconhecido, declarado ausente, ou residir em lugar incerto ou de acesso perigoso ou difícil;
- se ocorrer dúvida sobre quem deva legitimamente receber o objeto do pagamento;
- se pender litígio sobre o objeto do pagamento.

Caso se trate de **obrigação em dinheiro**, poderá o devedor ou terceiro optar pelo depósito da quantia devida, em estabelecimento bancário, oficial onde houver, situado no lugar do pagamento, em conta com correção monetária, cientificando-se o credor por carta com aviso de recepção, assinado o **prazo de 10 (dez) dias** para a manifestação de recusa. Se decorrer este prazo sem a manifestação de recusa, **reputar-se-á o devedor liberado** da obrigação, ficando à disposição do credor a quantia depositada. Este é o mecanismo de **consignação extrajudicial**, que se resolve por meio do depósito e atuação dos envolvidos junto à instituição financeira, diversamente do que pode se dar na consignação judicial.

Todavia, pode ser que, assim como alerta o art. 539, § 3º, do CPC, **ocorra recusa**, manifestada por escrito ao estabelecimento bancário, caso em que poderá o devedor ou terceiro propor, **dentro de 1 mês, a ação de consignação**, instruindo a inicial com a prova do depósito e da recusa. Tem-se aqui, portanto, a consignação judicial, judicializando a questão. E caso não seja proposta neste prazo, ficará sem efeito o depósito.

Por outro lado, se o objeto da prestação for **coisa indeterminada** e a escolha couber ao credor, será este citado para exercer o direito dentro de **5 (cinco) dias**, se outro prazo não constar de lei ou do contrato, ou para aceitar que o devedor o faça, devendo o juiz, ao despachar a petição inicial, fixar lugar, dia e hora em que se fará a entrega, sob pena de depósito.

No caso de contestação, diz o art. 544 do CPC que o réu poderá alegar que:

- não houve recusa ou mora em receber a quantia ou coisa devida;
- foi justa a recusa;
- o depósito não se efetuou no prazo ou no lugar do pagamento;
- o depósito não é integral.

Quando na contestação o réu alegar que o **depósito não é integral**, é lícito ao autor completá-lo, dentro em 10 (dez) dias, salvo se corresponder a prestação, cujo inadimplemento acarrete a rescisão do contrato. Poderá ainda o réu levantar, desde logo, a quantia ou a coisa depositada, com a consequente liberação parcial do autor, prosseguindo o processo quanto à parcela controvertida. E a sentença que concluir pela **insuficiência do depósito** determinará, sempre que possível, o montante devido, e, neste caso, valerá como título executivo, facultado ao credor promover-lhe a execução nos mesmos autos.

Por fim, se não for oferecida a contestação, e ocorrentes os efeitos da revelia, o juiz julgará procedente o pedido, declarará extinta a obrigação e condenará o réu nas custas e honorários advocatícios.

Ação de inventário. Prevista a partir do art. 610 do CPC. O inventário é um procedimento especial, de natureza contenciosa, que tem como qualidade realizar a transferência patrimonial do falecido para seus sucessores. Consequência natural do inventário é a ocorrência da partilha, ou seja, da divisão, entre os sucessores, do patrimônio do falecido, consubstanciando-se este por meio do formal de partilha, que é levado a termo.

Assim, havendo testamento ou interessado incapaz, proceder-se-á ao inventário judicial. Todavia, se todos forem capazes e concordes, o inventário e a partilha poderão ser feitos por escritura pública, a qual constituirá documento hábil para qualquer ato de registro, bem como para levantamento de importância depositada em instituições financeiras. Com efeito, o que se pode abstrair do disposto no art. 610, § 1º, do CPC, consequentemente, é que o inventário poderá ser judicial ou extrajudicial. Este se implementará se for levado a cabo por meio da escritura pública. Diversamente, aquele, como dito antes, se realizará por meio de demanda judicial de inventário.

Diz o art. 611 que o processo de inventário e partilha deve ser **aberto**, a quem estiver na posse e administração do espólio, **dentro de 2 meses a contar da abertura da sucessão**, ultimando-se nos 12 (doze) meses subsequentes, *podendo* o juiz *prorrogar tais prazos*, de ofício ou a requerimento de parte. O requerimento será instruído com a certidão de óbito do autor da herança.

Tem também legitimidade concorrente para requerer o inventário e partilha:

- o cônjuge supérstite;
- o herdeiro;
- o legatário;
- o testamenteiro;
- o cessionário do herdeiro ou do legatário;
- o credor do herdeiro, do legatário ou do autor da herança;
- o administrador judicial do herdeiro, do legatário, do autor da herança ou do cônjuge ou companheiro supérstite;
- o Ministério Público, havendo herdeiros incapazes;
- a Fazenda Pública, quando tiver interesse.

O **inventariante**, cujas funções estão elencadas nos arts. 618 e 619 do CPC, nomeado pelo juiz, poderá ser qualquer um destes: o cônjuge ou companheiro sobrevivente, desde que estivesse convivendo com o outro ao tempo da morte deste; o herdeiro que se achar na posse e na administração do espólio, se não houver cônjuge ou companheiro sobrevivente ou se estes não puderem ser nomeados; qualquer herdeiro, quando nenhum deles estiver na posse e na administração do espólio; o herdeiro menor, por seu representante legal; o testamenteiro, se lhe tiver sido confiada a administração do espólio ou se toda a herança estiver distribuída em legados; o cessionário do herdeiro ou do legatário; o inventariante judicial, se houver; pessoa estranha idônea, quando não houver inventariante judicial.

Ações possessórias. A partir do art. 554 do CPC. Recorde que segundo o art. 1.210 do CC/2002, o possuidor tem direito a ser mantido na posse em caso de **turbação**, restituído no de **esbulho**, e segurado de **violência iminente**, se tiver justo receio de ser molestado. Destaque-se que, nas ações possessórias, há como **princípio a fungibilidade** (art. 554, CPC) entre as possessórias, pois a propositura de uma ação possessória em vez de outra não obstará a que o juiz conheça do pedido e outorgue a proteção legal correspondente àquela, cujos requisitos estejam provados. Assim, privilegia-se, consequentemente, a efetividade da medida e não, unicamente, o tipo de demanda.

Ademais, é lícito ao **autor** cumular além do pedido possessório, o de condenação em perdas e danos, indenização dos frutos, bem como requerer a imposição de medida necessária e adequada para evitar nova turbação ou esbulho e cumprir-se a tutela provisória ou final. Ao **réu**, é lícito, na contestação, alegar que foi o ofendido em sua posse, demandar a proteção possessória e a indenização pelos prejuízos resultantes da turbação ou do esbulho cometido pelo autor (art. 556).

Seguindo a orientação do art. 558 do CPC, caso a ação de manutenção e de reintegração de posse seja intentada **dentro de 1 (um) ano e 1 (um) dia** (ação de força nova) da turbação ou do esbulho o procedimento a ser adotado será o especificado em cada uma das seções sobre manutenção e reintegração de posse, sendo, portanto, procedimento especial de jurisdição contenciosa. De outro lado se a ação de manutenção e de reintegração de posse for intentada **depois de 1 (um) ano e 1 (um) dia** (ação de força velha), da turbação ou do esbulho, seguirá o rito ordinário, não perdendo, contudo, o caráter possessório.

Em relação às diretrizes destas demandas, se o réu provar, em qualquer tempo, que o autor provisoriamente mantido ou reintegrado na posse carece de idoneidade financeira para, no caso de sucumbência, responder por perdas e danos, o juiz designar-lhe-á o prazo de **5 dias** para requerer caução, real ou fidejussória, sob pena de ser depositada a coisa litigiosa, ressalvada a impossibilidade da parte economicamente hipossuficiente (art. 559, CPC).

Deve-se destacar que, assim como determina o art. 560 do CPC, o possuidor tem direito a ser **mantido na posse em caso de turbação** e *reintegrado no de esbulho*. **Turbação** é o ato de gerar perturbação à posse que alguém exerce sobre o bem ou coisa, fazendo com que se forme para o possuidor o direito de manutenir sua posse, nascendo para ele o direito de promover a ação de manutenção da posse. Já o **esbulho** é o ato de retirada ou subtração da posse em desfavor do legítimo possuidor, situação em que este perde, efetivamente, sua posse para outrem, fazendo nascer para o possuidor o direito de promover a ação de reintegração de posse.

Portanto, qualificado o ato prejudicial à posse exercida por alguém, entre turbação e esbulho, se poderá, consequentemente, adotar a medida judicial cabível para manter ou restabelecer a posse. Neste contexto, pensando exatamente em cada uma destas medidas qualificadas, incumbe ao autor provar, segundo o art. 561 do CPC:

- a sua posse;
- a turbação ou o esbulho praticado pelo réu;
- a data da turbação ou do esbulho;
- a continuação da posse, embora turbada, na ação de manutenção; a perda da posse, na ação de reintegração.

A seguir, o juiz deferirá, sem ouvir o réu, a expedição do **mandado liminar** de manutenção ou de reintegração de posse. Entretanto, caso a petição inicial não esteja devidamente instruída, o juiz determinará que o autor justifique previamente o alegado, citando-se o réu para comparecer à audiência que for designada (art. 562). Destaque-se que **contra as pessoas jurídicas de direito público não será** deferida a manutenção ou a reintegração liminar sem prévia audiência dos respectivos representantes judiciais.

Seguindo-se este procedimento especial célere, concedido ou não o mandado liminar de manutenção ou de reintegração, o autor promoverá, nos **5 dias** subsequentes, a citação do réu para, querendo, contestar a ação no prazo de **15 dias**.

Pode ser que o possuidor direto ou indireto, que tenha justo receio de ser molestado na posse, poderá impetrar ao juiz que o segure da turbação ou esbulho iminente, mediante **mandado proibitório**, em que se comine ao réu determinada pena pecuniária, caso transgrida o preceito. Com efeito, assim como determina o art. 567 do CPC, poderá o possuidor promover ação com a finalidade de **obter uma proibição** ao possível invasor, turbante ou esbulhador da posse, fazendo com que se institua o **interdito proibitório**. Neste mecanismo, busca-se evitar que o esbulho ou a turbação ocorra, caso seja iminente o risco de esbulho ou turbação possessória.

Destaca-se a novidade do art. 565 do CPC, que afirma que no **litígio coletivo** pela posse de imóvel, quando o esbulho ou a turbação afirmado na petição inicial houver ocorrido há mais de ano e dia, o juiz, antes de apreciar o pedido de concessão da medida liminar, deverá designar audiência de mediação, a realizar-se em até **30 dias**, em que o Ministério Público será intimado para comparecer à audiência, e a Defensoria Pública será intimada sempre que houver parte beneficiária de gratuidade da justiça; os órgãos responsáveis pela política agrária e pela política urbana da União, de Estado ou do Distrito Federal e de Município onde se situe a área objeto do litígio poderão ser intimados para a audiência, a fim de se manifestarem sobre seu interesse no processo e sobre a existência de possibilidade de solução para o conflito possessório.

Ação de usucapião. Modalidade de aquisição originária da propriedade, tem a qualidade de fazer com que a propriedade que alguém possua possa ser-lhe transferida. Com efeito, assim como determina o art. 1.238 do CC/2002, aquele que, por **15 (quinze) anos**, sem interrupção, nem oposição, possuir como seu um imóvel, adquire-lhe a propriedade, independentemente de título e boa-fé, podendo requerer ao juiz que assim o declare por sentença, a qual servirá de título para o registro no Cartório de Registro de Imóveis.

Como se pode ver, neste caso acima, tem-se a **usucapião extraordinária**, consubstanciado no *animus domini*, desvinculando de requisitos como a boa-fé ou justo título, já que neste tipo de usucapião a transferência da propriedade se dá pela ausência de cuidado do proprietário originário e a posse exercida pelo possuído com ânimo de proprietário.

Neste caso, assim como nos demais, o possuidor age, em favor da coisa, como se proprietário fosse, zelando, cuidando e preservando o bem. Ademais, o prazo de 15 (quinze) anos para a realização da usucapião extraordinária, disposto no art. 1.238 do CC/2002, reduzir-se-á para **10 (dez) anos** se o possuidor houver estabelecido no imóvel a sua moradia habitual, ou nele realizado obras ou serviços de caráter produtivo, sendo este a **usucapião ordinária** (art. 1.238, parágrafo único, CC/2002).

Destarte, adquire também a propriedade do imóvel aquele que, contínua e incontestadamente, com justo título e boa-fé, o possuir **por dez anos** (art. 1.242, CC/2002). Entretanto, neste mesmo caso, será **de cinco anos** o prazo, se o imóvel houver sido adquirido, onerosamente, com base no registro constante do respectivo cartório, cancelada posteriormente, desde que os possuidores nele tiverem estabelecido a sua moradia, ou realizado investimentos de interesse social e econômico (art. 1.242, parágrafo único, CC/2002).

Como se pode perceber, nos casos de usucapião, tratados até aqui, resta não implementada a **função social da propriedade**, qual seja, em relação a uma fazenda, por exemplo, ser produtiva. Este requisito é de suma importância para a realização da usucapião nas suas mais variadas modalidades, pois o proprietário não realiza nem cumpre a função social da propriedade, facilitando que ocorra, portanto, a usucapião.

Curatela dos interditos. É um dos procedimentos de jurisdição voluntária que se destaca em provas. Diz o art. 747 do CPC que a interdição pode ser promovida:

I – pelo cônjuge ou companheiro;

II – pelos parentes ou tutores;

III – pelo representante da entidade em que se encontra abrigado o interditando;

IV – pelo Ministério Público (observado o art. 748).

Como é o procedimento? De acordo com o art. 749, incumbe ao autor, na petição inicial, especificar os fatos que demonstram a incapacidade do interditando para administrar seus bens e, se for o caso, para praticar atos da vida civil, bem como o momento em que a incapacidade se revelou. Justificada a urgência, o juiz pode nomear curador provisório ao interditando para a prática de determinados atos. O requerente ainda deverá juntar laudo médico para fazer prova de suas alegações ou informar a impossibilidade de fazê-lo.

Depois, o interditando será citado para, em dia designado, comparecer perante o juiz, que o entrevistará minuciosamente acerca de sua vida, negócios, bens, vontades, preferências e laços familiares e afetivos e sobre o que mais lhe parecer necessário para convencimento quanto à sua capacidade para praticar atos da vida civil, devendo ser reduzidas a termo as perguntas e respostas. Dentro do prazo de **15 dias** contados da entrevista, o interditando poderá impugnar o pedido. Decorrido este prazo, o juiz determinará a produção de prova pericial para avaliação da capacidade do interditando para praticar atos da vida civil. Apresentado o laudo, produzidas as demais provas e ouvidos os interessados, o juiz proferirá sentença.

16. AÇÃO POPULAR E AÇÃO CIVIL PÚBLICA

Ação popular. Está prevista na Lei n. 4.717/65 (LAP) e serve para que **qualquer cidadão** pleiteie a **anulação ou a declaração de nulidade de atos lesivos ao patrimônio** da União, do Distrito Federal, dos Estados, dos Municípios, de entidades autárquicas, de sociedades de economia mista, de sociedades mútuas de seguro nas quais a União represente os segurados ausentes, de empresas públicas, de serviços sociais autônomos, de instituições ou fundações para cuja criação ou custeio o tesouro público haja concorrido ou concorra com mais de cinquenta por cento do patrimônio ou da receita ânua, de empresas incorporadas ao patrimônio da União, do Distrito Federal, dos Estados e dos Municípios, e de quaisquer pessoas jurídicas ou entidades subvencionadas pelos cofres públicos.

Consideram-se **patrimônio público** para os fins referidos desta lei, os bens e direitos de valor econômico, artístico, estético, histórico ou turístico. São nulos os atos lesivos ao patrimônio das entidades mencionadas, nos casos de:

a) incompetência;

b) vício de forma;

c) ilegalidade do objeto;

d) inexistência dos motivos;

e) desvio de finalidade.

O parágrafo único do art. 2º da LAP traz a conceituação individualizada dos casos acima. Atente-se que somente *cidadãos* poderão ingressar em juízo, cuja **prova da cidadania** será feita com o título eleitoral, ou com documento que a ele corresponda. A ação popular seguirá o procedimento previsto no art. 7º da LAP e seguintes. Destaca-se que a sentença terá **eficácia de coisa julgada oponível *erga omnes***, exceto no caso de haver sido a ação julgada improcedente por deficiência de prova; neste caso, qualquer cidadão poderá intentar outra ação com idêntico fundamento, valendo-se de nova prova.

Conforme o art. 21 da LAP, a ação prevista nesta lei **prescreve em 5 (cinco) anos**. De outro lado, segundo o art. 22 da LAP, aplicam-se à ação popular as regras do CPC, naquilo em que não contrariem os dispositivos da LAP, nem a natureza específica da ação. Com efeito, a sentença que, julgando procedente a ação popular, decretar a invalidade do ato impugnado, condenará ao pagamento de perdas e danos os responsáveis pela sua prática e os beneficiários dele, ressalvada a ação regressiva contra os funcionários causadores de dano, quando incorrerem em culpa. Nesse sentido, a sentença incluirá sempre, na condenação dos réus, o pagamento, ao autor, das custas e demais despesas, judiciais e extrajudiciais, diretamente relacionadas com a ação e comprovadas, bem como o dos honorários de advogado.

Ação civil pública. Está prevista na Lei n. 7.347/85 (LACP) e serve para responsabilidade por danos morais e patrimoniais causados: I – ao meio-ambiente; II – ao consumidor; III – a bens e direitos de valor artístico, estético, histórico, turístico e paisagístico; IV – a qualquer outro interesse difuso ou coletivo; V – por infração da ordem econômica; VI – à ordem urbanística; VII – à honra e à dignidade de grupos raciais, étnicos ou religiosos; VIII – ao patrimônio público e social.

> Atente-se: **não será cabível** ação civil pública para veicular pretensões que envolvam tributos, contribuições previdenciárias, o Fundo de Garantia do Tempo de Serviço – FGTS ou outros fundos de natureza institucional cujos beneficiários podem ser individualmente determinados.

Têm legitimidade para propor a ação principal e a ação cautelar da ACP:

- o **Ministério Público**;
- a **Defensoria Pública**;
- a **União, os Estados, o Distrito Federal e os Municípios**;
- a **autarquia, empresa pública, fundação ou sociedade de economia mista**;
- a **associação** que, concomitantemente:
  a) esteja constituída há pelo menos 1 (um) ano nos termos da lei civil;
  b) inclua, entre suas finalidades institucionais, a proteção ao patrimônio público e social, ao meio ambiente, ao consumidor, à ordem econômica, à livre concorrência, aos direitos de grupos raciais, étnicos ou religiosos ou ao patrimônio artístico, estético, histórico, turístico e paisagístico.

Importa em destacar que se aplicam à defesa dos direitos e interesses difusos, coletivos e individuais, no que for cabível, os dispositivos do Título III do CDC (arts. 81 a 104), p. ex., quando trata da coisa julgada (*erga omnes* e *ultra partes*), prevista no art. 103 do CDC, observado o art. 16 da LACP.

Observa-se, ainda, que na apuração dos fatos e na colheita de elementos capazes de indicar a eventual conveniência da propositura de uma ação civil pública, destaca-se a figura do **inquérito civil** no curso do qual, inclusive, pode ser assinado o Termo de Ajustamento de Conduta – TAC, a qual tem eficácia de título executivo extrajudicial. Conceitua-se o inquérito civil como procedimento investigatório de **caráter administrativo** que só pode ser instaurado pelo Ministério Público, que o fará sempre que considerar conveniente promover a melhor apuração dos fatos e colher maiores elementos de convicção para, só então e se concluir pertinente, propor a ação civil pública.

Por fim, é forçoso lembrar a conceituação do CDC sobre os direitos coletivos (art. 81, parágrafo único):

- **interesses ou direitos difusos**, assim entendidos, para efeitos deste código, os transindividuais, de natureza indivisível, de que sejam titulares pessoas indeterminadas e ligadas por circunstâncias de fato;
- **interesses ou direitos coletivos**, assim entendidos, para efeitos deste código, os transindividuais, de natureza indivisível de que seja titular grupo, categoria ou classe de pessoas ligadas entre si ou com a parte contrária por uma relação jurídica base;
- **interesses ou direitos individuais homogêneos**, assim entendidos os decorrentes de origem comum.

17. MANDADO DE SEGURANÇA E MANDADO DE INJUNÇÃO

Mandado de segurança individual e coletivo. Estão previstos na Lei n. 12.016/2009 e serão concedidos para proteger direito líquido e certo, não amparado por ***habeas corpus*** ou ***habeas data***, sempre que, ilegalmente ou com abuso de poder, qualquer pessoa física ou jurídica sofrer violação ou houver justo receio de sofrê-la por parte de autoridade, seja de que categoria for e sejam quais forem as funções que exerça. A sentença não fixará honorários advocatícios, por serem eles incabíveis no Mandado de Segurança.

Destaca-se que NÃO caberá mandado de segurança contra os **atos de gestão comercial** praticados pelos administradores de empresas públicas, de sociedades de economia mista e de concessionárias de serviço público. Também NÃO se concederá mandado de segurança quando se tratar:

- de ato do qual caiba recurso administrativo com efeito suspensivo, independentemente de caução;
- de decisão judicial da qual caiba recurso com efeito suspensivo;
- de decisão judicial transitada em julgado.

Assim, ao despachar a inicial, o juiz ordenará:

- que se notifique o **coator** do conteúdo da petição inicial, enviando-lhe a segunda via apresentada com as cópias dos documentos, a fim de que, no prazo de 10 (dez) dias, **preste as informações**;
- que se dê ciência do feito ao órgão de representação judicial da pessoa jurídica interessada, enviando-lhe cópia da inicial sem documentos, **para que, querendo, ingresse no feito**;
- que se **suspenda o ato** que deu motivo ao pedido, quando houver **fundamento relevante e do ato impugnado puder resultar a ineficácia da medida**, caso seja finalmente deferida, sendo facultado exigir do impetrante caução, fiança ou depósito, com o objetivo de assegurar o ressarcimento à pessoa jurídica.

Observa-se que da decisão do juiz de primeiro grau que **conceder ou denegar a liminar** caberá **agravo de instrumento**. No entanto, NÃO será concedida medida liminar que tenha por objeto:

- a compensação de créditos tributários;
- a entrega de mercadorias e bens provenientes do exterior;
- a reclassificação ou equiparação de servidores públicos;
- e a concessão de aumento ou a extensão de vantagens ou pagamento de qualquer natureza.

Deferida a medida liminar, o processo terá prioridade para julgamento. Mas a **inicial será desde logo indeferida**, por decisão motivada, quando não for o caso de mandado de segurança ou lhe faltar algum dos requisitos legais ou quando decorrido o prazo legal para a impetração. Deste INDEFERIMENTO:

- em juízo de 1º grau, caberá **apelação** e,
- quando a competência para o julgamento do mandado de segurança couber originariamente a um dos tribunais, do ato do relator caberá **agravo** para o órgão competente do tribunal que integre.

Os efeitos da medida liminar, salvo se revogada ou cassada, persistirão até a prolação da sentença. E **da sentença**, denegando ou concedendo o mandado, cabe **apelação**. Já caiu em questão no XIV Exame da OAB.

Por fim, concedida a segurança, a sentença estará sujeita obrigatoriamente ao duplo grau de jurisdição, estendendo-se à autoridade coatora o direito de recorrer. Observa-se que a sentença que conceder o mandado de segurança *pode ser executada provisoriamente*, salvo nos casos em que for vedada a concessão da medida liminar.

O **mandado de segurança coletivo** pode ser impetrado por partido político com representação no Congresso Nacional, na defesa de seus interesses legítimos relativos a seus integrantes ou à finalidade partidária, ou por organização sindical, entidade de classe ou associação legalmente constituída e em funcionamento há, pelo menos, 1 (um) ano, em defesa de direitos líquidos e certos da totalidade, ou de parte, dos seus membros ou associados, na forma dos seus estatutos e desde que pertinentes às suas finalidades, dispensada, para tanto, autorização especial. Destaca-se que pode ser impetrado em defesa de direitos líquidos e certos que pertençam a apenas parte dos membros de uma categoria ou associação, substituídos pelo impetrante.

Os direitos protegidos pelo **mandado de segurança coletivo** podem ser:

- **coletivos**, assim entendidos, para efeito desta Lei, os transindividuais, de natureza indivisível, de que seja titular grupo ou categoria de pessoas ligadas entre si ou com a parte contrária por uma relação jurídica básica;
- **individuais homogêneos**, assim entendidos, para efeito desta Lei, os decorrentes de origem comum e da atividade ou situação específica da totalidade ou de parte dos associados ou membros do impetrante.

Atente-se que, no mandado de segurança coletivo, a sentença fará **coisa julgada limitadamente** aos membros do grupo ou categoria substituídos pelo impetrante, tema que já foi objeto de prova (II Exame da OAB). **Não induz litispendência para as ações individuais**, mas os efeitos da coisa julgada não beneficiarão o impetrante a título individual se não requerer a desistência de seu mandado de segurança no **prazo de 30 (trinta) dias** a contar da ciência comprovada da impetração da segurança coletiva.

A **liminar** só poderá ser concedida após a audiência do representante judicial da pessoa jurídica de direito público, que deverá se pronunciar no prazo de 72 (setenta e duas) horas.

Não cabem, no processo de mandado de segurança, a interposição de embargos infringentes e a condenação ao pagamento dos honorários advocatícios, sem prejuízo da aplicação de sanções no caso de litigância de má-fé.

Mandado de Injunção. Está previsto na Constituição Federal, art. 5º, LXXI, e art. 102, I, *q*. De acordo com o STF, é processo que pede a regulamentação de uma norma da Constituição, quando os Poderes competentes não o fizeram. O pedido é feito para garantir o direito de alguém prejudicado pela omissão, sempre que a falta de norma regulamentadora torne inviável o exercício dos direitos e liberdades constitucionais e das prerrogativas inerentes à nacionalidade, à soberania e à cidadania.

Considerando a nova Lei do Mandado de Injunção, Lei n. 13.300/2016, conceder-se-á mandado de injunção sempre que a falta total ou parcial de norma regulamentadora torne inviável o exercício dos direitos e liberdades constitucionais e das prerrogativas inerentes à nacionalidade, à soberania e à cidadania. Considera-se parcial a regulamentação quando forem insuficientes as normas editadas pelo órgão legislador competente. Ademais, são legitimadas para o mandado de injunção, como impetrantes, as pessoas naturais ou jurídicas que se afirmam titulares dos direitos, das liberdades ou das prerrogativas, como impetrado, o Poder, o órgão ou a autoridade com atribuição para editar a norma regulamentadora.

Reconhecido o estado de mora legislativa, será deferida a injunção para: (i) determinar prazo razoável para que o impetrado promova a edição da norma regulamentadora; (ii) estabelecer as condições em que se dará o exercício dos direitos, das liberdades ou das prerrogativas reclamados ou, se for o caso, as condições em que poderá o interessado promover ação própria visando exercê-los, caso não seja suprida a mora legislativa no prazo determinado.

A decisão terá eficácia subjetiva limitada às partes e produzirá efeitos até o advento da norma regulamentadora. Destarte, poderá ser conferida eficácia *ultra partes* ou *erga omnes* à decisão, quando isso for inerente ou indispensável ao exercício do direito, da liberdade ou da prerrogativa objeto da impetração. Com efeito, transitada em julgado a decisão, seus efeitos poderão ser estendidos aos casos análogos por decisão monocrática do relator. Por fim, sem prejuízo dos efeitos já produzidos, a decisão poderá ser revista, a pedido de qualquer interessado, quando sobrevierem relevantes modificações das circunstâncias de fato ou de direito.

REFERÊNCIAS

BUENO, Cassio Scarpinella. *Manual de Direito Processual Civil*. São Paulo: Saraiva, 2015.

DONIZETTI, Elpídio. *Curso Didático de Direito Processual Civil*. 17. ed. São Paulo: Atlas, 2013.

GONÇALVES, Marcus Vinicius Rios. *Direito Processual Civil Esquematizado*. 3. ed. São Paulo: Saraiva, 2013.

________. *Novo Curso de Direito Processual Civil*, v. 3, Execução e Processo Cautelar. 6. ed. São Paulo: Saraiva, 2013.

THAMAY, Rennan Faria Krüger; DA ROCHA, Marcelo Hugo; CORREA, Letícia Loureiro. *Direito Processual Civil*. São Paulo: Saraiva, 2015.

WAMBIER, Luiz Rodrigues. *Curso avançado de processo civil*, v. 1. 10. ed. São Paulo: Revista dos Tribunais, 2008.

Questões

Direito Processual Civil

I. PRINCÍPIOS

1. (XXVIII Exame) O fornecimento de energia elétrica à residência de Vicente foi interrompido em 2 de janeiro de 2018, porque, segundo a concessionária de serviço público, haveria um "gato" no local, ou seja, o medidor de energia teria sido indevidamente adulterado. Indignado, Vicente, representado por um(a) advogado(a), propôs, aproximadamente um mês depois, demanda em face da fornecedora e pediu o restabelecimento do serviço, pois o medidor estaria hígido. A fim de provar os fatos alegados, o autor requereu a produção de prova pericial. Citado poucos meses depois da propositura da demanda, a ré defendeu a correção de sua conduta, ratificou a existência de irregularidade no medidor de energia e, tal qual o autor, requereu a produção de perícia. Em dezembro de 2018, após arbitrar o valor dos honorários periciais e antes da realização da perícia, o juiz atribuiu apenas ao autor, que efetivamente foi intimado para tanto, o pagamento de tal verba. Sobre a hipótese apresentada, assinale a afirmativa correta.

(A) A decisão judicial está correta, uma vez que, se ambas as partes requererem a produção de perícia, apenas o autor deve adiantar o pagamento.

(B) O juiz decidiu de modo incorreto, pois se ambas as partes requererem a produção de perícia, autor e réu devem adiantar os honorários periciais.

(C) A decisão está equivocada, na medida em que os honorários periciais são pagos apenas ao final do processo.

(D) A decisão está correta, pois o magistrado tinha a faculdade de atribuir a apenas uma das partes o pagamento do montante.

RESPOSTA Nos termos do art. 95 do CPC, cada parte adiantará a remuneração do assistente técnico que houver indicado, sendo a do perito adiantada pela parte que houver requerido a perícia ou rateada quando a perícia for determinada de ofício ou requerida por ambas as partes. *Alternativa B.*

2. (XXVIII Exame) João Paulo faleceu em Atibaia (SP), vítima de um ataque cardíaco fulminante. Empresário de sucesso, domiciliado na cidade de São Paulo (SP), João Paulo possuía inúmeros bens, dentre os quais se incluem uma casa de praia em Búzios (RJ), uma fazenda em Lucas do Rio Verde (GO) e alguns veículos de luxo, atualmente estacionados em uma garagem em Salvador (BA).

Neste cenário, assinale a opção que indica o foro competente para o inventário e a partilha dos bens deixados por João Paulo.

(A) Os foros de Búzios (RJ) e de Lucas do Rio Verde (GO), concorrentemente.

(B) O foro de São Paulo (SP).

(C) O foro de Salvador (BA).

(D) O foro de Atibaia (SP).

RESPOSTA Conforme art. 48 do CPC, foro de domicílio do autor da herança, no Brasil, é o competente para o inventário, a partilha, a arrecadação, o cumprimento de disposições de última vontade, a impugnação ou anulação de partilha extrajudicial e para todas as ações em que o espólio for réu, ainda que o óbito tenha ocorrido no estrangeiro. *Alternativa B.*

II. JURISDIÇÃO, AÇÃO, PROCESSO, PARTES E PROCURADORES

3. (XXVIII Exame) O fornecimento de energia elétrica à residência de Vicente foi interrompido em 2 de janeiro de 2018, porque, segundo a concessionária de serviço público, haveria um "gato" no local, ou seja, o medidor de energia teria sido indevidamente adulterado. Indignado, Vicente, representado por um(a) advogado(a), propôs, aproximadamente um mês depois, demanda em face da fornecedora e pediu o restabelecimento do serviço, pois o medidor estaria hígido. A fim de provar os fatos alegados, o autor requereu a produção de prova pericial. Citado poucos meses depois da propositura da demanda, a ré defendeu a correção de sua conduta, ratificou a existência de irregularidade no medidor de energia e, tal qual o autor, requereu a produção de perícia. Em dezembro de 2018, após arbitrar o valor dos honorários periciais e antes da realização da perícia, o juiz atribuiu apenas ao autor, que efetivamente foi intimado para tanto, o pagamento de tal verba. Sobre a hipótese apresentada, assinale a afirmativa correta.

(A) A decisão judicial está correta, uma vez que, se ambas as partes requererem a produção de perícia, apenas o autor deve adiantar o pagamento.

(B) O juiz decidiu de modo incorreto, pois se ambas as partes requererem a produção de perícia, autor e réu devem adiantar os honorários periciais.

(C) A decisão está equivocada, na medida em que os honorários periciais são pagos apenas ao final do processo.
(D) A decisão está correta, pois o magistrado tinha a faculdade de atribuir a apenas uma das partes o pagamento do montante.

RESPOSTA Nos termos do art. 95 do CPC, cada parte adiantará a remuneração do assistente técnico que houver indicado, sendo a do perito adiantada pela parte que houver requerido a perícia ou rateada quando a perícia for determinada de ofício ou requerida por ambas as partes. *Alternativa B.*

4. (XXVIII Exame) João Paulo faleceu em Atibaia (SP), vítima de um ataque cardíaco fulminante. Empresário de sucesso, domiciliado na cidade de São Paulo (SP), João Paulo possuía inúmeros bens, dentre os quais se incluem uma casa de praia em Búzios (RJ), uma fazenda em Lucas do Rio Verde (GO) e alguns veículos de luxo, atualmente estacionados em uma garagem em Salvador (BA).

Neste cenário, assinale a opção que indica o foro competente para o inventário e a partilha dos bens deixados por João Paulo.

(A) Os foros de Búzios (RJ) e de Lucas do Rio Verde (GO), concorrentemente.
(B) O foro de São Paulo (SP).
(C) O foro de Salvador (BA).
(D) O foro de Atibaia (SP).

RESPOSTA Conforme art. 48 do CPC, foro de domicílio do autor da herança, no Brasil, é o competente para o inventário, a partilha, a arrecadação, o cumprimento de disposições de última vontade, a impugnação ou anulação de partilha extrajudicial e para todas as ações em que o espólio for réu, ainda que o óbito tenha ocorrido no estrangeiro. *Alternativa B.*

5. (XXV Exame) Alice, em razão de descumprimento contratual por parte de Lucas, constituiu Osvaldo como seu advogado para ajuizar uma ação de cobrança com pedido de condenação em R$ 300.000,00 (trezentos mil reais), valor atribuído à causa. A ação foi julgada procedente, mas não houve a condenação em honorários sucumbenciais. Interposta apelação por Lucas, veio a ser desprovida, sendo certificado o trânsito em julgado. Considerando o exposto, assinale a afirmativa correta.

(A) Em razão do trânsito em julgado e da preclusão, não há mais possibilidade de fixação dos honorários sucumbenciais.
(B) Como não houve condenação, presume-se que há fixação implícita de honorários sucumbenciais na média entre o mínimo e o máximo, ou seja, 15% do valor da condenação.
(C) O trânsito em julgado não impede a discussão no mesmo processo, podendo ser requerida a fixação dos honorários sucumbenciais por meio de simples petição.
(D) Deve ser proposta ação autônoma para definição dos honorários sucumbenciais e de sua cobrança.

RESPOSTA De acordo com o § 18 do art. 85 do CPC, caso a decisão transitada em julgado seja omissa quanto ao direito aos honorários ou ao seu valor, é cabível ação autônoma para sua definição e cobrança. *Alternativa D.*

6. (XXII Exame) João ajuizou ação indenizatória contra Maria, postulando a condenação ao pagamento de R$ 100.000,00 a título de reparação por danos materiais e R$ 50.000,00 por indenização de danos morais, em razão do descumprimento de um contrato firmado entre eles, referente à compra e venda de dois imóveis, cujos valores eram R$ 500.000,00 e R$ 200.000,00. Maria, citada, apresentou contestação e reconvenção, pedindo a declaração de invalidade parcial do contrato relativo ao imóvel de R$ 200.000,00, bem como a condenação de João ao pagamento de indenização por danos morais, no valor de R$ 20.000,00. Diante de tal situação, assinale a opção que apresenta o valor da causa da reconvenção.

(A) O valor deve ser o mesmo da ação principal, qual seja, R$ 150.000,00, por ser ação acessória.
(B) Não é necessário dar valor à causa na reconvenção.
(C) O valor deve ser de R$ 220.000,00, referente à soma do pedido de declaração de invalidade parcial do contrato e do pleito de indenização por danos morais.
(D) O valor deve ser de R$ 200.000,00, referente ao pedido de declaração de invalidade parcial do contrato, sendo o pleito de indenização por danos morais meramente estimado, dispensando a indicação como valor da causa.

RESPOSTA De acordo com o art. 292 do CPC, o valor da causa constará da petição inicial ou da reconvenção e será, na ação em que há **cumulação de pedidos**, a quantia correspondente à soma dos valores de todos eles (inciso VI). *Alternativa C.*

III. LITISCONSÓRCIO, ASSISTÊNCIA E INTERVENÇÃO DE TERCEIROS

7. (XXXIII Exame) Karine teve conhecimento de que Pedro propôs ação reivindicatória em face de Joana relativamente à Fazenda Felicidade, situada em Atibaia. Karine, furiosa, apresenta oposição, por entender que aquela fazenda lhe pertence, já que a recebeu em testamento pelo falecido tio de Joana. Sobre o caso narrado, assinale a afirmativa correta.

(A) Se a oposição foi proposta antes do início da audiência do processo originário, a oposição será apensada aos autos e tramitará simultaneamente à ação reivindicatória, sendo ambas julgadas pela mesma sentença.
(B) Se houver possibilidade de julgamento conjunto, o juiz deverá observar a relação de prejudicialidade existente entre a oposição apresentada por Karine e a ação reivindicatória proposta por Pedro, sendo que o pedido desta última deve ser julgado em primeiro lugar.
(C) Os opostos formam um litisconsórcio passivo unitário, devendo a sentença dlvidir de modo idêntico o mérito para ambos.
(D) Se Pedro reconhecer a procedência do pedido da opoente, Karine deverá ser reconhecida como legítima proprietária do imóvel.

RESPOSTA A oposição tem natureza jurídica de ação de quem pretender, no todo ou em parte, a coisa ou o direito sobre que controvertem autor e réu. Este poderá, até ser proferida a sentença, oferecer oposição contra ambos (art. 682, CPC). Diz o art. 685 que admitido o processamento, a oposição será apensada aos autos e tramitará simultaneamente à ação originária, sendo ambas julgadas pela mesma sentença. *Alternativa A.*

8. (XXX Exame) Daniel, sensibilizado com a necessidade de Joana em alugar um apartamento, disponibiliza-se a ser seu fiador no contrato de locação, fazendo constar nele cláusula de benefício de ordem. Um ano e meio após a assinatura do contrato, Daniel é citado em ação judicial visando à cobrança de aluguéis atrasados. Ciente de que Joana possui bens suficientes para fazer frente à dívida contraída, Daniel consulta você, como advogado(a), sobre a possibilidade de Joana também figurar no polo passivo da ação. Diante do caso narrado, assinale a opção que apresenta a modalidade de intervenção de terceiros a ser arguida por Daniel em sua contestação.

(A) Assistência.
(B) Denunciação da lide.
(C) Chamamento ao processo.
(D) Nomeação à autoria.

RESPOSTA De acordo com o art. 130 do CPC, são hipóteses de chamamento ao processo, requerido pelo réu, do afiançado, na ação em que o fiador for réu; dos demais fiadores, na ação proposta contra um ou alguns deles; e dos demais devedores solidários, quando o credor exigir de um ou de alguns o pagamento da dívida comum. *Alternativa C.*

9. (XXVIII Exame) Felipe, a fim de cobrar dívida proveniente de contrato de mútuo firmado com Aline, ajuizou demanda de conhecimento em face de João Alberto, fiador. Surpreendido pela citação, João Alberto procura, no mesmo dia, um(a) advogado(a).

Diante de tal quadro, assinale a opção que apresenta a medida mais adequada a ser adotada pelo(a) advogado(a) para obter a responsabilização de Aline.

(A) Realizar o chamamento ao processo de Aline.
(B) Efetuar a denunciação da lide de Aline.
(C) Sustentar a ilegitimidade passiva de João Alberto, na medida em que somente após eventual tentativa malsucedida de responsabilização de Aline, João Alberto poderia ser demandado.
(D) Não promover a intervenção de terceiros e aguardar a fase executiva, momento em que deverá ser requerido o benefício de ordem, de modo que os bens de Aline sejam executados antes dos de João Alberto.

RESPOSTA Nos termos do art. 130, I, do CPC, é admissível o chamamento ao processo, requerido pelo réu, do afiançado, na ação em que o fiador for réu. Outras hipóteses de chamamento são: dos demais fiadores, na ação proposta contra um ou alguns deles; e dos demais devedores solidários, quando o credor exigir de um ou de alguns o pagamento da dívida comum. *Alternativa A.*

10. (XXVIII Exame) As irmãs Odete e Nara celebraram contrato bancário, com cláusula de solidariedade, com uma pequena instituição financeira, com o objetivo de constituir uma empresa na cidade de Campos.

Depois de sete anos, a instituição financeira, sem receber o valor que lhe era devido, propôs ação judicial em face das duas irmãs. Ocorre que a empresa familiar teve suas atividades encerradas por má gestão e as irmãs, há alguns anos, não mais se falam e, por isso, contrataram advogados(as) de escritórios de advocacia distintos para realizar a defesa judicial.

Sobre a hipótese apresentada, assinale a afirmativa correta.

(A) Caso o(a) advogado(a) de Nara perca o prazo do recurso de apelação, a alegação de prescrição no apelo interposto pelo advogado(a) de Odete, se acolhida, beneficiará Nara.
(B) O litisconsórcio formado pelas irmãs pode ser classificado como litisconsórcio passivo, necessário e unitário.
(C) Caberá à parte interessada alegar a prescrição, sendo vedado ao magistrado reconhecer a prescrição de ofício.
(D) Os prazos para as manifestações dos litisconsortes com advogados(as) de diferentes escritórios de advocacia serão contados em dobro, ainda quando os autos do processo forem eletrônicos.

RESPOSTA Segundo o art. 229, os litisconsortes que tiverem diferentes procuradores, de escritórios de advocacia distintos, terão prazos contados em dobro para todas as suas manifestações, em qualquer juízo ou tribunal, independentemente de requerimento. Entretanto, nos termos do § 2º, não se aplica o disposto no caput aos processos em autos eletrônicos. *Alternativa A.*

11. (XXVIII Exame) Amauri ingressou com ação ordinária em face de Mercadinho dos Suínos Ltda., em decorrência do consumo de alimento inapropriado vendido pelo réu. O pedido foi julgado procedente em decisão transitada em julgado, condenando a pessoa jurídica ré a indenizar o autor em R$ 10.000,00 (dez mil reais). Na fase de cumprimento de sentença, não foram encontrados bens penhoráveis pertencentes à sociedade, razão pela qual o juízo competente decretou, de ofício, a desconsideração da personalidade jurídica, penhorando um automóvel pertencente a Flávio, sócio majoritário da sociedade ré.

Diante de tal cenário, assinale a afirmativa correta.

(A) A decisão está correta, pois o CPC admite a desconsideração da personalidade jurídica, independentemente de requerimento da parte interessada.
(B) A decisão está incorreta, diante da necessidade de requerimento da parte para que haja a desconsideração da personalidade jurídica, a qual possui natureza jurídica de processo autônomo.
(C) A decisão está incorreta, pois a desconsideração da personalidade jurídica exige, cumulativamente, o requerimento da parte interessada e a instauração do incidente, nos termos do CPC.
(D) Não é admissível a desconsideração da personalidade jurídica à luz do CPC.

RESPOSTA Nos termos do art. 133, do CPC, o incidente de desconsideração da personalidade jurídica será instaurado a pedido da parte ou do Ministério Público, quando lhe couber intervir no processo. Ademais, o pedido de desconsideração da personalidade jurídica observará os pressupostos previstos em lei. *Alternativa C.*

12. (XXIV Exame) Marcos se envolveu em um acidente, abalroando a motocicleta de Bruno, em razão de não ter visto que a pista estava interditada. Bruno ajuizou, em face de Marcos, ação de indenização por danos materiais, visando receber os valores necessários ao conserto de sua motocicleta. Marcos, ao receber a citação da ação, entendeu que a responsabilidade de pagamento era da Seguradora Confiança, em virtude de contrato de seguro que havia pactuado para seu veículo, antes do acidente. Diante de tal situação, assinale a afirmativa correta.

(A) Marcos pode promover oposição em face de Bruno e da seguradora.
(B) Marcos pode promover denunciação da lide à seguradora.
(C) Marcos pode pedir a instauração de incidente de desconsideração da personalidade jurídica em face da seguradora.
(D) Marcos pode promover o chamamento ao processo da seguradora.

RESPOSTA De acordo com o art. 125 do CPC/2015, é admissível a denunciação da lide, promovida por qualquer das partes àquele que estiver obrigado, por lei ou pelo contrato, a indenizar, em ação regressiva, o prejuízo de quem for vencido no processo (inciso II). *Alternativa B.*

13. (XXII Exame) Antônia contratou os arquitetos Nivaldo e Amanda para realizar o projeto de reforma de seu apartamento. No contrato celebrado entre os três, foi fixado o prazo de trinta dias para a prestação do serviço de arquitetura, o que não foi cumprido, embora tenha sido feito o pagamento dos valores devidos pela contratante. Com o objetivo de rescindir o contrato celebrado e ser ressarcida do montante pago, Antônia procura um advogado, mas lhe informa que não gostaria de processar Amanda, por serem amigas de infância. Sobre a hipótese apresentada, assinale a opção que indica o procedimento correto a ser adotado.

(A) Será possível o ajuizamento da ação unicamente em face de Nivaldo, na medida em que a hipótese tratada é de litisconsórcio simples. A sentença proferida contra Nivaldo será ineficaz em relação a Amanda.
(B) Não será possível o ajuizamento da ação unicamente em face de Nivaldo, uma vez que a hipótese tratada é de litisconsórcio necessário. Caso a ação não seja ajuizada em face de Amanda, o juiz deverá determinar que seja requerida sua citação, sob pena de extinção do processo.
(C) Será possível o ajuizamento da ação unicamente em face de Nivaldo, na medida em que a hipótese tratada é de litisconsórcio facultativo. A sentença proferida contra Nivaldo será eficaz em relação a Amanda, pois entre eles há comunhão de direitos ou de obrigações.
(D) Não será possível o ajuizamento da ação unicamente em face de Nivaldo, uma vez que a hipótese tratada é de litisconsórcio simples. A sentença proferida contra Nivaldo será ineficaz.

RESPOSTA O litisconsórcio será necessário por disposição de lei ou quando, pela natureza da relação jurídica controvertida, a eficácia da sentença depender da citação de todos que devam ser litisconsortes (art. 114, CPC). E, sendo assim, nos casos de litisconsórcio passivo necessário, o juiz determinará ao autor que requeira a citação de todos que devam ser litisconsortes, dentro do prazo que assinar, sob pena de extinção do processo (art. 115, parágrafo único). *Alternativa B.*

IV. COMPETÊNCIAS, MINISTÉRIO PÚBLICO, JUIZ E AUXILIARES DA JUSTIÇA

14. (XXV Exame) Alcebíades ajuizou demanda de obrigação de fazer pelo procedimento comum, com base em cláusula contratual, no foro da comarca de Petrópolis. Citada para integrar a relação processual, a ré Benedita lembrou-se de ter ajustado contratualmente que o foro para tratar judicialmente de qualquer desavença seria o da comarca de Niterói, e comunicou o fato ao seu advogado. Sobre o procedimento a ser adotado pela defesa, segundo o caso narrado, assinale a afirmativa correta.

(A) A defesa poderá alegar a incompetência de foro antes da audiência de conciliação ou de mediação.
(B) A defesa poderá alegar a incompetência a qualquer tempo.
(C) A defesa só poderá alegar a incompetência de foro como preliminar da contestação, considerando tratar-se de regra de competência absoluta, sob pena de preclusão.
(D) A defesa tem o ônus de apresentar exceção de incompetência, em petição separada, no prazo de resposta.

RESPOSTA De acordo com os arts. 63 e 340 do CPC, correta a *Alternativa A.*

V. ATOS PROCESSUAIS

15. (XXXII Exame) Patrícia aluga seu escritório profissional no edifício Law Offices, tendo ajuizado ação em face de sua locadora, a fim de rever o valor do aluguel. Aberto prazo para a apresentação de réplica, ficou silente a parte autora. O juiz, ao examinar os autos para prolação da sentença, verificou não ter constado o nome do patrono da autora da publicação do despacho para oferta de réplica. Entretanto, não foi determinada a repetição do ato, e o pedido foi julgado procedente. Sobre o processo em questão, assinale a afirmativa correta.

(A) Se a ré alegar, em sede de apelação, a irregularidade da intimação para apresentação de réplica, deverá ser pronunciada a nulidade.
(B) Não havia necessidade de repetição da intimação para apresentação de réplica, já que o mérito foi decidido em favor da parte autora.
(C) Caso tivesse sido reconhecida a irregularidade da intimação para apresentação de réplica, caberia ao juiz retomar o processo do seu início, determinando novamente a citação da ré.
(D) Independentemente de ter havido ou não prejuízo à parte autora, a intimação deveria ter sido repetida, sob pena de ofensa ao princípio do contraditório.

RESPOSTA De acordo com o art. 282 do CPC, ao pronunciar a nulidade, o juiz declarará que atos são atingidos e ordenará as providências necessárias a fim de que sejam repetidos ou retificados. Segundo os §§ 1º e 2º, o ato não será repetido nem sua falta será suprida quando não prejudicar a parte, e quando puder decidir o mérito a favor da parte a quem aproveite a decretação da nulidade, o juiz não a pronunciará nem mandará repetir o ato ou suprir-lhe a falta. *Alternativa B.*

VI. FORMAÇÃO, SUSPENSÃO E EXTINÇÃO DO PROCESSO

16. (XXIII Exame) Roberta ingressou com ação de reparação de danos em face de Carlos Daniel, cirurgião plástico, devido à sua insatisfação com o resultado do procedimento estético por ele realizado. Antes da citação do réu, Roberta, já acostumada com sua nova feição e considerando a opinião dos seus amigos (de que estaria mais bonita), troca de ideia e desiste da demanda proposta. A desistência foi homologada em juízo por sentença. Após seis meses, quando da total recuperação da cirurgia, Roberta percebeu que o resultado ficara completamente diferente do prometido, razão pela qual resolve ingressar novamente com a demanda. A demanda de Roberta deverá ser

(A) extinta sem resolução do mérito, por ferir a coisa julgada.
(B) extinta sem resolução do mérito, em razão da litispendência.
(C) distribuída por dependência.
(D) submetida à livre distribuição, pois se trata de nova demanda.

RESPOSTA Diante da situação, aplica-se o artigo 286 (e inciso II) do CPC, onde estão as hipóteses de distribuição por dependência. Observa-se que a desistência e referida homologação é caso de extinção sem resolução do mérito (art. 485, VIII), mas que o posterior reingresso é situação de distribuição por dependência. *Alternativa C.*

VII. PETIÇÃO INICIAL E RESPOSTA DO RÉU

17. **(XXXIII Exame)** Joana, em decorrência de diversos problemas conjugais, decidiu se divorciar de Marcelo. Contudo, em razão da resistência do cônjuge em consentir com sua decisão, foi preciso propor ação de divórcio. Após distribuída a ação, o juiz determinou a emenda da petição inicial, tendo em vista a ausência de cópia da certidão do casamento celebrado entre as partes, dentre os documentos anexados à inicial. Considerando o caso narrado e as disposições legais a respeito da ausência de documentos indispensáveis à propositura da ação, assinale a afirmativa correta.

(A) Ausente documento indispensável à propositura da ação, a petição inicial deve ser indeferida de imediato.
(B) A certidão de casamento é documento indispensável à propositura de qualquer ação. Constatando-se sua ausência, deve o autor ser intimado para emendar ou completar a inicial no prazo de 5 (cinco) dias.
(C) Ausente documento indispensável à propositura da ação, o autor deve ser intimado para emendar ou completar a inicial no prazo de 15 (quinze) dias.
(D) A ausência de documento indispensável à propositura da ação configura hipótese de improcedência liminar.

RESPOSTA De acordo com o art. 321 do CPC, o juiz, ao verificar que a petição inicial não preenche os requisitos dos arts. 319 e 320 ou que apresenta defeitos e irregularidades capazes de dificultar o julgamento de mérito, determinará que o autor, no prazo de 15 (quinze) dias, a emende ou a complete, indicando com precisão o que deve ser corrigido ou completado. *Alternativa C.*

18. **(XXXI Exame)** O arquiteto Fernando ajuizou ação exclusivamente em face de Daniela, sua cliente, buscando a cobrança de valores que não teriam sido pagos no âmbito de um contrato de reforma de apartamento. Daniela, devidamente citada, deixou de oferecer contestação, mas, em litisconsórcio com seu marido José, apresentou reconvenção em peça autônoma, buscando indenização por danos morais em face de Fernando e sua empresa, sob o argumento de que estes, após a conclusão das obras de reforma, expuseram, em site próprio, fotos do interior do imóvel dos reconvintes sem que tivessem autorização para tanto. Diante dessa situação hipotética, assinale a afirmativa correta.

(A) Como Daniela deixou de contestar a ação, ela e seu marido não poderiam ter apresentado reconvenção, devendo ter ajuizado ação autônoma para buscar a indenização pretendida.
(B) A reconvenção deverá ser processada, a despeito de Daniela não ter contestado a ação originária, na medida em que o réu pode propor reconvenção independentemente de oferecer contestação.
(C) A reconvenção não poderá ser processada, na medida em que não é lícito a Daniela propor reconvenção em litisconsórcio com seu marido, que é um terceiro que não faz parte da ação originária.
(D) A reconvenção não poderá ser processada, na medida em que não é lícito a Daniela incluir no polo passivo da reconvenção a empresa de Fernando, que é um terceiro que não faz parte da ação originária.

RESPOSTA Segundo o art. 343 do CPC, na contestação, é lícito ao réu propor reconvenção para manifestar pretensão própria, conexa com a ação principal ou com o fundamento da defesa. O réu pode propor reconvenção independentemente de oferecer contestação (§6º). *Alternativa B.*

19. **(XXX Exame)** Carolina foi citada para comparecer com seu advogado ao Centro Judiciário de Solução de Conflitos (CEJUSC) da comarca da capital, para Audiência de Mediação (art. 334 do CPC), interessada em restabelecer o diálogo com Nestor, seu ex-marido. O fato de o advogado de seu ex-cônjuge conversar intimamente com o mediador Teófilo, que asseverava ter celebrado cinco acordos na qualidade de mediador na última semana, retirou sua concentração e a deixou desconfiada da lisura daquela audiência. Não tendo sido possível o acordo nessa primeira oportunidade, foi marcada uma nova sessão de mediação para buscar a composição entre as partes, quinze dias mais tarde. Sobre o caso narrado, assinale a afirmativa correta.

(A) Carolina pode comparecer sem seu advogado na próxima sessão de mediação.
(B) O advogado só pode atuar como mediador no CEJUSC se realizar concurso público específico para integrar quadro próprio do tribunal.
(C) Pode haver mais de uma sessão destinada à conciliação e à mediação, não podendo exceder 2 (dois) meses da data de realização da primeira sessão, desde que necessária(s) à composição das partes.
(D) O mediador judicial pode atuar como advogado da parte no CEJUSC, pois o CPC apenas impede o exercício da advocacia nos juízos em que desempenhe suas funções.

RESPOSTA De acordo com o § 2º do art. 334 do CPC, poderá haver mais de uma sessão destinada à conciliação e à mediação, não podendo exceder a 2 (dois) meses da data de realização da primeira sessão, desde que necessárias à composição das partes. *Alternativa C.*

20. **(XXX Exame)** João dirigia seu carro a caminho do trabalho quando, ao virar em uma esquina, foi atingido por Fernando, que seguia na faixa ao lado. Diante dos danos ocasionados a seu veículo, João ingressou com ação, junto a uma Vara Cível, em face de Fernando, alegando que este trafegava pela faixa que teria como caminho obrigatório a rua para onde aquele seguiria. Realizada a citação, Fernando procurou seu advogado, alegando que, além de oferecer sua defesa nos autos daquele processo, gostaria de formular pedido contra João, uma vez que este teria invadido a faixa sem antes acionar a "seta", sendo, portanto, o verdadeiro culpado pelo acidente. Considerando o caso narrado, o advogado de Fernando deve

A) instruí-lo a ajuizar nova ação, uma vez que não é possível formular pedido contra quem deu origem ao processo.
B) informar-lhe que poderá, na contestação, propor reconvenção para manifestar pretensão própria, sendo desnecessária a conexão com a ação principal ou com o fundamento da defesa, bastando a identidade das partes.
C) informar-lhe sobre a possibilidade de propor a reconvenção, advertindo-o, porém, que, caso João desista da ação, a reconvenção restará prejudicada.
D) informar-lhe que poderá, na contestação, propor reconvenção para manifestar pretensão própria, desde que conexa com a ação principal ou com o fundamento da defesa.

RESPOSTA De acordo com o art. 343 do CPC, na contestação, é lícito ao réu propor reconvenção para manifestar pretensão própria, conexa com a ação principal ou com o fundamento da defesa. *Alternativa D.*

21. (XXIX Exame) Maria ajuizou ação em face de José, sem mencionar, na inicial, se pretendia ou não realizar audiência de conciliação ou mediação. Assim, o juiz designou a referida audiência, dando ciência às partes. O réu informou ter interesse na realização de tal audiência, enquanto Maria, devidamente intimada, quedou-se silente. Chegado o dia da audiência de conciliação, apenas José, o réu, compareceu. A respeito do caso narrado, assinale a opção que apresenta possível consequência a ser suportada por Maria.

(A) Não existem consequências previstas na legislação pela ausência da autora à audiência de conciliação ou mediação.
(B) Caso não compareça, nem apresente justificativa pela ausência, Maria será multada em até 2% da vantagem econômica pretendida ou do valor da causa.
(C) Diante da ausência da autora à audiência de conciliação ou mediação, o processo deverá ser extinto.
(D) Diante da ausência da autora à audiência de conciliação ou mediação, as alegações apresentadas pelo réu na contestação serão consideradas verdadeiras.

RESPOSTA Segundo art. 334 , do CPC, se a petição inicial preencher os requisitos essenciais e não for o caso de improcedência liminar do pedido, o juiz designará audiência de conciliação ou de mediação com antecedência mínima de 30 (trinta) dias, devendo ser citado o réu com pelo menos 20 (vinte) dias de antecedência. Entretanto, afirma o § 8º que o não comparecimento injustificado do autor ou do réu à audiência de conciliação é considerado ato atentatório à dignidade da justiça e será sancionado com multa de até dois por cento da vantagem econômica pretendida ou do valor da causa, revertida em favor da União ou do Estado. *Alternativa B.*

22. (XXVII Exame) Em razão da realização de obras públicas de infraestrutura em sua rua, que envolveram o manejo de retroescavadeiras e britadeiras, a residência de Daiana acabou sofrendo algumas avarias. Daiana ingressou com ação judicial em face do ente que promoveu as obras, a fim de que este realizasse os reparos necessários em sua residência. Citado o réu, este apresentou a contestação. Contudo, antes do saneamento do processo, diante do mal-estar que vivenciou, Daiana consultou seu advogado a respeito da possibilidade de, na mesma ação, adicionar pedido de condenação em danos morais. Considerando o caso narrado, assinale a afirmativa correta.

(A) É possível o aditamento, uma vez que, até o saneamento do processo, é permitido alterar ou aditar o pedido sem o consentimento do réu.
(B) Não é possível o aditamento, uma vez que o réu foi citado e apresentou contestação.
(C) É possível o aditamento, eis que, até o saneamento do processo, é permitido aditar ou alterar o pedido, desde que com o consentimento do réu.
(D) É possível o aditamento, porquanto, até a prolação da sentença, é permitido alterar ou aditar o pedido, desde que não haja recusa do réu.

RESPOSTA Nos termos do art. 329, II, do CPC, o autor poderá até o saneamento do processo, aditar ou alterar o pedido e a causa de pedir, com consentimento do réu, assegurado o contraditório mediante a possibilidade de manifestação deste no prazo mínimo de 15 (quinze) dias, facultado o requerimento de prova suplementar. *Alternativa C.*

23. (XXV Exame) Tancredo ajuizou equivocadamente, em abril de 2017, demanda reivindicatória em face de Gilberto, caseiro do sítio Campos Verdes, porque Gilberto parecia ostentar a condição de proprietário. Diante do narrado, assinale a afirmativa correta.

(A) Gilberto deverá realizar a nomeação à autoria no prazo de contestação.
(B) Gilberto poderá alegar ilegitimidade *ad causam* na contestação, indicando aquele que considera proprietário.
(C) Trata-se de vício sanável, podendo o magistrado corrigir o polo passivo de ofício, substituindo Gilberto da relação processual, ainda que este não tenha indicado alguém.
(D) Gilberto poderá promover o chamamento ao processo de seu patrão, a quem está subordinado.

RESPOSTA De acordo com o art. 337, XI, e art. 339 do CPC, correta a *alternativa B.*

24. (XXI Exame) A sociedade Palavras Cruzadas Ltda. ajuizou ação de responsabilidade civil em face de Helena e requereu o benefício da gratuidade de justiça, na petição inicial. O juiz deferiu o requerimento de gratuidade e ordenou a citação da ré. Como a autora não juntou qualquer documento comprobatório de sua hipossuficiência econômica, a ré pretende atacar o benefício deferido. Com base na situação apresentada, assinale a afirmativa correta.

(A) O instrumento processual adequado para atacar a decisão judicial é o incidente de impugnação ao benefício de gratuidade, que será processado em autos apartados.
(B) A ré alegará na contestação que não estão presentes os requisitos para o deferimento do benefício de gratuidade.
(C) A ré alegará na contestação que o benefício deve ser indeferido, mas terá que apresentar documentos comprobatórios, pois a lei presume verdadeira a alegação de insuficiência deduzida.
(D) O instrumento processual previsto para atacar a decisão judicial de deferimento do benefício é o agravo de instrumento.

RESPOSTA De acordo com o art. 100 do CPC, deferido o pedido de gratuidade, a parte contrária poderá oferecer impugnação na contestação, na réplica, nas contrarrazões de recurso ou, nos casos de pedido superveniente ou formulado por terceiro, por meio de petição simples, a ser apresentada no prazo de 15 dias, nos autos do próprio processo, sem suspensão de seu curso. *Alternativa B.*

25. (XXI Exame) Lucas foi citado para apresentar defesa em ação de indenização por danos materiais, em razão de acidente de veículo. Contudo, o proprietário e condutor do veículo que causou o acidente era Cláudio, seu primo, com quem Lucas havia pego uma carona. Lucas, em contestação, deverá

(A) requerer a alteração do sujeito passivo, indicando Cláudio como réu.
(B) requerer que Cláudio seja admitido na condição de assistente litisconsorcial.
(C) denunciar Cláudio à lide.
(D) requerer o chamamento de Cláudio ao processo.

RESPOSTA Segundo o art. 339 do CPC, no momento da contestação, quando alegar sua ilegitimidade, incumbe ao réu indicar o sujeito passivo da relação jurídica discutida sempre que tiver conhecimento, sob pena de arcar com as despesas processuais e de indenizar o autor pelos prejuízos decorrentes da falta de indicação. *Alternativa A.*

VIII. REVELIA, PROVIDÊNCIAS PRELIMINARES E JULGAMENTO CONFORME O ESTADO DO PROCESSO

26. (XXXI Exame) Um advogado elabora uma petição inicial em observância aos requisitos legais. Da análise da peça postulatória, mesmo se deparando com controvérsia fática, o magistrado julga o pedido improcedente liminarmente. Diante dessa situação, o patrono do autor opta por recorrer contra o provimento do juiz, arguindo a nulidade da decisão por necessidade de dilação probatória. Com base nessa situação hipotética, assinale a afirmativa correta.

(A) O advogado pode aduzir que, antes de proferir sentença extintiva, o juiz deve, necessariamente, determinar a emenda à inicial, em atenção ao princípio da primazia de mérito.
(B) Não existem hipóteses de improcedência liminar no atual sistema processual, por traduzirem restrição do princípio da inafastabilidade da prestação jurisdicional e ofensa ao princípio do devido processo legal.
(C) Somente a inépcia da petição inicial autoriza a improcedência liminar dos pedidos.
(D) Nas hipóteses em que há necessidade de dilação probatória, não cabe improcedência liminar do pedido.

RESPOSTA Nas causas que dispensem a fase instrutória, portanto, onde não há necessidade de dilação probatória, o juiz, independentemente da citação do réu, julgará liminarmente improcedente o pedido que contrariar as situações do art. 332 do CPC. Porém, no caso em tela, há "controvérsia fática", o que não caberia o julgamento liminar. Correta, assim, a *alternativa D.*

27. (XXVI Exame) Marina propôs ação de reconhecimento e extinção de união estável em face de Caio, que foi regularmente citado para comparecer à audiência de mediação. Sobre a audiência de mediação, assinale a afirmativa correta.

(A) Se houver interesse de incapaz, o Ministério Público deverá ser intimado a comparecer à audiência de mediação.
(B) É faculdade da parte estar acompanhada de advogado ou defensor público à audiência.
(C) Em virtude do princípio da unidade da audiência, permite-se apenas uma única sessão de mediação que, se restar frustrada sem acordo, deverá ser observado o procedimento comum.
(D) É lícito que, para a realização de mediação extrajudicial, Marina e Caio peçam a suspensão do processo.

RESPOSTA Dentre as hipóteses de suspensão do processo do art. 313 do CPC, está a convenção das partes. *Alternativa D.*

IX. PROVAS E AUDIÊNCIAS

28. (XXXI Exame) Julieta ajuizou demanda em face de Rafaela e, a fim de provar os fatos constitutivos de seu direito, arrolou como testemunhas Fernanda e Vicente. A demandada, por sua vez, arrolou as testemunhas Pedro e Mônica. Durante a instrução, Fernanda e Vicente em nada contribuíram para o esclarecimento dos fatos, enquanto Pedro e Mônica confirmaram o alegado na petição inicial. Em razões finais, o advogado da autora requereu a procedência dos pedidos, ao que se contrapôs o patrono da ré, sob o argumento de que as provas produzidas pela autora não confirmaram suas alegações e, ademais, as provas produzidas pela ré não podem prejudicá-la. Consideradas as normas processuais em vigor, assinale a afirmativa correta.

(A) O advogado da demandada está correto, pois competia à demandante a prova dos fatos constitutivos do seu direito.
(B) O advogado da demandante está correto, porque a prova, uma vez produzida, pode beneficiar parte distinta da que a requereu.
(C) O advogado da demandante está incorreto, pois o princípio da aquisição da prova não é aplicável à hipótese.
(D) O advogado da demandada está incorreto, porque as provas só podem beneficiar a parte que as produziu, segundo o princípio da aquisição da prova.

RESPOSTA De acordo com o art. 371 do CPC, o juiz apreciará a prova constante dos autos, independentemente do sujeito que a tiver promovido, e indicará na decisão as razões da formação de seu convencimento. Sendo assim, correta a *alternativa B.*

29. (XXX Exame) Um advogado, com estudos apurados em torno das regras do CPC, resolve entrar em contato com o patrono da parte adversa de um processo em que atua. Sua intenção *é tentar um saneamento compartilhado do processo.* Diante disso, acerca das situações que autorizam a prática de negócios jurídicos processuais, assinale a afirmativa correta.

(A) As partes poderão apresentar ao juiz a delimitação consensual das questões de fato e de direito da demanda litigiosa.
(B) As partes não poderão, na fase de saneamento, definir a inversão consensual do ônus probatório, uma vez que a regra sobre produção de provas é matéria de ordem pública.
(C) As partes poderão abrir mão do princípio do contraditório

consensualmente de forma integral, em prol do princípio da duração razoável do processo.

(D) As partes poderão afastar a audiência de instrução e julgamento, mesmo se houver provas orais a serem produzidas no feito e que sejam essenciais à solução da controvérsia.

RESPOSTA De acordo com § 2º do art. 357 do CPC, as partes podem apresentar ao juiz, para homologação, delimitação consensual das questões de fato e de direito a que se referem os incisos II e IV, a qual, se homologada, vincula as partes e o juiz. *Alternativa A.*

30. (XXVII Exame) Maria comprou um apartamento da empresa Moradia S/A e constatou, logo após sua mudança, que havia algumas infiltrações e problemas nas instalações elétricas.

Maria consultou seu advogado, que sugeriu o ajuizamento de ação de produção antecipada de prova, com o objetivo de realizar uma perícia no imóvel, inclusive com o objetivo de decidir se ajuizaria, posteriormente, ação para reparação dos prejuízos.

Diante desse contexto, assinale a afirmativa correta.

(A) A produção antecipada de provas é cabível, porque visa a obter prévio conhecimento dos fatos e da situação do imóvel, para justificar ou evitar o ajuizamento de ação de reparação dos prejuízos.

(B) A produção antecipada de provas é obrigatória, uma vez que Maria não poderia ingressar diretamente com ação para reparação dos prejuízos.

(C) A produção antecipada de provas é incabível, porque apenas pode ser ajuizada quando há urgência ou risco de que a verificação dos fatos venha a se tornar impossível posteriormente, o que não foi demonstrado na hipótese concreta.

(D) A produção antecipada de provas é incabível, vez que o seu ajuizamento apenas pode ocorrer mediante pedido conjunto de Maria e da empresa Moradia S/A.

RESPOSTA Conforme determina o art. 381, do CPC, a produção antecipada da prova será admitida nos casos em que haja fundado receio de que venha a tornar-se impossível ou muito difícil a verificação de certos fatos na pendência da ação; a prova a ser produzida seja suscetível de viabilizar a autocomposição ou outro meio adequado de solução de conflito; e que haja o prévio conhecimento dos fatos possa justificar ou evitar o ajuizamento de ação. *Alternativa A.*

31. (XXV Exame) Almir ingressa com ação pelo procedimento comum em face de José, pleiteando obrigação de fazer consistente na restauração do sinteco aplicado no piso de seu apartamento, uma vez que, dias após a realização do serviço ter sido concluída, o verniz começou a apresentar diversas manchas irregulares. Em sua inicial, afirma ter interesse na autocomposição. O juiz da causa, verificando que a petição inicial preenche os requisitos essenciais, não sendo caso de improcedência liminar do pedido, designa audiência de conciliação a ser realizada dentro de 60 (sessenta) dias, promovendo, ainda, a citação do réu com 30 (trinta) dias de antecedência. Com base na legislação processual aplicável ao caso apresentado, assinale a afirmativa correta.

(A) Caso Almir e José cheguem a um acordo durante a audiência de conciliação, a autocomposição obtida será reduzida a termo pelo conciliador e, independentemente da sua homologação pelo magistrado, já constitui título executivo judicial, bastando que o instrumento seja referendado pelos advogados dos transatores ou por conciliador credenciado junto ao tribunal.

(B) Agiu equivocadamente o magistrado, uma vez que o CPC/15 prevê a imprescindibilidade do prévio oferecimento de contestação por José, no prazo de 15 (quinze) dias úteis a serem contados de sua citação e antes da designação da audiência conciliatória, sob pena de vulnerar o princípio constitucional da ampla defesa e do contraditório, também reproduzido na legislação adjetiva.

(C) Caso Almir, autor da ação, deixe de comparecer injustificadamente à audiência de conciliação, tal ausência é considerada pelo CPC/15 como ato atentatório à dignidade da justiça, sendo sancionado com multa de até dois por cento da vantagem econômica pretendida ou do valor da causa, revertida em favor do Estado.

(D) Almir e José não precisam comparecer à audiência de conciliação acompanhados por seus advogados, uma vez que, nessa fase processual, a relação processual ainda não foi integralmente formada e não há propriamente uma lide, a qual apenas surgirá quando do oferecimento da contestação pelo réu.

RESPOSTA De acordo com o § 8º do art. 334 do CPC, o não comparecimento injustificado do autor ou do réu à audiência de conciliação é considerado ato atentatório à dignidade da justiça e será sancionado com multa de até dois por cento da vantagem econômica pretendida ou do valor da causa, revertida em favor da União ou do Estado. *Alternativa C.*

32. (XXIV Exame) Leilane, autora da ação de indenização por danos morais, proposta em face de Carlindo na 5ª Vara Cível da comarca da capital, informou, em sua petição inicial, que não possuía interesse na audiência de conciliação prevista no art. 334 do CPC/15. Mesmo assim, o magistrado marcou a audiência de conciliação e ordenou a citação do réu. O réu, regularmente citado, manifestou interesse na realização da referida audiência, na qual apenas o réu compareceu. O juiz, então, aplicou à autora a multa de 2% sobre o valor da causa. Sobre o procedimento do magistrado, a partir do caso apresentado, assinale a afirmativa correta.

(A) O magistrado não deveria ter marcado a audiência de conciliação, já que a autora informou, em sua petição inicial, que não possuía interesse.

(B) O magistrado agiu corretamente, tendo em vista que a conduta da autora se caracteriza como um ato atentatório à dignidade da justiça.

(C) O magistrado deveria ter declarado o processo extinto sem resolução do mérito, e a multa não possui fundamento legal.

(D) A manifestação de interesse do réu na realização da referida audiência pode ser feita em até 72 horas antes da sua realização.

RESPOSTA Diante do caso hipotético, *vide* o art. 334 do CPC, que trata da audiência e permite que o juiz sancione multa de até 2% em caso de ato atentatório à dignidade da justiça (§ 8º), como ocorre na situação. Correta *alternativa B.*

X. SENTENÇA E COISA JULGADA

33. (XXXI Exame) Marcos foi contratado por Júlio para realizar obras de instalação elétrica no apartamento deste. Por negligência de Marcos, houve um incêndio que destruiu boa parte do imóvel e dos móveis que o guarneciam. Como não conseguiu obter a reparação dos prejuízos amigavelmente, Júlio ajuizou ação em face de Marcos e obteve sua condenação ao pagamento da quantia de R$ 148.000,00 (cento e quarenta e oito mil reais). Após a prolação da sentença, foi interposta apelação por Marcos, que ainda aguarda julgamento pelo Tribunal. Júlio, ato contínuo, apresentou cópia da sentença perante o cartório de registro imobiliário, para registro da hipoteca judiciária sob um imóvel de propriedade de Marcos, visando a garantir futuro pagamento do crédito. Sobre o caso apresentado, assinale a afirmativa correta.

(A) Júlio não pode solicitar o registro da hipoteca judiciária, uma vez que ainda está pendente de julgamento o recurso de apelação de Marcos.

(B) Júlio, mesmo que seja registrada a hipoteca judiciária, não terá direito de preferência sobre o bem em relação a outros credores.

(C) A hipoteca judiciária apenas poderá ser constituída e registrada mediante decisão proferida no Tribunal, em caráter de tutela provisória, na pendência do recurso de apelação interposto por Marcos.

(D) Júlio poderá levar a registro a sentença, e, uma vez constituída a hipoteca judiciária, esta conferirá a Júlio o direito de preferência em relação a outros credores, observada a prioridade do registro.

RESPOSTA Prevê o art. 495 do CPC que a decisão que condenar o réu ao pagamento de prestação consistente em dinheiro e a que determinar a conversão de prestação de fazer, de não fazer ou de dar coisa em prestação pecuniária, valerão como título constitutivo de hipoteca judiciária. Uma vez constituída, implicará, para o credor hipotecário, o direito de preferência, quanto ao pagamento, em relação a outros credores, observada a prioridade no registro. (§ 4º). *Alternativa D.*

34. (XXIV Exame) Maria dirigia seu carro em direção ao trabalho, quando se envolveu em acidente com um veículo do Município de São Paulo, afetado à Secretaria de Saúde. Em razão da gravidade do acidente, Maria permaneceu 06 (seis) meses internada, sendo necessária a realização de 03 (três) cirurgias. Quinze dias após a alta médica, a vítima ingressou com ação de reparação por danos morais e materiais em face do ente público. Na sentença, os pedidos foram julgados procedentes, com condenação do ente público ao pagamento de 200 (duzentos) salários mínimos, não tendo a ré interposto recurso. Diante de tais considerações, assinale a afirmativa correta.

(A) Ainda que o Município de São Paulo não interponha qualquer recurso, a sentença está sujeita à remessa necessária, pois a condenação é superior a 100 (cem) salários mínimos, limite aplicável ao caso, o que impede o cumprimento de sentença pelo advogado da autora.

(B) A sentença está sujeita à remessa necessária em qualquer condenação que envolva a Fazenda Pública.

(C) A sentença não está sujeita à remessa necessária, porquanto a sentença condenatória é ilíquida. Maria poderá, assim, propor a execução contra a Fazenda Pública tão logo a sentença transite em julgado.

(D) A sentença não está sujeita à remessa necessária, pois a condenação é inferior a 500 (quinhentos) salários mínimos, limite aplicável ao caso. Após o trânsito em julgado, Maria poderá promover o cumprimento de sentença em face do Município de São Paulo.

RESPOSTA As hipóteses de remessa necessária estão previstas nos dois incisos do art. 496 do CPC. No entanto, não se aplica tal remessa caso a condenação ou o proveito econômico obtido na causa for de valor certo e líquido inferior a 500 (quinhentos) salários mínimos para os Estados, o Distrito Federal, as respectivas autarquias e fundações de direito público e os Municípios que constituam capitais dos Estados (art. 496, § 3º, II). *Alternativa D.*

35. (XXII Exame) Gláucia ajuizou, em abril de 2016, ação de alimentos em face de Miguel com fundamento na paternidade. O réu, na contestação, alegou não ser pai de Gláucia. Após a produção de provas e o efetivo contraditório, o magistrado decidiu favoravelmente ao réu. Inconformada com a sentença de improcedência que teve por base o exame de DNA negativo, Gláucia resolve agora propor ação de investigação de paternidade em face de Miguel. Sobre a hipótese apresentada, assinale a afirmativa correta.

(A) O magistrado deve rejeitar a nova demanda com base na perempção.

(B) A demanda de paternidade deve ser admitida, já que apenas a questão relativa aos alimentos é que transitou em julgado no processo anterior.

(C) A questão prejudicial, relativa à paternidade, não é alcançada pela coisa julgada, pois a cognição judicial foi restrita a provas documentais e testemunhais.

(D) A questão prejudicial, relativa à paternidade, é atingida pela coisa julgada, e o novo processo deve ser extinto sem resolução do mérito.

RESPOSTA A decisão que julgar total ou parcialmente o mérito tem força de lei nos limites da questão principal expressamente decidida, aplicando-se à resolução de questão prejudicial desde que decidida expressa e incidentemente no processo, além dos requisitos do § 1º do art. 503 do CPC. Assim, diante do caso proposto e com a aplicação do art. 485, V, correta a *alternativa D.*

XI. RECURSOS

36. (XXXIII Exame) A corretora de seguros XYZ ajuizou ação de cobrança em face da Alegria Assistência Médica, pugnando pelo pagamento da taxa de comissão de corretagem que a segunda se recusa a pagar, apesar de a autora estar prestando devidamente serviços de corretagem. O juízo de primeiro grau julgou pela procedência do pedido, na mesma oportunidade concedendo tutela antecipada, para que a Alegria faça os pagamentos da comissão devida mensalmente. Nessa circunstância, o(a) advogado(a) da Alegria Assistência Médica, buscando imediatamente suspender os efeitos da sentença, deve

(A) interpor Recurso Extraordinário, no prazo de 15 dias úteis, para que o Supremo Tribunal Federal reforme a sentença e pleiteando efeito suspensivo.

(B) interpor Apelação Cível, no prazo de 15 dias úteis, objetivando a reforma da sentença, e pleitear efeito suspensivo diretamente ao tribunal, por pedido próprio, durante a tramitação da apelação em primeiro grau.
(C) impetrar Mandado de Segurança contra a decisão que reputa ilegal, tendo como autoridade coatora o juizo sentenciante, para sustar os efeitos da sentença.
(D) interpor Agravo de Instrumento, no prazo de 15 dias úteis, para reforma da tutela antecipada.

RESPOSTA Em razão da situação proposta, tem-se que o pedido de concessão de efeito suspensivo nas hipóteses do § 1º do art. 1.012 do CPC poderá ser formulado por requerimento dirigido ao tribunal, no período compreendido entre a interposição da apelação e sua distribuição, ficando o relator designado para seu exame prevento para julgá-lo (inciso I, § 3º). *Alternativa B*

37. (XXXIII Exame) Após anos de relacionamento conjugal, Adriana e Marcelo resolvem se divorciar. Diante da recusa do cônjuge ao pagamento de alimentos, Adriana, desempregada, resolve ingressar com ação a fim de exigir o pagamento. A ação teve regular processamento, tendo o juiz proferido sentença de procedência, condenando o réu ao pagamento de R$ 2.000,00 (dois mil reais) mensais à autora, sendo publicada no dia seguinte. Inconformado, o réu interpõe recurso de apelação, mas Adriana promove, imediatamente, o cumprimento provisório da decisão. Diante das informações expostas, assinale a afirmativa correta.

(A) A sentença não pode ser executada neste momento, pois o recurso de apelação possui efeito suspensivo.
(B) A sentença não pode ser executada, uma vez que a sentença declaratória não permite a execução provisória.
(C) Poderá ser iniciada a execução provisória, pois a sentença que condena a pagar alimentos começa a produzir efeitos imediatamente após a sua publicação.
(D) Pode ser iniciada execução provisória, pois os recursos de apelação nunca possuem efeito suspensivo.

RESPOSTA De acordo com o CPC, a apelação terá efeito suspensivo (art. 1.012). É a regra geral. Porém, há algumas exceções e uma delas é a sentença que condena a pagar alimentos (§ 1º, II). *Alternativa C.*

38. (XXXII Exame) Guilherme, em 13-03-2019, ajuizou ação indenizatória contra Rodrigo, a qual tramita no Juízo da 5ª Vara Cível da Comarca de Belo Horizonte, em autos físicos. Em contestação, Rodrigo defendeu, preliminarmente, a incompetência do Poder Judiciário, pois as partes teriam pactuado convenção de arbitragem no contrato que fundamentava a demanda movida por Guilherme. Rodrigo, no mérito de sua defesa, requereu a improcedência do pedido indenizatório, uma vez que teria cumprido o contrato celebrado entre as partes. Após a apresentação de réplica, o Juízo da 5ª Vara Cível da Comarca de Belo Horizonte proferiu decisão na qual rejeitou a preliminar arguida por Rodrigo e intimou as partes para informar as provas que pretendiam produzir. Inconformado, Rodrigo interpôs agravo de instrumento contra a parcela da decisão que rejeitou a preliminar de convenção de arbitragem. No entanto, Rodrigo não cumpriu a obrigação de comunicação ao juízo de primeiro grau da interposição do agravo no prazo de 3 dias, deixando de apresentar a cópia da petição do agravo de instrumento e o comprovante de sua interposição para o Juízo da 5ª Vara Cível da Comarca de Belo Horizonte. Para que o recurso de Rodrigo não seja conhecido com base nesse vício formal, assinale a opção que apresenta a medida a ser adotada por Guilherme.

(A) Ele não pode fazer nada, pois o vício formal é sanável, de ofício, pelo desembargador responsável por relatar o agravo de instrumento, o qual deve intimar Rodrigo para apresentar cópia da petição do agravo de instrumento e o comprovante de sua interposição.
(B) Ele poderá, em qualquer momento da tramitação do agravo de instrumento, apontar que Rodrigo descumpriu a exigência de comunicação ao primeiro grau.
(C) Ele deverá, em suas contrarrazões ao agravo de instrumento, apontar que Rodrigo descumpriu a exigência de comunicação em questão.
(D) Ele não precisará fazer nada, pois esse vício formal é insanável e poderá ser conhecido, de ofício, pelo desembargador responsável por relatar o agravo de instrumento.

RESPOSTA De acordo com o CPC, o agravante poderá requerer a juntada, aos autos do processo, de cópia da petição do agravo de instrumento, do comprovante de sua interposição e da relação dos documentos que instruíram o recurso (art. 1.018). Quando não forem eletrônicos os autos, o agravante tomará essa providência, no prazo de três dias a contar da interposição do agravo de instrumento (§ 2º). Se ele descumprir, desde que arguido e provado pelo agravado, importa inadmissibilidade do agravo de instrumento (§ 3º). *Alternativa C.*

39. (XXXII Exame) Em determinado Mandado de Segurança individual, contra ato de um dos Ministros de Estado, o Superior Tribunal de Justiça, em sua competência constitucional originária, denegou a segurança na primeira e única instância de jurisdição. Diante do julgamento desse caso concreto, assinale a opção que apresenta a hipótese de cabimento para o Recurso Ordinário Constitucional dirigido ao STF.

(A) Os mandados de segurança, os habeas data e os mandados de injunção decididos em única instância pelos tribunais superiores, quando denegatória a decisão.
(B) Os mandados de segurança, os habeas data e os mandados de injunção decididos em última instância pelos tribunais superiores, quando concessiva a decisão.
(C) Os mandados de segurança decididos em única instância pelos tribunais regionais federais ou pelos tribunais de justiça dos Estados e do Distrito Federal e Territórios, quando denegatória a decisão.
(D) Os processos em que forem partes, de um lado, Estado estrangeiro ou organismo internacional e, de outro, Município ou pessoa residente ou domiciliada no país.

RESPOSTA De acordo com o art. 1.027 do CPC, serão julgados em recurso ordinário pelo Supremo Tribunal Federal os mandados de segurança, os *habeas data* e os mandados de injunção decididos em única instância pelos tribunais superiores, quando denegatória a decisão (inciso I). *Alternativa A.*

40. (XXX Exame) Cláudio, em face da execução por título extrajudicial que lhe moveu Daniel, ajuizou embargos à execução, os quais foram julgados improcedentes. O advogado de Cláudio, inconformado, interpõe recurso de apelação. Uma semana após a interposição do referido recurso, o advogado de Daniel requer a penhora de um automóvel pertencente a Cláudio. Diante do caso concreto e considerando que o juízo não concedeu efeito suspensivo aos embargos, assinale a afirmativa correta.

A) A penhora foi indevida, tendo em vista que os embargos à execução possuem efeito suspensivo decorrente de lei.

B) O recurso de apelação interposto por Cláudio é dotado de efeito suspensivo por força de lei, tornando a penhora incorreta.

C) A apelação interposta em face de sentença que julga improcedentes os embargos à execução é dotada de efeito meramente devolutivo, o que não impede a prática de atos de constrição patrimonial, tal como a penhora.

D) O recurso de apelação não deve ser conhecido, pois o pronunciamento judicial que julga os embargos do executado tem natureza jurídica de decisão interlocutória, devendo ser impugnada por meio de agravo de instrumento.

RESPOSTA De acordo com o art. 919 do CPC, os embargos à execução não terão efeito suspensivo, exceto pela justificativa do seu § 1º. Como a decisão em embargos de execução tem natureza de sentença, o recurso atacável pela decisão de julgou improcedente é a apelação, que em regra, tem efeito suspensivo (art. 1.012, CPC). As situações excepcionais, de efeitos meramente devolutivos, estão no seu § 1º, dentre elas a situação do inciso III, que reflete o caso em tela. Vide ainda o § 2º. *Alternativa C.*

41. (XXIX Exame) O Tribunal de Justiça do Estado X, em mandado de segurança de sua competência originária, denegou a ordem em ação dessa natureza impetrada por Flávio. Este, por seu advogado, inconformado com a referida decisão, interpôs recurso especial. Sobre a hipótese, assinale a afirmativa correta.

(A) O Superior Tribunal de Justiça poderá conhecer do recurso especial, por aplicação do princípio da fungibilidade recursal.

(B) O recurso especial não é cabível na hipótese, eis que as decisões denegatórias em mandados de segurança de competência originária de Tribunais de Justiça somente podem ser impugnadas por meio de recurso extraordinário.

(C) O recurso especial não deve ser conhecido, na medida em que o recurso ordinário é que se mostra cabível no caso em tela.

(D) As decisões denegatórias de mandados de segurança de competência originária de Tribunais são irrecorríveis, razão pela qual o recurso não deve ser conhecido.

RESPOSTA Conforme determina o art. 1.027, II, *a*, do CPC, serão julgados em recurso ordinário pelo Superior Tribunal de Justiça os mandados de segurança decididos em única instância pelos tribunais regionais federais ou pelos tribunais de justiça dos Estados e do Distrito Federal e Territórios, quando denegatória a decisão. *Alternativa C.*

42. (XXVIII Exame) Pedro propõe execução de alimentos, fundada em título extrajudicial, em face de Augusto, seu pai, no valor de R$ 10.000,00 (dez mil reais). Regularmente citado, Augusto não efetuou o pagamento do débito, não justificou a impossibilidade de fazê-lo, não provou que efetuou o pagamento e nem ofertou embargos à execução.

Pedro, então, requereu a penhora do único bem pertencente a Augusto que fora encontrado, qual seja, R$ 10.000,00 (dez mil reais), que estavam depositados em caderneta de poupança. O juiz defere o pedido.

Sobre a decisão judicial, assinale a afirmativa correta.

(A) Ela foi equivocada, pois valores depositados em caderneta, em toda e qualquer hipótese, são impenhoráveis.

(B) Ela foi correta, pois o Código de Processo Civil permite a penhora de quaisquer valores depositados em aplicações financeiras.

(C) Ela foi equivocada, na medida em que o Código de Processo Civil assegura a impenhorabilidade da caderneta de poupança até o limite de cem salários-mínimos, independentemente da natureza do débito.

(D) Ela foi correta, pois o Código de Processo Civil admite a penhora de valores depositados em caderneta de poupança para o cumprimento de obrigações alimentícias.

RESPOSTA Nos termos do art. 833, X, do CPC, são impenhoráveis a quantia depositada em caderneta de poupança, até o limite de 40 (quarenta) salários mínimos. Entretanto, o § 2º do referido artigo possibilita que disposto nos incisos IV e X do caput não se aplica à hipótese de penhora para pagamento de prestação alimentícia, independentemente de sua origem, bem como às importâncias excedentes a 50 (cinquenta) salários-mínimos mensais, devendo a constrição observar o disposto no art. 528, § 8º, e no art. 529, § 3º. *Alternativa D.*

43. (XXVII Exame) Pedro ajuizou ação indenizatória contra Diego, tendo o juiz de primeira instância julgado integralmente improcedentes os pedidos formulados na petição inicial, por meio de sentença que veio a ser mantida pelo Tribunal em sede de apelação. Contra o acórdão, Pedro interpôs recurso especial, sob o argumento de que teria ocorrido violação de dispositivo da legislação federal. A Presidência do Tribunal, no entanto, inadmitiu o recurso especial, ao fundamento de que o acórdão recorrido se encontra em conformidade com entendimento do Superior Tribunal de Justiça exarado no regime de julgamento de recurso repetitivo.

Diante dessa situação hipotética, assinale a opção que indica o recurso que Pedro deverá interpor.

(A) Agravo em recurso especial, para que o Superior Tribunal de Justiça examine se o recurso especial preenche ou não os requisitos de admissibilidade.

(B) Agravo interno, para demonstrar ao Plenário do Tribunal, ou ao seu Órgão Especial, que o acórdão recorrido versa sobre matéria distinta daquela examinada pelo Superior Tribunal de Justiça no regime de julgamento do recurso repetitivo.

(C) Agravo interno, para demonstrar ao Superior Tribunal de Justiça que o acórdão recorrido versa sobre matéria distinta daquela examinada pelo mesmo Tribunal Superior no regime de julgamento do recurso repetitivo.

(D) Recurso Extraordinário, para demonstrar ao Supremo Tribunal Federal que o recurso especial deveria ter sido admitido pela Presidência do Tribunal de origem.

RESPOSTA Art. 1.030, § 2º, do CPC, da decisão proferida com fundamento nos incisos I e III caberá agravo interno, nos termos do art. 1.021. *Alternativa B*

44. (XXVI Exame) José ajuizou ação de indenização por danos morais, materiais e estéticos em face de Pedro. O juiz competente, ao analisar a petição inicial, considerou os pedidos incompatíveis entre si, razão pela qual a indeferiu, com fundamento na inépcia. Nessa situação hipotética, assinale a opção que indica o recurso que José deverá interpor.

(A) Apelação, sendo facultado ao juiz, no prazo de cinco dias, retratar-se do pronunciamento que indeferiu a petição inicial.
(B) Apelação, sendo os autos diretamente remetidos ao Tribunal de Justiça após a citação de Pedro para a apresentação de contrarrazões.
(C) Apelação, sendo que o recurso será diretamente remetido ao Tribunal de Justiça, sem a necessidade de citação do réu para apresentação de contrarrazões.
(D) Agravo de Instrumento, inexistindo previsão legal de retratação por parte do magistrado.

RESPOSTA De acordo com o art. 331 do CPC, caberá apelação no prazo de 5 dias para retratação, portanto, *alternativa A*.

45. (XXV Exame) Lucas, em litígio instaurado contra Alberto, viu seus pedidos serem julgados procedentes em primeira instância, o que veio a ser confirmado pelo tribunal local em sede de apelação. Com a publicação do acórdão proferido em sede de apelação na imprensa oficial, Alberto interpôs recurso especial, alegando que o julgado teria negado vigência a dispositivo de lei federal. Simultaneamente, Lucas opôs embargos de declaração contra o mesmo acórdão, suscitando a existência de omissão. Nessa situação hipotética,

(A) o recurso especial de Alberto deverá ser considerado extemporâneo, visto que interposto antes do julgamento dos embargos de declaração de Lucas.
(B) Alberto, após o julgamento dos embargos de declaração de Lucas, terá o direito de complementar ou alterar as razões de seu recurso especial, independentemente do resultado do julgamento dos embargos de declaração.
(C) Alberto não precisará ratificar as razões de seu recurso especial para que o recurso seja processado e julgado se os embargos de declaração de Lucas forem rejeitados, não alterando a decisão recorrida.
(D) Alberto deverá interpor novo recurso especial após o julgamento dos embargos de declaração.

RESPOSTA Se os embargos de declaração forem rejeitados ou não alterarem a conclusão do julgamento anterior, o recurso interposto pela outra parte antes da publicação do julgamento dos embargos de declaração será processado e julgado independentemente de ratificação (art. 1.024, § 5º, CPC). *Alternativa C.*

46. (XXIV Exame) Arthur ajuizou ação perante o Juizado Especial Cível da Comarca do Rio de Janeiro, com o objetivo de obter reparação por danos materiais, em razão de falha na prestação de serviços pela sociedade empresária Consultex. A sentença de improcedência dos pedidos iniciais foi publicada, mas não apreciou juridicamente um argumento relevante suscitado na inicial, desconsiderando, em sua fundamentação, importante prova do nexo de causalidade. Arthur pretende opor embargos de declaração para ver sanada tal omissão. Diante de tal cenário, assinale a afirmativa correta.

(A) Arthur poderá opor embargos de declaração, suspendendo o prazo para interposição de recurso para a Turma Recursal.
(B) Os embargos não interrompem ou suspendem o prazo para interposição de recurso para a Turma Recursal, de modo que Arthur deverá optar entre os embargos ou o recurso, sob pena de preclusão.
(C) Eventuais embargos de declaração interpostos por Arthur interromperão o prazo para interposição de recurso para a Turma Recursal.
(D) Arthur não deverá interpor embargos de declaração pois estes não são cabíveis no âmbito de Juizados Especiais.

RESPOSTA De acordo com o atual CPC, os embargos de declaração interrompem o prazo para a interposição de recurso (art. 50). *Alternativa C.*

47. (XXIV Exame) O advogado Jonas interpôs Recurso Especial contra acórdão do Tribunal de Justiça do Estado X. Ocorre que, no corrente ano, a Vice-Presidência/Presidência do referido Tribunal negou seguimento ao recurso interposto, afirmando que o acórdão recorrido se encontra no mesmo sentido de precedente do STJ, julgado sob o rito dos recursos repetitivos. Nessa hipótese, caso deseje impugnar a referida decisão, o advogado deverá interpor

(A) Agravo de Instrumento, direcionado ao Ministro Presidente do STJ.
(B) Agravo em Recurso Especial, direcionado ao Ministro Presidente do STJ.
(C) Agravo em Recurso Especial, direcionado ao Vice-Presidente do Tribunal de Justiça do Estado X.
(D) Agravo Interno, direcionado ao órgão colegiado competente para revisar as decisões do Presidente/Vice-Presidente do Tribunal de Justiça.

RESPOSTA Segundo o CPC, negado seguimento a recurso extraordinário ou a recurso especial interposto contra acórdão que esteja em conformidade com entendimento do STF ou do STJ, respectivamente, exarado no regime de julgamento de recursos repetitivos, caberá agravo interno (art. 1.030, § 2º). *Alternativa D.*

48. (XXIII Exame) Carolina, vítima de doença associada ao tabagismo, requereu, em processo de indenização por danos materiais e morais contra a indústria do tabaco, a inversão do ônus da prova, por considerar que a parte ré possuía melhores condições de produzir a prova. O magistrado, por meio de decisão interlocutória, indeferiu o requerimento por considerar que a inversão poderia gerar situação em que a desincumbência do encargo seria excessivamente difícil. Sobre a hipótese apresentada, assinale a afirmativa correta.

(A) A decisão é impugnável por agravo interno.
(B) A decisão é irrecorrível.
(C) A decisão é impugnável por agravo de instrumento.
(D) A parte autora deverá aguardar a sentença para suscitar a questão como preliminar de apelação ou nas contrarrazões do recurso de apelação.

RESPOSTA O art. 1.015 do CPC traz as hipóteses de cabimento do agravo de instrumento. Entre elas, decisões interlocutórias que versarem sobre redistribuição do ônus da prova (inciso XI). *Alternativa C.*

49. (XXII Exame) Carlos ajuizou, em 18/03/2016, ação contra o Banco Sucesso, pelo procedimento comum, pretendendo a revisão de determinadas cláusulas de um contrato de abertura de crédito. Após a apresentação de contestação e réplica, iniciou-se a fase de produção de provas, tendo o Banco Sucesso requerido a produção de prova pericial para demonstrar a ausência de abusividade dos juros remuneratórios. A prova foi indeferida e o pedido foi julgado procedente para revisar o contrato e limitar a cobrança de tais juros. Sobre a posição do Banco Sucesso, assinale a afirmativa correta.

(A) Ele deve interpor recurso de agravo de instrumento contra a decisão que indeferiu a produção de prova. Não o tendo feito, a questão está preclusa e não admite rediscussão.
(B) Ele deve apresentar petição de protesto contra a decisão que indeferiu a produção de prova, evitando-se a preclusão, com o objetivo de rediscuti-la em apelação.
(C) Ele deve permanecer inerte em relação à decisão de indeferimento de produção de prova, mas poderá rediscutir a questão em preliminar de apelação.
(D) Ele deve interpor recurso de agravo retido contra a decisão que indeferiu a produção de prova, evitando-se a preclusão, com o objetivo de rediscuti-la em apelação.

RESPOSTA As questões resolvidas na fase de conhecimento, se a decisão a seu respeito não comportar agravo de instrumento (*vide* art. 1.015), não são cobertas pela preclusão e devem ser suscitadas em preliminar de apelação, eventualmente interposta contra a decisão final, ou nas contrarrazões (art. 1.009, § 1º, CPC). *Alternativa C.*

50. (XXII Exame) Jorge ajuizou demanda contra Maria, requerendo sua condenação à realização de obrigação de fazer e ao pagamento de quantia certa. Fez requerimento de tutela provisória de urgência em relação à obrigação de fazer. Após o transcurso da fase postulatória e probatória sem a análise do mencionado requerimento, sobreveio sentença de procedência de ambos os pedidos autorais, em que o juízo determina o imediato cumprimento da obrigação de fazer. Diante de tal situação, Maria instruiu seu advogado a recorrer apenas da parte da sentença relativa à obrigação de fazer. Nessa circunstância, o advogado de Maria deve

(A) impetrar Mandado de Segurança contra a decisão que reputa ilegal, tendo como autoridade coatora o juízo sentenciante.
(B) interpor Agravo de Instrumento, impugnando o deferimento da tutela provisória, pois ausentes seus requisitos.
(C) interpor Apelação, impugnando o deferimento da tutela provisória e a condenação final à obrigação de fazer.
(D) interpor Agravo de Instrumento, impugnando a tutela provisória e a condenação final à obrigação de fazer.

RESPOSTA Cabe agravo de instrumento contra as decisões interlocutórias que versarem sobre tutelas provisórias (art. 1.015, I, CPC). No entanto, caberá apelação quando as questões mencionadas no art. 1.015 (agravo de instrumento) integrarem o capítulo da sentença (art. 1.009, § 3º). Portanto, correta a *alternativa C.*

51. (XXI Exame) Mariana propôs ação com pedido condenatório contra Carla, julgado improcedente, o que a levou a interpor recurso de apelação ao Tribunal de Justiça, objetivando a reforma da decisão. Após a apresentação de contrarrazões por Carla, o juízo de primeira instância entendeu que o recurso não deveria ser conhecido, por ser intempestivo, tendo sido certificado o trânsito em julgado. Intimada dessa decisão mediante Diário Oficial e tendo sido constatada a existência de um feriado no curso do prazo recursal, não levado em consideração pelo juízo de primeira instância, Mariana deverá

(A) interpor Agravo de Instrumento ao Tribunal de Justiça, objetivando reverter o juízo de admissibilidade realizado em primeiro grau.
(B) ajuizar Reclamação ao Tribunal de Justiça, sob o fundamento de usurpação de competência quanto ao juízo de admissibilidade realizado em primeiro grau.
(C) interpor Agravo Interno para o Tribunal de Justiça, objetivando reverter o juízo de admissibilidade realizado em primeiro grau.
(D) interpor nova Apelação ao Tribunal de Justiça reiterando as razões de mérito já apresentadas, postulando, em preliminar de apelação, a reforma da decisão interlocutória, que versou sobre o juízo de admissibilidade.

RESPOSTA Atente-se que com o atual CPC a admissibilidade da apelação caberá ao tribunal (art. 1.010, § 3º). No caso em questão, o juiz de 1º grau negou a admissibilidade desta. Neste caso, conforme o art. 988, dentre outras hipóteses, caberá reclamação para preservar a competência do tribunal (inciso I). *Alternativa B.*

XII. EXECUÇÃO, LIQUIDAÇÃO DE SENTENÇA E CUMPRIMENTO DE SENTENÇA

52. (XXXIII Exame) João Carlos ajuizou ação em face do Shopping Sky Mall, objetivando a devolução dos valores que superem o limite máximo previsto em lei de seu município, pagos em virtude do estacionamento de seu automóvel. Julgado procedente o pedido e iniciado o cumprimento de sentença, o executado apresentou impugnação, alegando ser inexigível a obrigação. Sustentou que o Supremo Tribunal Federal, em controle difuso de constitucionalidade, reconheceu a inconstitucionalidade da referida lei municipal que ampara o título judicial. Considerando que a decisão do STF foi proferida após o trânsito em julgado da ação movida por João Carlos, assinale a afirmativa correta.

(A) É possível acolher a alegação do executado veiculada em sua impugnação, pois a decisão do STF sempre se sobrepõe ao título judicial.
(B) É possível acolher a alegação do executado apresentada em sua impugnação, pois não houve a modulação dos efeitos da decisão do STF.
(C) Não é possível acolher a alegação do executado veiculada por meio de impugnação, sendo necessário o ajuizamento de ação rescisória para desconstituir o título.
(D) Não é possível acolher a alegação do executado apresentada em sua impugnação, pois o reconhecimento da inconstitucionalidade se deu em controle difuso de inconstitucionalidade.

RESPOSTA Nos termos do art. 525, § 12, do CPC, para efeito do disposto no inciso III do § 1º deste artigo, considera-se também inexigível a obrigação reconhecida em título executivo judicial fundado em lei ou ato normativo considerado inconstitucional pelo Supremo Tribunal Federal, ou fundado em aplicação ou interpretação da lei ou do ato normativo tido pelo Supremo Tribunal Federal como incompatível com a Constituição Federal, em controle de constitucionalidade concentrado ou difuso. Ademais, os efeitos da decisão do Supremo Tribunal Federal poderão ser modulados no tempo, em atenção à segurança jurídica. Assim, a decisão do STF referida no § 12 deve ser anterior ao trânsito em julgado da decisão exequenda. Todavia, nos termos do art. 525, § 15, do CPC, se a decisão referida no § 12 for proferida após o trânsito em julgado da decisão exequenda, caberá ação rescisória, cujo prazo será contado do trânsito em julgado da decisão proferida pelo STF. *Alternativa C.*

53. (XXXII Exame) O Juízo da 1ª Vara de Fazenda Pública da Comarca da Capital do Estado do Rio de Janeiro, em ação ajuizada por Jorge, servidor público, condenou o Município do Rio de Janeiro ao pagamento de verbas remuneratórias atrasadas que não haviam sido pagas pelo ente municipal. Após o trânsito em julgado, Jorge deu início ao cumprimento de sentença do valor de R$ 600.000 (seiscentos mil reais), tendo o Município apresentado impugnação no prazo de 25 dias úteis após sua intimação, alegando haver excesso de execução de R$ 200.000,00 (duzentos mil reais), na medida em que Jorge teria computado juros e correção monetária de forma equivocada ao calcular o valor exequendo. Diante dessa situação hipotética, assinale a afirmativa correta.

(A) A impugnação do Município do Rio de Janeiro se afigura intempestiva, na medida em que o prazo previsto no Código de Processo Civil para a impugnação ao cumprimento de sentença é de 15 (quinze) dias úteis.

(B) O juiz, considerando que o Município do Rio de Janeiro não efetuou o pagamento voluntário do crédito exequendo no prazo de 15 dias úteis após sua intimação, deverá aplicar multa de 10% (dez por cento) sobre o valor da dívida.

(C) Jorge, tendo em vista que o Município do Rio de Janeiro impugnou apenas parcialmente o crédito ao alegar excesso, poderá prosseguir com a execução da parte que não foi questionada, requerendo a expedição do respectivo precatório judicial da parcela incontroversa da dívida.

(D) O Município do Rio de Janeiro, ao alegar o excesso de execução, não precisava declarar, de imediato, em sua impugnação, o valor que entende correto da dívida, podendo deixar para fazê-lo em momento posterior.

RESPOSTA Quando o CPC trata do cumprimento de sentença pela Fazenda Pública, observar o art. 535, pois ela pode querendo, no prazo de 30 dias e nos próprios autos, impugnar a execução, podendo arguir qualquer uma das situações dos incisos. Observa-se o § 4º, quando diz que se tratando de impugnação parcial, a parte não questionada pela executada será, desde logo, objeto de cumprimento. Correta a *alternativa C.*

54. (XXXII Exame) Em virtude do inadimplemento do pagamento de uma nota promissória, o Banco Mais Dinheiro ajuizou ação de execução por título extrajudicial em face do Supermercado Baratão. Citado o réu, não houve o pagamento da dívida, tampouco foram encontrados bens penhoráveis. Em consequência, o exequente requereu a penhora de 100% do faturamento do executado, o que foi deferido pela juíza responsável pelo processo, sob o fundamento de que se tratava de dívida muito elevada. O executado interpôs agravo de instrumento impugnando essa decisão. Sobre tais fatos, assinale a afirmativa correta.

(A) O agravante tem razão, na medida em que a penhora da integralidade do faturamento tornaria inviável o exercício da atividade empresarial.

(B) O agravante não tem razão, uma vez que a penhora do faturamento equivale à penhora de dinheiro e é a primeira na ordem de preferência legal, o que autoriza a constrição da integralidade do faturamento.

(C) O agravo deve ser provido, pois o faturamento de empresa executada é impenhorável.

(D) O agravo deve ser desprovido, visto que não existe limite para o percentual do faturamento a ser objeto de penhora, cabendo ao juiz sua fixação no percentual necessário para a imediata satisfação da execução.

RESPOSTA De acordo com o art. 866 do CPC, se o executado não tiver outros bens penhoráveis ou se, tendo-os, esses forem de difícil alienação ou insuficientes para saldar o crédito executado, o juiz poderá ordenar a penhora de percentual de faturamento de empresa. Diante do seu § 1º, diz que o juiz fixará percentual que propicie a satisfação do crédito exequendo em tempo razoável, mas que não torne inviável o exercício da atividade empresarial. *Alternativa A.*

55. (XXXII Exame) Em determinada demanda indenizatória, houve a condenação do réu para pagar a quantia de R$ 10.000 (dez mil reais) em sentença transitada em julgada em prol do autor. Na qualidade de patrono deste último, assinale a opção que representa a medida adequada a ser providenciada.

(A) Aguardar o depósito judicial da quantia referente à condenação, pois as sentenças que condenam a obrigação de pagar são instauradas de ofício, independentemente de requerimento do exequente, assim como as obrigações de fazer e não fazer.

(B) Peticionar a inclusão de multa legal e honorários advocatícios tão logo seja certificado o trânsito em julgado, independentemente de qualquer prazo para que o réu cumpra voluntariamente a obrigação, já que ela deveria ter sido cumprida logo após a publicação da sentença.

(C) Aguardar a iniciativa do juiz para instauração da fase executiva, para atender ao princípio da cooperação, consagrado no Art. 6º do CPC.

(D) Peticionar para iniciar a fase executiva após a certificação do trânsito em julgado, requerendo a intimação do devedor para pagamento voluntário no prazo de 15 dias, sob pena de acréscimos de consectários legais.

RESPOSTA De acordo com art. 523 do CPC, no caso de condenação em quantia certa, ou já fixada em liquidação, e no caso de decisão sobre parcela incontroversa, o cumprimento definitivo da sentença far-se-á a requerimento do exequente, sendo o executado intimado para pagar o débito, no prazo de 15 (quinze) dias, acrescido de custas, se houver. *Alternativa D.*

56. (XXXI Exame) Bruno ajuizou contra Flávio ação de execução de título executivo extrajudicial, com base em instrumento particular, firmado por duas testemunhas, para obter o pagamento forçado de R$ 10.000,00 (dez mil reais). Devidamente citado, Flávio prestou, em juízo, garantia integral do valor executado e opôs embargos à execução dentro do prazo legal, alegando, preliminarmente, a incompetência relativa do juízo da execução e, no mérito, que o exequente pleiteia quantia superior à do título (excesso de execução). No entanto, em seus embargos à execução, embora tenha alegado excesso de execução, Flávio não apontou o valor que entendia ser correto, tampouco apresentou cálculo com o demonstrativo discriminado e atualizado do valor em questão. Considerando essa situação hipotética, assinale a afirmativa correta.

(A) Os embargos à execução devem ser liminarmente rejeitados, sem resolução do mérito, porquanto Flávio não demonstrou adequadamente o excesso de execução, ao deixar de apontar o valor que entendia correto e de apresentar cálculo com o demonstrativo discriminado e atualizado do valor em questão.

(B) O juiz deverá rejeitar as alegações de incompetência relativa do juízo e de excesso de execução deduzidas por Flávio, por não constituírem matérias passíveis de alegação em sede de embargos à execução.

(C) Os embargos à execução serão processados para a apreciação da alegação de incompetência relativa do juízo, mas o juiz não examinará a alegação de excesso de execução, tendo em vista que Flávio não indicou o valor que entendia correto para a execução, não apresentando o cálculo discriminado e atualizado do valor em questão.

(D) O juiz deverá processar e julgar os embargos à execução em sua integralidade, não surtindo qualquer efeito a falta de indicação do valor alegado como excesso e a ausência de apresentação de cálculo discriminado e atualizado do valor em questão, uma vez que os embargos foram apresentados dentro do prazo legal.

RESPOSTA Diz o § 4º do art. 917 do CPC, que não apontado o valor correto ou não apresentado o demonstrativo, os embargos à execução serão liminarmente rejeitados, sem resolução de mérito, se o excesso de execução for o seu único fundamento; ou serão processados, se houver outro fundamento, mas o juiz não examinará a alegação de excesso de execução. *Alternativa C.*

57. (XXX Exame) O edifício Vila Real ajuizou ação de execução das contribuições de condomínio em atraso em face de Paper & Paper Ltda., proprietária da unidade 101. Citada a ré em janeiro de 2018, não houve o pagamento da dívida e, preenchidos os requisitos legais para tanto, houve a desconsideração da personalidade jurídica da devedora, a fim de que seus sócios Ana e Guilherme, casados, fossem citados, o que ocorreu em dezembro de 2018. Posteriormente, o condomínio exequente identificou que Ana e Guilherme venderam a Consuelo um imóvel de sua propriedade, em julho de 2018. Considerando que a execução em tela é capaz de reduzir à insolvência de Paper & Paper Ltda. e que não foram localizados bens penhoráveis de Ana e Guilherme, assinale a afirmativa correta.

(A) A alienação realizada por Ana e Guilherme configura fraude à execução, e deverá ser reconhecida independentemente da intimação de Consuelo.

(B) A alienação realizada por Ana e Guilherme configura fraude à execução e seu reconhecimento não pode se dar antes da intimação de Consuelo, que poderá opor embargos de terceiro.

(C) A alienação realizada por Ana e Guilherme não configura fraude à execução, pois realizada antes da citação dos sócios.

(D) A alienação realizada por Ana e Guilherme não configura fraude à execução, uma vez que a insolvência atingiria apenas a devedora original, e não os sócios.

RESPOSTA A alienação ou a oneração de bem é considerada fraude à execução nos casos descritos no art. 792 do CPC, a qual se coaduna com a situação hipotética, observado que o juiz, antes de declarar a fraude à execução, deverá intimar o terceiro adquirente, que, se quiser, poderá opor embargos de terceiro, no prazo de 15 (quinze) dias (vide art. 792, § 4º). *Alternativa B.*

58. (XXIX Exame) Na vigência do Código de Processo Civil de 2015, José ajuizou ação contra Luíza, postulando uma indenização de R$ 100.000,00 (cem mil reais), tendo o pedido formulado sido julgado integralmente procedente, por meio de sentença transitada em julgado.

Diante disso, José deu início ao procedimento de cumprimento de sentença, tendo Luíza (executada) apresentado impugnação, a qual, no entanto, foi rejeitada pelo respectivo juízo, por meio de decisão contra a qual não foi interposto recurso no prazo legal. Prosseguiu-se ao procedimento do cumprimento de sentença para satisfação do crédito reconhecido em favor de José.

Ocorre que, após o trânsito em julgado da sentença exequenda e a rejeição da impugnação, o Supremo Tribunal Federal proferiu acórdão, em sede de controle de constitucionalidade concentrado, reconhecendo a inconstitucionalidade da lei que fundamentou o título executivo judicial que havia condenado Luíza na fase de conhecimento.

Diante da decisão do Supremo Tribunal Federal sobre a situação hipotética, Luiza poderá

(A) interpor recurso de agravo de instrumento contra a decisão que rejeitou sua impugnação, mesmo já tendo se exaurido o prazo legal para tanto, uma vez que o Supremo Tribunal Federal reconheceu a inconstitucionalidade da lei que fundamentou a sentença exequenda.

(B) interpor recurso de apelação contra a decisão que rejeitou sua impugnação, mesmo já tendo se exaurido o prazo legal para tanto, uma vez que o Supremo Tribunal Federal reconheceu a inconstitucionalidade da lei que fundamentou a sentença exequenda.

(C) oferecer nova impugnação ao cumprimento de sentença, alegando a inexigibilidade da obrigação, tendo em vista que, após o julgamento de sua primeira impugnação, o Supremo Tribunal Federal reconheceu a inconstitucionalidade da lei que fundamentou a sentença proferida na fase de conhecimento, que serviu de título executivo judicial.

(D) ajuizar ação rescisória, em virtude de a sentença estar fundada em lei julgada inconstitucional pelo Supremo Tribunal Federal, em sede de controle concentrado de constitucionalidade.

RESPOSTA Segundo o art. 525, §§ 12 e 15, do CPC, para efeito do disposto no inciso III do § 1º deste artigo, considera-se também inexigível a obrigação reconhecida em título executivo judicial fundado em lei ou ato normativo considerado inconstitucional pelo Supremo Tribunal Federal, ou fundado em aplicação ou interpretação da lei ou do ato normativo tido pelo Supremo Tribunal Federal como incompatível com a Constituição Federal , em controle de constitucionalidade concentrado ou difuso. Assim, se a decisão referida no § 12 for proferida após o trânsito em julgado da decisão exequenda, caberá ação rescisória, cujo prazo será contado do trânsito em julgado da decisão proferida pelo Supremo Tribunal Federal. *Alternativa D.*

59. (XXIX Exame) Maria, ao perceber que o seu bem imóvel foi arrematado por preço vil, em processo de execução de título extrajudicial, procurou você, como advogado(a), para saber que defesa poderá invalidar a arrematação. Você verifica que, no 28º dia após o aperfeiçoamento da arrematação, a carta de arrematação foi expedida. Uma semana depois, você prepara a peça processual.

Assinale a opção que indica a peça processual correta a ser proposta.

(A) Impugnação à execução.
(B) Petição simples nos próprios autos do processo de execução.
(C) Ação autônoma de invalidação da arrematação.
(D) Embargos do executado.

RESPOSTA Conforme art. 903, § 4º, do CPC, qualquer que seja a modalidade de leilão, assinado o auto pelo juiz, pelo arrematante e pelo leiloeiro, a arrematação será considerada perfeita, acabada e irretratável, ainda que venham a ser julgados procedentes os embargos do executado ou a ação autônoma de que trata o § 4º deste artigo, assegurada a possibilidade de reparação pelos prejuízos sofridos. Após a expedição da carta de arrematação ou da ordem de entrega, a invalidação da arrematação poderá ser pleiteada por ação autônoma, em cujo processo o arrematante figurará como litisconsorte necessário. Alternativa C.

60. (XXVIII Exame) Pedro propõe execução de alimentos, fundada em título extrajudicial, em face de Augusto, seu pai, no valor de R$ 10.000,00 (dez mil reais). Regularmente citado, Augusto não efetuou o pagamento do débito, não justificou a impossibilidade de fazê-lo, não provou que efetuou o pagamento e nem ofertou embargos à execução. Pedro, então, requereu a penhora do único bem pertencente a Augusto que fora encontrado, qual seja, R$ 10.000,00 (dez mil reais), que estavam depositados em caderneta de poupança. O juiz defere o pedido. Sobre a decisão judicial, assinale a afirmativa correta.

(A) Ela foi equivocada, pois valores depositados em caderneta, em toda e qualquer hipótese, são impenhoráveis.
(B) Ela foi correta, pois o Código de Processo Civil permite a penhora de quaisquer valores depositados em aplicações financeiras.
(C) Ela foi equivocada, na medida em que o Código de Processo Civil assegura a impenhorabilidade da caderneta de poupança até o limite de cem salários-mínimos, independentemente da natureza do débito.
(D) Ela foi correta, pois o Código de Processo Civil admite a penhora de valores depositados em caderneta de poupança para o cumprimento de obrigações alimentícias.

RESPOSTA Nos termos do art. 833, X, do CPC, são impenhoráveis a quantia depositada em caderneta de poupança, até o limite de 40 (quarenta) salários mínimos. Entretanto, o § 2º do referido artigo possibilita que disposto nos incisos IV e X do caput não se aplica à hipótese de penhora para pagamento de prestação alimentícia, independentemente de sua origem, bem como às importâncias excedentes a 50 (cinquenta) salários-mínimos mensais, devendo a constrição observar o disposto no art. 528, § 8º, e no art. 529, § 3º. Alternativa D.

61. (XXVII Exame) Amanda ajuizou execução por quantia certa em face de Carla, fundada em contrato de empréstimo inadimplido que havia sido firmado entre elas, pelo valor, atualizado na data-base de 20/3/2017, de R$ 50 mil.

Carla foi citada e não realizou o pagamento no prazo legal, tampouco apresentou embargos, limitando-se a indicar à penhora um imóvel de sua titularidade. Carla informou que o referido imóvel valeria R$ 80 mil. Amanda, após consultar três corretores de imóveis, verificou que o valor estaria bem próximo ao de mercado, de modo que pretende dar seguimento aos atos de leilão e recebimento do crédito.

Diante de tal situação, assinale a afirmativa que melhor atende aos interesses de Amanda.

(A) Ela deverá requerer ao juízo a avaliação do imóvel por oficial de justiça avaliador, ato indispensável para dar seguimento ao leilão.
(B) Deverá ser requerida ao juízo a avaliação do imóvel por especialista na área (perito); sem isso, o leilão não poderá prosseguir.
(C) Ela deverá requerer ao juízo que este faça inspeção judicial no imóvel, de modo a confirmar seu valor.
(D) Ela deverá requerer que seja realizado o leilão, com dispensa da avaliação judicial do bem, manifestando ao juízo concordância com a estimativa de valor feita por Carla.

RESPOSTA Nos termos do art. 871, I e parágrafo único, do CPC, não se procederá à avaliação quando uma das partes aceitar a estimativa feita pela outra. Assim, ocorrendo a hipótese do inciso I deste artigo, a avaliação poderá ser realizada quando houver fundada dúvida do juiz quanto ao real valor do bem. *Alternativa D.*

62. (XXVII Exame) Cláudia, intimada pelo juízo da Vara Z para pagar a Cleide o valor de R$ 20.000,00, com fundamento em cumprimento definitivo de sentença, realiza, no prazo de 15 dias, o pagamento de R$ 5.000,00. De acordo com o que dispõe o CPC/2015, deve incidir

(A) multa de 10% e honorários advocatícios sobre R$15.000,00.
(B) multa de 10% sobre R$15.000,00 e honorários advocatícios sobre R$ 20.000,00.
(C) multa de 10% e honorários advocatícios sobre R$ 20.000,00.
(D) multa de 10% e honorários advocatícios sobre R$5.000,00.

RESPOSTA De acordo com o art. 523 do CPC, observados os §§ 1º e 2º, correta a *alternativa A.*

63. (XXIV Exame) O Supermercado "X" firmou contrato com a pessoa jurídica "Excelência" – sociedade empresária de renome – para que esta lhe prestasse assessoria estratégica e planejamento empresarial no processo de expansão de suas unidades por todo o país. Diante da discussão quanto ao cumprimento da prestação acordada, uma vez que o supermercado entendeu que o serviço fora prestado de forma deficiente, as partes se socorreram da arbitragem, em razão de expressa previsão do meio de solução de conflitos trazida no contrato. Na arbitragem, restou decidido que assistia razão ao supermercado, sendo a sociedade empresária "Excelência" condenada ao pagamento de indenização, além de multa de 30%. Considerando o exposto, assinale a afirmativa correta.

(A) Por se tratar de um título executivo extrajudicial, deve ser instaurado um processo de execução.

(B) Por se tratar de um título executivo judicial, será promovido segundo as regras do cumprimento de sentença.

(C) A sentença arbitral só poderá ser executada junto ao Poder Judiciário após ser confirmada em processo de conhecimento, quando adquire força de título executivo judicial.

(D) A sentença arbitral será executada segundo as regras do cumprimento de sentença, tendo em vista seu caráter de título executivo extrajudicial.

RESPOSTA Dentre os títulos executivos judiciais do rol do art. 515 está a sentença arbitral (inciso VII). Desse modo, se não houver pagamento, seguirá o cumprimento de sentença. *Alternativa B.*

64. **(XXIII Exame)** Pedro promove ação de cobrança em face de José, pelo descumprimento de contrato de prestação de serviços celebrado entre as partes. O processo instaurado teve seu curso normal, e o pedido foi julgado procedente, com a condenação do réu a pagar o valor pleiteado. Não houve recurso e, na fase de cumprimento de sentença, o executado é intimado a efetuar o pagamento e pretende ofertar resistência. Sobre a postura adequada para o executado tutelar seus interesses, assinale a afirmativa correta.

(A) Deve oferecer embargos à execução e, para tanto, deverá garantir o juízo com penhora, depósito ou caução.

(B) Deve oferecer impugnação à execução, devendo garantir o juízo com penhora, depósito ou caução.

(C) Deve oferecer embargos à execução, sem a necessidade de prévia garantia do juízo para ser admitido.

(D) Deve oferecer impugnação à execução, sem a necessidade de prévia garantia do juízo com penhora.

RESPOSTA Segundo o CPC, transcorrido o prazo previsto no art. 523 sem o pagamento voluntário, inicia-se o prazo de 15 (quinze) dias para que o executado, independentemente de penhora ou nova intimação, apresente, nos próprios autos, sua impugnação. *Alternativa D.*

65. **(XXII Exame)** Jair promove ação em face de Carlos para cobrar uma dívida proveniente de contrato (não escrito) de prestação de serviços celebrado pelas partes. Com o trânsito em julgado da sentença que condenou Carlos a pagar o valor devido, Jair requer o cumprimento de sentença. O executado foi intimado regularmente na pessoa do seu advogado. No prazo da impugnação, deposita o correspondente a 30% do valor devido e requer o parcelamento do remanescente em até 6 (seis) prestações. O juiz defere o pedido do executado, fundamentando sua decisão no princípio da menor onerosidade, mas o exequente se insurge por intermédio de agravo de instrumento, alegando que o parcelamento legal não se aplica ao cumprimento de sentença. Diante da situação hipotética, a decisão do juiz está

(A) correta, pois o parcelamento legal pode ser aplicado no caso de cumprimento de sentença.

(B) equivocada, tendo em vista que só poderia deferir se fosse feito depósito de 50%.

(C) equivocada, pois há vedação expressa para a concessão do parcelamento legal no caso de cumprimento de sentença.

(D) correta, pois sempre se deve encontrar a forma mais efetiva para a execução.

RESPOSTA O parcelamento encontra-se previsto no art. 916 do CPC (no prazo dos embargos), no entanto, segundo o seu § 7º, não se aplica ao cumprimento da sentença. *Alternativa C.*

66. **(XXI Exame)** Em execução por título extrajudicial, movida pela distribuidora de bebidas Geladão em face do Supermercado Preço Certo, o executado, citado, não realizou o pagamento da dívida. O exequente requereu, então, a indisponibilidade da quantia em dinheiro existente em aplicação financeira titularizada pelo executado, o que foi deferido pelo juízo sem a oitiva do réu. Bloqueado valor superior à dívida, o juiz deu vista do processo ao exequente, que requereu a conversão da indisponibilidade em penhora. Sobre o procedimento adotado, assinale a afirmativa correta.

(A) A conversão da indisponibilidade em penhora deve ser deferida independentemente de ciência prévia do ato executado, visto que não houve o pagamento espontâneo da dívida.

(B) A indisponibilidade é nula, pois promovida sem a prévia oitiva do réu, o que viola o contraditório e a ampla defesa.

(C) O juiz, considerando o excesso do bloqueio, não deveria ter dado vista do processo ao exequente, mas promovido o cancelamento da indisponibilidade excessiva no prazo máximo de vinte e quatro horas.

(D) O juiz, independentemente do excesso da indisponibilidade, deveria ter dado vista do processo ao executado, a fim de que este comprovasse a impenhorabilidade da quantia bloqueada.

RESPOSTA O § 1º do art. 854 do CPC trata que no prazo de 24 horas a contar da resposta, de ofício, o juiz determinará o cancelamento de eventual indisponibilidade excessiva, o que deverá ser cumprido pela instituição financeira em igual prazo. *Alternativa D.*

XIII. PROCESSO NOS TRIBUNAIS: UNIFORMIZAÇÃO DA JURISPRUDÊNCIA E AÇÃO RESCISÓRIA

67. **(XXXI Exame)** Em um processo em que Carla disputava a titularidade de um apartamento com Marcos, este obteve sentença favorável, por apresentar, em juízo, cópia de um contrato de compra e venda e termo de quitação, anteriores ao contrato firmado por Carla. A sentença transitou em julgado sem que Carla apresentasse recurso. Alguns meses depois, Carla descobriu que Marcos era réu em um processo criminal no qual tinha sido comprovada a falsidade de vários documentos, dentre eles o contrato de compra e venda do apartamento disputado e o referido termo de quitação. Carla pretende, com base em seu contrato, retornar a juízo para buscar o direito ao imóvel. Para isso, ela pode

(A) interpor recurso de apelação contra a sentença, ainda que já tenha ocorrido o trânsito em julgado, fundado em prova nova.

(B) propor reclamação, para garantir a autoridade da decisão prolatada no juízo criminal, e formular pedido que lhe reconheça o direito ao imóvel.

(C) ajuizar rescisória, demonstrando que a sentença foi fundada em prova cuja falsidade foi apurada em processo criminal.

(D) requerer cumprimento de sentença diretamente no juízo

criminal, para que a decisão que reconheceu a falsidade do documento valha como título judicial para transferência da propriedade do imóvel para seu nome.

RESPOSTA De acordo com as hipóteses de ação rescisória do art. 966 do CPC, caberá quando a sentença for fundada em prova cuja falsidade tenha sido apurada em processo criminal ou venha a ser demonstrada na própria ação rescisória. *Alternativa C.*

68. (XXIII Exame) Luana, em litígio instaurado em face de Luciano, viu seu pedido ser julgado improcedente, o que veio a ser confirmado pelo tribunal local, transitando em julgado. O advogado da autora a alerta no sentido de que, apesar de a decisão do tribunal local basear-se em acórdão proferido pelo Superior Tribunal de Justiça em regime repetitivo, o precedente não seria aplicável ao seu caso, pois se trata de hipótese fática distinta. Afirmou, assim, ser possível reverter a situação por meio do ajuizamento de ação rescisória. Diante do exposto, assinale a afirmativa correta.

(A) Não cabe a ação rescisória, pois a previsão de cabimento de rescisão do julgado se destina às hipóteses de violação à lei e não de precedente.
(B) Cabe a ação rescisória, com base na aplicação equivocada do precedente mencionado.
(C) Cabe a ação rescisória, porque o erro sobre o precedente se equipara à situação da prova falsa.
(D) Não cabe ação rescisória com base em tal fundamento, eis que a hipótese é de ofensa à coisa julgada.

RESPOSTA As hipóteses de cabimento da ação rescisória estão previstas no art. 966 do CPC e dentre delas está a violação manifesta de norma jurídica (inciso V). Com esse fundamento, cabe ação rescisória contra decisão baseada em enunciado de súmula ou acórdão proferido em julgamento de casos repetitivos que não tenha considerado a existência de distinção entre a questão discutida no processo e o padrão decisório que lhe deu fundamento (§ 5º). Ademais, caberá ao autor, sob pena de inépcia, demonstrar, fundamentadamente, tratar-se de situação particularizada por hipótese fática distinta ou de questão jurídica não examinada, a impor outra solução jurídica (§ 6º). *Alternativa B.*

XIV. TUTELA PROVISÓRIA

69. (XXXIII Exame) Thiago, empresário com renda mensal de R$ 1.000.000,00 (um milhão de reais), ajuizou ação pelo procedimento comum em face do plano de saúde X, com pedido de tutela provisória de urgência, para que o plano seja compelido a custear tratamento médico no valor de R$ 300.000,00 (trezentos mil reais). O juízo, embora entendendo estarem presentes a probabilidade de existência do direito alegado por Thiago e o risco à sua saúde, condicionou a concessão da tutela provisória de urgência à prestação de caução equivalente a R$ 100.000,00 (cem mil reais), de modo a ressarcir eventuais prejuízos que o plano de saúde X possa sofrer em havendo a cessação de eficácia da medida. A este respeito, assinale a afirmativa correta.

(A) A exigência de caução para concessão de tutela provisória de urgência no caso em tela é desprovida de fundamento legal, razão pela qual é indevida.
(B) A decisão judicial que condicione a concessão de tutela provisória de urgência à prestação de caução é impugnável por meio de preliminar no recurso de apelação.
(C) A decisão está em desconformidade com o Código de Processo Civil, pois a caução para a concessão de tutela provisória deve ser de, no mínimo, 50% do valor econômico da pretensão.
(D) A exigência de caução, para concessão de tutela provisória de urgência, é admissível como forma de proteção ao ressarcimento de danos que o requerido possa sofrer em virtude da tutela.

RESPOSTA De acordo com o CPC, para a concessão da tutela de urgência, o juiz pode, conforme o caso, exigir caução real ou fidejussória idônea para ressarcir os danos que a outra parte possa vir a sofrer, podendo a caução ser dispensada se a parte economicamente hipossuficiente não puder oferecê-la (art. 300, § 1º). *Alternativa D.*

70. (XXIX Exame) Pedro, na qualidade de advogado, é procurado por Alfredo, para que seja proposta uma demanda em face de João, já que ambos não conseguiram se compor amigavelmente. A fim de embasar suas alegações de fato, Alfredo entrega a Pedro contundentes documentos, que efetivamente são juntados à petição inicial, pela qual, além da procedência dos pedidos, Pedro requer a concessão de liminar em favor de seu cliente.

Malgrado a existência de tese firmada em julgamento de recurso repetitivo favorável a Alfredo, o juiz indefere a liminar, sob o fundamento de que não existe urgência capaz de justificar o requerimento.

Posto isso, a decisão está

(A) correta, pois, ainda que o autor tenha razão, o devido processo legal impõe que seu direito seja reconhecido apenas na sentença, exceto na hipótese de urgência, o que não é o caso.
(B) incorreta, pois, se as alegações de fato puderem ser comprovadas apenas documentalmente e houver tese firmada em julgamento de casos repetitivos, como no caso, a liminar pode ser deferida.
(C) correta, pois a liminar só poderia ser deferida se, em vez de tese firmada em sede de recurso repetitivo, houvesse súmula vinculante favorável ao pleito do autor.
(D) incorreta, pois a tutela de evidência sempre pode ser concedida liminarmente.

RESPOSTA Conforme art. 311, II, do CPC, a tutela da evidência será concedida, independentemente da demonstração de perigo de dano ou de risco ao resultado útil do processo, quando as alegações de fato puderem ser comprovadas apenas documentalmente e houver tese firmada em julgamento de casos repetitivos ou em súmula vinculante. *Alternativa B.*

71. (XXVII Exame) Em virtude de acidente sofrido nas dependências da loja da operadora de celular Fale Mais S/A, Luana ajuizou ação em face da empresa em questão, buscando indenização por danos materiais e morais, com a concessão de tutela de urgência para o pagamento imediato de despesas médicas. Os aspectos fáticos de suas alegações foram comprovados por meio de documentos, sendo certo que sua tese jurídica encontra respaldo em julgamento de incidente de resolução de demandas repetitivas.

Sobre o caso, assinale a afirmativa correta.

(A) Será possível a concessão da tutela da evidência, podendo ser dispensada, para tanto, a prévia oitiva da ré.
(B) A concessão da tutela de urgência poderá ser liminar e independerá da demonstração de perigo de dano ou de risco ao resultado útil do processo.

(C) A tutela antecipada que for concedida em caráter incidental torna-se estável se, da decisão que a conceder, não for interposto o respectivo recurso, levando à extinção do processo.

(D) Concedida a tutela de urgência ou da evidência, somente poderá ser revogada até o fim da instrução processual.

RESPOSTA Conforme art. 311, II, do CPC, a tutela da evidência será concedida, independentemente da demonstração de perigo de dano ou de risco ao resultado útil do processo, quando as alegações de fato puderem ser comprovadas apenas documentalmente e houver tese firmada em julgamento de casos repetitivos ou em súmula vinculante. *Alternativa A.*

72. **(XXVII Exame)** Márcia está muito doente e necessita fazer uso contínuo do medicamento XYZ para sobreviver. Embora, durante os últimos anos, tenha obtido os medicamentos no único hospital público da cidade em que reside, foi informada de que aquela era a última caixa e que, no mês seguinte, o medicamento não seria mais fornecido pela rede pública.

Diante de tal circunstância, desejando obter o fornecimento do medicamento, Márcia procura você, como advogado(a), para elaborar a petição inicial e ajuizar a demanda que obrigue o Poder Público ao fornecimento do medicamento XYZ. A petição inicial distribuída trouxe o pedido de medicamentos em caráter antecedente e tão somente a indicação do pedido de tutela final, expondo na lide o direito que busca realizar e o perigo de dano à saúde de Márcia.

A respeito do caso mencionado, assinale a afirmativa correta.

(A) O(A) advogado(a) de Márcia fez uso da denominada tutela da evidência, em que se requer a demonstração do perigo de dano ou de risco ao resultado útil do processo.

(B) O procedimento adotado está equivocado, pois a formulação completa da causa de pedir e do pedido final é requisito do requerimento de tutela antecedente.

(C) O(A) advogado(a) agiu corretamente, sendo possível a formulação de requerimento de tutela antecipada antecedente para o fornecimento de medicamento.

(D) Ocorrerá o indeferimento de plano da petição inicial, caso o juiz entenda que não há elementos para a concessão da tutela antecipada.

RESPOSTA Segundo o art. 303, do CPC, nos casos em que a urgência for contemporânea à propositura da ação, a petição inicial pode limitar-se ao requerimento da tutela antecipada e à indicação do pedido de tutela final, com a exposição da lide, do direito que se busca realizar e do perigo de dano ou do risco ao resultado útil do processo. *Alternativa C.*

73. **(XXVI Exame)** Alexandre ajuizou ação em face da prestadora de serviço de iluminação pública de sua cidade, questionando os valores cobrados nas últimas contas, bem como pleiteando a condenação da Ré no pagamento de indenização por danos morais. A título de tutela provisória, requereu a retirada de seu nome dos cadastros de inadimplentes, tendo a juíza competente deferido liminarmente a tutela da evidência sob o fundamento de que a ré costuma apresentar contestações padronizadas em processos semelhantes, o que caracterizaria abuso de direito de defesa. Sobre o procedimento adotado, assinale a afirmativa correta.

(A) O juiz errou ao conceder liminarmente a tutela da evidência, na medida em que esta somente é cabível quando há súmula vinculante sobre o tema.

(B) O juiz acertou ao conceder liminarmente a tutela da evidência, pois a apresentação de contestação padronizada em outro processo configura abuso de direito de defesa.

(C) O juiz acertou ao conceder liminarmente a tutela da evidência, uma vez que, assim como na tutela de urgência, é dever do juiz conceder a tutela independentemente da oitiva do réu.

(D) O juiz errou ao conceder liminarmente a tutela da evidência, pois é necessária a oitiva do réu antes de concedê-la com fundamento no abuso do direito de defesa.

RESPOSTA As situações de concessão da tutela de evidência estão no art. 311 do CPC, sendo que diante do caso em tela, atente-se à hipótese do inciso I, em que o juiz não poderá decidir liminarmente, como exceção à regra do próprio parágrafo único. *Alternativa D.*

74. **(XXIV Exame)** O Sr. João, pessoa idosa e beneficiária de plano de saúde individual da sociedade "ABC Saúde Ltda.", começa a sentir fortes dores no peito durante a madrugada e, socorrido por seus familiares, é encaminhado para a unidade hospitalar mais próxima. O médico responsável pelo atendimento inicial constata um quadro clínico grave, com risco de morte, sendo necessário o imediato encaminhamento do Sr. João para a Unidade de Terapia Intensiva (UTI) do hospital. Ao ser contatado, o plano de saúde informa que não autoriza a internação, uma vez que o Sr. João ainda não havia cumprido o período de carência exigido em contrato. Imediatamente, um dos filhos do Sr. João, advogado, elabora a ação cabível e recorre ao plantão judicial do Tribunal de Justiça do estado em que reside. A partir do caso narrado, assinale a alternativa correta.

(A) A tutela de urgência a ser requerida deve ser deferida, tendo em vista os princípios da cooperação e da não surpresa que regem a codificação processual vigente, após a prévia oitiva do representante legal do plano de saúde "ABC Saúde Ltda.", no prazo de 5 (cinco) dias úteis.

(B) Uma vez demonstrado o perigo de dano ou de risco ao resultado útil do processo, o magistrado poderá conceder tutela de evidência em favor do Sr. João, autorizando sua internação provisória na Unidade de Terapia Intensiva do hospital.

(C) Diante da urgência do caso, contemporânea à propositura da ação, a petição inicial redigida poderia limitar-se ao requerimento da tutela antecipada e à indicação do pedido final. Concedida a tutela antecipada, o autor deverá aditar a petição inicial em 15 (quinze) dias ou em outro prazo maior que o juiz fixar.

(D) Concedida a tutela provisória requerida em favor do Sr. João, ela conserva sua eficácia na pendência do processo, apenas podendo vir a ser revogada ou modificada com a prolação da sentença definitiva de mérito.

RESPOSTA O CPC prevê que, nos casos em que a urgência for contemporânea à propositura da ação, a petição inicial pode limitar-se ao requerimento da tutela antecipada e à indicação do pedido de tutela final, com a exposição da lide, do direito que se busca realizar e do perigo de dano ou do risco ao resultado útil do processo (art. 303). Se concedida a tutela antecipada, prevê o § 1º, I, do mesmo artigo o aditamento em 15 dias. *Alternativa C.*

75. (XXI Exame) Cristina não foi autorizada por seu plano de saúde a realizar cirurgia de urgência indicada por seu médico. Tendo em vista a necessidade de pronta solução para seu caso, ela procura um(a) advogado(a), que afirma que a ação a ser ajuizada terá como pedido a realização da cirurgia, com pedido de tutela antecipada para sua efetivação imediata, sem a oitiva do Réu. O(A) advogado(a) ainda sustenta que não poderá propor a ação sem que Cristina apresente toda a documentação que possui para a instrução da inicial, sob pena de impossibilidade de juntada posterior. A respeito do caso, assinale a afirmativa correta.

(A) O advogado equivocou-se. Trata-se de tutela cautelar e não antecipada, de modo que o pedido principal terá de ser formulado pela autora no prazo de 30 (trinta) dias nos mesmos autos.

(B) O advogado equivocou-se. A urgência é contemporânea à propositura da ação, pelo que a tutela antecipada pode ser requerida em caráter antecedente, com a possibilidade de posterior aditamento à petição inicial.

(C) O advogado agiu corretamente. A petição inicial é o momento correto para a apresentação de documentos.

(D) O advogado agiu corretamente. Somente a tutela cautelar e não a antecipada pode ser requerida em caráter antecedente.

RESPOSTA De acordo com o *caput* do art. 300 do CPC, a tutela de urgência será concedida quando houver elementos que evidenciem a probabilidade do direito e o perigo de dano ou o risco ao resultado útil do processo. Para o caso em espécie, em que a urgência for contemporânea à propositura da ação, a petição inicial pode limitar-se ao requerimento da tutela antecipada e à indicação do pedido de tutela final, com a exposição da lide, do direito que se busca realizar e do perigo de dano ou do risco ao resultado útil do processo (art. 303, *caput*). *Alternativa B.*

XV. PROCEDIMENTOS ESPECIAIS

76. (XXXIII Exame) O Tribunal de Justiça do Estado do Rio de Janeiro, se deparando com pedido de instauração de Incidente de Resolução de Demandas Repetitivas (IRDR) para solucionar as causas de um acidente aéreo com numerosas vítimas, que demandaria a realização de prova pericial para aferir se houve falha elétrica ou se algum outro fator causou a queda da aeronave, designou sessão de julgamento para análise colegiada a respeito do cabimento do incidente. A respeito da referida análise quanto ao cabimento e às consequências da instauração, assinale a afirmativa correta.

(A) O IRDR é cabível, e, uma vez admitida sua instauração, não haverá a suspensão dos processos ajuizados pelas múltiplas vítimas, e o entendimento firmado no IRDR apenas será aplicável aos processos que venham a ser ajuizados após a sua prolação.

(B) O IRDR não é cabível, uma vez que a técnica processual visa apenas a resolver controvérsia sobre questão unicamente de direito, seja processual ou material.

(C) A instauração do IRDR é possível, uma vez que visa a resolver controvérsia sobre questão de fato, com o objetivo de permitir a realização de prova pericial única, tal como na hipótese concreta.

(D) Não é possível instaurar o IRDR, que apenas é cabível em primeira instância e nos tribunais superiores.

RESPOSTA De acordo com o CPC (art. 976), é cabível a instauração do incidente de resolução de demandas repetitivas quando houver, simultaneamente: (i) efetiva repetição de processos que contenham controvérsia sobre a mesma questão unicamente de direito; (ii) risco de ofensa à isonomia e à segurança jurídica. A Questão em si não oferece situação que seja cabível, pois trata de tema probatório em razão de perícia judicial. Assim, correta a *Alternativa B.*

77. (XXXI Exame) Gustavo procura você, como advogado(a), visando ao ajuizamento de uma ação em face de João, para a defesa da posse de um imóvel localizado em Minas Gerais. Na defesa dos interesses do seu cliente, quanto à ação possessória a ser proposta, assinale a afirmativa correta.

(A) Não é lícito cumular o pedido possessório com condenação em perdas e danos a Gustavo, dada a especialidade do procedimento.

(B) Na pendência da ação possessória proposta por Gustavo, não é possível, nem a ele, nem a João, propor ação de reconhecimento de domínio, salvo em face de terceira pessoa.

(C) Se a proposta de ação de manutenção de posse por Gustavo for um esbulho, o juiz não pode receber a ação de manutenção de posse como reintegração de posse, por falta de interesse de adequação.

(D) Caso se entenda possuidor do imóvel e pretenda defender sua posse, o meio adequado a ser utilizado por João é a reconvenção em face de Gustavo.

RESPOSTA Diz o art. 557 do CPC que na pendência de ação possessória é vedado, tanto ao autor quanto ao réu, propor ação de reconhecimento do domínio, exceto se a pretensão for deduzida em face de terceira pessoa. *Alternativa B.*

78. (XXIX Exame) Raquel, servidora pública federal, pretende ajuizar ação em face da União, pleiteando a anulação de seu ato de demissão, bem como requerendo a condenação da ré ao pagamento de indenização por danos morais, no valor de R$ 50.000,00 (cinquenta mil reais), tendo em vista o sofrimento causado por ato que considera ilegal.

Na qualidade de advogado(a) de Raquel, a respeito do rito a ser seguido na hipótese, assinale a afirmativa correta.

(A) A ação deverá seguir o rito dos Juizados Especiais Federais (Lei n. 10.259/01), uma vez que o valor da causa é inferior a 60 (sessenta) salários mínimos.

(B) Tendo em vista que a ré é um ente público, aplica-se à hipótese o rito disposto na Lei n. 12.153/09, que regulamenta os Juizados Especiais da Fazenda Pública.

(C) Poderá ser utilizado tanto o rito comum como o dos Juizados Especiais, já que, no foro onde estiver instalada a Vara do Juizado Especial, sua competência é relativa.

(D) O rito a ser observado será o rito comum, pois não é de competência dos Juizados Especiais pretensão que impugna pena de demissão imposta a servidor público civil.

RESPOSTA Conforme art. 2º, § 1º, III, da Lei n. 12.153/2009 dos Juizados Especiais da Fazenda Pública. Não se incluem na competência do referido Juizado as causas que tenham como objeto a impugnação de pena de demissão imposta a servidores públicos civis ou sanções disciplinares aplicadas a militares. *Alternativa D.*

79. (XXVII Exame) Diego e Thaís, maiores e capazes, ambos sem filhos, são formalmente casados pelo regime legal da comunhão parcial de bens. Ocorre que, devido a problemas conjugais e divergências quanto à divisão do patrimônio comum do casal, o matrimônio teve fim de forma conturbada, o que motivou Thaís a ajuizar ação de divórcio litigioso cumulada com partilha de bens em face do ex-cônjuge.

Na petição inicial, a autora informa que tem interesse na realização de audiência de conciliação ou de mediação. Diego, regularmente citado, busca orientação jurídica sobre os possíveis desdobramentos da demanda ajuizada por sua ex-cônjuge.

Na qualidade de advogado(a) de Diego, assinale a opção que apresenta os esclarecimentos corretos que foram prestados.

(A) Diego, ainda que de forma injustificada, possui a faculdade de deixar de comparecer à audiência regularmente designada para fins de solução consensual do conflito, não sofrendo qualquer sanção processual em virtude da ausência.

(B) Descabe, no processo contencioso de divórcio ajuizado por Thaís, a solução consensual da controvérsia, uma vez que o direito em questão possui feição extrapatrimonial e, portanto, indisponível.

(C) Ante a existência de vínculo prévio entre as partes, a audiência a ser realizada para fins de autocomposição entre Diego e Thaís deverá ser conduzida por um conciliador, que poderá sugerir soluções para o litígio, vedada a utilização de qualquer tipo de constrangimento ou intimidação.

(D) A partir de requerimento que venha a ser formulado por Diego e Thaís, o juiz pode determinar a suspensão do processo enquanto os litigantes se submetem à mediação extrajudicial.

RESPOSTA Nos termos do art. 694, *caput* e parágrafo único, do CPC, nas ações de família, todos os esforços serão empreendidos para a solução consensual da controvérsia, devendo o juiz dispor do auxílio de profissionais de outras áreas de conhecimento para a mediação e conciliação. Assim, a requerimento das partes, o juiz pode determinar a suspensão do processo enquanto os litigantes se submetem a mediação extrajudicial ou a atendimento multidisciplinar. *Alternativa D.*

80. (XXVI Exame) Luciana, por meio de seu advogado, propôs demanda em face de Carlos, perante determinado Juizado Especial Cível, na qual pediu, a título de indenização por danos materiais, a condenação do réu ao pagamento de R$ 20.000,00. Ao julgar parcialmente procedente o pedido, o juízo *a quo* condenou o demandado ao pagamento de R$ 15.000,00. Luciana se conformou com a decisão, ao passo que Carlos recorreu, a fim de diminuir o valor da condenação para R$10.000,00 e, bem assim, requereu a condenação da recorrida ao pagamento de custas e honorários. Embora tenha diminuído o valor da condenação para R$ 10.000,00, conforme requerido no recurso, o órgão *ad quem* não condenou Luciana ao pagamento de custas e honorários. Diante de tal quadro, é correto afirmar, especificamente no que se refere às custas e aos honorários, que

(A) o órgão recursal errou, pois a gratuidade prevista pela Lei n. 9.099/95 só abrange o primeiro grau de jurisdição.

(B) o órgão *ad quem* acertou, uma vez que, no âmbito do segundo grau, somente o recorrente vencido pode arcar com a sucumbência.

(C) o órgão *ad quem* acertou, uma vez que, no âmbito do segundo grau, somente é possível condenação em custas e honorários se houver litigância de má-fé.

(D) o órgão recursal agiu corretamente, pois os processos que tramitam sob o rito da Lei n. 9.099/95 são gratuitos, indistintamente, em qualquer grau de jurisdição.

RESPOSTA De acordo com o art. 55 da Lei n. 9.099/95, a sentença de primeiro grau não condenará o vencido em custas e honorários de advogado, ressalvados os casos de litigância de má-fé. Em segundo grau, o recorrente, vencido, pagará as custas e honorários de advogado, que serão fixados entre dez por cento e vinte por cento do valor de condenação ou, não havendo condenação, do valor corrigido da causa. *Alternativa B.*

81. (XXV Exame) Aline e Alfredo, casados há 20 anos pelo regime da comunhão parcial de bens, possuem um filho maior de idade e plenamente capaz. Não obstante, Aline encontra-se grávida do segundo filho do casal, estando no sexto mês de gestação. Ocorre que, por divergências pessoais, o casal decide se divorciar e se dirige a um escritório de advocacia, onde demonstram consenso quanto à partilha de bens comuns e ao pagamento de pensão alimentícia, inexistindo quaisquer outras questões de cunho pessoal ou patrimonial. Assinale a opção que apresenta a orientação jurídica correta a ser prestada ao casal.

(A) Inexistindo conflito de interesses quanto à partilha de bens comuns, Aline e Alfredo poderão ingressar com o pedido de divórcio pela via extrajudicial, desde que estejam devidamente assistidos por advogado ou defensor público.

(B) Aline e Alfredo deverão ingressar com ação judicial de divórcio, uma vez que a existência de nascituro impede a realização de divórcio consensual pela via extrajudicial, ou seja, por escritura pública.

(C) O divórcio consensual de Aline e Alfredo somente poderá ser homologado após a partilha de bens do casal.

(D) A partilha deverá ser feita mediante ação judicial, embora o divórcio possa ser realizado extrajudicialmente.

RESPOSTA De acordo com o art. 733 do CPC, o divórcio consensual, a separação consensual e a extinção consensual de união estável, não havendo nascituro ou filhos incapazes e observados os requisitos legais, poderão ser realizados por escritura pública, correta a *alternativa B.*

82. (XXIII Exame) Nos Juízos de Direito da capital do Estado X tramitavam centenas de demandas semelhantes, ajuizadas por servidores públicos vinculados ao Município Y discutindo a constitucionalidade de lei ordinária municipal que tratava do plano de cargos e salários da categoria. Antevendo risco de ofensa à isonomia, com a possibilidade de decisões contraditórias, o advogado de uma das partes resolve adotar medida judicial para uniformizar o entendimento da questão jurídica. Nessa hipótese, o advogado deve peticionar

(A) ao Juízo de Direito no qual tramita a demanda por ele ajuizada, requerendo a instauração de incidente de assunção de competência.

(B) ao Presidente do Tribunal ao qual está vinculado o Juízo de Direito, requerendo a instauração de incidente de resolução de demandas repetitivas.

(C) ao Presidente do Tribunal ao qual está vinculado o Juízo de Direito, requerendo a instauração de incidente de arguição de inconstitucionalidade.

(D) ao Juízo de Direito no qual tramita a demanda por ele ajuizada, requerendo a intimação do Ministério Público para conversão da demanda individual em coletiva.

RESPOSTA De acordo com o CPC, é cabível a instauração do incidente de resolução de demandas repetitivas quando houver, simultaneamente, a efetiva repetição de processos que contenham controvérsia sobre a mesma questão unicamente de direito e o risco de ofensa à isonomia e à segurança jurídica (art. 976). O pedido será dirigido ao presidente do tribunal, segundo o art. 977. *Alternativa B.*

83. (XXIII Exame) Jorge administra cinco apartamentos de Marina. Ele recebe os valores relativos à locação dos referidos bens, realiza os pagamentos inerentes aos imóveis (condomínio, IPTU), abate o valor pela prestação de serviços e repassa o saldo residual a Marina, mediante depósito em conta corrente, titularizada pela contratante. Contudo, nos últimos dez meses, Jorge tem deixado de fornecer os relatórios mensais acerca da despesa e receita. Incomodada, Marina o questiona acerca da omissão, que nada faz. Diante desse cenário, Marina procura um advogado, que, com o objetivo de obter os relatórios, deve ajuizar

(A) Ação de Execução, fundada em título extrajudicial consubstanciado no acerto verbal havido entre as partes.
(B) Ação de Reintegração de Posse dos imóveis administrados por Jorge.
(C) Ação de Exigir Contas, para que Jorge forneça os relatórios.
(D) Ação de Consignação de Pagamento, objetivando que Jorge consigne os relatórios em Juízo.

RESPOSTA Segundo o art. 550 do CPC, aquele que afirmar ser titular do direito de exigir contas requererá a citação do réu para que as preste ou ofereça contestação no prazo de 15 (quinze) dias. *Alternativa C.*

84. (XXIII Exame) A multinacional estrangeira *Computer Inc.*, com sede nos Estados Unidos, celebra contrato de prestação de serviços de informática com a sociedade empresarial Telecomunicações S/A, constituída de acordo com as leis brasileiras e com sede no Estado de Goiás. Os serviços a serem prestados envolvem a instalação e a manutenção dos servidores localizados na sede da sociedade empresarial Telecomunicações S/A. Ainda consta, no contrato celebrado entre as referidas pessoas jurídicas que eventuais litígios serão dirimidos, com exclusividade, perante a Corte Arbitral Alfa, situada no Brasil.

Após discordâncias sobre o cumprimento de uma das cláusulas referentes à realização dos serviços, a multinacional *Computer Inc.* ingressa com demanda no foro arbitral contratualmente avençado. Com base no caso concreto, assinale a afirmativa correta.

(A) A cláusula compromissória prevista no contrato é nula de pleno direito, uma vez que o princípio da inafastabilidade da jurisdição, previsto constitucionalmente, impede que ações que envolvam obrigações a serem cumpridas no Brasil sejam dirimidas por órgão que não integre o Poder Judiciário nacional.
(B) Caso a empresa Telecomunicações S/A ingresse com demanda perante a Vara Cível situada no Estado de Goiás, o juiz deverá resolver o mérito, ainda que a sociedade *Computer Inc.* alegue, em contestação, a existência de convenção de arbitragem prevista no instrumento contratual.
(C) Visando efetivar tutela provisória deferida em favor da multinacional *Computer Inc.*, poderá ser expedida carta arbitral pela Corte Arbitral Alfa para que órgão do Poder Judiciário, com competência perante o Estado de Goiás, pratique atos de cooperação que importem na constrição provisória de bens na sede da sociedade empresarial Telecomunicações S/A, a fim de garantir a efetividade do provimento final.
(D) A sentença arbitral proferida pela Corte Arbitral Alfa configura título executivo extrajudicial, cuja execução poderá ser proposta no foro do lugar onde deva ser cumprida a obrigação.

RESPOSTA Será expedida carta arbitral, para que órgão do Poder Judiciário pratique ou determine o cumprimento, na área de sua competência territorial, de ato objeto de pedido de cooperação judiciária formulado por juízo arbitral, inclusive os que importem efetivação de tutela provisória (art. 237, IV, CPC). *Alternativa C.*

85. (XXI Exame) Pedro, munido de documento comprobatório de vínculo jurídico de prestação de serviço com Carlos e, esgotadas todas as possibilidades consensuais para tentar exigir o cumprimento da obrigação, promove ação observando o rito especial monitório. Citado, Carlos oferece embargos, apontando em preliminar, que o rito da ação monitória não é adequado para pleitear cumprimento de obrigação de fazer e, no mérito, alega exceção de contrato não cumprido. Oferta, ainda, reconvenção, cobrando os valores supostamente devidos. Diante da situação hipotética, sobre os posicionamentos adotados por Carlos, assinale a afirmativa correta.

(A) A preliminar apontada por Carlos nos embargos deve ser acolhida, pois é vedado pleitear cumprimento de obrigação de fazer por intermédio de ação monitória.
(B) A reconvenção deve ser rejeitada, em virtude do descabimento dessa forma de resposta em ação monitória.
(C) A preliminar indicada por Carlos não deve prosperar, tendo em vista que é possível veicular em ação monitória cumprimento de obrigação de fazer.
(D) A forma correta de oferecer defesa em ação monitória é via contestação, sendo assim, os embargos ofertados por Carlos devem ser rejeitados.

RESPOSTA Dentre as possibilidades para oferecer a ação monitória, conforme o art. 700 do CPC, está o adimplemento de obrigação de fazer ou de não fazer (inciso III). A defesa, por meio dos embargos (art. 702), não terá êxito em se utilizar deste argumento. *Alternativa C.*

XVI. AÇÃO POPULAR E AÇÃO CIVIL PÚBLICA

86. (XXX Exame) A Associação "X", devidamente representada por seu advogado, visando à proteção de determinados interesses coletivos, propôs ação civil pública, cujos pedidos foram julgados improcedentes. Ademais, a associação foi condenada ao pagamento de honorários advocatícios no percentual de 20% (vinte por cento) sobre o valor da causa. Diante de tal quadro, especificamente sobre os honorários advocatícios, a sentença está

A) correta no que se refere à possibilidade de condenação ao pagamento de honorários e, incorreta, no que tange ao respectivo valor, porquanto fixado fora dos parâmetros estabelecidos pelo Art. 85 do CPC.
B) incorreta, pois as associações não podem ser condenadas ao pagamento de honorários advocatícios, exceto no caso de litigância de ma-fé, no âmbito da tutela individual e coletiva.

C) correta, pois o juiz pode fixar os honorários de acordo com seu prudente arbítrio, observados os parâmetros do Art. 85 do CPC.
D) incorreta, pois as associações são isentas do pagamento de honorários advocatícios em ações civis públicas, exceto no caso de má-fé, hipótese em que também serão condenadas ao pagamento do décuplo das custas.

RESPOSTA De acordo com o art. 17 da Lei de Ação Civil Pública (Lei n. 7.347/85), em caso de litigância de má-fé, a associação autora e os diretores responsáveis pela propositura da ação serão solidariamente condenados em honorários advocatícios e ao décuplo das custas, sem prejuízo da responsabilidade por perdas e danos. Observado, ainda, que nas ações de que trata esta lei, não haverá adiantamento de custas, emolumentos, honorários periciais e quaisquer outras despesas, nem condenação da associação autora, salvo comprovada má-fé, em honorários de advogado, custas e despesas processuais (art. 18). *Alternativa D.*

87. (XXIX Exame) Em virtude do rompimento de uma represa, o Ministério Público do Estado do Acre ajuizou ação em face da empresa responsável pela sua construção, buscando a condenação pelos danos materiais e morais sofridos pelos habitantes da região atingida pelo incidente. O pedido foi julgado procedente, tendo sido fixada a responsabilidade da ré pelos danos causados, mas sem a especificação dos valores indenizatórios. Em virtude dos fatos narrados, Ana Clara teve sua casa destruída, de modo que possui interesse em buscar a indenização pelos prejuízos sofridos. Na qualidade de advogado(a) de Ana Clara, assinale a orientação correta a ser dada à sua cliente.

(A) Considerando que Ana Clara não constou do polo ativo da ação indenizatória, não poderá se valer de seus efeitos.
(B) Ana Clara e seus sucessores poderão promover a liquidação e a execução da sentença condenatória.
(C) A sentença padece de nulidade, pois o Ministério Público não detém legitimidade para ajuizar ação no lugar das vítimas.
(D) A prolatação de condenação genérica, sem especificar vítimas ou valores, contraria disposição legal.

RESPOSTA Nos termos do art. 97 do CDC, a liquidação e a execução de sentença poderão ser promovidas pela vítima e seus sucessores, assim como pelos legitimados de que trata o art. 82. *Alternativa B.*

88. (XXVI Exame) A associação "Amigos da Natureza", constituída há 2 anos, com a finalidade institucional de proteger o meio ambiente, tem interesse na propositura de uma ação civil pública, a fim de que determinado agente causador de dano ambiental seja impedido de continuar a praticar o ilícito. Procurado pela associação, você, na qualidade de advogado, daria a orientação de

(A) não propor uma ação civil pública, visto que as associações não têm legitimidade para manejar tal instrumento, sem prejuízo de que outros legitimados, como o Ministério Público, o façam.
(B) propor uma ação civil pública, já que a associação está constituída há pelo menos 1 ano e tem, entre seus fins institucionais, a defesa do meio ambiente.
(C) apenas propor a ação civil pública quando a associação estiver constituída há pelo menos 3 anos.
(D) que a associação tem iniciativa subsidiária, de modo que só pode propor a ação civil pública após demonstração de inércia do Ministério Público.

RESPOSTA Novamente, o art. 5º da LACP é cobrado em Exame da OAB e, mais uma vez, sobre a legitimidade das associações. Atente-se, então, ao inciso V. Correta a *alternativa B.*

89. (XXVI Exame) Uma fábrica da sociedade empresária Tratores Ltda. despejou 10 toneladas de lixo reciclável no rio Azul, que corta diversos municípios do estado do Paraná. Em decorrência de tal fato, constatou-se a redução da flora às margens do rio. Sobre a medida cabível em tal cenário, assinale a afirmativa correta.

(A) É cabível ação popular, na qual deve figurar obrigatoriamente o Ministério Público como autor.
(B) É cabível ação civil pública, na qual deve figurar obrigatoriamente como autor um dos indivíduos afetados pelos danos.
(C) Não é cabível ação civil pública ou ação coletiva, considerando a natureza dos danos, mas o Ministério Público pode ajuizar ação pelo procedimento comum, com pedido de obrigação de não fazer.
(D) É cabível ação civil pública, na qual o Ministério Público, se não for autor, figurará como fiscal da lei.

RESPOSTA De acordo com o § 1º do art. 5º da LACP, o Ministério Público, se não intervier no processo como parte, atuará obrigatoriamente como fiscal da lei. *Alternativa D.*

90. (XXV Exame) A sociedade empresária Sucesso veiculou propaganda enganosa acerca de um determinado produto, com especificações distintas daquelas indicadas no material publicitário. Aproximadamente 500.000 consumidores, dentre os quais alguns hipossuficientes, compraram o produto. Diante disso, a Associação de Defesa do Consumidor, constituída há 10 anos, cogitou a possibilidade de ajuizar ação civil pública, com base na Lei n. 7.347/85, para obter indenização para tais consumidores. Diante dessas informações, assinale a afirmativa correta.

(A) O Ministério Público é parte ilegítima para a propositura da ação civil pública.
(B) A Associação de Defesa do Consumidor pode propor a ação civil pública.
(C) Qualquer consumidor lesado pode propor a ação civil pública.
(D) A propositura da ação civil pública pela Defensoria dispensa a participação do Ministério Público no processo.

RESPOSTA De acordo com a lei referida, pela disposição do art. 5º, V, correta a *alternativa B.*

Direito Processual do Trabalho

Fagner Sandes

Advogado. Mestre em Direito (Estado, Constituição e Cidadania) pela Universidade Gama Filho. Pós-graduado em Direito e Processo do Trabalho. Professor Universitário da FACHA/RJ. Coordenador do programa de pós-graduação em Advocacia Trabalhista na Prática da Escola de Direito Hélio Alonso (FACHA). Professor da Faculdade Lusófona/RJ. Coordenador e Professor do Centro de Estudos Jurídicos da Faculdade UnyLeya. Professor de Cursos de Pós-Graduação da Universidade Santa Úrsula, da Universidade Candido Mendes, da Faculdade UnyLeya, da UNIVEM, do Instituto Nêmesis, do Curso Tríade, do CBEPJUR e da FACHA. Professor na Faculdade Vitória em Cristo. Professor da Escola Superior de Advocacia da OAB Rio de Janeiro. Vice-presidente da Comissão de Garantismo Jurídico Processual e Membro da Comissão de Educação da OAB, Seccional Rio de Janeiro. Professor dos Institutos *Educere e São Vitor* (Portugal). Professor de Cursos Preparatórios para Concursos e OAB. Autor de livros jurídicos e para concursos. Consultor. Conferencista (Brasil/Portugal). Parecerista. Diretor do Centro de Capacitação Sandes. Presidente da Comissão de Direito Constitucional e Estudos Comparados da ABA/RJ e da Comissão de Direito Constitucional da 1ª Subseção da OAB (Nova Iguaçu/RJ).

Sumário

1. PRINCÍPIOS

1.1 Dispositivo e Inquisitivo

O art. 2º do Código de Processo Civil (CPC), que é aplicável ao processo do trabalho, estabelece que "o processo começa por iniciativa da parte e se desenvolve por impulso oficial, salvo as exceções previstas em lei", ou seja, é vedado ao juiz prestar a tutela jurisdicional se não for provocado para tanto (inércia). No entanto, como regra geral, uma vez quebrada a inércia do Poder Judiciário por meio da ação, onde a parte apresenta uma demanda, o Estado-Juiz deve, de ofício, determinar o prosseguimento da marcha processual.

Eis a diferença entre dispositivo (demanda provocação da parte para iniciar a atividade de resolução de conflitos) e inquisitivo (após a provocação, o magistrado deve determinar o andamento do processo, de ofício).

A Consolidação das Leis do Trabalho, em seu art. 765, nos apresentar um exemplo do princípio inquisitivo, ao afirmar que "os Juízos e Tribunais do Trabalho terão ampla liberdade na direção do processo e velarão pelo andamento rápido das causas, podendo determinar qualquer diligência necessária ao esclarecimento delas".

Com o advento da Lei n. 13.467/2017 (Reforma Trabalhista) a execução trabalhista não pode mais ser iniciada de ofício pelo juiz, quando a parte estiver assistida por advogado, sendo-lhe permitido, todavia, quando a parte estiver no gozo do *jus postulandi*, nos moldes do art. 878 da CLT, com sua nova redação.

Por fim, uma exceção ao princípio da inércia, segundo parte da doutrina, é a possibilidade de instauração de dissídio coletivo pelo presidente do Tribunal ou pelo MPT, em caso de paralisação de atividades, como se depreende do art. 856 da CLT: "A instância será instaurada mediante representação escrita ao Presidente do Tribunal. Poderá ser também instaurada por iniciativa do presidente, ou, ainda, a requerimento da Procuradoria da Justiça do Trabalho, sempre que ocorrer suspensão do trabalho."

1.2 Subsidiariedade

Trata-se a aplicação do processo comum no direito processual do trabalho, de acordo com o art. 769 CLT: "Nos casos omissos, o direito processual comum será fonte subsidiária do direito processual do trabalho, exceto naquilo que for incompatível com as normas deste Título".

A incidência do processo comum no processo do laboral exige: (1) omissão na CLT; e (2) compatibilidade das normas do processo civil com os princípios que orientam o processo do trabalho.

O art. 15 do Código de Processo Civil dispõe que: "Na ausência de normas que regulem processos eleitorais, trabalhistas ou administrativos, as disposições deste código lhes serão aplicadas supletiva e subsidiariamente", sendo que este dispositivo não revogou o art. 769 da CLT, razão pela qual o processo comum pode ser aplicado ao processo do trabalho subsidiariamente (omissão da CLT e compatibilidade) ou supletivamente (complementação – casos de lacuna ontológica ou axiológica).

No Tribunal Superior do Trabalho há farta jurisprudência, pela aplicação ou não do CPC, como os exemplos a seguir: (1) OJ n. 310 da SDI-I (inaplicável ao processo do trabalho o art. 229 do CPC); (2) Súmula 263 (possibilidade de saneamento de erros à petição inicial); (3) Súmula 394 (aplicável ao processo trabalhista, em qualquer instância, o art. 493 do CPC); (4) Súmula 435 (aplicável ao processo do trabalho o art. 932 do CPC – poderes do relator), além de outras.

O art. 769 da CLT é aplicado na fase de conhecimento, vez que na execução deve ser aplicado o disposto no art. 889 da CLT, de modo que em caso de omissão na CLT, devemos aplicar a Lei de Execuções Fiscais (LEF – Lei n. 6.830/80) e, caso continue a omissão, aplicar-se-á o CPC. Porém, é necessária a compatibilidade com os princípios do processo do trabalho.

1.3 Irrecorribilidade imediata das interlocutórias

Decisão interlocutória, na dicção do art. 203, §§ 1º e 2º do CPC, é todo pronunciamento judicial de natureza decisória que não seja sentença. Desta feita, *resolve questão incidente*, sendo que no processo trabalhista a base legal deste princípio são os seguintes dispositivos: art. 799, § 2º, § 1º do art. 893 e, por fim, o art. 855-A, § 1º. Todos da CLT.

Em regra, não cabe recurso imediato contra as decisões interlocutórias, exceto nas hipóteses citadas nos incisos II e III do § 1º, art. 855-A da CLT e naquelas elencadas na Súmula 214 do TST, que segue abaixo:

> **"Súmula 214 do TST. DECISÃO INTERLOCUTÓRIA. IRRECORRIBILIDADE**. Na Justiça do Trabalho, nos termos do art. 893, § 1º, da CLT, as decisões interlocutórias não ensejam recurso imediato, salvo nas hipóteses de decisão: a) de Tribunal Regional do Trabalho contrária à Súmula ou Orientação Jurisprudencial do Tribunal Superior do Trabalho; b) suscetível de impugnação mediante recurso para o mesmo Tribunal; c) que acolhe exceção de incompetência territorial, com a remessa dos autos para Tribunal Regional distinto daquele a que se vincula o juízo excepcionado, consoante o disposto no art. 799, § 2º, da CLT".

Para evitar a preclusão (convalidação), quando as decisões interlocutórias são proferidas em audiência de instrução, a parte que teve um requerimento indeferido, via de regra requer seja registrado em ata de audiência o protesto, com fundamento no art. 795 da CLT: "As nulidades não serão declaradas senão mediante provocação das partes, as quais deverão argui-las à primeira vez em que tiverem de falar em audiência ou nos autos."

1.4 Conciliação

A Justiça do Trabalho é, notadamente, conciliadora, conforme art. 764 e parágrafos da CLT, isto tanto nos dissídios individuais como nos coletivos, já que todos estão sempre sujeitos a conciliação, havendo tal inferir do art. 652, *a*, da norma laboral.

Vale destacar que a CLT, ao fazer menção ao juízo arbitral no § 3ª do art. 764, não está se referindo à arbitragem (método alternativo de solução de conflitos), mas sim a juízo de julgamento, vez que se as partes não chegarem a um denominador comum, o julgador deve enfrentar o cerne do litígio e proferir sentença.

No procedimento ordinário, os artigos 846 e 850, ambos da CLT, determinam dois momentos obrigatórios para a conciliação, quais sejam: (1º) quando da abertura da audiência; e (2º) após as razões finais, porém antes da decisão.

Há, segundo forte setor da doutrina e da jurisprudência, nulidade da sentença se o juiz não tentar a última possibilidade de conciliação em audiência (após razões finais). Porém, em havendo esta última, mas não aquela primeira, não há que se falar em nulidade, haja vista que a última tentativa de conciliação supriria a falta da primeira.

No procedimento sumaríssimo, o juiz poderá incitar as partes ao acordo a qualquer momento, consoante art. 852-E da CLT: "Aberta a sessão, o juiz esclarecerá as partes presentes sobre as vantagens da conciliação e usará os meios adequados de persuasão para a solução conciliatória do litígio, em qualquer fase da audiência".

O juiz não é obrigado a homologar acordo entre as partes, de acordo com a Súmula 418 do TST: "a homologação de acordo constitui faculdade do juiz, inexistindo direito líquido e certo tutelável pela via do mandado de segurança". Embora se trata de faculdade, caso decida por não homologar, deve fundamentar sua decisão (aqui, interlocutória), sob pena de nulidade.

Quando a decisão for prolatada no procedimento de jurisdição voluntária de homologação de acordo extrajudicial (art. 855-B e seguintes, CLT), a natureza jurídica do ato jurisdicional é de sentença, a qual pode ser impugnada por recurso ordinário (art. 895, I, CLT).

A Justiça do Trabalho estimula o acordo em qualquer fase do processo, ainda que após o trânsito em julgado e já em fase de execução, de modo que é devida a contribuição previdenciária sobre o valor do acordo celebrado e homologado após o trânsito em julgado de decisão judicial, respeitada a proporcionalidade de valores entre as parcelas de natureza salarial e indenizatória deferidas na decisão condenatória e as parcelas objeto do acordo (OJ 376, SDI-1, TST).

O acordo homologado judicialmente tem força de decisão irrecorrível para as partes (parágrafo único do art. 831, CLT). Logo, a decisão transita em julgado no momento em que homologa o acordo e, caso qualquer uma das partes tenha a pretensão de impugná-lo, apenas por ação rescisória (Súmula 100, V e Súmula 259, TST).

Por fim, a OJ n. 132 da SDI-2 do TST dispõe que o acordo homologado em que o empregado dá plena e ampla quitação, sem que faça constar qualquer ressalva, alcança não só o objeto da lide, mas também todas as demais parcelas do extinto contrato de trabalho, motivo pelo qual o ajuizamento de outra demanda resta por violar a coisa julgada.

1.5 *Jus postulandi*

É possível que empregado e empregador litiguem sem a necessidade de constituírem advogados, conforme art. 791 da CLT: "Os empregados e os empregadores poderão reclamar pessoalmente perante a Justiça do Trabalho e acompanhar as suas reclamações até o final".

A Súmula 425 do TST o restringe às Varas do Trabalho e aos Tribunais Regionais do Trabalho, não podendo ser utilizado, nas ações rescisórias, nos mandados de segurança, nas ações cautelares (tutelas de urgência de natureza cautelar) e nos recursos de competência do TST, ou seja, é um princípio limitado.

Exemplificando: se um empregado pretende ajuizar sua reclamação trabalhista em face do seu ex-empregador, não precisa de advogado e, caso a sentença lhe seja desfavorável, poderá interpor recurso ordinário para o TRT sem estar assistido por advogado, o mesmo ocorrendo em caso de oposição dos embargos de declaração. Contudo, se tem a pretensão de recorrer do acórdão proferido no recurso ordinário (julgado pelo TRT), para o TST via recurso de revista, deve constituir advogado.

Sem advogado não é possível requerer medidas de natureza cautelar ou impetrar mandado de segurança, ainda que seja na 1ª instância trabalhista, o mesmo ocorrendo quando for o caso de ajuizamento de ação rescisória (no TRT ou no TST).

Destaco que não é cabível o exercício do *jus postulandi* no procedimento de homologação de acordo extrajudicial, haja vista o disposto no art. 855-B, § 1º, da CLT.

Com o advento da Lei n. 13.467/2017 (Reforma Trabalhista), a qual inseriu os honorários advocatícios de sucumbência no art. 791-A da CLT, não há que se falar em revogação do *jus postulandi*, que permanece em vigor.

1.6 Normatização coletiva

O poder normativo consiste na competência material de solucionar conflitos coletivos, estabelecendo normas e condições gerais e abstratas, o que se dá por meio da denominada sentença normativa, a qual será aplicada no âmbito das categorias envolvidas (profissionais e econômicas).

Tal atribuição (competência) é prevista no § 2º do art. 114 da CF/88, de sorte que no exercício desta competência, a Justiça do Trabalho cria normas jurídicas.

Não é um princípio absoluto, haja vista que seus limites são postos pela Constituição, leis de ordem pública de proteção ao trabalhador e normas previstas em acordos ou convenções coletivas, que venham a dispor sobre condições mínimas de trabalho para certa categoria profissional.

Não obstante, a Súmula 190 do TST preconiza que ao julgar ou homologar ação coletiva ou acordo nela havido, o Tribunal Superior do Trabalho exerce o poder normativo constitucional, não podendo criar ou homologar condições de trabalho que o Supremo Tribunal Federal julgue iterativamente inconstitucionais.

2. COMPETÊNCIA

2.1 Conceito e Critérios

Competência pode ser entendida como a delimitação da jurisdição, ou seja, é a distribuição da atividade jurisdicional entre os mais variados órgãos jurisdicionais.

Para determinação da competência são utilizados alguns critérios, os quais consideram: (1) a matéria (*ratione materiae*); (2) as pessoas (*ratione personae*); (3) a função ou o território (*ratione loci*).

No que toca especificamente ao processo do trabalho, iremos embasar o fundamento da competência material da Justiça do Trabalho no art. 114 da Constituição e, no plano infraconstitucional, no art. 650 e seguintes da CLT, de modo que passamos a abordar algumas das competências da Justiça do Trabalho.

2.2 Hipóteses de Competência da Justiça do Trabalho

2.3. Relações de trabalho e de emprego

A Justiça do Trabalho, tendo em vista a parte inicial do inciso I do art. 114 da CF, tem competência para processar e julgar as ações oriundas da relação de trabalho, com algumas ressalvas, como é o caso, por exemplo, dos servidores públicos estatutários.

Tem também competência para os dissídios resultantes de contratos de empreitada em que o empreiteiro seja operário ou artífice e os trabalhadores avulsos, como se extrai do art. 652, *a*, itens III e V, da CLT.

As ações oriundas da relação de emprego são de competência da Justiça do Trabalho, mas também as lides decorrentes da relação de trabalho, ou seja, cabe a esta especializada julgar ações envolvendo o descumprimento de obrigações legais e contratuais inerentes à relação de emprego, bem com ações decorrentes das relações de trabalho (trabalho eventual, trabalho voluntário, estágio etc.), as ações que visam apreciar reclamações de empregado que tenham por objeto direito fundado em quadro de carreira (Súmula 19 do TST), ações ajuizadas por empregados em face de empregadores referentes ao cadastramento no PIS (Súmula 300 do TST), além de outros como veremos abaixo.

2.4. Profissionais Liberais e Servidores Públicos.

Se a relação de trabalho é mantida com a Administração Pública e não for regida pela CLT (não empregado), isto é, estatutária ou caráter jurídico-administrativo, a competência será da Justiça Federal ou Estadual. Essa é a posição do STF adotada na ADI 3395, ficando excluída qualquer outra interpretação ao disposto no art. 114, I, da Constituição da República, de modo que se definiu que não estão abrangidas pela Justiça do Trabalho as causas instauradas entre o Poder Público e servidor que lhe seja vinculado por relação jurídico-estatutária ou de natureza tipicamente administrativa, o que também se aplica se houver contratação de trabalhador por tempo determinado no âmbito da Administração pública, nos moldes do art. 37, IX, da Constituição (Informativo n. 541 do STF).

No entanto, os empregados de sociedades de economia mista (Banco do Brasil, Petrobras etc.) e das empresas públicas (Correios, Caixa Econômica Federal etc.) devem buscar a Justiça do Trabalho, bem como qualquer outro empregado, como é o caso dos empregados de cartórios extrajudiciais (ofício de notas, RGI etc.).

Dispõe a Súmula 363 do STJ: "Compete à Justiça estadual processar e julgar a ação de cobrança ajuizada por profissional liberal contra cliente".

2.5. Danos Morais e Materiais

Conforme art. 114, VI da CF, compete a Justiça do Trabalho processar e julgar as ações de indenização por dano moral ou patrimonial, decorrentes da relação de trabalho, o que se combina com a Súmula 392 do TST

> **Súmula 392 do TST:** "Nos termos do art. 114, inc. VI, da Constituição da República, a Justiça do Trabalho é competente para processar e julgar ações de indenização por dano moral e material, decorrentes da relação de trabalho, inclusive as oriundas de acidente de trabalho e doenças a ele equiparadas, ainda que propostas pelos dependentes ou sucessores do trabalhador falecido."

2.6. Entes de Direito Público externo

Não há imunidade de jurisdição para os entes de direito público externo, razão pela qual a Justiça do Trabalho tem competência para processar e julgar lides envolvendo esses entes.

Entretanto, o STF assentou entendimento no sentido de que o ente de direito público externo possui imunidade de execução, ou seja, não há competência da Justiça do Trabalho para executar seus julgados, em razão da soberania desses entes, caso em que deve ser usada carta rogatória, como regra geral.

Na verdade, a imunidade é relativa e não absoluta, vez que não se aplica no processo de conhecimento, mas tão somente ao de execução, isso se não houver renúncia expressa.

Com relação aos organismos internacionais, o raciocínio segue a OJ 416 da SDI-1 do TST:

> "As organizações ou organismos internacionais gozam de imunidade absoluta de jurisdição quando amparados por norma internacional incorporada ao ordenamento jurídico brasileiro, não se lhes aplicando a regra do Direito Consuetudinário relativa à natureza dos atos praticados. Excepcionalmente, prevalecerá a jurisdição brasileira na hipótese de renúncia expressa à cláusula de imunidade jurisdicional".

2.7. Greve e Ações possessórias

Estabelece nossa Constituição que compete à Justiça do Trabalho "processar e julgar as ações que envolvam o exercício do direito de greve", consoante art. 114, II, de modo que tanto as ações individuais quanto as coletivas, desde que a matéria greve esteja na causa de pedir, serão julgadas pela Justiça Laboral, podendo tais demandas ser ajuizadas pelos empregados, Ministério Público do Trabalho, sindicatos, empregadores dentre outros.

As ações de reparação de danos ajuizadas pelos empregadores, em decorrência do exercício do direito de greve, serão processadas na Justiça do Trabalho.

Não se incluem nesta competência as ações penais decorrentes do exercício do direito de greve (STF, ADI 3684).

No caso de greve em atividade essencial, que tenha possibilidade de lesão ao interesse público, o Ministério Público do Trabalho pode ajuizar dissídio coletivo para que a Justiça do Trabalho venha a dirimi-lo, nos termos do § 3º do art. 114 da CF/88, com competência originariamente do TRT ou do TST.

Prevê a Súmula 189 do TST: "A Justiça do Trabalho é competente para declarar a abusividade, ou não, da greve".

Por interpretação da Súmula Vinculante 23 do STF, a Justiça do Trabalho não tem competência para julgar as ações envolvendo o direito de greve dos servidores públicos e, menos ainda, as ações possessórias envolvendo aquela espécie de relação, mas apenas dos empregados regidos pela CLT.

2.8. Sindicatos

O art. 114, III, da CF/88 determina que ações sobre representação sindical, entre sindicatos e trabalhadores, e entre sindicatos e empregadores são de competência da Justiça do Trabalho, o que inclui as federações e confederações, já que também são entidades sindicais.

2.9. Penalidades administrativas

A Justiça do Trabalho tem competência para processar e julgar *as ações relativas às penalidades administrativas impostas aos empregadores pelos órgãos de fiscalização das relações de trabalho*, conforme art. 114, VI da CF, o que inclui as ações ajuizadas pelos tomadores de serviços em razão das penalidades oriundas dos órgãos de fiscalização do Trabalho.

Não está incluída nesta competência aplicar multas por descumprimento da legislação do trabalho, de modo que, ao notar irregularidades, pode o magistrado expedir ofício à autoridade competente para as providências que entender pertinentes, como seria o caso de descumprimento das normas de saúde e segurança do trabalhador etc.

A competência em estudo é para julgar todas as ações ajuizadas pelos empregadores e tomadores de serviços decorrentes das penalidades impostas, ou seja, tutelas provisórias, mandados de segurança, ações anulatórias, além de outras.

Serão executadas na Justiça do Trabalho as Certidões de Dívida Ativa (CDA) da União decorrentes de penalidades impostas pelos órgãos de fiscalização do trabalho, ou seja, caso a União pretenda executar uma CDA, como seria o caso das multas administrativas impostas aos empregadores e não pagas, a competência é da Justiça Laboral, observando-se o procedimento da Lei de Execuções Fiscais (LEF – Lei n. 6.830/80).

A Justiça do Trabalho não tem competência para julgar ações envolvendo penalidades impostas pelos órgãos de fiscalização de profissões regulamentadas (CRC, CRP, OAB, OMB e outros) aos profissionais vinculados, vez que não se enquadram na definição de empregadores.

2.10. Competência para homologação de acordos extrajudiciais

A Lei n. 13.467/2017, conhecida como Reforma Trabalhista, incluiu no art. 652 da CLT a alínea *f*, prevendo que compete às Varas do Trabalho decidir quanto à homologação de acordo extrajudicial em matéria de competência da Justiça do Trabalho.

De acordo com o art. 855-B e seguintes da CLT, o processo em tela terá início por petição conjunta, sendo obrigatória a representação das partes por advogados diferentes, ou seja, não podem ser representadas por advogado comum. É facultado ao trabalhador ser assistido pelo sindicato de sua categoria profissional.

Distribuída a petição inicial, no prazo de 15 dias, o juiz analisará o acordo, designará audiência se entender necessária e proferirá sentença.

Vale destacar que a petição de homologação de acordo extrajudicial suspende o prazo prescricional da ação quanto aos direitos nela especificados, de modo que, se o juiz proferir sentença indeferindo a homologação, o prazo prescricional voltará a fluir do dia útil subsequente ao trânsito em julgado da decisão.

Por fim, o procedimento de homologação de acordo extrajudicial não prejudica o prazo para pagamento das verbas rescisórias previsto no § 6º do art. 477 e não afasta a aplicação da multa prevista no § 8º do mesmo artigo.

2.11. Competência em razão do lugar

A competência em razão do lugar está embasada no princípio jurisdicional da aderência ao território, isto é, as Varas do Trabalho têm competência para julgar lides oriundas da localidade onde estão estabelecidas.

2.11.1. Hipóteses

A regra geral é que a ação trabalhista deve ser ajuizada no local em que o empregado tenha prestado seus serviços, sendo irrelevante o local da contratação ou do seu domicílio, de acordo com o *caput* do art. 651 da CLT.

Com relação ao agente ou viajante comercial, o § 1º do art. 651 estabelece exceção, como segue: (a) o reclamante deve propor sua reclamação trabalhista no foro em que a empresa tenha agência ou filial, desde que o trabalhador esteja subordinado a ela; ou, (b) em caso de inexistir subordinação à agência ou filial, promoverá sua reclamação onde tenha domicílio ou na localidade mais próxima.

Ademais o § 2º do art. 651 da CLT atribui competência às Varas do Trabalho para processar e julgar lides ocorridas em agência ou filial situada no estrangeiro, desde que o empregado seja brasileiro e não haja convenção internacional em contrário, exigindo-se, em contrapartida, que a empresa tenha sede, filial ou representação no Brasil, pois do contrário, obviamente, haverá total impossibilidade de ajuizamento da ação em solo brasileiro.

Por fim, o § 3º do mesmo artigo determina que, em caso de empresas que promovam atividades fora do lugar da celebração do contrato, o trabalhador poderá ajuizar sua reclamação no local onde o contrato foi celebrado ou onde prestou os serviços. É o caso, por exemplo, de empresas que exercem atividades circenses, dentre outras.

3. PARTES E PROCURADORES

3.1 Partes

O art. 791 da CLT menciona que os empregados e os empregadores poderão reclamar pessoalmente perante a Justiça do Trabalho e acompanhar suas reclamações até o final.

As partes no processo de trabalho de conhecimento são denominadas reclamante (autor/demandante) e reclamada (reú/demandada).

É sabido que, embora vigore o *jus postulandi*, poderão reclamante e reclamada atribuir a alguém a capacidade (postulatória) de agir em seu nome, ou seja, tantos nos dissídios individuais e como nos coletivos, podem ser assistidos por advogado, de acordo com os §§ 1º e 2º do art. 791 da CLT.

3.2 Procuradores

A representação da parte por advogado far-se-á mediante a outorga de poderes pelo instrumento de mandato expresso, via procuração, isto é, exige-se o instrumento de mandato (art. 105 do CPC), podendo constar poderes especiais, os quais não se presumem e devem estar expressos.

Todavia, o art. 791, o § 3º, possibilita a constituição de advogado em audiência, a requerimento do advogado e com a anuência da parte interessada: "A constituição de procurador com poderes para o foro em geral poderá ser efetivada, mediante simples registro em ata de audiência, a requerimento verbal do advogado interessado, com anuência da parte representada".

Assim, temos o mandato tácito, que é a conferência de poderes para o foro em geral (*ad iudicia*), o que ocorre pelo simples fato da parte estar acompanhada de advogado (constar na ata) no momento da realização da audiência, o que não se confunde com o mandato *apud acta* (também expresso), que é a outorga de poderes conferidos pelo reclamante ou pela reclamada em audiência, registrando, portanto, seus termos na própria ata de audiência, admitindo a concessão de poderes especiais.

A juntada da ata de audiência, em que consignada a presença do advogado, desde que não estivesse atuando com mandato expresso, torna dispensável a procuração deste, porque demonstrada a existência de mandato tácito. Assim, configurada a existência de mandato tácito fica suprida a irregularidade detectada no mandato expresso. No entanto, é *inválido o substabelecimento de advogado investido de mandato tácito.*

A Súmula 395 do TST assevera que válido é o instrumento de mandato com prazo determinado que contém cláusula estabelecendo a prevalência dos poderes para atuar até o final da demanda (§ 4º do art. 105 do CPC de 2015). Outrossim, se há previsão, no instrumento de mandato, de prazo para sua juntada, o mandato só tem validade se anexado ao processo o respectivo instrumento no aludido prazo. São válidos os atos praticados pelo substabelecido, ainda que não haja, no mandato, poderes expressos para substabelecer (art. 667, e parágrafos, do Código Civil de 2002). Não obstante, configura-se a irregularidade de representação se o substabelecimento é anterior à outorga passada ao substabelecente. Por fim, verificada a irregularidade de representação, nas hipóteses previstas nos itens II e IV da Súmula, deve o juiz suspender o processo e designar prazo razoável para que seja sanado o vício, ainda que em instância recursal (art. 76 do CPC de 2015).

A OJ 319 da SDI-1, do TST, destaca que válidos são os atos praticados por estagiário se, entre o substabelecimento e a interposição do recurso, sobreveio a habilitação do então estagiário para atuar como advogado.

De acordo com a Súmula 456 do TST, é inválido o instrumento de mandato firmado em nome de pessoa jurídica que não contenha, pelo menos, o nome do outorgante e do signatário da procuração, pois estes dados constituem elementos que os individualizam. Se verificada a irregularidade de representação da parte na instância originária, o juiz designará prazo de 5 dias para que seja sanado o vício. Descumprida a determinação, extinguirá o processo, sem resolução de mérito, se a providência couber ao reclamante, ou considerará revel o reclamado, se a providência lhe couber (art. 76, § 1º, do CPC). Caso a irregularidade de representação da parte seja constatada em fase recursal, o relator designará prazo de 5 dias para que seja sanado o vício. Descumprida a determinação, o relator não conhecerá do recurso, se a providência couber ao recorrente, ou determinará o desentranhamento das contrarrazões, se a providência couber ao recorrido (art. 76, § 2º, do CPC).

A OJ 349 da SDI-1 do TST preceitua: "A juntada de nova procuração aos autos, sem ressalva de poderes conferidos ao antigo patrono, implica revogação tácita do mandato anterior".

As pessoas jurídicas de direito público ficam dispensadas de juntar instrumento de mandato, vez que a representação decorre de lei e não de relação contratual, razão pela qual a União, Estados, Municípios e Distrito Federal, suas autarquias e fundações públicas, quando representadas em juízo, ativa e passivamente, por seus procuradores, estão dispensadas da juntada de instrumento de mandato e de comprovação do ato de nomeação, sendo essencial que o signatário ao menos se declare exercente do cargo de procurador, não bastando a indicação do número de inscrição na Ordem dos Advogados do Brasil, na forma da Súmula 436 do TST.

Por fim, estabelece a Súmula 383 do TST que é inadmissível recurso firmado por advogado sem procuração juntada aos autos até o momento da sua interposição, salvo mandato tácito. Em caráter excepcional (art. 104 do CPC), admite-se que o advogado, independentemente de intimação, exiba a procuração no prazo de 5 dias após a interposição do recurso, prorrogável por igual período mediante despacho do juiz. Caso não a exiba, considera-se ineficaz o ato praticado e não se conhece do recurso. Verificada a irregularidade de representação da parte em fase recursal, em procuração ou substabelecimento já constante dos autos, o relator ou o órgão competente para julgamento do recurso designará prazo de 5 dias para que seja sanado o vício. Descumprida a determinação, o relator não conhecerá do recurso, se a providência couber ao recorrente, ou determinará o desentranhamento das contrarrazões, se a providência couber ao recorrido (art. 76, § 2º, do CPC).

4. ATOS, TERMOS, PRAZOS E DESPESAS PROCESSUAIS

4.1. Atos e Termos

Atos jurídicos processuais são acontecimentos voluntários que ocorrem no curso do processo, que dependem de manifestação dos sujeitos/participantes da relação processual, cujo fito é a prolação da decisão final (sentença). Todavia, há fatos processuais (não há contribuição da vontade humana) que influem no tramitar do processo, como é o caso de falecimento de uma das partes, gerando a suspensão do processo, nos termos do art. 313, I, do CPC.

De acordo com o art. 200 do CPC "os atos das partes consistentes em declarações unilaterais ou bilaterais de vontade produzem imediatamente a constituição, modificação ou extinção de direitos processuais". Assim, os atos das partes podem ser unilaterais e bilaterais. Unilaterais, por exemplo, são os postulatórios (pedidos e requerimentos), em que há manifestação de apenas uma das partes, incluindo-se, também, a renúncia a direito. Bilateral é o que depende de ambas as partes, como é o caso da transação.

Os atos processuais são públicos e o horário para sua realização é das 6 às 20 h em dias úteis. A citação e a penhora só podem ser realizadas em domingos ou feriados, ou fora do horário, se expressamente autorizadas pelo juiz (art. 770, parágrafo único, CLT).

Termo processual é a reprodução por elementos gráficos dos atos processuais (princípio da documentação).

Por fim, considerando do art. 783 ao art. 788, as reclamações serão distribuídas entre as Varas do Trabalho ou entre os Juízes de Direito do Cível (no exercício da "jurisdição" trabalhista), na ordem rigorosa de sua apresentação ao distribuidor, quando na localidade houver mais de uma Vara do Trabalho (art. 713, CLT). Em caso de inexistir mais de uma Vara do Trabalho, as reclamações serão apresentadas diretamente na Vara do Trabalho existente na localidade. Logo, se na localidade houver mais de uma Vara do Trabalho haverá, obrigatoriamente, um distribuidor, observando-se o art. 714 da CLT.

4.2. Atos do Juiz

A CLT é omissa quando o assunto é "atos do juiz", de modo que, por compatível, aplicamos o art. 203 do

CPC, o qual denomina quais são os "Pronunciamentos do Juiz". Vejamos:

Os pronunciamentos do juiz consistirão em sentenças, decisões interlocutórias e despachos.

Sentença é o pronunciamento por meio do qual o juiz, com fundamento nos, arts. 485 e 487 do CPC, põe fim à fase cognitiva do procedimento comum, bem como extingue a execução. Este conceito é ressalvado para as disposições expressas dos procedimentos especiais.

A caracterização de uma decisão interlocutória é enquadrada por exceção, já que é todo pronunciamento decisório que não se enquadre na definição de sentença.

Ainda temos os despachos, que são todos os demais pronunciamentos do juiz praticados no processo, de ofício ou a requerimento da parte.

Vale dizer que os atos meramente ordinatórios, como a juntada e a vista obrigatória, independem de despacho, devendo ser praticados de ofício pelo servidor e revistos pelo juiz quando necessário.

Não podemos esquecer que se dá o nome de acórdão o julgamento colegiado (Turmas dos TRT's e do TST, por exemplo) proferido pelos Tribunais.

4.3 Prazos

Prazo processual é o período de tempo dentro do qual alguém deve praticar algum ato, e sua inércia impõe o reconhecimento da preclusão temporal.

A CLT contém quatro dispositivos importantes quanto aos prazos, sem prejuízo de outros, quais sejam: arts. 774, 775, 775-A e 776.

Assim, salvo disposição em contrário, os prazos contam-se, conforme o caso e em regra, a partir da data em que for feita pessoalmente, ou recebida a notificação, daquela em que for publicado o edital no jornal oficial ou no que publicar o expediente da Justiça do Trabalho, ou, ainda, daquela em que for afixado o edital na sede da Junta, Juízo ou Tribunal. Se for notificação postal, no caso de não ser encontrado o destinatário ou no de recusa de recebimento, o Correio ficará obrigado, sob pena de responsabilidade do servidor, a devolvê-la, no prazo de 48 (quarenta e oito) horas, ao Tribunal de origem. Inclusive, a Súmula 16 do TST averba que se presume recebida a notificação 48 (quarenta e oito) horas depois de sua postagem. O seu não recebimento ou a entrega após o decurso desse prazo constitui ônus de prova do destinatário.

Na contagem dos prazos, conforme o art. 775 da CLT, exclui-se o dia do começo, porém inclui-se o dia do vencimento, sendo que só devem ser considerados para fins de contagem os dias úteis.

O decurso dos prazos deverá ser certificado nos autos pelos escrivães ou chefes de secretaria, nos termos do art. 776 do mesmo diploma legal.

Observe que quando a intimação for realizada na sexta-feira, ou a publicação com efeito de intimação tiver ocorrido neste dia (sexta), o prazo judicial será contado a partir da segunda-feira imediata, exceto se não houver expediente, caso em que começara a fluir no dia útil que se seguir (Súmula 1 do TST).

Se a parte for intimada ou notificada no sábado, o início do prazo se dará no primeiro dia útil imediato e a contagem, no subsequente, conforme previsão da Súmula 262, I, do TST.

O prazo para interpor recurso quando a sentença for prolatada em audiência conta-se findo o prazo de 48 horas (art. 851, § 2º, da CLT) para juntada da ata de audiência de julgamento. No entanto, se o juiz exceder o prazo citado, a parte deverá ser intimada (Súmula 30 do TST).

Se parte foi intimada para comparecer em audiência de publicação da sentença, será contado o início do prazo recursal desde a prática do ato, em razão da Súmula 197 do TST: "O prazo para recurso da parte que, intimada, não comparecer à audiência em prosseguimento para a prolação da sentença conta-se de sua publicação".

Destacamos que o art. 1º do Decreto-lei n. 779/69 (recepcionado pela Constituição como lei ordinária) estabelece que a Fazenda Pública tem prazo em dobro para interpor recursos.

O art. 775-A da CLT dispõe que se suspende o curso do prazo processual nos dias compreendidos entre 20 de dezembro e 20 de janeiro, inclusive, o que não prejudica o exercício das atribuições dos juízes, dos membros do MP, da Defensoria Pública, da Advocacia Pública e dos auxiliares da Justiça, ressalvadas as férias individuais e feriados definidos em lei. Por fim, durante a suspensão do prazo, não se realizarão audiências nem sessões de julgamento.

4.3.1 Suspensão e Interrupção dos Prazos

Na suspensão dos prazos ocorre a paralisação na sua contagem de forma temporária ou a postergação do início da contagem, voltando sua contagem de onde parou ou terá início a contagem, quando encerrada a causa que determinou a suspensão da contagem. É o caso, por exemplo, do recesso forense e as férias coletivas dos Ministros do TST, nos termos da Súmula 262, II, do TST.

A interrupção, por outro lado, impõe o reinício integral na contagem do prazo, ou seja, inicia-se sua contagem novamente do zero. Um bom exemplo é a oposição de embargos de declaração, que como regra geral interrompe o prazo para a interposição de recursos por quaisquer das partes, nos moldes do § 3º do art. 897-A da CLT.

4.3.2 Preclusão

É um fenômeno endoprocessual, sendo definida como a perda da faculdade de praticar um ato processual.

Há preclusão lógica quando a parte pretende praticar um ato incompatível com outro já praticado anteriormente. Assim, conforme art. 1.000 do CPC, a parte que aceitar expressa ou tacitamente a decisão não poderá recorrer.

A preclusão temporal se forma pelo decurso do tempo sem a prática do ato que competia à parte. Logo, se o prazo para interpor o recurso ordinário é de 8 dias, caso o faça no 10º dia, haverá preclusão.

Temos ainda a preclusão consumativa, a qual se origina em razão de já ter sido realizado o ato, de modo que não pode ser novamente praticado. Se o recurso de revista for interposto no 5º dia do prazo recursal, não poderá ser interposto novamente, mesmo restando 3 dias.

Citamos ainda a preclusão *pro judicato*, que é a impossibilidade de o magistrado rever decisões já proferidas, ou ainda, de proferir novas decisões que sejam incompatíveis com as anteriores. Entretanto, o art. 494 do CPC dispõe que uma vez publicada a sentença, o juiz não mais poderá alterá-la, exceto se para corrigir, de ofício ou a requerimento da parte, inexatidões materiais ou erros de cálculo, ou ainda, por meio de embargos de declaração.

PRINCIPAIS PRAZOS NO PROCESSO DO TRABALHO

ATO	PRAZO
Notificação para a audiência inicial	48 horas
Prazo entre notificação inicial e audiência	5 dias
Prazo de recursos (ordinário, revista, agravos de insturmento e petição, embargos no TST)	8 dias, salvo os casos de prazos em dobro.
Prazo para oferecimento de defesa	20 minutos em audiência (oral) ou até a audiência (escrita)
Oferta de exceção de incompetência territorial	5 dias úteis a contar do recebimento da notificação.
Razões Finais	10 minutos para cada parte
Garantia voluntária da execução	48 horas
Embargos à execução	5 dias a contar da garantia ou penhora
Embargos de Declaração	5 dias, salvo quando em dobro.
Para ajuizar a ação trabalhista	2 anos após a extinção do contrato de trabalho
Redução a termo da reclamação verbal	5 dias
Impugnação à liquidação	8 dias
Embargos à execução Fazenda Pública	30 dias
Ação rescisóiria	2 anos, em regra.
Mandado de Segurança	120 dias
Inquérito para apuração de falta grave	30 dias da suspensão do empregado

5 DESPESAS PROCESSUAIS: CUSTAS, HONORÁRIOS DE SUCUMBÊNCIA E HONORÁRIOS PERICIAIS

5.1. Custas

Em regra, são pagas ao final pelo vencido. No entanto, em caso de interposição de recurso, deverá haver o pagamento antecipado (dentro do prazo recursal – § 1º do art. 789 da CLT).

Nos termos do art. 789 da CLT, tanto nos dissídios individuais quanto nos coletivos, as custas no processo de conhecimento incidem à base de 2%, com o mínimo de R$ 10,64, independentemente se o dissídio tramita perante a Justiça do Trabalho ou comum (quando o juiz estadual estiver investido na "jurisdição" trabalhista), e com o máximo de quatro vezes o limite máximo dos benefícios do Regime Geral de Previdência Social, sendo calculadas de acordo com as seguintes regras:

a) Nos dissídios individuais, havendo acordo, salvo o que for convencionado em sentido contrário, as custas serão pagas em partes iguais pelos litigantes, isto é, divididas igualmente, sobre o valor do acordo.

b) Na hipótese de condenação (procedência total ou parcial do pedido), as custas serão pagas pelo vencido, sobre o respectivo valor da condenação.

Quando se tratar de empregado que não tenha obtido o benefício da justiça gratuita, havendo patrocínio jurídico do sindicato, este responderá solidariamente pelo pagamento das custas (§ 1º do art. 789, CLT).

O § 4º do art. 789 da CLT prevê: "Nos dissídios coletivos, as partes vencidas responderão solidariamente pelo pagamento das custas, calculadas sobre o valor arbitrado na decisão, ou pelo Presidente do Tribunal".

c) sendo o valor indeterminado, as custas serão calculadas sobre o montante que o juiz fixar;

d) sendo ilíquida a condenação, o juiz arbitrar-lhe-á um valor e sobre este incidirá as custas;

e) no caso de não resolução do mérito ou quando for julgado totalmente improcedente o pedido, as custas serão fixadas sobre o valor da causa, sendo seu pagamento de responsabilidade do reclamante, salvo se delas ficar isento;

f) no caso de procedência do pedido formulado em ação declaratória ou constitutiva, as custas serão calculadas sobre o valor da causa.

No processo de execução são devidas custas, sempre de responsabilidade do executado e pagas somente ao final do processo, seguindo-se os valores estabelecidos no art. 789-A da CLT.

Com base na Súmula 25 do TST, afirmamos que a parte vencedora na primeira instância, se vencida na segunda, está obrigada, independentemente de intimação, a pagar as custas fixadas na sentença originária, das quais ficara isenta a parte então vencida. No caso de inversão do ônus da sucumbência em segundo grau, sem acréscimo ou atualização do valor das custas e se estas já foram devidamente recolhidas, descabe um novo pagamento pela parte vencida, ao recorrer. Deverá ao final, se sucumbente, reembolsar a quantia. Não caracteriza deserção a hipótese em que, acrescido o valor da condenação, não houve fixação ou cálculo do valor devido a título de custas e tampouco intimação da parte para o preparo do recurso, devendo ser as custas pagas ao final. O reembolso das custas à parte vencedora faz-se necessário mesmo na hipótese em que a parte vencida for pessoa isenta do seu pagamento, nos termos do art. 790-A, parágrafo único, da CLT.

A Súmula 36 do TST estabelece que, nas ações plúrimas, as custas incidem sobre o respectivo valor global.

O prazo para pagamento das custas, no caso de recurso, é contado da intimação do cálculo (Súmula 53, TST).

Nos termos da Súmula 86 do TST, não ocorre deserção de recurso da massa falida por falta de pagamento de custas ou de depósito do valor da condenação. Esse privilégio, todavia, não se aplica à empresa em liquidação extrajudicial e, considerando a Súmula 170 do TST, os privilégios e isenções no foro da Justiça do Trabalho não abrangem as sociedades de economia mista.

5.2. Honorários de Sucumbência

Com relação aos honorários advocatícios de sucumbência, o art. 6º da IN n. 41/2018 do TST aduz que se a ação trabalhista foi distribuída antes de a Reforma Trabalhista entrar em vigor (vigência a partir de 11-11-17) e a lide for decorrente da relação de emprego, a condenação em honorários advocatícios, em regra, não decorre da mera sucumbência, sendo estritamente necessário que o reclamante seja beneficiário da gratuidade de justiça e esteja assistido pelo sindicato da categoria, aplicando-se as Súmulas 219 e 329 do TST e o art. 14, da Lei n. 5.584/70.

Contudo, se a ação trabalhista foi ajuizada a partir de 11-11-17, data de entrada em vigor da Lei n. 13.467/2017, aplica-se o art. 791-A, CLT, de modo que ao advogado, ainda que atue em causa própria, serão devidos honorários de sucumbência, fixados entre o mínimo de 5% (cinco por cento) e o máximo de 15% (quinze por cento) sobre o valor que resultar da liquidação da sentença, do proveito econômico obtido ou, não sendo possível mensurá-lo, sobre o valor atualizado da causa, sendo os honorários devidos, também, nas ações contra a Fazenda Pública e nas ações em que a parte estiver assistida ou substituída pelo sindicato de sua categoria. No mesmo sentido, são devidos honorários de sucumbência na reconvenção.

Ao fixar os honorários, o juízo observará: I – o grau de zelo do profissional; II – o lugar de prestação do serviço; III – a natureza e a importância da causa; IV – o trabalho realizado pelo advogado e o tempo exigido para o seu serviço.

Note que na hipótese de procedência parcial, o juízo arbitrará honorários de sucumbência recíproca, vedada a compensação entre os honorários, ou seja, cada uma das partes deverá custear os honorários de sucumbência devido ao advogado da parte contrária, sem que haja uma diminuição para os advogados.

No entanto, vencido o beneficiário da justiça gratuita, desde que não tenha obtido em juízo, ainda que em outro processo, créditos capazes de suportar a despesa, as obrigações decorrentes de sua sucumbência ficarão sob condição suspensiva de exigibilidade e somente poderão ser executadas se, nos dois anos subsequentes ao trânsito em julgado da decisão que as certificou, o credor demonstrar que deixou de existir a situação de insuficiência de recursos que justificou a concessão de gratuidade, extinguindo-se, passado esse prazo, tais obrigações do beneficiário.

5.3. Honorários Periciais

O art. 790-B da CLT determina que o pagamento dos honorários do perito será responsabilidade da parte sucumbente na pretensão objeto da perícia (e não na demanda), ainda que beneficiária da gratuidade de justiça.

Assim, o pagamento é de responsabilidade da parte que sucumbe na pretensão objeto da perícia, de modo que o magistrado trabalhista não está autorizado a determinar o pagamento antecipado quando o autor da ação trabalhista pleitear, por exemplo, adicional de insalubridade ou periculosidade, haja vista que só com o proferir da sentença é que se saberá quem é a parte sucumbe na pretensão.

O § 3º do artigo em comento determina que é vedado ao juiz exigir adiantamento de valores para realização de perícias.

Caso o juiz do trabalho determine o pagamento antecipado, estará proferindo uma decisão interlocutória, impugnável, por ferir direito líquido e certo (produção da prova sem o pagamento antecipado dos honorários periciais), por mandado de segurança, haja vista que **é ilegal a exigência do referido depósito para custeio dos honorários periciais**, dada a incompatibilidade com o processo do trabalho, como se extrai da OJ 98 da SDI-2 do TST.

O § 4º do art. 790-B determina que "somente no caso em que o beneficiário da justiça gratuita não tenha obtido em juízo créditos capazes de suportar a despesa referida no *caput*, ainda que em outro processo, a União responderá pelo encargo", ou seja, a União só pagará em última hipótese.

Por fim, a responsabilidade pelo pagamento dos honorários do perito assistente é da parte que o indicou (o que independe da relação posta em juízo), vez que se trata de mera faculdade, ainda que a parte que o indicou seja vencedora, o que se afirma com base na Súmula 341 do TST.

5.4 Gratuidade de Justiça, Assistência Judiciária e Isenções

Nos termos do § 3º do art. 790 da CLT, é facultado aos juízes, órgãos julgadores e presidentes dos tribunais do trabalho de qualquer instância conceder, a requerimento ou de ofício, o benefício da justiça gratuita, inclusive quanto a traslados e instrumentos, àqueles que perceberem salário igual ou inferior a 40% (quarenta por cento) do limite máximo dos benefícios do Regime Geral de Previdência Social.

Não obstante, ainda que não receba o valor citado, o benefício da justiça gratuita será concedido à parte que comprovar insuficiência de recursos para o pagamento das custas do processo.

A Súmula 463 do TST estabelece que a partir de 26.06.2017, para a concessão da assistência judiciária gratuita à pessoa natural, basta a declaração de hipossuficiência econômica firmada pela parte ou por seu advogado, desde que munido de procuração com poderes específicos para esse fim (art. 105 do CPC de 2015). Ademais, no caso de pessoa jurídica, não basta a mera declaração: é necessária a demonstração cabal de impossibilidade de a parte arcar com as despesas do processo.

A gratuidade pode ser requerida em qualquer tempo e grau de jurisdição, desde que, na fase recursal, seja realizado o requerimento no prazo alusivo ao recurso, como autoriza a OJ 269 da SDI-1 do TST.

Não podemos confundir gratuidade de justiça com assistência judiciária, vez que no âmbito da Justiça do Trabalho, a assistência judiciária é prestada pelo sindicato da categoria profissional a que pertencer o trabalhador, sendo devida àquele que receber salário igual ou inferior ao dobro do mínimo legal, bem como aquele que receba além desse limite, mas que comprove que sua situação econômica lhe impede demandar em juízo sem prejuízo próprio ou de sua família, como se extrai do art. 14 da Lei n. 5.584/70.

O art. 790-A da CLT, por outro lado, isenta de custas além dos beneficiários da justiça gratuita, a União, o Distrito Federal, os Estados, os Municípios, as autarquias, as fundações públicas que não explorem atividade econômica e o Ministério Público do Trabalho, o que também se aplica, por exemplo, às empresas públicas que não atuam no regime concorrencial, como já reiteradamente decidiu o Supremo Tribunal Federal, vez que não atuam no seguimento de atividade econômica, pelo contrário, prestam serviços de caráter público para atender a coletividade.

No entanto, esta isenção de custas não alforria as entidades citadas (União, Estados, Distrito Federal, Municípios, autarquias e fundações públicas que não explorem atividade econômica), com exceção do Ministério Público do Trabalho, de reembolsar as despesas judiciais realizadas pela parte vencedora, como se infere do parágrafo único do preceptivo citado e, além disso, não isenta as entidades fiscalizadoras do exercício profissional de pagar as despesas processuais cabíveis, tais como Ordem dos Advogados do Brasil, Conselho Regional de Odontologia, Conselho Regional de Medicina, Conselho Regional de Contabilidade etc.

Vale dizer que o § 2º do art. 844 determina o pagamento de custas em caso de arquivamento da ação por ausência do reclamante, salvo de comprovar em 15 dias o motivo da ausência, ainda que seja beneficiária da gratuidade de justiça.

6. NULIDADES

6.1 Conceito e Classificação

No processo do trabalho, temos do art. 794 ao art. 798 da CLT.

A nulidade deve ser compreendida como a possibilidade do ato não produzir efeitos ou ter seus efeitos desconstituídos. Com efeito, trata-se de sanção pela qual a norma jurídica resta por retirar de um ato jurídico processual seus efeitos, particularmente quando sua realização não se dá de acordo com a norma jurídica incidente.

Embora vigore o princípio da instrumentalidade das formas (art. 188, parte final, CPC), a inobservância da forma prevista em lei pode acarretar a invalidade do ato processual, a despeito da violação às regras sobre o modo, tempo e lugar, inerentes a prática dos mesmos.

A doutrina classifica os vícios dos atos processuais em atos inexistentes, invalidades (nulidades absolutas ou relativas) ou atos com meras irregularidades.

a) Inexistência: o ato processual contém vício de extrema gravidade que não pode ser considerado, tendo como consequência a impossibilidade de produzir qualquer efeito jurídico. Depende de declaração judicial e não pode ser sanado.

Exemplo: se a parte interpõe recurso sem estar devidamente subscrita na petição de interposição ou de razões, o ato será considerado inexistente, e, portanto, não será admitido o recurso, nos termos da Orientação Jurisprudencial n. 120 da SDI-1 do TST item I.

b) Invalidades: nesse caso os vícios são verificados no plano da validade do ato praticado, impondo o estudo das nulidades relativas e absolutas.

Quando houver violação à forma legal que visa resguardar interesse de ordem pública, estaremos diante de nulidades absolutas. Por outro lado, se a forma busca tão somente preservar os interesses das próprias partes envolvidas no litígio, a sua violação importa nulidade relativa.

As nulidades dos atos processuais podem ser, então, absolutas ou relativas, sendo nulos (nulidade absoluta – insanáveis) os atos que venham a ser praticados com violação as normas de ordem pública, não estando sujeitos a preclusão, e podem ser declaradas de ofício pelo magistrado, inclusive pelos tribunais (exigindo-se, porém, prequestionamento em sede de recursos de natureza extraordinária, como é o caso do Recurso de Revista), a qualquer tempo e grau de jurisdição. As nulidades relativas (anulabilidades – sanáveis) decorrem daqueles atos que, quando praticados, não violam normas de ordem pública e dependem da iniciativa da parte, sendo vedado ao magistrado reconhecer de ofício.

c) Irregularidades: são vícios não tão graves, não gerando anulação, podendo até mesmo sofrer correção de ofício pelo magistrado ou a requerimento da parte ou do Ministério Público. É o caso, por exemplo, de numeração incorreta das folhas dos autos.

6.2 Princípios das Nulidades

a) Instrumentalidade das formas ou finalidade

Com espeque no art. 188 do CPC, pode-se dizer que os atos e termos processuais não dependem de forma determinada (liberdade das formas), exceto quando a lei expressamente a exigir, sendo reputados válidos os que forem realizados de outra forma, desde que alcancem a sua finalidade, ou seja, este princípio significa, em apertada síntese, que se a lei prescrever determinada forma para o ato, sem cominar nulidade, o juiz considerará válido o ato que, mesmo produzido de outra forma, tenha alcançado seu objetivo.

A intenção é conservar os atos processuais praticados de forma diversa da prescrita em lei, desde que sua finalidade se verifique e produzam os efeitos colimados pela norma, privilegiando mais o conteúdo do que a forma propriamente dita.

b) Prejuízo ou transcendência

Não haverá nulidade sem prejuízo às partes interessadas, considerando que o prejuízo seja exclusivamente processual.

O legislador brasileiro foi influenciado pelo sistema francês (*pas de nulité san grief*), como se percebe pelo art. 794 da CLT: "Nos processos sujeitos à apreciação da Justiça do Trabalho só haverá nulidade quando resultar dos atos inquinados manifesto prejuízo às partes litigantes".

Ademais, o art. 282, § 2º, do CPC prevê que, quando for possível decidir o mérito a favor da parte a quem aproveite a decretação da nulidade, o juiz não a pronunciará nem mandará repetir o ato ou suprir-lhe a falta.

Desta forma, se o reclamado interpõe recurso ordinário, visando à modificação da sentença que lhe foi desfavorável e não for concedido prazo para contrarrazões, em total violação ao art. 900 da CLT, caso o recurso seja improvido, não pode o recorrido alegar nulidade em razão de não ter falado sobre o recurso ordinário, já que não houve prejuízo para ele, vez que não houve mudança da sentença.

c) Convalidação ou preclusão

Prevê o art. 795, *caput*, da CLT: "As nulidades não serão declaradas senão mediante provocação das partes, as quais deverão argui-las à primeira vez que tiverem de falar nos autos ou em audiência".

Assim, se houver o indeferimento pelo magistrado de depoimento pessoal do reclamado requerido pelo autor, deve requerer que conste em ata seus protestos pelo indeferimento, mas se não o fez e, ao final, o pedido é julgado improcedente, não poderá em sede de recurso ordinário suscitar preliminar de nulidade por cerceamento do direito de defesa, em razão do indeferimento do depoimento, vez que terá havido a preclusão pela ausência do registro do protesto. Essa a posição majoritária na doutrina e em sede de jurisprudência.

Como a audiência no processo do trabalho é UNA, o entendimento é que a parte poderá arguir as nulidades ocorridas durante o ato até as razões finais.

d) Interesse ou Interesse de Agir

Estabelecido no art. 796, *b*, da CLT, significa que a nulidade não poderá ser conhecida, se arguida pela parte que lhe deu causa. Terá interesse de requerer a declaração da nulidade, portanto, a parte que foi prejudicada e que não tenha dado causa à mesma (ninguém pode se beneficiar da própria torpeza).

Este princípio se aplica em sede de nulidades relativas, pois quando for caso de nulidade absoluta o magistrado deve pronunciá-la de ofício, independentemente de quem lhe deu causa ou quem a alegou.

e) Utilidade ou aproveitamento dos atos processuais praticados

Também denominado causalidade, concatenação ou interdependência dos atos processuais, sustenta que devem ser aproveitados todos os atos posteriores àquele notadamente nulo, desde que não sofram reflexos das nulidades porventura existentes, conforme art. 798 da CLT: "A nulidade do ato não prejudicará senão os posteriores que dele dependam ou sejam consequência".

Desta forma, a pronúncia de uma nulidade não atinge todos os atos posteriores, permanecendo válidos os atos independentes, de modo que o juiz ou tribunal, ao pronunciar a nulidade, irá declarar os atos a que ela se estende, exatamente para que sejam aproveitados os atos independentes.

f) Renovação dos atos processuais viciados ou saneamento das nulidades (economia processual)

Visa ao aproveitamento máximo da relação jurídica processual, possibilitando à renovação dos atos que contém defeitos capazes de gerar nulidade. É o que determina o art. 796, *a*, da CLT: "A nulidade não será pronunciada: a) quando for possível suprir-se a falta ou repetir-se o ato".

Exemplo: o juiz intima as partes para que compareçam em audiência visando à última tentativa de conciliação, vez que o magistrado, após as razões finas em audiência, não oportunizou às partes essa possibilidade e, ao ler os autos antes de proferir a sentença, constatou a ausência dessa oportunidade nos termos do art. 850 da CLT, parte final.

7. PETIÇÃO INICIAL

A ação é um direito público, subjetivo, autônomo e abstrato, distinto e independente do direito material violado ou invocado, o qual é materializado com a petição inicial (ou, reclamação trabalhista – art. 840, CLT).

No processo laboral temos as ações individuais (dissídios individuais) que são estabelecidas em decorrência de uma lide entre reclamante e reclamada (pode haver litisconsórcio ou ação plúrima – art. 842 da CLT), cujas partes são consideradas individualmente, e os dissídios coletivos, quando envolvem os sindicatos.

7.1 Requisitos legais

Dispõe o art. 840 da CLT que "a reclamação poderá ser escrita ou verbal".

Se a reclamação for verbal, primeiro será distribuída, ou seja, encaminhada à Vara do Trabalho via bilhete de distribuição, devendo o reclamante comparecer em juízo no prazo de 5 dias para reduzi-la a termo, salvo motivo de força maior. O § 2º do art. 840 determina que ela será reduzida a termo, em duas vias datadas e assinadas pelo escrivão ou chefe de secretaria, observando, no que forem cabíveis, os requisitos da reclamação escrita.

No § 1º do artigo retro é previsto que se a reclamação for escrita deverá conter a designação do juízo, a qualificação das partes, a breve exposição dos fatos de que resulte o dissídio, o pedido, que deverá ser certo, determinado e com indicação de seu valor, a data e a assinatura do reclamante ou de seu representante.

Outrossim, sobre os pedidos serem certos e determinados, e, ainda, ter indicação de valor, deve ser observado que se o não cumprimento destes requisitos for no procedimento sumaríssimo, haverá a extinção do processo e condenação do autor no pagamento das custas, estas sobre o valor da causa. No procedimento ordinário, haverá a extinção do pedido, apenas, consoante § 3º do art. 840, CLT.

Ademais, indicação de valor, como quer o § 1º do art. 840 da CLT, não é liquidação dos pedidos e apresentação de planilha de cálculo, pois esta interpretação afasta o cidadão do Judiciário, o que vai de encontro com o inciso XXXV do art. 5º da CF/88.

O que o legislador quer (*mens legis*) é a mera estimativa, algo aproximado, e a jurisprudência começa a tecer comentários, em suas decisões, sobre isso. Claro, sem prejuízo da previsão contida no § 2º do art. 12 da IN n. 41 do TST, a qual determina que o valor da causa será por estimativa. Ora, se o valor da causa deve corresponder ao somatório dos pedidos, então os pedidos são apresentados por estimativa.

7.2 Indeferimento

Caso o vício da petição inicial seja insuperável, insanável, o magistrado deverá indeferir a petição, acarretando o proferir de sentença sem análise do mérito (sentença anômala).

O art. 330 do digesto processual civil dispõe nesse sentido, *in verbis*:

CPC, art. 330. A petição inicial será indeferida quando: I – for inepta; II – a parte for manifestamente ilegítima; III – o autor carecer de interesse processual; IV – não atendidas as prescrições dos arts. 106 e 321. Parágrafo único. Considera-se inepta a petição inicial quando: I – lhe faltar pedido ou causa de pedir; II – o pedido for indeterminado, ressalvadas as hipóteses legais em que se permite o pedido genérico; III – da narração dos fatos não decorrer logicamente a conclusão; IV – contiver pedidos incompatíveis entre si.

Todavia, como o magistrado geralmente só tem contato com a petição inicial na audiência, é de difícil aplicação no processo do trabalho o indeferimento antes da audiência (caso em que a reclamada já fora notificada), sendo certo que, só se pode falar em indeferimento de plano quando o vício for insanável.

Saliente-se que a decisão que indefere a petição inicial trabalhista é uma sentença terminativa que não analisa o mérito (art. 485, I, CPC), a qual desafia recurso ordinário. Caso haja a interposição do recurso, o juiz poderá reconsiderar sua decisão em 5 dias (§ 7º, art. 485, CPC), nos moldes do art. 331 do CPC, aplicado subsidiariamente, vez que não há incompatibilidade com o processo do trabalho.

7.3 Emenda e Aditamento da petição inicial

De início cabe dizer que emenda e aditamento são figuras bem distintas. A primeira quer dizer remendar, concertar algo, o que significa dizer que há emenda à petição inicial quando esta contém vício ou defeito processual, enquanto que aditamento é adicionar algo, isto é, haverá alteração do pedido ou da causa de pedir.

O CPC dispõe no art. 329, inciso I do CPC que o autor poderá até a citação, aditar ou alterar o pedido ou a causa de pedir, independentemente de consentimento do réu, ou seja, não há necessidade de aquiescência do reclamado, vez que a coisa ainda não se tornou litigiosa.

No entanto, uma vez realizada a citação, o CPC veda a alteração do pedido ou da causa de pedir sem o consentimento do réu, o que só será permitido até o saneamento do processo, nos termos do art. 329, II, já que o autor poderá até o saneamento do processo, aditar ou alterar o pedido e a causa de pedir, com consentimento do réu, assegurado o contraditório mediante a possibilidade de manifestação deste no prazo mínimo de 15 dias, facultado o requerimento de prova suplementar.

Nos domínios do processo do trabalho, como o juiz não verifica se a petição preenche ou não os requisitos legais, como regra, antes da audiência, até o momento do protocolo (recebimento) da contestação, é permitida a alteração do pedido ou da causa de pedir, ou de ambos, o que independe da concordância do reclamado (há quem entenda ser preciso a aquiescência da reclamada).

Contudo, uma vez apresentada (recebida pelo juiz) à contestação pelo réu, à alteração do pedido ou da causa de pedir ou a desistência do processo, só será permitida com a concordância do reclamado, tendo em vista a previsão do § 3º do art. 841 da CLT, inserido pela Lei n. 13.467/2017 (Reforma Trabalhista), podendo o juiz de ofício, se for o caso, antes de ofertada a contestação, determinar a emenda da petição inicial.

Em ambos os casos, o juiz deverá designar uma nova data para a audiência, respeitando-se, assim, os princípios constitucionais do contraditório e da ampla defesa.

No que tange ao emendar da petição inicial, o juiz quando verificar que a mesma contém algum vício sanável, suprível, deve intimar o reclamante para que proceda com a emenda a complete a inicial, no prazo de 15 dias antes de ser indeferida a vestibular, nos termos da Súmula 263, TST:

> "Salvo nas hipóteses do art. 330 do CPC de 2015 (art. 295 do CPC de 1973), o indeferimento da petição inicial, por encontrar-se desacompanhada de documento indispensável à propositura da ação ou não preencher outro requisito legal, somente é cabível se, após intimada para suprir a irregularidade em 15 dias, mediante indicação precisa do que deve ser corrigido ou completado, a parte não o fizer (art. 321 do CPC de 2015)."

Entrementes, o art. 787 da CLT determina que a petição inicial deve estar acompanhada dos documentos em que se fundar e, no mesmo sentido, é o art. 320 do CPC, que vaticina ser obrigatória a instrução da exordial com os documentos indispensáveis a sua propositura, de sorte que, quando não for a petição inicial instruída com os documentos tidos por indispensáveis, também deve o juiz determinar o saneamento, conforme art. 321 do CPC.

7.4 Tutela Provisória de Urgência de Natureza Antecipatória

A Consolidação das Leis do Trabalho apenas faz menção a liminar no art. 659, incisos IX e X, prevendo que é atribuição do magistrado conceder medida liminar, até decisão final do processo em reclamações trabalhistas que visem a tornar sem efeito a transferência disciplinada pelos parágrafos do art. 469 da norma laboral e, também, conceder liminar, até decisão final do processo, em reclamações trabalhistas que visem a reintegrar no emprego dirigente sindical afastado, suspenso ou dispensado pelo empregador.

Como a CLT nada dispõe acerca da tutela provisória e por ser totalmente compatível com o processo do trabalho, aplicamos o art. 294 e seguintes do CPC, de modo que a tutela provisória pode ter como fundamento urgência ou evidência, sendo que a tutela de urgência pode ser de natureza cautelar ou antecipatória.

Vamos focar agora na tutela antecipada, que nada mais é que o deferimento da pretensão do autor (reclamante) antes da formação do título executivo, desde que preenchidos os requisitos legais, de modo que pode ser entendida como a permissão àquele que a requer de obter de imediato um benefício que só seria possível com a prolação da sentença, satisfazendo de forma provisória (pode ser revogada) a pretensão do postulante, tendo natureza satisfativa.

No processo do trabalho é muito comum a concessão de tutela provisória de natureza antecipada, seja inerente às obrigações de fazer, não fazer e entrega de coisa. Assim, se um empregado é demitido sem justa causa, com documento comprobatório do aviso prévio em mãos, sem que lhe sejam entregues os documentos hábeis para levantamento do FGTS e as guias pertinentes para recebimento do seguro-desemprego ou baixa na CTPS ou comunicado aos órgãos competentes, poderá ajuizar ação trabalhista com pedido de tutela provisória antecipada visando à expedição de ofício para o seguro-desemprego (caso preencha os requisitos legais), bem como expedição de alvará para a Caixa Econômica Federal visando à liberação do saldo na conta no FGTS.

8. PROCEDIMENTOS

Inicialmente, é de bom alvitre observar o art. 841 da CLT, o qual versa sobre a notificação citatória, aduzindo que "recebida e protocolada a reclamação, o escrivão ou secretário, dentro de 48 (quarenta e oito) horas, remeterá a segunda via da petição, ou do termo, ao reclamado, notificando-o ao mesmo tempo, para comparecer à audiência do julgamento, que será a primeira desimpedida, depois de 5 (cinco) dias". Há na Súmula 16 previsão sobre a presunção de recebimento.

A notificação será feita em registro postal com franquia. Se o reclamado criar embaraços ao seu recebimento ou não for encontrado, far-se-á a notificação por edital, inserto no jornal oficial ou no que publicar o expediente forense, ou, na falta, afixado na sede da Vara.

Quando a parte no dissídio for a Administração Pública Direta (União, Estados, Distrito Federal ou Municípios), suas entidades autárquicas e fundacionais, o prazo para designação de audiência será de 20 dias, uma vez que o Decreto-lei n. 779/69 estabelece no art. 1º, inciso II, que é uma das prerrogativas daqueles entes "o quádruplo do prazo fixado no artigo 841, *in fine*, da Consolidação das Leis do Trabalho."

Cabe ressaltar que a notificação citatória (citação inicial) não precisa ser pessoal, de modo que pode ser entregue ao caseiro, porteiro, administrador dentre outros, não se exigindo, desta forma, poderes para seu recebimento.

Outrossim, a Fazenda Pública não precisa ser citada por mandado, bastando o envio da notificação postal. No entanto, há quem defenda que a citação, neste caso, deva ser por oficial de justiça, aplicando-se o art. 247, III, do CPC.

8.1 Procedimento Sumário

Fora instituído pela Lei n. 5.584/70, também conhecido como "dissídio de alçada" ou "dissídio de alçada exclusivo das Varas", tendo por objetivo empregar mais celeridade as demandas trabalhistas cujo valor seja de até 2 (dois) salários mínimos.

A lei em tela dispõe em seu art. 2º e §§ 3º e 4º:

> "Art. 2º. Nos dissídios individuais, proposta a conciliação, e não havendo acordo, o Presidente da Junta ou juiz, antes de passar à instrução da causa, fixar-lhe-á o valor para determinação da alçada, se este for indeterminado no pedido. § 3º. Quando o valor fixado para a causa, na forma deste artigo, não exceder de 2 (duas) vezes o salário mínimo vigente na sede do juízo, será dispensável o resumo dos depoimentos, devendo constar da Ata a conclusão da Junta quanto à matéria de fato. § 4º. Salvo se versarem sobre matéria constitucional, nenhum recurso caberá das sentenças proferidas nos dissídios de alçada a que se refere o parágrafo anterior, considerando, para esse fim, o valor do salário mínimo à data do ajuizamento da ação".

Observe que a previsão contida no § 3º da Lei n. 5.584/70 acima transcrito tem preceptivo similar na CLT, conforme se extrai do §1º do art. 851, *in verbis*: "Nos processos de exclusiva alçada das Varas, será dispensável, a juízo do presidente, o resumo dos depoimentos, devendo constar da ata a conclusão do Tribunal quanto à matéria de fato".

Por fim, cabe ressaltar que no procedimento sumário o sistema recursal é restritivo, vez que só caberá recurso se houver violação a matéria constitucional. Defende-se o cabimento dos recursos (não apenas o extraordinário de forma direta para o STF), de forma sucessiva, de modo que caberia Recurso Ordinário, Revista, desde que, em qualquer caso, a matéria seja constitucional, consoante art. 2º, § 4º, da Lei n. 5.584/70.

8.2 Procedimento Sumaríssimo

Previsto na CLT do art. 852-A ao art. 852-I, deve ser observado nos dissídios individuais cujo valor, na data do ajuizamento da ação, não seja superior a 40 (quarenta) salários mínimos.

Estão excluídas desse procedimento a Administração Pública Direta, autárquica e fundacional, ainda que sejam demandadas para responder subsidiariamente.

O pedido deve ser certo ou determinado e indicar o valor correspondente, devendo ainda o reclamante indicar o endereço correto da reclamada, não se admitindo, por sua vez, a citação por edital. O não atendimento desses requisitos importa extinção do feito sem resolução do mérito e a condenação do autor nas custas do processo, que serão calculadas sobre o valor da causa.

A apreciação da reclamação trabalhista deve ocorrer no prazo máximo de 15 dias do ajuizamento e, se necessário, poderá constar de pauta especial de acordo com o movimento judiciário da Vara do Trabalho.

É dever das partes e dos advogados comunicar ao juízo as mudanças de endereço que venham a ocorrer no curso do processo, vez que serão reputadas válidas aquelas que forem enviadas para o local anteriormente indicado, caso não tenha havido a comunicação referida.

O art. 852-C da CLT determina que "as demandas sujeitas a rito sumaríssimo serão instruídas e julgadas em audiência única, sob a direção de juiz presidente ou substituto, que poderá ser convocado para atuar simultaneamente com o titular", exigindo-se, portanto, que as audiências sejam unas, salientando-se que todas as provas serão produzidas em audiência, ainda que não requeridas previamente.

É possível que haja a interrupção da audiência, quando então seu prosseguimento e a solução da causa dar-se-ão no prazo máximo de 30 dias, salvo motivo relevante justificado pelo juiz nos autos, consoante prevê o § 7º do art. 852-H da CLT.

O juiz deverá conduzir o processo com ampla liberdade para determinar as provas a serem produzidas, levando em consideração o ônus da prova para cada litigante, podendo inclusive limitar ou excluir aquelas que entender excessivas, impertinentes ou protelatórias, dando valor especial às regras de experiência comum ou técnica.

Aberta a sessão, o juiz deve esclarecer as partes sobre as vantagens da conciliação e usará os meios adequados visando persuadi-los na solução conciliatória do litígio, independentemente da fase da audiência.

Na ata de audiência devem ser registrados resumidamente os atos essenciais, as afirmações fundamentais das partes e as informações úteis à solução da causa trazidas pela prova testemunhal, devendo ainda o juiz decidir de plano todos os incidentes e exceções que possam interferir no prosseguimento da audiência e do processo, sendo as demais decididas na sentença.

Sobre os documentos apresentados por uma das partes a outra deve manifestar-se imediatamente sem interrupção da audiência, exceto se houver absoluta impossibilidade, o que fica a critério do juiz.

É possível produção de prova pericial, quando a prova do fato o exigir ou for legalmente imposta, como ocorre nos pedidos de insalubridade e periculosidade, caso em que ao juiz incumbe de plano fixar o prazo e o objeto da perícia, nomeando o perito e uma vez apresentado o laudo, as partes terão o prazo comum de 5 dias para manifestações.

As testemunhas, no máximo de 2 para cada parte, irão comparecer independentemente de intimação. Porém, as que não comparecerem e a parte comprovar que procedeu o seu convite, serão intimadas e caso reiteram na ausência, o juiz pode determinar sua condução coercitiva, aplicando-se o art. 730 da CLT em caso de não comparecimento injustificado.

A sentença mencionará os elementos de convicção do juízo, com resumo dos fatos relevantes ocorridos em audiência, dispensado o relatório, ou seja, no procedimento sumaríssimo não há nulidade da sentença por ausência de relatório, mas deve constar a fundamentação e o dispositivo, cabendo ao juiz, em cada caso, adotar aquela que reputar mais justa e equânime, atendendo aos fins sociais da lei e as exigências do bem comum, sendo as partes intimadas da sentença na própria audiência em que prolatada.

8.3 Procedimento Ordinário

É o mais usual no processo do trabalho, sendo aplicado nas causas cujo valor supere a 40 salários mínimos, sendo possível o rito ordinário nas causas de valor superior a dois salários mínimos, porém, inferior a 40 salários, quando for parte no dissídio a Administração Pública direta, autárquica ou fundacional, já que os entes de personalidade jurídica de direito público não podem ser demandados ou demandarem pelo rito sumaríssimo.

Há necessidade de pedido certo, determinado e com indicação do valor. Admite a citação por edital.

A audiência é una, como regra geral, conforme arts. 843 e 849 da CLT (concentração dos atos processuais), devendo ser observado o seguinte procedimento: pregão; primeira proposta conciliatória; leitura da petição inicial (quando não for dispensada pelas partes); oferecimento da defesa (prazo de 20 minutos (atualmente escrita e de forma eletrônica pelo PJe-JT); depoimento pessoal das partes; oitiva das testemunhas; razões finais (10 minutos para cada parte); segunda proposta conciliatória e, em sendo rejeitada pelas partes, prolata-se a sentença.

Mesmo na vigência do PJE a defesa ainda pode ser realizada de forma oral, na audiência, no prazo de 20 minutos. Assim, se a reclamada, por equívoco, juntar apenas os documentos no processo e não inserir a contestação, poderá fazê-lo na hora da audiência. Caso o juiz indefira, deverá constar o protesto em face dessa decisão interlocutória.

Se a audiência for dividida em três partes (conciliação ou inicial; instrução e julgamento), teremos o seguinte procedimento: pregão; primeira proposta conciliatória; leitura da petição inicial (quando não for dispensada); oferecimento da defesa; – *adiamento da audiência* – prova pericial (se houver); – nova audiência (audiência de prosseguimento – Súmula 74, TST) – depoimento das partes; oitiva das testemunhas; oitiva de peritos e técnicos se houver; razões finais (dez minutos para cada parte); segunda proposta conciliatória – *adiamento da audiência* – sentença, denominada de audiência de julgamento (o magistrado designa um dia para leitura e publicação ou deixa *sine die* – sem data certa para prolatar a sentença, quando então as partes serão intimadas da decisão).

É de bom grado salientar que, terminado o interrogatório, qualquer das partes pode se retirar, prosseguindo-se a instrução com o seu representante, nos termos do art. 848, § 1º, da CLT.

Considerando que na audiência de julgamento as partes raramente estão presentes, é exatamente da data da publicação da sentença, ou, conforme o caso, da data da juntada aos autos da ata de audiência contendo a decisão, que terá início o prazo para recurso.

8.4 Audiência

8.4.1 Disposições Gerais

Audiência é um ato processual público (em regra), solene e muito importante do processo, em especial no processo do trabalho, no qual o magistrado tem contato direto com as partes, com as testemunhas e, quando necessário, com os peritos e assistentes técnicos (§ 2º do art. 848, CLT).

Esse ato é presidido pelo juiz, que instrui, discute e decide a causa, atendendo, desta forma, os princípios da imediatidade, concentração e publicidade.

Por esta razão, as audiências são públicas, salvo na hipótese de segredo de justiça, como se extrai do art. 813 da CLT combinado com o art. 93, IX da CF/88, e devem ser realizadas em dias úteis entre as 8 e 18 horas, não devendo ultrapassar de 5 horas seguidas, salvo quando houver matéria urgente, podendo haver, quando necessárias, audiências extraordinárias nos termos do § 2º do art. 813.

Considerando o disposto no art. 813 e seguintes, e, no art. 843 e seguintes da CLT, podemos dizer que as audiências são realizadas na sede do juízo. No entanto, em casos especiais, pode ser designado outro lugar para a realização da audiência, mediante edital afixado na sede do Juízo ou Tribunal, com antecedência mínima de 24 (vinte e quatro) horas visando dar ciência aos interessados.

À hora designada para a audiência devem estar presentes, além dos servidores necessários para a realização do ato, o juiz, que pelo art. 815, parágrafo único, tem a tolerância de 15 minutos de atraso. Após esse tempo, podem os presentes (interessados) retirar-se do local, consignando o fato na ata de audiência.

Observe que a tolerância é exclusiva do juiz, não se estendendo as partes ou seus advogados, consoante OJ n. 245 da SDI-1 do TST, "inexiste previsão legal tolerando atraso no horário de comparecimento da parte na audiência".

Cabe advertir que o juiz tem o denominado poder de polícia em audiência, como se infere do art. 816 da norma laboral e art. 360 do CPC, a ele competindo manter a ordem e o decoro em audiência, ordenando que se retirem da sala de audiência os que se comportem inconvenientemente e requisitar, quando necessária for, a força policial.

De acordo com o art. 367, §§ 5º e 6º, do CPC, a audiência poderá ser integralmente gravada em imagem e em áudio, em meio digital ou analógico, desde que assegure o rápido acesso das partes e dos órgãos julgadores, observada a legislação específica. A gravação também pode ser realizada diretamente por qualquer das partes, independentemente de autorização judicial.

8.4.2 Presença das partes e substituição

Na audiência de conciliação, instrução e julgamento (arts. 843 ao 852, CLT) há obrigatoriedade legal de comparecimento pessoal das partes, o que independe da presença dos advogados, exceto nos casos de reclamações plúrimas (dissídios individuais plúrimos – litisconsórcio facultativo) ou nas ações de cumprimento, nas quais os empregados poderão se fazer substituir pelo sindicato, de acordo com o previsto no art. 843 da CLT.

O § 1º do art. 843 autoriza ao empregador se fazer substituir pelo gerente, ou qualquer outro preposto que tenha conhecimento do fato, e cujas declarações obrigarão o preponente. O preposto não precisa conhecer o reclamante, e menos ainda ter trabalhado com ele. Precisa conhecer os fatos, quer pelo empregador ou por terceiros, ou seja, a lei não exige que ele, preposto, tenha vivenciado os fatos. Caso o empregador queira se fazer substituir por preposto, este pode ser qualquer pessoa, vez o § 3º no art. 843 da CLT admite que o preposto não precisa ter vínculo de emprego com o reclamado, o que prejudica a previsão da Súmula 377, TST, que é anterior à reforma trabalhista.

O empregado também pode ser substituído, se por motivo de doença ou qualquer outro motivo poderoso devidamente comprovado não possa comparecer na audiência, por outro empregado da mesma profissão, ou pelo sindicato da categoria, consoante § 2º do art. 843, CLT. O objetivo é apenas evitar o arquivamento da reclamação, não podendo o substituto desistir, confessar, transigir etc., devendo o magistrado designar uma nova audiência com a notificação do reclamante.

8.4.3. Ausência das Partes e Consequências

Dispõe o art. 844 da CLT que "o não comparecimento do reclamante à audiência importa o arquivamento da reclamação, e o não comparecimento do reclamado importa revelia, além de confissão quanto à matéria de fato", porém, em havendo motivo relevante, poderá o juiz suspender a audiência, redesignando-a.

Assim, a ausência do reclamante na audiência inaugural importa no arquivamento do processo, mas nada impede que o autor ajuíze novamente sua ação. Porém, se ajuizar uma nova ação e der causa ao segundo arquivamento, não poderá demandar com o mesmo objeto em face do mesmo empregador pelo prazo de 6 meses (art. 732 da CLT), o que é denominado de perempção trabalhista, aplicável, se igual sorte, na forma do art. 731, CLT. Tal penalidade não é aplicada em caso de desistência homologada pelo magistrado ou qualquer outra causa que leve o juiz a não analisar o mérito, como seria o caso do indeferimento da petição inicial por inépcia.

Na hipótese de ausência do reclamante, este será condenado ao pagamento das custas calculadas na forma do art. 789 da CLT, ainda que beneficiário da justiça gratuita, salvo se comprovar, no prazo de 15 dias, que a ausência ocorreu por motivo legalmente justificável e, ademais, o pagamento das custas é condição para a propositura de nova demanda.

Para todos os efeitos, nos termos da Súmula 268 do TST, a reclamação trabalhista, ainda que arquivada, interrompe a prescrição no que toca aos mesmos pedidos, o que só ocorre uma vez, consoante previsão contida no art. 202 do Código Civil. Outrossim, dispõe o § 3º do art. 11 da CLT que a interrupção da prescrição somente ocorrerá pelo ajuizamento de reclamação trabalhista, mesmo que em juízo incompetente, ainda que venha a ser extinta sem resolução do mérito, produzindo efeitos apenas em relação aos pedidos idênticos.

A ausência do reclamado, por outro lado, importa revelia e confissão quanto a matéria de fato.

Com efeito, a revelia é um estado de fato que decorre da ausência da reclamada, e não da ausência de contestação, ou seja, se faltar à audiência, a reclamada será revel. No entanto, o que o legislador reformista trouxe foi a relativização dos efeitos materiais da revelia (presunção da veracidade dos fatos – *caput* do art. 844, CLT), seja por admitir a juntada de contestação e documentos pelo advogado do revel, desde que aquele compareça na audiência (§ 5º), ou por qualquer uma das hipóteses do § 4º. Vejamos:

> "§ 4º A revelia não produz o efeito mencionado no *caput* deste artigo se:
>
> I – havendo pluralidade de reclamados, algum deles contestar a ação;
>
> II – o litígio versar sobre direitos indisponíveis;
>
> III – a petição inicial não estiver acompanhada de instrumento que a lei considere indispensável à prova do ato;

IV – as alegações de fato formuladas pelo reclamante forem inverossímeis ou estiverem em contradição com prova constante dos autos".

Se o juiz indeferir a juntada da contestação e documentos, mesmo o advogado do réu estando presente, pode gerar cerceamento do direito de defesa (violação ao princípio constitucional da ampla defesa – nexo causal com notório prejuízo), razão pela qual cabe ao advogado requerer que sejam registrados seus protestos pelo indeferimento, na medida em que o ato praticado pelo juiz é nitidamente uma decisão interlocutória e, caso algum prejuízo advenha, poderá em sede de preliminar de recurso ordinário invocar a nulidade.

Se em uma audiência UNA o reclamado não responde ao pregão, mas seu advogado comparece afirmando que já estão protocoladas a contestação e os documentos pertinentes, inclusive procuração e, ao dar a palavra ao advogado do reclamante, este requerer que seja aplicada a revelia em razão da ausência do reclamado e, por conseguinte, o juiz indeferir o recebimento da defesa requerida pelo advogado do réu, caberá a este aduzir que a revelia decorre da ausência da parte, importando confissão quanto à matéria de fato, mas que o magistrado deve receber a defesa e documentos para análise das questões e, caso não o faça, requerer a consignação dos protestos.

No entanto, se a reclamada não comparecer e não mandar advogado, aí o juiz deve aplicar a revelia e, caso exista, determinar a exclusão da contestação e documentos.

Interessante saber que a revelia também se aplica às pessoas jurídicas de direito público, como dispõe a OJ n. 152 da SDI-1 do TST: "Pessoa jurídica de direito público sujeita-se à revelia prevista no artigo 844 da CLT".

Se ambas as partes faltarem, sem motivo justificado, teremos o arquivamento do feito.

8.4.4 Fases e Desenvolvimento

Quando aberta a audiência (presentes as partes), o juiz fará a primeira tentativa de conciliação e, havendo acordo, será lavrado termo assinado pelo juiz e pelas partes, constando o prazo e demais condições para o cumprimento (art. 846 e § 1º, CLT).

Insta averbar que, entre as condições do acordo, poderá ser estabelecida a de ficar a parte que não cumprir o acordo obrigada a satisfazer integralmente o pedido ou pagar uma indenização convencionada, sem prejuízo do cumprimento do acordo (§ 2º, do art. 846, CLT).

Não havendo acordo, o reclamado terá 20 (vinte) minutos para aduzir defesa após a leitura da inicial, se tal não for dispensada pelas partes, e, finalizada a defesa, seguir-se-á a instrução do processo, podendo o juiz, de ofício, interrogar os litigantes (arts. 847 e 848, *caput*, CLT).

Percebe-se que o reclamado é notificado (art. 841, CLT) para comparecer na audiência, onde oferecerá defesa, sendo certo que no PJe-JT a resposta é oferecida por meio eletrônico e, se for solicitado segredo no momento do protocolo eletrônico, o juiz promove a liberação do acesso à defesa no dia da audiência para que possa o reclamante se manifestar sobre ela e documentos juntados.

Nos casos de audiências partidas ou quando a defesa é complexa e com muitos documentos, é comum conceder prazo para que o autor se manifeste sobre defesa e documentos, com ressalva sobre provas documentais ou autorização expressa para sua juntada, quando a defesa aduz fatos obstativos etc.

Outrossim, mesmo na vigência do processo eletrônico, é assegurada a reclamada a oferta de defesa oral (20 minutos) na própria audiência.

O reclamante e o reclamado comparecerão à audiência com suas testemunhas independentemente de intimação ou notificação, apresentando na mesma oportunidade as demais provas (art. 845, CLT).

As testemunhas convidadas que não estiverem presentes serão intimadas de ofício pelo juiz ou a requerimento das partes, ficando sujeitas à condução coercitiva, caso não compareçam sem motivo justificado, sem prejuízo da aplicação de multa, na forma do art. 825 e seu parágrafo único da CLT.

Pode ser, então, que as testemunhas não compareçam, o que irá acarretar o fracionamento da audiência, sem prejuízo de outras hipóteses, como a necessidade de produção de prova pericial etc.

Caso seja adiada a audiência por algum motivo relevante (art. 849, CLT), será designada audiência de prosseguimento; e caso o reclamante não compareça, não há que se falar em arquivamento, vez que já contestada a ação, tendo sido adiada, como visto, a instrução, nos termos da Súmula 9 do TST: "A ausência do reclamante, quando a adiada a instrução após contestada a ação em audiência, não importa arquivamento do processo", devendo ser aplicada a confissão ficta.

Se a ausência for da reclamada na audiência de prosseguimento, também não se pode aplicar revelia, pois esta só tem cabimento quando da ausência na audiência inaugural.

Nesses casos (ausência do reclamante ou da reclamada, ou de ambos, na audiência de prosseguimento), o que ocorre é a aplicação da Súmula 74 do TST, que preconiza:

> "I – Aplica-se a confissão à parte que, expressamente intimada com aquela cominação, não comparecer à audiência em prosseguimento, na qual deveria depor. II-A prova pré-constituída nos autos pode ser levada em conta para confronto com a confissão ficta (arts. 442 e 443, do CPC de 2015 – art. 400, I, do CPC de 1973), não implicando cerceamento de defesa o indeferimento de provas posteriores. III – A vedação à produção de prova posterior pela parte confessa somente a ela se aplica, não afetando o exercício, pelo magistrado, do poder/dever de conduzir o processo".

Se houver a ausência de ambas as partes na audiência de prosseguimento, o juiz deve aplicar a confissão recíproca, quando cabível, e decidir de acordo com o ônus da prova de cada litigante (art. 818, I e II, CLT), ou seja, se estivermos diante de fatos constitutivos, o magistrado julgará improcedente o pedido, enquanto, se forem fatos modificativos, extintivos ou impeditivos, julgará procedente o pedido, mas de toda sorte o resultado pode ser diferente, a depender da prova pré-constituída produzida nos autos, como se denota do item II da Súmula 74 do TST, as quais devem ser apreciadas pelo juiz.

Com as partes presentes, proceder-se-á o depoimento das mesmas (em regra, primeiro do autor e depois da reclamada) e, terminado este, poderá qualquer dos litigantes retirar-se, prosseguindo-se com o seu representante. Após, serão ouvidos as testemunhas, os peritos e os técnicos, se houver, na forma do art. 848 da CLT.

Terminada a instrução, as partes poderão aduzir razões finais, no prazo máximo de 10 (dez) minutos para cada uma e após as razões finais, se houver, o juiz renovará a proposta de conciliação.

Havendo acordo, a sentença homologatória de transação valerá como coisa julgada material.

Não havendo a conciliação ou sendo esta impossível, será proferida a decisão.

Dispõe o art. 850 da CLT:

> "Terminada a instrução, poderão as partes aduzir razões finais, em prazo não excedente de 10 (dez) minutos para cada uma. Em seguida, o juiz ou presidente renovará a proposta de conciliação, e não se realizando esta, será proferida a decisão".

Os trâmites da instrução serão resumidos em ata, devendo constar na íntegra a decisão, sendo os litigantes notificados pessoalmente da decisão ou por seus representantes na própria audiência, exceto no caso de revelia, quando então a notificação será feita na forma do § 1º do art. 841 da CLT (arts. 851 e 852, CLT).

9. RESPOSTA DO RÉU

A defesa do réu (reclamado) é apresentada em audiência de forma oral (baseada nos princípios da oralidade, simplicidade e informalidade), o que já foi visto, podendo fazê-lo também de forma escrita (atualmente via PJ-e JT) e, caso haja litisconsórcio passivo, cada um terá 20 minutos para oferecer sua resposta.

No processo do trabalho são admitidas três modalidades básicas de resposta do réu, quais sejam: exceção, contestação e reconvenção.

Porém, com a entrada em vigor da Lei n. 13.467/2017, a exceção de incompetência territorial sofreu significativas alterações, de modo que, como regra na forma da lei, não será oferecida na audiência.

9.1 Espécies de defesas

9.1.1. Exceções rituais

a) Noções iniciais

Previstas no art. 799 e seguintes da CLT, as exceções são defesas indiretas do processo, pois são dirigidas ao órgão jurisdicional, acarretando a suspensão do processo até que a questão seja decidida.

Dispõe o art. 799 da CLT:

> "Nas causas da jurisdição da Justiça do Trabalho, somente podem ser opostas, com suspensão do feito, as exceções de suspeição ou incompetência. § 1º – As demais exceções serão alegadas como matéria de defesa. § 2º – Das decisões sobre exceções de suspeição e incompetência, salvo, quanto a estas, se terminativas do feito, não caberá recurso, podendo, no entanto, as partes alegá-las novamente no recurso que couber da decisão final".

b) Exceção de incompetência relativa

Objetiva o reconhecimento da incompetência do juiz em razão do território/local, ou seja, significa então que no processo do trabalho a exceção de incompetência relativa versará apenas sobre o local, território, utilizada com base no art. 651 da CLT, visando ao deslocamento da competência territorial para que a demanda seja apreciada e julgada por Vara do Trabalho de outra localidade, sendo que sua não arguição gera modificação (prorrogação) da competência, isto é, o juiz que inicialmente era incompetente passará a ser competente.

Note que o art. 800 da CLT, com a redação que lhe foi dada pela Lei n. 13.467/2017 (Reforma Trabalhista), estabelece que apresentada exceção de incompetência territorial no prazo de 5 dias a contar da notificação (aquele do art. 841), antes da audiência e em peça que sinalize a existência dessa exceção, seguir-se-á o procedimento nele estabelecido. Protocolada a petição, será suspenso o processo e não se realizará a audiência a que se refere o art. 843 da CLT até que se decida a exceção. Note que os autos serão imediatamente conclusos ao juiz, que intimará o reclamante e, se existentes, os litisconsortes, para manifestação no prazo comum de 5 dias. Se entender necessária a produção de prova oral, o juízo designará audiência, garantindo o direito de o excipiente e de suas testemunhas serem ouvidos, por carta precatória, no juízo que este houver indicado como competente. Decidida a exceção de incompetência territorial, o processo retomará seu curso, com a designação de audiência, a apresentação de defesa e a instrução processual perante o juízo competente.

c) Exceções de suspeição e impedimento

A Consolidação das Leis do Trabalho não faz menção à exceção de impedimento, mas tão somente à de suspeição (ambas, suspeição e impedimento, questionam a imparcialidade do magistrado), como se nota da leitura, obrigatória, do art. 801 da CLT, sendo demasiadamente breve nas hipóteses de suspeição, de modo que aplicamos, subsidiariamente, o art. 144 do CPC que faz menção às hipóteses de impedimento, e o art. 145, que cita as hipóteses de suspeição, além do disposto nos arts. 147 a 148.

Quando apresentada a exceção de suspeição, pela CLT, o juiz ou Tribunal designará audiência dentro de 48 horas, para instrução e julgamento da mesma, e se julgada procedente, tanto nas Varas quanto nos Tribunais, será desde logo convocado para a mesma audiência ou sessão, ou para a seguinte, o substituto legal, o qual continuará a funcionar no processo até decisão final, nos termos do art. 802, § 1º, da CLT, o que também se aplica caso o juiz se declare suspeito.

Entretanto, apesar da redação do preceptivo celetista acima citado, o entendimento majoritário, é que uma vez apresentada a exceção de suspeição ou de impedimento, vez que foram extintas as Juntas de Conciliação e Julgamento pela EC n. 24/99, o julgamento dessas exceções é de competência do Tribunal Regional do Trabalho, e não do próprio magistrado, na medida em que não haveria imparcialidade, hipótese em que será aplicado o art. 146 do CPC.

9.1.2 Contestação

A CLT não fala especificamente da contestação (exceto no § 5º do art. 844, CLT), mas apenas genericamente, e de forma bastante precária, em defesa (art. 847, CLT), razão pela qual é aplicável, no que for compatível com o processo do trabalho, o disposto no art. 336 e seguintes do CPC.

A contestação é a defesa por excelência do réu, sendo denominada de peça de bloqueio, vez que por meio dela, ele (réu) alegará todas as matérias de fato e de direito com que impugna as pretensões autorais.

a) Ônus da impugnação específica

O ônus da impugnação específica está previsto no art. 341 do CPC, que assim reza:

> "Incumbe também ao réu manifestar-se precisamente sobre as alegações de fato constantes da petição inicial, presumindo-se verdadeiras as não impugnadas, salvo se: I – não for admissível, a seu respeito, a confissão; II – a petição inicial não estiver acompanhada de instrumento que a lei considerar da substância do ato; III – estiverem em contradição com a defesa, considerada em seu conjunto. Parágrafo único. O ônus da impugnação especificada dos fatos não se aplica ao defensor público, ao advogado dativo e ao curador especial".

Este princípio (ônus) impõe ao réu o encargo de impugnar fato por fato aqueles que foram narrados, afirmados pelo reclamante na peça preambular, pois fato não impugnado torna-se incontroverso, decorrendo daí a presunção relativa de veracidade (*juris tantum*) daqueles fatos inimpugnados. Assim, o sistema veda o oferecimento de defesa genérica, por negativa geral.

No entanto, nas hipóteses previstas nos incisos do artigo supracitado, não há que se falar em presunção de veracidade.

Um bom exemplo no direito processual do trabalho sobre a não aplicação da presunção de veracidade seria o caso do reclamante pleitear adicional de insalubridade ou periculosidade e a reclamada não o impugnar, caso em que não poderá ser julgado procedente o pedido sem a realização, a princípio, de prova pericial.

b) Princípio da eventualidade ou concentração das defesas

Consigna o art. 336 do CPC, que "incumbe ao réu alegar, na contestação, toda a matéria de defesa, expondo as razões de fato e de direito com que impugna o pedido do autor e especificando as provas que pretende produzir".

Na contestação, deve o réu oferecer todas as suas alegações, sendo vedado, por assim dizer, apresentar sua tese defensiva de forma particionada, vez que haverá preclusão, haja vista que o momento processual adequado é este.

Ocorre, entretanto, que essa regra comporta exceção, como extraímos do art. 342 do CPC: "Depois da contestação, só é lícito ao réu deduzir novas alegações quando: I – relativas a direito ou a fato superveniente; II – competir ao juiz conhecer delas de ofício; III – por expressa autorização legal, puderem ser formuladas em qualquer tempo e grau de jurisdição".

A parte final do art. 336 do CPC não é aplicável ao processo do trabalho, vez que o réu poderá requerer a produção de provas que entender pertinentes, ainda que não as tenha especificado na defesa, haja vista que no processo do trabalho, como já ressaltamos, as provas podem ser produzidas independentemente de requerimento prévio.

Diante do acima exposto, como o CPC determina que o réu apresente toda sua matéria de defesa, caberá então consignar sua defesa processual e sua defesa de mérito, em respeito ao princípio em tela.

c) Defesa processual

Compete ao réu, antes de adentrar ao mérito, fazer constar a denominada defesa processual (preliminares ou objeções), onde se alega vícios processuais, que significa algo que antecede ao mérito propriamente dito, visando sua extinção (preliminar peremptória) ou o postergar da relação processual (preliminar dilatória).

Consoante o disposto no art. 337 do CPC, as matérias que podem ser arguidas em preliminar de contestação são:

1) inexistência ou nulidade da citação;
2) incompetência absoluta e relativa;
3) incorreção do valor da causa;
4) inépcia da petição inicial;

5) perempção – no processo do trabalho é a perda do direto de reclamar perante a Justiça do Trabalho pelo prazo de seis meses.
6) litispendência – é o ajuizamento de ação idêntica que ainda está em curso. Uma ação é idêntica à outra quando tem as mesmas partes, a mesma causa de pedir e o mesmo pedido;
7) coisa julgada – é a repetição de ação que já foi anteriormente julgada;
8) conexão;
9) incapacidade da parte, defeito de representação ou falta de autorização;
10) convenção de arbitragem;
11) ausência de legitimidade ou interesse processual;
12) falta de caução ou outra prestação que a lei exigir como preliminar;
13) indevida concessão do benefício de gratuidade de justiça.

Com espeque no § 5º do art. 337 do CPC, com exceção da convenção de arbitragem e da incompetência relativa, cabe ao juiz conhecer de todas essas matérias de ofício (objeções processuais), vez que são matérias de ordem pública, podendo inclusive ser alegadas em qualquer tempo e grau de jurisdição, mas nos tribunais superiores só pode haver pronunciamento a respeito se houver prequestionamento.

d) Defesa de mérito

A defesa direta de mérito é aquela em que o reclamado nega os fatos constitutivos afirmados pelo autor, como é o caso da negativa da prestação de serviços na ação em que pretende reconhecimento de vínculo empregatício; negativa de realização de horas extras na ação em que se pretende a condenação da empresa no pagamento das horas; negativa de identidade de funções em ação na qual se pretende diferenças salariais por equiparação salarial etc.

Na defesa indireta do mérito o réu reconhece os fatos constitutivos, mas alega fatos impeditivos, modificativos ou extintivos, como compensação, prescrição, pagamento, decadência etc.

Assim, a título de exemplo, se o reclamante ajuíza uma ação pretendendo condenação da empresa no pagamento de aviso prévio, aduzindo ter sido demitido sem justa causa, e a empresa, na contestação, reconhece que houve a extinção do contrato, mas por justa causa do empregado, estará realizando defesa indireta, vez que alega um fato impeditivo ao pagamento do aviso prévio, no que pese reconhecer que houve a extinção do contrato.

A Súmula 212 do TST é um excelente exemplo:

> "O ônus de provar o término do contrato de trabalho, quando negados a prestação de serviço e o despedimento, é do empregador, pois o princípio da continuidade da relação de emprego constitui presunção favorável ao empregado".

e) Prescrição e decadência

Prescrição e decadência são fatos extintivos e quando acolhidas induzem à resolução do mérito, na forma do art. 487, II, do CPC, não podendo ser arguidas como preliminares.

O Tribunal Superior do Trabalho tem se manifestado no sentido de ser inadmissível o reconhecimento da prescrição de ofício no direito processual do trabalho, com espeque em diversos fundamentos, sendo o mais relevante o princípio da proteção (TST. RR – 597-77.2010.5.11.0004 e demais precedentes).

Prescrição é a perda de exigir uma pretensão por não ter o seu titular exercido o seu direito no prazo previsto em lei, enquanto a decadência é a perda do direito material propriamente dito em razão da inércia do titular, como é o caso do inquérito para apuração de falta grave e da ação rescisória, que se não manejadas no prazo legal, não mais se poderá influir na esfera jurídica do outro polo da relação com estas medidas.

A prescrição, segundo o TST, pode ser arguida até a instância ordinária, de acordo com a Súmula 153: "Não se conhece de prescrição não arguida na instância ordinária".

É imperioso destacar que no processo do trabalho a interrupção da prescrição ocorre pelo simples ajuizamento da ação trabalhista e, ainda que arquivada a reclamação, haverá a interrupção, na forma da Súmula 268 do TST e § 3º do art. 11 da CLT, como segue.

Averba o § 3º do art. 11 que a interrupção da prescrição somente ocorrerá pelo ajuizamento de reclamação trabalhista, mesmo que em juízo incompetente, ainda que venha a ser extinta sem resolução do mérito, produzindo efeitos apenas em relação aos pedidos idênticos.

O prazo para o reclamante ajuizar sua ação trabalhista, após a extinção do contrato de trabalho é de dois anos, salvo quanto às ações meramente declaratórias (exemplo: reconhecimento de vínculo empregatício), podendo exigir crédito retroativos aos últimos cinco anos do ajuizamento da ação, conforme prevê o art. 7º, XXIX, da CF/88, art. 11 da CLT e Súmula 308, I do TST.

Acerca do FGTS, a Súmula 362 do TST prevê:

> FGTS. PRESCRIÇÃO (nova redação). I – Para os casos em que a ciência da lesão ocorreu a partir de 13.11.2014, é quinquenal a prescrição do direito de reclamar contra o não-recolhimento de contribuição para o FGTS, observado o prazo de dois anos após o término do contrato; II – Para os casos em que o prazo prescricional já estava em curso em 13.11.2014, aplica-se o prazo prescricional que se consumar primeiro: trinta anos, contados do termo inicial, ou cinco anos, a partir de 13.11.2014 (STF-ARE-709212/DF).

No caso de aviso prévio indenizado, a prescrição começa a fluir no final da data do término do aviso-prévio, na forma da OJ 83 da SDI-1 do TST, *in verbis*: "A prescrição começa a fluir no final da data do término do aviso prévio. Art. 487, §1º, CLT".

O art. 11-A da CLT dispõe que ocorre a prescrição intercorrente no processo do trabalho no prazo de dois anos, sendo que a fluência do prazo prescricional intercorrente inicia-se quando o exequente deixa de cumprir determinação judicial no curso da execução e, ademais, a declaração da prescrição intercorrente pode ser requerida ou declarada de ofício em qualquer grau de jurisdição.

Vale ressaltar que o fluxo da prescrição intercorrente conta-se a partir do descumprimento da determinação judicial a que alude o § 1º do art. 11-A da CLT, razão pela qual ela só é aplicável, como estabelece a lei, no processo de execução, sendo impróprio seu uso na fase de conhecimento.

f) Compensação, retenção e dedução

O art. 767 da CLT aduz que "a compensação, ou retenção, só poderá ser arguida como matéria de defesa", o que deve ser analisado em contexto com as Súmulas 18 e 48 do TST, assim dispondo respectivamente: "A compensação, na Justiça do Trabalho, está restrita a dívidas de natureza trabalhista" e "a compensação só poderá ser arguida com a contestação".

Percebe-se que o momento processual adequado para a reclamada arguir a compensação (fato extintivo), sob pena de preclusão, é a contestação, o que significa dizer que não haverá possibilidade de arguição em momento posterior, devendo a compensação ficar adstrita às dívidas de natureza trabalhista, como danos dolosamente causados pelo empregado em equipamentos da empresa; aviso prévio em caso de empregado que tenha pedido demissão sem cumpri-lo; pagamento de valor de curso custeado pelo empregador e, ao seu final, o empregado pede demissão, violando assim o compromisso de ficar na empresa por um determinado período após o fim do curso, além de outras hipóteses.

Na compensação temos duas pessoas que ao mesmo tempo são credor e devedor uma da outra; as obrigações vão se extinguindo até onde possam ser compensadas; necessário que as dívidas sejam líquidas, vencidas e de coisas fungíveis, e não fica vinculada aos pedidos que o reclamante deduz na sua exordial, não podendo ser deferida de ofício pelo juiz.

A dedução é bem distinta da compensação, vez que o juiz pode deferir de ofício, sendo na verdade matéria de ordem pública, que tem por núcleo o princípio da vedação ao enriquecimento sem causa, em que o reclamante pleiteia títulos que já foram pagos pela reclamada devendo haver, portanto, liame entre o pedido e o que será deduzido, ou seja, se o reclamante pede pagamento de 20 horas extras por mês e a reclamada em contestação requer a dedução juntando holerites comprovando o pagamento de pelo menos 10 horas por mês, não há que se falar em compensação, mas sim dedução das horas extras já pagas, assim como vantagem recebida em decorrência de previdência privada conforme Súmula 87 do TST: "Se o empregado, ou seu beneficiário, já recebeu da instituição previdenciária privada, criada pela empresa, vantagem equivalente, é cabível a dedução de seu valor do benefício que fizer jus por norma regulamentar anterior".

Sobre os critérios para dedução das horas extras, o TST fixou o seguinte entendimento na OJ 415 da SDI-1:

> "A dedução das horas extras comprovadamente pagas daquelas reconhecidas em juízo não pode ser limitada ao mês de apuração, devendo ser integral e aferida pelo total das horas extraordinárias quitadas durante o período imprescrito do contrato de trabalho".

Para finalizar, temos ainda a retenção, que também deve ser arguida com a contestação. Trata-se de direito da reclamada de reter algo que pertence ao reclamante até que este venha a adimplir sua obrigação perante aquele. Cite-se, ainda, a retenção do imposto de renda, que deve ser retido e recolhido pela empresa em razão dos rendimentos devidos e pagos ao empregado.

9.1.3 Reconvenção

É um contra-ataque do reclamado (réu-reconvinte) contra o reclamante (autor-reconvindo), ou seja, é a forma pela qual o réu formula demanda contra o autor, na mesma relação processual, sendo admitida sua aplicação no processo do trabalho, estando prevista no art. 343 do CPC, cuja incidência na seara trabalhista dar-se-á de forma subsidiária, em atendimento ao art. 769 da CLT.

Note que a reconvenção deve ter conexão com a ação principal ou com os fundamentos da defesa, devendo ser apresentada na audiência em que a reclamada oferece sua contestação, no bojo desta, sob pena de preclusão.

Em verdade, caso o reclamado queira formular pretensões em face do autor, em vez de ajuizar outra ação, poderá lançar mão da reconvenção, na peça própria peça de bloqueio, como se extrai do *caput* do art. 343: "Na contestação, é lícito ao réu propor reconvenção para manifestar pretensão própria, conexa com a ação principal ou com o fundamento da defesa".

A reconvenção pode ser oferecida de forma escrita ou oral, atendendo, de toda sorte, o disposto nos arts. 840, § 1º e art. 787 da CLT e, em qualquer caso, observando-se a competência da Justiça do Trabalho.

De acordo com o § 1º do art. 343 do CPC, proposta a reconvenção, o autor será intimado na pessoa do seu patrono para apresentar resposta no prazo de 15 dias, sendo comum no processo do trabalho o juiz designar outra audiência, observando-se o prazo previsto na parte final do art. 841 da CLT (5 dias) a fim de que possa o reclamante-reconvindo apresentar sua contestação, salvo se abdicar desse prazo, quando então deverá oferecer contestação naquela oportunidade, isto é, na audiência em que foi oferecida a reconvenção.

A desistência da ação principal ou a ocorrência de causa extintiva que impeça o exame de seu mérito não obsta o prosseguimento do processo quanto à reconvenção, pois esta é autônoma em relação à lide principal.

Cabe citar alguns exemplos de cabimento da reconvenção no processo do trabalho: a empresa pretender a devolução do valor de um curso pago em benefício do empregado que se comprometeu a se manter na empresa por um período e não cumpre o avençado; a empresa pretende a devolução de equipamentos ou bens em geral como automóveis, celular etc. que foram concedidos em razão do contrato de trabalho, dentre outras hipóteses.

É muito comum pedir em reconvenção aquilo que, de forma similar, se pediria para compensar, mas o crédito que a reclamada pretende receber é superior ao pretendido pelo reclamante, razão pela qual se lança mão da reconvenção.

Por fim, é lícito ao réu demandar por reconvenção, ainda que não ofereça contestação.

10. PROVAS NO PROCESSO DO TRABALHO

A Consolidação das Leis do Trabalho dispõe de uma Seção exclusivamente para tratar das provas no processo do trabalho, regulando o tema de forma genérica do art. 818 ao art. 830.

10.1 Ônus da prova

Em princípio, as partes têm o ônus de provar os fatos que apresentam em juízo, seja na petição inicial, na contestação ou no curso da relação processual.

Assim sendo, quando falamos em ônus da prova, queremos dizer qual é a parte que tem a incumbência de demonstrar a veracidade daquilo que alega.

O art. 818 da CLT impõe ao autor a prova dos fatos constitutivos do seu direito e ao réu a prova de fato impeditivo, modificativo ou extintivo do direito do autor.

Com efeito, o acima afirmado refere-se à teoria estática do ônus da prova, que se opõe à carga dinâmica do ônus probatório (dinamização do ônus probatório), de modo que nos casos previstos em lei ou diante de peculiaridades da causa relacionadas à impossibilidade ou à excessiva dificuldade de cumprir o encargo probatório ou à maior facilidade de obtenção da prova do fato contrário, poderá o juiz atribuir o ônus da prova de modo diverso, desde que o faça por decisão fundamentada, caso em que deverá dar à parte a oportunidade de se desincumbir do ônus que lhe foi atribuído. Essa decisão deverá ser proferida antes da abertura da instrução (é regra de instrução e não de julgamento) e, a requerimento da parte, implicará o adiamento da audiência e possibilitará provar os fatos por qualquer meio em direito admitido. Todavia, a decisão de distribuição do ônus da prova de modo diverso não pode gerar situação em que a desincumbência do encargo pela parte seja impossível ou excessivamente difícil.

Saliente-se que fatos modificativos são os que implicam alteração dos fatos alegados pelo autor. Assim, se o reclamante ingressa com sua reclamação alegando que era empregado, pois preenche todos os requisitos do art. 3º da CLT, e a reclamada, na contestação assume que havia a prestação dos serviços, mas que o reclamante não era empregado, mas sim um trabalhador eventual, estagiário, autônomo etc., atrai para si o ônus da prova, vez que afirmou ter havido a prestação de serviço (fato constitutivo), mas alega um fato modificativo (não trabalhava como empregado, mas sim com outra qualificação jurídica).

Por outro lado, fatos impeditivos são os que provocam a ineficácia dos fatos constitutivos alegados pelo autor. Desta forma, se o empregado ajuíza uma ação pleiteando a equiparação salarial e a reclamada na defesa reconhece que ambos os trabalhadores, paradigma e equiparando, exerciam a mesma função, mas que o paradigma tem mais de 2 anos na função e mais de 4 na empresa, consignada está a existência de um fato impeditivo.

Nos termos da Súmula 6 item VIII do TST, "é do empregador o ônus da prova do fato impeditivo, modificativo ou extintivo da equiparação salarial".

Temos ainda os fatos extintivos, que são os que eliminam a obrigação da reclamada, na medida em que não pode mais ser exigida aquela pretensão. Desta forma, se o trabalhador ingressa com sua reclamação trabalhista pedindo pagamento de saldo de salário não pago na rescisão do contrato, e a reclamada afirma que houve a extinção do contrato na contestação, mas alega que efetuou o pagamento, será suficiente a juntada do comprovante de pagamento.

No processo do trabalho é uniforme na jurisprudência o cabimento da inversão do ônus da prova, como podemos extrair da jurisprudência do TST, notadamente da Súmula 338, a qual preconiza ser inválido como prova o controle de frequência que demonstre horários de entrada e saída uniformes (sem variação), invertendo-se o ônus da prova relativo às horas extras para o empregador, que terá de provar que o reclamante não trabalhava no horário informado na inicial, mas sim naquele constante nos controles, sob pena de prevalecer a jornada da inicial se dele não se desincumbir.

A Súmula 212 do TST impõe ao empregador o ônus de provar a forma de ruptura do contrato de trabalho, quando negada a prestação do serviço ou o despedimento.

Cabe dizer que o art. 493 do CPC, que admite a invocação de fato constitutivo, modificativo ou extintivo do direito do autor, supervenientemente ao ajuizamento da demanda, é aplicável de ofício aos processos em curso em qualquer instância trabalhista, nos moldes da Súmula 394 do TST:

> "O art. 493 do CPC de 2015 (art. 462 do CPC de 1973), que admite a invocação de fato constitutivo, modificativo ou extintivo do direito, superveniente à propositura da ação, é aplicável de ofício aos processos em curso em qualquer instância trabalhista. Cumpre ao juiz ou tribunal ouvir as partes sobre o fato novo antes de decidir".

10.2 Meios da prova

O art. 819 da CLT prevê que "o depoimento das partes e testemunhas que não souberem falar a língua nacional será feita por meio de intérprete nomeado pelo juiz ou presidente", haja vista que em todo processo é obrigatório o uso da língua portuguesa, como determina o art. 192 do CPC.

Haverá também a necessidade de intérprete se aquele que for prestar depoimento for surdo-mudo, ou mudo que não saiba escrever, sendo certo que, em qualquer caso, as despesas decorrentes da produção da prova correrão por conta da parte sucumbente, salvo se beneficiária de justiça gratuita.

a) Depoimento pessoal e confissão

Combinando os art. 820 e 848 da CLT, é certo que após a defesa, ao iniciar a instrução do processo, o juiz pode interrogar as partes, e se o juiz não interrogar as partes, poderá qualquer uma delas requerer, por seu intermédio, o interrogatório recíproco.

O depoimento pessoal tem por objetivo, além de esclarecer fatos relevantes da causa, a confissão da parte, por isso a parte é intimada para depor pessoalmente, com a advertência de que se não comparecer em audiência, ou ainda que esteja presente, se recuse a depor, haverá a confissão.

Sendo assim, não é admitida a aplicação da confissão caso a parte não tenha sido intimada para depor com aquela cominação, ou seja, a confissão não será aplicada em caso de não comparecimento da parte quando não houver aquela advertência, como se extrai da já citada Súmula 74, item I do TST e do art. 385 do CPC.

É possível o juiz indeferir o depoimento pessoal de uma das partes requerida pela outra, sem que haja efetivamente violação à ampla defesa, desde que fundamente sua decisão e, ainda, que a sentença esteja embasada em outras provas constante dos autos, como seria o caso de matéria que envolve questão de direito ou quando for necessária a prova técnica, ou, ainda, quando inexistir controvérsia sobre a matéria de fato etc.

Interessante advertir que no depoimento pessoal, as partes podem fazer perguntas, como autoriza o art. 820 da CLT.

Nos termos do art. 387 do CPC, "a parte responderá pessoalmente sobre os fatos articulados, não podendo servir-se de escritos anteriormente preparados, permitindo-lhe o juiz, todavia, a consulta a notas breves, desde que objetivem completar esclarecimentos", sendo que a parte não é obrigada a depor sobre fatos criminosos ou torpes que lhe forem imputados; a cujo respeito, por estado ou profissão, deva guardar sigilo; acerca dos quais não possa responder sem desonra própria, de seu cônjuge, de seu companheiro ou de parente em grau sucessível ou que coloquem em perigo a vida do depoente ou das pessoas referidas anteriormente, como se extrai dos incisos do art. 388 do CPC.

No que tange à confissão, o CPC a define, no art. 389, da seguinte forma: "Há confissão, judicial ou extrajudicial, quando a parte admite a verdade de fato contrario ao seu interesse e favorável ao do adversário".

A confissão judicial pode ser espontânea ou provocada, ou seja, ocorre a primeira quando a parte, livremente, admite a veracidade de um fato afirmado pela outra, enquanto a provocada é ocasionada em razão do depoimento pessoal, de modo que da confissão espontânea, tanto que requerida pela parte, se lavrará o respectivo termo nos autos e, no caso de confissão provocada, constará do depoimento pessoal prestado pela parte, como se extrai do art. 390 e parágrafos do CPC.

Há distinção entre a confissão real e a confissão ficta, sendo que na confissão real o que se tem em vista é o reconhecimento da veracidade dos fatos que os demandantes levam a juízo, que será obtida com seu próprio depoimento ou por procurador, desde que este tenha poderes para tanto (§ 1º do art. 390 do CPC) – o que no processo do trabalho tem difícil aplicação, vez que as partes devem estar presentes no ato, sob pena de arcar com o ônus decorrente da ausência, como já vimos acima.

Note-se que a confissão real goza de presunção absoluta (*jure et de jure*) de veracidade, o que em breves linhas se conclui da seguinte forma: a parte beneficiada pela confissão fica livre do ônus probatório acerca do que foi confessado. Assim, se um empregado ajuíza uma ação trabalhista pleiteando diferenças salariais em razão de equiparação salarial e, em seu depoimento, tendo em vista a negativa da reclamada no que tange à identidade de funções, afirma que existiam diferenças substanciais entre a função dele e a do paradigma, haverá confissão real.

No que tange à confissão ficta, esta goza de presunção relativa (*juris tantum*) de veracidade, o que significa dizer que irá prevalecer enquanto não houver outro meio que seja capaz de afastá-la. Com efeito, considerando o já estudado art. 843, § 1º, da CLT, se o empregador ou seu preposto não tiver conhecimento dos fatos, haverá confissão ficta, assim como a empresa revel (presunção de veracidade) ou, ainda que apresenta contestação, desde que não haja impugnação específica. No mesmo sentido é o art. 386 do CPC, vez que

"Quando a parte, sem motivo justificado, deixar de responder ao que lhe for perguntado ou empregar evasivas, o juiz, apreciando as demais circunstâncias e os elementos de prova, declarará, na sentença, se houve recusa de depor".

b) Documentos

Documento é o meio idôneo que a parte lança mão como prova material da existência de um fato, abrangendo os escritos, reproduções cinematográficas, gravações, desenhos etc.

O reclamante deve juntar os documentos com a exordial, enquanto a reclamada com a defesa em audiência, ressalvando-se a possibilidade de prova documental superveniente, ou seja, é lícito as partes juntarem novos documentos quando fundados em fatos ocorridos após os inicialmente articulados ou para contrapô-los, como se extrai dos arts. 787 e 845 da CLT e dos arts. 434 e 435 do CPC.

A juntada de documento em grau de recurso só é admitida excepcionalmente nos termos da Súmula 8 do TST.

A CLT trata dos documentos de forma esparsa nos arts. 777, 780, 787 e 830, sendo certo afirmar que este último dispositivo admite que o documento em cópia oferecido como prova pode ser declarado autêntico pelo advogado da parte, sob sua responsabilidade pessoal. Contudo, se for impugnada sua autenticidade, quem produziu o documento será intimado para apresentar cópias autenticadas ou o original, cabendo ao serventuário proceder à conferência, certificando nos autos a conformidade entre os documentos.

Nesse particular, a OJ n. 36 da SDI-1 do TST dispõe: "O instrumento normativo em cópia não autenticada possui valor probante, desde que não haja impugnação ao seu conteúdo, eis que se trata de documento comum às partes".

Ademais, se não houver impugnação da parte contrária, será válida a autenticação aposta em uma face do documento que contenha verso, vez que se trata de documento único, de acordo com a OJ Temporária n. 23 da SDI-1 do TST: "Inexistindo impugnação da parte contrária, bem como o disposto no art. 795 da CLT, é válida a autenticação aposta em uma face da folha que contenha documento que continua no verso, por constituir documento único".

Quanto às pessoas jurídicas de direito público, impende averbar que "são válidos os documentos apresentados em fotocópia não autenticada", como estabelece a Orientação Jurisprudencial n. 134 da SDI-1 do TST.

Note que as anotações constantes na CTPS não fazem prova absoluta do que nela consta, vez que o entendimento é no sentido de que as anotações geram presunção relativa de veracidade de acordo com a Súmula 12 do TST, o que significa dizer que admitem prova em sentido contrário, salvo para o empregador, vez que para este a presunção é absoluta, exceto se provar cabalmente que a anotação resultou de erro material.

Em alguns casos a prova documental é indispensável, não podendo ser substituída por outro meio qualquer, como é o caso da prova de pagamento de salários, concessão ou pagamento de férias, salvo se houver confissão da parte; controle de frequência nos termos do art. 74, § 2º, da CLT (obrigatório para empresas com mais de 20 empregados), que deve ser analisado em conjunto com a já citada Súmula 338 do TST.

c) Perícia

Como em algumas hipóteses a demonstração da veracidade dos fatos depende de conhecimento técnico especializado, exsurge nos domínios do processo do trabalho a prova pericial, que é realizada pelo perito, pois é o profissional habilitado para tanto, na medida em que o juiz é desprovido daquele conhecimento técnico que refoge à órbita jurídica.

O perito é um auxiliar da justiça e, em razão da insuficiência da CLT (faz menção ao perito apenas nos arts. 826 e 827) e da Lei n. 5.584/70, aplicamos subsidiariamente os arts. 156 a 158 do CPC.

Outrossim, a sistemática processual vigente não mais exige o compromisso do perito, na medida em que é possível sua substituição nos casos taxativos previstos em lei, podendo até mesmo ser recusado pelas partes em razão de impedimento ou suspeição, como se extrai dos arts. 466 a 468 da norma instrumental civil.

A perícia é necessária quando a prova dos fatos alegados pelas partes depender do conhecimento técnico ou científico, quando então o juiz poderá nomear um perito, devendo o juiz fixar o prazo para a entrega do laudo, podendo cada uma das partes indicar assistente técnico que deverá apresentar o laudo no mesmo prazo fixado para o perito, conforme preconiza o art. 3º da Lei n. 5.584/70.

A prova pericial pode ser classificada em exame (visa analisar pessoa, bem móvel ou semovente), vistoria (analisa bens imóveis ou determinados lugares) e avaliação (estima valor de bens ou obrigações), nos exatos termos do art. 464 do CPC que averba: "A prova pericial consiste em exame, vistoria ou avaliação".

Em relação ao procedimento sumaríssimo, apenas quando a prova do fato o exigir ou for legalmente imposta, como nos casos de pedido de adicional de insalubridade ou periculosidade, é que será deferida a prova técnica, cabendo ao juiz desde logo, fixar o objeto da perícia e nomear ao perito, sendo as partes intimadas para se manifestarem sobre o laudo no prazo comum de 5 dias.

No processo do trabalho a prova pericial pode ser determinada de ofício pelo juiz ou requerida pelas partes, mas em caso de revelia por ausência da reclamada (o que gera confissão quanto à matéria de fato), quando houver pedido de insalubridade e periculosidade, o magistrado deve determinar a produção de prova pericial nos termos do art. 195, § 2º, da CLT, podendo até mesmo o revel indicar assistente técnico, à falta de vedação legal, haja vista que pode produzir prova.

Entretanto, existem 3 hipóteses legais que embasam a decisão do magistrado no que toca ao indeferimento da prova pericial, haja vista o que vaticina o art. 464, § 1º, do CPC, sendo elas: (a) a prova do fato não depender do conhecimento especial de técnico; (b) for desnecessária em vista de outras provas produzidas; e (c) a verificação for impraticável.

Determina a CLT em seu art. 827 que *"o juiz ou presidente poderá arguir os peritos compromissados ou os técnicos, e rubricará, para ser junto ao processo, o laudo que os primeiros tiverem apresentado"*.

O juiz, em razão do princípio do livre convencimento motivado, não é obrigado a manter suas razões de decidir com espeque no laudo pericial, pois como salienta o art. 479 do CPC, "o juiz apreciará a prova pericial de acordo com o disposto no art. 371, indicando na sentença os motivos que o levaram a considerar ou a deixar de considerar as conclusões do laudo, levando em conta o método utilizado pelo perito".

Note que a realização de perícia é obrigatória para verificação de insalubridade, nos termos da OJ n. 278 da SDI-1 do TST, mas quando não for possível sua realização, como em caso de fechamento da empresa, poderá o julgado utilizar-se de outros meios de prova, como seria o caso da prova emprestada.

A perícia sobre insalubridade ou periculosidade pode ser realizada por médico ou engenheiro do trabalho, nos termos da OJ 165 da SDI-1 do TST, vez que o art. 195 da CLT não faz qualquer distinção entre aqueles profissionais para efeito de caracterização e classificação da insalubridade ou periculosidade, sendo necessário, em contrapartida, que o laudo seja elaborado por profissional devidamente qualificado.

A verificação mediante perícia de prestação de serviços em condições insalubres, considerando que o agente insalubre constatado é diverso daquele apontado na causa de pedir, não retira o direito ao recebimento ao adicional, ou seja, não prejudica o pedido, consoante já vimos em razão da redação contida na Súmula 293 do TST.

O art. 472 do CPC autoriza o juiz a dispensar prova pericial quando as partes, na inicial e na contestação, apresentarem sobre as questões de fato pareceres técnicos ou documentos elucidativos que considerar suficientes.

A Súmula 453 do TST versa sobre uma das hipóteses de dispensa da prova pericial, aduzindo que "o pagamento de adicional de periculosidade efetuado por mera liberalidade da empresa, ainda que de forma proporcional ao tempo de exposição ao risco ou em percentual inferior ao máximo legalmente previsto, dispensa a realização da prova técnica exigida pelo art. 195 da CLT, pois torna incontroversa a existência do trabalho em condições perigosas".

Derradeiramente, é imperioso destacar que é possível a realização de nova perícia, quando da primeira não for possível extrair elementos suficientes de convencimento, o que se afirma com fulcro no art. 480 do digesto processual civil.

d) Prova Testemunhal

No processo do trabalho a testemunha é um dos meios de prova mais relevantes, pois não raras vezes é o único meio probante de que as partes dispõem para convencer o magistrado acerca da realidade dos fatos, tendo como substrato o princípio da primazia da realidade (verdade real, no âmbito processual).

Todavia, não será admitida a prova testemunhal quanto a fatos já confessados ou provados por documento (salvo quando impugnados, a depender do documento), ou quando os fatos só podem ser provados com documentos ou por meio de perícia, como acontece com pagamento de salários e insalubridade, respectivamente.

Podemos definir testemunha como a pessoa física que é indene às partes e totalmente desvinculada do processo, mas que é convocada (pelas partes ou pelo juízo) para depor sobre fatos dos quais tenha conhecimento, sendo certo que, em princípio, todas as pessoas podem testemunhar, com exceção daquelas que são incapazes, impedidas ou suspeitas.

As causas de incapacidade e de impedimento são de ordem objetiva, enquanto as de suspeição, de ordem subjetiva.

A CLT no art. 829 prevê que "a testemunha que for parente até o terceiro grau civil, amigo íntimo ou inimigo de qualquer das partes, não prestará compromisso, e seu depoimento valerá como simples informação".

Com efeito, haja vista a insuficiência da CLT, aplicamos o art. 447 do CPC que trata das pessoas incapazes, impedidas e suspeitas para depor.

É imperioso notar que não torna suspeita a testemunha o simples fato de estar litigando ou de ter litigado contra o mesmo empregador, nos termos da Súmula 357 do TST: "Não torna suspeita a testemunha o simples fato de estar litigando ou de ter litigado contra o mesmo empregador".

Com relação ao depoimento do menor de 18 anos, como é penalmente inimputável, não estando sujeito, portanto, a falso testemunho, não pode se comprometer a dizer a verdade, razão pela qual não pode depor, sendo ouvido apenas como informante – no que pese haver entendimento no sentido de que o maior de 16 e menor de 18 poderá prestar o depoimento como testemunha, pois se pode firmar contrato de trabalho pode depor, aplicando-se ainda o art. 447, § 1º, III, em que consta vedação apenas para o menor de 16 anos.

No processo do trabalho as testemunhas devem comparecer à audiência ainda que não sejam intimadas, ou seja, serão convidadas pelas partes, mas em caso de ausência, serão intimadas pelo magistrado de ofício ou mediante requerimento das partes e, caso não compareçam sem motivo justificado, ficarão sujeitas a condução coercitiva além de multa, como aduz o art. 825, *caput* e parágrafo único, da CLT.

No procedimento sumaríssimo, o juiz somente intimará a testemunha, em caso de ausência, se a parte comprovar que a convidou, não bastando a mera alegação, como prevê o § 3º do art. 852-H da CLT.

Antes de prestar seu compromisso legal, nos termos do art. 828 da CLT, a testemunha será qualificada, ficando sujeita às penas previstas na lei penal em caso de falsidade em suas declarações, nos seguintes termos: "Toda testemunha, antes de prestar o compromisso legal, será qualificada, indicando o nome, nacionalidade, profissão, idade, residência, e, quando empregada, o tempo de serviço prestado ao empregador, ficando sujeita, em caso de falsidade, às leis penais".

Façamos alusão, pela importância do tema, ao que é a contradita de testemunha, pois como vimos anteriormente, as testemunhas impedidas, suspeitas ou incapazes não podem depor.

Sendo assim, contradita nada mais é do que a impugnação da testemunha pelo outro polo da relação processual, que irá arguir incapacidade, impedimento ou suspeição daquela pessoa natural, devendo ser arguida após a qualificação da testemunha e antes de prestar o compromisso, vez que não o fazendo haverá preclusão, como podemos extrair dos arts. 457 e 458 do CPC, aplicados de forma subsidiária.

Se a testemunha nega os fatos que lhe são imputados, será possível a produção de provas para comprovar o motivo que gerou a arguição da contradita, seja por meio de documentos ou por testemunhas (o que se denomina instrução da contradita), apresentados no ato e ouvidas em apartado e, se necessário for, o magistrado deverá adiar a audiência.

Caso o juiz venha a deferir ou indeferir a contradita, cabe à parte requerer que sejam registrados em ata os protestos contra aquela decisão, uma vez que estaremos diante de uma decisão interlocutória, irrecorrível de imediato, portanto.

Quanto à inquirição das testemunhas, dispõe o art. 820 da CLT que: "As partes e testemunhas serão inquiridas pelo juiz ou presidente, podendo ser reinquiridas, por seu intermédio, a requerimento dos vogais, das partes, seus representantes ou advogados".

Em regra, primeiro são ouvidas as testemunhas do reclamante e depois as da reclamada na sede do juízo e se a testemunha for funcionário civil ou militar e tiver que depor em hora de serviço, será requisitada ao chefe da repartição para que possa comparecer, nos moldes do art. 823 da CLT: "Se a testemunha for funcionário civil ou militar, e tiver de depor em hora de serviço, será requisitada ao chefe da repartição para comparecer à audiência marcada".

Em qualquer hipótese a testemunha não pode sofrer descontos pelas faltas ao serviço ocasionadas pelo seu comparecimento para depor, quando arroladas ou convidadas (art. 822 da CLT).

Deve o magistrado providenciar meios para que o depoimento de uma testemunha não seja ouvido pela outra que ainda irá depor, sendo os depoimentos resumidos na ata de audiência (art. 824 da CLT).

No que tange à quantidade de testemunhas que cada parte pode arrolar, vale reiterar que, a depender do procedimento, temos:

1) no rito ordinário serão 3 para cada parte (art. 821 da CLT);
2) no rito sumaríssimo, até 2 para cada parte (§ 2º do art. 852-H da CLT);
3) no inquérito judicial para apuração de falta grave, até 6 para cada parte (art. 821 da CLT);
4) no procedimento sumário (Lei n. 5.584/70), aplica-se a regra geral prevista na CLT, que são 3 testemunhas para cada parte, haja vista a omissão da lei citada.

Interessante é a questão envolvendo o número de testemunhas em caso de litisconsórcio, prevalecendo o entendimento que se for litisconsórcio ativo, o polo ativo só poderá indicar até 3 testemunhas (no caso de rito ordinário), enquanto se o litisconsórcio for passivo, cada litisconsorte poderá lançar mão de 3 testemunhas cada, vez que essa condição de integrar o polo passivo não decorre de sua liberalidade, o que difere do polo ativo, quando então, caso os autores optem por ajuizar apenas uma ação, abriram mão de ouvir, cada um, 3 testemunhas.

Ademais, embora como regra geral não haja o arrolar prévio de testemunhas, daí por que a parte pode substituir as testemunhas ao seu alvedrio até o dia da audiência, é aplicável ao processo do trabalho o disposto no art. 451 do CPC, que versa sobre a substituição das testemunhas.

Sobre a acareação das testemunhas, mister se faz transcrever o art. 461 do CPC, *in verbis*:

> "Art. 461. O juiz pode ordenar, de ofício ou a requerimento da parte: I – a inquirição de testemunhas referidas nas declarações da parte ou das testemunhas; II – a acareação de 2 (duas) ou mais testemunhas ou de alguma delas com a parte, quando, sobre fato determinado que possa influir na decisão da causa, divergirem as suas declarações".

Importante destacar que a Lei n. 13.467/2017 inseriu na CLT uma seção para tratar da responsabilidade por dano processual e, no ensejo, estabeleceu que a testemunha que intencionalmente alterar a verdade dos fatos ou omitir fatos essenciais ao julgamento da causa também será punida, conforme art. 790-D da CLT.

10.3 Ordem de produção das provas

Apenas para registrar, neste tópico estamos falando de prova oral, e não documental que, a esta hora, salvo raras exceções, já estará preclusa.

De acordo com o art. 848 da CLT, primeiramente o juiz ouvirá as partes em depoimento, como regra o autor e depois o réu. Após o depoimento, as partes podem sair, e ato seguinte, serão ouvidas as testemunhas em quantidade pertinente ao rito. Primeiro ouve-se as testemunhas do autor e após as do réu.

O juiz também ouvirá, se for o caso, peritos e técnicos, se houver.

No entanto, considerando o § 2º do art. 775 da CLT, pode o juiz inverter a ordem de produção das provas, adequando-os às necessidades do conflito de modo a conferir maior efetividade à tutela do direito, o que não se confunde com inversão do ônus da prova.

10.4 Prova emprestada. Admissibilidade

Há muito já se admitia a utilização de prova emprestada no processo do trabalho, como, por exemplo, nos feitos em que há pedido de insalubridade, mas o local onde deveria ser realizada a prova pericial fora desativada.

Com efeito, são requisitos de admissibilidade da prova emprestada, segundo a doutrina majoritária:

1) ter sido produzida em processo judicial;
2) ter sido produzida em processo entre as partes ou no qual figurou a parte em face de quem se pretende utilizar a prova;
3) estar relacionada às alegações fáticas controvertidas da ação em que será utilizada;
4) ter sido produzida em processo regido pelo princípio da publicidade;

Por fim, vale dizer que a prova emprestada, ainda que admitida, não vincula o juiz e deve ser submetida ao crivo do contraditório.

11. SENTENÇA TRABALHISTA

Determina a CLT nos arts. 831 e 850, que é necessário, antes de ser proferida a decisão, a conciliação pré-decisória, ensejando a decretação de nulidade sua inobservância, de modo que a segunda tentativa de conciliação é um dos requisitos de eficácia da sentença trabalhista, ainda que as partes não cheguem a um denominador comum.

a) Sentença terminativa e definitiva

Haverá uma sentença terminativa (faz coisa julgada formal) quando o juiz não analisa o mérito, em ocorrendo qualquer uma das hipóteses previstas no rol do art. 485 do CPC. Haverá, portanto, uma "extinção" anômala do processo.

De outra banda, haverá uma sentença definitiva (coisa julgada material) quando o mérito for resolvido, o que ocorrerá nas hipóteses elencadas no art. 487 do CPC. Lembramos que não é possível o reconhecimento, de ofício, da prescrição trabalhista, exceto se for a intercorrente na execução (art. 11-A, CLT).

Como o fito da relação processual é a solução da lide, desde que seja possível, o juiz resolverá o mérito sempre que a decisão for favorável à parte a quem aproveitaria eventual pronunciamento nos termos do acima citado art. 485 do CPC.

Cumpre destacar, por fim, que a desistência da ação (do processo) só produz efeito depois de homologada pelo juiz, na forma do parágrafo único do art. 200 do CPC, de modo que, antes da homologação, é possível a reconsideração e, tendo em vista o advento da Lei n. 13.467/2017 (Reforma Trabalhista), o § 3º do art. 841 da CLT determina que "oferecida a contestação, ainda que eletronicamente, o reclamante não poderá, sem consentimento do reclamado, desistir da ação".

b) Requisitos essenciais e complementares

De acordo com o art. 489 do CPC e o art. 832 da CLT, todas as sentenças devem conter certos elementos, pois a omissão do julgador no que tange a qualquer um dos requisitos gera consequências, ou seja, ou a decisão pode ser nula ou inexistente, conforme o caso.

Prevê o art. 489 do CPC, que "são elementos essenciais da sentença: I – o relatório, que conterá os nomes das partes, a identificação do caso, com a suma do pedido e da contestação, e o registro das principais ocorrências havidas no andamento do processo; II – os fundamentos, em que o juiz analisará as questões de fato e de direito; III – o dispositivo, em que o juiz resolverá as questões principais que as partes lhe submeterem".

Por seu turno, dispõe o art. 832 da CLT: "Da decisão deverão constar o nome das partes, o resumo do pedido e da defesa, a apreciação das provas, os fundamentos da decisão e a respectiva conclusão".

No procedimento sumaríssimo o relatório é dispensado, nos termos do art. 852-I da CLT, que vaticina: "A sentença mencionará os elementos de convicção do juízo, com resumo dos fatos relevantes ocorridos em audiência, dispensado o relatório".

b.1) Requisitos Essenciais

b.1.1) Relatório

Tem por objetivo registrar o objeto da lide, com o resumo do pedido e da defesa, bem como as principais ocorrências processuais, e sua ausência gera nulidade da decisão, exceto no procedimento sumaríssimo, onde é dispensado.

Há entendimento no sentido de que só haverá nulidade se houver prejuízo, verificado de plano na sentença, o que tem nossa adesão.

b.1.2) Fundamentação

É a parte que revela todo o raciocínio desenvolvido pelo juiz sobre a apreciação das questões processuais, dos fatos alegados, das provas produzidas e demais elementos dos autos, e sua ausência também gera nulidade da decisão, por determinação constitucional do art. 93, IX, da CF/88.

b.1.3) Conclusão (dispositivo)

É a parte da sentença onde o juiz cumpre a sua função de julgar, acolhendo ou rejeitando o pedido do autor, ou seja, julgando procedente *in totum* ou em parte ou improcedente o pedido do autor, podendo até mesmo não resolver o mérito. Sua ausência gera inexistência da decisão.

b.2) Requisitos complementares

A sentença, no processo do trabalho, também conterá os requisitos complementares, como se denota dos parágrafos do art. 832 da CLT.

Desta forma, quando a decisão concluir pela procedência do pedido, determinará o prazo e as condições para o seu cumprimento, devendo sempre mencionar as custas que devem ser pagas pela parte vencida.

Ademais, as decisões cognitivas ou homologatórias de acordo deverão sempre indicar a natureza jurídica das parcelas constantes da condenação ou do acordo homologado, inclusive o limite de responsabilidade de cada parte pelo recolhimento da contribuição previdenciária, quando houver a incidência.

Com efeito, a discriminação acima versada é essencial em razão de algumas verbas não sofrerem a incidência de contribuição previdenciária, como é o caso dos valores deferidos a título de FGTS e multa fundiária de 40% sobre o saldo daquele para fins rescisórios.

A Lei n. 13.876/2019 inseriu o § 3º-A no art. 832 da CLT, para exigir que salvo na hipótese de o pedido da ação limitar-se expressamente ao reconhecimento de verbas de natureza exclusivamente indenizatória, a parcela referente às verbas de natureza remuneratória não poderá ter como base de cálculo valor inferior: I – ao salário-mínimo, para as competências que integram o vínculo empregatício reconhecido na decisão cognitiva ou homologatória; ou II – à diferença entre a remuneração reconhecida como devida na decisão cognitiva ou homologatória e a efetivamente paga pelo empregador, cujo valor total referente a cada competência não será inferior ao salário-mínimo. Não obstante, também inseriu o §3º-B onde consta que caso haja piso salarial da categoria definido por acordo ou convenção coletiva de trabalho, o seu valor deverá ser utilizado como base de cálculo.

c) Correção de erros materiais

Havendo na decisão evidentes erros ou enganos de escrita, de datilografia ou de cálculo, antes da execução, poderão os mesmos ser corrigidos de ofício pelo juiz, ou ainda, a requerimento dos interessados ou da Procuradoria da Justiça do Trabalho, como vaticina o art. 833 c/c art. 897-A, § 1º, ambos da CLT.

d) Intimação da decisão

Com relação à ciência da decisão, pode-se dizer que a publicação e sua notificação aos litigantes ou a seus patronos consideram-se realizadas nas próprias audiências em que foram as mesmas proferidas, exceto se houver revelia, caso em que a notificação será realizada na forma do § 1º do art. 841 da CLT, como determina o art. 852 da CLT.

Assim vaticina o art. 834 da CLT: "Salvo nos casos previstos nesta Consolidação, a publicação das decisões e sua notificação aos litigantes, ou seus patronos, consideram-se realizadas nas próprias audiências em que forem as mesmas proferidas".

12. TEORIA GERAL DOS RECURSOS TRABALHISTAS

12.1 Conceito e Particularidades. Pressupostos de Admissibilidade

a) Conceito

Recurso é a retomada do curso, ou seja, a lide continua seguindo seu curso (prolongamento do exercício do direito de ação) vez que houve a provocação do reexame de determinada decisão na mesma relação processual em que fora proferida. Em suma, recurso é o direito de demonstrar o inconformismo com uma decisão no curso do mesmo processo, visando, como regra, sua reforma ou anulação.

Os recursos serão **próprios** quando seu julgamento ocorrer na instância superior (recurso ordinário, recurso de revista etc.) e **impróprios** quando julgados pelo mesmo órgão que proferiu a decisão recorrida (embargos de declaração etc.).

Os recursos são interpostos por simples petição, de acordo com a redação do art. 899, *caput:* "Os recursos serão interpostos por simples petição e terão efeito meramente devolutivo, salvo as exceções previstas neste Título, permitida a execução provisória até a penhora".

No entanto, vige o **princípio da dialeticidade** ou **discursividade**, que é seguido pelo TST na Súmula 422, o qual irá exigir que o recurso esteja devidamente fundamentado, sob pena, em regra, de não conhecimento, *in verbis:*

> **"RECURSO. FUNDAMENTO AUSENTE OU DEFICIENTE. NÃO CONHECIMENTO** . I – Não se conhece de recurso para o Tribunal Superior do Trabalho se as razões do recorrente não impugnam os fundamentos da decisão recorrida, nos termos em que proferida. II – O entendimento referido no item anterior não se aplica em relação à motivação secundária e impertinente, consubstanciada em despacho de admissibilidade de recurso ou em decisão monocrática. III – Inaplicável a exigência do item I relativamente ao recurso ordinário da competência de Tribunal Regional do Trabalho, exceto em caso de recurso cuja motivação é inteiramente dissociada dos fundamentos da sentença".

b) Peculiaridades

O recorrente poderá, depois de interposto o recurso e desde que não tenha ocorrido o julgamento, a qualquer tempo, sem a aquiescência do recorrido ou dos litisconsortes, desistir do recurso (art. 998 do CPC) e, no mesmo viés, antes de interpor o recurso, poderá renunciar ao direito de recorrer, o que independe da aceitação da outra parte (art. 999 do CPC).

Ademais, o recurso pode ser total ou parcial, isto é, é possível que o recorrente impugne todas as matérias ou apenas parte delas, como autoriza o art. 1.002 do CPC.

O recurso é interposto de forma voluntária pela parte que tem a pretensão de atacar a decisão. No entanto, há **reexame necessário** que, embora não tenha natureza de recurso, é uma verdadeira condição de eficácia das decisões proferidas contra as pessoas jurídicas de direito público, o que permanece plenamente aplicável mesmo com o advento da CF/88, vez que não viola os princípios da igualdade e do devido processo legal, ou seja, a decisão proferida contra as pessoas jurídicas de direito público não produzirá efeito, senão depois de confirmada pelo tribunal, o que é bem especificado na Súmula 303 do TST.

Ademais, registramos o **princípio da fungibilidade** ou **conversibilidade**, o qual admite que um recurso interposto erroneamente possa ser convertido para o recurso que seria cabível (recurso correto), tendo em vista a natureza instrumental do processo. No entanto, é preciso a presença dos seguintes requisitos: (1º) não haver erro grosseiro ou má-fé – ocorre erro grosseiro quando a norma jurídica vaticina precisamente qual é o recurso cabível e a parte interpõe outro cabalmente desconexo; (2º) dúvida razoável (objetiva) em relação ao recurso cabível – significa que na doutrina e na jurisprudência há controvérsia acerca do recurso que deva ser manejado naquele caso concreto; e, (3º) observância da tempestividade no que tange ao recurso correto – quer dizer que o recurso interposto incorretamente tem que ter sido interposto no prazo do recurso que seria cabível.

Da jurisprudência do TST podemos extrair diversos exemplos, seja pela aplicação ou não do princípio: Súmula 421; OJ 152 da SDI-2; OJ 412 da SDI-1, além de outras.

c) Pressupostos ou Requisitos de Admissibilidade

Também denominados de requisitos de admissibilidade dos recursos, devem ser cumpridos a fim de que seja conhecido e julgado em seu mérito pelo tribunal.

Observe que a decisão de conhecimento do juízo *a quo* não vincula o juízo *ad quem*, haja vista que os pressupostos recursais são entendidos como matérias de ordem pública, ou seja, pode o juiz da Vara do Trabalho, por exemplo, conhecer do recurso ordinário, mas o TRT não.

O não atendimento de qualquer um dos pressupostos abaixo analisados impõe o não conhecimento do recurso interposto.

c.1. Pressupostos intrínsecos ou subjetivos

Estão ligados à decisão que se pretende recorrer e aqueles que podem ou não recorrer da decisão. São eles: a legitimidade, a capacidade e o interesse.

c.1.1. Legitimidade

Extraímos do art. 996 do CPC que o recurso pode ser interposto pela parte vencida, pelo terceiro prejudicado e até mesmo pelo Ministério Público, como parte ou fiscal da ordem jurídica, que na seara trabalhista será o Ministério Público do Trabalho.

A OJ n. 318 da SDI-1 do TST é importante exemplo, ao averbar que os Estados e os Municípios não têm legitimidade para recorrer em nome das autarquias e das fundações públicas. Outrossim, os procuradores estaduais e municipais podem representar as respectivas autarquias e fundações públicas em juízo somente se designados pela lei da respectiva unidade da federação (art. 75, IV, do CPC de 2015) ou se investidos de instrumento de mandato válido.

Cabe registrar também a OJ n. 237 da SDI-1 do TST, que prevê: " I – O Ministério Público do Trabalho não tem legitimidade para recorrer na defesa de interesse patrimonial privado, ainda que de empresas públicas e sociedades de economia mista. II – Há legitimidade do Ministério Público do Trabalho para recorrer de decisão que declara a existência de vínculo empregatício com sociedade de economia mista ou empresa pública, após a Constituição Federal de 1988, sem a prévia aprovação em concurso público, pois é matéria de ordem pública".

c.1.2. Capacidade

Não é suficiente que a parte seja legítima, sendo imprescindível que também seja capaz, isto é, no ato de interpor o recurso, a parte deve ser plenamente capaz de praticar aquele ato processual, pois caso não seja deve ser assistida ou representada.

c.1.3. Interesse

Determina que o recurso deve trazer alguma utilidade para a parte, haja vista que é necessário a demonstração do prejuízo ou perda em decorrência da decisão proferida, ou seja, reflete a necessidade e utilidade do recurso interposto.

É comum em doutrina dizer que tem interesse em recorrer aquele que teve sua pretensão não acolhida, seja totalmente ou parcialmente, isto é, necessário se faz a presença da sucumbência. No entanto, nem sempre só recorre quem é sucumbente (no sentido de apreciação do direito material controvertido), pois não raras vezes a decisão não resolve o mérito e haverá interesse em recorrer quando, por exemplo: a decisão meritória poderia favorecer ao reclamado que alegou prescrição bienal ou até mesmo decadência, na sua contestação, ou até mesmo em caso de mudança dos fundamentos da decisão, haverá interesse, mesmo que a parte tenha sido beneficiada pela decisão.

Assim, esmo que não haja sucumbência, a depender da circunstância processual, é possível recorrer, ainda que seja um terceiro, como dispõe o art. 996 do CPC acima citado.

c.2) Pressupostos extrínsecos ou objetivos

Caracterizam-se por questões estranhas, diversas da decisão que se pretende recorrer, por isso são denominados de extrínsecos. São eles a recorribilidade do ato, a adequação, a tempestividade, a regularidade na representação e o preparo.

c.2.1. Recorribilidade do ato

Significa que a decisão que ser pretende impugnar é passível de contrariedade mediante recurso.

Cabe lembrar que as decisões interlocutórias, no processo do trabalho, são irrecorríveis de imediato, em razão do princípio da oralidade e suas variantes, o que se afirma com espeque no art. 799, § 2º, no art. 893, § 1º e no art. 855-A, § 1º, todos da CLT, além da Súmula 214 do TST.

c.2.2. Adequação

É preciso que a parte interponha o recurso correto (adequado).

No processo do trabalho admite-se a aplicação do princípio da conversibilidade ou fungibilidade, como já ressaltamos ao norte.

c.2.3. Tempestividade

Esse pressuposto está relacionado ao prazo para a interposição do recurso, que no processo do trabalho, em regra, são 8 dias (a Lei n. 5.584/70, art. 6º uniformizou o prazo dos recursos previstos no art. 893 da CLT), inclusive o recurso de agravo em caso de decisão denegatória dos embargos de divergência ou recurso de revista (§ 4º do art. 894 e § 12 do art. 896).

Os embargos de declaração são opostos no prazo de 5 dias e o recurso extraordinário em 15 dias.

O recorrido terá igual prazo para resposta ao recurso interposto (art. 900 da CLT).

As pessoas jurídicas de direito público (União, Estados, Distrito Federal, Municípios e suas respectivas autarquias e fundações públicas que não explorem atividade econômica) têm prazo em dobro para interpor qualquer recurso, nos termos do art. 1º, III, do Decreto-lei n. 779/69, o que também é aplicável à ECT (Correios), na forma da OJ 247, II, parte final, da SDI-1 do TST.

No que tange aos embargos de declaração, os entes de direito público também poderão valer-se do prazo em dobro, como se extrai da OJ n. 192 da SDI-1 do TST.

O MPT também tem a prerrogativa do prazo em dobro para interpor recursos, aplicando-se, no particular, o disposto no art. 180 do CPC.

Note que uma parte da doutrina entende que o pedido de revisão previsto no art. 2º, § 1º, da Lei n. 5.584/70, utilizado quando o juiz mantiver o valor da causa nos dissídios de alçada, tem natureza recursal (recurso de revisão), razão pela qual entendem que o prazo de 48 horas citado também é uma exceção à regra geral de 8 dias.

Se a parte alegar feriado local visando à prorrogação do prazo recursal, a ela cabe o ônus de comprovar sua existência, nos termos da Súmula 385, I do TST. Por outro lado, em havendo feriado forense, incumbe à autoridade que proferir a decisão de admissibilidade do recurso certificar o expediente nos autos, sendo admitida a reconsideração da análise da tempestividade do recurso, via prova documental superveniente em agravo regimental, agravo de instrumento ou até mesmo embargos de declaração (Súmula 385, itens II e III do TST).

Cabe lembrar que é inaplicável ao processo do trabalho o disposto no art. 229, *caput* e §§ 1º e 2º do CPC, que assegura aos litisconsortes com procuradores diferentes a contagem em dobro para a prática de qualquer ato processual, inclusive recorrer, na forma da OJ n. 310 da SDI-1 do TST.

c.2.4.Regularidade na representação processual

O recurso deve ser interposto pela própria parte quando no exercício do *jus postulandi*, exceto recursos de competência do TST (Súmula 425 do TST), quando então deverá ser constituído advogado.

c.2.5.Preparo

No processo do trabalho o preparo é analisado sob dois prismas, quais sejam: custas e depósito recursal.

A falta de preparo gera deserção, mas a insuficiência, em princípio, só se a parte não suprir o pagamento da diferença é que gera deserção e a OJ n. 140 da SDI-1 do TST é clara nesse sentido: "Em caso de recolhimento insuficiente das custas processuais ou do depósito recursal, somente haverá deserção do recurso se, concedido o prazo de 5 (cinco) dias previsto no § 2º do art. 1.007 do CPC de 2015, o recorrente não complementar e comprovar o valor devido".

Nesse mesmo sentido está a OJ n. 148 da SDI-2 do TST, vez que "é responsabilidade da parte, ao interpor recurso ordinário em mandado de segurança, a comprovação do recolhimento das custas processuais no prazo recursal, sob pena de deserção".

As custas só serão pagas uma vez quando da interposição do recurso, isso quando não for beneficiário da gratuidade de justiça. Assim, se a parte interpôs recurso ordinário deverá pagar, mas se for interpor recurso de revista não paga, salvo se houver majoração do valor da condenação, caso em que a outra parte também recorreu, o que se afirma com base no princípio da vedação da *reformatio in pejus*.

Quanto ao depósito recursal, a CLT faz menção a ele no art. 899 e seus parágrafos, o qual tem natureza de garantia do juízo, da condenação, sendo uma obrigação da reclamada (empregador ou tomador dos serviços), desde que haja condenação em pecúnia, sendo indevido caso não haja condenação pecuniária na forma da Súmula 161 do TST.

De acordo com o art. 7º da Lei n. 5.584/70, "a comprovação do depósito da condenação (CLT, art. 899, §§ 1º a 5º) terá que ser feita dentro do prazo para a interposição do recurso, sob pena de ser este considerado deserto", o que é ratificado pela Súmula 245 do TST, onde se lê que o depósito recursal deve ser feito e comprovado no prazo alusivo ao recurso, e caso haja a interposição antecipada deste não haverá prejuízo para a dilação legal.

Assim, se a parte tem 8 dias para interpor o recurso ordinário e o faz no terceiro dia, poderá juntar a guia comprobatória do depósito recursal até o 8º dia do prazo, não se admitindo, destarte, que seja considerado deserto.

No agravo de instrumento a questão da comprovação do pagamento é diferente, vez que o agravante deve comprovar o pagamento do depósito recursal no ato da interposição do recurso, mesmo que o interponha antecipadamente (§ 7º do art. 899 da CLT).

Nos termos do § 4º do art. 899 da CLT, com a redação dada pela Lei 13.467/2017, o depósito recursal será feito em conta vinculada ao juízo e corrigido com os mesmos índices da poupança, não tendo mais lugar para aplicação da Súmula 426 do TST.

Considerando a Súmula 128 do TST, cabe consignar que é ônus da parte recorrente efetuar o depósito legal, integralmente, em relação a cada novo recurso interposto, sob pena de deserção, mas quando atingido o valor da condenação, nenhum depósito mais é exigido para qualquer recurso.

Com efeito, a parte recorrente deve efetuar o depósito no valor da condenação para que seja conhecido seu recurso, mas se o valor da condenação em pecúnia for superior ao teto recursal de cada recurso interposto, limitar-se-á o depósito ao valor do limite legal.

É imperioso destacar que se o valor constante do primeiro depósito, efetuado no limite legal, é inferior ao da condenação, será devida complementação de depósito em recurso posterior, observado o valor nominal remanescente da condenação e/ou os limites legais para cada novo recurso.

Seguem alguns **exemplos** para entender a sistemática mencionada, com valores hipotéticos[1]:

1º) **Condenação acima dos limites** – Em uma reclamação trabalhista a reclamada (uma S.A.) foi condenada a pagar a quantia de R$ 35.000,00. Se a empresa pretende interpor recurso ordinário deve pagar 2% de custas sobre o valor da condenação (R$ 600,00), bem como deve efetuar o depósito recursal no valor de R$ 10.000,00. Após acórdão proferido pelo TRT, se a reclamada quiser interpor recurso de revista, deverá depositar R$ 20.000,00 referente ao depósito recursal limite do recurso em apreço. Note que a soma dos depósitos (R$ 30.000,00) não chega ao valor da condenação originária.

2º) **Condenação abaixo da soma dos limites** – Se a condenação inicial fosse de R$ 20.000,00, a empresa precisaria pagar as custas de R$ 400,00 e depositar o teto do recurso ordinário (R$ 10.000,00), mas quando da interposição do recurso de revista teria que efetuar o depósito recursal de R$ 10.000,00 apenas a título de complementação para chegar no valor da condenação e não o valor do limite previsto para o recurso de revista.

3º) **Condenação abaixo do valor do limite do recurso ordinário** – Se o valor da condenação fosse de R$ 7.000,00, a reclamada teria que recolher o valor de R$ 140,00 de custas além de efetuar o depósito recursal no valor da condenação para que o recurso ordinário fosse conhecido, ou seja, R$ 7.000,00, pois a condenação em pecúnia foi abaixo do teto do RO e, exigir recolhimento acima do teto é violar o sistema processual e constitucional. Desta forma, se a mesma reclamada pretende interpor recurso de revista em face da decisão proferida pelo TRT, nenhum depósito mais será exigido, pois o juízo já estará garantido, o que significa dizer que poderá interpor o recurso sem preparo.

Em havendo condenação solidária, o depósito realizado por uma das recorrentes aproveita às demais, salvo pleito de exclusão da lide, nos termos da acima transcrita Súmula 128, III, do TST.

O valor do depósito recursal será reduzido pela metade para entidades sem fins lucrativos, empregadores domésticos, microempreendedores individuais, microempresas e empresas de pequeno porte.

São isentos do depósito recursal os beneficiários da justiça gratuita, as entidades filantrópicas e as empresas em recuperação judicial, sem prejuízo da massa falida, nos termos da Súmula 86 do TST.

Vale dizer, outrossim, que o depósito recursal poderá ser substituído por fiança bancária ou seguro garantia judicial.

Caso garantido o juízo, na fase executória, a exigência de depósito para recorrer de qualquer decisão viola os princípios da legalidade e do devido processo legal, mas se houver elevação do valor do débito, exige-se, por óbvio, a complementação da garantia do juízo, conforme redação do item II da Súmula 128 do TST.

Vale destacar que não é exigido depósito recursal, em qualquer fase do processo ou grau de jurisdição, dos entes de direito público externo e das pessoas de direito público contempladas no Decreto-Lei n. 779/69, bem assim da massa falida e da herança jacente (Item X da Instrução Normativa n. 03 do TST), o que também se aplica a ECT (Correios) em razão da OJ 247, item II da SDI1 do TST, já que a execução em face da ECT é regida pelo sistema dos precatórios ou RPV.

A propósito, cabe citar a OJ n. 409 da SDI-1 que preconiza: "O recolhimento do valor da multa imposta como sanção por litigância de má-fé (art. 81 do CPC de 2015 – art. 18 do CPC de 1973) não é pressuposto

[1] Teto para Recurso Ordinário: R$ 10.000,00 e para Recurso de Revista: R$ 20.000,00. Lembro que esses valores são hipotéticos. O TST, anualmente, edita um ato atualizando os valores reais. A FGV não tem questão exigindo conhecimento dos valores, de modo que estamos lançando mão de dados hipotéticos para facilitar sua compreensão.

objetivo para interposição dos recursos de natureza trabalhista".

Outrossim, dispõe a OJ n. 389 da SDI-1 do TST: "Constitui ônus da parte recorrente, sob pena de deserção, depositar previamente a multa aplicada com fundamento nos §§ 4º e 5º, do art. 1.021, do CPC de 2015 (§ 2º do art. 557 do CPC de 1973), à exceção da Fazenda Pública e do beneficiário de justiça gratuita, que farão o pagamento ao final".

Não se pode confundir o depósito recursal, tendo em vista sua natureza peculiar, com o **depósito para apreciação de recurso administrativo** mencionado no art. 636, § 1º, da CLT, que assim dispõe: "Os recursos devem ser interpostos no prazo de 10 (dez) dias, contados do recebimento da notificação, perante a autoridade que houver imposto a multa, a qual, depois de os informar, encaminhá-los-á à autoridade de instância superior. § 1º. O recurso só terá seguimento de o interessado o instruir com a prova do depósito da multa".

Na verdade, embora a previsão legal exija depósito para admissibilidade de recurso administrativo em decorrência de penalidades aplicadas pelos órgãos da fiscalização do trabalho, é certo que o preceptivo em causa foi revogado pela Constituição de 1988, ou não recepcionado como prefere o Tribunal Superior do Trabalho, de modo que não há que se falar no depósito previsto no dispositivo como pressuposto de admissibilidade de recurso administrativo, como vaticina a Súmula 424 do TST.

12.2 Efeitos

a) Efeito Devolutivo

Como se extrai do art. 899, *caput*, da CLT os recursos terão efeito meramente devolutivo, ou seja, transferem do juízo *a quo* (inferior) para o juízo *ad quem* (superior) as matérias impugnadas, buscando-se nova manifestação sobre o que fora decidido.

Esse efeito pode ser analisado sob dois prismas, isto é, quanto à extensão (prisma horizontal) e quanto à profundidade (prisma vertical).

No que tange a **extensão do efeito devolutivo**, temos que o órgão *ad quem* (que irá apreciar o recurso) ficará limitado às questões formuladas pela parte recorrente nas razões do seu recurso, ou seja, haverá adstrição ao que foi objeto de recurso, não podendo enfrentar outras questões.

Assim, se o autor faz pedido de horas extras, insalubridade e adicional noturno e a sentença julga procedente apenas o pedido de horas extras e improcedentes os demais, se a parte recorrer (recurso parcial) pretendendo a reforma no que toca ao adicional de insalubridade, o tribunal não poderá apreciar o adicional noturno, que transitará em julgado.

Por outro lado, o **efeito devolutivo em profundidade,** sinaliza no sentido de que serão objeto de apreciação pelo tribunal todas as questões suscitadas no curso da relação processual, mesmo que a sentença não as tenha apreciado por inteiro, desde que relativas ao capítulo impugnado e, por seu turno, quando o pedido ou a defesa contiverem mais de um fundamento e o magistrado acolher apenas um deles, o recurso também irá devolver as demais, como se extrai do art. 1.013, §§ 1º e 2º do CPC, que embora verse sobre o recurso de apelação, aplica-se também ao recurso ordinário.

Na verdade, tudo que fora objeto de teses das partes será transferido para o tribunal, isto é, a devolução de todas as teses é automática, desde que relativas ao capítulo da sentença que está sendo impugnado, o que independe de manifestação, uma vez que o recorrente, com o recurso interposto, limita a extensão, mas isso não ocorre quanto à profundidade, ou seja, a transferência dos demais fundamentos é automática.

Desta forma, se a empresa ajuíza inquérito para apuração de falta grave aduzindo que o requerido praticou algumas faltas graves e o juiz julga improcedente o pedido formulado no inquérito afastando apenas uma das causas sem analisar as demais, estas podem ser analisadas pelo tribunal (efeito devolutivo em profundidade), não havendo, portanto, preclusão.

A Súmula 393 do TST dispõe nesse sentido:

> **"RECURSO ORDINÁRIO. EFEITO DEVOLUTIVO EM PROFUNDIDADE. art. 1.013, § 1º, do cpc de 2015. ART. 515, § 1º, DO CPC de 1973. (nova redação em decorrência do CPC de 2015).** I – O efeito devolutivo em profundidade do recurso ordinário, que se extrai do § 1º do art. 1.013 do CPC de 2015 (art. 515, §1º, do CPC de 1973), transfere ao Tribunal a apreciação dos fundamentos da inicial ou da defesa, não examinados pela sentença, ainda que não renovados em contrarrazões, desde que relativos ao capítulo impugnado. II – Se o processo estiver em condições, o tribunal, ao julgar o recurso ordinário, deverá decidir desde logo o mérito da causa, nos termos do § 3º do art. 1.013 do CPC de 2015, inclusive quando constatar a omissão da sentença no exame de um dos pedidos".

O referido § 3º do art. 1.013 do CPC versa sobre a **Teoria da Causa Madura**, que foi significativamente ampliada pelo CPC de 2015 e determina que "se o processo estiver em condições de imediato julgamento, o tribunal deve decidir desde logo o mérito quando reformar sentença fundada no art. 485; decretar a nulidade da sentença por não ser ela congruente com os limites do pedido ou da causa de pedir; constatar a omissão no exame de um dos pedidos, hipótese em que poderá julgá-lo; decretar a nulidade de sentença por falta de fundamentação".

Exemplifiquemos: o reclamante ajuíza sua ação pretendendo o pagamento do FGTS durante todo o pacto laboral. Na audiência a reclamada resiste à pretensão, invocando prescrição, requerendo que o juiz a pronuncie e resolva o mérito, reconhecendo que a pretensão do reclamante está prescrita. O juiz ao proferir a sentença, não analisa o mérito, consignando que não estão presentes as condições da ação. A reclamada interpõe recurso ordinário para que o Tribunal afaste a carência de ação e, aplicando a teoria em apreço, reconheça a prescrição.

Note, no exemplo acima, que embora a reclamada não seja "vencida", tem interesse em recorrer, pois a sentença que não analisa o mérito faz coisa julgada formal e sua pretensão ao aduzir a prescrição é a coisa julgada material, ou seja, a solução da lide.

Outro exemplo, aplicando literalmente a teoria da causa madura, pode ser extraído da Súmula 100, VII, do TST, onde se lê que "não ofende o princípio do duplo grau de jurisdição a decisão do TST que, após afastar a decadência em sede de recurso ordinário, aprecia desde logo a lide, se a causa versar questão exclusivamente de direito e estiver em condições de imediato julgamento".

Conclui-se então que o efeito devolutivo implica devolução da matéria impugnada pelo recorrente (prisma horizontal), mas o juízo *ad quem* poderá adentrar em todas as teses jurídicas ventiladas no processo (prisma vertical).

b) Efeito Suspensivo

Como sugere o próprio efeito, tem-se que a aplicação do mesmo impede a execução/cumprimento da decisão, haja vista que ficará com sua eficácia suspensa, o que não é a regra no processo do trabalho, pois como já dito acima, a regra é apenas o efeito devolutivo.

No entanto, em algumas situações excepcionais, poderemos ter a aplicação do efeito suspensivo nos recursos trabalhistas.

O TST admite a busca de efeito *suspensivo*, como se depreende do item I, parte final, da Súmula 414 do TST, nos seguintes termos:

> "É admissível a obtenção de efeito suspensivo ao recurso ordinário mediante requerimento dirigido ao tribunal, ao relator ou ao presidente ou ao vice-presidente do tribunal recorrido, por aplicação subsidiária ao processo do trabalho do artigo 1.029, § 5º, do CPC de 2015".

Não cabe efeito suspensivo em recurso ordinário interposto de decisão proferida em mandado de segurança, conforme OJ 113 da SBDI-2 do TST: "É incabível medida cautelar para imprimir efeito suspensivo a recurso interposto contra decisão proferida em mandado de segurança, pois ambos visam, em última análise, à sustação do ato atacado. Extingue-se, pois, o processo, sem julgamento do mérito, por ausência de interesse de agir, para evitar que decisões judiciais conflitantes e inconciliáveis passem a reger idêntica situação jurídica".

Por fim, cabe citar o art. 9º da Lei n. 7.701/88 que dispõe: "O efeito suspensivo deferido pelo Presidente do Tribunal Superior do Trabalho terá eficácia pelo prazo improrrogável de 120 (cento e vinte) dias contados da publicação, salvo se o recurso for julgado antes do término do prazo", o que é aplicável quando houver recurso ordinário interposto em face de decisões proferidas em dissídio coletivo, ou seja, contra sentenças normativas, e também o art. 14 da Lei n. 10.192/2001 que vaticina: "O recurso interposto de decisão normativa da Justiça do Trabalho terá efeito suspensivo, na medida e extensão conferidas em despacho do Presidente do TST".

c) Efeito Substitutivo

Previsto no art. 1.008 do CPC, "o julgamento proferido pelo tribunal substituirá a decisão impugnada no que tiver sido objeto de recurso", o que se aplica apenas se o recurso for conhecido, vez que é o julgamento de mérito do recurso que gera o efeito ora analisado, mesmo que o acórdão do juízo *ad quem* apenas confirme a decisão, isto é, negue provimento ao recurso interposto.

d) Efeito Regressivo

É a possibilidade de haver retratação ou reconsideração do órgão que proferiu a decisão que se recorre, o que é uma exceção, aplicável, por exemplo, ao agravo de instrumento e o agravo regimental.

No entanto, caso haja a extinção do processo sem resolução do mérito, o reclamante poderá interpor recurso ordinário, facultando-se ao juiz a retratação no prazo de 5 dias.

12.3 Juízo de admissibilidade e Juízo de mérito

O juízo de admissibilidade é aquele em que são analisados os requisitos de admissibilidade, de modo que o juízo de mérito só ocorrerá quando aqueles estiverem presentes.

Assim, em caso de ausência dos pressupostos de admissibilidade, o recurso não será conhecido, mas se conhecido julgar-se-á o seu mérito, quando então o órgão competente para o julgamento (juízo *ad quem*) dará (acolherá as razões do recorrente) ou negará (não acolherá as razões do recorrente) provimento ao recurso interposto.

No caso de julgamento do mérito dos recursos, haverá a reforma da decisão em caso de *error in judicando* (erro de julgamento) ou anulação, a depender do caso, ou a invalidação propriamente dita (anulação) do *decisum* em caso de *error in procedendo* (erro no procedimento), como seria o caso de notória violação a ampla defesa pelo magistrado na fase instrutória.

13. RECURSOS EM ESPÉCIE

13.1 Recurso ordinário

É o recurso mais utilizado no processo do trabalho, tendo por base legal o art. 895 da CLT c/c art. 1.009 a 1.014 do CPC (versam sobre a apelação), no que couber, e deve ser interposto no prazo de 8 dias, cabendo ao recorrido igual prazo para resposta.

Esse recurso, que tem fundamentação livre, é aviado para impugnar qualquer questão, seja de fato, de direito, injustiça da decisão, *error in procedendo*, *error in judicando* etc., devendo haver o preparo, quando necessário.

Cabe das decisões definitivas ou terminativas das Varas do Trabalho ou Juízos, quando então será encaminhado ao TRT, e, das decisões definitivas ou terminativas dos TRT's na sua competência originária, tanto em dissídios individuais quanto nos dissídios coletivos, quando então será encaminhado para julgamento no TST.

Assim, é fácil concluir que pode ser manejado para atacar sentença ou acórdão, conforme o caso, de acordo com os incisos I e II do art. 895 da CLT.

É de bom grado compreender, na forma do inciso I do art. 895, que cabe o recurso ordinário das decisões definitivas (resolvem o mérito) das varas do trabalho ou juízos de direito que julgam procedente, improcedente ou procedente em parte os pedidos do reclamante, bem como contra as decisões terminativas (que não analisam o mérito ou até mesmo aquelas que terminam com o feito na Justiça do Trabalho – determinam a remessa dos autos para outra Justiça), caso da decisão que pronuncia de ofício ou acolhe preliminar de incompetência absoluta, remetendo os autos para a justiça comum, assim como aquelas que acolhem preliminares de litispendência, coisa julgada, perempção, inépcia da petição inicial, dentre outras.

No que tange ao inciso II do art. 895, temos que são decisões proferidas em dissídios individuais ou coletivos julgados originariamente pelos TRT's, como ação rescisória, mandado de segurança, ação anulatória de cláusula prevista em acordo ou convenção coletiva, dissídio coletivo etc.

Com efeito, de acórdão do TRT em ação rescisória é cabível o recurso em estudo para o TST (Súmula 158 do TST), bem como da decisão do Regional em mandado de segurança (Súmula 201 do TST).

No procedimento sumaríssimo o recurso ordinário tem tramitação diferenciada, na forma dos §§ 1º e 2º do art. 895 da CLT, especialmente em razão de ser imediatamente distribuído, devendo o relator liberar os autos no máximo em 10 dias sem revisor, sendo possível parecer oral do MPT se entender necessário e o acórdão consistirá em certidão de julgamento. Nos tribunais divididos em turmas, poderá haver designação de turma especificamente para o julgamento de recursos ordinários interpostos na causa sob esse procedimento.

Deve ser interposto perante a autoridade judicial que proferiu a decisão que ora se impugna e, conhecido o recurso, notificará o recorrido para resposta (contrarrazões) no prazo de 8 dias.

Com ou sem a resposta, o feito será encaminhado ao TRT para analisar, mais uma vez, a presença dos pressupostos de admissibilidade e, se for o caso, adentrar no mérito do recurso.

Destacamos que o relator (Súmula 435, TST) deve, primeiramente, apreciar se estão presentes os requisitos de admissibilidade e, caso estejam, determinar o processamento na forma do Regimento Interno do tribunal respectivo.

Após sua admissibilidade, segue seu curso natural na instância superior, sendo possível a sustentação oral pelo patrono, após a exposição da causa pelo relator, manifestando-se, primeiramente, o advogado do recorrente, em seguido o do recorrido e, se for o caso, o Ministério Público.

a) Princípio da Primazia do Julgamento do Mérito Recursal

Considerando o disposto no art. 938 do CPC, deve ocorrer o saneamento de eventuais nulidades, de modo que o fito principal é não cultivar a forma em detrimento da essência do ato.

Assim, o Tribunal suspenderá o julgamento do recurso para fins de saneamento de nulidade e, uma vez renovado ou praticado o ato, seguir-se-á o julgamento do recurso.

Sem prejuízo, temos ainda a aplicação da teoria da causa madura, nas hipóteses elencadas no art. 1.013, § 3º, do CPC, além de outros dispositivos do CPC que versam sobre recursos, em especial do recurso de apelação, sempre de forma supletiva ou subsidiária.

b) Da uniformização de jurisprudência no âmbito dos Tribunais do Trabalho (TST e TRT's)

Considerando as previsões do art. 702, I, *f*, §§ 3º e 4º da CLT, com a redação dada pela Lei n. 13.467/2017, temos que ao Tribunal Pleno do TST compete estabelecer ou alterar súmulas e outros enunciados de jurisprudência uniforme, pelo voto de pelo menos 2/3 de seus membros, caso a mesma matéria já tenha sido decidida de forma idêntica por unanimidade em, no mínimo, 2/3 das turmas em pelo menos dez sessões diferentes em cada uma delas, podendo, ainda, por maioria de 2/3 de seus membros, restringir os efeitos daquela declaração ou decidir que ela só tenha eficácia a partir de sua publicação no Diário Oficial.

As sessões de julgamento sobre estabelecimento ou alteração de súmulas e outros enunciados de jurisprudência deverão ser públicas, divulgadas com, no mínimo, 30 dias de antecedência, e deverão possibilitar a sustentação oral pelo Procurador-Geral do Trabalho, pelo Conselho Federal da Ordem dos Advogados do Brasil, pelo Advogado-Geral da União e por confederações sindicais ou entidades de classe de âmbito nacional.

Ademais, o estabelecimento ou a alteração de súmulas e outros enunciados de jurisprudência pelos Tribunais Regionais do Trabalho deverão observar as mesmas regras acima, sendo que com rol equivalente de legitimados para sustentação oral, observada a abrangência de sua circunscrição judiciária.

13.2 Recurso de Revista

O Recurso de Revista tem como base legal os arts. 896 a 896-C da CLT, com as alterações e inclusões de redação promovidas pela Lei n. 13.015/2014 e Lei n. 13.467/2017.

Trata-se de recurso de natureza extraordinária e fundamentação vinculada, que deve ser interposto no prazo de 8 dias, podendo ter custas (complemento em razão da majoração da condenação pelo TRT) e pode ter depósito recursal, integralmente ou apenas complementação.

É um recurso de cabimento bem restrito, vez que eminentemente técnico, que tem por finalidade uniformizar a jurisprudência ou restabelecer lei federal, norma constitucional, súmula vinculante do STF, Súmula ou OJ do TST que foram violadas, conforme hipóteses de cabimento elencadas no art. 896 da CLT.

Observe que a Lei n. 13.015/2014 estabeleceu, pela redação do § 1º-A do art. 896, que **não será conhecido** o recurso de revista se a parte deixar de indicar o trecho da decisão recorrida que consubstancia o prequestionamento da controvérsia objeto do recurso de revista ou não indicar, de forma explícita e fundamentada, contrariedade a dispositivo de lei, súmula ou orientação jurisprudencial do Tribunal Superior do Trabalho que conflite com a decisão regional ou não expor as razões do pedido de reforma, impugnando todos os fundamentos jurídicos da decisão recorrida, inclusive mediante demonstração analítica de cada dispositivo de lei, da Constituição Federal, de súmula ou orientação jurisprudencial cuja contrariedade aponte.

Não obstante as determinações supra, a Lei n. 13.467/2017 inseriu o inciso IV no § 1º-A do art. 896, para fazer constar que cabe ao recorrente "transcrever na peça recursal, no caso de suscitar preliminar de nulidade de julgado por negativa de prestação jurisdicional, o trecho dos embargos declaratórios em que foi pedido o pronunciamento do tribunal sobre questão veiculada no recurso ordinário e o trecho da decisão regional que rejeitou os embargos quanto ao pedido, para cotejo e verificação, de plano, da ocorrência da omissão".

O recurso de revista é interposto após o julgamento do recurso ordinário por TRT, não podendo ser utilizado para reexame de fatos ou provas, como prevê a Súmula 126 do TST, de modo que o efeito devolutivo se limita às questões jurídicas suscitadas.

Não cabe recurso de revista nos dissídios coletivos (que são julgados, como regra, originariamente pelos TRT's, quando então caberá recurso ordinário). Ademais, o feito deve ter origem na 1ª instância da Justiça do Trabalho, haja vista que o processo deve estar em trâmite no TRT que, *in casu*, estará no exercício do duplo grau de jurisdição, atuando como órgão revisor da decisão proferida pela Vara do Trabalho, ou seja, não caberá recurso de revista para impugnar de decisão do TRT, quando este estiver na competência originária, pois o recurso a ser manejado, no caso, é o ordinário, com fulcro no art. 895, II, da CLT.

No que tange à divergência jurisprudencial, esta deve ser atual, ou seja, não se considera atual aquela decisão divergente já ultrapassada por súmulas do TST ou do STF, ou quando superadas por iterativa e notória jurisprudência do TST, nos termos do art. 896, § 7º, da CLT e Súmula 333 do TST.

É válida, para conhecimento do recurso de revista, a invocação de orientação jurisprudencial do TST, como vaticina a OJ n. 219 da SDI-1 do TST: "É válida, para efeito de conhecimento do recurso de revista ou de embargos, a invocação de Orientação Jurisprudencial do Tribunal Superior do Trabalho, desde que, das razões recursais, conste o seu número ou conteúdo".

Ademais, a demonstração da divergência jurisprudencial deve ser específica, cabendo ao requerente sua demonstração na forma do § 8º do art. 896, observando-se, ainda, as Súmulas 296 e 337, ambas do TST.

A Súmula 23 do TST aduz que "não se conhece de recurso de revista ou de embargos, se a decisão recorrida resolver determinado item do pedido por diversos fundamentos e a jurisprudência transcrita não abranger a todos".

Se o fundamento do recurso de revista for violação à lei ou a Constituição Federal, é preciso fazer a indicação do preceito violado, tendo em vista o § 1º-A, II, do art. 896 da CLT e Súmula 221 do TST: "A admissibilidade do recurso de revista por violação tem como pressuposto a indicação expressa do dispositivo de lei ou da Constituição tido como violado".

Nesse sentido dispõe a Súmula 459 do TST: "O conhecimento do recurso de revista, quanto à preliminar de nulidade por negativa de prestação jurisdicional, supõe a indicação de violação do art. 832 da CLT, do art. 458 do CPC[2] ou do art. 93, IX, da CF/1988".

Ademais, prevê a OJ n. 257 da SDI-I do TST que "a invocação expressa no recurso de revista dos preceitos legais ou constitucionais tidos como violados não significa exigir da parte a utilização das expressões 'contrariar', 'ferir', 'violar' etc.".

No procedimento sumaríssimo só cabe se houver violação a súmula do TST, súmula vinculante do STF ou ofensa à Constituição Federal, de acordo com o art. 896, § 9º, da CLT, sendo incabível, por falta de previsão legal, se for violação à OJ, lei federal ou divergência jurisprudencial.

É incabível, ainda, por falta de previsão legal, quando interposto de acórdão proferido em agravo de instrumento, conforme Súmula 218 do TST.

No caso de liquidação ou execução, a admissibilidade do recurso de revista pressupõe violação flagrante ao Texto Constitucional, nos termos do § 2º do art. 896 da CLT: "Das decisões proferidas pelos Tribunais Regionais do Trabalho ou por suas turmas, em execução de sentença, inclusive em processo incidente de embargos de ter-

[2] A referência atual é o art. 489 do Novo Código de Processo Civil.

ceiro, não caberá Recurso de Revista, salvo na hipótese de ofensa direta e literal de norma da Constituição Federal". Essa previsão é reforçada pela Súmula 266 do TST.

Outrossim, cabe recurso de revista por violação a lei federal, por divergência jurisprudencial e por ofensa à Constituição Federal nas execuções fiscais e nas controvérsias da fase de execução que envolvam a Certidão Negativa de Débito Trabalhista.

Além dos requisitos gerais de admissibilidade recursais já estudados, no recurso de revista deve haver a demonstração da transcendência e o prequestionamento, devendo ainda ser observado o § 1º-A do art. 896, CLT, já comentado.

a) Transcendência

De acordo com o art. 896-A da CLT, o TST examinará, previamente, se a causa oferece transcendência no que toca aos reflexos gerais de natureza social, política, jurídica e econômica, ou seja, deve o TST, única e exclusivamente, verificar se a questão de fundo é relevante, importante para a sociedade como um todo, e não apenas para aquele que está recorrendo, já que o recurso de revista não pode ser manejado para a defesa de direito subjetivo.

Quem analisa a transcendência é o TST e não o Presidente do TRT em primeiro juízo de admissibilidade do Recurso de Revista.

O § 1º do art. 896-A dispõe são indicadores de transcendência, entre outros: I – econômica, o elevado valor da causa; II – política, o desrespeito da instância recorrida à jurisprudência sumulada do Tribunal Superior do Trabalho ou do Supremo Tribunal Federal; III – social, a postulação, por reclamante-recorrente, de direito social constitucionalmente assegurado; IV – jurídica, a existência de questão nova em torno da interpretação da legislação trabalhista.

Poderá o relator, monocraticamente, denegar seguimento ao recurso de revista que não demonstrar transcendência, cabendo agravo desta decisão para o colegiado.

Em relação ao recurso que o relator considerou não ter transcendência, o recorrente poderá realizar sustentação oral sobre a questão da transcendência, durante cinco minutos em sessão.

Mantido o voto do relator quanto à não transcendência do recurso, será lavrado acórdão com fundamentação sucinta, que constituirá decisão irrecorrível no âmbito do tribunal.

Vale afirmar que é irrecorrível a decisão monocrática do relator que, em agravo de instrumento em recurso de revista, considerar ausente a transcendência da matéria.

b) Prequestionamento

Trata-se de exigência pela qual deve ter havido análise da matéria ou questão recorrida, para que tenha cabimento o recurso, vez que o recurso de revista tem natureza extraordinária, sendo eminentemente técnico, como se extrai da Súmula 297, item I do TST: "Diz-se prequestionada a matéria ou questão quando na decisão impugnada haja sido adotada, explicitamente, tese a respeito".

Caso não haja manifestação expressa, a parte precisa lançar mão dos embargos de declaração para tanto, mesmo que o órgão não se pronuncie a respeito, de acordo com a mesma súmula retro, itens II e III.

Ademais, o § 1º-A, inciso I do art. 896 dispõe que é ônus da parte, sob pena de não conhecimento, indicar o trecho da decisão recorrida que consubstancia o prequestionamento da controvérsia objeto do recurso de revista.

Outrossim, existe a possibilidade de haver o prequestionamento tácito (denominado por parte da doutrina como implícito), ou seja, se a parte opõe embargos de declaração para efeitos de prequestionar matéria ou questão e, mesmo assim, o Tribunal não se manifesta explicitamente sobre o tema ventilado e, sem prejuízo, após a Reforma Trabalhista, deve ser observado o disposto no inciso IV do mesmo artigo.

Por outro lado, é inexigível o prequestionamento quando a violação indicada houver nascido na própria decisão recorrida, restando inaplicável, portanto, a Súmula 297, como se depreende da OJ n. 119 da SDI-1 do TST.

Com efeito, se a violação a questão jurídica ocorrer na própria decisão que se pretende recorrer (acórdão do TRT), não se pode mesmo exigir debate e decisão precedentes.

Ainda sobre o prequestionamento, importa citar, para fins de estudo, parte da jurisprudência do TST: OJ's n. 62, 118, 151 e 256, todas da SDI-I do TST.

c) Recursos de Revista com idêntico fundamento de direito (recursos repetitivos)

Em caso de existência de multiplicidade de recursos de revista fundados em idêntica questão de direito, poderá a questão ser remetida à SDI ou ao Tribunal Pleno, por decisão da maioria simples dos seus membros, mediante requerimento de um dos Ministros que compõem a Seção Especializada, considerando a relevância da matéria ou a existência de entendimentos divergentes entre os Ministros dessa Seção ou das Turmas do TST.

Note-se que o Presidente da Turma ou da SDI, por indicação dos relatores, afetará um ou mais recursos repetitivos da controvérsia para julgamento pela SDI ou pelo Pleno, sob o trâmite de recursos repetitivos.

Nessa situação, caberá ao Presidente da Turma ou da Seção Especializada que afetar o processo para julgamento sob o rito em apreço, expedir comunicação aos demais Presidentes de Turma ou de Seção Especializada, que poderão afetar outros processos sobre a questão para julgamento conjunto, a fim de conferir ao órgão julgador visão global da questão, sendo certo que o Presidente do Tribunal Superior do Trabalho oficiará os Presidentes dos Tribunais Regionais do Trabalho para que suspendam os recursos interpostos em casos idênticos aos afetados como recursos repetitivos, até o pronunciamento definitivo do Tribunal Superior do Trabalho.

Outrossim, caberá ao Presidente do Tribunal de origem admitir um ou mais recursos representativos da controvérsia, os quais serão encaminhados ao Tribunal Superior do Trabalho, ficando sobrestados os demais recursos de revista até o pronunciamento definitivo do Tribunal Superior do Trabalho.

Importa destacar que o recurso repetitivo será distribuído a um dos Ministros membros da Seção Especializada ou do Tribunal Pleno e a um Ministro revisor, podendo o relator solicitar, aos Tribunais Regionais do Trabalho, informações a respeito da controvérsia, a serem prestadas no prazo de 15 dias e, em seguida, terá vista o Ministério Público pelo prazo de 15 dias.

Admite-se, ainda, a figura do *amicus curiae* (amigo da corte), que é uma modalidade de intervenção assistencial, em processos de relevância social, por parte de entidades que tenham representatividade adequada, para se manifestar nos autos sobre questão de direito pertinente à controvérsia debatida nos autos, mas que não são partes dos processos, atuando apenas como interessados na causa, haja vista que o relator poderá admitir manifestação de pessoa, órgão ou entidade com interesse na controvérsia, inclusive como assistente simples.

Transcorrido o prazo para o Ministério Público e remetida cópia do relatório aos demais Ministros, o processo será incluído em pauta na Seção Especializada ou no Tribunal Pleno, devendo ser julgado com preferência sobre os demais feitos.

Após publicado o acórdão do Tribunal Superior do Trabalho, os recursos de revista sobrestados na origem seguirão a seguinte sorte:

1) terão seguimento denegado na hipótese de o acórdão recorrido coincidir com a orientação a respeito da matéria no Tribunal Superior do Trabalho;

2) serão novamente examinados pelo Tribunal de origem na hipótese de o acórdão recorrido divergir da orientação do Tribunal Superior do Trabalho a respeito da matéria.

No caso de reexame pelo Tribunal de origem, consoante a segunda hipótese acima citada, mantida a decisão divergente pelo Tribunal de origem, far-se-á o exame de admissibilidade do recurso de revista.

Não obstante, pode ocorrer que a matéria também verse sobre questão constitucional, caso em que a decisão do Pleno sobre questão afetada e julgada sob o rito dos recursos repetitivos não obstará o conhecimento de eventuais recursos extraordinários sobre a questão constitucional.

Aos recursos extraordinários interpostos perante o Tribunal Superior do Trabalho, caberá ao presidente do Tribunal Superior do Trabalho selecionar um ou mais recursos representativos da controvérsia e encaminhá-los ao Supremo Tribunal Federal, sobrestando os demais até o pronunciamento definitivo da Corte, na forma do § 1o do art. 1036 do CPC, de modo que o presidente do Tribunal Superior do Trabalho poderá oficiar os Tribunais Regionais do Trabalho e os presidentes das Turmas e da Seção Especializada do Tribunal para que suspendam os processos idênticos aos selecionados como recursos representativos da controvérsia e encaminhados ao Supremo Tribunal Federal, até o seu pronunciamento definitivo.

A decisão firmada em recurso repetitivo não será aplicada aos casos em que se demonstrar que a situação de fato ou de direito é distinta daquelas no processo julgado sob o rito dos recursos repetitivos.

Ressaltamos que caberá revisão da decisão firmada em julgamento de recursos repetitivos quando se alterar a situação econômica, social ou jurídica, caso em que será respeitada a segurança jurídica das relações firmadas sob a égide da decisão anterior, podendo o Tribunal Superior do Trabalho modular os efeitos da decisão que a tenha alterado.

13.3 Embargos de declaração

Trata-se de recurso cabível no prazo de 5 dias, estando previsto no art. 897-A da CLT, sendo admitida a aplicação do art. 1.022 e seguintes do CPC, de forma supletiva ou subsidiária, inclusive no que toca as decisões que podem ser objeto do recurso em estuda, multa por sua utilização protelatória etc. Vejamos o artigo da CLT:

> "**Art. 897-A**. Caberão embargos de declaração da sentença ou acórdão, no prazo de cinco dias, devendo seu julgamento ocorrer na primeira audiência ou sessão subsequente a sua apresentação, registrado na certidão, admitido efeito modificativo da decisão nos casos de omissão e contradição no julgado e manifesto equívoco no exame dos pressupostos extrínsecos do recurso.
> § 1º Os erros materiais poderão ser corrigidos de ofício ou a requerimento de qualquer das partes.
> § 2º Eventual efeito modificativo dos embargos de declaração somente poderá ocorrer em virtude da correção de vício na decisão embargada e desde que ouvida a parte contrária, no prazo de 5 (cinco) dias. § 3º Os embargos de declaração interrompem o prazo para interposição de outros recursos, por qualquer das partes, salvo quando intempestivos, irregular a representação da parte ou ausente a sua assinatura".

Nos termos do artigo retrocitado, é certo dizer que o presente recurso cabe contra sentença ou acórdão, devendo seu julgamento ocorrer na primeira audiência ou sessão subsequente a sua apresentação, admitindo-se efeito modificativo (efeitos infringentes) nos casos de omissão, contradição ou manifesto equívoco no exame dos pressupostos extrínsecos do recurso, ou seja, em caso de obscuridade não há que se falar em efeito modificativo.

Aplicando o CPC, podemos afirmar que também cabe, também, contra decisões interlocutórias, como seria o caso de uma decisão dessa natureza que simplesmente indefere uma tutela provisória sem a devida fundamentação, apenas averbando: "indefiro, por ora".

A Súmula 278 do TST vaticina que "a natureza da omissão suprida pelo julgamento dos embargos de declaração pode ocasionar efeito modificativo no julgado".

Saliente-se o que preconiza a Súmula 184 do TST: "Ocorre preclusão se não forem opostos embargos declaratórios para suprir omissão apontada em recurso de revista ou de embargos".

Sua oposição interrompe o prazo para interposição de outros recursos, nos termos do § 3º do art. 897-A da CLT. Porém, o efeito interruptivo não ocorrerá quando for intempestivo, houver irregularidade na representação da parte ou ausente sua assinatura.

Não são procrastinatórios os embargos de declaração opostos para fins de prequestionamento, nos termos da Súmula 297, II e III do TST.

13.4 Agravo de Petição

Trata-se de recurso previsto no art. 897, *a*, da CLT, que deve ser interposto no prazo de 8 dias.

É o recurso típico das decisões terminativas ou definitivas em sede de execução, não havendo previsão legal de preparo, cabendo pagamentos de custas ao final pelo executado na forma do art. 789-A da CLT.

No entanto, como se extrai da Súmula 128, item II, havendo elevação do valor do débito na execução, exige-se a complementação da garantia do juízo, de modo que é possível haver depósito recursal para efeito de admissibilidade do agravo de petição.

Cabe contra sentenças proferidas em sede de execução, quer nos embargos à execução, embargos de terceiro, embargos à arrematação, inclusive em liquidação de sentença etc., bem como em face das decisões interlocutórias que resolvem o incidente de desconsideração da personalidade jurídica, independentemente da garantia do juízo (art. 855-A, § 1º, II, CLT).

No entanto, seria inadequado entender que todas as decisões proferidas em execução desafiam o presente recurso, haja vista o princípio da irrecorribilidade imediata das decisões interlocutórias, ressalvada a acima citada (que acolher ou rejeitar o incidente de desconsideração da personalidade jurídica – IDPJ).

Note que o agravo de petição não é utilizado apenas para combater decisão proferida em sede de embargos à execução, terceiros etc., uma vez que é possível o executado, independentemente de garantia do juízo, apresentar exceção (objeção) de pré-executividade, arguindo, por exemplo, nulidade de citação, prescrição intercorrente. Se o juiz a acolher e extinguir a execução, cabe o recurso em comento.

A Interposição do agravo de petição não suspende a execução, salvo por requerimento expresso (Súmula 414, I, parte final do TST), sendo necessário que o agravante delimite, demonstrando de forma justificada, as matérias e os valores impugnados, sob pena de não recebimento do agravo de petição, de acordo com o § 1º do art. 897 da CLT, o que é, na verdade, um pressuposto recursal de admissibilidade específico.

Deve o agravo de petição delimitar justificadamente a matéria e os valores objeto de discordância; não fere direito líquido e certo o prosseguimento da execução quanto ao que não for objeto de impugnação, consoante Súmula 416 do TST. A parte não impugnada poderá ser executada de imediato até o final, conforme § 3º do art. 897 da CLT.

O que se percebe pela leitura do §3º acima citado, é que se a execução estiver correndo no TRT, considera-se como juízo *a quo* o próprio TRT e como juízo *ad quem* o mesmo TRT, porém presidido pela autoridade recorrida, ou seja, o julgamento do agravo de petição será realizado pelo TRT observando-se o órgão competente como definido no Regimento Interno do Tribunal.

Considerando, ainda, o § 8º do art. 897 da CLT, é lícito afirmar que quando o agravo de petição versar apenas sobre contribuições sociais, o juiz da execução determinará a extração de cópias das peças necessárias, que serão autuadas em apartado e remetidas à instância superior para apreciação, após resposta do recorrido (contraminuta).

Da decisão proferida em agravo de petição pelo TRT não cabe recurso de revista para o TST, exceto se houver violação à Constituição Federal, como se extrai do § 2º do art. 896 da CLT, o que é reforçado pela Súmula 266 do TST.

Por fim, caso haja homologação de acordo em sede de execução, a União deverá, caso queira recorrer em razão das contribuições que lhe sejam devidas, interpor o recurso em análise, vez que estaremos diante de sentença homologatória de transação em sede de execução.

13.5 Agravo de instrumento

Tem o presente recurso sua base legal disciplinada no art. 897, *b*, e parágrafos da CLT, devendo ser interposto no prazo de 8 dias.

A **finalidade é** combater os "despachos" (verdadeiras decisões interlocutórias) que denegarem a interposição de recursos (no primeiro juízo de admissibilidade do recurso), podendo ser manejado para destrancar recurso ordinário, recurso de revista, recurso adesivo, agravo de petição e, também, que denegam seguimento ao próprio agravo de instrumento, apesar de parte da doutrina entender, com nossa adesão, que cabe mandado de segurança ou correição parcial, caso seja inadmitido o agravo de instrumento, já que a instância recorrida não tem competência funcional para fazer juízo de admissibilidade ao agravo de instrumento.

Observe que não cabe agravo de instrumento das decisões que denegarem seguimento ao recurso de embargos no TST, pois o recurso adequado é o agravo, haja vista que o agravo de instrumento é um recurso próprio, isto é, deve necessariamente ser julgado por órgão *ad quem*, conforme § 4º do art. 894 da CLT.

O agravo de instrumento é interposto perante o órgão judicial prolator da decisão agravada, que poderá reconsiderar (efeito regressivo) ou não sua decisão. Em hipótese alguma, como dito acima (ausência de competência funcional) ele poderá exercer juízo de admissibilidade no Agravo de instrumento, pois tal competência é da instância superior.

Se a decisão agravada for mantida, o agravado será intimado para oferecer resposta ao agravo e ao recurso principal (§ 6º do art. 897 da CLT), que serão julgados pelo órgão competente para conhecer do principal.

Impende transcrever a OJ 282 da SDI-1 do TST: "No julgamento de Agravo de Instrumento, ao afastar o óbice apontado pelo TRT para o processamento do recurso de revista, pode o juízo "ad quem" prosseguir no exame dos demais pressupostos extrínsecos e intrínsecos do recurso de revista, mesmo que não apreciados pelo TRT". Assim, mais uma vez afirmamos que o primeiro juízo de admissibilidade não vincula o segundo.

Deverá o agravante observar a necessária juntada de peças, nos termos dos incisos I e II do § 5º do art. 897 da CLT, sob pena de não conhecimento.

É preciso afirmar que a formação do agravo incumbe às partes, razão pela qual é válido o traslado de peças realizado pelo agravado, como preconiza a OJ n. 283 da SDI-1 do TST nos seguintes termos: "É válido o traslado de peças essenciais efetuado pelo agravado, pois a regular formação do agravo de instrumento incumbe às partes e não somente ao agravante".

Por seu turno, caso o agravante não tenha procuração nos autos poderá juntar a cópia da ata onde consta sua presença, pois irá demonstrar que está constituído via mandato tácito. No entanto, caso tenha procuração e mera juntada da ata não supre aquela nos moldes da OJ n. 286 da SDI-1do TST.

No que diz respeito ao preparo, essa modalidade recursal não exige custas na fase de conhecimento, mas tão somente na execução, que será paga ao final pelo executado, como vaticina o art. 789-A, III, da CLT.

No entanto, pela Lei n. 12.275/2010 que incluiu na CLT o § 7º no art. 899, exige-se depósito recursal, ou seja, o agravante deve comprovar o depósito de 50% do valor do depósito recursal do recurso que se pretende destrancar, salvo se o juízo estiver garantido, caso em que nenhum depósito mais será exigido ou, se for o caso, apenas a complementação.

Exemplifiquemos: Suponha que uma empresa S.A. tenha sido condenada a pagar a quantia de R$ 20.000,00 a título de indenização por danos morais. Ao interpor o recurso ordinário a empresa teve que comprovar o pagamento das custas no valor de R$ 400,00 e o depósito recursal no valor de R$ 10.000,00 (teto hipotético). Se o juízo primeiro de admissibilidade (juiz da Vara do Trabalho) não conhecer o recurso ordinário, a empresa poderá interpor o agravo de instrumento, sendo que neste caso deverá comprovar o pagamento da quantia de R$ 5.000,00 (50% do valor do recurso ordinário) a título de depósito recursal.

Outrossim, a comprovação do depósito recursal deve ocorrer no ato da interposição do recurso, como prevê o § 7º do art. 899 da CLT.

No entanto, quando o agravo de instrumento tiver a finalidade de destrancar recurso de revista que se insurge contra decisão que contraria a jurisprudência uniforme do Tribunal Superior do Trabalho, consubstanciada nas suas súmulas ou em orientação jurisprudencial, não haverá obrigatoriedade de se efetuar o depósito, haja vista o que dispõe o § 8º do art. 899.

Caso o agravo seja conhecido e provido, a Turma irá deliberar sobre o julgamento do recurso principal (aquele que fora denegado), devendo ser observado, doravante, o procedimento relativo ao recurso outrora denegado, conforme prevê o art. 897, § 7º, da CLT.

13.6 Recurso Adesivo

Também conhecido como recurso subordinado, não é considerado pela doutrina como um recurso propriamente dito, em razão da sua dependência ao recurso principal, estando previsto no art. 997 do CPC.

É plenamente aceitável no processo do trabalho, nos termos da Súmula 283 do TST. Assim, aplica-se subsidiariamente (art. 796 da CLT), no que couber, o artigo do diploma processual civil acima, devendo seguir os mesmos requisitos de admissibilidade do recurso principal, inclusive quanto ao preparo (custas e depósito recursal), quando necessário.

Deve ser apresentado no prazo de contrarrazões e pode ser manejado no recurso ordinário, nos embargos, no agravo de petição e no recurso de revista.

Vamos entender melhor:

Pedro, que é reclamante em uma demanda trabalhista, teve seus pedidos julgados parcialmente procedentes, de modo que ele poderá interpor recurso ordinário, assim como a reclamada (ambos no prazo de 8 dias), na medida em que houve sucumbência recíproca (ambos ganharam e perderam em parte), tendo o juiz ao proferir sentença condenatória em pecúnia deferido a gratuidade de justiça para o reclamante. Em princípio, a reclamada não recorre, mas tão somente Pedro, sendo que ao ser intimada para responder ao recurso ordinário interposto por Pedro, a reclamada resolve recorrer. Como não pode mais interpor o recurso ordinário, vez que já expirou o prazo de 8 dias (preclusão temporal), pode, no entanto, no prazo de contrarrazões apresentar o recurso adesivo, pleiteando que seja reformada a decisão para que os pedidos que foram julgados procedentes sejam julgados improcedentes, caso em que deverá pagar as custas e efetuar o depósito recursal.

É de bom alvitre perceber que caso o reclamante desista ou se o recurso ordinário por ele interposto não for conhecido, a mesma sorte será dada ao recurso adesivo, pois ele é acessório, ou seja, ocorrerá o mesmo com o recurso adesivo. A independência deles é no mérito.

Será oferecido perante o mesmo órgão jurisdicional que intimou o recorrente para contrarrazões, devendo ser concedido prazo para resposta ao outrora recorrente, agora recorrido, que poderá, inclusive, desistir do recurso, uma vez que não depende esse ato da concordância da parte contrária, caso em que o recurso adesivo também não seguirá, pois como visto, trata-se de um recurso subordinado, que só tem independência no que tange ao julgamento do seu mérito.

13.7 Embargos do TST: infringentes e divergência.

A base legal do (s) recurso (s) em testilha é art. 894 da CLT, que deve (m) ser interposto (s) no prazo de 8 dias, seguindo a uniformização dos prazos no processo do trabalho.

Da decisão que nega seguimento a ambos no âmbito do TST, caberá agravo no prazo de 8 dias. Não é o agravo de instrumento!!!

a) Embargos infringentes

Os dissídios coletivos, em regra, são julgados pelos Tribunais Regionais do Trabalho. No entanto, se o dissídio exceder a jurisdição do TRT, será competente o TST.

É bom observar que se o dissídio coletivo for no Estado de São Paulo como um todo, a competência será do TRT da 2ª Região, haja vista que o Estado de São Paulo tem dois TRT's, o da 2ª Região (Capital) e o da 15ª Região (Campinas), ou seja, se houver conflito coletivo em áreas que abracem o TRT da 2ª Região e o TRT da 15ª Região, a competência para julgar os dissídios coletivos será daquele Regional.

Assim, são cabíveis os embargos infringentes das decisões proferidas em dissídio coletivo originariamente julgados pelo TST, visando modificar a decisão, tendo competência para o julgamento dos embargos a SDC (art. 2º, II, *c*, da Lei n. 7.701/88), quando a decisão não for unânime, como se depreende do art. 894, I, *a*, da CLT, sendo que a falta de unanimidade está relacionada a cada cláusula que fora debatida no recurso.

Não cabem embargos infringentes quando a decisão normativa estiver em consonância com os precedentes ou súmulas do TST.

O recurso em apreço, por ter natureza ordinária, comporta devolutividade ampla, abrangendo matéria fática e jurídica, sendo de fundamentação livre, portanto.

Desta feita, pode-se afirmar tal recurso é cabível tão somente nas hipóteses de julgamento de dissídios coletivos e desde que a decisão não seja unânime.

b) Embargos de divergência

É utilizado para uniformizar entendimento no âmbito do TST, em sede de dissídio individual, impugnando decisões divergentes proferidas pelas Turmas do tribunal, ou seja, decisão de Turma que diverge de outra Turma, bem como decisão de Turma que diverge de decisão da SDI do TST, de Súmula do TST ou Súmula Vinculante do STF, consoante art. 894, II, da CLT.

Deve ser considerada, para todos os efeitos, a divergência atual, razão pela qual não ensejam o presente recurso decisões superadas por iterativa, notória e atual jurisprudência do TST, na forma do § 2º do art. 894 e da já citada Súmula 333 do TST.

Possui **natureza extraordinária**, sendo as razões encaminhadas à SDI (art. 3º, III, *b*, da Lei n. 7.701/88), não admitindo reexame de fatos e provas (Súmula 126 do TST), comportando efeito devolutivo restrito (matérias e questões jurídicas), de modo que sua fundamentação é vinculada.

Perfeitamente cabível o recurso de embargos em fase de execução, sendo necessária a demonstração inequívoca de interpretação divergente de dispositivo da Constituição Federal conforme Súmula 433 do TST.

Mesmo no procedimento sumaríssimo é admito o recurso de embargos, desde que observado o disposto na Súmula 458 do TST.

É preciso destacar que não cabem embargos para a SDI das decisões proferidas pelas turmas em agravo, salvo nas hipóteses veiculadas na Súmula 353 do TST, que segue transcrita:

> "EMBARGOS. AGRAVO. CABIMENTO. Não cabem embargos para a Seção de Dissídios Individuais de decisão de Turma proferida em agravo, salvo: a) da decisão que não conhece de agravo de instrumento ou de agravo pela ausência de pressupostos extrínsecos; b) da decisão que nega provimento a agravo contra decisão monocrática do Relator, em que se proclamou a ausência de pressupostos extrínsecos de agravo de instrumento; c) para revisão dos pressupostos extrínsecos de admissibilidade do recurso de revista, cuja ausência haja sido declarada originariamente pela Turma no julgamento do agravo; d) para impugnar o conhecimento de agravo de instrumento; e) para impugnar a imposição de multas previstas nos arts. 1.021, § 4º, do CPC de 2015 ou 1.026, § 2º, do CPC de 2015 (art. 538, parágrafo único, do CPC de 1973, ou art. 557, § 2º, do CPC de 1973); f) contra decisão de Turma proferida em agravo em recurso de revista, nos termos do art. 894, II, da CLT".

O Ministro Relator denegará seguimento aos embargos caso a decisão recorrida esteja de acordo com súmula da jurisprudência do TST ou do STF, ou ainda, com iterativa, notória e atual jurisprudência do TST, quando então deverá o Relator indicá-la, assim como nas hipóteses de intempestividade, deserção, irregularidade de representação ou de ausência de qualquer outro pressuposto extrínseco de admissibilidade.

14. LIQUIDAÇÃO DE SENTENÇA

A liquidação de sentença é estudada dentro do processo de execução, estando prevista no art. 879 e parágrafos da CLT, aplicando-se, no que couberem, as disposições previstas no art. 509 e seguintes do CPC.

A liquidação tem cabimento quando a sentença que condena ao pagamento de determina quantia não é líquida, ou seja, proceder-se-á à sua liquidação em razão de não se encontrarem quantificados os direitos que foram deferidos pela sentença a ponto de permitirem, de imediato, a execução.

Desta feita, como o título executivo necessita de alguns requisitos, quais sejam, certeza, exigibilidade e liquidez, mister se faz sua liquidação para apurar o *quantum debeatur*.

Assim, sentença ilíquida é a que, tendo condenado ao pagamento de algum crédito, não lhe fixou seu valor, e sendo ilíquida a condenação, a parte terá que promover, antes de iniciar a execução, a liquidação do julgado, que constitui, pois, um complemento da sentença condenatória exequenda.

14.1 Espécies

Como prevê o art. 879 da CLT, temos três formas de proceder à liquidação da sentença: cálculos, arbitramento e artigos.

Vale lembrar que "os juros de mora e a correção monetária incluem-se na liquidação, ainda que omisso o pedido inicial ou a condenação", como determina a Súmula 211 do TST.

Por outro lado, "a correção monetária não incide sobre o débito do trabalhador reclamante", consoante Súmula 187 do TST.

Ademais, estabelece a OJ n. 300 da SDI-1 do TST que "não viola norma constitucional (art. 5º, II e XXXVI) a determinação de aplicação da TRD, como fator de correção monetária dos débitos trabalhistas, cumulada com juros de mora, previstos no artigo 39 da Lei nº 8.177/91 e convalidado pelo artigo 15 da Lei nº 10.192/01".

Interessante notar que é possível a realização da liquidação de sentença de forma diversa do que fora determinado na sentença, sem que se ofenda a coisa julgada, tendo inclusive o STJ editado a Súmula 344 nos seguintes termos: "A liquidação por forma diversa da estabelecida na sentença não ofende a coisa julgada".

Note-se que a liquidação deve abranger o cálculo das contribuições previdenciárias devidas (apenas quando houver verba de natureza salarial) e as partes serão previamente intimadas para apresentação do cálculo de liquidação, inclusive da contribuição previdenciária incidente, como determinam os §§ 1º-A e 1º-B do art. 879 da CLT.

Outrossim, nos termos da Súmula 401 do TST, os descontos previdenciários e fiscais devem ser efetuados pelo juízo executório, ainda que a sentença exequenda tenha sido omissa sobre a questão, dado o caráter de ordem pública ostentado pela norma que os disciplina. A ofensa à coisa julgada somente poderá ser caracterizada na hipótese de o título exequendo, expressamente, afastar a dedução dos valores a título de imposto de renda e de contribuição previdenciária.

Cumpre informar que quando na sentença houver uma parte líquida e outra ilíquida, ao credor é lícito promover simultaneamente a execução daquela e, em autos apartados, a liquidação desta. Inclusive, a liquidação poderá ser realizada na pendência de recurso, processando-se no juízo de origem à liquidação.

a) Liquidação por Cálculos

É a forma mais utilizada no processo do trabalho, sendo viabilizada quando o valor da condenação depender apenas de cálculo aritmético, haja vista que os elementos necessários para a dedução do valor devido encontram-se nos próprios autos.

Outrossim, prevê o art. 509, § 2º do CPC que "quando a apuração do valor depender apenas de cálculo aritmético, o credor poderá promover, desde logo, o cumprimento da sentença".

b) Liquidação por Arbitramento

Ocorre quando determinado pela sentença, convencionado pelas partes ou o exigir a natureza da liquidação, sendo mais utilizada quando se torna necessário parecer de profissionais ou técnicos, quando então será necessário lançar mão dessa modalidade de liquidação, conforme art. 509, I, do CPC, como seria a hipótese de apurar o valor do salário *in natura* por ter a sentença determinado a integração da utilidade ao salário, assim como diferenças de complementação de aposentadoria etc.

c) Liquidação por Artigos

Tem cabimento quando houver a necessidade de alegar e provar fato novo, sendo a forma mais complexa de liquidação.

Por fato novo, em nosso pensar, entende-se aquele que fora considerado de forma genérica no contexto da sentença, mas que demanda ser esmiuçado, o que é feito nesta modalidade de liquidação.

Na liquidação por artigos o que se busca é a fixação do valor da dívida, não a existência da dívida, vez que isto já restou assentado na sentença.

Como não há regulação do procedimento desta forma de liquidação na CLT, temos que observar o disposto no CPC, que trata do tema no art. 509, II e 511, sendo certo afirmar que o digesto processual civil faz menção a liquidação pelo procedimento comum.

Assim, far-se-á a liquidação pelo procedimento comum (artigos, de acordo com a CLT), quando houver necessidade de alegar e provar fato novo, caso em que o juiz determinará a intimação do requerido, na pessoa de seu advogado ou da sociedade de advogados a que estiver vinculado, para, querendo, apresentar contestação no prazo de 15 dias, observando-se, a seguir, no que couberem, as disposições das regras gerais de procedimento.

14.2 Impossibilidade de alteração da decisão na liquidação de sentença

A CLT determina que na liquidação não se poderá modificar ou inovar a sentença liquidando, e menos ainda discutir matéria pertinente a causa principal. Pensar de forma diversa seria admitir violação à coisa julgada. No mesmo sentido é o § 4º do art. 509 do CPC. A isso dá-se o nome de **princípio da fidelidade ao título**.

Logo, a liquidação da sentença destina-se exclusivamente, como já dito, a apurar o *quantum debeatur* dentro dos estritos termos fixados no comando jurisdicional.

14.3 Impugnação à conta de liquidação

Dispõe no artigo 879, § 2º, da CLT, que o juiz deverá abrir prazo comum de 8 dias para as partes, objetivando a impugnação, sob pena de preclusão.

Com efeito, em face do citado § 2º do artigo 879, temos que o juiz abrirá vista às partes antes da homologação dos cálculos, para, querendo, ofereça sua impugnação no prazo assinado, sob pena de preclusão. Com ou sem a impugnação, o juiz homologará a liquidação. No entanto, se a parte interessada não impugnou a conta de liquidação, não poderá mais, futuramente, em sede de embargos (devedor) ou impugnação (credor) , discutir a sentença liquidanda, nos termos do art. 884, § 3º da CLT, que assim dispõe : "Somente nos embargos à penhora poderá o executado impugnar a sentença de liquidação, cabendo ao exequente igual direito e no mesmo prazo".

A Súmula 266 do TST prevê a possibilidade de interposição de recurso de revista em sede de decisão sobre liquidação de sentença, nos seguintes termos: "A admissibilidade do recurso de revista interposto de acórdão proferido em agravo de petição, na liquidação de sentença ou em processo incidente na execução, inclusive os embargos de terceiro, depende de demonstração inequívoca de violência direta à Constituição Federal."

Ademais, a jurisprudência do TST caminha no sentido de afirmar que a decisão que resolve a liquidação não é uma mera decisão interlocutória, mas sim uma verdadeira sentença, haja vista que admite o cabimento de ação rescisória, nos termos da Súmula 399, item II que assim dispõe: "A decisão homologatória de cálculos apenas comporta rescisão quando enfrentar as questões envolvidas na elaboração da conta de liquidação, quer solvendo a controvérsia das partes que explicitando, de ofício, os motivos pelos quais acolheu os cálculos oferecidos por uma das partes ou pelo setor de cálculo, e não contestados pela outra".

De outro giro, não seria passível de corte rescisório a decisão (*rectus*: sentença) que apenas afirma estar preclusa a oportunidade de impugnar a sentença de liquidação, nos termos da OJ n. 134 da SDI-II do TST: "A decisão proferida em embargos à execução ou em agravo de petição que apenas declara preclusa a oportunidade de impugnação da sentença de liquidação não é rescindível, em virtude de produzir tão-somente coisa julgada formal".

15. EXECUÇÃO TRABALHISTA

15.1 Legitimidade e Títulos Executivos

a) Legitimidade

De acordo com o art. 878 da CLT, a execução será promovida pelas partes, permitida a execução de ofício pelo juiz ou pelo presidente do Tribunal apenas nos casos em que as partes não estiverem representadas por advogado, ou seja, o juiz não pode mais iniciar a execução quando a parte estiver assistida por advogado.

O CPC, no art. 778, prevê: Pode promover a execução forçada o credor a quem a lei confere título executivo. § 1º Podem promover a execução forçada ou nela prosseguir, em sucessão ao exequente originário: I – o Ministério Público, nos casos previstos em lei; II – o espólio, os herdeiros ou os sucessores do credor, sempre que, por morte deste, lhes for transmitido o direito resultante do título executivo; III – o cessionário, quando o direito resultante do título executivo lhe for transferido por ato entre vivos; IV – o sub-rogado, nos casos de sub-rogação legal ou convencional. § 2º A sucessão prevista no § 1º independe de consentimento do executado.

O Ministério Público do Trabalho tem legitimidade para requerer o início da execução de título executivo judicial, caso tenha atuado como parte no processo de conhecimento em primeira ou em segunda instância e, em se tratando de título extrajudicial, na hipótese de Termo de Ajustamento de Conduta.

O próprio executado pode dar início à execução e, nos termos do art. 878-A, deve efetuar o pagamento do que entender devido à Previdência, sem prejuízo da cobrança de eventual diferença.

Com relação ao polo passivo da execução, transcrevemos o art. 4º da Lei n. 6.830/80 e o art. 779 do CPC, que versam sobre o tema, nos seguintes termos:

> **"Lei n. 6.830/80, art. 4º.** A execução fiscal poderá ser promovida contra: **I** – o devedor; **II** – o fiador; **III** – o espólio; **IV** – a massa; **V** – o responsável, nos termos da lei, por dívidas, tributárias ou não, de pessoas físicas ou pessoas jurídicas de direito privado; e **VI** – os sucessores a qualquer título".

> **"CPC, art. 779.** A execução pode ser promovida contra: I – o devedor, reconhecido como tal no título executivo; II – o espólio, os herdeiros ou os sucessores do devedor; III – o novo devedor que assumiu, com o consentimento do cre-

dor, a obrigação resultante do título executivo; IV – o fiador do débito constante em título extrajudicial; V – o responsável titular do bem vinculado por garantia real ao pagamento do débito; VI – o responsável tributário, assim definido em lei".

Em caso de condenação do tomador dos serviços em decorrência de responsabilidade subsidiária (terceirização), é imperioso que tenha participado da relação processual e conste do título executivo, nos moldes do item IV da Súmula 331 do TST.

Ademais, o responsável solidário, integrante do grupo econômico (art. 2º, § 2º, da CLT) responderá pelos créditos do exequente na fase executiva, mesmo que não tenha participado da relação processual, de modo que a participação de uma das empresas do grupo supre o chamar das demais, sem que haja violação ao contraditório ou a ampla defesa.

A CLT nos arts. 10, 448 e 448-A trata da figura da sucessão de empregadores, de modo que é certo dizer que a responsável pelo adimplemento dos créditos devidos ao trabalhador é a empresa, o que ocorre tipicamente no caso de transferência de titularidade da empresa, fusão, cisão, dentre outras hipóteses e, caso haja alguma cláusula de não responsabilização, ela não será óbice para a responsabilidade patrimonial, gerando efeitos apenas entre os empresários, aplicando-se o disposto no art. 9º da CLT.

Em regra, havendo sucessão, quem responde pela dívida é o sucessor, porém, em havendo fraude, a sucedida responderá solidariamente (art. 448-A, parágrafo único, CLT), sendo certo que uma boa parte da doutrina, à qual nos filiamos, afirma que além da responsabilidade solidária em razão de fraude na sucessão, persistirá a responsabilidade, porquanto subsidiária, quando a sucessora não apresentar patrimônio suficiente para honrar com as obrigações.

O art. 10-A da CLT trata do sócio retirante, afirmando que ele responde subsidiariamente pelas obrigações trabalhistas da sociedade relativas ao período em que figurou como sócio, somente em ações ajuizadas até dois anos depois de averbada a modificação do contrato, observada a seguinte ordem de preferência: I – a empresa devedora; II – os sócios atuais; e III – os sócios retirantes. Porém, o sócio retirante responderá solidariamente com os demais quando ficar comprovada fraude na alteração societária decorrente da modificação do contrato, tudo nos termos do art. 10-A da CLT.

Ademais, nos termos do art. 16 da Lei n. 6.019/74, "no caso de falência da empresa de trabalho temporário, a empresa tomadora ou cliente é solidariamente responsável pelo recolhimento das contribuições previdenciárias, no tocante ao tempo em que o trabalhador esteve sob suas ordens, assim como em referência ao mesmo período, pela remuneração e indenização previstas nesta Lei".

b) Títulos Executivos

Para se promover qualquer execução, é imprescindível um título executivo, pois nula é a execução sem título (*nulla executio sine titulo*). Sendo assim, prevê a CLT no art. 876 que:

> "As decisões passadas em julgado ou das quais não tenha havido recurso com efeito suspensivo; os acordos, quando não cumpridos; os termos de ajuste de conduta firmados perante o Ministério Público do Trabalho e os termos de conciliação firmados perante as Comissões de Conciliação Prévia serão executados na forma estabelecida neste Capítulo. **Parágrafo único.** A Justiça do Trabalho executará, de ofício, as contribuições sociais previstas na alínea a do inciso I e no inciso II do *caput* do art. 195 da Constituição Federal, e seus acréscimos legais, relativas ao objeto da condenação constante das sentenças que proferir e dos acordos que homologar."

Pelo texto legal é que temos títulos executivos judiciais e extrajudiciais, sendo estes estritamente os Termos de Ajustamento de Conduta firmados junto ao MPT (TAC) e os termos de conciliação firmados junto as CCP (art. 625-E, parágrafo único), pois os demais previstos no dispositivo são títulos judiciais.

Tendo em vista a previsão do art. 114, VIII da Constituição, a certidão de dívida ativa da União referente às multas decorrentes de penalidades impostas pelos órgãos de fiscalização das relações de trabalho é outro título executivo extrajudicial na seara trabalhista, o que é ratificado pela previsão contida no § 10 do art. 896 da CLT.

O TST por meio da Instrução Normativa n. 39/2016 reconhece que cheques e nota promissória, como se extrai do art. 13: "Por aplicação supletiva do art. 784, I (art. 15 do CPC), o cheque e a nota promissória emitidos em reconhecimento de dívida inequivocamente de natureza trabalhista também são títulos extrajudiciais para efeito de execução perante a Justiça do Trabalho, na forma do art. 876 e segs. da CLT."

15.2 Desconsideração da personalidade jurídica

É sabido que o patrimônio da empresa não se confunde com o dos seus sócios, de modo que se a execução é promovida em face da empresa (empregadora/tomadora dos serviços), mas se esta não tem bens capazes de saldar a execução, permite-se que o juiz afaste o véu corporativo (teoria da penetração), desconsiderando (não é desconstituir) a personalidade jurídica da empresa (*disregard doctrine)* para alcançar os bens dos sócios.

Ao aplicarmos a relativização da separação patrimonial da pessoa jurídica e de seus sócios, permite-se ao magistrado adentrar o manto da personalidade jurídica (*lifting the corporate veil*), objetivando combater abusos e fraudes.

O art. 790, II, do CPC prevê que os bens do sócio, nos termos da lei, ficam sujeitos à execução, sendo certo que o art. 795 do mesmo diploma citado, firma que os bens particulares dos sócios não respondem pelas dívidas da sociedade, senão nos casos previsto em lei. Por assim dizer, só podemos admitir que se adentre no patrimônio dos sócios nos casos previstos em lei (a desconsideração é uma hipótese).

Note que o regime legal da responsabilidade substitutiva é complementada com veemência pelo art. 4º, § 3º, da Lei n. 6.830/80, que possibilita a desconsideração da personalidade jurídica com a penhora dos bens particulares dos sócios, o que, nos termos do art. 899 da CLT, é plenamente aplicável ao processo do trabalho, sem prejuízo do art. 28 do CDC ou do art. 50 do CC.

A CLT prevê expressamente a necessidade de Incidente de Desconsideração da Personalidade Jurídica (IDPJ) para que os sócios possam ser integrados à execução, como prevê o art. 855-A, §§ 1º e 2º, da CLT, sendo certo que a regra procedimental é aquela estabelecida no CPC do art. 133 a 137, exceto no que toca à possibilidade de recurso, pois se a decisão interlocutória que acolher ou rejeitar o incidente for proferida na fase de conhecimento, não cabe recurso de imediato. Caso seja na fase de execução, caberá agravo de petição, independentemente de garantia do juízo. E, ademais, se for instaurado originariamente no Tribunal, da decisão do relator caberá agravo.

Por fim, a instauração do incidente suspenderá o processo, sem prejuízo de concessão da tutela de urgência de natureza cautelar.

15.3 Competência

A fixação da competência para a execução do título executivo depende de sua natureza, ou seja, se é título executivo judicial ou extrajudicial.

O art. 877 da CLT dispõe que a competência é do juiz que tiver conciliado ou julgado originariamente o dissídio, se for título executivo judicial.

Em se tratando de título extrajudicial, será competente o juiz que teria competência para o processo de conhecimento relativo à matéria, como se infere do art. 877-A da CLT.

Desta forma, para promover a execução de título extrajudicial, deve o exequente observar a disciplina contida no art. 651 da CLT, o qual fixa a competência em razão do local.

15.4 Execução provisória e definitiva

A execução de título executivo judicial pode ser provisória ou definitiva. Quando se tratar de execução de título extrajudicial, será sempre definitiva.

Assim, definitiva é a execução fundada em sentença transitada em julgada (incluído o acordo homologado judicialmente) ou em título extrajudicial, que visa efetivamente à expropriação de bens do executado para satisfação integral do exequente.

Será provisória a execução quando o título judicial exequendo (sentença) estiver sendo objeto de recurso recebido apenas no efeito devolutivo, que é a regra geral no processo do trabalho (art. 899 da CLT), ou seja, cabe execução provisória quando não houver sentença transitada em julgado, que ficará paralisada com a constrição judicial de bens do executado, isto é, a execução provisória tem seu curso até a penhora.

Importa observar que a Súmula 417 do TST admite que, tanto na execução provisória quanto na definitiva, é possível a penhora em dinheiro, sem que se vislumbre violação à direito líquido e certo.

15.5 Procedimento e Defesa do executado

a) Procedimento

Considerando o procedimento executivo estabelecido na CLT, de acordo com o art. 880, não pago o débito voluntariamente nas condições e prazos fixados na sentença ou acordo homologado, o juiz, de ofício ou a requerimento, mandará expedir mandado de citação ao executado, para que pague o débito oriundo da decisão ou acordo, incluídas as contribuições previdenciárias, em 48 horas ou garanta a execução, sob pena de penhora.

Note-se que a expedição de Mandado de Citação Penhora e Avaliação (MCPA) em fase definitiva ou provisória de execução deverá levar em conta a dedução dos valores já depositados nos autos, em especial o depósito recursal (inciso II, *g*, da Instrução Normativa n. 3 do TST).

O mandado de citação, penhora e avaliação, que será cumprido pelo oficial de justiça, deverá conter a decisão exequenda ou o termo de acordo não cumprido (§§ 1º e 2º do art. 880, CLT).

Se o executado, depois de procurado por duas vezes não for encontrado, no espaço de 48 horas, far-se-á a citação por edital, independentemente do rito que seguiu a fase de conhecimento, afixando-se o mesmo na sede da Vara, caso não haja jornal oficial, pelo prazo de 5 dias (§ 3º do art. 880, CLT).

Em caso de pagamento, lavrar-se-á termo de quitação em duas vias assinadas pelo exequente, pelo executado e pelo escrivão ou diretor que lavrar o termo, entregando a segunda via ao executado e juntando a outra no processo.

Se o exequente não estiver presente, a importância será depositada mediante guia em estabelecimento bancário oficial de crédito ou, na falta deste, em estabelecimento bancário idôneo, nos termos do art. 881 e parágrafo único da CLT.

Todavia, caso o executado não pague a quantia, poderá garantir a execução mediante depósito da quantia correspondente, atualizada e acrescida das despesas processuais, apresentação de seguro-garantia judicial ou nomeação de bens à penhora, observada a ordem preferencial estabelecida no art. 835 do CPC.

Pode o executado ser citado e quedar-se inerte, quando então, de acordo com o art. 883 da CLT, seguir-se-á penhora dos bens, tantos quantos bastem ao pagamento da importância da condenação, acrescida de custas e juros de mora, sendo estes devidos a partir da data do ajuizamento da ação. Assim, não sendo pago o valor e nem garantido o juízo, no prazo de 48 horas a contar da citação, seguir-se-á com a penhora dos bens.

Ademais, dispõe o art. 883-A que a decisão judicial transitada em julgado somente poderá ser levada a protesto, gerar inscrição do nome do executado em órgãos de proteção ao crédito ou no Banco Nacional de Devedores Trabalhistas (BNDT), nos termos da lei, depois de transcorrido o prazo de quarenta e cinco dias a contar da citação do executado, se não houver garantia do juízo.

b) Defesa do Executado

De acordo com a redação do art. 884 da CLT, "garantida a execução ou penhorado os bens, terá o executado 5 (cinco) dias para apresentar embargos, cabendo igual prazo ao exequente para impugnação".

Registramos, de plano, que a exigência da garantia ou penhora não se aplica às entidades filantrópicas e/ou àqueles que compõem ou compuseram a diretoria dessas instituições

Desta forma, o que se depreende do texto legal, é que a garantia do juízo, na forma dos arts. 882 e 883 da CLT, é pressuposto indispensável para o oferecimento dos embargos à execução, sob pena de rejeição.

Os embargos do executado são, pois, uma ação em que o executado é autor e o exequente é o réu, mas precisamente, ação incidente do executado no curso da execução, visando anular ou reduzir a execução ou tirar do título sua eficácia/força executória.

O prazo (5 dias) para que sejam oferecidos os embargos à execução começa a fluir, no processo do trabalho, a contar do depósito da importância da condenação ou da assinatura do termo de penhora dos bens oferecidos ao gravame ou da penhora de bens levada a efeito pela iniciativa do oficial de justiça-avaliador ou, se for o caso, da intimação da penhora.

Prevê o Código de Processo Civil no art. 914, § s2º que:

> "Na execução por carta, os embargos serão oferecidos no juízo deprecante ou no juízo deprecado, mas a competência para julgá-los é do juízo deprecante, salvo se versarem unicamente vícios ou defeitos da penhora, avaliação ou alienação dos bens efetuadas no juízo deprecado".

A CLT estabelece de forma bem restrita as matérias que podem ser alegadas em sede de embargos à execução, nos do **art. 884, § 1º**: "A matéria de defesa será restrita às alegações de cumprimento da decisão ou do acordo, quitação ou prescrição da dívida".

Desta feita, como não se pode discutir, no processo de execução, matérias já decididas no processo de conhecimento, as alegações nos embargos só serão válidas se versarem sobre causas supervenientes à sentença, aplicando-se, subsidiariamente, o art. 525, § 1º, CPC.

Outrossim, a impugnação a que se refere o artigo 884, *caput*, da CLT é a que se poderia dar o nome de resposta do embargado (outrora reclamante, ora exequente) à sua defesa aos embargos à execução ofertado.

O prazo para impugnação (resposta) aos embargos é também de 5 dias a contar da intimação, sendo certo que a não impugnação não gera os efeitos da revelia.

No processo do trabalho, como se verifica do **§ 3º do artigo 884 da CLT**, o exequente, no mesmo prazo que tem o executado para embargar, poderá impugnar a sentença de liquidação, e caso o exequente apresente essa impugnação, o executado deve ser intimado para apresentar defesa, também considerando o mesmo prazo.

Na verdade, o que se percebe, é que temos duas impugnações!

A impugnação, que se processa depois da decisão homologatória da liquidação não se confunde com aquela que o credor-exequente apresenta a título de contrariedade aos embargos opostos pelo devedor-executado (art. 884, *caput* da CLT), tampouco com a que se refere o **§ 2º do art. 879 da Consolidação das Leis do Trabalho,** que se traduz em fala sobre os cálculos de liquidação, pois como já visto, se o exequente, intimado dos cálculos, antes de decisão homologatória e de qualquer procedimento de constrição sobre os bens do executado, alertado sobre a cominação da preclusão, deixa transcorrer o prazo sem se pronunciar, lhe é defeso proceder à impugnação (essa, ora em estudo) posteriormente, porque terá incorrido na preclusão.

Vale dizer que o juiz, na mesma sentença, julga os embargos do devedor, a impugnação do credor e a impugnação do órgão previdenciário, como de depreendo do § 4º do art. 884 da CLT.

16. TRÂMITES FINAIS DA EXECUÇÃO

Se não tiverem sido arroladas testemunhas na defesa (embargos à execução) o juiz proferirá sua decisão em 5 dias, julgando subsistente ou não a penhora.

Entretanto, se tiverem sido arroladas testemunhas, o escrivão ou chefe de secretaria fará os autos conclusos ao juiz em 48 horas, finda a instrução, quando então aquele proferirá sentença nos termos acima mencionados.

Proferida a decisão, as partes serão notificadas por aviso de recebimento, e julgada subsistente a penhora, o juiz mandará avaliar os bens, a qual será realizada pelo Oficial de Justiça e deve ser concluída em no máximo 10 dias a contar da nomeação.

Insta salientar que da decisão que rejeitar os embargos, sem apreciar seu mérito, cabe agravo de petição para o TRT, no prazo de 8 dias, o mesmo ocorrendo se os embargos à execução forem recebidos e, no mérito, forem julgados procedentes, improcedentes ou procedentes em parte, aplicando-se o mesmo raciocínio quanto ao julgamento das impugnações.

Após a avaliação, o bem será expropriado para, com o produto arrecadado, realizar o pagamento ao credor.

Com efeito, a CLT prevê que o bem penhorado será levado à hasta pública (leilão, se bens móveis, ou praça, se bens imóveis), para satisfazer o crédito do exequente, o que deve ser divulgado com antecedência mínima de 20 dias.

A arrematação far-se-á em dia, hora e lugar anunciados e os bens serão vendidos pelo maior lance, tendo o exequente preferência para adjudicação.

Com relação propriamente à arrematação, o arrematante deverá garantir o lance com o sinal correspondente a 20% o valor dos bens.

É possível que não haja licitante na hasta pública, quando então, desde que o exequente não requeira à adjudicação, poderão os bens penhorados ser vendidos por leiloeiro nomeado pelo juiz.

Por outro lado, em havendo arrematação, se o arrematante ou seu fiador não pagar dentro de 24 horas o preço da arrematação, perderá em benefício da execução o sinal, que é de 20%, votando à hasta pública os bens penhorados.

Alertamos para o fato de que, em havendo parcelamento pela Secretaria da Receita Federal, no que tange às contribuições sociais, o devedor deverá juntar aos autos a comprovação da avença, ficando a execução da obrigação social suspensa até a quitação de todas as parcelas.

Uma vez feito o pagamento ao credor, deve o juiz extinguir a execução, considerando o art. 924 do CPC.

16.1 Execução contra a Fazenda Pública

A execução/cumprimento da sentença que reconheça a exigibilidade de obrigação de pagar quantia certa pela Fazenda Pública (pessoas jurídicas de direito público) segue um regime diferenciado em razão da impenhorabilidade dos bens públicos, estando excluídas as sociedades de economia mista e as empresas públicas, que explorem atividade econômica no regime concorrencial.

A ECT (Correios) poderá se valer da execução em apreço, vez que não explora atividade econômica, pelo contrário, atua no seguimento de prestação de serviço eminentemente público e relevante, como já fora decidido pelo STF e pelo TST, devendo ser aplicado o mesmo raciocínio às demais empresas públicas e também às sociedades de economia mistas que não atuam no mercado concorrencial (STF, ARE 698.357-AgR, voto da min. Cármen Lúcia, julgamento em 18-9-2012, Segunda Turma, *DJE* de 4-10-2012. Ver também RE 599.628, Rel. p/ o ac. Min. Joaquim Barbosa, julgamento em 25-5-2011, Plenário, *DJE* de 17-10-2011, com repercussão geral). No TST, temos a OJ 247, da SDI-1.

Mister observar, entretanto, o disposto na OJ 343 da SDI-1 do TST: "É válida a penhora em bens de pessoa jurídica de direito privado, realizada anteriormente à sucessão pela União ou por Estado-membro, não podendo a execução prosseguir mediante precatório. A decisão que a mantém não viola o art. 100 da CF/1988".

Cumpre dizer que até que seja fixado o valor devido, seguir-se-á o rito estabelecido pela CLT, mas, uma vez tornada líquida a conta, o procedimento a ser observado é aquele previsto no CPC (art. 534 e seguintes), com as devidas adaptações para o processo do trabalho, ou seja, a fazenda **não** será citada não para pagar ou garantir a execução sob pena de penhora, vez que será citada para, caso queira, oferecer impugnação (correto é embargos à execução – art. 884, CLT) no prazo de 30 dias, podendo arguir as matérias especificadas na CLT e no art. 535 do CPC.

Caso o ente público não ofereça embargos ou sejam rejeitados, desta decisão caberá recurso de agravo de petição para o TRT.

Não apresentados os embargos ou resolvidos estes e com o trânsito em julgado, o magistrado deve requisitar o pagamento da quantia devida ao presidente do Tribunal, a fim de que mande expedir precatório ou aquisição de pequeno valor, observando-se, doravante, o previsto no § 3º do art. 535 e o art. 100 da CF/88.

Cabe registrar que o precatório é o instrumento pelo qual a Fazenda Pública paga os créditos devidos em razão de decisões transitadas em julgado, observando-se, por seu turno, a ordem cronológica de apresentação.

Quando o crédito for considerado de pequeno valor, não se aplica o regime dos precatórios, vez que será necessária apenas à expedição de RPV (requisitório de pequeno valor) observando-se os seguintes limites: 60 salários mínimos se for a União; 40 salários mínimos se forem os Estados ou o Distrito Federal e 30 salários mínimos se forem os Municípios, nos termos do art. 97, § 12, do ADCT.

Temos, outrossim, a previsão da OJ n. 382 da SDI-I do TST: "A Fazenda Pública, quando condenada subsidiariamente pelas obrigações trabalhistas devidas pela empregadora principal, não se beneficia da limitação dos juros, prevista no art. 1º-F da Lei nº. 9.494, de 10.09.1997".

Por fim, se for execução de título extrajudicial, deve ser observado o disposto no art. 910 do CPC.

16.2 Execução das contribuições previdenciárias

A Constituição Federal prevê no art. 114, VIII, que compete à Justiça do Trabalho processar e julgar a execução, de ofício, das contribuições sociais previstas no art.195, I, *a*, e II, e seus acréscimos legais, decorrentes das sentenças que proferir.

Apenas sobre as parcelas de natureza salarial é que recairá a contribuição previdenciária, não incidindo sobre as parcelas de natureza indenizatória, cabendo ao magistrado especificar, seja na sentença ou no acordo, a natureza jurídica das parcelas.

Essa competência executória, também no art. 876, parágrafo único, da CLT, significa que processar-se-á independentemente de requerimento a União, ainda que credora e maior interessada.

Assim, é a Justiça Laboral competente para determinar o recolhimento das contribuições. Porém, a competência da Justiça do Trabalho, quanto à execução das contribuições previdenciárias, *limita-se às sentenças condenatórias em pecúnia que proferir e aos valores, objeto de acordo homologado, que integrem o salário de contribuição*, conforme Súmula 368, I do TST.

Ademais, conforme Súmula 454 do TST, compete à Justiça do Trabalho a execução, de ofício, da contribuição referente ao Seguro de Acidente de Trabalho (SAT), que tem natureza de contribuição para a seguridade social (arts. 114, VIII, e 195, I, *a*, da CF), pois se destina ao financiamento de benefícios relativos à incapacidade do empregado decorrente de infortúnio no trabalho (arts. 11 e 22 da Lei n. 8.212/91).

O Supremo Tribunal Federal publicou a Súmula Vinculante 53, que estabelece: "A competência da Justiça do Trabalho prevista no art. 114, VIII, da Constituição Federal alcança a execução de ofício das contribuições previdenciárias relativas ao objeto da condenação constante das sentenças que proferir e acordos por ela homologados."

16.3 Embargos de Terceiro

Não raras vezes a penhora resta por incidir sobre bens que não pertencem ao executado, ou seja, sobre bens de terceiros estranhos à relação processual.

Para que o terceiro possa desconstituir esses atos de constrição ou ameaça, a ordem jurídica prevê uma ação autônoma (incidental ao processo de conhecimento ou de execução), que tem por azo tutelar a posse ou a propriedade que estão sendo turbadas ou esbulhadas por inadequação de ato processual, a qual se denomina embargos de terceiro, prevista no Código de Processo Civil do art. 674 ao art. 681, aplicável ao processo do trabalho por ilação dos arts. 769 e 889 da CLT.

Considerando o disposto no art. 675 do CPC, os embargos podem ser opostos a qualquer tempo no processo de conhecimento enquanto não transitada em julgado a sentença e, no cumprimento de sentença ou no processo de execução, até 5 dias depois da adjudicação, da alienação por iniciativa particular ou da arrematação, mas sempre antes da assinatura da respectiva carta. Caso identifique a existência de terceiro titular de interesse em embargar o ato, o juiz mandará intimá-lo pessoalmente.

Com efeito, admite-se que os embargos podem ser ajuizados a partir da constrição judicial, o que significa dizer depois de lavrado ao auto de penhora, sendo distribuídos por dependência e tramitarão em autos distintos junto à mesma autoridade judicial que determinou a apreensão, consoante art. 676 do CPC.

É de bom alvitre notar que, nos casos de ato de constrição realizado por carta, os embargos serão oferecidos no juízo deprecado, salvo se indicado pelo juízo deprecante o bem constrito ou se já devolvida a carta, o que gerou, inclusive, a alteração da redação da Súmula 419 do TST.

Na petição inicial, o embargante fará a prova sumária de sua posse ou de seu domínio e da qualidade de terceiro, oferecendo documentos e rol de testemunha, sendo facultada a prova da posse em audiência preliminar designada pelo juiz.

O possuidor direto pode alegar, além da sua posse, o domínio alheio.

A citação será pessoal, se o embargado não tiver procurador constituído nos autos da ação principal.

Será legitimado passivo o sujeito a quem o ato de constrição aproveita, assim como o será seu adversário no processo principal quando for sua a indicação do bem para a constrição judicial.

Os embargos poderão ser contestados no prazo de 15 dias, findo o qual se seguirá o procedimento comum.

Da decisão caberá **recurso ordinário**, se na fase de conhecimento, não havendo necessidade de depósito recursal, vez que não haverá condenação em pecúnia, mas será imprescindível pagar custas, ou **agravo de petição**, se ajuizados na fase de execução.

17. MANDADO DE SEGURANÇA

17.1 Cabimento e Previsão

O Mandado de Segurança é atualmente disciplinado pela Lei n. 12.016/2009, tendo seu fundamento constitucional no art. 5º, LXIX e LXX, da CF/88.

Essa ação é utilizada para afastar o ato coator, ou seja, um ato de uma autoridade pública ou de quem lhe faça às vezes e que esteja violando direito líquido e certo do impetrante.

Por direito líquido (cuja existência é clara e sobre o qual não pende dúvida) e certo (não está condicionado à circunstância alguma), compreende-se aquele que pode ser demonstrado de plano através de documentos, isto é, prova documental pré-constituída, já que o Mandado de Segurança não admite dilação probatória (não permite a produção de provas durante o seu processamento).

17.2 Legitimidade ativa e passiva

Tem legitimidade para pleitear a segurança aquele for lesado, ou estiver na iminência de o ser, em seu direito líquido e certo, desde que não amparado por *habeas corpus* ou *habeas data*. Pode ser impetrado individualmente pelo titular, inclusive em litisconsórcio ativo (dois ou mais lesados).

Não se pode confundir mandado de segurança individual em litisconsórcio ativo com mandado de segurança coletivo, vez que este só pode ser impetrado por: partido político com representação no Congresso Nacional, na defesa de seus interesses legítimos relativos a seus integrantes ou à finalidade partidária, ou por organização sindical, entidade de classe ou associação legalmente constituída e em funcionamento há, pelo menos, 1 ano, em defesa de direitos líquidos e certos da totalidade, ou de parte, dos seus membros ou associados, na forma dos seus estatutos e desde que pertinentes às suas finalidades, dispensada, para tanto, autorização especial.

O art. 3º da Lei do MS prevê que o titular de direito líquido e certo decorrente de direito, em condições idênticas, de terceiro poderá impetrar mandado de segurança a favor do direito originário, se o seu titular não o fizer, no prazo de 30 dias, quando notificado judicialmente.

No polo passivo constará a autoridade, seja de que categoria for e sejam quais forem as funções que exerça, equiparando-se às autoridades os representantes ou órgãos de partidos políticos e os administradores de entidades autárquicas, bem como os dirigentes de pessoas jurídicas ou as pessoas naturais no exercício de atribuições do poder público, somente no que disser respeito a essas atribuições.

17.3 Prazo para impetração

O direito de requerer mandado de segurança extinguir-se-á decorridos 120 dias, contados da ciência, pelo interessado, do ato impugnado, sendo tal prazo decadencial – segundo o STF, não é inconstitucional a fixação de prazo, por lei, para impetração do mandado de segurança.

Porém, o pedido de mandado de segurança poderá ser renovado dentro do prazo decadencial, se a decisão denegatória não lhe houver apreciado o mérito.

No que tange à contagem do prazo decadencial, releva transcrever a OJ n. 127 da SDI-2 do TST, já que qualquer requerimento de reconsideração não tem o condão de afetar o curso do prazo:

> **"MANDADO DE SEGURANÇA. DECADÊNCIA. CONTAGEM. EFETIVO ATO COATOR.** Na contagem do prazo decadencial para ajuizamento de mandado de segurança, o efetivo ato coator é o primeiro em que se firmou a tese hostilizada e não aquele que a ratificou".

17.4 Petição inicial e Emenda

A petição inicial, que deverá preencher os requisitos estabelecidos pela lei processual, será apresentada em 2 vias, com os documentos que instruírem a primeira reproduzidos na segunda, e indicará, além da autoridade coatora, a pessoa jurídica que esta integra, à qual se acha vinculada ou da qual exerce atribuições.

No caso em que o documento necessário à prova do alegado se ache em repartição ou estabelecimento público ou em poder de autoridade que se recuse a fornecê-lo por certidão ou de terceiro, o juiz ordenará, preliminarmente, por ofício, a exibição desse documento em original ou em cópia autêntica, e marcará, para o cumprimento da ordem, o prazo de 10 dias. O escrivão extrairá cópias do documento para juntá-las à segunda via da petição.

Se a autoridade que tiver procedido dessa maneira for a própria coatora, a ordem far-se-á no próprio instrumento da notificação.

Por fim, como se exige prova documental pré-constituída, sendo inaplicável o art. 321 do CPC, conforme jurisprudência consolidada do TST, abaixo colacionada:

> **"Súmula n. 415 do TST. MANDADO DE SEGURANÇA. PETIÇÃO INICIAL. art. 321 do cpc de 2015. ART. 284 DO CPC de 1973. INAPLICABILIDADE. (atualizada em decorrência do CPC de 2015) – Res. 208/2016, DEJT divulgado em 22, 25 e 26.04.2016.** Exigindo o mandado de segurança prova documental pré-constituída, inaplicável o art. 321 do CPC de 2015 (art. 284 do CPC de 1973) quando verificada, na petição inicial do "mandamus", a ausência de documento indispensável ou de sua autenticação".

17.5 Particularidades

A Lei n. 12.016/2009 aduz em seu art.5º, as hipóteses em que não se vislumbram a possibilidade de impetração do Mandado, senão vejamos:

> **"Art. 5º** Não se concederá mandado de segurança quando se tratar: **I** – de ato do qual caiba recurso administrativo com efeito suspensivo, independentemente de caução; **II** – de decisão judicial da qual caiba recurso com efeito suspensivo; **III** – de decisão judicial transitada em julgado".

Na esteira deste entendimento, estabelece a OJ 92 da SDI-2 do TST:

> **"Orientação Jurisprudencial n. 92 da SDI-2 do TST.** MANDADO DE SEGURANÇA – EXISTÊNCIA DE RECURSO PRÓPRIO. Não cabe mandado se segurança contra decisão judicial passível de reforma mediante recurso próprio, ainda que com efeito diferido".

Ademais, vaticina a OJ n. 99 da SDI-2 do TST que "esgotadas todas as vias recursais, não cabe mandado de segurança".

O TST tem jurisprudência pacífica sobre o cabimento do mandado de segurança para impugnar decisões interlocutórias que deferem ou não tutela provisória, como se extrai da Súmula 414 do TST.

Considerando que o *writ* é uma ação e a toda ação é possível um provimento acautelatório, em sua peça vestibular o impetrante poderá veicular pedido de liminar no tocante ao mérito que é a segurança. Vejamos o que diz a lei sobre o despacho da inicial:

> "**Art.** 7º – Ao despachar a inicial, o juiz ordenará: (...) III – que se suspenda o ato que deu motivo ao pedido, quando houver fundamento relevante e do ato impugnado puder resultar a ineficácia da medida, caso seja finalmente deferida, sendo facultado exigir do impetrante caução, fiança ou depósito, com o objetivo de assegurar o ressarcimento à pessoa jurídica".

O Tribunal Superior do Trabalho tem jurisprudência pacificada no sentido de que não cabe recurso ordinário de decisão proferida em agravo regimental em face de liminar em mandado de segurança, nos termos da **OJ 100 da SDI-2 do TST.**

Merece destaque, ainda, o art. 15 da Lei n. 12.016/2009, o qual assevera que a execução da liminar poderá ser suspensa por requerimento de pessoa jurídica de direito público ou do Ministério Público, desde que atendido o interesse público, visando a evitar a desordem pública.

Não obstante, o TST firmou entendimento no sentido de não caber mandado de segurança para impugnar despacho que acolheu ou indeferiu liminar em outro mandado de segurança, o que se afirma com arrimo na OJ n. 140 da SDI-2 daquele Tribunal.

18. AÇÃO RESCISÓRIA

Trata-se de uma ação de conhecimento especial que tem por objetivo a preservação da ordem jurídica positiva e tem natureza constitutivo-negativa (desconstitutiva), desconstituindo, assim, a coisa julga.

18.1 Cabimento na Justiça do Trabalho

Não há dúvidas acerca do cabimento da ação rescisória no processo do trabalho, em razão da previsão contida no art. 836 da CLT. Aplicamos as regras previstas do art. 966 e seguintes do CPC, com as devidas adaptações, além das Súmulas e Orientações Jurisprudenciais do TST, as quais devem ser objeto de leitura obrigatória.

O seu cabimento pressupõe: **(1)** decisão de mérito (coisa julgada material), como regra, e **(2)** trânsito em julgado.

No entanto, dispõe o § 1º do art. 966 do CPC que, nas hipóteses previstas nos incisos do *caput*, será rescindível a decisão transitada em julgado que, embora não seja de mérito, impeça: I – nova propositura da demanda; ou II – admissibilidade do recurso correspondente.

É incabível, como regra, em face de coisa julgada formal (decisão sem análise do mérito), de decisões interlocutórias e despachos, sendo a OJ 150 da SDI-2 do TST um exemplo de não cabimento.

A sentença que declara extinta a obrigação em uma execução, embora não tenha atividade cognitiva, pode ser objeto de corte rescisório, como prevê a OJ 107 da SDI-II do TST.

Uma questão processual ser objeto de ação rescisória, como se extrai da Súmula 412 do TST: "Pode uma questão processual ser objeto de rescisão desde que consista em pressuposto de validade de uma sentença de mérito".

A Súmula 399, item I do TST estabelece que as decisões homologatórias de adjudicação ou arrematação não são sujeitas a ação rescisória, vez que se busca a invalidação do negócio jurídico de transferência, homologado em típica decisão interlocutória (não é sentença).

Não é cabível ação rescisória para desconstituição de sentença não submetida ao reexame necessário, como determina a OJ 21 da SDI-2 do TST, cabendo, por seu turno, ofício ao presidente do Tribunal para que proceda à avocatória dos autos principais, haja vista que o reexame é condição de eficácia da sentença e, sem ele, não há que se falar em trânsito em julgado.

18.2 Competência

A ação rescisória é de competência originária dos tribunais, não tendo as Varas do Trabalho competência funcional para tanto e, como é regra de fixação de competência absoluta, resta por ser inderrogável, portanto.

Sobre o tema o TST é imperioso citar os itens I e II da Súmula 192. Vejamos:

> "AÇÃO RESCISÓRIA. COMPETÊNCIA. I – Se não houver o conhecimento de recurso de revista ou de embargos, a competência para julgar ação que vise a rescindir a decisão de mérito é do Tribunal Regional do Trabalho, ressalvado o disposto no item II. II – Acórdão rescindendo do Tribunal Superior do Trabalho que não conhece de recurso de embargos ou de revista, analisando arguição de violação de dispositivo de lei material ou decidindo em consonância com súmula de direito material ou com iterativa, notória e atual jurisprudência de direito material da Seção de Dissídios Individuais (Súmula nº 333), examina o mérito da causa, cabendo ação rescisória da competência do Tribunal Superior do Trabalho".

O ajuizamento no Tribunal competente é demasiadamente importante, pois, a sua não observância acarreta a extinção do feito sem análise de mérito, por inépcia da petição inicial, nos termos da OJ 70 da SDI-2 do TST: "O manifesto equívoco da parte em ajuizar ação rescisória no TST para desconstituir julgado proferido pelo TRT, ou vice-versa, implica a extinção do processo sem julgamento do mérito por inépcia da inicial".

18.3 Legitimidade

O art. 967 do CPC estabelece aqueles que têm legitimidade para o ajuizamento da ação rescisória.

Sobre a existência de litisconsórcio necessário e facultativo em sede de ação rescisória, temos a Súmula 406 do TST: I – O litisconsórcio, na ação rescisória, é necessário em relação ao polo passivo da demanda, porque supõe uma comunidade de direitos ou de obrigações que não admite solução díspar para os litisconsortes, em face da indivisibilidade do objeto. Já em relação ao polo ativo, o litisconsórcio é facultativo, uma vez que a aglutinação de autores se faz por conveniência e não pela necessidade decorrente da natureza do litígio, pois não se pode condicionar o exercício do direito individual de um dos litigantes no processo originário à anuência dos demais para retomar a lide. II – O Sindicato, substituto processual e autor da reclamação trabalhista, em cujos autos fora proferida a decisão rescindenda, possui legitimidade para figurar como réu na ação rescisória, sendo descabida a exigência de citação de todos os empregados substituídos, porquanto inexistente litisconsórcio passivo necessário.

Outro ponto de relevo é acerca da atuação do sindicato, como substituto processual e autor da reclamação trabalhista onde fora proferida a decisão que se pretende rescindir, caso em que ele terá legitimidade para figurar no polo passivo da ação rescisória, não havendo necessidade de citar os empregados substituídos, inexistindo, portanto, litisconsórcio passivo necessário, pois foi o próprio sindicato que figurou na demanda originária.

O Ministério Público do Trabalho (MPT) tem legitimidade para ajuizamento de ação rescisória, prevendo inclusive a Súmula 407 do TST que, "A legitimidade *'ad causam'* do Ministério Público para propor ação rescisória, ainda que não tenha sido parte no processo que deu origem à decisão rescindenda, não está limitada às alíneas "a", "b" e "c" do inciso III do art. 967 do CPC de 2015 (art. 487, III, "a" e "b", do CPC de 1973), uma vez que traduzem hipóteses meramente exemplificativas".

Em caso de conluio entre as partes, nos processos em que o MPT não participou, o prazo para ajuizamento da ação rescisória não se conta do trânsito em julgado, mas da data que o MPT teve ciência da fraude (Súmula 100, item VI do TST).

Cabe dizer que não se pode exercer o *jus postulandi* em sede de ação rescisória, como prevê a Súmula 425 do TST.

O advogado precisa ter poderes específicos para o ajuizamento da ação rescisória, não se admitindo regularização da representação processual quando constatado o defeito, exceto em fase recursal, como se infere da OJ 151 da SDI-2 do TST.

18.4 Hipóteses de Admissibilidade

As hipóteses de admissibilidade estão elencadas de forma taxativa no art. 966 do CPC (*numerus clausus*):

I – se verificar que foi proferida por força de prevaricação, concussão ou corrupção do juiz;

São práticas criminosas previstas no Código Penal, que podem ser provadas na ação rescisória.

II – for proferida por juiz impedido ou por juízo absolutamente incompetente;

III – resultar de dolo ou coação da parte vencedora em detrimento da parte vencida ou, ainda, de simulação ou colusão entre as partes, a fim de fraudar a lei;

O TST, na Súmula 403, assevera que não caracteriza dolo processual o simples fato de a parte vencedora haver silenciado a respeito de fatos contrários a ela, porque o procedimento, por si só, não constitui ardil do qual resulte cerceamento de defesa e, em consequência, desvie o juiz de uma sentença não condizente com a verdade. Se a decisão rescindenda é homologatória de acordo, não há parte vencedora ou vencida, razão pela qual não é possível a sua desconstituição calcada nesta hipótese (dolo da parte vencedora em detrimento da vencida), pois constitui fundamento de rescindibilidade que supõe solução jurisdicional para a lide.

A OJ n. 94 da SDI-II do TST que: "A decisão ou acordo judicial subjacente à reclamação trabalhista, cuja tramitação deixa nítida a simulação do litígio para fraudar a lei e prejudicar terceiros, enseja ação rescisória, com lastro em colusão. No juízo rescisório, o processo simulado deve ser extinto".

A OJ n. 158 da SDI-2 do TST estabelece que a declaração de nulidade de decisão homologatória de acordo, em razão da colusão entre as partes, é sanção suficiente em relação ao procedimento adotado, não havendo que ser aplicada a multa por litigância de má-fé.

IV – ofender a coisa julgada;

Ocorre quando há novo ajuizamento de ação que já foi anteriormente julgada e, a decisão da nova reclamação, ofende a coisa julgada anterior.

A título de exemplo, a OJ n. 132 da SDI-II do TST assevera que acordo celebrado e homologado judicialmente, em que o empregado dá plena e ampla quitação, sem qualquer ressalva, alcança não só o objeto da inicial, como também todas as demais parcelas referentes ao extinto contrato de trabalho, violando a coisa julgada, a propositura de nova reclamação trabalhista.

V – violar manifestamente norma jurídica;

A Súmula 83 do TST assenta que não procede pedido formulado na ação rescisória por violação literal de lei se a decisão rescindenda estiver baseada em texto legal infraconstitucional de interpretação controvertida nos Tribunais. Ademais, o marco divisor quanto a ser, ou não, controvertida, nos Tribunais, a interpretação dos dispositivos legais citados na ação rescisória é a data da inclusão, na Orientação Jurisprudencial do TST, da matéria discutida.

Dispõe a Súmula 409 do TST que não procede ação rescisória calcada em violação do art. 7º, XXIX, da CF/88 quando a questão envolve discussão sobre a espécie de prazo prescricional aplicável aos créditos trabalhistas, se total ou parcial, porque a matéria tem índole infraconstitucional, construída, na Justiça do Trabalho, no plano jurisprudencial.

Não cabe ação rescisória por invocação de ofensa aos princípios da legalidade, devido processo legal, contraditório e ampla defesa, se apresentados de forma genérica, pois devem estar fundamentados nos dispositivos legais específicos da matéria debatida, que são passíveis de análise no pleito rescisório, nos termos da OJ n. 97 da SDI-2 do TST.

A ação rescisória não deve ser utilizada como substitutivo de recurso, ou como medida para reanalisar fatos e provas, como se extrai da Súmula 410 do TST.

A jurisprudência do TST exige, como regra geral, pronunciamento explícito acerca da violação a disposição de lei, mas não necessariamente sobre o dispositivo legal supostamente violado, mas sim que o conteúdo da norma violada haja sido abordado, como se infere da Súmula 298, itens I e II do TST.

VI – for fundada em prova cuja falsidade tenha sido apurada em processo criminal ou venha a ser demonstrada na própria ação rescisória;

A prova falsa tem que ser decisiva para o julgamento da lide, e pode ser apurada tanto em processo criminal, quando então se exige o trânsito em julgado, ou até mesmo na própria ação rescisória.

VII – obtiver o autor, posteriormente ao trânsito em julgado, prova nova cuja existência ignorava ou de que não pôde fazer uso capaz, por si só, de lhe assegurar pronunciamento;

A Súmula 402 do TST estabelece que documento novo é o cronologicamente velho, já existente ao tempo da decisão rescindenda, mas ignorado pelo interessado ou de impossível utilização, à época, no processo. Não é documento novo apto a viabilizar a desconstituição de julgado: (a) sentença normativa proferida ou transitada em julgado posteriormente à sentença rescindenda; (b) sentença normativa preexistente à sentença rescindenda, mas não exibida no processo principal, em virtude de negligência da parte, quando podia e deveria louvar-se de documento já existente e não ignorado quando emitida a decisão rescindenda.

VIII – foi fundada em erro de fato verificável do exame dos fatos.

Dispõe o § 1º do art. 966 do CPC, "há erro de fato quando a decisão rescindenda admitir fato inexistente ou quando considerar inexistente fato efetivamente ocorrido, sendo indispensável, em ambos os casos, que o fato não represente ponto controvertido sobre o qual o juiz deveria ter se pronunciado".

A OJ 136 da SDI-2 explicita o que é o erro de fato nos seguintes termos:

> "A caracterização do erro de fato como causa de rescindibilidade de decisão judicial transitada em julgado supõe a afirmação categórica e indiscutida de um fato, na decisão rescindenda, que não corresponde à realidade dos autos. O fato afirmado pelo julgador, que pode ensejar ação rescisória calcada no inciso VIII do art. 966 do CPC de 2015 (inciso IX do art. 485 do CPC de 1973), é apenas aquele que se coloca como premissa fática indiscutida de um silogismo argumentativo, não aquele que se apresenta ao final desse mesmo silogismo, como conclusão decorrente das premissas que especificaram as provas oferecidas, para se concluir pela existência do fato. Esta última hipótese é afastada pelo § 1º do art. 966 do CPC de 2015 (§ 2º do art. 485 do CPC de 1973), ao exigir que não tenha havido controvérsia sobre o fato e pronunciamento judicial esmiuçando as provas".

18.5 Suspensão da execução da decisão rescindenda

O ajuizamento da ação rescisória não impede o cumprimento da sentença ou acórdão rescindendo, mas é possível a concessão de tutela provisória (art. 969 do CPC).

Logo, se o autor demonstrar a existência dos requisitos para a concessão da tutela provisória de urgência, poderá requerer a tutela provisória de urgência em caráter incidental ou antecedente (art. 294 e seguintes, CPC), visando suspender o cumprimento da sentença ou acórdão rescindendo.

Nesse sentido, a Súmula 405 do TST atenta que em face do que dispõem a MP 1.984-22/2000 e o art. 969 do CPC de 2015, é cabível o pedido de tutela provisória formulado na petição inicial de ação rescisória ou na fase recursal, visando a suspender a execução da decisão rescindenda.

Transcrevemos, por oportuno, a Orientação Jurisprudencial n. 131 da SDI-2 do TST:

> "A ação cautelar não perde o objeto enquanto ainda estiver pendente o trânsito em julgado da ação rescisória principal, devendo o pedido cautelar ser julgado procedente, mantendo-se os efeitos da liminar eventualmente deferida, no caso de procedência do pedido rescisório ou, por outro lado, improcedente, se o pedido da ação rescisória principal tiver sido julgado improcedente".

18.6 Petição Inicial e Pedidos

A petição inicial deve ser elaborada com base no art. 319 do CPC, devendo ainda o autor, com base no art. 968 do CPC c/c art. 836 da CLT:

a) cumular ao pedido de rescisão (juízo rescindendo – *iudicium rescindens*) e, se for o caso, o de novo julgamento da causa (juízo rescisório – *iudicium rescissorium*).

Interessante salientar que é possível cumular, também, em uma única ação rescisória, a rescisão de sentença e de acórdão, nos termos da OJ n. 78 da SDI-2.

b) realizar o depósito da importância de 20% sobre o valor da causa;

Todavia, aquele que provar miserabilidade jurídica, as pessoas jurídicas de direito público, o Ministério Público do Trabalho e a massa falida ficam dispensados do depósito prévio, conforme determina o art. 6º da Instrução Normativa n. 31 do TST; art. 836, parte final da CLT e § 1º do art. 968 do CPC.

O valor depositado será revertido em favor do réu, a título de multa, caso o pedido deduzido na ação rescisória seja julgado, por unanimidade de votos, improcedente ou inadmissível (art. 974, parágrafo único, CPC).

Deve ainda indicar no bojo da inicial (causa de pedir): (1) a existência da decisão definitiva (acórdão ou sentença) transitada em julgado e a invocação de alguma das hipóteses do art. 966 do CPC.

Não padece de inépcia a petição inicial de ação rescisória apenas porque omite a subsunção do fundamento de rescindibilidade no art. 966 do CPC de 2015 ou o capitula erroneamente em um de seus incisos. Contanto que não se afaste dos fatos e fundamentos invocados como causa de pedir, ao Tribunal é lícito emprestar-lhes a adequada qualificação jurídica (*iura novit curia*). No entanto, fundando-se a ação rescisória no art. 966, inciso V, do CPC de 2015, é indispensável expressa indicação, na petição inicial da ação rescisória, da norma jurídica manifestamente violada, por se tratar de causa de pedir da rescisória, não se aplicando, no caso, o princípio *iura novit curia*.

Caso o relator verifique que a parte não juntou o documento comprobatório do trânsito em julgado à inicial, concederá prazo de 15 dias para que junte, sob pena de indeferimento.

A OJ n. 84 da SDI-2 do TST prevê que a decisão rescindenda e /ou a certidão do trânsito em julgado são peças essenciais para o julgamento da ação rescisória, e sua falta gera a extinção do processo sem resolução de mérito, por falta de pressuposto de constituição e desenvolvimento válido do feito.

Eventual trânsito em julgado posterior ao ajuizamento da ação rescisória não reabilita a ação proposta, na medida em que o ordenamento jurídico não contempla a ação rescisória preventiva. Aliás, o pretenso vício de intimação, posterior à decisão que se pretende rescindir, se efetivamente ocorrido, não permite a formação da coisa julgada material. Assim, a ação rescisória deve ser julgada extinta, sem julgamento do mérito, por carência de ação, por inexistir decisão transitada em julgado a ser rescindida, conforme itens III e IV da Súmula 299 do TST.

A petição inicial será indeferida, além dos casos previstos no art. 330 do CPC, quando não efetuado o depósito de 20% (art. 968, II do CPC c/c art. 836 da CLT), sendo que o indeferimento será realizado pelo relator, em tais hipóteses e, da decisão que a indeferir, caberá gravo para o órgão colegiado.

18.7 Revelia na ação rescisória

O relator ordenará a citação do réu, designando-lhe prazo nunca inferior a 15 dias nem superior a 30 dias para, querendo, apresentar resposta, ao fim do qual, com ou sem contestação, observar-se-á, no que couber, o procedimento comum (art. 970, CPC).

Para contagem do prazo visando a resposta, aplica-se o disposto no art. 774 da CLT e não o do art. 241 do CPC, ou seja, a partir da data em que foi feita pessoalmente, ou recebida a notificação, e não da data da juntada aos autos do comprovante de citação, com espeque na OJ 146 da SDI-2 do TST. Mas, a contagem é em dias úteis, nos moldes do art. 775, CLT.

Cabe ressaltar que, se o réu, citado, não contestar, embora revel, não se produzirão os efeitos da confissão ficta previstos no art. 844 da CLT, não havendo presunção de veracidade dos fatos, vez que a coisa julgada envolve questão de ordem pública, como se extrai da Súmula 398 do TST.

Devolvidos os autos pelo relator, a secretaria do tribunal expedirá cópias do relatório e as distribuirá entre os juízes que compuserem o órgão competente para o julgamento. Note que a escolha de relator recairá, sempre que possível, em juiz que não haja participado do julgamento rescindendo (art. 971, parágrafo único, CPC).

Se os fatos alegados pelas partes dependerem de prova, o relator poderá delegar a competência ao órgão que proferiu a decisão rescindenda, fixando prazo de 1 a 3 meses para devolução dos autos (art. 972 do CPC).

É permitido o julgamento antecipado da lide na hipótese do art. 355, I do CPC.

Concluída a instrução, será aberta vista ao autor e ao réu para razões finais, sucessivamente, pelo prazo de 10 dias. Em seguida, os autos serão conclusos ao relator, procedendo-se ao julgamento pelo órgão competente (art. 973, parágrafo único, CPC).

18.8 Particularidades

Primeiramente é de bom alvitre dizer que o prazo para ajuizamento da ação rescisória é de 2 anos e tal prazo é decadencial, passando a fluir do trânsito em julgado da última decisão proferida no processo (art. 975, CPC), valendo observar que o prazo será de 5 anos se calcada na hipótese do inciso VII do art. 966, prazo este contado do trânsito em julgado da última decisão proferida nos autos.

Com efeito, conta-se o prazo acima citado do dia imediatamente subsequente ao trânsito em julgado da última decisão proferida nos autos, seja ela de mérito ou não (Súmula 100, item I, do TST), não estando sujeito à suspensão nem interrupção.

Determina o CPC no § 1º do art. 975, que se prorroga até o primeiro dia útil imediatamente subsequente o prazo a que se refere o *caput*, quando expirar durante férias forenses, recesso, feriados ou em dia em que não houver expediente forense.

Assim, se o prazo para ajuizamento expirar em férias forenses, feriados, finais de semana ou em dia em que não houver expediente forense, prorroga-se até o primeiro dia útil subsequente, aplicando-se o art. 775 da CLT (Súmula 100, item IX, do TST). Ademais, salvo se houver dúvida razoável, a interposição de recurso intempestivo ou a interposição de recurso incabível não protrai o termo inicial do prazo decadencial (Súmula 100, item III, do TST).

Outrossim, conta-se o prazo decadencial da ação rescisória, após o decurso do prazo legal previsto para a interposição do recurso extraordinário, apenas quando esgotadas todas as vias recursais ordinárias (Súmula 100, X do TST), ou seja, se a parte interpôs todos os recursos cabíveis, inclusive o de revista, em sendo cabível o recurso extraordinário, só após o escoar do prazo para sua interposição (15 dias) é que se pode falar em trânsito em julgado.

Se fundada a ação no inciso VII do art. 966, o termo inicial do prazo será a data de descoberta da prova nova, observado o prazo máximo de 5 anos, contado do trânsito em julgado da última decisão proferida no processo. Porém, nas hipóteses de simulação ou de colusão das partes, o prazo começa a contar, para o terceiro prejudicado e para o Ministério Público, que não interveio no processo, a partir do momento em que têm ciência da simulação ou da colusão (art. 975, §§ 2º e 3º, CPC).

Interessante assinalar que o juízo rescindente não estará adstrito à certidão de trânsito em julgado juntada com a ação rescisória, podendo formar sua convicção através de outros elementos dos autos quanto à antecipação ou postergação do *dies a quo* do prazo decadencial (Súmula 100, item IV do TST).

Por oportuno, nos moldes da OJ 80 da SDI-2 do TST, "o não conhecimento do recurso por deserção não antecipa o dies a quo do prazo decadencial para o ajuizamento da ação rescisória, atraindo, na contagem do prazo, a aplicação da Súmula n. 100 do TST".

Interessante é que pode parte da decisão transitar em julgado e outra parte não, cabendo à rescisória ainda que pendente julgamento de recurso, da parte que não foi objeto de impugnação via recurso (Súmula 100, item II do TST).

Na decisão, após o exame quanto a sua admissibilidade, realiza-se o juízo rescindente (rescindir a sentença ou o acórdão de mérito – *iudicium rescindens*) e, posteriormente, se for o caso, o juízo rescisório (novo julgamento – *iudicium rescissorium*).

É nesse sentido o art. 974 do CPC prevê:

> **"Art. 974.** Julgando procedente o pedido, o tribunal rescindirá a decisão, proferirá, se for o caso, novo julgamento e determinará a restituição do depósito a que se refere o inciso II do art. 968."

Entretanto, nem sempre quando for acolhido o pedido de rescisão da decisão de mérito será cabível o juízo rescisório (novo julgamento), como seria o caso de ação rescisória fundada em ofensa a coisa julgada, casos em que caberia ao tribunal tão somente rescindir a decisão de mérito transitada em julgado.

Por outro lado, se o fundamento da rescisória for ofensa a norma jurídica, caso seja acolhido o pedido de rescisão, o tribunal deve proferir novo julgamento (juízo rescisório).

19. INQUÉRITO PARA APURAÇÃO DE FALTA GRAVE

Previsto no art. 853 da CLT, é uma ação de natureza constitutiva negativa, de rito especial e de jurisdição contenciosa, que tem por objetivo apurar suposta falta grave praticada por empregado estável. É ação de iniciativa do empregador, que visa tornar lícita a rescisão do contrato de trabalho, de modo que, uma vez julgado procedente o pedido, desconstituirá o contrato de trabalho.

Para instauração do inquérito para apuração de falta grave contra empregado garantido com estabilidade, o empregador apresentará **reclamação por escrito** à Vara ou Juízo de Direito, **dentro de 30 dias, contados da data da suspensão do empregado**.

Assim, em razão de certas situações de ordem especial, alguns trabalhadores só podem ser demitidos por ocorrência de falta grave (ou justa causa, pois majoritariamente entende-se que são expressões sinônimas), que exige o inquérito, como é o caso, por exemplo, dos dirigentes sindicais, nos termos do art. 543, § 3º, da CLT e Súmula 379 do TST.

O ajuizamento de inquérito nos casos em que não se exige o mesmo, importa extinção do processo sem análise do mérito, por falta de interesse de agir, de modo que uma das condições processuais da ação estará ausente, sendo o autor/requerente/empregador, carecedor do direito de ação.

Se o empregador não suspender o empregado, ainda assim poderá ajuizar o inquérito, entrementes seja imperioso que o faça o mais breve possível, sob pena de configurar perdão tácito à falta cometida.

Uma vez ajuizado o inquérito, o requerido (empregado) será notificado na forma do art. 841 da CLT para comparecer em audiência, onde poderá apresentar defesa verbal ou escrita, aplicando-se o procedimento referente aos trâmites da audiência em geral, inclusive com as tentativas de conciliação, haja vista o que dispõe o art. 854 da CLT.

No que tange à decisão que julga o inquérito, temos que se o pedido for julgado improcedente, ou seja, não seja reconhecida a falta grave, o empregador deve pagar os salários e outras vantagens desde o afastamento, o que configura, portanto, interrupção do contrato de trabalho, tendo o empregado direito a retornar ao emprego.

Contudo, é possível a conversão da reintegração em indenização, pois o art. 496 da CLT aduz que "quando a reintegração do empregado estável for desaconselhável, dado o grau de incompatibilidade resultante do dissídio, especialmente quando for o empregador pessoa física, o tribunal do trabalho poderá converter aquela obrigação em indenização devida nos termos do artigo seguinte", que deverá corresponder ao dobro do que seria devido ao empregado a título de indenização de antiguidade, consoante art. 497 da CLT, *in verbis*: "Extinguindo-se a empresa, sem a ocorrência de motivo de força maior, ao empregado estável despedido é garantida a indenização por rescisão do contrato por prazo indeterminado, paga em dobro".

A Súmula 28 do TST prevê que no caso de se converter a reintegração em indenização dobrada, o direito aos salários é assegurado até a data da primeira decisão que determinou essa conversão.

Outrossim, caso seja julgado procedente o pedido formulado no inquérito, haverá a extinção do liame empregatício por culpa (falta) do empregado com efeito *ex tunc*, ou seja, a contar da data da sua suspensão. Se não houve a suspensão, a data da rescisão deve ser considerada o dia do proferir da sentença que julgar o inquérito.

Interessante notar que o art. 855 da CLT determina que "se tiver havido prévio reconhecimento da estabilidade do empregado, o julgamento do inquérito pela Junta ou Juízo não prejudicará a execução para pagamento dos salários devidos ao empregado, até a data da instauração do mesmo inquérito", o que leva boa parte da doutrina a afirmar que em caso de reconhecimento da estabilidade e existência de prévia suspensão do empregado, terá o empregador a obrigação de pagar os salários até a data da suspensão, uma vez que se não houve ainda o julgamento do inquérito, o contrato, a toda evidência, estará suspenso. Por seu turno, caso não tenha havido a suspensão, o empregador deverá pagar os salários ao requerido durante todo o tramitar do inquérito, na medida em que o simples ajuizar da ação em tela não suspende o contrato de trabalho, de modo que a obrigação da pagar a contraprestação persistirá.

A Súmula 62 do TST afirma que o prazo de decadência do direito do empregador de ajuizar inquérito em face do empregado que incorre em abandono de emprego é contado a partir do momento em que o empregado pretendeu seu retorno ao serviço.

Por fim, citamos a OJ n. 137 da SDI-II do TST, da qual se extrai que constitui direito líquido e certo do empregador a suspensão do empregado, ainda que detentor de estabilidade sindical, até a decisão final do inquérito em que se apure a falta grave a ele imputada, na forma do art. 494, *caput* e parágrafo único, da CLT.

20. DISSÍDIO COLETIVO

Dissídio coletivo pode ser conceituado como um processo de índole coletiva, que tem por fim solucionar conflitos coletivos de trabalho através de pronunciamentos normativos (denominados de "sentenças normativas" – Poder Normativo da Justiça do Trabalho) que constituem novas condições de trabalho, sendo seu fundamento nuclear o § 2º do art. 114 da CF/88.

Nesse sentido, a Súmula 190 do TST, "ao julgar ou homologar ação coletiva ou acordo nela havido, o Tribunal Superior do Trabalho exerce o poder normativo constitucional, não podendo criar ou homologar condições de trabalho que o Supremo Tribunal Federal julgue iterativamente inconstitucionais".

Na Consolidação das Leis do Trabalho os dissídios coletivos estão previstos a partir do art. 856 da CLT.

De acordo com o art. 856 da CLT, sendo oportuno citar que o art. 857 determina que "a representação para instaurar instância em dissídio coletivo constitui prerrogativa das associações sindicais, excluídas as hipóteses aludidas no art. 856, quando ocorrer suspensão do trabalho", sendo essenciais para à instauração do processo de dissídio coletivo o edital de convocação da categoria e a respectiva ata da AGT (Assembleia Geral dos Trabalhadores), nos termos da OJ n. 29 da SDC do TST.

Vale dizer que a OJ n. 15 da SDC do TST exige a comprovação da legitimidade nos seguintes termos: "A comprovação da legitimidade ad processum da entidade sindical se faz por seu registro no órgão competente do Ministério do Trabalho, mesmo após a promulgação da Constituição Federal de 1988".

Por outro lado, a OJ n. 19 da SDC do TST estabelece que "a legitimidade da entidade sindical para a instauração da instância contra determinada empresa está condicionada à prévia autorização dos trabalhadores da suscitada diretamente envolvidos no conflito".

Ademais, a OJ n. 8 da SDC do TST averba que "a ata de assembleia de trabalhadores que legitima a atuação da entidade sindical em favor de seus interesses deve registrar, obrigatoriamente, a pauta reivindicatória, produto da vontade expressa da categoria", de modo que "nos processos de dissídio coletivo só serão julgadas as cláusulas fundamentadas na representação, em caso de ação originária, ou no recurso", como determina o Precedente Normativo n. 37 do TST.

Observe que a legitimidade *ad causam* do sindicato está vinculada a correspondência entre as atividades exercidas pelos setores profissionais e econômicos envolvidos no conflito coletivo, como prevê a OJ n. 22 da SDC: "É necessária a correspondência entre as atividades exercidas pelos setores profissional e econômico, a fim de legitimar os envolvidos no conflito a ser solucionado pela via do dissídio coletivo".

Registre-se, ainda, que a representação sindical abrange toda a categoria, não comportando separação fundada na maior ou menor dimensão de cada ramo ou empresa, conforme preceitua a OJ n. 23 da SDC do TST.

Os conflitos coletivos são classificados como econômico ou de interesse, que são aqueles onde o fim visado é o criar de novos direitos, e, conflito jurídico ou de interpretação, cujo fito é tão somente interpretar disposição legal, convencional ou regulamento aplicável às categorias econômicas e profissionais envolvidas.

Há ainda, em doutrina, a afirmação no sentido de que o dissídio de greve tem natureza híbrida ou mista, vez que além de decidir sobre a abusividade da greve, também irá apreciar as questões de natureza econômica do dissídio, o que se afirma com espeque no art. 8º da Lei n. 7.783/89, que assim vaticina: "A Justiça do Trabalho, por iniciativa de qualquer das partes ou do Ministério Público do Trabalho, decidirá sobre a procedência, total ou parcial, ou improcedência das reivindicações, cumprindo ao Tribunal publicar, de imediato, o competente acórdão".

O **Dissídio Coletivo de Natureza Econômica** é verdadeiramente uma ação constitutiva, que visa à prolação de sentença normativa criando novas normas ou condições de trabalho que irão ser aplicadas nas relações de emprego, admitindo-se subclassificação, qual seja:

1) Dissídio Originário ou Inaugural – quando não há negociação coletiva ou sentença normativa precedente, de modo que busca a fixação de normas;

2) Dissídio Revisional ou de Revisão – tem por objetivo a revisão de norma coletiva anterior e está baseado na cláusula *rebus sic stantibus*, em que a Justiça do Trabalho, verificando alteração nas condições então vigentes, procede à devida atualização, considerando as reais necessidades do momento (arts. 874 e 875, CLT) e;

3) Dissídio de Extensão – tem por azo estender a toda categoria as normas ou condições que tiveram como destinatários apenas parte dela, em obediência ao princípio da isonomia (arts. 868 e seguintes, CLT).

Quando houver a homologação de acordo em dissídio coletivo, não se aplica o efeito extensivo, salvo se for observado o procedimento determinado na CLT a partir do art. 868, como se infere da OJ n. 2 da SDC.

Observe-se, ainda, que o requisito "comum acordo" previsto no dispositivo constitucional é uma condição da ação. Sua ausência implica falta de interesse processual, o que deve acarretar a extinção do processo sem análise do mérito. No entanto, o entendimento predominante sobre o momento de demonstrar o comum acordo não é necessariamente quando do ajuizamento do dissídio, de modo que pode ser demonstrado no curso do dissídio, razão pela qual não há necessidade de tal requisito ser prévio ao ajuizamento, o qual pode até mesmo ser verificado de forma tácita no curso do processo, muito embora o TST venha entendendo que não se trata de condição da ação, mas sim de pressuposto processual (não há Súmula ou Orientação Jurisprudencial sobre).

Sobre a natureza da decisão proferida em sede de dissídio coletivo, vale observar a Súmula 397 do TST, a qual afirma que não procede ação rescisória calcada em ofensa à coisa julgada perpetrada por decisão proferida em ação de cumprimento, em face de a sentença normativa, na qual se louvava, ter sido modificada em grau de recurso, porque em dissídio coletivo somente se consubstancia coisa julgada formal. Assim, os meios processuais aptos a atacarem a execução da cláusula reformada são a exceção de pré-executividade e o mandado de segurança, no caso de descumprimento do art. 514 do CPC de 2015 (art. 572 do CPC de 1973).

Muito embora seja um dos temas mais controvertidos no processo do trabalho, essa posição é a que predomina na doutrina, vez que a sentença normativa permite seu cumprimento antes do trânsito em julgado, como prevê a Súmula 246 do TST: "É dispensável o trânsito em julgado da sentença normativa para propositura da ação de cumprimento".

É oportuno averbar que em sede de dissídio coletivo não cabe arresto, apreensão ou depósito, nos moldes da OJ n. 3 da SDC, que assim vaticina: "São incompatíveis com a natureza e a finalidade do dissídio coletivo as pretensões de provimento judicial de arresto, apreensão ou depósito".

Há ainda **o Dissídio Coletivo de Natureza Jurídica**, que pode ser entendido como uma ação de natureza meramente declaratória, vez que a pretensão nele manejada é apenas a interpretação de normas coletivas preexistentes e em vigor, não servindo, por outro lado, para interpretação de norma genérica, consoante OJ n. 9 da SDC do TST.

Em sentido semelhante está redigida a OJ n. 7 da SDC do TST, vez que "não se presta o dissídio coletivo de natureza jurídica à interpretação de normas de caráter genérico, a teor do disposto no art. 313, II, do RITST".

Por fim, temos o **Dissídio Coletivo de Natureza Mista ou Híbrida**, que é o dissídio de natureza jurídica e econômica, tendo carga declaratória e constitutiva. Dá-se quando o tribunal julga dissídio coletivo de greve declarando ou não a abusividade da mesma, ao mesmo tempo em que constitui novas condições de trabalho (art. 8º da Lei n. 7.783/89 e art. 114, § 3º, da CF).

Há na doutrina quem faça menção ao denominado dissídio de greve, pura e simplesmente, que seria instaurado em caso de frustração na negociação coletiva, quando então os trabalhadores, observando os requisitos legais, resolvem deflagrar o movimento paredista.

Sobre a competência, as Varas do Trabalho jamais julgam dissídios coletivos! Se o dissídio coletivo for de competência originária do TRT, da decisão cabe recurso ordinário para o TST (art. 895, II, da CLT), cuja competência para julgamento é da SDC. Se a competência para o julgamento for originária do TST, o recurso cabível contra a sentença normativa é o de embargos infringentes para o próprio TST, quando a decisão não for unânime, mas a competência para o julgamento será da SDC.

21. AÇÃO DE CUMPRIMENTO

A ação em estudo foi assim idealizada pela doutrina e jurisprudência, em razão do contido no art. 872 e parágrafo único da CLT que reza:

> "Celebrado o acordo, ou transitada em julgado a decisão, seguir-se-á o seu cumprimento, sob as penas estabelecidas neste Título. Parágrafo único – Quando os empregadores deixarem de satisfazer o pagamento de salários, na conformidade da decisão proferida, poderão os empregados ou seus sindicatos, independentes de outorga de poderes de seus associados, juntando certidão de tal decisão, apresentar reclamação à Junta ou Juízo competente, observado o processo previsto no Capítulo II deste Título, sendo vedado, porém, questionar sobre a matéria de fato e de direito já apreciada na decisão."

É uma ação de conhecimento que tem por objetivo exigir o cumprimento das cláusulas previstas em instrumentos de negociação coletiva (acordos e convenções coletivas de trabalho), bem como o previsto em sentença normativa, sendo certo que, por esta ação, não se cria direitos, pelo contrário, busca-se a observância de direito preexistente.

Sua natureza é condenatória, devendo ser observado o rito ordinário, sumário ou sumaríssimo, neste último caso se o valor da causa não for superior a 40 salários mínimos na data do ajuizamento da ação.

O que se percebe é que o instrumento acima citado não tem carga condenatória, daí por que não são passíveis de execução, haja vista que não são títulos executivos, judiciais ou extrajudiciais.

Insta salientar que é admitido o ajuizamento da ação de cumprimento antes do trânsito em julgado da sentença normativa, tendo em vista o disposto na Súmula 246 do TST.

Caso haja a alteração do que fora decidido na sentença normativa, incabível o manejo da ação rescisória para desconstituir a decisão proferida na sentença normativa, vez que o TST pacificou entendimento no sentido de que não cabe ação rescisória "calcada em ofensa à coisa julgada perpetrada por decisão judicial proferida em ação de cumprimento, em face de sentença normativa", nos moldes da Súmula 397.

Logo, se houver modificação da sentença normativa que serviu de base para o ajuizamento da ação de cumprimento, esta deverá se adaptar a solução do conflito e, caso o tribunal tenha extinto o feito sem resolução de mérito, a consequência será exatamente a extinção da ação de cumprimento, o que se aduz com fulcro na citada Súmula 397 do TST e na OJ n. 277 da SDI-1 do TST.

No que tange à legitimidade, é lícito dizer que a ação de cumprimento pode ser ajuizada de forma individual, ou até mesmo em litisconsórcio ativo pelos trabalhadores (ação plúrima), bem como pelo sindicato (como legitimado extraordinário) em verdadeira substituição processual.

Dispõe a Súmula 286 do TST que "a legitimidade do sindicato para propor ação de cumprimento estende-se também à observância de acordo ou convenção coletiva", o que abrange também aqueles não associados, em razão do cancelamento da Súmula 310 do TST.

Ainda no que tange à legitimidade entende-se, hodiernamente, que as federações também têm legitimidade para o ajuizamento da ação de cumprimento.

Na ação de cumprimento não haverá a fase de produção de provas, isto é, não há oitiva de testemunhas, depoimento pessoal das partes, pois sua essência está vinculada umbilicalmente a prova documental pré-constituída, cabendo às partes juntarem os documentos pertinentes, de modo que o autor deverá juntar o instrumento no qual embase seu pedido quando do ajuizamento da ação em apreço.

Cabe averbar que falta interesse processual para ajuizamento de ação individual (reclamação trabalhista), seja singular ou plúrima, na hipótese do direito invocado já ter sido reconhecido mediante sentença normativa, pois trata-se de cabimento de ação de cumprimento, nos termos da já citada OJ n. 188 da SDI-1 do TST.

Por fim, no que diz respeito à prescrição, a Súmula 350 do TST prevê que o prazo de prescrição para o ajuizamento da ação de cumprimento das decisões normativas começa a fluir apenas do trânsito em julgado, isso porque, como já visto, é dispensado o trânsito em julgado da sentença normativa para ajuizamento da ação de cumprimento.

22. DA RESPONSABILIDADE POR DANO PROCESSUAL

A CLT, do art. 793-A ao art. 793-D, tem uma seção dedicada à responsabilidade daquele que causar dano de natureza processual, afirmando que responde por perdas e danos aquele que litigar de má-fé como reclamante, reclamado ou interveniente.

Será considerado litigante de má-fé aquele que deduzir pretensão ou defesa contra texto expresso de lei ou fato incontroverso; alterar a verdade dos fatos; usar do processo para conseguir objetivo ilegal; opuser resistência injustificada ao andamento do processo; proceder de modo temerário em qualquer incidente ou ato do processo; provocar incidente manifestamente infundado ou, ainda, interpuser recursos com intuito manifestamente protelatório.

De ofício ou a requerimento, o juízo condenará o litigante de má-fé a pagar multa, que deverá ser superior a 1% e inferior a 10% do valor corrigido da causa, a indenizar a parte contrária pelos prejuízos que esta sofreu e a arcar com os honorários advocatícios e com todas as despesas que efetuou.

Porém, quando forem dois ou mais os litigantes de má-fé, o juízo condenará cada um na proporção de seu respectivo interesse na causa ou solidariamente aqueles que se coligarem para lesar a parte contrária.

Quando o valor da causa for irrisório ou inestimável, a multa poderá ser fixada em até duas vezes o limite máximo dos benefícios do Regime Geral de Previdência Social.

O valor da indenização será fixado pelo juízo ou, caso não seja possível mensurá-lo, liquidado por arbitramento ou pelo procedimento comum, nos próprios autos.

Aplica-se a mesma multa acima citada a testemunha que intencionalmente alterar a verdade dos fatos ou omitir fatos essenciais ao julgamento da causa.

REFERÊNCIAS

BERNARDES, Felipe. *Manual de Processo do Trabalho*. Salvador: JusPODIVM, 2018.

CISNEIROS, Gustavo. *Direito do trabalho sintetizado*. 1. ed. Rio de Janeiro: Forense; São Paulo: Método, 2016.

GIGLIO, Wagner. *Direito Processual do Trabalho*. 16. ed. São Paulo: Saraiva, 2007.

JÚNIOR, José Cairo. *Curso de Direito Processual do Trabalho*. 3. ed. Salvador: JusPODIVM, 2010.

LEITE, Carlos Henrique Bezerra. *Curso de Direito Processual do Trabalho*. São Paulo: Saraiva, 2018.

MARTINS, Sérgio Pinto. *Direito Processual do Trabalho*. 38. ed. São Paulo: Saraiva, 2016.

MARTINS FILHO, Ives Gandra da Silva. *Manual esquemático de direito e processo do trabalho*. 23. ed. rev. e atual. São Paulo: Saraiva, 2016.

SANDES, Fagner (organizador). *Reflexos do NCPC no Processo do Trabalho*. Rio de Janeiro: Ágora, 2016.

SCHIAVI, Mauro. *Manual de Direito Processual do Trabalho*. São Paulo: LTr, 2018.

Questões

Direito Processual do Trabalho

I. PRINCÍPIOS E COMPETÊNCIA DO PROCESSO DO TRABALHO

1. (XXIII Exame) Rita é engenheira e trabalhou na empresa Irmãos Construtores Ltda. por 3 anos. Ao ser dispensada, ajuizou ação trabalhista em face da ex-empregadora. Como tinha experiência na área de recursos humanos de empregos anteriores, decidiu ela própria fazer sua defesa jurídica, não buscando, portanto, a assistência de advogado ou sindicato. Elaborou a petição inicial, compareceu à audiência e formulou perguntas para testemunhas e para a parte ré. Ao término da instrução o juiz prolatou sentença de improcedência do petitório de Rita, a qual, inconformada, interpôs recurso ordinário, que teve provimento negado, sendo mantida a sentença de primeiro grau. Ainda inconformada, adotando o mesmo sistema, entendendo ter havido violação literal de dispositivo constitucional tanto na sentença de primeiro grau como no acórdão, Rita, da mesma forma e desacompanhada de advogado, interpõe o competente recurso de revista para o TST. Com base na jurisprudência consolidada do TST acerca da postulação em causa própria, assinale a afirmativa correta.

(A) O recurso deverá ser conhecido e provido.

(B) O recurso deveria ser endereçado ao STF, em razão da alegada violação constitucional.

(C) Não cabe mais recurso do julgado.

(D) O recurso deverá ter o seguimento negado por irregularidade de representação.

RESPOSTA Diante da Súmula 425 do TST, a qual estabelece que o *jus postulandi* das partes, estabelecido no art. 791 da CLT, limita-se às Varas do Trabalho e aos Tribunais Regionais do Trabalho, não alcançando a ação rescisória, a ação cautelar, o mandado de segurança e os recursos de competência do Tribunal Superior do Trabalho, há irregularidade na representação, levando, no caso da questão, a inadmissibilidade do recurso. *Alternativa D.*

2. (XXVIII Exame) Francisco trabalhou em favor de uma empresa em Goiânia/GO. Após ser dispensado, mudou-se para São Paulo e neste Estado ajuizou reclamação trabalhista contra o ex-empregador. Este, após citado em Goiânia/GO, apresentou petição de exceção de incompetência territorial logo no segundo dia. Em razão disso, o juiz suspendeu o processo e conferiu vista ao exceto. Em seguida, proferiu decisão acolhendo a exceção e determinando a remessa dos autos ao juízo distribuidor de Goiânia/GO, local onde os serviços de Francisco foram prestados e que, no entendimento do magistrado, seria o juízo competente para julgar a reclamação trabalhista. Diante da situação retratada e do entendimento consolidado do TST, assinale a afirmativa correta.

(A) O reclamante nada poderá fazer por se tratar de decisão interlocutória.

(B) Francisco poderá interpor de imediato Recurso Ordinário no prazo de 8 dias.

(C) Sendo as decisões interlocutórias irrecorríveis, Pedro deverá impetrar Mandado de Segurança.

(D) O recurso cabível para tentar reverter a decisão é o Agravo de Petição.

RESPOSTA De acordo com o art. 651, *caput*, da CLT, a regra para o ajuizamento de ações é que estas ocorram no local da prestação de serviço, pouco importando o local da contratação. Assim, como a ação foi ajuizada em local diverso, cabe à exceção de incompetência territorial (art. 800, CLT). No entanto, a regra geral é que da decisão sobre exceção não cabe recurso (art. 799, § 2º, CLT), salvo quando terminativas do feito, o que levou o TST a inserir o item "c" na Súmula 214 afirmando que cabe recurso de imediato da decisão que acolhe exceção de incompetência territorial, com a remessa dos autos para Tribunal Regional distinto daquele a que se vincula o juízo excepcionado. Assim, cabe recurso ordinário e o prazo é de 8 dias. *Alternativa B.*

3. (XXIX Exame) Considere as situações a seguir.

I. Victor é um artista mirim e precisa de autorização judicial para poder participar de uma peça cinematográfica como ator coadjuvante.

II. A empresa FFX Ltda. foi multada por um auditor fiscal do trabalho e deseja anular judicialmente o auto de infração, alegando vícios e nulidades.

III. O empregado Regis teve concedido pelo INSS auxílio-doença comum, mas entende que deveria receber auxílio-doença acidentário, daí porque pretende a conversão judicial do benefício.

IV. Jonilson, advogado, foi contratado por um cliente para o ajuizamento de uma ação de despejo, mas esse cliente não pagou os honorários contratuais que haviam sido acertados.

Diante da norma de regência acerca da competência, assinale a opção que indica quem deverá ajuizar ação na Justiça do Trabalho para ver seu pleito atendido.

(A) Victor e Jonilson
(B) Regis e a empresa FFX Ltda.
(C) Victor e Regis
(D) Apenas a empresa FFX Ltda.

RESPOSTA Ao analisarmos o art. 114 da Constituição, a Súmula 363 do STJ e decisões do STF (ADI 5326, onde ficara assentado que cabe à Justiça comum autorizar o trabalho artístico para crianças e adolescentes em teatros, programas ou novelas produzidas por emissoras de rádio e televisão), vamos perceber que a única ação de competência da Justiça do Trabalho é a da Empresa FFX Ltda, já que, de fato, o art. 114, VII da Constituição, a autoriza a ajuizar a ação. As demais ações, ou são da competência da Justiça Comum Estadual ou Federal. *Alternativa D.*

4. (XXI Exame) De acordo com o entendimento consolidado do STF e do TST, assinale a opção que apresenta situação em que a Justiça do Trabalho possui competência para executar as contribuições devidas ao INSS.

(A) Reclamação na qual se postulou, com sucesso, o reconhecimento de vínculo empregatício.
(B) Ação trabalhista na qual se deferiu o pagamento de diferença por equiparação salarial.
(C) Demanda na qual o empregado teve a CTPS assinada, mas não teve o INSS recolhido durante todo o contrato.
(D) Reclamação trabalhista na qual foi reconhecido o pagamento de salário à margem dos contracheques.

RESPOSTA As letras A, C e D estão erradas, na forma do parágrafo único do art. 876 da CLT, da Súmula 368, item I do TST e da Súmula Vinculante n. 53 do STF, pois não houve, em nenhuma das ações, condenação em pecúnia (obrigação de pagar verba de natureza salarial). Com efeito, na ação de equiparação salarial, onde o juiz deferiu as diferenças salariais, é mais do que evidente que há competência da Justiça do Trabalho para executar as contribuições, já que há condenação ao pagamento de verba de natureza salarial. *Alternativa B.*

II. PARTES E PROCURADORES

5. (XXV Exame) Silvio contratou você como advogado para ajuizar ação trabalhista em face do empregador. Entretanto, na audiência, o juiz constatou que não havia procuração nos autos. Diante disso, você requereu fosse efetivado registro em ata de audiência no qual Silvio o constituía como procurador. Silvio anuiu com o requerimento. Com base na hipótese narrada, nos termos da CLT, assinale a afirmativa correta.

(A) O mandato, no caso, é válido e os poderes são apenas para o foro em geral.
(B) O mandato, no caso, é inválido, e seria necessário e obrigatório o requerimento de prazo para juntada de procuração.
(C) O mandato, no caso, é válido e os poderes são para o foro em geral, bem como os especiais, dentre eles os poderes para transigir.
(D) O mandato é válido apenas para a representação na audiência, devendo os demais atos serem regularizados e juntada a procuração para atos futuros.

RESPOSTA No processo do trabalho o art. 791, § 3º, da CLT assevera que a constituição de procurador com poderes para o foro em geral poderá ser efetivada, mediante simples registro em ata de audiência, a requerimento verbal do advogado interessado, com anuência da parte representada, o que é denominado de mandato tácito. *Alternativa A.*

III. ATOS, TERMOS, PRAZOS E DESPESAS PROCESSUAIS. GRATUIDADE DE JUSTIÇA.

6. (XXVI Exame) Em sede de reclamação trabalhista, o autor forneceu o endereço da ré na inicial, para o qual foi expedida notificação citatória. Decorridos cinco dias da expedição da citação, não tendo havido qualquer comunicado ao juízo, houve a realização da audiência, à qual apenas compareceu o autor e seu advogado, o qual requereu a aplicação da revelia e confissão da sociedade empresária-ré. O juiz indagou ao advogado do autor o fundamento para o requerimento, já que não havia nenhuma referência à citação no processo, além da expedição da notificação. Diante disso, na qualidade de advogado do autor, à luz do texto legal da CLT, assinale a opção correta.

(A) Presume-se recebida a notificação 48h após ser postada, sendo o não recebimento ônus de prova do destinatário.
(B) A mera ausência do réu, independentemente de citado ou não, enseja revelia e confissão.
(C) Descabe o requerimento de revelia e confissão se não há confirmação no processo do recebimento da notificação citatória.
(D) O recebimento da notificação é presunção absoluta; logo, são cabíveis de plano a revelia e a confissão.

RESPOSTA O Tribunal Superior do Trabalho, tendo em vista o disposto no art. 774, parágrafo único, editou a Súmula 16, a qual assevera que presume-se recebida a notificação após 48 horas a sua postagem e, o não recebimento ou o recebimento fora desse prazo, é ônus da prova do destinatário, ou seja, admite prova em sentido contrário, de modo que não é uma presunção absoluta. Assim, ainda que não tenha havido comprovação do recebimento, é cabível o requerimento de revelia e aplicação da confissão. *Alternativa A.*

7. (XXIII Exame) Rômulo ajuizou ação trabalhista em face de sua ex-empregadora, a empresa Análise Eletrônica Ltda. Dentre outros pedidos, pretendeu indenização por horas extras trabalhadas e não pagas, férias vencidas não gozadas, nem pagas, e adicional de periculosidade. Na audiência, foi requerida e deferida a perícia, a qual foi custeada por Rômulo, que se sagrou vitorioso no respectivo pedido. Contudo, os pedidos de horas extras e férias foram julgados improcedentes. Rômulo também indicou e custeou assistente técnico, que cobrou o mesmo valor de honorários que o perito do juízo. Observados os dados acima e o disposto na CLT, na qualidade de advogado (a) que irá orientar Rômulo acerca do custeio dos honorários periciais e do assistente técnico, assinale a afirmativa correta.

(A) Tendo Rômulo sido vitorioso no objeto da perícia, não há que se falar em pagamento de honorários periciais e do assistente técnico, pois a ré os custeará.
(B) Independentemente do resultado no objeto da perícia, como ao final o rol de pedidos foi parcialmente procedente, Rômulo custeará os honorários periciais e do assistente técnico.

(C) Em virtude da aplicação do princípio da celeridade, descabe a indicação de assistente técnico no processo do trabalho, não cabendo a aplicação subsidiária do CPC nesse mister.

(D) Tendo Rômulo sido vitorioso no objeto da perícia, os honorários periciais serão custeados pela parte sucumbente no seu objeto, porém os honorários do assistente técnico serão de responsabilidade da parte que o indicou.

RESPOSTA Essa questão está fundamentada no art. 790-B da CLT e na Súmula 341 do TST. Assim, o pagamento dos honorários do perito, de fato, será realizado pela parte sucumbente na pretensão objeto da perícia, no caso a empresa Análise eletrônica Ltda, já que Rômulo teve êxito no pedido do adicional de periculosidade. Contudo, o pagamento dos honorários do assistente técnico é responsabilidade de quem o indicar, seja vencedor ou não. *Alternativa D.*

8. (XXII Exame) Lucas é vigilante. Nessa condição, trabalhou como terceirizado durante um ano em um estabelecimento comercial privado e, a seguir, em um órgão estadual da administração direta, no qual permaneceu por dois anos. Dispensado, ajuizou ação contra o ex-empregador e contra os dois tomadores dos seus serviços (a empresa privada e o Estado), pleiteando o pagamento de horas extras durante todo o período contratual e a responsabilidade subsidiária dos tomadores nos respectivos períodos em que receberam o serviço. A sentença julgou procedente o pedido e os réus pretendem recorrer. Em relação às custas, com base nos ditames da CLT, assinale a afirmativa correta.

(A) Cada réu deverá recolher 1/3 das custas.

(B) Havendo participação do Estado, ninguém pagará custas.

(C) Somente o Estado ficará dispensado das custas.

(D) Cada réu deverá recolher a integralidade das custas.

RESPOSTA A CLT trata das custas no art. 789, estabelecendo que será, na fase de conhecimento, de no mínimo 2% e o máximo de 4 vezes o valor pago como limite dos benefícios do Regime Geral de Previdência Social. Porém, no caso, a empresa privada é que deverá arcar com as custas, enquanto o Estado, por estar isento do seu pagamento, conforme art. 790-A, I da CLT, nada pagará, estando, portanto, dispensado. *Alternativa C.*

9. (XXVII Exame) Em reclamação trabalhista ajuizada em fevereiro de 2018, os pedidos formulados por Paulo em face do seu ex-empregador foram julgados totalmente procedentes. Em relação à verba honorária, de acordo com a CLT, sabendo-se que o patrocínio de Paulo foi feito por advogado particular por ele contratado, assinale a afirmativa correta.

(A) Não haverá condenação em honorários advocatícios, porque o autor não está assistido pelo sindicato de classe.

(B) Haverá condenação em honorários de, no mínimo, 10% e de, no máximo, 20% em favor do advogado.

(C) Haverá condenação em honorários de, no mínimo, 5% e de, no máximo, 15% em favor do advogado.

(D) Somente se a assistência do advogado do autor for gratuita é que haverá condenação em honorários, de até 20%.

RESPOSTA O art. 791-A da CLT estabelece que ao advogado, ainda que esteja atuando em causa própria, são devidos honorários (sucumbência), de no mínimo 5% e o máximo de 15% sobre o valor da liquidação, do proveito econômico obtido, ou não sendo possível mensurar, sobre o valor atualizado da causa. Assim, a letra A está errada em razão de ser irrelevante o reclamante não estar assistido pelo sindicato. A letra B está errada em razão dos percentuais. Ademais, a letra D também está errada, pois o advogado não precisa dar assistência gratuita para receber honorários e, mais ainda, o percentual está errado. *Alternativa C.*

10. (XXI Exame) Em pedido de reenquadramento formulado em reclamação trabalhista, foi designada perícia, com honorários adiantados pelo autor, e ambas as partes indicaram assistentes técnicos. Após a análise das provas, o pedido foi julgado procedente. Diante da situação, da legislação em vigor e do entendimento consolidado do TST, assinale a afirmativa correta.

(A) O autor, tendo se sagrado vencedor, será ressarcido pelos honorários pagos ao perito e ao seu assistente técnico.

(B) O autor não terá o ressarcimento dos honorários que pagou ao seu assistente técnico, porque sua indicação é faculdade da parte.

(C) O autor, segundo previsão da CLT, terá o ressarcimento integral dos honorários pagos ao perito e metade daquilo pago ao seu assistente técnico.

(D) O juiz, inexistindo previsão legal ou jurisprudencial, deverá decidir se os honorários do assistente técnico da parte serão ressarcidos.

RESPOSTA Como o autor foi vencedor na pretensão que foi objeto da perícia e havia adiantado os valores ao perito (embora não seja obrigado – art. 790-B, CLT) deverá ser ressarcido. Porém, quanto aos honorários do perito assistente, não há que se falar em ressarcimento, seja total ou parcial, pois a responsabilidade pelo pagamento dos honorários do assistente é da parte que o indicou, consoante Súmula 341 do TST. *Alternativa B.*

11. (XXXI Exame) Heloísa era empregada doméstica e ajuizou, em julho de 2019, ação contra sua ex-empregadora, Selma Reis. Após regularmente instruída, foi prolatada sentença julgando o pedido procedente em parte. A sentença foi proferida de forma líquida, apurando o valor devido de R$ 9.000,00 (nove mil reais) e custas de R$ 180,00 (cento e oitenta reais). A ex--empregadora, não se conformando com a decisão, pretende dela recorrer. Indique a opção que corresponde ao preparo que a ex-empregadora deverá realizar para viabilizar o seu recurso, sabendo-se que ela não requereu gratuidade de justiça porque tem boas condições financeiras.

A) Tratando-se de empregador doméstico, só haverá necessidade de recolher as custas.

B) Deverá recolher integralmente as custas e o depósito recursal.

C) Por ser empregador doméstico, basta efetuar o recolhimento do depósito recursal.

D) Deverá recolher as custas integralmente e metade do depósito recursal.

RESPOSTA De acordo com o art. 789, I, § 1º, e art. 899, § 9º, ambos da CLT, para recorrer deverá Selma Reis recolher integralmente as custas e efetuar o pagamento da metade do valor do depósito recursal. *Alternativa D.*

IV. PROCEDIMENTOS

12. (XXXII Exame) Melissa era uma empregada terceirizada do setor de limpeza que atuou durante todo o seu contrato em uma sociedade de economia mista federal, que era a tomadora dos serviços (contratante). Após ter sido dispensada e não ter recebido nem mesmo as verbas resilitórias, Melissa ajuizou reclamação trabalhista contra o ex-empregador e contra a sociedade de economia mista federal, requerendo desta a responsabilidade subsidiária por ser tomadora dos serviços. O volume dos pedidos de Melissa alcança o valor de R$ 17.000,00. Considerando os fatos narrados, assinale a afirmativa correta.

(A) A ação tramitará pelo procedimento sumaríssimo, de modo que Melissa poderá conduzir, no máximo, duas testemunhas.

(B) Diante do valor dos pedidos formulados, a reclamação deverá se submeter ao rito sumário e, da decisão que vier a ser proferida, não caberá recurso.

(C) A reclamação adotará o rito especial misto e será possível a citação por edital caso o ex-empregador não seja localizado na fase de conhecimento.

(D) A demanda observará rito ordinário, independentemente do valor do pedido de Melissa, pois um dos réus é ente público.

RESPOSTA A CLT estabelece que Os dissídios individuais cujo valor não exceda a quarenta vezes o salário mínimo vigente na data do ajuizamento da reclamação ficam submetidos ao procedimento sumaríssimo e, mais ainda, que estão excluídas do procedimento sumaríssimo as demandas em que é parte a Administração Pública direta, autárquica e fundacional. Porém, como no caso o reclamado é uma sociedade de economia mista federal, é possível o procedimento sumaríssimo, caso em que cada uma das partes somente poderá indicar até 2 testemunhas (art. 852- H, §2º, da CLT). *Alternativa A.*

13. (XXXI Exame) José da Silva, que trabalhou em determinada sociedade empresária de 20/11/2018 a 30/04/2019, recebeu, apenas parcialmente, as verbas rescisórias, não tendo recebido algumas horas extras e reflexos. A sociedade empresária pretende pagar ao ex-empregado o que entende devido, mas também quer evitar uma possível ação trabalhista. Sobre a hipótese, na qualidade de advogado(a) da sociedade empresária, assinale a afirmativa correta.

A) Deverá ser indicado e custeado um advogado para o empregado, a fim de que seja ajuizada uma ação para, então, comparecerem para um acordo, que já estará previamente entabulado no valor pretendido pela empresa.

B) Deverá ser instaurado um processo de homologação de acordo extrajudicial, proposto em petição conjunta, mas com cada parte representada obrigatoriamente por advogado diferente.

C) Deverá ser instaurado um processo de homologação de acordo extrajudicial, proposto em petição conjunta, mas cada parte poderá ser representada por advogado, ou não, já que, na Justiça do Trabalho, vigora o *jus postulandi*.

D) Deverá ser instaurado um processo de homologação de acordo extrajudicial, proposto em petição conjunta, mas com advogado único representando ambas as partes, por se tratar de acordo extrajudicial.

RESPOSTA A Reforma Trabalhista, com a finalidade de evitar e prevenir a instauração de litígios, inseriu o processo de homologação de acordo extrajudicial, o qual terá início por petição conjunta, sendo obrigatória a representação das partes por advogado, devendo estes ser distintos, conforme art. 855-B e seu § 1º da CLT. *Alternativa B.*

14. (XXXI Exame) Você foi contratado(a) para atuar nas seguintes ações trabalhistas: (i) uma ação de cumprimento, como advogado da parte autora; (ii) uma reclamação plúrima, também como advogado da parte autora; (iii) uma reclamação trabalhista movida por João, ex-empregado de uma empresa, autor da ação; (iv) uma reclamação trabalhista, por uma sociedade empresária, ré na ação. Sobre essas ações, de acordo com a legislação trabalhista em vigor, assinale a afirmativa correta.

A) Tanto na ação de cumprimento como na ação plúrima, todos os empregados autores deverão obrigatoriamente estar presentes. O mesmo deve ocorrer com João. Já a sociedade empresária poderá se fazer representar por preposto não empregado da ré.

B) O sindicato de classe da categoria poderá representar os empregados nas ações plúrima e de cumprimento. João deverá estar presente, em qualquer hipótese, de forma obrigatória. A sociedade empresária tem que se fazer representar por preposto, que não precisa ser empregado da ré.

C) Nas ações plúrima e de cumprimento, a parte autora poderá se fazer representar pelo Sindicato da categoria. João deverá estar presente, mas, por doença ou motivo ponderoso comprovado, poderá se fazer representar por empregado da mesma profissão ou pelo seu sindicato. Na ação em face da sociedade empresária, o preposto não precisará ser empregado da ré.

D) O sindicato da categoria poderá representar os empregados nas ações plúrima e de cumprimento. João deverá estar presente, mas, por doença ou motivo ponderoso comprovado, poderá se fazer representar por empregado da mesma profissão ou pelo seu sindicato. Na ação em face da sociedade empresária, o preposto deverá, obrigatoriamente, ser empregado da ré.

RESPOSTA O art. 843 da CLT estabelece que na audiência de julgamento deverão estar presentes o reclamante e o reclamado, independentemente do comparecimento de seus representantes, salvo nos casos de Reclamatórias Plúrimas ou Ações de Cumprimento, quando os empregados poderão fazer-se representar pelo Sindicato de sua categoria. Por outro lado, dispõe o art. 843, §§ 1º e 3º, que é facultado ao empregador fazer-se substituir pelo gerente, ou qualquer outro preposto que tenha conhecimento do fato, e cujas declarações obrigarão o proponente, sendo certo que o preposto não precisa ser empregado. *Alternativa C.*

15. (XXX Exame) Em sede de reclamação trabalhista proposta por Sávio, os pedidos liquidados somaram valor inferior a 40 salários mínimos nacionais. A ação foi movida em face do ex-empregador e da União, em razão de alegação de responsabilidade subsidiária. Sobre o caso apresentado, assinale a opção que indica o procedimento a ser seguido.

(A) A ação correrá sob o rito sumaríssimo, pois cabível o rito especial para qualquer parte na Justiça do Trabalho, desde que o valor da causa seja compatível.

(B) A ação correrá sob o rito ordinário, porque, em que pese o valor da causa, figura ente de direito público no polo passivo.

(C) A ação correrá no rito ordinário, mas, caso a primeira ré não seja encontrada, não será possível realizar a citação por edital, em vista de a segunda ré ser a União.

(D) A ação correrá no rito sumaríssimo, e, em caso de prova testemunhal, cada parte terá direito a ouvir até três testemunhas.

RESPOSTA O art. 852-A, parágrafo único da CLT, ao tratar do procedimento sumaríssimo, veda este procedimento quando a parte for a Fazenda Pública, de modo que ainda que o valor seja de até ou abaixo a 40 salários mínimos, o procedimento eleito deverá ser o ordinário.*Alternativa B.*

16. (XXX Exame) Wilma foi dispensada sem justa causa e recebeu a indenização correspondente do ex-empregador. Ela, no entanto, alega ter direito a uma equiparação salarial com um colega que realizava as mesmas atividades. Em razão disso, Wilma procura você, como advogado(a), e, com sua assessoria, dá início a um acordo extrajudicial com o ex-empregador. O acordo é materializado em documento, especificando o valor e a identificação da parcela, sendo assinado pelas partes e seus respectivos advogados, e levado à Justiça do Trabalho para homologação. Contudo, a juíza do caso nega-se a homologar o acordo, argumentando que ele seria lesivo à trabalhadora, proferindo decisão nesse sentido. Diante disso, e de acordo com a norma legal, assinale a opção que indica a medida processual adequada para buscar a reforma da decisão proferida.

(A) Não há medida cabível, por se tratar de decisão interlocutória.

(B) Recurso Ordinário.

(C) Mandado de Segurança.

(D) Novo pedido de homologação de acordo extrajudicial idêntico, mas agora dirigido para outra Vara.

RESPOSTA A banca trouxe, mais uma vez, o procedimento especial de jurisdição voluntária para homologação de acordo extrajudicial, o qual está regulado na CLT a partir do art. 855-B. Com efeito, a natureza jurídica da decisão que defere ou não a homologação, neste procedimento, é sempre sentença, a qual, na forma do art. 895, I da CLT, desafia recurso ordinário. *Alternativa B.*

17. (XXVIII Exame) Uma sociedade empresária consultou você, como advogado(a), para encontrar uma maneira de, periodicamente, firmar com seus empregados uma quitação de direitos, de modo a prevenir conflitos trabalhistas. Diante disso, na qualidade de advogado(a) da empresa, assinale a opção que indica a solução proposta.

(A) Poderá ser firmado termo de quitação anual de obrigações trabalhistas, perante o sindicato da categoria dos empregados.

(B) Os termos de quitação firmados entre empregados e empregadores nada valem, apenas sendo válidos os acordos judiciais; logo, a empresa nada pode fazer.

(C) Poderá ser firmado termo anual de quitação de obrigações trabalhistas no sindicato profissional ou no sindicato patronal.

(D) Basta firmar termo de quitação anual das obrigações trabalhistas por mútuo consentimento.

RESPOSTA Questão fundamentada no art. 507-B da CLT, o qual faculta a empregados e empregadores, na vigência ou não do contrato de trabalho, firmar termo de quitação anual das obrigações trabalhistas, perante o sindicato dos empregados da categoria. *Alternativa A.*

18. (XXIX Exame) Augusto foi empregado de uma lavanderia por 2 anos, tendo sido desligado em setembro de 2018. Após receber as verbas da ruptura, procurou um advogado com a intenção de ajuizar reclamação trabalhista para postular horas extras não recebidas durante o pacto laboral. Após a entrevista e colheita de todas as informações, o advogado de Augusto entrou em contato com a ex-empregadora na tentativa de formular um acordo, que, após debatido e negociado, teve sucesso e foi reduzido a termo. Então, as partes ajuizaram uma homologação de acordo extrajudicial na Justiça do Trabalho, em petição conjunta assinada pelo advogado de cada requerente, mas que não foi homologado pelo juiz, por este entender que o valor da conciliação era desfavorável ao trabalhador. Desse modo, o magistrado extinguiu o feito sem resolução do mérito. Diante da situação e dos termos da CLT, assinale a afirmativa correta.

(A) Agiu corretamente o juiz, porque não há previsão desse tipo de demanda na Justiça do Trabalho.

(B) As partes poderão interpor recurso ordinário da decisão que negou a homologação desejada.

(C) Augusto e seu ex-empregador deverão propor novamente a ação, que deverá ser levada à livre distribuição para outro juízo.

(D) Nada poderá ser feito na ação proposta, porque o juiz não é obrigado a homologar acordo.

RESPOSTA A letra A está errada, em razão do previsto no art. 652, *f*, e art. 855-B e seguintes da CLT, ou seja, há previsão de competência e procedimento, o que já justifica as letras C e D. Mas, quanto a esta última, ainda que o juiz não seja obrigado a homologar o acordo, as partes podem interpor recurso em face da decisão, já que no caso de procedimento de jurisdição voluntária de homologação de acordo extrajudicial, o ato jurisdicional que encerra este procedimento é uma sentença, a qual desfia o recurso ordinário (art. 895, I e parágrafo único do art. 855-E, ambos da CLT). *Alternativa B.*

19. (XXVI Exame) Gustavo foi empregado da empresa Pizzaria Massa Deliciosa. Após a extinção do seu contrato, ocorrida em julho de 2018, as partes dialogaram e confeccionaram um termo de acordo extrajudicial, que levaram à Justiça do Trabalho para homologação. O acordo em questão foi assinado pelas partes e por um advogado, que era comum às partes. Considerando o caso narrado, segundo os ditames da CLT, assinale a afirmativa correta.

(A) Viável a homologação do acordo extrajudicial, porque fruto de manifestação de vontade das partes envolvidas.

(B) Não será possível a homologação, porque empregado e empregador não podem ter advogado comum.

(C) Impossível a pretensão, porque, na Justiça do Trabalho, não existe procedimento especial de jurisdição voluntária, mas apenas contenciosa.

(D) Para a validade do acordo proposto, seria necessário que o empregado ganhasse mais de duas vezes o teto da Previdência Social.

RESPOSTA A letra A está errada, pois ainda que seja manifestação da vontade, a lei exige alguns requisitos que, no caso em questão, é a necessidade de cada uma das partes estar representada com seu respectivo advogado. A letra C é equivocada, já que há procedimento previsto a partir do art. 855-B da CLT. A letra D está errada porque a lei não faz tal exigência. *Alternativa B.*

20. (XXVIII Exame) Em uma greve ocorrida há dois dias dentro de uma indústria metalúrgica, o dirigente sindical, que é empregado da referida empresa, agrediu fisicamente o diretor com tapas e socos, sendo a agressão gravada pelo sistema de segurança existente no local. O dono da empresa, diante dessa prática, pretende dispensar o empregado por justa causa. Em razão disso, ele procura você, como advogado(a), no dia seguinte aos fatos narrados, para obter sua orientação. De acordo com o disposto na CLT, assinale a opção que apresenta sua recomendação jurídica e a respectiva justificativa.

(A) Dispensar imediatamente o empregado por justa causa e ajuizar ação de consignação em pagamento dos créditos porventura devidos.

(B) Apresentar notícia-crime e solicitar da autoridade policial autorização para dispensar o empregado por justa causa.

(C) Suspender o empregado e, em até 30 dias, ajuizar inquérito para apuração de falta grave.

(D) Não fazer nada, porque a justa causa teria de ser aplicada no dia dos fatos, ocorrendo então perdão tácito.

RESPOSTA A questão apresenta caso típico de necessidade de ajuizamento de inquérito para apuração de falta grave por parte do empregador, conforme art. 853 da CLT e Súmula 379 do TST, haja vista que o empregado é dirigente sindical. *Alternativa C.*

21. (XXVII Exame) Juca ajuizou ação trabalhista em face da sua ex-empregadora, empresa privada do ramo de mineração. Paulo também ajuizou ação, mas em face de seu ex-empregador, uma empresa de prestação de serviços, e do Município de Nova Iguaçu, no Rio de Janeiro, para quem prestou serviços, requerendo a responsabilização subsidiária. Os respectivos advogados atribuíram o valor correspondente a 20 salários mínimos à causa de Juca e de 15 salários mínimos à causa de Paulo. Diante disso, assinale a afirmativa correta.

(A) A causa de Juca correrá sob o procedimento sumaríssimo e a de Paulo, sob o ordinário.

(B) Ambas as causas correrão sob o procedimento sumaríssimo.

(C) Ambas as causas correrão sob o procedimento ordinário.

(D) A causa de Juca correrá sob o procedimento ordinário e a de Paulo, sob o sumaríssimo.

RESPOSTA A questão coloca em análise duas ações, nas quais o valor da causa é inferior a 40 salários mínimos, mas superior a 2 salários mínimos, o que ensejaria a eleição do procedimento sumaríssimo, consoante art. 852-A da CLT. No entanto, é de se perceber que a ação de Paulo, embora com valor correspondente a 15 salários mínimos, tem no polo passivo, como devedor subsidiário, o Município de Nova Iguaçu (ente público), razão pela qual a demanda de Paulo tramitará pelo procedimento ordinário, já que o parágrafo único do art. 852-A veda o procedimento sumaríssimo contra as pessoas jurídicas de direito público. *Alternativa A.*

22. (XXIII Exame) Reinaldo, Wilma e Teodoro trabalharam no restaurante Fino Paladar Ltda. Todos procuraram o mesmo advogado para apresentar reclamação trabalhista: Reinaldo diz que não recebeu horas extras, Wilma informa que não recebeu as verbas resilitórias e Teodoro diz que não recebeu a participação nos lucros. Diante da situação retratada, e de acordo com a CLT, assinale a afirmativa correta.

(A) Não é possível o ajuizamento de reclamação plúrima, porque os pedidos são distintos.

(B) A CLT não traz os requisitos para o litisconsórcio ativo e, por isso, ficará a critério do juiz aceitar o ingresso conjunto.

(C) Cabe manejo da reclamação plúrima, porque o empregador é o mesmo.

(D) No caso apresentado, caberá o ajuizamento de dissídio coletivo.

RESPOSTA O art. 842 da CLT, que trata da ação trabalhista plúrima (litisconsórcio ativo), averba que sendo várias as reclamações e havendo identidade de matéria, poderão ser acumuladas num só processo, se se tratar de empregados da mesma empresa ou estabelecimento. No caso, como as matérias dos reclamantes são diferentes, não pode haver a ação plúrima. *Alternativa A.*

V. AUDIÊNCIA

23. (XXIX Exame) O réu, em sede de reclamação trabalhista, ajuizada em 20/04/2018, apresentou defesa no processo eletrônico, a qual não foi oferecida sob sigilo. Feito o pregão, logo após a abertura da audiência, a parte autora manifestou interesse em desistir da ação. Sobre a desistência da ação pela parte autora, assinale a afirmativa correta.

(A) O juiz deverá, imediatamente, homologar a desistência.

(B) Não é possível desistir da ação após a propositura desta.

(C) Oferecida a contestação, ainda que eletronicamente, o reclamante não poderá, sem o consentimento do reclamado, desistir da ação.

(D) O oferecimento da defesa pelo réu em nada se relaciona à questão da desistência de pedidos ou da demanda.

RESPOSTA No processo do trabalho, a reclamada é notificada para comparecer na audiência (art. 841, CLT), na qual irá oferecer defesa, conforme art. 847 da CLT. Porém, pode ser a contestação oferecida de forma escrita e pelo meio eletrônico, de modo que o § 3º do art. 841 assevera que oferecida a contestação, ainda que eletronicamente, o reclamante não poderá, sem o consentimento do reclamado, desistir da ação, especialmente quando fora protocolada sem sigilo, como defende a corrente majoritária. *Alternativa C.*

24. (XXVII Exame) Seu escritório foi contratado pela empresa Alumínio Brilhante Ltda. para assisti-la juridicamente em uma audiência. Você foi designado(a) para a audiência. Forneceram-lhe cópia da defesa e dos documentos, e afirmaram que tudo já havia sido juntado aos autos do processo eletrônico. Na hora da audiência, tendo sido aberta esta, bem como os autos eletrônicos do processo, o juiz constatou que a defesa não estava nos autos, mas apenas os documentos. Diante disso, o juiz facultou-lhe a opção de apresentar defesa. Nos exatos termos previstos na CLT, você deverá

(A) entregar a cópia escrita que está em sua posse.

(B) aduzir defesa oral em 20 minutos.

(C) requerer o adiamento da audiência para posterior entrega da defesa.

(D) requerer a digitalização da sua defesa para a juntada no processo.

RESPOSTA No processo do trabalho, ainda que seja uma faculdade o oferecer da defesa em formato escrito e pelo meio eletrônico (PJE), a regra do art. 847 da CLT ainda está vigor (não houve revogação tácita ou expressa), de modo que a reclamada ainda pode oferecer a defesa oral no prazo de 20 minutos. *Alternativa B.*

25. (XXIX Exame) Em março de 2019, durante uma audiência trabalhista que envolvia a sociedade empresária ABC S/A, o juiz indagou à pessoa que se apresentou como preposto se ela era empregada da empresa, recebendo como resposta que não. O juiz, então, manifestou seu entendimento de que uma sociedade anônima deveria, obrigatoriamente, fazer-se representar por empregado, concluindo que a sociedade empresária não estava adequadamente representada. Decretou, então, a revelia, excluiu a defesa protocolizada e sentenciou o feito na própria audiência, julgando os pedidos inteiramente procedentes. Diante desse quadro e do que prevê a CLT, assinale a afirmativa correta.

(A) Nada há a ser feito, porque uma S/A, por exceção, precisa conduzir um empregado para representá-la.

(B) O advogado da ré deverá interpor recurso ordinário no prazo de 8 dias, buscando anular a sentença, pois o preposto não precisa ser empregado da reclamada.

(C) O advogado da ré deverá impetrar mandado de segurança, porque a exigência de que o preposto seja empregado, por não ser prevista em Lei, violou direito líquido e certo da empresa.

(D) Uma vez que a CLT faculta ao juiz aceitar ou não como preposto pessoa que não seja empregada, o advogado deverá formular um pedido de reconsideração judicial.

RESPOSTA Antes de mais nada é preciso entender que o § 3º do art. 843 admite que preposto seja qualquer pessoa, vez que afirma que o preposto não precisa ser empregado, e assim o faz sem qualquer distinção, o que se aplica para todos os tipos de empregadores, inclusive S.A., de modo que não há faculdade para o juiz aceitar ou não preposto que não seja empregado, ou seja, deve admitir a representação. Então, a postura do magistrado foi equivocada, razão pela qual, como proferiu sentença em audiência, cabe o recurso ordinário no prazo de 8 dias para anular a decisão em razão de notória violação à ampla defesa e violação à lei. *Alternativa B.*

26. (XXVI Exame) Uma sociedade empresária ajuizou ação de consignação em pagamento em face do seu ex-empregado, com o objetivo de realizar o depósito das verbas resilitórias devidas ao trabalhador e obter quitação judicial da obrigação. No dia designado para a audiência una, a empresa não compareceu nem se justificou, estando presente o ex-empregado. Indique, de acordo com a CLT, o instituto jurídico que ocorrerá em relação ao processo.

(A) Revelia.

(B) Remarcação da audiência.

(C) Arquivamento.

(D) Confissão ficta.

RESPOSTA A questão trouxe o conhecimento do art. 844 da CLT, o qual versa sobre as consequências decorrentes da ausência das partes em audiência inicial ou una. Ora, a ausência do autor da ação importa arquivamento, mesmo que o autor seja a empresa, como é o caso colocado no enunciado. *Alternativa C.*

VI. DEFESA DA RECLAMADA

27. (XXII Exame) A sociedade empresária Sanear Conservação e Limpeza Ltda. ajuizou ação de consignação em pagamento em face do ex-empregado Pedro Braga, afirmando que ele se negava a receber as verbas resilitórias a que faria jus. Citado, Pedro Braga apresentou Resposta sob a forma de contestação e reconvenção, postulando diversos direitos alegadamente lesados e incluindo no polo passivo a sociedade empresária Réptil Imobiliária, tomadora dos serviços terceirizados do empregado, requerendo dela a responsabilidade subsidiária. Diante da situação retratada e da norma de regência, assinale a afirmativa correta.

(A) Não é possível, em sede de reconvenção, ajuizar ação contra quem não é parte na lide principal.

(B) A pretensão de Pedro somente se viabilizará se a sociedade empresária Réptil Imobiliária concordar em figurar na reconvenção.

(C) Não há óbice a se incluir na reconvenção pessoa que não figure na lide original.

(D) A Lei processual é omissa a respeito; assim ficará a critério do juiz aceitar a inclusão da sociedade empresária Réptil Imobiliária.

RESPOSTA A letra A está errada, já que o art. 343, § 3º, do CPC, aplicável subsidiariamente ao processo do trabalho, afirma que a reconvenção pode ser proposta contra o autor (reconvindo) e terceiro. A Letra B também está incorreta, pois para ser demandando, por óbvio, não se exige concordância de quem será demandado. A letra D está errada, pois há previsão legal, como demonstrado. Assim, conclui-se que não há impedimento (óbice) para se incluir na demanda quem não figure na lide principal. *Alternativa C.*

28. (XXXIII Exame) Maurício ajuizou reclamação trabalhista, em agosto de 2021, contra a sua ex-empregadora, a sociedade empresária Sorvetes Glacial Ltda., postulando o pagamento de horas extras e verbas resilitórias. No dia da audiência inaugural, feito o pregão com pontualidade, o autor compareceu acompanhado de seu advogado, estando ainda presente o advogado da empresa, mas ausente o preposto. O advogado do réu requereu que se aguardasse o prazo de 15 minutos, mas diante da negativa do advogado do autor, que não concordou em aguardar, teve início a audiência. O advogado do autor requereu a aplicação da revelia e o advogado do réu informou que havia protocolizado defesa com documentos pelo processo judicial eletrônico (PJc), requerendo que fossem recebidos. Diante da situação e dos termos da CLT, assinale a afirmativa correta.

(A) Deverá ser aplicada a revelia em razão da ausência do preposto e desprezada a defesa.

(B) Há nulidade do ato porque a CLT determina que se aguarde a parte até 15 minutos após o horário designado.

(C) Sendo a CLT omissa a respeito, caberá ao juiz definir se haverá revelia ou remarcação da audiência.

(D) A defesa e os documentos apresentados devem ser aceitos.

RESPOSTA No processo do trabalho a revelia ocorre pela ausência da parte reclamada (art. 844, CLT) e não pela ausência de defesa. Outrossim não há previsão legal para que o juiz tolere atraso na audiência para as partes (OJ 245 da SDI-I do TST), mas somente quanto ao magistrado (art. 815, parágrafo único, CLT). Por fim, o art. 844, §5º da CLT dispõe que ainda que ausente o reclamado, presente o advogado na audiência, serão aceitos a contestação e os documentos eventualmente apresentados. *Alternativa D.*

VII. PROVAS

29. (XXIV Exame) Rodolfo Alencar ajuizou reclamação trabalhista em desfavor da sociedade empresária Sabonete Silvestre Ltda. Em síntese, ele afirma que cumpria longa jornada de trabalho, mas que não recebia as horas extras integralmente. A defesa nega o fato e advoga que toda a sobrejornada foi escorreitamente paga, nada mais sendo devido ao reclamante no particular. Na audiência designada, cada parte conduziu duas testemunhas, que começaram a ser ouvidas pelo juiz, começando pelas do autor. Após o magistrado fazer as perguntas que desejava, abriu oportunidade para que os advogados fizessem indagações, e o patrono do autor passou a fazer suas perguntas diretamente à testemunha, contra o que se opôs o juiz, afirmando que as perguntas deveriam ser feitas a ele, que, em seguida, perguntaria à testemunha. Diante do incidente instalado e de acordo com o regramento da CLT, assinale a afirmativa correta.

(A) Correto o advogado, pois, de acordo com o CPC, o advogado fará perguntas diretamente à testemunha.

(B) A CLT não tem dispositivo próprio, daí porque poderia ser admitido tanto o sistema direto quanto o indireto.

(C) A CLT determina que o sistema seja híbrido, intercalando perguntas feitas diretamente pelo advogado, com indagações realizadas pelo juiz.

(D) Correto o magistrado, pois a CLT determina que o sistema seja indireto ou presidencial.

RESPOSTA A CLT tem previsão expressa sobre a forma de inquirição das partes e testemunhas, pois o art. 820 aduz que as partes e testemunhas serão inquiridas pelo juiz ou presidente, podendo ser reinquiridas, por seu intermédio, a requerimento dos vogais, das partes, seus representantes ou advogados, razão pela qual não tem lugar para aplicação do art. 459 do CPC, uma vez que o processo do trabalho adota o sistema indireto ou presidencial. *Alternativa D.*

30. (XXIV Exame) Jorge trabalhou em uma sociedade empresária francesa, no Brasil. Entendendo que o valor das horas extras não lhe havia sido pago corretamente, ajuizou ação trabalhista. Como impugnara os controles de horário, necessitou apresentar prova testemunhal, porém, sua única testemunha, apesar de trabalhar a seu lado, não fala português. Diante disso, Jorge requereu ao juiz a nomeação de um intérprete. Nesse caso, nada mais estando em discussão no processo, assinale a opção que indica a quem caberá o custeio dos honorários do intérprete.

(A) A Jorge, que é a parte interessada no depoimento da testemunha.

(B) À União, porque Jorge é autor da ação.

(C) Ao réu, já que era empregador de Jorge e da testemunha, que era de nacionalidade igual à da sociedade empresária.

(D) O depoimento ocorrerá fora do processo, por tradutor juramentado, custeado pela parte requerente, que depois deverá juntá-lo ao processo.

RESPOSTA O XXIV exame foi aplicado no dia 19.11.2017, ou seja, antes da entrada em vigor da Lei n. 13.660, de 2018, que alterou o § 2º do art. 819, que é o fundamento desta questão. Com efeito, antes da alteração, o § 2º dispunha que as despesas com intérprete seriam de responsabilidade da parte a quem interessaria o depoimento. *Alternativa A.*

ATENÇÃO: A redação, atualmente, do § 2º do art. 819 é no sentido de que as despesas decorrentes com intérprete correrão por conta da parte sucumbente, salvo se beneficiária de justiça gratuita.

31. (XXI Exame) Um empregado ajuizou reclamação trabalhista postulando o pagamento de vale transporte, jamais concedido durante o contrato de trabalho, bem como o FGTS não depositado durante o pacto laboral. Em contestação, a sociedade empresária advogou que, em relação ao vale transporte, o empregado não satisfazia os requisitos indispensáveis para a concessão; no tocante ao FGTS, disse que os depósitos estavam regulares. Em relação à distribuição do ônus da prova, diante desse panorama processual e do entendimento consolidado pelo TST, assinale a afirmativa correta.

(A) O ônus da prova, em relação ao vale transporte, caberá ao reclamante e, no tocante ao FGTS, à reclamada

(B) O ônus da prova para ambos os pedidos, diante das alegações, será do reclamante.

(C) O ônus da prova, em relação ao vale transporte, caberá ao reclamado e, no tocante ao FGTS, ao reclamante.

(D) O ônus da prova para ambos os pedidos, diante das alegações, será da sociedade empresária.

RESPOSTA A CLT, no art. 818, estabelece a quem cabe o ônus da prova, de modo que ao reclamante, quanto ao fato constitutivo de seu direito, enquanto ao reclamado, quanto à existência de fato impeditivo, modificativo ou extintivo do direito do reclamante. Ora, se a reclamada alega que o empregado não satisfaz os requisitos para obtenção do vale-transporte e que os depósitos do FGTS estavam regulares, atrai para si o ônus da prova, vez que alega, respectivamente, fato impeditivo e extintivo, o que é ratificado pelas Súmulas 460 e 461 do TST. *Alternativa D*

VIII. RECURSOS

32. (XXXII Exame) Helena ajuizou reclamação trabalhista, na qual requereu o pagamento do 13º salário integral do último ano trabalhado, no valor de R$ 1.300,00, indicando o referido valor à causa. A sociedade empresária alegou, em defesa, a quitação regular de tal verba, mas não fez prova documental ou testemunhal desse fato. Em razão disso, o pedido foi julgado procedente, tendo o juiz proferido sentença líquida cujo valor, já incluídos juros e correção monetária, passou a ser de R$ 1.345,00. Sobre esse caso, de acordo com as leis de regência, assinale a afirmativa correta.

(A) A sociedade empresária poderá interpor recurso de apelação no prazo de 15 dias.

(B) O recurso não será admitido, haja vista o valor da condenação e a matéria tratada.

(C) O juiz deverá submeter a decisão ao duplo grau de jurisdição obrigatório, uma vez que a condenação é inferior a 5 salários mínimos.

(D) A sociedade empresária poderá interpor recurso ordinário contra a sentença, mas deverá comprovar o recolhimento de custas e o depósito recursal.

RESPOSTA No processo do trabalho o recurso cabível contra as sentenças, sejam elas definitivas (mérito) ou terminativas é o recurso ordinário, na forma do art. 895, I da CLT. Assim, a letra A está errada vez que não cabe recurso de apelação no processo do trabalho, em razão da taxatividade recursal (art. 893, CLT). Neste caso não há reexame necessário, haja vista que a sentença não se enquadra na Súmula 303 do TST, o que afasta a letra C como opção correta. Ocorre que como o valor da condenação não ultrapassa 2 vezes o valor do salário mínimo, incide a Lei n. 5584/70, a qual dispõe no art. 2º, §4º que salvo se versarem sobre matéria constitucional, nenhum recurso caberá das sentenças proferidas nos dissídios da alçada (até 2 salários mínimos), considerado, para esse fim, o valor do salário mínimo à data do ajuizamento da ação. *Alternativa B.*

33. (XXXII Exame) No decorrer de uma execução trabalhista, não se conseguiu penhorar nenhum bem da empresa executada nem reter qualquer numerário dela em ativos financeiros. Então, o exequente instaurou um incidente de desconsideração de personalidade jurídica para direcionar a execução em face de um sócio. O referido sócio foi citado e, no prazo de 15 dias, manifestou-se contrariamente à sua execução. Submetida a manifestação ao contraditório e não havendo outras provas a produzir, o juiz julgou procedente o incidente e incluiu o sócio no polo passivo da execução na condição de executado, sendo, então, publicada essa decisão. Considerando a situação retratada e os ditames da CLT, assinale a afirmativa correta.

(A) Por ser interlocutória, essa decisão é irrecorrível, devendo o sócio se submeter ao comando e pagar a dívida.

(B) O sócio em questão poderá recorrer da decisão independentemente de garantia do juízo.

(C) Sendo a Lei omissa a respeito, caberá ao juiz definir se a decisão do incidente poderá ser objeto de recurso e se será necessário garantir o juízo.

(D) O sócio poderá recorrer da decisão, mas terá de garantir o juízo em 50%.

RESPOSTA A CLT trata do incidente de desconsideração da personalidade jurídica no art. 855-A e seus dois parágrafos, sendo certo que da decisão que defere ou indefere o IDPJ é passível de impugnação via recurso de agravo de petição, mas ficará dispensado de garantir o juízo. *Alternativa B.*

34. (XXXI Exame) Em setembro de 2019, durante a audiência de um caso que envolvia apenas pedido de adicional de insalubridade, o Juiz do Trabalho determinou a realização de perícia e que a reclamada antecipasse os honorários periciais. Inconformada com essa decisão, a sociedade empresária impetrou mandado de segurança contra esse ato judicial, mas o TRT, em decisão colegiada, não concedeu a segurança. Caso a sociedade empresária pretenda recorrer dessa decisão, assinale a opção que indica a medida recursal da qual deverá se valer.

A) Agravo de Instrumento.

B) Recurso Ordinário.

C) Agravo de Petição.

D) Recurso de Revista.

RESPOSTA A resposta "A" está errada, pois o Agravo de Instrumento deve ser utilizado para destrancar recurso. A resposta "C" também está errada, já que o agravo de petição deve ser utilizado para combater decisão na execução. A letra "D" está incorreta, haja vista que o recurso de revista, como dispõe o art. 896 da CLT, cabe contra acórdão proferido em julgamento de recurso ordinário. Logo, nos termos do art. 895, II, da CLT, o recurso cabível é o ordinário. *Alternativa B.*

35. (XXX Exame) Considere as quatro situações jurídicas a seguir.

(i) A Instituição ABCD é uma entidade sem fins lucrativos.

(ii) Rosemary é uma empregadora doméstica.

(iii)O Instituto Sonhar é uma entidade filantrópica.

(iv) Mariana é uma microempreendedora individual.

Considere que todas essas pessoas são empregadoras e têm reclamações trabalhistas ajuizadas contra si e que nenhuma delas comprovou ter as condições para ser beneficiária de justiça gratuita. Assinale a opção que indica, nos termos da CLT, quem estará isento de efetuar o depósito recursal para recorrer de uma sentença desfavorável proferida por uma Vara da Justiça do Trabalho.

A) A Instituição ABCD e o Instituto Sonhar, somente.

B) Todos estarão dispensados

C) Instituto Sonhar, somente.

D) Mariana e Rosemary, somente.

RESPOSTA A Lei n. 13.467/2017 inseriu no art. 899 os §§ 10 e 11, de onde se extrai que as microempresas, as empresas de pequeno porte, os microempreendedores individuais, os empregadores domésticos e as entidades sem fins lucrativos pagam depósito recursal, porém reduzido a metade. Por outro lado, as entidades filantrópicas, os beneficiários da gratuidade de justiça e as empresas em recuperação judicial ficam isentas. *Alternativa C.*

36. (XXVI Exame) Vando ajuizou reclamação trabalhista em desfavor da sociedade empresária Cetro Dourado Ltda., na qual trabalhou por 5 anos e 3 meses, na condição de vigia noturno. A sociedade empresária não compareceu à audiência, daí porque o pedido foi julgado procedente à sua revelia. Contudo, a sociedade empresária interpôs recurso ordinário no prazo legal e efetuou o recolhimento das custas e do depósito recursal, mas com valor inferior ao devido (R$ 10,00 a menos nas custas e R$ 500,00 a menos no depósito recursal). Com base na situação retratada, na lei e no entendimento consolidado do TST, assinale a afirmativa correta.

(A) O recurso não pode ser conhecido, porque houve revelia; assim, a sociedade empresária fica juridicamente impedida de recorrer.

(B) Na Justiça do Trabalho, não existe possibilidade de se sanar vício referente à diferença no preparo, motivo pelo qual o recurso será considerado deserto.

(C) O juiz deverá assinalar prazo de 5 dias para que a sociedade empresária efetue o recolhimento da diferença das custas e do depósito recursal, sob pena de deserção.

(D) Em tese, seria possível que a sociedade empresária recolhesse a diferença das custas, mas não há previsão jurisprudencial de prazo para complementar o depósito recursal.

RESPOSTA Questão fundamentada na OJ 140 da SDI-1 do TST, que justifica todas as alternativas, uma vez que em caso de recolhimento insuficiente das custas processuais ou do depósito recursal, somente haverá deserção do recurso se, concedido o prazo de 5 (cinco) dias previsto no § 2º do art. 1.007 do CPC de 2015, o recorrente não complementar e comprovar o valor devido. *Alternativa C.*

37. (XXV Exame) Em determinada Vara do Trabalho foi prolatada uma sentença que, após publicada, não foi objeto de recurso por nenhum dos litigantes. Quinze meses depois, uma das partes ajuizou ação rescisória perante o Tribunal Regional do Trabalho local, tendo o acórdão julgado improcedente o pedido da rescisória. Ainda inconformada, a parte deseja que o TST aprecie a demanda. Assinale a opção que indica, na hipótese, o recurso cabível para o Tribunal Superior do Trabalho.

(A) Recurso Ordinário.

(B) Recurso de Revista.

(C) Recurso Especial.

(D) Agravo de Instrumento.

RESPOSTA Percebe-se, primeiramente, que na forma da Súmula 192 do TST, de fato a competência para apreciar a ação rescisória é do Tribunal Regional do Trabalho (competência originária). Assim, na forma do art. 895, II, da CLT e da Súmula 158 do TST, contra o acórdão proferido pelo TRT cabe recurso ordinário para o TST. *Alternativa A.*

38. (XXVIII Exame) Prolatada a sentença em uma reclamação trabalhista, o autor opõe embargos de declaração no 3º dia contado da publicação e afirma que existe erro material no julgado, pois o número do processo encontra-se equivocado, assim como o nome das partes. Diante da situação retratada e dos termos da CLT, assinale a afirmativa correta.

(A) O juiz não precisará dar vista dos embargos à parte contrária, diante da natureza do erro.

(B) A Lei é omissa a respeito, daí porque o juiz usará da equidade para ver se é o caso de conferir vista à parte adversa.

(C) Havendo, no caso em exame, possibilidade de efeito modificativo do julgado, a parte contrária poderá se manifestar em 8 dias.

(D) Independentemente do recurso e seu efeito perante o julgado, é direito da parte contrária se manifestar sobre os embargos em 10 dias.

RESPOSTA Dispõe o § 2º do art. 897-A da CLT que eventual efeito modificativo dos embargos de declaração somente poderá ocorrer em virtude da correção de vício na decisão embargada e desde que ouvida a parte contrária, no prazo de 5 (cinco) dias. Logo, como a parte embargante pretende apenas correção de erro material (§1º), não haverá efeito modificativo, de modo que não há necessidade de abrir prazo para a parte contrária. *Alternativa A.*

39. (XXV Exame) Em sede de reclamações trabalhista duas sociedades empresárias foram condenadas em primeira instância. A Massa Falida da Calçados Sola Dura Ltda. e a Institutos de Seguros Privados do Brasil, sociedade empresária em liquidação extrajudicial. Acerca do depósito recursal, na qualidade de advogado das empresas você deverá

(A) deixar de recolher o depósito recursal e custas nos dois casos, já que se trata de massa falida de empresa em liquidação extrajudicial.

(B) deixar de recolher o depósito recursal e as custas no caso da massa falida, mas recolher ambos para a empresa em liquidação extrajudicial.

(C) recolher nos dois casos o depósito recursal e as custas, sob pena de deserção.

(D) deixar de recolher o depósito recursal no caso da massa falida, mas recolher ambos para a empresa em liquidação extrajudicial e as custas para a massa falida.

RESPOSTA Essa questão está fundamentada na Súmula 86 do TST, a qual afirma que não ocorre deserção de recurso da massa falida por falta de pagamento de custas ou de depósito do valor da condenação. Esse privilégio, todavia, não se aplica à empresa em liquidação extrajudicial. *Alternativa B.*

40. (XXIV Exame) Contra ato de Juiz do Trabalho que determinou a antecipação de honorários periciais do seu cliente, mesmo não tendo ele condições financeiras para arcar com esse custo, você, na defesa dos interesses do cliente, impetrou mandado de segurança contra o ato judicial, mas, por unanimidade, não teve a segurança concedida. De acordo com a CLT, assinale a opção que indica o procedimento a ser adotado para tentar reverter a decisão.

(A) Interpor Recurso Ordinário para o TST.

(B) Interpor Agravo de Instrumento para o STF.

(C) Interpor Agravo Interno para o próprio TRT.

(D) Nada mais pode ser feito, porque se trata de decisão irrecorrível.

RESPOSTA No caso apresentado pela questão, de fato caberia mandado de segurança contra a decisão interlocutória proferida pelo juiz, haja vista o disposto na OJ n. 98 da SDI-2 do TST. Assim, a competência para apreciar o MS é do TRT (órgão superior ao juiz) e, da decisão do Tribunal, cabe recurso ordinário para o TST, já que o TRT está no exercício de sua competência originária, conforme Súmula 201 do TST, da qual se extrai que da decisão de Tribunal Regional do Trabalho em mandado de segurança cabe recurso ordinário, no prazo de 8 (oito) dias, para o Tribunal Superior do Trabalho, e igual dilação para o recorrido e interessados apresentarem razões de contrariedade. *Alternativa A.*

41. (XXVIII Exame) No curso de uma ação trabalhista que se encontra em fase de execução de sentença, a executada, citada para pagar e garantir o juízo, apresentou exceção de pré-executividade almejando a nulidade de todos os atos, uma vez que não havia sido regularmente citada. Após regular trâmite, o juiz julgou procedente a exceção de pré-executividade e anulou todos os atos processuais praticados desde a citação, concedendo ainda prazo para a reclamada contestar a reclamação trabalhista. Sobre a hipótese, assinale a opção que indica o recurso cabível, a ser manejado pelo exequente, contra a decisão da exceção de pré-executividade.

A) Apelação.
B) Recurso Ordinário.
C) Agravo de Instrumento.
D) Agravo de Petição.

RESPOSTA A questão deixa claro que o processo se encontra na fase de execução e, se a executada está arguindo nulidade pela via de exceção de pré-executividade, se o magistrado a acolher e extinguir a execução, determinando que os autos retomem o curso na fase de conhecimento, estamos, a toda evidência, diante de uma decisão na execução, a qual é passível de impugnação via agravo de petição, nos termos do art. 897, "a", já que é o recurso cabível. *Alternativa D.*

42. (XXII Exame) Em reclamação trabalhista que se encontra na fase de execução, o executado apresentou exceção de pré-executividade. Após ser conferida vista à parte contrária, o juiz julgou-a procedente e reconheceu a nulidade da citação e de todos os atos subsequentes, determinando nova citação para que o réu pudesse contestar a demanda. Considerando essa situação e o que dispõe a CLT, assinale a opção que indica o recurso que o exequente deverá apresentar para tentar reverter a decisão.

(A) Apelação.
(B) Agravo de Petição.
(C) Recurso de Revista.
(D) Recurso Ordinário.

RESPOSTA A questão deixa claro que o processo se encontra na fase de execução e, se a executada está arguindo nulidade pela via de exceção de pré-executividade, se o magistrado a acolher e extinguir a execução, determinando que os autos retomem o curso na fase de conhecimento, estamos, a toda evidência, diante de uma decisão na execução, a qual é passível de impugnação via agravo de petição, nos termos do art. 897, "a", já que é o recurso cabível. *Alternativa B.*

43. (XXXIII Exame) Uma sociedade de economia mista do Estado do Maranhão, após devidamente citada em reclamação trabalhista de um empregado, apresentou defesa e produziu provas em juízo, mas foi condenada na sentença. Assinale a opção que, de acordo com a CLT, indica o prazo que a empresa em questão possui para recorrer ao TRT.

(A) 8 dias úteis.
(B) 16 dias úteis.
(C) 8 dias corridos.
(D) 16 dias corridos.

RESPOSTA As sociedades de economia mista não gozam de prazo dobrado para recorrer. Logo, o prazo para a interposição do recurso é de 8 (oito) dias úteis, na forma dos arts. 895 e 775 da CLT. *Alternativa A.*

44. (XXXIII Exame) A sociedade empresária Refeições Tempero de Casa Ltda. é ré em uma reclamação trabalhista movida por sua ex-empregada Rosângela, que lá atuou como cozinheira. Após devidamente contestada e instruída, foi prolatada sentença, em outubro de 2021, julgando os pedidos procedentes em parte. Ocorre que no mesmo dia da publicação da sentença, a sociedade empresária teve sua recuperação judicial deferida pela justiça estadual. Nada foi decidido a respeito de gratuidade de justiça para a sociedade empresária. Diante da situação apresentada, da previsão contida na CLT e considerando que a sociedade pretende recorrer da sentença, assinale a afirmativa correta.

(A) Com a recuperação judicial deferida, a sociedade empresária fica dispensada de efetuar qualquer preparo para recorrer.
(B) A sociedade empresária terá de recolher as custas, mas não precisará efetuar o depósito recursal para recorrer.
(C) Como a sociedade empresária não teve a falência decretada, mas sim a recuperação judicial deferida, efetuará normalmente o preparo.
(D) A sociedade empresária, diante da recuperação judicial deferida, pagará metade das custas e do depósito recursal.

RESPOSTA As custas na fase de conhecimento estão reguladas na CLT no art. 789 e sua alíquota é de 2% sobre o valor da condenação, considerando o caso apresentado. Já o depósito recursal é regulado, basicamente, pelos §§ºs do art. 899 da CLT. Quanto a empresa em recuperação judicial, dispõe o §10º deste artigo que são isentos do depósito recursal os beneficiários da justiça gratuita, as entidades filantrópicas e as empresas em recuperação judicial. Assim, como não há gratuidade de justiça deferida nos autos, deverá pagar as custas mas ficará isenta do depósito recursal. *Alternativa B.*

45. (XXXIII Exame) Renata, professora de Artes, lecionou na Escola do Futuro. Em sede de reclamação trabalhista, um de seus pedidos foi julgado improcedente, sendo certo que o que você pleiteava, na qualidade de advogado(a) de Renata, estava fundamentado na aplicação incontroversa de súmula do TST a respeito da matéria. Ainda assim, o TRT respectivo, ao julgar seu recurso, manteve a decisão de primeira instância. Considerando que a referida decisão não deixou margem à oposição de embargos de declaração, assinale a opção que indica a medida jurídica a ser adotada.

(A) Interposição de agravo de instrumento.
(B) Interposição de agravo de petição.
(C) Ajuizamento de ação rescisória.
(D) Interposição de recurso de revista.

RESPOSTA De acordo com a CLT, Cabe Recurso de Revista para Turma do Tribunal Superior do Trabalho das decisões proferidas em grau de recurso ordinário, em dissídio individual, pelos Tribunais Regionais do Trabalho, quando, além de outras hipóteses, contrariarem súmula de jurisprudência uniforme do TST. *Alternativa D.*

IX. LIQUIDAÇÃO DE SENTENÇA E EXECUÇÃO

46. (XXXII Exame) A sociedade empresária de transportes Mundo Pequeno Ltda. foi condenada ao pagamento de horas extras e diferença salarial na ação movida por Mauro Duarte, seu ex-empregado. Após o trânsito em julgado e apuração do valor devido, a executada foi citada para efetuar o pagamento de R$ 120.000,00. Ocorre que a sociedade empresária pretende apresentar embargos à execução, pois entende que o valor homologado é superior ao devido, mas não tem o dinheiro disponível para depositar nos autos. Sobre o caso relatado, de acordo com o que está previsto na CLT, assinale a afirmativa correta.

(A) Na Justiça do Trabalho não é necessário garantir o juízo para ajuizar embargos à execução.
(B) A sociedade empresária poderá apresentar seguro-garantia judicial para então apresentar embargos à execução.
(C) A sociedade empresária poderá assinar uma nota promissória judicial e, com isso, ter direito a ajuizar embargos de devedor.
(D) Se for comprovada a situação de necessidade, a sociedade empresária, depositando 50% do valor da dívida, poderá embargar.

RESPOSTA No processo do trabalho a garantia do juízo é imprescindível para que seja recebido os embargos à execução, como se extrai do caput do art. 884 da CLT. No entanto, dispõe o art. 882 da CLT que o executado que não pagar a importância reclamada poderá garantir a execução mediante depósito da quantia correspondente, atualizada e acrescida das despesas processuais, apresentação de seguro-garantia judicial ou nomeação de bens à penhora, observada a ordem preferencial estabelecida no art. 835 da Lei n. 13.105, de 16 de março de 2015 – Código de Processo Civil. *Alternativa B.*

47. (XXXII Exame) Após ser alvo de um inquérito civil junto ao Ministério Público do Trabalho – MPT, tendo sido investigada pela prática de suposta irregularidade, a sociedade empresária Vida Global assinou um Termo de Ajuste de Conduta (TAC) com o MPT para sanar o problema e evitar a judicialização daquela situação, o que poderia abalar sua credibilidade perante os investidores nacionais e estrangeiros. Ocorre que a sociedade empresária não cumpriu o que foi estipulado no TAC, seja no tocante à obrigação de fazer, seja no pagamento de multa pelo dano moral coletivo. Diante dessa situação, e de acordo com os termos da CLT, assinale a afirmativa correta.

(A) O parquet deverá propor execução de título judicial.
(B) O MPT deverá ajuizar execução de título extrajudicial.
(C) A ação própria para a cobrança será o inquérito judicial.
(D) O MPT deverá propor reclamação trabalhista pelo rito ordinário.

RESPOSTA O art. 876 da CLT estabelece que as decisões passadas em julgado ou das quais não tenha havido recurso com efeito suspensivo; os acordos, quando não cumpridos; os termos de ajuste de conduta firmados perante o Ministério Público do Trabalho e os termos de conciliação firmados perante as Comissões de Conciliação Prévia serão executada pela forma estabelecida pelo capítulo que trata da execução no processo do trabalho. Com efeito, o TAC e o termo de conciliação lavrado na CCP são títulos executivos extrajudiciais, de modo que o MPT deve ajuizar ação de execução de título extrajudicial. *Alternativa B.*

48. (XXXI Exame) Após tentar executar judicialmente seu ex-empregador (a empresa Tecidos Suaves Ltda.) sem sucesso, o credor trabalhista Rodrigo instaurou o incidente de desconsideração de personalidade jurídica, objetivando direcionar a execução contra os sócios da empresa, o que foi aceito pelo magistrado. De acordo com a CLT, assinale a opção que indica o ato seguinte.

(A) O sócio será citado por oficial de justiça para pagar a dívida em 48 horas.
(B) O sócio será citado para manifestar-se e requerer as provas cabíveis no prazo de 15 dias.
(C) O juiz determinará de plano o bloqueio de bens e valores do sócio, posto que desnecessária a sua citação ou intimação.
(D) Será conferida vista prévia ao Ministério Público do Trabalho, para que o parquet diga se concorda com a desconsideração pretendida.

RESPOSTA O Incidente de Desconsideração da Personalidade Jurídica está previsto na CLT no art. 855-A e seus parágrafos, bem como no art. 133 a 137 do CPC. O art. 135 do CPC dispõe que, instaurado o incidente, o sócio ou a pessoa jurídica será citado para manifestar-se e requerer as provas cabíveis no prazo de 15 (quinze) dias. *Alternativa B.*

49. (XXX Exame) No decorrer de uma reclamação trabalhista, que transitou em julgado e que se encontra na fase executória, o juiz intimou o autor a apresentar os cálculos de liquidação respectivos, o que foi feito. Então, o juiz determinou que o cálculo fosse levado ao setor de Contadoria da Vara para conferência, tendo o calculista confirmado que os cálculos estavam adequados e em consonância com a coisa julgada. Diante disso, o juiz homologou a conta e determinou que o executado depositasse voluntariamente a quantia, sob pena de execução forçada. Diante dessa narrativa e dos termos da CLT, assinale a afirmativa correta.

(A) Equivocou-se o juiz, porque ele não poderia homologar o cálculo sem antes conceder vista ao executado pelo prazo de 8 dias.
(B) Correta a atitude do magistrado, porque as contas foram conferidas e foi impressa celeridade ao processo do trabalho, observando a duração razoável do processo.
(C) A Lei não fixa a dinâmica específica para a liquidação, daí porque cada juiz tem liberdade para criar a forma que melhor atenda aos anseios da justiça.
(D) O juiz deveria conceder vista dos cálculos ao executado e ao INSS pelo prazo de 5 dias úteis, pelo que o procedimento adotado está errado.

RESPOSTA A Lei n. 13.467/2017 alterou a redação do § 2º do art. 879 da CLT, determinando que uma vez oferecidos os cálculos de liquidação, o juiz deverá abrir prazo de 8 dias para impugnação, sob pena de preclusão. Na letra da lei: "Elaborada a conta e tornada líquida, o juízo deverá abrir às partes prazo comum de oito dias para impugnação fundamentada com a indicação dos itens e valores objeto da discordância, sob pena de preclusão". *Alternativa A.*

50. (XXVII Exame) A sociedade empresária Alfa S. A. está sendo executada na Justiça do Trabalho e, em 13/03/2018, recebeu citação para pagamento da dívida que possui em relação a um processo. Mesmo citada, a sociedade empresária permaneceu inerte, pelo que, no 10º dia contado da citação, o juízo iniciou, a requerimento do exequente a tentativa de bloqueio pelo sistema Bacen-Jud e, paralelamente, inscreveu o nome do executado no Banco Nacional de Devedores Trabalhistas (BNDT). Diante da situação apresentada e dos termos da CLT, assinale a afirmativa correta.

(A) A atitude do magistrado está correta, eis que não houve o pagamento voluntário da dívida no prazo legal, sendo a inserção imediata no BNDT uma adequada medida coercitiva judicial.
(B) A Lei deixa ao arbítrio do juiz determinar a partir de quando o nome do devedor deve ser inserido em cadastro restritivo de crédito, inclusive no BNDT.

(C) A Justiça do Trabalho não atua mais com inserção e retirada do nome de devedores no BNDT, pelo que a atitude do magistrado é inócua e contrária às regras da CLT.

(D) A decisão que determinou a inserção do nome do devedor no BNDT está equivocada, porque somente poderia ocorrer 45 dias depois de ele não pagar, nem garantir o juízo.

RESPOSTA A CLT, no art. 883-A estabelece que a decisão judicial transitada em julgado somente poderá ser levada a protesto, gerar inscrição do nome do executado em órgãos de proteção ao crédito ou no Banco Nacional de Devedores Trabalhistas (BNDT), nos termos da lei, depois de transcorrido o prazo de quarenta e cinco dias a contar da citação do executado, se não houver garantia do juízo, de sorte que a decisão está equivocada. *Alternativa D.*

51. (XXII Exame) Expedida carta precatória executória numa demanda trabalhista, o juízo deprecante cita o devedor para pagamento, mas ele permanece inerte. Então, o oficial de justiça retorna e penhora um dos imóveis do executado, avaliando-o e garantindo o juízo. Imediatamente o executado ajuíza embargos de devedor, alegando que o bem penhorado foi subavaliado, apresentando a documentação que entende provar que o valor de mercado do bem é muito superior àquele lançado no auto pelo oficial de justiça. Sobre a hipótese apresentada, de acordo com a legislação em vigor e o entendimento consolidado do TST, assinale a opção que, justificadamente, indica o juízo competente para apreciar os embargos.

(A) O juízo deprecante é competente, pois dele se origina a execução.

(B) O julgamento poderá competir aos juízos deprecantes ou ao deprecado, porque a Lei não traz previsão.

(C) O juízo deprecado será competente, porque a matéria se refere a suposto vício na penhora.

(D) A Lei e a jurisprudência são omissas a respeito, daí por que a parte poderá escolher qual dos juízos apreciará os embargos.

RESPOSTA Aplicando-se o art. 914, § 2º, do CPC e entendimento do TST, na execução por carta precatória, os embargos serão oferecidos no juízo deprecante ou no juízo deprecado, salvo se versarem unicamente, como é o caso da questão, sobre vícios ou defeitos da penhora, da avaliação (o devedor, na questão, entende que os imóveis foram subavaliados) ou da alienação dos bens efetuados no juízo deprecado. *Alternativa C.*

52. (XXI Exame) Em determinada reclamação trabalhista, o empregador foi condenado ao pagamento de diversas parcelas, havendo ainda condenação subsidiária da União na condição de tomadora dos serviços. Na execução, depois de homologado o cálculo e citado o empregador para pagamento, as tentativas de recebimento junto ao devedor principal fracassaram, daí porque a execução foi direcionada contra a União, que agora pretende questionar o valor da dívida. Diante da situação apresentada, assinale a afirmativa correta.

(A) A União pode embargar a execução no prazo legal, após a garantia do juízo.

(B) A CLT não permite que a União, por ser devedora subsidiária, ajuíze embargos de devedor.

(C) A garantia do juízo para ajuizar embargos de devedor é desnecessária, por se tratar de ente público.

(D) A União, por se tratar de recurso, terá o prazo em dobro para embargar a execução.

RESPOSTA A letra "A" está errada, pois o ente público citado não precisa garantir o juízo. A letra "B" está errada, pois ainda que seja devedora subsidiária, a União tem, em razão das garantias constitucionais da ampla defesa e do contraditório, além do art. 534 e seguintes do CPC (cumprimento de sentença contra a Fazenda Pública), aplicável ao processo do trabalho. A letra "D" está errada, pois não há previsão de prazo em dobro para os embargos à execução. Assim, pode oferecer embargos, independentemente de garantia do juízo, vez que os bens públicos são impenhoráveis. *Alternativa C.*

53. (XXV Exame) Jéssica trabalhou na sociedade empresária Móveis Perfeitos Ltda. por 4 (quatro) anos, quando foi dispensada sem justa causa, sem receber as verbas resilitórias. Em razão disso, ajuizou reclamação trabalhista pelo rito ordinário postulando os direitos relativos à sua saída, além de horas extras, equiparação salarial, adicional de insalubridade e indenização por dano moral porque foi privada da indenização que serviria para pagar as suas contas regulares. Na audiência designada, após feito o pregão, a sociedade empresária informou, e comprovou documentalmente, que conseguira no mês anterior a sua recuperação judicial, motivo pelo qual requereu a suspensão da reclamação trabalhista por 180 dias, conforme previsto em Lei, sob pena de o prosseguimento acarretar a nulidade do feito. Diante da situação concreta e dos termos da legislação em vigor, assinale a afirmativa correta.

(A) A sociedade empresária está correta, porque, em havendo concessão de recuperação judicial, a Lei determina a suspensão de todas as ações.

(B) A Lei não traz nenhuma previsão a respeito, daí porque ficará a critério do prudente arbítrio do juiz deferir a suspensão processual requerida.

(C) A sociedade empresária está equivocada, pois a suspensão da reclamação trabalhista somente ocorreria na fase executória, o que não é o caso.

(D) O Juiz do Trabalho, tendo sido deferida a recuperação judicial, deve suspender o processo, declarar sua incompetência e enviar os autos à Justiça Estadual.

RESPOSTA Embora a questão não verse sobre norma processual trabalhista típica, razão pela qual aplica-se, subsidiariamente, o art. 6º, § 4º, da Lei n. 11.101/2005 (Regula a recuperação judicial, a extrajudicial e a falência do empresário e da sociedade empresária), de modo que a decretação da falência ou o deferimento do processamento da recuperação judicial suspende o curso da prescrição e de todas as ações e execuções em face do devedor, inclusive aquelas dos credores particulares do sócio solidário. No entanto, a suspensão em hipótese nenhuma excederá o prazo improrrogável de 180 (cento e oitenta) dias contado do deferimento do processamento da recuperação, restabelecendo-se, após o decurso do prazo, o direito dos credores de iniciar ou continuar suas ações e execuções, independentemente de pronunciamento judicial. *Alternativa C.*

54. (XXV Exame) Em reclamação trabalhista já na fase de execução, o juiz determinou que o autor apresentasse os cálculos de liquidação, determinação esta que foi cumprida pelo exequente em fevereiro de 2018. Então, o calculista do juízo analisou as contas e entendeu que elas estavam corretas, pelo que o juiz homologou os cálculos ofertados e determinou a citação do executado para pagamento em 48 horas, sob pena de execução. Considerando a narrativa apresentada e os termos da CLT, assinale a afirmativa correta.

(A) Agiu corretamente o juiz, porque as contas foram atestadas pelo calculista como corretas.

(B) Equivocou-se o magistrado, porque deveria obrigatoriamente conferir vista dos cálculos ao executado.

(C) Uma vez que o juiz do Trabalho tem amplo poder de direção e controle do processo, sua decisão está amparada na norma cogente.

(D) O juiz tem a faculdade de abrir vista ao executado por 10 dias, mas não obrigação de fazê-lo.

RESPOSTA De acordo com o § 2º do art. 879 da CLT, elaborada a conta e tornada líquida, o juízo deverá abrir às partes prazo comum de oito dias para impugnação fundamentada com a indicação dos itens e valores objeto da discordância, sob pena de preclusão. Assim, é um dever do juiz abrir o prazo para manifestação. *Alternativa B.*

55. (XXIV Exame) Em sede de processo trabalhista, após o trânsito em julgado da sentença e elaborada a conta de liquidação, foi aberto prazo de 10 dias para que as partes se manifestassem sobre a mesma. Contudo, o réu não se manifestou, e o autor concordou com a conta do juízo, que foi homologada. Considerada essa hipótese, em sede de embargos à execução do réu, interposto 05 dias após a garantia do juízo, este pretende discutir a conta de liquidação, aduzindo incorreção nos valores. Você, como advogado(a) do autor deverá, em Resposta ,

(A) suscitar a preclusão do direito aos embargos à execução e expor as razões pelas quais entende pela validade dos cálculos do juízo.

(B) suscitar apenas que a conta está correta.

(C) suscitar a intempestividade dos embargos.

(D) suscitar apenas que a conta está correta e requerer o levantamento dos valores incontroversos.

RESPOSTA Se a executada (réu) não se manifestou, ocorreu o fenômeno da preclusão, como saliente o § 2º do art. 879. Assim, em sede de embargos à execução, não poderá a devedora pretender adentrar nas contas de liquidação, se não o fez anteriormente no momento oportuno, sendo então cabível o suscitar da preclusão pelo credor (autor/exequente). *Alternativa A.*

ATENÇÃO: Embora o XXIV tenha sido aplicado no dia 19.11.2017, época em que a Reforma Trabalhista já estava em vigor, não foi exigido seu conhecimento neste exame, daí porque fora aplicado, como gabarito, a redação anterior do § 2º do art. 879 da CLT, onde o prazo era de 10 dias. Atualmente o prazo é de 8 dias e de natureza comum.

56. (XXI Exame) O juiz, em ação trabalhista proposta por Carlos em face da sociedade empresária ABCD Ltda., julgou procedente, em parte, o rol de pedidos. Nenhuma das partes apresentou qualquer recurso. O pedido versava exclusivamente sobre horas extras e reflexos, estando nos autos todos os controles de horário, recibos salariais, o termo de rescisão de contrato de trabalho (TRCT) e demais documentos inerentes ao contrato de trabalho em referência. Todos os documentos eram incontroversos. Com base no caso apresentado, como advogado(a) de Carlos, assinale a opção que indica a modalidade a ser adotada para promover a liquidação de sentença.

(A) Por cálculos.

(B) Por arbitramento.

(C) Por artigos.

(D) Por execução por quantia certa.

RESPOSTA No caso, como a sentença depende de liquidação (art. 879, CLT), pode-se lançar mão da liquidação por cálculos, já que a apuração do valor devido depende de mera conta aritmética, uma vez que todos os elementos necessários já se encontram nos autos. Por oportuno, vale dizer que, nos termos do art. 509 do CPC, a liquidação será por arbitramento quando determinado pela sentença, convencionado pelas partes ou exigido pela natureza do objeto da liquidação e por artigos (procedimento comum), quando houver a necessidade de alegar e provar fato novo. *Alternativa A.*

57. (XXVI Exame) Uma entidade filantrópica foi condenada em reclamação trabalhista movida por uma ex-empregada, em fevereiro de 2018. A sentença transitou em julgado e agora se encontra na fase de execução. Apresentados os cálculos e conferida vista à executada, o juiz homologou a conta apresentada pela exequente. Em relação à pretensão da entidade de ajuizar embargos de devedor para questionar a decisão homologatória, assinale a afirmativa correta.

(A) Não há necessidade de garantia do juízo, no caso apresentado, para o ajuizamento de embargos de devedor.

(B) Se a executada deseja questionar os cálculos, deverá garantir o juízo com dinheiro ou bens e, então, ajuizar embargos de devedor.

(C) A executada, por ser filantrópica, poderá ajuizar embargos à execução, desde que garanta a dívida em 50%.

(D) A entidade filantrópica não tem finalidade lucrativa, daí por que não pode ser empregadora, de modo que a execução contra ela não se justifica, e ela poderá ajuizar embargos a qualquer momento.

RESPOSTA O art. 884, *caput*, da CLT exige, como regra geral para recebimento dos embargos à execução, que o juízo esteja garantido, ou seja, garantida a execução ou penhorados os bens, terá o executado 5 (cinco) dias para apresentar embargos, cabendo igual prazo ao exequente para impugnação. No entanto, o § 6º do mesmo artigo estabelece que a exigência da garantia ou penhora não se aplica às entidades filantrópicas e/ou àqueles que compõem ou compuseram a diretoria dessas instituições. *Alternativa A.*

58. (XXIII Exame) A sociedade empresária Arco Íris Limpeza Ltda. foi citada para pagar o valor de uma dívida trabalhista homologada pelo juiz e, sem apresentar guia de pagamento ou arrolar bens, apresentou embargos de devedor, nos quais aponta diversas inconsistências nos cálculos. Diante disso, de acordo com a CLT, assinale a afirmativa correta.

(A) A Justiça do Trabalho passou a adotar o sistema do CPC, pelo qual não há necessidade de garantir o juízo para embargar, de modo que os embargos serão apreciados.

(B) A CLT prevê que, para o ajuizamento de embargos de devedor, é necessário garantir o juízo com 50% do valor da dívida exequenda, o que não aconteceu na espécie.

(C) Sem a garantia do juízo, o executado não poderá ajuizar embargos de devedor, de modo que as matérias por ele trazidas não serão apreciadas naquele momento.

(D) A CLT determina que, havendo ajuizamento de embargos de devedor, o executado é obrigado a declarar, o valor que entende devido e a depositar essa quantia à disposição do juízo.

RESPOSTA A letra "A" está errada, pois a CLT tem regra própria e não aplica o CPC com relação à dispensa de garantia do juízo. A letra "b" está errada, uma vez que a garantia deve ser integral, como se extrai do art. 884, *caput*, CLT. A letra "D" também está errada, haja vista que não há essa previsão na CLT. Assim, é fácil afirmar que é necessário a garantia do juízo para que as matérias apresentadas nos embargos sejam apreciadas. *Alternativa C.*

59. (XXIX Exame) Em sede de impugnação à sentença de liquidação, o juiz julgou improcedente o pedido, ocorrendo o mesmo em relação aos embargos à execução ajuizados pela executada. A princípio, você, na qualidade de advogado(a) da executada, entendeu por bem não apresentar recurso. Contudo, foi apresentado o recurso cabível pelo exequente. Diante disso, assinale a afirmativa correta.

(A) A parte exequente interpôs agravo de petição, e a executada poderá interpor agravo de petição na modalidade de recurso adesivo.

(B) Ambas as partes poderiam interpor agravo de petição na hipótese, porém não mais existe essa possibilidade para a executada, pois esta não apresentou o recurso no prazo próprio.

(C) A parte autora interpôs recurso de revista, e não resta recurso para a parte executada.

(D) A parte autora apresentou recurso ordinário.

RESPOSTA Percebe-se, incialmente, que da sentença que julgou improcedentes os embargos e a impugnação, é cabível o recurso de agravo de petição por ambas as partes, que teriam, então, o prazo comum de 8 dias para interpor seus recursos de forma independente. No entanto, como apenas o exequente recorreu, quando a executada for intimada para responder o recurso, poderá interpor recurso adesivo, na forma da Súmula 283 do TST e art. 997 do CPC. *Alternativa A.*

X. AÇÕES ESPECIAIS

60. (XXII Exame) Jorge foi dispensado e, no dia designado para homologação da ruptura contratual, a empresa informou que não tinha dinheiro para pagar a indenização. O TRCT estava preenchido, com o valor total de R$ 5.000,00 que Jorge deveria receber. Diante da situação narrada pela empresa e da extrema necessidade de Jorge, o sindicato concordou em fazer a homologação apenas para liberar o FGTS e permitir o acesso ao seguro-desemprego, lançando no TRCT um carimbo de que nada havia sido pago. Jorge, então, ajuizou ação monitória na Justiça do Trabalho, cobrando a dívida de R$ 5.000,00. Sobre a situação narrada, assinale a afirmativa correta.

(A) O comportamento de Jorge é viável, sendo que, nesse caso, o juiz expedirá mandado de pagamento, nos moldes do CPC.

(B) Na Justiça do Trabalho, a ação monitória somente é possível em causas de até dois salários mínimos, sendo que da sentença não caberá recurso, o que não é a hipótese retratada.

(C) Jorge deveria ajuizar ação de execução de título extrajudicial, que é a natureza jurídica do TRCT preenchido, mas não quitado.

(D) Jorge agiu mal, porque não cabe ação monitória na Justiça do Trabalho, em razão da incompatibilidade de procedimentos.

RESPOSTA A letra "B" está errada, uma vez que não há previsão nesse sentido. As causas de até dois salários devem tramitar sobre o procedimento comum sumário (dissídios de alçada exclusivos das varas), o que não se aplica para a ação monitória, que é um procedimento especial. A letra "C" está errada, pois o TRCT não é título executivo (art. 876, CLT). A letra "D" está errada, uma vez que não havendo previsão na CLT e por ser compatível (art. 769, CLT – celeridade e busca de crédito alimentar), é plenamente possível a utilização da ação monitória no processo do trabalho. Desta forma, aplicando-se o art. 700 e seguintes do CPC, conclui-se que a ação monitória pode ser ajuizada por quem afirma, com prova escrita em mãos, mas sem natureza de título executivo, ter direito de exigir algo do devedor, caso em que, sendo evidente o direito do autor, o juiz deferirá a expedição de mandado de pagamento, observando-se, assim, o art. 701 do CPC. *Alternativa A.*

61. (XXVII Exame) Em uma reclamação trabalhista, o autor afirmou ter sido vítima de discriminação estética, pois fora dispensado pelo ex-empregador por não ter querido raspar o próprio bigode. Requereu, na petição inicial, tutela de urgência para ser imediatamente reintegrado em razão de prática discriminatória. O juiz, não convencido da tese de discriminação, indeferiu a tutela de urgência e determinou a designação de audiência, com a respectiva citação. Como advogado(a) do autor, assinale a opção que contém, de acordo com a Lei e o entendimento consolidado do TST, a medida judicial a ser manejada para reverter a situação e conseguir a tutela de urgência desejada.

(A) Interpor recurso ordinário seguido de medida cautelar.

(B) Nada poderá ser feito, por tratar-se de decisão interlocutória, que é irrecorrível na Justiça do Trabalho.

(C) Impetrar mandado de segurança.

(D) Interpor agravo de instrumento.

RESPOSTA Estamos diante de uma decisão interlocutória, a qual não pode ser objeto de recurso de imediato. Porém, a jurisprudência do TST, tendo em vista a inexistência de recurso específico, admite a impetração de mandado de segurança, conforme Súmula 414, item II, do TST. *Alternativa C.*

62. (XXXIII Exame) Duas irmãs costureiras trabalharam juntas em uma confecção. A mais velha era empregadora da mais nova, que gerenciava a atividade. Devido a um desentendimento em família, a irmã mais nova foi dispensada. Em decorrência da relação fraternal, chegaram a um bom termo sem a necessidade de ajuizamento da demanda. Porém, por segurança de ambas, gostariam de ver garantidos, judicialmente, os termos do acordo e procuraram você, como advogado consultor. Diante disso, observados os termos da CLT, assinale a afirmativa correta.

(A) Deverá ser distribuída uma petição requerendo a homologação de acordo extrajudicial, sendo que as partes deverão obrigatoriamente estar Representadas por advogado, ainda que comum.

(B) Deverá ser ajuizada uma ação trabalhista e realizado um acordo na primeira audiência, vigorando o jus postulandi.

(C) Deverá ser distribuída uma petição requerendo a homologação de acordo extrajudicial, sendo que as partes não precisarão estar representadas por advogado, em razão do jus postulandi.

(D) Deverá ser distribuída uma petição requerendo a homologação de acordo extrajudicial, sendo que as partes deverão obrigatoriamente estar representadas por advogados distintos.

RESPOSTA O art. 855-B da CLT estabelece que o processo de homologação de acordo extrajudicial terá início por petição conjunta, sendo obrigatória a representação das partes por advogado, sendo que as partes não poderão ser representadas por advogado comum. *Alternativa D.*

XI. PRESCRIÇÃO

63. (XXX Exame) O juiz, em sede de execução trabalhista, intimou a parte para cumprir despacho, determinando que o exequente desse seguimento à execução, indicando os meios de prosseguimento na execução, já que não foram encontrados bens no patrimônio do réu. Com fundamento na legislação vigente, assinale a afirmativa correta.

(A) O processo ficará parado aguardando a manifestação do exequente por período indefinido de tempo.

(B) A declaração de prescrição somente poderá ocorrer por requerimento da parte contrária.

(C) A prescrição intercorrente ocorrerá após dois anos, se a parte não cumprir com o comando judicial.

(D) O juiz deverá intimar novamente a parte, a fim de dar início ao curso do prazo prescricional.

RESPOSTA A questão está baseada no art. 11-A da CLT, inserido pela Lei n. 13.467/2017, que versa sobre a prescrição intercorrente, a qual ocorrerá depois de 2 (dois) anos, caso a parte exequente, intimada para cumprir algum comando, ficará omissa durante aquele prazo, o que pode ser pronunciado de ofício ou a requerimento. *Alternativa C.*

64. (XXIV Exame) Um empregado de 65 anos foi admitido em 10/05/2011 e dispensado em 10/01/2013. Ajuizou reclamação trabalhista em 05/12/2016, postulando horas extras e informando, na petição inicial, que não haveria prescrição porque apresentara protesto judicial quanto às horas extras em 04/06/2015, conforme documentos que juntou aos autos. Diante da situação retratada, considerando a Lei e o entendimento consolidado do TST, assinale a afirmativa correta.

(A) A prescrição ocorreu graças ao decurso do tempo e à inércia do titular.

(B) A prescrição foi interrompida com o ajuizamento do protesto.

(C) A prescrição ocorreu, porque não cabe protesto judicial na seara trabalhista.

(D) A prescrição não corre para os empregados maiores de 60 anos.

RESPOSTA A questão trata da prescrição trabalhista (art. 7º, XXIX, da CF/88; art. 11 da CLT e Súmula 308, I, do TST), sendo que o fato do trabalhador ser idoso em nada influi o curso da prescrição e, ademais, como se percebe, o protesto ajuizado foi após dois anos da demissão do empregado, já que ele foi demitido em 10.01.2013 e ajuizou o protesto em 04.06.2015, isto é, 2 anos, 4 meses e alguns dias após sua demissão, não observando, assim, a prescrição bienal (ajuizamento da ação em até dois anos da extinção do contrato). *Alternativa A.*

Direito Processual Penal

Aniello Aufiero

Advogado, graduado pela Universidade Federal do Amazonas – UFAM, em 1985. Professor de Direito Penal e Processo Penal para concursos e OAB 1ª e 2ª fase no Centro Preparatório Aufiero, também lecionando para Pós-Graduação. Autor de diversas obras jurídicas.

Sumário

1. PRINCÍPIOS E APLICAÇÃO DA LEI PROCESSUAL PENAL

O Processo Penal Brasileiro tem como alguns princípios basilares:

a) **contraditório e ampla defesa** (art. 5º, LV, CF);
b) **identidade física do juiz** (art. 399, § 2º, CPP);
c) **publicidade** (art. 5º, LX, CF);
d) **devido processo legal** (art. 5º, LIV, CF);
e) **juiz natural** (art. 5º, LIII, CF);
f) **estado de inocência** (art. 5º, LVII, CF);
g) **verdade real**;
h) ***favor rei*** – a dúvida sempre beneficia o réu (*in dubio pro reo*);
i) **celeridade processual** (art. 5º, LXXVIII, CF);
j) **presunção de inocência** (art. 5º, LVII, CF);
k) **motivação das decisões judiciais** (art. 93, IX, CF);
l) **duplo grau de jurisdição** – é a possibilidade de revisão, por via de recurso, das causas já julgadas pelo juiz de primeiro grau, exceto as hipóteses de competência originária do STF (art. 102, I, CF);
m) **paridade de armas** – as partes têm direito a um tratamento igualitário (princípio da isonomia, art. 5º, *caput*, CF);
n) **da não autoincriminação** (*nemo tenetur se detegere*);
o) da vedação as provas ilícitas (art. 5º, LVI, CF/88 e art. 157, CPP);
p) **intranscendência/pessoalidade** (art. 5º, XLV, da CF/1988) – o processo penal deverá ser instaurado apenas contra quem efetivamente cometeu conduta delituosa, não podendo nenhuma pena passar da pessoa do condenado;
q) **livre convencimento motivado do juiz** – o art. 155, *caput*, do CPP e o art. 93, IX, da CF/1988 vedam que o juiz fundamente sua decisão, exclusivamente, nas informações colhidas no inquérito policial, sob pena de ferir os princípios constitucionais do contraditório e da ampla defesa. Não obstante, a decisão carente de fundamentação é causa de nulidade processual (art. 564, V, do CPP);

ATENTAI: Na decisão referente ao Tribunal do Júri, caso em que o veredicto condenatório ou absolutório é proferido pelos jurados, vigora o sistema da íntima convicção do juiz, conferindo ampla liberdade aos juízes leigos para apreciar as provas, não sendo exigida motivação ou fundamentação das decisões do conselho de sentença.

r) **inércia** – o magistrado não poderá instaurar o processo *ex officio*, devendo ser provocado pelo titular do direito violado, seja o Ministério Público, na ação penal pública incondicionada ou nas ações penais públicas condicionadas à representação, seja o ofendido na ação penal privada, ou decretar a prisão preventiva de ofício na fase do inquérito ou da ação penal. Ademais, o próprio art. 3º-A do CPP assegura que o processo penal terá estrutura acusatória, vedadas a iniciativa do juiz na fase de investigação e a substituição da atuação probatória do órgão de acusação.

1.1 Lei processual penal no espaço

É consagrado no nosso ordenamento jurídico que a norma processual penal aplica-se em todo **território nacional**, estando expresso no art. 1º, *caput*, CPP o princípio da **territorialidade**.

As **exceções** à lei processual penal brasileira estão dispostas nas hipóteses dos incisos I ao V e parágrafo único do art. 1º do CPP.

> I – os tratados, as convenções e regras de direito internacional;
> II – as prerrogativas constitucionais do Presidente da República, dos ministros de Estado, nos crimes conexos com os do Presidente da República, e dos ministros do Supremo Tribunal Federal, nos crimes de responsabilidade;
> III – os processos da competência da Justiça Militar;
> IV – os processos da competência do tribunal especial;
> V – os processos por crimes de imprensa.
> Parágrafo único. Aplicar-se-á, entretanto, este Código aos processos referidos nos nºs IV e V, quando as leis especiais que os regulam não dispuserem de modo diverso.

ATENTAI: o STF, na ADPF n. 130-7-DF, julgou procedente a ação para o efeito de declarar como não recepcionado pela CF todo o conjunto de dispositivos da Lei n. 5.250/67 (Lei de Imprensa), aplicando-se as normas da legislação comum, notadamente o Código Civil, o CPC e o CPP às causas decorrentes das relações de imprensa.

ATENTAI II: Gozam de imunidade diplomática os agentes diplomáticos e seus familiares que com eles convivam (art. 31, item I, e art. 37, item I, do Dec. n. 56.435/1965 – Convenção de Viena), ou seja, a prerrogativa de serem processados no seu país de origem pelo crime praticado dentro do território brasileiro, não podendo ser presos ou julgados. Portanto, não se aplica a lei processual penal brasileira (art. 1º, I, do CPP).

No entanto, há hipóteses de aplicação da lei brasileira pela prática de crimes cometidos em territórios estrangeiros, a chamada extraterritorialidade da lei brasileira. Em casos como atentado à vida do Presidente da República e outras hipóteses do art. 7º, I, do CP, o agente, independente do país ou da nacionalidade, será julgado pelas leis brasileiras, ainda que absolvido ou condenado no estrangeiro.

1.2 Lei processual penal no tempo

No sistema jurídico brasileiro, a norma processual penal **aplica-se de imediato**, obedecendo ao princípio do ***tempus regit actum*** (art. 2º, CPP). Porém, a lei penal não poderá jamais retroagir em prejuízo do acusado, o que violaria o princípio da vedação do *reformatio in pejus*, podendo, se for o caso, retroagir em benefício do réu, como preceitua o art. 5º, XL, CF/88 (*reformatio in mellius*).

ATENTAI I: Apesar da aplicabilidade imediata da lei processual penal, **conservam-se os atos** já praticados sob o regime de lei anterior.

ATENTAI II: No caso de o **prazo do recurso** já haver se iniciado, quando começou a vigorar novo prazo para o recurso por nova lei, que prevê prazo menor, deverá ser aplicada a lei anterior que prescreve prazo maior, segundo o art. 3º do Decreto-Lei n. 3.931/41 (Lei de Introdução do Código de Processo Penal).

1.3 Aplicação da lei processual penal

A aplicação da lei processual penal brasileira se encontra no art. 3º, CPP, no qual consta que a lei processual penal admitirá **interpretação extensiva** (estendendo o alcance do dispositivo) e **aplicação analógica** (o dispositivo é interpretado de acordo com casos semelhantes), bem como o suplemento dos princípios gerais do direito.

1.4 Do sistema acusatório e do juiz das garantias

O CPP **adota o sistema acusatório** de forma expressa, o art. 3º-A do CPP diz: "O processo penal terá estrutura acusatória, vedadas a iniciativa do juiz na fase de investigação e a substituição da atuação probatória do órgão de acusação." Assim, no processo penal, **haverá dois Juízes**, o primeiro para a fase de investigação e recebimento da acusação, denominado Juiz das Garantias, e o segundo para a fase da ação penal (Juiz da Instrução e Julgamento).

O **juiz das garantias**, é responsável pelo **controle da legalidade** da investigação criminal e pela **salvaguarda dos direitos individuais** (art. 3º-B, CPP).

No caso de preso em flagrante ou por força de mandado de prisão provisória, este será encaminhado à presença do juiz de garantias no prazo de 24 horas, momento em que se realizará audiência com a presença do Ministério Público e da Defensoria Pública ou de advogado constituído, **sendo vedado o emprego de videoconferência** (art. 3º-B, § 1º, CPP).

1.4.1. Do Juiz das Garantias e sua Competência

Compete ao juiz das garantias especialmente (art. 3º-B, CPP):

I – receber a comunicação imediata da prisão, nos termos do inciso LXII do *caput* do art. 5º da Constituição Federal; II – receber o auto da prisão em flagrante para o controle da legalidade da prisão, observado o disposto no art. 310 deste Código; III – zelar pela observância dos direitos do preso, podendo determinar que este seja conduzido à sua presença, a qualquer tempo; IV – ser informado sobre a instauração de qualquer investigação criminal; V – decidir sobre o requerimento de prisão provisória ou outra medida cautelar, observado o disposto no § 1º deste artigo; VI – prorrogar a prisão provisória ou outra medida cautelar, bem como substituí-las ou revogá-las, assegurado, no primeiro caso, o exercício do contraditório em audiência pública e oral, na forma do disposto neste Código ou em legislação especial pertinente; VII – decidir sobre o requerimento de produção antecipada de provas consideradas urgentes e não repetíveis, assegurados o contraditório e a ampla defesa em audiência pública e oral; VIII – prorrogar o prazo de duração do inquérito, estando o investigado preso, em vista das razões apresentadas pela autoridade policial e observado o disposto no § 2º deste artigo; IX – determinar o trancamento do inquérito policial quando não houver fundamento razoável para sua instauração ou prosseguimento; X – requisitar documentos, laudos e informações ao delegado de polícia sobre o andamento da investigação; XI - decidir sobre os requerimentos de: a) interceptação telefônica, do fluxo de comunicações em sistemas de informática e telemática ou de outras formas de comunicação; b) afastamento dos sigilos fiscal, bancário, de dados e telefônico; c) busca e apreensão domiciliar; d) acesso a informações sigilosas; e) outros meios de obtenção da prova que restrinjam direitos fundamentais do investigado; XII – julgar o habeas corpus impetrado antes do oferecimento da denúncia; XIII – determinar a instauração de incidente de insanidade mental; XIV – decidir sobre o recebimento da denúncia ou queixa, nos termos do art. 399 deste Código; XV – assegurar prontamente, quando se fizer necessário, o direito outorgado ao investigado e ao seu defensor de acesso a todos os elementos informativos e provas produzidos no âmbito da investigação criminal, salvo no que concerne, estritamente, às diligências em andamento; XVI - deferir pedido de admissão de assistente técnico para acompanhar a produção da perícia; XVII - decidir sobre a homologação de acordo de não persecução penal ou os de colaboração premiada, quando formalizados durante a investigação; XVIII – outras matérias inerentes às atribuições definidas no *caput* deste artigo.

A competência do juiz das garantias abrange todas as infrações penais, exceto as de menor potencial ofensivo (art. 3º-C, *caput*, CPP). A sua competência cessa com o recebimento da denúncia ou da queixa. No entanto, as questões pendentes serão decidias pelo juiz da instrução e julgamento (art. 3º-C, § 1º, CPP).

Ademais, as decisões proferidas pelo juiz das garantias não vinculam o juiz da instrução e julgamento. Todavia, após o recebimento da denúncia ou queixa, deverá o juiz da instrução e julgamento reexaminar a necessidade das medidas cautelares em curso, no prazo máximo de 10 (dez) dias (art. 3 º-C, § 2º, CPP).

No juiz das garantias ficarão acautelados na secretaria os autos que compõem as matérias de sua competência, à disposição das partes (MP e da defesa), não sendo apensado aos autos do processo que serão enviados para o juiz da instrução e julgamento, ressalvados os documentos relativos às provas irrepetíveis, medidas de obtenção de provas ou de antecipação de provas, que deverão ser remetidos para apensamento em apartado (art. 3º-C, § 3º, CPP). Assim, o juiz da instrução e julgamento não receberá, nem se contaminará pelo produzido na fase do juiz das garantias. Por fim, ficará assegurado às partes o amplo acesso aos autos acautelados na secretaria do juízo das garantias (art. 3º-C, § 4º, CPP).

O juiz que, na fase de investigação, praticar qualquer ato incluído nas competências do juiz das garantias ficará impedido de funcionar no processo (art. 3º-D, *caput*, CPP).

ATENTAI I: Nas comarcas em que funcionar apenas um juiz, os tribunais criarão um sistema de rodízio de magistrados, a fim de atender a implementação do juiz das garantias (art. 3º-D, parágrafo único, CPP).

ATENTAI II: "O juiz das garantias deverá assegurar o cumprimento das regras para o tratamento dos presos, impedindo o acordo ou ajuste de qualquer autoridade com órgãos da imprensa para explorar a imagem da pessoa submetida à prisão, sob pena de responsabilidade civil, administrativa e penal" (art. 3º-F, *caput*, CPP).

ATENTAI III: O STF suspendeu liminarmente a implementação do juiz das garantias e seus consectários (arts. 3º-A a 3º-F do CPP), nas ADIs n. 6.298, 6.299, 6.300 e 6.305/DF. A matéria deve ser analisada pelo Pleno do STF, que irá ratificar ou retificar a liminar proferida pelo ministro relator Luiz Fux.

2. INQUÉRITO POLICIAL

O inquérito policial é um procedimento administrativo, não havendo o contraditório. Poderá ser dispensado, desde que o Ministério Público tenha elementos para oferecer a denúncia (art. 39, § 5º, CPP).

Quanto ao valor probatório do inquérito, por ter caráter inquisitivo, só possui valor **informativo** para a instauração da ação penal, uma vez que o inquérito policial, por si só, **não tem o condão de condenar o acusado**.

Dessa forma, o juiz formará sua convicção pela livre apreciação da prova, produzida em contraditório judicial, não podendo fundamentar sua decisão, exclusivamente, nos elementos informativos colhidos na investigação, ressalvadas as provas cautelares, não repetíveis e antecipadas (art. 155, CPP).

O inquérito policial possui as seguintes características:

a) **Forma escrita**, reduzindo a termo todas as peças do inquérito e rubricada pela autoridade policial (art. 9º, CPP).

b) **Oficial**, pois apenas pode ser procedido por órgão oficial do Estado, não se admitindo a produção de autoria e materialidade por particular.

c) **Inquisitivo** ou **Inquisitório**, ou seja, não admite ao suspeito ou indiciado a formulação de provas, mediante a ampla defesa e o contraditório.

d) **Informativo**, uma vez que sua finalidade é colher elementos suficientes para que o titular da ação penal possa intentá-la, seja este o promotor ou o ofendido.

e) **Discricionário**, haja vista conferir à autoridade policial o juízo de optar pela realização de diligências conforme sua convicção (art. 14, CPP).

f) **Sigiloso**, por se tratar de peça administrativa destinada a apurar autoria e materialidade necessárias à dedução da pretensão punitiva e cuja sigilosidade é consequência lógica, pois, caso contrário, estar-se-ia negando eficácia ao procedimento se ele estivesse sob o crivo da publicidade, com fundamento no art. 20 do CPP.

g) **Indisponível**, haja vista que o delegado não pode mandar arquivar de ofício os autos de inquérito (art. 17, CPP).

ATENTAI: Vícios do IP não anulam a ação penal.

2.1 Da instauração do IP

Nos crimes de **ação penal pública incondicionada**, a primeira peça do inquérito é a **portaria** (art. 5º, I, CPP). Assim, o delegado de polícia, ao tomar conhecimento de um crime, por exemplo, de homicídio (art. 121, CP), deverá, de ofício, determinar a instauração do inquérito policial. A autoridade policial estará, ainda, obrigada a instaurar inquérito, quando atender **à requisição do juiz** ou do promotor (art. 5º, II, CPP). O **ofendido** ou seu representante legal também poderá **solicitar** abertura de inquérito policial (art. 5º, II, CPP). Portanto, a peça processual para a abertura do inquérito policial será um **requerimento**, em que a denominação das partes será "requerente" e "requerido".

Nos delitos de **ação penal pública condicionada**, a autoridade policial não poderá iniciar o inquérito policial sem a **representação do ofendido** ou do seu representante legal (art. 5º, § 4º, CPP). Diga-se, ainda, que o delegado também não poderá instaurar inquérito sem a **requisição** do Ministro da Justiça, quando a lei assim o exigir.

Na **ação penal privada**, o inquérito policial somente poderá ser instaurado a requerimento do ofendido ou do seu representante legal (art. 5º, § 5º, CPP). Ressalte-se que a queixa-crime (peça processual) só é oferecida em juízo (art. 30, CPP). Nessa ação, o prazo decadencial é interrompido no momento do oferecimento da queixa em juízo, independentemente da data do seu recebimento pelo juiz.

No caso de o delegado **indeferir** pedido de abertura de inquérito policial, poderá o ofendido ou seu representante legal **recorrer** do despacho para o secretário de Segurança Pública ou chefe de Polícia (art. 5º, § 2º, CPP).

ATENTAI: No caso de **denúncia anônima** (disque-denúncia), a autoridade policial, antes de instaurado o IP, deverá verificar a procedência e a veracidade das informações por ela veiculadas, sendo vedada, a instauração de IP **única e exclusivamente** em denúncia anônima. É nesse sentido o posicionamento do STF, ao julgar o *HC n. 84.827/TO, Rel. Min. Marco Aurélio, j. 07/08/2007, DJ 23/11/2007.*

2.1.1 Procedimento no Juizado Especial Criminal

Quando a infração for considerada de menor potencial ofensivo e a ação for pública incondicionada, a autoridade policial, ao tomar conhecimento do fato delituoso, **lavrará o TCO** (Termo Circunstanciado de Ocorrência), encaminhando-o, em seguida, ao Juizado Especial Criminal – Jecrim, não havendo mais inquérito (art. 69, *caput*, Lei n. 9.099/95). Na ação penal pública condicionada à representação e na ação penal privada, a autoridade para lavrar o TCO dependerá da manifestação do ofendido ou de seu representante legal.

Na hipótese de **prisão em flagrante**, não mais se lavrará o respectivo auto, nem se exigirá fiança desde que o autor do fato assine o termo de compromisso para comparecer ao Juizado (art. 69, parágrafo único, Lei n. 9.099/95).

2.1.2 Do IP e do foro por prerrogativa de função

O **delegado** de polícia **não pode** instaurar ou presidir o IP quando o crime for praticado por pessoa com foro por prerrogativa de função (juiz, promotor, deputado, senador etc.); nesse caso, deve remeter os autos ao Tribunal ou órgão especial competente para o julgamento, para que dê continuidade à investigação (TJ, TRF, STJ e STF).

2.1.3 Dos inquéritos extrapoliciais

O inquérito policial será atribuição da Polícia Federal quando se tratar de crime de competência da Justiça Federal (art. 109, CF), ou da Polícia Civil quando o delito for de competência da Justiça Estadual (art. 144, §§ 1º e 4º, CF).

Todavia, há casos em que **não será** presidido por delegado o inquérito se: **a)** as investigações estiverem no curso de **uma Comissão Parlamentar de Inquérito – CPI** (Lei n. 1.579/52); **b)** a infração penal foi cometida por **membro do Ministério Público**, a autoridade remeterá, imediatamente, sob pena de responsabilidade, os autos de investigação ao procurador-geral de justiça, a quem competirá dar prosseguimento à apuração (art. 41, parágrafo único, Lei n. 8.625/93); **c)** houver indício de prática de crime por parte de **magistrado**, a autoridade policial remeterá os respectivos autos ao Tribunal ou órgão especial competente para o julgamento, a fim de que prossiga na investigação (art. 33, parágrafo único, Lei Complementar n. 35/79); **d)** for caso de expulsão do estrangeiro (art. 58 da Lei n. 13.445/2017 c/c o art. 192 do Dec. n. 9.199/2017); **e)** versar sobre inquéritos policiais militares (IPM), disciplinados pelo CPPM, que são realizados pelas autoridades militares para apuração de infrações da competência da Justiça Militar.

ATENTAI: O Supremo Tribunal Federal, ao julgar o RE 593.727/MG, firmou o entendimento de que o Ministério Público dispõe de competência para promover, por autoridade própria e por prazo razoável, investigações de natureza penal, observados os direitos e garantias de indivíduos investigados pelo Estado.

2.1.4 Investigação contra servidores da segurança pública

Nos casos em que servidores vinculados às instituições previstas no art. 144 da CF/88 (polícia federal, polícia rodoviária federal, polícia ferroviária federal, polícias civis, polícias militares e corpos de bombeiros militares e polícias penais federal, estaduais e distrital) **figurarem como investigados** em inquéritos policiais, inquéritos policiais militares e demais procedimentos extrajudiciais, cujo objeto for a investigação de fatos relacionados ao uso da força letal praticados no exercício profissional, de forma consumada ou tentada, incluindo as situações dispostas no art. 23 do Código Penal, o indiciado **poderá** constituir defensor (art. 14-A, *caput*, CPP).

No entanto, o investigado deverá ser citado da instauração do procedimento investigatório, podendo **constituir defensor** no prazo de até 48 (quarenta e oito) horas a contar do recebimento da citação (art. 14-A, § 1º, CPP). **Esgotado** este prazo com ausência de nomeação de defensor pelo investigado, a autoridade responsável pela investigação deverá intimar a instituição a que estava vinculado o investigado à época da ocorrência dos fatos, para que essa, no prazo de 48 (quarenta e oito) horas, indique defensor para a representação do investigado (art. 14-A, § 2º, CPP).

Por fim, aplicam-se também aos servidores militares vinculados às instituições previstas no art. 142 da CF/88, **desde que** os fatos investigados digam respeito a **missões** para a Garantia da Lei e da Ordem (art. 14-A, § 6º, CPP).

2.2 O indiciado e seus direitos

O indiciado é a pessoa apontada no inquérito policial como autor do fato delituoso. Assim, o indiciamento é **ato privativo do delegado** e dar-se-á por ato fundamentado, mediante análise técnico-jurídica dos fatos, que deverá indicar autoria, materialidade e suas circunstâncias (art. 2º, § 6º, Lei n. 12.830/2013).

O art. 7º, XXI, Lei n. 8.906/94 **assegura o direito de o defensor assistir** a seus clientes investigados durante a apuração de infrações, sob pena de **nulidade absoluta** do respectivo interrogatório ou depoimento e, subsequentemente, de todos os elementos investigatórios e probatórios dele decorrentes ou derivados, direta ou indiretamente, podendo, inclusive, no curso da respectiva apuração.

A não observância dos direitos do preso é caso de relaxamento da prisão (art. 5º, LXV, da CF/1988).

Ademais, a nova Lei de Abuso de Autoridade (Lei n. 13.869/2019), em vigor a partir do dia 3-1-2020, passou a criminalizar a conduta de autoridade (qualquer agente público, servidor ou não) que violar as garantias constitucionais e legais do preso ou do indiciado solto.

Por fim, é direito do advogado do investigado ou indiciado apresentar razões à autoridade policial ou do procedimento investigatório, ou, ainda, quesitos aos peritos, na forma do art. 7º, XXI, *a*, da Lei n. 8.906/1994.

2.3 Acareação, reconstituição e identificação criminal

O indiciado não é obrigado a participar das diligências previstas nos arts. 6º, VI, e 7º, ambos do CPP, ou seja, acareação, reprodução simulada dos fatos, e fornecer padrões gráficos do próprio punho, para a realização de exame pericial, sendo cabível apenas a sua intimação para fazê-lo a seu arbítrio. Isso em virtude do princípio ***nemo tenetur se detegere*** (direito de não produzir prova contra si mesmo), obrigar o acusado a produzir prova capaz de caracterizar sua culpa (Decreto 678/92, art. 8, item 2, *g* – *Pacto de São José da Costa Rica*).

Ainda, a recusa do acusado de não realizar o exame não configura o crime de desobediência.

O art. 6º, VIII, do CPP determina que a autoridade policial proceda à **identificação criminal**, levando em conta dois critérios: **a)** identificação **datiloscópica**, que consiste em colher as impressões digitais do indiciado; e **b)** identificação **fotográfica**, na qual o indiciado será fotografado.

Cumpre salientar que a Constituição Federal de 1988, em seu art. 5º, LVIII, dispõe que "o civilmente identificado não será submetido à identificação criminal, salvo nas hipóteses previstas em lei". Dessa forma, a Súmula 568 do STF, que versa sobre identificação criminal, ficou prejudicada.

Ademais, a Lei n. 12.037/2009, no art. 3º, regula as hipóteses em que o indiciado poderá ser identificado criminalmente, ainda que civilmente.

ATENTAI I: O art. 109 da Lei n. 8.069/90 (ECA) afirma que: "O adolescente civilmente identificado não será submetido à identificação compulsória pelos órgãos policiais, de proteção e judiciais, salvo para efeito de confrontação, havendo dúvida fundada".

ATENTAI II: A autoridade policial deve colher **informações** sobre a existência de filhos, respectivas idades e se possuem alguma deficiência e o nome e o contato de eventual responsável pelos cuidados dos filhos, indicado pela pessoa presa (art. 6º, X, CPP).

2.4 Trancamento do IP

A jurisprudência admite o trancamento do inquérito policial, utilizando-se a via do *habeas corpus* quando **evidenciada: a)** atipicidade da conduta; **b)** ausência de autoria; e **c)** extinção da punibilidade (art. 107, CP).

ATENTAI: o trancamento do IP faz coisa julgada material somente nas hipóteses da atipicidade da conduta e extinção da punibilidade.

Caso o juiz **denegue** a ordem de *habeas corpus* para trancar o inquérito policial, caberá recurso em sentido estrito (art. 581, X, CPP).

2.5 Do prazo do IP

O art. 10 do CPP diz que o inquérito policial deverá terminar no prazo de **10 (dez) dias** se o indiciado estiver preso em flagrante ou preventivamente, contado o prazo a partir do dia em que se executar a prisão. Quando solto o indiciado, o prazo será de **30 (trinta) dias**, podendo ser **prorrogado**.

ATENTAI: "Se o investigado estiver preso, o juiz das garantias poderá, mediante representação da autoridade policial e ouvido o Ministério Público, **prorrogar, uma única vez**, a duração do inquérito por **até 15 (quinze) dias**, após o que, se ainda assim a investigação não for concluída, a prisão será imediatamente relaxada" (art. 3º-B, § 2º, CPP). Reiterando que o STF suspendeu liminarmente a implementação do juiz das garantias e seus consectários (arts. 3º-A a 3º-F do CPP) nas ADIs n. 6.298, 6.299, 6.300 e 6.305-DF. A matéria deve ser analisada pelo Pleno do STF, que irá ratificar ou retificar a liminar proferida pelo ministro relator Luiz Fux.

Essa é a regra, embora haja exceções: a) nos crimes de drogas (art. 51, *caput* e parágrafo único da Lei n. 11.343/2006), quando o indiciado estiver **preso**, o inquérito deverá terminar no prazo de **30 (trinta) dias** e, em **90 (noventa) dias**, quando **solto**. O prazo pode ser **duplicado** pelo juiz; b) nos crimes de competência da Justiça Federal, a Lei n. 5.010/66 determina que, estando o indiciado **preso**, o inquérito deverá terminar no prazo de **15 (quinze) dias**, **prorrogáveis** por igual período pelo juiz e, de **30 (trinta) dias**, quando **solto**; c) nos crimes contra a economia popular, estando o indiciado **preso ou solto**, o inquérito policial deverá ser encerrado no prazo de **10 (dez) dias** (art. 10, § 1º, Lei n. 1.521/51).

2.6 Da requisição do delegado

O delegado de polícia **poderá requisitar**, de quaisquer órgãos do poder público ou de empresas da iniciativa privada, dados e **informações cadastrais** da vítima ou de suspeitos, nos crimes previstos nos **arts. 148, 149 e 149-A, no § 3º do art. 158 e no art. 159, todos do CP, e no art. 239 da Lei n. 8.069/90 (art. 13-A, CPP)**. A requisição será atendida no prazo de 24 horas.

Com relação aos crimes relacionados ao de tráfico de pessoas, o delegado poderá requisitar, **mediante autorização judicial** às empresas prestadoras de **serviços de telecomunicações e/ou telemática**, que disponibilizem imediatamente os meios técnicos adequados – como sinais, informações e outros – que permitam a localização da vítima ou dos suspeitos do delito em curso (art. 13-B, CPP).

2.7 Arquivamento do IP

De acordo com o art. 17 do CPP, o delegado de polícia não tem atribuições para arquivar autos de inquérito policial, cabendo tal incumbência **ao Ministério Público** (art. 28, CPP). Em outras palavras, o controle do arquivamento é realizado no âmbito exclusivo do Ministério Público.

Assim, ao receber os autos de inquérito policial, o promotor de justiça poderá oferecer a denúncia (art. 24, CPP), requerer a devolução do inquérito à autoridade policial para realização de novas diligências imprescindíveis (art. 16, CPP), solicitar a remessa dos autos ao juízo competente ou ordenar pelo seu arquivamento (art. 28, CPP).

Caso o Ministério Público **ordene o arquivamento** do inquérito policial ou de quaisquer elementos informativos de qualquer natureza, **comunicará** à vítima, ao investigado e à autoridade policial **e encaminhará** os autos para a **instância de revisão** ministerial para fins de homologação (art. 28, *caput*, CPP). Se a vítima, ou seu representante legal, **não concordar com o arquivamento** do inquérito policial, poderá, no prazo de 30 (trinta) dias do recebimento da comunicação, submeter a matéria à revisão da instância competente do órgão ministerial (art. 28, § 1º, CPP). Por fim, nas ações penais relativas a crimes praticados em detrimento da União, Estados e Municípios, a revisão do arquivamento do inquérito policial **poderá ser provocada pela chefia do órgão** a quem couber a sua representação judicial (art. 28, § 2º, CPP).

ATENTAI I: O STF suspendeu liminarmente o novo procedimento do arquivamento do inquérito policial nas ADIs n. 6.298, 6.299, 6.300 e 6.305/DF, isto é, arquivamento exclusivamente no âmbito do Ministério Público. A matéria deve ser analisada pelo Pleno do STF, que irá ratificar ou retificar a liminar proferida pelo Ministro relator Luiz Fux, prevalecendo o procedimento descrito no Atentai II, ou seja, o controle do arquivamento do inquérito policial pelo juiz.

ATENTAI II: Antes da Lei n. 13.964/2019, conforme antiga redação do art. 28 do CPP, o arquivamento do inquérito policial apenas poderia ser determinado por decisão do magistrado, atendendo ao requerimento fundamentado do Ministério Público. Concordando o juiz com o Ministério Público, o inquérito policial era arquivado. Discordando o juiz do pedido de arquivamento do promotor, deveria remeter os autos ao procurador-geral, que poderia concordar com o arquivamento, oferecer denúncia ou nomear outro membro para oferecê-la.

Arquivado o inquérito policial, o respectivo **desarquivamento** só tem cabimento na hipótese do surgimento de notícia de **novas provas**, caso em que se aplica o disposto no art. 18 do CPP e na Súmula 524 do STF, pois, neste caso, faz coisa julgada formal.

Por fim, arquivado o inquérito pela atipicidade da conduta ou pela extinção da punibilidade, não será possível o desarquivamento, pois faz coisa julgada material.

2.8 Sigilo do IP

Uma das características do inquérito policial é o sigilo, consoante o art. 20 do CPP. Contudo, no que concerne ao advogado, não se pode negar seu acesso aos autos, pelo que preceitua o art. 7º, XIV, da Lei n. 8.906/94 como sendo direito do causídico.

Caso o advogado seja impedido pela autoridade policial de analisar os autos de inquérito, deverá ser impetrado **mandado de segurança**, nos moldes da Lei n. 12.016/2009, uma vez que fere direito líquido e certo do defensor. Todavia, o STF também admite a possibilidade do remédio constitucional de *habeas corpus*. É cabível ainda reclamação para o STF em caso de contrariedade à Súmula Vinculante, na forma do art. 102, I, *l*, da CF. Nesse viés, dispõe a Súmula Vinculante 14 do STF.

ATENTAI I: Tal prerrogativa do advogado **não se aplica** às diligências em curso, somente às provas documentadas nos autos do IP.

ATENTAI II: Decretado o sigilo, o acesso do advogado aos autos dependerá da apresentação de **procuração** (art. 7º, § 10, da Lei n. 8.906/94).

ATENTAI III: Na lei de **organização criminosa**, decretado o sigilo, o advogado só terá acesso aos autos com **procuração e autorização judicial** (art. 23, *caput*, da Lei n. 12.850/2013).

Ressalta-se que o agente público poderá responder por crime de abuso de autoridade se negar ao interessado defensor ou advogado acesso aos autos de investigação preliminar ou qualquer outro procedimento investigatório de infração penal, bem como impedir a obtenção de cópias, exceto as diligências em curso (art. 32 da Lei n. 13.869/2019).

2.9 Da incomunicabilidade do indiciado

No inquérito policial, poderá ser decretada a incomunicabilidade do indiciado (quando o interesse da sociedade ou a conveniência da investigação o exigir), que **não excederá 3 (três) dias**, por despacho **fundamentado do juiz**, a requerimento da autoridade policial ou do Ministério Público, respeitando, em qualquer hipótese, o direito do advogado de se comunicar com seu cliente (art. 21, CPP).

Para a doutrina dominante, este artigo foi revogado pela nova Constituição Federal, nos termos do art. 136, § 3º, IV, uma vez que o texto constitucional vedou a incomunicabilidade do preso em situações de estado de defesa e estado de sítio.

ATENTAI: A incomunicabilidade do indiciado **não se estende ao advogado**, por força do art. 7º, III, da Lei n. 8.906/94.

Prevê ainda o art. 7º-B da Lei n. 8.906/1994, em vigor a partir do dia 3-1-2020, que a autoridade responderá por crime ao violar direito ou prerrogativa do advogado.

2.10 Do encerramento do IP na ação penal privada

Em caso de encerramento do IP, os autos serão remetidos ao juízo competente, onde **aguardarão a iniciativa da vítima ou de seu representante legal** para promover a ação penal privada (art. 19, CPP), ou os autos serão entregues ao requerente, se assim o pedir, por meio de traslado.

ATENTAI I: O ofendido terá 6 (seis) meses para oferecer queixa-crime, sob pena de decadência (art. 38 do CPP).

ATENTAI II: A instauração do IP na ação penal privada não interrompe o prazo decadencial, somente a propositura da queixa-crime em juízo.

3. AÇÃO PENAL

3.1 Conceito

Ação penal é o direito do Estado-acusação ou do ofendido de pleitear (direito subjetivo) a aplicação do Direito Penal objetivo a um caso concreto, requerendo ao juiz que condene o acusado na forma dos pedidos que estão dispostos na peça acusatória, podendo esta ser denúncia (Ministério Público) ou queixa (ofendido).

Assim, **a titularidade da ação penal é, em regra, do próprio Estado** que a exerce por meio do Ministério Público, órgão incumbido constitucionalmente de tal mister (art. 129, I, da CF). Contudo, por questões de política criminal, **há casos em que essa titularidade é transferida ao particular, por meio da ação penal privada** (art. 30, CPP).

ATENTAI: No ordenamento jurídico brasileiro, em regra, a ação penal é pública, contudo há casos em que a lei **expressamente** declara privativa do ofendido. Portanto, há duas espécies de ação penal: a pública e a de iniciativa privativa do ofendido.

3.2 Condições da ação

A ação penal não é ilimitada e encontra barreiras para que seja utilizada; por esse motivo existem condições para ela. Ressalta-se que as condições da ação devem ser analisadas pelo magistrado no momento em que ele recebe a peça acusatória (denúncia ou queixa). **Sendo observada a ausência de algumas das condições, esta deverá ser rejeitada** com fundamento no art. 395 do CPP.

As condições para o exercício regular do direito de ação encontram-se divididas em duas, podendo ser genéricas ou específicas.

As **condições genéricas** são as comuns entre as ações penais, tais como:

I – **POSSIBILIDADE JURÍDICA DO PEDIDO:** em decorrência do princípio da legalidade dos delitos e das penas previsto no art. 5º, XXXIX, da Constituição Federal c/c art. 1º do Código Penal, nenhuma conduta poderá ser considerada criminosa sem que haja previsão legal anterior à conduta que a considere assim.

Esta condição versa sobre a necessidade de existência, em abstrato, de lei penal material que dê amparo legal para a acusação. Por essa razão, se o fato narrado na inicial acusatória não for considerado crime pelo ordenamento jurídico pátrio, é inconcebível postular qualquer condenação, **uma vez que o fato é atípico**.

II – **LEGITIMIDADE *AD CAUSAM*:** Os legitimados para intentar com a ação são os titulares do direito material em conflito. No **polo ativo**, nas situações em que a ação penal é pública, o Estado exerce, por intermédio do Ministério Público, seu direito de punir, bem como nos casos em que a ação penal é de iniciativa privada a legitimidade passa a ser do ofendido ou de seu representante legal.

Já no **polo passivo** deve figurar como parte o autor da conduta delituosa (acusado ou querelado), devendo este ser maior de 18 anos e pessoa física. Contudo, nosso ordenamento jurídico prevê a responsabilidade penal da pessoa jurídica apenas em decorrência de dano ambiental (art. 3º, Lei n. 9.605/98).

ATENTAI: A Súmula 714 do STF, expressamente, fala em **legitimidade concorrente** em casos de crimes contra a honra de servidor público, em razão dos exercícios de suas funções, sendo legitimado tanto o Ministério Público quanto o próprio ofendido.

III – **INTERESSE DE AGIR:** Este ponto divide-se num trinômio: **necessidade, adequação** e **utilidade.**

A **necessidade** é demonstrada com a exigência da lei em que só se admite a satisfação da pretensão punitiva por meio judicial, sendo vetada a solução extrajudicial de conflitos penais.

Já a **adequação** está relacionada entre a causa de pedir e o pedido, em que o sujeito ativo deve pedir a condenação do acusado pela prática da conduta.

Por fim, há de se falar da **utilidade**, na qual a ação só será útil quando houver possibilidade de punição do agente causador do ilícito, sendo possível a realização do *jus puniendi* estatal.

IV – **JUSTA CAUSA:** Para que haja o efetivo exercício da ação penal é necessário **ter um mínimo de provas quanto à autoria e à materialidade do fato**, devendo haver provas concretas quanto à materialidade do delito, sendo essencial para justificar a instauração da referida ação penal e consequente movimentação da máquina estatal. Ausentes os requisitos, a peça acusatória deve ser rejeitada com fundamento no art. 395, III, do CPP.

Além das condições genéricas expostas anteriormente, há certas ações penais em que se exigem **condições específicas ou de procedibilidade** para propositura da ação penal. Falamos em condições de **procedibilidade** quando a ação penal está condicionada a determinados requisitos, porém, vale certificar-se de que esta possui caráter essencialmente processual.

Como exemplo pode ser citado o **crime de ameaça** (art. 147, parágrafo único, CP), no qual a representação da vítima é essencial para o procedimento, pois sem ela é impossível sequer instaurar a ação penal. Nos **crimes contra a honra praticados contra o Presidente da República, ou contra chefe de governo estrangeiro**, é essencial que haja a requisição do Ministro da Justiça (art. 145, parágrafo único, CP).

Por fim, a lei ou a Constituição Federal pode estabelecer outras condições para a propositura da ação penal, seja a autorização da Câmara dos Deputados para instauração de processo **contra Presidente, Vice-Presidente da República, bem como os Ministros de Estado** (art. 51, I, CF), dentre outras.

3.3 Classificação da ação penal

Neste ponto cumpre salientar que a doutrina majoritária toma por base a **legitimidade ativa** processual, classificando a ação penal com base no **critério subjetivo**. Desse modo, a ação penal será pública quando for intentada pelo órgão do Ministério Público, ou privada, quando o Estado transfere ao particular a titularidade do seu exercício. A ação penal pode ser:

a) **Ação penal pública:** Quando é promovida exclusivamente pelo Ministério Público, órgão oficial do Estado, sendo a peça inicial denominada **denúncia**. Dito isso, cabe diferenciar a ação penal pública em:

I – **Incondicionada (art. 100, primeira parte, CP, e art. 24, primeira parte, CPP):** Situações em que a lei silencia quanto à forma de ação, dispensando qualquer manifestação do ofendido ou de seu representante legal para instauração de inquérito policial ou oferecimento da denúncia por parte do Ministério Público. Exemplo: homicídio simples (art. 121, *caput*, CP); Cabe destacar que qualquer pessoa do povo pode provocar a iniciativa do Ministério Público para propor a ação penal.

II – Condicionada (art. 100, § 1º, CP, e art. 24, parte final, CPP): Caso em que somente após o preenchimento de condição (autorização do ofendido) é que o Ministério Público estará apto ao oferecimento da denúncia, ou a autoridade policial para instaurar o inquérito policial. Deve haver **representação do ofendido** (ex.: crime de ameaça) ou **requisição do Ministro da Justiça** (ex.: calúnia contra o Presidente da República), sendo necessária para o prosseguimento do feito, esta que é condição específica ou de procedibilidade.

b) **Ação penal privada** (art. 100, § 2º, CP e art. 30, CPP): Situação em que a lei diz expressamente que a ação é de iniciativa privada do ofendido ou de seu representante legal, sendo promovida mediante **queixa**. Pode ser subdividida em **ação penal exclusivamente privada, privada subsidiária da pública** ou **privada personalíssima**.

ATENTAI: A autoridade policial só poderá instaurar o inquérito policial mediante requerimento do ofendido (art. 5º, § 5º, CPP).

3.4 Os princípios da ação penal pública

a) **OFICIALIDADE:** O Ministério Público possui o caráter oficial de exercer o direito de acusar, sendo o titular da ação penal pública. Mesmo a ação sendo de legitimidade exclusiva do MP, **em caso de inércia** no oferecimento da denúncia, não obsta o ofendido ou seu representante legal de ingressar com a ação penal privada substitutiva da denúncia (art. 5º, LIX, CF). Portanto, este princípio não é absoluto.

b) **OBRIGATORIEDADE** ou **LEGALIDADE:** O Ministério Público é obrigado a ingressar com a ação penal pública quando concluir que houve um fato típico, ilícito e tiver indícios de sua autoria e materialidade. Salvo se houver alguma causa impeditiva (exemplo: uma das hipóteses do art. 107 do CP).

c) **INDISPONIBILIDADE:** Depois de proposta a ação, o Ministério Público **não pode desistir** dela (art. 42, CPP). Interposto recurso, o MP não poderá desistir dele (art. 576, CPP). Todavia, no curso da ação penal, nada impede que o MP peça a Absolvição do Réu.

ATENTAI: Nas infrações em que a pena mínima em abstrato for igual ou inferior a 1 (um) ano e o acusado preencher os requisitos do art. 89 da Lei n. 9.099/95, o MP poderá propor a suspensão condicional do processo – *sursis processual*.

d) **INTRANSCENDÊNCIA:** A ação penal não pode passar da pessoa do autor e do partícipe. Somente estes podem ser processados (não pode ser contra os pais ou representante legal do autor ou partícipe).

e) **INDIVISIBILIDADE:** A jurisprudência dos Tribunais já consagrou entendimento de que **o princípio da indivisibilidade não se aplica à ação penal pública**, sendo próprio da ação penal privada (art. 48, CPP). Portanto, aplica-se na ação penal pública, segundo entendimento dos Tribunais Superiores, o **princípio da divisibilidade**, pois o MP pode aditar ou promover nova denúncia se deixou de incluir alguns dos autores ou partícipes do crime no polo passivo da demanda.

3.5 Ação penal pública incondicionada

O Ministério Público independe de qualquer condição para agir. Portanto, independe da manifestação do ofendido ou de seu representante legal para que a autoridade policial instaure o inquérito policial e o Ministério

Público ofereça a denúncia. Significa que a legitimidade ativa para propor a peça acusatória é do MP (art. 129, I, CF).

A ação penal neste caso é indisponível, não podendo o promotor desistir da ação (art. 42, CPP) ou deixar de atuar durante o processo, porém, ele pode pedir a absolvição do acusado, oferecer acordo ou transação penal, caso preencha os requisitos da Lei n. 9.099/95.

3.6 Ação penal pública condicionada

A ação será pública condicionada quando a lei o exigir expressamente, mediante **representação** do ofendido ou **requisição** do Ministro da Justiça, na forma do art. 100, § 1º, do CP.

> **a) DA REPRESENTAÇÃO**: É uma manifestação de vontade da vítima ou de seu representante legal, autorizando o MP a promover a denúncia ou ao delegado para instaurar o inquérito policial, contra o autor de determinado fato criminoso.

Quando a vítima for menor de 18 anos de idade, mentalmente enfermo ou com retardamento mental, a representação deve ser apresentada pelo representante legal dela. Em caso de morte ou declaração de ausência da vítima, ocorrerá a sucessão processual, tornando legitimado para oferecer a representação ou dar continuidade na mesma já oferecida o cônjuge, ascendente, descendente e o irmão do ofendido, **nesta ordem de preferência** (art. 24, § 1º, CPP).

ATENTAI: O art. 34 do CPP ficou prejudicado, tendo em vista que o CC/2002 equiparou a maior idade civil com a maior idade penal, ficando as duas em 18 anos, não havendo mais legitimidade concorrente entre o ofendido e seu representante legal, quando a vítima for maior de 18 e menor de 21 anos. Assim, estando a vítima com 18 anos e capaz mentalmente, só ela poderá promover a representação ou a queixa-crime.

3.6.1 Forma de representação

Não exige formalidades especiais para ser elaborada, podendo ser feita por escrito ou de forma oral (sendo reduzida a termo), devendo ser dirigida à autoridade policial, ao Ministério Público ou ao juiz, podendo ser apresentada pessoalmente ou por procurador com poderes especiais (art. 39, CPP).

O **prazo** para que a representação seja oferecida é de **6 (seis) meses**, a contar da data do conhecimento da autoria do fato tido como criminoso, sob pena de **decadência** (art. 38, CPP).

A simples manifestação de vontade da vítima ou de seu representante legal é suficiente para afastar a decadência, esta que pode ser formulada perante autoridade policial, conselho tutelar, Ministério Público e Juiz de Direito.

ATENTAI I: A representação **não tem poder vinculativo** em face do Ministério Público, este que pode não denunciar caso entenda que não há necessidade para tanto ou que não estão presentes as condições da ação.

ATENTAI II: A representação é condição de procedibilidade.

3.6.2 Retratação da representação

É possibilidade da vítima de retirar a representação, impossibilitando o oferecimento da denúncia pelo MP.

A possibilidade de retratação da representação só pode ocorrer **antes do oferecimento da denúncia** pelo *Parquet* (art. 102, CP e 25, CPP), não podendo ser aceita a retratação depois do seu oferecimento.

Nos casos de violência doméstica contra a mulher (Lei n. 11.340/2006), só há possibilidade de retratação **antes do recebimento da denúncia**, devendo ocorrer em audiência especialmente designada para este fim perante o juiz e ouvido o Ministério Público (art. 16 da mesma lei).

ATENTAI: De acordo com a Súmula 542 do STJ, quando o crime for de violência doméstica contra a mulher e causar lesão corporal de natureza leve, a ação passa a ser pública incondicionada, sendo impossível interromper ou obstar o prosseguimento da ação penal por vontade da vítima.

3.6.2.1 Retratação da retratação

Consiste na vontade do ofendido de renovar a representação, da qual se retratou, ou seja, revogando a retratação.

Portanto, **é possível** a retratação da retratação, desde que seja dentro do prazo decadencial de 6 (seis) meses.

> **b) REQUISIÇÃO DO MINISTRO DA JUSTIÇA:** Ocorre quando a lei exige a requisição do Ministro da Justiça como condição de procedibilidade para o início da ação penal.

Temos como principais exemplos os **crimes cometidos contra a honra do Presidente da República ou chefe de governo estrangeiro** (art. 145, parágrafo único, CP), nos quais se analisa a conveniência e oportunidade da autoridade para a requisição de ação penal, **não sendo vinculativas**, podendo o Ministério Público oferecer denúncia ou não.

Diferentemente da representação, a requisição **não possui prazo decadencial de 6 (seis) meses** para que o Ministro da Justiça requisite a instauração da persecução criminal. Portanto, pode ser oferecida a qualquer tempo, desde que não haja prescrição da pretensão punitiva.

Com relação **à retratação da requisição**, o legislador não previu a possibilidade de retratação. No entanto, **há divergência doutrinária**, pois uns dizem que ela é irretratável, enquanto outros sustentam que é possível a retratação da requisição.

3.7 Ação penal privada

Neste tipo de ação **o Estado transfere a legitimidade ativa** de propor a ação penal ao ofendido ou ao seu representante legal (art. 100, § 2º, CP e art. 30, CPP). A peça acusatória é denominada **queixa-crime**, sendo o sujeito ativo denominado querelante, e o passivo, querelado. É facultado ao ofendido o ingresso ou não com a ação, casos em que a lei declara expressamente o tipo de ação que deve ser proposta.

Em regra, a vítima pessoalmente ou por representante legal, bem como a pessoa jurídica possui legitimidade para intentar com a ação penal privada, conforme arts. 30 e 37 do CPP.

ATENTAI I: Quando o querelante for menor de 18 (dezoito) anos, ou mentalmente enfermo e não possuir representante legal, ou colidirem os interesses deste com os daquele, o direito de queixa poderá ser exercido por curador especial, a requerimento do Ministério Público ou de ofício pelo juiz (art. 33, CPP).

ATENTAI II: Se comparecer mais de uma pessoa com direito de queixa, terá preferência o cônjuge e, em seguida, o parente mais próximo na ordem de enumeração constante no art. 31, CPP, ou seja, o ascendente, descendente ou irmão, podendo, entretanto, qualquer delas prosseguir na ação, caso o querelante desista da instância ou a abandone (art. 36, CPP).

O querelante pode optar por ingressar com a queixa-crime (com procuração com poderes especiais, devendo constar a menção do fato criminoso – art. 44, CPP) contra o autor da infração no **prazo de 6 (seis) meses**, cujo prazo é decadencial, devendo ser contado do dia em que vier a saber quem é o autor do crime. Caso o prazo seja inobservado, ocorrerá a extinção da punibilidade pela **decadência**, na forma do art. 107, IV, CP.

É possível a renúncia do direito de queixa por parte do ofendido, este que também resultará na extinção da punibilidade da conduta (arts. 104 e 107, V, ambos do CP).

ATENTAI: Se o querelante for menor de 18 anos e possuir representante legal, e este tem conhecimento do infrator, e nada faz ou renunciar, o direito de queixa será devolvido ao ofendido, contando o prazo decadencial de 6 meses, a partir da data em que a vítima completar os 18 anos, para promover a propositura da queixa-crime, que deverá ser exercida por procurador com poderes especiais com a menção do fato criminoso.

3.7.1 Princípios específicos da ação penal privada

a) **PRINCÍPIOS DA CONVENIÊNCIA OU OPORTUNIDADE:** Ao ofendido ou seu representante legal é facultado o direito de propor a ação penal contra o autor do delito. Exercerão o direito se quiserem, conforme a conveniência social ou a oportunidade política da medida.

b) **PRINCÍPIO DA DISPONIBILIDADE:** Mesmo já proposta a queixa-crime, o querelante dispõe do direito de desistir da ação penal privada por meio de perdão concedido ao querelado (art. 51, CPP), bem como abandonar o processo pela inércia, sendo causa de perempção, nas hipóteses do art. 60 do CPP. E desistir do recurso que tenha interposto.

c) **PRINCÍPIO DA INDIVISIBILIDADE:** A queixa contra qualquer dos autores do crime obrigará ao processo de todos, e o Ministério Público velará pela sua indivisibilidade, na forma do art. 48 do CPP. Em decorrência deste princípio, caso o crime tenha sido cometido por mais de um agente, o querelante fica obrigado a oferecer a ação acusatória contra todos aqueles que a praticaram, não podendo excluir nenhum dos supostos criminosos, pois, no caso, ocorrerá renúncia tácita contra os demais acusados e configurará, dessa forma, a extinção da punibilidade (art. 107, V, CP).

3.7.2 Espécie de ação penal privada

I – **AÇÃO PENAL PRIVADA EXCLUSIVA:** Esta é a ação penal que pode ser intentada tanto pela vítima quanto por seu representante legal, ou no caso de morte do ofendido ou declaração de ausência, pelo cônjuge, ascendente, descendente ou irmão, respectivamente (art. 31, CPP).

Nesta hipótese de ação a lei dirá expressamente que o crime só se procede mediante queixa; como exemplo podemos citar o art. 145, primeira parte, e art. 167, ambos do CP.

ATENTAI: Pelo fato de a titularidade da ação pertencer ao particular, é vetado ao Promotor de Justiça apelar em favor de querelante. Contudo, não obsta o MP de recorrer em favor do querelado, desde que ele não tenha interposto recurso de defesa idêntico.

II – **AÇÃO PENAL PRIVADA PERSONALÍSSIMA:** Nesta somente poderá intentar a ação penal a própria vítima, não sendo possível o seu oferecimento por qualquer outra pessoa, **sendo intransmissível** a titularidade do direito de queixa.

Neste tipo de ação o legislador deve deixar claro que a titularidade da ação é atribuída apenas ao ofendido; como exemplo podemos citar o art. 236, parágrafo único, do CP.

III – **AÇÃO PENAL PRIVADA SUBSIDIÁRIA DA PÚBLICA:** Quando o Ministério Público permanece inerte no prazo do art. 46 do CPP, pode a própria vítima ingressar com a ação penal, conforme art. 100, § 3º, do CP e 29 do CPP. Assim, se o MP, ao receber os autos do inquérito no prazo da lei (réu preso, cinco dias; réu solto, 15 dias) e não oferecer a denúncia, não requisitar diligências e nem requerer o arquivamento, o ofendido ou seu representante legal poderá ofertar a queixa-crime substitutiva da denúncia.

O prazo para o seu oferecimento é de **6 (seis) meses, começando a contar do dia em que esgotar o prazo**

do promotor e não do conhecimento da autoria delituosa, sendo este fatal e improrrogável, não sendo sujeito à interrupção ou suspensão.

ATENTAI I: Na ação penal subsidiária da pública, o Ministério Público passa a ser interveniente obrigatório, tendo que se manifestar em todos os termos do processo, sob pena de causar nulidade no procedimento, tendo suas atribuições elencadas no art. 29 do CPP, ou seja, podendo aditar ou repudiar a queixa, fornecer elementos de prova etc.

ATENTAI II: O MP pode retomar a titularidade da ação penal se o querelante for negligente. Assim, a negligência do querelante na ação penal privada subsidiária da pública não causa perempção.

3.7.3 Institutos da ação penal privada

Nos crimes de ação penal privada exclusiva e personalíssima temos quatro institutos, que são:

a) **RENÚNCIA AO DIREITO DE AÇÃO:** Em decorrência do princípio da oportunidade, há possibilidade de o querelante não promover a ação penal. **Ato unilateral** de vontade em não promover a queixa-crime. Pode ser expressa, quando houver declaração assinada pelo ofendido, ou por seu representante legal, bem como o procurador com poderes especiais (art. 50, CPP) ou tácita, situação em que se verifica a prática de atos incompatíveis com a vontade de iniciar com a ação penal (art. 104, parágrafo único, CP), **gerando extinção da punibilidade do agente** com base no art. 107, V, primeira parte, do CP, operando-se antes do oferecimento da ação penal;

ATENTAI I: Em decorrência do princípio da indivisibilidade, caso o ofendido venha a renunciar ao direito de queixa em relação a um dos autores da infração delituosa, a todos se estenderá (art. 49, CPP).

ATENTAI II: Não implica renúncia tácita ao direito de queixa o fato de o ofendido receber indenização pelo dano causado pelo crime (art. 104, parágrafo único, CP). Contudo, nas infrações de menor potencial ofensivo, cuja pena máxima não seja superior a 2 anos, a composição em relação aos danos civis, homologada em audiência preliminar pelo magistrado, implica renúncia ao direito de queixa ou de representação (art. 74, parágrafo único, Lei n. 9.099/95).

b) **PERDÃO DO OFENDIDO:** Ato bilateral de vontades, consiste na desistência do ofendido em prosseguir com a ação penal exclusivamente privada, contudo, esta depende de aceitação do acusado.

O perdão dar-se-á **depois de iniciada a ação penal até o trânsito em julgado da sentença condenatória** (art. 106, § 2º, CP), exigindo-se a anuência do querelado para que haja extinção da punibilidade (art. 58, CPP); caso haja a recusa, este não produzirá efeitos e o procedimento continuará seu curso (art. 106, III, CP).

ATENTAI: Em decorrência do princípio da indivisibilidade, o perdão concedido a um dos ofensores se estende a todos os outros (art. 106, I, CP e art. 51, CPP).

PEREMPÇÃO: É a perda do direito de prosseguir na ação penal pela inércia do autor da ação, aplicando-se somente nas ações exclusivamente privadas. É inaplicável a perempção na ação penal privada subsidiária da pública.

A perempção constitui causa de extinção da punibilidade (art. 107, IV, terceira parte, CP) e **só é admitida após o início da ação penal**, considerando-se peremptas todas as possibilidades existentes no rol do art. 60 do CPP, a saber: I) o querelante deixar de promover o andamento do processo durante 30 (trinta) dias seguidos; II) quando, falecendo o querelante, ou sobrevindo sua incapacidade, não comparecer em juízo, para prosseguir no processo, dentro do prazo de 60 (sessenta) dias, qualquer das pessoas a quem couber fazê-lo, ressalvado o disposto no art. 36; III) quando o querelante deixar de comparecer, sem motivo justificado, a qualquer ato do processo a que deva estar presente, ou deixar de formular o pedido de condenação nas alegações finais; IV)quando, sendo o querelante pessoa jurídica, esta se extinguir sem deixar sucessor.

3.7.4 Prazo decadencial e exceções

O prazo decadencial para oferecimento da queixa é de 6 (seis) meses, que passam a ser contados do momento em que a vítima toma conhecimento de quem foi o autor do crime (art. 38, primeira parte, CPP), contudo há exceções que merecem destaque:

a) No crime disposto no art. 236, parágrafo único, CP, a ação penal só poderá ser proposta seis meses **DEPOIS** do trânsito em julgado da sentença, que por motivo de erro ou impedimento anule o casamento.

b) Nos crimes de ação penal privada, contra a propriedade imaterial que deixar vestígios, é de 30 (trinta) dias contados a partir da intimação da homologação do laudo pericial pelo juiz (art. 529, CPP).

ATENTAI: Na ação penal privada o prazo decadencial é interrompido **no momento do oferecimento da queixa em juízo**, sendo irrelevante a data de recebimento pelo juiz. O requerimento de instauração de inquérito policial, bem como as férias forenses, não são causas de interrupção do prazo decadencial.

3.8 Da ação penal nos crimes contra a honra

Nos crimes contra a honra (arts. 138 a 140 do CP), a regra geral é ação penal privada, *ex vi* do art. 145, *caput*, 1ª parte, do CP. Se a injúria real prevista no art. 140, § 2º, do CP for praticada com emprego de vias de fato, a ação será de iniciativa privada, uma vez que as vias de fatos são absorvidas pelo crime de injúria. No entanto, se a injúria real for praticada com emprego de violência física, a ação penal será de natureza pública. Se a lesão corporal for de natureza leve ou culposa, a ação penal será pública condicionada à representação, aplicando-se, no caso, o art. 88 da Lei n. 9.099/1995. Se a lesão for grave ou gravíssima, a ação será pública incondicionada.

A ação **será pública condicionada à requisição** do Ministro da Justiça na situação do art. 141, I, do CP (crimes contra a honra que têm o Presidente da República ou chefe de governo estrangeiro como vítima). **Será pública condicionada à representação** caso o crime seja cometido contra funcionário público em decorrência de suas funções, conforme inciso II do art. 141 do CP e § 3º do art. 140 do CP.

ATENTAI: A Súmula 714 do STF permitiu a **legitimidade concorrente** para propor a ação penal, podendo ser proposta mediante queixa do servidor ou mediante denúncia do Ministério Público, esta que está condicionada à representação.

3.9 Da ação penal nos crimes contra a dignidade sexual

Nos crimes contra a dignidade sexual (arts. 213 a 218-C do CP), com o advento da Lei n. 13.718/2018, que entrou em vigor na data de sua publicação (25-9-2018), **a regra passou a ser ação penal pública incondicionada**, de acordo com a nova redação dada ao art. 225, *caput*, do CP.

Vale ressaltar que antes do advento da Lei n. 13.718/2018 vigorava a Lei n. 12.015, de 7-8-2009, em que, nos crimes contra a liberdade sexual, a ação penal em regra era pública condicionada à representação do ofendido ou de seu representante legal (sendo a vítima maior de idade e capaz ou não houvesse violência física), cabendo ao promotor promover a ação penal, oferecendo a denúncia nos termos do art. 24 do CPP, bem como a autoridade policial só poderia instaurar inquérito policial mediante representação (art. 5º, § 4º, do CPP). Se a vítima fosse menor de 18 anos ou houvesse violência física, a ação era pública incondicionada.

ATENTAI: de acordo com a Súmula 608 do STF, em casos de estupros praticados mediante violência real, a ação sempre foi **pública incondicionada**.

3.10 Da ação penal nos crimes contra o patrimônio

Nos crimes contra o patrimônio (arts. 155 a 180, CP), a regra geral é **ação penal pública incondicionada**, isto é, independe da manifestação do ofendido ou de seu representante legal para que se instaure o inquérito policial (portaria) ou se inicie ação penal (denúncia).

No entanto, será **ação penal pública condicionada à representação** do ofendido ou de seu representante legal nas hipóteses do art. 182, I, II, III, do CP se o crime for cometido em prejuízo: **a)** do cônjuge separado judicialmente; **b)** de irmão legítimo ou ilegítimo; **c)** de tio ou sobrinho, com quem o agente coabita.

Nos casos do art. 156 (furto de coisa comum), § 1º, do CP, art. 171 (estelionato), § 5º, e do art. 176 (outras fraudes), parágrafo único, do CP, a ação também será **pública condicionada à representação**. No caso de estelionato praticado contra a Administração Pública (direta ou indireta), criança ou adolescente, pessoa com deficiência mental, maior de 70 anos de idade ou incapaz, a ação será pública incondicionada.

Por outro lado, sempre a **ação será pública incondicionada** quando ocorrerem as situações do art. 183, I, II, III, do CP, ou seja, se o crime for de roubo ou extorsão, ou, em geral, quando houver emprego de grave ameaça ou violência à pessoa; ao estranho que participa do crime; se o crime for praticado contra pessoa de idade igual ou superior a sessenta anos.

Nos crimes contra o patrimônio, a **ação será privada** quando houver infringência ao art. 161 (alteração de limites), § 3º, do CP (se a propriedade é particular e não há emprego de violência), e ao art. 163 (dano), IV, do CP (por motivo egoístico ou com prejuízo considerável para a vítima), dependendo de queixa, nos termos do art. 167 do CP, bem como no crime de fraude à execução, art. 179, parágrafo único, do CP.

3.11 Da ação penal nos crimes de lesões corporais

Nos crimes de lesão corporal, a regra é **ação penal pública incondicionada**, nas hipóteses de lesão corporal de natureza grave (art. 129, § 1º, CP), lesão corporal de natureza gravíssima (art. 129, § 2º, CP) e na lesão corporal seguida de morte (art. 129, § 3º, CP).

Já no caso de lesão corporal leve (art. 129, *caput*, CP) e lesões culposas (art. 129, § 6º, CP) **a ação é pública condicionada à representação**, na forma do art. 88 da Lei n. 9.099/95, bem como na hipótese de lesão leve praticada no contexto de violência doméstica e familiar, contra homem ou mulher (art. 129, § 9º, CP).

Ademais, na **lesão corporal culposa no trânsito** (art. 303 da Lei n. 9.503/97), a **ação também será pública condicionada à representação**, na forma do art. 88 da Lei n. 9.099/95. No entanto, havendo alguma das hipóteses previstas nos incisos I, II e III do § 1º do art. 291 da Lei n. 9.503/97, **a ação penal passará a ser pública incondicionada**.

Cabe trazer à baila que, sendo a vítima mulher e tratando-se de violência doméstica e familiar ou menosprezo ou discriminação à condição de mulher (ou seja, por razões da condição do sexo feminino), prevista no art. 129, § 13, do CP, incluído pela Lei n. 14.188/2021, passou a ter a pena de reclusão de 1 a 4 anos e, por disposição legal, **não se aplica a Lei n. 9.099/95** (art. 41, Lei n. 11.340/2006). Ressalte-se que nestes casos de **lesão corporal**, o Supremo Tribunal Federal, ao julgar a ADI 4.424, em 17 de fevereiro de 2012, decidiu que, independentemente de serem leves ou gravíssimas praticadas contra a mulher, a **ação penal cabível será pública incondicionada**. No mesmo sentido, a Súmula 542 do STJ.

3.12 Denúncia e da queixa-crime

Nas ações penais públicas, condicionadas ou incondicionadas, estas que são promovidas pelo Ministério Público, a peça acusatória recebe a denominação de denúncia (art. 24, CPP). Já para a ação penal privada, a peça de acusação do ofendido ou de seu representante legal recebe a denominação de queixa-crime (art. 30, CPP).

ATENTAI: O art. 44 do CPP determina que a queixa poderá ser promovida por procurador com poderes especiais, devendo constar de instrumento do mandato o nome do querelado e a menção do fato criminoso. Assim, se a procuração não preencher os requisitos previstos em lei, haverá a inépcia da inicial e sua rejeição.

Desse modo, nas peças acusatórias, tanto na denúncia quanto na queixa-crime deverá conter os requisitos previstos no art. 41 do CPP, conforme:

a) **a exposição dos fatos criminosos que a motivaram:** Os fatos narrados na peça de acusação devem conter as informações pertinentes ao caso em questão, de modo que possibilitem a ampla defesa do acusado. Caso contrário, será considerada inepta, uma vez que caracterizará uma acusação genérica, sendo nula, por dificultar ou impossibilitar a defesa;

b) **a narração das circunstâncias e classificação do crime com a indicação das provas que deseja produzir:** Neste ponto é importante ressaltar que o acusado irá se defender dos fatos narrados na peça de acusação, que lhe são imputados. Caso haja equívoco quanto à classificação do tipo penal, está não é causa de rejeição da denúncia ou queixa;

ATENTAI: É possível que haja aditamento da denúncia com intuito de suprir determinada omissão, agregar fato novo ou incluir novo acusado, até o momento da sentença.

c) **qualificação do autor da possível infração;**

d) **rol de testemunhas:** A parte autora poderá arrolar as testemunhas que achar necessárias, porém, o número máximo é variável e deve seguir as exigências contidas em cada rito processual: **a)** procedimento ordinário: 8 (oito) testemunhas (art. 401, *caput*, CPP); **b)** procedimento sumário: 5 (cinco) testemunhas (art. 532, CPP); **c)** procedimentos de competência do Tribunal do Júri: 8 (oito) testemunhas na primeira fase (art. 406, § 3º, CPP); **d)** Plenário do Júri: 5 (cinco) testemunhas (art. 422, CPP); **e)** rito sumaríssimo (Lei n. 9.099/95): 3 (três) testemunhas; **f)** Lei de Drogas (11.343/2006): 5 (cinco) testemunhas (art. 54, III, referida Lei).

ATENTAI: Recebida a denúncia contra parlamentar federal (Senador ou Deputado), por crime ocorrido após a diplomação, o STF dará ciência à casa respectiva que, por iniciativa de partido político nela representado e pelo voto da maioria de seus membros, poderá, até a decisão final, sustar o andamento da ação (art. 53, § 3º, da CF).

3.12.1 Prazo e exceções

O prazo para oferecimento de denúncia levará em conta se o acusado está preso ou em liberdade. Nos casos em que o condenado estiver preso, o prazo para oferecer a denúncia, em regra, será de **5 (cinco) dias**; quando o acusado estiver solto, este prazo se dilata, chegando a **15 (quinze) dias**, conforme art. 46 do CPP.

Nos casos em que a ação penal tiver que ser precedida de representação do ofendido ou de seu representante legal, o MP só poderá ofertar a denúncia após esta. Depois de oferecida a denúncia, ela torna-se irretratável (art. 25, CPP).

ATENTAI I: Nos **crimes previstos na Lei de Drogas**, o Promotor tem o prazo de 10 (dez) dias para oferecer a denúncia, estando o acusado preso ou solto (art. 54, *caput*, Lei n. 11.343/2006).

ATENTAI II: Nos **crimes de economia popular**, o Promotor tem o prazo de 2 (dois) dias para ofertar a denúncia, esteja ou não o réu preso, na forma do art. 10, § 2º, da Lei n. 1.521/51.

No caso de o Ministério Público não apresentar denúncia no prazo de lei (art. 46 do CPP), o ofendido, ou seu representante legal, poderá oferecer queixa-crime substitutiva da denúncia no prazo de 6 (seis) meses contados do último dia do prazo do MP (art. 29, última parte, do CPP).

Entende-se por inércia do promotor quando este: a) não oferecer a denúncia; b) não ordenar o arquivamento; c) não suscitar o declínio de competência; d) não requerer a baixa dos autos para novas diligências, imprescindíveis ao oferecimento da denúncia; e) não suscitar o conflito de competência.

Por fim, no caso de ação penal privada, o ofendido, ou seu representante legal, tem o prazo de 6 (seis) meses para promover a queixa-crime, a partir do dia que vier a saber quem é o autor do crime (art. 38, *caput*, do CPP), sob pena de decadência (art. 107, IV, do CP).

3.12.2 Da rejeição da peça acusatória

A denúncia ou a queixa **será rejeitada** quando ocorrerem algumas das possibilidades do art. 395 do CPP, seja: **I)** manifestamente inepta; **II)** faltar pressuposto processual ou condição para o exercício da ação penal; ou **III)** faltar justa causa para o exercício da ação penal.

Contra a decisão que rejeita a denúncia ou queixa, deve ser interposto **Recurso em Sentido Estrito – RESE** – (art. 581, I, CPP). Caso a ação seja de competência do Juizado Especial Criminal – JECRIM, a peça cabível será **apelação** (art. 82, Lei n. 9.099/95).

A falta de intimação do denunciado para **oferecer contrarrazões** ao recurso interposto da rejeição da denúncia **constitui nulidade**, não sendo suprida pela nomeação de defensor dativo (Súmula 707 do STF).

ATENTAI: Não há nenhum recurso previsto na legislação contra as decisões que **recebam** as peças de acusação, porém, dependendo do caso, é possível **impetrar** ***habeas corpus***, com fundamento nos arts. 647 e 648 do CPP, com intuito de trancar a ação penal.

3.13 Do acordo de não persecução penal (ANPP)

Não sendo caso de arquivamento e tendo o **investigado confessado** formal e circunstancialmente a prática de infração penal **sem violência ou grave ameaça** e com **pena mínima inferior a 4 (quatro) anos**, o Ministério Público **poderá propor** acordo de não persecução penal, desde que necessário e suficiente para reprovação e prevenção do crime, mediante as seguintes **condições** ajustadas cumulativa e alternativamente: **I – reparar** o dano **ou restituir** a coisa à vítima, exceto na impossibilidade de fazê-lo; **II – renunciar** voluntariamente a bens e direitos indicados pelo Ministério Público como instrumentos, produto ou proveito do crime; **III – prestar serviço** à comunidade ou a entidades públicas por período correspondente à pena mínima cominada ao delito diminuída de um a dois terços, em local a ser indicado pelo juízo da execução, na forma do art. 46 do CP; **IV – pagar** prestação pecuniária, a ser estipulada nos termos do art. 45 do CP, a entidade pública ou de interesse social, a ser indicada pelo juízo da execução, que tenha, preferencialmente, como função proteger bens jurídicos iguais ou semelhantes aos aparentemente lesados pelo delito; ou **V – cumprir**, por prazo determinado, outra condição indicada pelo Ministério Público, desde que proporcional e compatível com a infração penal imputada (art. 28-A e incisos I a V, CPP).

Ressalte-se que para aferição da pena mínima cominada ao delito inferior a 4 anos, **serão consideradas** as causas de aumento e diminuição aplicáveis ao caso concreto (art. 28-A, § 1º, CPP).

Não se aplica o acordo de não persecução penal nos seguintes casos: **I** – se for cabível transação penal de competência dos Juizados Especiais Criminais, nos termos da lei; **II** – se o investigado for reincidente ou se houver elementos probatórios que indiquem conduta criminal habitual, reiterada ou profissional, exceto se insignificantes as infrações penais pretéritas; **III** – ter sido o agente beneficiado nos 5 (cinco) anos anteriores ao cometimento da infração, em acordo de não persecução penal, transação penal ou suspensão condicional do processo; e **IV** – nos crimes praticados no âmbito de violência doméstica ou familiar, ou praticados contra a mulher por razões da condição de sexo feminino, em favor do agressor (art. 28-A, § 2º, incisos I a IV, CPP).

O referido acordo será formalizado por **escrito** e será **firmado** pelo membro do Ministério Público, pelo investigado e por seu defensor (art. 28-A, § 3º, CPP).

Para a **homologação** do acordo, será **realizada audiência** na qual o juiz deverá verificar a sua voluntariedade, por meio da oitiva do investigado na presença do seu defensor, e sua legalidade (art. 28-A, § 4º, CPP). Se o juiz considerar inadequadas, insuficientes ou abusivas as condições dispostas no acordo, **devolverá** os autos ao Ministério Público para que seja **reformulada** a proposta de acordo, com concordância do investigado e seu defensor (art. 28-A, § 5º, CPP).

Homologado judicialmente o acordo, o juiz devolverá os autos ao Ministério Público para que **inicie sua execução** perante o juízo de execução penal (art. 28-A, § 6º, CPP).

O juiz **poderá recusar** homologação à proposta que não atender aos requisitos legais ou quando não for realizada a reformulação da proposta de acordo prevista no § 5º do art. 28-A, CPP (art. 28-A, § 7º, CPP).

Recusada a homologação do acordo de não persecução penal, o juiz devolverá os autos ao Ministério Público para a análise da necessidade de complementação das investigações ou o oferecimento da denúncia (art. 28-A, § 8º, CPP). Da decisão do Juiz que recusar a homologação à proposta de acordo de não persecução penal, caberá a interposição de **recurso em sentido estrito** (art. 581, XXV, CPP).

A vítima será **intimada** da homologação do acordo e de seu descumprimento (art. 28-A, § 9º, CPP).

Descumpridas quaisquer das condições estipuladas no acordo de não persecução penal pelo investigado, o Ministério Público deverá comunicar ao juízo, para fins de sua rescisão e posterior oferecimento de denúncia (art. 28-A, § 10, CPP). Poderá, o descumprimento do acordo também ser utilizado pelo Ministério Público como justificativa para o eventual não oferecimento de suspensão condicional do processo (art. 28-A, § 11, CPP).

A celebração e o cumprimento do acordo de não persecução penal **não constarão** de certidão de antecedentes criminais, exceto para os fins previstos no art. 28-A, § 2º, III, CPP, ou seja, ter sido o agente beneficiado nos 5 (cinco) anos anteriores ao cometimento da infração, em acordo de não persecução penal, transação penal ou suspensão condicional do processo (art. 28-A, § 12, CPP).

Cumprido integralmente o acordo, o juízo competente decretará a **extinção de punibilidade** (art. 28-A, § 13, CPP).

No caso de **recusa** por parte do Ministério Público, **em propor** o acordo de não persecução penal, o investigado poderá requerer a remessa dos autos a instância de revisão ministerial (art. 28-A, § 14, CPP).

ATENTAI: A prescrição não ocorrerá enquanto não cumprido ou não rescindido o acordo de não persecução penal (art. 116, IV, Código Penal).

4. AÇÃO CIVIL *EX DELICTO*

4.1 Conceito

A prática da infração penal acarreta consequências na **esfera penal**, sujeitando o autor do fato à pena correspondente ao cometimento da infração e, **na esfera cível**, consistindo no direito do ofendido ou de seu representante legal ou até mesmo de seus herdeiros à respectiva indenização em caso de existência de dano causado pelo crime. Assim, **um dos efeitos da condenação penal** consiste em tornar certa a obrigação do autor do fato **em indenizar o dano causado** (art. 91, I, CP).

O Código de Processo Penal prevê, expressamente (art. 63), que, transitada em julgado a sentença condenatória proferida pelo juízo penal, pode a vítima, seu representante legal ou seus herdeiros **promover a execução**, no juízo cível.

Nessa esteira, a sentença condenatória equivale a um **título executivo judicial** (515, IV, CPC/2015), gerando efeitos nas duas esferas (criminal e cível), bastando executá-la no juízo cível, para apurar o *quantum* devido, mediante liquidação por artigos, não mais se discutindo se esta é devida ou não. Ressalte-se que a execução poderá ser efetuada pelo valor fixado nos termos do inciso IV do art. 387 do CPP, sem prejuízo da liquidação para apuração do dano efetivamente sofrido (art. 63, parágrafo único, CPP).

No entanto, a vítima pode ingressar com ação de ressarcimento de danos (na área cível) contra o autor do crime ou o responsável civil, antes mesmo que termine a ação penal pelo mesmo crime (art. 64, CPP), uma vez que o sistema processual brasileiro adotou o **princípio da separação ou o da independência**, havendo plena autonomia das ações penal e cível.

Proposta a ação penal e a cível **concomitantemente**, poderá o juízo cível **suspender** a ação de indenização até o julgamento definitivo do processo penal (art. 64, parágrafo único, CPP).

Por fim, havendo pedido expresso na inicial acusatória do Ministério Público ou da parte ofendida e oportunizado o contraditório ao réu, sob pena de violação à ampla defesa, o juiz na sentença condenatória deve fixar um valor mínimo para a reparação civil dos danos materiais ou morais causados à vítima, de acordo com o art. 387, IV, do CPP.

4.1.1 Legitimidade para propor

Têm legitimidade para propor ação cível o próprio ofendido, seu representante legal ou seus herdeiros.

Se o **titular do direito à reparação do dano** for pobre, a ação cível ou a execução da sentença condenatória poderá ser promovida, a seu requerimento, pelo Ministério Público (art. 68, CPP).

A jurisprudência entende que o **Ministério Público** só tem legitimidade para promover ação cível enquanto não for criada e organizada a Defensoria Pública.

4.2 Sentença absolutória penal que faz coisa julgada no cível

Faz coisa julgada no cível a sentença absolutória penal que reconhecer ter sido o ato praticado: em estado de necessidade, em legítima defesa, em estrito cumprimento do dever legal ou no exercício regular do direito (art. 65, CPP). São as **excludentes de ilicitude** previstas no art. 23 do CP.

No entanto, há duas **exceções** a essa regra:

a) no caso do estado de necessidade, quando o agente atinge bem de terceiro inocente, este último pode acionar o autor do dano civilmente, restando a ele a ação regressiva contra quem provocou a ação de perigo (arts. 929 e 930, CC); e

b) no caso de legítima defesa, quando o agente causar ofensa a terceiro, por erro na execução, responde pela indenização do dano, cabendo a ele apenas a ação regressiva contra seu agressor (art. 930, parágrafo único, CC).

Também faz coisa julgada no cível a **sentença penal que absolve o réu** quando reconhecer:

a) estar provada a **inexistência do fato** (art. 386, I, CPP); ou

b) estar provado que o **réu não concorreu para a infração penal** (art. 386, IV, CPP). Nessas hipóteses, faz coisa julgada tanto cível quanto administrativamente, ou seja, quando ficar reconhecido taxativamente que o réu não foi o autor do crime ou que o fato não existiu.

ATENTAI I: Em caso de absolvição por **legítima defesa real** e **repercussão na esfera administrativa**, admite a ação de regresso ao trabalho do funcionário público, conforme entendimento jurisprudencial.

ATENTAI II: Em caso de absolvição por **legítima defesa putativa** e repercussão na esfera cível, diferente do que ocorre na legítima defesa real, a legítima defesa putativa **não faz coisa julgada no cível**, cabendo, portanto, a ação de reparação do dano.

4.3 Sentença absolutória que não faz coisa julgada no cível

Há casos em que a sentença absolutória penal não impedirá a propositura da ação cível, possibilitando ao ofendido promovê-la nas seguintes situações:

a) absolvição por não estar provada a existência do fato (art. 386, II, CPP);

b) absolvição por não constituir o fato infração penal (art. 386, III, CPP);

c) absolvição por não existir prova de ter o réu concorrido para a infração penal (art. 386, V, CPP);

d) absolvição por excludentes de culpabilidade ou quando fundada em dúvida sobre a existência de circunstâncias que excluam o crime ou isentem o réu de pena (art. 386, VI, parte final, CPP);

e) absolvição por não existir prova suficiente para a condenação (art. 386, VII, CPP).

Ressalte-se que a absolvição, baseada nessas hipóteses, **não faz coisa julgada na esfera administrativa**.

ATENTAI: Absolvição criminal por inexigibilidade de outra conduta e repercussão na esfera cível não faz coisa julgada, uma vez que não está incluída nas exceções previstas nos arts. 65 e 66 do CPP.

4.4 Decisão criminal que não faz coisa julgada no cível

O despacho do arquivamento do inquérito policial ou das peças de informação e a decisão que julgar extinta a punibilidade não fazem coisa julgada no cível, podendo o ofendido ou seu representante legal propor ação cível (arts. 67, I e II, CPP).

ATENTAI: Nessas hipóteses, a decisão criminal não vincula as esferas administrativa e cível.

4.5 Absolvição pelo júri e repercussão na esfera cível

A doutrina e a jurisprudência entendem que a absolvição no julgamento do júri **não faz coisa julgada na esfera cível**, mesmo que seja o acusado absolvido em razão da resposta negativa aos quesitos da autoria ou materialidade, pois não há como saber se a decisão dos jurados ocorreu por falta de provas ou por negativa categórica, uma vez que essa decisão não é fundamentada. Assim, a absolvição do júri não impede a propositura da ação cível.

5. JURISDIÇÃO E COMPETÊNCIA

5.1 Jurisdição

É a função do Estado, sendo esta exercida por meio do Poder Judiciário de aplicar as normas ao caso concreto, solucionando os conflitos e litígios, *grosso modo* é o poder inerente ao Estado de dizer o direito.

5.1.1 Princípios

a) **Juiz natural**: A Constituição Federal, ao afirmar em seu art. 5º, LIII, que ninguém será processado nem sentenciado senão por autoridade competente, consagra este princípio. Assim, não haverá juízo ou tribunal de exceção (art. 5º, XXXVII, CF).

b) **Devido processo legal**: Significa dizer que para alguém ser privado de sua liberdade ou de seus bens, faz-se necessário que haja um processo (art. 5º, LIV, CF).

c) **Inércia ou titularidade:** A jurisdição é uma atividade provocada pela parte, o juiz não pode proceder de ofício e dar início à ação.

d) **Indelegabilidade**: A jurisdição não pode ser, em regra, delegada a nenhum outro órgão, porque estaria, indiretamente, atingindo a garantia do juiz natural.

e) **Investidura:** A jurisdição somente pode ser exercida por quem tenha sido regularmente investido no exercício da função jurisdicional, ou seja, o juiz é que pode exercê-la.

f) **Improrrogabilidade**: o juiz não pode invadir a competência alheia, mesmo havendo consentimento das partes. O que pode ocorrer em casos excepcionais é a prorrogação da competência.

g) **Inevitabilidade ou irrecusabilidade**: Este princípio se traduz no sentido de não permitir recusa das partes em relação ao juiz, exceto nos casos de suspeição, impedimento ou incompetência.

h) **Indeclinabilidade da prestação jurisdicional**: Segundo este princípio, nenhum juiz pode subtrair-se do exercício da função jurisdicional (art. 5º, XXXV, CF).

i) **Correlação ou da relatividade**: A sentença deve corresponder ao pedido, pois é vedado o julgamento ultra (além), extra (fora), do pedido.

j) **Identidade física do juiz**: Segundo este princípio, o Juiz que presidiu a instrução deverá proferir a sentença (art. 399, § 2º, CPP).

k) **Unidade**: A jurisdição é una, pois pertence unicamente ao Poder Judiciário.

5.2 COMPETÊNCIA

5.2.1 Conceito

Competência é o poder de exercer a jurisdição. É a medida, o limite de jurisdição atribuído a cada órgão jurisdicional, a cada juiz.

5.2.2 Fundamento

A competência encontra seu fundamento em decorrência do devido processo legal, cuja origem se encontra no princípio do juiz natural. Assim, dispõe a CF/88, no seu art. 5º, LIII, que "ninguém será processado nem sentenciado senão pela autoridade competente", asseverando ainda que "não haverá juízo ou tribunal de exceção" (art. 5º, XXXVII).

5.2.3 Competência absoluta e relativa

a) **Competência absoluta:** Haverá competência absoluta quando o interesse for **eminentemente público**. Nos casos de competência *ratione personae, materiae* e competência funcional é o interesse público que determina a distribuição de competência.

b) **Competência relativa:** São as que tratam de matéria de **interesse particular**, ou seja, interesse das partes.

5.2.4 Espécies de competência

I – *ratione materiae* (art. 69, III, CPP) é a competência estabelecida pela natureza da infração.

II – *ratione personae* (art. 69, VII, CPP) é a competência que se estabelece em razão da pessoa, ou seja, é fixada pela função exercida pelo autor da infração.

III – *ratione loci* (art. 69, I e II, CPP) é a estabelecida em razão do lugar da infração, do domicílio ou residência do réu.

5.2.5 Prorrogação de competência

É possível que haja prorrogação da competência, sendo esta a possibilidade da substituição de um juízo por outro, tornando válido o julgamento. Divide-se em **prorrogação necessária e prorrogação voluntária**:

a) prorrogação **necessária** de competência: quando a prorrogação é obrigatória por lei, como nos casos de conexão (art. 76, CPP) ou continência (art. 77, CPP);

b) prorrogação **voluntária** de competência: ocorre nos casos de competência em razão do local ou território, quando esta não é alegada no momento processual apropriado (art. 108, CPP).

5.3 Competência na Constituição Federal

A Constituição Federal cuida da competência em razão de jurisdição (jurisdições especiais e jurisdição comum ou ordinária) e originária dos juízos de segunda instância.

I – **Da jurisdição comum ou ordinária**:

a) Justiça dos Estados (arts. 125 a 126, CF);

b) Justiça Federal (arts. 106 a 110, CF);

c) Juizados Especiais (arts. 24, X, e 98, I, CF).

II – **Das jurisdições especiais**:

a) Justiça do Trabalho (arts. 111 a 116, CF);

b) Justiça Eleitoral (arts. 118 a 121, CF);

c) Justiça Militar (arts. 122 a 124, CF); e

d) a denominada justiça política, para os casos de crimes de responsabilidade praticados por determinadas autoridades (parlamentares) (art. 52, I, CF).

5.4 Determinação da competência

De acordo com o art. 69 do CPP, a competência jurisdicional será determinada:

I – pelo lugar da infração;

II – pelo domicílio ou residência do réu;

III – pela natureza da infração;

IV – pela distribuição;

V – pela conexão ou continência;

VI – pela prevenção;

VII – pela prerrogativa de função.

5.5 Competência pelo lugar da infração

O CPP adotou a **teoria do resultado**, que estabelece que o local do crime é onde a infração se consumou, desde que ele tenha ocorrido integralmente no território nacional (art. 70, *caput*, CPP).

No caso de **tentativa**, considera-se consumado o crime no lugar em que foi praticado o último ato de execução (art. 70, *caput*, segunda parte, CPP).

No entanto, nos **crimes a distância** (ou distância máxima), ou seja, no caso do crime que teve início em território nacional e findou no estrangeiro, ou vice-versa (art. 70, §§ 1º e 2º, CPP), aplica-se o art. 6º do Código Penal, que adotou a **teoria da ubiquidade** (considera-se praticado o crime no lugar em que ocorreu a ação ou omissão, bem como onde se produziu ou deveria produzir-se o resultado), em razão do princípio da territorialidade da lei penal brasileira.

5.5.1 Crimes plurilocais

Os crimes plurilocais são aqueles em que a conduta (ação ou omissão) ocorre em um determinado lugar e o resultado ocorre em outro, mas dentro do território nacional. Nesse caso, aplica-se a **teoria do resultado**, prevista no art. 70, *caput*, do CPP, ou seja, a competência será firmada pelo foro do local da consumação (resultado). Tal regra somente se aplica aos crimes **materiais**, isto é, àqueles que produzem resultado naturalístico, havendo visível separação entre o momento da ação ou omissão e o resultado. Assim, nos **crimes formais** ou de **mera conduta** em que o crime se consuma no momento da ação ou omissão, a regra não é aplicável.

5.5.2 Crimes plurilocais. Crimes contra a vida e foro competente. Exceção à regra

No caso de crimes contra a vida (doloso ou culposo), quando a morte é produzida em local diverso daquele em que foi realizada a conduta, parte da doutrina e da jurisprudência é no sentido de que o **foro competente é o da ação ou omissão**, e não o do resultado. Esse entendimento tem por fundamento a maior facilidade que as partes têm de produzir provas no local da ação, pois é onde se encontram as melhores provas. Assim, por força do princípio da verdade real, supera-se a regra do art. 70 do CPP (teoria do resultado), e considera-se lugar do crime o local da conduta, onde a prova poderá ser produzida com muito mais facilidade e eficiência.

No caso de **homicídio culposo**, há julgados do STF e do STJ entendendo que o foro competente é sempre o do local do resultado.

5.5.3 Crimes falimentares e foro competente

Compete ao juiz criminal da jurisdição onde foi decretada a falência, concedida a recuperação judicial ou homologado o plano de recuperação judicial (art. 183, Lei n. 11.101/2005).

5.5.4 Juizado especial criminal e foro competente

Ressalte-se que, nas infrações de menor potencial ofensivo, a competência é determinada pelo lugar em que foi praticada a infração penal, conforme dispõe o art. 63 da Lei n. 9.099/95.

Acerca do foro competente para apurar a infração, **há divergência doutrinária. Parte da doutrina adota a teoria da atividade** (do lugar da conduta, independentemente do local da produção do resultado). Aliamo-nos a essa corrente. Para outra parte, aplica-se a **teoria da ubiquidade** (podendo ser tanto o lugar da ação ou omissão quanto o lugar do resultado).

5.5.5 Cheque sem provisão de fundos (art. 171, § 2º, VI, CP) e competência

A competência é do local onde se deu a **recusa** do pagamento pelo sacado. Nesse sentido, a **Súmula 521 do STF** e **Súmula 244 do STJ**.

No entanto, com o advento da Lei n. 14.155, em vigor a partir de 28-05-2021, que incluiu o § 4º no art. 70, do Código de Processo Penal, dispondo que nos crimes previstos no art. 171 do Código Penal, quando forem praticados mediante emissão de cheques sem suficiente provisão de fundos em poder do sacado ou com o pagamento frustrado, a competência será definida pelo **local do domicílio da vítima**, e, em caso de **pluralidade de vítimas**, a competência firmar-se-á pela **prevenção**. Assim, as referidas súmulas estão superadas.

Ademais, a mesma regra de competência, qual seja, firmada pelo local do domicílio da vítima, se aplica nas hipóteses de **estelionato praticado mediante depósito** ou **transferência de valores** (art. 70, § 4º, do CPP).

ATENTAI: No caso de crime cometido mediante **falsificação de cheque alheio**, o agente responde por estelionato comum, previsto no art. 171, *caput*, do CP, sendo competente para processar e julgar o acusado o juízo do **local da obtenção da vantagem ilícita** (Súmula 48, STJ), e não da recusa do pagamento.

5.5.6 Crime de falso testemunho praticado por carta precatória e competência

O crime de falso testemunho se consuma no momento da prática do ato processual, ou seja, com o encerramento do depoimento prestado pela testemunha que faltou com a verdade. Assim, se o crime é praticado por meio de carta precatória, a competência é do **juízo deprecado** onde foi prestado o depoimento.

5.5.7 Fraude eletrônica para subtração de valores via internet e competência

A competência será do lugar **onde o dinheiro foi retirado**, pois, segundo a jurisprudência firmada, considera-se consumado o crime de roubo, assim como o de furto, no momento do desapossamento da *res furtiva*.

5.5.8 Uso de documento falso e competência

A **Súmula n. 546 do STJ** determina que: "A competência para processar e julgar o crime de uso de documento falso é firmada em razão da entidade ou órgão ao qual foi apresentado o documento público, não importando a qualificação do órgão expedidor".

Assim, caso apresentado um documento de identidade falso (expedido por órgão estadual) perante autoridade federal (ex.: um policial rodoviário federal), a competência não será da Justiça Estadual, mas sim da Justiça Federal. No entanto, caso apresentado à autoridade estadual, será competente a Justiça Estadual.

A **Súmula Vinculante n. 36 do STF** dispõe que: "Compete à Justiça Federal comum processar e julgar civil denunciado pelos crimes de falsificação e de uso de documento falso quando se tratar de falsificação da Caderneta de Inscrição e Registro (CIR) ou de Carteira de Habilitação de Amador (CHA), ainda que expedidas pela Marinha do Brasil".

5.5.9 Incerteza quanto ao lugar da infração

Quando for incerto o limite territorial entre duas ou mais jurisdições, ou quando incerta a jurisdição por ter sido a infração consumada ou tentada nas divisas de duas ou mais jurisdições, a competência firmar-se-á pela **prevenção,** conforme preceitua o § 3º do art. 70 do CPP.

5.5.10 Crime continuado ou permanente e competência

Tratando-se de crime continuado ou permanente, praticado em território de duas ou mais jurisdições, a competência firmar-se-á pela **prevenção** (art. 71, CPP). Assim, no caso de crime continuado praticado em mais de uma comarca, a competência será firmada pela prevenção. No crime permanente, cujo momento consumativo se protrai no tempo (sequestro e cárcere privado – art. 148, CP), praticado em mais de uma comarca, a competência também será firmada pela prevenção.

5.6 Competência em razão do domicílio do réu

O CPP, ao fixar a competência, estabelece que, **não sendo conhecido o lugar da infração**, a competência regular-se-á pelo domicílio ou residência do réu (art. 72, *caput*, CPP).

Se o réu tiver **mais de uma residência**, a competência firmar-se-á pela **prevenção** (art. 83, CPP). Todavia, se o réu **não tiver residência certa** ou for ignorado o seu paradeiro, será competente o juiz que primeiro tomar conhecimento do fato, nos termos do art. 72, §§ 1º e 2º, do CPP.

5.6.1 Crimes de ação de iniciativa privada e competência

No caso de ação exclusivamente privada, mesmo sendo conhecido o **lugar da infração,** o querelante **pode**

optar por ajuizar a ação penal no foro do **domicílio ou residência do querelado** (art. 73, CPP).

No caso de ação penal privada subsidiária da pública, o querelante não pode ajuizar a ação penal no foro do domicílio ou residência do réu, ou seja, não se aplica a regra do art. 73 do CPP.

5.7 Competência pela natureza da infração

A competência pela natureza da infração será regulada pela organização judiciária, salvo a competência do Tribunal do Júri (art. 74, *caput*, CPP).

Crimes dolosos contra a vida: São de competência do Tribunal do Júri os crimes previstos nos arts. 121 a 127 do CP, consumados e tentados, na forma do art. 74, § 1º, do CPP, bem como os crimes conexos e por continência, **exceto** os culposos, preterdolosos e o latrocínio. Salienta-se que o crime de participação em automutilação (art. 122 do CP) não é de competência do Tribunal do Júri.

Nos crimes dolosos contra a vida praticados por **militares estaduais contra civil**, a competência será do tribunal do júri, conforme dispõe o art. 125, § 4º, da CF.

A competência do júri **prevalece** sobre o foro por prerrogativa de função estabelecido exclusivamente pela Constituição Estadual, como prevê a **Súmula 721 do STF**.

No caso de agentes com **foro especial** estabelecido na Constituição Federal, como é o caso do Prefeito municipal (art. 29, X, CF), dos Juízes e membros do MP (art. 93, III, CF), membros do Congresso Nacional, Ministros de Estado etc. (art. 102, I, *b* e *c*), desembargadores, membros dos Tribunais de Contas dos Estados etc. (art. 105, I, *a*) e Juízes Federais, bem como do Trabalho etc. (art. 108, I, *a*), **serão julgados pelo respectivo tribunal e não pelo Tribunal do Júri**, uma vez que o foro especial por prerrogativa de função prevalece sobre o colegiado popular, por ser de maior graduação (art. 78, III, CPP).

Desclassificação. Se o juiz de vara privativa do júri, na **fase da pronúncia**, convencer-se, em discordância com a acusação, de que não se trata de crime doloso contra a vida, desclassificará a **infração para outra atribuída à competência de juiz singular** (art. 419, CPP), remetendo os autos ao juiz competente; mas, se a desclassificação ocorrer no **Plenário do Júri**, a seu juiz Presidente caberá **proferir a sentença**, bem como no crime conexo que não seja doloso contra a vida (art. 492, §§ 1º e 2º), é o que estabelece o § 3º do art. 74 do CPP.

Júri Federal. Nos casos dos crimes dolosos contra a vida de competência da Justiça Federal (ex.: homicídio cometido a bordo de navios ou aeronaves – art. 109, IX, CF/88; homicídio praticado por patrulheiro da Polícia Rodoviária Federal no exercício da função estatal etc.).

5.7.1 Competência da Justiça Militar (art. 124, CF/88)

São da competência da Justiça Militar os crimes definidos no Código Penal Militar, sendo ela competente para processar e julgar os integrantes das polícias militares, salvo nos casos do art.125, § 4º, da CF/88.

Nos casos de crimes dolosos contra a vida cometidos por **militares das Forças Armadas contra civil**, serão da competência da Justiça Militar da União, se praticados no contexto, de acordo com o art. 9º, § 2º, I, II, III, do Código Penal Militar:

> I – do cumprimento de atribuições que lhes forem estabelecidas pelo Presidente da República ou pelo Ministro de Estado da Defesa;
>
> II – de ação que envolva a segurança de instituição militar ou de missão militar, mesmo que não beligerante; ou
>
> III – de atividade de natureza militar, de operação de paz, de garantia da lei e da ordem ou de atribuição subsidiária, realizadas em conformidade com o disposto no art. 142 da Constituição Federal e na forma dos seguintes diplomas legais.

Diz a **Súmula 78 do STJ** que "Compete à Justiça Militar processar e julgar policial de corporação estadual, ainda que o delito tenha sido praticado em outra unidade federativa".

5.7.2 Competência da Justiça Federal

Processar e **julgar** os crimes políticos e as **infrações penais** praticadas contra bens, serviços ou interesse da União, entidade autárquica ou empresa pública federal (art. 109, IV, CF).

A Justiça Federal **não julga contravenção penal**, ainda que praticada contra bens, serviços ou interesse da União ou de suas entidades, sendo competente a justiça estadual comum, na forma da **Súmula 38 do STJ**.

É de competência da Justiça Federal **julgar** os crimes cometidos **a bordo de navios ou aeronaves**, ressalvada a competência da Justiça Militar (art. 109, IX, CF).

Compete ainda à Justiça Federal processar e **julgar** os crimes previstos no art. 109, incisos: **V** (crimes previstos em tratado ou em convenção internacional, quando, iniciada a execução no País, o resultado tenha ou devesse ter ocorrido no estrangeiro, ou reciprocamente); **V-A** (as causas relativas a direitos humanos a que se refere o § 5º do art. 109 da CF); **VI** (os crimes contra a organização do trabalho e, no casos determinados por lei, contra o sistema financeiro e a ordem econômico-financeira); e **X** (os crimes de ingresso ou permanência irregular de estrangeiro).

Compete também à **Justiça Federal julgar**: a) crime de falso testemunho cometido no processo trabalhista (Súmula 165, STJ); b) os crimes praticados contra funcionário público, quando relacionados com o exercício da função (Súmula 147, STJ); c) tráfico transnacional (art. 70, Lei n. 11.343/2006); d) homicídio praticado contra indígena em razão de disputa de terras; e) crimes contra

Correios e Caixa Econômica Federal; f) tráfico internacional de armas; g) crimes consistentes em disponibilizar ou adquirir material pornográfico envolvendo criança ou adolescente (arts. 241, 241-A e 241-B da Lei n. 8.069/1990) quando praticados por meio da rede mundial de computadores.

5.7.3 Competência da Justiça Estadual

Todos os crimes que não forem da alçada da Justiça Federal (art. 109, CF/88) nem da competência da Justiça Especial (Militar ou Eleitoral) são da competência da Justiça Estadual. Assim, compete à Justiça Comum Estadual o julgamento dos seguintes crimes, dentre outros:

I – **Contravenção penal** – Compete à Justiça Estadual Comum, na vigência da Constituição de 1988, o processo por contravenção penal, ainda que praticada em detrimento de bens, serviços ou interesse da União ou de suas entidades (**Súmula 38, STJ**).

II – **Causas civis em que é parte sociedade de economia mista e Banco do Brasil** – Compete à Justiça Comum Estadual processar e julgar as causas cíveis em que é parte sociedade de economia mista e os crimes praticados em seu detrimento. Cumpre ressaltar que a **Súmula 42 do STJ** aplica-se também às infrações penais ou contravenções praticadas contra o Banco do Brasil, uma vez que este é sociedade de economia mista, estando os infratores sujeitos ao julgamento pela Justiça Estadual.

III – **Crime de falsa anotação em Carteira de Trabalho e Previdência Social** – Compete à Justiça Estadual processar e julgar o crime de falsa anotação na Carteira de Trabalho e Previdência Social, atribuído a empresa privada (**Súmula 62, STJ**).

IV – **Utilização de papel-moeda grosseiramente falsificado** (em tese, crime de estelionato) – A utilização de papel-moeda grosseiramente falsificado configura, em tese, o crime de estelionato, da competência da Justiça Estadual (**Súmula 73, STJ**).

V – **Crime de estelionato praticado mediante falsificação das guias de recolhimento das contribuições previdenciárias** (**Súmula 107, STJ**) – Compete à Justiça Comum Estadual processar e julgar crime de estelionato praticado mediante falsificação das guias de recolhimento das contribuições previdenciárias, quando não ocorrer lesão à autarquia federal.

VI – **Crime em que o indígena figure como autor ou vítima** – Compete à Justiça Comum Estadual processar e julgar crime em que o indígena figure como autor ou vítima (**Súmula 140, STJ**). O Supremo Tribunal Federal entende que, desde que não haja disputa sobre direitos indígenas, a competência para o processo e julgamento é da Justiça Comum Estadual.

VII – **Crime de concussão consistente na cobrança de honorários médicos ou despesas hospitalares a paciente do SUS** – Competência da Justiça Estadual.

VIII – **Crime de falsificação e uso de documento falso relativo a estabelecimento particular de ensino.** Compete à Justiça Comum Estadual processar e julgar (**Súmula 104, STJ**).

IX – **Crimes praticados contra agências franqueadas dos Correios.** Compete à Justiça Comum Estadual processar e julgar.

5.8 Competência por distribuição

Quando houver **mais de um juiz competente** na mesma comarca, dá-se a competência pelo critério da distribuição.

A precedência da distribuição fixará a competência quando, na mesma circunscrição judiciária, houver mais de um juiz igualmente competente (art. 75, *caput*, CPP).

Previne a competência da ação penal. A distribuição realizada para o efeito da concessão de fiança, a distribuição de inquérito policial, a decretação de prisão preventiva ou de qualquer diligência anterior à denúncia ou queixa prevenirá a da ação penal (art. 75, parágrafo único, CPP).

5.9 Competência por conexão

5.9.1 Conceito

Conexão (art. 76, CPP) é o liame entre dois ou mais fatos que os tornam vinculados, de tal maneira que se faz necessária a reunião dos processos.

5.9.2 Espécies de conexão

I – **Conexão intersubjetiva** (art. 76, I, CPP):

a) **Intersubjetiva por simultaneidade/ocasional:** Ocorre quando duas ou mais infrações forem praticadas ao mesmo tempo, por várias pessoas reunidas.

b) **Intersubjetiva por concurso:** Ocorre quando duas ou mais infrações forem praticadas por duas ou mais pessoas, em concurso de pessoas, ao mesmo tempo e no mesmo lugar, ou em tempos e lugares diversos, com prévio ajuste. O nexo é o ajuste prévio, existe o concurso entre os infratores que praticam mais de um crime.

A diferença entre a conexão por concurso e a continência consiste no fato de que, na primeira, o ajuste entre os agentes se dá para a prática de infrações diferentes (mais de um crime), ao passo que na segunda há concurso para a prática de um único delito (art. 76, I, segunda parte, CPP).

c) **Intersubjetiva por reciprocidade:** Várias pessoas praticam infrações penais entre si, ou seja, uma contra as outras, por exemplo em uma briga de bar.

II – **Conexão objetiva, lógica, material ou teleológica** (art. 76, II, CPP): Quando as infrações são praticadas para facilitar ou ocultar as outras (teleológica) ou para conseguir impunidade ou vantagem em relação a qualquer delas (consequencial).

III – **Conexão instrumental ou probatória** (art. 76, III, CPP): Quando a prova de um crime ou de qualquer de suas circunstâncias elementares influir na prova de outra infração. É o que ocorre nos casos de crime principal e crime acessório. Ex.: roubo e receptação.

5.10 Continência

A continência dá-se quando houver **pluralidade de agentes e unidade de infração**. Dispõe o art. 77 do Código de Processo Penal que a competência por continência será determinada quando:

I – duas ou mais pessoas forem acusadas pela mesma infração;

II – no caso de infração cometida nas condições previstas nos arts. 51, § 1º, 53, segunda parte, e 54, do Código Penal (atualmente se referem aos arts. 70, 73 e 74, CP).

Assim, a continência do art. 77, I, do CPP ocorre na hipótese da prática do crime no concurso de pessoas (art. 29, CP); a do art. 77, II, do CPP aplica-se ao concurso formal (art. 70, CP), erro na execução (art. 73, CP) e no resultado diverso do pretendido (art. 74, CP).

Diferentemente da conexão, a continência é caracterizada pela pluralidade de agentes e unidade de condutas (art. 77, CPP), podendo ser subjetiva ou objetiva.

a) **Continência por cumulação subjetiva** (art. 77, I, CPP): Ocorre quando duas ou mais pessoas forem acusadas pela mesma infração penal.

b) **Continência por cumulação objetiva** (art. 77, II, CPP): Ocorre sempre nas hipóteses de concurso formal (uma ação e dois resultados), bem como de erro na execução (*aberratio ictus*) ou resultado diverso do pretendido (*aberratio criminis*).

5.11 Regras que deverão ser observadas para determinar a competência por conexão ou continência. Foro prevalente

Havendo conexão ou continência, o art. 78 do Código de Processo Penal determina as regras a serem observadas:

I – no concurso entre a competência do júri e a de outro órgão da jurisdição comum, **prevalecerá a competência do júri;**

II – no concurso de jurisdições da mesma categoria:

a) preponderará a do lugar da infração, à qual for cominada a **pena mais grave**;

b) prevalecerá a do lugar em que houver ocorrido o **maior número de infrações**, se as respectivas penas forem de igual gravidade;

c) firmar-se-á a competência pela prevenção, nos outros casos;

III – no concurso de jurisdições de diversas categorias, predominará a **de maior graduação;**

IV – no concurso entre a jurisdição comum e a **especial, prevalecerá esta.**

ATENTAI: Quando ocorrer a reunião dos processos pela conexão ou continência, poderá haver prorrogação de competência, prevalecendo a jurisdição especial sobre a comum e a superior sobre a inferior.

No caso de concurso de jurisdição da **mesma categoria**, a competência será determinada pelo lugar onde for cometido o crime cuja pena é a **mais grave**, ou naquele em que houver ocorrido o **maior número de infrações**, se todas as penas forem de igual gravidade.

Na hipótese de conexão entre crimes de competência **federal** e **estadual**, prevalecerá a competência da Justiça Federal, em razão da Súmula 122 do STJ.

Ocorrendo conexão ou continência na hipótese de concurso de jurisdições de diversas categorias, sendo o crime cometido por agente que **goza de foro especial por prerrogativa de função** (um promotor de justiça) em coautoria com outro que não tenha o foro privilegiado (seu motorista), ambos os acusados serão julgados pela jurisdição de maior graduação (o Tribunal de Justiça), **não violando**, assim, **as garantias do juiz natural**. Nesse sentido dispõe a Súmula 704 do STF.

5.12 Unidade do processo. Exceções

A regra da conexão e continência é a unidade do processo e de julgamento. Todavia, há hipóteses em que ocorrerá **separação obrigatória**, nos termos do art. 79 do CPP:

I – no concurso entre a jurisdição comum e a militar;

II – no concurso entre a jurisdição comum e a do juízo de menores.

§ 1º Cessará, em qualquer caso, a unidade do processo, se, em relação a algum corréu, sobrevier o caso previsto no art. 152.

§ 2º A unidade do processo não importará a do julgamento, se houver corréu foragido que não possa ser julgado à revelia, ou ocorrer a hipótese do art. 461.

5.12.1 Unidade do processo e separação facultativa

Será facultativa a separação dos processos no caso de infrações praticadas em circunstâncias de tempo ou de lugar diferente, ou em razão do excessivo número de acusados e para não lhes prolongar a prisão provisória, ou por outro motivo relevante, o juiz reputar conveniente a separação, nos termos do art. 80 do CPP.

Convém ressaltar que a separação dos processos dependerá da **avaliação do juiz da causa.**

5.13 *Perpetuatio jurisdictionis* na conexão e continência

Ocorrendo a reunião de processos em razão de conexão e continência, ainda que o juiz ou Tribunal absolva ou desclassifique o crime para outro que não seja de sua competência, continua competente para os demais que foram atraídos; é o princípio do *perpetuatio jurisdictionis*, que se encontra contido no **art. 81 do CPP**. Assim, quando for verificada a reunião dos processos por conexão ou continência, ainda que no processo da sua competência própria venha o juiz ou Tribunal a proferir sentença absolutória ou que desclassifique a infração para outra que não se inclua na sua competência, continuará competente em relação aos demais processos (art. 81, *caput*, CPP).

5.13.1 Competência do Tribunal do Júri e *perpetuatio jurisdictionis*

Reconhecida inicialmente ao júri a competência por conexão ou continência, o juiz, se vier a desclassificar a infração ou impronunciar ou absolver o acusado, de maneira que exclua a competência do júri, remeterá o processo ao juízo competente (art. 81, parágrafo único, CPP), não se aplicando a regra da *perpetuatio jurisdictionis*.

5.14 Avocação de processos

Avocação, que significa chamar para si, encontra sua previsão legal no art. 82 do CPP. Se, não obstante a conexão ou continência, forem instaurados **processos diferentes**, a autoridade da jurisdição prevalente deverá avocar os processos que corram perante os outros juízes, salvo se já estiverem com sentença definitiva.

O art. 82 do CPP, ao mencionar a sentença definitiva, não empregou o termo no sentido de sentença transitada em julgado, mas no de sentença de mérito ou recorrível.

Assim, se um dos processos já foi julgado, não poderá haver a unidade dos autos, por força da **Súmula 235 do STJ**. Todavia, a unidade dos processos só se dará, ulteriormente, para o efeito de soma ou de unificação das penas.

5.15 Competência pela prevenção

Verificar-se-á a competência por prevenção quando concorrerem **dois ou mais juízes igualmente competentes ou com jurisdição cumulativa**, um deles tiver antecedido aos outros na prática de algum ato do processo ou de medida a este relativa, mesmo que anterior ao oferecimento da denúncia ou da queixa, conforme determina o art. 83 do CPP.

Atente-se para o fato de que na determinação da competência por conexão ou continência, se houver concurso de jurisdições da mesma categoria e forem idênticas as penas cominadas aos delitos e o número de infrações praticadas, firmar-se-á a competência por prevenção.

A **inobservância** da regra da prevenção é **relativa (Súmula 706, STF)**.

No crime de contrabando ou descaminho, a competência será determinada pela prevenção, ou seja, do juízo federal do **lugar da apreensão dos bens (Súmula 151, STJ)**.

São hipóteses que **previnem a competência do juízo** para ação penal: a) a decretação da prisão preventiva; b) a concessão da fiança; c) o pedido de explicações em juízo; d) as interceptações telefônicas autorizadas pelo magistrado; e) o mandado de busca e apreensão etc.

5.16 Competência por prerrogativa de função

É a competência que se dá em relação a **pessoas que ocupam determinados cargos públicos ou exercem mandato político**. Não se trata de um privilégio, mas de uma proteção, uma garantia amparada na Constituição Federal.

Assim, a competência pela prerrogativa de função é do Supremo Tribunal Federal, do Superior Tribunal de Justiça, dos Tribunais Regionais Federais e Tribunais de Justiça dos Estados e do Distrito Federal, relativamente às pessoas que devam responder perante eles por crimes comuns ou de responsabilidade (art. 84, *caput*, CPP).

Não têm direito a foro por prerrogativa de função: o parlamentar que **perdeu o mandato**, o suplente de parlamentar, ex-Prefeito, ex-Ministros **e os aposentados** (juízes, promotores, desembargadores etc.).

5.16.1 Foro privilegiado e exceção da verdade

O art. 85 do CPP dispõe que "nos processos por crime contra a honra, em que forem querelantes as pessoas que a Constituição sujeita à jurisdição do Supremo Tribunal Federal e dos Tribunais de Apelação, àquele ou a estes caberá o julgamento, quando oposta e admitida a exceção da verdade".

Assim, **nos crimes contra a honra**, quando o querelante gozar de foro privilegiado perante o STF, STJ, TRF e TJ, o foro especial será o competente para julgar a exceção da verdade (*exceptio veritatis*).

Ressalte-se que a exceção da verdade deverá ser **processada perante o juízo de primeiro grau**, cabendo a este a admissibilidade e a instrução da exceção, devendo posteriormente encaminhá-la ao **Tribunal para que seja julgada**.

5.16.2 Competência do STF

A competência do STF está elencada no art. 102, I, *b* e *c*, da CF/88, sendo esta:

a) **Nos crimes comuns:** Presidente da República e seu respectivo vice, membros do Congresso Nacional, ministros do próprio STF e o Procurador-Geral da República.
b) **Nas infrações penais comuns e nos crimes de responsabilidade:** Ministros de estado, comandantes das forças armadas, membros do TCU, chefe de missões diplomáticas de caráter permanente, membros dos tribunais superiores.

No caso de ação penal originária de competência do STF, **o inquérito policial** será supervisionado pelo Ministro-Relator da Suprema Corte, desde a abertura dos procedimentos investigativos.

A locução constitucional **"crimes comuns"** abrange todas as modalidades de infrações penais, estendendo-se aos crimes eleitorais e às contravenções penais.

ATENTAI I: O STF, ao julgar a AP 937, decidiu que o foro por prerrogativa de função dos parlamentares federais aplica-se apenas aos crimes cometidos durante o exercício do cargo e relacionados às funções desempenhadas (STF. Plenária AP 937 QO/RJ, Rel. Min. Roberto Barroso, julgado em 03/05/2018).

ATENTAI II: O STF fixou ainda o momento da determinação definitiva da competência, qual seja, após o final da instrução processual, com a publicação do despacho de intimação para apresentação de alegações finais, a competência para processar e julgar ações penais não será mais afetada em razão de o agente público vir a ocupar outro cargo ou deixar o cargo que ocupava, qualquer que seja o motivo (STF. Plenária AP 937 QO/RJ, Rel. Min. Roberto Barroso, julgado em 03/05/2018).

5.16.3 Competência do STJ

A competência do STJ está disposta no art. 105, I, *a*, da CF/88:

a) **Nos crimes comuns:** Governadores dos Estados e do DF.
b) **Nos crimes comuns e de responsabilidade:** Desembargadores dos TJs estaduais e o DF, membros do TCE e do DF, TRFs, TREs, TRTs, membros do conselho ou dos Tribunais de Contas dos Municípios, do Ministério Público da União que oficiem perante os tribunais.

ATENTAI: O Superior Tribunal de Justiça entende que os juízes de primeiro grau convocados para exercerem a função de desembargador no Tribunal de Justiça não possuem a prerrogativa de foro assegurada pelo art. 105, I, da Constituição Federal.

5.16.4 Competência dos Tribunais de Justiça

A competência dos TJ se dá em relação ao local onde a pessoa com foro por prerrogativa de função exerce suas atividades:

a) **Juízes Estaduais** (art. 96, III, CF e art. 33, parágrafo único, Lei Complementar n. 35/79), ressalvada a competência da Justiça Eleitoral.
b) **Promotores de Justiça** (art. 96, III, CF e art. 40, IV, Lei n. 8.625/93), ressalvada a competência da Justiça Eleitoral.
c) **Prefeitos Municipais** (art. 29, X, CF), salvo crimes contra interesse da União, que nesse caso será do TRF, e em caso de crime eleitoral pelo TRE **(Súmula 702, STF)**.
d) **Deputado estadual, secretário de estado e vereador**. Se a Constituição Estadual estabelecer foro privilegiado por prerrogativa de função a essas pessoas, serão julgados pelo Tribunal de Justiça caso pratiquem crime comum, **salvo** nos casos de **crimes dolosos** contra a vida, que serão de competência do Tribunal do Júri, de acordo com a **Súmula 721 do STF**.

5.16.5 Competência dos Tribunais Regionais Federais

Compete ao TRF processar e julgar Juízes Federais, Juízes Militares, Juízes do Trabalho, membros do Ministério Público da União (art. 128, CF), salvo justiça eleitoral (art. 108, I, *a*, CF).

Compete ao Tribunal Regional Federal processar e julgar os **membros do Ministério Público do Distrito Federal e territórios**, pois estes são considerados membros do Ministério Público da União (art. 128, I, *d*, CF).

5.16.6 Crimes cometidos no estrangeiro

No processo por crimes praticados fora do território brasileiro, o juízo competente será o da Capital do Estado **onde houver por último residido o acusado**. Se este **nunca tiver residido** no Brasil, será competente o juízo da Capital da República, nos termos do art. 88 do CPP.

Assim, aos crimes cometidos fora do Brasil aplica-se a lei brasileira em razão do princípio da extraterritorialidade, cujas hipóteses estão previstas no art. 7º do Código Penal.

Não se aplica à lei brasileira a contravenção praticada no estrangeiro. Só se aplica a lei brasileira à contravenção praticada em território nacional (art. 2º do Decreto-Lei n. 3.688/41 – Lei das Contravenções Penais).

5.16.7 Crimes em embarcações, aeronaves e lugar incerto

a) **crimes em embarcações:** De acordo com o art. 89 do CPP, os crimes cometidos em qualquer embarcação nas águas territoriais da República, ou nos rios e lagos fronteiriços, bem como a bordo de embarcações nacionais, em alto-mar, serão processados e julgados pela Justiça **do primeiro porto brasileiro em que tocar a embarcação**, após o crime, ou, quando se afastar do país, pela do último em que houver tocado.

Ressalta-se que a competência para os crimes cometidos a bordo de navios, ressalvada a competência da Justiça Militar, é da alçada da Justiça Federal (art. 109, IX, CF/88).

A expressão "a bordo de navio" constante no art. 109, IX, da CF significa no interior ou dentro do navio.

Salienta-se que a jurisprudência entende que a competência da Justiça Federal só se aplica às embarcações de grande cabotagem ou grande porte (navios), autorizadas a realizar viagens internacionais, enquanto nas embarcações de pequeno porte (canoas, jangadas, lanchas etc.) a competência é da Justiça Estadual.

b) **crimes praticados em aeronaves:** Os crimes praticados a bordo de aeronave nacional, dentro do espaço aéreo correspondente ao território brasileiro, ou ao alto-mar, ou a bordo de aeronave estrangeira, dentro do espaço aéreo correspondente ao território nacional, serão processados e julgados pela Justiça da comarca em cujo território se verificar o **pouso após o crime**, ou pela da comarca de onde **houver partido a aeronave** (art. 90, CPP).

A competência para os crimes cometidos a bordo de aeronaves, ressalvada a competência da Justiça Militar, são da alçada da Justiça Federal (art. 109, IX, CF/88).

A expressão "a bordo de aeronave", constante no art. 109, IX, da CF, significa no interior ou dentro da aeronave.

c) **Lugar incerto:** O art. 91 do Código de Processo Penal dispõe que, quando incerta e não se determinar de acordo com as normas estabelecidas nos arts. 89 e 90 do CPP (crimes cometidos a bordo de embarcações e crimes praticados a bordo de aeronave), a competência se firmará pela prevenção.

Súmulas do STF sobre competência

297: "Oficiais e praças das milícias dos Estados no exercício de função policial civil não são considerados militares para efeitos penais, sendo competente a Justiça Comum para julgar os crimes cometidos por ou contra eles".

396: "Para a ação penal por ofensa à honra, sendo admissível a exceção da verdade quanto ao desempenho de função pública, prevalece a competência especial por prerrogativa de função, ainda que já tenha cessado o exercício funcional do ofendido".

451: "A competência especial por prerrogativa de função não se estende ao crime cometido após a cessação definitiva do exercício funcional".

452: "Oficiais e praças do Corpo de Bombeiros do Estado da Guanabara respondem perante a Justiça Comum por crime anterior à Lei n. 427, de 11-10-1948".

498: "Compete à Justiça dos Estados, em ambas as instâncias, o processo e o julgamento dos crimes contra a economia popular".

521: "O foro competente para o processo e julgamento dos crimes de estelionato, sob a modalidade da emissão dolosa de cheque sem provisão de fundos, é o do local onde se deu a recusa do pagamento pelo sacado".

522: "Salvo ocorrência de tráfico com o exterior, quando, então, a competência será da Justiça Federal, compete à Justiça dos Estados o processo e o julgamento dos crimes relativos a entorpecentes".

526: "Subsiste a competência do Supremo Tribunal Federal, para conhecer e julgar a apelação, nos crimes da Lei de Segurança Nacional, se houve sentença antes da vigência do Ato Institucional nº 02".

603: "A competência para o processo e julgamento de latrocínio é do juiz singular e não do Tribunal do Júri".

611: "Transitada em julgado a sentença condenatória, compete ao juízo das execuções a aplicação de lei mais benigna".

691: "Não compete ao Supremo Tribunal Federal conhecer de *habeas corpus* impetrado contra decisão do Relator que, em *habeas corpus* requerido a tribunal superior, indefere a liminar".

702: "A competência do Tribunal de Justiça para julgar prefeitos restringe-se aos crimes de competência da Justiça Comum Estadual; nos demais casos, a competência originária caberá ao respectivo tribunal de segundo grau".

721: "A competência constitucional do Tribunal do Júri prevalece sobre o foro por prerrogativa de função estabelecido exclusivamente pela Constituição Estadual".

Súmulas do STJ sobre competência

22: "Não há conflito de competência entre o Tribunal de Justiça e Tribunal de alçada do mesmo Estado membro".

38: "Compete à Justiça Estadual Comum, na vigência da Constituição de 1988, o processo por contravenção penal, ainda que praticada em detrimento de bens, serviços ou interesse da União ou de suas entidades".

42: "Compete à Justiça Comum Estadual processar e julgar as causas cíveis em que é parte sociedade de economia mista e os crimes praticados em seu detrimento".

48: "Compete ao juízo do local da obtenção da vantagem ilícita processar e julgar crime de estelionato cometido mediante falsificação de cheque".

53: "Compete à Justiça Comum Estadual processar e julgar civil acusado de prática de crime contra instituições militares estaduais".

59: "Não há conflito de competência se já existe sentença com trânsito em julgado, proferida por um dos juízos conflitantes".

62: "Compete à Justiça Estadual processar e julgar o crime de falsa anotação na Carteira de Trabalho e Previdência Social, atribuído à empresa privada".

75: "Compete à Justiça Comum Estadual processar e julgar o policial militar por crime de promover ou facilitar a fuga de preso de estabelecimento penal".

90: "Compete à Justiça Estadual Militar processar e julgar o policial militar pela prática do crime militar, e à Comum pela prática do crime comum simultâneo àquele".

104: "Compete à Justiça Estadual o processo e julgamento dos crimes de falsificação e uso de documento falso relativo a estabelecimento particular de ensino".

107: "Compete à Justiça Comum Estadual processar e julgar crime de estelionato praticado mediante falsificação das guias de recolhimento das contribuições previdenciárias quando não ocorrente lesão à autarquia federal".

122: "Compete à Justiça Federal o processo e julgamento unificado dos crimes conexos de competência federal e estadual, não se aplicando a regra do art. 78, II, *a*, do Código de Processo Penal".

126: "É inadmissível recurso especial, quando o acórdão recorrido assenta em fundamentos constitucional e infraconstitucional, qualquer deles suficiente, por si só, para mantê-lo, e a parte vencida não manifesta recurso extraordinário".

140: "Compete à Justiça Comum Estadual processar e julgar crime em que o indígena figure como autor ou vítima".

147: "Compete à Justiça Federal processar e julgar os crimes praticados contra funcionário público federal, quando relacionados com o exercício da função".

151: "A competência para o processo e julgamento por crime de contrabando ou descaminho define-se pela prevenção do Juízo Federal do lugar da apreensão dos bens".

165: "Compete à Justiça Federal processar e julgar crime de falso testemunho cometido no processo trabalhista".

172: "Compete à Justiça Comum processar e julgar militar por crime de abuso de autoridade, ainda que praticado em serviço".

192: "Compete ao Juízo das Execuções Penais do Estado a execução das penas impostas a sentenciados pela Justiça Federal, Militar ou Eleitoral, quando recolhidos a estabelecimentos sujeitos à administração estadual".

200: "O Juízo Federal competente para processar e julgar acusado de crime de uso de passaporte falso é o do lugar onde o delito se consumou".

206: "A existência de vara privativa, instituída por Lei estadual, não altera a competência territorial resultante das leis de processo".

208: "Compete à Justiça Federal processar e julgar prefeito municipal por desvio de verba sujeita a prestação de contas perante órgão federal".

209: "Compete à Justiça Estadual processar e julgar prefeito por desvio de verba transferida e incorporada ao patrimônio municipal".

224: "Excluído do feito o ente federal, cuja presença levara o juiz Estadual a declinar da competência, deve o juiz Federal restituir os autos e não suscitar conflito".

235: "A conexão não determina a reunião dos processos, se um deles já foi julgado".

244: "Compete ao foro do local da recusa processar e julgar o crime de estelionato mediante cheque sem provisão de fundos".

546: "A competência para processar e julgar o crime de uso de documento falso é firmada em razão da entidade ou órgão ao qual foi apresentado o documento público, não importando a qualificação do órgão expedidor".

6. DAS EXCEÇÕES E PROCESSOS INCIDENTES

6.1 Das exceções (art. 95, CPP)

O Código de Processo Penal, em seu art. 95, enumera as **modalidades** de exceções; vejamos:

I – suspeição;

II – incompetência de juízo;

III – litispendência;

IV – ilegitimidade de parte; e

V – coisa julgada.

Há ainda a exceção de impedimento (art. 112, CPP). As exceções processuais são consideradas meios de **defesa indireta**, uma vez que ocorrem de maneira incidental na ação penal e têm como principal consequência o afastamento do juiz ou do juízo ou a extinção do processo.

As exceções podem ser classificadas em **dilatórias** (pretendem o afastamento do juiz ou do juízo – caso das exceções de suspeição ou de impedimento e de incompetência de juízo) ou **peremptórias** (uma vez reconhecida a sua procedência, acarretam a extinção do processo – nos casos de litispendência e de coisa julgada).

As exceções serão processadas em **autos apartados** e, em regra, **não suspenderão** o andamento da ação penal (art. 111, CPP).

ATENTAI: A ilegitimidade de parte, dependendo de sua natureza, poderá ser peremptória ou dilatória.

6.1.1 Exceções de suspeição (arts. 96 a 107, CPP) e de impedimento (art. 112, CPP)

O juiz pode, **de ofício**, afirmar suspeição, devendo fazê-lo por escrito e declarando o motivo legal. Em caso de omissão do juiz, **qualquer das partes** poderá arguir a **exceção de suspeição**, desde que presente uma das situações previstas no **art. 254 do CPP**, por exemplo, se for amigo íntimo ou inimigo capital de qualquer delas etc.

A exceção de suspeição pode ser arguida **contra** o juiz de qualquer instância, contra os membros do Ministério Público (art. 104, CPP), bem como contra peritos, intérpretes, funcionários de justiça e jurados (arts. 105 e 106, CPP).

Já os casos de exceção de **impedimento** estão previstos **no art. 252 do CPP**, aplicando-se nos casos em que o juiz, o órgão do Ministério Público, os serventuários ou funcionários de justiça, bem como os peritos ou intérpretes, não se declararem impedidos nos autos, como por exemplo, tiver funcionado seu cônjuge ou parente, consanguíneo ou afim, em linha reta ou colateral até terceiro grau, inclusive, como defensor ou advogado, órgão do Ministério Público, autoridade policial, auxiliar da Justiça ou perito etc.

O **impedimento** poderá ser arguido pelas partes, observando-se o mesmo procedimento estabelecido para a exceção de suspeição.

A exceção de suspeição **não será admitida** em algumas hipóteses, a saber: **I** – quando a parte injuriar o juiz ou de propósito der motivo para criá-la, na forma do art. 256 do CPP; e **II** – contra autoridades policiais nos atos do inquérito policial, mas deverão elas declarar-se suspeitas, quando ocorrer motivo legal, na forma do art. 107 do CPP.

6.1.2 Momento e procedimento

A exceção de suspeição deverá ser arguida **pelo acusado** dentro do prazo da resposta à acusação ou escrita. No caso do órgão do **MP** ou do **querelante**, aplica-se na primeira intervenção da parte, ou seja, no momento do oferecimento da denúncia ou da queixa, respectivamente, sob pena de preclusão. Se o motivo for **superveniente**, deverá ser arguida a exceção de imediato.

Se apresentada exceção de suspeição contra o juiz e este **não aceitar** os argumentos arguidos contra si, dará sua justificativa, no prazo de 3 (três) dias, e remeterá o incidente ao tribunal competente, em 24 (vinte e quatro) horas (art. 100, CPP).

Se reconhecida a exceção de suspeição pelo tribunal, os atos do processo principal ficarão **nulos** (art. 101, CPP).

A suspeição também poderá ser alegada contra os juízes de instâncias superiores (STF, STJ, TRFs e Tribunais de Justiça), na forma do art. 103 do CPP.

ATENTAI I: A exceção proposta contra jurados deve ser arguida **oralmente ao juiz-presidente** do Tribunal do Júri, que decidirá de plano o incidente (art. 106, CPP).

ATENTAI II: Se qualquer das partes pretender recusar o juiz, deverá fazer por meio de petição assinada por **ela própria** ou por **procurador com poderes especiais**, aduzindo as suas razões acompanhadas de prova documental ou do rol de testemunhas (art. 98, CPP).

ATENTAI III: "A participação de membro do MP na fase investigatória criminal não acarreta o seu impedimento ou suspeição para o oferecimento da denúncia" (Súmula 234, STJ).

6.1.3 Exceção de incompetência (arts. 95, II, 108 e 109, CPP)

Consiste na recusa do juiz, sob a alegação de **faltar-lhe competência** para funcionar no processo, seja no todo ou em parte, em caso de inobservância dos preceitos que determinam a regra de competência, previstos nos arts. 69 a 91 do CPP.

A incompetência poderá ser **absoluta** ou **relativa**. A primeira se dá em razão da matéria ou por prerrogativa de função, enquanto a segunda ocorre quando se tratar de território.

Na incompetência absoluta, a exceção poderá ocorrer **a qualquer momento** e em qualquer grau de jurisdição, inclusive ser reconhecida de ofício pelo próprio juiz. Não há, assim, preclusão nesse caso.

Já no caso de incompetência relativa, a exceção deverá ser oposta **dentro do prazo de defesa**, isto é, na **resposta à acusação ou escrita.**

A exceção de incompetência do juízo é uma **peça exclusiva da defesa**, cabendo somente a ela alegá-la. Assim, não cabe ao autor da ação penal, Ministério Público ou querelante oferecer tal exceção, devendo ajuizar a denúncia ou a queixa no foro competente.

ATENTAI: Nada obsta o oferecimento da exceção de incompetência pelo Ministério Público, quando este atuar como *custos legis* (na ação penal privada).

Da decisão de ofício do juiz que reconhecer a incompetência do juízo, remetendo os autos ao juízo competente, cabe recurso em sentido estrito (art. 581, II, CPP). Se o Juiz julgar procedente a exceção de incompetência posta pela parte, cabe recurso em sentido estrito, na forma do art. 581, III, do CPP. Se o juiz **julgar improcedente**, não caberá recurso, sendo cabível a impetração de *habeas corpus* (art. 648, III, CPP).

6.1.4 Exceção de litispendência (arts. 95, III, e 110, CPP)

Tem por finalidade impedir o julgamento de mesma causa pendente de julgamento, em outro ou no mesmo juízo, evitando que o acusado seja julgado **duas vezes pelo mesmo fato**, em observância ao princípio do *non bis in idem*. Assim, para que se configure a litispendência, basta o ajuizamento de uma segunda ação penal, independentemente de citação do acusado.

Por se tratar de nulidade absoluta, o juiz poderá **reconhecer de ofício** a ocorrência de litispendência.

A regra é a de que a exceção de litispendência seja **apresentada** pelo acusado dentro do seu prazo de defesa, isto é, na **resposta à acusação ou escrita**.

ATENTAI: Por se tratar de questão de ordem pública, pode ser arguida a **qualquer tempo**, não ocorrendo preclusão.

As exceções **podem ser opostas** tanto pelo acusado quanto pelo Ministério Público ao juiz do feito, requerendo, ao final, o trancamento da ação penal.

Da **decisão do juiz que julgar procedente** a exceção de litispendência cabe recurso em sentido estrito (art. 581, III, CPP). Se o juiz **julgar improcedente**, não caberá recurso, sendo cabível a impetração de *habeas corpus* (art. 648, I, CPP).

ATENTAI: Se o juiz **reconhece de ofício** a exceção, cabe apelação (art. 593, II, CPP).

6.1.5 Exceção de ilegitimidade de parte (arts. 95, IV, e 110, CPP)

Quando se tratar de ilegitimidade *ad causam*, estará diante da modalidade peremptória, acarretando a extinção do feito. Esta poderá ser **ativa ou passiva**.

A título de exemplo, a ilegitimidade *ad causam* **ativa** ocorre quando o MP oferece denúncia em crime de ação penal privada, e a **passiva** está presente quando formulada a denúncia contra menor de 18 anos (inimputável).

Já a ilegitimidade *ad processum* (**capacidade para a prática de atos processuais**) consiste no retardamento do processo criminal. Possui, portanto, natureza dilatória.

Por exemplo, no caso de ação penal privada, a queixa-crime estar assinada por advogado sem procuração específica nos autos, consoante o art. 44 do CPP.

A exceção de ilegitimidade de parte deve ser apresentada pelo acusado, **em regra**, dentro do seu prazo de defesa, isto é, na resposta à acusação ou escrita.

ATENTAI: O juiz poderá reconhecer de ofício a ilegitimidade de parte, bem como ser arguida a qualquer momento pelas partes, por se tratar de matéria de ordem pública, não ocorrendo preclusão.

Da decisão do juiz que **julgar procedente** a exceção de ilegitimidade da parte cabe recurso em sentido estrito (art. 581, III, CPP).

Se o juiz **julgar improcedente** a exceção de ilegitimidade da parte, não caberá recurso. É possível a impetração de *habeas corpus* (art. 648, I, CPP).

6.1.6 Exceção de coisa julgada (arts. 95, V, e 110, CPP)

A exceção de coisa julgada é cabível quando for proposta nova ação penal contra o acusado, tendo por base idêntica imputação (mesmo fato criminoso) que **já fora decidida por sentença condenatória ou absolutória transitada em julgado**.

A exceção de coisa julgada deve ser apresentada pelo acusado, **em regra**, dentro do seu prazo de defesa, isto é, na resposta à acusação ou escrita. Ocorre que, por se tratar de questão de ordem pública, pode ser arguida **a qualquer tempo**, não ocorrendo preclusão.

A exceção **pode ser oposta** tanto pelo acusado quanto pelo Ministério Público ao juiz do feito, requerendo, ao final, o trancamento da ação penal. O juiz pode reconhecê-la de ofício.

Da decisão do juiz que **julgar procedente** a exceção de coisa julgada cabe recurso em sentido estrito (art. 581, III, CPP).

Se o juiz **julgar improcedente** a exceção de coisa julgada, não caberá recurso. É possível a impetração de *habeas corpus* (art. 648, I, CPP). No entanto, se o **juiz** reconhecer **de ofício** a exceção, caberá apelação (art. 593, II, CPP).

6.1.7 Da distinção entre a litispendência e a coisa julgada

As exceções de litispendência e de coisa julgada se assemelham na identidade de partes e dos fatos criminosos. O **traço distintivo** entre uma e outra é que na **litispendência** (*res in iudicium deducta*) há a presença de duas ações penais com **pendência de julgamento**, isto é, sem nenhuma sentença transitada em julgado. Já na **coisa julgada** (*res judicata est*) também há duas ações penais, porém já **existe sentença transitada em julgado** em uma delas.

6.2 Restituição das coisas apreendidas (arts. 118 a 124-A, CPP)

As coisas apreendidas são aquelas tomadas pela **autoridade policial** durante as investigações policiais; dizem respeito à apreensão de **instrumentos** e de **objetos** quando tiverem **relação** com determinado **fato criminoso** (art. 6º, II, CPP – *instrumenta sceleris*).

Também é admitida quando interessarem ao esclarecimento de crime e de autoria, devendo ser expedida **pelo juiz** e por **ordem expressa**, via mandado de busca e apreensão (art. 240 e seguintes, CPP).

São **legitimados** para formular o pedido o **proprietário do bem**, seja o acusado ou a vítima, ou o **terceiro de boa-fé**.

O pedido poderá ser dirigido à autoridade policial ou ao juiz, desde que **não exista dúvida** quanto ao direito do reclamante (art. 120, *caput*, CPP).

Entretanto, **se duvidoso esse direito**, o pedido de restituição autuar-se-á **em apartado**, assinalando-se ao requerente o prazo de 5 (cinco) dias para a prova. Em tal caso, só o **juiz criminal** poderá decidir o incidente (art. 120, § 1º, CPP). Frise-se que o Ministério Público terá de ser ouvido quanto ao pedido.

Antes de transitar em julgado a sentença final, as coisas apreendidas **não poderão** ser restituídas enquanto interessarem ao processo (art. 118, CPP).

Quanto à possibilidade de a **autoridade policial** restituir a coisa apreendida, a doutrina entende que só poderá ocorrer quando se revelar **estreme de qualquer dúvida** e não houver interesse de terceiro de boa-fé, estranho ao processo criminal, uma vez que nessas hipóteses o delegado deverá abster-se e remeter o caso à apreciação do juiz.

Se a coisa foi apreendida **em poder de terceiro de boa-fé**, o incidente também será autuado em apartado, sendo ele intimado para provar o seu direito em prazo igual e sucessivo ao do reclamante, tendo um e outro 2 (dois) dias para arrazoar. Nessas hipóteses, somente o juiz criminal poderá decidir o incidente. O MP também será ouvido quanto ao pedido de restituição.

Se o juiz tiver dúvida de quem **seja o verdadeiro dono**, remeterá as partes para o **juízo cível**, ordenando o depósito das coisas em mãos do depositário ou do próprio terceiro que as detinha, isso se for pessoa idônea (art. 120, § 4º, CPP).

Por fim, ressalvado o direito do lesado ou de terceiro de boa-fé, **não se admite** a restituição dos produtos e do instrumento do crime, uma vez que um dos efeitos da sentença penal condenatória é a perda em favor da União (art. 91, II, CP).

Da decisão do delegado de polícia que indeferir o pedido de restituição de coisa apreendida, sendo líquido e certo o direito de propriedade do reclamante, caberá a impetração de **mandado de segurança**, previsto no art. 5º, LXIX, da Constituição Federal e na Lei n. 12.016/2009.

A decisão do juiz que indeferir ou deferir o pedido de restituição poderá ser combatida por meio de **apelação**, nos termos do art. 593, II, do CPP, por se tratar de decisão com força de definitiva.

ATENTAI I: Consoante o art. 122 do CPP, ocorrendo o trânsito em julgado, as coisas apreendidas serão avaliadas e leiloados os bens, cujo perdimento tenha sido decretado.

ATENTAI II: Na hipótese de decretação de perdimento de obras de arte ou de outros bens de relevante valor cultural ou artístico, se o crime não tiver vítima determinada, poderá haver destinação dos bens a museus públicos (art. 124-A do CPP).

6.3 Medidas assecuratórias (arts. 125 a 144-A, CPP)

As medidas assecuratórias, também chamadas de cautelares, consistem em: **a)** sequestro; **b)** arresto; e **c)** especialização da hipoteca legal. Têm como objetivo assegurar os direitos do ofendido ou dos lesados pelo crime, portanto, busca-se prevenir possível dano ou prejuízo que, certamente, poderá ocorrer com a demora da solução definitiva do caso penal.

Há previsão em outras leis especiais, por exemplo: na **Lei de Drogas**, no art. 60, *caput*, Lei n. 11.343/2006; no crime de **lavagem de dinheiro**, previsto no art. 4º, *caput*, da Lei n. 9.613/98 etc.

ATENTAI: A Constituição Federal conferiu às Comissões Parlamentares de Inquérito (CPIs) poderes de investigação próprios das autoridades judiciais (art. 58, § 3º), contudo estas não possuem competência para decretar a indisponibilidade de bens.

6.3.1 Sequestro (art. 126, CPP)

Caberá quando houver **indícios veementes da proveniência ilícita** dos bens. Recai sobre o bem do acusado que foi adquirido com proventos de infração penal, ainda que em posse de um terceiro de boa-fé (art. 125, CPP).

Saliente-se que há sequestro tanto de **bens imóveis** (art. 125, CPP) quanto de **bens móveis** (art. 132, CPP).

Realizado o sequestro de bem imóvel, o juiz determinará sua inscrição no registro de imóveis, consoante o art. 128 do CPP, passando a valer contra terceiros.

ATENTAI: Para que haja decretação do sequestro, bastará a existência de indícios veementes da ilicitude do bem (art. 126, CPP).

Segundo o art. 127 do CPP, o sequestro poderá ser requerido pelo Ministério Público, ofendido ou por seu representante legal, bem como pela autoridade policial (mediante representação) e pelo juiz, de ofício. O sequestro pode ser requerido tanto na fase da **ação penal** quanto na do **inquérito policial**.

ATENTAI: A autoridade policial não possui competência para decretar o sequestro, **somente o juiz**.

O levantamento do sequestro poderá ocorrer nas seguintes hipóteses, previstas no art. 131 do CPP: **a)** se a ação penal não for intentada no prazo de **60 (sessenta) dias**, contados da data em que ficar concluída a diligência; **b)** se o terceiro, a quem tiverem sido transferidos os bens, **prestar caução** que assegure a aplicação do disposto no art. 91, II, *b*, do Código Penal; **c)** se for julgada **extinta a punibilidade ou absolvido o réu**, por sentença transitada em julgado.

O sequestro será autuado em apartado, sendo admitida a oposição de **3 (três) tipos de embargos:**

I – **embargos de terceiro estranho** (art. 129, CPP): O terceiro é dono ou possuidor do bem sequestrado, porém absolutamente estranho ao crime. Neste caso, não há nenhuma vinculação entre o bem sequestrado e a infração, isto é, o terceiro não adquire o bem do acusado;

II – **embargos do acusado** (art. 130, I, CPP): interposto sob o fundamento de não terem sido os bens adquiridos com os proventos da infração;

III – **embargos pelo terceiro de boa-fé** (art. 130, II, CPP): interposto sob a alegação de ter adquirido os bens de boa-fé. Nesta hipótese, o terceiro adquire o bem do acusado sem tomar conhecimento de sua ilicitude. Assim, o único fundamento do terceiro será a sua demonstração de boa-fé.

Os embargos previstos nas hipóteses do art. 130, I (embargos do acusado) e II (embargos pelo terceiro de boa-fé), do CPP não podem ser julgados antes do trânsito em julgado da sentença condenatória (art. 130, par. ún., do CPP). Já os embargos de terceiro previsto no art. 129 do CPP podem ser julgados antes do trânsito em julgado.

Da decisão do juiz sobre os embargos, por ter força definitiva, cabe apelação, nos termos do art. 593, II, do CPP.

6.3.2 Arresto

O arresto é uma medida cautelar que consiste na apreensão de bens indeterminados do devedor. Caberá arresto quando houver **prova da materialidade do crime e de indícios suficientes de autoria**, com intuito de assegurar o pagamento de indenização à vítima ou custeio das custas processuais. Pode ser tanto de **bem imóvel** (art. 136, CPP) quanto de **bem móvel** (art. 137, CPP). Recai sobre o **bem de origem lícita** do acusado.

Tratando-se de **arresto prévio de bem imóvel**, poderá ser decretado de início como medida preparatória da hipoteca legal para garantir futura indenização, revogando-se, porém, se, no prazo de 15 (quinze) dias, não for promovido o pedido de inscrição da hipoteca legal (art. 136, CPP).

Já o **arresto de bens móveis** ocorrerá quando o acusado não possuir bens imóveis ou os possuir de valor insuficiente, podendo ser arrestados bens móveis suscetíveis de penhora, nos termos do art. 137 do CPP.

Por fim, vale reiterar que o arresto poderá recair sobre móveis de origem lícita do acusado, desde que não sejam impenhoráveis.

ATENTAI: O arresto só é cabível sobre bens lícitos, diferentemente do sequestro, no qual ele recai sobre produtos adquiridos com proventos de crime.

6.3.3 Hipoteca legal (art. 134, CPP)

Na hipoteca, a medida recai sobre qualquer **bem imóvel lícito** do indiciado ou do acusado, absolutamente estranho ao crime, com o objetivo de garantir a futura reparação do dano causado à vítima, desde que haja certeza da infração, bem como indícios suficientes de autoria (art. 134, CPP).

Uma vez **constituído o arresto**, o ofendido ou seu representante legal deverá obrigatoriamente ajuizar hipoteca legal no **prazo de 15 (quinze) dias**, sob pena de revogação (art. 136, CPP). **Se não houver** o arresto como medida preparatória, a especialização da hipoteca poderá ser proposta a qualquer tempo, sem prazo.

Deverá ser requerida pela parte interessada, **mediante requerimento** de especialização da hipoteca legal ao juiz, evidenciando a responsabilidade civil do acusado e seu respectivo valor, bem como designando o imóvel ou os imóveis que terão de ficar especialmente hipotecados.

A petição deverá provar a propriedade do bem, por meio do registro de imóvel e a ausência de ônus (art. 135, *caput* e § 1º, CPP).

O arbitramento do valor da responsabilidade do acusado e a avaliação dos bens relacionados serão **realizados** por peritos nomeados pelo juiz, onde não houver avaliador judicial (art. 135, § 2º, CPP).

Em seguida, **ouvidas as partes**, no prazo de **2 (dois) dias** que correm em cartório, o juiz fixará o valor da hipoteca, podendo corrigir o valor proposto pelo perito, se lhe parecer excessivo ou deficiente. O magistrado autorizará somente a inscrição da hipoteca do imóvel necessária à garantia da responsabilidade civil.

ATENTAI I: Se o réu oferecer **caução suficiente**, em dinheiro ou em títulos de dívida pública, pelo valor de sua cotação em Bolsa, o **juiz poderá deixar de mandar** proceder à inscrição da hipoteca legal (art. 135, § 6º, CPP).

ATENTAI II: A liquidação só se fará após o trânsito em julgado da sentença condenatória. A execução ocorrerá no juízo cível (art. 143, CPP).

Ocorrerá **o cancelamento da hipoteca legal** com sentença irrecorrível quando o réu for absolvido ou tiver extinta a sua punibilidade (art. 141, CPP).

Da decisão do magistrado que defere ou indefere a hipoteca legal cabe apelação, com fundamento no art. 593, II, do CPP.

6.3.4. Utilização e alienação antecipada de bens sequestrados, apreendidos ou sujeitos a qualquer medida assecuratória

Utilização dos bens: constatado o interesse público, o juiz poderá autorizar a utilização de bem sequestrado, apreendido ou sujeito a qualquer medida assecuratória pelos órgãos de segurança pública previstos no art. 144 da CF/1988, bem como do sistema prisional, do sistema socioeducativo, da Força Nacional de Segurança Pública e do Instituto Geral de Perícia, para o desempenho de suas atividades (art. 133-A, *caput*, do CPP).

A prioridade na utilização do bem apreendido será do órgão de segurança pública participante das ações de investigação ou repressão da infração penal que ensejou a apreensão (art. 133-A, § 1º, do CPP). Fora dessas hipóteses, demonstrado o interesse público, o juiz poderá autorizar o uso do bem pelos demais órgãos públicos (art. 133-A, § 2º, do CPP).

Se o bem for veículo, embarcação ou aeronave, o juiz ordenará à autoridade de trânsito ou ao órgão de registro e controle a expedição de certificado provisório de registro e licenciamento em favor do órgão público beneficiário, o qual estará isento do pagamento de multas, encargos e tributos anteriores à disponibilização do bem para a sua utilização, que deverão ser cobrados de seu responsável (art. 133-A, § 3º, do CPP).

Ocorrendo o trânsito em julgado da sentença penal condenatória com a decretação de perdimento dos bens, ressalvado o direito do lesado ou terceiro de boa-fé, o juiz poderá determinar a transferência definitiva da propriedade ao órgão público beneficiário ao qual foi custodiado o bem (art. 133-A, § 4º, do CPP).

Alienação antecipada dos bens: com objetivo de preservar o valor dos bens sempre que estiverem sujeitos a qualquer grau de deterioração ou depreciação, ou quando houver dificuldade para sua manutenção, é possível que o juiz determine a alienação antecipada dos bens apreendidos (art. 144-A, *caput*, do CPP).

Em outras palavras, o art. 144-A do CPP permite ao juiz que mesmo antes do trânsito em julgado da sentença penal condenatória se proceda a alienação antecipada do bem apreendido, para fins de preservar seu valor econômico ou evitar seu perecimento.

A alienação antecipada de bens ocorrerá por leilão público, preferencialmente por meio eletrônico (art. 144-A, § 1º, do CPP).

6.4 Incidente de falsidade documental (arts. 145 a 148, CPP)

Caberá se, **no curso do processo**, houver a juntada de documento falso.

A **finalidade** do incidente é verificar se o documento é falso ou verdadeiro, ou seja, se ele tem valor probatório ou não.

Possuem **legitimidade** ativa as partes (acusado, MP e querelante), bem como o juiz, sendo este de ofício (art. 147, CPP). A arguição de falsidade feita por **procurador** exige **poderes especiais** (art. 146, CPP).

Levantada a **arguição por escrito**, impugnando documento, sob alegação de falso, o juiz **autuará em apartado** o incidente e, em seguida, ouvirá a parte contrária no prazo de 48 horas, para oferecer resposta.

Se **reconhecida** a falsidade por **decisão irrecorrível**, o juiz mandará desentranhar o documento e remeter os autos do processo incidente ao MP.

A decisão do incidente de falsidade, qualquer que seja ela, não faz coisa julgada **em outro processo** cível ou penal (art. 148, CPP), não impedindo, assim, que em outra ação (civil ou penal) se discuta a existência ou não da falsificação.

Da decisão do juiz caberá recurso em sentido estrito (art. 581, XVIII, CPP).

6.5 Incidente de insanidade mental (arts. 149 a 154, CPP)

Caberá incidente de insanidade mental do acusado/indiciado quando houver **dúvida razoável** sobre sua **integridade mental**. Será processado **em auto apartado,** que só depois da apresentação do laudo será apensado ao processo principal (art. 153, do CPP).

Possuem **legitimidade** ativa para arguir o incidente o juiz, de ofício, a requerimento do MP, do defensor, do curador, do ascendente, descendente, irmão, cônjuge ou por representação do delegado (art. 149, *caput* e § 1º, CPP).

ATENTAI: O exame pode ser arguido em qualquer fase do processo ou do inquérito policial.

Instaurado o incidente, o juiz nomeará curador ao acusado, ficando **suspenso o processo,** se já iniciada a ação penal, salvo quanto às diligências que possam ser prejudicadas pelo andamento (art. 149, § 2º, CPP).

O exame não durará **mais de 45 dias,** salvo se os peritos demonstrarem a necessidade de um prazo maior. Se os preitos concluírem que o acusado era, **ao tempo do crime,** inimputável ou semi-imputável, **o processo prosseguirá**, com a presença do curador.

Se ficar constatado que a doença mental sobreveio **após a prática do crime,** o processo **continuará suspenso** até que o acusado se restabeleça (art. 152, CPP).

7. DAS PROVAS (ARTS. 155 A 250, CPP)

Prova, que se **origina** do latim *probatio*, deriva do verbo *probare* e significa exame, verificação, inspeção, ensaio, demonstração, aprovação ou argumentação. Assim, a atividade probatória **tem como finalidade** influenciar a convicção do magistrado de que houve o cometimento de uma infração penal, bem como demonstrar que os autores que constam na denúncia ou queixa são os responsáveis pelo delito.

7.1 Sistema de apreciação da prova pelo juiz

O CPP adotou o **sistema do livre convencimento motivado** do julgador, também denominado sistema de persecução racional (art. 155, *caput*, CPP).

O art. 155, *caput*, do CPP e o art. 93, IX, da CF **vedam** que o juiz fundamente sua decisão, **exclusivamente**, nas informações colhidas no inquérito policial, sob pena de ferir os princípios constitucionais do contraditório e da ampla defesa, ressalvadas as provas cautelares, não repetíveis e antecipadas.

ATENTAI: Na decisão referente ao **Tribunal do Júri**, caso em que o *veredicto* condenatório ou absolutório é proferido pelos jurados, vigora o **sistema da íntima convicção do juiz**, conferindo ampla liberdade aos juízes leigos para apreciar as provas, **não sendo exigida** motivação ou fundamentação das decisões do conselho de sentença.

7.2 Ônus da prova

O **ônus da prova** é da parte que alega, ou seja, **da acusação**, devendo provar a autoria, materialidade, dolo e culpa do acusado (art. 156, CPP). No processo penal, o acusador tem a obrigação jurídica de provar o alegado, e não o réu demonstrar sua inocência. O acusado **não pode** ser condenado por presunção ou mera suspeita. Em caso de dúvida, permite-se a absolvição do acusado, em decorrência do princípio do *in dubio pro reo*.

ATENTAI: As excludentes de ilicitude (art. 23, CP), as excludentes de culpabilidade (arts. 20, § 1º, 21, 22, 26 e 28, § 1º, CP), bem como o álibi, devem ser provados **pela defesa**.

Nos incisos do art. 156 do CPP **facultou-se** ao juiz, de ofício, mesmo **antes de iniciada** a ação penal, a produção antecipada de provas consideradas urgentes e relevantes, observando a necessidade, adequação e proporcionalidade da medida, e determinando, **no curso da instrução, ou antes de proferir** a sentença, a realização de diligências para dirimir dúvida sobre ponto relevante.

7.3 Meios de prova

O CPP enumera alguns meios de provas, podendo estas serem: a) documental; b) testemunhal; c) pericial;

d) reconhecimento; e) acareação etc. Além dos meios de prova previstos nos artigos do CPP, por tratar-se de **rol exemplificativo**, admite-se a produção das chamadas de **provas inominadas**, podendo ser: a) filmagens; b) fotografias etc., contanto que não sejam provas ilícitas (art. 5º, LVI, CF).

No art. 3º da Lei n. 12.850/2013 (**Lei do Crime Organizado**) há outros **meios de prova** admitidos durante sua investigação, sendo: **a)** colaboração premiada (arts. 3º, I, c/c 4º); **b)** captação ambiental (art. 3º, II); **c)** ação controlada (arts. 3º, III, c/c 8º); **d)** acesso a registros de ligações telefônicas e telemáticas, a dados cadastrais de bancos de dados públicos ou privados e a informações eleitorais ou comerciais (arts. 3º, IV, c/c 15); **e)** interceptação de comunicações telefônicas e telemáticas, nos termos da legislação específica (art. 3º, V); **f)** afastamento dos sigilos financeiro, bancário e fiscal, nos termos da legislação específica (art. 3º, VI); **g)** infiltração de agentes (arts. 3º, VII, c/c 10 e ss.); e **h)** cooperação entre instituições e órgãos federais, distritais, estaduais e municipais na busca de provas e informações de interesse da investigação ou da instrução criminal.

7.4 Provas ilícitas

São consideradas **provas ilícitas** aquelas que violarem as normas de direito material, constitucional ou infraconstitucional (arts. 157, *caput*, CPP e 5º, LVI, CF).

Portanto, reconhecida a ilicitude da prova obtida, ela será **inadmissível**, devendo ser **desentranhada** dos autos por meio de decisão judicial (art. 157, § 3º, CPP).

ATENTAI I: A prova ilícita poderá ser utilizada **em favor do réu** em decorrência do princípio da proporcionalidade (*favor rei*), com intuito de comprovar sua inocência.

ATENTAI II: É ilícita a devassa de dados de aplicativos de mensagens colhidos de celular apreendido, realizada sem prévia ordem judicial. Nesse sentido, STJ: RHC n. 90.200/RN (rel. Min. Rogerio Schietti Cruz – 6ª T.).

ATENTAI III: É ilegal a decisão judicial que autoriza busca e apreensão coletiva em residências, feita de forma genérica e indiscriminada (STJ – AgRg no HC n. 435.934/RJ – 6ª T.).

ATENTAI IV: É ilícita a prova obtida em revista pessoal feita por agentes de segurança particular (STJ – HC n. 470.937/SP – 5ª T.).

7.4.1 Provas ilícitas por derivação – teoria dos frutos da árvore envenenada (*fruits of the poisonous tree*)

São aquelas lícitas em si mesmas, mas **produzidas a partir de um fato ilícito**, por exemplo o documento apreendido em domicílio, em diligência de busca e apreensão sem prévia ordem judicial (art. 157, § 1º, primeira parte, CPP).

ATENTAI I: A prova será admissível desde que **não haja nenhum nexo** entre a prova originária ilícita e a nova prova lícita em si mesmo (art. 157, § 1º, segunda parte, CPP).

ATENTAI II: O magistrado que conhecer do conteúdo da prova declarada inadmissível não poderá proferir a sentença ou acórdão (art. 157, § 5º, do CPP). O STF suspendeu liminarmente o referido parágrafo nas ADIs n. 6.298, 6.299, 6.300 e 6.305-DF. A matéria deve ser analisada pelo Pleno do STF, que irá ratificar ou retificar a liminar proferida pelo ministro relator Luiz Fux.

7.4.2 Descoberta inevitável

Nessa hipótese, a prova será admitida se comprovada que seria, **inevitavelmente**, descoberta por meios legítimos, isto é, **independentemente** da prova ilícita originária (art. 157, § 2º, CPP).

7.5 Provas em espécie (arts. 158 a 240, CPP)

7.5.1 Da cadeia de custódia das provas (arts. 158-A a 158-F, CPP)

Diz o art. 158-A, CPP que: "Considera-se cadeia de custódia o conjunto de todos os procedimentos utilizados para manter e documentar a história cronológica do vestígio coletado em locais ou em vítimas de crimes, para rastrear sua posse e manuseio a partir de seu reconhecimento até o descarte."

Assim, a cadeia de custódia é o processo de documentar a história cronológica dos vestígios, com o objetivo de preservar as provas a serem analisadas pelo juiz, pois, qualquer interferência indevida durante o seu trâmite, pode resultar na sua imprestabilidade.

Ressalte-se que, o **início da cadeia de custódia** dá-se com a preservação do local de crime ou com procedimentos policiais ou periciais nos quais seja detectada a existência de vestígio.

Ademais, o agente público que **reconhecer** um elemento como de potencial interesse para a produção da prova pericial fica responsável por sua preservação.

Não obstante, **vestígio**, segundo o art. 158-A, § 3º, CPP, é todo objeto ou material bruto, visível ou latente, constatado ou recolhido, que se relaciona à infração penal.

A cadeia de custódia compreende o rastreamento do vestígio nas **seguintes etapas**, de acordo com o art. 158-B, CPP: **I – reconhecimento**: ato de distinguir um elemento como de potencial interesse para a produção da prova pericial; **II – isolamento**: ato de evitar que se altere o estado das coisas, devendo isolar e preservar o ambiente imediato, mediato e relacionado aos vestígios e local de crime; **III – fixação**: descrição detalhada do vestígio conforme se encontra no local de crime ou no corpo de delito, e a sua posição na área de exames, podendo ser ilustrada por fotografias, filmagens ou croqui, sendo indispensável a sua descrição no laudo pericial produzido pelo perito responsável pelo atendimento; **IV – coleta**: ato de recolher o vestígio que será submetido à análise pericial, respeitando suas características e natureza; **V – acondicionamento**: procedimento por meio do qual cada vestígio coletado é embalado de forma individualizada, de acordo com suas características físicas, químicas e biológicas, para posterior análise, com anotação da data, hora e nome de quem realizou a coleta e o acondicionamento; **VI – transporte**: ato de transferir o vestígio de um local para o outro, utilizando as condições adequadas (embalagens, veículos, temperatura, entre outras), de modo a garantir a manutenção de suas características originais, bem como o controle de sua posse; **VII – recebimento**: ato formal de transferência da posse do vestígio, que deve ser documentado com, no mínimo, informações referentes ao número de procedimento e unidade de polícia judiciária relacionada, local de origem, nome de quem transportou o vestígio, código de rastreamento, natureza do exame, tipo do vestígio, protocolo, assinatura e identificação de quem o recebeu; **VIII – processamento**: exame pericial em si, manipulação do vestígio de acordo com a metodologia adequada às suas características biológicas, físicas e químicas, a fim de se obter o resultado desejado, que deverá ser formalizado em laudo produzido por perito; **IX – armazenamento**: procedimento referente à guarda, em condições adequadas, do material a ser processado, guardado para realização de contraperícia, descartado ou transportado, com vinculação ao número do laudo correspondente; **X – descarte**: procedimento referente à liberação do vestígio, respeitando a legislação vigente e, quando pertinente, mediante autorização judicial.'

A coleta dos vestígios deverá ser realizada **preferencialmente** por perito oficial, que dará o encaminhamento necessário para a central de custódia, mesmo quando for necessária a realização de exames complementares (art. 158-C, *caput*, CPP).

Por fim, todos vestígios coletados no decurso do inquérito ou processo **devem** ser tratados, observando as regras da cadeia de custódia, ficando órgão central de perícia oficial de natureza criminal responsável por detalhar a forma do seu cumprimento (art. 158-C, § 1º, CPP).

ATENTAI: É proibida a entrada em locais isolados bem como a remoção de quaisquer vestígios de locais de crime antes da liberação por parte do perito responsável, sendo tipificada como fraude processual a sua realização (art. 158-C, § 2º, CPP).

7.5.1.1 Perícia

É o exame feito por pessoa técnica habilitada e constitui fator que irá auxiliar o juiz a formar sua convicção, uma vez que versa sobre questões fora de sua área de conhecimento profissional. Contudo, **o magistrado não está vinculado às conclusões da perícia** (laudo pericial), podendo rejeitar no todo ou em parte das conclusões dos peritos, desde que seja de forma **fundamentada** (art. 182, CPP).

Os exames serão realizados por **perito oficial** (art. 159, *caput*, CPP) ou, **na sua falta**, por 2 (duas) pessoas idôneas, portadoras de diploma de curso superior preferencialmente na área específica, dentre as que tiverem habilitação técnica relacionada com a natureza do exame (art. 159, § 1º, CPP).

ATENTAI: "Serão **facultadas** ao Ministério Público, ao assistente de acusação, ao ofendido, ao querelante e ao acusado a **formulação de quesitos e indicação** de assistente técnico". "O assistente técnico atuará a partir de sua admissão pelo juiz e após a conclusão dos exames e elaboração do laudo pelos peritos oficiais, sendo as partes intimadas desta decisão" (art. 159, §§ 3º e 4º, CPP).

7.5.2 Exame de corpo de delito

É a perícia realizada por especialista, no corpo da infração, ou seja, nos elementos sensíveis do crime; difere das outras espécies de perícia pela sua finalidade específica, qual seja **provar a materialidade** daquelas infrações penais que deixam vestígio. Pode ser realizado em **qualquer dia**, inclusive domingo ou feriado, e em **qualquer hora** do dia ou da noite (art. 161, CPP).

O exame de corpo de delito pode ser: **a) direto** – é aquele realizado pelo perito quando o delito deixar traços materiais, ou seja, **sobre o próprio corpo do delito**; **b) indireto** – é aquele que se forma por meio de informações fornecidas ao perito, ou seja, por **outros meios de provas** (documentos, fotografias etc.), quando **inexistentes** os vestígios ou **desaparecidos** por completo.

Nas situações em que **não haja a possibilidade** de realizar o exame pericial, este poderá ser suprido por prova testemunhal (art. 167, CPP).

ATENTAI I: A ausência de exame de corpo de delito, tanto direto quanto indireto, quando a infração deixar vestígios **não será suprida por confissão do acusado** (art. 158, CPP).

ATENTAI II: A autópsia será feita pelo menos 6 horas depois do óbito, salvo se os peritos entenderem que, pelas evidências dos sinais de morte, ela deve ser realizada antes daquele período, o que declararão no auto (art. 162, CPP).

ATENTAI III: Dar-se-á prioridade à realização do exame de corpo de delito quando se tratar de crime, nas seguintes situações: a) violência doméstica e familiar contra mulher; b) violência contra criança, adolescente, idoso ou pessoa com deficiência (art. 158, parágrafo único, I e II, do CPP).

7.5.3 Interrogatório (art. 185, CPP)

A natureza jurídica do interrogatório é tanto de **meio de prova** quanto de **meio de defesa** do próprio acusado. É realizado no final da instrução criminal. **Tem o direito** de ser acompanhado por advogado e, caso não o tenha, será nomeado defensor dativo (art. 185, CPP), sob pena de nulidade. Assegura, ainda, o direito de entrevista reservada com seu defensor (art. 185, § 5º, CPP), assim como o direito ao silêncio quanto aos fatos (*nemo tenetur se detegere*), este que não importará em confissão (art. 186, *caput* e parágrafo único, CPP).

ATENTAI I: Não cabe direito ao silêncio em relação **à qualificação do acusado**, podendo responder por crime de falsa identidade se apresentar dados falsos (Súmula 522, STJ).

ATENTAI II: O defensor do corréu **tem direito** de participar dos interrogatórios e de formular perguntas aos outros réus, que, no entanto, não estão obrigados a respondê-las, em razão da prerrogativa da autoincriminação.

Por fim, havendo mais de um acusado, serão interrogados separadamente (art. 191, CPP).

7.5.3.1 Interrogatório por meio de videoconferência

Em **casos excepcionais** é possível interrogatório por meio de videoconferência, por **decisão fundamentada** do juiz, de ofício ou a requerimento das partes, este que acontecerá nas hipóteses elencadas no § 2º e incisos do art. 185 do CPP.

> I – **Prevenir** risco à segurança pública, quando exista fundada suspeita de que o preso integre organização criminosa ou de que, por outra razão, possa fugir durante o deslocamento; II – **viabilizar** a participação do réu no referido ato processual, quando haja relevante dificuldade para seu comparecimento em juízo, por enfermidade ou outra circunstância pessoal; III – **impedir** a influência do réu no ânimo de testemunha ou da vítima, desde que não seja possível colher o depoimento destas por videoconferência, nos termos do art. 217 do CPP; IV – **responder** à gravíssima questão de ordem pública.

Da decisão que determinar a realização de interrogatório por videoconferência, **as partes serão intimadas** com 10 (dez) dias de antecedência (art. 185, § 3º, CPP).

ATENTAI: O interrogatório por videoconferência só será admitido nos casos previstos em lei, por tratar-se de rol taxativo. Por isso, **é ilegal** realizar o interrogatório por videoconferência, justificando que a medida é necessária para **reduzir os custos da Administração Pública.**

7.5.3.2 O interrogatório do mudo, do surdo ou do surdo-mudo e do estrangeiro

O interrogatório será feito na forma do art. 192 do CPP: I – **ao surdo** serão apresentadas por escrito as perguntas, que ele responderá oralmente; II – **ao mudo** as perguntas serão feitas oralmente, respondendo-as por escrito; III – **ao surdo-mudo** as perguntas serão formuladas por escrito e do mesmo modo dará as respostas.

ATENTAI: Caso o interrogando **não saiba ler ou escrever**, intervirá no ato, como intérprete e sob compromisso, pessoa habilitada a entendê-lo (art. 192, parágrafo único, CPP).

Quando o interrogando não falar a língua nacional, o interrogatório será feito por meio de **intérprete** (art. 193, CPP).

7.6 Confissão (art. 197, CPP)

É a aceitação, total ou parcial, feita pelo acusado, reconhecendo a autoria ou coautoria de uma infração penal. Tem **valor relativo**, e, mesmo havendo a confissão por parte do acusado, tal fato não exime o juiz de colher outras provas, uma vez que a condenação não pode ser baseada exclusivamente na confissão do réu. Não se admite, ainda, a confissão **ficta ou presumida**.

São características da confissão a **divisibilidade** e a **retratabilidade** (art. 200, CPP), bem como é personalíssima.

7.6.1 Da delação ou colaboração premiada

O acusado pode se utilizar do instituto da delação/colaboração premiada, confessando o crime e colaborando **efetiva** e **voluntariamente** com a investigação e com o processo criminal, desde que dessa colaboração **identifique** os demais coautores e partícipes da organização criminosa, **revele** a estrutura e divisão de tarefas da organização criminosa, **recupere** total ou parcialmente o produto do crime ou a **localização** de eventual vítima com a sua integridade física preservada.

Terá como **benefício** a concessão do perdão judicial, a redução da pena em até 2/3 ou a substituição da pena privativa por restritiva de direitos (art. 4º, Lei n. 12.850/2013). Será **homologado** pelo juiz, que não participará das negociações, cujo **acordo será celebrado entre as partes** (delgado de polícia/investigado e defensor, com a manifestação do MP ou entre o MP, o acusado e seu defensor).

ATENTAI I: Não é possível a condenação de corréu com fundamento apenas nas declarações de agente colaborador (art. 4º, § 16, Lei n. 12.850/2013), devendo haver outros elementos de prova.

ATENTAI II: Em todas as fases do processo criminal, deve-se garantir ao acusado delatado a oportunidade de manifestar-se após o decurso do prazo concedido ao réu que o delatou (art. 4º, § 10-A, da Lei n. 12.850/2013).

7.7 Do ofendido (art. 201, CPP)

O ofendido é a vítima do delito, ou seja, o **sujeito passivo** da infração penal.

Não presta compromisso de dizer a verdade, uma vez que não é testemunha. As declarações da vítima serão tomadas por termo. Assim, **não responde** por crime de falso testemunho (art. 342, CP). No entanto, **poderá** responder por crime de denunciação caluniosa (art. 339, CP).

A vítima não é computada no número legal do rol de testemunhas.

A doutrina entende que a expressão "**sempre que possível**" tornou obrigatória a oitiva do ofendido, só podendo ser dispensada quando houver absoluta impossibilidade de suas declarações (no caso de falecimento, desaparecimento etc.).

Se o ofendido regularmente intimado deixar de comparecer **sem justo motivo**, poderá ser conduzido coercitivamente à presença da autoridade (art. 201, § 1º, CPP).

O ofendido será **comunicado** do ingresso e da saída do acusado da prisão, bem como da designação de data para audiência e a sentença e respectivos acórdãos que a mantenham ou a modifiquem (art. 201, § 2º, CPP). As comunicações deverão ser realizadas no **endereço por ele indicado** (art. 201, § 3º, CPP).

Antes da audiência ou durante sua realização, será **reservado** espaço separado para o ofendido (art. 201, § 4º, CPP). Se o magistrado entender necessário, poderá encaminhá-lo para **atendimento multidisciplinar** (art. 201, § 5º, CPP), bem como tomar as providências necessárias à **preservação** da vítima, quanto à sua imagem, intimidade etc. (art. 201, § 6º, CPP).

7.8 Testemunha (art. 202, CPP)

É qualquer pessoa estranha ao processo, capaz de depor sobre aquilo que sabe sobre os fatos narrados na peça acusatória. As testemunhas podem ser classificadas como **diretas** (aquelas que narram o fato que presenciaram) ou **indiretas** (aquelas em que a pessoa depõe sobre os fatos que ouviu dizer).

O CPP afirma de forma expressa que **toda pessoa** poderá ser testemunha e, quando arrolada, não poderá se negar a depor, sendo obrigada (arts. 202 e 206, CPP).

ATENTAI I: São proibidas de depor as pessoas que, em razão da função, ministério, ofício ou profissão, devam guardar segredo, exceto se as testemunhas estiverem desobrigadas pela parte interessada de depor e quiserem dar o seu depoimento (art. 207, CPP).

ATENTAI II: Em caso de enfermidade ou velhice, as testemunhas serão inquiridas onde estiverem (art. 220, CPP).

O **número máximo de testemunhas é**: **a)** ordinário (401, *caput*, CPP): 8 (oito); **b)** sumário (art. 532, CPP): 5 (cinco); **c)** Tribunal do Júri primeira fase (art. 406, §§ 2º e 3º, do CPP): 8 (oito); **d)** Tribunal do Júri segunda fase (art. 422, CPP): 5 (cinco); **e)** Lei de Drogas (arts. 54, III, e 55, § 1º, Lei n. 11.343/2006): 5 (cinco).

ATENTAI: Caso o juiz entenda que é necessária a oitiva de alguma testemunha que não se encontre arrolada por nenhuma das partes, ele poderá fazê-lo, sendo estas chamadas de testemunhas do juízo – **testemunha referida** –, **não sendo computadas** no número máximo permitido às partes (arts. 209, § 2º, c/c 401, § 1º, CPP).

São **características** da prova testemunhal: **a)** oralidade (art. 204, CPP) – salvo os casos de mudo, surdo e do surdo-mudo (art. 192 c/c art. 223, parágrafo único, CPP); **b)** objetividade – não sendo possível que a testemunha se manifeste de forma pessoal, devendo se ater objetivamente aos fatos (art. 213, CPP); **c)** retrospectividade – a testemunha deve narrar fatos pretéritos.

São **deveres** das testemunhas: **a) comparecer** em juízo, sob pena de, em caso de ausência injustificada, ser conduzida coercitivamente (art. 218, CPP), sem prejuízo de eventual crime de desobediência e pagamento de multa (art. 219, CPP); **b) identificar-se** (art. 203, CPP); **c) dever de prestar o depoimento**, não podendo eximir-se de tal obrigação (art. 206, primeira parte, CPP). No entanto, **pode se recusar** a fazê-lo o ascendente, descendente, afim em linha reta, cônjuge, ainda que desquitado, irmão, pai, mãe ou filho adotivo do acusado, salvo quando não for possível por outro modo obter-se ou integrar-se a prova do fato e de suas circunstâncias (art. 206, segunda parte, CPP); e **d) dizer a verdade** do que souber ou daquilo que lhe for perguntado (art. 203, CPP).

ATENTAI: O CPP adotou o sistema da inquirição direta a testemunha – ***cross examination*** – (art. 212, CPP), permitindo que as perguntas sejam formuladas pelas partes diretamente às testemunhas. Todavia, o juiz poderá complementar a inquirição sobre pontos não esclarecidos.

O **momento para contraditar** a testemunha deverá ser em audiência e antes de iniciado seu depoimento (art. 214, CPP).

As testemunhas que estiverem incluídas no **programa de proteção** a vítimas e testemunhas poderão depor de forma antecipada (art. 19-A, parágrafo único, Lei n. 9.807/98).

7.9 Reconhecimento de pessoas e coisas

Tem como finalidade provar a identidade de pessoa ou coisa, podendo ser tanto na fase de inquérito quanto na ação penal.

O reconhecimento da pessoa dar-se-á da seguinte forma (art. 226, CPP): **I** – a pessoa que tiver de fazer o reconhecimento será convidada a descrever a pessoa que deva ser reconhecida; **II** – a pessoa, cujo reconhecimento se pretender, será colocada, se possível, ao lado de outras que com ela tiverem qualquer semelhança, convidando-se quem tiver de fazer o reconhecimento a apontá-la; **III** – se houver razão para recear que a pessoa chamada para o reconhecimento, por efeito de intimidação ou outra influência, não diga a verdade em face da pessoa que deve ser reconhecida, a autoridade providenciará para que esta não veja aquela; **IV** – do ato de reconhecimento lavrar-se-á auto pormenorizado, subscrito pela autoridade, pela pessoa chamada para proceder ao reconhecimento e por duas testemunhas presenciais.

O reconhecimento poderá ser feito **por meio de fotografia**, permitida desde que corroborada em conjunto com os outros elementos idôneos. **Apenas** o reconhecimento fotográfico não poderá ensejar uma sentença condenatória.

O **reconhecimento de objeto** é feito sobre os objetos utilizados pelo agente para a prática do crime, ou seja, em qualquer objeto que tenha relação com a prática do delito (art. 227, CPP).

7.10 Acareação

Consiste em colocar frente a frente duas ou mais pessoas, cujos depoimentos sejam divergentes, para que expliquem a discordância.

São dois os **pressupostos** para que se proceda à acareação, sendo eles: **a)** que as pessoas já tenham prestado suas declarações em momento anterior; **b)** que nas declarações prestadas a divergência seja referente a ponto relevante.

Caberá acareação entre: **a)** acusados; **b)** acusado e testemunha; **c)** entre testemunhas; **d)** entre acusado ou testemunha e a pessoa ofendida; **e)** entre as pessoas ofendidas (art. 229, CPP).

ATENTAI: Cabe acareação por meio de precatória quando as pessoas a serem acareadas encontrarem-se em lugares distintos. Esta só deverá ser realizada quando não importar demora prejudicial ao processo e o magistrado a entender conveniente (art. 230, parte final, CPP).

7.11 Prova documental

É todo e qualquer documento, que pode ser: **a)** fotografias; **b)** escritos; **c)** vídeos; **d)** desenhos; **e)** pinturas, entre outros.

As partes poderão apresentar documentos em qualquer fase processual, devendo cientificar a parte contrária, sob pena de violar o princípio do contraditório e da ampla defesa (arts. 231 e 400, CPP).

ATENTAI: Nos crimes de competência do Tribunal do Júri, os documentos a serem utilizados em plenário deverão ser juntados em até 3 (três) dias úteis antes do julgamento, dando ciência à outra parte (art. 479, CPP).

Havendo **dúvidas** quanto à autenticidade da letra e firma dos documentos particulares, deve ser ele submetido a exame pericial (art. 235, CPP). Os documentos em **língua estrangeira**, sem prejuízo de sua juntada imediata, devem ser acompanhados de tradução feita por tradutor público, ou, em sua falta, por pessoa idônea nomeada pela autoridade (art. 236, CPP).

7.12 Indícios

Toda circunstância conhecida e provada, que, tendo alguma relação com o fato, autorize, por indução, concluir-se a existência de outras circunstâncias (art. 239, CPP).

7.13 Busca e apreensão

Trata-se de uma medida cautelar, visando impedir o desaparecimento de coisas ou pessoas.

A busca e apreensão poderá ser realizada: **a)** antes ou durante o inquérito policial; **b)** durante o processo; e **c)** durante a execução da pena. Pode ser determinada de ofício ou a requerimento de qualquer das partes (art. 242, CPP).

Frisa-se que a busca e apreensão obedece a determinadas regras de procedimento, e deve ser realizada **durante o dia e com ordem judicial** (art. 245, CPP), salvo se o morador consentir que se realize no período da noite, ou seja, a regra é que seja de dia, isto é, período compreendido entre às 6h até as 18h.

A busca poderá ser **domiciliar** ou **pessoal** (arts. 240, §§ 1º e 2º, CPP). A busca domiciliar depende de mandado, enquanto a pessoal independe de mandado (art. 244, CPP).

ATENTAI: O mandado de busca e apreensão **não pode ser genérico ou indeterminado** – deverá ser indicado o mais precisamente possível a casa em que a diligência será realizada e o nome do respectivo proprietário ou morador, bem como o motivo e os fins da diligência (art. 243, I e II, CPP).

8. SUJEITOS PROCESSUAIS (ARTS. 251 A 281, CPP)

Sujeitos processuais são as pessoas entre as quais se desenvolve a relação processual. São classificados em: **a)** principais ou essenciais (autor, réu e juiz); **b)** sujeitos secundários ou acessórios (assistente de acusação, ofendido, auxiliares da justiça).

I – **Juiz** – Sujeito que deve ser imparcial, sendo o responsável por aplicar o direito ao caso concreto, exercendo-o por meio de sua jurisdição. Assim, cabe ao juiz prover a regularidade do processo e manter a ordem no curso dos respectivos atos, podendo ainda requisitar força pública (art. 251, CPP).

O juiz poderá ser afastado do processo em 3 (três) situações, quando ocorrer: **a)** os impedimentos (art. 252, CPP); **b)** as incompatibilidades (art. 253, CPP); e **c)** as hipóteses de suspeição (art. 254, CPP).

II – **Ministério Público** – aquele que detém a titularidade da ação penal de iniciativa pública (art. 129, I, CF), podendo, também, atuar como *custos legis* (fiscal da lei) nos casos em que a ação for de iniciativa privada, devendo atuar para garantir o devido processo legal.

Os **impedimentos e as suspeições**, previstas nos arts. 252 e 254 do CPP, também se aplicam aos membros do Ministério Público.

III – **Acusado ou querelado** – Sujeito passivo da ação penal. Ainda que ausente ou foragido, **nenhum acusado será processado ou julgado sem defensor público ou dativo**, devendo ser resguardado seu direito a defesa técnica (art. 261, *caput* e parágrafo único, CPP). Saliente-se que, se o **acusado estiver preso**, o STF entende que ele tem direito de comparecer, assistir e presenciar os atos processuais, sob pena de nulidade.

IV – **Defensor** – Sujeito responsável por elaborar a defesa técnica do acusado, podendo ser particular ou público. A fim de garantir o direito de defesa técnica a todos, a Constituição impõe ao Estado o dever de prestar assistência jurídica gratuita àqueles que necessitem (art. 5º, LXXIV, CF). O **defensor constituído** é o advogado, regularmente inscrito na OAB, nomeado pelo acusado por meio de procuração ou indicado por ele no interrogatório, independentemente de mandato (art. 266, CPP).

O **defensor dativo** pode ser um defensor público ou um advogado nomeado pelo juiz em favor do acusado, se este não tiver ou não puder constituir um advogado particular (art. 263, CPP).

O **defensor *ad hoc*** é aquele nomeado pelo juiz para o ato, em razão da ausência do defensor constituído ou dativo, regularmente intimado e que não compareceu ao ato processual determinado (art. 265, § 2º, CPP).

ATENTAI: O defensor **não poderá** abandonar o processo, senão por motivo imperioso, comunicando previamente ao juiz, sob pena de multa de 10 (dez) a 100 (cem) salários mínimos sem prejuízo das sanções administrativas perante a OAB (art. 265, *caput*, CPP).

V – **Assistente do Ministério Público ou de acusação** (arts. 268 a 273, CPP) – Sujeito considerado eventual no processo, uma vez que sua participação não é necessária. Em regra, apenas a vítima pode figurar como assistente de acusação, mas, em caso de impossibilidade, a legitimidade é repassada ao cônjuge, ascendente, descendente ou irmão do ofendido, nesta ordem, e ele deve se habilitar aos autos processuais, na forma dos arts. 268 e 269, ambos do CPP.

O pedido de habilitação do assistente só poderá ocorrer **após o recebimento** da denúncia e **até o trânsito em julgado** da sentença, ou seja, somente na ação penal pública. Assim, **não cabe** a habilitação do assistente na fase do inquérito ou da execução penal.

Para funcionar no plenário do júri, caso a vítima não esteja habilitada, terá o prazo de 5 (cinco) dias antes da sessão para que faça o requerimento de habilitação aos autos (art. 430, CPP).

O MP será **intimado** para manifestar-se a respeito do pedido de habilitação (art. 272, CPP). **Habilitado** o assistente no processo e dependendo da fase processual, ele **poderá praticar** as seguintes atividades, na forma do art. 271 do CPP: **a)** promover meios de provas; **b)** requerer perguntas às testemunhas; **c)** participar do debate oral; **d)** arrazoar os recursos interpostos pelo MP; e **e)** indicar assistente técnico (art. 159, § 3º, CPP).

Na hipótese de **assistente habilitado** nos autos, seu **prazo para recurso** é de **5 (cinco)** dias, a contar da data de intimação da sentença. No entanto, se o assistente for intimado antes ou durante o prazo do MP, seu prazo para recorrer só começa a contar após o encerramento do prazo do *Parquet*.

Caso o ofendido **não esteja habilitado** nos autos como assistente de acusação, poderá interpor recurso na forma do art. 598 do CPP. No entanto, **o prazo** será de **15 (quinze) dias**, contados a partir do dia em que terminar o prazo do MP, conforme art. 598, parágrafo único, do CPP, e, ainda, Súmula 448 do STF.

9. DA PRISÃO, DAS MEDIDAS CAUTELARES E DA LIBERDADE PROVISÓRIA

9.1 Prisão

É o ato pelo qual se priva a pessoa de sua liberdade de locomoção, recolhendo-a ao cárcere. A prisão pode ser definitiva ou provisória. A prisão **definitiva** ocorre depois do trânsito em julgado da sentença, e a **provisória ou cautelar** ocorre antes do trânsito em julgado da sentença.

9.2 Prisão cautelar ou provisória

De acordo com o **art. 283 do CPP**, "ninguém poderá ser preso senão em flagrante delito ou por ordem escrita e fundamentada da autoridade judiciária competente, em decorrência de prisão cautelar ou em virtude de condenação criminal transitada em julgado", bem como o art. 5º, LXI, da CF. Assim, fora dessas hipóteses, a **prisão será considerada ilegal**.

A prisão cautelar ou provisória admitida no ordenamento processual são as seguintes: **prisão em flagrante** (arts. 301 a 310, CPP); **prisão preventiva** (arts. 311 a 316, CPP); e **prisão temporária** (Lei n. 7.960/89). Essas modalidades de prisão ocorrem antes do trânsito em julgado da sentença.

Vale ressaltar que a **prisão para averiguação** não é admitida, sendo este tipo de prisão considerada ilegal e inconstitucional.

No caso de **condução coercitiva** do acusado ou testemunha que se recuse, injustificadamente, a comparecer em juízo ou na polícia, trata-se também de modalidade de prisão, devendo ser decretada somente pelo juiz.

ATENTAI: O STF, em relação às *ADPFS 395 e 444*, julgou inconstitucional a condução coercitiva de investigados ou de réus para interrogatório, entendendo que o art. 260, CPP, é incompatível com a Constituição Federal, sob pena de responsabilidade disciplinar, civil e penal do agente ou da autoridade e de ilicitude das provas obtidas, sem prejuízo da responsabilidade civil do Estado. Contudo, esta decisão não afeta os interrogatórios realizados até a data do julgamento.

9.3 Da prisão em flagrante

A prisão em flagrante está prevista nos arts. 301 a 310 do CPP.

9.3.1 Sujeitos da prisão

O sujeito **ativo** pode ser qualquer pessoa do povo (faculdade) ou as autoridades policiais e seus agentes (dever), de efetuar a prisão em flagrante, conforme art. 301 do CPP. Na primeira hipótese, ocorre o chamado **flagrante facultativo**; na segunda, o denominado **flagrante compulsório ou obrigatório**. O sujeito **passivo** pode ser qualquer pessoa a partir de 18 anos completos.

9.3.1.1 Quem não pode ser sujeito passivo na prisão em flagrante

a) **menores de 18 anos**, ficando sujeitos às normas do Estatuto da Criança e do Adolescente (ECA – Lei n. 8.069/90), conforme o art. 27 do CP. Contudo, nada impede que o adolescente seja apreendido em flagrante de ato infracional, situação em que será, desde logo, encaminhado à presença da autoridade policial competente (art. 172, ECA). No caso de flagrante de ato infracional cometido com violência ou grave ameaça à pessoa, será lavrado o auto de apreensão, ouvidas as testemunhas e o adolescente, conforme determina o art. 173 da Lei n. 8.069/90. Nas demais hipóteses de flagrante, isto é, quando não houver violência ou grave ameaça à pessoa, a lavratura do auto poderá ser substituída por boletim de ocorrência circunstanciada, conforme parágrafo único do art. 173 do ECA;

b) **Presidente da República**, enquanto não sobrevier a sentença condenatória, nas infrações comuns (art. 86, § 3º, CF);

c) **diplomatas estrangeiros**, em decorrência de Tratados e Convenções Internacionais (art. 1º, I, CPP);

d) **deputados federais e senadores da República** (desde a expedição do diploma), somente nos crimes afiançáveis (art. 53, § 2º, CF). Aplica-se, também, esta regra aos deputados estaduais (art. 27, § 1º, CF) e aos deputados distritais (art. 32, § 3º, CF). No caso de prisão em flagrante delito por crime inafiançável, os autos serão remetidos dentro de 24 horas à casa respectiva, para que, pelo voto da maioria de seus membros, resolva sobre a prisão;

e) **magistrados** (art. 33, II, LC n. 35/79 – LOMAN) **e os membros do Ministério Público** (art. 40, III, Lei n. 8.625/93 – LONMP), somente nos crimes afiançáveis, salvo se for por crime inafiançável;

f) **pessoa que socorre vítima de acidente de trânsito** (art. 301, Lei n. 9.503/97 – Código de Trânsito Brasileiro – CTB);

g) **pessoa que cometer infração de menor potencial ofensivo, desde que assine o Termo Circunstanciado de Comparecimento e assuma o compromisso de comparecer ao Juizado Especial Criminal**, na forma do art. 69, parágrafo único, da Lei n. 9.099/95 (Juizado Especial Criminal);

h) **advogado, por motivo de exercício da profissão, em caso de crime afiançável** (art. 7º, § 3º, Lei n. 8.906/94). Em caso de crime inafiançável por motivo ligado ao exercício da advocacia, faz-se necessária a presença de representante da OAB, quando preso em flagrante, para a lavratura do auto respectivo, sob pena de nulidade e, nos demais casos, a comunicação de forma expressa à seccional da OAB (art. 7º, IV, Lei n. 8.906/94);

i) **usuário de drogas** (art. 28, Lei n. 11.343/2006). Não se imporá prisão em flagrante, devendo o autor do fato ser imediatamente encaminhado ao juizado competente ou assumir o compromisso de a ele comparecer, lavrando-se termo circunstanciado e providenciando-se as requisições de exames e perícias necessárias (art. 48, § 2º, Lei n. 11.343/2006).

9.3.1.2 Prisão em flagrante. Governador, prefeito e vereador

O Supremo Tribunal Federal já se posicionou no sentido de que tanto o governador e o prefeito como o vereador **não têm imunidade formal/prisão**. Dessa forma, não há nenhum óbice dessas pessoas serem presas em flagrante e terem a prisão preventiva ou a prisão temporária decretadas.

ATENTAI: A apresentação espontânea do acusado **não autoriza** a prisão em flagrante delito.

9.3.2 Modalidades de prisão em flagrante

O Código de Processo Penal prevê as seguintes modalidades de prisão em flagrante, quais sejam:

a) **Flagrante próprio:** Quando o agente está cometendo ou acabou de cometer o crime (art. 302, I e II, CPP);

b) **Flagrante impróprio ou quase flagrante:** Quando o agente é perseguido, logo após, pela autoridade, pelo ofendido ou qualquer pessoa, em situação que faça presumir ser autor da infração (art. 302, III, CPP). Observa-se que a perseguição há de ser ininterrupta. Caso contrário, não haverá prisão em flagrante;

c) **Flagrante presumido ou ficto:** quando o agente é encontrado, logo depois, com instrumentos, armas, objetos ou papéis que façam presumir ser ele autor da infração (art. 302, IV, CPP).

Outras modalidades de prisão em flagrante **admitidas** em nosso ordenamento jurídico, a saber:

a) **Flagrante diferido, retardado ou prorrogado:** Modalidade prevista na **Lei do Crime Organizado** (art. 8º, Lei n. 12.850/2013), que consiste em retardar a atuação policial, isto é, prorrogar a prisão em flagrante dos integrantes das organizações criminosas, para que se concretize no momento mais eficaz do ponto de vista de provas e fornecimento de informações, **mediante comunicação prévia ao juiz competente.**

Na **Lei de Drogas** (art. 53, II, Lei n. 11.343/2006), denominada também "entrega vigiada" ou "repasse controlado", tal possibilidade está condicionada à **autorização judicial** e à oitiva do MP, desde que sejam conhecidos o itinerário provável e a identificação dos agentes do delito ou de colaboradores (art. 53, parágrafo único, Lei n. 11.343/2006).

b) **Flagrante esperado:** Quando não há a interferência da autoridade policial ou da vítima, isto é, sem que haja provocação ou induzimento ao agente que está cometendo o crime. Nesta modalidade de flagrante, a atividade policial é apenas de alerta.

9.3.3 Hipóteses em que não se admite a prisão em flagrante

a) **Flagrante preparado:** Neste caso, há a interferência da polícia ou da vítima, que provoca ou induz o sujeito à prática delituosa, tornando o crime impossível **(Súmula 145, STF)**.

b) **Flagrante forjado** (também chamado de fabricado, maquinado ou urdido): Neste caso, um agente policial ou particular cria prova de um crime inexistente, portanto o fato é atípico por ausência de conduta humana voluntária.

9.3.4 Flagrante nos crimes permanentes e nos habituais

Os **crimes permanentes** são aqueles cuja consumação ocorre com uma única conduta, mas o resultado se protrai no tempo. Como exemplo, o crime de sequestro e cárcere privado, previsto no art. 148 do CP.

No caso de crimes permanentes, o agente estará em flagrante delito enquanto não cessar a permanência (art. 303, CPP), podendo ser preso. A jurisprudência entende que nesses casos de crimes, como a quadrilha e o tráfico ilícito de entorpecentes, **não há necessidade da expedição de mandado de busca e apreensão,** podendo a autoridade policial ingressar no interior da casa para fazer cessar a prática criminosa, uma vez que o infrator se encontra em flagrante delito, dispensando-se, assim, o mandado judicial.

Os **crimes habituais** são aqueles cuja consumação ocorre com uma pluralidade de atos, e não apenas como uma única ação. É o exemplo do crime de rufianismo, previsto no art. 230 do CP. Quanto à prisão em flagrante no crime habitual, há **divergência** doutrinária quanto à sua possibilidade ou não.

9.3.5 Auto de prisão em flagrante. Procedimento e formalidades

Em regra, a lavratura do auto de prisão em flagrante caberá à autoridade policial, que deverá observar o procedimento disposto no art. 304 do CPP.

Apresentado o preso à autoridade, **será ouvido o condutor** (policial ou particular). Assim, após a oitiva do condutor, a autoridade colherá, desde logo, sua assinatura, entregando a este cópia do termo e recibo de entrega do preso.

Em seguida, **serão ouvidas as testemunhas presenciais.** Na falta de testemunhas da infração, a lei determina que, no auto de prisão em flagrante, deverão assinar com o condutor pelo menos duas pessoas que hajam testemunhado a apresentação do preso à autoridade, sob pena de nulidade (art. 304, § 2º, CPP).

Após a oitiva das testemunhas, será **interrogado** o acusado sobre a imputação que lhe é feita. A autoridade deverá informar ao preso seus direitos constitucionais de permanecer calado, da assistência da família e de advogado, conforme preceitua o art. 5º, LXIII, da CF.

Nos casos em que o acusado se **recusar a assinar, não souber ou não puder fazê-lo,** o auto de prisão em flagrante será assinado por duas testemunhas, que tenham ouvido sua leitura na presença deste (art. 304, § 3º, CPP). Por fim, deverá constar ainda a **informação sobre a existência de filhos,** respectivas idades e se possuem alguma deficiência e o nome do contato de eventual responsável pelos cuidados dos filhos, indicado pela pessoa presa (art. 304, § 4º, CPP).

Encerrada a lavratura do auto, após a oitiva do condutor, das testemunhas e do acusado, a **prisão será imediatamente comunicada** ao juiz competente, Ministério Público e, caso o preso não informe o nome de seu advogado, encaminhar-se-á também cópia integral para a Defensoria Pública. E, ainda, em até 24 (vinte e quatro) horas, será entregue ao preso a nota de culpa (art. 306, §§ 1º e 2º, CPP).

ATENTAI I: A autoridade policial deverá comunicar **imediatamente** a prisão de qualquer pessoa, que for presa em flagrante ao juiz competente, Ministério Público e à família do preso ou à pessoa por ele indicada (art. 306, *caput*, CPP).

A autoridade policial e o juiz poderão lavrar o auto de flagrante caso o crime tenha sido praticado **na sua presença ou contra ele,** no exercício de suas funções (art. 307, CPP).

ATENTAI II: Não havendo autoridade no local onde foi efetuada a prisão, o preso será logo **apresentado à do lugar mais próximo** (art. 308, CPP).

9.3.6 Prisão em flagrante e providências do juiz

O juiz deverá promover a audiência de custódia após receber o auto de prisão em flagrante, no prazo máximo de 24 (vinte e quatro) horas, em decisão fundamentada, devendo optar por uma das seguintes medidas previstas no art. 310 do CPP, quais sejam:

I – relaxar a prisão ilegal;

II – converter a prisão em flagrante em preventiva, quando presentes os requisitos constantes do art. 312 do CPP, e se revelarem inadequadas ou insuficientes as medidas cautelares diversas da prisão; ou

III – conceder liberdade provisória, com ou sem fiança.

9.3.7 Audiência de custódia

Após receber o auto de prisão em flagrante, no prazo máximo de até 24 (vinte e quatro) horas após a realização da prisão, o juiz deverá promover **audiência de custódia** com a presença do acusado, seu advogado constituído ou membro da Defensoria Pública e o membro do Ministério Público (art. 310, *caput*, do CPP). Trata-se da apresentação do autuado preso em flagrante delito perante um juiz, permitindo o contato pessoal, de modo a assegurar o respeito aos direitos fundamentais da pessoa submetida à prisão (art. 7, item 5, do Dec. n. 678/1992 – Pacto de São José da Costa Rica e Res. n. 213/2015 do CNJ).

Assim, o juiz, ao receber o preso, analisará o auto de prisão em flagrante e, na audiência de custódia, deverá, fundamentadamente, tomar uma das medidas previstas no art. 310 do CPP, ou seja, **relaxar** a prisão em flagrante, **converter** em preventiva, conceder liberdade provisória com ou sem fiança ou impor medida cautelar diversa da prisão, prevista no art. 319 do CPP.

O juiz, ao analisar o auto de prisão em flagrante, **observará se foram atendidas as formalidades** procedimentais (arts. 304 a 306 do CPP) e as constitucionais (art. 5º, LXI a LXIV, da CF/1988), bem como as hipóteses de flagrante previstas no art. 302 do CPP (flagrante forjado ou se o fato é atípico). Assim, se o juiz verificar que não foram atendidos os requisitos da lei e da Constituição, deve relaxar a prisão em flagrante, por ser ilegal.

Se o auto de prisão em flagrante for **legal**, o juiz pode conceder a liberdade provisória com ou sem fiança, converter a prisão em flagrante em preventiva, quando presentes os requisitos do art. 312 do CPP (em decisão motivada em fatos concretos), por ser medida excepcional (*ultima ratio*), e se revelarem insuficientes ou inadequadas as medidas cautelares diversas da prisão (art. 319 do CPP).

Se o magistrado verificar, pelo auto de prisão em flagrante, que o agente praticou o fato em qualquer das condições constantes dos incisos I, II ou III do *caput* do **art. 23 do CP** (legítima defesa, estado de necessidade, exercício regular do direito ou estrito cumprimento do dever legal), poderá, fundamentadamente, conceder ao acusado **liberdade provisória sem fiança** mediante termo de comparecimento obrigatório a todos os atos processuais, sob pena de revogação (art. 310, § 1º, do CPP).

No entanto, se o magistrado verificar que o agente é reincidente ou que integra organização criminosa armada ou milícia, ou que porta arma de fogo de uso restrito, deverá denegar a liberdade provisória, com ou sem medidas cautelares (art. 310, § 2º, do CPP).

A autoridade que deu causa, **sem motivação idônea**, à não realização da audiência de custódia no prazo máximo de 24 (vinte e quatro) horas após a realização da prisão responderá administrativa, civil e penalmente pela omissão (art. 310, § 3º, do CPP). Assim, transcorrido este prazo, a não realização de audiência de custódia sem motivação idônea ensejará também a ilegalidade da prisão, a ser relaxada pela autoridade competente, sem prejuízo da possibilidade de imediata decretação de prisão preventiva (art. 310, § 4º, do CPP).

Na audiência de custódia, é **vedada** a presença dos policiais que efetuaram a prisão (art. 4º, par. ún., da Res. n. 213/2015 do CNJ).

ATENTAI: O STF suspendeu liminarmente o art. 310, § 4º, do CPP nas ADIs n. 6.298, 6.299, 6.300 e 6.305/DF, isto é, da liberalização da prisão pela não realização da audiência de custódia no prazo de 24 (vinte e quatro) horas. A matéria deve ser analisada pelo Pleno do STF, que irá ratificar ou retificar a liminar proferida pelo ministro relator Luiz Fux.

9.4 Prisão preventiva

Com o advento da Lei n. 12.403/2011, a prisão preventiva passa a ter caráter excepcional, aplicando-se em ***ultima ratio***, ou seja, somente pode ser decretada quando as medidas cautelares diversas da prisão, previstas no art. 319 do CPP, revelarem-se inadequadas ou insuficientes para o caso concreto (art. 282, § 6º, CPP).

As hipóteses de prisão preventiva são:

a) prisão preventiva **autônoma** prevista no art. 312 do CPP, quando presentes os requisitos legais, de forma fundamentada em fatos concretos e quando as medidas cautelares diversas da prisão se revelarem inadequadas ou insuficientes;
b) prisão preventiva em caso de **descumprimento** de qualquer das obrigações impostas por força de outras medidas cautelares (arts. 312, parágrafo único, e 282, § 4º, CPP), ou seja, no caso de descumprimento de obrigações impostas o magistrado poderá substituir a medida, impor outra em cumulação ou, em último caso, decretar a prisão preventiva; e
c) prisão preventiva por **conversão** da prisão em flagrante (art. 310, II, CPP) quando presentes os requisitos constantes do art. 312 do CPP, e se revelarem inadequadas ou insuficientes as medidas cautelares diversas da prisão.

9.4.1 Cabimento e legitimidade

A prisão preventiva tem cabimento em **qualquer fase** da investigação policial ou do processo penal, quando houver prova da existência do crime e de indício suficiente de autoria, para garantir a ordem pública ou econômica, e a aplicação da lei penal ou por conveniência da instrução criminal e de perigo gerado pelo estado de liberdade do imputado (art. 312, CPP).

A prisão preventiva poderá ser decretada pelo **juiz**, a requerimento do Ministério Público, do querelante ou do assistente, ou por representação da autoridade policial (art. 311, CPP). Assim, com o advento da Lei n. 13.964/2019, o juiz ficou **impossibilitado** de decretar de ofício a prisão preventiva na fase de **investigação policial e na fase da ação penal**.

O juiz, poderá de ofício ou a pedido das partes **revogar a prisão preventiva se, no correr da investigação ou do processo, verificar a falta de motivo para que ela subsista**, bem como **novamente decretá-la**, se sobrevierem razões que a justifiquem (art. 316, CPP).

ATENTAI: O juiz pode revogar a prisão preventiva de ofício, mas não pode decretá-la.

ATENTAI II: Caso seja decretada a prisão preventiva, **deverá** o magistrado da decisão **revisar** a necessidade de sua manutenção **a cada 90 (noventa) dias**, mediante decisão fundamentada, de ofício, sob pena de tornar a prisão ilegal (art. 316, parágrafo único, CPP), esta passível de relaxamento (art. 5º, LXV, CF/88).

A decisão que decretar, substituir ou denegar a prisão preventiva será sempre **motivada e fundamentada (art. 315, *caput*, CPP).**

O juiz, ao decretar a prisão preventiva, deve observar a existência de dois requisitos genéricos, quais sejam os pressupostos e os fundamentos que ensejam a sua decretação.

9.4.2 Pressupostos e fundamentos

Os pressupostos, que deverão ser aplicados de forma cumulativa, são os **indícios suficientes de autoria** e a **prova da existência do crime**, também conhecidos como autoria e materialidade, respectivamente.

Os fundamentos que se assentam na existência de um dos motivos caracterizadores da custódia são: a garantia da **ordem pública**, a garantia da **ordem econômica, conveniência** da instrução criminal e a segurança quanto à **aplicação** da lei penal e de **perigo gerado pelo estado de liberdade do imputado**. Em resumo, a prisão preventiva, como toda medida cautelar, deverá se submeter aos requisitos do *fummus commissi delicti* (materialidade do crime e indícios suficientes de autoria) e do *periculum libertatis*, isto é, o perigo concreto que representa a liberdade do acusado para a instrução processual ou para a futura aplicação da lei penal.

ATENTAI: A Lei n. 13.964/2019 criou mais um requisito para a decretação da prisão preventiva, assim ela somente será determinada quando não for cabível a sua substituição por outra medida cautelar diversa da prisão prevista no art. 319 do CPP, e o não cabimento da substituição deverá ser justificado de forma fundamentada nos elementos do caso concreto, de forma individualizada (art. 282, § 6º, CPP).

Portanto, a prisão preventiva deve ser aplicada como medida de exceção e não regra, devendo a **decisão** que a determinar ser **motivada** e fundamentada (art. 315, CPP), com a demonstração de elementos concretos que justifiquem a necessidade da medida cautelar.

Não obstante, na motivação da decretação da prisão preventiva ou de qualquer outra cautelar, o juiz **deverá indicar concretamente** a existência **de fatos novos ou contemporâneos** que justifiquem a aplicação da medida adotada (art. 315, § 1º, CPP). Assim, a prisão preventiva baseada em **fatos pretéritos** (antigos), não pode ser decretada, sob pena de ser considerada ilegal.

De acordo com o art. 315, § 2º, CPP, **não se considera fundamentada** qualquer decisão judicial, seja ela interlocutória, sentença ou acórdão, que: **I** – limitar-se à indicação, à reprodução ou à paráfrase de ato normativo, sem explicar sua relação com a causa ou a questão decidida; **II** – empregar conceitos jurídicos indeterminados, sem explicar o motivo concreto de sua incidência no caso; **III** – invocar motivos que se prestariam a justificar qualquer outra decisão; **IV** – não enfrentar todos os argumentos deduzidos no processo capazes de, em tese, infirmar a conclusão adotada pelo julgador; **V** – limitar-se a invocar precedente ou enunciado de súmula, sem identificar seus fundamentos determinantes nem demonstrar que o caso sob julgamento se ajusta àqueles fundamentos; **VI** – deixar de seguir enunciado de súmula, jurisprudência ou precedente invocado pela parte, sem demonstrar a existência de distinção no caso em julgamento ou a superação do entendimento.

Por fim, é nula a decisão carente de fundamentação (art. 564, V, CPP).

9.4.3 Cabimento

A prisão preventiva poderá ser decretada de acordo com os casos previstos no art. 313 do CPP, a saber:

> I – nos crimes **dolosos** punidos com pena privativa de liberdade máxima **superior a 4 (quatro) anos**;
>
> II – se tiver sido **condenado por outro crime doloso**, em sentença transitada em julgado, ressalvado o disposto no inciso I do *caput* do art. 64 do CP;
>
> III – se o crime envolver violência doméstica e familiar contra a mulher, criança, adolescente, idoso, enfermo ou pessoa com deficiência, **para garantir a execução das medidas** protetivas de urgência; e
>
> IV – também será admitida a prisão preventiva quando houver **dúvida** sobre a identidade civil da pessoa ou quando esta **não fornecer elementos** suficientes para esclarecê-la, devendo o preso ser colocado imediatamente em liberdade após a identificação, salvo se outra hipótese recomendar a manutenção da medida.

ATENTAI: Na hipótese de **violência doméstica** ou **familiar** contra mulher, criança, adolescente, idoso, enfermo ou pessoa com deficiência, caso o **agressor descumpra** a medida protetiva de urgência imposta a ele, é possível a decretação de **prisão preventiva** por despacho fundamentado e com a demonstração concreta dos fatos, sendo irrelevantes as condições pessoais favoráveis ao acusado como primariedade, bons antecedentes e residência fixa, ademais, responderá pelo crime do art. 24-A da Lei n. 11.340/2006 (Lei Maria da Penha), que é o descumprimento de medida protetiva de urgência, caso seja este cometido após a vigência da lei incriminadora.

ATENTAI II: Não será admitida a decretação da prisão preventiva com a finalidade de antecipação de cumprimento de pena ou como decorrência imediata de investigação criminal ou da apresentação ou recebimento de denúncia (art. 313, § 2º, CPP).

9.4.4 Do não cabimento

Segundo o art. 314 do CPP, a prisão preventiva não será decretada quando houver uma das excludentes de ilicitude previstas no art. 23 do CP, a saber:

> I – em estado de necessidade; II – em legítima defesa; III – em estrito cumprimento do dever legal; e IV – no exercício regular do direito.

O Supremo Tribunal Federal entende que **não são motivos para decretação** da prisão preventiva, por si sós, sem a demonstração de fatos concretos que indiquem a necessidade da prisão, as seguintes hipóteses:

> **I** – clamor público; **II** – gravidade do delito; **III** – repercussão social; **IV** – hediondez; **V** – sensação de destemor à lei e de intranquilidade social; **VI** – fuga do réu; **VII** – autoria e materialidade; **VIII** – credibilidade das instituições; **IX** – ausência de colaboração do acusado nas investigações; **X** – mera suposição.

9.4.5 Do prazo e excesso

A prisão preventiva **não possui prazo** para a sua duração, uma vez a Lei n. 12.403, de 2011, continuou silente quanto à fixação de um prazo para a duração da custódia. Para a jurisprudência, o prazo para o encerramento da instrução criminal é de 81 (oitenta e um) dias, cabendo revogação da prisão preventiva por excesso de prazo ao juiz do processo ou a impetração de *habeas corpus* ao tribunal. Para a **configuração do excesso de prazo**, a jurisprudência do STJ admite a medida excepcional, nas hipóteses de dilação ocorrida exclusivamente de diligências suscitadas pela acusação, em caso de inércia do próprio aparato judicial, bem como quando implicar ofensa ao princípio da razoabilidade. Evita-se, assim, que a prisão cautelar se transforme em cumprimento precoce de pena.

Por outro lado, a jurisprudência também tem firmado entendimento de que o excesso de prazo **não resulta de simples operação aritmética**, devendo ser levados em consideração a complexidade da causa, o número de acusados e os atos procrastinatórios da defesa.

ATENTAI: Decretada a prisão preventiva, deverá o magistrado da decisão revisar a necessidade de sua manutenção a cada 90 (noventa) dias, mediante decisão fundamentada, de ofício, sob pena de tornar a prisão ilegal (art. 316, parágrafo único, CPP).

9.4.5.1 Prisão preventiva e imunidade dos parlamentares

A Constituição da República estipula que, desde a expedição do diploma, os membros do Congresso Nacional (senador e deputado federal), bem como os deputados estaduais e distritais, não poderão ser presos, salvo nos casos de flagrante delito por crime inafiançável.

Assim, em razão do instituto da **imunidade formal**, tais parlamentares não poderão sofrer prisão preventiva ou temporária (art. 53, § 2º, *ex vi* arts. 27, § 1º, e 32, § 3º, CF).

O Presidente da República, na vigência de seu mandato, **não está sujeito a tipo algum de prisão provisória**, uma vez que não poderá ser preso nas infrações penais comuns, enquanto não sobrevier sentença condenatória (art. 86, § 3º, CF).

Governador de estado. O STF já consolidou entendimento no sentindo de **não ter direito a imunidade** à prisão em flagrante, à prisão preventiva e à prisão temporária, ou seja, à imunidade formal/prisão.

9.5 Prisão temporária

Regulada pela Lei n. 7.960, de 21 de dezembro de 1989, os seus **requisitos** encontram-se previstos no art. 1º, efetuando-se quando:

> I – **imprescindível** para as investigações do inquérito policial;
>
> II – o indiciado **não tiver residência fixa** ou **não fornecer elementos** necessários ao esclarecimento de sua identidade;
>
> III – houver **fundadas razões** de autoria ou participação do acusado nos crimes de homicídio doloso, sequestro ou cárcere privado, roubo, extorsão simples ou qualificada mediante sequestro, estupro, rapto violento, epidemia com resultado em morte, envenenamento de água ou substância alimentícia ou medicinal, genocídio, tráfico de drogas e contra o sistema financeiro.

Assim, a prisão temporária não se justifica se ausentes os requisitos para a sua decretação.

9.5.1 Momento, legitimidade e procedimento

A prisão temporária poderá ser decretada somente na **fase do inquérito policial**, desde a ocorrência do fato até o oferecimento da denúncia. Logo, uma vez oferecida a denúncia, a prisão temporária não poderá mais subsistir, já que este instituto visa às investigações policiais que antecedem a formulação do oferecimento da denúncia.

A competência para sua decretação **é do juiz**, mediante representação da autoridade policial, ouvido o Ministério Público, ou a requerimento deste. Frise-se que o juiz **não pode decretar de ofício a prisão temporária.**

O despacho que decretar a prisão temporária (prolatado em 24 horas, a contar do recebimento da representação ou do requerimento) deverá ser **devidamente fundamentado**, baseando-se o juiz em fatos concretos e indicando os fundamentos das hipóteses previstas na lei.

Com efeito, decretada a prisão temporária, será expedido **mandado de prisão**, em duas vias, uma das quais será entregue ao indiciado e servirá como nota de culpa (art. 2º, § 4º, Lei n. 7.960/89). Além disso, o mandado de prisão conterá necessariamente o período de duração da prisão temporária estabelecido (5 ou 30 dias), bem como o dia em que o preso deverá ser libertado (art. 2º, § 4º-A, da Lei n. 7.960/1989). É importante ressaltar que para fins de contagem do tempo, inclui-se o dia do cumprimento do mandado de prisão no cômputo do prazo de prisão temporária (art. 2º, § 8º, da Lei n. 7.960/1989).

A prisão temporária somente poderá ser executada depois da expedição do mandado judicial.

Por fim, vale registrar que os **presos temporários** deverão permanecer, obrigatoriamente, separados dos demais detentos, segundo dispõe o art. 3º da Lei n. 7.960/89.

9.5.2 Do prazo

A prisão temporária não poderá ultrapassar **5 (cinco) dias**, só sendo admitida a sua prorrogação por igual período em caso de extrema e comprovada necessidade, sob pena de configurar-se constrangimento ilegal.

Tratando-se de crimes **hediondos e assemelhados**, o prazo da prisão temporária se estende para **30 (trinta) dias**, sendo permitida a prorrogação pelo mesmo período em caso de extrema e comprovada necessidade (art. 2º, § 4º, Lei n. 8.072/90).

No caso de término de prazo da prisão temporária, o preso deve ser posto em liberdade imediatamente, salvo hipótese de ter sido decretada a sua prisão preventiva ou prorrogada a prisão temporária (art. 2º, § 7º, da Lei n. 7.960/1989), sob pena de o delegado de polícia responder por crime de abuso de autoridade (art. 12, par. ún., IV, da Lei n. 13.869/2019).

9.6 Prisão domiciliar

Com a reforma processual, passou-se a admitir, em casos específicos, duas modalidades de prisão domiciliar, a substitutiva da prisão preventiva e a autônoma.

A **prisão domiciliar substitutiva da preventiva** incide nas hipóteses taxativas do art. 318 do CPP, quando o agente for: a) maior de 80 (oitenta) anos; b) extremamente debilitado por motivo de doença grave; c) imprescindível aos cuidados especiais de pessoa menor de 6 (seis) anos de idade ou com deficiência; d) gestante; e) mulher com filho até 12 (doze) anos de idade incompletos; f) homem, caso seja o único responsável pelos cuidados do filho até 12 (doze) anos de idade incompletos.

A de **natureza autônoma da prisão domiciliar** encontra-se prevista em uma das hipóteses de medidas cautelares (art. 319, V, CPP) quando não cabível a prisão preventiva, a qual consiste no recolhimento domiciliar em período noturno e nos dias de folga quando o investigado ou acusado tenha residência e trabalho fixos.

ATENTAI I: Para a substituição, o juiz exigirá prova idônea dos requisitos acima (art. 318, parágrafo único, CPP).

ATENTAI II: Com o advento da Lei n. 13.769 de 19-12-2018, a prisão preventiva imposta à mulher gestante ou que for mãe ou responsável por criança ou pessoa com deficiência **será substituída por prisão domiciliar**, desde que (Art. 318-A, CPP): **I** – não tenha cometido crime com violência ou grave ameaça a pessoa; **II** – não tenha cometido o crime contra seu filho ou dependente. Ou seja, caso preencha os requisitos impostos na lei, será obrigatoriamente substituída sua prisão preventiva por prisão domiciliar, sendo esta de caráter imperativo, ficando vinculado a este *poder-dever*. Ademais, a substituição de que tratam os arts. 318 e 318-A poderá ser efetuada sem prejuízo da aplicação concomitante das medidas alternativas previstas no art. 319 do Código de Processo Penal (art. 318-B, CPP).

9.7 Medidas cautelares

As medidas cautelares diversas da prisão e a prisão provisória, para serem aplicadas, deverão observar o binômio **necessidade e adequação**, conforme art. 282 do CPP.

Para aplicar medida cautelar e prisão provisória, o magistrado deverá verificar a **necessidade** para aplicação da lei penal, para a investigação ou a instrução criminal e, nos casos expressamente previstos, para evitar a prática de infrações penais, bem como **adequação** da medida à gravidade do crime, circunstâncias do fato e condições pessoais do indiciado ou acusado.

O magistrado poderá ainda aplicar medidas cautelares de forma **isolada ou cumulativamente** (art. 282, § 1º, CPP).

As medidas cautelares serão decretadas pelo magistrado, a requerimento das partes, ou quando no curso da investigação criminal, por representação da autoridade policial ou mediante requerimento do Ministério Público (art. 282, § 2º, CPP). Com efeito, o magistrado não pode decretar as medidas cautelares de ofício.

O magistrado **não poderá** decretar de ofício medidas cautelares no curso da investigação criminal, bem como a prisão preventiva (art. 311, CPP).

Ressalvados os casos de urgência ou de perigo de ineficácia da medida, ao receber o pedido de medida cautelar, o juiz determinará a **intimação da parte** contrária, para se manifestar no prazo de 05 dias, acompanhada de cópia do requerimento e das peças necessárias, permanecendo os autos em juízo e os casos de urgência ou de perigo deverão ser justificados e fundamentados em decisão que contenha elementos do caso concreto que justifiquem essa medida excepcional (art. 282, § 3º, CPP).

No caso de **descumprimento** de qualquer das obrigações impostas, o magistrado, mediante requerimento do Ministério Público, de seu assistente ou do querelante, poderá substituir a medida, impor outra em cumulação, ou, em último caso, decretar a prisão preventiva, nos termos do parágrafo único do art. 312 do CPP (art. 282, § 4º, CPP).

O juiz poderá, de ofício ou a pedido das partes, **revogar** a medida cautelar ou substituí-la quando verificar a falta de motivo para que subsista, bem como voltar a decretá-la, se sobrevierem razões que a justifiquem (art. 282, § 5º, CPP). Assim, o magistrado poderá revogar de ofício a medida cautelar, mas não decretá-la.

ATENTAI: A prisão preventiva somente será determinada quando não for cabível a sua substituição por outra medida cautelar, observado o art. 319 do CPP, e o não cabimento da substituição por outra medida cautelar deverá ser justificado de forma fundamentada nos elementos presentes do caso concreto, de forma individualizada (art. 282, § 6º, CPP). Ou seja, a prisão preventiva é a *ultima ratio*.

No amplo **rol de medidas cautelares diversas da prisão, previstas no art. 319 do CPP,** proporciona-se ao juiz, dentre os critérios de legalidade e proporcionalidade, a escolha da medida mais ajustada ao caso em ordem progressiva de intensidade, quando não for aplicável a prisão preventiva. Desse modo, as medidas são:

I – **comparecimento** periódico em juízo, no prazo e nas condições fixadas pelo Juiz, para informar e justificar atividades; II – **proibição** de acesso ou frequência a determinados lugares quando, por circunstâncias relacionadas ao fato, deva o indiciado ou acusado permanecer distante desses locais para evitar o risco de novas infrações; III – proibição de **manter contato** com pessoa determinada quando, por circunstâncias relacionadas ao fato, deva o indiciado ou acusado dela permanecer distante; IV – proibição de **ausentar-se da comarca** quando a permanência seja conveniente ou necessária para a investigação ou instrução; V – **recolhimento domiciliar** no período noturno e nos dias de folga quando o investigado ou acusado tenha residência e trabalho fixos; VI – **suspensão** do exercício de **função pública** ou de atividade de natureza econômica ou financeira quando houver justo receio de sua utilização para a prática de infrações penais; VII – **internação provisória** do acusado nas hipóteses de crimes praticados com violência ou grave ameaça, quando os peritos concluírem ser inimputável ou semi-imputável (art. 26, CP) e houver risco de reiteração; VIII – **fiança,** nas infrações que a admitem, para assegurar o comparecimento a atos do processo, evitar a obstrução do seu andamento ou em caso de resistência injustificada à ordem judicial; e IX – **monitoração eletrônica**. Por fim, cumpre salientar que a fiança pode ser cumulada com outras medidas cautelares.

ATENTAI: O STF, por maioria, julgou parcialmente procedente a **ADI 5.526**, assentando que o Poder Judiciário tem competência para impor, por autoridade própria, as **medidas cautelares** a que se refere o art. 319 do CPP, a parlamentares. O Tribunal, também por votação majoritária, deliberou que se **encaminhará à Casa Legislativa a que pertencer o parlamentar**, para os fins a que se refere o art. 53, § 2º, da CF. No caso de imposição de medida cautelar, que dificulte ou impeça, direta ou indiretamente, o **exercício regular de mandato parlamentar**, a decisão judicial deve ser remetida no prazo de 24 horas à respectiva Casa para deliberação.

9.8 Prisão especial

Em virtude do cargo ou da função que exercem, determinadas pessoas gozam da prerrogativa de ter prisão especial: Ministros de Estado, Governadores, Prefeitos etc. (art. 295, CPP). Esta hipótese consiste no **recolhimento do preso provisório em quartéis ou em cela especial.**

O art. 295, § 1º, do CPP assevera que a prisão especial, prevista no CPP ou em outras leis, consiste exclusivamente no recolhimento em local distinto da prisão comum.

Dessa forma, não havendo estabelecimento específico para o preso especial, este será recolhido em cela distinta do mesmo estabelecimento, e ainda poderá consistir em alojamento coletivo, atendendo aos requisitos de salubridade do ambiente. E, finalmente, não será transportado juntamente com o preso comum (art. 295, §§ 2º, 3º e 4º, CPP).

ATENTAI: Os demais direitos e deveres do preso especial serão os mesmos do preso comum (art. 295, § 5º, CPP).

9.8.1 Cabimento

A prisão especial terá cabimento durante a fase do **inquérito policial ou durante a tramitação do processo**, de forma que, após a condenação transitada em julgado, a pena deverá ser cumprida em estabelecimento comum.

No entanto, se o preso era, ao tempo do fato, funcionário da Administração da Justiça Criminal, este ficará em dependência separada (art. 84, § 2º, Lei n. 7.210/84).

ATENTAI I: A prisão especial só é garantida até o **trânsito em julgado** da sentença condenatória.

ATENTAI II: O preso terá direito à progressão de regime antes do trânsito em julgado da sentença, mesmo que se encontre em prisão especial, conforme dispõe a **Súmula 717 do STF.**

9.8.2 Prisão de advogado e direito à sala de Estado-Maior

É direito do advogado não ser recolhido preso, antes de sentença transitada em julgado, senão em sala de Estado-Maior, com instalações e comodidades condignas, segundo o art. 7º, V, da Lei n. 8.906/94.

Todavia, o STF entende que, na **ausência** de sala de Estado-Maior, o advogado terá direito à prisão domiciliar, em caráter substitutivo, sob condições a serem fixadas pelo juiz da sentença.

9.9 Prisão civil do depositário infiel

O Supremo Tribunal Federal pacificou entendimento no sentido de que a prisão civil do depositário infiel, independentemente da modalidade de depósito, é **inconstitucional**, não mais subsistindo no sistema normativo brasileiro, podendo a prisão civil por dívida se dar, somente, nos casos de inadimplemento voluntário e inescusável de pensão alimentícia, em razão da incorporação do Pacto de São José de Costa Rica (ratificado pelo Brasil no Decreto n. 678/92) ao ordenamento jurídico pátrio.

O Supremo Tribunal Federal pacificou a questão na **Súmula Vinculante 25**: "É ilícita a prisão civil de depositário infiel, qualquer que seja a modalidade do depósito". E ainda a **Súmula 419 do STJ**.

9.10 Liberdade provisória

9.10.1 Conceito e fundamento

A liberdade provisória é um instituto processual e constitucional que possibilita ao indiciado ou ao acusado **aguardar em liberdade o julgamento do processo**, sob determinadas condições impostas por lei ou não, podendo ser concedida na fase do inquérito policial ou na judicial.

A concessão de liberdade provisória, com ou sem fiança, decorre da própria Constituição Federal, **no art. 5º, LXVI**, *in verbis*: "ninguém será levado à prisão ou nela mantido, quando a lei admitir a liberdade provisória, com ou sem fiança".

Com o advento da Lei n. 12.403/2011, a concessão de fiança passou a ser regra. Assim, a autoridade policial e o magistrado poderão concedê-la, ficando impossibilitada a sua concessão somente por vedação expressa na Constituição e na lei.

Atualmente, a liberdade provisória pode ser: a) liberdade provisória sem medida cautelar diversa da prisão, mas vinculada (art. 310, § 1º, CPP – nas hipóteses das excludentes de ilicitude); b) liberdade provisória sem fiança, mas vinculada e com possibilidade de outra medida cautelar diversa da prisão (art. 350 do CPP – na hipótese de o preso não ter condição econômica de pagar a fiança); e c) liberdade provisória com ou sem medida cautelar diversa da prisão (art. 310, III, c/c art. 321, CPP).

9.10.2 Liberdade provisória com fiança

9.10.2.1 Cabimento

Caberá concessão de liberdade provisória com fiança quando o crime **for afiançável,** ou seja:

I – nos crimes em que a pena privativa de liberdade **não seja superior a 4 (quatro) anos**, tanto o **juiz** quanto o **delegado** poderão arbitrá-la, nos termos do art. 322, *caput*, do CPP;

II – nos crimes punidos com pena máxima em abstrato **superior a 4 (quatro) anos, somente o juiz** pode concedê-la, na forma do art. 322, parágrafo único, do CPP.

Havendo prisão em flagrante e estando perfeito o auto, **ausentes** os requisitos da prisão preventiva ou das medidas cautelares, poderá ser arbitrada a fiança ao indiciado ou ao acusado enquanto não transitar em julgado a sentença condenatória (arts. 321 e 334, CPP).

ATENTAI I: Nas hipóteses de infração de menor potencial ofensivo (crimes com pena máxima de até dois anos e nas contravenções penais), **não se lavrará flagrante nem se exigirá fiança**, bastando o indiciado ou o autor do fato assinar o termo de compromisso e comparecimento (art. 69, parágrafo único, Lei n. 9.099/95).

ATENTAI II: Na hipótese de prisão em flagrante de descumprimento de decisão judicial que defere medidas protetivas de urgência previstas na Lei Maria da Penha, **apenas a autoridade judicial poderá conceder fiança** (art. 24-A, § 2º, Lei n. 11.340/2006).

9.10.2.2 Não cabimento

Não será concedida a fiança nas hipóteses a seguir, dentre outras:

I – nos crimes de racismo (art. 323, I, CPP e art. 5º, XLII, CF);

II – nos crimes de tortura, tráfico ilícito de entorpecentes e drogas afins, terrorismo e nos definidos como crimes hediondos (art. 323, II, CPP; art. 5º, XLIII, CF; art. 44, Lei n. 11.343/2006; e art. 2º, II, Lei n. 8.072/90);

III – nos crimes cometidos por grupos armados, civis ou militares, contra a ordem constitucional e o Estado Democrático (art. 323, III, do CPP e art. 5º, XLIV, CF);

IV – aos acusados que no mesmo processo tiverem quebrado a fiança antes concedida ou infringido sem justo motivo as obrigações impostas referentes aos arts. 327 e 328 do CPP (art. 324, I, CPP);

V – em caso de prisão civil ou militar (art. 324, II, CPP);

VI – quando presentes os motivos que autorizam a decretação da prisão preventiva (art. 324, IV, CPP).

ATENTAI: O STF, ao julgar a *ADI 3.112/DF*, publicada em 26/10/2007, **declarou inconstitucionais** os parágrafos únicos dos arts. 14 (porte ilegal de arma de fogo de uso permitido) e 15 (disparo de arma de fogo) do Estatuto do Desarmamento – Lei n. 10.826/2003 – que proibiam a concessão de liberdade mediante o pagamento de fiança.

9.10.2.3 Oitiva do Ministério Público

Na liberdade provisória com arbitramento de fiança, o representante do Ministério Público somente será ouvido **após** a concessão da fiança, nos termos do art. 333 do Código de Processo Penal.

9.10.2.4 Fiança, valor e restituição

A fiança será prestada em dinheiro ou também por pedras, objetos ou metais preciosos, títulos da dívida pública (federal, estadual e municipal) ou imóveis, devendo estes ser inscritos no registro competente (art. 330, *caput*, CPP).

Quando a fiança consistir em imóvel, pedras ou objetos preciosos, a autoridade nomeará um perito para avaliá-los. E no caso de caução de títulos da dívida pública, o valor será determinado por sua cotação em bolsa.

O valor da fiança será fixado pela autoridade que conceder, levando em consideração a **gravidade da infração penal**, obedecendo aos limites mínimos e máximos determinados pelo art. 325 do CPP e às **condições econômicas do acusado**, bem como a sua vida pregressa, as circunstâncias de sua periculosidade e a importância provável das custas do processo, consoante o art. 326 do CPP.

Os **parâmetros de fixação da fiança** passaram a levar em consideração a condição econômica do acusado e a gravidade do crime cometido, podendo ser dispensada, reduzida ou aumentada. Logo, o art. 325 do CPP dispõe que os limites a serem observados para fixação da fiança são: a) de 1 (um) a 100 (cem) salários mínimos, quando se tratar de infração cuja pena privativa de liberdade, no grau máximo, não for superior a 4 (quatro) anos; e b) de 10 (dez) a 200 (duzentos) salários mínimos, quando o máximo da pena privativa de liberdade cominada for superior a 4 (quatro) anos.

Por fim, a fiança será restituída quando ocorrer a **sentença absolutória com trânsito em julgado** ou declarada **extinta a ação penal**, devolvendo ao acusado, sem nenhum desconto, exceto as custas (art. 337, CPP).

9.10.2.5 Crime afiançável e situação econômica do preso

Nos crimes em que couber fiança (exceto nas hipóteses em que houver vedação expressa na Constituição e na lei), verificando o magistrado a situação econômica do preso, poderá conceder a liberdade provisória, sujeitando-o às obrigações de comparecer aos atos processuais (art. 327, CPP), não mudar de residência ou se ausentar por mais de 8 (oito) dias sem prévia comunicação à autoridade judicial (art. 328, CPP) e a outras medidas cautelares previstas no art. 319 do CPP, se for o caso.

Assim, caso o réu não possa prestar fiança, ainda que fixada em seu limite mínimo, em razão de sua situação econômica, o **juiz poderá dispensá-la**, isto é, o preso será solto, sem nenhum pagamento de valor (art. 325, § 1º, I, CPP).

9.10.2.6 Quebra e perda da fiança

A quebra ocorre nas hipóteses de o acusado não comparecer perante a autoridade, todas as vezes em que for intimado (art. 327, CPP), mudar de residência sem prévia permissão da autoridade processante ou ausentar-se por mais de oito dias, sem comunicação (art. 328, CPP), bem como se, regularmente intimado para ato do processo, deixar de comparecer, sem motivo justo, ou se deliberadamente praticar ato de obstrução ao andamento do processo, ou ainda se descumprir medida cautelar imposta cumulativamente com a fiança, e se resistir injustificadamente à ordem judicial, e finalmente se praticar nova infração penal dolosa (art. 341, CPP).

Assim, quebrada a fiança, o acusado será recolhido à prisão, como ainda importará a perda de metade do seu valor pago (art. 343, CPP).

Haverá a **perda total** do valor da fiança quando o acusado for condenado e não se apresentar para o início do cumprimento da pena definitivamente imposta (art. 344, CPP).

Contudo, se o acusado provar ao juiz que infringiu qualquer uma das condições por motivo devidamente justificado, este poderá deixar de decretar a quebra de fiança.

9.10.2.7 Da decisão do juiz

Se o juiz conceder ou negar, arbitrar, cassar ou julgar inidônea a fiança, caberá **recurso em sentido estrito**, na forma do art. 581, V, do CPP. E da decisão que julgar quebrada a fiança ou perdido seu valor caberá recurso em sentido estrito, conforme o disposto no art. 581, VII, do CPP.

No caso de o juiz negar, cassar ou julgar quebrada a fiança, o acusado pode impetrar *habeas corpus* para o Tribunal, na forma do art. 648, V, do CPP.

9.11 Da liberdade provisória sem fiança

9.11.1 Cabimento e fundamento

Se o juiz verificar no auto de prisão em flagrante que o agente praticou o fato nas hipóteses de **excludentes de ilicitude** previstas no art. 23 do CP (estado de necessidade, legítima defesa, estrito cumprimento do dever legal ou exercício regular do direito), poderá, fundamentadamente, conceder liberdade provisória sem fiança, mediante termo de comparecimento aos atos processuais, sob pena de revogação (art. 310, § 1º, CPP).

ATENTAI: Também é cabível a liberdade provisória sem fiança: o juiz, verificando a **situação econômica do preso**, poderá conceder-lhe liberdade provisória, independentemente do pagamento de fiança, sujeitando-o às obrigações previstas nos arts. 327 e 328 do CPP e a outras medidas cautelares, caso julgue necessário (art. 350, CPP).

9.11.2 Da decisão do juiz e recurso

Da decisão do juiz que **conceder** a liberdade provisória sem fiança caberá recurso em sentido estrito, na forma do art. 581, V, do CPP. Entretanto, nos casos em que o juiz **denegue** a concessão de liberdade provisória sem fiança, caberá *habeas corpus* ao Tribunal, na forma do art. 648, I, CPP.

Frise-se que a jurisprudência firmou entendimento de que não cabe a impetração de mandado de segurança para emprestar efeito suspensivo a recurso em sentido estrito interposto contra a decisão que concedeu a liberdade provisória.

10. CITAÇÃO, INTIMAÇÃO E NOTIFICAÇÃO

10.1 Conceito

A **citação** é o ato processual pelo qual o acusado ou querelado é chamado a vir a juízo e defender-se dos fatos que lhe são imputados, em homenagem ao princípio da ampla defesa e do contraditório, na forma do art. 5º, LV, CF. Ressalte-se que a citação é um ato que **poderá ser praticado** em período de férias, em domingos e dias feriados (art. 797, CPP).

Tal ato processual é de importância extrema, visto que **sua falta é causa de nulidade absoluta** (564, III, *e*, CPP), uma vez que a ausência de citação se trata de um vício insanável.

No nosso ordenamento jurídico, a regra é que a citação, no processo penal, **seja pessoal**, porém há três espécies de citação, quais sejam

a) **Citação real ou pessoal:** É a regra, pode ser efetuada por **mandado** (quando o réu está na própria comarca), sendo esta feita por oficial de justiça (art. 351, CPP); **citação por carta precatória** (quando o réu está em uma comarca diferente de onde corre o processo em seu desfavor – art. 353, CPP); **citação por carta rogatória** (quando o acusado está no estrangeiro em lugar sabido, suspendendo-se o prazo prescricional até seu cumprimento – art. 368, CPP).

b) **Citação por hora certa:** Verificando que o réu **se oculta** para não ser citado, será citado por hora certa (art. 362, CPP).

c) **Citação ficta ou por edital:** Ocorre em duas hipóteses: quando o réu não é encontrado para citação pessoal, mesmo que procurado em todos os possíveis domicílios ou residências, ou seja, **local incerto e não sabido** (art. 363, § 1º, CPP), ou quando o réu mora em algum lugar que seja **inacessível,** caso o juiz fixe um dos prazos previstos no art. 364 do CPP.

ATENTAI I: Na hipótese de citação por edital, em que o réu não compareça nem nomeie advogado, o **processo e o prazo prescricional ficarão suspensos**, na forma do art. 366 do CPP. Contudo, nada impede que o juiz determine a produção de provas antecipadas consideradas urgentes e, ainda, decrete a prisão preventiva, nos termos do art. 312 do CPP, caso haja os requisitos da medida extrema.

ATENTAI II: Nos crimes de lavagem de capitais, se o acusado for citado por edital, não comparecer nem constituir defensor, o processo prosseguirá até o julgamento, sendo nomeado defensor dativo (art. 2º, § 2º, Lei n. 9.613/98).

ATENTAI III: No **Juizado Especial Criminal** (JECRIM), **não há citação por edital**, por vedação expressa da Lei n. 9.099/95, constante em seu art. 66, parágrafo único.

d) **Citação de réu preso:** Deverá ser citado pessoalmente via mandado, no local onde se encontrar preso (art. 360, CPP).

e) **Citação de militar:** Será feita por meio de seu chefe de serviço (art. 358, CPP).

f) **Citação de funcionário público:** Será citado por oficial de justiça através de mandado, notificando ao chefe da repartição onde exerce suas funções acerca da data em que o funcionário haverá de comparecer em juízo (art. 359, CPP).

10.1.1 Citação e não apresentação da resposta à acusação

Em regra, recebida a denúncia ou a queixa, o acusado é citado para responder à acusação que lhe é imputada, por escrito e no prazo de 10 dias (arts. 396, *caput*, e 406, ambos do CPP).

Caso o réu seja citado e **não apresente** a resposta escrita à acusação no prazo legal e não nomeie defensor para apresentá-la, na forma do art. 396 do CPP, o magistrado **nomeará defensor** para oferecê-la, concedendo vista aos autos por 10 dias, conforme preveem os arts. 396, § 2º, e 408 do CPP, **sob pena de nulidade**, por ser considerada peça obrigatória, visto que sua ausência ofende o princípio do contraditório e da ampla defesa.

10.2 Revelia

Se o acusado, **citado** pessoalmente ou **intimado** para qualquer ato, não atender ao chamado da justiça, sem motivo justificado, ou, no caso de mudança de residência, não comunicar novo endereço ao juízo, será aplicada a pena de revelia, nos termos do art. 367 do CPP. Todavia, nessa hipótese, é possível que o juiz nomeie um defensor para o acusado, dando continuidade ao processo, não sendo intimado para nenhum ato do processo.

10.3 Diferenciação entre intimação, notificação e citação

Intimação é o meio pelo qual se dá conhecimento da parte de um ato processual praticado. Relaciona-se com **ato passado**.

Notificação é o meio pelo qual se dá conhecimento à parte ou a alguém para comparecer a ato processual a realizar-se, ou para fazer ou deixar de fazer alguma coisa. Relaciona-se a **ato futuro**.

Citação é o chamamento a juízo para que o acusado se defenda na ação.

ATENTAI: A ausência de intimação ou notificação, a depender do caso, irá ocasionar **nulidade absoluta**, por exemplo o cerceamento de defesa.

Súmulas aplicáveis

366, STF: "Não é nula a citação por edital que indica o dispositivo da lei penal, embora não transcreva a denúncia ou queixa, ou não resuma os fatos em que se baseia".

273, STJ: "Intimada a defesa da expedição da carta precatória, torna-se desnecessária intimação da data da audiência no juízo deprecado".

330, STJ: "É desnecessária a resposta preliminar de que trata o art. 514 do Código de Processo Penal, na ação penal instruída por inquérito policial".

415, STJ: "O período de suspensão do prazo prescricional é regulado pelo máximo da pena cominada".

455, STJ: "A decisão que determina a produção antecipada de provas com base no art. 366 do CPP deve ser concretamente fundamentada, não a justificando unicamente o mero decurso do tempo".

11. PROCEDIMENTO

Rito ou procedimento é uma sequência de atos judiciais dos processos por meio dos quais a atividade jurisdicional se manifesta e se desenvolve até o momento da prolação da sentença, sendo divididos em comum e especial, encontrando previsão no art. 394 do Código de Processo Penal.

São considerados **procedimentos comuns**:

a) **ORDINÁRIO** – Aplicável nos crimes cuja pena máxima em abstrato seja **igual ou superior a quatro anos** de pena privativa de liberdade (art. 394, § 1º, I, CPP);

b) **SUMÁRIO** – Aplicável a crimes cuja pena máxima em abstrato seja **superior a 2 (dois) anos e inferior a 4 (quatro) anos** de pena privativa de liberdade (art. 394, § 1º, II, CPP);

c) **SUMARÍSSIMO** – Aplicável às infrações de menor potencial ofensivo, cuja **pena máxima em abstrato não seja superior a 2 (dois) anos**, aplicando-se a Lei n. 9.099/95 (art. 394, § 1º, III, CPP).

Contudo, nosso ordenamento jurídico penal contempla também os denominados **procedimentos especiais**, que são: a) rito do Júri (arts. 406 e 497, CPP); b) crimes funcionais (arts. 513 e ss., CPP); c) crimes previstos na Lei de Drogas (Lei n. 11.343/2006); d) crimes contra a propriedade imaterial (arts. 524 a 530-I, CPP); e) crimes contra a honra (arts. 519 a 523, CPP).

11.1 Procedimento e regra

A lei determina que em caso de omissão o modelo padrão de procedimento a ser seguido, em regra, deverá ser o **comum ordinário**. Porém, em casos em que houver previsão legal no Código de Processo Penal, bem como em leis especiais ou extravagantes, deve ser observado o disposto nestas (art. 394, § 2º, CPP).

Nos processos cuja competência seja do Tribunal do Júri, deverá ser observado o disposto nos arts. 406 a 497 do CPP.

ATENTAI: Os processos que apurem a prática de crime hediondo (Lei n. 8.072/1990) terão prioridade de tramitação em todas as instâncias, na forma do art. 394-A do CPP.

11.2 Mecânica processual no procedimento comum ordinário

O procedimento ordinário tem a sequência dos seguintes atos processuais:

1 – Remessa do inquérito policial à justiça (art. 10, CPP) – Réu preso: 10 dias contados a partir do flagrante ou da prisão preventiva; réu solto: 30 dias, prorrogáveis por quantas vezes se fizerem necessárias.

ATENTAI: Não sendo caso de arquivamento e tendo o investigado confessado formal e circunstancialmente a prática de infração penal sem violência ou grave ameaça e com pena mínima inferior a 4 (quatro) anos, o Ministério Público poderá propor acordo de não persecução penal – ANPP, desde que necessário e suficiente para reprovação e prevenção do crime, mediante as condições ajustadas cumulativa e alternativamente, previstas no art. 28-A, I, II, III, IV e V, do CPP.

2 – Oferecimento da denúncia ou queixa (art. 46, CPP) – O prazo para oferecimento da denúncia, estando o réu preso, será de 5 (cinco) dias, contados da data em que o órgão do Ministério Público receber os autos do inquérito policial, passando a ser de 15 (quinze) dias caso o réu esteja solto ou afiançado.

ATENTAI: Quando o Ministério Público **não apresentar a denúncia** no prazo de lei, o ofendido ou seu representante legal poderá **oferecer queixa-crime substitutiva da denúncia** no prazo de seis meses contados do último dia do prazo do Ministério Público (art. 29, última parte, CPP).

No caso da ação penal privada, os autos do inquérito ficarão aguardando a manifestação do ofendido ou seu representante para que haja promoção da referida queixa (art. 30, CPP), devendo ser promovida até o prazo máximo de 6 (seis) meses após tomar conhecimento de quem foi o autor do crime (art. 38, CPP), tendo seu prazo decadencial interrompido no momento do oferecimento da queixa-crime, não importando o dia do recebimento pelo magistrado.

3 – **Recebimento da denúncia ou queixa** – Há possibilidade de rejeição da peça acusatória caso esteja presente uma ou mais causas descritas no art. 395 do CPP, sendo estas: **a)** manifestamente inepta; **b)** falta de pressuposto processual; **c)** falta de justa causa para o exercício da ação penal.

ATENTAI: Da decisão do juiz que rejeitar a peça acusatória cabe Recurso em Sentido Estrito (RESE – art. 581, I, CPP). Se o juiz não rejeitar, não cabe recurso; contudo, se contrariar algum dos incisos do art. 395, cabe a impetração de *habeas corpus*, com fulcro nos arts. 647 e 648 do CPP.

4 – **Citação do acusado** para apresentar **resposta à acusação**, no prazo de dez dias (art. 396, *caput*, CPP).

5 – **Apresentação da resposta à acusação ou escrita, no prazo de 10 (dez) dias** (art. 396-A, CPP), contados do efetivo cumprimento do mandado de citação e não da juntada aos autos, conforme Súmula 710 do STF. Pode ser arrolado o número máximo de 8 (oito) testemunhas (art. 401, CPP) e ainda juntar documentos e apresentar as exceções (art. 95, CPP).

ATENTAI I: Em caso de citação por edital, o prazo de 10 (dez) dias só começará a contar a partir do comparecimento pessoal do acusado ou de seu defensor constituído, caso contrário o processo e o prazo prescricional ficarão suspensos.

ATENTAI II: Caso o acusado seja devidamente citado, mas **não apresente a resposta escrita** no prazo da lei, **o juiz nomeará defensor dativo** para oferecê-la, concedendo vistas dos autos pelo prazo de 10 (dez) dias, sob pena de nulidade absoluta (art. 396-A, § 2º, CPP).

5.1 – **Distinção entre defesa prévia e resposta escrita:** A resposta escrita ocorre após o recebimento da denúncia ou da queixa, devendo ser apresentada no prazo de 10 (dez) dias, requerendo a absolvição sumária do acusado, nos termos do art. 397 do CPP. Contudo, a defesa prévia ocorre antes do recebimento da denúncia ou queixa, devendo ser requerida a rejeição da referida peça acusatória, na forma do art. 395 do CPP.

6 – **Da decisão do juiz sobre absolvição sumária** (art. 397, CPP). O juiz poderá julgar antecipadamente o processo, podendo absolver sumariamente o acusado nas hipóteses previstas no art. 397, I, II, III e IV, do CPP. A absolvição sumária só pode ocorrer se for manifesta, clara, sem dúvida. Nesta fase é observado o princípio do *in dubio pro societate*.

ATENTAI: Da decisão do juiz que **absolver** cabe apelação (art. 593, I, CPP). Da decisão do juiz que **não absolver** sumariamente não cabe recurso; todavia, poderá ser impetrado *habeas corpus* no caso de fato atípico ou extinção da punibilidade.

7 – **Audiência de instrução e julgamento**. Se não for o caso de absolvição sumária, será designada da audiência de instrução e julgamento (arts. 400 a 405, CPP). Na audiência deverão ser respeitados os princípios da: **a)** identidade física do juiz (o juiz que colheu a prova deverá proferir a sentença – art. 399, § 2º, CPP); **b)** princípio do *cross examination* (inquirição das testemunhas diretamente pelas partes – art. 212 do CPP); **c)** princípios do contraditório e da ampla defesa – art. 5º da CF (primeiro ouvem-se as testemunhas de acusação e depois as de defesa, bem como não pode haver indeferimento das testemunhas arroladas tempestivamente pelas partes). Ademais, com o advento da Lei n. 14.245/2021 (Lei Mariana Ferrer), em vigor a partir do dia 23-11-2021, fora acrescido o art. 400-A do CPP, passando a determinar que, na audiência de instrução e julgamento, e, em especial, nas que apurem crimes contra a dignidade sexual, todas as partes e demais sujeitos processuais presentes no ato **deverão zelar pela integridade física e psicológica da vítima, sob pena de responsabilização civil, penal e administrativa**, cabendo ao juiz garantir o cumprimento do disposto no referido artigo, sendo **vedadas**: I – a manifestação sobre circunstâncias ou elementos alheios aos fatos objeto de apuração nos autos; e, II – a utilização de linguagem, de informações ou de material que ofendam a dignidade da vítima ou de testemunhas.

7.1 – **Audiências de instrução e julgamento, debates e julgamentos** – audiência una – devendo seguir esta sequência: 1 – Tomada das declarações do ofendido (quando necessário); 2 – Oitiva das testemunhas de acusação e depois as de defesa; 3 – Esclarecimentos dos peritos; 4 – Acareações (quando necessário); 5 – Reconhecimento de pessoas e coisas (quando necessário); 6 – Interrogatório do acusado na presença de seu defensor; 7 – Requerimentos de diligências (quando necessário) – art. 403 do CPP; 8 – Alegações finais orais ou memoriais escritos.

8 – **Sentença.** Na fase da sentença prevalece o princípio do *in dubio pro reo*. Se o acusado for absolvido ou condenado, cabe apelação (art. 593, I, CPP).

ATENTAI: Caso o réu esteja preso preventivamente durante o processo, **o juiz na sentença condenatória aplicará a detração, ou seja, descontando (computando) o tempo da prisão provisória** para determinar o regime inicial de pena privativa de liberdade (art. 387, § 2º, CPP).

11.3 Mecânica processual no procedimento comum sumário

O rito sumário segue etapas processuais, sendo **quase idêntico** ao rito ordinário. Tem a audiência de instrução e julgamento como principal diferença, pois ela deve acontecer no prazo máximo de 30 (trinta) dias, contados do dia do recebimento da peça acusatória.

ATENTAI: Importante salientar que o procedimento sumário tem como traço característico a quantidade de **5 (cinco) testemunhas e não 8 (oito), como no rito ordinário.** Tem as seguintes etapas processuais:

1 – **Remessa do inquérito policial à justiça** (art. 10, CPP) – Réu preso: 10 dias contados a partir do flagrante ou da prisão preventiva; réu solto: 30 dias, prorrogáveis por quantas vezes se fizerem necessárias.

ATENTAI: Não sendo caso de arquivamento e tendo o investigado confessado formal e circunstancialmente a prática de infração penal sem violência ou grave ameaça e com pena mínima inferior a 4 (quatro) anos, o Ministério Público poderá propor acordo de não persecução penal – ANPP, desde que necessário e suficiente para reprovação e prevenção do crime, mediante as condições ajustadas cumulativa e alternativamente, previstas no art. 28-A, I, II, III, IV e V, do CPP.

2 – **Oferecimento da denúncia ou queixa** (art. 394, CPP) – Possibilidade de rejeição da peça acusatória se presente uma ou mais causas descritas no art. 395 do CPP.

3 – **Recebimento da denúncia ou queixa.**

4 – **Citação do acusado.**

5 – **Apresentação da resposta a acusação ou escrita** (art. 396, CPP), rol com **até 5 (cinco)** testemunhas (art. 532, CPP).

6 – **Da decisão do juiz sobre absolvição sumária** (art. 397, CPP).

7 – **Se não for o caso de absolvição sumária, designa-se audiência de instrução e julgamento.**

8 – **Audiência de instrução e julgamento, debates e julgamentos** – A audiência seguirá a mesma ordem de oitiva do procedimento ordinário. Após a instrução, haverá alegações finais orais ou apresentação de memoriais escritos (art. 403, § 3º, CPP).

9 – **Sentença** – Da sentença condenatória ou absolutória cabe apelação (art. 593, I, CPP).

11.4 Mecânica processual no procedimento comum sumaríssimo (Juizados Especiais Criminais)

O procedimento sumaríssimo (Juizado Especial Criminal) encontra embasamento na Lei n. 9.099/95, sendo utilizado quando a infração for de menor potencial ofensivo, em crimes cuja pena máxima em abstrato **não seja superior a 2 (dois) anos**, podendo ser cumulada ou não com multa, bem como se enquadra **todas as contravenções penais.**

Subdivide-se em duas etapas: **preliminar** (arts. 69 a 76) e **processual** (arts. 77 a 81). É importante lembrar que a fase preliminar ocorre em dois momentos, iniciando na polícia e, posteriormente, no próprio Juizado Especial Criminal.

11.4.1 Fase preliminar na polícia

O procedimento sumaríssimo tem a sequência dos seguintes atos preliminares na Polícia:

1 – **Lavratura do Termo Circunstanciado** (TCO) e remessa imediata ao Juizado Especial (art. 69, Lei n. 9.099/95).

2 – **Sendo o réu preso em flagrante delito,** não lavrará mais o auto de prisão nem se exigirá fiança, desde que o autor do fato assine termo de compromisso para comparecer ao Juizado Especial Criminal (art. 69, parágrafo único, Lei n. 9.099/95). No caso do **usuário de drogas,** a lei veda a sua prisão, devendo ser lavrado apenas o termo circunstanciado, conforme art. 48, § 2º, da Lei n. 11.343/2006.

ATENTAI: No Juizado Especial Criminal não há necessidade de inquérito policial (art. 77, § 1º, Lei n. 9.099/95).

11.4.2 Fase no Juizado Especial Criminal

A fase preliminar no Juizado Especial Criminal é constituída pela audiência preliminar, na qual será levantada a possibilidade da **composição dos danos civis** (art. 72, Lei n. 9.099/95) e da **transação penal** (art. 76, Lei n. 9.099/95).

11.4.2.1 Da composição civil

Ocorre entre o autor do fato e a vítima e, se possível, o responsável civil, acompanhados por seus advogados. Ocorrendo a composição (acordo), será **homologado** pelo juiz mediante sentença irrecorrível, terá eficácia de título a ser executado no juízo civil competente (art. 74, Lei n. 9.099/95). No caso de ação penal de iniciativa privada ou ação penal pública condicionada à representação, o **acordo homologado acarreta a renúncia** ao direito de queixa e representação (art. 74, parágrafo único, Lei n. 9.099/95), extinguindo-se, portanto, a punibilidade do agente.

ATENTAI: Em caso negativo de acordo, o ofendido poderá representar ou oferecer queixa-crime no prazo decadencial de 6 (seis) meses (art. 75, Lei n. 9.099/95).

11.4.2.2 Da transação penal

Na ação penal pública incondicionada ou havendo a representação do ofendido, independentemente da obtenção de acordo, o Ministério Público **irá avaliar a possibilidade de transação penal**. Assim, não sendo caso de arquivamento, o MP poderá propor a **aplicação imediata** de pena restritiva de direitos ou multas, a ser especificada na proposta (art. 76, Lei n. 9.099/95).

Não cabe a transação penal se ficar comprovado: **a)** ter sido o agente condenado em definitivo pela prática de crime à pena privativa de liberdade, por sentença definitiva, levando-se em conta o prazo da reincidência;

b) ter sido o agente beneficiado, nos últimos 5 (cinco) anos, de outra transação penal; **c)** não indicarem a personalidade, conduta social, antecedentes, bem como os motivos e as circunstâncias, ser necessária e suficiente a adoção da medida (art. 76, § 2º, I a III, Lei n. 9.099/95).

Homologada a transação penal, não importará em reincidência, sendo registrada apenas para impedir novamente o mesmo benefício no prazo de 5 (cinco) anos (art. 76, § 4º, Lei n. 9.099/95), bem como não constará na certidão criminal a imposição da pena restritiva (art. 76, § 6º). Por fim, não terá efeitos civis, cabendo aos interessados propor a ação cabível no juízo cível.

ATENTAI I: A homologação da transação penal não faz coisa julgada material e, descumpridas suas cláusulas, retoma-se a situação anterior, possibilitando o oferecimento da denúncia pelo MP (Súmula Vinculante 35 do STF).

ATENTAI II: Nos crimes sujeitos ao rito da Lei n. 11.340/2006 (Lei Maria da Penha), não se aplica transação penal (Súmula 536, STJ).

Com a impossibilidade de transação penal, inicia-se a fase processual, devendo ser observados os seguintes atos:

1 – **Oferecimento da denúncia ou da queixa-crime:** Nesta fase poderá ser oferecida a suspensão condicional do processo, nos termos do art. 89 da Lei n. 9.099/95. Caso não haja aceitação do *sursis processual*, o acusado será citado e imediatamente cientificado da AIJ (art. 78).

ATENTAI I: Nos crimes sujeitos ao rito da Lei n. 11.340/2006 (Lei Maria da Penha), não se aplica a suspensão condicional do processo (Súmula 536, STJ).

ATENTAI II: Antes de receber a queixa-crime, nos crimes contra a honra, o magistrado oferecerá às partes oportunidade para se reconciliarem, ouvindo as partes, separadamente e sem a presença de seus advogados, não sendo lavrado termo, sob pena de nulidade (art. 520, CPP).

Se o acusado não estiver presente na audiência preliminar, deverá ser citado para que possa comparecer à audiência, que deverá ser realizada pessoalmente, apresentando as testemunhas ou requerimento até 5 (cinco) dias antes da data designada, para a intimação.

ATENTAI: A impossibilidade de localização do agente fará com que os autos sejam encaminhados ao Juízo Criminal Comum, uma vez que a **citação por edital é incompatível com o JECRIM** (art. 66, parágrafo único, Lei n. 9.099/95).

2 – **Audiência de instrução e julgamento:** O juiz deverá propor uma nova tentativa de conciliação; não sendo possível, inicia-se a audiência de instrução, oportunizando a palavra ao defensor do acusado, tratando-se de defesa preliminar.

O magistrado poderá receber a denúncia/queixa ou rejeitá-las, em caso de uma das situações previstas no art. 395 do CPP. **Se o juiz rejeitar a peça inicial** (denúncia ou queixa), nos termos do art. 395, I, II e III, do CPP, **cabe apelação,** no prazo de 10 (dez) dias (art. 82, Lei n. 9.099/95), em caso de uma das situações previstas no art. 395 do CPP. **Se o juiz receber** a denúncia, não caberá recurso; todavia, se contrariar algum dos incisos do art. 395, o acusado poderá impetrar *habeas corpus* para a Turma Recursal.

Quando **recebida** a denúncia ou a queixa, deverão ser observados os seguintes atos na AIJ:

a) oitiva da vítima; **b)** oitiva das testemunhas de acusação e de defesa – quanto ao número de testemunhas, há divergência doutrinária. Parte da doutrina entende ser possível arrolar até 3 (três) testemunhas, ao passo que a outra parte, até 5 (cinco); **c)** interrogatório do acusado; **d)** alegações finais orais ou memoriais escritos. Ademais, com o advento da Lei n. 14.245/2021 (Lei Mariana Ferrer), em vigor a partir do dia 23-11-2021, fora acrescido o § 1º-A, ao art. 81 da Lei n. 9.099/95, passando a determinar que, durante a audiência, **todas as partes e demais sujeitos processuais presentes no ato deverão respeitar a dignidade da vítima, sob pena de responsabilização civil, penal e administrativa,** cabendo ao juiz garantir o cumprimento do disposto no referido artigo, sendo **vedadas**: I – a manifestação sobre circunstâncias ou elementos alheios aos fatos objeto de apuração nos autos; e, II – a utilização de linguagem, de informações ou de material que ofendam a dignidade da vítima ou de testemunhas.

3 – **Sentença.** Da sentença que absolver ou condenar caberá apelação, com fundamento no art. 82 da Lei n. 9.099/95, no prazo de 10 dias.

11.5 Procedimento especial – rito do júri

O Tribunal do Júri, de acordo com a Constituição Federal, em seu arts. 5º, XXXVIII, *d*, bem como no art. 74, § 1º, do CPP, é o responsável pelo julgamento dos crimes dolosos contra a vida, sejam os tentados, consumados e os conexos aos dolosos (crimes de homicídio doloso, infanticídio, aborto e instigação ao suicídio).

ATENTAI: O Tribunal do Júri não tem competência para julgar latrocínio, genocídio e tortura, ainda que tenha causado a morte da vítima.

É resguardada constitucionalmente a aplicação de garantias ao Tribunal do Júri:

a) **Plenitude de defesa:** Possibilidade de a defesa alegar questões de ordem técnica, moral, religiosa, filosófica, entre outras. Por esse motivo, é considerada uma espécie de *plus* à ampla defesa.

b) **Sigilo na votação:** Forma de garantia do júri, pois a votação é realizada de maneira secreta, evitando qualquer contato entre os próprios jurados. A votação é realizada em "sala secreta", devendo responder, de forma objetiva, aos questionamentos do magistrado. Para evitar votação unânime, quando for atingida a maioria dos votos no mesmo sentido, ou seja, 4 (quatro), a votação será interrompida, maneira que se encontra para preservar o sigilo da votação.

c) **Soberania dos *veredictos*:** A decisão dos jurados não pode ser reformada pelo juiz-presidente e/ou instância superior, podendo, apenas, ser anulado o *veredicto*, caso a decisão tenha sido manifestamente contrária à prova dos autos (art. 593, III, *d*, CPP). Não há necessidade de justificativa na hora do voto ao julgar o caso.

ATENTAI: Quando só existir **uma versão** dos fatos e os jurados a contrariarem, de maneira a decidir diversamente daquilo que foi provado, a decisão será considerada **manifestamente contrária à prova dos autos**. No entanto, caso haja duas versões dos fatos, os jurados, pela sua livre convicção, podem optar por uma delas, não caracterizando decisão manifestamente contrária.

11.5.1 Características do Tribunal do Júri

O Tribunal do Júri é composto por um órgão colegiado heterogêneo, sendo presidido por um juiz togado (presidente) e por outros 25 leigos para compor o Conselho de Sentença; destes, serão sorteados 7 (sete), não existindo hierarquia entre o juiz e os jurados. Vale ressaltar que não se exige unanimidade na decisão, sendo esta classificada como subjetiva, pois emana de um órgão colegiado heterogêneo.

O rito é classificado como **escalonado ou bifásico** justamente por conter duas fases distintas, sendo a **primeira** iniciada com o oferecimento da denúncia e terminando com o trânsito em julgado da decisão de pronúncia. A **segunda** fase inicia-se com o recebimento dos autos pelo juiz-presidente do Tribunal do Júri, após o trânsito em julgado da decisão de pronúncia (art. 421, CPP), e termina com o julgamento pelo pleno do júri.

11.5.2 Primeira fase – *judicium accusationis* (sumário de culpa – arts. 406 a 421, CPP)

Nessa fase, o procedimento será concluído no prazo máximo de 90 (noventa) dias (art. 412, CPP). Tem a sequência dos seguintes atos processuais:

1 – **Oferecimento da denúncia ou queixa** – Poderão ser arroladas até o máximo de 8 (oito) testemunhas, sob pena de preclusão (art. 406, § 2º, CPP).

2 – **Rejeição ou recebimento da denúncia ou da queixa** – Dá-se a rejeição da denúncia nas hipóteses do art. 395 do CPP, seja por: I – ser a peça acusatória manifestamente inepta; II – faltar alguma das condições para o exercício regular da ação ou pressuposto processual; ou III – faltar justa causa para o exercício da ação penal.

3 – **Citação do réu** – Recebida a peça acusatória, o acusado é citado para se defender. No rito do júri há possibilidade de utilizar os mesmos meios de citação do rito ordinário, seja a real ou ficta.

4 – **Apresentação da resposta à acusação ou escrita** (art. 406, § 3º, CPP) – Nesta fase não há julgamento antecipado, ou seja, não há absolvição sumária, nos termos do art. 397 do CPP. É o momento que o acusado tem para apresentar resposta à acusação, no prazo de 10 (dez) dias; poderá apresentar o rol de testemunhas com número máximo de 8 (oito) e arguir preliminares, apresentar as exceções e juntar documentos.

ATENTAI: A resposta à acusação é peça indispensável; caso o acusado não a apresente no prazo da lei, o juiz deve nomear defensor dativo e conceder-lhe o mesmo prazo do acusado para que ofereça a referida peça, sob pena de nulidade absoluta (art. 408, CPP).

5 – **Oitiva do Ministério Público sobre preliminares suscitadas e documentos juntados** (art. 409, CPP) – Situações em que, caso a parte apresente teses preliminares na resposta à acusação, o MP deve ter oportunidade de se manifestar quanto às alegações, no prazo de 5 (cinco) dias.

6 – **Audiência de instrução, debates e julgamentos** (art. 411, CPP) – Após recebimento e análise da resposta à acusação, o juiz deverá designar audiência de instrução e julgamento, que seguirá a seguinte ordem: 6.1 – Declarações do ofendido, se possível; 6.2 – Inquirição das testemunhas de acusação e defesa; 6.3 – Esclarecimentos dos peritos (art. 411, § 1º, CPP); 6.4 – Acareações (se for o caso); 6.5 – Reconhecimento de pessoas e coisas (se for o caso); 6.6 – Interrogatório do acusado; 6.7 – Encerrada a instrução probatória, ocorrendo o *mutatio libelli*, o juiz aplicará o disposto no art. 384 do CPP; 6.8 – **Alegações finais orais ou memoriais**. Contudo, o juiz poderá converter os debates orais em memoriais escritos.

7 – **Possíveis decisões do Juiz:**

a) **Pronúncia** (art. 413, CPP): O juiz irá se pronunciar caso haja **indícios suficientes de autoria ou participação e prova da materialidade**, devendo ele declarar o dispositivo legal em que julgar incurso o acusado e especificar as circunstâncias qualificadoras e as causas de aumento de pena (art. 413, § 1º, CPP), sendo vedado que o magistrado faça referência às causas atenuantes, agravantes e de diminuição de pena.

ATENTAI: No caso de pronúncia, ocorrendo a **eloquência acusatória** por parte do juiz, ou seja, excedendo-se, fazendo um prévio julgamento, extrapolando a demonstração dos pressupostos legais (indícios suficientes de autoria e prova da materialidade), **é causa de nulidade**.

b) **Impronúncia** (art. 414, CPP) significa que, não se convencendo da existência de indícios suficientes de autoria, de participação ou materialidade do fato, o juiz deverá impronunciar. Importante salientar que a referida decisão não faz coisa julgada material, sendo possível formular uma nova denúncia caso haja prova nova.

c) **Absolvição sumária** (art. 415, CPP)**:** Deve-se absolver sumariamente quando preencher os requisitos do art. 415 do CPP: I – provada a inexistência do fato; II – provado não ser o acusado o autor do fato; III – o fato não constituir infração penal; IV – demonstrada causa de isenção de pena ou exclusão do crime.

d) **Desclassificação** (art. 419, CPP): Situação em que o magistrado entende que não ocorreu crime doloso contra a vida. Por esse motivo, o Tribunal do Júri torna-se incompetente para julgar o caso, devendo remeter os autos ao juízo competente.

O juiz deverá proferir sua decisão logo após o encerramento dos debates, ou poderá fazê-lo no prazo de 10 (dez) dias (art. 411, § 9º, CPP).

11.5.3 Dos recursos nas decisões de primeira fase

a) da pronúncia, cabe Recurso em Sentido Estrito (RESE – art. 581, IV, CPP);

b) da impronúncia, cabe apelação (art. 416, CPP);

c) da absolvição sumária, cabe apelação (art. 416, CPP);

d) da desclassificação, cabe RESE (art. 581, II, CPP).

11.6 Segunda fase do júri – *judicium causae* ou juízo da causa (arts. 422 a 497, CPP)

Após a decisão de pronúncia do acusado, ele deverá ser levado a julgamento perante os jurados, devendo seguir as seguintes formalidades:

I – **Intimação das partes** – As partes devem apresentar o rol de testemunhas que irão depor no plenário, podendo requerer diligências e juntar documentos, no prazo de 5 (cinco) dias (art. 422, CPP).

II – **Elaboração de relatório sucinto** – O juiz deve decidir sobre os requerimentos de provas formuladas pelas partes, devendo sanar as irregularidades existentes no processo, apresentando aos jurados no dia do julgamento no pleno (art. 423, CPP).

III – **Quantidade dos jurados** – De acordo com o art. 462 do CPP, deverá ser verificado se há 25 (vinte e cinco) cédulas com o nome dos candidatos para que seja feito o sorteio dos membros que irão compor o plenário do júri. Contudo, o art. 463 do CPP dispõe que, **comparecendo ao menos 15 (quinze) jurados**, o juiz-presidente **declarará instaurados os trabalhos**.

IV – **Advertências** – O juiz-presidente esclarecerá os jurados sobre os impedimentos, a suspeição e as incompatibilidades (art. 466, CPP).

V – **Dos jurados presentes** – Preenchidos os requisitos do art. 463 do CPP, 7 (sete) serão sorteados para compor o conselho de sentença que julgará o acusado. Nesta etapa, tanto a defesa quanto a acusação, respectivamente, poderão **rejeitar até 3 (três)** jurados de **forma imotivada** (recusa peremptória), na forma do art. 468 do CPP. No entanto, as partes poderão recusar **motivadamente** os jurados alegando de impedimento (art. 448, CPP), ou outras hipóteses previstas no art. 449 do CPP.

VI – **Instrução em plenário** – Durante o julgamento **não será permitida** a leitura de documento ou a exibição de objeto que não tiver sido juntado aos autos com a antecedência mínima de 3 (três) dias úteis, dando-se ciência à outra parte, conforme determina o art. 479 do CPP, bem como referência à decisão de pronúncia do juiz, silêncio do acusado etc. (art. 478, CPP, sob pena de nulidade). **Formado o conselho de sentença,** o juiz fará aos jurados a exortação, o compromisso e a entrega de cópias das peças processuais (art. 472, CPP), bem como seguirá os seguintes atos:

I – declaração do ofendido (se possível);

II – inquirição das testemunhas de acusação e de defesa (art. 473, *caput*, CPP);

III – as partes e os jurados poderão requerer acareações, reconhecimento de pessoas e coisas, esclarecimento de perito (se for o caso) e leitura de peças (provas colhidas por precatória e as cautelares, antecipadas ou não repetíveis);

ATENTAI: Os jurados formularão as perguntas ao ofendido e às testemunhas, **por intermédio do juiz-presidente** (sistema presidencialista), sendo esta uma exceção ao *cross examination* (arts. 473, § 2º, e 474, § 2º, ambos do CPP). No tocante **às partes**, estas farão as inquirições diretas às testemunhas e ao acusado (*cross examination*), na forma dos arts. 473, § 1º, e 474, § 1º, ambos do CPP. Ademais, com o advento da Lei n. 14.245/2021 (Lei Mariana Ferrer), em vigor a partir do dia 23-11-2021, foi acrescido o art. 474-A do CPP, passando a determinar que, durante a instrução em plenário, **todas as partes e demais sujeitos processuais presentes no ato deverão respeitar a dignidade da vítima, sob pena de responsabilização civil, penal e administrativa**, cabendo ao juiz presidente garantir o cumprimento do disposto no referido artigo, sendo **vedadas**: I – a manifestação sobre circunstâncias ou elementos alheios aos fatos objeto de apuração nos autos; e, II – a utilização de linguagem, de informações ou de material que ofendam a dignidade da vítima ou de testemunhas.

IV – interrogatório do acusado;

V – debates – O tempo destinado à acusação e à defesa será de **uma hora e meia** para cada, e de **uma hora** para a réplica e outro tanto para a tréplica (art. 477, *caput*, CPP), ressalvando que **o assistente de acusação** falará depois do MP, se houver. No caso de **ação penal privada**, o querelante falará primeiro que o MP;

ATENTAI I: Havendo **mais de um réu**, a acusação e a defesa terão **duas horas e trinta** para os debates. Já na réplica e tréplica o prazo é de **duas horas** para cada.

ATENTAI II: Se a acusação, quando indagada se pretende fazer uso da réplica, acrescenta ou reforça algum argumento, mesmo que com poucas palavras, a defesa poderá ir para a tréplica.

VI – consulta aos jurados;

VII – diligências de plenário (se for o caso);

VIII – dos quesitos e sua votação.

11.6.1 Da sentença

Depois de concluída a audiência no Plenário do Júri, o juiz deverá indagar os jurados sobre a condição deles para julgar o acusado ou se há necessidade de mais esclarecimentos (art. 480, § 1º, CPP).

Após essa indagação, o magistrado elaborará os quesitos, que, em regra, deverão ser: **I** – materialidade do fato; **II** – autoria ou participação; **III** – se o acusado deve ser absolvido; **IV** – se existe causa de diminuição de pena alegada pela defesa; **V** – se existe circunstância qualificadora ou causa de aumento de pena reconhecido na pronúncia ou em decisões posteriores que julgaram admissível a acusação, observando as regras dos arts. 482 e 483 do CPP, sendo votados pelos jurados em uma sala especial, denominada de "sala secreta" (art. 485, *caput*, CPP).

Da decisão do Tribunal do Júri caberá apelação, com fundamento no art. 593, III, *a* a *d*, do CPP, quando:

a) ocorrer nulidade posterior à pronúncia. O recorrente pedirá anulação do julgamento para que outro seja realizado (art. 593, III, *a*, CPP).

b) for a sentença do juiz-presidente contrária à lei expressa ou à decisão dos jurados. Se o recurso contra a sentença do juiz-presidente for contrário à lei expressa ou divergir das respostas dos jurados aos quesitos, o Tribunal de Justiça ou Regional Federal fará a devida retificação (art. 593, § 1º, do CPP).

c) houver erro ou injustiça no tocante à aplicação da pena ou da medida de segurança. Se o recurso for contra erro ou injustiça no tocante à aplicação da pena ou da medida de segurança, o tribunal, ao dar provimento à apelação, fará a devida retificação (art. 593, § 2º, do CPP).

d) for a decisão dos jurados manifestamente contrária à prova dos autos. O recorrente pedirá o provimento do recurso para levar o réu a novo julgamento, não se admitindo a segunda apelação pelo mesmo motivo (art. 593, § 3º, do CPP).

ATENTAI I: O Tribunal de Justiça não pode excluir qualificadora reconhecida pelo Tribunal do Júri. No entanto, se a qualificadora for manifestamente contrária à prova dos autos, deverá determinar que o réu seja submetido a novo julgamento, sendo vedada ao tribunal a exclusão da qualificadora ou a modificação da pena.

ATENTAI II: Quando só existir uma versão dos fatos e os jurados a contrariarem, de maneira a decidir diversamente daquilo que foi provado, a decisão será considerada manifestamente contrária à prova dos autos. No entanto, caso haja duas versões dos fatos, os jurados, pela sua livre convicção, podem optar por uma delas, não caracterizando decisão manifestamente contrária.

No plenário do júri, em caso de **desclassificação** pelos jurados, o crime conexo (não doloso contra a vida) será julgado pelo juiz presidente do Tribunal do Júri (art. 492, § 2º, do CPP), bem como o crime desclassificado e a aplicação dos institutos despenalizadores, se for considerado pela Lei como infração de menor potencial ofensivo (art. 492, § 1º, do CPP).

No caso de Sentença proferida pelo juiz presidente do tribunal do júri, este mandará o acusado recolher-se ou recomendá-lo-á à prisão em que se encontra, **se presentes os requisitos da prisão preventiva, ou**, no caso de condenação a uma **pena igual ou superior a 15 (quinze) anos de reclusão**, determinará a execução provisória da pena, com expedição do mandado de prisão, se for o caso, sem prejuízo do conhecimento de recursos que vierem a ser interpostos (art. 492, I, *e*, CPP). No entanto, o presidente poderá, excepcionalmente, deixar de autorizar a execução provisória da pena, se houver questão substancial cuja resolução pelo tribunal ao qual competir o julgamento possa plausivelmente levar à revisão da condenação (art. 492, § 3º, CPP).

Ressalte-se que a apelação interposta contra decisão condenatória do Tribunal do Júri a uma pena igual ou superior a 15 (quinze) anos de reclusão **não terá efeito suspensivo** (art. 492, § 4º, CPP). Excepcionalmente, poderá o tribunal atribuir efeito suspensivo à apelação interposta, quando verificado cumulativamente que o recurso: **I** – não tem propósito meramente protelatório; e **II** – levanta questão substancial e que pode resultar em absolvição, anulação da sentença, novo julgamento ou redução da pena para patamar inferior a 15 (quinze) anos de reclusão (art. 492, § 5º, CPP).

Por fim, o pedido de concessão de efeito suspensivo poderá ser feito **incidentemente** na apelação **ou por meio de petição** em separado dirigida diretamente ao relator, instruída com cópias da sentença condenatória, das razões da apelação e de prova da tempestividade, das contrarrazões e das demais peças necessárias à compreensão da controvérsia (art. 492, § 6º, CPP).

11.7 Do desaforamento

Preceitua o art. 427 do CPP que, se o interesse da ordem pública o reclamar, houver dúvida quanto à imparcialidade do júri, segurança pessoal do acusado, impossibilitando o julgamento no local do crime, **o réu poderá ser julgado em outra comarca da mesma região**.

ATENTAI: O julgamento do desaforamento será julgado pelo Tribunal de Justiça, e terá preferência na Câmara ou Turma competente (art. 427, § 1º, CPP).

O desaforamento, conforme art. 427, § 4º, do CPP, **pode ser requerido**: **a)** após o trânsito em julgado da decisão de pronúncia e antes do julgamento em plenário; **b)** após o julgamento, caso ele seja anulado em decorrência de fato ocorrido durante o julgamento do réu.

Tem legitimidade para requerer o desaforamento: **a)** Ministério Público; **b)** assistente de acusação; **c)** acusado; e **d)** juiz, mediante representação.

No caso de desaforamento, prevê a possibilidade de **suspensão do julgamento** pelo plenário do júri, em razão de **motivos relevantes** alegados pelo requerente, por decisão fundamentada do relator (art. 427, § 2º, CPP).

ATENTAI I: A mera alegação de parcialidade dos jurados ou meras suspeitas ou suposições, por si sós, desacompanhadas de qualquer comprovação idônea e eficaz, ou sem estar baseadas em fatos concretos, não autorizam o desaforamento.

ATENTAI II: De acordo com a Súmula 712 do STF obrigatoriamente deverá ser ouvida a defesa, só assim poderá ser deferido o pedido de desaforamento.

11.8 Procedimentos da Lei de Drogas (Lei n. 11.343/2006)

O procedimento na Lei de Drogas, em decorrência do **princípio da especialidade**, tem um rito próprio, distinguindo-se do rito comum ordinário previsto no CPP, encontrando previsão na Lei n. 11.343/2006. Deve seguir a sequência dos atos processuais:

I – **Oferecimento da denúncia** – Por tratar-se de conduta delituosa, cuja ação penal é pública incondicionada, o Ministério Público oferecerá a devida peça acusatória, podendo arrolar até 5 (cinco) testemunhas, conforme preceitua o art. 54, III, da Lei n. 11.343/2006.

II – **Notificação do acusado** – O acusado será notificado para que tenha possibilidade de oferecer defesa prévia, no prazo de 10 dias (art. 55, *caput*, Lei n. 11.343/2006).

III – **Apresentação da defesa prévia** (art. 55, Lei n. 11.343/2006) – O acusado terá 10 (dez) dias para apresentar, podendo arrolar até 5 (cinco) testemunhas. Nesta fase processual, o acusado irá requerer a rejeição da denúncia, nos termos do art. 395, I, II e III, do CPP, bem como poderá juntar documentos e apresentar as exceções previstas no art. 95 do CPP.

ATENTAI: Na Lei de Drogas não há citação para que o acusado apresente resposta à acusação com pedido de absolvição sumária, mas sim defesa prévia com pedido de rejeição da denúncia.

IV – **Recebimento da denúncia** (art. 55, § 4º, Lei n. 11.343/2006) – Se o juiz **rejeitar** a denúncia, caberá RESE (art. 581, I, CPP). Se o juiz **receber** a denúncia, não caberá recurso, mas, se contrariar algum dos incisos do art. 395 do CPP, o acusado poderá impetrar *habeas corpus* com intuito de trancar a ação penal.

V – **Audiência de instrução e julgamento** (art. 57, Lei n. 11.343/2006) – Se o juiz não rejeitar a denúncia, **citará o acusado** pessoalmente para comparecer à audiência de instrução e julgamento, bem como intimando o Ministério Público, as testemunhas e requisitará os laudos periciais (art. 56, Lei n. 11.343/2006).

Na audiência de instrução e julgamento, debates e julgamentos, a regra é que a audiência seja una, tendo que seguir a seguinte sequência:

a) **interrogatório do acusado na presença de seu defensor;**

   ATENTAI: O **STF, ao julgar o HC n. 127.900/AM**, rel. Min. Dias Toffoli, firmou entendimento de que o interrogatório do **acusado deverá ser realizado ao final da instrução criminal, conforme art. 400 do CPP**, sendo aplicável no âmbito dos procedimentos especiais, preponderando o princípio da ampla defesa sobre o princípio interpretativo da especialidade. No entanto, a fim de evitar possíveis nulidades nos processos em que o interrogatório foi o primeiro ato da AIJ, tal entendimento **só passou a ter aplicabilidade a partir da publicação da ata do julgamento (11/3/2016)**. Contudo, a fim de não comprometer a segurança jurídica dos processos já sentenciados, houve modulação dos efeitos da decisão, aplicando-se essa orientação apenas aos processos cuja instrução ainda não tenha se encerrado.

b) **inquirição de testemunhas de acusação e de defesa** – cada parte pode arrolar até 5 (cinco) testemunhas (arts. 54, III, e 55, § 1º, da Lei n. 11.343/2006), devendo elas serem ouvidas em audiência;

c) **debates orais ou memoriais escritos** – Na Lei de Drogas, devem ser aplicadas as mesmas teses de defesa previstas no procedimento comum;

VI – **Sentença** – Na fase da sentença, não diferente dos outros procedimentos, deve prevalecer o princípio do *in dubio pro reo* (em favor do acusado).

VII – **Recurso** – Da decisão do juízo cabe apelação, devendo seguir as regras do art. 593, I, do CPP.

11.9 Procedimento nos crimes de violência doméstica e familiar contra a mulher (Lei n. 11.340/2006)

11.9.1 Formas de violência doméstica e familiar contra a mulher

A Lei n. 11.340/2006 tornou crime a violência doméstica e familiar contra a mulher, passando a adotar procedimento especial para as condutas que se enquadrarem nas hipóteses do art. 7º da referida lei, agressões que podem ser: **a)** física; **b)** psicológica; **c)** patrimonial; e **d)** moral. Com intuito de aumentar e humanizar o atendimento às mulheres, determinou-se a criação de juizados especiais de violência doméstica e familiar contra a mulher.

O **procedimento** a ser seguido será **ordinário ou sumário**, dependendo da pena, ou do júri, nos casos de crimes dolosos contra a vida. Nos crimes em que a **pena máxima em abstrato for de até 2 (dois) anos**, no caso de infração de menor potencial ofensivo, **aplicar-se-á o rito sumário**, tendo em vista que o art. 41 da Lei n. 11.340/2006 veda a aplicação da Lei n. 9.099/95, ou seja, o procedimento sumaríssimo, bem como a suspensão condicional do processo e a transação penal (Súmula 536, STJ).

ATENTAI: No caso de **contravenções penais** no âmbito familiar e doméstico contra a mulher, não se aplica o procedimento sumaríssimo, **adotando-se o rito sumário**, aplicando o art. 41 da Lei n. 11.340/2006 indistintamente a crimes e contravenções penais, de acordo com a posição jurisprudencial.

ATENTAI II: Súmula 536 do STJ: "a suspensão condicional do processo e a transação penal não se aplicam na hipótese de delitos sujeitos ao rito da Lei Maria da Penha". **Súmula 542 do STJ**: "A ação penal relativa ao crime de lesão corporal resultante de violência doméstica contra a mulher é pública incondicionada". **Súmula 588 do STJ**: "a prática de crime ou contravenção penal contra a mulher com violência ou grave ameaça no ambiente doméstico impossibilita a substituição da pena privativa de liberdade por restritiva de direitos". **Súmula 589 do STJ**: "é inaplicável o princípio da insignificância nos crimes ou contravenções penais praticados contra a mulher no âmbito das relações domésticas". **Súmula 600 do STJ**: "para a configuração da violência doméstica e familiar prevista no artigo 5º da Lei n. 11.340/2006 (Lei Maria da Penha) não se exige a coabitação entre autor e vítima".

12. SENTENÇA

É a decisão proferida pela autoridade judiciária no processo judicial sob a sua direção, podendo ser **absolutória** ou **condenatória** ou, ainda, **terminativa** quanto a algum incidente.

A decisão proferida pelo **juiz** monocrático é denominada **sentença**.

Vale ressaltar que a proferida pelo **Tribunal**, órgão colegiado, denomina-se **acórdão**.

A decisão dos **jurados** é denominada **veredicto**.

12.1 Classificação

12.1.1 Classificação em sentido amplo

As decisões ou sentenças, em sentido amplo, no processo penal podem ser:

I – **Definitivas:** É a sentença em sentido próprio, isto é, são as que resolvem a lide e põem fim ao processo, condenando (sentenças condenatórias) ou absolvendo o réu (absolutórias).

II – **Interlocutórias simples:** São aquelas que dirimem questões parciais relativas ao andamento do processo, à marcha do processo, sem abordar o mérito da ação e sem encerrar o processo. Exemplo: o recebimento da denúncia ou queixa, a concessão de fiança e outros.

III – **Interlocutórias mistas:** Têm ao mesmo tempo caráter interlocutório e força de decisão definitiva (art. 593, II, CPP). Também não abordam o mérito da ação, mas encerram uma etapa dele. Subdividem-se em:

a) **interlocutórias mistas não terminativas:** Põem termo em apenas uma etapa procedimental. Exemplo: decisão de pronúncia nos processos do júri popular;

b) **Interlocutórias mistas terminativas:** São as que encerram o processo sem resolução da lide. Exemplo: decisão pela ilegitimidade de parte etc.

As decisões ou sentenças, em **sentido estrito**, dividem-se em **condenatórias, absolutórias** e **terminativas** de mérito.

I – **Sentenças condenatórias** (art. 387, CPP): São aquelas que julgam procedente a ação penal, ou seja, acolhendo no todo ou em parte a responsabilidade criminal do acusado.

II – **Sentenças absolutórias** (art. 386, CPP): São aquelas que julgam improcedente a ação penal, ou seja, não acolhem o pedido da acusação por um dos incisos do art. 386 do CPP. Podem ser:

a) **próprias:** Quando não acolhem a pretensão punitiva, liberando o acusado de qualquer sanção (art. 386, CPP);

b) **impróprias:** Quando o juiz se convence da prática da infração penal, mas reconhece a inimputabilidade do acusado, aplicando-lhe medida de segurança (art. 386, parágrafo único, III, CPP).

III – **Terminativas de mérito:** Pronunciam um julgamento de mérito, no entanto não condenam nem absolvem o acusado. Exemplo: a sentença de declaração da extinção de punibilidade.

Além das classificações já mencionadas, de acordo com a doutrina, as sentenças também podem ser: subjetivamente simples, plúrimas e complexas; executáveis, não executáveis e condicionais.

12.2 Requisitos formais da sentença

Os requisitos da sentença estão previstos no art. 381 do CPP. A sentença possui requisitos formais intrínsecos e extrínsecos.

Assim, os requisitos **intrínsecos** são:

I – **O relatório** (exposição ou histórico), art. 381, I e II, do CPP. É a exposição sucinta da acusação e da defesa, o nome das partes e um resumo do histórico do processo, inclusive com menção expressa aos incidentes e à solução dada às questões intercorrentes. A falta de relatório é causa de nulidade da sentença, nos termos do art. 564, III, *m*, e IV, do CPP.

ATENTAI: O art. 81, § 3º, da Lei n. 9.099/95 **dispensa o relatório** nas sentenças proferidas no procedimento sumaríssimo dos Juizados Especiais Criminais.

A jurisprudência entende que a falta ou a deficiência da exposição das teses articuladas pelas partes só causa nulidade da sentença se ficar comprovado concretamente o prejuízo.

II – **A fundamentação (motivação)**, art. 381, III, do CPP. A lei exige a indicação dos motivos de fato e de direito em que se funda a decisão, bem como o art. 93, IX, da Constituição Federal, ou seja, a obrigatoriedade da fundamentação das decisões judiciais. A sentença sem fundamentação é denominada sentença vazia.

III – **O dispositivo (conclusão)**, art. 381, IV e V, do CPP. É o encerramento da tese, é a decisão final, decisão propriamente dita que o juiz dá ao processo. Nesta fase, o juiz aplica o direito ao caso concreto, absolvendo ou condenando o acusado, com a indicação dos artigos de lei que foram aplicados.

Já os requisitos formais **extrínsecos** da sentença são: a **data** e a **assinatura** do juiz (art. 381, VI, CPP) e as **rubricas** em todas as folhas, quando a sentença for datilografada e contiver mais de uma folha (art. 388, CPP). As primeiras conferem autenticidade à sentença, podendo acarretar nulidade ou até mesmo a inexistência, no caso da ausência de assinatura, ao passo que a falta das rubricas traduz apenas mera irregularidade na sentença penal.

12.3 *Emendatio libelli* (art. 383, CPP)

Ocorre quando o juiz, sem alterar o quadro fático narrado na denúncia ou queixa, dá outra tipificação legal ao crime.

Portanto, na *emendatio libelli* há apenas uma correção, tendo o juiz a liberdade de **corrigir a tipificação legal do delito, sem modificar a descrição do fato narrado** na denúncia ou queixa, podendo atribuir-lhe definição jurídica diversa, inclusive aplicar pena mais grave, independentemente de vista à defesa.

Nesta hipótese, **não há cerceamento** de defesa ou surpresa para o acusado, em decorrência do princípio da correlação, no qual o acusado se defende dos fatos narrados na peça acusatória e não de sua classificação legal.

Ressalte-se ainda que, por ocasião do **recebimento da denúncia ou queixa, o juiz não pode** aplicar a *emendatio libelli*, uma vez que ela só pode ocorrer no momento da sentença.

Quanto à aplicação da *emendatio libelli* **em segundo grau**, não há nenhum impedimento. No entanto, em caso de recurso exclusivo da defesa, o Tribunal não poderá agravar a pena, em razão do princípio da vedação da *reformatio in pejus* (art. 617, CPP).

Caso o magistrado venha a **desclassificar** o tipo penal, ao atribuir uma nova tipificação legal ao fato, tornando-se **incompetente**, ele deverá encaminhar os autos ao juízo competente (art. 383, § 2º, CPP).

ATENTAI: Caso, em consequência da nova definição jurídica do fato, e este tiver pena mínima não superior a 1 (um) ano de detenção, o juiz determinará abertura de vista ao Ministério Público, para que possa oferecer o benefício da **suspensão condicional do processo** (art. 89, Lei n. 9.099/95), se for o caso (art. 383, § 1º, CPP).

12.4 Princípio da correlação

A sentença a ser proferida pelo juiz deve limitar-se aos fatos imputados na denúncia ou queixa, não podendo julgar *ultra* (além), *extra* (fora) ou *citra* (aquém) *petita* (pedido), sob pena de afronta aos princípios constitucionais do contraditório e da ampla defesa.

Portanto, tanto a *mutatio libelli* quanto a *emendatio libelli* **visam** garantir a exata correlação entre a imputação e a sentença.

12.5. Princípio do *juria novit curia*

No processo penal vigora também o princípio do *jura novit curia*, significando que o juiz conhece o direito, também conhecido como *mihi factum dabo tibi jus* (narra-me o fato e te darei o direito). Isso significa dizer que o réu se defende não da capitulação legal dada ao crime na denúncia, mas, sim, dos fatos narrados na denúncia ou queixa.

12.6 *Mutatio libelli* (art. 384, *caput*, CPP)

Após o encerramento da instrução criminal, é possível a ocorrência de **nova definição jurídica do fato**, em consequência de prova existente nos autos de elemento ou circunstância da infração penal não contida na acusação.

Diante dessa situação, o **juiz não poderá** proferir sentença sem que haja o **aditamento** da denúncia e a **oportunidade de defesa** ao acusado, sob pena de violar os princípios da ampla defesa e do contraditório.

Assim, caberá ao **Ministério Público** aditar a denúncia ou a queixa, no prazo de **5 (cinco) dias**, se, após a instrução probatória, entender cabível nova definição jurídica do fato, reduzindo-se a termo o aditamento, quando feita oralmente.

ATENTAI: No caso de ação penal privada subsidiária da pública, o Ministério Público deverá formular o aditamento, em caso de omissão do querelante.

Todavia, caso o Ministério Público não adite espontaneamente a denúncia, nada impede que **o juiz**, vislumbrando a possibilidade de nova definição jurídica do fato, determine a baixa dos autos ao *parquet*, para que este, no prazo de 5 (cinco) dias, adite a peça acusatória inicial.

Se o Ministério Público **não aditar** a denúncia e o juiz entender ser cabível a possibilidade de nova definição jurídica do fato, **aplica-se o art. 28 do CPP**, devendo ser enviando ao Procurador-Geral de Justiça para que o faça.

Havendo aditamento pelo Ministério Público, o juiz, antes de admiti-lo ou rejeitá-lo, **notificará** o defensor do acusado para que se manifeste no prazo de **5 (cinco) dias**. Admitido o aditamento, o juiz designará dia e hora para a continuação da audiência, com a inquirição de testemunhas, novo interrogatório do acusado, realização de debates e julgamentos (art. 384, § 2º, CPP).

Cada parte pode arrolar até **3 (três) testemunhas**, ficando o juiz, na sentença, adstrito aos termos do aditamento (art. 384, § 4º, CPP). Rejeitado o aditamento, o processo prosseguirá. Dessa decisão cabe recurso em sentido estrito (art. 581, I, CPP).

ATENTAI: Ressalte-se que a *mutatio libelli* não se aplica em segunda instância, de acordo com a Súmula 453 do STF.

12.7 Pedido de absolvição pelo MP

Nos crimes da ação penal pública, o pedido de absolvição do Ministério Público não vincula o juiz, podendo este proferir sentença condenatória, bem como reconhecer agravantes, embora nenhuma tenha sido alegada (art. 385, CPP).

12.8 Sentença absolutória

É aquela em que o juiz julga improcedente a pretensão punitiva da acusação. Assim, o magistrado, ao proferir a sentença absolutória, mencionará a causa na parte dispositiva, desde que reconheça uma das hipóteses previstas no art. 386 do CPP, a saber:

I – **Estar provada a inexistência do fato.** Quando ficar provado que o fato atribuído ao acusado não aconteceu, não existiu. Faz coisa julgada no cível e impede a propositura da ação civil.

II – **Não haver prova da existência do fato.** Nesta hipótese, há dúvida quanto à existência do fato, não se podendo provar plenamente se este existiu ou não, incidindo aqui o princípio do *in dubio pro reo*. Não faz coisa julgada no cível e não impede a propositura da ação civil.

III – **Não constituir o fato infração penal.** O fato existe, porém, é atípico, isto é, resta provada a existência do fato, no entanto não se enquadra em nenhuma descrição típica prevista no Código Penal. E ainda nas hipóteses de excludentes de tipicidade (erro do tipo – art. 20, *caput*, CP; crime impossível – art. 17, CP; e o princípio da insignificância). Assim, nessas hipóteses pode ocorrer o pedido de absolvição do acusado. Não faz coisa julgada no cível e não impede a propositura da ação civil.

IV – **Estar provado que o réu não concorreu para a infração penal.** Nesta hipótese, o fato existe, mas está provado, sem dúvida alguma, que o acusado não foi autor ou partícipe do crime. Faz coisa julgada no cível e impede a propositura da ação civil.

V – **Não existir prova de ter o réu concorrido para a infração penal.** Quando houver dúvida quanto à autoria e à participação do acusado no crime, incidirá o princípio do *in dubio pro reo*, devendo o acusado ser absolvido. Não faz coisa julgada no cível e não impede a propositura da ação civil.

VI – **Existirem circunstâncias que excluam o crime ou isentem o réu de pena (arts. 20, 21, 22, 23, 26 e § 1º do art. 28, todos do Código Penal), ou mesmo se houver fundada dúvida sobre sua existência.** A absolvição do acusado pelas excludentes de ilicitude (art. 23, CP) faz coisa julgada no cível e impede a propositura da ação civil, exceto nas hipóteses de estado de necessidade, quando o agente atinge bem de terceiro inocente, e na legítima defesa, quando o agente causar ofensa a terceiro por erro na execução.

No entanto, não faz coisa julgada no cível e não impede a propositura da ação civil a sentença absolutória que reconhecer as excludentes de culpabilidade ou quando fundada em dúvida sobre a existência de circunstâncias que excluam o crime ou isentem o réu de pena.

VII – **Não existir prova suficiente para a condenação.** Quando houver dúvida ou insuficiência de prova para sustentar a condenação, o acusado deverá ser absolvido, em respeito ao princípio do *in dubio pro reo*. Para condenar, a prova há de ser plena, cabal, ou seja, exige certeza do julgador. Assim, havendo dúvida no espírito do juiz, o acusado deve ser absolvido. Não faz coisa julgada no cível e não impede a propositura da ação civil.

No que concerne às **consequências da absolvição**, segundo o parágrafo único do mesmo artigo, o juiz mandará, se for o caso, pôr o réu em liberdade; ordenará a cessação das penas acessórias provisoriamente aplicadas; ou aplicará medida de segurança, se cabível.

12.9 Sentença condenatória

O juiz, ao proferir a sentença condenatória, segundo o **art. 387 do CPP**:

I – mencionará as circunstâncias agravantes ou atenuantes definidas no Código Penal, e cuja existência reconhecer;

II – mencionará as outras circunstâncias apuradas e tudo o mais que deva ser levado em conta na aplicação da pena, de acordo com o disposto nos arts. 59 e 60 do Código Penal;

III – aplicará as penas, de acordo com essas conclusões;

IV – fixará valor mínimo para reparação dos danos causados pela infração, considerando os prejuízos sofridos pelo ofendido;

V – atenderá, quanto à aplicação provisória de interdições de direitos e medidas de segurança, ao disposto no Título XI deste Livro;

VI – determinará se a sentença deverá ser publicada na íntegra ou em resumo e designará o jornal em que será feita a publicação.

Ressalte-se que, havendo pedido expresso na inicial acusatória do Ministério Público ou da parte ofendida e oportunizado o contraditório ao réu, sob pena de violação à ampla defesa, o juiz na sentença condenatória deve fixar um valor mínimo para a reparação civil dos danos materiais ou morais causados à vítima, de acordo com o art. 387, IV, do CPP.

Por fim, o juiz decidirá, fundamentadamente, sobre a manutenção ou, se for o caso, imposição de prisão preventiva ou de outra medida cautelar, sem prejuízo do conhecimento da apelação que vier a ser interposta.

Dessa forma, na aplicação da pena, o Código Penal adotou o **sistema trifásico** (art. 68, CP) no qual o desdobramento da pena se dá em três fases:

a) **1ª fase:** o juiz fixa a pena-base de acordo com as circunstâncias judiciais (art. 59, CP);

b) **2ª fase:** o juiz leva em consideração as circunstâncias agravantes (arts. 61 e 62, CP) e atenuantes (arts. 65 e 66, CP);

c) **3ª fase:** o juiz leva em consideração as causas de aumento ou diminuição de pena (previstas na Parte Geral ou Especial do Código Penal). Assim, se o juiz, ao fixar a pena, não levar em consideração o sistema trifásico, bem como o princípio constitucional da individualização da pena (art. 5º, XLVI, CF), ensejará a nulidade da sentença condenatória.

E, ainda, o juiz deverá levar em consideração por ocasião da dosimetria da pena as seguintes Súmulas: 231, 241, 440, 442, 443 e 444, todas do STJ.

Registre-se que somente após o **trânsito em julgado** da sentença penal condenatória, que aplicou a pena restritiva de direito, o juiz da execução, de ofício ou a requerimento do Ministério Público, promoverá a **execução**, em consonância com o art. 147 da Lei n. 7.210/84.

A intimação da sentença ocorrerá na forma do art. 392 do CPP, a saber:

I – ao réu, pessoalmente, se estiver preso;

II – ao réu, pessoalmente, ou ao defensor por ele constituído, quando se livrar, solto, ou, sendo afiançável a infração, tiver prestado fiança;

III – ao defensor constituído pelo réu, se este, afiançável, ou não, a infração, expedido o mandado de prisão, não tiver sido encontrado, e assim o certificar o oficial de justiça;

IV – mediante edital, nos casos do nº II, se o réu e o defensor que houver constituído não forem encontrados, e assim o certificar o oficial de justiça;

V – mediante edital, nos casos do nº III, se o defensor que o réu houver constituído também não for encontrado, e assim o certificar o oficial de justiça;

VI – mediante edital, se o réu, não tendo constituído defensor, não for encontrado, e assim o certificar o oficial de justiça.

Ressalte-se que o Ministério Público será o primeiro a ser intimado da sentença, no prazo de 3 (três) dias (art. 390, CPP), cuja intimação deve ser pessoal. O querelante ou o assistente será intimado da sentença, pessoalmente ou na pessoa de seu advogado. Já o Defensor nomeado e o público deverão, respectivamente, ser intimados pessoalmente (art. 370, § 4º, CPP) e de acordo com o art. 44, I, da LC n. 80/94.

No entanto, se nenhum deles for encontrado, a intimação será feita mediante edital com o prazo de 10 dias, afixado no prazo de costume (art. 391, CPP). A intimação pode dar-se pela imprensa oficial na forma do art. 370, § 1º, do CPP.

12.9.1 Intimação da Sentença Condenatória e Absolutória Imprópria (o réu é absolvido e imposta uma medida de segurança)

Se o acusado estiver **preso**, procede-se à intimação pessoal do acusado e de seu **defensor constituído**. Se o réu estiver solto, se assistido por advogado constituído, basta a intimação de seu defensor.

Se estiver sido patrocinado por **defensor público ou dativo**, será preciso a **intimação pessoal** do acusado. Se não for localizado, será citado **por edital** no prazo de 90 dias, caso a condenação imposta for pena privativa de liberdade por tempo igual ou superior a um ano, e de 60 dias, nos outros casos (art. 392, § 1º, CPP). O prazo para apelação correrá após o término do fixado no edital, salvo se, no curso deste, for feita a intimação por qualquer das outras formas estabelecidas em lei (art. 392, § 2º, CPP).

12.10 Detração

Com o advento da Lei n. 12.736, de 30 de novembro de 2012, o juiz, por ocasião da sentença condenatória, computará o tempo de prisão provisória, administrativa ou internação, cumprida no Brasil ou no estrangeiro, para fins de determinação de regime inicial de pena privativa de liberdade, na forma do art. 387, § 2º, do Código de Processo Penal.

12.11 Coisa julgada

O fenômeno da coisa julgada ocorre após decisão judicial que não é mais passível de qualquer discussão, ou seja, não cabe mais nenhum recurso.

ATENTAI: A imutabilidade das decisões incide apenas sobre as sentenças absolutórias, pois das sentenças condenatórias cabe revisão criminal a qualquer tempo (art. 621, CPP).

12.12 Limitações da coisa julgada

A coisa julgada encontra limitações, podendo ser objetivas ou subjetivas.

Nas **limitações objetivas (quanto aos fatos)**, o acusado não poderá ser novamente julgado pelos mesmos fatos dos quais já fora absolvido anteriormente.

Nas **limitações subjetivas (quanto ao sujeito passivo)**, em razão da imutabilidade da sentença, o acusado não poderá ser processado duas vezes pelos mesmos fatos, independentemente da natureza da sentença.

13. NULIDADES

A nulidade consiste em uma sanção, sob um aspecto, e, sob outro, em um vício processual que se origina da falta de observância de exigências da lei. Quando não ocorrerem as devidas observações legais, o processo pode ser invalidado no todo ou em parte.

Destaca-se a existência de duas espécies de nulidades: a **absoluta** e a **relativa**.

13.1 Nulidades absolutas

Ocorre nos defeitos **insanáveis** quando há violação de norma de ordem pública, isto é, atinge o interesse público e viola diretamente princípios constitucionais. Caracteriza-se pela falta total do ato, deve ser decretada de ofício (pelo juiz), pode ser alegada pela parte a qualquer tempo (jamais preclui) e o prejuízo é presumido, não necessitando ser demonstrado.

As nulidades absolutas por exclusão são as previstas no art. 564, I, II, III, *a*, *b*, *c*, e (1ª parte), *f*, *i*, *j*, *k*, *l*, *m*, *n*, *o* e *p*.

ATENTAI I: Após o trânsito em julgado da decisão, as nulidades absolutas só poderão ser arguidas em favor da defesa.

ATENTAI II: Se o tribunal constatar a existência de vício ocorrido no processo que favoreça a acusação, não arguido em recurso interposto pelo acusador (MP ou querelante), a nulidade não poderá ser reconhecida de ofício (**Súmula 160, STF**).

13.2 Nulidades relativas

É aquela que ocorre nos **defeitos sanáveis**, cujo ato existe, porém com um defeito em um ponto importante, atingindo principalmente o interesse das partes. Os dispositivos violados são infraconstitucionais, o **prejuízo deve ser demonstrado** e devem ser suscitados pelas partes no **momento oportuno**, sob pena de preclusão.

Exemplo de nulidade relativa é a falta de intimação de expedição de carta precatória para inquirição de testemunha (**Súmula 155, STF**).

13.3 Princípios básicos das nulidades

a) **Instrumentalidade das formas ou da economia processual:** Não será declarada a nulidade de ato processual que não houver influído na apuração da verdade substancial ou na decisão da causa (art. 566, CPP).

b) **Princípio do prejuízo:** Nenhum ato será declarado nulo se da nulidade não resultar prejuízo para a acusação ou para defesa (art. 563, CPP). O nosso sistema processual penal adota o princípio do ***pas de nullité sans grief***.

c) **Causalidade ou da sequencialidade:** A nulidade de um ato, uma vez declarada, causará a dos demais (art. 573, § 1º, CPP).

d) **Princípio do interesse:** No processo penal, nenhuma das partes poderá arguir nulidade a que haja dado causa, ou para que tenha concorrido (art. 565, CPP). Assim, só a parte prejudicada pode alegar nulidade, isto é, que se for beneficiar. A parte contrária não poderá apontar nulidade praticada pelo outro polo da relação.

e) **Princípio da convalidação:** É a possibilidade de se considerarem válidos os atos viciados quando o interessado não alega o vício no momento oportuno (art. 572, I, CPP).

13.4 Momento oportuno para arguir as nulidades relativas

Essas nulidades são passíveis de preclusão, portanto deverão ser alegadas em momento oportuno, sob pena de serem consideradas sanadas. De acordo com o art. 571 do CPP, **as nulidades deverão ser arguidas**:

a) as da **instrução criminal** dos processos da competência do **júri** (primeira fase), o momento passou a ser nas **alegações orais** em audiência, na forma do art. 411, § 4º, do CPP ou nos memoriais escritos, após o encerramento da instrução probatória (art. 571, I, CPP);

b) as da **instrução criminal** dos processos de competência do **juiz singular** e dos **processos especiais**, o momento passou a ser nas alegações orais ou nos memoriais escritos (art. 403, *caput* e § 3º, CPP), após o encerramento da instrução probatória (art. 571, II, CPP);

c) as do processo **sumário**, no prazo da resposta à acusação, ou, se verificadas depois desse prazo, logo depois de aberta a audiência de instrução e julgamento (art. 571, III, CPP);

d) as ocorridas **posteriormente à pronúncia** e antes do júri, logo depois de anunciado o julgamento e apregoadas as partes na forma dos arts. 462 e 463 do CPP (art. 571, V, CPP);

e) as de **instrução criminal** dos processos de **competência originária** do Supremo Tribunal Federal, Superior Tribunal de Justiça, dos Tribunais de Justiça e dos Tribunais Regionais Federais, no prazo a que se refere o art. 11 da Lei n. 8.038/90 – alegações escritas (art. 571, VI, CPP);

f) se verificadas **após a decisão da primeira instância**, nas razões de recurso ou logo depois de anunciado o julgamento do recurso e apregoadas as partes (art. 571, VII, CPP);

g) as do julgamento em plenário, em audiência ou em sessão do tribunal, **logo depois** de ocorrerem (art. 571, VIII, CPP).

13.5 Espécies de nulidade

O **art. 564 do CPP** enumera os seguintes casos de nulidades: **I** – por incompetência, suspeição ou suborno do juiz; **II** – por ilegitimidade de parte; **III** – por falta das fórmulas ou termos previstos nas alíneas *a* a *p*; **IV** – por omissão de formalidade que constitui elemento essencial do ato; e **V** – em decorrência de decisão carente de fundamentação.

Súmulas do STF que tratam de nulidades

155: "É relativa a nulidade no processo criminal por falta de intimação da expedição de precatória para inquirição de testemunha".

156: "É absoluta a nulidade do julgamento, pelo júri, por falta de quesito obrigatório".

160: "É nula a decisão do tribunal que acolhe, contra o réu, nulidade não arguida no recurso de acusação, ressalvados os casos de recurso de ofício".

162: "É absoluta a nulidade o julgamento pelo júri quando os quesitos da defesa não precedem as demais circunstâncias agravantes".

206: "É nulo o julgamento ulterior pelo júri com participação de jurado que funcionou em julgamento anterior no mesmo processo".

351: "É nula a citação por edital de réu preso na mesma unidade da federação que o juiz exerce sua jurisdição".

366: "Não é nula a citação por edital que indica o dispositivo da lei penal, embora não transcreva a denúncia ou queixa, ou não resuma os fatos em que se baseia".

431: "É nulo o julgamento de recurso criminal, na segunda instância, sem prévia intimação, ou publicação da pauta, salvo em *habeas corpus*".

523: "No processo penal, a falta de defesa constitui nulidade absoluta, mas sua deficiência só anulará se houver prova de prejuízo para o réu".

564: "A ausência de fundamentação do despacho de recebimento da denúncia por crime falimentar enseja nulidade processual, salvo se já houver sentença condenatória".

706: "É relativa a nulidade decorrente da inobservância da competência penal por prevenção".

707: "Constitui nulidade a falta de intimação do denunciado para oferecer contrarrazões ao recurso interposto da rejeição da denúncia, não suprindo a nomeação de defensor dativo".

708: "É nulo o julgamento da apelação se, após a manifestação nos autos da renúncia do único defensor, o réu não foi previamente intimado para constituir outro".

712: "É nula a decisão que determina desaforamento de processo da competência do júri sem audiência da defesa".

Vinculante 11: "Só é lícito o uso de algemas em casos de resistência e de fundado receio de fuga ou de perigo à integridade física própria ou alheia, por parte do preso ou de terceiros, justificada a excepcionalidade por escrito, sob pena de responsabilidade disciplinar, civil e penal do agente ou da autoridade e de nulidade da prisão ou ato processual a que se refere, sem prejuízo da responsabilidade civil do Estado".

14. AÇÕES DE IMPUGNAÇÃO

14.1 Revisão criminal

É uma ação penal de competência originária dos tribunais, com o objetivo de **desfazer a sentença condenatória transitada em julgado ou acórdão**, a qualquer tempo, para absolver o acusado, anular o processo ou modificar a pena. Revisão criminal **é ação penal** de natureza constitutiva, não sendo considerada recurso.

Não existe a revisão criminal *pro societate*. Assim, o objetivo principal da presente ação é reexaminar a sentença condenatória **em favor do condenado, *pro reo*.**

ATENTAI: Da sentença **absolutória imprópria**, quando o réu é absolvido e imposta uma medida de segurança, caberá revisão criminal.

14.1.1 Fundamento e cabimento

A ação de revisão criminal está prevista nas hipóteses do art. 621 do CPP, sendo: **I** – quando a sentença condenatória for contrária ao texto expresso da lei penal ou à evidência dos autos; **II** – quando a sentença condenatória se fundar em depoimentos, exames ou documentos comprovadamente falsos; **III** – quando, após a sentença, se descobrirem novas provas de inocência do condenado ou de circunstância que determine ou autorize diminuição especial da pena.

No processo penal, o ônus da prova cabe à acusação. Contudo, **na revisão criminal o *onus probandi* cabe ao autor**, ou seja, ao condenado, podendo ser proposta a qualquer tempo, antes ou após a extinção da pena (art. 622, CPP).

Importante frisar a posição da doutrina e da jurisprudência quanto **à revisão criminal contra sentença condenatória prolatada pelo Tribunal de Júri**, plenamente possível, uma vez que a garantia constitucional da soberania do júri não pode prevalecer sobre o direito de liberdade e da ampla defesa.

Possui **legitimidade** para pedir a revisão do processo o próprio réu ou seu procurador legal, porém, tratando-se de morte do réu, terá legitimidade o cônjuge, o ascendente, o descendente ou o irmão (art. 623, CPP), ressaltando que o **Ministério Público não tem legitimidade para tanto**.

ATENTAI: O Supremo Tribunal Federal firmou entendimento de que o condenado tem capacidade para postular em nome próprio a revisão criminal, sob o argumento de que o art. 632 do CPP foi recepcionado pela Constituição de 1988, bem como não foi derrogado pelo art. 1º, I, da Lei n. 8.906/94.

O **pressuposto** para o ajuizamento da ação de revisão criminal é de que a sentença condenatória tenha transitado em julgado. Ressalte-se que deverá estar anexada à ação revisional a **certidão de trânsito em julgado** da sentença, pois a sua ausência é causa de indeferimento da inicial, com a consequente extinção do feito sem resolução do mérito.

São competentes para o processamento e julgamento da revisão criminal os tribunais (art. 624, CPP); **não é competente** o juízo de primeira instância.

Assim, a competência poderá ser do: I – Supremo Tribunal Federal – quando a condenação tiver sido por ele proferida ou mantida, na forma do art. 102, I, *j*, da CF/1988; II – Superior Tribunal de Justiça – quando a condenação tiver sido por ele proferida, na forma do art. 105, I, *e*, da CF/1988; III – Tribunal Regional Federal – quando a decisão condenatória tiver sido por ele proferida em única ou última instância, na forma do art. 108, I, *b*, da CF/1988; IV – Tribunal de Justiça – quando a decisão condenatória for proferida de seus julgados ou de juízes estaduais, conforme a Lei da Organização Judiciária. Por fim, será de competência das Turmas Recursais quando a condenação tiver sido proferida pelos Juizados Especiais Criminais (ou da decisão da própria Turma Recursal) para julgar a revisão criminal, e não o Tribunal de Justiça.

Julgada procedente a ação de revisão, o tribunal poderá alterar a classificação da infração, modificar a pena, anular o processo ou absolver o acusado (art. 626, CPP). De qualquer forma, o tribunal não poderá agravar a pena imposta pela decisão revista.

Ademais, a absolvição **implicará o restabelecimento** de todos os direitos perdidos do réu em razão da condenação. Poderá ainda o Tribunal, em caso de absolvição imprópria, impor medida de segurança (art. 627, CPP).

Quando **ocorrer empate** no julgamento da revisão, prevalecerá a decisão mais favorável ao réu, aplicando-se, por analogia, o art. 615, § 1º, do CPP.

Havendo **erro judiciário**, o tribunal, a pedido do interessado, poderá reconhecer o direito a uma justa indenização pelos prejuízos sofridos (art. 630, CPP).

No caso de haver **novas provas ou provas comprovadamente falsas**, novas testemunhas ou retratação delas, o condenado, antes de ajuizar a revisão criminal, terá de promover a **justificação criminal** (arts. 381, § 5º, CPC) no juízo da condenação, para servir de prova, com o objetivo de instruir o pedido revisional junto ao tribunal, sob pena de não admissibilidade da ação, uma vez que, na instância superior, não se pode inquirir testemunhas ou partes. Ou seja, devem ser produzidas sob o **crivo do contraditório**, com a participação do Ministério Público.

14.1.2 *Abolitio criminis*

Após o trânsito em julgado da sentença condenatória, compete ao Juiz da Vara de Execuções a aplicação da lei posterior que deixar de considerar o fato como crime, conforme dispõe a Súmula 611 do STF. Portanto, não é cabível revisão criminal para **aplicação de lei mais benéfica** ao condenado, mas sim requerimento para aplicação dela, de acordo com o art. 66 da Lei n. 7.210/84.

ATENTAI: Da sentença **absolutória imprópria**, o réu é absolvido e imposta uma medida de segurança, caberá revisão criminal.

14.2 *Habeas corpus* (art. 647, CPP)

É um remédio constitucional previsto no art. 5º, LXVIII, da CF, cujo objetivo é tutelar, de maneira eficiente e imediata, a liberdade de locomoção em função de ilegalidade ou abuso de poder.

ATENTAI: O *habeas corpus* não é recurso, mas sim uma **ação penal popular**.

O *habeas corpus* **pode ser classificado** em preventivo e repressivo/liberatório, sendo: **a) preventivo:** quando o indivíduo estiver na iminência de sofrer a coação ilegal, destinando-se a afastar a ameaça à liberdade de locomoção e, sendo assim, o pedido será o **salvo-conduto** (art. 660, § 4º, CPP); **b) repressivo/liberatório:** quando o agente estiver sofrendo a violência ou a coação ilegal, tendo por objetivo afastar o constrangimento ilegal, uma vez que já ocorreu a violação da liberdade de ir e vir, sendo pedido o **alvará de soltura**.

De acordo com art. 654, § 2º, do CPP, o *habeas corpus* poderá ser **expedido *ex officio***, situação em que os juízes ou tribunais verificarem alguma ilegalidade no curso do processo.

ATENTAI: Há possiblidade de impetrar *habeas corpus* com intuito de **trancar** o inquérito policial ou a ação penal, casos em que o juiz recebe a denúncia ou queixa contrariando algum dos incisos do art. 395 do CPP, para **substituir** o recurso e para defender direitos do nascituro, quando ocorrerem as hipóteses do art. 648, I a VII, do CPP.

Poderão impetrar *habeas corpus* **qualquer pessoa**, nacional ou estrangeiro, em seu favor ou de outrem, bem como o Ministério Público (art. 654, CPP) e, principalmente, o advogado, o qual será denominado impetrante, não precisando de procuração para postular em juízo. Saliente-se que o delegado de polícia tem legitimidade para impetrar *habeas corpus* como qualquer cidadão e não no desempenho da função.

ATENTAI I: O **Promotor de Justiça** pode impetrar *habeas corpus* em favor do réu, jamais para atender aos interesses da acusação, ainda que legítimos. **O assistente** de acusação não possui legitimidade para intervir no *habeas corpus* (Súmula 208, STF).

ATENTAI II: O analfabeto tem legitimidade para impetrar *habeas corpus*, contanto que alguém assine a seu rogo (art. 654, § 1º, *c*, CPP). O menor, o doente mental e a pessoa jurídica também possuem legitimidade para impetrá-lo, pois não é exigível a capacidade civil para tanto.

Será cabível *habeas corpus* nas hipóteses do art. 648 do CPP, quando: **a)** não houver justa causa; **b)** alguém estiver preso por mais tempo do que determina a lei; **c)** quem ordenar a coação não tiver competência para fazê-lo; **d)** tiver cessado o motivo que autorizou a coação; **e)** não for alguém admitido a prestar fiança, nos casos em que a lei autoriza; **f)** processo manifestamente nulo; e **g)** extinta a punibilidade.

É possível a impetração de *habeas corpus* para anular a sentença condenatória quando **violar as garantias constitucionais** do devido processo legal.

O *habeas corpus* tem como **partes: a) impetrante:** aquele que roga a ordem; **b) paciente:** pessoa que está na iminência de sofrer coação ilegal ou aquele que já está preso; **c) autoridade coatora:** quem exerce ou ameaça exercer coação ilegal (autoridade ou particular).

Para determinar **a competência** do julgamento do *habeas corpus*, deve ser sabido quem é a autoridade coatora, a fim de impetrar o remédio heroico perante a autoridade superior, aquela de quem parte a coação. Portanto, a competência para o julgamento do *habeas corpus* será fixada da seguinte forma:

I – **Delegado de polícia –** Quando a autoridade coatora for delegado estadual, a competência para julgar o *habeas corpus* é do **juiz de Direito**; no caso de delegado federal, a competência será do **Juiz Federal** da Vara da Seção Judiciária do Estado.

II – **Juiz ou Ministério Público –** Quando o juiz ou promotor for autoridade coatora, a competência para o julgamento do *habeas corpus* é do **Tribunal de Justiça** Estadual; no caso de juiz federal ou Procurador da República de 1ª Instância, a competência será do **Tribunal Regional Federal** (art. 108, I, *a* e *d*, CF).

III – **Promotor de Justiça do Distrito Federal –** O Promotor de Justiça do Distrito Federal está vinculado ao Ministério Público da União, nos termos do art. 128, I, *d*, da CF; assim, o **Tribunal Regional Federal da 1ª Região** é competente para julgar o *habeas corpus* quando a autoridade coatora for membro do Ministério Público do Distrito Federal e Territórios.

IV – **Inquérito policial instaurado mediante requisição de promotor –** A autoridade coatora é o promotor de justiça, uma vez que a autoridade policial é obrigada a atender à requisição. Assim, o **Tribunal** é competente para julgar o *habeas corpus*, pois o promotor é o responsável pela coação.

V – **Tribunal –** Quando a autoridade coatora for o Tribunal de Justiça Estadual, do Distrito Federal ou Tribunal Regional Federal, a competência para julgar o *habeas corpus* é do **Superior Tribunal de Justiça** (art. 105, I, *c*, CF).

VI – **Superior Tribunal de Justiça –** Quando a autoridade coatora for o Superior Tribunal de Justiça, a competência para julgar o *habeas corpus* será do **Supremo Tribunal Federal** (art. 102, I, *i*, primeira parte, CF).

VII – **Supremo Tribunal de Federal –** Quando o paciente for uma das pessoas que constam no art. 102, I, *d* e *i*, da CF, compete, originariamente, a este Tribunal.

ATENTAI: Quando a autoridade coatora for a **Turma Recursal** dos Juizados Especiais Criminais, a competência para julgar o *habeas corpus* será do Tribunal de Justiça ou do Tribunal Regional Federal, e não do Supremo Tribunal Federal.

O promotor de justiça **não funciona**, na primeira instância, no pedido de *habeas corpus* (concedido pelo Juiz). No entanto, no *habeas corpus* impetrado perante os Tribunais Estaduais ou Federais, o STJ e o STF, **há intervenção** do representante do Ministério Público.

Hipóteses que **não admitem** *habeas corpus*:

a) durante o estado de sítio (arts. 138, *caput*, e 139, I e II, CF);

b) em casos de punições disciplinares militares (art. 142, § 2º, CF);

c) quando o objeto do recurso for sobre o ônus das custas, não estando mais em causa a liberdade de locomoção (Súmula 395, STF);

d) contra omissão de relator de extradição, se fundado em fato ou direito estrangeiro, cuja prova não constava dos autos, nem foi ele provocado a respeito (Súmula 692, STF);

e) em decisão condenatória à pena de multa, ou no curso de processo por infração penal em que a pena cominada seja a pena pecuniária (Súmula 693, STF);

f) quando houver imposição da pena de exclusão de militar ou perda da patente ou função pública (Súmula 694, STF);

g) quando já extinta a pena privativa de liberdade (Súmula 695, STF);

h) quando se destina a reexame de fatos ou de provas.

Da decisão **do juiz** que denega ordem de *habeas corpus* cabe Recurso em Sentido Estrito (RESE), no prazo de 5 (cinco) dias, para o Tribunal de Justiça ou Tribunal Regional Federal (art. 581, X, CPP).

Do acórdão **do Tribunal** de Justiça ou do Tribunal Regional Federal que denega ordem de *habeas corpus* cabe Recurso Ordinário Constitucional (ROC) ao Superior Tribunal de Justiça, no prazo de 5 (cinco) dias (art. 105, II, *a*, CF).

Da decisão denegatória de *habeas corpus*, proferida **pelo Superior Tribunal de Justiça**, cabe ROC ao Supremo Tribunal Federal (art. 102, II, *a*, CF).

14.3 Mandado de segurança (art. 5º, LXIX, CF/88 e Lei n. 12.016/2009)

Poderá impetrar mandado de segurança o titular do direito líquido e certo, seja individual ou coletivo, para o qual pede proteção pelo mandado de segurança, subordinando-se às regras do processo civil. Só poderá ser impetrado por intermédio de profissional habilitado.

O Ministério Público, por força do art. 32, I, da Lei Orgânica Nacional do Ministério Público (Lei n. 8.625/93), também possui legitimidade para a impetração, sendo obrigatória a citação do réu como litisconsorte passivo em caso de impetração contra decisão proferida em processo penal (Súmula 701, STF).

14.3.1 Cabimento

I – Contra despacho que não admitir o assistente de acusação.

II – Contra apreensão de objetos, barcos, carros ou aeronaves sem nenhuma relação com o crime.

III – Violação ao direito de juntar documentos em qualquer fase do processo penal, de acordo com os arts. 231 e 400 do CPP.

IV – Violação ao direito do terceiro de boa-fé à restituição de coisas apreendidas.

V – Violação ao direito de vista de inquérito policial ao advogado, ainda que sob sigilo (art. 7º, XIV, Lei n. 8.906/94 e Súmula Vinculante 14, STF).

VI – Violação ao direito de o advogado entrevistar-se com seu constituinte, ainda que considerado incomunicável (art. 21, parágrafo único, CPP, e art. 7º, III, Lei n. 8.906/94).

Todavia, o art. 5º da Lei n. 12.016/2009 prevê as hipóteses em que **não será cabível** a impetração de mandado de segurança, a saber:

I – de ato do qual caiba recurso administrativo com efeito suspensivo, independentemente de caução;

II – de decisão judicial da qual caiba recurso com efeito suspensivo;

III – de decisão judicial transitada em julgado.

ATENTAI: Na ilegalidade relacionada à liberdade de locomoção não cabe mandado de segurança, mas cabe *habeas corpus*.

14.3.2 Procedimento

Opera-se o mandado de segurança da seguinte forma:

I – **Impetrante:** Este possui prazo de 120 (cento e vinte) dias, a partir da ciência oficial do ato a ser impugnado, para impetrar o mandado de segurança.

II – **Magistrado:** Ao despachar a petição, ordenará, liminarmente, a suspensão do ato impugnado, caso estejam presentes o *fumus boni iuris* (fumaça de bom direito) e o *periculum in mora* (perigo na demora), determinando, independentemente da concessão ou não da liminar, a notificação da **autoridade coatora** com o objetivo de que esta preste informação no prazo máximo de 10 (dez) dias (art. 7º, I, Lei n. 12.016/2009).

III – **Ministério Público:** O representante do Ministério Público terá um prazo de 10 (dez) dias para manifestar-se (art. 12, Lei n. 12.016/2009).

ATENTAI: Com ou sem o parecer do Ministério Público, os autos serão conclusos ao Juiz, para a decisão, a qual deverá ser necessariamente proferida em 30 (trinta) dias (art. 12, parágrafo único, Lei n. 12.016/2009).

IV – **Concedido o mandado de segurança:** O magistrado transmitirá em ofício, por intermédio do oficial do juízo, ou pelo correio, mediante correspondência com aviso de recebimento, o inteiro teor da sentença à autoridade coatora e à pessoa jurídica interessada (art. 13, Lei n. 12.016/2009).

V – **Sentença:** Que denegar ou conceder o mandado de segurança, caberá apelação (art. 14, Lei n. 12.016/2009). Por outro lado, das decisões em mandado de segurança proferido em única instância pelos tribunais caberão recurso especial e extraordinário, nos casos legalmente previstos, e recurso ordinário, quando a ordem for denegada (art. 18, Lei n. 12.016/2009).

15. RECURSOS

15.1 Conceito

Recurso é a medida processual voluntária pela qual a parte que se sentiu prejudicada em demanda judicial tem a oportunidade, antes de ocorrida a preclusão, de impugnar a sentença que lhe foi desfavorável, buscando reforma, invalidação ou esclarecimento, objetivando o **reexame da decisão** por um órgão superior ou pelo próprio órgão que a prolatou.

15.1.1 Princípios gerais dos recursos

Os princípios informativos no processo penal são caracterizados pelo(a):

I – **Duplo grau de jurisdição.** Trata-se de um princípio que possibilita à parte, em razão de sua inconformidade, levar a decisão contrária para **reexame** por uma instância superior.

II – **Taxatividade.** Todo recurso precisa estar expressamente previsto em lei, haja vista que o rol de recursos e as hipóteses de seu cabimento são enumerados de forma taxativa.

III – **Unirrecorribilidade.** Também conhecido por **unicidade ou singularidade**, versa que para cada decisão há **um único recurso específico** cabível previsto em lei, de forma que uma mesma decisão, via de regra, não pode aceitar dois recursos concomitantes.

No entanto, tal princípio comporta exceções, como no caso da possibilidade de interposição simultânea dos recursos especial e extraordinário.

IV – **Fungibilidade.** Segundo tal princípio, o recurso interposto erroneamente pode ser conhecido por outro, salvo na hipótese de má-fé, conforme dispõe o art. 579 do CPP.

V – **Disponibilidade.** Pelo princípio da disponibilidade, entende-se que o recorrente pode renunciar ou desistir do seu recurso. Ressalte-se que o Ministério Público não poderá desistir do recurso que tenha interposto, conforme dispõe o art. 576 do CPP. Assim, o Ministério Público não é obrigado a recorrer, mas, uma vez interposto o recurso, dele não poderá desistir.

VI – **Dialeticidade.** O recorrente deverá expor os fundamentos de seu pedido de reexame de decisão, a fim de que a parte contrária possa apresentar as contrarrazões, sob pena de ferir o princípio do contraditório.

VII – **Voluntariedade.** É aquele cuja interposição irá depender da vontade do sucumbente, ou seja, ele provocará o reexame se entender cabível. Assim, o recurso voluntário é uma faculdade das partes.

Há previsão de recurso de ofício nas seguintes hipóteses: na concessão de *habeas corpus* (art. 574, I, CPP); na absolvição sumária do réu nos crimes de competência do júri (art. 574, II, CPP); na decisão que conceder a reabilitação ao condenado (art. 746, CPP); e quando o réu for absolvido em processo por crime contra economia popular ou quando determinarem o arquivamento dos autos do respectivo inquérito policial (art. 7º, Lei n. 1.533/51).

ATENTAI: Com relação à absolvição sumária (art. 415, do CPP) do réu nos crimes de competência do júri **há divergência** doutrinária. Para uns, com o advento da reforma processual, o recurso de ofício nesta hipótese foi extinto. Para outros, não foi extinto. **O STJ**, no REsp 767.535/PA (Rel. Min. Maria Thereza de Assis Moura, 6ª Turma), entende que o recurso de ofício não foi revogado nesta hipótese.

VIII – **Princípio da vedação da *reformatio in pejus*.** O Tribunal não poderá agravar a situação do réu quando somente este houver apresentado recurso, possuindo as seguintes modalidades:

a) ***Reformatio in pejus* direta.** É o previsto no art. 617 do CPP, que proíbe o tribunal, em **recurso exclusivo da defesa**, de agravar ou piorar a sua situação, ainda que haja erro na sentença.

ATENTAI: Em hipótese de recurso exclusivo do acusado, caso este não tenha ventilado matéria de nulidade absoluta, o tribunal não poderá reconhecê-la de ofício em prejuízo da defesa, na forma da **Súmula 160 do STF**.

b) ***Reformatio in pejus* indireta.** Havendo recurso exclusivo do acusado, uma vez anulada a sentença condenatória pelo tribunal, a **nova sentença a ser proferida pelo juiz não pode agravar a anterior**, sob pena de violação ao princípio da *reformatio in pejus* indireta.

c) ***Reformatio in pejus* indireta e soberania dos veredictos do Tribunal do Júri.** Há entendimento doutrinário e jurisprudencial no sentido de que, no caso de anulação do julgamento pelo Tribunal do Júri, em recurso exclusivo da defesa, em razão do princípio constitucional da soberania dos veredictos, o novo plenário, isto é, os outros jurados poderão reconhecer **crime mais grave**, prevalecendo sobre o da *reformatio in pejus* indireta.

d) ***Reformatio in pejus* e sentença do juiz-presidente do Tribunal do Júri.** No caso de anulação do julgamento pelo Tribunal do Júri, em recurso exclusivo da defesa, o juiz-presidente, quando do segundo julgamento, **não pode aplicar pena mais grave do que a do julgamento anulado**, desde que presentes e reconhecidos pelo novo júri os mesmos fatos e circunstâncias, aplicando-se a ele a vedação legal.

15.1.2 Pressupostos recursais

15.1.2.1 Pressupostos objetivos

Os pressupostos objetivos estão divididos de forma mais completa em seis, quais sejam:

a) **Cabimento ou previsão legal:** Para cada recurso, deve haver sua respectiva previsão legal para a decisão recorrida.

b) **Tempestividade:** Deve-se observar o prazo disposto na lei, ou seja, só será admitido se interposto no lapso temporal.

c) **Adequação:** Para cada tipo de decisão cabe um tipo de recurso, devendo, assim, ser observado o recurso adequado. Ressalte-se que a exigência da adequação pode ser abrandada pelo princípio da fungibilidade (art. 579, CPP), ou seja, é possível o tribunal reconhecer um recurso por outro, desde que seja dentro do prazo legal e não haja má-fé.

d) **Regularidade formal:** Os recursos deverão observar as formas estabelecidas em lei. Por exemplo, em sede de primeiro grau, o recurso é interposto por petição ou por termo perante o escrivão (art. 578, CPP), sendo posteriormente intimado para apresentar as razões.

e) **Inexistência de fato impeditivo:** Tal hipótese pode ser encontrada na **renúncia**. O fato impeditivo acontece **antes da interposição do recurso**, pois a parte pode se manifestar ou abrir mão no sentido de não recorrer.

ATENTAI: Súmula 705 do STF: "A renúncia do réu ao direito de apelação, manifestada sem a assistência do defensor, não impede o conhecimento da apelação por este interposta", e **708 do STF:** "É nulo o julgamento da apelação se, após a manifestação nos autos da renúncia do único defensor, o réu não foi previamente intimado para constituir outro".

f) **Inexistência de fato extintivo:** O fato extintivo está presente nos casos de desistência e de deserção, uma vez que estas extinguem a possibilidade da via recursal.

Desistência: É a manifestação da vontade da parte de não prosseguir com o recurso. Ocorre **depois de interposto o recurso**, extinguindo-o da via recursal. O Ministério Público, quando houver interposto, não poderá desistir do recurso, consoante o art. 576 do CPP.

ATENTAI: Quanto ao querelante e ao assistente de acusação, desde que os advogados possuam procuração com poderes especiais, nada obsta a desistência dos recursos já interpostos.

Deserção: Ocorre quando **há falta de pagamento** do preparo (custas) do recurso do querelante (art. 806, § 2º, CPP), ou seja, nas ações penais exclusivamente privadas, salvo se este for pobre nas hipóteses do art. 32 do CPP (art. 806, *caput*, CPP).

ATENTAI: Súmula 347 do STJ: "O conhecimento de recurso de apelação do réu independe de sua prisão".

15.1.2.2 Pressupostos subjetivos

Os pressupostos **subjetivos** se dividem em dois, quais sejam:

a) **Legitimidade:** A interposição do recurso é autorizada ao Ministério Público e ao querelante, em relação à acusação e ao réu, seu procurador ou defensor, em relação à defesa, conforme o art. 577, *caput*, do CPP.

b) **Interesse:** O interesse está disposto no parágrafo único do artigo anterior, visto que não será admitido o recurso da parte que não tenha interesse na reforma ou modificação da decisão. Pressupõe-se, assim, a **sucumbência**.

15.1.3 Juízo de prelibação ou admissibilidade e juízo de mérito

Insta esclarecer que os recursos, em regra, são submetidos a duas verificações quanto à existência dos pressupostos recursais, quais sejam no **juízo *a quo*** e no **juízo *ad quem***, primeira e segunda instâncias, respectivamente. Tais verificações são conhecidas como juízo de admissibilidade, também chamadas de **juízo de prelibação**.

Ressalte-se que, nessa fase, só se **analisa a ausência ou a presença dos pressupostos objetivos e subjetivos do recurso**, tais como tempestividade, cabimento etc. Logo, admitido o recurso, nada impede que o juízo *ad quem* possa reexaminar os seus pressupostos de admissibilidade.

Se o juízo *a quo* **indeferir o seguimento do recurso**, é possível a interposição de outro recurso para o juízo *ad quem* examinar o indeferimento, por exemplo quando o acusado interpõe o recurso de apelação, o juiz indefere o seu seguimento, sendo cabível a interposição de outro recurso, nesse caso o recurso em sentido estrito (art. 581, XV, CPP). Atendidos os pressupostos do recurso, ele será conhecido.

O juízo de mérito, também chamado de **juízo de delibação**, aplica-se quando, conhecido o recurso, **o juízo *ad quem*** passa a analisar o seu mérito. Se procedente o recurso quanto ao fundamento, o Tribunal dará provimento. Se improcedente, o recurso será julgado improvido.

15.1.4 Efeitos do recurso

I – **Devolutivo.** É o efeito comum a todo recurso, ocorrendo a transferência (devolução) da matéria impugnada para o Tribunal *ad quem*.

II – **Suspensivo.** Ocorre quando o recurso suspende os efeitos imediatos da decisão recorrida até o julgamento da matéria impugnada pelo Tribunal *ad quem*. Trata-se de regra geral de todos os recursos. No entanto, recurso contra sentença absolutória não possui efeito suspensivo.

III – **Extensivo.** Previsto no art. 580 do Código de Processo Penal, dispõe que a decisão do recurso interposto por um dos réus se estenderá aos outros, desde que todos estejam em situação idêntica.

IV – **Regressivo (iterativo ou diferido).** É o que incide, por exemplo, no recurso em sentido estrito (art. 589, CPP) e no agravo em execução (art. 197, Lei n. 7.210/84), já que há a devolução da decisão ao juiz que a proferiu, ou seja, a possibilidade de **retratação**.

15.2 Dos recursos

15.2.1 Recurso em sentido estrito (art. 581, CPP)

O recurso em sentido estrito, sem efeito suspensivo, também está previsto na **Lei n. 9.503/97 (Código de Trânsito Brasileiro)**, conforme dispõe o art. 294, parágrafo único, da referida lei, ou seja, da decisão do juiz que decretar a suspensão da permissão ou da habilitação para dirigir veículo automotor, ou a proibição de sua obtenção, bem como da medida cautelar, ou da que indeferir o requerimento do Ministério Público.

15.2.1.1 Do cabimento

O recurso em sentido estrito só será cabível da decisão, despacho ou sentença que:

a) **não receber a denúncia ou a queixa** (art. 581, I, CPP). Contudo, do despacho que recebe a peça acusatória não cabe recurso, mas *habeas corpus*;

ATENTAI: Nos Juizados Especiais Criminais, do despacho que rejeita a denúncia ou a queixa cabe apelação, no prazo de 10 (dez) dias, conforme art. 82, § 1º, da Lei n. 9.099/95. E no caso de recebimento da exordial, caberá *habeas corpus* para a Turma Recursal;

b) **concluir pela incompetência do juízo** (art. 581, II, CPP);

c) **julgar procedentes as exceções, salvo a de suspeição** (art. 581, III, CPP). E da improcedência, cabe *habeas corpus*;

d) **pronunciar o réu** (art. 581, IV, CPP). Todavia, da decisão que impronunciar o acusado caberá apelação (art. 416, CPP). E da desclassificação, recurso em sentido estrito (art. 581, II, CPP);

e) **conceder, negar, arbitrar, cassar ou julgar inidônea a fiança, indeferir requerimento de prisão preventiva ou revogá-la, conceder liberdade provisória ou relaxar a prisão em flagrante** (art. 581, V, CPP);

f) **julgar quebrada a fiança ou perdido o seu valor** (art. 581, VII, CPP);

g) **decretar a prescrição ou julgar, por outro modo, extinta a punibilidade** (art. 581, VIII, CPP);

ATENTAI: As hipóteses de extinção da punibilidade estão previstas nos arts. 107 a 120 do CP. Se a decisão do juiz que julgar extinta a punibilidade ocorrer antes da sentença, caberá recurso em sentido estrito. Se a decisão do juiz ocorrer na fase da execução da pena, o recurso cabível será o agravo em execução (art. 197, Lei n. 7.210/84).

h) **indeferir o pedido de reconhecimento da prescrição ou de outra causa extintiva da punibilidade** (art. 581, IX, CPP);

i) **conceder ou negar a ordem de *habeas corpus*** (art. 581, X, CPP). Da decisão **do juiz** que conceder ou negar *habeas corpus* em primeiro grau, caberá recurso em sentido estrito;

ATENTAI: Da decisão do **Tribunal** de Justiça ou Tribunal Regional Federal que denegar *habeas corpus* caberá **Recurso Ordinário Constitucional (ROC)** para o Superior Tribunal de Justiça (art. 105, II, *a*, CF).

j) **anular o processo da instrução criminal, no todo ou em parte** (art. 581, XIII, CPP);

k) **incluir jurado na lista geral ou desta o excluir** (art. 581, XIV, CPP);

l) **denegar a apelação ou a julgar deserta** (art. 581, XV, CPP);

ATENTAI: Da decisão que denegar o recurso em sentido estrito ou o agravo em execução ou ainda seu seguimento para o juízo *ad quem* cabe **carta testemunhável** (art. 639, I e II, CPP);

m) **ordenar a suspensão do processo, em razão de questão prejudicial** (art. 581, XVI, CPP);

n) **decidir o incidente de falsidade** (art. 581, XVIII, CPP).

o) que recusar homologação à proposta de acordo de não persecução penal, previsto no art. 28-A do CPP (art. 581, XXV, CPP).

ATENTAI: Cumpre esclarecer que os incisos XI, XII, XVII, XIX, XX, XXI, XXII, XXIII e XXIV, dispostos no art. 581 do CPP, não são mais considerados hipóteses de cabimento do recurso em sentido estrito, uma vez que tratam de matérias atinentes à execução penal, **cabendo agravo em execução**.

15.2.1.2 Do prazo

O prazo para a interposição do recurso em sentido estrito será de **5 (cinco) dias** a partir da intimação das partes, **exceto** em casos em que incluir jurado na lista geral ou desta o excluir (art. 581, XIV, CPP), quando o prazo será de **20 (vinte) dias** (art. 586, parágrafo único, CPP).

O requerimento de **interposição** do recurso em sentido estrito será encaminhado ao juiz competente que proferiu a decisão ou a decisão de pronúncia, com fundamento no art. 581 do CPP e o inciso de acordo com a situação do caso, no prazo de **5 (cinco) dias**.

O prazo para as **razões e contrarrazões** será de **2 (dois) dias** (art. 588, CPP), devendo ser dirigidas ao Tribunal de Justiça ou Tribunal Regional Federal.

ATENTAI I: Não é possível a apresentação de razões do recurso em sentido estrito em **segunda instância**.

ATENTAI II: Diz a Súmula 707 do STF: "Constitui nulidade a falta de intimação do denunciado para oferecer contrarrazões ao recurso interposto da rejeição da denúncia, não a suprindo a nomeação de defensor dativo".

15.2.1.3 Do juízo de retratação

Assim, o recurso em sentido estrito possui **efeito regressivo**, podendo o juiz reformar ou sustentar o seu despacho ou a sua decisão, conforme dispõe o art. 589 do CPP.

A ausência do juízo de retratação no recurso em sentido estrito é causa de nulidade.

15.2.1.4 Da decisão do juiz

Da decisão do juiz *a quo* que negar a subida do recurso em sentido estrito ao Tribunal, caberá carta testemunhável, nos termos do art. 639, I, do CPP, no prazo de 48 (quarenta e oito) horas.

15.2.2 Da apelação

15.2.2.1 Das características

A apelação é um recurso interposto de sentença definitiva ou com força de definitiva, para o juiz de segunda instância, com o intuito de reexaminar a matéria impugnada, na forma dos arts. 593 a 603 do Código de Processo Penal.

ATENTAI: Da decisão do juiz do **Juizado Especial Criminal**, na forma do art. 82 da Lei n. 9.099/95, caberá apelação.

É um recurso **amplo** (devolve toda a matéria decidida ao Tribunal *ad quem*), **residual** (só será possível sua interposição nos casos em que não houver previsão expressa), podendo ser **plena**, se o pedido de reexame for de toda a decisão, ou **limitada**, se o pedido for delimitado, ou seja, de parte da decisão (art. 599, CPP).

15.2.2.2 Do prazo e das razões

O recurso de apelação deve ser interposto no prazo de **5 (cinco) dias**, com a apresentação do requerimento ao juiz sentenciante, com fundamento no art. 593 e seus incisos do CPP, enquanto as razões e contrarrazões, no prazo de **8 (oito) dias**, requerendo a apresentação do recurso ao juiz e as razões ao Tribunal (art. 600, *caput*, CPP).

Se o apelante declarar na petição, ao interpor a apelação, que **deseja arrazoar na Superior Instância**, poderá apresentar as razões diretamente ao Tribunal (art. 600, § 4º, CPP).

Nos **Juizados Especiais Criminais**, o prazo da apelação é de 10 (dez) dias (art. 82, § 1º, Lei n. 9.099/95), com a apresentação do requerimento ao juiz e as razões à Turma Recursal.

Em casos de inércia do Ministério Público de não interpor recurso, a vítima ou seu representante legal não habilitada tem prazo de 15 (quinze) dias para interpor **apelação supletiva** (art. 598, parágrafo único, CPP). Caso a vítima esteja habilitada, o prazo é de 5 (cinco) dias. No entanto, o prazo começa a correr imediatamente após o transcurso do prazo do MP (Súmula 448, STF).

ATENTAI: De acordo com as **Súmulas 320 e 428, ambas do STF**, a tempestividade é contada da data de interposição, e não da juntada pelo cartório.

15.2.2.3 Do cabimento

A apelação será cabível nas três hipóteses elencadas no art. 593 do CPP, a saber:

I – **das sentenças definitivas de condenação ou absolvição proferidas por juiz singular;**

II – **das decisões definitivas, ou com força de definitivas, proferidas por juiz singular nos casos não previstos por recursos em sentido estrito;**

III – **das decisões do Tribunal do Júri, quando:**

a) **ocorrer nulidade posterior à pronúncia.** O recorrente pedirá anulação do julgamento para que outro seja realizado;

b) **for a sentença do juiz-presidente contrária à lei expressa ou à decisão dos jurados.** Neste caso, o Tribunal de Justiça ou Regional Federal fará a devida retificação (art. 593, § 1º, CPP);

c) **houver erro ou injustiça no tocante à aplicação da pena ou da medida de segurança.** Neste caso, o tribunal, ao dar provimento à apelação, fará a devida retificação (art. 593, § 2º, CPP);

d) **for a decisão dos jurados manifestamente contrária à prova dos autos.** O recorrente pedirá o provimento do recurso para levar o réu a novo julgamento, não se admitindo a segunda apelação pelo mesmo motivo (art. 593, § 3º, CPP).

No caso de Sentença proferida pelo juiz presidente do tribunal do júri, este mandará o acusado recolher-se ou recomendá-lo-á à prisão em que se encontra, **se presentes os requisitos da prisão preventiva**, ou, no caso de condenação a uma **pena igual ou superior a 15 (quinze) anos de reclusão**, determinará a execução provisória da pena, com expedição do mandado de prisão, se for o caso, sem prejuízo do conhecimento de recursos que vierem a ser interpostos (art. 492, I, *e*, CPP). No entanto, o presidente poderá, excepcionalmente, deixar de autorizar a execução provisória da pena, se houver questão substancial cuja resolução pelo tribunal ao qual competir o julgamento possa plausivelmente levar à revisão da condenação (art. 492, § 3º, CPP).

Ressalte-se que a apelação interposta contra decisão condenatória do Tribunal do Júri a uma pena igual ou superior a 15 (quinze) anos de reclusão **não terá efeito suspensivo** (art. 492, § 4º, CPP). **Excepcionalmente**, poderá o tribunal atribuir efeito suspensivo à apelação interposta, quando verificado cumulativamente que o recurso: **I** – não tem propósito meramente protelatório; e **II** – levanta questão substancial e que pode resultar em absolvição, anulação da sentença, novo julgamento ou redução da pena para patamar inferior a 15 (quinze) anos de reclusão (art. 492, § 5º, CPP).

Por fim, o pedido de concessão de efeito suspensivo poderá ser feito **incidentemente** na apelação **ou por meio de petição** em separado dirigida diretamente ao relator, instruída com cópias da sentença condenatória, das razões da apelação e de prova da tempestividade, das contrarrazões e das demais peças necessárias à compreensão da controvérsia (art. 492, § 6º, CPP).

ATENTAI: O efeito devolutivo da apelação contra decisões do júri é adstrito aos fundamentos da sua interposição (Súmula 713, STF).

15.2.3 Dos embargos de declaração

15.2.3.1 Do cabimento e do fundamento

O recurso de embargos de declaração é cabível tanto da **sentença do juiz de primeiro grau** (art. 382, CPP) quanto do **acórdão do Tribunal de Justiça** (art. 619, CPP), devendo ser oposto para o próprio juiz ou relator que prolatou a decisão. Cabe, ainda, das decisões do juiz do Juizado Especial Criminal, nos termos do art. 83 da Lei n. 9.099/95.

Assim, admitir-se-á sempre que houver:

I – **obscuridade.** Quando não houver clareza na redação do acórdão;

II – **ambiguidade.** Quando a decisão permitir interpretação diversa;

III – **contradição.** Quando afirmações da decisão se opuserem; ou

IV – **omissão.** Quando não for descrito na sentença ou no acórdão tudo quanto era indispensável.

15.2.3.2 Prazo

O prazo para oposição de embargos de declaração, em regra, será de **2 (dois) dias**, contados da intimação da sentença ou da publicação do acórdão ora embargado.

No **Juizado Especial Criminal**, o prazo recursal dos embargos de declaração será de **5 (cinco) dias**, nos termos do art. 83, § 1º, da Lei n. 9.099/95, podendo ser opostos por escrito ou oralmente.

ATENTAI: A oposição de embargos interrompe o prazo para interposição de outros recursos por qualquer das partes.

15.2.4 Embargos infringentes e de nulidades

Os embargos infringentes versam sobre o mérito da questão a fim de ver **reformada** a decisão proferida para que seja substituída por outra. Já os embargos de nulidade tratam de matéria processual, que busca a **anulação** do acórdão ou do processo.

15.2.4.1 Fundamento e cabimento

Os recursos dos embargos infringentes e de nulidades estão previstos no art. 609, parágrafo único, do CPP.

Assim, os embargos infringentes e de nulidade são oponíveis contra **a decisão não unânime** de segunda instância, desde que **desfavorável ao réu**. Se o desacordo for parcial, os embargos serão restritos à matéria objeto de divergência.

São **cabíveis** das decisões proferidas em recurso de apelação e de recurso em sentido estrito. Do julgamento do recurso de agravo em execução também são cabíveis os embargos de infringentes e de nulidade.

ATENTAI I: Contudo, não se admitem embargos infringentes e de nulidade na revisão criminal e no *habeas corpus*.

ATENTAI II: Só caberão embargos infringentes e de nulidade de decisões decorrentes do Tribunal de Justiça ou Federal, logo não caberão no JECRIM, vez que a análise da apelação compete à Turma Recursal Criminal, que não é considerada Tribunal.

15.2.4.2 Do prazo e da forma

Os embargos infringentes e de nulidade são recursos **privativos da defesa**, ou seja, só podem ser opostos em favor do acusado.

O prazo para sua oposição é de **10 (dez) dias**, a contar da publicação do acórdão.

Ainda, o recurso deverá ser endereçado ao relator com requerimento de oposição, e as razões, ao Tribunal de Justiça ou ao Tribunal Regional Federal.

15.2.5 Carta testemunhável (art. 639, I e II, CPP)

A carta testemunhável tem a finalidade de **assegurar a análise do recurso** pelo órgão de segundo grau (*ad quem*), visto que o processamento foi obstado pelo órgão de primeira instância (*a quo*). Tem por finalidade propiciar à instância superior a reparação de um gravame provocado pelo juiz *a quo* que **não houver recebido o recurso**, ou, se recebido, **obstado** seu seguimento. Assim, caberá carta testemunhável da denegação do **recurso em sentido estrito e do agravo em execução.**

15.2.5.1 Prazo

O prazo para interposição da carta testemunhável é de **48 (quarenta e oito) horas**, que se seguirem à decisão que denegou o recurso, contando-se a partir da intimação da parte (art. 640, CPP).

ATENTAI I: Será dirigida ao **escrivão da vara** ou ao **chefe de secretaria**, e ao testemunhante será entregue um recibo.

ATENTAI II: "O tribunal, câmara ou turma a que competir o julgamento da carta, se desta tomar conhecimento, mandará processar o recurso, ou, se estiver suficientemente instruída, decidirá logo, *de meritis*" (art. 644, CPP).

15.2.6 Agravo em execução

As matérias atinentes à execução penal passaram a ser de competência do juiz da execução criminal e não mais do juiz da condenação (art. 66, Lei n. 7.210/84). Dessa forma, das **decisões proferidas** pelo juiz da Vara de Execução Criminal o recurso cabível será o de agravo em execução, previsto no art. 197 da aludida lei.

O prazo é de **5 (cinco)** dias (**Súmula 700, STF**).

O recurso de agravo em execução terá **efeito devolutivo** (a matéria é devolvida para a apreciação do tribunal) e **regressivo** (admite-se a **retratação** do juízo). A LEP, em seu art. 197, dispõe, expressamente, que o presente recurso não possui efeito suspensivo.

Se o juiz da Vara de Execuções **denegar a subida** do agravo de execução, caberá carta testemunhável (art. 639, I, CPP).

ATENTAI: "Compete ao Juízo das Execuções Penais do Estado a Execução das penas impostas a sentenciados pela Justiça Federal, Militar ou Eleitoral, quando recolhidos a estabelecimentos sujeitos à Administração Estatal" (**Súmula 192, STJ**), e "Transitada em julgado a sentença condenatória, compete ao juízo das execuções a aplicação de lei mais benigna" (**Súmula 611, STF**).

15.2.7 Recurso Ordinário Constitucional (ROC)

15.2.7.1 Do fundamento e cabimento

O ROC poderá ser manejado tanto para **o Supremo Tribunal Federal quanto para o Superior Tribunal de Justiça**.

Perante o **STF**, será admissível nas seguintes hipóteses:

a) da **decisão denegatória** de *habeas corpus*, mandado de segurança, mandado de injunção ou *habeas data*, proferida em única instância pelos Tribunais Superiores (art. 102, II, *a*, CF);
b) da decisão relativa a **crime político**, previsto na Lei de Segurança Nacional (art. 102, II, *b*, CF).

Perante o **STJ**, será cabível quando:

a) **da decisão denegatória** de *habeas corpus* (art. 105, II, *a*, CF), proferida em única ou última instância, pelos tribunais Estaduais, do Distrito Federal e Tribunais Regionais Federais;
b) da **decisão denegatória** de mandado de segurança (art. 105, II, *b*, CF) decidida em única instância, pelos tribunais Estaduais, do Distrito Federal e Tribunais Regionais Federais.

ATENTAI: Da decisão denegatória de *habeas corpus* pelo TJ ou TRF, cabe **ROC ao STJ**. Da decisão denegatória de *habeas corpus* pelo STJ, cabe **ROC ao STF**. Da decisão do **juiz** que denegar *habeas corpus*, **cabe RESE**.

15.2.7.2 Do prazo

O prazo para interposição é de **5 (cinco) dias**, que será interposto perante o presidente do Tribunal recorrido, com as razões do pedido de reforma para instância superior, no caso de decisão denegatória de ***habeas corpus*** (art. 30, Lei n. 8.038/90).

No caso de decisão denegatória de **mandado de segurança**, o prazo para interposição será de **15 (quinze) dias**, com as razões do pedido de reforma (art. 33, Lei n. 8.038/90).

15.2.8 Recurso extraordinário e recurso especial

O recurso extraordinário e o recurso especial serão processados e julgados no Supremo Tribunal Federal e no Superior Tribunal de Justiça na forma estabelecida por leis especiais, pela lei processual civil e pelos respectivos regimentos internos (art. 638, CPP). Ressalte-se que o recurso será interposto perante o presidente do Tribunal recorrido, com as razões do pedido de reforma para a instância superior (STF ou STJ).

15.2.8.1 Prazo e legitimidade

O prazo será de **15 (quinze) dias**, a contar da publicação do acórdão (art. 1.003, § 5º, CPC), que será interposto perante o presidente do Tribunal recorrido, com as razões do pedido de reforma para instância superior.

Tem legitimidade, ou seja, a parte a quem feriu interesse próprio, seja a defesa, seja o Ministério Público, o querelante ou o réu, ou até mesmo o assistente da acusação, de acordo com a posição do **STF na Súmula 210**, em que o assistente só poderá interpor o recurso em determinadas hipóteses.

ATENTAI: O assistente da acusação não poderá recorrer extraordinariamente em caso de decisão concessiva de *habeas corpus* (**Súmula 208, STF**).

15.2.8.2 Do recurso extraordinário

O recurso extraordinário e o recurso especial serão processados e julgados no Supremo Tribunal Federal e no Superior Tribunal de Justiça na forma estabelecida por leis especiais, pela lei processual civil e pelos respectivos regimentos internos (art. 638, CPP). Ressalte-se que, o recurso será interposto perante o presidente do Tribunal recorrido, com as razões do pedido de reforma para a instância superior (STF ou STJ).

15.2.8.2.1 *Do cabimento e fundamento*

O recurso extraordinário está fundamentado no art. 102, III, *a*, *b*, *c* e *d*, da Constituição da República.

Assim, o recurso extraordinário é o recurso cabível da decisão que contiver **ofensa a preceito constitucional**, ou seja, quando houver violação à Constituição Federal, sendo cabível nas seguintes hipóteses: a) **contrariar dispositivo da Constituição Federal**; b) **declarar a inconstitucionalidade de tratado ou lei federal**; c) **jul-**

gar válida lei ou ato de governo local contestado em face da Constituição Federal; d) **julgar válida lei local contestada em face de lei federal.**

Cumpre esclarecer que nesta modalidade recursal o recorrente deverá demonstrar a **repercussão geral** das questões constitucionais discutidas no caso, nos termos da lei, a fim de que o tribunal possa examinar a admissão do recurso, somente podendo recusá-lo pela manifestação de 2/3 (dois terços) de seus membros (art. 102, § 3º, CF).

15.2.9 Do recurso especial

15.2.9.1 Natureza jurídica

A competência para o julgamento do recurso especial é do Superior Tribunal de Justiça. Trata-se de um meio de **reexame da matéria infraconstitucional**, e não de obter reexame de prova.

15.2.9.2 Do requisito

Exige-se o requisito do **prequestionamento**, ou seja, consiste em ter sido levantada previamente a questão controvertida perante o juízo de origem, por meio de embargos de declaração.

15.2.9.3 Fundamento e cabimento

O recurso especial está previsto no art. 105, III, *a*, *b* e *c*, da Constituição Federal, aos dispor que caberá nas causas proferidas, em única ou última instância, pelos Tribunais Regionais Federais ou pelos Tribunais dos Estados, do Distrito Federal e Territórios, quando a decisão recorrida: a) **contrariar tratado ou lei federal, ou negar-lhes vigência;** b) **julgar válido ato de governo local contestado em face de lei federal;** c) **der a lei federal interpretação divergente da que lhe haja atribuído outro tribunal.**

ATENTAI: Da decisão da Turma recursal do JECRIM não cabe REsp (**Súmula 203, STJ**), e sim recurso extraordinário (**Súmula 640, STF**).

REFERÊNCIAS

AUFIERO, Aniello Miranda. *Direito processual penal e execução penal*. 2. ed. Manaus: Aufiero, 2012.

______. *Teoria e prática de processo penal*. 3. ed. Manaus: Aufiero, 2015.

AVENA, Norberto. *Processo penal Esquematizado*. Rio de Janeiro: Forense; São Paulo: Método, 2009.

LIMA, Renato Brasileiro de. *Manual de processo penal*: volume único. 5. ed. Salvador: JusPodivm, 2017.

LOPES JUNIOR, Aury. *Direito processual penal e sua conformidade constitucional*. 5. ed. Rio de Janeiro: Lumen Juris, 2011. v. II.

OLIVEIRA, Eugênio Pacelli; FISCHER, Douglas. *Comentários ao Código de Processo Penal e sua jurisprudência*. 4. ed. São Paulo: Atlas, 2012.

REIS, Alexandre Cebrian Araújo; GONÇALVES, Victor Eduardo Rios. Coordenador LENZA, Pedro. *Direito processual penal Esquematizado*. 5. ed. São Paulo: Saraiva, 2016.

TOURINHO FILHO, Fernando da Costa. *Código de Processo Penal comentado*. 12. ed. São Paulo: Saraiva, 2009. v. 1 e 2.

Questões

Direito Processual Penal

I. PRINCÍPIOS E APLICAÇÃO DA LEI PROCESSUAL PENAL

1. (XXII Exame) Em 23 de novembro de 2015 (segunda feira), sendo o dia seguinte dia útil em todo o país, Técio, advogado de defesa de réu em ação penal de natureza condenatória, é intimado da sentença condenatória de seu cliente. No curso do prazo recursal, porém, entrou em vigor nova lei de natureza puramente processual, que alterava o Código de Processo Penal e passava a prever que o prazo para apresentação de recurso de apelação seria de 03 dias e não mais de 05 dias. No dia 30 de novembro de 2015, dia útil, Técio apresenta recurso de apelação acompanhado das respectivas razões. Considerando a hipótese narrada, o recurso do advogado é

(A) intempestivo, aplicando-se o princípio do *tempus regit actum* (o tempo rege o ato), e o novo prazo recursal deve ser observado.

(B) tempestivo, aplicando-se o princípio do *tempus regit actum* (o tempo rege o ato), e o antigo prazo recursal deve ser observado.

(C) intempestivo, aplicando-se o princípio do *tempus regit actum* (o tempo rege o ato), e o antigo prazo recursal deve ser observado.

(D) tempestivo, aplicando-se o princípio constitucional da irretroatividade da lei mais gravosa, e o antigo prazo recursal deve ser observado.

RESPOSTA *Alternativa B* – Correta: A lei processual tem aplicação imediata, pois será levada em consideração a data da realização do ato, e não a do fato delituoso (art. 2º, CPP): *tempus regit actum*. No entanto, quando **o prazo do recurso** já havia se iniciado e começou a vigorar novo prazo para o recurso, por nova lei, que prevê prazo menor, deverá ser aplicada a lei anterior que prescreve prazo maior, segundo o art. 3º do Decreto-Lei n. 3.931/41 (Lei de Introdução do Código de Processo Penal).

2. (XXV Exame) O Ministério Público ofereceu denúncia em face de Matheus, imputando-lhe a prática de um crime de estelionato. Na cota da denúncia, o Promotor de Justiça solicitou a realização de exame grafotécnico para comparar as assinaturas constantes da documentação falsa, utilizada como instrumento da prática do estelionato, com as de Matheus. Após ser citado, Matheus procura seu advogado e esclarece, em sigilo, que realmente foi autor do crime de estelionato.

Considerando as informações narradas, sob o ponto de vista técnico, o advogado deverá esclarecer que Matheus:

(A) Deverá realizar o exame grafotécnico, segundo as determinações que lhe forem realizadas, já que prevalece no Processo Penal o Princípio da Verdade Real.

(B) Poderá se recusar a realizar o exame grafotécnico até o momento de seu interrogatório, ocasião em que deverá fornecer padrão para o exame grafotécnico, ainda que com assinaturas diferentes daquelas tradicionalmente utilizadas por ele.

(C) Deverá realizar o exame grafotécnico, tendo em vista que, no recebimento da denúncia, prevalece o princípio do *in dubio pro societatis*.

(D) Poderá se recusar a realizar o exame grafotécnico durante todo o processo, e essa omissão não pode ser interpretada como confissão dos fatos narrados da denúncia.

RESPOSTA *Alternativa D* – Correta: O acusado, durante todo o processo, não estará obrigado a produzir provas contra si, podendo se recusar a realizar o exame grafotécnico, e essa recusa jamais poderá ser interpretada como confissão, em decorrência do princípio constitucional do *nemo tenetur se detegere* (vedação da autoincriminação) que decorre do art. 5º, LXIII, da CF e do art. 8º, item 2, *g*, do Dec. n. 678/92 (Pacto de São José da Costa Rica).

II. INQUÉRITO POLICIAL

3. (XXV Exame) Maria, 15 anos de idade, comparece à Delegacia em janeiro de 2017, acompanhada de seu pai, e narra que João, 18 anos, mediante grave ameaça, teria constrangido-a a manter com ele conjunção carnal, demonstrando interesse, juntamente com seu representante, na responsabilização criminal do autor do fato. Instaurado inquérito policial para apurar o crime de estupro, todas as testemunhas e João afirmaram que a relação foi consentida por Maria, razão pela qual, após promoção do Ministério Público pelo arquivamento, por falta de justa causa, o juiz homologou o arquivamento com base no fundamento apresentado. Dois meses após o arquivamento, uma colega de classe de Maria a procura e diz que teve medo de contar antes a qualquer pessoa, mas em seu celular havia vídeo ficando demonstrado o emprego de grave ameaça por parte deste. Maria, então, entrega o vídeo ao advogado da família.

Considerando a situação narrada, o advogado de Maria

(A) Nada poderá fazer sob o ponto de vista criminal, tendo em vista que a decisão de arquivamento fez coisa julgada material.

(B) Poderá apresentar o vídeo ao Ministério Público, sendo possível o desarquivamento do inquérito ou oferecimento de denúncia por parte do Promotor de Justiça, em razão da existência de prova nova.

(C) Nada poderá fazer sob o ponto de vista criminal, tendo em vista que, apesar da decisão de arquivamento não ter feito coisa julgada material, o vídeo não poderá ser considerado prova nova, já que existia antes do arquivamento do inquérito.

(D) Poderá iniciar, de imediato, ação penal privada subsidiária da pública em razão da omissão do Ministério Público no oferecimento de denúncia em momento anterior.

RESPOSTA *Alternativa B* - Correta: O vídeo poderá ser utilizado, uma vez que, com o surgimento de novas provas, o inquérito poderá ser desarquivado, de acordo com o art. 18, CPP.

ATENTAI: Arquivado o inquérito pela **atipicidade da conduta ou pela extinção da punibilidade**, não será possível o desarquivamento, pois faz coisa julgada material.

4. (XXVI Exame) Um Delegado de Polícia, ao tomar conhecimento de um suposto crime de ação penal pública incondicionada, determina, de ofício, a instauração de inquérito policial. Após adotar diligência, verifica que, na realidade, a conduta investigada era atípica. O indiciado, então, pretende o arquivamento do inquérito e procura seu advogado para esclarecimentos, informando que deseja que o inquérito seja imediatamente arquivado. Considerando as informações narradas, o advogado deverá esclarecer que a autoridade policial:

(A) deverá arquivar imediatamente o inquérito, fazendo a decisão de arquivamento por atipicidade coisa julgada material.

(B) não poderá arquivar imediatamente o inquérito, mas deverá encaminhar relatório final ao Poder Judiciário para arquivamento direto e imediato por parte do magistrado.

(C) deverá elaborar relatório final de inquérito e, após o arquivamento, poderá proceder a novos atos de investigação, independentemente da existência de provas novas.

(D) poderá elaborar relatório conclusivo, mas a promoção de arquivamento caberá ao Ministério Público, havendo coisa julgada em caso de homologação do arquivamento por atipicidade.

RESPOSTA *Alternativa D* - Correta: **A autoridade policial não poderá mandar arquivar autos de I.P.** ao que dispõe o art. 17, CPP. Ademais, somente o M.P. pode requerer ao magistrado o arquivamento, e caso este discorde, remeterá ao Procurador-Geral, que denunciará ou insistirá em arquivar, e somente então o magistrado ficará obrigado a atender (art. 28, CPP).

ATENTAI: Arquivado o inquérito pela atipicidade da conduta, não será possível o desarquivamento, pois faz coisa julgada material.

5. (XXVII Exame) Após receber denúncia anônima, por meio de disque denúncia, de grave crime de estupro com resultado morte que teria sido praticado por Lauro, 19 anos, na semana pretérita, a autoridade policial, de imediato, instaura inquérito policial para apurar a suposta prática delitiva. Lauro é chamado à Delegacia e apresenta sua identidade recém-obtida; em seguida, é realizada sua identificação criminal, com colheita de digitais e fotografias.

Em que pese não ter sido encontrado o cadáver até aquele momento das investigações, a autoridade policial, para resguardar a prova, pretende colher material sanguíneo do indiciado Lauro para fins de futuro confronto, além de desejar realizar, com base nas declarações de uma testemunha presencial localizada, uma reprodução simulada dos fatos; no entanto, Lauro se recusa tanto a participar da reprodução simulada quanto a permitir a colheita de seu material sanguíneo. É, ainda, realizado o reconhecimento de Lauro por uma testemunha após ser-lhe mostrada a fotografia dele, sem que fossem colocadas imagens de outros indivíduos com características semelhantes.

Ao ser informado sobre os fatos, na defesa do interesse de seu cliente, o (a) advogado (a) de Lauro, sob o ponto de vista técnico, deverá alegar que

(A) o inquérito policial não poderia ser instaurado, de imediato, com base em denúncia anônima isoladamente, sendo exigida a realização de diligências preliminares para confirmar as informações iniciais.

(B) o indiciado não poderá ser obrigado a fornecer seu material sanguíneo para a autoridade policial, ainda que seja possível constrangê-lo a participar da reprodução simulada dos fatos, independentemente de sua vontade.

(C) o vício do inquérito policial, no que tange ao reconhecimento de pessoa, invalida a ação penal como um todo, ainda que baseada em outros elementos informativos, e não somente no ato viciado.

(D) a autoridade policial, como regra, deverá identificar criminalmente o indiciado, ainda que civilmente identificado, por meio de processo datiloscópico, mas não poderia fazê-lo por fotografias.

RESPOSTA *Alternativa A* - Correta: Trata-se de *noticia criminis* inqualificada, popularmente conhecida como denúncia anônima (disque denúncia), neste caso a autoridade policial, antes de instaurado o IP, deverá verificar a procedência e veracidade das informações por ela veiculadas, sendo vedado, a instauração de IP única e exclusivamente em denúncia anônima, é nesse sentido o posicionamento do STF, ao julgar o HC n. 84.827/TO, Rel. Min. Marco Aurélio, j. 07/08/2007, *DJ* 23/11/2007.

6. (XXXII Exame) Após concluído inquérito policial para apurar a prática do crime de homicídio em desfavor de Jonas, o Ministério Público requereu o seu arquivamento por falta de justa causa, pois não conseguiu identificar o(s) autor(es) do delito, o que restou devidamente homologado pelo juiz competente. Um mês após o arquivamento do inquérito policial, uma testemunha, que não havia sido anteriormente identificada, compareceu à delegacia de polícia alegando possuir informações quanto ao autor do homicídio de Jonas.

A família de Jonas, ao tomar conhecimento dos fatos, procura você, como advogado(a) da família, para esclarecimentos. Diante da notícia de existência de novas provas aptas a identificar o autor do crime, você deverá esclarecer aos familiares da vítima que o órgão ministerial

(A) poderá promover o desarquivamento do inquérito, pois a decisão de arquivamento não faz coisa julgada material independentemente de seu fundamento.

(B) não poderá promover o desarquivamento do inquérito, pois a decisão de arquivamento é imutável na presente hipótese.

(C) não poderá promover o desarquivamento do inquérito, pois se trata de mera notícia, inexistindo efetivamente qualquer prova nova quanto à autoria do delito.

(D) poderá promover o desarquivamento do inquérito, pois a decisão de arquivamento fez apenas coisa julgada formal no caso concreto.

RESPOSTA *Alternativa D* – Correta: Arquivado o inquérito policial, o respectivo desarquivamento só tem cabimento na hipótese do surgimento de notícia de novas provas, hipótese em que se aplica o disposto no art. 18 do CPP e na Súmula 524 do STF pois, neste caso, apenas faz coisa julgada formal.

ATENTAI: Arquivado o inquérito pela atipicidade da conduta ou pela extinção da punibilidade, não será possível o desarquivamento, por fazer coisa julgada material.

III. AÇÃO PENAL

7. **(XX Exame)** Lúcio Flavio, advogado, ofereceu queixa-crime em face de Rosa, imputando-lhe a prática dos delitos de injúria simples e difamação. As partes não celebraram qualquer acordo e a querelada negava os fatos, não aceitando qualquer benefício. Após o regular processamento e a instrução probatória, em alegações finais, Lúcio Flávio requer a condenação de Rosa pela prática do crime de difamação, nada falando em sua manifestação derradeira sobre o crime de injúria.

Diante da situação narrada, é correto afirmar que:

(A) Deverá ser extinta a punibilidade de Rosa em relação ao crime de injúria, em razão da perempção.

(B) Deverá ser extinta a punibilidade de Rosa em relação ao crime de injúria, em razão do perdão do ofendido.

(C) Deverá ser extinta a punibilidade de Rosa em relação ao crime de injúria, em razão da renúncia ao direito de queixa.

(D) Poderá Rosa ser condenada pela prática de ambos os delitos, já que houve apresentação de alegações finais pela defesa técnica do querelante.

RESPOSTA *Alternativa A* – Correta: A perempção é instituto exclusivo da ação penal privada propriamente dita (só ocorrendo depois de iniciada a ação). Assim, quando o querelante deixar de comparecer, sem motivo justificado, a qualquer ato do processo a que deva estar presente, ou deixar de formular o pedido de condenação nas alegações finais, ocorrerá a extinção da punibilidade pela perempção (art. 60, III, CPP). Portanto, pelo fato de o querelante não ter pedido a condenação pelo crime de injúria, houve a perempção.

8. **(XXIII Exame)** No dia 31 de dezembro de 2015, Leandro encontra, em uma boate, Luciana, com quem mantivera uma relação íntima de afeto, na companhia de duas amigas, Carla e Regina.

Já alterado em razão da ingestão de bebida alcoólica, Leandro, com ciúmes de Luciana, inicia com esta uma discussão e desfere socos em sua face. Carla e Regina vêm em defesa da amiga, mas, descontrolado, Leandro também agride as amigas, causando lesões corporais leves nas três.

Diante da confusão, Leandro e Luciana são encaminhados a uma delegacia, enquanto as demais vítimas decidem ir para suas casas. Após exame de corpo de delito confirmando as lesões leves, Luciana é ouvida e afirma expressamente que não tem interesse em ver Leandro responsabilizado criminalmente.

Em relação às demais lesadas, não tiveram interesse em ser ouvidas em momento algum das investigações, mas as testemunhas confirmaram as agressões. Diante disso, o Ministério Público, em 05 de julho de 2016, oferece denúncia em face de Leandro, imputando-lhe a prática de três crimes de lesão corporal leve.

Considerando apenas as informações narradas, o(a) advogado(a) de Leandro:

(A) Não poderá buscar a rejeição da denúncia em relação a nenhum dos três crimes.

(B) Poderá buscar a rejeição da denúncia em relação ao crime praticado contra Luciana, mas não quanto aos delitos praticados contra Carla e Regina.

(C) Poderá buscar a rejeição da denúncia em relação aos três crimes.

(D) Não poderá buscar a rejeição da denúncia em relação ao crime praticado contra Luciana, mas poderá pleitear a imediata rejeição quanto aos delitos praticados contra Carla e Regina.

RESPOSTA *Alternativa D* – Correta: Com relação a Luciana, sua ex-namorada, a ação é pública incondicionada no caso de crime de lesão corporal leve praticado contra a mulher no âmbito de violência doméstica ou familiar, independentemente de qualquer manifestação da vítima (Súmula 542, STJ). Já quanto a Carla e Regina, a ação é pública condicionada à representação (art. 88, Lei n. 9.099/95). Assim, como não houve representação por parte das duas vítimas, ocorreu a decadência, pois no prazo de 6 (seis) meses não foi oferecida a representação, devendo ser rejeitada a peça acusatória pela extinção da punibilidade (art. 107, IV, CP).

9. **(XXV Exame)** Bruna compareceu à Delegacia e narrou que foi vítima de um crime de ameaça, delito este de ação penal pública condicionada à representação, que teria sido praticado por seu marido Rui, em situação de violência doméstica e familiar contra a mulher. Disse, ainda, ter interesse que seu marido fosse responsabilizado criminalmente por seu comportamento.

O procedimento foi encaminhado ao Ministério Público, que ofereceu denúncia em face de Rui pela prática do crime de ameaça (art. 147 do Código Penal, nos termos da Lei n. 11.340/06). Bruna, porém, comparece à Delegacia, antes do recebimento da denúncia, e afirma não mais ter interesse na responsabilização penal de seu marido com quem continua convivendo. Posteriormente, Bruna e Rui procuram o advogado da família e informam sobre o novo comparecimento de Bruna à Delegacia.

Considerando as informações narradas, o advogado deverá esclarecer que:

(A) A retratação de Bruna, perante a autoridade policial, até o momento, é irrelevante e não poderá ser buscada proposta de suspensão condicional do processo.

(B) A retratação de Bruna, perante a autoridade policial, até o momento, é válida e suficiente para impedir o recebimento da denúncia.

(C) Não cabe retratação do direito de representação após o oferecimento da denúncia: logo, a retratação foi inválida.

(D) Não cabe retratação do direito de representação nos crimes praticados no âmbito de violência doméstica e familiar contra a mulher, e nem poderá ser buscada proposta de transação penal.

RESPOSTA *Alternativa A* - Correta: Tratando-se de Lei Maria da Penha, nas ações penais públicas condicionadas à representação, em casos envolvendo violência doméstica ou familiar contra mulher, a retratação ou renúncia somente poderá ocorrer perante o juiz, antes do recebimento da denúncia e em uma audiência específica, a teor do art. 16 da Lei n. 11.340/2006. Ademais, o art. 41 da própria lei veda a aplicação de qualquer benefício dos institutos despenalizadores previstos na Lei n. 9.099/95, dentre eles a suspensão condicional do processo.

ATENTAI: Nos demais crimes de ação penal pública condicionada à representação, a retratação por parte do ofendido ou seu representante somente pode ocorrer até antes do oferecimento da denúncia pelo MP (art. 25, CPP).

10. (XXVI Exame) Maicon, na condução de veículo automotor, causou lesão corporal de natureza leve em Marta, desconhecida que dirigia outro automóvel, que inicialmente disse ter interesse em representar em face do autor dos fatos, diante da prática do crime do art. 303, *caput*, do Código de Trânsito Brasileiro.

Em audiência preliminar, com a presença de Maicon e Marta acompanhados por seus advogados e pelo Ministério Público, houve composição dos danos civis, reduzida a termo e homologada pelo juiz em sentença. No dia seguinte, Marta se arrepende, procura seu advogado e afirma não ter interesse na execução do acordo celebrado.

Considerando apenas as informações narradas, o advogado de Marta deverá

(A) interpor recurso de apelação da sentença que homologou a composição dos danos civis.

(B) esclarecer que o acordo homologado acarretou renúncia ao direito de representação.

(C) interpor recurso em sentido estrito da sentença que homologou composição dos danos civis.

(D) esclarecer que, sendo crime de ação penal de natureza pública, não caberia composição dos danos civis, mas sim transação penal, de modo que a sentença é nula.

RESPOSTA *Alternativa B* - Correta: Disposição do art. 74, parágrafo único da Lei n. 9.099/95, em que na composição civil de danos (conciliação), quando feito o acordo e homologado, este acarreta a renúncia ao direito de representação, extinguindo a punibilidade do agente.

11. (XXVII Exame) Flávio apresentou, por meio de advogado, queixa-crime em desfavor de Gabriel, vulgo "Russinho", imputando-lhe a prática do crime de calúnia, pois Gabriel teria imputado falsamente a Flávio a prática de determinada contravenção penal.

Na inicial acusatória, assinada exclusivamente pelo advogado, consta como querelado apenas o primeiro nome de Gabriel, o apelido pelo qual é conhecido, suas características físicas e seu local de trabalho, tendo em vista que Flávio e sua defesa técnica não identificaram a completa qualificação do suposto autor do fato. A peça inaugural não indicou rol de testemunhas, apenas acostando prova documental que confirmaria a existência do crime. Ademais, foi acostada ao procedimento a procuração de Flávio em favor de seu advogado, na qual consta apenas o nome completo de Flávio e seus dados qualificativos, além de poderes especiais para propor eventuais queixas-crime que se façam pertinentes.

Após citação de Gabriel em seu local de trabalho para manifestação, considerando apenas as informações expostas, caberá à defesa técnica do querelado pleitear, sob o ponto de vista técnico, a rejeição da queixa-crime:

(A) sob o fundamento de que não poderia ter sido apresentada sem a completa qualificação do querelado, sendo insuficiente o fornecimento de características físicas marcantes, apelido e local de trabalho que poderiam identificá-lo.

(B) porque, apesar de fornecidos imprescindíveis poderes especiais, a síntese do fato criminoso não consta da procuração.

(C) porque a classificação do crime não foi adequada de acordo com os fatos narrados, e a tipificação realizada vincula a autoridade judicial.

(D) tendo em vista que não consta, da inicial, o rol de testemunhas.

RESPOSTA *Alternativa B* - Correta: De acordo com o art. 44, CPP, "A queixa poderá ser dada por procurador com poderes especiais, devendo constar do instrumento do mandato o nome do querelante e a menção do fato criminoso, salvo quando tais esclarecimentos dependerem de diligências que devem ser previamente requeridas no juízo criminal". Assim, a procuração com poderes especiais deverá constar a menção do fato criminoso.

12. (XXVIII – Exame) Gabriel, nascido em 31 de maio 1999, filho de Eliete, demonstrava sua irritação em razão do tratamento conferido por Jorge, namorado de sua mãe, para com esta. Insatisfeito, Jorge, no dia 1º de maio de 2017, profere injúria verbal contra Gabriel.

Após a vítima contar para sua mãe sobre a ofensa sofrida, Eliete comparece, em 27 de maio de 2017, em sede policial e, na condição de representante do seu filho, renuncia ao direito de queixa. No dia 02 de agosto de 2017, porém, Gabriel, contra a vontade da mãe, procura auxílio de advogado, informando que tem interesse em ver Jorge responsabilizado criminalmente pela ofensa realizada.

Diante da situação narrada, o (a) advogado (a) de Gabriel deverá esclarecer que:

(A) Jorge não poderá ser responsabilizado criminalmente, em razão da renúncia do representante legal do ofendido, sem prejuízo de indenização no âmbito cível.

(B) poderá ser proposta queixa-crime em face de Jorge, mas, para que o patrono assim atue, precisa de procuração com poderes especiais.

(C) Jorge não poderá ser responsabilizado criminalmente em razão da decadência, tendo em vista que ultrapassados três meses desde o conhecimento da autoria.

(D) poderá ser proposta queixa-crime em face de Jorge, pois, de acordo com o Código de Processo Penal, ao representante legal é vedado renunciar ao direito de queixa.

RESPOSTA *Alternativa B* - Correta: "A queixa poderá ser dada por procurador com poderes especiais, devendo constar do instrumento do mandato o nome do querelante e a menção do fato criminoso, salvo quando tais esclarecimentos dependerem de diligências que devem ser previamente requeridas no juízo criminal, conforme art. 44, CPP". Na questão em tela, por Gabriel ser menor de 18 anos a data dos fatos, necessitava de representante legal. No entanto, após atingir a maioridade, o ofendido, poderá exercer o direito de queixa com a consequente propositura da queixa-crime, desde que o patrono seja dotado de procuração com poderes especiais, cujo prazo decadencial de 06 meses começara a fluir a partir da maioridade (18 anos completos).

ATENTAI: Se o representante legal do menor de 18 anos renunciar o direito de queixa ou não promover a queixa-crime ou a representação, o ofendido, quando completar 18 anos, poderá promover a ação penal privada (queixa-crime) ou a respectiva representação nas ações penais públicas condicionadas à representação, no prazo decadencial de 06 meses.

13. (XXX Exame) Após uma partida de futebol amador, realizada em 03/05/2018, o atleta André se desentendeu com jogadores da equipe adversária. Ao final do jogo, dirigiu-se ao estacionamento e encontrou, em seu carro, um bilhete anônimo, em que constavam diversas ofensas à sua honra. Em 28/06/2018, André encontrou um dos jogadores da equipe adversária, Marcelo, que lhe confessou a autoria do bilhete, ressaltando que Luiz e Rogério também estavam envolvidos na ofensa. André, em 17/11/2018, procurou seu advogado, apresentando todas as provas do crime praticado, manifestando seu interesse em apresentar queixa-crime contra os três autores do fato. Diante disso, o advogado do ofendido, após procuração com poderes especiais, apresenta, em 14/12/2018, queixa-crime em face de Luiz, Rogério e Marcelo, imputando-lhes a prática dos crimes de calúnia e injúria. Após o recebimento da queixa-crime pelo magistrado, André se arrependeu de ter buscado a responsabilização penal de Marcelo, tendo em vista que somente descobriu a autoria do crime em decorrência da ajuda por ele fornecida. Diante disso, comparece à residência de Marcelo, informa seu arrependimento, afirma não ter interesse em vê-lo responsabilizado criminalmente e o convida para a festa de aniversário de sua filha, sendo a conversa toda registrada em mídia audiovisual. Considerando as informações narradas, é correto afirmar que o (a) advogado (a) dos querelados poderá:

(A) questionar o recebimento da queixa-crime, com fundamento na ocorrência de decadência, já que oferecida a inicial mais de 06 meses após a data dos fatos.

(B) buscar a extinção da punibilidade dos três querelados, diante da renúncia ao exercício do direito de queixa realizado por André, que poderá ser expresso ou tácito.

(C) buscar a extinção da punibilidade de Marcelo, mas não de Luiz e Rogério, em razão da renúncia ao exercício do direito de queixa realizado por André.

(D) buscar a extinção da punibilidade dos três querelados, caso concordem, diante do perdão oferecido a Marcelo por parte de André, que deverá ser estendido aos demais coautores.

RESPOSTA *Alternativa D* – Correta: Teor do art. 51, CPP, onde: "O perdão concedido a um dos querelados aproveitará a todos, sem que produza, todavia, efeito em relação ao que o recusar." Ademais, como o perdão é ato bilateral, deverá ser aceito pelos querelados. Não obstante, o perdão na ação penal privada é causa extintiva de punibilidade (art. 107, V, CP).

ATENTAI: A renúncia do direito ocorre antes do oferecimento da ação penal. Já o perdão, ocorre após iniciada a ação penal privada.

14. (XXXI Exame) Durante longa investigação, o Ministério Público identificou que determinado senador seria autor de um crime de concussão no exercício do mandato, que teria sido praticado após sua diplomação. Com o indiciamento, o senador foi intimado a, se fosse de sua vontade, prestar esclarecimentos sobre os fatos no procedimento investigatório. Preocupado com as consequências, o senador procurou seu advogado para esclarecimentos.

Considerando apenas as informações narradas e com base nas previsões constitucionais, o advogado deverá esclarecer que

(A) o Ministério Público não poderá oferecer denúncia em face do senador sem autorização da Casa Legislativa, pois a Constituição prevê imunidade de natureza formal aos parlamentares.

(B) a denúncia poderá ser oferecida e recebida, assim como a ação penal ter regular prosseguimento, independentemente de autorização da Casa Legislativa, que não poderá determinar a suspensão do processo, considerando que o crime imputado é comum, e não de responsabilidade.

(C) a denúncia não poderá ser recebida pelo Poder Judiciário sem autorização da Casa Legislativa, em razão da imunidade material prevista na Constituição, apesar de poder ser oferecida pelo Ministério Público independentemente de tal autorização.

(D) a denúncia poderá ser oferecida e recebida independentemente de autorização parlamentar, mas deverá ser dada ciência à Casa Legislativa respectiva, que poderá, seguidas as exigências, até a decisão final, sustar o andamento da ação.

RESPOSTA *Alternativa D* – Correta: Recebida a denúncia contra parlamentar federal (Senador ou Deputado), por crime ocorrido após a diplomação, o STF dará ciência à casa respectiva que, por iniciativa de partido político nela representado e pelo voto da maioria de seus membros, poderá, até a decisão final, sustar o andamento da ação (art. 53, § 3º, da CF), ou seja, independe de autorização parlamentar.

15. (XXXIII Exame) Durante uma festa em uma casa noturna, Michele se desentende com sua amiga Flávia e lhe desfere um tapa no rosto, causando-lhe lesão corporal de natureza leve. Flávia, então, se dirige à autoridade policial e registra o fato, manifestando expressamente seu interesse em representar contra Michele, tendo em vista a natureza de ação penal pública condicionada à representação. Findo o procedimento policial, os autos foram encaminhados ao Juizado Especial competente e o Ministério Público apresentou proposta de transação penal à Michele, que não a aceitou. Após o oferecimento de denúncia pelo Parquet, Flávia se diz arrependida e manifesta ao seu advogado interesse em se retratar da representação oferecida, destacando que ainda não foi recebida a inicial acusatória. Considerando os fatos acima narrados, você, como advogado(a) de Flávia, deverá esclarecer que

(A) a representação será irretratável na hipótese, por já ter sido oferecida a denúncia.

(B) a retratação da representação poderá ser realizada até o momento da sentença, não dependendo de formalidades legais.

(C) a retratação da representação será cabível até o recebimento da denúncia, em audiência perante o juiz, especialmente designada para tal finalidade.

(D) a representação será irretratável, independentemente do momento processual, por se tratar de ação penal de natureza pública, de modo que o Ministério Público continua sendo o titular da ação.

RESPOSTA *Alternativa A* - Correta: A possibilidade de retratação da representação só pode ocorrer **antes do oferecimento da denúncia** pelo Parquet (arts. 102 do CP e 25 do CPP), não podendo ser aceita a retratação depois do seu oferecimento. Vide capítulo: Ação Penal - item 3.6.2.

ATENTAI: Nos casos de violência doméstica contra a mulher (Lei n. 11.340/2006), só há possibilidade de retratação antes do recebimento da denúncia, devendo ocorrer em audiência especialmente designada para este fim perante o juiz e ouvido o Ministério Público (art. 16 da mesma lei).

16. (XXXIII Exame) Carlos, em relatório final conclusivo de inquérito policial, foi indiciado pela prática do crime de receptação qualificada (Art. 180, §1º, CP - pena: 3 a 8 anos de reclusão e multa). Recebido o procedimento investigatório, o Promotor de Justiça verificou, na Folha de Antecedentes Criminais, que Carlos possuía uma única anotação e era tecnicamente primário, mas que teria sido beneficiado, oito anos antes da suposta nova prática delitiva, por proposta de suspensão condicional do processo em relação a crime de estelionato. Considerando as informações expostas, você, como advogado(a) de Carlos, deverá esclarecer que, de acordo com o Código de Processo Penal,

(A) poderá ser proposto acordo de não persecução penal, independentemente da confissão do indiciado, podendo, contudo, ser imposto ressarcimento do dano e prestação de serviço à comunidade por tempo limitado em caso de aceitação.

(B) não poderá ser proposto o acordo de não persecução penal, tendo em vista que o suposto autor já foi beneficiado com suspensão condicional do processo anteriormente.

(C) poderá ser proposto acordo de não persecução penal, considerando a pena e natureza do crime, mas Carlos necessariamente deverá confessar a prática delitiva.

(D) não poderá ser proposto o acordo de não persecução penal, em razão da pena máxima prevista para o delito ultrapassar quatro anos de reclusão.

RESPOSTA *Alternativa C* - Correta: Não sendo caso de arquivamento e tendo o investigado **confessado formal e circunstancialmente** a prática de infração penal sem violência ou grave ameaça e com pena mínima inferior a 4 (quatro) anos, o Ministério Público poderá propor acordo de não persecução penal, na forma do art. 28-A do CPP. Vide capítulo: Ação Penal - item 3.13.

IV. COMPETÊNCIA

17. (XXIV Exame) Na cidade de Angra dos Reis, Sérgio encontra um documento adulterado (logo, falso), que, originariamente, fora expedido por órgão estadual. Valendo-se de tal documento, comparece a uma agência da Caixa Econômica Federal localizada na cidade do Rio de Janeiro e apresenta o documento falso ao gerente do estabelecimento. Desconfiando da veracidade da documentação, o gerente do estabelecimento bancário chama a Polícia, e Sérgio é preso em flagrante, sendo denunciado pela prática do crime de uso de documento falso (art. 304 do Código Penal) perante uma das Varas Criminais da Justiça Estadual da cidade do Rio de Janeiro. Considerando as informações narradas, de acordo com a jurisprudência do Superior Tribunal de Justiça, o advogado de Sérgio deverá

(A) alegar a incompetência, pois a Justiça Federal será competente, devendo ser considerada a cidade de Angra dos Reis para definir o critério territorial.

(B) alegar a incompetência, pois a Justiça Federal será competente, devendo ser considerada a cidade do Rio de Janeiro para definir o critério territorial.

(C) alegar a incompetência, pois, apesar de a Justiça Estadual ser competente, deverá ser considerada a cidade de Angra dos Reis para definir o critério territorial.

(D) reconhecer a competência do juízo perante o qual foi apresentada a denúncia.

RESPOSTA *Alternativa B* - Correta: Conforme a Súmula 546 do STJ, a competência para processar e julgar o crime de uso de documento falso será firmada em razão da entidade ou do órgão ao qual foi apresentado o documento público, não importando a qualificação do órgão expedidor. Assim, a Justiça Federal do Rio de Janeiro é competente, uma vez que o documento falso foi apresentado ao gerente da Caixa Econômica Federal da referida cidade. Logo, a Justiça Estadual é incompetente para processar e julgar o acusado.

18. (XXVI Exame) Maria recebe ligação de duas delegacias diferentes, informando a prisão em flagrante de seus dois filhos. Após contatar seu advogado, Maria foi informada de que Caio, seu filho mais velho, praticou, em Niterói, um crime de lesão corporal grave consumado, mas somente veio a ser preso no Rio de Janeiro. Soube, ainda, que Bruno, seu filho mais novo, foi preso por praticar um crime de roubo simples (pena: 04 a 10 anos de reclusão e multa) em Niterói e um crime de extorsão majorada (pena: 04 a 10 anos de reclusão, aumentada de 1/3 a 1/2, e multa) em São Gonçalo, sendo certo que a prova do roubo influenciaria na prova da extorsão, já que o carro subtraído no roubo foi utilizado quando da prática do segundo delito.

Considerando apenas as informações constantes do enunciado, o advogado de Maria deverá esclarecer que o(s) juízo(s) competente(s) para julgar Caio e Bruno será(ão):

(A) Niterói, nos dois casos, sendo que, entre os crimes de roubo e extorsão, há, de acordo com o Código de Processo Penal, continência.

(B) Niterói, nos dois casos, sendo que, entre os crimes de roubo e extorsão, há, de acordo com o Código de Processo Penal, conexão.

(C) Rio de Janeiro e São Gonçalo, respectivamente, sendo que, entre os crimes de roubo e extorsão, há, de acordo com o Código de Processo Penal, continência.

(D) Niterói e São Gonçalo, respectivamente, sendo que, entre os crimes de roubo e extorsão, há, de acordo com o Código de Processo Penal, conexão.

RESPOSTA *Alternativa D* - Correta: No caso vertente, Caio, por cometer crime de lesão corporal de natureza grave consumada na cidade de Niterói/RJ, deve responder pelo crime no local de sua consumação, à luz do art. 70, do CPP, e não onde foi preso. Já no caso de Bruno, por praticar dois delitos por conexão, o foro competente no concurso de jurisdições da mesma categoria será onde ocorreu o crime mais grave, no caso em tela, a extorsão majorada, que em São Gonçalo, avocando a competência do crime conexo, ao que dispõe o art. 78, II, *a*, CPP.

19. **(XXVIII Exame)** Jucilei foi preso em flagrante quando praticava crime de estelionato (art. 171 do CP), em desfavor da Petrobras, sociedade de economia mista federal. De acordo com os elementos informativos, a fraude teria sido realizada na cidade de Angra dos Reis, enquanto a obtenção da vantagem ilícita ocorreu na cidade do Rio de Janeiro, sendo Jucilei preso logo em seguida, mas já na cidade de Niterói.

Ainda em sede policial, Jucilei entrou em contato com seu (sua) advogado (a), que compareceu à Delegacia para acompanhar seu cliente, que seria imediatamente encaminhado para a realização de audiência de custódia perante autoridade judicial.

Considerando as informações narradas, o (a) advogado (a) deverá esclarecer ao seu cliente que será competente para processamento e julgamento de eventual ação penal pela prática do crime do art. 171 do Código Penal, o juízo junto à:

(A) Vara Criminal Estadual da Comarca do Rio de Janeiro.

(B) Vara Criminal Estadual da Comarca de Angra dos Reis.

(C) Vara Criminal Federal com competência sobre a cidade do Rio de Janeiro.

(D) Vara Criminal Federal com competência sobre a cidade de Angra dos Reis.

RESPOSTA *Alternativa A* – Correta: No crime de estelionato em sua modalidade simples, o local da ação é onde se deu a obtenção da vantagem ilícita, sendo este o lugar de fixação da competência, a teor do art. 70 do CPP, incidindo a teoria do resultado, onde a competência será, de regra, determinada pelo lugar em que se consumar a infração, sendo portanto, na cidade do Rio de Janeiro/RJ. ATENTAI: Compete à Justiça Comum Estadual processar e julgar as causas cíveis em que é parte sociedade de economia mista e os crimes praticados em seu detrimento, nos termos da Súmula nº 42, do STJ. Nesse mesmo sentido, é o entendimento do STF de acordo com a Súmula nº 556: É competente a Justiça Comum para julgar as causas em que é parte sociedade de economia mista. Portanto, como a Petrobras é classificada como sociedade de economia mista, a competência será estadual e não federal.

20. **(XXIX Exame)** Anderson, Cláudio e Jorge arquitetam um plano para praticar crime contra a agência de um banco, empresa pública federal, onde Jorge trabalhava como segurança. Encerrado o expediente, em 03/12/2017, Jorge permite a entrada de Anderson e Cláudio no estabelecimento e, em conjunto, destroem um dos cofres da agência e subtraem todo o dinheiro que estava em seu interior. Após a subtração do dinheiro, os agentes roubam o carro de Júlia, que trafegava pelo local, e fogem, sendo, porém, presos dias depois, em decorrência da investigação realizada. Considerando que a conduta dos agentes configura os crimes de furto qualificado (pena: 2 a 8 anos e multa) e roubo majorado (pena: 4 a 10 anos e multa, com causa de aumento de 1/3 até metade), praticados em conexão, após solicitação de esclarecimentos pelos envolvidos, o(a) advogado(a) deverá informar que:

(A) a Justiça Federal será competente para julgamento de ambos os delitos conexos.

(B) a Justiça Estadual será competente para julgamento de ambos os delitos conexos.

(C) a Justiça Federal será competente para julgamento do crime de furto qualificado e a Justiça Estadual, para julgamento do crime de roubo majorado, havendo separação dos processos.

(D) tanto a Justiça Estadual quanto a Federal serão competentes, considerando que não há relação de especialidade entre estas, prevalecendo o critério da prevenção.

RESPOSTA *Alternativa A* – Correta: Compete à justiça federal processar e julgar infrações penais praticadas em detrimento de bens, serviços ou interesse da União ou de suas entidades autárquicas ou empresas públicas, excluídas as contravenções e ressalvada a competência da Justiça Militar e da Justiça Eleitoral, conforme art. 109, IV, CF. Ademais, a conexão e a continência importarão unidade de processo e julgamento, salvo no concurso entre a jurisdição comum e a militar; no concurso entre a jurisdição comum e a do juízo de menores, nos termos do art. 79, I e II, CPP. Assim, nos exatos termos da Súmula 122 do STJ: Compete à Justiça Federal o processo e julgamento unificado dos crimes conexos de competência federal e estadual, não se aplicando a regra do art. 78, II, a, do Código de Processo Penal.

21. **(XXX Exame)** Carlos, advogado, em conversa com seus amigos, na cidade de Campinas, afirmou, categoricamente, que o desembargador Tício exigiu R$ 50.000,00 para proferir voto favorável para determinada parte em processo criminal de grande repercussão, na Comarca em que atuava. Ao tomar conhecimento dos fatos, já que uma das pessoas que participavam da conversa era amiga do filho de Tício, o desembargador apresentou queixa-crime, imputando a Carlos o crime de calúnia majorada (art. 138 c/c. o art. 141, inciso II, ambos do CP. Pena: 06 meses a 2 anos e multa, aumentada de 1/3). Convicto de que sua afirmativa seria verdadeira, Carlos pretende apresentar exceção da verdade, com a intenção de demonstrar que Tício realmente havia realizado a conduta por ele mencionada. Procura, então, seu advogado, para adoção das medidas cabíveis. Com base apenas nas informações narradas, o advogado de Carlos deverá esclarecer que, para julgamento da exceção da verdade, será competente:

(A) a Vara Criminal da Comarca de Campinas, órgão competente para apreciar a queixa-crime apresentada.

(B) o Juizado Especial Criminal da Comarca de Campinas, órgão competente para apreciar a queixa-crime apresentada.

(C) o Tribunal de Justiça do Estado de São Paulo, apesar de não ser o órgão competente para apreciar a queixa-crime apresentada.

(D) o Superior Tribunal de Justiça, apesar de não ser o órgão competente para apreciar a queixa-crime apresentada.

RESPOSTA *Alternativa D* – Correta: Já que trata-se de um querelante (ofendido) que goza de foro por prerrogativa de função por ser desembargador, e por haver o querelado (autor) demonstrado a intenção de apresentar exceção da verdade, onde há inversão do polo ativo e passivo da ação penal, passando então a ser Carlos o Autor. Tício por ser réu neste caso (na exceção da verdade), gozará de foro privilegiado, sendo a exceção, portanto, julgada pelo STJ, conforme art. 85 do CPP e art. 105, I, *a*, CF/88.

22. (XXXII Exame) Caio praticou um crime de furto (Art. 155 - pena: reclusão, de 1 a 4 anos, e multa) no interior da sede da Caixa Econômica Federal, empresa pública, em Vitória (ES), ocasião em que subtraiu dinheiro e diversos bens públicos. Ao sair do estabelecimento, para assegurar a fuga, subtraiu, mediante grave ameaça, o carro da vítima, Cláudia (Art. 157 - pena: reclusão, de 4 a 10 anos, e multa). Houve perseguição policial, somente vindo Caio a ser preso na cidade de Cariacica, onde foi encontrado em seu poder um celular produto de crime anterior (Art. 180 - pena: reclusão, de 1 a 4 anos, e multa).

Considerando a conexão existente entre os crimes de furto simples, roubo simples e receptação, bem como a jurisprudência dos Tribunais Superiores, assinale a opção que indica a Vara Criminal competente para o julgamento de Caio.

(A) A Justiça Estadual, em relação aos três crimes, sendo competente, territorialmente, a comarca de Vitória.
(B) A Justiça Estadual, em relação aos três crimes, sendo competente, territorialmente, a comarca de Cariacica.
(C) A Justiça Federal, em relação ao crime de furto, e a Vara Criminal de Vitória, da Justiça Estadual, no que tange aos crimes de roubo e receptação.
(D) A Justiça Federal, em relação a todos os delitos.

RESPOSTA *Alternativa D* - Correta: Na hipótese de conexão entre crimes de competência federal e estadual, prevalecerá a competência da Justiça Federal, em razão da Súmula n. 122 do STJ: "Compete à Justiça Federal o processo e julgamento unificado dos crimes conexos de competência federal e estadual, não se aplicando a regra do art. 78, II, a, do Código de Processo Penal".

V. DAS EXCEÇÕES E PROCESSOS INCIDENTES

23. (XXII Exame) Ricardo foi denunciado, perante a 1ª Vara Criminal de determinada cidade, pela prática de crime de associação para o tráfico com mais 04 outros indivíduos, destacando a denúncia o local, o período e a existência de outros indivíduos não identificados, integrantes da mesma associação. Foi condenado em primeira instância e foi mantida a prisão preventiva, apresentando a defesa recurso de apelação. No dia seguinte da condenação, na cadeia, Ricardo vem a ser notificado em razão de denúncia diversa oferecida pelo Ministério Público, agora perante a 2ª Vara Criminal da mesma cidade, pela prática do mesmo crime de associação para o tráfico, em iguais período e local da primeira denúncia, mas, dessa vez, foram denunciados também os indivíduos não identificados mencionados no primeiro processo. Ricardo, então, entra em contato com seu advogado, informando da nova notificação.

Considerando a situação narrada, caberá ao advogado de Ricardo apresentar exceção de:

(A) Litispendência.
(B) Coisa julgada.
(C) Incompetência.
(D) Ilegitimidade.

RESPOSTA Alternativa A - Correta: De acordo com o art. 95, III, do CPP. A litispendência tem por finalidade impedir o julgamento de mesma causa pendente de julgamento, em outro ou no mesmo juízo, evitando que o acusado seja julgado duas vezes pelo mesmo fato, em observância ao princípio do *non bis in idem*.

24. (XXVII Exame) Paulo, ofendido em crime contra o patrimônio, apesar de sua excelente condição financeira, veio a descobrir, após a identificação da autoria, que o autor dos fatos adquiriu, com os proventos da infração, determinado bem imóvel. Diante da descoberta, procurou você, na condição de advogado (a), para a adoção das medidas cabíveis. Com base apenas nas informações expostas, a defesa técnica do ofendido deverá esclarecer ser cabível:

(A) o sequestro, desde que após o oferecimento da denúncia, mas exige requerimento do Ministério Público ou decisão do magistrado de ofício.
(B) o arresto, ainda que antes do oferecimento da denúncia, mas a ação principal deverá ser proposta no prazo máximo de 30 dias, sob pena de levantamento.
(C) o sequestro, ainda que antes do oferecimento da denúncia, podendo a decisão judicial ser proferida a partir de requerimento do próprio ofendido.
(D) o arresto, que deve ser processado em autos em apartados, exigindo requerimento do Ministério Público ou decisão do magistrado de ofício.

RESPOSTA *Alternativa C* - Correta: Consoante denota-se na questão, o bem fora adquirido com proventos de infração penal (crime contra o patrimônio), logo, a medida assecuratória cabível será o sequestro do bem imóvel (art. 125, CPP). Ademais, o próprio ofendido (vítima) poderá requerer ao magistrado a decretação do sequestro, em qualquer fase do processo ou ainda antes de oferecida a denúncia ou a queixa, conforme inteligência do art. 127, CPP.

25. (XXIX Exame) Luiz foi denunciado pela prática de um crime de estelionato. Durante a instrução, o ofendido apresentou, por meio de assistente de acusação, documento supostamente assinado por Luiz, que confirmaria a prática delitiva. Ao ter acesso aos autos, Luiz informa ao patrono ter certeza de que aquele documento seria falso, pois não foi por ele assinado. Com base nas informações narradas, de acordo com as previsões do Código de Processo Penal, o advogado de Luiz poderá:

(A) alegar apenas a insuficiência de provas e requerer a extração de cópias para o Ministério Público, mas não poderá, neste processo, verificar a veracidade do documento.
(B) alegar, desde que seja procurador com poderes especiais, a falsidade do documento para fins de instauração de incidente de falsidade.
(C) arguir, com procuração com poderes gerais, a falsidade do documento, gerando incidente de falsidade em autos em apartado.
(D) alegar, oralmente, a falsidade do documento, devendo o incidente ser decidido nos autos principais.

RESPOSTA *Alternativa B* - Correta: Arguida, por escrito, a falsidade de documento constante dos autos, o juiz observará o seguinte processo: I - mandará autuar em apartado a impugnação, e em seguida ouvirá a parte contrária, que, no prazo de 48 horas, oferecerá resposta; IV - se reconhecida a falsidade por decisão irrecorrível, mandará desentranhar o documento e remetê-lo, com os autos do processo incidente, ao Ministério Público, conforme art. 145, I e IV, CPP. Ademais, a arguição de falsidade, feita por procurador, exige poderes especiais, nos termos do art. 146, CPP.

26. (XXXII EXAME) Vitor foi denunciado pela suposta prática dos crimes de furto e ameaça, já que teria ingressado em estabelecimento comercial e, enquanto subtraía produtos, teria, para garantir o sucesso da empreitada delitiva, ameaçado o funcionário que realizava sua abordagem. Considerando que o funcionário não compareceu em juízo para esclarecimento dos fatos, Vitor veio a ser absolvido por insuficiência de provas, transitando em julgado a sentença.

Outro promotor de justiça, ao tomar conhecimento dos fatos e localizar o funcionário para ser ouvido em juízo, veio a denunciar Vitor pelo mesmo evento, mas, dessa vez, pelo crime de roubo impróprio. Após citação, caberá ao(à) advogado(a) de Vitor, sob o ponto de vista técnico,

(A) buscar a desclassificação para o crime de furto simples em concurso com o de ameaça no momento das alegações finais, mas não a extinção do processo, considerando que a absolvição anterior foi fundamentada em insuficiência probatória.

(B) requerer, em resposta à acusação, a absolvição sumária de Vitor, pois está provado que o fato não ocorreu.

(C) apresentar exceção de litispendência, requerendo a extinção do processo.

(D) apresentar exceção de coisa julgada, buscando extinção do processo.

RESPOSTA *Alternativa D* – Correta: A exceção de coisa julgada é cabível quando for proposta nova ação penal contra o acusado, tendo por base idêntica imputação (mesmo fato criminoso) que já tenha sido decidida por sentença condenatória ou absolutória transitada em julgado (art. 95, V, CPP).

VI. PROVAS

27. (XX Exame) Hugo foi denunciado pela prática de um crime de furto qualificado praticado contra Rosa. Na audiência de instrução e julgamento, Rosa confirmou a autoria delitiva, mas apresentou versão repleta de contradições, inovando ao afirmar que estava junto com Lúcia quando foi vítima do crime. O Ministério Público ouve os policiais que participaram apenas, posteriormente, da prisão de Hugo e não deseja ouvir novas testemunhas. A defesa requer a oitiva de Lúcia, mencionada por Rosa em seu testemunho, já que antes não tinha conhecimento sobre a mesma, mas o juiz indefere afirmando que o advogado já havia arrolado o número máximo de testemunhas em sua resposta à acusação.

Diante dessa situação, o advogado de Hugo deve alegar que:

(A) As testemunhas referidas não devem ser computadas para fins do número máximo de testemunhas a serem ouvidas.

(B) O Código de Processo Penal não traz número máximo de testemunhas de defesa, pois previsão em contrário violaria o princípio da ampla defesa.

(C) As testemunhas referidas não podem prestar compromisso de dizer a verdade.

(D) O testemunho de Rosa, ao inovar os fatos, deve ser considerado prova ilícita, de modo a ser desentranhado dos autos.

RESPOSTA Alternativa A – Correta: De acordo com os arts. 209, § 1º, e 401, § 1º, ambos do CPP, as testemunhas referidas não devem ser computadas para fins de número máximo de testemunhas, podendo estas ser ouvidas em juízo de ofício ou a requerimento das partes.

28. (XXI Exame) Em uma mesma rua da cidade de Palmas, em dois imóveis diversos, moram Roberto e Mário. Roberto foi indiciado pela prática do crime de estelionato, razão pela qual o magistrado deferiu requerimento do Ministério Público de busca e apreensão de documentos em sua residência, sem estabelecer o horário em que deveria ser realizada. Diante da ordem judicial, a Polícia Civil compareceu à sua residência, às 04h da madrugada para cumprimento do mandado e ingressou no imóvel, sem autorização do indiciado, para cumprir a busca e apreensão.

Após a diligência, quando deixavam o imóvel, policiais receberam informações concretas de popular, devidamente identificado, de que Mário guardava drogas para facção criminosa em seu imóvel e, para comprovar o alegado, o popular ainda apresentou fotografias. Diante disso, os policiais ingressaram na residência de Mário, sem autorização deste, onde, de fato, apreenderam 1 kg de droga.

Sobre as diligências realizadas, com base na situação narrada, assinale a afirmativa correta.

(A) nas residências de Roberto e Mário foram inválidas.

(B) Na residência de Roberto foi inválida, enquanto que, na residência de Mário, foi válida.

(C) Nas residências de Roberto e Mário foram válidas.

(D) Na residência de Roberto foi válida, enquanto que, na residência de Mário, foi inválida.

RESPOSTA *Alternativa B* – Correta: As buscas domiciliares deverão ser executadas durante o dia, salvo quando o morador consentir que ela seja realizada durante a noite, tendo os executores que mostrar e ler o devido mandado para o morador, uma vez que a casa é asilo inviolável do indivíduo, não podendo nela entrar sem o consentimento deste (art. 5º, XI, da CF c/c art. 245, CPP). Quanto a Mário, pelo fato de tratar-se de **crime permanente**, o STF, no RE 603.616/RO (Relator: Min. Gilmar Mendes, Tribunal Pleno, julgado em 5-11-2015, Acórdão Eletrônico Repercussão Geral – Mérito *DJe-093* 9-5-2016. Public. 10-5-2016), entendeu que **há possibilidade de adentrar na residência do acusado a qualquer hora do dia.**

29. (XXII Exame) Fagner, irmão de Vitor, compareceu à Delegacia e narrou que foi vítima de agressões que lhe causaram lesão corporal de natureza leve. Afirmou Fagner, em sede policial, que Vitor desferiu um soco em seu rosto, deixando a agressão vestígios, mas esclareceu que não necessitou de atendimento médico.

Apesar de demonstrar interesse inequívoco em ver seu irmão responsabilizado criminalmente pelo ato praticado, não assinou termo de representação formal, além de não realizar exame de corpo de delito. Vitor foi denunciado pela prática do crime do art. 129, § 9º, do Código Penal.

Durante a instrução, Fagner não foi localizado para ser ouvido, não havendo outras testemunhas presenciais. Vitor, em seu interrogatório, contudo, confirmou que desferiu um soco no rosto de seu irmão. Em relação aos documentos do processo, consta apenas a Folha de Antecedentes Criminais do acusado.

Considerando apenas as informações narradas na hipótese, assinale a afirmativa correta.

(A) O processo deve ser extinto sem julgamento do mérito, pois a representação do ofendido necessariamente deve ser expressa e formal.

(B) Não existe prova da materialidade, pois, quando a infração penal deixa vestígios, o exame de corpo de delito é indispensável, não podendo supri-lo a confissão do acusado.
(C) Não existe prova da materialidade, pois o Código de Processo Penal apenas admite o exame de corpo de delito direto.
(D) Existe prova da materialidade, pois o Código de Processo Penal admite a figura do exame de corpo de delito indireto e este ocorreu no caso concreto.

RESPOSTA *Alternativa B* – Correta: Em situações em que a conduta deixar vestígios, é indispensável o exame de corpo de delito, não sendo suprimido pela confissão do acusado, na forma do art. 158 do CPP.

30. (XXII Exame) Durante audiência de instrução e julgamento em processo em que é imputada a José a prática de um crime de roubo majorado pelo concurso de agentes, Laís e Lívia testemunhas de acusação, divergem em suas declarações. Laís garante que presenciou o crime e que dois eram os autores do delito; já Lívia também diz que estava presente, mas afirma que José estava sozinho quando o crime foi cometido. A vítima não foi localizada para prestar depoimento.

Diante dessa situação, poderá o advogado de José requerer:

(A) a realização de contradita das testemunhas.
(B) a realização de acareação das testemunhas.
(C) a instauração de incidente de falsidade.
(D) a suspensão do processo até a localização da vítima, para superar divergência.

RESPOSTA *Alternativa B* – Correta: Ocorrerá acareação sempre que o depoimento de duas testemunhas for divergente, sobre fatos ou circunstâncias relevantes, ato do qual o juiz busca esclarecer divergências apresentadas (art. 229, CPP).

31. (XXVIII – Exame) Adolfo e Arnaldo são irmãos e existe a informação de que estão envolvidos na prática de crimes. Durante investigação da suposta prática de crime de tráfico de drogas, foi deferida busca e apreensão na residência de Adolfo, em busca de instrumentos utilizados na prática delitiva.

O oficial de justiça, com mandado regularmente expedido, compareceu à residência de Adolfo às 3h, por ter informações de que às 7h ele deixaria o local. Apesar da não autorização para ingresso na residência por parte do proprietário, ingressou no local para cumprimento do mandado de busca e apreensão, efetivamente apreendendo um caderno com anotações que indicavam a prática do crime investigado.

Quando deixavam o local, os policiais e o oficial de justiça se depararam, na rua ao lado, com Arnaldo, sendo que imediatamente uma senhora o apontou como autor de um crime de roubo majorado pelo emprego de arma, que teria ocorrido momentos antes.

Diante disso, os policiais realizaram busca pessoal em Arnaldo, localizando um celular, que era produto do crime de acordo com a vítima, razão pela qual efetuaram a apreensão desse bem.

Ao tomar conhecimento dos fatos, a mãe de Adolfo e Arnaldo procurou você, como advogado (a), para a adoção das medidas cabíveis.

Assinale a opção que apresenta, sob o ponto de vista técnico, a medida que você poderá adotar.

(A) Pleitear a invalidade da busca e apreensão residencial de Adolfo e a da busca e apreensão pessoal em Arnaldo.
(B) Pleitear a invalidade da busca e apreensão residencial de Adolfo, mas não a da busca e apreensão pessoal de Arnaldo.
(C) Não poderá pleitear a invalidade das buscas e apreensões.
(D) Pleitear a invalidade da busca e apreensão pessoal de Arnaldo, mas não a da busca e apreensão residencial de Adolfo.

RESPOSTA *Alternativa B* – Correta: Apesar de a questão abordar que o oficial de justiça gozava de mandado competente, este não poderia adentrar a residência de Adolfo, já que estava em período noturno, salvo em flagrante, desastre e prestação de socorro ou com consentimento do morador, porém, no caso supracitado, o oficial de justiça adentrou horas antes do autorizado, visto que somente poderia entrar durante o dia (devendo ser considerado o período entre às 06h da manhã e 18h da noite), na forma do art. 5º, XI, CF/88 c/c art. 245, CPP, portanto ilícita a busca e apreensão na residência. Todavia, quanto a Arnaldo, a realização da busca pessoal fora lícita, já que houvera fundadas suspeitas quanto a pratica de um delito e o mesmo fora apreendido na posse do bem subtraído (res furtiva).

32. (XXVIII – Exame) A autoridade policial recebeu denúncia anônima informando que Gabriel seria autor de um crime de apropriação indébita (art. 168 do CP. Pena: 01 a 04 anos de reclusão e multa). Realizou, então, diligências para verificar a relevância daquela informação e, após constatar que havia motivos para justificar o início de investigação, instaurou inquérito para apurar a infração penal antes mencionada, indiciando Gabriel.

O primeiro ato da investigação foi requerer, ao juízo competente, interceptação das comunicações telefônicas de Gabriel, pedido esse que foi deferido. Após a interceptação, a autoridade policial buscou obter outros elementos informativos, ouvindo a vítima e testemunhas que tinham conhecimento dos fatos e da autoria delitiva.

Após o fim do prazo de 15 dias fixado para interceptação, com nova representação da autoridade policial e requerimento do Ministério Público, o juiz deferiu a prorrogação da medida, reiterando os termos da decisão que autorizou a medida inicial e destacando que aqueles fundamentos persistiam e foram confirmados pelo teor das transcrições das conversas já obtidas.

Gabriel, no curso das investigações, foi intimado para prestar esclarecimentos, momento em que entrou em contato com seu advogado, que obteve acesso ao procedimento.

Considerando as informações narradas, o (a) advogado (a) de Gabriel poderá questionar a interceptação telefônica realizada, porque:

(A) a primeira notícia do crime foi oriunda de denúncia anônima, o que impede que seja instaurada investigação, ainda que a autoridade policial realize diligências para confirmar a necessidade de iniciar procedimento investigatório.
(B) o crime investigado é punido com pena de reclusão que não ultrapassa 04 anos de pena privativa de liberdade.
(C) a prova da infração poderia ter sido obtida por outros meios disponíveis.
(D) a decisão de prorrogação do prazo da medida utilizou-se de fundamentação per relationem, o que não é admitido no Processo Penal brasileiro.

RESPOSTA *Alternativa C* – Correta: A questão aborda conteúdo das hipóteses autorizadoras de interceptação telefônica, regido pela Lei n. 9.296/96, onde, "não será admitida a interceptação de comunicações telefônicas quando a prova puder ser feita por outros meios disponíveis", conforme art. 2º, II, da referida Lei, já que a interceptação como medida mais gravosa a intimidade do investigado, deverá ser feita em caráter subsidiário, ou seja, em última ratio, já que poder-se-iam obter provas de outras formas menos gravosas, como por exemplo, a prova testemunhal, a prova pericial. Importante ressaltar que a questão menciona que foi utilizado inicialmente a interceptação telefônica e posteriormente outros meios de prova, o que deveria aplicar-se inversamente.

33. (XXIX – Exame) Tomás e Sérgio foram denunciados como incursos nas sanções penais do crime do art. 217-A do Código Penal (estupro de vulnerável), narrando a acusação que, no delito, teria ocorrido ato libidinoso diverso da conjunção carnal, já que os denunciados teriam passado as mãos nos seios da criança, e que teria sido praticado em concurso de agentes. Durante a instrução, foi acostado ao procedimento laudo elaborado por um perito psicólogo oficial, responsável pela avaliação da criança apontada como vítima, concluindo que o crime teria, de fato, ocorrido. As partes tiveram acesso posterior ao conteúdo do laudo, apesar de intimadas da realização da perícia anteriormente. O magistrado responsável pelo julgamento do caso, avaliando a notícia concreta de que Tomás e Sérgio, durante o deslocamento para a audiência de instrução e julgamento, teriam um plano de fuga, o que envolveria diversos comparsas armados, determinou que o interrogatório fosse realizado por videoconferência. No momento do ato, os denunciados foram ouvidos separadamente um do outro pelo magistrado, ambos acompanhados por defesa técnica no estabelecimento penitenciário e em sala de audiência durante todo ato processual. Insatisfeitos com a atuação dos patronos e acreditando na existência de ilegalidades no procedimento, Tomás e Sérgio contratam José para assistência técnica. Considerando apenas as informações narradas, José deverá esclarecer que:

(A) o interrogatório dos réus não poderia ter sido realizado separadamente, tendo em vista que o acusado tem direito a conhecer todas as provas que possam lhe prejudicar.

(B) não poderia ter sido realizado interrogatório por videoconferência, mas tão só oitiva das testemunhas na ausência dos acusados, diante do direito de presença do réu e ausência de previsão legal do motivo mencionado pelo magistrado.

(C) o laudo acostado ao procedimento foi válido em relação à sua elaboração, mas o juiz não ficará adstrito aos termos dele, podendo aceitá-lo ou rejeitá-lo, no todo ou em parte.

(D) o laudo deverá ser desentranhado dos autos, tendo em vista que elaborado por apenas um perito oficial, sendo certo que a lei exige que sejam dois profissionais e que seja oportunizada às partes apresentação de quesitos complementares.

RESPOSTA *Alternativa C* – Correta: Literalidade do art. 182, CPP, onde: O juiz não ficará adstrito ao laudo, podendo aceitá-lo ou rejeitá-lo, no todo ou em parte.

ATENTAI: Caso o magistrado rejeite, deverá fundamentar sua decisão, ademais, a este quesito, incide o sistema liberatório, onde não há vinculação do laudo pericial com o juiz, podendo rejeitá-lo ou aceitá-lo, ficando livre para apreciá-lo.

34. (XXIX – Exame) Glauber foi denunciado pela prática de um crime de roubo majorado. Durante a audiência de instrução e julgamento, que ocorreu na ausência do réu, em razão do temor da vítima e da impossibilidade de realização de videoconferência, o Ministério Público solicitou que a vítima descrevesse as características físicas do autor do fato. Após a vítima descrever que o autor seria branco e baixo e responder às perguntas formuladas pelas partes, ela foi conduzida à sala especial, para a realização de reconhecimento formal. No ato de reconhecimento, foram colocados, com as mesmas roupas, lado a lado, Glauber, branco e baixo, Lucas, branco e alto, e Thiago, negro e baixo, apesar de a carceragem do Tribunal de Justiça estar repleta de presos para a realização de audiências, inclusive com as características descritas pela ofendida. A vítima reconheceu Glauber como o autor dos fatos, sendo lavrado auto subscrito pelo juiz, pela vítima e por duas testemunhas presenciais. Considerando as informações narradas, o advogado de Glauber, em busca de futuro reconhecimento de nulidade da instrução ou absolvição de seu cliente, de acordo com o Código de Processo Penal e a jurisprudência dos Tribunais Superiores, deverá consignar, na assentada da audiência, seu inconformismo em relação ao reconhecimento realizado pela vítima:

(A) em razão da oitiva da vítima na ausência do réu, já que o direito de autodefesa inclui o direito de presença em todos os atos do processo.

(B) tendo em vista que, de acordo com as previsões do Código de Processo Penal, ela não poderia ter descrito as características do autor dos fatos antes da realização do reconhecimento.

(C) em razão das características físicas apresentadas pelas demais pessoas colocadas ao lado do réu quando da realização do ato, tendo em vista a possibilidade de participarem outras pessoas com características semelhantes.

D) tendo em vista que o auto de reconhecimento deveria ter sido subscrito pelo juiz, pelo réu, por seu defensor e pelo Ministério Público, além de três testemunhas presenciais.

RESPOSTA *Alternativa C* – Correta: O art. 226, II, CPP traz a hipótese de: A pessoa, cujo reconhecimento se pretender, será colocada, se possível, ao lado de outras que com ela tiverem qualquer semelhança, convidando-se quem tiver de fazer o reconhecimento a apontá-la. Assim, o advogado poderá requerer a nulidade do reconhecimento, pois a vítima descreveu as características do autor, em sendo um homem branco e baixo, e não negro e baixo ou branco e alto. E a questão em tela, afirma ainda que havia outros presos com as mesmas semelhanças do acusado descritas pela vítima.

35. (XXXI – Exame) O Ministério Público ofereceu denúncia em face de Tiago e Talles, imputando-lhes a prática do crime de sequestro qualificado, arrolando como testemunhas de acusação a vítima, pessoas que presenciaram o fato, os policiais responsáveis pela prisão em flagrante, além da esposa do acusado Tiago, que teria conhecimento sobre o ocorrido. Na audiência de instrução e julgamento, por ter sido arrolada como testemunha de acusação, Rosa, esposa de Tiago, compareceu, mas demonstrou que não tinha interesse em prestar declarações. O Ministério Público insistiu na sua oitiva, mesmo com outras testemunhas tendo conhecimento sobre os fatos. Temendo pelas consequências, já que foi prestado o compromisso de dizer a verdade perante o magistrado, Rosa disse o que tinha conhecimento, mesmo contra sua vontade, o que veio a prejudicar seu marido. Por ocasião dos interrogatórios, Tiago, que seria interrogado por último, foi retirado da sala de audiência enquanto o corréu prestava suas declarações, apesar de seu advogado ter participado do ato.

(A) Com base nas previsões do Código de Processo Penal, considerando apenas as informações narradas, Tiago não teria direito de anular a instrução probatória com fundamento na sua ausência durante o interrogatório de Talles e nem na oitiva de Rosa na condição de testemunha, já que devidamente arrolada pelo Ministério Público.

(B) teria direito de anular a instrução probatória com fundamento na ausência de Tiago no interrogatório de Talles e na oitiva de Rosa na condição de testemunha.

(C) não teria direito de anular a instrução probatória com base na sua ausência no interrogatório de Talles, mas deveria questionar a oitiva de Rosa como testemunha, já que ela poderia se recusar a prestar declarações.

(D) não teria direito de anular a instrução probatória com base na sua ausência no interrogatório de Talles, mas deveria questionar a oitiva de Rosa como testemunha, pois, em que pese seja obrigada a prestar declarações, deveria ser ouvida na condição de informante, sem compromisso legal de dizer a verdade.

RESPOSTA *Alternativa C* – Correta: Havendo mais de um acusado, serão interrogados separadamente (art. 191, CPP). No entanto, pelo fato de Rosa ser esposa do acusado, esta poderia se recusar a prestar depoimento, na forma do art. 206 do CPP.

VII. PRISÃO

36. (XX Exame) José Augusto foi preso em flagrante delito pela suposta prática do crime de receptação (art. 180 do Código Penal – pena: 01 a 04 anos de reclusão e multa). Em que pese seja tecnicamente primário e de bons antecedentes e seja civilmente identificado, possui, em sua Folha de Antecedentes Criminais, duas anotações pela prática de crimes patrimoniais, sem que essas ações tenham resultados definitivos. Neste caso, de acordo com as previsões expressas do Código de Processo Penal, assinale a afirmativa correta.

(A) Estão preenchidos os requisitos para decretação da prisão preventiva, pois as ações penais em curso demonstram a existência de risco para a ordem pública.

(B) A autoridade policial não poderá arbitrar fiança neste caso, ficando tal medida de responsabilidade do magistrado.

(C) Antes de decidir pela liberdade provisória ou conversão em preventiva, poderá a prisão em flagrante do acusado perdurar pelo prazo de 10 dias úteis, ou seja, até o oferecimento da denúncia.

(D) O juiz não poderá converter a prisão em flagrante em preventiva, mas poderá aplicar as demais medidas cautelares.

RESPOSTA *Alternativa D* – Correta: No caso em questão, o juiz não pode converter a prisão em flagrante em preventiva, uma vez que a pena máxima em abstrato é de 4 (quatro) anos. Assim, de acordo com o art. 313, I, do CPP, a prisão preventiva só poderá ser aplicada nos crimes dolosos quando a pena máxima em abstrato **for superior a 4 (quatro) anos**, o que não é o caso. No entanto, é possível a aplicação de medidas cautelares previstas no art. 319 do CPP.

37. (XXIII Exame) Douglas responde a ação penal, na condição de preso cautelar, pela prática do crime de furto qualificado, sendo ele triplamente reincidente específico. No curso do processo, foi constatado por peritos que Douglas seria semi-imputável e que haveria risco de reiteração.

O magistrado em atuação, de ofício, revoga a prisão preventiva de Douglas, entendendo que não persistem os motivos que justificaram essa medida mais grave, aplicando, porém, a medida cautelar de internação provisória, com base no art. 319 do Código de Processo Penal.

Diante da situação narrada, o advogado de Douglas poderá requerer o afastamento da cautelar aplicada, em razão

(A) Da não previsão legal da cautelar de internação provisória, sendo certo que tais medidas estão sujeitas ao princípio da taxatividade.

(B) De somente ser cabível a cautelar quando os peritos concluírem pela inimputabilidade, mas não pela semi-imputabilidade.

(C) De o crime imputado não ter sido praticado com violência ou grave ameaça à pessoa.

(D) De não ser cabível, na hipótese, a aplicação de medida cautelar de ofício, sem requerimento pretérito do Ministério Público.

RESPOSTA *Alternativa C* – Correta: O advogado deve alegar que não cabe a medida cautelar de internação provisória, uma vez que o crime praticado foi de furto qualificado, não tendo sido praticado com violência ou grave ameaça à pessoa. Assim, só caberá medida cautelar de internação se o crime praticado for com violência ou grave ameaça, o que não é o caso, não se aplicando o inciso VII do art. 319 do CPP.

38. (XXV Exame) No dia 15 de maio de 2017, Caio, pai de um adolescente de 14 anos, conduzia um veículo automotor, em via pública, às 14h, quando foi solicitada sua parada em uma blitz. Após consultar a placa do automóvel, os policiais constataram que o veículo era produto de crime de roubo ocorrido no dia 13 de maio de 2017, às 09h. Diante de suposta prática do crime de receptação, realizaram a prisão e encaminharam Caio para a Delegacia.

Em sede policial, a vítima do crime de roubo foi convidada a comparecer e, em observância a todas as formalidades legais, reconheceu Caio como autor do crime que sofrera. A autoridade policial lavrou auto de prisão em flagrante pelo crime de roubo em detrimento da receptação. O Ministério Público, em audiência de custódia, manifesta-se pela conversão da prisão em flagrante em preventiva, valorizando o fato de Caio ser reincidente, conforme confirmação constante de sua folha de Antecedentes Criminais.

Quando de sua manifestação, o advogado de Caio, sob o ponto de vista técnico, deverá requerer:

(A) A liberdade provisória, pois, apesar da prisão em flagrante ser legal, não estão presentes os pressupostos para prisão preventiva.

(B) Relaxamento da prisão, em razão da ausência de situação de flagrante.

(C) Revogação da prisão preventiva, pois a prisão em flagrante pelo crime de roubo ilegal.

(D) Substituição da prisão preventiva por prisão domiciliar, pois Caio é responsável pelos cuidados de adolescente de 14 anos.

RESPOSTA *Alternativa B* – Correta: A prisão em flagrante de Caio foi ilegal, uma vez que, apesar de ele ter sido encontrado com o objeto do crime (carro), induzindo a acreditar na possibilidade do flagrante presumido, já haviam se passado mais de 48 horas do crime de roubo, não ocorrendo, assim, nenhuma das situações previstas no art. 302, CPP.

ATENTAI: A presente questão tentou induzir o examinando a confusão, pois a prisão em flagrante era ilegal, restando a dúvida entre a liberdade provisória, a revogação da prisão preventiva e o relaxamento da prisão em flagrante. Todavia, como deve ser analisada primeiro a legalidade do flagrante (art. 310, I, CPP), a alternativa correta é o relaxamento da prisão, em virtude da ausência de situação de flagrante prevista no art. 302, CPP.

39. (XXVI Exame) Durante as investigações de um crime de associação criminosa (art. 288 do CP), a autoridade policial representa pela decretação da prisão temporária do indiciado Jorge, tendo em vista que a medida seria imprescindível para a continuidade das investigações. Os autos são encaminhados ao Ministério Público, que se manifesta favoravelmente à representação da autoridade policial, mas deixa de requerer expressamente, por conta própria, a decretação da prisão temporária. Por sua vez, o magistrado, ao receber o procedimento, decretou a prisão temporária pelo prazo de 10 dias, ressaltando que a lei admite a prorrogação do prazo de 05 dias por igual período. Fez o magistrado constar, ainda, que Jorge não poderia permanecer acautelado junto com outros detentos que estavam presos em razão de preventivas decretadas.

Considerando apenas as informações narradas, o advogado de Jorge, ao ser constituído, deverá alegar que:

(A) o prazo fixado para a prisão temporária de Jorge é ilegal.
(B) a decisão do magistrado de determinar que Jorge ficasse separado dos demais detentos é ilegal.
(C) a prisão temporária decretada é ilegal, tendo em vista que a associação criminosa não está prevista no rol dos crimes hediondos e nem naquele que admite a decretação dessa espécie de prisão.
(D) a decretação da prisão foi ilegal, pelo fato de ter sido decretada de ofício, já que não houve requerimento do Ministério Público.

RESPOSTA *Alternativa A* – Correta: Visto que somente pode haver a decretação da prisão temporária pelo prazo de 5 (cinco) dias, prorrogável por igual período em caso de extrema e comprovada necessidade, como o magistrado decretou por 10 dias inicialmente, esta prisão é ilegal.

ATENTAI: Alternativa B – Incorreta: Os presos temporários deverão permanecer, obrigatoriamente, separados dos demais detentos, consoante o art. 3º da Lei n. 7.960/89. Alternativa C – Incorreta: O crime de associação criminosa previsto no art. 288 do CP está no rol taxativo de crimes passíveis de decretação da prisão temporária previsto no art. 1º, III, *l*, da Lei n. 7.960/89. Alternativa D – Incorreta: A prisão temporária (Lei n. 7.960/89) somente pode ser decretada na fase do I.P., e o magistrado não pode decretar de ofício, devendo haver a representação do delegado (autoridade policial) ou o requerimento do MP, sob pena de violar o princípio da inércia ou imparcialidade. Vale ressaltar que no presente caso **houve a representação da autoridade policial**, motivo pelo qual a **decretação da prisão é válida.**

40. (XXVII Exame) Após ser instaurado inquérito policial para apurar a prática de um crime de lesão corporal culposa praticada na direção de veículo automotor (art. 303 da Lei n. 9.503/97 – pena: detenção de seis meses a dois anos), foi identificado que o autor dos fatos seria Carlos, que, em sua Folha de Antecedentes Criminais, possuía três anotações referentes a condenações, com trânsito em julgado, pela prática da mesma infração penal, todas aptas a configurar reincidência quando da prática do delito ora investigado.

Encaminhados os autos ao Ministério Público, foi oferecida denúncia em face de Carlos pelo crime antes investigado; diante da reincidência específica do denunciado civilmente identificado, foi requerida a decretação da prisão preventiva. Recebidos os autos, o juiz competente decretou a prisão preventiva, reiterando a reincidência de Carlos e destacando que essa circunstância faria com que todos os requisitos legais estivessem preenchidos.

Ao ser intimado da decisão, o (a) advogado (a) de Carlos deverá requerer:

(A) a liberdade provisória dele, ainda que com aplicação das medidas cautelares alternativas.
(B) o relaxamento da prisão dele, tendo em vista que a prisão, em que pese ser legal, é desnecessária.
(C) a revogação da prisão dele, tendo em vista que, em que pese ser legal, é desnecessária.
(D) o relaxamento da prisão dele, pois ela é ilegal.

RESPOSTA *Alternativa D* – Correta: No caso em análise, trata-se de um crime culposo (lesão corporal culposa em direção de veículo automotor) e, portanto, fora do rol dos requisitos para a prisão preventiva, previstos no art. 313, I, CPP pois somente prevê a hipótese de ensejar a prisão em crimes dolosos. Portanto, trata-se, a decretação da prisão preventiva em um crime culposo, de uma medida ilegal e arbitrária, desta forma, macula-se um vício inicial, em sua própria essência, já que não é autorizado a decretação da custódia cautelar, portanto esta decisão é ilegal, sendo passível de relaxamento, fulcrada no art. 5º, LXV, CF/88.

41. (XXXI Exame) Durante escuta telefônica devidamente deferida para investigar organização criminosa destinada ao contrabando de armas, policiais obtiveram a informação de que Marcelo receberia, naquele dia, grande quantidade de armamento, que seria depois repassada a Daniel, chefe de sua facção.

Diante dessa informação, os policiais se dirigiram até o local combinado. Após informarem o fato à autoridade policial, que o comunicou ao juízo competente, eles acompanharam o recebimento do armamento por Marcelo, optando por não o prender naquele momento, pois aguardariam que ele se encontrasse com o chefe da sua organização para, então, prendê-los. De posse do armamento, Marcelo se dirigiu ao encontro de Daniel e lhe repassou as armas contrabandeadas, quando, então, ambos foram surpreendidos e presos em flagrante pelos policiais que monitoravam a operação.

Encaminhados para a Delegacia, os presos entraram em contato com um advogado para esclarecimentos sobre a validade das prisões ocorridas.

Com base nos fatos acima narrados, o advogado deverá esclarecer aos seus clientes que a prisão em flagrante efetuada pelos policiais foi:

(A) ilegal, por se tratar de flagrante esperado.
(B) legal, restando configurado o flagrante preparado.
(C) legal, tratando-se de flagrante retardado.
(D) ilegal, pois a conduta dos policiais dependeria de prévia autorização judicial.

RESPOSTA *Alternativa C* – Correta: De acordo com o art. 8º da Lei n. 12.850/2013, a autoridade policial poderá retardar/prorrogar a prisão em flagrante dos integrantes das organizações criminosas, para que se concretize no momento mais eficaz do ponto de vista de provas e fornecimento de informações, mediante comunicação prévia ao juiz competente.

42. (XXXII Exame) Em 14/01/2021, Valentim, reincidente, foi denunciado como incurso nas sanções penais do Art. 14 da Lei n. 10.826/03, cuja pena prevista é de reclusão, de 2 a 4 anos, narrando a denúncia que, em 10/01/2017, o denunciado portava, em via pública, arma de fogo de uso permitido.

Após recebimento da denúncia e apresentação de resposta à acusação, o magistrado, verificando que a única outra anotação que constava da Folha de Antecedentes Criminais era referente a delito da mesma natureza, decretou, apesar da ausência de requerimento, a prisão preventiva do denunciado, destacando o risco de reiteração delitiva.

Ao tomar conhecimento dos fatos, sob o ponto de vista técnico, a defesa de Valentim deverá argumentar que a prisão é inadequada porque

(A) não poderia ter sido decretada de ofício e pela ausência de contemporaneidade, apesar de a pena máxima, por si só, não impedir o decreto prisional na situação diante da reincidência.
(B) não poderia ter sido decretada de ofício, não havia contemporaneidade e porque, considerando a pena máxima, os pressupostos legais não estariam preenchidos.
(C) não haveria contemporaneidade, apesar da possibilidade de decretação de ofício pelo momento processual e com base na reincidência.
(D) não haveria contemporaneidade e considerando a pena máxima prevista para o delito, apesar de, pelo momento processual, ser possível a decretação de ofício.

RESPOSTA *Alternativa A* – Correta: A Lei n. 13.964/2019 (Pacote Anticrime) excluiu a expressão "de ofício" que constava nos arts. 282, § 2º, e 311 do CPP, vedando a possibilidade de o magistrado decretar medidas cautelares e prisão preventiva *ex officio*, inclusive na ação penal, ou seja, sem o prévio requerimento do Ministério Público ou da representação da autoridade policial. Ademais, o juiz deverá indicar **concretamente a existência de fatos novos ou contemporâneos** que justifiquem a aplicação da medida adotada (art. 315, § 1º, do CPP). Por fim, é possível a decretação de prisão preventiva nos crimes que possuam pena máxima igual ou inferior a 4 anos, **na hipótese de reincidência em crime doloso** (art. 313, II, do CPP).

VIII. CITAÇÃO

43. (XX Exame – reaplicação) O Ministério Público ofereceu denúncia em face de Matheus, não plenamente identificado, a partir de inquérito policial que apurava a prática de crime de estupro. O endereço constante do inquérito foi diligenciado para citação do réu, mas foi informado que este estava em local incerto e não sabido. Diante disso, foi publicado edital para sua citação. Considerando apenas as informações narradas, assinale a afirmativa correta.

(A) É válido o edital que identifica o réu por suas características, ainda que desconhecida sua qualificação completa.
(B) O réu que, citado por edital, não comparecer nem constituir advogado poderá ter seu processo e o curso do prazo prescricional suspensos por tempo indefinido.
(C) Ainda que Matheus esteja preso na mesma unidade da Federação em que foi oferecida a denúncia, a citação por edital será válida.
(D) Não existe citação por hora certa no âmbito do Processo Penal brasileiro.

RESPOSTA *Alternativa A* – Correta: No caso em questão, é possível a citação por edital do acusado, desde que contenha suas características mínimas, de acordo com o art. 365, II, do CPP.

ATENTAI: Réu citado por edital: Se não comparecer nem nomear defensor, será suspenso o processo e o curso do prazo prescricional (art. 366, CPP). O prazo prescricional é regulado pelo máximo da pena cominada (Súmula 415, STJ). **Réu preso** (Súmula 351, STF): É nula a citação por edital se o réu se encontrar preso na mesma unidade da federação em que está sendo processado. A citação por **hora certa**, quando o réu se oculta para não ser citado, é admitida no CPP (art. 362, CPP). Por essas razões, as alternativas "b", "c" e "d" estão incorretas.

44. (XXI Exame) Marlon, Wellington e Vitor foram denunciados pela prática de um crime de lesão corporal dolosa gravíssima em concurso de agentes. Após o recebimento da denúncia, o oficial de justiça compareceu ao endereço indicado no processo como sendo de residência de Marlon, mas não o encontrou, tendo em vista que estava preso, naquela mesma unidade da Federação, por decisão oriunda de outro processo. Marlon, então, foi citado por edital. Wellington, por sua vez, estava em local incerto e não sabido, sendo também citado por edital. Em relação a Vitor, o oficial de justiça foi à sua residência em quatro oportunidades, constatando que ele, de fato, residia no local, mas que estava se ocultando para não ser citado. Após certificar-se de tal fato, foi realizada a citação de Vitor com hora certa. Considerando a hipótese narrada, o(a) advogado(a) dos acusados deverá alegar ter sido inválida a citação de

(A) Marlon, apenas.
(B) Marlon e Vitor, apenas.
(C) Vitor, apenas.
(D) Marlon, Wellington e Vitor.

RESPOSTA *Alternativa A* – Correta: No caso em tela, a única citação inválida será no caso de Marlon, visto que estava preso, não sendo cabível a citação por edital, pois deveria ser feita pessoalmente, na forma do art. 360 do CPP. Ainda, a **Súmula 351 do STF:** "É nula a citação por edital de réu preso na mesma unidade da federação em que o juiz exerce a sua jurisdição".

IX. PROCEDIMENTO

45. (XX Exame) Guilherme foi denunciado pela prática de um crime de lesão corporal seguida de morte. Após o recebimento da denúncia, Guilherme é devidamente citado. Em conversa com sua defesa técnica, Guilherme apresenta prova inequívoca de que agiu em estado de necessidade.

Diante da situação narrada, o advogado de Guilherme, em resposta à acusação, deverá requerer a:

(A) Rejeição de denúncia, que fará coisa julgada material.

(B) Absolvição sumária do réu, que fará coisa julgada material.

(C) Absolvição imprópria do réu, que fará coisa julgada material.

(D) Impronúncia do acusado, que não faz coisa julgada material.

RESPOSTA *Alternativa B* – Correta: De acordo com o art. 397 do CPP, após a citação cabe resposta à acusação, e o acusado deverá requerer absolvição sumária, devendo o juiz deferir o pedido quando existir **manifesta causa** de excludente da ilicitude do fato, estas que estão elencadas no art. 23 do CP, como é o caso do estado de necessidade.

46. (XXVII Exame) Cátia procura você, na condição de advogado (a), para que esclareça as consequências jurídicas que poderão advir do comportamento de seu filho, Marlon, pessoa primária e de bons antecedentes, que agrediu a ex-namorada ao encontrá-la em um restaurante com um colega de trabalho, causando-lhe lesão corporal de natureza leve.

Na oportunidade, você, como advogado (a), deverá esclarecer que:

(A) o início da ação penal depende de representação da vítima, que terá o prazo de seis meses da descoberta da autoria para adotar as medidas cabíveis.

(B) no caso de condenação, em razão de ser Marlon primário e de bons antecedentes, poderá a pena privativa de liberdade ser substituída por restritiva de direitos.

(C) em razão de o agressor e a vítima não estarem mais namorando quando ocorreu o fato, não será aplicada a Lei nº 11.340/06, mas, ainda assim, não será possível a transação penal ou a suspensão condicional do processo.

(D) no caso de condenação, por ser Marlon primário e de bons antecedentes, mostra-se possível a aplicação do sursis da pena.

RESPOSTA *Alternativa D* – Correta: Vale ressaltar que a referida questão aborda tema que envolva a Lei Maria da Penha, cuja qual possui peculiaridades de tratamento mais rigoroso, todavia, a própria lei não impede o sursis da pena, que é a suspensão desta pelo período de dois a quatro anos. Se dá quando o réu for condenado a pena privativa de liberdade não superior a dois anos, não for reincidente, forem favoráveis as circunstâncias objetivas e subjetivas e não for indicada a substituição por pena restritiva de direitos (já que a questão acima aborda crime com violência), conforme artigo 77 do CP. Desta forma, mesmo que o crime envolva violência real (lesão corporal) não impede o referido benefício.

ATENTAI: Na lesão corporal leve resultante de violência doméstica contra a mulher, a ação penal é pública incondicionada, nos termos da **Súmula 542 do STJ**. Ademais, para configuração de violência doméstica e familiar, não se exige a coabitação entre autor e vítima, conforme **Súmula 600 do STJ**.

X. TRIBUNAL DO JÚRI

47. (XX Exame) André foi denunciado pela prática de um crime de homicídio doloso consumado contra sua ex-esposa Lívia, famosa na cidade de Maricá, Rio de Janeiro, pela contribuição em serviços sociais com crianças humildes. A população local ficou revoltada com o fato, razão pela qual o magistrado avaliou que os jurados não teriam isenção suficiente para o julgamento.

Diante da situação narrada, é correto afirmar que:

(A) O acusado poderá requerer o desaforamento, sendo tal requerimento decidido pelo magistrado de primeira instância.

(B) O magistrado poderá representar pelo desaforamento, sendo que a decisão sobre o mesmo independerá de manifestação prévia da defesa.

(C) O acusado poderá requerer o declínio de competência, de modo que todos os atos processuais passarão a ser realizados pelo juízo da comarca mais próxima.

(D) O magistrado poderá representar pelo desaforamento e, sendo os motivos relevantes, o órgão competente poderá, fundamentadamente, determinar a suspensão do julgamento pelo júri.

RESPOSTA *Alternativa D* – Correta: Consiste o desaforamento no deslocamento da competência territorial de uma comarca para outra, a fim de que nesta seja realizado o julgamento pelo Tribunal do Júri. Assim, sendo relevantes os motivos alegados, o relator do Tribunal de Justiça poderá determinar, fundamentadamente, a suspensão do julgamento pelo júri.

48. (XXI Exame) Victória e Bernadete entram em luta corporal em razão da disputa por um namorado, vindo Victória a desferir uma facada no pé da rival, que sofreu lesões graves. Bernadete compareceu em sede policial, narrou o ocorrido e disse ter intenção de ver a agente responsabilizada criminalmente.

Em razão dos fatos, Victória é denunciada e pronunciada pela prática do crime de tentativa de homicídio. Em sessão plenária do Tribunal do Júri, os jurados entendem, no momento de responder aos quesitos, que Victória foi autora da facada, mas que não houve dolo de matar.

Diante da desclassificação, será competente para julgamento do crime residual, bem como da avaliação do cabimento dos institutos despenalizadores,

(A) O Juiz Presidente do Tribunal do Júri.

(B) O corpo de jurados, que decidiu pela desclassificação.

(C) O Juiz Criminal da Comarca, a partir de livre distribuição.

(D) O Juiz em atuação perante o Juizado Especial Criminal da Comarca em que ocorreram os fatos.

RESPOSTA *Alternativa A* – Correta: Em situações em que a desclassificação for feita pelos jurados do Tribunal do Júri, a competência para julgar será do presidente dele, não devendo os autos ser remetidos para o juízo da vara criminal (art. 492, § 2º, CPP).

ATENTAI: Quando a desclassificação ocorrer na primeira fase do Tribunal do Júri, não sendo o juiz competente, ele remeterá os autos ao juiz singular (art. 419, *caput*, CPP).

49. (XXV Exame) Luiz foi condenado, em primeira instância, pela prática de crime de homicídio qualificado em razão de recurso que dificultou a defesa da vítima. Durante seu interrogatório em Plenário, Luiz confessou a prática delitiva, mas disse que não houve recurso que dificultou a defesa da vítima, tendo em vista que ele estava discutindo com ela quando a ação delitiva. Insatisfeito com o reconhecimento da qualificadora pelos jurados, já que, diferentemente do que ocorreu em relação à autoria, não haveria qualquer prova em relação àquela, o advogado apresentou, de imediato, recurso de apelação.

Considerando apenas as informações narradas, o advogado de Luiz deverá buscar, em sede de recurso:

(A) O reconhecimento de nulidade, com consequente realização de nova sessão de julgamento.

(B) O reconhecimento de que a decisão dos jurados foi manifestamente contrária à prova dos autos em relação à qualificadora, com consequente realização de nova sessão de julgamento.

(C) O afastamento da qualificadora pelo Tribunal de 2ª instância, com imediata readequação, pelo órgão da pena aplicada pelo juízo do Tribunal do Júri.

(D) O afastamento da qualificadora pelo Tribunal de 2ª instância, com baixa dos autos, para que o juízo do Tribunal do Júri, aplique nova pena.

RESPOSTA *Alternativa B* – Correta: O art. 593, III, *d*, do CPP prevê a possibilidade da interposição de recurso de apelação quando a decisão dos jurados for manifestamente contrária à prova dos autos, como no caso em questão. Assim, se o Tribunal de 2ª instância reconhecer que a decisão dos jurados foi manifestamente contrária a prova dos autos, dará provimento ao recurso de apelação, submetendo o acusado a nova sessão de julgamento, na forma do que dispõe o art. 593, § 3º, CPP.

ATENTAI: O Tribunal de Justiça não pode excluir qualificadora reconhecida pelo Tribunal do Júri. No entanto, se a qualificadora for manifestamente contrária à prova dos autos, deverá determinar que o réu seja submetido a novo julgamento, sendo vedada ao tribunal a exclusão da qualificadora ou a modificação da pena.

50. (XXX Exame) Rogério foi denunciado pela prática de um crime de homicídio qualificado por fatos que teriam ocorrido em 2017. Após regular citação e apresentação de resposta à acusação, Rogério decide não comparecer aos atos do processo, apesar de regularmente intimado, razão pela qual foi decretada sua revelia. Em audiência realizada na primeira fase do procedimento do Tribunal do Júri, sem a presença de Rogério, mas tão só de sua defesa técnica, foi proferida decisão de pronúncia. Rogério mudou-se e não informou ao juízo o novo endereço, não sendo localizado para ser pessoalmente intimado dessa decisão, ocorrendo, então, a intimação por edital. Posteriormente, a ação penal teve regular prosseguimento, sem a participação do acusado, sendo designada data para realização da sessão plenária. Ao tomar conhecimento desse fato por terceiros, Rogério procura seu advogado para esclarecimentos, informando não ter interesse em comparecer à sessão plenária. Com base apenas nas informações narradas, o advogado de Rogério deverá esclarecer que:

(A) o processo e o curso do prazo prescricional, diante da intimação por edital, deveriam ficar suspensos.

(B) a intimação da decisão de pronúncia por edital não é admitida pelo Código de Processo Penal.

(C) o julgamento em sessão plenária do Tribunal do Júri, na hipótese, poderá ocorrer mesmo sem a presença do réu.

(D) a revelia gerou presunção de veracidade dos fatos e a intimação foi válida, mas a presença do réu é indispensável para a realização da sessão plenária do Tribunal do Júri.

RESPOSTA *Alternativa C* – Correta: Apesar de haver sido decretado à revelia do réu, é imprescindível a presença de um defensor (defesa técnica), para não constituir afronta ao princípio da ampla defesa (que é a soma de autodefesa mais defesa técnica), como preestabelecido na CF e no CPP. E como a disposição legal prevista no art. 457, CPP menciona que sequer será adiado o julgamento pelo não comparecimento do réu solto, nada impede a ocorrência do julgamento em sessão plenária, salvo se o réu não tiver sido regulamente intimado da data de julgamento ou faltar justificadamente, o que não é o caso ante à revelia.

ATENTAI: Insta ressaltar que, o acusado fora intimado da decisão de pronúncia via edital, conforme regra estabelecida no art. 420, parágrafo único do CPP, uma vez que ele não foi localizado.

51. (XXXIII Exame) Bartolomeu foi denunciado e pronunciado pela suposta prática de um crime de homicídio qualificado. No dia da sessão plenária do Tribunal do Júri, no momento dos debates orais, o Promotor de Justiça iniciou sua fala lendo o teor da denúncia para que os jurados tivessem conhecimento sobre os fatos imputados. Após, afirmou que estaria presente a prova da materialidade e de autoria, passando a ler a decisão de pronúncia e destacar que esta demonstraria a veracidade do que assegurava sobre a prova da prática do crime por Bartolomeu. Por fim, o Parquet leu reportagem jornalística que apontava Bartolomeu como possível autor do homicídio, sendo certo que tal documentação foi acostada ao procedimento sete dias antes da sessão plenária, tendo a defesa acesso à mesma quatro dias úteis antes do julgamento. Em sua fala, a defesa técnica de Bartolomeu pugnou pela absolvição, negando a autoria, e consignou em ata seu inconformismo com a leitura da denúncia, a menção à pronúncia e a leitura da reportagem jornalística. O réu foi condenado. Considerando as informações narradas, com base nas previsões legais e sob o ponto de vista técnico, no momento de apresentar recurso de apelação, o(a) advogado(a) de Bartolomeu poderá alegar a existência de nulidade, em razão

(A) da leitura da denúncia, da menção à pronúncia e leitura da reportagem jornalística.

(B) da menção à pronúncia e leitura da reportagem jornalística, apenas.

(C) da leitura da reportagem jornalística, apenas.

(D) da menção à pronúncia, apenas.

RESPOSTA *Alternativa D* – Correta: Durante o julgamento **não será permitida** a leitura de documento ou a exibição de objeto que não tiver sido juntado aos autos com a antecedência mínima de 3 dias úteis, dando-se ciência à outra parte, conforme determina o art. 479 do CPP, bem como **referência à decisão de pronúncia do juiz**, silêncio do acusado etc. (art. 478, CPP), sob pena de nulidade.

XI. SENTENÇA

52. (XXVII Exame) No âmbito de ação penal, foi proferida sentença condenatória em desfavor de Bernardo pela suposta prática de crime de uso de documento público falso, sendo aplicada pena privativa de liberdade de cinco anos. Durante toda a instrução, o réu foi assistido pela Defensoria Pública e respondeu ao processo em liberdade.

Ocorre que Bernardo não foi localizado para ser intimado da sentença, tendo o oficial de justiça certificado que compareceu em todos os endereços identificados. Diante disso, foi publicado edital de intimação da sentença, com prazo de 90 dias. Bernardo, ao tomar conhecimento da intimação por edital 89 dias após sua publicação, descobre que a Defensoria se manteve inerte, razão pela qual procura, de imediato, um advogado para defender seus interesses, assegurando ser inocente.

Considerando apenas as informações narradas, o (a) advogado (a) deverá esclarecer que:

(A) houve preclusão do direito de recurso, tendo em vista que a Defensoria Pública se manteve inerte.

(B) foi ultrapassado o prazo recursal de cinco dias, mas poderá ser apresentada revisão criminal.

(C) é possível a apresentação de recurso de apelação, pois o prazo de cinco dias para interposição de apelação pelo acusado ainda não transcorreu.

(D) é possível apresentar medida para desconstituir a sentença publicada, tendo em vista não ser possível a intimação do réu sobre o teor de sentença condenatória por meio de edital.

RESPOSTA *Alternativa C* – Correta: A questão aborda questões referentes aos prazos de intimação de sentença condenatória e viabilidade de recursos. Importante ressaltar que a regra é que a intimação do condenado seja pessoal, todavia, o próprio CPP admite a intimação por edital conforme o quantum da pena privativa de liberdade imposta, conforme inteligência do art. 392, VI e §§ 1º e 2º, e como a pena fora superior a 01 ano, o prazo será de 90 dias. Ademais, o prazo para apelação correrá após o término do fixado no edital, salvo se, no curso deste, for feita a intimação por qualquer das outras formas estabelecidas no supramencionado dispositivo. Desta forma, é possível a interposição de recurso de apelação contra a sentença do magistrado, já que o prazo se esgota 05 dias após o término do fixado no edital.

53. **(XXX Exame)** Durante ação penal em que Guilherme figura como denunciado pela prática do crime de abandono de incapaz (Pena: detenção, de 6 meses a 3 anos), foi instaurado incidente de insanidade mental do acusado, constatando o laudo que Guilherme era, na data dos fatos (e permanecia até aquele momento), inteiramente incapaz de entender o caráter ilícito do fato, em razão de doença mental. Não foi indicado, porém, qual seria o tratamento adequado para Guilherme. Durante a instrução, os fatos imputados na denúncia são confirmados, assim como a autoria e a materialidade delitiva. Considerando apenas as informações expostas, com base nas previsões do Código Penal, no momento das alegações finais, a defesa técnica de Guilherme, sob o ponto de vista técnico, deverá requerer:

(A) a absolvição imprópria, com aplicação de medida de segurança de tratamento ambulatorial, podendo a sentença ser considerada para fins de reincidência no futuro.

(B) a absolvição própria, sem aplicação de qualquer sanção, considerando a ausência de culpabilidade.

(C) a absolvição imprópria, com aplicação de medida de segurança de tratamento ambulatorial, não sendo a sentença considerada posteriormente para fins de reincidência.

(D) a absolvição imprópria, com aplicação de medida de segurança de internação pelo prazo máximo de 02 anos, não sendo a sentença considerada posteriormente para fins de reincidência.

RESPOSTA *Alternativa C* – Correta: A sentença absolutória imprópria é quando o juiz se convence da prática da infração penal, mas reconhece a inimputabilidade do acusado, aplicando-lhe medida de segurança (art. 386, parágrafo único, III, CPP). Portanto, como o acusado é absolvido, não há como incidir a reincidência que necessita da pratica de um crime anterior. Ademais, o STJ entende que a sentença absolutória impropria não gera reincidência ou maus antecedentes, nesse sentido: AgRg no HC n. 182.376 – MS (2010/0150655-5).

XII. NULIDADE

54. **(XXIII Exame)** Mateus foi denunciado pela prática de um crime de homicídio qualificado, sendo narrado na denúncia que a motivação do crime seria guerra entre facções do tráfico. Cinco dias antes do julgamento em plenário, o Ministério Público junta ao processo a Folha de Antecedentes Criminais (FAC) do acusado, conforme requerido quando da manifestação em diligências, em que, de fato, constavam anotações referentes a processos pela prática do crime da Lei de Drogas. Apenas três dias úteis antes do julgamento, a defesa de Mateus vem a tomar conhecimento da juntada da FAC. No dia do julgamento, após a manifestação oral da defesa em plenário, indagado pelo juiz presidente sobre o interesse em se manifestar em réplica, o promotor de justiça afirma negativamente, reiterando aos jurados que as provas estão muito claras e que o réu deve ser condenado, não havendo necessidade de maiores explanações. Posteriormente, o juiz presidente nega à defesa o direito de tréplica. Mateus é condenado. Diante da situação narrada, o(a) advogado(a) de Mateus, em sede de apelação, deverá buscar

(A) a nulidade do julgamento, pois foi juntada documentação sem a antecedência necessária exigida pela lei.

(B) o afastamento da qualificadora pelo Tribunal, pois foi juntada documentação que influenciou seu reconhecimento sem a antecedência necessária exigida pela lei.

(C) a nulidade do julgamento, pois o direito de tréplica da defesa independe da réplica do Ministério Público.

(D) a nulidade do julgamento, pois houve réplica por parte do Ministério Público, de modo que deveria ser deferido à defesa o direito de tréplica.

RESPOSTA *Alternativa D* – Correta: No caso em tela, houve réplica, uma vez que o promotor de justiça reiterou aos jurados que as provas estavam claras e que o réu deveria ser condenado. Assim, se o promotor não quiser replicar, basta dizer não. No entanto, se a acusação, quando indagada se pretende fazer uso da réplica, **acrescenta ou reforça** algum argumento, mesmo que com poucas palavras, a defesa poderá ir para a tréplica. Nesse sentido, Tourinho Filho (*Código de Processo Penal comentado*, São Paulo, Saraiva, 2009, volume 2, ed. 12, p. 137). Com efeito, o julgamento é nulo, pois feriu os princípios do contraditório e da paridade de armas.

XIII. RECURSO

55. **(XX Exame – Reaplicação)** Em razão de uma determinada conduta de um juiz de direito de 1ª instância, que atuava em uma Vara Criminal da Comarca de Curitiba, o advogado Frederico ingressou com um *habeas corpus* junto ao Tribunal de Justiça do Paraná, figurando como autoridade coatora o magistrado. A ordem de *habeas corpus* foi denegada pelo Tribunal.

Dessa decisão, desconsiderando a hipótese de *habeas corpus*, caberá ao advogado interpor a seguinte medida:

(A) recurso em sentido estrito, que permite o exercício do juízo de retratação.

(B) recurso ordinário constitucional perante o STJ.

(C) recurso ordinário constitucional perante o STF.

(D) recurso especial perante o STJ.

RESPOSTA Alternativa B – Correta: Da decisão do **tribunal de justiça que denegar** o *habeas corpus*, cabe recurso ordinário constitucional para o STJ (art. 105, II, *a*, CF e art. 30, Lei n. 8.038/90).

ATENTAI: Se o juiz denegar o *habeas corpus*, caberá recurso em sentido estrito (art. 581, X, CPP).

56. (XXII Exame) Daniel foi autor de um crime de homicídio doloso consumado em desfavor de William. Após a denúncia e ao fim da primeira fase do procedimento bifásico dos crimes dolosos contra a vida, Daniel foi pronunciado. Inconformado, o advogado do acusado interpôs o recurso cabível, mas o juiz de primeira instância, ao realizar o primeiro juízo de admissibilidade, negou seguimento ao recurso. Novamente inconformado com a decisão, o defensor de Daniel impetrou nova medida. Considerando a situação narrada, assinale a opção que indica o recurso interposto da decisão de pronúncia e a medida para combater a decisão que denegou o recurso anterior, respetivamente.

(A) Apelação e recurso em sentido estrito.

(B) Recurso em sentido estrito e novo recurso em sentido estrito.

(C) Recurso em sentido estrito e carta testemunhável.

(D) Apelação e carta testemunhável.

RESPOSTA *Alternativa C* – Correta: Da decisão do juiz da primeira fase do júri que pronuncia o acusado, cabe recurso em sentido estrito (art. 581, IV, CPP). E da decisão do juiz que nega seguimento ao RESE, cabe carta testemunhável (art. 639, I, CPP).

57. (XXIII Exame) Vitor, corretor de imóveis, está sendo investigado em inquérito policial. Considerando que o delegado vem atuando com abuso e colocando em risco a liberdade de Vitor, o advogado do investigado apresenta *habeas corpus* perante o órgão competente. Quando da análise do *habeas corpus*, a autoridade competente entende por denegar a ordem. Considerando as informações narradas, o advogado de Vitor poderá recorrer da decisão que denegou a ordem por meio de

(A) recurso em sentido estrito, tendo em vista que o Tribunal de Justiça foi o órgão competente para análise do *habeas corpus* apresentado em razão da conduta do delegado.

(B) recurso em sentido estrito, tendo em vista que o juiz de primeiro grau era competente para a análise do *habeas corpus* apresentado em razão da conduta do delegado.

(C) recurso ordinário constitucional, tendo em vista que o Tribunal de Justiça foi o órgão competente para análise do *habeas corpus* apresentado em razão da conduta do delegado.

(D) recurso ordinário constitucional, tendo em vista que o juiz de primeiro grau era competente para a análise do *habeas corpus* apresentado em razão da conduta do delegado.

RESPOSTA *Alternativa B* – Correta: Quando a autoridade coatora for o delegado, o juiz será competente para analisar o *habeas corpus*. Assim, da decisão do **juiz que denegar** o *habeas corpus* cabe recurso em sentido estrito (art. 581, X, CPP).

ATENTAI: Se o tribunal denegar o *habeas corpus*, cabe recurso ordinário constitucional (art. 105, II, *a*, CF).

58. (XXIV Exame) Vinícius, sócio de um grande escritório de advocacia, especializado na área criminal, recebeu, no dia 02 de outubro de 2017, duas intimações de decisões referentes a dois clientes diferentes. A primeira intimação tratava de decisão proferida pela 1ª Câmara Criminal de determinado Tribunal de Justiça denegando a ordem de *habeas corpus* que havia sido apresentada perante o órgão em favor de Gilmar (após negativa em primeira instância), que responde preso a ação pela suposta prática de crime de roubo. A segunda intimação foi de decisão proferida pelo Juiz de Direito da 1ª Vara Criminal de Fortaleza, também denegando ordem de *habeas corpus*, mas, dessa vez, a medida havia sido apresentada em favor de Rubens, que figura como indiciado em inquérito que investiga a suposta prática do crime de tráfico de drogas. Diante das intimações realizadas, insatisfeito com as decisões proferidas, Vinícius, para combater as decisões prejudiciais a Gilmar e Rubens, deverá apresentar

(A) Recurso ordinário constitucional e recurso em sentido estrito, respectivamente.

(B) Recurso em sentido estrito, nos dois casos.

(C) Recurso Ordinário Constitucional, nos dois casos.

(D) Recurso especial e recurso ordinário constitucional, respectivamente.

RESPOSTA Alternativa A – Correta: Da decisão do **tribunal de justiça que denegar** o *habeas corpus* cabe recurso ordinário constitucional para o STJ (art. 105, II, *a*, CF e art. 30, Lei. 8.038/90). E da **decisão do juiz** que denegar o *habeas corpus* cabe recurso em sentido estrito (art. 581, X, CPP).

59. (XXVI Exame) Pablo e Leonardo foram condenados, em primeira instância, pela prática do crime de furto qualificado, à pena de 02 anos e 06 meses de reclusão e 12 dias-multa, por fatos que teriam ocorrido quando Pablo tinha 18 anos e Leonardo, 21 anos. A pena-base foi aumentada, não sendo reconhecidas atenuantes ou agravantes nem causas de aumento ou diminuição.

Intimados da sentença, o promotor e o advogado de Leonardo não tiveram interesse em apresentar recurso, mas o advogado de Pablo apresentou recurso de apelação.

Por ocasião do julgamento do recurso, entenderam os desembargadores por reconhecer que o crime restou tentado, bem como que deveria ser aplicada a atenuante da menoridade relativa a Pablo.

Com base nas informações expostas, os efeitos da decisão do Tribunal:

(A) não poderão ser estendidos a Leonardo, tendo em vista que houve trânsito em julgado da sua condenação.

(B) poderão ser integralmente estendidos a Leonardo, aplicando-se a atenuante e a causa de diminuição de pena da tentativa.

(C) poderão ser parcialmente estendidos a Leonardo, aplicando-se a causa de diminuição de pena da tentativa, mas não a atenuante.

(D) não poderão ser estendidos a Leonardo, pois, ainda que sem trânsito em julgado, em recurso exclusivo de Pablo não poderia haver *reformatio in mellius* para o corréu.

RESPOSTA *Alternativa C* – Correta: No caso em questão, tendo em vista que o Tribunal reconheceu que o delito foi tentado e não consumado, este pode se estender a Leonardo, em louvor ao princípio da extensividade, mesmo que houvesse o trânsito em julgado para este, pois aproveita-se que o corréu interpôs recurso de apelação estendendo-se seus efeitos, desde que não sejam de caráter exclusivamente pessoal (art. 580, CPP), ou seja, para a diminuição da pena de crime consumado para tentado, estende-se. Entretanto, para o reconhecimento da atenuante de menor idade relativa não se estende, visto que o disposto no art. 65, I, do CP menciona que o réu deve ser menor de 21 anos na data do fato.

60. (XXVIII Exame) Miguel foi denunciado pela prática de um crime de extorsão majorada pelo emprego de arma e concurso de agentes, sendo a pretensão punitiva do Estado julgada inteiramente procedente e aplicada sanção penal, em primeira instância, de 05 anos e 06 meses de reclusão e 14 dias multa.

A defesa técnica de Miguel apresentou recurso alegando:

(I) preliminar de nulidade em razão de violação ao princípio da correlação entre acusação e sentença;

(II) insuficiência probatória, já que as declarações da vítima, que não presta compromisso legal de dizer a verdade, não poderiam ser consideradas;

(III) que deveria ser afastada a causa de aumento do emprego de arma, uma vez que o instrumento utilizado era um simulacro de arma de fogo, conforme laudo acostado aos autos.

A sentença foi integralmente mantida. Todos os desembargadores que participaram do julgamento votaram pelo não acolhimento da preliminar e pela manutenção da condenação. Houve voto vencido de um desembargador, que afastava apenas a causa de aumento do emprego de arma.

Intimado do teor do acórdão, o (a) advogado (a) de Miguel deverá interpor:

(A) embargos infringentes e de nulidade, buscando o acolhimento da preliminar, sua absolvição e o afastamento da causa de aumento de pena reconhecida.
(B) embargos infringentes e de nulidade, buscando o acolhimento da preliminar e o afastamento da causa de aumento do emprego de arma, apenas.
(C) embargos de nulidade, buscando o acolhimento da preliminar, apenas.
(D) embargos infringentes, buscando o afastamento da causa de aumento do emprego de arma, apenas.

RESPOSTA *Alternativa D* – Correta: De acordo com o CPP, em seu art. 609, Parágrafo único: "Quando não for unânime a decisão de segunda instância, desfavorável ao réu, admitem-se embargos infringentes e de nulidade, que poderão ser opostos dentro de 10 dias, a contar da publicação de acórdão, na forma do art. 613. Se o desacordo for parcial, os embargos serão restritos à matéria objeto de divergência." Assim, como a divergência foi atinente a matéria de mérito (afastamento da causa de aumento de pena do emprego de arma) apenas, o recurso cabível serão os embargos infringentes.

ATENTAI: Embargos Infringentes: versam sobre o MÉRITO. Já os Embargos de Nulidade versam sobre VÍCIO processual.

61. (XXVIII Exame) Marcus, advogado, atua em duas causas distintas que correm perante a Vara Criminal da Comarca de Fortaleza. Na primeira ação penal, Renato figura como denunciado em ação penal por crime de natureza tributária, enquanto, na segunda ação, Hélio consta como denunciado por crime de peculato.

Entendendo pela atipicidade da conduta de Renato, Marcus impetra habeas corpus, perante o Tribunal de Justiça, em busca do "trancamento" da ação penal. Já em favor de Hélio, impetra mandado de segurança, também perante o Tribunal de Justiça, sob o fundamento de que o magistrado de primeira instância, de maneira recorrente, não estava permitindo o acesso aos autos do processo.

Na mesma data são julgados o habeas corpus e o mandado de segurança por Câmara Criminal do Tribunal de Justiça do Ceará, sendo que a ordem de habeas corpus não foi concedida por maioria de votos, enquanto o mandado de segurança foi denegado por unanimidade.

Intimado da decisão proferida no habeas corpus e no mandado de segurança, caberá a Marcus apresentar, em busca de combatê-las:

(A) Recurso Ordinário Constitucional, nos dois casos.
(B) Recurso em Sentido Estrito e Recurso Ordinário Constitucional, respectivamente.
(C) Embargos infringentes, nos dois casos.
(D) Embargos infringentes e Recurso Ordinário Constitucional, respectivamente.

RESPOSTA *Alternativa A* – Correta: A previsão legal do Recurso Ordinário Constitucional está prevista no art. 105, II, *a* e *b*, da CF/88, onde: Compete ao Superior Tribunal de Justiça julgar, em Recurso Ordinário: a) os habeas corpus decididos em única ou última instância pelos Tribunais Regionais Federais ou pelos tribunais dos Estados, do Distrito Federal e Territórios, quando a decisão for denegatória; b) os mandados de segurança decididos em única instância pelos Tribunais Regionais Federais ou pelos tribunais dos Estados, do Distrito Federal e Territórios, quando denegatória a decisão.

ATENTAI: Da decisão do Juiz que denega *habeas corpus* caberá recurso em sentido estrito (art. 581, X, CPP).

62. (XXIX Exame) Vitor foi denunciado pela prática de um crime de peculato. O magistrado, quando da análise da inicial acusatória, decide rejeitar a denúncia em razão de ausência de justa causa. O Ministério Público apresentou recurso em sentido estrito, sendo os autos encaminhados ao Tribunal, de imediato, para decisão. Todavia, Vitor, em consulta ao sítio eletrônico do Tribunal de Justiça, toma conhecimento da existência do recurso ministerial, razão pela qual procura seu advogado e demonstra preocupação com a revisão da decisão do juiz de primeira instância. Considerando as informações narradas, de acordo com a jurisprudência do Supremo Tribunal Federal, o advogado de Vitor deverá esclarecer que:

(A) o Tribunal não poderá conhecer do recurso apresentado, tendo em vista que a decisão de rejeição da denúncia é irrecorrível.
(B) o Tribunal não poderá conhecer do recurso apresentado, pois caberia recurso de apelação, e não recurso em sentido estrito.
(C) ele deveria ter sido intimado para apresentar contrarrazões,

apesar de ainda não figurar como réu, mas tão só como denunciado.

(D) caso o Tribunal dê provimento ao recurso, os autos serão encaminhados para o juízo de primeira instância para nova decisão sobre recebimento ou não da denúncia.

RESPOSTA *Alternativa C* - Correta: Constitui nulidade a falta de intimação do denunciado para oferecer contrarrazões ao recurso interposto da rejeição da denúncia, não a suprindo a nomeação de defensor dativo, conforme Súmula 707, STF. Assim, a falta de intimação para apresentar as contrarrazões constitui afronta direta ao princípio do contraditório previsto no Art. 5º, LV, CF/88.

63. (XXX Exame) O advogado de Josefina, ré em processo criminal, entendendo que, entre o recebimento da denúncia e o término da instrução, ocorreu a prescrição da pretensão punitiva estatal, apresentou requerimento, antes mesmo do oferecimento de alegações finais, de reconhecimento da extinção da punibilidade da agente, sendo o pedido imediatamente indeferido pelo magistrado. Intimado, caberá ao (à) advogado (a) de Josefina, discordando da decisão, apresentar:

(A) recurso em sentido estrito, no prazo de 5 dias.

(B) recurso de apelação, no prazo de 5 dias.

(C) carta testemunhável, no prazo de 48h.

(D) reclamação constitucional, no prazo de 15 dias.

RESPOSTA *Alternativa A* - Correta: Negado o pedido de Extinção da Punibilidade por parte da Autoridade Judicial por meio de Decisão Interlocutória, caberá a interposição de Recurso em Sentido Estrito (RESE) com fundamento no art. 581, IX, CPP, no prazo de 05 dias, conforme a regra estabelecida no art. 586, CPP.

64. (XXX Exame) Fred foi denunciado e condenado, em primeira instância, pela prática de crime de corrupção ativa, sendo ele e seu advogado intimados do teor da sentença no dia 05 de junho de 2018, terça-feira. A juntada do mandado de intimação do réu ao processo, todavia, somente ocorreu em 11 de junho de 2018, segunda-feira. Considerando as informações narradas, o prazo para interposição de recurso de apelação pelo advogado de Fred, de acordo com a jurisprudência dos Tribunais Superiores, será iniciado:

(A) no dia seguinte à juntada do mandado de intimação (12/06/18), devendo a data final do prazo ser prorrogada para o primeiro dia útil seguinte, caso se encerre no final de semana.

(B) no dia da juntada do mandado de intimação (11/06/18), devendo ser cumprido até o final do prazo de 05 dias previsto em lei, ainda que este ocorra no final de semana.

(C) no dia da intimação (05/06/18), independentemente da data da juntada do mandado, devendo ser cumprido até o final do prazo de 05 dias previsto em lei, ainda que este ocorra no final de semana.

(D) no dia seguinte à intimação (06/06/18), independentemente da data da juntada do mandado, devendo a data final do prazo ser prorrogada para o primeiro dia útil seguinte, caso se encerre no final de semana.

RESPOSTA *Alternativa D* - Correta: Teor do entendimento sumulado n. 710 do STF, onde: "No processo penal, contam-se os prazos da data da intimação, e não da juntada aos autos do mandado ou da carta precatória ou de ordem." Ademais, não se computará no prazo o dia do começo, incluindo-se, porém, o do vencimento (art. 798, § 1º, CPP). Assim, intimado no dia 05/06/18, o prazo começara a correr no dia seguinte, ou seja, dia 06/06/18, vencendo o prazo no dia 10/06/18, prorrogando-se para o primeiro dia útil subsequente, ou seja, segunda-feira dia 11/06/18. De acordo com o art. 798, § 3º, CPP, quando o prazo terminar em domingo ou dia feriado considerar-se-á prorrogado até o dia útil imediato.

65. (XXXI Exame) Mariana foi vítima de um crime de apropriação indébita consumado, que teria sido praticado por Paloma.

Ao tomar conhecimento de que Paloma teria sido denunciada pelo crime mencionado, inclusive sendo apresentado pelo Ministério Público o valor do prejuízo sofrido pela vítima e o requerimento de reparação do dano, Mariana passou a acompanhar o andamento processual, sem, porém, habilitar-se como assistente de acusação.

No momento em que constatou que os autos estariam conclusos para sentença, Mariana procurou seu advogado para adoção das medidas cabíveis, esclarecendo o temor de ver a ré absolvida e não ter seu prejuízo reparado.

(A) O advogado de Mariana deverá informar à sua cliente que não poderá ser fixado pelo juiz valor mínimo a título de indenização, mas, em caso de sentença condenatória, poderá esta ser executada, por meio de ação civil *ex delicto*, por Mariana ou seu representante legal.

(B) poderá ser apresentado recurso de apelação, diante de eventual sentença absolutória e omissão do Ministério Público, por parte de Mariana, por meio de seu patrono, ainda que não esteja, no momento da sentença, habilitada como assistente de acusação.

(C) poderá ser fixado pelo juiz valor a título de indenização em caso de sentença condenatória, não podendo a ofendida, porém, nesta hipótese, buscar a apuração do dano efetivamente sofrido perante o juízo cível.

(D) não poderá ser buscada reparação cível diante de eventual sentença absolutória, com trânsito em julgado, que reconheça não existir prova suficiente para condenação.

RESPOSTA *Alternativa B* - Correta: Mariana poderá interpor recurso de apelação, em caso de eventual sentença absolutória e omissão do Ministério Público em recorrer. Assim, mesmo não estando habilitado nos autos poderá interpor recurso na qualidade de assistente de acusação na forma do art. 593, I, c/c art. 598, do CPP. O prazo seria de 15 dias, na forma do art. 598, parágrafo único, do CPP, e correrá do dia em que terminar o do Ministério Público.

66. (XXXI Exame) Ricardo foi pronunciado pela suposta prática do crime de homicídio qualificado. No dia anterior à sessão plenária do Tribunal do Júri, o defensor público que assistia Ricardo até aquele momento acostou ao processo a folha de antecedentes criminais da vítima, matérias jornalísticas e fotografias que poderiam ser favoráveis à defesa do acusado. O Ministério Público, em sessão plenária, foi surpreendido por aquele material do qual não tinha tido ciência, mas o juiz presidente manteve o julgamento para a data agendada e, após o defensor público mencionar a documentação acostada, Ricardo foi absolvido pelos jurados, em 23/10/2018 (terça-feira).

No dia 29/10/2018, o Ministério Público apresentou recurso de apelação, acompanhado das razões recursais, requerendo a realização de novo júri, pois a decisão dos jurados havia sido manifestamente contrária à prova dos autos.

O Tribunal de Justiça conheceu do recurso interposto e anulou o julgamento realizado, determinando nova sessão plenária, sob o fundamento de que a defesa se utilizou em plenário de documentos acostados fora do prazo permitido pela lei. A família de Ricardo procura você, como advogado (a), para patrocinar os interesses do réu.

Considerando as informações narradas, você, como advogado (a) de Ricardo, deverá questionar a decisão do Tribunal, sob o fundamento de que:

(A) respeitando-se o princípio da amplitude de defesa, não existe vedação legal na juntada e utilização em plenário de documentação pela defesa no prazo mencionado.

(B) diante da nulidade reconhecida, caberia ao Tribunal de Justiça realizar, diretamente, novo julgamento, e não submeter o réu a novo julgamento pelo Tribunal do Júri.

(C) não poderia o Tribunal anular o julgamento com base em nulidade não arguida, mas tão só reconhecer, se fosse o caso, que a decisão dos jurados era manifestamente contrária à prova dos autos.

(D) o recurso foi apresentado de maneira intempestiva, de modo que sequer deveria ter sido conhecido.

RESPOSTA *Alternativa C* – Correta: Diz a Súmula 160 do STF: "É nula a decisão do Tribunal que acolhe, contra o réu, nulidade não arguida no recurso da acusação, ressalvados os casos de recurso de ofício". Assim, o Tribunal não poderia anular o julgamento com base em nulidade não arguida pela acusação, somente reconhecer a matéria de mérito, que a decisão dos jurados era manifestamente contrária à prova dos autos.

ATENTAI: A letra "A" está incorreta, uma vez que há previsão legal, na forma do art. 479 do CPP, que veda a leitura de documento ou a exibição de objetos que não tiverem sido juntados aos autos com antecedência mínima de 3 dias úteis, dando ciência a outra parte.

67. (XXXIII Exame) Fernando foi preso em flagrante e indiciado pela suposta prática do crime previsto no Art. 306 da Lei n. 9.503/97 (Código de Trânsito Brasileiro), pois conduzia veículo automotor em via pública sob a influência de álcool. O magistrado competente, ao analisar o auto de prisão em flagrante, concedeu a liberdade provisória, aplicando a cautelar de suspensão da habilitação para dirigir veículo automotor. Fernando, entendendo que a cautelar prejudicaria seu sustento, já que era motorista de caminhão, solicita que você, como advogado(a), adote as medidas cabíveis para questionar a decisão do magistrado de aplicar a cautelar alternativa de suspensão da habilitação. Considerando apenas as informações expostas, de acordo com a Lei n. 9.503/97, o(a) advogado(a) de Fernando

(A) não poderá apresentar recurso, tendo em vista que a decisão que aplica cautelar alternativa é irrecorrível.

(B) poderá apresentar recurso de apelação.

(C) poderá apresentar recurso em sentido estrito.

(D) poderá apresentar recurso de agravo.

RESPOSTA *Alternativa C* – Correta: O recurso em sentido estrito, sem efeito suspensivo, também está previsto na Lei n. 9.503/97 (Código de Trânsito Brasileiro), conforme dispõe o art. 294, parágrafo único, da referida lei, ou seja, da decisão do juiz que decretar a suspensão da permissão ou da habilitação para dirigir veículo automotor, ou a proibição de sua obtenção, bem como da medida cautelar, ou da que indeferir o requerimento do Ministério Público. Vide capítulo: Dos Recursos – item. 15.2.1.

68. (XXXIII Exame) Paulo, advogado, foi intimado de duas decisões proferidas pelo juízo da execução penal do Rio de Janeiro, em relação a dois de seus clientes. Na primeira, foi determinada a perda de 1/5 (um quinto) dos dias remidos por Lúcio, considerando que foi reconhecida, por meio de procedimento regular, observadas as exigências legais, a prática de falta grave pelo mesmo. Na segunda decisão, o pedido de progressão de regime formulado por Paulo em relação ao apenado Flávio foi deferido, tendo o magistrado fixado, como condição a ser observada no regime aberto, o cumprimento de prestação de serviços à comunidade. Diante das intimações, Paulo poderá apresentar

(A recurso em sentido estrito para questionar as duas decisões do magistrado, que seriam ilegais.

(B) agravo para questionar as duas decisões do magistrado, que seriam ilegais.

(C) agravo para questionar apenas a decisão que determinou a perda dos dias remidos, que seria ilegal, mas não a que fixou condições especiais para a progressão de regime.

(D) agravo para questionar a decisão que fixou a prestação de serviço à comunidade como condição para a progressão para o regime aberto, não havendo ilegalidade, porém, na determinação da perda de 1/5 (um quinto) dos dias remidos por Lúcio.

RESPOSTA *Alternativa D* – Correta: Da decisão do juiz da execução, cabe agravo em execução (art. 197 da Lei n. 7.210/84), no prazo de 05 dias (Súmula 700 do STF). O juiz se equivocou na segunda decisão, vez que é inadmissível a fixação de pena substitutiva (art. 44 do CP) como condição especial ao regime aberto, ferindo a Súmula 493 do STJ.

ATENTAI: Não há ilegalidade na primeira decisão, vez que em caso de falta grave, o juiz poderá revogar até 1/3 (um terço) do tempo remido, na forma do art. 127 da Lei n. 7.210/84.

XIV. AÇÕES DE IMPUGNAÇÃO

69. (XX Exame) José foi absolvido em 1ª instância após ser denunciado pela prática de um crime de extorsão em face de Marina. O Ministério Público interpôs recurso de apelação, sendo a sentença de primeiro grau reformada pelo Tribunal de Justiça de Santa Catarina para condenar o réu à pena de 05 anos, sendo certo que o acórdão transitou em julgado. Sete anos depois da condenação, já tendo cumprido integralmente a pena, José vem a falecer. Posteriormente, Caio, filho de José, encontrou um vídeo no qual foi gravada uma conversa de José e Marina, onde esta admite que mentiu a o dizer que foi vítima do crime pelo qual José foi condenado, mas que a atitude foi tomada por ciúmes. Caio, então, procura o advogado da família. Diante da situação narrada, é correto afirmar que Caio, através de seu advogado,

(A) não poderá apresentar revisão criminal, pois a pena de José já havia sido extinta pelo cumprimento.

(B) não poderá apresentar revisão criminal, pois o acusado, que é quem teria legitimidade, já é falecido.

(C) poderá apresentar revisão criminal, sendo competente para julgamento o Superior Tribunal de Justiça.

(D) poderá apresentar revisão criminal, sendo competente para julgamento o Tribunal de Justiça de Santa Catarina.

RESPOSTA Alternativa D – Correta: A revisão criminal deverá ser apresentada ao Tribunal de Justiça de Santa Catarina, uma vez que é competente para julgar a presente ação, na forma do art. 624, II, do CPP.

70. (XXIX EXAME) Vanessa foi condenada pela prática de um crime de furto qualificado pela 1ª Vara Criminal de Curitiba, em razão de suposto abuso de confiança que decorreria da relação entre a vítima e Vanessa. Como as partes não interpuseram recurso, a sentença de primeiro grau transitou em julgado. Apesar de existirem provas da subtração de coisa alheia móvel, a vítima não foi ouvida por ocasião da instrução por não ter sido localizada. Durante a execução da pena por Vanessa, a vítima é localizada, confirma a subtração por Vanessa, mas diz que sequer conhecia a autora dos fatos antes da prática delitiva. Vanessa procura seu advogado para esclarecimento sobre eventual medida cabível. Considerando apenas as informações narradas, o advogado de Vanessa deve esclarecer que:

(A) não poderá apresentar revisão criminal, tendo em vista que a pena já está sendo executada, mas poderá ser buscada reparação civil.

(B) caberá apresentação de revisão criminal, sendo imprescindível a representação de Vanessa por advogado, devendo a medida ser iniciada perante o próprio juízo da condenação.

(C) não poderá apresentar revisão criminal em favor da cliente, tendo em vista que a nova prova não é apta a justificar a absolvição de Vanessa, mas tão só a redução da pena.

(D) caberá apresentação de revisão criminal, podendo Vanessa apresentar a ação autônoma independentemente de estar assistida por advogado, ou por meio de procurador legalmente habilitado.

RESPOSTA *Alternativa D* – Correta: Será admitida revisão criminal se, após a sentença, descobrirem novas provas de inocência do condenado ou de circunstância que determine ou autorize diminuição especial da pena, conforme Art. 621, III, CPP. Ademais, a revisão pode ser pedida pelo próprio réu (Art. 623, CPP).

XV. SUJEITOS PROCESSUAIS

71. (XXV Exame) Zeca e Juca foram denunciados pela prática de crime de sequestro, figurando como vítima Vanda. Por ocasião do interrogatório, Zeca nega a autoria delitiva e diz que nem conhece Juca; já Juca alega que conhece Zeca e que somente este seria o autor do fato, declarando-se inocente. Após a instrução, o juiz profere sentença absolvendo os denunciados. No dia da publicação da sentença, Vanda e Juca procuram seus respectivos advogados e reiteram a certeza quanto à autoria delitiva de Zeca e ao interesse em intervir no processo como assistentes de acusação. Considerando apenas as informações narradas, assinale a afirmativa correta.

(A) O advogado de Juca poderá requerer a intervenção de seu cliente como assistente de acusação, devendo, porém, o Ministério Público ser ouvido previamente sobre a admissão assistente.

(B) Os advogados de Juca e Vanda não poderão requerer a intervenção de seus clientes como assistentes de acusação, tendo em vista que já foi proferida sentença.

(C) O advogado de Vanda poderá requerer a intervenção de sua cliente como assistente de acusação, mas não poderá solicitar a realização de nova audiência para elaborar as perguntas que entender pertinentes.

(D) O advogado de Vanda poderá requerer a intervenção de sua cliente como assistente de acusação, e do despacho que admitir ou não o assistente caberá recurso em sentido estrito.

RESPOSTA *Alternativa C* – Correta: O art. 268, CPP, dispõe que somente a vítima ou seu representante legal poderá se habilitar como assistente de acusação no processo quando ainda não tenha ocorrido o trânsito em julgado. O art. 269 do CPP ainda prevê que o assistente deverá assumir a causa no estado em que estiver, logo, não poderá requerer a realização de nova audiência.

ATENTAI: O corréu (Juca) não poderá no mesmo processo intervir como assistente do M.P. (art. 270, CPP). Do despacho que admitir, ou não, o assistente, não caberá recurso (art. 273, CPP).

Direito Tributário

Marcelo Hugo da Rocha

Especialista em Direito Empresarial (PUCRS). Mestre em Direito (PUCRS). Especialista em Psicologia Positiva e *Coaching* (Faculdade UNYLEYA). Graduando em Psicologia (IMED). Professor. Advogado. Coordenador, autor e coautor de mais de 90 obras. Destaque para as coleções: Completaço® Passe na OAB e Completaço® Passe em Concursos Públicos, ambas publicadas pela Editora Saraiva. Palestrante motivacional. www.marcelohugo.com.br

Sumário

1. TRIBUTO E COMPETÊNCIA TRIBUTÁRIA

1.1 Conceito de tributo

O primeiro ponto a ser estudado, quando deparamos com o Direito Tributário, é a conceituação e definição do que seja **tributo**. Para nossa "sorte", temos um **conceito legal de tributo**, que se extrai a partir da leitura do **art. 3º do Código Tributário Nacional – CTN**, que dispõe:

> ***Art.*** *3º Tributo é toda prestação pecuniária compulsória, em moeda ou cujo valor nela se possa exprimir, que não constitua sanção de ato ilícito, instituída em lei e cobrada mediante atividade administrativa plenamente vinculada.*

Diante desse conceito, atente-se às seguintes **características**:

- *caráter pecuniário da prestação*: a prestação tributária deve sempre ser cumprida em **dinheiro** e expressar **determinada** quantia monetária.

Vale lembrar que, ainda que o cumprimento da obrigação tributária se dê por outra forma que não o pagamento (analisaremos posteriormente, como ocorre na dação em pagamento de imóveis – art. 156, XI, do CTN), a quantificação do tributo deve se dar em **moeda nacional**. Nesse sentido, não se considera tributo, por exemplo, o serviço militar obrigatório prestado pelos jovens ao Poder Público.

- *compulsoriedade da prestação*: a incidência do tributo não é ato volitivo das partes (seja do fisco ou do sujeito passivo). Como muitas vezes se repete, a principal espécie tributária já nos ensina que tributo é "imposto", ou seja, é **compulsório** a partir da *ocorrência do fato gerador* de sua obrigação.

Nesse sentido, apenas para ilustrar, caso alguém assine contrato de locação de um bem imóvel público e não cumpra com o pagamento dos aluguéis, não será devedor de tributo, ainda que o titular do crédito seja, por exemplo, a União Federal, um estado ou um município. Nesse caso, a obrigação decorreu da vontade das partes, afastando o caráter compulsório que caracteriza as exações tributárias.

- *natureza não sancionatória*: há de se ter em mente que a **multa não é tributo**, independentemente de sua origem.

Imaginemos, para exemplificar, que o sujeito passivo tenha que recolher R$ 1.000,00 de ICMS até o dia 5 do mês e acaba não cumprindo tempestivamente a obrigação. Com a incidência da penalidade pelo atraso, se tornará devedor de R$ 1.200,00 (tributo mais multa). Mesmo nessa situação, os R$ 1.000,00 do ICMS terão natureza tributária, e os R$ 200,00, de multa.

- *origem legal do tributo*: buscando reafirmar a independência da incidência tributária de qualquer vontade das partes, o CTN demonstra de maneira expressa a origem *ex lege* de todo e qualquer tributo pátrio.

A **necessidade de lei** para a exigência tributária constitui, muito provavelmente, a maior garantia da sociedade quanto a uma eventual arbitrariedade estatal, assegurando a existência de um estado democrático de direito. Se considerarmos que o tributo é uma invasão do patrimônio e da riqueza das pessoas e das empresas, não há como se tolerar que essa expropriação seja feita sem a respectiva previsão legal.

- *natureza vinculada da atividade administrativa que cobra o tributo*: corolário do princípio constitucional geral da igualdade, a vinculação da atividade de fiscalização e cobrança dos tributos retira do agente público a possibilidade de atuação discricionária, na qual haveria campo para análise de conveniência ou oportunidade.

Nesse sentido, a cobrança dos tributos não passa por qualquer juízo subjetivo ou de vontade dos servidores públicos envolvidos direta ou indiretamente na administração tributária.

Sintetizando, as **cinco características do tributo** são:

1	Caráter pecuniário da prestação
2	Compulsoriedade da prestação
3	Natureza não sancionatória
4	Origem legal do tributo
5	Natureza vinculada da atividade administrativa que cobra o tributo

Portanto, toda e qualquer prestação que se enquadrar nas **cinco características** acima descritas receberá os contornos de tributo – de acordo com o sistema jurídico pátrio. Entretanto, como adiante se demonstrará, o termo **tributo** é o **gênero** do qual existem **cinco espécies**, cada qual com especificidades a lhe diferenciar das demais.

1.2 Competência tributária

Fixado o conceito de tributo, cumpre iniciar a análise do sistema constitucional tributário brasileiro pelo exame das competências tributárias. Acreditamos ser este conceito de enorme importância para entendimento de todo o Direito Tributário, pois ele nos possibilita visualizar como se dá a autorização, em nosso sistema jurídico-tributário, para que cada uma das **pessoas políticas** (União Federal, Estados, Distrito Federal e Municípios) crie seus tributos de modo a obter recursos para a consecução das suas atividades.

A Constituição Federal chamou para si toda e qualquer autorização para que as pessoas políticas criem seus tributos. Ou seja, se um Estado institui, por exemplo, um determinado imposto ou uma determinada taxa, só o faz porque a Carta Magna lhe deu expressa legitimação para tanto. A **nenhuma das pessoas jurídicas de direito público** é dado o poder de criar qualquer espécie de tributo sem que a Constituição da República lhe outorgue competência para tal atividade legislativa.

Quando se entra no estudo da competência tributária, cumpre deixar claro que ela é a **aptidão que as pessoas políticas possuem de produzir normas relativas a tributos**, especialmente no que diz respeito à criação destes. Quando outorga competência tributária, a Carta Magna autoriza que determinada pessoa jurídica de direito público institua, se quiser, um determinado tributo.

Um dos grandes erros que alguns alunos cometem no estudo do Direito Tributário é o de imaginarem que a outorga de competência tributária transfere a um determinado ente federado o direito de sair "cobrando" tributos. Faz-se mister esclarecer que a **competência tributária**, por si só, não traduzirá qualquer instituição de tributo, mas sim autorizará a criação – por meio de uma lei federal, estadual, distrital ou municipal específica – da exação tributária.

Em suma, podemos concluir que a **Constituição Federal não cria** tributo algum, ela apenas dá a devida autorização, isto é, outorga a competência tributária, para que a União Federal, os Estados, o Distrito Federal e os Municípios criem seus tributos, se assim quiserem. Por exemplo, a autorização que a Constituição Federal dá para que a União Federal institua um **imposto sobre grandes fortunas** (art. 153, VII, da CF). Até hoje, passados mais de 30 anos da promulgação da Constituição Federal, não houve a criação desse tributo, em que pese a previsão no texto constitucional.

As **principais características** da competência tributária são: a *indelegabilidade*, a *irrenunciabilidade* e a *incaducabilidade*.

- **Indelegabilidade:** considerando que toda e qualquer competência tributária é *definida taxativa* e detalhadamente no texto constitucional, que – em tese – é criado para ser perene e não modificado a critério de cada um dos passageiros governantes, não há como aceitar que essa aptidão legislativa outorgada na Carta Magna seja delegada ou renunciada.
- **Irrenunciabilidade:** se a CF estabelece que um determinado município, por exemplo, está autorizado a criar o imposto sobre serviços de qualquer natureza (art. 156, III, CF), não há como admitir que – através de uma lei local – tal pessoa política transfira a um terceiro esta autorização ou abra mão dela de maneira definitiva. Tal lei seria manifestamente inconstitucional, por afrontar dispositivo da CF.
- **Incaducabilidade:** o que pode ocorrer, na prática, é o município citado no exemplo optar por não exercer, àquele momento, a competência tributária que recebeu da CF, não promovendo a criação do imposto, ou seja, não aprovando uma lei a instituir validamente o tributo no seu território. O CTN, em seu art. 8º, chega a expressar que "o não exercício da competência tributária não a defere a pessoa jurídica de direito público diversa daquela a que a Constituição a tenha atribuído".

1.3 Competência tributária x capacidade tributária ativa

Quando abordamos a **indelegabilidade** da competência tributária, somos questionados sobre como pode, então, a Receita Federal – uma autarquia – fiscalizar e cobrar os tributos que pertencem à União Federal. Ou, ainda, como pode a própria Ordem dos Advogados do Brasil – OAB cobrar as suas anuidades, que são, como sabido, contribuições de interesse de categorias profissionais. Essa confusão, muito frequente, decorre da necessária diferenciação dos conceitos de **competência tributária** e **capacidade tributária ativa.**

A **competência tributária** é a autorização dada pela CF para que a União Federal, os Estados, o Distrito Federal e os Municípios criem normas tributárias, especialmente no que diz respeito à criação de tributos. Ela não se confunde com a arrecadação de tributos, já que a CF, em momento algum, cria tributos, mas apenas autoriza a instituição destes. Assim, a *arrecadação* e a *fiscalização* dos tributos são plenamente *transferíveis* – depois que estes são criados pela competente pessoa jurídica de direito público. Tais atribuições administrativas de cobrança são conhecidas por capacidade tributária ativa – plenamente delegável nos termos do art. 7º do CTN:

> ***Art. 7º*** *A competência tributária é indelegável, salvo atribuição das funções de arrecadar ou fiscalizar tributos, ou de executar leis, serviços, atos ou decisões administrativas em matéria tributária, conferida por uma pessoa jurídica de direito público a outra, nos termos do § 3º do artigo 18 da Constituição.*
>
> *§ 1º A atribuição compreende as garantias e os privilégios processuais que competem à pessoa jurídica de direito público que a conferir.*
>
> *§ 2º A atribuição pode ser revogada, a qualquer tempo, por ato unilateral da pessoa jurídica de direito público que a tenha conferido.*
>
> *§ 3º Não constitui delegação de competência o cometimento, a pessoas de direito privado, do encargo ou da função de arrecadar tributos.*

No que diz respeito à *delegação* da **capacidade tributária ativa**, a primeira regra importante a ser lembrada é a da transferência conjunta de todas as garantias e privilégios do crédito tributário (regrados pelos arts. 183 e seguintes do CTN). Se considerarmos que essas garantias e privilégios têm por fundamento a importância para a sociedade do recolhimento dos tributos, há de se convir que o fato de a **arrecadação** ser feita por **um terceiro** não afastará a grande valia do sucesso da cobrança, justificando a transferência conjunta de todos aqueles a auxiliarem no recebimento dos tributos.

Também não há de se perder de vista que, nos termos do § 2º do transcrito artigo, a **capacidade tributária ativa** *transferida* pode ser requisitada novamente pela pessoa política competente para a criação do tributo no momento que bem entender, sem a exigência de concordância do terceiro. Por fim, talvez a regra mais importante, insculpida no § 3º, que é a possibilidade de delegação de capacidade tributária ativa não mais a outra pessoa jurídica de direito público, mas sim a *uma pessoa de direito privado*. Autoriza o CTN a transferência a um particular – seja ele um banco, uma empresa de cobrança, um escritório de advocacia ou outro –, limitando, entretanto, tal delegação apenas à atividade de arrecadar tributos.

A grande diferença entre a transferência a uma pessoa jurídica de direito público ou a um particular reside nas atividades a serem delegadas. Para aquela, atribuem-se a cobrança e a fiscalização. Para o privado, entretanto, a delegação somente pode ficar restrita à arrecadação. Este é um ponto fundamental: **a uma pessoa de direito privado não se transfere a fiscalização** em hipótese alguma, pois tal delegação acabaria por desconsiderar por completo o sigilo fiscal assegurado constitucionalmente.

1.4 Classificação das competências tributárias

Competência privativa

A competência privativa é aquela prevista na CF para instituição pelas pessoas políticas de seus impostos. Diz-se privativa eis que, quanto a esta espécie tributária, a Carta Magna já reparte de maneira expressa a competência, determinando quais são os impostos que pertencem a cada uma das pessoas jurídicas de direito público.

Pessoas jurídicas de direito público	Competência privativa: impostos
União Federal	Art. 153, CF
Estados e Distrito Federal	Art. 155, CF
Municípios	Art. 156, CF

Diz-se ser **privativa** esta competência, pois traz tributos que pertencem *exclusivamente* a uma das pessoas jurídicas de direito público. Nesse sentido, há de se considerar *privativa*, também, a competência outorgada à União Federal para instituir **contribuições sociais, de intervenção no domínio econômico** e **de interesse de categorias profissionais ou econômicas** (art. 149 da CF), bem como aquela que lhe autoriza a criar, em determinadas situações, os **empréstimos compulsórios** (art. 148 da CF).

Da mesma forma, partindo do critério da exclusividade da autorização para instituição de determinada exação, devemos considerar *privativa* a competência dos Municípios e do Distrito Federal para criação da **Contribuição para o Custeio do Serviço de Iluminação Pública** (também conhecida como COSIP ou CIP), outorgada pelo art. 149-A constitucional.

Por fim, é privativa também a competência expressa no § 1º do art. 149 da Constituição Federal para que Estados, Distrito Federal e Municípios instituam uma contribuição previdenciária a ser cobrada dos servidores ativos, dos aposentados e dos pensionistas, que poderão ter alíquotas progressivas de acordo com o valor da base de contribuição ou dos proventos de aposentadoria e de pensões [EC n. 103/2019].

Competência comum

As chamadas *competências comuns* são aquelas outorgadas a todas as pessoas políticas (União Federal, Estados, Distrito Federal e Municípios). Referem-se a espécies tributárias nas quais o texto constitucional não define de maneira taxativa todas as hipóteses de criação, mencionando de maneira genérica as situações nas quais os tributos poderão ser instituídos. As competências comuns englobam duas diferentes espécies de tributos, quais sejam, as **taxas** (art. 145, II, CF) e as **contribuições de melhoria** (art. 145, III, CF), ambas passíveis de criação por qualquer ente federado – desde que, obviamente, o responsável pela realização dos respectivos fatos geradores.

Competência nos territórios federais

Outro ponto a ser estudado é a competência para instituição de tributos nos territórios federais. A matéria vem prevista no art. 147 da CF, *verbis*:

> ***Art. 147.*** *Competem à União, em Território Federal, os impostos estaduais e, se o Território não for dividido em Municípios, cumulativamente, os impostos municipais; ao Distrito Federal cabem os impostos municipais.*

Atente-se que o dispositivo constitucional menciona apenas *impostos*, mas na verdade vale para *todo e qualquer tributo*. A divisão da competência nos territórios é muito simples: em todas as situações, a **União Federal** será competente para criação dos tributos federais e dos estaduais. Quanto aos tributos municipais, há apenas duas regras: se o território federal for dividido em municípios, caberão a eles os seus tributos; na situação contrária, a criação dos tributos caberá também à União Federal, que ficará, no caso, competente para a criação dos tributos federais, estaduais e municipais.

Atualmente, não há territórios federais no Brasil, os últimos foram Fernando de Noronha (que se tornou parte de Pernambuco), Amapá e Roraima (ambos se tornaram Estados federativos).

Competência do Distrito Federal

Diante da *impossibilidade* de divisão do Distrito Federal em **municípios** (art. 32 da CF), cumpre esclarecer a quem cabe – dentro do seu âmbito territorial – a instituição dos impostos municipais. Tal dúvida surge a partir da leitura dos arts. 153, 155 e 156 da Constituição Federal, que atribui a tal ente federado somente os impostos estaduais, com menção apenas no art. 155.

A resposta nos é dada pela parte final do já transcrito art. 147 da Carta Magna, que esclarece de maneira límpida que "ao Distrito Federal cabem os impostos municipais". Portanto, o Distrito Federal é competente para a instituição tanto dos impostos **estaduais** (ITCMD, ICMS e IPVA) quanto daqueles ditos **municipais** (IPTU, ITBI e ISS).

Competência residual

Apesar de a Constituição Federal já fazer a repartição completa das competências tributárias, especificando qual imposto cabe a cada uma das pessoas jurídicas de direito público, não estão elencadas nos arts. 153, 155 e 156 do texto todas as situações em que o sujeito passivo demonstra eventual capacidade econômica para pagar imposto, até mesmo porque seria tal tarefa impossível. Nesse sentido, cumpre verificar qual das pessoas políticas tem competência para instituir novos impostos, ou seja, impostos sobre outras situações além daquelas arroladas pela CF.

Determina o art. 154, I, que será **única e exclusivamente** a *União Federal* a pessoa política competente **para criar novos impostos**, isto é, impostos cujo fato gerador seja outro que não aqueles já previstos pelo texto constitucional. Tal atribuição de competência é chamada de **competência residual**, no sentido de "competência sobre o que resta", autorização para instituir impostos incidentes sobre novas situações que não aquelas constitucionalmente já lembradas.

Há de se lembrar que, nos termos do referido art. 154, I, da Constituição, estes **novos impostos** deverão:

- ser criados por **lei complementar**;
- deverão ser **não cumulativos**; e
- deverão ter **fato gerador e base de cálculo distintos** dos impostos já existentes.

Competência extraordinária

Em países habituados à paz como o Brasil, poucas coisas são mais extraordinárias, mais excepcionais que uma guerra. Entretanto, em casos de guerra ou iminência de guerra, a Constituição da República autoriza a União Federal a instituir **impostos extraordinários** – compreendidos ou não em sua competência – para fazer frente aos gastos a serem gerados por tal situação.

Tal autorização, conhecida como **competência extraordinária**, é outorgada pela Constituição no seu art. 154, II, que traz como requisito a necessidade de extinção desses impostos extraordinários quando cessadas as causas de sua criação (guerra externa ou sua iminência). Importante frisar que, nessa situação, *não há necessidade de edição de lei complementar* (o imposto será criado por medida provisória ou lei ordinária), nem de adoção do regime de não cumulatividade e tampouco a proibição de mesma base de cálculo ou fato gerador de outro imposto já previsto na CF.

Em outras palavras, sintetizando, os requisitos para competência de *novos impostos* não se fazem presentes para *competência extraordinária*.

1.5 Repartição das receitas tributárias

Como *regra geral*, o valor tributário arrecadado pertence à pessoa jurídica de direito público competente para sua instituição. Entretanto, a Constituição Federal, nos seus arts. 157 a 162, prevê algumas situações em que determinadas receitas da União Federal são divididas com Estados, Distrito Federal e Municípios, e outras nas quais os Estados devem fazer determinados repasses aos entes municipais.

Tal **divisão das receitas tributárias** ocorre assim:

- União ➡ Estados, Distrito Federal e Municípios
- Estados ➡ Municípios

Importante lembrar que os Estados **não repassam** valor algum à União Federal, e os Municípios **não fazem** qualquer repasse aos Estados.

2. ESPÉCIES TRIBUTÁRIAS

2.1 Introdução

Com a promulgação da Constituição Federal de 1988, com inafastável caracterização das contribuições como tributo, houve certa redução no interminável debate a respeito do número de espécies tributárias existentes no Brasil. Ocorre que, mesmo sob a nova égide constitucional, alguns respeitados doutrinadores seguem divergindo quanto a este tema, alguns ainda sustentando a existência de **três tipos de tributo**, em que pese a remansosa maioria defender a existência de **cinco espécies distintas**, quais sejam:

1. **impostos;**
2. **taxas;**
3. **contribuições de melhoria;**
4. **contribuições; e**
5. **empréstimos compulsórios.**

Essa divisão das espécies tributárias em cinco foi chancelada em diversos julgados pelo Supremo Tribunal Federal – STF e, até mesmo em nome da didática, seguiremos nesse sentido. Faz-se importante ainda lembrar os dizeres do art. 4º do CTN, seguidamente exigido em provas. Determina o referido dispositivo legal:

> ***Art. 4º*** *A natureza jurídica específica do tributo é determinada pelo fato gerador da respectiva obrigação,* ***sendo irrelevantes para qualificá-la:***

I – a denominação e demais características formais adotadas pela lei;

II – a destinação legal do produto da sua arrecadação.

De acordo com o mencionado artigo do CTN, **não deverá ser levada em conta**, no momento de se classificar alguma das espécies tributárias, a sua denominação. Igualmente, o destino legal do produto da arrecadação não influirá, como nos demonstra a posição jurisprudencial que entende que a desvinculação das receitas não retira das contribuições sociais sua natureza tributária específica. Sendo assim, a nomenclatura do tributo e o destino orçamentário dado aos valores cobrados serão irrelevantes para a aferição das espécies tributárias existentes (recorda-se a polêmica IPMF x CPMF).

2.2 Impostos

Imposto é a espécie tributária que tem como fato gerador da obrigação tributária sempre um ato ou uma situação do contribuinte. A sua incidência não guarda qualquer relação com uma atividade do Poder Público – diferentemente do que ocorre, por exemplo, com as taxas ou uma eventual contribuição de melhoria.

Vejam-se, por exemplo, algumas situações para entendimento do ora afirmado. O **imposto de importação** incide a partir do momento em que alguém pretende trazer, para incorporação à economia nacional, um bem estrangeiro. Imaginemos que um cidadão queira importar um automóvel produzido alhures. Tal ato não tem qualquer participação da União Federal, que, em que pese não ter atuação na importação, engordará seus cofres com valores cobrados quando do desembaraço aduaneiro do veículo.

Esta é **a primeira característica marcante** de todo e qualquer imposto: sua incidência se dá de maneira completamente dissociada de qualquer atuação estatal, sendo o fato gerador sempre um ato ou uma situação ligada ao sujeito passivo da obrigação tributária.

Verifica-se, dessa forma, que para que surjam as obrigações tributárias relativamente a qualquer imposto, *não há necessidade de qualquer atuação estatal*, bastando, para tanto, um ato ou uma situação jurídica própria do sujeito passivo.

O art. 16 do CTN conceitua o **imposto** da seguinte forma:

Art. 16. *Imposto é o tributo cuja obrigação tem por fato gerador uma situação independente de qualquer atividade estatal específica, relativa ao contribuinte.*

Por este específico motivo, diz-se que os impostos são **tributos não vinculados** a qualquer atuação estatal, já que sua incidência não depende de um ato praticado pelo Poder Público. Esta é uma expressão muito requisitada em provas, sendo importante que os examinandos entendam exatamente o seu significado.

A **segunda característica** marcante dos impostos é a inexistência de prévia destinação do produto da arrecadação de cada imposto. Não se sabe de maneira antecipada o que a União Federal, os Estados, o Distrito Federal ou os Municípios farão com o montante cobrado a título dos impostos de sua competência.

É muito comum ouvir pessoas se equivocando a esse respeito, afirmando, por exemplo, que o IPVA é pago para a construção e manutenção de vias públicas ou de estradas. Tal afirmativa é equivocada! A CF, inclusive, veda a prévia destinação ou a vinculação do produto da arrecadação dos impostos a um determinado fundo ou a uma determinada despesa, *vide* o inciso IV do art. 167. Assim, **outra característica** marcante dos impostos é a impossibilidade de afetação, ou seja, a proibição constitucional, insculpida no transcrito art. 167, IV, de prévia vinculação dos valores arrecadados a uma determinada despesa ou a um determinado fundo. Em muitas oportunidades essa peculiaridade dos impostos aparece com o nome de "**princípio da não afetação**".

Outro ponto muito importante de estudo e análise no que guarda relação com a espécie tributária imposto é a **pessoalidade** a ser buscada pelo ente tributante na criação dos impostos, algo que vem desenhado pelo art. 145, § 1º, da CF, *verbis*:

Art. 145. *(...)*

§ 1º – Sempre que possível, os impostos terão caráter pessoal e serão graduados segundo a capacidade econômica do contribuinte, facultado à administração tributária, especialmente para conferir efetividade a esses objetivos, identificar, respeitados os direitos individuais e nos termos da lei, o patrimônio, os rendimentos e as atividades econômicas do contribuinte.

Tal dispositivo busca afastar a fixação de cobrança meramente proporcional dos impostos, em que todas as pessoas e empresas os pagariam de maneira equivalente, variando apenas o montante da base de cálculo. De acordo com o mandamento constitucional, deve o legislador buscar sempre que possível o estabelecimento de **alíquotas maiores** para **bases de cálculo maiores**.

Assim, uma pessoa com rendas e proventos baixos deverá pagar uma alíquota mais baixa de IR que outra pessoa com acréscimo patrimonial bem mais significativo. Tal fixação de alíquotas diferenciadas, de acordo com a **capacidade econômica** (ou *capacidade contributiva*) dos sujeitos passivos, se dá através da proporcionalidade da incidência de determinados impostos, a serem analisados no capítulo posterior, em que estudaremos os impostos em espécie.

Pessoas jurídicas de direito público	Competência privativa
União Federal	• II - Imposto de Importação; • IE - Imposto de Exportação; • IR - Imposto de renda e proventos de qualquer natureza; • IPI - Imposto sobre Produtos Industrializados; • IOF - Imposto sobre operações de crédito, câmbio, seguros e relativas a títulos e valores mobiliários; • ITR - Imposto sobre a propriedade Territorial Rural; • IGF - Imposto sobre Grandes Fortunas; • Impostos residuais; • Impostos extraordinários.
Estados e Distrito Federal	• ITCMD - Imposto de Transmissão *Causa Mortis* e Doação de quaisquer bens ou direitos; • ICMS - Imposto sobre a Circulação de Mercadorias e sobre a prestação de Serviços de transporte interestadual ou intermunicipal e de comunicação; • IPVA - Imposto sobre a Propriedade de Veículos Automotores; • **OBS.**: o Distrito Federal também é competente para a instituição dos impostos municipais.
Municípios	IPTU - Imposto Predial e Territorial Urbano; ITBI - Imposto sobre a Transmissão *inter vivos*, a qualquer título, por ato oneroso, de Bens Imóveis; ISS (ou ISSQN) - Imposto sobre os Serviços de Qualquer Natureza.

2.3 Taxas

O **art. 145, II**, da CF outorga competência para que a União Federal, os Estados, o Distrito Federal e os Municípios instituam *taxas em razão do exercício do poder de polícia ou pela utilização, efetiva ou potencial, de serviços públicos específicos e divisíveis, prestados ao contribuinte ou postos a sua disposição.* Veja-se, inicialmente, que, assim como os impostos, também as **taxas** fazem parte da competência tributária de *todas* as pessoas jurídicas de direito público.

Taxa é uma espécie tributária com características completamente distintas daquelas dos impostos. Enquanto os impostos têm por fato gerador um ato ou uma situação do contribuinte, as taxas incidem sobre atos estatais, sendo contraprestacionais. Por outro lado, ao passo que os **impostos** são regidos pelo princípio da não afetação (não havendo prévia destinação do produto de sua arrecadação), o valor cobrado a título das **taxas** estará vinculado ao custeio da atividade que lhe deu origem, que foi o fato gerador da obrigação tributária.

Essa segunda particularidade das taxas, consubstanciada na ***afetação*** dos valores cobrados aos custos da atuação pública que lhe deu origem, é conhecida como **retributividade**. A taxa tem por função devolver aos cofres públicos os valores despendidos com a prestação de um serviço público específico e divisível ou com o exercício regular do poder de polícia.

Nesse sentido, a fixação do valor de toda e qualquer taxa deve ser realizada com vistas ao *valor do serviço público* ou do *exercício do poder de polícia*, e **não de acordo com a capacidade econômica** do sujeito passivo. Se o custo para a emissão de um passaporte é exatamente o mesmo para todas as pessoas, não pode haver diferença no valor cobrado, seja o contribuinte uma pessoa extremamente rica ou alguém com dificuldades financeiras.

Diferentemente dos impostos que, como visto, deverão **sempre que possível** ser graduados de acordo com a **capacidade contributiva** do sujeito passivo, as taxas deverão ser cobradas de acordo com o custo da atuação estatal, independentemente de quem seja o contribuinte da exação tributária.

Justamente por essa razão é que o art. 145, § 2º, da CF determina que *as taxas não poderão ter base de cálculo própria de impostos.* O que o texto constitucional visa a assegurar é a garantia de que tal espécie tributária será cobrada apenas para fazer frente aos custos da atividade estatal, e não como fonte de abastecimento dos cofres públicos.

São **dois os fatos geradores das taxas**:

(1) o exercício regular do poder de polícia – a chamada "taxa de polícia" ou "taxa de fiscalização"; e

(2) a utilização, efetiva ou potencial, de serviço público específico e divisível prestado ao contribuinte ou posto à sua disposição – conhecida como "taxa de serviço".

A taxa de polícia tem vez quando ocorre por parte do Poder Público o exercício regular do poder de polícia, nos seguintes termos trazidos pelo art. 78 do CTN:

> ***Art. 78.*** *Considera-se* ***poder de polícia*** *atividade da administração pública que, limitando ou disciplinando direito, interesse ou liberdade, regula a prática de ato ou abstenção de fato, em razão de interesse público concernente à segurança, à higiene, à ordem, aos costumes, à disciplina da produção e do mercado, ao exercício de atividades econômicas dependentes de concessão ou autorização do Poder Público, à tranquilidade pública ou ao*

respeito à propriedade e aos direitos individuais ou coletivos.

Veja que, para que alguém possa andar armado, terá que se submeter a um exame psicotécnico, a exame de tiro, à análise de sua ficha policial, gerando um custo à administração pública para que lhe seja, finalmente, dado um porte de arma. Todo esse custo do poder público será ressarcido através do pagamento de uma taxa de polícia.

Em algumas situações, o contribuinte tem que pagar a taxa mesmo que no período não haja uma fiscalização efetiva em seu estabelecimento. A taxa de polícia não está ligada a uma verificação concreta das atividades, mas sim ao dever imposto à administração pública de estar regularmente limitando ou disciplinando direitos.

Outro ponto vital a ser analisado quanto às **taxas de polícia** é o conceito do que efetivamente seja exercício "regular" do poder de polícia. Segundo o CTN, "considera-se regular o exercício do poder de polícia quando desempenhado pelo órgão competente nos limites da lei aplicável, com observância do processo legal e, tratando-se de atividade que a lei tenha como discricionária, sem abuso ou desvio de poder" (art. 78, parágrafo único).

Por seu turno, as **taxas de serviço** – modalidade mais frequente desta espécie tributária – serão devidas sempre que houver a utilização, efetiva ou potencial, de serviços públicos específicos e divisíveis, prestados ao contribuinte ou postos à sua disposição.

Cumpre esclarecer o que são **serviços específicos e divisíveis**, *vide* os dizeres do art. 79, II e III, do CTN. Segundo tais dispositivos legais, serão:

- específicos os serviços públicos *quando possam ser destacados em unidades autônomas de intervenção, de unidade, ou de necessidades públicas,*
- *divisíveis, quando suscetíveis de utilização, separadamente, por parte de cada um dos seus usuários.*

São exemplos de **serviços públicos específicos e divisíveis** que legitimam a criação de taxas o recolhimento do lixo, o tratamento do esgoto e a emissão de documentos. Os serviços públicos que autorizam a instituição das taxas deverão ser específicos e divisíveis – não basta a existência de apenas uma dessas características. Qualquer serviço público que assuma os contornos da *universalidade* ou da *indivisibilidade* já estará **desautorizando** a criação de uma taxa a lhe retribuir as quantias gastas pela administração.

Seguidamente, em provas, a banca examinadora tenta induzir o examinando a erro mencionando a possibilidade de instituição de taxas sobre serviços de manutenção de logradouros públicos, proteção das fronteiras, limpeza de praças, entre tantos outros nos quais não há especificidade e divisibilidade. Outro caso famoso é o a da iluminação pública, que a jurisprudência reconheceu ser serviço universal e indivisível, considerando inconstitucional a cobrança das taxas a lhe remunerar (*vide* **Súmula 670 do STF**).

Lembre-se, ainda, de que a Constituição Federal determina a validade da instituição e cobrança de taxas na **utilização** tanto **efetiva** como **potencial** dos serviços públicos específicos e divisíveis, sendo estes prestados ou postos à disposição do contribuinte. O art. 79, I, do CTN esclarece que o serviço será utilizado efetivamente quando for usufruído pelo contribuinte a qualquer título. Já a utilização potencial se dará nos serviços de uso compulsório, quando forem postos à disposição do sujeito passivo mediante atividade administrativa em efetivo funcionamento.

Apenas a título ilustrativo, imaginemos hipoteticamente um cidadão que opta por não colocar mais o lixo de sua casa na rua, para ser recolhido pelo caminhão da prefeitura. Em que pese durante todo o ano não haver qualquer uso efetivo do serviço público, a taxa de lixo continuará a ser devida pela utilização potencial, eis que o serviço público específico e divisível está posto à disposição do contribuinte.

Diferença de taxas x preços públicos (tarifas)

Até hoje não existe um critério definitivo a separar e distinguir as taxas dos preços públicos. Relevantes discussões doutrinárias foram e seguem sendo travadas, sem que se consiga chegar a um critério unânime quanto ao que seja **taxa** e ao que seja **preço público**. Sabe-se que ambos se prestam a remunerar **atividades públicas** (especialmente os serviços públicos específicos e divisíveis), porém as **taxas têm natureza tributária** – diferentemente dos **preços públicos**, submetidos a um regime jurídico de **direito privado**.

Um dos critérios mais aceitos pela doutrina e pela jurisprudência parte da análise do serviço público que está sendo prestado. Desde que este serviço esteja intimamente ligado às atividades essenciais do poder público, será remunerado por taxa – submetendo-se a todo o regime tributário, inclusive os princípios constitucionais da legalidade e da anterioridade. *A contrario sensu*, quando o serviço prestado não decorrer das atuações básicas da administração pública – podendo até mesmo ser prestado por pessoas jurídicas de direito privado (concessionárias ou permissionárias) –, estaremos diante de um preço público, não vinculado ao regime tributário pátrio.

Veja, por exemplo, que a jurisprudência do Supremo Tribunal Federal é no sentido de que não se trata de tributo, mas de **preço público**, a cobrança a título de água e esgoto (RE 447.536 ED/SC, Rel. Min. Carlos Velloso, *DJ* 26-8-2005, p. 65).

2.4 Contribuições

De acordo com o art. 149 da CF, a União Federal tem competência para instituir **contribuições sociais**, de **intervenção no domínio econômico** e de **interesse de categorias profissionais ou econômicas**. Trata-se da primeira espécie tributária cuja autorização para criação é dada exclusivamente a uma das pessoas políticas (veremos, adiante, duas exceções existentes no texto constitucional a essa regra). Tais exações também são nominadas, por parte da doutrina e da jurisprudência, como "contribuições especiais".

A **grande característica** das contribuições a lhes diferenciar das demais espécies tributárias é o fato de elas terem fundamento justamente pela utilização do produto de sua arrecadação. A contribuição existe para que haja recurso necessário para o governo investir na finalidade que deu origem à instituição do tributo, isto é, ela serve como instrumento arrecadatório para que o Poder público possa atuar com vistas ao interesse público.

Veja-se, para facilitar a compreensão, o exemplo das **contribuições sociais** – todas elas servirão para que o governo federal tenha os recursos necessários à atuação na área social (saúde, assistência social, previdência e até mesmo educação). As contribuições sociais se justificam exatamente pela finalidade da aplicação dos seus recursos, sendo criadas para irrigar os cofres públicos de modo a autorizar a atuação no interesse de determinado grupo ou setor da sociedade.

Em algumas situações, as contribuições têm sua capacidade tributária ativa delegada a um terceiro, responsável pela sua cobrança e por sua fiscalização, como ocorre, por exemplo, com a OAB, nos termos autorizados pelo art. 7º do CTN. Na hipótese de também ser transferida a uma entidade paraestatal a administração dos valores arrecadados, em função das atividades especiais por ela desempenhadas, costuma-se denominar o tributo **contribuição parafiscal**.

Passaremos, agora, a analisar uma a uma as espécies de contribuição previstas pelo nosso texto constitucional.

Contribuições sociais

As contribuições sociais, como o próprio nome diz, servem para custear a totalidade dos gastos do governo federal com esta área. Costuma-se dividi-las em outras **duas espécies**, quais sejam:

Contribuições sociais gerais	Contribuições destinadas a custear a seguridade social
Têm por finalidade o custeio de gastos com a área social do governo que não aqueles intimamente ligados à seguridade social, foco da segunda espécie das contribuições sociais.	Têm por justificativa a arrecadação dos recursos exigidos para atuação do Governo Federal na área, isto é, na saúde, na previdência social e na assistência social, conforme previsto nos arts. 194 e seguintes da CF.
Exemplos: - Contribuição ao salário-educação (art. 212, § 5º, da CF) - Contribuições ao chamado Sistema S (art. 240 da CF) - Contribuição ao Fundo de Garantia por Tempo de Serviço - FGTS (art. 7º, III, CF)	Exemplos: - Incisos I, II, III e IV do art. 195, CF

O elenco das contribuições destinadas ao custeio da seguridade social está exposto no art. 195 da Carta Magna, que assim dispõe:

> ***Art. 195.*** *A seguridade social será financiada por toda a sociedade, de forma direta e indireta, nos termos da lei, mediante recursos provenientes dos orçamentos da União, dos Estados, do Distrito Federal e dos Municípios, e das seguintes contribuições sociais:*
>
> ***I*** *– do empregador, da empresa e da entidade a ela equiparada na forma da lei, incidentes sobre:*
>
> ***a)*** *a folha de salários e demais rendimentos do trabalho pagos ou creditados, a qualquer título, à pessoa física que lhe preste serviço, mesmo sem vínculo empregatício;*
>
> ***b)*** *a receita ou o faturamento;*
>
> ***c)*** *o lucro;*
>
> ***II*** *– do trabalhador e dos demais segurados da previdência social, não incidindo contribuição sobre aposentadoria e pensão concedidas pelo regime geral de previdência social de que trata o art. 201;*
>
> ***III*** *– sobre a receita de concursos de prognósticos.*
>
> ***IV*** *– do importador de bens ou serviços do exterior, ou de quem a lei a ele equiparar.*

Veja-se que a CF estabelece quatro distintas fontes de financiamento. O empregador, a empresa e a entidade a ela equiparada pagarão contribuições sociais sobre sua folha de salários (a famosa contribuição previdenciária patronal), sobre a receita ou o faturamento (o **PIS** e a **COFINS**) e sobre seu lucro (a Contribuição Social sobre o Lucro Líquido – **CSLL**).

Por seu turno, o trabalhador e os demais segurados da previdência contribuem sobre seus rendimentos. No caso dos segurados empregados, esta contribuição é retida na fonte pelo empregador, que deve repassá-la aos cofres públicos na condição de responsável tributário. Existem ainda as contribuições sociais incidentes sobre as loterias e aquelas cobradas a partir da importação de bens (especialmente, nesse segundo caso, o PIS e a COFINS na importação).

A Carta Magna, ainda, prevê no art. 195, § 4º, a possibilidade de criação de outras fontes de custeio da seguridade social, desde que respeitados os ditames do seu art. 154, I, ou seja, a necessidade de lei complementar e estabelecimento de regime não cumulativo da exação.

Contribuições de Intervenção no Domínio Econômico – CIDE

A contribuição de intervenção no domínio econômico – **CIDE** tem marcado *caráter extrafiscal*, ou seja, presta-se muito mais a regular determinado setor da economia nacional do que a servir como instrumento meramente arrecadatório. Tais contribuições são criadas por simples lei ordinária, ou medida provisória, sendo **desnecessária** a edição de uma lei complementar.

Através da contribuição no domínio econômico, o governo federal consegue dirigir a atividade econômica, com observância dos princípios da ordem econômica insculpidos na Constituição Federal no seu art. 170. A forma de atuar na economia por meio de um tributo é antiga, cobrando-se uma exação em atividades que se pretende desestimular (ao torná-las mais caras) e usando o produto da arrecadação de modo a financiar ou estimular outros setores produtivos, tudo de acordo com os objetivos estratégicos do governo.

Importante ressaltar que a intervenção pode ser levada a efeito tanto pela cobrança como pela aplicação do produto da arrecadação em certas atividades (financiamento de determinados projetos). As mais relevantes contribuições de intervenção no domínio econômico que temos em nosso sistema tributário são aquelas que são incidentes sobre a comercialização de combustíveis **(CIDE-Combustível)** e sobre os *royalties* pagos ao exterior **(CIDE-*Royalties*)**.

Para alguns doutrinadores, as já mencionadas contribuições destinadas ao **Sistema S** (SEBRAE, SESC, SENAC, SESI, SENAI, SEST, SENAT etc.) seriam contribuições de intervenção no domínio econômico, mas, se formos seguir a linha majoritária da jurisprudência, devem ser classificadas como *sociais gerais*.

Contribuições de interesse de categorias profissionais ou econômicas

As contribuições de interesse de categorias profissionais ou econômicas, também denominadas *"contribuições corporativas"*, têm por escopo financiar o sistema de representação sindical e dos órgãos de fiscalização e regulamentação do exercício das profissões.

São divididas entre as chamadas **contribuições-anuidades** e as **contribuições sindicais**. As primeiras se prestam a financiar os órgãos de fiscalização de profissões regulamentadas – como é o caso da OAB, do CREA, do CRA, do CRM, entre tantos outros. Como essas contribuições são geridas pelos próprios órgãos de classe, são elas contribuições parafiscais, como já explicado nesta obra.

Já as contribuições sindicais – como o próprio nome deixa claro – têm por finalidade o financiamento dos sindicatos e são previstas pelo art. 478 da Consolidação das Leis Trabalhistas – CLT. Muito comumente nos defrontamos com a expressão "imposto sindical", terminologia completamente equivocada por consistir a exação em clara contribuição.

Contribuição previdenciária dos servidores federais, estaduais e municipais

De acordo com a EC n. 103/2019, a União, os Estados, o Distrito Federal e os Municípios instituirão, por meio de lei, contribuições para custeio de regime próprio de previdência social, cobradas dos servidores ativos, dos aposentados e dos pensionistas, que poderão ter alíquotas progressivas de acordo com o valor da base de contribuição ou dos proventos de aposentadoria e de pensões. Até esta respectiva Emenda Constitucional, somente estavam contemplados na contribuição previdenciária os servidores estaduais e municipais.

E caso haja déficit atuarial, a contribuição ordinária dos aposentados e pensionistas poderá incidir sobre o valor dos proventos de aposentadoria e de pensões que supere o salário-mínimo. Se for demonstrada a insuficiência desta medida, será facultada a instituição de uma **contribuição extraordinária**, no âmbito da União, dos servidores públicos ativos, dos aposentados e dos pensionistas.

Contribuições não pertencentes à União Federal

Tema frequente de provas diz respeito às contribuições não pertencentes à União Federal, portanto, preste atenção:

Contribuição de Iluminação Pública – CIP	• No ano de 2002, foi aprovada a Emenda Constitucional n. 39, que autorizou os Municípios e o Distrito Federal a instituírem a contribuição de iluminação pública (CIP ou COSIP) para custear tal serviço, por meio da inclusão do art. 149-A na Carta Magna. • Tal contribuição tem por peculiaridade a possibilidade de cobrança por meio da fatura mensal de energia elétrica, nos termos do parágrafo único do já referido art. 149-A da CF.

Por fim, registra-se que é muito pedido em provas o conhecimento acerca de algumas regras constitucionais aplicáveis às **contribuições sociais** e as **de intervenção no domínio econômico**, insertas nos §§ 2º e 3º do art. 149. Determina a CF:

> ***Art. 149.*** *(...)*
>
> *§ 2º As contribuições sociais e de intervenção no domínio econômico de que trata o* caput *deste artigo:*
>
> *I – não incidirão sobre as receitas decorrentes de exportação;*
>
> *II – incidirão também sobre a importação de produtos estrangeiros ou serviços;*
>
> *III – poderão ter alíquotas:*
>
> ***a)*** ad valorem, *tendo por base o faturamento, a receita bruta ou o valor da operação e, no caso de importação, o valor aduaneiro;*

b) específica, tendo por base a unidade de medida adotada.

§ 3º A pessoa natural destinatária das operações de importação poderá ser equiparada a pessoa jurídica, na forma da lei.

Em linhas gerais, um país que exporta bastante acaba por trazer divisas e, principalmente, gerar emprego dentro do seu território. Ao contrário, quando há um grande número de importações, acaba por existir consumo interno com a produção dos bens em outras localidades. Por essas razões, a CF acaba por desonerar a incidência das mencionadas contribuições nas exportações, de modo a facilitar tais operações, tornando os produtos nacionais competitivos no mercado internacional. E, no mesmo sentido, opta-se por tributar as importações de modo a torná-las mais caras e, sempre que possível, proteger a economia nacional.

Lembre-se da diferenciação entre as alíquotas ***ad valorem*** (comumente cobrada, aquela que é um percentual) e a **específica** (com valor em reais predeterminado), sendo sabido que ambas poderão ser fixadas para essas duas contribuições (sociais e de intervenção no domínio econômico).

Contribuições de melhoria

A Constituição Federal autoriza, no art. 145, III, a União Federal, os Estados, o Distrito Federal e os Municípios a instituírem **contribuição de melhoria**, decorrentes de obras públicas. Por óbvio, a pessoa política responsável pela realização da obra será a competente para a criação e posterior cobrança da contribuição de melhoria. O primeiro ponto a ser esclarecido referentemente a essa espécie tributária **é que não basta** a realização de uma obra pública – deverá disso decorrer, obrigatoriamente, **a valorização** dos imóveis para que a exação seja validamente criada. Tal assertiva é reforçada pela redação do *caput* do art. 81 do CTN, que assim dispõe:

Art. 81. *A contribuição de melhoria cobrada pela União, pelos Estados, pelo Distrito Federal ou pelos Municípios, no âmbito de suas respectivas atribuições, é instituída para fazer face ao custo de obras públicas de que decorra valorização imobiliária, tendo como limite total a despesa realizada e como limite individual o acréscimo de valor que da obra resultar para cada imóvel beneficiado.*

O transcrito dispositivo legal nos traz outra importante peculiaridade da contribuição de melhoria, que é a **existência de limites** total e individual para a cobrança do tributo. A contribuição de melhoria deve ser **instituída por lei**, como todos os demais tributos. Além disso, somente poderá ser cobrada **a partir da conclusão das obras**, não se admitindo, antes desse momento, qualquer tentativa de arrecadação por parte da autoridade pública.

Por fim, há de se lembrar que a **mera manutenção ou conservação** de bens públicos já existentes **não autoriza** a instituição de contribuição de melhoria. Muitas vezes, em provas, os alunos são testados quanto a esse conhecimento, com questionamentos que buscam aferir se pode ser instituída tal espécie tributária, por exemplo, para recapeamento asfáltico – algo que é vedado em nosso ordenamento jurídico-tributário.

Empréstimos compulsórios

O art. 148 da Carta Magna outorga competência para que a União Federal crie **empréstimos compulsórios** – espécie tributária que tem por característica a devolução aos contribuintes, após certo lapso temporal, das quantias arrecadadas. Portanto, os Estados-Membros, o Distrito Federal e os Municípios *não possuem*, em hipótese alguma, competência tributária para a instituição de tal espécie. O mesmo artigo da CF é claro ao delimitar as hipóteses em que poderá a União Federal instituir um empréstimo compulsório, o que faz nos seguintes termos:

Art. 148. *A União, mediante lei complementar, poderá instituir empréstimos compulsórios:*

I – para atender a despesas extraordinárias, decorrentes de calamidade pública, de guerra externa ou sua iminência;

II – no caso de investimento público de caráter urgente e de relevante interesse nacional, observado o disposto no artigo 150, III, b.

No *caput* do transcrito art. 148, observa-se outro traço marcante dessa espécie tributária, que é a necessidade de instituição do empréstimo compulsório via **lei complementar**. Assim:

• **empréstimos compulsórios** (art. 148, CF), • **impostos residuais** da União Federal (art. 154, I, CF) e • **eventuais novas contribuições a custear a seguridade social** (art. 195, § 4º).
São as *três únicas situações* nas quais **se exige uma lei complementar** para a criação de um tributo no Brasil.

O parágrafo único do art. 15 do CTN explicita que a lei que instituir o empréstimo compulsório deverá fixar "obrigatoriamente o prazo do empréstimo e as condições de seu resgate". O STF, em uma série de julgados, já assentou que a devolução dos valores deve se dar, minimamente, com a integral correção monetária com vistas a não corroer a quantia paga pelo contribuinte.

Assim como ocorre com grande parte das contribuições, também a Constituição não determina quais serão os fatos geradores dos empréstimos compulsórios a serem instituídos. O texto constitucional tão somente informa quais situações autorizarão a criação dessa espécie tributária (calamidade pública, guerra externa ou investimento público urgente com relevante interesse nacional). Portanto, **caberá ao legislador** escolher quais situações serão tidas por fato gerador do tributo, o que acabará, inevitavelmente, recaindo sobre atos ou situações dos contribuintes – eis que o Poder Público estará envolvido com a causa justificadora da instituição da exação.

Por fim, cabe lembrar que a Constituição Federal, no parágrafo único do mencionado art. 148, determina que o **produto dos valores arrecadados** a título de empréstimo compulsório deverá estar afetado, obrigatoriamente, à despesa que fundamentou sua criação. Tal salutar dispositivo visa a assegurar que o ente tributante federal crie tal espécie tributária e utilize os valores pagos pelos contribuintes para outras despesas quaisquer.

3. IMPOSTOS EM ESPÉCIE

3.1 Características dos impostos

Como analisado no capítulo anterior, o **imposto** é a espécie tributária cuja obrigação tem por fato gerador uma situação independente de qualquer atividade estatal específica, relativa ao contribuinte (art. 16, CTN). Além disso, a Carta Magna determina a proibição de prévia destinação – ou de afetação – dos valores arrecadados, isto é, o produto da arrecadação dos impostos não pode estar antecipadamente comprometido com uma despesa (art. 167, IV, CF).

No que diz respeito à instituição dos impostos, devemos lembrar que eles podem ser criados por **lei ordinária** (ou **medida provisória**, no caso dos impostos federais) – *com exceção dos impostos residuais da União*, como já estudado antes. Não há de se confundir, entretanto, o veículo introdutor do imposto (**lei ordinária**) com a exigência feita pelo art. 146, III, *a*, da Carta Magna, de edição de uma **lei complementar** para *definir, em relação aos impostos discriminados na Constituição, os respectivos fatos geradores, bases de cálculo e contribuintes.*

Veja-se que a instituição dos impostos se dá por **lei ordinária**, mas a Constituição Federal determina a edição de uma **lei complementar** nacional estabelecendo, podemos dizer, do "esqueleto" de cada um desses impostos, ou seja, de seus fatos geradores, bases de cálculos e contribuintes (ou sujeitos passivos, para usar o termo adequado). A exigência dessa lei complementar visa a assegurar um caráter nacional aos impostos, de modo que não haja – pelo menos no que diz respeito a esses três elementos da incidência – uma disparidade de acordo com cada ente federado.

Ao longo do estudo dos impostos em espécie que será desenvolvido neste capítulo, verificaremos que, em grande parte das vezes, será o próprio CTN que fará as vezes dessa lei complementar nacional a unificar o arquétipo básico dos impostos previstos na Constituição Federal. Algumas vezes surge a dúvida sobre a força de lei complementar do CTN, eis que, originariamente, ele foi introduzido como mera lei ordinária. Ocorre que, atualmente, a parte geral do CTN tem força de **lei complementar**, exatamente pelos ditames do art. 146 da CF, que reclama tal veículo legal para estabelecer as normas gerais da legislação tributária. Como inexiste inconstitucionalidade formal superveniente, e diante das exigências constitucionais vigentes, hodiernamente o CTN, na sua parte geral, tem força de lei complementar.

3.2 Impostos federais

Imposto de importação

> ***Art. 153.*** *Compete à União instituir impostos sobre:*
>
> *I – importação de produtos estrangeiros.*

A Constituição Federal autoriza a União Federal a criar um imposto sobre o ingresso no território nacional de bens produzidos pelo homem ou pela natureza, sejam eles destinados ao comércio ou ao uso e consumo próprio do importador. Inicialmente, torna-se vital entender o significado do termo "importação" para fins jurídico-tributários. Para facilitar a compreensão cumpre aferir, por exemplo, se um cidadão argentino, ao vir passar as férias no Brasil, é ou não obrigado a fazer o recolhimento do imposto de importação sobre seu veículo. A resposta é negativa, ou seja, não precisará recolher o tributo nessa hipotética situação.

A justificativa acaba por explicitar o nó górdio a respeito do conceito de importação, que é muito mais complexo que o mero ingresso físico de um bem. Em seu sentido jurídico, **importação** é o ingresso físico de um bem com o intuito de incorporação definitiva deste à economia nacional. Sendo assim, como o viajante estrangeiro entra com seu veículo no Brasil, com a intenção, porém, de deixar, posteriormente, o território nacional acompanhado de seu carro, não há de se tratar tal situação como importação de um bem.

Por essa mesma razão é que os bens que chegam ao território brasileiro e estão em trânsito para outro país (como ocorre muitas vezes em portos ou aeroportos) não se submetem ao recolhimento do imposto de importação. Esta deve ser a interpretação a ser dada ao art. 19 do CTN, que fixa o fato gerador do imposto de importação sobre produtos estrangeiros como "a entrada destes no território nacional". No que diz respeito à base de cálculo do tributo, assim determina o CTN:

> ***Art. 20.*** *A base de cálculo do imposto é:*
>
> ***I*** *– quando a alíquota seja específica, a unidade de medida adotada pela lei tributária;*
>
> ***II*** *– quando a alíquota seja ad valorem, o preço normal que o produto, ou seu similar, alcançaria, ao tempo da importação, em uma venda em condições de livre concorrência, para entrega no porto ou lugar de entrada do produto no País;*
>
> ***III*** *– quando se trate de produto apreendido ou abandonado, levado a leilão, o preço da arrematação.*

Por fim, cumpre esclarecer que o imposto de importação tem natureza eminentemente **extrafiscal**, isto é, se presta muito mais ao controle e defesa da atividade econômica nacional do que à arrecadação propriamente dita. Sendo assim, a alteração de suas alíquotas exige uma agilidade por parte do Poder Público Federal que não se coaduna integralmente com o princípio da legalidade, ou seja, não haveria como – em algumas situações específicas – aguardar todo o processo legislativo para que houvesse a majoração das suas alíquotas.

Por essa razão, a Constituição Federal, de maneira sábia, *mitiga* o **princípio da legalidade** no que diz respeito a esse imposto (e também, como será analisado posteriormente, quanto ao imposto de exportação, IPI e IOF), autorizando a majoração das alíquotas através de **decreto presidencial**. De acordo com o art. 153, § 1º, da CF, é facultado ao Poder Executivo alterar, dentro dos limites da lei, as alíquotas do imposto de importação. Da mesma forma, e pelas mesmas razões aqui apontadas, a Carta Magna, em seu art. 150, § 1º, *excetua* o imposto de importação do cumprimento dos prazos de **anterioridade**, seja a de **exercício** (art. 150, III, *b*, CF), seja a **nonagesimal** (art. 150, III, *c*, CF).

Imposto de exportação

> *Art. 153. Compete à União instituir impostos sobre:*
>
> *II – exportação, para o exterior, de produtos nacionais ou nacionalizados.*

O primeiro ponto a chamar a atenção é a expressão, utilizada pelo texto constitucional, "exportação, para o exterior", o que pode parecer, à primeira vista, redundância. Ocorre que, no passado, o Brasil já possuiu imposto a incidir sobre a exportação de produtos de um Estado-Membro para outro, algo que não existe mais. Assim como demonstrado no imposto de importação, cumpre esclarecer que exportação não é mera saída física de um determinado bem. Se alguém vai passar as férias, por exemplo, em Punta Del Este, no Uruguai, não precisa pagar imposto de exportação sobre seu veículo automotor, já que retornará ao território nacional de posse do veículo.

Outro ponto importante de análise é a expressão "produtos nacionalizados", que se refere a bens produzidos em outros países, mas prévia e legalmente importados. Após um regular processo de importação de um bem estrangeiro, este passa a ser tido como nacionalizado e deverá ser objeto do pagamento do imposto ora estudado caso haja uma eventual exportação posterior. Sobre a base de cálculo do imposto de exportação, assim dispõe o CTN:

> ***Art. 24.*** *A base de cálculo do imposto é:*
>
> ***I*** *– quando a alíquota seja específica, a unidade de medida adotada pela lei tributária;*
>
> ***II*** *– quando a alíquota seja* ad valorem, *o preço normal que o produto, ou seu similar, alcançaria, ao tempo da exportação, em uma venda em condições de livre concorrência.*
>
> ***Parágrafo único.*** *Para os efeitos do inciso II, considera-se a entrega como efetuada no porto ou lugar da saída do produto, deduzidos os tributos diretamente incidentes sobre a operação de exportação e, nas vendas efetuadas a prazo superior aos correntes no mercado internacional o custo do financiamento.*
>
> ***Art. 25.*** *A lei pode adotar como base de cálculo a parcela do valor ou do preço, referidos no artigo anterior, excedente de valor básico, fixado de acordo com os critérios e dentro dos limites por ela estabelecidos.*

Atualmente, existe uma tendência de não se tributar as exportações como regra geral. Buscando ampliar as possibilidades e o alcance do comércio exterior de produtos nacionais, opta nosso ordenamento jurídico-tributário por eliminar qualquer incidência fiscal em tais operações.

Porém, novamente de maneira sábia, a CF não elimina a possibilidade de fixação de um imposto sobre exportações, pois, em situações muito especiais, pode o governo federal usar tal tributo de modo a proteger a economia nacional. Imaginemos, apenas a título exemplificativo, que esteja faltando no Brasil um determinado bem, pois nossos produtores estão optando por o exportar diante dos ótimos valores pagos por adquirentes do exterior. Para proteger a economia nacional, poderá, neste caso, a União Federal fixar altas alíquotas para a exportação de tal produto, fazendo, indiretamente, com que ele permaneça no País.

Este simples e hipotético exemplo nos demonstra o **caráter extrafiscal** do imposto de exportação, o que justifica a possibilidade de majoração de sua alíquota por **decreto** (art. 153, § 1º, CF) e a *não aplicação* a este das duas **anterioridades** (art. 150, § 1º, CF).

Imposto de Renda – IR

> ***Art. 153.*** *Compete à União instituir impostos sobre:*
>
> *III – renda e proventos de qualquer natureza.*

O **imposto de renda** incide tanto sobre pessoas físicas como pessoas jurídicas, cada qual com suas regras e leis próprias. Para sua compreensão, inicialmente, é importantíssimo distinguir os conceitos de **renda** e de **proventos**, muitas vezes confundidos pelos alunos em sala de aula. A conceituação e diferenciação das duas hipóteses de incidência do imposto de renda é dada pelo CTN em seu art. 43, que assim dispõe:

> ***Art. 43.*** *O imposto, de competência da União, sobre a renda e proventos de qualquer natureza tem como fato gerador a aquisição da disponibilidade econômica ou jurídica:*

I – de renda, assim entendido o produto do capital, do trabalho ou da combinação de ambos;

II – de proventos de qualquer natureza, assim entendidos os acréscimos patrimoniais não compreendidos no inciso anterior.

Nesse sentido, são consideradas rendas, por exemplo, os aluguéis, os rendimentos financeiros, o salário, os honorários profissionais. Já proventos serão pensões, aposentadorias e até mesmo o acréscimo patrimonial decorrente, *v.g.*, do recebimento de prêmios e loterias. O art. 150, § 1º, da CF determina que o imposto de renda *não se submete* ao princípio constitucional da **anterioridade nonagesimal** (prevista no art. 150, III, *c*, da CF), *devendo respeitar*, entretanto, a regra da **anterioridade de exercício**.

Outra regra constitucional importante a respeito do imposto de renda é trazida pelo art. 153, § 2º, I, da CF, que determina que tal tributo deverá ser informado pelos **critérios da generalidade, da universalidade e da progressividade**.

- De acordo com o critério da **generalidade**, deve-se entender que o IR deve alcançar a todos os contribuintes que tenham acréscimo patrimonial, não se admitindo tributação ou tratamento privilegiado a alguns. Não seria constitucional, por exemplo, a fixação de alíquotas mais baixas para jogadores de futebol, políticos ou professores, apesar de haver projetos nesse sentido.
- Já pelo critério da **universalidade**, o IR deve atingir de maneira global todas as rendas e proventos recebidos pelo contribuinte, não se admitindo tributações exclusivas. Assim, se algum trabalhador possui dois empregos e em cada um deles recebe um salário que se enquadraria no limite de isenção, ambos deverão ser somados, no ajuste anual, de modo a se aferir se com o somatório não haverá a incidência do IR.
- Quanto à **progressividade**, há de se entender que, quanto maior a base de cálculo, maior deverá ser a alíquota incidente a título de imposto de renda. Pessoas e empresas com rendas e proventos maiores devem pagar maiores alíquotas. Atualmente, no Brasil, quanto ao IR das pessoas físicas, existem cinco faixas distintas de incidência, com alíquotas que variam de 0% a 27,5%.

Outro dispositivo legal importante de compreensão é aquele inserto pelo § 1º do já transcrito art. 43 do CTN. Segundo tal dispositivo, "a incidência do imposto independe da denominação da receita ou do rendimento, da localização, condição jurídica ou nacionalidade da fonte, da origem e da forma de percepção". De acordo com essa regra, até mesmo os acréscimos patrimoniais decorrentes de atividades ilícitas devem ser levados à tributação, sob pena de sonegação fiscal. Quanto à **base de cálculo** do imposto de renda, determina o art. 44 do CTN que ela "é o montante, real, arbitrado ou presumido, da renda ou dos proventos tributáveis".

Imposto sobre Produtos Industrializados – IPI

Art. 153. Compete à União instituir impostos sobre:

IV – produtos industrializados.

O primeiro ponto a ser esclarecido, motivo de muitas confusões entre os estudantes, é o fato de este imposto de competência da União Federal NÃO ter por **fato gerador** a mera **comercialização** de produtos industrializados. Quando, por exemplo, um supermercado comercializa uma televisão (claramente um produto industrializado), não deve recolher o IPI. Somente é devido o pagamento desse tributo quando a comercialização do produto é feita por quem o industrializou.

Este imposto tem caráter **extrafiscal**, autorizando a CF à majoração de suas alíquotas por **decreto** do Poder Executivo (art. 153, § 1º). Da mesma forma, de acordo com o art. 150, § 1º, da Carta Magna, o IPI *não se submete* ao **princípio da anterioridade de exercício** (art. 150, III, *b*), *observando apenas* a **anterioridade nonagesimal** (art. 150, III, *c*). A CF, no art. 153, § 3º, I, determina que o IPI seja *seletivo*, em função da **essencialidade do produto**. A *seletividade* em razão da essencialidade do produto determina que, quanto mais essencial este for, menor deverá ser a alíquota cobrada. Por seu turno, quanto mais supérfluo for o produto industrializado, maior deverá ser sua alíquota.

Além disso, o inciso II do mesmo artigo constitucional garante a submissão do IPI ao **princípio da não cumulatividade**, determinando que seja compensado o *que for devido em cada operação com o montante cobrado nas anteriores*. Essa não cumulatividade tem por escopo impedir incidências sucessivas nas diversas operações da cadeia, de modo a não afetar tão fortemente o preço dos produtos importados.

Outra regra importante é a **imunidade** trazida pelo art. 153, § 3º, III, que veda a incidência do IPI no caso das vendas de produtos industrializados destinados ao exterior, o que é feito com vistas a fomentar as exportações nacionais. No mesmo sentido, e pela mesma justificativa, o IPI é devido na importação de produtos estrangeiros, para que não haja um tratamento tributário benéfico aos produtos produzidos fora do Brasil em detrimento dos nacionais.

A fixação dos **fatos geradores** do IPI é estabelecida pelo CTN, em seu art. 46, *verbis*:

Art. 46. *O imposto, de competência da União, sobre produtos industrializados tem como fato gerador:*

I – o seu desembaraço aduaneiro, quando de procedência estrangeira;

II – a sua saída dos estabelecimentos a que se refere o parágrafo único do artigo 51;

III – a sua arrematação, quando apreendido ou abandonado e levado a leilão.

Por fim, cabe lembrar que o parágrafo único do acima transcrito art. 46 do CTN explicita o que seja **industrialização** de um produto, afirmando que é a operação imposta a um produto que tenha lhe modificado a natureza ou a finalidade, ou o aperfeiçoado para o consumo.

IOF

Art. 153. *Compete à União instituir impostos sobre:*

V – operações de crédito, câmbio e seguro, ou relativas a títulos ou valores mobiliários.

O imposto de competência da União Federal incidente sobre operações de crédito, câmbio e seguro ou relativas a títulos ou valores mobiliários é comumente denominado (inclusive em muitas provas) como **imposto sobre operações financeiras – IOF**, em que pese essa expressão não ser adotada pela legislação. Tal imposto tem importante caráter **extrafiscal**, motivo pelo qual a CF o *dispensa* do cumprimento de ambos os **prazos de anterioridade,** quais sejam, de exercício e nonagesimal (art. 150, § 1º, CF), bem como outorga ao Poder Executivo o direito de aumentar suas alíquotas via *decreto*, respeitados os limites previstos em lei (art. 153, § 1º, CF).

São quatro os diferentes **fatos geradores** deste único imposto, e assim estão previstos pelo art. 63 do CTN:

Art. 63. *O imposto, de competência da União, sobre operações de crédito, câmbio e seguro, e sobre operações relativas a títulos e valores mobiliários tem como fato gerador:*

I – quanto às operações de crédito, a sua efetivação pela entrega total ou parcial do montante ou do valor que constitua o objeto da obrigação, ou sua colocação à disposição do interessado;

II – quanto às operações de câmbio, a sua efetivação pela entrega de moeda nacional ou estrangeira, ou de documento que a represente, ou sua colocação à disposição do interessado em montante equivalente à moeda estrangeira ou nacional entregue ou posta à disposição por este;

III – quanto às operações de seguro, a sua efetivação pela emissão da apólice ou do documento equivalente, ou recebimento do prêmio, na forma da lei aplicável;

IV – quanto às operações relativas a títulos e valores mobiliários, a emissão, transmissão, pagamento ou resgate destes, na forma da lei aplicável.

Parágrafo único. A incidência definida no inciso I exclui a definida no inciso IV, e reciprocamente, quanto à emissão, ao pagamento ou resgate do título representativo de uma mesma operação de crédito.

Da mesma forma, são quatro diferentes as **bases de cálculo** do IOF, uma para cada um dos diferentes fatos geradores. Todas estão elencadas no art. 64 do CTN, *verbis*:

Art. 64. *A base de cálculo do imposto é:*

I – quanto às operações de crédito, o montante da obrigação, compreendendo o principal e os juros;

II – quanto às operações de câmbio, o respectivo montante em moeda nacional, recebido, entregue ou posto à disposição;

III – quanto às operações de seguro, o montante do prêmio;

IV – quanto às operações relativas a títulos e valores mobiliários:

a) *na emissão, o valor nominal mais o ágio, se houver;*

b) *na transmissão, o preço ou o valor nominal, ou o valor da cotação em Bolsa, como determinar a lei;*

c) *no pagamento ou resgate, o preço.*

Imposto sobre a Propriedade Territorial Rural – ITR

Art. 153. *Compete à União instituir impostos sobre:*

VI – propriedade territorial rural.

Como sabido, o proprietário de imóveis localizados na **área urbana** de um município fica sujeito ao pagamento do IPTU, previsto no art. 156, I, da Carta Magna. Já aqueles proprietários de imóveis localizados *fora* do perímetro urbano se submetem ao pagamento do ITR, de competência federal. Buscando estabelecer as condições mínimas para que uma *zona seja tida por urbana*, o CTN, regulando conflito de competência, estabeleceu no art. 32 alguns **requisitos objetivos** para solução da questão.

Tema muito frequente de provas é a questão acerca da incidência do IPTU ou do ITR em imóveis urbanos destinados à produção agropecuária. De acordo com o **Decreto-Lei n. 57/66,** cuja constitucionalidade vem sendo reafirmada pelo STF, **o imóvel usado para produção rural, ainda que localizado em área urbana, fica submetido ao pagamento do ITR**. De acordo, ainda, com o art. 153, § 4º, I, da CF, o ITR "será progressivo e terá suas alíquotas fixadas de forma a desestimular a manutenção de propriedades improdutivas". Tal dispositivo é corolário da regra constitucional que determina o cumprimento da **função social da propriedade**, onerando, neste ponto, os proprietários que não dão a devida e completa utilização a suas terras.

Ademais, a própria Constituição Federal, desta feita através do inciso II do referido art. 153, § 4º, **imuniza,** no que toca ao ITR, as pequenas glebas rurais, definidas em lei, quando estas sejam exploradas pelo proprietário que não possua outro imóvel. O **fato gerador** e a **base de**

cálculo do ITR são definidos pelos arts. 29 e 30 do CTN, nos seguintes termos:

> ***Art. 29.*** *O imposto, de competência da União, sobre a propriedade territorial rural tem como fato gerador a propriedade, o domínio útil ou a posse de imóvel por natureza, como definido na lei civil, localização fora da zona urbana do Município.*
>
> ***Art. 30.*** *A base do cálculo do imposto é o valor fundiário.*

Atente-se que, buscando ao menos diminuir a falta de receita com o IPTU que os Municípios eminentemente rurais acabam por enfrentar, a CF garante aos entes municipais sempre 50% do valor arrecadado a título de ITR. Afirma, ainda, no art. 153, § 4º, III, que este imposto "será fiscalizado e cobrado pelos Municípios que assim optarem, na forma da lei, desde que não implique redução do imposto ou qualquer outra forma de renúncia fiscal".

Imposto sobre Grandes Fortunas – IGF

> ***Art. 153.*** *Compete à União instituir impostos sobre:*
>
> ***VII*** *– grandes fortunas, nos termos de lei complementar.*

O imposto de competência da União Federal a incidir sobre grandes fortunas *ainda não foi instituído em nosso país*. Trata-se de um caso de competência não exercida que, entretanto, como já visto, não caduca. Poderá, assim, ser criado a qualquer momento desde que respeitada a exigência de edição de uma **lei complementar** a definir o que seja uma grande fortuna. Neste exato ponto, muitos fazem confusão, entendendo ser necessária a edição de uma lei complementar a instituir tal imposto. Na verdade, o que a Carta Magna reclama é uma lei complementar para definir o que seja grande fortuna, sendo possível, posteriormente, a *criação do imposto via lei ordinária*.

3.3 Impostos estaduais

Imposto sobre a Transmissão *Causa Mortis* e Doação de Bens ou Direitos – ITCMD

> ***Art. 155.*** *Compete aos Estados e ao Distrito Federal instituir impostos sobre:*
>
> *I – transmissão causa mortis e doação, de quaisquer bens ou direitos.*

O primeiro ponto a ser analisado no que se refere ao ITCMD é a inexistência, até a presente data, de uma **lei complementar** nacional a definir os fatos geradores, as bases de cálculo e os contribuintes do imposto, nos termos exigidos pelo art. 146, III, *a*, da Constituição Federal. A partir da inexistência dessa lei complementar nacional, surge a dúvida sobre ser ou não válida a cobrança realizada pelos Estados e pelo Distrito Federal. A doutrina e a jurisprudência acabaram por entender pela **legitimidade da incidência**, nos termos do art. 24, § 3º, da CF, que assegura que "inexistindo lei federal sobre normas gerais, os Estados exercerão a competência legislativa plena, para atender a suas peculiaridades".

Por essa razão, ainda que inexistente lei complementar a prever fatos geradores, bases de cálculo e os sujeitos passivos do ITCMD, tem-se por válida e constitucional a cobrança pelos entes estaduais, desde que tais elementos da incidência estejam previstos nas respectivas leis criadoras do tributo. Vale lembrar que são *dois os fatos geradores* deste tributo:

- a **transmissão *causa mortis***, e
- as **doações de bens, inclusive de bens imóveis**.

Quanto às transmissões *causa mortis*, tem-se por ocorrido o fato gerador, nos termos de pacífica jurisprudência, no momento da abertura da sucessão, sendo esta a data de fixação da alíquota a ser recolhida. O art. 155, § 1º, da CF fixa o **estado competente** para cobrança do ITCMD, dizendo que ele será devido:

> *I – relativamente a bens imóveis e respectivos direitos, compete ao Estado da situação do bem, ou ao Distrito Federal;*
>
> *II – relativamente a bens móveis, títulos e créditos, compete ao Estado onde se processar o inventário ou arrolamento, ou tiver domicílio o doador, ou ao Distrito Federal;*

Determina a Carta Magna, ainda, que o ITCMD terá suas alíquotas máximas fixadas pelo **Senado Federal** (art. 155, § 1º, IV).

ICMS

> ***Art. 155.*** *Compete aos Estados e ao Distrito Federal instituir impostos sobre:*
>
> *II – operações relativas à circulação de mercadorias e sobre prestações de serviços de transporte interestadual e intermunicipal e de comunicação, ainda que as operações e as prestações se iniciem no exterior.*

A partir da Constituição Federal de 1988, **o imposto estadual incidente sobre a circulação de mercadorias** passou a ser cobrado também sobre a prestação de serviços de transporte interestadual e intermunicipal e de comunicações. O *transporte intramunicipal*, ou seja, aquele realizado apenas dentro do âmbito territorial de um mesmo município, fica fora da competência estadual, sendo tributado – se for o caso – pelo ISS municipal.

Um grande ponto a ser esclarecido é a respeito do que seja *circulação de mercadorias*, pois tal operação deve envolver, obrigatoriamente, transmissão de propriedade, não se confundindo com mera circulação física de determinado produto. A **Lei Kandir** (Lei Complementar n. 89/96), já bastante alterada, estabelece a incidência do ICMS sobre a circulação de produtos entre estabelecimentos de um mesmo sujeito passivo, algo que é muito discutido na doutrina e na jurisprudência por não envolver troca de titularidade sobre o bem.

Outro detalhe fundamental é o que guarda relação com o termo "mercadoria", que traduz um produto levado a mercado, ou seja, posto à venda. Por incidir o ICMS sobre mercadorias, não há de se autorizar a cobrança quando há doação de bens, ainda que estas sejam feitas por um habitual contribuinte do imposto. Assim, se, exemplificativamente, um supermercado doa produtos antes que eles atinjam seu prazo de validade, tal operação não estará sujeita ao recolhimento do ICMS.

A CF traz um grande regramento deste imposto através do art. 155, § 2º. De acordo com esse dispositivo, o ICMS "será não-cumulativo, compensando-se o que for devido em cada operação relativa à circulação de mercadorias ou prestação de serviços com o montante cobrado nas anteriores pelo mesmo ou outro Estado ou pelo Distrito Federal". Portanto, assim como ocorre com o IPI, de competência da União Federal, também o ICMS – por determinação constitucional – deve obrigatoriamente se submeter **ao princípio da não cumulatividade**.

Ademais, a Carta Magna diz que o ICMS poderá ser **seletivo** em função da *essencialidade* das mercadorias e dos serviços. Entretanto, algumas vezes, produtos essenciais, como energia elétrica e combustíveis, por exemplo, acabam por ter sua negociação onerada com altas alíquotas de ICMS. Ocorre que o entendimento jurisprudencial, extremamente criticável, diz que a seletividade do ICMS não é um imperativo como é a do IPI, eis que o texto constitucional, quanto ao tributo estadual, acaba por utilizar a expressão "poderá", e não "será seletivo", esta usada ao regrar o tributo federal.

Quanto às operações que envolvem dois diferentes Estados-Membros, a Constituição Federal estabelece:

> ***Art. 155.*** *(...)*
>
> *§ 2º O imposto previsto no inciso II atenderá ao seguinte: (...)*
>
> *VII – em relação às operações e prestações que destinem bens e serviços a consumidor final localizado em outro Estado, adotar-se-á:*
>
> ***a)*** *a alíquota interestadual, quando o destinatário for contribuinte do imposto;*
>
> ***b)*** *a alíquota interna, quando o destinatário não for contribuinte dele;*
>
> *VIII – na hipótese da alínea "a" do inciso anterior, caberá ao Estado da localização do destinatário o imposto correspondente à diferença entre a alíquota interna e a interestadual;*

Da mesma maneira que o IPI, que as contribuições sociais e que as contribuições de intervenção no domínio econômico, também o ICMS não incide nas exportações e incide nas importações, ainda que realizadas por pessoas ou empresas que não sejam, ordinariamente, contribuintes do imposto. Tal dispositivo tem por função, mais uma vez, fomentar as exportações e desestimular, na medida do possível, um grande fluxo de importações.

Imposto Sobre a Propriedade de Veículos Automotores – IPVA

> ***Art. 155.*** *Compete aos Estados e ao Distrito Federal instituir impostos sobre:*
>
> *III – propriedade de veículos automotores.*

O imposto de competência estadual incidente sobre a propriedade de veículos automotores, assim como o ITCMD, carece de *lei complementar* a fixar seus fatos geradores, bases de cálculo e contribuintes. Entretanto, pelas mesmas razões já delineadas, se entende ser legítima a cobrança por Estados e pelo Distrito Federal até que seja editada a lei nacional.

O STF tem entendimento jurisprudencial sedimentado no sentido da **não incidência do IPVA** sobre aeronaves (aviões e helicópteros) e sobre embarcações de qualquer espécie. Outro ponto importante é a impossibilidade de fixação de alíquotas do IPVA distintas para veículos nacionais ou importados. Muitos Estados acabavam por impor alíquotas mais elevadas para carros importados, tendo sido esta prática tida por inconstitucional pelo Supremo Tribunal Federal.

A Constituição Federal, no art. 155, traz algumas regras importantes sobre o IPVA, o que faz mediante os seguintes termos:

> ***Art. 155.*** *(...)*
>
> *§ 6º O imposto previsto no inciso III:*
>
> *I – terá alíquotas mínimas fixadas pelo Senado Federal;*
>
> *II – poderá ter alíquotas diferenciadas em função do tipo e utilização.*

Por fim, há de se lembrar que, nos termos do art. 150, § 1º, da CF, a fixação da base de cálculo do IPVA *não precisa* respeitar a **anterioridade nonagesimal**. Atente-se que a exceção ao princípio se dá somente para a *fixação da base de cálculo*. Alteração na alíquota do IPVA deverá respeitar as duas regras de anterioridade.

3.4 Impostos municipais

Imposto sobre a Propriedade Predial e Territorial Urbana – IPTU

> ***Art. 156.*** *Compete aos Municípios instituir impostos sobre:*
>
> *I – propriedade predial e territorial urbana.*

O imposto de competência municipal incidente sobre a propriedade predial e territorial urbana tem seu fato gerador previsto no art. 32 do CTN, que assim dispõe:

> ***Art. 32.*** *O imposto, de competência dos Municípios, sobre a propriedade predial e territorial urbana tem como fato gerador a propriedade, o domínio útil ou a posse de bem imóvel por natureza ou por acessão física, como definido na lei civil, localizado na zona urbana do Município.*

Como já exposto, quando da análise do ITR, o próprio CTN resolve conflito de competência entre a União Federal e os Municípios, explicitando quais os requisitos objetivos para que a lei municipal possa tratar uma determinada área como se urbana fosse. Determina o § 1º, do transcrito art. 32 do CTN:

> ***Art. 32.*** *(...)*
>
> *§ 1º Para os efeitos deste imposto, entende-se como zona urbana a definida em lei municipal; observado o requisito mínimo da existência de melhoramentos indicados em pelo menos 2 (dois) dos incisos seguintes, construídos ou mantidos pelo Poder Público:*
>
> *I – meio-fio ou calçamento, com canalização de águas pluviais;*
>
> *II – abastecimento de água;*
>
> *III – sistema de esgotos sanitários;*
>
> *IV – rede de iluminação pública, com ou sem posteamento para distribuição domiciliar;*
>
> *V – escola primária ou posto de saúde a uma distância máxima de 3 (três) quilômetros do imóvel considerado.*

Atente-se para a existência de um critério objetivo para a definição da incidência do ITR federal ou do IPTU municipal, tema de frequentes questões em provas. A fixação da base de cálculo do IPTU é promovida pelo art. 33 do CTN, *verbis*:

> ***Art. 33.*** *A base do cálculo do imposto é o valor venal do imóvel.*
>
> ***Parágrafo único.*** *Na determinação da base de cálculo, não se considera o valor dos bens móveis mantidos, em caráter permanente ou temporário, no imóvel, para efeito de sua utilização, exploração, aformoseamento ou comodidade.*

Outra regra importante é a previsão constitucional de **progressividade no tempo** do IPTU para os **imóveis não edificados, subutilizados ou não utilizados**. De acordo com o art. 182, § 4º, II, da CF, poderá a **lei municipal** estabelecer *alíquotas crescentes*, ano a ano, para tributar severamente imóveis urbanos que não estejam cumprindo sua função social. Tal dispositivo tem por objetivo forçar, de maneira indireta, os proprietários desse tipo de imóveis para que lhes deem um adequado tratamento, sob pena de pagarem valores muito altos, ano a ano, a título de IPTU ao ente municipal.

Além dessa progressividade no tempo, a nossa CF autoriza, no art. 156, § 1º, a fixação de alíquotas progressivas do IPTU de acordo com o valor dos imóveis (quanto maior o valor, maior a alíquota) e ainda o estabelecimento de alíquotas diferentes de acordo com a localização e o uso dos imóveis.

Imposto sobre a transmissão *inter vivos*, a qualquer título, por ato oneroso, de bens imóveis – ITBI

> ***Art. 156.*** *Compete aos Municípios instituir impostos sobre:*
>
> *II – transmissão "inter vivos", a qualquer título, por ato oneroso, de bens imóveis, por natureza ou acessão física, e de direitos reais sobre imóveis, exceto os de garantia, bem como cessão de direitos a sua aquisição;*

O imposto de competência municipal incidente sobre a transmissão de bens imóveis só tem vez quando esta for **onerosa**. A *doação*, por exemplo, de um apartamento de um avô para um neto ficará submetida ao recolhimento do ITCMD estadual por ser *gratuita*. Por haver a necessidade de transmissão dos bens, o entendimento jurisprudencial é no sentido da inexigibilidade do ITBI no registro de usucapião, modo originário de aquisição de propriedade.

Outro ponto importante é a impossibilidade de cobrança do imposto quando do registro da simples promessa de compra e venda, sendo afastada essa cobrança quando praticada por algum ente municipal. Nos termos do art. 38 do CTN, a **base de cálculo** desse imposto municipal é o valor venal do imóvel, sendo o tributo devido ao município onde o bem se encontra localizado (art. 156, § 2º, II, CF).

Por fim, cabe lembrar uma importante regra constitucional a **imunizar** a incidência do ITBI. Determina o art. 156, § 2º, I, da CF que o ITBI "não incide sobre a transmissão de bens ou direitos incorporados ao patrimônio de pessoa jurídica em realização de capital, nem sobre a transmissão de bens ou direitos decorrente de fusão, incorporação, cisão ou extinção de pessoa jurídica, salvo se, nesses casos, a atividade preponderante do adquirente for a compra e venda desses bens ou direitos, locação de bens imóveis ou arrendamento mercantil".

Nas operações descritas, em que pese eventual caráter oneroso da transmissão dos bens, não incidirá o imposto por expressa previsão constitucional.

Imposto sobre Serviços – ISS

> *Art. 156. Compete aos Municípios instituir impostos sobre:*
>
> *III – serviços de qualquer natureza, não compreendidos no art. 155, II, definidos em lei complementar.*

O ISS (ou ISSQN), de competência municipal, não tem o condão de tributar toda e qualquer prestação de serviço, sendo necessário que este tenha as seguintes **características:**

- obrigação de fazer;

- submissão ao regime privado (serviço público remunera-se por taxa);
- conteúdo econômico (por exemplo, uma avó não paga ISS por cuidar dos netos);
- prestação sem relação de emprego.

Além disso, o serviço para dar ensejo à tributação pelo ISS tem que estar elencado na lista anexa à **Lei Complementar n. 116/2003** (atualizada pela LC n. 157/2016), sendo tal rol, no entendimento do STF, taxativo. Observa-se que muitas vezes surge **um conflito** entre Estados e Municípios para tributarem operações nas quais há, conjuntamente, *prestação de serviços* com fornecimento de *mercadorias*. Nessas situações, estaremos diante de três distintas soluções, a seguir explicitadas:

Hipótese 1: Se o serviço está previsto na lista anexa da Lei Complementar n. 116/2003 como sendo de competência dos municípios, sem qualquer ressalva quanto à incidência do ICMS sobre as mercadorias fornecidas. Tratamento tributário: cobra-se ISS sobre o valor total (art. 1º, § 2º, da Lei Complementar n. 116/2003);

Hipótese 2: Se o serviço está previsto na lista anexa da Lei Complementar n. 116/2003 como sendo de competência dos municípios, com ressalva quanto à incidência do ICMS sobre o fornecimento de mercadoria. Tratamento tributário: cobra-se ISS sobre a prestação de serviço e ICMS sobre o fornecimento de mercadorias (art. 1º, § 2º, da Lei Complementar n. 116/2003);

Hipótese 3: Se o serviço não está previsto na lista anexa da Lei Complementar n. 116/2003. Tratamento tributário: cobra-se ICMS sobre o valor total (art. 155, § 2º, IX, b, *da Constituição Federal).*

Outro ponto importante é a definição do município competente para cobrança do ISS. Entende-se que o tributo é devido ao município **onde o serviço foi prestado**, não importando onde a empresa prestadora deste tem sua sede.

4. LIMITAÇÕES CONSTITUCIONAIS AO PODER DE TRIBUTAR

4.1 Definição das limitações ao poder de tributar

A Constituição Federal autoriza a União Federal, os Estados, o Distrito Federal e os Municípios a instituírem, cada um, determinados tributos. Essa aptidão outorgada pela Carta Magna para que as pessoas políticas possam produzir normas jurídicas – especialmente no que toca à criação dos tributos – é chamada **competência tributária**. Ocorre que esse poder deferido pelo texto constitucional de criar tributos às pessoas jurídicas de direito público *não pode ser tido por ilimitado*.

De acordo com o CTN (art. 6º), a produção normativa, especialmente quanto à instituição dos tributos, deverá respeitar todo e qualquer limite contido na Constituição Federal, nas Constituições Estaduais e Leis Orgânicas do Distrito Federal e dos Municípios, além das regras do próprio código. Tal dispositivo, em parte, perdeu sua razão de ser, eis que a atual Carta Constitucional, em seu art. 146, II, atribui a uma **lei complementar** a regulamentação de todas as limitações constitucionais ao poder de tributar.

As chamadas **limitações constitucionais ao poder de tributar** podem ser conceituadas como sendo as normas que vão estabelecer o alcance e a forma como poderá ser exercida a competência tributária, ou seja, de que modo as pessoas políticas poderão instituir seus respectivos tributos. Essas limitações constitucionais ao poder de tributar são materializadas por meio:

- das **imunidades** e
- dos **princípios tributários.**

As ***imunidades*** são as exclusões que a própria Constituição Federal faz na outorga das competências tributárias, deixando a salvo da tributação certas situações ou certas pessoas sobre as quais não poderá haver determinada incidência fiscal. Por meio dessas imunidades, o texto constitucional retira do campo de tributação da União Federal, dos Estados, do Distrito Federal e dos Municípios certos atos ou certos contribuintes, que não poderão ser alcançados por todos ou por algum determinado tributo. Trata-se de uma das formas de **desoneração fiscal**, pela qual a própria Carta Magna afasta a possibilidade de instituição de determinado gravame tributário.

Por seu turno, os ***princípios tributários*** são as regras constitucionais que se prestam a informar como deverá se dar toda a produção normativa e a interpretação das leis existentes. São as regras tributárias *mais importantes* de nosso Sistema Tributário Nacional, pelo caráter extremamente amplo de sua abrangência. A doutrina e a jurisprudência pátrias divergem sobre a quantidade de princípios constitucionais tributários insertos em nossa Constituição Federal, chegando alguns autores a defender a existência de mais de duas dezenas destes. Entretanto, acolhendo *posição majoritária*, e em nome da didática, optamos por dividi-los, na presente obra, em nove: (i) **legalidade**, (ii) **anterioridade**, (iii) **capacidade contributiva**, (iv) **irretroatividade**, (v) **isonomia**, (vi) **não confisco**, (vii) **liberdade de tráfego de pessoas e bens**, (viii) **uniformidade territorial** e (ix) **não diferenciação tributária**.

4.2 Imunidades

Imunidade recíproca

Determina o art. 150, VI, *a*, da CF ser **vedado** à União, aos Estados, ao Distrito Federal e aos Municípios instituírem impostos sobre o patrimônio, renda ou serviços uns dos outros. Nesse sentido, a União Federal não pode cobrar, por exemplo, IOF sobre os rendimentos financeiros de um município, enquanto este fica impossibilitado, também hipoteticamente, de cobrar IPTU sobre o imóvel onde se sedia o governo estadual.

Como no Brasil, ao contrário do que muitos pensam, **não existe hierarquia** entre as pessoas políticas, há de se ter por elogiável a imunidade existente entre elas, de modo a evitar que uma se coloque em posição de exigir uma prestação pecuniária de outra. Ademais, a desoneração tributária, *in casu*, tem por objetivo a preservação da capacidade econômica das pessoas políticas, de modo a impedir que parte de seus recursos seja retirada de suas atividades-fins para o pagamento dos impostos.

Atente-se à regra prevista no art. 150, § 2º, da CF, segundo a qual essa imunidade é extensiva "às autarquias e às fundações instituídas e mantidas pelo Poder Público, no que se refere ao patrimônio, à renda e aos serviços, vinculados a suas finalidades essenciais ou às delas decorrentes". Importante lembrar que as **sociedades de economia mista** e as **empresas públicas**, ambas pessoas jurídicas de direito privado, não gozam de qualquer privilégio fiscal (art. 173, § 2º, CF), não fazendo jus, também, à imunidade prevista no art. 150, VI, *c*, da CF. Ademais, em reiterados julgados, o STF vem reconhecendo que a OAB é uma entidade *autárquica de natureza especial*, fazendo jus à imunidade ora analisada (STF, RE 259.976 AgR/RS, rel. Min. Joaquim Barbosa, *DJe*-076, 30-4-2010).

Por fim, importante ressaltar que a imunidade em questão *se restringe* à figura tributária dos **impostos**. Não há, no texto constitucional, qualquer proibição à cobrança de outros tributos (taxas, contribuições, empréstimos compulsórios e contribuições de melhoria) por uma pessoa política com relação às outras. Sendo assim, apenas para ilustrar, está um município autorizado a cobrar taxa de recolhimento de lixo de uma autarquia federal, exemplificativamente.

Imunidade dos templos religiosos

Como corolário da **liberdade religiosa** adotada em nosso país, a CF, no art. 150, VI, *b*, veda qualquer instituição de impostos a recair sobre os chamados "templos de qualquer culto". Para que nenhuma pessoa, independentemente de sua crença religiosa, deixe de praticar seus cultos em virtude da falta de dinheiro para pagar impostos do local, nossa Constituição Federal veda a sua cobrança sobre os templos.

O primeiro ponto a ser alertado, mais uma vez, é que a imunidade em questão **se refere tão somente aos impostos** – não englobando as quatro outras figuras tributárias. Nesse sentido, deve uma igreja, por exemplo, pagar a contribuição de iluminação pública ao ente municipal. Ademais, deve ser ressaltado que no Brasil não há critérios objetivos para que um determinado credo possa ser considerado um culto albergado pela imunidade. Havendo a criação adequada da instituição religiosa, com registros dos atos constitutivos, esta poderá, imediatamente, usufruir a não incidência dos impostos sobre seu templo.

Por fim, existem inúmeras decisões judiciais, muitas delas oriundas do STF, reconhecendo que a imunidade dos templos permanece válida até mesmo para imóveis pertencentes a entidades religiosas e alugados a terceiros, desde que o produto dos aluguéis seja revertido para as atividades-fins da instituição. São imunes, pela jurisprudência, até mesmo os imóveis pertencentes ao ente religioso que estejam sendo usados como moradia pelos ministros da fé, ou seja, pelas pessoas condutoras das atividades religiosas. *Vide* a **Súmula 724 do STF**.

Imunidade dos partidos políticos, entidades sindicais dos trabalhadores e instituições de educação e de assistência social sem fins lucrativos

O art. 150, VI, *c*, da Carta Magna traz uma regra a imunizar quatro diferentes alvos:

- **partidos políticos e suas fundações**;
- **sindicatos dos trabalhadores**;
- **instituições de educação** e
- **instituições de assistência social sem fins lucrativos**.

Primeiramente, há de se atentar ao fato de que, mais uma vez, a imunidade constitucional está cingida aos **impostos** incidentes sobre o patrimônio, a renda e os serviços. As *demais espécies tributárias não estão englobadas* por esta regra de desoneração fiscal. A regra a imunizar os partidos políticos visa a assegurar a democracia plena, de modo que nenhuma pessoa deixe de defender sua ideologia política pela falta de condições econômicas para pagar impostos.

Quanto às chamadas entidades sindicais, há de se ter cuidado com o fato de a imunidade *só alcançar aquelas ligadas aos trabalhadores*, **não atingindo os sindicatos patronais**. As instituições de assistência social são aquelas cujas atividades desenvolvidas estão enquadradas no art. 203 da CF, *verbis*:

> ***Art. 203.*** *A assistência social será prestada a quem dela necessitar, independentemente de contribuição à seguridade social, e tem por objetivos:*
>
> ***I*** *– a proteção à família, à maternidade, à infância, à adolescência e à velhice;*
>
> ***II*** *– o amparo às crianças e adolescentes carentes;*
>
> ***III*** *– a promoção da integração ao mercado de trabalho;*
>
> ***IV*** *– a habilitação e reabilitação das pessoas portadoras de deficiência e a promoção de sua integração à vida comunitária;*
>
> ***V*** *– a garantia de um salário mínimo de benefício mensal à pessoa portadora de deficiência e ao idoso que comprovem não possuir meios de prover à própria manutenção ou de tê-la provida por sua família, conforme dispuser a lei.*

Tais instituições e aquelas de educação serão imunes ao pagamento dos impostos quando forem tidas como *sem fins lucrativos*, nos termos da legislação pátria. Para que se enquadrem nesse conceito, essas entidades deverão observar os requisitos exigidos pelo art. 14 do CTN, quais sejam:

- não distribuir qualquer parcela de seu patrimônio ou de suas rendas, a qualquer título;
- aplicar integralmente, no País, os seus recursos na manutenção dos seus objetivos institucionais; e
- manter escrituração de suas receitas e despesas em livros revestidos de formalidades capazes de assegurar sua exatidão.

Imunidade dos livros, jornais, periódicos e do papel destinado a sua impressão

Buscando assegurar a liberdade de expressão e preservar a divulgação de ideias, do conhecimento e da cultura, a CF, no seu art. 150, VI, *d*, imuniza os livros, os jornais, os periódicos e o papel destinado a sua impressão. A jurisprudência do STF é clara quanto à impossibilidade de análise subjetiva, por parte do Poder Judiciário, a respeito do conteúdo desses livros, jornais ou periódicos (que nada mais são que as revistas, revistas em quadrinho etc.). Nesse sentido, mesmo revistas eróticas e até mesmo álbuns de figurinhas estão acobertados pela presente regra de desoneração fiscal. Os **livros eletrônicos** ou **e-books** do mesmo modo, estão sob a proteção da imunidade de acordo com o STF (desde 2017, RE 330.817).

Já o **maquinário** destinado à impressão dos livros, jornais e revistas *não está imune* ao pagamento dos impostos, por ausência completa de previsão constitucional a respeito.

Imunidade dos fonogramas e videofonogramas musicais produzidos no Brasil contendo obras musicais ou literomusicais de autores brasileiros e/ou obras em geral interpretadas por artistas brasileiros, bem como os suportes materiais ou arquivos digitais que os contenham, salvo na etapa de replicação industrial de mídias ópticas de leitura a laser

Esta imunidade foi incluída pela EC n. 75/2013, a qual foi denominada "PEC da Música", para fins de combater a pirataria de CDs e DVDs, principalmente. *Fonograma* seria a gravação do som (áudio de uma música, por exemplo), e *videofonograma*, de imagem e áudio, como um vídeo musical. *Literomusicais* são músicas com letras (e não músicas instrumentais apenas). Lembrando que a imunidade se refere aqui apenas aos impostos.

Imunidade das entidades beneficentes de assistência social

O art. 195, § 7º, da Constituição Federal determina que "são isentas de contribuição para a seguridade social as entidades beneficentes de assistência social que atendam às exigências estabelecidas em lei". Inicialmente, cumpre esclarecer o **equívoco** do legislador constituinte ao mencionar uma suposta "isenção" quando se trata de verdadeira norma de **imunidade**. O adequado tecnicamente seria a carta constitucional informar que são "imunes" as entidades beneficentes de assistência social.

A beneficência (ou filantropia, como muitas vezes é chamada) é o atendimento a pessoas carentes, ou seja, é um passo além da ausência de finalidade lucrativa. Uma entidade de assistência social pode ser sem fins lucrativos (atendendo aos requisitos do art. 14 do CTN), mas não ser beneficente, isto é, não prestar qualquer atendimento a sujeitos em estado de necessidade. Tais instituições serão imunes tão somente aos impostos, nos termos do art. 150, VI, *c*, da CF.

Porém, o contrário não é possível, ou seja, toda instituição de assistência social que for beneficente também será – obrigatoriamente – sem fins lucrativos. Atualmente, os requisitos para que uma entidade de assistência social seja considerada beneficente estão previstos na Lei n. 12.101/2009. Essas instituições terão direito a não pagar tanto os impostos (art. 150, VI, *c*, CF) como as contribuições destinadas ao custeio da seguridade social (art. 195, § 7º, CF).

Imunidade nas exportações

Nesse sentido, visando estimular as exportações, nossa Constituição Federal, em diversas passagens, prevê **imunidades tributárias** para as vendas feitas ao exterior. O já mencionado art. 149, § 2º, da CF prevê a imunidade das **contribuições sociais** e das **contribuições de intervenção no domínio econômico** quanto às operações de exportação. Já o art. 153, § 3º, III, traz regra semelhante, retirando a competência da União Federal para instituição e cobrança do **IPI** nas vendas de produtos industrializados ao exterior. Por fim, o art. 155, § 2º, X, *a*, determina a *não incidência* do **ICMS** sobre as operações que destinem mercadorias para o exterior, nem sobre serviços prestados a destinatários no exterior.

4.3 Princípios tributários

4.3.1 Princípio da legalidade

O CTN, em seu art. 3º, ao conceituar o que seja tributo, estabelece como uma das características que **a prestação deve estar prevista em lei**. Da mesma forma, o art. 150, I, da Constituição Federal veda que a União, os Estados, o Distrito Federal e os Municípios **exijam ou majorem tributos sem que haja a respectiva previsão em lei**. Tal dispositivo traz para o nosso sistema o **princípio da legalidade** tributária, também conhecido como **princípio da estrita legalidade**, que nada mais é que um corolário do princípio geral da legalidade, segundo o qual "ninguém será obrigado a fazer ou deixar de fazer alguma coisa senão em virtude de lei".

De acordo com o exposto, quando da análise dos impostos em espécie, o princípio da legalidade **aceita algumas exceções**. De acordo com o art. 153, § 1º, da CF, os impostos de importação, exportação, IPI e IOF podem ter suas alíquotas majoradas por **decreto** do Poder Executivo, dentro dos limites legais. Tais impostos, por terem natureza *extrafiscal* (ou seja, se prestarem mais ao controle e defesa da economia do que à arrecadação), estão a salvo do princípio da legalidade no que atine ao aumento das suas alíquotas.

No que diz respeito a essa regra, dois detalhes devem ser destacados. Primeiramente, as *alíquotas máxima* e *mínima* do tributo deverão sempre estar previstas numa lei, e somente dentro desse intervalo é que o Poder Executivo estará autorizado – via decreto – a aumentá-las ou diminuí-las. No que diz respeito à Contribuição de Intervenção no Domínio Econômico – CIDE incidente sobre a importação ou a comercialização de petróleo e seus derivados, gás natural e seus derivados e álcool combustível, determina o art. 177, § 4º, I, *b*, da CF que a sua alíquota poderá ser reduzida ou restabelecida por ato do Poder Executivo, dispensada, igualmente, a exigência de lei para tanto.

Ademais, importante lembrar que a presente regra autoriza somente a majoração de alíquotas desses impostos por **decreto**. Não há qualquer previsão constitucional para a instituição de tributo sem que haja lei instituindo a exação.

Há de se observar, por fim, as regras do art. 97 do CTN, a saber:

Somente a LEI pode estabelecer:
• a instituição de tributos, ou a sua extinção;
• a majoração de tributos, ou sua redução, ressalvado o imposto de importação (art. 21), imposto sobre exportação (art. 26), ITBI (art. 39) e IOF (art. 65);
• a definição do fato gerador da obrigação tributária principal;
• a fixação de alíquota do tributo e da sua base de cálculo, com as mesmas ressalvas da majoração de tributos;
• a cominação de penalidades para as ações ou omissões contrárias a seus dispositivos, ou para outras infrações nela definidas;
• as hipóteses de exclusão, suspensão e extinção de créditos tributários, ou de dispensa ou redução de penalidades.

4.3.2 Princípio da anterioridade

O Sistema Tributário Nacional busca afastar o risco de algum contribuinte ser surpreendido com uma repentina majoração de alíquota ou até mesmo com a criação de um novo tributo. A possibilidade de ocorrência de alguma situação destas é eliminada através do **princípio da anterioridade**, também conhecido como "princípio da não surpresa".

A partir da Emenda Constitucional n. 42/2003, foi acrescida uma nova regra ao princípio da anterioridade, estabelecendo-se um prazo mínimo de 90 (noventa) dias entre a instituição ou aumento de algum tributo e o início de sua exigência. Apenas para fins didáticos, dividiremos o princípio da anterioridade em (i) **anterioridade de exercício** e (ii) **anterioridade nonagesimal**.

Princípio da anterioridade de exercício
• É **vedado** à União, aos Estados, ao Distrito Federal e aos Municípios cobrar tributos no *mesmo exercício financeiro* em que haja sido publicada a lei que os instituiu ou aumentou (art. 150, III, *b*, CF). Vale lembrar que o exercício financeiro coincide com nosso ano-calendário.
• As **contribuições destinadas ao custeio da seguridade social** *não se sujeitam* ao princípio da anterioridade de exercício, devendo aguardar, nos termos do art. 195, § 6º, da CF, apenas **noventa dias** a partir da data da publicação da lei que aumentou ou criou um novo tributo. Da mesma forma, o art. 177, § 4º, I, *b*, da CF determina que a majoração das alíquotas da **CIDE-Combustíveis** *não se submete* ao princípio da anterioridade de exercício.
• As **demais exceções** ao princípio da anterioridade de exercício estão previstas no art. 150, § 1º, da CF e são as seguintes: • Empréstimo compulsório nos casos de guerra e de calamidade pública (art. 148, I, CF), • Imposto de importação (art. 153, I, CF), • Imposto de exportação (art. 153, II, CF), • IPI (art. 153, IV, CF), IOF (art. 153, CF) e • Impostos extraordinários em caso de guerra (art. 154, II, CF).

Princípio da anterioridade nonagesimal
• Em 2003, através da EC n. 42, foi acrescida mais uma regra de anterioridade, qual seja, a de um *prazo mínimo* de **90 dias** entre a publicação da lei e a cobrança do novo tributo ou de algum com a alíquota majorada. Tal regra, inserta no art. 150, III, *c*, da CF, é chamada de **anterioridade nonagesimal** ou "noventena". • Para que uma lei que majorou as alíquotas ou instituiu um novo tributo passe a produzir os efeitos, ela deve respeitar **os dois prazos de anterioridade**, seja a *de exercício* ou *a nonagesimal*. • A anterioridade nonagesimal também tem **algumas exceções** no texto constitucional, ou seja, alguns tributos que não precisam observar tal regra. As **exceções** estão elencadas no art. 150, § 1º, da CF: • Empréstimo compulsório nos casos de guerra e de calamidade pública (art. 148, I, CF), • Imposto de importação (art. 153, I, CF), • Imposto de exportação (art. 153, II, CF), • Imposto de renda (art. 153, III, CF), • IOF (art. 153, CF), • Impostos extraordinários em caso de guerra (art. 154, II, CF) e • A fixação da base de cálculo do IPVA e do IPTU.

Importante ressaltar que, quanto ao IPTU e ao IPVA, a não observância da anterioridade nonagesimal se dá tão somente no que toca à *fixação da base de cálculo*. Qualquer aumento de alíquota deverá observar as duas regras de anterioridade. Atente-se à **Súmula Vinculan-**

te 50 do STF** e que dispõe que a norma legal que altera o prazo de recolhimento de obrigação tributária não se sujeita ao princípio da anterioridade.

4.3.3 Princípio da capacidade contributiva

De acordo com o art. 145, § 1º, da CF, "sempre que possível, os impostos terão caráter pessoal e serão graduados segundo a capacidade econômica do contribuinte, facultado à administração tributária, especialmente para conferir efetividade a esses objetivos, identificar, respeitados os direitos individuais e nos termos da lei, o patrimônio, os rendimentos e as atividades econômicas do contribuinte". Tal regra consagra o **princípio da capacidade contributiva**, através do qual deve a incidência fiscal se dar de acordo com a condição econômica do sujeito passivo.

O primeiro ponto a ser explicitado é que o dispositivo constitucional em comento acaba por fazer referência somente aos **impostos**, isto é, apenas a uma das cinco espécies tributárias existentes. Entretanto, o entendimento doutrinário e jurisprudencial dominante dá conta da **aplicação dessa regra aos tributos em geral**. Importante ressaltar que a própria CF informa que o princípio da capacidade contributiva será de aplicação "na medida do possível". Muitas vezes, como já analisado nos tributos em espécie, não há como se fazer a quantificação de um tributo de acordo com a capacidade econômica do contribuinte, como ocorre, *v.g.*, nas taxas e nas contribuições de melhoria.

4.3.4 Princípio da irretroatividade

Como sabido, a Carta Magna, em seu art. 5º, XXXVI, traz uma regra geral de irretroatividade, informando que "a lei não prejudicará o direito adquirido, o ato jurídico perfeito e a coisa julgada". Ao estabelecer as bases de nosso Sistema Tributário Nacional, o texto constitucional traz uma regra específica de irretroatividade no que se refere aos tributos. Determina o art. 150, III, *a*, da CF ser vedado à União Federal, aos Estados, ao Distrito Federal e aos Municípios "em relação a fatos geradores ocorridos antes do início da vigência da lei que os houver instituído ou aumentado".

A esse respeito, importante lembrar que o art. 106 do CTN (a ser analisado em capítulo próprio sobre Legislação Tributária) estabelece algumas situações de aplicação retroativa de leis. Assim dispõe o referido dispositivo legal:

> ***Art. 106.*** *A lei aplica-se a ato ou fato pretérito:*
>
> ***I*** *– em qualquer caso, quando seja expressamente interpretativa, excluída a aplicação de penalidade à infração dos dispositivos interpretados;*
>
> ***II*** *– tratando-se de ato não definitivamente julgado:*
>
> ***a)*** *quando deixe de defini-lo como infração;*
>
> ***b)*** *quando deixe de tratá-lo como contrário a qualquer exigência de ação ou omissão, desde que não tenha sido fraudulento e não tenha implicado em falta de pagamento de tributo;*
>
> ***c)*** *quando lhe comine penalidade menos severa que a prevista na lei vigente ao tempo da sua prática.*

4.3.5 Princípio da isonomia

Da mesma forma que ocorre com o princípio da irretroatividade, analisado anteriormente, a CF tem um princípio geral prevendo a isonomia e uma disposição específica atinente ao Sistema Tributário Nacional. Nos termos do art. 5º, *caput*, do texto constitucional, "todos são iguais perante a lei, sem distinção de qualquer natureza". Já no que se refere à seara tributária, o **princípio da isonomia** está previsto no art. 150, II, da Carta Magna, que veda à União Federal, aos Estados, ao Distrito Federal e aos Municípios que imponham "tratamento desigual entre contribuintes que se encontrem em situação equivalente, proibida qualquer distinção em razão de ocupação profissional ou função por eles exercida, independentemente da denominação jurídica dos rendimentos, títulos ou direitos".

Há de se atentar ao fato de que a isonomia tributária não determina que seja dispensado o mesmo tratamento a todos os contribuintes, mas sim um tratamento igual para aqueles postos em situação de equivalência. É por essa razão, por exemplo, que algumas empresas podem pagar seus tributos pelo SIMPLES e outras não, eis que são de tamanhos diferentes e atuam em áreas distintas da atividade econômica.

4.3.6 Princípio do não confisco

O art. 150, IV, da Carta Magna *proíbe* que a União Federal, os Estados, o Distrito Federal e os Municípios utilizem qualquer tributo **com efeito de confisco** da propriedade privada. De acordo com tal regra, comumente denominada de princípio do não confisco, o texto constitucional visa a assegurar que alguma exação seja utilizada, de maneira mascarada, para tornar públicos determinados bens particulares. Inicialmente, cumpre lembrar que o STF, em reiterados julgamentos, vem explicitando que o presente princípio se aplica também às **multas**, em que pese a Constituição Federal se referir tão somente aos **tributos** (que, como estudado, não se confundem com as sanções de atos ilícitos).

Na prática, entretanto, este princípio constitucional – que é uma importante limitação constitucional ao poder de tributar – acaba sendo de difícil aplicação. No que se refere aos tributos incidentes sobre o patrimônio (IPVA e IPTU, entre outros), até há formas de aferir uma eventual atuação tributária com objetivos confiscatórios. Entretanto, nos tributos incidentes sobre o consumo, como, por exemplo, o ICMS e o IPI, o **caráter confis-**

catório acaba sendo de difícil constatação, eis que o encargo financeiro decorrente do pagamento dos impostos acaba sendo transferido ao contribuinte de fato. Por esse motivo, muitas vezes, vemos alguns produtos sendo tributados com *alíquotas acima de 100%* (*v.g.*, cigarros) sem que se levante a ocorrência de confisco.

4.3.7 Princípio da liberdade de tráfego de pessoas e bens

Determina o art. 150, V, da CF ser proibido à União Federal, aos Estados, ao Distrito Federal e aos Municípios estabelecerem "limitações ao tráfego de pessoas ou bens, por meio de tributos interestaduais ou intermunicipais, ressalvada a cobrança de pedágio pela utilização de vias conservadas pelo Poder Público".

Tal regra, chamada **de princípio da liberdade de tráfego de pessoas e bens,** busca assegurar o direito de ir e vir, principalmente entre os Estados-Membros e também entre os entes municipais. Frise-se, apenas, que tal regra não impede a cobrança de todo e qualquer tributo nas situações de trânsito entre estados e municípios, haja vista a cobrança, por exemplo, do ICMS interestadual. O que não se aceita é apenas que o tráfego de pessoas e de bens seja tido como fato gerador de determinado tributo.

A própria regra constitucional ressalva a cobrança de **pedágio**, evitando assim qualquer discussão jurídica quanto a se tratar ou não de tributo, apesar de a própria jurisprudência do STF o ter como mero **preço público**, não se sujeitando aos princípios tratados pelo art. 150 da CF (**ADI 800 MC/RS, Rel. Min. Ilmar Galvão,** *DJ* 18-12-1992 PP-24.375).

4.3.8 Princípio da uniformidade territorial

O art. 151, I, da Constituição da República impede que a União Federal institua tributo que **não seja uniforme** em todo o território nacional. Determina o texto constitucional que não pode o ente federal "instituir tributo que não seja uniforme em todo o território nacional ou que implique distinção ou preferência em relação a Estado, ao Distrito Federal ou a Município, em detrimento de outro, admitida a concessão de incentivos fiscais destinados a promover o equilíbrio do desenvolvimento sócio-econômico entre as diferentes regiões do País". Essa limitação constitucional ao poder de tributar é normalmente chamada de **princípio da uniformidade territorial.**

Tal regra tem por base a impossibilidade de ser adotado tratamento diferenciado a alguns Estados-Membros ou a alguns municípios, em detrimento dos demais. Eventual desequilíbrio econômico de alguma região nacional poderá ser atenuado com a instituição de incentivos fiscais (vide Zona Franca de Manaus, art. 40, ADCT), e não com a criação de tributos em apenas algumas regiões territoriais do Brasil.

4.3.9 Princípio da não diferenciação tributária

O último dos princípios tributários a ser analisado é o da impossibilidade de tratamento tributário diferenciado em função da origem dos bens ou serviços. A Constituição Federal, no art. 152, assim dispõe:

> **Art. 152.** *É vedado aos Estados, ao Distrito Federal e aos Municípios estabelecer diferença tributária entre bens e serviços, de qualquer natureza, em razão de sua procedência ou destino.*

Tal regra tem por objetivo afastar a possibilidade de tratamento diferenciado de acordo com o local de procedência dos bens e dos serviços – algo que poderia ocasionar na ocorrência da malfadada guerra fiscal.

5. LEGISLAÇÃO TRIBUTÁRIA

5.1 Noções gerais

Ao dispor sobre a legislação tributária, nosso CTN traz, no bojo do seu art. 96, uma conceituação do que seja essa expressão. Assim determina o referido dispositivo legal:

> **Art. 96.** *A expressão "legislação tributária" compreende as leis, os tratados e as convenções internacionais, os decretos e as normas complementares que versem, no todo ou em parte, sobre tributos e relações jurídicas a eles pertinentes.*

Veja-se que o CTN opta por denominar todos os instrumentos legais (Constituição Federal, leis complementares, leis ordinárias etc.) como sendo as chamadas "leis". Ainda neste capítulo, analisaremos, uma por uma, as fontes do direito tributário. Além das chamadas "leis", fazem parte da expressão **legislação tributária**, segundo o código, os tratados e as convenções internacionais, os decretos e as normas complementares que tratem dos tributos e das relações jurídicas a eles pertinentes.

Podemos compreender que o CTN fez uma espécie de divisão das normas tributárias, dividindo-as em (i) **principais** – leis, tratados e convenções internacionais e decretos e (ii) **complementares**. O que chama a atenção é a colocação dos decretos como *normas principais* e não complementares, eis que estes são atos oriundos do Poder Executivo e não do Judiciário. Acreditamos, entretanto, que pelas importantes funções exercidas pelos decretos na área tributária, especialmente a majoração de alíquotas do imposto de importação, exportação, IPI e IOF (além da CIDE-Combustíveis), optou nosso legislador por lhe atribuir esta característica de normas principais.

As chamadas **normas complementares** estão elencadas no art. 100 do CTN, e são atos que visam a explicitar ou interpretar a legislação tributária principal, não trazendo qualquer inovação, pois, segundo o seu parágrafo único, a observância das normas referidas neste artigo **exclui** a imposição de penalidades, a cobrança de juros de mora e a atualização do valor monetário da base de cálculo do tributo.

Normas principais	I - leis (CF, emendas constitucionais, lei complementar, lei ordinária e medida provisória); II - tratados e convenções internacionais; III - decretos.
Normas complementares (art. 100, CF)	I - os atos normativos expedidos pelas autoridades administrativas; II - as decisões dos órgãos singulares ou coletivos de jurisdição administrativa, a que a lei atribua eficácia normativa; III - as práticas reiteradamente observadas pelas autoridades administrativas; IV - os convênios que entre si celebrem a União, os Estados, o Distrito Federal e os Municípios.

É importante destacar que as **leis complementares** acabam atuando de duas diferentes formas, quais sejam, (i) na complementação das determinações constitucionais – estabelecendo as normas gerais em matéria tributária; e (ii) eventualmente, na criação de determinados tributos. A exigência de edição de lei complementar em matéria tributária vem inserta nos **arts. 146 e 146-A** da Constituição Federal.

Quanto à sua função **excepcional de criação** de um determinado tributo, **em três únicas situações**, a Carta Magna acaba por exigir a edição de uma lei complementar para a criação de tributo. São elas:

1. Impostos **residuais** da União Federal (art. 154, I, CF);
2. Novas fontes de **custeio da seguridade social** (art. 195, § 4º, CF); e
3. **Empréstimos compulsórios** (art. 148, CF).

Frise-se que a atual **posição jurisprudencial dominante dá conta da inexistência de hierarquia** entre *leis complementares* e *leis ordinárias*, afirmando ter cada um dos veículos legislativos um campo próprio de atuação. Nesse sentido, se determinada matéria tributária poderia ser veiculada, de acordo com as regras constitucionais, por simples lei e o é por lei complementar, qualquer alteração legislativa poderá se dar através de lei ordinária, sem que haja qualquer ilegalidade.

Atente-se ainda às **medidas provisórias**, previstas no art. 62 da CF, e que **têm força de lei ordinária**, podendo atuar em todo o campo previsto para regulamentação através desse tipo de veículo legislativo.

Lembre-se, apenas, de que por meio da Emenda Constitucional n. 33/2001 foi acrescido ao referido art. 62 da CF o § 2º, determinando que medida provisória que implique instituição ou majoração de impostos, exceto o imposto de importação, o de exportação, o IPI e o IOF, só produzirá efeitos no exercício financeiro seguinte se houver sido convertida em lei até o último dia daquele em que foi editada.

5.2 Vigência, aplicação, interpretação e integração da legislação tributária

Vigência da legislação tributária

As regras a normatizar a vigência da legislação tributária no espaço e no tempo estão postas nos arts. 101 a 104 do CTN. Por vigência **no espaço há de se entender os** *limites territoriais* de aplicação das leis tributárias, sendo a vigência **no tempo** *o período* em que as regras produzirão seus efeitos no mundo real. Como regra geral a normatizar a vigência da legislação tributária no espaço e no tempo, estabelece o art. 101 do CTN:

> ***Art. 101.*** *A vigência, no espaço e no tempo, da legislação tributária rege-se pelas disposições legais aplicáveis às normas jurídicas em geral, ressalvado o previsto neste Capítulo.*

A **ressalva** prevista na parte final do transcrito art. 101 do CTN, no que se refere à vigência territorial das normas tributárias, é trazida pelo art. 102 do mesmo códex, que autoriza uma *vigência extraterritorial* das normas estaduais, distritais ou municipais, sempre que haja previsão expressa nos convênios de que estes participem, ou que exista disposição no próprio CTN ou em outras leis de normas gerais expedidas pela União Federal. Portanto, de acordo com o mencionado dispositivo legal, *são três* as situações em que uma norma tributária de um Estado-Membro, do Distrito Federal ou de um Município **produz efeitos fora do limite territorial** respectivo, quais sejam: (i) previsão em convênios; (ii) previsão no CTN; e (iii) previsão em outras normas gerais expedidas pela União Federal.

O CTN traz **algumas regras** sobre a vigência das leis no tempo, a começar por aquelas insertas no art. 103, que fixam as datas de vigência das normas complementares das leis, dos tratados e das convenções internacionais e dos decretos da seguinte forma:

- ***atos normativos expedidos pelas autoridades administrativas*** *→ na data da sua publicação;*
- ***decisões dos órgãos singulares ou coletivos de jurisdição administrativa*** *→ 30 (trinta) dias após a data da sua publicação; e*
- ***os convênios que entre si celebrem a União, os Estados, o Distrito Federal e os Municípios*** *→ na data neles prevista.*

Por fim, ainda no que versa sobre a vigência das leis no tempo, importante rememorar os dizeres do art. 104 do CTN, frequente tema de provas, que assim dispõe:

> ***Art. 104.*** *Entram em vigor no primeiro dia do exercício seguinte àquele em que ocorra a sua publicação*

os dispositivos de lei, referentes a impostos sobre o patrimônio ou a renda:

I – que instituem ou majoram tais impostos;

II – que definem novas hipóteses de incidência;

III – que extinguem ou reduzem isenções, salvo se a lei dispuser de maneira mais favorável ao contribuinte, e observado o disposto no artigo 178.

A **regra mais importante** prevista nesse artigo é a que determina a vigência no tempo das leis que acabam por revogar **isenções**. De acordo com o inciso III do transcrito artigo, toda lei que tiver por condão reduzir ou extinguir isenção, no caso dos impostos incidentes sobre o patrimônio ou a renda, somente entrará em vigor no primeiro dia do exercício seguinte àquele em que ocorra a sua publicação.

O grande detalhe a ser cuidado, muitas vezes objeto de erro na hora de responder a alguma questão sobre o tema, é que o referido dispositivo legal apenas determina o ano seguinte como marco inicial da vigência da lei revogadora da isenção nos casos de impostos incidentes sobre o patrimônio (IPTU, por exemplo) ou sobre a renda (imposto de renda). Não se aplica essa regra aos demais impostos ou tributos.

Aplicação da legislação tributária

O CTN reserva dois artigos (arts. 105 e 106) para normatizar a aplicação da legislação tributária. Trata-se de normas a deixarem ainda mais claro o **princípio da irretroatividade** (já analisado), o que é explicitado pelo art. 105 do CTN, que determina que "a legislação tributária aplica-se imediatamente aos fatos geradores futuros e aos pendentes, assim entendidos aqueles cuja ocorrência tenha tido início mas não esteja completa nos termos do artigo 116".

Os *fatos geradores pendentes* a que se refere o mencionado artigo são aqueles cujo início já ocorreu, não tendo havido, entretanto, a sua finalização até o momento da vigência da nova lei. É o caso típico do imposto de renda, cujo fato gerador ocorre ao longo de um ano inteiro. A **principal regra** sobre a aplicação da legislação tributária está posta no art. 106 do CTN, a qual prevê duas hipóteses em que **a lei se aplica a ato ou fato pretérito**, quais sejam:

- *quando for apenas interpretativa; ou*
- *tratando-se de ato não definitivamente julgado*: quando deixe de defini-lo como infração, quando deixe de tratá-lo como contrário a qualquer exigência de ação ou omissão e quando lhe comine penalidade menos severa que a prevista na lei anterior.

Por fim, há de se esclarecer que a *aplicação retroativa* de **normas tributárias mais benignas** não alcançará nunca uma redução ou extinção de tributo. Imaginemos, para uma melhor compreensão, um exemplo simples: um determinado contribuinte deixa de pagar o IPVA relativo ao ano de 2008, e o está contestando em juízo, através de uma ação anulatória. Se, em 2010, for aprovada uma lei reduzindo as alíquotas do IPVA e da multa de mora em 50% cada, esse contribuinte somente se beneficiará da redução da penalidade, não havendo qualquer alteração quanto ao montante devido a título tributário.

Interpretação e integração da legislação tributária

A interpretação e a integração das normas tributárias se dão de acordo com as regras previstas nos arts. 108 a 112 do CTN. O art. 108 estabelece uma espécie de *ordem* a ser seguida pala autoridade competente a aplicar a legislação tributária, diante da inexistência de disposição expressa a regrar uma determinada situação fática ou jurídica. De acordo com esse artigo, deverão ser observados, sucessivamente:

1. a analogia;
2. **os princípios gerais de direito tributário;**
3. **os princípios gerais de direito público;** e
4. **a equidade.**

A **analogia** é a forma de integração da legislação que se dá pela comparação de casos similares. Aplica-se ao caso examinado uma norma utilizada num caso análogo. De acordo com o § 1º do referido artigo, "o emprego da analogia não poderá resultar na exigência de tributo não previsto em lei". Os **princípios gerais de direito tributário** foram analisados em capítulo próprio desta obra (Limitações constitucionais ao poder de tributar). Já os **princípios gerais de direito público** são aqueles atinentes, especialmente, ao direito administrativo, ao direito constitucional e ao direito penal, como, por exemplo, o da ampla defesa, do contraditório, da indisponibilidade do interesse público, entre outros.

Por fim, a **equidade** é a busca da justiça em seu significado mais amplo, buscando o aplicador a igualdade e a justiça diante da inexistência de uma norma tributária específica a regrar determinada questão. Não se esqueça de que, nos termos do § 2º do referido art. 108 do CTN, "o emprego da equidade não poderá resultar na dispensa do pagamento de tributo devido".

Outro ponto muito importante, tema frequente de provas, é a regra insculpida no art. 110 do CTN, *verbis*:

> ***Art. 110.*** *A lei tributária não pode alterar a definição, o conteúdo e o alcance de institutos, conceitos e formas de direito privado, utilizados, expressa ou implicitamente, pela Constituição Federal, pelas Constituições dos Estados, ou pelas Leis Orgânicas do Distrito Federal ou dos Municípios, para definir ou limitar competências tributárias.*

Nesses termos, na lei tributária **não poderá ser modificada** a definição, por exemplo, de institutos de direito privado utilizados pela Constituição Federal para definir ou limitar as competências tributárias. Para ilustrar, esse dispositivo foi utilizado para afastar a cobrança do Imposto sobre Serviços – ISS sobre a locação de bens móveis. Segundo as definições do direito privado, a *locação* pura de bens móveis não se caracteriza como *prestação de serviço*, o que teve por consequência a irregularidade da tributação realizada pelos municípios.

Ainda no que diz respeito à interpretação da legislação tributária, o art. 111 do CTN nos traz as situações em que a lei deve ser interpretada de maneira *literal, restritiva*, ou seja, sem que o intérprete esteja autorizado a ampliar o que está expressamente regrado. As situações que terão **interpretação literal** são:

- **suspensão** ou **exclusão** do crédito tributário;
- **outorga de isenção**; e
- **dispensa** do cumprimento de obrigações tributárias *acessórias*.

Por fim, importante trazer à colação outro tema frequente de questões em provas, que é o conjunto das regras estabelecidas no art. 112 do CTN, que assim dispõe:

> *Art. 112. A lei tributária que define infrações, ou lhe comina penalidades, interpreta-se da maneira mais favorável ao acusado, em caso de dúvida quanto:*
>
> *I – à capitulação legal do fato;*
>
> *II – à natureza ou às circunstâncias materiais do fato, ou à natureza ou extensão dos seus efeitos;*
>
> *III – à autoria, imputabilidade, ou punibilidade;*
>
> *IV – à natureza da penalidade aplicável, ou à sua graduação.*

6. FATO GERADOR E OBRIGAÇÃO TRIBUTÁRIA

6.1 Introdução

O Código Tributário Nacional, em nossa concepção, de maneira equivocada optou por tratar primeiro da **obrigação tributária** (art. 113) e depois do **fato gerador** desta (art. 114 e seguintes). Essa ordem acaba muitas vezes sendo seguida pela doutrina, o que acaba por dificultar a compreensão de tão fundamental tema do direito tributário. Seguindo a melhor didática, optamos por analisar primeiramente o conceito de fato gerador para, somente após, analisar a obrigação tributária. Dessa forma, acreditamos, ficará mais fácil a compreensão da fenomenologia da incidência tributária (especialmente com o estudo do lançamento e do crédito tributário, a ser realizado no próximo capítulo).

6.2 Fato gerador

Para que surja a chamada **obrigação tributária**, é necessário que ocorra – no mundo real – alguma situação prevista em lei para a incidência do tributo. Para que exista, por exemplo, uma obrigação tributária relativa ao ICMS, deverá alguém efetivamente vender uma determinada mercadoria ou prestar um serviço de comunicação ou de transporte interestadual ou intermunicipal. Essa previsão de uma situação existente nas normas tributárias para que – com a sua ocorrência no mundo real – incida a norma tributária e surja a obrigação correspondente é o chamado **fato gerador**.

O fato gerador é definido pelo CTN nos arts. 114 e 115, que assim dispõem:

> *Art. 114. Fato gerador da **obrigação principal** é a situação definida em lei como necessária e suficiente à sua ocorrência.*
>
> *Art. 115. Fato gerador da **obrigação acessória** é qualquer situação que, na forma da legislação aplicável, impõe a prática ou a abstenção de ato que não configure obrigação principal.*

A grande dificuldade na compreensão do fato gerador decorre do fato de o CTN utilizar essa mesma expressão tanto para a previsão abstratamente trazida pela lei para incidência do tributo como para as situações fáticas, concretas, que têm por condão fazer surgir a obrigação tributária. Para tornar mais fácil a compreensão, vamos exemplificar o que estamos colocando.

Diz-se, por exemplo, que o "fato gerado" do ISS é a **prestação de serviços**. Nos termos da Lei Complementar n. 116/2003, esse imposto "tem como fato gerador a prestação de serviços constantes da lista anexa, ainda que esses não se constituam como atividade preponderante do prestador". Ao mesmo tempo, quando, por exemplo, um jardineiro presta seu serviço, aparando o gramado de uma residência, é comum afirmar que ocorreu um "fato gerador" do ISS. Nesses termos, visualizamos, assim, tanto a previsão abstrata da LC n. 116/2003 (*prestação de serviços*) como o evento ocorrido do mundo real (*o jardineiro que cortou a grama de uma residência, no exemplo*).

Para evitar a confusão que o legislador fez, muitos doutrinadores eminentes optam por distinguir a previsão abstratamente trazida pela legislação tributária (chamando-a de **hipótese de incidência**) dos eventos ocorridos no mundo real (chamando-os de **fato gerador**). Essa separação é doutrinária, não sendo aquela utilizada pelo CTN, visto que se utiliza da expressão "fato gerador" para as duas situações. Costuma-se dividir o **fato gerador** da obrigação tributária em **três espécies**: *instantâneo, periódico* e *continuado*.

O **fato gerador instantâneo** ocorre em um momento único, específico, surgindo instantaneamente a obrigação tributária. É o caso, por exemplo, do ISS – prestado um determinado serviço, no mesmo momento nasce a obrigação tributária. Já o **fato gerador periódico** é aquele que se realiza ao longo de um determinado lapso temporal, não sendo considerado apenas um determinado ato, mas sim vários ocorridos ao longo desse tempo. É o que ocorre, *v.g.*, no imposto de renda da pessoa física, em que deverão ser consideradas todas as rendas e os proventos de um determinado período, sendo deduzidas as despesas legalmente autorizadas. Por fim, o **fato gerador continuado** é aquele relativo a situações jurídicas que se prolongam no tempo, voltando a ocorrer após determinado interregno. São casos clássicos o IPTU e o IPVA, que terão uma nova obrigação tributária surgida a cada ano.

No CTN encontramos dois artigos a tratar do **momento** da ocorrência do fato gerador, isto é, a partir de qual momento se pode entender que surgiu a obrigação tributária. De acordo com o art. 166 do códex, reputa-se ocorrido o fato gerador **(i) tratando-se de situação de fato**, desde o momento em que se verifiquem as circunstâncias materiais necessárias a que produza os efeitos que normalmente lhe são próprios e **(ii) tratando-se de situação jurídica**, desde o momento em que esteja definitivamente constituída, nos termos de direito aplicável.

Por fim, quanto ao estudo do fato gerador, mister recordar os dizeres do art. 118 do CTN, *verbis*:

> ***Art. 118.*** *A definição legal do fato gerador é interpretada abstraindo-se:*
>
> *I – da validade jurídica dos atos efetivamente praticados pelos contribuintes, responsáveis, ou terceiros, bem como da natureza do seu objeto ou dos seus efeitos;*
>
> *II – dos efeitos dos fatos efetivamente ocorridos.*

Veja-se que, de acordo com o inciso I do transcrito artigo, mesmo que os atos praticados pelo sujeito passivo não sejam válidos, juridicamente falando, não estará afastada a ocorrência do fato gerador. Nesse sentido, ainda que um determinado cidadão tenha um acréscimo patrimonial decorrente de atividades ilícitas, como, por exemplo, um furto, deverá se ter por ocorrido o fato gerador da obrigação principal. Da mesma forma, a **interpretação do fato gerador** deve se dar sem que sejam levados em conta "os efeitos dos fatos efetivamente ocorridos" (art. 118, II, CTN). Se uma loja vende uma determinada mercadoria, ainda que essa venda acabe não sendo paga, estará perfectibilizado o fato gerador do ICMS.

6.3 Obrigação tributária

Ocorrido o **fato gerador**, nasce *automática* e infalivelmente a **obrigação tributária**. Esse é o primeiro ponto a ser esclarecido – no nosso Sistema Tributário Nacional, não há a possibilidade de ocorrer um fato gerador sem imediato surgimento de uma correspondente obrigação tributária. Por exemplo, um lojista pode fazer uma venda sem a emissão de nota, receber os valores em dinheiro e não depositar em sua conta corrente, ou seja, praticar o fato gerador do ICMS sem que qualquer autoridade fiscal um dia venha a tomar conhecimento deste. Mesmo nessa situação, há de se ter por praticado o fato gerador do imposto estadual, com surgimento da obrigação tributária.

A obrigação tributária, assim como qualquer outra obrigação, tem um **sujeito ativo**, um **sujeito passivo** e uma **prestação**. O sujeito ativo (no caso o Fisco) é aquele que pode exigir a prestação do sujeito passivo (o contribuinte ou o responsável tributário). Quanto ao conteúdo da prestação, a obrigação tributária acaba, de acordo com o **art. 113** do CTN, sendo dividida em principal ou acessória.

Obrigação tributária	**Principal:** surge com a ocorrência do fato gerador, tem por objeto o pagamento de tributo ou penalidade pecuniária e extingue-se juntamente com o crédito dela decorrente.
	Acessória: decorre da legislação tributária e tem por objeto as prestações, positivas ou negativas, nela previstas no interesse da arrecadação ou da fiscalização dos tributos.

De acordo com o § 1º do referido dispositivo legal, a **obrigação tributária principal** *decorre da lei* e tem por objeto o pagamento de tributo ou penalidade pecuniária. Aqui está a primeira peculiaridade a ser fixada quando do estudo da obrigação tributária principal. Atente-se: *tributo não se confunde com penalidade pecuniária*. Assim, nenhuma multa assume os contornos de tributo, por força do disposto no art. 3º do CTN. Entretanto, o **pagamento da multa** é *obrigação tributária principal*. Para facilitar a compreensão, podemos afirmar que todo e qualquer pagamento – independentemente do que esteja sendo pago (tributo ou multa) – acabará por ser uma obrigação tributária principal.

Já a **obrigação tributária acessória**, nos termos do § 2º do referido art. 113 do CTN, "decorre da legislação tributária e tem por objeto as prestações, positivas ou negativas, nela previstas no interesse da arrecadação ou da fiscalização dos tributos". O primeiro detalhe é o fato de a obrigação assessória decorrer da "legislação tributária" e *não da lei em sentido estrito* (como ocorre com a obrigação principal).

No que diz respeito à compreensão do que sejam as **obrigações acessórias**, são a entrega de declarações ao fisco, a manutenção de escrita contábil, a apresentação de determinadas informações sobre movimentação financeira – todas as obrigações de fazer no interesse da arrecadação ou da fiscalização dos tributos. Veja-se que nenhuma das imposições traz automaticamente a arrecadação aos cofres públicos, elas apenas acabam por facilitar a fiscalização dos contribuintes, auxiliando no conhecimento e na cobrança dos valores devidos.

Muitas vezes, entretanto, a legislação tributária impõe aos contribuintes determinadas obrigações assessórias sem que haja uma correspondente obrigação principal. É o que ocorria, por exemplo, com a declaração de isento do imposto de renda. Ao sujeito passivo é imposto o dever de apresentar uma declaração sem que tenha que pagar um tributo. Por essa razão, isto é, pela possibilidade de existência de obrigações tributárias autônomas, alguns doutrinadores optam por chamar essas obrigações de fazer de "deveres instrumentais". Outros casos de **obrigações acessórias** sem obrigações principais são as declarações de empresas inativas, e a contabilidade que deve ser mantida pelas instituições de educação e de assistência social sem fins lucrativos, nos termos do art. 14, III, do CTN.

Por fim, há de se lembrar que o não atendimento a uma obrigação acessória acabará por causar ao infrator a necessidade de pagamento de uma penalidade pecuniária. Nesse sentido, o desrespeito a uma obrigação acessória fará surgir uma obrigação tributária principal (pagamento de multa). Por essa razão, nos termos do § 3º do art. 113 do CTN, "a obrigação acessória, pelo simples fato da sua inobservância, converte-se em obrigação principal relativamente à penalidade pecuniária".

7. SUJEIÇÃO PASSIVA

7.1 Introdução

A obrigação tributária, tal qual as demais modalidades de obrigação, tem um sujeito ativo, um sujeito passivo e uma prestação (ou objeto). O **sujeito ativo** é aquele com legitimidade de exigir o cumprimento do devedor e será, nos termos já vistos nesta obra, a própria pessoa política competente para criar o tributo ou quem tenha recebido desta a **capacidade tributária ativa** (art. 7º, CTN).

A prestação poderá ser dinheiro (tributo ou multa) no caso das **obrigações tributárias principais** ou um fazer ou não fazer no caso das **obrigações tributárias acessórias**. Resta, portanto, analisar o **sujeito passivo** da obrigação, isto é, a pessoa de quem poderá ser exigida a prestação correspondente à obrigação tributária principal ou acessória.

7.2 Contribuinte e responsável

Algumas vezes, de maneira equivocada, encontramos alunos e até mesmo aplicadores do direito que denominam todo e qualquer *devedor tributário* como "contribuinte". Na realidade, **contribuinte** é apenas uma das duas espécies do gênero *sujeito passivo*, não havendo como admitir a confusão na terminologia. O art. 121 do CTN diz que o **sujeito passivo da obrigação principal é a pessoa obrigada ao pagamento de tributo ou penalidade pecuniária**. Da mesma forma, nos termos do art. 122 do CTN, *sujeito passivo da obrigação acessória é a pessoa obrigada às prestações que constituam o seu objeto.*

Portanto, todo e qualquer obrigado ao pagamento de tributo (ou de multa) ou às prestações que compõem as obrigações acessórias será denominado **sujeito passivo**. E, agora sim, esse sujeito passivo poderá ser chamado *contribuinte* ou *responsável*.

De acordo com a sistemática do CTN:

Sujeitos passivos	
Contribuinte	*Quando tenha relação pessoal e direta com a situação que constituir o respectivo fato gerador.*
Responsável	*Quando, sem revestir a condição de contribuinte, sua obrigação decorra de disposição expressa de lei.*

Um comerciante que vende uma televisão pratica o *fato gerador* (venda de mercadoria) do ICMS e, portanto, é **contribuinte**. Além disso, está por lei obrigado a fazer o seu *recolhimento*. Agora, lembre-se do que ocorria com a famosa e extinta CPMF. O *fato gerador* do tributo era a movimentação financeira, que era praticada pelos titulares das contas bancárias. Em que pese esses correntistas praticarem diariamente os *fatos geradores* da CPMF, e, portanto, serem **contribuintes**, nenhum deles tinha a obrigação de calcular o tributo devido, fazer o seu lançamento, emitir as guias de pagamento e, por fim, fazer esse recolhimento. Tal incumbência era atribuída, por lei, às instituições financeiras, ou seja, alguém que, sem se revestir da condição de *contribuinte*, tinha o dever de levar os valores tributários aos cofres públicos. Nesse caso, o sujeito passivo da obrigação tributária (o banco) deve ser chamado de **responsável tributário** e não de contribuinte.

7.3 Convenções particulares

Muitas vezes, quando uma determinada pessoa adquire um imóvel, por exemplo, faz constar no contrato que, se houver alguma dívida tributária referente ao período anterior à data da compra e venda, esse valor ficará a cargo do antigo proprietário e não do adquirente. Da mesma forma, em diversas oportunidades, quando uma empresa troca de donos, os adquirentes desta incluem no acordo uma disposição semelhante, deixando claro que eventuais dívidas fiscais relativas a competências anteriores à negociação serão de responsabilidade exclusiva dos antigos donos.

Essas comuns disposições são aplicáveis à Fazenda Pública? Pode haver, por um contrato, a definição de quem será o sujeito passivo de uma determinada obrigação tributária? **A resposta é negativa**, eis que não pode o Fisco ficar a mercê das definições e acordos de vontades dos particulares. Exatamente nesse sentido é a regra inserta no art. 123 do CTN, *verbis*:

> ***Art. 123.*** *Salvo disposições de lei em contrário, as convenções particulares, relativas à responsabilidade pelo pagamento de tributos, não podem ser opostas à Fazenda Pública, para modificar a definição legal do sujeito passivo das obrigações tributárias correspondentes.*

Nesse sentido, cabe questionar o porquê de tantas vezes esse tipo de disposição ser incluído em contratos

– como os citados nos exemplos acima colocados. Ocorre que, inobstante não valerem perante a Fazenda Pública, essas disposições têm validade entre os particulares, ou seja, caso um novo adquirente seja obrigado a fazer o recolhimento do IPTU referente ao período anterior à compra, poderá buscar o ressarcimento – na justiça comum – dos valores que deveriam ter sido suportados pelo vendedor.

7.4 Solidariedade

Em determinadas situações, a legislação tributária pode atribuir a mais de uma pessoa, concomitantemente, o dever de fazer o recolhimento de um tributo ou de uma penalidade pecuniária. Nessas situações, essas pessoas são **solidariamente responsáveis** pelo pagamento dos valores tributários, estando o sujeito ativo legitimado a exigir de qualquer uma delas a integralidade dos valores devidos.

As hipóteses de solidariedade de sujeitos passivos estão previstas no art. 124 do CTN, que assim determina:

> ***Art. 124.*** *São solidariamente obrigadas:*
>
> *I – as pessoas que tenham interesse comum na situação que constitua o fato gerador da obrigação principal;*
>
> *II – as pessoas expressamente designadas por lei.*
>
> ***Parágrafo único.*** *A solidariedade referida neste artigo não comporta benefício de ordem.*

Pessoas que tenham **interesse comum** na situação que constitua o fato gerador da obrigação principal podem ser consideradas, por exemplo, quando dois adquirentes compram conjuntamente um imóvel. Nesse caso, ambos são responsáveis solidariamente pelo pagamento do ITBI, podendo o valor ser exigido integralmente de qualquer um dos dois. O CTN, no inciso II acima transcrito, **autoriza ainda que a lei** estabeleça outros casos de solidariedade, designando pessoas responsáveis conjunta e integralmente pelo pagamento de tributos em algumas situações. Nessas situações, *v.g.*, pode um ente municipal atribuir ao prestador e também ao tomador de um determinado serviço a obrigação de fazer o recolhimento do ISS, impondo uma solidariedade entre estes.

Importante, salientar, por fim, que o parágrafo único do referido art. 124 do CTN determina que a **solidariedade tributária** *não admite benefício de ordem*, ou seja, nenhum dos devedores solidários pode exigir que primeiro sejam executados os bens pertencentes ao outro, respondendo ambos de maneira integral e direta pela obrigação tributária principal. Ainda sobre a solidariedade tributária, o CTN tem o cuidado de estabelecer quais são os efeitos desta, *vide* o art. 125.

7.5 Capacidade tributária passiva

Nesta obra, já foi analisada a capacidade tributária ativa, ou seja, as condições necessárias para que alguém possa arrecadar ou fiscalizar exações tributárias, nos termos do art. 7º do CTN. Resta, ainda, verificar quais as condições para que alguém possa ser tido por devedor tributário, isto é, quem pode ser chamado de sujeito passivo. A esse respeito, nosso CTN reserva um dispositivo específico, o art. 126, *verbis*:

> ***Art. 126.*** *A capacidade tributária passiva independe:*
>
> *I – da capacidade civil das pessoas naturais;*
>
> *II – de achar-se a pessoa natural sujeita a medidas que importem privação ou limitação do exercício de atividades civis, comerciais ou profissionais, ou da administração direta de seus bens ou negócios;*
>
> *III – de estar a pessoa jurídica regularmente constituída, bastando que configure uma unidade econômica ou profissional.*

Nesse sentido, caso um bebê de seis meses de idade ganhe de seu avô, por exemplo, um apartamento, essa criança deverá ser chamada de sujeito passivo tributário no que se refere à obrigação tributária relativa ao IPTU, eis que a capacidade tributária passiva não se confunde com a capacidade civil das pessoas naturais. Da mesma forma, um criminoso que está preso não deixa de ser sujeito passivo, hipoteticamente, da obrigação tributária de pagar o IPVA, ainda que esteja sujeito a medidas que importem a privação de suas atividades civis.

A mesma regra vale para as empresas, que mesmo não estando regularmente constituídas (com contrato social registrado, inscritas no Cadastro Nacional das Pessoas Jurídicas – CNPJ, inscritas na Secretaria da Fazenda estadual ou municipal etc.), serão tidas como sujeitos passivos das obrigações tributárias relativamente aos fatos geradores por si praticados, bastando que configurem, nos termos do inciso III do art. 126, uma unidade econômica ou profissional.

7.6 Domicílio tributário

Como *regra geral*, o local onde deve ser feito o pagamento do tributo é o **domicílio tributário** do sujeito passivo da obrigação tributária. É o que determina o art. 159 do CTN ao expressar que "quando a legislação tributária não dispuser a respeito, o pagamento é efetuado na repartição competente do domicílio do sujeito passivo".

Normalmente, são os próprios sujeitos passivos (contribuintes ou responsáveis) que elegem seu domicílio tributário. Entretanto, o art. 127 do CTN estabelece algumas regras a serem seguidas na hipótese de isso não ocorrer. De acordo com tal dispositivo, *na falta de eleição*, considera-se como domicílio tributário:

- *quanto às pessoas naturais*, a sua residência habitual, ou, sendo esta incerta ou desconhecida, o centro habitual de sua atividade;
- *quanto às pessoas jurídicas de direito privado ou às firmas individuais*, o lugar da sua sede, ou, em relação aos atos ou fatos que derem origem à obrigação, o de cada estabelecimento; e,
- *quanto às pessoas jurídicas de direito público*, qualquer de suas repartições no território da entidade tributante.

Lembre-se, ainda, que não sendo possível o enquadramento dessas regras a alguma situação concreta, ou recusando a autoridade administrativa do domicílio eleito pelo sujeito passivo, por entender que aquele impossibilita ou dificulta a cobrança dos tributos, "considerar-se-á como domicílio tributário do contribuinte ou responsável o lugar da situação dos bens ou da ocorrência dos atos ou fatos que deram origem à obrigação" (§§ 1º e 2º do art. 127 do CTN).

7.7 Responsabilidade tributária

O art. 128 do CTN expressa que "sem prejuízo do disposto neste capítulo, a lei pode atribuir de modo expresso a responsabilidade pelo crédito tributário a terceira pessoa, vinculada ao fato gerador da respectiva obrigação, excluindo a responsabilidade do contribuinte ou atribuindo-a a este em caráter supletivo do cumprimento total ou parcial da referida obrigação".

Uma das regras de responsabilidade tributária mais comuns, nos dias atuas, é a chamada **substituição**, prevista no art. 150, § 7º, da CF, que determina que "a lei poderá atribuir a sujeito passivo de obrigação tributária a condição de responsável pelo pagamento de imposto ou contribuição, cujo fato gerador deva ocorrer posteriormente, assegurada a imediata e preferencial restituição da quantia paga, caso não se realize o fato gerador presumido". Nessa situação, conhecida como *substituição tributária* "para frente", a Fazenda Pública acaba por cobrar tributo antes mesma da ocorrência do fato gerador.

É o que ocorre, por exemplo, com a cerveja no Brasil. Em vez de fiscalizar dezenas de milhares de bares e restaurantes que vendem cerveja (fato gerador do ICMS), a legislação pátria atribui a responsabilidade pelo pagamento do tributo de toda a cadeia ao produtor desses bens – tornando muito mais fácil a fiscalização e segura a arrecadação. As **regras** sobre a responsabilidade tributária, também conhecida como sujeição passiva, são normalmente dividias em *três grupos*, de acordo com as previsões constantes no CTN. Existem casos de (1) **responsabilidade tributária dos sucessores**, (2) **responsabilidade tributária de terceiros** e (3) **responsabilidade tributária por infrações**.

Sinteticamente:

Responsabilidade tributária dos sucessores
O CTN (art. 129), ao firmar as normas sobre a responsabilidade dos sucessores, determina que estas são aplicáveis: • *aos créditos tributários definitivamente constituídos e àqueles em curso de constituição*; e • *aos créditos constituídos posteriormente, desde que relativos a obrigações tributárias anteriores aos eventos geradores da responsabilização.* *Vide* os arts. 130 a 133 do CTN.

Responsabilidade de terceiros
• Regrada nos arts. 134 e 135 do CTN. • Nessas situações, não se trata de mera substituição do sujeito passivo, como ocorria nas hipóteses analisadas no item anterior. Aqui, ao contrário, opta a legislação por incluir uma pessoa a mais de quem poderá ser cobrado o tributo, não se afastando aquela do sujeito passivo originário.

Responsabilidade por infrações
• De acordo com o art. 136 do CTN, "salvo disposição de lei em contrário, a responsabilidade por infrações da legislação tributária independe da intenção do agente ou do responsável e da efetividade, natureza e extensão dos efeitos do ato". Tal dispositivo traz a responsabilidade objetiva pelo crédito tributário decorrente das multas, independentemente de qualquer culpa ou dolo do agente para sua aplicação. • *Vide* ainda as situações do art. 137 do CTN, que trazem uma **exceção** à famosa regra do direito tributário - que é a da responsabilização habitual dos sujeitos passivos da obrigação tributária por toda e qualquer multa. Nos casos elencados, não será penalizado o sujeito passivo, mas sim o agente que cometeu as faltas ali previstas. • *Vide* o art. 138, CTN, em que se trata de regra a prever a liberação das multas no caso de denúncia espontânea da infração por parte do sujeito passivo.

8. LANÇAMENTO E CRÉDITO TRIBUTÁRIO

8.1 Introdução

De acordo com o afirmado antes, ocorrida no mundo real a situação abstratamente prevista em lei (o *fato gerador* ou *hipótese de incidência*), automática e infalivelmente surgirá uma obrigação tributária correspondente. Nesses termos, por exemplo, com a prestação de um serviço, haverá a ocorrência do fato gerador, surgindo a obrigação tributária atinente ao Imposto sobre Serviços - ISS. Ocorre que a **obrigação tributária**, *por si só*, **não é exigível** do sujeito passivo, por lhe faltar a formalização da dívida, a certeza e a liquidez.

Para deixar mais fácil a compreensão, imaginemos, hipoteticamente, o fato gerador do IPTU. De acordo com a legislação vigente, esse tributo incide no 1º dia do ano. Ocorre que, se uma determinada prefeitura não enviar a guia, o carnê do imposto ao contribuinte, não haverá de se mencionar a existência de uma dívida tributária. A dívida do IPTU, nesse caso hipotético, somente vai advir com a *formalização* da cobrança do tributo, ou – para usar a terminologia adequada – com a **constituição do crédito tributário**, a ser feita pelo *lançamento tributário*.

8.2 Lançamento tributário

De acordo com a sistemática de incidência tributária no Brasil, o surgimento da obrigação é **automático**, bastando a simples ocorrência do seu respectivo fato gerador. Nesses termos, não são necessários quaisquer atos, documentos ou formalizações para que, ocorrida a hipótese prevista em lei, nasça uma obrigação tributária.

Se não há necessidade de qualquer procedimento para o nascimento da obrigação tributária, por outro lado, essa obrigação não é exigível do sujeito passivo. Nesse sentido, podemos concluir que, para que um determinado tributo esteja apto a ser cobrado, exigido, há de se ter uma formalização prévia, que transformará aquela simples obrigação tributária em um crédito tributário. Esse **procedimento de formalização**, isto é, de constituição do crédito tributário, é chamado de **lançamento**.

Determina o art. 142 do CTN que "compete privativamente à autoridade administrativa constituir o crédito tributário pelo lançamento, assim entendido o procedimento administrativo tendente a verificar a ocorrência do fato gerador da obrigação correspondente, determinar a matéria tributável, calcular o montante do tributo devido, identificar o sujeito passivo e, sendo caso, propor a aplicação da penalidade cabível".

A legislação nacional atribui **privativamente** à autoridade administrativa o procedimento de lançamento. Entretanto, após a Emenda Constitucional n. 39/2002, foi acrescido à Carta Magna o art. 149-A, cujo parágrafo único autoriza a cobrança da contribuição de iluminação pública na fatura de energia elétrica – dispositivo que, podemos entender, acabou por **relativizar** a exclusividade de lançamento da autoridade fiscal.

São requisitos do lançamento, portanto:

- **a determinação da matéria tributável** (a definição dos elementos fáticos sobre os quais está havendo a tributação),
- **o cálculo do montante do tributo** (através da alíquota e da base de cálculo),
- **a identificação do sujeito passivo** (contribuinte ou responsável) e
- **a aplicação da multa**, se for o caso.

Muito se discute sobre a necessidade de o lançamento tributário trazer em seu bojo o **prazo de pagamento** do tributo. Ao contrário do que possa parecer à primeira vista, *não há a necessidade* de o lançamento tributário conter a data de vencimento do tributo constituído. Isso porque, nos termos do art. 160 do CTN, "quando a legislação tributária não fixar o tempo do pagamento, o vencimento do crédito ocorre trinta dias depois da data em que se considera o sujeito passivo notificado do lançamento". Nesse sentido, *se não houver data fixada* no lançamento para pagamento do tributo, este vencerá – como **regra geral** – em **trinta dias** a contar da notificação do sujeito passivo.

Sempre que o lançamento estiver constituindo um crédito tributário relativo a uma operação em moeda estrangeira, a conversão em moeda nacional deverá ser realizada com base no câmbio do dia da ocorrência do fato gerador e não na data de sua lavratura. Essa regra, inserta no art. 143 do CTN, busca atingir a tributação adequada da operação que gerou a obrigação tributária, o que só pode ser feito se for analisado quanto representava, em moeda nacional, o valor tributário na data da ocorrência do fato gerador.

8.3 Legislação aplicável ao lançamento tributário

Vamos imaginar, hipoteticamente, que um contribuinte, no ano de 2017, recebeu determinada quantia por um trabalho realizado e não prestou a correspondente informação em sua declaração do imposto de renda. Imagine-se, ainda, que a alíquota do IR, no exemplo, fosse de 25% para aquele exercício.

Seguindo no exemplo, no ano de 2020, após um procedimento de fiscalização, a Receita Federal do Brasil acaba por lavrar um auto de lançamento daquela quantia, e a alíquota do IR, nesse exercício de imaginação, é de 20%. Qual deverá ser a alíquota aplicada: a de 25%, vigente em 2017 (data do fato gerador) ou a de 20%, vigente em 2020 (data do lançamento tributário)? A resposta ao problema, comumente exigido em provas, nos é dada pelo art. 144 do CTN, que determina que "o lançamento reporta-se à data da ocorrência do fato gerador da obrigação e rege-se pela lei então vigente, ainda que posteriormente modificada ou revogada".

O lançamento tem **caráter declaratório** quanto à ocorrência do fato gerador e ao surgimento da obrigação tributária, e **constitutivo**, quanto ao crédito tributário. Em sendo assim, e considerando os dizeres do transcrito art. 144 do CTN, há de se concluir que a lei aplicável será aquela vigente à data da ocorrência do fato gerador, independentemente de uma posterior alteração.

Utilizando o mesmo exemplo, para facilitar a compreensão do conteúdo, resta questionar qual seria o procedimento de fiscalização adotado pela autoridade tributária no ano de 2010. Poderia essa autoridade fazer valer novos processos de investigação (como, por exemplo, o cruzamento de certas informações do sujeito passivo) ou deveria se limitar àqueles existentes na data do fato gerador (ano de 2017)? A resposta nos é dada pelo § 1º, do já referido art. 144 do CTN, que assim dispõe:

> ***Art. 144.*** *(...)*
>
> *§ 1º Aplica-se ao lançamento a legislação que, posteriormente à ocorrência do fato gerador da obrigação, tenha instituído novos critérios de apuração ou processos de fiscalização, ampliado os poderes de investigação das autoridades administrativas, ou outorgado ao crédito maiores garantias ou privilégios, exceto, neste último caso, para o efeito de atribuir responsabilidade tributária a terceiros.*

Portanto, como visto anteriormente, a **lei aplicável** no lançamento para definição da exigibilidade e quantificação do tributo devido **será aquela vigente na data da ocorrência do fato gerador**.

Será aplicada a *nova legislação*, entretanto, sempre que esta tenha trazido: (1) *novos critérios de apuração ou processos de fiscalização* (por exemplo, acesso eletrônico a certas movimentações financeiras ou com cartão de crédito), (2) *ampliado os poderes de investigação das autoridades administrativas* (*v.g.*, autorização de cópia dos discos rígidos dos computadores), ou (3) *outorgado ao crédito maiores garantias ou privilégios* (novas regras, por exemplo, de preferência no processo falimentar), desde que tais garantias ou privilégios não se consubstanciem na responsabilização de terceiros.

Sobre a **modificação** do *lançamento tributário* devidamente notificado ao sujeito passivo, determina o art. 145 do CTN que essa **alteração** só terá vez em **três únicas hipóteses**, quais sejam, (i) impugnação acolhida do sujeito passivo, (ii) recurso de ofício da autoridade administrativa e (iii) iniciativa de ofício da autoridade administrativa, nos casos previstos no art. 149. Essas situações previstas no art. 149, dispositivo legal a ser analisado ainda neste capítulo, são, basicamente, os casos de fraude, simulação ou erro de fato, ou seja, identificação equivocada dos elementos fáticos do fato gerador.

Nesse sentido, a existência de um erro de fato autoriza a revisão do lançamento, o que não ocorre, por sua vez, com a verificação de um erro de direito. Nos termos do art. 146 do CTN, "a modificação introduzida, de ofício ou em consequência de decisão administrativa ou judicial, nos critérios jurídicos adotados pela autoridade administrativa no exercício do lançamento somente pode ser efetivada, em relação a um mesmo sujeito passivo, quanto a fato gerador ocorrido posteriormente à sua introdução".

Aqui, nessa previsão do transcrito art. 146 do CTN, não se está a tratar de um mero *erro de fato* (como ocorre no art. 145, III, do CTN), nem de uma alteração legal. Trata-se, na verdade, de uma nova interpretação dada pela autoridade fiscal a alguma norma tributária, até mesmo uma nova orientação jurisprudencial administrativa ou judicial. Imagine-se, por exemplo, que entendia a Secretaria da Fazenda de um determinado estado que a aquisição de alguns insumos utilizados numa indústria teria o condão de lhe gerar créditos de ICMS.

Após algum período de tempo, entretanto, o órgão fazendário passou a entender que, por não serem consumidos diretamente no processo de fabricação, tais produtos não poderiam mais gerar créditos na sua entrada. Tal alteração no critério jurídico adotado pela autoridade administrativa no lançamento tributário somente poderá ser levada a efeito, em relação a um mesmo contribuinte, quanto a fatos geradores futuros.

Por fim, há de se lembrar outra regra importante relativa ao lançamento, prevista pelo art. 148 do CTN. Segundo tal dispositivo legal, "quando o cálculo do tributo tenha por base, ou tome em consideração, o valor ou o preço de bens, direitos, serviços ou atos jurídicos, a autoridade lançadora, mediante processo regular, arbitrará aquele valor ou preço, sempre que sejam omissos ou não mereçam fé as declarações ou os esclarecimentos prestados, ou os documentos expedidos pelo sujeito passivo ou pelo terceiro legalmente obrigado, ressalvada, em caso de contestação, avaliação contraditória, administrativa ou judicial".

8.4 Modalidades de lançamento

Lançamento por declaração

No **lançamento por declaração**, cabe ao sujeito passivo (ou até mesmo a um terceiro) informar à autoridade administrativa a ocorrência de um fato gerador, para que esta efetua a lavratura do lançamento. É o que ocorre, por exemplo, no ITCMD quando, no momento final do inventário, deve o inventariante informar a Secretaria da Fazenda estadual a respeito do fato gerador do tributo, para que esta – após fazer a avaliação dos bens transmitidos *causa mortis* – produza um correspondente lançamento.

Tal espécie de lançamento é também comumente adotada no caso do ITBI, cabendo ao adquirente do imóvel informar para a Secretaria da Fazenda municipal a ocorrência do fato gerador, para que o órgão fazendário constitua o crédito tributário correspondente através do lançamento por declaração. Assim determina o art. 147 do CTN:

> ***Art. 147.*** *O lançamento é efetuado com base na declaração do sujeito passivo ou de terceiro, quando um ou outro, na forma da legislação tributária, presta à autoridade administrativa informações sobre matéria de fato, indispensáveis à sua efetivação.*
>
> *§ 1º A retificação da declaração por iniciativa do próprio declarante, quando vise a reduzir ou a excluir tributo, só é admissível mediante comprovação do erro em que se funde, e antes de notificado o lançamento.*
>
> *§ 2º Os erros contidos na declaração e apuráveis pelo seu exame serão retificados de ofício pela autoridade administrativa a que competir a revisão daquela.*

Importante lembrar que a obrigação do sujeito passivo, no caso do lançamento por declaração, se restringe a informar a autoridade fiscal a respeito da ocorrência do fato gerador. **Todo o lançamento** (inclusive o cálculo do tributo e eventual penalidade) *ficará a cargo da autoridade tributária.*

Lançamento de ofício (ou direto)

O *lançamento direto*, também conhecido como **lançamento de ofício**, é aquele a que normalmente estão sujeitos, por exemplo, o IPTU e o IPVA. Nesses casos, fácil perceber, todo procedimento tendente à constituição do crédito tributário é realizado pela autoridade pública, **sem que o sujeito passivo tenha que tomar qualquer atitude**. Nenhum contribuinte precisa, a cada início de ano, se dirigir à Secretaria da Fazenda estadual para requerer a lavratura do lançamento relativo ao IPVA de seu veículo, sendo tal emissão automática por parte dos órgãos competentes – daí o nome de lançamento direto.

O art. 149 do CTN prevê as **nove diferentes situações** nas quais será levado a efeito o lançamento de ofício pela autoridade fiscal. Assim dispõe o referido artigo:

> ***Art. 149.*** *O lançamento é efetuado e revisto de ofício pela autoridade administrativa nos seguintes casos:*
>
> *I – quando a lei assim o determine;*
>
> *II – quando a declaração não seja prestada, por quem de direito, no prazo e na forma da legislação tributária;*
>
> *III – quando a pessoa legalmente obrigada, embora tenha prestado declaração nos termos do inciso anterior, deixe de atender, no prazo e na forma da legislação tributária, a pedido de esclarecimento formulado pela autoridade administrativa, recuse-se a prestá-lo ou não o preste satisfatoriamente, a juízo daquela autoridade;*
>
> *IV – quando se comprove falsidade, erro ou omissão quanto a qualquer elemento definido na legislação tributária como sendo de declaração obrigatória;*
>
> *V – quando se comprove omissão ou inexatidão, por parte da pessoa legalmente obrigada, no exercício da atividade a que se refere o artigo seguinte;*
>
> *VI – quando se comprove ação ou omissão do sujeito passivo, ou de terceiro legalmente obrigado, que dê lugar à aplicação de penalidade pecuniária;*
>
> *VII – quando se comprove que o sujeito passivo, ou terceiro em benefício daquele, agiu com dolo, fraude ou simulação;*
>
> *VIII – quando deva ser apreciado fato não conhecido ou não provado por ocasião do lançamento anterior;*
>
> *IX – quando se comprove que, no lançamento anterior, ocorreu fraude ou falta funcional da autoridade que o efetuou, ou omissão, pela mesma autoridade, de ato ou formalidade especial.*
>
> ***Parágrafo único.*** *A revisão do lançamento só pode ser iniciada enquanto não extinto o direito da Fazenda Pública.*

Veja-se que o transcrito inciso I prevê as situações em que os tributos estão, por disposição legal, submetidos ao lançamento direto. São os casos, entre outros tributos, do IPTU, do IPVA, da taxa de recolhimento de lixo e das contribuições profissionais. Já os incisos II e V estabelecem norma muito importante – seguidamente exigida em provas. Sempre que um tributo estiver submetido ao *lançamento por declaração*, e o sujeito passivo não informar à autoridade administrativa a ocorrência do fato gerador, deverá ser lavrado por esta um *lançamento direto.*

Da mesma forma, nos tributos submetidos ao *lançamento por homologação* (analisado no próximo item do capítulo), caso um sujeito passivo não faça o lançamento que a lei lhe impõe, também deverá a autoridade fiscal, diante da omissão daquele, lavrar um *lançamento direto*, inclusive com aplicação da penalidade prevista. Nessas duas situações, costuma-se denominar esse lançamento direto substitutivo da declaração do contribuinte ou do lançamento por homologação de auto de infração, eis que acompanhado de multa. Portanto, os autos de infração, as notificações fiscais de lançamento de débito etc., são modalidades do lançamento direto ou de ofício.

Por essa razão, podemos afirmar, por exemplo, que o ICMS é tributo normalmente submetido ao lançamento por homologação, porém, caso haja a sonegação por parte do contribuinte, será lavrado auto de infração para constituir o crédito tributário – agora um lançamento direto.

Lançamento por homologação

Com o passar dos anos e o grande aumento do número de contribuintes e de diferentes exações fiscais, tornou-se impossível que a autoridade administrativa ficasse responsável por fazer um lançamento para cada sujeito passivo, a cada fato gerador ocorrido (ou a cada período de apuração). A saída adotada foi a transferência, ao próprio contribuinte, do dever de fazer os lançamentos tributários, apurando os valores efetivamente devidos a cada mês, a cada trimestre, e assim por diante.

Essa modalidade de lançamento, em que incumbe ao próprio sujeito passivo a quantificação dos valores devidos e a formalização dos créditos tributários, é chamada de **lançamento por homologação**. Ela está prevista no art. 150 do CTN, que assim dispõe:

> ***Art. 150.*** *O lançamento por homologação, que ocorre quanto aos tributos cuja legislação atribua ao sujeito passivo o dever de antecipar o pagamento sem prévio exame da autoridade administrativa, opera-se pelo ato em que a referida autoridade, tomando conhecimento da atividade assim exercida pelo obrigado, expressamente a homologa.*
>
> *§ 1º O pagamento antecipado pelo obrigado nos termos deste artigo extingue o crédito, sob condição resolutória da ulterior homologação ao lançamento.*

§ 2º Não influem sobre a obrigação tributária quaisquer atos anteriores à homologação, praticados pelo sujeito passivo ou por terceiro, visando à extinção total ou parcial do crédito.

§ 3º Os atos a que se refere o parágrafo anterior serão, porém, considerados na apuração do saldo porventura devido e, sendo o caso, na imposição de penalidade, ou sua graduação.

§ 4º Se a lei não fixar prazo a homologação, será ele de cinco anos, a contar da ocorrência do fato gerador; expirado esse prazo sem que a Fazenda Pública se tenha pronunciado, considera-se homologado o lançamento e definitivamente extinto o crédito, salvo se comprovada a ocorrência de dolo, fraude ou simulação.

Hoje em dia, está submetida ao lançamento por homologação *grande parte dos principais tributos vigentes no País, v.g.*, ICMS, IPI, ISS, PIS, COFINS, IRPF, IRPJ, CSLL e Contribuição Previdenciária. Nesses casos, cabe ao contribuinte calcular o tributo devido, prestar as devidas informações e declarações à autoridade pública e – principalmente – pagar antecipadamente o tributo, antes mesmo de qualquer manifestação do Fisco.

De acordo com as regras do CTN, a homologação do lançamento, isto é, a concordância da autoridade fazendária quanto à correção dos valores pagos, poderá se dar de duas diferentes formas, quais sejam:

Homologação expressa	A autoridade administrativa, de maneira formal e escrita, informa ao contribuinte que o pagamento se deu da maneira correta.
Homologação tácita	Prevista pelo § 4º do referido art. 150 do CTN, passados **cinco anos** do fato gerador sem que tenha havido qualquer insurgência da Fazenda Pública, poderá ser considerado quitado o tributo – salvo a ocorrência de dolo, fraude ou simulação. É a famosa regra popular do "quem cala consente", ou seja, ao não se levantar em cinco anos contra os valores pagos, está, indiretamente, a autoridade pública concordando com as quantias declaradas e pagas.

Por fim, importante lembrar que o sujeito passivo pode optar por fazer o **lançamento por homologação** sem o pagamento, até mesmo para ser tido por mero inadimplente e não sonegador. Nesses casos, todas as informações e declarações são prestadas à autoridade fiscal, apontando o valor exato do tributo a ser recolhido, sem que esse pagamento seja feito no momento oportuno. Nessas situações, em que os tributos são declarados e não pagos, entende a jurisprudência pátria a desnecessidade de lançamento de ofício por parte da autoridade fazendária. Está a Fazenda Pública autorizada a, imediatamente, inscrever em dívida ativa os valores objetos das declarações, em virtude da confissão do débito promovida pelo contribuinte.

9. SUSPENSÃO, EXTINÇÃO E EXCLUSÃO DO CRÉDITO TRIBUTÁRIO

9.1 Suspensão do crédito tributário

Como visto anteriormente, ocorrida no mundo real a **hipótese de incidência** abstratamente prevista na legislação, dá-se por realizado o **fato gerador**, surgindo, automática e imediatamente, a **obrigação tributária**. A obrigação tributária não é exigível, por si só, do contribuinte, eis que despida de liquidez, formalização e certeza.

Através do **lançamento tributário**, será declarado ocorrido o fato gerador da obrigação tributária e constituído o **crédito tributário**, que deverá ser pago no prazo nele fixado ou, inexistindo data de vencimento no seu corpo, em trinta dias a contar da notificação do sujeito passivo. *Inadimplido* este crédito tributário, os valores serão inscritos em **dívida ativa** (arts. 201 e seguintes do CTN) e, posteriormente, encaminhados à **execução fiscal** nos termos previstos pela Lei n. 6.830/80. Após a citação do feito executivo, serão tomados os atos expropriatórios de modo a fazer com que a Fazenda Pública receba o que lhe é de direito.

Ressalte-se ainda que, após a **inscrição** em dívida ativa do crédito tributário não pago tempestivamente, ficará o devedor com uma série de dificuldades pessoais, operacionais e negociais advindas dessa "positivação", como será analisado posteriormente. Por essa razão, são importantíssimas aquelas *situações* em que o CTN, em seu art. 151, determina a **suspensão da exigibilidade** do crédito tributário. Nas hipóteses elencadas não podem ser expropriados bens do devedor, e a este deve ser concedida uma *certidão positiva com efeitos de negativa*, com a qual demonstrará sua regularidade fiscal.

As **seis situações** são as seguintes:

1. moratória,
2. depósito do montante integral,
3. reclamações e recursos na esfera administrativa,
4. liminar em mandado de segurança,
5. liminar ou antecipação de tutela em outras ações e
6. parcelamento.

Atente-se que o **crédito tributário** não deixará de existir, não desaparecerá dos cadastros públicos. Ele tão somente perderá uma de suas importantes características, que é a *exigibilidade*. Nesse sentido, permanecerá um crédito tributário contra determinado sujeito passivo, em que pese – momentaneamente – não lhe ser exigível. Esta, muito provavelmente, é a grande característica das hipóteses de suspensão da exigibilidade do crédito tributário, a da *transitoriedade*. Nenhuma situação de suspensão da exigibilidade será perpétua, todas elas perdurarão por um determinado período de tempo, como a seguir será analisado individualmente.

Moratória

Por meio da **moratória**, o sujeito ativo, através de lei, concede um *prazo mais amplo* para que o sujeito passivo pague determinada exação tributária. Nada mais é, portanto, que a extensão do vencimento do tributo, sendo concedido um novo interregno. Por exemplo, um determinado município vem a ser atingido fortemente por uma tormenta, que destrói grande parte das residências ali localizadas. O ente municipal – sempre através de uma lei – pode estender o prazo do pagamento do IPTU, por exemplo, de 1-3-2018 para 1-7-2018, para que os contribuintes não tenham que recolher o tributo enquanto ainda reconstroem suas residências. Tal retardamento na data de recolhimento do imposto é exatamente uma moratória concedida.

Nesse exemplo hipotético, entre o prazo de vencimento anterior (1-3-2018) e o novo prazo concedido pela moratória (1-7-2018), o crédito tributário estará com sua exigibilidade suspensa. Determina o art. 152 do CTN que a moratória pode ser concedida em *caráter geral* ou em *caráter individual*. Quando concedida em **caráter geral**, deverá ser pela própria pessoa competente para instituir o tributo (o município, no caso do IPTU, como no exemplo referido) ou pela União Federal, quanto aos tributos estaduais e municipais, desde que ela, ao mesmo tempo, conceda quanto aos seus tributos.

Determina o parágrafo único do referido artigo que "a lei concessiva de moratória pode circunscrever expressamente a sua aplicabilidade à determinada região do território da pessoa jurídica de direito público que a expedir, ou a determinada classe ou categoria de sujeitos passivos".

Já a moratória concedida em **caráter individual** *não* gera direito adquirido nos termos do art. 155 do CTN. Isso quer dizer que, caso se verifique que um determinado contribuinte não cumpria os requisitos e condições para a concessão, esse favor legal pode ser revogado. Essa revogação se dará *(i) com imposição da penalidade cabível*, nos casos de dolo ou simulação do beneficiado, ou de terceiro em benefício daquele, ou *(ii) sem imposição de penalidade*, nos demais casos.

Depósito do montante integral

Havendo incerteza acerca da legalidade ou constitucionalidade da cobrança de determinado tributo, está o contribuinte autorizado a depositar o **montante integral** em juízo – suspendendo, automaticamente, a exigibilidade do crédito tributário. Primeiramente, há de se lembrar que o depósito deve ser em **dinheiro** (obviamente não pode ser a caução de bens) e deve ser da **totalidade do crédito cobrado**, e não da quantia que o contribuinte acredita que efetivamente seja devida.

Os depósitos integrais são realizados, via de regra, em **ações anulatórias de lançamento tributário**, previstas pelo art. 38 da Lei n. 6.830/80. A grande vantagem para o contribuinte ao depositar e não pagar o tributo opera-se com a imediata autorização para levantamento das quantias depositadas no trânsito em julgado da ação judicial que extingue o crédito tributário (art. 156, X, do CTN).

Quando o crédito tributário é pago sem que o tributo fosse devido, caberá ao contribuinte propor uma **ação de repetição de indébito**, nos termos do art. 165 do CTN, que terá tramitação complexa e ainda, muito provavelmente, se submeterá ao regime dos precatórios para dar execução à sentença. Já o depósito judicial, feito para suspender a exigibilidade do crédito, é passível de recebimento através de simples alvará a ser expedido pelo juízo após o encerramento da ação.

Saliente-se por fim que, assim como nas demais hipóteses previstas no art. 151 do CTN, o depósito do montante integral suspende a exigibilidade do crédito tributário por um período determinado (da data do depósito até o trânsito em julgado da ação, quando o crédito será extinto pela sua conversão em renda ou pela decisão transitada em julgado a apontar o caráter indevido da cobrança).

Reclamações e recursos na esfera administrativa

Todas as vezes que um contribuinte for notificado da constituição de um crédito tributário por meio do lançamento, poderá optar por discuti-lo administrativa ou judicialmente. A **esfera administrativa**, no Brasil, é anterior à esfera judicial, e sua decisão final vincula de maneira irrevogável tão somente a *administração pública*.

Sendo assim, se ao final de um processo administrativo a decisão for pela exigibilidade do crédito tributário, poderá o sujeito passivo discutir novamente a cobrança na **esfera judicial**. Quando a decisão irreformável administrativa for pela impossibilidade de cobrança fiscal, entretanto, *não poderá* a Fazenda Pública se insurgir em juízo contra a decisão de um de seus próprios órgãos. Havendo **discussão administrativa** do tributo, fica o contribuinte impossibilitado de, concomitantemente, propor alguma medida judicial com o mesmo escopo, sob pena de renunciar à esfera administrativa, conforme jurisprudência pátria pacífica (STF, RE 233.582).

Durante todo o **processo administrativo**, o crédito tributário estará com sua exigibilidade suspensa, nos termos do art. 151, III, do CTN. O STF, por reiteradas vezes, entendeu serem inconstitucionais as exigências de depósito de uma parcela ou da totalidade do crédito tributário para que o contribuinte possa discutir administrativamente determinada cobrança. Inclusive, após diversas decisões, foi editada a **Súmula Vinculante 21**, expressando ser "inconstitucional a exigência de depósito ou arrolamento prévios de dinheiro ou bens para admissibilidade de recurso administrativo."

Liminar ou antecipação de tutela

Caso um contribuinte pretenda questionar em juízo a validade da cobrança de determinado tributo, pode se valer do depósito do montante integral para suspender a exigibilidade do crédito tributário. Poderá, entretanto, requerer a **concessão de uma medida liminar** ou de **antecipação de tutela** para suspender a exigibilidade do crédito mesmo na *hipótese de não depositar o valor*.

Nos termos do art. 151, IV e V, do CTN, a medida liminar numa **ação de mandado de segurança** ou a liminar ou **antecipação de tutela** em outras ações (anulatória do lançamento tributário ou declaratória de inexistência de relação jurídico-tributária) será o remédio para aqueles contribuintes que não possuem condições ou não pretendem depositar a quantia integral do tributo que está sendo exigido e que entendem não ser devido. Nessa situação, deverão convencer o juízo da existência de verossimilhança, isto é, da relevância das suas alegações e do risco da demora, consubstanciado em prejuízos de difícil ou incerta reparação na hipótese de não concessão da decisão provisória.

Concedida essa medida liminar ou antecipatória a suspender a exigibilidade do crédito, deverá a Fazenda Pública, caso ainda não tenha sido feito o lançamento do tributo, promover a devida constituição do crédito tributário, sob pena de ver reconhecida a decadência do seu direito. Nesses casos, deverá ser lavrado auto de lançamento para prevenir a decadência, sem a imposição de multa.

Por fim, importante reiterar que a medida liminar e a antecipação dos efeitos da tutela – como todas as demais hipóteses de suspensão da exigibilidade do crédito tributário – não são eternas, e sim passageiras. Perdurarão desde a concessão da medida até o momento em que ela venha a ser cassada ou, na hipótese de sucesso do contribuinte, até o momento do **trânsito em julgado** da decisão que a confirmar, quando então haverá a extinção do crédito tributário nos termos do art. 156, X, do CTN.

Parcelamento

O **parcelamento do débito** é a medida *mais comum* de suspensão da exigibilidade do crédito tributário. Nessa situação, o contribuinte confessa ser devedor de determinada importância e solicita, administrativamente, para que lhe seja dado o direito, legalmente previsto, de pagar a quantia em um determinado número de parcelas. Durante todo o período em que essas parcelas estiverem sendo pagas, o crédito tributário estará com sua exigibilidade suspensa, o que durará até o pagamento da última prestação – quando, por fim, o crédito tributário estará extinto pelo seu integral pagamento (art. 156, I, CTN).

Tal modalidade de suspensão do crédito tributário, prevista pelo art. 151, I, do CTN, é regrada pelo art. 155-A do mesmo diploma legal, o que é feito nos seguintes termos:

> ***Art. 155-A.*** *O parcelamento será concedido na forma e condição estabelecidas em lei específica.*
>
> *§ 1º Salvo disposição de lei em contrário, o parcelamento do crédito tributário não exclui a incidência de juros e multas.*
>
> *§ 2º Aplicam-se, subsidiariamente, ao parcelamento as disposições desta Lei, relativas à moratória.*
>
> *§ 3º Lei específica disporá sobre as condições de parcelamento dos créditos tributários do devedor em recuperação judicial.*
>
> *§ 4º A inexistência da lei específica a que se refere o § 3º deste artigo importa na aplicação das leis gerais de parcelamento do ente da Federação ao devedor em recuperação judicial, não podendo, neste caso, ser o prazo de parcelamento inferior ao concedido pela lei federal específica.*

De acordo com as regras acima transcritas, mesmo na hipótese de **denúncia espontânea** da infração, *não haverá* exclusão da multa no pedido de parcelamento. Lembre-se, ainda, de que assim como ocorre com a moratória, o parcelamento, salvo disposição legal em contrário, somente abrange os créditos definitivamente constituídos à data da lei ou do despacho que o conceder, ou cujo lançamento já tenha sido iniciado àquela data por ato regularmente notificado ao sujeito passivo (art. 154, CTN).

Tal disposição visa a assegurar que nenhum contribuinte que esteja ocultando a ocorrência de um fato gerador venha a se aproveitar do favor legal, pagando o montante de uma maneira mais benéfica. Da mesma forma, e pelas mesmas razões, o parágrafo único do art. 154 do CTN, aplicável também ao parcelamento pela previsão do § 2º do art. 155-A do códex, determina que ele não aproveita aos casos de dolo, fraude ou simulação do sujeito passivo ou do terceiro em benefício daquele.

9.2 Extinção do crédito tributário

Constituído o crédito tributário pelo lançamento, este poderá ter sua exigibilidade suspensa, naquelas seis hipóteses previstas pelo art. 151 do CTN, analisadas no item anterior deste capítulo. Ocorre, porém, que essa suspensão é temporária, provisória, não encerrando de maneira definitiva o vínculo estabelecido entre sujeito passivo e sujeito ativo quanto àquela específica prestação tributária.

O crédito tributário somente estará resolvido, *encerrado definitivamente*, quando da ocorrência de algumas das **hipóteses de extinção**, elencadas pelo art. 156 do CTN, e que são as seguintes:

1. o pagamento,
2. a compensação,
3. a transação,
4. remissão,
5. a prescrição e a decadência,
6. a conversão de depósito em renda,
7. o pagamento antecipado e a homologação do lançamento nos termos do disposto no art. 150 e seus §§ 1º e 4º,
8. a consignação em pagamento, nos termos do disposto no § 2º do art. 164,
9. a decisão administrativa irreformável, assim entendida a definitiva na órbita administrativa, que não mais possa ser objeto de ação anulatória,
10. a decisão judicial passada em julgado e
11. a dação em pagamento em bens imóveis, na forma e condições estabelecidas em lei.

O *grande traço diferenciador* dessas hipóteses de extinção do crédito tributário para as situações de suspensão de sua exigibilidade é o **caráter permanente**, definitivo daquelas em relação à situação momentânea, passageira destas. Ao se extinguir um crédito tributário, ele estará encerrado, resolvido, sem que nunca mais volte à tona. Na **suspensão da exigibilidade**, entretanto, nada impede que o crédito volte a ser passível de exigência após um período de tempo – como, por exemplo, após o período da moratória, após a cassação de uma medida liminar ou após o encerramento de um processo administrativo.

Pagamento

A primeira e *mais comum* das hipóteses de extinção do crédito tributário é o **pagamento**, que está previsto no art. 156, I, do CTN. Pago integralmente o montante do tributo constituído, por óbvio, estará resolvida aquela relação jurídico-tributária. O art. 161 do CTN expressa que os valores não pagos de forma tempestiva deverão ser acrescidos de juros (como regra geral de 1% ao mês) e das penalidades previstas na legislação.

Entretanto, o § 2º do referido dispositivo salienta que, na hipótese de consulta formulada pelo contribuinte à administração tributária, sobre a correta interpretação de uma norma jurídica, não haverá a incidência de juros e das penalidades até que a resposta seja dada – desde que essa consulta tenha sido formulada dentro do prazo de pagamento do tributo. O CTN estabelece uma ordem de imputação do pagamento, ou seja, a especificação de quais tributos são considerados quitados prioritariamente, *vide* o **art. 163 do CTN**.

O CTN reserva toda uma seção a tratar do **pagamento indevido**, o que é feito através das regras expostas pelos **arts. 165 a 169**. Inicialmente, o código determina quais são as situações em que o contribuinte terá direito a requerer a repetição do indébito. Desses artigos, importa apontar o 165 do CTN, visto que o sujeito passivo tem **direito à restituição** do tributo, nos casos de:

i) cobrança ou pagamento espontâneo de tributo indevido ou maior que o devido em face da legislação tributária aplicável, ou da natureza ou circunstâncias materiais do fato gerador efetivamente ocorrido;
ii) erro na edificação do sujeito passivo, na determinação da alíquota aplicável, no cálculo do montante do débito ou na elaboração ou conferência de qualquer documento relativo ao pagamento, ou
iii) reforma, anulação, revogação ou rescisão de decisão condenatória.

Por fim, importante ressaltar o prazo em que deverá ser pleiteada a repetição do indébito, que está previsto no art. 168 do CTN, *verbis*:

> ***Art. 168.*** *O direito de pleitear a restituição extingue-se com o decurso do prazo de 5 (cinco) anos, contados:*
>
> *I – na hipótese dos incisos I e II do artigo 165, da data da extinção do crédito tributário.*
>
> *II – na hipótese do inciso III do artigo 165, da data em que se tornar definitiva a decisão administrativa ou passar em julgado a decisão judicial que tenha reformado, anulado, revogado ou rescindido a decisão condenatória.*

O **prazo para repetição de indébito** nos tributos sujeitos ao lançamento por homologação, portanto, é, atualmente, de **cinco anos** a contar dos pagamentos antecipados. Por fim, é sabido que o contribuinte pode pleitear a restituição do tributo na via administrativa. Nessa situação, caso receba da administração fazendária uma resposta negativa ao seu pedido, poderá o contribuinte, no prazo de **dois anos**, ajuizar uma **ação anulatória** dessa decisão com base no art. 169 do CTN.

Compensação

Sendo o sujeito passivo e a Fazenda Pública credores e devedores um do outro, ao mesmo tempo, e sempre que houver **lei autorizativa,** poderá ser extinto o crédito tributário por meio de uma **compensação**. Frise-se, por importante, que não há direito à compensação sem uma previsão específica na legislação de cada uma das pessoas políticas. Determina o art. 170 do CTN:

> ***Art. 170.*** *A lei pode, nas condições e sob as garantias que estipular, ou cuja estipulação em cada caso atribuir à autoridade administrativa, autorizar a compensação de créditos tributários com créditos líquidos e certos, vencidos ou vincendos, do sujeito passivo contra a Fazenda pública.*
>
> ***Parágrafo único.*** *Sendo vincendo o crédito do sujeito passivo, a lei determinará, para os efeitos deste artigo, a apuração do seu montante, não podendo, porém,*

cominar redução maior que a correspondente ao juro de 1% (um por cento) ao mês pelo tempo a decorrer entre a data da compensação e a do vencimento.

Muitas vezes, no passado, os contribuintes obtinham liminares ou sentenças a autorizar a compensação de crédito e, antes mesmo do trânsito em julgado das decisões, levavam a efeito o procedimento de compensação. Nessas situações, cassada aquela decisão que possibilitava a compensação, tinha a Fazenda Pública que promover os lançamentos tributários e, posteriormente, buscar em juízo o recebimento dos valores que não tivessem ingressado nos cofres públicos.

Buscando evitar tais situações, foi acrescido ao CTN, por meio da Lei Complementar n. 104/2001, o art. 170-A, que **veda a compensação** "mediante o aproveitamento de tributo, objeto de contestação judicial pelo sujeito passivo, antes do trânsito em julgado da respectiva decisão judicial".

Transação

Nos termos do art. 171 do CTN, "a lei pode facultar, nas condições que estabeleça, aos sujeitos ativo e passivo da obrigação tributária celebrar transação que, mediante concessões mútuas, importe em determinação de litígio e consequente extinção de crédito tributário". A **transação** nada mais é que um *acordo* entre o Fisco e o sujeito passivo para colocar fim a um litígio mediante concessões mútuas. Esse é o grande traço da transação: tem de haver concessões mútuas, isto é, as duas partes devem abrir mão de parte de suas pretensões.

Remissão

Se a transação, analisada no tópico anterior, caracteriza-se pela existência de concessões mútuas, a **remissão** é um *ato unilateral* do sujeito ativo que simplesmente abre mão de um crédito tributário. Assim dispõe o art. 172 do CTN:

> ***Art. 172.*** *A lei pode autorizar a autoridade administrativa a conceder, por despacho fundamentado, remissão total ou parcial do crédito tributário, atendendo:*
>
> *I – à situação econômica do sujeito passivo;*
>
> *II – ao erro ou ignorância excusáveis do sujeito passivo, quanto a matéria de fato;*
>
> *III – à diminuta importância do crédito tributário;*
>
> *IV – a considerações de equidade, em relação com as características pessoais ou materiais do caso;*
>
> *V – a condições peculiares a determinada região do território da entidade tributante.*

Assim como nas demais hipóteses de suspensão e de extinção do crédito tributário, a remissão também *depende de lei*. Não há de se confundir o despacho da autoridade administrativa que concede a remissão com a lei que a autoriza. Nesse sentido, pode-se afirmar que nenhuma remissão pode ser deferida pela autoridade fazendária sem que haja a **previsão em lei** – sendo este requisito indispensável.

Prescrição e decadência

Da mesma forma que as demais relações jurídicas, a tributária não pode se perpetuar no tempo, sob pena de causar forte insegurança jurídica, algo vedado por nossa Constituição Federal. Por essas razões, nosso CTN estabelece que a Fazenda Pública tem um prazo para fazer a constituição do crédito tributário e, cumprido este, inicia-se outro lapso para o ajuizamento da execução fiscal para cobrar os devedores.

O prazo que o Fisco tem para **lavrar o lançamento tributário** é chamado de **prazo decadencial**. Ele é, nos termos do art. 173 do CTN, de **cinco anos**, a contar:

- do primeiro dia do exercício seguinte àquele em que o lançamento poderia ter sido efetuado ou
- da data em que se tornar definitiva a decisão que houver anulado, por vício formal, o lançamento anteriormente efetuado.

Não há de se confundir essa regra com o prazo que tem o fisco para insurgir-se contra o lançamento por homologação efetuado pelo contribuinte. No caso de ter havido um lançamento por homologação e pago valor a menor, a Fazenda Pública disporá de cinco anos a contar do fato gerador – e não do primeiro dia do exercício seguinte – nos termos do art. 150, § 4º, do CTN.

Sendo *definitivo o lançamento tributário* (o que ocorre com a fluência do prazo para sua impugnação administrativa ou com o encerramento do processo administrativo), começa a correr o prazo de **prescrição**, isto é, o lapso temporal dentro do qual deverá ser tal valor levado a uma execução fiscal. Esse prazo é regulamentado pelo art. 174 do CTN, nos seguintes termos:

> ***Art. 174.*** *A ação para a cobrança do crédito tributário prescreve em cinco anos, contados da data da sua constituição definitiva.*
>
> ***Parágrafo único.*** *A prescrição se interrompe:*
>
> *I – pelo despacho do juiz que ordenar a citação em execução fiscal;*
>
> *II – pelo protesto judicial;*
>
> *III – por qualquer ato judicial que constitua em mora o devedor;*
>
> *IV – por qualquer ato inequívoco ainda que extrajudicial, que importe em reconhecimento do débito pelo devedor.*

Portanto, ocorrida a decadência do direito de o fisco constituir o crédito pelo lançamento ou a prescrição da ação de cobrança, estará o crédito tributário extinto, nos termos do art. 156, V, do CTN.

Conversão do depósito em renda

O depósito integral do tributo constituído é caso de suspensão da exigibilidade do crédito tributário (art.

151, II, CTN). Durante todo o período de trâmite da ação judicial, permanecerá suspensa a exigibilidade do crédito tributário. Ao final da ação, caso a decisão judicial transitada em julgado seja no sentido da exigibilidade do tributo, aquele depósito que se prestava a suspender a exigibilidade do crédito tributário passará em definitivo aos cofres públicos. Essa **conversão do depósito em renda** tornará definitiva aquela situação, extinguindo o crédito tributário de uma vez por todas, de acordo com o art. 156, VI, do CTN.

Pagamento antecipado e homologação do lançamento

Nos termos expostos no capítulo atinente ao lançamento tributário, nas hipóteses de **lançamento por homologação**, cumpre ao sujeito passivo informar ao Fisco a ocorrência do fato gerador, declarar as quantias devidas e efetuar, imediatamente, o pagamento dos valores, antes mesmo de qualquer manifestação do sujeito ativo. Ocorre que esse **pagamento antecipado**, por óbvio, não haverá de extinguir por completo o crédito tributário, eis que a Fazenda Pública disporá de cinco anos, contados da data da ocorrência do fato gerador, para se insurgir quanto ao lançamento por homologação.

Entretanto, com a homologação do lançamento por parte da administração fazendária, seja esta homologação expressa ou tácita, estará definitivamente extinto o crédito tributário, nos termos do art. 156, VI, do CTN.

Consignação em pagamento

Ao sujeito passivo é dado não apenas o dever de pagar seus tributos, mas também o direito de efetuar esses recolhimentos. Em algumas situações, o ente arrecadador exige, para receber os valores que o sujeito passivo pretende pagar, que sejam recolhidas, concomitantemente, importâncias tributárias com as quais aquele não concorda.

Isso ocorre, por exemplo, quando um determinado contribuinte pretende regularizar o IPTU de seu imóvel, que se encontra atrasado há diversos anos. Mesmo diante da verificação da ocorrência de prescrição das importâncias mais longínquas, eis que inexistente o ajuizamento de execução fiscal, ao contribuinte é vedado o recolhimento apenas das quantias não prescritas, sendo exigido conjuntamente, na mesma guia, o imposto referente aos anos anteriores.

Nesses casos, dentre outros, está o sujeito passivo autorizado a **consignar a importância tributária em juízo**, com base no art. 164 do CTN, *verbis*:

> ***Art. 164.*** *A importância de crédito tributário pode ser consignada judicialmente pelo sujeito passivo, nos casos:*
>
> *I – de recusa de recebimento, ou subordinação deste ao pagamento de outro tributo ou de penalidade, ou ao cumprimento de obrigação acessória;*
>
> *II – de subordinação do recebimento ao cumprimento de exigências administrativas sem fundamento legal;*
>
> *III – de exigência, por mais de uma pessoa jurídica de direito público, de tributo idêntico sobre um mesmo fato gerador.*
>
> *§ 1º A consignação só pode versar sobre o crédito que o consignante se propõe pagar.*
>
> *§ 2º Julgada procedente a consignação, o pagamento se reputa efetuado e a importância consignada é convertida em renda; julgada improcedente a consignação no todo ou em parte, cobra-se o crédito acrescido de juros de mora, sem prejuízo das penalidades cabíveis.*

Importante ressaltar que, em diversas ocasiões, a jurisprudência pátria se posicionou pela possibilidade de ajuizamento de ação de consignação em pagamento na hipótese de exigência – por mais de uma pessoa política – de tributos diferentes, ao contrário do que possa parecer uma interpretação literal do inciso III acima transcrito. É o caso, por exemplo, da cobrança concomitante de IPTU e de ITR sobre uma mesma propriedade, algo que poderá ser resolvido via consignação das importâncias tributárias.

Decisão administrativa irreformável ou judicial transitada em julgado

Durante todo o processo administrativo, o crédito tributário estará com sua exigibilidade suspensa, nos termos do art. 151, III. Ao final desse processo administrativo, caso a decisão seja pela inexigibilidade da cobrança do tributo, estará extinto de maneira definitiva o crédito tributário, o que é previsto pelo art. 156, IX, do CTN. Frise-se, apenas, mais uma vez, que a **decisão administrativa desfavorável** ao *contribuinte* não lhe inibe de discutir em juízo a tributação com a qual não concorda, visto que a esfera administrativa tem caráter vinculante tão somente ao Poder Público.

O mesmo encerramento de um crédito tributário ocorre na hipótese das ações judiciais, quando a **decisão transitada em julgado** for no sentido de não haver relação jurídico-tributária no que se refere à tributação em discussão naqueles autos. Tornando-se definitiva essa decisão judicial, restará plenamente extinto o crédito tributário, nos termos do art. 156, X, do CTN.

Dação em pagamento de imóveis

Desde o ano de 2001, por meio da Lei Complementar n. 104, é prevista pelo CTN, no art. 156, XI, a possibilidade de extinção do crédito tributário através da transferência ao Poder Público de imóveis pertencentes ao devedor tributário. Essa **dação em pagamento**, porém, *não é uma opção* geral do sujeito passivo, ou seja, não estão autorizados os devedores tributários a escolher quitar seus tributos em dinheiro ou através da transferência de imóveis seus. O CTN, de maneira expressa, determina que tal dação deverá estar prevista em lei própria, que especificará as formas e condições para tanto.

9.3 Exclusão do crédito tributário

Além das situações de **suspensão da exigibilidade** (art. 151 do CTN) e de **extinção do crédito tributário** (art. 156 do CTN), nosso código estabelece *duas hipóteses* em que haverá a **exclusão do crédito tributário**, ou seja, antes de sua constituição haverá uma norma autorizando que não seja lavrado o lançamento tributário. Essas modalidades de exclusão do crédito tributário estão previstas no art. 175 do CTN e são:

- **isenção** e
- **anistia.**

De acordo com o parágrafo único do referido dispositivo legal, "a exclusão do crédito tributário não dispensa o cumprimento das obrigações acessórias dependentes da obrigação principal cujo crédito seja excluído, ou dela consequente".

Isenção

A **isenção** é modalidade de exclusão do crédito tributário e ocorre quando uma lei infraconstitucional impede a formalização do lançamento tributário. Sabe-se, por exemplo, que alguns deficientes físicos podem adquirir veículos sem a incidência do IPI. Como essa previsão está posta numa lei ordinária federal, trata-se de isenção a excluir a incidência do crédito tributário. A grande diferença desta causa de exclusão para a *remissão* é que, no caso da isenção, **nunca o beneficiário desta foi tido por devedor**, eis que ausente lançamento tributário, enquanto na remissão houve a incidência do tributo, foi constituído o crédito tributário e, posteriormente, ele foi extinto por disposição legal do ente competente.

As **isenções** concedidas por prazo certo e em função de determinadas condições não podem ser revogadas antes do final desse interregno legalmente previsto (art. 178 do CTN). As demais *podem ser revogadas* a qualquer momento, com exceção daquelas referentes a impostos sobre o patrimônio e a renda, que deverão aguardar a troca de exercício financeiro. O art. 179 do CTN determina o modo como se dará a efetivação das isenções. São vedadas as chamadas **isenções heterônomas** - aquelas concedidas por pessoas jurídicas de direito público distintas das competentes para instituir o tributo. Nos termos do art. 151, III, da CF, não pode a União Federal "instituir isenções de tributos da competência dos Estados, do Distrito Federal ou dos Municípios".

Anistia

A **anistia** é o *perdão* de penalidades pecuniárias, antes que o crédito tributário correspondente seja constituído pelo lançamento. Este é o primeiro ponto ao qual se deve atentar: para a doutrina e jurisprudência majoritárias, se já existe uma multa constituída, e a pessoa política, por lei, abre mão dela, estamos diante de uma remissão e não de uma anistia. Entretanto, algumas vezes, encontramos questões de prova a diferenciar a anistia da remissão apenas pelo seu objeto, ou seja, sendo *multa será sempre anistia* (mesmo tendo havido lançamento), e *sendo tributo será sempre remissão* - critério com o qual os autores desta obra não concordam.

Assim como a isenção, a anistia *deve estar prevista em lei* e não dispensa o cumprimento de eventuais obrigações acessórias. Como a anistia não consiste numa revogação permanente das leis que punem os faltosos, sua aplicação se restringe aos atos cometidos anteriormente à sua vigência. Além disso, de acordo com o art. 180 do CTN, **não pode ser aplicada**:

- aos atos qualificados em lei como crimes ou contravenções e aos que, mesmo sem essa qualificação, sejam praticados com dolo, fraude ou simulação pelo sujeito passivo ou por terceiro em benefício daquele e
- salvo disposição em contrário, às infrações resultantes de conluio entre duas ou mais pessoas naturais ou jurídicas.

Os arts. 181 e 182 explicitam de que modo podem ser concedidas as anistias e a forma pela qual elas serão efetivadas concretamente. Assim dispõem os referidos artigos:

> ***Art. 181.*** *A anistia pode ser concedida:*
>
> ***I*** *– em caráter geral;*
>
> ***II*** *– limitadamente:*
>
> a) *às infrações da legislação relativa a determinado tributo;*
>
> b) *às infrações punidas com penalidades pecuniárias até determinado montante, conjugadas ou não com penalidades de outra natureza;*
>
> c) *a determinada região do território da entidade tributante, em função de condições a ela peculiares;*
>
> d) *sob condição do pagamento de tributo no prazo fixado pela lei que a conceder, ou cuja fixação seja atribuída pela mesma lei à autoridade administrativa.*
>
> ***Art. 182.*** *A anistia, quando não concedida em caráter geral, é efetivada, em cada caso, por despacho da autoridade administrativa, em requerimento com a qual o interessado faça prova do preenchimento das condições e do cumprimento dos requisitos previstos em lei para sua concessão.*
>
> ***Parágrafo único.*** *O despacho referido neste artigo não gera direito adquirido, aplicando-se, quando cabível, o disposto no artigo 155.*

Portanto, verifica-se que a anistia *pode ser revogada*, quando verificado, posteriormente à sua concessão, que o sujeito passivo não perfazia todos os requisitos exigidos pela legislação, havendo (i) imposição da penalidade, nos casos de dolo ou simulação do beneficiado, ou de terceiro em benefício daquele ou (ii) sem imposição de penalidade, nos demais casos.

10. GARANTIAS E PRIVILÉGIOS DO CRÉDITO TRIBUTÁRIO

10.1 Disposições gerais

Está previsto no CTN a partir do art. 183, reproduzido, *ex litteris*:

> ***Art. 183.*** *A enumeração das garantias atribuídas neste Capítulo ao crédito tributário não exclui outras que sejam expressamente previstas em lei, em função da natureza ou das características do tributo a que se refiram.*
>
> ***Parágrafo único.*** *A natureza das garantias atribuídas ao crédito tributário não altera a natureza deste nem a da obrigação tributária a que corresponda.*

O legislador destacou esse capítulo para assegurar o pagamento do crédito tributário através de **garantias** (assecuratórias do direito de cobrar) e **privilégios** (superioridade aos demais créditos), mas não representou todos eles, uma vez que o rol é exemplificativo, como fica consignado no artigo supracitado. O parágrafo único justifica, em outras palavras, que uma hipoteca, por exemplo, dada em garantia para o pagamento de um tributo não transforma o crédito *tributário* em *hipotecário*.

> ***Art. 184.*** *Sem prejuízo dos privilégios especiais sobre determinados bens, que sejam previstos em lei, responde pelo pagamento do crédito tributário a totalidade dos bens e das rendas, de qualquer origem ou natureza, do sujeito passivo, seu espólio ou sua massa falida, inclusive os gravados por ônus real ou cláusula de inalienabilidade ou impenhorabilidade, seja qual for a data da constituição do ônus ou da cláusula,* ***excetuados*** *unicamente os bens e rendas que a lei declare absolutamente impenhoráveis.*

Esse artigo deixa bem claro que a dívida tributária alcança praticamente todos os bens do devedor, mesmo aqueles protegidos por lei ou por cláusulas impeditivas, como de *inalienabilidade* e *impenhorabilidade*. A exceção fica por conta, por exemplo, da **Lei n. 8.009/90** (bem de família), mas não alcança, por outro lado, os bens inalienáveis e declarados assim por ato voluntário segundo doutrina majoritária.

É importante observar que se presume **fraudulenta** a alienação ou oneração de bens ou rendas, ou seu começo, *por sujeito passivo em débito para com a Fazenda Pública, por crédito tributário regularmente inscrito como dívida ativa (art. 185, CTN), exceto se forem reservados, pelo devedor, bens ou rendas suficientes ao total pagamento da dívida inscrita* (parágrafo único). Esse dispositivo é de suma importância, eis que decorrente de uma inovação legal. Antes da edição da Lei Complementar n. 118/2005, a fraude à execução fiscal somente ocorria após o ajuizamento de execução fiscal.

Atente-se à possibilidade dada ao juiz da execução fiscal para determinar a indisponibilidade de bens do devedor tributário que, citado, não apresenta bens à penhora ou deposita a quantia cobrada. Assim dispõe o novel art. 185-A do CTN:

> ***Art. 185-A.*** *Na hipótese de o devedor tributário, devidamente citado, não pagar nem apresentar bens à penhora no prazo legal e não forem encontrados bens penhoráveis, o juiz determinará a indisponibilidade de seus bens e direitos, comunicando a decisão, preferencialmente por meio eletrônico, aos órgãos e entidades que promovem registros de transferência de bens, especialmente ao registro público de imóveis e às autoridades supervisoras do mercado bancário e do mercado de capitais, a fim de que, no âmbito de suas atribuições, façam cumprir a ordem judicial.*

Importante lembrar, por fim, que o STJ consolidou jurisprudência no sentido de ser **desnecessário** o esgotamento da busca de bens do devedor tributário a serem penhorados para a aplicação do citado art. 185-A (REsp 1.184.765/PA).

10.2 Preferências

Reza o art. 186 do CTN que *o crédito tributário prefere a qualquer outro, seja qual for sua natureza ou o tempo de sua constituição,* ***ressalvados*** *os créditos decorrentes da legislação do trabalho ou do acidente de trabalho.*

E o que acontece no caso de **falência**?

I – o crédito tributário *não prefere* aos créditos extraconcursais ou às importâncias passíveis de restituição, nos termos da lei falimentar, nem aos créditos com garantia real, no limite do valor do bem gravado;

II – a lei poderá estabelecer limites e condições para a preferência dos créditos decorrentes da legislação do trabalho; e

III – a *multa tributária* prefere apenas aos créditos subordinados.

De acordo com o art. 186 do CTN, assente o STJ que o **crédito tributário goza de preferência** sobre os demais, *à exceção dos de natureza trabalhista*. Observa-se que a Fazenda Pública não participa de concurso, tendo prelação no recebimento do produto da venda judicial do bem penhorado, ainda que essa alienação seja levada a efeito em autos de execução diversa. Ou seja, o **crédito tributário** não está condicionado à expressa manifestação da Fazenda Pública.

É firme a orientação do STJ no sentido de que a impenhorabilidade dos bens vinculados a *cédula industrial*, por exemplo, não se opõe aos créditos tributários, tendo em vista que a hipótese prevista no art. 57 do Decreto-Lei n. 413/69 não se inclui na ressalva do art. 184 do CTN. Com efeito, tendo o CTN *status* de **lei complementar**, suas disposições prevalecem sobre a disposição do referido decreto, não podendo a impenhorabilidade que prescreve prevalecer sobre as regras contidas no primeiro, sob pena de violação do princípio da hierarquia das leis (REsp 681.402/RS). Ainda, os **honorários advocatícios** não têm preferência em relação aos créditos tributários, por não serem considerados créditos trabalhistas a despeito de sua natureza alimentar (STJ, REsp 909.830/SC).

A **cobrança judicial**, segundo o art. 187 do CTN, do crédito tributário não é sujeita a concurso de credores ou habilitação em falência, recuperação judicial, inventário ou arrolamento. Se houver concurso de preferência entre as pessoas jurídicas de direito público, a ordem de distribuição de créditos deverá seguir:

1º – União; 2º – Estados, Distrito Federal e Territórios, conjuntamente e *pro rata*; 3º – Municípios, conjuntamente e *pro rata*.

São *extraconcursais* os créditos tributários decorrentes de fatos geradores ocorridos *no curso* do processo de falência (art. 188).

Por fim, duas regrinhas a serem observadas. São pagos **preferencialmente** a:

- Quaisquer créditos habilitados em inventário ou arrolamento, ou a outros encargos do monte, os créditos tributários vencidos ou vincendos, a cargo do *de cujus* ou de seu espólio, exigíveis no decurso do processo de inventário ou arrolamento (art. 189);
- Quaisquer outros os créditos tributários vencidos ou vincendos, a cargo de pessoas jurídicas de direito privado em liquidação judicial ou voluntária, exigíveis no decurso da liquidação (art. 190).

11. ADMINISTRAÇÃO TRIBUTÁRIA

11.1 Fiscalização

É importante observar, inicialmente, que a legislação tributária em matéria de fiscalização aplica-se às pessoas naturais ou jurídicas, **contribuintes ou não**, *inclusive* às que gozem de imunidade tributária ou de isenção de caráter pessoal (art. 194, parágrafo único, CTN). E **não têm aplicação** quaisquer disposições legais *excludentes* ou *limitativas* do **direito de examinar** mercadorias, livros, arquivos, documentos, papéis e efeitos comerciais ou fiscais, dos comerciantes industriais ou produtores, ou da obrigação destes de exibi-los (art. 195).

É oportuno também apontar que não é necessária *ordem judicial* prévia para fins da fiscalização tributária, basta **intimação escrita** para obrigar a prestar à autoridade administrativa todas as informações de que disponham com relação aos bens, negócios ou atividades de terceiros as seguintes pessoas ou entidades (art. 197):

1. os tabeliães, escrivães e demais serventuários de ofício;
2. os bancos, casas bancárias, Caixas Econômicas e demais instituições financeiras;
3. as empresas de administração de bens;
4. os corretores, leiloeiros e despachantes oficiais;
5. os inventariantes;
6. os síndicos, comissários e liquidatários;
7. quaisquer outras entidades ou pessoas que a lei designe, em razão de seu cargo, ofício, função, ministério, atividade ou profissão.

Se for necessária a força pública federal, estadual ou municipal para cumprir a fiscalização tributária, poderá ser requisitada segundo prevê o art. 200. Sem prejuízo do disposto na legislação criminal, segundo o art. 198, é **vedada** a *divulgação*, por parte da Fazenda Pública ou de seus servidores, de informação obtida em razão do ofício sobre a situação econômica ou financeira do sujeito passivo ou de terceiros e sobre a natureza e o estado de seus negócios ou atividades.

11.2 Dívida ativa

Constitui **dívida ativa tributária** a proveniente de crédito dessa natureza, regularmente inscrita na repartição administrativa competente, depois de esgotado o prazo fixado, para pagamento, pela lei ou por decisão final proferida em processo regular (art. 201). Sob pena de **nulidade** da inscrição e do processo de cobrança dela decorrente, seja por *omissão* ou *erro*, o **termo de inscrição da dívida ativa**, autenticado pela autoridade competente, **indicará obrigatoriamente**:

- O nome do devedor e, sendo caso, o dos corresponsáveis, bem como, sempre que possível, o domicílio ou a residência de um e de outros;
- A quantia devida e a maneira de calcular os juros de mora acrescidos;
- A origem e natureza do crédito, mencionada especificamente a disposição da lei em que seja fundado;
- A data em que foi inscrita;
- Sendo caso, o número do processo administrativo de que se originar o crédito.

A certidão conterá, além dos requisitos acima, a indicação do livro e da folha da inscrição. Se for constatada **nulidade**, ela poderá ser *sanada* até a decisão de primeira instância, mediante substituição da certidão nula, devolvido ao sujeito passivo, acusado ou interessado o prazo para defesa, que somente poderá versar sobre a parte modificada (art. 203). É importante, por fim, transcrever o art. 204 e seu parágrafo único do CTN:

> ***Art. 204.*** *A dívida regularmente inscrita goza da* ***presunção de certeza e liquidez*** *e tem o efeito de* ***prova pré-constituída.***
>
> ***Parágrafo único.*** *A* ***presunção*** *a que se refere este artigo é* ***relativa*** *e pode ser ilidida por prova inequívoca, a cargo do sujeito passivo ou do terceiro a que aproveite.*

11.3 Certidões negativas

As **certidões negativas** de que trata o art. 205 do CTN representam a prova de *quitação fiscal* muitas vezes exigida para fins de participação em licitações ou mesmo para concessão de empréstimos.

Independentemente de disposição legal permissiva, prevê o art. 207, será **dispensada a prova de quitação de tributos**, ou o seu suprimento, quando se tratar de prática de ato indispensável para evitar a caducidade de direito, respondendo, porém, todos os participantes no ato pelo tributo porventura devido, juros de mora e penalidades cabíveis, exceto as relativas a infrações cuja responsabilidade seja pessoal ao infrator.

Outro tipo de certidão que considera a legislação tributária é a **certidão positiva com efeitos de negativa** e que, segundo o art. 206, terá os *mesmos efeitos* da certidão negativa quando constar a existência de créditos não vencidos, em curso de cobrança executiva em que tenha sido efetivada a penhora, ou cuja exigibilidade esteja suspensa.

Em outras palavras, sinteticamente, a **certidão positiva com efeitos de negativa** será para *créditos*:

- *Não vencidos;*
- *Com exigibilidade suspensa;*
- *Em curso de cobrança executiva em que tenha sido efetuada penhora.*

REFERÊNCIAS

ALEXANDRE, Ricardo. *Direito tributário esquematizado.* 2. ed. São Paulo: Método, 2008.

AMARO, Luciano. *Direito tributário brasileiro.* 13. ed. São Paulo: Saraiva, 2007.

CARVALHO, Paulo de Barros. *Curso de direito tributário.* 19. ed. São Paulo: Saraiva, 2009.

NOVAIS, Rafael. *Direito tributário facilitado.* 3 ed. São Paulo: Método, 2018.

ROCHA, Marcelo Hugo da; KNIJNIK, Eduardo. *Direito tributário.* Rio de Janeiro: Impetus, 2012.

SABBAG, Eduardo. *Manual de direito tributário.* 3. ed. São Paulo: Saraiva, 2011.

Questões

Direito Tributário

I. TRIBUTO E COMPETÊNCIA TRIBUTÁRIA + II. ESPÉCIES TRIBUTÁRIAS

1. (XXXIII Exame) Um carregamento de computadores foi abandonado no porto pelo importador, que não chegou a realizar o desembaraço aduaneiro dentro do prazo previsto na legislação tributária. Por isso, a autoridade tributária, após o devido processo legal, aplicou a pena de perdimento e realizou leilão para alienação dos computadores. Diante dessa situação, a base de cálculo do imposto sobre a importação incidente na hipótese será o valor

(A) de mercado dos bens.

(B) da arrematação.

(C) arbitrado pela autoridade tributária.

(D) estimado dos bens, deduzindo-se os custos com armazenagem e as comissões do leiloeiro público.

RESPOSTA De acordo com o CTN, a base de cálculo do imposto de importação quando se trate de produto apreendido ou abandonado, levado a leilão, é o preço da arrematação (art. 20, III). *Alternativa B.*

2. (XXXIII Exame) A Assembleia Legislativa do Estado Alfa, castigado por chuvas torrenciais que causaram graves enchentes, aprovou lei complementar estadual de iniciativa parlamentar que instituiu empréstimo compulsório sobre a aquisição de veículos automotores no território estadual, vinculando os recursos obtidos ao combate dos efeitos das enchentes. Diante desse cenário, assinale a afirmativa correta.

(A) A iniciativa da lei que instituiu o empréstimo compulsório é privativa do chefe do Poder Executivo.

(B) O empréstimo compulsório necessita de lei complementar estadual para sua instituição.

(C) O Estado não pode instituir empréstimos compulsórios.

(D) A vinculação da receita de empréstimos compulsórios é inconstitucional.

RESPOSTA De acordo com a CF, somente a União poderá instituir empréstimo compulsório, vide art. 148. Assim, correta a *alternativa C.*

3. (XXXII EXAME Maria Silva, que, durante sua vida, foi domiciliada no Distrito Federal, faleceu deixando um apartamento no Rio de Janeiro e um automóvel que, embora registrado no DETRAN do Amazonas, atualmente está em uso por um de seus herdeiros no Ceará. O inventário está em curso no Distrito Federal. Quanto ao Imposto de Transmissão Causa Mortis e Doação – ITCMD devido, assinale a afirmativa correta.

(A) O ITCMD referente ao apartamento compete ao Distrito Federal, local onde o inventário está sendo processado.

(B) O ITCMD referente ao automóvel compete ao Ceará, local onde o bem está sendo usado.

(C) O ITCMD referente ao automóvel compete ao Distrito Federal, local onde o inventário está sendo processado.

(D) O ITCMD referente ao automóvel compete ao Amazonas, local onde o bem está registrado.

RESPOSTA De acordo com as regras do ITCMD previstas na CF no seu § 1º do art. 155: (1) bens imóveis e respectivos direitos, compete ao Estado da situação do bem, ou ao Distrito Federal; (2) bens móveis, títulos e créditos, compete ao Estado onde se processar o inventário ou arrolamento, ou tiver domicílio o doador, ou ao Distrito Federal. Portanto, correta a *alternativa C.*

4. (XXXII EXAME Rodrigo, em janeiro de 2018, objetivando melhorar o seu inglês, mudou-se para a Austrália para realizar um intercâmbio de 5 (cinco) meses, sem, contudo, prestar qualquer tipo de informação à Secretaria da Receita Federal do Brasil. Durante o seu intercâmbio, precisando aumentar sua renda, Rodrigo prestou alguns serviços no exterior, recebendo por mês o equivalente a R$ 20.000,00 (vinte mil reais), totalizando R$ 100.000,00 (cem mil reais) ao longo dos cinco meses. Tais valores foram tributados na Austrália. Em abril do ano seguinte, Rodrigo questiona você sobre se deve declarar tais rendimentos à Secretaria da Receita Federal do Brasil, para fins de apuração do Imposto sobre a Renda de Pessoa Física (IRPF). Sobre a hipótese formulada e considerando que o Brasil não possui convenção internacional com a Austrália para evitar a bitributação, assinale a afirmativa correta.

(A) Como os rendimentos foram obtidos no exterior, o Fisco Federal não possui competência para cobrá-los; sendo assim, Rodrigo não deve declará-los.

(B) Como os rendimentos foram tributados no exterior, Rodrigo não deve declará-los, sob pena de bitributação.

(C) Rodrigo não está obrigado a declarar e recolher o IRPF, uma vez que os rendimentos obtidos no exterior estão alcançados por imunidade.

(D) Os rendimentos de Rodrigo deverão ser declarados e tributados, uma vez que, tratando-se de residente fiscal no Brasil, a tributação do imposto sobre a renda independe da origem dos rendimentos.

RESPOSTA De acordo com o CTN, a incidência do imposto independe da denominação da receita ou do rendimento, da localização, condição jurídica ou nacionalidade da fonte, da origem e da forma de percepção e na hipótese de receita ou de rendimento oriundos do exterior, a lei estabelecerá as condições e o momento em que se dará sua disponibilidade, para fins de incidência do imposto sobre a renda e proventos (IR). Vide §§ 1º e 2º do art. 43. *Alternativa D.*

5. (XXXII EXAME) Decretado estado de calamidade pública financeira, o Presidente da República edita Medida Provisória (MP), instituindo, temporariamente, imposto extraordinário, incidente sobre os serviços de qualquer natureza, a ser suprimido, gradativamente, no prazo máximo de 5 (cinco) anos. Em seu último parágrafo, a MP prevê que entra em vigor e passa a gerar efeitos a partir da sua publicação, o que se dá em 20-12-2019. Assinale a opção que apresenta o vício da referida Medida Provisória, tal como editada.

(A) À Lei Complementar, e não a uma MP, cabe instituir impostos extraordinários.

(B) A instituição de impostos extraordinários só é permitida na iminência ou no caso de guerra externa.

(C) À União é vedado cobrar tributos no mesmo exercício financeiro em que haja sido publicada a lei que os instituiu ou aumentou.

(D) A referida MP viola a competência constitucional privativa dos Municípios para instituir impostos sobre serviços de qualquer natureza.

RESPOSTA Diz a CF que a União poderá instituir, na iminência ou no caso de guerra externa, impostos extraordinários, compreendidos ou não em sua competência tributária, os quais serão suprimidos, gradativamente, cessadas as causas de sua criação (art. 154, II). Neste caso não é necessária lei complementar nem se fala em bitributação. *Alternativa B.*

6. (XXXI Exame) A sociedade empresária ABC, concessionária de serviço de transporte público coletivo de passageiros, opera a linha de ônibus 123, que inicia seu trajeto no Município X e completa seu percurso no Município Y, ambos localizados no Estado Z. Sobre a prestação onerosa desse serviço de transporte, deve incidir

(A) o ISS, a ser recolhido para o Município X.

(B) o ISS, a ser recolhido para o Município Y.

(C) o ICMS, a ser cobrado de forma conjunta pelo Município X e o Município Y.

(D) o ICMS, a ser recolhido para o Estado em que se localizam o Município X e o Município Y.

RESPOSTA Por se tratar de transporte intermunicipal, que atende dois municípios distintos, observar-se-á o tributo do inciso II do art. 155 da CF, qual seja, ICMS, a ser recolhido para o Estado. *Alternativa D.*

7. (XXXI Exame) Maria dos Santos, querendo constituir hipoteca sobre imóvel de sua propriedade em garantia de empréstimo bancário a ser por ela contraído, vai a um tabelionato para lavrar a escritura pública da referida garantia real. Ali, é informada que o Município Z, onde se situa o bem, cobra o Imposto de Transmissão de Bens Imóveis (ITBI) sobre a constituição de direitos reais de garantia. Diante desse cenário, assinale a afirmativa correta.

(A) É possível tal cobrança, pois a constituição de direito real de garantia sobre bens imóveis, por ato inter vivos, é uma das hipóteses de incidência do ITBI.

(B) O contribuinte do ITBI, nesse caso, não seria Maria dos Santos, mas sim a instituição bancária em favor de quem a garantia real será constituída.

(C) O tabelião atua como responsável por substituição tributária, recolhendo, no lugar do contribuinte, o ITBI devido em favor do Município Z nessa constituição de direitos reais de garantia.

(D) Não é possível exigir ITBI sobre direitos reais de garantia sobre imóveis.

RESPOSTA De acordo com a CF, compete aos Municípios, entre outros, instituir impostos sobre transmissão "inter vivos", a qualquer título, por ato oneroso, de bens imóveis, por natureza ou acessão física, e de direitos reais sobre imóveis, exceto os de garantia, bem como cessão de direitos a sua aquisição. Portanto, deve prevalecer a exceção. Sendo assim, correta a *alternativa D.*

8. (XXX Exame) Otávio, domiciliado no Estado X, possui ações representativas do capital social da Sociedade BETA S/A, com sede no Estado Y, e decide doar parte da sua participação acionária a Mário, seu filho, então domiciliado no Estado Z. Com dúvidas quanto ao Estado para o qual deverá ser recolhido o imposto sobre a Transmissão Causa Mortis e Doação (ITCD) incidente nessa operação, Mário consulta seu escritório, destacando que o Estado Z estabelece alíquotas inferiores às praticadas pelos demais Estados. Com base nisso, assinale a afirmativa correta.

(A) O ente competente para exigir o ITCD na operação em análise é o Estado X, onde tem domicílio o doador.

(B) O ITCD deverá ser recolhido ao Estado Y, uma vez que o bem a ser doado consiste em participação acionária relativa à sociedade ali estabelecida, e o imposto compete ao Estado da situação do bem.

(C) O ITCD deverá ser recolhido ao Estado Z, uma vez que o contribuinte do imposto é o donatário.

D) Doador ou donatário poderão recolher o imposto ao Estado X ou ao Estado Z, pois o contribuinte do imposto é qualquer das partes na operação tributada.

RESPOSTA O ITCD tem duas regras principais a quem compete, a saber (vide art. 155, § 1º, CF): I – relativamente a bens imóveis e respectivos direitos, compete ao Estado da situação do bem, ou ao Distrito Federal; II – relativamente a bens móveis, títulos e créditos, compete ao Estado onde se processar o inventário ou arrolamento, ou tiver domicílio o doador, ou ao Distrito Federal. Como a situação hipotética trata da segunda hipótese, correta a *alternativa A.*

9. (XXX Exame) Projeto de Resolução do Senado Federal pretende fixar nacionalmente as alíquotas mínimas do Imposto sobre a Propriedade de Veículos Automotores (IPVA), tributo de competência estadual. Um Senador, membro da Comissão de Constituição, Justiça e Cidadania do Senado Federal, que terá de elaborar parecer sobre o tema, consulta você sobre sua opinião jurídica acerca desse projeto de Resolução. Diante desse cenário, assinale a afirmativa correta.

A) O Senado, por ser órgão do Poder Legislativo da União, não possui competência constitucional para, por Resolução, dispor sobre o tema, por se tratar de ingerência indevida da União na autonomia dos Estados.

B) É lícito ao Senado instituir a referida Resolução, pois existe autorização expressa na Constituição para tal fixação por Resolução do Senado.

C) A fixação de alíquota mínima de tributo, por mera Resolução do Senado, viola o princípio da legalidade tributária.

D) Resolução do Senado poderia tratar do tema, desde que ratificada por ao menos dois terços dos membros do Conselho Nacional de Política Fazendária (CONFAZ).

RESPOSTA :De acordo com o § 6º do art. 155 da CF, o IPVA terá alíquotas mínimas fixadas pelo Senado Federal (inciso I) e poderá ter alíquotas diferenciadas em função do tipo e utilização (inciso II). *Alternativa B.*

10. (XXX Exame) O Estado Y concedeu, em 2018, por iniciativa própria e isoladamente, mediante uma lei ordinária estadual, isenção fiscal do Imposto sobre Circulação de Mercadorias e Serviços (ICMS) a um determinado setor de atividade econômica, como forma de atrair investimentos para aquele Estado. Diante desse cenário, assinale a afirmativa correta.

(A) É suficiente lei ordinária estadual para a concessão de tal isenção de ICMS, por se tratar de tributo de competência estadual.

(B) Ainda que se trate de tributo de competência estadual, somente por lei estadual complementar seria possível a concessão de tal isenção de ICMS.

C) A lei ordinária estadual pode conceder tal isenção de ICMS, desde que condicionada a uma contrapartida do contribuinte beneficiado.

(D) Apesar de se tratar de tributo de competência estadual, a concessão de tal isenção de ICMS pelo Estado deve ser precedida de deliberação dos Estados e do Distrito Federal (CONFAZ).

RESPOSTA De acordo com a CF, cabe à lei complementar, quanto ao ICMS, regular a forma como, mediante deliberação dos Estados e do Distrito Federal, isenções, incentivos e benefícios fiscais serão concedidos e revogados (art. 155, § 2º, XII, *g*). E de acordo com a LC n. 24/75, as isenções do imposto sobre operações relativas à circulação de mercadorias serão concedidas ou revogadas nos termos de convênios celebrados e ratificados pelos Estados e pelo Distrito Federal, segundo esta Lei. O Conselho Nacional de Política Fazendária – CONFAZ foi criado para evitar a guerra fiscal entre os Estados-membros. *Alternativa D.*

11. (XXIX Exame) A União, diante de grave desastre natural que atingiu todos os estados da Região Norte, e considerando ainda a severa crise econômica e financeira do país, edita Medida Provisória, que institui Empréstimo Compulsório, para que as medidas cabíveis e necessárias à reorganização das localidades atingidas sejam adotadas. Sobre a constitucionalidade da referida tributação, assinale a afirmativa correta.

(A) O Empréstimo Compulsório não pode ser instituído para atender às despesas extraordinárias decorrentes de calamidade pública.

(B) O Empréstimo Compulsório deve ser instituído por meio de Lei Complementar, sendo vedado pela CRFB/88 que Medida Provisória trate desse assunto.

(C) Nenhum tributo pode ser instituído por meio de Medida Provisória.

(D) A União pode instituir Empréstimo Compulsório para atender às despesas decorrentes de calamidade pública, sendo possível, diante da situação de relevância e urgência, a edição de Medida Provisória com esse propósito.

RESPOSTA De acordo com o art. 148 da CF, a União, mediante lei complementar, poderá instituir empréstimos compulsórios para atender a despesas extraordinárias, decorrentes de calamidade pública, de guerra externa ou sua iminência (inciso I). No entanto, é vedado a instituição por medida provisória conforme a própria CF (art. 62, § 1º, III). *Alternativa B.*

12. (XXVIII Exame) O Distrito Federal instituiu, por lei distrital, a contribuição para o custeio do serviço de iluminação pública. Um contribuinte insurgiu-se judicialmente contra tal cobrança, alegando que a instituição pelo Distrito Federal seria inconstitucional. Diante desse quadro, assinale a afirmativa correta.

(A) O contribuinte tem razão, uma vez que, em virtude das peculiaridades do Distrito Federal, é a União o ente federado competente pela instituição da contribuição para o custeio do serviço de iluminação pública na capital federal.

(B) O contribuinte tem razão, uma vez que, em virtude das peculiaridades do Distrito Federal, é o Estado de Goiás o responsável pela instituição da contribuição para o custeio do serviço de iluminação pública na capital federal.

(C) O contribuinte não tem razão, pois o Distrito Federal possui delegação de capacidade tributária ativa feita pela União para a cobrança da contribuição para o custeio do serviço de iluminação pública.

(D) O contribuinte não tem razão, pois o Distrito Federal pode instituir a contribuição para o custeio do serviço de iluminação pública, assim como os Municípios.

RESPOSTA De acordo com o art. 149-A da CF, os Municípios e o Distrito Federal poderão instituir contribuição, na forma das respectivas leis, para o custeio do serviço de iluminação pública. *Alternativa D.*

13. (XXVIII Exame) A União, por meio de lei ordinária, instituiu nova contribuição social (nova fonte de custeio) para financiamento da seguridade social. Para tanto, adotou, além da não cumulatividade, fato gerador e base de cálculo distintos dos discriminados na Constituição da República. A referida lei foi publicada em 1º de outubro de 2018, com entrada em vigor em 1º de fevereiro de 2019, determinando, como data de vencimento da contribuição, o dia 1º de março de 2019. A pessoa jurídica XYZ não realizou o pagamento, razão pela qual, em 10 de março de 2019, foi aconselhada, por seu(sua) advogado(a), a propor uma ação Declaratória de Inexistência de Relação Jurídica, em face da União. Assinale a opção que indica o fundamento que poderá ser alegado para contestar a nova contribuição.

(A) Ela somente poderia ser instituída por meio de Lei Complementar.

(B) Ela violou o princípio da anterioridade anual.

(C) Ela violou o princípio da anterioridade nonagesimal.

(D) Ela somente poderia ser instituída por Emenda Constitucional.

RESPOSTA Segundo a CF, novos tributos devem respeitar o art. 154, qual seja, ser instituídos em lei complementar e desde que sejam não-cumulativos e não tenham fato gerador ou base de cálculo próprios dos discriminados na Constituição. O art. 195 da CF permite a criação de outras fontes para manter a seguridade social, mas desde que respeite o artigo supracitado. *Alternativa A.*

14. (XXVII Exame) Em dezembro de 2017, João adquiriu o domínio útil de um terreno de marinha. No ano de 2018, foi surpreendido com a chegada de duas notificações: uma da Secretaria de Patrimônio da União (SPU), para pagamento do foro anual à União; outra do Município, contendo a cobrança do IPTU do imóvel. Acerca desse cenário, assinale a afirmativa correta.

(A) A cobrança do IPTU é devida, pois o titular do domínio útil também é contribuinte do IPTU.

(B) A dupla cobrança é indevida, pois, tratando-se do mesmo imóvel, a base de cálculo e o fato gerador do foro anual e do IPTU seriam idênticos, configurando um bis in idem vedado em matéria tributária.

(C) A cobrança do IPTU é indevida, pois, sendo o imóvel de propriedade da União, goza da imunidade recíproca.

(D) Como ambos os tributos (foro anual e IPTU) destinam-se a entes federados distintos, é admissível a dupla cobrança.

RESPOSTA O IPTU, segundo o art. 32 do CTN, é o imposto, de competência dos Municípios, sobre a propriedade predial e territorial urbana tem como fato gerador a propriedade, o domínio útil ou a posse de bem imóvel por natureza ou por acessão física, como definido na lei civil, localizado na zona urbana do Município. Atente-se que o foro ou laudêmio não são tributos e, em se tratando de domínio útil, portanto, correta a *alternativa A.*

15. (XXVI Exame) Admita que, em 2016, foi criado um Território Federal no Brasil, dividido em municípios. Joaquim reside nesse Território e recebeu da União, no presente ano, uma guia para o pagamento do Imposto sobre a Propriedade Predial e Territorial Urbana (IPTU) do seu imóvel. Na semana seguinte, recebeu também uma guia do município em que mora. Levando em conta a situação descrita, assinale a afirmativa correta.

(A) Apenas a União é competente para, no caso, exigir o IPTU.

(B) Apenas o Município onde Joaquim reside é competente para exigir o IPTU.

(C) Tanto o Estado, onde se localiza o Território, quanto o Município seriam competentes para exigir o IPTU.

(D) Tanto a União quanto o Município em que Joaquim reside seriam competentes para exigir o IPTU.

RESPOSTA De acordo com o art. 147 da CF, é correta a *alternativa B.*

16. (XXVI Exame) José, preocupado com o meio ambiente, faz uso de um processo caseiro de transformação do lixo orgânico em adubo, bem como separa o lixo inorgânico, destinando-o à reciclagem. Por isso, sempre que os caminhões que prestam o serviço público de coleta de lixo passam por sua casa, não encontram lixo a ser recolhido. José, então, se insurge contra a cobrança da taxa municipal de coleta de lixo proveniente de imóveis, alegando que, como não faz uso do serviço, a cobrança em relação a ele é indevida. Acerca desse cenário, assinale a afirmativa correta.

(A) Por ser a taxa de um tributo contraprestacional, a não utilização do serviço pelo contribuinte retira seu fundamento de validade.

(B) A coleta de lixo domiciliar nessas condições não configura a prestação de um serviço público específico e divisível, sendo inconstitucional.

(C) Por se tratar de serviço público prestado à coletividade em geral, no interesse da saúde pública, seu custeio deve ocorrer por meio dos recursos genéricos auferidos com a cobrança de impostos.

(D) A cobrança é devida, pois o serviço está sendo potencialmente colocado à disposição do contribuinte.

RESPOSTA De acordo com o art. 79 do CTN, observada ainda a Súmula Vinculante 19 do STF, é correta a *alternativa D.*

17. (XXV Exame) Em 2015, o Município X estabeleceu, por meio da Lei n. 123, alíquotas progressivas do Imposto sobre propriedade Predial e Territorial Urbana (IPTU), tendo em conta o valor do imóvel. Sobre a hipótese, assinale a afirmativa correta.

(A) A lei é inconstitucional, pois a Constituição da República admite alíquotas progressivas do IPTU apenas se destinadas a assegurar o cumprimento da função social da propriedade urbana, o que não é a hipótese.

(B) A lei é inconstitucional, pois viola o Princípio da Isonomia.

(C) A lei está de acordo com a Constituição da República, e a fixação de alíquotas progressivas poderia até mesmo ser estabelecida por Decreto.

(D) A lei está de acordo com a Constituição da República, que estabelece a possibilidade de o IPTU ser progressivo em razão do valor do imóvel.

RESPOSTA De acordo com o art. 156, § 1º, da CF, e observada a Súmula 668 do STF, é correta a *alternativa D.*

18. (XXV Exame) O Município M, ao realizar a opção constitucionalmente prevista, fiscalizou e cobrou Imposto sobre Propriedade Territorial Rural (ITR), incidente sobre as propriedades rurais localizadas fora da sua área urbana. Em função desse fato, o Município M recebeu 50% (cinquenta por cento) do produto do imposto da União sobre a propriedade rural, relativo aos imóveis nele situados. Diante dessa situação, sobre a fiscalização e a cobrança do ITR pelo Município M, assinale a afirmativa correta.

(A) Não são possíveis, por se tratar de imposto de competência da União.

(B) São possíveis, sendo igualmente correta a atribuição de 50% (cinquenta por cento) do produto da arrecadação do imposto a ele.

(C) São possíveis, porém, nesse caso, a totalidade do produto da arrecadação do imposto pertence ao Município.

(D) São possíveis, porém, nesse caso, 25% (vinte e cinco por cento) do produto da arrecadação do imposto pertence ao Município.

RESPOSTA De acordo com o art. 153, § 4º, III, da CF. *Vide* ainda o art. 158, II, da CF. *Alternativa C.*

19. (XXII Exame) O Município X instituiu taxa a ser cobrada, exclusivamente, sobre o serviço público de coleta, remoção e tratamento de lixo e resíduos provenientes de imóveis. A igreja ABC, com sede no Município X, foi notificada da cobrança da referida taxa. Sobre a hipótese apresentada, assinale a afirmativa correta.

(A) As Igrejas são imunes; portanto, não devem pagar a taxa instituída pelo Município X.
(B) A taxa é inconstitucional, pois não é específica e divisível.
(C) A taxa é inconstitucional, uma vez que os Municípios não são competentes para a instituição de taxas de serviço público.
(D) A taxa é constitucional e as Igrejas não são imunes.

RESPOSTA De acordo com o art. 150, VI e incisos da CF – incluindo-se a imunidade religiosa –, trata-se especificamente da vedação da cobrança de **impostos. Não há qualquer vedação constitucional acerca da tributação de taxa sobre entidades religiosas.** Quanto à taxa, *vide* a Súmula Vinculante 19: "a taxa cobrada exclusivamente em razão dos serviços públicos de coleta, remoção e tratamento ou destinação de lixo ou resíduos provenientes de imóveis não viola o artigo 145, II, da Constituição Federal". *Alternativa D.*

20. (XXII Exame) O Município Alfa realizou obras nas praças públicas de determinado bairro, incluindo iluminação e arborização. Tais obras acarretaram a valorização imobiliária de dezenas de residências daquela região. Em decorrência disso, o município instituiu contribuição de melhoria. Sobre a contribuição em questão, segundo o CTN, assinale a afirmativa correta.

(A) É inválida, pois deveria ter sido instituída pelo Estado Beta, onde está localizado o Município Alfa.
(B) É válida, porque foi instituída para fazer face ao custo de obra pública da qual decorre a valorização imobiliária.
(C) É válida, mas poderia ter sido instituída independentemente da valorização dos imóveis dos contribuintes.
(D) É inválida, porque deveria ter, como limite individual, o valor global da despesa realizada pelo Poder Público na obra e não a valorização de cada imóvel.

RESPOSTA Diante do caso hipotético, o tributo é válido, de acordo com os arts. 81 e 82 do CTN, pois foi instituído pelo município que realizou a obra e obedeceu aos limites legais. *Alternativa B.*

21. (XXII Exame) Por meio da Lei Ordinária n. 123, a União instituiu contribuição não cumulativa destinada a garantir a expansão da seguridade social, utilizando, para tanto, fato gerador e base de cálculo distintos dos discriminados na Constituição da República. A referida lei foi publicada em 1º de setembro de 2015, com entrada em vigor em 2 de janeiro de 2016, determinando o dia 1º de fevereiro do mesmo ano como data de pagamento. Por considerar indevida a contribuição criada pela União, a pessoa jurídica A, atuante no ramo de supermercados, não realizou o seu pagamento, razão pela qual, em 5 de julho de 2016, foi lavrado auto de infração para a sua cobrança. Considerando a situação em comento, assinale a opção que indica o argumento que poderá ser alegado pela contribuinte para impugnar a referida cobrança.

(A) A nova contribuição viola o princípio da anterioridade nonagesimal.
(B) A nova contribuição viola o princípio da anterioridade anual.
(C) A nova contribuição somente poderia ser instituída por meio de lei complementar.
(D) A Constituição da República veda a instituição de contribuições não cumulativas.

RESPOSTA De acordo com o art. 195, § 4º, da CF, a lei poderá instituir outras fontes destinadas a garantir a manutenção ou expansão da seguridade social, desde que obedecido o art. 154, I, da CF. Ocorre que a contribuição trazida na questão não obedece ao requisito da lei complementar. *Alternativa C.*

22. (XXIII Exame) O laboratório de análises clínicas X realizou a importação de equipamento eletrônico necessário para a realização de alguns exames. Por ocasião do desembaraço aduaneiro, foi-lhe exigido o pagamento de Imposto sobre Produtos Industrializados (IPI), cuja base de cálculo correspondia a 150% do preço corrente do equipamento no mercado atacadista da praça do remetente, acrescido do Imposto de Importação (II), das taxas exigidas para a entrada do produto no país e dos encargos cambiais efetivamente pagos pelo laboratório. Sobre a exigência feita, assinale a afirmativa correta.

(A) É ilegal, pois, além dos acréscimos, a base de cálculo está sendo de 150% do preço corrente do equipamento no mercado atacadista da praça do remetente.
(B) É ilegal, pois a base de cálculo está incluindo o montante correspondente ao imposto de importação.
(C) É ilegal, pois a base de cálculo está incluindo o montante correspondente às taxas exigidas para a entrada do produto no país.
(D) É ilegal, pois a base de cálculo está incluindo o montante correspondente aos encargos cambiais efetivamente pagos pelo laboratório.

RESPOSTA Atente-se que, quando da cobrança do IPI, o que pode variar é a alíquota do tributo e não a própria consideração de preço. *Vide* art. 153, § 3º, I, da CF, e o art. 47, I, do CTN. *Alternativa A.*

III. LIMITAÇÕES CONSTITUCIONAIS AO PODER DE TRIBUTAR

23. (XXXIII Exame) Em 10-11-2020, foi publicada lei ordinária federal que majorava a alíquota de contribuição previdenciária a ser cobrada do empregador, incidente sobre a folha de salários e demais rendimentos do trabalho pagos ou creditados, a qualquer título, à pessoa física que lhe preste serviço, mesmo sem vínculo empregatício. Diante desse cenário, a nova alíquota poderá ser aplicada

(A) a partir da data da publicação da lei.
(B) noventa dias a contar da data da publicação da lei.
(C) a partir do primeiro dia do exercício financeiro seguinte.
(D) a partir de noventa dias contados do primeiro dia do exercício financeiro seguinte.

RESPOSTA É vedado à União, aos Estados, ao Distrito Federal e aos Municípios cobrar tributos antes de decorridos noventa dias da data em que haja sido publicada a lei que os instituiu ou aumentou (art. 150, III, c, CF). Isso se aplica à "contribuição previdenciária a ser cobrada do empregador, incidente sobre a folha de salários e demais rendimentos do trabalho pagos ou creditados". Este princípio se dá o nome de Princípio da Anterioridade Nonagesimal. *Alternativa B.*

24. (XXIX Exame) O Município X, na tentativa de fazer com que os cofres municipais pudessem receber determinado tributo com mais celeridade, publicou, em maio de 2017, uma lei que alterava a data de recolhimento daquela exação. A lei dispunha que os efeitos das suas determinações seriam imediatos. Nesse sentido, assinale a afirmativa correta.

(A) Segundo a Lei de Introdução às Normas do Direito Brasileiro (LINDB), a lei é válida, mas apenas poderia entrar em vigor 45 (quarenta e cinco) dias após a sua publicação.

(B) A lei é inconstitucional, uma vez que não respeitou o princípio da anterioridade.

(C) A lei é constitucional, uma vez que, nessa hipótese, não se sujeita ao princípio da anterioridade.

(D) A lei é válida, mas só poderia vigorar 90 (noventa) dias após a sua publicação.

RESPOSTA De acordo com a Súmula Vinculante 50 do STF, norma legal que altera o prazo de recolhimento de obrigação tributária não se sujeita ao princípio da anterioridade. *Alternativa C.*

25. (XXIX Exame) O Chefe do Executivo do Município X editou o Decreto 123, em que corrige o valor venal dos imóveis para efeito de cobrança do Imposto Predial e Territorial Urbano (IPTU), de acordo com os índices inflacionários anuais de correção monetária. No caso narrado, a medida

(A) fere o princípio da legalidade, pois a majoração da base de cálculo somente pode ser realizada por meio de lei em sentido formal.

(B) está de acordo com o princípio da legalidade, pois a majoração da base de cálculo do IPTU dispensa a edição de lei em sentido formal.

(C) está de acordo com o princípio da legalidade, pois a atualização monetária da base de cálculo do IPTU pode ser realizada por meio de decreto.

(D) fere o princípio da legalidade, pois a atualização monetária da base de cálculo do IPTU não dispensa a edição de lei em sentido formal.

RESPOSTA De acordo com o CTN, não constitui majoração de tributo a atualização do valor monetário da respectiva base de cálculo (art. 97, § 2º). E como se sabe, somente por lei é possível aumentar tributo (art. 150, I, CF). Em conjugação com estas definições, a correção do caso em tela pode ser por decreto. Vide ainda a Súmula 160 do STJ, pois É defeso, ao município, atualizar o IPTU, mediante decreto, em percentual superior ao índice oficial de correção monetária. *Alternativa C.*

26. (XXVIII Exame) O Estado Y lavrou auto de infração em face da pessoa jurídica PJ para cobrança de créditos de Impostos sobre a Circulação de Mercadorias e Prestação de Serviços (ICMS), decorrentes da produção e venda de livros eletrônicos. Adicionalmente aos créditos de ICMS, o Estado Y cobrou o pagamento de multa em decorrência do descumprimento de obrigação acessória legalmente prevista. Tendo isso em vista, assinale a afirmativa correta.

(A) Há imunidade tributária em relação aos livros eletrônicos; por outro lado, é incorreta a cobrança da multa pelo descumprimento da obrigação acessória.

(B) Há imunidade tributária em relação aos livros eletrônicos; no entanto, tendo em vista a previsão legal, é correta a cobrança de multa pelo descumprimento da obrigação acessória.

(C) É correta a cobrança do ICMS, uma vez que a imunidade tributária somente abrange o papel destinado à impressão de livros, jornais e periódicos; da mesma forma, é correta a cobrança de multa pelo descumprimento da obrigação acessória, em vista da previsão legal.

(D) É correta a cobrança do ICMS, uma vez que a imunidade tributária somente abrange o papel destinado à impressão de livros, jornais e periódicos; no entanto, é incorreta a cobrança da multa pelo descumprimento da obrigação acessória.

RESPOSTA De acordo com as imunidades tributárias previstas na CF, livros, jornais, periódicos e o papel destinado a sua impressão são imunes (art. 150, VI, d). Não trata de livros eletrônicos especificamente, mas o STF entendeu que se estende também a eles. Atente-se que as obrigações acessórias devem ser cobradas, vide o § 3º do art. 113 do CTN. *Alternativa B.*

27. (XXIII Exame) O reitor de uma faculdade privada sem fins lucrativos (cujas receitas, inclusive seus eventuais superávits, são integralmente reinvestidas no estabelecimento de ensino) deseja saber se está correta a cobrança de impostos efetuada pelo fisco, que negou a pretendida imunidade tributária, sob o argumento de que a instituição de ensino privada auferia lucros. Na hipótese, sobre a atuação do fisco, assinale a afirmativa correta.

(A) O fisco agiu corretamente, pois a imunidade tributária apenas alcança instituições de ensino que não sejam superavitárias.

(B) O fisco agiu corretamente, pois a imunidade tributária apenas alcança instituições públicas de ensino.

(C) O fisco não agiu corretamente, pois não há impedimento à distribuição de lucro pelo estabelecimento de ensino imune.

(D) O fisco não agiu corretamente, pois, para que seja concedida tal imunidade, a instituição não precisa ser deficitária, desde que o superávit seja revertido para suas finalidades.

RESPOSTA De acordo com o art. 150, VI, c, da CF, observados os requisitos do art. 14 do CTN. *Alternativa D.*

IV. LEGISLAÇÃO TRIBUTÁRIA

28. (XXX Exame) A sociedade empresária ABC Ltda. foi autuada pelo Fisco do Estado Z apenas pelo descumprimento de uma determinada obrigação tributária acessória, referente à fiscalização do ICMS prevista em lei estadual (mas sem deixar de recolher o tributo devido). Inconformada, realiza a impugnação administrativa por meio do auto de infração. Antes que sobreviesse a decisão administrativa da impugnação, outra lei estadual extingue a previsão da obrigação acessória que havia sido descumprida. Diante desse cenário, assinale a afirmativa correta.

(A) A lei estadual não é instrumento normativo hábil para extinguir a previsão dessa obrigação tributária acessória referente ao ICMS, em virtude do caráter nacional desse tributo.

(B) O julgamento administrativo, nesse caso, deverá levar em consideração apenas a legislação tributária vigente na época do fato gerador.
(C) Não é possível a extinção dos efeitos da infração a essa obrigação tributária acessória após a lavratura do respectivo auto de infração.
(D) A superveniência da extinção da previsão dessa obrigação acessória, desde que não tenha havido fraude, nem ausência de pagamento de tributo, constitui hipótese de aplicação da legislação tributária a ato pretérito.

RESPOSTA De acordo com o art. 106 do CTN, a lei aplica-se a ato ou fato pretérito em qualquer caso, quando seja expressamente interpretativa, excluída a aplicação de penalidade à infração dos dispositivos interpretados; tratando-se de ato não definitivamente julgado: a) quando deixe de defini-lo como infração; b) quando deixe de tratá-lo como contrário a qualquer exigência de ação ou omissão, desde que não tenha sido fraudulento e não tenha implicado em falta de pagamento de tributo; c) quando lhe comine penalidade menos severa que a prevista na lei vigente ao tempo da sua prática. *Alternativa D.*

V. FATO GERADOR E OBRIGAÇÃO TRIBUTÁRIA

29. (XXII Exame) João e Pedro são, por lei, contribuintes obrigados solidariamente a pagar determinado tributo. Foi publicada lei que isenta os ex-combatentes do pagamento de tal tributo, sendo este o caso pessoal somente de João. Tendo em vista essa situação, assinale a afirmativa correta.

(A) Sendo um caso de isenção pessoal, a lei não exonera Pedro, que permanece obrigado a pagar o saldo remanescente, descontada a parcela isenta em favor de João.
(B) Pedro ficará totalmente exonerado do pagamento, aproveitando-se da isenção em favor de João.
(C) O imposto poderá ser cobrado de Pedro ou de João, pois a solidariedade afasta a isenção em favor deste.
(D) Pedro permanece obrigado a pagar integralmente o imposto, nada obstante a isenção em favor de João.

RESPOSTA Diante dos efeitos da solidariedade, são três, *vide* o art. 125. Levando-se em conta o art. 125, II, do CTN, é correta a *alternativa A.*

30. (XXIV Exame) João e Maria celebraram entre si contrato de locação, sendo João o locador e proprietário do imóvel. No contrato, eles estipularam que a responsabilidade pelo pagamento do Imposto sobre a Propriedade Predial e Territorial Urbana (IPTU) do imóvel será de Maria, locatária. Com base nessas informações, assinale a afirmativa correta.

(A) O contrato será ineficaz entre as partes, pois transferiu a obrigação de pagar o imposto para pessoa não prevista em lei.
(B) O contrato firmado entre particulares não poderá se opor ao fisco municipal, no que tange à alteração do sujeito passivo do tributo.
(C) O contrato é válido e eficaz, e, por consequência dele, a responsabilidade pelo pagamento do tributo se tornará solidária, podendo o fisco municipal cobrá-lo de João e/ou de Maria.
(D) No caso de o fisco municipal cobrar o tributo de João, ele não poderá ajuizar ação regressiva em face de Maria.

RESPOSTA De acordo com o art. 123 do CTN, as convenções particulares, relativas à responsabilidade pelo pagamento de tributos, não podem ser opostas à Fazenda Pública, para modificar a definição legal do sujeito passivo das obrigações tributárias correspondentes. *Alternativa B.*

31. (XXIV Exame) Considere que Luís é um andarilho civilmente capaz que não elegeu nenhum lugar como seu domicílio tributário, não tem domicílio civil, nem residência fixa, e não desempenha habitualmente atividades em endereço certo. A partir da hipótese apresentada, de acordo com o Código Tributário Nacional e no silêncio de legislação específica, assinale a afirmativa correta.

(A) Luís nunca terá domicílio tributário.
(B) O domicílio tributário de Luís será o lugar da situação de seus bens ou da ocorrência do fato gerador.
(C) O domicílio tributário de Luís será, necessariamente, a sede da entidade tributante.
(D) O domicílio tributário de Luís será a residência de seus parentes mais próximos ou o lugar da situação dos bens de Luís.

RESPOSTA De acordo com o art. 127, § 1º, do CTN, considerar-se-á como domicílio tributário do contribuinte ou responsável o lugar da situação dos bens ou da ocorrência dos atos ou fatos que deram origem à obrigação. *Alternativa B.*

VI. SUJEIÇÃO PASSIVA

32. (XXXIII Exame) Panificadora Pães Fofos Ltda., tendo como sócio-administrador José, alienou seu fundo de comércio à Panificadora Flor de Lisboa Ltda., deixando de atuar comercialmente. Contudo, 9 meses após a alienação do fundo de comércio, a Panificadora Pães Fofos Ltda. alugou um novo ponto comercial e retornou às atividades de panificação. Diante desse cenário, assinale a afirmativa correta.

(A) A Panificadora Flor de Lisboa Ltda. responde, integralmente, pelos tributos relativos ao fundo adquirido, devidos até à data do ato de aquisição.
(B) Ambas as panificadoras respondem, solidariamente, pelos tributos relativos ao fundo adquirido, devidos até à data do ato de aquisição.
(C) A Panificadora Pães Fofos Ltda. responde, subsidiariamente, pelos tributos relativos ao fundo adquirido, devidos até à data do ato de aquisição.
(D) A Panificadora Pães Fofos Ltda. e José, seu sócio-administrador, respondem, solidariamente, pelos tributos relativos ao fundo adquirido, devidos até à data do ato de aquisição.

RESPOSTA Diz o art. 133 do CTN que a pessoa natural ou jurídica de direito privado que adquirir de outra, por qualquer título, fundo de comércio ou estabelecimento comercial, industrial ou profissional, e continuar a respectiva exploração, sob a mesma ou outra razão social ou sob firma ou nome individual, responde pelos tributos, relativos ao fundo ou estabelecimento adquirido, devidos até à data do ato: I – integralmente, se o alienante cessar a exploração do comércio, indústria ou atividade; II – subsidiariamente com o alienante, se este prosseguir na exploração ou iniciar dentro de seis meses a contar da data da alienação, nova atividade no mesmo ou em outro ramo de comércio, indústria ou profissão. Sendo assim, correta a *alternativa A.*

33. (XXVIII Exame) Pedro tem três anos de idade e é proprietário de um apartamento. Em janeiro deste ano, o Fisco notificou Pedro para o pagamento do Imposto Predial e Territorial Urbano (IPTU), por meio do envio do carnê de cobrança ao seu endereço. Os pais de Pedro, recebendo a correspondência, decidiram não pagar o tributo, mesmo possuindo recursos suficientes para tanto. Diante da impossibilidade de cumprimento da obrigação por Pedro, assinale a afirmativa correta.

(A) Os pais de Pedro devem pagar o tributo, na qualidade de substitutos tributários.

(B) O Fisco deverá aguardar Pedro completar 18 anos para iniciar o processo de execução da dívida.

(C) Os pais de Pedro responderão pelo pagamento do tributo, uma vez que são responsáveis tributários na condição de terceiros.

(D) O Fisco deve cobrar o tributo dos pais de Pedro, já que são contribuintes do IPTU.

RESPOSTA Quanto à responsabilidade de terceiros sobre o pagamento de tributos, como é o caso em tela, o art. 134 do CTN é bastante claro. Segundo ele, nos casos de impossibilidade de exigência do cumprimento da obrigação principal pelo contribuinte, respondem solidariamente com este nos atos em que intervierem ou pelas omissões de que forem responsáveis os pais, pelos tributos devidos por seus filhos menores (inciso I). Correta a *alternativa C*.

34. (XXVII Exame) A pessoa jurídica Sigma teve lavrado contra si um auto de infração. A autuação fiscal lhe impôs multa pela falta de exibição de notas fiscais durante um determinado período. Após ser citada em sede de execução fiscal, a pessoa jurídica Sigma alegou, em embargos à execução, que não apresentou as notas fiscais porque elas haviam sido furtadas por seu antigo gerente geral, que, com elas, praticara ilícito criminal, tendo sido, por isso, condenado na esfera penal por sonegação fiscal e furto daquelas notas. Com base nessa narrativa, no que tange ao pagamento da multa tributária, assinale a afirmativa correta.

(A) A responsabilidade é pessoal do antigo gerente por ter cometido infração conceituada na lei como crime.

(B) A empresa deve arcar com o pagamento da multa, sendo possível, posteriormente, uma ação de regresso em face do antigo gerente geral.

(C) O antigo gerente não pode ser responsabilizado na esfera cível/tributária, por já ter sido condenado na esfera penal.

(D) O caso é de responsabilidade solidária, por ter a empresa nomeado o antigo gerente para cargo de tamanha confiança.

RESPOSTA De acordo com o art. 137 do CTN, a responsabilidade é pessoal ao agente quanto às infrações conceituadas por lei como crimes ou contravenções, salvo quando praticadas no exercício regular de administração, mandato, função, cargo ou emprego, ou no cumprimento de ordem expressa emitida por quem de direito (inciso I), o que não aconteceu no caso hipotético. Portanto, *alternativa A*.

35. (XXV Exame) A pessoa jurídica XXX é devedora de Contribuição Social sobre o Lucro Líquido (CSLL), além de multa de ofício e de juros moratórios (taxa Selic), relativamente ao exercício de 2014. O referido crédito tributário foi devidamente constituído por meio de lançamento de ofício, e sua exigibilidade se encontra suspensa por força de recurso administrativo. No ano de 2015, a pessoa jurídica XXX foi incorporada pela pessoa jurídica ZZZ. Sobre a responsabilidade tributária da pessoa jurídica ZZZ, no tocante ao crédito tributário constituído contra XXX, assinale a afirmativa correta.

(A) A incorporadora ZZZ é responsável apenas pelo pagamento da CSLL e dos juros moratórios (taxa Selic).

(B) A incorporadora ZZZ é integralmente responsável tanto pelo pagamento da CSLL quanto pelo pagamento da multa e dos juros moratórios.

(C) A incorporadora ZZZ é responsável apenas pelo tributo, uma vez que, em razão da suspensão da exigibilidade, não é responsável pelo pagamento das multas e dos demais acréscimos legais.

(D) A incorporadora ZZZ é responsável apenas pela CSLL e pela multa, não sendo responsável pelo pagamento dos juros moratórios.

RESPOSTA De acordo com o art. 132 do CTN. Atente-se também à Sumula 554 do STJ. *Alternativa B*.

36. (XXIII Exame) A pessoa jurídica XYZ, prestadora de serviços contábeis, é devedora de Imposto sobre a Renda da Pessoa Jurídica (IRPJ), além de multa moratória e punitiva, dos anos-calendário de 2014 e 2015. No ano de 2016, a pessoa jurídica XYZ foi incorporada pela pessoa jurídica ABC, também prestadora de serviços contábeis. Sobre a responsabilidade tributária da pessoa jurídica ABC, assinale a afirmativa correta.

(A) Ela é responsável apenas pelo IRPJ devido, não sendo responsável pelo pagamento das multas moratória e punitiva.

(B) Ela é responsável integral, tanto pelo pagamento do IRPJ devido quanto pelas multas moratória e punitiva.

(C) Ela não é responsável pelo pagamento do IRPJ e das multas moratória e punitiva, uma vez que não praticou o fato gerador do tributo.

(D) Ela é responsável apenas pelo IRPJ e pela multa moratória, não sendo responsável pelo pagamento da multa punitiva.

RESPOSTA De acordo com o art. 132 do CTN, a responsabilidade tributária da empresa incorporadora é integral. *Alternativa B*.

VII. LANÇAMENTO E CRÉDITO TRIBUTÁRIO

37. (XXXIII Exame) Lei municipal específica instituiu contribuição de melhoria para custeio de pavimentação asfáltica integralmente custeada pelo ente público na Rua ABC, localizada no Município X. Finalizada a obra e seguido o devido procedimento previsto na legislação para cálculo e cobrança deste tributo, Lucas, proprietário de imóvel substancialmente valorizado em decorrência da obra, recebeu notificação, em 01-06-2021, para pagamento do tributo até 30-06-2021. Contudo, nem pagou nem impugnou o débito tributário. Diante desse cenário, assinale a afirmativa correta.

(A) O prazo decadencial para constituição deste crédito tributário se encerra em cinco anos contados a partir da data de 01-06-2021.

(B) O prazo decadencial para constituição deste crédito tributário se encerra em cinco anos contados a partir da data de 30-06-2021.

(C) O prazo prescricional para cobrança deste crédito tributário se encerra em cinco anos contados a partir da data de 01-06-2021.

(D) O prazo prescricional para cobrança deste crédito tributário se encerra em cinco anos contados a partir da data de 30-06-2021.

RESPOSTA De acordo com o CTN, a ação para a cobrança do crédito tributário prescreve em cinco anos, contados da data da sua constituição definitiva (art. 174). E o direito de a Fazenda Pública constituir o crédito tributário, segundo o art. 173 do CTN, extingue-se após 5 (cinco) anos, contados: I - do primeiro dia do exercício seguinte àquele em que o lançamento poderia ter sido efetuado; II - da data em que se tornar definitiva a decisão que houver anulado, por vício formal, o lançamento anteriormente efetuado. Assim, diante das opções, correta a *alternativa D.*

38. (XXX Exame) No final do ano de 2018, o Município X foi gravemente afetado por fortes chuvas que causaram grandes estragos na localidade. Em razão disso, a Assembleia Legislativa do Estado Y, em que está localizado o Município X, aprovou lei estadual ordinária concedendo moratória quanto ao pagamento do Imposto Predial e Territorial Urbano (IPTU) do ano subsequente, em favor de todos os contribuintes desse imposto situados no Município X. Diante desse cenário, assinale a afirmativa correta.

A) Lei ordinária não é espécie normativa adequada para concessão de moratória.

B) Lei estadual pode conceder moratória de IPTU, em situação de calamidade pública ou de guerra externa ou sua iminência.

C) Lei estadual não pode, em nenhuma hipótese, conceder moratória de IPTU.

D) A referida moratória somente poderia ser concedida mediante despacho da autoridade administrativa em caráter individual.

RESPOSTA De acordo com o art. 152 do CTN, a moratória somente pode ser concedida de duas formas: I- em caráter geral pela pessoa jurídica de direito público competente para instituir o tributo a que se refira ou pela União, quanto a tributos de competência dos Estados, do Distrito Federal ou dos Municípios, quando simultaneamente concedida quanto aos tributos de competência federal e às obrigações de direito privado; II - em caráter individual, por despacho da autoridade administrativa, desde que autorizada por lei nas condições do inciso anterior. Na situação hipotética, o Estado Y concedeu moratória de forma individual (apenas para os moradores do Município X), o que não consta nas hipóteses do CTN, pois tratou de imposto de competência municipal (IPTU, vide art. 156, I, CF). Assim, nem mesmo se fosse através de despacho da autoridade administrativa, como hipótese da alínea II. *Alternativa C.*

39. (XXVII Exame) A sociedade empresária ABC, atuante na área de prestação de serviços de limpeza, em dificuldades financeiras, não estava conseguindo realizar o pagamento dos tributos federais. Diante disso, ela se ofereceu à Administração Pública Federal para realizar o pagamento dos tributos mediante prestação direta de serviços de limpeza em prédios públicos ou, alternativamente, transferir para o Fisco um imóvel de sua propriedade. A respeito desse cenário, assinale a afirmativa correta.

(A) As propostas são inadmissíveis, pois os tributos somente podem ser pagos em dinheiro.

(B) As propostas são admissíveis, em razão do princípio da menor onerosidade para o devedor (favor debitoris).

(C) A proposta de transferência de imóvel do contribuinte para a Fazenda Pública Federal para pagamento de tributo é admissível por expressa permissão legal.

(D) A proposta de prestação direta de serviços para pagamento de tributo é admissível, em circunstâncias excepcionais, como forma subsidiária de garantia do recebimento do crédito pela Fazenda Pública.

RESPOSTA Dentre as hipóteses de extinção do crédito tributário está a dação em pagamento, vide o art. 156, XI, do CTN. E o que seria uma dação, por exemplo? A situação da questão apresentada e a respectiva resposta da *alternativa C.*

40. (XXVII Exame) O Município M resolve ele mesmo fiscalizar e cobrar o Imposto sobre a Propriedade Territorial Rural (ITR) dos imóveis rurais localizados em seu território. Acerca desse cenário, assinale a afirmativa correta.

(A) O ITR não pode ser fiscalizado e cobrado pelo Município M, por se tratar de tributo de competência da União.

(B) O Município M poderá optar, na forma da lei, por fiscalizar e cobrar diretamente o ITR.

(C) A fiscalização e a cobrança do ITR pelo Município M autorizam-no a reter 50% do produto da arrecadação do imposto, como contraprestação pela fiscalização e cobrança no lugar da União.

(D) A partir da opção por fiscalizar e cobrar o ITR, o Município M passa a ter competência para alterar as alíquotas do imposto, inclusive para sua redução.

RESPOSTA Conforme a Constituição Federal, o ITR será fiscalizado e cobrado pelos Municípios que assim optarem, na forma da lei, desde que não implique redução do imposto ou qualquer outra forma de renúncia fiscal (art. 153, § 4º, III). *Alternativa B.*

41. (XXVI Exame) Em março de 2016, o Município X publicou lei instituindo novos critérios de apuração e ampliando os poderes de investigação das autoridades administrativas. Com base nessa nova orientação, em outubro do mesmo ano, o fisco municipal verificou a ausência de declaração e recolhimento de valores do Imposto Sobre Serviços de Qualquer Natureza - ISSQN devidos pela pessoa jurídica Y, referentes ao ano-calendário 2014; diante dessa constatação, lavrou auto de infração para cobrança dos valores inadimplidos. No que tange à possibilidade de aplicação da nova legislação ao presente caso, assinale a afirmativa correta.

(A) É inaplicável, pois não respeitou o princípio da anterioridade anual.

(B) É inaplicável, pois o fisco somente poderia lavrar o auto de infração com base nos critérios de apuração previstos em lei vigente no momento da ocorrência do fato gerador.

(C) É aplicável, pois a legislação que institui novos critérios de apuração e amplia poderes de investigação das autoridades administrativas aplica-se aos lançamentos referentes a fatos geradores ocorridos antes de sua vigência.

(D) É aplicável, pois foi observado o princípio da anterioridade nonagesimal.

RESPOSTA De acordo com o art. 144 e § 1º do CTN, é correta a *alternativa C*.

42. (XXV Exame) João, no final de janeiro de 2016, foi citado em execução fiscal, proposta no início do mesmo mês, para pagamento de valores do Imposto sobre a Propriedade Predial e Territorial Urbana (IPTU) referente aos anos de 2009 e 2010. Sabe-se que o IPTU em referência aos dois exercícios foi lançado e notificado ao sujeito passivo, respectivamente, em janeiro de 2009 e em janeiro de 2010. Após a ciência dos lançamentos, João não tomou qualquer providência em relação aos débitos. O município não adotou qualquer medida judicial entre a notificação dos lançamentos ao sujeito passivo e o ajuizamento da execução fiscal. Com base na hipótese apresentada, assinale a opção que indica o argumento apto a afastar a exigência fiscal.

(A) O crédito tributário está extinto em virtude de decadência.
(B) O crédito tributário está extinto em virtude de parcelamento.
(C) A exigibilidade do crédito tributário está suspensa em virtude de compensação.
(D) O crédito tributário está extinto em virtude de prescrição.

RESPOSTA De acordo com o art. 156, V, e art. 174 do CTN, é correta a *alternativa D*.

43. (XXIII Exame) O Estado E publicou a Lei n. 123, instituindo anistia relativa às infrações cometidas em determinada região de seu território, em função de condições a ela peculiares. Diante desse fato, o contribuinte C apresentou requerimento para a concessão da anistia, comprovando o preenchimento das condições e o cumprimento dos requisitos previstos em lei. Efetivada a anistia por despacho da autoridade administrativa, verificou-se o descumprimento, por parte do contribuinte, das condições estabelecidas em lei, gerando a revogação da anistia de ofício. Diante da situação apresentada, assinale a afirmativa correta.

(A) A anistia instituída pela Lei n. 123 é inviável, pois a anistia deve abranger todo o território da entidade tributante.
(B) Não é possível a revogação da anistia, pois o preenchimento das condições e o cumprimento dos requisitos previstos em lei, por parte do contribuinte, geram direito adquirido.
(C) A anistia instituída pela Lei n. 123 é inviável, pois a anistia somente pode ser concedida em caráter geral.
(D) É possível a revogação da anistia, pois o despacho da autoridade administrativa efetivando a anistia não gera direito adquirido.

RESPOSTA De acordo com o art. 182 e parágrafo único do CTN. *Alternativa D*.

44. (XXIV Exame) O Município X, graças a uma lei municipal publicada no ano de 2014, concedeu isenção de IPTU aos proprietários de imóveis cujas áreas não ultrapassassem 70m². João possui um imóvel nessa condição e procura seus serviços, como advogado(a), para saber se deve pagar a taxa de coleta de resíduos sólidos urbanos, instituída pelo município por meio de lei publicada em junho de 2017, a ser exigida a partir do exercício financeiro seguinte. Diante desse quadro fático, assinale a afirmativa correta.

(A) João não deve pagar a taxa de coleta, uma vez que a isenção do IPTU se aplica a qualquer outro tributo.
(B) João não deve pagar a taxa de coleta, porque, sendo a lei instituidora da taxa posterior à lei que concedeu a isenção, por esta é abrangida, ficando João desobrigado do IPTU e da taxa.
(C) João deve pagar a taxa de coleta, porque a isenção só é extensiva às contribuições de melhoria instituídas pelo município.
(D) João deve pagar a taxa de coleta, porque, salvo disposição de lei em contrário, a isenção não é extensiva às taxas.

RESPOSTA Em razão do art. 150, § 6º, da CF e art. 111 e 177 do CTN, correta *Alternativa D*.

45. (XXIV Exame) A pessoa jurídica A declarou débitos de Imposto sobre a Renda (IRPJ) que, no entanto, deixaram de ser quitados. Diante do inadimplemento da contribuinte, a União promoveu o protesto da Certidão de Dívida Ativa (CDA) decorrente da regular constituição definitiva do crédito tributário inadimplido. Com base em tais informações, no que tange à possibilidade de questionamento por parte da contribuinte em relação ao protesto realizado pela União, assinale a afirmativa correta.

(A) O protesto da CDA é indevido, uma vez que o crédito tributário somente pode ser cobrado por meio da execução fiscal.
(B) O protesto da CDA é regular, por se tratar de instrumento extrajudicial de cobrança com expressa previsão legal.
(C) O protesto da CDA é regular, por se tratar de instrumento judicial de cobrança com expressa previsão legal.
(D) O protesto da CDA é indevido, por se tratar de sanção política sem previsão em lei.

RESPOSTA De acordo com o art. 174, parágrafo único, II, do CTN, a ação para a cobrança do crédito tributário prescreve em cinco anos, contados da data da sua constituição definitiva, e a prescrição se interrompe pelo protesto judicial. E segundo o STF, o protesto da CDA é considerado instrumento extrajudicial. *Alternativa B*.

VIII. SUSPENSÃO, EXTINÇÃO E EXCLUSÃO DO CRÉDITO TRIBUTÁRIO

46. (XXXI Exame) Uma sociedade empresária em recuperação judicial requereu, perante a Secretaria Estadual de Fazenda do Estado X, o parcelamento de suas dívidas tributárias estaduais. O Estado X dispunha de uma lei geral de parcelamento tributário, mas não de uma lei específica para parcelamento de débitos tributários de devedor em recuperação judicial. Diante desse cenário, assinale a afirmativa correta.

(A) O parcelamento não pode ser concedido caso inexista lei específica estadual que disponha sobre as condições de parcelamento dos créditos tributários do devedor em recuperação judicial.
(B) O prazo de parcelamento a ser concedido ao devedor em recuperação judicial quanto a tais débitos para com o Estado X não pode ser inferior ao concedido por lei federal específica de parcelamento dos créditos tributários do devedor em recuperação judicial.
(C) O parcelamento do crédito tributário exclui a incidência de juros, em regra, no caso de devedor em recuperação judicial.
(D) O parcelamento do crédito tributário exclui a incidência de multas, em regra, no caso de devedor em recuperação judicial.

RESPOSTA Diante do caso em tela, observa-se que lei específica disporá sobre as condições de parcelamento dos créditos tributários do devedor em recuperação judicial (art. 155-A, § 3º, CTN). Mas, no caso de inexistência da lei específica, importa na aplicação das leis gerais de parcelamento do ente da Federação ao devedor em recuperação judicial, não podendo, neste caso, ser o prazo de parcelamento inferior ao concedido pela lei federal específica (4º). *Alternativa B.*

47. (XXIX Exame) A Fazenda Pública apurou que fato gerador, ocorrido em 12/10/2007, referente a um imposto sujeito a lançamento por declaração, não havia sido comunicado pelo contribuinte ao Fisco. Por isso, efetuou o lançamento de ofício do tributo em 05/11/2012, tendo sido o contribuinte notificado desse lançamento em 09/11/2012, para pagamento em 30 dias. Não sendo a dívida paga, nem tendo o contribuinte impugnado o lançamento, a Fazenda Pública inscreveu, em 05/10/2017, o débito em dívida ativa, tendo ajuizado a ação de execução fiscal em 08/01/2018. Diante desse cenário, assinale a afirmativa correta.

(A) A cobrança é indevida, pois o crédito tributário foi extinto pelo decurso do prazo decadencial.
(B) A cobrança é indevida, pois já teria se consumado o prazo prescricional para propor a ação de execução fiscal.
(C) A cobrança é devida, pois a inscrição em dívida ativa do crédito tributário, em 05/10/2017, suspendeu, por 180 dias, a contagem do prazo prescricional para propositura da ação de execução fiscal.
(D) A cobrança é devida, pois não transcorreram mais de 10 anos entre a ocorrência do fato gerador (12/10/2007) e a inscrição em dívida ativa do crédito tributário (05/10/2017).

RESPOSTA De acordo com o CTN, a ação para a cobrança do crédito tributário prescreve em cinco anos, contados da data da sua constituição definitiva (art. 174). E o direito de a Fazenda Pública constituir o crédito tributário, segundo o art. 173 do CTN, extingue-se após 5 (cinco) anos, contados: I - do primeiro dia do exercício seguinte àquele em que o lançamento poderia ter sido efetuado; II - da data em que se tornar definitiva a decisão que houver anulado, por vício formal, o lançamento anteriormente efetuado. Segundo as datas do problema, o prazo prescricional já estaria vencido, portanto, alternativa B.

48. (XXV Exame) Devido à crise que vem atingindo o Estado Y, seu governador, após examinar as principais reclamações dos contribuintes, decidiu estabelecer medidas que facilitassem o pagamento do Imposto sobre a Propriedade de Veículos Automotores (IPVA). Por meio de despacho administrativo, autorizado por lei, perdoou débitos de IPVA iguais ou inferiores a R$ 300,00 (trezentos reais) na época da publicação. Além disso, sancionou lei prorrogando o prazo para pagamento dos débitos de IPVA já vencidos. Com base no caso apresentado, assinale a opção que indica os institutos tributários utilizados pelo governo, respectivamente.

(A) Remissão e isenção.
(B) Moratória e anistia.
(C) Remissão e moratória.
(D) Isenção e moratória.

RESPOSTA As hipóteses de extinção do crédito tributário estão no art. 156, e as de suspensão, no art. 151 do CTN. Sendo assim, é correta a *alternativa C.*

49. (XXI Exame) João deixou de pagar o Imposto de Importação sobre mercadoria trazida do exterior, sendo notificado pelo fisco federal. Ao receber a notificação, logo impugnou administrativamente a cobrança. Percebendo que seu recurso administrativo demoraria longo tempo para ser apreciado e querendo resolver a questão o mais rápido possível, propõe ação anulatória para discutir matéria idêntica àquela demandada administrativamente. Com base nesse relato, assinale a afirmativa correta.

(A) Haverá o sobrestamento da ação anulatória até que seja efetivamente apreciada a impugnação administrativa.
(B) A medida judicial será indeferida devido à utilização de recurso na esfera administrativa.
(C) A propositura de ação judicial sobre matéria idêntica àquela demandada na esfera administrativa não constitui em desistência de tal esfera.
(D) A concomitância de defesa administrativa com medida judicial versando sobre matérias idênticas implica desistência do recurso administrativo interposto.

RESPOSTA *Vide* o art. 38, parágrafo único, da Lei n. 6.830/80, e o art. 87 do Decreto federal n. 7.574/2011, que dispõem que a existência ou propositura, pelo sujeito passivo, de ação judicial com o mesmo objeto do lançamento importa em renúncia ou em desistência ao litígio nas instâncias administrativas. *Alternativa D.*

50. (XXI Exame) Determinado Estado da Federação publicou, em julho de 2015, a Lei n. 123/2015, que majorou o valor das multas e das alíquotas de ICMS. Em fevereiro de 2016, em procedimento de fiscalização, aquele Estado constatou que determinado contribuinte, em operações realizadas em outubro de 2014, não recolheu o ICMS devido. Por conta disso, foi efetuado o lançamento tributário contra o contribuinte, exigindo-lhe o ICMS não pago e a multa decorrente do inadimplemento. O lançamento em questão só estará correto se

(A) as multas e alíquotas forem as previstas na Lei n. 123/2015.
(B) as alíquotas forem as previstas na Lei n. 123/2015 e as multas forem aquelas previstas na lei vigente ao tempo do fato gerador.
(C) as multas e as alíquotas forem as previstas na lei vigente ao tempo do fato gerador.
(D) as multas forem as previstas na Lei n. 123/2015 e as alíquotas forem aquelas previstas na lei vigente ao tempo do fato gerador.

RESPOSTA De acordo com o art. 150, III, *a*, da CF. *Alternativa C.*

51. (XXI Exame) João, advogado tributarista, é procurado para orientar a empresa L a respeito do comportamento da jurisprudência do Supremo Tribunal Federal sobre matéria tributária. Como assistente de João, assinale a opção que veicula enunciado com efeito vinculante em relação aos órgãos do Poder Judiciário e à Administração Pública direta e indireta, nas esferas federal, estadual e municipal.

(A) Na entrada de mercadoria importada do exterior é legítima a cobrança do ICMS por ocasião do desembaraço aduaneiro.
(B) Ainda quando alugado a terceiros, o imóvel pertencente a qualquer das entidades referidas pelo art. 150, inciso VI, alínea c, da CRFB/88, permanece imune ao IPTU, não importando a finalidade a que os aluguéis se destinem.
(C) A norma legal que altera o prazo de recolhimento de obrigação tributária está sujeita ao princípio da anterioridade.

(D) A exigência de depósito prévio, como requisito de admissibilidade de ação judicial na qual se pretenda discutir a exigibilidade de crédito tributário, é constitucional.

RESPOSTA De acordo com a Súmula Vinculante 48 do STF. *Alternativa A.*

52. (XXI Exame) A Pessoa Jurídica ABC verificou que possuía débitos de Imposto sobre a Renda ("IRPJ") e decidiu aderir ao parcelamento por necessitar de certidão de regularidade fiscal para participar de licitação. Após regular adesão ao parcelamento e diante da inexistência de quaisquer outros débitos, a contribuinte apresentou requerimento para emissão da certidão. Com base nessas informações, o Fisco deverá

(A) deferir o pedido, já que o parcelamento é causa de extinção do crédito tributário.

(B) indeferir o pedido, pois a certidão somente poderá ser emitida após o pagamento integral do tributo em atraso.

(C) deferir o pedido, já que o parcelamento é causa de suspensão da exigibilidade do crédito tributário.

(D) deferir o pedido, já que o parcelamento é causa de exclusão do crédito tributário.

RESPOSTA Segundo o art. 151, VI, do CTN, o parcelamento é modalidade de suspensão do crédito tributário, situação que possibilita a emissão da certidão de regularidade fiscal constante no art. 206 do CTN. *Alternativa C.*

IX. GARANTIAS E PRIVILÉGIOS DO CRÉDITO TRIBUTÁRIO + X. ADMINISTRAÇÃO TRIBUTÁRIA

53. (XXXII Exame) A sociedade empresária Quitutes da Vó Ltda. teve sua falência decretada, tendo dívidas de obrigação tributária principal relativas a tributos e multas, dívida de R$ 300.000,00 decorrente de acidente de trabalho, bem como dívidas civis com garantia real. Diante desse cenário, assinale a afirmativa correta.

(A) O crédito tributário de obrigação principal tem preferência sobre as dívidas civis com garantia real.

(B) A dívida decorrente de acidente de trabalho tem preferência sobre o crédito tributário de obrigação principal.

(C) O crédito tributário decorrente de multas tem preferência sobre a dívida de R$ 300.000,00 decorrente de acidente de trabalho.

(D) O crédito relativo às multas tem preferência sobre o crédito tributário de obrigação principal.

RESPOSTA De acordo com o art. 186 do CTN, o crédito tributário prefere a qualquer outro, seja qual for sua natureza ou o tempo de sua constituição, ressalvados os créditos decorrentes da legislação do trabalho ou do acidente de trabalho. Assim, diante da situação hipotética, correta a *alternativa B* e errada as demais em razão deste dispositivo legal.

54. (XXXII Exame) José está sendo executado por dívida tributária municipal não paga. Na Certidão de Dívida Ativa (CDA) que instrui a execução fiscal, constam o nome do devedor e seu domicílio; a quantia devida e a maneira de calcular os juros de mora; a origem e natureza do crédito, com menção do decreto municipal em que está fundado; e a data em que foi inscrito. José oferece embargos à execução, atacando a CDA, que reputa incorreta. Diante desse cenário, José

(A) tem razão, pois cabe à Fazenda Pública o ônus da prova de que a CDA cumpre todos os requisitos obrigatoriamente exigidos por lei.

(B) tem razão, pois a CDA deve mencionar dispositivo de lei em que o crédito tributário está fundado.

(C) não tem razão, pois esta CDA goza de presunção iuris et de iure (absoluta) de certeza e liquidez.

(D) não tem razão, pois esta CDA contém todos os requisitos obrigatoriamente exigidos por lei.

RESPOSTA Dentre os requisitos do termo de inscrição da dívida ativa, autenticado pela autoridade competente, está a indicação obrigatória a origem e natureza do crédito, mencionada especificamente a disposição da lei em que seja fundado (art. 202, III). *Alternativa B.*

55. (XXXI Exame) João da Silva, servidor da Administração Tributária do Município Y, recebeu propina de José Pereira, adquirente de um imóvel, para, em conluio com este, emitir uma certidão que atestava falsamente a quitação de débito do Imposto de Transmissão de Bens Imóveis (ITBI) incidente sobre a transferência de propriedade. A certidão seria apresentada ao tabelião para lavrar-se a escritura pública de compra e venda imobiliária e para posterior registro. Considerando-se que, nesse Município, o contribuinte de ITBI é o adquirente de imóvel, assinale a afirmativa correta.

(A) O servidor João da Silva poderá ser responsabilizado funcional e criminalmente por esse ato, mas a dívida tributária somente poderá ser cobrada de José Pereira, o único que é parte na relação jurídico-tributária com o Município credor.

(B) O servidor João da Silva poderá ser responsabilizado pessoalmente pelo crédito tributário e juros de mora acrescidos.

(C) O tabelião poderá ser o único responsabilizado pela dívida tributária e juros de mora acrescidos, por ter lavrado a escritura pública sem averiguar, junto ao Fisco Municipal, a veracidade das informações da certidão apresentada.

(D) Caso seja aplicada multa tributária punitiva contra José Pereira, este poderá exigir do Fisco que 50% do valor da multa seja cobrado do servidor João da Silva.

RESPOSTA De acordo com o art. 208 do CTN, a certidão negativa expedida com dolo ou fraude, que contenha erro contra a Fazenda Pública, responsabiliza pessoalmente o funcionário que a expedir, pelo crédito tributário e juros de mora acrescidos. Ademais, o disposto neste artigo não exclui a responsabilidade criminal e funcional que no caso couber. Portanto, correta a *alternativa B.*

56. (XXIX Exame) A União lavrou auto de infração para a cobrança de créditos de Imposto sobre a Renda, devidos pela pessoa jurídica PJ. A cobrança foi baseada no exame, considerado indispensável por parte da autoridade administrativa, de documentos, livros e registros de instituições financeiras, incluindo os referentes a contas de depósitos e aplicações financeiras de titularidade da pessoa jurídica PJ, após a regular instauração de processo administrativo. Não houve, neste caso, qualquer autorização do Poder Judiciário. Sobre a possibilidade do exame de documentos, livros e registros de instituições financeiras pelos agentes fiscais tributários, assinale a afirmativa correta.

(A) Não é possível, em vista da ausência de previsão legal.
(B) É expressamente prevista em lei, sendo indispensável a existência de processo administrativo instaurado.
(C) É expressamente prevista em lei, sendo, no entanto, dispensável a existência de processo administrativo instaurado.
(D) É prevista em lei, mas deve ser autorizada pelo Poder Judiciário, conforme exigido por lei.

RESPOSTA De acordo com o art. 196 do CTN, a autoridade administrativa que proceder ou presidir a quaisquer diligências de fiscalização lavrará os termos necessários para que se documente o início do procedimento, na forma da legislação aplicável, que fixará prazo máximo para a conclusão daquelas. *Alternativa B.*

57. (XXVIII Exame) O médico João da Silva está há 4 (quatro) anos sem pagar a anuidade cobrada pelo Conselho Regional de Medicina (CRM). Diante desse cenário, o CRM poderá

(A) inscrever o débito em dívida ativa de natureza tributária, depois promovendo a competente ação de execução fiscal, regida pela Lei n. 6.830/80, para cobrança.
(B) promover a competente ação de execução fiscal regida pela Lei n. 6.830/80, sem necessidade de inscrição em dívida ativa, por serem as certidões de inadimplemento de anuidades expedidas pelos conselhos profissionais dotadas de natureza de título executivo extrajudicial.
(C) promover a competente ação de cobrança das anuidades, regida pelo Código de Processo Civil, a partir da comprovação do não pagamento das anuidades em atraso.
(D) promover a competente ação de execução das anuidades, regida pelo Código de Processo Civil, por serem as certidões de inadimplemento de anuidades expedidas pelos conselhos profissionais dotadas de natureza de título executivo extrajudicial.

RESPOSTA As contribuições das categorias profissionais estão previstas no art. 149 da CF. Por si só, assim, têm natureza tributária. Desse modo, aplica-se a Lei n. 6.830/80 para execução fiscal. *Alternativa A.*

58. (XXVII Exame) A União concedeu isenção de Imposto sobre a Renda aos portadores da doença Beta. João e Maria são portadores da referida doença, sendo João servidor público do Estado ABC e Maria, servidora pública do Município XYZ. Em razão de retenção indevida do tributo, João e Maria desejam propor ação de restituição de Imposto sobre a Renda retido na fonte. Com base nesse relato, assinale a afirmativa correta.

(A) João e Maria devem ajuizar ação em face da União, sendo a competência da Justiça Federal.
(B) João deve ajuizar ação em face do Estado ABC, enquanto Maria deve ajuizar ação em face do Município XYZ, sendo a competência da Justiça Estadual.
(C) João deve ajuizar ação em face da União e do Estado ABC e Maria, em face da União e do Município XYZ, sendo a competência da Justiça Federal.
(D) João e Maria devem ajuizar ação em face do respectivo ente empregador, sendo a competência da Justiça Federal, tendo em vista o interesse da União.

RESPOSTA As ações devem ser direcionadas dentro da competência de cada unidade federativa. Sendo assim, o Estado e o Município respondem na Justiça Estadual. Vida ainda a Súmula 447 do STJ que preconiza que os Estados e o Distrito Federal são partes legítimas na ação de restituição de imposto de renda retido na fonte proposta por seus servidores. Atente-se que o IR retido na fonte pertencem tanto aos Estados como aos Municípios, de acordo com os artigos 157 e 158 da CF, respectivamente. *Alternativa B.*

59. (XXVI Exame) João, empresário, inconformado com a notificação de que a Administração Pública Fazendária teria acesso às informações de sua movimentação bancária para instruir processo administrativo fiscal, decidiu procurar o Escritório Alfa de advocacia para uma consulta a respeito do caso. João busca saber se a medida configura quebra de sigilo fiscal e se o procedimento da Administração Pública está correto. Com base na hipótese apresentada, assinale a opção que indica a orientação a ser dada pelo Escritório Alfa, considerando a jurisprudência do Supremo Tribunal Federal (STF) acerca do acesso a dados bancários sigilosos pela Administração Pública Fazendária.

(A) Não se trata de quebra de sigilo, mas de transferência de sigilo para finalidades de natureza eminentemente fiscal, pois a legislação aplicável garante a preservação da confidencialidade dos dados, vedado seu repasse a terceiros estranhos ao próprio Estado, sob pena de responsabilização dos agentes que eventualmente pratiquem essa infração.
(B) A imediata notificação do contribuinte é mera liberalidade da Administração Fazendária, sendo ao contribuinte facultada, tão somente, a extração da decisão final da Administração Fazendária.
(C) Tal uso de dados ofende o direito ao sigilo bancário, porque macula o princípio da igualdade e o princípio da capacidade contributiva.
(D) É inconstitucional a quebra de sigilo, pois a legislação aplicável garante a preservação da confidencialidade dos dados, vedado seu repasse a terceiros, inclusive aos integrantes da Administração Pública Fazendária.

RESPOSTA De acordo com o STF, "o entendimento de que a norma não resulta em quebra de sigilo bancário, mas sim em transferência de sigilo da órbita bancária para a fiscal, ambas protegidas contra o acesso de terceiros. A transferência de informações é feita dos bancos ao Fisco, que tem o dever de preservar o sigilo dos dados, portanto não há ofensa à Constituição Federal" (julgamento das ADIs 2.859, 2.390, 2.386 e 2.397 sobre a LC n. 105/2001). *Alternativa A.*

60. (XXIII Exame) A massa falida X possui (i) débitos tributários vencidos de Imposto sobre Circulação de Mercadorias e Serviços – ICMS; (ii) débitos decorrentes da legislação do trabalho, no valor de 30 salários mínimos; (iii) débitos com os sócios da massa falida X; e (iv) remuneração devida ao administrador da massa. Em tal quadro, assinale a afirmativa correta.

(A) O débito de natureza tributária será pago em primeiro lugar.
(B) O débito de natureza tributária será pago em segundo lugar.
(C) O débito de natureza tributária será pago em terceiro lugar.
(D) O débito de natureza tributária será pago em quarto lugar.

RESPOSTA De acordo com a preferência de pagamentos da Lei n. 11.101/2005 e da Lei Complementar n. 118/2005 e do art. 186 do CTN, é correta a *alternativa C.*

61. (XXIV Exame) O Estado A ajuizou execução fiscal em face da pessoa jurídica B, com o objetivo de cobrar crédito referente ao Imposto sobre a Circulação de Mercadorias e Prestação de Serviços (ICMS). Nesse sentido, requereu, em sua petição inicial, que, após a citação, fosse determinada a imediata indisponibilidade de bens e direitos da contribuinte. Nesse caso, o juiz deve indeferir o pedido, porque a decretação da indisponibilidade de bens e direitos

(A) ocorre somente após o insucesso do pedido de constrição sobre ativos financeiros, embora desnecessária qualquer outra providência.
(B) ocorre somente após a expedição de ofícios aos registros públicos do domicílio do executado, embora desnecessária qualquer outra providência.
(C) ocorre somente após o exaurimento das diligências na busca por bens penhoráveis.
(D) é impossível durante a execução fiscal.

RESPOSTA De acordo com o art. 185-A do CTN. *Alternativa C.*

62. (XXVI Exame) Em execução fiscal ajuizada pela União, a contribuinte ABC ofereceu seguro-garantia para garantir a execução, correspondente ao valor da dívida, acrescido de juros, multa de mora e encargos indicados na Certidão de Dívida Ativa. Por meio de publicação no órgão oficial, a União foi instada a se manifestar quanto à garantia oferecida pela executada, deixando de se manifestar no prazo que lhe foi assinalado. Diante disso, assinale a afirmativa correta.

(A) Não é possível o oferecimento de seguro-garantia para garantir a execução fiscal. No entanto, a intimação da União por meio de publicação no órgão da imprensa oficial foi regular.
(B) É possível o oferecimento de seguro-garantia para garantir a execução fiscal, tendo sido regular a intimação da União por meio de publicação no órgão da imprensa oficial.
(C) Não é possível o oferecimento de seguro-garantia para garantir a execução fiscal, nem a intimação da União por meio de publicação no órgão oficial, pois qualquer intimação ao representante judicial da Fazenda Pública deve ser feita por carta registrada com aviso de recebimento.
(D) É possível o oferecimento de seguro-garantia para garantir a execução fiscal, porém, na execução fiscal, qualquer intimação ao representante judicial da Fazenda Pública será feita pessoalmente.

RESPOSTA De acordo com o art. 15, I, e art. 25 da Lei n. 6.830/80, é correta a *alternativa D.*

Direitos Humanos

Frederico Afonso

Mestre em Ciências Policiais de Segurança e Ordem Pública pelo Centro de Altos Estudos de Segurança (CAES) da Polícia Militar do Estado de São Paulo. Mestre em Direitos Difusos pela Universidade Metropolitana de Santos (UNIMES). Especialista em Direito Constitucional Aplicado pela Faculdade Legale. Especialista em Direitos Humanos pela Faculdade CERS. Especialista em Direitos Humanos pela Escola Superior da Procuradoria-Geral do Estado de São Paulo (ESPGE). Especialista em Gestão de Políticas Preventivas da Violência, Direitos Humanos e Segurança Pública. pela Fundação Escola de Sociologia e Política de São Paulo (FESPSP). Especialista em Direito Processual pela Universidade Paulista (UNIP). Bacharel em Direito pela Universidade São Francisco (USF). Bacharelando em Teologia pela Universidade São Francisco (USF). Bacharel em Ciências Policiais de Segurança e Ordem Pública pela Academia de Polícia Militar do Barro Branco (APMBB). Atualmente é professor de Direitos Humanos, Direito Constitucional e Direito Administrativo em diversos cursos, além de palestrante, autor e coautor de diversas obras na área. Foi professor de Direitos Humanos do Complexo Educacional Damásio de Jesus, do Curso FMB, do Federal Concursos, da Central de Concursos, do Instituto IOB, do Portal Jurisprudência & Concursos, da Faculdade Zumbi dos Palmares (graduação e pós-graduação), da Anhanguera Educacional (graduação e pós-graduação), da Universidade São Francisco, da Universidade Municipal de São Caetano do Sul (pós-graduação). No âmbito da Polícia Militar do Estado de São Paulo, foi professor da Escola Superior de Soldados (ESSd), da Escola Superior de Sargentos (ESSgt), da Academia de Polícia Militar do Barro Branco (APMBB) e do Centro de Altos Estudos de Segurança (CAES). Foi chefe do Departamento de Direitos Humanos da Polícia Militar do Estado de São Paulo. Foi articulista da Carta Forense durante anos.

Sumário

A disciplina "Direitos Humanos" não pode mais ser considerada uma "novata" em nosso Exame. Ainda assim é uma desconhecida de um modo em geral. Fruto do Provimento 136/2009 do Conselho Federal da OAB, portanto, passamos de dez anos de presença em nossas provas (as primeiras questões vieram apenas em 2010).

Infelizmente sua importância não vem sendo respeitada na graduação, pois na maioria das faculdades não há a disciplina como "cadeira autônoma", em algumas universidades (ou centros universitários) possuem o chamado "ambiente comum", ou seja, direitos humanos de uma forma genérica, ampla, para todos os cursos não jurídicos, sendo portanto, abordada (a disciplina) de forma não jurídica, o que não nos interessa para o Exame de Ordem, cuja abordagem, por óbvio, é jurídica, ensejando assim uma maior atenção de nossa parte. Se já não fosse o suficiente, os cursinhos preparatórios, de modo em geral, dedicam as menores cargas horárias às matérias que possuem menos questões no Exame (por favor, não acredite nessa "lógica"), caso desta matéria, ao lado de Direito Internacional, ECA, Ambiental, Empresarial etc.

Lembre-se: uma questão de Direitos Humanos tem o mesmo valor que uma questão de Direito Civil!

A junção dessas "matérias menores" acaba resultando numa quantidade decisória para ser ou não aprovado na 1ª fase!

Analisando todas as provas sob a administração da Fundação Getulio Vargas (FGV), ou seja, do longínquo Exame II (2010) até o mais recente (Exame XXXIII – 2021), lembrando que em Salvador (BA) tivemos uma reaplicação da prova referente ao Exame XX (abaixo identificado por Exame XX BA, com o acréscimo de mais 3 questões portanto), e destacando que no Exame XXIII muitos apontaram 2 questões de Direitos Humanos, outros, 3 questões, em virtude da transversalidade dos temas, de toda forma, já temos dezenas de questões e a construção de um "padrão", até então inexistente, o que facilita muito o chamado "estudo direcionado", em um campo tão vasto e ainda tão inexplorado.

A divisão capitular pode variar na doutrina (um autor classificar o assunto de modo diverso). De modo geral, tivemos as seguintes questões:

"Convenção Americana sobre Direitos Humanos" (Pacto de São José da Costa Rica): 24 questões – (Exame XXXIII), (Exame XXXI), (Exame XXIX), (Exame XXV, 2018), (Exame XXIV, 2017), (2 no Exame XX, 2017), (Exame XXI, 2016), (2 no Exame XX BA, 2016), (Exame XX, 2016), (2 no Exame XVIII, 2015), (Exame XVII, 2015), (Exame XII, 2013), (2 no Exame XI, 2013), (Exame X, 2013), (Exame IX, 2013), (2 no Exame VII, 2012) e (Exame VI, 2012).

"Grupos vulneráveis (crianças, idosos, mulheres, afrodescendentes, índios, deficientes físicos e LGBTQ+)": 17 questões – (Exame XXXIII), (Exame XXVIII), (2 no Exame XXVII), Exame XXIV, 2017), (Exame XXXIII, 2017), (2 no Exame XXI, 2016), (2 no Exame XX), (2 no Exame XIX, 2016), (Exame XIV, 2014), (2 no Exame VIII, 2012), (Exame VII, 2012), (Exame III, 2010).

"Evolução Histórica": 5 questões – (Exame XII, 2013), (Exame XI, 2013), (2 no Exame X, 2013) e (Exame V, 2011).

"Incidente de deslocamento de competência" ("federalização" dos atos graves violadores de direitos humanos): 4 questões – (Exame XXVI, 2018), (Exame XIV, 2014), (Exame XII, 2013) e (Exame V, 2011).

"Convenções contra a tortura e outros tratamentos ou penas cruéis": 3 questões – (Exame XXIII, 2017), (Exame XV, 2014), (Exame IX, 2013).

"Pacto Internacional dos Direitos Civis e Políticos e Pacto Internacional dos Direitos Econômicos, Sociais e Culturais": 5 questões – (Exame XXXI), (Exame XXVIII), (Exame XX BA), (Exame XV, 2014) e (Exame VI, 2012).

"Política migratória": 4 questões – (Exame XXVI, 2018), (Exame XXIII, 2017*), (Exame XVII, 2015). *Transversalidade.

"Condições análogas aos escravos": 2 questões – (Exame XIX, 2016) e (Exame XIII, 2014).

"Incorporação dos Tratados Internacionais sobre Direitos Humanos": 2 questões – (Exame XIII, 2014) e (Exame IV, 2011).

"Desaparecimento forçado de pessoas" – Convenções Internacional e Interamericana sobre o tema: 2 questões – (Exame XXI, 2017) e (Exame XV, 2014).

"Convenção sobre Eliminação de Todas as Formas de Discriminação contra a Mulher": 2 questões – (Exame XIX, 2016) e (Exame VI, 2012).

"Sistemas de Direitos Humanos": 1 questão – (Exame XXIX, 2019).

"Declaração e Programa de Ação de Viena": 1 questão – (Exame XXXIII, 2021).

"Conselho Nacional dos Direitos Humanos": 1 questão – (Exame XVII, 2015).

"Comissão da Verdade": 1 questão – (Exame XIV, 2014).

"Tribunal Penal Internacional": 1 questão – (Exame XIII, 2014).

"Características": 1 questão – (Exame XI, 2013).

"Convenção para a Prevenção e Repressão do Crime de Genocídio": 1 questão – (Exame IX, 2013).

"Convenção sobre os Direitos da Criança": 1 questão – (Exame VIII, 2012).

"Internacionalização dos Direitos Humanos": 1 questão – (Exame V, 2011).

Diante do exposto, temos "um padrão" que começa a ser construído, facilitando assim o seu estudo e a sua aprovação.

Sem sombra de dúvida, o tema mais importante em todos os sentidos é a Convenção Americana sobre Direitos Humanos, conhecida entre nós como Pacto de São José da Costa Rica. E, dentro deste tema, os órgãos do chamado Sistema Regional Interamericano de Direitos Humanos se destacam: Comissão e Corte Interamericana de Direitos Humanos.

Agora, há alguns temas, a meu ver, muito específicos, que caíram uma vez e dificilmente retornarão. Por exemplo, "Comissão da Verdade". Estava em andamento o funcionamento de tal comissão, a mídia dando toda a atenção etc., quando então a questão foi pedida (2014). Já faz anos que o tema não é pedido no exame, e apostaria que não apareceria novamente. Entretanto, nosso presidente da República, juntamente com a ministra de Estado da Mulher, Família e Direitos Humanos abordaram o tema sob a ótica de cada um. Nada impede que o assunto por isso mesmo retorne. Em nossa penúltima edição eu dava o assunto "como morto". Hoje não mais. Fica o alerta! Feitas as considerações necessárias iniciais, começamos nosso estudo pelo tema mais pedido nas provas.

1. PACTO DE SÃO JOSÉ DA COSTA RICA

Abordando assim os principais temas oriundos das provas, iniciamos com o "Pacto de São José da Costa Rica".

Desde 2010, caíram 24 questões, sendo, portanto, o tema com maior incidência até o momento. Para ilustrar, nesta nova edição colocamos as questões dos Exames XXXII e XXXIII, em ambos caíram questões sobre o tema!

O Sistema Regional Interamericano de Direitos Humanos é considerado (por eles mesmos – leia-se pela Organização dos Estados Americanos – OEA) o mais antigo de todos (há também o Europeu e o Africano). Tem como base a Carta da Organização dos Estados Americanos, a Declaração Americana dos Direitos e Deveres do Homem (ambas de 1948) e por fim, o objeto de nosso estudo atual, a Convenção Americana sobre Direitos Humanos, mais conhecida como Pacto de São José da Costa Rica (PSJCR).

A Convenção Americana sobre Direitos Humanos foi celebrada em São José da Costa Rica, em 22 de novembro de 1969.

O Governo brasileiro depositou a carta de adesão a essa convenção em 25 de setembro de 1992. Ela entrou em vigor internacional em 18 de julho de 1978, e para o Brasil, em 25 de setembro de 1992. O Decreto n. 678, de 6 de novembro de 1992, a promulgou.

Ao depositar a carta de adesão a esse ato internacional, em 25 de setembro de 1992, o Governo brasileiro fez a seguinte declaração interpretativa: "O Governo do Brasil entende que os arts. 43 e 48, alínea 'd', não incluem o direito automático de visitas e inspeções *in loco* da Comissão Interamericana de Direitos Humanos, as quais dependerão da anuência expressa do Estado", ou seja, o Estado brasileiro permitirá as visitas, desde que agendadas previamente. É uma observação importante quando do estudo da Comissão Interamericana.

O capítulo II do PSJCR elenca uma série de direitos civis e políticos. Vejamos o rol desses direitos: direito ao reconhecimento da personalidade jurídica; direito à vida; direito à integridade pessoal; proibição da escravidão e da servidão; direito à liberdade pessoal; garantias judiciais; princípio da legalidade e da retroatividade; direito à indenização; proteção da honra e da dignidade; liberdade de consciência e de religião; liberdade de pensamento e de expressão; direito de retificação ou resposta; direito de reunião; liberdade de associação; proteção da família; direito ao nome; direitos da criança; direito à nacionalidade; direito à propriedade privada; direito de circulação e de residência; direitos políticos; igualdade perante a lei e a proteção judicial.

Com relação aos direitos acima elencados, destacamos:

Direito à indenização – *Art. 10. Toda pessoa tem direito de ser indenizada conforme a lei, no caso de haver sido condenada em sentença passada em julgado, por erro judiciário.*

Tema que merece atenção especial é o constante no art. 13 – "Liberdade de pensamento e de expressão", pois tem relação direta com os primeiros julgamentos envolvendo o controle jurisdicional de convencionalidade das leis (*vide* item 11). Vejamos o art. 13:

> *Art. 13. Liberdade de pensamento e de expressão*
>
> *1. Toda pessoa tem direito à liberdade de pensamento e de expressão. Esse direito compreende a liberdade de buscar, receber e difundir informações e ideias de toda natureza, sem consideração de fronteiras, verbalmente ou por escrito, ou em forma impressa ou artística, ou por qualquer outro processo de sua escolha.*
>
> *2. O exercício do direito previsto no inciso precedente não pode estar sujeito a censura prévia, mas a responsabilidades ulteriores, que devem ser expressamente fixadas pela lei e ser necessárias para assegurar:*
>
> *a) o respeito aos direitos ou à reputação das demais pessoas; ou*
>
> *b) a proteção da segurança nacional, da ordem pública, ou da saúde ou da moral públicas.*
>
> *3. Não se pode restringir o direito de expressão por vias ou meios indiretos, tais como o abuso de controles oficiais ou particulares de papel de imprensa, de frequências radioelétricas ou de equipamentos e aparelhos usados na difusão de informação, nem por quaisquer outros meios destinados a obstar a comunicação e a circulação de ideias e opiniões.*
>
> *4. A lei pode submeter os espetáculos públicos a censura prévia, com o objetivo exclusivo de regular o acesso a eles, para proteção moral da infância e da adolescência, sem prejuízo do disposto no inciso 2.*
>
> *5. A lei deve proibir toda propaganda a favor da guerra, bem como toda apologia ao ódio nacional, racial ou religioso que constitua incitação à discriminação, à hostilidade, ao crime ou à violência.*

Cabe lembrar que no ano de 2000 a Comissão IDH publicou a Declaração de Princípios sobre a Liberdade de Expressão, promulgada pela Relatoria para a Liberdade de Expressão (constitui uma interpretação definitiva do art. 13), cujo destaque está no Princípio 11, que se refere às leis sobre desacato: "Os funcionários públicos estão sujeitos a maior escrutínio da sociedade. As leis que punem a expressão ofensiva contra funcionários públicos, geralmente conhecidas como "leis de desacato", atentam contra a liberdade de expressão e o direito à informação". Após "idas e vindas" no Superior Tribunal de Justiça, prevaleceu a criminalização do desacato em nosso país, contrário, portanto, às normas interamericanas assinadas livre e espontaneamente pela República Federativa do Brasil.

Há algumas edições, apontávamos como assunto "ainda não surgido" ("Núcleo duro dos Direitos Humanos" ou "Núcleo inderrogável"), eis que no Exame XXXI a questão foi pedida, porém no âmbito onusiano, ou seja, tendo como base norma oriunda das Nações Unidas, no caso, o Pacto Internacional dos Direitos Civis e Políticos

(PIDCP), cujo tema é o mesmo abaixo descrito, com a diferença de texto e origem da norma (Sistema Onusiano ou Sistema Regional Interamericano). Faço destaque, pois a qualquer momento poderá ser pedido o mesmo assunto sob o viés do Sistema Interamericano. Vejamos:

Art. 27 – Suspensão de garantias

1. Em caso de guerra, de perigo público, ou de outra emergência que ameace a independência ou segurança do Estado Parte, este poderá adotar disposições que, na medida e pelo tempo estritamente limitados às exigências da situação, suspendam as obrigações contraídas em virtude desta Convenção, desde que tais disposições não sejam incompatíveis com as demais obrigações que lhe impõe o Direito Internacional e não encerrem discriminação alguma fundada em motivos de raça, cor, sexo, idioma, religião ou origem social.

2. A disposição precedente não autoriza a suspensão dos direitos determinados nos seguintes artigos: 3º (Direito ao reconhecimento da personalidade jurídica), 4º (Direito à vida), 5º (Direito à integridade pessoal), 6º (Proibição da escravidão e servidão), 9º (Princípio da legalidade e da retroatividade), 12º (Liberdade de consciência e de religião), 17º (Proteção da família), 18º (Direito ao nome), 19º (Direitos da criança), 20º (Direito à nacionalidade), e 23º (Direitos políticos), nem das garantias indispensáveis para a proteção de tais direitos.

3. Todo Estado Parte que fizer uso do direito de suspensão deverá informar imediatamente os outros Estados Partes na presente Convenção, por intermédio do Secretário-Geral da Organização dos Estados Americanos, das disposições cuja aplicação haja suspendido, dos motivos determinantes da suspensão e da data em que haja dado por terminada tal suspensão.

Quanto aos direitos econômicos, culturais e sociais, já não era de esperar muito, tendo em vista que o Pacto Internacional dos Direitos Civis e Políticos (1966) foi a máxima influência na construção do PSJCR. Assim, o capítulo III (art. 26) apenas elenca um "desenvolvimento progressivo" em relação aos direitos econômicos, sociais e culturais.

O cenário atual do Estado brasileiro na questão dos refugiados, com decisões antagônicas sobre "fechar ou não fechar" a fronteira de Roraima com a Venezuela, chama a atenção com relação ao tema, não apenas em nossa disciplina, como em Direito Internacional. Com tal preocupação, destacando sempre que a FGV tem demonstrado cobrança de "atualidades jurídicas", destaco a questão do direito de circulação e de residência dentre os direitos elencados. Vejamos:

Art. 22. Direito de circulação e de residência

1. Toda pessoa que se ache legalmente no território de um Estado tem direito de circular nele e de nele residir em conformidade com as disposições legais.

2. Toda pessoa tem o direito de sair livremente de qualquer país, inclusive do próprio.

3. O exercício dos direitos acima mencionados não pode ser restringido senão em virtude de lei, na medida indispensável, numa sociedade democrática, para prevenir infrações penais ou para proteger a segurança nacional, a segurança ou a ordem pública, a moral ou a saúde públicas, ou os direitos e liberdades das demais pessoas.

4. O exercício dos direitos reconhecidos no inciso 1 pode também ser restringido pela lei, em zonas determinadas, por motivo de interesse público.

5. Ninguém pode ser expulso do território do Estado do qual for nacional, nem ser privado do direito de nele entrar.

6. O estrangeiro que se ache legalmente no território de um Estado Parte nesta Convenção só poderá dele ser expulso em cumprimento de decisão adotada de acordo com a lei.

7. Toda pessoa tem o direito de buscar e receber asilo em território estrangeiro, em caso de perseguição por delitos políticos ou comuns conexos com delitos políticos e de acordo com a legislação de cada Estado e com os convênios internacionais.

8. Em nenhum caso o estrangeiro pode ser expulso ou entregue a outro país, seja ou não de origem, onde seu direito à vida ou à liberdade pessoal esteja em risco de violação por causa da sua raça, nacionalidade, religião, condição social ou de suas opiniões políticas.

9. É proibida a expulsão coletiva de estrangeiros.

Para proteger os direitos acima elencados, temos os órgãos de fiscalização do Sistema Interamericano de Direitos Humanos, não por acaso, portanto, os assuntos mais pedidos em nossas provas da OAB são: Comissão Interamericana de Direitos Humanos e a Corte Interamericana de Direitos Humanos.

A Comissão é um órgão extrajudicial do Sistema Interamericano de Direitos Humanos.

Sediada em Washington, D.C., a Comissão Interamericana de Direitos Humanos (CIDH) é uma entidade autônoma e o principal órgão de proteção aos direitos humanos da Organização dos Estados Americanos (OEA). Criada em 1959, reuniu-se pela primeira vez em 1960, com a finalidade básica de promover a observância e a defesa dos direitos humanos e servir como órgão consultivo da OEA nesta matéria.

Desde 1960 a CIDH foi autorizada expressamente a receber e processar denúncias ou petições sobre casos individuais, nos quais se alegavam violações aos direitos humanos. Já em 1961 começou a realizar visitas *in loco* para observar a situação geral dos direitos humanos em um país ou para investigar uma situação particular.

Criada, portanto, antes mesmo do principal instrumento de direitos humanos do Sistema Regional Interamericano de Direitos Humanos (o PSJCR), foi classificada como um dos meios de proteção dos direitos elencados no Pacto de São José (além da Comissão há a Corte Interamericana de Direitos Humanos), com a diferença (e vantagem) que o Estatuto da CIDH amplia a proteção aos direitos humanos elencados na Carta da OEA, na Declaração Americana de Direitos e Deveres do Homem e no PSJCR, mas nem por isso a atuação da CIDH fica restrita às violações desses três documentos, ou seja, ela poderá verificar, ainda, outras violações de outros tratados internacionais, desde que o país reconheça expressamente a própria competência da CIDH e que seja signatário daquele tratado internacional, ora alegado como desrespeitado, independentemente do país ser ou não signatário do PSJCR, mas desde que pertença à OEA.

Por tratar-se de um órgão da OEA (órgão internacional, portanto) recebedor de denúncias acerca das violações direitos humanos, sua atuação, em regra, deve ser subsidiária em relação aos mecanismos internos de apuração de cada país, que, aliás, deve prevalecer, ou seja, a ida à CIDH é um caminho alternativo, onde deverá ser demonstrado o esgotamento dos recursos internos em relação àquela demanda (há três exceções que permitem o acionamento diretamente, as quais serão vistas *a posteriori*).

A acessibilidade à CIDH é outro fator determinante para o seu destaque, pois qualquer pessoa, qualquer organização não governamental legalizada no país e qualquer país (neste caso, o país deve reconhecer expressamente a competência da CIDH) podem acessá-la.

Se porventura um Estado for sancionado pela CIDH, esta sanção tem apenas um cunho moral na prática, pois o Estado será submetido a um constrangimento internacional quando da divulgação do Relatório Anual divulgado na Assembleia Geral da OEA. Na prática, a CIDH já influenciou a modificação de leis, fixou indenizações, determinou a liberação de pessoas presas arbitrariamente etc.

Em 2020, apenas 246 petições foram admitidas (10 oriundas do Brasil); 44 petições não foram admitidas (casos em que uma petição não cumprir os requisitos de admissibilidade estabelecidos nos arts. 46 e 47 do PSJCR, de acordo com o procedimento estabelecido nos arts. 30 a 36 do Regulamento da Comissão). Destas 246 petições, 23 foram enviadas à Corte.

A CIDH, ao receber uma petição apontando uma violação de direitos humanos, deverá tentar uma solução amistosa com o Estado, conforme art. 48, § 1º, alínea "f", do PSJCR. Vejamos:

> *Art. 48*
>
> *1. A Comissão, ao receber uma petição ou comunicação na qual se alegue violação de qualquer dos direitos consagrados nesta Convenção, procederá da seguinte maneira:*
>
> *f) pôr-se-á à disposição das partes interessadas, a fim de chegar a uma solução amistosa do assunto, fundada no respeito aos direitos humanos reconhecidos nesta Convenção. (g.n.)*

Sobre a Comissão, em regra (art. 46 do PSJCR), só receberá a denúncia se ficar comprovado prévio esgotamento dos recursos internos, porém, o § 2º do art. 46 traz três exceções. Vejamos:

> *Art. 46.*
>
> *1. Para que uma petição ou comunicação apresentada de acordo com os arts. 44 ou 45 seja admitida pela Comissão, será necessário:*
>
> *a) que hajam sido interpostos e esgotados os recursos da jurisdição interna, de acordo com os princípios de direito internacional geralmente reconhecidos;*
>
> *b) que seja apresentada dentro do prazo de seis meses, a partir da data em que o presumido prejudicado em seus direitos tenha sido notificado da decisão definitiva; (g.n.)*
>
> *c) que a matéria da petição ou comunicação não esteja pendente de outro processo de solução internacional; e*
>
> *d) que, no caso do art. 44, a petição contenha o nome, a nacionalidade, a profissão, o domicílio e a assinatura da pessoa ou pessoas ou do representante legal da entidade que submeter a petição.*

E as exceções previstas no § 2º:

> *2. As disposições das alíneas* a *e* b *do inciso 1 deste artigo não se aplicarão quando:*
>
> *a) não existir, na legislação interna do Estado de que se tratar, o devido processo legal para a proteção do direito ou direitos que se alegue tenham sido violados;*
>
> *b) não se houver permitido ao presumido prejudicado em seus direitos o acesso aos recursos da jurisdição interna, ou houver sido ele impedido de esgotá-los; e,*
>
> *c) houver demora injustificada na decisão sobre os mencionados recursos.*

A Comissão é competente para receber as denúncias, não apenas por meio de petições individualizadas, a fim de proferir decisões mediante o devido processo legal. O art. 44 do PSJCR permite que um "grupo de pessoas" peticione. Vejamos:

> *Art. 44. Qualquer pessoa ou grupo de pessoas, ou entidade não governamental legalmente reconhecida em um ou mais Estados membros da Organização, pode apresentar à Comissão petições que contenham denúncias ou queixas de violação desta Convenção por um Estado Parte. (g.n.)*

Nos casos mais graves e urgentes, a Comissão poderá receber a denúncia e expedir medida cautelar para obrigar o Estado a fazer cessar a violação ocorrente no presídio, nos termos do art. 48, com destaque ao § 2º do PSJCR c/c art. 25, n. 2, do Regulamento da Comissão Interamericana de Direitos Humanos. Vejamos:

> *Art. 48.*
>
> *1. A Comissão, ao receber uma petição ou comunicação na qual se alegue violação de qualquer dos direitos*

consagrados nesta Convenção, procederá da seguinte maneira:

a) se reconhecer a admissibilidade da petição ou comunicação, solicitará informações ao Governo do Estado ao qual pertença a autoridade apontada como responsável pela violação alegada e transcreverá as partes pertinentes da petição ou comunicação. As referidas informações devem ser enviadas dentro de um prazo razoável, fixado pela Comissão ao considerar as circunstâncias de cada caso;

b) recebidas as informações, ou transcorrido o prazo fixado sem que sejam elas recebidas, verificará se existem ou subsistem os motivos da petição ou comunicação. No caso de não existirem ou não subsistirem, mandará arquivar o expediente;

c) poderá também declarar a inadmissibilidade ou a improcedência da petição ou comunicação, com base na informação ou prova supervenientes;

d) se o expediente não houver sido arquivado, e com o fim de comprovar os fatos, a Comissão procederá, com conhecimento das partes, a um exame do assunto exposto na petição ou comunicação. Se for necessário e conveniente, a Comissão procederá a uma investigação para cuja eficaz realização solicitará, e os Estados interessados lhe proporcionarão, todas as facilidades necessárias;

e) poderá pedir aos Estados interessados qualquer informação pertinente e receberá, se isso lhe for solicitado, as exposições verbais ou escritas que apresentarem os interessados; e

f) pôr-se-á à disposição das partes interessadas, a fim de chegar a uma solução amistosa do assunto, fundada no respeito aos direitos humanos reconhecidos nesta Convenção.

2. Entretanto, em casos graves e urgentes, pode ser realizada uma investigação, mediante prévio consentimento do Estado em cujo território se alegue houver sido cometida a violação, tão somente com a apresentação de uma petição ou comunicação que reúna todos os requisitos formais de admissibilidade.

Art. 25. Medidas cautelares

2. Em situações de gravidade e urgência a Comissão poderá, por iniciativa própria ou a pedido da parte, solicitar que um Estado adote medidas cautelares para prevenir danos irreparáveis a pessoas que se encontrem sob sua jurisdição, independentemente de qualquer petição ou caso pendente.

A Comissão, como órgão fiscalizador, pode recomendar a introdução de mudanças no ordenamento jurídico de determinado Estado, para que o mesmo se "encaixe" no ordenamento internacional. Aliás, nos termos do art. 2º c/c art. 33, ambos do PSJCR, é dever dos Estados fazerem isso. Vejamos:

Art. 2º Dever de adotar disposições de direito interno.

Se o exercício dos direitos e liberdades mencionados no art. 1º ainda não estiver garantido por disposições legislativas ou de outra natureza, os Estados Partes comprometem-se a adotar, de acordo com as suas normas constitucionais e com as disposições desta Convenção, as medidas legislativas ou de outra natureza que forem necessárias para tornar efetivos tais direitos e liberdades. (g.n.)

Art. 33. São competentes para conhecer dos assuntos relacionados com o cumprimento dos compromissos assumidos pelos Estados Partes nesta Convenção:

a) a Comissão Interamericana de Direitos Humanos, doravante denominada a Comissão; e

b) a Corte Interamericana de Direitos Humanos, doravante denominada a Corte.

Sobre as denúncias e o sistema de responsabilização por violação de Direitos Humanos, perante a Comissão Interamericana de Direitos Humanos (CIDH), esta não possui competência para atribuir responsabilidades individuais, podendo apenas determinar a responsabilidade internacional de um Estado membro da OEA, pois a competência é apenas com relação aos Estados, e ainda, que sejam signatários da Convenção Americana sobre Direitos Humanos e que reconheçam formalmente a competência da CIDH, conforme art. 48 do PSJCR. Não resolvida a demanda pela Comissão, só restará à Corte tal solução. Todas as demandas enviadas à Corte, obrigatoriamente, já tramitaram pela Comissão.

Por fim, cabe destacar que será possível o peticionamento individual à CIDH, quando houver violação aos direitos sindicais e aos direitos sociais, nos termos do art. 19, n. 6, do Protocolo Adicional à Convenção Americana sobre Direitos Humanos em matéria de Direitos Econômicos, Sociais e Culturais (Protocolo de San Salvador). Vejamos:

Art. 19. Meios de proteção.

6. Caso os direitos estabelecidos na alínea a do artigo 8, e no artigo 13, forem violados por ação imputável diretamente a um Estado Parte deste Protocolo, essa situação poderia dar lugar, mediante participação da Comissão Interamericana de Direitos Humanos e, quando cabível, da Corte Interamericana de Direitos Humanos, à aplicação do sistema de petições individuais regulado pelos artigos 44 a 51 e 61 a 69 da Convenção Americana sobre Direitos Humanos.

As decisões da Corte serão materializadas por meio de uma sentença definitiva e inapelável, nos termos do art. 67 do PJSCR. O mesmo artigo disciplina uma espécie de "embargos de declaração" (em caso de divergência sobre o sentido ou alcance da sentença). Vejamos:

Art. 67. A sentença da Corte será definitiva e inapelável. Em caso de divergência sobre o sentido ou alcance da sentença, a Corte interpretá-la-á, a pedido de qual-

quer das partes, *desde que o pedido seja apresentado dentro de noventa dias* *a partir da data da notificação da sentença. (g.n.)*

A Corte pode determinar a suspensão imediata dos atos que causam violação de direitos humanos, conforme § 2º do art. 63 do PSJCR:

> *Art. 63.*
>
> *2. Em casos de extrema gravidade e urgência, e quando se fizer necessário evitar danos irreparáveis às pessoas, a Corte, nos assuntos de que estiver conhecendo, poderá tomar as medidas provisórias que considerar pertinentes. Se se tratar de assuntos que ainda não estiverem submetidos ao seu conhecimento, poderá atuar a pedido da Comissão.*

O pagamento de indenização é determinado pela Corte e não pela Comissão, conforme art. 63:

> *Art. 63.*
>
> *1. Quando decidir que houve violação de um direito ou liberdade protegidos nesta Convenção, a Corte determinará que se assegure ao prejudicado o gozo do seu direito ou liberdade violados. Determinará também, se isso for procedente, que sejam reparadas as consequências da medida ou situação que haja configurado a violação desses direitos, bem como o pagamento de indenização justa à parte lesada.*

Sobre a acessibilidade à Corte Interamericana de Direitos Humanos, o art. 61 do PSJCR assim disciplina:

> *Art. 61.*
>
> *1. Somente os Estados Partes e a Comissão têm direito de submeter caso à decisão da Corte.*
>
> *2. Para que a Corte possa conhecer de qualquer caso, é necessário que sejam esgotados os processos previstos nos arts. 48 a 50.*

O PSJCR prevê que os Estados signatários devem cumprir com as decisões emanadas pela Corte Interamericana de Direitos Humanos. Uma das hipóteses de condenação consiste no pagamento, pelo Estado, de indenização compensatória à vítima da violação de direitos humanos.

Caso o Estado brasileiro não cumpra espontaneamente a sentença internacional que o obriga a pagar a indenização, a vítima das violações apontadas terá em suas mãos um título executivo judicial, e, dessa forma, poderá propor a execução contra a União, portanto, na 1ª instância da justiça federal local, além disso, a Corte submeterá à Assembleia Geral da Organização dos Estados Americanos (OEA) os casos em que um Estado não tenha dado cumprimento às suas sentenças nos termos do art. 65 do PSJCR. Vejamos:

> *Art. 65. A Corte submeterá à consideração da Assembleia Geral da Organização, em cada período ordinário de sessões, um relatório sobre suas atividades no ano anterior. De maneira especial, e com as recomendações pertinentes, indicará os casos em que um Estado não tenha dado cumprimento as suas sentenças.*

O PSJCR dispõe que toda pessoa tem direito à vida, que deve ser protegida por lei, e que ninguém dela poderá ser privado arbitrariamente. A respeito da pena de morte, ela não pode ser imposta àquele que, no momento da perpetração do delito, for menor de dezoito anos, nem aplicada à mulher em estado gestacional, conforme art. 4º (destaque ao parágrafo 5º) do PSJCR. Vejamos:

> *Art. 4º – Direito à vida.*
>
> *1. Toda pessoa tem direito de que se respeite sua vida. Esse direito deve ser protegido pela lei e, em geral, desde o momento da concepção.* *Ninguém pode ser privado da vida arbitrariamente.* *(g.n.)*
>
> *2. Nos países que não houverem abolido a pena de morte, esta só poderá ser imposta pelos delitos mais graves, em cumprimento de sentença final de tribunal competente e em conformidade com lei que estabeleça tal pena, promulgada antes de haver o delito sido cometido. Tampouco se estenderá sua aplicação a delitos aos quais não se aplique atualmente.*
>
> *3. Não se pode restabelecer a pena de morte nos Estados que a hajam abolido.*
>
> *4. Em nenhum caso pode a pena de morte ser aplicada por delitos políticos nem por delitos comuns conexos com delitos políticos.*
>
> *5. Não se deve impor a pena de morte a pessoa que, no momento da perpetração do delito, for* *menor de dezoito anos,* *ou maior de setenta, nem aplicá-la a mulher em estado de gravidez. (g.n.)*

Ainda sobre o tema da pena de morte, merece destaque o Protocolo Adicional à Convenção Americana sobre Direitos Humanos Referente à Abolição da Pena de Morte, adotado em Assunção, em 8 de junho de 1990, aprovado pelo Congresso Nacional por meio do Decreto Legislativo n. 56, de 19 de abril de 1995, e ratificado pelo Brasil em 7 de junho de 1994. Finalmente, por meio do Decreto n. 2.754, de 27 de agosto de 1998, este foi promulgado. O Protocolo em tela entrou em vigor internacional em 28 de agosto de 1991, considerando que o Governo brasileiro depositou o Instrumento de Ratificação do referido Protocolo, em 13 de agosto de 1996, com a aposição de reserva, nos termos do art. II, no qual é assegurado aos Estados Partes o direito de aplicar a pena de morte em tempo de guerra, de acordo com o Direito Internacional, por delitos sumamente graves de caráter militar, passando o mesmo a vigorar, para o Brasil, em 13 de agosto de 1996. É um dos raros exemplos de tratado internacional (em sentido lato) ao qual não cabe reserva.

O PSJCR possui também um Protocolo Adicional em matéria de Direitos Econômicos, Sociais e Culturais, conhecido como Protocolo de San Salvador, adotado em São Salvador (El Salvador), em 17 de novembro de 1988, aprovado pelo Congresso Nacional por meio do Decreto Legislativo n. 56, de 19 de abril de 1995, e ratificado pelo Brasil em 21 de agosto de 1996. Finalmente, por meio do Decreto n. 3.321, de 30 de dezembro de 1999, este foi promulgado.

Entrou em vigor internacional em 16 de novembro de 1999, considerando que o Governo brasileiro depositou o Instrumento de Adesão do referido ato em 21 de agosto de 1996, passando a vigorar, para o Brasil, em 16 de novembro de 1999.

O referido protocolo destaca os seguintes direitos: direito ao trabalho; condições justas, equitativas e satisfatórias de trabalho; direitos sindicais; direito à previdência social; direito à saúde; direito ao meio ambiente sadio; direito à alimentação; direito à educação; direito aos benefícios da cultura; direito à constituição e proteção da família; direito da criança; proteção de pessoas idosas e proteção de deficientes.

Para a defesa desses direitos, há os seguintes meios de proteção previstos no art. 19. Vejamos:

> *Art. 19 – Meios de Proteção*
>
> *1. Os Estados-Partes neste Protocolo comprometem-se a apresentar, de acordo com o disposto neste artigo e nas normas pertinentes que deverão ser elaboradas sobre o assunto pela Assembleia Geral da Organização dos Estados Americanos, relatórios periódicos a respeito das medidas progressivas que tiverem adotado para assegurar o devido respeito aos direitos consagrados no Protocolo.*
>
> *2. Todos os relatórios serão apresentados ao Secretário-Geral da Organização dos Estados Americanos, que os transmitirá ao Conselho Interamericano Econômico e Social e ao Conselho Interamericano de Educação, Ciência e Cultura, a fim de que os examinem de acordo com o disposto neste artigo. O Secretário-Geral enviará cópia desses relatórios à Comissão Interamericana de Direitos Humanos.*
>
> *3. O Secretário-Geral da Organização dos Estados Americanos transmitirá também aos organismos especializados do Sistema Interamericano, dos quais sejam membros os Estados-Partes neste Protocolo, cópias dos relatórios enviados ou das partes pertinentes desses relatórios, na medida em que tenham relação com matérias que sejam da competência dos referidos organismos, de acordo com seus instrumentos constitutivos.*
>
> *4. Os organismos especializados do Sistema Interamericano poderão apresentar ao Conselho Interamericano Econômico e Social e ao Conselho Interamericano de Educação, Ciência e Cultura relatórios sobre o cumprimento das disposições deste Protocolo, no que se refere ao campo de suas atividades.*
>
> *5. Os relatórios anuais que o Conselho Interamericano Econômico e Social e o Conselho Interamericano da Educação, Ciência e Cultura apresentarem à Assembleia Geral deverão conter um resumo de informação recebida dos Estados-Partes neste Protocolo e dos organismos especializados, sobre as medidas progressivas adotadas, a fim de assegurar o respeito dos direitos reconhecidos no Protocolo e das recomendações de caráter geral que a respeito considerarem pertinentes.*
>
> *6. Caso os direitos estabelecidos na alínea "a" do art. 8º, e no art. 13, forem violados por ação que pode ser atribuída diretamente a um Estado-Parte neste Protocolo, essa situação poderia dar origem, mediante a participação da Comissão Interamericana de Direitos Humanos e, quando for cabível, da Corte Interamericana de Direitos Humanos, à aplicação do sistema de petições individuais regulado pelos arts. 44 a 51 e 61 a 69 da Convenção Americana sobre Direitos Humanos.*
>
> *7. Sem prejuízo do disposto no parágrafo anterior, a Comissão Interamericana de Direitos Humanos poderá formular as observações e recomendações que considerar pertinentes sobre a situação dos direitos econômicos, sociais e culturais estabelecidos neste Protocolo, em todos ou em alguns dos Estados-Partes, as quais poderá incluir no relatório anual à Assembleia-Geral ou num relatório especial, conforme considerar mais apropriado.*
>
> *8. No exercício das funções que lhes confere este Artigo, os Conselhos e a Comissão Interamericana de Direitos Humanos deverão levar em conta a natureza progressiva da vigência dos direitos objeto da proteção deste Protocolo.*

1.1 Controle de convencionalidade das leis

Desde 2006, a Corte Interamericana de Direitos Humanos adota e impõe aos países da OEA que reconhecem a competência da corte, o chamado controle jurisdicional de convencionalidade das leis.

Tal controle nada mais é do que um "controle de constitucionalidade" tendo como paradigma os tratados internacionais sobre direitos humanos incorporados ao ordenamento jurídico brasileiro. No controle de constitucionalidade temos uma verificação de compatibilidade material com a Constituição Federal, ou, utilizando o termo do Prof. José Afonso da Silva, verifica-se a "relação de compatibilidade vertical" entre a norma infraconstitucional e a Constituição Federal. Já no controle de convencionalidade, utilizam-se todos os requisitos do controle de constitucionalidade, porém, com o paradigma dos tratados internacionais sobre direitos humanos incorporados.

No âmbito do STF, em fevereiro de 2015 foi assinada uma Carta de Intenções entre o STF e a Comissão IDH para que o Brasil começasse a aplicar o chamado controle jurisdicional de convencionalidade das leis.

Na prática, tivemos uma confusão generalizada acerca da manutenção ou não do crime de desacato (o controle de convencionalidade o revogou ou não?). Para um melhor entendimento, lembrando que o controle de convencionalidade é oriundo do Sistema Regional Interamericano de Direitos Humanos e tem como base normativa o PSJCR, temos a seguinte "cronologia sobre os documentos":

1969: PSJCR é publicado no âmbito da Organização dos Estados Americanos (OEA);

1992: o Brasil promulga o PSJCR (Decreto n. 678/92);

1998: o Brasil promulga a Declaração de Reconhecimento da Competência Obrigatória da Corte Interamericana de Direitos Humanos (Decreto n. 4.463/02), ou seja, fica reconhecida como obrigatória, de pleno direito e por prazo indeterminado, a competência da Corte Interamericana de Direitos Humanos em todos os casos relativos à interpretação ou aplicação do PSJCR;

2000: a Comissão IDH publica a Declaração de Princípios sobre a Liberdade de Expressão, promulgada pela Relatoria para a Liberdade de Expressão. A Declaração constitui uma interpretação definitiva do art. 13 do PSJCR, com destaque ao Princípio 11 que se refere às leis sobre desacato: "Os funcionários públicos estão sujeitos a maior escrutínio da sociedade. As leis que punem a expressão ofensiva contra funcionários públicos, geralmente conhecidas como "leis de desacato", atentam contra a liberdade de expressão e o direito à informação";

2004: a Emenda Constitucional n. 45/2004 trouxe uma nova regra de incorporação aos tratados internacionais sobre direitos humanos, dando-lhes a possibilidade de ser equivalentes às emendas constitucionais;

2006: a Corte IDH impõe ao Judiciário nacional a compatibilização das normas internas com os tratados internacionais sobre direitos humanos ratificados no País, com destaque ao PSJCR;

2008: o STF, em razão do julgamento do RE 466.343-1/SP, reconhece que os tratados internacionais sobre direitos humanos que foram incorporados antes da EC n. 45/2004 (caso do PSJCR), possuem *status* de norma supralegal;

2015: em fevereiro é assinada uma Carta de Intenções entre o STF e a CIDH para que o Brasil comece a aplicar o chamado controle jurisdicional de convencionalidade das leis;

2015: em março, o juiz Alexandre Morais da Rosa, no julgamento dos autos n. 0067370-64.2012.8.24.0023 (Florianópolis/SC), efetuando controle de convencionalidade, reconheceu a inexistência do crime de desacato, tendo como base a Declaração de Princípios sobre a Liberdade de Expressão, afastando a incidência do art. 331 do CP. Outros julgados ocorreram no mesmo sentido;

2016: em dezembro a 5ª Turma do STJ (REsp n. 1.640.084/SP – decisão unânime), descriminalizou o crime de desacato por incompatibilidade entre o Código Penal (art. 331) e o PSJCR (art. 13). O ministro relator do recurso no STJ, Ribeiro Dantas, ratificou os argumentos apresentados pelo Ministério Público Federal (MPF) de que os funcionários públicos estão mais sujeitos ao escrutínio da sociedade, e que as "leis de desacato" existentes em países como o Brasil atentam contra a liberdade de expressão e o direito à informação. A 5ª Turma ressaltou que o STF já firmou entendimento de que os tratados internacionais de direitos humanos ratificados pelo Brasil têm natureza supralegal. Para a turma, a condenação por desacato, baseada em lei federal, é incompatível com o tratado do qual o Brasil é signatário;

2017: em maio a 3ª Seção do STJ uniformizou o entendimento do tribunal sobre a criminalização do desacato. O min. Antonio Saldanha Palheiro (autor do voto vencedor no julgamento do HC 379269/MS), afirmou que a tipificação do desacato como crime é uma proteção adicional ao agente público contra possíveis "ofensas sem limites", e ainda, que a figura penal do desacato, não prejudica a liberdade de expressão, pois não impede o cidadão de se manifestar, "desde que o faça com civilidade e educação".

Assim como há o controle prévio ou preventivo de constitucionalidade, feito em regra pelas Comissões de Constituição e Justiça (CCJ) das respectivas Casas de Leis, podemos ter também o Controle Legislativo de Convencionalidade, tendo como paradigma novamente os tratados internacionais sobre direitos humanos.

2. GRUPOS VULNERÁVEIS: ÍNDIOS, AFRODESCENDENTES, IDOSOS, DEFICIENTES FÍSICOS, MULHERES, CRIANÇAS E LGBTQIA+

Os "grupos vulneráveis" alcançam outros subtemas aqui elencados, mas não se esgotam em si. Poderíamos chamá-los de "vulneráveis clássicos", pois "vulnerável genérico" vai depender sempre de determinada situação em concreto.

Desde 2010, caíram 17 questões sobre o grupo, sendo, portanto, o tema com segunda incidência até o momento.

2.1 Índios

A questão indígena quando aparece, gera "dor de cabeça", pois dificilmente foi abordada na graduação.

No âmbito constitucional, destacamos, que são bens da União as terras tradicionalmente ocupadas pelos índios (art. 20, XI). Compete também à União demarcá-las, protegê-las e fazer respeitar todos os bens indígenas, incluindo sua organização social, costumes, línguas, crenças e tradições (art. 231). Ademais, são terras tradicionalmente ocupadas pelos índios as por eles habitadas em caráter permanente, as utilizadas para suas atividades produtivas, as imprescindíveis à preservação dos recursos ambientais necessários a seu bem-estar e as necessárias a sua reprodução física e cultural, segundo seus usos, costumes e tradições.

Estas terras são inalienáveis e indisponíveis, e os direitos sobre elas, imprescritíveis. A posse, por sua vez, será permanente, cabendo-lhes o usufruto exclusivo das riquezas do solo, dos rios e dos lagos que nelas estiverem. Para uma eventual remoção, só será possível por meio de *ad referendum* do Congresso Nacional, para os casos de catástrofe ou epidemia que ponha em risco sua população, ou no interesse da soberania do País, também com a deliberação do Congresso Nacional, garantido, em qualquer hipótese, o retorno imediato logo que cesse o risco.

Destaca-se também que o aproveitamento dos recursos hídricos, incluídos os potenciais energéticos, a pesquisa e a lavra das riquezas minerais em terras indígenas só podem ser efetivados com autorização do Congresso Nacional, ouvidas as comunidades afetadas, ficando-lhes assegurada participação nos resultados da lavra, na forma da lei. A Lei Maior também afirma no art. 231, § 6º, que:

> *§ 6º São nulos e extintos, não produzindo efeitos jurídicos, os atos que tenham por objeto a ocupação, o domínio e a posse das terras a que se refere este artigo, ou a exploração das riquezas naturais do solo, dos rios e dos lagos nelas existentes, ressalvado relevante interesse público da União, segundo o que dispuser lei complementar, não gerando a nulidade e a extinção direito a indenização ou a ações contra a União, salvo, na forma da lei, quanto às benfeitorias derivadas da ocupação de boa-fé.*

Importa destacar ainda que os índios, suas comunidades e organizações são partes legítimas para ingressar em juízo em defesa de seus direitos e interesses, intervindo o Ministério Público em todos os atos do processo (art. 232, CF).

No âmbito internacional merece destaque a Convenção n. 169 da Organização Internacional do Trabalho (OIT) sobre Povos Indígenas e Tribais, adotada em Genebra, em 27 de junho de 1989, aprovada pelo Congresso Nacional por meio do Decreto Legislativo n. 143, de 20 de junho de 2002, e promulgada por meio do Decreto n. 5.051, de 19 de abril de 2004.

A Convenção entrou em vigor internacional, em 5 de setembro de 1991, e, para o Brasil, em 25 de julho de 2003.

O assunto mais presente nas provas sobre a questão indígena diz respeito às terras em que vivem (e ocupam, conforme termo utilizado pela própria Convenção). Neste tema, a Convenção assim deliberou:

> *Art. 13*
>
> *1. Ao aplicarem as disposições desta parte da Convenção, os governos deverão respeitar a importância especial que para as culturas e valores espirituais dos povos interessados possui a sua relação com as terras ou territórios, ou com ambos, segundo os casos, que eles ocupam ou utilizam de alguma maneira e, particularmente, os aspectos coletivos dessa relação. (g.n.)*
>
> *2. A utilização do termo "terras" nos arts. 15 e 16 deverá incluir o conceito de territórios, o que abrange a totalidade do habitat das regiões que os povos interessados ocupam ou utilizam de alguma outra forma.*
>
> *Art. 14*
>
> *1. Dever-se-á reconhecer aos povos interessados os direitos de propriedade e de posse sobre as terras que tradicionalmente ocupam. Além disso, nos casos apropriados, deverão ser adotadas medidas para salvaguardar o direito dos povos interessados de utilizar terras que não estejam exclusivamente ocupadas por eles, mas às quais, tradicionalmente, tenham tido acesso para suas atividades tradicionais e de subsistência. Nesse particular, deverá ser dada especial atenção à situação dos povos nômades e dos agricultores itinerantes. (g.n.)*
>
> *2. Os governos deverão adotar as medidas que sejam necessárias para determinar as terras que os povos interessados ocupam tradicionalmente e garantir a proteção efetiva dos seus direitos de propriedade e posse. (g.n.)*
>
> *3. Deverão ser instituídos procedimentos adequados no âmbito do sistema jurídico nacional para solucionar as reivindicações de terras formuladas pelos povos interessados.*
>
> *Art. 15*
>
> *1. Os direitos dos povos interessados aos recursos naturais existentes nas suas terras deverão ser especialmente protegidos. Esses direitos abrangem o direito desses povos a participarem da utilização, administração e conservação dos recursos mencionados. (g.n.)*
>
> *2. Em caso de pertencer ao Estado a propriedade dos minérios ou dos recursos do subsolo, ou de ter direitos sobre outros recursos, existentes nas terras, os governos deverão estabelecer ou manter procedimentos com vistas a consultar os povos interessados, a fim de se determinar se os interesses desses povos seriam prejudicados, e em que medida, antes de se empreender ou autorizar qualquer programa de prospecção ou exploração dos recursos existentes nas suas terras. Os povos interessados deverão participar sempre que for possível dos benefícios que essas atividades produzam, e receber indenização equitativa por qualquer dano que possam sofrer como resultado dessas atividades. (g.n.)*
>
> *[...]*

No âmbito infraconstitucional, a Lei n. 6.001/73 dispõe sobre o Estatuto do Índio, cujos destaques seguem abaixo:

- **Índio ou silvícola** – é todo indivíduo de origem e ascendência pré-colombiana que se identifica e é identificado como pertencente a um grupo étnico cujas características culturais o distinguem da sociedade nacional;
- **Comunidade indígena ou grupo tribal** – é um conjunto de famílias ou comunidades índias, quer

vivendo em estado de completo isolamento em relação aos outros setores da comunhão nacional, quer em contatos intermitentes ou permanentes, sem, contudo, estarem neles integrados;

- **Índios considerados "isolados"** – quando vivem em grupos desconhecidos ou de que se possuem poucos e vagos informes através de contatos eventuais com elementos da comunhão nacional;
- **Índios em vias de integração** – quando, em contato intermitente ou permanente com grupos estranhos, conservam menor ou maior parte das condições de sua vida nativa, mas aceitam algumas práticas e modos de existência comuns aos demais setores da comunhão nacional, da qual vão necessitando cada vez mais para o próprio sustento;
- **Integrados** – quando incorporados à comunhão nacional e reconhecidos no pleno exercício dos direitos civis, ainda que conservem usos, costumes e tradições característicos da sua cultura;
- **Reserva indígena** – área destinada a servir de *habitat* a grupo indígena, com os meios suficientes à sua subsistência;
- **Parque indígena** – área contida em terra na posse de índios, cujo grau de integração permita assistência econômica, educacional e sanitária dos órgãos da União, em que se preservem as reservas de flora e fauna e as belezas naturais da região;
- **Colônia agrícola indígena** – área destinada à exploração agropecuária, administrada pelo órgão de assistência ao índio, onde convivam tribos aculturadas e membros da comunidade nacional;
- **Território federal indígena** – unidade administrativa subordinada à União, instituída em região na qual pelo menos um terço da população seja formado por índios.

Quanto ao regime tutelar a qual os índios e as comunidades indígenas ainda não integrados à comunhão nacional ficam sujeitos, destacam-se:

- aplicam-se, no que couber, os princípios e normas da tutela de direito comum, independendo, todavia, o exercício da tutela da especialização de bens imóveis em hipoteca legal, bem como da prestação de caução real ou fidejussória;
- incumbe a tutela à União, que a exercerá através do competente órgão federal de assistência aos silvícolas;
- são nulos os atos praticados entre o índio não integrado e qualquer pessoa estranha à comunidade indígena quando não tenha havido assistência do órgão tutelar competente, exceto se o índio revele consciência e conhecimento do ato praticado, desde que não lhe seja prejudicial, e da extensão dos seus efeitos;
- qualquer índio poderá requerer ao juiz competente a sua liberação do regime tutelar previsto no Estatuto, investindo-se na plenitude da capacidade civil, desde que preencha os requisitos seguintes: idade mínima de 21 anos, conhecimento da língua portuguesa e habilitação para o exercício de atividade útil, na comunhão nacional;
- mediante decreto do presidente da República, poderá ser declarada a emancipação da comunidade indígena e de seus membros, quanto ao regime tutelar estabelecido em lei, desde que requerida pela maioria dos membros do grupo e comprovada, em inquérito realizado pelo órgão federal competente, a sua plena integração na comunhão nacional.

2.2 Afrodescendentes

Nas edições anteriores utilizamos a expressão "negros". Desde a última edição, após revisão, não abordando a etimologia da palavra, diga-se de passagem, mas sim os costumes em nosso País, adotamos a partir de então o termo "afrodescendente", pois "negro" é atribuído a coisas ruins: listra negra, magia negra, buraco negro, ovelha negra, fome negra, humor negro, passado negro, futuro negro, mercado negro etc. Enquanto "preto" é atribuído a coisas boas: feijão preto, carro preto, nota preta, café preto. O próprio Estatuto da Igualdade Racial afirma sobre a "população preta". Se branco não é negativo, preto também não o é, mas para evitar eventual polêmica (negro ou preto), renomeamos o subtítulo.

Nossa Lei Maior, a legislação infraconstitucional e os tratados internacionais possuem as mais diversas proteções e estímulos para a busca da igualdade entre os seres humanos.

No âmbito constitucional, temos no art. 5º, XLII, o enfrentamento ao racismo. Tal tema foi perguntado à luz das normas constitucionais e dos direitos humanos, quando na verdade a resposta era toda na forma de nossa Lei Maior. O crime de racismo não está sujeito a prazo extintivo de prescrição e é inafiançável.

Na esfera infraconstitucional, a Lei n. 7.716/89 definiu os crimes resultantes de preconceito de raça ou de cor. Em 2010, por meio da Lei n. 12.288, foi instituído o Estatuto da Igualdade Racial.

Do Estatuto da Igualdade Racial, merece o devido destaque:

- **discriminação racial ou étnico-racial:** toda distinção, exclusão, restrição ou preferência baseada em raça, cor, descendência ou origem nacional ou étnica que tenha por objeto anular ou restringir o reconhecimento, gozo ou exercício, em igualdade de condições, de direitos humanos e liberdades fundamentais nos campos político, econômico, social, cultural ou em qualquer outro campo da vida pública ou privada;

- **desigualdade racial:** toda situação injustificada de diferenciação de acesso e fruição de bens, serviços e oportunidades, nas esferas pública e privada, em virtude de raça, cor, descendência ou origem nacional ou étnica;
- **desigualdade de gênero e raça:** assimetria existente no âmbito da sociedade que acentua a distância social entre mulheres negras e os demais segmentos sociais;
- **população preta:** o conjunto de pessoas que se autodeclaram pretas e pardas, conforme o quesito cor ou raça usado pela Fundação Instituto Brasileiro de Geografia e Estatística (IBGE), ou que adotam autodefinição análoga;
- **políticas públicas:** as ações, iniciativas e programas adotados pelo Estado no cumprimento de suas atribuições institucionais;
- **ações afirmativas (expressão de origem americana) ou discriminação positiva (expressão de origem europeia):** os programas e medidas especiais adotados pelo Estado e pela iniciativa privada para a correção das desigualdades raciais e para a promoção da igualdade de oportunidades.

Merece destaque a questão das comunidades quilombolas.

Numa das provas de 2014 surgiu questão sobre as comunidades quilombolas. A resposta teve como base o Direito Constitucional e não o Direito Internacional dos Direitos Humanos, mas, "atendendo" à interdisciplinaridade, foi computada como questão de Direitos Humanos. As comunidades quilombolas são grupos étnico-raciais, segundo critérios de autoatribuição, com trajetória histórica própria, dotados de relações territoriais específicas e com ancestralidade negra relacionada com a resistência à opressão histórica sofrida. O constituinte brasileiro reconheceu a identidade dos quilombolas e, especificamente, seu direito fundamental à prática religiosa e litúrgica conforme suas tradições.

Tema sempre presente é a questão da educação, sua acessibilidade e suas características. O Estatuto da Igualdade Racial assim lidou com parte do tema:

> *Art. 11. Nos estabelecimentos de ensino fundamental e de ensino médio, públicos e privados, é obrigatório o estudo da história geral da África e da história da população negra no Brasil, observado o disposto na Lei n. 9.394, de 20 de dezembro de 1996.*
>
> *§ 1º Os conteúdos referentes à história da população negra no Brasil serão ministrados no âmbito de todo o currículo escolar, resgatando sua contribuição decisiva para o desenvolvimento social, econômico, político e cultural do País.*
>
> *§ 2º O órgão competente do Poder Executivo fomentará a formação inicial e continuada de professores e a elaboração de material didático específico para o cumprimento do disposto no* caput *deste artigo.*
>
> *§ 3º Nas datas comemorativas de caráter cívico, os órgãos responsáveis pela educação incentivarão a participação de intelectuais e representantes do movimento negro para debater com os estudantes suas vivências relativas ao tema em comemoração.*

O art. 68/ADCT afirma que "Aos remanescentes das comunidades dos quilombos que estejam ocupando suas terras é reconhecida a propriedade definitiva, devendo o Estado emitir-lhes os títulos respectivos".

Por sua vez, o Decreto n. 4.887/2003, regulamentou o procedimento para identificação, reconhecimento, delimitação, demarcação e titulação das terras ocupadas por remanescentes das comunidades dos quilombos, definiu:

> *Art. 2º <u>Consideram-se remanescentes das comunidades dos quilombos</u>, para os fins deste Decreto, os grupos étnico-raciais, segundo critérios de autoatribuição, com trajetória histórica própria, dotados de relações territoriais específicas, com presunção de ancestralidade negra relacionada com a resistência à opressão histórica sofrida.* (g.n.)
>
> *§ 1º Para os fins deste Decreto, a caracterização dos remanescentes das comunidades dos quilombos será atestada mediante autodefinição da própria comunidade.*
>
> *§ 2º <u>São terras ocupadas por remanescentes das comunidades dos quilombos as utilizadas para a garantia de sua reprodução física, social, econômica e cultural</u>.* (g.n.)
>
> *§ 3º Para a medição e demarcação das terras, serão levados em consideração critérios de territorialidade indicados pelos remanescentes das comunidades dos quilombos, sendo facultado à comunidade interessada apresentar as peças técnicas para a instrução procedimental.*
>
> *Art. 6º Fica assegurada aos remanescentes das comunidades dos quilombos a participação em todas as fases do procedimento administrativo, diretamente ou por meio de representantes por eles indicados.*

2.3 Idosos

Nossa Constituição ampara o idoso com diversas garantias, a saber:

- a assistência social tem por objetivo a <u>garantia de um salário mínimo de benefício mensal</u> à pessoa portadora de deficiência e ao <u>idoso</u> que comprovem não possuir meios de prover à própria manutenção ou de tê-la provida por sua família, conforme dispuser a lei;

- a família, a sociedade e o Estado têm o dever de amparar as pessoas idosas, assegurando sua participação na comunidade, defendendo sua dignidade e bem-estar e garantindo-lhes o direito à vida;
- os programas de amparo aos idosos serão executados preferencialmente em seus lares;
- aos maiores de sessenta e cinco anos é garantida a gratuidade dos transportes coletivos urbanos.

No âmbito infraconstitucional, a Lei n. 8.842/94 dispõe sobre a Política Nacional do Idoso. Destacamos os princípios e as diretrizes. Vejamos os seguintes princípios (art. 3º) e logo após as diretrizes (art. 4º):

- a família, a sociedade e o estado têm o dever de assegurar ao idoso todos os direitos da cidadania, garantindo sua participação na comunidade, defendendo sua dignidade, bem-estar e o direito à vida;
- o processo de envelhecimento diz respeito à sociedade em geral, devendo ser objeto de conhecimento e informação para todos;
- o idoso não deve sofrer discriminação de qualquer natureza;
- o idoso deve ser o principal agente e o destinatário das transformações a serem efetivadas através desta política;
- as diferenças econômicas, sociais, regionais e, particularmente, as contradições entre o meio rural e o urbano do Brasil deverão ser observadas pelos poderes públicos e pela sociedade em geral, na aplicação desta lei.

São diretrizes da Política Nacional do Idoso (art. 4º):

I – viabilização de formas alternativas de participação, ocupação e convívio do idoso, que proporcionem sua integração às demais gerações;

II – participação do idoso, através de suas organizações representativas, na formulação, implementação e avaliação das políticas, planos, programas e projetos a serem desenvolvidos;

III – priorização do atendimento ao idoso através de suas próprias famílias, em detrimento do atendimento asilar, à exceção dos idosos que não possuam condições que garantam sua própria sobrevivência (observado que é vedada a permanência de portadores de doenças que necessitem de assistência médica ou de enfermagem permanente em instituições asilares de caráter social); (g.n.)

IV – descentralização político-administrativa;

V – capacitação e reciclagem dos recursos humanos nas áreas de geriatria e gerontologia e na prestação de serviços;

VI – implementação de sistema de informações que permita a divulgação da política, dos serviços oferecidos, dos planos, programas e projetos em cada nível de governo;

VII – estabelecimento de mecanismos que favoreçam a divulgação de informações de caráter educativo sobre os aspectos biopsicossociais do envelhecimento;

VIII – priorização do atendimento ao idoso em órgãos públicos e privados prestadores de serviços, quando desabrigados e sem família;

IX – apoio a estudos e pesquisas sobre as questões relativas ao envelhecimento.

Finalizando no âmbito do direito interno, temos o **Estatuto do Idoso** (Lei n. 10.741/2003), do qual, destaco que é obrigação da família, da comunidade, da sociedade e do Poder Público assegurar ao idoso, com absoluta prioridade, a efetivação do direito à vida, à saúde, à alimentação, à educação, à cultura, ao esporte, ao lazer, ao trabalho, à cidadania, à liberdade, à dignidade, ao respeito e à convivência familiar e comunitária (art. 3º). **A garantia de prioridade compreende**:

- atendimento preferencial imediato e individualizado junto aos órgãos públicos e privados prestadores de serviços à população;
- preferência na formulação e na execução de políticas sociais públicas específicas;
- destinação privilegiada de recursos públicos nas áreas relacionadas com a proteção ao idoso;
- viabilização de formas alternativas de participação, ocupação e convívio do idoso com as demais gerações;
- **priorização do atendimento do idoso por sua própria família, em detrimento do atendimento asilar, exceto dos que não a possuam ou careçam de condições de manutenção da própria sobrevivência**;
- capacitação e reciclagem dos recursos humanos nas áreas de geriatria e gerontologia e na prestação de serviços aos idosos;
- estabelecimento de mecanismos que favoreçam a divulgação de informações de caráter educativo sobre os aspectos biopsicossociais de envelhecimento;
- garantia de acesso à rede de serviços de saúde e de assistência social locais;
- **prioridade no recebimento da restituição do Imposto de Renda**.

O Estatuto disciplina nos direitos fundamentais: o direito à vida; o direito à liberdade, ao respeito e à dignidade; o direito aos alimentos; o direito à saúde; o direito à educação, cultura, esporte e lazer; o direito à profissionalização e do trabalho; a cobertura da previdência social, da assistência social; o direito à habitação e ao transporte.

Em 2017 o Estatuto sofreu algumas alterações, destacando:

Art. 3º, § 2º Dentre os idosos, é assegurada prioridade especial aos maiores de oitenta anos, atendendo-se suas necessidades sempre preferencialmente em relação aos demais idosos.

Art. 15, § 7º Em todo atendimento de saúde, os maiores de oitenta anos terão preferência especial sobre os demais idosos, exceto em caso de emergência.

Art. 71, § 5º Dentre os processos de idosos, dar-se-á prioridade especial aos maiores de oitenta anos.

Os idosos estão no grupo dos vulneráveis, portanto, necessitam de proteção integral, a qual é também representada por meio das chamadas "Medidas Específicas de Proteção" previstas nos arts. 44 e 45, em consequência do elencado no art. 43. Vejamos:

Art. 43. As medidas de proteção ao idoso são aplicáveis sempre que os direitos reconhecidos nesta Lei forem ameaçados ou violados: (g.n.)

I – por ação ou omissão da sociedade ou do Estado;

II – por falta, omissão ou abuso da família, curador ou entidade de atendimento;

III – em razão de sua condição pessoal.

Art. 44. As ***medidas de proteção ao idoso previstas nesta Lei*** *poderão ser aplicadas,* ***isolada ou cumulativamente****, e levarão em conta os fins sociais a que se destinam e o fortalecimento dos vínculos familiares e comunitários.*

Art. 45. Verificada qualquer das hipóteses previstas no art. 43, o Ministério Público ou o Poder Judiciário, a requerimento daquele, poderá determinar, dentre outras, as seguintes medidas: (g.n.)

I – encaminhamento à família ou curador, mediante termo de responsabilidade;

II – orientação, apoio e acompanhamento temporários;

III – requisição para tratamento de sua saúde, em regime ambulatorial, hospitalar ou domiciliar; (g.n.)

IV – inclusão em programa oficial ou comunitário de auxílio, orientação e tratamento a usuários dependentes de drogas lícitas ou ilícitas, ao próprio idoso ou à pessoa de sua convivência que lhe cause perturbação;

V – abrigo em entidade;

VI – abrigo temporário.

2.4 Deficientes físicos

Nossa Constituição ampara o deficiente físico em diversos dispositivos, a destacar os seguintes:

- proibição de qualquer discriminação no tocante a salário e critérios de admissão do trabalhador portador de deficiência (art. 7º, XXXI);
- é competência comum da União, dos Estados, do Distrito Federal e dos Municípios cuidar da saúde e assistência pública, da proteção e garantia das pessoas portadoras de deficiência (art. 23, II);
- compete à União, aos Estados e ao Distrito Federal legislar concorrentemente sobre proteção e integração social das pessoas portadoras de deficiência (art. 24, XIV);
- a lei reservará percentual dos cargos e empregos públicos para as pessoas portadoras de deficiência e definirá os critérios de sua admissão (art. 37, VIII);
- é vedada a adoção de requisitos e critérios diferenciados para a concessão de aposentadoria aos abrangidos pelo regime de que trata o art. 40, ressalvados, nos termos definidos em leis complementares, os casos de servidores portadores de deficiência (art. 40, § 4º, I, *vide*, ainda, art. 201, § 1º);
- a assistência social será prestada a quem dela necessitar, independentemente de contribuição à seguridade social, e tem por objetivos, entre outros, a habilitação e reabilitação das pessoas portadoras de deficiência e a promoção de sua integração à vida comunitária e a garantia de um salário mínimo de benefício mensal à pessoa portadora de deficiência e ao idoso que comprovem não possuir meios de prover à própria manutenção ou de tê-la provida por sua família, conforme dispuser a lei (art. 203, IV e V).

No âmbito infraconstitucional, a Lei n. 8.899/94 **concede passe livre às pessoas portadoras de deficiência no sistema de transporte coletivo interestadual**.

A Lei n. 10.098/2000 por sua vez estabelece normas gerais e critérios básicos para a promoção da acessibilidade das pessoas portadoras de deficiência ou com mobilidade reduzida. Sobre os mecanismos para a promoção de acessibilidade (criados pela lei) às pessoas portadoras de deficiência ou com mobilidade reduzida, temos o **Programa Nacional de Acessibilidade**, o qual dispõe de dotação orçamentária específica a fim de tratar de medidas de acessibilidade das pessoas portadoras de deficiência ou com mobilidade reduzida, nos termos do art. 22.

Dentre esses mecanismos de acessibilidade, os edifícios de uso público, em que seja obrigatória a instalação de elevadores, devem atender ao requisito de percurso acessível que una a edificação à via pública, exigindo-se o mesmo de edifícios de uso privado. Neste viés, o art. 13, II, da Lei n. 10.098/2000 disciplina a questão no âmbito dos edifícios privados, enquanto os arts. 3º e 4º, da mesma lei, disciplinam genericamente (alcançando os edifícios de uso público) o tema. Cabe lembrar também que a Lei n. 10.098/2000 foi alterada pela Lei n. 11.982/2009, determinando que **os parques**

de diversões, públicos e privados, devem adaptar, no mínimo, 5% (cinco por cento) de cada brinquedo e equipamento e identificá-lo para possibilitar sua utilização por pessoas com deficiência ou com mobilidade reduzida, tanto quanto tecnicamente possível.

No âmbito da Administração Pública, o **Estatuto dos Servidores Públicos Civis da União** (Lei n. 8.112/90) disciplina que às pessoas portadoras de deficiência é assegurado o direito de se inscrever em concurso público para provimento de cargo cujas atribuições sejam compatíveis com a deficiência de que são portadoras; **para tais pessoas serão reservadas até 20% (vinte por cento) das vagas oferecidas no concurso** (art. 5º, § 2º).

No âmbito internacional, a **Convenção Internacional sobre os Direitos das Pessoas com Deficiência** e seu Protocolo Facultativo foram assinados em Nova York, em 30 de março de 2007.

O Congresso Nacional a aprovou, por meio do Decreto Legislativo n. 186, de 9 de julho de 2008. O Governo brasileiro depositou o instrumento de ratificação dos referidos atos junto ao Secretário-Geral das Nações Unidas em 1º de agosto de 2008. Os atos internacionais em apreço entraram em vigor para o Brasil, no plano jurídico externo, em 31 de agosto de 2008. Por fim, o Decreto n. 6.949, de 25 de agosto de 2009, promulgou-a no âmbito interno.

Esta Convenção foi incorporada nos moldes da regra nova prevista no § 3º do art. 5º/CF, portanto, com equivalência de emenda constitucional, sendo o primeiro tratado internacional com tal *status*.

Ao falarmos sobre os deficientes físicos, o tema central é evitar qualquer tipo de discriminação, buscando justamente uma inclusão do deficiente. Nesse sentido, a Convenção destaca logo em seu Preâmbulo:

> *Os Estados Partes da presente Convenção,*
>
> *[...]*
>
> *c) Reafirmando a universalidade, a indivisibilidade, a interdependência e a inter-relação de todos os direitos humanos e liberdades fundamentais, bem como a necessidade de garantir que todas as pessoas com deficiência os exerçam plenamente, sem discriminação, (g.n.)*
>
> *[...]*
>
> *h) Reconhecendo também que a discriminação contra qualquer pessoa, por motivo de deficiência, configura violação da dignidade e do valor inerentes ao ser humano, (g.n.)*
>
> *[...]*
>
> *p) Preocupados com as difíceis situações enfrentadas por pessoas com deficiência que estão sujeitas a formas múltiplas ou agravadas de discriminação por causa de raça, cor, sexo, idioma, religião, opiniões políticas ou de outra natureza, origem nacional, étnica, nativa ou social, propriedade, nascimento, idade ou outra condição, (g.n.)*
>
> *[...]*

A inclusão vem presente também dentre os **propósitos e princípios da Convenção** descritos nos arts. 2º e 3º:

> *Art. 2º Para os propósitos da presente Convenção:*
>
> *"Comunicação" abrange as línguas, a visualização de textos, o braile, a comunicação tátil, os caracteres ampliados, os dispositivos de multimídia acessível, assim como a linguagem simples, escrita e oral, os sistemas auditivos e os meios de voz digitalizada e os modos, meios e formatos aumentativos e alternativos de comunicação, inclusive a tecnologia da informação e comunicação acessíveis;*
>
> *"Língua" abrange as línguas faladas e de sinais e outras formas de comunicação não falada;*
>
> *"Discriminação por motivo de deficiência" significa qualquer diferenciação, exclusão ou restrição baseada em deficiência, com o propósito ou efeito de impedir ou impossibilitar o reconhecimento, o desfrute ou o exercício, em igualdade de oportunidades com as demais pessoas, de todos os direitos humanos e liberdades fundamentais nos âmbitos político, econômico, social, cultural, civil ou qualquer outro. Abrange todas as formas de discriminação, inclusive a recusa de adaptação razoável;*
>
> *"Adaptação razoável" significa as modificações e os ajustes necessários e adequados que não acarretem ônus desproporcional ou indevido, quando requeridos em cada caso, a fim de assegurar que as pessoas com deficiência possam gozar ou exercer, em igualdade de oportunidades com as demais pessoas, todos os direitos humanos e liberdades fundamentais;*
>
> *"Desenho universal" significa a concepção de produtos, ambientes, programas e serviços a serem usados, na maior medida possível, por todas as pessoas, sem necessidade de adaptação ou projeto específico. O "desenho universal" não excluirá as ajudas técnicas para grupos específicos de pessoas com deficiência, quando necessárias. (g.n.)*
>
> *Art. 3º Os princípios da presente Convenção são: (g.n.)*
>
> *a) O respeito pela dignidade inerente, a autonomia individual, inclusive a liberdade de fazer as próprias escolhas, e a independência das pessoas;*
>
> *b) A não discriminação; (g.n.)*
>
> *c) A plena e efetiva participação e inclusão na sociedade;*
>
> *d) O respeito pela diferença e pela aceitação das pessoas com deficiência como parte da diversidade humana e da humanidade;*
>
> *e) A igualdade de oportunidades;*
>
> *f) A acessibilidade;*
>
> *g) A igualdade entre o homem e a mulher;*
>
> *h) O respeito pelo desenvolvimento das capacidades*

das crianças com deficiência e pelo direito das crianças com deficiência de preservar sua identidade.

Em 2015, por meio da Lei n. 13.146, foi instituída a "Lei Brasileira de Inclusão da Pessoa com Deficiência (**Estatuto da Pessoa com Deficiência**)", destinada a assegurar e a promover, em condições de igualdade, o exercício dos direitos e das liberdades fundamentais por pessoa com deficiência, visando à sua inclusão social e cidadania. Essa lei teve como base a Convenção sobre os Direitos das Pessoas com Deficiência e seu Protocolo Facultativo, já abordados acima.

Dessa nova lei, que possui reflexos também no Direito Civil por ter modificado os critérios de capacidade civil (art. 6º) e do instituto da curatela, destacamos o **conceito legal de pessoa com deficiência** previsto no art. 2º:

Art. 2º Considera-se pessoa com deficiência aquela que tem impedimento de longo prazo de natureza física, mental, intelectual ou sensorial, o qual, em interação com uma ou mais barreiras, pode obstruir sua participação plena e efetiva na sociedade em igualdade de condições com as demais pessoas.

Com relação à capacidade civil prevista no Código Civil, uma abordagem mais aprofundada deve ser verificada naquela disciplina. De toda forma, merece o destaque:

Art. 6º A deficiência não afeta a plena capacidade civil da pessoa, inclusive para:

I – casar-se e constituir união estável;

II – exercer direitos sexuais e reprodutivos;

III – exercer o direito de decidir sobre o número de filhos e de ter acesso a informações adequadas sobre reprodução e planejamento familiar;

IV – conservar sua fertilidade, sendo vedada a esterilização compulsória;

V – exercer o direito à família e à convivência familiar e comunitária; e

VI – exercer o direito à guarda, à tutela, à curatela e à adoção, como adotante ou adotando, em igualdade de oportunidades com as demais pessoas.

A inclusão é não só o nome da nova lei, bem como seu objetivo central, portanto, por meio do legislador, buscou-se toda forma de evitar qualquer discriminação. Nesse viés, temos:

Art. 4º Toda pessoa com deficiência tem direito à igualdade de oportunidades com as demais pessoas e não sofrerá nenhuma espécie de discriminação.

§ 1º Considera-se discriminação em razão da deficiência toda forma de distinção, restrição ou exclusão, por ação ou omissão, que tenha o propósito ou o efeito de prejudicar, impedir ou anular o reconhecimento ou o exercício dos direitos e das liberdades fundamentais de pessoa com deficiência, incluindo a recusa de adaptações razoáveis e de fornecimento de tecnologias assistivas. (g.n.)

§ 2º A pessoa com deficiência não está obrigada à fruição de benefícios decorrentes de ação afirmativa.

Art. 5º A pessoa com deficiência será protegida de toda forma de negligência, discriminação, exploração, violência, tortura, crueldade, opressão e tratamento desumano ou degradante. (g.n.)

Art. 23. São vedadas todas as formas de discriminação contra a pessoa com deficiência, inclusive por meio de cobrança de valores diferenciados por planos e seguros privados de saúde, em razão de sua condição. (g.n.)

Art. 27, Parágrafo único. É dever do Estado, da família, da comunidade escolar e da sociedade assegurar educação de qualidade à pessoa com deficiência, colocando-a a salvo de toda forma de violência, negligência e discriminação. (g.n.)

Art. 28. Incumbe ao poder público assegurar, criar, desenvolver, implementar, incentivar, acompanhar e avaliar: (g.n.)

I – sistema educacional inclusivo em todos os níveis e modalidades, bem como o aprendizado ao longo de toda a vida;

II – aprimoramento dos sistemas educacionais, visando a garantir condições de acesso, permanência, participação e aprendizagem, por meio da oferta de serviços e de recursos de acessibilidade que eliminem as barreiras e promovam a inclusão plena;

III – projeto pedagógico que institucionalize o atendimento educacional especializado, assim como os demais serviços e adaptações razoáveis, para atender às características dos estudantes com deficiência e garantir o seu pleno acesso ao currículo em condições de igualdade, promovendo a conquista e o exercício de sua autonomia;

IV – oferta de educação bilíngue, em Libras como primeira língua e na modalidade escrita da língua portuguesa como segunda língua, em escolas e classes bilíngues e em escolas inclusivas;

V – adoção de medidas individualizadas e coletivas em ambientes que maximizem o desenvolvimento acadêmico e social dos estudantes com deficiência, favorecendo o acesso, a permanência, a participação e a aprendizagem em instituições de ensino;

VI – pesquisas voltadas para o desenvolvimento de novos métodos e técnicas pedagógicas, de materiais didáticos, de equipamentos e de recursos de tecnologia assistiva;

VII – planejamento de estudo de caso, de elaboração de plano de atendimento educacional especializado, de organização de recursos e serviços de acessibilidade e de disponibilização e usabilidade pedagógica de recursos de tecnologia assistiva;

VIII – participação dos estudantes com deficiência e de suas famílias nas diversas instâncias de atuação da comunidade escolar;

IX – adoção de medidas de apoio que favoreçam o desenvolvimento dos aspectos linguísticos, culturais, vocacionais e profissionais, levando-se em conta o talento, a criatividade, as habilidades e os interesses do estudante com deficiência;

X – adoção de práticas pedagógicas inclusivas pelos programas de formação inicial e continuada de professores e oferta de formação continuada para o atendimento educacional especializado;

XI – formação e disponibilização de professores para o atendimento educacional especializado, de tradutores e intérpretes da Libras, de guias intérpretes e de profissionais de apoio;

XII – oferta de ensino da Libras, do Sistema Braille e de uso de recursos de tecnologia assistiva, de forma a ampliar habilidades funcionais dos estudantes, promovendo sua autonomia e participação;

XIII – acesso à educação superior e à educação profissional e tecnológica em igualdade de oportunidades e condições com as demais pessoas;

XIV – inclusão em conteúdos curriculares, em cursos de nível superior e de educação profissional técnica e tecnológica, de temas relacionados à pessoa com deficiência nos respectivos campos de conhecimento;

XV – acesso da pessoa com deficiência, em igualdade de condições, a jogos e a atividades recreativas, esportivas e de lazer, no sistema escolar;

XVI – acessibilidade para todos os estudantes, trabalhadores da educação e demais integrantes da comunidade escolar às edificações, aos ambientes e às atividades concernentes a todas as modalidades, etapas e níveis de ensino;

XVII – oferta de profissionais de apoio escolar;

XVIII – articulação intersetorial na implementação de políticas públicas.

Art. 34, § 3º É vedada restrição ao trabalho da pessoa com deficiência e qualquer discriminação em razão de sua condição, inclusive nas etapas de recrutamento, seleção, contratação, admissão, exames admissional e periódico, permanência no emprego, ascensão profissional e reabilitação profissional, bem como exigência de aptidão plena. (g.n.)

A nova lei trouxe um Título sobre crimes e infrações administrativas, cujo destaque é justamente o **crime de discriminação** previsto no art. 88. Vejamos:

Art. 88. Praticar, induzir ou incitar discriminação de pessoa em razão de sua deficiência: (g.n.)

Pena – reclusão, de 1 (um) a 3 (três) anos, e multa.

§ 1º Aumenta-se a pena em 1/3 (um terço) se a vítima encontrar-se sob cuidado e responsabilidade do agente.

§ 2º Se qualquer dos crimes previstos no caput deste artigo é cometido por intermédio de meios de comunicação social ou de publicação de qualquer natureza:

Pena – reclusão, de 2 (dois) a 5 (cinco) anos, e multa.

§ 3º Na hipótese do § 2º deste artigo, o juiz poderá determinar, ouvido o Ministério Público ou a pedido deste, ainda antes do inquérito policial, sob pena de desobediência:

I – recolhimento ou busca e apreensão dos exemplares do material discriminatório;

II – interdição das respectivas mensagens ou páginas de informação na internet.

§ 4º Na hipótese do § 2º deste artigo, constitui efeito da condenação, após o trânsito em julgado da decisão, a destruição do material apreendido.

Por meio do Decreto Legislativo n. 261, de 25 de novembro de 2015, foi aprovado o texto do **Tratado de Marraqueche**, para facilitar o acesso a obras publicadas às pessoas cegas, com deficiência visual ou com outras dificuldades para ter acesso ao texto impresso.

O tratado foi concluído no âmbito da Organização Mundial da Propriedade Intelectual (OMPI), celebrado em Marraqueche em 28 de junho de 2013.

Ressalta-se que **o referido tratado foi aprovado com equivalência às emendas constitucionais**, ou seja, aprovado na forma do § 3º do art. 5º, da CF.

O objetivo do tratado é combater a escassez de obras publicadas em formatos adequados ao uso de pessoas com deficiência visual, promovendo, assim, igualdade de oportunidades. De acordo com dados da União Mundial de Cegos, menos de 10% das obras intelectuais estão disponíveis em formatos acessíveis, conforme dados da página oficial do governo brasileiro (Portal Brasil, com informações do MinC).

Merecem destaque os **conceitos legais** descritos no art. 2º. Vejamos:

Art. 2 – Definições

Para os fins do presente Tratado:

(a) Por "obras" deve ser entendido as obras literárias e artísticas na acessão constante no Artigo 2(1) da Convenção de Berna para a Proteção de Obras Literárias e Artísticas, em forma de texto, notação e/ou ilustrações conexas independentemente de terem sido publicadas ou colocadas à disposição do público por qualquer meio; (g.n.)

(b) Por "cópia em formato acessível" entende-se a reprodução de uma obra, de uma maneira ou forma alternativa que dê aos beneficiários acesso à mesma, sendo esse acesso tão viável e cómodo quanto o proporcionado às pessoas sem incapacidade visual ou sem outras dificuldades para aceder ao texto impresso. A cópia em formato acessível será utilizada exclusivamente pelos beneficiários e tem de respeitar a integridade da obra original, tomando em devida consideração as alterações necessárias para que a

obra fique acessível em formato alternativo e responda às necessidades de acessibilidade dos beneficiários; (g.n.)

(c) Por "entidade autorizada" entende-se toda a entidade autorizada ou reconhecida pelo governo para proporcionar aos beneficiários, sem fins lucrativos, educação, formação pedagógica, leitura adaptada ou acesso à informação. Estão também incluídas todas as instituições governamentais ou organizações sem fins lucrativos que proporcionem os mesmos serviços aos beneficiários, como uma das suas atividades principais ou obrigações institucionais. (g.n.).

Cabe destacar a Lei n. 14.126, de 22 de março de 2021, a qual classificou a visão monocular como deficiência sensorial, do tipo visual para todos os efeitos legais.

2.5 Mulheres

Tema de relevância indiscutível, as discriminações e crimes sexistas continuam estampando nossas matérias policiais, mas, em termos de Exame de Ordem, sua incidência é baixa, por enquanto.

Nossa Constituição protege as mulheres para garantir igualdade de direitos e condições com homens (art. 5º, I), proteção do mercado de trabalho da mulher, mediante incentivos específicos, nos termos da lei (art. 7º, XX), referente à aposentadoria (arts. 40, III, 201, § 7º) etc. Além disso, temos a proteção da crença e das convicções filosófica ou política, não podendo ter direito restrito (salvo se as invocar para eximir-se de obrigação legal a todos imposta e recusar-se a cumprir prestação alternativa), conforme o art. 5º, VIII.

No âmbito internacional, a **Convenção sobre a Eliminação de todas as Formas de Discriminação contra a Mulher**, adotada pela Resolução 34/180 da Assembleia Geral das Nações Unidas, em 18 de dezembro de 1979, foi ratificada pelo Brasil em 1º de dezembro de 1984.

Vinte anos após, a ONU, por meio da Resolução n. A/54/4, de 6 de outubro de 1999, publicou o **Protocolo Facultativo à Convenção sobre a Eliminação de Todas as Formas de Discriminação contra a Mulher**.

O Congresso Nacional aprovou o texto do Protocolo Facultativo à Convenção sobre a Eliminação de Todas as Formas de Discriminação contra a Mulher, por meio do Decreto Legislativo n. 107, de 6 de junho de 2002. O Protocolo entrou em vigor, para o Brasil, em 28 de setembro de 2002. Por fim, por meio do Decreto n. 4.316, de 30 de julho de 2002, o promulgou. Sobre a competência do referido Protocolo, temos:

Art. 1º Cada Estado Parte do presente Protocolo (doravante denominado "Estado Parte") reconhece a competência do Comitê sobre a Eliminação da Discriminação contra a Mulher (doravante denominado "o Comitê") para receber e considerar comunicações apresentadas de acordo com o art. 2º deste Protocolo.

Art. 2º As comunicações podem ser apresentadas por indivíduos ou grupos de indivíduos, que se encontrem sob a jurisdição do Estado Parte e aleguem ser vítimas de violação de quaisquer dos direitos estabelecidos na Convenção por aquele Estado Parte, ou em nome desses indivíduos ou grupos de indivíduos. Sempre que for apresentada em nome de indivíduos ou grupos de indivíduos, a comunicação deverá contar com seu consentimento, a menos que o autor possa justificar estar agindo em nome deles sem o seu consentimento.

Art. 3º As comunicações deverão ser feitas por escrito e não poderão ser anônimas. Nenhuma comunicação relacionada a um Estado Parte da Convenção que não seja parte do presente Protocolo será recebida pelo Comitê.

Outra questão relevante, que poderia ser abordada na disciplina "Direito Eleitoral" se a mesma fosse cobrada no Exame de Ordem, é a porcentagem mínima e máxima exigida para os partidos políticos no tocante às mulheres.

A Lei n. 9.504/97 estabelece normas para as eleições. Destaca-se o art. 10:

Art. 10. Cada partido ou coligação poderá registrar candidatos para a Câmara dos Deputados, a Câmara Legislativa, as Assembleias Legislativas e as Câmaras Municipais no total de até 150% (cento e cinquenta por cento) do número de lugares a preencher, salvo: (Redação dada pela Lei n. 13.165, de 2015)

I – nas unidades da Federação em que o número de lugares a preencher para a Câmara dos Deputados não exceder a doze, nas quais cada partido ou coligação poderá registrar candidatos a Deputado Federal e a Deputado Estadual ou Distrital no total de até 200% (duzentos por cento) das respectivas vagas; (Incluído pela Lei n. 13.165, de 2015)

II – nos Municípios de até cem mil eleitores, nos quais cada coligação poderá registrar candidatos no total de até 200% (duzentos por cento) do número de lugares a preencher. (Incluído pela Lei n. 13.165, de 2015)

§ 1º (Revogado). (Redação dada pela Lei n. 13.165, de 2015)

§ 2º (Revogado). (Redação dada pela Lei n. 13.165, de 2015)

§ 3º Do número de vagas resultante das regras previstas neste artigo, cada partido ou coligação preencherá o mínimo de 30% (trinta por cento) e o máximo de 70% (setenta por cento) para candidaturas de cada sexo. (Redação dada pela Lei n. 12.034, de 2009)

Em que pese ser matéria afeta ao direito penal, a questão da violência doméstica infelizmente ocupa nossos noticiários diariamente.

Assim, cabe ressaltar que desde 2015, por meio da Lei n. 13.104, foi prevista a figura penal do feminicídio como circunstância qualificadora do crime de homicídio, e o art. 1º da Lei n. 8.072/90, para incluir o feminicídio no rol dos crimes hediondos.

Por sua vez a Lei n. 11.340/2006 criou mecanismos para coibir a violência doméstica e familiar contra a mulher, nos termos do § 8º do art. 226 da Constituição Federal, da Convenção sobre a Eliminação de Todas as Formas de Discriminação contra as Mulheres e da Convenção Interamericana para Prevenir, Punir e Erradicar a Violência contra a Mulher. Em 2018, por meio da Lei n. 13.772, foi incluída como forma de violência doméstica e familiar contra a mulher, entre outras, a violência psicológica, entendida como qualquer conduta que lhe cause dano emocional e diminuição da autoestima ou que lhe prejudique e perturbe o pleno desenvolvimento ou que vise degradar ou controlar suas ações, comportamentos, crenças e decisões, mediante ameaça, constrangimento, humilhação, manipulação, isolamento, vigilância constante, perseguição contumaz, insulto, chantagem, violação de sua intimidade, ridicularização, exploração e limitação do direito de ir e vir ou qualquer outro meio que lhe cause prejuízo à saúde psicológica e à autodeterminação. Por sua vez, em 2019, por meio da Lei n. 13.894, no caso de mulher em situação de violência doméstica e familiar, para preservar sua integridade física e psicológica, o juiz assegurará à mulher, dentre outros, o encaminhamento à assistência judiciária, quando for o caso, inclusive para eventual ajuizamento da ação de separação judicial, de divórcio, de anulação de casamento ou de dissolução de união estável perante o juízo competente. Da mesma inovação legislativa de 2019, no caso de atendimento à mulher em situação de violência doméstica e familiar, a autoridade policial deverá, entre outras providências, informar a ofendida dos direitos a ela conferidos nessa Lei e os serviços disponíveis, inclusive os de assistência judiciária para o eventual ajuizamento perante o juízo competente da ação de separação judicial, de divórcio, de anulação de casamento ou de dissolução de união estável. Ainda em 2019, agora por meio da Lei n. 13.880, em todos os casos de violência doméstica e familiar contra a mulher, feito o registro da ocorrência, deverá a autoridade policial adotar, de imediato, com destaque, os seguintes procedimentos, sem prejuízo daqueles previstos no Código de Processo Penal: verificar se o agressor possui registro de porte ou posse de arma de fogo e, na hipótese de existência, juntar aos autos essa informação, bem como notificar a ocorrência à instituição responsável pela concessão do registro ou da emissão do porte, nos termos da Lei n. 10.826, de 22 de dezembro de 2003 (Estatuto do Desarmamento).

2.6 Crianças

O tema é mais afeto à disciplina "Estatuto da Criança e do Adolescente", e por isso mesmo, apenas uma questão no "meio de Direitos Humanos".

A **Convenção sobre os Direitos da Criança**, adotada pela Assembleia Geral nas Nações Unidas em 20 de novembro de 1989, foi aprovada pelo Congresso Nacional por meio do Decreto Legislativo n. 28, de 14 de setembro de 1990.

Este tratado internacional entrou em vigor internacional em 2 de setembro de 1990. O Governo brasileiro ratificou a referida Convenção em 24 de setembro de 1990, tendo a mesmo entrado em vigor para o Brasil em 23 de outubro de 1990. Por fim, o Decreto n. 99.710, de 21 de novembro de 1990, a promulgou. Merece destaque o art. 17 da referida Convenção, pois os meios de comunicação atualmente conseguem "amoldar" as crianças, que estão em constante formação. Vejamos:

> *Art. 17. Os Estados Partes reconhecem a função importante desempenhada pelos meios de comunicação e zelarão para que a criança tenha acesso a informações e materiais procedentes de diversas fontes nacionais e internacionais, especialmente informações e materiais que visem a promover seu bem-estar social, espiritual e moral e sua saúde física e mental. Para tanto, os Estados Partes:*
>
> *a) incentivarão os meios de comunicação a difundir informações e materiais de interesse social e cultural para a criança, de acordo com o espírito do art. 29;*
>
> *b) promoverão a cooperação internacional na produção, no intercâmbio e na divulgação dessas informações e desses materiais procedentes de diversas fontes culturais, nacionais e internacionais;*
>
> *c) incentivarão a produção e difusão de livros para crianças;*
>
> *d) incentivarão os meios de comunicação no sentido de, particularmente, considerar as necessidades linguísticas da criança que pertença a um grupo minoritário ou que seja indígena;*
>
> *e) promoverão a elaboração de diretrizes apropriadas a fim de proteger a criança contra toda informação e material prejudiciais ao seu bem-estar, tendo em conta as disposições dos arts. 13 e 18.*

O Estatuto da Criança e do Adolescente (ECA) sofreu alterações em 2018,2019 e 2020 (não abordaremos as anteriores a 2018 aqui em Direitos Humanos). As alterações de 2020 (Lei n. 14.154/2020), aperfeiçoaram o Programa Nacional de Triagem Neonatal (PNTN), por meio do estabelecimento de rol mínimo de doenças a serem rastreadas pelo teste do pezinho, e pela sua especificidade ao tema de saúde, optei por não mencionar abaixo. Com relação às alterações de 2018 e 2019, em que pese termos a disciplina específica, seguem abaixo por cautela as recentes alterações:

> *Art. 8º-A. Fica instituída a Semana Nacional de Prevenção da Gravidez na Adolescência, a ser realizada anualmente na semana que incluir o dia 1º de fevereiro, com o objetivo de disseminar informações sobre medidas preventivas e educativas que contribuam para a redução da incidência da gravidez na adolescência.*
>
> *Art. 23, § 2º A condenação criminal do pai ou da mãe não implicará a destituição do poder familiar, exce-*

to na hipótese de condenação por crime doloso sujeito à pena de reclusão contra outrem igualmente titular do mesmo poder familiar ou contra filho, filha ou outro descendente.

2.7 LGBTQIA+

A abreviatura "originária" "GLS" (gays, lésbicas e simpatizantes) foi ampliada ao longo do tempo.

Na edição passada mantínhamos a sigla LGBTTTI para lésbicas, gays, bissexuais, transexuais, transgêneros, travestis e intersexuais.

Atualmente chegamos à abreviatura mais utilizada – LGBTQIA+, que significa lésbicas, gays, bissexuais, transgêneros, o Q de Queer pode significar muitas coisas; não é sobre uma orientação sexual específica ou identidade de gênero, é sobre se identificar como algumas das letras da sigla, mas também fazer parte de todas elas. Queer engloba todas as orientações e identidades, sem se especificar em apenas uma delas. O "I" de Intersexo – "A pessoa intersexo está entre o feminino e o masculino. As suas combinações biológicas e desenvolvimento corporal – cromossomos, genitais, hormônios etc. – não se enquadram na norma binária (masculino ou feminino)", enquanto o "A" refere-se o Assexual – "Assexuais não sentem atração sexual por outras pessoas, independentemente do gênero. Existem diferentes níveis de assexualidade e é comum que estas pessoas não vejam as relações sexuais humanas como prioridade". Maiores informações em https://ok2bme.ca/resources/kids-teens/what-does-lgbtq-mean/ e também por meio do site www.educamaisbrasil.com.br/educacao/dicas/qual-o-significado-da-sigla-lgbtqia.

Segundo o COPRED (Conselho para Prevenir e Eliminar a Discriminação na Cidade do México), criado em 25 de novembro de 2011 (http://data.copred.cdmx.gob.mx), temos:

Lésbica: mulher atraída de forma erótica e/ou emocional pelas mulheres.

Gay: homem atraído de forma erótica e/ou emocional por homens.

Bissexual: pessoa que se sente erótica e/ou afetiva para homens e mulheres.

Transexual: pessoa cuja biologia não corresponde à sua identidade de gênero e busca uma mudança para adaptá-la.

Transgênero: pessoa cuja biologia não corresponde à sua identidade de gênero, mas não procura fazer modificações para adaptá-la.

Travesti: pessoa que usa uma performance de gênero considerada diferente da sua, sem implicar orientação/preferência homossexual.

Intersexualidade: todas as situações em que o corpo sexuado de um indivíduo varia de acordo com o padrão corporal feminino ou masculino culturalmente válido.

Em que pese um assunto tão atual e também tão discutido em todos os campos possíveis, em termos de Exame da OAB, tivemos uma única questão.

Observação: Há muitas fontes "não técnicas" afirmando a existência também do chamado "cisgênero". Em resumo o cisgênero é o oposto do transgênero, ou seja, ao contrário do transgênero, o cisgênero se identifica com o gênero que lhe foi atribuído no nascimento ("gênero de nascença").

Em 1991, **a Anistia Internacional passou a considerar a discriminação contra homossexuais uma violação aos direitos humanos**.

No dia 17 junho de 2011, em Genebra (Suíça), a ONU aprovou na 17ª Sessão do Conselho de Direitos Humanos, pela primeira vez, uma **Resolução sobre Homossexuais – "Direitos Humanos, Orientação Sexual e Identidade de Gênero"**.

A resolução não possui caráter vinculante, ou seja, não impõe nenhum comportamento, mas, ao pedir os direitos iguais para as pessoas, independentemente da orientação sexual, expõe preocupação e apoio da comunidade internacional contra a violência, ainda existente em muitas regiões.

A resolução afirma que "todos os seres humanos nascem livres e iguais no que diz respeito a sua dignidade e seus direitos e que cada um pode se beneficiar do conjunto de direitos e liberdades (...) sem nenhuma distinção". O documento expressa também preocupação com os atos de violência e discriminação em razão da orientação sexual ou identidade de gênero.

O Conselho de Direitos Humanos concordou com a solicitação do Alto Comissariado de Direitos Humanos da ONU para que realize um estudo mundial sobre a legislação e as práticas homofóbicas, além de identificar de que forma a legislação internacional pode atuar no combate a esse problema.

Em 2009, foi lançado o **Plano Nacional de Promoção da Cidadania e Direitos Humanos de LGBT**.

Da literalidade do documento, temos que "O Plano Nacional de Promoção da Cidadania e Direitos Humanos de Lésbicas, Gays, Bissexuais, Travestis e Transexuais, elaborado por Comissão Técnica Interministerial, reflete o esforço do Governo e da Sociedade Civil na busca de políticas públicas que consigam responder às necessidades, potencialidades e direitos da população envolvida, a partir de sua implementação, bem como do fortalecimento do Programa Brasil sem Homofobia, implantado desde 2004".

Nos objetivos fundamentais da Constituição (art. 3º, IV), temos a vedação de qualquer tratamento preconceituoso.

O STF já se manifestou a respeito ao julgar a Ação Direta de Inconstitucionalidade (ADI) 4277 e a Arguição de Descumprimento de Preceito Fundamental (ADPF) 132, reconhecendo a união estável para casais do mesmo sexo, conforme "Notícias do STF", disponível em <http://www.stf.jus.br/portal/cms/verNoticiaDetalhe.asp?idConteudo=178931>.

O relator das ações, ministro Ayres Britto, votou no sentido de dar interpretação conforme a Constituição Federal para excluir qualquer significado do art. 1.723 do Código Civil que impeça o reconhecimento da união entre pessoas do mesmo sexo como entidade familiar. O ministro argumentou que o art. 3º, IV/CF veda qualquer discriminação em virtude de sexo, raça, cor e que, nesse sentido, ninguém pode ser diminuído ou discriminado em função de sua preferência sexual. "O sexo das pessoas, salvo disposição contrária, não se presta para desigualação jurídica", observou, para concluir que qualquer depreciação da união estável homoafetiva colide, portanto, com o inciso IV do art. 3º da CF.

Os ministros Luiz Fux, Ricardo Lewandowski, Joaquim Barbosa, Gilmar Mendes, Marco Aurélio, Celso de Mello e Cezar Peluso, bem como as ministras Cármen Lúcia Antunes Rocha e Ellen Gracie, acompanharam o entendimento do ministro Ayres Britto, pela procedência das ações e com efeito vinculante, no sentido de dar interpretação conforme a Constituição Federal para excluir qualquer significado do art. 1.723 do Código Civil que impeça o reconhecimento da união entre pessoas do mesmo sexo como entidade familiar.

O Conselho Nacional de Justiça (CNJ), criado pela Emenda Constitucional n. 45/2004, figurando a partir do art. 103-B (já alterado pela EC n. 61/2009), editou a Resolução n. 175, de 14 de maio de 2013, que dispõe sobre a habilitação, celebração de casamento civil, ou de conversão de união estável em casamento, entre pessoas de mesmo sexo. A resolução, no seu art. 1º, disciplina: "É vedada às autoridades competentes a recusa de habilitação, celebração de casamento civil ou de conversão de união estável em casamento entre pessoas de mesmo sexo".

Em junho de 2019, o STF enquadrou homofobia e transfobia como crimes de racismo ao reconhecer omissão legislativa.

O Plenário concluiu o julgamento das ações que tratam da matéria e decidiu que, até que o Congresso Nacional edite lei específica, as condutas homofóbicas e transfóbicas se enquadram na tipificação da Lei do Racismo.

O Plenário do Supremo Tribunal Federal (STF) entendeu que houve omissão inconstitucional do Congresso Nacional por não editar lei que criminalize atos de homofobia e de transfobia, no julgamento da Ação Direta de Inconstitucionalidade por Omissão (ADO) 26, de relatoria do ministro Celso de Mello, e do Mandado de Injunção (MI) 4733, relatado pelo ministro Edson Fachin, conforme "Notícias do STF" (https://portal.stf.jus.br/noticias/verNoticiaDetalhe.asp?idConteudo=414010).

Por maioria, a Corte reconheceu a mora do Congresso Nacional para incriminar atos atentatórios a direitos fundamentais dos integrantes da comunidade LGBT (termo utilizado pelo STF). Os ministros Celso de Mello, Edson Fachin, Alexandre de Moraes, Luís Roberto Barroso, Rosa Weber, Luiz Fux, Cármen Lúcia e Gilmar Mendes votaram pelo enquadramento da homofobia e da transfobia como tipo penal definido na Lei do Racismo (Lei n. 7.716/89) até que o Congresso Nacional edite lei sobre a matéria. Nesse ponto, ficaram vencidos os ministros Ricardo Lewandowski e Dias Toffoli, por entenderem que a conduta só pode ser punida mediante lei aprovada pelo Legislativo. O ministro Marco Aurélio não reconhecia a mora.

3. TEORIA GERAL DOS DIREITOS HUMANOS

Aqui cada autor pode "enxergar" o que considera como "teoria geral".

Nós partimos da base conceitual, alcançado a dignidade da pessoa humana, características, evolução história, sistemas, dimensões, federalização, incorporação dos tratados internacionais sobre direitos humanos e o controle de convencionalidade.

Até a edição passada tentei deixar os assuntos acima elencados dentro de um único grupo, mas percebo que é melhor deixar os assuntos "isolados", para que o leitor tenha a exata noção do que foi pedido.

Um dos temas (ou subtemas) são as características, das quais destacamos: inerência, universalidade, transnacionalidade, indivisibilidade, historicidade, irretroatividade, indivisibilidade, imprescritibilidade, irrenunciabilidade e inalienabilidade (alguns autores apontam outras, sem esgotar o tema).

A indivisibilidade é a que mais tem caído, ou seja, não há hierarquia entre os direitos civis, políticos, econômicos, sociais ou culturais.

O processo histórico de afirmação dos direitos humanos foi inscrito em importantes documentos, tais como a Declaração Universal dos Direitos do Homem e do Cidadão de 1789, a Constituição Mexicana de 1917 ou até mesmo a Constituição Alemã (Weimar), de 1919. Desse processo é possível inferir que os Direitos Humanos são constituídos por, ao menos, duas dimensões interdependentes e indivisíveis, que são os direitos civis e políticos e os direitos econômicos e sociais.

Aliás, com relação aos chamados "direitos econômicos, sociais e culturais", é bom lembrar que formam, juntamente com os "direitos civis e políticos", um conjunto indivisível de direitos fundamentais, **entre os quais não há qualquer relação hierárquica**. O que ocorreu entre eles foi uma "separação artificial" dos dois pactos internacionais que abordam o tema, por "mero ajuste diplomático pós 2ª Guerra", entre o bloco americano e o bloco soviético. Tanto o **Pacto Internacional dos Direitos Civis e Políticos**, como o **Pacto Internacional dos Direitos Econômicos, Sociais e Culturais**, foram publicados pela mesma Resolução 2.200-A, portanto, mesma data (16-12-1966). A doutrina os considera como a (no singular mesmo) **carta mais abrangente e vinculante de direitos humanos até o momento.**

Outra característica presente em nossas provas é a universalidade. Há um "polêmico" debate acerca da universalidade ou da relatividade cultural dos direitos humanos. Deve-se sempre levar em conta que a característica "universalidade" não permite que o ser humano suporte qualquer qualificativo discriminatório, por motivos de cor, raça, sexo, origem, língua, religião, condição social, opinião política, opinião filosófica, sexualidade etc. Para o chamado "relativismo cultural", tem que ser levada em conta a autodeterminação dos povos, e o grande dilema ocorrerá quando a cultura local aviltar direitos humanos clássicos. Até que ponto a soberania deve ser preservada? A cultura local? Não discutimos os direitos humanos sob o prisma oriental. Por exemplo, atualmente o "Estado Islâmico" vem afrontando todas as normas internacionais sobre o uso de crianças em combates bélicos.

Tema igualmente interessante é a internacionalização dos direitos humanos, a qual impõe que o Estado, e não o indivíduo, seja sujeito de direitos internacionais. É sempre bom lembrar que o estudo do Direito Internacional dos Direitos Humanos basicamente é a colocação de um país, que voluntariamente (por causa da soberania) aceite regras internacionais, no cenário globalizado de um determinado sistema, como por exemplos as Nações Unidas (ONU) e a Organização dos Estados Americanos (OEA).

3.1 Evolução Histórica

Desde 2010, caíram cinco questões. É um tema, portanto, bem presente em nossas provas.

Um grande marco na evolução histórica é a Magna Carta de 1215. Uma das passagens em seu texto afirma que "Ninguém poderá ser detido, preso ou despojado dos seus bens, costumes e liberdades, senão em virtude de julgamento de seus pares, segundo as leis do país".

A doutrina aponta que na modernidade ficou conhecido como devido processo legal.

Um outro marco foi o fim da 1ª Guerra (1914-18), pois, em 1919, surgiram órgãos balizadores dos Direitos Humanos até nossa atualidade.

O Direito Humanitário, a Organização Internacional do Trabalho (OIT) e a Liga das Nações são considerados os principais precedentes do processo de internacionalização dos direitos humanos, uma vez que rompem com o conceito de soberania, já que admitem intervenções nos países em prol da proteção dos direitos humanos.

O início da "relativização" da soberania ocorreu após o término da 1ª Guerra. A OIT e a Liga (ou Sociedade) das Nações, ambas de 1919, vieram como precursoras nesse sentido.

Abaixo, um quadro sinóptico com datas e **alguns** documentos expressivos antes e depois da criação da ONU, bem como documentos oriundos da OEA:

1215: Carta Magna do Rei João Sem Terra;
1648: Tratado de Westfalia;
1689: *Bill of Rights*;
1776: Declaração de Virginia;
1679: *Habeas Corpus Act*;
1789: A Declaração dos Direitos do Homem e do Cidadão (Revolução Francesa);
1914-18: 1ª Guerra Mundial;
1919: Tratado de Versalhes;
1920: Sociedade das Nações;
1939-45: 2ª Guerra Mundial;
1945: criação da ONU;
1948: criação da OEA;
1948: Declaração Americana dos Direitos e Deveres do Homem;
1948: Convenção para a Prevenção e Repressão do Crime de Genocídio;
1948: Declaração Universal dos Direitos Humanos;
1951: Convenção relativa ao Estatuto dos Refugiados;
1961: Convenção sobre a Eliminação da Exigência de Legalização de Documentos Públicos Estrangeiros;
1965: Convenção sobre a Eliminação de Todas as Formas de Discriminação Racial (1965);
1966: Pactos Internacionais de Direitos Civis e Políticos e Direitos Econômicos, Sociais e Culturais;
1966: Protocolo Facultativo referente ao Pacto Internacional sobre os Direitos Civis e Políticos;
1966: Protocolo sobre o Estatuto dos Refugiados;
1969: Convenção Americana sobre os Direitos Humanos (Pacto de São José da Costa Rica);
1979: Convenção sobre a Eliminação de Todas as Formas de Discriminação contra a Mulher;
1984: Convenção contra a Tortura e outros Tratamentos ou Penas Cruéis, Desumanos ou Degradantes;
1985: Convenção Interamericana para Prevenir e Punir a Tortura;
1988: Protocolo Adicional à Convenção Americana sobre Direitos Humanos em Matéria de Direitos Econômicos, Sociais e Culturais (Protocolo de San Salvador);
1989: Convenção sobre os Direitos da Criança;

1990: Segundo Protocolo Adicional ao Pacto Internacional sobre os Direitos Civis e Políticos com vista à Abolição da Pena de Morte;

1990: Convenção Internacional sobre a Proteção dos Direitos de Todos os Trabalhadores Migrantes e seus Familiares;

1993: Declaração e Programa de Ação de Viena;

1994: Convenção Interamericana para Prevenir, Punir e Erradicar a Violência contra a Mulher (Convenção de Belém do Pará);

1994: Convenção Interamericana sobre o Desaparecimento Forçado de Pessoas;

1998: Estatuto de Roma sobre o Tribunal Penal Internacional;

1999: Convenção Interamericana para a Eliminação de Todas as Formas de Discriminação contra as Pessoas Portadoras de Deficiência;

1999: Protocolo Facultativo à Convenção sobre a Eliminação de Todas as Formas de Discriminação contra a Mulher;

2000: Protocolo Facultativo para a Convenção sobre os Direitos da Criança sobre o Envolvimento de Crianças em Conflitos Armados;

2000: Protocolo Facultativo para a Convenção sobre os Direitos da Criança relativo à Venda de Crianças, Prostituição e Pornografia Infantis;

2002: Protocolo Facultativo à Convenção contra a Tortura e outros Tratamentos ou Penas Cruéis, Desumanos ou Degradantes;

2007: Convenção Internacional sobre os Direitos das Pessoas com Deficiência;

2007: Protocolo Facultativo à Convenção Internacional sobre os Direitos das Pessoas com Deficiência;

2008: Protocolo Facultativo ao Pacto Internacional de Direitos Econômicos, Sociais e Culturais;

2013: Tratado de Marraqueche.

3.2 Características

No último exame (XXXIII), antes do fechamento desta edição, tivemos uma questão referenciando o "Declaração e Programa de Ação de Viena" de 1993, cujo mérito foi a abordagem "pura" das chamadas características dos direitos humanos. Vejamos as principais:

a) Inerência: os direitos humanos são inerentes ao ser humano, ou seja, pertencer à família humana (conforme expressão prevista na Declaração Universal dos Direitos Humanos) é suficiente para tornar o indivíduo protegido pelos direitos humanos;

b) Universalidade: não importa a raça, a cor, o sexo, a origem, a condição social, a condição política, a língua, a religião ou a sexualidade: o ser humano será destinatário da proteção dos direitos humanos;

c) Transnacionalidade: não importa o local em que esteja o ser humano, deverá sempre ser alcançado pelos direitos humanos;

d) Historicidade: os direitos humanos são formados ao longo dos tempos, conforme já mencionado, "não nascem todos de uma vez", é uma lenta e longa formação;

e) Indivisibilidade: um direito humano não se divide, não se reparte, não há "meio direito humano". A questão aqui se torna interessante também sob o aspecto hierárquico, ou seja, não há divisão hierárquica entre os direitos civis e políticos e os direitos econômicos, sociais e culturais em virtude da separação artificial ocorrida em 1966 com o Pacto Internacional dos Direitos Civis e Políticos e o Pacto Internacional dos Direitos Econômicos, Sociais e Culturais (serão estudados mais adiante). Lembrando também que tivemos uma questão neste sentido no Exame da OAB;

e) Interdependência: muitas vezes, para o exercício de determinado direito, passa-se anteriormente pelo exercício de outro direito, com a ideia de dependência. Por exemplo: para o exercício de determinado direito político, anteriormente exerceu-se um direito civil;

g) Indisponibilidade: o ser humano não pode dispor de um direito humano, até porque é inerente a ele;

h) Inalienabilidade: o ser humano não pode vender um direito humano;

i) Imprescritibilidade: o ser humano não perde um direito humano por decurso de tempo;

j) Irretroatividade: conforme mencionado no conceito, um direito humano alcançado, teoricamente, não pode retroagir;

i) Irrenunciabilidade: o ser humano não pode renunciar àquilo que lhe é inerente;

j) Impenhorabilidade: o direito humano não pode ser penhorado.

3.3 Incidente de deslocamento de competência ("federalização")

Desde 2010, caíram 04 questões. É um tema muito atual e com apenas três casos práticos até o fechamento desta edição. Assim, por **iniciativa exclusiva do Procurador-Geral da República**, o deslocamento de competência para a justiça federal poderá ser **suscitado ao Superior Tribunal de Justiça (STJ)**, nas hipóteses de grave violação de direitos humanos, com a finalidade de assegurar o cumprimento de obrigações decorrentes de tratados internacionais de direitos humanos dos quais o Brasil seja parte. Tal deslocamento poderá ocorrer em qualquer fase do inquérito ou processo, nos termos do art. 109, V-A c/c § 5º, tudo da CF.

Merece destaque a posição do STJ (IDC 5/PE – 2014/0101401-7), que, além dos requisitos acima elencados, afirma sobre a incapacidade dos órgãos locais de lidar com o caso de forma imparcial. Vejamos:

"[...] A Terceira Seção deste Superior Tribunal explicitou que os requisitos do incidente de deslocamento de competência são três: a) grave violação de direitos humanos; b) necessidade de assegurar o cumprimento, pelo Brasil, de obrigações decorrentes de tratados internacionais; c) incapacidade – oriunda de inércia, omissão, ineficácia, negligência, falta de vontade política, de condições pessoais e/ou materiais etc. – de o Estado-membro, por suas instituições e autoridades, levar a cabo, em toda a sua extensão, a persecução penal. [...] A confiabilidade das instituições públicas envolvidas na persecução penal – Polícia, Ministério Público, Poder Judiciário –, constitucional e legalmente investidas de competência originária para atuar em casos como o presente, deve, como regra, prevalecer, ser apoiada e prestigiada. [...] O incidente de deslocamento de competência não pode ter o caráter de *prima ratio*, de primeira providência a ser tomada em relação a um fato (por mais grave que seja). Deve ser utilizado em situações excepcionalíssimas, em que efetivamente demonstrada a sua necessidade e a sua imprescindibilidade, ante provas que revelem descaso, desinteresse, ausência de vontade política, falta de condições pessoais e/ou materiais das instituições – ou de uma ou outra delas – responsáveis por investigar, processar e punir os responsáveis pela grave violação a direito humano, em levar a cabo a responsabilização dos envolvidos na conduta criminosa, até para não se esvaziar a competência da Justiça Estadual e inviabilizar o funcionamento da Justiça Federal. [...]". (g.n.)

3.4 Incorporação dos Tratados Internacionais sobre Direitos Humanos

Desde 2010, caíram duas questões.

Desde a chegada da Emenda Constitucional n. 45/2004, temos uma nova possibilidade de incorporação dos Tratados Internacionais sobre Direitos Humanos.

Assim, segundo o § 3º do art. 5º da CF, os tratados e convenções internacionais sobre direitos humanos que forem aprovados, em cada Casa do Congresso Nacional, em dois turnos, por três quintos dos votos dos respectivos membros, serão equivalentes às emendas constitucionais.

O § 3º dá a possibilidade de um tratado internacional, apenas sobre direitos humanos, ter equivalência constitucional. Os demais tratados internacionais que foram (e forem) aprovados ainda na sistemática antiga, ou seja, no rito similar de aprovação de uma lei ordinária, terão *status* de normas supralegais. Merece destaque a citação da Súmula Vinculante 25 do STF:

É ilícita a prisão civil de depositário infiel, qualquer que seja a modalidade do depósito.

Os debates no STF que levaram à alteração de sua própria jurisprudência e à adoção da Súmula acima consagraram a prevalência do Pacto de São José da Costa Rica e de sua proibição de prisão civil (art. 7º, item 7, do Pacto). Temos assim a natureza supralegal das Convenções de Direitos Humanos que faz com que elas sejam hierarquicamente superiores ao Código Civil e ao de Processo Civil.

3.5 Sistemas de Direitos Humanos

Desde 2010, caiu apenas uma questão, mas foi na última prova (XXIX, 2019) que pudemos avaliar antes do fechamento da edição.

No item 3.1 podemos observar no quadro sinótico que tínhamos dois documentos de destaque até 1948 (partindo da criação da ONU): a Carta das Nações Unidas e a Declaração Universal dos Direitos Humanos, não se falando até então em sistemas. Digo de destaque, pois há a Convenção para a Prevenção e Repressão do Crime de Genocídio (de 9 de dezembro de 1948).

Em janeiro de 1950, com o surgimento da Convenção Europeia de Direitos Humanos, documento de cunho regional, criou-se assim uma distinção global e regional. Desta forma, temos agora um sistema universal (ou global ou ONU ou Onusiano) e um sistema regional, no caso, o sistema regional europeu de direitos humanos.

Em novembro de 1969, criou-se a Convenção Americana sobre Direitos Humanos ("Pacto de São José da Costa Rica") e, com isso, um sistema regional americano de direitos humanos "estruturado". Digo estruturado, pois, ao consultar a página oficial da Organização dos Estados Americanos (OEA), encontraremos as seguintes informações: é o mais antigo organismo regional do mundo; a sua origem remonta à Primeira Conferência Internacional Americana, realizada em Washington, D.C., de outubro de 1889 a abril de 1890. Essa reunião resultou na criação da União Internacional das Repúblicas Americanas, e começou a se tecer uma rede de disposições e instituições, dando início ao que ficará conhecido como "Sistema Interamericano", o mais antigo sistema institucional internacional (http://www.oas.org/pt/sobre/quem_somos.asp). Entretanto, ao falarmos de um sistema, este deve conter os chamados instrumentos de proteção e de mecanismos de monitoramento, algo que não havia em 1889/90, nem tampouco quando da criação propriamente dita da OEA (1948). Apenas em 1959 surgiu a Comissão Interamericana de Direitos Humanos e em 1969, com a edição da Convenção Americana sobre Direitos Humanos (1969), tivemos a criação da Corte Interamericana sobre Direitos Humanos.

Faltava criar um sistema regional de direitos humanos na parte mais pobre e desigual do planeta – África – o que vem a ocorrer em junho de 1981, com a Carta Africana dos Direitos Humanos e dos Direitos dos Povos.

Basicamente, o sistema regional vem complementar o sistema universal, com as características típicas daquela região que representa.

Não se fala em uma hierarquia ou um sistema hierárquico, mas é certo que o sistema regional não pode limitar garantia disciplinada pelo sistema universal, cuja base é a Carta da ONU + a Declaração Universal + Pactos Internacionais de 1966. Assim, o sistema regional pode ampliar as garantias já existentes, mas jamais limitá-las! Neste sentido, temos, por exemplo, o núcleo inderrogável ("núcleo duro") dos direitos humanos no sistema universal, no tocante ao direito à vida e questões acerca da pena de morte, cujo sistema proíbe a execução aos menores de 18 anos que tenham praticado algum crime punível com tal pena, e também às gestantes, enquanto no sistema regional interamericano houve uma ampliação da garantia ao direito à vida, sendo proibida a execução da pena de morte, além do disposto acima, também aos maiores de 70 anos.

4. CONVENÇÕES CONTRA A TORTURA E OUTROS TRATAMENTOS OU PENAS CRUÉIS

Desde 2010, caíram três questões. Infelizmente trata-se de tema sempre presente nos meios policiais do Brasil e do mundo. Segundo a Constituição Federal, previsto no Capítulo "Dos Direitos e Garantias Fundamentais", ninguém será submetido a tortura nem a tratamento desumano ou degradante (art. 5º, III) e a lei considerará crimes inafiançáveis e insuscetíveis de graça ou anistia a prática da tortura, o tráfico ilícito de entorpecentes e drogas afins, o terrorismo e os definidos como crimes hediondos, por eles respondendo os mandantes, os executores e os que, podendo evitá-los, se omitirem (art. 5º, XLIII).

Na esfera infraconstitucional, temos a Lei n. 9.455/97 (define o crime de tortura). Assim, constitui crime de tortura:

- constranger alguém com emprego de violência ou grave ameaça, causando-lhe sofrimento físico ou mental:
  a) com o fim de obter informação, declaração ou confissão da vítima ou de terceira pessoa;
  b) para provocar ação ou omissão de natureza criminosa;
  c) em razão de discriminação racial ou religiosa;
- submeter alguém, sob sua guarda, poder ou autoridade, com emprego de violência ou grave ameaça, a intenso sofrimento físico ou mental, como forma de aplicar castigo pessoal ou medida de caráter preventivo.

No âmbito internacional (Sistema ONU), temos a Convenção Internacional, temos a Convenção contra a Tortura e Outras Penas ou Tratamentos Cruéis, Desumanos ou Degradantes.

Ela foi adotada pela Resolução n. 39/46 da XL Sessão da Assembleia Geral da ONU ocorrida em 10 de dezembro de 1984. Entrou em vigor na ordem internacional no dia 26 de junho de 1987. O Congresso Nacional aprovou a referida Convenção por meio do Decreto Legislativo n. 4, de 23 de maio de 1989. A Carta de Ratificação da Convenção foi depositada em 28 de setembro de 1989.

No âmbito interno, o Decreto n. 40, de 15 de fevereiro de 1991, a promulgou. O conceito de tortura, para esta Convenção, veio esculpido no art. 1º. Vejamos:

> *Art. 1º*
>
> *1. Para os fins da presente Convenção, o termo "tortura" designa qualquer ato pelo qual dores ou sofrimentos agudos, físicos ou mentais, são infligidos intencionalmente a uma pessoa a fim de obter, dela ou de uma terceira pessoa, informações ou confissões; de castigá-la por ato que ela ou uma terceira pessoa tenha cometido ou seja suspeita de ter cometido; de intimidar ou coagir esta pessoa ou outras pessoas; ou por qualquer motivo baseado em discriminação de qualquer natureza; quando tais dores ou sofrimentos são infligidos por um funcionário público ou outra pessoa no exercício de funções públicas, ou por sua instigação, ou com o seu consentimento ou aquiescência. Não se considerará como tortura as dores ou sofrimentos que sejam consequência unicamente de sanções legítimas, ou que sejam inerentes a tais sanções ou delas decorram.*
>
> *2. O presente artigo não será interpretado de maneira a restringir qualquer instrumento internacional ou legislação nacional que contenha ou possa conter dispositivos de alcance mais amplo.*

Quase vinte anos depois, foi publicado o **Protocolo Facultativo à Convenção contra a Tortura e Outros Tratamentos ou Penas Cruéis, Desumanos ou Degradantes**, adotado em Nova York em 18 de dezembro de 2002.

O Congresso Nacional o aprovou por meio do Decreto Legislativo n. 483, de 20 de dezembro de 2006. O Governo Brasileiro depositou o instrumento de ratificação do Protocolo junto ao Secretário-Geral da Organização das Nações Unidas em 11 de janeiro de 2007. O Protocolo entrou em vigor internacional em 22 de junho de 2006, e entrou em vigor para o Brasil em 11 de fevereiro de 2007.

Finalmente, por meio do Decreto n. 6.085, de 19 de abril de 2007, o mesmo foi promulgado no âmbito interno.

> *Art. 1º O objetivo do presente Protocolo é estabelecer um sistema de visitas regulares efetuadas por órgãos nacionais e internacionais independentes a lugares onde pessoas são privadas de sua liberdade, com a intenção de prevenir a tortura e outros tratamentos ou penas cruéis, desumanos ou degradantes. (g.n.)*

> *Art. 2º*
>
> *1. Um Subcomitê de Prevenção da Tortura e outros Tratamentos ou Penas Cruéis, Desumanos ou Degradantes do Comitê contra a Tortura (doravante denominado Subcomitê de Prevenção) deverá ser estabelecido e desempenhar as funções definidas no presente Protocolo. (g.n.)*
>
> *2. O Subcomitê de Prevenção deve desempenhar suas funções no marco da Carta das Nações Unidas e*

deve ser guiado por seus princípios e propósitos, bem como pelas normas das Nações Unidas relativas ao tratamento das pessoas privadas de sua liberdade.

3. Igualmente, o Subcomitê de Prevenção deve ser guiado pelos princípios da confidencialidade, imparcialidade, não seletividade, universalidade e objetividade.

4. O Subcomitê de Prevenção e os Estados-Partes devem cooperar na implementação do presente Protocolo.

Art. 3º Cada Estado-Parte deverá designar ou manter em nível doméstico um ou mais órgãos de visita encarregados da prevenção da tortura e outros tratamentos ou penas cruéis, desumanos ou degradantes (doravante denominados mecanismos preventivos nacionais). (g.n.)

Art. 4º

1. Cada Estado-Parte deverá permitir visitas, de acordo com o presente Protocolo, dos mecanismos referidos nos arts. 2º e 3º a qualquer lugar sob sua jurisdição e controle onde pessoas são ou podem ser privadas de sua liberdade, quer por força de ordem dada por autoridade pública quer sob seu incitamento ou com sua permissão ou concordância (doravante denominados centros de detenção). Essas visitas devem ser empreendidas com vistas ao fortalecimento, se necessário, da proteção dessas pessoas contra a tortura e outros tratamentos ou penas cruéis, desumanos ou degradantes. (g.n.)

2. Para os fins do presente Protocolo, privação da liberdade significa qualquer forma de detenção ou aprisionamento ou colocação de uma pessoa em estabelecimento público ou privado de vigilância, de onde, por força de ordem judicial, administrativa ou de outra autoridade, ela não tem permissão para ausentar-se por sua própria vontade.

Visando o atendimento ao Protocolo Facultativo, o Brasil criou o **Mecanismo Nacional de Prevenção e Combate à Tortura** (CNPCT) por meio da Lei n. 12.847/2013, como órgão integrante da estrutura da Secretaria de Direitos Humanos da Presidência da República, responsável pela prevenção e combate à tortura e a outros tratamentos ou penas cruéis, desumanos ou degradantes, referenciando o art. 3º do Protocolo Facultativo.

Essa lei também institui o **Sistema Nacional de Prevenção e Combate à Tortura** (SNPCT), com **o objetivo** de fortalecer a prevenção e o combate à tortura, mediante a integração de órgãos e entidades públicas e privadas, por meio do monitoramento, da supervisão e do controle de estabelecimentos e unidades onde se encontram pessoas privadas da liberdade.

O SNPCT tem como **princípios** a proteção da dignidade da pessoa humana, universalidade, objetividade, igualdade, imparcialidade, não seletividade e não discriminação.

Ainda sobre o MNPCT, não nos esqueçamos da recente (2016) publicação do seu Regimento Interno, aprovado por meio da Portaria n. 20/2016, no qual destaco seus princípios, competências e prerrogativas dos seus membros, e o objetivo das visitas. Vejamos:

São princípios do MNPCT:

I – proteção da dignidade da pessoa humana;

II – universalidade;

III – igualdade;

IV – não discriminação;

V – transparência;

VI – legalidade;

VII – imparcialidade;

VIII – objetividade; e

IX – confidencialidade.

Compete ao MNPCT:

I – planejar, realizar e monitorar visitas periódicas e regulares a pessoas privadas de liberdade em todas as unidades da Federação, para verificar as condições de fato e de direito a que se encontram submetidas;

II – articular-se com o Subcomitê de Prevenção da Organização das Nações Unidas – ONU, previsto no art. 2º do Protocolo Facultativo à Convenção das Nações Unidas contra a Tortura e Outros Tratamentos ou Penas Cruéis, Desumanos ou Degradantes, promulgado pelo Decreto n. 6.085, de 19 de abril de 2007, de forma a dar apoio a suas missões no território nacional, com o objetivo de unificar as estratégias e políticas de prevenção da tortura e de outros tratamentos e práticas cruéis, desumanos ou degradantes;

III – requerer à autoridade competente que instaure procedimento criminal e administrativo mediante a constatação de indícios da prática de tortura e de outros tratamentos e práticas cruéis, desumanos ou degradantes;

IV – elaborar relatório circunstanciado de cada visita realizada nos termos do inciso I deste artigo e, no prazo máximo de 30 (trinta) dias, apresentá-lo ao CNPCT, à Procuradoria-Geral da República – PGR e às autoridades responsáveis pela detenção e outras autoridades competentes;

V – elaborar anualmente relatório circunstanciado e sistematizado sobre o conjunto de visitas realizadas e recomendações formuladas, comunicando ao dirigente imediato do estabelecimento ou da unidade visitada, bem como ao dirigente máximo do órgão ou da instituição a que esteja vinculado o estabelecimento ou unidade visitada de qualquer dos entes federativos, ou ao particular responsável, do inteiro teor do relatório produzido, a fim de que sejam solucionados os problemas identificados e o sistema aprimorado;

VI – fazer recomendações e observações às autoridades públicas ou privadas, responsáveis pelas pessoas em locais de privação de liberdade, com vistas a garantir a observância dos direitos dessas pessoas;

VII – publicar os relatórios de visitas periódicas e regulares realizadas e o relatório anual e promover a difusão deles;

VIII – sugerir propostas e observações a respeito da legislação existente; e

IX – elaborar e aprovar o seu Regimento Interno.

São assegurados ao MNPCT e aos seus membros:

I – a autonomia das posições e opiniões adotadas no exercício de suas funções;

II – o acesso independentemente de autorização a todas as informações e registros relativos ao número, à identidade, às condições de detenção e ao tratamento conferido às pessoas privadas de liberdade;

III – o acesso ao número de unidades de detenção ou execução de pena privativa de liberdade e a respectiva lotação e localização de cada uma;

IV – o acesso aos locais arrolados no inciso II do art. 3º da Lei n. 12.847, de 2003, públicos e privados, de privação de liberdade e a todas as instalações e equipamentos do local;

V – a possibilidade de entrevistar pessoas privadas de liberdade ou qualquer outra pessoa que possa fornecer informações relevantes, reservadamente e sem testemunhas, em local que garanta a segurança e o sigilo necessários;

VI – a escolha dos locais a visitar e das pessoas a serem entrevistadas, com a possibilidade, inclusive, de fazer registros por meio da utilização de recursos audiovisuais, respeitada a intimidade das pessoas envolvidas; e

VII – a possibilidade de solicitar a realização de perícias oficiais, em consonância com as normas e diretrizes internacionais e com o art. 159 do Decreto-Lei n. 3.689, de 3 de outubro de 1941 – Código de Processo Penal.

As **visitas periódicas e regulares** a pessoas privadas de liberdade realizadas pelo MNPCT **têm como objetivo** prevenir e combater a tortura e outros tratamentos ou penas cruéis, desumanos ou degradantes em todos os estabelecimentos de privação de liberdade em âmbito nacional.

No âmbito do Sistema Regional Interamericano, no XV Período Ordinário de Sessões da Assembleia Geral da Organização dos Estados Americanos, em Cartagena das Índias (Colômbia), em 9 de dezembro de 1985, foi adotada a Convenção Interamericana para Prevenir e Punir a Tortura. O Brasil a ratificou em 20 de julho de 1989.

O art. 2º assim conceitua tortura:

> *Art. 2º Para os efeitos desta Convenção, entender-se-á por tortura todo ato pelo qual são infligidos intencionalmente a uma pessoa penas ou sofrimentos físicos ou mentais, com fins de investigação criminal, como meio de intimidação, como castigo pessoal, como medida preventiva, como pena ou qualquer outro fim. Entender-se-á também como tortura a aplicação, sobre uma pessoa, de métodos tendentes a anular a personalidade da vítima, ou a diminuir sua capacidade física ou mental, embora não causem dor física ou angústia psíquica.*
>
> *Não estarão compreendidas no conceito de tortura as penas ou sofrimentos físicos ou mentais que sejam unicamente consequência de medidas legais ou inerentes a elas, contanto que não incluam a realização dos atos ou a aplicação dos métodos a que se refere este artigo.*

Outro destaque ao tema são as provas obtidas por meio de tortura, que não podem ser admitidas como prova em processo, salvo em processo instaurado contra a pessoa acusada de havê-las obtido mediante atos de tortura e unicamente como prova de que, por esse meio, o acusado obteve tal declaração. Nesse sentido, o art. 10 nos ensina:

> *Art. 10. Nenhuma declaração que se comprove haver sido obtida mediante tortura poderá ser admitida como prova num processo, salvo em processo instaurado contra a pessoa ou pessoas acusadas de havê-la obtido mediante atos de tortura e unicamente como prova de que, por esse meio, o acusado obteve tal declaração.*

5. PACTO INTERNACIONAL DOS DIREITOS CIVIS E POLÍTICOS E PACTO INTERNACIONAL DOS DIREITOS ECONÔMICOS, SOCIAIS E CULTURAIS

Desde 2010, caíram cinco questões.

Os Pactos Internacionais que versam sobre os direitos civis, políticos, econômicos, sociais e culturais foram publicados em 16 de dezembro de 1966, por meio da mesma Resolução n. 2.200-A, fruto da XXI Sessão da Assembleia Geral da ONU. Ambos são considerados apenas um documento (formalmente são dois), pela indivisibilidade que há no sistema humanista. Aliás, a doutrina afirma que juntos formam a carta mais abrangente e vinculante sobre Direitos Humanos até o momento.

Sobre o Pacto Internacional dos Direitos Civis e Políticos, temos:

- O Congresso Nacional aprovou o texto do referido diploma internacional por meio do Decreto Legislativo n. 226, de 12 de dezembro de 1991.
- O Decreto n. 592, de 6 de julho de 1992, promulgou-o.
- A Carta de Adesão ao Pacto Internacional sobre Direitos Civis e Políticos foi depositada somente em 24 de janeiro de 1992.
- Para o Estado Brasileiro o Pacto entrou em vigor em 24 de abril de 1992.
- Finalmente por meio do Decreto n. 592, de 6 de julho de 1992, houve a promulgação no âmbito interno.

Assim como mencionado quando do estudo da Convenção Americana sobre Direitos Humanos (Pacto de São José da Costa Rica), o chamado "Núcleo duro" ou "Núcleo inderrogável" dos Direitos Humanos é tema importantíssimo. Até o momento não ha-

via sido questionado, aliás, não o foi com essa técnica e tão somente, como de costume, com a memorização de determinado artigo, no caso, do art. 4º, n. 01 do Pacto Internacional dos Direitos Civis e Políticos (PIDCP). O n. 01 trata da cláusula de derrogabilidade, enquanto que o n. 02 trata da cláusula de inderrogabilidade. Oriento a saber esse rol do n. 02. Vejamos:

Art. 4º

1. Quando situações excepcionais ameacem a existência da nação e sejam proclamadas oficialmente, os Estados Partes do presente Pacto podem adotar, na estrita medida exigida pela situação, medidas que suspendam as obrigações decorrentes do presente Pacto, desde que tais medidas não sejam incompatíveis com as demais obrigações que lhes sejam impostas pelo Direito Internacional e não acarretem discriminação alguma apenas por motivo de raça, cor, sexo, língua, religião ou origem social.

2. A disposição precedente não autoriza qualquer suspensão dos artigos 6, 7, 8 (parágrafos 1 e 2), 11, 15, 16 e 18.

3. Os Estados Partes do presente Pacto que fizerem uso do direito de suspensão devem comunicar imediatamente aos outros Estados Partes do presente Pacto, por intermédio do Secretário-Geral da Organização das Nações Unidas, as disposições que tenham suspendido, bem como os motivos de tal suspensão. Os Estados partes deverão fazer uma nova comunicação, igualmente por intermédio do Secretário-Geral da Organização das Nações Unidas, na data em que terminar tal suspensão.

O Pacto Internacional dos Direitos Econômicos, Sociais e Culturais e o Pacto Internacional dos Direitos Civis e Políticos preveem em seu texto mecanismos de proteção, efetivação e monitoramento dos Direitos Humanos consagrados em seus respectivos textos. Em ambos os pactos, encontra-se o mecanismo de envio de relatórios sobre medidas adotadas e progressos alcançados, pois tanto o art. 16 do Pacto Internacional dos Direitos Econômicos, Sociais e Culturais (PIDESC) quanto o art. 40 do PIDCP determinam a elaboração e envio dos relatórios. Vejamos:

Art. 16.

1. Os Estados Partes do presente Pacto comprometem-se a apresentar, de acordo com as disposições da presente parte do Pacto, relatórios sobre as medidas que tenham adotado e sobre o progresso realizado com o objetivo de assegurar a observância dos direitos reconhecidos no Pacto.

2. a) <u>Todos os relatórios deverão ser encaminhados ao Secretário-Geral da Organização das Nações Unidas</u>, o qual enviará cópias dos mesmos ao Conselho Econômico e Social, para exame, de acordo com as disposições do presente Pacto. (g.n.)

b) O Secretário-Geral da Organização das Nações Unidas encaminhará também às agências especializadas cópias dos relatórios – ou de todas as partes pertinentes dos mesmos enviados pelos Estados Partes do presente Pacto que sejam igualmente membros das referidas agências especializadas, na medida em que os relatórios, ou partes deles, guardem relação com questão que sejam da competência de tais agências, nos termos de seus respectivos instrumentos constitutivos.

Art. 40.

1. Os Estados partes do presente Pacto <u>comprometem-se a submeter relatórios sobre as medidas por eles adotadas para tornar efeitos os direitos reconhecidos no presente Pacto e sobre o processo alcançado no gozo desses direitos</u>: (g.n.)

a) Dentro do prazo de um ano, a contar do início da vigência do presente pacto nos Estados Partes interessados;

b) A partir de então, sempre que o Comitê vier a solicitar.

2. Todos os relatórios serão submetidos ao Secretário-Geral da Organização das Nações Unidas, que os encaminhará, para exame, ao Comitê. Os relatórios deverão sublinhar, caso existam, os fatores e as dificuldades que prejudiquem a implementação do presente Pacto.

3. O Secretário-Geral da Organização das Nações Unidas poderá, após consulta ao Comitê, encaminhar às agências especializadas interessadas cópias das partes dos relatórios que digam respeito a sua esfera de competência.

4. O Comitê estudará os relatórios apresentados pelos Estados Partes do presente Pacto e transmitirá aos Estados Partes seu próprio relatório, bem como os comentários gerais que julgar oportunos. O Comitê poderá igualmente transmitir ao Conselho Econômico e Social os referidos comentários, bem como cópias dos relatórios que houver recebido dos Estados Partes do presente Pacto.

5. Os Estados Partes no presente Pacto poderão submeter ao Comitê as observações que desejarem formular relativamente aos comentários feitos nos termos do parágrafo 4 do presente artigo.

O Pacto Internacional sobre os Direitos Civis e Políticos possui dois Protocolos Facultativos.

O **Primeiro Protocolo Facultativo**, referente ao Pacto Internacional sobre os Direitos Civis e Políticos, habilitou um Comitê para receber e examinar as comunicações provenientes de particulares que se considerem vítimas de uma violação dos direitos enunciados no Pacto.

O **Segundo Protocolo Facultativo refere-se ao Pacto Internacional sobre os Direitos Civis e Políticos com vistas à Abolição da Pena de Morte**, adotado e proclamado pela Resolução n. 44/128, de 15 de dezembro de 1989.

O Decreto Legislativo n. 311 de 2009 o aprovou, com a reserva possível, nos termos do art. 2º. Vejamos:

Art. 2º

1. Não é admitida qualquer reserva ao presente Protocolo, exceto a reserva formulada no momento da ratifi-

cação ou adesão que preveja a aplicação da pena de morte em tempo de guerra em virtude de condenação por infração penal de natureza militar de gravidade extrema cometida em tempo de guerra.

2. O Estado que formular tal reserva transmitirá ao Secretário-Geral das Nações Unidas, no momento da ratificação ou adesão, as disposições pertinentes da respectiva legislação nacional aplicável em tempo de guerra.

3. O Estado Parte que haja formulado tal reserva notificará o Secretário-Geral das Nações Unidas de declaração e do fim do estado de guerra no seu território.

O Pacto Internacional sobre Direitos Econômicos, Sociais e Culturais foi aprovado pelo Congresso Nacional por meio do Decreto Legislativo n. 226, de 12 de dezembro de 1991.

A adesão ao **Pacto Internacional sobre Direitos Econômicos, Sociais e Culturais** foi depositada em 24 de janeiro de 1992. Este Pacto entrou em vigor, para o Brasil, em 24 de abril de 1992. O Decreto n. 591, de 6 de julho de 1992, o promulgou.

Esse Pacto também possui um **Protocolo Facultativo ao Pacto Internacional de Direitos Econômicos, Sociais e Culturais,** o qual criou um comitê para fiscalizar os direitos elencados no pacto principal.

Foi aprovado, por unanimidade, pela Assembleia Geral da Organização das Nações Unidas, no dia 10 de dezembro de 2008, entrou em vigor internacional no dia 5 de maio de 2013 e até o fechamento desta edição o Estado brasileiro não o havia ratificado, portanto, ainda sem aplicabilidade em nosso País (art. 1º, n. 2).

Art. 1º Competência do Comitê para receber e considerar comunicações. (g.n.)

1. Um Estado Parte da Convenção que se torne Parte do presente Protocolo reconhece a competência do Comitê para receber e considerar comunicações apresentadas de acordo com as disposições do presente Protocolo.

2. Nenhuma comunicação será recebida pelo Comitê se for concernente a um Estado Parte do Pacto que não seja parte do presente Protocolo.

Sobre as comunicações:

Art. 2º Comunicações.

1. Comunicações podem ser submetidas por ou no interesse de indivíduos ou grupos de indivíduos, sob a jurisdição de um Estado Parte, reivindicando serem vítimas de uma violação por aquele Estado Parte de qualquer um dos direitos econômicos, sociais e culturais arrolados no Pacto. Quando a comunicação é submetida no interesse de indivíduos ou grupos de indivíduos, isso deve ser feito com o consentimento deles, a não ser que o autor possa justificar agir no interesse deles sem tal consentimento.

Sobre a admissibilidade das comunicações, temos:

Art. 3º Admissibilidade.

1. O Comitê não deve considerar uma comunicação a não ser que ele tenha se certificado que todos os recursos internos disponíveis tenham sido esgotados. Essa não será a regra quando a aplicação de tais recursos seja injustificadamente prolongada.

2. O Comitê deve declarar uma comunicação inadmissível quando:

a) Ela não for submetida dentro de um ano após exauridos os recursos internos, exceto em casos em que o autor possa demonstrar que não havia possibilidade de submeter a comunicação dentro da data limite;

b) Os fatos que são o objeto da comunicação ocorreram anteriormente à entrada em vigor do presente Protocolo para o Estado Parte interessado, a não ser que tais fatos tenham continuado a ocorrer após tal data;

c) A mesma matéria já tenha sido examinada pelo Comitê, ou tenha sido ou está sendo examinada por outro procedimento de investigação ou acordo internacional;

d) Ela é incompatível com as disposições do Pacto;

e) Ela é manifestamente mal fundamentada, não suficientemente comprovada ou exclusivamente baseada em relatos disseminados pela mídia;

f) Ela é um abuso do direito de submeter uma comunicação; ou

g) É anônima ou não é apresentada por escrito.

6. TRIBUNAL PENAL INTERNACIONAL

Desde 2010, caiu apenas uma questão.

O Tribunal Penal Internacional realmente não vive um "bom momento" mundial, com uma série de críticas na relação custo X resultados práticos. No âmbito constitucional, o Estado Brasileiro, por meio do § 4º do art. 5º, disciplinou que o Brasil se submete à jurisdição de Tribunal Penal Internacional a cuja criação tenha manifestado adesão.

Em 16 de julho de 1998 foi aprovado o Estatuto de Roma do Tribunal Penal Internacional. Nosso Congresso Nacional aprovou o texto do Estatuto por meio do Decreto Legislativo n. 112, de 6 de junho de 2002. Este tratado entrou em vigor internacional em 1º de julho de 2002, e passou a vigorar, para o Brasil, em 1º de setembro de 2002. E finalmente, por meio do Decreto n. 4.388, de 25 de setembro de 2002, o mesmo foi promulgado. Em seu texto, destaca-se sua competência:

Art. 5º Crimes da Competência do Tribunal.

1. A competência do Tribunal restringir-se-á aos crimes mais graves, que afetam a comunidade internacional no seu conjunto. Nos termos do presente Estatuto, o Tribunal terá competência para julgar os seguintes crimes:

a) O crime de genocídio;

b) Crimes contra a humanidade;

c) Crimes de guerra;

d) O crime de agressão.

A definição de cada tipo penal conforme a previsão textual:

Art. 6º Crime de Genocídio
Entende-se por "genocídio", qualquer um dos atos que a seguir se enumeram, praticado com intenção de destruir, no todo ou em parte, um grupo nacional, étnico, racial ou religioso, enquanto tal:
a) Homicídio de membros do grupo;
b) Ofensas graves à integridade física ou mental de membros do grupo;
c) Sujeição intencional do grupo a condições de vida com vista a provocar a sua destruição física, total ou parcial;
d) Imposição de medidas destinadas a impedir nascimentos no seio do grupo;
e) Transferência, à força, de crianças do grupo para outro grupo.

Art. 7º Crimes contra a Humanidade
Entende-se por "crime contra a humanidade", qualquer um dos atos seguintes, quando cometido no quadro de um ataque, generalizado ou sistemático, contra qualquer população civil, havendo conhecimento desse ataque:
a) Homicídio;
b) Extermínio;
c) Escravidão;
d) Deportação ou transferência forçada de uma população;
e) Prisão ou outra forma de privação da liberdade física grave, em violação das normas fundamentais de direito internacional;
f) Tortura;
g) Agressão sexual, escravatura sexual, prostituição forçada, gravidez forçada, esterilização forçada ou qualquer outra forma de violência no campo sexual de gravidade comparável;
h) Perseguição de um grupo ou coletividade que possa ser identificado, por motivos políticos, raciais, nacionais, étnicos, culturais, religiosos ou de gênero, tal como definido no parágrafo 3º, ou em função de outros critérios universalmente reconhecidos como inaceitáveis no direito internacional, relacionados com qualquer ato referido neste parágrafo ou com qualquer crime da competência do Tribunal;
i) Desaparecimento forçado de pessoas;
j) Crime de *apartheid*;
k) Outros atos desumanos de caráter semelhante, que causem intencionalmente grande sofrimento, ou afetem gravemente a integridade física ou a saúde física ou mental.

Importante destacar alguns conceitos que o próprio texto apresenta:

- Por "ataque contra uma população civil" entende-se qualquer conduta que envolva a prática múltipla de atos referidos no parágrafo 1º contra uma população civil, de acordo com a política de um Estado ou de uma organização de praticar esses atos ou tendo em vista a prossecução dessa política;
- O "extermínio" compreende a sujeição intencional a condições de vida, tais como a privação do acesso a alimentos ou medicamentos, com vista a causar a destruição de uma parte da população;
- Por "escravidão" entende-se o exercício, relativamente a uma pessoa, de um poder ou de um conjunto de poderes que traduzam um direito de propriedade sobre uma pessoa, incluindo o exercício desse poder no âmbito do tráfico de pessoas, em particular mulheres e crianças;
- Por "deportação ou transferência à força de uma população" entende-se o deslocamento forçado de pessoas, através da expulsão ou outro ato coercivo, da zona em que se encontram legalmente, sem qualquer motivo reconhecido no direito internacional;
- Por "tortura" entende-se o ato por meio do qual uma dor ou sofrimentos agudos, físicos ou mentais, são intencionalmente causados a uma pessoa que esteja sob a custódia ou o controle do acusado; este termo não compreende a dor ou os sofrimentos resultantes unicamente de sanções legais, inerentes a essas sanções ou por elas ocasionadas;
- Por "gravidez à força" entende-se a privação ilegal de liberdade de uma mulher que foi engravidada à força, com o propósito de alterar a composição étnica de uma população ou de cometer outras violações graves do direito internacional. Esta definição não pode, de modo algum, ser interpretada como afetando as disposições de direito interno relativas à gravidez;
- Por "perseguição" entende-se a privação intencional e grave de direitos fundamentais em violação do direito internacional, por motivos relacionados com a identidade do grupo ou da coletividade em causa;
- Por "crime de *apartheid*" entende-se qualquer ato desumano análogo aos referidos no parágrafo 1º, praticado no contexto de um regime institucionalizado de opressão e domínio sistemático de um grupo racial sobre um ou outros grupos nacionais e com a intenção de manter esse regime;
- Por "desaparecimento forçado de pessoas" entende-se a detenção, a prisão ou o sequestro de pessoas por um Estado ou uma organização política ou com a autorização, o apoio ou a concordância destes, seguidos de recusa a reconhecer tal estado de privação de liberdade ou a prestar qualquer informação sobre a situação ou localização dessas pessoas, com o propósito de lhes negar a proteção da lei por um prolongado período de tempo.

Art. 8º Crimes de Guerra
O Tribunal terá competência para julgar os crimes de guerra, em particular quando cometidos como parte integrante de um plano ou de uma política ou como parte de uma prática em larga escala desse tipo de crimes. Entende-se por "crimes de guerra":
(sugere-se a leitura do extenso rol das alíneas "a", "b", "c", "d", "e", "f").

Finalmente em junho de 2010, o TPI definiu o crime de agressão, com a seguinte condição: poderá exercer a jurisdição sobre os crimes cometidos apenas um ano após trinta Estados terem ratificado a alteração.

A alteração do Estatuto introduziu a definição do crime de agressão, nos seguintes termos: "Planejamento, preparação, iniciação ou execução, por uma pessoa numa posição de exercício de controle ou direção da ação política ou militar de um Estado, de um ato de agressão que pelo seu caráter, gravidade ou escala constitui uma manifesta violação da Carta das Nações Unidas".

Sobre as penas aplicáveis:

> *Art. 77. Penas Aplicáveis.*
>
> *1. Sem prejuízo do disposto no art. 110, o Tribunal pode impor à pessoa condenada por um dos crimes previstos no art. 5º do presente Estatuto uma das seguintes penas:*
>
> *a) Pena de prisão por um número determinado de anos, até ao limite máximo de 30 anos; ou*
>
> *b) Pena de prisão perpétua, se o elevado grau de ilicitude do fato e as condições pessoais do condenado o justificarem,*
>
> *2. Além da pena de prisão, o Tribunal poderá aplicar:*
>
> *a) Uma multa, de acordo com os critérios previstos no Regulamento Processual;*
>
> *b) A perda de produtos, bens e haveres provenientes, direta ou indiretamente, do crime, sem prejuízo dos direitos de terceiros que tenham agido de boa-fé.*

Diante do exposto, temos no Sistema Global de Direitos Humanos um órgão de caráter permanente e independente voltado especificamente para o julgamento e a punição de indivíduos agressores e não diretamente para a proteção das vítimas.

O art. 1º deixa claro sobre o TPI ser um "órgão permanente" e "para o julgamento de pessoas". Vejamos:

> *Art. 1º O Tribunal. É criado, pelo presente instrumento, um Tribunal Penal Internacional ("o Tribunal"). O Tribunal será uma instituição permanente, com jurisdição sobre as pessoas responsáveis pelos crimes de maior gravidade com alcance internacional, de acordo com o presente Estatuto, e será complementar às jurisdições penais nacionais. A competência e o funcionamento do Tribunal reger-se-ão pelo presente Estatuto. (g.n.)*

7. CONVENÇÃO INTERNACIONAL E INTERAMERICANA PARA A PROTEÇÃO DE TODAS AS PESSOAS CONTRA O DESAPARECIMENTO FORÇADO

Desde 2010, caíram apenas duas questões. Tema que já foi tratado como "isolado" e após sete exames ressurge.

A Convenção Internacional para a Proteção de Todas as Pessoas Contra o Desaparecimento Forçado foi assinada em Paris, em 6 de fevereiro de 2007. O Estado Brasileiro aprovou o seu texto por meio do Decreto Legislativo n. 661, de 2010.

Antes desta Convenção, havia a Resolução n. 47/133, de 1992 ("Declaração sobre a Proteção de Todas as Pessoas contra os Desaparecimentos Forçados"), com natureza jurídica de mera recomendação.

No Sistema Regional Interamericano, temos também a **Convenção Interamericana sobre o Desaparecimento Forçado de Pessoas**, a qual foi aprovada pela Assembleia Geral da Organização dos Estados Americanos (OEA) em seu XXIV Período Ordinário de Sessões, realizado em Belém do Pará, em 9 de junho de 1994.

Nos termos do art. 2º da Convenção, temos o conceito do tema:

> *Art. 2º Para os efeitos desta Convenção, entende-se por "desaparecimento forçado" a prisão, a detenção, o sequestro ou qualquer outra forma de privação de liberdade que seja perpetrada por agentes do Estado ou por pessoas ou grupos de pessoas agindo com a autorização, apoio ou aquiescência do Estado, e a subsequente recusa em admitir a privação de liberdade ou a ocultação do destino ou do paradeiro da pessoa desaparecida, privando-a assim da proteção da lei.*

Merece destaque também a **conceituação da vítima e os seus direitos**:

> *Art. 24.*
>
> *1. Para os fins da presente Convenção, o termo "vítima" se refere à pessoa desaparecida e a todo indivíduo que tiver sofrido dano como resultado direto de um desaparecimento forçado.*
>
> *2. A vítima tem o direito de saber a verdade sobre as circunstâncias do desaparecimento forçado, o andamento e os resultados da investigação e o destino da pessoa desaparecida. O Estado Parte tomará medidas apropriadas a esse respeito.*
>
> *3. Cada Estado Parte tomará todas as medidas cabíveis para procurar, localizar e libertar pessoas desaparecidas e, no caso de morte, localizar, respeitar e devolver seus restos mortais.*
>
> *4. Cada Estado Parte assegurará que sua legislação garanta às vítimas de desaparecimento forçado o direito de obter reparação e indenização rápida, justa e adequada.*

5. O direito a obter reparação, a que se refere o parágrafo 4º deste artigo, abrange danos materiais e morais e, se couber, outras formas de reparação, tais como:

a) Restituição;

b) Reabilitação;

c) Satisfação, inclusive o restabelecimento da dignidade e da reputação; e

d) Garantias de não repetição.

6. Sem prejuízo da obrigação de prosseguir a investigação até que o destino da pessoa desaparecida seja estabelecido, cada Estado Parte adotará as providências cabíveis em relação à situação jurídica das pessoas desaparecidas cujo destino não tiver sido esclarecido, bem como à situação de seus familiares, no que respeita à proteção social, a questões financeiras, ao direito de família e aos direitos de propriedade.

7. Cada Estado Parte garantirá o direito de fundar e participar livremente de organizações e associações que tenham por objeto estabelecer as circunstâncias de desaparecimentos forçados e o destino das pessoas desaparecidas, bem como assistir as vítimas de desaparecimentos forçados.

8. COMISSÃO NACIONAL DA VERDADE

Desde 2010, caiu apenas uma questão.

Visando restituir o direito à memória e cessar a violência do silêncio e da desinformação, o Estado brasileiro aprovou a Lei n. 12.528/2011 que instituiu, no âmbito da Casa Civil da Presidência da República, a Comissão Nacional da Verdade, como forma de realizar, no Brasil, a Justiça de Transição.

Merecem destaque os objetivos da Comissão (art. 3º). Vejamos:

- *esclarecer os fatos e as circunstâncias dos casos de graves violações de direitos humanos mencionados no* caput *do art. 1º;*
- *promover o esclarecimento circunstanciado dos casos de torturas, mortes, desaparecimentos forçados, ocultação de cadáveres e sua autoria, ainda que ocorridos no exterior;*
- *identificar e tornar públicos as estruturas, os locais, as instituições e as circunstâncias relacionados à prática de violações de direitos humanos mencionadas no* caput *do art. 1º e suas eventuais ramificações nos diversos aparelhos estatais e na sociedade;*
- *encaminhar aos órgãos públicos competentes toda e qualquer informação obtida que possa auxiliar na localização e identificação de corpos e restos mortais de desaparecidos políticos, nos termos do art. 1º da Lei n. 9.140, de 4 de dezembro de 1995;*
- *colaborar com todas as instâncias do poder público para apuração de violação de direitos humanos;*
- *recomendar a adoção de medidas e políticas públicas para prevenir violação de direitos humanos, assegurar sua não repetição e promover a efetiva reconciliação nacional; e*
- *promover, com base nos informes obtidos, a reconstrução da história dos casos de graves violações de direitos humanos, bem como colaborar para que seja prestada assistência às vítimas de tais violações.*

9. CONDIÇÕES ANÁLOGAS A DE ESCRAVOS

Desde 2010, caiu apenas uma questão, porém, com a confusão envolvendo a Portaria expedida pelo Ministério do Trabalho e Emprego (MTE) acerca do trabalho escravo, o tema está mais do que atual.

Assim, é um tema ainda "em aberto", em que pese a ideia de escravatura por questão de cor de pele ser a primeira referência que se tem, a ideia aqui passa por uma mutação, por isso mesmo fala-se condição "análoga a de escravo".

Sempre lembro das operações da Polícia Federal na "área têxtil" da capital paulista (Brás e Bom Retiro), com a localização de uma série de imigrantes ilegais nessas condições.

A submissão de trabalhadores a condições análogas às de escravos comprova, na prática, violação de um princípio crucial acerca dos Direitos Humanos.

No âmbito do Direito Internacional dos Direitos Humanos, constitucional e infraconstitucional, temos a vedação a qualquer forma de escravidão, servidão, tráfico das pessoas nessas condições, bem como dos trabalhos forçados. A CF prevê que não haverá penas de trabalhos forçados (art. 5º, XLVII, *c*).

No âmbito do **Código Penal**, temos a tipificação à *redução à condição análoga a de escravo* prevista no art. 149, que nas palavras da lei pode ser tanto submetendo alguém a trabalhos forçados ou a jornada exaustiva, quer sujeitando a condições degradantes de trabalho, quer restringindo, por qualquer meio, sua locomoção em razão de dívida contraída com o empregador ou preposto.

Também responde pelo mesmo crime quem cerceia o uso de qualquer meio de transporte por parte do trabalhador, com o fim de retê-lo no local de trabalho ou se mantém vigilância ostensiva no local de trabalho ou se apodera de documentos ou objetos pessoais do trabalhador, com o fim de retê-lo no local de trabalho. Ainda, a pena será aumentada se o crime for cometido contra criança ou adolescente ou por motivo de preconceito de raça, cor, etnia, religião ou origem.

No âmbito internacional, temos a **Convenção Suplementar sobre Abolição da Escravatura, do Tráfico de Escravos e das Instituições e Práticas Análogas à Escravatura** (1956), aprovada pelo Decreto Legislativo n. 66, de 1965. Depósito do instrumento brasileiro de adesão junto à Organização das Nações Unidas e entrada em vigor, para o Brasil, a 6 de janeiro de 1966. Promulgadas pelo Decreto n. 58.563, de 1º de junho de 1966. Dessa Convenção merecem destaque os conceitos normativos previstos no art. 7º. Vejamos:

Art. 7º Para os fins da presente Convenção:

1. "Escravidão", tal como foi definida na Convenção sobre a Escravidão de 1926, é o estado ou a condição de um indivíduo sobre o qual se exercem todos ou parte dos poderes atribuídos ao direito de propriedade, e "escravo" é o indivíduo em tal estado ou condição.

2. "Pessoa de condição servil" é a que se encontra no estado ou condição que resulta de alguma das instituições ou práticas mencionadas no artigo primeiro da presente Convenção.

3. "Tráfico de escravos" significa e compreende todo ato de captura, aquisição ou cessão de uma pessoa com a intenção de escravizá-la; todo ato de aquisição de um escravo para vendê-lo ou trocá-lo; todo ato de cessão, por venda ou troca, de uma pessoa adquirida para ser vendida ou trocada, assim como, em geral, todo ato de comércio ou transporte de escravos, seja qual for o meio de transporte empregado.

No âmbito do **Pacto Internacional dos Direitos Civis e Políticos**, temos:

Art. 8º

1. Ninguém poderá ser submetido à escravidão; a escravidão e o tráfico de escravos, em todas as suas formas, ficam proibidos.

2. Ninguém poderá ser submetido à servidão.

3. a) Ninguém poderá ser obrigado a executar trabalhos forçados ou obrigatórios;

b) A alínea "a" do presente parágrafo não poderá ser interpretada no sentido de proibir, nos países em que certos crimes sejam punidos com prisão e trabalhos forçados, o cumprimento de uma pena de trabalhos forçados, imposta por um tribunal competente;

c) Para os efeitos do presente parágrafo, não serão considerados "trabalhos forçados ou obrigatórios":

i) qualquer trabalho ou serviço, não previsto na alínea "b", normalmente exigido de um indivíduo que tenha sido encerrado em cumprimento de decisão judicial ou que, tendo sido objeto de tal decisão, ache-se em liberdade condicional;

ii) qualquer serviço de caráter militar e, nos países em que se admite a isenção por motivo de consciência, qualquer serviço nacional que a lei venha a exigir daqueles que se oponha ao serviço militar por motivo de consciência;

iii) qualquer serviço exigido em casos de emergência ou de calamidade que ameacem o bem-estar da comunidade;

iv) qualquer trabalho ou serviço que faça parte das obrigações cívicas normais.

No âmbito da **Convenção Americana sobre Direitos Humanos (PSJCR)**, temos:

Art. 6º Proibição da escravidão e da servidão

§ 1º Ninguém poderá ser submetido a escravidão ou servidão e tanto estas como o tráfico de escravos e o tráfico de mulheres são proibidos em todas as suas formas.

§ 2º Ninguém deve ser constrangido a executar trabalho forçado ou obrigatório. Nos países em que se prescreve, para certos delitos, pena privativa de liberdade acompanhada de trabalhos forçados, esta disposição não pode ser interpretada no sentido de proibir o cumprimento da dita pena, imposta por um juiz ou tribunal competente. O trabalho forçado não deve afetar a dignidade, nem a capacidade física e intelectual do recluso.

§ 3º Não constituem trabalhos forçados ou obrigatórios para os efeitos deste artigo.

§ 4º Os trabalhos ou serviços normalmente exigidos de pessoa reclusa em cumprimento de sentença ou resolução formal expedida pela autoridade judiciária competente. Tais trabalhos ou serviços devem ser executados sob a vigilância e controle das autoridades públicas, e os indivíduos que os executarem não devem ser postos à disposição de particulares, companhias ou pessoas jurídicas de caráter privado;

§ 5º Serviço militar e, nos países em que se admite a isenção por motivo de consciência, qualquer serviço nacional que a lei estabelecer em lugar daqueles;

§ 6º O serviço em casos de perigo ou de calamidade que ameacem a existência ou o bem-estar da comunidade;

§ 7º O trabalho ou serviço que faça parte das obrigações cívicas normais.

Importa destacar que há previsão para suspender tais garantias, como designa o art. 27 do PSJCR:

§ 1º Em caso de guerra, de perigo público, ou de outra emergência que ameace a independência ou segurança do Estado Membro, este poderá adotar as disposições que, na medida e pelo tempo estritamente limitados às exigências da situação, suspendam as obrigações contraídas em virtude desta Convenção, desde que tais disposições não sejam incompatíveis com as demais obrigações que lhe impõe o Direito Internacional e não encerrem discriminação alguma fundada em motivos de raça, cor, sexo,, idioma, religião ou origem social.

§ 2º A disposição precedente não autoriza a suspensão dos direitos determinados nos seguintes artigos: 3º (direito ao reconhecimento da personalidade jurídica), 4º (direito à vida), 5º (direito à integridade pessoal), 6º (proibição da escravidão e da servidão), 9º (princípio da legalidade e da retroatividade), 12 (liberdade de consciência e religião), 17 (proteção da família), 18 (direito ao nome), 19 (direitos da criança), 20 (direito à nacionalidade) e 23 (direitos políticos), nem das garantias indispensáveis para a proteção de tais direitos. (g.n.)

Cabe lembrar-se das características dos Direitos Humanos, com destaque à indivisibilidade, pois o trabalho na condição análoga à de escravo viola a um só tempo os direitos civis e políticos e os direitos econômicos e sociais.

Assunto recentíssimo, e por isso não presente nas provas de 2017, mas que merece toda a atenção, foi a Portaria MTB n. 1.129/2017 (já em vigor) acerca do chamado "trabalho escravo". Tecnicamente, a Portaria dispõe sobre os conceitos de trabalho forçado (na verdade houve uma redefinição), além da jornada exaustiva e condições análogas à de escravo para fins de concessão de seguro-desemprego ao trabalhador que vier a ser resgatado em fiscalização do Ministério do Trabalho.

Sem a pretensão de querer esgotar o assunto, cabe a lembrança de que o tema passa pelo art. 149 do Código Penal. Vejamos:

> *Art. 149. Reduzir alguém a condição análoga à de escravo, quer submetendo-o a trabalhos forçados ou a jornada exaustiva, quer sujeitando-o a condições degradantes de trabalho, quer restringindo, por qualquer meio, sua locomoção em razão de dívida contraída com o empregador ou preposto:*
>
> *Pena – reclusão, de dois a oito anos, e multa, além da pena correspondente à violência.*
>
> *§ 1º Nas mesmas penas incorre quem:*
>
> *I – cerceia o uso de qualquer meio de transporte por parte do trabalhador, com o fim de retê-lo no local de trabalho;*
>
> *II – mantém vigilância ostensiva no local de trabalho ou se apodera de documentos ou objetos pessoais do trabalhador, com o fim de retê-lo no local de trabalho.*
>
> *§ 2º A pena é aumentada de metade, se o crime é cometido:*
>
> *I – contra criança ou adolescente;*
>
> *II – por motivo de preconceito de raça, cor, etnia, religião ou origem.*

Voltando ao tema da Portaria, em resumo havia sido publicada em outubro de 2017, cercada de polêmicas, e teve seus efeitos suspensos logo em seguida por meio de uma liminar concedida pela ministra Rosa Weber, do STF, sob a argumentação de que ela abriria margem para a violação de princípios fundamentais da Constituição (entre eles o da dignidade humana, do valor social do trabalho e da livre iniciativa).

Quase no "apagar das luzes de 2017", tivemos nova publicação, agora da Portaria n. 1.293, de 28 de dezembro, a qual dispõe sobre os conceitos de trabalho em condições análogas à de escravo para fins de concessão de seguro-desemprego ao trabalhador que vier a ser resgatado em fiscalização do Ministério do Trabalho.

Conforme art. 2º da Portaria, temos os seguintes conceitos:

> *I – <u>Trabalho forçado</u> é aquele exigido sob ameaça de sanção física ou psicológica e para o qual o trabalhador não tenha se oferecido ou no qual não deseje permanecer espontaneamente.*
>
> *II – <u>Jornada exaustiva</u> é toda forma de trabalho, de natureza física ou mental, que, por sua extensão ou por sua intensidade, acarrete violação de direito fundamental do trabalhador, notadamente os relacionados a segurança, saúde, descanso e convívio familiar e social.*
>
> *III – <u>Condição degradante de trabalho</u> é qualquer forma de negação da dignidade humana pela violação de direito fundamental do trabalhador, notadamente os dispostos nas normas de proteção do trabalho e de segurança, higiene e saúde no trabalho.*
>
> *IV – <u>Restrição, por qualquer meio, da locomoção do trabalhador em razão de dívida</u> é a limitação ao direito fundamental de ir e vir ou de encerrar a prestação do trabalho, em razão de débito imputado pelo empregador ou preposto ou da indução ao endividamento com terceiros.*
>
> *V – <u>Cerceamento do uso de qualquer meio de transporte</u> é toda forma de limitação ao uso de meio de transporte existente, particular ou público, possível de ser utilizado pelo trabalhador para deixar local de trabalho ou de alojamento.*
>
> *VI – <u>Vigilância ostensiva no local de trabalho</u> é qualquer forma de controle ou fiscalização, direta ou indireta, por parte do empregador ou preposto, sobre a pessoa do trabalhador que o impeça de deixar local de trabalho ou alojamento.*
>
> *VII – <u>Apoderamento de documentos ou objetos pessoais</u> é qualquer forma de posse ilícita do empregador ou preposto sobre documentos ou objetos pessoais do trabalhador.*

10. CONVENÇÃO PARA A PREVENÇÃO E REPRESSÃO DO CRIME DE GENOCÍDIO

Desde 2010, caiu apenas uma questão. Aponto como um daqueles "temas mortos", ou seja, uma vez e raramente de novo.

A Convenção para a Prevenção e Repressão do Crime de Genocídio foi concluída em Paris em 11 de dezembro de 1948 (um dia após a Declaração Universal dos Direitos Humanos), na III Sessão da Assembleia Geral das Nações Unidas.

O Congresso Nacional a aprovou por meio do Decreto Legislativo n. 2, de 11 de abril de 1951.

O Estado Brasileiro depositou à Secretaria Geral da ONU em Nova York, em 15 de abril de 1952, o instrumento de ratificação.

Por fim, por meio do Decreto n. 30.822 de 6 de maio de 1952, houve a promulgação da Convenção no âmbito interno.

O tema já havia sido disciplinado, de forma resumida, por meio da Resolução 96 (I), de 11 de dezembro de 1945, da Assembleia Geral da ONU, a qual declarou que o genocídio é um crime contra o Direito Internacional.

Sobre a Convenção em si, merece destaque:

> *Art. 1º As Partes Contratantes confirmam que o genocídio quer cometido em tempo de paz ou em tempo de guerra, é um crime contra o Direito Internacional, que elas se comprometem a prevenir e a punir.* (g.n.)

> *Art. 2º Na presente Convenção entende-se por genocídio qualquer dos seguintes atos, cometidos com a intenção de destruir no todo ou em parte, um grupo nacional, étnico, racial ou religioso, como tal:*
>
> *a) matar membros do grupo;*
>
> *b) causar lesão grave à integridade física ou mental de membros do grupo;*
>
> *c) submeter intencionalmente o grupo a condição de existência capazes de ocasionar-lhe a destruição física total ou parcial;*
>
> *d) adotar medidas destinadas a impedir os nascimentos no seio de grupo;*
>
> *e) efetuar a transferência forçada de crianças do grupo para outro grupo.*

> *Art. 3º Serão punidos os seguintes atos:*
>
> *a) o genocídio;*
>
> *b) a associação de pessoas para cometer o genocídio;*
>
> *c) a incitação direta e pública a cometer o genocídio;*
>
> *d) a tentativa de genocídio;*
>
> *e) a coautoria no genocídio.*

> *Art. 4º As pessoas que tiverem cometido o genocídio ou qualquer dos outros atos enumerados no art. 3º serão punidas, sejam governistas, funcionários ou particulares.* (g.n.)

Cabe lembrar também, conforme já abordado no capítulo do Tribunal Penal Internacional, sobre a competência subsidiária deste na apuração do crime de genocídio.

11. POLÍTICA MIGRATÓRIA

Desde 2010, caíram quatro questões, sendo que uma delas estava "na parte de Direito Internacional". É um tema contemporâneo, e como afirmei na edição passada, não podíamos "classificá-lo como tema morto", dada a questão presente na última prova (XXVI), justamente pelo assunto mais do que atual, não apenas no mundo, mas no Brasil.

No âmbito internacional, temos a Convenção Relativa ao Estatuto dos Refugiados, de 28 de julho de 1951, a qual entrou em vigor em 22 de abril de 1954.

Posteriormente, foi editado o Protocolo relativo ao Estatuto dos Refugiados, o qual entrou em vigor em 4 de outubro de 1967.

Segundo o Estatuto, caberá ao Alto Comissariado das Nações Unidas para Refugiados (ACNUR) promover instrumentos internacionais para a proteção dos refugiados e supervisionar sua aplicação.

Em síntese, a Convenção de 1951 e o Protocolo de 1967 são os principais instrumentos para assegurar que qualquer pessoa, em caso de necessidade, possa exercer o direito de procurar e de gozar de refúgio em outro país.

No âmbito interno, há a Lei n. 9.474/97, a qual definiu os mecanismos para a eficácia da Convenção de 1951.

Segundo a referida lei, nos termos do art. 1º, há a conceituação de refugiado. Vejamos:

> *Art. 1º Será reconhecido como refugiado todo indivíduo que:*
>
> *I – devido a fundados temores de perseguição por motivos de raça, religião, nacionalidade, grupo social ou opiniões políticas encontre-se fora de seu país de nacionalidade e não possa ou não queira acolher-se à proteção de tal país;*
>
> *II – não tendo nacionalidade e estando fora do país onde antes teve sua residência habitual, não possa ou não queira regressar a ele, em função das circunstâncias descritas no inciso anterior;*
>
> *III – devido a grave e generalizada violação de direitos humanos, é obrigado a deixar seu país de nacionalidade para buscar refúgio em outro país.*

Importante destacar que, além do reconhecido como refugiado acima descrito pela lei no art. 1º, há a possibilidade da extensão do alcance da condição, nos termos do art. 2º:

> *Art. 2º Os efeitos da condição dos refugiados serão extensivos ao cônjuge, aos ascendentes e descendentes, assim como aos demais membros do grupo familiar que do refugiado dependerem economicamente, desde que se encontrem em território nacional.*

Sobre a condição jurídica de refugiado, os arts. 4º a 6º da lei disciplinam a questão:

> *Art. 4º O reconhecimento da condição de refugiado, nos termos das definições anteriores, sujeitará seu beneficiário ao preceituado nesta Lei, sem prejuízo do disposto em instrumentos internacionais de que o Governo brasileiro seja parte, ratifique ou venha a aderir.*

> *Art. 5º O refugiado gozará de direitos e estará sujeito aos deveres dos estrangeiros no Brasil, ao disposto nesta Lei, na Convenção sobre o Estatuto dos Refugiados de 1951 e no Protocolo sobre o Estatuto dos Refugiados de 1967, cabendo-lhe a obrigação de acatar as leis, regulamentos e providências destinados à manutenção da ordem pública.*

> *Art. 6º O refugiado terá direito, nos termos da Convenção sobre o Estatuto dos Refugiados de 1951, a cédula de identidade comprobatória de sua condição jurídica, carteira de trabalho e documento de viagem.*

O art. 11 da lei criou o CONARE, no âmbito do Ministério da Justiça.

O CONARE é o **Comitê Nacional para os Refugiados**, um órgão colegiado que reúne segmentos representativos da área governamental, da Sociedade Civil e das Nações Unidas.

As finalidades do CONARE, segundo sua página oficial, são:

a) analisar o pedido sobre o reconhecimento da condição de refugiado;

b) deliberar quanto à cessação *ex officio* ou mediante requerimento das autoridades competentes, da condição de refugiado;

c) declarar a perda da condição de refugiado;

d) orientar e coordenar as ações necessárias à eficácia da proteção, assistência, integração local e apoio jurídico aos refugiados, com a participação dos Ministérios e instituições que compõem o CONARE; e

e) aprovar instruções normativas que possibilitem a execução da Lei n. 9.474/97.

O Comitê é composto por representantes dos seguintes órgãos:

a) Ministério da Justiça, que o preside;

b) Ministério das Relações Exteriores, que exerce a Vice-Presidência;

c) Ministério do Trabalho e do Emprego;

d) Ministério da Saúde;

e) Ministério da Educação;

f) Departamento da Polícia Federal;

g) Organização não governamental, que se dedica a atividade de assistência e de proteção aos refugiados no País – Cáritas Arquidiocesana de São Paulo e Rio de Janeiro; e

h) Alto Comissariado das Nações Unidas para Refugiados (ACNUR), com direito a voz, sem voto.

Segundo dados do CONARE, o Brasil possuía, no fim de 2014, 6.492 refugiados de 80 nacionalidades.

Merecem destaque, também, as possibilidades de extradições e expulsões. A lei disciplina da seguinte forma (extradição):

> *Art. 33. O reconhecimento da condição de refugiado obstará o seguimento de qualquer pedido de extradição baseado nos fatos que fundamentaram a concessão de refúgio.*

> *Art. 34. A solicitação de refúgio suspenderá, até decisão definitiva, qualquer processo de extradição pendente, em fase administrativa ou judicial, baseado nos fatos que fundamentaram a concessão de refúgio.*

> *Art. 35. Para efeito do cumprimento do disposto nos arts. 33 e 34 desta Lei, a solicitação de reconhecimento como refugiado será comunicada ao órgão onde tramitar o processo de extradição.*

E sobre a expulsão:

> *Art. 36. Não será expulso do território nacional o refugiado que esteja regularmente registrado, salvo por motivos de segurança nacional ou de ordem pública.*

> *Art. 37. A expulsão de refugiado do território nacional não resultará em sua retirada para país onde sua vida, liberdade ou integridade física possam estar em risco, e apenas será efetivada quando da certeza de sua admissão em país onde não haja riscos de perseguição.*

Por fim, as possibilidades de cessação e perda da condição de refugiado. Vejamos as prescrições legais:

> *Art. 38. Cessará a condição de refugiado nas hipóteses em que o estrangeiro:*
>
> *I – voltar a valer-se da proteção do país de que é nacional;*
>
> *II – recuperar voluntariamente a nacionalidade outrora perdida;*
>
> *III – adquirir nova nacionalidade e gozar da proteção do país cuja nacionalidade adquiriu;*
>
> *IV – estabelecer-se novamente, de maneira voluntária, no país que abandonou ou fora do qual permaneceu por medo de ser perseguido;*
>
> *V – não puder mais continuar a recusar a proteção do país de que é nacional por terem deixado de existir as circunstâncias em consequência das quais foi reconhecido como refugiado;*
>
> *VI – sendo apátrida, estiver em condições de voltar ao país no qual tinha sua residência habitual, uma vez que tenham deixado de existir as circunstâncias em consequência das quais foi reconhecido como refugiado.*

> *Art. 39. Implicará perda da condição de refugiado:*
> *I – a renúncia;*
> *II – a prova da falsidade dos fundamentos invocados para o reconhecimento da condição de refugiado ou a existência de fatos que, se fossem conhecidos quando do reconhecimento, teriam ensejado uma decisão negativa;*
> *III – o exercício de atividades contrárias à segurança nacional ou à ordem pública;*
> *IV – a saída do território nacional sem prévia autorização do Governo brasileiro.*
>
> *Parágrafo único. Os refugiados que perderem essa condição com fundamento nos incisos I e IV deste artigo serão enquadrados no regime geral de permanência de estrangeiros no território nacional, e os que a perderem com fundamento nos incisos II e III estarão sujeitos às medidas compulsórias previstas na Lei n. 6.815, de 19 de agosto de 1980.*

A política migratória no País ganhou novo patamar legislativo em 2017: em 24 de maio de 2017 instituiu-se a "Lei de Migração", Lei n. 13.445.

Com a chegada da nova lei, houve a revogação total da Lei n. 6.815/80, a qual definia a situação jurídica do estrangeiro no Brasil, criando também o Conselho Nacional de Imigração. Era conhecida como "Estatuto do Estrangeiro".

Destacamos na "Lei de Migração", conceitos básicos:

a) imigrante: pessoa nacional de outro país ou apátrida que trabalha ou reside e se estabelece temporária ou definitivamente no Brasil;

b) emigrante: brasileiro que se estabelece temporária ou definitivamente no exterior;

c) residente fronteiriço: pessoa nacional de país limítrofe ou apátrida que conserva a sua residência habitual em município fronteiriço de país vizinho;

d) visitante: pessoa nacional de outro país ou apátrida que vem ao Brasil para estadas de curta duração, sem pretensão de se estabelecer temporária ou definitivamente no território nacional;

e) apátrida: pessoa que não seja considerada como nacional por nenhum Estado, segundo a sua legislação, nos termos da Convenção sobre o Estatuto dos Apátridas, de 1954, promulgada pelo Decreto n. 4.246, de 22 de maio de 2002 , ou assim reconhecida pelo Estado brasileiro.

Sobre os princípios e diretrizes, destacam-se:

I – universalidade, indivisibilidade e interdependência dos direitos humanos;

II – repúdio e prevenção à xenofobia, ao racismo e a quaisquer formas de discriminação;

III – não criminalização da migração;

IV – não discriminação em razão dos critérios ou dos procedimentos pelos quais a pessoa foi admitida em território nacional;

V – promoção de entrada regular e de regularização documental;

VI – acolhida humanitária;

VII – desenvolvimento econômico, turístico, social, cultural, esportivo, científico e tecnológico do Brasil;

VIII – garantia do direito à reunião familiar;

IX – igualdade de tratamento e de oportunidade ao migrante e a seus familiares;

X – inclusão social, laboral e produtiva do migrante por meio de políticas públicas;

XI – acesso igualitário e livre do migrante a serviços, programas e benefícios sociais, bens públicos, educação, assistência jurídica integral pública, trabalho, moradia, serviço bancário e seguridade social;

XII – promoção e difusão de direitos, liberdades, garantias e obrigações do migrante;

XIII – diálogo social na formulação, na execução e na avaliação de políticas migratórias e promoção da participação cidadã do migrante;

XIV – fortalecimento da integração econômica, política, social e cultural dos povos da América Latina, mediante constituição de espaços de cidadania e de livre circulação de pessoas;

XV – cooperação internacional com Estados de origem, de trânsito e de destino de movimentos migratórios, a fim de garantir efetiva proteção aos direitos humanos do migrante;

XVI – integração e desenvolvimento das regiões de fronteira e articulação de políticas públicas regionais capazes de garantir efetividade aos direitos do residente fronteiriço;

XVII – proteção integral e atenção ao superior interesse da criança e do adolescente migrante;

XVIII – observância ao disposto em tratado;

XIX – proteção ao brasileiro no exterior;

XX – migração e desenvolvimento humano no local de origem, como direitos inalienáveis de todas as pessoas;

XXI – promoção do reconhecimento acadêmico e do exercício profissional no Brasil, nos termos da lei; e

XXII – repúdio a práticas de expulsão ou de deportação coletivas.

12. CONSELHO NACIONAL DE DIREITOS HUMANOS

Desde 2010, caiu apenas uma questão. Trata-se daqueles temas "de vez em quando e nunca mais".

Em 1964, por meio da Lei n. 4.319, foi criado o Conselho de Defesa dos Direitos da Pessoa Humana (CDDPH).

Por meio da Lei n. 12.986/2014, esse Conselho (CDDPH) foi transformado no Conselho Nacional dos Direitos Humanos (CNDH), tendo ainda revogado a Lei n. 4.319/64 e também a Lei n. 5.763/71 (alterou a Lei n. 4.319/64).

O CNDH, segundo o art. 2º da nova lei, tem por finalidade a promoção e a defesa dos direitos humanos, mediante ações preventivas, protetivas, reparadoras e sancionadoras das condutas e das situações de ameaça ou violação desses direitos.

O art. 4º da lei em vigor traça a **competência do CNDH**. Vejamos:

Art. 4º O CNDH é o órgão incumbido de velar pelo efetivo respeito aos direitos humanos por parte dos poderes públicos, dos serviços de relevância pública e dos particulares, competindo-lhe:

I – promover medidas necessárias à prevenção, repressão, sanção e reparação de condutas e situações contrárias aos direitos humanos, inclusive os previstos em tratados e atos internacionais ratificados no País, e apurar as respectivas responsabilidades;

II – fiscalizar a política nacional de direitos humanos, podendo sugerir e recomendar diretrizes para a sua efetivação;

III – receber representações ou denúncias de condutas ou situações contrárias aos direitos humanos e apurar as respectivas responsabilidades;

IV – expedir recomendações a entidades públicas e privadas envolvidas com a proteção dos direitos humanos, fixando prazo razoável para o seu atendimento ou para justificar a impossibilidade de fazê-lo;

V – (VETADO);

VI – articular-se com órgãos federais, estaduais, do Distrito Federal e municipais encarregados da proteção e defesa dos direitos humanos;

VII – manter intercâmbio e cooperação com entidades públicas ou privadas, nacionais ou internacionais, com o objetivo de dar proteção aos direitos humanos e demais finalidades previstas neste artigo;

VIII – acompanhar o desempenho das obrigações relativas à defesa dos direitos humanos resultantes de acordos internacionais, produzindo relatórios e prestando a colaboração que for necessária ao Ministério das Relações Exteriores;

IX – opinar sobre atos normativos, administrativos e legislativos de interesse da política nacional de direitos humanos e elaborar propostas legislativas e atos normativos relacionados com matéria de sua competência;

X – realizar estudos e pesquisas sobre direitos humanos e promover ações visando à divulgação da importância do respeito a esses direitos;

XI – recomendar a inclusão de matéria específica de direitos humanos nos currículos escolares, especialmente nos cursos de formação das polícias e dos órgãos de defesa do Estado e das instituições democráticas;

XII – dar especial atenção às áreas de maior ocorrência de violações de direitos humanos, podendo nelas promover a instalação de representações do CNDH pelo tempo que for necessário;

XIII – (VETADO);

XIV – representar:

a) à autoridade competente para a instauração de inquérito policial ou procedimento administrativo, visando à apuração da responsabilidade por violações aos direitos humanos ou por descumprimento de sua promoção, inclusive o estabelecido no inciso XI, e aplicação das respectivas penalidades;

b) ao Ministério Público para, no exercício de suas atribuições, promover medidas relacionadas com a defesa de direitos humanos ameaçados ou violados;

c) ao Procurador-Geral da República para fins de intervenção federal, na situação prevista na alínea b *do inciso VII do art. 34 da Constituição Federal;*

d) ao Congresso Nacional, visando a tornar efetivo o exercício das competências de suas Casas e Comissões sobre matéria relativa a direitos humanos;

XV – realizar procedimentos apuratórios de condutas e situações contrárias aos direitos humanos e aplicar sanções de sua competência;

XVI – pronunciar-se, por deliberação expressa da maioria absoluta de seus conselheiros, sobre crimes que devam ser considerados, por suas características e repercussão, como violações a direitos humanos de excepcional gravidade, para fins de acompanhamento das providências necessárias a sua apuração, processo e julgamento.

REFERÊNCIAS

AFONSO, Frederico. *Como se preparar para o Exame de Ordem – 1ª Fase – Direitos Humanos e Direitos Humanos Fundamentais.* 4. ed. São Paulo: Método, 2015.

COMPARATO, Fábio Konder. *A afirmação histórica dos direitos humanos.* 11. ed. São Paulo: Saraiva, 2017.

MAZZUOLI, Valerio de Oliveira. *Controle jurisdicional da convencionalidade das leis.* 5. ed. rev. atual. e ampl. Rio de Janeiro: Forense, 2018.

________. *Curso de direitos humanos.* 8. ed. rev. atual. e ampl. São Paulo: Método, 2021.

________. Direitos humanos na jurisprudência internacional: sentenças, opiniões consultivas, decisões e relatórios internacionais. São Paulo: Método, 2019.

PAIVA, Caio; HEEMANN, Thimotie Aragon. *Jurisprudência internacional de direitos humanos.* 2. ed. Belo Horizonte: CEI, 2017.

PIOVESAN, Flávia (Coord.). *Código de direito internacional dos direitos humanos anotado.* São Paulo: DPJ, 2008.

PIOVESAN, Flávia; FACHIN, Melina Girardi; MAZZUOLI, Valerio de Oliveira. *Comentários à Convenção Americana sobre Direitos Humanos.* Rio de Janeiro: Forense, 2019.

Questões

Direitos Humanos

I. CONVENÇÃO AMERICANA SOBRE DIREITOS HUMANOS

1. (Exame XXXIII) Você, como advogada(o) atuante na defesa dos Direitos Humanos, foi convidada(o) para participar de um programa de debate na rádio local sobre a questão da pena de morte. Um dos debatedores, em certo ponto do programa, afirmou que, caso fosse aprovada uma Proposta de Emenda Constitucional (PEC) suprimindo a vedação da pena de morte presente na Constituição, o Brasil poderia adotar esse tipo de pena. Na opinião desse debatedor, tratar-se-ia apenas de vontade política e não de questão jurídica. Diante disso, cabe a você esclarecer que

(A) essa PEC poderia ser aprovada pelo Congresso Nacional e surtir seus efeitos jurídicos mas, por se tratar de uma questão política, o ideal seria que essa decisão fosse precedida de amplo debate popular.

(B) essa PEC poderia ser aprovada pelo Congresso Nacional mas, de acordo com a Constituição da República, uma decisão nesse sentido somente poderia ser implementada após aprovação em referendo popular.

(C) essa PEC não é juridicamente adequada, porque tal vedação é cláusula pétrea da Constituição e porque o Brasil promulgou o Protocolo Adicional à Convenção Americana sobre Direitos Humanos referente à abolição da pena de morte.

(D) de acordo com a Constituição da República e a Convenção Americana sobre Direitos Humanos, apenas o Supremo Tribunal Federal poderia admitir a pena de morte, porque possui competência para relativizar a proteção a um direito fundamental, desde que para proteger outro direito fundamental.

RESPOSTA Questão "puramente de Direito Constitucional", a alternativa A está errada pois a PEC não poderia sequer ser discutida nos termos do art. 60, § 4º, IV c/c art. 5º, XLVII, a, todos da Constituição Federal. A alternativa B está errada nos mesmos fundamentos da alternativa anterior. A alternativa C está correta. A alternativa D está errada, pois, na forma do *caput* do art. 102 da Constituição Federal, cabe ao Supremo Tribunal Federal (ao menos teoricamente), a guarda da Constituição.

2. (Exame XXXII) Como advogada(o) atuante na área dos Direitos Humanos, você foi convidada(o) para participar de um evento na OAB sobre o Sistema Interamericano de Direitos Humanos. Em meio ao debate, foi alegado que a Convenção Americana dos Direitos Humanos não vincula juridicamente os Estados que a ratificaram, mas apenas cria um compromisso moral. Em relação a tal alegação, é fundamental invocar o conhecido e importante Caso Velásquez Rodriguez. Essa decisão da Corte Interamericana dos Direitos Humanos é especialmente relevante porque

(A) foi a primeira condenação do Brasil pela Corte Interamericana de Direitos Humanos e obrigou o Estado brasileiro a reconhecer suas omissões, a indenizar os familiares da vítima e a promover ajustes no sistema de saúde pública brasileiro.

(B) afirmou que os Estados partes devem prevenir, investigar e punir toda violação dos direitos reconhecidos pela Convenção Americana, bem como procurar, ademais, o restabelecimento, se possível, do direito violado e, se for o caso, a reparação dos danos produzidos pela violação dos Direitos Humanos.

(C) admitiu que o Sistema Interamericano dos Direitos Humanos é formado por um conjunto de órgãos que estão vinculados à Secretaria Geral da Organização dos Estados Americanos e subordinados à Assembleia Geral dessa mesma Organização, de forma que suas decisões apenas adquirem força vinculante quando confirmadas pela Assembleia Geral.

(D) estabeleceu o procedimento de eficácia das próprias decisões da Corte, que, após serem prolatadas, deverão ser encaminhadas para os tribunais superiores dos Estados partes da Convenção Americana dos Direitos Humanos, a fim de que sejam ratificadas por esses tribunais. Somente após essa confirmação é que as decisões se tornarão juridicamente vinculantes.

RESPOSTA A alternativa A está errada, pois a primeira condenação do Brasil à Corte Interamericana de Direitos Humanos foi o famoso caso "Damião Ximenes Lopes" em 2006. O caso Velásquez Rodríguez condenou Honduras em 1988. A alternativa B está correta nos termos do item 166 da sentença de mérito de 29 de julho de 1988, proferida pela Corte Interamericana de Direitos Humanos no caso Velásquez Rodríguez Vs. Honduras. A alternativa C está errada pela inexistência de tal rito para tornar alguma decisão vinculante. A alternativa D igualmente errada pela inexistência de tal rito no tocante às sentenças (decisões da Corte).

3. (XXXI Exame) Recentemente houve grande polêmica na cidade de Piraporanga, porque o Prefeito proibiu o museu local de realizar uma exposição, sob a alegação de que as obras de arte misturavam temas religiosos com conteúdos sexuais, além de haver quadros e esculturas obscenas. Você é contratada(o) para atuar no caso pelos autores das obras de arte e por intelectuais. Com base na Convenção Americana de Direitos Humanos e na Constituição Federal de 1988, assinale a opção que apresenta o argumento que você, como advogada(o), deveria adotar.

(A) A censura prévia por autoridades administrativas competentes, como mecanismo eficaz para assegurar o respeito à reputação de pessoas e como forma de garantir a moralidade pública, deve ser admitida.

(B) O exercício da liberdade de expressão e o da criação artística estão sujeitos à censura prévia, mas apenas por força de lei devidamente justificada, como forma de proteção da honra individual e da moral pública.

(C) A liberdade de expressão e de criação artística estão sujeitas à censura prévia pelas autoridades competentes quando elas ocorrem por meio de exposições em museus, tendo em vista a proteção da memória nacional e da ordem pública.

(D) A lei pode regular o acesso a diversões e espetáculos públicos, tendo em vista a proteção moral da infância e da adolescência, sendo vedada, porém, toda e qualquer censura prévia de natureza política, ideológica e artística.

RESPOSTA A alternativa A está errada, pois a censura é vedada constitucionalmente no § 2º do art. 220, bem como, pela Convenção Americana sobre Direitos Humanos (CADH), no n. 4 do art. 13, a CADH permite uma censura prévia "para proteção moral da infância e da adolescência". A alternativa B também está errada, nos termos do inciso IX do art. 5º da Constituição Federal. A alternativa C está igualmente errada, nos mesmos fundamentos já descritos. A *alternativa D* está correta, nos termos do § 2º e do inciso I do § 3º, ambos do art. 220 da Constituição.

4. (XXX Exame) Um rapaz, que era pessoa em situação de rua, acabou de sair da prisão. Ele fora condenado pelo crime de latrocínio e, posteriormente, a defensoria pública ajuizou, a seu favor, uma ação de revisão criminal, na qual ele foi absolvido por ausência de provas, caracterizando, assim, um erro judiciário. Nesse período, ele ficou cinco anos preso. Agora a família indaga se existe um direito de indenização em função de condenação por erro judiciário. Assinale a opção que apresenta a informação que você, na condição de advogado(a) especializado(a) em Direitos Humanos, deve prestar à família, com base na Convenção Americana Sobre Direitos Humanos.

(A) O direito à indenização está previsto na Convenção Americana Sobre Direitos Humanos de forma geral, mas não há previsão expressa de indenização por erro judiciário; portanto, essa é uma construção argumentativa que deve ser produzida no caso concreto.

(B) A indenização por erro judiciário não é uma matéria própria do campo dos Direitos Humanos, por isso não existe tal previsão nem na Convenção Americana Sobre Direitos Humanos, nem em nenhum outro tratado de Direitos Humanos de que o Brasil seja signatário.

(C) A Convenção Americana Sobre Direitos Humanos assegura o direito à indenização por erro judiciário, mas o restringe aos erros que resultam em condenação na esfera civil, excluindo eventuais erros que ocorram na jurisdição penal.

(D) A Convenção Americana Sobre Direitos Humanos dispõe que toda pessoa tem direito de ser indenizada conforme a lei, no caso de haver sido condenada em sentença transitada em julgado por erro judiciário.

RESPOSTA A alternativa A está errada na segunda parte, pois há previsão expressa no art. 10 da Convenção Americana sobre Direitos Humanos (Pacto de São José da Costa Rica - PSJCR). A alternativa B está errada, pois a matéria está prevista expressamente conforme já descrito. A alternativa C está igualmente errada, pois inexiste tal restrição na norma. A alternativa D é a resposta correta nos termos do art. 10 da Convenção Americana sobre Direitos Humanos (Art. 10. Direito a indenização Toda pessoa tem direito de ser indenizada conforme a lei, no caso de haver sido condenada em sentença passada em julgado, por erro judiciário.). *Alternativa D.*

5. (XXIX Exame) Uma Organização de Direitos Humanos afirma estar tramitando, no Congresso Nacional, um Projeto de Lei propondo que o trabalhador tenha direito a férias, mas que seja possível que o empregador determine a não remuneração dessas férias. No mesmo Projeto de Lei, fica estipulado que, nos feriados nacionais, não haverá remuneração. A Organização procura você, como advogado(a), para redigir um parecer quanto a um eventual controle de convencionalidade, caso esse projeto seja transformado em lei. Assim, com base no Protocolo Adicional à Convenção Americana Sobre Direitos Humanos em Matéria de Direitos Econômicos, Sociais e Culturais - Protocolo de San Salvador -, assinale a opção que apresenta seu parecer sobre o fato apresentado.

(A) O Brasil, embora tenha ratificado a Convenção Americana de Direitos Humanos, não é signatário do Protocolo Adicional à Convenção Americana Sobre Direitos Humanos em Matéria de Direitos Econômicos, Sociais e Culturais - Protocolo de San Salvador. Portanto, independentemente do que disponha esse Protocolo, ele não configura uma base jurídica que permita fazer um controle de convencionalidade.

(B) Tanto o direito a férias remuneradas quanto o direito à remuneração nos feriados nacionais estão presentes no Protocolo de San Salvador. Considerando que o Brasil é signatário desse Protocolo, caso o Projeto de Lei venha a ser convertido em Lei pelo Congresso Nacional, é possível submetê-lo ao controle de convencionalidade, com base no Protocolo de San Salvador.

(C) A despeito de as férias remuneradas e a remuneração nos feriados nacionais estarem previstos no Protocolo de San Salvador, não é possível fazer o controle de convencionalidade caso o Projeto de Lei seja aprovado, porque se trata apenas de um Protocolo, e, como tal, não possui força de Convenção como é o caso da Convenção Americana Sobre Direitos Humanos.

(D Se o Projeto de Lei for aprovado, não será possível submetê-lo a um controle de convencionalidade com base no Protocolo de San Salvador, porque os direitos em questão não estão previstos no referido Protocolo, que sequer trata de condições justas, equitativas e satisfatórias de trabalho.

RESPOSTA *A alternativa "B"*, correta, conforme posição consolidada da Corte Interamericana de Direitos Humanos, desde 2006.

6. (XXV Exame) Você foi procurado, como advogado(a), por representantes de um Centro de Defesa dos Direitos Humanos, que lhe informaram que o governador do estado, juntamente com o ministro da justiça do país, estavam articulando a expulsão coletiva de um grupo de haitianos, que vive legalmente na sua cidade. Na iminência de tal situação e sabendo que o Brasil é signatário da Convenção Americana sobre os Direitos Humanos, assinale a opção que indica, em conformidade com essa convenção, o argumento jurídico a ser usado.

(A) Um decreto do governador combinado a uma portaria do ministro da justiça constituem fundamento jurídico suficiente para a expulsão coletiva, segundo a Convenção acima citada. Portanto, a única solução é política, ou seja, fazer manifestações para demover as autoridades desse propósito.

(B) A Convenção Americana sobre os Direitos Humanos é omissa quanto a esse ponto. Portanto, a única alternativa é buscar apoio em outros tratados internacionais, como a Convenção das Nações Unidas, relativa ao Estatuto dos Refugiados, também conhecida como Convenção de Genebra, de 1951.

(C) A expulsão coletiva de estrangeiros é permitida, segundo a Convenção Americana sobre os Direitos Humanos, apenas no caso daqueles que tenham tido condenação penal com trânsito em julgado, o que não foi o caso dos haitianos visados pelos propósitos do governador e do ministro, uma vez que eles vivem legalmente na cidade.

(D) A pessoa que se ache legalmente no território de um Estado tem direito de circular nele e de nele residir em conformidade com as disposições legais. Além disso, é proibida a expulsão coletiva de estrangeiros.

RESPOSTA A alternativa "A" está errada, pois o PSJCR veda expressamente, no art. 22, n. 9, a expulsão coletiva de estrangeiros. A alternativa "B", também errada, pois o PSJCR não é omisso e delibera a questão no art. 22. A alternativa "C", igualmente errada nos mesmos termos da alternativa "A". Por fim, a alternativa "D", correta, nos termos do art. 22, ns. 1 e 9 do PSJCR. *Alternativa D.*

7. (XXIV Exame) Há cerca de três meses, foi verificado que os presos da Penitenciária Quebrantar estavam sofrendo diversas formas de maus tratos, incluindo violência física. Você foi contratado(a) por familiares dos presos, que lhe disseram ter elementos suficientes para acreditar que qualquer medida judicial no Brasil seria ineficaz no prazo desejado. Por isso, eles o(a) consultaram sobre a possibilidade de submeter o caso à Comissão Interamericana de Direitos Humanos (CIDH). Considerando as regras de funcionamento dessa Comissão, você deve informá-los de que a CIDH pode receber a denúncia:

(A) caso sejam feitas petições individualizadas, uma vez que os casos de violação de direitos previstos no Pacto de São José da Costa Rica devem ser julgados diretamente pela Corte Interamericana de Justiça.

(B) caso sejam feitas petições individualizadas relatando a violação sofrida por cada uma das vítimas e as relacionando aos direitos previstos na Convenção Americana; assim, a CIDH poderá adotar as medidas que julgar necessárias para a cessação da violação.

(C) caso entenda haver situação de gravidade e urgência. Assim, a CIDH poderá instaurar de ofício um procedimento no qual solicita que o Estado brasileiro adote medidas cautelares de natureza coletiva para evitar danos irreparáveis aos presos.

(D) caso entenda haver situação de gravidade e urgência. Assim, a CIDH deve encaminhar diretamente o caso à Corte Interamericana de Justiça, que poderá ordenar a medida provisória que julgar necessária à cessação da violação.

RESPOSTA As assertivas "A" e "B" impõem uma condição "petições individualizadas", cujas normas não descrevem, portanto, erradas. Restando assim as assertivas "C" e "D", cuja diferença essencial está nos verbos "poder" e "dever". Na assertiva "C", correta, temos a exigência do conhecimento do Regulamento da Corte Interamericana de Direitos Humanos (RCIDH), algo, confesso, incomum para o nível da prova da OAB. O art. 25, n. 2, descreve "Artigo 25. Medidas cautelares. 2. Em situações de gravidade e urgência a Comissão poderá, por iniciativa própria ou a pedido da parte, solicitar que um Estado adote medidas cautelares para prevenir danos irreparáveis a pessoas que se encontrem sob sua jurisdição, independentemente de qualquer petição ou caso pendente". Por fim, a assertiva "D" descreve uma obrigação à CIDH de encaminhar o caso à Corte, que não é verdade, pois o art. 63, n. 2, da Convenção Americana sobre Direitos Humanos afirma que "Em casos de extrema gravidade e urgência, e quando se fizer necessário evitar danos irreparáveis às pessoas, a Corte, nos assuntos de que estiver conhecendo, poderá tomar as medidas provisórias que considerar pertinentes. Se se tratar de assuntos que ainda não estiverem submetidos ao seu conhecimento, poderá atuar a pedido da Comissão". *Alternativa C.*

8. (XXII Exame) Seu cliente possui um filho com algum nível de deficiência mental e, após muito tentar, não conseguiu vaga no sistema público de ensino da cidade, uma vez que as escolas se diziam não preparadas para lidar com essa situação. Você já ingressou com a ação judicial competente há mais de dois anos, mas há uma demora injustificada no julgamento e o caso ainda se arrasta nos tribunais. Diante desse quadro, você avalia a possibilidade de apresentar uma petição à Comissão Interamericana de Direitos Humanos. Tendo em vista o que dispõe a Convenção Americana sobre Direitos Humanos e seus respectivos protocolos, assinale a afirmativa correta.

(A) Considerando a demora injustificada da decisão na jurisdição interna, você pode peticionar à Comissão, pois o direito à Educação é um dos casos de direitos sociais previstos no Protocolo de São Salvador, que, uma vez violado, pode ensejar aplicação do sistema de petições individuais.

(B) Não obstante a demora injustificada da decisão final do Poder Judiciário brasileiro ser uma condição que admite excepcionar os requisitos de admissibilidade para que seja apresentada a petição, o direito à educação não está expressamente previsto nem na Convenção, nem no Protocolo de São Salvador como um caso de petição individual.

(C) Apenas a Corte Interamericana de Direitos Humanos pode encaminhar um caso para a Comissão. Portanto, deve ser provocada a jurisdição da Corte. Se esta entender adequado, pode enviar o caso para que a Comissão adote as medidas e providências necessárias para garantir o direito e reparar a vítima, se for o caso.

(D) Em nenhuma situação você pode entrar com a petição individual de seu cliente na Comissão Interamericana de Direitos Humanos até que sejam esgotados todos os recursos da jurisdição interna do Brasil.

RESPOSTA A assertiva "A" está correta. O art. 46 da Convenção Americana sobre Direitos Humanos (Pacto de São José da Costa

Rica, ou simplesmente PSJCR) permite a petição sem obediência às regras primárias pela previsão de uma das exceções, "demora injustificada". Sobre o Protocolo de São Salvador, o art. 19 afirma em seu n. 6 que, caso haja violação aos direitos sindicais e aos direitos sociais, "por ação imputável diretamente a um Estado Parte deste Protocolo, essa situação poderia dar lugar, mediante participação da Comissão Interamericana de Direitos Humanos e, quando cabível, da Corte Interamericana de Direitos Humanos, à aplicação do sistema de petições individuais [...]". A assertiva "B" está errada, conforme descrito acima, ou seja, há previsão expressa no Protocolo. A assertiva "C" está errada também, pois qualquer "qualquer pessoa ou grupo de pessoas, ou entidade não governamental legalmente reconhecida em um ou mais Estados membros da Organização, pode apresentar à Comissão petições que contenham denúncias ou queixas de violação ao PSJCR". Por fim, a assertiva "D", igualmente errada, tendo em vista que o Protocolo permite, em determinadas situações, o peticionamento individual. *Alternativa A.*

9. **(XXII Exame)** Você está advogando em um caso que tramita na Corte Interamericana de Direitos Humanos. O Brasil é parte passiva do processo e, finalmente, foi condenado. A condenação envolve, além da reparação pecuniária pela violação dos direitos humanos, medidas simbólicas de restauração da dignidade da vítima e até mesmo a mudança de parte da legislação interna. Embora a União tenha providenciado o pagamento do valor referente à reparação pecuniária da vítima, há muito tempo permanece inadimplente quanto ao cumprimento das demais obrigações impostas na sentença condenatória proferida pela Corte. Diante disso, assinale a afirmativa correta.

(A) É necessário ingressar com medida específica junto ao STF para a homologação da sentença da Corte ou a obtenção do *exequatur*, isto é, a decisão de cumprir, aqui no Brasil, uma sentença que tenha sido proferida por tribunal estrangeiro.

(B) Não há nada que possa ser feito, já que não há previsão nem na legislação do Brasil, nem na própria Convenção Americana dos Direitos Humanos sobre algum tipo de medida quando do não cumprimento da sentença da Corte pelo país que se submeteu à sua jurisdição.

(C) A execução da sentença pode ser feita diretamente no Sistema Interamericano de Direitos Humanos, pois essa é uma das atribuições e incumbências previstas no Pacto de São José da Costa Rica para a Comissão Interamericana de Direitos Humanos.

(D) Pode-se solicitar à Corte que, no seu relatório anual para a Assembleia Geral da OEA, indique o caso em que o Brasil foi condenado, como aquele em que um Estado não deu cumprimento total à sentença da Corte.

RESPOSTA A assertiva "A" está errada, pois, nos termos do art. 105, I, "i"/CF, cabe ao STJ e não ao STF a obtenção do *exequatur*. A assertiva "B", igualmente errada, pois, nos termos do art. 68/PJSCR, há a determinação dos "Estados Partes na Convenção comprometem-se a cumprir a decisão da Corte em todo caso em que forem partes", e ainda, "A parte da sentença que determinar indenização compensatória poderá ser executada no país respectivo pelo processo interno vigente para a execução de sentenças contra o Estado", ou seja, temos toda a legislação processual civil pátria à disposição para a devida execução. A assertiva "C" está errada nos mesmos moldes e fundamentos da "B". Por fim, a assertiva "D" está correta nos termos do art. 65/PSJCR: "A Corte submeterá à consideração da Assembleia Geral da Organização, em cada período ordinário de sessões, um relatório sobre suas atividades no ano anterior. De maneira especial, e com as recomendações pertinentes, indicará os casos em que um Estado não tenha dado cumprimento as suas sentenças". *Alternativa D.*

10. **(XXI Exame)** Maria deu entrada em uma maternidade pública já em trabalho de parto. Contudo, a falta de pronto atendimento levou a óbito tanto Maria quanto o bebê. Você foi contratado(a) pela família de Maria para advogar neste caso de grave violação de Direitos Humanos. Após algumas rápidas pesquisas na Internet, o pai e a mãe de Maria pedem que o caso seja imediatamente encaminhado para julgamento na Corte Interamericana de Direitos Humanos. Você, como advogado(a) da família, deve esclarecer que

(A) é uma ótima ideia e vai peticionar para que o caso seja submetido à decisão da Corte, bem como tomar todas as providências para que o caso seja julgado o mais cedo possível.

(B) apesar de ser uma boa ideia, é necessário aguardar que hajam sido interpostos e esgotados os recursos de jurisdição interna para que a família possa submeter o caso à decisão da Corte.

(C) não é possível a família encaminhar o caso à Corte, pois somente os Estados Partes da Convenção Americana de Direitos Humanos e a Comissão Interamericana de Direitos Humanos têm direito de submeter um caso à decisão da Corte.

(D) não é possível que o caso seja encaminhado para decisão da Corte porque, embora o Brasil seja signatário da Convenção Americana dos Direitos Humanos, o país não reconheceu a jurisdição da Corte.

RESPOSTA (A) Assertiva errada, nos termos do art. 61 da Convenção Americana sobre Direitos Humanos (Pacto de São José da Costa Rica), somente os Estados Partes e a Comissão Interamericana de Direitos Humanos têm direito de submeter caso à decisão da Corte, portanto, o advogado da família não tem legitimidade para tal proposição. (B) Assertiva igualmente errada, nos mesmos termos do art. 61 acima mencionado. (C) Assertiva correta, nos termos do já mencionado art. 61 do PSJCR. (D) Assertiva "duplamente errada", pois não é possível o encaminhamento direto à Corte pelo exposto acima (art. 61), e o Brasil reconheceu sim a jurisdição da Corte, conforme o Decreto n. 678, de 6 de novembro de 1992. *Alternativa C.*

11. **(XX Exame – Reaplicação)** Há bastante tempo você tem atuado tanto administrativamente como judicialmente para conseguir um tratamento de saúde especializado para o seu cliente. Diante da morosidade injustificada enfrentada, seja na administração pública seja no processo judicial, você está avaliando a possibilidade de ingressar com petição individual de seu cliente na Comissão Interamericana de Direitos Humanos. Assinale a opção que melhor expressa suas possibilidades, tendo em vista a Convenção Americana sobre Direitos Humanos e o Protocolo de São Salvador.

(A) Você não pode entrar com a petição individual de seu cliente na Comissão Interamericana de Direitos Humanos, até que sejam esgotados todos os recursos da jurisdição interna do Brasil.

(B) Você pode entrar com a petição individual de seu cliente na Comissão Interamericana de Direitos Humanos, desde que demonstre que está havendo uma demora injustificada na prestação dos recursos da jurisdição interna.

(C) Você pode entrar com a petição individual de seu cliente na Comissão Interamericana de Direitos, desde que atendidos os requisitos de admissibilidade previstos na Convenção Americana sobre Direitos Humanos, pois embora o direito à saúde não esteja previsto na própria Convenção, o Protocolo de São Salvador torna possível o uso deste meio de proteção mesmo no caso do direito à saúde.

(D) Você, para encaminhar uma petição individual para a Comissão Interamericana de Direitos Humanos, deve respeitar os requisitos de admissibilidade e que o direito violado esteja previsto na própria Convenção ou, alternativamente, que seja um meio de proteção autorizado pelo Protocolo de São Salvador, o que não é o caso do direito à saúde.

RESPOSTA (A) Assertiva errada. Em regra, realmente não pode ingressar, mas há três exceções, conforme o art. 46, n. 2, c, da Convenção Americana sobre Direitos Humanos (PSJCR), o qual permite o ingresso de petição ou comunicação à Comissão se "houver demora injustificada na decisão sobre os mencionados recursos", obedecidos os demais requisitos para a petição. (B) Assertiva errada, pois não basta demonstrar a demora injustificada simplesmente, deve-se antes de tudo cumprir os requisitos previstos nos arts. 44 e 45 do PSJCR. (C) Assertiva errada, pois o Protocolo de São Salvador só permite o acesso direto à Comissão como forma de petição para os direitos sindicais e ao direito à educação. No caso do direito à saúde, apenas como recomendação e formulação de observações, conforme o art. 19, n. 6 e 7, do Protocolo de São Salvador. (D) Assertiva correta conforme o art. 19 mencionado acima. *Alternativa D.*

12. (XX Exame – Reaplicação) Você, advogado, patrocinou uma importante causa na jurisdição interna do Brasil e, diante da demora injustificada na decisão, apresentou o caso na Comissão Interamericana de Direitos Humanos, onde o Brasil foi condenado a reparar seu cliente. Diante da inadimplência do Estado brasileiro, a Comissão enviou o caso à Corte Interamericana de Direitos Humanos, onde o Brasil foi condenado, sem, contudo, efetuar a reparação exigida pela sentença da Corte. Diante desse fato e de acordo com a Convenção Americana sobre Direitos Humanos, você deve

(A) instar a Corte para, no ano seguinte, submeter o fato do descumprimento da decisão pelo Estado brasileiro à consideração da Assembleia Geral da Organização dos Estados Americanos, por meio de relatório sobre as atividades da Corte.

(B) recorrer à Corte Internacional de Justiça de Haia, nos termos do que dispõe a Convenção Americana sobre Direitos Humanos, uma vez que os sistemas regionais e o sistema global de proteção dos direitos humanos são complementares.

(C) conformar-se, pois não há mais nenhuma medida que possa ser feita pela Corte para buscar o cumprimento de sua decisão pelo estado brasileiro condenado após o devido processo legal.

D) ingressar com a competente ação de obrigação de fazer em face do Estado brasileiro no Superior Tribunal de Justiça, conforme o procedimento previsto na Convenção Americana sobre Direitos Humanos ratificado pelo Estado brasileiro.

RESPOSTA (A) Assertiva correta nos termos do art. 65 da Convenção Americana sobre Direitos Humanos, o qual descreve "A Corte submeterá à consideração da Assembleia Geral da Organização, em cada período ordinário de sessões, um relatório sobre suas atividades no ano anterior. De maneira especial, e com as recomendações pertinentes, indicará os casos em que um Estado não tenha dado cumprimento as suas sentenças". (B) Assertiva errada, pela inexistência de tal previsão no texto da Convenção Americana sobre Direitos Humanos. (C) Assertiva errada. (D) Assertiva errada conforme o art. 68 da Convenção Americana sobre Direitos Humanos (Pacto de São José da Costa Rica), o qual afirma que "Os Estados Partes na Convenção comprometem-se a cumprir a decisão da Corte em todo caso em que forem partes. A parte da sentença que determinar indenização compensatória poderá ser executada no país respectivo pelo processo interno vigente para a execução de sentenças contra o Estado", ou seja, a competência é da justiça federal de 1ª instância e não do Superior Tribunal de Justiça. *Alternativa A.*

II. INCIDENTE DE DESLOCAMENTO DE COMPETÊNCIA ("FEDERALIZAÇÃO" DOS ATOS VIOLADORES DE DIREITOS HUMANOS)

13. (XXVI Exame) No estado em que você reside há cerca de quinze anos, cinco homens foram assassinados por tiros disparados por pessoas encapuzadas. Houve uma alteração da cena do crime, sugerindo a mesma forma de atuação de outros assassinatos que vinham sendo praticados por um grupo de extermínio que contaria com a participação de policiais. Na época, a Polícia Civil instaurou inquérito para apurar os fatos, mas concluiu pela ausência de elementos suficientes de autoria, encaminhando os autos ao Ministério Público, que pediu o arquivamento do caso. A Justiça acolheu o pedido e alegou não haver informações sobre autoria, motivação ou envolvimento de policiais. Segundo opinião de especialistas, a apuração policial do caso foi prematuramente interrompida. A Polícia Civil teria deixado de realizar diligências imprescindíveis à elucidação da autoria do episódio. Manter o arquivamento do inquérito, sem a investigação adequada, significaria ratificar a atuação institucionalmente violenta de agentes de segurança pública e, consequentemente, referendar grave violação de direitos humanos. Para a hipótese narrada, como advogado de uma instituição de direitos humanos, assinale a opção processual prevista pela Constituição da República.

(A) O MPF deve ingressar com ação diretamente no Supremo Tribunal Federal para assegurar o direito de acesso à justiça.

(B) O advogado deve apresentar pedido de avocatória no Superior Tribunal de Justiça, a fim de que se garanta a continuidade das investigações.

(C) O Procurador Geral da República deve suscitar, perante o Superior Tribunal de Justiça, incidente de deslocamento de competência para a Justiça Federal.

(D) O advogado deve ajuizar ação competente junto à Corte Interamericana de Direitos Humanos.

RESPOSTA Assertiva "A" errada, pois nem o MPF nem o STF possuem tal competência nesse caso. Assertiva "B" errada, pois o STJ não possui tal competência. Assertiva "C" correta, nos termos do art. 109, § 5º, da Constituição Federal. Assertiva "D" errada, pois o advogado não possui tal prerrogativa perante a Corte IDH. *Alternativa C.*

III. CONVENÇÃO INTERNACIONAL E INTERAMERICANA PARA A PROTEÇÃO DE TODAS AS PESSOAS CONTRA O DESAPARECIMENTO FORÇADO

14. (XXII Exame) O país foi tomado por uma onda de manifestações sociais, que produzem grave e iminente instabilidade institucional, de modo que a Presidência da República decretou, e o Congresso Nacional aprovou, o estado de defesa no Brasil. Nesse período, você é procurado(a), como advogado(a), para atuar na causa em que um casal relata que seu filho, João da Silva, de 21 anos, encontra-se desaparecido há cinco dias, desde que foi detido para investigação policial. Os órgãos de segurança afirmam não ter informações acerca do paradeiro dele, embora admitam que ele foi interrogado pela polícia. Ao questionar o procedimento de interrogatório e buscar mais informações sobre o paradeiro de João da Silva junto à Corregedoria da Polícia, você é lembrado de que o país encontra-se sob estado de defesa, existindo, nesse caso, restrição a vários direitos fundamentais. Sobre a hipótese apresentada, com base na Convenção Interamericana sobre o Desaparecimento Forçado de Pessoas, assinale a afirmativa correta.

(A) A Convenção proíbe que os Estados-Partes decretem qualquer tipo de estado de emergência, incluindo aí o estado de defesa ou o estado de sítio, de forma a evitar a gravíssima violação dos direitos humanos, como é o desaparecimento forçado de João da Silva.

(B) O caso de João da Silva ainda não pode ser considerado desaparecimento forçado, porque a Convenção afirma que o prazo para que o desaparecimento forçado seja caracterizado como tal deve ser de pelo menos dez dias, desde a falta de informação ou a recusa a reconhecer a privação de liberdade pelos agentes do Estado.

(C) O Conselho de Defesa Nacional deliberou que, mesmo no estado de defesa, as autoridades judiciárias competentes devem ter livre e imediato acesso a todo centro de detenção e às suas dependências, bem como a todo lugar onde houver motivo para crer que se possa encontrar a pessoa desaparecida.

(D) O Brasil, como Estado-Parte da Convenção, compromete-se a não praticar, nem permitir, nem tolerar o desaparecimento forçado de pessoas, nem mesmo durante os estados de emergência, exceção ou de suspensão de garantias individuais.

RESPOSTA A assertiva "A" está errada, pois, logo no art. 1º da citada Convenção, há menção sobre a possibilidade da decretação de estado de emergência. A assertiva "B", também errada, pois o art. 2º da Convenção, ao definir "desaparecimento forçado", não menciona qualquer prazo. A assertiva "C", igualmente errada, pois a Convenção não faz qualquer menção ao Conselho de Defesa Nacional. O art. 10 da mesma Convenção afirma que "(...) as autoridades judiciárias competentes terão livre e imediato acesso a todo centro de detenção e a cada uma de suas dependências, bem como a todo lugar onde houver motivo para crer que se possa encontrar a pessoa desaparecida, inclusive lugares sujeitos à jurisdição militar". Por fim, a assertiva "D", correta, nos termos do art. 1º da Convenção: "Os Estados Partes nesta Convenção comprometem-se a: não praticar, nem permitir, nem tolerar o desaparecimento forçado de pessoas, nem mesmo em estado de emergência, exceção ou suspensão de garantias individuais". *Alternativa D.*

IV. CONVENÇÕES CONTRA A TORTURA E OUTROS TRATAMENTOS OU PENAS CRUÉIS

15. (XXIII Exame) Você advoga na Procuradoria Geral do Estado em que reside. Em uma tarde, recebe um telefonema urgente do diretor da Penitenciária Anhanguera, que deseja fazer uma consulta de viva voz. Diz o diretor que está com duas pessoas identificadas como membros do Mecanismo Nacional de Prevenção e Combate à Tortura (MNPCT) e que elas estão requerendo acesso imediato às instalações da penitenciária, onde pretendem gravar entrevistas com alguns presos. Também estão solicitando acesso aos registros relativos ao tratamento conferido aos presos. Com base nas normas de funcionamento do Mecanismo Nacional de Prevenção e Combate à Tortura, cabe a você informar corretamente ao diretor que

(A) os membros do MNPCT não possuem direito de acesso às penitenciárias, devendo a visita ser tratada previamente com a Secretaria de Segurança Pública e Administração Penitenciária do Estado.

(B) tanto o acesso à penitenciária quanto o acesso aos registros relativos ao tratamento conferido aos presos depende de autorização judiciária expedida pelo juiz da Vara de Execução Penal da Comarca onde fica a Penitenciária.

(C) o acesso dos membros do MNPCT às instalações da penitenciária deve ser liberado, mas a gravação de entrevistas e o acesso aos registros relativos ao tratamento conferido aos presos devem ser negados.

(D) o acesso às instalações da penitenciária aos membros do MNPCT deve ser liberado, bem como fornecidos os registros solicitados e permitida a gravação das entrevistas com os presos.

RESPOSTA A assertiva "A" está errada, pois o MNPCT permite, nos termos do art. 5º (prerrogativas dos seus membros), o acesso direto às penitenciárias. A assertiva "B", errada, pois o acesso não depende de autorização judiciária, nos mesmos termos do art. 5º citado. A assertiva "C", igualmente errada, nos mesmos termos do art. 5º, o qual assegura a gravação e acesso aos registros. Por fim, a assertiva "D", correta, nos termos do mesmo art. 5º. *Alternativa D.*

V. PACTO INTERNACIONAL DOS DIREITOS CIVIS E POLÍTICOS, ECONÔMICOS, SOCIAIS E CULTURAIS

16. (XXXI Exame) Recentemente assumiu a presidência da Câmara dos Deputados um parlamentar que afirma que o Brasil é um país soberano e não deve ter nenhum compromisso com os Direitos Humanos na ordem internacional. Afirma que, apesar de ter sido internamente ratificado, o Pacto Internacional dos Direitos Civis e Políticos não se caracteriza como norma vigente, e os direitos ali previstos podem ser suspensos ou não precisam ser aplicados. Por ser atuante na área dos Direitos Humanos, você foi convidado(a) pela Comissão de Direitos Humanos da Câmara dos Deputados para prestar mais esclarecimentos sobre o assunto. Com base no que dispõe o próprio Pacto Internacional dos Direitos Civis e Políticos - PIDCP, assinale a opção que apresenta o esclarecimento dado à Comissão.

(A) Caso situações excepcionais ameacem a existência da nação e sejam proclamadas oficialmente, os Estados-partes podem adotar, na estrita medida exigida pela situação, medidas que suspendam as obrigações decorrentes do PIDCP, desde que tais medidas não acarretem discriminação por motivo de raça, cor, sexo, língua, religião ou origem social.

(B) É admissível a suspensão das obrigações decorrentes do PIDCP quando houver, no âmbito do Estado-parte, um ato formal do Poder Legislativo e do Poder Executivo declarando o efeito suspensivo, desde que tal ato declare um prazo para essa suspensão, que, em nenhuma hipótese, pode exceder o período de 2 anos.

(C) Em nenhuma hipótese ou situação os Estados-partes do PIDCP podem adotar medidas que suspendam as obrigações decorrentes do Pacto, uma vez que, ratificado o Pacto, todos os seus direitos vigoram de forma efetiva, não sendo admitida nenhuma possibilidade de suspensão ou exceção.

(D) Mesmo ratificado, o Pacto Internacional dos Direitos Civis e Políticos e os direitos nele contidos não podem ser caracterizados como normas vigentes, uma vez que se trata de direitos em sentido fraco, de forma que apenas os direitos fundamentais, previstos na Constituição, são direitos em sentido forte.

RESPOSTA A alternativa "A" está correta, nos termos do art. 4º, n. 01 do Pacto Internacional dos Direitos Civis e Políticos (PIDCP). A alternativa "B" está errada, com o mesmo fundamento apontado no art. 4º/PIDCP. A alternativa "C", igualmente errada, pois já vimos acima, com o mesmo fundamento, que há hipóteses possíveis de suspensão. A alternativa "D" está errada, pois a norma foi incorporada ao sistema normativo interno, aliás, primeiramente aprovada pelo Congresso Nacional, por meio do Decreto Legislativo n. 226, de 12 de dezembro de 1991, e posteriormente publicado por ato do presidente da República, por meio do Decreto n. 592, de 6 de julho de 1992, tendo o *status* de norma supralegal, ou seja, abaixo da Constituição Federal e acima de todos os demais atos normativos.

17. (XXVIII Exame) O padrasto de Ana Maria, rotineiramente, abre sua correspondência física e entra em sua conta de e-mail sem autorização, ainda que a jovem seja maior de idade. Cansada dessa ingerência arbitrária e sem o amparo de sua própria mãe, a jovem busca apoio na organização de direitos humanos em que você atua. Com base no Pacto Internacional dos Direitos Civis e Políticos (PIDCP), assinale a opção que indica o esclarecimento correto que você, como advogado(a), prestou a Ana Maria.

(A) O Pacto prevê a prevalência do poder familiar nas relações familiares e, como a conduta do padrasto tem a concordância da mãe de Ana Maria, ainda que seja inconveniente, essa conduta não pode ser considerada uma violação de direitos.

(B) O Pacto assegura o direito à privacidade nas relações em gerais, mas nas relações especificamente familiares admite ingerências arbitrárias se forem voltadas para a proteção e o cuidado.

(C) O Pacto dispõe que ninguém poderá ser objeto de ingerências arbitrárias ou ilegais em sua vida privada, em sua família, em seu domicílio ou em sua correspondência.

(D) O Pacto é omisso em relação à prática de ingerências arbitrárias na vida privada e na família, tratando apenas da proteção da privacidade na vida pública e em face da conduta do Estado.

RESPOSTA (C) Alternativa correta conforme art. 17, § 1º, do PIDCP. As demais assertivas "A", "B" e "D" estão dissonantes do PIDCP.

18. (XX Exame – Reaplicação) Você, advogado, foi contratado por um grupo de organizações de defesa dos Direitos Humanos para emitir um parecer jurídico quanto à viabilidade técnica da seguinte proposta: tendo em vista que em 2013 entrou em vigor o Protocolo Facultativo ao Pacto Internacional de Direitos Econômicos, Sociais e Culturais (PIDESC), as organizações pretendem criar um programa conjunto que envie comunicações individuais ao comitê do PIDESC no caso de jovens que tentaram por todos os meios, mas não conseguiram matrícula em escolas de ensino médio com ensino técnico ou profissionalizante. Dessa forma o Comitê ao receber a comunicação, sendo esta admissível, poderá fazer recomendações ao Estado-parte que deverá implantá-las em seis meses. Assinale a opção que caracteriza o parecer mais adequado para o caso.

(A) O PIDESC faz uma previsão genérica de garantia da educação e prevê expressamente o ensino fundamental, mas não faz qualquer menção ao ensino técnico e profissional como sendo um direito que deve ser assegurado pelos estados-partes. Por isso o Programa não pode ser implementado.

(B) O Programa proposto não pode ser implementado pois de acordo com o Protocolo ao PIDESC apenas o indivíduo que for a vítima pode submeter diretamente a comunicação. Em nenhuma hipótese o autor da comunicação pode ser alguém que não seja a vítima.

(C) Embora a proposta seja interessante e adequada tanto ao escopo do PIDESC quanto ao Protocolo Facultativo, ela não pode ser realizada pois o Brasil, até a presente data, não ratificou o Protocolo Facultativo e, portanto, o Comitê não está autorizado a receber comunicações individuais em face do Estado brasileiro.

(D) O Programa proposto pelas organizações de defesa dos direitos humanos atende tanto uma demanda da realidade brasileira quanto às disposições previstas no PIDESC e no Protocolo Facultativo ao PIDESC, de forma que pode ser plenamente implementado.

RESPOSTA (A) Alternativa errada, pois o PIDESC prevê no art. 13, n. 2, *b*, o direito de acesso ao ensino secundário, "incluindo o ensino secundário técnico e profissional". (B) Alternativa errada, pois, nos termos do art. 2º do mencionado protocolo, o autor da comunicação pode ser alguém que não seja vítima, ou seja, "Quando a comunicação é submetida no interesse de indivíduos ou grupos de indivíduos, isso deve ser feito com o consentimento deles, a não ser que o autor possa justificar agir no interesse deles sem tal consentimento". (C) Alternativa correta nos termos do art. 1º, n. 2, do Protocolo, o qual afirma que "Nenhuma comunicação será recebida pelo Comitê se for concernente a um Estado Parte do Pacto que não seja parte do presente Protocolo", caso do Estado Brasileiro, que até o momento não o ratificou. (D) Alternativa errada conforme disposto no item anterior: o Brasil ainda não ratificou o referido protocolo. *Alternativa C.*

VI. GRUPOS VULNERÁVEIS (CRIANÇAS, IDOSOS, MULHERES, AFRODESCENDENTES, ÍNDIOS, DEFICIENTES FÍSICOS E LGBTQ+)

19. (Exame XXXII) Maria, sua cliente, é mulher transexual e professora servidora pública lotada no Colégio de Aplicação de uma universidade federal. Na ocasião do concurso que prestou, Maria ainda era reconhecida como homem em sua identidade de gênero. Contudo, após a cirurgia de transgenitalização, pretende ser reconhecida como mulher. Ela procurou você porque tentou adotar o nome social - Maria - na Administração Pública, mas foi informada que, por trabalhar com adolescentes no ensino médio, isso não seria possível. Assim, com base na norma que regulamenta o assunto, cabe a você esclarecer à administração da universidade que

(A) os órgãos e as entidades da administração pública federal direta, autárquica e fundacional, em seus atos e procedimentos, deverão adotar o nome social da pessoa travesti ou transexual, de acordo com seu requerimento.

(B) a Convenção Americana sobre Direitos Humanos, da qual o Brasil é signatário, determina que os Estados Partes assegurem a utilização do nome social de travestis e transexuais, tanto no âmbito da vida privada quanto da vida pública.

(C) após decisão do Supremo Tribunal Federal, o Conselho Nacional de Justiça já regulamentou que pessoas transexuais e travestis podem adotar o nome social nos contratos de trabalho, contratos civis e na relação com a administração pública.

(D) embora seja ato discricionário da administração pública acolher, ou não, o requerimento de travestis e transexuais para utilização do nome social, o requerimento deve ser acolhido, pois os alunos de Maria já a reconhecem como mulher desde a transgenitalização.

RESPOSTA A alternativa A está correta nos termos do art. 2º do Decreto n. 8.727/2016. A alternativa B está errada pois, inexiste tal determinação na Convenção. A alternativa "C" igualmente errada, pois em que pese o Conselho Nacional de Justiça (CNJ) realmente ter disciplinado a questão por meio da Resolução n. 270/2018, seu alcance se dá apenas no âmbito do Poder Judiciário, não alcançando assim a universidade federal. A alternativa D está errada pois não há discricionariedade. Nos termos do Decreto n. 8.727/2016, "Os órgãos e as entidades da administração pública federal direta, autárquica e fundacional, em seus atos e procedimentos, deverão adotar o nome social da pessoa travesti ou transexual...".

20. (XXVIII Exame) Você foi procurada, como advogada, por um pequeno grupo de estudantes negros que cursa o terceiro ano do ensino médio em uma escola particular. Os estudantes relatam que se sentem violados na sua cultura, porque os programas das disciplinas pertinentes não tratam de temas ligados à História da África e da população negra no Brasil. Indagam a você, como advogado(a), se a Escola não teria a obrigação de fazê-lo. Nesse caso, com base no Estatuto da Igualdade Racial, assinale a opção que apresenta a resposta correta a ser dada aos alunos.

(A) O estudo de temas ligados à história da população negra na África e no Brasil e da cultura afro-brasileira é importante no sentido ético, mas não há obrigação legal das escolas nesse sentido.

(B) As escolas públicas devem promover o estudo da História da África e da história da população negra no Brasil, mas esse dever não se estende aos estabelecimentos privados de ensino que possuem autonomia na definição de seus currículos.

(C) A adoção de conteúdos referentes à cultura afro-brasileira, bem como aqueles referentes à história da população negra no Brasil, depende de determinação dos Conselhos de Educação, seja o Conselho Nacional, sejam os respectivos Conselhos Estaduais.

(D) As escolas de ensino fundamental e médio devem promover o estudo da História da África e da história da população negra no Brasil, bem como da cultura afro-brasileira, o que deve ocorrer no âmbito de todo o currículo escolar.

RESPOSTA (D) Alternativa correta nos termos do art. 11 da Lei n. 12.288/2010 (Institui o Estatuto da Igualdade Racial), o qual determina que "Nos estabelecimentos de ensino fundamental e de ensino médio, públicos e privados, é obrigatório o estudo da história geral da África e da história da população negra no Brasil". As assertivas "A", "B" e "C" estão em desacordo com a citada lei.

21. (XXVII Exame) Maria e João são pais de uma criança deficiente que utiliza cadeira de rodas. O casal, de classe média, optou por matricular o filho em uma escola particular. No ato da matrícula, foi-lhes informado, pela administração da escola, que teriam de pagar um valor adicional, uma vez que haveria um trabalho extraordinário, por parte da escola, para garantir o acesso dessa criança com deficiência, em igualdade de condições, a jogos e a atividades recreativas, esportivas e de lazer, no sistema escolar. Insatisfeitos com essa informação, Maria e João decidiram consultar você, como advogado(a), para saber se tal cobrança seria legalmente aceitável e se não haveria alguma proteção específica para pessoas com deficiência contra esse tipo de cobrança. Diante disso, assinale a opção que apresenta a resposta correta a ser dada ao casal.

(A) A cobrança é aceitável e justificada, mesmo que desagrade ao casal, porque, de fato, a criança cadeirante precisará de atenção especial e ajuda para sua mobilidade. Nada na legislação pátria impede tal cobrança. A solução seria a matrícula da criança em uma escola pública.

(B) A cobrança do valor adicional na matrícula é moralmente reprovável, pois expressa um tipo de preconceito. Contudo, do ponto de vista estritamente legal, o caso se situa no campo da liberdade contratual das partes, não havendo vedação legal a tal cobrança.

(C) A Lei Brasileira de Inclusão da Pessoa com Deficiência admite esse tipo de cobrança, uma vez que reconhece o trabalho adicional a ser feito nas escolas, contudo prevê que as famílias hipossuficientes sejam isentadas dessa cobrança, sendo devido à escola uma compensação tributária.

(D) A escola particular deve adotar as medidas inclusivas previstas na lei, tais como garantir o acesso da criança com deficiência, em igualdade de condições, a jogos e a atividades recreativas, sendo vedada a cobrança de valores adicionais de qualquer natureza em suas anuidades, no cumprimento dessas medidas.

RESPOSTA (D) A alternativa correta na forma do art. 28, inciso XV, da Lei n. 13.146/15 (Institui a Lei Brasileira de Inclusão da Pessoa com Deficiência (Estatuto da Pessoa com Deficiência). As demais assertivas "A", "B" e "C" estão em desacordo com a lei.

22. (XXVII Exame) Você, como advogado(a), representa um Fórum de Organizações Não Governamentais que atua na defesa da cidadania plena para as mulheres. Segundo informações do Tribunal Superior Eleitoral, existe, para a próxima eleição, um percentual bastante reduzido de candidatas à Câmara dos Deputados, na maioria esmagadora dos partidos políticos. Sabendo que isso é a expressão de uma cultura machista, em que os partidos não estimulam a candidatura de mulheres, cabe a você explicar às organizações do Fórum que representa que a legislação brasileira determina que

(A) todos os partidos e coligações devem reservar ao menos 50% de suas vagas para candidaturas parlamentares para mulheres, sendo que, desse percentual, 30% devem ser destinadas a mulheres negras.
(B) cada partido ou coligação deverá reservar, das vagas para candidaturas parlamentares que podem ser preenchidas pelos partidos políticos, o mínimo de 30% e o máximo de 70% para candidaturas de cada sexo.
(C) os partidos devem registrar, no TSE, planos decenais em que são estabelecidas as estratégias para o aumento gradativo da participação de mulheres tanto nas vagas para candidaturas parlamentares quanto nas próprias instâncias partidárias.
(D) tanto os partidos quanto as coligações são livres para preencher a lista de candidaturas às eleições parlamentares, não havendo nenhum tipo de obrigação relativamente a uma eventual distribuição percentual das vagas conforme o sexo.

RESPOSTA (B) A alternativa correta, nos termos da Lei n. 9.504/97 (Estabelece normas para as eleições), especificamente no § 3º do art. 10. As assertivas "A", "C" e "D" estão em desacordo com a norma legal, cujo regra foi atualizada em 2009 por meio da Lei n. 12.034.

23. (XXV Exame) O governo federal autorizou uma mineradora a prospectar a exploração dos recursos existentes nas terras indígenas. Numerosas instituições da sociedade civil contratam você para, na condição de advogado, atuar em defesa da comunidade indígena. Tendo em vista tal fato, além do que determina a Convenção 169 da OIT Sobre Povos Indígenas e Tribais, assinale a afirmativa correta.

(A) O governo deverá estabelecer ou manter procedimentos com vistas a consultar os povos indígenas interessados, a fim de determinar se os interesses desses povos seriam prejudicados e em que medida, antes de empreender ou autorizar qualquer programa de prospecção ou exploração dos recursos existentes em suas terras.
(B) A prospecção e a exploração dos recursos naturais em terras indígenas pode ocorrer independentemente da autorização e da participação dos povos indígenas nesse processo, desde que haja uma indenização por eventuais danos causados em decorrência dessa exploração.
(C) A prospecção e a exploração das riquezas naturais em terras indígenas podem ocorrer mesmo sem a participação ou o consentimento dos povos indígenas afetados. No entanto, esses povos têm direito a receber a metade do valor obtido como lucro líquido resultante dessa exploração.
(D) Se a propriedade dos minérios ou dos recursos do subsolo existentes na terra indígena pertencerem ao Estado, o governo não está juridicamente obrigado a consultar os povos interessados. Nesse caso, restaria apenas a mobilização política como estratégia de convencimento.

RESPOSTA A assertiva "A" está correta nos termos do art. 15, ns. 1 e 2, da citada Convenção da OIT. As assertivas "B", "C" e "D" estão em desacordo com o descrito na citada Convenção, pois há a obrigatoriedade de consultar os povos interessados. *Alternativa A.*

24. (XXIV Exame) Você, como advogada(o) que atua na defesa dos Direitos Humanos, foi chamada(o) para atuar em um caso em que há uma disputa pela terra entre produtores rurais e uma comunidade quilombola. Você sabe que, de acordo com o Decreto n. 4.887/03 do Governo Federal, "consideram-se remanescentes das comunidades dos quilombos, os grupos étnico-raciais, segundo critérios de auto atribuição, com trajetória histórica própria, dotados de relações territoriais específicas, com presunção de ancestralidade negra relacionada com a resistência à opressão histórica sofrida". Em relação a essas pessoas remanescentes de quilombos, é correto dizer que a Constituição Federal de 1988

(A) assegura o direito às suas tradições, mas não garante a propriedade da terra ocupada por elas.
(B) prevê o direito à consulta aos quilombolas sempre que houver proposta oficial de exploração de riquezas minerais de suas terras.
(C) afirma o direito à posse da terra quando ocupada de boa-fé por esses grupos.
(D) reconhece a propriedade definitiva das terras que estejam ocupando, cabendo ao Estado a emissão dos títulos respectivos.

RESPOSTA A assertiva "A" está errada, pois a CF assegura a propriedade conforme art. 68/ADCT. A assertiva "B", também errada, pois a CF não prevê tal conduta. Por sua vez a assertiva "C", também errada, tendo em vista que a CF não afirma nesse sentido. Por fim, a assertiva "D", correta, nos termos do art. 68/ ADCT: "Aos remanescentes das comunidades dos quilombos que estejam ocupando suas terras é reconhecida a propriedade definitiva, devendo o Estado emitir-lhes os títulos respectivos". *Alternativa D.*

25. (XXIII Exame) João sempre agiu de forma prestativa e solidária na comunidade, ajudando todas as pessoas conforme suas possibilidades. Agora, os conhecidos estão revoltados porque ele foi abandonado pelos filhos, quando eles se tornaram adultos. Enquanto os filhos estão empregados, João tem dificuldades financeiras até para comprar comida. Você foi procurado(a) por um grupo de pessoas que buscam amparo para esse idoso. Tendo em vista a Constituição da República e o Estatuto do Idoso, assinale a afirmativa correta.

(A) O dever de amparo, incluindo obrigação alimentar, dá-se apenas dos pais para os filhos; portanto, não se pode exigir juridicamente dos filhos a prestação alimentar para os pais que estejam em necessidade.
(B) João pode exigir judicialmente dos filhos prestação alimentar que funcione como amparo, mas caso seus filhos se mantenham omissos, o Poder Judiciário ou o Ministério Público podem determinar medida de orientação e apoio temporários.
(C) A pensão alimentícia por parte dos filhos é exigível judicialmente, mas se houver inadimplência, não há nenhuma medida de proteção que o Poder Judiciário possa determinar, pois se trata de questão privada.

(D) Não há alternativa jurídica para o problema de João de acordo com a legislação brasileira, sendo a única solução possível a solidariedade de pessoas próximas e sensíveis.

RESPOSTA A assertiva "A" está incorreta nos termos do art. 229/CF, o qual deixa claro que "filhos maiores têm o dever de ajudar e amparar os pais na velhice, carência ou enfermidade". A assertiva "B" está correta, nos termos dos arts. 43 c/c 45, ambos do Estatuto do Idoso, os quais descrevem como medida de proteção "por falta, omissão ou abuso da família [...]", a possibilidade do "Ministério Público ou o Poder Judiciário, a requerimento daquele, poderá determinar, dentre outras, orientação, apoio e acompanhamento temporários". A assertiva "C" está errada, pois os arts. 44 e 45 do Estatuto elencam uma série de medidas protetivas. Por fim, a assertiva "D", também errada, nos mesmos termos do já descrito acima, portanto, há solução jurídica para o abandono dos filhos. *Alternativa B.*

26. (XXI Exame) Maria é aluna do sexto período do curso de Direito. Por convicção filosófica e política se afirma feminista e é reconhecida como militante de movimentos que denunciam o machismo e afirmam o feminismo como ideologia de gênero. Após um confronto de ideias com um professor em sala de aula e de chamá-lo de machista, Maria é colocada pelo professor para fora de sala e, posteriormente, o mesmo não lhe dá a oportunidade de fazer a vista de sua prova para um eventual pedido de revisão da correção, o que é um direito previsto no regimento da instituição de ensino. Em função do exposto, e com base na Constituição da República, assinale a afirmativa correta.

(A) Maria foi privada de um direito por motivo de convicção filosófica ou política e, portanto, as autoridades competentes da instituição de ensino devem assegurar a ela o direito de ter vista de prova e, se for o caso, de pedir a revisão da correção.

(B) Houve um debate livre e legítimo em sala de aula e a postura do professor pode ser considerada "dura", mas não implicou nenhum tipo de violação de direito de Maria.

C) Embora tenha havido um debate acerca de uma questão que envolve convicção filosófica ou política, não houve privação de direito já que a vista de prova e o eventual pedido de revisão da correção está contido apenas no regimento da instituição de ensino e não na legislação pátria.

D) A solução do impasse instaurado entre a aluna e o professor somente pode acontecer mediante o diálogo entre as duas partes, em que cada um considere seus eventuais excessos, uma vez que o que houve foi um mero desentendimento e não uma violação de direito por convicção filosófica ou política.

RESPOSTA (A) Resposta correta, nos termos do art. 5º, VIII, da CF, ressaltando que "ninguém será privado de direitos por motivo de crença religiosa ou de convicção filosófica ou política [...]", e a Maria teve um direito privado. (B) Alternativa errada, pois houve uma violação ao direito de fazer vista à prova para verificação da correção e dirimir eventuais dúvidas junto ao professor. (C) Alternativa novamente errada, nos mesmos termos da assertiva anterior, houve privação de um direito, independentemente de ter previsão em lei, o regimento interno da instituição de ensino, se não afrontar a Constituição ou outra lei, é a "lei maior" daquela instituição. (D) Alternativa igualmente errada pelos motivos acima já expostos, lembrando que houve sim uma violação de direito da Maria no tocante ao impedimento de vista da prova junto ao professor. *Alternativa A.*

27. (XXI Exame) Você, na condição de advogado(a) comprometido com os Direitos Humanos, foi procurado por José, que é paraplégico e candidato a vereador. A partir de denúncia feita por ele, você constatou que um outro candidato e desafeto de José, tem afirmado, em programa de rádio local, que não obstante José ser boa pessoa, o fato de ser deficiente o impede de exercer o mandato de forma plena, razão pela qual ele nem deveria ter a candidatura homologada pelo TRE. Com base na hipótese apresentada, assinale a opção que apresenta a resposta que, juridicamente, melhor caracteriza a situação.

(A) O problema é político e não jurídico. José deve ser aconselhado a reforçar sua campanha, a apresentar suas propostas aos eleitores e mostrar que sempre foi um cidadão ativo, de maneira a demonstrar que tem plena condição para o exercício de um eventual mandato, apesar de sua deficiência.

(B) A análise jurídica revela um problema restrito ao campo do Direito Civil. O fato é que o desafeto de José não o impediu de candidatar-se, assim não houve discriminação. O procedimento deve ser caracterizado apenas como dano moral, uma vez que José teve sua dignidade atacada.

(C) O fato evidencia crime de incitação à discriminação de pessoa em razão de deficiência, com o agravante de ter sido cometido em meio de comunicação, independentemente da caracterização ou não de dano moral.

(D) O caso é típico de colisão de princípios em que, de um lado, está o princípio da dignidade da pessoa humana e, do outro, o princípio da liberdade de expressão. Mas não há caracterização de ilícito civil nem de ilícito penal.

RESPOSTA (A) Assertiva errada. A questão é jurídica (crime) e não política. Para ser vereador, ou para qualquer outra candidatura, basta obedecer aos dizeres do art. 14 da CF. (B) Assertiva errada. O problema é também de Direito Civil, mas não restrito, pois temos uma incidência criminal. (C) Assertiva correta. Crime capitulado no art. 88, § 2º, da Lei n. 13.146/2015 (Lei Brasileira de Inclusão da Pessoa com Deficiência – Estatuto da Pessoa com Deficiência). (D) Assertiva errada. Questão das mais erradas, pois temos a dupla caracterização, ou seja, o ilícito civil e penal. *Alternativa C.*

VII. CONDIÇÕES ANÁLOGAS ÀS DE ESCRAVOS

28. (XIX Exame) Em dezembro de 2014, a sul-africana Urmila Bhoola, relatora especial das Nações Unidas sobre as formas contemporâneas de escravidão, declarou que "pelo menos 20,9 milhões de pessoas estão sujeitas a formas modernas de escravidão, que atingem principalmente mulheres e crianças". A relatora da ONU, para fazer tal afirmação, considerou o conceito de escravidão presente na Convenção Suplementar sobre a Abolição da Escravatura, do Tráfico de Escravos e das Instituições e Práticas Análogas à Escravatura adotada em Genebra, em 7 de setembro de 1956. Assinale a opção que apresenta o conceito de escravidão conforme disposto na referida Convenção:

(A) Estado ou a condição de um indivíduo sobre o qual se exercem todos ou parte dos poderes atribuídos ao direito de propriedade.

(B) Situação em que um indivíduo trabalha em condições precárias e não recebe seus direitos trabalhistas de modo pleno e integral.

(C) Relação em que uma pessoa possui o controle físico sobre o corpo de outra pessoa.

(D) Condição por meio da qual uma pessoa se encontra psicologicamente constrangida a cumprir as ordens que lhe são dadas por terceiros, ainda que tais ordens sejam contrárias aos seus interesses.

RESPOSTA (A) Assertiva correta nos termos do art. 7º da referida convenção, a qual descreve 'Escravidão', tal como foi definida na Convenção sobre a Escravidão de 1926, é o estado ou a condição de um indivíduo sobre o qual se exercem todos ou parte dos poderes atribuídos ao direito de propriedade, e 'escravo' é o indivíduo em tal estado ou condição". (B) Questão errada conforme definição normativa acima. (C) Resposta errada nos mesmos termos do exposto acima. (D) Resposta errada conforme definição prevista no art. 7º da convenção citada. *Alternativa A.*

VIII. CONVENÇÃO SOBRE ELIMINAÇÃO DE TODAS AS FORMAS DE DISCRIMINAÇÃO CONTRA A MULHER

29. (XIX Exame) Você, advogado, foi procurado por Maria. Esta relatou que era funcionária de uma sociedade empresária e seu empregador lhe disse que ela estava cotada para uma promoção, mas para tanto deveria entregar um laudo comprovando que não estava grávida. O empregador ainda afirmou que se soubesse, por meio de laudo médico, que ela havia feito algum procedimento que a impedisse de ter filhos, teria a certeza de que Maria estaria plenamente dedicada à sociedade empresária, o que seria muito favorável a sua carreira. Maria terminou o relato que fez a você, informando que se negou a entregar tal laudo e acabou sendo demitida no mês seguinte. Você sabe que o Brasil é signatário da Convenção sobre a Eliminação de Todas as Formas de Discriminação contra a Mulher. A conduta praticada pelo empregador de Maria pode ser caracterizada como

(A) ato moralmente reprovável mas plenamente lícito, uma vez que o empregador agiu na sua esfera de autonomia e dentro do exercício de seu direito potestativo.

(B) violação à Convenção sobre a Eliminação de Todas as Formas de Discriminação contra a Mulher, porém sem ensejar consequência jurídica de responsabilização do empregador, uma vez que não há nenhuma outra lei nacional que proteja a mulher trabalhadora em casos como esse.

(C) abuso de direito que sujeita o empregador, única e exclusivamente, ao pagamento de indenização pelo dano moral causado à funcionária.

(D) violação à Convenção sobre a Eliminação de Todas as Formas de Discriminação contra a Mulher e, também, um crime que pode acarretar ao empregador infrator multa administrativa e proibição de empréstimo, além de ser possível a readmissão da funcionária, desde que ela assim deseje.

RESPOSTA (A) Alternativa errada, pois se trata de ato ilícito, violando a citada Convenção nos arts. 11 e 12, bem como a CLT em seu art. 373-A, além da Lei n. 9.029/95, que proíbe a exigência de atestados de gravidez e esterilização, e outras práticas discriminatórias, para efeitos admissionais ou de permanência da relação jurídica de trabalho. (B) Alternativa errada, conforme descrito acima, temos a CLT, cujo texto do art. 373-A, IV, afirma: "Art. 373-A. Ressalvadas as disposições legais destinadas a corrigir as distorções que afetam o acesso da mulher ao mercado de trabalho e certas especificidades estabelecidas nos acordos trabalhistas, é vedado: [...] IV – exigir atestado ou exame, de qualquer natureza, para comprovação de esterilidade ou gravidez, na admissão ou permanência no emprego"; e a Lei n. 9.029/95, ou seja, há a responsabilização do empregador (âmbito civil, trabalhista e criminal). (C) Alternativa errada, pois, além do dano moral, há a indenização da própria rescisão contratual na forma da alínea *a* do art. 483 da CLT. (D) Alternativa correta, pois temos a violação à Convenção, conforme previsto nos arts. 11 e 12. Temos também crime capitulado no inciso I do art. 2º da Lei n. 9.029/95 ("Art. 2º Constituem crime as seguintes práticas discriminatórias: I – a exigência de teste, exame, perícia, laudo, atestado, declaração ou qualquer outro procedimento relativo à esterilização ou a estado de gravidez"). Por fim, na forma do art. 3º da citada lei, temos a possibilidade de cominação da multa administrativa de dez vezes o valor do maior salário pago pelo empregador, elevado em 50% em caso de reincidência e a proibição de obter empréstimo ou financiamento junto a instituições financeiras oficiais. *Alternativa D.*

IX. POLÍTICA MIGRATÓRIA

30. (XXX Exame) Em uma cidade brasileira de fronteira, foi detectado um intenso movimento de entrada de pessoas de outro país para trabalhar, residir e se estabelecer temporária ou definitivamente no Brasil. Após algum tempo, houve uma reação de moradores da cidade que começaram a hostilizar essas pessoas, exigindo que as autoridades brasileiras proibissem sua entrada e a regularização documental. Você foi procurado(a), como advogado(a), por instituições humanitárias, para redigir um parecer jurídico sobre a situação. Nesse sentido, com base na Lei n. 13.445/17 (Lei da Migração), assinale a afirmativa correta.

(A) A admissão de imigrantes por meio de entrada e regularização documental não caracteriza uma diretriz específica da política migratória brasileira, e sim um ato discricionário do chefe do Poder Executivo.

(B) A promoção de entrada e a regularização documental de imigrantes são coisas distintas. A política migratória brasileira adota o princípio da regularização documental dos imigrantes, mas não dispõe sobre promoção de entrada regular de imigrantes.

(C) A política migratória brasileira rege-se pelos princípios da promoção de entrada regular e de regularização documental, bem como da acolhida humanitária e da não criminalização da migração.

(D) O imigrante, de acordo com a Lei da Migração, é a pessoa nacional de outro país que vem ao Brasil para estadas de curta duração, sem pretensão de se estabelecer temporária ou definitivamente no território nacional.

RESPOSTA A alternativa "A" está errada, pois a admissão de imigrantes por meio de entrada e regularização documental caracteriza uma diretriz específica e não um ato discricionário do Executivo. A alternativa "B" está errada, pois a nova lei dispõe sobre a promoção de entrada regular de imigrantes. A alternativa "C" está correta nos termos dos incisos III, V e VI do art. 3º da Lei de Migração. Por fim, a alternativa "D" está errada, pois a descrição apontada é de visitante e não de imigrante, conforme a Lei de Migração. *Alternativa C.*

31. (XXVI Exame) Um jovem congolês, em função de perseguição sofrida no país de origem, obteve, há cerca de três anos, reconhecimento de sua condição de refugiado no Brasil. Sua mãe, triste pela distância do filho, decide vir ao Brasil para com ele viver, porém não se enquadra na condição de refugiada. Com base na Lei brasileira que implementou o Estatuto dos Refugiados, cabe a você, como advogado que atua na área dos Direitos Humanos, orientar a família. Assinale a opção que apresenta a orientação correta para o caso.

(A) As medidas e os direitos previstos na legislação brasileira sobre refugiados se aplicam somente àqueles que tiverem sido reconhecidos nessa condição. Por isso, a mãe deve entrar com o pe dido de refúgio e comprovar que também se enquadra na condição.

(B) Apesar de a mãe não ser refugiada, os efeitos da condição de refugiado de seu filho são extensivos a ela; por isso, ela pode obter autorização para residência no Brasil.

(C) A lei brasileira que trata de refúgio prevê a possibilidade de que pai e mãe tenham direito à residência caso o filho ou a filha venham a ser considerados refugiados, mas a previsão condiciona esse direito a uma avaliação a ser feita pelo representante do governo brasileiro.

(D) Para que a mãe possa viver no Brasil com seu filho ou sua filha, ela deverá comprovar que é economicamente dependente dele ou dela, pois é nesse caso que ascendentes podem gozar dos efeitos da condição de refugiado reconhecida a um filho ou a uma filha.

RESPOSTA Alternativa "A" errada, pois nos termos do art. 2º do Estatuto dos Refugiados, há a possibilidade de extensão do conceito. Alternativa "B" correta. Conforme art. 2º da Lei n. 9.474/97 (Estatuto dos Refugiados), há o que chamamos de "extensão da condição de refugiado" – *Art. 2º Os efeitos da condição dos refugiados serão extensivos ao cônjuge, aos ascendentes e descendentes, assim como aos demais membros do grupo familiar que do refugiado dependerem economicamente, desde que se encontrem em território nacional.* Alternativa "C" errada, pois inexiste tal avaliação. Alternativa "D" igualmente errada, tendo em vista que tal exigência não está prevista em lei. *Alternativa B.*

X. CONSELHO DE DEFESA DOS DIREITOS DA PESSOA HUMANA

32. (XVII Exame) A Lei n. 12.986/14 transformou o antigo Conselho de Defesa dos Direitos da Pessoa Humana – CDDPH – em Conselho Nacional dos Direitos Humanos – CNDH. A respeito da finalidade desse Conselho, de acordo com a lei mencionada, assinale a afirmativa correta.

(A) Deve apresentar as demandas brasileiras relativas aos direitos humanos junto aos organismos internacionais e multilaterais de proteção dos Direitos Humanos.

(B) Deve representar o Estado brasileiro em todas as notificações que este venha a receber em função de procedimentos, como parte da Comissão Interamericana de Direitos Humanos, ou de processos movidos contra o Brasil na Corte Interamericana de Direitos Humanos.

(C) Deve elaborar um projeto nacional de Educação para os Direitos Humanos.

(D) Deve promover e defender os direitos humanos mediante ações preventivas, protetivas, reparadoras e sancionadoras das condutas e situações de ameaça ou da violação desses direitos.

RESPOSTA (A) Alternativa errada. Além de não ser finalidade do Conselho (estas estão previstas no art. 2º da citada lei), a lei não determina apresentação de demanda junto aos organismos internacionais. (B) Alternativa errada. A citada lei não faz qualquer menção aos órgãos fiscalizadores do Sistema Regional Interamericano. (C) Alternativa errada. Não há qualquer menção nesse sentido. (D) Alternativa correta. Conforme art. 2º da citada lei. *Alternativa D.*

XI. SISTEMAS DE DIREITOS HUMANOS

33. (XXIX Exame) No âmbito dos sistemas internacionais de proteção dos Direitos Humanos, existem hoje três sistemas regionais: africano, (inter)americano e europeu. Existem semelhanças e diferenças entre esses sistemas. Assinale a opção que corretamente expressa uma grande diferença entre o sistema (inter)americano e o europeu.

(A) O sistema europeu foi instituído a partir da Convenção para a Proteção dos Direitos do Homem e das Liberdades Fundamentais, de 1950, e já está em pleno funcionamento. Já o sistema (inter)americano foi instituído pela Convenção Americana Sobre Direitos Humanos, de 1998, e ainda não está em pleno funcionamento.

(B) O sistema (inter)americano conta com uma Comissão Interamericana de Direitos Humanos, mas não possui uma Corte ou Tribunal. Já o sistema europeu possui um Tribunal, mas não possui uma Comissão de Direitos Humanos.

(C) O sistema europeu é baseado em um Conselho de Ministros e admite denúncias de violações de direitos humanos que sejam feitas pelos Estados-partes da Convenção, mas não admite petições individuais. Já o sistema (inter)americano não possui o Conselho de Ministros e admite petições individuais.

(D) O sistema (inter)americano possui uma Comissão e uma Corte para conhecer de assuntos relacionados ao cumprimento dos compromissos assumidos pelos Estados-partes na Convenção Americana Sobre Direitos Humanos. Já o sistema europeu não possui uma Comissão com as mesmas funções que a Comissão Interamericana, mas um Tribunal Europeu dos Direitos do Homem, que é efetivo e permanente.

RESPOSTA (D) (A) A alternativa está errada pois a Convenção Americana sobre Direitos Humanos é de 1969 e não 1998 conforme descrito. (B) A alternativa também errada, pois existe uma corte, conforme art. 33 da Convenção Americana sobre Direitos Humanos. (C) A alternativa está errada, pois na forma do art. 34 da Convenção Europeia dos Direitos Humanos, é possível que o tribunal receba petições de qualquer pessoa singular. (D) Correta. Na forma do art. 33 da Convenção Americana sobre Direitos Humanos, são competentes para conhecer dos assuntos relacionados com o cumprimento dos compromissos assumidos pelos Estados-Partes na Convenção (PSJCR), a Comissão Interamericana de Direitos Humanos (CIDH) e a Corte Interamericana de Direitos Humanos (Corte IDH). Por sua vez, o art. 19 da Convenção Europeia dos Direitos do Homem afirma que fica criado um Tribunal Europeu dos Direitos do Homem, o qual funcionará a título permanente, a fim de assegurar o respeito dos compromissos que resultam, para as Altas Partes Contratantes, da presente Convenção e dos seus protocolos.

XII. CARACTERÍSTICAS DOS DIREITOS HUMANOS

34. (XXXIII Exame) Você, que atua na defesa de Direitos Humanos, foi convidado(a) para participar de um debate promovido pela Comissão de Direitos Humanos da OAB. Um dos debatedores afirmou, com base na Declaração e Programa de Ação de Viena, que é importante compreender que Direitos Humanos são indivisíveis e devem ser considerados com igual ênfase. Outro debatedor retrucou essa afirmação. No momento da sua fala, você deve esclarecer que, de acordo com a Declaração citada, os Direitos Humanos são

(A) indivisíveis, interdependentes e interrelacionados, e a comunidade internacional deve considerá-los em pé de igualdade.

(B) divididos em direitos públicos e direitos privados, com ênfase nos direitos públicos como parte do Direito Positivo de cada país.

(C) divididos em direitos em sentido forte e direitos em sentido fraco, e que apenas os direitos civis e políticos são direitos humanos em sentido forte.

(D) conceitos acadêmicos sempre em disputa e que a Declaração e Programa de Ação de Viena não fala da indivisibilidade ou da divisibilidade dos Direitos Humanos.

RESPOSTA (A) A alternativa está correta não apenas pela chamada teoria geral dos direitos humanos, mas também, conforme citado, pelo item 5 da Declaração e Programa de Ação de Viena (1993). (B) A alternativa está errada, pois os direitos humanos são indivisíveis. (C) A alternativa está errada nos mesmos dizeres da anterior. (D) Resposta errada nos termos do item 5 do documento que trata literalmente da expressão.

Estatuto da Criança e do Adolescente

Marcelo Hugo da Rocha

Especialista em Direito Empresarial (PUCRS). Mestre em Direito (PUCRS). Especialista em Psicologia Positiva e *Coaching* (Faculdade UNYLEYA). Graduando em Psicologia (IMED). Professor. Advogado. Coordenador, autor e coautor de mais de 80 obras. Destaque para as coleções: Completaço® Passe na OAB e Completaço® Passe em Concursos Públicos, ambas publicadas pela Editora Saraiva. Palestrante motivacional. www.marcelohugo.com.br.

Sumário

PARTE GERAL

1. INTRODUÇÃO

A **Lei n. 8.069/90** dispõe sobre o Estatuto da Criança e do Adolescente – ECA e está dividida em duas grandes partes: "parte geral", entre os arts. 1º e 85; e "parte especial", entre os arts. 86 e 267. Porém, não só o ECA trata da disciplina, como também a Constituição Federal, Código Civil e as resoluções do CONANDA – Conselho Nacional dos Direitos da Criança e do Adolescente.

A prova da OAB sobre a disciplina cobra duas questões do total de oitenta, mas mesmo assim, ao contrário do que muitos pensariam diante de outras matérias que têm maior incidência, sua preparação é essencial para quem almeja a aprovação, visto que é perfeitamente possível gabaritá-la. E tenha certeza que a grande maioria não é aprovada por uma ou duas questões e que poderiam ter sido garantidas, justamente, em ECA.

A preparação parte do Estatuto, basicamente, do conhecimento do seu texto legal, que apesar de ser extenso, há uma preferência dos examinadores a determinados temas como se verá na resolução das questões. Portanto, não fugiremos das palavras da lei sem deixar de lado a pesquisa que elaboramos a partir da incidência em provas e da didática na exposição dos assuntos (através de quadros, esquemas e comparativos), caso contrário, bastaria ler de "cabo a rabo" o Estatuto.

Inicialmente, destaca-se que o ECA se afastou da doutrina de situação irregular que caracterizou o antigo Código de Menores [Lei n. 6.697/79], haja vista este ser voltado apenas aos menores em situação irregular, isto é, àqueles que se encontram em conflito com a lei ou que se encontram privados de assistência, por qualquer motivo. O novo Estatuto, ao contrário, **segue a doutrina da proteção integral**, que se baseia no *princípio do melhor interesse da criança*. De acordo com o **princípio do melhor interesse da criança e do adolescente**, deve-se assegurar a eles condição de se desenvolverem com dignidade, garantindo-se a concretização dos seus direitos fundamentais.

A **Lei n. 12.852/2013** foi aprovada e trata do **Estatuto da Juventude – EJUVE**, a qual já era esperada desde a EC n. 65/2010, que incluiu os *jovens* entre os titulares de direitos especiais previstos no art. 227 da CF. É importante destacar que aos adolescentes com idade entre 15 e 18 anos aplica-se o ECA, e, excepcionalmente, o EJUVE, quando não conflitar com as normas de proteção integral do adolescente (art. 1º, § 2º).

Considera-se para os efeitos do ECA e do EJUVE:

- CRIANÇA, a pessoa **até doze anos de idade incompletos** (até 11 anos);
- ADOLESCENTE, aquela **entre doze e dezoito anos de idade incompletos** (entre 12 e 17 anos);
- JOVENS, aqueles **entre quinze e vinte e nove anos de idade**.

Destaca-se a aparente sobreposição das categorias adolescentes e jovens entre as idades de 15 a 17 anos, o que poderíamos denominar de "adolescente-jovem". Porém, não haverá problema algum, visto que se aplicará o ECA em primeiro lugar e, excepcionalmente, o EJUVE nessa faixa de idade. Ademais, o EJUVE não restringe os direitos previstos no ECA e praticamente não arrola deveres aos jovens.

Deve-se observar que há casos expressos em lei, que se aplica excepcionalmente o ECA às **pessoas entre dezoito anos completos e vinte e um anos de idade**. Por exemplo, em caso de internação, como medida socioeducativa, poderá ultrapassar os 18 anos e, portanto, o ECA continuará sendo aplicado, visto que a liberação será compulsória apenas aos 21 anos de idade.

O **princípio da proteção integral**, previsto no art. 1º do ECA, é o "princípio dos princípios" em se tratando dos direitos da criança e do adolescente, incluindo assistência moral, material e jurídica. A criança e o adolescente gozam de todos os direitos fundamentais inerentes à pessoa humana, **sem prejuízo da proteção integral** de que trata o ECA, assegurando-se-lhes, por lei ou por outros meios, todas as oportunidades e facilidades, a fim de lhes facultar o desenvolvimento físico, mental, moral, espiritual e social, em condições de liberdade e de dignidade.

Se ainda restasse alguma dúvida, o legislador incluiu o parágrafo único do art. 3º que deixa claro que os direitos enunciados no ECA aplicam-se a todas as crianças e adolescentes, sem discriminação de nascimento, situação familiar, idade, sexo, raça, etnia ou cor, religião ou crença, deficiência, condição pessoal de desenvolvimento e aprendizagem, condição econômica, ambiente social, região e local de moradia ou outra condição que diferencie as pessoas, as famílias ou a comunidade em que vivem.

Importante **princípio** também é o da **absoluta prioridade** (art. 4º), pois é dever da família, da comunidade, da sociedade em geral e do poder público assegurar, com **absoluta prioridade**, a efetivação dos direitos referentes à vida, à saúde, à alimentação, à educação, ao esporte, ao lazer, à profissionalização, à cultura, à dignidade, ao respeito, à liberdade e à convivência familiar e comunitária.

A **garantia de prioridade** compreende:

- primazia de receber proteção e socorro em quaisquer circunstâncias;
- precedência de atendimento nos serviços públicos ou de relevância pública;
- preferência na formulação e na execução das políticas sociais públicas;
- destinação privilegiada de recursos públicos nas áreas relacionadas com a proteção à infância e à juventude.

Devem ser levados em conta, na **interpretação do ECA**, os fins sociais a que ele se dirige, as exigências do bem comum, os direitos e deveres individuais e coletivos, e a condição peculiar da criança e do adolescente como pessoas em desenvolvimento [art. 6º, ECA].

2. DIREITOS FUNDAMENTAIS

Sob esse título, o legislador tratou de diversos assuntos, entre eles, a colocação da criança e adolescente em ***família substituta*** mediante guarda, tutela ou adoção (arts. 28 a 52-D, ECA), previsão encontrada dentro do "Direito à Convivência Familiar e Comunitária".

A topografia legislativa do ECA quanto ao título é a seguinte:

Capítulo I - Do Direito à Vida e à Saúde (arts. 7º a 14)
Capítulo II - Do Direito à Liberdade, ao Respeito e à Dignidade (arts. 15 a 18)
Capítulo III - Do Direito à Convivência Familiar e Comunitária (arts. 19 a 52)
Capítulo IV - Do Direito à Educação, à Cultura, ao Esporte e ao Lazer (arts. 53 a 59)
Capítulo V - Do Direito à Profissionalização e à Proteção no Trabalho (arts. 60 a 69)

2.1 Proteção à vida e à saúde

A criança e o adolescente têm direito a **proteção à vida e à saúde**, mediante a efetivação de políticas sociais públicas que permitam o nascimento e o desenvolvimento sadio e harmonioso, em condições dignas de existência, é o que diz o art. 7º do ECA. Decorrente disso, inclusive a fase uterina tem a proteção do Estatuto, visto que é assegurado à gestante, através do SUS, o **atendimento pré, perinatal** e **pós-natal integral**.

É assegurado também **acesso integral** às linhas de cuidado voltadas à saúde da criança e do adolescente, por intermédio do **Sistema Único de Saúde**, observado o **princípio da equidade** no acesso a ações e serviços para promoção, proteção e recuperação da saúde [art. 11, ECA].

Os casos de suspeita ou confirmação de castigo físico, de tratamento cruel ou degradante e **maus-tratos** contra criança ou adolescente serão obrigatoriamente comunicados ao **Conselho Tutelar** da *respectiva localidade*, sem prejuízo de outras providências legais [art. 13, ECA], e as gestantes ou mães que manifestem **interesse em entregar seus filhos para adoção** serão obrigatoriamente encaminhadas, sem constrangimento, à **Justiça da Infância e da Juventude**.

2.2 Direito à liberdade, respeito e dignidade

A criança e o adolescente têm **direito à liberdade, ao respeito e à dignidade** como pessoas humanas em processo de desenvolvimento e como sujeitos de direitos civis, humanos e sociais garantidos na Constituição e nas leis [art. 15, ECA], sendo **dever de todos** velar pela dignidade da criança e do adolescente, pondo-os a salvo de qualquer tratamento desumano, violento, aterrorizante, vexatório ou constrangedor [art. 18, ECA].

O direito ao respeito consiste na **inviolabilidade** da integridade física, psíquica e moral da criança e do adolescente, **abrangendo a preservação** da imagem, da identidade, da autonomia, dos valores, ideias e crenças, dos espaços e objetos pessoais [art. 17, ECA]. Sendo assim, é vedada, por exemplo, a divulgação de atos judiciais, policiais e administrativos que digam respeito a crianças e adolescentes a que se atribua autoria de ato infracional [art. 143], inclusive as **iniciais do nome e sobrenome**, nem **apelido**.

Importante acréscimo pela Lei n. 13.010/2014, o art. 18-A do ECA afirma que a criança e o adolescente têm o direito de ser educados e cuidados **sem o uso de castigo físico ou de tratamento cruel ou degradante**, como formas de correção, disciplina, educação ou qualquer outro pretexto, pelos pais, pelos integrantes da família ampliada, pelos responsáveis, pelos agentes públicos executores de medidas socioeducativas ou por qualquer pessoa encarregada de cuidar deles, tratá-los, educá-los ou protegê-los, considerando assim:

Castigo físico:	Ação de natureza disciplinar ou punitiva aplicada com o uso da força física sobre a criança ou o adolescente que resulte em: • sofrimento físico; ou • lesão.
Tratamento cruel ou degradante:	Conduta ou forma cruel de tratamento em relação à criança ou ao adolescente que: • humilhe; ou • ameace gravemente; ou • ridicularize.

Caso utilizem castigo físico ou tratamento cruel ou degradante como formas de correção, disciplina, educação ou qualquer outro pretexto estarão sujeitos, sem prejuízo de outras sanções cabíveis, às seguintes medidas, que **serão aplicadas de acordo com a gravidade do caso**:

I – encaminhamento a programa oficial ou comunitário de proteção à família;

II – encaminhamento a tratamento psicológico ou psiquiátrico;

III – encaminhamento a cursos ou programas de orientação;

IV – obrigação de encaminhar a criança a tratamento especializado;

V – advertência.

2.3 Poder familiar

Como regra básica do **direito à convivência familiar e comunitária**, toda criança ou adolescente tem direito a ser criado e educado no seio da sua família e, **excepcionalmente**, em "família substituta".

Entende-se por:

Família natural	Família extensa (ou ampliada)	Família substituta
a comunidade formada pelos pais ou qualquer deles e seus descendentes	aquela que se estende para além da unidade pais e filhos ou da unidade do casal, formada por parentes próximos com os quais a criança ou adolescente convive e mantém vínculos de afinidade e afetividade	a comunidade que não seja qualquer uma das anteriores, cuja relação se dará através da guarda, tutela ou adoção

Deve-se prestar atenção que os filhos, **havidos ou não** da relação do casamento, ou por adoção, **terão os mesmos direitos e qualificações**, proibidas quaisquer designações discriminatórias relativas à filiação [art. 20, ECA].

Destaca-se que o **acolhimento institucional** (antigo *abrigo*) e o **acolhimento familiar** (em outra família e que terá preferência quanto ao primeiro) são medidas *provisórias* e *excepcionais*, utilizáveis como *forma de transição* para **reintegração familiar** ou, não sendo esta possível, para colocação em **família substituta**, não implicando privação de liberdade, observado que:

- Toda criança ou adolescente que estiver inserido em um desses programas terá sua situação reavaliada, no máximo, a cada **6 meses**; e
- A permanência da criança e do adolescente em programa de **acolhimento institucional não se prolongará por mais de 2 anos**, salvo comprovada necessidade que atenda ao seu superior interesse, devidamente fundamentada pela autoridade judiciária.

Há um instituto interessante, incluído em 2017 no ECA, que é o **apadrinhamento**. Segundo o § 1º do art. 19-B, o apadrinhamento consiste em estabelecer e proporcionar à criança e ao adolescente vínculos externos à instituição para fins de convivência familiar e comunitária e colaboração com o seu desenvolvimento nos aspectos social, moral, físico, cognitivo, educacional e financeiro. A criança e o adolescente em programa de acolhimento institucional ou familiar poderão participar de programa de apadrinhamento.

Podem ser **padrinhos** ou **madrinhas** pessoas maiores de 18 anos não inscritas nos cadastros de adoção, desde que cumpram os requisitos exigidos pelo programa de apadrinhamento de que fazem parte. Inclusive **pessoas jurídicas** podem apadrinhar criança ou adolescente a fim de colaborar para o seu desenvolvimento.

Quanto ao PODER FAMILIAR (não esqueça que não há mais a expressão "pátrio poder"), ele será exercido, em igualdade de condições, **pelo pai e pela mãe**, na forma do que dispuser a legislação civil, assegurado a qualquer deles o direito de, em caso de discordância, recorrer à autoridade judiciária competente para a solução da divergência. Segundo o Código Civil, durante o casamento e a união estável, compete o poder familiar aos pais; na falta ou impedimento de um deles, o outro o exercerá com exclusividade. E se o filho, não reconhecido pelo pai, fica sob poder familiar exclusivo da mãe.

Aos pais incumbe o **dever de sustento, guarda e educação** dos filhos menores, cabendo-lhes ainda, no interesse destes, a obrigação de cumprir e fazer cumprir as determinações judiciais. **A falta ou a carência de recursos materiais não constitui** motivo suficiente para a *perda* ou a *suspensão* do poder familiar [arts. 22 e 23, ECA]. A mãe e o pai, ou os responsáveis, têm direitos iguais e deveres e responsabilidades compartilhados no cuidado e na educação da criança, devendo ser resguardado o direito de transmissão familiar de suas crenças e culturas, assegurados os direitos da criança garantidos pelo ECA.

> A condenação criminal do pai ou da mãe não implicará a destituição do poder familiar, exceto na hipótese de condenação por crime doloso sujeito à pena de reclusão contra outrem igualmente titular do mesmo poder familiar ou contra filho, filha ou outro descendente.

Não existindo outro motivo que por si só autorize a decretação da medida, a criança ou o adolescente será mantido em sua família de origem, a qual deverá obrigatoriamente ser incluída em serviços e programas oficiais de proteção, apoio e promoção. Os pais ou responsável **têm a obrigação de matricular** seus filhos ou pupilos na rede regular de ensino. É **dever do Estado**, dentre outros previstos no art. 54 do ECA, assegurar à criança e ao adolescente **ensino fundamental, obrigatório e gratuito**, inclusive para os que a ele não tiveram acesso na idade própria e "progressiva extensão" da obrigatoriedade e gratuidade ao **ensino médio**. O não oferecimento do **ensino obrigatório** pelo poder público ou sua oferta irregular *importa responsabilidade* da autoridade competente.

A *perda* ou a *suspensão* do poder familiar são **medidas restritas e excepcionais**. Não existindo outro motivo que por si só autorize a decretação de alguma delas, a criança ou o adolescente será mantido em sua família de origem, a qual deverá obrigatoriamente ser incluída em programas oficiais de auxílio. **A perda e a suspensão** do poder familiar **serão decretadas judicialmente**, em *procedimento contraditório*, nos casos previstos na legislação civil, bem como na hipótese de descumprimento injustificado dos deveres e obrigações ao **dever de sustento, guarda e educação** [art. 24, ECA].

Os filhos havidos fora do casamento poderão ser reconhecidos pelos pais, *conjunta* ou *separadamente*, no próprio termo de nascimento, por testamento, mediante escritura ou outro documento público, qualquer que seja a origem da filiação [art. 26, ECA]. O reconhecimento pode preceder o nascimento do filho ou suceder-lhe ao falecimento, se deixar descendentes.

> Preste ATENÇÃO: o **reconhecimento do estado de filiação** é **direito personalíssimo, indisponível e imprescritível**, podendo ser exercitado contra os pais ou seus herdeiros, sem qualquer restrição, observado o segredo de Justiça.

A colocação da criança ou adolescente em **família substituta** será precedida de sua preparação gradativa e acompanhamento posterior, realizados pela equipe interprofissional a serviço da Justiça da Infância e da Juventude, preferencialmente com o apoio dos técnicos responsáveis pela execução da política municipal de garantia do direito à convivência familiar. Ressalta-se que a colocação em lar substituto tem a **natureza jurídica de medida de proteção** a qual possui ***três modalidades***: guarda, tutela e adoção.

Assim, a colocação em **família substituta** far-se-á mediante guarda, tutela ou adoção, **independentemente da situação jurídica** da criança ou adolescente, a qual se destacam algumas regras gerais:

- **Sempre que possível**, a criança ou o adolescente **será previamente ouvido** por equipe interprofissional, respeitado seu estágio de desenvolvimento e grau de compreensão sobre as implicações da medida, e terá sua **opinião devidamente considerada**;
- Tratando-se de **maior de 12 (doze) anos de idade**, será *necessário seu consentimento*, colhido em audiência;
- Na apreciação do pedido levar-se-á em conta o **grau de parentesco e a relação de afinidade ou de afetividade**, a fim de evitar ou minorar as consequências decorrentes da medida;
- Os **grupos de irmãos** serão colocados sob adoção, tutela ou guarda da **mesma família substituta**, ressalvada a comprovada existência de risco de abuso ou outra situação que justifique plenamente a excepcionalidade de solução diversa, procurando-se, em qualquer caso, evitar o rompimento definitivo dos vínculos fraternais.

A colocação em *família substituta* **não admitirá transferência** da criança ou adolescente **a terceiros ou a entidades governamentais ou não governamentais**, *sem autorização judicial* [art. 30, ECA].

A colocação em **família substituta estrangeira** constitui *medida excepcional*, somente admissível na modalidade de **adoção** [art. 31, ECA]. Considera-se **adoção internacional** aquela na qual a pessoa ou casal postulante é residente ou domiciliado fora do Brasil [art. 51, ECA], observado que os **brasileiros residentes no exterior** terão *preferência* aos estrangeiros.

São **modalidades de delegação do poder familiar**:

- Guarda;
- Tutela;
- Adoção.

Referente à GUARDA, primeira **modalidade de delegação do poder familiar** prevista no ECA [art. 33], destina-se a **regularizar a posse de fato**, podendo ser deferida, liminar ou incidentalmente, **nos procedimentos de tutela e adoção**, *exceto* no de adoção por estrangeiros. *Excepcionalmente*, deferir-se-á a guarda, **fora dos casos de tutela e adoção**, para atender a situações peculiares ou suprir a falta eventual dos pais ou responsável, podendo ser deferido o direito de representação para a prática de atos determinados.

A GUARDA obriga a prestação de assistência material, moral e educacional à criança ou adolescente, **conferindo a seu detentor o direito de opor-se a terceiros, inclusive aos pais**. E a guarda confere à criança ou adolescente a **condição de dependente**, para todos os fins e efeitos de direito, *inclusive previdenciários*. Atente-se que a guarda **poderá ser revogada a qualquer tempo**, mediante ato judicial fundamentado, *ouvido o Ministério Público*.

Interessante inclusão pela Lei n. 13.257/2016 foi que a União apoiará a implementação de serviços de acolhimento em **família acolhedora** como política pública, os quais deverão dispor de equipe que organize o acolhimento temporário de crianças e de adolescentes em residências de famílias selecionadas, capacitadas e acompanhadas que não estejam no cadastro de adoção. Além disso, poderão ser utilizados recursos federais, estaduais, distritais e municipais para a manutenção dos serviços de acolhimento em família acolhedora, facultando-se o repasse de recursos para a própria família acolhedora [art. 34, §§ 3º e 4º, ECA].

A doutrina considera um outro tipo de guarda a qual denomina como **guarda estatutária**, sendo medida protetiva na hipótese do art. 98 do ECA na ameaça ou violação dos direitos reconhecidos por falta, omissão ou abuso dos pais ou responsáveis.

A segunda modalidade, a TUTELA [art. 36, ECA], para ser deferida **pressupõe a prévia decretação da perda ou suspensão do poder familiar** e *implica necessariamente o dever de guarda*. A tutela será deferida, nos termos da lei civil, a pessoa **de até 18 anos incompletos**. Ressalta-se que as questões pertinentes à tutela se encontram no Código Civil entre os arts. 1.728 e 1.766.

Acerca da colocação da criança ou adolescente em família substituta por meio da guarda e da tutela, é correto afirmar que o **tutor assume o poder familiar** em relação ao menor e, sendo assim, a destituição da tutela observa os mesmos requisitos da destituição do poder familiar. O tutor pode ser nomeado **por testamento ou qualquer documento autêntico** (vide o art. 37, ECA).

Por fim, a terceira modalidade, a ADOÇÃO [art. 39, ECA], é a mais completa, visto que a guarda e a tutela se limitam a conceder alguns dos tributos do poder familiar ao responsável. De fato e de direito, cria-se um vínculo jurídico de filiação.

É **medida excepcional e irrevogável**, à qual se deve recorrer apenas quando esgotados os recursos de manutenção da criança ou adolescente na *família natural* ou *extensa*. Observa-se que é vedada a adoção por procuração. ATENÇÃO: o **adotando** (quem será adotado) deve contar **com, no máximo, dezoito anos** à data do pedido, SALVO se já estiver sob a guarda ou tutela dos adotantes.

A **adoção** atribui a **condição de filho** ao adotado, com os mesmos direitos e deveres, inclusive sucessórios, *desligando-o de qualquer vínculo com pais e parentes*, salvo os impedimentos matrimoniais. É recíproco o direito sucessório entre o adotado, seus descendentes, o adotante, seus ascendentes, descendentes e colaterais até o 4º grau, observada a ordem de vocação hereditária.

Também são condições (positivas e negativas) para ADOÇÃO:

- podem adotar os maiores de 18 anos, *independentemente* do estado civil;
- não podem adotar os ascendentes e os irmãos do adotando;
- **para adoção conjunta**, é indispensável que os adotantes sejam *casados civilmente* ou *mantenham união estável*, comprovada a estabilidade da família;
- o adotante há de ser, pelo menos, **dezesseis anos mais velho** do que o adotando;
- a adoção será deferida quando apresentar reais vantagens para o adotando e fundar-se em motivos legítimos.

No caso dos **divorciados**, os **judicialmente separados** e os **ex-companheiros** *podem adotar* conjuntamente, contanto que acordem sobre a guarda e o regime de visitas e desde que o estágio de convivência tenha sido iniciado na constância do período de convivência e que seja comprovada a existência de vínculos de afinidade e afetividade com aquele não detentor da guarda, que justifiquem a excepcionalidade da concessão. Demonstrado efetivo benefício ao adotando, será assegurada a *guarda compartilhada*.

A **adoção** *poderá ser deferida* ao **adotante** que, após inequívoca manifestação de vontade, **vier a falecer** no curso do procedimento, antes de prolatada a sentença.

A adoção **depende do consentimento dos pais ou do representante legal** do adotando, **mas que será dispensado** em relação à criança ou adolescente cujos pais sejam desconhecidos ou tenham sido destituídos do poder familiar. ATENÇÃO: em se tratando de **adotando maior de doze anos de idade**, *será também necessário* o seu consentimento.

A adoção será precedida de estágio de convivência com a criança ou adolescente, pelo prazo máximo de 90 (noventa) dias, observadas a idade da criança ou adolescente e as peculiaridades do caso [Lei n. 13.509/2017]. Este prazo pode ser prorrogado por até igual período, mediante decisão fundamentada da autoridade judiciária. O estágio de convivência **poderá ser dispensado** se o adotando já estiver **sob a tutela ou guarda legal** do adotante durante tempo suficiente para que seja possível avaliar a conveniência da constituição do vínculo. OBS.: a **simples guarda** de fato *não autoriza*, por si só, a dispensa da realização do estágio de convivência.

A Lei n. 12.955/2014 incluiu o § 9º no art. 47 do ECA ao prever que terão **prioridade de tramitação os processos de adoção** em que o adotando for criança ou adolescente com deficiência ou com doença crônica.

É importante destacar, segundo o art. 48, que o adotado tem direito de conhecer sua **origem biológica**, bem como de obter acesso irrestrito ao processo no qual a medida foi aplicada e seus eventuais incidentes, **após completar 18 anos**. Além disso, o acesso ao processo de adoção poderá ser também deferido ao adotado **menor de 18 anos**, a seu pedido, asseguradas orientação e assistência jurídica e psicológica.

Quanto à ADOÇÃO INTERNACIONAL, em caso de adoção por pessoa ou casal **residente ou domiciliado fora do País**, o **estágio de convivência**, *cumprido no território nacional*, será de, **no mínimo, 30 (trinta) dias.** E somente terá lugar quando restar comprovado:

I – que a colocação em família adotiva é a solução adequada ao caso concreto;

II – que foram esgotadas todas as possibilidades de colocação da criança ou adolescente em família adotiva brasileira, com a comprovação, certificada nos autos, da inexistência de adotantes habilitados residentes no Brasil com perfil compatível com a criança ou adolescente, após consulta aos cadastros mencionados nesta Lei;

III – que, em se tratando de adoção de adolescente, este foi consultado, por meios adequados ao seu estágio de desenvolvimento, e que se encontra preparado para a medida, mediante parecer elaborado por equipe interprofissional.

O **vínculo da adoção** constitui-se por **sentença judicial**, que será inscrita no registro civil mediante mandado do qual *não se fornecerá* certidão. O **mandado judicial**, que será arquivado, **cancelará** o registro original do adotado. A sentença conferirá ao adotado o nome do adotante e, a pedido de qualquer deles, poderá determinar a *modificação do prenome*. A morte dos *adotantes* **não restabelece o poder familiar dos pais naturais.**

O prazo máximo para conclusão da ação de adoção será de 120 (cento e vinte) dias, prorrogável uma única vez por igual período, mediante decisão fundamentada da autoridade judiciária [Lei n. 13.509/2017].

Passa-se a falar dos direitos em si.

2.4 Direito à educação, cultura, esporte e ao lazer

A criança e o adolescente têm **direito à educação**, visando ao pleno desenvolvimento de sua pessoa, preparo para o exercício da cidadania e qualificação para o trabalho, assegurando-se-lhes, de acordo com o art. 53 do ECA:

I – igualdade de condições para o acesso e permanência na escola;

II – direito de ser respeitado por seus educadores;

III – direito de contestar critérios avaliativos, podendo recorrer às instâncias escolares superiores;

IV – direito de organização e participação em entidades estudantis;

V – acesso à escola pública e gratuita, próxima de sua residência, garantindo-se vagas no mesmo estabelecimento a irmãos que frequentem a mesma etapa ou ciclo de ensino da educação básica.

Por outro lado, é **dever do Estado** assegurar à criança e ao adolescente:

• **Ensino fundamental**, obrigatório e gratuito, inclusive para os que a ele não tiveram acesso na idade própria, observado que o acesso ao ensino obrigatório e gratuito é **direito público subjetivo** e o não oferecimento ou sua oferta irregular importa responsabilidade da autoridade competente.
• Progressiva extensão da obrigatoriedade e gratuidade ao **ensino médio**.
• **Atendimento educacional especializado** aos portadores de deficiência, *preferencialmente* na rede regular de ensino.
• Atendimento em **creche e pré-escola** às crianças de **zero a cinco anos de idade**.
• Acesso aos **níveis mais elevados** do ensino, da pesquisa e da criação artística, segundo a capacidade de cada um.
• Oferta de **ensino noturno regular**, adequado às condições do adolescente trabalhador.
• Atendimento no **ensino fundamental**, através de **programas suplementares** de material didático-escolar, transporte, alimentação e assistência à saúde.

A Lei 13.840 de 2019 incluiu o dever de instituições de ensino, clubes e agremiações recreativas e de estabelecimentos congêneres assegurarem medidas de conscientização, prevenção e enfrentamento ao uso ou dependência de drogas ilícitas (art. 53-A).

Importa destacar a diferenciação dos termos educacionais adotados em nosso país, a saber:

- Educação básica:
  - Educação infantil: 0 a 5 anos
    - Creche: 0 a 3 anos
    - Pré-escola: 4 a 5 anos
  - Ensino fundamental: 6 a 14 anos
  - Ensino médio: 15 a 17 anos
- Educação superior

2.5 Direito à profissionalização e à proteção no trabalho

Quanto ao **direito à profissionalização e à proteção no trabalho**, é PROIBIDO **qualquer trabalho** *a menores de 14 anos* de idade, SALVO na condição de **aprendiz**. Ao maior de 14 anos, são assegurados os direitos trabalhistas e previdenciários.

Considera-se **aprendizagem** a formação técnico-profissional ministrada segundo as diretrizes e bases da legislação de educação em vigor. Ao adolescente **até 14 anos** de idade é assegurada **bolsa de aprendizagem** [arts. 62 e 64, ECA].

De acordo com a CLT, **contrato de aprendizagem** é o contrato de trabalho especial, ajustado por escrito e por prazo determinado, em que o empregador se compromete a assegurar ao maior de 14 (quatorze) e menor de 24 (vinte e quatro) anos inscrito em programa de aprendizagem formação técnico-profissional metódica, compatível com o seu desenvolvimento físico, moral e psicológico, e o aprendiz, a executar com zelo e diligência as tarefas necessárias a essa formação [art. 428].

3. PREVENÇÃO

O ECA trata da **prevenção** onde é dever de TODOS **prevenir** a ocorrência de ameaça ou violação dos direitos da criança e do adolescente (art. 70). Por exemplo, toda criança ou adolescente terá acesso às diversões e espetáculos públicos classificados como adequados à sua faixa etária, mas as **crianças menores de dez anos** somente poderão ingressar e permanecer nos locais de apresentação ou exibição *quando acompanhadas* dos pais ou responsável.

Incluído pela Lei n. 13.010/2014, o art. 70-A prevê que a União, os Estados, o Distrito Federal e os Municípios deverão atuar de forma articulada na elaboração de políticas públicas e na execução de **ações destinadas a coibir o uso de castigo físico ou de tratamento cruel ou degradante e difundir formas não violentas de educação de crianças e de adolescentes**, observado que as famílias com crianças e adolescentes com *deficiência* **terão prioridade** de atendimento nas ações e políticas públicas de prevenção e proteção.

Toda criança ou adolescente terá acesso às diversões e espetáculos públicos classificados como adequados à sua faixa etária, observado que as **crianças menores de dez anos** somente poderão ingressar e permanecer nos locais de apresentação ou exibição quando acompanhadas dos pais ou responsável.

É **proibida a venda** à criança ou ao adolescente de:

- armas, munições e explosivos;
- bebidas alcoólicas;
- produtos cujos componentes possam causar dependência física ou psíquica ainda que por utilização indevida;
- fogos de estampido e de artifício, exceto aqueles que pelo seu reduzido potencial sejam incapazes de provocar qualquer dano físico em caso de utilização indevida;
- revistas e publicações contendo material impróprio ou inadequado;
- bilhetes lotéricos e equivalentes.

Nenhuma criança ou adolescente **menor de 16 (dezesseis) anos** poderá viajar para fora da comarca onde reside desacompanhado dos pais ou dos responsáveis sem expressa autorização judicial. A autoridade judiciária poderá, a pedido dos pais ou responsável, **conceder autoriza-**

ção válida por dois anos. Ela NÃO SERÁ exigida quando: a) tratar-se de comarca contígua à da residência da criança ou do adolescente menor de 16 (dezesseis) anos, se na mesma unidade da Federação, ou incluída na mesma região metropolitana; b) a criança ou o adolescente menor de 16 (dezesseis) anos estiver acompanhado: 1) de ascendente ou colateral maior, até o terceiro grau, comprovado documentalmente o parentesco; 2) de pessoa maior, expressamente autorizada pelo pai, mãe ou responsável.

É PROIBIDA a **hospedagem** de criança ou adolescente em hotel, motel, pensão ou estabelecimento congênere, salvo se autorizado ou acompanhado pelos pais ou responsável [art. 82, ECA].

PARTE ESPECIAL

1. POLÍTICA DE ATENDIMENTO

A saber:

Linhas de ação da política de atendimento [art. 87, ECA]:	Diretrizes da política de atendimento [art. 88, ECA]:
I – políticas sociais básicas; II – serviços, programas, projetos e benefícios de assistência social de garantia de proteção social e de prevenção e redução de violações de direitos, seus agravamentos ou reincidências; III – serviços especiais de prevenção e atendimento médico e psicossocial às vítimas de negligência, maus-tratos, exploração, abuso, crueldade e opressão; IV – serviço de identificação e localização de pais, responsável, crianças e adolescentes desaparecidos; V – proteção jurídico-social por entidades de defesa dos direitos da criança e do adolescente; VI – políticas e programas destinados a prevenir ou abreviar o período de afastamento do convívio familiar e a garantir o efetivo exercício do direito à convivência familiar de crianças e adolescentes; VII – campanhas de estímulo ao acolhimento sob forma de guarda de crianças e adolescentes afastados do convívio familiar e à adoção, especificamente inter-racial, de crianças maiores ou de adolescentes, com necessidades específicas de saúde ou com deficiências e de grupos de irmãos.	I – municipalização do atendimento; II – criação de conselhos municipais, estaduais e nacional dos direitos da criança e do adolescente, órgãos deliberativos e controladores das ações em todos os níveis, assegurada a participação popular paritária por meio de organizações representativas, segundo leis federal, estaduais e municipais; III – criação e manutenção de programas específicos, observada a descentralização político-administrativa; IV – manutenção de fundos nacional, estaduais e municipais vinculados aos respectivos conselhos dos direitos da criança e do adolescente; V – integração operacional de órgãos do Judiciário, Ministério Público, Defensoria, Segurança Pública e Assistência Social, preferencialmente em um mesmo local, para efeito de agilização do atendimento inicial a adolescente a quem se atribua autoria de ato infracional; VI – integração operacional de órgãos do Judiciário, Ministério Público, Defensoria, Conselho Tutelar e encarregados da execução das políticas sociais básicas e de assistência social, para efeito de agilização do atendimento de crianças e de adolescentes inseridos em programas de acolhimento familiar ou institucional, com vista na sua rápida reintegração à família de origem ou, se tal solução se mostrar comprovadamente inviável, sua colocação em família substituta, em quaisquer das modalidades guarda, tutela e adoção; VII – mobilização da opinião pública para a indispensável participação dos diversos segmentos da sociedade; VIII – especialização e formação continuada dos profissionais que trabalham nas diferentes áreas da atenção à primeira infância, incluindo os conhecimentos sobre direitos da criança e sobre desenvolvimento infantil; IX – formação profissional com abrangência dos diversos direitos da criança e do adolescente que favoreça a intersetorialidade no atendimento da criança e do adolescente e seu desenvolvimento integral; X – realização e divulgação de pesquisas sobre desenvolvimento infantil e sobre prevenção da violência.

Segundo o art. 90 do ECA (bastante modificado pela Lei n. 12.594/2012), as **entidades de atendimento** são responsáveis pela manutenção das próprias unidades, assim como pelo planejamento e execução de programas de proteção e socioeducativos destinados a crianças e adolescentes, em **regime de**:

I – orientação e apoio sociofamiliar;

II – apoio socioeducativo em meio aberto;

III – colocação familiar;

IV – acolhimento institucional;

V – prestação de serviços à comunidade;

VI – liberdade assistida;

VII – semiliberdade; e

VIII – internação.

As **entidades de atendimento** – governamentais ou não governamentais – podem ser fiscalizadas pelo Poder Judiciário, pelo Ministério Público e pelos conselhos tutelares.

As entidades que desenvolvam programas de *acolhimento familiar* ou *institucional* deverão adotar os seguintes **princípios**:

- preservação dos vínculos familiares e promoção da reintegração familiar;
- integração em família substituta, quando esgotados os recursos de manutenção na família natural ou extensa;
- atendimento personalizado e em pequenos grupos;
- desenvolvimento de atividades em regime de coeducação;
- não desmembramento de grupos de irmãos;
- evitar, sempre que possível, a transferência para outras entidades de crianças e adolescentes abrigados;
- participação na vida da comunidade local;
- preparação gradativa para o desligamento;
- participação de pessoas da comunidade no processo educativo.

Importa destacar que quando se tratar de criança de 0 (zero) a 3 (três) anos em acolhimento institucional, dar-se-á especial atenção à atuação de educadores de referência estáveis e qualitativamente significativos, às rotinas específicas e ao atendimento das necessidades básicas, incluindo as de afeto como prioritárias [art. 92, § 7º, ECA].

São **medidas aplicáveis** às **entidades de atendimento** que descumprirem obrigação constante do rol do art. 97 do ECA, sem prejuízo da responsabilidade civil e criminal de seus dirigentes ou prepostos:

Às entidades governamentais:	Às entidades não governamentais:
a) advertência;	a) advertência;
b) afastamento provisório de seus dirigentes;	b) suspensão total ou parcial do repasse de verbas públicas;
c) afastamento definitivo de seus dirigentes;	c) interdição de unidades ou suspensão de programa;
d) fechamento de unidade ou interdição de programa.	d) cassação do registro.

Acrescentado pela Lei n. 13.046/2014, o art. 94-A prevê que as entidades, públicas ou privadas, que abriguem ou recepcionem crianças e adolescentes, ainda que em caráter temporário, **devem ter, em seus quadros, profissionais capacitados** a reconhecer e reportar ao Conselho Tutelar **suspeitas ou ocorrências de maus-tratos**.

2. MEDIDAS DE PROTEÇÃO

As **medidas de proteção à criança e ao adolescente** são aplicáveis sempre que os direitos reconhecidos nesta Lei forem ameaçados ou violados [art. 98, ECA]:

[1] por ação ou omissão da sociedade ou do Estado;

[2] por falta, omissão ou abuso dos pais ou responsável;

[3] em razão de sua conduta.

Na aplicação das medidas levar-se-ão em conta as necessidades pedagógicas, preferindo-se aquelas que visem ao fortalecimento dos vínculos familiares e comunitários. São **princípios** estabelecidos no parágrafo único do art. 100 do ECA e que regem a aplicação das medidas de proteção:

Condição da criança e do adolescente como sujeitos de direitos	crianças e adolescentes são os titulares dos direitos previstos nesta e em outras Leis, bem como na Constituição Federal;
Proteção integral e prioritária	a interpretação e aplicação de toda e qualquer norma contida nesta Lei deve ser voltada à proteção integral e prioritária dos direitos de que crianças e adolescentes são titulares;
Responsabilidade primária e solidária do poder público	a plena efetivação dos direitos assegurados a crianças e a adolescentes por esta Lei e pela Constituição Federal, salvo nos casos por esta expressamente ressalvados, é de responsabilidade primária e solidária das 3 (três) esferas de governo, sem prejuízo da municipalização do atendimento e da possibilidade da execução de programas por entidades não governamentais;

Interesse superior da criança e do adolescente	a intervenção deve atender prioritariamente aos interesses e direitos da criança e do adolescente, sem prejuízo da consideração que for devida a outros interesses legítimos no âmbito da pluralidade dos interesses presentes no caso concreto;
Privacidade	a promoção dos direitos e proteção da criança e do adolescente deve ser efetuada no respeito pela intimidade, direito à imagem e reserva da sua vida privada;
Intervenção precoce	a intervenção das autoridades competentes deve ser efetuada logo que a situação de perigo seja conhecida;
Intervenção mínima	a intervenção deve ser exercida exclusivamente pelas autoridades e instituições cuja ação seja indispensável à efetiva promoção dos direitos e à proteção da criança e do adolescente;
Proporcionalidade e atualidade	a intervenção deve ser a necessária e adequada à situação de perigo em que a criança ou o adolescente se encontram no momento em que a decisão é tomada;
Responsabilidade parental	a intervenção deve ser efetuada de modo que os pais assumam os seus deveres para com a criança e o adolescente;
Prevalência da família	na promoção de direitos e na proteção da criança e do adolescente deve ser dada prevalência às medidas que os mantenham ou reintegrem na sua família natural ou extensa ou, se isto não for possível, que promovam a sua integração em família substituta;
Obrigatoriedade da informação	a criança e o adolescente, respeitado seu estágio de desenvolvimento e capacidade de compreensão, seus pais ou responsável devem ser informados dos seus direitos, dos motivos que determinaram a intervenção e da forma como esta se processa;
Oitiva obrigatória e participação	a criança e o adolescente, em separado ou na companhia dos pais, de responsável ou de pessoa por si indicada, bem como os seus pais ou responsável, têm direito a ser ouvidos e a participar nos atos e na definição da medida de promoção dos direitos e de proteção, sendo sua opinião devidamente considerada pela autoridade judiciária competente, observado o disposto nos §§ 1º e 2º do art. 28 do ECA.

As medidas de proteção poderão ser aplicadas **isolada ou cumulativamente**, bem como substituídas a qualquer tempo, sendo que serão acompanhadas da regularização do registro civil.

Ao ato infracional praticado **por criança** [menores de 12 anos] corresponderão as **medidas previstas no art. 101**, quais sejam:

- encaminhamento aos pais ou responsável, mediante termo de responsabilidade;
- orientação, apoio e acompanhamento temporários;
- matrícula e frequência obrigatórias em estabelecimento oficial de ensino fundamental;
- inclusão em programa comunitário ou oficial de auxílio à família, à criança e ao adolescente;
- requisição de tratamento médico, psicológico ou psiquiátrico, em regime hospitalar ou ambulatorial;
- inclusão em programa oficial ou comunitário de auxílio, orientação e tratamento a alcoólatras e toxicômanos;
- acolhimento institucional;
- inclusão em programa de acolhimento familiar;
- colocação em família substituta.

Atente-se que o **acolhimento institucional** e o **acolhimento familiar** são **medidas provisórias e excepcionais**, utilizáveis como forma de transição para reintegração familiar ou, não sendo esta possível, para colocação em família substituta, não implicando privação de liberdade.

Lembrando que o **afastamento da criança ou adolescente** do convívio familiar é de **competência exclusiva da autoridade judiciária** e importará na deflagração, a pedido do Ministério Público ou de quem tenha legítimo interesse, de procedimento judicial contencioso, no qual se garanta aos pais ou ao responsável legal o exercício do contraditório e da ampla defesa.

Crianças e adolescentes somente poderão ser encaminhados às instituições que executam programas de acolhimento institucional, **governamentais ou não**. Imediatamente após o acolhimento da criança ou do adolescente, a entidade responsável pelo programa de **acolhimento institucional ou familiar** elaborará um **plano individual de atendimento**, visando à reintegração familiar, ressalvada a existência de ordem escrita e fundamentada em contrário de autoridade judiciária competente, caso em que também deverá contemplar sua colocação em família substituta.

Esse **plano individual** será elaborado sob a responsabilidade da equipe técnica do respectivo programa de atendimento e levará em consideração a opinião da criança ou do adolescente e a oitiva dos pais ou do responsável e que, dentre outros, constarão os resultados da avaliação interdisciplinar e os compromissos assumidos pelos pais ou responsável.

O **acolhimento familiar ou institucional** ocorrerá no **local mais próximo à residência dos pais ou do responsável** e, como parte do processo de reintegração familiar, sempre que identificada a necessidade, a família de origem será incluída em programas oficiais de orientação, de apoio e de promoção social, sendo facilitado e estimulado o contato com a criança ou com o adolescente acolhido.

Em caso de impossibilidade de reintegração da criança ou do adolescente à família de origem, após seu encaminhamento a programas oficiais ou comunitários de orientação, apoio e promoção social, será enviado relatório fundamentado ao Ministério Público, no qual conste a descrição pormenorizada das providências tomadas e a expressa recomendação, subscrita pelos técnicos da entidade ou responsáveis pela execução da política municipal de garantia do direito à convivência familiar, **para a destituição do poder familiar, ou destituição de tutela ou guarda.** Recebido o relatório, o **Ministério Público** terá o prazo de 30 (trinta) dias para o ingresso com a **ação de destituição do poder familiar,** salvo se entender necessária a realização de estudos complementares ou outras providências que entender indispensáveis ao ajuizamento da demanda.

3. ATOS INFRACIONAIS

É importante destacar que são **penalmente inimputáveis** os MENORES de dezoito anos e, portanto, a eles, cometido ato infracional (considera-se aquela conduta descrita como crime ou contravenção penal), responderão por "medidas" [o ECA jamais utiliza a expressão "penas"]; aos **adolescentes,** por "medidas socioeducativas". Deve ser considerada a idade do adolescente à data do fato.

De acordo com o art. 103 do ECA, considera-se **ato infracional** a conduta descrita como **crime** ou **contravenção penal.**

Nenhum adolescente será privado de sua liberdade senão em **flagrante** de ato infracional ou **por ordem escrita e fundamentada da autoridade judiciária** competente. A apreensão de qualquer adolescente e o local onde se encontra recolhido serão *incontinenti* comunicados à autoridade judiciária competente e à família do apreendido ou à pessoa por ele indicada. Examinar-se-á, desde logo e sob pena de responsabilidade, a possibilidade de liberação imediata.

> Preste ATENÇÃO! A internação, **antes da sentença,** pode ser determinada pelo **prazo máximo de quarenta e cinco dias.**

A respeito das **garantias processuais,** nenhum ADOLESCENTE será privado de sua liberdade sem o devido processo legal. São asseguradas ao adolescente, *entre outras,* as seguintes garantias:

I – pleno e formal conhecimento da atribuição de ato infracional, mediante citação ou meio equivalente;

II – igualdade na relação processual, podendo confrontar-se com vítimas e testemunhas e produzir todas as provas necessárias à sua defesa;

III – defesa técnica por advogado;

IV – assistência judiciária gratuita e integral aos necessitados, na forma da lei;

V – direito de ser ouvido pessoalmente pela autoridade competente;

VI – direito de solicitar a presença de seus pais ou responsável em qualquer fase do procedimento.

Verificada a prática de ato infracional, a autoridade competente poderá aplicar ao ADOLESCENTE as seguintes **MEDIDAS SOCIOEDUCATIVAS** [artigos do ECA]:

1	Advertência;	Art. 115
2	Obrigação de reparar o dano;	Art. 116
3	Prestação de serviços à comunidade;	Art. 117
4	Liberdade assistida;	Art. 118 e art. 119
5	Inserção em regime de semiliberdade;	Art. 120
6	Internação em estabelecimento educacional;	Art. 121 a art. 125
7	Qualquer uma das previstas para CRIANÇAS, exceto, o acolhimento institucional, a inclusão em programa de acolhimento familiar e colocação em família substituta.	Art. 101, I a VI.

A **Lei n. 12.594/2012** instituiu o **Sistema Nacional de Atendimento Socioeducativo – SINASE** e que regulamenta a execução das medidas destinadas a adolescente que pratique ato infracional. Entende-se por SINASE, diz a lei, o conjunto ordenado de princípios, regras e critérios que envolvem a **execução de medidas socioeducativas,** incluindo-se nele, por adesão, os sistemas estaduais, distrital e municipais, bem como todos os planos, políticas e programas específicos de atendimento a adolescente em conflito com a lei.

Segundo essa mesma lei, as **medidas socioeducativas têm por objetivos: [1]** – a responsabilização do adolescente quanto às consequências lesivas do ato infracional, sempre que possível incentivando a sua reparação; **[2]** – a integração social do adolescente e a garantia de seus direitos individuais e sociais, por meio do cumprimento de seu plano individual de atendimento; e **[3]** – a desaprovação da conduta infracional, efetivando as disposições da sentença como parâmetro máximo de privação de liberdade ou restrição de direitos, observados os limites previstos em lei.

A **advertência** consistirá em admoestação verbal, que será reduzida a termo e assinada e poderá **ser aplicada sempre** que houver prova da materialidade *e indícios suficientes da autoria.*

Quanto à **obrigação de reparar o dano**, em se tratando de ato infracional com reflexos patrimoniais, a autoridade poderá determinar, se for o caso, que o adolescente *restitua a coisa, promova o ressarcimento do dano,* ou, *por outra forma, compense o prejuízo da vítima*. Havendo manifesta impossibilidade, a medida poderá ser substituída por outra adequada.

A **prestação de serviços comunitários** consiste na realização de **tarefas gratuitas** de interesse geral, **por período NÃO EXCEDENTE a 6 meses**, junto a entidades assistenciais, hospitais, escolas e outros estabelecimentos congêneres, bem como em programas comunitários ou governamentais. As tarefas serão atribuídas conforme as **aptidões do adolescente**, devendo ser cumpridas durante **jornada máxima de oito horas semanais, aos sábados, domingos e feriados ou em dias úteis**, de modo a não prejudicar a frequência à escola ou à jornada normal de trabalho.

A **liberdade assistida** será adotada sempre que se afigurar a medida mais adequada para o fim de *acompanhar, auxiliar* e *orientar* o adolescente. Ela será fixada pelo **prazo MÍNIMO de 6 meses**, podendo a qualquer tempo ser prorrogada, revogada ou substituída por outra medida, ouvido o orientador, o Ministério Público e o defensor. A autoridade designará pessoa capacitada para acompanhar o caso, a qual poderá ser recomendada por entidade ou programa de atendimento.

O **regime de semiliberdade** pode ser determinado desde o início, ou como forma de transição para o meio aberto, possibilitada a realização de atividades externas, *independentemente* de autorização judicial. São obrigatórias a escolarização e a profissionalização, devendo, sempre que possível, ser utilizados os recursos existentes na comunidade. OBS.: a medida **não comporta prazo determinado** aplicando-se, no que couber, as disposições relativas à *internação*.

A **internação** constitui **medida privativa da liberdade**, sujeita aos [1] **princípios de brevidade**, [2] **excepcionalidade** e [3] **respeito à condição peculiar de pessoa em desenvolvimento**.

A medida de INTERNAÇÃO **não comporta prazo determinado**, devendo sua manutenção ser **reavaliada**, mediante decisão fundamentada, **no máximo a cada 6 meses**. EM NENHUMA HIPÓTESE o período máximo de internação **excederá a três anos**. Atingido o limite estabelecido, o adolescente deverá ser liberado, colocado em regime de *semiliberdade* ou de *liberdade assistida*. E a liberação **será compulsória aos 21 anos de idade**.

Será permitida a **realização de atividades externas**, a critério da equipe técnica da entidade, SALVO expressa *determinação judicial* em contrário, mas que poderá ser revista a qualquer tempo. Em qualquer hipótese a **desinternação** será precedida de autorização judicial, **ouvido o Ministério Público**.

Em nenhuma hipótese será aplicada a internação, havendo outra medida adequada. Assim, a **medida de internação** SÓ PODERÁ SER APLICADA quando:

- Tratar-se de ato infracional cometido mediante grave ameaça ou violência a pessoa;
- Por reiteração no cometimento de outras infrações graves;
- Por descumprimento reiterado e injustificável da medida anteriormente imposta.

Preste ATENÇÃO: o **prazo de internação** *por descumprimento reiterado e injustificável da medida anteriormente imposta* **não poderá ser superior a 3 meses**, devendo ser decretada judicialmente após o devido processo legal.

A internação deverá ser cumprida em **entidade exclusiva para adolescentes**, em *local distinto* daquele destinado ao **abrigo**, obedecida rigorosa separação por critérios de idade, compleição física e gravidade da infração.

Os **direitos do adolescente privado de liberdade**, entre outros, estão elencados no art. 124 do ECA. Em NENHUM CASO haverá incomunicabilidade. E a autoridade judiciária **poderá suspender temporariamente** a VISITA, inclusive de pais ou responsável, se existirem motivos sérios e fundados de sua prejudicialidade aos interesses do adolescente.

A Lei n. 12.594/2012 trouxe a exigência para o cumprimento das medidas socioeducativas, em *regime de prestação de serviços à comunidade, liberdade assistida, semiliberdade* ou *internação*, do **Plano Individual de Atendimento (PIA)**, instrumento de previsão, registro e gestão das atividades a serem desenvolvidas com o adolescente e que deverá contemplar a participação dos pais ou responsáveis.

Em caso de flagrante de **ato infracional cometido mediante violência ou grave ameaça a pessoa**, a autoridade policial deverá lavrar auto de apreensão, ouvidos as testemunhas e o adolescente, apreender o produto e os instrumentos da infração e requisitar os exames ou perícias necessários à comprovação da materialidade e autoria da infração. OBS.: **Nas demais hipóteses de flagrante**, a lavratura do auto poderá ser substituída por **boletim de ocorrência** circunstanciada.

4. MEDIDAS AOS PAIS E RESPONSÁVEIS

De acordo com o art. 129 do ECA, são **medidas aplicáveis aos pais ou responsável**, da mais leve à mais grave:

I – encaminhamento a serviços e programas oficiais ou comunitários de proteção, apoio e promoção da família;

II – inclusão em programa oficial ou comunitário de auxílio, orientação e tratamento a alcoólatras e toxicômanos;

III – encaminhamento a tratamento psicológico ou psiquiátrico;

IV – encaminhamento a cursos ou programas de orientação;

V – obrigação de matricular o filho ou pupilo e acompanhar sua frequência e aproveitamento escolar;

VI – obrigação de encaminhar a criança ou adolescente a tratamento especializado;

VII – advertência;

VIII – perda da guarda;

IX – destituição da tutela;

X – suspensão ou destituição do poder familiar.

Verificada a hipótese de **maus-tratos, opressão ou abuso sexual** impostos pelos pais ou responsável, de acordo com o art. 130 do ECA, a autoridade judiciária poderá determinar, como medida cautelar, o afastamento do agressor da moradia comum. Da medida cautelar constará, ainda, a fixação provisória dos alimentos de que necessitem a criança ou o adolescente dependentes do agressor.

5. CONSELHO TUTELAR

Sobre o **Conselho Tutelar**, trata-se de órgão permanente e autônomo, **não jurisdicional**, encarregado pela sociedade de zelar pelo cumprimento dos direitos da criança e do adolescente, definidos no ECA. Em cada Município e em cada Região Administrativa do Distrito Federal haverá, no mínimo, 1 Conselho Tutelar como órgão integrante da administração pública local, composto de 5 membros, escolhidos pela população local para mandato de **quatro anos**, permitida recondução por novos processos de escolha.

E para a candidatura a membro do Conselho Tutelar, cujo exercício efetivo da função de conselheiro constituirá **serviço público relevante** e estabelecerá **presunção de idoneidade moral**, serão exigidos os seguintes requisitos:

- reconhecida idoneidade moral;
- **idade superior a 21 anos**;
- residir no município.

De acordo com o art. 136 do ECA, são atribuições do Conselho Tutelar:

I – atender as crianças e adolescentes nas hipóteses previstas nos arts. 98 e 105, aplicando as medidas previstas no art. 101, I a VII;

II – atender e aconselhar os pais ou responsável, aplicando as medidas previstas no art. 129, I a VII;

III – promover a execução de suas decisões, podendo para tanto:

a) requisitar serviços públicos nas áreas de saúde, educação, serviço social, previdência, trabalho e segurança;

b) representar junto à autoridade judiciária nos casos de descumprimento injustificado de suas deliberações.

IV – encaminhar ao Ministério Público notícia de fato que constitua infração administrativa ou penal contra os direitos da criança ou adolescente;

V – encaminhar à autoridade judiciária os casos de sua competência;

VI – providenciar a medida estabelecida pela autoridade judiciária, dentre as previstas no art. 101, de I a VI, para o adolescente autor de ato infracional;

VII – expedir notificações;

VIII – requisitar certidões de nascimento e de óbito de criança ou adolescente quando necessário;

IX – assessorar o Poder Executivo local na elaboração da proposta orçamentária para planos e programas de atendimento dos direitos da criança e do adolescente;

X – representar, em nome da pessoa e da família, contra a violação dos direitos previstos no art. 220, § 3º, inciso II, da CF;

XI – representar ao Ministério Público para efeito das ações de perda ou suspensão do poder familiar, após esgotadas as possibilidades de manutenção da criança ou do adolescente junto à família natural;

XII – promover e incentivar, na comunidade e nos grupos profissionais, ações de divulgação e treinamento para o reconhecimento de sintomas de maus-tratos em crianças e adolescentes.

É importante destacar que as **decisões do Conselho Tutelar** somente poderão ser **revistas pela autoridade judiciária** a pedido de quem tenha legítimo interesse.

6. ACESSO À JUSTIÇA

É garantido o acesso de toda criança ou adolescente à **Defensoria Pública**, ao **Ministério Público** e ao **Poder Judiciário**, por qualquer de seus órgãos, sendo que a *assistência judiciária gratuita* será prestada aos que dela necessitarem, através de **defensor público** ou **advogado nomeado**. As ações judiciais da competência da **Justiça da Infância e da Juventude** são **isentas de custas e emolumentos**, *ressalvada* a hipótese de litigância de má-fé [art. 141, ECA].

Os **menores de dezesseis anos** serão *representados* e os **maiores de dezesseis e menores de vinte e um anos** *assistidos* por seus pais, tutores ou curadores, na forma da legislação civil ou processual. A autoridade judiciária dará **curador especial** à criança ou adolescente, sempre que os interesses destes colidirem com os de seus pais ou responsável, ou quando carecer de representação ou assistência legal ainda que eventual.

A autoridade a que se refere o ECA é o **Juiz da Infância e da Juventude**, ou o juiz que exerce essa função, na forma da lei de organização judiciária local e a competência será determinada:

- pelo domicílio dos pais ou responsável;
- pelo lugar onde se encontre a criança ou adolescente, à falta dos pais ou responsável.

Já nos **casos de ato infracional**, será competente a autoridade do lugar da ação ou omissão, observadas as regras de conexão, continência e prevenção.

De acordo com o art. 148 do ECA, a **Justiça da Infância e da Juventude** é competente para:

- conhecer de representações promovidas pelo Ministério Público, para apuração de ato infracional atribuído a adolescente, aplicando as medidas cabíveis;
- conceder a remissão, como forma de suspensão ou extinção do processo;
- conhecer de pedidos de adoção e seus incidentes;
- conhecer de ações civis fundadas em interesses individuais, difusos ou coletivos afetos à criança e ao adolescente, observado o disposto no art. 209 do ECA;
- conhecer de ações decorrentes de irregularidades em entidades de atendimento, aplicando as medidas cabíveis;
- aplicar penalidades administrativas nos casos de infrações contra norma de proteção à criança ou adolescente;
- conhecer de casos encaminhados pelo Conselho Tutelar, aplicando as medidas cabíveis.

> Preste ATENÇÃO: de acordo com a **Súmula 383 do STJ**, a competência para processar e julgar as ações conexas de interesse de menor é, em princípio, do foro do domicílio do detentor de sua guarda.

O procedimento para a **perda ou a suspensão do poder familiar** terá início por provocação do Ministério Público ou de quem tenha legítimo interesse, mas havendo motivo grave, poderá a **autoridade judiciária**, ouvido o Ministério Público, decretar a suspensão do poder familiar, **liminar ou incidentalmente**, até o julgamento definitivo da causa, ficando a criança ou adolescente confiado a pessoa idônea, mediante termo de responsabilidade.

O requerido será citado para, no **prazo de dez dias**, oferecer **resposta** escrita, indicando as provas a serem produzidas e oferecendo desde logo o rol de testemunhas e documentos. Esta **citação será pessoal**, salvo se esgotados todos os meios para sua realização.

Apresentada a resposta, será designado, desde logo, **audiência de instrução e julgamento**. A **decisão** será proferida na audiência, podendo a autoridade judiciária, excepcionalmente, designar data para sua leitura no prazo máximo de cinco dias. O **prazo máximo** para conclusão do procedimento será de **120 (cento e vinte) dias**. A sentença que decretar a perda ou a suspensão do poder familiar **será averbada à margem do registro de nascimento** da criança ou do adolescente.

Nas hipóteses em que a **destituição da tutela, a perda ou a suspensão do poder familiar** constituir pressuposto lógico da medida principal de colocação em **família substituta**, será observado esse mesmo procedimento contraditório.

Referente à apuração de **ato infracional** atribuído a adolescente, segue que ele será encaminhado à **autoridade judiciária** se for apreendido por força de ordem judicial, mas será encaminhado à **autoridade policial** se apreendido em flagrante.

Comparecendo qualquer dos pais ou responsável junto à autoridade policial, o adolescente será **prontamente liberado**, sob termo de compromisso e responsabilidade de sua **apresentação ao representante do Ministério Público**, no mesmo dia ou, sendo impossível, no primeiro dia útil imediato, EXCETO quando, pela **gravidade do ato infracional e sua repercussão social**, deva o adolescente **permanecer sob internação** para garantia de sua segurança pessoal ou manutenção da ordem pública.

Em **caso de não liberação**, a autoridade policial encaminhará, desde logo, o adolescente ao representante do Ministério Público, juntamente com cópia do auto de apreensão ou boletim de ocorrência.

Apresentado o adolescente, o representante do Ministério Público, no mesmo dia e à vista do auto de apreensão, boletim de ocorrência ou relatório policial, devidamente autuados pelo cartório judicial e com informação sobre os antecedentes do adolescente, **procederá imediata e informalmente à sua oitiva** e, em sendo possível, de seus pais ou responsável, vítima e testemunhas.

Se for caso do representante do Ministério Público de oferecer **representação à autoridade judiciária**, propondo a instauração de procedimento para aplicação da medida socioeducativa que se afigurar a mais adequada, será através de petição, que conterá o breve resumo dos fatos e a classificação do ato infracional e, quando necessário, o rol de testemunhas, podendo ser deduzida oralmente, em sessão diária instalada pela autoridade judiciária. A representação independe de prova pré-constituída da autoria e materialidade.

> Preste ATENÇÃO: o **prazo máximo e improrrogável** para a conclusão do procedimento, estando o **adolescente internado provisoriamente**, será de **quarenta e cinco dias**.

Oferecida a representação, a autoridade judiciária designará **audiência de apresentação do adolescente**, decidindo, desde logo, sobre a decretação ou manutenção da internação. A internação, decretada ou mantida pela autoridade judiciária, **não poderá ser cumprida** em estabelecimento prisional.

Nos procedimentos afetos à **Justiça da Infância e da Juventude**, inclusive os relativos à execução das medidas socioeducativas, **adotar-se-á o sistema recursal do CPC com as seguintes adaptações**: [1] os recursos serão interpostos independentemente de preparo; [2] em todos os recursos, salvo nos embargos de declaração, o prazo para o Ministério Público e para a defesa será sempre de 10 dias; [3] os recursos terão preferência de julgamento e dispensarão revisor; [4] antes de determinar a remessa dos autos à superior instância, no caso de apelação, ou do instrumento, no caso de agravo, a autoridade judiciária proferirá despacho fundamentado, mantendo ou reformando a decisão, no prazo de cinco dias; [5] mantida a decisão apelada ou agravada, o escrivão remeterá os autos ou o instrumento à superior instância dentro de vinte e quatro horas, independentemente de novo pedido do recorrente; se a reformar, a remessa dos autos dependerá de pedido expresso da parte interessada ou do Ministério Público, no prazo de cinco dias, contados da intimação.

Quanto ao procedimento para imposição de **penalidade administrativa** por infração às normas de proteção à criança e ao adolescente, terá início por representação do **Ministério Público**, ou do **Conselho Tutelar**, ou auto de infração elaborado por **servidor efetivo ou voluntário credenciado**, e *assinado por duas testemunhas*, **se possível**.

O requerido terá **prazo de dez dias para apresentação de defesa**, contado da data da intimação. Apresentada a defesa, a autoridade judiciária dará vista dos autos do Ministério Público, ou, sendo necessário, designará **audiência de instrução e julgamento**. Colhida a **prova oral**, manifestar-se-ão sucessivamente o Ministério Público e o procurador do requerido, pelo tempo de vinte minutos para cada um, prorrogável por mais dez, a critério da autoridade judiciária, que em seguida proferirá **sentença**.

Preste ATENÇÃO: a **Lei n. 13.441 de 2017** incluiu uma nova seção no ECA: **"Da Infiltração de Agentes de Polícia para a Investigação de Crimes contra a Dignidade Sexual de Criança e de Adolescente"**, a partir do novo artigo 190-A até o 190-E. Não deixe de ler!

Em relação à **habilitação de pretendentes à adoção**, os postulantes, domiciliados no Brasil, apresentarão petição inicial na qual constem os itens do art. 197-A do ECA. A autoridade judiciária, no prazo de 48 horas, dará vista dos autos ao **Ministério Público**, que no prazo de 5 dias poderá apresentar quesitos a serem respondidos pela equipe interprofissional encarregada de elaborar o estudo técnico, requerer a designação de audiência para oitiva dos postulantes em juízo e testemunhas e requerer a juntada de documentos complementares e a realização de outras diligências que entender necessárias.

Destaca-se que intervirá no feito, **obrigatoriamente**, *equipe interprofissional* a serviço da Justiça da Infância e da Juventude, que deverá elaborar estudo psicossocial, que conterá subsídios que permitam aferir a capacidade e o preparo dos postulantes.

Também é **obrigatória** a participação dos postulantes em **programa oferecido pela Justiça da Infância e da Juventude** *preferencialmente* com apoio dos técnicos responsáveis pela execução da política municipal de garantia do direito à convivência familiar, que inclua preparação psicológica, orientação e estímulo à adoção inter-racial, de crianças maiores ou de adolescentes, com necessidades específicas de saúde ou com deficiências e de grupos de irmãos.

Certificada nos autos a conclusão da participação no programa referido acima, a **autoridade judiciária**, no prazo de 48 horas, decidirá acerca das diligências requeridas pelo Ministério Público e determinará a juntada do **estudo psicossocial**, designando, conforme o caso, **audiência de instrução e julgamento**. Caso não sejam requeridas diligências, ou sendo essas indeferidas, a autoridade judiciária determinará a juntada do estudo psicossocial, abrindo a seguir vista dos autos ao Ministério Público, por 5 dias, decidindo em igual prazo.

Deferida a habilitação, o postulante será inscrito em cadastros (de registro de crianças e adolescentes em condições de serem adotados e outro de pessoas interessadas na adoção), sendo a sua convocação para a adoção feita de acordo com **ordem cronológica de habilitação** e conforme a **disponibilidade de crianças ou adolescentes adotáveis**.

A **sentença que deferir a adoção** produz efeito desde logo, embora sujeita a apelação, que será recebida *exclusivamente* no **efeito devolutivo**, SALVO se se tratar de adoção internacional ou se houver perigo de dano irreparável ou de difícil reparação ao adotando. A **sentença que destituir ambos ou qualquer dos genitores do poder familiar** fica sujeita a apelação, que deverá ser recebida apenas no efeito devolutivo.

A competência do Ministério Público está prevista nos mais diversos incisos **do art. 201 do ECA** e de leitura obrigatória, cujas atribuições constantes deste artigo não excluem outras, desde que compatíveis com a finalidade do MP. É importante observar que a legitimação do Ministério Público para as **ações cíveis** previstas neste artigo **não impede** a de terceiros, nas mesmas hipóteses, segundo dispuserem a Constituição e o ECA.

Nos processos e procedimentos **em que não for parte**, atuará *obrigatoriamente* o Ministério Público na defesa dos direitos e interesses de que cuida o ECA, hipótese em que terá vista dos autos depois das partes, podendo juntar documentos e requerer diligências, usando os recursos cabíveis. A **falta de intervenção** do Ministério Público **acarreta a nulidade do feito**, que será declarada de ofício pelo juiz ou a requerimento de qualquer interessado.

7. CRIMES E INFRAÇÕES ADMINISTRATIVAS

Sobre **crimes praticados contra a criança e o adolescente**, por ação ou omissão, previstos no ECA, sem prejuízo do disposto na legislação penal, aplicam-se as normas da **Parte Geral do Código Penal** e, quanto ao processo, as pertinentes ao **Código de Processo Penal**.

Portanto, aplicam-se as agravantes e atenuantes genéricas previstas no CP, p.ex., e apuram-se os crimes de acordo com os ritos previstos no CPP e, se for o caso, a Lei n. 9.099/95 (Juizado Especial Criminal) para as infrações de menor potencial ofensivo.

Observe que havendo aparente conflito entre o tipo penal do Estatuto e outra do CP, a norma estatutária prevaleceria, em regra, de acordo com o princípio da especialidade.

> Preste ATENÇÃO: os crimes definidos no ECA são de ação pública incondicionada.

Até o XIV Exame, esta matéria não tinha sido objeto de questionamentos dentro da disciplina, eventualmente, em Direito Penal. Ocorre que os crimes previstos no ECA estão dispostos a partir do art. 228 e, a partir do art. 245, estão as **infrações administrativas**, cuja pena é a estipulação de **multa** (aplicando-se o dobro em caso de reincidência). Portanto, tornaram-se amplas as possibilidades de cobrança sobre a tipificação de crimes e infrações a partir do Estatuto.

Então, dentro do espírito da obra, sugerimos uma leitura nos tipos penais e nas infrações para não repeti-los de forma desnecessária.

Destaca-se a nova redação do art. 243 do ECA pela Lei n. 13.106/2015, para **tornar crime** vender, fornecer, servir, ministrar ou entregar bebida alcoólica a criança ou a adolescente, cuja pena é de detenção de 2 a 4 anos e multa, se o fato não constituir crime mais grave. **Destaca-se, ainda**, a nova pena do art. 244-A quanto à prostituição ou à exploração sexual de crianças e adolescentes. Agora a pena é de reclusão de quatro a dez anos e multa, além da perda de bens e valores utilizados na prática criminosa em favor do Fundo dos Direitos da Criança e do Adolescente da unidade da Federação (Estado ou Distrito Federal) em que foi cometido o crime, ressalvado o direito de terceiro de boa-fé (Lei n. 13.440/2017).

É importante, no entanto, destacar algumas noções distintivas, como aponta Roberto João Elias, que "são punidos não somente aqueles que praticam atos atentatórios aos direitos da criança e do adolescente, como também aqueles que são omissos quanto a esses direitos" (*Comentários*..., p. 305).

Recorde ainda que crianças e adolescentes são **inimputáveis**, portanto, não respondem pelos crimes dispostos neste capítulo nem pelas infrações administrativas caso pratiquem o ato tipificado. Caso seja praticado por criança, serão aplicadas as medidas específicas do art. 101; no caso do adolescente, aplicar-se-ão as medidas socioeducativas do art. 112.

> Preste ATENÇÃO: de acordo com a Súmula 338 do STJ, a **prescrição penal** é aplicável nas medidas socioeducativas.

Outras súmulas importantes, a saber:

De acordo com a **Súmula 500 do STJ**, a configuração do crime do art. 244-B do ECA [corromper ou facilitar a corrupção de menor de 18 (dezoito) anos, com ele praticando infração penal ou induzindo-o a praticá-la] independe da prova da efetiva corrupção do menor, por se tratar de delito formal.

De acordo com a **Súmula 492 do STJ**, o ato infracional análogo ao tráfico de drogas, por si só, **não conduz obrigatoriamente** à imposição de medida socioeducativa de internação do adolescente.

De acordo com a **Súmula 342 do STJ**, no procedimento para aplicação de medida socioeducativa, é nula a desistência de outras provas em face da confissão do adolescente.

REFERÊNCIAS

ELIAS, Roberto João. *Comentários ao Estatuto da Criança e do Adolescente*. 4. ed. São Paulo: Saraiva, 2010.

LÉPORE, Paulo Eduardo. *Estatuto da Juventude Comentado*. São Paulo: Saraiva, 2013.

MACIEL, Kátia Regina Ferreira Lobo Andrade. *Curso de Direito da Criança e do Adolescente*. 6. ed. São Paulo: Saraiva, 2013.

NOGUEIRA, Paulo Lúcio. *Estatuto da Criança e do Adolescente Comentado*. 3. ed. São Paulo: Saraiva, 1996.

Questões

Estatuto da Criança e do Adolescente

PARTE GERAL

I. DIREITOS FUNDAMENTAIS

1. (XXIX Exame) Júlio, após completar 17 anos de idade, deseja, contrariando seus pais adotivos, buscar informações sobre a sua origem biológica junto à Vara da Infância e da Juventude de seu domicílio. Lá chegando, a ele é informado que não poderia ter acesso ao seu processo, pois a adoção é irrevogável. Inconformado, Júlio procura um amigo, advogado, a fim de fazer uma consulta sobre seus direitos. De acordo com o Estatuto da Criança e do Adolescente, assinale a opção que apresenta a orientação jurídica correta para Júlio.

(A) Ele poderá ter acesso ao processo, desde que receba orientação e assistência jurídica e psicológica.

(B) Ele não poderá ter acesso ao processo até adquirir a maioridade.

(C) Ele poderá ter acesso ao processo apenas se assistido por seus pais adotivos.

(D) Ele não poderá ter acesso ao processo, pois a adoção é irrevogável.

RESPOSTA O adotado, segundo o art. 48 do ECA, tem direito de conhecer sua origem biológica, bem como de obter acesso irrestrito ao processo no qual a medida foi aplicada e seus eventuais incidentes, após completar 18 anos. Além disso, o acesso ao processo de adoção poderá ser também deferido ao adotado menor de 18 anos, a seu pedido, assegurada orientação e assistência jurídica e psicológica. *Alternativa A.*

2. (XXVIII Exame) Carla, de 11 anos de idade, com os pais destituídos do poder familiar, cresce em entidade de acolhimento institucional faz dois anos, sem nenhum interessado em sua adoção habilitado nos cadastros nacional ou internacional. Sensibilizado com a situação da criança, um advogado, que já possui três filhos, sendo um adotado, deseja acompanhar o desenvolvimento de Carla, auxiliando-a nos estudos e, a fim de criar vínculos com sua família, levando-a para casa nos feriados e férias escolares. De acordo com o Estatuto da Criança e do Adolescente, de que forma o advogado conseguirá obter a convivência temporária externa de Carla com sua família?

(A) Acolhimento familiar.

(B) Guarda estatutária.

(C) Tutela.

(D) Apadrinhamento.

RESPOSTA De acordo com o Art. 19-B do ECA, a criança e o adolescente em programa de acolhimento institucional ou familiar poderão participar de programa de apadrinhamento. Segundo o seu § 1º, o apadrinhamento consiste em estabelecer e proporcionar à criança e ao adolescente vínculos externos à instituição para fins de convivência familiar e comunitária e colaboração com o seu desenvolvimento nos aspectos social, moral, físico, cognitivo, educacional e financeiro. *Alternativa D.*

3. (XXVII Exame) Perpétua e Joaquim resolveram mover ação de indenização por danos morais contra um jornal de grande circulação. Eles argumentam que o jornal, ao noticiar que o filho dos autores da ação fora morto em confronto com policiais militares, em 21/01/2015, publicou o nome completo do menor e sua foto sem a tarja preta nos olhos, o que caracteriza afronta aos arts. 17, 18, 143 e 247 do Estatuto da Criança e do Adolescente. Esses artigos do ECA proíbem a divulgação da imagem e da identidade de menor envolvido em ato infracional.
Diante dos fatos narrados, assinale a afirmativa correta.

(A) O jornal agiu com abuso no direito de informar e deve indenizar pelos danos causados.

(B) O jornal não incorreu em ilícito, pois pode divulgar a imagem de pessoa suspeita da prática de crime.

(C) Restou caracterizado o ilícito, mas, tratando-se de estado de emergência, não há indenização de danos.

(D) Não houve abuso do direito ante a absoluta liberdade de expressão do jornal noticiante.

RESPOSTA A própria banca informou os artigos que fundamentam a resposta correta. Lembre-se, que na dúvida, a proteção ao menor sempre é a mais completa, portanto, a *alternativa A.*

4. (XXVII Exame) Ana, que sofre de grave doença, possui um filho, Davi, com 11 anos de idade. Ante o falecimento precoce de seu pai, Davi apenas possui Ana como sua representante legal. De forma a prevenir o amparo de Davi em razão de seu eventual falecimento, Ana pretende que, na sua ausência, seu irmão, João, seja o tutor da criança. Para tanto, Ana, em vida, poderá nomear João por meio de

(A) escritura pública de constituição de tutela.
(B) testamento ou qualquer outro documento autêntico.
(C) ajuizamento de ação de tutela.
(D) diretiva antecipada de vontade.

RESPOSTA O deferimento da tutela pressupõe a prévia decretação da perda ou suspensão do poder familiar e implica necessariamente o dever de guarda (art. 36, parágrafo único, ECA). Ele pode ser nomeado por testamento ou qualquer documento autêntico, segundo o art. 37, ECA. *Alternativa B.*

5. (XXV Exame) Beatriz, quando solteira, adotou o bebê Théo. Passados dois anos da adoção, Beatriz começou a viver em união estável com Leandro. Em razão das constantes viagens a trabalho de Beatriz, Leandro era quem diariamente cuidava de Théo, participando de todas as atividades escolares. Théo reconheceu Leandro como pai. Quando Beatriz e Leandro terminaram o relacionamento, Théo já contava com 15 anos de idade. Leandro, atendendo a um pedido do adolescente, decide ingressar com ação de adoção unilateral do infante. Beatriz discorda do pedido, sob o argumento de que a união estável está extinta e que não mantém um bom relacionamento com Leandro. Considerando o Princípio do Superior Interesse da Criança e do Adolescente e a Prioridade Absoluta no Tratamento de seus Direitos, Théo pode ser adotado por Leandro?

(A) Não, pois, para a adoção unilateral, é imprescindível que Beatriz concorde com o pedido.
(B) Sim, caso haja, no curso do processo, acordo entre Beatriz e Leandro, regulamentando a convivência familiar de Théo.
(C) Não, pois somente os pretendentes casados, ou que vivam em união estável, podem ingressar com ação de adoção unilateral.
(D) Sim, o pedido de adoção unilateral formulado por Leandro poderá, excepcionalmente, ser deferido e, ainda que de forma não consensual, regulamentada a convivência familiar de Théo com os pais.

RESPOSTA O Princípio do Superior Interesse da Criança não é positivado de forma expressa nem na CF nem no ECA. No entanto, é um sucedâneo da proteção integral que está no art. 227 da CF e no ECA (art. 1º). Sendo assim, é possível ser concedida a adoção unilateral, observado ainda o § 2º do art. 45 do ECA. *Alternativa D.*

6. (XXVI Exame) Maria, em uma maternidade na cidade de São Paulo, manifesta o desejo de entregar Juliana, sua filha recém-nascida, para adoção. Assim, Maria, encaminhada para a Vara da Infância e da Juventude, após ser atendida por uma assistente social e por uma psicóloga, é ouvida em audiência, com a assistência do defensor público e na presença do Ministério Público, afirmando desconhecer o pai da criança e não ter contato com sua família, que vive no interior do Ceará, há cinco anos. Assim, após Maria manifestar o desejo formal de entregar a filha para adoção, o Juiz decreta a extinção do poder familiar, determinando que Juliana vá para a guarda provisória de família habilitada para adoção no cadastro nacional. Passados oito dias do ato, Maria procura um advogado, arrependida, afirmando que gostaria de criar a filha. De acordo com o ECA, Maria poderá reaver a filha?

(A) Sim, uma vez que a mãe poderá se retratar até a data da publicação da sentença de adoção.
(B) Sim, pois ela poderá se arrepender até 10 dias após a data de prolação da sentença de extinção do poder familiar.
(C) Não, considerando a extinção do poder familiar por sentença.
(D) Não, já que Maria somente poderia se retratar até a data da audiência, quando concordou com a adoção.

RESPOSTA De acordo com o art. 166, § 5º do ECA, o consentimento é retratável até a data da realização da audiência especificada no § 1º deste artigo, e os pais podem exercer o arrependimento no prazo de 10 (dez) dias, contado da data de prolação da sentença de extinção do poder familiar. *Alternativa B.*

7. (XXIV Exame) Maria, aluna do 9º ano do Ensino Fundamental de uma escola que não adota a obrigatoriedade do uso de uniforme, frequenta regularmente culto religioso afro-brasileiro com seus pais. Após retornar das férias escolares, a aluna passou a ir às aulas com um lenço branco enrolado na cabeça, afirmando que necessitava permanecer coberta por 30 dias. As alunas Fernanda e Patrícia, incomodadas com a situação, procuraram a direção da escola para reclamar da vestimenta da aluna. O diretor da escola entrou em contato com o advogado do estabelecimento de ensino, a fim de obter subsídios para a sua decisão. A partir do caso narrado, assinale a opção que apresenta a orientação que você, como advogado da escola, daria ao diretor.

(A) Proibir o acesso da aluna à escola.
(B) Marcar uma reunião com os pais da aluna Maria, a fim de compeli-los a descobrir a cabeça da filha.
(C) Permitir o acesso regular da aluna.
(D) Proibir o acesso das três alunas.

RESPOSTA Segundo o ECA, a criança e o adolescente têm direito à liberdade, ao respeito e à dignidade como pessoas humanas em processo de desenvolvimento e como sujeitos de direitos civis, humanos e sociais garantidos na Constituição e nas leis (art. 15), sendo que esta liberdade compreende, entre outros aspectos, direito à crença e ao culto religioso (art. 16, III) bem como o direito de ser respeitado por seus educadores (art. 53, II). *Alternativa C.*

8. (XXIV Exame) Os irmãos órfãos João, com 8 anos de idade, e Caio, com 5 anos de idade, crescem juntos em entidade de acolhimento institucional, aguardando colocação em família substituta. Não existem pretendentes domiciliados no Brasil interessados na adoção dos irmãos de forma conjunta, apenas separados. Existem famílias estrangeiras com interesse na adoção de crianças com o perfil dos irmãos e uma família de brasileiros domiciliados na Itália, sendo esta a última inscrita no cadastro. Considerando o direito à convivência familiar e comunitária de toda criança e de todo adolescente, assinale a opção que apresenta a solução que atende aos interesses dos irmãos.

(A) Adoção nacional pela família brasileira domiciliada na Itália.
(B) Adoção internacional pela família estrangeira.
(C) Adoção nacional por famílias domiciliadas no Brasil, ainda que separados.
(D) Adoção internacional pela família brasileira domiciliada na Itália

RESPOSTA Diante da situação hipotética, atende-se ao chamado legal de que os brasileiros residentes no exterior terão preferência aos estrangeiros, nos casos de adoção internacional de criança ou adolescente brasileiro (art. 51, § 2º, ECA). *Alternativa D.*

9. (XXIII Exame) Agente público executor de medida socioeducativa de internação, a pretexto de manter a disciplina e a ordem na unidade em que atua, ordena que dois adolescentes se vistam com roupas femininas e desfilem para os demais internos, que escolherão a "garota da unidade". Em visita à unidade, uma equipe composta pela Comissão de Direitos Humanos da OAB e pelo Conselho Tutelar toma ciência do caso. Segundo restou apurado, o agente teria atuado de tal forma porque os dois adolescentes eram muito rebeldes e não cumpriam regularmente as determinações da unidade. Com base apenas no Estatuto da Criança e do Adolescente, sem prejuízo de outras sanções, assinale a opção que indica a medida que poderá ser adotada imediatamente pela equipe que fiscalizava a unidade.

(A) Transferência imediata dos adolescentes para outra unidade socioeducativa.
(B) Advertência do agente público aplicada pelo Conselho Tutelar.
(C) Advertência do agente público aplicada pela Comissão de Direitos Humanos da OAB.
(D) Transferência imediata do agente público para outra unidade.

RESPOSTA De acordo com o ECA, artigo 18-B e parágrafo único, correta está a *alternativa B.*

10. (XXI Exame) Marcelo e Maria são casados há 10 anos. O casal possui a guarda judicial de Ana, que tem agora três anos de idade, desde o seu nascimento. A mãe da infante, irmã de Maria, é usuária de *crack* e soropositiva. Ana reconhece o casal como seus pais. Passados dois anos, Ana fica órfã, o casal se divorcia e a criança fica residindo com Maria. Sobre a possibilidade da adoção de Ana por Marcelo e Maria em conjunto, ainda que divorciados, assinale a afirmativa correta.

(A) Apenas Maria poderá adotá-la, pois é parente de Ana.
(B) O casal poderá adotá-la, desde que acorde com relação à guarda (unipessoal ou compartilhada) e à visitação de Ana.
(C) O casal somente poderia adotar em conjunto caso ainda estivesse casado.
(D) O casal deverá se inscrever previamente no cadastro de pessoas interessadas na adoção.

RESPOSTA De acordo com o § 4º do art. 42 do ECA, os divorciados, os judicialmente separados e os ex-companheiros podem adotar conjuntamente, contanto que acordem sobre a guarda e o regime de visitas e desde que o estágio de convivência tenha sido iniciado na constância do período de convivência e que seja comprovada a existência de vínculos de afinidade e afetividade com aquele não detentor da guarda, que justifiquem a excepcionalidade da concessão. Neste caso, o § 5º permite que, desde que demonstrado efetivo benefício ao adotando, será assegurada a guarda compartilhada, conforme previsto no art. 1.584 do Código Civil. Sendo assim, correta a *alternativa B.*

11. (XX Exame) Vanessa e Vitor vivem com o filho Marcelo, criança com 06 anos de idade, na casa dos avós paternos. Em um trágico acidente, Vitor veio a falecer. A viúva, logo após o óbito, decide morar na casa de seus pais com o filho. Após 10 dias, já residindo com os pais, Vanessa, em depressão e fazendo uso de entorpecentes, deixa o filho aos cuidados dos avós maternos, e se submete a tratamento de internação em clínica de reabilitação. Decorridos 20 dias e com alta médica, Vanessa mantém acompanhamento ambulatorial e aluga apartamento para morar sozinha com o filho. Os avós paternos inconformados ingressaram com Ação de Guarda de Marcelo. Afirmaram que sempre prestaram assistência material ao neto, que com eles residia desde o nascimento até o falecimento de Vitor. Citada, Vanessa contestou o pedido, alegando estar recuperada de sua depressão e da dependência química. Ainda, demonstrou possuir atividade laborativa, e que obteve vaga para o filho em escola. Os avós maternos, por sua vez, ingressam com oposição. Aduziram que Marcelo ficou muito bem aos seus cuidados e que possuem excelente plano de saúde, que possibilitará a inclusão do neto como dependente. Sobre a guarda de Marcelo, à luz da Proteção Integral da Criança e do Adolescente, assinale a afirmativa correta.

(A) Marcelo deve ficar com os avós maternos, com quem por último residiu, em razão dos benefícios da inclusão da criança como dependente do plano de saúde.
(B) Marcelo deve ficar na companhia dos avós paternos, pois sempre prestaram assistência material à criança, que com eles residia antes do falecimento de Vitor.
(C) Marcelo deve ficar sob a guarda da mãe, já que ela nunca abandonou o filho e sempre cumpriu com os deveres inerentes ao exercício do poder familiar, ainda que com o auxílio dos avós.
(D) Em programa de acolhimento familiar, até que esteja cabalmente demonstrado que a genitora não faz mais uso de substâncias entorpecentes.

RESPOSTA Diante da situação hipotética, observa-se, inicialmente, que é direito da criança e do adolescente ser criado e educado no seio de sua família e, excepcionalmente, em família substituta, assegurada a convivência familiar e comunitária, em ambiente que garanta seu desenvolvimento integral (art. 19 do ECA). Não há motivo fundamentado pelo ECA ou pelo CC/2002 para perda ou suspensão do poder familiar da mãe. Sendo assim, correta a *alternativa C.*

12. (XX Exame) Casal de brasileiros, domiciliado na Itália, passa regularmente férias duas vezes por ano no Brasil. Nas férias de dezembro, o casal visitou uma entidade de acolhimento institucional na cidade do Rio de Janeiro, encantando-se com Ana, criança de oito anos de idade, já disponível nos cadastros de habilitação para adoção nacional e internacional. Almejando adotar Ana, consultam advogado especialista em infância e juventude. Assinale a opção que apresenta a orientação jurídica correta pertinente ao caso.

(A) Ingressar com pedido de habilitação para adoção junto à Autoridade Central Estadual, pois são brasileiros e permanecem, duas vezes por ano, em território nacional.
(B) Ingressar com pedido de habilitação para adoção no Juízo da Infância e da Juventude e, após a habilitação, ajuizar ação de adoção.
(C) Ajuizar ação de adoção requerendo, liminarmente, a guarda provisória da criança.
(D) Ingressar com pedido de habilitação junto à Autoridade Central do país de acolhida, para que esta, após a habilitação do casal, envie um relatório para a Autoridade Central Estadual e para a Autoridade Central Federal Brasileira, a fim de que obtenham o laudo de habilitação à adoção internacional.

RESPOSTA De acordo com a nossa legislação (ECA), mesmo que a situação seja de casal de brasileiros, mas que tem residência do exterior, é considerado como adoção internacional (art. 51). O tema deve ser tratado desta maneira. De acordo com o art. 52, o casal deve ingressar com o pedido de habilitação junto à Autoridade Central (inciso I) e depois seguirá os trâmites dos incisos seguintes, cuja *alternativa D* corresponde com a questão.

II. PREVENÇÃO

13. (XXVIII Exame) Bruno, com quase doze anos de idade, morador de Niterói, na Região Metropolitana do Rio de Janeiro, foi aprovado em um processo de seleção de jogadores de futebol, para a categoria de base de um grande clube, sediado no Rio de Janeiro, capital – cidade contígua à de sua residência. Os treinamentos na nova equipe implicam deslocamento de Niterói ao Rio de Janeiro todos os dias, ida e volta. Ocorre que os pais de Bruno trabalham em horário integral, e não poderão acompanhá-lo. Os pais, buscando orientação, consultam você, como advogado(a), sobre qual seria a solução jurídica para que Bruno frequentasse os treinos, desacompanhado. Assinale a opção que apresenta sua orientação.

(A) Bruno precisará de um alvará judicial, que pode ter validade de até dois anos, para poder se deslocar sozinho entre as comarcas.

(B) Bruno pode, simplesmente, ir aos treinos sozinho, não sendo necessária qualquer autorização judicial para tanto.

(C) Não é possível a frequência aos treinos desacompanhado, pois o adolescente não poderá se deslocar entre comarcas sem a companhia de, ao menos, um dos pais ou do responsável legal.

(D) Bruno poderá ir aos treinos desacompanhado dos pais, mas será necessário obter autorização judicial ou a designação de um tutor, que poderá ser um representante do clube.

RESPOSTA De acordo com o art. 83 do ECA, alterado em 2019, nenhuma criança ou adolescente menor de 16 (dezesseis) anos poderá viajar para fora da comarca onde reside desacompanhado dos pais ou dos responsáveis sem expressa autorização judicial. Só que esta autorização não será exigida se tratar de comarca contígua à da residência da criança ou do adolescente menor de 16 (dezesseis) anos, se na mesma unidade da Federação, ou incluída na mesma região metropolitana (§1º, a). *Alternativa B.*

14. (XXI Exame) Maria, mãe de João, criança com nove anos de idade, que está na guarda de fato da avó paterna Luisa, almeja viajar com o filho, que já possui passaporte válido, para os Estados Unidos. Para tanto, indagou ao pai e à avó se eles concordariam com a viagem do infante, tendo o primeiro anuído e a segunda não, pelo fato de o neto não estar com boas notas na escola. Preocupada, Maria procura orientação jurídica de como proceder. À luz do Estatuto da Criança e do Adolescente, assinale a opção que indica a medida que deverá ser adotada pelo(a) advogado(a) de Maria.

(A) Ingressar com ação de suprimento do consentimento do pai e da avó paterna, para fins de obter a autorização judicial de viagem ao exterior.

(B) Solicitar ao pai que faça uma autorização de viagem acompanhada de cópias dos documentos dele, pois a criança já possui passaporte válido.

(C) Ingressar com ação de guarda de João, requerendo sua guarda provisória, para que possa viajar ao exterior independente da anuência do pai e da avó paterna.

(D) Solicitar ao pai que faça uma autorização de viagem com firma reconhecida, pois a criança já possui passaporte válido.

RESPOSTA Diante do caso concreto e de acordo com o ECA, nesta situação, quando o menor viaja na companhia de um dos pais, deve ser autorizado expressamente pelo outro por meio de documento com firma reconhecida (art. 84, II). *Alternativa D.*

PARTE ESPECIAL

III. POLÍTICA DE ATENDIMENTO

15. (XXIII Exame) Os irmãos Fábio (11 anos) e João (9 anos) foram submetidos à medida protetiva de acolhimento institucional pelo Juízo da Infância e da Juventude, pois residiam com os pais em área de risco, que se recusavam a deixar o local, mesmo com a interdição do imóvel pela Defesa Civil. Passados uma semana do acolhimento institucional, os pais de Fábio e João vão até a instituição para visitá-los, sendo impedidos de ter contato com os filhos pela diretora da entidade de acolhimento institucional, ao argumento de que precisariam de autorização judicial para visitar as crianças. Os pais dos irmãos decidem então procurar orientação jurídica de um advogado. Considerando os ditames do Estatuto da Criança e do Adolescente, a direção da entidade de acolhimento institucional agiu corretamente?

(A) Sim, pois o diretor da entidade de acolhimento institucional é equiparado ao guardião, podendo proibir a visitação dos pais.

(B) Não, porque os pais não precisam de uma autorização judicial, mas apenas de um ofício do Conselho Tutelar autorizando a visitação.

(C) Sim, pois a medida protetiva de acolhimento institucional foi aplicada pelo Juiz da Infância, assim somente ele poderá autorizar a visita dos pais.

(D) Não, diante da ausência de vedação expressa da autoridade judiciária para a visitação, ou decisão que os suspenda ou os destitua do exercício do poder familiar.

RESPOSTA O art. 92 do ECA trata das entidades que desenvolvam programas de acolhimento familiar ou institucional. Tais entidades devem adotar os seguintes princípios: preservação dos vínculos familiares e promoção da reintegração familiar (inciso I). Ademais, o § 4º do mesmo artigo é praticamente a fundamentação da *alternativa D*, portanto, correta.

16. (XXII Exame) João, criança de 07 anos de idade, perambulava pela rua sozinho, sujo e com fome, quando, por volta das 23 horas, foi encontrado por um guarda municipal, que resolve encaminhá-lo diretamente para uma entidade de acolhimento institucional, que fica a 100 metros do local onde ele foi achado. João é imediatamente acolhido pela entidade em questão. Sobre o procedimento adotado pela entidade de acolhimento institucional, de acordo com o que dispõe o Estatuto da Criança e do Adolescente, assinale a afirmativa correta.

(A) A entidade pode regularmente acolher crianças e adolescentes, independentemente de determinação da autoridade competente e da expedição de guia de acolhimento.

(B) A entidade somente pode acolher crianças e adolescentes encaminhados pela autoridade competente por meio de guia de acolhimento.

(C) A entidade pode acolher regularmente crianças e adolescentes sem a expedição da guia de acolhimento apenas quando o encaminhamento for feito pelo Conselho Tutelar.

(D) A entidade pode, em caráter excepcional e de urgência, acolher uma criança sem determinação da autoridade competente e guia de acolhimento, desde que faça a comunicação do fato à autoridade judicial em até 24 horas.

RESPOSTA Diante do caso em tela, aplica-se o art. 93 do ECA, que dispõe que as entidades que mantenham programa de acolhimento institucional poderão, em caráter excepcional e de urgência, acolher crianças e adolescentes sem prévia determinação da autoridade competente, fazendo comunicação do fato em até 24 (vinte e quatro) horas ao Juiz da Infância e da Juventude, sob pena de responsabilidade. Assim, correta *alternativa D.*

IV. ATOS INFRACIONAIS

17. (XXXI Exame) O adolescente João, com 16 anos completos, foi apreendido em flagrante quando praticava ato infracional análogo ao crime de furto. Devidamente conduzido o processo, de forma hígida, ele foi sentenciado ao cumprimento de medida socioeducativa de 1 ano, em regime de semiliberdade. Sobre as medidas socioeducativas aplicadas a João, assinale a afirmativa correta.

(A) A medida de liberdade assistida será fixada pelo prazo máximo de 6 meses, sendo que, ao final de tal período, caso João não se revele suficientemente ressocializado, a medida será convolada em internação.

(B) A medida aplicada foi equivocada, pois deveria ter sido, necessariamente, determinada a internação de João.

(C) No regime de semiliberdade, João poderia sair da instituição para ocupações rotineiras de trabalho e estudo, sem necessidade de autorização judicial.

(D) A medida aplicada foi equivocada, pois não poderia, pelo fato análogo ao furto, ter a si aplicada medida diversa da liberdade assistida.

RESPOSTA De acordo com o art. 120 do ECA, o regime de semiliberdade pode ser determinado desde o início, ou como forma de transição para o meio aberto, possibilitada a realização de atividades externas, independentemente de autorização judicial. *Alternativa C.*

18. (XXVII Exame) Joaquim, adolescente com 15 anos de idade, sofre repetidas agressões verbais por parte de seu pai, José, pessoa rude que nunca se conformou com o fato de Joaquim não se identificar com seu sexo biológico. Os atentados verbais chegaram ao ponto de lançar Joaquim em estado de depressão profunda, inclusive sendo essa clinicamente diagnosticada. Constatada a realidade dos fatos acima narrados, assinale a afirmativa correta.

(A) Os fatos descritos revelam circunstância de mero desajuste de convívio familiar, não despertando relevância criminal ou de tutela de direitos individuais do adolescente, refugindo do alcance da Lei nº 8.069/90 (ECA).

(B) O juízo competente poderá determinar o afastamento de José da residência em que vive com Joaquim, como medida cautelar para evitar o agravamento do dano psicológico do adolescente, podendo, inclusive, fixar pensão alimentícia provisória para o suporte de Joaquim.

(C) O juiz poderá afastar cautelarmente José da moradia comum com Joaquim, sem que isso implique juízo definitivo de valor sobre os fatos – razão pela qual não é viável a estipulação de alimentos ao adolescente, eis que irreversíveis.

(D) A situação descrita não revela motivação legalmente reconhecida como suficiente a determinar o afastamento de José da moradia comum, recomendando somente o aconselhamento educacional do pai.

RESPOSTA Verificada a hipótese de maus-tratos, opressão ou abuso sexual impostos pelos pais ou responsável, de acordo com o art. 130 do ECA, a autoridade judiciária poderá determinar, como medida cautelar, o afastamento do agressor da moradia comum. Da medida cautelar constará, ainda, a fixação provisória dos alimentos de que necessitem a criança ou o adolescente dependentes do agressor. *Alternativa B.*

19. (XX Exame-Reaplicação) O adolescente X cometeu ato infracional equiparado a crime de roubo, mediante grave ameaça à pessoa. Apreendido com a observância dos estreitos e regulares critérios normativos estabelecidos pelo sistema jurídico, apurou-se que o jovem havia cometido um ato infracional anterior equiparável ao crime de apropriação indébita. Com base na hipótese apresentada, assinale a afirmativa correta.

(A) É incabível a aplicação de medida de internação, o que é autorizado apenas em caso de reiteração no cometimento de outras faltas anteriores ou simultâneas, igualmente graves.

(B) É aplicável apenas a medida de regime de semiliberdade em razão da prática de ato infracional mediante grave ameaça à pessoa.

(C) É aplicável a medida de internação em razão da prática de ato infracional mediante grave ameaça à pessoa, mesmo não sendo hipótese de reiteração da conduta idêntica por parte do adolescente.

(D) É incabível a aplicação de medida de internação, haja vista que essa somente poderia se dar em caso de descumprimento reiterado de injustificável medida imposta em momento anterior ao adolescente.

RESPOSTA Diante do caso hipotético, trata-se de situação que cabe a medida de internação, de acordo com o inciso I do art. 122 do ECA e que se justifica por si só, diferentemente do inciso II do mesmo artigo que traz como fundamentação a reiteração no cometimento de outras infrações graves. *Alternativa C.*

V. MEDIDAS AOS PAIS E RESPONSÁVEIS

20. (XXXII Exame) A proteção da estrutura familiar da criança e do adolescente e o fomento ao convívio familiar em condições salutares à pessoa em desenvolvimento fizeram com que o legislador, na concepção do Estatuto da Criança e do Adolescente, previsse medidas aplicáveis aos pais ou responsáveis em casos de problemas familiares envolvendo crianças e adolescentes. Diante do exposto, assinale a afirmativa correta.

(A) As medidas de inclusão em programa oficial ou comunitário de auxílio, de orientação e tratamento a alcoólatras e toxicômanos, e de encaminhamento a tratamento psicológico ou psiquiátrico podem ser aplicadas direta e autonomamente pelos Conselhos Tutelares.

(B) As medidas de encaminhamento a cursos ou programas de orientação e de matricular obrigatoriamente o filho ou pupilo e acompanhar sua frequência e seu aproveitamento escolar somente podem ser aplicadas pela autoridade judiciária.

(C) As medidas de encaminhamento a serviços e programas oficiais ou comunitários de proteção, apoio e promoção da família e de obrigação de encaminhar a criança ou o adolescente a tratamento especializado não podem ser aplicadas diretamente pelos Conselhos Tutelares.

(D) As medidas de encaminhamento a tratamento psiquiátrico, de perda da guarda, de destituição da tutela ou de suspensão ou destituição do poder familiar somente podem ser aplicadas pela autoridade judiciária.

RESPOSTA Dentre as atribuições do Conselho Tutelar previstas no art. 136 do ECA está em "atender e aconselhar os pais ou responsável, aplicando as medidas previstas no art. 129, I a VII". E segundo o inciso II, está a medida de "inclusão em programa oficial ou comunitário de auxílio, orientação e tratamento a alcoólatras e toxicômanos". Portanto, correta a *alternativa A*.

21. (XX Exame-Reaplicação) Dona Maria cuida do neto Paulinho, desde o nascimento, em razão do falecimento de sua filha, mãe do menino, logo após o parto. João, pai de Paulinho, apenas registrou a criança e desapareceu, sem nunca prestar ao filho qualquer tipo de assistência. Paulinho está tão adaptado ao convívio com a avó materna, que a chama de mãe. Passados dez anos, João faz contato com Maria e diz que gostaria de levar o filho para morar com ele. Maria, desesperada, procura um advogado para obter orientações sobre o que fazer, já que João é foragido da Justiça, com condenação por crime de estupro de vulnerável, além de nunca ter procurado o filho Paulinho, que não o reconhece como pai. De acordo com o Estatuto da Criança e do Adolescente, assinale a opção que indica a ação mais indicada para regularizar de forma definitiva o direito à convivência familiar da avó com o neto.

(A) Ação de Destituição do Poder Familiar cumulada com Adoção.

(B) Ação de Destituição do Poder Familiar cumulada com Tutela.

(C) Ação de Destituição do Poder Familiar cumulada com Guarda.

(D) Ação de Suspensão do Poder Familiar cumulada com Guarda.

RESPOSTA Dentre as medidas aplicáveis aos pais ou responsáveis está a suspensão ou destituição do poder familiar (art. 129, X, do ECA). A situação apresenta-se como forma de destituição em razão das hipóteses do art. 1.638 do CC, dentre elas, deixar o filho em abandono (inciso II). Para tanto, é possível cumular com a tutela e que requer, justamente, a perda ou suspensão do poder familiar (art. 36, parágrafo único, do ECA). E porque não pode cumular com adoção? Neste caso porque se trata de ascendente (avó) e o ECA não permite (*vide* art. 42, § 1º). Resta correta *alternativa B*.

VI. CONSELHO TUTELAR

22. (XXXII Exame) Augusto, que atua como Promotor de Justiça com atribuição na área de Justiça da Infância e da Juventude do Município Sigma, é casado com a filha de Isabela, cujo outro filho, Ramiro, pretende se candidatar à função de conselheiro tutelar no mesmo município. Considerando o caso hipotético narrado e de acordo com as normas do Estatuto da Criança e do Adolescente, assinale a afirmativa correta.

(A) O impedimento legal para que Ramiro desempenhe a função de conselheiro tutelar no Município Sigma não se extingue com a dissolução do casamento de sua irmã.

(B) O parentesco por afinidade entre Augusto e Ramiro configura impedimento legal para que Ramiro desempenhe a função de conselheiro tutelar no município da comarca em que Augusto atua.

(C) A situação não impede que Ramiro sirva na função de conselheiro tutelar no município sob a atuação de Augusto, mas o impede de atuar nos atendimentos em que Augusto figure como promotor.

(D) A situação não impede que Ramiro atue na função de conselheiro tutelar, porque o ECA veda apenas que parentes, consanguíneos ou por adoção, do representante do Ministério Público com atuação na Justiça da Infância e da Juventude sirvam no mesmo conselho tutelar.

RESPOSTA De acordo com o art. 140 do ECA e seu parágrafo único: "São impedidos de servir no mesmo Conselho marido e mulher, ascendentes e descendentes, sogro e genro ou nora, irmãos, cunhados, durante o cunhadio, tio e sobrinho, padrasto ou madrasta e enteado. Parágrafo único. Estende-se o impedimento do conselheiro, na forma deste artigo, em relação à autoridade judiciária e ao representante do Ministério Público com atuação na Justiça da Infância e da Juventude, em exercício na comarca, foro regional ou distrital". Correta a *alternativa B*.

VI. ACESSO À JUSTIÇA

23. (XXXIII Exame) João, de 17 anos, teve sua participação como artista, em determinado espetáculo público, vedada pela autoridade judiciária, ao argumento de que se trataria de exposição indevida a conteúdo psicologicamente danoso. Procurado pela genitora de João para defender sua participação no espetáculo, você, como advogado(a) deve

(A) impetrar mandado de segurança contra a decisão que reputa ilegal.

(B) interpor recurso de apelação com vistas a reformar a decisão.

(C) interpor recurso de agravo de instrumento para suspender os efeitos da decisão.

(D) ajuizar ação rescisória contra a decisão que reputa ilegal.

RESPOSTA De acordo com o art. 149 do ECA, compete à autoridade judiciária disciplinar, através de portaria, ou autorizar, mediante alvará, a participação de criança e adolescente em espetáculos públicos e seus ensaios (inciso II). Caso seja negado, como é o caso da questão, caberá, segundo o art. 199, o recurso de apelação. Importa destacar a peculiaridade deste recurso nesta situação. *Alternativa B.* (XXX Exame) Pedro, 16 anos, foi apreendido em flagrante quando subtraía um aparelho de som de uma loja. Questionado sobre sua família, disse não ter absolutamente nenhum familiar conhecido. Encaminhado à autoridade competente, foi-lhe designado defensor dativo, diante da completa carência de pessoas que por ele pudessem responder. Após a prática dos atos iniciais, Pedro requereu ao juiz a substituição do seu defensor por um advogado conhecido, por não ter se sentido bem assistido tecnicamente, não confiando no representante originariamente designado. Com base nessa narrativa, assinale a afirmativa correta.

A) É direito do adolescente ter seu defensor substituído por outro de sua preferência, uma vez que não deposita confiança no que lhe foi designado.
B) A defesa técnica deve permanecer incumbida ao defensor atualmente designado, pois não é facultado ao adolescente optar por sua substituição.
C) O processo deve ser suspenso, adiando-se os atos até que seja solucionada a questão da representação do adolescente.
D) A substituição somente deverá ser realizada se evidenciada imperícia técnica, não podendo a mera preferência do adolescente ser motivo para a substituição.

RESPOSTA De acordo com o art. 207 do ECA, nenhum adolescente a quem se atribua a prática de ato infracional, ainda que ausente ou foragido, será processado sem defensor. Se o adolescente não tiver defensor, ser-lhe-á nomeado pelo juiz, ressalvado o direito de, a todo tempo, constituir outro de sua preferência (§ 1º). *Alternativa A*

24. (XXIX Exame) Gabriel, adolescente com 17 anos de idade, entrou armado em uma loja de conveniência na cidade de Belo Horizonte, Minas Gerais, exigindo que o operador de caixa entregasse todo o dinheiro que ali existisse. Um dos clientes da loja, policial civil em folga, reagiu ao assalto, atirando em Gabriel, mas não acertando. Assustado, Gabriel empreendeu fuga, correndo em direção a Betim, comarca limítrofe a Belo Horizonte e onde residem seus pais, lá sendo capturado por policiais que se encontravam em uma viatura. Sobre o caso, assinale a opção que indica quem será competente para as medidas judiciais necessárias, inclusive a eventual estipulação de medida socioeducativa, desconsiderando qualquer fator de conexão, continência ou prevenção.

(A) O Juiz da Infância e da Juventude da comarca de Belo Horizonte, ou o juiz que exerce essa função, por ser a capital do estado.
(B) O Juiz da Infância e da Juventude, ou o juiz que exerce essa função, da comarca de Belo Horizonte, por ser o foro onde ocorreu o ato infracional cometido por Gabriel.
(C) O Juiz Criminal da comarca de Betim, por ser onde residem os pais do adolescente.
(D) O Juiz da Infância e da Juventude, ou o juiz que exerce essa função, da comarca de Betim, por ser onde residem os pais do adolescente.

RESPOSTA De acordo com o art. 147 do ECA, que trata da competência, nos casos de ato infracional, será competente a autoridade do lugar da ação ou omissão, observadas as regras de conexão, continência e prevenção (§1º). Portanto, correta a *alternativa B.*

X. CRIMES E INFRAÇÕES ADMINISTRATIVAS

25. (XXXIII Exame) Paulo recebeu vídeos pornográficos em seu celular, enviados por um amigo para um grupo de mensagens do qual faz parte. Em um dos vídeos, Paulo percebeu que havia uma criança em cena de ato libidinoso e nudez. Por isso, Paulo não repassou o vídeo ou o divulgou sob qualquer forma, mantendo-o em sigilo, arquivado no seu celular, sequer mencionando-o. Sobre o fato acima, assinale a afirmativa correta.

(A) A conduta de Paulo foi correta, pois produzir e divulgar imagens de cunho pornográfico envolvendo crianças, e não apenas seu armazenamento, é crime específico do ECA.
(B) Paulo praticou ato designado genericamente como pedofilia, mas sem cunho criminoso, por não ter sido ele o autor do vídeo.
(C) Paulo ao armazenar, ainda que sem divulgar a terceiros, o vídeo de natureza pornográfica envolvendo criança, cometeu crime específico do ECA.
(D) Paulo praticou ato designado genericamente como pedofilia, mas sem cunho criminoso, por não ter divulgado o vídeo, mas apenas o armazenado.

RESPOSTA De acordo com o art. 241-B do ECA, é crime adquirir, possuir ou armazenar, por qualquer meio, fotografia, vídeo ou outra forma de registro que contenha cena de sexo explícito ou pornográfica envolvendo criança ou adolescente, cuja pena é de reclusão. *Alternativa C.* (XXXI

26. (Exame) Maria chega à maternidade já em trabalho de parto, sendo atendida emergencialmente. Felizmente, o parto ocorre sem problemas e Maria dá à luz, Fernanda. No mesmo dia do parto, a enfermeira Cláudia escuta a conversa entre Maria e uma amiga que a visitava, na qual Maria oferecia Fernanda a essa amiga em adoção, por não se sentir preparada para a maternidade. Preocupada com a conversa, Cláudia a relata ao médico obstetra de plantão, Paulo, o qual, por sua vez, noticia o ocorrido a Carlos, diretor-geral do hospital. Naquela noite, já recuperada, Maria e a mesma amiga vão embora da maternidade, sem que nada tenha ocorrido e nenhuma providência tenha sido tomada por qualquer dos personagens envolvidos – Cláudia, Paulo ou Carlos. Diante dos fatos acima, assinale a afirmativa correta.

(A) Não foi cometida qualquer infração, porque a adoção irregular não se consumou no âmbito da maternidade.
(B) Carlos cometeu infração administrativa, consubstanciada no não encaminhamento do caso à autoridade judiciária, porque somente o diretor do hospital pode fazê-lo.
(C) Carlos e Paulo não cometeram infração administrativa ao não encaminharem o caso à autoridade judiciária, porque não cabe ao corpo médico tal atribuição.
(D) Carlos, Paulo e Cláudia cometeram infração administrativa por não encaminharem o caso de que tinham conhecimento para a autoridade judiciária.

RESPOSTA De acordo com o art. 258-B do ECA, deixar o médico, enfermeiro ou dirigente de estabelecimento de atenção à saúde de gestante de efetuar imediato encaminhamento à autoridade judiciária de caso de que tenha conhecimento de mãe ou gestante interessada em entregar seu filho para adoção tem a pena multa. Está dentro do capítulo de infrações administrativas, portanto, *alternativa D*.

27. (XXX Exame) Roberta produziu, em seu computador, vídeo de animação em que se percebe a simulação de atos pornográficos entre crianças. O vídeo não mostra nenhuma imagem reconhecível, nenhuma pessoa identificável, mas apresenta, inequivocamente, figuras de crianças, e bem jovens. Sobre o fato apresentado, sob a perspectiva do Estatuto da Criança e do Adolescente, assinale a afirmativa correta.

(A) Não é ilícito penal: o crime ocorre quando se simula a atividade pornográfica com imagens reais de crianças.

(B) É crime, pois o Estatuto da Criança e do Adolescente prevê a conduta típica de simular a participação de criança ou adolescente em cena pornográfica por meio de qualquer forma de representação visual.

(C) É crime se houver a divulgação pública do filme, pois a mera produção de filme envolvendo simulacro de imagem de criança ou adolescente em situação pornográfica não é reprovada pelo Estatuto da Criança e do Adolescente.

(D) Não é ilícito penal, pois a animação somente se afigura como simulação suficientemente apta a despertar a reprovabilidade criminal se reproduzir a imagem real de alguma criança diretamente identificável.

RESPOSTA De acordo com o art. 241-C do ECA, é crime simular a participação de criança ou adolescente em cena de sexo explícito ou pornográfica por meio de adulteração, montagem ou modificação de fotografia, vídeo ou qualquer outra forma de representação, cuja pena é de reclusão. *Alternativa B*.

28. (XXVI Exame) Em cumprimento de mandado de busca e apreensão do Juízo Criminal, policiais encontraram fotografias de adolescentes vestidas, em posições sexuais, com foco nos órgãos genitais, armazenadas no computador de um artista inglês. O advogado do artista, em sua defesa, alega a ausência de cena pornográfica, uma vez que as adolescentes não estavam nuas, e que a finalidade do armazenamento seria para comunicar às autoridades competentes. Considerando o crime de posse de material pornográfico, previsto no Art. 241-B do ECA, merecem prosperar os argumentos da defesa?

(A) Sim, pois, para caracterização da pornografia, as adolescentes teriam que estar nuas.

(B) Não, uma vez que bastava afirmar que as fotos são de adolescentes, e não de crianças.

(C) Sim, uma vez que a finalidade do artista era apenas a de comunicar o fato às autoridades competentes.

(D) Não, pois a finalidade pornográfica restou demonstrada, e o artista não faz jus a excludente de tipicidade.

RESPOSTA De acordo com § 2º do art. 241-B do ECA, correta a *alternativa D*.

29. (XXV Exame) Angélica, criança com 5 anos de idade, reside com a mãe Teresa, o padrasto Antônio e a tia materna Joana. A tia suspeita de que sua sobrinha seja vítima de abuso sexual praticado pelo padrasto. Isso porque, certa vez, ao tomar banho com Angélica, esta reclamou de dores na vagina e no ânus, que aparentavam estar bem vermelhos. Na ocasião, a sobrinha disse que "o papito coloca o dedo no meu bumbum e na minha perereca, e dói". Joana narrou o caso para a irmã Teresa, que disse não acreditar no relato da filha, pois ela gostava de inventar histórias, e que, ainda que fosse verdade, não poderia fazer nada, pois depende financeiramente de Antônio. Joana, então, após registrar a ocorrência na Delegacia de Polícia, que apenas instaurou o inquérito policial e encaminhou a criança para exame de corpo de delito, busca orientação jurídica sobre o que fazer para colocá-la em segurança imediatamente. De acordo com o Estatuto da Criança e do Adolescente, a fim de resguardar a integridade de Angélica até que os fatos sejam devidamente apurados pelo Juízo Criminal competente, assinale a opção que indica a medida que poderá ser postulada por um advogado junto ao Juízo da Infância e da Juventude.

(A) A aplicação da medida protetiva de acolhimento institucional de Angélica.

(B) Solicitar a suspensão do poder familiar de Antônio.

(C) Solicitar o afastamento de Antônio da moradia comum.

(D) Solicitar a destituição do poder familiar da mãe Teresa.

RESPOSTA De acordo com o art. 130 do ECA, verificada a hipótese de maus-tratos, opressão ou abuso sexual impostos pelos pais ou responsável, a autoridade judiciária poderá determinar, como medida cautelar, o afastamento do agressor da moradia comum. *Alternativa C*.

30. (XXII Exame) João, maior, e sua namorada Lara, com 14 anos de idade, são capturados pela polícia logo após praticarem crime de roubo, majorado pelo emprego de arma de fogo. O Juízo da Infância e da Juventude aplicou a medida socioeducativa de internação para Lara, ressaltando que a adolescente já sofrera a medida de semiliberdade pela prática de ato infracional análogo ao crime de tráfico de drogas. O Juízo Criminal condenou João pelo crime de roubo em concurso com corrupção de menores. João apela da condenação pelo crime de corrupção de menores, sob o argumento de Lara não ser mais uma criança, bem como alegando que ela já está corrompida. Com base no caso apresentado, assiste razão à defesa de João?

(A) Não, pois é irrelevante o fato de Lara já ter sofrido medida socioeducativa.

(B) Não, pois Lara ainda é uma criança.

(C) Sim, já que o crime de corrupção de menores exige que o menor não esteja corrompido.

(D) Sim, visto que no crime de corrupção de menores, a vítima tem que ser uma criança.

RESPOSTA A corrupção de menores está prevista no art. 244-B do ECA, que dispõe que corromper ou facilitar a corrupção de menor de 18 (dezoito) anos, com ele praticando infração penal ou induzindo-o a praticá-la, é crime, com pena de reclusão, de 1 (um) a 4 (quatro) anos. Observe que a Súmula 500 do STJ dispõe que a configuração do crime do art. 244-B do ECA independe da prova da efetiva corrupção do menor, por se tratar de delito formal. Assim, não é necessária a prova da efetiva corrupção do menor. Portanto, não assiste razão à defesa do namorado de Lara, João.

Ética

Priscila Ferreira

Advogada Trabalhista e Consultora Jurídica Trabalhista na Advocacia Ubirajara Silveira, Professora, Autora e Palestrante. Especialista em Direito Processual Civil pela Pontifícia Universidade Católica de São Paulo (PUC/SP) e Direito e Processo do Trabalho pela Faculdade INESP. Mestranda em Direito do Trabalho pela Pontifícia Universidade Católica de São Paulo (PUC/SP). Sua experiência profissional inclui a Docência em graduação, pós-graduação, cursos preparatórios para concursos públicos e exames de ordem. Professora de Pós-Graduação, bem como em cursos preparatórios em Direito e Processo do Trabalho.

Sumário

"O advogado é indispensável à administração da justiça."

(Art. 2º, EAOAB)

1. PRINCÍPIOS GERAIS – ÉTICA PROFISSIONAL

O exercício da advocacia, centrada na figura do advogado, bem como a relação formada entre cliente e advogado são permeados por alguns princípios, de forma a se fazer cumprir todos os preceitos contidos no Estatuto da OAB, Regulamento e Código de Ética, instrumentos básicos e garantidores da ética, moral e justiça.

Assim, vamos ao estudo dos principais princípios da Ética Profissional.

1.1 Confiabilidade

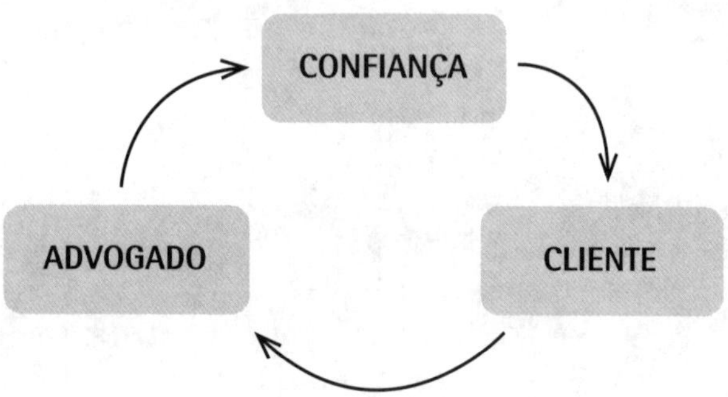

As relações entre advogado e cliente baseiam-se na confiança recíproca e, por tal razão, se o advogado sentir que essa confiança lhe falta, deverá promover o substabelecimento do mandato ou a ele renunciar. Nesta hipótese, a renúncia ao patrocínio deve ser feita sem menção do motivo que a determinou, fazendo cessar a responsabilidade profissional pelo acompanhamento da causa, quando decorrido o prazo de 10 dias, a contar da notificação da renúncia.

Veja que o advogado não precisará aguardar tal prazo, caso tenha sido substituído antes do seu término.

Em resumo, observa-se:

Advogado → Renúncia* ao Mandato → Continua a representar cliente pelo prazo de 10 dias, como regra.

*A renúncia ao patrocínio deve ser feita sem menção ao motivo que a determinou

Tome nota de algumas peculiaridades do tema (Confiabilidade):

- **O advogado deve informar o cliente**, de modo claro e inequívoco, quanto a **eventuais riscos da sua pretensão**, e das consequências que poderão advir da demanda;
- **O advogado deve denunciar**, desde logo, a **quem lhe solicite parecer ou patrocínio, qualquer circunstância que possa influir na resolução de submeter-lhe a consulta ou confiar-lhe a causa;**
- **O advogado, no exercício do mandato,** atua como patrono da parte, cumprindo-lhe, por isso, imprimir à causa orientação que lhe pareça mais adequada, **<u>sem se subordinar a intenções contrárias do cliente</u>**;
- **A conclusão ou desistência da causa**, tenha havido, ou não, extinção do mandato, **obriga o advogado a devolver ao cliente bens, valores e documentos que lhe hajam sido confiados e ainda estejam em seu poder**, bem como a **prestar-lhe contas**, pormenorizadamente, **sem prejuízo de esclarecimentos complementares que se mostrem pertinentes e necessários.** Neste ponto, atente-se que **a parcela dos honorários paga pelos serviços até então prestados não se inclui entre os valores a ser devolvidos;**
- **O advogado <u>não deve aceitar</u> procuração de quem já tenha patrono constituído**, sem prévio conhecimento deste, **salvo por motivo plenamente justificável ou para adoção de medidas judiciais urgentes e inadiáveis;**
- O advogado não deve deixar ao abandono ou ao desamparo **<u>as causas sob seu patrocínio</u>**, sendo recomendável que, em face **de dificuldades insuperáveis ou inércia do cliente** quanto a providências que lhe tenham sido solicitadas, **<u>renuncie ao mandato;</u>**
- **A renúncia ao mandato <u>não exclui responsabilidade</u> por danos eventualmente causados** ao cliente ou a terceiros;
- **O advogado não será responsabilizado por omissão do cliente** quanto a **documento ou informação que lhe devesse fornecer** para a prática oportuna de ato processual do seu interesse;
- **A <u>revogação</u> do mandato judicial por vontade do cliente <u>não o desobriga do pagamento das verbas honorárias contratadas</u>**, assim como não retira o direito do advogado de receber o quanto lhe seja devido em eventual verba honorária de sucumbência, calculada proporcionalmente em face do serviço efetivamente prestado.

1.2 Sigilo profissional

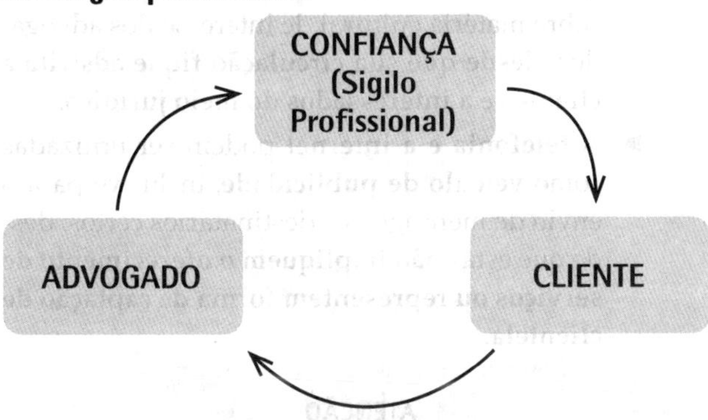

A ideia central acerca do sigilo profissional é de que: o advogado tem o dever de guardar sigilo dos fatos de que tome conhecimento no exercício da profissão, assim como dos fatos de que tenha tido conhecimento pelas suas funções desempenhadas na Ordem dos Advogados do Brasil.

Ainda sobre o tema, observe:

- O sigilo profissional é de **ordem pública**, **independendo de solicitação de reserva** que lhe seja feita pelo cliente;
- Trata-se de um direito e dever do advogado;
- Presumem-se **confidenciais as comunicações** de qualquer natureza entre **advogado e cliente**;
- O advogado, quando no exercício das funções de **mediador, conciliador e árbitro**, se submete às regras de sigilo profissional;
- O **sigilo profissional cederá** em face de **circunstâncias excepcionais** que configurem **justa causa**, como nos casos de **grave ameaça ao direito à vida** e à honra ou que envolvam defesa própria.

ATENÇÃO

EXCEÇÃO AO SIGILO PROFISSIONAL

- Justa Causa
- Grave Ameaça ao direito à vida e à honra
- Defesa própria

- O **advogado não é obrigado a depor**, em processo ou procedimento judicial, administrativo ou arbitral, **sobre fatos a cujo respeito deva guardar sigilo profissional**.

*O EAOAB garante ao advogado, como um direito, a possibilidade de recusar-se a depor como testemunha em processo no qual funcionou ou deva funcionar, ou sobre fato relacionado com pessoa de quem seja ou foi advogado, mesmo quando autorizado ou solicitado pelo constituinte, bem como sobre fato que constitua sigilo profissional.

1.3 Não mercantilização

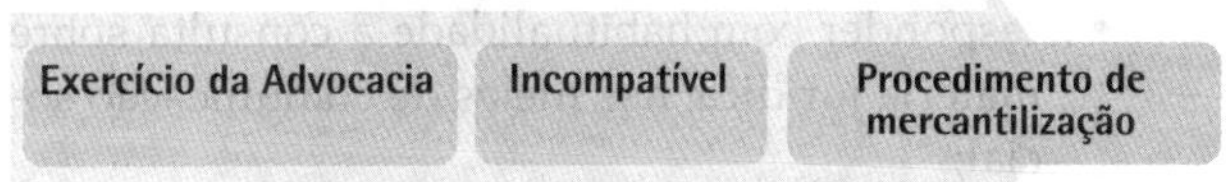

- A publicidade profissional do advogado tem caráter meramente informativo e deve primar pela discrição e sobriedade, não podendo configurar captação de clientela ou mercantilização da profissão.

1.4 Exclusividade

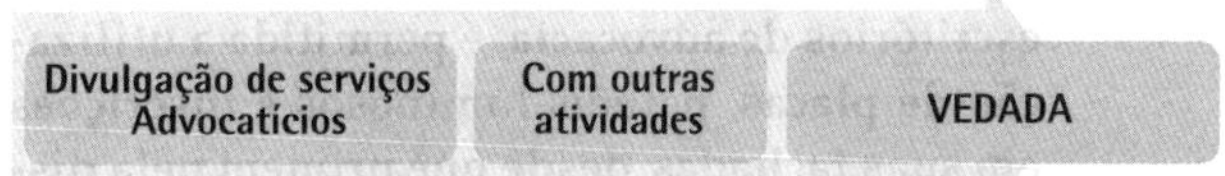

- Nos termos do artigo 1º, § 3º do EAOAB, é vedada a divulgação de advocacia em conjunto com outra atividade.

1.5 Publicidade profissional

- **A publicidade profissional do advogado tem caráter meramente informativo e deve primar pela discrição e sobriedade, não podendo configurar captação de clientela ou mercantilização da profissão**.
- Para fins de **publicidade profissional**, a ser realizada por advogado, **são vedados**:

- a veiculação da publicidade por meio de rádio, cinema e televisão;
- o uso de *outdoors*, painéis luminosos ou formas assemelhadas de publicidade;
- as inscrições em muros, paredes, veículos, elevadores ou em qualquer espaço público;
- a divulgação de serviços de advocacia juntamente com a de outras atividades ou a indicação de vínculos entre uns e outras;
- o fornecimento de dados de contato, como endereço e telefone, em colunas ou artigos literá-

rios, culturais, acadêmicos ou jurídicos, publicados na imprensa, bem assim quando de eventual participação em programas de rádio ou televisão, ou em veiculação de matérias pela internet, sendo permitida a referência a e-mail;

- a utilização de mala direta, a distribuição de panfletos ou formas assemelhadas de publicidade, com o intuito de captação de clientela.

► No mais, ainda, revela-se **vedado ao advogado**:

- responder com habitualidade a consulta sobre matéria jurídica, nos meios de comunicação social;
- debater, em qualquer meio de comunicação, causa sob o patrocínio de outro advogado;
- abordar tema de modo a comprometer a dignidade da profissão e da instituição que o congrega;
- divulgar ou deixar que sejam divulgadas listas de clientes e demandas;
- insinuar-se para reportagens e declarações públicas.

► Exclusivamente para fins de **identificação dos escritórios de advocacia**, é **permitida a utilização de placas, painéis luminosos e inscrições em suas fachadas**, **desde que primem pela discrição e sobriedade**.

► As colunas que o advogado mantiver nos meios de comunicação social ou os textos que por meio deles divulgar não deverão induzir o leitor a litigar nem promover, dessa forma, captação de clientela.

► O **advogado** que eventualmente **participar de programa de televisão ou de rádio, de entrevista na imprensa, de reportagem televisionada ou veiculada por qualquer outro meio, para manifestação profissional**, deve visar a **objetivos exclusivamente ilustrativos, educacionais e instrutivos, sem propósito de promoção pessoal ou profissional**, vedados **pronunciamentos sobre métodos de trabalho usados por seus colegas de profissão.**

► Quando **convidado para manifestação pública**, por qualquer modo e forma, visando ao esclarecimento de tema jurídico de interesse geral, **deve o advogado evitar insinuações com o sentido de promoção pessoal ou profissional, bem como o debate de caráter sensacionalista.**

► Na publicidade profissional que promover ou nos **cartões e material de escritório** de que se utilizar, o advogado **fará constar seu nome ou o da sociedade de advogados, o número ou os números de inscrição na OAB.**

► São **admissíveis como formas de publicidade** o **patrocínio de eventos ou publicações de caráter científico ou cultural**, assim como a **divulgação de boletins**, por meio físico ou eletrônico, sobre matéria cultural de interesse dos advogados, **desde que sua circulação fique adstrita a clientes e a interessados do meio jurídico.**

► A **telefonia e a internet** podem ser utilizadas como **veículo de publicidade**, inclusive para o envio de mensagens a destinatários certos, desde que estas **não impliquem o oferecimento de serviços ou representem forma de captação de clientela.**

ATENÇÃO

PUBLICIDADE PROFISSIONAL / CARTÕES / MATERIAIS DO ESCRITÓRIO

↓

Autoriza-se a fazer menção a...

↓

títulos acadêmicos; instituições jurídicas que o advogado integre; especialidade; endereço; e-mail; site / página eletrônica; logotipo; fotografia do escritório; horário de atendimento; idiomas em que o cliente pode ser atendido.

↓

No entanto, são VEDADAS...

↓

a inclusão de fotografias pessoais ou de terceiros nos cartões de visitas do advogado, bem como a menção a qualquer emprego, cargo ou função ocupado, atual ou pretérito, em qualquer órgão ou instituição, **salvo o de professor universitário.**

2. DEVERES DO ADVOGADO

Nos termos do Código de Ética da OAB, são **deveres dos advogados**:

► preservar, em sua conduta, a honra, a nobreza e a dignidade da profissão, zelando pelo caráter de essencialidade e indispensabilidade da advocacia;

► atuar com destemor, independência, honestidade, decoro, veracidade, lealdade, dignidade e boa-fé;

► velar por sua reputação pessoal e profissional;

► empenhar-se, permanentemente, no aperfeiçoamento pessoal e profissional;

- contribuir para o aprimoramento das instituições, do Direito e das leis;
- estimular, a qualquer tempo, a conciliação e a mediação entre os litigantes, prevenindo, sempre que possível, a instauração de litígios;
- desaconselhar lides temerárias, a partir de um juízo preliminar de viabilidade jurídica;
- abster-se de:

  a) utilizar de influência indevida, em seu benefício ou do cliente;

  b) vincular seu nome a empreendimentos sabidamente escusos;

  c) emprestar concurso aos que atentem contra a ética, a moral, a honestidade e a dignidade da pessoa humana;

  d) entender-se diretamente com a parte adversa que tenha patrono constituído, sem o assentimento deste;

  e) ingressar ou atuar em pleitos administrativos ou judiciais perante autoridades com as quais tenha vínculos negociais ou familiares.
- contratar honorários advocatícios em valores aviltantes;
- pugnar pela solução dos problemas da cidadania e pela efetivação dos direitos individuais, coletivos e difusos;
- adotar conduta consentânea com o papel de elemento indispensável à administração da Justiça;
- cumprir os encargos assumidos no âmbito da Ordem dos Advogados do Brasil ou na representação da classe;
- zelar pelos valores institucionais da OAB e da advocacia;
- ater-se, quando no exercício da função de defensor público, à defesa dos necessitados.

3. DAS ATIVIDADES PRIVATIVAS DE ADVOCACIA

- Art. 1º-5º do EAOAB;
- Art. 1º-8º do RGEAOAB.

O Estatuto da OAB traz a regulamentação de diversos temas, todos envoltos pela advocacia e a figura do advogado, iniciando o capítulo, do diploma em questão, pelas atividades privativas da advocacia. E acerca deste ponto específico, neste momento, teceremos algumas considerações.

A atividade jurídica, por vezes, pode ser exercida por aquele que não é tido, bem como reconhecido legalmente, como advogado. Como sabemos, o **advogado** é o **bacharel em direito com a correspondente inscrição na Ordem dos Advogados (OAB) – art. 3º do EAOAB**.

No entanto, **algumas atividades são privativas da advocacia**, logo, **não praticáveis por quem não é advogado**, como se observa nas hipóteses elencadas no **art. 1º do EAOAB**:

- I – a postulação a **qualquer** órgão do Poder Judiciário e aos juizados especiais;

É privativa do advogado a postulação a órgão do Poder Judiciário e aos juizados especiais, mas não a qualquer órgão, conforme ADIN 1.127-8, já que há hipóteses de postulação frente ao Judiciário sem a necessidade de ser tido/ reconhecido como advogado, como se observa nas seguintes hipóteses:

**Habeas Corpus* (art. 1º, § 1º da Lei n. 8.906/94);

***Juizado Especial Cível – Até 20 salários mínimos (art. 9º da Lei n. 9.099/95);**

***Juizado Especial Federal Cível – Até 60 salários mínimos (art. 10, *caput*, da Lei n. 10.259/2001);**

***Ação de Alimentos (art. 2º da Lei n. 5.478/68);**

***Defesa em sede de Processo Administrativo Disciplinar (Súmula Vinculante 05 do STF); e**

******Jus Postulandi*** **na seara trabalhista (art. 791 da CLT e Súmula 425 do TST)** – Na seara trabalhista a parte interessada pode ter acesso à Justiça do Trabalho sem a necessidade de advogado, com exceção dos recursos de competência do TRT, ação rescisória, ação cautelar e mandado de segurança.

PROVA – Trata-se de medida judicial privativa de advogado: *Habeas Data*, Mandado de Segurança, Revisão Criminal e Ação Popular.

- II – as atividades de consultoria, assessoria e direção jurídicas – (Atos Privativos Extrajudiciais);

A atividade de consultoria, assessoria e direção jurídica são privativas do advogado, logo, aquele que trabalha em determinado departamento jurídico de uma empresa privada/ pública, ou ainda, aquele que preste consultoria ou assessoria jurídica em determinado escritório, por exemplo, obrigatoriamente deve ser advogado, na acepção do termo.

- **Gerência Jurídica** – Segundo o art. 7º do Regulamento Geral da OAB, a função de diretoria e gerência jurídicas em qualquer empresa pública, privada ou paraestatal, inclusive em instituições financeiras, também é privativa de advogado, não podendo ser exercida por quem não se encontre inscrito regularmente na OAB.
- Visar atos e contratos constitutivos de pessoa jurídica – O ato de visar atos/ contratos constitutivos de pessoa jurídica para fins de registro nos órgãos competentes é privativo de Advogado.
- Quando se tratar de **microempresas e empresas de pequeno porte**, se dispensa que o ato / contrato seja visado por advogado – art. 9º, § 2º, da Lei Complementar n. 123/2006.

Acerca do tema, tome nota do preceito trazido pelo autor Marco Antônio Araújo Junior: *"Estão impedidos de visar atos e contratos constitutivos de pessoas jurídicas os advogados que prestem serviços a órgãos ou entidades da Administração Pública direta ou indireta, da unidade federativa a que se vincule a Junta Comercial, ou a quaisquer repartições administrativas competentes para o mencionado registro."*

Em resumo, tome nota:

- O estagiário de advocacia, regularmente inscrito, pode praticar os atos previstos no art. 1º do EAOAB, em conjunto com advogado e sob responsabilidade deste.

4. ATO NULO – ATO PRIVATIVO (ADVOGADO)

Quando o ato privativo de advogado for praticado por pessoa que não se encaixe em tal condição legal, o ato será considerado nulo, e implicará responsabilização na esfera civil, penal e administrativa.

Neste sentido, o ato será nulo, quando praticado por:

- pessoa não inscrita na OAB (advogado);
- advogado impedido, licenciado e suspenso; e
- advogado que estiver exercendo atividade incompatível com a advocacia.

5. EFETIVO EXERCÍCIO DA ADVOCACIA

Exercem atividade de advocacia, sujeitando-se ao Estatuto da OAB, além do regime próprio a que se subordinem, os **integrantes da Advocacia-Geral da União, da Procuradoria da Fazenda Nacional, da Defensoria Pública e das Procuradorias e Consultorias Jurídicas** dos Estados, do Distrito Federal, dos Municípios e das respectivas entidades de administração indireta e fundacional.

Em resumo, subordinam-se aos diplomas da OAB, os integrantes dos seguintes órgãos da Administração Pública Direita e Indireta:

- Advocacia Geral da União;
- Procuradoria da Fazenda Nacional;
- Defensoria Pública; e
- Procuradorias e Consultorias Jurídicas.

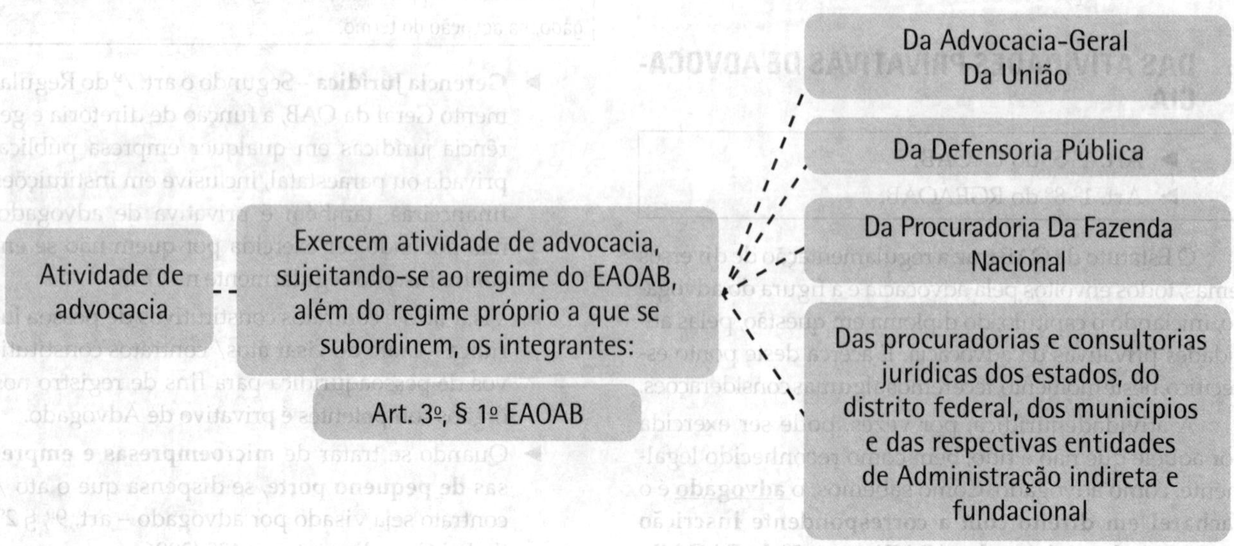

No entanto, destaco o recente entendimento da Quinta Turma do Superior Tribunal de Justiça, no RHC 61.848/PA acerca dos defensores públicos:

> "Os defensores não são advogados públicos, possuem regime disciplinar próprio e têm sua capacidade postulatória decorrente diretamente da Constituição Federal".
>
> "Em conclusão, o art. 3º, § 1º, da Lei 8.906/1994 merece interpretação conforme à Constituição para obstar a necessidade de inscrição na OAB dos membros das carreiras da Defensoria Pública, não obstante se exija a inscrição do candidato em concurso público. Ademais, a inscrição obrigatória não pode ter fundamento nesse comando em razão do posterior e específico dispositivo presente no art. 4º, § 6º, da Lei Complementar 80/1994".

Assim, quanto ao efetivo exercício da advocacia, para fins de comprovação, é verificado pela participação anual do advogado em pelo menos cinco atos privativos, dentre os previstos no art. 1º do EOAB. Perceba que, nesta hipótese, não me referi quanto à atuação em ações judiciais, mas tão somente em atos privativos, judiciais ou extrajudiciais, como consultoria.

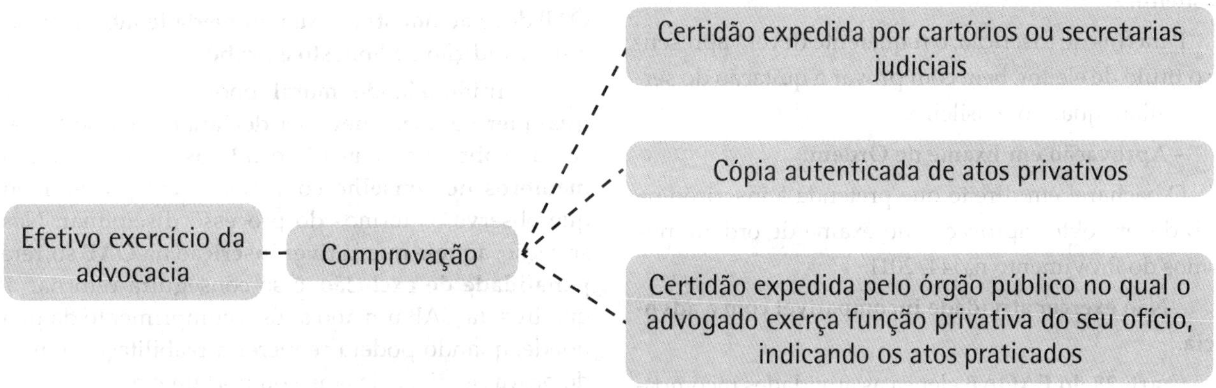

6. INSCRIÇÃO NA OAB – ADVOGADO

- ► Art. 8º-14 do EAOAB;
- ► Art. 20-26 e 32-36 do RGEAOAB.

De pronto questiona-se:

Quais são os requisitos para se inscrever como advogado na OAB?

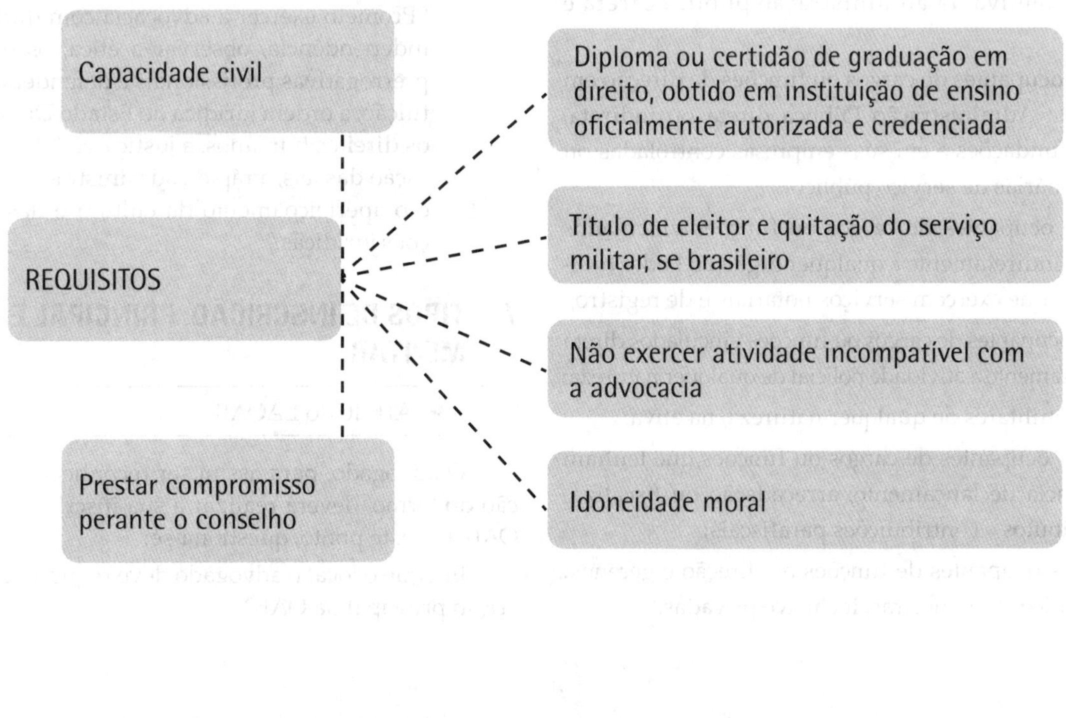

Assim, observe algumas peculiaridades ligadas aos requisitos da inscrição na OAB, como advogado:

– Capacidade civil.

A capacidade plena, nos termos do Código Civil, é adquirida aos 18 anos completos.

– Diploma ou certidão de graduação em direito, obtido em instituição de ensino oficialmente autorizada e credenciada.

Na ausência de diploma, o requerente deverá apresentar certidão de graduação em direito, em conjunto, com cópia autenticada do histórico escolar.

– Título de eleitor e quitação do serviço militar, se brasileiro.

Para fins de inscrição, o requerente deverá apresentar o título de eleitor, bem com provar a quitação do serviço militar, quando brasileiro.

– Aprovação em Exame de Ordem.

O bacharel em direito que pretenda a inscrição na OAB deverá obter aprovação no exame de ordem, nos termos do Provimento n. 144/2011.

– Não exercer atividade incompatível com a advocacia.

O **art. 28 do EAOAB** elenca as atividades incompatíveis com a advocacia, como se observa:

I – chefe do Poder Executivo e membros da Mesa do Poder Legislativo e seus substitutos legais;

II – membros de órgãos do Poder Judiciário, do Ministério Público, dos tribunais e conselhos de contas, dos juizados especiais, da justiça de paz, juízes classistas, bem como de todos os que exerçam função de julgamento em órgãos de deliberação coletiva da administração pública direta e indireta;

III – ocupantes de cargos ou funções de direção em Órgãos da Administração Pública direta ou indireta, em suas fundações e em suas empresas controladas ou concessionárias de serviço público;

IV – ocupantes de cargos ou funções vinculados direta ou indiretamente a qualquer órgão do Poder Judiciário e os que exercem serviços notariais e de registro;

V – ocupantes de cargos ou funções vinculados direta ou indiretamente a atividade policial de qualquer natureza;

VI – militares de qualquer natureza, na ativa;

VII – ocupantes de cargos ou funções que tenham competência de lançamento, arrecadação ou fiscalização de tributos e contribuições parafiscais;

VIII – ocupantes de funções de direção e gerência em instituições financeiras, inclusive privadas.

atividades privadas

As atividades incompatíveis com a advocacia implicam a proibição total para advogar, em caráter temporário ou definitivo.

Assim, tome nota:

A incompatibilidade poderá gerar o cancelamento da inscrição, quando a incompatibilidade for total; como também poderá gerar uma licença, quando a incompatibilidade for temporária com a advocacia.

– Idoneidade moral.

O bacharel em direito para obter a inscrição na OAB deve **demonstrar a sua idoneidade moral**, ou seja, a sua **condição de honesto e probo.**

A **inidoneidade moral** pode ser **suscitada por qualquer pessoa**, e deve ser **declarada mediante decisão que obtenha no mínimo 2/3 dos votos de todos os membros do conselho** competente, em procedimento que observe os termos do processo disciplinar. Nesta situação, **aquele que já tiver inscrição na OAB** sofrerá a **penalidade de exclusão**, e só conseguirá retornar aos quadros da OAB um ano após o cumprimento da penalidade, quando poderá requerer a reabilitação, em face de provas efetivas de bom comportamento.

► Há uma **presunção relativa de idoneidade moral** de todos aqueles que requeiram a sua inscrição perante os quadros da OAB.

– Prestar compromisso perante o conselho.

O bacharel em direito deverá prestar compromisso perante o Conselho da OAB em ato solene e personalíssimo na ocasião em que for receber a carteira de advogado. Trata-se de ato indelegável, até mesmo mediante procuração.

O compromisso será realizado, nos seguintes termos:

> "Prometo exercer a advocacia com dignidade e independência, observar a ética, os deveres e prerrogativas profissionais e defender a Constituição, a ordem jurídica do Estado Democrático, os direitos humanos, a justiça social, a boa aplicação das leis, a rápida administração da justiça e o aperfeiçoamento da cultura e das instituições jurídicas."

7. TIPOS DE INSCRIÇÃO: PRINCIPAL E SUPLEMENTAR.

► Art. 10 do EAOAB.

O advogado, para assim ser reconhecido, na acepção do termo, deverá realizar a sua inscrição perante a OAB. E, neste ponto, questiona-se:

Em que o local o advogado deve requerer a sua inscrição principal na OAB?

A <u>**inscrição principal do advogado**</u> deve ser feita no Conselho Seccional em cujo território pretende estabelecer o seu <u>**domicílio profissional.**</u>

Considera-se domicílio profissional **a sede principal da atividade de advocacia, prevalecendo, na dúvida, o domicílio da pessoa física do advogado.**

No caso de **mudança efetiva de domicílio profissional** para outra unidade federativa, deve o **advogado requerer a transferência de sua inscrição para o Conselho Seccional correspondente.**

Além da principal, o advogado deve promover a <u>**inscrição suplementar**</u> nos **Conselhos Seccionais** em cujos territórios passar a exercer habitualmente a profissão, hipótese em que a intervenção judicial, naquela localidade, <u>**exceder de cinco causas por ano.**</u>

Exemplo: *Caso o advogado "X" tenha inscrição principal em São Paulo, mas passe a atuar de forma habitual no Rio de Janeiro (mais de cinco causas por ano), o advogado deverá requerer a sua inscrição suplementar.*

Assim, em resumo, tome nota:

- ▶ Inscrição Principal – No território em que o advogado pretende estabelecer o seu domicílio profissional.
- ▶ Quando se tratar de estagiário, a inscrição principal deve ser realizada no Conselho Seccional em cujo território se localize seu curso jurídico.
- ▶ Inscrição Suplementar – Quando o advogado exceder a cinco causas por ano em localidade diversa de sua inscrição principal.
- ▶ Transferência da Inscrição – No caso de mudança efetiva de domicílio profissional para outra unidade federativa.

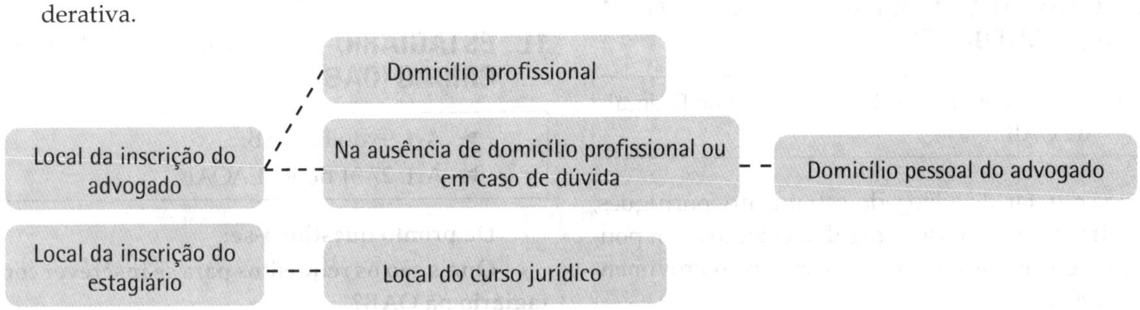

Quanto à **Identidade Profissional** dos advogados e estagiários inscritos na OAB, observa-se que a carteira e o cartão emitidos pela OAB são de uso obrigatório para o exercício de suas atividades.

A carteira de identidade do advogado conterá os seus dados de identificação, na seguinte ordem: número da inscrição, nome, nome social, filiação, naturalidade, data do nascimento, nacionalidade, data da colação de grau, data do compromisso e data da expedição, e a assinatura do Presidente do Conselho Seccional.

Em se tratando de travesti ou transexual, o nome social é a designação pela qual a pessoa se identifica e é socialmente reconhecida, e será inserido na identificação do advogado mediante requerimento.

No que tange ao cartão de identidade do estagiário, tem o mesmo modelo e conteúdo do cartão de identidade do advogado, com a indicação de "Identidade de Estagiário", em destaque, e do prazo de validade, que não pode ultrapassar três anos, nem ser prorrogado.

8. INSCRIÇÃO NA OAB PARA ESTRANGEIROS OU BRASILEIROS GRADUADOS NO EXTERIOR

▶ Art. 8º, § 2º, do EAOAB.

Inicialmente, destaca-se que o estrangeiro ou brasileiro, quando não graduado em direito no Brasil, deverá fazer prova do título de graduação, obtido em instituição estrangeira, devidamente revalidado no Brasil.

Assim, além da revalidação do diploma para fins de obter a inscrição nos quadros da OAB, o bacharel em direito deverá demonstrar o preenchimento dos requisitos do art. 8º do EAOAB, quais sejam:

(a) capacidade civil;

(b) diploma ou certidão de graduação em direito, obtido em instituição de ensino oficialmente autorizada e credenciada;

(c) <u>**título de eleitor e quitação do serviço militar, se brasileiro**</u>*;

* O estrangeiro fica dispensado deste quesito.

(d) aprovação em Exame de Ordem;

(e) não exercer atividade incompatível com a advocacia;

(f) idoneidade moral; e

(g) prestar compromisso perante o conselho.

9. ADVOGADO ESTRANGEIRO – ATUAÇÃO NO BRASIL (SEM INSCRIÇÃO)

▶ Provimento n. 91/2000 do Conselho Federal da OAB.

O advogado estrangeiro (sem inscrição) que pretenda atuar profissionalmente no Brasil poderá ter **autorização da Ordem dos Advogados do Brasil**, hipótese em que poderá realizar **consultoria no direito** estrangeiro, correspondente ao país ou Estado de origem do profissional.

Assim, tome nota de algumas peculiaridades:

- **O advogado estrangeiro** possui vedação quanto ao **exercício do procuratório judicial e a consultoria ou assessoria em direito brasileiro**, ainda que esteja em parceria com advogado/ sociedade de advogados nacionais;
- **O exercício de atividade de consultoria,** quando autorizado, poderá perdurar por até três anos, sendo renovável a cada novo interregno de três anos.

10. ADVOGADO ESTRANGEIRO – NACIONALIDADE PORTUGUESA

- Provimento n. 129/2008 do Conselho Federal da OAB.

Quando se tratar de advogado estrangeiro, português, que queira atuar no Brasil, a regulamentação é um pouco diferente, como se observa no disposto no Provimento n. 129/2008:

> Art. 1º O advogado de nacionalidade portuguesa, em situação regular na Ordem dos Advogados Portugueses, pode inscrever-se no quadro da Ordem dos Advogados do Brasil, observados os requisitos do art. 8º da Lei n. 8.906, de 1994, com a dispensa das exigências previstas no inciso IV e no § 2º, e do art. 20 do Regulamento Geral do Estatuto da Advocacia e da OAB.
>
> Art. 2º O disposto no o art. 1º não exclui a possibilidade do exercício da atividade do advogado português na qualidade de consultor em direito estrangeiro no Brasil, cumpridas as exigências do Provimento n. 91/2000-CFOAB.

Em resumo, quando se tratar de pessoa (advogado) com nacionalidade portuguesa, não haverá necessidade de prestar o exame da OAB.

Antes que se questione, informo:

- Todos os demais requisitos do art. 8º do EAOAB deverão estar presentes com exceção da necessidade de aprovação no Exame de Ordem, bem como de revalidação do diploma.

11. ESTAGIÁRIO – CARACTERÍSTICAS E INSCRIÇÃO (OAB)

- Art. 9º do EAOAB;
- Art. 27-31 do RGEAOAB.

De pronto questiona-se:

Quais são os requisitos para se inscrever como estagiário na OAB?

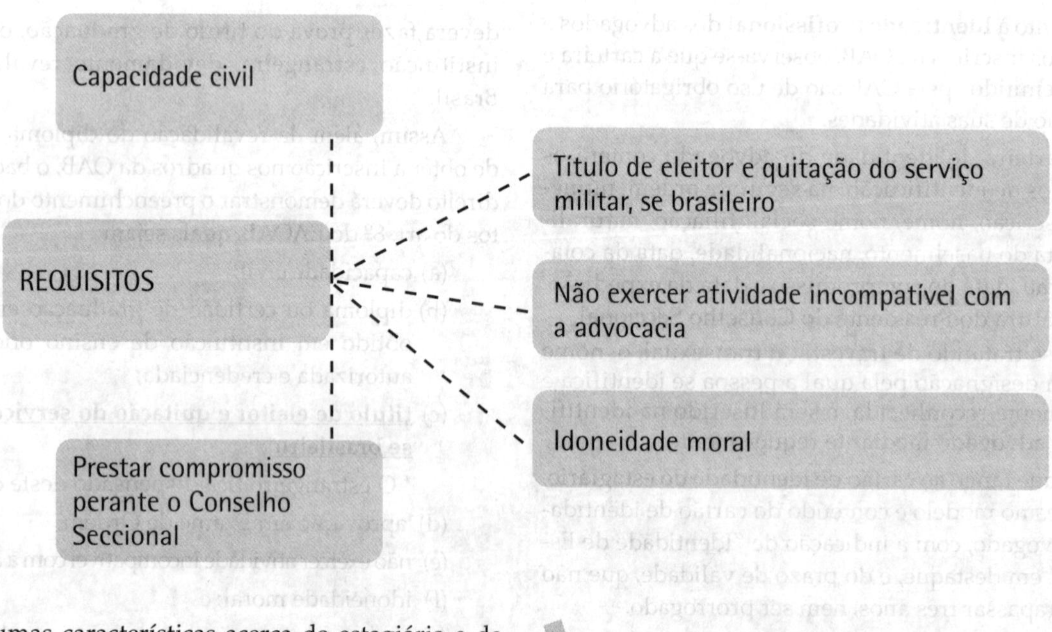

Algumas características acerca do estagiário e de sua inscrição perante aos quadros da OAB, nesta condição, devem ser estudadas. Assim, tome nota:

- A inscrição do estagiário é feita no **Conselho Seccional** em cujo **território** se **localize seu curso jurídico**

Logo, a inscrição NÃO é realizada no domicílio (residencial) do estagiário, e tampouco no domicílio profissional.

- O aluno de curso jurídico que exerça **atividade incompatível com a advocacia** pode frequentar o estágio ministrado pela respectiva instituição de ensino superior, para fins de aprendizagem, vedada a inscrição na OAB;

- O estágio profissional de advocacia, com **duração de dois anos**, realizado nos últimos anos do curso jurídico, pode ser mantido pelas respectivas instituições de ensino superior pelos Conselhos da OAB, ou por setores, órgãos jurídicos e escritórios de advocacia credenciados pela OAB, sendo obrigatório o estudo deste Estatuto e do Código de Ética e Disciplina;
- O estagiário de advocacia, regularmente inscrito, pode praticar os atos previstos no art. 1º do EAOAB, na forma do regimento geral, em conjunto com advogado e sob responsabilidade deste.

I – a postulação a órgão do Poder Judiciário e aos juizados especiais; II – as atividades de consultoria, assessoria e direção jurídicas.

O **estagiário inscrito na OAB** pode praticar isoladamente os seguintes atos, sob a responsabilidade do advogado:

I – retirar e devolver autos em cartório, assinando a respectiva carga;

II – obter junto aos escrivães e chefes de secretarias certidões de peças ou autos de processos em curso ou findos;

III – assinar petições de juntada de documentos a processos judiciais ou administrativos.

- Quando do exercício de atos extrajudiciais, o estagiário pode comparecer isoladamente, quando receber autorização ou substabelecimento do advogado;
- Segundo o **art. 28 do RGEAOAB**, o **estágio realizado na Defensoria Pública da União**, do Distrito Federal ou dos Estados, na forma do art. 145 da Lei Complementar n. 80, de 12 de janeiro de 1994, é considerado válido para fins de **inscrição no quadro de estagiários da OAB**.
- **CARGA HORÁRIA** – O **estágio profissional de advocacia** pode ser oferecido pela instituição de ensino superior autorizada e credenciada, em convênio com a OAB, complementando-se a carga horária do estágio curricular supervisionado com atividades práticas típicas de advogado e de estudo do Estatuto e do Código de Ética e Disciplina, observado o tempo conjunto mínimo de **300 horas, distribuído em dois ou mais anos.**
- **IDENTIDADE PROFISSIONAL** – São documentos de identidade profissional a carteira e o cartão emitidos pela OAB, de uso obrigatório pelos advogados e estagiários inscritos, para o exercício de suas atividades (art. 32 do RGEAOAB).
- **INFRAÇÃO DISCIPLINAR (CENSURA)** – Nos termos do art. 34, XXIX, do EAOAB, o estagiário que praticar ato excedente de sua habilitação será apenado em censura. Além desta tipificação específica ao estagiário, vale lembrar que este se subordina a todos os regramentos contidos no Código de Ética, Regulamento Geral e Estatuto da OAB, de forma que o desrespeito implicará em sanções disciplinares.
- Por fim, **o estagiário não poderá se candidatar para cargos (eletivos) na OAB**, assim, como não votará nas eleições que ocorrerem nesse órgão, já que tais atos são privativos de advogados inscritos na OAB.

12. CANCELAMENTO E LICENCIAMENTO DA INSCRIÇÃO

CANCELA-SE a inscrição do profissional que (art. 11 do EAOAB):	**LICENCIA-SE o profissional que (art. 12 do EAOAB):**
I – assim o requerer;	**I** – assim o requerer, por motivo justificado;
II – sofrer penalidade de exclusão; Nesta hipótese específica, o **novo pedido de inscrição** deverá ser acompanhado de prova de reabilitação.	**II** – passar a exercer, em caráter temporário, atividade incompatível com o exercício da advocacia; O **art. 28 do EAOAB** elenca as **atividades incompatíveis com a advocacia**, como militares de qualquer natureza, na ativa.
III – falecer;	**III** – sofrer doença mental considerada curável. Se o advogado for acometido por uma **doença mental incurável** deverá se operar o **cancelamento de sua inscrição.**
IV – passar a exercer, em caráter definitivo, atividade incompatível com a advocacia;	******
V – perder qualquer um dos requisitos necessários para inscrição.	******
Na hipótese de novo pedido de inscrição – que não restaura o número de inscrição anterior – deve o interessado fazer prova dos seguintes requisitos: - capacidade civil; - não exercer atividade incompatível com a advocacia; - idoneidade moral; e - prestar compromisso perante o conselho.	Durante o afastamento temporário, o advogado ficará isento do pagamento da anuidade.

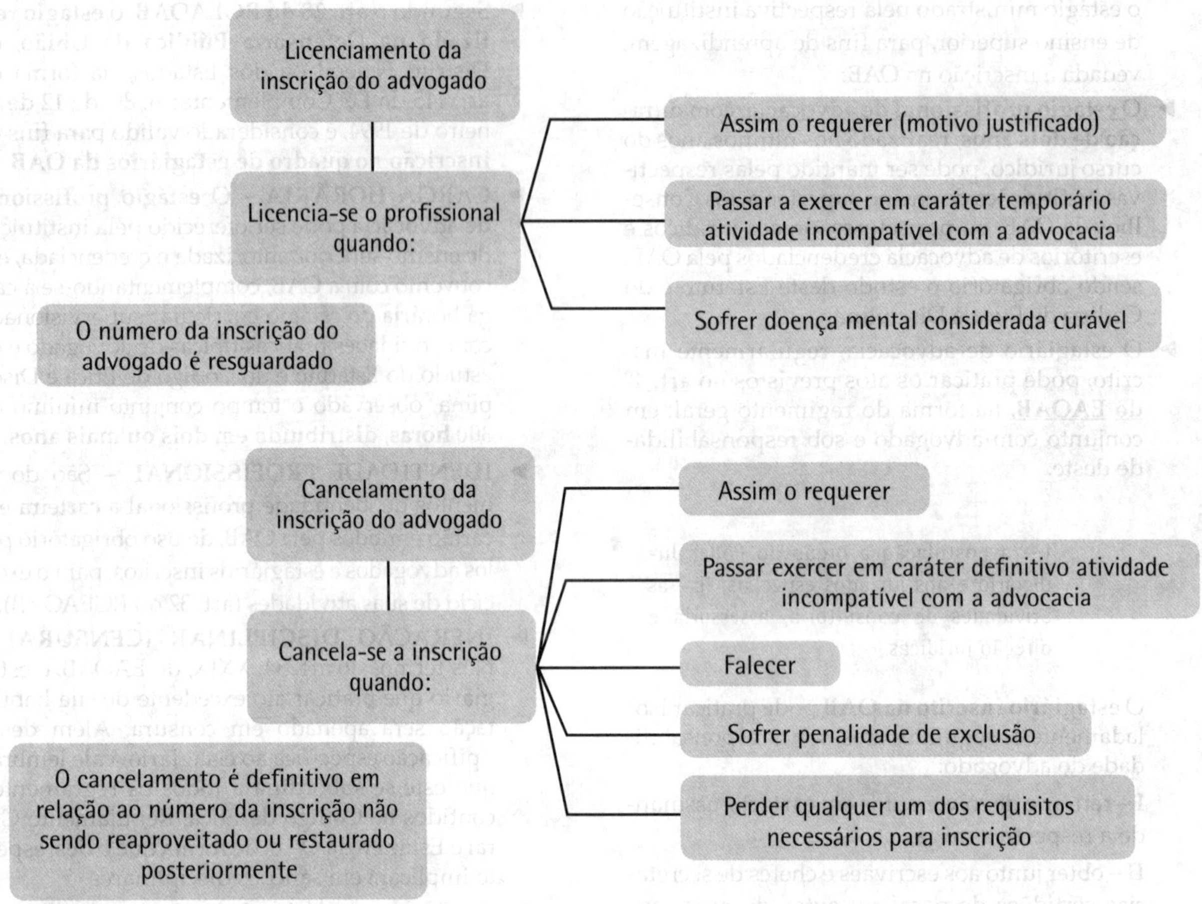

13. INCOMPATIBILIDADE E IMPEDIMENTO

► Art. 27-30 do EAOAB.

A incompatibilidade e o impedimento são hipóteses legais em que a advocacia se torna incompatível, em sentido lato, com o exercício de outra função/ cargo.

13.1 Incompatibilidade = art. 28, EAOAB

► PROIBIÇÃO TOTAL DE ADVOGAR

I – **chefe** do Poder Executivo e membros da Mesa do Poder Legislativo e seus substitutos legais;

II – **membros*** de órgãos do Poder Judiciário, do Ministério Público, dos tribunais e conselhos de contas, dos juizados especiais, da justiça de paz, juízes classistas, bem como de todos os que exerçam função de julgamento em órgãos de deliberação coletiva da administração pública direta e indireta;

***Membros são diferentes de servidores!**

Exemplo de membros: juízes, desembargadores, procuradores etc.

III – ocupantes de cargos ou funções de direção em Órgãos da Administração Pública direta ou indireta, em suas fundações e em suas empresas controladas ou concessionárias de serviço público;

OBS.: Não se incluem nesta hipótese os que não detenham poder de decisão relevante sobre interesses de terceiro, a juízo do conselho competente da OAB, bem como a administração acadêmica diretamente relacionada ao magistério jurídico.

IV – ocupantes de cargos ou funções vinculados direta ou indiretamente a qualquer órgão do Poder Judiciário e os que exercem serviços notariais e de registro;

Exemplo: tabeliões, notários, escreventes de cartórios extrajudiciais etc.

V – ocupantes de cargos ou funções vinculados direta ou indiretamente a atividade policial de qualquer natureza;

VI – militares de qualquer natureza, **na ativa****;

****Atenção!**

VII – ocupantes de cargos ou funções que tenham competência de lançamento, arrecadação ou fiscalização de tributos e contribuições parafiscais;

VIII – ocupantes de funções de direção e gerência em instituições financeiras, inclusive privadas.

Assim, acerca do tema, tome nota:

- A **incompatibilidade** poderá ser em caráter definitivo ou temporário, o que poderá implicar, respectivamente, o cancelamento da inscrição, ou ainda, um requerimento de licença, como se observa:

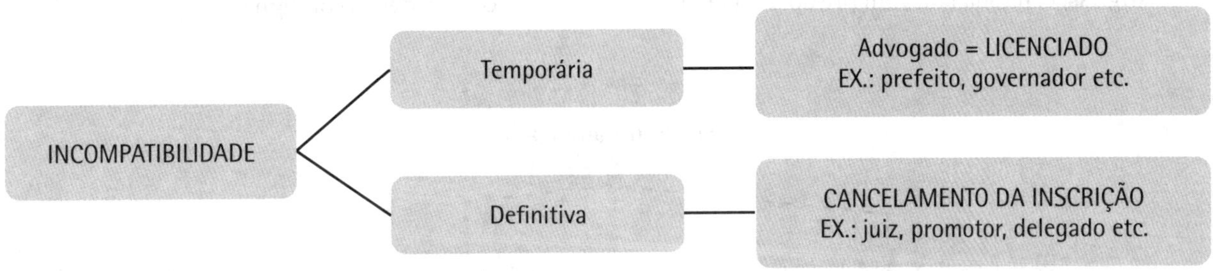

- A incompatibilidade permanece mesmo que o ocupante do cargo ou função deixe de exercê-lo temporariamente.
- Os Procuradores Gerais, Advogados Gerais, Defensores Gerais e dirigentes de órgãos jurídicos da Administração Pública direta, indireta e fundacional são exclusivamente legitimados para o exercício da advocacia vinculada à função que exerçam, durante o período da investidura;.

13.2. Impedimento = art. 30, EAOAB

PROIBIÇÃO PARCIAL DE ADVOGAR

I – os **servidores*** da Administração direta, indireta e fundacional, **contra** a Fazenda Pública que os remunere ou à qual seja vinculada a entidade empregadora;

OBS.: Não se incluem, nesta hipótese, os docentes dos cursos jurídicos.

II – os **membros do Poder Legislativo***, em seus diferentes níveis, **contra ou a favor** das pessoas jurídicas de direito público, empresas públicas, sociedades de economia mista, fundações públicas, entidades paraestatais ou empresas concessionárias ou permissionárias de serviço público.

> Assim, tome nota:
> **Quando o advogado se tornar impedido, a sua inscrição na OAB em nada será afetada, havendo apenas uma anotação em sua carteira profissional quanto à restrição no exercício da advocacia.**

14. DIREITOS E PRERROGATIVAS PROFISSIONAIS

Os direitos do advogado estão concentrados no art. 7º do EAOAB, o qual disciplina como direito:

- **exercer, com liberdade, a profissão em todo o território nacional;**

  Atenção aos atos Privativos do Advogado, quais sejam: I – a postulação a órgão do Poder Judiciário e aos juizados especiais; II – as atividades de consultoria, assessoria e direção jurídicas.

  OBS.: Neste ponto, ainda, ressaltamos que o advogado poderá exercitar a sua capacidade postulatória em todo território nacional, mas necessária se fará a inscrição suplementar, quando exceder de cinco causas por ano na localidade diversa de sua inscrição principal.

- **a inviolabilidade de seu escritório ou local de trabalho, bem como de seus instrumentos de trabalho, de sua correspondência escrita, eletrônica, telefônica e telemática, desde que relativas ao exercício da advocacia;**

  OBS.: Quando **presentes indícios de autoria e materialidade da prática de crime** por parte de **advogado**, a autoridade judiciária competente poderá **decretar a quebra da inviolabilidade** em **decisão motivada**, expedindo **mandado de busca e apreensão, específico e pormenorizado**, a ser cumprido **na presença de representante da OAB**.

  OBS.: Os documentos, mídias e objetos pertencentes a clientes do advogado averiguado não poderão ser utilizadas contra o cliente, salvo o caso de coautoria e participação, entre advogado e cliente, pela prática do mesmo crime que deu causa à quebra da inviolabilidade.

- comunicar-se com seus clientes, pessoal e reservadamente, **mesmo sem procuração**, quando estes se acharem presos, detidos ou recolhidos em estabelecimentos civis ou militares, **ainda que considerados incomunicáveis**;

- **ter a presença de representante da OAB, quando preso em flagrante, por motivo ligado ao exercício da advocacia, para lavratura do auto respectivo, sob pena de nulidade e, nos demais casos, a comunicação expressa à seccional da OAB.**

  OBS.: Veja que o advogado somente poderá ser preso em flagrante, por motivo de exercício da profissão, em caso de crime inafiançável.

- **não ser recolhido preso, antes de sentença transitada em julgado, senão em sala de Estado Maior, com instalações e comodidades condignas,** e, na sua falta, em prisão domiciliar;

Atenção – O recolhimento do advogado em sala de Estado Maior não tem por requisito o reconhecimento pela OAB, quanto às instalações e comodidades condignas.

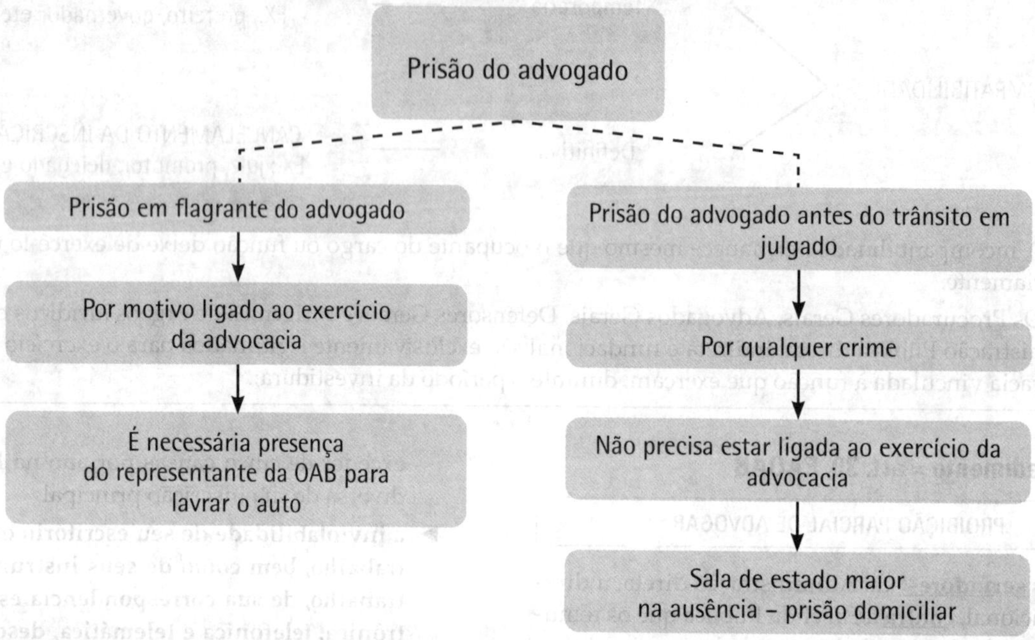

- **ingressar livremente**:

a) nas salas de sessões dos tribunais, mesmo além dos cancelos que separam a parte reservada aos magistrados;

b) nas salas e dependências de audiências, secretarias, cartórios, ofícios de justiça, serviços notariais e de registro, e, no caso de delegacias e prisões, mesmo fora da hora de expediente e independentemente da presença de seus titulares;

c) em qualquer edifício ou recinto em que funcione repartição judicial ou outro serviço público onde o advogado deva praticar ato ou colher prova ou informação útil ao exercício da atividade profissional, dentro do expediente ou fora dele, e ser atendido, desde que se ache presente qualquer servidor ou empregado;

d) em qualquer assembleia ou reunião de que participe ou possa participar o seu cliente, ou perante a qual este deva comparecer, desde que munido de poderes especiais;

- **permanecer sentado ou em pé e retirar-se de quaisquer locais indicados no inciso anterior, independentemente de licença;**
- **dirigir-se diretamente aos magistrados nas salas e gabinetes de trabalho, independentemente de horário previamente marcado ou outra condição, observando-se a ordem de chegada;**
- **usar da palavra, pela ordem, em qualquer juízo ou tribunal, mediante intervenção sumária, para esclarecer equívoco ou dúvida surgida em relação a fatos, documentos ou afirmações que influam no julgamento, bem como para replicar acusação ou censura que lhe forem feitas;**
- **reclamar, verbalmente ou por escrito, perante qualquer juízo, tribunal ou autoridade, contra a inobservância de preceito de lei, regulamento ou regimento;**
- **falar, sentado ou em pé, em juízo, tribunal ou órgão de deliberação coletiva da Administração Pública ou do Poder Legislativo;**
- **examinar, em qualquer órgão dos Poderes Judiciário e Legislativo, ou da Administração Pública em geral, autos de processos findos ou em andamento, mesmo sem procuração, quando não estiverem sujeitos a sigilo ou segredo de justiça, assegurada a obtenção de cópias, com possibilidade de tomar apontamentos;**

OBS.: Tal direito aplica-se integralmente a processos e a procedimentos eletrônicos.

- **examinar, em qualquer instituição responsável por conduzir investigação, mesmo sem procuração, autos de flagrante e de investigações de qualquer natureza, findos ou em andamento, ainda que conclusos à autoridade, podendo copiar peças e tomar apontamentos, em meio físico ou digital;**

OBS.: Tal direito aplica-se integralmente a processos e a procedimentos eletrônicos.

Nos autos sujeitos a sigilo, deve o advogado apresentar procuração para o exercício de tal direito.

- **Nesta hipótese, ainda, a autoridade competente poderá delimitar o acesso do advogado aos elementos de prova relacionados a diligências em andamento e ainda não documentados nos autos, quando houver risco de comprometimento da eficiência, da eficácia ou da finalidade das diligências.**

  OBS.: **A inobservância de tal direito**, o fornecimento incompleto de autos **ou** o fornecimento de autos em que houve a retirada de peças já incluídas no caderno investigativo, **implicará responsabilização criminal e funcional** por abuso de autoridade do responsável que impedir o acesso do advogado com o intuito de prejudicar o exercício da defesa, sem prejuízo do direito subjetivo do advogado de requerer acesso aos autos ao juiz competente.

- **ter vista dos processos judiciais ou administrativos de qualquer natureza, em cartório ou na repartição competente, ou retirá-los pelos prazos legais;**

OBS.: Não se aplica:

1) aos processos sob regime de segredo de justiça;

2) quando existirem nos autos documentos originais de difícil restauração ou ocorrer circunstância relevante que justifique a permanência dos autos no cartório, secretaria ou repartição, reconhecida pela autoridade em despacho motivado, proferido de ofício, mediante representação ou a requerimento da parte interessada; e

3) até o encerramento do processo, ao advogado que houver deixado de devolver os respectivos autos no prazo legal, e só o fizer depois de intimado.

- **retirar autos de processos findos, mesmo sem procuração, pelo prazo de 10 dias;**

OBS.: Não se aplica:

1) aos processos sob regime de segredo de justiça;

2) quando existirem nos autos documentos originais de difícil restauração ou ocorrer circunstância relevante que justifique a permanência dos autos no cartório, secretaria ou repartição, reconhecida pela autoridade em despacho motivado, proferido de ofício, mediante representação ou a requerimento da parte interessada; e

3) até o encerramento do processo, ao advogado que houver deixado de devolver os respectivos autos no prazo legal, e só o fizer depois de intimado.

- **ser publicamente desagravado, quando ofendido no exercício da profissão ou em razão dela;**

  OBS.:No caso de ofensa a inscrito na OAB, no exercício da profissão ou de cargo ou função de órgão da OAB, o conselho competente deve promover o desagravo público do ofendido, sem prejuízo da responsabilidade criminal em que incorrer o infrator.

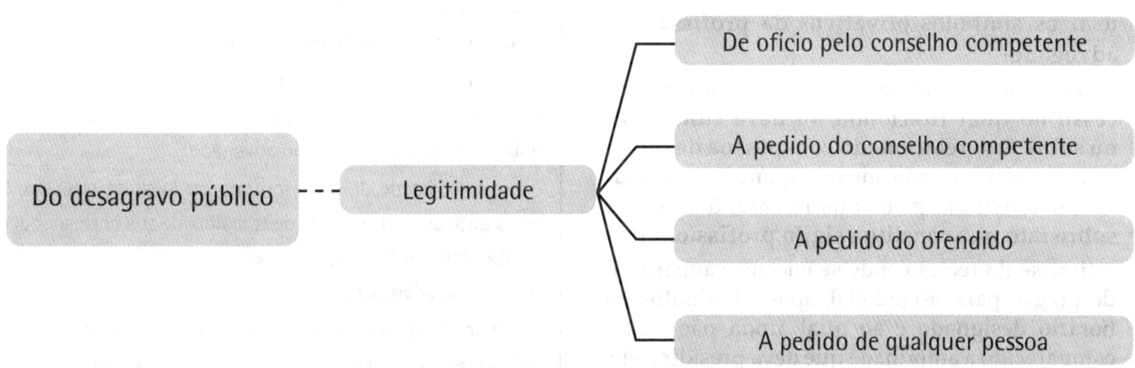

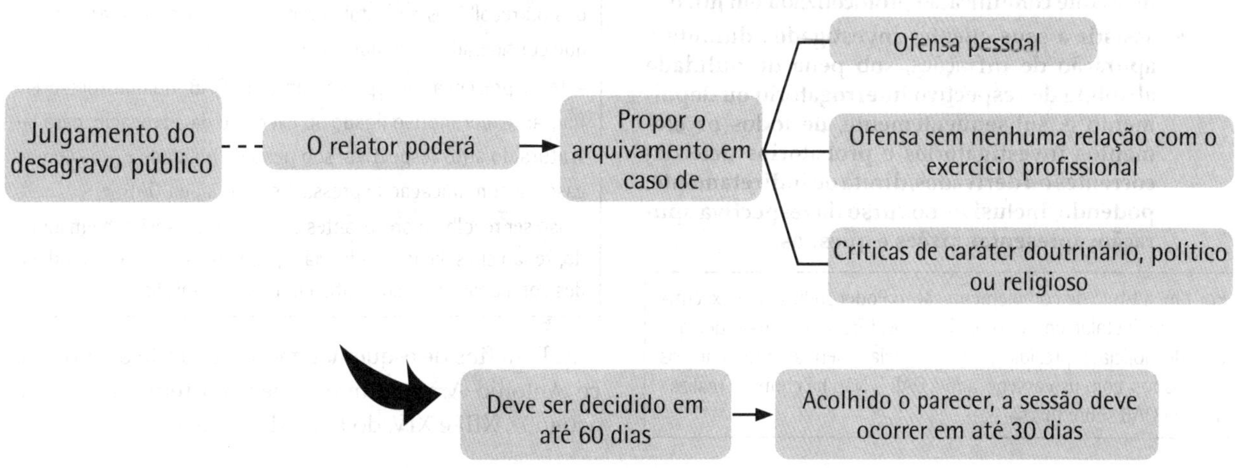

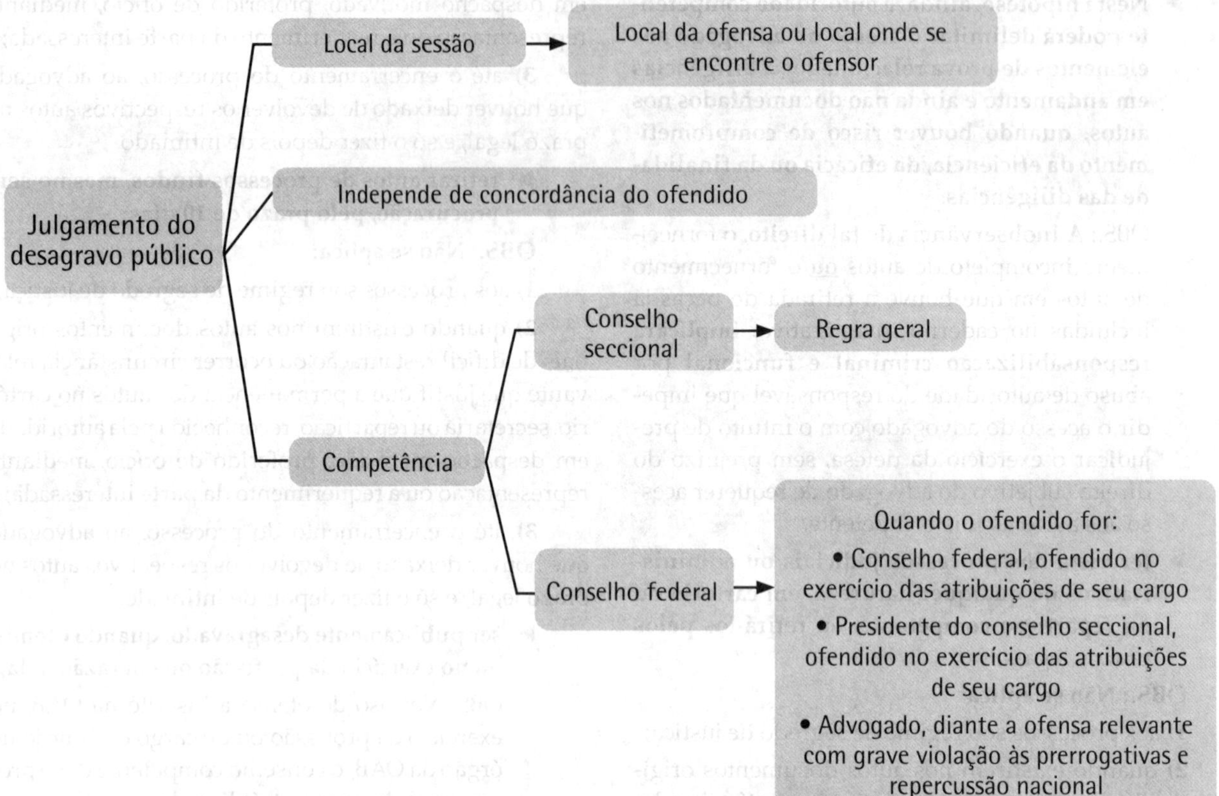

- **usar os símbolos privativos da profissão de advogado;**
- **recusar-se a depor como testemunha em processo no qual funcionou ou deva funcionar, ou sobre fato relacionado com pessoa de quem seja ou foi advogado, mesmo quando autorizado ou solicitado pelo constituinte, bem como sobre fato que constitua sigilo profissional;**
- **retirar-se do recinto onde se encontre aguardando pregão para ato judicial, após 30 minutos do horário designado e ao qual ainda não tenha comparecido a autoridade que deva presidir a ele, mediante comunicação protocolizada em juízo;**
- **assistir a seus clientes investigados durante a apuração de infrações, sob pena de nulidade absoluta do respectivo interrogatório ou depoimento e, subsequentemente, de todos os elementos investigatórios e probatórios dele decorrentes ou derivados, direta ou indiretamente, podendo, inclusive, no curso da respectiva apuração: apresentar razões e quesitos.**

Por fim, a título de complementação, o Poder Judiciário e Executivo devem instalar, em todos os juizados, fóruns, tribunais, delegacias de polícia e presídios, salas especiais permanentes para os advogados, com uso assegurado à OAB – Não há controle realizado pela OAB sobre tais salas.

***Trata-se de um Direito do advogado.**

Ainda, nos termos do art. 7º-B, do EAOAB, constitui crime, apenado com detenção, de 3 (três) meses a 1 (um) ano, e multa, violar os seguintes direitos do advogado:

- a inviolabilidade de seu escritório ou local de trabalho, bem como de seus instrumentos de trabalho, de sua correspondência escrita, eletrônica, telefônica e telemática, desde que relativas ao exercício da advocacia;
- comunicar-se com seus clientes, pessoal e reservadamente, mesmo sem procuração, quando estes se acharem presos, detidos ou recolhidos em estabelecimentos civis ou militares, ainda que considerados incomunicáveis;
- ter a presença de representante da OAB, quando preso em flagrante, por motivo ligado ao exercício da advocacia, para lavratura do auto respectivo, sob pena de nulidade e, nos demais casos, a comunicação expressa à seccional da OAB; e
- não ser recolhido preso, antes de sentença transitada em julgado, senão em sala de Estado Maior, com instalações e comodidades condignas, e, na sua falta, em prisão domiciliar.

Para fins de esquematização, segundo o autor Marco Antonio Araujo Junior, quanto à retirada de autos, artigo 7º, XIII e XIV, do EAOAB, tome nota:

- DIREITOS DO ADVOGADO
  - Inciso XIII
    - Qual direito? — Examinar autos de processo
    - Onde? — Legislativo, Executivo, Judiciário
    - Em que estágio? — Findos ou em andamento
    - Com ou sem procuração? — Sem produção, salvo em caso de sigilo
    - O que pode fazer? — Tirar cópias e tomar apontamentos
  - Inciso XIV
    - Qual direito? — Examinar autos de flagrante ou de qualquer investigação
    - Onde? — Instituição responsável por conduzir investigação de qualquer natureza
    - Em que estágio? — Findos ou em andamento, ainda que conclusos à autoridade
    - Com ou sem procuração? — Sem procuração, salvo em caso de sigilo
    - O que pode fazer? — Tirar cópias e tomar apontamentos

15. IMUNIDADE PROFISSIONAL

Conforme preceituado pelo Estatuto da OAB, art. 7º, § 2º, EAOAB, o advogado tem **imunidade profissional**, **não** constituindo **injúria ou difamação** qualquer manifestação de sua parte, **no exercício de sua atividade, em juízo ou fora dele**, sem prejuízo das sanções disciplinares perante a OAB, pelos excessos que cometer.

De pronto, deve-se observar que tal **imunidade não abarca a hipótese de desacato e calúnia**, quando **o advogado poderá ser punido, ainda que tenha praticado em exercício profissional.**

Em resumo,

- IMUNIDADE* - ART. 7º, § 2º, EAOAB.
  - INJÚRIA
  - DIFAMAÇÃO

Não abrange: Desacato e Calúnia

16. SOCIEDADE DE ADVOGADOS

- Art. 15-17 do EAOAB;
- Art. 37-43 do RGEAOAB.

A sociedade de advogados possui natureza jurídica de sociedade simples, podendo ser classificada de duas formas, como se observa:

- Sociedade de Advogados (Sociedade Simples)
  - Socidade Unipessoal
  - Sociedade Pluripessoal

- **Finalidade da Sociedade:** prestação de serviço;
- **Personalidade Jurídica:** a sociedade de advogados adquire personalidade jurídica com o registro aprovado dos seus atos constitutivos no Conselho Seccional da OAB em cuja base territorial tiver sede.

Atenção:

- É proibido o registro, nos cartórios de registro civil de pessoas jurídicas e nas juntas comerciais, de sociedade que inclua, entre outras finalidades, a atividade de advocacia; e
- Não são admitidas a registro nem podem funcionar todas as espécies de sociedades de advogados que apresentem forma ou características de sociedade empresária, que adotem denominação de fantasia, que realizem atividades estranhas à advocacia, que incluam como sócio ou titular de sociedade unipessoal de advocacia

pessoa não inscrita como advogado ou totalmente proibida de advogar.

- **Abertura de Filial:** o ato de constituição de filial deve ser averbado no registro da sociedade e arquivado no Conselho Seccional onde se instalar, ficando os sócios, inclusive o titular da sociedade unipessoal de advocacia, obrigados à inscrição suplementar;
- **Razão Social:** a razão social deve ter, obrigatoriamente, o nome de, pelo menos, um advogado responsável pela sociedade, podendo permanecer o de sócio falecido, desde que prevista tal possibilidade no ato constitutivo.

Acerca da denominação da sociedade, tome nota:

> - **Sociedade pluripessoal:** Nome de um Sócio (um ou mais) + Sociedade de Advogados;
>
> - **Sociedade unipessoal:** Nome do sócio + Sociedade Individual de Advocacia.

OBS.: a denominação da sociedade unipessoal de advocacia deve ser obrigatoriamente formada pelo nome do seu titular, completo ou parcial, com a expressão 'Sociedade Individual de Advocacia'.

- **Atividade Incompatível (Sócio):** o licenciamento do sócio para exercer atividade incompatível com a advocacia em caráter temporário deve ser averbado no registro da sociedade, não alterando sua constituição.

17. ADVOCACIA *PRO BONO*

> - Art. 30 do CED

Advocacia *pro bono*: É a prestação gratuita, eventual e voluntária de serviços jurídicos em favor de instituições sociais sem fins econômicos e aos seus assistidos, sempre que os beneficiários não dispuserem de recursos para a contratação de profissional.

Neste sentido, a advocacia *pro bono* pode ser exercida em favor de pessoas naturais que, igualmente, não dispuserem de recursos para, sem prejuízo do próprio sustento, contratar advogado.

> **Mas a** advocacia ***pro bono*** não pode ser utilizada **para fins político-partidários ou eleitorais, nem beneficiar instituições que visem a tais objetivos, ou como instrumento de publicidade para captação de clientela.**

Por fim, no **exercício da advocacia *pro bono***, e ao atuar como defensor nomeado, conveniado ou dativo, **o advogado empregará o zelo e a dedicação habituais**, de forma que a parte por ele assistida se sinta amparada e confie no seu patrocínio.

18. ADVOGADO EMPREGADO

> - Arts. 18-21 do EAOAB
> - Arts. 11-14 do RGEAOAB

O advogado pode ser tido como autônomo, parceiro e até mesmo empregado de um escritório de advocacia.

Neste momento, interessa-nos o estudo da figura do empregado, ou seja, quando estiverem presentes os requisitos da relação de emprego (subordinação, habitualidade, onerosidade, pessoalidade e pessoa física) entre o advogado e o escritório de advocacia.

Acerca das características desta relação, tome nota:

- A relação de emprego, na qualidade de advogado, **não retira a isenção técnica nem reduz a independência profissional** inerente à advocacia;
- O **advogado empregado** **<u>não está obrigado</u>** à **prestação de serviços profissionais de interesse pessoal dos empregadores**, fora da relação de emprego;
- O **salário mínimo profissional** do advogado será fixado em sentença normativa, salvo se ajustado em acordo ou convenção coletiva de trabalho;
- A **jornada de trabalho** do advogado empregado, no exercício da profissão, **não poderá exceder a duração diária de quatro horas contínuas e a de 20 horas semanais**, salvo acordo ou convenção coletiva ou em caso de dedicação exclusiva. Assim, considera-se período de trabalho o tempo em que o advogado estiver à disposição do empregador, aguardando ou executando ordens, no seu escritório ou em atividades externas, sendo-lhe reembolsadas as despesas feitas com transporte, hospedagem e alimentação;
- As **horas trabalhadas que excederem a jornada normal** são <u>remuneradas</u> por um **adicional não inferior a 100% sobre o valor da hora normal**, mesmo havendo contrato escrito;
- Quando o advogado estiver em **regime de dedicação exclusiva**, previsto em contrato individual de trabalho, serão **remuneradas como extraordinárias as horas trabalhadas que excederem a jornada normal de 8 horas diárias;**
- As horas trabalhadas no período das **20 horas de um dia até as 5 horas do dia seguinte** são **<u>remuneradas como noturnas</u>**, acrescidas do **adicional de 25%;**
- Nas **causas em que for parte o empregador, ou pessoa por este representada,** os **<u>honorários de sucumbência são devidos aos advogados empregados</u>**;

► Os **honorários de sucumbência, percebidos por advogado empregado** de sociedade de advogados **são partilhados entre ele e a empregadora**, na forma estabelecida em acordo.

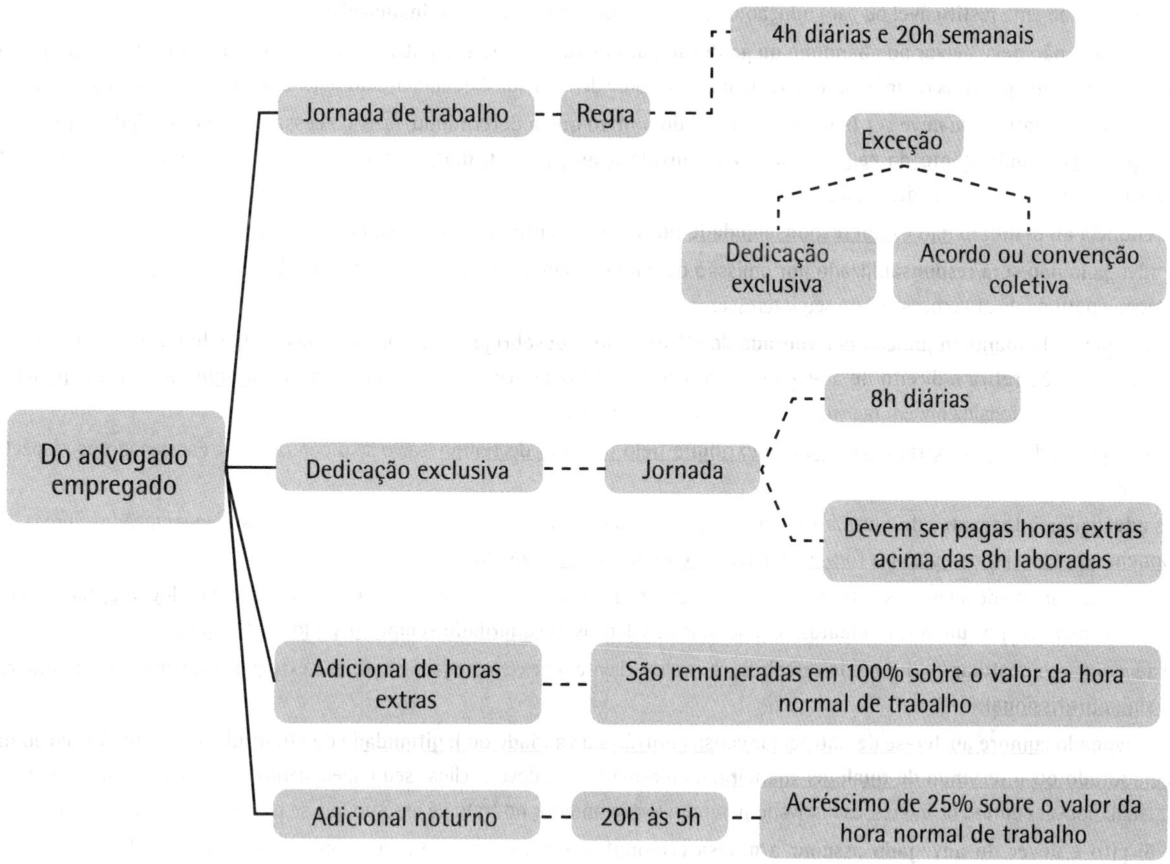

19. MANDATO JUDICIAL

► Art. 5º do EAOAB
► Arts. 9º-26 do CED
► Arts. 103-107 do CPC

MANDATO: O advogado postula, em juízo ou fora dele, fazendo prova do mandato.

Assim, o advogado, **afirmando urgência**, **pode atuar sem procuração**, **obrigando-se a apresentá-la no prazo de 15 dias**, prorrogável por igual período.

A **procuração para o foro em geral** habilita o advogado a **praticar todos os atos judiciais**, em qualquer juízo ou instância, salvo os que exijam poderes especiais, como renúncia, transação etc.

Neste ponto, torna-se importante abordarmos os aspectos peculiares do Mandato Judicial e conexos a formação da relação advogado – cliente. **Veja:**

- O **advogado deve informar o cliente**, de modo claro e inequívoco, **quanto a eventuais riscos da sua pretensão**, e das consequências que poderão advir da demanda;
- As **relações entre advogado e cliente baseiam-se na confiança recíproca**. Caso, o advogado sinta que essa confiança lhe falta, é recomendável que externe ao cliente sua impressão e, não se dissipando as dúvidas existentes, promova, em seguida, o substabelecimento do mandato ou a ele renuncie;
- **O advogado, no exercício do mandato, atua como patrono da parte, cumprindo-lhe, por isso, imprimir à causa orientação que lhe parecça mais adequada, sem se subordinar a intenções contrárias do cliente**, mas, antes, procurando esclarecê-lo quanto à estratégia traçada;
- A **conclusão ou desistência da causa**, tenha havido, ou não, extinção do mandato, **obriga o advogado a devolver ao cliente bens, valores e documentos que lhe hajam sido confiados e ainda estejam em seu poder**, bem como a **prestar-lhe contas, pormenorizadamente**, sem prejuízo de esclarecimentos complementares que se mostrem pertinentes e necessários. Neste ponto, ressalta-se que **a parcela dos honorários paga pelos serviços até então prestados não se inclui entre os valores a ser devolvidos;**

- **Concluída a causa ou arquivado o processo**, presume-se cumprido e **extinto o mandato**;
- **O advogado não deve aceitar procuração de quem já tenha patrono constituído, sem prévio conhecimento deste, salvo** por **motivo** plenamente **justificável** ou para **adoção de medidas judiciais urgentes e inadiáveis;**
- **O advogado não deve deixar ao abandono ou ao desamparo as causas sob seu patrocínio**, sendo **recomendável que, em face de dificuldades insuperáveis** ou **inércia do cliente** quanto a providências que lhe tenham sido solicitadas, **renuncie ao mandato**;
- **A renúncia ao patrocínio deve ser feita sem menção do motivo que a determinou**, fazendo **cessar a responsabilidade profissional pelo acompanhamento da causa, uma vez decorrido o prazo de 10 dias**, a contar da notificação de renúncia, salvo se for substituído antes do término desse prazo;
- **A renúncia ao mandato não exclui responsabilidade por danos eventualmente causados** ao cliente ou a terceiros;
- **O advogado não será responsabilizado por omissão do cliente** quanto a documento ou informação que lhe devesse fornecer para a prática oportuna de ato processual do seu interesse;
- **A revogação do mandato judicial por vontade do cliente não o desobriga do pagamento das verbas honorárias contratadas,** assim como **não retira o direito do advogado** de receber o quanto lhe seja devido em eventual **verba honorária de sucumbência**, calculada proporcionalmente em face do serviço efetivamente prestado;
- **O mandato judicial ou extrajudicial não se extingue pelo decurso de tempo**, salvo se o contrário for consignado no respectivo instrumento;
- Os **advogados integrantes da mesma sociedade profissional**, ou reunidos em caráter permanente para cooperação recíproca, **não podem representar, em juízo ou fora dele, clientes com interesses opostos**;
- Sobrevindo conflito de interesses entre seus constituintes e não conseguindo o advogado harmonizá-los, **caber-lhe-á optar**, com prudência e discrição, **por um dos mandatos**, renunciando aos demais, **resguardado sempre o sigilo profissional**;
- O advogado, ao **postular em nome de terceiros,** contra ex-cliente ou ex-empregador, judicial e extrajudicialmente, **deve resguardar o sigilo profissional**;
- Ao **advogado cumpre abster-se de patrocinar causa contrária à validade ou legitimidade de ato jurídico em cuja formação haja colaborado ou intervindo de qualquer maneira**; da mesma forma, deve declinar seu impedimento ou o da sociedade que integre quando houver conflito de interesses motivado por intervenção anterior no trato de assunto que se prenda ao patrocínio solicitado;
- **É direito e dever do advogado assumir a defesa criminal**, sem considerar sua própria opinião sobre a culpa do acusado. Neste ponto, ressalta-se que não há causa criminal indigna de defesa, cumprindo ao advogado agir, como defensor, no sentido de que a todos seja concedido tratamento condizente com a dignidade da pessoa humana, sob a égide das garantias constitucionais;
- **O advogado não se sujeita à imposição do cliente** que pretenda ver com ele atuando outros advogados, nem fica na contingência de aceitar a indicação de outro profissional para com ele trabalhar no processo;
- **É defeso (proibido)** ao advogado funcionar no mesmo processo, simultaneamente, como **patrono e preposto do empregador ou cliente**;
- **O substabelecimento do mandato**, com reserva de poderes, é **ato pessoal do advogado da causa**. Neste sentido, o **substabelecimento do mandato sem reserva de poderes exige o prévio e inequívoco conhecimento do cliente**;
- No que tange ao **substabelecido com reserva de poderes** deve **ajustar antecipadamente seus honorários com o substabelecente.**

Para finalizar, trago alguns questionamentos realizados pela banca de forma recorrente, e que valem a nossa explicação reiterada sobre o tema:

- **Há validade do mandato judicial?**

Não! O **mandato judicial ou extrajudicial** não se extingue pelo decurso de tempo, salvo se o contrário for consignado no respectivo instrumento.

- **Em caso de renúncia ao mandato, o advogado deve continuar atuando no processo por quanto tempo?**

O advogado que renunciar ao mandato continuará, durante os 10 dias seguintes à notificação da renúncia, a representar o mandante, salvo se for substituído antes do término desse prazo.

- **O advogado pode atuar como patrono e preposto no mesmo processo?**

Não. É defeso (proibido) ao advogado funcionar no mesmo processo, simultaneamente, como patrono e preposto do empregador ou cliente.

- **O advogado pode justificar o motivo de sua renúncia ?**

Não. A renúncia ao patrocínio deve ser feita sem menção do motivo que a determinou.

- **O advogado pode aceitar procuração de quem já tenha patrono constituído?**

Não. O advogado não deve aceitar procuração de quem já tenha patrono constituído, sem prévio conhecimento deste, salvo por motivo plenamente justificável ou para adoção de medidas judiciais urgentes e inadiáveis.

- <u>**Os advogados integrantes de uma mesma sociedade podem representar em juízo clientes com interesses opostos?**</u>

Não. Os advogados integrantes da mesma sociedade profissional, ou reunidos em caráter permanente para cooperação recíproca, não podem representar, em juízo ou fora dele, clientes com interesses opostos.

- <u>**A revogação do mandato judicial desobriga o cliente de pagar os honorários advocatícios sucumbenciais ?**</u>

Não. A revogação do mandato judicial por vontade do cliente não o desobriga do pagamento das verbas honorárias contratadas, assim como não retira o direito do advogado de receber o quanto lhe seja devido em eventual verba honorária de sucumbência, calculada proporcionalmente em face do serviço efetivamente prestado.

- <u>**Quais são as hipóteses de extinção do mandato judicial?**</u>

Acerca do tema, tome nota:

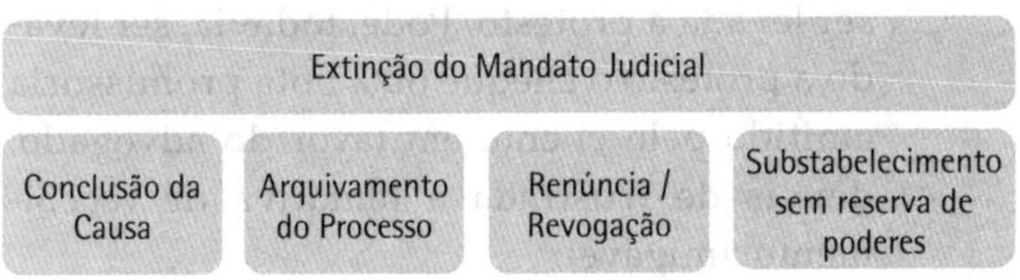

20. HONORÁRIOS ADVOCATÍCIOS

> ► Arts. 22-26 do EAOAB
> ► Arts. 48-54 do CED
> ► Art. 14 do RGEAOAB

De forma objetiva, podemos conceituar os honorários como sendo a remuneração do profissional pela prestação de serviços advocatícios ao cliente.

Quanto à natureza jurídica, é pacífico no **STF** e **STJ** que os honorários advocatícios têm natureza jurídica alimentar.

Espécies de Honorários:

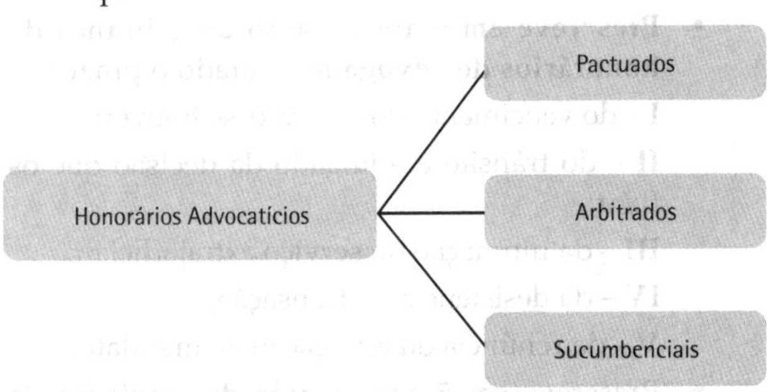

► **Honorários pactuados ou convencionados:** são os honorários preestabelecidos entre o advogado e o cliente, através de um contrato **escrito** ou **verbal**;

► **Honorários arbitrados judicialmente:** são os honorários fixados por sentença judicial (em ação própria), por conta de não ter havido convenção entre as partes, ou, ainda, de ter havido convenção verbal e essa ter restado controversa;

► **Honorários de sucumbência:** são os honorários fixados na sentença pelo juiz e devidos pela parte vencida ao advogado vencedor da demanda.

Ainda que atue em causa própria, o advogado deverá fazer jus aos honorários de sucumbência estabelecidos em sentença e, caso seja omissa, poderá intentar ação autônoma para recebê-los.

Os honorários advocatícios possuem algumas peculiaridades que merecem a sua atenção para fins de prova. Veja:

- A **prestação de serviços profissionais por advogado**, individualmente ou integrado em sociedades, **será contratada, preferentemente, por escrito**;
- O **contrato de prestação de serviços** de advocacia **não exige forma especial**;
- A **compensação de créditos**, pelo advogado, de importâncias devidas ao cliente, **somente será admissível quando o contrato de prestação de serviços a autorizar ou quando houver autorização especial do cliente para esse fim, por este firmada**;
- É vedada, em qualquer hipótese, **a diminuição dos honorários contratados em decorrência da solução do litígio por qualquer mecanismo adequado de solução extrajudicial**;
- **Deverá o advogado observar o valor mínimo da Tabela de Honorários** instituída pelo respectivo Conselho Seccional onde for realizado o serviço, **inclusive aquele referente às diligências**, sob pena de caracterizar-se aviltamento de honorários;
- Os **honorários profissionais devem ser fixados com <u>moderação</u>**, atendidos os elementos seguintes:

  I – a relevância, o vulto, a complexidade e a dificuldade das questões versadas;

  II – o trabalho e o tempo a ser empregados;

  III – a possibilidade de ficar o advogado impedido de intervir em outros casos, ou de se desavir com outros clientes ou terceiros;

  IV – o valor da causa, a condição econômica do cliente e o proveito para este resultante do serviço profissional;

  V – o caráter da intervenção, conforme se trate de serviço a cliente eventual, frequente ou constante;

VI – o lugar da prestação dos serviços, conforme se trate do domicílio do advogado ou de outro;

VII – a competência do profissional;

VIII – a praxe do foro sobre trabalhos análogos.

- No caso de **substabelecimento, a verba correspondente aos honorários da sucumbência será repartida entre o substabelecente e o substabelecido**, proporcionalmente à atuação de cada um no processo ou conforme haja sido entre eles ajustado.
- O **advogado**, quando indicado para **patrocinar causa de juridicamente necessitado**, no caso de impossibilidade da Defensoria Pública no local da prestação de serviço, **tem direito aos honorários fixados pelo juiz**, segundo tabela organizada pelo Conselho Seccional da OAB, e pagos pelo Estado;
- Na **falta de estipulação ou de acordo, os honorários são fixados por arbitramento judicial**, em remuneração compatível com o trabalho e o valor econômico da questão, **não podendo ser inferiores aos estabelecidos na tabela organizada pelo Conselho Seccional da OAB**;
- Salvo estipulação em contrário, **um terço dos honorários é devido no início do serviço, outro terço até a decisão de primeira instância e o restante no final;**
- Se o **advogado fizer juntar aos autos o seu contrato de honorários antes de expedir-se o mandado de levantamento ou precatório, o juiz deve determinar que lhe sejam pagos diretamente**, por dedução da quantia a ser recebida pelo constituinte, salvo se este provar que já os pagou;
- Os **honorários convencionados** com entidades de classe para atuação em substituição processual **poderão prever a faculdade de indicar os beneficiários** que, ao optarem por adquirir os direitos, assumirão as obrigações decorrentes do contrato originário a partir do momento em que este foi celebrado, sem a necessidade de mais formalidades;
- Os **honorários incluídos na condenação**, por arbitramento ou sucumbência, pertencem ao advogado, tendo este direito autônomo para executar a sentença nesta parte, podendo requerer que o precatório, quando necessário, seja expedido em seu favor;
- A **decisão judicial que fixar ou arbitrar honorários e o contrato escrito que os estipular são <u>títulos executivos</u>** e **<u>constituem crédito privilegiado na falência, concordata, concurso de credores, insolvência civil e liquidação extrajudicial</u>;**
- A **execução dos honorários** pode ser **promovida nos mesmos autos da ação** em que tenha atuado o advogado, se assim lhe convier;
- Na hipótese de **falecimento ou incapacidade civil do advogado, os honorários de sucumbência**, proporcionais ao trabalho realizado, **são recebidos por seus sucessores ou representantes legais;**
- O **acordo feito pelo cliente do advogado e a parte contrária**, salvo aquiescência do profissional, **não lhe prejudica os honorários, quer os convencionados, quer os concedidos por sentença;**
- O **crédito por honorários advocatícios**, seja do advogado autônomo, seja de sociedade de advogados, **<u>não autoriza o saque de duplicatas ou qualquer outro título de crédito de natureza mercantil</u>**, podendo, apenas, ser emitida fatura, quando o cliente assim pretender, com fundamento no contrato de prestação de serviços, a qual, porém, não poderá ser levada a protesto. Pode, todavia, ser levado a protesto o cheque ou a nota promissória emitido pelo cliente em favor do advogado, depois de frustrada a tentativa de recebimento amigável;
- **É lícito ao advogado ou à sociedade de advogados empregar, para o recebimento de honorários, sistema de <u>cartão de crédito</u>**, mediante credenciamento junto a empresa operadora do ramo. Neste sentido, eventuais ajustes com a empresa operadora que impliquem pagamento antecipado não afetarão a responsabilidade do advogado perante o cliente, em caso de rescisão do contrato de prestação de serviços, devendo ser observadas as disposições deste quanto à hipótese;
- Havendo **necessidade de promover arbitramento ou cobrança judicial de honorários**, deve **o advogado renunciar previamente ao mandato que recebera do cliente em débito;**
- **Prescreve em 5 anos a ação de cobrança de honorários de advogado**, contado o prazo:

I – do vencimento do contrato, se houver;

II – do trânsito em julgado da decisão que os fixar;

III – da ultimação do serviço extrajudicial;

IV – da desistência ou transação;

V – da renúncia ou revogação do mandato.

- **Prescreve em 5 anos a ação de prestação de contas** pelas quantias recebidas pelo advogado de seu cliente, ou de terceiros por conta dele (art. 34, XXI);

- O **advogado substabelecido**, com reserva de poderes, **não pode cobrar honorários sem a intervenção daquele que lhe conferiu o substabelecimento.**

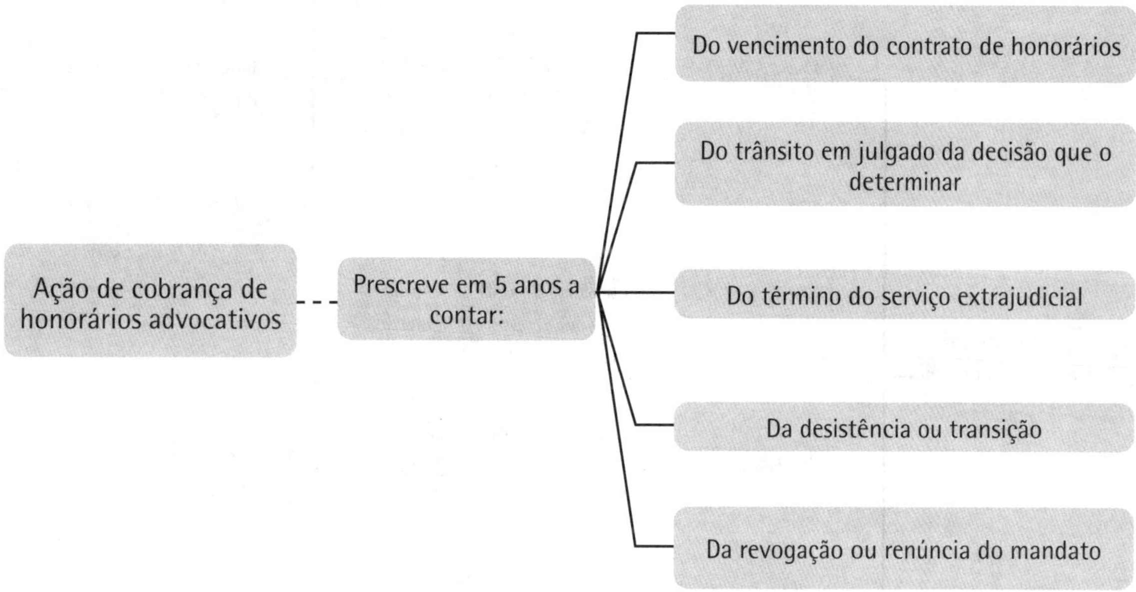

Cláusula *Quota Litis*
Consiste em um **contrato de risco em o advogado admite receber os honorários** caso obtenha êxito na demanda que patrocina.
Nesta hipótese, os **honorários devem ser necessariamente representados por pecúnia** e, **quando acrescidos dos honorários da sucumbência, não podem ser superiores às vantagens advindas a favor do cliente.**
O CED dispõe que **a participação do advogado em bens particulares do cliente só é admitida em caráter excepcional**, quando esse, comprovadamente, **não tiver condições pecuniárias de satisfazer o débito de honorários e ajustar com o seu patrono**, em instrumento contratual, tal forma de pagamento.

Advocacia *Pro Bono*
Considera-se **advocacia pro bono a prestação gratuita, eventual e voluntária** de serviços jurídicos **em favor de instituições sociais sem fins econômicos e aos seus assistidos**, sempre que os beneficiários não dispuserem de recursos para a contratação de profissional.
Neste sentido, a advocacia *pro bono* pode ser exercida também **em favor de pessoas naturais** que, igualmente, não dispuserem de recursos para, sem prejuízo do próprio sustento, contratar advogado.
Contudo, **não pode ser utilizada para fins político-partidários ou eleitorais, nem beneficiar instituições que visem a tais objetivos**, ou como instrumento de publicidade para captação de clientela.
Assim, destaca-se que apesar de atuar como defensor nomeado, conveniado ou dativo, o advogado **empregará o zelo e a dedicação habituais**, de forma que a parte por ele assistida se sinta amparada e confie no seu patrocínio.

21. INFRAÇÕES E SANÇÕES DISCIPLINARES

- ▶ Arts. 55-69 do CED
- ▶ Arts. 34-43 e 68-77 do EAOAB

As infrações éticas e suas respectivas sanções disciplinares deverão ser aplicadas aos advogados que não atuam de forma desejada, ou seja, que lesarem clientes e comprometerem toda a advocacia.

O advogado também tem responsabilidade pela *omissão* de atos que deveriam ser praticados. No entanto, não haverá responsabilização do advogado caso a omissão ocorra por parte do cliente, ou seja, este não disponibilize a informação ou o documento necessário para a prática oportuna de ato processual do seu interesse (art. 16, § 2º, CED).

Desta forma, ao advogado que praticar infração disciplinar pode ser apenado com:

- Censura
- Suspensão
- Exclusão
- Multa

Assim, tome nota:

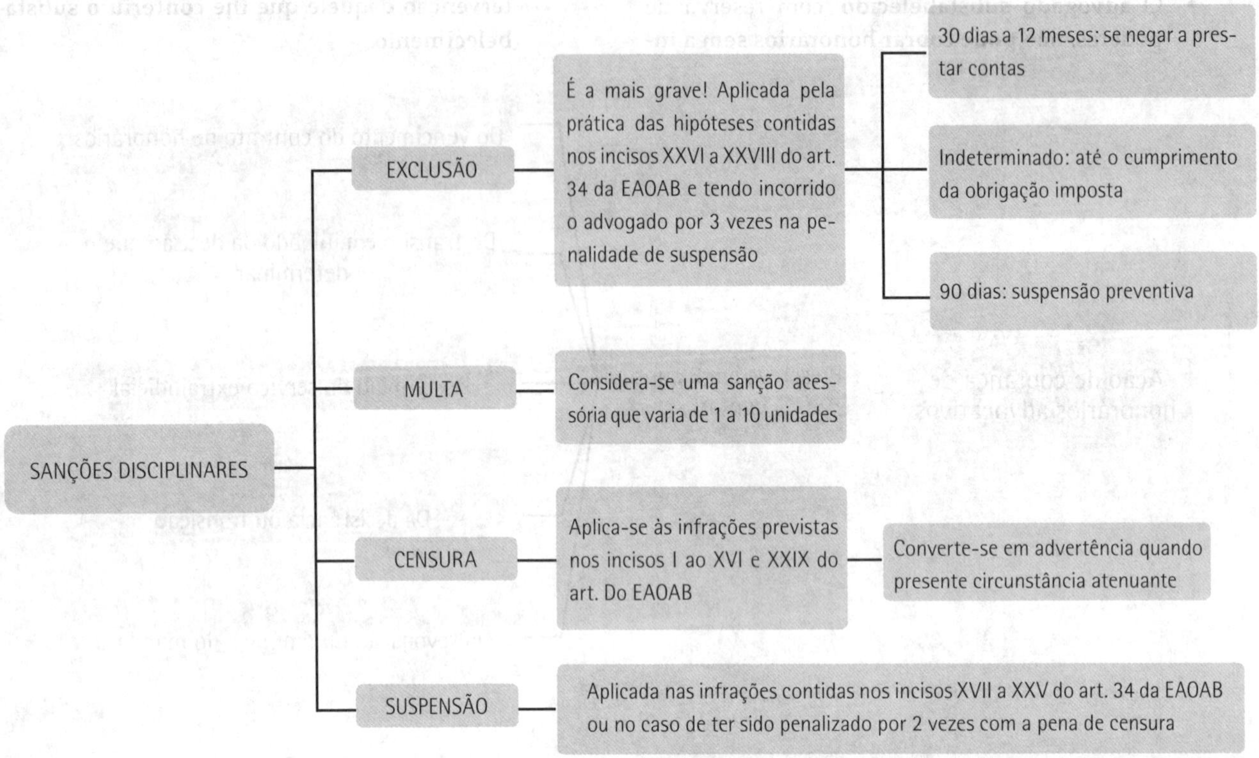

21.1 **Censura**

A pena de censura é uma das mais brandas e, como tal, representará um registro no prontuário do advogado, quando o ato praticado não for tipificado com penalidade de exclusão ou suspensão, como se observa nas seguintes hipóteses: violação de sigilo profissional, abandono de causa, agenciamento de causa, sociedade irregular etc.

Tal penalidade será aplicada nas seguintes hipóteses:

- ▶ Violações ao Código de Ética e Disciplina (CED);
- ▶ Violação ao EAOAB, quando para a infração não se tenha estabelecido sanção mais grave;
- ▶ Infrações previstas nos incisos I a XVI e XXIX do art. 34 do EOAB.

> I – exercer a profissão, quando impedido de fazê-lo, ou facilitar, por qualquer meio, o seu exercício aos não inscritos, proibidos ou impedidos;
>
> II – manter sociedade profissional fora das normas e preceitos estabelecidos nesta lei;
>
> III – valer-se de agenciador de causas, mediante participação nos honorários a receber;
>
> IV – angariar ou captar causas, com ou sem a intervenção de terceiros;
>
> V – assinar qualquer escrito destinado a processo judicial ou para fim extrajudicial que não tenha feito, ou em que não tenha colaborado;
>
> VI – advogar contra literal disposição de lei, presumindo-se a boa-fé quando fundamentado na inconstitucionalidade, na injustiça da lei ou em pronunciamento judicial anterior;
>
> VII – violar, sem justa causa, sigilo profissional;
>
> VIII – estabelecer entendimento com a parte adversa sem autorização do cliente ou ciência do advogado contrário;
>
> IX – prejudicar, por culpa grave, interesse confiado ao seu patrocínio;
>
> X – acarretar, conscientemente, por ato próprio, a anulação ou a nulidade do processo em que funcione;
>
> XI – abandonar a causa sem justo motivo ou antes de decorridos dez dias da comunicação da renúncia;
>
> XII – recusar-se a prestar, sem justo motivo, assistência jurídica, quando nomeado em virtude de impossibilidade da Defensoria Pública;
>
> XIII – fazer publicar na imprensa, desnecessária e habitualmente, alegações forenses ou relativas a causas pendentes;
>
> XIV – deturpar o teor de dispositivo de lei, de citação doutrinária ou de julgado, bem como de depoimentos, documentos e alegações da parte contrária, para confundir o adversário ou iludir o juiz da causa;
>
> XV – fazer, em nome do constituinte, sem autorização escrita deste, imputação a terceiro de fato definido como crime;
>
> XVI – deixar de cumprir, no prazo estabelecido, determinação emanada do órgão ou de autoridade da Ordem, em matéria da competência desta, depois de regularmente notificado;
>
> XXIX – praticar, o estagiário, ato excedente de sua habilitação

Quando aplicada a penalidade, o advogado deixa de ser primário e, em eventual hipótese de ser novamente apenado, já será tido como reincidente, o que implicará sanção mais grave.

Nos termos do art. 36 do EAOAB, a **censura pode ser convertida em advertência**, em ofício reservado, sem registro nos assentamentos do inscrito, quando presente **circunstância atenuante (art. 40, EAOAB)**.

I – falta cometida na defesa de prerrogativa profissional;
II – ausência de punição disciplinar anterior;
III – exercício assíduo e proficiente de mandato ou cargo em qualquer órgão da OAB;
IV – prestação de relevantes serviços à advocacia ou à causa pública.

Neste ponto, vale mencionar que a advertência não apaga a primariedade do advogado, sendo realizada em ofício reservado, o que faz alguns autores concluírem que nem como penalidade poderá ser reconhecida.

► Para fins de fixação do conteúdo, tome nota:

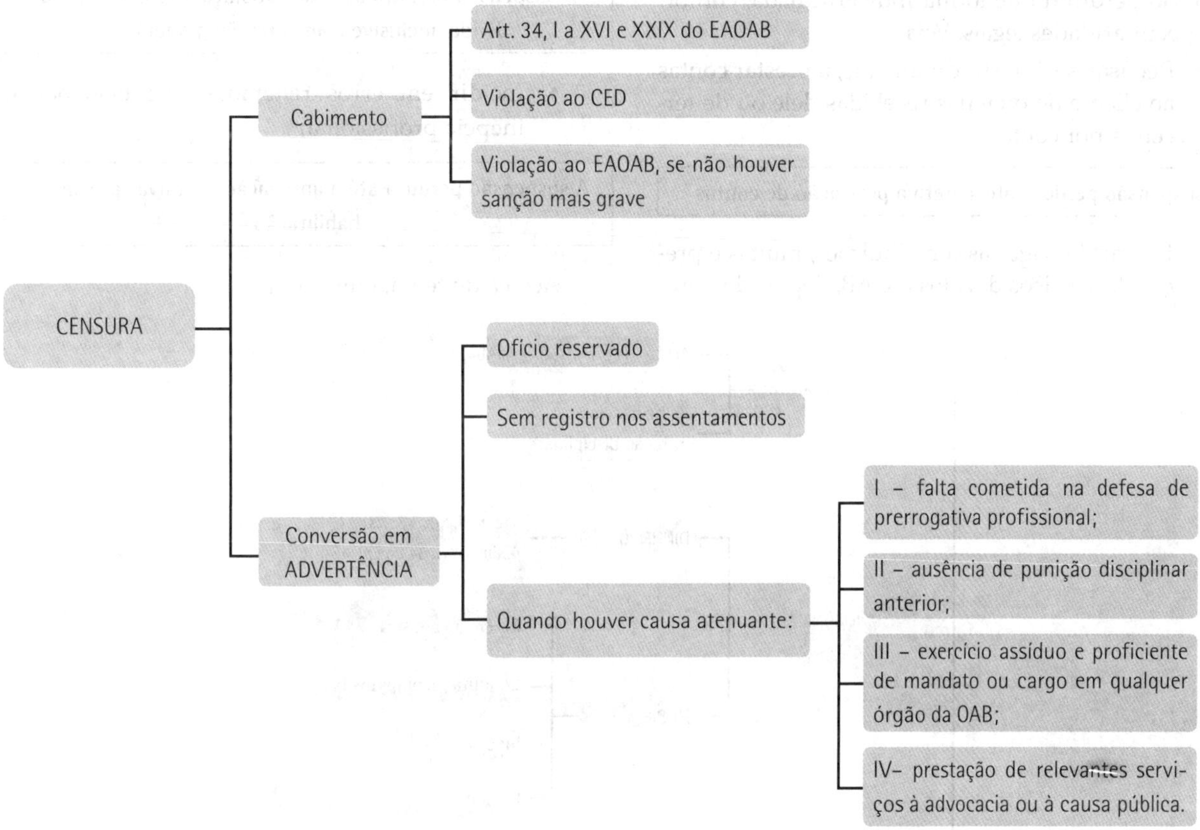

21.2 Suspensão

Acerca do tema, tome nota do dispositivo constante no EAOAB:

"Art. 37. A suspensão é aplicável nos casos de:

I – infrações definidas nos incisos XVII a XXV do art. 34;

II – reincidência em infração disciplinar.

§ 1º A suspensão acarreta ao infrator a interdição do exercício profissional, em todo o território nacional, pelo prazo de trinta dias a doze meses, de acordo com os critérios de individualização previstos neste capítulo.

§ 2º Nas hipóteses dos incisos XXI e XXIII do art. 34, a suspensão perdura até que satisfaça integralmente a dívida, inclusive com correção monetária.

§ 3º Na hipótese do inciso XXIV do art. 34, a suspensão perdura até que preste novas provas de habilitação.

Art. 42. Fica impedido de exercer o mandato o profissional a quem forem aplicadas as sanções disciplinares de suspensão ou exclusão."

Iniciamos este ponto trazendo que a pena de suspensão, caracterizada como mais gravosa que a censura, é a hipótese de proibição temporária do exercício profissional, e pelo período de 30 dias a 12 meses. Caso o advogado exerça a advocacia nesse período responderá:

i. penalmente por exercício irregular da profissão (art. 47 da LCP);

ii. civilmente, e todos os atos praticados serão tido como nulos;

iii. disciplinarmente, incidindo em nova infração disciplinar.

E quais são as hipóteses que ensejam suspensão disciplinar?

► Reincidência em infração disciplinar; e

► Prática de atos previstos no art. 34, XVII a XXV do EAOAB.

Atenção: ainda que suspenso, o advogado continua com o dever de pagar anuidade!

A suspensão pode ser aplicada sob as seguintes perspectivas:

– **Preventivamente**: o Tribunal de Ética e Disciplina do Conselho onde o acusado tenha inscrição principal pode suspendê-lo preventivamente, em caso de repercussão prejudicial à dignidade da advocacia, depois de ouvi-lo em sessão especial para a qual deve ser notificado a comparecer, salvo se não atender à notificação. Neste caso, o processo disciplinar deve ser concluído no prazo máximo de 90 dias;

– **Por período determinado**: quando a suspensão será de 30 dias a 12 meses, conforme hipóteses legais; e

– **Por período indeterminado**: nesta hipótese a suspensão perdurará de forma indeterminada, conforme as peculiaridades legais. Veja:

- Recusar-se, injustificadamente, a prestar contas ao cliente de quantias recebidas dele ou de terceiros por conta dele;

A suspensão perdura até a efetiva prestação de contas

- Deixar de pagar as contribuições, multas e preços de serviços devidos à OAB, depois de regularmente notificado a fazê-lo;

OBS.: Atente-se ao fato de que o STF julgou o Recurso de Repercursão Geral n. 647.885 declarando a inconstitucionalidade da SUSPENSÃO do advogado inadimplente para o exercício da advocacia.

A suspensão perdura até que satisfaça integralmente a dívida, inclusive com correção monetária

- Incidir em erros reiterados que evidenciem inépcia profissional;

A suspensão perdura até a aprovação em novas provas de habilitação

Acerca do tema, tome nota:

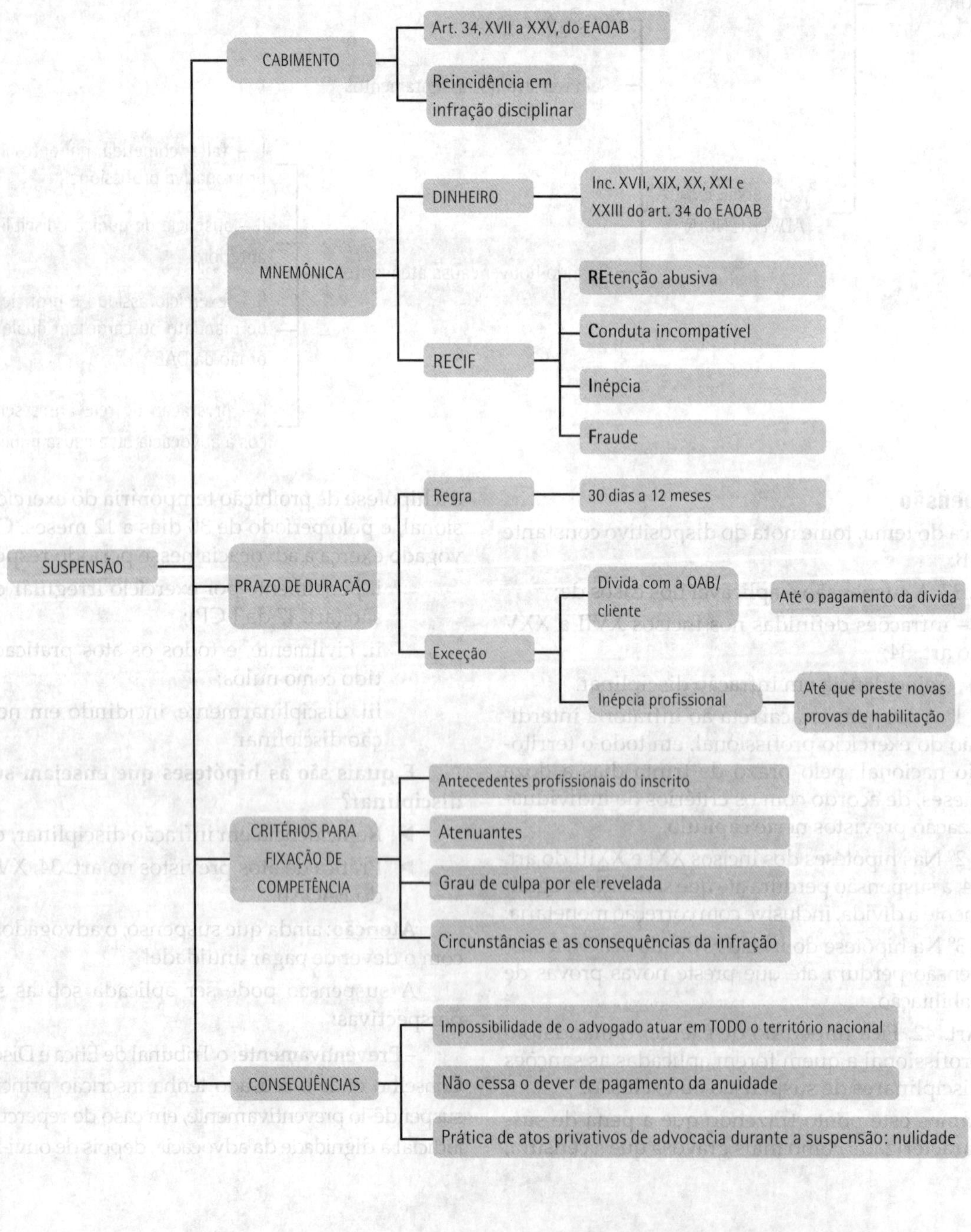

21.3 Exclusão

"Art. 38. A exclusão é aplicável nos casos de:

I – aplicação, por três vezes, de suspensão;

II – infrações definidas nos incisos XXVI a XXVIII do art. 34.

Parágrafo único. Para a aplicação da sanção disciplinar de exclusão, é necessária a manifestação favorável de dois terços dos membros do Conselho Seccional competente."

Trata-se da sanção mais grave aplicada ao advogado, uma vez que implica o cancelamento da inscrição – art. 11, II, EAOAB. Nesta hipótese, o advogado não poderá exercer o ofício até que ocorra a sua reabilitação.

É necessária para aplicação da pena de exclusão a manifestação de 2/3 de todos os membros do Conselho Seccional competente.

E quais são as hipóteses que ensejam exclusão?

- Advogado apenado por três vezes com suspensão, independentemente do tipo de ato praticado;
- Nas hipóteses legais do art. 34, XXVI a XXVIII do EAOAB, quais sejam:

XXVI – fazer falsa prova de qualquer dos requisitos para inscrição na OAB;
XXVII – tornar-se moralmente inidôneo para o exercício da advocacia;
XXVIII – praticar crime infamante.

Veja que é permitido o retorno do excluído aos quadros da OAB, desde que o novo pedido de inscrição, seja acompanhado de provas de reabilitação (art. 11, § 3º, do EOAB).

Para fins de fixação do conteúdo, veja:

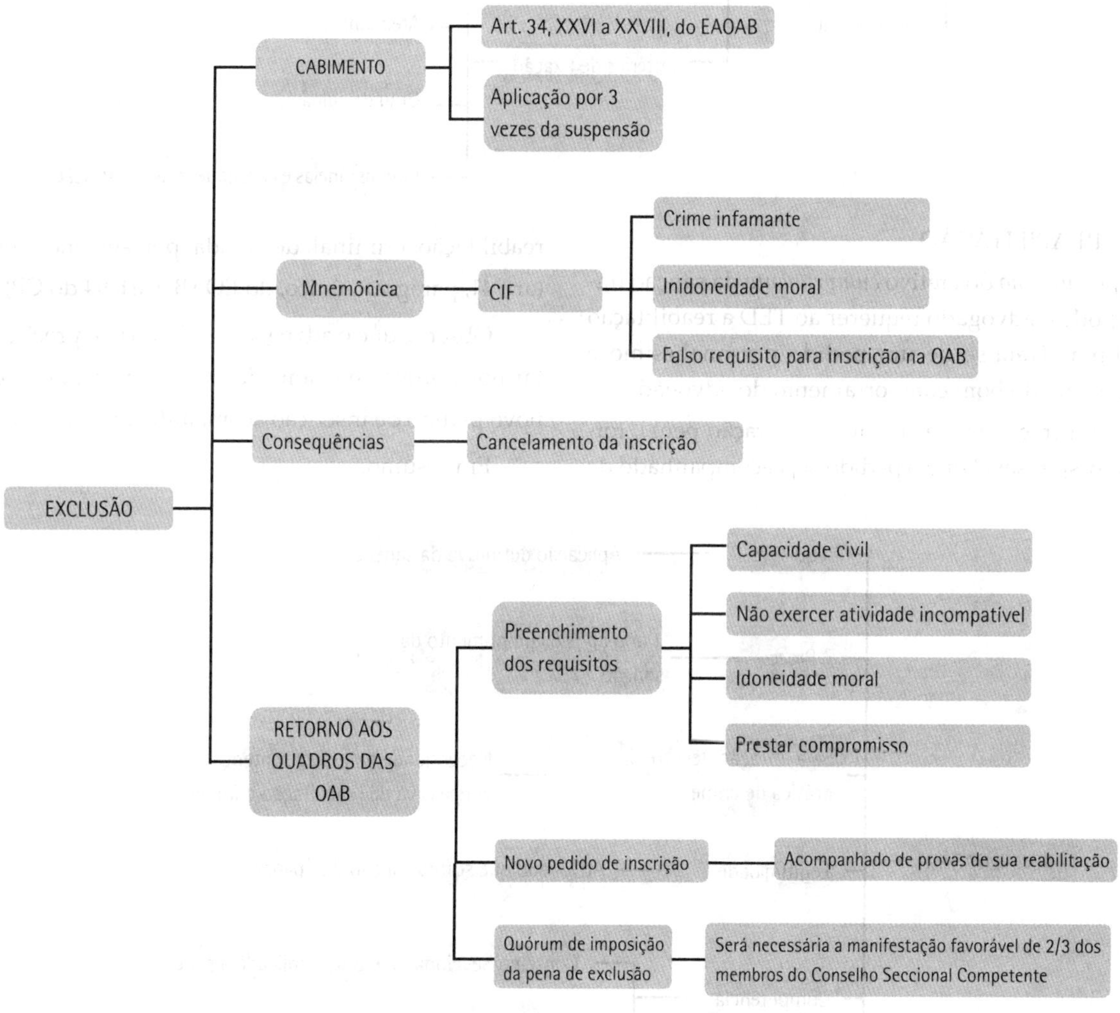

21.4 Multa

"Art. 39. A multa, variável entre o mínimo correspondente ao valor de uma anuidade e o máximo de seu décuplo, é aplicável cumulativamente com a censura ou suspensão, em havendo circunstâncias agravantes."

A multa configura *pena acessória*, a qual só poderá ser aplicada cumulativamente com a censura ou suspensão, diante de circunstâncias agravantes.

A pena de multa, quanto a sua valoração, varia de uma a dez anuidades.

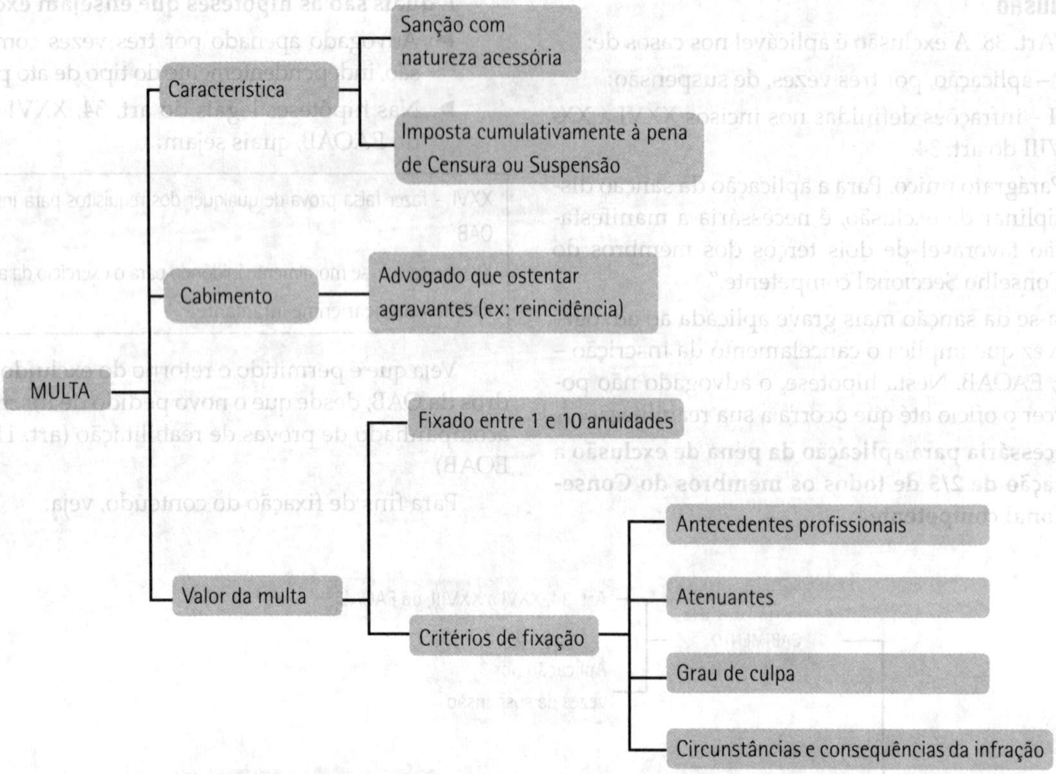

► REABILITAÇÃO

Após *um ano* do efetivo *cumprimento* da sanção imposta, pode o advogado requerer ao TED a reabilitação disciplinar. Trata-se de um pedido personalíssimo e que depende do bom comportamento do advogado.

Se a infração for resultante de infração penal, torna-se indispensável que o pedido seja acompanhado da reabilitação criminal decretada por sentença judicial (art. 41, parágrafo único, do EOAB e art. 94 do CP).

Observe que o advogado excluído não precisa prestar nova prova de Exame de Ordem, bastando que faça novo pedido de inscrição acompanhado da reabilitação.

Em resumo,

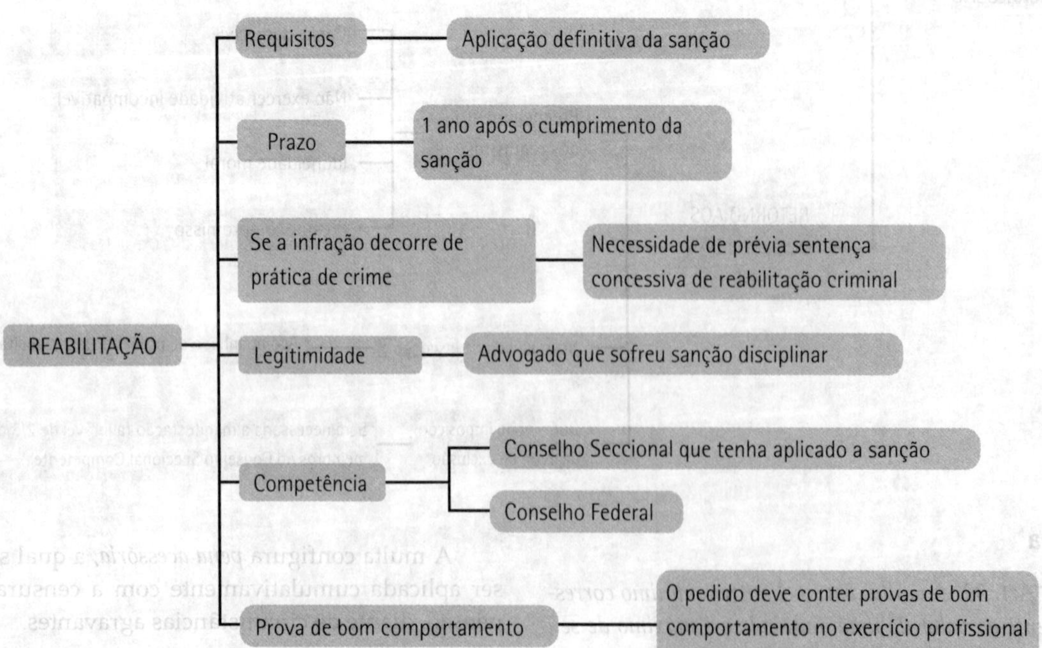

▶ ATENUANTES

Na aplicação das sanções disciplinares, são consideradas, para fins de atenuação, as seguintes circunstâncias, entre outras:

I – falta cometida na defesa de prerrogativa profissional;

II – ausência de punição disciplinar anterior;

III – exercício assíduo e proficiente de mandato ou cargo em qualquer órgão da OAB;

IV – prestação de relevantes serviços à advocacia ou à causa pública.

Os antecedentes profissionais do inscrito, as atenuantes, o grau de culpa por ele revelada, as circunstâncias e as consequências da infração são considerados para o fim de decidir:

a) sobre a conveniência da aplicação cumulativa da multa e de outra sanção disciplinar;

b) sobre o tempo de suspensão e o valor da multa aplicáveis.

▶ PRESCRIÇÃO

A **pretensão à punibilidade das infrações disciplinares prescreve em 5 anos**, contados da data da constatação oficial do fato.

Neste sentido, **aplica-se a prescrição a todo processo disciplinar paralisado por mais de 3 anos**, pendente de despacho ou julgamento, devendo ser arquivado de ofício, ou a requerimento da parte interessada, sem prejuízo de serem apuradas as responsabilidades pela paralisação.

A prescrição será interrompida nas seguintes hipóteses:

I – pela instauração de processo disciplinar ou pela notificação válida feita diretamente ao representado; e

II – pela decisão condenatória recorrível de qualquer órgão julgador da OAB.

Em resumo,

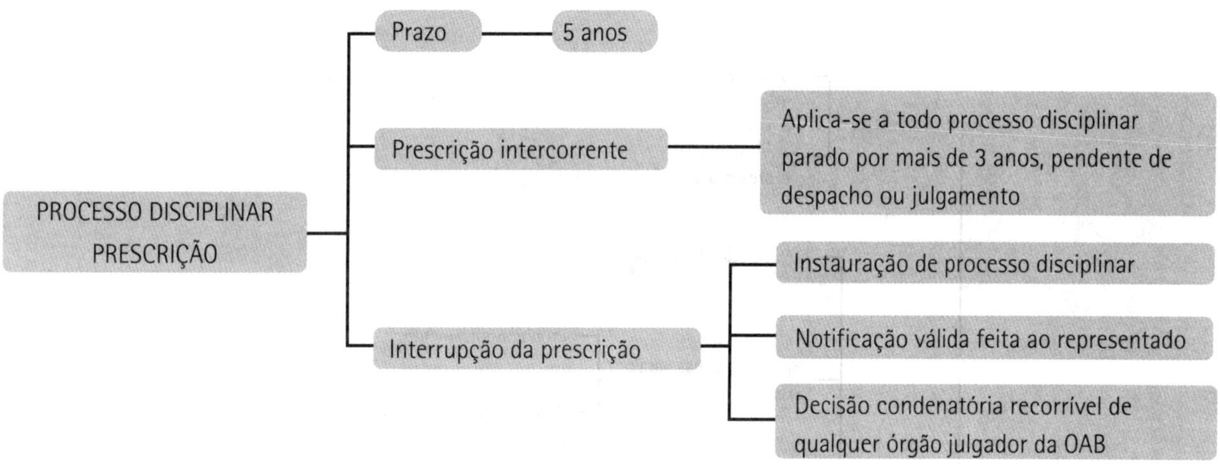

22. PROCESSO DISCIPLINAR

> ▶ Art. 55-69 do CED
> ▶ Art. 68-77 do EAOAB

O processo disciplinar é utilizado com o condão de investigar/ apurar o ato cometido pelo advogado e, em sendo o caso, aplicar a penalidade correspondente, sempre com a observância do contraditório e ampla defesa.

Assim, acerca do tema, observe as seguintes peculiaridades:

- ▶ O poder de **punir disciplinarmente os inscritos na OAB** <u>compete exclusivamente ao Conselho Seccional</u> em cuja **base territorial tenha ocorrido à infração**, salvo se a falta for cometida perante o Conselho Federal. Neste sentido, cabe ao Tribunal de Ética e Disciplina, do Conselho Seccional competente, julgar os processos disciplinares, instruídos pelas Subseções ou por relatores do próprio conselho;
- ▶ A decisão condenatória irrecorrível deve ser imediatamente comunicada ao Conselho Seccional onde o representado tenha inscrição principal, para constar dos respectivos assentamentos;
- ▶ O **Tribunal de Ética e Disciplina do Conselho** onde o acusado tenha inscrição principal **pode suspendê-lo preventivamente**, em caso de **repercussão prejudicial à dignidade da advocacia**, depois de ouvi-lo em sessão especial para a qual deve ser notificado a comparecer, salvo se não atender à notificação. Neste caso, **o processo disciplinar deve ser concluído no prazo máximo de 90 dias;**
- ▶ **A jurisdição disciplinar não exclui a comum** e, quando o fato constituir crime ou contravenção, deve ser comunicado às autoridades competentes;
- ▶ O <u>**processo disciplinar instaura-se de ofício ou mediante representação**</u> **de qualquer autoridade ou pessoa interessada**;

A instauração, de ofício, do processo disciplinar dar-se-á em função do conhecimento do fato, quando obtido por meio de fonte idônea ou em virtude de comunicação da autoridade competente. Observe que não se considera fonte idônea a que consistir em denúncia anônima.

- ▶ O **processo disciplinar tramita em <u>sigilo</u>**, até o seu término, só tendo acesso às suas informações as partes, seus defensores e a autoridade judiciária competente;
- ▶ **Recebida a representação**, o **Presidente deve designar relator**, a quem compete a instrução do processo e o oferecimento de parecer preliminar a ser submetido ao Tribunal de Ética e Disciplina;
- ▶ **Ao representado deve ser assegurado amplo direito de defesa**, podendo acompanhar o processo em todos os termos, pessoalmente ou por intermédio de procurador, oferecendo defesa prévia após ser notificado, razões finais após a instrução e defesa oral perante o Tribunal de Ética e Disciplina, por ocasião do julgamento;
- ▶ Se, **após a defesa prévia, o relator se manifestar pelo indeferimento liminar da representação,** este deve ser **decidido pelo Presidente do Conselho Seccional**, para determinar seu arquivamento. Veja que o **prazo para defesa prévia pode ser prorrogado por motivo relevante**, a juízo do relator;
- ▶ Se o **<u>representado não for encontrado, ou for revel</u>, o Presidente do Conselho ou da Subseção deve designar-lhe defensor dativo;**
- ▶ Autoriza-se a **<u>revisão</u> do processo disciplinar**, por **<u>erro de julgamento ou por condenação baseada em falsa prova</u>**;
- ▶ O **Conselho Seccional** pode **adotar as medidas administrativas e judiciais pertinentes, objetivando a que o profissional suspenso ou excluído devolva os documentos de identificação.**

O processo disciplinar possui algumas fases, como se observa:

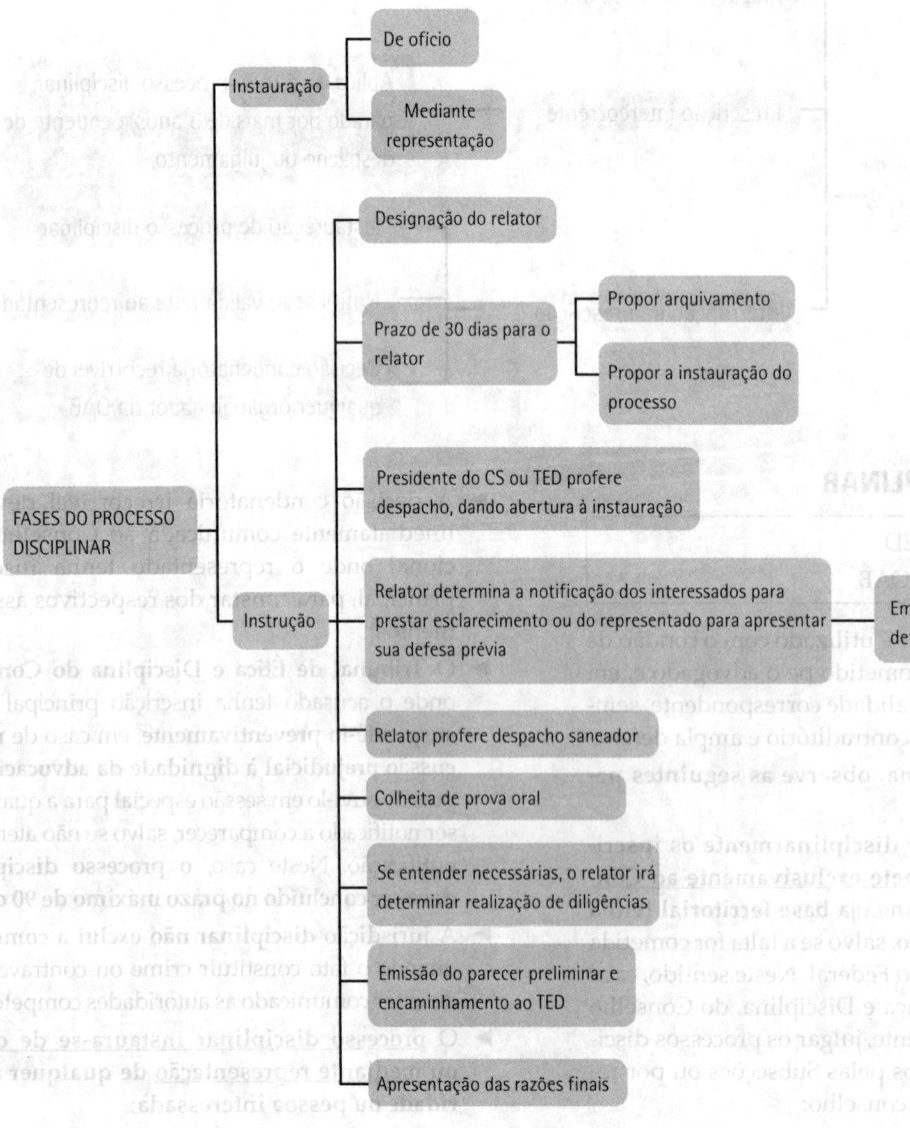

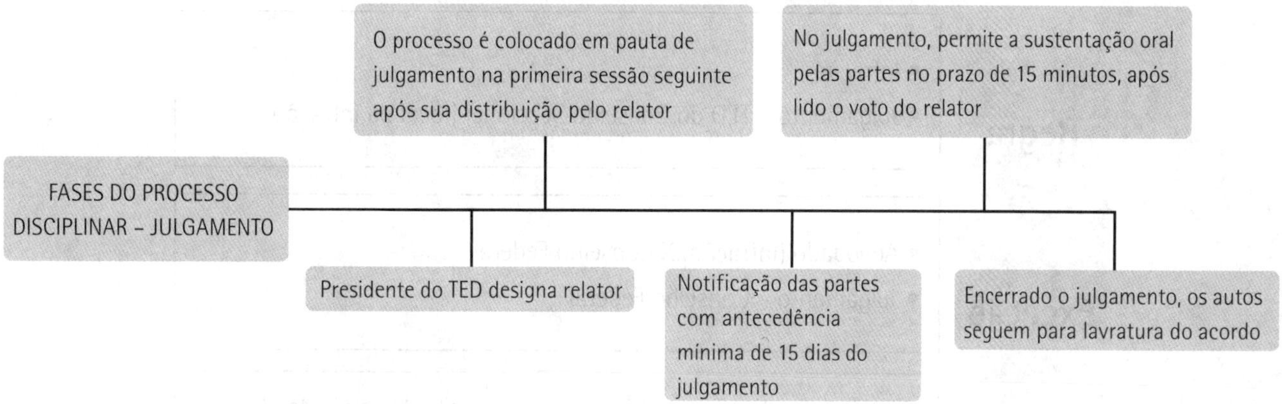

Quanto aos prazos e características, tome nota:

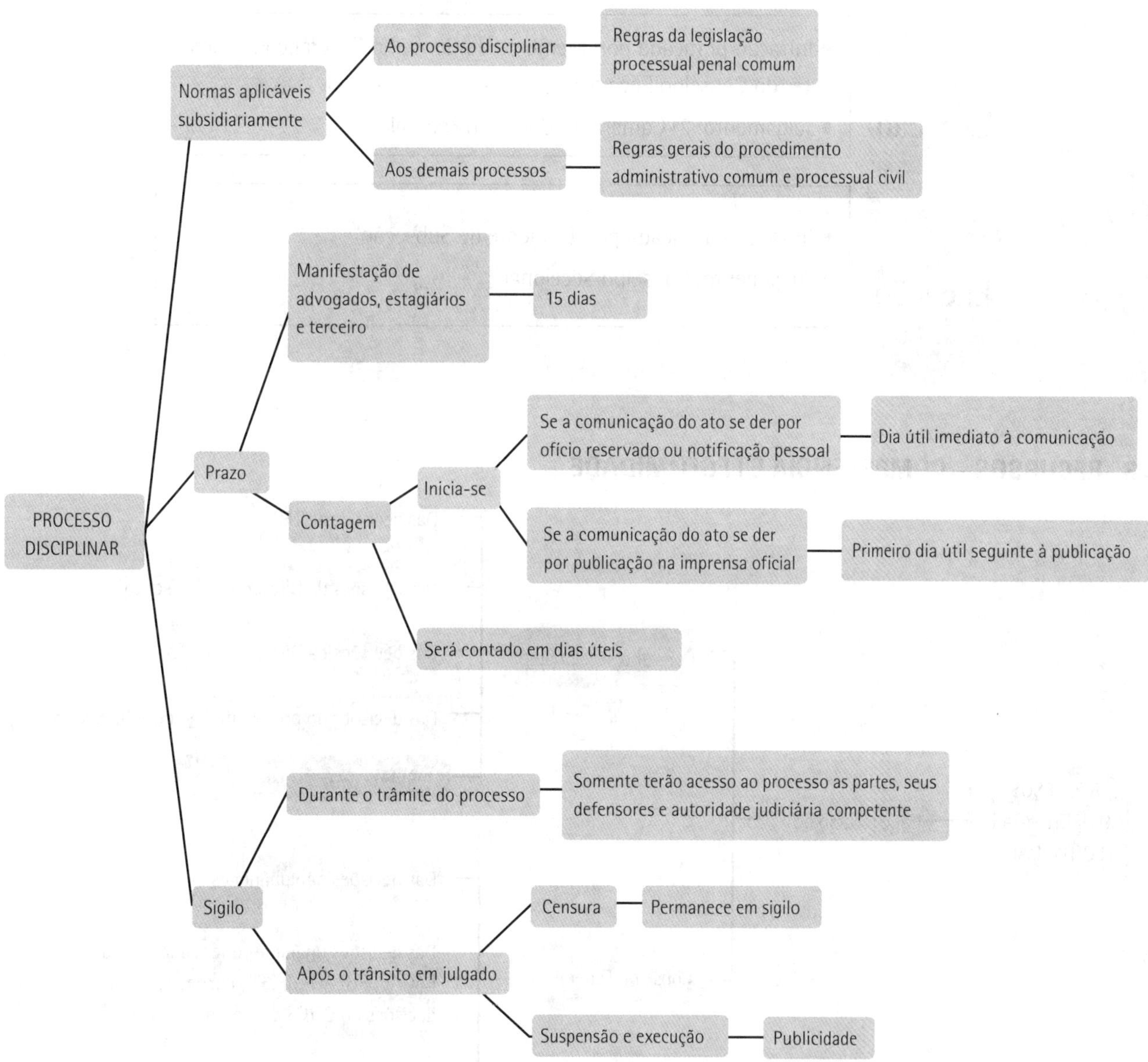

No que tange à competência para julgamento do processo disciplinar, devemos observar o seguinte regramento:

Regra
- Infração
- Julgamento – TED do Conselho Seccional (local da infração)

Exceção
- Advogado (Infração) X Conselho Federal
- Julgamento – Conselho Federal

Exceção
- Infração praticada por: Diretoria do Conselho Federal, Membros Honorários Vitalícios e detentores da Medalha Rui Barbosa
- Julgamento: Conselho Pleno do Conselho Federal

Exceção
- Infração praticada por: Membros do Conselho Federal e Presidentes do Conselho Seccional
- Julgamento: 2ª Câmara do Conselho Federal

Exceção
- Infração paraticada por: Dirigente de Subseção
- Julgamento: Conselho Seccional

23. RECURSOS – COMPETÊNCIA E LEGITIMIDADE

RECURSOS COMPETÊNCIA E LEGITIMIDADE – Cabe recurso ao

- Conselho seccional
  - Das decisões do TED
  - Das decisões da Diretoria da Subseção
  - Das decisões da Diretoria da CAA
  - Das decisões do presidente do Conselho Seccional
  - Legitimidade: partes litigantes
- Conselho Federal
  - Das decisões não unânimes
  - Das decisões unânimes que tenham violado o EAOAB, RGEAOAB, CED, portarias, ementas e decisões do CF/CS da OAB do Conselho Seccional
  - Legitimidade: partes litigantes do Conselho Seccional

24. DA ORDEM DOS ADVOGADOS DO BRASIL

- Arts. 44-67 do EAOAB
- Arts. 44-137-C do RGEAOAB

ÓRGÃOS COMPONENTES DA OAB

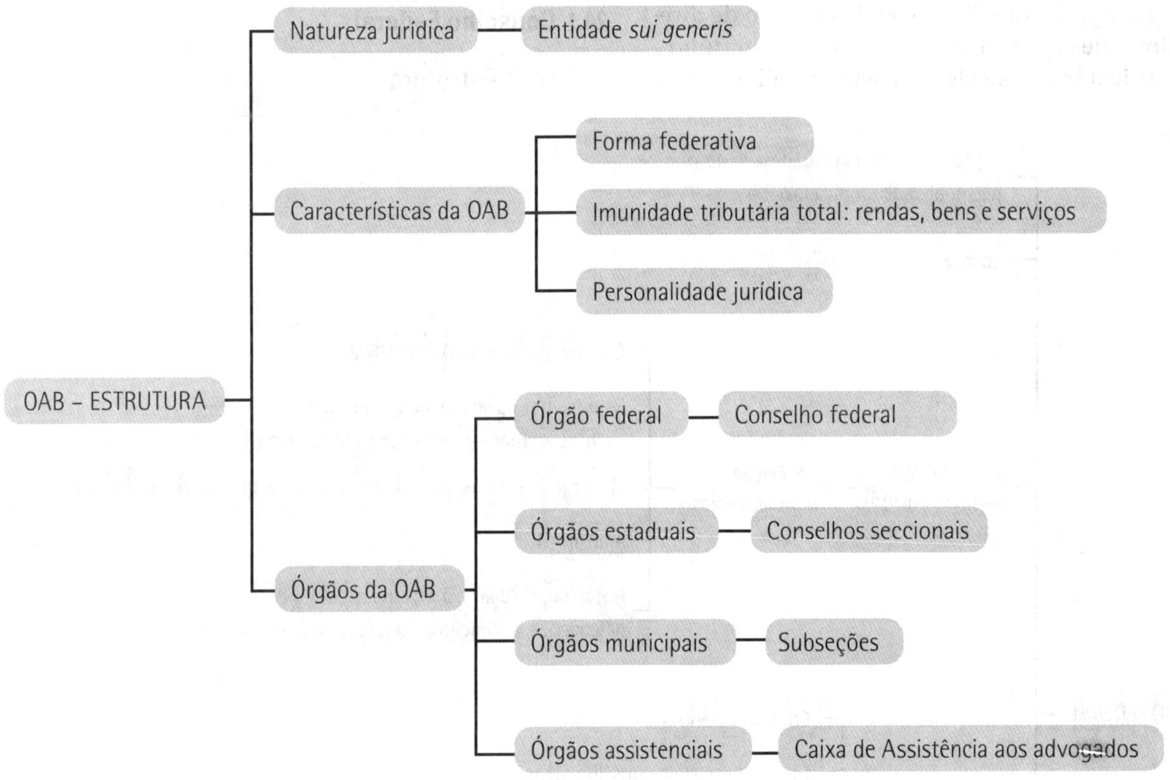

Inicialmente, destacam-se algumas características e peculiaridades envoltas à OAB e órgãos:

- A OAB é dotada de personalidade jurídica, forma federativa e goza de imunidade tributária total em relação aos seus bens, rendas e serviços;
- A OAB presta um serviço público, como órgão de classe, e o pagamento da anuidade isenta o advogado de pagar a contribuição sindical – este aspecto foi impactado pela reforma trabalhista, mas considere o texto de lei para fins de prova;
- Não mantém qualquer vínculo funcional ou hierárquico com órgãos da Administração Pública;
- A OAB é considerada entidade *sui generis*, ou inominada (ADI 3.026/2006);
- São órgãos da OAB:

I – Conselho Federal;

O Conselho Federal, dotado de personalidade jurídica própria, com sede na capital da República, é o órgão supremo da OAB.

II – Conselhos Seccionais;

Os Conselhos Seccionais, dotados de personalidade jurídica própria, têm jurisdição sobre os respectivos territórios dos Estados-membros, do Distrito Federal e dos Territórios.

III – Subseções;

As Subseções são partes autônomas do Conselho Seccional, na forma desta lei e de seu ato constitutivo.

IV – Caixas de Assistência dos Advogados.

As Caixas de Assistência dos Advogados, dotadas de personalidade jurídica própria, são criadas pelos Conselhos Seccionais, quando estes contarem com mais de mil e quinhentos inscritos.

- A OAB, por constituir serviço público, goza de imunidade tributária total em relação a seus bens, rendas e serviços;
- Os atos conclusivos dos órgãos da OAB, salvo quando reservados ou de administração interna, devem ser publicados na imprensa ofi-

cial ou afixados no fórum, na íntegra ou em resumo;

- Compete à OAB fixar e cobrar, de seus inscritos, contribuições, preços de serviços e multas;
- O pagamento da contribuição anual à OAB isenta os inscritos nos seus quadros do pagamento obrigatório da contribuição sindical;
- O cargo de conselheiro ou de membro de diretoria de órgão da OAB é de exercício gratuito e obrigatório, considerado serviço público relevante, inclusive para fins de disponibilidade e aposentadoria;
- Os Presidentes dos Conselhos e das Subseções da OAB têm legitimidade para agir, judicial e extrajudicialmente, contra qualquer pessoa que infringir as disposições ou os fins do EAOAB.

24.1 Conselho Federal

24.1.1 Estrutura

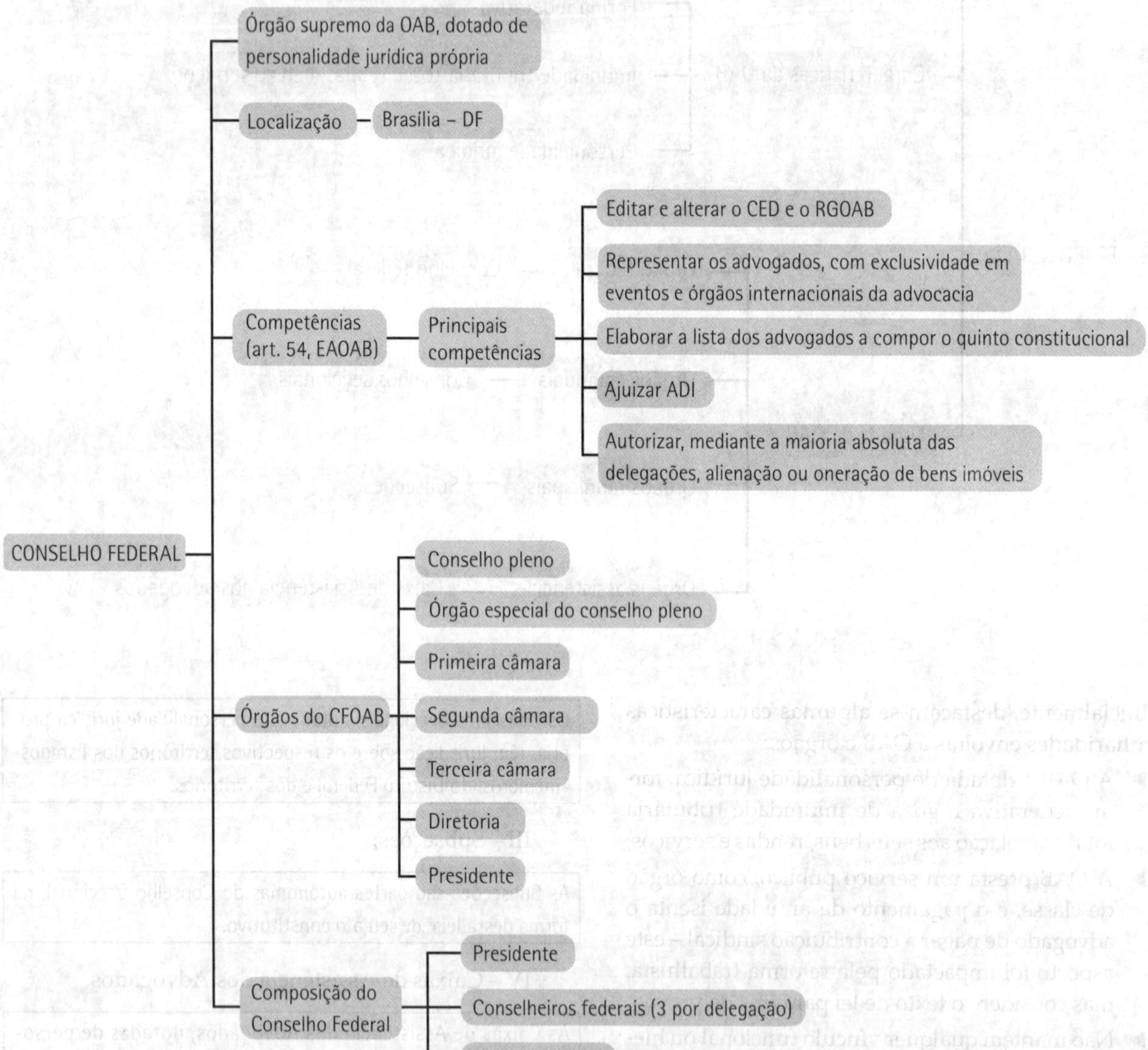

No que se refere às características e peculiaridades deste órgão, observe:

- Cada delegação é formada por três conselheiros federais, sendo que nas *deliberações do Conselho Federal*, o **voto é tomado por delegação**, e não pode ser exercido nas matérias de interesse da unidade que represente;
- **Os presidentes dos Conselhos Seccionais, nas sessões do Conselho Federal, têm lugar reservado junto à delegação respectiva e direito somente a voz**;
- O **Presidente**, nas **deliberações do Conselho**, tem apenas o **voto de qualidade**;
- Os **ex-presidentes têm direito a voz nas sessões do Conselho**, sendo assegurado o direito

de voto aos que exerceram mandato antes de 5 de julho de 1994 ou em seu exercício se encontravam naquela data;

- O **Presidente**, nas suas relações externas, apresenta-se como Presidente Nacional da OAB;
- O **Presidente do Conselho Seccional** tem lugar reservado junto à delegação respectiva e **direito a voz em todas as sessões do Conselho e de suas Câmaras**;
- Na **eleição para a escolha da Diretoria do Conselho Federal**, cada membro da delegação terá direito a 1 voto, vedado aos membros honorários vitalícios;
- Em resumo:

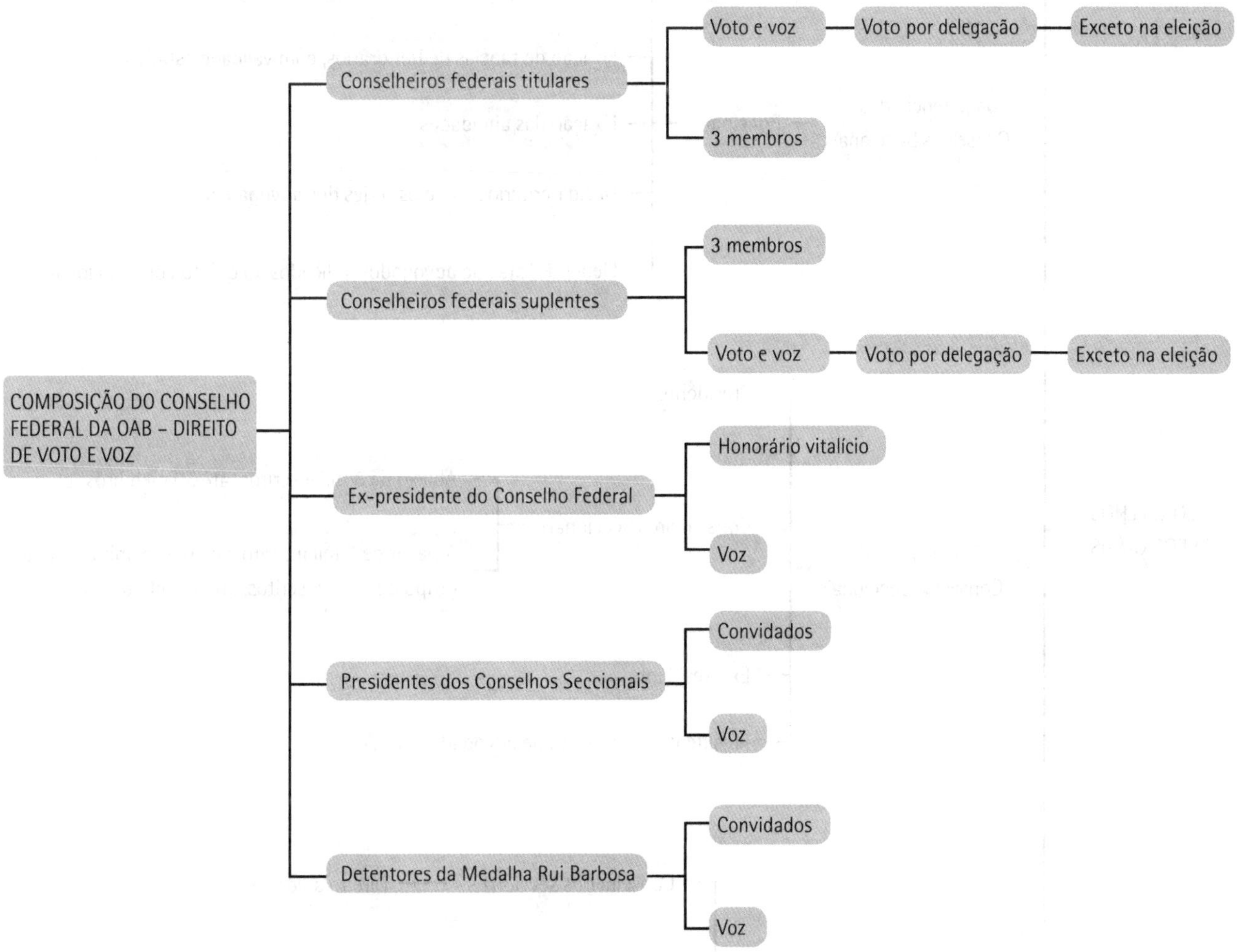

Atenção: nos termos do art. 50 do Regulamento Geral, ocorrendo vaga de cargo de diretoria do Conselho Federal ou do Conselho Seccional, inclusive do Presidente, em virtude de perda do mandato (art. 66 do Estatuto), morte ou renúncia, o substituto deverá ser eleito pelo Conselho a que se vincule, dentre os seus membros.

24.2 Conselho Seccional

- O Conselho Seccional compõe-se de conselheiros em número proporcional ao de seus inscritos. Veja:

I – abaixo de 3.000 advogados inscritos no Conselho Seccional se terá até 30 membros (conselheiros);

II – a partir de 3.000 advogados inscritos, mais um membro por grupo completo de 3.000 inscritos, até o total de 80 membros (conselheiros).

- São membros honorários vitalícios os seus ex-presidentes, somente com direito a voz em suas sessões;
- O Presidente do Instituto dos Advogados local é membro honorário, somente com direito a voz nas sessões do Conselho;
- Quando presentes às sessões do Conselho Seccional, o Presidente do Conselho Federal, os Conselheiros Federais integrantes da respectiva delegação, o Presidente da Caixa de Assistência dos Advogados e os Presidentes das Subseções, têm direito a voz;

Em resumo, acerca da competência e estrutura do Conselho Seccional:

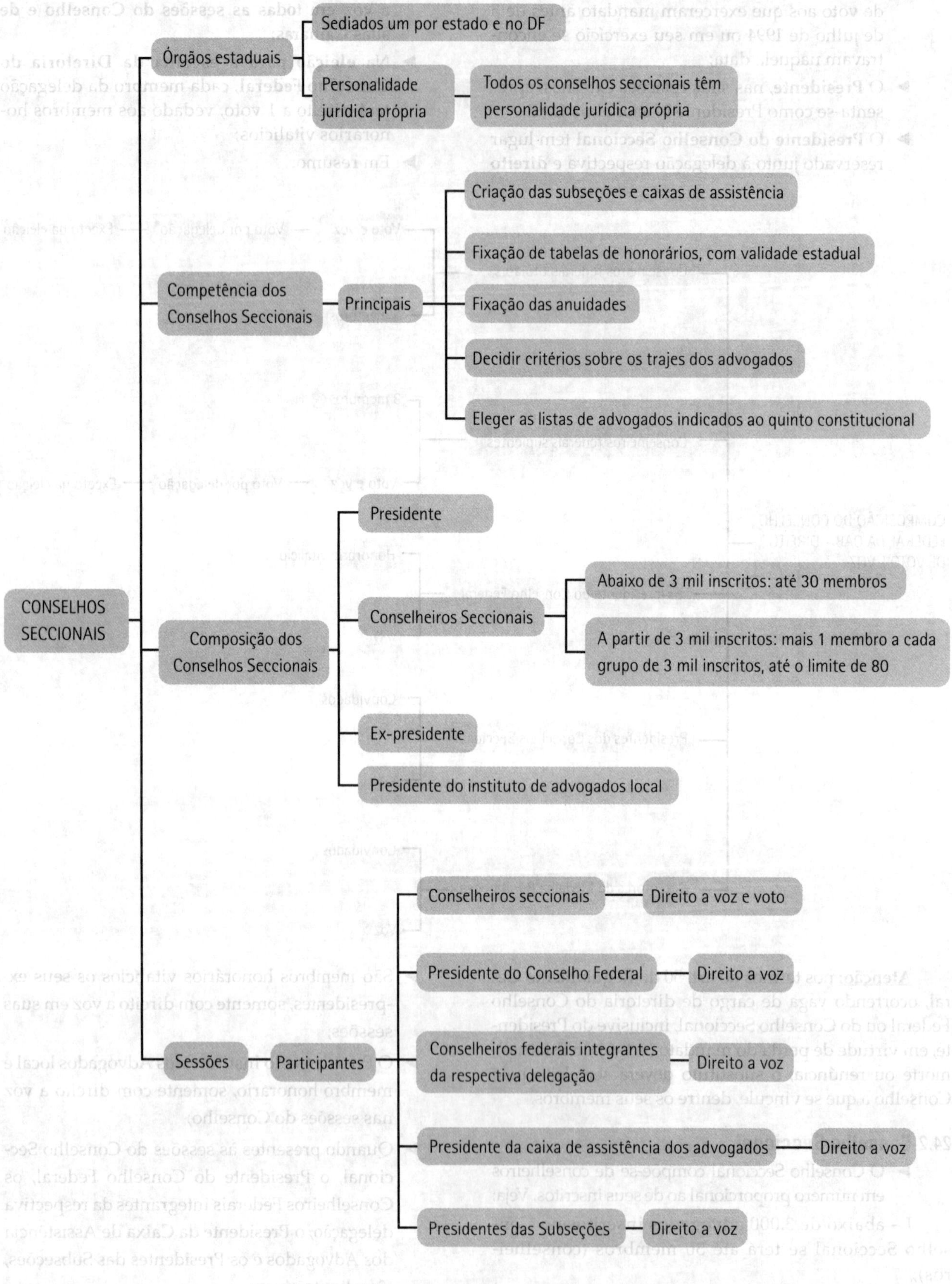

Atenção: A alienação ou oneração de bens imóveis depende de aprovação do Conselho Federal ou do Conselho Seccional, com base a quem pertencer, e caberá a Diretoria do órgão decidir em caso de bens móveis.

24.3 Subseções

► A organização da Subseção pode ser observada da seguinte forma:

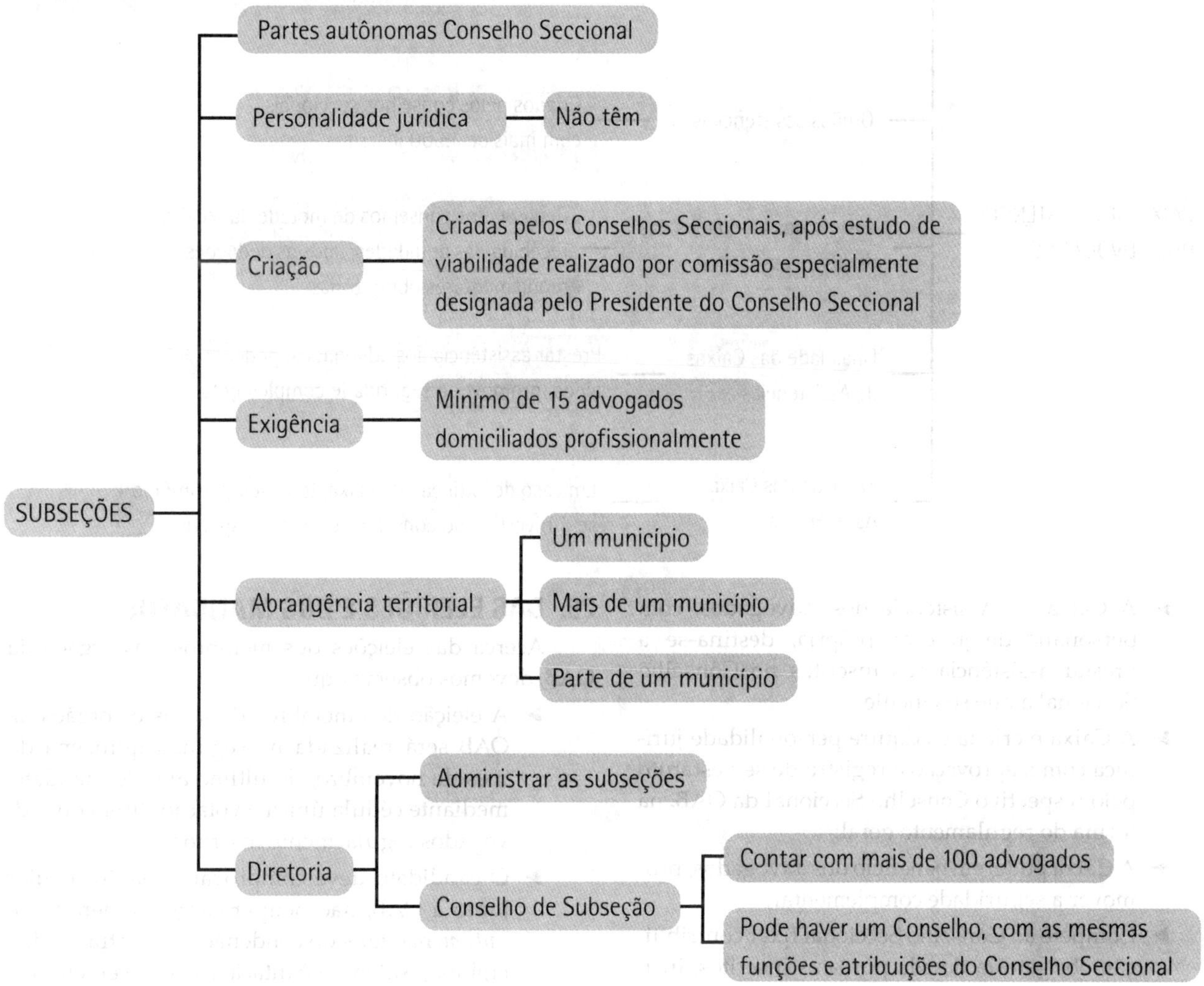

- ► A Subseção pode ser criada pelo Conselho Seccional, que fixa sua área territorial e seus limites de competência e autonomia;
- ► A área territorial da Subseção pode abranger um ou mais municípios, ou parte de município, inclusive da capital do Estado, contando com um mínimo de 15 advogados, nela profissionalmente domiciliados;
- ► A Subseção é administrada por uma diretoria, com atribuições e composição equivalentes às da diretoria do Conselho Seccional;
- ► Havendo mais de 100 advogados, a Subseção pode ser integrada, também, por um conselho em número de membros fixado pelo Conselho Seccional;
- ► Cabe ao Conselho Seccional fixar, em seu orçamento, dotações específicas destinadas à manutenção das Subseções;
- ► O Conselho Seccional, mediante o voto de 2/3 de seus membros, pode intervir nas Subseções, onde constatar grave violação desta lei ou do regimento interno daquele;
- ► Os **conflitos de competência entre subseções** e entre **estas e o Conselho Seccional** são por **este decidido**, com recurso voluntário ao Conselho Federal. **Veja**:

CONFLITO	DECISÃO
Subseção X Subseção	Conselho Seccional
Subseção X Conselho Seccional	Conselho Seccional

24.4 Caixa de Assistência dos Advogados

► A Caixa de Assistência dos Advogados organiza-se da seguinte forma:

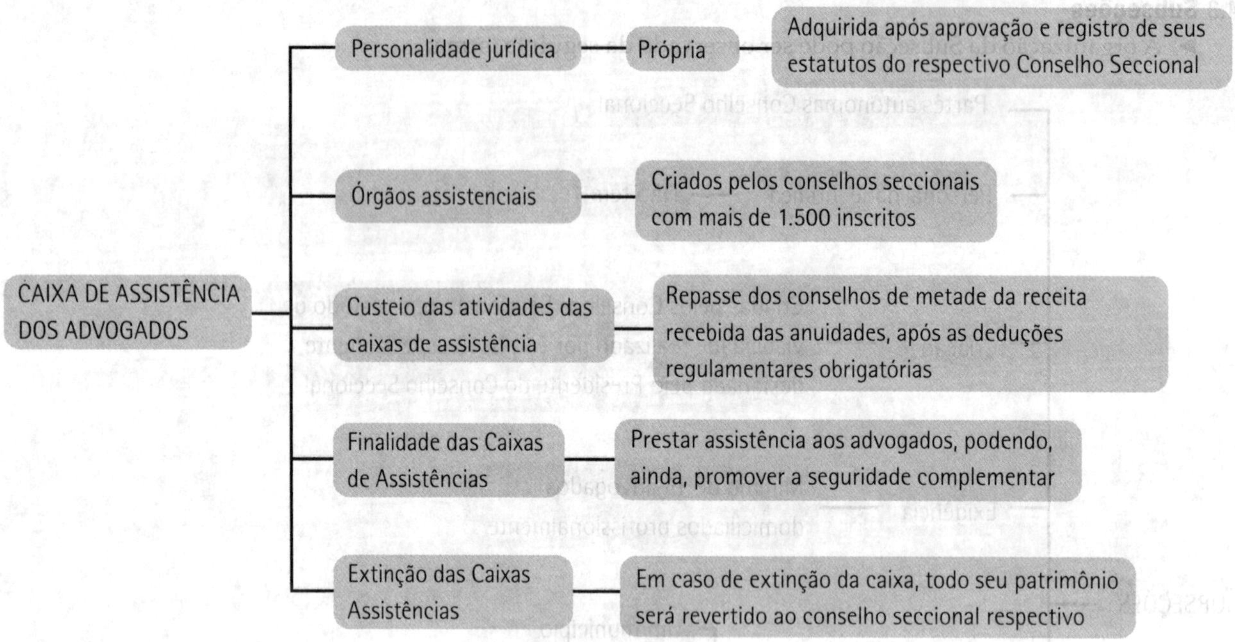

- A Caixa de Assistência dos Advogados, com personalidade jurídica própria, destina-se a prestar assistência aos inscritos no Conselho Seccional a que se vincule;
- A Caixa é criada e adquire personalidade jurídica com a aprovação e registro de seu estatuto pelo respectivo Conselho Seccional da OAB, na forma do regulamento geral;
- A Caixa pode, em benefício dos advogados, promover a seguridade complementar;
- Compete ao Conselho Seccional fixar contribuição obrigatória devida por seus inscritos, incidente sobre atos decorrentes do efetivo exercício da advocacia;
- A diretoria da Caixa é composta de 5 membros;
- Cabe à Caixa a metade da receita das anuidades recebidas pelo Conselho Seccional, considerado o valor resultante após as deduções regulamentares obrigatórias;
- Em caso de extinção ou desativação da Caixa, seu patrimônio se incorpora ao do Conselho Seccional respectivo;
- O Conselho Seccional, mediante voto de 2/3 de seus membros, pode intervir na Caixa de Assistência dos Advogados, no caso de descumprimento de suas finalidades, designando diretoria provisória, enquanto durar a intervenção;
- Em havendo conflito de competência, deve-se observar:

CONFLITO	DECISÃO
Caixa X Conselho Seccional	Conselho Federal

25. DAS ELEIÇÕES E DOS MANDATOS

Acerca das eleições dos membros dos órgãos da OAB, devemos observar que:

- A eleição dos membros de todos os órgãos da OAB será realizada na segunda quinzena do mês de novembro, do último ano do mandato, mediante cédula única e votação direta dos advogados regularmente inscritos;
- O candidato deve comprovar situação regular junto à OAB, não ocupar cargo exonerável *ad nutum*, não ter sido condenado por infração disciplinar, salvo reabilitação, e exercer efetivamente a profissão há mais de cinco anos;
- Consideram-se eleitos os candidatos integrantes da chapa que obtiver a maioria dos votos válidos;
- A chapa para o Conselho Seccional deve ser composta dos candidatos ao conselho e à sua diretoria e, ainda, à delegação ao Conselho Federal e à Diretoria da Caixa de Assistência dos Advogados para eleição conjunta;
- A chapa para a Subseção deve ser composta com os candidatos à diretoria, e de seu conselho quando houver;
- São admitidas a registro apenas chapas completas, que deverão atender ao percentual de 50% para candidaturas de cada gênero e, ao mínimo, de 30% (trinta por cento) de advogados negros e de advogadas negras, assim considerados os(as) inscritos(as) na Ordem dos Advogados do Brasil que se classificam (autodeclaração) como negros(as), ou seja, pretos(as) ou pardos(as), ou definição análoga (critérios subsidiários de he-

teroidentificação). Ainda, o percentual relacionado à candidaturas de cada gênero aplicar-se-á quanto às Diretorias do Conselho Federal, dos Conselhos Seccionais, das Subseções e das Caixas de Assistência e deverá incidir sobre os cargos de titulares e suplentes, se houver, salvo se o número for ímpar, quando se aplicará o percentual mais próximo a 50% na composição de cada gênero;

- O percentual das cotas raciais será aplicado levando-se em conta o total dos cargos da chapa, e não por órgãos como previsto para as candidaturas de cada gênero;
- Fica delegado à Comissão Eleitoral, de cada Seccional, analisar e deliberar os casos em que as chapas das Subseções informarem a inexistência ou insuficiência de advogados negros (pretos e pardos) e advogadas negras (pretas e pardas), com condições de elegibilidade a concorrer nas chapas, no percentual aprovado em 30% (trinta por cento);
- São condições de elegibilidade: ser o candidato advogado inscrito na Seccional, com inscrição principal ou suplementar, em efetivo exercício há mais de 3 anos, nas eleições para os cargos de Conselheiro Seccional e das Subseções, quando houver, e há mais de 5 anos, nas eleições para os demais cargos, e estar em dia com as anuidades na data de protocolo do pedido de registro de candidatura, considerando-se regulares aqueles que parcelaram seus débitos e estão adimplentes com a quitação das parcelas;
- O candidato deverá comprovar sua adimplência junto à OAB por meio da apresentação de certidão da Seccional onde é candidato;
- O mandato em qualquer órgão da OAB é de três anos, iniciando-se em primeiro de janeiro do ano seguinte ao da eleição, salvo o Conselho Federal. Neste ponto, atente-se que ao aspecto de que o mandato extingue-se automaticamente, antes do seu término, quando: I – ocorrer qualquer hipótese de cancelamento de inscrição ou de licenciamento do profissional; II – o titular sofrer condenação disciplinar; e III – o titular faltar, sem motivo justificado, a três reuniões ordinárias consecutivas de cada órgão deliberativo do conselho ou da diretoria da Subseção ou da Caixa de Assistência dos Advogados, não podendo ser reconduzido no mesmo período de mandato;
- Os conselheiros federais eleitos iniciam seus mandatos em primeiro de fevereiro do ano seguinte ao da eleição;
- A eleição da Diretoria do Conselho Federal, que tomará posse no dia 1º de fevereiro, obedecerá às seguintes regras:

I – será admitido registro, junto ao Conselho Federal, de candidatura à presidência, desde seis meses até um mês antes da eleição;

II – o requerimento de registro deverá vir acompanhado do apoiamento de, no mínimo, seis Conselhos Seccionais;

III – até um mês antes das eleições, deverá ser requerido o registro da chapa completa, sob pena de cancelamento da candidatura respectiva;

IV – no dia 31 de janeiro do ano seguinte ao da eleição, o Conselho Federal elegerá, em reunião presidida pelo conselheiro mais antigo, por voto secreto e para mandato de 3 anos, sua diretoria, que tomará posse no dia seguinte;

V – será considerada eleita a chapa que obtiver maioria simples dos votos dos Conselheiros Federais, presente a metade mais 1 de seus membros.

- Com exceção do candidato a Presidente, os demais integrantes da chapa deverão ser conselheiros federais eleitos.

REFERÊNCIAS

GONZAGA, Alvaro de Azevedo; NEVES, Karina Penna Beijato; JUNIOR, Roberto Beijato. *Estatuto da Advocacia e Novo Código de Ética e Disciplina da OAB – Comentados*. 5. ed. São Paulo: Método, 2018.

JUNIOR, Marco Antônio Araujo. *Gabaritando Ética*. 3. ed. São Paulo: Saraiva, 2020.

MACHADO, Paulo. *10 em ética*. 6. ed. São Paulo: Juspodivm, 2019.

RACHID, Alysson. *Dominando Ética*. São Paulo: Saraiva, 2019.

Questões

Ética

I. DA ORDEM DOS ADVOGADOS DO BRASIL. NATUREZA JURÍDICA. FORMA E FINALIDADE. ESTRUTURA – ÓRGÃOS

1. (XXXI Exame) Os advogados Diego, Willian e Pablo, todos em situação regular perante a OAB, desejam candidatar-se ao cargo de conselheiro de um Conselho Seccional da OAB.

Diego é advogado há dois anos e um dia, sendo sócio de uma sociedade simples de prestação de serviços de advocacia e nunca foi condenado por infração disciplinar.

Willian, por sua vez, exerce a advocacia há exatos quatro anos e constituiu sociedade unipessoal de advocacia, por meio da qual advoga atualmente. Willian já foi condenado pela prática de infração disciplinar, tendo obtido reabilitação um ano e três meses após o cumprimento da sanção imposta.

Já Pablo é advogado há cinco anos e um dia e nunca respondeu por prática de qualquer infração disciplinar. Atualmente, Pablo exerce certo cargo em comissão, exonerável *ad nutum*, cumprindo atividades exclusivas da advocacia.

Considerando as informações acima e o disposto na Lei n. 8.906/94, assinale a afirmativa correta.

A) Apenas Diego e Willian cumprem os requisitos para serem eleitos para o cargo pretendido.

B) Apenas Willian cumpre os requisitos para ser eleito para o cargo pretendido.

C) Apenas Diego e Pablo cumprem os requisitos para serem eleitos para o cargo pretendido.

D) Apenas Pablo cumpre os requisitos para ser eleito para o cargo pretendido.

RESPOSTA O art. 63, do EAOAB, preceitua que a eleição dos membros de todos os órgãos da OAB será realizada na segunda quinzena do mês de novembro, do último ano do mandato, mediante cédula única e votação direta dos advogados regularmente inscritos. Neste sentido, o candidato deve comprovar situação regular perante a OAB, não ocupar cargo exonerável *ad nutum*, não ter sido condenado por infração disciplinar, salvo reabilitação, e exercer efetivamente a profissão há mais de 3 (três) anos, nas eleições para os cargos de Conselheiro Seccional e das Subseções, quando houver, e há mais de 5 (cinco) anos, nas eleições para os demais cargos. *Alternativa B.*

2. (XXXI Exame) O advogado João era conselheiro de certo Conselho Seccional da OAB. Todavia, por problemas pessoais, João decidiu renunciar ao mandato. Considerando o caso narrado, assinale a afirmativa correta.

A) Compete ao plenário do Conselho Seccional respectivo declarar extinto o mandato, sendo exigido que previamente ouça João no prazo de dez dias, após notificação deste mediante ofício com aviso de recebimento.

B) Compete à Diretoria do Conselho Seccional respectivo declarar extinto o mandato, independentemente de exigência de prévia notificação para oitiva de João.

C) Compete ao plenário do Conselho Seccional respectivo declarar extinto o mandato, sendo exigido que previamente ouça João no prazo de quinze dias, após notificação pessoal deste.

D) Compete à Segunda Câmara do Conselho Federal da OAB declarar extinto o mandato, independentemente de exigência de prévia notificação para oitiva de João.

RESPOSTA Nos termos do artigo 54 do Regulamento Geral da OAB, compete à Diretoria dos Conselhos Federal e Seccionais, da Subseção ou da Caixa de Assistência declarar extinto o mandato, ocorrendo uma das hipóteses previstas no art. 66 do Estatuto, encaminhando ofício ao Presidente do Conselho Seccional. Neste sentido, cabe à Diretoria, antes de declarar extinto o mandato, salvo no caso de morte ou renúncia, ouvir o interessado no prazo de quinze dias, notificando-o mediante ofício com aviso de recebimento. *Alternativa B.*

3. (XXX Exame) Beatriz, advogada regularmente inscrita na OAB, deseja organizar uma chapa para concorrer à diretoria de Subseção. Ao estudar os pressupostos para a formação da chapa, a realização das eleições e o futuro exercício do cargo, Beatriz concluiu corretamente que

(A) a chapa deverá ser integrada por advogados em situação regular junto à OAB, que exerçam cargos em comissão, desde que atuem, efetivamente, na profissão há mais de cinco anos.

(B) a eleição será realizada na segunda quinzena do mês de novembro, do último ano do mandato, sendo o comparecimento obrigatório para todos os advogados inscritos na OAB.

(C) o mandato é de três anos, iniciando-se em primeiro de fevereiro do ano seguinte ao da eleição.

(D) o mandato extingue-se automaticamente, antes do seu término, sempre que o titular faltar, sem motivo justificado, a mais de três reuniões ordinárias.

RESPOSTA A eleição dos membros de todos os órgãos da OAB será realizada na segunda quinzena do mês de novembro, do último ano do mandato, mediante cédula única e votação direta dos advogados regularmente inscritos - Art. 63 do EAOAB. *Alternativa B.*

4. (XXVIII Exame) Em certo local, pretende-se a aquisição de um imóvel pelo Conselho Seccional respectivo da OAB, para funcionar como centro de apoio em informática aos advogados inscritos. Também se negocia a constituição de hipoteca sobre outro bem imóvel que já integra o patrimônio deste Conselho Seccional.

De acordo com o caso narrado, com fulcro no disposto no Regulamento Geral do Estatuto da Advocacia e da OAB, assinale a afirmativa correta.

(A) A aquisição do imóvel dependerá de autorização da maioria dos membros efetivos do Conselho Seccional; já a constituição da hipoteca é decisão que compete à Diretoria do Conselho Seccional.
(B) Tanto a aquisição do imóvel como a constituição da hipoteca dependerão de autorização da maioria dos membros efetivos do Conselho Seccional.
(C) Tanto a aquisição do imóvel como a constituição da hipoteca são decisões que competem à Diretoria do Conselho Seccional, dispensada autorização dos membros efetivos do Conselho Seccional.
(D) A aquisição do imóvel é decisão que compete à Diretoria do Conselho Seccional; já a constituição da hipoteca dependerá de autorização da maioria dos membros efetivos do Conselho Seccional.

RESPOSTA Nos termos do artigo 48 do Regulamento Geral, observa-se que a alienação ou oneração de bens imóveis depende de aprovação do Conselho Federal ou do Conselho Seccional, competindo à Diretoria do órgão decidir pela aquisição de qualquer bem e dispor sobre os bens móveis. Neste sentido, a alienação ou oneração de bens imóveis depende de autorização da maioria das delegações, no Conselho Federal, e da maioria dos membros efetivos, no Conselho Seccional. *Alternativa D.*

5. (XXV Exame) Lina, cidadã que não exerce a advocacia, deseja endereçar à presidência de certa Subseção da OAB representação pela instauração de processo disciplinar em face de determinado advogado, pelo cometimento de infrações éticas. Assim, ela busca se informar sobre como pode oferecer tal representação e qual a forma adequada para tanto.

De acordo com o disposto no Código de Ética e Disciplina da OAB, Lina poderá oferecer representação pela instauração de processo disciplinar em face do advogado, mas

(A) deve endereçá-la ao presidente do respectivo Conselho Seccional, uma vez que receber e processar representações com tal conteúdo não se inclui entre as atribuições das Subseções. A representação poderá ser realizada por escrito ou verbalmente, com ou sem identificação do representante.
(B) deve formulá-la ao presidente do Conselho Seccional ou ao presidente da Subseção. A representação poderá ser realizada por escrito ou verbalmente, mas é necessária a identificação do representante, sob pena de não ser considerada fonte idônea.
(C) deve endereçá-la ao presidente do respectivo Conselho Seccional, uma vez que não se inclui entre as atribuições das Subseções receber e processar representações com tal conteúdo. A representação deverá ser realizada por escrito, não sendo consideradas fontes idôneas as representações verbais ou sem identificação do representante.
(D) deve formulá-la ao presidente do Conselho Seccional ou ao presidente da Subseção. A representação poderá ser realizada por escrito ou verbalmente, com ou sem identificação do representante. Será considerada fonte idônea ainda que oferecida sem a identificação do representante.

RESPOSTA A representação será formulada ao Presidente do Conselho Seccional ou ao Presidente da Subseção, por escrito ou verbalmente, devendo, neste último caso, ser reduzida a termo (arts. 55 e 56 CED). *Alternativa B.*

6. (XXVI Exame) O Conselho Seccional X pretende criar a subseção Z, que abrange três municípios. Estima-se que, na área territorial pretendida para a subseção Z, haveria cerca de cinquenta advogados profissionalmente domiciliados. O mesmo Conselho Seccional também pretende criar as subseções W e Y, de modo que W abrangeria a região norte e Y abrangeria a região sul de um mesmo município.

Considerando o caso narrado, de acordo com o Estatuto da Advocacia e da OAB, assinale a afirmativa correta.

(A) Não é autorizada, pelo Estatuto da Advocacia e da OAB, a criação da subseção Z com a área territorial pretendida. Quanto às subseções W e Y, poderão ser criadas se contarem, cada qual, com um número mínimo de cem advogados nela profissionalmente domiciliados.
(B) Não é autorizada, pelo Estatuto da Advocacia e da OAB, a criação da subseção Z, em razão da área territorial pretendida. Quanto às subseções W e Y, poderão ser criadas se contarem, cada qual, com um número mínimo de quinze advogados nela profissionalmente domiciliados.
(C) A criação da subseção Z, com a área territorial pretendida, é autorizada pelo Estatuto da Advocacia e da OAB. Da mesma forma, as subseções W e Y poderão ser criadas se contarem, cada qual, com um número mínimo de quinze advogados nelas profissionalmente domiciliados.
(D) A criação da subseção Z, com a área territorial pretendida, é autorizada pelo Estatuto da Advocacia e da OAB. Já a criação das subseções W e Y, em razão da área territorial pretendida, não é autorizada pelo Estatuto da Advocacia e da OAB, independentemente do número de advogados nela profissionalmente domiciliados.

RESPOSTA A Subseção pode ser criada pelo Conselho Seccional, que fixa sua área territorial e seus limites de competência e autonomia, contando com um mínimo de quinze advogados, nela profissionalmente domiciliados (art. 60, § 1º, do EAOAB). *Alternativa C.*

7. (XXII Exame) O Conselho Seccional X da OAB criou dez subseções e uma Caixa de Assistência dos Advogados. Dentre as subseções, inclui-se a Subseção Y, cuja área territorial abrange um município.

Considerando a hipótese narrada, analise as afirmativas a seguir e assinale a única correta.

(A) O Conselho Seccional X é dotado de personalidade jurídica própria; já a Caixa de Assistência dos Advogados e a Subseção Y não possuem personalidade jurídica própria, caracterizando-se como partes autônomas do Conselho Seccional X.

(B) O Conselho Seccional X e a Caixa de Assistência dos Advogados são dotados de personalidade jurídica própria; já a Subseção Y não possui personalidade jurídica própria, caracterizando-se como parte autônoma do Conselho Seccional X.

(C) O Conselho Seccional X, a Caixa de Assistência dos Advogados e a Subseção Y não possuem personalidade jurídica própria. Trata-se de órgãos da Ordem dos Advogados do Brasil (OAB), a qual é dotada de personalidade jurídica.

(D) O Conselho Seccional X, a Caixa de Assistência dos Advogados e a Subseção Y possuem, cada qual, personalidade jurídica própria.

RESPOSTA Os Conselhos Seccionais, dotados de personalidade jurídica própria, têm jurisdição sobre os respectivos territórios dos Estados-membros, do Distrito Federal e dos Territórios; já as Subseções são partes autônomas do Conselho Seccional, não possuindo personalidade jurídica – Art. 45, EAOAB.

No que tange as Caixas de Assistência dos Advogados, estas são dotadas de personalidade jurídica própria, e criadas pelos Conselhos Seccionais, quando estes contarem com mais de mil e quinhentos inscritos. *Alternativa B.*

8. **(XXII Exame)** Em determinada subseção da OAB, constatou-se grave violação à disciplina prevista na Lei n. 8.906/94, no que diz respeito ao exercício de suas atribuições de representar a OAB perante os poderes constituídos e de fazer valer as prerrogativas do advogado.

Considerando a situação hipotética narrada, assinale a afirmativa correta.

(A) Compete ao Conselho Federal da OAB intervir na aludida subseção mediante voto de dois terços de seus membros.

(B) Compete ao Conselho Federal da OAB intervir na aludida subseção mediante decisão por maioria do Órgão Especial do Conselho Pleno.

(C) Compete ao Conselho Seccional respectivo da OAB intervir na aludida subseção mediante decisão unânime de sua diretoria.

(D) Compete ao Conselho Seccional respectivo da OAB intervir na aludida subseção mediante voto de dois terços de seus membros.

RESPOSTA Compete ao Conselho Seccional respectivo da OAB intervir na aludida subseção mediante voto de dois terços de seus membros, art. 60, § 6º, do EAOAB, quando constatar grave violação do Estatuto da OAB ou do Regimento Interno do respectivo Conselho. *Alternativa D.*

9. **(XXV Exame)** Em determinada sessão do Conselho Seccional da OAB do Estado da Bahia, compareceram Arthur, Presidente do Conselho Federal da OAB; Daniel, Conselheiro Federal da OAB, integrante da delegação da Bahia, e Carlos, ex-Presidente do Conselho Seccional da OAB do Estado da Bahia.

De acordo com o Estatuto da OAB, para as deliberações nessa sessão,

(A) Arthur tem direito a voz e voto. Daniel e Carlos têm direito somente a voz.

(B) Daniel tem direito a voz e voto. Arthur e Carlos têm direito somente a voz.

(C) Daniel e Carlos têm direito a voz e voto. Arthur tem direito somente a voz.

(D) Arthur, Daniel e Carlos têm direito somente a voz.

RESPOSTA Segundo o art. 56, § 3º, do EAOAB, quando presentes às sessões do Conselho Seccional, o Presidente do Conselho Federal, os Conselheiros Federais integrantes da respectiva delegação, o Presidente da Caixa de Assistência dos Advogados e os Presidentes das Subseções, têm direito a voz. *Alternativa D.*

10. **(XXVIII Exame)** Em certo Estado da Federação X, há notícias fundadas acerca de irregularidades na Caixa de Assistência dos Advogados, em razão de malversação de receitas, gerando hipótese de intervenção. Considerando a situação hipotética, assinale a afirmativa correta.

(A) Quanto à receita destinada à Caixa de Assistência dos Advogados, cabe-lhe metade da receita das anuidades recebidas pelo Conselho Seccional. Diante da notícia de malversação dos valores, a intervenção na Caixa de Assistência dos advogados é atribuição do Conselho Seccional do estado X.

(B) Quanto à receita destinada à Caixa de Assistência dos Advogados, não lhe podem ser destinados valores decorrentes das anuidades recebidas pelo Conselho Seccional, mas apenas contribuições específicas. Diante da notícia de malversação dos valores, a intervenção na Caixa de Assistência dos advogados é atribuição do Conselho Federal da OAB.

(C) Quanto à receita destinada à Caixa de Assistência dos Advogados, cabe-lhe metade da receita das anuidades recebidas pelo Conselho Seccional. Diante da notícia de malversação dos valores, a intervenção na Caixa de Assistência dos advogados é atribuição do Conselho Federal da OAB.

(D) Quanto à receita destinada à Caixa de Assistência dos Advogados, não lhe podem ser destinados valores decorrentes das anuidades recebidas pelo Conselho Seccional, mas apenas contribuições específicas. Diante da notícia de malversação dos valores, a intervenção na Caixa de Assistência dos advogados é atribuição do Conselho Seccional do estado X.

RESPOSTA O Conselho Seccional, mediante voto de dois terços de seus membros, pode intervir na Caixa de Assistência dos Advogados, no caso de descumprimento de suas finalidades, designando diretoria provisória, enquanto durar a intervenção, segundo art. 62, §§ 5º e 7º da EAOAB. *Alternativa A.*

II. INCOMPATIBILIDADE E IMPEDIMENTO

11. **(XXII Exame)** Carolina, Júlia, Bianca e Maria são advogadas. Carolina é servidora estadual não enquadrada em hipótese de incompatibilidade; Júlia está cumprindo suspensão por infração disciplinar; Bianca está licenciada por requerimento próprio justificado; e Maria é servidora federal não enquadrada em hipótese de incompatibilidade. As quatro peticionam, como advogadas, isoladamente e em atos distintos, em ação judicial proposta em face da União.

Diante da situação narrada, de acordo com o Estatuto da OAB, são válidos os atos praticados

(A) por Carolina, apenas.
(B) por Carolina e Bianca, apenas.
(C) por Carolina, Bianca e Maria, apenas.
(D) por Carolina, Julia, Bianca e Maria.

RESPOSTA Nos termos do artigo 30, I, do EAOAB, verifica-se que são impedidos de exercer a advocacia os servidores da administração direta, indireta e fundacional, contra a Fazenda Pública que os remunere ou à qual seja vinculada a entidade empregadora. No caso em tela, Carolina é remunerada pelo Estado, e não pela União, contra a qual propôs ação. Logo, o ato praticado por Carolina é valido.

Quanto a Julia, observa-se que estando cumprindo a penalidade de suspensão disciplinar fica vedada de exercer a advocacia (artigo 37, § 1º, do EAOAB); já Maria, em sendo servidora federal, torna-se impedida de propor ação frente à União.

Por fim, Bianca está licenciada, logo, não pode exercer a advocacia. *Alternativa A.*

III. DAS ATIVIDADES PRIVATIVAS DE ADVOGADO

12. (XXIII Exame) Juliana é integrante da equipe de recursos humanos de certa sociedade anônima, de grande porte, cujo objeto social é o comércio de produtos eletrônicos. Encontrando-se vago um cargo de gerência jurídica, Juliana organizou processo seletivo, tendo recebido os currículos de três candidatas. A primeira delas, Mariana, é advogada regularmente inscrita na OAB, tendo se especializado em Direito Penal. A segunda, Patrícia, não é graduada em Direito, porém é economista e concluiu o doutorado em direito societário e mercado de capitais. A terceira, Luana, graduada em Direito, foi aprovada no exame da OAB e concluiu mestrado e doutorado. É conselheira de certo tribunal de contas estadual, mas encontra-se afastada, a pedido, sem vencimentos. Considerando a situação narrada, assinale a afirmativa correta.

(A) Qualquer das candidatas poderá exercer a função de gerência jurídica, mas apenas Mariana poderá subscrever os atos privativos da advocacia.
(B) Qualquer das candidatas poderá exercer a função de gerência jurídica, mas apenas Mariana e Luana poderão subscrever os atos privativos da advocacia.
(C) Apenas Mariana poderá exercer a função de gerência jurídica.
(D) Apenas Mariana e Luana poderão exercer a função de gerência jurídica.

RESPOSTA A função de diretoria e gerência jurídicas em qualquer empresa pública, privada ou paraestatal, inclusive em instituições financeiras, é privativa de advogado, não podendo ser exercida por quem não seja inscrito regularmente na OAB (Artigo 1º, II do EAOAB e Art. 7º do Regulamento Geral da OAB). *Alternativa C.*

IV. DA INSCRIÇÃO NA OAB

13. (XXXIII Exame) Carlos é aluno do primeiro período do curso de Direito. Vinícius é bacharel em Direito, que ainda não realizou o Exame da Ordem. Fernanda é advogada inscrita na OAB. Todos eles são aprovados em concurso público realizado por Tribunal de Justiça para o preenchimento de vagas de Técnico Judiciário. Após a investidura de Carlos, Vinícius e Fernanda em tal cargo efetivo e, enquanto permanecerem em atividade, é correto afirmar que

(A) Carlos não poderá frequentar o estágio ministrado pela instituição de ensino superior em que está matriculado.
(B) Vinícius preencherá os requisitos necessários para ser inscrito como advogado na OAB, caso venha a ser aprovado no Exame da Ordem.
(C) Fernanda deverá ter sua inscrição na OAB cancelada de ofício ou em virtude de comunicação que pode ser feita por qualquer pessoa.
(D) Fernanda deverá ter sua inscrição na OAB suspensa, restaurando-se o número em caso de novo pedido.

RESPOSTA Com fulcro no art. 11 do EAOAB, a inscrição do será cancelada quando: I - assim o requerer; II - sofrer penalidade de exclusão; III - falecer; IV - passar a exercer, em caráter definitivo, atividade incompatível com a advocacia; V - perder qualquer um dos requisitos necessários para inscrição. Nas hipóteses dos incisos II, III e IV, o cancelamento poderá serr promovido de ofício pelo conselho competente, ou ainda, em virtude de comunicação por qualquer pessoa. Neste sentido, o art. 28, do EAOAB preceitua que a advocacia é incompatível, mesmo em causa própria, com as seguintes atividades: IV - ocupantes de cargos ou funções vinculados direta ou indiretamente a qualquer órgão do Poder Judiciário e os que exercem serviços notariais e de registro. *Alternativa C.*

14. (XXX Exame) Maria, formada em uma renomada faculdade de Direito, é transexual. Após a aprovação no Exame de Ordem e do cumprimento dos demais requisitos, Maria receberá a carteira de identidade de advogado, relativa à sua inscrição originária. Sobre a hipótese apresentada, de acordo com o disposto na Lei nº 8.906/94 e no Regulamento Geral do Estatuto da Advocacia e da OAB, assinale a afirmativa correta.

A) É admitida a inclusão do nome social de Maria, em seguida ao nome registral, havendo exigência normativa de que este seja o nome pelo qual Maria se identifica e é socialmente reconhecida, mediante mero requerimento formulado pela advogada.
B) É admitida a inclusão do nome social de Maria, desde que, por exigência normativa, este seja o nome pelo qual Maria se identifica e que consta em registro civil de pessoas naturais, originariamente ou por alteração, mediante mero requerimento formulado pela advogada.
C) É admitida a inclusão do nome social de Maria, independentemente de menção ao nome registral, havendo exigência normativa de que este seja o nome pelo qual Maria se identifica, e é socialmente reconhecida, e de que haja prévia aprovação em sessão do Conselho Seccional respectivo.
D) Não há previsão na Lei nº 8.906/94 e no Regulamento Geral do Estatuto da Advocacia e da OAB sobre a inclusão do nome

social de Maria na carteira de identidade do advogado, embora tal direito possa advir de interpretação do disposto na Constituição Federal, desde que haja cirurgia prévia de redesignação sexual e posterior alteração do nome registral da advogada para aquele pelo qual ela se identifica e é socialmente reconhecida.

RESPOSTA O nome social é a designação pela qual a pessoa travesti ou transexual se identifica e é socialmente reconhecida e será inserido na identificação do advogado mediante requerimento. Os dados de identificação do advogado observarão a seguinte ordem: número da inscrição, nome, nome social, filiação, naturalidade, data do nascimento, nacionalidade, data da colação de grau, data do compromisso e data da expedição, e à assinatura do Presidente do Conselho Seccional – Art. 33 do Regulamento Geral da OAB. *Alternativa A.*

15. **(XXX Exame)** Jailton, advogado, após dez anos de exercício da advocacia, passou a apresentar comportamentos incomuns. Após avaliação médica, ele foi diagnosticado com uma doença mental curável, mediante medicação e tratamento bastante demorado. Segundo as disposições do Estatuto da Advocacia e da OAB, o caso do advogado Jailton incide em causa de

A) suspensão do exercício profissional.
B) impedimento para o exercício profissional.
C) cancelamento da inscrição profissional.
D) licença do exercício profissional.

RESPOSTA Licencia-se o profissional que sofrer doença mental considerada curável (Art. 12, III do EAOAB). *Alternativa D.*

16. **(XXVII Exame)** Lúcio pretende se inscrever como advogado junto à OAB. Contudo, ocorre que ele passou por determinada situação conflituosa que foi intensamente divulgada na mídia, tendo sido publicado, em certos jornais, que Lúcio não teria idoneidade moral para o exercício das atividades de advogado.

Considerando que Lúcio preenche, indubitavelmente, os demais requisitos para a inscrição, de acordo com o Estatuto da Advocacia e da OAB, assinale a afirmativa correta.

(A) A inidoneidade moral apenas poderá ser suscitada junto à OAB por advogado inscrito e deve ser declarada por meio de decisão da diretoria do conselho competente, por maioria absoluta, em procedimento que observe os termos do processo disciplinar.
(B) A inidoneidade moral poderá ser suscitada junto à OAB por qualquer pessoa e deve ser declarada por meio de decisão de, no mínimo, dois terços dos votos de todos os membros do conselho competente, em procedimento que observe os termos do processo disciplinar.
(C) A inidoneidade moral apenas poderá ser suscitada junto à OAB por advogado inscrito e deve ser declarada por meio de decisão, por maioria absoluta, de todos os membros do conselho competente, em procedimento que observe os termos do processo disciplinar.
(D) A inidoneidade moral poderá ser suscitada junto à OAB por qualquer pessoa e deve ser declarada por meio de decisão, por maioria simples, do Tribunal de Ética e Disciplina do conselho competente, em procedimento que observe os termos do processo disciplinar.

RESPOSTA A inidoneidade moral, suscitada por qualquer pessoa, deve ser declarada mediante decisão que obtenha no mínimo dois terços dos votos de todos os membros do conselho competente, em procedimento que observe os termos do processo disciplinar, nos moldes do art. 8°, § 3°, do EOAB. *Alternativa B.*

17. **(XXIV Exame)** O advogado Gennaro exerce suas atividades em sociedade de prestação de serviços de advocacia, sediada na capital paulista. Todas as demandas patrocinadas por Gennaro tramitam perante juízos com competência em São Paulo. Todavia, recentemente, a esposa de Gennaro obteve trabalho no Rio de Janeiro.

Após buscarem a melhor solução, o casal resolveu que fixaria sua residência, com ânimo definitivo, na capital fluminense, cabendo a Gennaro continuar exercendo as mesmas funções no escritório de São Paulo. Nos dias em que não tem atividades profissionais, o advogado, valendo-se da ponte área, retorna ao domicílio do casal no Rio de Janeiro.

Considerando o caso narrado, assinale a afirmativa correta.

(A) O Estatuto da Advocacia e da OAB impõe que Gennaro requeira a transferência de sua inscrição principal como advogado para o Conselho Seccional do Rio de Janeiro.
(B) O Estatuto da Advocacia e da OAB impõe que Gennaro requeira a inscrição suplementar como advogado junto ao Conselho Seccional do Rio de Janeiro.
(C) O Estatuto da Advocacia e da OAB impõe que Gennaro requeira a inscrição suplementar como advogado junto ao Conselho Federal da OAB.
(D) O Estatuto da Advocacia e da OAB não impõe que Gennaro requeira a transferência de sua inscrição principal ou requeira inscrição suplementar.

RESPOSTA Nos termos do Estatuto da OAB, o advogado deve promover a inscrição suplementar nos Conselhos Seccionais em cujos territórios passar a exercer habitualmente a profissão, considerando-se habitualidade a intervenção judicial que exceder de cinco causas por ano (art. 10, EAOAB). No entanto, no caso em tela, deve-se observar que a mudança de domicílio pessoal do advogado em nada se confunde a do seu domicílio profissional, logo, não há que cogitar em transferência de inscrição e tampouco em inscrição suplementar. *Alternativa D.*

V. DO MANDATO JUDICIAL

18. **(XXXIII Exame)** Anderson, advogado, decidiu renunciar ao mandato outorgado por Adriana. Nessa hipótese, segundo o Estatuto da Advocacia e da OAB, é correto afirmar que Anderson continuará a representar Adriana por

(A) 10 dias, contados da notificação da renúncia, ainda que Adriana constitua novo advogado antes desse prazo.
(B) 15 dias, contados da notificação da renúncia, ainda que Adriana constitua novo advogado antes desse prazo.
(C) 15 dias, contados da notificação da renúncia, exceto se Adriana constituir novo advogado antes desse prazo.
(D) 10 dias, contados da notificação da renúncia, exceto se Adriana constituir novo advogado antes desse prazo.

RESPOSTA Nos termos do art. 5º, § 3º da Lei n. 8.906/1994, o advogado que renunciar ao mandato continuará, durante os dez dias seguintes à notificação da renúncia, a representar o mandante, salvo se for substituído antes do término desse prazo. *Alternativa D.*

19. (XXXIII Exame) Gabriel, advogado, exerce o patrocínio de Bruno em certo processo administrativo. Todavia, foi necessário o substabelecimento do mandato a Henrique. Considerando a hipótese apresentada, assinale a afirmativa correta.

(A) O substabelecimento do mandato com reserva de poderes a Henrique exigirá inequívoco conhecimento de Bruno.

(B) Diante de substabelecimento com reserva de poderes, Henrique deverá ajustar antecipadamente os seus honorários com Bruno.

(C) Caso Bruno não aceite a atuação de Henrique, por preferir o trabalho de outro advogado, Gabriel deverá privilegiar a atuação do outro profissional com ele no processo.

(D) Diante de substabelecimento com reserva de poderes a Henrique, este não poderá cobrar honorários sem a intervenção de Gabriel.

RESPOSTA Nos termos do art. 26, do EAOAB, o advogado substabelecido, com reserva de poderes, não pode cobrar honorários sem a intervenção daquele que lhe conferiu o substabelecimento. *Alternativa D.*

20. (XXX Exame) O advogado Geraldo foi regularmente constituído por certo cliente para defendê-lo em um processo judicial no qual esse cliente é réu. Geraldo ofereceu contestação, e o processo segue atualmente seu trâmite regular, não tendo sido, por ora, designada audiência de instrução e julgamento. Todavia, por razões insuperáveis que o impedem de continuar exercendo o mandato, Geraldo resolve renunciar. Em 12/02/2019, Geraldo fez a notificação válida da renúncia. Três dias depois da notificação, o mandante constituiu novo advogado, substituindo-o. Todo o ocorrido foi informado nos autos. Considerando o caso narrado, de acordo com o Estatuto da Advocacia e da OAB, assinale a afirmativa correta.

A) Geraldo continuará a representar o mandante durante os dez dias seguintes à notificação da renúncia.

B) O dever de Geraldo de representar o mandante cessa diante da substituição do advogado, independentemente do decurso de prazo.

C) Geraldo continuará a representar o mandante até que seja proferida e publicada sentença nos autos, ainda que recorrível.

D) Geraldo continuará a representar o mandante até o término da audiência de instrução e julgamento.

RESPOSTA Nos termos do artigo 5º, § 3º, do EAOAB, o advogado que renunciar ao mandato continuará, durante os dez dias seguintes à notificação da renúncia, a representar o mandante, salvo se for substituído antes do término desse prazo. *Alternativa B.*

21. (XXI Exame) José, bacharel em Direito, constitui Cesar, advogado, como seu procurador para atuar em demanda a ser proposta em face de Natália. Ajuizada a demanda, após o pedido de tutela provisória ter sido indeferido, José orienta César a opor Embargos de Declaração, embora não vislumbre omissão, contradição ou obscuridade na decisão, tampouco erro material a corrigir. César, porém, acredita que a medida mais adequada é a interposição de Agravo de Instrumento, pois entende que a decisão poderá ser revista pelo tribunal, facultando-se, ainda, ao juízo de primeira instância reformar sua decisão.

Diante da divergência, assinale a opção que indica o posicionamento correto.

(A) César deverá, em qualquer hipótese, seguir a orientação de José, que é parte na demanda e possui formação jurídica.

(B) César deverá esclarecer José quanto à sua estratégia, mas subordinar-se, ao final, à orientação deste, pois no exercício do mandato atua como patrono da parte.

(C) César deverá imprimir a orientação que lhe pareça mais adequada à causa, sem se subordinar à orientação de José, mas procurando esclarecê-lo quanto à sua estratégia.

(D) César deverá imprimir a orientação que lhe pareça mais adequada à causa, sem se subordinar à orientação de José, e sem procurar esclarecê-lo quanto à sua estratégia, pois, no seu ministério privado, presta serviço público.

RESPOSTA De acordo com o art. 11 do CED, o advogado, no exercício do mandato, atua como patrono da parte, cumprindo-lhe, por isso, imprimir à causa orientação que lhe pareça mais adequada, sem se subordinar a intenções contrárias do cliente, mas, antes, procurando esclarecê-lo quanto à estratégia traçada. *Alternativa C.*

22. (XXI Exame) Pedro é advogado empregado da sociedade de empresária FJ. Em reclamação trabalhista proposta por Tiago em face da FJ, é designada audiência para data na qual os demais empregados da empresa estarão em outro Estado, participando de um congresso.

Assim, no dia da audiência designada, Pedro se apresenta como preposto da reclamada, na condição de empregado da empresa, e advogado com procuração para patrocinar a causa.

Nesse contexto,

(A) Pedro pode funcionar no mesmo processo, simultaneamente, como patrono e preposto do empregador, em qualquer hipótese.

(B) Pedro pode funcionar no mesmo processo, simultaneamente, como patrono e preposto do empregador, pois não há outro empregado disponível na data da audiência.

(C) Pedro pode funcionar no mesmo processo, simultaneamente, como patrono e preposto do empregador, em qualquer hipótese, desde que essa circunstância seja previamente comunicada ao juízo e ao reclamante.

(D) Pedro não pode funcionar no mesmo processo, simultaneamente, como patrono e preposto do empregador ou cliente.

RESPOSTA É proibido ao advogado funcionar no mesmo processo, simultaneamente, como patrono e preposto do empregador ou cliente, conforme dispõe o art. 25 do CED. *Alternativa D.*

23. (XXIII Exame) O advogado Ramiro foi procurado por Hugo, inventariante, para atuar no processo de inventário do genitor deste. Em momento posterior, os irmãos de Hugo, José e Luiz, outros herdeiros do *de cujus*, conferiram procuração a Ramiro, a fim de ele também representá-los na demanda. Todavia, no curso do feito, os irmãos, até então concordantes, passam a divergir sobre os termos da partilha. Ramiro, então, marca reuniões, em busca de harmonização dos interesses dos três, porém não obtém sucesso. Diante do caso narrado, por determinação do Código de Ética e Disciplina da OAB, Ramiro deverá

(A) renunciar aos três mandatos, afastando-se do feito.

(B) manter-se no patrocínio dos três irmãos, desde que informe o conflito nos autos e atue de forma imparcial, observando-se a disciplina legal.

C) escolher, de acordo com seus critérios de prudência, apenas um dos mandatos, renunciando aos demais.

D) manter-se no patrocínio daquele que primeiro lhe conferiu o mandato, isto é, o inventariante, renunciando aos demais.

RESPOSTA Conforme o artigo 20 do CED, sobrevindo conflitos de interesse entre seus constituintes e não conseguindo o advogado harmonizá-los, caber-lhe-á optar, com prudência e discrição, por um dos mandatos, renunciando aos demais, resguardado sempre o sigilo profissional. *Alternativa C.*

24. (XXIII Exame) O advogado Diogo foi procurado, em seu escritório profissional, por Paulo, que desejava contratá-lo para atuar nos autos de processo judicial já em trâmite, patrocinado pelo advogado Jorge, mediante procuração, em face de um plano de saúde, pelo seguinte motivo: subitamente, Paulo descobriu que precisa realizar uma cirurgia imediatamente, sob risco de morte. Como não estava satisfeito com a atuação do advogado Jorge, decide, diante da necessidade de realizar a cirurgia, procurar Diogo, para requerer a tutela de urgência nos referidos autos, em plantão judicial. Considerando a situação narrada e o disposto no Código de Ética e Disciplina da OAB, assinale a afirmativa correta.

(A) Diogo apenas deverá atuar na causa, aceitando procuração, se houver concordância do advogado Jorge, uma vez que, de acordo com o Código de Ética e Disciplina da OAB, o advogado não deve aceitar procuração de quem já tenha patrono constituído, salvo com a concordância deste.

(B) Diogo apenas deverá atuar na causa, aceitando procuração, após ser dado prévio conhecimento ao advogado Jorge, uma vez que, de acordo com o Código de Ética e Disciplina da OAB, o advogado não deve aceitar procuração de quem já tenha patrono constituído anteriormente à comunicação a este.

(C) Diogo poderá aceitar procuração e requerer nos autos judiciais, em favor de Paulo, a tutela de urgência necessária apenas se apresentar nos autos justificativa idônea a cessar a responsabilidade profissional de Jorge pelo acompanhamento da causa.

(D) Diogo poderá aceitar procuração e requerer nos autos judiciais, em favor de Paulo, a tutela de urgência necessária, independentemente de prévia comunicação a Jorge ou de apresentação ao juízo de justificativa idônea para a cessação da responsabilidade profissional de Jorge.

RESPOSTA Nos termos do art. 14 CED, o advogado não deve aceitar procuração de quem já tenha patrono constituído, sem prévio conhecimento deste, salvo por motivo plenamente justificável ou para adoção de medidas judiciais urgentes e inadiáveis. Logo, em virtude de medidas judiciais urgentes e inadiáveis, pode o advogado aceitar procurado, ainda que haja patrono constituído no processo. *Alternativa D.*

25. (XXVI Exame) O advogado José Maria celebrou contrato de mandato, há muitos anos, com o cliente Antônio para defendê-lo extrajudicialmente em certa questão. O instrumento não previu, de forma expressa, o prazo de duração do mandato.

Considerando a hipótese descrita, assinale a afirmativa correta.

(A) Ausente previsão de prazo no instrumento, o contrato de mandato extrajudicial é válido e será extinto pelo decurso do prazo de 15 anos, salvo renovação expressa.

(B) Ausente previsão de prazo no instrumento, o mandato extrajudicial é válido e não será extinto pelo decurso de qualquer prazo.

(C) Ausente previsão de prazo no instrumento, o mandato extrajudicial é anulável e não será extinto pelo decurso de qualquer prazo, mas a anulabilidade pode ser pronunciada por decisão judicial, mediante alegação dos interessados.

(D) Ausente previsão de prazo no instrumento, o mandato extrajudicial é válido e será extinto pelo decurso do prazo de 20 anos, salvo renovação expressa.

RESPOSTA De acordo com o art. 18 do CED, o mandato judicial ou extrajudicial não se extingue pelo decurso de tempo, salvo se o contrário for consignado no respectivo instrumento. *Alternativa B.*

VI. DOS DEVERES DOS ADVOGADOS

26. (XXXIII Exame) Antônio, residente no Município do Rio de Janeiro, ajuizou em tal foro, assistido pelo advogado Bernardo, ação ordinária em face do Banco Legal, com pedido de pagamento de indenização por danos morais supostamente sofridos por ter sido ofendido por segurança quando tentava ingressar em agência bancária localizada em Niterói. Ao despachar a petição inicial, o juiz verificou que Antônio ocultou a circunstância de que já havia proposto, perante um dos juizados especiais cíveis da comarca de Niterói, outra ação em face do Banco Legal em razão dos mesmos fatos, na qual o pedido indenizatório foi julgado improcedente, em decisão que já havia transitado em julgado quando ajuizada a ação no Rio de Janeiro. Em tal situação, caso se comprove que Bernardo agiu de forma coligada com Antônio para lesar o Banco Legal, Bernardo será responsabilizado

(A) solidariamente com Antônio, conforme apurado em ação própria.

(B) solidariamente com Antônio, conforme apurado nos próprios autos.

(C) subsidiariamente com Antônio, conforme apurado em ação própria.

(D) subsidiariamente em relação a Antônio, conforme apurado nos próprios autos.

RESPOSTA Em caso de lide temerária, o advogado será solidariamente responsável com seu cliente, desde que coligado com este para lesar a parte contrária, o que será apurado em ação própria. Logo, conforme art. 32, do EAOAB, o advogado é responsável pelos atos que, no exercício profissional, praticar com dolo ou culpa. *Alternativa A.*

27. (XXXI Exame) Um escritório de renome internacional considera expandir suas operações, iniciando atividades no Brasil. Preocupados em adaptar seus procedimentos internos para que reflitam os códigos brasileiros de ética profissional, seus dirigentes estrangeiros desejam entender melhor as normas a respeito da relação entre clientes e advogados no país.

Sobre esse tema, é correto afirmar que os advogados brasileiros

A) podem, para a adoção de medidas judiciais urgentes e inadiáveis, aceitar procuração de quem já tenha patrono constituído, sem prévio conhecimento deste.
B) deverão considerar sua própria opinião a respeito da culpa do acusado ao assumir defesa criminal.
C) podem funcionar, no mesmo processo, simultaneamente, como patrono e preposto de seu cliente, desde que tenham conhecimento direto dos fatos.
D) podem representar, em juízo, clientes com interesses opostos se não integrarem a mesma sociedade profissional, mas estiverem reunidos em caráter permanente para cooperação recíproca.

RESPOSTA Conforme art. 11 do CED, o advogado não deve aceitar procuração de quem já tenha patrono constituído, sem prévio conhecimento deste, salvo por motivo justo ou para adoção de medidas judiciais urgentes e inadiáveis. *Alternativa A.*

28. (XXVIII Exame) Maria Lúcia é parte em um processo judicial que tramita em determinada Vara da Infância e Juventude, sendo defendida, nos autos, pelo advogado Jeremias, integrante da Sociedade de Advogados Y.

No curso da lide, ela recebe a informação de que a criança, cujos interesses são debatidos no feito, encontra-se em proeminente situação de risco, por fato que ocorrera há poucas horas. Ocorre que o advogado Jeremias não se encontra na cidade naquela data. Por isso, Maria Lúcia procura o advogado Paulo, o qual, após analisar a situação, conclui ser necessário postular, imediatamente, medida de busca e apreensão do infante.

Considerando o caso hipotético, assinale a afirmativa correta.

(A) Paulo poderá aceitar procuração de Maria Lúcia e postular a busca e apreensão, independentemente de prévio conhecimento de Jeremias ou da Sociedade de Advogados Y.
(B) Paulo poderá aceitar procuração de Maria Lúcia e postular a busca e apreensão, apenas após o prévio conhecimento de Jeremias, não sendo suficiente informar à Sociedade de Advogados Y, sob pena de cometimento de infração ética.
(C) Paulo poderá aceitar procuração de Maria Lúcia e postular a busca e apreensão, apenas após o prévio conhecimento de Jeremias ou da Sociedade de Advogados Y, sob pena de cometimento de infração ética.
(D) Paulo não poderá aceitar procuração de Maria Lúcia e postular a busca e apreensão, mesmo que seja promovido o prévio conhecimento de Jeremias e da Sociedade de Advogados Y, sem antes ocorrer a renúncia ou revogação do mandato, sob pena de cometimento de infração ética.

RESPOSTA O advogado não deve aceitar procuração de quem já tenha patrono constituído, sem prévio conhecimento deste, salvo por motivo plenamente justificável ou para adoção de medidas judiciais urgentes e inadiáveis, conforme art. 14 do CED. *Alternativa A.*

29. (XXIII Exame) O Dr. Silvestre, advogado, é procurado por um cliente para patrociná-lo em duas demandas em curso, nas quais o aludido cliente figura como autor. Ao verificar o andamento processual dos feitos, Silvestre observa que o primeiro processo tramita perante a juíza Dra. Isabel, sua tia. Já o segundo processo tramita perante o juiz Dr. Zacarias, que, coincidentemente, é o locador do imóvel onde o Dr. Silvestre reside. Considerando o disposto no Código de Ética e Disciplina da OAB, assinale a afirmativa correta.

(A) O Dr. Silvestre cometerá infração ética se atuar em qualquer dos processos, tendo em vista o grau de parentesco com a primeira magistrada e a existência de relação negocial com o segundo juiz.
(B) O Dr. Silvestre cometerá infração ética apenas se atuar no processo que tramita perante a juíza Dra. Isabel, tendo em vista o grau de parentesco com a magistrada. Quanto ao segundo processo, não há vedação ética ao patrocínio na demanda.
(C) O Dr. Silvestre cometerá infração ética apenas se atuar no processo que tramita perante o juiz Dr. Zacarias, tendo em vista a existência de relação negocial com o magistrado. Quanto ao primeiro processo, não há vedação ética ao patrocínio na demanda.
(D) O Dr. Zacarias não cometerá infração ética se atuar em ambos os feitos, pois as hipóteses de suspeição e impedimento dos juízes versam sobre seu relacionamento com as partes, e não com os advogados.

RESPOSTA É dever do advogado se abster de ingressar ou atuar em pleitos administrativos ou judiciais perante autoridades com as quais tenha vínculos negociais ou familiares, de acordo com o art. 2º, parágrafo único, inciso VIII, alínea «e», CED. *Alternativa A.*

30. (XXV Exame) O advogado Ícaro dos Santos, regularmente constituído para a defesa judicial de certo cliente, necessitou, para o correto exercício do mandato, que o cliente lhe apresentasse alguns documentos. Após Ícaro solicitar-lhe os documentos diversas vezes, realizando inúmeras tentativas de contato, o cliente manteve-se inerte por prazo superior a três meses.

Considerando o caso narrado, assinale a afirmativa correta.

(A) Diante da inércia do cliente, o Código de Ética e Disciplina da OAB dispõe que se presume extinto automaticamente o mandato.
(B) Diante da inércia do cliente, o Código de Ética e Disciplina da OAB dispõe que é recomendada a renúncia ao mandato. Ainda de acordo com o diploma, a renúncia ao patrocínio deve ser feita com menção do motivo que a determinou.
(C) Diante da inércia do cliente, o Código de Ética e Disciplina da OAB dispõe que é recomendado ao advogado peticionar nos autos, solicitando a intimação pessoal do cliente para apresentação dos documentos. Apenas após o ato, se mantida a inércia, presume-se extinto o mandato.
(D) Diante da inércia do cliente, o Código de Ética e Disciplina da OAB dispõe que é recomendada a renúncia ao mandato. Ainda de acordo com o diploma, a renúncia ao patrocínio deve ser feita sem menção do motivo que a determinou.

RESPOSTA É recomendado que, em face de dificuldades insuperáveis ou inércia do cliente quanto a providências que lhe tenham sido solicitadas, renuncie ao mandato, como estabelece o art. 15 do CED. Logo, frente a inércia do cliente, adequado torna-se a renúncia pelo advogado. *Alternativa D.*

31. (XXVI Exame) Juan e Pablo, ambos advogados, atuaram conjuntamente patrocinando uma demanda trabalhista em favor de certo trabalhador empregado. Tiveram bastante sucesso no exercício dessa função, tendo se valido de teses jurídicas notórias. Em razão disso, após o fim desse processo, duas pessoas jurídicas contrataram, respectivamente, Juan e Pablo, como integrantes de seus departamentos jurídicos, em relação empregatícia. A sociedade que empregou Juan determinou que ele atue de forma consultiva, emitindo parecer sobre a mesma questão jurídica tratada naquele primeiro processo, embora adotando orientação diversa, desta feita favorável aos empregadores. A pessoa jurídica que emprega Pablo pretende que ele realize sua defesa, em juízo, em processos nos quais ela é ré, sobre a mesma questão, também sustentando o posicionamento favorável aos empregadores.

Considerando o caso narrado, assinale a afirmativa correta.

(A) Juan e Pablo podem, de maneira legítima, recusar a atuação consultiva e o patrocínio das demandas judiciais, respectivamente, sem que isso implique violação aos seus deveres profissionais.

(B) Apenas Juan pode, de maneira legítima, recusar a atuação consultiva sem que isso implique violação aos seus deveres profissionais.

(C) Apenas Pablo pode, de maneira legítima, recusar o patrocínio das demandas judiciais sem que isso implique violação aos seus deveres profissionais.

(D) As recusas quanto à atuação consultiva e ao patrocínio das demandas judiciais, por Juan e Pablo, respectivamente, implicam violações aos seus deveres profissionais.

RESPOSTA Nos termos do art. 4º, parágrafo único, do CED, é legítima a recusa, pelo advogado, do patrocínio de causa e de manifestação, no âmbito consultivo, de pretensão concernente a direito que também lhe seja aplicável ou contrarie orientação que tenha manifestado anteriormente. *Alternativa A.*

RESPOSTA Trata-se de dever do advogado estimular a conciliação entre os litigantes, prevenindo, sempre que possível, a instauração de litígios (art. 2º, *caput* e p. único, VI, do CED). Neste sentido, a conciliação purga (coloca fim) ao confronto de interesses. *Alternativa C.*

VII. DOS HONORÁRIOS ADVOCATÍCIOS

32. (XXXIII Exame) A entidade de classe X, atuando em substituição processual, obteve, no âmbito de certo processo coletivo, decisão favorável aos membros da categoria. A advogada Cleide patrocinou a demanda, tendo convencionado com a entidade, previamente, certo valor em honorários. Ao final do feito, foram fixados honorários sucumbenciais pelo juiz. Sobre o caso apresentado, assinale a afirmativa correta.

(A) Cleide deverá optar entre os honorários convencionais e os sucumbenciais.

(B) Cleide terá direito aos honorários sucumbenciais, sem prejuízo dos honorários convencionais.

(C) Cleide só terá direito aos honorários convencionais e não aos sucumbenciais, que competirão à entidade de classe.

(D) Cleide terá apenas direito aos honorários convencionais e não aos sucumbenciais, que reverterão ao Fundo de Amparo ao Trabalhador.

RESPOSTA Nos termos do art. 22, do EAOAB, a prestação de serviço profissional assegura aos inscritos na OAB o direito aos honorários convencionados, aos fixados por arbitramento judicial e aos de sucumbência. Ainda, o § 6º preveitua que os honorários assistenciais, compreendidos como os fixados em ações coletivas propostas por entidades de classe em substituição processual, sem prejuízo aos honorários convencionais. *Alternativa B.*

33. (XXXII Exame) O advogado Filipe, em razão de sua notoriedade na atuação em defesa das minorias, foi procurado por representantes de certa pessoa jurídica X, que solicitaram sua atuação pro bono em favor da referida pessoa jurídica, em determinados processos judiciais. De acordo com o Código de Ética e Disciplina da OAB, assinale a opção que apresenta a resposta que deve ser dada por Filipe a tal consulta.

(A) É vedada a atuação pro bono em favor de pessoas jurídicas, embora seja possível a defesa das pessoas físicas que sejam destinatárias das suas atividades, desde que estas não disponham de recursos para contratação de profissional.

(B) É autorizada a atuação pro bono em favor de pessoas jurídicas, desde que consideradas instituições sociais e que não se destinem a fins econômicos, e aos seus assistidos, sempre que os beneficiários não dispuserem de recursos para a contratação de profissional.

(C) É autorizada a atuação pro bono em favor de pessoas jurídicas, mesmo que destinadas a fins econômicos, desde que a atividade advocatícia atenda a motivos considerados socialmente relevantes, independentemente da existência de recursos para contratação de profissional.

(D) É autorizada a atuação pro bono em favor de pessoas jurídicas, mesmo que destinadas a fins econômicos, desde que a atividade advocatícia se dirija a motivos considerados socialmente relevantes e as pessoas físicas beneficiárias das suas atividades não disponham de recursos para contratação de profissional.

RESPOSTA Nos termos do art. 30, § 1º do CED, considera-se advocacia *pro bono* a prestação gratuita, eventual e voluntária de serviços jurídicos em favor de instituições sociais sem fins econômicos e aos seus assistidos, sempre que os beneficiários não dispuserem de recursos para a contratação de profissional. Logo, destaca-se que torna-se autorizada a atuação pro bono em favor de pessoas jurídicas, mas não quando destinadas a fins econômicos. *Alternativa B.*

34. (XXXII Exame) Caio procurou o advogado Rodrigo para que este ajuizasse, em favor do primeiro, determinada demanda judicial. Rodrigo, interessado no patrocínio da causa, celebrou com Caio contrato de prestação de serviços advocatícios com adoção de cláusula quota litis. Considerando o contrato celebrado, assinale a afirmativa correta.

(A) A adoção da cláusula quota litis é vedada pelo Código de Ética e Disciplina da OAB, de modo que o caso deverá ser regido pela disciplina afeta aos contratos silentes sobre os valores devidos a título de honorários contratuais.

(B) A adoção da mencionada cláusula é admitida, mas é vedado que os honorários contratados, acrescidos dos honorários da sucumbência, sejam superiores às vantagens advindas por Caio; além disso, não é admitido que os honorários advocatícios incidam sobre o valor de prestações vincendas.

(C) A inclusão da cláusula em questão é autorizada, caso em que os honorários contratuais devem ser limitados às vantagens advindas por Caio, excluídos de tal limitação os honorários da sucumbência; além disso, não é admitido que os honorários advocatícios incidam sobre o valor de prestações vincendas.

(D) A cláusula quota litis, incluída no contrato, é permitida, mas é vedado que os honorários contratados, acrescidos dos honorários da sucumbência, sejam superiores às vantagens advindas por Caio; além disso, admite-se que os honorários advocatícios incidam sobre o valor de prestações vincendas, se estabelecidos com moderação e razoabilidade.

RESPOSTA Conforme art. 50, *caput* e § 2º, do CED, na hipótese da adoção de cláusula quota litis, os honorários devem ser necessariamente representados por pecúnia e, quando acrescidos dos honorários da sucumbência, não podem ser superiores às vantagens advindas a favor do cliente. *Alternativa D.*

35. (XXXI Exame) O advogado Fernando foi contratado por Flávio para defendê-lo, extrajudicialmente, tendo em vista a pendência de inquérito civil em face do cliente. O contrato celebrado por ambos foi assinado em 10/03/15, não prevista data de vencimento.

Em 10/03/17, foi concluída a atuação de Fernando, tendo sido homologado o arquivamento do inquérito civil junto ao Conselho Superior do Ministério Público. Em 10/03/18, Fernando notificou extrajudicialmente Flávio, pois este ainda não havia adimplido os valores relativos aos honorários contratuais acordados.

A ação de cobrança de honorários a ser proposta por Fernando prescreve em

A) três anos, contados de 10/03/15.
B) cinco anos, contados de 10/03/17.
C) três anos, contados de 10/03/18.
D) cinco anos, contados de 10/03/15.

RESPOSTA Nos termos do art. 25 do EAOAB, prescreve em cinco anos a ação de cobrança de honorários de advogado, contado o prazo: [...] III - da ultimação do serviço extrajudicial. *Alternativa B.*

36. (XXVIII Exame) Jorge é advogado, atuando no escritório modelo de uma universidade. Em certa ocasião, Jorge é consultado por um cliente, pois este gostaria de esclarecer dúvidas sobre honorários advocatícios. O cliente indaga a Jorge sobre o que seriam os honorários assistenciais. Considerando o disposto no Estatuto da Advocacia e da OAB, assinale a opção que apresenta a resposta de Jorge.

(A) Os honorários assistenciais são aqueles pagos diretamente ao advogado que promove a juntada aos autos do seu contrato de honorários antes de expedir-se o mandado de levantamento ou precatório.

(B) Os honorários assistenciais são aqueles devidos ao advogado em periodicidade determinada, pela prestação de serviços advocatícios de forma continuada, nas situações que o cliente venha a ter necessidade, como contrapartida à chamada *"advocacia de partido"*.

(C) Os honorários assistenciais são aqueles fixados pelo juiz ao advogado indicado para patrocinar causa de juridicamente necessitado, no caso de impossibilidade da Defensoria Pública no local da prestação do serviço.

(D) Os honorários assistenciais são aqueles fixados em ações coletivas propostas por entidades de classe em substituição processual.

RESPOSTA A prestação de serviço profissional assegura aos inscritos na OAB o direito aos honorários convencionados, aos fixados por arbitramento judicial e aos de sucumbência. Tal regramento aplica-se aos honorários assistenciais, compreendidos como os fixados em ações coletivas propostas por entidades de classe em substituição processual, sem prejuízo aos honorários convencionais, conforme artigo 22, § 6º, do EAOAB. *Alternativa D.*

37. (XXVIII Exame) Eduardo contrata o advogado Marcelo para propor ação condenatória de obrigação de fazer em face de João. São convencionados honorários contratuais, porém o contrato de honorários advocatícios é omisso quanto à forma de pagamento. Proposta a ação, Marcelo cobra de Eduardo o pagamento de metade dos honorários acordados.

De acordo com o Estatuto da OAB, assinale a afirmativa correta.

(A) Marcelo pode cobrar de Eduardo metade dos honorários, pois na ausência de estipulação sobre a forma de pagamento, metade dos honorários é devida no início do serviço e metade é devida no final.

(B) Marcelo pode cobrar de Eduardo metade dos honorários, pois na ausência de estipulação sobre a forma de pagamento, os honorários são devidos integralmente desde o início do serviço.

(C) Marcelo não pode cobrar de Eduardo metade dos honorários, pois na ausência de estipulação sobre a forma de pagamento, os honorários somente são devidos após a decisão de primeira instância.

(D) Marcelo não pode cobrar de Eduardo metade dos honorários, pois na ausência de estipulação sobre a forma de pagamento, apenas um terço é devido no início do serviço.

RESPOSTA Marcelo não pode cobrar de Eduardo metade dos honorários, pois na ausência de estipulação sobre a forma de pagamento, apenas um terço é devido no início do serviço, segundo o art. 22, § 3º, EAOAB. *Alternativa D.*

38. (XXVIII Exame) Jorge é advogado, atuando no escritório modelo de uma universidade. Em certa ocasião, Jorge é consultado por um cliente, pois este gostaria de esclarecer dúvidas sobre honorários advocatícios. O cliente indaga a Jorge sobre o que seriam os honorários assistenciais. Considerando o disposto no Estatuto da Advocacia e da OAB, assinale a opção que apresenta a resposta de Jorge.

(A) Os honorários assistenciais são aqueles pagos diretamente ao advogado que promove a juntada aos autos do seu contrato de honorários antes de expedir-se o mandado de levantamento ou precatório.

(B) Os honorários assistenciais são aqueles devidos ao advogado em periodicidade determinada, pela prestação de serviços advocatícios de forma continuada, nas situações que o cliente venha a ter necessidade, como contrapartida à chamada "*advocacia de partido*".

(C) Os honorários assistenciais são aqueles fixados pelo juiz ao advogado indicado para patrocinar causa de juridicamente necessitado, no caso de impossibilidade da Defensoria Pública no local da prestação do serviço.

(D) Os honorários assistenciais são aqueles fixados em ações coletivas propostas por entidades de classe em substituição processual.

RESPOSTA A prestação de serviço profissional assegura aos inscritos na OAB o direito aos honorários convencionados, aos fixados por arbitramento judicial e aos de sucumbência. Tal regramento aplica-se aos honorários assistenciais, compreendidos como os fixados em ações coletivas propostas por entidades de classe em substituição processual, sem prejuízo aos honorários convencionais, conforme artigo 22, § 6º, do EAOAB. *Alternativa D.*

39. (XXVII Exame) O advogado Nelson celebrou, com determinado cliente, contrato de prestação de serviços profissionais de advocacia. No contrato, Nelson inseriu cláusula que dispunha sobre a forma de contratação de profissionais para serviços auxiliares relacionados a transporte e a cópias de processos. Todavia, o pacto não tratava expressamente sobre o pagamento de custas e emolumentos.

Considerando o caso narrado, assinale a afirmativa correta.

(A) O contrato celebrado viola o disposto no Código de Ética e Disciplina da OAB, pois é vedada a referência a outras atividades diversas da atuação do advogado, como os serviços auxiliares mencionados. Por sua vez, quanto às custas e aos emolumentos, na ausência de disposição em contrário, presume-se que sejam atendidos pelo cliente.

(B) O contrato celebrado viola o disposto no Código de Ética e Disciplina da OAB, pois é vedada a referência a outras atividades diversas da atuação do advogado, como os serviços auxiliares mencionados. Por sua vez, quanto às custas e aos emolumentos, na ausência de disposição em contrário, presume-se que sejam antecipados pelo advogado.

(C) O Código de Ética e Disciplina da OAB autoriza que o contrato de prestação de serviços de advocacia disponha sobre a forma de contratação de profissionais para serviços auxiliares. Por sua vez, quanto às custas e aos emolumentos, na ausência de disposição em contrário, presume-se que sejam atendidos pelo cliente.

(D) O Código de Ética e Disciplina da OAB autoriza que o contrato de prestação de serviços de advocacia disponha sobre a forma de contratação de profissionais para serviços auxiliares. Por sua vez, quanto às custas e aos emolumentos, na ausência de disposição em contrário, presume-se que sejam antecipados pelo advogado.

RESPOSTA O contrato de prestação de serviços poderá dispor sobre a forma de contratação de profissionais para serviços auxiliares, bem como sobre o pagamento de custas e emolumentos, os quais, na ausência de disposição em contrário presumem-se devam ser atendidos pelo cliente. Caso o contrato preveja que o advogado antecipe tais despesas, ser-lhe-á lícito reter o respectivo valor atualizado, no ato de prestação de contas, mediante comprovação documental, conforme art. 48, § 3º, do CED. *Alternativa C.*

40. (XXVII Exame) O advogado Nelson celebrou, com determinado cliente, contrato de prestação de serviços profissionais de advocacia. No contrato, Nelson inseriu cláusula que dispunha sobre a forma de contratação de profissionais para serviços auxiliares relacionados a transporte e a cópias de processos. Todavia, o pacto não tratava expressamente sobre o pagamento de custas e emolumentos.

Considerando o caso narrado, assinale a afirmativa correta.

(A) O contrato celebrado viola o disposto no Código de Ética e Disciplina da OAB, pois é vedada a referência a outras atividades diversas da atuação do advogado, como os serviços auxiliares mencionados. Por sua vez, quanto às custas e aos emolumentos, na ausência de disposição em contrário, presume-se que sejam atendidos pelo cliente.

(B) O contrato celebrado viola o disposto no Código de Ética e Disciplina da OAB, pois é vedada a referência a outras atividades diversas da atuação do advogado, como os serviços auxiliares mencionados. Por sua vez, quanto às custas e aos emolumentos, na ausência de disposição em contrário, presume-se que sejam antecipados pelo advogado.

(C) O Código de Ética e Disciplina da OAB autoriza que o contrato de prestação de serviços de advocacia disponha sobre a forma de contratação de profissionais para serviços auxiliares. Por sua vez, quanto às custas e aos emolumentos, na ausência de disposição em contrário, presume-se que sejam atendidos pelo cliente.

(D) O Código de Ética e Disciplina da OAB autoriza que o contrato de prestação de serviços de advocacia disponha sobre a forma de contratação de profissionais para serviços auxiliares. Por sua vez, quanto às custas e aos emolumentos, na ausência de disposição em contrário, presume-se que sejam antecipados pelo advogado.

RESPOSTA O contrato de prestação de serviços poderá dispor sobre a forma de contratação de profissionais para serviços auxiliares, bem como sobre o pagamento de custas e emolumentos, os quais, na ausência de disposição em contrário presumem-se devam ser atendidos pelo cliente. Caso o contrato preveja que o advogado antecipe tais despesas, ser-lhe-á lícito reter o respectivo valor atualizado, no ato de prestação de contas, mediante comprovação documental, conforme art. 48, § 3º, do CED. *Alternativa C.*

41. (XXVII Exame) O advogado Sebastião é empregado de certa sociedade limitada, competindo-lhe, entre outras atividades da advocacia, atuar nos processos judiciais em que a pessoa jurídica é parte. Em certa demanda, na qual foram julgados procedentes os pedidos formulados pela sociedade, foram fixados honorários de sucumbência em seu favor.

Considerando o caso narrado e o disposto no Regulamento Geral do Estatuto da Advocacia e da OAB, assinale a afirmativa correta.

(A) Os referidos honorários integram a remuneração de Sebastião e serão considerados para efeitos trabalhistas, embora não sejam considerados para efeitos previdenciários.

(B) Os referidos honorários integram a remuneração de Sebastião e serão considerados para efeitos trabalhistas e para efeitos previdenciários.

(C) Os referidos honorários não integram a remuneração de Sebastião e não serão considerados para efeitos trabalhistas, embora sejam considerados para efeitos previdenciários.

(D) Os referidos honorários não integram a remuneração de Sebastião e não serão considerados para efeitos trabalhistas, nem para efeitos previdenciários.

RESPOSTA A prestação de serviço profissional assegura aos inscritos na OAB o direito aos honorários convencionados, aos fixados por arbitramento judicial e aos de sucumbência. Tal regramento aplica-se aos honorários assistenciais, compreendidos como os fixados em ações coletivas propostas por entidades de classe em substituição processual, sem prejuízo aos honorários convencionais (Art. 22, *caput* e § 6º, do EAOAB). *Alternativa D.*

42. (XXVII Exame) Gilda, empregada terceirizada contratada pela sociedade empresária XX Ltda. para prestar serviços ao Município ABCD, procura o auxílio de Judite, advogada, para o ajuizamento de reclamação trabalhista em face do empregador e do tomador de serviços.

Considerando a existência de decisão transitada em julgado que condenou os réus, solidariamente, ao pagamento de verbas de natureza trabalhista, assinale a afirmativa correta.

(A) Em execução contra o Município ABCD, Judite terá direito autônomo a executar a sentença quanto aos honorários incluídos na condenação por arbitramento ou por sucumbência, podendo requerer que o precatório seja expedido em seu favor.

(B) Em caso de falência da sociedade empresária XX Ltda., os honorários arbitrados em favor de Judite serão considerados crédito privilegiado, sendo obrigatória sua habilitação perante o juízo falimentar.

(C) Em execução contra o Município ABCD, o juiz deve determinar que os honorários contratuais sejam pagos diretamente a Judite, desde que o contrato de honorários seja anexado aos autos após a expedição do precatório, exceto se Gilda provar que já os pagou.

(D) Judite poderá cobrar judicialmente os honorários contratuais devidos por Gilda, devendo renunciar ao mandato se, em sede de sentença, a demanda for julgada procedente.

RESPOSTA O art. 23 do EAOAB estabelece que os honorários incluídos na condenação, por arbitramento ou sucumbência, pertencem ao advogado, tendo este direito autônomo para executar a sentença nesta parte, podendo requerer que o precatório, quando necessário, seja expedido em seu favor. *Alternativa A.*

43. (Exame XXI) A advogada Kátia exerce, de forma eventual e voluntária, a advocacia *pro bono* em favor de certa instituição social, a qual possui personalidade jurídica como associação, bem como de pessoas físicas economicamente hipossuficientes. Em razão dessa prática, sempre que pode, Kátia faz menção pública à sua atuação *pro bono*, por entender que isto revela correição de caráter e gera boa publicidade de seus serviços como advogada, para obtenção de clientes em sua atuação remunerada.

Considerando as informações acima, assinale a afirmativa correta.

(A) Kátia comete infração ética porque a advocacia *pro bono* não pode ser destinada a pessoas jurídicas, sob pena de caracterização de aviltamento de honorários. Kátia também comete infração ética ao divulgar sua atuação *pro bono* como instrumento de publicidade para obtenção de clientela.

(B) Kátia comete infração ética, ao divulgar sua atuação *pro bono* como instrumento de publicidade para obtenção de clientela. Quanto à atuação pro bono em favor de pessoas jurídicas, inexiste vedação.

(C) Kátia comete infração ética porque a advocacia *pro bono* não pode ser destinada a pessoas jurídicas, sob pena de caracterização de aviltamento de honorários. Quanto à divulgação de seus serviços *pro bono* para obtenção de clientela, inexiste vedação.

(D) A situação narrada não revela infração ética. Inexistem óbices à divulgação por Kátia de seus serviços *pro bono* para obtenção de clientela, bem como à atuação *pro bono* em favor de pessoas jurídicas.

RESPOSTA A advocacia *pro bono* não pode ser utilizada para fins político-partidários ou eleitorais, nem beneficiar instituições que visem a tais objetivos, ou como instrumento de publicidade para captação de clientela, conforme § 3º do art. 30 do CED. *Alternativa B.*

44. (XXVI Exame) O advogado Fabrício foi contratado por José para seu patrocínio em processo judicial, por meio de instrumento firmado no dia 14/11/2012. No exercício do mandato, Fabrício distribuiu, em 23/11/2012, petição inicial em que José figurava como autor. No dia 06/11/2013, nos autos do processo, Fabrício foi intimado de sentença, a qual fixou honorários advocatícios sucumbenciais, no valor de dez mil reais, em seu favor. A referida sentença transitou em julgado em 21/11/2013.

Considerando que não houve causa de suspensão ou interrupção do prazo prescricional, de acordo com a disciplina do Estatuto da Advocacia e da OAB, assinale a afirmativa correta.

(A) A pretensão de cobrança dos honorários sucumbenciais, fixados em favor de Fabrício, prescreve no prazo de cinco anos, a contar de 14/11/2012.

(B) A pretensão de cobrança dos honorários sucumbenciais, fixados em favor de Fabrício, prescreve no prazo de cinco anos, a contar de 06/11/2013.

(C) A pretensão de cobrança dos honorários sucumbenciais, fixados em favor de Fabrício, prescreve no prazo de cinco anos, a contar de 21/11/2013.

(D) A pretensão de cobrança dos honorários sucumbenciais, fixados em favor de Fabrício, é imprescritível, tendo em vista seu caráter alimentar.

RESPOSTA Prescreve em cinco anos a ação de cobrança de honorários de advogado, contado o prazo do trânsito em julgado da decisão que os fixar, segundo o art. 25, II, do EAOAB. Assim, no caso em tela, prescreve no prazo de cinco anos, a contar de 21/11/2013. *Alternativa C.*

45. (XXIII Exame) O advogado Stéfano, buscando facilitar a satisfação de honorários advocatícios contratuais a que fará jus, estuda tomar duas providências: de um lado, tenciona incluir expressamente no contrato de prestação de seus serviços, com concordância do cliente, autorização para que se dê compensação de créditos pelo advogado, de importâncias devidas ao cliente; de outro, pretende passar a empregar, para o recebimento de honorários, sistema de cartão de crédito, mediante credenciamento junto a uma operadora. Tendo em vista as medidas pretendidas pelo advogado e as disposições do Código de Ética e Disciplina da OAB, assinale a afirmativa correta.

(A) Não é permitida a compensação de créditos, pelo advogado, de importâncias devidas ao cliente, sendo vedada a inclusão de cláusula nesse sentido no contrato de prestação de serviços. De igual maneira, não é admitido o emprego de sistema de cartões de crédito para recebimento de honorários, mediante credenciamento junto a operadoras de tal ramo.

(B) Não é permitida a compensação de créditos, pelo advogado, de importâncias devidas ao cliente, sendo vedada a inclusão de cláusula nesse sentido no contrato de prestação de serviços. Porém, é admitido o emprego de sistema de cartões de crédito para recebimento de honorários, mediante credenciamento junto a operadoras de tal ramo.

(C) É admitida a compensação de créditos, pelo advogado, de importâncias devidas ao cliente, se houver autorização para tanto no contrato de prestação de serviços. Também é permitido o emprego de sistema de cartões de crédito para recebimento de honorários, mediante credenciamento junto a operadoras de tal ramo.

D) É admitida a compensação de créditos, pelo advogado, de importâncias devidas ao cliente, se houver autorização para tanto no contrato de prestação de serviços. Porém, não é permitido o emprego de sistema de cartões de crédito para recebimento de honorários, mediante credenciamento junto a operadoras de tal ramo.

RESPOSTA C: Correta – Nos termos do art. 48, § 2º, do CED, a compensação de créditos, pelo advogado, de importâncias devidas ao cliente, somente será admissível quando o contrato de prestação de serviços a autorizar ou quando houver autorização especial do cliente para esse fim, por este firmada. Ademais, torna-se lícito ao advogado ou à sociedade de advogados empregar, para o recebimento de honorários, sistema de cartão de crédito, mediante credenciamento junto a empresa operadora do ramo (Art. 53, CED). *Alternativa C.*

46. (XXIV Exame) O advogado Inácio foi indicado para defender em juízo pessoa economicamente hipossuficiente, pois no local onde atua não houve disponibilidade de defensor público para tal patrocínio. Sobre o direito de Inácio à percepção de honorários, assinale a afirmativa correta.

(A) Os honorários serão fixados pelo juiz, apenas em caso de êxito, de natureza sucumbencial, a serem executados em face da parte adversa.

(B) Os honorários serão fixados pelo juiz, independentemente de êxito, segundo tabela organizada pelo Conselho Seccional da OAB e pagos pelo Estado.

(C) Os honorários serão fixados pelo juiz, apenas em caso de êxito, independentemente de observância aos patamares previstos na tabela organizada pelo Conselho Seccional da OAB, a serem pagos pelo Estado.

(D) Os honorários serão fixados pelo juiz, independentemente de êxito, segundo tabela organizada pelo Conselho Seccional da OAB, e pagos pelo patrocinado caso possua patrimônio, a ser executado no prazo de cinco anos, a contar da data da nomeação.

RESPOSTA O advogado, quando indicado para patrocinar causa de juridicamente necessitado, no caso de impossibilidade da Defensoria Pública no local da prestação de serviço, tem direito aos honorários fixados pelo juiz, segundo tabela organizada pelo Conselho Seccional da OAB, e pagos pelo Estado – Art. 22, § 1º, do EAOAB. *Alternativa B.*

47. (XXIV Exame) Certa sociedade de advogados, de acordo com a vontade do cliente, emitiu fatura, com fundamento no contrato de prestação de serviços advocatícios. Em seguida, promoveu o saque de duplicatas quanto ao crédito pelos honorários advocatícios.

Considerando o caso narrado, assinale a afirmativa correta.

(A) É vedada a emissão da fatura, com fundamento no contrato de prestação de serviços, bem como não é autorizado o saque de duplicatas quanto ao crédito pelos honorários advocatícios.

(B) É autorizada a emissão de fatura, com fundamento no contrato de prestação de serviços, se assim pretender o cliente, sendo também permitido que posteriormente seja levada a protesto. Todavia, é vedado o saque de duplicatas quanto ao crédito pelos honorários advocatícios.

(C) É autorizada a emissão de fatura, com fundamento no contrato de prestação de serviços, se assim pretender o cliente, sendo vedado que seja levada a protesto. Ademais, não é permitido o saque de duplicatas quanto ao crédito pelos honorários advocatícios.

(D) É vedada a emissão de fatura, com fundamento no contrato de prestação de serviços, mas é permitido que, posteriormente, seja levada a protesto. Ademais, é permitido o saque de duplicatas quanto ao crédito pelos honorários advocatícios.

RESPOSTA Segundo o art. 52 do CED, o crédito por honorários advocatícios, seja do advogado autônomo, seja de sociedade de advogados, não autoriza o saque de duplicatas ou qualquer outro título de crédito de natureza mercantil, podendo, apenas, ser emitida fatura, quando o cliente assim pretender, com fundamento no contrato de prestação de serviços, a qual, porém, não poderá ser levada a protesto. *Alternativa C.*

48. (XXII Exame) A advogada Maria foi procurada por certo cliente para o patrocínio de uma demanda judicial. Ela, então, apresentou ao cliente contrato de prestação de seus serviços profissionais. A cláusula dez do documento estabelecia que Maria obrigava-se apenas a atuar na causa no primeiro grau de jurisdição. Além disso, a cláusula treze dispunha sobre a obrigatoriedade de pagamento de honorários, em caso de ser obtido acordo antes do oferecimento da petição inicial. Irresignado, o cliente encaminhou cópia do contrato à OAB, solicitando providências disciplinares.

Sobre os termos do contrato, assinale a afirmativa correta.

(A) A cláusula dez do contrato viola o disposto no Código de Ética e Disciplina da OAB, uma vez que é vedada a limitação do patrocínio a apenas um grau de jurisdição. Quanto à cláusula treze, não se vislumbram irregularidades.

(B) Não se vislumbram irregularidades quanto às cláusulas dez e treze do contrato, ambas consonantes com o disposto no Estatuto da OAB e no Código de Ética e Disciplina da OAB.

(C) A cláusula treze do contrato viola o disposto no Código de Ética e Disciplina da OAB, uma vez que o advogado não faz jus ao recebimento de honorários contratuais em caso de acordo feito entre o cliente e a parte contrária, anteriormente ao oferecimento da demanda. Quanto à cláusula dez, não se vislumbram irregularidades.

(D) A cláusula dez do contrato viola o disposto no Código de Ética e Disciplina da OAB, uma vez que é vedada a limitação do patrocínio a apenas um grau de jurisdição. A cláusula treze do contrato também viola o disposto no Código de Ética e Disciplina da OAB, uma vez que o advogado não faz jus ao recebimento de honorários contratuais em caso de acordo feito entre o cliente e a parte contrária, anteriormente ao oferecimento da demanda.

RESPOSTA O contrato de prestação de serviços de advocacia não exige forma especial, devendo estabelecer, porém, com clareza e precisão, o seu objeto, os honorários ajustados, a forma de pagamento, a extensão do patrocínio, esclarecendo se este abrangerá todos os atos do processo ou limitar-se-á a determinado grau de jurisdição,além de dispor sobre a hipótese de a causa encerrar-se mediante transação ou acordo, nos termos do art. 48, § 1º, do CED. *Alternativa B.*

VIII – PRINCÍPIOS GERAIS – ÉTICA

49. (XXXIII Exame) Luiz Felipe, advogado, mantém uma coluna semanal em portal na internet destinado ao público jurídico. Para que a conduta de Luiz Felipe esteja de acordo com as normas relativas à publicidade da profissão de advogado, ele poderá

(A) debater causa sob o patrocínio de outro advogado.

(B) externar posicionamento que induza o leitor a litigar.

(C) responder à consulta sobre matéria jurídica de forma esporádica.

(D) fazer referência ao seu telefone e e-mail de contato ao final da coluna.

RESPOSTA Inicialmente, observa-se que a publicidade profissional do advogado tem caráter meramente informativo e deve primar pela discrição e sobriedade, não podendo configurar captação de clientela ou mercantilização da profissão. Neste sentido, com fulcro no art. 42, I, do CED, torna-se vedado ao advogado responder com habitualidade a consulta sobre matéria jurídica, nos meios de comunicação social. O art. 41, do CED preceitua que as colunas que o advogado mantiver nos meios de comunicação social ou os textos que por meio deles divulgar não deverão induzir o leitor a litigar nem promover, dessa forma, captação de clientela. E, ainda, torna-se vedado o fornecimento de dados de contato, **como endereço e telefone**, em colunas ou artigos literários, culturais, acadêmicos ou jurídicos, publicados na imprensa, bem assim quando de eventual participação em programas de rádio ou televisão, ou em veiculação de matérias pela internet, sendo permitida a referência a e-mail (art. 40, V, do CED). *Alternativa C.*

50. (XXXIII Exame) O renomado advogado José deseja editar, para fins de publicidade, cartões de apresentação de suas atividades profissionais como advogado. José, especialista em arbitragem e conciliação, já exerceu a função de conciliador junto a órgãos do Poder Judiciário. Além disso, José, atualmente, é conselheiro em certo Conselho Seccional da OAB e é professor aposentado do curso de Direito de certa universidade federal. Considerando as informações dadas, assinale a afirmativa correta.

(A) É vedada menção, nos cartões de apresentação de José, à sua condição de conselheiro do Conselho Seccional, bem como à pregressa atuação de José como conciliador e à de professor universitário.

(B) É vedada menção, nos cartões de apresentação de José, à sua condição de conselheiro do Conselho Seccional. Todavia, autoriza-se a referência nos cartões à pregressa atuação de José como conciliador e à atividade de professor universitário.

(C) É vedada menção, nos cartões de apresentação de José, à sua pregressa atuação como conciliador. Todavia, autorizase a referência nos cartões à condição de conselheiro do Conselho Seccional, bem como, à atividade de professor universitário.

(D) É vedada menção, nos cartões de apresentação de José, à sua condição de conselheiro do Conselho Seccional, bem como à pregressa atuação de José como conciliador. Todavia, autoriza-se a referência nos cartões à atividade de professor universitário.

RESPOSTA Nos termos do art. 44, *caput* e § 6º, do CED, na publicidade profissional que promover ou nos cartões e material de escritório de que se utilizar, o advogado fará constar seu nome ou o da sociedade de advogados, o número ou os números de inscrição na OAB. Contudo, torna-se vedada a inclusão de fotografias pessoais ou de terceiros nos cartões de visitas do advogado, bem como menção a qualquer emprego, cargo ou função ocupado, atual ou pretérito, em qualquer órgão ou instituição, salvo o de professor universitário. *Alternativa D.*

51. (XXXI Exame) Em certo município, os advogados André e Helena são os únicos especialistas em determinado assunto jurídico. Por isso, André foi convidado a participar de entrevista na imprensa escrita sobre as repercussões de medidas tomadas pelo Poder Executivo local, relacionadas à sua área de especialidade. Durante a entrevista, André convidou os leitores a litigarem em face da Administração Pública, conclamando-os a procurarem advogados especializados para ajuizarem, desde logo, as demandas que considerava tecnicamente cabíveis.

Porém, quando indagado sobre os meios de contato de seu escritório, para os leitores interessados, André disse que, por obrigação ética, não poderia divulgá-los por meio daquele veículo. Por sua vez, a advogada Helena, irresignada com as mesmas medidas tomadas pelo Executivo, procurou um programa de rádio, oferecendo-se para uma reportagem sobre o assunto. No programa, Helena manifestou-se de forma técnica, educativa e geral, evitando sensacionalismo.

Considerando as situações acima narradas e o disposto no Código de Ética e Disciplina da OAB, assinale a afirmativa correta.

A) André e Helena agiram de forma ética, observando as normas previstas no Código de Ética e Disciplina da OAB.

B) Nenhum dos dois advogados agiu de forma ética, tendo ambos inobservado as normas previstas no Código de Ética e Disciplina da OAB.

C) Apenas André agiu de forma ética, observando as normas previstas no Código de Ética e Disciplina da OAB.

D) Apenas Helena agiu de forma ética, observando as normas previstas no Código de Ética e Disciplina da OAB.

RESPOSTA Nos termos do art. 43 do CED, o advogado que eventualmente participar de programa de televisão ou de rádio, deve visar a objetivos exclusivamente ilustrativos, educacionais e instrutivos, sem propósito de promoção pessoal ou profissional. Ainda, conforme art. 42, V, do CED, é vedado ao advogado insinuar-se para reportagens e declarações públicas. *Alternativa B.*

52. (XXX Exame) Antônio e José são advogados e atuam em matéria trabalhista. Antônio tomou conhecimento de certos fatos relativos à vida pessoal de seu cliente, que respondia a processo considerado de interesse acadêmico. Após o encerramento do feito judicial, Antônio resolveu abordar os fatos que deram origem ao processo em sua dissertação pública de mestrado. Então, a fim de se resguardar, Antônio notificou o cliente, indagando se este solicitava sigilo sobre os fatos pessoais ou se estes podiam ser tratados na aludida dissertação. Tendo obtido resposta favorável do cliente, Antônio abordou o assunto na dissertação. Por sua vez, o advogado José também soube de fatos pessoais de seu cliente, em razão de sua atuação em outro processo. Entretanto, José foi difamado em público, gravemente, por uma das partes da demanda. Por ser necessário à defesa de sua honra, José divulgou o conteúdo particular de que teve conhecimento. Considerando os dois casos narrados, assinale a afirmativa correta.

A) Antônio infringiu o disposto no Código de Ética e Disciplina da OAB, violando o dever de sigilo profissional. Por outro lado, José não cometeu infração ética, já que o dever de sigilo profissional cede na situação descrita.

B) Antônio e José infringiram, ambos, o disposto no Código de Ética e Disciplina da OAB, violando seus deveres de sigilo profissional.

C) José infringiu o disposto no Código de Ética e Disciplina da OAB, violando o dever de sigilo profissional. Por outro lado, Antônio não cometeu infração ética, já que o dever de sigilo profissional cede na situação descrita.

D) Antônio e José não cometeram infração ética, já que o dever de sigilo profissional, em ambos os casos, cede nas situações descritas.

RESPOSTA O sigilo profissional cederá em face de circunstâncias excepcionais que configurem justa causa, como nos casos de grave ameaça ao direito à vida e à honra ou que envolvam defesa própria – Art. 37 do CED. *Alternativa A.*

53. (XXII Exame) Marcelo, renomado advogado, foi convidado para participar de matéria veiculada pela Internet, por meio de portal de notícias, com a finalidade de informar os leitores sobre direitos do consumidor. Ao final da matéria, mediante sua autorização, foi divulgado o *e-mail* de Marcelo, bem como o número de telefone do seu escritório.

Sobre essa situação, de acordo com o Código de Ética e Disciplina da OAB, assinale a afirmativa correta.

(A) Marcelo não pode participar de matéria veiculada pela Internet, pois esse fato, por si só, configura captação de clientela.

(B) Marcelo pode participar de matéria veiculada pela Internet, mas são vedadas a referência ao *e-mail* e ao número de telefone do seu escritório ao final da matéria.

(C) Marcelo pode participar de matéria veiculada pela Internet e são permitidas a referência ao *e-mail* e ao número de telefone do seu escritório ao final da matéria.

(D) Marcelo pode participar de matéria veiculada pela Internet, mas é vedada a referência ao número de telefone do seu escritório ao final da matéria, sendo permitida a referência ao seu *e-mail.*

RESPOSTA É proibido o fornecimento de dados de contato, como endereço e telefone, em colunas ou artigos literários, culturais, acadêmicos ou jurídicos, publicados na imprensa, bem assim quando de eventual participação em programas de rádio ou televisão, ou em veiculação de matérias pela internet, sendo permitida a referência a e-mail, nos termos do art. 40, V, do CED. *Alternativa D.*

54. (XXVIII Exame) A advogada Leia Santos confeccionou cartões de visita para sua apresentação e de seu escritório. Nos cartões, constava seu nome, número de inscrição na OAB, bem como o site do escritório na Internet e um QR code para que o cliente possa obter informações sobre o escritório. Já o advogado Lucas Souza elaborou cartões de visita que, além do seu nome e número de inscrição na OAB, apresentam um logotipo discreto e a fotografia do escritório.

Considerando as situações descritas e o disposto no Código de Ética e Disciplina da OAB, assinale a afirmativa correta.

(A) Leia e Lucas cometeram infrações éticas, pois inseriram elementos vedados pelo Código de Ética e Disciplina da OAB nos cartões de apresentação.

(B) Nenhum dos advogados cometeu infração ética, pois os elementos inseridos por ambos nos cartões de apresentação são autorizados.

(C) Apenas Leia cometeu infração ética, pois inseriu elementos vedados pelo Código de Ética e Disciplina da OAB nos cartões de apresentação. Os elementos empregados por Lucas são autorizados.

(D) Apenas Lucas cometeu infração ética, pois inseriu elementos vedados pelo Código de Ética e Disciplina da OAB nos cartões de apresentação. Os elementos empregados por Leia são autorizados.

RESPOSTA Na publicidade profissional que promover ou nos cartões e material de escritório de que se utilizar, o advogado fará constar seu nome ou o da sociedade de advogados, o número ou os números de inscrição na OAB. Neste sentido, poderão ser referidos apenas os títulos acadêmicos do advogado e as distinções honoríficas relacionadas à vida profissional, bem como as instituições jurídicas de que faça parte, e as especialidades a que se dedicar, o endereço, e-mail, site, página eletrônica, QR code, logotipo e a fotografia do escritório, o horário de atendimento e os idiomas em que o cliente poderá ser atendido (art. 44, CED). *Alternativa B.*

55. (XXII Exame) Juliana, advogada, foi empregada da sociedade empresária OPQ Cosméticos e, em razão da sua atuação na área tributária, tomou conhecimento de informações estratégicas da empresa.

Muitos anos depois de ter deixado de trabalhar na empresa, foi procurada por Cristina, consumidora que pretendia ajuizar ação cível em face da OPQ Cosméticos por danos causados pelo uso de um de seus produtos.

Juliana, aceitando a causa, utiliza-se das informações estratégicas que adquirira como argumento de reforço, com a finalidade de aumentar a probabilidade de êxito da demanda.

Considerando essa situação, segundo o Estatuto da OAB e o Código de Ética e Disciplina da OAB, assinale a afirmativa correta.

(A) Juliana não pode advogar contra a sociedade empresária OPQ Cosméticos, tampouco se utilizar das informações estratégicas a que teve acesso quando foi empregada da empresa.
(B) Juliana pode advogar contra a sociedade empresária OPQ Cosméticos, mas não pode se utilizar das informações estratégicas a que teve acesso quando foi empregada da empresa.
(C) Juliana pode advogar contra a sociedade empresária OPQ Cosméticos e pode se utilizar das informações estratégicas a que teve acesso quando foi empregada da empresa.
(D) Juliana não pode advogar contra a sociedade empresária OPQ Cosméticos, mas pode repassar as informações estratégicas a que teve acesso quando foi empregada da empresa, a fim de que sejam utilizadas por terceiro que patrocine a causa de Cristina.

RESPOSTA O advogado deve resguardar o sigilo profissional quando postular em nome de terceiros contra ex-cliente ou ex-empregador, nos termos do art. 21 do CED. *Alternativa B.*

Trata-se também de uma prerrogativa do advogado a recusa em depor como testemunha em processo no qual funcionou ou deva funcionar, ou sobre fato relacionado com pessoa de quem seja ou foi advogado, mesmo quando autorizado ou solicitado pelo constituinte, bem como sobre fato que constitua sigilo profissional (art. 7º, XIX, do EOAB).

56. (XXVI Exame) Rafaela, advogada, atua como árbitra em certa lide. Lena, também regularmente inscrita como advogada perante a OAB, exerce atualmente a função de mediadora. Ambas, no exercício de suas atividades, tomaram conhecimento de fatos relativos às partes envolvidas. Todavia, apenas foi solicitado a Rafaela que guardasse sigilo sobre tais fatos.

Considerando o caso narrado, assinale a afirmativa correta.

(A) Apenas Rafaela, no exercício da profissão, submete-se ao dever de guardar sigilo dos fatos de que tomou conhecimento. O dever de sigilo cederá em face de circunstâncias excepcionais que configurem justa causa, como nos casos de grave ameaça aos direitos à vida e à honra, bem como em caso de defesa própria.
(B) Apenas Lena, no exercício da profissão, submete-se ao dever de guardar sigilo dos fatos de que tomou conhecimento. O dever de sigilo cederá em face de circunstâncias excepcionais que configurem justa causa, como nos casos de grave ameaça aos direitos à vida e à honra, bem como em caso de defesa própria.
(C) Ambas as advogadas, no exercício da profissão, submetem-se ao dever de guardar sigilo dos fatos de que tomaram conhecimento. O dever de sigilo cederá em face de circunstâncias excepcionais que configurem justa causa, como nos casos de grave ameaça aos direitos à vida e à honra, bem como em caso de defesa própria.
(D) Apenas Rafaela, no exercício da profissão, submete-se ao dever de guardar sigilo dos fatos de que tomou conhecimento. O dever de sigilo cederá em face de circunstâncias excepcionais que configurem justa causa, como nos casos de grave ameaça aos direitos à vida e à honra. Porém, não se admite a relativização do dever de sigilo para exercício de defesa própria.

RESPOSTA Com fulcro no artigo 37 do CED, observa-se que o sigilo profissional cederá em face de circunstâncias excepcionais que configurem justa causa, como nos casos de grave ameaça ao direito à vida e à honra ou que envolvam defesa própria. *Alternativa C.*

57. (XXV Exame) O advogado Valter instalou, na fachada do seu escritório, um discreto painel luminoso com os dizeres "Advocacia Trabalhista". A sociedade de advogados X contratou a instalação de um sóbrio painel luminoso em um dos pontos de ônibus da cidade, onde constava apenas o nome da sociedade, dos advogados associados e o endereço da sua sede. Já a advogada Helena fixou, em todos os elevadores do prédio comercial onde se situa seu escritório, cartazes pequenos contendo inscrições sobre seu nome, o ramo do Direito em que atua e o andar no qual funciona o escritório.

Considerando as situações descritas e o disposto no Código de Ética e Disciplina da OAB, assinale a afirmativa correta.

(A) Apenas Valter e a sociedade de advogados X violaram a disciplina quanto à ética na publicidade profissional.
(B) Apenas Helena violou a disciplina quanto à ética na publicidade profissional.
(C) Valter, Helena e a sociedade de advogados X violaram a disciplina quanto à ética na publicidade profissional.
(D) Apenas a sociedade de advogados X e Helena violaram a disciplina quanto à ética na publicidade profissional.

RESPOSTA Exclusivamente para fins de identificação dos escritórios de advocacia, é permitida a utilização de placas, painéis luminosos e inscrições em suas fachadas, desde que tenha caráter meramente informativo e prime pela discrição e sobriedade, não podendo configurar captação de clientela ou mercantilização da profissão – Arts. 39 e 40, parágrafo único, do CED. *Alternativa D.*

58. (XXI Exame) Janaína é procuradora do município de Oceanópolis e atua, fora da carga horária demandada pela função, como advogada na sociedade de advogados Alfa, especializada em Direito Tributário. A profissional já foi professora na universidade estadual Beta, situada na localidade, tendo deixado o magistério há um ano, quando tomou posse como procuradora municipal.

Atualmente, Janaína deseja imprimir cartões de visitas para divulgação profissional de seu endereço e telefones. Assim, dirigiu-se a uma gráfica e elaborou o seguinte modelo: no centro do cartão, consta o nome e o número de inscrição de Janaína na OAB. Logo abaixo, o endereço e os telefones do escritório. No canto superior direito, há uma pequena fotografia da advogada, com vestimenta adequada. Na parte inferior do cartão, estão as seguintes inscrições "procuradora do município de Oceanópolis", "advogada – Sociedade de Advogados Alfa" e "ex-professora da Universidade Beta". A impressão será feita em papel branco com proporções usuais e grafia discreta na cor preta.

Considerando a situação descrita, assinale a afirmativa correta.

(A) Os cartões de visitas pretendidos por Janaína não são adequados às regras referentes à publicidade profissional. São vedados: o emprego de fotografia pessoal e a referência ao cargo de procurador municipal. Os demais elementos poderão ser mantidos.
(B) Os cartões de visitas pretendidos por Janaína, pautados pela discrição e sobriedade, são adequados às regras referentes à publicidade profissional.
(C) Os cartões de visitas pretendidos por Janaína não são ade-

quados às regras referentes à publicidade profissional. São vedados: o emprego de fotografia e a referência ao cargo de magistério que Janaína não mais exerce. Os demais elementos poderão ser mantidos.

(D) Os cartões de visitas pretendidos por Janaína não são adequados às regras referentes à publicidade profissional. São vedados: a referência ao cargo de magistério que Janaína não mais exerce e a referência ao cargo de procurador municipal. Os demais elementos poderão ser mantidos.

RESPOSTA Com fulcro no § 2º do art. 44 do CED, é vedada a inclusão de fotografias pessoais ou de terceiros nos cartões de visitas do advogado, bem como menção a qualquer emprego, cargo ou função ocupado, atual ou pretérito, em qualquer órgão ou instituição, salvo o de professor universitário. *Alternativa A.*

59. (XXI Exame) Florentino, advogado regularmente inscrito na OAB, além da advocacia, passou a exercer também a profissão de corretor de imóveis, obtendo sua inscrição no conselho pertinente. Em seguida, Florentino passou a divulgar suas atividades, por meio de uma placa na porta de um de seus escritórios, com os dizeres: Florentino, advogado e corretor de imóveis.

Sobre o tema, assinale a afirmativa correta.

(A) É vedado a Florentino exercer paralelamente a advocacia e a corretagem de imóveis.

(B) É permitido a Florentino exercer paralelamente a advocacia e a corretagem de imóveis, desde que não sejam prestados os serviços de advocacia aos mesmos clientes da outra atividade. Além disso, é permitida a utilização da placa empregada, desde que seja discreta, sóbria e meramente informativa.

(C) É permitido a Florentino exercer paralelamente a advocacia e a corretagem de imóveis. Todavia, é vedado o emprego da aludida placa, ainda que discreta, sóbria e meramente informativa.

(D) É permitido a Florentino exercer paralelamente a advocacia e a corretagem de imóveis, inclusive em favor dos mesmos clientes. Também é permitido empregar a aludida placa, desde que seja discreta, sóbria e meramente informativa.

RESPOSTA É proibido a divulgação de serviços de advocacia em conjunto com outra atividade, conforme previsto no art. 40, IV do CED e no art. 1º, § 3º, do EAOAB. *Alternativa C.*

IX. DO ESTAGIÁRIO

60. (XXXIII Exame) Lia, aluna do oitavo período de uma Faculdade de Direito, obteve de certo escritório de advocacia a proposta de um estágio profissional. Assim, pretende providenciar sua inscrição como estagiária junto à OAB. Lia deverá requerer sua inscrição como estagiária junto ao Conselho Seccional em cujo território se situa

(A) a sede do escritório onde atuará.

(B) a sede principal da sua atividade de estagiária de advocacia.

(C) o seu domicílio de pessoa física.

(D) a Faculdade de Direito em que estuda.

RESPOSTA Nos termos do art. 9º, § 2º do EAOAB, a inscrição do estagiário é feita no Conselho Seccional em cujo território se localize seu curso jurídico. *Alternativa D.*

61. (XXIII Exame) Diogo é estudante de Direito com elevado desempenho acadêmico. Ao ingressar nos últimos anos do curso, ele é convidado por um ex-professor para estagiar em seu escritório. Inscrito nos quadros de estagiários da OAB e demonstrando alta capacidade, Diogo ganha a confiança dos sócios do escritório e passa a, isoladamente e sob a responsabilidade do advogado, retirar e devolver autos em cartório, assinando a respectiva carga; visar atos constitutivos de sociedades para que sejam admitidos a registro; obter junto a escrivães e chefes de secretaria certidões de peças ou autos de processos em curso ou findos; assinar petições de juntada de documentos a processos judiciais ou administrativos; e subscrever embargos de declaração opostos em face de decisões judiciais. Considerando as diversas atividades desempenhadas por Diogo, isoladamente e sob a responsabilidade do advogado, de acordo com o Estatuto e Regulamento da OAB, ele pode

(A) retirar e devolver autos em cartório, assinando a respectiva carga, bem como visar atos constitutivos de sociedades, para que sejam admitidos a registro.

(B) obter, junto a escrivães e chefes de secretaria, certidões de peças ou autos de processos em curso ou findos, bem como assinar petições de juntada de documentos a processos judiciais ou administrativos.

(C) obter, junto a escrivães e chefes de secretaria, certidões de peças ou autos de processos findos, mas não de processos em curso, bem como subscrever embargos de declaração opostos em face de decisões judiciais.

(D) assinar petições de juntada de documentos a processos judiciais, mas não a processos administrativos, nem subscrever embargos de declaração opostos em face de decisões judiciais.

RESPOSTA Nos termos do artigo 29 do Regulamento Geral da OAB, os atos de advocacia, previstos no Art. 1º do Estatuto, podem ser subscritos por estagiário inscrito na OAB, em conjunto com o advogado ou o defensor público. Neste sentido, o estagiário inscrito na OAB pode praticar isoladamente, sob a responsabilidade do advogado, a obtenção junto aos escrivães e chefes de secretarias certidões de peças ou autos de processos em curso ou findos. *Alternativa B.*

62. (XXIX Exame) Júnior é bacharel em Direito. Formou-se no curso jurídico há seis meses e não prestou, ainda, o Exame de Ordem para sua inscrição como advogado, embora pretenda fazê-lo em breve. Por ora, Júnior é inscrito junto à OAB como estagiário e exerce estágio profissional de advocacia em certo escritório credenciado pela OAB, há um ano. Nesse exercício, poucas semanas atrás, juntamente com o advogado José dos Santos, devidamente inscrito como tal, prestou consultoria jurídica sobre determinado tema, solicitada por um cliente do escritório. Os atos foram assinados por ambos. Todavia, o cliente sentiu-se lesado nessa consultoria, alegando culpa grave na sua elaboração.

Considerando o caso hipotético, bem como a disciplina do Estatuto da Advocacia e da OAB, assinale a opção correta.

(A) Júnior não poderia atuar como estagiário e deverá responder em âmbito disciplinar por essa atuação indevida. Já a responsabilidade pelo conteúdo da atuação na atividade de consultoria praticada é de José.

(B) Júnior não poderia atuar como estagiário e deverá responder em âmbito disciplinar por essa atuação indevida. Já a responsabilidade pelo conteúdo da atuação na atividade de consultoria praticada é solidária entre Júnior e José.

(C) Júnior poderia atuar como estagiário. Já a responsabilidade pelo conteúdo da atuação na atividade de consultoria praticada é solidária entre Júnior e José.

(D) Júnior poderia atuar como estagiário. Já a responsabilidade pelo conteúdo da atuação na atividade de consultoria praticada é de José.

RESPOSTA O estágio profissional de advocacia, inclusive para graduados, é requisito necessário à inscrição no quadro de estagiários da OAB e meio adequado de aprendizagem prática, conforme preceitua os arts. 27 e 29 do Regulamento Geral. Os atos de advocacia, previstos no art. 1º do Estatuto, podem ser subscritos por estagiário inscrito na OAB, em conjunto com o advogado ou o defensor público. *Alternativa D.*

X. DIREITO DOS ADVOGADOS

63. (XXXII Exame) O advogado Júnior foi procurado pela família de João, preso em razão da decretação de prisão temporária em certo estabelecimento prisional. Dirigindo-se ao local, Júnior foi informado que João é considerado um preso de alta periculosidade pelo sistema prisional, tendo em vista o cometimento de diversos crimes violentos, inclusive contra um advogado, integração a organização criminosa e descobrimento de um plano de fuga a ser executado pelo mesmo grupo. Diante de tais circunstâncias, o diretor do estabelecimento conduziu Júnior a uma sala especial, onde poderia conversar com João na presença de um agente prisional destinado a garantir a segurança do próprio Júnior e dos demais. Além disso, foi exigida a apresentação de procuração pelo advogado antes de deixar o estabelecimento prisional. Considerando o caso narrado, assinale a afirmativa correta.

(A) É exigível a apresentação de procuração. Quanto às condições exigidas para a realização da entrevista, por serem devidamente justificadas, não indicam violação de direitos.

(B) Não é exigível a apresentação de procuração. Já as condições exigidas para a realização da entrevista violam direitos e implicam o cometimento de fato penalmente típico pelo diretor do estabelecimento.

(C) É exigível a apresentação de procuração. Já as condições exigidas para a realização da entrevista indicam violação de direitos, devendo ser combatidas por meio das medidas judiciais cabíveis, tais como a impetração de habeas corpus.

(D) Não é exigível a apresentação de procuração. Já as condições exigidas para a realização da entrevista indicam violação de direitos, devendo ser combatidas por meio das medidas judiciais cabíveis, tais como a impetração de habeas corpus, não se tratando de fato tipificado penalmente.

RESPOSTA Nos termos do art. 7º, III, do EAOAB, é direito do advgado comunicar-se com seus clientes, pessoal e reservadamente, mesmo sem procuração, quando estes se acharem presos, detidos ou recolhidos em estabelecimentos civis ou militares, ainda que considerados incomunicáveis. Ainda, nos termos do art. 7º-B, do EAOAB, constitui crime violar direito ou prerrogativa de advogado previstos nos incisos II, III, IV e V do *caput* do art. 7º desta Lei. *Alternativa B.*

64. (XXXII Exame) Maria, advogada, adotou o recém-nascido João. A fim de organizar sua rotina, Maria verifica que tem contestação a apresentar em quinze dias e audiência agendada em quarenta dias, em processos distintos, nos quais figura como única advogada das partes que representa. Sobre a situação apresentada, assinale a afirmativa correta.

(A) Maria, ao comparecer ao fórum para a realização da audiência, terá direito a reserva de vaga na garagem.

(B) Maria terá preferência de ordem para a realização da audiência, mediante comprovação de sua condição.

(C) Maria terá o prazo para apresentar a contestação interrompido, desde que notifique o cliente por escrito.

(D) Maria, ao comparecer ao fórum para a realização da audiência, não deverá ser submetida a detectores de metais e aparelhos de raio X, se estiver acompanhada de João.

RESPOSTA O EAOAB no art. 7-A preceitua que são direitos das advogadas: I – gestante: a) entrada em tribunais sem ser submetida a detectores de metais e aparelhos de raios X; b) reserva de vaga em garagens dos fóruns dos tribunais; II – lactante, adotante ou que der à luz, acesso a creche, onde houver, ou a local adequado ao atendimento das necessidades do bebê; III – gestante, lactante, adotante ou que der à luz, preferência na ordem das sustentações orais e das audiências a serem realizadas a cada dia, mediante comprovação de sua condição; IV – adotante ou que der à luz, suspensão de prazos processuais quando for a única patrona da causa, desde que haja notificação por escrito ao cliente. Assim, Maria ao adotar um recém nascido tem direito a preferência de ordem para a realização da audiência, mediante comprovação de sua condição. E, neste sentido, Maria terá a suspensão dos prazos processuais e deverá ser submetida a detectores de metais e aparelhos de raios X. *Alternativa B.*

65. (XXXII Exame) A advogada Clotilde, em manifestação oral em juízo, proferiu algumas palavras sobre o adversário processual de seu cliente. Na ocasião, a pessoa mencionada alegou que teria sido vítima de crime de injúria. Considerando o disposto no Estatuto da Advocacia e da OAB, é correto afirmar que

(A) as palavras proferidas podem constituir crime de injúria, a fim de se tutelar a adequada condução da atividade jurisdicional. Além disso, Clotilde poderá responder disciplinarmente perante a OAB pelos excessos que tiver cometido.

(B) a imunidade profissional conferida a Clotilde assegura que as palavras proferidas não constituem injúria, tampouco são passíveis de responsabilização disciplinar perante a OAB, independentemente da alegação de excesso.

(C) a imunidade profissional conferida a Clotilde assegura que as palavras proferidas não constituem injúria. Contudo, ela poderá responder disciplinarmente perante a OAB pelos excessos que tiver cometido.

(D) as palavras proferidas podem constituir crime de injúria, a fim de se tutelar a adequada condução da atividade jurisdicional. Contudo, não são passíveis de responsabilização disciplinar perante a OAB, independentemente da alegação de excesso.

RESPOSTA Conforme art. 7º, § 2º do EAOAB, o advogado tem imunidade profissional, não constituindo injúria, difamação puníveis qualquer manifestação de sua parte, no exercício de sua atividade, em juízo ou fora dele, sem prejuízo das sanções disciplinares perante a OAB, pelos excessos que cometer. *Alternativa C.*

66. (XXX Exame) Em certa situação, uma advogada, inscrita na OAB, foi ofendida em razão do exercício profissional durante a realização de uma audiência judicial. O ocorrido foi amplamente divulgado na mídia, assumindo grande notoriedade e revelando, de modo urgente, a necessidade de desagravo público. Considerando que o desagravo será promovido pelo Conselho competente, seja pelo órgão com atribuição ou pela Diretoria ad referendum, assinale a afirmativa correta.

A) A atuação se dará apenas mediante provocação, a pedido da ofendida ou de qualquer outra pessoa. É condição para concessão do desagravo a solicitação de informações à pessoa ou autoridade apontada como ofensora.

B) A atuação se dará de ofício ou mediante pedido, o qual deverá ser formulado pela ofendida, seu representante legal ou advogado inscrito na OAB. É condição para concessão do desagravo a solicitação de informações à pessoa ou autoridade apontada como ofensora.

C) A atuação se dará de ofício ou mediante provocação, seja da ofendida ou de qualquer outra pessoa. Não é condição para concessão do desagravo a solicitação de informações à pessoa ou autoridade apontada como ofensora.

D) A atuação se dará de ofício ou mediante pedido, o qual deverá ser formulado pela ofendida, seu representante legal ou advogado inscrito na OAB. Não é condição para concessão do desagravo a solicitação de informações à pessoa ou autoridade apontada como ofensora.

RESPOSTA Nos termos do artigo 18 do Regulamento Geral da OAB, o inscrito na OAB, quando ofendido comprovadamente em razão do exercício profissional ou de cargo ou função da OAB, tem direito ao desagravo público promovido pelo Conselho competente, de ofício, a seu pedido ou de qualquer pessoa. *Alternativa C.*

67. (XXIX Exame) O advogado X foi preso em flagrante enquanto furtava garrafas de vinho, de valor bastante expressivo, em determinado supermercado. Conduzido à delegacia, foi lavrado o auto de prisão em flagrante, sem a presença de representante da OAB.

Com base no disposto no Estatuto da Advocacia e da OAB, assinale a afirmativa correta.

(A) A lavratura do auto de prisão em flagrante foi eivada de nulidade, em razão da ausência de representante da OAB, devendo a prisão ser relaxada.

(B) A lavratura do auto de prisão em flagrante não é viciada, desde que haja comunicação expressa à seccional da OAB respectiva.

(C) A lavratura do auto de prisão em flagrante foi eivada de nulidade, em razão da ausência de representante da OAB, devendo ser concedida liberdade provisória não cumulada com aplicação de medidas cautelares diversas da prisão.

(D) A lavratura do auto de prisão em flagrante não é viciada e independe de comunicação à seccional da OAB respectiva.

RESPOSTA É direito do advogado ter a presença de representante da OAB, quando preso em flagrante, por motivo ligado ao exercício da advocacia, para lavratura do auto respectivo, sob pena de nulidade e, nos demais casos, a comunicação expressa à seccional da OAB, nos termos do art. 7º, IV, do EAOAB. Assim, o advogado só poderá ser preso em flagrante, por motivo ligado ao exercício da profissão, no caso de crime inafiançável e desde que haja a presença de um representante da OAB. *Alternativa B.*

68. (XXV Exame) José Carlos Santos, advogado, dirigiu-se ao Ministério Público a fim de tomar apontamentos sobre investigação criminal em andamento, conduzida pelo Parquet, em face de seu cliente, em que foi decretado sigilo. Dias depois, José Carlos foi à delegacia de polícia no intuito de examinar e retirar cópias de autos de certo inquérito policial, em curso, no qual também foi decretado sigilo, instaurado contra outro cliente seu.

Consoante o disposto no Estatuto da Advocacia e da OAB, assinale a afirmativa correta.

(A) Em ambos os casos, José Carlos deverá apresentar procuração tanto para tomar apontamentos sobre a investigação em trâmite perante o Ministério Público quanto para examinar e retirar cópias do inquérito policial.

(B) Apenas é necessário que José Carlos apresente procuração para tomar apontamentos sobre a investigação em trâmite perante o Ministério Público, não sendo exigível a apresentação de procuração para examinar e retirar cópias do inquérito policial.

(C) Apenas é necessário que José Carlos apresente procuração para examinar e retirar cópias do inquérito policial, não sendo exigível a apresentação de procuração para tomar apontamentos sobre a investigação em trâmite perante o Ministério Público.

(D) Não é exigível a apresentação de procuração para examinar e retirar cópias do inquérito policial, nem para tomar apontamentos sobre a investigação em trâmite perante o Ministério Público.

RESPOSTA Nos termos do art. 7, XIII, do EAOAB, observa-se como sendo direito do advogado examinar em qualquer órgão dos Poderes Judiciário e Legislativo, ou da Administração Pública em geral, autos de processos findos ou em andamento, mesmo sem procuração, quando não estiverem sujeitos a sigilo ou segredo de justiça, assegurada a obtenção de cópias, com possibilidade de tomar apontamentos. Logo, quando sujeito a sigilo, necessário se torna a apresentação de procuração. *Alternativa A.*

69. (XXVI Exame) O advogado Fred dirigiu-se, em certa ocasião, a uma delegacia de polícia e a um presídio, a fim de entrevistar clientes seus que se encontravam, respectivamente, prestando depoimento e preso. Na mesma data, o advogado Jorge realizou audiências na sede de um juizado especial cível e no interior de certo fórum regional da comarca.

Considerando o disposto no Estatuto da Advocacia e da OAB, assinale a afirmativa correta.

(A) É direito de Fred e Jorge a instalação de salas especiais permanentes para os advogados nos seguintes locais visitados: sede do juizado especial cível e fórum regional da comarca. Quanto aos demais, embora seja recomendável a existência de salas especiais, não há dever legal de instalação.

(B) É direito de Fred e Jorge a instalação de salas especiais permanentes para os advogados em todos os locais visitados. Quanto aos quatro locais, há dever legal de instalação das salas.

(C) É direito de Fred e Jorge a instalação de salas especiais permanentes para os advogados nos seguintes locais visitados: sede do juizado especial cível, fórum regional da comarca e presídio. Quanto à delegacia de polícia, embora seja recomendável a existência de salas especiais, não há dever legal de instalação.

(D) É direito de Fred e Jorge a instalação de salas especiais permanentes para os advogados nos seguintes locais visitados: fórum regional da comarca e presídio. Quanto aos demais, embora seja recomendável a existência de salas especiais, não há dever legal de instalação.

RESPOSTA São direitos dos advogados a instalação pelo Poder Judiciário e o Poder Executivo, em todos os juizados, fóruns, tribunais, delegacias de polícia e presídios, salas especiais permanentes para os advogados, com uso assegurados à OAB, nos termos do art. 7, § 4º, do EAOAB. *Alternativa B.*

70. **(XXIX Exame)** O advogado João, conselheiro em certo Conselho Seccional da OAB, foi condenado, pelo cometimento de crime de tráfico de influência, a uma pena privativa de liberdade. João respondeu ao processo todo em liberdade, apenas tendo sido decretada a prisão após o trânsito em julgado da sentença condenatória.

Quanto aos direitos de João, considerando o disposto no Estatuto da Advocacia e da OAB, assinale a afirmativa correta.

(A) João tem direito à prisão domiciliar em razão de suas atividades profissionais, ou à prisão em sala de Estado Maior, durante todo o cumprimento da pena que se inicia, a critério do juiz competente.

(B) João tem direito a ser preso em sala de Estado Maior durante o cumprimento integral da pena que se inicia. Apenas na falta desta, em razão de suas atividades profissionais, terá direito à prisão domiciliar.

(C) João não tem direito a ser preso em sala de Estado Maior em nenhum momento do cumprimento da pena que se inicia, nem terá direito, em decorrência de suas atividades profissionais, à prisão domiciliar.

(D) João tem direito a ser preso em sala de Estado Maior apenas durante o transcurso de seu mandato como conselheiro, mas não terá direito, em decorrência de suas atividades profissionais, à prisão domiciliar.

RESPOSTA É direito do advogado não ser recolhido preso, antes de sentença transitada em julgado, senão em sala de Estado Maior, com instalações e comodidades condignas, na sua falta, em prisão domiciliar, de acordo com o art. 7º, V, do EAOAB. Desse modo, como a prisão de João foi decretada após o trânsito em julgado da decisão, o advogado deve ser preso em cela comum.*Alternativa C.*

71. **(XXII Exame)** Viviane, Paula e Milena são advogadas. Viviane acaba de dar à luz, Paula adotou uma criança e Milena está em período de amamentação.

Diante da situação narrada, de acordo com o Estatuto da OAB, assinale a afirmativa correta.

(A) Viviane e Milena têm direito à reserva de vaga nas garagens dos fóruns dos tribunais.

(B) Viviane e Paula têm direito à suspensão de prazos processuais, em qualquer hipótese, desde que haja notificação por escrito ao cliente.

(C) Viviane, Paula e Milena têm direito de preferência na ordem das audiências a serem realizadas a cada dia, mediante comprovação de sua condição.

(D) Paula e Milena têm direito a entrar nos tribunais sem serem submetidas a detectores de metais e aparelhos de raio-X.

RESPOSTA É direito da advogada gestante, lactante, adotante ou que der à luz, preferência na ordem das sustentações orais e das audiências a serem realizadas a cada dia, mediante comprovação de sua condição, segundo o art. 7º-A, III, do EAOAB. *Alternativa C.*

72. **(XXIV Exame)** A advogada Ana encontra-se no quinto mês de gestação. Em razão de exercer a profissão como única patrona nas causas em que atua, ela receia encontrar algumas dificuldades durante a gravidez e após o parto.

Considerando o caso narrado, assinale a afirmativa correta.

(A) O Estatuto da OAB confere a Ana o direito de entrar nos tribunais sem submissão aos detectores de metais, vagas reservadas nas garagens dos fóruns onde atuar, preferência na ordem das audiências a serem realizadas a cada dia e suspensão dos prazos processuais quando der à luz.

(B) O Estatuto da OAB não dispõe sobre direitos especialmente conferidos às advogadas grávidas, mas aplicam-se a Ana as disposições da CLT relativas à proteção à maternidade e à trabalhadora gestante.

(C) O Estatuto da OAB confere a Ana o direito de entrar nos tribunais sem submissão aos detectores de metais e preferência na ordem das audiências a serem realizadas a cada dia, mas não dispõe sobre vagas reservadas nas garagens dos fóruns e suspensão dos prazos processuais quando der à luz.

(D) O Estatuto da OAB confere a Ana o direito de entrar nos tribunais sem submissão aos detectores de metais, preferência na ordem das audiências a serem realizadas a cada dia e vagas reservadas nas garagens dos fóruns, mas não dispõe sobre suspensão dos prazos processuais quando der à luz.

RESPOSTA Nos termos do art. 7º-A, I, "a", "b", III, IV EAOAB, são direitos da advogada gestante entrada em tribunais sem ser submetida a detectores de metais e aparelhos de raios X, reserva de vaga em garagens dos fóruns dos tribunais, gestante, lactante, adotante ou que der à luz, preferência na ordem das sustentações orais e das audiências a serem realizadas a cada dia, mediante comprovação de sua condição, adotante ou que der à luz, suspensão de prazos processuais quando for a única patrona da causa, desde que haja notificação por escrito ao cliente. *Alternativa A.*

73. **(XXIV Exame)** Tânia, advogada, dirigiu-se à sala de audiências de determinada Vara Criminal, a fim de acompanhar a realização das audiências designadas para aquele dia em feitos nos quais não oficia. Tânia verificou que os processos não envolviam segredo de justiça e buscou ingressar na sala de audiências no horário designado.

Não obstante, certo funcionário deu-lhe duas orientações. A primeira orientação foi de que ela não poderia permanecer no local se todas as cadeiras estivessem ocupadas, pois não seria autorizada a permanência de advogados de pé, a fim de evitar tumulto na sala. A segunda orientação foi no sentido de que, caso ingressassem na sala, Tânia e os demais presentes não poderiam sair até o fim de cada ato, salvo se houvesse licença do juiz, para evitar que a entrada e saída de pessoas atrapalhasse o regular andamento das audiências.

Considerando o caso narrado, assinale a afirmativa correta.

(A) A primeira orientação dada pelo funcionário viola os direitos assegurados ao advogado, pois Tânia possui o direito de permanecer, mesmo que de pé, na sala de audiências. Todavia, a segunda orientação coaduna-se com o poder-dever do magistrado de presidir e evitar tumulto no ato judicial, não violando, por si, direitos normatizados no Estatuto da OAB.

(B) A segunda orientação dada pelo funcionário viola os direitos assegurados ao advogado, pois Tânia possui o direito de retirar-se a qualquer momento, independentemente de licença do juiz, da sala de audiências. Todavia, a primeira orientação coaduna-se com o poder-dever do magistrado de presidir e evitar tumulto no ato judicial, não violando, por si, direitos normatizados no Estatuto da OAB.

(C) Ambas as orientações violam os direitos assegurados, pelo Estatuto da OAB, ao advogado, pois Tânia possui o direito de permanecer, mesmo que de pé, na sala de audiências, bem como de se retirar a qualquer momento, independentemente de licença do juiz.

(D) Nenhuma das orientações viola os direitos assegurados ao advogado, pois se coadunam com o poder-dever do magistrado de presidir e evitar tumulto no ato judicial, não contrariando, por si sós, direitos normatizados no Estatuto da OAB.

RESPOSTA Com fulcro no art. 7º, VII, do EAOAB, é direito do advogado permanecer sentado ou em pé e retirar-se de quaisquer locais indicados no inciso anterior, independentemente de licença. *Alternativa C.*

XI. SOCIEDADE DE ADVOGADOS

74. (XXXII Exame) A sociedade de advogados "A e B Advogados" está sediada no Rio de Janeiro. Entretanto, em razão das circunstâncias de mercado dos seus clientes, verificou que seria necessário ao bom desempenho das suas atividades profissionais constituir uma filial em São Paulo. No que se refere ao ato de constituição da filial e a atuação dos sócios, assinale a afirmativa correta.

(A) O ato de constituição da filial deve ser averbado no registro da sociedade e arquivado no Conselho Seccional de São Paulo, ficando todos seus sócios obrigados à inscrição suplementar junto ao Conselho Seccional de São Paulo.

(B) O ato de constituição da filial deve ser averbado no registro da sociedade e arquivado no Conselho Seccional de São Paulo, ficando obrigados à inscrição suplementar junto ao Conselho Seccional de São Paulo apenas aqueles sócios que habitualmente exercerem a profissão naquela localidade, considerando-se habitualidade a intervenção judicial que exceder cinco causas por ano.

(C) O ato de constituição da filial deve ser averbado no registro da sociedade e arquivado no Conselho Seccional do Rio de Janeiro, ficando obrigados à inscrição suplementar junto ao Conselho Seccional de São Paulo apenas aqueles sócios que habitualmente exercerem a profissão naquela localidade, considerando-se habitualidade a intervenção judicial que exceder cinco causas por ano.

(D) O ato de constituição da filial deve ser averbado no registro da sociedade e arquivado no Conselho Seccional do Rio de Janeiro, ficando todos seus sócios obrigados à inscrição suplementar junto ao Conselho Seccional de São Paulo.

RESPOSTA Segundo o art. 15, § 5º, do EAOAB, o ato de constituição de filial deve ser averbado no registro da sociedade e arquivado no Conselho Seccional onde se instalar, ficando os sócios, inclusive o titular da sociedade unipessoal de advocacia, obrigados à inscrição suplementar. *Alternativa A.*

75. (XXXI Exame) A sociedade Antônio, Breno, Caio & Diego Advogados Associados é integrada, exclusivamente, pelos sócios Antônio, Breno, Caio e Diego, todos advogados regularmente inscritos na OAB.

Em um determinado momento, Antônio vem a falecer. Breno passa a exercer mandato de vereador, sem figurar entre os integrantes da Mesa Diretora da Câmara Municipal ou seus substitutos legais. Caio passa a exercer, em caráter temporário, função de direção em empresa concessionária de serviço público.

Considerando esses acontecimentos, assinale a afirmativa correta.

A) O nome de Antônio poderá permanecer na razão social da sociedade após o seu falecimento, ainda que tal possibilidade não esteja prevista em seu ato constitutivo.

B) Breno deverá licenciar-se durante o período em que exercer o mandato de vereador, devendo essa informação ser averbada no registro da sociedade.

C) Caio deverá deixar a sociedade, por ter passado a exercer atividade incompatível com a advocacia.

D) Com o falecimento de Antônio, se Breno e Caio deixarem a sociedade e nenhum outro sócio ingressar nela, Diego poderá continuar suas atividades, caso em que passará a ser titular de sociedade unipessoal de advocacia.

RESPOSTA Conforme art. 15, § 7º, do EAOAB, a sociedade unipessoal de advocacia pode resultar da concentração por um advogado das quotas de uma sociedade de advogados, independentemente das razões que motivaram tal concentração. *Alternativa D.*

76. (XXXI Exame) Os sócios Antônio, Daniel e Marcos constituíram a sociedade Antônio, Daniel & Marcos Advogados Associados, com sede em São Paulo e filial em Brasília.

Após desentendimentos entre eles, Antônio constitui sociedade unipessoal de advocacia, com sede no Rio de Janeiro. Marcos, por sua vez, retira-se da sociedade Antônio, Daniel & Marcos Advogados Associados.

Sobre a situação apresentada, assinale a afirmativa correta.

A) Daniel não está obrigado a manter inscrição suplementar em Brasília, já que a sociedade Antônio, Daniel & Marcos Advogados Associados tem sede em São Paulo.

B) Antônio deverá retirar-se da Antônio, Daniel & Marcos Advogados Associados, já que não pode integrar, simultaneamente, uma sociedade de advogados e uma sociedade unipessoal de advocacia.

C) Mesmo após Marcos se retirar da sociedade Antônio, Daniel & Marcos Advogados Associados permanece o impedimento para que ele e Antônio representem em juízo clientes com interesses opostos.

D) Caso Antônio também se retire da Antônio, Daniel & Marcos Advogados Associados, a sociedade deverá passar a ser denominada Daniel Sociedade Individual de Advocacia.

RESPOSTA Conforme art. 15, § 7º, do EAOAB, a sociedade unipessoal de advocacia resulta da concentração por um advogado das quotas de uma sociedade de advogados, independentemente das razões que motivaram tal concentração. Ainda, nos termos do art. 16, § 4º, do EAOAB, a denominação da sociedade unipessoal de advocacia deve ser obrigatoriamente formada pelo nome do seu titular, completo ou parcial, com a expressão "Sociedade Individual de Advocacia". *Alternativa D.*

77. (XXIX Exame) A Sociedade de Advogados X pretende associar-se aos advogados João e Maria, que não a integrariam como sócios, mas teriam participação nos honorários a serem recebidos.

Sobre a pretensão da Sociedade de Advogados X, de acordo com o disposto no Regulamento Geral do Estatuto da Advocacia e da OAB, assinale a afirmativa correta.

(A) É autorizada, contudo deve haver formalização em contrato averbado no registro da Sociedade de Advogados. A associação pretendida deverá implicar necessariamente vínculo empregatício.

(B) É autorizada, contudo deve haver formalização em contrato averbado no registro da Sociedade de Advogados. A associação pretendida não implicará vínculo empregatício.

(C) É autorizada, independentemente de averbação no registro da Sociedade. A associação pretendida não implicará vínculo empregatício.

(D) Não é autorizada, pois os advogados João e Maria passariam a integrar a Sociedade X como sócios, mediante alteração no registro da sociedade.

RESPOSTA A sociedade de advogados pode associar-se com advogados, sem vínculo de emprego, para participação nos resultados, sendo tais contratos averbados no registro da sociedade de advogados – Art. 39 do Regulamento Geral da OAB. *Alternativa B.*

78. (XXVII Exame) Ricardo Silva, Carlos Santos e Raul Azevedo são advogados e constituem a sociedade Silva, Santos e Azevedo Sociedade de Advogados, para exercício conjunto da profissão. A sociedade consolida-se como referência de atuação em determinado ramo do Direito. Anos depois, Carlos Santos falece e seus ex-sócios pretendem manter seu sobrenome na sociedade.

Sobre a manutenção do sobrenome de Carlos Santos na sociedade, de acordo com o Estatuto e com o Regulamento Geral da OAB, assinale a afirmativa correta.

(A) É permitida, desde que expressamente autorizada por seus herdeiros.

(B) É vedada, pois da razão social não pode constar o nome de advogado falecido.

(C) É permitida, desde que prevista tal possibilidade no ato constitutivo da sociedade ou na alteração contratual em vigor.

(D) É permitida, independentemente da previsão no ato constitutivo ou na alteração contratual em vigor, ou de autorização dos herdeiros, desde que autorizada pelo Conselho da respectiva Seccional.

RESPOSTA Nos termos do § 1º do art. do art. 16 do EAOAB, o nome do sócio falecido pode permanecer desde que previsto no ato constitutivo. *Alternativa C.*

79. (XXVI Exame) O advogado Pasquale integra a sociedade de advogados X, juntamente com três sócios. Todavia, as suas funções na aludida sociedade apenas ocupam parte de sua carga horária semanal disponível. Por isso, a fim de ocupar o tempo livre, o advogado estuda duas propostas: de um lado, pensa em criar, paralelamente, uma sociedade unipessoal de advocacia; de outro, estuda aceitar a oferta, proposta pela sociedade de advogados Y, de integrar seus quadros.

Considerando que todas as pessoas jurídicas mencionadas teriam sede na mesma área territorial de um Conselho Seccional da OAB, assinale a afirmativa correta.

(A) É permitido que Pasquale integre simultaneamente a sociedade de advogados X e a sociedade de advogados Y. Todavia, não é autorizado que integre simultaneamente a sociedade de advogados X e a sociedade unipessoal de advocacia.

(B) É permitido que Pasquale integre simultaneamente a sociedade de advogados X e a sociedade unipessoal de advocacia. Todavia, não é autorizado que integre simultaneamente a sociedade de advogados X e a sociedade de advogados Y.

(C) Não é permitido que Pasquale integre simultaneamente a sociedade de advogados X e a sociedade de advogados Y. Tampouco é autorizado que integre simultaneamente a sociedade de advogados X e a sociedade unipessoal de advocacia.

(D) É permitido que Pasquale integre simultaneamente a sociedade de advogados X e a sociedade de advogados Y. Também é autorizado que integre simultaneamente a sociedade de advogados X e a sociedade unipessoal de advocacia.

RESPOSTA Nenhum advogado pode integrar mais de uma sociedade de forma simultânea com sede ou filial na mesma área territorial, conforme preceitua o art. 15, § 4º, do EAOAB. *Alternativa C.*

Nenhum advogado pode integrar mais de uma sociedade de advogados, constituir mais de uma sociedade unipessoal ou integrar, simultaneamente, uma sociedade de advogados e uma sociedade unipessoal, com sede ou filial na mesma área territorial do respectivo Conselho Seccional (EOAB, art. 15, § 4º). Assim, as procurações devem ser outorgadas individualmente aos advogados e indicar a sociedade de que façam parte.

80. (XXII Exame) Os advogados Raimundo da Silva, Severino da Silva e Juscelino da Silva constituíram sociedade simples de prestação de serviços de advocacia, denominada Silva Advogados, com o registro aprovado dos seus atos constitutivos no Conselho Seccional da OAB pertinente ao local da sede. Severino figura como sócio-gerente. Além dos três advogados, não há outros sócios ou associados.

Considerando a situação narrada e a disciplina do Regulamento Geral do Estatuto da Advocacia e da OAB, assinale a afirmativa correta.

(A) Os atos indispensáveis à satisfação das finalidades da pessoa jurídica apenas podem ser praticados por Raimundo, Severino ou Juscelino, sendo vedada a prática de atos por Silva Advogados, uma vez que as atividades necessárias ao desempenho da advocacia devem ser exercidas individualmente, ainda que revertam à sociedade os proveitos.

(B) Os atos indispensáveis à satisfação das finalidades da pessoa jurídica podem ser praticados por Silva Advogados; porém, os atos privativos de advogado devem ser praticados por Raimundo, Severino ou Juscelino.

(C) Os atos indispensáveis à satisfação das finalidades da pessoa jurídica e os atos privativos de advogado podem ser praticados por Silva Advogados.

(D) Os atos destinados à satisfação das finalidades da pessoa jurídica apenas devem ser praticados por Severino, sendo vedada a prática de atos por Silva Advogados, uma vez que as atividades necessárias ao desempenho da advocacia devem ser exercidas individualmente, ainda que revertam à sociedade os proveitos. Os atos também não podem ser praticados pelos demais sócios, já que Severino figura como sócio-gerente.

RESPOSTA Segundo o artigo 42 do Regulamento Geral da OAB, podem ser praticados pela sociedade de advogados, com uso da razão social, os atos indispensáveis às suas finalidades, que não sejam privativos de advogado. *Alternativa B.*

81. (XXIII Exame) Miguel, advogado, sempre exerceu a atividade sozinho. Não obstante, passou a pesquisar sobre a possibilidade de constituir, individualmente, pessoa jurídica para a prestação de seus serviços de advocacia. Sobre o tema, assinale a afirmativa correta.

(A) Miguel poderá constituir a pessoa jurídica pretendida, mediante registro dos seus atos constitutivos no Conselho Seccional da OAB em cuja base territorial tiver sede, com denominação formada pelo nome do titular, seguida da expressão 'Sociedade Individual de Advocacia'.

(B) Miguel não poderá constituir a pessoa jurídica pretendida, uma vez que o ordenamento jurídico brasileiro não admite a figura da sociedade unipessoal, ressalvados apenas os casos de unipessoalidade temporária e da chamada subsidiária integral.

(C) Miguel poderá constituir a pessoa jurídica pretendida mediante registro dos seus atos constitutivos no Conselho Seccional da OAB, com denominação formada pelo nome do titular, seguida da expressão 'EIRELI'.

(D) Miguel poderá constituir a pessoa jurídica pretendida mediante registro dos seus atos constitutivos no Registro Civil de Pessoas Jurídicas, com denominação formada pelo nome do titular, seguida da expressão 'EIRELI'.

RESPOSTA A sociedade unipessoal de advocacia deve ser composta pelo nome completo ou parcial do titular seguido pela denominação "Sociedade Individual de Advocacia", diante do disposto no § 4º do Art. 16 do Estatuto da OAB. *Alternativa A.*

XII. ADVOGADO – EMPREGADO

82. (XXV Exame) Enzo, regularmente inscrito junto à OAB, foi contratado como empregado de determinada sociedade limitada, a fim de exercer atividades privativas de advogado. Foi celebrado, por escrito, contrato individual de trabalho, o qual estabelece que Enzo se sujeitará a regime de dedicação exclusiva. A jornada de trabalho acordada de Enzo é de oito horas diárias. Frequentemente, porém, é combinado que Enzo não compareça à sede da empresa pela manhã, durante a qual deve ficar, por três horas, "de plantão", ou seja, à disposição do empregador, aguardando ordens. Nesses dias, posteriormente, no período da tarde, dirige-se à sede, a fim de exercer atividades no local, pelo período contínuo de seis horas.

Considerando o caso narrado e a disciplina do Estatuto da Advocacia e da OAB, bem como do seu Regulamento Geral, assinale a afirmativa correta.

(A) É vedada a pactuação de dedicação exclusiva. Deverão ser remuneradas como extraordinárias as horas diárias excedentes a quatro horas contínuas, incluindo-se as horas cumpridas por Enzo na sede da empresa, bem como as horas que ele permanece em sede externa, executando tarefas ou meramente aguardando ordens do empregador.

(B) É autorizada a pactuação do regime de dedicação exclusiva. Deverão ser remuneradas como extraordinárias as horas que excederem a jornada de oito horas diárias, o que inclui as horas cumpridas por Enzo na sede da empresa ou efetivamente executando atividades externas ordenadas pelo empregador. As horas em que Enzo apenas aguarda as ordens fora da sede são consideradas somente para efeito de compensação de horas.

(C) É autorizada a pactuação do regime de dedicação exclusiva. Deverão ser remuneradas como extraordinárias as horas que excederem a jornada de oito horas diárias, o que inclui tanto as horas cumpridas por Enzo na sede da empresa como as horas em que ele permanece em sede externa, executando tarefas ou meramente aguardando ordens do empregador.

(D) É autorizada a pactuação do regime de dedicação exclusiva. Deverão ser remuneradas como extraordinárias as horas que excederem a jornada de nove horas diárias, o que inclui as horas cumpridas por Enzo na sede da empresa ou efetivamente executando atividades externas ordenadas pelo empregador. As horas em que Enzo apenas aguarda as ordens fora da sede são consideradas somente para efeito de compensação de horas.

RESPOSTA Nos termos do art. 20 do EAOAB, em caso de dedicação exclusiva do advogado serão remuneradas como extraordinárias as horas trabalhadas que excederem a jornada normal de oito horas diárias. *Alternativa C.*

XIII. INFRAÇÕES, SANÇÕES DISCIPLINARES E PROCESSO DISCIPLINAR

83. (XXXII Exame) O advogado Gerson responde a processo disciplinar perante a OAB pela prática de infração prevista na Lei n. 8.906/94. No curso do feito, dá-se a apreciação, pelo órgão julgador, de matéria processual sobre a qual se entendeu cabível decisão de ofício. Não é conferida oportunidade de manifestação sobre tal matéria à defesa de Gerson. Considerando o caso narrado, assinale a afirmativa correta.

(A) Em grau recursal, é vedada decisão com base em fundamento sobre o qual não foi dada oportunidade de manifestação à defesa de Gerson, ainda que se trate de matéria que se deva decidir de ofício. Excepcionam-se, dessa regra, as medidas de urgência previstas na Lei n. 8.906/94. Por sua vez, em primeiro grau, cuidando-se de matéria de ordem pública, passível de decisão de ofício, ou tratando-se de medidas de urgência previstas na Lei n. 8.906/94, autoriza-se a apreciação sem que seja facultada prévia manifestação às partes.

(B) Em qualquer grau de julgamento, é vedada decisão com base em fundamento sobre o qual não foi dada oportunidade de manifestação à defesa de Gerson, ainda que se trate de matéria sobre a qual se deva decidir de ofício. Excepcionam-se dessa regra as medidas de urgência previstas na Lei n. 8.906/94.

(C) Em grau recursal, é vedada decisão com base em fundamento sobre o qual não foi dada oportunidade de manifestação à defesa de Gerson, ainda que se trate de matéria que se deva decidir de ofício. Tal vedação abrange, inclusive, as medidas de urgência previstas na Lei n. 8.906/94. Por sua vez, em primeiro grau, tratando-se de matéria de ordem pública, passível de decisão de ofício, ou em caso de medidas de urgência, autoriza-se a apreciação sem que seja facultada prévia manifestação às partes.

(D) Em qualquer grau de julgamento, é vedada decisão com base em fundamento sobre o qual não foi dada oportunidade de manifestação à defesa de Gerson, ainda que se cuide de matéria sobre a qual se deva decidir de ofício, ou que se trate de medidas de urgência previstas na Lei n. 8.906/94.

RESPOSTA Nos termos do 144-B do Regulamento Geral do Estatuto da Advocacia e da OAB, observa-se que não se pode decidir, em grau algum de julgamento, com base em fundamento a respeito do qual não se tenha dado às partes oportunidade de se manifestar anteriormente, ainda que se trate de matéria sobre a qual se deva decidir de ofício, salvo quanto às medidas de urgência previstas no Estatuto. *Alternativa B.*

84. (XXXI Exame) Havendo indícios de que Sara obteve inscrição na Ordem dos Advogados do Brasil mediante prova falsa, foi instaurado contra ela processo disciplinar. Sobre o tema, assinale a afirmativa correta.

A) O processo disciplinar contra Sara pode ser instaurado de ofício ou mediante representação, que pode ser anônima.

B) Em caso de revelia de Sara, o processo disciplinar seguirá, independentemente de designação de defensor dativo.

C) O processo disciplinar instaurado contra Sara será, em regra, público.

D) O recurso contra eventual decisão que determine o cancelamento da inscrição de Sara não terá efeito suspensivo.

RESPOSTA Nos termos do art. 77 da Lei n. 8.906/94, todos os recursos têm efeito suspensivo, exceto quando tratarem de eleições (arts. 63 e seguintes), de suspensão preventiva decidida pelo Tribunal de Ética e Disciplina, e de cancelamento da inscrição obtida com falsa prova. *Alternativa D.*

85. (XXX Exame) O advogado Carlos não adimpliu suas obrigações relativas às anuidades devidas à OAB. Assinale a opção que, corretamente, trata das consequências de tal inadimplemento.

A) Carlos deverá quitar o débito em 15 dias contados da notificação para tanto, sob pena de suspensão, independentemente de processo disciplinar. Na terceira suspensão por não pagamento de anuidade, seja a mesma ou anuidades distintas, será cancelada sua inscrição.

B) Carlos deverá quitar o débito no prazo fixado em notificação, sob pena de suspensão mediante processo disciplinar. Após 15 dias de suspensão, caso não realizado o pagamento da mesma anuidade, será cancelada sua inscrição.

C) Carlos deverá quitar o débito em 15 dias contados da notificação para tanto, sob pena de suspensão, mediante processo disciplinar. Na terceira suspensão por não pagamento de anuidades, será cancelada sua inscrição.

D) Carlos deverá quitar o débito em 15 dias contados da notificação para tanto, sob pena de suspensão, independentemente de processo disciplinar. Na segunda suspensão por não pagamento de anuidades distintas, será cancelada sua inscrição, após o transcurso de processo disciplinar.

RESPOSTA O advogado, regularmente notificado, deve quitar seu débito relativo às anuidades, no prazo de 15 dias da notificação, sob pena de suspensão, aplicada em processo disciplinar. Neste sentido, cancela-se a inscrição quando ocorrer a terceira suspensão, relativa ao não pagamento de anuidades distintas – Art. 22 do Regulamento Geral. *Alternativa C.*

86. (XXIV Exame) Em determinada edição de um jornal de grande circulação, foram publicadas duas matérias subscritas, cada qual, pelos advogados Lúcio e Frederico. Lúcio assina, com habitualidade, uma coluna no referido jornal, em que responde, semanalmente, a consultas sobre matéria jurídica. Frederico apenas subscreveu matéria jornalística naquela edição, debatendo certa causa, de natureza criminal, bastante repercutida na mídia, tendo analisado a estratégia empregada pela defesa do réu no processo.

Considerando o caso narrado e o disposto no Código de Ética e Disciplina da OAB, assinale a afirmativa correta.

(A) Lúcio e Frederico cometeram infração ética.

(B) Apenas Lúcio cometeu infração ética.

(C) Apenas Frederico cometeu infração ética.

(D) Nenhum dos advogados cometeu infração ética.

RESPOSTA É proibido ao advogado responder com habitualidade a consulta sobre matéria jurídica, nos meios de comunicação social e pronunciamentos sobre métodos de trabalho usados por seus colegas de profissão – arts. 42, I e 43 do CED. *Alternativa A.*

87. (XXIX Exame) Os sócios de certa sociedade de advogados divergiram intensamente quanto à solução de questões relativas a conduta disciplinar, relação com clientes e honorários. Em razão disso, passaram a pesquisar quais as atribuições do Tribunal de Ética e Disciplina, do Conselho Seccional da OAB respectivo, que poderiam ajudar a solver suas dificuldades.

Considerando o caso narrado, bem como os limites de competência do Tribunal de Ética e Disciplina do Conselho Seccional, previstos no Código de Ética e Disciplina da OAB, assinale a afirmativa correta.

(A) Não compete ao Tribunal de Ética e Disciplina responder a consultas realizadas em tese por provocação dos advogados, atuando apenas diante de situações concretas.

(B) Compete ao Tribunal de Ética e Disciplina atuar como um conciliador em pendências concretas relativas à partilha de honorários entre advogados contratados conjuntamente.

(C) Não compete ao Tribunal de Ética e Disciplina ministrar cursos destinados a solver dúvidas usuais dos advogados no que se refere à conduta ética que deles é esperada.

(D) Compete ao Tribunal de Ética e Disciplina coordenar as ações do Conselho Seccional respectivo e dos demais Conselhos Seccionais, com o objetivo de reduzir a ocorrência das infrações disciplinares mais frequentes.

RESPOSTA Estabelece o Tribunal de Ética e Disciplina a atuar como conciliador em questões que envolvam partilha de honorários contratados em conjunto ou decorrentes de substabelecimento, bem como os que resultem de sucumbência, nas mesmas hipóteses, nos fundamentos do art. 71, VI, "b" do CED. *Alternativa B.*

88. **(XXIX Exame)** Milton, advogado, exerceu fielmente os deveres decorrentes de mandato outorgado para defesa do cliente Tomás, em juízo. Todavia, Tomás deixou, injustificadamente, de efetuar o pagamento dos valores acordados a título de honorários.

Em 08/04/19, após negar-se ao pagamento devido, Tomás solicitou a Milton que agendasse uma reunião para que este esclarecesse, de forma pormenorizada, questões que entendia pertinentes e necessárias sobre o processo. Contudo, Milton informou que não prestaria nenhum tipo de informação judicial sem pagamento, a fim de evitar o aviltamento da atuação profissional.

Em 10/05/19, Tomás solicitou que Milton lhe devolvesse alguns bens móveis que haviam sido confiados ao advogado durante o processo, relativos ao objeto da demanda. Milton também se recusou, pois pretendia alienar os bens para compensar os honorários devidos.

Considerando o caso narrado, assinale a afirmativa correta.

(A) Apenas a conduta de Milton praticada em 08/04/19 configura infração ética.

(B) Ambas as condutas de Milton, praticadas em 08/04/19 e em 10/05/19, configuram infrações éticas.

(C) Nenhuma das condutas de Milton, praticadas em 08/04/19 e em 10/05/19, configura infração ética.

(D) Apenas a conduta de Milton praticada em 10/05/19 configura infração ética.

RESPOSTA Nos termos do artigo 12 do CED, verifica-se que a conclusão ou desistência da causa, tenha havido, ou não, extinção do mandato, obriga o advogado a devolver ao cliente bens, valores e documentos que lhe hajam sido confiados e ainda estejam em seu poder, bem como a prestar-lhe contas, pormenorizadamente, sem prejuízo de esclarecimentos complementares que se mostrem pertinentes e necessários. Neste sentido, a parcela dos honorários paga pelos serviços até então prestados não se inclui entre os valores a ser devolvidos. *Alternativa B.*

89. **(XXIX Exame)** A conduta de um juiz em certa comarca implicou violação a prerrogativas de advogados previstas na Lei nº 8.906/94, demandando representação administrativo-disciplinar em face do magistrado.

Considerando a hipótese narrada, de acordo com o Regulamento Geral do Estatuto da Advocacia e da OAB, assinale a afirmativa correta.

(A) É competência dos presidentes do Conselho Federal, do Conselho Seccional ou da Subseção formularem a representação administrativa cabível. Em razão da natureza da autoridade e da providência, o ato não pode ser delegado a outro advogado.

(B) É competência apenas dos presidentes do Conselho Federal ou do Conselho Seccional formularem a representação administrativa cabível. Todavia, pode ser designado outro advogado, investido de poderes bastantes, para o ato.

(C) É competência apenas do presidente do Conselho Seccional formular a representação administrativa cabível. Em razão da natureza da autoridade e da providência, o ato não pode ser delegado a outro advogado.

(D) É competência dos presidentes do Conselho Federal, do Conselho Seccional ou da Subseção formularem a representação administrativa cabível. Todavia, pode ser designado outro advogado, investido de poderes bastantes, para o ato.

RESPOSTA Compete ao Presidente do Conselho Federal, do Conselho Seccional ou da Subseção, ao tomar conhecimento de fato que possa causar, ou que já causou, violação de direitos ou prerrogativas da profissão, adotar as providências judiciais e extrajudiciais cabíveis para prevenir ou restaurar o império do Estatuto, em sua plenitude, inclusive mediante representação administrativa (art. 15 do Regulamento Geral da OAB). *Alternativa D.*

90. **(XXIX Exame)** O Conselho Seccional X da OAB proferiu duas decisões, ambas unânimes e definitivas, em dois processos distintos. Acerca da matéria que é objeto do processo 1, há diversos julgados, em sentido diametralmente oposto, proferidos pelo Conselho Seccional Y da OAB. Quanto ao processo 2, há apenas uma decisão contrária, outrora proferida pelo Conselho Federal da OAB. De acordo com a situação narrada, assinale a afirmativa correta.

(A) Cabe recurso da decisão proferida no processo 1 ao Conselho Federal da OAB, com fundamento na divergência com as decisões emanadas do Conselho Seccional Y. Também cabe recurso da decisão proferida no processo 2 ao Conselho Federal da OAB, com base na divergência com a decisão anterior do Conselho Federal.

(B) Não cabe recurso da decisão proferida no processo 1 ao Conselho Federal da OAB, com fundamento na divergência com as decisões emanadas do Conselho Seccional Y. No entanto, cabe recurso da decisão proferida no processo 2 ao Conselho Federal da OAB, com base na divergência com a decisão anterior do Conselho Federal.

(C) Cabe recurso da decisão proferida no processo 1 ao Conselho Federal da OAB, com fundamento na divergência com as decisões emanadas do Conselho Seccional Y. No entanto, não cabe recurso da decisão proferida no processo 2 ao Conselho Federal da OAB, com base na divergência com a decisão anterior do Conselho Federal.

(D) Não cabem recursos das decisões proferidas no processo 1 e no processo 2, tendo em vista a definitividade das decisões emanadas do Conselho Seccional.

RESPOSTA Nos termos do art. 75 do EAOAB, cabe recurso ao Conselho Federal de todas as decisões definitivas proferidas pelo Conselho Seccional, quando não tenham sido unânimes ou, sendo unânimes, contrariem esta lei, decisão do Conselho Federal ou de outro Conselho Seccional e, ainda, o regulamento geral, o Código de Ética e Disciplina e os Provimentos. *Alternativa A.*

91. (XXII Exame) Cláudio, advogado inscrito na Seccional da OAB do Estado do Rio de Janeiro, praticou infração disciplinar em território abrangido pela Seccional da OAB do Estado da São Paulo. Após representação do interessado, o Conselho de Ética e Disciplina da Seccional da OAB do Estado do Rio de Janeiro instaurou processo disciplinar para apuração da infração.

Sobre o caso, de acordo com o Estatuto da OAB, o Conselho de Ética e Disciplina da Seccional da OAB do Estado do Rio de Janeiro

(A) não tem competência para punir disciplinarmente Cláudio, pois a competência é exclusivamente do Conselho Seccional em cuja base territorial tenha ocorrido a infração, salvo se a falta for cometida perante o Conselho Federal.

(B) tem competência para punir disciplinarmente Cláudio, pois a competência é exclusivamente do Conselho Seccional em que o advogado se encontra inscrito, salvo se a falta for cometida perante o Conselho Federal.

(C) tem competência para punir disciplinarmente Cláudio, pois a competência é concorrente entre o Conselho Seccional em que o advogado se encontra inscrito e o Conselho Seccional em cuja base territorial tenha ocorrido a infração, salvo se a falta for cometida perante o Conselho Federal.

(D) não tem competência para punir disciplinarmente Cláudio, pois a competência é exclusivamente do Conselho Federal, ainda que a falta não tenha sido cometida perante este, quando o advogado for inscrito em uma Seccional e a infração tiver ocorrido na base territorial de outra.

RESPOSTA Nos termos do art. 70 do EAOAB, o poder de punir disciplinarmente os inscritos na OAB compete exclusivamente ao Conselho Seccional em cuja base territorial tenha ocorrido a infração, salvo se a falta for cometida perante o Conselho Federal. *Alternativa A.*

92. (XXVIII Exame) Maria teve processo disciplinar recém instaurado contra si pelo Conselho Seccional da OAB, no qual está inscrita. No dia seguinte à sua notificação por meio de edital, encontra-se no fórum com Tânia, sua ex-colega de faculdade, que veio comentar com Maria sobre o conteúdo do referido processo. De acordo com o Estatuto da OAB, Tânia poderia conhecer o conteúdo do processo disciplinar instaurado, em face de Maria,

(A) por qualquer meio, dada a natureza pública de sua tramitação.

(B) se fosse parte, defensora de parte ou autoridade judiciária competente, dada a natureza sigilosa de sua tramitação.

(C) caso tivesse tido acesso à notificação inicial, feita por meio de edital, dada a natureza pública de sua tramitação.

(D) em nenhuma hipótese, dada a natureza sigilosa de sua tramitação.

RESPOSTA O processo disciplinar tramita em sigilo, até o seu término, só tendo acesso às suas informações as partes, seus defensores e a autoridade judiciária competente, conforme art. 72, § 2º, do EAOAB. *Alternativa B.*

93. (XXIII Exame) Nilza, advogada, responde a processo disciplinar perante certo Conselho Seccional da OAB, em razão da suposta prática de infração disciplinar que, se comprovada, poderá sujeitá-la à sanção de exclusão. Sobre o tema, assinale a afirmativa correta.

(A) O processo disciplinar instaurado em face de Nilza tramita em sigilo, até o seu término, só tendo acesso às suas informações as partes, seus defensores e a autoridade competente.

B) O processo disciplinar instaurado em face de Nilza é público, sendo facultado o acesso aos autos a qualquer advogado regularmente inscrito, para exercício do controle externo.

(C) O processo disciplinar instaurado em face de Nilza é, em regra, público, sendo facultado o acesso aos autos a qualquer cidadão. Porém, excepcionalmente, pode ser decretado o sigilo, a critério da autoridade processante, quando justificada a necessidade de preservação do direito à intimidade.

(D) O processo disciplinar instaurado em face de Nilza tramita, em regra, em sigilo, só tendo acesso às suas informações as partes, seus defensores e a autoridade competente. Torna-se, porém, público se o Tribunal de Ética e Disciplina do Conselho decidir suspender Nilza preventivamente.

RESPOSTA Conforme artigo 72 do EAOAB, o processo disciplinar instaura-se de ofício ou mediante representação de qualquer autoridade ou pessoa interessada. Assim, o processo disciplinar tramita em sigilo, até o seu término, só tendo acesso às suas informações as partes, seus defensores e a autoridade judiciária competente. *Alternativa A.*

94. (XXV Exame) O Tribunal de Ética e Disciplina de certo Conselho Seccional da OAB decidiu pela suspensão preventiva do advogado Hélio, acusado em processo disciplinar. Hélio, todavia, interpôs o recurso cabível contra tal decisão.

Considerando as regras sobre os recursos em processos que tramitam perante a OAB, bem como a situação descrita, assinale a afirmativa correta.

(A) Em regra, os recursos em processos que tramitam perante a OAB têm efeito suspensivo. Assim, no caso narrado, o recurso interposto por Hélio será dotado do aludido efeito.

(B) Em regra, os recursos em processos que tramitam perante a OAB não têm efeito suspensivo. Todavia, nesse caso, excepcionalmente, pode ser atribuído o efeito, se demonstrada a probabilidade de provimento ou se, sendo relevante a fundamentação, o recorrente indicar risco de dano grave ou de difícil reparação.

(C) Em regra, os recursos em processos que tramitam perante a OAB têm efeito suspensivo. Todavia, o recurso manejado por Hélio se inclui em hipótese excepcional, na qual é vedado o efeito suspensivo.

(D) Em regra, os recursos em processos que tramitam perante a OAB não têm efeito suspensivo, não sendo permitida a concessão de tal efeito por decisão da autoridade julgadora. Assim, no caso narrado, o recurso interposto por Hélio não será dotado de efeito suspensivo.

RESPOSTA Todos os recursos têm efeito suspensivo, exceto quando tratarem de eleições, de suspensão preventiva decidida pelo Tribunal de Ética e Disciplina, e de cancelamento da inscrição obtida com falsa prova (Art. 77 do EAOAB). Assim, o recurso manejado por Hélio se inclui em hipótese excepcional, na qual é vedado o efeito suspensivo. *Alternativa C.*

95. **(XXV Exame)** Carlos praticou infração disciplinar, oficialmente constatada em 09 de fevereiro de 2010. Em 11 de abril de 2013, foi instaurado processo disciplinar para apuração da infração, e Carlos foi notificado em 15 de novembro do mesmo ano. Em 20 de fevereiro de 2015, o processo ficou pendente de julgamento, que só veio a ocorrer em 1º de março de 2018.

De acordo com o Estatuto da OAB, a pretensão à punibilidade da infração disciplinar praticada por Carlos

(A) está prescrita, tendo em vista o decurso de mais de três anos entre a constatação oficial da falta e a instauração do processo disciplinar.

(B) está prescrita, tendo em vista o decurso de mais de seis meses entre a instauração do processo disciplinar e a notificação de Carlos.

(C) está prescrita, tendo em vista o decurso de mais de três anos de paralisação para aguardar julgamento.

(D) não está prescrita, tendo em vista que não decorreram cinco anos entre cada uma das etapas de constatação, instauração, notificação e julgamento.

RESPOSTA A pretensão à punibilidade das infrações disciplinares prescreve em cinco anos, contados da data da constatação oficial do fato. No entanto, aplica-se a prescrição a todo processo disciplinar paralisado por mais de três anos, pendente de despacho ou julgamento, devendo ser arquivado de ofício, ou a requerimento da parte interessada, sem prejuízo de serem apuradas as responsabilidades pela paralisação, nos moldes do art. 43, § 1º, do EAOAB. *Alternativa C.*

96. **(XXVI Exame)** Júlio Silva sofreu sanção de censura por infração disciplinar não resultante da prática de crime; Tatiana sofreu sanção de suspensão por infração disciplinar não resultante da prática de crime; e Rodrigo sofreu sanção de suspensão por infração disciplinar resultante da prática de crime ao qual foi condenado. Transcorrido um ano após a aplicação e o cumprimento das sanções, os três pretendem obter a reabilitação, mediante provas efetivas de seu bom comportamento.

De acordo com o EOAB, assinale a afirmativa correta.

(A) Júlio e Tatiana fazem jus à reabilitação, que pode ser concedida após um ano mediante provas efetivas de bom comportamento, nos casos de qualquer sanção disciplinar. O pedido de Rodrigo, porém, depende também da reabilitação criminal.

(B) Apenas Júlio faz jus à reabilitação, que pode ser concedida após um ano mediante provas efetivas de bom comportamento, somente nos casos de sanção disciplinar de censura.

(C) Todos fazem jus à reabilitação, que pode ser concedida após um ano mediante provas efetivas de bom comportamento, nos casos de qualquer sanção disciplinar, independentemente se resultantes da prática de crime, tendo em vista que são esferas distintas de responsabilidade.

(D) Ninguém faz jus à reabilitação, que só pode ser concedida após dois anos mediante provas efetivas de bom comportamento, nos casos de sanção disciplinar de censura, e após três anos nos casos de sanção disciplinar de suspensão.

RESPOSTA É permitido ao que tenha sofrido qualquer sanção disciplinar requerer, um ano após seu cumprimento, a reabilitação, em face de provas efetivas de bom comportamento, segundo o art. 41 do EAOAB. *Alternativa A.*

97. **(XXVIII Exame)** Gabriel, advogado, teve aplicada contra si penalidade de suspensão, em razão da prática das seguintes condutas: atuar junto a cliente para a realização de ato destinado a fraudar a lei; recusar-se a prestar contas ao cliente de quantias recebidas dele e incidir em erros reiterados que evidenciaram inépcia profissional.

Antes de decorrido o prazo para que pudesse requerer a reabilitação quanto à aplicação dessas sanções e após o trânsito em julgado das decisões administrativas, instaurou-se contra ele, em razão dessas punições prévias, novo processo disciplinar.

Com base no caso narrado, assinale a opção que indica a penalidade disciplinar a ser aplicada.

(A) De exclusão, para a qual é necessária a manifestação da maioria absoluta dos membros do Conselho Seccional competente.

(B) De suspensão, que o impedirá de exercer o mandato e implicará o cancelamento de sua inscrição na OAB.

(C) De exclusão, ficando o pedido de nova inscrição na OAB condicionado à prova de reabilitação.

(D) De suspensão, que o impedirá de exercer o mandato e o impedirá de exercer a advocacia em todo o território nacional, pelo prazo de doze a trinta meses.

RESPOSTA A exclusão é aplicável nos casos em que o advogado for apenado por três vezes com suspensão. Após um ano de cumprimento de sanção disciplinar, é permitido requerer a reabilitação em face de provas de bom comportamento, nos termos do arts. 38, I e 41 do Estatuto da Advocacia e da OAB. *Alternativa C.* Para a aplicação da sanção disciplinar de exclusão, é necessária a manifestação favorável de dois terços dos membros do Conselho Seccional competente.

Filosofia do Direito

André Gualtieri de Oliveira

Doutorando em Filosofia do Direito pela PUC-SP. Mestre em Filosofia e Teoria Geral do Direito pela USP. Bacharel em Direito pela UFMG.

Sumário

1. INTRODUÇÃO

A filosofia é uma criação cultural que se propõe a descobrir a natureza das coisas, seu sentido verdadeiro. Immanuel Kant dizia que as principais perguntas que a filosofia procurava responder eram as seguintes:

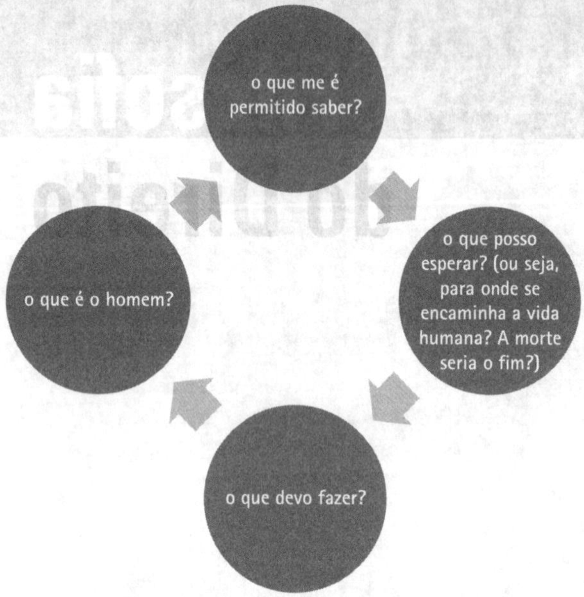

Todo conhecimento filosófico, portanto, é marcado pela preocupação com aquilo que é essencial, fundamental. Assim, se a filosofia se debruça sobre a moral, ou sobre a política ou sobre a religião, ela procurará alcançar o que há de essencial a respeito dessas esferas da existência, o que faz delas aquilo que elas são.

Quando a filosofia se volta para o direito, a mesma coisa acontece. O filósofo do direito tentará responder perguntas como o que é o direito, o que confere a uma ordem um caráter jurídico, o que é a justiça.

Há uma variedade enorme de respostas para as questões que a filosofia do direito coloca. Essa diversidade tem como causa a própria diversidade de concepções filosóficas, uma vez que a filosofia jurídica não é senão filosofia aplicada à experiência do direito.

As respostas filosóficas variam à medida que os séculos se sucedem: surgem em determinada época, desaparecem ou são deixadas em segundo plano, mas depois reaparecem com nova força. A filosofia e o direito, portanto, são resultado de um longo caminhar histórico feito de progressos e retrocessos, descobertas e esquecimentos.

1.1 A influência da filosofia sobre as correntes do pensamento jurídico

O pensamento jurídico sempre recebeu influências das teorias filosóficas vigentes em determinado momento. Os juristas, como homens práticos, não dispõem nem de tempo nem do instrumental necessário para desenvolver um sistema filosófico.

O pensamento jurídico se nutre daquilo que é produzido pelos filósofos, desenvolvendo doutrinas jurídicas que se filiam a uma ou a outra corrente filosófica.

Exemplificando, mostramos a seguir algumas relações entre doutrinas filosóficas e doutrinas jurídicas:

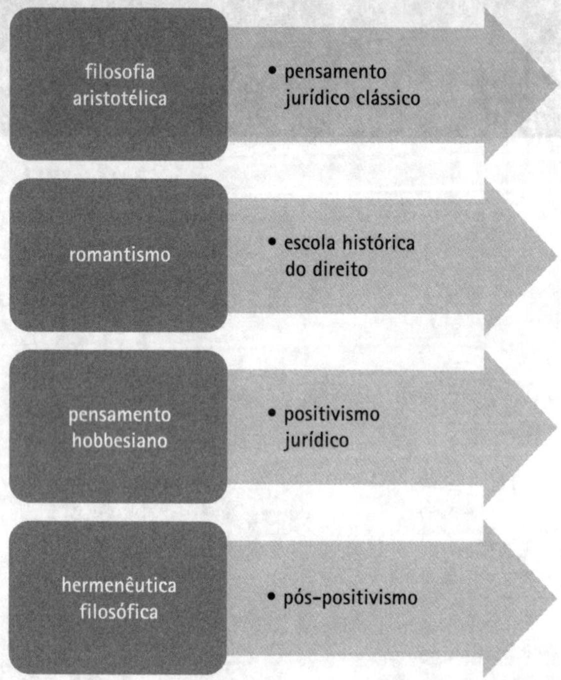

1.2 A função avaliativa e crítica da filosofia do direito em relação ao direito positivo

Como a filosofia do direito não é uma disciplina dogmática tal qual o direito civil ou o direito penal, ela se permite indagar a respeito da legislação vigente, dos fundamentos a partir dos quais o ordenamento jurídico está construído.

A ideia de um direito natural sempre serviu a essa finalidade. O que podemos ver em obras como a *Antígona* de Sófocles ou nos livros de autores contratualistas como Locke e Rousseau.

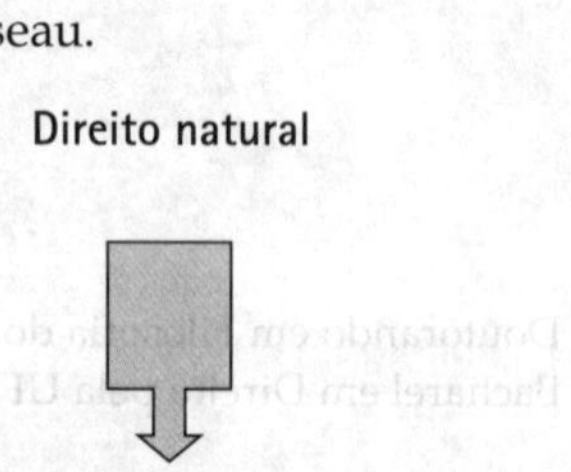

Com efeito, ideias que eram defendidas apenas nos livros dos filósofos contratualistas tornaram-se, algum tempo depois, direito positivo. Isso levou ao surgimento das declarações de direitos e das constituições escritas, que substituíram o antigo direito em vigor nos regimes absolutistas por um direito baseado nos princípios, que até hoje utilizamos, a fim de proteger o indivíduo do abuso de poder pelo Estado e de garantir à pessoa humana um mínimo vital para que ela possa viver de maneira digna.

2. JUSTIÇA

2.1 Surgimento do conceito

O conceito de justiça nasce na Grécia antiga, por volta do século VI a.C., como resultado da especulação filosófica de um grupo que ficou conhecido como os sofistas. Antes deles, os filósofos se preocupavam com o conhecimento dos fenômenos naturais e da natureza em si. Os sofistas abandonam esse modo de pensar e se voltam não mais para o conhecimento das estrelas e dos planetas, mas sim para o estudo das coisas humanas.

Esse deslocamento no objeto de estudo da filosofia fez com que o pensamento se direcionasse, então, para a sociedade, para a política, para tudo que fosse decorrência da atividade humana, atingindo, assim, também o direito.

O problema da justiça surge como consequência da descoberta filosófica de que há, de um lado, um direito que é estabelecido pela natureza (direito natural); e, de outro lado, um direito que é fruto das convenções humanas (direito positivo). O tema da justiça envolve discussão sobre o significado do direito, o que pressupõe a possibilidade de questionar a ordem jurídica vigente.

O pensamento sofístico resultou numa oposição radical entre *o que era fruto das convenções humanas* e *o que era fruto da natureza*. A lei convencional parecia-lhes constituir o contrário da ordem natural. Assim, passaram a adotar uma posição de desprezo às leis, pois elas não possuíam nenhuma qualidade que nos obrigasse à obediência. Assim, os sofistas criticavam as leis, por considerar que elas **restringiam indevidamente a *natureza*.**

2.2 Sócrates

Diferentemente dos sofistas, **Sócrates associa o justo ao legal, já que é justo aquele que obedece às leis de sua cidade.** Portanto, a ideia socrática de justiça significa respeito e obediência às leis. Vejamos seu diálogo com Hípias, que se encontra narrado na obra de Xenofonte:

– S. (...) digo que justo é o que é legal.

– H. Queres dizer, Sócrates, que legal e justo sejam uma só e mesma coisa?

– S. Sim.

– H. Então não sei o que entendes por legal e justo.

– S. Conheces as leis do Estado?

– H. Conheço-as.

– S. Que são elas?

– H. O que de comum acordo decretam os cidadãos estatuindo o que deve e o que não deve fazer-se.

– S. Portanto, legal é o que se conforma com esses regulamentos políticos, ilegal o que os transgride.

– H. Muito bem.

– S. Ser justo é obedecer-lhes, injusto desobedecer-lhes.

(...) – H. Mas como, Sócrates, emprestar valor ou crer que se deva obedecer às leis, quando muitas vezes aqueles mesmos que as elaboraram as condenam e derrogam?

(...) – S. Censurar os que obedecem às leis porque podem ser revogadas não é o mesmo que condenar os soldados que bem se portam na guerra porque pode concluir-se a paz? Desgabas os cidadãos que, nas guerras, defendem corajosamente a pátria?

– H. Não, por Júpiter!

– S. (...) Eis-te provado, Hípias, ser o legal e o justo uma única e mesma coisa.

(XENOFONTE, 1987, p. 161-165)

A ideia de justiça em Platão e em Aristóteles é devedora de Sócrates, que inaugura uma tradição filosófica oposta à sofística. Como observa Michel Villey:

> (...) nem Platão nem Aristóteles consentiram em opor a lei escrita à natureza: é verdade que a lei escrita pode divergir da lei natural, mas não é seu contrário; digamos que deriva dela. Constitui a parte dos homens (assim como a arte dos homens é imitação da natureza), uma tentativa de exprimi-la (VILLEY, 2008, p. 408).

2.3 Platão

Para Platão a cidade é o espelho do homem, pois o que vemos nela não é senão uma reprodução aumentada da alma humana. Por isso, numa cidade ideal e num homem bom encontraremos a virtude da justiça, que é exatamente o que falta na cidade imperfeita ou no homem mau.

É, portanto, no exame do que seria a cidade ideal que surge o conceito platônico de justiça. Ele se expressa pela fórmula **"fazer cada um o seu"**, que é a interpretação platônica da tradicional definição do justo como "dar a cada um aquilo que é seu". Com isso, Platão quer dizer que a justiça se realiza na medida em que cada indivíduo desempenha uma atividade e ocupa uma posição na sociedade de acordo com a sua natureza preponderante.

Assim, ao saber o que é a justiça na cidade, podemos também identificar o homem justo:

> Logo, segundo julgo, ó Gláucon, diremos que o homem justo o é da mesma maneira que a cidade é justa. (...) Mas decerto não esqueceremos que a cidade era justa pelo fato de cada um executar nela a sua tarefa específica(...) (PLATÃO, 1980, 441d).

A cidade platônica se baseia no princípio de que cada homem deve executar um ofício específico conforme a aptidão manifestada por sua alma, pois "cada um de nós não nasceu igual a outro, mas com naturezas diferentes" (PLATÃO, 1980, 370b). Assim, por exemplo, enquanto os soldados, por possuírem a virtude da coragem, são os artífices da liberdade do Estado, os filósofos, por possuírem a sabedoria, são os artífices das virtudes da comunidade.

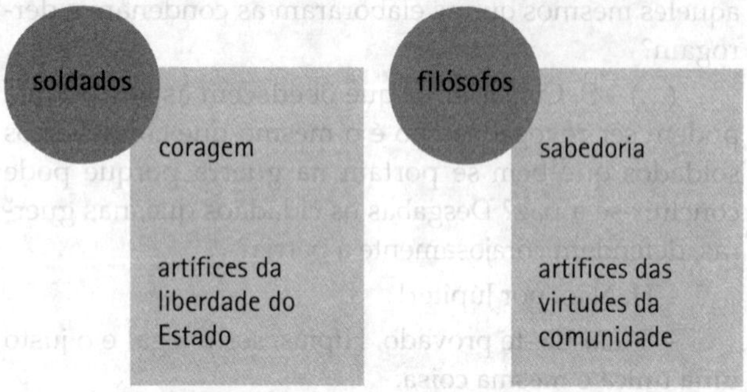

A teoria platônica da justiça possui grande **importância na história do direito**, na medida em que é a ancestral de muitas doutrinas revolucionárias, utópicas e de todas as doutrinas caracterizadas por fortes exigências ideais (cf. VILLEY, 2009, p. 37). Concepções como a da Utopia de Thomas Morus ou do Socialismo de Fourier derivam do idealismo platônico.

2.4 Aristóteles

Aristóteles realiza uma exposição sobre a justiça que se tornou clássica, tendo sido a palavra definitiva a respeito do assunto durante muitos séculos. Atualmente, apesar de ter encontrado concepções rivais, as ideias de Aristóteles ainda são adotadas por muitos autores.

Aristóteles divide a justiça em duas classes: a universal, ou em sentido lato, e a particular, ou em sentido estrito. A explicação de cada um desses tipos se inicia pela explicação do tipo de injustiça que cada uma produz. De um lado, temos uma injustiça ligada à deficiência moral, que se manifesta por um desrespeito à virtude. É o caso do "homem que em combate se desvencilha de seu escudo por covardia, (...) ou que deixa de ajudar financeiramente um amigo por avareza" (ARISTÓTELES, 1999, 1130a). Já a segunda espécie de injustiça encontra-se nas ações daquelas pessoas que buscam receber mais vantagens do que os outros. Ora, se a injustiça se divide em universal e particular, a justiça também será classificada dessa forma.

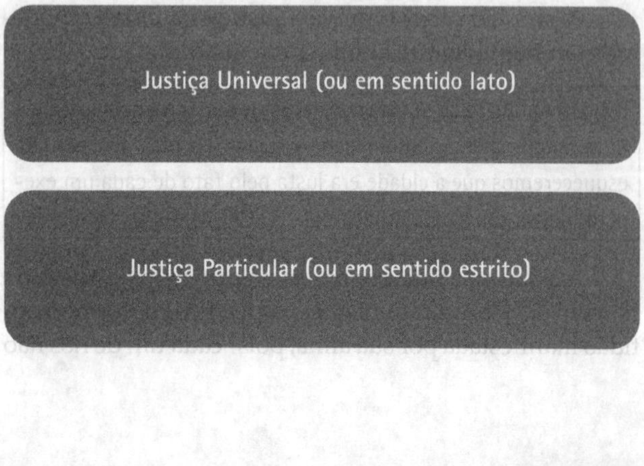

O primeiro tipo de justiça, portanto, é a que Aristóteles chama de **universal**. O justo, nesse sentido, corresponde ao que **está de acordo com a lei**, enquanto o injusto é o contrário à lei.

Para Aristóteles, **as leis determinam certos comportamentos virtuosos**, como coragem, moderação e amabilidade, **assegurando, assim, o bem comum da cidade**. A justiça, nesse sentido mais geral, "é o que produz e o que conserva a felicidade para a comunidade política e, por isso, é virtualmente idêntica ao respeito à lei" (LORD, 1996, p. 131).

A lei de que fala Aristóteles é tomada num sentido mais amplo como **regra de conduta necessariamente dotada de moralidade, entendida tanto como costume quanto como norma estatal.** O termo lei, entre os gregos, não tinha o mesmo sentido que lhe atribuímos na modernidade.

Vejamos agora a **justiça particular.** Este segundo sentido de justiça é o que lida com o problema da **divisão dos bens e dos encargos que são decorrência da vida em sociedade.** Com efeito, esta espécie de justiça é a que **se relaciona mais diretamente com o direito**, porque sua aplicação é tarefa jurídica, sendo, em última análise, competência dos juízes.

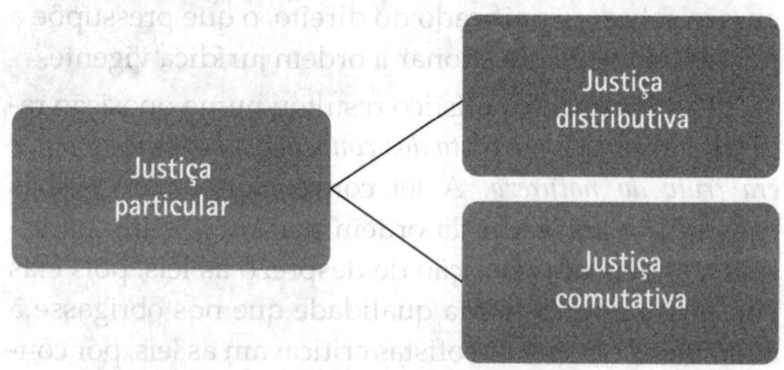

Aristóteles divide a justiça particular em duas subespécies: **a distributiva e a comutativa ou corretiva. A primeira** manifesta-se, por exemplo, na distribuição de cargos públicos e de dinheiro. Esse sentido de justiça diz respeito a todas as coisas que devem ser divididas entre os cidadãos que compartilham dos benefícios da vida em comunidade.

A justiça distributiva se baseia numa igualdade de proporções entre pessoas e bens, de modo que a distribuição justa consiste na **atribuição de partes iguais a pessoas iguais e de partes desiguais a pessoas desiguais.**

O que deve ser recebido por uma pessoa qualquer deve ficar entre uma parte muito grande e uma muito pequena. Chega-se a parte justa que cada um deve receber a partir da noção de mérito, pois o que é justo em termos de distribuição deve ser analisado de acordo com o mérito de cada um.

Essa distribuição pelo mérito, ou seja, a igualdade, aqui, é questão política, pois cada regime político tem sua noção de mérito, o que faz com que, para os democratas, a distribuição seja de acordo com a condição de homem livre; para os adeptos da oligarquia, de acordo com a riqueza; para os adeptos da aristocracia, com a virtude, e assim por diante.

A segunda espécie de justiça particular é a comutativa ou corretiva. Aristóteles a designa como a **justiça das relações privadas**, a qual adota, ao invés da igualdade proporcional, a aritmética, que é aplicada, então, tanto nas relações voluntárias como nos contratos quanto nas relações involuntárias ou nas delituosas como o roubo ou o assassinato. Para essa justiça, **é irrelevante o mérito** daquele que, por exemplo, ocasiona uma lesão a alguém, pois, como as pessoas são tratadas como iguais, pergunta-se somente se uma das partes cometeu e a outra sofreu a injustiça e se uma infligiu e a outra sofreu um dano.

Assim, se uma pessoa é ferida e a outra fere, temos nessa lesão uma desigualdade. O que o juiz faz é tentar igualar a relação por meio da aplicação da penalidade, subtraindo do ofensor o excesso de ganho, ou seja, não ter recebido nenhum mal, e restituindo à vítima, com uma indenização, uma condição de equilíbrio, uma vez que ela só havia recebido mal. **O igual aqui é o meio-termo entre o ganho e a perda, de modo que a justiça corretiva será o meio-termo entre esses dois elementos.**

A teoria da justiça aristotélica **está fundada sobre o princípio da igualdade**. Na justiça particular, a igualdade proporcional é o traço distintivo da justiça distributiva, enquanto a igualdade aritmética caracteriza a justiça comutativa.

Não obstante a igualdade **não é capaz de levar a teoria aristotélica a um acabamento**, pois ela permanece no plano da abstração. Isso nos leva à **equidade**: a última peça necessária para se completar a teoria aristotélica da justiça. A equidade não é o justo segundo a lei, mas sim **o justo na concretude.**

Para Aristóteles, a justiça não é apenas o acordo com as regras de conduta determinadas pela lei e pelo costume, mas sim uma atividade que leva, de fato, a uma situação justa. Nessa atividade, o juiz não é o que tem a posse da justiça, mas sim aquele que a faz atuar, ligando-a a uma pessoa. A justiça é, portanto, além de um hábito, também um ato, que na teoria aristotélica está necessariamente ligado ao conceito de equidade. Assim, a equidade é a forma atualizadora da justiça, pois, ao completá-la, possibilita-nos chegar ao que é justo no caso concreto.

2.5 A ideia de justiça em Tomás de Aquino

O grande continuador da tradição aristotélica na Idade Média foi Tomás de Aquino. Em sua obra encontramos a diferenciação aristotélica entre justiça universal, **a qual denomina legal,** e justiça particular. A primeira visa conduzir ao bem comum. É legal pois a orientação ao bem comum pertence à lei. A segunda, por sua vez, regula as relações com a pessoa singular, quer se trate de **relações entre a comunidade e o indivíduo** (justiça distributiva), quer se trate de **relações entre pessoas singulares** (justiça comutativa).

A definição tomista de justiça é a seguinte:

> A justiça é o hábito pelo qual, com vontade constante e perpétua, se dá a cada um o seu direito (AQUINO, 2005, II-II, q.58, a.1, p. 56).

Nessa definição, a justiça é considerada em função do direito. É a **virtude de cumprir e realizar o direito,** com o que se percebe a primazia do direito, que aparece como o objeto da justiça, como aquilo para cuja satisfação se orienta a ação justa (cf. HERVADA, 1996, p. 77).

Nessa concepção, **o direito é medida da divisão dos bens e seu papel é atribuir a cada um o que é seu.** As relações sociais fazem com que a justiça seja necessária.

Toda sociedade é um ambiente de escassez, pois os recursos com os quais ela lida são limitados: há uma quantidade limitada de riquezas, de cargos públicos, de terras, de vagas em universidades públicas, de alimentos, de postos de trabalho. Isso significa que, para viver em sociedade, é necessário que haja distribuição desses recursos. Isso é um problema de justiça. Realizar tal distribuição é função do direito e daquele que o aplica.

2.6 A justiça na Modernidade

2.6.1 O jusnaturalismo ou escola do direito natural moderno

Para esta escola, **o direito é sinônimo de justiça, entendida como a conformidade com a natureza.** Com efeito, os direitos naturais são aquilo que está de acordo com a natureza humana. Desse modo, o direito positivo somente será válido se respeitar esses direitos naturais inatos dos homens. O direito natural, por seu turno, é imutável, sempre justo e universalmente válido.

O conceito de natureza humana tem aqui importância central. Para os jusnaturalistas, seu conteúdo é **puramente racional**, ou seja, é o resultado de uma dedução realizada a partir de uma verdade da razão, não tendo vínculos nem com a ordem natural que podemos observar nem com uma ordem fruto da vontade divina. O direito natural, portanto, passa a depender unicamente da razão do homem.

Assim, os jusnaturalistas consideravam que a partir de princípios como "deve fazer-se o justo e abster-se do injusto", "evita o mal e pratica o bem" ou "não faças aos outros aquilo que não queres que te façam a ti" seria possível deduzir o que era o direito natural. Dessas prescrições morais tidas como válidas universalmente, deduziam-se regras como "os pactos devem ser observados" (*pacta sunt servanda*), "o dano deve ser indenizado" e "a propriedade deve ser respeitada".

Autores jusnaturalistas como Pufendorf, Thomasius e Wolff acreditavam poder chegar a princípios superiores apriorísticos, isto é, princípios que não dependiam da realidade empírica, das circunstâncias espaciais e temporais. Os jusnaturalistas estavam convencidos da possibilidade de, a partir desses princípios, extrair, por meio da pura dedução, todas as restantes regras de direito. Como explica Kaufmann (2002, p. 92), só assim se acreditava poder-se assegurar ao direito natural a validade universal, para todos os tempos e para todos os homens.

O jusnaturalismo **foi criticado** porque sua concepção de ciência do direito encontrava-se afastada da realidade e da experiência jurídica. Grócio dizia que o problema do direito está ligado ao da matemática. Para Leibniz, a ciência do direito não depende de fatos, mas de demonstrações rigorosamente lógicas.

Na realidade, explica Kaufmann (2002, p. 93), os jusnaturalistas não deixavam de proceder empiricamente, quando se valiam de institutos tirados do direito romano, cuja racionalidade se enaltecia. Isso levou ao período das codificações, cujo exemplo mais conhecido é o Código Napoleônico. O advento dos códigos no início do século XIX representou, ao mesmo tempo, o ápice e o começo da decadência da escola do direito natural.

2.6.1.1 O contratualismo

A teoria do contrato social foi, quase sempre, um instrumento jusnaturalista para justificar racionalmente a existência do direito e do Estado. Ela pressupunha um momento no qual os indivíduos entraram num acordo fundador das bases a partir das quais o convívio político entre eles vai se dar. Esse acordo é justamente o contrato social, que funcionava como o elemento fundador da sociedade política moderna, ao permitir a superação do estado de natureza pelo estado civil.

Um contratualista como John Locke afirmava que a liberdade e a propriedade eram elementos essenciais da natureza humana e que, como tais, deveriam necessariamente constar no contrato social. Assim, só se podia considerar justo um direito e um Estado que respeitassem esses elementos essenciais. Havia, portanto, um direito natural à liberdade e à propriedade deduzido da própria natureza do homem.

Hobbes é um caso à parte dentro do contratualismo, pois é apontado por muitos autores como um precursor do positivismo jurídico (ver item 3.6). Na teoria contratualista hobbesiana, a justificativa teórica da sociedade política e, portanto, do Estado Moderno, dotado de soberania, é o contrato social, que cumpre a função de realizar a passagem de um estado de natureza para um estado civil (sociedade política).

Como argumenta Hobbes, no estado de natureza, por todos terem liberdade absoluta, a vida era dura, breve e cruel: o homem é o lobo do homem. Trata-se, portanto, de uma situação na qual imperava a violência, a insegurança e a incerteza. Buscando uma situação na qual seja possível uma vida mais segura, de relativa paz, os indivíduos celebram entre si um contrato – o contrato social – cujo objetivo é justamente criar um ente mais poderoso do que qualquer um deles e ao qual todos os indivíduos ficarão submetidos. Tal ente é o Estado soberano, o responsável por manter a ordem. Ao sair do estado de natureza para o estado civil, as pessoas concordam em abrir mão da liberdade absoluta que possuíam em troca da segurança que o Estado Soberano irá garantir. Tal é o resultado do chamado contrato social, que só é possível se pressupormos uma lei da natureza segundo a qual os pactos devem ser cumpridos (*pacta sunt servanda*). Essa lei natural é condição de existência de todo e qualquer contrato, uma vez que se isso não fosse respeitado a própria ideia de um contrato ficaria impossibilitada.

Outro autor fundamental do contratualismo é Jean Jacques Rousseau. Para ele, a liberdade é o que define a natureza humana, ou seja, o homem é essencialmente um ser livre. Se despirmos os seres humanos de toda a "casca", o que sobra é a sua essência como um ser livre.

Ora, o fato de o homem ser livre permite-nos, então, compreender por que Rousseau afirma que a liberdade é inalienável. O homem não pode abrir mão dela porque, fazendo isso, estaria abrindo mão de sua própria condição humana. A partir desse pressuposto, Rousseau afirma que uma lei só será justa se for resultado da vontade geral.

A vontade geral é a vontade moral que tem origem no exercício da autonomia pelos cidadãos de determinada comunidade. Trata-se aqui do exercício da liberdade entendida como dar a si mesmo sua própria lei, ou seja, liberdade como autonomia. A lei será justa, então, na medida em que for o resultado da vontade ética do povo, e não da vontade de um monarca absoluto.

Rousseau também é conhecido pelo estudo que realizou a respeito da origem da desigualdade entre os homens. Nele, encontramos o famoso trecho:

"O primeiro homem que cercou um pedaço de terra, que veio com a ideia de dizer 'isto é meu' e encontrou gente simples o bastante para acreditar nele, foi o verdadeiro fundador da Sociedade Civil. Quantos crimes, guerras e assassinatos derivam desse ato! De quanta miséria e horror a raça humana poderia ter sido poupada se alguém simplesmente tivesse arrancado as estacas, enchido os buracos e gritado para seus companheiros: 'não deem ouvidos a este impostor. Estarão perdidos se esquecerem que os frutos da terra pertencem a todos, e que a terra, ela mesma, não pertence a ninguém!'" (2011, p. 80)

Rousseau afirmava que havia uma desigualdade natural entre os homens, mas o que de fato tornou a vida humana miserável foi a instituição da sociedade. Era necessário, portanto, mudar a ordem social, pois dela derivavam desigualdades morais ou políticas que deveriam ser superadas por meio de um novo contrato social (que introduziria uma nova sociabilidade), pelo qual o indivíduo conquistaria uma verdadeira liberdade. (cf. QUINTANA, 2009, p. 745)

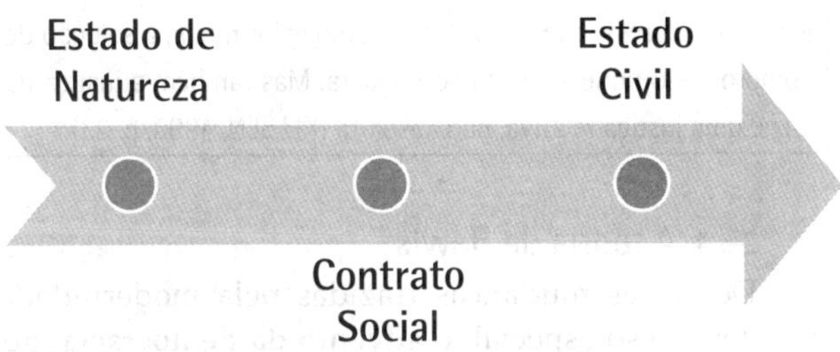

2.6.2 O utilitarismo

O utilitarismo é uma corrente da filosofia moral e política cuja categoria fundamental é o chamado **princípio da utilidade,** ou princípio da maior felicidade. Tal princípio foi desenvolvido pelo filósofo britânico Jeremy Bentham para servir de **critério** a partir do qual nós poderíamos julgar se uma ação humana é justa ou injusta.

Bentham parte da ideia de que, se o homem busca sempre o prazer e evita sempre a dor, **o motivo de nossas ações é sempre a busca pelo bem-estar**. Para encontrarmos a justiça, portanto, devemos necessariamente levar em consideração esse traço fundamental do comportamento humano.

Assim, chega-se ao princípio da utilidade, que aprovará ou desaprovará uma ação conforme ela aumente ou diminua a felicidade da pessoa cujo interesse está em jogo. **Uma ação está em conformidade com a utilidade quando a tendência que ela tem a aumentar a felicidade for maior do que qualquer tendência que tenha a diminuí-la.**

Segundo Bentham, esta regra vale tanto para qualquer ação de um indivíduo particular quanto para qualquer ato ou medida comunitária. O interesse da comunidade, portanto, só pode ser a soma dos interesses dos diversos membros que a integram.

Com base nesse pensamento, os utilitaristas chegam à conclusão de que **a lei justa será aquela que promover o bem-estar ou a felicidade do maior número de pessoas.** A justiça seria, então, a busca pela sociedade construída de modo a proporcionar ao maior número possível de pessoas a maior satisfação possível. Assim, diz Henry Sidgwick:

> (...) a sociedade está ordenada de forma correta e, portanto, justa, quando suas instituições mais importantes estão planejadas de modo a conseguir o maior saldo líquido de satisfação obtido a partir da soma das participações individuais de todos os seus membros (apud RAWLS, 1997, p. 25).

Com Bentham o principal nome do utilitarismo é o de John Stuart Mill, britânico como o primeiro. Este aceita em termos gerais o mesmo princípio da utilidade proposto pelo primeiro.

Do ponto de vista do desenvolvimento e da defesa da liberdade individual, Mill deu uma importante contribuição com seu ensaio *Sobre a liberdade*, em que defende o direito do indivíduo de viver como quiser, desde que não viole a liberdade do outro. O argumento de Mill é a base para a tendência das democracias liberais modernas de descriminalizar a homossexualidade (passível de sanção penal na Inglaterra até meados do século XX) e, mais recentemente, o uso de drogas como a maconha. As preferências, os gostos, as práticas de um indivíduo não podem sofrer restrição se seus efeitos se limitarem à própria esfera individual.

A proteção do indivíduo deve se dar não só em relação ao Estado, mas também em relação à opinião da maioria da sociedade:

"(...) a tirania do maior número se inclui, hoje, geralmente, entre os males contra os quais a sociedade se deve resguardar. Como outras tiranias, a tirania do maior número foi, a princípio, e ainda é vulgarmente, encarada com terror, principalmente quando opera por intermédio dos atos das autoridades públicas. Mas pessoas refletidas perceberam que, no caso de ser a própria sociedade o tirano – a sociedade coletivamente ante os indivíduos separados que a compõem –, seus processos de tirania não se restringem aos atos praticáveis pelas mãos de seus funcionários políticos. A sociedade pode executar e executa os próprios mandatos; e, se ela expede mandatos errôneos ao invés de certos, ou mandatos relativos a coisas nas quais não deve intrometer-se, pratica uma tirania social mais terrível que muitas formas de opressão política, desde que, embora não apoiada ordinariamente nas mesmas penalidades extremas que estas últimas, deixa, entretanto, menos meios de fuga que elas, penetrando muito mais profundamente nas particularidades da vida, e escravizando a própria alma" (MILL, 1991, p. 26).

O **utilitarismo é criticado** pelos resultados que seu entendimento de justiça pode gerar. Isso porque, para os críticos, o utilitarismo não veria problemas no sacrifício imposto sobre alguns a fim de proporcionar vantagens à maioria, caso isso fosse necessário para atingir o máximo de satisfação possível.

Para John Rawls, um dos maiores críticos do utilitarismo, essa doutrina é falha justamente por não respeitar a inviolabilidade do indivíduo em relação ao bem-estar social. Segundo Rawls, a perda da liberdade de alguns **não pode ser justificada por um bem maior partilhado por outros.**

2.6.3 A análise kelseniana da justiça

O surgimento do positivismo jurídico, a partir do século XIX, representou um poderoso desafio para a ideia de justiça. O êxito alcançado pelas doutrinas positivistas no meio acadêmico foi tanto que levou, em alguns momentos, a uma postura de extrema descrença com relação à justiça.

Um dos juristas mais influentes do século XX, Hans Kelsen **rejeita qualquer teoria do direito guiada pela noção de justiça.** Isso porque, para o jurista austríaco, que buscava fazer do direito realmente uma ciência, **a justiça era um valor não científico,** porquanto essencialmente relativo, o que torna impossível atingir uma certeza a seu respeito.

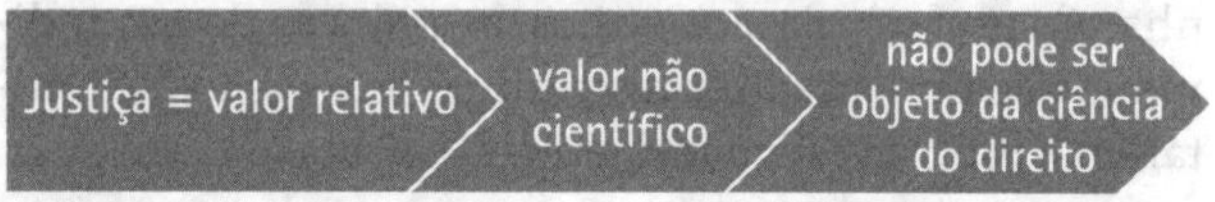

Em seu livro *O que é justiça,* Kelsen diz que os valores são enunciados não científicos, pois são **determinados simplesmente por fatores emocionais,** possuindo, portanto, um caráter subjetivo.

Ao conflito de hierarquia entre valores como vida e liberdade só seria possível: "uma resposta subjetiva, válida apenas para o sujeito que julga, e não uma constatação válida para todos, como por exemplo a de que metais se expandem com o calor" (KELSEN, 1998, p. 5).

Segundo Kelsen, a famosa definição clássica da justiça como dar a cada um o que é seu **revela-se uma forma totalmente vazia:**

> por meio da qual toda e qualquer ordem social pode ser legitimada, pois a questão decisiva – o que é realmente que cada um pode considerar como seu – permanece sem resposta (KELSEN, 1998, p. 14).

O mesmo acontece com o princípio da igualdade, que parte da premissa de que os homens são iguais por natureza e por isso exige que todos sejam tratados igualmente. Essa premissa, diz Kelsen, é errônea, porque, na realidade, os homens são bem diferentes, não existindo nem sequer duas pessoas realmente iguais, razão pela qual o único sentido possível da exigência de tratamento igual é: "O ordenamento social não deve levar em consideração determinadas diferenças na concessão de direitos e na imposição de deveres" (KELSEN, 1998, p. 15). Para essa questão, o princípio da igualdade não oferece resposta; esta é dada por cada uma das ordens jurídicas positivas de maneira diferente.

Assim, para Kelsen, foi em vão todo o esforço feito ao longo dos séculos para se obter de modo racional uma norma absolutamente válida de comportamento justo. Para ele, a **justiça absoluta é, portanto, impossível.** À razão humana só é dado compreender valores relativos. Isso significa que, ao declarar algo justo, não há como se excluir a possibilidade de um juízo de valor contrário.

Em virtude disso, o problema da justiça só pode ser tratado nos seguintes termos:

> Do ponto de vista do conhecimento racional existem somente interesses humanos e, portanto, conflitos de interesses. Para solucioná-los, existem apenas dois caminhos: ou satisfazer um dos interesses à custa do outro, ou promover um compromisso entre ambos. Não é possível comprovar que somente uma, e não outra solução, seja justa. Se se pressupõe a paz social como valor maior, a solução de compromisso pode ser vista como justa. Mas também a justiça da paz é uma justiça relativa, não absoluta (KELSEN, 1998, p. 23).

2.6.4 A teoria de Rawls

Dentre as mudanças trazidas pela modernidade, uma teve peso especial: **o advento da democracia moderna.** A partir disso, as sociedades políticas, pelo menos as ocidentais, passaram a se assentar sobre **três ideais fundamentais** expressos no lema da Revolução Francesa: liberdade, igualdade e fraternidade.

No entanto, se é certo dizer que, a partir desse momento, tais valores foram consagrados como os mais importantes para as sociedades democráticas modernas, é verdade também que todo o desenvolvimento histórico subsequente se caracterizou por uma **falta de concordância entre liberdade e igualdade, além de uma escassa efetividade do princípio da fraternidade.**

Os dois princípios de justiça que Rawls propõe são, em sua opinião, a melhor forma de conciliar liberdade com igualdade num contexto democrático.

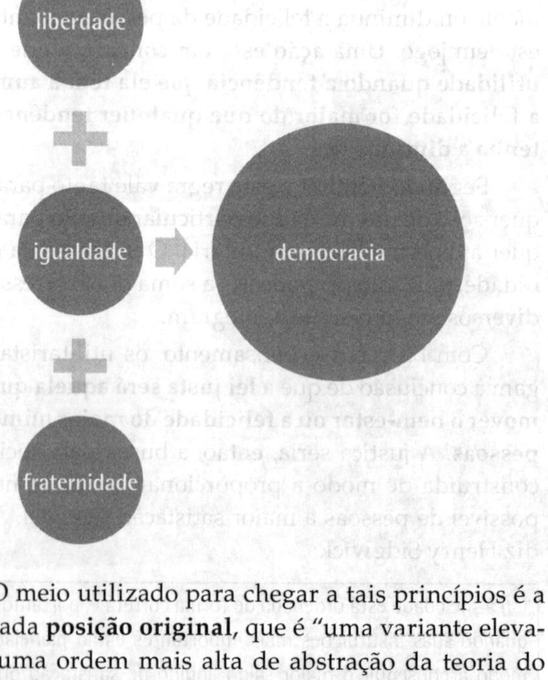

O meio utilizado para chegar a tais princípios é a chamada **posição original**, que é "uma variante elevada a uma ordem mais alta de abstração da teoria do contrato social de Locke, Rousseau e Kant" (RAWLS, 1997, p. XXII). Ela é uma situação imaginada, uma experiência de pensamento que todas as pessoas racionais e razoáveis podem fazer. A ideia da posição original é a de um mecanismo expositivo, que resume o significado das condições para a cooperação social que, após as devidas reflexões, concluímos estar dispostos a aceitar como razoáveis.

A posição original é **regulada pela ideia do "véu de ignorância"**, cuja função é conferir um caráter equitativo ao processo de escolha dos princípios de justiça, de forma que estes sejam igualitários e imparciais. A ideia do véu é a de que as partes que participam da escolha dos princípios de justiça não conhecem determinados fatos particulares. Assim, ninguém sabe, por exemplo, qual é seu lugar na sociedade, sua classe ou seu *status* social, sua sorte na distribuição de dotes naturais e habilidades, sua inteligência, sua força, sua concepção do bem, as particularidades de seu plano de vida, os traços característicos de sua psicologia e a geração à qual pertence.

Por meio desse artifício da razão, pessoas de diferentes classes sociais, crenças religiosas, morais e filosóficas podem obter um consenso em torno dos princípios de justiça. Nessa situação hipotética, em que ninguém é capaz de propor princípios que resultem numa situação melhor para si em relação aos outros, **chegar-se-ia a um acordo com relação aos seguintes princípios de justiça:**

1º princípio

- Cada pessoa tem o mesmo direito inalienável a um sistema plenamente adequado de liberdades fundamentais iguais que seja compatível com um sistema idêntico de liberdades para todos.

2º princípio

- As desigualdades sociais e econômicas devem satisfazer duas condições: primeira, elas devem estar vinculadas a cargos e funções abertos a todos em condições de igualdade equitativa de oportunidades; e segundo elas devem redundar no maior benefício possível para os membros menos privilegiados da sociedade (princípio da diferença) (RAWLS, 2003, p. 42-43).

O **primeiro princípio** enuncia que todos são igualmente livres, ideia que corresponde às liberdades civis, como o direito de votar e de ocupar um cargo público, a liberdade de expressão e de reunião, a liberdade de consciência e de pensamento, o direito à propriedade privada e a proteção contra a prisão e a detenção arbitrárias, que devem ser assegurados a todos os cidadãos, como consagram as constituições democráticas modernas.

O **segundo princípio** vincula-se ao problema da justiça distributiva – cuja função é corrigir as desigualdades que naturalmente surgem da convivência humana. Por isso, somente são aceitáveis aquelas condições desiguais que proporcionem cargos abertos a todos em condições de igualdade de oportunidades e o maior benefício possível aos cidadãos mais pobres.

3. CORRENTES DE PENSAMENTO JURÍDICO

3.1 A teoria jurídica clássica do direito natural

Seus principais defensores foram Aristóteles, os jurisconsultos romanos e Tomás de Aquino. Nesta concepção, o direito é entendido como **aquilo que é devido a alguém, ou seja, o justo**. Direito é aquela coisa que, estando atribuída a um sujeito, que é seu titular, é devida a ele. O objetivo ao se agir de acordo com a justiça era chegar a uma divisão adequada do que seria a parte de cada um. Essa divisão adequada constituía o direito.

Como diz Tomás de Aquino, o justo caracteriza a retidão que convém à justiça. O nome de justo dá-se àquilo que a ação da justiça realiza. O objeto da justiça é chamado justo. Tal é precisamente o direito.

Em virtude da sociabilidade do homem, o direito natural clássico possui um caráter essencialmente político. Isso porque só é possível responder de modo satisfatório o que é por natureza correto, ou o que é a justiça, respondendo à pergunta sobre qual é o melhor regime político (STRAUSS, 2001, p. 144).

3.2 O jusnaturalismo ou escola do direito natural moderno

Para esta escola, **o direito é sinônimo de justiça, entendida como a conformidade com a natureza.** Com efeito, os direitos naturais são aquilo que está de acordo com a natureza humana. Desse modo, o direito positivo somente será válido se respeitar esses direitos naturais inatos dos homens. O direito natural, por seu turno, é imutável, sempre justo e universalmente válido.

Os jusnaturalistas consideravam que a partir de princípios como "deve fazer-se o justo e abster-se do injusto", "evita o mal e pratica o bem" ou "não faças aos outros aquilo que não queres que te façam a ti" seria possível deduzir o que era o direito natural. Dessas prescrições morais tidas como válidas universalmente, deduziam-se regras como "os pactos devem ser observados" (*pacta sunt servanda*), "o dano deve ser indenizado" e "a propriedade deve ser respeitada".

A **teoria do contrato social** foi um instrumento jusnaturalista para justificar racionalmente a existência do direito e do Estado. Tal teoria consiste na ideia de que, por meio de um contrato social, a humanidade deixou um Estado de Na tureza para atingir um Estado Civil, que é político.

estado de natureza

- todos tem liberdade absoluta. A vida é dura, cruel, breve e insegura.

estado civil (sociedade política)

- por meio de um contrato social se cria um poder soberano ao qual os indivíduos se sujeitam. A vida se torna mais segura com um Estado que resolve os conflitos e monopoliza as sanções.

John Locke, por exemplo, afirmava que a liberdade e a propriedade eram partes essenciais da natureza humana. Assim, só se podia considerar justo um direito e um Estado que respeitassem tal natureza. Havia, portanto, um direito natural à liberdade e à propriedade deduzido da própria natureza do homem.

Os jusnaturalistas acreditavam poder chegar a princípios superiores apriorísticos, isto é, princípios que não dependiam da realidade empírica, das circunstâncias espaciais e temporais. Eles estavam convencidos da possibilidade de, a partir desses princípios, extrair, através da pura dedução, todas as restantes regras de direito, assegurando ao direito natural a validade universal, para todos os tempos e para todos os homens.

3.3 Escola histórica do direito

Esta concepção floresceu no século XIX como uma forma de **reação ao jusnaturalismo** do século anterior. O maior expoente da escola histórica do direito foi **Savigny**, que defendeu uma visão historicista da evolução do direito em oposição ao jusnaturalismo racionalista. Para ele, o **"espírito do povo" (*volksgeist*) é a fonte originária do direito**. O direito é o resultado de uma construção histórica de determinado povo; é o resultado da tradição dos costumes construídos ao longo de séculos de existência.

Por isso, o consenso obtido pelo equilíbrio das fontes sociais, e não uma vontade racional a-histórica como encontrada no jusnaturalismo, produziria leis adequadas aos diferentes povos. Essas leis, portanto, só poderiam ser mesmo diferentes entre si, já que são o resultado de histórias culturais diversas.

A escola histórica do direito teve o mérito de reconhecer o problema da **condicionalidade histórica do direito**. Em alguma medida o direito é determinado pela história, é fruto da tradição e dos costumes.

3.4 O antiformalismo de Ihering

Ihering defende que o direito deve ser pensado como um fato social, decorrente de relações reais entre indivíduos. Assim, ele imprime uma orientação antiformalista ao direito, segundo a qual era preciso "abandonar a crença de que com os conceitos jurídicos básicos se descobriram os últimos alicerces (os elementos químicos) do Direito, a partir dos quais, através de combinação, podem deduzir-se todas as proposições jurídicas" (LARENZ, 1997, p. 58).

O conceito de direito deveria ser compreendido, portanto, à luz do fato social e não como um conceito meramente racional, como queriam os jusnaturalistas. Daí por que Ihering afirmava que o direito é uma força viva, ou seja, o direito nasce das ações de pessoas reais com necessidades e problemas reais, em vez de representar apenas uma ideia.

Nasce daí um direito menos centrado na lógica e mais comprometido com as relações sociais. Contra o culto da lógica, que pensa em fazer da ciência jurídica uma matemática do direito, Ihering afirmava que, na verdade, são os conceitos que existem por causa da vida: "Não é o que a lógica postula que tem que acontecer; o que a vida, o comércio, o sentimento jurídico postulam é que tem de acontecer, seja isso logicamente necessário ou logicamente impossível" (LARENZ, 1997, p. 58).

Assim, Ihering passou a defender a ideia de que o fim é o criador de todo o Direito, ou seja, de que não existe nenhuma proposição jurídica que não deva a sua origem a um fim (a um motivo prático). Característica fundamental de uma norma jurídica é o fato de que ela possui uma relação de conteúdo com um fim social, ao qual ela serve.

Em seu livro *A luta pelo direito*, Ihering afirma que a paz é o fim que o Direito tem em vista, a luta é o meio de que se serve para atingir tal fim. A luta e a paz são, portanto, inseparáveis. Daí por que o direito não é puramente teórico, mas uma força viva. Todos os direitos da humanidade foram conseguidos na luta, de modo que o direito pressupõe um trabalho incessante, não somente dos poderes públicos, mas da nação inteira.

> o direito é um labor contínuo, não apenas dos governantes, mas de todo o povo. [...] Cada um que se encontra na situação de precisar defender seu direito participa desse trabalho nacional, levando sua contribuição para a concretização da ideia de direito sobre a terra. (IHERING, 2010, p. 27)

Segundo Larenz (1997, p. 62), a importância da contribuição de Ihering para o desenvolvimento da ciência do direito reside no reconhecimento de que toda proposição jurídica tem necessariamente de ser vista também na sua função social. Na medida em que visa ser adequada à existência social, a norma está ordenada, pelo seu próprio sentido a um fim social.

Consequência importantíssima do pensamento de Ihering para a interpretação do direito foi o desenvolvimento do conceito de interpretação teleológica, que, aliás, encontra-se prevista no art. 5º da Lei de Interpretação das Normas do Direito Brasileiro. A metodologia teleológica é ainda hoje um importante instrumento de interpretação do direito. Sua metodologia, afirma Eros Grau (2009, p. XIX), "repousa em terreno firme".

O impulso dado por Ihering em direção a uma concepção mais pragmática levou a teorias extremadas como a jurisprudência dos interesses e a escola do direito livre, que repudiavam completamente a lógica dentro do direito.

Para a primeira, o direito não seria um sistema lógico, mas sim o resultado da disputa entre interesses materiais, nacionais, éticos e religiosos existentes em cada comunidade jurídica (cf. LARENZ, 1997, p. 65).

A segunda teoria propugnava que as sentenças não eram resultado de uma operação lógica, mas sim do instinto, da intuição e das emoções dos juízes, bem como da pressão que eles sofrem do ambiente de que fazem parte. A mesma tese pode ser encontrada nas escolas americana e escandinava do realismo jurídico. O juiz e teórico americano Oliver Wendell Holmes, partidário dessa corrente, afirmava que o direito era aquilo que a Suprema Corte dizia que ele era.

3.5 O positivismo jurídico

Para esta escola, **o direito é entendido como sinônimo de norma jurídica**. Apenas a lei positiva, isto é, a legislação editada pelo Estado, é que pode ser chamada de direito. O direito, então, não é o justo, não é a natureza e não é o espírito do povo, mas sim o resultado do poder estatal.

O positivismo enxerga o direito como desconectado da moral. Nessa perspectiva, não se pode dizer, portanto, que uma norma jurídica seja resultado de determinados valores como o da justiça, mas sim que uma norma é o resultado de uma fonte de poder que a cria.

Se há uma separação entre direito e moral, a validade de uma norma jurídica positiva não depende de sua conformidade com valores morais, com o direito natural ou com a opinião pública. Uma norma jurídica é válida tão somente porque foi produzida de acordo com uma norma hierarquicamente superior a ela.

Para Bobbio, o positivismo se apresenta como teoria (busca descrever uma coisa como ela é) e como ideologia (busca descrever uma coisa como se deseja que ela fosse). Como teoria, o positivismo afirma que a norma jurídica é uma proposição de dever-ser que retira sua validade da norma hierarquicamente superior. Como ideologia, no entanto, o positivismo expressa um valor, pois ele significa o dever absoluto ou incondicional de obedecer à lei enquanto tal. Essa ideologia é chamada pelo autor italiano de positivismo ético.

Para muitos autores, na frase de Hobbes, segundo a qual "é a autoridade, e não a verdade, que faz as leis", encontramos o início do positivismo jurídico. Tal afirmação é tomada como uma crítica em relação ao jusnaturalismo, que considerava a conformidade com as verdades da razão o critério para se dizer o que era ou não o direito.

Para os positivistas não é a justiça, não é a conformidade com determinada ideia que faz uma prescrição ser direito, mas sim o fato de tal prescrição ser emanada por uma fonte de autoridade, ou seja, uma fonte de poder legítimo. Tal fonte só pode ser o Estado. É ele a única fonte do direito.

Podemos dizer ainda que o modelo que o positivismo jurídico busca instituir é o de uma **teoria formal do direito**. Isso significa que o positivismo é uma teoria que estuda o direito em sua estrutura normativa, independentemente dos valores a que serve essa estrutura e do conteúdo que ela encerra.

Segundo Dworkin (2002, p. 27-28), podemos resumir a concepção positivista nos preceitos expostos a seguir:

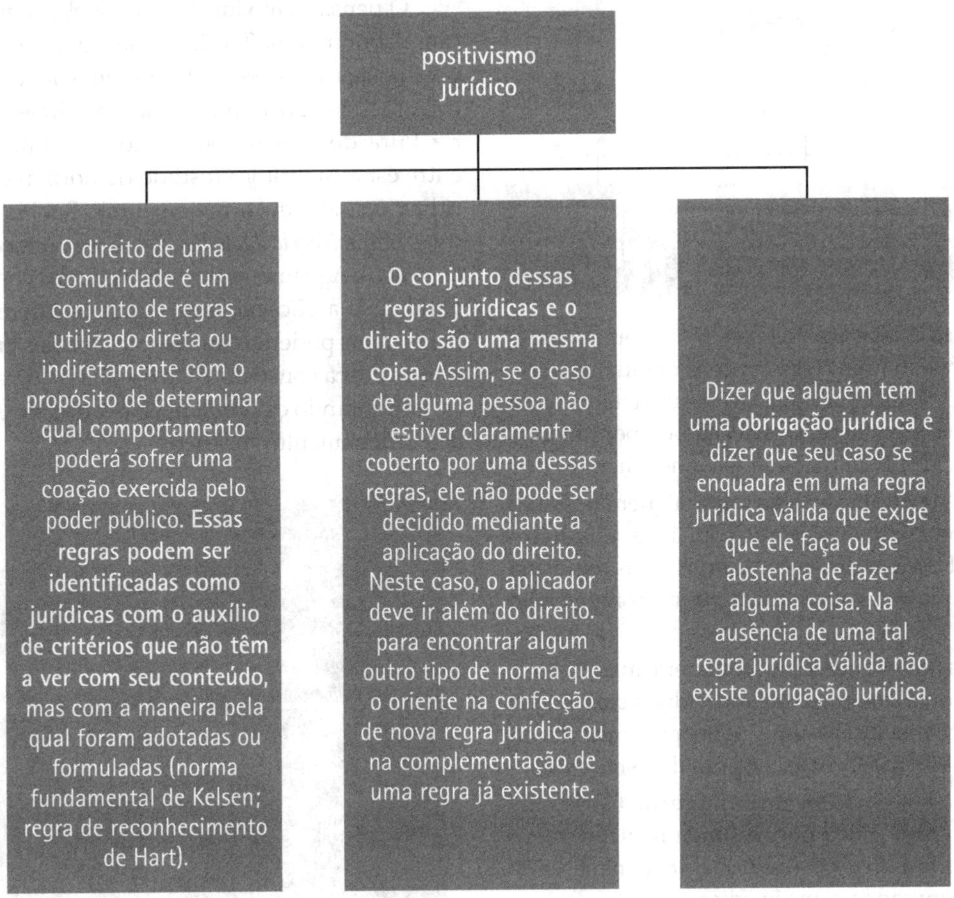

3.5.1 A teoria de Hart

Segundo Hart, o núcleo daquilo que se entende por sistema legal moderno está na união entre **regras primárias e regras secundárias.**

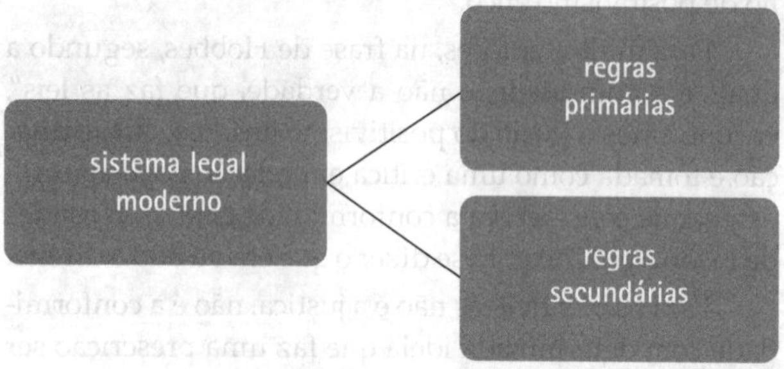

As regras primárias impõem alguma forma de restrição ao livre uso da violência, ao roubo e a fraudes em geral. Por constituírem uma das bases que torna possível a existência social, as regras primárias são encontradas em todas as sociedades primitivas (HART, 1992, p. 89).

As regras secundárias são regras que tratam das regras primárias. Elas se ocupam do modo como estas regras podem ser consideradas válidas, com o modo como estas regras podem ser criadas, revogadas, mudadas etc.

Hart classifica as regras secundárias em **três tipos**:

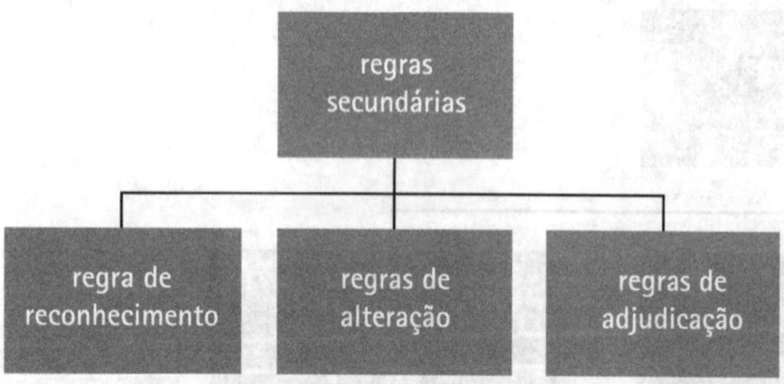

A **primeira** estabelece a característica ou as características que fazem uma regra ser considerada válida e, portanto, parte do sistema legal. Dizer que determinada norma é válida é reconhecer que ela passou por todos os testes estabelecidos pela regra de reconhecimento.

As **regras de alteração** determinam quem possui o poder de introduzir novas regras primárias, eliminando as antigas. Hoje em dia, encontramos essas regras na Constituição, que determina quem possui competência para legislar.

As **regras de adjudicação** conferem jurisdição a um indivíduo ou a um grupo de indivíduos para poder decidir definitivamente se uma regra primária foi ou não violada. Isso supõe, então, a figura do Estado-juiz.

A regra de reconhecimento cumpre, na teoria hartiana, o mesmo papel que a norma fundamental cumpre na teoria de Kelsen: dizer o que, em última análise, torna válida determinada norma jurídica.

Diferente da norma fundamental de Kelsen, que é um puro dever-ser, uma condição lógica do sistema, que não tem um conteúdo específico, Hart pensa a sua regra de reconhecimento como **algo que existe no plano dos fatos.**

Outra contribuição importante da doutrina hartiana é a defesa de um **conteúdo mínimo de direito natural**. Ao dizer que, para existir o direito, é necessário um mínimo de direito natural, Hart rejeita a conclusão kelseniana de que qualquer conteúdo pode ser direito.

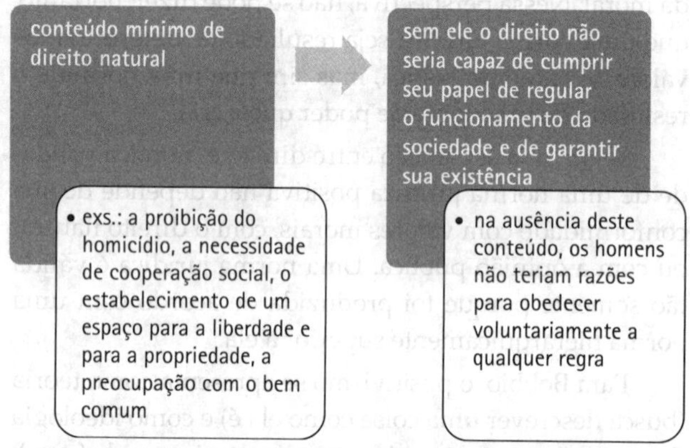

3.5.2 A teoria geral do direito de Norberto Bobbio

O pensamento jurídico de Bobbio tem como intenção elaborar uma Teoria Geral do Direito nos moldes positivistas, como encontrados em sua forma consagrada, isto é, a exposição realizada por Kelsen em sua Teoria Pura do Direito. Seguindo a distinção kelseniana entre estática jurídica (estudo da norma) e dinâmica jurídica (estudo do ordenamento), Bobbio desenvolveu duas obras: *Teoria da norma jurídica* e *Teoria do ordenamento jurídico*. A primeira trata de assuntos como a justiça, a validade e a eficácia, mostrando os diferentes ângulos pelos quais podemos analisar as normas jurídicas. A segunda busca construir uma ciência do direito sistemática, enfrentando os problemas da unidade e da coerência dos ordenamentos jurídicos.

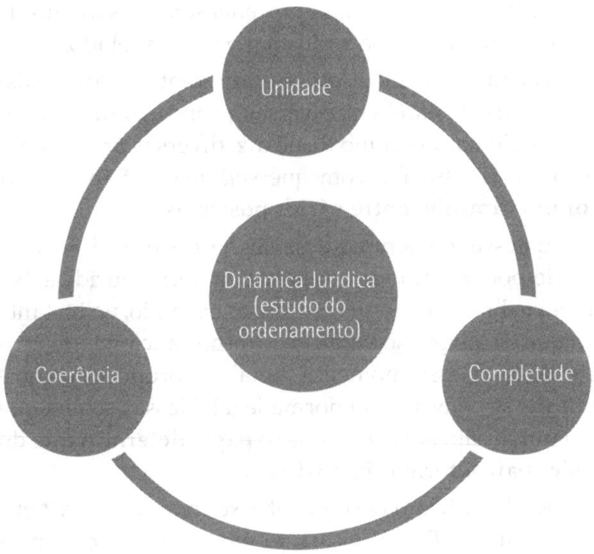

Esses problemas são resolvidos por meio do estudo da norma fundamental, das antinomias e das lacunas existentes nos ordenamentos e de que forma podemos resolvê-las. A norma fundamental serve para dar unidade ao sistema normativo, na medida em que, para pertencer ao sistema toda e qualquer norma precisa ser compatível com ela. Daí podemos extrair o conceito de validade, pois uma norma será em última análise válida (isto é, pertencerá ao ordenamento), caso esteja em conformidade com a norma fundamental.

Um ordenamento jurídico moderno apresenta normas destinadas a regular a conduta das pessoas – as normas de conduta – e normas de estrutura –, que regulam a produção de outras normas. Bobbio dá uma nomenclatura diferente da de Hart, mas o fenômeno que ambos analisam é o mesmo.

Com relação às antinomias, isto é, a incompatibilidade entre normas jurídicas, Bobbio aponta a existência de antinomias aparentes e antinomias reais. As primeiras podem ser resolvidas por critérios já preestabelecidos, já nas segundas, o intérprete fica "abandonado a si mesmo" (BOBBIO, 2010, p. 250), uma vez que os critérios que resolvem as antinomias aparentes não se aplicam às reais.

As lacunas, segundo Bobbio, podem ser reais ou próprias, em que há simplesmente a falta de uma norma jurídica, e ideológicas ou impróprias, que existem em razão da falta de uma norma jurídica satisfatória ou justa. As lacunas ideológicas, portanto, estão ligadas à discussão sobre a justiça do ordenamento jurídico. Surgem na medida em que o jurista compara o ordenamento desejável, ideal com o ordenamento jurídico positivado. Assim, qualquer ordenamento jurídico positivo apresenta lacunas ideológicas. Apenas um suposto direito natural delas estaria isento (cf. BOBBIO, 2010, p. 293-294).

As lacunas também podem ser classificadas em subjetivas e objetivas: "Subjetivas são aquelas que dependem de algum motivo imputável ao legislador; objetivas são aquelas que dependem do desenvolvimento das relações sociais, das novas invenções" (BOBBIO, 2010, p. 297), ou seja, de tudo aquilo que faz com que uma legislação existente se torne incompatível com uma nova realidade que surge.

As lacunas subjetivas, por sua vez, podem ser divididas em involuntárias e voluntárias. As involuntárias são resultado de alguma distração do legislador, que faz com que ele imagine que regulou um caso, mas, na verdade, não o fez; ou faz com que determinada situação improvável de acontecer seja negligenciada ao se redigir a lei. Já as voluntárias "são aquelas que o próprio legislador deixa de propósito, porque a matéria é bastante complexa e não pode ser regulada com regras muito minuciosas, e é melhor confiá-la à interpretação, caso a caso, do juiz" (BOBBIO, 2010, p. 297).

Finalmente, temos a distinção entre lacunas *praeter legem* e *intra legem*. "As primeiras ocorrem quando as regras expressas, por ser demasiado específicas, não compreendem todos os casos possíveis" (BOBBIO, 2010, p. 298); as segundas ocorrem quando tivermos uma norma muito genérica, revelando, em seu interior "vazios ou buracos que caberá ao intérprete preencher" (idem).

Ligado ao tema das lacunas está o problema da integração do direito, ou seja, as maneiras pelas quais podemos preencher as lacunas existentes no ordenamento. Segundo Bobbio, no Direito ocorre uma autointegração, pois ele próprio é capaz de estabelecer maneiras pelas quais as lacunas podem ser resolvidas, sem apelar para instâncias fora do Direito. É justamente o que ocorre quando nos utilizamos da analogia, isto é, "o procedimento pelo qual se atribui a um caso não regulamentado a mesma disciplina que a um caso regulamentado semelhante" (BOBBIO, 1995, p. 151).

3.6 O realismo jurídico

O realismo jurídico busca o desenvolvimento de uma ciência empírica, por meio da qual possamos descobrir a **realidade social do direito.** O juiz e teórico do direito Oliver Wendell Holmes dizia:

> entendo por direito a previsão das decisões dos Tribunais tais como serão de fato: não é necessário atribuir-lhe um objeto mais pretensioso (apud VILLEY, 2008, p. 187).

Para o realismo norte-americano as normas legais não constituem base para as decisões judiciais, que são, em verdade, **condicionadas por emoções**. Por isso, dizem os realistas:

> os juízes tomam as suas decisões de acordo com as suas próprias preferências políticas ou morais e então escolhem uma regra jurídica apropriada como uma racionalização (DWORKIN, 2002, p. 7).

Os realistas escandinavos sustentam que os conceitos jurídicos não possuem uma realidade. Os enunciados referentes a direitos subjetivos, por exemplo, não têm uma natureza, eles apenas cumprem a função de descrever o direito vigente ou sua aplicação a situações específicas concretas. O dinamarquês Alf Ross usa como exemplo a compra de um objeto, que acarreta, como consequência jurídica, a possibilidade de obter sua entrega:

> A ideia de que entre a compra e a possibilidade de obter a entrega "gerou-se" algo que pode ser chamado de propriedade carece de sentido. Nada se gera pelo fato de A e B trocarem umas poucas frases interpretadas juridicamente como contrato de compra e venda. Tudo que ocorreu é que agora o juiz tomará esse fato em consideração e pronunciará sentença a favor do comprador mediante uma ação para obter a entrega (ROSS, 2003, p. 206).

O que é real são os fatos. No entanto, no direito utilizamos palavras que cumprem uma função de simplificar o que ocorre na realidade. Ao invés de dizermos que o comprador provavelmente receberá o bem se entrar na justiça, dizemos que ele tem direito subjetivo ao bem comprado.

O realismo jurídico escandinavo coloca de lado as preocupações axiológicas e rejeita qualquer forma de direito natural. Rejeita também as concepções de validade do direito positivo que afirmam que a validade de uma norma deriva de uma outra norma que lhe é hierarquicamente superior. Para os realistas, **as normas valem porque são eficazes**. O critério para determinar quais são as normas que integram o ordenamento é a possibilidade de que venham a ser aplicadas pelo juiz.

3.7 A teoria tridimensional do direito

Para Miguel Reale, a palavra direito pode ser utilizada referindo-se a diferentes sentidos que correspondem a **3 aspectos básicos do fenômeno jurídico**:

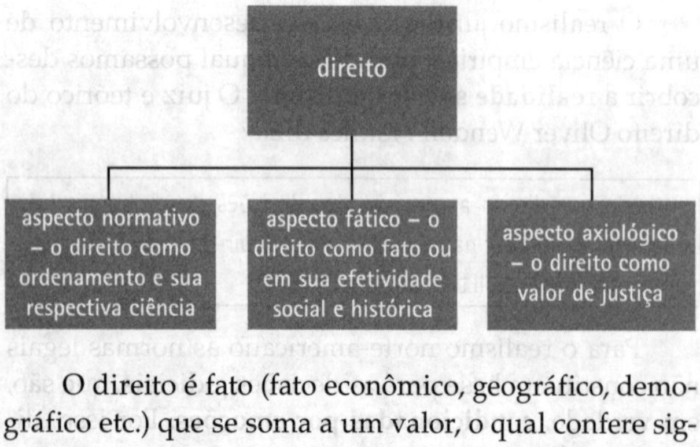

O direito é fato (fato econômico, geográfico, demográfico etc.) que se soma a um valor, o qual confere significação a esse fato, inclinando a ação dos homens no sentido de atingir ou preservar certa finalidade ou objetivo por meio de uma norma jurídica.

Cada valor propõe uma determinada maneira de lidar com os fatos existentes, de modo que os problemas que a dimensão fática nos apresenta serão resolvidos de formas diferentes de acordo com o valor adotado.

Da interação entre fatos e os diferentes valores existentes surgem também diversas propostas de solução dos problemas ou, como Reale diz, diversas proposições normativas. Isso faz com que seja **necessário decidir por um caminho entre vários possíveis.**

É nesse momento que se faz necessária a intervenção do poder, a fim de estabelecer a norma jurídica. No contexto brasileiro, isso ocorre, por exemplo, no instante em que o Congresso vota e o governo sanciona um projeto de lei. Nesse momento, uma das proposições normativas se converte em norma legal. Nessa escolha que cria um direito novo, revela-se o **papel determinante do poder para a formação do direito.**

Reale utiliza o desenho abaixo (no qual **v1, v2** etc. são os valores, **F** os fatos, **p1, p2** etc. as proposições normativas, **P** o poder e **N** a norma) para representar o processo da nomogênese jurídica:

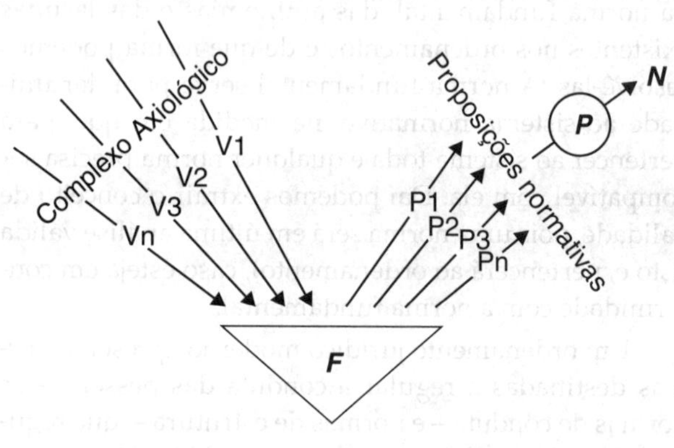

É importante frisar que **a capacidade decisória do poder não é ilimitada** (absoluta). Ela é condicionada por um conjunto de possibilidades normativas, derivado da interação entre fato e valor. Nesse sentido, o ato decisório do poder é parte integrante desse processo fático, axiológico e normativo.

Isso significa dizer que o poder, cuja interferência é fundamental para a criação do direito, deve ser um **poder legítimo**. Sua legitimidade deriva justamente da adequação da escolha de uma entre várias proposições normativas com os fatos e os valores existentes no momento.

3.8 Pós-positivismo

O pós-positivismo é um "novo paradigma concebido, no âmbito da teoria jurídica, de contestação às insuficiências, aporias e limitações do juspositivismo formalista tradicional, que reflete em larga medida uma ideologia jurídica herdada do Estado de Direito do século XIX" (DINIZ e MAIA, 2009, p. 650).

Trata-se, portanto, de um **rompimento** com a conclusão positivista de que **qualquer conteúdo pode ser direito**. Ao reduzir o direito à lei, o positivismo era a expressão jurídica do Estado de Direito Liberal, fundado nos dogmas da segurança jurídica e da separação dos poderes. Nesse contexto, a lei era fruto unicamente do Estado, mais especificamente do poder legislativo, enquanto o juiz nunca criava direito, apenas aplicava a legislação.

O termo pós-positivismo parece ser utilizado indistintamente para se referir a uma série de teorias que têm em comum a rejeição, cada uma a seu modo, de pressupostos do juspositivismo. Assim, encontram-se nesse grupo autores como Gustav Radbruch, John Rawls, Otfried Höffe, Jürgen Habermas, Chaïm Perelman, Carlos Santiago Nino, Neil MacCormick, Ronald Dworkin e Robert Alexy.

O pós-positivismo tem algumas **características básicas** que resumiremos abaixo:

a) Ele discorda do positivismo jurídico quanto à exclusividade das fontes sociais no direito. As noções morais e as ideias de justiça são também admitidas como fontes do direito.

b) Por conseguinte, o pós-positivismo discorda do positivismo jurídico quanto à separação entre direito, moral e política. Com efeito, **o que existe é articulação entre estes campos do conhecimento.**

c) Assim, a teoria do direito de feição pós-positivista encontra-se conectada com as filosofias política e moral. Isso porque "os problemas de teoria do direito são, no fundo, problemas relativos a princípios morais e não a estratégias e fatos jurídicos" (DWORKIN, 2002, p. 12).

d) Com relação à finalidade do direito, entende-se que a mola mestra da atividade jurídica deve ser uma aspiração moral, uma pretensão de justiça, ao invés de estar totalmente orientada para a obtenção de êxito ou vantagem.

Gustav Radbruch aponta uma suposta tensão entre justiça e segurança jurídica como uma das possíveis antinomias fundamentais da ideia de direito. No entanto, a segurança jurídica também pode ser vista como uma parte do conceito de justiça num sentido mais amplo, tendo em vista que a segurança é condição de uma sociedade corretamente ordenada. Assim, na verdade, não se trata de uma antinomia real, pois é impossível estabelecer uma verdadeira oposição entre justiça e segurança jurídica: ambas são necessárias para que se atinja o bem comum.

Para Radbruch, a aproximação entre segurança jurídica e justiça deve se produzir a partir de uma concreção de ambos os valores. O primeiro valor deixa de identificar-se com a mera noção de legalidade estrita para conectar-se imediatamente com os bens jurídicos básicos cuja garantia se estima social e politicamente necessária. A justiça perde sua dimensão ideal e abstrata para incorporar as exigências igualitárias e democratizadoras que informam seu conteúdo no Estado democrático de direito.

Assim, pode-se dizer que, na concepção de Radbruch, a desordem é pior do que a injustiça. Nesse sentido, em regra, as leis devem ser respeitadas porque são a garantia da ordem social. Mas há, no entanto, um limite para esse respeito: leis que violam bens jurídicos básicos como o direito à vida, à liberdade não podem ser observadas.

e) O pós-positivismo dá relevância aos "casos difíceis" (*hard cases*), isto é, casos nos quais os juristas divergirão acerca de direitos e nos quais nenhum deles disporá de qualquer argumento que deva necessariamente convencer o outro. Tais situações implicam um **conflito entre valores** como segurança jurídica e justiça. Em virtude disso, a **doutrina ganha em importância**, pois ela não se presta apenas a descrever o direito em vigor, mas também é uma ferramenta essencial para as decisões judiciais, sobretudo nos casos difíceis.

f) O pós-positivismo realiza uma reabilitação dos princípios. Os princípios são fundamentais na interpretação e na aplicação do direito. Segundo Humberto Ávila (2001, p. 6), tanto a doutrina quanto a jurisprudência atuais são unanimes em afirmar que as normas jurídicas mais importantes de um ordenamento jurídico são os princípios. Defende-se, assim, a **eficácia normativa dos princípios**.

g) A importância adquirida pelos princípios determina o desenvolvimento de novas teorias sobre a decisão judicial, que dão relevância à ponderação de princípios. É isso que determina a relevância dada atualmente à razoabilidade e à proporcionalidade.

h) Com base nessas novas teorias, ressalta-se a importância dos processos de aplicação do direito, particularmente da decisão judicial. Se os juízes detêm capacidade para decidir o que determina a constituição, eles têm um papel decisivo no estabelecimento do direito.

i) Finalmente, o pós-positivismo busca um lugar teórico para além do jusnaturalismo e do positivismo jurídico. Dworkin e Alexy, por exemplo, defendem que suas teorias são uma **terceira via superadora dos paradigmas anteriores**. Não são nem jusnaturalistas, pois preocupam-se com a realidade jurídica, nem positivistas, porque preocupam-se com a justiça.

pós-positivismo	
difere do jusnaturalismo: não concebe os princípios como teoremas racionais abstratos, metafísicos e desprovidos de eficácia.	difere do positivismo: discorda do entendimento de que os princípios possuem caráter meramente subsidiário e supletivo – de baixa ou nenhuma subjetividade, como se vê no art. 4º da LINDB.

3.8.1 Dworkin

A filosofia do direito de Dworkin preocupa-se especialmente com **a igualdade**, afirmando que é nesse princípio que se encontra o limite a ser imposto à liberdade constitutiva da sociedade. Além disso, como todas as pessoas são iguais, todas devem ser tratadas por parte do Estado com igual respeito e consideração.

No plano da teoria da norma jurídica, Dworkin elabora uma distinção entre regras e princípios, chamando a atenção para a importância real que estes desempenham nas decisões judiciais, sobretudo nos casos difíceis. Como exemplo, Dworkin narra o caso abaixo:

> Em 1889, no famoso caso Riggs contra Palmer, um tribunal de Nova Iorque teve que decidir se um herdeiro nomeado no testamento de seu avô poderia herdar (...), muito embora ele tivesse assassinado seu avô com esse objetivo. (...) o tribunal prosseguiu, observando que "todas as leis e os contratos podem ser limitados na sua execução e seu efeito por máximas gerais e fundamentais de *common law*. A ninguém será permitido lucrar com sua própria fraude, beneficiar-se com seus próprios atos ilícitos, basear qualquer reivindicação na sua própria iniquidade ou adquirir bens em decorrência de seu próprio crime". O assassino não recebeu a herança (DWORKIN, 2002, p. 37).

regras

- funcionam a partir da **"lógica do tudo ou nada"** (ou é válida ou não é válida).

princípios

- baseiam-se na **"lógica do mais ou menos"** (diferentemente das regras, comportam certa dose de flexibilização, de ponderação).

O positivismo jurídico apresenta um grave defeito por ser um modelo que pensa apenas em regras. Ele nos leva a ignorar os papéis importantes desempenhados no direito pelos princípios – normas diferentes das regras.

A partir da distinção entre **políticas** (*policies*) e **princípios**, Dworkin constrói sua teoria normativa da decisão judicial, chamada por ele de "a tese dos direitos".

políticas	princípios
• são normas que estabelecem objetivos a serem alcançados (melhorias econômicas, políticas e sociais).	• são as normas cuja observância corresponde a uma exigência de justiça, de equidade ou de outra dimensão da moral. Exemplo: ninguém pode se beneficiar de sua própria torpeza.

Decisões judiciais suportadas por um argumento de princípio, sobretudo pela igualdade, são normativamente melhores. Isso porque os princípios são mais difíceis de ser refutados, por estarem apoiados em fundamentos mais firmes, como valores morais e de justiça.

Daí se percebe que Dworkin vê os princípios como a **fonte da justificação moral e política do direito vigente em uma determinada comunidade.** Essa fonte varia de sociedade para sociedade, pois cada comunidade possui suas particularidades.

4. DIREITO E MORAL

4.1 A moral como origem do direito

O direito positiva, torna jurídico, ideias e concepções que vêm da moral. Encontramos exemplos disso na Constituição Federal de 1988:

> Art. 229. Os pais têm o dever de assistir, criar e educar os filhos menores, e os filhos maiores têm o dever de ajudar e amparar os pais na velhice, carência ou enfermidade.

> Art. 37. A administração pública direta e indireta de qualquer dos Poderes da União, dos Estados, do Distrito Federal e dos Municípios obedecerá aos princípios de legalidade, impessoalidade, moralidade, publicidade e eficiência (...)

Por isso, podemos distinguir direito de moral, mas sem separá-los. Como dizia Miguel Reale, há uma unidade fundamental da vida ética.

4.2 A concepção kantiana

Kant ensina que a moral é dotada de autonomia, ao passo que o direito é dotado de heteronomia. A **regra moral é aquela que é posta pelo próprio indivíduo e, portanto, autônoma** (auto = próprio + nomos = lei. Autonomia é literalmente dar a si mesmo a sua própria lei).

Para o pensador alemão, uma ação somente poderia ser considerada moral se sua causa fosse o respeito pela lei moral, e não apenas a conformidade com ela. Assim, não basta, para que uma ação seja moral, que um indivíduo tenha agido como a lei prescreve, por exemplo, porque temia as consequências de seu descumprimento, mas sim que esse indivíduo tivesse agido movido pela intenção de cumprir o que é devido.

Entre a lei moral e a vontade deve se estabelecer uma determinada relação para que a vontade possa se constituir como vontade moral ou capaz de agir por dever, em respeito a essa lei. É nesse momento que se faz necessário o **imperativo categórico.**

O imperativo categórico é o elemento que torna possível a relação entre vontade e lei moral, na medida em que funciona como um mediador que guia a primeira em direção à segunda.

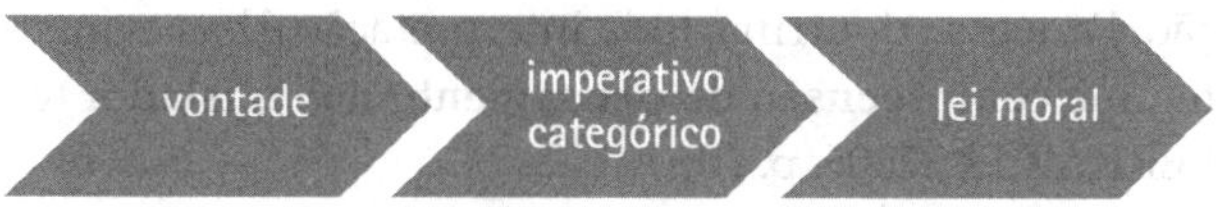

Kant formula o imperativo categórico da seguinte maneira:

> age apenas segundo uma máxima tal que possas ao mesmo tempo querer que ela se torne lei universal (KANT, 1995, p. 59).

O próprio filósofo explica o imperativo com o caso de uma pessoa que se encontra numa situação em que tem a necessidade de contrair um empréstimo, não tem a intenção de pagá-lo, mas se não prometer pagar sabe que não emprestarão o dinheiro.

Esta ação, embora possa estar de acordo com o próprio bem-estar dessa pessoa, não estará de acordo com a moral. Isso porque ao se perguntar o que aconteceria se sua máxima se transformasse em lei universal, essa pessoa veria que ela nunca poderia valer universalmente, uma vez que, se aplicada por todos, ela se contradiria:

> tornaria impossível a própria promessa e a finalidade que com ela se pudesse ter em vista; ninguém acreditaria em qualquer coisa que lhe prometessem e rir-se-ia apenas de tais declarações como de vãos enganos (KANT, 1995, p. 61).

Para Kant, no campo da ética, agir *a posteriori*, ou seja, com base na experiência ou na sensibilidade, é fonte de erro, pois tal ação invariavelmente cai em contradição quando se tenta universalizá-la. Por conseguinte, é somente com base em princípios *a priori* que é possível se proceder moralmente. Portanto, somente agindo-se como prescreve o princípio prático supremo da razão, que é o imperativo categórico, pode ser obtida uma ética universal. Tal princípio só é possível na medida em que há um **valor absoluto** que lhe serve de fundamento.

O fundamento desse princípio é o de que os seres racionais existem como um fim em si mesmos, uma vez que:

> o homem, e, duma maneira geral, todo ser racional, existe como fim em si mesmo, não só como meio para o uso arbitrário desta ou daquela vontade (KANT, 1995, p. 69).

Como toda vontade dirige-se a um fim, o homem, por ser um ente dotado de razão e liberdade, o que o diferencia dos demais seres vivos, é o único ser no mundo que tem em si mesmo seu próprio fim. Todos os outros seres podem ser utilizados como meio para a consecução das finalidades de outrem. Pelo contrário, um ser racional e livre nunca deve ser tratado como meio para a obtenção de algo, mas sempre como um fim em si mesmo.

Por esta via, Kant chega a um **segundo modo de se formular o imperativo categórico:**

> Age de maneira que uses a humanidade, tanto na tua pessoa como na pessoa de qualquer outro, sempre e simultaneamente como fim e nunca simplesmente como meio (KANT, 1995, p. 69).

O direito difere da moral porque é dotado de **heteronomia** (*hetero* = outro + *nomos* = lei), isto é, as normas jurídicas não estão submetidas à vontade do indivíduo, encontram-se objetivamente diante dele. As normas jurídicas às quais obedecemos não são postas por nós mesmos, mas pela sociedade como um todo. Somos obrigados a obedecer a regras que expressam a vontade coletiva, uma vontade que não se confunde com a nossa. Além disso, é da essência do direito ser um **instrumento para a obtenção de determinados fins** (segurança, ordem, liberdade), e não um fim em si mesmo como o é a ação moral na concepção kantiana. Por isso, o direito se contenta com a conformidade exterior à regra.

Nesse sentido, o direito, para Kant, está no campo dos **Imperativos Hipotéticos**, pois estes prescrevem uma ação boa para atingir um fim, e não uma ação boa em sentido absoluto. Este tipo de imperativo prevê uma ação que é cumprida condicionalmente para a obtenção de determinado fim, como na seguinte frase: "se você quiser sarar do resfriado deve tomar Aspirina".

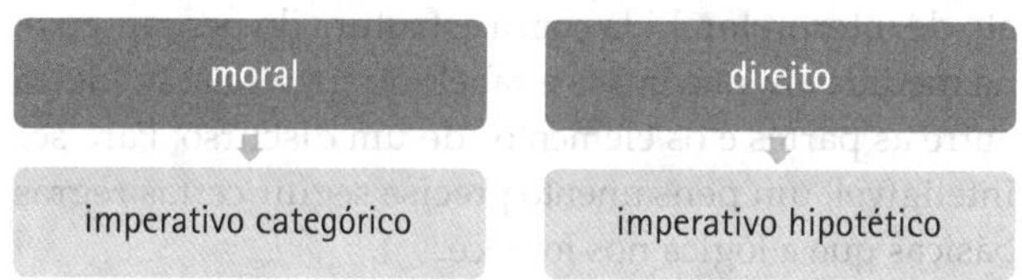

Outro elemento fundamental para se diferenciar direito de moral, segundo Kant, é a coação. Trata-se, na terminologia de Miguel Reale, da Teoria da Coercitividade, segundo a qual **não existe direito sem coação.**

Nas palavras de Kant:

> (...) o direito estrito se apoia no princípio de lhe ser possível usar constrangimento externo capaz de coexistir com a liberdade de todos de acordo com leis universais. Assim, quando se diz que um credor dispõe de um direito de exigir de seu devedor que pague sua dívida, isto não significa que ele pode lembrar o devedor que sua razão ela mesma o coloca na obrigação de fazer isso; significa, ao contrário, que a coerção que constrange a todos a pagar suas dívidas pode coexistir com a liberdade de todos, inclusive a dos devedores, de acordo com uma lei externa universal. Direito e competência de empregar coerção, portanto, significam uma e única coisa (KANT, 2003, p. 78).

Para a teoria da coercitividade, o que diferencia o direito da moral é o fato de que se uma norma jurídica for violada, haverá uma coação como consequência. Já o descumprimento de uma prescrição moral não resultará numa coação. Quem, por exemplo, não é caridoso com um amigo que, em virtude de uma crise econômica, encontra-se na pobreza, não está sujeito a uma ação estatal que o obrigue pela força a ajudar esse amigo.

5. A INTERPRETAÇÃO DO DIREITO

5.1 Conceitos básicos

A concepção formalista de interpretação foi desenvolvida a partir das ideias do jurista alemão Friedrich Carl Von Savigny, o que levou à chamada **jurisprudência dos conceitos**, desenvolvida sobretudo pela obra de Puchta. Para essa doutrina, a ciência do direito deveria se constituir como um sistema lógico.

A interpretação jurídica para o formalismo baseava-se na utilização conjunta dos instrumentos interpretativos gramatical, lógico, histórico e sistemático, resultando em quatro tipos de interpretação:

1º – interpretação gramatical. É o início de toda a interpretação, pois, para realizar a transição do pensamento do legislador para o nosso pensamento, precisamos conhecer e utilizar as regras gramaticais de morfologia e sintaxe.

2º – interpretação lógica. É a aplicação da lógica ao ato de interpretar. Lida com a estrutura do pensamento, na medida em que busca estabelecer uma relação lógica entre as partes e os elementos de um discurso. Para ser inteligível, um pensamento precisa seguir certas regras básicas que a lógica nos fornece.

3º – interpretação histórica. É a busca pelo conjunto de circunstâncias que marcaram a gênese de uma norma jurídica, ou seja, aquilo que a doutrina chama de *occasio legis*. Busca-se o acontecimento, o problema, a conjuntura histórica que existia à época da edição de determinada norma jurídica e que serviu de motivo para que tal norma fosse pensada. A fim de chegar a essas causas, este tipo de interpretação recorre, por exemplo, a trabalhos preparatórios e exposições de motivos.

4º – interpretação sistemática. É a interpretação que leva em conta a unidade das regras jurídicas num sistema, que é o ordenamento jurídico, organizado de modo hierárquico sob a forma de uma pirâmide escalonada de normas. Se o ordenamento é um sistema, isso significa que suas normas interagem entre si de um modo organizado. Isso faz com que o fundamento de validade de determinada norma dependa de uma outra. Não há como interpretar, por exemplo, uma norma do Código Civil sem saber que tipo de relação há entre esta norma e a Constituição.

Com a utilização desses quatro instrumentos, a concepção formalista esperava atingir a vontade do legislador histórico, que era considerada a meta de toda interpretação jurídica. A isto se dá o nome de **interpretação subjetiva, ou doutrina subjetivista** de interpretação. Para essa doutrina, toda interpretação é basicamente uma **compreensão do pensamento do legislador** (cf. FERRAZ JR., 2006, p. 70).

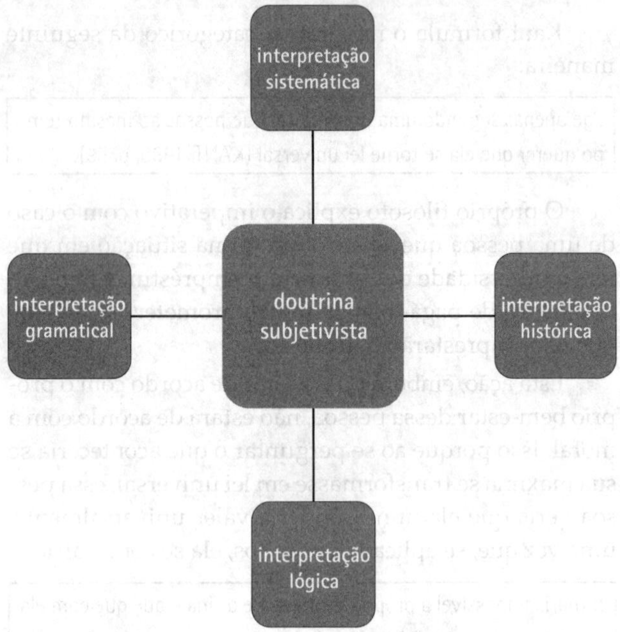

Exemplo dessa concepção é encontrado na chamada **Escola da Exegese**, que teve seu apogeu após o advento do Código Napoleônico de 1804. O celebrado Código Civil francês tornou-se um marco que impulsionou essa escola de pensamento jurídico a defender que o Direito é apenas o direito posto, isto é, a legislação produzida pelo Estado.

O início do ciclo das chamadas grandes codificações fez com que a escola da exegese surgisse com a crença de que a interpretação do direito resumia-se à análise dos textos legislativos. Para interpretar o direito, então, o intérprete deveria se limitar ao texto da lei para descobrir a vontade do legislador.

> Como todo o direito transformara-se no corpo escrito legislado, era ali mesmo que se buscariam as regras de interpretação capazes de solucionar os problemas que surgissem (NUNES, 2009, p. 56).

A orientação **antiformalista** em matéria de interpretação inicia-se com Jhering, que, em sua obra *Espírito do Direito Romano*, criticava a metodologia utilizada pela chamada jurisprudência dos conceitos.

Contra o culto da lógica, que pensa em fazer da ciência jurídica uma matemática do direito, Jhering afirmava que, na verdade, são os conceitos que existem por causa da vida. Assim, Jhering passou a defender a ideia de que **o fim é o criador de todo o Direito**, ou seja, de que não existe nenhuma proposição jurídica que não deva a sua origem a um fim (a um motivo prático). Característica fundamental de uma norma jurídica é o fato de que ela possui uma relação de conteúdo com um **fim social**, ao qual ela serve.

Segundo Larenz (1997, p. 62) a importância da contribuição de Jhering para o desenvolvimento da ciência do direito reside no reconhecimento de que toda proposição jurídica tem necessariamente de ser vista também na sua **função social**. Na medida em que visa ser adequada à existência social, a norma está ordenada, pelo seu próprio sentido a um fim social.

Assim, passou-se a defender a importância da **interpretação teleológica**, que, aliás, encontra-se prevista no art. 5º da Lei de Introdução às Normas do Direito Brasileiro. A metodologia teleológica é ainda hoje um importante instrumento de interpretação do direito. Sua metodologia, afirma Eros Grau (2009, p. XIX), "repousa em terreno firme".

O impulso dado por Jhering em direção a uma concepção mais pragmática levou a teorias extremadas como a **jurisprudência dos interesses** e a **escola do direito livre**, que repudiavam um direito identificado com a lógica.

Para a primeira, o direito não seria um sistema lógico, mas sim o resultado da disputa entre interesses materiais, nacionais, éticos e religiosos existentes em cada comunidade jurídica (cf. LARENZ, 1997, p. 65).

A segunda teoria propugnava que as sentenças não eram resultado de uma operação lógica, mas sim do instinto, da intuição e das emoções dos juízes, bem como da pressão que eles sofrem do ambiente de que fazem parte.

5.2 A hermenêutica

As contribuições teóricas vindas da hermenêutica filosófica vêm sendo utilizadas pela mais recente filosofia do direito.

A hermenêutica evidenciou a insuficiência das regras interpretativas tradicionais, ao mostrar que a **compreensão** é algo existencial, identificando-se com a própria experiência do intérprete. Por isso, o objeto que se compreende na interpretação do direito não pode ser conhecido independentemente do sujeito que o interpreta (cf. GRAU, 2009, p. 41).

Ademais, conforme o momento histórico vivido e a cultura da qual se faz parte, os horizontes são diferentes, os problemas são outros. O Velho Testamento para o cristão é diferente do que é para o judeu. Cada época terá sua leitura particular da *Ilíada*, da *Odisseia*, dos diálogos de Platão, das peças de Shakespeare.

Ao atingir o mundo do direito, a hermenêutica levou à **desvalorização** da tese de que precisamos nos ater às intenções pessoais do legislador. Com efeito, a função do intérprete na concepção hermenêutica implica deixar o texto viver sua própria vida.

Segundo Eros Grau (2009, p. 41-42), a evolução da reflexão hermenêutica permitiu a superação da concepção da interpretação como técnica de subsunção do fato à lei e instalou a verificação de que ela se desenvolve a partir de pressuposições.

A interpretação reflete uma experiência conflituosa vivida pelo intérprete. A decisão judicial é o resultado desse conflito.

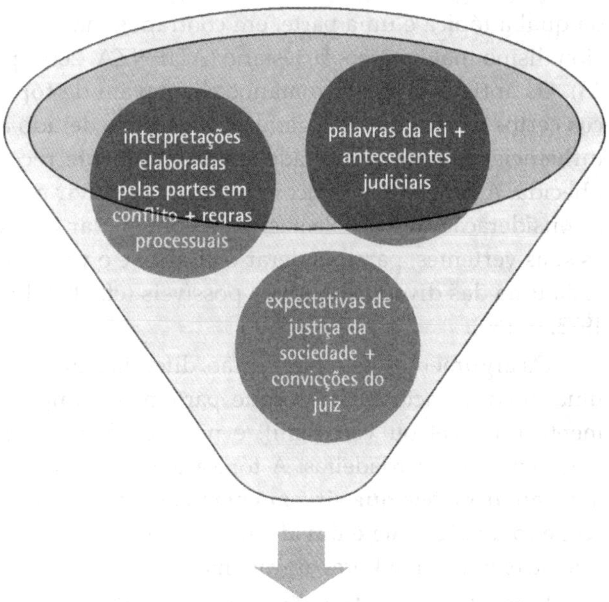

O juiz decide sempre dentro de uma situação histórica determinada, participando da consciência social de seu tempo. Por isso, "o direito é contemporâneo à realidade" (GRAU, 2009, p. 42). Nesse sentido, a hermenêutica contribuiu para uma **revalorização da interpretação objetiva**.

Para a doutrina objetivista de interpretação, **a lei tem um sentido próprio, que é independente de seu autor**.

> (...) as opiniões e intenções subjetivas do legislador, dos redatores da lei ou das pessoas singulares que intervieram na legislação não têm relevo: a lei é mais racional do que o seu autor e, uma vez vigente vale por si só (LARENZ, 1997, p. 41).

A **interpretação objetiva**, diferentemente do subjetivismo, consiste em buscar o **fim atual da lei**, ou seja, é preciso compreender que a lei deve ser interpretada tendo em vista o momento atual que ela visa regular. Essa interpretação está mais ligada ao reconhecimento da mutabilidade social e ao valor da justiça.

5.3 A interpretação do direito na atualidade e a teoria da argumentação

Segundo Michel Villey (2008, p. 256), a doutrina atual procura evitar posições extremadas. Assim, considera tanto o racionalismo da época das luzes como seu oposto, o irracionalismo, como concepções inadequadas.

Autores como Viehweg, Engisch e Perelman evitam o irracionalismo mas também rejeitam o pensamento racionalista do direito como um sistema fechado que se forja exclusivamente de forma lógica. Ao pensamento sistemático opõem-se o **pensamento por problemas, a "tópica"**.

Viehweg buscou uma **revalorização da retórica**, da qual a tópica é uma parte, em contraposição ao racionalismo matemático-cartesiano (ATIENZA, 2006, p. 48). Os antigos gregos e romanos chamavam de **tópicos** certos pontos de vista geralmente aceitos devido à influência de uma autoridade tradicionalmente reconhecida. A função dos tópicos consistia em servir para a consideração dos problemas; para contemplar todas as suas vertentes, para ponderar o alcance e o valor de cada uma das diversas soluções possíveis (cf. SICHES, 1973, p. 160).

Os argumentos da tópica, então, diferenciam-se de uma postura racionalista porque partem do simplesmente provável ou verossímil, e não de proposições dogmáticas ou verdadeiras. A tópica tem por objetivo **apresentar razões que sirvam como convencimento a respeito de algo que é duvidoso**. Ela seria, portanto, a arte de exibir os melhores argumentos.

Para a teoria de **Perelman**, demonstrações em torno de conceitos aparecem, na prática, como uma disputa de opiniões. Nessas explanações entra em jogo a **arte da argumentação**. A vitória caberá ao antagonista que tiver sabido invocar em apoio de sua tese os lugares-comuns mais enraizados, que tiver argumentado de modo mais convincente, que tiver se mostrado persuasivo, conquistando, assim, a adesão do auditório.

O termo auditório utilizado por Perelman pode ser definido como "o conjunto daqueles sobre os quais o orador quer influir por meio de sua argumentação" (REALE e ANTISERI, 2007, vol. 3, p. 916).

As premissas da argumentação jurídica não estão previamente estabelecidas. Elas são escolhidas com o fim de se obter um convencimento que leve o interlocutor a aderir à tese defendida. Assim, o interlocutor (o advogado, o promotor, o juiz) escolhe teses mais adequadas a obter a adesão do juiz, do tribunal, do júri, da opinião pública) (SOARES, 2010, p. 80).

Segundo Perelman:

> É preciso, de fato, não esquecer que as decisões de justiça devem satisfazer **três auditórios** diferentes, de um lado as partes em litígio, a seguir os profissionais do direito e, por fim, a opinião pública, que se manifestará pela imprensa e pelas reações legislativas às decisões dos tribunais (PERELMAN, 2000, p. 238).

No direito, é preciso escolher entre a pluralidade de fórmulas possíveis pronunciadas pelas diferentes partes do discurso em suas explanações, nas quais nem só as leis são invocadas, mas também princípios gerais do direito, precedentes jurisprudenciais, equidade e as circunstâncias do momento.

REFERÊNCIAS

ARENDT, Hannah. *As origens do totalitarismo*. 6.ed. Portugal: Publicações Dom Quixote, 2016.

AGOSTINHO. *A cidade de deus*. Trad. J. Dias Pereira. 2. ed. Lisboa: Fundação Calouste Gulbenkian, 1996.

AQUINO, Tomás de. *Suma Teológica*. São Paulo: Edições Loyola, 2005.

ARISTÓTELES. *Ética a Nicômaco*. Trad. Mário da Gama Kury. 3. ed. Brasília: Editora Universidade de Brasília, 1999.

ATIENZA, Manuel. *As razões do direito*: teorias da argumentação jurídica. Trad. Maria Cristina Cupertino. São Paulo: Landy Editora, 2006.

ÁVILA, Humberto. A distinção entre princípios e regras e a redefinição do dever de proporcionalidade. *Revista Diálogo Jurídico*, Salvador, CAJ - Centro de Atualização Jurídica, v. I, n. 4, julho, 2001. Disponível em: <http://www.direitopublico.com.br>. Acesso em: 13 de novembro de 2011.

BOBBIO, Norberto. *Teoria do ordenamento jurídico*. Brasília: Editora Universidade de Brasília, 1995.

DINIZ, Antonio Carlos e MAIA, Antônio Cavalcanti. Pós-Positivismo. In: BARRETTO, Vicente de Paulo (coord.). *Dicionário de Filosofia do Direito*. São Leopoldo: Editora Unisinos, 2009.

DWORKIN, Ronald. *Levando os direitos a sério*. Trad. Nelson Boeira. São Paulo: Martins Fontes, 2002.

_______. *A virtude soberana*: a teoria e a prática da igualdade. Trad. Jussara Simões. São Paulo: Martins Fontes, 2005.

FERRAZ JÚNIOR, Tercio Sampaio. *A ciência do direito*. 2. ed. São Paulo: Atlas, 2006.

GRAU, Eros. *Ensaio e discurso sobre a interpretação/aplicação do direito*. 5. ed. São Paulo: Malheiros, 2009.

HART, Herbert. *The concept of law*. Oxford: Oxford University Press, 1992.

HERVADA, Javier. *Historia de la ciencia del derecho natural*. Pamplona: Ediciones Universidad de Navarra, 1996.

IHERING, Rudolf Von. *A luta pelo direito*. Trad. J. Cretella Jr. E Agnes Cretella. 6. ed. rev. São Paulo: Revista dos Tribunais, 2010 (RT – Textos Fundamentais).

KANT, Immanuel. *Fundamentação da metafísica dos costumes*. Trad. Paulo Quintela. Lisboa: Edições 70, 1995.

_______. *A metafísica dos costumes*. Trad. Edson Bini. Bauru: Edipro, 2003.

KAUFMANN, Arthur. A problemática da filosofia do direito ao longo da história. In: KAUFMANN, A.; HASSEMER, W. (org.). *Introdução à filosofia do direito e à teoria do direito contemporâneas*. Lisboa: Fundação Calouste Gulbenkian, 2002.

KELSEN, Hans. *O que é justiça?*: a justiça, o direito e a política no espelho da ciência. Trad. Luís Carlos Borges. 2. ed. São Paulo: Martins Fontes, 1998.

_______. *Teoria pura do direito*. São Paulo: Martins Fontes, 2006.

LARENZ, Karl. *Metodologia da ciência do direito*. 3. ed. Trad. José Lamego. Lisboa: Fundação Calouste Gulbenkian, 1997.

LOCKE, John. *Segundo Tratado sobre o governo civil*. São Paulo: Editora Abril Cultural, 1983.

LORD, Carnes. Aristóteles. STRAUSS, Leo; CROPSEY, Joseph (comp.) In: *Historia de la filosofía política*. Trad. Leticia

García et al. 1. ed. México, D.F.: Fondo de Cultura Económica, 1996.

MICHELON JR., Claudio. MACCORMICK, Neil. In: *Dicionário de Filosofia do Direito.* Vicente de Paulo Barreto (coord.). São Leopoldo: Unisinos, 2009.

MILL, John Stuart. *Sobre a liberdade.* Petrópolis: Vozes, 1991.

MONTESQUIEU. *O Espírito das leis.* São Paulo: Martins Fontes, 2000.

NUNES, Rizzatto. *Manual de introdução ao estudo do direito.* 9. ed. São Paulo: Saraiva, 2009.

PERELMAN, Chaim. *Lógica jurídica*: nova retórica. São Paulo: Martins Fontes, 2000.

PLATÃO. *A República.* Trad. Maria Helena da Rocha Pereira. 3. ed. Lisboa: Fundação Calouste Gulbenkian, 1980.

QUINTANA, Fernando. Rousseau. In: BARRETTO, Vicente de Paulo (coord.). *Dicionário de Filosofia do Direito.* São Leopoldo: Editora Unisinos, 2009.

RAWLS, John. *Uma teoria da justiça.* Trad. Almiro Pisetta e Lenita M.R. Esteves. São Paulo: Martins Fontes, 1997.

_______. *Justice as fairness*: a restatement. Edited by Erin Kelly. Cambridge: Harvard University Press, 2003.

REALE, Giovanni e ANTISERI, Dario. *História da filosofia*: do romantismo até nossos dias. São Paulo: Paulus, 2007.

REALE, Miguel. *Teoria tridimensional do direito.* 5. ed. São Paulo: Saraiva, 1994.

_______. *Variações sobre a dialética.* 2003. Disponível em: <http://www.miguelreale.com.br/artigos/vdialetica.htm>. Acesso em: 31-7-2015.

ROSS, Alf. *Direito e justiça.* Trad. Edson Bini. Bauru, SP: Edipro, 2003.

ROUSSEAU, Jean Jacques. *Discurso sobre a economia política e do contrato social.* Trad. Maria Constança Pissarra. Petrópolis: Vozes, 1995.

_______. *Discurso sobre a origem e os fundamentos da desigualdade entre os homens.* Porto Alegre: L&PM, 2011.

SICHES, Luis Recaséns. *Nueva filosofía de la interpretación del derecho.* 2. ed. México, D.F.: Editorial Porrúa, 1973.

SOARES, Ricardo Maurício. *Hermenêutica e interpretação jurídica.* São Paulo: Saraiva, 2010.

STRAUSS, Leo. Platón. In: _______; CROPSEY, Joseph (comp.). *Historia de la filosofía política.* Trad. Letícia García Urriza et al. 1. ed. México, D. F.: Fondo de Cultura Econômica, 1996.

_______. *Natural right and history.* Chicago: The University of Chicago Press, 2001.

VILLEY, Michel. *Filosofia do direito*: definições e fins do direito; os meios do direito. Trad. Márcia Valéria de Aguiar. 2. ed. São Paulo: Martins Fontes, 2008.

_______. *A formação do pensamento jurídico moderno.* Trad. Claudia Berliner. São Paulo: WMF Martins Fontes, 2009.

XENOFONTE. *Ditos e feitos memoráveis de Sócrates.* 4. ed. São Paulo: Nova Cultural, 1987 (Coleção Os pensadores).

Questões

Filosofia do Direito

I. TEORIAS SOBRE A JUSTIÇA

1. (XX Exame) A partir da leitura de Aristóteles (Ética a Nicômaco), assinale a alternativa que corresponde à classificação de justiça constante do texto: "... uma espécie é a que se manifesta nas distribuições de honras, de dinheiro ou das outras coisas que são divididas entre aqueles que têm parte na constituição (pois aí é possível receber um quinhão igual ou desigual ao de um outro)..."

(A) Justiça Natural.

(B) Justiça Comutativa.

(C) Justiça Corretiva.

(D) Justiça Distributiva.

RESPOSTA (A) Outra distinção sobre a justiça que encontramos em Aristóteles é entre uma justiça natural e uma justiça legal. Para ele, são naturais as coisas que em todos os lugares têm a mesma força sem que isso dependa de nossa vontade, enquanto o legal pode ser determinado de várias maneiras, escolhendo-se por convenção aquilo a que se quer conferir força de lei. Dessa forma, há coisas justas por natureza, isto é, uma justiça natural e uma justiça legal, fruto dos acordos humanos. Não é a alternativa correta. (B) A justiça comutativa é uma das espécies da justiça particular (a outra é a distributiva). Aristóteles a designa como a justiça das relações privadas, aplicada, portanto, tanto nas relações voluntárias, como os contratos, quanto nas relações involuntárias ou nas delituosas como o roubo ou o assassinato. Essa justiça adota uma igualdade mais simples do que a justiça distributiva, pois se preocupa somente se uma das partes cometeu e a outra sofreu a injustiça, se uma infligiu e a outra sofreu um dano. Assim, se uma pessoa é ferida e a outra fere, temos nessa lesão uma desigualdade, já que o sofrimento está mal distribuído. A tarefa da justiça comutativa é tentar igualar a relação, por exemplo, por meio da aplicação de uma penalidade, subtraindo do ofensor o excesso de ganho, ou seja, não ter recebido nenhum mal, e restituindo à vítima, com uma indenização, uma condição de equilíbrio, uma vez que ela só havia recebido mal. (C) Justiça corretiva é sinônimo de justiça comutativa. (D) A justiça distributiva manifesta-se, por exemplo, nas distribuições de honrarias, de cargos públicos, de dinheiro e das demais coisas que devem ser divididas entre os cidadãos que compartilham dos benefícios da vida em comunidade. A justiça distributiva se baseia numa igualdade de proporções entre pessoas e bens, de modo que a distribuição justa consiste na atribuição de partes iguais a pessoas iguais e de partes desiguais a pessoas desiguais (tratar igualmente os iguais e desigualmente os desiguais). Para Aristóteles, o que é justo em termos de distribuição deve ser analisado de acordo com o mérito de cada um. Essa distribuição pelo mérito, ou seja, a igualdade, é questão política, pois cada regime político tem sua noção de mérito, o que faz com que, para os democratas, a distribuição seja de acordo com a condição de homem livre; para os adeptos da oligarquia, de acordo com a riqueza; para os adeptos da aristocracia, com a virtude, e assim por diante. *Alternativa D.*

2. (XX Exame-Reaplicação) Na sua mais importante obra, a Summa Theologica, Santo Tomás de Aquino trata os conceitos de justiça comutativa e de justiça distributiva de uma tal maneira, que eles passariam a ser largamente utilizados na Filosofia do Direito.

Assinale a opção que apresenta esses conceitos, conforme expostos na obra citada.

(A) A Justiça Comutativa regula as relações mútuas entre pessoas privadas e a Justiça Distributiva regula a distribuição proporcional dos bens comuns.

(B) A Justiça Distributiva destina-se a minorar o sofrimento das pessoas e a Justiça Comutativa regula os contratos de permuta de mercadorias.

(C) A Justiça Comutativa trata da redução ou diminuição das penas (sanção penal) e a Justiça Distributiva da distribuição justa de taxas e impostos.

(D) A Justiça Comutativa regula a relação entre súditos e governante e a Justiça Distributiva trata das relações entre diferentes povos, também chamadas de direito das gentes.

RESPOSTA Em matéria de teoria da justiça, o grande mérito de Santo Tomás de Aquino foi recuperar a doutrina aristotélica da justiça, que havia ficado um tanto quanto esquecida durante boa parte da Idade Média. Tomás simplesmente repete os ensinamentos de Aristóteles sobre a justiça. Assim, o que já foi dito em relação às justiças comutativa e distributiva também se aplica aqui. A justiça comutativa se ocupa com as relações entre pessoas singulares, enquanto a justiça distributiva se ocupa com as relações entre a comunidade e o indivíduo. *Alternativa A.*

3. (XXI Exame) De acordo com o contratualismo proposto por Thomas Hobbes em sua obra Leviatã, o contrato social só é possível em função de uma lei da natureza que expresse, segundo o autor, a própria ideia de justiça. Assinale a opção que, segundo o autor na obra em referência, apresenta esta lei da natureza.

(A) Tratar igualmente os iguais e desigualmente os desiguais.
(B) Dar a cada um o que é seu.
(C) Que os homens cumpram os pactos que celebrem.
(D) Fazer o bem e evitar o mal.

RESPOSTA Para o pensamento contratualista de Hobbes, a justificativa teórica da sociedade política e, portanto, do Estado Moderno, dotado de soberania, é o chamado contrato social, que cumpre a função de realizar a passagem de um estado de natureza para um estado civil (sociedade política). Isso se dá porque no estado de natureza, por todos terem liberdade absoluta, a vida é dura, breve e cruel: o homem é o lobo do homem. Trata-se, portanto, de uma situação na qual impera a violência, a insegurança e a incerteza. Buscando uma situação na qual seja possível uma vida mais segura, de relativa paz, os indivíduos celebram entre si um contrato – o contrato social – cujo objetivo é justamente criar um ente mais poderoso do que qualquer um deles, responsável por manter a ordem, ao qual todos os indivíduos ficarão submetidos. Tal ente é o Estado soberano. Ao sair do estado de natureza para o estado civil, as pessoas concordam em abrir mão da liberdade absoluta que possuíam em troca da segurança que o Estado Soberano irá garantir. Tal é o resultado do chamado contrato social, que só é possível se pressupormos uma lei da natureza segundo a qual os pactos devem ser cumpridos (*pacta sunt servanda*). Essa lei natural é condição de existência de todo e qualquer contrato, uma vez que, se isso não fosse respeitado, a própria ideia de um contrato ficaria impossibilitada. As alternativas erradas (A, B e D) são todas pertencentes a concepções de justiça desenvolvidas na antiguidade por Aristóteles, os juristas romanos e os filósofos estoicos, respectivamente. *Alternativa C.*

4. (XXIII Exame) *...só a vontade geral pode dirigir as forças do Estado de acordo com a finalidade de suas instituições, que é o bem comum...*

Jean-Jacques Rousseau

A ideia de vontade geral, apresentada por Rousseau em seu livro *Do Contrato Social*, foi fundamental para o amadurecimento do conceito moderno de lei e de democracia.

Assinale a opção que melhor expressa essa ideia conforme concebida por Rousseau no livro citado.

(A) A soma das vontades particulares.
(B) A vontade de todos.
(C) O interesse particular do soberano, após o contrato social.
(D) O interesse em comum ou o substrato em comum das diferenças.

RESPOSTA Em seu *Do contrato social*, Rousseau (1995, p. 90) afirma que "há muita diferença entre a vontade de todos e a vontade geral; esta olha apenas o interesse comum, a outra olha o interesse privado e é só uma soma de vontades particulares; mas ao retirar dessas vontades os mais e os menos que aí se introduzem, a soma das diferenças é a vontade geral." Assim, a vontade geral não é simplesmente a vontade da maioria, mas sim uma vontade cuja natureza é uma moral comum a todos. Para se ter uma vontade geral é necessário que a soma das vontades esteja orientada para o bem comum. A partir desse pressuposto, uma lei só será justa se for resultado da vontade geral, isto é, o resultado da vontade ética do povo, e não da vontade de um monarca absoluto. *Alternativa D.*

5. (XXIII Exame) *A igualdade de recursos é uma questão de igualdade de quaisquer recursos que os indivíduos possuam privadamente.*

Ronald Dworkin

A igualdade é um dos valores supremos presentes na Constituição da República e, também, objeto de um debate profundo no âmbito da Filosofia do Direito.

Assinale a alternativa que apresenta a concepção de igualdade distributiva, defendida por Ronald Dworkin em seu livro *A virtude soberana.*

(A) Circunstâncias segundo as quais as pessoas não são iguais em bem-estar, mas nos recursos de que dispõem.
(B) Possibilidade de que todos os membros de uma comunidade política devem ter de usufruir o bem-estar em condição de igualdade.
(C) Igual partilha dos poderes políticos e dos direitos individuais em uma dada sociedade.
(D) Um conjunto de políticas que assegurem a maximização utilitária do bem-estar em médio a longo prazo para a maior parte da população.

RESPOSTA Na obra supracitada, Dworkin (2005, pp. 4-5) identifica duas teorias gerais da igualdade distributiva. A primeira (igualdade de bem-estar) afirma que "o esquema distributivo trata as pessoas como iguais quando distribui ou transfere recursos entre elas até que nenhuma transferência adicional possa deixa-las mais iguais em bem-estar." A segunda (igualdade de recursos) afirma que o tratamento igual é aquele que "distribui ou transfere de modo que nenhuma transferência adicional possa deixar mais iguais suas parcelas do total de recursos." Dworkin se posiciona em favor da segunda concepção, segundo a qual a "igualdade ideal consiste em circunstancias nas as pessoas não são iguais em bem-estar, mas nos recursos de que dispõem." (2005, p. 157) Tal opção pode ser explicada pela rejeição do autor ao utilitarismo, segundo o qual o direito e suas instituições deveriam estar a serviço do bem-estar geral e tão somente isso. A igualdade de bem-estar supõe uma escolha política, que se impõe a todos, sobre o melhor tipo de vida capaz, portanto, de gerar o bem-estar geral. Isso gera uma invasão à liberdade individual que é rechaçada por Dworkin. Ao se colocar a favor da igualdade de recursos, o autor pretende afirmar a proteção do indivíduo contra uma concepção utilitarista de bem-estar que não leva em consideração a diferença entre as pessoas. *Alternativa A.*

6. (XXIV Exame) *O povo maltratado em geral, e contrariamente ao que é justo, estará disposto em qualquer ocasião a livrar-se do peso que o esmaga.*

John Locke

O art. 1º, parágrafo único, da Constituição Federal de 1988 afirma que "*todo o poder emana do povo, que o exerce por meio de representantes eleitos ou diretamente*". Muitos autores associam tal disposição ao conceito de direito de resistência, um dos mais importantes da Filosofia do Direito, de John Locke.

Assinale a opção que melhor expressa tal conceito, conforme desenvolvido por Locke na sua obra *Segundo tratado sobre o governo civil*.

(A) A natureza humana é capaz de resistir às mais poderosas investidas morais e humilhações, desde que os homens se apoiem mutuamente.

(B) Sempre que os governantes agirem de forma a tentar tirar e destruir a propriedade do povo ou deixando-o miserável e exposto aos seus maus tratos, ele poderá resistir.

(C) Apenas o contrato social, que tira o homem do estado de natureza e o coloca na sociedade política, é capaz de resistir às ameaças externas e às ameaças internas, de tal forma que institui o direito de os governantes resistirem a toda forma de guerra e rebelião.

(D) O direito positivo deve estar isento de toda forma de influência da moral e da política. Uma vez que o povo soberano produza as leis, diretamente ou por meio de seus representantes, elas devem resistir a qualquer forma de interpretação ou aplicação de caráter moral e político.

RESPOSTA Locke adotou, assim como outros autores de seu tempo, a teoria do contrato social como meio de justificação da existência da ordem estatal e, portanto, jurídica. Ele afirmava que a liberdade e a propriedade eram partes essenciais da natureza humana. Assim, só se podia considerar justo um direito e um Estado que respeitassem tal natureza. Havia, portanto, um direito natural à liberdade e à propriedade, deduzido da própria natureza do homem, que não poderia ser violado pelo Estado. Caso essa violação ocorresse, nascia para o cidadão o direito legítimo a resistir. No *Segundo tratado sobre o governo civil*, Locke defende o direito de resistência da seguinte forma: "E quem quer que em autoridade exceda o poder que lhe foi dado pela lei, e faça uso da força que tem sob suas ordens para levar a cabo sobre o súdito o que a lei não permite, deixa de ser magistrado e, agindo sem autoridade, pode sofrer oposição como qualquer pessoa que invada pela força o direito de outrem." (1983, p. 114) (...) "se a parte prejudicada encontrar remédio e os seus danos reparados mediante apelação à lei, não haverá qualquer necessidade de recorrer à força, que somente se deverá usar quando alguém se vir impedido de recorrer à lei; porque só deve se considerar força hostil a que não possibilita o recurso a semelhante apelação, e é tão só essa força que põe em estado de guerra aquela que faz dela uso, e torna legítimo resistir – lhe." (1983, p. 116). *Alternativa B.*

7. **(XXV Exame)** Uma punição só pode ser admitida na medida em que abre chances no sentido de evitar um mal maior.

Jeremy Bentham

Jeremy Bentham, em seu livro *Princípios da Moral e da Legislação*, afirma que há quatro casos em que não se deve infligir uma punição.

Assinale a opção que corresponde a um desses casos citados pelo autor na obra em referência.

(A) Quando a lei não é suficientemente clara na punição que estabelece.

(B) Quando o prejuízo produzido pela punição for maior do que o prejuízo que se quer evitar.

(C) Quando o juiz da causa entende ser inoportuna a aplicação da punição.

(D) Quando o agressor já sofreu o suficiente em função das vicissitudes do processo penal.

RESPOSTA Bentham é o fundador do utilitarismo. Trata-se de uma filosofia moral e política que traz consequências para a teoria sobre a justiça. Ela se baseia no chamado princípio da utilidade, segundo o qual, como o motivo de nossas ações é sempre a busca do nosso bem-estar, da nossa felicidade, uma ação estará em conformidade com a utilidade quando a tendência que ela tem a aumentar o bem-estar for maior do que qualquer tendência que tenha a diminuí-lo. Isso se aplica também à sociedade como um todo. Daí porque, como a punição é um mal, ela só estará em conformidade com o princípio da utilidade se servir para evitar um mal ainda maior. As quatro situações em que, segundo Bentham, não devemos punir são as seguintes: (1) Quando *não houver motivo* para a punição, ou seja, quando não houver nenhum prejuízo a evitar, pelo fato de o ato em seu conjunto não ser pernicioso; (2) Quando a punição só pode ser *ineficaz*, ou seja, quando a mesma não pode agir de maneira a evitar o prejuízo; (3) Quando a punição for *inútil* ou excessivamente *dispendiosa*; isto aconteceria em caso de o prejuízo produzido por ela ser maior do que o prejuízo que se quer evitar; (4) Quando a punição for *supérflua*, o que acontece quando o prejuízo pode ser evitado – ou pode cessar por si mesmo – sem a punição, ou seja, por um preço menor. (...) Apenas a alternativa B descreve uma dessas situações (a de número 3). *Alternativa B.*

8. **(XXVII Exame)** *"Concebo, na espécie humana, dois tipos de desigualdade: uma que chamo de natural ou física, por ser estabelecida pela natureza e que consiste na diferença das idades, da saúde, das forças do corpo e das qualidades do espírito e da alma; a outra, que se pode chamar de desigualdade moral ou política, porque depende de uma espécie de convenção e que é estabelecida ou, pelo menos, autorizada pelo consentimento dos homens"*. (ROUSSEAU, Jean-Jacques. Discurso Sobre a Origem e os Fundamentos da Desigualdade entre os Homens. Coleção Os Pensadores. São Paulo: Abril Cultural, 1978.)

Levando em consideração o trecho acima, assinale a afirmativa que apresenta a perspectiva de Rousseau sobre como se coloca o problema da desigualdade.

(A) As desigualdades naturais são a causa das desigualdades morais, uma vez que as diferenças naturais se projetam na vida política.

(B) As desigualdades naturais são inaceitáveis; por isso, o homem funda a sociedade civil por meio do contrato social.

(C) As desigualdades naturais são aceitáveis, mas as desigualdades morais não o são, pois consistem em privilégios de uns sobre os outros.

(D) Todas as formas de desigualdade consistem num fato objetivo, devendo ser compreendidas e toleradas, pois elas geram o progresso humano e produzem mais bens do que males.

RESPOSTA Acertar a alternativa correta nesta questão passa fundamentalmente pela interpretação do texto de Rousseau utilizado acima. O autor faz uma distinção entre dois tipos de desigualdade: a natural e a política. A primeira, como é estabelecida pela natureza, não está ao alcance de ser humano alterar, ela é um dado fático como as diferenças de idade e de saúde. A segunda desigualdade não é de forma alguma algo imutável, já que é fruto das convenções humanas, que mudam de época para época e que podem ser alteradas conforme a vontade das pessoas. Por isso, a resposta correta é a *Alternativa C.* (A) errada, pois Rousseau não estabelece uma relação de causa e consequência entre as duas desigualdades. (B) Errada, pois o autor não vislumbra como alterar a ordem estabelecida naturalmente. (D) errada, pois o autor não se conforma com determinadas formas de desigualdade – as morais ou políticas – e propõe em sua obra um modo de combatê-las. *Alternativa C.*

9. **(XXVIII Exame)** *"Isso pressupõe que a norma de justiça e a norma do direito positivo sejam consideradas como simultaneamente válidas. Tal, porém, não é possível, se as duas normas estão em contradição, quer dizer, entram em conflito uma com a outra. Nesse caso apenas uma pode ser considerada como válida".* (Hans Kelsen)

Sobre a relação entre validade e justiça da norma, o jusfilósofo Hans Kelsen, em seu livro O Problema da Justiça, sustenta o princípio do positivismo jurídico, para afirmar que

(A) a validade de uma norma do direito positivo é independente da validade de uma norma de justiça.

(B) o direito possui uma textura aberta que confere, ao intérprete, a possibilidade de buscar um equilíbrio entre interesses conflitantes.

(C) o valor de justiça do ato normativo define a validade formal da norma; por isso valor moral e valor jurídico se confundem no direito positivo.

(D) a validade de uma norma jurídica se refere à sua dimensão normativa positiva, à sua dimensão axiológica, e também, à sua dimensão fática.

RESPOSTA Kelsen considera que, se quisermos construir uma teoria científica do direito temos que afastar dela a discussão sobre a justiça. A ciência do direito, portanto, deve ser baseada no estudo da norma jurídica, cuja validade não depende da conformidade com preceitos de justiça, mas sim da conformidade com um fundamento de validade que pertença ao próprio ordenamento jurídico. *Alternativa A.* (B) errada, pois o conceito de textura aberta pertence à teoria de Hart. (C) errada, pois o objetivo de Kelsen é justamente afirmar a existência de um limite que não permite confundir direito com moral. (D) errada, pois trata-se da Teoria Tridimensional do Direito de Miguel Reale. *Alternativa A.*

10. **(XXIX Exame)** *"Mas a justiça não é a perfeição dos homens"?* (PLATÃO, A República. Lisboa: Calouste Gulbenkian, 1993.)

O conceito de justiça é o mais importante da Filosofia do Direito. Há uma antiga concepção segundo a qual justiça é dar a cada um o que lhe é devido. No entanto, Platão, em seu livro A República, faz uma crítica a tal concepção.

Assinale a opção que, conforme o livro citado, melhor explica a razão pela qual Platão realiza essa crítica.

(A) Platão defende que justiça é apenas uma maneira de proteger o que é mais conveniente para o mais forte.

(B) A justiça não deve ser considerada algo que seja entendido como virtude e sabedoria, mas uma decorrência da obediência à lei.

(C) Essa ideia implicaria fazer bem ao amigo e mal ao inimigo, mas fazer o mal não produz perfeição, e a justiça é uma virtude que produz a perfeição humana.

(D) Esse é um conceito decorrente exclusivamente da ideia de troca entre particulares, e, para Platão, o conceito de justiça diz respeito à convivência na cidade.

RESPOSTA (A) errada, pois quem defendia essa concepção era o sofista Trasímaco, contra o qual Platão lança o argumento de que a justiça é uma cooperação que é necessária para a vida de qualquer ser humano ("todos necessitam de ajuda nas suas empresas, por mais injustas que sejam, pois nenhuma associação pode durar se seus membros não praticarem a justiça entre si"). (B) errada. Para Platão, assim como para a ética grega de modo geral, a justiça é a virtude social por excelência. A justiça era a soma de todas as virtudes necessárias para a boa vida em sociedade. Por isso, chamar alguém de justo era chamá-lo também de virtuoso. (D) errada. Dar a cada um o que é devido é a mais tradicional definição de justiça do mundo antigo. O que Platão critica nesse trecho da República são as interpretações equivocadas de Polemarco e Trasímaco e não a definição em si. Assim, Platão fornece na *República* a interpretação que considera correta da famosa definição anteriormente citada. (C) correta. Polemarco, personagem da *República*, afirmava que dar a cada um o que é seu consiste em fazer bem aos amigos e mal aos inimigos, pois deve se restituir o bem àqueles que nos fazem o bem e o mal àqueles que nos fazem o mal. Platão discorda disso, pois o homem é, por natureza, um ser social. Por essa razão, a perfeição da natureza do homem supõe da justiça (a virtude social por excelência). Assim, Platão faz Sócrates, o principal personagem de seus diálogos, refutar Polemarco introduzindo o conceito de virtude relacionado à justiça: "Quando se faz mal a cavalos, eles se tornam melhores ou piores? Piores. Em relação à excelência ou virtude dos cães ou à dos cavalos? À dos cavalos" (PLATÃO, 2002, 335b). Assim, também quando se faz mal aos cães eles se tornam piores com relação à virtude dos cães. Com os homens, diz Sócrates, ocorre o mesmo, pois, se lhes fazemos mal, eles se tornam piores em relação à virtude humana. Se a justiça é a virtude específica do homem, fazer mal a eles significa afastá-los da perfeição. *Alternativa C.*

11. **(XXXI Exame)** Temos pois definido o justo e o injusto. Após distingui-los assim um do outro, é evidente que a ação justa é intermediária entre o agir injustamente e o ser vítima da injustiça; pois um deles é ter demais e o outro é ter demasiado pouco.

ARISTÓTELES. Ética a Nicômaco. Coleção Os Pensadores. São Paulo: Abril Cultural, 1973.

Em seu livro Ética a Nicômaco, Aristóteles apresenta a justiça como uma virtude e a diferencia daquilo que é injusto.

Assinale a opção que define aquilo que, nos termos do livro citado, deve ser entendido como justiça enquanto virtude.

A) Uma espécie de meio-termo, porém não no mesmo sentido que as outras virtudes, e sim porque se relaciona com uma quantia intermediária, enquanto a injustiça se relaciona com os extremos.

B) Uma maneira de proteger aquilo que é o mais conveniente para o mais forte, uma vez que a justiça como produto do governo dos homens expressa sempre as forças que conseguem fazer valer seus próprios interesses.

C) O cumprimento dos pactos que decorrem da vida em sociedade, seja da lei como pacto que vincula todos os cidadãos da cidade, seja dos contratos que funcionam como pactos celebrados entre particulares e vinculam as partes contratantes.

D) Um imperativo categórico que define um modelo de ação moralmente desejável para toda e qualquer pessoa e se expressa da seguinte maneira: "Age como se a máxima de tua ação devesse tornar-se, por meio da tua vontade, uma lei universal".

RESPOSTA (A) Sim, a justiça é uma virtude que lida com o problema da distribuição social (por exemplo, como distribuir riqueza, cargos, terras, carga tributária etc.). Assim, a justiça é uma virtude que lida com quantidades, quantias, que resultam da convivência social. (B) Aristóteles não defende tal visão de justiça, que é própria dos sofistas, como se encontra narrado na República de Platão. Defender que a justiça não passa da conveniência do mais forte é igualá-la ao poder puro e simples. Para Aristóteles, ao contrário, a justiça é uma virtude. (C) A concepção de justiça de Aristóteles é mais ampla do que essa definição. Sim, as pessoas devem cumprir os pactos, mas a justiça tem uma dimensão também moral, na medida em que ser justo é ser uma pessoa virtuosa. Além disso, a justiça só se concretiza com a adição da equidade, isto é, da sua aplicação que leva em consideração o caso concreto. (D) O imperativo categórico é um conceito que faz parte da filosofia moral kantiana e não da aristotélica. *Alternativa A.*

II. AS CORRENTES DE PENSAMENTO JURÍDICO

12. (XX Exame-Reaplicação) "O direito não é uma simples ideia, é uma força viva." (Rudolf von Ihering) Em seu texto "A Luta pelo Direito", o jurista alemão Rudolf von Ihering apresenta o conceito de direito a partir da ideia de luta social. Assinale a afirmativa que expressa o sentido que, no trecho citado, Ihering confere ao direito.

(A) Trabalho incessante e uma luta sem tréguas nos quais participam o Poder Público e toda a população, isto é, qualquer pessoa que se veja na contingência de ter de afirmar seu direito.

(B) Uma luta permanente que é travada por parlamentares no âmbito da arena legislativa, que o fazem em nome da população a partir das eleições que configuram o processo democrático de legitimação popular.

(C) O resultado dinâmico da jurisprudência que cria e recria o direito a partir das demandas de cada caso concreto, adaptando a lei ao mundo real.

(D) O produto das relações industriais e comerciais que são livremente travadas por agentes econômicos, trabalhadores e empregadores e que definem, no contexto de uma luta concreta, o sentido próprio das leis.

RESPOSTA Questão muito parecida foi cobrada no XVI Exame. Ihering entendia que o conceito de direito deveria ser compreendido à luz do fato social e não como um conceito meramente racional, como queriam os jusnaturalistas. Daí por que ele afirmava que o direito é uma força viva, ou seja, o direito nasce das ações de pessoas reais com necessidades e problemas reais, ao invés de representar apenas uma ideia. Por isso, "o direito é um labor contínuo, não apenas dos governantes, mas de todo o povo. (...) Cada um que se encontra na situação de precisar defender seu direito participa desse trabalho nacional, levando sua contribuição para a concretização da ideia de direito sobre a terra". (IHERING, 2010, p. 27). *Alternativa A.*

13. (XXII Exame) A principal tese sustentada pelo paradigma do positivismo jurídico é a validade da norma jurídica, independentemente de um juízo moral que se possa fazer sobre o seu conteúdo. No entanto, um dos mais influentes filósofos do direito juspositivista, Herbert Hart, no seu pós-escrito ao livro *O Conceito de Direito*, sustenta a possibilidade de um positivismo brando, eventualmente chamado de positivismo inclusivo ou *soft positivism*.

Assinale a opção que apresenta, segundo o autor na obra em referência, o conceito de positivismo brando.

(A) O reconhecimento da existência de normas de direito natural e de que tais normas devem preceder às normas de direito positivo sempre que houver conflito entre elas.

(B) A jurisprudência deve ser considerada como fonte do direito da mesma forma que a lei, de maneira a produzir uma equivalência entre o sistema de *common law* ou de direito consuetudinário e sistema de *civil law* ou de direito romano-germânico.

(C) O positivismo brando ocorre no campo das ciências sociais, não possuindo, portanto, o mesmo rigor científico exigido no campo das ciências da natureza.

(D) A possibilidade de que a norma de reconhecimento de um ordenamento jurídico incorpore, como critério de validade jurídica, a obediência a princípios morais ou valores substantivos.

RESPOSTA O conceito de validade no positivismo jurídico, visto de um ponto de vista clássico, tinha como consequência a independência da norma jurídica dos preceitos da moral, na medida em que uma norma pertence ao ordenamento porque é válida, e uma norma é válida tão somente porque está de acordo com a norma jurídica hierarquicamente superior a ela. A esta concepção a doutrina dá o nome de positivismo jurídico exclusivo ou exclusivista. Hart acaba por discordar dessa separação rigorosa entre direito e moral ao concluir que na ausência de um conteúdo moral mínimo ou um mínimo de direito natural, os homens não teriam razões para obedecer voluntariamente a qualquer regra. Sem uma cooperação voluntária mínima que sirva de apoio para forçar a obediência às regras, e sua manutenção, seria impossível exercer coerção sobre quem as desrespeitasse. A proibição do homicídio, a necessidade de cooperação social, o estabelecimento de um espaço para a liberdade e para a propriedade, a preocupação com o bem comum são conteúdos sem os quais o direito não seria capaz de cumprir seu papel de regular o funcionamento da sociedade e de garantir sua existência (cf. Hart, 1992, pp. 189-195). O posicionamento adotado por Hart é, portanto, um positivismo jurídico inclusivo ou inclusivista. *Alternativa D.*

14. (XXIV Exame) No preâmbulo da Constituição da República, os constituintes afirmaram instituir um Estado Democrático destinado a assegurar, dentre outras coisas, a liberdade. Esse é um conceito de fundamental importância para a Filosofia do Direito, muito debatido por inúmeros autores. Uma importante definição utilizada no mundo jurídico é a que foi dada por Montesquieu em seu *Do Espírito das Leis*.

Assinale a opção que apresenta a definição desse autor na obra citada.

(A) A liberdade consiste na forma de governo dos homens, e não no governo das leis.

(B) A disposição de espírito pela qual a alma humana nunca pode ser aprisionada é o que chamamos de liberdade.

(C) Liberdade é o direito de fazer tudo o que as leis permitem.

(D) O direito de resistência aos governos injustos é a expressão maior da liberdade.

RESPOSTA (A) Montesquieu propugnava justamente o inverso: o governo das leis e não dos homens. É justamente essa a ideia que o Estado de Direito busca concretizar. Se o exercício do poder é capaz de corromper qualquer pessoa, tal exercício precisa se dar submetido às leis, ao invés de ficar concentrado na vontade sem amarras de uma pessoa. (B) Alternativa incorreta. (C) É o que o autor afirma na seguinte passagem: "É verdade que nas democracias o povo parece fazer o que quer; mas a liberdade política não consiste em se fazer o que se quer. Em um Estado, isto é, numa sociedade onde existem leis, a liberdade só pode consistir em poder fazer o que se deve querer e em não se ser forçado a fazer o que não se tem o direito de querer. [...] Deve-se ter em mente o que é a independência e o que é a liberdade. A liberdade é o direito de se fazer tudo o que as leis permitem; e se um cidadão pudesse fazer o que elas proíbem ele já não teria liberdade, porque os outros teriam também este mesmo poder". (Montesquieu: 2000, p. 166). (D) Não é um tema desenvolvido por Montesquieu, mas sim por Locke. *Alternativa C.*

15. (XXVI Exame) Em tempos de mudanças e reformas, é comum assistirmos a diferentes tipos de lutas sociais, especialmente visando à garantia de direitos e à conquista de novos direitos. Em *A Luta pelo Direito*, o jurista alemão Rudolf Von Ihering afirma que o fim do Direito é a paz, mas o meio de atingi-lo é a luta.

Considerando essa afirmação e de acordo com o livro citado, assinale a opção que melhor caracteriza o pensamento jusfilosófico de Ihering.

(A) O Direito é sempre o produto do espírito do povo, que é passado de geração em geração. Por isso, quando se Fala em Direito é preciso sempre olhar para a história. O Direito romano é a melhor expressão desse processo social-histórico.

(B) O Direito de uma sociedade é a expressão dos conflitos sociais dela e resulta de uma luta de pessoas e grupos pelos seus próprios direitos subjetivos. Por isso, o Direito é uma força viva, e não uma ideia.

(C) O Direito resulta exclusivamente da ação institucional do Estado. É no parlamento que são travadas as lutas políticas que definem os direitos subjetivos presentes no Direito Positivo de uma dada sociedade.

(D) O Direito é parte da infraestrutura da sociedade e resulta de um processo de luta de classes, no qual a classe dominante usa o Direito para manter o controle sobre os dominados.

RESPOSTA (A) A alternativa descreve o pensamento da Escola Histórica do Direito, cujo principal representante foi Savigny. (B) A afirmação está de acordo com o pensamento de Ihering, que, em *A luta pelo direito*, expressa uma visão do direito mais influenciada por um enfoque sociológico. O conceito de direito deveria ser compreendido à luz do fato social. Daí a afirmação de que o direito é uma força viva, isto é, ele nasce das ações de pessoas reais com necessidades e problemas reais, ao invés de representar apenas uma ideia. Por isso, "o direito é um labor contínuo, não apenas dos governantes, mas de todo o povo. (...) Cada um que se encontra na situação de precisar defender seu direito participa desse trabalho nacional, levando sua contribuição para a concretização da ideia de direito sobre a terra". (IHERING, 2010, p. 27). (C) Concepção mais consentânea com o positivismo jurídico, que defende que o único direito é o proveniente do Estado. (D) A resposta está errada ao afirmar que o direito é parte da infraestrutura, pois ele é colocado por Marx naquilo que o autor denomina superestrutura. De resto, a alternativa resume uma concepção marxista de direito, diferente, portanto, do pensamento de Ihering. *Alternativa B.*

16. (XXVI Exame) Em seu livro *Levando os Direitos a Sério*, Ronald Dworkin cita o caso "Riggs contra Palmer" em que um jovem matou o próprio avô para ficar com a herança. O Tribunal de Nova Iorque (em 1889), ao julgar o caso, deparou-se com o fato de que a legislação local de então não previa o homicídio como causa de exclusão da sucessão. Para solucionar o caso, o Tribunal aplicou o princípio do direito, não legislado, que diz que ninguém pode se beneficiar de sua própria iniquidade ou ilicitude. Assim, o assassino não recebeu sua herança.

Com base na obra citada, assinale a opção que melhor expressa uma das pretensões fundamentais da jusfilosofia de Ronald Dworkin.

(A) Revelar que a responsabilidade sobre o maior ou menor grau de justiça de um ordenamento jurídico é exclusiva do legislador, que deve sempre se esforçar por produzir leis justas.

(B) Mostrar como as Cortes podem ser ativistas quando decidem com base em princípios, não com base na lei, e que decidir assim fere o estado de Direito.

(C) Defender que regras e princípios são normas jurídicas que possuem as mesmas características, de forma que se equivalem; por isso, ambos podem ser aplicados livremente pelos Tribunais.

(D) Argumentar que regras e princípios são normas com características distintas, mas igualmente vinculantes e, em certos casos, os princípios poderão justificar, de forma mais razoável, a decisão judicial.

RESPOSTA Questão praticamente idêntica caiu no exame XIII. Razão pela qual limito-me a transcrever o que já consta no comentário supracitado. (A) Como pós-positivista, Dworkin não entende o direito apenas como a legislação produzida pelo Estado. A moralidade e as ideias sobre a justiça também são fontes do direito. Ademais, Dworkin enfatiza o papel do judiciário na realização da justiça. (B) O ativismo das cortes com base em princípios não viola o Estado de Direito. Os princípios são também normas jurídicas e, portanto, vinculam o aplicador do direito. Temos princípios escritos, mas também princípios não escritos. Mesmo estes podem ser invocados pelo aplicador do direito. A ideia de um judiciário estático, que se resume a aplicar uma lei produzida pelo legislativo, é típica da concepção liberal de Estado de Direito do século XIX. Hoje, é consenso que, respeitados certos pressupostos, as cortes podem ser ativistas sem com isso ferir o Estado de Direito. (C) Segundo Dworkin, regras e princípios possuem características diferentes, embora ambos sejam normas jurídicas. (D) Para Dworkin, as regras funcionam com base na "lógica do tudo ou nada" (ou são válidas ou não são válidas). Já os princípios seguem a "lógica do mais ou menos" (admitem ponderação). Decisões judiciais suportadas por princípios são normativamente melhores porque os princípios estão apoiados em fundamentos mais firmes, como valores morais e de justiça. *Alternativa D.*

17. (XXVIII Exame) Uma das mais importantes questões para a Filosofia do Direito diz respeito ao procedimento que define uma norma jurídica como sendo válida. Para o jusfilósofo Herbert Hart, em O Conceito de Direito, o fundamento de validade do Direito baseia-se na existência de uma regra de reconhecimento, sem a qual não seria possível a existência de ordenamentos jurídicos. Segundo Hart, assinale a opção que define regra de reconhecimento.

(A) Regra que exige que os seres humanos pratiquem ou se abstenham de praticar certos atos, quer queiram quer não.

(B) Regra que estabelece critérios segundo os quais uma sociedade considera válida a existência de suas próprias normas jurídicas.

(C) Regra que impõe deveres a todos aqueles que são reconhecidos como cidadãos sob a tutela do Estado.

(D) Regra que reconhece grupos excluídos e minorias sociais como detentores de direitos fundamentais.

RESPOSTA Hart divide as regras em primárias (aquelas que tornam a existência social possível: restrição ao livre uso da violência, ao roubo e a fraudes em geral) e secundárias (regras que tratam das regras primárias: do modo como estas regras podem ser consideradas válidas, podem ser criadas, revogadas, mudadas etc.). Hart classifica as regras secundárias em três tipos: 1) A regra de reconhecimento, que estabelece o atributo ou os atributos que uma regra precisa ter para que possa ser considerada válida e, portanto, parte do sistema legal. 2) As regras de alteração, que determinam quem possui o poder de introduzir novas regras primárias, eliminando as antigas. 3) As regras de adjudicação, que conferem jurisdição a um indivíduo ou a um grupo de indivíduos para poder decidir definitivamente se uma regra primária foi ou não violada. Assim, a única opção de acordo com o conceito de regra de reconhecimento é a *alternativa B.*

18. (XXXII Exame) Miguel Reale, ao tratar do tema da validade da norma jurídica em seu livro Lições Preliminares de Direito, fala de uma dimensão denominada por ele validade social ou, ainda, eficácia ou efetividade. Segundo Reale, a eficácia seria a regra jurídica enquanto momento da conduta humana. Com base no livro em referência, assinale a opção que apresenta a ideia de eficácia ou efetividade da norma jurídica.

(A) Executoriedade compulsória de uma regra de direito, por haver preenchido os requisitos essenciais à sua feitura ou elaboração.

(B) Obediência das normas jurídicas às determinações formais e materiais da Constituição Federal, sem o que uma norma jurídica não teria capacidade de produzir efeitos.

(C) O fundamento da norma jurídica, isto é, o valor ou o fim objetivado pela regra de direito; a razão de ser da norma, pois é impossível conceber uma regra jurídica desvinculada de sua finalidade.

(D) A norma em sua dimensão experimental, pois se refere ao cumprimento efetivo do direito por parte de uma sociedade ou, ainda, aos efeitos sociais que uma regra suscita por meio de seu cumprimento.

RESPOSTA (A) É preciso inicialmente lembrar que Reale entende o fenômeno do direito como o resultado de três dimensões: a fática, a valorativa e a normativa. Assim, uma norma jurídica pode ser analisada com base nesses três diferentes prismas. A alternativa se refere à situação em que existem normas formalmente válidas por terem sido produzidas de acordo com o processo legislativo e com os princípios constitucionais em vigor, mas que não são reconhecidas socialmente como obrigatórias. No entanto, como estas normas continuam sendo normas jurídicas em vigor, elas são aplicadas pelos Tribunais. Isto é o que Reale chama de eficácia compulsória, que não se confunde com o conceito geral de eficácia ou efetividade da norma jurídica. (B) Aqui temos, na verdade, o conceito de validade. A validade serve para que possamos dizer se uma norma está ou não está dentro do sistema jurídico. Se ela estiver de acordo com a Constituição do ponto de vista formal (o modo pelo qual a norma deve ser produzida) e material (os princípios e regras do texto constitucional) essa norma será válida e pertencerá ao ordenamento jurídico, podendo ser aplicada. (C) A dimensão valorativa da norma tem a ver com sua razão de ser, que é a finalidade que ela busca atingir. Isso não se confunde com a eficácia cuja preocupação não é com o valor que dá fundamento à norma, mas sim com o fato dela ser ou não ser socialmente aceita. Por isso, do ponto de vista da eficácia não importa essa discussão valorativa. (D) Este é o conceito de eficácia presente na obra de Reale. A eficácia ou efetividade da norma jurídica se preocupa com a dimensão fática ou, como diz Reale, experimental da norma (pois ligada à experiência diária). Por isso, o importante do ponto de vista da eficácia é verificar se uma norma jurídica tem ou não tem respaldo social, se ela é ou não é de fato observada pelas pessoas que compõem uma determinada sociedade. *Alternativa D.*

19. (XXXII Exame) Norberto Bobbio, em seu livro *O Positivismo Jurídico: lições de Filosofia do Direito*, afirma que o positivismo jurídico é uma teoria na medida em que se propõe a descrever o Direito, mas que também pode ser uma ideologia na medida em que se propõe a ser um certo modo de querer o Direito. Assinale a opção que, segundo Bobbio, no livro em referência, expressa essa suposta ideologia do positivismo jurídico, denominada por ele positivismo ético.

(A) A ética como fundamento moral para a autoridade competente propor e aprovar a lei.

(B) A lei só é válida se for moralmente aceitável por parte da maioria da população.

(C) A lei deve ser obedecida apenas na medida em que se revelar socialmente útil.

(D) O dever absoluto ou incondicional de obedecer a lei enquanto tal.

RESPOSTA (A) Como teoria o positivismo jurídico se baseia na afirmação de que as dimensões jurídica e moral estão separadas. Assim, não é correto afirmar que do ponto de vista do positivismo, o fundamento para uma autoridade propor e aprovar uma lei seja um fundamento moral. Com efeito, o fundamento da autoridade só pode ser o próprio direito. (B) De novo a questão se afasta da afirmação positivista de separação entre direito e moral. Portanto, a validade de uma norma jurídica não depende de que a maioria da população a considere moralmente aceitável, pois uma norma jurídica é válida, devendo ser aplicada tão somente porque foi produzida de acordo com uma norma hierarquicamente superior. (C) A utilidade social de uma norma é uma questão do mundo do ser que não se mistura com o fundamento de sua obrigatoriedade que, do ponto de vista do positivismo é normativo, ou seja, é outra norma jurídica. (D) Segundo Bobbio, uma teoria busca descrever uma coisa como ela é, enquanto uma ideologia busca descrever uma coisa como se deseja que ela fosse. Assim, podemos enxergar o positivismo como uma teoria, mas também como uma ideologia. Deste último ponto de vista, o positivismo para Bobbio é o dever absoluto ou incondicional de obedecer à lei enquanto tal. Essa ideologia é chamada pelo autor italiano de positivismo ético, pois afirmar que a lei deve ser obedecida é uma afirmação valorativa. A teoria busca tão somente descrever o direito. Descreve-se, por exemplo, que, muitas vezes a lei não é obedecida. Já a ideologia busca afirmar um valor que, para o positivismo ético é a obediência à lei. *Alternativa D.*

20. (XXXIII Exame) Este sistema, que consiste em fazer uso da oposição e da rivalidade dos interesses, na falta de motivos melhores, é o segredo de todos os negócios humanos, quer sejam particulares, quer públicos. MADISON, James; HAMILTON, Alexander; JAY, John. In O Federalista

Os textos conhecidos na forma do livro *O Federalista* expressam um princípio de governo republicano que ficou conhecido como freios e contrapesos, que se propõe a assegurar a justiça e a liberdade que deveriam ser, segundo os autores, o fim de todo governo e da sociedade civil. Assinale a opção que melhor expressa, com base no livro em referência, o princípio dos freios e contrapesos.

(A) Assegurar o devido processo legal, de modo que todos aqueles que sejam acusados de terem cometido um ilícito contra um particular ou contra o Poder Público possam se valer de todos os instrumentos de defesa técnica adequada, tendo em vista impedir que o magistrado da causa julgue com base em suas convicções morais, filosóficas ou religiosas.

(B) Assegurar um sistema de representação eleitoral em que a população manifeste sua vontade, mas escolhendo apenas representantes que tenham passado por um devido processo de formação política oferecido pela Escola de Governo da República. Essa Escola deve ser mantida pela União e as vagas devem ser repartidas proporcionalmente entre os partidos políticos.

(C) Assegurar a ampla defesa e o contraditório, de forma que no desenrolar de uma ação judicial os argumentos de acusação e defesa se coloquem em equilíbrio e, dessa forma, não haja um peso excessivo apenas para um dos lados da causa, o que geraria uma inevitável injustiça.

(D) Assegurar a vontade própria de cada Poder do Estado, de modo que aqueles que o exercitam tenham a menor influência na escolha dos representantes dos demais poderes. Além disso, deve-se organizar o poder legislativo em duas casas legislativas com eleições independentes, e deve-se, também, impedir que uma facção política destrua a outra.

RESPOSTA *O Federalista* é um dos textos mais importantes do Constitucionalismo e, desde que foi publicado no fim do século XVIII, passou a ser considerado uma das obras fundamentais sobre liberdade e emancipação políticas. A Constituição dos Estados Unidos da América data de 1787. No ano seguinte, James Madison e Alexander Hamilton publicaram "A Estrutura do Governo Deve Fornecer os Freios e Contrapesos (Checks and balances) Adequados entre os Diversos Departamentos", um dos artigos que compõem O Federalista. Esses escritos além de explanarem a teoria que se encontra na base dos princípios constitucionais, evidenciam uma preocupação prática, no sentido de estabelecer a estrutura governamental da nascente República dos Estados Unidos da América. Assim, as partes constituintes da estrutura governamental devem, através das suas relações mútuas, prover os meios de se manter umas às outras nos devidos lugares. "A grande proteção contra uma concentração gradual dos diversos poderes no mesmo departamento consiste em dar àqueles que administram cada departamento os meios constitucionais e os motivos pessoais necessários para resistir à usurpação pelos outros". *Alternativa D.*

III. TEORIA GERAL DO DIREITO

21. (XX Exame) O raciocínio analógico é típico do pensamento jurídico. Esse é um tema debatido por vários teóricos e filósofos do Direito. Para Norberto Bobbio, na obra Teoria do Ordenamento Jurídico, trata-se de um método de autointegração do Direito. Assinale a opção que, segundo esse autor, apresenta o conceito de analogia.

(A) Subsunção de um caso (premissa menor) a uma norma jurídica (premissa maior) de forma a permitir uma conclusão lógica e necessária.

(B) Existindo relevante semelhança entre dois casos, as consequências jurídicas atribuídas a um caso já regulamentado deverão ser atribuídas também a um caso não-regulamentado.

(C) Raciocínio em que se produz, como efeito, a extensão de uma norma jurídica para casos não previstos por esta.

(D) Decisão, por meio de recurso, às práticas sociais que sejam uniformes e continuadas e que possuam previsão de necessidade jurídica.

RESPOSTA Segundo Bobbio, "entende-se por analogia o procedimento pelo qual se atribui a um caso não regulamentado a mesma disciplina que a um caso regulamentado semelhante" (BOBBIO, 1995, p. 151). Logo, a alternativa correta é a letra B. As letras A e C referem-se respectivamente aos conceitos de silogismo e de interpretação extensiva. É possível pensar que a letra D está a tratar da utilização de costumes jurídicos em situações de lacuna, tal qual prescreve o art. 4º da LINDB, como também está se referindo à chamada doutrina objetivista de interpretação, segundo a qual a lei deve ser interpretada tendo em vista as condições sociais do momento no qual ela se encontra vigente. *Alternativa B.*

22. (XXII Exame) Um sério problema com o qual o advogado pode se deparar ao lidar com o ordenamento jurídico é o das antinomias. Segundo Norberto Bobbio, em seu livro *Teoria do Ordenamento Jurídico*, são necessárias duas condições para que uma antinomia ocorra.

Assinale a opção que, segundo o autor da obra em referência, apresenta tais condições.

(A) As duas normas em conflito devem pertencer ao mesmo ordenamento; as duas normas devem ter o mesmo âmbito de validade, seja temporal, espacial, pessoal ou material.

(B) Ambas as normas devem ter procedido da mesma autoridade legislativa; as duas normas em conflito não devem dispor sobre uma mesma matéria.

(C) Ocorre no âmbito do processo judicial quando há uma divergência entre a decisão de primeira instância e a decisão de segunda instância ou quando um tribunal superior de natureza federal confirma a decisão de segunda instância.

(D) As duas normas aplicáveis não apresentam uma solução satisfatória para o caso; as duas normas não podem ser integradas mediante recurso a analogia ou costumes.

RESPOSTA Se antinomia é uma situação em que temos duas normas incompatíveis entre si, o pressuposto lógico dessa incompatibilidade é que elas pertençam ao mesmo sistema, isto é, ao mesmo ordenamento. Não há, por exemplo, incompatibilidade entre uma norma pertencente ao ordenamento jurídico brasileiro e uma norma do ordenamento jurídico paraguaio. A segunda condição apontada por Bobbio, em sua obra *Teoria do ordenamento jurídico* (1995, pp. 87-88) é que as duas normas devem ter o mesmo âmbito de validade. Podemos identificar quatro âmbitos: o temporal, o espacial, o pessoal e o material. Não haverá antinomia entre normas que não coincidem com respeito à: (i) validade temporal ("é proibido fumar das cinco às sete" não é incompatível com "é permitido fumar das sete às nove"); (ii) validade espacial ("é proibido fumar na sala de cinema" não é incompatível com "é permitido fumar na sala de espera"); (iii) validade pessoal ("é proibido aos menores de 18 anos fumar" não é incompatível com "é permitido aos adultos fumar"); (iv) validade material ("é proibido fumar charutos" não é incompatível com "é permitido fumar cigarros"). *Alternativa A.*

23. **(XXV Exame)** A ideia da existência de lacuna é um desafio ao conceito de completude do ordenamento jurídico. Segundo o jusfilósofo italiano Norberto Bobbio, no livro *Teoria do Ordenamento Jurídico*, pode-se completar ou integrar as lacunas existentes no Direito por intermédio de dois métodos, a saber: heterointegração e autointegração.

Assinale a opção que explica como o jusfilósofo define tais conceitos na obra em referência.

(A) O primeiro método consiste na integração operada por meio de recursos a ordenamentos diversos e a fontes diversas daquela que é dominante; o segundo método consiste na integração cumprida por meio do mesmo ordenamento, no âmbito da mesma fonte dominante, sem recorrência a outros ordenamentos.

(B) A heterointegração consiste em preencher as lacunas recorrendo-se aos princípios gerais do Direito, uma vez que estes não estão necessariamente incutidos nas normas do Direito positivo; já a autointegração consiste em solucionar as lacunas por meio das convicções pessoais do intérprete.

(C) O primeiro método diz respeito à necessidade de utilização da jurisprudência como meio adequado de solucionar as lacunas sem gerar controvérsias; por outro lado, o segundo método implica buscar a solução da lacuna por meio de interpretação extensiva.

(D) A heterointegração exige que o intérprete busque a solução das lacunas nos tratados e nas convenções internacionais de que o país seja signatário; por seu turno, a autointegração está relacionada à busca da solução na jurisprudência pátria.

RESPOSTA É interessante atentar para o significado dos prefixos hetero e auto, respectivamente outro e próprio, o que ajudaria bastante na obtenção da resposta correta. O dogma da completude é a ideia de que o ordenamento jurídico seria sempre capaz de fornecer ao juiz, em cada caso, uma solução. Deveria, portanto, sempre existir uma norma jurídica apta a solucionar cada situação. Esse dogma é abandonado no início do século XX, quando a doutrina percebe que o direito estatal não pode ser completo, pois ele não é capaz de acompanhar o desenvolvimento social. A produção de normas jurídicas é sempre mais lenta do que o ritmo das mudanças sociais. É natural, portanto, que haja lacunas no ordenamento jurídico, ou seja, situações em que não dispomos de uma norma jurídica. As lacunas precisam então ser completadas, colmatadas e, para isso, são utilizados dois métodos: heterointegração e autointegração. Segundo Bobbio, o primeiro método consiste na integração operada por meio do recurso a ordenamentos diversos ou a fontes diversas da que é dominante (identificada, no nosso ordenamento, com a lei). O segundo método, por sua vez, consiste na integração realizada dentro do mesmo ordenamento e no âmbito da mesma fonte dominante, não se recorrendo, assim, a ordenamentos estrangeiros ou a fontes diversas da lei. A heterointegração pode se valer de: 1) reenvio a ordenamentos anteriores no tempo, como o ordenamento brasileiro sob a égide da Constituição de 1946; 2) reenvio a ordenamentos vigentes contemporâneos, como o argentino ou o italiano; 3) recurso ao costume considerado como fonte subsidiária da lei; 4) o poder criativo do juiz, permitido nos chamados juízos de equidade (embora estejamos num momento de incertezas teóricas, a tradição do nosso direito não estimula esse poder); 5) o recurso às opiniões dos juristas (mera possibilidade teórica, sem concretude no momento atual). Já a autointegração se realiza através da analogia e dos princípios gerais do direito. Nesses dois casos a integração da lacuna se dá dentro do próprio ordenamento em questão. Segundo Bobbio, "entende-se por analogia o procedimento pelo qual se atribui a um caso não regulamentado a mesma disciplina que a um caso regulamentado semelhante" (BOBBIO, 1995, p. 151). Perceba-se que esse caso regulamentado semelhante se encontra dentro do próprio ordenamento incompleto. Já os princípios gerais do direito podem ser entendidos como as normas mais gerais do sistema. Segundo Bobbio, os princípios gerais são normas como todas as outras. Esses princípios podem ser expressos (arts. 884 e 927, do Código Civil, por exemplo) e não expressos, os quais são "normas generalíssimas, formuladas pelo intérprete, que busca colher, comparando normas aparentemente diversas entre si, aquilo a que comumente se chama o espírito do sistema" (1995, p. 159). Podemos apontar como princípios desse tipo a eticidade e a socialidade, princípios que, de acordo com Miguel Reale, presidiram a feitura do Código Civil em vigor. Assim, os princípios gerais de direito de que fala nosso art.

4º da LINDB seriam tão somente os não expressos, pois "quando os princípios gerais são expressos, exatamente pelo fato de que são normas como as demais, não se pode falar de lacuna" (1995, p. 160). *Alternativa A.*

24. (XXIX Exame) *Costuma-se dizer que o ordenamento jurídico regula a própria produção normativa. Existem normas de comportamento ao lado de normas de estrutura... elas não regulam um comportamento, mas o modo de regular um comportamento"...* (BOBBIO, Norberto. Teoria do Ordenamento Jurídico. São Paulo: Polis; Brasília EdUnB, 1989.)

A atuação de um advogado deve se dar com base no ordenamento jurídico. Por isso, não basta conhecer as leis; é preciso compreender o conceito e o funcionamento do ordenamento. Bobbio, em seu livro *Teoria do Ordenamento Jurídico*, afirma que a unidade do ordenamento jurídico é assegurada por suas fontes.

Assinale a opção que indica o fato que, para esse autor, interessa notar para uma teoria geral do ordenamento jurídico, em relação às fontes do Direito.

(A) No mesmo momento em que se reconhece existirem atos ou fatos dos quais se faz depender a produção de normas jurídicas, reconhece-se que o ordenamento jurídico, além de regular o comportamento das pessoas, regula também o modo pelo qual se devem produzir as regras.

(B) As fontes do Direito definem o ordenamento jurídico como um complexo de normas de comportamento referidas a uma dada sociedade e a um dado momento histórico, de forma que garante a vinculação entre interesse social e comportamento normatizado.

(C) Como forma de institucionalização do direito positivo, as fontes do Direito definem o ordenamento jurídico exclusivamente em relação ao processo formal de sua criação, sem levar em conta os elementos morais que poderiam definir uma norma como justa ou injusta.

(D) As normas, uma vez definidas como jurídicas, são associadas num conjunto específico, chamado de direito positivo. Esse direito positivo é o que comumente chamamos de ordenamento jurídico. Portanto, a fonte do Direito que institui o Direito como ordenamento é a norma, anteriormente definida como jurídica.

RESPOSTA Segundo Bobbio, fontes do direito "são aqueles fatos ou atos dos quais o ordenamento jurídico faz depender a produção de normas jurídicas". (1995, p. 45) Sempre que se estuda o ordenamento jurídico se procura começar tal estudo por uma enumeração de suas fontes. Numa teoria geral sobre o ordenamento jurídico moderno, afirma Bobbio, o importante é notar que ele regula não só o modo como as pessoas devem se comportar, mas também o modo pelo qual as regras devem ser produzidas (e esse é o traço distintivo de um ordenamento moderno). Assim, há normas destinadas a regular a conduta das pessoas – as **normas de conduta** – e as **normas de estrutura** – que regulam a produção de outras normas. A única alternativa condizente com a explicação que se encontra acima é a *Alternativa A.*

25. (XXXIII Exame) Norberto Bobbio, em seu livro *Teoria da Norma Jurídica*, considera a sanção uma das mais significativas características da norma jurídica. Ele diferencia a sanção jurídica da sanção moral e da sanção social, pelo fato de a sanção jurídica ser institucionalizada. Assinale a opção que, segundo Bobbio na obra em referência, expressa as características da sanção institucionalizada.

(A) A sanção que obriga a consciência dos destinatários da norma e que produz um sentimento de culpa, que é a consequência negativa ou desagradável decorrente da eventual violação da norma.

(B) A sanção que resulta dos costumes e da vida em sociedade em geral, e que possui como fim tornar mais fácil ou menos difícil a convivência social.

(C) A sanção que foi feita para os casos de violação de uma regra primária e que tem sua medida estabelecida dentro de certos termos, para ser executada por pessoas previamente determinadas.

(D) A sanção instituída pelo direito natural e que decorre da natureza mesma das coisas, da vontade de Deus e da razão humana.

RESPOSTA As obras de Bobbio, em especial a *Teoria da Norma* e a *Teoria do Ordenamento* são as mais cobradas nos exames. A sanção pode ser sinteticamente definida como uma resposta a violação de uma norma jurídica. Todo sistema normativo prevê sanções, mas existem diferentes tipos de sanções, o que permite a Bobbio propor uma classificação delas. A sanção moral é puramente interior, pois se passa na consciência do destinatário da norma. A sanção social é externa, pois provém do grupo social, que responde à violação de suas normas costumeiras. Nem a sanção moral nem a sanção social são institucionalizadas, isto é, elas não são reguladas por "normas fixas, precisas, cuja execução esteja confiada estavelmente a alguns membros do grupo, expressamente designados para isto. Por isso, há, por exemplo, nas sanções sociais, uma falta de proporção entre a violação cometida e a resposta. Já a sanção jurídica é sanção institucionalizada, pois além de regular os comportamentos dos cidadãos, uma norma jurídica regula também a reação aos comportamentos contrários, que deve se dar de forma institucionalizada, isto é, pelos órgãos estatais que devem agir nos estritos parâmetros estabelecidos por lei. *Alternativa C.*

IV. DIREITO E MORAL

26. (XXI Exame) Há um limite para a interferência legítima da opinião coletiva sobre a independência individual, e encontrar esse limite, guardando-o de invasões, é tão indispensável à boa condição dos negócios humanos como a proteção contra o despotismo político.

John Stuart Mill

A consciência jurídica deve levar em conta o delicado balanço entre a liberdade individual e o governo das leis. No livro A Liberdade. Utilitarismo, John Stuart Mill sustenta que um dos maiores problemas da vida civil é a tirania das maiorias. Conforme a obra citada, assinale a opção que expressa corretamente a maneira como esse autor entende o que seja tirania e a forma de proteção necessária.

(A) A tirania resulta do poder do povo como autogoverno porque o povo não é esclarecido para fazer suas escolhas. A proteção contra essa tirania é delegar o governo aos mais capacitados, como uma espécie de governo por meritocracia.

(B) A deliberação de juízes ao imporem suas concepções de certo e errado sobre as causas que julgam, produz a mais poderosa tirania, pois subjuga a vontade daqueles que estão sob a jurisdição desses magistrados. Apenas o duplo grau de jurisdição pode proteger a sociedade desta tirania.

(C) Os governantes eleitos impõem sobre o povo suas vontades e essa forma de opressão é a única tirania da maioria contra a qual se deve buscar a proteção na vida social, o que é feito por meio da desobediência civil.

(D) A sociedade, quando faz as vezes do tirano, pratica uma tirania mais temível do que muitas espécies de opressão política, pois penetra nos detalhes da vida e escraviza a alma. Por isso é necessária a proteção contra a tirania da opinião e do sentimento dominantes.

RESPOSTA John Stuart Mill foi um dos mais importantes teóricos do utilitarismo moderno. Sua obra *Sobre a liberdade* é dedicada à defesa da liberdade individual. Mill defende o direito do indivíduo de viver como quiser, desde que não viole a liberdade do outro. Vejamos o trecho de sua obra que responde à questão: "(...) a tirania do maior número se inclui, hoje, geralmente, entre os males contra os quais a sociedade se deve resguardar. Como outras tiranias, a tirania do maior número foi, a princípio, e ainda é vulgarmente, encarada com terror, principalmente quando opera por intermédio dos atos das autoridades públicas. Mas pessoas refletidas perceberam que, no caso de ser a própria sociedade o tirano – a sociedade coletivamente ante os indivíduos separados que a compõem –, seus processos de tirania não se restringem aos atos praticáveis pelas mãos de seus funcionários políticos. A sociedade pode executar e executa os próprios mandatos; e, se ela expede mandatos errôneos ao invés de certos, ou mandatos relativos a coisas nas quais não deve intrometer-se, pratica uma tirania social mais terrível que muitas formas de opressão política, desde que, embora não apoiada ordinariamente nas mesmas penalidades extremas que estas últimas, deixa, entretanto, menos meios de fuga que elas, penetrando muito mais profundamente nas particularidades da vida, e escravizando a própria alma. A proteção, portanto, contra a tirania do magistrado não basta. Importa ainda o amparo contra a tirania da opinião e do sentimento dominantes: contra a tendência da sociedade para impor, por outros meios além das penalidades civis, as próprias ideias e práticas como regras de conduta, àqueles que delas divergem, para refrear e, se possível, prevenir a formação de qualquer individualidade em desarmonia com os seus rumos, e compelir todos os caracteres a se plasmarem sobre o modelo dela própria. Há um limite à legítima interferência da opinião coletiva com a independência individual. E achar esse limite, e mantê-lo contra as usurpações, é indispensável tanto a uma boa condição dos negócios humanos como à proteção contra o despotismo político" (MILL, 1991, pp. 26-27). *Alternativa D.*

27. **(XXVII Exame)** *"Algo mais fundamental do que a liberdade e a justiça, que são os direitos dos cidadãos, está em jogo quando deixa de ser natural que um homem pertença à comunidade em que nasceu"...* (ARENDT, Hannah. As origens do Totalitarismo. São Paulo: Cia das Letras, 2012.)

A situação atual dos refugiados no mundo provoca uma reflexão jusfilosófica no sentido do que já havia pensado Hannah Arendt, logo após a II Guerra Mundial, em sua obra As Origens do Totalitarismo. Nela, a autora sustenta que o mais fundamental de todos os direitos humanos é o direito a ter direitos, o que não ocorre com os apátridas.

Segundo a obra em referência, assinale a opção que apresenta a razão pela qual o homem perde sua qualidade essencial de homem e sua própria dignidade.

(A) Ser privado de direitos subjetivos específicos previstos no ordenamento jurídico pátrio.

(B) Viver sob um regime de tirania que viola a liberdade de crença e limita a liberdade de expressão.

(C) Cumprir pena de privação da liberdade, quando executada em penitenciárias sob condições desumanas.

(D) Deixar de pertencer a uma comunidade organizada, disposta e capaz de garantir quaisquer direitos.

RESPOSTA O desenvolvimento do Direito Moderno se deu a partir do princípio da soberania estatal, que teve como sustentáculo teórico justamente o positivismo jurídico, baseado na crença de que só era direito aquilo que tivesse sido declarado como tal por um Estado Nacional. Desse ponto de vista, o vínculo político com um estado, isto é, a cidadania, era o que conferia proteção jurídica à pessoa. Com a segunda guerra mundial, o fenômeno dos refugiados, dos apátridas, aqueles que não tinham cidadania alguma, colocou em xeque o ponto de vista acima, pois gerou um enorme contingente de pessoas que não possuíam direitos, por não terem ligação política com nenhum Estado. Esse fenômeno foi notado por Hannah Arendt, em seu livro As Origens do Totalitarismo, ao afirmar que "os direitos do homem, supostamente inalienáveis, mostraram-se inexequíveis (...) sempre que surgiam pessoas que não eram cidadãs de algum Estado soberano". Segundo ela "a calamidade dos que não têm direitos não decorre do fato de terem sido privados da vida, da liberdade ou da procura da felicidade, nem da igualdade perante a lei ou da liberdade de opinião - fórmulas que se destinavam a resolver problemas *dentro* de certas comunidades –, **mas do fato de já não pertencerem a qualquer comunidade**". (2016, p. 392) *Alternativa D.*

28. **(XXX Exame)** É preciso repetir mais uma vez aquilo que os adversários do utilitarismo raramente fazem o favor de reconhecer: a felicidade que os utilitaristas adotaram como padrão do que é certo na conduta não é a do próprio agente, mas a de todos os envolvidos. John Stuart Mill

Na defesa que Stuart Mill faz do utilitarismo como princípio moral, em seu texto Utilitarismo, ele afirma que o utilitarismo exige que o indivíduo não coloque seus interesses acima dos interesses dos demais, devendo, por isso, ser imparcial e até mesmo benevolente.

Assim, no texto em referência, Stuart Mill afirma que, para aproximar os indivíduos desse ideal, a utilidade recomenda que

(A) as leis e os dispositivos sociais coloquem, o máximo possível, a felicidade ou o interesse de cada indivíduo em harmonia com os interesses do todo.

(B) o Direito Natural, que possui como base a própria natureza das coisas, seja o fundamento primeiro e último de todas as leis, para que o desejo de ninguém se sobreponha ao convívio social.

(C) os sentimentos morais que são inatos aos seres humanos e conformam, de fato, uma parte de nossa natureza, já que estão presentes em todos, sejam a base da legislação.

(D) as leis de cada país garantam a liberdade de cada indivíduo em buscar sua própria felicidade, ainda que a felicidade de um não seja compatível com a felicidade de outro.

RESPOSTA Ao lado de Bentham o principal nome do utilitarismo é o de John Stuart Mill, que aceita em termos gerais o mesmo princípio da utilidade proposto pelo primeiro. Este princípio também é chamado de princípio da maior felicidade. De acordo com ele, uma ação está em conformidade com a utilidade quando a tendência que ela tem a aumentar a felicidade for maior do que qualquer tendência que tenha a diminuí-la. Com base nesse pensamento, os utilitaristas chegam à conclusão de que a lei justa será aquela que promover o bem-estar ou a felicidade do maior número de pessoas. Por isso, uma sociedade está ordenada de forma correta e, portanto, justa, quando suas instituições mais importantes estão planejadas de modo a conseguir o maior saldo líquido de satisfação obtido a partir da soma das participações individuais de todos os seus membros. *Alternativa A.*

29. (XXXI Exame) *É preciso sair do estado natural, no qual cada um age em função dos seus próprios caprichos, e convencionar com todos os demais em submeter-se a uma limitação exterior, publicamente acordada, e, por conseguinte, entrar num estado em que tudo que deve ser reconhecido como seu é determinado pela lei...*

Immanuel Kant

A perspectiva contratualista de Kant, apresentada na obra Doutrina do Direito, sustenta ser necessário passar de um estado de natureza, no qual as pessoas agem egoisticamente, para um estado civil, em que a vida em comum seja regulada pela lei, como forma de justiça pública. Isso implica interferir na liberdade das pessoas.

Em relação à liberdade no estado civil, assinale a opção que apresenta a posição que Kant sustenta na obra em referência.

A) O homem deixou sua liberdade selvagem e sem freio para encontrar toda a sua liberdade na dependência legal, isto é, num estado jurídico, porque essa dependência procede de sua própria vontade legisladora.

B) A liberdade num estado jurídico ou civil consiste na capacidade da vontade soberana de cada indivíduo de fazer aquilo que deseja, pois somente nesse estado o homem se vê livre das forças da natureza que limitam sua vontade.

C) A liberdade civil resulta da estrutura política do estado, de forma que somente pode ser considerado liberdade aquilo que decorre de uma afirmação de vontade do soberano. No estado civil, a liberdade não pode ser considerada uma vontade pessoal.

D) Na república, a liberdade é do governante para governar em prol de todos os cidadãos, de modo que o governante possui liberdade, e os governados possuem direitos que são instituídos pelo governo.

RESPOSTA (A) Kant adota a perspectiva contratualista defendida por autores como Hobbes e Rousseau. Na verdade, a liberdade só pode ser alcançada pela submissão à lei, já que num estado de natureza tudo é reduzido à pura força. Assim, só é possível a preservação da liberdade individual se se estabelece um terceiro (o Estado legislador) que estabelece por meio do direito o lugar de cada indivíduo, permitindo que as diferentes liberdades individuais convivam entre si sem que uma seja anulada pela outra. A dependência da lei não é escravidão, mas sim liberdade, já que a lei deriva da própria liberdade legisladora do povo, aquilo que Rousseau chamava de vontade geral. (B) Fazer aquilo que se deseja não é possível no estado civil que é regido pelo direito. A liberdade só é possível, portanto, enquanto liberdade limitada juridicamente. A liberdade de se fazer tudo que se quer é própria do estado de natureza e não é real liberdade, mas sim tirania do mais forte. (C) A liberdade para Kant, assim como para Rousseau, era consequência da vontade soberana do povo (o povo é o soberano). Nesse sentido, ela é uma vontade de cada cidadão e não a vontade de uma pessoa só como um Rei. (D) Falso. A característica de uma República é justamente o fato de que governante e governados são ambos cidadãos com as mesmas liberdades e os mesmos direitos. Não há uma relação de sujeição entre governante e cidadãos. *Alternativa A.*

V. A INTERPRETAÇÃO DO DIREITO

30. (XVII Exame) Hans Kelsen, ao abordar o tema da interpretação jurídica no seu livro *Teoria Pura do Direito*, fala em ato de vontade e ato de conhecimento. Em relação à aplicação do Direito por um órgão jurídico, assinale a afirmativa correta da interpretação.

(A) Prevalece como ato de conhecimento, pois o Direito é atividade científica e, assim, capaz de prover precisão técnica no âmbito de sua aplicação por agentes competentes.

(B) Predomina como puro ato de conhecimento, em que o agente escolhe, conforme seu arbítrio, qualquer norma que entenda como válida e capaz de regular o caso concreto.

(C) A interpretação cognoscitiva combina-se a um ato de vontade em que o órgão aplicador efetua uma escolha entre as possibilidades reveladas por meio da mesma interpretação cognoscitiva.

(D) A interpretação gramatical prevalece como sendo a única capaz de revelar o conhecimento apropriado da *mens legis*.

RESPOSTA Kelsen trata do tema ao abordar o problema da interpretação do direito no capítulo VIII de sua *Teoria Pura do Direito*. Essa interpretação pode ser feita por qualquer pessoa que se interesse por interpretar uma norma, mas também pode ser feita por alguém que possui competência legal para aplicar o direito ao caso concreto. Em cada um dos casos, temos atos de qualidades diferentes. Isso porque a autoridade que possui competência para aplicar o direito, ou seja, o juiz possui o poder de fazer com que a sua interpretação seja a que se apresenta como obrigatória. Assim, o juiz desempenha um ato de vontade, enquanto um doutrinador, por exemplo, quando interpreta, apenas descreve os possíveis sentidos da norma interpretada, sem que o seu entendimento sobre qual é o melhor sentido tenha a capacidade de obrigar. Segundo Kelsen, na interpretação da lei realizada por um órgão jurídico, *a interpretação cognoscitiva (operação de conhecimento) do direito combina-se com um ato de vontade* em que o órgão aplicador escolhe uma entre as várias possibilidades reveladas por aquela mesma interpretação cognoscitiva. Assim, é justamente o ato de vontade que distingue a interpretação realizada por um órgão jurídico de outras interpretações – como as realizadas por qualquer estudioso do direito. Em face do exposto, a única resposta correta é a *alternativa C*.

31. (XVIII Exame) Segundo o jusfilósofo alemão Karl Larenz, os textos jurídicos são problematizáveis porque estão redigidos em linguagem corrente ou em linguagem especializada, mas que, de todo modo, contêm expressões que apresentam uma margem de variabilidade de significação. Nesse sentido, assinale a opção que exprime o pensamento desse autor acerca da ideia de interpretação da lei.

(A) Deve-se aceitar que os textos jurídicos apenas carecem de interpretação quando surgem particularmente como obscuros, pouco claros ou contraditórios.

(B) Interpretar um texto significa alcançar o único sentido possível de uma norma conforme a intenção que a ela foi dada pelo legislador.

(C) Os textos jurídicos, em princípio, são suscetíveis e carecem de interpretação porque toda linguagem é passível de adequação a cada situação.

(D) A interpretação dada por uma autoridade judicial a uma lei é uma conclusão logicamente vinculante que, por isso mesmo, deve ser repetida sempre que a mesma lei for aplicada.

RESPOSTA (A) A doutrina mais moderna sobre a interpretação do direito rejeita o postulado de que *in claris cessat interpretatio*: quando a norma está clara não precisamos interpretá-la. Hoje se considera que toda norma precisa de alguma interpretação. Larenz explica que o significado preciso de um texto normativo é algo constantemente problemático. Em primeiro lugar, porque a lei se serve da flexível linguagem corrente, e não da linguagem das ciências, que é estabelecida de modo rigoroso. Em segundo lugar, porque sempre surgem situações em que há contradição entre as normas (LARENZ, 1997, p. 439-441). (B) Para Larenz, não há uma interpretação absolutamente correta, única, válida para todas as épocas. Isso porque as relações humanas estão em constate mutação, sempre colocando o aplicador do direito perante novas questões (LARENZ, 1997, p. 443). (C) É a alternativa correta, tendo em vista o que foi dito anteriormente. (D) A interpretação do direito se assemelha menos à ciência e mais a uma arte. Assim, escapa dessa conclusão logicamente vinculante mencionada na questão. Mesmo as autoridades judiciais não conseguem chegar a uma interpretação absolutamente correta, única, válida para todas as épocas. *Alternativa C*.

32. (XIX Exame) Segundo o art. 1.723 do Código Civil, "É reconhecida como entidade familiar a união estável entre o homem e a mulher, configurada na convivência pública, contínua e duradoura e estabelecida com o objetivo de constituição de família". Contudo, no ano de 2011, os ministros do Supremo Tribunal Federal (STF), ao julgarem a Ação Direta de Inconstitucionalidade 4.277 e a Arguição de Descumprimento de Preceito Fundamental 132, reconheceram a união estável para casais do mesmo sexo. A situação acima descrita pode ser compreendida, à luz da Teoria Tridimensional do Direito de Miguel Reale, nos seguintes termos:

(A) uma norma jurídica, uma vez emanada, sofre alterações semânticas pela superveniência de mudanças no plano dos fatos e valores.

(B) toda norma jurídica é interpretada pelo poder discricionário de magistrados, no momento em que estes transformam a vontade abstrata da lei em norma para o caso concreto.

(C) o fato social é que determina a correta compreensão do que é a experiência jurídica e, por isso, os costumes devem ter precedência sobre a letra fria da lei.

(D) o ativismo judicial não pode ser confundido com o direito mesmo. Juízes não podem impor suas próprias ideologias ao julgarem os casos concretos.

RESPOSTA (A) A Teoria Tridimensional do Direito de Miguel Reale concebe o direito como um fenômeno que é, ao mesmo tempo, fático, valorativo e normativo (daí fato, valor e norma). Por isso, para Reale, o juiz não pode interpretar o direito como um sistema puramente lógico. "Deve sentir que nesse sistema existe algo de subjacente, que são os fatos sociais aos quais está ligado um sentido ou um significado que resulta dos valores" (REALE, 1994, p. 580). Assim, uma norma jurídica, mesmo sem sofrer qualquer alteração em seu texto, pode adquirir significados diversos com o passar do tempo. (B) Ainda que haja teorias que adotem tal posicionamento, a Teoria Tridimensional do Direito não compreende a interpretação como resultado da discricionariedade do julgador. Esse tipo de postura voluntarista exclui a necessidade de delimitação da sentença judicial a um parâmetro racional, que é justamente o que Reale pretende fazer ao defender que a interpretação deve ser o resultado da relação entre fatos, valores e normas. (C) O fato não pode ser separado do valor e da norma. Esses aspectos devem ser considerados em conjunto. (D) Embora não haja impropriedades na afirmação, ela não responde adequadamente a pergunta à luz da Teoria Tridimensional do Direito. *Alternativa A*.

33. (XXX Exame) Um juiz pode dar uma sentença favorável a uma querelante com um rostinho bonito ou proveniente de determinada classe social, na realidade porque gosta do rosto ou da classe, mas ostensivamente pelas razões que apresentar para sua decisão.

Neil MacCormick

Existem diferentes motivos pelos quais uma decisão é tomada, segundo MacCormick. Alguns argumentos podem ser até mesmo inconfessáveis, porém, de qualquer forma, a autoridade que decide precisa persuadir um auditório quanto à sua decisão.

Assinale a opção que, segundo Neil MacCormick, em seu livro *Argumentação Jurídica e Teoria do Direito*, apresenta a noção essencial daquilo que a fundamentação de uma decisão deve fazer.

(A) Dar boas razões ostensivamente justificadoras em defesa da decisão, de modo que o processo de argumentação seja apresentado como processo de justificação.

(B) Realizar uma dedução silogística por intermédio da qual a decisão seja a premissa maior, resultante da lei, que deve ser considerada a premissa menor do raciocínio lógico.

(C) Proceder a um ato de vontade no qual cabe ao juiz escolher uma norma válida contida no ordenamento jurídico vigente e aplicá-la ao caso concreto.

(D) Alinhar-se à jurisprudência dominante em respeito às decisões dos tribunais superiores expressas na firma de precedentes, enunciados e súmulas.

RESPOSTA MacCormick buscou responder um problema comumente apontado em relação ao positivismo jurídico, encontrado por exemplo nas teorias de Kelsen e Hart. Estas teorias não ofereciam uma explicação adequada do raciocínio jurídico, pois elas não tratavam da decisão judicial como uma prática racional, isto é, como uma forma de utilização da razão prática. Exatamente por conta disto que o capítulo 8 da Teoria Pura do Direito, aquele em que Kelsen tratava da interpretação do direito, é tão breve, tão lacônico, e se limita a apresentar a decisão judicial como resultado de um ato de vontade do juiz. MacCormick segue outra linha, porquanto acredita na possibilidade de uma razão prática que possa servir como base para o raciocínio jurídico, de modo que este não seja visto simplesmente como uma imposição de vontade, mas sim como uma justificativa racional da decisão. Assim, uma decisão judicial, para estar de acordo com a razão prática, precisa ser justificada de acordo com critérios racionais objetivos, o que é diferente de uma simples persuasão. *Alternativa A.*